Münchener Kommentar zum Bürgerlichen Gesetzbuch

Herausgegeben von

Dr. Dr. Dres. h.c. Franz Jürgen Säcker
(em.) Professor an der Freien Universität Berlin

Dr. Roland Rixecker
Präsident des Saarländischen Oberlandesgerichts a.D.
Präsident des Verfassungsgerichtshofs des Saarlandes
Honorarprofessor an der Universität des Saarlandes

Dr. Hartmut Oetker
Professor an der Universität Kiel
Richter am Oberlandesgericht Jena

Bettina Limperg
Präsidentin des Bundesgerichtshofs, Karlsruhe

Band 8a
WEG nF

Die einzelnen Bände des Münchener Kommentars zum BGB

Band 1: Einleitung und Allgemeiner Teil
§§ 1–240 · AllgPersönlR · ProstG · AGG
Redakteurin: Prof. Dr. Claudia Schubert

Band 2: Schuldrecht · Allgemeiner Teil I
§§ 241–310
Redakteur: Vors. Richter am BGH a.D. Prof. Dr. Wolfgang Krüger

Band 3: Schuldrecht · Allgemeiner Teil II
§§ 311–432
Redakteur: Vors. Richter am BGH a.D. Prof. Dr. Wolfgang Krüger

Band 4: Schuldrecht · Besonderer Teil I
§§ 433–534 · Finanzierungsleasing · CISG
Redakteur: Prof. Dr. Dres. h.c. Harm Peter Westermann

Band 5: Schuldrecht · Besonderer Teil II
§§ 535–630h · HeizkostenV · BetrKV · EFZG · TzBfG · KSchG · MiLoG
Redakteure: Prof. Dr. Martin Henssler/Prof. Dr. Wolfgang Krüger

Band 6: Schuldrecht · Besonderer Teil III
§§ 630–704
Redakteur: Prof. Dr. Martin Henssler

Band 7: Schuldrecht · Besonderer Teil IV
§§ 705–853 · PartGG · ProdHaftG
Redakteur: Prof. Dr. Mathias Habersack

Band 8: Sachenrecht
§§ 854–1296 · WEG · ErbbauRG
Redakteur: Richter des BVerfG a.D. Prof. Dr. Reinhard Gaier

Band 8a: WEG nF
Redakteur: Richter des BVerfG a.D. Prof. Dr. Reinhard Gaier

Band 9: Familienrecht I
§§ 1297–1588 · GewSchG · VersAusglG · LPartG
Redakteurin: Prof. Dr. Elisabeth Koch

Band 10: Familienrecht II
§§ 1589–1921 · SGB VIII
Redakteur: Prof. Dr. Dr. h.c. Dieter Schwab

Band 11: Erbrecht
§§ 1922–2385 · §§ 27–35 BeurkG
Redakteurin: Richterin des BVerfG Dr. Sibylle Kessal-Wulf

Band 12: IPR I
Redakteur: Prof. Dr. Jan v. Hein

Band 13: IPR II · IntWR · Art. 50–253 EGBGB
Redakteur: Prof. Dr. Jan v. Hein

Münchener Kommentar zum Bürgerlichen Gesetzbuch

Band 8a

WEG nF

Redakteur:

Dr. Reinhard Gaier

Richter des Bundesverfassungsgerichts a.D.
Honorarprofessor der Universität Hannover
Gastprofessor am Chinesisch-Deutschen Institut für Rechtswissenschaften an der CUPL, Beijing

8. Auflage 2021

C.H.BECK

Zitiervorschlag:
MüKoBGB/*Bearbeiter* WEG § … Rn. …

www.beck.de

ISBN 978 3 406 75688 7

Wilhelmstraße 9, 80801 München
Druck: Beltz Grafische Betriebe GmbH
Am Fliegerhorst 8, 99947 Bad Langensalza
Satz: Meta Systems Publishing & Printservices GmbH, Wustermark
Umschlag: Druckerei C.H. Beck Nördlingen

CO_2 neutral
chbeck.de/nachhaltig

Gedruckt auf säurefreiem, alterungsbeständigem Papier
(hergestellt aus chlorfrei gebleichtem Zellstoff)

Die Bearbeiter des Bandes 8a

Alice Burgmair
Rechtsanwältin in München

Dr. Johannes Hogenschurz
Vorsitzender Richter am Landgericht Köln

Dr. Alexander Krafka
Notar in Landsberg am Lech, Honorarprofessor an der Universität Passau

Burkhard Rüscher
Rechtsanwalt in München

Dr. Johannes Scheller, geb. Cziupka
Notarassessor in Hamburg

Dr. Dominik Skauradszun
Professor an der Hochschule Fulda

Dr. Frank Zschieschack
Vorsitzender Richter am Landgericht Frankfurt am Main

Im Einzelnen haben bearbeitet

WEG Einl.	Dr. Alexander Krafka
WEG §§ 1–9	Dr. Alexander Krafka
WEG §§ 9a–10	Alice Burgmair
WEG §§ 11, 12	Dr. Alexander Krafka
WEG §§ 13, 14	Dr. Johannes Scheller
WEG § 15	Dr. Dominik Skauradszun
WEG § 16	Dr. Johannes Scheller
WEG § 17	Dr. Frank Zschieschack
WEG §§ 18–22	Burkhard Rüscher
WEG §§ 23–25	Dr. Johannes Hogenschurz
WEG §§ 26, 26a	Dr. Frank Zschieschack
WEG §§ 27, 28	Dr. Dominik Skauradszun
WEG § 29	Alice Burgmair
WEG §§ 30–42	Dr. Alexander Krafka
WEG §§ 43–46	Dr. Johannes Hogenschurz
WEG §§ 47–49	Dr. Alexander Krafka
Sachverzeichnis	Dr. Reiner Lemke

Verzeichnis der ausgeschiedenen Bearbeiter

Dr. Michael Commichau: WEG §§ 1–15, 59–64: 4. Aufl. 2004, 5. Aufl. 2009, 6. Aufl. 2013, 7. Aufl. 2017, 8. Aufl. 2020

Helmut Engelhardt: WEG §§ 16–58: 4. Aufl. 2004, 5. Aufl. 2009, 6. Aufl. 2013, 7. Aufl. 2017, 8. Aufl. 2020

Dr. Ludwig Röll: WEG: 1. Aufl. 1981, 2. Aufl. 1986, 3. Aufl. 1997

Vorwort zur 8. Auflage

Das Gesetz zur Förderung der Elektromobilität und zur Modernisierung des Wohnungseigentumsgesetzes und zur Änderung von kosten- und grundbuchrechtlichen Vorschriften (Wohnungseigentumsmodernisierungsgesetz – WEMoG) ist am 1. Dezember 2020 in seinen wesentlichen Teilen in Kraft getreten. Seit diesem Tag gibt es in Deutschland nicht nur weiterhin ein „Gesetz über das Wohnungseigentum und das Dauerwohnrecht (Wohnungseigentumsgesetz)", sondern man darf von nun an auch das – längst gebräuchliche – Kürzel „WEG" als gewissermaßen amtliche Abkürzung für dieses Gesetz nutzen. Selbstredend beschränkt sich das Modernisierungsgesetz nicht auf solche Beiläufigkeiten.

Schon der ursprüngliche rechtspolitische Ansatz, das Wohnungseigentumsrecht an die Veränderungen der gesellschaftlichen Rahmenbedingungen, an die umweltpolitischen Herausforderungen und die neuen technischen Möglichkeiten anzupassen, ließ einige grundlegende Neuerungen erwarten – und letztlich blieb es dann auch nicht bei Erleichterungen für die energetische Sanierung von Bestandsgebäuden, bei Maßnahmen zur Barrierereduzierung oder zur Förderung der Elektromobilität, sondern das Wohnungseigentumsgesetz wurde umfassend reformiert. So nennt die Begründung des Regierungsentwurfs als weitere Reformschwerpunkte unter anderem

- den Abbau unnötiger Friktionen zwischen Wohnungseigentums- und Mietrecht,
- die Vereinfachung der Beschlussfassung über bauliche Veränderungen,
- die Erweiterung der Rechte von Wohnungseigentümerinnen und Wohnungseigentümern im Verhältnis zum Verwalter,
- die Aufwertung der Wohnungseigentümerversammlung als dem zentralen Ort der Entscheidungsfindung,
- die Stärkung des Verwaltungsbeirats,
- die klarere Fassung „streitträchtiger Vorschriften" insbesondere für Wirtschaftsplan und Jahresabrechnung sowie zu baulichen Veränderungen, aber auch zur Entstehung und Stellung der rechtsfähigen Gemeinschaft der Wohnungseigentümer,
- und schließlich – mit dem Ziel der Förderung einer effizienten Streitbeilegung – die Änderung der gerichtlichen Verfahrensvorschriften.

Angesichts der großen Bedeutung des Wohnungseigentumsrechts war die grundlegende Reform Anlass genug, um die Vielzahl der Praktikerinnen und Praktiker namentlich in der Rechtsanwaltschaft, in den Notariaten und in den Gerichten nicht bis zur Neuauflage des gerade vor einem Jahr erschienenen Sachenrechtsbandes auf eine Kommentierung warten zu lassen. Der vorliegende Sonderband soll den Interessierten zeitnah zum Inkrafttreten des neuen Rechts bereits verlässliche Informationen und fundierte Erläuterungen verschaffen. Wie es schon im Vorwort zur 1. Auflage des Münchener Kommentars zum BGB heißt, ist es auch das Ziel dieses Sonderbandes, in einer „Zeit des Umbruchs" eine „den aktuellen Bedürfnissen von Praxis und Wissenschaft angepasste Neukommentierung" vorzulegen. Das grundlegende Konzept, auch das Wohnungseigentumsgesetz im Rahmen des Sachenrechtsbandes zu kommentieren, wird damit nicht aufgegeben, sondern soll mit der turnusmäßigen Neuauflage des Gesamtwerkes im kommenden Jahr fortgesetzt werden.

Die Kommentierung ist auf dem Stand vom Dezember 2020.

Angesichts der umfassenden Reform des Wohnungseigentumsrechts war der Wunsch der bisherigen Autoren verständlich, sich nach langjähriger Befassung mit dieser Rechtsmaterie nicht mit der Kommentierung des grundlegend neuen Rechts beschäftigen zu müssen. Daher sind auf eigenen Wunsch Herr Notar Dr. Michael Commichau und Herr Richter am Oberlandesgericht a.D. Helmut Engelhardt ausgeschieden. Beide haben sich seit der 4. Auflage im Jahr 2004 die Kommentierung des Wohnungseigentumsrechts geteilt. Für ihre fundierten, sachkundigen und sorgfältigen Beiträge ist ihnen nachdrücklich zu danken.

An die Stelle der beiden früheren Autoren ist ein engagiertes, hoch qualifiziertes Team aus Wissenschaft und Praxis getreten: Frau Rechtsanwältin Alice Burgmair, Herr Vorsitzender Richter am Landgericht Dr. Johannes Hogenschurz, Herr Notarassessor Prof. Dr. Alexander Krafka, Herr Rechtsanwalt Burkhard Rüscher, Herr Notarassesor Dr. Johannes Scheller, Herr Prof. Dr. Dominik Skauradszun und Herr Vorsitzender Richter am Landgericht Dr. Frank Zschieschack verfügen über tiefgreifende Kenntnisse und stehen für höchste Kompetenz.

Sie alle haben durch ihr vorbildliches Engagement und ihren unermüdlichen Arbeitseinsatz das zügige Erscheinen dieses Sonderbandes ermöglicht. Dafür gebührt ihnen wie den mit diesem Werk befassten Mitarbeitenden des Verlages größter Dank.

München, im Dezember 2020 | Herausgeber, Bandredakteur und Verlag

Inhaltsverzeichnis

Verzeichnis der Abkürzungen und der abgekürzt zitierten Literatur

Zeitschriften werden, soweit nicht anders angegeben, nach Jahrgang und Seite zitiert.

aA	anderer Ansicht
ABGB	Allgemeines Bürgerliches Gesetzbuch v. 1.6.1811 (Österreich)
Abh.	Abhandlung(en)
Abk.	Abkommen
abl.	ablehnend
ABl.	Amtsblatt
Bearbeiter in Abramenko WEG-HdB	Abramenko, Handbuch WEG, 2. Aufl. 2014
Abs.	Absatz
Abt.	Abteilung
abw.	abweichend
AcP	Archiv für die civilistische Praxis (Zeitschrift; zitiert nach Band und Seite; in Klammer Erscheinungsjahr des jeweiligen Bandes)
aE	am Ende
AEUV	Vertrag über die Arbeitsweise der Europäischen Union idF der Bek. v. 9.5.2008 (ABl. EU 2008 C 115, 47)
aF	alte Fassung
AfP	Archiv für Presserecht (Zeitschrift)
AG	Aktiengesellschaft; Die Aktiengesellschaft (Zeitschrift); Amtsgericht (mit Ortsnamen)
AGB	Allgemeine Geschäftsbedingungen
AGBGB	Ausführungsgesetz zum BGB (Landesrecht)
AGG	Allgemeines Gleichbehandlungsgesetz v. 14.8.2006 (BGBl. 2006 I 1897)
AgrarR	Agrarrecht, Zeitschrift für das gesamte Recht der Landwirtschaft, der Agrarmärkte und des ländlichen Raumes
AHKBl.	Amtsblatt der Alliierten Hohen Kommission in Deutschland
AHKG	Gesetz der Alliierten Hohen Kommission
AK-BGB/*Bearbeiter*	Alternativkommentar zum Bürgerlichen Gesetzbuch, hrsg. von Wassermann, 1979 ff.
AkDR	Akademie für Deutsches Recht
AktG	Aktiengesetz v. 6.9.1965 (BGBl. 1965 I 1089)
AL	Ad Legendum (Zeitschrift)
ALG	Gesetz über die Alterssicherung der Landwirte v. 29.7.1994 (BGBl. 1994 I 1890, 1891)
allgM	allgemeine Meinung
Alt.	Alternative
Amtl. Begr.	Amtliche Begründung
Anh.	Anhang
Anm.	Anmerkung
AnwBl.	Anwaltsblatt (Zeitschrift)
AP	Arbeitsrechtliche Praxis, Nachschlagewerk des Bundesarbeitsgerichts (Nr. ohne Gesetzesangabe bezieht sich auf den gerade kommentierten Paragraphen)
ArbG	Arbeitsgericht (mit Ortsnamen)
ArbGG	Arbeitsgerichtsgesetz idF der Bek. v. 2.7.1979 (BGBl. 1979 I 853, berichtigt BGBl. 1979 I 1036)
ArbR	Arbeitsrecht
Arch.	Archiv
ArchBürgR	Archiv für Bürgerliches Recht (Zeitschrift)
ArchRWPhil	Archiv für Rechts- und Wirtschaftsphilosophie (Zeitschrift)
ArchSozWiss	Archiv für Sozialwissenschaft und Sozialpolitik (Zeitschrift)
arg.	argumentum
Armbrüster/Preuß/Renner/*Bearbeiter*	Armbrüster/Preuß/Renner, Beurkundungsgesetz und Dienstordnung für Notarinnen und Notare, Kommentar, 8. Aufl. 2019
Arndt/Lerch/Sandkühler	Arndt/Lerch/Sandkühler, Bundesnotarordnung, Kommentar, 8. Aufl. 2016
ARSP	Archiv für Rechts- und Sozialphilosophie (Zeitschrift; zitiert nach Band und Seite)

Abkürzungs- und Literaturverzeichnis

Art.	Artikel
AT	Allgemeiner Teil
Aufl.	Auflage
ausf.	ausführlich
Az.	Aktenzeichen
B	Bundes-
BadNotZ	Badische Notar-Zeitschrift
BadRpr.	Badische Rechtspraxis
BAG	Bundesarbeitsgericht
BAGE	Entscheidungen des Bundesarbeitsgerichts
Bahrenfuss/*Bearbeiter*	Bahrenfuss, FamFG, Kommentar, 3. Aufl. 2017
BAnz.	Bundesanzeiger
Bärmann/*Bearbeiter*	Bärmann, Wohnungseigentumsgesetz, Kommentar, 14. Aufl. 2018
Bärmann/Pick/*Bearbeiter*	Bärmann/Pick, Wohnungseigentumsgesetz, Kommentar, 20. Aufl. 2020
Bearbeiter in Bärmann/ Seuß WEG-Praxis	Bärmann/Seuß, Praxis des Wohnungseigentums, 7. Aufl. 2017
Bassenge/Roth	Bassenge/Roth, Gesetz über das Verfahren in Familiensachen und in den Angelegenheiten der freiwilligen Gerichtsbarkeit, Rechtspflegergesetz, Kommentar, 12. Aufl. 2009
Bauer/Schaub/*Bearbeiter*	Bauer/Schaub, Grundbuchordnung: GBO, Kommentar, 4. Aufl. 2018
BauGB	Baugesetzbuch idF der Bek. v. 23.9.2004 (BGBl. 2004 I 2414)
Baumbach/Hopt/ *Bearbeiter*	Baumbach/Hopt, Handelsgesetzbuch, Kommentar, 39. Aufl. 2020
Bearbeiter in Baumgärtel/ Laumen/Prütting Beweislast-HdB I–IX	Baumgärtel/Laumen/Prütting, Handbuch der Beweislast im Privatrecht, Bände 1–3: 4. Aufl. 2018; Band 8: Familienrecht, 3. Aufl. 2010, Band 9: Erbrecht, 3. Aufl. 2009
Baur/Stürner SachenR	Baur/Stürner, Sachenrecht, 18. Aufl. 2009
BayBS	Bereinigte Sammlung des bayerischen Landesrechts
BayJMBl.	Bayerisches Justizministerialblatt
BayObLG	Bayerisches Oberstes Landesgericht
BayObLGZ	Amtliche Sammlung von Entscheidungen des Bayerischen Obersten Landesgerichts in Zivilsachen
BayVBl.	Bayerische Verwaltungsblätter (Zeitschrift)
BayVerfGE	Sammlung von Entscheidungen des Bayerischen Verfassungsgerichtshofes
BayVGH	Bayerischer Verfassungsgerichtshof
BB	Betriebs-Berater (Zeitschrift)
BBG	Bundesbeamtengesetz (BBG) v. 5.2.2009 (BGBl. 2009 I 160)
BBodSchG	Gesetz zum Schutz vor schädlichen Bodenveränderung und zur Sanierung von Altlasten (Bundes-Bodenschutzgesetz) v. 17.3.1998 (BGBl. 1998 I 502)
BDSG	Bundesdatenschutzgesetz v. 30.6.2017 (BGBl. 2017 I 2097)
Bearb., bearb.	Bearbeitung/Bearbeiter; bearbeitet
Beck-FormB BHW/ *Bearbeiter*	Beck'sches Formularbuch zum Bürgerlichen, Handels- und Wirtschaftsrecht, hrsg. von Hoffmann-Becking/Gebele, 13. Aufl. 2019
Beck-FormB WEG/ *Bearbeiter*	Beck'sches Formularbuch Wohnungseigentumsrecht, hrsg. von Müller, 4. Aufl. 2020
BeckOGK/*Bearbeiter*	Beck'scher Online-Großkommentar, Zivilrecht hrsg. Gsell/Krüger/Lorenz/Reymann, Handels- und Gesellschaftsrecht hrsg. v. Henssler, 2020
BeckOK BGB/*Bearbeiter*	Bamberger/Roth/Hau/Poseck (Hrsg.), Beck'scher Online-Kommentar zum Bürgerlichen Gesetzbuch, 55. Edition, 1.8.2020
BeckOK WEG/*Bearbeiter*	Hogenschurz, Beck'scher Online-Kommentar zum WEG, 42. Edition, Stand 1.8.2020
BeckRS	Rechtsprechungssammlung in Beck-Online (Jahr und Nummer)
Begr.	Begründung
Beil.	Beilage
Bek.	Bekanntmachung
Belz WEG-HdB	Belz, Handbuch des Wohnungseigentums, 3. Aufl. 1996
ber.	berichtigt
betr.	betreffend
BetrKV	Verordnung über die Aufstellung von Betriebskosten (Betriebskostenverordnung) v. 25.11.2003 (BGBl. 2003 I 2346)

BetrVG	Betriebsverfassungsgesetz idF der Bek. v. 25.9.2001 (BGBl. 2001 I 2518)
BeurkG	Beurkundungsgesetz v. 28.8.1969 (BGBl. 1969 I 1513)
bez.	bezüglich
BezG	Bezirksgericht
BFH	Bundesfinanzhof
BFHE	Sammlung der Entscheidungen und Gutachten des Bundesfinanzhofs
BFM	Bundesfinanzministerium
BG	Bundesgericht (Schweiz)
BGB	Bürgerliches Gesetzbuch idF der Bek. v. 2.1.2002 (BGBl. 2002 I 42; berichtigt BGBl. 2002 I 2909; BGBl. 2003 I 738)
BGBl. I, II, III	Bundesgesetzblatt Teil I, Teil II, Teil III
BGG	Gesetz zur Gleichstellung von Menschen mit Behinderungen (Behindertengleichstellungsgesetz) v. 27.4.2002 (BGBl. 2002 I 1468)
BGH	Bundesgerichtshof
BGHR	Rechtsprechung des Bundesgerichtshofs (Band und Seite)
BGHWarn.	Rechtsprechung des Bundesgerichtshofs in Zivilsachen – in der Amtlichen Sammlung nicht enthaltene Entscheidungen (als Fortsetzung von WarnR)
BGHZ	Entscheidungen des Bundesgerichtshofs in Zivilsachen
BImSchG	Gesetz zum Schutz vor schädlichen Umwelteinwirkungen durch Luftverunreinigungen, Geräusche, Erschütterungen und ähnliche Vorgänge (Bundes-Immissionsschutzgesetz) idF der Bek. v. 17.5.2013 (BGBl. 2013 I 1274)
BKR	Bank- und Kapitalmarktrecht (Zeitschrift)
Bl.	Blatt
BLAH/*Bearbeiter*	Baumbach/Lauterbach/Albers/Hartmann (Hrsg.), Zivilprozessordnung, Kommentar, 79. Aufl. 2021
Blank/Börstinghaus/*Bearbeiter*	Blank/Börstinghaus, Miete, Kommentar, 6. Aufl. 2020
BMA	Bundesminister(ium) für Arbeit und Sozialordnung
BMI	Bundesminister(ium) des Innern
BMJV	Bundesminister(ium) der Justiz und für Verbraucherschutz
BNotO	Bundesnotarordnung idF der Bek. v. 24.2.1961 (BGBl. 1961 I 97)
Bonner KommGG/*Bearbeiter*	Kahl/Waldhoff/Walter, Bonner Kommentar zum Grundgesetz, Loseblatt, 207. EL 2020
Bork/Jacoby/Schwab/*Bearbeiter*	Bork/Jacoby/Schwab, FamFG, Kommentar, 3. Aufl. 2018
BörsG	Börsengesetz idF der Bek. v. 16.7.2007 (BGBl. 2007 I 1330)
BPatG	Bundespatentgericht
BR	Bundesrat
BRAO	Bundesrechtsanwaltsordnung v. 1.8.1959 (BGBl. 1959 I 565)
BR-Drs.	Drucksache des Deutschen Bundesrates
BReg.	Bundesregierung
Brehm/Berger SachenR	Brehm/Berger, Sachenrecht, 3. Aufl. 2014
BR-Prot.	Protokoll des Deutschen Bundesrates
Brüssel Ia-VO	Verordnung (EU) Nr. 1215/2012 des Europäischen Parlaments und des Rates über die gerichtliche Zuständigkeit und die Anerkennung und Vollstreckung von Entscheidungen in Zivil- und Handelssachen v. 12.12.2012 (ABl. EU 2012 L 351, 1)
BSG	Bundessozialgericht
BSGE	Entscheidungen des Bundessozialgerichts
BStBl.	Bundessteuerblatt
BT	Besonderer Teil; Bundestag
BT-Drs.	Drucksache des Deutschen Bundestages
BtPrax	Betreuungsrechtliche Praxis (Zeitschrift)
BT-Prot.	Protokoll des Deutschen Bundestages
Bearbeiter in Bub/Treier MietR-HdB	Bub/Treier, Handbuch der Geschäfts- und Wohnraummiete, 5. Aufl. 2019
Bumiller/Harders/Schwamb/*Bearbeiter*	Bumiller/Harders/Schwamb, Freiwillige Gerichtsbarkeit – FamFG, Kommentar, 12. Aufl. 2019
BVerfG	Bundesverfassungsgericht
BVerfGE	Entscheidungen des Bundesverfassungsgerichts
BVerfGG	Gesetz über das Bundesverfassungsgericht (Bundesverfassungsgerichtsgesetz) idF der Bek. v. 11.8.1993 (BGBl. 1993 I 1473)
BVerwG	Bundesverwaltungsgericht
BVerwGE	Entscheidungen des Bundesverwaltungsgerichts

BWNotZ .... Mitteilungen aus der Praxis, Zeitschrift für das Notariat in Baden-Württemberg (früher WürttNotV)
bzgl. .... bezüglich
bzw. .... beziehungsweise

c.i.c. .... culpa in contrahendo
ca. .... circa
CR .... Computer und Recht
CuR .... Contracting und Recht (Zeitschrift)

DAVorm. .... Der Amtsvormund, Rundbrief des Deutschen Instituts für Vormundschaftswesen (Zeitschrift, zitiert nach Jahrgang und Spalte)
DB .... Der Betrieb (Zeitschrift)
DDR .... Deutsche Demokratische Republik
Demharter .... Demharter, Grundbuchordnung, Kommentar, 31. Aufl. 2018
dgl. .... dergleichen
DGVZ .... Deutsche Gerichtsvollzieher-Zeitung
dh .... das heißt
diff. .... differenzierend
Dig. .... Digesten
DIJuF .... Deutsches Institut für Jugendhilfe und Familienrecht
DiskE .... Diskussionsentwurf
Diss. .... Dissertation
DIV .... Deutsches Institut für Vormundschaftswesen
DJ .... Deutsche Justiz (Zeitschrift)
DJT .... Deutscher Juristentag
DJZ .... Deutsche Juristenzeitung (Zeitschrift)
DNotV .... Zeitschrift des Deutschen Notarvereins (1.1901–33.1933), dann DNotZ
DNotZ .... Deutsche Notar-Zeitung (Zeitschrift)
DÖD .... Der öffentliche Dienst (Zeitschrift)
Dötsch/Schultzky/
Zschieschack .... Dötsch/Schultzky/Zschieschack, WEG-Recht 2021 – Das neue Wohnungseigentumsrecht, 2021
DogmJ .... Jahrbücher für die Dogmatik des heutigen römischen und deutschen Privatrechts
Dok. .... Dokument
DR .... Deutsches Recht (Zeitschrift)
Dreier/*Bearbeiter* .... Dreier, Grundgesetz, Kommentar, 3 Bände, 3. Aufl. 2013–2018
DRiG .... Deutsches Richtergesetz idF der Bek. v. 19.4.1972 (BGBl. 1972 I 713)
DRiZ .... Deutsche Richterzeitung (Zeitschrift)
DRspr. .... Deutsche Rechtsprechung, Entscheidungssammlung und Aufsatzhinweise
DRV .... Deutsche Rentenversicherung (Zeitschrift)
DRWiss .... Deutsche Rechtswissenschaft (Zeitschrift, 1.1936–8.1943)
DRZ .... Deutsche Rechts-Zeitschrift
DS .... Der Sachverständige (Zeitschrift)
DS-GVO .... Verordnung (EU) 2016/679 des Europäischen Parlaments und des Rates zum Schutz natürlicher Personen bei der Verarbeitung personenbezogener Daten, zum freien Datenverkehr und zur Aufhebung der Richtlinie 95/46/EG (Datenschutz-grundverordnung) v. 27.4.2016 (ABl. EU 2016 L 119, 1)
DStR .... Deutsches Steuerrecht (Zeitschrift)
DStRE .... Deutsches Steuerrecht – Entscheidungen (Zeitschrift)
Dt.; dt. .... deutsch
DtZ .... Deutsch-Deutsche Rechts-Zeitschrift
DuR .... Demokratie und Recht (Zeitschrift)
DVBl. .... Deutsches Verwaltungsblatt (Zeitschrift)
DZWIR .... Deutsche Zeitschrift für Wirtschafts- und Insolvenzrecht (Zeitschrift)

E .... Entwurf
E. Wolf SachenR .... E. Wolf, Sachenrecht, 2. Aufl. 1979
e.V. .... eingetragener Verein
EBJS/*Bearbeiter* .... Ebenroth/Boujong/Joost/Strohn, Handelsgesetzbuch, Kommentar, 4. Aufl. 2020
Eckert SachenR .... Eckert, Sachenrecht, 4. Aufl. 2005
EDL-G .... Gesetz über Energiedienstleistungen und andere Energieeffizienzmaßnahmen v. 4.11.2010 (BGBl. 2010 I 1483)
EFG .... Entscheidungen der Finanzgerichte
EGBGB .... Einführungsgesetz zum Bürgerlichen Gesetzbuche idF der Bek. v. 21.9.1994 (BGBl. 1994 I 2494, berichtigt BGBl. 1997 I 1061)
EGMR .... Europäischer Gerichtshof für Menschenrechte

Eichler Institutionen SachenR .... Eichler, Institutionen des Sachenrechts, 1954/1957/1960
Eickmann/Böttcher GrundbuchVerfR .... Eickmann/Böttcher, Grundbuchverfahrensrecht, 4. Aufl. 2011
Eickmann/Böttcher ZVR . Eickmann/Böttcher, Zwangsversteigerung und Zwangsverwaltung, 3. Aufl. 2013
Einf. .... Einführung
einhM .... einhellige Meinung
Einl. .... Einleitung
einschr. .... einschränkend
EJF .... Entscheidungen aus dem Jugend- und Familienrecht (Abschnitt und Nr.)
Elzer/Riecke/*Bearbeiter* .. Elzer/Riecke, Mietrechtskommentar, 2009
Emmerich/Sonnenschein/*Bearbeiter* . Emmerich/Sonnenschein, Miete, Kommentar, 11. Aufl. 2014
EnEV .... Verordnung über energiesparenden Wärmeschutz und energiesparende Anlagentechnik bei Gebäuden (Energieeinsparverordnung) v. 24.7.2007 (BGBl. 2007 I 1519)
Enneccerus/Wolff/Raiser SachenR .... Enneccerus/Wolff/Raiser, Lehrbuch des Bürgerlichen Rechts, Band 3: Sachenrecht, 10. Aufl. 1957
entspr. .... entsprechend
ErbbauRG .... Gesetz über das Erbbaurecht (Erbbaurechtsgesetz – früher ErbbauVO) v. 15.1.1919 (RGBl. 1919, 72, berichtigt RGBl. 1919, 122)
ErbR .... Erbrecht
ErbStG .... Erbschaftsteuer- und Schenkungsteuergesetz (ErbStG) idF der Bek. v. 27.2.1997 (BGBl. 1997 I 378)
ErfK/*Bearbeiter* .... Müller-Glöge/Preis/Schmidt (Hrsg.), Erfurter Kommentar zum Arbeitsrecht, 20. Aufl. 2020
Erl. .... Erlass; Erläuterung
Erman/*Bearbeiter* .... Grunewald/Maier-Reimer/Westermann (Hrsg.), Handkommentar zum Bürgerlichen Gesetzbuch, 16. Aufl. 2020
etc .... et cetera
EU .... Europäische Union
EuG .... Europäisches Gericht Erster Instanz
EuGH .... Gerichtshof der Europäischen Union
EuR .... Europarecht (Zeitschrift)
EuZW .... Europäische Zeitschrift für Wirtschaftsrecht
evtl. .... eventuell
EWiR .... Entscheidungen zum Wirtschaftsrecht (Zeitschrift)

f., ff. .... folgend(e)
FachAnwK-MietR/*Bearbeiter* .... Harz/Schmid, Fachanwaltskommentar Mietrecht, 6. Aufl. 2020
FamFG .... Gesetz über das Verfahren in Familiensachen und in den Angelegenheiten der freiwilligen Gerichtsbarkeit v. 17.12.2008 (BGBl. 2008 I 2586)
FamFR .... Familienrecht und Familienverfahrensrecht (Zeitschrift)
FamR .... Familienrecht
FamRB .... Der Familien-Rechts-Berater
FamRZ .... Ehe und Familie im privaten und öffentlichen Recht, Zeitschrift für das gesamte Familienrecht
FG .... Festgabe
FGPrax .... Praxis der Freiwilligen Gerichtsbarkeit (Zeitschrift)
Fikentscher/Heinemann SchuldR .... Fikentscher/Heinemann, Schuldrecht, 11. Aufl. 2017
Fischer-Dieskau/Pergande/Schwender/*Bearbeiter* .... Fischer-Dieskau/Pergande/Schwender, Wohnungsbaurecht, Kommentar, Loseblatt, 2018
Fn. .... Fußnote
FNA .... Fundstellennachweis A, Beilage zum Bundesgesetzblatt Teil I
FNB .... Fundstellennachweis B, Beilage zum Bundesgesetzblatt Teil II
FPR .... Familie Partnerschaft Recht (Zeitschrift)
FR .... Finanz-Rundschau (Zeitschrift)
Bearbeiter in Frank/Wachter EurImmobilienR-HdB .... Frank/Wachter, Handbuch Immobilienrecht in Europa, 2. Aufl. 2015
Fritz Gewerberaummiet R .... Fritz, Gewerberaummietrecht, 4. Aufl. 2005

FS	Festschrift
FuR	Familie und Recht (Zeitschrift)
FVE	Sammlung fremdenverkehrsrechtlicher Entscheidungen
FWW	Die freie Wohnungswirtschaft (Informationsdienst des Verbandes Freier Wohnungsunternehmen; Zeitschrift)
FZR	Freiwillige Zusatzrentenversicherung der Sozialversicherung
GBl.	Gesetzblatt
GBO	Grundbuchordnung idF der Bek. v. 26.5.1994 (BGBl. 1994 I 1114)
GbR	Gesellschaft bürgerlichen Rechts
GE	Grundeigentum (Zeitschrift)
gem.	gemäß
GemSOBG	Gemeinsamer Senat der obersten Bundesgerichte
GenG	Gesetz betreffend die Erwerbs- und Wirtschaftsgenossenschaften (Genossenschaftsgesetz) idF der Bek. v. 16.10.2006 (BGBl. 2006 I 2230)
GesR	Gesellschaftsrecht
GewO	Gewerbeordnung idF der Bek. v. 22.2.1999 (BGBl. 1999 I 202)
GG	Grundgesetz für die Bundesrepublik Deutschland v. 23.5.1949 (BGBl. 1949, 1)
ggf.	gegebenenfalls
v. Gierke SachenR	v. Gierke, Bürgerliches Recht, Sachenrecht, 3. Aufl. 1948
v. Gierke/Sandrock HandelsR/WirtschaftsR I	v. Gierke/Sandrock, Handels- und Wirtschaftsrecht, 9. Aufl. Bd. I 1975
GKG	Gerichtskostengesetz idF der Bek. v. 5.5.2004 (BGBl. 2004 I 718)
GmbH	Gesellschaft mit beschränkter Haftung
GmbH & Co. (KG)	Gesellschaft mit beschränkter Haftung und Compagnie (Kommanditgesellschaft)
GmbHG	Gesetz betreffend die Gesellschaften mit beschränkter Haftung idF der Bek. v. 20.5.1898 (RGBl. 1898, 846)
GmbHR	GmbH-Rundschau (Zeitschrift)
GMBl.	Gemeinsames Ministerialblatt
GmS-OGB	Gemeinsamer Senat der obersten Gerichte des Bundes
GNotKG	Gesetz über Kosten der freiwilligen Gerichtsbarkeit für Gerichte und Notare (Gerichts- und Notarkostengesetz) v. 23.7.2013 (BGBl. 2013 I 2586)
GoA	Geschäftsführung ohne Auftrag
GOÄ	Gebührenordnung für Ärzte idF der Bek. v. 9.2.1996 (BGBl. 1996 I 210)
GPR	Zeitschrift für das Privatrecht der Europäischen Union
Bearbeiter in Graf v. Westphalen/Thüsing VertragsR	Graf v. Westphalen/Thüsing (Hrsg.), Vertragsrecht und AGB-Klauselwerke, Broschüren im Ordner, 42. EL 2019
GRCh	Charta der Grundrechte der Europäischen Union v. 12.12.2007 (ABl. EU 2007 C 303, 1)
grdl.	grundlegend
grds.	grundsätzlich
Gruchot	Beiträge zur Erläuterung des (bis 15.1871: Preußischen) Deutschen Rechts, begr. von Gruchot (1.1857–73.1933)
GRUR	Gewerblicher Rechtsschutz und Urheberrecht (Zeitschrift)
GRUR Ausl	Gewerblicher Rechtsschutz und Urheberrecht, Auslands- und internationaler Teil (Zeitschrift), 1952–1969
GRUR Int	Gewerblicher Rechtsschutz und Urheberrecht, Internationaler Teil (Zeitschrift, 1970 ff.)
Grziwotz/Heinemann/*Bearbeiter*	Grziwotz/Heinemann, BeurkG, Beurkundungsgesetz, Kommentar, 3. Aufl. 2018
Bearbeiter in Grziwotz/Lüke/Saller NachbarR	Grziwotz/Lüke/Saller, Praxishandbuch Nachbarrecht, 3. Aufl. 2020
GS	Gedenkschrift; Großer Senat
GSZ	Großer Senat in Zivilsachen
Guhling/Günter/*Bearbeiter*	Guhling/Günter, Gewerberaummiete, Kommentar, 2. Aufl. 2019
GVBl.	Gesetz- und Verordnungsblatt
GVG	Gerichtsverfassungsgesetz idF der Bek. v. 9.5.1975 (BGBl. 1975 I 1077)
GvKostG	Gesetz über Kosten der Gerichtsvollzieher (Gerichtsvollzieherkostengesetz) v. 19.4.2001 (BGBl. 2001 I 623)
GWB	Gesetz gegen Wettbewerbsbeschränkungen idF der Bek. v. 26.6.2013 (BGBl. 2013 I 1750, berichtigt BGBl. 2013 I 3245)
GWR	Gesellschafts- und Wirtschaftsrecht (Zeitschrift)

Habilschr. .... Habilitationsschrift
Halbbd. .... Halbband
HandelsR .... Handelsrecht
HansGZ .... Hanseatische Gerichtszeitung
HansRGZ .... Hanseatische Rechts- und Gerichtszeitschrift
HdB .... Handbuch
HeimG .... Heimgesetz idF der Bek. v. 5.11.2001 (BGBl. 2001 I 2970)
HeizkostenV .... Verordnung über die verbrauchsabhängige Abrechnung der Heiz- und Warmwasserkosten (Verordnung über Heizkostenabrechnung) idF der Bek v. 5.10.2009 (BGBl. 2009 I 3250)
Henssler/Strohn/ *Bearbeiter* .... Henssler/Strohn, Gesellschaftsrecht, Kommentar, 4. Aufl. 2019
Herrlein/Kandelhard/ *Bearbeiter* .... Herrlein/Kandelhard, Mietrecht, Kommentar, 4. Aufl. 2010
HessRspr. .... Hessische Rechtsprechung
Heymann/*Bearbeiter* .... Heymann, Handelsgesetzbuch, Kommentar, hrsg. von Horn, 2. Aufl. 1995 ff.
HEZ .... Höchstrichterliche Entscheidungen (Entscheidungssammlung)
HFR .... Höchstrichterliche Finanzrechtsprechung
HGB .... Handelsgesetzbuch v. 10.5.1897 (RGBl. 1897, 219)
HK-BGB/*Bearbeiter* .... Schulze/Dörner/Ebert/Hoeren/Kemper/Saenger/Scheuch/Schreiber/Schulte-Nölke/Staudinger/Wiese (Hrsg.), Bürgerliches Gesetzbuch (BGB), Handkommentar, 10. Aufl. 2019
hL .... herrschende Lehre
hM .... herrschende Meinung
HöfeO .... Höfeordnung idF der Bek. v. 26.7.1976 (BGBl. 1976 I 1933)
HPflG .... Haftpflichtgesetz idF der Bek. v. 4.1.1978 (BGBl. 1978 I 145)
HRR .... Höchstrichterliche Rechtsprechung (Zeitschrift)
Hrsg.; hrsg. .... Herausgeber; herausgegeben
Hs. .... Halbsatz
Hüffer/Koch/*Bearbeiter* .. Hüffer/Koch, Aktiengesetz: AktG, Kommentar, 14. Aufl. 2020
Hügel/Elzer .... Hügel/Elzer, Wohnungseigentumsgesetz: WEG, Kommentar, 3. Aufl. 2021
HWB .... Handwörterbuch
HWBRWiss .... Handwörterbuch der Rechtswissenschaft, hrsg. von Stier-Somlo und Elster (Band und Seite)

idF .... in der Fassung
idR .... in der Regel
idS .... in diesem Sinne
iE .... im Einzelnen
iErg .... im Ergebnis
ieS .... im engeren Sinne
IfSG .... Gesetz zur Verhütung und Bekämpfung von Infektionskrankheiten beim Menschen (Infektionsschutzgesetz) v. 20.7.2000 (BGBl. 2000 I 1045)
IHK .... Industrie- und Handelskammer
II. BV .... Verordnung über wohnungswirtschaftliche Berechnungen (Zweite Berechnungsverordnung) idF der Bek. v. 12.10.1990 (BGBl. 1990 I 2178)
insbes. .... insbesondere
InsO .... Insolvenzordnung v. 5.10.1994 (BGBl. 1994 I 2866)
IPR .... Internationales Privatrecht
IPRax .... Praxis des internationalen Privat- und Verfahrensrechts (Zeitschrift, 1.1981 ff.)
IPRspr. .... Die deutsche Rechtsprechung auf dem Gebiet des internationalen Privatrechts, 1952 ff.
iSd .... im Sinne des, im Sinne der
iSd .... im Sinne des/der
iSv .... im Sinne von
iSv .... im Sinne von
ital. .... italienisch
iÜ .... im Übrigen
iVm .... in Verbindung mit
iwS .... im weiteren Sinne
IZPR .... Internationales Zivilprozessrecht

JA .... Juristische Arbeitsblätter (Zeitschrift)
JAmt .... Das Jugendamt (bis 2000: DAVorm)
Jarass/Pieroth/*Bearbeiter* .. Jarass/Pieroth, Grundgesetz, Kommentar, 16. Aufl. 2020
JArbSchG .... Gesetz zum Schutze der arbeitenden Jugend (Jugendarbeitsschutzgesetz) v. 12.4.1976 (BGBl. 1976 I 965)

Jauernig/*Bearbeiter* .... Jauernig, Bürgerliches Gesetzbuch, Kommentar, 17. Aufl. 2018
Jb. .... Jahrbuch
JbIntR .... Jahrbuch des internationalen Rechts
JbJZivRWiss .... Jahrbuch Junger Zivilrechtswissenschaftler
JBl. .... Juristische Blätter (österreichische Zeitschrift)
JBlSaar .... Justizblatt des Saarlandes
JbPraxSchG .... Jahrbuch für die Praxis der Schiedsgerichtsbarkeit
Jennißen/*Bearbeiter* .... Jennißen, Wohnungseigentumsgesetz, 6. Aufl. 2019
Jennißen/Schmidt .... Jennißen/Schmidt, Der WEG-Verwalter, 2. Aufl. 2010
Jg. .... Jahrgang
JGG .... Jugendgerichtsgesetz idF der Bek. v. 11.12.1974 (BGBl. 1974 I 3427)
Jh. .... Jahrhundert
JherJb .... Jherings Jahrbücher für die Dogmatik des bürgerlichen Rechts (Zeitschrift, Band und Seite)
JM .... Justizministerium
JMBl. .... Justizministerialblatt
JR .... Juristische Rundschau (Zeitschrift)
JurA .... Juristische Analysen (Zeitschrift)
Jura .... Juristische Ausbildung (Zeitschrift)
JurBüro .... Das juristische Büro (Zeitschrift)
jurisPK-BGB/*Bearbeiter* . Herberger/Martinek/Rüßmann/Weth, juris Praxiskommentar, BGB, 8. Aufl. 2017
JurJb .... Juristen-Jahrbuch
JuS .... Juristische Schulung (Zeitschrift)
Justiz .... Die Justiz (Zeitschrift)
JW .... Juristische Wochenschrift (Zeitschrift)
JZ .... Juristenzeitung (Zeitschrift)

K&R .... Kommunikation und Recht (Zeitschrift)
KAGB .... Kapitalanlagegesetzbuch v. 4.7.2013 (BGBl. 2013 I 1981)
Kap. .... Kapitel
Keidel/*Bearbeiter* .... Keidel, FamFG, Kommentar zum Gesetz über das Verfahren in Familiensachen und die Angelegenheiten der freiwilligen Gerichtsbarkeit, 20. Aufl. 2020
Keller/Munzig/*Bearbeiter* Keller/Munzig, Grundbuchrecht, 8. Aufl. 2019 (früher: KEHE)
Kfz. .... Kraftfahrzeug
KG .... Kammergericht; Kommanditgesellschaft
KGaA .... Kommanditgesellschaft auf Aktien
KGSG .... Gesetz zum Schutz von Kulturgut (Kulturgutschutzgesetz) v. 31.7.2016 (BGBl. 2016 I 1914)
Kind-Prax .... Kindschaftsrechtliche Praxis (Zeitschrift)
Kinne/Schach/Bieber/*Bearbeiter* .... Kinne/Schach/Bieber, Miet- und Mietprozessrecht, Kommentar, 7. Aufl. 2013
KKRD/*Bearbeiter* .... Koller/Kindler/Roth/Druen, Handelsgesetzbuch, Kommentar, 9. Aufl. 2019
Klausel-RL .... Richtlinie 93/13/EWG des Rates über mißbräuchliche Klauseln in Verbraucherverträgen v. 5.4.1993 (ABl. EG 1993 L 95, 29)
Bearbeiter in Kleine-Möller/Merl/Glöckner PrivBauR-HdB .... Kleine-Möller/Merl/Glöckner, Handbuch des privaten Baurechts, 6. Aufl. 2019
Kom. endg. .... Kommission, endgültig
Kossmann/Meyer-Abich HdB Wohnraummiete ... Kossmann/Meyer-Abich, Handbuch der Wohnraummiete, 7. Aufl. 2014
Krafka RegisterR .... Krafka, Registerrecht, 11. Aufl. 2019
krit. .... kritisch
KritJ .... Kritische Justiz (Zeitschrift)
KrVjschr. .... Kritische Vierteljahresschrift für Gesetzgebung und Rechtswissenschaft
KSchG .... Kündigungsschutzgesetz idF der Bek. v. 25.8.1969 (BGBl. 1969 I 1317)
KTS .... Zeitschrift für Konkurs-, Treuhand- und Schiedsgerichtswesen
Kübler/Prütting/Bork/*Bearbeiter* .... Kübler/Prütting/Bork, Insolvenzordnung, Kommentar, Loseblatt, 83. EL 2020
KWG .... Gesetz über das Kreditwesen (Kreditwesengesetz) idF der Bek. vom 9.9.1998 (BGBl. 1998 I 2776)

LAG .... Landesarbeitsgericht (mit Ortsnamen); Gesetz über den Lastenausgleich (Lastenausgleichsgesetz) idF der Bek. v. 2.6.1993 (BGBl. 1993 I 845)
LAGE .... Entscheidungssammlung der Landesarbeitsgerichte
Lammel HeizkostenV ..... Lammel, Heizkostenverordnung, Kommentar, 4. Aufl. 2015
Lammel Wohnraum-mietR .... Lammel, Anwaltkommentar Wohnraummietrecht, 3. Aufl. 2007

Langenberg/Zehelein BetriebskostenR	Langenberg/Zehelein, Betriebskosten- und Heizkostenrecht, 8. Aufl. 2016
Langenberg/Zehelein Schönheitsreparaturen	Langenberg/Zehelein, Schönheitsreparaturen, Instandsetzung und Rückbau, 5. Aufl. 2015
Lehmann-Richter/Wobst	Lehmann-Richter/Wobst, WEG-Reform 2020 – Das Wohnungseigentumsrecht nach dem WEMoG, 2020
Lemke/*Bearbeiter*	Lemke, Immobilienrecht, Kommentar, 2. Aufl. 2016
LG	Landgericht (mit Ortsnamen)
Bearbeiter in LHFM Notar-HdB	Limmer/Hertel/Frenz/Mayer, Würzburger Notarhandbuch, 5. Aufl. 2017
Bearbeiter in Lindner-Figura/Oprée/Stellmann Geschäftsraummiete	Lindner-Figura/Oprée/Stellmann, Geschäftsraummiete, 4. Aufl. 2017
lit.	Buchstabe
Lit.	Literatur
LKV	Landes- und Kommunalverwaltung (Zeitschrift)
LM	Lindenmaier/Möhring, Nachschlagewerk des Bundesgerichtshofs (Nr. ohne Gesetzesstelle bezieht sich auf den gerade kommentierten Paragraphen)
LMK	Lindenmaier/Möhring, Kommentierte BGH-Rechtsprechung (Zeitschrift)
Löwe/Graf v. Westphalen/Trinkner/*Bearbeiter*	Löwe/Graf v. Westphalen/Trinkner, Großkommentar zum AGB-Gesetz, 2. Aufl, Band 1 (1985), Band 2 (1983), Band 3 (1985)
LPartG	Gesetz zur Beendigung der Diskriminierung gleichgeschlechtlicher Gemeinschaften: Lebenspartnerschaften v. 16.2.2001 (BGBl. 2001 I 266)
Ls.	Leitsatz
LSG	Landessozialgericht (mit Ortsnamen)
Bearbeiter in Lützenkirchen MietR-HdB	Lützenkirchen, Anwaltshandbuch Mietrecht, 6. Aufl. 2018
Lützenkirchen/*Bearbeiter*	Lützenkirchen, Mietrecht, Kommentar, 2. Aufl. 2015
LZ	Leipziger Zeitschrift für Deutsches Recht
MaBV	Verordnung über die Pflichten der Makler, Darlehens- und Anlagenvermittler, Bauträger und Baubetreuer (Makler- und Bauträgerverordnung) idF der Bek. v. 7.11.1990 (BGBl. 1990 I 2479)
MAH MietR/*Bearbeiter*	Hannemann/Wiegner, Münchener Anwaltshandbuch Mietrecht, 5. Aufl. 2019
Mangoldt/Klein/Starck/*Bearbeiter*	Starck (Hrsg.), Kommentar zum Grundgesetz, 3 Bände, 7. Aufl. 2018
mAnm	mit Anmerkung
Maunz/Dürig/*Bearbeiter*	Herzog/Scholz/Herdegen/Klein (Hrsg.), Grundgesetz, Kommentar, Loseblatt, 91. EL 2020
MBl.	Ministerialblatt
MDR	Monatsschrift für Deutsches Recht (Zeitschrift)
mE	meines Erachtens
MedR	Medizinrecht (Zeitschrift 1.1983 ff.)
Meikel/*Bearbeiter*	Meikel, Grundbuchordnung: GBO, Kommentar, 11. Aufl. 2015
MessEG	Gesetz über das Inverkehrbringen und die Bereitstellung von Messgeräten auf dem Markt, ihre Verwendung und Eichung sowie über Fertigpackungen (Mess- und Eichgesetz) v. 25.7.2013 (BGBl. 2013 I 2722)
MHdB GesR I/*Bearbeiter*	Gummert/Weipert, Münchener Handbuch des Gesellschaftsrecht, Bd. 1: BGB-Gesellschaft, Offene Handelsgesellschaft, Partnerschaftsgesellschaft, Partenreederei, EWIV, 5. Aufl. 2019
MHdB GesR V/*Bearbeiter*	Beuthin/Gummert/Schöpflin, Münchener Handbuch des Gesellschaftsrecht, Bd. 5: Verein, Stiftung bürgerlichen Rechts, EWIV, 5. Aufl. 2021
MietRB	Der Miet-Rechtsberater (Zeitschrift)
Mitt.	Mitteilung(en)
MittBayNot	Mitteilungen des Bayerischen Notarvereins, der Notarkasse und der Landesnotarkammer
MittBl. Königsteiner Kreis	Mitteilungsblatt des Königsteiner Kreises
MittBlBLJA	Mitteilungsblatt des Bayerischen Landesjugendamtes
MittPat	Mitteilungen der deutschen Patentanwälte (Zeitschrift)
MittRhNotK	Mitteilungen der Rheinischen Notarkammer (jetzt: RNotZ = Rheinische Notar-Zeitschrift)

MiZi	Allgemeine Verfügung über Mitteilungen in Zivilsachen
MMR	Multi-Media und Recht (Zeitschrift)
mN	mit Nachweisen
Modernisierungs-HdB/ *Bearbeiter*	Börstinghaus/Eisenschmid, Modernisierungs-Handbuch, 2014
Mot. I–V	Motive zu dem Entwurf eines Bürgerlichen Gesetzbuches für das Deutsche Reich (Band I Allgemeiner Teil; Band II Recht der Schuldverhältnisse; Band III Sachenrecht; Band IV Familienrecht; Band V Erbrecht)
Mugdan	Die gesamten Materialien zum Bürgerlichen Gesetzbuch für das deutsche Reich, hrsg. von Mugdan, Band I–V, 1899
MüKoAktG/*Bearbeiter*	Münchener Kommentar zum Aktiengesetz, hrsg. von Goette/Habersack, Band 4: 5. Aufl. 2021
MüKoFamFG/*Bearbeiter*	Münchener Kommentar zum FamFG, hrsg. von Rauscher, 3. Aufl. 2018 f.
MüKoHGB/*Bearbeiter*	Münchener Kommentar zum Handelsgesetzbuch, hrsg. von K. Schmidt, 4. Aufl. 2018
MüKoZPO/*Bearbeiter*	Münchener Kommentar zur Zivilprozessordnung, hrsg. von Krüger/Rauscher, 5. Aufl. 2016, 6. Aufl. 2020 f.
Müller	Müller, Praktische Fragen des Wohnungseigentums, 6. Aufl. 2015
Müller/Gruber SachenR	Müller/Gruber, Sachenrecht, 2016
v. Münch/Kunig/ *Bearbeiter*	v. Münch/Kunig, Grundgesetz, Kommentar, 6. Aufl. 2012
Musielak/Borth/ *Bearbeiter*	Musielak/Borth, Familiengerichtliches Verfahren, Kommentar, 6. Aufl. 2018
Musielak/Voit/*Bearbeiter*	Musielak/Voit (Hrsg.), Zivilprozessordnung, Kommentar, 17. Aufl. 2020
MHdB GesR II/*Bearbeiter*	Gummert/Weipert (Hrsg.), Münchener Handbuch des Gesellschaftsrechts, Bd. 2: Kommanditgesellschaft, GmbH & Co. KG, Publikums-KG, Stille Gesellschaft, 5. Aufl. 2019
MVHdB WirtschaftsR I/ *Bearbeiter*	Rieder/Schütze/Weipert (Hrsg.), Münchener Vertragshandbuch, Bd. 2: Wirtschaftsrecht I, 8. Aufl. 2020
mwN	mit weiteren Nachweisen
mzN	mit zahlreichen Nachweisen
NBl.	Nachrichtenblatt
NdsRpfl.	Niedersächsische Rechtspflege (Zeitschrift)
Nerlich/Römermann/ *Bearbeiter*	Nerlich/Römermann, Insolvenzordnung, Kommentar, Loseblatt, 37. EL 2018
nF	neue Fassung
NF	Neue Folge
Niedenführ/Schmidt-Räntsch/Vandenhouten/ *Bearbeiter*	Niedenführ/Schmidt-Räntsch/Vandenhouten, Kommentar und Handbuch zum Wohnungseigentumsrecht, 13. Aufl. 2020
NiemeyersZ	Niemeyers Zeitschrift für internationales Recht (25.1915–52.1937/38; vorher s. BöhmsZ)
NJ	Neue Justiz (Zeitschrift)
NJOZ	Neue Juristische Online-Zeitschrift
NJW	Neue Juristische Wochenschrift (Zeitschrift)
NJW-FER	NJW-Entscheidungsdienst Familien- und Erbrecht (Zeitschrift, vereinigt mit FPR ab 2002)
NJW-MietR	NJW-Entscheidungsdienst Miet- und Wohnungsrecht (Zeitschrift)
NJW-RR	NJW-Rechtsprechungs-Report, Zivilrecht (Zeitschrift)
NJW-VHR	NJW-Entscheidungsdienst Versicherungs- und Haftungsrecht (Zeitschrift)
NK-BGB/*Bearbeiter*	NomosKommentar Bürgerliches Gesetzbuch, Band 1: Allgemeiner Teil, EGBGB, hrsg. v. Heidel/Hüßtege/Mansel/Noack, 3. Aufl. 2016; Band 2/1 und 2/2: Schuldrecht, hrsg. v. Dauner-Lieb/Langen, 3. Aufl. 2016; Band 3: Sachenrecht, hrsg. v. Ring/Grziwotz/Keukenschrijver, 4. Aufl. 2016; Band 4: Familienrecht, hrsg. v. Kaiser/Schnitzler/Friederici/Schilling, 3. Aufl. 2014; Band 5: Erbrecht, hrsg. v. Kroiß/Ann/Meyer, 5. Aufl. 2018
NotBZ	Zeitschrift für die notarielle Beratungs- und Beurkundungspraxis
npor	Zeitschrift für das Recht der Non Profit Organisationen
Nr.	Nummer(n)
NRW	Nordrhein-Westfalen
NStZ	Neue Zeitschrift für Strafrecht
NStZ-RR	NStZ-Rechtsprechungs-Report Strafrecht (Zeitschrift)

NVersZ	Neue Zeitschrift für Versicherung und Recht
NVwZ	Neue Zeitschrift für Verwaltungsrecht
NVwZ-RR	Rechtsprechungs-Report Verwaltungsrecht (Zeitschrift)
NZA	Neue Zeitschrift für Arbeits- und Sozialrecht
NZA-RR	NZA-Rechtsprechungs-Report Arbeitsrecht
NZBau	Neue Zeitschrift für Baurecht und Vergaberecht
NZFam	Neue Zeitschrift für Familienrecht
NZG	Neue Zeitschrift für Gesellschaftsrecht
NZI	Neue Zeitschrift für Insolvenz und Sanierung
NZM	Neue Zeitschrift für Mietrecht
NZS	Neue Zeitschrift für Sozialrecht
NZV	Neue Zeitschrift für Verkehrsrecht
o.	oben
oÄ	oder Ähnliches
Oetker/*Bearbeiter*	Oetker, Handelsgesetzbuch, Kommentar, 6. Aufl. 2019
OGH	Oberster Gerichtshof (Österreich)
OHG	offene Handelsgesellschaft
oJ	ohne Jahrgang
ÖJZ	Österreichische Juristenzeitung (Zeitschrift)
OLDI	Online-Bereitstellung digitaler Inhalte
OLG	Oberlandesgericht
OLGE	siehe OLGRspr.
OLG-NL	OLG-Rechtsprechung Neue Länder (Zeitschrift)
OLGR	OLG-Report
OLGRspr.	Die Rechtsprechung der Oberlandesgerichte auf dem Gebiete des Zivilrechts, hrsg. v. Mugdan und Falkmann (1.1900–46.1928; aufgegangen in HRR)
OLGZ	Rechtsprechung der Oberlandesgerichte in Zivilsachen, Amtliche Entscheidungssammlung
OR	Schweizerisches Obligationsrecht
ORDO	ORDO, Jahrbuch für die Ordnung von Wirtschaft und Gesellschaft
öRdW	(österr.) Recht der Wirtschaft (Zeitschrift)
österr.	österreichisch
oV	ohne Verfasser
OVG	Oberverwaltungsgericht
OWiG	Gesetz über Ordnungswidrigkeiten idF der Bek. v. 19.2.1987 (BGBl. 1987 I 602)
ÖZöffR	Österreichische Zeitschrift für öffentliches Recht (zitiert nach Bd. und Seite)
PachtkredG	Pachtkreditgesetz v. 5.8.1951 (BGBl. 1951 I 494)
Palandt/*Bearbeiter*	Palandt, Bürgerliches Gesetzbuch, Kommentar, 80. Aufl. 2021
PAngV	Preisangabenverordnung idF der Bek. v. 18.10.2002 (BGBl. 2002 I 4197)
ParteiG	Gesetz über die politischen Parteien (Parteiengesetz) idF der Bek. v. 31.1.1994 (BGBl. 1994 I 149)
PartGG	Gesetz über Partnerschaftsgesellschaften Angehöriger Freier Berufe (Partnerschaftsgesellschaftsgesetz) v. 25.7.1994 (BGBl. 1994 I 1744)
PatG	Patentgesetz idF der Bek. v. 16.12.1980 (BGBl. 1981 I 1)
PflVG	Gesetz über die Pflichtversicherung für Kraftfahrzeughalter (Pflichtversicherungsgesetz) idF der Bek. v. 5.4.1965 (BGBl. 1965 I 213)
PHI	Produkthaftpflicht International (Zeitschrift)
Planck/*Bearbeiter*	Plancks Kommentar zum BGB nebst Einführungsgesetz, 5 Bände, Band 4/2, 6: 3. Aufl. 1905/1906; Band 1, 2, 4/1, 5: 4. Aufl. 1913–1930; Band 3: 5. Aufl. 1933–1938
Pr.; pr.	Preußen; preußisch
PrALR	Allgemeines Landrecht für die Preußischen Staaten von 1794 (zitiert nach §, Teil und Titel)
Praxis	Die Praxis des Bundesgerichts (Zeitschrift)
PreisklG	Gesetz über das Verbot der Verwendung von Preisklauseln bei der Bestimmung von Geldschulden (Preisklauselgesetz) v. 7.9.2007 (BGBl. 2007 I 2246)
Prölss/Martin/*Bearbeiter*	Prölss/Martin, VVG, Kommentar, 30. Aufl. 2018
ProstG	Gesetz zur Regelung der Rechtsverhältnisse der Prostituierten (Prostitutionsgesetz) v. 20.12.2001 (BGBl. 2001 I 3983)
Prot. I–VI	Protokolle der Kommission für die zweite Lesung des Entwurfs des BGB (Bände I und IV 1897; Band II 1898; Band III, V und VI 1899)
Prütting/Gehrlein/*Bearbeiter*	Prütting/Gehrlein, ZPO, Kommentar, 12. Aufl. 2020
Prütting/Helms/*Bearbeiter*	Prütting/Helms, FamFG, Kommentar, 5. Aufl. 2020

PStG .... Personenstandsgesetz v. 19.2.2007 (BGBl. 2007 I 122)
PWW/*Bearbeiter* .... Prütting/Wegen/Weinreich (Hrsg.), BGB, Kommentar, 13. Aufl. 2018

r+s .... recht und schaden (Zeitschrift)
RA .... Rechtsausschuss
RabelsZ .... Rabels Zeitschrift für ausländisches und internationales Privatrecht
RAnz. .... Deutscher Reichs-Anzeiger
RdA .... Recht der Arbeit (Zeitschrift)
RdErl. .... Runderlass
RDG .... Gesetz über außergerichtliche Rechtsdienstleistungen (Rechtsdienstleistungsgesetz) v. 12.12.2007 (BGBl. 2007 I 2840)
RdJ .... Recht der Jugend (Zeitschrift)
RdJB .... Recht der Jugend und des Bildungswesens (Zeitschrift)
RdTW .... Recht der Transportwirtschaft (Zeitschrift)
RE .... Rechtsentscheid
Recht .... Das Recht (Zeitschrift)
Rechtstheorie .... Rechtstheorie (Zeitschrift)
RefE .... Referentenentwurf
RegBl. .... Regierungsblatt
RegE .... Regierungsentwurf
RG .... Reichsgericht
RGBl. .... Reichsgesetzblatt
RG-Praxis .... Die Reichsgerichtspraxis im deutschen Rechtsleben
RGRK-BGB/*Bearbeiter* . Das Bürgerliche Gesetzbuch mit besonderer Berücksichtigung der Rechtsprechung des Bundesgerichtshofs, Kommentar, hrsg. von Mitgliedern des Bundesgerichtshofs, 12. Aufl. 1974 ff.
RGZ .... Amtliche Sammlung von Entscheidungen des Reichsgerichts in Zivilsachen
RheinZ .... Rheinische Zeitschrift für Zivil- und Prozeßrecht
Riecke/Schmid/
Bearbeiter .... Riecke/Schmid, WEG, Kommentar, 5. Aufl. 2019
RIW .... Recht der Internationalen Wirtschaft (Zeitschrift)
RJA .... Entscheidungen in Angelegenheiten der freiwilligen Gerichtsbarkeit und des Grundbuchrechts, zusammengestellt im Reichsjustizamt (1.1900–17.1922)
RL .... Richtlinie
Rn. .... Randnummer(n)
ROHG .... Reichsoberhandelsgericht, auch Entscheidungssammlung (Bd. und Seite)
Rosenberg/Schwab/
Gottwald ZivilProzR ..... Rosenberg/Schwab/Gottwald, Zivilprozessrecht, 18. Aufl. 2018
Rpfleger .... Der Deutsche Rechtspfleger (Zeitschrift)
RPflG .... Rechtspflegergesetz idF der Bek. v. 14.4.2013 (BGBl. 2013 I 778)
Rs. .... Rechtssache
Rspr. .... Rechtsprechung
RuW .... Recht und Wirtschaft (Zeitschrift)
RVG .... Gesetz über die Vergütung der Rechtsanwältinnen und Rechtsanwälte (Rechtsanwaltsvergütungsgesetz) v. 5.5.2004 (BGBl. 2004 I 718, 788)
RWP .... Rechts- und Wirtschaftspraxis (Loseblatt-Ausgabe)

S. .... Seite; Satz
s. .... siehe; section
SaBl. .... Sammelblatt für Rechtsvorschriften des Bundes und der Länder
Sachs/*Bearbeiter* .... Sachs, Grundgesetz GG, Kommentar, 8. Aufl. 2018
Sauren .... Sauren, Wohnungseigentumsgesetz, Kommentar, 6. Aufl. 2014
Savigny System I–VIII ... F.C. v. Savigny, System des heutigen römischen Rechts, Bände I–VIII, 1814–1849 (2. Neudruck 1981)
Schapp/Schur SachenR ... Schapp/Schur, Sachenrecht, begr. v. Schapp, 4. Aufl. 2010
Schippel/Bracker/
Bearbeiter .... Schippel/Bracker, Bundesnotarordnung, 9. Aufl. 2011
SchlH .... Schleswig-Holstein
SchlHA .... Schleswig-Holsteinische Anzeigen (NF 1.1837 ff. Zeitschrift)
Bearbeiter in Schmid
Miete .... Schmid, Miete und Mietprozess, 4. Aufl. 2004
Bearbeiter in Schmid
Mietnebenkosten-HdB .. Schmid, Handbuch der Mietnebenkosten, 16. Aufl. 2019
Schmid/*Bearbeiter* .... Schmid, Miet- und Wohnungsrecht, Kommentar, Loseblatt, Stand 1986
Schmid/Kahlen .... Schmid/Kahlen, Wohnungseigentumsgesetz, Kommentar, 2007
Schmidt/*Bearbeiter* .... Schmidt, COVID-19, Rechtsfragen zur Corona-Krise, 2. Aufl. 2020
K. Schmidt/*Bearbeiter* ..... K. Schmidt, Insolvenzordnung: InsO mit EuInsVO, Kommentar, 19. Aufl. 2016

Schmidt-Futterer/ *Bearbeiter*	Schmidt-Futterer/Blank, Mietrecht, Kommentar, 14. Aufl. 2019
Scholz/*Bearbeiter*	Scholz, GmbHG, Kommentar, 12. Aufl. 2018
Schöner/Stöber GrundbuchR	Schöner/Stöber, Grundbuchrecht, 16. Aufl. 2020
SchuldR	Schuldrecht
Schulte-Bunert/ Weinreich/*Bearbeiter*	Schulte-Bunert/Weinreich, FamFG, Kommentar, 6. Aufl. 2019
Schwab/Prütting SachenR	Schwab/Prütting, Sachenrecht, 37. Aufl. 2020
SE	Societas Europaea, Europäische Aktiengesellschaft
Serick EV I–VI	Serick, Eigentumsvorbehalt und Sicherungsübertragung, 1963 bis 1982
SeuffA	Seufferts Archiv für Entscheidungen der obersten Gerichte in den deutschen Staaten (Zeitschrift, zitiert nach Band und Nr.; 1.1847–98.1944)
SeuffBl.	Seufferts Blätter für Rechtsanwendung (Zeitschrift, zitiert nach Band und Seite)
SFH/RSprBau	Schäfer/Finnern/Hochstein, Rechtsprechung zum privaten Baurecht, Stand Juni 2000
SG	Sozialgericht; Gesetz über die Rechtsstellung der Soldaten idF v. 5.2.2009 (BGBl. 2009 I 160)
SGb	Die Sozialgerichtsbarkeit (Zeitschrift)
SGB I–XII	Sozialgesetzbuch 1. bis 12. Buch
SGG	Sozialgerichtsgesetz idF der Bek. v. 23.9.1975 (BGBl. 1975 I 2535)
SJZ	Süddeutsche Juristenzeitung (Zeitschrift)
Bearbeiter in SEHR WEG-Reform 2020/ 2021	Skauradszun/Elzer/Hinz/Riecke, Die WEG-Reform 2020/2021, 2021
Slg.	Entscheidungen des Europäischen Gerichtshofs
Soergel/*Bearbeiter*	Soergel, Bürgerliches Gesetzbuch mit Einführungsgesetz und Nebengesetzen, Kommentar, 13. Aufl. 1999 ff.
SoergRspr.	Soergel(s) Rechtsprechung zum gesamten Zivil-, Handels- und Prozeßrecht (Jahr, Paragraph und Nr.)
sog.	sogenannt
SozR	Sozialrecht (Zeitschrift), Rechtsprechung und Schrifttum, bearbeitet von den Richtern des Bundessozialgerichts
SozVers	Die Sozialversicherung (Zeitschrift)
SozW	Sozialwissenschaft(en)
Sp.	Spalte
Spielbauer/Then	Spielbauer/Then, WEG, Kommentar, 3. Aufl. 2016
Staub/*Bearbeiter*	Staub, Handelsgesetzbuch, Großkommentar, 5. Aufl. 2009 ff., insbesondere Bankvertragsrecht: Kreditgeschäft, Band 10/2, 5. Aufl. 2015
Staudinger/*Bearbeiter*	v. Staudinger, Bürgerliches Gesetzbuch, Kommentar, 13. Bearbeitung 1993 ff.; die Bände sind mit Angabe der Jahreszahl in Kommata zitiert
StAZ	Das Standesamt (Zeitschrift)
Stein/Jonas/*Bearbeiter*	Stein/Jonas, Kommentar zur Zivilprozessordnung (ZPO), 23. Aufl. 2014 ff.
Sternel MietR	Sternel, Mietrecht, 3. Aufl. 1988
Sternel MietR aktuell	Sternel, Mietrecht aktuell, 4. Aufl. 2009
StGB	Strafgesetzbuch idF der Bek. v. 13.11.1998 (BGBl. 1998 I 3322)
StPO	Strafprozessordnung idF der Bek. v. 7.4.1987 (BGBl. 1987 I 1074, berichtigt BGBl. 1987 I 1319)
str.	streitig
stRspr	ständige Rechtsprechung
StuW	Steuer und Wirtschaft (Zeitschrift)
Thomas/Putzo/ *Bearbeiter*	Thomas/Putzo, Zivilprozessordnung, ZPO, Kommentar mit Gerichtsverfassungsgesetz und den Einführungsgesetzen, 41. Aufl. 2020
Timesharing-RL	Richtlinie 2008/122/EG des Europäischen Parlaments und des Rates über den Schutz der Verbraucher im Hinblick auf bestimmte Aspekte von Teilzeitnutzungsverträgen, Verträgen über langfristige Urlaubsprodukte sowie Wiederverkaufs- und Tauschverträgen v. 14.1.2009 (ABl. EU 2009 L 33, 10)
TKG	Telekommunikationsgesetz idF der Bek. v. 22.6.2004 (BGBl. 2004 I 1190)
TranspR	Transport- und Speditionsrecht (Zeitschrift)
ua	unter anderem; und andere
uÄ	und Ähnliches
überwM	überwiegende Meinung
uE	unseres Erachtens

Uhlenbruck/*Bearbeiter*	Uhlenbruck, Insolvenzordnung, Kommentar, 15. Aufl. 2020
Ulmer/Brandner/Hensen/*Bearbeiter*	Ulmer/Brandner/Hensen, AGB-Recht, Kommentar, 12. Aufl. 2016
Ulmer/Habersack/Löbbe/*Bearbeiter*	Ulmer/Habersack/Löbbe (Hrsg.), Kommentar zum GmbHG, begr. von Hachenburg, 2. Aufl. 2013 ff.
UmweltHG	Umwelthaftungsgesetz v. 10.12.1990 (BGBl. 1990 I 2634)
UmwG	Umwandlungsgesetz v. 28.10.1994 (BGBl. 1994 I 3210, berichtigt BGBl. 1994 I 428)
unstr.	unstreitig
UrhG	Gesetz über Urheberrecht und verwandte Schutzrechte (Urheberrechtsgesetz) v. 9.9.1965 (BGBl. 1965 I 1273)
UStG	Umsatzsteuergesetz idF der Bek. v. 21.2.2005 (BGBl. 2005 I 386)
usw	und so weiter
uU	unter Umständen
UWG	Gesetz gegen den unlauteren Wettbewerb idF der Bek. v. 3.3.2010 (BGBl. 2010 I 254)
v.	vom; von
VA	Vermittlungsausschuss
VAE	Verkehrsrechtliche Abhandlungen und Entscheidungen (Zeitschrift)
VAG	Gesetz über die Beaufsichtigung der Versicherungsunternehmen (Versicherungsaufsichtsgesetz) v. 1.4.2015 (BGBl. 2015 I 434)
Var.	Variante
VBL	Versorgungsanstalt des Bundes und der Länder
VBlBW	Verwaltungsblätter für Baden-Württemberg
VereinsG	Vereinsgesetz idF der Bek. v. 5.8.1964 (BGBl. 1964 I 593)
Verh.	Verhandlung(en)
VermAnlG	Gesetz über Vermögensanlagen (Vermögensanlagengesetz) v. 6.12.2011 (BGBl. 2011 I 2481)
VersR	Versicherungsrecht, Juristische Rundschau für die Individualversicherung (Zeitschrift)
VerwG	Verwaltungsgericht
VerwGH	Verwaltungsgerichtshof
VerwR	Verwaltungsrecht
VerwRspr.	Verwaltungsrechtsprechung in Deutschland (Band und Seite)
Vfg.	Verfügung
VG	Verwaltungsgericht
VGH	Verfassungsgerichtshof
vgl.	vergleiche
vH	vom Hundert
Vieweg/*Bearbeiter*	s. unter jurisPK-BGB
Vieweg/Werner SachenR	Vieweg/Werner, Sachenrecht, 8. Aufl. 2018
VIZ	Zeitschrift für Vermögens- und Investitionsrecht (seit 1997: Immobilienrecht)
VMBl.	Ministerialblatt des Bundesministers für (ab 1962: der) Verteidigung
VO	Verordnung
VOBl.	Verordnungsblatt
Vorb.	Vorbemerkung
VRS	Verkehrsrechts-Sammlung (Zeitschrift; Band und Seite)
VuR	Verbraucher und Recht (Zeitschrift)
VVDStRL	Veröffentlichungen der Vereinigung Deutscher Staatsrechtslehrer
VVG	Gesetz über den Versicherungsvertrag v. 23.11.2007 (BGBl. 2007 I 2631)
VwGO	Verwaltungsgerichtsordnung idF der Bek. v. 19.3.1991 (BGBl. 1991 I 686)
VwVfG	Verwaltungsverfahrensgesetz idF der Bek. v. 23.1.2003 (BGBl. 2003 I 102)
Wall	Wall, Betriebs- und Heizkosten-Kommentar, §§ 556, 556a, 560 BGB, Betriebskostenverordnung, Wohnflächenverordnung, 5. Aufl. 2020
WärmeLV	Verordnung über die Umstellung auf gewerbliche Wärmelieferung für Mietwohnraum (Wärmelieferverordnung) v. 7.6.2013 (BGBl. 2013 I 1509)
WarnR	Rechtsprechung des Reichsgerichts, hrsg. von Warneyer (Band und Nr.), ab 1961: Rechtsprechung des Bundesgerichtshofs in Zivilsachen
WEG	Gesetz über das Wohnungseigentum und das Dauerwohnrecht (Wohnungseigentumsgesetz) v. 15.3.1951 (BGBl. 1951 I 175, berichtigt BGBl. 1951 I 209)
WEMoG	Gesetz zur Förderung der Elektromobilität und zur Modernisierung des Wohnungseigentumsgesetzes und zur Änderung von kosten- und grundbuchrechtlichen Vorschriften (Wohnungseigentumsmodernisierungsgesetz) idF der Bek. v. 12.1.2021 (BGBl. 2021 I 34)

Weitnauer/*Bearbeiter*	Weitnauer, Wohnungseigentumsgesetz, Kommentar, 9. Aufl. 2004
Westermann/Gursky/Eickmann SachenR	Westermann/Gursky/Eickmann, 8. Aufl. 2011
Bearbeiter in Westermann/Wertenbruch PersGesR-HdB	Westermann/Wertenbruch, Handbuch der Personengesellschaften, Loseblatt, 77. EL 2020
Bearbeiter in Graf v. Westphalen/Thüsing VertragsR	Graf v. Westphalen/Thüsing (Hrsg.), Vertragsrecht und AGB-Klauselwerke, Loseblatt-Ausgabe, 45. Aufl. 2020
WG	Wechselgesetz v. 21.6.1933 (RGBl. 1933 I 399)
WGV	Verordnung über die Anlegung und Führung der Wohnungs- und Teileigentumsgrundbücher (Wohnungsgrundbuchverfügung) idF der Bek. v. 24.1.1995 (BGBl. 1995 I 134)
WiB	Wirtschaftsrechtliche Beratung (Zeitschrift)
Wieling/Finkenauer SachenR	Wieling/Finkenauer, Sachenrecht, 6. Aufl. 2020
Wieling SachenR-HdB ..	Wieling, Sachenrecht, Band 1: Sachen, Besitz und Rechte an beweglichen Sachen, 2. Aufl. 2006
Wilhelm SachenR	Wilhelm, Sachenrecht, 6. Aufl. 2019
WImmoT	Weimarer Immobilienrechtstage (Dokumentation)
Windscheid/Kipp PandektenR I, II, III	Windscheid, Lehrbuch des Pandektenrechts, Bände I–III, bearbeitet von Kipp, 9. Aufl. 1906
WiRO	Wirtschaft und Recht in Osteuropa (Zeitschrift)
WM	Wertpapiermitteilungen, Zeitschrift für Wirtschaft und Bankrecht (Zeitschrift)
WoFlV	Verordnung zur Berechnung der Wohnfläche (Wohnflächenverordnung) v. 25.11.2003 (BGBl. 2003 I 2346)
Wohnimmobilienkredit-RL	Richtlinie 2014/17/EU des Europäischen Parlaments und des Rates über Wohnimmobilienkreditverträge für Verbraucher und zur Änderung der Richtlinien 2008/48/EG und 2013/36/EU und der Verordnung (EU) Nr. 1093/2010 v. 4.2.2014 (ABl. EU 2014 L 60, 34, berichtigt ABl. EU 2015 L 47, 34 und ABl. EU 2015 L 246, 11)
E. Wolf SachenR	E. Wolf, Lehrbuch des Sachenrechts, 2. Aufl. 1979
M. Wolf SachenR	M. Wolf, Sachenrecht, 12. Aufl. 1994
E. Wolf SchuldR	E. Wolf, Lehrbuch des Schuldrechts, 1978
Wolf/Eckert/Ball Gewerbl. MietR/PachtR-HdB	Wolf/Eckert/Ball, Handbuch des gewerblichen Miet-, Pacht- und Leasingrechts, 10. Aufl. 2009
Wolf/Lindacher/Pfeiffer/*Bearbeiter*	Wolf/Lindacher/Pfeiffer, AGB-Recht, Kommentar, 7. Aufl. 2020
Wolff/Raiser SachenR	Wolff/Raiser, Sachenrecht, 10. Aufl. 1957
WoM	Wohnungswirtschaft und Mietrecht (Informationsdienst des Deutschen Mieterbundes; Zeitschrift)
WP	Wahlperiode
WpHG	Gesetz über den Wertpapierhandel (Wertpapierhandelsgesetz) idF der Bek. v. 9.9.1998 (BGBl. 1998 I 2708)
WRV	Weimarer Reichsverfassung v. 11.8.1919 (RGBl. 1919, 1383)
WuB	Wirtschafts- und Bankrecht (Zeitschrift)
WuM	Wohnungswirtschaft und Mietrecht (Informationsdienst des Deutschen Mieterbundes; Zeitschrift)
WürttNV	Mitteilungen aus der Praxis, hrsg. v. Württembergischen Notarverein (bis 20.1954), dann BWNotZ
WürttRpflZ	Württembergische Zeitschrift für Rechtspflege und Verwaltung
WürttZ	Zeitschrift für die freiwillige Gerichtsbarkeit und Gemeindeverwaltung in Württemberg
WuW	Wirtschaft und Wettbewerb (Zeitschrift)
Zahlungsverzugs-RL	Richtlinie 2011/7/EU des Europäischen Parlaments und des Rates zur Bekämpfung von Zahlungsverzug im Geschäftsverkehr v. 16.2.2011 (ABl. EU 2011 L 48, 1)
ZAkDR	Zeitschrift der Akademie für Deutsches Recht
ZAP	Zeitschrift für die Anwaltspraxis

ZAR .... Zeitschrift für Ausländerrecht und Ausländerpolitik
ZAS .... Zeitschrift für Arbeits- und Sozialrecht (Österreich)
zB .... zum Beispiel
ZBB .... Zeitschrift für Bankrecht und Bankwirtschaft
ZBernJV .... Zeitschrift des Bernischen Juristenvereins
ZBlFG .... Zentralblatt für freiwillige Gerichtsbarkeit und Notariat (ab 12.1911/12: für freiwillige Gerichtsbarkeit, Notariat und Zwangsversteigerung), 1.1900/01–22.1921/22
ZBlHR .... Zentralblatt für Handelsrecht
ZBlJugR .... Zentralblatt für Jugendrecht und Jugendwohlfahrt
ZblSozVers .... Zentralblatt für Sozialversicherung, Sozialhilfe und -versorgung
ZBR .... Zeitschrift für Beamtenrecht
ZErb .... Zeitschrift für Steuer- und Erbrechtspraxis
ZEuP .... Zeitschrift für Europäisches Privatrecht
ZEV .... Zeitschrift für Erbrecht und Vermögensnachfolge
ZFE .... Zeitschrift für Familien- und Erbrecht
ZfF .... Zeitschrift für das Fürsorgewesen (Zeitschrift)
ZfIR .... Zeitschrift für Immobilienrecht (Zeitschrift)
ZfPW .... Zeitschrift für die gesamte Privatrechtswissenschaft
ZfRV .... Zeitschrift für Rechtsvergleichung (Österreich)
ZfSH .... Zeitschrift für Sozialhilfe (1.1962 ff.)
ZfSoz .... Zeitschrift für Soziologie
ZfSozReform .... Zeitschrift für Sozialreform
ZfSozW .... Zeitschrift für Sozialwissenschaft
ZfZ .... Zeitschrift für Zölle und Verbrauchsteuern
ZG .... Zeitschrift für Gesetzgebung
ZGB .... Schweizerisches Zivilgesetzbuch
ZGB DDR .... Zivilgesetzbuch der Deutschen Demokratischen Republik v. 19.6.1975 (GBl. DDR 1975 I 465)
ZGS .... Zeitschrift für das gesamte Schuldrecht
ZgS .... Zeitschrift für die gesamte Staatswissenschaft (Band, Jahr, Seite)
ZHR .... Zeitschrift für das gesamte Handelsrecht und Wirtschaftsrecht
Ziff. .... Ziffer(n)
Zimmermann ZPO .... Zimmermann, ZPO, Kommentar, 10. Aufl. 2015
Zimmermann FamFG .... Zimmermann, FamFG, 2. Aufl. 2011
ZInsO .... Zeitschrift für das gesamte Insolvenzrecht (Zeitschrift)
ZIP .... Zeitschrift für Wirtschaftsrecht (bis 1982: Zeitschrift für Wirtschaftsrecht und Insolvenzpraxis)
ZLW .... Zeitschrift für Luftrecht und Weltraumrechtsfragen
ZMR .... Zeitschrift für Miet- und Raumrecht
Zöller/*Bearbeiter* .... Zöller, Zivilprozessordnung, Kommentar, 33. Aufl. 2020
ZPO .... Zivilprozessordnung idF der Bek. v. 5.12.2005 (BGBl. 2005 I 3202, berichtigt BGBl. 2006 I 431 und BGBl. 2007 I 1781)
ZRechtsmed. .... Zeitschrift für Rechtsmedizin
ZRG .... Zeitschrift der Savigny-Stiftung für Rechtsgeschichte (germ. Abt. = germanistische Abteilung; rom. Abt. = romanistische Abteilung, kanon. Abt. = kanonistische Abteilung)
ZRP .... Zeitschrift für Rechtspolitik
ZRvgl. .... Zeitschrift für Rechtsvergleichung
ZS .... Zivilsenat
ZSR .... Zeitschrift für Sozialreform
ZStW .... Zeitschrift für die gesamte Strafrechtswissenschaft
zT .... zum Teil
ZUM .... Zeitschrift für Urheber- und Medienrecht – Film und Recht
zust. .... zustimmend
zutr. .... zutreffend
ZVG .... Gesetz über die Zwangsversteigerung und Zwangsverwaltung idF der Bek. v. 20.5.1898 (RGBl. 1898, 713)
ZVglRWiss .... Zeitschrift für vergleichende Rechtswissenschaft (Band, Jahr und Seite)
ZWE .... Zeitschrift für das Wohnungseigentum
ZWeR .... Zeitschrift für Wettbewerbsrecht
ZZP .... Zeitschrift für Zivilprozess (Band, Jahr und Seite)

Gesetz über das Wohnungseigentum und das Dauerwohnrecht (Wohnungseigentumsgesetz – WEG)

in der Fassung der Bekanntmachung vom 12.1.2021
(BGBl. 2021 I 34)

Einleitung (Einl. WEG)

Schrifttum (allgemein): *Abramenko,* Die Prüfung von Stimmrechtsvollmachten, ZWE 2016, 399; *Armbrüster/Müller,* Zur Wirkung wohnungseigentumsrechtlicher Gebrauchsbeschränkungen gegen Mieter, ZWE 2007, 227; *Bärmann,* Zur Theorie des Wohnungseigentums, NJW 1989, 1057; *Becker,* Auswirkungen des Abrechnungsbeschlusses auf Forderungen aus dem Wirtschaftsplan, ZWE 2018, 193; *Becker/Schneider,* WEG-Reform 2020: Anmerkungen zum Regierungsentwurf des WEMoG, ZfIR 2020, 281; *Böttcher,* Veränderungen beim Wohnungseigentum, BWNotZ 1996, 80; *Brückner,* Aktuelle Probleme des Wohnungseigentumsrechts, ZNotP 2020, 1; Bund-Länder-Arbeitsgruppe zur Reform des Wohnungseigentumsgesetzes (WEG), Abschlussbericht vom August 2019, ZWE 2019, 429; *Burgmair,* Heime, „Betreutes Wohnen", sonstige Pflegeeinrichtungen und WEG, ZWE 2020, 313; *Drasdo,* Der Wert der Beschwer in wohnungseigentumsrechtlichen Verfahren, NZM 2019, 327; *Dreyer,* Mängel bei der Begründung von Wohnungseigentum, DNotZ 2007, 594; *Gaier,* Unterteilung von Wohnungseigentum, FS Wenzel, 2005, 145; *Hogenschurz,* Die Entziehung des Wohnungseigentums, NZM 2005, 611; *Jacoby/Lehmann-Richter/Weiler,* Die AGB-Kontrolle der Verwaltervergütung im Spiegel der höchstrichterlichen Rechtsprechung zu Bankentgelten, ZMR 2018, 181; *Kreuzer,* Anmerkung zur Entscheidung des OLG Zweibrücken, Beschluss vom 1.7.2013, 3 W 22/13 – Zur Bewilligungsbefugnis von Sondernutzugsrechten nach Verkauf aller Sondereigentumseinheiten, MittBayNot 2014, 49; *Lehmann-Richter,* Gerichtliche Zuständigkeitskonflikte in Wohnungseigentumssachen, MietRB 2019, 284; *Lehmann-Richter/Wobst,* Direktansprüche gegen zweckwidrig nutzende Mieter – zugleich Anmerkung zum Eisdielenfall des BGH (V ZR 271/18), ZWE 2020, 123; *Merle,* Zur Feststellung des Beschlussergebnisses bei Vereinbarungen zur Stimmkraft, ZWE 2009, 15; *Moosheimer,* Untergemeinschaften – gelöste und ungelöste Fragen, ZMR 2014, 602 und ZMR 2014, 687; *Prüfer,* Grenzen der Privatautonomie im Wohnungseigentumsrecht, ZWE 2001, 398; *Schmidt-Räntsch,* Aktuelle Rechtsprechung des BGH zum WEG, ZWE 2020, 1; *Schneider,* Ausgewählte Besonderheiten bei der Zwangsvollstreckung des wohnungseigentumsrechtlichen Entziehungsurteils, NZM 2014, 498; *Skauradszun,* Neuausrichtung der Verwaltung in der vollrechtsfähigen WEG, ZRP 2020, 34; *Suilmann,* Wohnungseigentumsrechtliche Verfahren und obligatorische Streitschlichtung, ZMR 2019, 910; *Wenzel,* Hausverbot gegen Lebensgefährten, ZWE 2009, 165; *Zschieschack,* Die Rechtsfolgen erfolgreicher Beschlussanfechtung, FS Riecke, 2019, 477; *Zschieschack,* Nutzungskonflikte der vermieteten Eigentumswohnung in der gerichtlichen Praxis, FS Börstinghaus, 2020, 453.

Übersicht

I. Überblick

1 **1. Rechtslage vor Erlass des WEG.** Vor **Erlass des WEG im Jahr 1951** war die aus dem klassischen römischen Recht übernommene Vorstellung von der Untrennbarkeit des Eigentums an Grund und Boden einerseits und Gebäuden und Gebäudeteilen andererseits im deutschen Recht lediglich durch das sog. **Stockwerkseigentum** durchbrochen.[1] Die Wurzeln dieses Stockwerkseigentums lassen sich bis ins Mittelalter zu den Ganerbenburgen zurückverfolgen.[2] Für das Stockwerkseigentum gab es allerdings keine reichs- oder bundesgesetzliche Grundlage.[3]

2 Bei Schaffung des Bürgerlichen Gesetzbuchs wurde durch **Art. 189 EGBGB** die Neubegründung von Stockwerkseigentum nach Inkrafttreten des BGB verboten. Auf diese Weise sollte im Sinne einer verspäteten Rezeption des römischen Rechtes dem Grundsatz der Einheit von Grundstück und Gebäude Rechnung getragen werden. Für das zu diesem Zeitpunkt bereits bestehende Stockwerkseigentum ordnete **Art. 182 EGBGB** dessen Fortbestehen an. Hieran anknüpfend gab **Art. 218 EGBGB** den Ländern die Möglichkeit, diese landesgesetzlichen Vorschriften zu ändern. Weiterhin sah **Art. 131 EGBGB** vor, dass der Landesgesetzgeber die Möglichkeit hat, als Ersatz für Stockwerkseigentum eine unauflösliche Miteigentümergemeinschaft iSd § 1010 BGB zu schaffen.[4] Auch nach Inkrafttreten des WEG besteht im Übrigen Stockwerkseigentum unter Umständen auch bis heute fort, wenn es nicht in Wohnungseigentum überführt wurde.[5]

3 **2. Schaffung des WEG.** Mit der Schaffung des WEG, dessen Grundannahme der Vorstellung der Rechtseinheit von Grundstück und Gebäude zuwiderläuft, wurde dem Umstand Rechnung getragen, dass nur bei einer rechtlichen Verselbständigung der einzelnen Wohneinheiten das Eigenkapital der Wohnungssuchenden und deren Geldgeber für den **Wohnungsbau** verwendet werden kann. Nur bei einer rechtlichen Trennung einzelner Wohneinheiten voneinander besteht die Chance, die einzelne Einheit zum Gegenstand isolierter Rechte zu machen, einem Erwerber Eigentum und einem Kapitalgeber die Möglichkeit der dinglichen Sicherung seines Darlehens zu verschaffen.

4 Nachdem bereits nach dem ersten Weltkrieg der Gedanke der rechtlichen Verselbständigung einzelner Wohneinheiten anhand des Stockwerkseigentums diskutiert worden war,[6] wurde aufgrund der erheblichen **Wohnungsnot** nach dem zweiten Weltkrieg neuerlich nach einer Lösung gesucht, die zunächst an § 1010 BGB anknüpfen sollte. Da jedoch als notwendige Besonderheit des sachenrechtlichen Eigentums an Wohneinheiten neben deren räumlicher Abgeschlossenheit und isolierter Erreichbarkeit die Verselbständigung als Voraussetzung der Fungibilität und Beleihbarkeit erkannt wurde, bedurfte es des **Wohnungseigentums** als neues eigenständiges Rechtsinstitut.

5 Für das Wohnungseigentum wurde ein neues Gesetz, das Wohnungseigentumsgesetz oder auch kurz **„WEG“,** geschaffen. Das WEG wurde zu einem der ersten bedeutenden zivilrechtlichen Gesetzgebungsvorhaben der jungen Bundesrepublik. Maßgeblichen Anteil an der Abfassung des WEG hatten der Bundestagsabgeordnete **Wirths,** die Professoren **Bärmann** und **Weitnauer** sowie der Kammergerichtsrat **Diester.**[7]

6 **3. Entwicklung des WEG.** Nach Inkrafttreten des WEG im Jahre 1951 lief die Errichtung von Gebäuden, die in Wohnungseigentum geteilt wurden, zunächst nur langsam an, da die Eigentumswohnung als Beleihungsobjekt von den finanzierenden Banken nur eingeschränkt anerkannt wurde. Aufbauend auf die mit den ersten Objekten erzielten positiven Erfahrungen änderte sich

---

[1] Vgl. Staudinger/*Rapp,* 2018, Einl. Rn. 58 ff.; Weitnauer/*Briesemeister* Rn. 1 ff. mwN.
[2] Vgl. *Alsdorf,* Untersuchungen zur Rechtsgestalt und Teilung deutscher Ganerbenburgen, 1980.
[3] Vgl. *Kohl,* Stockwerkseigentum, 2007.
[4] Von dieser Befugnis hat das Land Baden-Württemberg am 12.6.1950 Gebrauch gemacht (RegBl. 1950, 57), wobei dieses Gesetz unter Fortbestehenlassen der unter seiner Geltung begründeten Rechte am 16.2.1953 wieder aufgehoben wurde (GBl. 1953 Nr. 3 S. 9); zum württembergischen Stockwerkseigentum s. *Thümmel* JZ 1980, 125 ff.
[5] Das Land Hessen hat mit Gesetz vom 6.1.1962 (GVBl. 1962, 17) das gesamte Stockwerkseigentum in Wohnungs- und Teileigentum überführt.
[6] *Krückmann* JW 1924, 1924; *Meyer,* Das Stockwerkseigentum, 1930; *Meyer* DJZ 1935, 1350.
[7] Vgl. zum Ganzen nur Weitnauer/*Briesemeister* Rn. 9 ff., 12 ff., Anh. I.

jedoch zum **Ende der 1950er Jahre** die Beleihungspraxis der Kreditinstitute, die fortan auch die einzelne Eigentumswohnung als ausreichende Sicherheit für Immobiliarkredite gelten ließen.

Die **Anzahl an Wohnungs- und Teileigentumseinheiten steigt** seither jährlich **kontinuierlich.** Die Ursachen für die ständig steigende Anzahl von Eigentumswohnungen sind vielfältig. Zum einen hat sich die Anzahl der in einem Haushalt lebenden Personen in den vergangenen Jahren zunehmend vermindert, so dass vermehrter Bedarf nach getrennten Wohneinheiten gegeben ist. Zum anderen ist durch staatliche Förderprogramme der Erwerb von eigengenutzten Immobilien gefördert worden, um auch unteren Einkommensgruppen den Erwerb einer Immobilie zur **Eigennutzung** zu ermöglichen. Zusätzlich haben in den späten 2010er Jahren die niedrigen Kreditzinsen in Verbindung mit dem sich verbreitenden Misstrauen in die Kapital- und Aktienmärkte vielerorts zu einer verstärkten Nachfrage nach Eigentumswohnungen als Kapitalanlage geführt. Oftmals werden auch **Reihenhauszeilen** und **Doppelhaushälften** in der Rechtsform des Wohnungseigentums errichtet, wenn gemeinsame Versorgungseinrichtungen wie etwa Heizungsanlagen oder Drainagepumpen nur in einem der Häuser installiert sind oder gemeinsam zu bewirtschaftende Anlagen auf Gemeinschaftsflächen vorhanden sind. 7

Darüber hinaus werden **bereits errichtete Mehrfamilienhäuser** in Wohnungs- und Teileigentum aufgeteilt, um auf diese Weise Erwerbsinteressenten Eigentum an einzelnen Einheiten übertragen zu können. Ebenso wie bei Neubauten trägt auch bei Altbauten die Aufteilung in Wohnungseigentum zur Ansammlung von Kapital bei, welches bei Altbauten für die **Sanierung** und weitere Instandhaltung der Gebäude verwendet werden kann. Zudem kann auch eine vermietete Eigentumswohnung als Kapitalanlage genutzt werden. Heute dürfte es bei insgesamt mehr als 42 Millionen Wohnungen etwas mehr als 10 Millionen geben, die in der Rechtsform des Wohnungseigentums errichtet oder nachträglich in diese Rechtsform überführt worden sind.[8] 8

4. Kleine Reform des WEG von 2007. Über ein halbes Jahrhundert nach Schaffung des WEG ergaben sich infolge des Alterns der Bausubstanz der Nachkriegsbauten sowie der nachträglich aufgeteilten Vorkriegsbauten einerseits und wegen der Änderung der Ansprüche der Nutzer andererseits Gemengelagen, die mit den Instrumenten des WEG in seiner Ursprungsfassung nicht mehr angemessen behandelt werden konnten. 9

Eine über fast zwei Jahrzehnte vor diesem Hintergrund geführte Diskussion über die **Reformierung** des WEG mündete in die Gesetzesnovelle vom 26.3.2007 (BGBl. 2007 I 370), unter dem wenig glamourösen Titel „Gesetz zur Änderung des Wohnungseigentumsgesetzes und anderer Gesetze", wobei schließlich die Entscheidung des **BGH** zur Teilrechtsfähigkeit der Wohnungseigentümergemeinschaft den Gesetzgebungsprozess in Gang setzte.[9] 10

Wesentliche Kernstücke der kleinen WEG-Reform im Jahr 2007 waren die Umsetzung der höchstrichterlichen Rspr. zur **Teilrechtsfähigkeit der Wohnungseigentümergemeinschaft** und deren Konsequenzen, sowohl für die Rechtsbeziehungen der Gemeinschaft zu Dritten als auch zu den einzelnen Wohnungseigentümern, die **Begrenzung der Haftung** der einzelnen Wohnungseigentümer im Außenverhältnis sowie die Schaffung von gesetzlichen **Änderungs- und Anpassungsbefugnissen** für Regelungen der Teilungserklärung oder der Gemeinschaftsordnung. Letzteres vor allem, weil aufgrund des Einstimmigkeitsprinzips notwendige Änderungen oder Ergänzungen zuvor faktisch ausgeschlossen waren.[10] Die Reform wurde im Wesentlichen als „geglückt" bezeichnet.[11] Notwendige Klärungen durch die Rspr. sind in der Zwischenzeit erfolgt. 11

5. Wohnungseigentumsmodernisierungsgesetz – WEMoG 2020. Bereits im auf Bundesebene geschlossenen Koalitionsvertrag vom 14.3.2018 wurde weiterer Reformbedarf im WEG festgestellt. Namentlich ging es zunächst um die Willensbildung und Beschlussfassung in der Gemeinschaft für **bauliche Veränderungen** in Hinblick auf **Barrierefreiheit**[12] und **Elektromobilität.**[13] Im Zuge der Gesetzesvorlage durch die Bundesregierung kamen als weitere Schwerpunkte hierzu:[14] 11a

– die Erleichterung des barrierefreien Umbau- und Ausbaus und von baulichen Veränderungen sowie von Maßnahmen des **Einbruchsschutzes** und für die Schaffung eines **Glasfaseranschlusses;**

---

8 So *Götz* in Abramenko WEG-HdB § 1 Rn. 1 unter Bezug auf FAZ vom 14.6.2013, 43.

9 BGHZ 163, 154 = NJW 2005, 2061.

10 Statt vieler *Böhringer/Hintzen* Rpfleger 2007, 353; *Elzer* WuM 2007, 295; *Häublein* ZWE 2007, 409; *Hügel* DNotZ 2007, 326; *Niedenführ* NJW 2007, 1841; *Saumweber* MittBayNot 2007, 357.

11 Statt vieler nur *Bub* ZWE 2013, 149.

12 *Hannemann* ZWE 2018, 244.

13 *Burgmair* ZWE 2018, 237.

14 BT-Drs. 19/18791, 1 f.

- die Vermeidung von Friktionen zwischen Wohnungseigentums- und Mietrecht durch die Harmonisierung mit den Vorgaben zur **Betriebskostenabrechnung;**
- die Vereinfachung von Beschlüssen zur **baulichen Veränderungen der Wohnanlage,** vor allem für solche Maßnahmen, die nachhaltige Kosteneinsparungen versprechen oder die Wohnanlage in einen zeitgemäßen Zustand bringen;
- die Erweiterung der Rechte der Wohnungseigentümer, vor allem durch Aufnahme eines Rechts auf Einsichtnahme in die **Verwaltungsunterlagen** und Einführung eines jährlichen **Vermögensberichts** des Verwalters, der über die wirtschaftliche Lage der Gemeinschaft Auskunft gibt;
- die **Aufwertung der Wohnungseigentümerversammlung** als zentraler Ort der Entscheidungsfindung, mittels Verlängerung der Ladungsfrist, Beseitigung von Hürden für die Beschlussfähigkeit und die Ermöglichung der Online-Teilnahme an Versammlungen samt elektronischer Beschlussfassung;
- die **Stärkung des Verwaltungsbeirats,** zB durch Beschränkung der Haftung seiner Mitglieder;
- die **Verbesserung der Verwaltung,** indem klare und gut handhabbare Regelungen zur Teilnahme der rechtsfähigen Gemeinschaft der Wohnungseigentümer im Rechtsverkehr geschaffen werden;
- die **Verminderung des Streitpotenzials** in der Gemeinschaft durch Neufassung besonders streitträchtige Vorschriften des WEG, vor allem bezüglich des Wirtschaftsplans und der Jahresabrechnung, zu baulichen Veränderungen und zur Entstehung und Stellung der Wohnungseigentümergemeinschaft;
- und schließlich die Änderung des gerichtlichen Verfahrens.

11b Eine für die Begründung des Sondereigentums wesentliche Neuerung ist auch die Möglichkeit, **Sondereigentum an Grundstücksflächen** zu erzeugen (§ 3 Abs. 2), deren Zuweisung zu einer Einheit bislang nur über den Weg des Sondernutzungsrechts möglich war.

12 Das Gesetzesvorhaben wurde inmitten der „Coronakrise" am 23.3.2020 erstmals von der Bundesregierung beraten, sodann als Gesetzesentwurf über den Bundestag in das Verfahren eingebracht und im Herbst 2020 final beraten.[15] Nach entsprechenden Beratungen und Beschlüssen trat das WEMoG am 1.12.2020 in Kraft (BGBl. 2020 I 2187).[16] Das WEG wurde neu bekannt gemacht am 12.1.2021 (BGBl. 2021 I 34).

13 **6. Praxis des WEG.** Die Begründung von Wohnungseigentum ist sowohl bei neu errichteten Gebäuden wie auch bei Altbauten möglich und üblich, wenn die gesetzlichen Voraussetzungen vorliegen. Für Neubauvorhaben im **Geschosswohnungsbau** ist die Aufteilung in Wohnungseigentum die einzige Möglichkeit rechtlich selbständige Einheiten zu schaffen. Bei der Bebauung von Grundstücken mit **Reihenhäusern** erlaubt die Aufteilung in Wohnungseigentum die Schaffung rechtlich selbständiger Einheiten ohne Realteilung des zu bebauenden Grundstücks. Sofern die Realteilung von Grundstücken zB aufgrund ortsrechtlicher Vorgaben hinsichtlich der Mindestgröße von Grundstücken nicht zulässig ist, können im Wege der Aufteilung in Wohnungseigentum mehrere isoliert verkehrsfähige Baukörper – insbesondere auch **Einzelhäuser** – auf einem ungeteilten Grundstück errichtet werden. Durch die Zuweisung der Garten- und sonstigen Grundstücksflächen als Sondereigentum oder als Sondernutzungsrechte können dem einzelnen Wohnungseigentümer auch hinsichtlich der unbebauten Außenflächen ausschließliche Rechte wie einem realen Grundstückseigentümer eingeräumt werden.

14 Die Aufteilung von bereits **existierenden Mehrfamilienhäusern** in Wohnungseigentum gibt die Möglichkeit, einzelne Einheiten entweder an Mieter oder an Dritte zu veräußern und das durch den Verkauf eingeworbene Fremdkapital zur Sanierung des Gebäudes zu verwenden bzw. die Erwerber an der Sanierung zu beteiligen.

15 Jeder Wohnungseigentümergemeinschaft liegt eine **Teilungserklärung** (iSd § 3 als Teilungsvertrag) zugrunde. Die Teilungserklärung enthält in der Regel auch eine **Gemeinschaftsordnung,** in der die die Grundordnung der Gemeinschaft in Anlehnung an die Vorschriften des WEG unter Berücksichtigung objektbezogener Besonderheiten als Vereinbarungen geregelt sind. Soweit keine abweichende Regelung vereinbart wird, gelten die §§ 10–29. Eine Teilungserklärung für eine Doppelhausgemeinschaft mit zwei Wohnungseigentumsrechten wird das Miteinander der Wohnungseigentümer im Sinne einer möglichst eigenständigen Bewirtschaftung der einzelnen Doppelhaushälften in anderer Weise regeln als eine Teilungserklärung für eine Wohnungseigentümergemeinschaft, die sich über fünf Baukomplexe mit insgesamt mehreren hundert Einheiten erstreckt, welche in der Regel eine streng einheitliche Bewirtschaftung aller Wohnungen in einem Gebäudekomplex vorse-

---

[15] Vgl. BT-Drs. 19/22634.

[16] Vgl. näher zur Entstehungsgeschichte des WEMoG *Dötsch/Schultzky/Zschieschack* WEG-Recht 2021 Einl. Rn. 2 ff.

hen wird. Die Teilungserklärung mit **Gemeinschaftsordnung** ist aus gesellschaftsrechtlicher Perspektive gewissermaßen die „Satzung" der Eigentümergemeinschaft.

Als Problem hat sich in der Vergangenheit durchgehend die nachträgliche **Anpassung von Gemeinschaftsordnungen** an die tatsächlichen Gegebenheiten erwiesen, etwa wenn neue Versorgungseinrichtungen eingebaut und angeschlossen werden sollen, da für jede Änderung, die über die ordnungsmäßige Verwaltung und Instandhaltung hinausgeht, nach dem Recht vor 2007 grundsätzlich die Zustimmung sämtlicher Wohnungs- und Teileigentümer erforderlich war. Konnte ausnahmsweise die erforderliche **Einstimmigkeit** erreicht werden, ergaben sich keine Probleme. Etwas anderes galt jedoch dann, wenn entweder aus tatsächlichen Gründen oder mangels Kooperationsbereitschaft eines einzelnen Wohnungs- oder Teileigentümers die für eine Änderung erforderliche Einstimmigkeit nicht erzielt wurde. Weder das WEG noch die Rspr. sahen diesbezüglich Verfahren vor, die eine Anpassung mit angemessenem Aufwand zuließen. 16

In manchen Gemeinschaftsordnungen waren bereits in der Vergangenheit **„Öffnungs-" oder „Anpassungsklauseln"** enthalten, die eine in der Teilungserklärung beschriebene bauliche Änderung bzw. Erweiterung einzelner Sondereigentume oder von Gemeinschaftseinrichtungen mit Stimmenmehrheit oder sogar ohne weitere Zustimmung der Gemeinschaft erlauben. Das Gesetz räumt erst seit 2007 in der vormals in § 10 Abs. 2 S. 3 und nunmehr als § 10 Abs. 2 enthaltenen Regelung jedem Wohnungseigentümer einen gerichtlich durchzusetzenden Anspruch gegen einen anderen Wohnungseigentümer auf Zustimmung zu einer die Teilungserklärung ändernden Vereinbarung ein, der unter der justitiablen Schranke der Zumutbarkeit für alle Beteiligten („unbillig") steht. 17

Die gesetzliche Normierung dieses in § 10 Abs. 2 enthaltenen **„Anpassungsanspruchs"** war einer der Kernpunkte der Gesetzesreform 2007. Zwar wurde von der Rspr. schon zuvor zur Heilung von Rechtsmängeln einer bereits im Grundbuch vollzogenen Teilungserklärung, zB beim teilungsplanwidrigen Bau, unter Verweis auf § 242 BGB ein Anspruch auf Zustimmung zur Änderung bzw. Anpassung der Teilungserklärung anerkannt.[17] In diesen Fällen ging es jedoch um die **Heilung fehlerhafter Rechtverhältnisse** und nicht um die planmäßige Änderung von Regelungen der Teilungserklärung zu baulich notwendigen Modernisierungsmaßnahmen oder wertsteigernden Baumaßnahmen, wie dem Anbau von Balkonen, dem Einbau eines Fahrstuhls oder einem Dachgeschossausbau. 18

Eine Sonderform der „teilweisen" Berechtigung an einem Teil einer Immobilie, die nicht dem WEG unterfällt, ist das sog. **Time-Sharing.** Hierbei kauft der Inhaber die Berechtigung, eine bestimmte Immobilie für einen bestimmten Zeitraum wie ein Eigentümer zu nutzen. Die rechtliche Einordnung des Time-Sharing ist umstritten, da weder echtes Eigentum noch Miete gegeben ist. Am ehesten kann man es als ein dem ideellen Miteigentum an einem Wohnungseigentum vergleichbares Recht beschreiben, für das zwischen den Miteigentümern der betreffenden Immobilie eine verbindliche Nutzungsregelung besteht. Es gelten die §§ 481–487 BGB über **Teilzeit-Wohnrechteverträge.** Im Grundbuch können die Teilzeit-Wohnrechte der Berechtigten durch die Begründung von Dauerwohnrechten gemäß § 31 abgesichert werden.[18] Diese Rechtsform hat in der BR Deutschland bislang keine nennenswerte Bedeutung erlangt. 19

7. Sonderregelungen in den Ländern. a) Allgemeines. Gemäß § 49 Abs. 2 – bis zum WEMoG unter der Vorschrift des § 63 Abs. 3 zu finden – besteht für die einzelnen Bundesländer die Möglichkeit, Vorschriften zur **Überleitung** bestehender auf Landesrecht beruhender Rechtsverhältnisse in die durch das WEG geschaffenen Rechtsformen zu erlassen.[19] 20

b) Aufgehobene Vorschriften. Die in Baden-Württemberg erlassene Ausführungsverordnung vom 19.1.1953 wurde zwischenzeitlich wieder aufgehoben. Die vor Erlass des WEG bereits bestehenden altrechtlichen Stockwerkseigentumsrechte in Württemberg galten nach Erlass des WEG gemäß Art. 131, 182 EGBGB fort. Sie wurden nach und nach in Eigentumsrechte nach dem WEG umgewandelt. 21

Die in Bayern erlassene Bekanntmachung über die geschäftliche Behandlung von Angelegenheiten des WEG vom 22.10.1952, geändert durch Bekanntmachung vom 27.3.1953, wurde zwischenzeitlich ebenfalls aufgehoben. Gleiches gilt bezüglich der früher in Rheinland-Pfalz geltenden Landesverordnungen sowie der Rundverfügung vom 15.3.1952 des Landes Schleswig-Holstein. 22

c) Geltende Vorschriften. Weiter in Kraft ist die allgemeine Verfügung zur geschäftlichen Behandlung von Angelegenheiten des WEG vom 7.1.1952 des Landes Berlin, welche durch die 23

---

[17] BGHZ 109, 179 (184 f.) = NJW 1990, 447.
[18] Staudinger/*Rapp*, 2018, § 4 Rn. 9; DNotI-Gutachten Nr. 11507 vom 20.6.2007.
[19] Bärmann/*Roth* § 63 Rn. 18 f.; Weitnauer/*Briesemeister* Rn. 4 f.

Verordnung vom 15.7.1959 ergänzt wurde. Die Verfügung regelt die geschäftliche Behandlung der Verfahren nach den §§ 43, 44, 45, 48, 51 und § 52

24 In Hessen wurde mit dem Gesetz zur Überleitung von Stockwerkseigentum vom 6.1.1962 (GVBl. 1962, 17) dieses in Wohnungs- und Teileigentum überführt. Die Erlasse vom 17.6.1976 und vom 28.9.1977, mit denen ausschließlich statistische Zwecke betreffend die Aufteilung in Wohnungseigentum verfolgt werden, gelten fort.

25 Die Länder Bremen, Hamburg, Niedersachsen und Nordrhein-Westfalen haben von der Ermächtigung gemäß § 63 Abs. 3 keinen Gebrauch gemacht. Gleiches gilt für das Saarland und die im Zuge der Wiedervereinigung beigetretenen Länder Brandenburg, Mecklenburg-Vorpommern, Sachsen, Sachsen-Anhalt und Thüringen.

II. Dogmatik

26 **1. Begriff des Wohnungseigentums. a) Vorbemerkung.** Der Begriff des Wohnungseigentums ist in § 1 Abs. 2 definiert, wonach Wohnungseigentum das **Sondereigentum** an einer Wohnung in Verbindung mit dem Miteigentumsanteil an dem gemeinschaftlichen Eigentum ist, zu dem es gehört. Diese Definition bringt jedoch das Wesen des Wohnungseigentums nur unvollständig zum Ausdruck, da die speziellen mitgliedschaftlichen Rechte und Verpflichtungen des einzelnen Wohnungseigentums nicht beschrieben werden.

27 **b) Dreigliedrigkeitstheorie.** Die Besonderheit des Wohnungseigentums ergibt sich daraus, dass Wohnungseigentum die Verschmelzung dreier Elemente voraussetzt, nämlich von **Sondereigentum** als Alleineigentum an in sich abgeschlossenen Räumen, **Miteigentum** am verbleibenden Gemeinschaftseigentum sowie einer **mitgliedschaftlichen Beteiligung** an der Eigentümergemeinschaft bzw. an Rechten und Pflichten aus dem Gemeinschaftsverhältnis.[20] Die sachenrechtliche Sonderform Wohnungseigentum, die dem sachenrechtlichen Bestimmtheitsgrundsatz zunächst zu widersprechen scheint, wird durch die Dreigliedrigkeitstheorie zutreffend beschrieben und kraft Definition durch das WEG als weitere, besondere sachenrechtliche Eigentumsform bestimmt. Die Dreigliedrigkeit steht der Qualifikation des Wohnungseigentums als verfassungsrechtliches Eigentum iSd Art. 14 Abs. 1 S. 1 GG nicht entgegen.[21]

28 **aa) Sondereigentum als Alleineigentum.** Die durch das WEG vorausgesetzte Eigentumsform ist das Sondereigentum an einer **in sich abgeschlossenen Raumeinheit,** welches als Alleineigentum neben dem Miteigentum am Gemeinschaftseigentum und dem mitgliedschaftlichen Beteiligungsrecht in der Gemeinschaft der Wohnungseigentümer steht und in Verbindung mit diesen das Wohnungseigentum bildet. Das Sondereigentum bildet das für die Rechtsnatur des Wohnungseigentums typenbildende erste Element. Durch die Verknüpfung der Teilungserklärung mit dem Aufteilungsplan, der als Anlage zur Abgeschlossenheitsbescheinigung die räumliche Lage der Sondereigentumseinheiten verbindlich festlegt, wird dem sachenrechtlichen Bestimmtheitsgrundsatz genügt.

29 **bb) Miteigentum am Gemeinschaftseigentum.** Das zweite Element des Wohnungseigentums ist die Teilhabe als Miteigentümer am Gemeinschaftseigentum. Gemeinschaftliches Eigentum sind dabei alle nicht im Sondereigentum eines Miteigentümers stehenden Gebäudeteile und das Grundstück. Die Teilhabe folgt den §§ 1008 ff. BGB und findet ihre Begründung in der sowohl rechtlich als auch tatsächlich notwendigen räumlichen Verknüpfung der einzelnen Sondereigentumseinheiten miteinander durch das Gemeinschaftseigentum.

30 **cc) Mitgliedschaftsrechtliche Beteiligung an Rechten und Pflichten.** Das dritte Element des Wohnungseigentums ist die mitgliedschaftsrechtliche Beteiligung an den Rechten und Pflichten aus dem Gemeinschaftsverhältnis der einzelnen Sondereigentümer untereinander.

31 Diese mitgliedschaftsrechtliche Beteiligung kann wiederum in **zwei Teile** untergliedert werden. Zum einen trägt dieses Element das gesetzliche Gemeinschaftsverhältnis zwischen sämtlichen Miteigentümern. Zum anderen trägt es die gegenseitige Beschränkung der einzelnen Sondereigentumsrechte in sich und gibt damit den einzelnen Miteigentümern eine **dingliche Inhaltsregelung** vor. Die gegenseitigen Rechte und Beschränkungen werden durch die Vorschriften des WEG und ggf. durch modifizierende Bestimmungen der Teilungserklärung und einer Gemeinschaftsordnung verbindlich geregelt.

---

[20] *Bärmann* NJW 1989, 1057; *Bärmann/Pick* Einl. Rn. 3 mit eingehender Erl. sämtlicher Erklärungsmodelle; zur Dreigliedrigkeit Rn. 63 ff.; Staudinger/*Rapp*, 2018, Einl. Rn. 2 ff.; ebenso *Drasdo* in Bärmann/Seuß/Drasdo, Praxis des Wohnungseigentums, 7. Aufl. 2017, § 1 Rn. 71 ff.; *Hügel/Elzer* § 1 Rn. 10; Palandt/*Wicke* WEG Einl. Rn. 2; vgl. BeckOGK/*Müller* Rn 36 ff.

[21] So nachgewiesen von *Froese* ZWE 2015, 250 ff.

Zwischen den Mitgliedern einer Wohnungseigentümergemeinschaft besteht eine **schuldrechtliche Sonderverbindung,** aus der nach Ansicht des BGH insbesondere auch Treue- und Rücksichtnahmepflichten iSd § 241 Abs. 2 BGB entspringen.[22] 32

c) Einheitstheorien. Die Einheits- oder Bruchteilstheorien erklären das Wohnungseigentum als eine **besondere Ausgestaltung der Bruchteilsgemeinschaft** an einem Grundstück, der die Unauflöslichkeit der Gemeinschaft und das gesetzlich angeordnete Vorhandensein bestimmter Organe nebst einer bestimmten Wirtschaftsplanung ihr besonderes Gepräge geben.[23] 33

Als Unterfall der Einheitstheorie ist die Erklärung des Wohnungseigentumsrechts als **grundstücksgleiches Recht** einzuordnen. Dieses Erklärungsmodell beschreibt das Wohnungseigentum als grundstücksgleiches Mitgliedschaftsrecht an einem Grundstück und den weiteren Vermögenswerten der Wohnungseigentümergemeinschaft.[24] 34

Obwohl die Einheitstheorien dem Gesetzeswortlaut am nächsten kommen, können sie wesentliche Besonderheiten des Wohnungseigentums, die aus dem Nebeneinander von Sonder- und Gemeinschaftseigentum folgen, nicht erklären. Dies gilt insbesondere für den einzelnen Wohnungseigentümer als Träger von Rechten und Pflichten gegenüber Dritten wie Versorgungsunternehmen oder einem Verwalter einerseits sowie den mitgliedschaftsrechtlichen Beteiligungsrechten der einzelnen Miteigentümer und deren gegenseitiger Beschränkung durch die Rechte der anderen Miteigentümer andererseits. 35

d) Gesellschaftsrechtliche Modelle. In der Vergangenheit sind immer wieder Versuche unternommen worden, die Rechtsnatur des Wohnungseigentums gesellschaftsrechtlich zu erklären.[25] Hiernach handelt es sich bei Wohnungseigentum um ein gesellschaftsrechtliches Nutzungsrecht an bestimmten Räumen und Bestandteilen eines Gebäudes. Diese Versuche sind nach hM mit dem Sachenrecht des BGB allerdings unvereinbar, da sie § 903 BGB und damit den Kerngehalt des Wohnungseigentums nicht ausreichend berücksichtigen.[26] 36

2. Rechtliche Qualifikation der Wohnungseigentümergemeinschaft. a) Allgemeines. Grundlage für die Beurteilung der rechtlichen Qualifikation der Wohnungseigentümergemeinschaft sind nunmehr die in **§ 9a** getroffenen Bestimmungen. Insoweit handelt es sich zwar um eine Miteigentümergemeinschaft an einem Grundstück, wobei jedem Miteigentümer jeweils eine sachenrechtliche Berechtigung an bestimmten Räumen und Teilen des Gebäudes wie einem Alleineigentümer zukommt.[27] Für diese Miteigentümergemeinschaft gelten allerdings die besonderen gesetzlichen Vorschriften des WEG, die ggf. durch die Bestimmungen der Teilungserklärung und einer Gemeinschaftsordnung modifiziert sind. 37

b) Eigentum iSd § 903 BGB. Das mit dem Miteigentumsanteil verbundene Sondereigentum des Wohnungseigentümers ist Eigentum iSd § 903 BGB, welches dem Inhaber des Wohnungseigentumsrechts das **alleinige Nutzungsrecht** an den im Sondereigentum stehenden Räumen eines Gebäudes vermittelt.[28] Insofern liegt ein Fall des teilweisen Alleineigentums an einer rechtlichen Einheit vor, der entgegen dem Leitbild des Sachenrechts des Bürgerlichen Gesetzbuchs durch das WEG möglich wird. Die Miteigentümergemeinschaft der Wohnungseigentümer ist somit ein eigenständiges Rechtsinstitut. 38

c) Keine isolierten Miteigentumsanteile. Jeder Miteigentumsanteil **muss mit Sondereigentum verbunden sein.** Kraft der Vorschriften des WEG ist es unmöglich, sog. „isolierte" Miteigentumsanteile, die nicht mit Sondereigentum verbunden sind, zu schaffen (vgl. § 6 Abs. 1).[29] Lediglich in Fällen, in denen bei der Begründung von Wohnungseigentum mangels Sondereigentumsfähigkeit einzelner Raumeinheiten entgegen den Vorgaben in der Teilungserklärung kein Sondereigentum entsteht, ist die Annahme der vorübergehenden Existenz eines isolierten Miteigentumsanteils kraft Gesetzes geboten.[30] In diesen Fällen besteht aufgrund der fehlenden Verbindung 39

---

22 BGH ZMR 2007, 464.
23 Vgl. hierzu Weitnauer/*Briesemeister* Rn. 30 ff.; ihm folgend Staudinger/*Rapp,* 2018, Einl. Rn. 23 ff.
24 *Merle,* Das Wohnungseigentum im System des bürgerlichen Rechts, 1979.
25 So vor allem *Junker,* Die Gesellschaft nach dem Wohnungseigentumsgesetz, 1993; vgl. auch *Schulze-Osterloh,* Das Prinzip der gesamthänderischen Bindung, 1972.
26 S. hierzu nur Staudinger/*Rapp,* 2018, Einl. Rn. 25 ff.; Weitnauer/*Briesemeister* Rn. 47 ff.
27 BGHZ 49, 250 (251) = NJW 1968, 499; Staudinger/*Rapp,* 2018, Einl. Rn. 23 f.
28 *Hügel/Elzer* § 1 Rn. 8; Staudinger/*Rapp,* 2018, § 1 Rn. 15; Weitnauer/*Briesemeister* Rn. 24.
29 Bärmann/*Armbrüster* § 3 Rn. 21.
30 BGHZ 109, 179 (184 f.) = NJW 1990, 447; OLG Hamm OLGE 1991, 27 = NJW-RR 1991, 335; zusammenfassend *Hügel* ZMR 2004, 549 ff.

des Miteigentumsanteils mit Sondereigentum ein Anspruch der Miteigentümergemeinschaft auf verhältnismäßige Verteilung des freien Miteigentumsanteils auf die übrigen Miteigentumsanteile.[31]

40 **d) Unauflöslichkeit der Gemeinschaft.** Die bei einer Miteigentümergemeinschaft kraft Gesetz gegebene Möglichkeit zur **Auflösung der Gemeinschaft** ist bei der Wohnungseigentümergemeinschaft nach § 11 Abs. 1 **für den Regelfall ausgeschlossen.** Nach § 11 Abs. 2 ist eine Aufhebung der Gemeinschaft auch durch Pfändungsgläubiger oder im Zuge des Insolvenzverfahrens ausgeschlossen. Dieser Ausschluss ist dadurch begründet, dass das Wohnungseigentum als sachenrechtliches Eigentum iSd § 903 BGB eine gesicherte Rechtsstellung vermitteln muss, die dem sachenrechtlichen Bestimmtheitsgrundsatz unterliegt und nicht zur Disposition Dritter steht.[32] Daher erlischt das Wohnungseigentum nicht, wenn sich alle Miteigentumsanteile in einer Person vereinigen (vgl. auch § 8). Nach § 9a Abs. 5 ist folgerichtig auch die Durchführung eines Insolvenzverfahrens über das Vermögen der Wohnungseigentümergemeinschaft ausgeschlossen.

41 **e) Bruchteilsgemeinschaft.** An **einzelnen** Wohnungs- oder Teileigentumsrechten können Bruchteilsgemeinschaften Eigentum erwerben. Die Rechtsbeziehungen innerhalb dieser Miteigentümergemeinschaften bestimmen sich nach den §§ 1008 ff. BGB.

42 „Unterwohnungseigentum" entsprechend des nach hM zulässigen Untererbbaurechts kann nicht geschaffen werden, da Wohnungseigentum ein besonders ausgestaltetes Miteigentum ist.[33] Möglich ist hier aber die weitere **Unterteilung** des Wohnungseigentums unter Teilung des Miteigentumsanteils in zwei oder mehrere Wohnungseigentumsrechte, sofern jeweils Sondereigentum an in sich abgeschlossenen Raumeinheiten begründet werden kann.

43 **f) Sonstige Bruchteilsgemeinschaften.** Sonderfälle stellen Bruchteilsgemeinschaften dar, die an bebauten Grundstücken mit einer **Nutzungsvereinbarung gemäß § 1010 BGB** bezogen auf bestimmte Gebäudeteile gebildet werden, sofern eine Aufteilung nach dem WEG aus tatsächlichen oder rechtlichen Gründen nicht möglich ist. Auch für diese Bruchteilsgemeinschaften können verbindliche Regelungen getroffen werden, die im Grundbuch eingetragen werden und damit gegenüber Rechtsnachfolgern Wirksamkeit entfalten.[34]

44 Diese Gestaltung ist kein verbotenes Umgehungsgeschäft, sofern kein gesetzliches Verbot besteht.[35] Die Ergänzung des § 22 Abs. 1 S. 1 BauGB um die Nr. 3 und Nr. 4 hat für die zuständigen Gebietskörperschaften die Möglichkeit geschaffen, in einem Bebauungsplan oder einer Satzung einen Genehmigungsvorbehalt auch für Nutzungsvereinbarungen gemäß § 1010 BGB zu schaffen. Grundsätzlich ist zu beachten, dass diese Miteigentümervereinbarungen wegen der Nichtanwendbarkeit des § 11 im **Zwangsversteigerungsverfahren** anders als eine echte Wohnungseigentümergemeinschaft hinsichtlich ihres Fortbestandes bei einem Zuschlag nicht vollstreckungsfest sind.

45 Nutzungsvereinbarungen nach § 1010 BGB können auch bezüglich eines Wohnungs- oder Teileigentums vereinbart werden. In der Praxis sind Nutzungsvereinbarungen an Teileigentumsrechten, mit denen das Sondereigentum an **Kfz-Stellplätzen** in sog. Duplex-Stellplätzen verbunden ist, üblich, da auf diese Weise das Nutzungsrecht an einem der beiden Stellplätze verbindlich mit einem der ideellen Miteigentumsanteile an dem Teileigentumsrecht verbunden und dinglich im Grundbuch gesichert werden kann.

46 **g) Personengesellschaft.** Immer wieder gab es Versuche, die Struktur der Wohnungseigentümergemeinschaft personengesellschaftsrechtlich zu erklären. Danach soll die Wohnungseigentümergemeinschaft eine dingliche Gesellschaft sein, auf welche die **Prinzipien des Gesellschaftsrechts,** modifiziert durch die Bestimmungen des WEG sowie die Bestimmungen der Teilungserklärung und einer Gemeinschaftsordnung als Statut der Wohnungseigentümergemeinschaft Anwendung finden sollen.[36]

47 Diese **Versuche sind** im Blick auf die sachenrechtliche Natur des Wohnungseigentums und das für das Wohnungseigentumsrecht typische Sondereigentum als Alleineigentum gemäß § 903 BGB an einzelnen Raumeinheiten **zurückzuweisen.** Insbesondere lässt sich die Vorstellung des Eigentums an Sachen nicht mit den körperschaftlichen Beschränkungen des Gesellschaftsrechts in

31 BGH ZMR 2004, 206 = NZM 2004, 103; OLG Hamm ZMR 2007, 213; Weitnauer/*Briesemeister* § 3 Rn. 22 ff., 30.

32 Bärmann/*Suilmann* § 11 Rn. 1.

33 So richtig OLG Köln OLGE 1984, 294; Weitnauer/*Briesemeister* § 3 Rn. 33.

34 So kann ein derartiger Miteigentumsanteil auch ein selbständiges Wirtschaftsgut iSd § 6 Abs. 1 EStG sein, vgl. FG München MittBayNot 2008, 77.

35 OLG Schleswig MittBayNot 2000, 578; VG Augsburg MittBayNot 2006, 172.

36 *Junker,* Die Gesellschaft nach dem Wohnungseigentumsgesetz, 1993.

Übereinstimmung bringen.[37] Auch wenn die Schaffung von Wohnungseigentum eine gegenseitige Beschränkung einzelner Miteigentümerrechte zwingend voraussetzt und somit das sachenrechtliche Wohnungseigentum bereits bei seiner Schaffung mit bestimmten mitgliedschaftlichen Beschränkungen versehen wird, ist es dennoch ein Sachenrecht iSd § 903 BGB.

Die Entscheidung zwischen dem sachenrechtlichen und dem gesellschaftsrechtlichen Erklärungsmodell hat insbesondere bei der nachträglichen Änderung von Teilungserklärungen Bedeutung, **48**
da bei Annahme einer körperschaftlichen Struktur der Wohnungseigentümergemeinschaft die Änderung von Vereinbarungen grundsätzlich immer mehrheitlich möglich wäre. Der herrschende sachenrechtliche Ansatz kann allen Versuchen, für die Änderungen von Teilungserklärungen grundsätzlich qualifizierte Mehrheiten anstelle Einstimmigkeit ausreichen zu lassen, keine Brücke über das für die sachenrechtlichen Vereinbarungen notwendige Einstimmigkeitserfordernis bauen. Das schuldrechtliche **Mehrheitsprinzip lässt sich** grundsätzlich **nicht mit dem Eigentumsbegriff** des § 903 BGB **vereinbaren,** der einen unentziehbaren dinglichen Kernbereich des sachenrechtlichen Eigentums voraussetzt. Das gesellschaftsrechtliche Erklärungsmodell taugt deshalb für die rechtliche Qualifikation der Wohnungseigentümergemeinschaft nicht.

h) Gemeinschaft „sui generis". Die Lücken der sachenrechtlichen Betrachtungsweise in **49**
Hinblick auf die mitgliedschaftlichen Beteiligungsrechte und gegenseitigen Beschränkungen einerseits und die Unmöglichkeit der Vereinbarkeit der gesellschaftsrechtlichen Erklärungsmodelle mit den Grundprinzipien des Sachenrechts andererseits legen den Schluss nahe, dass die Wohnungseigentümergemeinschaft als eine Gemeinschaft „sui generis" zu klassifizieren ist. Diese **Bezeichnung** hat der **BGH** 2005 ausdrücklich aufgegriffen.[38]

Vor dem Hintergrund, dass mit dem WEG ein Gesetz zur Schaffung von selbständigen Rechten **50**
an einem Grundstück geschaffen wurde, ergeben sich die Besonderheiten der Wohnungseigentümergemeinschaft vornehmlich aus dem Miteinander von alleinigen und gemeinschaftlichen Sachenrechten mehrerer Beteiligter entsprechend der **Dreigliedrigkeitstheorie.** Die Verschiedenheit des sachenrechtlichen und des gesellschaftsrechtlichen Eigentumsbegriffs, mit denen jeweils für sich genommen die Besonderheit des Wohnungseigentums in seiner dreigliedrigen Ausprägung nicht erklärt werden kann, zwingt zur Qualifikation der Wohnungseigentümergemeinschaft als Gemeinschaft „sui generis".

Entgegen der zuvor hM sowohl der Vertreter der Einheitstheorien als auch der Vertreter der **51**
Dreigliedrigkeitstheorie, die sich darin einig waren, dass es sich bei der Wohnungseigentümergemeinschaft um einen Spezialfall einer Miteigentümergemeinschaft, die besonderen Regelungen unterliegt, handelt,[39] hat der **BGH** in seiner Entscheidung zur Teilrechtsfähigkeit die Wohnungseigentümergemeinschaft folgerichtig ausdrücklich als einen **rechtsfähigen Verband sui generis** bezeichnet.[40] Zur Begründung für diese Klassifikation führt der BGH an, dass die Wohnungseigentümergemeinschaft eine nicht durch freie Vereinbarung, sondern durch das Gesetz zu einer Organisation zusammengefasste, nicht frei gegenüber dem gesetzlichen Leitbild abänderbare Personenmehrheit ist, die auf eine Verwaltungsfunktionen im Inneren und die Erleichterung des Rechtsverkehrs nach außen beschränkt bleibt.[41]

3. Teilrechtsfähigkeit. a) Vorbemerkung. Die Frage nach der Rechtsfähigkeit der Woh- **52**
nungseigentümergemeinschaft stellte sich insbesondere bei der Durchsetzung von Ansprüchen für und gegen die Gemeinschaft. Nach der Rspr. zur ursprünglichen Fassung des WEG **vor 2007** hatte die Wohnungseigentümergemeinschaft als echte Bruchteilsgemeinschaft weder eine eigene noch eine partielle Rechtsfähigkeit.[42] Die Lit. erkannte der Wohnungseigentümergemeinschaft unter den Gesichtspunkten ihres von den Mitgliedern unabhängigen Bestehens und der Existenz des Verwaltungsvermögens zwei für juristische Personen wesentliche Merkmale zu.[43] Weiter wurde im Blick auf die notwendige Durchsetzung von Rechten und Pflichten der Wohnungseigentümergemeinschaft gegenüber Dritten eine im Wege der gestaltenden Rechtsfortbildung anzuerkennende Teilrechtsfähigkeit postuliert.[44]

---

[37] Weitnauer/*Briesemeister* Rn. 47 ff.; Staudinger/*Rapp,* 2018, Einl. Rn. 27 ff.
[38] BGHZ 163, 154 (172) = NJW 2005, 2061.
[39] Staudinger/*Rapp,* 2018, Einl. Rn. 23 ff.; Weitnauer/*Briesemeister* Rn. 57 ff.
[40] BGHZ 163, 154 = NJW 2005, 2061.
[41] BGHZ 163, 154 (172) = NJW 2005, 2061.
[42] Vgl. BGH NJW 1998, 3279 = NZM 1998, 667; BGHZ 142, 290 (294) = NJW 1999, 3713 betr. Parteifähigkeit; BayObLG NJW 2002, 1506; ZWE 2001, 483; 2001, 101.
[43] So zuerst *Bub* ZWE 2002, 103 (110).
[44] *Raiser* ZWE 2001, 173 (177).

53 **b) Beschluss des BGH vom 2.6.2005.** Durch den Beschluss des BGH vom 2.6.2005[45] ist die Teilrechtsfähigkeit der Wohnungseigentümergemeinschaft für die Fälle höchstrichterlich anerkannt worden, in denen diese zur Verwaltung des gemeinschaftlichen Eigentums am Rechtsverkehr teilnimmt.

54 Die Teilrechtsfähigkeit war vom **BGH** allerdings an verschiedene Merkmale der Gemeinschaft angeknüpft.[46] Zum einen wurde festgehalten, dass jede Wohnungseigentümergemeinschaft eine eigene Satzung, die **Gemeinschaftsordnung** hat. Die in bestimmten Fällen auch durch Mehrheitsbeschluss für alle Wohnungseigentümer bindend entscheidende Wohnungseigentümerversammlung ist zudem ein typisches Merkmal eines rechtsfähigen Verbands. Mit der Eigentümerversammlung, dem bestellten **Verwalter** und einem unter Umständen vorhandenen Verwaltungsbeirat sind Organe der Gemeinschaft vorhanden, die ein bindendes Handeln für die Gemeinschaft im Rechtsverkehr ermöglichen. Ferner unterscheidet die in § 11 Abs. 1 festgeschriebene Unauflöslichkeit der Gemeinschaft die Wohnungseigentümergemeinschaft wesentlich von anderen Bruchteilsgemeinschaften und stellt klar, dass die Wohnungseigentümergemeinschaft **unabhängig vom Bestand ihrer Mitglieder** ist. Da zudem der Ausschluss der unmittelbaren gesamtschuldnerischen Haftung der einzelnen Wohnungseigentümer gegenüber Dritten bereits bei Erlass des WEG Wille des Gesetzgebers gewesen war, ist das Verwaltungsvermögen eine gegenüber den Wohnungseigentümern selbständige Vermögensmasse. Die Verselbständigung dieser Vermögensmasse setzt eine Teilrechtsfähigkeit der Wohnungseigentümergemeinschaft voraus, da ein wirtschaftlich auf diese **Vermögensmasse** abzielender Anspruch immer nur gegen ein Subjekt, nicht aber gegen die Vermögensmasse selbst gerichtet sein kann. Im Blick auf die Geltendmachung gemeinschaftlicher Rechte und Forderungen sowie der Abwehr von Ansprüchen, die gegen die Gemeinschaft gerichtet sind, kann ein selbständiges und verbindliches Tätigwerden des bestellten Verwalters mit Wirkung für und gegen die Gemeinschaft unabhängig von ihrer aktuellen Zusammensetzung nur bei Teilrechtsfähigkeit der Gemeinschaft angenommen werden. Gleiches gilt hinsichtlich der **Partei- und Beteiligtenfähigkeit** der Wohnungseigentümergemeinschaften in Aktiv- und Passivprozessen, wobei die Gemeinschaft dann auch eine Kurzbezeichnung führen kann. Weiter begründet der Senat die Teilrechtsfähigkeit mit anderenfalls nicht lösbaren Wertungswidersprüchen im Haftungssystem der Gemeinschaft. Gegenüber Dritten ist eine von dem aktuellen Gemeinschaftsbestand unabhängige selbständige Haftung des Verwaltungsvermögens und damit der Gemeinschaft nur begründbar, wenn die Gemeinschaft teilrechtsfähig ist. Schließlich wird die Anerkennung der Wohnungseigentümergemeinschaft als Unternehmerin im **Steuerrecht** mit eigener Aktiv- und Passivlegitimation als weiteres Indiz für die Teilrechtsfähigkeit angeführt. Zudem verweist der **BGH** auf seine Rspr. zur Anerkennung der Teilrechtsfähigkeit der Gesellschaft bürgerlichen Rechts,[47] die anders als die Wohnungseigentümergemeinschaft nicht über ein gesetzlich vorgegebenes Refinanzierungssystem verfügt.[48]

55 **c) Zusammenfassung.** Das Urteil des BGH hat seinerzeit in der Lit. breite Zustimmung erhalten.[49] Folgerichtig hat der Gesetzgeber hat die Teilrechtsfähigkeit der Wohnungseigentümergemeinschaft zunächst im Jahr 2007 in § 10 Abs. 6 aF und nunmehr mit dem WEMoG **in § 9a gesetzlich normiert.** Mit den Reformen des WEG wurden nahezu alle weiteren Vorgaben umgesetzt, die mit dem Beschluss des BGH aufgestellt waren.

56 **4. Entstehung von Wohnungseigentum. a) Aufteilung.** Die Entstehung von Wohnungseigentum setzt gemäß § 2 zunächst eine Aufteilung voraus, die als Einräumung von Sondereigentum nur durch Vereinbarung gemäß § 3 oder durch Teilung gemäß § 8 oder durch eine Kombination dieser beiden Vorgehensweisen erfolgen kann.

57 **b) Anlegung der Wohnungs- bzw. Teileigentumsgrundbücher.** Formale Voraussetzung für die Entstehung von Wohnungseigentum ist die Anlegung je eines gesonderten Wohnungs- oder Teileigentumsgrundbuchblatts für jede Wohnungs- und Teileigentumseinheit.

58 Die Anlegung eines Wohnungs- oder Teileigentumsgrundbuchsblatts setzt die Einreichung einer Teilungserklärung in der Form des § 29 GBO nebst einer **Abgeschlossenheitsbescheinigung** gemäß § 7 Abs. 4 zum Grundbuchamt unter gleichzeitiger Stellung des Antrags auf Anlegung der

[45] BGHZ 163, 154 = NJW 2005, 2061; hierzu statt vieler Bärmann/*Suilmann* § 10 Rn. 200 ff.
[46] Hierzu und zu allem Folgenden BGHZ 163, 154 (162) = NJW 2005, 2061.
[47] BGHZ 146, 341 = NJW 2005, 2061.
[48] BGHZ 163, 154 (170) = NJW 2005, 2061.
[49] Aus dem unübersehbaren – zum Teil auch krit. – Schrifttum: *Abramenko* ZMR 2005, 585; *Abramenko* ZMR 2006, 409; *Armbrüster* ZWE 2005, 369; *Armbrüster* FS Wenzel, 2005, 85; *Briesemeister* ZWE 2006, 15; *Bub* ZWE 2006, 253; *Demharter* ZWE 2005, 357; *Derleder/Fauser* ZWE 2007, 2; *Häublein* FS Wenzel, 2005, 175; *Hügel* DNotZ 2007, 326; *Maroldt* ZWE 2005, 361; *Rapp* MittBayNot 2005, 449; *Raiser* ZWE 2005, 365; *Sauren* ZWE 2006, 258; *Wenzel* ZWE 2006, 2; *Wenzel* ZWE 2006, 462.

Wohnungs- und Teileigentumsgrundbücher voraus. Erst mit Anlage der Wohnungsgrundbücher entsteht das dingliche Sachenrecht Wohnungseigentum, welches seinerseits verkehrsfähig ist und Gegenstand von Rechten Dritter sein kann.[50]

c) Fertigstellung der betreffenden Raumeinheiten. Richtigerweise ist für die Entstehung von Wohnungseigentum die Fertigstellung der mit Sondereigentum verbundenen Raumeinheit weitere Voraussetzung. **59**

Sondereigentum an bestimmten in sich abgeschlossenen Raumeinheiten ist eines der drei Elemente des Wohnungseigentums nach der Dreigliedrigkeitstheorie. Da Sondereigentum nur an bestimmten in sich abgeschlossenen Raumeinheiten begründet werden kann, muss neben der Anlage der Wohnungs- bzw. Teileigentumsgrundbuchblätter die **Erstellung** der betreffenden Raumeinheiten Voraussetzung für die Entstehung von Wohnungseigentum sein. Folglich kann Wohnungs- oder Teileigentum nicht unabhängig von der tatsächlichen Erstellung der mit dem Sondereigentum verbundenen Räumlichkeiten entstehen. Nicht erforderlich ist dagegen die Errichtung des gesamten Gebäudes.[51] **60**

5. Entstehung der Wohnungseigentümergemeinschaft. a) Teilung nach § 8. Neben den vorstehend genannten Voraussetzungen für die Begründung von Wohnungseigentum bedarf es für die Entstehung einer Wohnungseigentümergemeinschaft nach Teilung gemäß § 8 zusätzlich noch der des **Rechtserwerbs durch einen Dritten.**[52] **61**

b) Erwerb durch Dritten. Weitere Voraussetzung für die Entstehung der Wohnungseigentumsgemeinschaft bei Teilung nach § 8 ist der **Erwerb eines Anwartschaftsrechts** an einem Wohnungs- oder Teileigentum durch einen Dritten. Das Anwartschaftsrecht entsteht durch Eintragung einer Auflassungsvormerkung für den Erwerber in ein angelegtes Wohnungsgrundbuch. **62**

Da auch Verträge wirksam geschlossen werden können, die sich auf eine zukünftige Leistung richten, können Verfügungen über Wohnungs- und Teileigentum auch **vor Anlegung der Wohnungsgrundbücher** und **vor Errichtung der betreffenden Sondereigentumseinheit** getroffen werden. In diesen Fällen richtet sich der Anspruch des Gläubigers auf die Verschaffung von Wohnungs- oder Teileigentum durch Anlegung des entsprechenden Wohnungsgrundbuchs sowie die tatsächliche Erstellung der betreffenden Sondereigentumseinheit. **63**

Nach Anlegung des betreffenden Wohnungsgrundbuchblatts und Eintragung einer Auflassungsvormerkung für den Erwerber besteht nach hM bis zur Erstellung der mit dem Sondereigentum verbundenen Raumeinheit ein einem **Anwartschaftsrecht** ähnliches Recht an dem mit dem Miteigentumsanteil verbundenen Sondereigentum, welches das Recht und die Verpflichtung zur Erstellung der betreffenden Raumeinheit vermittelt.[53] **64**

c) Vorwirkungen werdender Gemeinschaften. Einer umfangreichen Rspr. zu „werdenden" oder „faktischen" Wohnungseigentümergemeinschaften[54] folgend, hat der Reformgesetzgeber des WEMoG von 2020 mit der Vorschrift des **§ 8 Abs. 3** insoweit Klarheit über die Rechtslage geschaffen, dass bis zur Übertragung des Eigentums an einer Einheit der Gemeinschaft der teilende Eigentümer allein zuständig ist, jedoch ab dem dort näher beschriebenen Zeitpunkt im Innenverhältnis die Gemeinschaft bereits in Vollzug gesetzt wird. Liegt also ein vormerkungsgesicherter Übertragungsanspruch vor, so ist der Berechtigte ab Besitzübergabe der betroffenen Sondereigentumseinheit im Verhältnis zum Eigentümer und anderen „werdenden Eigentümern" so zu behandeln, als wäre er diesbezüglich bereits Mitglied der Eigentümergemeinschaft. Insbesondere finden also die Vorschriften der Gemeinschaftsordnung und ersatzweise der §§ 10–29 im Innenverhältnis untereinander bereits ab dann Anwendung. **65**

III. Internationaler Vergleich

1. Allgemeines. Eigentumswohnungen gibt es – wenn auch rechtlich in unterschiedlicher Form ausgestaltet – in aller Welt. Insbesondere im innerstädtischen Bereich gab es überall auf der Welt ein Bedürfnis über einzelne Gebäudeteile zu verfügen und das rechtliche Schicksal dieser Einheiten hinsichtlich ihrer Eigentumszuordnung von den anderen Einheiten unabhängig zu **66**

50 Statt vieler Bärmann/*Armbrüster* § 3 Rn. 96; Staudinger/*Rapp*, 2018, § 3 Rn. 32.
51 Palandt/*Wicke* § 2 Rn. 10; Staudinger/*Rapp*, 2018, § 3 Rn. 32; Weitnauer/*Briesemeister* § 3 Rn. 67.
52 Staudinger/*Rapp*, 2018, § 3 Rn. 41; Bärmann/*Suilmann* § 10 Rn. 17.
53 OLG Hamburg ZWE 2002, 592; Staudinger/*Rapp*, 2018, § 3 Rn. 33 mwN; *Schneider* ZWE 2010, 449.
54 BGHZ 193, 219 = ZWE 2012, 369 m. zust. Anm. *Reymann* = ZMR 2012, 711 in Fortführung von BGHZ 177, 53 = MittBayNot 2009, 132; ebenso BGH ZWE 2010, 215 = ZMR 2010, 125; KG ZWE 2009, 120; OLG Dresden ZWE 2010, 188 = ZMR 2010, 462; s. hierzu statt vieler *Drabek* ZWE 2015, 198.

machen. Ein ähnliches Bedürfnis ergab sich daraus, dass in Urlaubsregionen einzelne Einheiten an Touristen zu Eigentum übertragen werden sollten.

67 Aufgrund der teilweise gravierenden Unterschiede der einzelnen Rechtsordnungen ergeben sich für die Ausgestaltung des Wohnungseigentums und der ihm verwandten Rechte in anderen Rechtsordnungen höchst unterschiedliche Ansätze. Ein kurzer **rechtsvergleichender** Blick in andere europäische Wohnungseigentumsrechte ist insbesondere vor dem Hintergrund immer wieder neuer zu klärender Fragen im WEG interessant.

2. England.

Schrifttum: *Aldridge,* Law of flats, 3. Aufl. 1994; *Barraclough,* The sale and management of flats: practice and precedants, 2. Aufl. 1996; *Clarke,* Commonhold, 2002; *Frank/Wachter* (Hrsg.), Handbuch Immobilienrecht in Europa, 2. Aufl. 2015, Kap. 3 Rn. 62; *Kessel,* Erwerb und Besitz einer Immobilie in England und Wales HuG-A 4/L/1; *Smith,* The law of landlord and tenant, 6. Aufl. 2002.

68 Für den angloamerikanischen Rechtskreis ist vorab anzumerken, dass nach dem Grundsatz des case law grundsätzlich für kein Rechtsgebiet ein Gesetz vorhanden ist. Entstandene Rechtsstreitigkeiten werden vielmehr einzelfallorientiert entschieden, wobei auf ältere Entscheidungen zu ähnlich gelagerten Rechtsfällen zurückgegriffen wird.

69 Wohnungseigentum iSd WEG gab es in England bis 2002 nicht. Entfernt ähnlich waren lediglich die *residential leases,* die bis zu einem gewissen Grade dem deutschen Erbbaurecht ähneln.[55] Diese sind – wie ein Wohnungserbbaurecht – auch bezüglich einzelner Wohneinheiten möglich. Im Unterschied zum gemeinschaftlichen Eigentum nach dem WEG verbleiben hier jedoch die Gemeinschaftseinrichtungen im Eigentum des *freehold-owners,* also des Grundstückseigentümers.

70 Die Länge eines lease kann bis zu 125 Jahre ab Begründung sein, wobei für jede neue Begründung des lease eine neue Laufzeit zu vereinbaren ist. Zulässig sind auch kurzfristige leases, die zwischen sechs und vierundzwanzig Monaten Laufzeit haben.[56]

71 Mit dem im Jahr 2002 erlassenen **Commonhold and Leasehold Reform Act 2002** ist nunmehr entsprechend dem deutschen Wohnungseigentum die Begründung einer echten Eigentümerstellung an einer Wohnung mit gleichzeitigem Miteigentum an den Gemeinschaftseinrichtungen möglich. Zunächst hat diese neue Rechtsform in der Praxis nur eine geringe Bedeutung erlangt.[57]

72 Seit geraumer Zeit wird auch in England die gesamte Erdoberfläche katastermäßig erfasst und ein **land register** erstellt. Bis zur vollständigen Anlegung des land registers ergeben sich die räumliche Ausdehnung sowie die Größe eines Grundstücks aus Plänen, die den Kaufverträgen als Bestandteil beigefügt sind und den vom Erwerber erworbenen Kaufgegenstand in seiner räumlichen Ausdehnung beschreiben. Da ein residential lease nach britischer Rechtsvorstellung lediglich eine langfristige Nutzungsbefugnis bezüglich einer bestimmten Wohnung darstellt, werden für diese keine gesonderten Grundbuchblätter angelegt.

3. Dänemark.

Schrifttum: *v. Eyben/Mortensen/Pagh,* Fast ejendom – Radighed og regulering, 2. udg. 2003; *Frank/Wachter* (Hrsg.), Handbuch Immobilienrecht in Europa, 2. Aufl. 2015, Kap. 2 Rn. 75 ff.; *Seidel,* Wohnungseigentum nach dänischem Recht, 1975; *Steinbrücke/Meurs-Gerken,* Erwerb und Besitz einer Immobilie in Dänemark, HuG-A 4/W/11.

73 In Dänemark besteht seit 1966 ein Gesetz zur Aufteilung von Grundstücken in Wohnungseigentum – *Lov om ejerlejligheder* (Gesetz Nr. 199 vom 8.6.1966). Ähnlich wie im deutschen Recht muss der Teilungsurkunde eine Abgeschlossenheitsbescheinigung eines öffentlich bestellten Vermessungsingenieurs beigefügt sein, die einen Plan für jede einzelne Wohnung sowie einen Gesamtplan für das aufzuteilende Gebäude enthält.[58] Garagen, Keller, Dachböden uÄ können ebenso wie im deutschen Recht rechtlich selbständig sein, einzelnen Wohnungen zugeordnet sein oder als Gemeinschaftsfläche im Gemeinschaftseigentum verbleiben. Für jedes Wohnungseigentum wird ein besonderes Grundbuchblatt eingerichtet, auf dem die aus dem Hauptgrundbuch hervorgehenden Rechte eingetragen werden können.[59]

74 Schon vor einigen Jahren ist die Aufteilung von Mehrfamilienhäusern in Wohnungseigentum stark eingeschränkt worden. Diese Einschränkungen erfolgten zum einen aus Gründen der Bausicherheit. Zum anderen sollte auf diese Weise der Verknappung und Verteuerung des innerstädtischen Wohnraums vorgebeugt werden. Nach dem Wohnungsregulierungsgesetz kann der Wohnungseigen-

---

55 *Kessel,* Erwerb und Besitz einer Immobilie in England und Wales HuG-A 4/L/1, 108.
56 *Kessel,* Erwerb und Besitz einer Immobilie in England und Wales HuG-A 4/L/1, 13.
57 *Waldner* in Frank/Wachter EurImmobilienR-HdB Kap. 3 Rn. 62.
58 *Steinbrücke/Meurs-Gerken,* Erwerb und Besitz einer Immobilie in Dänemark, HuG-A 4/W/11, 76.
59 *Steinbrücke/Meurs-Gerken,* Erwerb und Besitz einer Immobilie in Dänemark, HuG-A 4/W/11, 77.

tümer einer Reihe von Verfügungsbeschränkungen unterliegen, wenn die Gemeinde, in der die Wohnung belegen ist, diese anordnet. Zu erwähnen ist dabei insbesondere die Pflicht, die Wohnung selbst zu bewohnen oder anderen zu Wohnzwecken zu überlassen.

Ähnlich dem deutschen Recht hat ein Mieter, der bei der Aufteilung in Wohnungseigentum **75** bereits Mieter war, einen besonderen **Kündigungsschutz,** der insbesondere auch eine Eigenbedarfskündigung des Erwerbers ausschließt.[60]

Für jede Wohnungseigentümergemeinschaft besteht zwingend eine Satzung. Sofern die **76** Gemeinschaft keine eigene Satzung hat, gilt eine Standardsatzung **(normal vedtaegeten).** Nach der Standardsatzung ist die Eigentümerversammlung das höchste Organ der Eigentümergemeinschaft. Bei Veräußerungen, Beschlussfassungen über wesentliche Änderungen des gemeinschaftlichen Eigentums und bei Änderungen der Satzung ist eine Zweidrittelmehrheit aller vorhandenen Stimmen erforderlich. Bei bestimmten weitergehenden Änderungen ist Einstimmigkeit Voraussetzung für die Wirksamkeit des Beschlusses.[61]

Neben der Aufteilung in Wohnungseigentum besteht die Möglichkeit, mit einer Bruchteilsge- **77** meinschaft eine eigentumsähnliche Nutzungsbefugnis an einzelnen Wohnungen **(Anpartslijlighed)** zu begründen. Vergleichbar einer Miteigentümergemeinschaft nach deutschem Recht vereinbaren mehrere Bruchteilseigentümer verbindlich, dass mit einem bestimmten Miteigentumsanteil das Recht zur Nutzung einer bestimmten räumlichen Einheit verbunden ist. Diese ist im Stammgrundbuch einzutragen. Die Anlage einzelner Grundbuchblätter für die einzelnen Miteigentumsanteile ist nicht möglich.[62]

4. Österreich.

Schrifttum: *Dirnbacher,* Praxiskommentar WEG 2017, Das Wohnungseigentumsgesetz idF der WRN 2015; *Frank/Wachter* (Hrsg.), Handbuch Immobilienrecht in Europa, 2. Aufl. 2015, Kap. 13 Rn. 61 ff.; *Hausmann/Vonkilch,* Österreichisches Wohnrecht, WEG, 4. Aufl. 2017; *M. Meyer,* Erwerb und Besitz einer Immobilie in Österreich, HuG-A 4/B/1 (zur alten Rechtslage); *Palten,* Wohnungseigentumsrecht, 3. Aufl. 2003; *Rainer,* Wohnungseigentum, 6. Aufl. 2017.

Das Bundesgesetz über Eigentum an Wohnungen und sonstigen Räumlichkeiten vom 1.7.1975 **78** ist von dem **Wohnungseigentumsgesetz 2002** (österr. BGBl. Nr. 579/2002), dieses geändert durch die Wohnrechtsnovelle 2006 (österr. BGBl. Nr. 124/2006), die Wohnrechtsnovelle 2009 (österr. BGBl. Nr. 25/2009) sowie die Wohnrechtsnovelle 2015 (österr. BGBl. Nr. 100/2014), abgelöst worden. Wohnungseigentum ist gemäß § 2 Abs. 1 S. 1 öWEG 2002 das dem Miteigentümer einer Liegenschaft oder einer Eigentümerpartnerschaft eingeräumte dingliche Recht, ein Wohnungseigentumsobjekt ausschließlich zu nutzen und allein darüber zu verfügen. Dabei kann Wohnungseigentum nicht nur an Wohnungen, sondern auch an sonstigen selbständigen Räumlichkeiten, zu denen insbesondere auch abgeschlossene Geschäftsräume gehören, begründet werden.

Die Begründung von Wohnungseigentum erfolgt grundsätzlich auf der Grundlage einer schrift- **79** lichen Vereinbarung aller Miteigentümer, des sog. **Wohnungseigentumsvertrages** (§ 3 Abs. 1 Nr. 1 öWEG 2002). Im Gegensatz zur alten Rechtslage ist nach dem öWEG 2002 auch die Begründung von vorläufigem Wohnungseigentum durch den Alleineigentümer möglich (§ 2 Abs. 1 S. 2 öWEG 2002, §§ 45 ff. öWEG 2002). Dieses wird auf Grundlage einer schriftlichen Errichtungserklärung, dem sog. **Wohnungseigentumsstatut,** begründet und geht in endgültiges Wohnungseigentum mit dem Erwerb von Miteigentum durch eine weitere Person über. An mit dem Wohnungseigentumsobjekt baulich nicht verbundenen Teilen der Liegenschaft, wie etwa Keller- oder Dachbodenräumen, kann zudem sog. **Zubehör-Wohnungseigentum** begründet werden (§ 2 Abs. 3 öWEG 2002).

Die bisherige Besonderheit, dass Wohnungseigentümer in Österreich immer nur eine einzelne **80** natürliche Person, ein Ehepaar oder eine juristische Person sein konnte, ist durch das WEG 2002 ebenfalls geändert worden. Nunmehr kann auch von zwei natürlichen Personen, die kein Ehepaar sind, ein Wohnungseigentum gemeinsam erworben werden. Diese sog. **Eigentümerpartnerschaft** (§ 2 Abs. 10 öWEG 2002, §§ 13 ff. öWEG 2002) setzt den Erwerb je eines halben Anteils voraus. Eine andere Aufteilung ist nicht möglich (§ 12 öWEG 2002). Wie schon beim bisherigen Ehegatten-Wohnungseigentum stellt die Eigentümerpartnerschaft nach dem Willen des Gesetzgebers eine Miteigentümergemeinschaft und keine Gesamthand dar. Aufgrund der erheblichen Einschränkungen für die einzelnen Partner in ihrer Verfügungsbefugnis wird die Eigentumspartnerschaft in der Lit. oftmals dennoch als Gesamthand qualifiziert.[63]

---

[60] *Steinbrücke/Meurs-Gerken,* Erwerb und Besitz einer Immobilie in Dänemark, HuG-A 4/W/11, 77.
[61] *Steinbrücke/Meurs-Gerken,* Erwerb und Besitz einer Immobilie in Dänemark, HuG-A 4/W/11, 79.
[62] *Steinbrücke/Meurs-Gerken,* Erwerb und Besitz einer Immobilie in Dänemark, HuG-A 4/W/11, 80.
[63] *Hausmann/Vonkilch,* Österreichisches Wohnrecht, WEG, 4. Aufl. 2017, § 13 Rn. 4 mwN.

81 Die Veräußerung eines Anteils durch lediglich einen der Partner ist seit der Wohnrechtsnovelle 2006 möglich, bedarf aber der Zustimmung des anderen Partners. Bei Auflösung der Eigentümerpartnerschaft durch Tod eines Partners geht der Anteil des verstorbenen Partners unmittelbar von Gesetzes wegen auf den überlebenden Partner über (§ 14 Abs. 1 Nr. 1 öWEG 2002).

82 Die Verwaltung einer Wohnungseigentumsanlage wird grundsätzlich durch einen Verwalter vorgenommen. Dieser vertritt die Wohnungseigentümergemeinschaft nach außen.

5. Schweiz.

Schrifttum: *Brogli,* Das intertemporale Stockwerkeigentum der Schweiz am Beispiel des Kantons Wallis, 1985; *Diggelmann/Kunz/Peter-Ruetschi,* Aktuelles Stockwerkeigentum, 1984; *Frank/Wachter* (Hrsg.), Handbuch Immobilienrecht in Europa, 2. Aufl. 2015, Kap. 17 Rn. 43 ff.; *Peter-Ruetschi,* Das schweizerische Stockwerkeigentum, 1980; *Rey/Maetzke,* Schweizerisches Stockwerkeigentum, 3. Aufl. 2009; *Steuber,* Erwerb und Besitz einer Immobilie in der Schweiz, HuG-A 4/A/1.

83 In der Schweiz ist die Rechtsform für Eigentumswohnungen **Stockwerkeigentum.** Hieraus erklärt sich auch die Einführung des Stockwerkeigentums als Vorform des Wohnungseigentums in Württemberg. Die rechtlichen Regelungen des Stockwerkeigentums finden sich im Zivilgesetzbuch der Schweiz im Abschnitt über das Stockwerkeigentum (Art. 712 ff. ZGB) und ergänzend im Abschnitt über das Miteigentum (Art. 646 ff. ZGB).

84 Abweichend von der Konzeption des Wohnungseigentums gibt es beim Schweizer Stockwerkeigentum kein Sondereigentum. Vielmehr verbleibt die gesamte Liegenschaft im Miteigentum sämtlicher Stockwerkeigentümer. Das Stockwerkeigentum selbst ist ein Sonderrecht eines einzelnen Miteigentümers zur Nutzung und Unterhaltung bestimmter Räumlichkeiten unter Ausschluss der anderen Miteigentümer.[64] Für jedes Stockwerkeigentum wird ein eigenes Grundbuchblatt angelegt. Das Stockwerkeigentum ist veräußerlich und belastbar. Voraussetzung für die Anlage eines Grundbuchs ist die räumliche Abgeschlossenheit der Wohnung, an der das Stockwerkeigentum besteht.

85 Sofern die Rechtsbeziehungen der einzelnen Stockwerkeigentümer zueinander abweichend oder ergänzend zu den gesetzlichen Regelungen festgelegt werden sollen, muss ein **Reglement** aufgestellt werden. Das Reglement ist mit der Gemeinschaftsordnung nach dem Wohnungseigentumsgesetz vergleichbar. Anders als bei Miteigentum nach ZGB, welches jedem Miteigentümer ein Vorkaufsrecht an den anderen Miteigentumsanteilen gegenüber dritten Erwerbern gibt, gewährt das Stockwerkeigentum kein Vorkaufsrecht.[65] Etwas anderes gilt nur dann, wenn im Reglement oder in einer gesonderten Vereinbarung der Stockwerkeigentümer ein derartiges Vorkaufsrecht ausdrücklich eingeräumt wird.

86 Die Bestellung eines Verwalters ist vom Gesetz nicht vorgesehen. In der Regel wird aber ein Verwalter bestellt. Sofern das Reglement eine Verwalterbestellung vorsieht, muss die Stockwerkeigentümergemeinschaft einen Verwalter bestellen.

87 Als Besonderheit hervorzuheben ist das **Pfandrecht der Stockwerkeigentümergemeinschaft** an Gegenständen aus der Wohnung eines Stockwerkeigentümers, sofern dieser seinen Zahlungsverpflichtungen aus dem Gemeinschaftsverhältnis nicht nachkommt. Dieses gesetzliche Pfandrecht kann nach rechtskräftiger Feststellung der Forderung wie eine Zwangshypothek im Grundbuch eingetragen werden.[66]

6. Spanien.

Schrifttum: *v. Bar* (Hrsg.), Sachenrecht in Europa, Bd. 4, 2001; *Bendref,* Spanisches Immobilienrecht, 2. Aufl. 1985; *Eberl,* Immobilienkauf in Spanien, MittBayNot 2000, 515; *Frank/Wachter* (Hrsg.), Handbuch Immobilienrecht in Europa, 2. Aufl. 2015, Kap. 20 Rn. 57 ff.; *Fuentes-Lojo,* La Ley de Propiedad Horizontal, 2018; *Gantzer,* Spanisches Immobilienrecht, 9. Aufl. 2003; *Löber,* Grundeigentum in Spanien, 8. Aufl. 2018; *Löber/Pérez Martin/Huzel,* Wohnungseigentum und Urbanisation in Spanien, 5. Aufl. 2005.

88 Für Eigentumswohnungen gilt in Spanien das Gesetz über **horizontales Eigentum** vom 21.7.1960, neu gefasst am 6.4.1999 und geändert durch Gesetz 19/2009 vom 23.11.2009. Da in Spanien als typischem Urlaubsland der Erwerb von Wohnungen als Ferienwohnungen schon seit Jahrzehnten nachgefragt und üblich ist, hat das Recht der Eigentumswohnungen in Spanien eine lange praktische Bewährung. Da viele Eigentümer nicht am Ort oder auch nicht in Spanien selbst ihren Lebensmittelpunkt haben, musste die Verwaltung Verfahrensweisen entwickeln und durchsetzen, die eine laufende Verwaltung der Wohnungseigentumsanlagen möglich machen.

89 Nach dem Gesetz können nicht nur Wohnungen, sondern auch Geschäftsräume Gegenstand von Sondereigentum sein. Das Sondereigentum entsteht gemäß Art. 5 SpWEG durch die **Teilungserklärung,** welche notariell zu beurkunden ist und im **Eigentumsregister** eingetragen wird. Mit

[64] *Steuber,* Erwerb und Besitz einer Immobilie in der Schweiz, HuG-A 4/A/1, 69.
[65] *Steuber,* Erwerb und Besitz einer Immobilie in der Schweiz, HuG-A 4/A/1, 70.
[66] *Steuber,* Erwerb und Besitz einer Immobilie in der Schweiz, HuG-A 4/A/1, 71.

dem Sondereigentum ist gemäß Art. 1 SpWEG das Recht am Gemeinschaftseigentum verbunden, wozu sämtliche notwendigen Einrichtungen des Gebäudes gehören. Hinsichtlich der Grünflächen, Schwimmbäder und sonstiger Gemeinschaftseinrichtungen bestimmt die Teilungserklärung über deren Zuordnung zu Sonder- oder Gemeinschaftseigentum.[67]

Der Vollzug der Teilungserklärung im Eigentumsregister setzt gemäß Art. 8 Abs. 3 SpWEG zumindest den Beginn der Bauarbeiten voraus. Neben oder mit der Teilungserklärung kann für die Eigentümergemeinschaft gemäß Art. 6 SpWEG eine **Satzung** errichtet werden, in der ähnlich der Gemeinschaftsordnung bestimmte Verhaltens- und Gebrauchsregelungen aufgestellt werden. **90**

Einmal jährlich hat die Eigentümerversammlung zusammenzutreten, wobei für den Fall der fehlenden Beschlussfähigkeit innerhalb einer weiteren halben Stunde eine zweite Versammlung durchgeführt werden kann, wenn bei der ersten Ladung darauf hingewiesen wurde. Beschlüsse der Eigentümerversammlung sind in einem Protokoll niederzulegen, welches beim zuständigen Eigentumsregister geführt wird. Auf diese Weise kann ein Erwerber die Zusammensetzung, den Zustand und die geltende Beschlusslage der Eigentümergemeinschaft verlässlich prüfen. **91**

Aus der Mitte der Eigentümergemeinschaft wird ein **Präsident** gewählt. Dieser vertritt die Eigentümergemeinschaft gerichtlich und außergerichtlich (vgl. Art. 14–19 SpWEG). **92**

Jeder Wohnungseigentümer ist gemäß Art. 9 SpWEG verpflichtet, für die allgemeinen Kosten der Wohnungseigentumsanlage anteilig aufzukommen. Diese gesetzliche Kostenhaftung geht im Falle der Veräußerung der Einheit auf den Erwerber über. Sofern ein Eigentümer seinen Zahlungsverpflichtungen aus dem Gemeinschaftsverhältnis nicht nachkommt, gestattet Art. 21 SpWEG ein vereinfachtes Gerichtsverfahren für die Geltendmachung der Forderungen der Eigentümergemeinschaft durch den Präsidenten oder den Verwalter. Das Verfahren ist insofern gestrafft, als das Gericht bei Zahlungsunwilligkeit oder -unfähigkeit des betroffenen Wohnungseigentümers sofort die Vollstreckung anordnen kann. **93**

Ein Kaufvertrag über eine Eigentumswohnung kann grundsätzlich mündlich oder privatschriftlich geschlossen werden. Sofern jedoch eine Eintragung in das Eigentumsregister erreicht werden soll, muss der Kaufvertrag notariell beurkundet werden, wobei nur noch die Beurkundung durch spanische Notare anerkannt wird. Traditionell wird in Spanien zunächst der privatschriftliche Vertrag geschlossen und im Anschluss daran – nach Zahlung des Kaufpreises – der Vertrag für die Eintragung in das Eigentumsregister beurkundet.[68] **94**

7. Italien.

Schrifttum: *v. Bar* (Hrsg.), Sachenrecht in Europa, Bd. 4, 2001; *Caselli,* La multiproprietà. Problemi juridici, 2. Aufl. 1984; *Frank/Wachter* (Hrsg.), Handbuch Immobilienrecht in Europa, 2. Aufl. 2015, Kap. 8 Rn. 41 f.; *v. Hülst,* Multiproprietà – Time-sharing in Italien, 1992; *Reichel,* Ferienimmobilien in Italien, 7. Aufl. 2017; *Terzago,* Il condominio, trattato teorico-pratico, 2015; *De Tilla,* Il condominio, Vol. II, 4. Aufl. 1994; *Trabucchi,* Erwerb und Besitz einer Immobilie in Italien, HuG-A 4/C/1; *Triola/Andrighetti-Formaggini,* L'assemblea di condominio, 2006.

In Italien ist die Wohnungseigentümergemeinschaft als eine Gemeinschaft eigener Art in den Art. 1117 ff. cc geregelt. Durch das Gesetz vom 11 12.2012 „Modifiche alla disciplina del condominio negli edifici" (GU 293 vom 17.12.2012) ist das geltende Recht erheblich modifiziert worden, wobei sich die Änderungen vornehmlich auf die Verwaltung beziehen. Änderungen der Zweckbestimmung von Teilen des Gemeinschaftseigentums können jetzt mit einer Mehrheit von 80% beschlossen werden.[69] **95**

Wohnungseigentum kann in verschiedener Weise begründet werden. Der klassische Weg ist gegeben, wenn aus einem Mehrfamilienhaus eine einzelne Wohnung an einen Dritten veräußert wird und der Veräußerungsvertrag die Lage und räumliche Ausdehnung der Wohnung beschreibt. Ebenso entsteht Wohnungseigentum, wenn ein Erwerber das Recht erwirbt, auf oder an einem bereits bestehenden Gebäude eine weitere Wohnung zu errichten.[70] Bei Neuerrichtung eines Gebäudes durch mehrere Personen oder bei Aufteilung eines bereits bestehenden Gebäudes unter mehreren Miteigentümern werden ebenso wie im deutschen Recht in einer Teilungsurkunde einzelne Raumeinheiten bestimmten Miteigentümern zugeordnet und das Rechtsverhältnis der Miteigentümer untereinander im Übrigen geregelt.[71] Neben dem Wohnungseigentum gibt es wie im deutschen Recht auch gemeinschaftliches Eigentum, an dem gemäß Art. 1170 cc eine **Zwangsgemeinschaft** aller Miteigentümer besteht, zB bezüglich Treppenhäusern, Fundamenten uÄ. Diese Zwangsgemeinschaft kann nicht auseinandergesetzt werden. **96**

---

[67] *Gantzer,* Spanisches Immobilienrecht, 9. Aufl. 2003, 77 ff.
[68] *Eberl* MittBayNot 2000, 515 (516).
[69] *Dolce* in Frank/Wachter EurImmobilienR-HdB Kap. 8 Rn. 41.
[70] *Trabucchi,* Erwerb und Besitz einer Immobilie in Italien, HuG-A 4/C/1, 89 f.
[71] *Trabucchi,* Erwerb und Besitz einer Immobilie in Italien, HuG-A 4/C/1, 90.

97 Über die Belange der Wohnungseigentümergemeinschaft hat die Wohnungseigentümerversammlung zu beschließen. Die Eigentümerversammlung ist beschlussfähig, wenn zwei Drittel der Wohnungseigentümer anwesend sind, die wiederum mindestens zwei Drittel des Gebäudewertes repräsentieren. Eine Anschlussversammlung kann nicht innerhalb der nächsten vierundzwanzig Stunden abgehalten werden, muss aber innerhalb von zehn Tagen nach der ersten Versammlung, auf der das erforderliche Quorum nicht erreicht werden konnte, durchgeführt werden, wobei mindestens ein Drittel der Wohnungseigentümer anwesend sein muss. Bei Entscheidungen zu Verwaltungsmaßnahmen, die über den Bereich der gewöhnlichen Verwaltung hinausgehen, müssen Beschlüsse immer mit der Mehrheit aller Wohnungseigentümer gefasst werden. Gleiches gilt für Beschlüsse, die Erneuerungen am Gebäude betreffen (Art. 1136 cc).[72]

98 Sofern mehr als vier Wohnungseigentümer vorhanden sind, muss gemäß Art. 1129 cc ein **Verwalter** bestellt werden. Dem Verwalter obliegt nach Art. 1130 cc die Durchführung der Versammlungsbeschlüsse sowie die Überwachung der Einhaltung der Hausordnung. Weiterhin hat der Verwalter für die Erhebung der Beiträge für die laufende Verwaltung zu sorgen und Maßnahmen zur Instandhaltung und Instandsetzung des Gebäudes zu treffen. Die Wohnungseigentümergemeinschaft wird im gerichtlichen Verfahren kraft Gesetzes vom Verwalter vertreten.[73] Sofern mehr als zehn Wohnungseigentümer vorhanden sind, ist gemäß Art. 1138 cc die Aufstellung einer **Hausordnung** gesetzlich vorgeschrieben. Die Hausordnung ist mit einer Mehrheit von zwei Drittel aller Wohnungseigentümer zu beschließen.

99 Neben der Rechtsform des Wohnungseigentums gibt es in Italien auch die Form des Volleigentums mit umschichtiger Nutzung, genannt **Multiproprietà.** Diese Rechtsform ist dem Timesharing vergleichbar.

8. Frankreich.

Schrifttum: *Atias,* La copropriété immobilière, 1995; *Böhner,* Erwerb und Besitz einer Immobilie in Frankreich, HuG-A 4/G/1; *Ferid/Sonnenberger,* Das Französische Zivilrecht, Bd. 2, 2. Aufl. 1986, 3 C III, Erg.Bd. 4/1, 2. Aufl. 1993, 3 C III; *Frank,* Grundlagen zum Immobilienerwerb in Frankreich MittBayNot 2001, 39; *Frank/Wachter* (Hrsg.), Handbuch Immobilienrecht in Europa, 2. Aufl. 2015, Kap. 5 Rn. 61 ff.; *Givord/Giverdon,* La copropriété, 8. Aufl. 2012; *Hellmann,* Die multipropriété in Frankreich, 1989; *Kischinewsky-Broquisse,* La copropriété des immeubles bâtis, 4. Aufl. 1989; *Lafond/Roux,* Code da la copropriété, 2017 (Gesetzestexte zur copropriété); *Schober,* Die Gemeinschaft der Wohnungseigentümer im französischen Recht, 1986; *Wietek,* Wohnungseigentum in Frankreich, 1976.

100 In Frankreich wird das **Wohnungseigentum** durch das Gesetz Nr. 65–557 vom 10.7.1965 und durch das Ausführungsdekret Nr. 67-223 vom 17.3.1967 gesetzlich geregelt. Das Gesetz geht von einer Kombination von Sondereigentum **(partie privative)** und Miteigentum **(partie commune)** aus und regelt den Ausgleich zwischen Gemeinschafts- und Individualinteressen. Im Gesetz sind sowohl der Eigentümergemeinschaft **(syndicat),** der Eigentümerversammlung **(assemblée générale),** dem Verwalter **(syndic)** und ggf. einem Hausbeirat **(conseil syndical)** bestimmte Aufgaben zugewiesen.[74]

101 Wohnungseigentum wird nach französischem Recht **kraft Gesetzes** bereits dann begründet, wenn mindestens zwei Eigentümer vorhanden sind, die unterschiedliche Raumeinheiten nutzen. Im Grundstücksregister wird dann für jedes Wohnungseigentum eine eigene Kartei eingerichtet. In der Kartei ist sowohl die Gesamtanlage wie auch die Wohnung selbst in ihrer räumlichen Ausdehnung beschrieben.[75] Die Errichtung einer **Gemeinschaftsordnung** ist gesetzlich zwingend angeordnet.[76] Verletzungen der Gemeinschaftsordnung können vertragliche Schadensersatzansprüche der Gemeinschaft begründen.[77] Sofern die Gemeinschaftsordnung im **Immobiliarregister** veröffentlicht worden ist sind auch die Mieter eines Wohnungseigentums automatisch an sie gebunden.[78]

102 Die Verwaltung des Wohnungseigentums wird in der Durchführungsverordnung vom 17.3.1967 gesetzlich geregelt. Die Wohnungseigentümerversammlung muss mindestens einmal jährlich durchgeführt werden. Kein Bevollmächtigter kann mehr als drei Miteigentümer vertreten.[79] Grundsätzlich entscheidet die einfache Mehrheit der anwesenden oder vertretenen Eigentümer. Die Abänderung der Gemeinschaftsordnung muss durch Beschluss der Wohnungseigentümerversammlung mit Zwei-

---

[72] *Trabucchi,* Erwerb und Besitz einer Immobilie in Italien, HuG-A 4/C/1, 92 ff.
[73] *Trabucchi,* Erwerb und Besitz einer Immobilie in Italien, HuG-A 4/C/1, 96.
[74] *Ferid/Sonnenberger* Französisches ZivilR II, 2. Aufl. 1986, 3C237.
[75] *Böhner,* Erwerb und Besitz einer Immobilie in Frankreich, HuG-A 4/G/1, 84.
[76] *Ferid/Sonnenberger* Französisches ZivilR II, 2. Aufl. 1986, 3C259.
[77] *Ferid/Sonnenberger* Französisches ZivilR II, 2. Aufl. 1986, 3C261.
[78] *Ferid/Sonnenberger* Französisches ZivilR II, 2. Aufl. 1986, 3C261.
[79] *Böhner,* Erwerb und Besitz einer Immobilie in Frankreich, HuG-A 4/G/1, 87.

drittelmehrheit aller vorhandenen Stimmen beschlossen werden.[80] Seit 1986 ist die Einrichtung eines **Gemeinschaftsbeirats** kraft Gesetzes vorgeschrieben, sofern die Gemeinschaft die Einrichtung nicht mit Zweidrittelmehrheit abbedingt.[81]

Bei Klagen der Wohnungseigentümergemeinschaft wird diese kraft gesetzlicher Ermächtigung **103** durch den **Verwalter als Organ** der Gemeinschaft vertreten.[82] Kraft Gesetzes verfügt die Wohnungseigentümergemeinschaft über eine **gesetzliche Hypothek** an jedem Sondereigentum zur Absicherung von Ansprüchen gegen einzelne Wohnungseigentümer. Der Verwalter ist befugt, zu Gunsten der Eigentümergemeinschaft die Eintragung dieser gesetzlichen Hypothek in das Register zu beantragen.[83] Zudem besteht bei Vermietung der Wohnung an Dritte ein gesetzliches Sicherungsrecht der Gemeinschaft an den Mietzinsforderungen des Eigentümers der Wohnung zur Besicherung etwaiger Verpflichtungen des Eigentümers gegenüber der Gemeinschaft.[84]

9. Niederlande.

Schrifttum: *v. Bar* (Hrsg.), Sachenrecht in Europa, Bd. 3, 1999; *Frank/Wachter* (Hrsg.), Handbuch Immobilienrecht in Europa, 2. Aufl. 2015, Kap. 11 Rn. 57; *Ploeger,* Horizontale splitsing van eigendom, 1997; *van Velten/Weidinger/Kappers,* Erwerb und Besitz einer Immobilie in den Niederlanden, HuG-A 4/N/1.

Das Recht des Wohnungseigentums wird in den Niederlanden als **Appartementsrecht** **104** bezeichnet. Auch hier wird zwischen Sondereigentum und gemeinschaftlichem Eigentum unterschieden. Das Appartementsrecht ist gemäß Art. 5:117 BW ein selbständiges Recht, welches eintragungsfähig und übertragbar ist.

Wohnungseigentum entsteht durch Teilung eines Grundstücks bzw. Teilung eines Erbpacht- **105** rechts, wobei in der **Teilungsurkunde** die Lage des Gebäudes sowie die Lage der als Wohnungseigentum abzusondernden, räumlich getrennten Einheiten des Gebäudes bezeichnet werden muss. Weiterhin kann die Teilungsurkunde eine Eigentumsordnung ähnlich einer Gemeinschaftsordnung enthalten, wobei diese in der Regel auf dem **Modellformular der niederländischen Notarvereinigung** basiert.[85]

Die Wohnungseigentümergemeinschaft hat einen oder bei besonderer Größe mehrere **Verwal- 106 ter.** In der Wohnungseigentümerversammlung werden die Beschlüsse mit absoluter Mehrheit der abgegebenen Stimmen getroffen, falls nicht Gesetz oder Teilungsurkunde andere Mehrheiten vorschreiben.[86] Der Verwalter vertritt die Wohnungseigentümergemeinschaft nach außen.

Bei Streitigkeiten innerhalb der Wohnungseigentümergemeinschaft kann in der Teilungsur- **107** kunde oder einer ergänzenden Urkunde die Durchführung eines **Schiedsgerichtsverfahrens** vorgeschrieben sein.[87] Eine weitere Besonderheit besteht im niederländischen Recht darin, dass dem Gericht in manchen Fällen eine gesetzliche Befugnis eingeräumt ist, fehlende Zustimmungserklärungen zu einer notwendigen Änderung der Teilungserklärung zu ersetzen. Voraussetzung hierfür ist ein Antrag der Wohnungseigentümergemeinschaft, der mit der Hälfte der bei der Versammlung anwesenden Stimmen gestellt werden muss.[88]

Neben den Wohnungseigentümergemeinschaften besteht in Gestalt der sog. **Kooperative** eine **108** weitere Rechtsform, bei der mehrere natürliche Personen als Miteigentümer ein Gebäude gemeinschaftlich nutzen und gleichzeitig einzelne Raumeinheiten getrennt voneinander bewohnen können. Die Eigentümerkooperative unterscheidet sich von der Wohnungseigentümergemeinschaft dadurch, dass es kein Sondereigentum gibt, sondern das gesamte Gebäude gemeinschaftliches Eigentum ist. Aufgrund der mangelnden Fungibilität und Beleihbarkeit der Anteile spielt die Kooperative lediglich im Bereich von Seniorenwohnheimen eine nennenswerte Rolle.[89]

---

80 *Böhner,* Erwerb und Besitz einer Immobilie in Frankreich, HuG-A 4/G/1, 88; *Ferid/Sonnenberger* Französisches ZivilR ErgBd. IV/1, 2. Aufl. 1993, 3C267; bis 1985 war in diesen Fällen eine Dreiviertelmehrheit erforderlich.

81 *Ferid/Sonnenberger* Französisches ZivilR IV/1, 2. Aufl. 1993, 3C275.

82 *Ferid/Sonnenberger* Französisches ZivilR IV/1, 2. Aufl. 1993, 3C272.

83 *Böhner,* Erwerb und Besitz einer Immobilie in Frankreich, HuG-A 4/G/1, 89; *Ferid/Sonnenberger* Französisches ZivilR II, 2. Aufl. 1986, 3C258.

84 *Ferid/Sonnenberger* Französisches ZivilR II, 2. Aufl. 1986, 3C258.

85 *Van Velten/Weidinger/Kappers,* Erwerb und Besitz einer Immobilie in den Niederlanden, HuG-A 4/N/1, 90.

86 *Van Velten/Weidinger/Kappers,* Erwerb und Besitz einer Immobilie in den Niederlanden, HuG-A 4/N/1, 91 f.

87 *Van Velten/Weidinger/Kappers,* Erwerb und Besitz einer Immobilie in den Niederlanden, HuG-A 4/N/1, 94.

88 *Van Velten/Weidinger/Kappers,* Erwerb und Besitz einer Immobilie in den Niederlanden, HuG-A 4/N/1, 94.

89 *Van Velten/Weidinger/Kappers,* Erwerb und Besitz einer Immobilie in den Niederlanden, HuG-A 4/N/1, 94 f.

10. Belgien.

Schrifttum: *Aeby,* La propriété des appartements, 3. Aufl. 1983; *v. Bar* (Hrsg.), Sachenrecht in Europa, Bd. 4, 2001; *Daniels/Schöfer,* Erwerb und Besitz einer Immobilie in Belgien, HuG-A 4/Q/1; *Dehan,* La copropriété, 1985; *Frank/Wachter* (Hrsg.), Handbuch Immobilienrecht in Europa, 2. Aufl. 2015, Kap. 1 Rn. 67 ff.; *Hanotiau/Watté* (Hrsg.), Les conférences du centre de droit privé Vol. III, Les copropriétés, 1999; *Hansenne* (Hrsg.), La copropriété forcée dans les immeubles ou groupes d'immeubles bâtis, 1995; *de Page,* La pratique de la copropriété, 1996.

109 Die einzige gesetzliche Grundlage für das Wohnungseigentum in Belgien sind die **Art. 577-3 bis 577-14 Code Civil.** Durch diese Vorschriften wird das Miteigentum geregelt, wenn keine vertraglichen Bestimmungen bestehen.

110 Vertragliche Grundlage für die Entstehung von Wohnungseigentum ist die sog. **Basisakte.** Die Basisakte enthält bezogen auf die Beschreibung des Gebäudes eine Aufzählung der Rechte jedes einzelnen Miteigentümers an den ihm zugeordneten Raumeinheiten. Daneben regelt eine oft ebenfalls in der Basisakte enthaltene Miteigentumsordnung den Gebrauch und die Bewirtschaftung des Gemeinschaftseigentums und legt die Befugnisse der **Generalversammlung** aller Miteigentümer fest.[90]

111 Die Verwaltung des Gebäudes wird von einem **Verwalter** durchgeführt. Die Vertretung der Gemeinschaft im Rechtsverkehr obliegt den Miteigentümern. Neben dem Verwalter sieht die Basisakte in der Regel einen **Verwaltungsrat** vor, der aus dem Präsidenten der Generalversammlung, dem Verwalter und einem Miteigentümer besteht.[91]

[90] *Daniels/Schöfer,* Erwerb und Besitz einer Immobilie in Belgien, HuG-A 4/Q/1, 68a f.
[91] *Daniels/Schöfer,* Erwerb und Besitz einer Immobilie in Belgien, HuG-A 4/Q/1, 69.

Teil 1. Wohnungseigentum

Abschnitt 1. Begriffsbestimmungen

§ 1 Begriffsbestimmungen

(1) Nach Maßgabe dieses Gesetzes kann an Wohnungen das Wohnungseigentum, an nicht zu Wohnzwecken dienenden Räumen eines Gebäudes das Teileigentum begründet werden.

(2) Wohnungseigentum ist das Sondereigentum an einer Wohnung in Verbindung mit dem Miteigentumsanteil an dem gemeinschaftlichen Eigentum, zu dem es gehört.

(3) Teileigentum ist das Sondereigentum an nicht zu Wohnzwecken dienenden Räumen eines Gebäudes in Verbindung mit dem Miteigentumsanteil an dem gemeinschaftlichen Eigentum, zu dem es gehört.

(4) Wohnungseigentum und Teileigentum können nicht in der Weise begründet werden, dass das Sondereigentum mit Miteigentum an mehreren Grundstücken verbunden wird.

(5) Gemeinschaftliches Eigentum im Sinne dieses Gesetzes sind das Grundstück und das Gebäude, soweit sie nicht im Sondereigentum oder im Eigentum eines Dritten stehen.

(6) Für das Teileigentum gelten die Vorschriften über das Wohnungseigentum entsprechend.

Übersicht

I. Normzweck

1 § 1 erklärt die Aufteilung eines Grundstücks in selbständige Rechtsobjekte in **Abweichung von den §§ 93, 94 BGB** in Bezug auf Wohnungen und nicht zu Wohnzwecken dienenden Räumen eines Gebäudes für zulässig. Zudem enthält die Vorschrift die für das Gesetz maßgeblichen Legaldefinitionen des Wohnungseigentums (Abs. 2), des Teileigentums (Abs. 3) und des gemeinschaftlichen Eigentums (Abs. 5). Ferner wird die Möglichkeit der Begründung von Wohnungs- und Teileigentum aus Gründen der Rechtssicherheit und -klarheit darauf beschränkt **ein** Grundstück im Rechtssinne – also nicht mehrere (Abs. 4) – aufzuteilen.

II. Aufteilung in Wohnungseigentum

2 **1. Wohnungs- und Teileigentum.** § 1 Abs. 1 bestimmt, dass nach dem Wohnungseigentumsgesetz die Aufteilung eines Grundstücks (Abs. 4) erfolgen kann, wobei zwischen Wohnungen **(„Wohnungseigentum")** und nicht zu Wohnzwecken dienenden Räumen **(„Teileigentum")** differenziert wird. Die Unterscheidung ist für die Aufteilung selbst angesichts der in § 1 Abs. 6 enthaltenen Vorschrift, die beide Formen des Sondereigentums gleichstellt, von untergeordneter Bedeutung, jedoch außerordentlich wichtig für die rechtliche Zulässigkeit der tatsächlichen Nutzung im Verhältnis der Wohnungs- und Teileigentümer untereinander.[1]

3 Die Differenzierung zwischen Wohnungs- und Teileigentum knüpft an die Festlegung der zulässigen Nutzung des betreffenden Sondereigentums an. Die Bestimmung der **Nutzung** der aufgeteilten Räume ist im Rahmen der Gesetze grundsätzlich frei. Bei der Begründung des Sondereigentums kann bestimmt werden, ob eine Sondereigentumseinheit Wohnungs- oder Teileigentum ist, wobei eine ausschließliche Festlegung nicht unbedingt erforderlich ist und **Mischformen** gestattet sind. Insbesondere kann es sein, dass einzelne Räume eines Wohnungseigentums als „unselbstständiges" oder untergeordnetes Teileigentum nicht zu Wohnzwecken dienen, ohne dass dadurch die Wohnungseigentumseigenschaft des gesamten Sondereigentums aufgehoben wird.[2] Als Beispiele werden hierfür Speicher-, Keller- und Hobbyräume angeführt, die allerdings durchaus Wohnzwecken dienen können. Zudem ist es möglich, eine kombinierte geteilte Nutzung – manche Räume der Einheit zu Wohnzwecken, manche zu anderen Zwecken – oder die kombinierte **alternative Nutzung** derselben Räumen sowohl zu Wohnzwecken, als auch zu anderen Zwecken im Rahmen der Zweckbestimmung vorzusehen, sodass in diesem Sinne die Beschreibung als Wohnungs- und Teileigentum zutrifft.[3] Schließlich kann eine nähere Nutzungsbestimmung ganz unterbleiben mit der Folge, dass die Räume aus sachenrechtlicher Sicht **kumulativ** sowohl zu Wohn-, als auch anderen Zwecken genutzt werden dürfen.[4]

4 **2. Zweckbestimmung als Nutzungsbeschränkung.** Generell ist es Sache der **„Gemeinschaftsordnung" als ursprüngliche Vereinbarung** des oder der aufteilenden Eigentümer, die Nutzung des Sondereigentums mit der Einordnung als Wohnungs- oder Teileigentum zu festzulegen, wobei eine **Beschränkung** auf bestimmte Zwecke nur eintritt, wenn dies aus der Gemeinschaftsordnung **klar und eindeutig** hervorgeht,[5] so dass bei verbleibenden Zweifeln keine nutzungseinschränkende Zweckbestimmung vorliegt. Dabei können allerdings als nächst liegende Auslegung schon sehr **schlichte Bezeichnungen** als Zweckbestimmung zu verstehen sein, etwa bei den Beschreibungen „Kellerraum", „Laden"[6] oder „Abstell-, Wasch- und Trockenräume" jeweils als nicht zu Wohnzwecken zugelassene Räume.[7] In diesen Fällen bedarf es allerdings unter Umständen einer **ergänzenden Auslegung,** wonach auch solche Nutzungen zulässig sind, die bei typisierender Betrachtung nicht mehr stören, als die ausdrücklich Vorgesehene.[8] Die Ausstrahlungswirkung öffentlich-rechtlicher Vorschriften – wie zB § 22 Abs. 1a BImSchG in Bezug auf Privilegierung von Kinderlärm – muss hierbei unabhängig davon berücksichtigt werden, wann die nutzungsbeschränkende Vereinbarung in Kraft getreten ist.[9]

5 Dagegen sind **bloße Raumbeschreibungen im Aufteilungsplan** in der Regel nicht als Nutzungsbeschränkungen zu verstehen,[10] da die Nutzungsbestimmung der Sache nach Vereinba-

[1] Vgl. zB BGH NJW 2019, 3716; NJW-RR 2019, 519.
[2] BGH NJW-RR 2015, 645; BeckOGK/*Müller* Rn. 162; *Hügel/Elzer* Rn. 16; Jenißen/*Schultzky* § 15 Rn. 30.
[3] KG MittBayNot 2008, 209; BeckOGK/*Müller* Rn. 168; *Hügel/Elzer* Rn. 16.
[4] KG MittBayNot 2008, 209.
[5] BGHZ 216, 333 = NJW 2018, 41; BGH NJW 2019, 3716; NJW-RR 2019, 519; 2017, 1042.
[6] BGH ZWE 2020, 180; NJW-RR 2019, 519.
[7] BGH NJW 2019, 3716; 2016, 53; NJW-RR 2015, 645.
[8] BGH ZWE 2020, 180.
[9] BGH ZWE 2020, 180.
[10] BGH ZWE 2013, 20 = ZMR 2013, 452; OLG München FGPrax 2017, 17.

rungscharakter (§ 5 Abs. 4 S. 1, § 10 Abs. 1) hat und daher nicht Gegenstand der Raumbezeichnungen im Aufteilungsplan sind.[11]

3. Nutzungsbestimmung bei Teileigentum. Während bei zu Wohnzwecken dienendem Sondereigentum eine weitere Differenzierung nicht möglich ist, kann bei Teileigentum durch eine Festlegung in der Teilungserklärung ein **bestimmter Nutzungszweck** von vornherein **bestimmt oder ausgeschlossen werden.** So ist etwa denkbar, für ein Teileigentum die Nutzung als Bordell, Gaststätte oder Arztpraxis festzulegen oder auszuschließen. Unabhängig von einer Bestimmung in der Teilungserklärung sind für die Zulässigkeit der tatsächlichen Nutzung erforderliche öffentlich-rechtliche Genehmigungen, deren Erteilung durch die Bestimmungen der Teilungserklärung nicht präjudiziert wird, für eine gemäß der Teilungserklärung zulässige Nutzung einzuholen. 6

4. Aufteilung nach § 3 oder § 8. Die Aufteilung in Wohnungseigentum – und damit die rechtliche Existenz der Sondereigentumseinheiten – kann gemäß § 2 entweder **vertraglich** gemäß § 3 durch mehrere Miteigentümer oder mittels **einseitiger Erklärung** gemäß § 8 durch den Alleineigentümer – oder in einer Kombination dieser beiden Begründungsarten – erfolgen. 7

III. Wohnungseigentum

1. Definition. § 1 Abs. 2 definiert das **Wohnungseigentum** als Sondereigentum an bestimmten, zu Wohnzwecken dienenden Räumen des Gebäudes in Verbindung mit einem Miteigentumsanteil an dem Gemeinschaftseigentum gemäß § 1 Abs. 5, zu dem es gehört. 8

2. Wohnungen. Als **Wohnungseigentum** wird das **Sondereigentum** an ausschließlich zu Wohnzwecken dienenden Räumen bezeichnet, die durch die Verbindung mit einem Miteigentumsanteil an dem gemeinschaftlichen Eigentum zu Wohnungseigentum werden. Eine **Legaldefinition** des Begriffs Wohnung **existiert nicht.**[12] Zur Ausfüllung des Begriffs ist daher auf die Verkehrsanschauung abzustellen und die bauliche Eignung zu berücksichtigen. Eine bestimmte Mindestgröße der Wohnung ist nicht erforderlich.[13] 9

3. Wohnungsbegriff iSd WEG. Ob eine Wohnung iSd § 1 Abs. 2 gegeben ist oder nicht, wird bei Erteilung der Abgeschlossenheitsbescheinigung gemäß § 7 Abs. 4 von der zuständigen Behörde unter Rückgriff auf die **Allgemeine Verwaltungsvorschrift für das Ausstellen von Bescheinigungen gemäß § 7 Abs. 4 Nr. 2 des WEG** (WEG-VwV) vom 19.3.1974 (BAnz. Nr. 58) entschieden. Gerichte sind an diese verwaltungsinternen Vorgaben bei der Auslegung des Wohnungsbegriffs nicht gebunden.[14] Nr. 4 WEG-VwV definiert den Begriff „Wohnung" wie folgt: 10
„Eine Wohnung ist die Summe der Räume, welche die Führung eines Haushaltes ermöglichen; dazu gehören stets eine Küche oder ein Raum mit Kochgelegenheit sowie Wasserversorgung, Ausguss und WC. Die Eigenschaft als Wohnung geht nicht dadurch verloren, dass einzelne Räume vorübergehend oder dauernd zu beruflichen oder gewerblichen Zwecken benutzt werden. Räume, die zwar zu Wohnzwecken bestimmt sind, aber die genannten Voraussetzungen nicht erfüllen, können nicht als Wohnung im Sinne der oben angeführten Vorschriften angesehen werden." 11

4. Beispiele. Regelfall und gesetzliches Leitbild des Wohnungseigentums ist die im Geschosswohnungsbau errichtete Etagenwohnung als **Lebensmittelpunkt für Menschen,**[15] wofür ggf. auch ein einziger Raum genügen kann. Es schadet auch nicht, wenn einzelne Räume (Keller, weitere sanitäre Einrichtungen) sich auf einem anderen Stockwerk befinden.[16] Dagegen ist ein **Hotelzimmer** nicht zum dauerhaften Wohnen gedacht und daher nicht „Wohnung" iSd § 1 Abs. 2.[17] Wohnungseigentum muss nicht notwendigerweise an einer Wohnung in bzw. auf der Etage eines Mehrfamilienhauses begründet werden. Der Begriff des Wohnungseigentums des § 1 Abs. 2 lässt es zu, Wohnungseigentum an **einzelnen Reihenhäusern** in Reihenhauszeilen oder auch an alleinstehenden Gebäuden zu begründen, auch wenn das aufzuteilende Grundstück nach dem Aufteilungsplan mit mehr als einer selbständigen Raumeinheit bebaut ist.[18] Ist die Realteilung eines Grundstücks, welches mit Reihenhäusern oder mehreren Einzelhäusern bebaut ist, wegen 12

---

[11] BGH NJW-RR 2015, 645; OLG München FGPrax 2017, 17.
[12] Staudinger/*Rapp,* 2018, Rn. 3; BeckOGK/*Müller* Rn. 160; BeckOK WEG/*Timme* Rn. 97.
[13] Staudinger/*Rapp,* 2018, Rn. 4; BeckOGK/*Müller* Rn. 160.
[14] BVerfG NJW 2020, 1049 Rn. 74; BVerfGE 78, 214 (227) = NJW 1989, 666.
[15] BayObLG FGPrax 2005, 11; BeckOGK/*Müller* Rn. 160; *Hügel/Elzer* Rn. 4.
[16] OLG Nürnberg NJW-RR 2012, 1414; BeckOGK/*Müller* Rn. 160.
[17] LG Halle NZM 2004, 748; Palandt/*Wicke* Rn. 2.
[18] BGH NJW 2012, 2434; NJW-RR 2001, 800; *Hügel/Elzer* Rn. 14; Bärmann/*Armbrüster* Rn. 4; Staudinger/*Rapp,* 2018, Rn. 6.

ortsrechtlich vorgegebener Grundstücksmindestgrößen oder sonstiger rechtlicher Vorgaben nicht möglich, eröffnet die Aufteilung in Wohnungseigentum die Gelegenheit, mehrere Gebäude auf einem Grundstück isoliert voneinander verkehrsfähig zu machen.

IV. Teileigentum

13 **1. Definition.** § 1 Abs. 3 definiert das Teileigentum als Sondereigentum an bestimmten, **nicht zu Wohnzwecken dienenden Räumen** des Gebäudes in Verbindung mit einem Miteigentumsanteil an dem Gemeinschaftseigentum, zu dem es gehört.

14 **2. Nicht zu Wohnzwecken dienende Räume.** Teileigentum sind alle Raumeinheiten, die in sich **abgeschlossen** sind und nicht zu Wohnzwecken bestimmt sind. Für die Abgrenzung zwischen Wohnungs- und Teileigentum ist die **bauliche Eignung,** nicht also die tatsächliche Nutzung maßgeblich.[19] Umgekehrt kann eine tatsächlich dem Wohnungsbegriff der Nr. 4 WEG-VwV entsprechende Raumeinheit Teileigentum sein, wenn die Teilungserklärung dies vorsieht und die Aufteilungspläne dem nicht widersprechen. Die nicht Wohnzwecken dienende Nutzung kann zum Beispiel eine soziale, kulturelle oder sportliche sein, ebenso aber auch eine gewerbliche Nutzung. Für die Bestimmung der zulässigen **Nutzungsart** ist nicht auf die schlagwortartige Angabe im Aufteilungsplan, sondern auf die Beschreibung in der **Teilungserklärung** abzustellen.[20] Im Zweifel bedarf es einer ergänzenden Auslegung der dort getroffenen Zweckbestimmung als etwaige Nutzungsbeschränkung.

15 **3. Beispiele.** Beispiele für Teileigentumsrechte gewerblicher Nutzung sind Ladenlokale, einzelne Hotelzimmer, Büroeinheiten und Werkstätten. Nicht notwendigerweise gewerblichen Zwecken dienen Tiefgaragenstellplätze, Garagen, Keller- und Hobbyräume sowie Dach- und Spitzbodenflächen, die ebenfalls bei Vorliegen einer räumlichen Abgeschlossenheit zu Teileigentum erklärt werden können.

V. Grundstück

16 **1. Allgemeines.** § 1 Abs. 4 bestimmt, dass eine Aufteilung in Wohnungs- und Teileigentum nicht für mehrere Grundstücke erfolgen kann, sondern nur an einem **Grundstück im Rechtssinn** zulässig ist.[21] Wohnungs- und Teileigentum kann nur an Grundstücken begründet werden. An Erbbaurechten können gemäß § 30 **Wohnungs- und Teilerbbaurechte** begründet werden. Ist ein mit einem Erbbaurecht belastetes Grundstück mit mehreren Gebäuden bebaut, können die nicht in Ausübung des Erbbaurechts errichteten Gebäude in Wohnungseigentum aufgeteilt werden.[22] Erstreckt sich das Erbbaurecht gemäß § 1 Abs. 2 ErbbauRG auf weitere Grundstücksflächen, können hieran nicht nur Sondernutzungsrechte begründet werden, sondern iSd § 3 Abs. 2 auch Sondereigentum begründet werden.

17 **2. Begriff.** Der Grundstücksbegriff ist weder im Bürgerlichen Gesetzbuch noch in der Grundbuchordnung definiert. Nach der Rspr. ist ein Grundstück iSd Sachenrechts des Bürgerlichen Gesetzbuchs ein **räumlich abgegrenzter Teil der Erdoberfläche,** der auf einem besonderen Grundbuchblatt allein oder auf einem gemeinschaftlichen Grundbuchblatt unter einer besonderen Nummer im Verzeichnis der Grundstücke gebucht ist.[23] Kein Grundstück im Rechtssinn ist ein Flurstück, auch Katasterparzelle genannt; dieses stellt lediglich eine vermessungstechnische Einheit dar. Folglich kann ein Grundstück im Rechtssinn aus einem oder mehreren Flurstücken bestehen, ein Flurstück aber immer nur zu einem Grundstück gehören.

18 **3. Unterschied zu Realteilung.** Im Unterschied zur Realteilung wird bei der Aufteilung in Wohnungs- und Teileigentum das Grundstück nicht in einzelne Grundstücke geteilt. Vielmehr wird das **Eigentum an einem Grundstück** in mehrere Miteigentumsanteile geteilt, denen Sondereigentum an einzelnen in sich abgeschlossenen Raumeinheiten zugeordnet wird. Der Anteil selbst vermittelt Miteigentum an dem einheitlichen Grundstück und am Gemeinschaftseigentum. Im Gegensatz dazu wird bei der Realteilung ein Grundstück im Rechtssinne in mehrere Grundstücke im Rechtssinne, die nach der Realteilung rechtlich voneinander unabhängig sind, geteilt.

---

[19] OLG München ZWE 2017, 307; BeckOGK/*Müller* Rn. 138; Bärmann/*Armbrüster* Rn. 23.

[20] BGH ZWE 2017, 367; DNotZ 2010, 782 = ZMR 2010, 461; BayObLG NJW-RR 1996, 463; OLG Düsseldorf ZWE 2000, 537; BeckOGK/*Müller* Rn. 155.1; *Klein* ZWE 2010, 429 (434 f.).

[21] BayObLGZ 70, 163.

[22] OLG Hamm MittRhNotK 1998, 324.

[23] RGZ 84, 270; Bauer/Schaub/*Waldner* GBO § 2 Rn. 14; *Demharter* GBO § 2 Rn. 15.

4. Ein Grundstück im Rechtssinn. Die Aufteilung in Wohnungseigentum setzt das Vorhandensein eines selbständigen Grundstücks im Rechtssinn voraus. 19

a) Vereinigung und Zuschreibung. Mehrere rechtlich selbständige Grundstücke, über die sich eine geplante in Wohnungs- oder Teileigentum aufzuteilende Bebauung erstrecken soll, sind vor der Aufteilung in Wohnungseigentum im Wege der **Vereinigung** gemäß § 890 Abs. 1 BGB iVm § 5 GBO miteinander zu vereinigen oder einem Grundstück gemäß § 890 Abs. 2 BGB iVm § 6 GBO als **Bestandteil** zuzuschreiben.[24] Eine Vereinigung oder Bestandteilszuschreibung setzt voraus, dass die Grundstücke spätestens **im Zeitpunkt der Neueintragung demselben Eigentümer** gehören. Bei gemeinschaftlichem Eigentum müssen spätestens zu diesem Zeitpunkt die Art der rechtlichen Verbundenheit und die Beteiligungsquoten dieselben sein.[25] Einer **Zustimmung der dinglich Berechtigten** bedarf es weder bei der Vereinigung nach § 5 GBO[26] noch bei der Zuschreibung nach § 6 GBO.[27] Zu beachten sind möglicherweise unterschiedliche Belastungen der zu vereinigenden Grundstücke. Da **alle Belastungen fortbestehen,** muss hinsichtlich der Rangbestimmung im Einzelfall die Zustimmung zu Rangrücktritten einzelner Gläubiger eingeholt werden. 20

Nicht notwendig ist es, dass das in Wohnungseigentum aufzuteilende Grundstück lediglich **aus einem Flurstück** besteht. Vielmehr besteht insbesondere nach vorheriger Vereinigung oder Zuschreibung von Grundstücken das aufzuteilende Grundstück aus mindestens zwei Flurstücken. Bei der Zuschreibung ist zu beachten, dass aus Kostengründen das kleinere Grundstück dem größeren zugeschrieben werden sollte. 21

b) Mehrere Grundstücke. In Fällen, in denen eine Vereinigung der Grundstücke rechtlich nicht möglich ist, kann die Aufteilung in Wohnungs- und Teileigentum nur in der Weise erfolgen, das für jedes einzelne Grundstück eine **gesonderte Teilungserklärung** errichtet wird und zwei Wohnungseigentümergemeinschaften gebildet werden. 22

c) Abtrennung von Grundstücksflächen. Grundstücksflächen, die nach der Aufteilung nicht im Miteigentum der Wohnungs- und Teileigentümer stehen sollen, müssen vor der Aufteilung vom aufzuteilenden Grundstück abgetrennt werden. Diese Flächen sind im Wege der **Realteilung** von dem aufzuteilenden Grundstück abzuteilen und auf einem neuen Grundbuchblatt entweder als selbständiges Grundstück oder im Wege der Zubuchung zu einem vorhandenen Grundbuchbestand fortzuführen. Wenn die Abtrennung der Grundstücksfläche erst nach Vollzug der Aufteilung in Wohnungseigentum erfolgt, müssen alle Wohnungseigentümer und alle dinglich Berechtigten der Teilung in der Form des § 29 GBO zustimmen. Sofern auf der abzutrennenden Fläche Sondereigentum besteht, muss dieses zuvor aufgehoben werden.[28] 23

d) Ungebuchte Flurstücke. Sofern einzelne Flurstücke nicht im Grundbuch vermerkt sind und somit als **„ungebuchte"** Flurstücke existieren, sind diese vor einer Vereinigung mit dem aufzuteilenden Grundstück in das Grundbuch aufzunehmen, wobei das für die Aufnahme angelegte Grundbuch nach der Zuschreibung des neu gebuchten Grundstücks zu dem Hauptgrundstück sofort wieder geschlossen wird. 24

5. Sonderfälle. Sonderfällen bei der Aufteilung in Wohnungseigentum kann durch entsprechende rechtliche Gestaltungen Rechnung getragen werden. 25

a) Grundstücksteilung zur Bildung kleinerer Gemeinschaften. Sind mehrere Grundstücke vorhanden oder ist eine Realteilung des aufzuteilenden Grundstücks möglich, sollte geprüft werden, ob das Entstehen **mehrerer kleinerer Wohnungseigentümergemeinschaften** sinnvoll ist. Dies gilt bei Vorhandensein mehrerer Gebäude insbesondere dann, wenn sich diese baulich[29] oder hinsichtlich ihrer Nutzung[30] unterscheiden oder um sehr große Gemeinschaften – mit all den damit verbundenen und zu erwartenden Schwierigkeiten – zu vermeiden. In diesen Fällen ist zu überlegen, ob nicht **zur Vereinfachung der Verwaltung** eine Verkleinerung der Wohnungseigentümergemeinschaften und/oder eine Trennung von unterschiedlichen Nutzungsarten sinnvoll wäre. Nach einer Realteilung des Grundstücks vor der Aufteilung in Wohnungseigentum kann auf jedem Grundstück eine selbständige Wohnungseigentümergemeinschaft begründet werden. 26

---

[24] Bauer/Schaub/*Schneider* AT E Rn. 11; Staudinger/*Rapp,* 2018, Rn. 25.
[25] BayObLG NJW-RR 1991, 465.
[26] KGJ 31, 239 (241); OLG Saarbrücken OLGZ 1972, 129 (137); *Demharter* GBO § 5 Rn. 9.
[27] KGJ 43, 124; *Demharter* GBO § 6 Rn. 9.
[28] KG ZMR 2012, 462.
[29] Beispielsweise bei Vorhandensein eines Altbaus und eines Neubaus oder eines baulich abgetrennten Garagenkomplexes auf demselben Grundstück.
[30] Etwa bei Errichtung eines Wohngebäudes und einer räumlich getrennten Gewerbeeinheit.

27 **b) Untergemeinschaften.** Einer realen Teilung eines Grundstücks zur Herstellung kleinerer Wohnungseigentümergemeinschaften bedürfte es nicht, wenn bei der Aufteilung eines Grundstücks auch sog. Untergemeinschaften gebildet werden könnten. Das **Gesetz sieht** die Bildung von **Untergemeinschaften** allerdings **nicht vor.**[31] Nach hM ist die Bildung dinglich verselbständigter Untergemeinschaften daher nicht zulässig.[32] Problematisch ist dies insbesondere in Fällen, in denen aufgrund rechtlicher oder räumlicher Gegebenheiten eine verwaltungstechnisch und wirtschaftlich gebotene Realteilung des Grundstücks vor der Aufteilung in Wohnungseigentum nicht möglich ist. Die Bildung **dinglich nicht verselbstständigter Untergemeinschaften** ist jedoch zulässig, sofern lediglich für die Bewirtschaftung selbständige Abrechnungseinheiten geschaffen werden.[33] In diesen Fällen kann die Teilungserklärung vorsehen, dass, soweit es gesetzlich zulässig und praktisch sinnvoll ist, Untergemeinschaften in der Teilungserklärung in der Weise gebildet werden, dass für bestimmte Gebäudekomplexe **selbstständige Abrechnungskreise und Verpflichtungsgruppen** bezüglich der Bewirtschaftung, Instandhaltung, Instandsetzung und ggf. Erneuerung existieren.[34]

28 **c) Über- und Unterbau.** Ein Über- oder Unterbau gemäß § 912 BGB durch eine Wohnungseigentümergemeinschaft ist grundsätzlich ebenso zu behandeln wie ein Über- bzw. Unterbau durch einen Grundstückseigentümer.[35] Auf den Unterbau der Wohnungseigentümer ist § 912 BGB entsprechend anzuwenden.[36] Voraussetzung für das Vorliegen eines Über- oder Unterbaus iSd § 912 BGB ist dessen Eigenschaft als **wesentlicher Bestandteil** des über- bzw. unterbauenden Grundstücks (§§ 93, 94 Abs. 2 BGB).[37] An dem Über- oder Unterbau kann Sondereigentum begründet werden.[38] Auch an einem **überhängenden Überbau** kann Sondereigentum begründet werden, sofern dieser wesentlicher Bestandteil des Gebäudes ist.[39] Voraussetzung ist allerdings stets, dass das **Gebäude** einem der Grundstücke **eindeutig zugeordnet werden kann,** wofür die Absichten und wirtschaftlichen Interessen des Erbauers maßgeblich sind, die ggf. aus objektiven Gegebenheiten zu erschließen sind.[40]

29 Lässt sich ein durch die Grundstücksgrenze vertikal geteiltes Gebäude nicht eindeutig zuordnen, steht dies einer Aufteilung in Wohnungs- und Teileigentum nicht entgegen. In diesem Fall können die Räume, die sich jeweils in dem auf oder unter dem Grundstück vorhandenen Gebäudeteil befinden, als Sondereigentum mit einem Miteigentumsanteil an diesem Grundstück verbunden werden.[41] Dies gilt beispielsweise für Stellplätze in einer Garage, die sich zu vergleichbaren Teilen unter mehreren benachbarten Grundstücken befinden. Die erforderliche **Abgeschlossenheit** (§ 3 Abs. 3) ist in diesem Fall **durch die Grundstücksgrenze** ohne weiteres gewahrt.

30 **aa) Planmäßiger Über- und Unterbau.** In diesem Zusammenhang stellt sich die Frage, inwieweit das Institut des Über- oder Unterbaus auch planmäßig eingesetzt werden kann, wenn ein Grundstück aus rechtlichen Gegebenheiten nicht vergrößert werden kann, eine geplante Bebauung jedoch entweder über- oder unterirdisch über die Grenzen des Grundstücks hinausgeht. Aus dem Gesetz ergeben sich diesbezüglich keine Begrenzungen. Folglich muss es innerhalb der Grenzen des sachenrechtlichen **Bestimmtheitsgrundsatzes** möglich sein, bei Vorliegen des Einverständnisses der Eigentümer des betroffenen Grundstücks einen Über- oder Unterbau zu vereinbaren. Im Wege des **geduldeten Unterbaus** ist es zB denkbar, für eine Tiefgarage lediglich die für deren Einfahrt benötigte Grundstücksfläche vom Restgrundstück real abzuteilen und die Tiefgarage von der Einfahrt auf dem eigenen Grundstück aus im Übrigen unter dem Restgrundstück zu errichten. Auf diese Weise kann für die Tiefgarage eine **selbständige Teileigentümergemeinschaft** gebildet werden.[42] Da sich die Tiefgarage unter dem angrenzenden Grundstück ausbreitet, ist insofern ein geduldeter Unterbau zwischen den Grundstückseigentümern zu vereinbaren. Voraussetzung für die

---

31 OLG Naumburg ZMR 2009, 389.

32 Weitnauer/*Briesemeister* § 3 Rn. 32 mwN; Bärmann/*Suilmann* § 10 Rn. 23 ff.; krit. *Häublein* ZWE 2010, 149; s. auch *Armbrüster* ZWE 2011, 110; *Hügel* NZM 2010, 8.

33 BGH NJW-RR 2012, 1291; zuvor BayObLG ZMR 2004, 356; 2004, 765; ausf. *Moosheimer* ZMR 2014, 602 ff.; *Moosheimer* ZMR 2014, 687 ff.

34 BGH NJW-RR 2015, 847; Weitnauer/*Briesemeister* § 3 Rn. 32; zur Vermögensverwaltung in Mehrhausanlagen *Rüscher* ZWE 2015, 237.

35 Staudinger/*Rapp,* 2018, Rn. 30; Weitnauer/*Briesemeister* § 3 Rn. 10.

36 OLG Stuttgart ZWE 2011, 410; vgl. allg. DNotI-Report 2009, 49.

37 Bauer/Schaub/*Schneider* AT E Rn. 30 mwN; KG ZWE 2020, 179.

38 OLG Stuttgart ZWE 2011, 410 (411); OLG Karlsruhe ZWE 2014, 23.

39 KG ZMR 2015, 882.

40 BGHZ 110, 298; 62, 141; KG ZWE 2020, 179.

41 KG ZWE 2020, 179; aA *Hügel* ZWE 2020, 174.

42 OLG Stuttgart ZWE 2011, 410 (411); zur Gestaltung DNotI-Report 2009, 49 ff.; aA wohl *Oppenheimer* DNotZ 2015, 662 (664 f.).

anschließende Aufteilung beider Grundstücke in Wohnungs- und Teileigentum ist eine **räumlich eindeutige Trennung** des Unterbaus von den Gebäudebestandteilen des auf dem unterbauten Grundstück befindlichen Gebäudes,[43] welche durch die der Abgeschlossenheitsbescheinigung nach § 7 Abs. 4 zugrundeliegenden Pläne nachgewiesen werden kann.

bb) Sicherung durch Dienstbarkeiten. Zur Absicherung der Rechte des Über- bzw. Unter- 31
bauenden ist es sinnvoll eine Dienstbarkeit zugunsten des über- oder unterbauenden Grundstücks am über- oder unterbauten Grundstück zu bestellen.[44] Das Bestehen einer **Dienstbarkeit** indiziert die Eigenschaft des Über- oder Unterbaus als wesentlichen Bestandteil des Grundstücks, von dem der Über- oder Unterbau ausgeht.[45] Diese Dienstbarkeiten sollten wegen der Gefahr des Ausfalls in der Zwangsversteigerung am belasteten Grundstück **im ersten Rang** bestellt werden. Die Eintragung einer Dienstbarkeit ist jedoch für die Durchführung des gestatteten Über- oder Unterbaus keine Voraussetzung.[46]

d) Schwimmende Häuser. Schwimmende Häuser können ebenfalls aufteilungsfähige 32
Gebäude iSd WEG sein. Voraussetzung hierfür ist eine **dauerhafte feste Verankerung** des schwimmenden Gebäudes mit einem Grundstück. In diesem Fall ist das Gebäude iSd § 94 Abs. 1 BGB wesentlicher Bestandteil des Grundstücks, da das schwimmende Gebäude nur unter Zerstörung seiner Substanz und des wirtschaftlichen Werts von dem Grundstück abgetrennt werden kann.[47] Da sich das Eigentum an dem Grundstück an dem schwimmenden Gebäude als dessen wesentlichem Bestandteil fortsetzt kann das Gebäude folgerichtig gemäß § 3 oder § 8 in Wohnungseigentum aufgeteilt werden.[48]

e) Militärische Verteidigungsanlagen. Einen Sonderfall stellen im innerstädtischen Bereich 33
militärische Verteidigungsanlagen wie zB Bunker dar, sofern sie auf Grundstücken belegen sind, die nicht im Eigentum der öffentlichen Hand stehen. Die Eigentumslage an diesen Anlagen ist oftmals ungeklärt. Grundsätzlich stehen Verteidigungsanlagen **im Eigentum der Bundesrepublik Deutschland.** Die Nutzung derartiger Anlagen durch den Eigentümer des Grundstücks wird in der Regel geduldet, oftmals auch offiziell gestattet und kann vertraglich durch öffentlich-rechtlichen Vertrag geregelt werden. In Hamburg konnten zur Erlangung der Abgeschlossenheit von Wohnraumeinheiten in der Vergangenheit derartige Flächen und Räume für den Nachweis von Abstellräumen genutzt werden. Aufgrund der fehlenden eigentumsrechtlichen Zuordnung dieser Anlagen zum aufzuteilenden Grundstück ist eine Begründung von Sondereigentum oder eine Begründung von Sondernutzungsrechten an diesen Flächen ausgeschlossen. Möglich ist lediglich eine in der Teilungserklärung enthaltene bindende **Nutzungsvereinbarung** für diese Flächen, die einzelnen Wohnungseigentumsrechten bestimmte Flächen oder Räume dieser Anlagen zur alleinigen Nutzung zB als Abstellraum zuordnet. Sofern derartige Anlagen infolge Entwidmung im Eigentum des Grundstückseigentümers stehen, können diese ebenfalls in Wohnungseigentum aufgeteilt werden.[49]

6. Änderungen des aufgeteilten Grundstücks. a) Veräußerung von Teilflächen. 34
aa) Sachenrechtliches Grundlagengeschäft. Die **Veräußerung eines realen Teils** des in Wohnungs- oder Teileigentum aufgeteilten Grundstücks ist ein sachenrechtlich gemäß § 873 Abs. 1 BGB, § 925 BGB durchzuführendes Geschäft, das die Grundlagen der Gemeinschaft betrifft und daher **nicht** als Teil der „ordnungsgemäßen Verwaltung und Benutzung" **durch Beschluss** (§ 19 Abs. 1), sondern nur durch **Mitwirkung aller Eigentümer** möglich ist.[50] Mangels Kompetenz der Wohnungseigentümergemeinschaft ist daher der Verwalter hierfür weder kraft Amtes vertretungsberechtigt, noch kann ihm eine solche Befugnis durch Beschluss eingeräumt werden. Denkbar ist allenfalls die Erteilung einer entsprechenden **Vollmacht** zB an den Verwalter oder einzelne Miteigentümer, die allerdings für den Grundbuchvollzug der Angelegenheit in der Form des § 29 GBO nachzuweisen ist.

Durch die Vermessung kann ein katastermäßig neues Flurstück zunächst ohne weiteres in den 35
Wohnungs- und Teileigentumsgrundbüchern eingetragen werden. Entscheidend ist zunächst nur,

---

[43] So auch Bauer/Schaub/*Schneider* AT E Rn. 31.
[44] Staudinger/*Rapp,* 2018, Rn. 30; Weitnauer/*Briesemeister* § 3 Rn. 10.
[45] DNotI-Report 2009, 49 (51).
[46] Staudinger/*Rapp,* 2018, Rn. 30.
[47] OLG Schleswig ZWE 2016, 371 = ZMR 2016, 898; Palandt/*Ellenberger* BGB § 94 Rn. 2.
[48] OLG Schleswig ZWE 2016, 371 = ZMR 2016, 898; zweifelnd *Heinemann* ZMR 2017, 547.
[49] *Elzer* NotBZ 2017, 13; *Heinemann* ZMR 2017, 547.
[50] BGH NJW 2013, 1962 Rn. 8; Staudinger/*Rapp,* 2018, Rn. 37; *Hügel/Elzer* Rn. 38; *Reymann* ZWE 2013, 316.

dass **keine Abschreibung und Neubildung** als eigenes Grundstück im Rechtssinne erfolgen kann (§ 7 GBO), da dies § 1 Abs. 4 widersprechen würde.

36 **bb) Eigentumsvormerkung.** Für die Vorbereitung der Veräußerung ist zu beachten, dass die Eintragung einer **Vormerkung** zur Sicherung des Anspruchs auf Eigentumsverschaffung hinsichtlich der veräußerten Teilfläche **nur am gesamten betroffenen Grundbesitz** im Grundbuch eingetragen werden kann. Erforderlich ist daher, dass diese Vormerkung nicht nur an einzelnen, sondern als Belastung aller Wohnungs- und Teileigentumseinheiten dieser Gemeinschaft im Grundbuch eingetragen wird.[51]

37 **cc) Aufhebung des Sondereigentums.** Steht die zu veräußernde Teilfläche nicht im Sondereigentum eines Wohnungs- und Teileigentümers, so ist die katastermäßige Abschreibung des neu vermessenden Grundstücks ohne weiteres möglich. Befindet sich dagegen auf der veräußerten Fläche Sondereigentum – insbesondere solches nach § 3 Abs. 2 – muss neben der sachenrechtlichen Übertragung des Grundstückseigentums ferner als wohnungseigentumsrechtlicher Akt das darauf befindliche **Sondereigentum** gemäß § 4 förmlich **aufgehoben werden.**[52]

38 **b) Erwerb von Teilflächen. aa) Sachenrechtliches Grundlagengeschäft.** Ein **Hinzuerwerb einer Teilfläche** zu dem bereits in Wohnungs- und Teileigentum aufgeteilten Grundstück ist unter Beachtung der Vorgabe des § 1 Abs. 4 möglich, allerdings nur unter **Mitwirkung aller Eigentümer** der Wohnungs- und Teileigentumsrechte.[53] Selbstverständlich ist möglich, dass sich diese vertreten lassen, wofür es allerdings einer entsprechenden Vollmacht in der Form des § 29 GBO bedarf. Es handelt sich um eine Maßnahme, die den Kreis der „Verwaltung und Benutzung" (§§ 18 f.) bei weitem übersteigt, so dass keine Kompetenz der Gemeinschaft der Wohnungseigentümer besteht, mit der sie durch Beschlussfassung entscheiden könnte.[54]

39 **bb) Vereinigung oder Zuschreibung.** Soll das weitere Grundstück künftig zu dem in Wohnungs- und Teileigentum aufgeteilten Grundstück gehören, so muss es allen Eigentümern **in dem Anteilsverhältnis der Höhe ihrer Miteigentumsanteile** erworben werden.[55] Sodann verlangt § 1 Abs. 4 dass das hinzukommende Grundstück entweder gemäß § 890 Abs. 2 dem bisher schon aufgeteilten Grundstück als Bestandteil **zugeschrieben** oder mit ihm gemäß § 890 Abs. 1 BGB **vereinigt** wird. Ferner bedarf es zwar keiner Aufhebung und Neubegründung des Wohnungs- und Teileigentums, sehr wohl aber einer gemäß § 4 förmlichen Einräumung im Sinne einer Erstreckung, die von allen Wohnungs- und Teileigentümern zu erklären ist.

40 **c) Erwerb eines Grundstücks durch die Gemeinschaft.** Denkbar ist zudem, dass die rechtsfähige **Gemeinschaft der Wohnungseigentümer** Grundbesitz erwirbt. Voraussetzung dafür ist allerdings, dass sich der Erwerb **im Rahmen der ordnungsgemäßen Verwaltung** bewegt, wovon jedenfalls dann auszugehen ist, wenn der erworbene Grundbesitz für die Gemeinschaft eine dienende und auf Dauer angelegte Funktion hat.[56] In diesem Fall kann die Erwerbsentscheidung gemäß § 19 durch Beschluss getroffen und durch den Verwalter (§ 9b) ausgeführt werden. Eigentümer wird sodann die Gemeinschaft selbst (§ 9a Abs. 1).

VI. Gemeinschaftseigentum

41 **1. Definition.** § 1 Abs. 5 definiert als gemeinschaftliches Eigentum das **Grundstück und** das **Gebäude,** soweit sie nicht im Sondereigentum oder im Eigentum eines Dritten stehen. Die Neuformulierung durch das WEMoG diente lediglich der Anpassung an die Änderung des § 3 Abs. 2, wonach auch außerhalb des Gebäudes liegende Grundstücksteile Sondereigentum sein können und daher nicht mehr zwingend Gemeinschaftseigentum sind. Eine sachliche Änderung war im Übrigen nicht bezweckt, so dass die Weglassung der ausdrücklichen Bezeichnung der „Teile, Anlagen und Einrichtungen des Gebäudes" lediglich der Textvereinfachung dient.[57]

42 **2. Notwendiges Gemeinschaftseigentum.** Gemeinschaftliches Eigentum ist neben dem Grundstück das Gebäude, jeweils soweit es nicht im Sondereigentum oder im Eigentum eines Dritten steht. Typische Fälle des **Gemeinschaftseigentums** sind Gebäudeteile, die für den **Bestand oder die Sicherheit des Gebäudes** erforderlich sind, nicht überbaute Grundstücksflächen sowie Anlagen

[51] OLG Düsseldorf NJW-RR 2013, 1174; BayObLG NJW-RR 2002, 884.
[52] OLG Frankfurt NJW-RR 1990, 1042; *Böttcher* BWNotZ 1996, 80 (90); *Hügel/Elzer* Rn. 39.
[53] *Elzer* ZWE 2011, 16 (17).
[54] *Hügel/Elzer* Rn. 41.
[55] OLG Zweibrücken NJW-RR 1990, 782.
[56] BGH NJW 2016, 2177.
[57] BT-Drs. 19/18791, 38.

und Einrichtungen, die dem **gemeinschaftlichen Gebrauch** der Wohnungseigentümer dienen, wie zB Treppenhäuser in Mehrfamilienhäusern und Räume mit gemeinschaftlichen Versorgungseinrichtungen. Im Einzelfall kann die Abgrenzung Probleme bereiten, insbesondere im Hinblick auf die gemäß § 3 Abs. 2 gestattete Einräumung von Sondereigentum auch bezüglich außerhalb des Gebäudes liegender Teile des Grundstücks. **Im Zweifelsfall** handelt es sich um **Gemeinschaftseigentum,** da alle Anlagen und Gebäudeteile, die nicht zu Sondereigentum erklärt werden, gemäß § 1 Abs. 5 gemeinschaftliches Eigentum sind.[58]

3. Sondernutzungsrechte. Weiterhin verbleiben auch alle diejenigen Flächen des Gemeinschaftseigentums, an denen zugunsten einzelner Wohnungs- oder Teileigentumsrechte gemäß § 10 **Sondernutzungsrechte** begründet worden sind, im gemeinschaftlichen Eigentum (→ § 10 Rn. 20 ff.). 43

4. Gemeinschaftsvermögen. a) Eigentum der Gemeinschaft. Gemäß § 9a Abs. 3 ist das **Verwaltungsvermögen** als „Gemeinschaftsvermögen" Eigentum der rechtsfähigen Wohnungseigentümergemeinschaft. Mit dieser gesetzlichen Regelung wurde in Fortführung der Entscheidung des BGH zur Teilrechtsfähigkeit der Wohnungseigentümergemeinschaft die darin herausgestellte Bedeutung des Verwaltungsvermögens als Anknüpfungspunkt für die Rechtsfähigkeit der Gemeinschaft umgesetzt. 44

Die Frage, ob § 10 Abs. 7 als Vorgängervorschrift des § 9a Abs. 3 auf bereits vor dem 1.7.2007 – dem Zeitpunkt des Inkrafttretens jener Norm – angesammeltes Verwaltungsvermögen bestehender Wohnungseigentümergemeinschaften Anwendung finden kann, hat keine entscheidende Bedeutung. Darin gar eine Enteignung zu sehen, der Gemeinschaft aber die Umwidmung per Beschluss zu gestatten,[59] leuchtet angesichts des bloßen Austauschs der Zuordnung (Mitgliedschaftsrecht statt Miteigentumsanteil) nicht ein. Vielmehr ist davon auszugehen, dass die entsprechende kraft Gesetzes eingetretene **Umwidmung** sich im Rahmen der Befugnis des Gesetzgebers zur Ausgestaltung des Inhalts des Eigentums (Art. 14 Abs. 1 GG) hält. 45

b) Frühere Rechtslage. Die bis zum 1.7.2007 bestehende Streitfrage nach der rechtlichen Einordnung der Bindung des Verwaltungsvermögens hat sich durch die damals eingefügt Vorschrift des § 10 Abs. 7, die nunmehr in § 9a aufgegangen ist, erledigt.[60] Hierzu noch bestehende **Regelungen in älteren Gemeinschaftsordnungen** sind entsprechend obsolet, ebenso die Übertragung derartiger Rechte im Rahmen der Veräußerung von Sondereigentum, da ein Eigentümerwechsel den Bestand des Gemeinschaftsvermögens nicht berührt.[61] 46

c) Verwaltungsrücklage und Instandhaltungsrücklage. In der Regel untergliedert sich Gemeinschaftsvermögen in das **allgemeine Verwaltungsvermögen** zur Begleichung der laufenden Ausgaben für die Gemeinschaftsanlagen und der sog. **Instandhaltungsrücklage,** die für die Instandhaltung, Instandsetzung und ggf. Erneuerung der gemeinschaftlichen Anlagen und Einrichtungen angesammelt wird. Beide Rücklagen sind gesondert voneinander zu verwalten und abzurechnen. 47

5. Einzelne Beispiele. Nachfolgend sind in alphabetischer Reihenfolge einzelne Beispiele für die Zuordnung zum Gemeinschaftseigentum aufgeführt.[62] In der Teilungserklärung können unabhängig davon hinsichtlich Nutzung, Instandhaltung, Instandsetzung und ggf. Erneuerung einzelnen Eigentümern Rechte und Pflichten zugewiesen werden. 48

Ab- und Zuflussrohre: Gemeinschaftseigentum; sofern Abzweig von der Hauptleitung nur der Versorgung eines Sondereigentums dient, ist Sondereigentum gegeben;[63] 49

Anschlussleitungen: Gemeinschaftseigentum; sofern Abzweig von der Hauptleitung nur der Versorgung eines Sondereigentums dient, liegt ab der ersten Absperrmöglichkeit Sondereigentum vor;[64]

Alarmanlage: Gemeinschaftseigentum, sofern diese das gesamte Gebäude sichert; bei Sicherung einer einzelnen Einheit Sondereigentum;

---

[58] *Sauren* § 5 Rn. 2b.
[59] → 8. Aufl. 2020, Rn. 36 *(Commichau).*
[60] Dazu → 8. Aufl. 2020, Rn. 37 f. *(Commichau).*
[61] Bärmann/*Suilmann* § 10 Rn. 332.
[62] Detaillierte und übersichtliche Aufzählungen mN aus der Rspr. sowie eingängigen Begründungen für die Zuordnung finden sich bei *H. Müller,* Praktische Fragen des Wohnungseigentums, 6. Aufl. 2015, 2. Teil C Rn. 24 ff.; *Sauren* Rn. 9 ff.
[63] BGH NJW 2013, 1154.
[64] BGH NJW 2013, 1154.

Antennen: Gemeinschaftsantennen sind Gemeinschaftseigentum, sofern sie der Versorgung der Wohnungseigentümergemeinschaft dienen; wenn die Anlage nur der Versorgung eines Sondereigentums dient, kann Sondereigentum begründet werden;

Aufzugsanlagen: grundsätzlich Gemeinschaftseigentum, außer bei Erschließung einer einzelnen Sondereigentumseinheit und entsprechender Anordnung in der Teilungserklärung nach Bescheinigung der Abgeschlossenheit;[65]

Balkone und **Loggien:** Gemeinschaftseigentum, soweit nicht ausdrücklich zu Sondereigentum erklärt. Balkonbrüstungen, Balkonpfeiler, Balkontrennwände, Balkonböden und der Estrich auf dem Balkonboden sind notwendiges Gemeinschaftseigentum;[66] der Fliesenbelag kann grundsätzlich zu Sondereigentum erklärt werden;[67]

Briefkästen: Briefkastenanlagen sind Gemeinschaftseigentum; gleiches gilt für Briefkästen in und an der Hauseingangstür, da diese zwingendes Gemeinschaftseigentum ist;

Carport: Gemeinschaftseigentum, wobei an überdachten Kfz.-Stellplätzen auch außerhalb abgeschlossener Räume Sondereigentum gemäß § 3 Abs. 2 begründet werden kann;

Dach: Außendach und Innendach mit Isolation sind zwingendes Gemeinschaftseigentum; ebenso sind Glasdächer notwendiges Gemeinschaftseigentum.[68]

Dachterrassen: An Dachterrassen kann Sondereigentum begründet werden, sofern diese eingefriedet sind und für abgeschlossen erklärt wurden;[69]

Duplex-Stellplätze: Gemeinschaftseigentum, soweit nicht für den gesamten Doppelparker gemäß § 3 Abs. 2 S. 2 ein Teileigentumsgrundbuch angelegt worden ist. Die Hebeanlage ist Sondereigentum, sofern durch diese ein im Sondereigentum stehender Doppelparker und kein weiterer Doppelparker betrieben wird;[70] die Hebeanlage ist zwingendes Gemeinschaftseigentum, wenn sie mehr als einem Doppelparker dient;[71]

Eingangspodest: sofern außerhalb des Sondereigentums zwingendes Gemeinschaftseigentum;

Estrich: nach richtiger Ansicht zwingendes Gemeinschaftseigentum, da dieser der Schall- und Wärmeisolation dient;[72]

Fenster: Außenfenster sind zwingendes Gemeinschaftseigentum, ebenso Fensterbänke und Fensterläden;[73] Sondereigentum kann in der Teilungserklärung nur bezüglich konstruktiv selbständiger Innenfenster vereinbart werden;[74] sofern die Gemeinschaftsordnung die Pflicht zur Instandhaltung und Instandsetzung den Sondereigentümern zuweist, den Außenanstrich aber ausnimmt, soll die Erneuerung der Fenster der Gemeinschaft obliegen;[75]

Fußbodenheizung: Wärmeschlingen der Fußbodenheizung sind sondereigentumsfähig;[76]

Garagen: Sondereigentum kann begründet werden; für die Abgeschlossenheit von Garagenstellplätzen gilt die Fiktion das § 3 Abs. 1 S. 2;

Geländer: zwingendes Gemeinschaftseigentum;

Geschoßdecke: zwingendes Gemeinschaftseigentum; bei einer Tiefgaragengeschoßdecke einschließlich einer aus Brandschutzgründen erforderlichen Betonüberdeckung;[77]

Haussprechanlage: Gemeinschaftseigentum, soweit mit dieser ein Türöffnungsmechanismus verbunden ist;[78] die einzelnen Sprechstellen in den Wohnungen sind dagegen sondereigentumsfähig;

Hebeanlage nebst Pumpenschacht: notwendiges Gemeinschaftseigentum;[79]

Heizungsanlage: wenn die gesamte Gemeinschaft versorgt wird, ist einschließlich Zugang[80] zwingendes Gemeinschaftseigentum gegeben, da dann eine für den gemeinschaftlichen Gebrauch

---

65 Staudinger/*Rapp,* 2018, § 5 Rn. 25.

66 OLG München DNotZ 2007, 690 (692).

67 BayObLG ZWE 2004, 93.

68 OLG Düsseldorf ZWE 2008, 302.

69 LG Schwerin ZMR 2009, 401; *Sauren* Rn. 9; aA Weitnauer/*Briesemeister* § 5 Rn. 10.

70 BGH ZMR 2012, 377; LG München ZWE 2013, 165 = ZMR 2013, 308; *Deckert* ZMR 2013, 849; *Ott* ZWE 2013, 156.

71 LG Dresden ZMR 2010, 979.

72 *H. Müller,* Praktische Fragen des Wohnungseigentums, 6. Aufl. 2015, 2. Teil C Rn. 24; aA *Sauren* Rn. 10E unter Berufung auf OLG München Rpfleger 1985, 437.

73 BayObLG ZMR 2004, 608.

74 BayObLG ZWE 2000, 177; aA *H. Müller,* Praktische Fragen des Wohnungseigentums, 6. Aufl. 2015, 2. Teil C Rn. 24.

75 BGH ZWE 2012, 267 = ZMR 2012, 641.

76 OLG Köln NZM 1999, 83 (84).

77 OLG München ZMR 2008, 232.

78 *Sauren* Rn. 9; OLG Köln ZMR 2003, 378.

79 OLG Hamm ZMR 2005, 806; LG Itzehoe ZWE 2012, 181.

80 BayObLG DNotZ 2004, 386 = MittBayNot 2004, 192.

notwendige Versorgungseinrichtung gegeben ist.[81] Etwas anderes kann in der Teilungserklärung nur bestimmt werden, wenn eine Heizungsanlage ausschließlich **einzelne Sondereigentumseinheiten** versorgt.[82] Sofern die Heizungsanlage mehrere Gemeinschaften versorgt, ist richtigerweise ebenfalls zwingendes Gemeinschaftseigentum gegeben, da hier dasselbe wie bei der Versorgung nur einer Gemeinschaft gilt.[83] Die in den Sondereigentumseinheiten befindlichen **Heizkörper** können demgegenüber kraft Anordnung in der Teilungserklärung zu Sondereigentum erklärt werden.[84] Die Heizkörperventile sind nach Ansicht der Rspr. nunmehr auch sondereigentumsfähig, obwohl sie die Verbindung zur Heizungsanlage vermitteln, deren Zuordnung zum Gemeinschaftseigentum eindeutig ist;[85]

Isolation: Isolierschichten in Böden und Wänden sind unabhängig von ihrer Lage im Bauwerk notwendiges Gemeinschaftseigentum;[86]

Kamine, Schornsteine: sofern es sich nicht um sondereigentumsfähige offene Kamine handelt, sind diese zwingendes Gemeinschaftseigentum, auch wenn Kaminzüge von Sondereigentum umschlossen sind;[87]

Lichtkuppeln: Gemeinschaftseigentum, da sie Teil der Dachkonstruktion sind;[88]

Lüftungsrohre: Gemeinschaftseigentum, sofern der Einbau nicht nur zu vorübergehenden Zwecken erfolgt;[89]

Luftschächte: Gemeinschaftseigentum, soweit sie nicht ausschließlich ein Sondereigentum versorgen und diesem zugeordnet sind;

Markisen: die Teilungserklärung kann eine Zuordnung zum Sondereigentum bestimmen; sofern keine Zuordnung erfolgt, liegt Gemeinschaftseigentum vor;[90]

Müllbehälter: Gemeinschaftseigentum, sofern diese nicht gemäß § 1 Abs. 5 im Eigentum des Versorgungsträgers stehen;

Putz: Allein der Innenputz innerhalb des Sondereigentums ist Sondereigentum, ansonsten Gemeinschaftseigentum;

Rauchwarnmelder: Gemeinschaftseigentum, da nicht sondereigentumsfähig und aufgrund gesetzlicher Anordnung eingebaut;[91]

Rollläden, Jalousien: wenn diese außen angebracht sind, ist zwingendes Gemeinschaftseigentum gegeben; richtigerweise sollte die Teilungserklärung jedoch anderes bestimmen können, wenn die Konstruktion auf die Außenwand aufgebracht und nicht Bestandteil der Außenwand ist. In diesem Fall sind Rollläden Markisen vergleichbar und müssen daher sondereigentumsfähig sein;

Satellitenschüssel: wie Antennen;

Sauna: Gemeinschaftseigentum, sofern kein Teileigentum an der Raumeinheit begründet worden ist;

Schloss: sofern das Schloss im Gemeinschaftseigentum eingebaut ist, teilt es dessen Rechtsnatur;

Schwimmbad: Gemeinschaftseigentum, sofern bei Hallenbad kein Teileigentum begründet worden ist;

Spitzboden: sofern kein Sondereigentum begründet worden ist, verbleibt der Spitzboden im Gemeinschaftseigentum, auch wenn er nur über Sondereigentumsflächen erreichbar ist;[92]

Terrasse: ebenerdige Terrassen sind Gemeinschaftseigentum, wenn nicht im Rahmen des § 3 Abs. 2 das Sondereigentum hierauf erstreckt wird;

Türen: Wohnungsabschlusstüren sind zwingendes Gemeinschaftseigentum.[93] Eine Unterteilung in Innenseite und Außenseite für eine getrennte Zuordnung zum Sonder- und Gemeinschaftseigentum ist unzulässig, da eine Tür konstruktiv nicht teilbar ist. Die für zulässig erachtete Zuordnung des Innenanstrichs der Wohnungsabschlusstür zum Sondereigentum ist aus diesem Grunde abzuleh-

---

[81] BGHZ 73, 302 = NJW 1979, 2391.
[82] BayObLG MittBayNot 2000, 558 = NZM 2000, 516.
[83] OLG Hamm ZWE 2001, 393 = NZM 2001, 1130 = ZMR 2001, 839; s. hierzu detailliert *H. Müller,* Praktische Fragen des Wohnungseigentums, 6. Aufl. 2015, 2. Teil C Rn. 24.
[84] BGH NJW 2011, 2958 = ZWE 2011, 394 = ZMR 2011, 971.
[85] BGH NJW 2011, 2958 = ZMR 2011, 971 (973 f.) m. abl. Anm. *Jennißen* ZMR 2011, 974; anders noch OLG Hamm ZMR 2001, 839 = ZWE 2001, 393.
[86] LG Karlsruhe ZWE 2015, 421.
[87] *H. Müller,* Praktische Fragen des Wohnungseigentums, 6. Aufl. 2015, 2. Teil C Rn. 24.
[88] AG Tiergarten ZMR 2012, 741.
[89] OLG Hamburg ZMR 2003, 527.
[90] OLG Frankfurt DNotZ 2007, 469; Rspr. und Lit. sind diesbezüglich uneinheitlich, vgl. *Sauren* Rn. 10M.
[91] BGH NJW 2013, 3092; LG Hamburg ZWE 2011, 286; 2012, 55; *Schneider* ZMR 2010, 822; grds. zu Rauchwarnmeldern *Greupner* ZMR 2012, 497 ff.
[92] BayObLG NZM 2001, 384.
[93] BGH NJW 2014, 379.

nen, zumal eine wirtschaftliche Verantwortlichkeit des Sondereigentümers über eine Instandhaltungspflicht in der Teilungserklärung erreicht werden kann. Türen innerhalb des Sondereigentums sind Sondereigentum;[94]

Wände: nichttragende Innenwände innerhalb eines Sondereigentums sind Sondereigentum; ansonsten sind sämtliche Wände zwingendes Gemeinschaftseigentum;[95]

Wasseruhren, Wasserzähler: stehen im Regelfall im Eigentum eines Dritten und sind gemäß § 1 Abs. 5 letzter Hs. kein Gemeinschaftseigentum; sofern kein Eigentum Dritter gegeben ist, sind die Wasseruhren zwingendes Gemeinschaftseigentum.[96]

VII. Gleichbehandlung von Wohnungs- und Teileigentum

50 **1. Normzweck.** § 1 Abs. 6 ordnet zur Vereinfachung der Gesetzesformulierung an, dass die rechtliche Behandlung von Wohnungs- und Teileigentum gleich ist. Entsprechendes sieht § 7 Abs. 5 für die Behandlung der Grundbuchblätter vor.

51 **2. Bezeichnung von Wohnungs- und Teileigentum.** Die für die einzelnen Sondereigentumseinheiten anzulegenden Wohnungs- und Teileigentumsgrundbuchblätter sind **entsprechend zu bezeichnen,** wobei allein die im Bestandsverzeichnis des jeweiligen Grundbuchblatts gewählte Beschreibung des Sondereigentums und nicht die auf dem Deckblatt des Grundbuchs befindliche Benennung für die rechtliche Einordnung als Wohnungs- oder Teileigentum entscheidend ist. Eine **falsche Bezeichnung** ist für den Bestand der Aufteilung **unschädlich** (→ § 7 Rn. 7).

52 **3. Entsprechende Behandlung.** Die rechtliche Behandlung der durch die Aufteilung in Wohnungseigentum entstehenden Wohnungs- oder Teileigentumsrechte ist gemäß § 1 Abs. 6 gleich. Lediglich bei einer **Vermietung** können sich Unterschiede daraus ergeben, dass Teileigentume in der Regel gewerblich oder teilgewerblich vermietet werden können, so dass die Vorschriften über Wohnraummietverträge unter Umständen nicht zur Anwendung kommen. Sofern in der Teilungserklärung zwischen Wohnungs- und Teileigentum nicht durchgängig differenziert wird folgt aus § 1 Abs. 6 die einheitliche Anwendung der Regelungen der Teilungserklärung und des Gesetzes auf das gesamte Sondereigentum der Anlage.[97]

53 **4. Umwandlung von Wohnungs- in Teileigentum und umgekehrt.** Die Umwandlung von Wohnungseigentum in Teileigentum und umgekehrt ändert den Inhalt des Sondereigentums und bedarf daher als **Vereinbarung** (§ 10) grundsätzlich der Zustimmung aller übrigen Wohnungs- und Teileigentümer, wenn nicht die Teilungserklärung das Zustimmungserfordernis abbedungen hat.[98] Ein **neuer Aufteilungsplan** ist nicht erforderlich, eine neue Abgeschlossenheitsbescheinigung nur, wenn Teil- in Wohnungseigentum umgewandelt werden soll, da hierfür besondere Anforderungen einzuhalten sind.[99] Eine unter Verstoß gegen die Sollvorschrift des § 3 Abs. 3 gleichwohl erfolgte Eintragung ist allerdings wirksam.

54 Nutzungsänderungen können nicht nur als Vereinbarung, sondern auch auf der Grundlage einer allgemeinen Öffnungsklausel als **Beschluss** der Wohnungseigentümer vorgenommen werden. Da es sich aber um eine „unentziehbare, aber verzichtbare" Rechtsposition handelt, ist Voraussetzung, dass von der Nutzungsänderung direkt betroffene Eigentümer der Nutzungsänderung zustimmen.[100] Wird zB ein für alle Einheiten maßgebliches Verbot einer bestimmten, bis dahin zulässigen Nutzung beschlossen, müssen demgemäß alle Eigentümer zustimmen.[101]

55 Der Vollzug der Umwandlung erfolgt als Grundbuchberichtigung gemäß § 22 GBO, wobei eine **Zustimmung von Rechtsinhabern** an den betroffenen Wohnungs- und Teileigentumseinheiten entsprechend §§ 876, 877 BGB nur erforderlich ist, wenn sie durch die Änderung beeinträchtigt sind.[102] Für die Berechtigten von Hypotheken, Grund- und Rentenschulden sowie Reallasten schließt ohnehin § 5 Abs. 4 S. 2 das Zustimmungserfordernis aus. Damit verbleiben als denkbare Betroffene, deren Zustimmung es zur Umwandlung bedarf vor allem Dienstbarkeitsberechtigte (vor allem Nießbraucher gemäß §§ 1030 ff. BGB und Wohnungsberechtigte, § 1093 BGB).

---

[94] *Sauren* Rn. 10T.
[95] Bärmann/*Armbrüster* § 5 Rn. 127.
[96] OLG Hamburg ZMR 2004, 291.
[97] OLG Hamburg ZMR 2005, 69.
[98] OLG München NJW-RR 2017, 7; OLG Karlsruhe ZWE 2017, 90; BayObLG NJW-RR 2001, 1163; OLG Celle ZWE 2001, 33; BeckOGK/*Müller* Rn. 180.
[99] KG ZMR 2015, 881; BeckOGK/*Müller* Rn. 172; *Hügel/Elzer* Rn. 26.
[100] BGHZ 221, 373 = NJW 2019, 2083.
[101] BGHZ 221, 373 = NJW 2019, 2083.
[102] BGH NJW 1984, 2409; *Hügel/Elzer* Rn. 24.

VIII. Verzicht auf Wohnungs- oder Teileigentum

56 Die einseitige Aufgabe eines Wohnungs- oder Teileigentums durch **Verzicht** (§ 928 Abs. 1 BGB) ist nach zutreffender Auffassung des **BGH** nicht möglich.[103] Wie allgemein im Fall von Miteigentumsanteilen[104] ist ein solcher Verzicht ausgeschlossen, da der Miteigentumsanteil auch weitere Rechtsbeziehungen im Rahmen der hierdurch vermittelten Gemeinschaft mit sich bringt, die allenfalls im Rahmen des **§ 11 Abs. 1 S. 3** durch einseitige Erklärung oder im Einvernehmen aller Wohnungs- und Teileigentümer beendet werden können. Weil es ohne Miteigentumsanteil am Grundstück kein Wohnungs- oder Teileigentum gibt und umgekehrt der Miteigentumsanteil mit dem Wohnungs- und Teileigentum zwingend zusammenhängt (vgl. § 1 Abs. 2 und 3), ist daher die grundlose einseitige Aufgabe des Wohnungs- oder Teileigentums eines Berechtigten ausgeschlossen. Dies liegt letztlich daran, dass eine solche Aufgabe das Erlöschen der wechselseitigen Pflichten und damit auch die Aufhebung der Wohnungseigentumsgemeinschaft zur Folge haben würde, was im Widerspruch zu § 11 Abs. 1 und 2 stehen würde. Zulässig und im Rahmen des § 928 Abs. 1 BGB unproblematisch ist allerdings die **gleichzeitige Aufgabe** des Eigentums aller Wohnungs- und Teileigentümer.[105]

IX. Verlust der Höfeeigenschaft

57 Durch die Aufteilung in Wohnungs- oder Teileigentum und eine anschließende Übertragung des Wohnungseigentumsrechts auf einen Dritten entfällt eine zuvor gemäß § 1 Abs. 1 HöfeO bestehende Hofeigenschaft eines Grundstücks, da die Einheit von Bewirtschaftung und Eigentum an der Hofstelle aufgelöst wird.[106]

---

[103] BGHZ 172, 338 = NJW 2007, 2547 mAnm *Demharter.*
[104] BGHZ 172, 209 = NJW 2007, 2254; BGHZ 115, 1 = NJW 1991, 2488.
[105] *Demharter* NJW 2007, 2548 (2549).
[106] OLG Köln DNotZ 2007, 636.

Abschnitt 2. Begründung des Wohnungseigentums

§ 2 Arten der Begründung

Wohnungseigentum wird durch die vertragliche Einräumung von Sondereigentum (§ 3) oder durch Teilung (§ 8) begründet.

Übersicht

I. Normzweck

1 In Ausführung des sachenrechtlichen **Typenzwangs** zählt § 2 die Formen der Begründung von Wohnungseigentum abschließend auf. Entweder erfolgt die Aufteilung durch Vertrag der Miteigentümer gemäß § 3 oder durch einseitige Erklärung des Alleineigentümers gemäß § 8.

2 Voraussetzung ist stets, dass bei der Wohnungseigentumsbegründung **mindestens zwei Sondereigentumseinheiten** entstehen.[1] Andernfalls würde kein Miteigentum vorliegen, was allerdings die vertragliche Teilung nach § 3 voraussetzt, oder keine „Teilung" vorliegen, was nicht nur sprachlich § 8 unterstellt, indem „mit jedem Anteil" das Sondereigentum verbunden wird. Auch die übrigen Vorschriften des WEG, insbesondere § 6 und die grundbuchrechtlichen Vorgaben des § 7 gehen stets von Miteigentumsanteilen aus, was im Zeitpunkt der Aufteilung zwingend mehr als eine vorhandene Einheit erfordert.

II. Vertragliche Einräumung von Sondereigentum

3 Sind mehrere natürliche oder juristische Personen Miteigentümer eines aufzuteilenden Grundstücks, wird Sondereigentum gemäß § 3 durch Abschluss eines **Teilungsvertrages** nebst Einigung über die Einräumung von Sondereigentum begründet.

4 **1. Verhältniswahrende Teilung.** Nach der **vertraglichen Aufteilung** eines Grundstücks in Wohnungseigentum setzt sich das Miteigentum der Eigentümer an jedem entstehenden Wohnungs- und Teileigentumsrecht fort, so dass jedes der entstehenden Wohnungs- und Teileigentumsrechte wiederum den aufteilenden Eigentümern zu Miteigentum in dem ideellen Verhältnis zusteht, in dem sie am aufgeteilten Grundstück beteiligt waren.

5 **2. Begründung von Alleineigentum.** Im Zuge einer vertraglichen Aufteilung gemäß § 3 ist es möglich, einzelnen Miteigentümern bestimmte Wohnungs- oder Teileigentumsrechte zu Alleineigentum zu übertragen, um die anderenfalls an den zukünftigen Wohnungs- und Teileigentumsrechten entstehenden Miteigentümergemeinschaften aufzulösen. Dieser Weg ist unter anderem zur **Auseinandersetzung von Erbengemeinschaften** an Mehrfamilienhäusern[2] oder nach **Errichtung eines Doppelhauses** auf einem zuvor zu ideellem Miteigentum erworbenen Grundstück zur eigentumsrechtlichen Zuordnung geeignet, wenn eine Realteilung nicht erwünscht oder rechtlich nicht möglich ist.

6 Weder durch Gerichtsurteil noch unmittelbar durch letztwillige Verfügung – etwa im Wege einer Teilungsanordnung (§ 2048 BGB) – kann Wohnungseigentum begründet werden.[3]

7 **3. Auflassung von Miteigentumsanteilen.** Für eine Veränderung der Miteigentumsanteile bzw. die Begründung von Alleineigentum an den entstehenden Wohnungseigentumsrechten bedarf es einer **Auflassungserklärung** der Miteigentümer, da in der entsprechenden Vereinbarung eine

---

[1] *Hügel/Elzer* Rn. 4.

[2] BGH DNotZ 2003, 56 = ZfIR 2002, 826.

[3] BeckOGK/*Müller* Rn. 9; Bärmann/*Armbrüster* Rn. 2; Riecke/Schmid/*Schneider* Rn. 2.

Verfügung gemäß § 925 BGB über den jeweiligen Miteigentumsanteil an den entstehenden Wohnungs- und Teileigentumsrechten liegt.[4]

8 Die Zuordnung der Miteigentumsanteile muss **nicht verhältniswahrend** vereinbart werden.[5] Bei einer Zuordnung der entstehenden Wohnungs- und Teileigentumseinheiten zu Alleineigentum oder zu Miteigentum in einem dem ursprünglichen Beteiligungsverhältnis nicht entsprechenden Verhältnis ist ein Erwerbsvorgang gegeben, welcher der **Grunderwerbsteuer** unterliegt. Wenn bei Erwerb eines Grundstücks durch Miteigentümer eine anschließende Aufteilung in Wohnungs- und Teileigentum nebst Zuordnung einzelner Einheiten zu Alleineigentum beabsichtigt ist, sollte bereits bei Erwerb des Grundstücks ein Miteigentumsanteil bestehen, der dem Miteigentumsanteil an dem später zu Alleineigentum zuzuordnenden Wohnungs- bzw. Teileigentumsrecht entspricht.

III. Vorratsteilung

9 Die Teilung durch den Alleineigentümer erfolgt gemäß § 8 durch einseitige Erklärung gegenüber dem Grundbuchamt.

10 **1. Teilung durch natürliche Person.** Standardfall des § 8 ist die Teilung des Grundstücks durch eine natürliche Person, die im Anschluss an die Aufteilung Eigentümer jedes entstandenen Wohnungs- oder Teileigentumsrechts wird. Für die Praxis ist zu beachten, dass nach der Aufteilung in Wohnungseigentum durch eine Privatperson diese bei den anschließenden Verkäufen die sog. **„Drei-Objekt-Grenze"** überschreitet, so dass ein Fall des gewerblichen Grundstückshandels nebst entsprechender **Steuerpflicht** gegeben sein kann, wenn Eigentumserwerb nicht schon fünf Jahre zurückliegt.[6]

11 **2. Teilung durch Erbengemeinschaft.** Die Aufteilung in Wohnungseigentum durch eine Erbengemeinschaft ist nur dann nach § 8 möglich, wenn die dadurch entstehenden Wohnungs- und Teileigentumsrechte Eigentum der Erbengemeinschaft bleiben. Wird zur **Erbauseinandersetzung** geteilt und jedem Mitglied der Erbengemeinschaft ein oder mehrere Wohnungs- bzw. Teileigentumsrechte zu Alleineigentum oder Miteigentum zugeordnet, liegt eine Kombination der Teilung durch den Alleineigentümer gemäß § 8 mit einer vertraglichen Teilung gemäß § 3 vor. In diesem Fall muss zusätzlich zur Aufteilung in Wohnungseigentum auch eine entsprechende Auflassung erklärt werden.[7]

12 **3. Teilung durch eine Gesellschaft.** Die Aufteilung durch eine **Personengesellschaft** ist gemäß § 8 wie bei der Teilung durch eine Erbengemeinschaft nur möglich, wenn danach die Personengesellschaft Alleineigentümerin aller entstehenden Wohnungs- und Teileigentumsrechte wird. Soll im Zuge der Aufteilung einzelnen Gesellschaftern Allein- oder Miteigentum an einzelnen Wohnungs- oder Teileigentumsrechten verschafft werden, muss eine vertragliche Aufteilung gemäß § 3 erfolgen. Teilt eine **Kapitalgesellschaft** nach § 8 ein Grundstück auf, so wird sie Eigentümerin aller entstehenden Wohnungs- und Teileigentumsrechte.

IV. Kombination der Begründungsarten

13 Denkbar ist es, die beiden Begründungsarten der **§ 3 und § 8** zu **kombinieren.** Dies kommt zB in Betracht wenn zwei Miteigentümer im Rahmen einer Aufteilung mehr als zwei Sondereigentumseinheiten bilden wollen. In diesem Fall ist es möglich, im Rahmen einer **kombinierten Aufteilung** zugleich die gewünschten Miteigentumsanteile samt Sondereigentum zu bilden und die Eigentumslage so herzustellen, wie sie von den aufteilenden Miteigentümern beabsichtigt ist. Es besteht kein Bedarf, dies im Sinne einer zunächst gemäß § 3 zu bewirkenden vertraglichen Einräumung samt anschließender Unterteilung nach § 8 oder umgekehrt als Aufteilung nach § 8 mit anschließender Übertragung der Miteigentumsanteile zu deuten, da § 2 als nicht-ausschließendes „oder" auch die Kombination beider Begründungsarten gestattet.

14 Wird von der Kombinationsmöglichkeit der Begründungsarten der § 3 und § 8 Gebrauch gemacht, erfolgt die **Grundbucheintragung** der entstehenden Einheiten mit den vereinbarten Eigentumsverhältnissen unmittelbar,[8] also **ohne** etwaige **Zwischeneintragung** der bisherigen Miteigentumsverhältnisse an allen Einheiten und ohne Vollzug einer – nicht erforderlichen –„Unterteilung".

---

4 Bärmann/*Armbrüster* § 3 Rn. 8.
5 Bärmann/*Armbrüster* § 3 Rn. 38.
6 Vgl. allg. *Mörchen* RNotZ 2020, 309 (312 f.).
7 Für eine Aufteilung nach vorheriger Auflassung Riecke/Schmid/*Schneider* Rn. 11.
8 Staudinger/*Rapp*, 2018, Rn. 4.

V. Ausschluss weiterer Begründungsarten

15 Andere als die in § 2 vorgesehenen Wege zur Erzeugung von Sondereigentum (s. § 1 Abs. 1 und 6) gibt es nicht. Insbesondere kann weder durch eine **gerichtliche Entscheidung** im Rahmen der Auseinandersetzung einer Miteigentümergemeinschaft gemäß § 752 BGB,[9] noch unmittelbar durch **Verfügung von Todes wegen** Sondereigentum begründet werden.[10] Ordnet der Erblasser eine entsprechende Aufteilung an, so muss diese damit durch den oder die Erben entweder gemäß § 3 oder § 8 durchgeführt werden, worauf im Rahmen der Auseinandersetzung ein Anspruch gemäß §§ 2042, 2048 BGB bestehen kann.[11]

VI. Verpflichtung zur Errichtung

16 Wie § 3 und § 8 deutlich machen, kann Wohnungs- und Teileigentum bereits an Räumen eines **Gebäudes** begründet werden, **das erst noch errichtet werden muss.** Der Inhaber eines solchen – zunächst substanzlosen – Sondereigentums ist unter entsprechender Duldungspflicht der anderen Eigentümer berechtigt, die entsprechenden Räume herzustellen.[12] Umstritten ist, inwieweit der betroffene Eigentümer von den anderen Mitgliedern der Wohnungseigentumsgemeinschaft verlangen kann, ihm bei der Herstellung seiner Räume zu helfen.

17 Entgegen einer in der Rspr. vertretenen Ansicht kann allein aus dem dinglichen Eigentumsrecht **keine Verpflichtung der anderen Eigentümer** hergeleitet werden, **das Gebäude zu erstellen.**[13] Vielmehr legt die Wertung des § 22 WEG nahe, dass eine Errichtungspflicht der anderen Miteigentümer grundsätzlich nicht besteht. Der Eigentümer des substanzlosen Anteils hat daher das **unverjährbare Recht** (§ 902 BGB), seine Räume selbst auf eigene Rechnung zu errichten.[14] Die anderen Miteigentümer dürfen ihn hierbei nicht behindern und müssen ihn im Rahmen des Zumutbaren (§ 242 BGB) unterstützen, müssen aber keine eigene Bautätigkeit entfalten. Etwas anderes gilt nur, wenn dies als Inhalt des Sondereigentums in der Gemeinschaftsordnung oder durch Vereinbarung (§ 5 Abs. 4) bestimmt wird.[15]

§ 3 Vertragliche Einräumung von Sondereigentum

(1) [1]Das Miteigentum (§ 1008 des Bürgerlichen Gesetzbuchs) an einem Grundstück kann durch Vertrag der Miteigentümer in der Weise beschränkt werden, dass jedem der Miteigentümer abweichend von § 93 des Bürgerlichen Gesetzbuchs das Eigentum an einer bestimmten Wohnung oder an nicht zu Wohnzwecken dienenden bestimmten Räumen in dem auf dem Grundstück errichteten oder zu errichtenden Gebäude (Sondereigentum) eingeräumt wird. [2]Stellplätze gelten als Räume im Sinne des Satzes 1.

(2) Das Sondereigentum kann auf einen außerhalb des Gebäudes liegenden Teil des Grundstücks erstreckt werden, es sei denn, die Wohnung oder die nicht zu Wohnzwecken dienenden Räume bleiben dadurch wirtschaftlich nicht die Hauptsache.

(3) Sondereigentum soll nur eingeräumt werden, wenn die Wohnungen oder sonstigen Räume in sich abgeschlossen sind und Stellplätze sowie außerhalb des Gebäudes liegende Teile des Grundstücks durch Maßangaben im Aufteilungsplan bestimmt sind.

Übersicht

9 OLG Hamm NJW-RR 1992, 665; Staudinger/*Rapp*, 2018, Rn. 1; *Hügel/Elzer* Rn. 6; Palandt/*Wicke* Rn. 1.
10 Staudinger/*Rapp* Rn. 3; BeckOGK/*Müller* Rn. 9; *Hügel/Elzer* Rn. 7; Palandt/*Wicke* Rn. 1.
11 BGH NJW 2002, 2712.
12 BeckOGK/*Müller* Rn. 34; *Hügel/Elzer* § 3 Rn. 101.
13 So BayObLG NJW 2003, 2323; BeckOGK/*Müller* Rn. 33; vgl. auch Staudinger/*Lehmann-Richter*, 2018, § 22 Rn. 147.
14 *Hügel/Elzer* § 3 Rn. 101; BeckOGK/*Müller* Rn. 34; s. auch OLG Hamburg NZM 2003, 109.
15 Palandt/*Wicke* Rn. 11.

I. Normzweck

§ 3 Abs. 1 gestattet in Abweichung von dem aus den §§ 93 und 94 BGB folgenden Grundsatz der Unmöglichkeit von Eigentum an realen Gebäudeteilen eine **vertragliche Vereinbarung** zwischen Miteigentümern über die Einräumung von Sondereigentum an bestimmten Räumen in dem auf einem Grundstück befindlichen oder zu errichtenden Gebäude sowie an außerhalb des Gebäudes liegenden Grundstücksteilen. Durch die Aufteilung werden die Miteigentumsanteile an dem Grundstück mit dem entsprechenden Sondereigentum verbunden. 1

II. Vertragliche Aufteilung in Wohnungs- und Teileigentum

1. Teilung durch Vertrag. a) Allgemeines. Wenn ein Grundstück mehreren Eigentümern zu ideellen Miteigentumsanteilen gehört, kann nur durch einen **Vertrag zwischen den Eigentümern** die Aufteilung in Wohnungseigentum gemäß § 2 und § 3 vereinbart werden. Der Teilungsvertrag bedarf gemäß § 4 Abs. 3 iVm § 311b Abs. 1 BGB der **notariellen Beurkundung,** da sich die Miteigentümer eines Grundstücks gegenseitig verpflichten, Sondereigentum zu begründen. 2

b) Mehrere Beteiligte. Die Aufteilung in Wohnungseigentum gemäß § 3 Abs. 1 unterscheidet sich von der Aufteilung in Wohnungseigentum durch den alleinigen Eigentümer gemäß § 8 Abs. 1 in der Weise, dass bei der Aufteilung durch Vertrag eine bindende **Vereinbarung zwischen mehreren Miteigentümern** getroffen wird, während im Falle des § 8 Abs. 1 der alleinige Eigentümer die Aufteilung in Wohnungseigentum durch einseitige Erklärung vornimmt. 3

4 Für mehrere Miteigentümer bestehen verschiedene Möglichkeiten der Aufteilung in Wohnungseigentum. Zum einen können sie nach **§ 3 Abs. 1 S. 1** vorgehen und jedem Miteigentumsanteil das alleinige Sondereigentum an bestimmten Räumen und Grundstücksteilen zuordnen. Ebenso besteht aber die Möglichkeit, die Teilung nach **§ 8 Abs. 1** vorzunehmen und die entstehenden Anteile samt Sondereigentum den Miteigentümern in dem Verhältnis als Miteigentümer zuteilen, wie sie bisher Miteigentümer des nun aufgeteilten Grundstücks waren.[1] Zudem steht ihnen auch eine **Kombination beider Begründungswege** von Wohnungseigentum offen, mit dem sie eine Vielzahl von Einheiten in ganz unterschiedlicher Eigentumslage herstellen können. Der Beschreibung also, dass Miteigentümern an einem Grundstück immer und nur der Weg mittels § 3 offensteht,[2] ist entschieden zu widersprechen.

5 Eine **Veränderung der Miteigentumsanteile** der aufteilenden Eigentümer im Teilungsvertrag ist möglich, wobei auch deren Anzahl im Rahmen der Aufteilung vergrößert werden kann. Eine dingliche Übertragung vor Abschluss des Teilungsvertrages ist hierzu nicht erforderlich, so dass es **keiner Zwischeneintragung** des neuen Miteigentumsverhältnisses vor der Aufteilung **bedarf.**[3] Beabsichtigen also hälftige Miteigentümer die Herstellung von vier Einheiten mit je einem Miteigentumsanteil von einem Viertel, verbunden mit Sondereigentum an vier verschiedenen Einheiten, von welchen zwei dem einen und zwei dem anderen Eigentümer gehören sollen, so kann dies einheitlich als Aufteilung gemäß § 3 Abs. 1 S. 1 im Grundbuch vollzogen werden.

6 Ist eine **Personengesellschaft** oder eine **Erbengemeinschaft** Alleineigentümer des in Wohnungseigentum aufzuteilenden Grundstücks, kann nicht nach § 3 vorgegangen werden, da nicht Bruchteils-, sondern ggf. Gesamthandseigentum vorliegt.[4] Vielmehr liegt eine Teilung durch den Alleineigentümer nach **§ 8 Abs. 1** vor. Etwas anderes gilt nur dann, wenn bei der Aufteilung in Wohnungseigentum gleichzeitig die Übertragung von einzelnen Wohnungs- oder Teileigentumsrechten auf einzelne Gesellschafter oder Miterben vereinbart und damit zunächst eine **Bruchteilsgemeinschaft** hergestellt wird.[5] In diesen Fällen ist eine Aufteilung nach § 3 Abs. 1 vorzunehmen,[6] bei entsprechendem Antrag **auch ohne Zwischeneintragung** des Miteigentumsverhältnisses.[7] Wenn eine Gesellschaft bürgerlichen Rechts Alleineigentümerin des aufzuteilenden Grundstücks ist, liegt ebenfalls eine Aufteilung durch den Alleineigentümer gemäß § 8 Abs. 1 vor, wenn die Gesellschaft Eigentümerin aller entstehenden Wohnungs- und Teileigentumsrechte wird.

7 **2. Zustimmung Dritter. a) Allgemeines.** Für den Vollzug der Aufteilung in Wohnungseigentum im Grundbuch ist die **Zustimmung der dinglichen Berechtigten** nach inzwischen allgemeiner Meinung **nicht erforderlich,** wenn deren Rechte am gesamten Grundstück lasten und fortbestehen sollen.[8] Auch im Hinblick auf das Rangklassenprivileg des § 10 Abs. 1 Nr. 2 ZVG ergibt sich kein Zustimmungserfordernis.[9] Allerdings bedarf es dann der Zustimmung entsprechend §§ 876, 877 BGB, wenn **ein Miteigentumsanteil** am aufzuteilenden Grundstück für sich mit dem Recht eines Dritten **belastet ist,** zB mit einem Vorkaufsrecht oder einem Nießbrauch, da die Begründung von Sondereigentum zugleich eine Beschränkung des Miteigentumsrechts enthält (vgl. § 7 Abs. 1 S. 2).[10]

8 **b) Grundpfandrechte.** Nach Vollzug der Aufteilung im Grundbuch **setzen sich die dinglichen Rechte als Gesamtrechte** (vgl. §§ 1132, 1191 BGB für Grundpfandrechte) an allen entstehenden Sondereigentumseinheiten **fort.** Folglich sind diese Rechte durch die Aufteilung in Wohnungs- und Teileigentum nicht nachteilig betroffen.[11] Einer Zustimmung der Gläubiger zum Vollzug der Aufteilung bedarf es daher nicht.

9 Ist vor der Aufteilung ein Miteigentumsanteil mit einem dinglichen Recht belastet, bedarf es der Zustimmung der an diesem Miteigentumsanteil besicherten Gläubiger zum Vollzug der Auftei-

---

1 Staudinger/*Rapp,* 2018, § 8 Rn. 9; BeckOGK/*Schultzky,* § 8 Rn. 7; BeckOK WEG/*Kral* § 8 Rn. 4.

2 So → 8. Aufl. 2020, Rn. 3 *(Commichau).*

3 BGHZ 86, 393 (399 f.) = NJW 1983, 1672 f.

4 Staudinger/*Rapp,* 2018, Rn. 2; Weitnauer/*Briesemeister* Rn. 11; *Hügel/Elzer* Rn. 5; NK-BGB/*Heinemann* Rn. 3.

5 OLG Hamm DNotZ 1968, 489.

6 BGH ZfIR 2002, 826 (827).

7 BeckOK WEG/*Gerono* Rn. 7.

8 Staudinger/*Rapp,* 2018, Rn. 3; Weitnauer/*Briesemeister* Rn. 74.

9 BGH NJW 2012, 1226; zuvor schon KG ZWE 2011, 81 = MittBayNot 2011, 301; OLG München NJW 2011, 3588; OLG Celle ZMR 2012, 719; Staudinger/*Rapp,* 2018, § 8 Rn. 3; BeckOK WEG/*Gerono* Rn. 40; *Hügel/Elzer* Rn. 64; aA OLG Frankfurt ZW 2011, 405 m. abl. Anm. *F. Schmidt.*

10 BGH NJW 2012, 1226; Bärmann/*Armbrüster* § 2 Rn. 26; *Hügel/Elzer* Rn. 65.

11 Staudinger/*Rapp,* 2018, Rn. 23; BeckOK WEG/*Gerono* Rn. 40; Weitnauer/*Briesemeister* Rn. 74.

lung, da sich durch die Aufteilung in Wohnungseigentum der Belastungsgegenstand ändert.[12] Das Recht des an einem Miteigentumsanteil gesicherten Gläubigers, gemäß § 751 S. 2 BGB die Aufhebung der Gemeinschaft zu verlangen, ist aufgrund der **Unauflöslichkeit der Wohnungseigentümergemeinschaft** gemäß § 11 Abs. 1 S. 1, Abs. 2 nach der Aufteilung in Wohnungs- und Teileigentum ausgeschlossen, sodass eine zustimmungspflichtige Änderung des Belastungsgegenstandes gegeben ist.[13]

c) Dienstbarkeiten. Dienstbarkeiten, die am gesamten Grundstück lasten, **setzen sich** nach der Aufteilung in Wohnungs- und Teileigentum am gesamten Grundstück **fort.** Die Zustimmung der Dienstbarkeitsberechtigten zur Aufteilung in Wohnungs- und Teileigentum ist somit nicht erforderlich.[14] Im Übrigen ist es denkbar, dass gemäß § 1026 BGB die Teile des Grundstücks, die außerhalb des Ausübungsbereichs der Dienstbarkeit liegen, von dieser frei werden.[15] **10**

Bezieht sich ein **Wohnungsrecht** nur auf eine Wohnung, setzt sich dieses nur an dem betreffenden Wohnungseigentum fort und erlischt im Übrigen.[16] Einer Zustimmungserklärung des Wohnungsrechtsberechtigten zur Aufteilung bedarf es daher nicht.[17] **11**

d) Vorkaufsrechte. Ein am gesamten Grundstück bestehendes **Vorkaufsrecht setzt sich** nach der Aufteilung in Wohnungseigentum an allen Wohnungs- und Teileigentumseinheiten **fort.**[18] Ein nur an einem Miteigentumsanteil bestehendes Vorkaufsrecht setzt sich nach der Aufteilung an dem Miteigentumsanteil in der Weise fort, dass ein entsprechender Miteigentumsanteil an den entstandenen Wohnungs- und Teileigentumsrechten mit dem Vorkaufsrecht belastet bleibt.[19] Da in diesem Fall insbesondere wegen § 11 eine Inhaltsänderung des Miteigentums gegeben ist, bedarf es allerdings zum Vollzug der Aufteilung im Grundbuch gemäß §§ 876, 877 BGB der **Zustimmung** des Vorkaufsberechtigten.[20] **12**

e) Form der Zustimmungserklärungen. Die Zustimmungserklärungen der durch die Aufteilung gemäß § 19 GBO in ihren Rechten Betroffenen sind in der Form des § 29 GBO abzugeben. **13**

3. Festlegung der Miteigentumsanteile. a) Allgemeines. Durch die grundlegende Definition in § 1 und den in § 6 niedergelegten Untrennbarkeitsgrundsatz muss bei der Aufteilung in Sondereigentum zugleich ein **Miteigentumsanteil** bestehen, mit dem das zu bildende Sondereigentum verbunden wird. Bei der Aufteilung sind daher Anzahl und Größe der jeweiligen Miteigentumsanteile festzulegen, wobei diese im Fall einer Aufteilung nach § 3 Abs. 1 S. 1 sich grundsätzlich aus den bisherigen Eigentumsverhältnissen ergeben. Da allerdings die Möglichkeit besteht, mehr Sondereigentumseinheiten zu bilden, als bisher Miteigentumsanteile existieren, unterliegen die Eigentümer hierbei **keinen Einschränkungen,** zumal sie bei der Begründung des Wohnungs- und Teileigentums die Begründungsarten der § 3 und § 8 miteinander kombinieren können. **14**

b) Freie Wahl der Anteilsgröße. Allgemein gilt, dass eine **verhältniswahrende Aufteilung** zwischen den Miteigentumsanteilen und den Raumgrößen der mit Sondereigentum verbundenen Raumeinheiten **nicht vorgeschrieben** ist. Vielmehr können Miteigentumsanteile in frei gewählter Höhe mit Sondereigentumseinheiten von **beliebiger Größe** verbunden werden,[21] so dass diesbezüglich private Gestaltungsfreiheit besteht.[22] Jedoch empfiehlt es sich bei einer unverhältnismäßigen Aufteilung darauf zu achten, dass bei der **Kosten- und Lastenverteilung** in der Gemeinschaftsordnung nicht auf die Größe der Miteigentumsanteile abgestellt wird, um Ungerechtigkeiten zu vermeiden. Für die Praxis ist eine verhältniswahrende Aufteilung in Anlehnung an die Wohn- und Nutzflächen der entstehenden Wohnungs- und Teileigentumseinheiten durchaus überlegenswert.[23] **15**

---

12 OLG Frankfurt OLGZ 1987, 266 (268); Weitnauer/*Briesemeister* Rn. 75.
13 Staudinger/*Rapp,* 2018, Rn. 24.
14 Weitnauer/*Briesemeister* Rn. 78.
15 OLG Hamm ZWE 2000, 372; OLG Oldenburg NJW-RR 1989, 273; BeckOK WEG/*Gerono* Rn. 40; Hügel/*Elzer* Rn. 66.
16 OLG Oldenburg NJW-RR 1989, 273; *v. Oefele* DNotZ 2001, 219; Staudinger/*Rapp,* 2018, Rn. 25; Weitnauer/*Briesemeister* Rn. 80.
17 Bärmann/*Armbrüster* § 2 Rn. 27; Staudinger/*Rapp,* 2018, Rn. 25.
18 Staudinger/*Rapp,* 2018, Rn. 26.
19 DNotI-Report 2002, 59 (60).
20 Bärmann/*Armbrüster* § 2 Rn. 26.
21 BayObLG MittBayNot 2000, 39; Bärmann/*Armbrüster* Rn. 38; Staudinger/*Rapp,* 2018, Rn. 4.
22 BGH NJW 1976, 1976; OLG Düsseldorf ZMR 2001, 378; BeckOK WEG/*Gerono* Rn. 10; *Hügel/Elzer* Rn. 12.
23 Bärmann/*Armbrüster* Rn. 39.

16 **c) Verschiebungen der Miteigentumsanteilsgrößen.** Finden dabei im Rahmen der Aufteilung Verschiebungen zwischen den Miteigentümern in Bezug auf die Größe ihrer Eigentumsanteile statt, können diese im Zuge der Aufteilung **ohne Zwischeneintragungen** im Grundbuch vollzogen werden, wobei die dafür bestehenden sachenrechtlichen Erfordernisse (§ 873 Abs. 1 BGB, § 925 BGB) ohnehin wegen der vorgesehenen Form für die Begründung des Sondereigentums (§ 4 Abs. 1 und 2) gewahrt sind.

17 **d) Nachträgliche Änderung der Miteigentumsanteile.** Eine Änderung der Höhe der Miteigentumsanteile ist einerseits möglich durch einen Nachtrag zum ursprünglichen Teilungsvertrag unter **Mitwirkung aller Mitglieder** der Eigentümergemeinschaft, ebenso aber bei einer bloßen Verschiebung bezüglich der daran beteiligten Miteigentümer.[24] Daher kann der **identische Eigentümer** mehrerer Sondereigentumseinheiten die damit verbundenen Miteigentumsanteile ändern, ohne dass daran die anderen Mitglieder der Wohnungs- und Teileigentumsgemeinschaft mitwirken müssen.[25] Dabei ist allerdings die **Zustimmung** der Inhaber von Rechten an der Einheit, deren Miteigentumsanteil kleiner wird, gemäß §§ 876, 877 BGB erforderlich, die im Grundbuchverfahren in der Form des § 29 GBO beizubringen ist. Für den vergrößerten Miteigentumsanteil bedarf es einer **„Nachverpfändung"** in Bezug auf etwaige bereits an dem betroffenen Sondereigentum bestehenden Grundpfandrechte und Reallasten, da eine solche nicht schon kraft Gesetzes erfolgt.[26] Allerdings wird eine solche Erstreckung in der Regel in der insoweit auslegungsfähigen Zustimmung zur Änderung der Miteigentumsanteilsgröße zu sehen sein.[27]

18 **4. Form. a) Vorbemerkung.** Die Form des Vertrags über die Aufteilung in Wohnungseigentum nach § 3 Abs. 1 wird durch **§ 4 Abs. 1** bestimmt. Zudem sieht **§ 4 Abs. 3** vor, dass eine Verpflichtung zur Verschaffung von Sondereigentum der Formvorschrift des § 311b Abs. 1 BGB unterliegt. Für die Begründung des Sondereigentums ist die Einigung gemäß § 873 Abs. 1 BGB in der Form der **Auflassung** (§ 4 Abs. 2 iVm § 925 BGB) und die Eintragung im Grundbuch vorgesehen. Das Sondereigentum und damit die Eigentümergemeinschaft entsteht erst mit Anlegung der Wohnungs- und Teileigentumsgrundbücher (§ 9a Abs. 1 S. 2 Hs. 1).

19 **b) Beurkundung der Teilungserklärung.** Da die Aufteilung in Wohnungseigentum gemäß § 3 Abs. 1 eine vertragliche Vereinbarung zwischen mehreren Grundstücksmiteigentümern mit zugleich verpflichtendem Inhalt ist, die auf eine Rechtsänderung an einem Grundstück gerichtet ist, bedarf sie nicht nur der Form des § 4 Abs. 1 und 2, sondern zudem auch der Form der **notariellen Beurkundung gemäß § 311b Abs. 1 BGB.**

20 Wenn zwischen den beteiligten Eigentümern Vereinbarungen bezüglich der Zuordnung der entstehenden Wohnungs- und Teileigentumsrechte in das Alleineigentum einzelner Eigentümer getroffen werden, bedarf es zusätzlich zur Einigung über die Aufteilung wegen der Veränderung der Eigentumsverhältnisse einer entsprechenden **Auflassungserklärung,**[28] für die § 925 BGB zu beachten ist. Die Aufteilung und die Veränderung der Miteigentumsanteile können dabei gleichzeitig im Grundbuch vollzogen werden.[29]

21 **c) Beurkundung der Gemeinschaftsordnung.** Für die Gemeinschaftsordnung als Vereinbarung, dh für die Ausgestaltung der Rechtsbeziehungen der entstehenden Wohnungs- und Teileigentumsrechte zueinander, gilt **kein Formerfordernis.** Dies erklärt sich daraus, dass für den Fall, dass die aufteilenden Eigentümer diesbezüglich keine besonderen Anordnungen treffen wollen, gemäß § 10 Abs. 1 die §§ 10–29 und ersatzweise die §§ 741 ff. BGB gelten. Die Vereinbarung einer Gemeinschaftsordnung bei der Aufteilung in Wohnungseigentum ist jedoch allgemein üblich, die gesetzlichen Vorgaben unter Berücksichtigung der **objektbezogenen Besonderheiten** des aufzuteilenden Grundstücks entsprechend zu modifizieren.

22 Soll eine Gemeinschaftsordnung mit **Wirkung gegenüber Rechtsnachfolgern** gefasst werden, müssen die vertraglichen Vereinbarung durch Bezugnahme im **Grundbuch** eingetragen werden (vgl. § 5 Abs. 4), was voraussetzt, dass sie zumindest in der Form des § 29 GBO abgefasst ist.

23 Im Regelfall wird die Gemeinschaftsordnung als **Summe der** bei Aufteilung getroffenen **Vereinbarungen der Eigentümer** zusammen mit der Teilung in Wohnungseigentum in einem Dokument in beurkundeter Form niedergelegt. Zum einen dient die einheitliche Fassung von Aufteilung

---

[24] BGH NJW 1976, 1976; BayObLG ZMR 2000, 468; *Hügel/Elzer* Rn. 14.

[25] BGH NJW 1976, 1976.

[26] OLG Karlsruhe ZWE 2013, 208; *Streuer* Rpfleger 1992, 181; *Hügel/Elzer* Rn. 15; aA OLG Hamm MittBayNot 1999, 291.

[27] NK-BGB/*Heinemann* § 6 Rn. 5.

[28] Bärmann/*Armbrüster* Rn. 4.

[29] BGHZ 86, 393 (399 f.) = NJW 1983, 1672 f.; DNotI-Report 2002, 81 (82).

und Gemeinschaftsordnung der **Rechtsklarheit,** weil damit eine für das Objekt verbindliche Urkunde vorliegt, in der alle ursprünglich dinglichen und schuldrechtlichen Regelungen für sein Wohnungseigentum enthalten sind. Zum anderen dient die Fassung der Gemeinschaftsordnung in der Form des § 29 GBO im Zusammenhang mit der Aufteilung in Wohnungseigentum der **Rechtssicherheit,** da die Gemeinschaftsordnung dann unmittelbar bei Vollzug der Aufteilung in Wohnungs- und Teileigentum im Grundbuch in Bezug genommen werden kann. Auf diese Weise entfaltet sie ohne neuerliche Bezugnahme in Kauf- und Übertragungsverträgen unbeschadet nachträglich vorgenommener Änderungen auch gegenüber späteren Erwerbern der Wohnungs- und Teileigentumsrechte unmittelbar bindende Rechtswirkungen.[30]

5. Genehmigungserfordernisse. Für eine Aufteilung in Wohnungs- und Teileigentum bedarf 24
es der Genehmigung nach **§ 1821 Abs. 1 Nr. 1 BGB,** da in der Beschränkung des Miteigentumsrechts durch die Einräumung von Sondereigentum zu den anderen Anteilen (vgl. § 7 Abs. 1 S. 2) eine Verfügung über den Grundstücksanteil zu sehen ist.[31] Im Übrigen sind die allgemeinen öffentlich-rechtlichen Genehmigungspflichten zu beachten (zB § 22 Abs. 1 S. 1 BauGB und § 172 Abs. 1 S. 4 BauGB).

III. Sondereigentum und Gemeinschaftseigentum

1. Begriffsbestimmungen. a) Sondereigentum. § 3 Abs. 1 S. 1 enthält seit der Änderung 25
durch das WEMoG eine Legaldefinition und beschreibt „Sondereigentum" als das Eigentum an einer bestimmten Wohnung oder an nicht zu Wohnzwecken dienenden bestimmten Räumen in einem auf dem Grundstück errichteten oder zu errichtenden Gebäude. Scheint damit der Begriff des „Raums" als neuralgischer Punkt, so lockert die Fiktion des § 3 Abs. 1 S. 2 in Bezug auf Stellplätze und die Erstreckungsmöglichkeit auf Grundstücksteile diesen eng wirkenden gebäudebezogenen Begriff einerseits erheblich auf, wie er aber andererseits durch das in § 3 Abs. 3 beschriebene Erfordernis der Abgeschlossenheit wiederum präzisiert wird. Das Sondereigentum muss in der **Teilungserklärung und** im **Aufteilungsplan** (vgl. § 7 Abs. 4 S. 1 Nr. 1; → § 7 Rn. 27 ff.) bezeichnet und gekennzeichnet werden und entsteht – unabhängig von der tatsächlichen Bebauung – in den Grenzen, die sich aus dem Aufteilungsplan ergeben (→ Rn. 27). Das Sondereigentum ist kraft Gesetzes **echtes Eigentum** iSd § 903 BGB und Art. 14 Abs. 1 S. 1 GG,[32] wobei seine nähere inhaltliche Ausgestaltung durch Vereinbarung gemäß § 10 Abs. 3 oder auf deren Grundlage ergangenen Beschlüssen erfolgt, die gegenüber Sondernachfolgern gemäß § 5 Abs. 4 S. 1 wirken.

b) Gemeinschaftseigentum. Gemeinschaftseigentum – oder wie das WEG eigentlich formu- 26
liert „gemeinschaftliches Eigentum" (§ 1 Abs. 5, § 5 Abs. 3) – sind die Teile des Gebäudes und des Grundstücks, die nicht im Sondereigentum oder im Eigentum Dritter stehen, wobei es gewissermaßen als **Restkategorie** nicht ausdrücklich bezeichnet und auch im Aufteilungsplan nicht als solches gekennzeichnet werden muss. Dennoch ist die Abgrenzung zwischen Sonder- und Gemeinschaftseigentum für den sachenrechtlichen Vorgang der Aufteilung nach dem WEG essenziell. Zusammenfassend gilt, dass alles, was nicht gemäß Teilungserklärung oder Aufteilungsplan Sondereigentum ist, automatisch Gemeinschaftseigentum wird.

2. Abgeschlossene Räume. a) Ausgangspunkt. Die Einräumung von Sondereigentum setzt 27
voraus, dass ein Grundstücksmiteigentumsanteil mit **bestimmten Räumen** in einem errichteten oder zu errichtenden Gebäude auf diesem Grundstück verbunden werden (§ 3 Abs. 1 S. 1), die in sich abgeschlossen sein sollen (§ 3 Abs. 3). Maßgebend für das Merkmal **Abgeschlossenheit** ist die von der zuständigen Baubehörde auf der Grundlage des Aufteilungsplans zu erteilende Abgeschlossenheitsbescheinigung (§ 7 Abs. 4 S. 1 Nr. 1 und 2).[33] Die Grenzen des Sondereigentums ergeben sich hierbei aus dem der Aufteilung zugrunde gelegten **Aufteilungsplan** (§ 7 Abs. 4 S. 1 Nr. 1), der – ähnlich wie der Katasterplan oder die Flurkarte – eine objektive Maßgabe für die Raumzuordnung schafft. Das davon unter Umständen abweichende Gebäude hat dagegen für die Zuordnung des Sondereigentums keine Bedeutung, da für die Bestimmung des Eigentumsgegenstands allein auf das Grundbuch und die dort in Bezug genommenen Unterlagen, die somit für jedermann ohne weiteres erkennbar sind, abzustellen ist[34] (→ § 7 Rn. 23 f.). Dies gilt unabhängig davon, ob das Gebäude bei Vornahme der Aufteilung schon vorhanden oder erst später erstellt worden ist.[35]

---

30 KG ZWE 2001, 275.
31 KG ZWE 2015, 118; BeckOK WEG/*Gerono* Rn. 42.
32 BGHZ 221, 373 = NJW 2019, 2083; NJW 2020, 921.
33 Weitnauer/*Briesemeister* Rn. 50; Bärmann/*Armbrüster* Rn. 58; BeckOK WEG/*Gerono* Rn. 46.
34 BGHZ 208, 29 = NJW 2016, 473.
35 BGHZ 208, 29 = NJW 2016, 473.

28 **b) Bestehendes oder zu errichtendes Gebäude. aa) Allgemeines.** Der von § 3 Abs. 1 S. 1 vorausgesetzte Begriff des Gebäudes ist im bürgerlichen Recht nicht näher definiert, taucht aber auch im BGB an verschiedenen Stellen, insbesondere im Allgemeinen Teil (§ 94 Abs. 1 S. 1 und Abs. 2) und im Sachenrecht (§ 912 BGB), ebenso aber im Schuldrecht (§ 650i Abs. 1 BGB, § 836 BGB) auf. Als Überbegriff wird die Bezeichnung des **„Bauwerks"** verwendet, die gleichfalls nicht gesetzlich bestimmt ist, worunter aber nach Auffassung des **BGH** eine unbewegliche durch Verwendung von Arbeit und Material in Verbindung mit dem Erdboden hergestellte Sache zu verstehen ist.[36] Ein Gebäude soll wiederum ein Bauwerk sein, das einer Nutzung zugängliche **Räume** hat, die nach allen Seiten hin **abgeschlossen** sind,[37] womit zwei weitere Begriffe aufgenommen werden, die das WEG zur Begründung von Sondereigentum zwar voraussetzt, seinerseits aber nicht explizit definiert. Daher sind insbesondere „offene" Bauwerke, wie zB Tankstellen oder Carports keine Bauwerke iSd § 3 Abs. 1 S. 1.[38]

29 **bb) Lage des Gebäudes.** Ob das Gebäude **auf der Erdoberfläche oder darunter** errichtet wird, spielt für die Möglichkeit, hieran Sondereigentum begründen zu können, keine Rolle. Insbesondere in Bezug auf Häuser, seien es Geschosswohnungsbau, Reihen-, Doppel- oder Einzelhäuser, und hinsichtlich Hallen oder unterirdischer Garagen oder Bahnstationen ist die Begründung von Sondereigentum ohne weiteres möglich.[39] Gegenstand des Sondereigentums können auch Räume eines Gebäudes sein, das aufgrund eines **Überbaus** zum aufteilenden Grundstück gehört, auch wenn es sich auf (oder unter) einem anderen Grundstück befindet (→ § 1 Rn. 28 ff.).

30 **cc) Bestand oder Errichtung.** Wie sich der Formulierung des § 3 Abs. 1 S. 1 eindeutig entnehmen lässt, setzt eine Aufteilung in Wohnungs- und Teileigentum keineswegs voraus, dass das Gebäude, in welchem sich die Räume, die zu Sondereigentum werden sollen, befinden, bereits gebaut ist. Auch dann, wenn es nur geplant – und in diesem Sinne – **zu errichten** ist, kann bereits die Aufteilung in Wohnungs- und Teileigentum erfolgen. Allerdings entsteht zunächst nur eine rechtlich gesicherte Erwartung, die zum Sondereigentum erstarkt, sobald die dazugehörigen Räume existieren, auch wenn das gesamte Gebäude noch nicht besteht.[40]

31 **c) Raum. aa) Allgemeines.** Ein Raum ist nicht von sich aus eine „Sache" (§ 90 BGB) im Sinne eines körperlichen Gegenstands, sondern vielmehr das **„Dazwischen"** soweit es in einem Gebäude **von fester Materie umgrenzt** ist, seien es Mauern oder Fenster. Insoweit scheint das WEG den Sachenbegriff zu erweitern, indem es den Eigentumsbegriff (vgl. § 903 BGB) auf das „Sondereigentum" an Räumen erstreckt.[41] Dies ist konsequent, da an einem umgrenzten Raum ohne weiteres Sachherrschaft im Sinne des sachenrechtlichen Eigentumsbegriffs möglich ist und dieser damit als körperliches Objekt oder als „natürlicher Gegenstand", begrenzt durch Boden, Wände und Decke von Dauer und Stabilität ist, wie es die sachenrechtliche Ordnung erwartet, um daran entsprechende Rechtsfolgen zu knüpfen.[42]

32 Eher kurios wirkt die Vorstellung, ein „Raum" in diesem Sinne könne auch vorliegen, wenn er nicht in **drei Dimensionen** abgegrenzt ist. Zu Recht wird insoweit konstatiert, dass nur ein entsprechendes geometrisches Gebilde als realer – nicht etwa als „juristischer" – Raum sondereigentumsfähig ist.[43] Trotz dieser Bedenken ist in der Rspr. die Sondereigentumsfähigkeit auch von **Balkonen,**[44] **Dachterrassen**[45] und **Dachgärten** anerkannt, auch wenn auf den ersten Blick die Raumeigenschaft in diesen Fällen zweifelhaft scheint. Zudem ist anzumerken, dass seit der Reform durch das WEMoG im Jahr 2020 auch **Teile des Grundstücks** gemäß § 3 Abs. 2 Sondereigentum sein können, insbesondere also Terrassen, Gartenflächen und Stellplätze im Freien.

33 **bb) Selbständige Raumeinheiten.** Notwendig für die Begründung von Sondereigentum ist das Vorliegen von **mindestens zwei abgeschlossenen Raumeinheiten** auf einem Grundstück bei gleichzeitigem Vorhandensein von Gebäudeteilen, an denen kein Sondereigentum, also Gemeinschaftseigentum besteht. Bei einer vollständigen Überbauung eines Grundstücks kann sich das

---

36 BGHZ 57, 60; seitdem stRspr, zB BGH NJW 1983, 567; NJW-RR 2003, 1320; NJW 2013, 601.

37 OLG Schleswig ZWE 2016, 371; *Hügel/Elzer* Rn. 23.

38 LG Münster DNotZ 1953, 148; BayObLG NJW-RR 1986, 761; *Hügel/Elzer* Rn. 23.

39 *Heinemann* ZMR 2017, 549; *Elzer* NotBZ 2017, 13.

40 BGHZ 177, 338 = NJW 2008, 2982; BGHZ 110, 36 = NJW 1990, 1111; *Hügel/Elzer* Rn. 24.

41 Bätmann/*Armbrüster* § 5 Rn. 8; *Hügel/Elzer* Rn. 28; *Müller* ZWE 2020, 445.

42 BGH NJW 1991, 1612; OLG Hamm ZWE 2016, 167; *Hügel* ZWE 2020, 174; *Schmidt* MittBayNot 2001, 442; *Hügel/Elzer* Rn. 27 ff.

43 *Hügel/Elzer* Rn. 31; s. auch Staudinger/*Rapp,* 2018, Rn. 5.

44 BGH NZM 2010, 205; OLG München ZWE 2012, 37.

45 BGH NZM 2017, 328; OLG München ZWE 2012, 316; *Müller* ZWE 2020, 445 (447).

Gemeinschaftseigentum gemäß § 1 Abs. 5 allerdings ausschließlich auf die konstruktionsbedingt tragenden Teile des Gebäudes beschränken.

cc) Direkte Verbindung nicht notwendig. Sondereigentum kann auch mit zwei oder mehreren räumlich getrennten, jeweils für sich abgeschlossenen Raumeinheiten verbunden werden.[46] Die zu einer Einheit gehörenden Räume müssen also **nicht unmittelbar nebeneinander** und **nicht direkt miteinander verbunden** sein. Dies gilt sowohl für einzelne Räume einer Wohn- oder Gewerbeeinheit wie Keller- oder Dachbodenräume oder Stellplätze als auch für Fälle, in denen mehrere für sich abgeschlossene Wohn- oder Gewerbeeinheiten zu einem Sondereigentum verbunden werden. 34

d) Wohnung. Eine „Wohnung" iSd § 1 Abs. 2 und § 3 Abs. 1 S. 1 setzt **Abgeschlossenheit** voraus, wobei man sich an der Allgemeinen Verwaltungsvorschrift" orientieren kann, die für den Erlass von Abgeschlossenheitsbescheinigungen nach § 7 Abs. 4 S. 1 Nr. 2 im Jahr 1974 ergangen ist.[47] Das Vorhandensein von **Sanitäreinrichtungen innerhalb der Wohnräume** ist daher unabdingbar.[48] Dies bedeutet, dass sich in den abgeschlossenen Räumen des Sondereigentums ein Raum mit Kochmöglichkeit samt Wasserversorgung und Wasserentsorgung und eine separate Toilette befinden müssen. Stehen die sanitären Einrichtungen nicht in einem unmittelbaren räumlichen Zusammenhang mit den Wohnräumen oder ist eine gemeinsame Nutzung dieser Einrichtungen mit einer anderen Wohnung vorgesehen, kann an den beiden Raumeinheiten nur Sondereigentum in Form von Teileigentum begründet werden, da es sich nicht um reguläre „Wohnungen" handelt. Die gemeinsame Nutzung der Sanitäreinrichtungen ist in diesen Fällen durch ein gemeinschaftliches Sondernutzungsrecht an der im Gemeinschaftseigentum verbleibenden Sanitäreinrichtung zu sichern. Allerdings ist der Auffassung, dass **Ein-Zimmer-Räume** keine Wohnungen sein können, da die Toilette notwendigerweise ein separater „Raum" sein müsse,[49] zu traditionsverliebt und unter Berücksichtigung aktueller architektonischer Gestaltungsmöglichkeiten, wie etwa flexiblen Trennelementen, abzulehnen. 35

Eine Mindestgröße für eine Wohnung besteht nicht,[50] allerdings muss sie dem Menschen dazu dienen können, als **Lebensmittelpunkt** zu fungieren.[51] Im Übrigen wird die Wohnungseigenschaft nicht dadurch beeinträchtigt, dass zum Sondereigentum auch Nebenräume gehören, wie etwa ein Keller, Hobbyraum, Speicher oder Abstellraum. Ebenso können ganze Gebäude – auch solche mit mehreren „Wohnungen" – oder Reihenhäuser und Doppelhaushälften, ebenso aber einzeln stehende Häuser für sich jeweils eine Wohnungseigentumseinheit sein.[52] 36

e) Vom Aufteilungsplan abweichendes Gebäude. Bautechnische oder baurechtliche Mängel von **Trennwänden** hindern die Verbindung von Räumen mit Sondereigentum nicht.[53] Das Sondereigentum entsteht also nach Maßgabe des Aufteilungsplans grundsätzlich auch dann, wenn das **tatsächliche Gebäude** nicht mit dem Plan übereinstimmt.[54] Die Entstehung von Sondereigentum ist nur dann ausgeschlossen, wenn es als im Aufteilungsplan ausgewiesener Raum gegen anderes Sondereigentum und das Gemeinschaftseigentum **nicht mehr eindeutig abgrenzbar** ist.[55] Die in diesem Sinne ausreichende Abgrenzbarkeit kann hierbei auch dann vorliegen, wenn eine im Aufteilungsplan eindeutig feststellbare Trennwand in der Realität fehlt.[56] 37

f) Abgeschlossenheit. aa) Vorbemerkung. Gemäß § 3 Abs. 3 setzt die Entstehung von Sondereigentum die Abgeschlossenheit der Wohnung oder der sonstigen Räume voraus. Hierfür ist gemäß § 7 Abs. 4 S. 1 Nr. 2 eine entsprechende Bescheinigung vorgesehen, wobei es Sache der Bundesländer ist, die hierfür zuständige Behörde zu bestimmen. Für die Erteilung der Abgeschlossenheitsbescheinigungen wird von den Baubehörden auf die zu § 7 Abs. 4 S. 1 Nr. 2 ergangene **Verwaltungsvorschrift vom 19.3.1974** (WEG-VwV) zurückgegriffen, in der Merkmale für die Abge- 38

---

[46] KG OLGZ 1989, 385; BayObLGZ 1971, 102; Bauer/Schaub/*Schneider* AT E Rn. 49; Staudinger/*Rapp,* 2018, Rn. 15; Palandt/*Wicke* Rn. 7.

[47] BAnz 1974, Nr. 58.

[48] OLG Nürnberg ZWE 2012, 317.

[49] OLG München ZWE 2017, 175; BayObLG NJW-RR 1998, 735.

[50] Staudinger/*Rapp,* 2018, § 1 Rn. 4; *Hügel/Elzer* Rn. 14.

[51] BayObLG FGPrax 2005, 11; *Hügel/Elzer* Rn. 14.

[52] BGH ZWE 2012, 271; NZM 2001, 425.

[53] GemSOBG BGHZ 119, 42 (51 ff.); BGH NJW 1992, 3290; Bauer/Schaub/*Schneider* AT E Rn. 43; Staudinger/*Rapp,* 2018, Rn. 16.

[54] BGHZ 208, 29 = NJW 2016, 473; BGHZ 177, 228 = NJW 2008, 2982.

[55] BGHZ 208, 29 = NJW 2016, 473; BGHZ 177, 228 = NJW 2008, 2982.

[56] BGHZ 208, 29 = NJW 2016, 473; BGHZ 177, 338 = NJW 2008, 2982.

schlossenheit aufgeführt sind.[57] Diese Vorschrift hat keine Rechtsnormqualität, sondern ist eine Verwaltungsvorschrift iSd Art. 84 Abs. 2 GG, die ihrerseits den Maßgaben des gesetzlichen Begriffs der Abgeschlossenheit unterliegt.

39 In dieser Verwaltungsvorschrift ist beschrieben, dass eine abgeschlossene Raumeinheit voraussetzt, **baulich vollkommen** von anderen Wohnungen und Räumen **abgeschlossen** zu sein und einen **eigenen,** abschließbaren **Zugang** vom Freien, über ein Treppenhaus oder über einen Vorraum zu haben.[58] Dieser freie Zugang kann auch durch ein Wegerecht über ein Nachbargrundstück, das durch eine Grunddienstbarkeit (§§ 1018 ff. BGB) zugunsten des aufgeteilten Grundstücks am belasteten Grundstück gesichert ist, hergestellt werden.[59]

40 Abgeschlossenheit gegenüber Nachbargrundstücken besteht bereits aufgrund der **Grundstücksgrenze.**[60] Ein Gebäude, das über die Grundstücksgrenze reicht – wie etwa eine Garage unter mehreren Grundstücken – und das nicht im Rahmen eines Überbaus einem Grundstück zugeordnet werden kann, ist daher vertikal an der Grundstücksgrenze alleine durch diese bereits „abgeschlossen", auch wenn keine bautechnisch-reale Geschlossenheit durch eine Mauer oder Trennwand vorhanden ist.[61]

41 **bb) Vorläufige Aufteilungspläne.** Bei Beurkundung der Teilungserklärung muss die Abgeschlossenheitsbescheinigung noch nicht zwingend vorliegen. Die dem Antrag auf Erteilung der Bescheinigung zugrundeliegenden Pläne genügen, um als „vorläufige Aufteilungspläne" den sachenrechtlichen **Bestimmtheitsgrundsatz** zu wahren. Da jedoch gemäß § 7 Abs. 4 S. 1 Nr. 1 für die Anlegung der Wohnungsgrundbücher die behördliche Abgeschlossenheitsbescheinigung dem Grundbuchamt vorliegen muss, die inhaltlich mit den der Teilungserklärung zugrundeliegenden Plänen übereinstimmt, empfiehlt es sich die Beurkundung einer Teilungserklärung erst nach Vorliegen der Bescheinigung vorzunehmen. Andernfalls bedarf es einer feststellenden Erklärung der aufteilenden Personen in grundbuchgemäßer Form (§ 29 GBO), mit der die Übereinstimmung der vorläufigen mit den letztlich behördlich bescheinigten Plänen im Sinne einer **„Identitätserklärung"** bestätigt wird. Erst mit dieser Erklärung – die aufgrund Vollmacht auch als „Eigenurkunde" durch einen Notar errichtet werden kann – ist die formelle Bezugnahme auf die Teilungserklärung samt Gemeinschaftsordnung bei Vornahme der Grundbucheintragung (§ 7 Abs. 3) möglich.

42 **cc) Fehlende Abgeschlossenheit.** Das Abgeschlossenheitserfordernis ist in § 3 Abs. 3 als **„Soll"-Bestimmung** gestaltet. Seine Einhaltung ist daher keine zwingende Voraussetzung für die Entstehung und den Fortbestand von Sondereigentum.[62] Nur dann, wenn es sich gegen anderes Sondereigentum und gegen das Gemeinschaftseigentum **nicht eindeutig abgrenzen lässt,** entsteht kein Sondereigentum an den davon betroffenen Räumen.[63] Für eine solche ausreichende **eindeutige Abgrenzbarkeit** kann es allerdings genügen, dass beim Fehlen einer vorgesehene Trennwand sich deren potenzielle Lage nach dem Aufteilungsplan eindeutig feststellen lässt.[64] Unabhängig davon hat das Grundbuchamt einen von ihm erkannten Verstoß gegen § 3 Abs. 3 zu beanstanden und die Anlegung der Wohnungsgrundbücher abzulehnen – und zwar auch dann, wenn die zuständige Behörde die Abgeschlossenheit bescheinigt hat.[65] Wurden allerdings die Wohnungsgrundbücher angelegt, hindert eine fehlende Abgeschlossenheit infolge einer fehlerhaften Abgeschlossenheitsbescheinigung oder einer nachträglichen Aufhebung der räumlichen Abgeschlossenheit das Entstehen bzw. den Fortbestand der Wohnungs- bzw. Teileigentumsrechte nicht.[66]

43 Führen **nachträgliche bauliche Veränderungen** – zB ein Mauerdurchbruch oder die Entfernung einer Tür – zur Aufhebung der Abgeschlossenheit, so hat dies für den Fortbestand der dinglichen Aufteilung in Sondereigentum **keine Folgen.**[67] Zwar entsteht durchaus ein mit dem Teilungsvertrag in Widerspruch stehender Zustand.[68] Da die Normen, gegen die verstoßen wird, nur den

57 Staudinger/*Rapp,* 2018, Rn. 12.
58 Bauer/Schaub/*Schneider* AT E Rn. 44; Staudinger/*Rapp,* 2018, Rn. 15.
59 LG Bayreuth ZMR 2006, 965; Bärmann/*Armbrüster* Rn. 66.
60 KG ZWE 2020, 179; Bauer/Schaub/*Schneider* AT E Rn. 42; *Oppermann* DNotZ 2015, 662 (667).
61 KG ZWE 2020, 179.
62 BGHZ 177, 338 = NJW 2008, 2982; BGH NJW 2011, 3237; 2004, 1798.
63 BGH NJW 2011, 3237.
64 BGHZ 177, 338 = NJW 2008, 2982.
65 BayObLGZ 1971, 102 = DNotZ 1971, 473; *Hügel/Elzer* Rn. 42.
66 BGH NJW 2008, 2982 = ZfIR 2008, 734 mAnm *M. J. Schmid* = ZMR 2008, 897 = ZWE 2008, 426; BayObLG NZM 1999, 277; Staudinger/*Rapp,* 2018, Rn. 22.
67 BGHZ 177, 338 = NJW 2008, 2982; BGHZ 146, 241 = NJW 2001, 1212; Bärmann/*Armbrüster* Rn. 83; BeckOK WEG/*Gerono* Rn. 47.
68 BayObLG MittBayNot 1997, 366; *Hügel/Elzer* Rn. 43.

Interessen der davon tatsächlich betroffenen Sondereigentümern dienen,[69] in der Regel durch die Maßnahme eintretenden Veränderungen einen hinnehmbaren Nachteil für die anderen Eigentümer darstellt[70] und den Fortbestand der Aufteilung im Grundbuch in keiner Weise berührt,[71] spricht nichts dagegen, solche Maßnahmen für zulässig zu halten.

3. Stellplätze. a) Raumfiktion. Stellplätze – sei es für Kfz aller Art (Lkw, Pkw, Wohnmobile, Anhänger), Motorräder, Fahrräder Container oder andere Sachen[72] – sind in § 3 Abs. 1 S. 2 besonders geregelt. Sie gelten demgemäß im Sinne einer **Fiktion** als Räume, also unabhängig davon, ob sie sich **in einem Gebäude oder im Freien** liegen und auch dann, wenn sie baulich nicht abgrenzt oder befestigt sind. Dauerhafte Markierungen in der Natur – wie bis zum WEMoG in § 3 Abs. 2 S. 2 aF für Garagenstellplätze vorgesehen – sind daher weder erforderlich, noch hinreichend, um Sondereigentum einräumen zu können. Vielmehr bedarf es gemäß § 3 Abs. 3 zwingend der Aufnahme von **Maßangaben im Aufteilungsplan,** und zwar unabhängig davon, ob sich der Stellplatz im Freien oder in einem Gebäude befindet. Ist die Nutzung als „Stellplatz" festgelegt, kann der entsprechend damit definierte „Raum" ohne weiteres selbstständiges Sondereigentum sein, so dass die Anforderungen des § 3 Abs. 2 für „unselbstständiges Sondereigentum" nicht anwendbar sind, solange der Nutzungszweck nicht verändert wird. Nicht ganz eindeutig ist, ob sich die Fiktion des § 3 Abs. 1 S. 2 nur darauf bezieht, dass sie als „Räume" gelten oder auch darauf, dass sie als „Räume in einem Gebäude" anzusehen sind, unabhängig davon, wo sie sich befinden. Der Verweis darauf, dass sie als „Räume im Sinne des Satzes 1" anzusehen sind, lässt jedenfalls beide Deutungen zu. Das Problem stellt sich nur dann, wenn es um die Frage geht, ob ein Stellplatz im Freien **alleiniges Sondereigentum** sein kann, das einem Miteigentumsanteil zugeordnet wird. Insoweit gingen zumindest die Entwurfsverfasser davon aus, dass die Raumfiktion genügt, um dies zu ermöglichen. Als Grund dafür wird die „besondere wirtschaftliche Bedeutung" von Stellplätzen angeführt.[73] 44

b) Fiktion der Abgeschlossenheit. Im Gegensatz zur nicht mehr gültigen Fassung des § 3 Abs. S. 2 aF fingiert die Bestimmung des § 3 Abs. 1 S. 2 nur die **Raumeigenschaft.** Für die **Abgeschlossenheit** gilt die ergänzende Regelung in § 3 Abs. 3. Daraus lässt sich schließen, dass für Stellplätze nunmehr stets Maßangaben im Aufteilungsplan erforderlich sind, um insoweit Sondereigentun begründen zu können. 45

Dies gilt nicht nur für Stellplätze in Garagen, sondern ausweislich § 3 Abs. 2 auch für solche im Freien, unabhängig davon, ob sie – zB mit einem **Carport** – überbaut sind oder nicht. An der fehlenden räumlichen Abgeschlossenheit scheitert die Sondereigentumseigenschaft nicht mehr, und zwar angesichts der Raumfiktion des § 3 Abs. 1 S. 2 unabhängig davon, ob der Miteigentumsanteil zudem mit einer Wohnung bzw. oder sonstigen tatsächlich abgeschlossenen Räume verbunden ist.[74] 46

c) Stellplatz als selbständiges Teileigentum. Wird Sondereigentum allein mit einem (im Gebäude oder im Freien gelegenen) Stellplatz gemäß § 3 Abs. 1 S. 2 verbunden, entsteht ein **selbständiges Teileigentum.** Bei Verbindung von Sondereigentum mit einer Wohnung **und** einem Stellplatz handelt es sich dagegen insgesamt um Wohnungseigentum. Die Verbindung von Sondereigentum allein mit einem abgeschlossenen Stellplatz unter Anlegung eines separaten Teileigentumsgrundbuchs für diesen Stellplatz hat zur Folge, dass er auch an Dritte außerhalb der Wohnungseigentümergemeinschaft übertragen werden kann, während bei Begründung eines Sondernutzungsrechts an dem Stellplatz dieser unter Umschreibung des Sondernutzungsrechts nur innerhalb der Gemeinschaft übertragen werden kann. Wird ein für abgeschlossen erklärter Stellplatz zusammen mit einer Wohnung als ein Sondereigentum auf einem Wohnungsgrundbuchblatt eingetragen, muss daher vor einer Übertragung des Stellplatzes an einen Dritten ein eigenes Teileigentumsgrundbuch unter Übertragung eines Miteigentumsanteils für den Stellplatz gebildet werden. 47

d) Rechtliche Gestaltungsmöglichkeiten. Damit lässt sich zusammenfassend beschreiben, dass Stellplätze – völlig unabhängig von ihrer Lage im, auf oder unter einem Gebäude oder im Freien – und zwar auch einzelne Stellplätze bei Mehrfachparkern (zB Duplex- oder Quadruplexparker, ebenso bei Parkpaletten)[75] eigenständige **Sondereigentumseinheiten** sein können. Selbstverständlich besteht auch die Möglichkeit, den Stellplatz als Raum einer anderen Sondereigentumsein- 48

---

[69] BGHZ 177, 338 = NJW 2008, 2982; BGH NJW 2001, 1212; *Rapp* MittBayNot 1995, 282.
[70] BGH NJW 2001, 1212.
[71] *Hügel/Elzer* Rn. 43.
[72] *Becker/Schneider* ZfIR 2020, 281 (284); enger *Hügel/Elzer* Rn. 61; *Dötsch/Schultzky/Zschieschack* WEG-Recht 2021 Kap. 1 Rn. 5; *Müller* ZWE 2020, 445 (446): nur Fortbewegungsmittel.
[73] BT-Drs. 19/18791, 39.
[74] Palandt/*Wicke* Rn. 9.
[75] *Dötsch/Schultzky/Zschieschack* WEG-Recht 2021 Kap. 1 Rn. 6 f.; *Hügel/Elzer* Rn. 64; Palandt/*Wicke* Rn. 9.

heit zuzuordnen oder als **Sondernutzungsrecht** im Rahmen der Gemeinschaftsordnung oder einer Vereinbarung (§ 10 Abs. 3) auszugestalten, wobei für Letztere § 3 Abs. 3 nicht gilt.

49 **e) Gemeinschaftseigentum bei Mehrfachparkern.** Zu beachten ist, dass aus konstruktiven Gründen bei Mehrfachparkern **tragende Bauteile,** insbesondere eine für mehrere Stellplätze angelegte Hebevorrichtung und entsprechende Antriebs- und Steuerungsanlagen, wie etwa ein Motor, gemäß § 5 Abs. 2 zwingend Gemeinschaftseigentum ist.[76] Insbesondere für Regelungen zur Tragung von Betriebs- und Instandhaltungskosten ist dies von Bedeutung, da es grundsätzlich naheliegt, diese durch die Gemeinschaftsordnung bzw. Vereinbarung nur den betroffenen Sondereigentümern aufzuerlegen.

50 **4. Grundstücksteile als Sondereigentum. a) Allgemeines.** Die durch das WEMoG eingefügte Vorschrift des § 3 Abs. 2 erlaubt es, das Sondereigentum auf einen **außerhalb des Gebäudes liegenden Teil des Grundstücks** – nicht also an Teilen des Gebäudes, wie etwa an Dachflächen[77] – zu erstrecken, wenn die **Räume** gleichwohl **wirtschaftlich die Hauptsache bleiben.** Damit ist zugleich bestimmt, dass eine Sondereigentumseinheit stets voraussetzt, dass zumindest ein „Raum" – auch wenn die Norm selbst die Mehrzahl verwendet – vorhanden ist. Angesichts der in § 3 Abs. 1 S. 2 enthaltenen Fiktion, wonach Stellplätze als „Räume" gelten, und zwar unabhängig davon, ob sie sich in einem Gebäude befinden oder im Freien, gelten die in § 3 Abs. 2 enthaltenen Einschränkungen **nicht für Stellplätze.**[78] Diese können vielmehr selbst „Raum" in dem Sinne sein, als dass mit dem Stellplatz eine Nebenfläche auf dem Grundstück als diesem zugehöriges Sondereigentum zugeordnet wird.[79] Erstreckbar ist das Sondereigentum nur auf einen „Teil des Grundstücks" – **nicht** also auf **das gesamte Grundstück,** auf dem sich das Gebäude befindet, zumal dieses gemäß § 1 Abs. 5 grundsätzlich gemeinschaftliches Eigentum ist.[80] Allerdings muss der zum Sondereigentum erklärte Grundstücksteil keineswegs den Sondereigentumsräumen unmittelbar vorgelagert sein, sondern kann sich auch an einer ganz anderen Stelle befinden.

51 **b) Erstreckung des Sondereigentums.** Die Möglichkeit, Sondereigentum auch auf Teile des Grundstücks zu erstrecken, führt dazu, dass an diesen Teilen **echtes Sondereigentum** entsteht. In Abgrenzung zur vormals nötigen Begründung von Sondernutzungsrechten erlaubt damit § 3 Abs. 2 die Begründung von Sondereigentum insbesondere an **Terrassen und Gartenflächen.** Allerdings ist – mit Ausnahme der in § 3 Abs. 1 S. 2 geregelten Stellplätze – ausgeschlossen, dass einzelne Grundstücksteile für sich alleine Sondereigentum sind. Erforderlich ist stets der Zusammenhang mit einem „Raum", dessen Sondereigentum im Rahmen der Möglichkeiten des § 3 Abs. 2 sodann auf Teile des Grundstücks erstreckt werden kann. Daher sind die entsprechenden Sondereigentumsflächen im Aufteilungsplan gemäß § 7 Abs. 4 S. 2 mit **derselben Nummer** zu bezeichnen, wie die Räume, denen sie zugeordnet sind. Das Sondereigentum erstreckt sich dann ohne weiteres auch auf die Gebäude, zum Beispiel Gartenhäuschen, die sich auf der entsprechenden Grundstücksfläche befinden,[81] nicht dagegen auf gemeinschaftliche Anlagen, wie etwa Leitungen, die darunter liegen (vgl. § 5 Abs. 1 S. 2).

52 **c) Räume als Hauptsache.** Der Zusammenhang zwischen „Raum" und Grundstücksteil ist in § 3 Abs. 2 dahingehend festgelegt, dass der Raum im Zeitpunkt der Begründung dieses Sondereigentums[82] zwingend **wirtschaftlich die Hauptsache** bleiben muss. Dieses Kriterium verwendet der Gesetzgeber ebenso im Rahmen des Erbbaurechts (§ 1 Abs. 2 ErbbauRG) und des Dauerwohnrechts (§ 31 Abs. 1 S. 2), so dass auf die diesbezüglichen Erkenntnisse zurückgegriffen werden kann. Werden **Terrassen oder Gartenflächen** einer Wohnungseigentumseinheit als Sondereigentum zugewiesen, geht die Begründung des Gesetzesentwurfs zurecht davon aus, dass an der Einhaltung dieses Kriteriums keine Zweifel bestehen. Generell wird angenommen, dass das Grundbuchamt nur bei konkret abweichenden Anhaltspunkten das Vorliegen der Anforderungen des § 3 Abs. 2 in Frage stellen darf, im Übrigen aber eine Vermutung dafür besteht, dass diese Voraussetzungen für die Begründung von Sondereigentum erfüllt sind.[83]

---

[76] BGH ZWE 2019, 322; *Becker/Schneider* ZfIR 2020, 281 (285); Palandt/*Wicke* Rn. 9; *Müller* ZWE 2020, 445 (446).

[77] *Dötsch/Schultzky/Zschieschack* WEG-Recht 2021 Kap. 1 Rn. 23.

[78] *Wilsch* FGPrax 2020, 1 (5); *Becker/Schneider* ZfIR 2020, 281 (285); Palandt/*Wicke* Rn. 10.

[79] *Dötsch/Schultzky/Zschieschack* WEG-Recht 2021 Kap. 1 Rn. 20.

[80] *Hügel/Elzer* Rn. 66.

[81] AA *Dötsch/Schultzky/Zschieschack* WEG-Recht 2021 Kap. 1 Rn. 30 die von „aufgedrängtem" Gemeinschaftseigentum ausgehen.

[82] *Becker/Schneider* ZfIR 2020, 281 (285).

[83] Vgl. Palandt/*Wicke* Rn. 10.

Zweifel am Hauptsachekriterium dürften jedenfalls dann nicht bestehen, wenn eine Grundstücksteilfläche als **Zufahrt** zum Stellplatz im Freien – der gemäß § 3 Abs. 1 S. 2 als Raum gilt – als erstrecktes Sondereigentum bestimmt wird. Mag der finanzielle Wert der Grundstücksteilfläche in diesem Fall höher sein als der des Stellplatzes, so ist die wirtschaftliche Zuordnung im Sinne eines dienenden Verhältnisses bei objektivierter Anschauung wenig problematisch. Eine Orientierung der gemäß § 97 BGB für bewegliche Sachen getroffenen Erkenntnisse könnte zur Lösung etwaiger Zweifelsfragen diesbezüglich hilfreich sein. Liegt allerdings ein **Verstoß** gegen die Anforderungen des § 3 Abs. 2 vor, entsteht zumindest an der zugeordneten Freifläche kein Sondereigentum, so dass es durch das Grundbuchamt gemäß § 53 Abs. 1 S. 2 GBO zu löschen ist.[84] Im Übrigen ist zu beachten, dass das „Hauptsachekriterium" naturgemäß verhindert, das Freiflächensondereigentum abzutrennen und isoliert mit einem abgespaltenen Miteigentumsanteil verbunden zu veräußern.[85] 53

d) Umwandlung von Sondernutzungsrechten. Für Grundstücksflächen, die bislang als Sondernutzungsrechte zugewiesen waren, besteht nunmehr die Möglichkeit einer Umwandlung in Sondereigentum gemäß § 3 Abs. 2. Allerdings müssen hierzu **alle Wohnungs- und Teileigentümer zustimmen** und ebenso die **Inhaber von Verwertungsrechten** an allen Einheiten, da es sich um die Neubegründung von Sondereigentum zu Lasten des – bisher mit einem Sondernutzungsrecht „belasteten" – Gemeinschaftseigentums handelt. Hierzu ist ferner die Form des § 4 Abs. 1 und 2 sowie das Erfordernis eines mit entsprechenden **Maßangaben** versehenen Aufteilungsplans samt Abgeschlossenheitsbescheinigung zu beachten. Sinnvollerweise ist aus Publizitäts- und Transparenzgründen zu fordern, dass das neue Grundstücksteilflächensondereigentum entsprechend § 3 Abs. 1 lit. c WGV ausdrücklich im Bestandsverzeichnis des Wohnungs- und Teileigentumsgrundbuchs bezeichnet wird.[86] 54

e) Grundstücksteile als Belastungsgegenstand. Da das Sondereigentum an der betroffenen Grundstücksteilfläche nicht mehr Gemeinschaftseigentum ist, sondern seinem Eigentümer zusteht, kann dieser auch alleine über **Belastungen** dieser Fläche bestimmen. Für die Bestellung etwaiger diesbezüglicher Rechte als Belastungen der Teilfläche, wie etwa Dienstbarkeiten, Vorkaufsrechte oder Reallasten, genügt daher die Mitwirkung des davon betroffenen Sondereigentümers, so dass die – bis zum Inkrafttreten des WEMoG erforderliche – Zustimmung aller Wohnungs- und Teileigentümer mangels Betroffenheit des Gemeinschaftseigentums entfällt. 55

5. Maßangaben im Aufteilungsplan. Aufgrund des WEMoG ist in § 3 Abs. 3 nunmehr bestimmt, dass Stellplätze und Grundstücksteile im Aufteilungsplan durch **Maßangaben** bezeichnet sein müssen, wenn sie Sondereigentum sein sollen. Dies betrifft naturgemäß den Umriss der entsprechenden Fläche im Sinne von Abmessungen, etwa der **Länge und Breite,** ebenso aber zur sicheren **Zuordnung und Abgrenzung** vom Gemeinschaftseigentum auch die Lage auf dem Grundstück – etwa der Abstand zu einem Gebäude – bzw. bei Stellplätzen im Gebäude der Abstand zu dessen Grenzen, soweit sie sich nicht bis dorthin erstrecken. Zudem ist § 7 Abs. 4 S. 1 Nr. 1 zu beachten, so dass die entsprechenden Flächen durch die **Nummer der Sondereigentumseinheit,** zu der sie gehören, zu kennzeichnen sind. Dagegen besteht – anders als bis zum Inkrafttreten des WEMoG für Garagenstellplätze (vgl. § 3 Abs. 2 S. 2 aF) – keine Pflicht zur dauerhaften Markierung der Plätze in der Natur, was selbstverständlich die Beteiligten nicht daran hindert entsprechende Abgrenzungsanzeigen anzubringen. 56

Ziel der Maßangaben ist es, den Bereich des Sondereigentums, vor allem also dessen Fläche, wie bei räumlichem Sondereigentum eindeutig und unzweifelhaft zu bestimmen. Dazu genügen weder Zirka-Angaben, noch Schätzungen, sondern allein **maßstabsgerechte Zahlen.** Wie beschrieben gilt dies nicht nur für den Umriss und damit die Größe der Fläche, sondern zudem auch für dessen genaue Lage. Das Grundbuchamt hat zu prüfen, ob im Aufteilungsplan die erforderlichen Maßangaben vorhanden sind, naturgemäß aber nicht die Richtigkeit im Sinne der Maßstabsgerechtigkeit. Insoweit ist bei Widersprüchen nicht von Perplexität, sondern von einem Vorrang der konkreten Maßangaben auszugehen. 57

Wie auch sonst hindern **falsche Angaben** im Aufteilungsplan oder – anders beschrieben – eine abweichende bauliche Ausführung das Entstehen von Sondereigentum jedenfalls dann nicht, wenn in der Natur die eindeutige Zuordnung und Abgrenzung zwischen Sonder- und Gemeinschaftseigentum nicht in Frage steht. Insoweit ist auf die Ausführung zur Abgeschlossenheit zu verweisen. Ebenso hindert generell ein Verstoß gegen § 5 Abs. 3 das Entstehen von Sondereigentum dann nicht, wenn gleichwohl eine eindeutige Zuordnung der betroffenen Fläche möglich ist. 58

---

[84] *Dötsch/Schultzky/Zschieschack* WEG-Recht 2021 Kap. 1 Rn. 22.
[85] *Dötsch/Schultzky/Zschieschack* WEG-Recht 2021 Kap. 1 Rn. 45.
[86] *Wilsch* FGPrax 2020, 1 (5).

59 **6. Zusammenhang von § 3 mit § 5 Abs. 1 und Abs. 2.** Während § 3 die näheren Anforderungen an die Möglichkeit zur Einräumung von Sondereigentum definiert, beschreibt § 5 Abs. 1 und 2 den konkreten **Gegenstand des Sondereigentum** und enthält damit zugleich weitere Anforderungen für das Raumerfordernis und die Zugänglichkeit. Insoweit bestehen damit jenseits der in § 3 Abs. 3 als bloße Sollanforderung enthaltenen Abgeschlossenheit weitere Anforderungen an die Raumeigenschaft (§ 5 Abs. 1) und an die Zugänglichkeit des Sondereigentums (§ 5 Abs. 2).[87] Sind diese **nicht erfüllt** und erlaubt das Gesetz hiervon keine Abweichungen, kann insoweit **kein Sondereigentum** entstehen.

60 Allerdings genügt für die Festlegung der Räumlichkeit der dem Sondereigentum unterliegenden Gebäudeteile eine **ausreichende Zuordenbarkeit,** für die somit eine Abweichung der tatsächlichen Bauausführung von den Darstellungen des Aufteilungsplans unschädlich sein kann.[88] Mit den Worten des **BGH** gelangt „ein in dem Aufteilungsplan vorgesehenes Sondereigentum (…) nur dann nicht wirksam zur Entstehung, wenn es gegen sonstiges Sondereigentum und gegen das Gemeinschaftseigentum nicht mehr eindeutig abgrenzbar ist".[89] Ferner ist zu beachten, dass die mit dem WEMoG neu erlassenen Vorschriften des § 3 Abs. S. 2 und Abs. 2 die Sondereigentumsfähigkeit von der Raumeigenschaft in nicht unbeträchtlichem Maß abgekoppelt haben.

61 Ebenso ist das Erfordernis des **Zugangs,** wie es sich aus § 5 Abs. 2 ergibt, kein bloßer Teilaspekt der in § 3 Abs. 3 genannten Abgeschlossenheit. Vielmehr müssen die Teile des Gebäudes, die dem gemeinschaftlichen Gebrauch der Wohnungs- und Teileigentümer dienen, wie zB gemeinsame Zugänge, Heizraum oder Versorgungsräume, auch dann Gemeinschaftseigentum sein, wenn sie sich im Bereich der Räume befinden, die Sondereigentum sein sollen (§ 5 Abs. 2). Daraus lässt sich schließen, dass bei einem Verstoß gegen diese Grundsätze insoweit kein Sondereigentum entsteht, weil gegen zwingende Anforderungen des WEG verstoßen wurde.[90]

62 **7. Unterteilung.** Auch wenn die Teilungserklärung samt Gemeinschaftsordnung keine dahingehende Ermächtigung enthält, folgt aus dem Eigentumsrecht selbst die **Befugnis zur weiteren Unterteilung.**[91] Unbeschadet etwa erforderlicher öffentlich-rechtlicher Genehmigungen kann die Gemeinschaft den Einbau einer weiteren Wohnungseingangstür nicht untersagen.[92] Für einen entsprechenden Bauantrag ist die Unterschrift der übrigen Wohnungseigentümer oder des Verwalters nicht erforderlich,[93] wenn die Teilungserklärung oder Gemeinschaftsordnung nicht anderes anordnet. Ohne weiteres unproblematisch ist es insoweit, wenn eine aus mehreren getrennten Räumen bestehende Einheit (zB Wohnung, Keller, Stellplatz) in mehrere Einheiten unterteilt wird. Ändert sich die Nutzung der Räume nicht, kann die Unterteilung ohne weiteres **allein durch den Eigentümer** vorgenommen werden.[94]

63 Im Übrigen erfordert die nachträgliche Unterteilung von Sondereigentum, bei der in sich abgeschlossene Einheiten geteilt und neuerlich mit Sondereigentum verbunden werden, neue abgeschlossene Raumeinheiten (vgl. § 3 Abs. 1 S. 1). Daher muss ein **Nachtrag zur Abgeschlossenheitsbescheinigung** eingeholt werden, der die neu entstandenen Einheiten jeweils für abgeschlossen erklärt.[95] Allerdings reicht es, wenn sich der Nachtrag auf die **Räume der bisherigen, veränderten Einheit samt der neu hervorgegangenen Einheit(en)** bezieht. Da das Sondereigentum bezüglich der übrigen Einheiten nicht geändert wird, bedarf es daher insoweit keiner neuen Abgeschlossenheitsbescheinigung für das gesamte Gebäude. Für den Vollzug der Unterteilung des Sondereigentums im Grundbuch muss dem Grundbuchamt die **Änderung der Teilungserklärung** und die Ergänzung der Abgeschlossenheitsbescheinigung nebst geändertem Aufteilungsplan vorgelegt werden. Eine Unterteilung eines Wohnungseigentums, nach der Räume, die zuvor nach der Teilungserklärung nicht zu Wohnzwecken dienten, nunmehr Wohnzwecken dienen, ist ohne Mitwirkung der übrigen Wohnungseigentümer unwirksam und führt zu einer inhaltlich unrichtigen Grundbucheintragung.[96] Ebenso soll die Umwandlung von Teileigentum in Wohnungseigentum auch dann der Zustimmung

[87] Vgl. *Hügel/Elzer* Rn. 45.
[88] BGHZ 208, 29 = NJW 2016, 473; BGH NJW 2008, 2982.
[89] BGHZ 208, 29 = NJW 2016, 473 mit Verweis auf BGH NJW 2004, 1798 (1800); BGHZ 177, 338 = NJW 2008, 2982; BGH NJW 2011, 3237.
[90] BGH NJW 1991, 2909 für einen Stellplatz und Verbindungsflur.
[91] BGHZ 49, 250 = NJW 1968, 499; OLG München ZWE 2013, 355 = ZMR 2014, 136; ZWE 2011, 267; 2009, 25 = RNotZ 2009, 46; Bärmann/*Armbrüster* § 2 Rn. 93; Bauer/Schaub/*Schneider* AT E Rn. 361; Riecke/Schmid/*Schneider* § 7 Rn. 242.
[92] LG Mönchengladbach ZMR 2008, 77.
[93] VG Hamburg ZMR 2009, 967.
[94] BGHZ 73, 150 = NJW 1979, 870.
[95] OLG München ZWE 2011, 267.
[96] BGH DNotZ 2015, 362 = ZWE 2015, 208; hierzu *Ott* DNotZ 2015, 483.

aller Wohnungs- und Teileigentümer bedürfen, wenn die Teilungserklärung die Nutzung des Teileigentums zu Wohnzwecken erlaubt.[97]

8. Vereinigung und Zusammenlegung. Werden mehrere Sondereigentumseinheiten desselben Eigentümers miteinander entsprechend § 890 Abs. 1 BGB rechtlich vereinigt, so hat dies auf die dingliche Aufteilung des Grundstücks keinen Einfluss. Eine solche **Vereinigung** ist von beliebigen Einheiten – also auch solchen, die nicht nebeneinander liegen oder deren Räume tatsächlich verbunden werden können – möglich.[98] Daher ist sie jedem Mitglied der Eigentümergemeinschaft ohne weiteres gestattet, so dass es keiner entsprechenden Ermächtigung in der Teilungserklärung samt Gemeinschaftsordnung bedarf. 64

Dies gilt auch dann, wenn bei einer Vereinigung durch bauliche Maßnahmen Räume der Sondereigentumseinheiten miteinander verbunden werden. Bei einer solchen **Zusammenlegung** – etwa durch einen Mauerdurchbruch – sind die anderen Sondereigentümer in der Regel nicht nachteilig betroffen.[99] Eine neue **Abgeschlossenheitsbescheinigung** ist bei einer nachträglichen Zusammenlegung **nicht erforderlich,** wenn lediglich Sondereigentum zusammengelegt wird.[100] Anders ist dies, wenn hierdurch dazwischen liegendes Gemeinschafts- zu Sondereigentum werden soll. In diesem bedarf es nicht nur der gemäß § 4 Abs. 1 und 2 erforderlichen Mitwirkung aller Mitglieder der Eigentümergemeinschaft, sondern auch eines entsprechenden Aufteilungsplans samt neuer Abgeschlossenheitsbescheinigung. 65

9. Übertragung von Sondereigentum. Ebenso können zwei Wohnungseigentümer **ohne Zustimmung** der anderen Wohnungseigentümer Teile ihres jeweiligen Sondereigentums auf den jeweils anderen übertragen, wenn das Sondereigentum mit dem Miteigentumsanteil des anderen verbunden wird, wobei eine Änderung der Größe der Miteigentumsanteile nicht erforderlich ist.[101] 66

IV. Mängel der Aufteilung

1. Allgemeines. Da es sich bei der Begründung von Wohnungs- und Teileigentum nach § 3 um eine vertragliche Vereinbarung zwischen mehreren Beteiligten handelt, können sämtliche bei Rechtsgeschäften denkbaren **Abschlussmängel** auftreten, deren Rechtsfolgen sich nach den allgemeinen Grundsätzen richten. Widersprüche zwischen Teilungserklärung und Aufteilungsplan sind vom Grundbuchamt als **Eintragungshindernis** zu beanstanden.[102] In der Praxis kommt es oftmals zu einer aufteilungsplanwidrigen Bauausführung mit der Folge, dass die Teilungserklärung nebst Aufteilungsplänen mit der tatsächlichen räumlichen Aufteilung des Gebäudes nicht übereinstimmt (→ Rn. 36). Ursache hierfür sind neben menschlichem Versagen oftmals Änderungen während der Bauphase infolge objektiver Notwendigkeiten oder aufgrund nachträglich von den Erwerbern gewünschter Änderungen in einzelnen Wohnungs- und Teileigentumseinheiten. 67

2. Fehlerhafte Wohnungseigentümergemeinschaft. Im Innenverhältnis sind bei **Nichtigkeit** oder **Unwirksamkeit** der Teilungserklärung nach hM die Grundsätze über die fehlerhafte Gesellschaft entsprechend anzuwenden.[103] Betreffen die Mängel bei der Begründung lediglich einzelne Miteigentumsanteile und das diesen zugeordnete Sondereigentum, ist nach einer Entscheidung des **BGH** lediglich ein gegenständlich beschränkter Gründungsmangel gegeben, der nicht die Unwirksamkeit der gesamten Teilungserklärung zur Folge hat.[104] Im Blick auf **§ 139 BGB** ist diese Entscheidung zunächst überraschend und maßgeblich mit dem Argument der Interessengerechtigkeit begründet worden.[105] Die Richtigkeit dieser Auslegung ergibt sich gemäß § 139 Hs. 2 BGB bei einer Betrachtung des Einzelfalls daraus, dass die Teilungserklärung auch ohne den fehlerhaft begründeten Miteigentumsanteil abgeschlossen worden wäre.[106] 68

Die **Geltendmachung** der Nichtigkeit, der Anfechtung und der Auflösung der Gemeinschaft ist im Blick auf die in § 11 angeordnete Unauflöslichkeit der Wohnungseigentümergemeinschaft erheblich **eingeschränkt.**[107] Für die Verwaltung und die Regelung der sonstigen Belange der 69

---

[97] OLG München ZWE 2017, 127 = ZMR 2016, 177 = MittBayNot 2017, 238.
[98] OLG Hamburg FGPrax 2004, 217; BayObLGZ 1971, 108 = DNotZ 1971, 473.
[99] OLG Hamburg ZMR 2004, 367; Bauer/Schaub/*Schneider* AT E Rn. 362.
[100] LG Köln ZMR 2015, 790; Bauer/Schaub/*Schneider* AT E Rn. 263.
[101] OLG München ZWE 2017, 309 = ZMR 2017, 822.
[102] OLG München ZWE 2010, 463.
[103] Bärmann/*Armbrüster* § 2 Rn. 56 ff.
[104] BGHZ 130, 159 (169 f.) = NJW 1995, 2851 (2853 f.).
[105] So BGHZ 130, 159 (170) = NJW 1995, 2851 (2853 f.).
[106] Staudinger/*Rapp,* 2018, Rn. 64.
[107] Staudinger/*Rapp,* 2018, Rn. 54.

Eigentümer untereinander sind in diesen Fällen die Vorschriften des **WEG entsprechend anzuwenden.**[108]

70 **3. Rechtsfolgen. a) Dritte.** Für den Rechtsverkehr mit Dritten ist es ohne Bedeutung, ob die Wohnungseigentümergemeinschaft fehlerhaft oder fehlerfrei zustande gekommen ist. **Träger der Rechte und Verpflichtungen** sind gemäß § 10 Abs. 1 in jedem Fall die einzelnen Wohnungs- und Teileigentümer.[109]

71 **b) Grundsatz.** Sofern Dritte Wohnungs- oder Teileigentumsrechte aus einer fehlerhaft begründeten Wohnungseigentümergemeinschaft erwerben, ist ein **Gutglaubensschutz** in direkter Anwendung des § 892 BGB erst nach Anlegung der Wohnungsgrundbücher gegeben.[110] Ab diesem Zeitpunkt ist der Grundbuchbestand mit den dort in Bezug genommenen Aufteilungsplänen vom guten Glauben des Erwerbers erfasst. Etwas anderes gilt nur dann, wenn das im Grundbuch eingetragene Recht keinen zulässigen Inhalt hat.[111] In diesen Fällen wird kraft guten Glaubens lediglich ein Miteigentumsanteil erworben.[112]

72 **c) Einzelheiten.** Beruht die Unwirksamkeit der Aufteilung in Wohnungseigentum auf **rechtsgeschäftlichen Mängeln,** so ist die Grundbucheintragung nicht unzulässig, sondern allenfalls unrichtig und kann daher Grundlage für einen gutgläubigen Erwerb (§ 892 BGB) sein.[113] Anders muss man dies bei Eintragungen sehen, die aufgrund **sachenrechtlicher Unbestimmtheit** der zugrundeliegenden Unterlagen kein Sondereigentum begründen können, da über diesen Mangel auch ein guter Glaube nicht hinwegzuhelfen vermag. Ist also der Aufteilungsplan untauglich oder widersprechen sich Plan und Teilungserklärung, so kann Sondereigentum auf dieser Grundlage nicht entstehen, da die entsprechenden Grundbucheintragungen inhaltlich unzulässig sind.[114] Wurden versehentlich zu viele Miteigentumsanteile gebildet – so dass mehr als „ein" Grundstück aufgeteilt wurde – ist die Aufteilung gleichfalls unwirksam.

73 **4. Anspruch auf Anpassung von Teilungserklärung und Gemeinschaftsordnung.** In jedem Fall sind Aufteilungsplan und Teilungserklärung bei Fortbestehen der tatsächlichen Verhältnisse an diese anzupassen. Die als Wohnungseigentümer eingetragenen Berechtigten können den ursprünglich fehlerhaften Gründungsakt in der Form des § 29 GBO ändern und auf diese Weise das Sondereigentum wirksam entstehen lassen.[115]

74 Wirken nicht alle Miteigentümer an der erforderlichen Anpassung der Teilungserklärung mit, kommt ein dahingehender Anspruch nicht aus § 10 Abs. 2 in Betracht, da dieser den **Inhalt** des Sondereigentums betrifft (vgl. § 5 Abs. 4), nicht aber auf eine Änderung der dinglichen Grundlagen im Sinne des **Gegenstands** des Wohnungseigentums zielen kann. Daher kommt allenfalls ein Anspruch aus § 242 BGB in Betracht,[116] wobei hieraus im Einzelfall unter Umständen ein Anspruch auf Zahlung von **Ausgleichsleistungen** abgeleitet werden kann.[117]

V. Änderung der Aufteilung und Gemeinschaftsordnung

75 **1. Allgemeines.** Teilungserklärungen und Gemeinschaftsordnungen sind nachträglich **änderbar.** Eine Änderung der Teilungserklärung erfolgt grundsätzlich **durch Vertrag** sämtlicher Wohnungs- und Teileigentümer in der Form des § 4 Abs. 1 und 2.[118] Sie kann auch durch Zustimmung aller im Termin anwesenden Eigentümer in einem gerichtlichen Vergleich geschlossen werden.[119] Nur wenn sämtliche Wohnungs- und Teileigentumsrechte in der Hand eines Eigentümers liegen, ist die Änderung durch einseitige Erklärung möglich.

76 Etwas anderes gilt dann, wenn Regelungen der Gemeinschaftsordnung abgeändert werden, für deren Änderung kraft Gesetzes oder aufgrund einer Öffnungsklausel in der Gemeinschaftsordnung[120]

---

108 Staudinger/*Rapp,* 2018, Rn. 60.
109 Staudinger/*Rapp,* 2018, Rn. 55.
110 Staudinger/*Rapp,* 2018, Rn. 65.
111 BGHZ 130, 159 (170 f.) = NJW 1995, 2851 (2853 f.).
112 Staudinger/*Rapp,* 2018, Rn. 67a.
113 BGH NJW 1990, 447; *Hügel/Elzer* Rn. 67.
114 BGH NJW 1995, 2851; *Hügel/Elzer* Rn. 73.
115 OLG München ZWE 2009, 39 = ZMR 2008, 905.
116 BGH NJW-RR 2012, 1036 f.; s. auch vor Inkrafttreten des § 10 Abs. 2 S. 3 als Vorgängervorschrift des § 10 Abs. 2 BGHZ 130, 159 (169 f.) = NJW 1995, 2851 (2853 f.); BGH DNotZ 2004, 371 = ZMR 2004, 206.
117 BGH DNotZ 2004, 371 = ZMR 2004, 206; BayObLG ZWE 2001, 605.
118 Zum Verfahren *Kreuzer* ZWE 2002, 285 ff.
119 OLG Köln ZMR 2004, 59.
120 BGHZ 95, 137 = NJW 1985, 2832.

ein **Mehrheitsbeschluss** ausreicht oder eine spezielle Ermächtigung in der Teilungserklärung enthalten ist. Vor jeder Änderung der Gemeinschaftsordnung ist daher zu klären, ob für die Änderung entweder eine **Ermächtigung in der Teilungserklärung** enthalten ist oder eine **allstimmige Vereinbarung** unter Mitwirkung sämtlicher Eigentümer erforderlich ist oder kraft Gesetz oder Öffnungsklausel in der Gemeinschaftsordnung ein **Mehrheitsbeschluss** ausreicht. Sind nur einzelne Eigentümer von der Änderung betroffen, wie etwa bei der einer Verschiebung von Miteigentumsanteilen unter ihnen oder der Übertragung von Sondereigentum nur zwischen einzelnen Einheiten, so genügt im Übrigen ein Vertrag zwischen den betroffenen Wohnungs- und Teileigentümern.[121]

Jede Änderung einer Vereinbarung – zu der auch die Bestimmungen der Gemeinschaftsordnung 77
zählen – **wirkt** gemäß § 10 Abs. 3 erst ab ihrer **Eintragung im Grundbuch** gegenüber Rechtsnachfolgern (vgl. § 5 Abs. 4, § 7 Abs. 2).[122] Gleiches gilt auch für Beschlüsse aufgrund von Öffnungsklauseln in einer Teilungsklärung zur Änderung derselben, sofern diese Beschlüsse materiell Vereinbarungsinhalt haben (§ 5 Abs. 4 S. 1).

2. Praktisches Bedürfnis. a) Allgemeines. Das Bedürfnis zur Änderung der Teilungserklä- 78
rung oder der Gemeinschaftsordnung kann verschiedene Ursachen haben. Vor Anlage der Wohnungs- und Teileigentumsgrundbuchblätter kann sich das Änderungsbedürfnis daraus ergeben, dass die ursprüngliche **Teilungserklärung vom Aufteilungsplan abweicht** und folglich für den Vollzug der Teilungserklärung im Grundbuch Änderungen vorgenommen werden müssen, damit wirksames Sondereigentum entsteht.

Nach Anlegung der Wohnungs- und Teileigentumsgrundbücher ergibt sich das Bedürfnis zur 79
Änderung der Teilungserklärung oder der Gemeinschaftsordnung oft durch die Dynamik der tatsächlichen Verhältnisse. Zum einen kann durch den **nachträglichen Aus- und Anbau** weiterer Einheiten wie etwa einen Dachgeschossausbau sowie die **Unterteilung** oder **Vereinigung** von bereits geschaffenen Einheiten ein Anpassungsbedürfnis entstehen. Zum anderen häufen sich Fälle, in denen notwendige **Modernisierungsmaßnahmen** wie zB der Einbau einer Zentralheizung oder eines Fahrstuhls eine Anpassung der Teilungserklärung oder der Gemeinschaftsordnung erfordern.[123] Überdies kann bei einem gewerblich genutzten Teileigentum der in der Teilungserklärung festgelegte **Nutzungszweck** änderungsbedürftig sein.

b) Ermächtigung zu Änderungen. Unproblematisch sind die Fälle, in denen aufgrund einer 80
in der Teilungserklärung enthaltenen **Ermächtigung** ein Wohnungs- oder Teileigentümer seine Einheit ausbaut oder mit einer weiteren ihm gehörenden Einheit verbindet.[124] Eine **Bestandteilszuschreibung** soll in diesen Fällen sogar trotz unterschiedlicher Belastungen möglich sein.[125] Etwas anderes gilt nur dann, wenn hierbei **Flächen des Gemeinschaftseigentums** in das neue Wohnungseigentum einbezogen werden, da hierfür die Zustimmung aller anderen Wohnungs- und Teileigentümer sowie zusätzlich eine Auflassungserklärung für die Überführung der Flächen aus dem Gemeinschaftseigentum in Sondereigentum erforderlich ist und dabei die Formvorschriften des § 4 Abs. 1 und 2 zu beachten sind. Erfolgt die Überführung des Gemeinschaftseigentums in Sondereigentum nicht oder fehlerhaft, ist ein gutgläubiger Erwerb der Gesamtfläche ausgeschlossen.[126]

Gleiches gilt, wenn ein Wohnungseigentümer aufgrund einer entsprechenden **Ermächtigung** 81
in der Teilungserklärung eine ihm gehörende Einheit in zwei oder mehrere Wohnungs- oder Teileigentumsrechte unterteilt[127] oder sein Wohnungseigentum in ein Teileigentum und umgekehrt umwandelt,[128] da hierfür mangels rechtlicher Betroffenheit der übrigen Wohnungs- und Teileigentümer deren Zustimmung nicht erforderlich ist. Etwas anderes gilt auch hier nur dann, wenn durch die **nachträgliche Unterteilung** eines Sondereigentums neues Gemeinschaftseigentum entsteht. In diesem Fall bedarf es wiederum der Mitwirkung aller Wohnungseigentümer unter Erklärung einer Auflassung zur Rückführung einer vormals im Sondereigentum stehenden Fläche in das Gemeinschaftseigentum (vgl. § 4 Abs. 1 und 2).[129]

---

[121] Vgl. BayObLG NJW-RR 1998, 1237.
[122] Statt vieler *Hügel/Elzer* § 10 Rn. 178.
[123] Vgl. *v. Randenborgh* DNotZ 2000, 86 ff.
[124] BayObLG DNotZ 1999, 210 (212); 1999, 674 (675 f.); OLG Hamburg RNotZ 2004, 399; allg. zu Ausbaurechten in der Gemeinschaftsordnung *Lehmann-Richter* ZWE 2017, 193.
[125] BGH NJW 2014, 1002.
[126] BGH NJW-RR 2005, 10.
[127] Bärmann/*Armbrüster* § 2 Rn. 93 ff.; *Gaier* FS Wenzel, 2005, 145 ff.; so wohl auch OLG Frankfurt ZWE 2012, 271.
[128] BayObLG NJW-RR 2001, 1163 = MittBayNot 2001, 205 = RNotZ 2001, 118; OLG München ZWE 2017, 307 = ZMR 2017, 820.
[129] OLG Stuttgart ZMR 2013, 54 = RNotZ 2012, 571; OLG München DNotI-Report 2007, 164.

82 **c) Sonstige Änderungen.** In allen anderen Fällen – also ohne Ermächtigung durch Vereinbarung – ist die Zustimmung aller Wohnungs- und Teileigentümer in der Form des § 29 GBO für eine Änderung der Teilungserklärung oder der Gemeinschaftsordnung erforderlich. Dieses aus dem Wesen des Wohnungseigentums als Eigentum nach § 903 BGB folgende **Mitwirkungsrecht** sämtlicher Wohnungs- und Teileigentümer führt in der Praxis oft dazu, dass objektiv notwendige und mehrheitlich gewollte Änderungen der Teilungserklärung oder Gemeinschaftsordnung mangels Mitwirkung einzelner Miteigentümer nicht durchgeführt werden können.

83 **3. Änderung bei fehlender Mitwirkung. a) Verfügungsermächtigungen.** In der Praxis kann für Änderungen der Teilungserklärung und der Gemeinschaftsordnung für den Fall fehlenden Einverständnisses aller Mitglieder entweder auf **vertragliche Ermächtigungen** in den Teilungserklärungen samt Gemeinschaftsordnung oder vereinzelt in diesen enthaltene **Öffnungsklauseln** zurückgegriffen werden. Bereits bei der Begründung des Sondereigentums können Ermächtigungen oder Vollmachten zur Änderung der Teilungserklärung und der Gemeinschaftsordnung aufgenommen werden. Entsprechende Klauseln sollen sämtliche oder nur bestimmte Wohnungs- und Teileigentümer zur Änderung bestimmter Regelungen der Teilungserklärung oder der Gemeinschaftsordnung ermächtigen. Grundsätzlich sind derartige **Verfügungsermächtigungen** im Immobiliarsachenrecht zulässig,[130] so dass auch Änderungsvorbehalte durch Ermächtigungen nebst Bevollmächtigungen im Wohnungseigentumsrecht zulässig sind.[131] In der Praxis ist zB der nachträgliche Dachgeschossausbau ein denkbares Bedürfnis für Änderungen der Teilungserklärung aufgrund einer in ihr enthaltenen Ermächtigung.[132]

84 **b) Änderungspflichten.** Neben einer Ermächtigung enthalten Teilungserklärungen in der Regel zusätzlich eine Verpflichtung aller Wohnungs- und Teileigentümer zur Mitwirkung an den von der Ermächtigung gedeckten Änderungen. Diese **Verpflichtung** muss allerdings von jedem Erwerber in seinem Erwerbsvertrag neuerlich erklärt werden.[133] Grundsätzlich kann ein Erwerber durch Verpflichtungen in seinem Erwerbsvertrag an vertragliche Regelungen der übrigen Wohnungseigentümer gebunden werden.[134] Voraussetzung für eine wirksame Bindung des Erwerbers ist allerdings eine hinreichend konkrete Bestimmung der übernommenen Verpflichtungen,[135] da für Änderungsvorbehalte der sachenrechtliche Bestimmtheitsgrundsatz gilt.[136]

85 Die Durchsetzung der Verpflichtung lässt sich durch Eintragung entsprechender **Vormerkungen** (§§ 883 ff. BGB) im Grundbuch der anderen Wohnungs- und Teileigentumseinheiten absichern. Geschützt wird der damit durchsetzbare Anspruch auf hinreichend bestimmte Änderungen der Teilungserklärung oder der Gemeinschaftsordnung.[137]

86 **c) Änderungsvollmachten.** Zusammen mit der Übernahme der Verpflichtung kann dem Ermächtigten eine im Außenverhältnis unbeschränkte **Vollmacht** zum Vollzug der Änderung im Grundbuch unter Befreiung vom Verbot der Mehrfachvertretung und des Selbstkontrahierens (§ 181 BGB) erteilt werden.[138] Diese Vollmachten sind wirksam, wenn sie **im Innenverhältnis konkreten Beschränkungen** unterliegen.[139] Eine geeignete Beschränkung ist zB die Unabänderbarkeit des Sondereigentums und der Sondernutzungsrechte des Vollmachtgebers und das Ausbleiben von zusätzlichen Verpflichtungen für diesen[140] sowie eine zeitliche Befristung.[141] Derartige Vollmachten sind stets aus wichtigem Grund **widerruflich**[142] und ohnehin nur verwendbar, wenn sie von allen nicht zustimmenden Mitgliedern, also auch etwaigen Erwerbern als Rechtsnachfolger erteilt wurden. Dagegen ist eine allumfassende Vollmacht für den Verwalter ist wegen Verstoß gegen die Strukturprinzipien des Wohnungseigentums unzulässig.[143]

---

130 *Häublein* DNotZ 2000, 442 (446 f.).
131 OLG München ZWE 2014, 121; ZWE 2017, 307 = ZMR 2017, 820; Riecke/Schmid/*Schneider* § 1 Rn. 45.
132 OLG Celle ZMR 2006, 55; mit ausf. Formulierungsbeispiel *Hügel* RNotZ 2005, 149.
133 OLG München ZWE 2013, 84 = RNotZ 2013, 122; früher so auch *Häublein* DNotZ 2000, 442 (453).
134 *Häublein* DNotZ 2005, 741.
135 So wohl auch *Häublein* DNotZ 2005, 741 (747 ff.).
136 OLG München ZMR 2017, 820; Riecke/Schmidt/*Schneider* § 7 Rn. 284.
137 *Häublein* DNotZ 2000, 442 (456); *Röll* ZWE 2000, 446 (448); Staudinger/*Rapp,* 2018, § 4 Rn. 14 spricht von „Sondereigentumsvormerkung".
138 Riecke/Schmid/*Schneider* § 1 Rn. 45.
139 BayObLG ZMR 2003, 518; ZWE 2003, 381 = RNotZ 2003, 183; bestätigt durch OLG München ZWE 2009, 323; ZWE 2017, 307 = ZMR 2017, 820.
140 BayObLG ZWE 2003, 381 (383 f.); zum Ganzen umfassend *Armbrüster* ZMR 2005, 244 ff.
141 OLG München ZWE 2013, 84 = RNotZ 2013, 122.
142 OLG München ZWE 2014, 171.
143 OLG Frankfurt ZWE 2015, 263.

d) Kein Sondereigentumsinhalt. Unbeschränkte Ermächtigungen zur Änderung der Tei- 87
lungserklärung können **nicht Inhalt des Sondereigentums** sein und werden daher nicht Inhalt der im Grundbuch eingetragenen Sondereigentumseinheiten.[144] Wie aus § 5 ersichtlich ist zwischen Gegenstand und Inhalt des Sondereigentums zu unterscheiden. Der Gegenstand des Sondereigentums betrifft allein den sachenrechtlichen Gehalt in Abgrenzung zum Gemeinschaftseigentum und bildet damit die dingliche Grundlage der Eigentümergemeinschaft, die nicht durch Vereinbarung geändert werden kann.[145] Im Gegensatz dazu steht der Inhalt des Sondereigentums, der allein das Verhältnis der Wohnungseigentümer untereinander betrifft und gemäß § 5 Abs. 4 durch Vereinbarung geändert werden kann.

4. Öffnungs- und Anpassungsklauseln. Die Zulässigkeit von Öffnungs- und Anpassungs- 88
klauseln in Teilungserklärungen und Gemeinschaftsordnungen ist seit langem anerkannt[146] und wird vom Gesetz in § 5 Abs. 4 vorausgesetzt, indem dort von Beschlüssen die Rede ist, mit welchen Vereinbarungen, also Bestimmungen der Gemeinschaftsordnung, geändert werden können. Solche Klauseln lassen zur Änderung bestimmter Regelungen der Teilungserklärung und der Gemeinschaftsordnung **Mehrheitsbeschlüsse** der Eigentümerversammlung genügen.[147] Die damit verbundenen Fragen stellen sich insbesondere im Kontext des § 10 und sind daher dort kommentiert.

§ 4 Formvorschriften

(1) Zur Einräumung und zur Aufhebung des Sondereigentums ist die Einigung der Beteiligten über den Eintritt der Rechtsänderung und die Eintragung in das Grundbuch erforderlich.

(2) [1]Die Einigung bedarf der für die Auflassung vorgeschriebenen Form. [2]Sondereigentum kann nicht unter einer Bedingung oder Zeitbestimmung eingeräumt oder aufgehoben werden.

(3) Für einen Vertrag, durch den sich ein Teil verpflichtet, Sondereigentum einzuräumen, zu erwerben oder aufzuheben, gilt § 311b Absatz 1 des Bürgerlichen Gesetzbuchs entsprechend.

Übersicht

[144] BayObLGZ 1997, 233 = DNotZ 1998, 379; BayObLGZ 2000, 1 = MittBayNot 2000, 228; ähnlich auch KG FGPrax 1998, 94; ZMR 1999, 204.

[145] BayObLG MittBayNot 2000, 228 (229).

[146] Zu den Voraussetzungen für Öffnungsklauseln und deren Wirkungen s. statt vieler *Armbrüster* ZWE 2012, 242; Bärmann/*Suilmann* § 10 Rn. 140 ff.; *Hügel/Elzer* § 10 Rn. 146 ff.; Staudinger/*Kreuzer,* 2018, § 10 Rn. 168 ff.; allg. zur Dogmatik von Öffnungsklauseln *Carstens,* Satzungsrecht und Mehrheitsprinzip in der Wohnungseigentümergemeinschaft, 2010, 65 ff.

[147] OLG München ZWE 2010, 128 mAnm *Commichau* ZWE 2010, 126 = ZMR 2010, 393 = MittBayNot 2010, 201; allg. hierzu noch *Schneider* NotBZ 2008, 442.

I. Normzweck

1 Die Vorschrift des § 4 stellt den Zusammenhang zwischen den für die Begründung von Grundstücksrechten nach dem Bürgerlichen Gesetzbuch geltenden **Formerfordernissen** und dem Wohnungseigentumsgesetz her. Die sachenrechtliche Einräumung und Aufhebung von Sondereigentum wird hierzu in § 4 Abs. 1 und 2 denselben Formerfordernissen unterstellt, wie sie für die Eigentumsübertragung an einem Grundstück vorgesehen sind (vgl. § 873 Abs. 1 BGB, § 925 BGB). Dies gilt unabhängig davon, ob das Sondereigentum **erstmalig oder nachträglich** in einer schon vorhandenen Wohnungseigentümergemeinschaft gebildet wird. Ebenso gelten für Verträge, die einen Teil zur Einräumung, zum Erwerb oder zur Aufhebung von Sondereigentum verpflichten, gemäß § 4 Abs. 3 die für derartige Geschäfte bei Grundstücken geltende Formvorschrift des § 311b Abs. 1 BGB entsprechend.

II. Einigung

2 **1. Begründung von Sondereigentum. a) Allgemeines.** § 4 Abs. 1 gilt für die **vertragliche Begründung von Sondereigentum** gemäß § 3, nicht aber für die Begründung durch den Alleineigentümer gemäß § 8.[1] Die Vorschrift setzt also das Bestehen von Miteigentumsanteilen an einem Grundstück voraus.

3 Unabhängig davon, ob sich die Beteiligungsverhältnisse ändern, bedarf die Einräumung von Sondereigentum stets der Form des § 4 Abs. 1 und 2.[2] Dies gilt also auch dann, wenn bei einer bereits **bestehenden Wohnungseigentümergemeinschaft** Gemeinschaftseigentum in Sondereigentum umgewandelt wird.[3] Hierfür bedarf es zudem einer neuen Abgeschlossenheitsbescheinigung mit neuen Aufteilungsplänen.[4] Bei solchen Vorgängen geht es nicht um das Innenverhältnis der Wohnungseigentümer und damit den Inhalt des Sondereigentums, sondern vielmehr um die sachenrechtliche Grundlage des Sondereigentums und damit um dessen Gegenstand. Daher kann eine entsprechende Umwandlung **nicht als „verdinglichte Ermächtigung"** zum Inhalt der Gemeinschaftsordnung oder einer Vereinbarung der Wohnungseigentümer (§ 10 Abs. 2 und 3) gemacht werden.[5]

4 **b) Grundbuchvollzug.** Der Vollzug der Einigung über die Aufteilung in Wohnungseigentum bedarf zu ihrer Rechtswirksamkeit gemäß § 4 Abs. 1 Hs. 2 der **Eintragung** in das Grundbuch,[6] die im Wege der Schließung des Stammgrundbuchs unter gleichzeitiger Anlegung von Wohnungs- und Teileigentumsgrundbüchern vollzogen wird. Hierzu ist im Rahmen des Grundbuchverfahrens die dingliche Einigung iSd § 4 Abs. 2 als **Auflassung** gemäß § 20 GBO dem Grundbuchamt nachzuweisen. Die bloße Vorlage einer Bewilligung (§ 19 GBO) genügt nicht.[7] Zwar mag es naheliegen eine entsprechende Einigung in allseitig vorliegenden Bewilligungen hineinzudeuten, jedoch ersetzt dies nicht die formelle Einigung bei gemäß § 925 Abs. 1 BGB erforderlicher gleichzeitiger Anwesenheit bei einem deutschen Notar.

5 **2. Aufhebung von Sondereigentum.** Ebenso wie die Einräumung bedarf die **Aufhebung** des Sondereigentums gemäß § 4 Abs. 1 der Einigung sämtlicher Miteigentümer. Erfolgt keine Veränderung der Miteigentumsanteile im Verhältnis zwischen den Beteiligten, ist mit der Aufhebung kein Eigentumsübergang iSd § 873 Abs. 1 BGB, § 925 BGB verbunden, so dass es keiner Auflassung bedarf. Wird nur ein **Sondereigentum** – wofür ebenfalls die Mitwirkung aller Wohnungs- und Teileigentümer erforderlich ist[8] – **aufgehoben,** muss der damit bisher verbundene Miteigentumsanteil verhältnismäßig auf verbleibendes Sondereigentum verteilt werden, da isolierte Miteigentumsanteile nicht entstehen dürfen.[9] Die Aufhebung der Aufteilung in Wohnungs- bzw. Teileigentum ist entsprechend der Einräumung gemäß § 4 Abs. 1 Hs. 2 erst wirksam, wenn die Wohnungsgrundbücher unter gleichzeitiger Wiederanlage eines Grundstücksgrundbuches geschlossen worden sind. Eine zugunsten eines Wohnungseigentums bestellte Grunddienstbarkeit erlischt kraft Gesetzes mit

1 Staudinger/*Rapp,* 2018, Rn. 7; BeckOK WEG/*Gerono* Rn. 4; *Hügel/Elzer* Rn. 2.
2 Staudinger/*Rapp,* 2018, Rn. 3; *Hügel/Elzer* Rn. 5.
3 BGH NJW 2003, 2165; *Hügel/Elzer* Rn. 5.
4 BayObLGZ 1997, 347 = DNotZ 1999, 208; *Hügel/Elzer* Rn. 5.
5 BGH NJW 2003, 2165; BayObLGZ 2001, 279 = NJW-RR 2002, 443; *Hügel/Elzer* Rn. 6.
6 Palandt/*Wicke* Rn. 1.
7 Staudinger/*Rapp,* 2018, Rn. 4; Erman/*Grziwotz* Rn. 1; aA OLG Zweibrücken OLGZ 1982, 263; Weitnauer/*Briesemeister* Rn. 5.
8 OLG Stuttgart RNotZ 2012, 571.
9 OLG München ZWE 2010, 459.

Eintragung der Aufhebung des Wohnungseigentums im Grundbuch.[10] Nach Erlöschen der Dienstbarkeit ist ein gutgläubig lastenfreier Erwerb möglich.[11]

Für die Aufhebung von Sondereigentum bedarf es gemäß §§ 876, 877 BGB der **Zustimmung der Gläubiger** hieran bestehender Rechte, wenn es sich nicht um eine Gesamtbelastung aller Wohnungs- und Teileigentumseinheiten bzw. des aufgeteilten Grundstücks handelt, da diese Rechte durch die Aufhebung inhaltlich nicht berührt werden.[12] 6

3. Tausch von Sondereigentum. Auch auf den Tausch von Räumen, die im Sondereigentum von Wohnungseigentümern derselben Gemeinschaft stehen, ist § 4 Abs. 1 entsprechend anzuwenden,[13] da die auch gegenüber Dritten maßgebliche sachenrechtliche Zuordnung der Räume der gleichzeitigen Aufhebung und Neubegründung von Sondereigentum gleichkommt. Die damit gegebene Regelungslücke und die Zielsetzung der Vorschrift erfordern eine dahingehend **analoge Anwendung** der Vorschriften, so dass ein Rückgriff auf § 873 Abs. 1 BGB, § 925 BGB über die Konstruktion des Sondereigentums als „echtes dingliches Eigentum"[14] entbehrlich und die Beantwortung der unausgesprochenen Frage, warum dies das Sondereigentum als „Grundstück" subsumierbar sein soll,[15] entbehrlich ist. Unmittelbar ist in diesem Fall auch § 4 Abs. 3 („zu erwerben") einschlägig. 7

Der bloße Zuordnungswechsel der Sondereigentumsräume erfordert **keine neue Abgeschlossenheitsbescheinigung und keinen** neuen **Aufteilungsplan.**[16] Zwar steht die Nummerierung der Räume nicht mehr im Einklang mit § 7 Abs. 4 Nr. 1. Allerdings findet diese formale Ordnungsvorschrift nur für die ursprüngliche Aufteilung Anwendung, da die spätere Zuordnung ohne weiteres aus den darauf folgenden Dokumenten ableitbar ist. Das Grundbuchamt darf daher keine neuen Unterlagen mit nunmehr „korrekter" Nummerierung mit dem Argument verlangen, dass andernfalls „Verwirrung zu besorgen" wäre.[17] 7a

4. Weitere Vorgänge. a) Anwendbarkeit des § 4. Zudem gilt § 4 auch für die nachträgliche Veränderung des Sondereigentums wie zB eine weitere **Unterteilung** durch Miteigentümer entsprechend § 8[18] und für die Überführung von Räumen im Gemeinschaftseigentum in das Sondereigentum einer Wohnungs- oder Teileigentumseinheit und umgekehrt. Auch insoweit sind die Formalien des § 4 Abs. 1 und 2 einzuhalten.[19] 8

Auch bei der **Umwandlung von Sondernutzungsrechten** in Sondereigentum verbleibt es bei der Anwendung der Regelungen des § 4 Abs. 1 und 2. Dies gilt auch unter Berücksichtigung der durch das WEMoG geschaffenen Möglichkeit, nach § 3 Abs. 2 Sondereigentum an Grundstücksbereichen zu begründen, die bis dato nur als Sondernutzungsrechte möglich waren. Auch insoweit genügt weder ein Beschluss der Eigentümerversammlung, noch eine Vereinbarung iSd § 10 Abs. 2 S. 2 und Abs. 3, da sich hierdurch die sachenrechtliche Grundlage der Aufteilung und – iSd § 4 Abs. 1 und 2 – der Gegenstand des Sondereigentums ändert. Auf eine entsprechende Umwandlung hat der betroffene Wohnungseigentümer gegen die übrigen Mitglieder keinen Anspruch.[20] 9

b) Unanwendbarkeit des § 4. Handelt es sich um einen Vorgang, der nicht die sachenrechtliche Grundlage der gesamten Gemeinschaft betrifft, sondern **nur einzelne Miteigentümer,** so ist § 4 Abs. 1 und 2 nicht einschlägig. In diesen Fällen verbleibt es ggf. bei der Anwendung der unmittelbar einschlägigen Vorschriften der § 873 Abs. 1 BGB, § 925 BGB. Dies gilt zB bei der Veräußerung eines bloßen Teils des Miteigentumsanteils – etwa an einen anderen Wohnungseigentümer zur Verbindung mit dessen Sondereigentum – oder bei der Veräußerung einer ganzen Wohnungs- oder Teileigentumseinheit.[21] 10

Ebenso ist § 4 nicht einschlägig, wenn sich durch die Maßnahme nicht das sachenrechtliche Grundverhältnis, mithin der Gegenstand des Sondereigentums ändert, sondern lediglich dessen Inhalt. Dies ist zB auch der Fall bei einer **Änderung von Wohnungs- in Teileigentum** und umgekehrt, also wenn lediglich die gestattete Nutzungsart des Sondereigentums sich ändern soll. 10a

---

[10] OLG Hamm ZWE 2016, 325 = ZMR 2016, 791; *Weber* ZWE 2017, 256.
[11] BGH ZWE 2015, 448.
[12] OLG Frankfurt NJW-RR 1990, 1042.
[13] OLG Köln ZMR 2007, 555; Bärmann/*Armbrüster* Rn. 11; BeckOGK/*Müller* Rn. 25.
[14] So *Hügel/Elzer* Rn. 12.
[15] Hierzu äußern sich *Hügel/Elzer* Rn. 12 nicht.
[16] OLG München ZWE 2010, 421; Grziwotz DNotZ 2009, 407.
[17] *Grziwotz* MittBayNot 2011, 231; *Hügel/Elzer* Rn. 14; aA OLG München ZWE 2010, 421.
[18] Staudinger/*Rapp,* 2018, Rn. 7; Weitnauer/*Briesemeister* Rn. 4.
[19] BGH NJW 1998, 3711; OLG München ZMR 2017, 28; Staudinger/*Rapp,* 2018, Rn. 7; *Hügel/Elzer* Rn. 9.
[20] OLG Saarbrücken NZM 2005, 423.
[21] *Hügel/Elzer* Rn. 4.

Solche Vorgänge fallen nicht unter § 4, sondern sind von den Eigentümern durch Vereinbarung iSd § 5 Abs. 4, § 10 Abs. 2 und 3 zu regeln.[22]

III. Form

11 § 4 Abs. 2 ordnet für die Einigung über die Begründung von Sondereigentum die Form der Auflassung an, wobei die Einigung unbedingt und ohne zeitliche Befristung zu erklären ist.

12 **1. Form des § 925 BGB.** Die für die Auflassung vorgesehene Form des § 925 BGB schreibt vor, dass die zur Übertragung des Eigentums an einem Grundstück erforderliche Einigung des Veräußerers und des Erwerbers bei gleichzeitiger Anwesenheit beider Teile vor einer zuständigen Stelle erklärt werden muss. Zuständige Stelle ist gemäß § 925 Abs. 1 S. 2 BGB nur ein **deutscher Notar.**

13 **a) Dinglicher Vertrag.** Die Beachtung der Form des § 4 Abs. 2 ist dann erforderlich, wenn gemäß § 3 mehrere Eigentümer die Einräumung von Sondereigentum vereinbaren.

14 Denkbar ist auch, dass in **Kombination der Aufteilung nach § 3 und § 8** die entstehenden Wohnungs- oder Teileigentumseinheiten einzelnen Miteigentümern zu Alleineigentum zugewiesen und sich dabei die verhältnismäßige Beteiligung der aufteilenden Miteigentümer an dem aufgeteilten Grundstück nicht identisch an den entstehenden Wohnungs- und Teileigentumsrechten fortsetzt. In diesem Fall ist neben der Einigung über die Begründung von Sondereigentum zusätzlich von den Beteiligten ein Eigentumsübergang gemäß § 873 Abs. 1 BGB, § 925 BGB erforderlich.

15 Auch für die Auflassung gilt die Form des § 925 BGB. Die **Auflassung** kann zusammen mit der Einigung über die Einräumung von Sondereigentum in einem Vertrag erklärt werden. Eine separate Auflassungserklärung über die Änderung der Miteigentumsanteile ist nicht erforderlich.[23]

16 **b) Schuldrechtlicher Vertrag.** Sofern sich mehrere Grundstückseigentümer gegenseitig zur Aufteilung in Wohnungseigentum verpflichten, bedarf es neben der dinglichen Einigung eines schuldrechtlichen Vertrages, der die **Aufteilungsverpflichtung** begründet. Für den schuldrechtlichen Vertrag gilt gemäß § 4 Abs. 3 ebenfalls die Form des § 311b Abs. 1 BGB.

17 **c) Teilung durch Alleineigentümer.** Bei Teilung durch den Alleineigentümer gemäß § 8 ist die Form der §§ 19, 29 GBO ausreichend, da die Aufteilung nach § 8 keine Verpflichtung zur Aufteilung und keine Einigung zwischen Miteigentümern enthält. Der Eintragungsantrag ist jedoch in der Form der §§ 19, 29 GBO beim Grundbuchamt einzureichen, da er auf eine **Rechtsänderung** an einem Grundstück gerichtet ist.

18 Unabhängig davon ist auch bei der Aufteilung nach § 8 unter dem Gesichtspunkt bevorstehender Verkäufe die notarielle Beurkundung der Teilungserklärung sinnvoll, da mit der beurkundeten Teilungserklärung eine gemäß § 13a BeurkG als Verweisungsgrundlage taugliche notarielle Niederschrift vorliegt. Sofern eine Teilungserklärung im Grundbuch noch nicht vollzogen ist, wirkt deren Inhalt dann gegenüber sämtlichen Rechtsnachfolgern, wenn sie in den Kaufverträgen gemäß **§ 13a BeurkG** ausdrücklich in Bezug genommen wird. Anderenfalls ist bei Kaufverträgen, die vor der Anlegung der Wohnungs- und Teileigentumsgrundbücher geschlossen werden, die Teilungserklärung nebst Gemeinschaftsordnung als Anlage zum Kaufvertrag zu beurkunden, um den Erwerber an die Bestimmungen der Teilungserklärung und einer Gemeinschaftsordnung zu binden.

19 **2. Bedingungsfeindlichkeit.** Die Einigung über die Einräumung und Aufhebung von Sondereigentum darf gemäß § 4 Abs. 2 S. 2 unter keiner Bedingung oder Zeitbestimmung stehen. Hiermit wird der für alle dinglichen Einigungen geltende Grundsatz des **§ 925 Abs. 2 BGB** für die Einigung nach dem Wohnungseigentumsgesetz wiederholt.[24] Erfolgt die Einräumung von Sondereigentum unter einer Bedingung oder Fristbestimmung, so ist sie unwirksam.

20 **3. Genehmigungserfordernisse.** Da die Begründung von Sondereigentum auf eine Rechtsänderung bezüglich des Grundstücks gerichtet ist, bedarf jede Aufteilung in Wohnungseigentum ebenso wie eine Eigentumsveränderung der Genehmigung öffentlich-rechtlicher Beteiligter, sofern für diese **gesetzliche Genehmigungsvorbehalte** gegeben sind. Diese Genehmigungsvorbehalte sind keine Bedingungen iSd § 4 Abs. 2 S. 2, da sie nicht zur Disposition der Grundstückseigentümer

---

[22] BGH DNotZ 2015, 363; NJW 2004, 364; Staudinger/*Rapp,* 2018, § 1 Rn. 11; *Hügel/Elzer* Rn. 18.
[23] BGHZ 86, 393 (399 f.) = NJW 1983, 1672.
[24] Staudinger/*Rapp,* 2018, Rn. 8.

stehen. Erst nach Vorliegen der Genehmigungen darf das Grundbuchamt die Aufteilung in Wohnungs- und Teileigentum vollziehen.[25]

a) Gerichtliche Genehmigungen. Gemäß **§ 1821 Abs. 1 Nr. 1 BGB** bedarf die Aufteilung gemäß § 3 – nicht aber die Aufteilung gemäß § 8 (→ § 8 Rn. 11) – in Wohnungseigentum unter Beteiligung eines Vormunds oder Betreuers der familien- oder betreuungsgerichtlichen Genehmigung, da bei der Begründung von Sondereigentum über ein Recht an einem Grundstück verfügt wird.[26] Gleiches gilt gemäß § 1643 Abs. 1 BGB iVm § 1821 Abs. 1 Nr. 1 BGB, wenn ein minderjähriges Kind Miteigentümer ist.[27] Auch die Änderung einer Teilungserklärung bedarf als Verfügung einer Genehmigung gemäß § 1821 Abs. 1 Nr. 1 BGB.[28] 21

b) § 22 BauGB. Vornehmlich in **Fremdenverkehrsgebieten** können gemäß § 22 Abs. 1 S. 1 Nr. 1 BauGB von Gebietskörperschaften in Fremdenverkehrsregionen Satzungen erlassen werden, nach denen die Aufteilung in Wohnungseigentum der Genehmigung der Gebietskörperschaft bedarf.[29] Wird die Genehmigung nicht erteilt, kann nur mit einer Miteigentümervereinbarung nach § 1010 BGB eine verbindliche Nutzungsregelung für die Miteigentümer erreicht werden.[30] Durch die Einfügung der Nr. 3 und Nr. 4 in § 22 Abs. 1 S. 1 BauGB können Gebietskörperschaften im Fremdenverkehrsregionen seit dem 13.5.2017 auch derartige Miteigentümervereinbarungen einem Genehmigungsvorbehalt unterstellen. 22

c) § 172 BauGB. Gemäß § 172 Abs. 1 S. 4 BauGB ist die Aufteilung eines Grundstücks in Wohnungs- bzw. Teileigentum in einem Gebiet mit sozialer Erhaltungssatzung genehmigungsbedürftig.[31] Voraussetzung für das Bestehen dieses Genehmigungsvorbehalts ist neben dem Vorliegen einer ortsrechtlichen **Erhaltungssatzung** eine Rechtsverordnung der Landesregierung mit dem Inhalt, dass die Begründung von Sondereigentum der Genehmigung gemäß § 172 Abs. 1 S. 4 BauGB bedarf. Mit diesem Genehmigungsvorbehalt soll die Durchsetzung städtebaulicher Belange im Blick auf die Erhaltung bestimmter **Milieustrukturen** in Wohngebieten erleichtert werden. 23

Um verfassungsrechtlichen Bedenken gegen diesen Genehmigungsvorbehalt Rechnung zu tragen, ist das **Ermessen** der zuständigen Verwaltungsbehörde durch die unter § 172 Abs. 4 S. 2 und 3 Nr. 1–6 BauGB numerisch aufgezählten Fälle dahin gebunden, dass bei Vorliegen eines der dort aufgeführten Tatbestände die Genehmigung zur Begründung von Sondereigentum zu erteilen ist. Diese **Ermessensbindungen** sollen Besonderheiten des Vorhabens oder des aufteilenden Eigentümers Rechnung tragen. Danach ist die Genehmigung zur Aufteilung in Wohnungseigentum zu erteilen, wenn alternativ (1) nur durch die Aufteilung in Wohnungseigentum ein zeitgemäßer Ausstattungsstandard hergestellt werden kann, (2) neuer Wohnraum geschaffen wird (3) die Aufteilung zur Vermögensauseinandersetzung innerhalb der Familie oder (4) einer Erbengemeinschaft erfolgen soll oder (5) das aufzuteilende Gebäude zum Zeitpunkt der Aufteilung nicht zu Wohnzwecken genutzt wird. Weiterhin ist die Genehmigung zu erteilen, (6) sofern sich der aufteilende Eigentümer verpflichtet, innerhalb von sieben Jahren nach der Begründung von Sondereigentum einzelne Einheiten nur an die Mieter des entstehenden Sondereigentums zu verkaufen. Entsprechende soziale Erhaltungssatzungen bestehen unter anderem für einzelne Stadtteile in **Berlin, Hamburg** und **München.** Der Genehmigungsvorbehalt entsteht mit Inkrafttreten der Rechtsverordnung, sofern zu diesem Zeitpunkt die Wohnungsgrundbücher noch nicht angelegt sind. § 878 BGB ist bei einer Aufteilung gemäß § 8 entsprechend anwendbar, obwohl es sich um eine einseitige Erklärung handelt. Dies folgt in Anlehnung an § 1196 Abs. 2 BGB und insbesondere daraus, dass es hinsichtlich des Schutzzwecks des § 878 BGB keinen Unterschied machen kann, ob ein oder mehrere Eigentümer eine Aufteilung in Wohnungseigentum beantragen.[32] 24

d) Grunderwerbsteuer-Unbedenklichkeitsbescheinigung. Grundsätzlich ist die Begründung von Sondereigentum gemäß § 6 GrEStG **grunderwerbsteuerfrei.** Wenn zwischen mehreren Miteigentümern aber nicht verhältniswahrend aufgeteilt wird, kann aufgrund der **Verfügung über** 25

---

[25] Staudinger/*Rapp,* 2018, Rn. 20.
[26] Bärmann/*Armbrüster* § 2 Rn. 29.
[27] Bärmann/*Armbrüster* § 2 Rn. 28.
[28] OLG Hamm ZWE 2016, 131.
[29] Staudinger/*Rapp,* 2018, Rn. 19; DNotI-Report 2008, 97.
[30] OLG Schleswig MittBayNot 2000, 578.
[31] KG ZWE 2016, 82; MittBayNot 2016, 351; OLG München ZWE 2015, 451 = MittBayNot 2016, 353.
[32] BGH NJW 2017, 1546 mAnm *Herrler* = ZMR 2017, 70; ZWE 2017, 83 = BeckRS 2016, 21099; aA noch KG ZWE 2016, 82.

die Miteigentumsanteile ein grunderwerbsteuerbarer Vorgang gegeben sein, der die Erteilung der steuerlichen Unbedenklichkeitsbescheinigung von der vorherigen Zahlung einer Grunderwerbsteuer abhängig macht.

26 Für den Vollzug der Aufteilung in Wohnungseigentum gemäß § 3 im Grundbuch ist daher eine grunderwerbsteuerliche **Unbedenklichkeitsbescheinigung** des Finanzamts vorzulegen, wenn sich das Miteigentum der aufteilenden Eigentümer nicht verhältnismäßig an allen entstehenden Einheiten fortsetzt.[33]

27 **4. Zustimmung dinglich Berechtigter.** Im Übrigen bedarf die Begründung von Sondereigentum der Zustimmung sämtlicher materiell betroffener dinglich Berechtigter in der **Form des § 29 GBO,** sofern die Belastungen nicht das Grundstück im Ganzen betreffen (→ § 3 Rn. 7 ff.). Insbesondere ist auch die Bewilligung des Berechtigten aus einem gerichtlichen Verfügungsverbot für den Grundbuchvollzug erforderlich.[34]

28 **5. Anwendung des § 925a BGB.** Durch die Anordnung der Form des § 311b Abs. 1 BGB in § 4 Abs. 3 ist mit der dort enthaltenen Verweisung auch § 925a BGB anwendbar, da die gegenseitige Verpflichtung zur Einräumung oder Aufhebung von Sondereigentum auf eine Rechtsänderung an einem Grundstück gerichtet ist.[35] Die Anwendbarkeit des § 925a BGB bei der vertraglichen Aufteilung nach § 3 folgt aus der unabhängig von einer Veränderung der Miteigentumsanteile erforderlichen Einigung der Miteigentümer über die Einräumung von Sondereigentum.

IV. Vertrag

29 **1. Schuldrechtlicher Vertrag.** Die in § 4 Abs. 3 enthaltene Anordnung der Form der notariellen Beurkundung für die Verpflichtung zur Aufteilung in Wohnungs- und Teileigentum entsprechend § 311b Abs. 1 BGB ergibt sich daraus, dass die **Aufteilungsverpflichtung** der Beteiligten auf die Änderung ihrer Rechte an dem Grundstück gerichtet ist. Ein **Vorvertrag,** der eine Verpflichtung zur Aufteilung in Wohnungseigentum begründet, bedarf ebenfalls der Form des § 311b Abs. 1 BGB, da er auf eine zukünftige Rechtsänderung an einem Grundstück gerichtet ist.[36]

30 **2. Vormerkung.** Gemäß § 883 Abs. 1 BGB ist der Anspruch auf Einräumung oder Aufhebung von Sondereigentum durch **Vormerkung** sicherbar. Im Fall der beabsichtigten Einräumung erfolgt die Eintragung im bisherigen Grundstücksgrundbuch oder als Belastung der Miteigentumsanteile, bei Aufhebung im Wohnungs- und Teileigentumsgrundbuch der betroffenen Einheiten.

§ 5 Gegenstand und Inhalt des Sondereigentums

(1) [1]Gegenstand des Sondereigentums sind die gemäß § 3 Absatz 1 Satz 1 bestimmten Räume sowie die zu diesen Räumen gehörenden Bestandteile des Gebäudes, die verändert, beseitigt oder eingefügt werden können, ohne dass dadurch das gemeinschaftliche Eigentum oder ein auf Sondereigentum beruhendes Recht eines anderen Wohnungseigentümers über das bei einem geordneten Zusammenleben unvermeidliche Maß hinaus beeinträchtigt oder die äußere Gestaltung des Gebäudes verändert wird. [2]Soweit sich das Sondereigentum auf außerhalb des Gebäudes liegende Teile des Grundstücks erstreckt, gilt § 94 des Bürgerlichen Gesetzbuchs entsprechend.

(2) Teile des Gebäudes, die für dessen Bestand oder Sicherheit erforderlich sind, sowie Anlagen und Einrichtungen, die dem gemeinschaftlichen Gebrauch der Wohnungseigentümer dienen, sind nicht Gegenstand des Sondereigentums, selbst wenn sie sich im Bereich der im Sondereigentum stehenden Räume oder Teile des Grundstücks befinden.

(3) Die Wohnungseigentümer können vereinbaren, dass Bestandteile des Gebäudes, die Gegenstand des Sondereigentums sein können, zum gemeinschaftlichen Eigentum gehören.

(4) [1]Vereinbarungen über das Verhältnis der Wohnungseigentümer untereinander und Beschlüsse aufgrund einer solchen Vereinbarung können nach den Vorschriften des Abschnitts 4 zum Inhalt des Sondereigentums gemacht werden. [2]Ist das Wohnungseigentum mit der Hypothek, Grund- oder Rentenschuld oder der Reallast eines Dritten belas-

---

[33] Staudinger/*Rapp,* 2018, Rn. 23.

[34] KG ZWE 2015, 214 = ZMR 2015, 323.

[35] Bärmann/*Armbrüster* Rn. 27; Staudinger/*Rapp,* 2018, Rn. 4; aA Weitnauer/*Briesemeister* Rn. 7; Palandt/*Wicke* Rn. 1 f.

[36] Bärmann/*Armbrüster* Rn. 33; Staudinger/*Rapp,* 2018, Rn. 11.

tet, so ist dessen nach anderen Rechtsvorschriften notwendige Zustimmung nur erforderlich, wenn ein Sondernutzungsrecht begründet oder ein mit dem Wohnungseigentum verbundenes Sondernutzungsrecht aufgehoben, geändert oder übertragen wird.

Übersicht

I. Normzweck

Die Vorschrift regelt Gegenstand (§ 5 Abs. 1–3) und Inhalt (§ 5 Abs. 4) des Sondereigentums. 1
Das Sondereigentum ist eines der **drei Elemente** des Wohnungseigentums, das in Verbindung mit dem ihm zugeordneten Miteigentumsanteil (§ 1 Abs. 2 und 3, § 6 Abs. 1) an dem gemeinschaftlichen Eigentum und dem mitgliedschaftlichen Teilhaberrecht innerhalb der Gemeinschaft die sachenrechtliche Sonderform des Wohnungs- und Teileigentums ermöglicht (→ WEG Einl. Rn. 27 ff.). Die Vorschriften der § 5 Abs. 1 und 2 sind aufgrund ihres sachenrechtlichen Gehalts **zwingend,** so dass von ihnen nicht privatautonom abgewichen werden kann.[1] Gemäß der seit 2020 geltenden Fassung ist für Vereinbarungen über das Verhältnis der Wohnungseigentümer nur bei der Begründung, Aufhebung, Änderung oder Übertragung von Sondernutzungsrechten die **Zustimmung der Gläubiger** einer Hypothek, Grund- oder Rentenschuld oder einer Reallast erforderlich (§ 5 Abs. 4 S. 2).

II. Gegenstand des Sondereigentums

1. Allgemeines. Nach § 5 Abs. 1 S. 1 sind Sondereigentum **abgeschlossene Raumeinhei-** 2
ten, die gemäß § 3 Abs. 1 S. 1 oder § 8 Abs. 1 mit einem Miteigentumsanteil verbunden worden sind. Wie § 5 Abs. 2 zeigt, sind sondereigentumsfähig nur die Gebäudebestandteile, die nicht zwingend Gemeinschaftseigentum gemäß § 1 Abs. 5 sind.

2. Sondereigentumsfähigkeit. a) Allgemeines. Sondereigentumsfähig sind alle Räume 3
eines auf einem Grundstück befindlichen Gebäudes, die gemäß § 3 Abs. 2 in sich **abgeschlossen** sind. Sondereigentum kann auch an durch „bloße" **Luftschranken** begrenzten Teilräumen bestehen, wenn die Abgrenzung zum Gemeinschaftseigentum eindeutig ist.[2] So kann auch an einem nicht überdachten **Innenhof** Sondereigentum begründet werden, wenn dieser von Räumen umschlossen

[1] BGHZ 50, 56 = NJW 1968, 1230; Weitnauer/*Briesemeister* Rn. 5.
[2] OLG München ZWE 2014, 257 = ZMR 2014, 812 betr. die bauliche Einbeziehung einer Sondernutzungsfläche.

ist, die ihrerseits in Sondereigentum stehen.[3] Sondereigentum kann in jedem Fall nur in den Grenzen entstehen, die sich aus dem der Eintragung in das Grundbuch zugrundeliegenden **Aufteilungsplan** (§ 7 Abs. 4 S. 1 Nr. 1 lit. e) ergeben.[4] **Nicht sondereigentumsfähig** ist ein ganzes Gebäude, da die konstruktiven Teile des Gebäudes zwingendes Gemeinschaftseigentum (§ 5 Abs. 2) sind.[5] Allerdings sind seit der Reform von 2020 auch Grundstücksteile sondereigentumsfähig (§ 3 Abs. 2), wenn die im Gebäude liegenden Räume wirtschaftlich die Hauptsache bleiben.

4 **b) Abgeschlossenheit.** Die Abgeschlossenheit setzt eine räumliche Abgrenzung der jeweiligen Raumeinheit gemäß § 3 Abs. 2 voraus, wobei die Anordnung vom 19.3.1974[6] als allgemeine Verwaltungsvorschrift hierfür Anhaltspunkte bietet. Für die Anlegung der Wohnungs- und Teileigentumsgrundbücher durch das Grundbuchamt ist die **Bescheinigung der Abgeschlossenheit** der zu Sondereigentum zu erklärenden Räume, die durch Vorlage der behördlichen Abgeschlossenheitsbescheinigung gemäß § 7 Abs. 4 S. 1 Nr. 2 nachgewiesen wird, Voraussetzung. Sind der Aufteilungsplan der Abgeschlossenheitsbescheinigung und die Teilungserklärung hinsichtlich der Zuordnung zum Sondereigentum widersprüchlich, entsteht kein Sondereigentum an dem betreffenden Raum.[7]

5 **c) Belegenheit.** Die Räume müssen sich in einem auf oder unter dem Grundstück errichteten Gebäude befinden oder ihm als Über- oder Unterbau zurechenbar sein und über eine Fläche des Gemeinschaftseigentums oder direkt mit dem öffentlichen Wegenetz verbunden sein. Räume sind daher nicht sondereigentumsfähig, wenn sie nur unter Inanspruchnahme von Flächen eines anderen Sondereigentums **Zugang** zu einem öffentlichen Weg oder einer öffentlichen Straße haben.[8] Ist eine Belegenheit nur über das Nachbargrundstück gegeben, kann ein mittels erstrangiger Dienstbarkeit gesichertes Wegerecht zugunsten des aufgeteilten Grundstücks an dem den Zugang vermittelnden Grundstück dem betreffenden Sondereigentum die notwendige Belegenheit vermitteln.[9]

6 **3. Anlagen und Einrichtungen. a) Allgemeines.** Sondereigentumsfähig sind auch alle **in den** bezeichneten **Räumen enthaltenen Anlagen und Einrichtungen,** die verändert, beseitigt oder eingefügt werden können, ohne dass dadurch das gemeinschaftliche Eigentum oder ein auf Sondereigentum beruhendes Recht eines Miteigentümers über das bei einem geordneten Zusammenleben unvermeidliche Maß hinaus beeinträchtigt oder die äußere Gestaltung des Gebäudes verändert wird (§ 5 Abs. 1 S. 1).

7 **b) Wesentliche Bestandteile. aa) Allgemeines.** Nur **wesentliche Bestandteile des Gebäudes** iSd §§ 93 und 94 BGB sind sondereigentumsfähig.[10] Implizit bestätigt dies § 5 Abs. 2 S. 2 durch seine Bezugnahme auf § 94 BGB. Ebenso sind die **zur Herstellung eingefügten Sachen** gemäß § 94 Abs. 2 BGB als wesentliche Bestandteile des Gebäudes sondereigentumsfähig.[11] Dennoch kann durch Regelungen der Teilungserklärung kein Sondereigentum an wesentlichen Bestandteilen begründet werden, wenn diese **zwingendes Gemeinschaftseigentum** sind, wie zB Versorgungsleitungen.[12] Als sachliches Kriterium für die Sondereigentumsfähigkeit muss zusätzlich zum funktionalen ein räumlicher Bezug zum Sondereigentum bestehen.[13]

8 **bb) Weitere Bestandteile.** Sondereigentumsfähig sind kraft Fiktion auch **Stellplätze** (§ 3 Abs. 1 S. 2) und kraft Erstreckung ebenso **Teile des Grundstücks** (§ 3 Abs. 2). Für diese Fälle sieht § 5 Abs. 1 S. 2 vor, dass gemäß § 94 Abs. 1 S. 1 BGB mit dem Grund und Boden fest verbundene Sachen – also insbesondere Gebäude – sowie die Erzeugnisse des entsprechenden Grundstücksteils, solange sie mit dem Boden zusammenhängen, ebenfalls Teil des betreffenden Sondereigentums sind.

9 **c) Zubehör und Inventar.** Nicht sondereigentumsfähig ist **Zubehör** iSd § 97 BGB sowie **Inventar,** da dieses nicht das rechtliche Schicksal der Hauptsache teilt und sonderrechtsfähig bleibt.[14]

---

[3] OLG Hamm ZWE 2016, 167 = ZMR 2016, 300 m. abl. Anm. *Schneider* = MittBayNot 2016, 397.
[4] BGH NJW 2016, 473 = ZWE 2016, 79 mAnm *Hogenschurz* ZWE 2016, 75 = ZMR 2016, 215.
[5] BGHZ 50, 56 = NJW 1968, 1230; für Doppelhaushälfte OLG Düsseldorf DNotI-Report 2004, 181.
[6] BAnz. 1974, Nr. 58.
[7] OLG München ZWE 2012, 487.
[8] Bauer/Schaub/*Schneider* AT E Rn. 44.
[9] LG Bayreuth ZMR 2006, 965; Bauer/Schaub/*Schneider* AT E Rn. 44.
[10] BGHZ 73, 302 (308 f.) = NJW 1979, 2391 (2392 f.); BGHZ 78, 225 (227) = NJW 1981, 455; Staudinger/*Rapp,* 2018, Rn. 19.
[11] BGHZ 53, 324 (326) = NJW 1970, 895 f.; Staudinger/*Rapp,* 2018, Rn. 19.
[12] BGH ZWE 2013, 205 = ZMR 2013, 454.
[13] *M. Müller* ZWE 2013, 203.
[14] Staudinger/*Rapp,* 2018, Rn. 21.

In Kaufverträgen sind diese Sachen daher gesondert aufzuführen und zu übertragen, wenn sie mitveräußert werden sollen.

d) Beeinträchtigung durch Aus- und Einbau. Weitere Voraussetzung der Sondereigentumsfähigkeit ist nach § 5 Abs. 1 S. 1, dass eine Veränderung, Beseitigung oder der nachträgliche Einbau in die dem Sondereigentum zugehörigen Räume ohne übermäßige Beeinträchtigung der übrigen Wohnungseigentümer möglich ist. Im Einzelfall entscheidet die **Verkehrsanschauung.**[15] Gleiches gilt für die Beurteilung der Frage, ob durch diese Tätigkeiten die äußere Gestalt des Gebäudes in zumutbarer Weise geändert wird oder nicht und die sich daraus ergebende Abgrenzung zwischen Sonder- und Gemeinschaftseigentum.[16] 10

4. Einzelne Beispiele. a) Räume und Anlagen. Nachfolgend sind in alphabetischer Reihenfolge einzelne Beispiele für sondereigentumsfähige Räume, Anlagen und Einrichtungen aufgeführt:[17] 11

Anschlussleitungen und -rohre: Sondereigentumsfähig ab den Abzweigungen von den Hauptleitungen, wenn sie allein einem Sondereigentum dienen;[18] 12

Alarmanlage: sondereigentumsfähig, sofern sie allein ein Sondereigentum sichert und ohne Beeinträchtigung der übrigen Wohnungseigentümer und der äußeren Gestalt des Gebäudes installiert und demontiert werden kann;[19]

Antennen: sondereigentumsfähig, soweit sie nur ein Sondereigentum versorgen und nicht Zubehör oder Inventar sind;

Aufzugsanlage: sondereigentumsfähig, soweit nur ein Sondereigentum erschlossen wird;[20]

Balkone und **Loggien:** sondereigentumsfähig, → Rn. 22 ff.;

Dachterrassen: sondereigentumsfähig gemäß § 3 Abs. 2;

Duplex-Garage: sondereigentumsfähig, → Rn. 19 ff.;

Einbauküchen: wenn wesentlicher Bestandteil sondereigentumsfähig, anderenfalls als Inventar sonderrechtsfähig;[21]

Einbauschränke: sondereigentumsfähig, soweit wesentlicher Bestandteil;[22]

Fenster: sondereigentumsfähig sind allein konstruktiv selbständige Innenfenster;[23] Doppelfenster moderner Bauart sind konstruktiv nicht trennbar und folglich zwingendes Gemeinschaftseigentum;[24]

Fußboden: Belag und Estrich sind sondereigentumsfähig, soweit sie nicht zur Isolierung notwendig sind;[25] Teppich, Fliesen und Parkett sind ebenfalls Sondereigentum;[26] Schlingen der Fußbodenheizung sind sondereigentumsfähig;[27]

Gegensprechanlage: sondereigentumsfähig sind die in den Sondereigentumen installierten Sprechstellen;[28]

Garage: → Rn. 13 ff.;

Hausanschluss mit Haupt- und Unterverteiler für Elektrofahrzeuge: nicht sondereigentumsfähig, da wesentlicher Bestandteil;[29]

Heizung: sondereigentumsfähig sind die Heizkörper innerhalb des Sondereigentums,[30] ebenso nunmehr vorbehaltlich abweichender Regelung in der Teilungserklärung die als Verbindung zur im Gemeinschaftseigentum stehenden Heizungsanlage dienenden Heizkörperventile;[31]

---

15 Staudinger/*Rapp,* 2018, Rn. 20; Weitnauer/*Briesemeister* Rn. 17.
16 Weitnauer/*Briesemeister* Rn. 18.
17 Ausf. Auflistung bei Staudinger/*Rapp,* 2018, Rn. 25; hierzu im Zusammenhang auch die Auflistung zu § 1 Abs. 5 in → § 1 Rn. 43.
18 BGH NJW 2011, 2958 = ZWE 2011, 394 = ZMR 2011, 971.
19 Staudinger/*Rapp,* 2018, Rn. 25.
20 Staudinger/*Rapp,* 2018, Rn. 25.
21 Staudinger/*Rapp,* 2018, Rn. 21.
22 Staudinger/*Rapp,* 2018, Rn. 25.
23 BayObLG ZWE 2000, 177.
24 Staudinger/*Rapp,* 2018, Rn. 25.
25 BGH MittBayNot 2001, 479; BayObLG DWE 1980, 60; OLG Frankfurt OLGZ 1989, 422.
26 Unter dem Gesichtspunkt des Trittschallschutzes LG Halle ZWE 2010, 48.
27 OLG Köln NZM 1999, 83 (84); *Häublein* ZMR 2016, 935.
28 OLG Köln ZMR 2003, 378, wonach diese bei fehlender Festlegung in der Teilungserklärung immer Sondereigentum sein sollen.
29 *Burgmair* ZWE 2018, 237; *Dötsch* ZfIR 2017, 261.
30 BGH NJW 2011, 2958 = ZWE 2011, 394 = ZMR 2011, 971; OLG Hamburg ZMR 1999, 502.
31 BGH NJW 2011, 2958 = ZWE 2011, 394 (396 f.) = ZMR 2011 971 (973 f.) m. abl. Anm. *Jennißen* ZMR 2011 974; statt vieler erläuternd *Lehmann-Richter* ZWE 2013, 69; anders noch OLG Hamm ZMR 2001, 839 = ZWE 2001, 393; OLG Stuttgart ZMR 2008, 243.

Heizungsanlage: → Rn. 27 f.;

Kamine: sondereigentumsfähig sind lediglich offene Kamine und Öfen, nicht aber die Kamin- und Ofenzüge;[32] Abgasrohre, die eine Kamin mit dem Schornsteinzug verbinden, sind Sondereigentum.[33]

Ladestation für Elektrofahrzeuge: sondereigentumsfähig, da kein wesentlicher Bestandteil sondern Zubehör;[34]

Markisen: sondereigentumsfähig,[35] sofern ohne äußere Beeinträchtigung des Gebäudes montier- und demontierbar;

Putz: sondereigentumsfähig ist allein der Putz innerhalb des Sondereigentums;[36]

Rauchwarnmelder: Gemeinschaftseigentum;[37] nur sondereigentumsfähig, wenn individuell und nicht aufgrund Beschluss eingebaut;

Rollläden, Jalousien: sondereigentumsfähig nur dann, wenn nicht in die Außenwand integriert und ohne äußere Beeinträchtigung an- und abbaubar, ansonsten zwingendes Gemeinschaftseigentum;[38]

Satellitenschüssel: s. Antennen;

Sauna: sondereigentumsfähig;

Schwimmbad: im Gebäude sondereigentumsfähig,[39] ebenso gemäß § 3 Abs. 2 außerhalb des Gebäudes;

Spitzboden: sondereigentumsfähig;[40] sofern dieser vor einem Ausbau im Gemeinschaftseigentum war wird er jedoch durch einen Ausbau nicht automatisch zu Sondereigentum.[41]

Stellplatz, insbesondere für Kfz: sondereigentumsfähig kraft Fiktion (§ 3 Abs. 1 S. 2);

Terrassen: sondereigentumsfähig gemäß § 3 Abs. 2;

Türen: Hauseingangstüren sind unteilbar und damit nicht sondereigentumsfähig;[42] die Sondereigentumsfähigkeit des Innenanstrichs ist aus diesem Grunde ebenfalls abzulehnen;[43] Wohnungseingangstüren und Türen innerhalb des Sondereigentums sind sondereigentumsfähig;[44]

Wände: sondereigentumsfähig sind allein nichttragende Innenwände.[45]

13 **b) Stellplätze. aa) Allgemeines.** Stellplätze in Wohnungs- und Teileigentümergemeinschaften können insbesondere für Kfz oder Fahrräder in Betracht kommen. Hierzu sieht die Regelung des § 3 Abs. 1 S. 2 vor, dass **Stellplätze als Räume** iSd § 3 Abs. 1 S. 1 gelten, mithin kraft Fiktion als sondereigentumsfähig sind (→ § 3 Rn. 44 ff.). Besondere bauliche Begründungen, auch etwaige dauerhafte Farbmarkierungen bedarf es nicht. Allerdings schreibt § 3 Abs. 2 vor, dass Stellplätze durch Maßangaben im Aufteilungsplan zu bestimmen sind (→ § 3 Rn. 56 ff.).

14 **bb) Sondereigentum als Teileigentum.** Wegen der isolierten Veräußerbarkeit auch außerhalb der Wohnungseigentümergemeinschaft empfiehlt es sich, Sondereigentum an einzelnen Stellplätzen zu begründen und separate Teileigentumsgrundbücher anzulegen. Rechtlich möglich ist die Anlage von Teileigentumsgrundbuchblättern für Stellplätze dann, wenn diese behördlich für abgeschlossen erklärt werden, was unter Berücksichtigung der **Maßgaben** von § 3 Abs. 1 S. 2 und Abs. 3 keine größeren Probleme bereiten dürfte.

15 **cc) Sondereigentum als Teil des Wohnungseigentums.** Vereinzelt kommt es vor, dass für abgeschlossen erklärte Garagenstellplätze zusammen mit einer Wohneinheit zu Sondereigentum erklärt werden. In diesen Fällen ist ein **einheitliches Wohnungseigentum** gegeben, welches neben den zu Wohnungszwecken dienenden Räumen zusätzlich den Stellplatz umfasst. Das Grundbuchblatt ist in diesen Fällen als Wohnungs- und Teileigentumsgrundbuch zu bezeichnen (§ 2 S. 2 WGV).

---

[32] *H. Müller,* Praktische Fragen des Wohnungseigentums, 6. Aufl. 2015, 2. Teil C Rn. 24.
[33] AG Hamburg-St.Georg ZWE 2018, 140.
[34] Staudinger/*Kreuzer,* 2018, § 16 Rn. 78.
[35] Rspr. und Lit. sind diesbezüglich uneinheitlich, vgl. *Sauren* § 1 Rn. 10M.
[36] Staudinger/*Rapp,* 2018, Rn. 25.
[37] BGH ZWE 2013, 358 = ZMR 2013, 642.
[38] Bärmann/*Armbrüster* Rn. 55.
[39] BGHZ 78, 225 = NJW 1981, 455.
[40] BayObLG MittBayNot 2001, 480.
[41] OLG Frankfurt ZMR 2017, 658.
[42] BGH ZWE 2014, 81 = ZMR 2014, 223; vgl. Bärmann/*Armbrüster* Rn. 124; *F. Schmidt* ZWE 2014, 77; Staudinger/*Rapp,* 2018, Rn. 25; LG Stuttgart Rpfleger 1973, 401; aA OLG Düsseldorf ZWE 2002, 279.
[43] Staudinger/*Rapp,* 2018, Rn. 25; aA *Sauren* § 1 Rn. 10I.
[44] Bärmann/*Armbrüster* Rn. 124.
[45] Bärmann/*Armbrüster* Rn. 132.

dd) Sondernutzungsrecht. Liegt keine Abgeschlossenheitsbescheinigung für den Stellplatz vor, kann durch Einräumung von **Sondernutzungsrechten** eine ausschließliche Nutzungsbefugnis für einzelne Wohnungs- oder Teileigentümer an erreicht werden. Im Unterschied zu Stellplätzen, für die einzelne Teileigentumsgrundbuchblätter angelegt worden sind, können die durch ein Sondernutzungsrecht verdinglichten Stellplätze allerdings **nur innerhalb der Gemeinschaft veräußert** werden, da ein Sondernutzungsrecht zwingend mit einem Wohnungs- oder Teileigentumsrecht aus derselben Wohnungseigentümergemeinschaft verbunden sein muss und nicht auf Miteigentümer oder Eigentümer anderer Grundstücke übertragen werden kann. 16

ee) Mehrfachstellplätze („Duplex-Parker"). Einen Sonderfall bilden die Mehrfachstellplätze („Duplexparker" für zwei oder „Quadruplexparker" für vier Stellplätze). Hierunter ist ein **Mehrfachparker** zu verstehen, bei dem aufgrund einer technischen Hebe- oder Klappeinrichtung in einer bestimmten Raumeinheit mehrere Pkw abgestellt werden können, wobei gesteuert durch die Hebeeinrichtung jeweils nur die auf einer Ebene abgestellten Fahrzeuge eine unmittelbare Einfahrmöglichkeit haben. Der Mehrfachstellplatz ist insgesamt **sondereigentumsfähig.**[46] Dient allerdings eine Hebeeinrichtung mehreren Parkern, so ist sie zwingend Gemeinschaftseigentum.[47] Dient die Hebeeinrichtung dagegen allein einem Mehrfachparker und wurde für diesen Sondereigentum gebildet, ist die Hebeeinrichtung ebenfalls sondereigentumsfähig.[48] 17

Im Gegensatz zur bis zum WEMoG geltenden Rechtslage erlaubt nunmehr seit 1.12.2020 die Vorschrift des § 3 Abs. 1 S. 2 auch bei Mehrfachparkern die Begründung von Sondereigentum für jeden **einzelnen Stellplatz,** so dass für jeden einzelnen Stellplatz eine eigene Teileigentumseinheit gebildet werden kann. 18

Möglich bleibt allerdings auch die vor dem WEMoG notwendige rechtliche Konstruktion für den gesamten Mehrfachparker ein Teileigentumsgrundbuch anzulegen, wobei jeder Erwerber eines Stellplatzes einen **Miteigentumsanteil** an dem betreffenden Miteigentumsanteil, der mit dem Teileigentum verbunden ist, als Eigentümer erwirbt (bei Duplexparkern je ein Halb, bei Quadruplexparkern je ein Viertel). Eine bindende Regelung des Innenverhältnisses der Miteigentümer, insbesondere hinsichtlich der Nutzung der Stellplätze und der Instandhaltung der Hebeanlage, kann im Wege einer **Miteigentümervereinbarung** gemäß § 1010 BGB oder einer **Benutzungsregelung** gemäß § 10 Abs. 3 erreicht werden.[49] Die Miteigentümervereinbarung bzw. Benutzungsregelung sollte insbesondere festlegen, mit welchem der beiden Miteigentumsanteile das Nutzungsrecht an welchem Stellplatz (oben/unten, rechts/links) verbunden ist. Die Miteigentümervereinbarung gemäß § 1010 BGB ist notariell zu beurkunden und zum Zwecke der Bindung etwaiger Rechtsnachfolger in Abteilung II des Teileigentumsgrundbuchs **als Belastung einzutragen.** Eine Benutzungsregelung gemäß § 10 Abs. 3 sollte ebenfalls als Inhalt des Sondereigentums in das Grundbuch eingetragen werden, um etwaige Rechtsnachfolger zu binden (§ 5 Abs. 4). Der Anspruch auf Eintragung einer Miteigentümervereinbarung kann durch eine Vormerkung (§ 883 BGB) gesichert werden.[50] Folgerichtig lässt die Rspr. auch die Einräumung eines **Sondernutzungsrechts** für einen einzelnen Miteigentümer an einem der Stellplätze zu, weil das Miteigentum dem Alleineigentum gleichartig sei.[51] Da ein Sondernutzungsrecht nur mit einem bestimmten Wohnungs- oder Teileigentumsrecht aus der Wohnungseigentümergemeinschaft verbunden werden darf, kann die Zuordnung nur zu einem Miteigentumsanteil an einem Wohnungs- oder Teileigentum aus der Wohnungseigentümergemeinschaft erfolgen. 19

c) Terrassen und Balkone. aa) Allgemeines. Einen weiteren Sonderfall bilden Terrassen und Balkone, die gemäß § 3 Abs. 2 sondereigentumsfähig sind, wenn sie in den Aufteilungsplänen der Abgeschlossenheitsbescheinigung einer bestimmten Wohnung **numerisch zugeordnet** sind und durch Maßangaben (§ 3 Abs. 3) bestimmt sind. Nach der Rspr. sollen auch nachträglich ange- 20

[46] BayObLG NJW-RR 1995, 783 (784).
[47] OLG Düsseldorf MittBayNot 2000, 110; Bärmann/*Armbrüster* Rn. 70; nach LG Dresden ZMR 2010, 979 sollen sämtliche Duplex-Garagen nicht sondereigentumsfähig sein, wenn für alle nur eine gemeinsame Hydraulikanlage existiert.
[48] BGH ZWE 2012, 81; LG München I ZWE 2013 = ZMR 2013, 308.
[49] BGH ZWE 2015, 211 = ZMR 2015, 232; BayObLG MittBayNot 1994, 438 = NJW-RR 1994, 1427; OLG Frankfurt Rpfleger 2000, 212 = MittBayNot 2000, 440 mAnm *v. Oefele;* OLG Jena MittBayNot 2000, 443.
[50] DNotI-Report 2007, 1434 mit dem Hinweis, dass idR die Auflassungsvormerkung des Erwerbers diesen Anspruch mitumfasst.
[51] BGH DNotZ 2012, 769 = ZWE 2012, 359 mAnm *Armbrüster* = ZMR 2012, 795 = MittBayNot 2013, 133.

baute Balkone, die allein über ein Sondereigentum zugänglich sind, Bestandteil des jeweiligen Sondereigentums sein.[52]

21 **bb) Abgeschlossenheit.** Bezüglich aller sondereigentumsfähigen Terrassen und Balkone ist zu beachten, dass diese nur dann Gegenstand des Sondereigentums werden können, wenn sie in der **Abgeschlossenheitsbescheinigung** für abgeschlossen erklärt wurden (§ 3 Abs. 3, § 7 Abs. 4 S. 1 Nr. 2). Bezieht sich die Abgeschlossenheitsbescheinigung nicht auf die Terrassen und Balkone, kann eine Zuordnung zu einzelnen Sondereigentumsrechten nur durch Begründung von Sondernutzungsrechten gemäß § 10 Abs. 3 an den Balkonflächen und Verbindung dieser mit den einzelnen Sondereigentumsrechten erreicht werden.

22 **cc) Nachträglicher Anbau von Balkonen.** Bei einem nachträglichen Anbau von Balkonen ist die Begründung von Sondernutzungsrechten gemäß § 10 Abs. 3 für jeden Sondereigentümer, dessen Sondereigentum einen Balkonanbau oder Balkonvorbau erhält, geboten, um den Begünstigten eine unentziehbare Rechtsposition zu verschaffen. Hierfür ist eine **Vereinbarung** (§ 10 Abs. 3) notwendig, wenn nicht die Teilungserklärung den nachträglichen Anbau vorsieht und eine entsprechende Ermächtigung zum Anbau und zur Begründung von Sondernutzungsrechten enthält. Bei Begründung dieser **Sondernutzungsrechte** sollten die Kosten der Errichtung, Unterhaltung, Instandhaltung und Erneuerung der angebauten Balkone allein den jeweiligen Sondernutzungsberechtigten auferlegt werden. Sollen die Balkone in **Sondereigentum** überführt werden, muss ein Nachtrag zur Abgeschlossenheitsbescheinigung eingeholt werden, der die Balkone für abgeschlossen erklärt. Von Teilen der Rspr. wird unter Verweis auf eine „natürliche Anschauung" die Entstehung von Sondereigentum an nachträglich angebauten Balkonen ohne weitere Ergänzung der Teilungserklärung dann bejaht, wenn sie allein über das betreffende Sondereigentum zugänglich sind.[53] Da es für die Begründung von Sondereigentum allerdings einer **Abgeschlossenheitsbescheinigung** und einer Vereinbarung aller Wohnungseigentümer bedarf, fehlt es an beiden Grundvoraussetzungen der Sondereigentums.

23 **dd) Dachterrassen.** In der Rspr. und in der Lit. war umstritten, ob Dachterrassen sondereigentumsfähig sind. Bestritten wurde ihre Sondereigentumsfähigkeit mit dem Argument, dass sie nicht **allseitig baulich abgeschlossen** sind. Für die Sondereigentumsfähigkeit spricht allerdings, dass eine Dachterrasse nur über Gemeinschafts- oder Sondereigentumsflächen, die ihrerseits allseits baulich abgeschlossen sind, erreicht werden kann und daher die räumliche Abgeschlossenheit anderer und insbesondere der mit ihr verbundenen Sondereigentumseinheit teilt.[54] Zudem ist eine Dachterrasse aus Sicherheitsgründen räumlich eingefriedet. Damit ist die Sondereigentumsfähigkeit von Dachterrassen anzuerkennen, und zwar unabhängig davon, ob diese himmelwärts abgedeckt sind.[55]

24 **d) Heizungsanlagen.** Umstritten ist auch die Behandlung von Heizungsanlagen. **Versorgt** eine **Heizungsanlage die gesamte Wohnungseigentümergemeinschaft,** ist sie zwingendes Gemeinschaftseigentum (§ 5 Abs. 2).[56] Ebenso ist die Zuwegung zur gemeinschaftlichen Heizungsanlage zwingendes Gemeinschaftseigentum.[57] Unabhängig davon kann an einzelnen Heizkörpern einschließlich der Heizkörperventile sowie den Zuleitungen durch Vereinbarung Sondereigentum begründet werden.[58] Eine Heizungsanlage ist auch dann **Gemeinschaftseigentum,** wenn sie neben der Wohnungseigentümergemeinschaft des Gebäudes, in dem sie sich befindet, andere Gebäude mit Wärme versorgt.[59] Da die zu versorgenden Gebäudeeigentümer in diesem Fall mit der Wohnungseigentümergemeinschaft, in deren Gebäude sich die Heizungsanlage befindet, einen Vertrag über die Versorgung durch die Heizanlage und deren Vergütung schließen können, ist ein Bedürfnis für eine Sondereigentumsfähigkeit der Heizungsanlage nicht gegeben. Eine dingliche Sicherung der Versorgung des Nachbargrundstücks kann durch Eintragung einer idealerweise erstrangigen **Grunddienstbarkeit** auf dem Grundstück, auf dem sich die Heizungsanlage befindet, und ggf. eines entsprechenden Herrschvermerks im Grundbuch des begünstigten Grundstücks erreicht werden.

25 Etwas anderes kann dann gelten, wenn die **Heizungsanlage innerhalb eines Sondereigentums** installiert ist und fakultativ neben diesem Sondereigentum einzelne andere Sondereigentums-

[52] OLG München ZWE 2012, 37 = ZMR 2012, 118; aA KG ZWE 2017, 84; LG Itzehoe ZMR 2016, 904.
[53] OLG München ZWE 2012, 37; aA noch LG Wuppertal RNotZ 2009, 48.
[54] So richtig LG Schwerin ZMR 2009, 401.
[55] Bärmann/*Armbrüster* Rn. 68; *Sauren* § 1 Rn. 10D; aA Weitnauer/*Briesemeister* Rn. 10.
[56] BGHZ 73, 302 = NJW 1979, 2391 (2392 f.).
[57] OLG Dresden ZWE 2017, 306.
[58] BGH NJW 2011, 2958 = ZWE 2011, 394 = ZMR 2011, 971.
[59] OLG Hamm ZWE 2001, 393 = NZM 2001, 1130; *H. Müller,* Praktische Fragen des Wohnungseigentums, 6. Aufl. 2015, 2. Teil C Rn. 24; Bärmann/*Armbrüster* Rn. 36 ff.; Staudinger/*Rapp,* 2018, Rn. 36; zum Sonderfall Blockheizkraftwerk *Suilmann* ZWE 2014, 302.

rechte innerhalb der Wohnungseigentümergemeinschaft versorgt. In diesem Fall ist die Heizungsanlage **sondereigentumsfähig,** da sie nicht notwendig dem Gebrauch aller Wohnungs- und Teileigentümer zu dienen bestimmt ist.[60] Die Versorgung der übrigen Wohnungs- und Teileigentumsrechte ist in diesem Fall durch Vereinbarung der Wohnungseigentümer untereinander ggf. nebst Bestellung einer Dienstbarkeit oder vorab in der Teilungserklärung zu regeln.

III. Gemeinschaftseigentum

1. Zwingendes Gemeinschaftseigentum. a) Grundsatz. Nach § 5 Abs. 2 sind Gebäudeteile, die für den Bestand oder die Sicherheit des Gebäudes erforderlich sind, sowie Anlagen und Einrichtungen, die zwingend dem gemeinschaftlichen Gebrauch der Wohnungseigentümer dienen, nicht sondereigentumsfähig. In diesem Sinne gehören zum zwingenden gemeinschaftlichen Eigentum insbesondere der Grund und Boden sowie sämtliche **tragenden** konstruktiv notwendigen **Gebäudebestandteile.** 26

b) Belegenheit. Zum zwingenden Gemeinschaftseigentum gehören alle **Treppenhäuser** und weiteren Flächen im Gebäude, die als Belegenheiten zum öffentlichen Wegenetz für die einzelnen Sondereigentumsrechte notwendig sind.[61] Nimmt ein im Sondereigentum stehendes Gebäude die gesamte Grundstücksbreite zur öffentlichen Zuwegung ein und liegt eine weitere Sondereigentumseinheit rückwärtig auf dem Grundstück, kann ausnahmsweise das Erfordernis der Belegenheit der rückwärtigen Sondereigentumseinheit zum öffentlichen Wegenetz dadurch erreicht werden, dass zugunsten des rückwärtigen Sondereigentums ein **Nutzungsrecht** entsprechend § 10 Abs. 3 zur Überwegung des anderen Sondereigentums eingeräumt wird.[62] Alternativ müsste ein Teil des an dem öffentlichen Weg befindlichen Sondereigentums im Gemeinschaftseigentum verbleiben, um dem rückwärtigen Sondereigentum eine Belegenheit zum öffentlichen Wegenetz zu geben. 27

c) Versorgungseinrichtungen. Räume mit Versorgungseinrichtungen sind zwingendes Gemeinschaftseigentum, soweit diese Einrichtungen nicht konstruktiv bedingt in Räumen gelegen sind, an denen Sondereigentum begründet worden ist.[63] Die **Versorgungseinrichtungen** selbst sind **zwingendes Gemeinschaftseigentum,** wenn sie mehr als ein Sondereigentum versorgen.[64] Liegen Versorgungsanlagen des Gemeinschaftseigentums in einem Raum, der zum Sondereigentum gehört, kann ein Verstoß gegen § 5 gegeben sein.[65] In solchen Fällen ist daher in der Gemeinschaftsordnung zusätzlich zur Gestattungspflicht aus § 14 Abs. 1 Nr. 2[66] ein Zugangsrecht der Gemeinschaft regeln. Dagegen verbleiben Versorgungsleitungen, die in oder unter Grundstücksflächen liegen, die Sondereigentum sind, gemäß § 5 Abs. 2 im Gemeinschaftseigentum.[67] 28

2. Kein Untergemeinschaftseigentum. Das WEG kennt kein Gemeinschaftseigentum, das nur bestimmten Sondereigentümern zusteht. Denkbar wäre dieses zB bei einem Gebäudekomplex mit mehreren Treppenhäusern. Wege des Grundsatzes der **Einheitlichkeit des Gemeinschaftseigentums** muss hier eine getrennte Bewirtschaftung einzelner Treppenhäuser durch entsprechende Regelungen in der Teilungserklärung vorgesehen werden, wobei zu beachten ist, dass das Gemeinschaftseigentum grundsätzlich unteilbar ist und Untergemeinschaften allein für die Beschlussfassung und die Bewirtschaftung gebildet werden können. Möglich ist aber die Belegung von Gemeinschaftsflächen mit **gemeinschaftlichen Sondernutzungsrechten** (→ § 10 Rn. 20) gemäß § 10 Abs. 3. Auf diese Weise kann die Unterhaltung, Instandhaltung, Instandsetzung und Erneuerung dieser Teile des Gemeinschaftseigentums allein den im Einzelfall gemeinschaftlich Sondernutzungsberechtigten auferlegt werden. 29

3. Einräumung von Sondernutzungsrechten. Unberührt von der zwingenden Zuordnung einzelner Gebäudebestandteile und Flächen des Grundstücks zum Gemeinschaftseigentum kann einzelnen Sondereigentumsberechtigten oder auch Miteigentümern[68] an einzelnen Gebäudebestand- 30

---

[60] BayObLG MittBayNot 2000, 558 = ZWE 2000, 213.

[61] OLG Frankfurt ZWE 2011, 414 = ZMR 2012, 30.

[62] So OLG Hamm ZWE 2001, 338 = RNotZ 2001, 281.

[63] Nach LG Hamburg ZWE 2010, 141 sollen die zwingend dem Gemeinschaftseigentum zuzuordnenden Verbrauchszähler auch die Zuordnung des Raumes, in dem sie sich befinden, zum Gemeinschaftseigentum bewirken. Bei Sicherstellung einer Zugangsmöglichkeit zu den Zählern für Dritte ist dieser Schluss mE nicht zwingend.

[64] LG Koblenz ZWE 2015, 120.

[65] OLG Bremen ZWE 2015, 170.

[66] OLG Bremen ZWE 2016, 324 = ZMR 2016, 716.

[67] Vgl. BT-Drs. 19/18791, 38; BeckOGK/*Schultzky* Rn. 84 ff.

[68] BGH DNotZ 2012, 769 = ZWE 2012, 359 = ZMR 2012, 795 = MittBayNot 2013, 133.

teilen oder Flächen des Grundstücks durch Begründung eines **Sondernutzungsrechts** gemäß § 10 Abs. 3 das alleinige Nutzungsrecht eingeräumt werden. Zu Einräumung und Inhalt von Sondernutzungsrechten → § 10 Rn. 17 ff.

31 Die Begründung eines Sondernutzungsrechts schafft für den Begünstigten eine eigentumsähnliche Rechtsposition, da dem Sondernutzungsberechtigten das alleinige Nutzungsrecht an der betreffenden Fläche unter Ausschluss der übrigen Sondereigentümer zusteht. Im Regelfall wird dem Sondernutzungsberechtigten die Pflicht zur **Wartung** und **Instandhaltung** des betreffenden Grundstücks- oder Gebäudeteils auferlegt. Zusätzlich kann dem Sondereigentumsberechtigten auch die Pflicht zur **Instandsetzung** und **Erneuerung** dieser Flächen auferlegt werden. Materiell verliert der betreffende Grundstücks- oder Gebäudeteil hierdurch nicht seine Zugehörigkeit zum Gemeinschaftseigentum.

IV. Gemeinschaftseigentum an Räumen

32 **1. Allgemeines.** § 5 Abs. 3 stellt klar, dass sondereigentumsfähige Gebäudebestandteile im Gemeinschaftseigentum verbleiben können und erlaubt unmittelbar den Gegenschluss, dass im Übrigen die Zuteilung gemäß § 5 Abs. 2 zwingend ist, also **nicht notwendiges Gemeinschaftseigentum** zu Sondereigentum gemacht werden darf.[69] Der Wortlaut der Vorschrift ist missverständlich, soweit er den Eindruck erweckt, dass eine entsprechende Regelung durch Vereinbarung (iSd § 10 Abs. 3) getroffen werden könne. Dies ist nicht der Fall, da es sich bei der dinglichen Zuordnung der Räume zum Gemeinschafts- oder Sondereigentum nicht um den Inhalt, sondern vielmehr um den **Gegenstand des Wohnungs- und Teileigentums** handelt, so dass bei einer Vorgehensweise nach § 5 Abs. 3 die Formalien des § 4 Abs. 1 einzuhalten sind.

33 **2. Gemeinschaftseinrichtungen.** Bei der Aufteilung in Wohnungseigentum können für abgeschlossen erklärte Raumeinheiten im **Gemeinschaftseigentum** verbleiben. Dies gilt insbesondere für Einrichtungen, die dem Gebrauch sämtlicher Eigentümer dienen, wie zB Schwimmbäder, Waschkeller, Hobbyräume, Saunen und Trockenböden. Durch eine Vereinbarung aller Eigentümer können diese Raumeinheiten auch nachträglich in Sondereigentum überführt werden.

34 **3. Hausmeisterwohnungen.** Einen Sonderfall stellen **Hausmeisterwohnungen** dar, die als Teileigentumsrecht im ideellen Miteigentum aller anderen Sondereigentümer stehen. Da bei jeder Veräußerung von Sondereigentumseinheiten auch der entsprechende Anteil an der Hausmeisterwohnung mit zu übertragen ist, stellt sich die Frage, ob eine Hausmeisterwohnung trotz Abgeschlossenheit nicht im Gemeinschaftseigentum verbleiben sollte, um einen automatischen Übergang der Mitbeteiligung des betreffenden veräußernden Sondereigentümers ohne Grundbuchverfahren zu erreichen. Aufgrund der aus § 9a Abs. 1 und 2 enthaltenen Rechtsfähigkeit der Wohnungseigentümergemeinschaft, kann auch diese die Wohnung erwerben.

35 **4. Mitsondereigentum.** Die Vorstellung von „Mitsondereigentum" ist **gesetzlich nicht vorgesehen** und im Blick auf den numerus clausus der Sachrechte abzulehnen (→ § 6 Rn. 19 ff.). Wegen der Möglichkeit der Begründung gemeinschaftlicher Sondernutzungsrechte[70] mit Übertragung sämtlicher Unterhaltungs- und Instandhaltungskosten auf die Sondernutzungsberechtigten besteht für die Annahme von Mitsondereigentum **kein** durchgreifendes praktisches **Bedürfnis.**[71]

V. Inhalt des Sondereigentums

36 **1. Allgemeines.** Der Inhalt des Sondereigentums im Sinne der Summe der Rechte und Pflichten, die aus dem Sondereigentum folgen, ergibt sich aus den **Vereinbarungen** über das Verhältnis der Wohnungseigentümer untereinander (§ 5 Abs. 4 S. 1), deren Zustandekommen sich nach Abschnitt 4 von Teil 1 des WEG, also nach den §§ 10–29 richtet. Hierzu wird in der Regel im Rahmen der Aufteilung in Wohnungseigentum ein gewisser Grundstock an Regelungen als **„Gemeinschaftsordnung"** festgelegt, die mithin alle wesentlichen das Miteigentumsverhältnis betreffenden Nutzungs- und Verwaltungsvereinbarungen enthält (vgl. § 10 Abs. 1 S. 2). Solche Vereinbarungen betreffen allerdings nicht die sachenrechtliche Zuordnung der Räume selbst, sondern vielmehr die Innenbeziehungen der Wohnungs- und Teileigentümer untereinander,[72] so wie dies außerhalb der wohnungseigentumsrechtlichen Regelungen für das Miteigentum ausschnittsweise in §§ 746, 1010 BGB für Verwaltungs- und Benutzungsregelungen vorgesehen ist.

[69] BGH NJW 1968, 1230.
[70] Staudinger/*Rapp,* 2018, Rn. 106; *Commichau* DNotZ 2007, 622.
[71] *Heinemann* ZMR 2016, 680.
[72] BGH NJW 2020, 921; 2019, 3716.

Später – also nach Vollzug der Aufteilung durch Anlegung der Wohnungs- und Teileigentumsgrundbücher – getroffene **Vereinbarungen** wirken gemäß § 5 Abs. 4 S. 1 ebenso wie aufgrund von Vereinbarungen gefasste Beschlüsse nur gegen **Sonderrechtsnachfolger** eines Wohnungs- oder Teileigentümers, wenn sie im Grundbuch eingetragen werden (§ 10 Abs. 3), wobei für die Eintragung entsprechender Beschlüsse die grundbuchrechtliche **Verfahrensvereinfachung des § 7 Abs. 2** zu beachten ist. Solche später getroffenen Vereinbarungen werden damit gemäß § 5 Abs. 4 S. 1 Inhalt des Sondereigentums, was unter Berücksichtigung der Veräußerungs-, Kontinuitäts- und Transparenzinteressen aller Beteiligten allerdings keine inhaltliche Eigentumsbestimmung bedeutet. Vielmehr geht es darum, die Vereinbarungen – nicht wie Regelungen gemäß § 1010 BGB als Belastung des Anteils in Abteilung II – im Grundbuch als Rechtsinhalt im Bestandsverzeichnis einzutragen, womit sich Rangfragen ohne weiteres erledigen,[73] und dafür zu sorgen, dass etwaige Erwerber in ihrem guten Glauben insoweit geschützt sind, als bei fehlender Eintragung einer Vereinbarung diese ihnen gegenüber keine Wirkung hat. 37

Von der unmittelbaren Wirkung der Vereinbarung – und aufgrund von Vereinbarungen gefassten Beschlüssen – für den Inhalt des Sondereigentums sind die ggf. hieraus abzuleitenden konkreten **Ansprüche einzelner Wohnungseigentümer** zu unterscheiden. Diese sind nicht selbst Inhalt des Sondereigentums und gehören damit nicht zum dinglichen Recht,[74] sondern haben ein eigenes Schicksal, können (und müssen) daher unter Umständen eigens abgetreten werden, um einem Sonderrechtsnachfolger zuzustehen. Insbesondere wird eine durch Vereinbarung festgelegte Zweckbestimmung des Sondereigentums nicht selbst ein „dingliches Recht", wirkt also für sich gesehen nicht unmittelbar gegenüber jedermann, sondern nur im Verhältnis der Wohnungs- und Teileigentümer untereinander.[75] Soweit das Gesetz sie zum Inhalt des Sondereigentums erklärt, tritt eine **„Verdinglichung"** nur insoweit ein, dass sie bei entsprechender Grundbucheintragung für und gegen etwaige Rechtsnachfolger wirkt. Im Übrigen kann eine Vereinbarung, die zwar als Inhalt des Sondereigentums im Grundbuch eingetragen wird, sowohl für die **Ausgestaltung des Sonder- wie auch des Gemeinschaftseigentums** Bedeutung haben. Betrifft ein hieraus folgendes Recht das Gemeinschaftseigentum, so kann es durch Beschluss zur Eigentümergemeinschaft gezogen werden.[76] 38

2. Gemeinschaftsordnung. Für das Miteinander der Wohnungseigentümer gelten grundsätzlich die §§ 10–29, soweit die Sondereigentümer nicht gemäß § 10 Abs. 1 S. 2 im Sinne einer „Gemeinschaftsordnung" Abweichendes vereinbaren. Hierfür besteht privatautonome **Gestaltungsfreiheit,**[77] wenn im Gesetz nicht zwingende Vorgaben enthalten sind. Der aus gesellschaftsrechtlichem Zusammenhang bekannte Grundsatz der Satzungsstrenge (vgl. § 23 Abs. 5 AktG) gilt somit im Wohnungseigentumsrecht zugunsten des Grundsatzes der Satzungsautonomie nicht. Für die Auslegung der Gemeinschaftsordnung sind aufgrund der Einbeziehung von etwaigen Sonderrechtsnachfolgern und der in § 7 Abs. 3 vorgesehenen Bezugnahme im Grundbuch Einschränkungen zu beachten (→ § 7 Rn. 17 ff.). Fehlen nähere Bestimmungen, so gelten die Regelungen der **§§ 10–29** sowie die Regelungen des BGB über die Gemeinschaft (§ 10 Abs. 1 S. 1, **§§ 741 ff. BGB**). Ferner gelten die allgemeinen sachenrechtlichen Eigentumsvorschriften (§§ 903 ff. BGB). Hierzu zählt auch § 1004 BGB,[78] der nicht nur im Verhältnis der Miteigentümer untereinander, sondern auch gegenüber Dritten, insbesondere Mietern anzuwenden ist.[79] 39

Oftmals beziehen sich die Bestimmungen der Gemeinschaftsordnung nicht allein auf Festlegungen zur Nutzung des Sondereigentums, sondern auch auf die **Nutzung** der Flächen **des Gemeinschaftseigentums.** So können in der Gemeinschaftsordnung die Instandhaltungs-, Instandsetzungs- und Erneuerungspflichten für Anlagen des Gemeinschaftseigentums einzelnen Sondereigentümern auferlegt werden.[80] Zudem finden sich in der Regel Bestimmungen zur Kostentragung, zur Abhaltung von Wohnungseigentümerversammlungen, zur Verwaltung sowie zu baulichen Veränderungen. 40

3. Sondernutzungsrechte. Ebenso können gemäß § 10 Sondernutzungsrechte vereinbart und mit den Sondereigentumen verbunden werden. Durch die Eintragung der **Sondernutzungsrechte** 41

---

[73] *Lehmann-Richter/Wobst* ZWE 2020, 123, 126; *Ertl* DNotZ 1988, 4, 19.

[74] *Hügel/Elzer* Rn. 48.

[75] BGH NJW 2020, 921.

[76] *Lehmann-Richter/Wobst* ZWE 2020, 123, 127.

[77] *Prüfer* ZWE 2001, 398; *Hügel* FS Wenzel, 2005, 219; Staudinger/*Rapp*, 2018, Einl. WEG Rn. 82; *Hügel/Elzer* Rn. 49.

[78] BGH NJW 1992, 978.

[79] BGH NJW 2020, 921.

[80] BGH ZWE 2014, 125; LG Koblenz ZWE 2015, 269 = ZMR 2015, 57; LG Hamburg ZWE 2014, 410 zu Fenstern; BGH ZWE 2013, 29 = ZMR 2013, 290 zu Balkonen; LG Itzehoe ZMR 2014, 240 zum Fußboden im Staffelgeschoss.

als Inhalt des Sondereigentums im Grundbuch wirken diese gemäß § 10 Abs. 3 gegenüber Rechtsnachfolgern.

42 Die seit der Reform durch das WEMoG in § 3 Abs. 2 geschaffene Möglichkeit, auch an **Teilen des Grundstücks** Sondereigentum zu begründen, macht die Vereinbarung von Sondernutzungsrechten zwar in Zukunft oft entbehrlich, keineswegs aber obsolet. Für die Zuordnung von Gärten und Terrassen wird die Erklärung zum Sondereigentum oft der richtige Weg sein. Dagegen ist bei Kellern und Kfz-Stellplätzen (vgl. § 3 Abs. 1 S. 2) im Freien auch weiterhin die Vereinbarung von Sondernutzungsrechten dann der richtige Weg, wenn die feste Zuordnung bei Durchführung der Aufteilung noch nicht möglich oder gewünscht ist. In diesen Fällen kommt der Verdinglichung des Sondernutzungsrechts durch seine Eintragung im Grundbuch mit Rechtswirkung gegenüber Rechtsnachfolgern große Bedeutung zu.

43 **4. Beschlüsse aufgrund von Vereinbarungen.** Grundsätzlich wirken **Beschlüsse** der Wohnungseigentümer **ohne weiteres,** also insbesondere ohne Grundbucheintragung auch **gegenüber Rechtsnachfolgern** (§ 10 Abs. 3 S. 2). Von der Verlautbarung im Grundbuch hat der Gesetzgeber insoweit abgesehen, da zum einen Beschlüsse nur im potenziell weniger bedeutsamen Kreis der Maßnahmen wirksam sein können, der hierfür gesetzlich eröffnet ist und zum anderen das Grundbuch nicht überlastet werden soll.[81] Etwas anderes gilt allerdings für Beschlüsse, die auf der Grundlage einer Vereinbarung gefasst werden (§ 10 Abs. 3 S. 1), deren Grundbucheintragung in § 5 Abs. 4 S. 1 vorausgesetzt und mit **Verfahrenserleichterungen in § 7 Abs. 2** (→ § 7 Rn. 16) näher geregelt ist. Hierbei geht es letztlich um Beschlüsse, die aufgrund einer in der Gemeinschaftsordnung enthaltenen „Öffnungsklausel" ergehen, die also im Rahmen der Gemeinschaftsordnung durch Vereinbarung die Kompetenz der Wohnungseigentümer geschaffen wurde, von Vereinbarungen abweichende Regelungen durch Beschluss zu treffen. Dagegen bedarf es keiner Grundbucheintragung bei Beschlüssen, die auf der Grundlage bereits gesetzlich vorgesehener Öffnungsbestimmungen ergehen, wie etwa gemäß § 12 Abs. 4 S. 1, § 16 Abs. 2 S. 2 oder § 19 Abs. 3.[82]

44 Um sicherzustellen, dass derart grundlegende Rechtsakte nicht ohne weiteres auch Rechtsnachfolger binden, wurde im Rahmen des WEMoG bestimmt, dass solche Beschlüsse Sonderrechtsnachfolger im Wohnungs- und Teileigentum nur binden, wenn sie **im Grundbuch eingetragen** werden (so § 10 Abs. 3 S. 1). Damit ist zugleich zum Schutz gutgläubiger Erwerber sichergestellt, dass materielle Vereinbarungsbestimmungen, die also den Inhalt des Sondereigentums unmittelbar betreffen, einem Rechtsnachfolger nur entgegengehalten werden können, wenn er sie positiv kennt oder sie im Grundbuch eingetragen sind.

VI. Zustimmung von Drittberechtigten bei Vereinbarungen

45 **1. Ausgangspunkt.** Als Inhaltsänderung des Sondereigentums bedürfen neue Vereinbarungen der Wohnungseigentümer prinzipiell der **Zustimmung aller dinglich Berechtigten.** Ob man dies aus einer direkten oder entsprechenden Anwendung der §§ 876, 877 BGB ableitet, spielt keine entscheidende Rolle. Erforderlich ist daher grundsätzlich deren materiell-rechtliche Zustimmung und der formelle Nachweis durch entsprechende Bewilligung (§§ 19, 29 GBO), soweit nicht auszuschließen ist, dass die Berechtigten von der Vereinbarung mit ihrem Recht nicht betroffen sind.[83] Für **Beschlüsse,** die **aufgrund gesetzlicher Öffnungsbestimmungen** (§ 12 Abs. 4 S. 1, § 16 Abs. 2 S. 2, § 19 Abs. 3) ergehen, gilt dieses Zustimmungserfordernis zwar nicht, durchaus aber – wie die Neuformulierung des § 5 Abs. 4 S. 1 durch das WEMoG zeigt – für die Eintragung von Beschlüssen im Grundbuch, die aufgrund vereinbarter Öffnungsklauseln gefasst werden. Dies gilt auch für **„Altbeschlüsse",** die vor dem 1.12.2020 ergangen sind, wobei fehlende Zustimmungen zwar die Grundbucheintragung hindern, so dass sie nach Ablauf der Übergangsfrist des § 48 Abs. 1 am 1.1.2026 nicht mehr gegen Rechtsnachfolger wirken, gleichwohl aber als schuldrechtlich wirksame Regelung im Innenverhältnis der Betroffenen gilt.[84]

46 **2. Die Regelung als Ausnahme.** Als Ausnahme von diesem Erfordernis der Zustimmung Drittberechtigter sieht § 5 Abs. 4 S. 2 vor, dass die Begründung und Aufhebung von **Vereinbarungen** der Wohnungseigentümer untereinander, sowie von Beschlüssen, die auf der Grundlage einer darin enthaltenen **Öffnungsklausel** ergehen, von dieser generell geltenden Zustimmungspflicht aller dinglich Berechtigten an den einzelnen Wohnungseigentumsrechten hinsichtlich eingetragener Hypotheken, Grund- und Rentenschulden sowie Reallasten befreit ist und dient damit der ganz

---

81 Vgl. *Lehmann-Richter/Wobst* ZWE 2020, 123 (126).

82 *Dötsch/Schultzky/Zschieschack* WEG-Recht 2021 Kap. 1 Rn. 53.

83 BGH NJW 1984, 2409; BayObLG NJW 2005, 444; *Hügel/Elzer* Rn. 50.

84 *Dötsch/Schultzky/Zschieschack* WEG-Recht 2021 Kap. 1 Rn. 72; aA *Becker/Schneider* ZfIR 2020, 281 (288).

erheblichen Vereinfachung, nicht nur des Grundbuchverfahrens, sondern allgemein der Möglichkeit zur Vornahme von Vereinbarungen der Wohnungseigentümer.[85]

Dies gilt allerdings **nur,** soweit mit der Vereinbarung der **„Inhalt" des Sondereigentums** (§ 5 Abs. 4 S. 1, § 10 Abs. 3) geregelt wird. Geht es um den dinglichen Bestand, also um den „Gegenstand" des Sondereigentums (§ 5 Abs. 1–3), so bedarf selbstverständlich nach allgemeinen Grundsätzen jede Änderung auch der Zustimmung der betroffenen Gläubiger von Hypotheken, Grund- und Rentenschulden sowie Reallasten (§§ 876, 877 BGB). **47**

Die Umwandlung einer **gemeinschaftlichen Heizungsanlage** in mehrere zum Sondereigentum gehörende einzelne Heizungsanlagen ist eine Änderung des Gegenstands des Sondereigentums und bedarf daher naturgemäß der Zustimmung der Drittberechtigten.[86] Anders ist dies zB bei einer Nutzungsänderung als „Umwandlung" von Wohnungs- in Teileigentum oder umgekehrt, so dass in diesen Fällen die Zustimmung etwaiger Drittberechtigter nicht erforderlich ist.[87] Ebenso bedarf die Eintragung eines Gebrauchsrechts für eine **Fotovoltaikanlage**[88] oder die Gestattung des Ausbaus einer **Spitzbodenfläche** zu Wohnzwecken[89] als Inhaltsbestimmung des Sondereigentums nicht der Gläubigerzustimmung. **48**

3. Die Unterausnahme bei Sondernutzungsrechten. Nach § 5 Abs. 4 S. 2 ist die Zustimmung eines Hypotheken-, Grundschuld-, Rentenschuld- oder Reallastgläubigers allerdings gemäß den allgemeinen Regelungen erforderlich bei der Begründung, der Aufhebung, der Änderung oder der Übertragung eines **Sondernutzungsrechts.** Nötig ist dann die Zustimmung der Berechtigten an den Wohnung- und Teileigentumseinheiten, die von der jeweiligen Maßnahme konkret mit dem jeweiligen Inhalt betroffen sind. Die Zustimmung ist auch erforderlich, wenn unmittelbar nach der Aufhebung ein neues Sondernutzungsrecht begründet wird.[90] Selbstverständlich gilt dies auch, wenn ein Sondernutzungsrecht „am ganzen Haus" neu begründet werden soll.[91] **49**

Diese Regelungen **vermeiden** die in der Praxis erhebliche **Verzögerungen und Mehrkosten** bei der nachträglichen Begründung oder Änderung von Vereinbarungen, da anderenfalls alle dinglich Berechtigten jeder Vereinbarung und deren Änderung bzw. Aufhebung in grundbuchmäßiger Form zustimmen müssten.[92] Bei Wohnungseigentümergemeinschaften mit über 100 Einheiten sind derartige Änderungen faktisch nur mit erheblichen Zeitverzögerungen oder bei Unerreichbarkeit eines Eigentümers oder zustimmungspflichtigen Gläubigers gar nicht durchführbar, was wiederum die Abwicklung von Kaufverträgen über einzelne Wohnungen erheblich verzögert oder unmöglich macht. **50**

4. Unschädlichkeitszeugnis. Gemäß den dazu bestehenden landesrechtlichen Vorschriften (vgl. Art. 120 EGBGB) besteht die Möglichkeit, mit einem Unschädlichkeitszeugnis zu vermeiden, dass die gemäß § 5 Abs. 4 S. 2 erforderlichen Zustimmung Drittberechtigter vorgelegt werden müssen. **51**

§ 6 Unselbständigkeit des Sondereigentums

(1) Das Sondereigentum kann ohne den Miteigentumsanteil, zu dem es gehört, nicht veräußert oder belastet werden.

(2) Rechte an dem Miteigentumsanteil erstrecken sich auf das zu ihm gehörende Sondereigentum.

Übersicht

[85] *Armbrüster* ZWE 2008, 329.
[86] OLG Düsseldorf ZWE 2010, 93.
[87] KG ZWE 2011, 84.
[88] OLG Saarbrücken ZWE 2011, 82.
[89] OLG Jena ZWE 2012, 40.
[90] OLG München MittBayNot 2009, 372 = RNotZ 2009, 541; ZWE 2014, 164; OLG Köln ZWE 2018, 317.
[91] OLG München ZWE 2012, 316.
[92] *Hügel* DNotZ 2007, 326 (350); *Saumweber* MittBayNot 2007, 357 (358 f.).

I. Normzweck

1 Der Miteigentumsanteil am aufgeteilten Grundstück und sein Sondereigentum bilden eine **rechtliche Einheit** und sind miteinander fest verbunden. Diese wechselseitige Abhängigkeit betrifft sowohl die Begründung, als auch – abgesehen von der Abtrennung von Teilen (→ Rn. 4) – den späteren Fortbestand dieses nur als Einheit zu denkenden Rechtsobjekts. Obwohl die sprachliche Fassung einen Vorrang des Miteigentumsanteils am Grundstück nahelegt, wird allgemein davon ausgegangen, dass jedenfalls eine **vollständige Abtrennung** beider Bestandteile im Sinne eines isolierten Miteigentumsanteils oder unabhängigen Sondereigentums bei Wohnungseigentum grundsätzlich **ausgeschlossen** ist. § 6 ist daher zwingendes Recht.[1]

II. Verbindung von Miteigentumsanteil und Sondereigentum

2 **1. Einheit von Miteigentumsanteil und Sondereigentum.** Sondereigentum kann nicht ohne den Miteigentumsanteil, zu dem es gehört, veräußert oder belastet werden (§ 6 Abs. 1). Insbesondere kann das **Sondereigentum nicht von seinem Miteigentumsanteil getrennt werden** und rechtlich selbständig sein.[2] Das Sondereigentum samt dem mit ihm verbundenen Miteigentumsanteil ist neben dem Miteigentum am Gemeinschaftseigentum und dem mitgliedschaftsrechtlichen Teilhaberecht einer der drei Bestandteile des Wohnungseigentums, welche die **Rechtsnatur** des Wohnungseigentums bilden (→ WEG Einl. Rn. 28). Damit ist umgekehrt zugleich festzuhalten, dass auch über einen Miteigentumsanteil nicht dergestalt isoliert verfügt werden kann, dass dadurch ein ohne Sondereigentum verbundener Anteil entstünde. Eine gegen das gesetzliche Verbot des § 6 Abs. 1 verstoßende Verfügung ist gemäß § 134 BGB **nichtig.** Daher ist auch ein gutgläubiger Erwerb eines Anteils oder des Sondereigentums ausgeschlossen.[3]

3 Die Grundregel des § 6 Abs. 1 ist so zu verstehen, dass auch **Bestandteile und Rechte,** die gemäß § 5 Abs. 4 Inhalt des Sondereigentums sind, etwa Sondernutzungsrechte, denselben Beschränkungen unterliegen. Auch sie können daher nicht dergestalt isoliert werden, dass sie mit keinem Miteigentumsanteil verbunden sind.

4 **2. Abtrennung von Miteigentumsanteil oder Sondereigentum.** Ohne weiteres möglich ist die Abtrennung von Teilen eines Miteigentumsanteils oder von einzelnen Räumen des Sondereigentums, wenn diese wiederum **einer anderen Sondereigentumseinheit zugeteilt** oder zugeordnet werden. Zweck des § 6 Abs. 1 ist es nicht, eine solche Übertragung innerhalb der Gemeinschaft zu verhindern, sondern lediglich zu vermeiden, dass isolierte Miteigentumsanteile oder anteilsloses Sondereigentum entstehen.[4] Folglich können auch etwaige Sondernutzungsrechte ohne weiteres innerhalb der Gemeinschaft so übertragen werden, dass sie einer anderen Sondereigentumseinheit zugewiesen werden. Hierzu bedarf es weder einer neuen Vereinbarung, noch der Mitwirkung der anderen Gemeinschaftsmitglieder.

5 **3. Vereinigung mit anderen Wohnungs- und Teileigentumsrechten.** Möglich ist auch die **Vereinigung** eines Sondereigentums und des mit ihm verbundenen Miteigentumsanteils mit einem anderen Sondereigentum und dessen Miteigentumsanteil,[5] so dass ein neues Sondereigentum mit einem einheitlichen Miteigentumsanteil entsteht.[6] Die mit dem einheitlichen Miteigentumsanteil verbundenen Sondereigentumseinheiten müssen untereinander nicht räumlich verbunden sein.[7]

[1] Bärmann/*Armbrüster* Rn. 2; BeckOGK/*Schultzky* Rn. 3; BeckOK WEG/*Gerono* Rn. 3.
[2] OLG Karlsruhe ZWE 2014, 162 = ZMR 2014, 303.
[3] BayObLG DNotZ 1988, 316; Bärmann/*Armbrüster* Rn. 17; BeckOK WEG/*Gerono* Rn. 3; BeckOGK/*Schultzky* Rn. 6; aA Staudinger/*Rapp,* 2018, Rn. 4b ff.
[4] OLG Zweibrücken ZWE 2001, 395; BeckOK WEG/*Gerono* Rn. 7.
[5] Staudinger/*Rapp,* 2018, Rn. 13; BeckOGK/*Schultzky* Rn. 40.
[6] BGH DNotZ 1983, 487.
[7] Staudinger/*Rapp,* 2018, Rn. 13b.

Im Grundbuch wird der Bestand des einen Wohnungs- oder Teileigentumsrechts dem anderen Bestand unter Schließung des einen Wohnungs- oder Teileigentumsgrundbuchs **zugeschrieben.** Sofern die Teilungserklärung keine besondere Regelung enthält, ist für die Vereinigung die Zustimmung der übrigen Miteigentümer nicht erforderlich.[8] Kostengünstiger ist es, das kleinere dem größeren Wohnungseigentumsrecht zuzuschreiben. 6

4. Unterteilung. Möglich ist auch die **Teilung** eines Miteigentumsanteils und des mit ihm verbundenen Sondereigentums in zwei oder mehrere Sondereigentumsrechte, wenn die entstehenden Sondereigentumseinheiten je für sich abgeschlossen sind (→ § 3 Rn. 62 f.). Im Regelfall bedarf es dazu einer Ergänzung zur **Abgeschlossenheitsbescheinigung,** welche die entstehenden Einheiten als für sich abgeschlossen erklärt und die abgetrennten Raumeinheiten mit einer eigenen Kennzeichnung versieht.[9] 7

Die Unterteilung ist **entsprechend § 8** wie die Aufteilung durch den Alleineigentümer zu behandeln.[10] Nach Unterteilung sind die entstandenen neuen Wohnungs- und Teileigentumsrechte isoliert veräußerlich. Die Unterteilung eines Wohnungs- oder Teileigentumsrechts ist ohne Zustimmung der übrigen Miteigentümer möglich.[11] 8

5. Änderung der Miteigentumsanteilsgröße. Selbstverständlich kann durch Vertrag aller Miteigentümer die Größe der Miteigentumsanteile verändert werden, ohne dass das Sondereigentum geändert wird. Die entsprechende Vereinbarung wird als Übertragung von Miteigentumsanteilen gemäß § 873 Abs. 1 BGB, § 925 BGB erfüllt. Dies kann zB erforderlich werden, wenn weiteres **neues Sondereigentum** geschaffen werden soll, da hierfür die Freisetzung von Miteigentumsanteilen und deren anschließende Verbindung mit dem neuen Sondereigentum unter verhältnismäßiger Kürzung der bestehenden Miteigentumsanteile erforderlich ist. Möglich ist auch die Übertragung von Miteigentumsanteilen zur Erhöhung eines anderen Miteigentumsanteils ohne Veränderung des Sondereigentums, wofür bei identischer Eigentumslage die einseitige Erklärung des Betroffenen[12] und bei verschiedenen Eigentümern der Übergang gemäß des § 873 Abs. 1 BGB, § 925 BGB ohne Mitwirkung der anderen Mitglieder der Gemeinschaft genügt.[13] Die **Zustimmung der Berechtigten von Belastungen** iSd §§ 876, 877 BGB ist hierfür bei gleichbleibenden Belastungen nicht erforderlich, sehr wohl aber, falls der Miteigentumsanteil mit gemäß § 4 Abs. 1 und 2 neu zu bildendem Sondereigentum verbunden werden soll.[14] 9

6. Miteigentum am Wohnungs- und Teileigentum. Unberührt von § 6 Abs. 1 bleibt die Möglichkeit, **ideelle Anteile** an einem Miteigentumsanteil, der mit einem Sondereigentumsrecht verbunden ist, zu **erwerben oder** zu **veräußern.** Eine Personenmehrheit kann zu ideellen Anteilen oder als Gesellschaft bürgerlichen Rechts einen Miteigentumsanteil erwerben, der mit einem Sondereigentum verbunden ist, wobei der mit dem Sondereigentum verbundene Miteigentumsanteil durch den Mehrpersonenerwerb nicht geändert wird. 10

Ebenso kann ein ideeller Anteil an einem Wohnungs- oder Teileigentum erworben werden, wodurch der Erwerber ideeller Miteigentümer an dem mit dem Sondereigentum verbundenen Miteigentumsanteil wird. Beispiele hierfür sind der Erwerb eines hälftigen ideellen Miteigentumsanteils an einem Duplex-Stellplatz oder eines Miteigentumsanteils an einer Hausmeisterwohnung oder einer sonstigen Gemeinschaftseinrichtung, für die ein selbständiges Teileigentumsgrundbuch angelegt wurde. 11

7. Isolierte Miteigentumsanteile. a) Entstehung. Isolierte Miteigentumsanteile sieht das Wohnungseigentumsgesetz zwar ausweislich § 6 Abs. 1 nicht vor. Entsteht jedoch das mit einem Miteigentumsanteil verbundene Sondereigentum nicht oder geht es unter, besteht zur Sicherung des Fortbestandes der anderen Wohnungseigentumsrechte ein überwiegendes Interesse, ausnahmsweise die Möglichkeit isolierter Miteigentumsanteile nicht auszuschließen.[15] 12

Bleiben nach erfolgter Aufteilung in Wohnungs- und Teileigentum infolge der Nichterstellung oder des Untergangs der mit dem Sondereigentum verbundenen Räume Miteigentumsanteile ohne 13

---

[8] Staudinger/*Rapp,* 2018, Rn. 13a; BeckOGK/*Schultzky* Rn. 43; s. auch DNotI-Report 2004, 85.

[9] Nach OLG Frankfurt ZWE 2012, 272 soll auch Sondereigentum entstehen, obwohl tatsächlich keine Abgeschlossenheit vorliegt.

[10] Staudinger/*Rapp,* 2018, Rn. 3.

[11] BGHZ 49, 250 = NJW 1968, 499; BeckOGK/*Schultzky* Rn. 32; zur Unterteilung umfassend DNotI-Report 2004, 85; → § 3 Rn. 62 f.

[12] BayObLG NZM 2000, 1232.

[13] Staudinger/*Rapp,* 2018, Rn. 22d; BeckOGK/*Schultzky* Rn. 20; Bärmann/*Armbrüster* Rn. 11; Palandt/*Wicke* Rn. 11.

[14] BayObLG DNotZ 1996, 297.

[15] BGHZ 109, 179 (184) = NJW 1990, 447 (448); BGHZ 130, 159 (170) = NJW 1995, 2851 (2853 f.).

Sondereigentum, entsteht **faktisch isoliertes Miteigentum.**[16] Die Existenz solcher separater Miteigentumsanteile in diesen Fällen rechtfertigt sich daraus, dass anderenfalls die Teilungserklärung unwirksam würde.[17] Die bereits wirksam entstandenen übrigen Wohnungs- und Teileigentumsrechte sowie an diesen bestehende Rechte verhindern allerdings eine solche enteignungsähnliche Konsequenz.[18]

14 **b) Rechtliche Behandlung.** Die isolierten Miteigentumsanteile **wachsen nicht** den übrigen Miteigentümern **zu,** sondern **verpflichten alle Miteigentümer** aufgrund des Gemeinschaftsverhältnisses, **die Teilungserklärung** in einer Weise **zu ändern,** dass die Miteigentumsanteile mit den für sie zur Verbindung vorgesehenen Sondereigentumseinheiten verbunden werden.[19]

15 Werden die betreffende Sondereigentumseinheit auch nachträglich nicht geschaffen oder wiederhergestellt, besteht aus dem Gemeinschaftsverhältnis ein **Anspruch auf Anpassung** der Teilungserklärung durch verhältniswahrende Verteilung des Miteigentumsanteils auf die übrigen Miteigentumsanteile, ggf. mit einer Ausgleichszahlung an den wegtretenden Miteigentümer.[20]

16 Nach **aA in Teilen der Lit.** ist das Entstehen isolierter Miteigentumsanteile bei Nichterstellung des Sondereigentums ausgeschlossen, weil bereits bei der Begründung von Sondereigentum kein isolierter Miteigentumsanteil entstehen kann. Folglich sei in diesen Fällen von einer Unwirksamkeit der Teilungsvereinbarung auszugehen mit der Folge, dass diese in korrigierter Form von sämtlichen Miteigentümern wiederholt werden muss.[21] Dieser Ansicht ist entgegenzuhalten, dass sie den erklärten Willen der übrigen Miteigentümer nicht beachtet.[22] Zudem ist die Annahme der Unwirksamkeit der Teilungserklärung in Fällen, in denen die Wohnungs- und Teileigentumsgrundbücher bereits angelegt sind, mit dem **Gutglaubensschutz** aus § 892 BGB gegenüber den Erwerbern der bereits entstandenen Wohnungs- und Teileigentumsrechte nicht vereinbar. Da zudem bei Annahme einer Unwirksamkeit der Teilungserklärung die Anlegung der Wohnungs- und Teileigentumsgrundbücher eine inhaltlich unzulässige Grundbucheintragung wäre, die ohne materielle Wirkung ist, könnte an die Eintragung ein Gutglaubensschutz gemäß § 892 BGB nicht angeknüpft werden.[23]

17 **8. Kein isoliertes Sondereigentum.** Isoliertes Sondereigentum ohne eigenen Miteigentumsanteil kann bei der Begründung von Wohnungseigentum nicht entstehen, da gemäß § 3 Abs. 1 bei der Aufteilung in Wohnungs- und Teileigentum mit jedem Miteigentumsanteil Sondereigentum an bestimmten Raumeinheiten verbunden werden muss.[24] Raumeinheiten, die **mit keinem Miteigentumsanteil verbunden** sind, verbleiben somit entsprechend § 1 Abs. 5 zwingend im **Gemeinschaftseigentum.** Ein von einem Wohnungseigentümer errichteter Anbau verbleibt ebenfalls im Gemeinschaftseigentum.[25] Die Instandhaltungs- und Instandsetzungspflichten für Räume, die infolge fehlgeschlagener Zuweisung zum Sondereigentum im Gemeinschaftseigentum verblieben sind und aufgrund ihrer Lage ausschließlich dem Zugriff eines Wohnungseigentümers unterliegen, können im Wege der Umdeutung gemäß § 140 BGB diesem Wohnungseigentümer auferlegt werden.[26]

III. Rechte am Sondereigentum

18 **1. Alleinige Nutzungs- und Verfügungsbefugnis.** § 6 Abs. 2 stellt klar, dass sich die Rechte an einem Miteigentumsanteil auf das mit ihm verbundene Sondereigentum erstrecken und ist Ausdruck der aus der Rechtsinhaberschaft am Miteigentumsanteil folgenden alleinigen Nutzungs- und Verfügungsbefugnis an dem Sondereigentum, welches mit dem Miteigentumsanteil verbunden ist. Eingetragene dingliche Rechte erstrecken sich sowohl bei einer Vergrößerung des Miteigentumsanteils als auch bei einer Erweiterung des Sondereigentums auf die hinzugekommenen Teile.[27]

---

[16] BGHZ 109, 179 (184) = NJW 1990, 447 (448); BGHZ 130, 159 (169) = NJW 1995, 2851 (2853 f.).
[17] So aber Weitnauer/*Briesemeister* § 3 Rn. 22 ff.
[18] BGHZ 109, 179 (184 f.) = NJW 1990, 447 (448).
[19] BGHZ 130, 159 (169) = NJW 1995, 2851 (2853 f.); Staudinger/*Rapp,* 2018, § 3 Rn. 70.
[20] BGHZ 109, 179 (185) = NJW 1990, 447 (448); BayObLG ZWE 2001, 69.
[21] Weitnauer/*Briesemeister* § 3 Rn. 26; BeckOK WEG/*Gerono* Rn. 3.
[22] BGHZ 130, 159 (170) = NJW 1995, 2851 (2853 f.).
[23] BGHZ 130, 159 (170 f.) = NJW 1995, 2851 (2853 f.).
[24] Staudinger/*Rapp,* 2018, § 3 Rn. 6.
[25] OLG Celle ZWE 2009, 128.
[26] OLG Karlsruhe ZWE 2011, 38 = ZMR 2010, 873.
[27] OLG Karlsruhe ZWE 2012, 208.

2. Kein Mitsondereigentum. Mitsondereigentum existiert nicht, da verschiedene Miteigentumsanteile nicht mit demselben Sondereigentum verbunden werden können.[28] Dies folgt aus der **Einheit** des mit einem Sondereigentum verbundenen Miteigentumsanteils. Die Unzulässigkeit von Mitsondereigentum ergibt sich direkt aus § 1 Abs. 2 und 3, wo bestimmt wird, dass Sondereigentum an Räumen mit einem Miteigentumsanteil am Gemeinschaftseigentum verbunden ist. 19

Die Gebäudeteile, an denen kein Sondereigentum begründet worden ist, **verbleiben** gemäß § 1 Abs. 5 **im Gemeinschaftseigentum** aller Miteigentümer. Jeder Raum kann entweder mit Sondereigentum und mit dem zu diesem gehörenden Miteigentumsanteil verbunden werden oder im Gemeinschaftseigentum verbleiben. Zwischenformen sieht das Gesetz nicht vor. Sind **Trennwände** zwischen mehreren Sondereigentumseinheiten vorhanden, so besteht hieran vertikal geteiltes Sondereigentum der betroffenen Einheiten, so wie dies bei Grenzanlagen zwischen verschiedenen Grundstücken gemäß §§ 921, 922 BGB der Fall ist.[29] 20

Die Annahme von Mitsondereigentum **verstößt auch gegen § 93 BGB.**[30] Sondereigentum kann nur an abgeschlossenen Raumeinheiten und deren wesentlichen Bestandteilen begründet werden. Da Mitsondereigentum nur an bestimmten Einrichtungen denkbar wäre, die ihrerseits wesentlicher Bestandteil des Sondereigentums sind, liegt in dieser Annahme ein Verstoß gegen § 93 BGB, welcher anordnet, dass wesentliche Bestandteile einer Sache nicht Gegenstand besonderer Rechte sein können. 21

Werden bestimmte Flächen des Gemeinschaftseigentums ausschließlich von einzelnen Miteigentümern genutzt und sind für die Nutzung der übrigen Wohnungs- und Teileigentumsrechte nicht notwendig, kann durch Begründung **gemeinschaftlicher Sondernutzungsrechte** (→ § 10 Rn. 20), welche im Grundbuch vermerkt werden, eine ausschließliche Berechtigung und Verpflichtung der beteiligten Sondereigentümer erreicht werden.[31] 22

Möglich ist nur **ideelles Miteigentum** an einem Miteigentumsanteil, der mit Sondereigentum verbunden ist. Die Miteigentümer eines Miteigentumsanteils können untereinander durch eine Nutzungsvereinbarung gemäß § 1010 BGB oder mit einer Benutzungsregelung gemäß § 15 Abs. 1, § 10 Abs. 3 die Benutzung des Sondereigentums regeln. Die Benutzungsregelung kann zu ihrer Verdinglichung in Abteilung II des Grundbuchs eingetragen werden. Zulässig ist auch die Verbindung eines Sondernutzungsrechts mit dem ideellen Miteigentumsanteil eines Wohnungsmiteigentümers.[32] 23

§ 7 Grundbuchvorschriften

(1) [1]Im Falle des § 3 Absatz 1 wird für jeden Miteigentumsanteil von Amts wegen ein besonderes Grundbuchblatt (Wohnungsgrundbuch, Teileigentumsgrundbuch) angelegt. [2]Auf diesem ist das zu dem Miteigentumsanteil gehörende Sondereigentum und als Beschränkung des Miteigentums die Einräumung der zu den anderen Miteigentumsanteilen gehörenden Sondereigentumsrechte einzutragen. [3]Das Grundbuchblatt des Grundstücks wird von Amts wegen geschlossen.

(2) [1]Zur Eintragung eines Beschlusses im Sinne des § 5 Absatz 4 Satz 1 bedarf es der Bewilligungen der Wohnungseigentümer nicht, wenn der Beschluss durch eine Niederschrift, bei der die Unterschriften der in § 24 Absatz 6 bezeichneten Personen öffentlich beglaubigt sind, oder durch ein Urteil in einem Verfahren nach § 44 Absatz 1 Satz 2 nachgewiesen ist. [2]Antragsberechtigt ist auch die Gemeinschaft der Wohnungseigentümer.

(3) [1]Zur näheren Bezeichnung des Gegenstands und des Inhalts des Sondereigentums kann auf die Eintragungsbewilligung oder einen Nachweis gemäß Absatz 2 Satz 1 Bezug genommen werden. [2]Veräußerungsbeschränkungen (§ 12) und die Haftung von Sondernachfolgern für Geldschulden sind jedoch ausdrücklich einzutragen.

(4) [1]Der Eintragungsbewilligung sind als Anlagen beizufügen:
1. eine von der Baubehörde mit Unterschrift und Siegel oder Stempel versehene Bauzeichnung, aus der die Aufteilung des Gebäudes und des Grundstücks sowie die Lage

[28] BGHZ 208, 29 = NJW 2016, 473; BayObLG MittBayNot 2000, 230; OLG Schleswig DNotZ 2007, 620; Bärmann/*Armbrüster* § 3 Rn. 29; Staudinger/*Rapp,* 2018, § 3 Rn. 10; Staudinger/*Rapp,* 2018, § 5 Rn. 31; BeckOGK/*Schultzky* § 5 Rn. 5.1; Weitnauer/*Briesemeister* § 3 Rn. 32.
[29] BGHZ 208, 29 = NJW 2016, 473; BGHZ 204, 364 = NJW 2015, 2489.
[30] BGHZ 130, 159 (169 f.) = NJW 1995, 2851 (2853 f.); Staudinger/*Rapp,* 2018, § 3 Rn. 10.
[31] Bärmann/*Armbrüster* § 3 Rn. 29; Weitnauer/*Briesemeister* § 3 Rn. 32; *Commichau* DNotZ 2007, 622.
[32] BGH DNotZ 2012, 769 = ZWE 2012, 359 mAnm *Armbrüster* = ZMR 2012, 795 = MittBayNot 2013, 133.

und Größe der im Sondereigentum und der im gemeinschaftlichen Eigentum stehenden Teile des Gebäudes und des Grundstücks ersichtlich ist (Aufteilungsplan); alle zu demselben Wohnungseigentum gehörenden Einzelräume und Teile des Grundstücks sind mit der jeweils gleichen Nummer zu kennzeichnen;

2. eine Bescheinigung der Baubehörde, daß die Voraussetzungen des § 3 Absatz 3 vorliegen.

[2]Wenn in der Eintragungsbewilligung für die einzelnen Sondereigentumsrechte Nummern angegeben werden, sollen sie mit denen des Aufteilungsplans übereinstimmen.

(5) Für Teileigentumsgrundbücher gelten die Vorschriften über Wohnungsgrundbücher entsprechend.

Übersicht

I. Normzweck

1 Die Regelungen des § 7 stellen die **Verbindung zwischen** dem **Wohnungseigentumsgesetz und** dem **formellen Grundbuchrecht** her. Weitere grundbuchrechtlich relevante Vorschriften des WEG sind in § 8 Abs. 2 und § 9 zu finden. Insoweit treten bei Aufteilung eines Grundstücks in Wohnungs- oder Teileigentum die für die damit verbundenen Miteigentumsanteile angelegten Grundbuchblätter an die Stelle des Grundstücksgrundbuchs. Die für Wohnungs- und Teileigentumsgrundbücher bestehenden grundbuchrechtlichen Details ergeben sich aus der Wohnungsgrundbuchverfügung (WGV).[1]

II. Wohnungs- und Teileigentumsgrundbuch

2 **1. Anlegung der Grundbücher. a) Allgemeines.** § 7 Abs. 1 bestimmt, dass für jeden Miteigentumsanteil, der mit Sondereigentum verbunden ist, ein eigenes **Wohnungs- oder Teileigentumsgrundbuchblatt** anzulegen ist. Das Wohnungs- oder Teileigentumsgrundbuch ist sodann Grundbuch iSd GBO[2] und bewirkt, dass jedes Wohnungs- und Teileigentum wie ein selbstständiges Grundstück zu behandeln ist.

2a Voraussetzung für die Entstehung des Wohnungs- und Teileigentums ist die **Anlegung je eines besonderen Grundbuchblatts** für jede einzelne Einheit. Auf diese Weise wird deutlich, dass das Wohnungs- oder Teileigentum nicht nur Grundstücksrechte sind, sondern dem Grundstück vergleichbares Grundeigentum ist.[3] Nach Anlegung eines Wohnungs- oder Teileigentumsgrundbuchblatts kann jedes einzelne Wohnungs- oder Teileigentumsrecht wie ein Grundstück mit dinglichen Rechten (zB Dienstbarkeiten, Vorkaufsrechten, Reallasten und Grundpfandrechten) belastet werden.

3 Da auch nach Schließung des ursprünglichen Grundbuchblatts (§ 7 Abs. 1 S. 3) das **Grundstück** selbst in Form der auf den einzelnen Wohnungs- und Teileigentumsgrundbüchern eingetragenen

[1] Zuletzt idF vom 24.1.1995, BGBl. 1995 I 134, bekannt gemacht und zuletzt geändert durch Art. 5 WEMoG vom 16.10.2020, BGBl. 2020 I 2187.

[2] Weitnauer/*Briesemeister* Rn. 1; *Hügel/Elzer* Rn. 2.

[3] Staudinger/*Rapp,* 2018, Rn. 2; Bärmann/*Armbrüster* Rn. 6.

Miteigentumsanteile (vgl. § 6 Abs. 1) fortbesteht,[4] kann es auch nach der Aufteilung **„als Ganzes"** mit einem Gesamtrecht **belastet werden,** wobei sowohl ein Dritter als auch ein Wohnungseigentümer Berechtigter sein können.[5] Insbesondere können zB Dienstbarkeiten weiterhin am Gesamtgrundstück bestehen bleiben oder bestellt werden.[6] Bei das ganze Grundstück betreffenden Verfügungsbeschränkungen und bei Rechten, die ihrer Natur nach nur am gesamten Grundstück bestehen können, wie etwa Dienstbarkeiten in Form von Geh- und Fahrtrechten, ist die Eintragung gemäß § 4 WGV so vorzunehmen, dass die Belastung des ganzen Grundstücks erkennbar ist.

b) Inhalt. Das Grundbuchblatt folgt systematisch einem Grundstücksgrundbuch und teilt sich wie dieses in ein Bestandsverzeichnis sowie die Abteilungen I, II und III, deren Funktion mit denen eines Grundstücksgrundbuchs identisch ist.[7] Eingetragen wird der **Gegenstand des Sondereigentums,** also die Zuordnung der mit dem Miteigentumsanteil zur Nutzung verbundenen Räume. Ferner wird durch Bezugnahme der Inhalt des Sondereigentums als Ergebnis der damit verbundenen Rechte und Pflichten bestimmt, also insbesondere der nach § 10 Abs. 1 und 3 getroffenen Vereinbarungen. 4

Das Grundbuchblatt des Wohnungs- oder Teileigentumsgrundbuchs unterscheidet sich von dem eines Grundstücksgrundbuches im Bestandsverzeichnis dadurch, dass ein Miteigentumsanteil an dem Stammgrundstück sowie das mit diesem Miteigentumsanteil verbundene Sondereigentum unter **Bezugnahme auf den Aufteilungsplan** angeführt werden. Weiterhin sind gemäß § 7 Abs. 1 S. 2 im Bestandsverzeichnis als Beschränkung des Miteigentums die Einräumung der zu den anderen Miteigentumsanteilen gehörenden Sondereigentumsrechte sowie die Einräumung von Sondernutzungsrechten anzugeben (vgl. § 3 WGV).[8] 5

c) Bezeichnung des Grundbuchs. Für die Bezeichnung des Grundbuchblatts sieht § 2 S. 1 WGV entweder die Beschreibung als **„Wohnungsgrundbuch"** oder als **„Teileigentumsgrundbuch"** vor, je nach entsprechender Nutzungsmöglichkeit des Sondereigentums (§ 1 Abs. 2 und 3). Sind Räume beider Nutzungsarten mit dem Miteigentumsanteil als Sondereigentum verbunden, soll der überwiegende Zweck maßgeblich sein und dann, wenn ein solcher nicht offensichtlich ist, die Bezeichnung „Wohnungs- und Teileigentumsgrundbuch" verwendet werden (§ 2 S. 2 WGV). Letzteres gilt – auch ohne entsprechende Norm – naturgemäß dann, wenn für sämtliche Räume beide Nutzungsarten zugelassen sind. 6

Die anhand der festgelegten Nutzung **richtige Bezeichnung** ist **nicht Voraussetzung für die Wirksamkeit der Aufteilung.** Verlautbart also das Grundbuch die falsche Bezeichnung als „Wohnungseigentum", obwohl die Voraussetzungen des § 1 Abs. 2 nicht vorliegen, weil eine Nutzung zu Wohnzwecken laut Gemeinschaftsordnung als Vereinbarung nicht gestattet ist, bedarf es einer entsprechenden Richtigstellung im Grundbuch, nicht aber der amtswegigen Löschung gemäß § 53 Abs. 1 S. 2 GBO.[9] 7

d) Prüfungspflichten des Grundbuchamts. aa) Allgemeines. Das Grundbuchamt hat nach allgemeinen Grundsätzen zu überprüfen, ob die dem Antrag auf Aufteilung in Wohnungseigentum beizufügenden Unterlagen vollständig sind und keine offensichtlichen Unrichtigkeiten enthalten.[10] Hierbei ist neben den formellen Vollzugsvoraussetzungen auch die Verfügungsbefugnis des Bewilligenden zu prüfen. Eine weitergehende **materielle Prüfungspflicht** des Grundbuchamtes besteht nach wohl hM nicht, da das Grundbuchamt auf die Richtigkeit der notariellen Teilungserklärung sowie der Abgeschlossenheitsbescheinigung des Bauamts oder der nach Landesrecht zuständigen Bausachverständigen vertrauen darf. Gleichwohl besteht ein **Prüfungsrecht.**[11] Nicht Gegenstand des Grundbuchverfahrens ist dagegen die tatsächliche Bauausführung, so dass etwa die Feststellung von Abweichungen zwischen Aufteilungsplan und realem Gebäudebestand außerhalb des grundbuchamtlichen Aufgabenbereichs liegt.[12] Das Grundbuchverfahren ist in diesem Sinne ein reines Aktenverfahren, dessen Grundlage nur die eingereichten Dokumente sind. 8

bb) Abgeschlossenheitsbescheinigung und Aufteilungsplan. Zum einen ist vom Grundbuchamt im Sinne einer Pflichtaufgabe zwingend zu überprüfen, ob der der Teilungserklärung 9

4 OLG Hamm NJW-RR 2000, 1403; NK-BGB/*Heinemann* § 1 Rn. 6; *Hügel/Elzer* Rn. 17.
5 OLG Zweibrücken ZWE 2014, 123.
6 OLG Zweibrücken ZWE 2014, 123.
7 S. detailliert BeckOK WEG/*Kral* Rn. 3 ff.
8 BeckOGK/*Schultzky* Rn. 11 ff.; Bärmann/*Armbrüster* Rn. 32 ff.; BeckOK WEG/*Kral* Rn. 3 ff.
9 Palandt/*Wicke* § 1 Rn. 1; aA OLG München FGPrax 2017, 17; BayObLG NJW-RR 1998, 735.
10 OLG Frankfurt ZWE 2012, 34.
11 Bärmann/*Armbrüster* Rn. 121; BeckOGK/*Schultzky* Rn. 76; Staudinger/*Rapp,* 2018, Rn. 29; Weitnauer/*Briesemeister* Rn. 21.
12 Weitnauer/*Briesemeister* Rn. 21; BeckOK WEG/*Kral* Rn. 79; *Hügel/Elzer* Rn. 52.

zugrundeliegende **Aufteilungsplan mit** der **Abgeschlossenheitsbescheinigung und** den Vorgaben der **Teilungserklärung übereinstimmt.** Wurde die Teilungserklärung vor Erteilung der Abgeschlossenheitsbescheinigung beurkundet, muss das Grundbuchamt weiter prüfen, ob der der Teilungserklärung zugrundeliegende Aufteilungsplan mit dem der Abgeschlossenheitsbescheinigung beigefügten Aufteilungsplan übereinstimmt.[13]

10 Das Grundbuchamt ist nach hM nicht an die Feststellungen des Bauamtes zur Abgeschlossenheit einzelner Wohnungs- oder Teileigentumseinheiten gebunden und hat seinerseits die Befugnis die Abgeschlossenheitsbescheinigung materiell zu überprüfen.[14] Die Begründung ergibt sich daraus, dass es sich bei der Abgeschlossenheitsbescheinigung um eine Eintragungsvoraussetzung iSd § 29 GBO handelt.[15] Die **Überprüfungsbefugnis** des Grundbuchamts bezieht sich auf das Merkmal der räumlichen Abgeschlossenheit des Sondereigentums und die Eindeutigkeit der Aufteilungspläne.[16] Dagegen hat es keine Überprüfung der Einhaltung bauordnungsrechtlicher Vorschriften vorzunehmen[17] und auch nicht zu prüfen, ob die technischen Erfordernisse für die Richtigkeit der Bescheinigung gegeben sind.[18]

11 Ausgangspunkt für eine solche Prüfung muss sein, ob aus Sicht des Grundbuchamts **begründete Zweifel** an der Richtigkeit der bescheinigten Aufteilungspläne bestehen.[19] Dies wird insbesondere dann der Fall sein, wenn sich unübersehbare Fehler im Rahmen einer Offensichtlichkeitskontrolle aufdrängen.

12 **cc) Teilungserklärung und Gemeinschaftsordnung.** Der **Umfang der Prüfungsaufgabe des Grundbuchamts** in Bezug auf die Vereinbarungen der Wohnungseigentümer in der Gemeinschaftsordnung ist gesetzlich nicht eindeutig festgelegt. Jedenfalls wird man aber die Beanstandung solcher Regelungen für notwendig erachten müssen, die **offensichtlich gegen zwingendes Recht** verstoßen.[20] Es ist nicht Aufgabe des Grundbuchamts rechtlich zweifelhafte oder fragwürdige Gestaltungen zu beanstanden, ebenso wenig sind die getroffenen Regelungen auf ihre **Zweckmäßigkeit** hin zu überprüfen.[21] Dies ist ggf. Sache der Beteiligten Personen im Rahmen eines vor dem Prozessgericht auszuführenden Rechtsstreits.

13 Nur im Rahmen dieser **Offensichtlichkeitskontrolle** unterliegt die Gemeinschaftsordnung einer Inhaltskontrolle durch das Grundbuchamt nach den §§ 242, 315 BGB im Blick auf möglicherweise **diskriminierende Bestimmungen.**[22] So kann die Bestimmung, die einem zukünftigen Wohnungseigentümer einer Altenwohnanlage in der Gemeinschaftsordnung die Pflicht zum Abschluss eines bestimmten Betreuungsvertrages mit einer Laufzeit von mehr als zwei Jahren auferlegt unwirksam sein.[23] Ebenso ist eine Regelung unwirksam, die den aufteilenden Eigentümer von allen Verwaltungs- und Instandhaltungskosten befreit.[24]

14 **2. Schließung des Grundstücksgrundbuchs.** Nach Anlage der einzelnen Wohnungsgrundbücher ist das **Stammgrundbuch** von Amts wegen zu schließen (§ 7 Abs. 1 S. 3). Wird die Aufteilung in Wohnungseigentum rückgängig gemacht, sind gemäß § 9 die einzelnen Wohnungs- oder Teileigentumsgrundbücher unter gleichzeitiger Anlegung eines neuen Grundstücksgrundbuchblatts wieder zu schließen.

III. Eintragung von Beschlüssen

15 Beschlüsse, die aufgrund einer **Öffnungsklausel** in der Gemeinschaftsordnung zur Änderung von Vereinbarungen gefasst werden können, müssen auf dem in § 7 Abs. 2 vorgesehenen Weg in

---

13 BayObLG ZMR 2003, 370 = MittBayNot 2003, 127.

14 BGH NJW 1991, 1611; BGHZ 119, 42 = NJW 1992, 3290; OLG Nürnberg NZM 2012, 867; OLG Frankfurt ZWE 2012, 34; BayObLG ZMR 2003, 370 = MittBayNot 2003, 127; Bärmann/*Armbrüster* Rn. 124; Staudinger/*Rapp,* 2018, Rn. 29; BeckOK WEG/*Kral* Rn. 76 ff.; BeckOGK/*Schultzky* Rn. 87; Weitnauer/*Briesemeister* Rn. 22; *Hügel/Elzer* Rn. 54.

15 Staudinger/*Rapp,* 2018, Rn. 31.

16 Staudinger/*Rapp,* 2018, Rn. 31.

17 BGHZ 119, 42 (51) = NJW 1992, 3290; OLG München ZWE 2011, 265; Bärmann/*Armbrüster* Rn. 121; Staudinger/*Rapp,* 2018, Rn. 31; BeckOK WEG/*Kral* Rn. 79.

18 OLG Frankfurt ZWE 2012, 34; *Hügel/Elzer* Rn. 54.

19 BayObLGZ 1984, 136 = MittBayNot 1984, 184; vgl. BeckOK WEG/*Kral* Rn. 79: „offenbare Unrichtigkeiten".

20 BGH DNotZ 1988, 24; KG NotBZ 2017, 338; BayObLG DNotZ 2000, 205; *Hügel/Elzer* Rn. 55; Bärmann/*Armbrüster* Rn. 126; Staudinger/*Rapp,* 2018, Rn. 32; BeckOGK/*Schultzky* Rn. 79; aA Zimmer NJW 2014, 337 (341).

21 LG Mainz MittRhNotK 2000, 168; Staudinger/*Rapp,* 2018, Rn. 35.

22 BGHZ 130, 304 (312) = NJW 1995, 2791 (2793); Staudinger/*Rapp,* 2018, Rn. 37; Weitnauer/*Briesemeister* Rn. 29.

23 BGH NJW 2007, 213.

24 AG München ZMR 2012, 306.

das Grundbuch durch Bezugnahme eingetragene werden, um gegen Sonderrechtsnachfolger zu wirken. Dies lässt sich aus dem Zusammenspiel der Regelungen in § 10 Abs. 2 und 3 mit § 5 Abs. 4 S. 1 erkennen.

Hierbei wird die **Eintragung** allerdings insoweit **erleichtert,** als es nicht – wie eigentlich gemäß § 19 GBO erforderlich – der entsprechenden Bewilligung aller Wohnungs- und Teileigentümer bedarf. Vielmehr lässt es § 7 Abs. 2 genügen, die **Beschlussfassung** oder die gerichtliche Entscheidung in grundbuchmäßiger Form **nachzuweisen.** Die damit verbundene Absenkung der für das Grundbuchverfahren vorgesehenen Formalitäten ist im Sinne der Praktikabilität des Grundbuchvollzug nachvollziehbar, bringt allerdings die Gefahr mit sich, dass ggf. unwirksame Beschlüsse eingetragen werden. 16

IV. Eintragung und Bezugnahme im Grundbuch

1. Bezugnahme. § 7 Abs. 3 gestattet zur näheren Bezeichnung des Gegenstandes und des Inhalts eines Wohnungs- und Teileigentumsrechts die **Bezugnahme auf die Eintragungsbewilligung,** die im Zusammenhang mit der Teilungsvereinbarung (§ 3) oder der Teilungserklärung (§ 8) abgegeben wird. Dies erfolgt im Rahmen des § 3 WGV im Bestandsverzeichnis des Wohnungs- oder Teileigentumsgrundbuchs. In jedem Fall ist dort der Miteigentumsanteil sowie die Nummer des mit diesem verbundenen Sondereigentums aus dem Aufteilungsplan zu vermerken. Eine Änderung im Bestand der zum Sondereigentum gehörenden Räume ist auf dem Grundbuchblatt zu vermerken, das heißt eine Bezugnahme auf die Eintragungsbewilligung reicht in diesem Fall nicht aus.[25] 17

Durch die Bezugnahme auf die Eintragungsbewilligung wird diese und der ihr zugrundeliegende Aufteilungsplan Inhalt des Grundbuchs und nimmt an dessen **öffentlichen Glauben** teil.[26] In der Praxis wird von der Möglichkeit der Bezugnahme Gebrauch gemacht, wobei die Abgrenzung zwischen notwendiger Verlautbarung, also der Ausführlichkeit der Beschreibung der zum Sondereigentum gehörenden Räume, und der erlaubten Bezugnahme nicht festgelegt ist. Für die Anknüpfung des **guten Glaubens** eines Erwerbers kommt es allein auf Inhalt des Grundbuchs an.[27] 18

Zur Grundbuchklarheit ist es wünschenswert, dass grundsätzlich auch eine **schlagwortartige Bezeichnung** des Inhalts der zu einem bestimmten Sondereigentum gehörenden Sondernutzungsrechte im Bestandsverzeichnis des betreffenden Wohnungs- oder Teileigentumsgrundbuchs erfolgt.[28] Eine Verpflichtung der Grundbuchämter hierzu besteht nicht.[29] 19

2. Veräußerungsbeschränkungen. Gemäß § 7 Abs. 3 S. 2 und § 3 Abs. 2 ist im Bestandsverzeichnis jedes Wohnungs- und Teileigentumsrechts in jedem Fall eine durch die Teilungserklärung oder die Gemeinschaftsordnung angeordnete **Veräußerungsbeschränkung** gemäß § 12 für rechtsgeschäftliche Übertragungen des Wohnungs- oder Teileigentums aufzuführen. Der Meinung, nach der eine Veräußerungsbeschränkung gemäß § 12 auch ohne Eintragung im Grundbuch wirksam besteht,[30] kann im Blick auf den Gutglaubensschutz eines Erwerbers, der sich gemäß § 892 Abs. 1 S. 2 BGB auf den Inhalt des Grundbuchs bezieht, mit der wohl inzwischen hM nicht gefolgt werden.[31] 20

Bei der Grundbucheintragung sollten die Tatbestände, die von der Veräußerungsbeschränkung ausgenommen sind, ebenfalls vermerkt werden.[32] Typischerweise ist trotz Anordnung einer Veräußerungsbeschränkung gemäß § 12 eine **Ausnahme von dem Zustimmungserfordernis** für Fälle der Erstveräußerung, der Veräußerung oder Übertragung an Ehegatten, Lebenspartner iSd LPartG (soweit diese nicht gemäß § 20a LPartG in eine Ehe umgewandelt wurde) oder Verwandte in gerader Linie, andere Miteigentümer der Gemeinschaft sowie einer Veräußerung im Wege der Zwangsversteigerung vorgesehen. 21

3. Haftung von Sondernachfolgern. Ebenso ist gemäß § 7 Abs. 3 S. 2 und § 3 Abs. 2 im Bestandsverzeichnis jedes Wohnungs- und Teileigentumsrechts jede Vereinbarung ausdrücklich zu vermerken, die eine **Haftung von Sondernachfolgern für Geldschulden** (vgl. hierzu § 288 22

[25] BGH NJW 2007, 3777.
[26] BGHZ 130, 159 (166 f.) = NJW 1995, 2851 (2853 f.); BGH NJW-RR 2005, 10; OLG München ZWE 2013, 450; Staudinger/*Rapp,* 2018, Rn. 39; *Hügel/Elzer* Rn. 9.
[27] OLG Zweibrücken ZWE 2011, 414.
[28] OLG München ZWE 2013, 404.
[29] OLG München ZWE 2007, 110; OLG Zweibrücken ZMR 2007, 490; Staudinger/*Rapp,* 2018, Rn. 9.
[30] Riecke/Schmid/*Schneider* § 12 Rn. 17; Weitnauer/*Lüke* § 12 Rn. 6.
[31] Jennißen/*Krause* Rn. 14c; Staudinger/*Kreuzer,* 2018, § 12 Rn. 10; Staudinger/*Rapp,* 2018, Rn. 8; Bärmann/*Suilmann* Rn. 8.
[32] Staudinger/*Rapp,* 2018, Rn. 8.

BGB) vorsehen. Fehlt ein entsprechender Vermerk ist für gutgläubige Erwerber gemäß § 892 Abs. 1 S. 2 BGB gemäß dem Inhalt des Grundbuchs davon auszugehen, dass keine entsprechende Haftung besteht. Dies gilt – zumindest nach Ablauf der Übergangsfrist des § 48 Abs. 1 – auch für „Altvereinbarungen", die vor Inkrafttreten des WEMoG am 1.12.2020 getroffen wurden.[33]

23 **4. Sondernutzungsrechte.** Weiterhin kann der Aufteilungsplan die Nutzung einzelner im Gemeinschaftseigentum verbleibender Flächen vorgeben und insbesondere auch Flächen bezeichnen, an denen **Sondernutzungsrechte** für einzelne Wohnungs- oder Teileigentumsrechte begründet werden. Enthält der Aufteilungsplan diesbezüglich Festlegungen, sind diese in der Teilungserklärung zu wiederholen und ausdrücklich als Sondernutzungsrechte zur Eintragung in das Grundbuch zu bewilligen und zu beantragen.[34] Bei einem **Widerspruch zwischen dem Aufteilungsplan und dem Text der Teilungserklärung** ist eine Eintragung des Sondernutzungsrechts unzulässig.[35] Wenn zusätzlich zu den Festlegungen im Aufteilungsplan Sondernutzungsrechte an Grundstücksflächen unmittelbar oder durch spätere Zuordnung begründet werden sollen ist für deren Eintragung im Grundbuch neben der Bewilligung ein zusätzlicher **Lageplan** mit der genauen Bestimmung der räumlichen Lage und Ausdehnung dieser Grundstücksflächen beizufügen.[36]

24 **5. Auslegung.** Der Aufteilungsplan und das Teilungsgeschäft – Vereinbarung gemäß § 3 oder Erklärung nach § 8 – sind die gleichberechtigten Grundlagen für die Entstehung des Sondereigentums und damit auch für die Frage, was dessen Gegenstand – und folglich im Umkehrschluss was Gemeinschaftseigentum – ist. Insoweit gilt der **Grundsatz,** dass alles, was **nicht eindeutig** als **Sondereigentum** eingeordnet werden kann, **im gemeinschaftlichen Eigentum steht.**[37] Zudem muss auf jeden Fall Übereinstimmung zwischen Aufteilungsplan und der Teilungserklärung bzw. dem Teilungsvertrag bestehen. Verbleibt also ein unauflösbarer Widerspruch diesen beiden gleichrangigen Grundlagen, entsteht wegen fehlender sachenrechtlicher Bestimmtheit kein Sondereigentum.[38] Mangels sachenrechtlicher Grundlage ist auch ein **gutgläubiger Erwerb** des Sondereigentums **ausgeschlossen,** zumal unklar ist, woran hierfür anzuknüpfen wäre, da weder Aufteilungsplan, noch Teilungsgeschäft Vorrang beanspruchen dürfen und im Grundbuch auf beides zugleich Bezug genommen ist.[39]

25 Bestimmungen der Teilungsvereinbarung oder -erklärung müssen – unter Umständen auch ergänzend – ausgelegt werden.[40] Wegen der Bezugnahme im Grundbuch ist hierbei zunächst maßgeblich auf den **Wortlaut und Sinn,** wie er sich aus unbefangener Sicht als nächstliegende Bedeutung der Eintragung ergibt, abzustellen, weil auch Sonderrechtsnachfolger gebunden sind. Damit dürfen nach der stRspr des **BGH** Umstände außerhalb der Eintragung nur herangezogen werden, wenn sie nach den besonderen Verhältnissen des Einzelfalls für jedermann ohne weiteres erkennbar sind.[41] Was allerdings die **Nutzung** des Sondereigentums angeht – als Wohnung oder zu anderen Zwecken (§ 1 Abs. 2 und 3 sowie § 3 Abs. 1 S. 1) – so ist eine Angabe im Aufteilungsplan im Zweifel ohne Bedeutung, wenn das Teilungsgeschäft samt Vereinbarungen insoweit Abweichendes vorsieht. Entsprechende **Angaben im Plan** sind daher grundsätzlich nicht als Nutzungsbeschränkungen zu verstehen.[42]

26 Dies gilt insbesondere für die Frage des Gegenstands des Sondereigentums (§ 3 Abs. 1 S. 1). Hierfür ist alleine der **Aufteilungsplan** maßgeblich, auf den die Grundbucheintragung gemäß § 7 Abs. 3 Bezug nimmt. Grund dafür ist, dass diese Unterlagen für jedermann in gleicher Weise erkennbar sind.[43]

V. Abgeschlossenheitsbescheinigung und Aufteilungsplan

27 **1. Aufteilungsplan. a) Allgemeines.** Für die Anlegung der Wohnungsgrundbücher muss gemäß § 7 Abs. 4 S. 1 Nr. 1 und 2 ein behördlich genehmigter Aufteilungsplan, welcher der **Bescheinigung der Abgeschlossenheit** der zu Sondereigentum zu erklärenden Raumeinheiten als Anlage beigefügt ist, eingereicht werden. Mit Einreichung einer Abgeschlossenheitsbescheinigung

---

[33] *Dötsch/Schultzky/Zschieschack* WEG-Recht 2021 Kap. 1 Rn. 78.
[34] Staudinger/*Rapp,* 2018, Rn. 19.
[35] OLG München ZWE 2017, 211.
[36] OLG München ZWE 2016, 19.
[37] Vgl. *Hügel/Elzer* Rn. 7.
[38] OLG München ZWE 2017, 175; *Hügel/Elzer* Rn. 16.
[39] Vgl. BGH NJW 1995, 2851; OLG Hamm NJW-RR 2012, 592; *Hügel/Elzer* Rn. 16.
[40] BGH NJW 2019, 3716; NJW-RR 2016, 1107.
[41] BGH NJW 2019, 3716; 2018, 1309; NJW-RR 2018, 1419.
[42] BGH NZM 2013, 153 = ZWE 2013, 20.
[43] BGHZ 208, 29 = NJW 2016, 473.

nebst Aufteilungsplan der zuständigen Stelle wird diese Vorgabe erfüllt.[44] Erforderlich ist hierbei ein Aufteilungsplan für das **Gebäude und** – seit 1.12.2020 gemäß der Anpassung durch das WEMoG – auch für das **Grundstück.** Auch dann, wenn an Freiflächen kein Sondereigentum begründet wird (vgl. § 3 Abs. 3), bedarf es also eines amtlichen Lageplans für das Grundstück als diesbezüglicher Aufteilungsplan.[45]

b) Zusammenhang mit Baugenehmigung. Bei Neubauvorhaben läuft das Verfahren auf Erteilung einer Abgeschlossenheitsbescheinigung oftmals parallel zum Baugenehmigungsverfahren, wobei die Abgeschlossenheitsbescheinigung im Regelfall nicht vor der Erteilung der Baugenehmigung ausgestellt wird. In den Fällen, in denen ein bereits errichtetes Gebäude nachträglich in Wohnungseigentum aufgeteilt wird, setzt die Erteilung einer Abgeschlossenheitsbescheinigung **kein neuerliches Baugenehmigungsverfahren** voraus, sofern das Gebäude nicht umgebaut wird. In diesen Fällen kann der Antrag auf Erteilung einer Abgeschlossenheitsbescheinigung auf der Grundlage einer Baubestandszeichnung gestellt werden,[46] der durch die zuständige Stelle ggf. auch vor Ort geprüft wird. 28

c) Bestimmtheitsgrundsatz. Der Aufteilungsplan gemäß § 7 Abs. 4 S. 1 Nr. 1 sichert den sachenrechtlichen Bestimmtheitsgrundsatz.[47] Mangelnde Bestimmtheit **hindert** die Entstehung von Sondereigentum[48] oder von Sondernutzungsrechten.[49] Im Aufteilungsplan sind die einzelnen Sondereigentumseinheiten mit einer eigenen Nummer zu versehen, wobei zu beachten ist, dass jede Sondereigentumseinheit über eine Fläche des Gemeinschaftseigentums **erreichbar** sein muss.[50] Bestehen zwischen Bezeichnungen im Aufteilungsplan und Bestimmungen in der Teilungserklärung unauflösbare **Widersprüche,** fehlt es an der für die Entstehung von Sondereigentum erforderlichen Bestimmtheit des Aufteilungsplans.[51] 29

Die Vorlage eines **Lageplans** ist nur dann erforderlich, wenn anders eine eindeutige Bestimmung der räumlichen Lage der einzelnen Sondereigentumsrechte oder Sondernutzungsrechte auf einem Grundstück im Verhältnis zueinander nicht möglich ist, wie zB bei der Aufteilung von mehreren einzelnen Gebäudekomplexen auf einem Grundstück.[52] Generell muss allerdings aus dem Aufteilungsplan auch der Standort des Gebäudes ersichtlich sein.[53] 30

d) Nummerierung der Räume. Sämtliche zu einem Sondereigentum gehörenden Räume sind jeweils mit der gleichen **Nummer** zu kennzeichnen,[54] wobei die Nummerierung selbst **freiem Ermessen** unterliegt, so dass auch „Bruchnummern" (zB 1.1 bis 1.18) denkbar sind und die Nummerierung weder fortlaufend, noch lückenlos sein muss. Zudem kann die Kennzeichnung auch durch Umrandung einer einzelnen Einheit mit einer hierfür einmalig im Aufteilungsplan verwandten Farbe oder durch farbliche Ausfüllung sämtlicher zu demselben Wohnungseigentum gehörenden Räume mit der gleichen Farbe unter gleichzeitiger Zuordnung einer Nummer erfolgen.[55] Gleiches gilt auch dann, wenn an einzelnen Garagenstellplätzen oder Abstellräumen Sondereigentum begründet werden soll.[56] 31

Gemäß § 7 Abs. 4 S. 2 sollen die Nummern im Aufteilungsplan mit den Nummern in der Eintragungsbewilligung **übereinstimmen.** Werden nachträglich ohne Änderung der Abgeschlossenheitsbescheinigung Sondereigentumsrechte miteinander verbunden, können jedoch auch Räume mit unterschiedlichen Nummern zu einem Wohnungs- oder Teileigentumsrecht verbunden werden.[57] Einer neuen Abgeschlossenheitsbescheinigung bedarf es in diesem Fall nicht.[58] 32

---

[44] OLG Frankfurt ZWE 2018, 160.
[45] *Dötsch/Schultzky/Zschieschack* WEG-Recht 2021 Kap. 1 Rn. 79.
[46] Bärmann/*Armbrüster* Rn. 81.
[47] BGH NJW 2016, 473; BayObLG NJW-RR 2003, 446; Bärmann/*Armbrüster* Rn. 78; Staudinger/*Rapp,* 2018, Rn. 16; Weitnauer/*Briesemeister* Rn. 20; *Hügel/Elzer* Rn. 23.
[48] OLG Zweibrücken ZWE 2006, 186.
[49] KG ZWE 2007, 447.
[50] OLG München ZWE 2018, 442.
[51] OLG Hamm ZMR 2004, 369.
[52] OLG Frankfurt DNotZ 2007, 470 = ZWE 2007, 108; Staudinger/*Rapp,* 2018, Rn. 16; Weitnauer/*Briesemeister* Rn. 20.
[53] OLG Hamm DNotZ 1977, 308; BeckOK WEG/*Kral* Rn. 63; *Hügel/Elzer* Rn. 26.
[54] Vgl. hierzu *Grziwotz* DNotZ 2009, 405.
[55] BayObLG Rpfleger 1982, 21; Staudinger/*Rapp,* 2018, Rn. 20.
[56] OLG Düsseldorf ZWE 2000, 369.
[57] LG Passau MittBayNot 2004, 264.
[58] OLG Hamburg ZMR 2004, 529.

33 Bei nachträglicher **Unterteilung** eines Sondereigentums muss ein Nachtrag zur Abgeschlossenheitsbescheinigung beantragt werden, in dem für die abgeteilten Räume neue Nummern vorgesehen sind.

34 **2. Abgeschlossenheitsbescheinigung.** Zusätzlich zum Aufteilungsplan ist für die Aufteilung in Wohnungseigentum gemäß § 7 Abs. 4 S. 1 Nr. 2 eine Abgeschlossenheitsbescheinigung einzureichen, welche die Abgeschlossenheit der zu Sondereigentum bestimmten räumlichen Teileinheiten des Gebäudes unter Bezugnahme auf den Aufteilungsplan **verbindlich** feststellt.

35 Die Rechtsnatur der Abgeschlossenheitsbescheinigung ist umstritten. Richtigerweise handelt es sich bei ihrer Erteilung um **schlicht hoheitliches Handeln** und nicht um einen Verwaltungsakt, da die Erteilung auf der WEG-VwV vom 19.3.1974[59] beruht, die ihrerseits keine Rechtsnorm im materiellen Sinn ist.[60] Bei Nichterteilung ist daher mit einer allgemeinen Leistungsklage auf Erteilung der Abgeschlossenheitsbescheinigung zu klagen.[61]

36 **3. Zuständige Behörde.** Die richtige Behörde für die Erteilung von Abgeschlossenheitsbescheinigungen ist die nach Landesrecht zuständige Baubehörde, wobei in der Regel die für die Erteilung von Baugenehmigungen zuständige Behörde auch für die Erteilung der Abgeschlossenheitsbescheinigungen verantwortlich ist.[62]

VI. Entsprechende Anwendung

37 § 7 Abs. 5 stellt – unter Berücksichtigung der ohnehin in § 1 Abs. 6 enthaltenen Bestimmung unnötigerweise – klar, dass die Vorschriften über Wohnungsgrundbücher **entsprechend** für Teileigentumsgrundbücher gelten.

38 Bei einer **Umwandlung** eines Teileigentums in ein Wohnungseigentum ist die Einreichung eines neuen Aufteilungsplans nicht erforderlich, wenn sich die Lage und Grenzen des Sondereigentums nicht verändert haben.[63] Zu beachten ist aber, dass die Abgeschlossenheit als Wohnraum das Vorhandensein von Sanitäreinrichtungen innerhalb des Sondereigentums voraussetzt und nur bei Vorliegen dieser Voraussetzung ein Wohnungsgrundbuch angelegt werden kann (→ § 3 Rn. 35).[64] Zudem kann eine Zweckbestimmung aus den Aufteilungsplänen, an die in der Teilungserklärung oder der Gemeinschaftsordnung angeknüpft wird, einer uneingeschränkten Wohnnutzung entgegenstehen, auch wenn eine Angabe im Aufteilungsplan keinen Vereinbarungscharakter hat.[65] Notwendig ist daher ein Nachtrag zur Abgeschlossenheitsbescheinigung, der die Nutzbarkeit der betreffenden abgeschlossenen Raumeinheit zu Wohnzwecken bescheinigt.[66]

§ 8 Teilung durch den Eigentümer

(1) Der Eigentümer eines Grundstücks kann durch Erklärung gegenüber dem Grundbuchamt das Eigentum an dem Grundstück in Miteigentumsanteile in der Weise teilen, dass mit jedem Anteil Sondereigentum verbunden ist.

(2) Im Falle des Absatzes 1 gelten § 3 Absatz 1 Satz 2, Absatz 2 und 3, § 4 Absatz 2 Satz 2 sowie die §§ 5 bis 7 entsprechend.

(3) Wer einen Anspruch auf Übertragung von Wohnungseigentum gegen den teilenden Eigentümer hat, der durch Vormerkung im Grundbuch gesichert ist, gilt gegenüber der Gemeinschaft der Wohnungseigentümer und den anderen Wohnungseigentümern anstelle des teilenden Eigentümers als Wohnungseigentümer, sobald ihm der Besitz an den zum Sondereigentum gehörenden Räumen übergeben wurde.

---

59 BAnz. Nr. 58 vom 23.3.1974, abgedr. bei *Weitnauer* Anh. III.1.

60 So richtig Staudinger/*Rapp,* 2018, Rn. 23; Bärmann/*Armbrüster* Rn. 109; Weitnauer/*Briesemeister* Rn. 14.

61 BVerwG NJW 1997, 71.

62 Staudinger/*Rapp,* 2018, Rn. 26a; Weitnauer/*Briesemeister* Rn. 15.

63 OLG Bremen ZWE 2002, 184; BayObLG DNotZ 1999, 208 betr. Umwandlung von Sondereigentum in Gemeinschaftseigentum.

64 OLG Zweibrücken MittBayNot 2001, 318 = ZWE 2001, 395.

65 BGH ZWE 2013, 20 = ZMR 2013, 452; LG Itzehoe ZWE 2014, 329.

66 KG ZWE 2013, 322.

Übersicht

I. Normzweck

§ 8 erklärt die **Aufteilung** eines Grundstücks in Wohnungs- und Teileigentum **durch den Alleineigentümer** durch Erklärung („Teilungserklärung“) gegenüber dem Grundbuchamt für zulässig. Da der Alleineigentümer sein Grundstück auch real in mehrere Grundstücke teilen kann, ist die in § 8 eingeräumte Möglichkeit der Aufteilung in Wohnungs- und Teileigentum folgerichtig.[1] Zudem beschreibt § 8 Abs. 3, ab wann auf denjenigen, der vom teilenden Eigentümer eine Einheit erworben hat, die Rechte und Pflichten gegenüber der Gemeinschaft übergehen. 1

II. Vorratsteilung

1. Allgemeines. § 8 Abs. 1 stellt klar, dass ein einzelner Eigentümer durch **einseitige Erklärung** gegenüber dem Grundbuchamt ein Grundstück in Wohnungs- oder Teileigentum aufteilen kann. Eine solche „Vorratsteilung“ ermöglicht in Abweichung von dem aus § 1114 BGB abzuleitenden Grundsatz der Unteilbarkeit des Alleineigentums an einem Grundstück die Verbindung verschiedener Miteigentumsanteile desselben Eigentümers mit dem Sondereigentum an einzelnen Räumen eines Gebäudes.[2] 2

2. Teilung durch einen Eigentümer. a) Vorratsteilung. Bei der Aufteilung durch einen einzelnen Eigentümer wird dieser Alleineigentümer der entstehenden Wohnungs- und Teileigentumsrechte. Folglich ist bei der Teilung durch den Eigentümer **keine Einigung** erforderlich und keine Auflassung einzelner Miteigentumsanteile möglich. 3

Standardfall der Aufteilung nach § 8 ist die **„Vorratsteilung“**, bei der ein einzelner Eigentümer die Aufteilung in Wohnungs- und Teileigentum zunächst unabhängig von einer Veräußerung an einzelne Erwerber vornimmt, durchaus aber – etwa als Bauträger – mit der Vorstellung einer in naher Zukunft erfolgenden Einzelübertragung.[3] 4

b) Teilung durch einen Eigentümer. Aufteilender Eigentümer nach § 8 kann eine natürliche oder eine juristische Person sein. Bei einer Aufteilung in Wohnungs- und Teileigentum durch eine Personengesellschaft liegt ein Fall des § 8 dann vor, wenn die Aufteilung des der Personengesellschaft als **Alleineigentümerin** gehörenden Grundstücks in der Weise erfolgt, dass die Personengesellschaft Alleineigentümerin sämtlicher entstehender Wohnungs- und Teileigentumsrechte wird. Erfolgt bei der Aufteilung eine Übertragung einzelner Einheiten auf einzelne Gesellschafter, liegt ein Fall des § 3 Abs. 1 S. 1 vor. In diesem Fall sind eine Einigung zwischen den Gesellschaftern und die Erklärung der Auflassung hinsichtlich der Eigentumsänderung für den Vollzug der Aufteilung in Wohnungs- und Teileigentum notwendig. 5

c) Unterteilung. Die Unterteilung eines Wohnungs- oder Teileigentumsrechts durch den Alleineigentümer ist ebenfalls ein Fall des § 8 und an die hier gegebenen Formvoraussetzungen geknüpft.[4] zur Unterteilung im Übrigen → § 3 Rn. 62 f. 6

Eine Unterteilung eines Wohnungs- oder Teileigentumsrechts führt in Fällen, in denen jedes Sondereigentumsrecht in der Eigentümerversammlung eine Stimme gewährt, **nicht** zu einer **Ver-** 7

1 Staudinger/*Rapp,* 2018, Rn. 3; allg. zur Aufteilung durch den Alleineigentümer *F. Schmidt* ZMR 2009, 725 ff.
2 Bärmann/*Armbrüster* Rn. 3; Weitnauer/*Briesemeister* Rn. 1.
3 Staudinger/*Rapp,* 2018, Rn. 3; BeckOGK/*Schultzky* Rn. 3; Weitnauer/*Briesemeister* Rn. 2; Bärmann/*Armbrüster* Rn. 1; BeckOK WEG/*Kral* Rn. 1.
4 BeckOK WEG/*Kral* Rn. 64 ff.; Weitnauer/*Briesemeister* Rn. 3; Bärmann/*Armbrüster* Rn. 39.

mehrung der Stimmrechte,[5] auch nicht bei Zustimmung des Verwalters bei der anschließenden Veräußerung eines der entstandenen Wohnungseigentumsrechte,[6] da anderenfalls das Stimmrecht der anderen Miteigentümer geschmälert würde. Sieht die Teilungserklärung für diese Fälle keine Regelung vor, muss das Stimmrecht einheitlich ausgeübt werden oder im Fall der Uneinigkeit ruhen.[7] Für eine Änderung der Stimmrechte ist eine Änderung der Gemeinschaftsordnung erforderlich, die nach Veräußerung der ersten Einheit in der Form des § 3 zu erfolgen hat. Eine hälftige Teilung einer auf die unterteilte Einheit entfallenden Einzelstimme ist nur in der Weise möglich, dass die Wertigkeit der beiden Teilstimmen zusammengenommen wie die ursprüngliche Stimme wirkt und die übrigen Stimmen dadurch nicht geschmälert werden.

8 Wird bei der Aufteilung in Wohnungseigentum bereits eine **spätere Unterteilung** einzelner Einheiten **in Betracht gezogen,** sollten entweder zwei Stimmen pro Wohnungseigentum oder für jede Einheit Stimmen entsprechend dem Miteigentumsanteil vorgesehen werden. Eine Teilung des mit der unterteilten Einheit verbundenen Stimmrechts nebst anteiliger Zuordnung auf die entstandenen neuen Sondereigentumseinheiten ist dann möglich, da dann durch die Unterteilung des Stimmrechts die Stimmrechte der übrigen Sondereigentümer nicht geschmälert werden.[8]

9 **3. Zustimmung Dritter.** Eine Zustimmung Dritter zur Aufteilung in Wohnungseigentum gemäß § 8 ist grundsätzlich **nicht erforderlich,** da vor der Aufteilung infolge der fehlenden Belastbarkeit von Bruchteilen eines Alleineigentümers gemäß § 1114 BGB eine unterschiedliche Belastung einzelner Anteile im Regelfall nicht gegeben sein kann. Hinsichtlich der **am gesamten Grundstück bestehenden Belastungen** besteht kein Zustimmungserfordernis, weil die Aufteilung eines Grundstücks in Wohnungs- und Teileigentum die am gesamten Grundstück bestehenden Belastungen nicht nachteilig betrifft (→ § 3 Rn. 7 ff.). Diese Belastungen setzen sich nämlich mit Vollzug der Aufteilung an den entstandenen Wohnungs- und Teileigentumseinheiten als Gesamtbelastungen fort.[9] Auch im Hinblick auf das Rangklassenprivileg des § 10 Abs. 1 S. 2 ZVG ergibt sich kein Zustimmungserfordernis für die Gläubiger.[10]

10 Die **Aufteilung eines beschlagnahmten Grundstücks** bedarf dagegen der Zustimmung des die Zwangsvollstreckung betreibenden Gläubigers, da das Veräußerungsverbot aus § 23 Abs. 1 ZVG entgegensteht.[11] Gleiches muss bzgl. eingetragener Eigentumsvormerkungen von Erwerbern gelten. Sichert eine Vormerkung den Anspruch auf den Erwerb eines in einem Erwerbsvertrag bestimmten Wohnungs- oder Teileigentumsrechts an dem aufzuteilenden Grundstück, ist die Zustimmung des Vormerkungsberechtigten ebenso wie bei einer späteren Änderung der Teilungserklärung erforderlich.[12]

11 **4. Genehmigungserfordernisse.** Für die Teilung nach § 8 gelten die gleichen behördlichen Genehmigungserfordernisse wie für eine Teilung gemäß § 3 (→ § 4 Rn. 20 ff.). Eine gerichtliche Genehmigung nach § 1821 Abs. 1 Nr. 1 BGB ist allerdings nicht nötig, da in der Aufteilung durch den Alleineigentümer auch dann keine Verfügung zu erkennen ist, wenn eine vom Gesetz abweichende Gemeinschaftsordnung besteht.[13] Ebenso bedarf es nicht der Vorlage einer steuerlichen Unbedenklichkeitsbescheinigung nach den Bestimmungen des GrEStG, da bei einer Aufteilung nach § 8 keine Eigentumsübertragung erfolgt.

III. Anwendbare Vorschriften

12 **1. Allgemeine Grundsätze.** § 8 Abs. 2 erklärt die § 3 Abs. 1 S. 2, Abs. 2 und 3, § 4 Abs. S. 2 sowie §§ 5–7 für die Aufteilung gemäß § 8 für entsprechend anwendbar. Grundsätzlich gelten damit für die Aufteilung durch den Alleineigentümer **dieselben Voraussetzungen wie für die Aufteilung** durch Vertrag **gemäß § 3.** Der fehlende Verweis auf § 3 Abs. 1 S. 1 erklärt sich aus der insoweit bedeutungsgleich bereits in § 8 Abs. 1 enthaltenen Regelung. Ebenso passt für die Aufteilung nach § 8 aus der Vorschrift des § 4 mangels Vertrag nur die dort in Abs. 2 S. 2 enthaltene Bestimmung, so dass also aus Gründen der Rechtssicherheit – vor allem in Bezug auf etwaige Einzelbelastungen –

---

5 BGHZ 73, 150 = NJW 1979, 870; OLG Hamm ZWE 2002, 489 (490); OLG Stuttgart ZMR 2005, 478.
6 BGH ZWE 2012, 271 = ZMR 2012, 639.
7 OLG Braunschweig MDR 1976, 1023.
8 OLG Braunschweig MDR 1976, 1023.
9 Bärmann/*Armbrüster* Rn. 25; Staudinger/*Rapp,* 2018, Rn. 21; Staudinger/*Rapp,* 2018, § 3 Rn. 23.
10 BGH ZWE 2012, 219; KG ZWE 2011, 81 = MittBayNot 2011, 301; OLG München ZWE 2011, 256; OLG Celle ZMR 2012, 714; aA OLG Frankfurt ZWE 2011, 405 m. abl. Anm. *F. Schmidt* ZWE 2011, 406.
11 BGH ZWE 2012, 270 = ZMR 2012, 638.
12 AA wohl Staudinger/*Rapp,* 2018, Rn. 22; Staudinger/*Rapp,* 2018, § 3 Rn. 26a.
13 KG ZWE 2015, 118.

auch die Aufteilung durch den Alleineigentümer nicht unter einer Bedingung oder Zeitbestimmung erfolgen darf.

13 Die Rspr. gesteht dem Grundbuchamt bei Vorratsteilungen durch den Alleineigentümer ein **Prüfungsrecht** hinsichtlich ungewöhnlicher oder diskriminierender Regelungen in Teilungserklärungen oder Gemeinschaftsordnungen zu (→ § 7 Rn. 13). So kann zB eine Bestimmung, die einem künftigen Wohnungseigentümer einer Altenwohnanlage in der Gemeinschaftsordnung die Pflicht zum Abschluss eines bestimmten Betreuungsvertrages mit einer Laufzeit von mehr als zwei Jahren auferlegt, unwirksam sein.[14]

14 Bei einer Teilung nach § 8 entsteht eine Wohnungseigentümergemeinschaft erst mit Eintragung eines weiteren Miteigentümers als Wohnungseigentümer im Grundbuch.[15] Zuvor besteht allerdings ab dem in § 8 Abs. 3 genannten Zeitpunkt (→ Rn. 23 f.) eine **„Werdende Eigentümergemeinschaft“** für die im Innenverhältnis die Vorschriften für eine bereits bestehende Wohnungseigentümergemeinschaft anzuwenden sind.

15 **2. Form. a) Allgemeines.** Bezüglich der Form der Aufteilung nach § 8 durch einen Eigentümer bestehen **keine Verpflichtungen** bezüglich der Begründung oder Änderung eines Rechts an einem Grundstück. Ebenso bedarf es keiner Einigung und keiner Eigentumsübertragung, so dass die Formvorschrift des § 311b Abs. 1 BGB gleichfalls nicht gilt.

16 **b) Grundbuchrechtliche Anforderungen.** Die Aufteilung in Wohnungs- und Teileigentum wird gemäß § 8 Abs. 2 S. 2 erst mit der **Anlegung** der Wohnungs- und Teileigentumsgrundbücher wirksam. Hierfür ist – wie § 8 Abs. 1 S. 1 es besagt – die Erklärung „gegenüber dem Grundbuchamt“ nötig, die ebenso wie die gemäß § 19 GBO erforderliche Bewilligung nebst gemäß § 13 GBO formfreien Antrag des aufteilenden Eigentümers in der Form des **§ 29 GBO** erforderlich ist.[16] Folglich sind dem Antrag auf Aufteilung in Wohnungs- und Teileigentum nach § 8 die Teilungserklärung mit öffentlich beglaubigter Unterschrift des aufteilenden Eigentümers und der gemäß § 7 Abs. 4 S. 1 Nr. 1 und 2 vorzulegende Aufteilungsplan nebst Abgeschlossenheitsbescheinigung beizufügen.

17 Der Eintragungsantrag muss bei einer Teilung gemäß § 8 angeben, welche Regelungen der **Teilungserklärung und** der **Gemeinschaftsordnung** neben der Aufteilung zum Gegenstand der Grundbucheintragung werden sollen, da nur die zur Eintragung beantragten Bestimmungen nach ihrer Eintragung gegenüber Rechtsnachfolgern wirken.[17]

18 Der aufteilende Alleineigentümer kann den von ihm beim Grundbuchamt gestellten Antrag auf Aufteilung in Wohnungs- und Teileigentum gemäß § 8 bis zur Eintragung in das Grundbuch einseitig **widerrufen,**[18] da kein Fall des § 873 Abs. 2 BGB vorliegt. Liegt der Antrag nach § 8 dem Grundbuchamt vor, ist § 878 BGB entsprechend anwendbar.[19] Das maßgebliche Argument hierfür lässt sich der Wertung des § 1196 Abs. 2 BGB entnehmen, der für die Eigentümergrundschuld die Geltung des § 878 BGB anordnet. Der **BGH** leitet die Anwendbarkeit im Blick auf § 1196 Abs. 2 BGB aus dem Vorliegen einer Regelungslücke ab. Bei Nichtanwendbarkeit des § 878 BGB wäre ein Alleineigentümer bei einer Aufteilung schlechter gestellt als eine Miteigentümergemeinschaft.[20] Praktische Bedeutung hat die Anwendbarkeit des § 878 BGB in Bezug auf nachträglich eintretende Genehmigungserfordernisse.

19 **c) § 311b Abs. 1 BGB, § 13a BeurkG.** Sind vor Eintragung der Aufteilung in Wohnungseigentum im Grundbuch bereits Verfügungen über einzelne Einheiten geplant, empfiehlt sich bei der Aufteilung gemäß § 8 die notarielle Beurkundung der Teilungserklärung samt Gemeinschaftsordnung. Dies ermöglicht es in Verfügungsverträgen gemäß **§ 13a BeurkG** auf die beurkundete Teilungserklärung nebst Gemeinschaftsordnung Bezug zu nehmen. Hierdurch wird der Inhalt der Teilungserklärung und der Gemeinschaftsordnung zum Bestandteil des Vertrags und damit gegenüber dem jeweiligen Rechtsnachfolger bindend.[21]

20 **Nach Anlegung des Wohnungs- und Teileigentumsgrundbuchs** spielt es keine Rolle mehr, in welcher Form die Teilungserklärung samt Gemeinschaftsordnung errichtet wurde, da deren Inhalt durch die Bezugnahme gemäß § 7 Abs. 3 zum Bestandteil des Wohnungs- oder Teileigentums

---

14 BGH ZMR 2007, 284 = MittBayNot 2007, 43.

15 BGH NJW 2008, 2639 (2640) = ZWE 2008, 378 = ZMR 2008, 805; OLG Nürnberg ZWE 2013, 323; Bärmann/*Armbrüster* Rn. 4.

16 Staudinger/*Rapp,* 2018, Rn. 5.

17 BayObLG ZWE 2001, 321 = DNotI-Report 2001, 43.

18 BGH ZWE 2014, 118; KG ZWE 2016, 82; Bärmann/*Armbrüster* Rn. 21; Palandt/*Wicke* Rn. 6.

19 BGH ZMR 2017, 70; ZWE 2017, 23; Bärmann/*Armbrüster* Rn. 14; BeckOGK/*Schultzky* Rn. 15; BeckOK WEG/*Kral* Rn. 22.

20 BGH ZMR 2017, 70.

21 Staudinger/*Rapp,* 2018, Rn. 5; BeckOGK/*Schultzky* Rn. 22; BeckOK WEG/*Kral* Rn. 20.

wird[22] und damit bei einer Verfügung über die Wohnungs- und Teileigentumsrechte ohne weiteres gegenüber Rechtsnachfolgern wirkt.[23]

21 **3. Änderung der Teilungserklärung.** Eine Änderung einer Teilungserklärung, die durch den Alleineigentümer gemäß § 8 niedergelegt worden ist, kann vor Stellung des entsprechenden Grundbuchantrags von ihm ebenfalls gemäß § 8 vorgenommen werden.[24]

22 Ebenso kann bis zur Anlegung der Wohnungs- und Teileigentumsgrundbücher eine Änderung der Teilungserklärung und der Gemeinschaftsordnung gemäß § 8 vom Alleineigentümer **ohne Zustimmung etwaiger Erwerber** vorgenommen werden, wenn für diese keine Vormerkung im Grundbuch des Grundstücks eingetragen ist.[25] Nach Anlegung der Wohnungs- und Teileigentumsgrundbücher und Eintragung einer Eigentumsvormerkung für einen Erwerber kann dagegen eine Änderung nur noch mit Zustimmung des Erwerbers in der Form des § 29 GBO vorgenommen werden.[26]

IV. Vorwirkungen künftigen Sondereigentumserwerbs

23 Mit der durch das WEMoG geschaffenen Vorschrift des § 8 Abs. 3 wird bestimmt, ab welchem Zeitpunkt einem Erwerber von Wohnungs- oder Teileigentum im Fall einer Aufteilung durch den Alleineigentümer nach § 8 Rechte und Pflichten nach dem WEG zukommen, auch wenn er noch nicht als Wohnungseigentümer im Grundbuch eingetragen ist. Hierfür stellt das Gesetz auf den Besitzübergang bezüglich der betroffenen Sondereigentumseinheit aufgrund eines durch **Eigentumsvormerkung** gesicherten Erwerbsanspruchs ab. Voraussetzung ist ferner, dass die Wohnungseigentümergemeinschaft besteht, was gemäß § 9a Abs. 1 S. 2 bedeutet, dass die **Teilungserklärung** durch Anlegung der Wohnungs- und Teileigentumsgrundbücher **im Grundbuch vollzogen** sein muss.

24 Für diesen Fall sieht § 8 Abs. 3 vor, dass mit dem **Besitzübergang** im Innenverhältnis, also gegenüber der Gemeinschaft der Wohnungseigentümer und den übrigen Wohnungseigentümern der Erwerber die Rechte und Pflichten des Veräußerers in Bezug auf das veräußerte Sondereigentum übernimmt. Das Verhältnis gegenüber außenstehenden Dritten wird dagegen von § 8 Abs. 3 nicht berührt, so dass insoweit allein die Eigentümerstellung entscheidet.

§ 9 Schließung der Wohnungsgrundbücher

(1) Die Wohnungsgrundbücher werden geschlossen:
1. **von Amts wegen, wenn die Sondereigentumsrechte gemäß § 4 aufgehoben werden;**
2. **auf Antrag des Eigentümers, wenn sich sämtliche Wohnungseigentumsrechte in einer Person vereinigen.**

(2) Ist ein Wohnungseigentum selbständig mit dem Recht eines Dritten belastet, so werden die allgemeinen Vorschriften, nach denen zur Aufhebung des Sondereigentums die Zustimmung des Dritten erforderlich ist, durch Absatz 1 nicht berührt.

(3) Werden die Wohnungsgrundbücher geschlossen, so wird für das Grundstück ein Grundbuchblatt nach den allgemeinen Vorschriften angelegt; die Sondereigentumsrechte erlöschen, soweit sie nicht bereits aufgehoben sind, mit der Anlegung des Grundbuchblatts.

Übersicht

22 BGHZ 63, 359 (364) = NJW 1975, 536 f.
23 BGH NJW 1994, 1347 f.; BayObLG ZWE 2002, 357.
24 Staudinger/*Rapp,* 2018, Rn. 21.
25 AA Staudinger/*Rapp,* 2018, Rn. 22.
26 BayObLG DNotZ 1999, 671; 1999, 667.

I. Normzweck

Die Vorschrift des § 9 bestimmt die formellen und materiellen Voraussetzungen für die **Aufhebung** von Wohnungseigentümergemeinschaften. In Abs. 1 und 3 wird hierzu die Vorgehensweise in grundbuchrechtlicher Sicht beschrieben. Hierbei führt § 9 Abs. 1 **abschließend** die Gründe für die Schließung der Wohnungsgrundbücher auf. Abs. 2 klärt, dass ohne die Mitwirkung von Dritten, die Rechte an einem Wohnungseigentum haben, die Schließung der Wohnungsgrundbücher unmöglich ist. 1

II. Schließung der Wohnungsgrundbücher

1. Schließung von Amts wegen. Die Wohnungs- und Teileigentumsgrundbücher sind gemäß § 9 Abs. 1 Nr. 1 von Amts wegen zu schließen, wenn die Sondereigentumsrechte in der Form des § 4 von den Beteiligten aufgehoben worden sind. Obwohl nach dem Wortlaut die Schließung von Amts wegen erfolgt, ist wegen des Verweises auf § 4 als Voraussetzung der Schließung eine **Vereinbarung** sämtlicher Wohnungs- und Teileigentümer gemäß § 3 vorzulegen.[1] 2

2. Antrag des Alleineigentümers. Beantragt der **Alleineigentümer** sämtlicher Wohnungseigentumsrechte die Schließung der Wohnungs- bzw. Teileigentumsgrundbücher, sind diese gemäß § 9 Abs. 1 Nr. 2 zu schließen. Hierbei ist es egal, ob dieser selbst der aufteilende Eigentümer war oder schrittweise sämtliche Wohnungs- und Teileigentumsrechte erworben hat. Allein letzteres, also die Vereinigung aller Wohnungs- und Teileigentumsrechte in einer Person beendet in sachenrechtlicher Hinsicht den Fortbestand der Aufteilung nicht.[2] Der allerdings jederzeit mögliche Antrag des Alleineigentümers auf Beendigung der Aufteilung bedarf lediglich der **Bewilligung nebst Antrag** in der Form des § 29 GBO. 3

3. Mietervorkaufsrecht. Eine besondere Bedeutung kommt der Schließung der Wohnungsgrundbücher auf Antrag eines Alleineigentümers im Hinblick auf das **Vorkaufsrecht** der Mieter aus **§ 577 BGB** zu, da diese Vorkaufsrechte grundsätzlich nur bezüglich der von den Mietern bewohnten Wohnungseigentumsrechte bestehen. Durch die Schließung des Wohnungsgrundbuchs **erlischt** das Vorkaufsrecht des Mieters vorerst. 4

Erfolgt später eine neuerliche Aufteilung in Wohnungs- und Teileigentum, entsteht im Falle des Verkaufs der betreffenden Wohnung das Vorkaufsrecht gemäß § 577 Abs. 1 S. 1 BGB neu. Für den Zeitpunkt der durch Abschluss eines Kaufvertrages möglichen Entstehung eines Mietervorkaufsrechts aus § 577 BGB ist nach § 577 Abs. 1 S. 1 Alt. 2 BGB auf die Beurkundung der Teilungserklärung abzustellen.[3] Zu bedenken ist zudem, dass der **BGH** im Fall einer anschließenden Realteilung die entsprechende Anwendung des § 577 BGB vorsieht,[4] was aus verfassungsrechtlicher Sicht nicht zu beanstanden ist.[5] 5

III. Rechte Dritter

1. Allgemeines. § 9 Abs. 2 schreibt fest, dass bei der Schließung von Wohnungs- und Teileigentumsgrundbüchern sämtliche **dinglich Berechtigten** an einzelnen Wohnungs- und Teileigentumsgrundbüchern **zustimmen müssen.** Damit verweist die Vorschrift auf die allgemeinen Regelungen der §§ 876, 877 BGB, die vorsehen, dass ohne eigene Mitwirkung einem Dritten zustehende Rechte durch Verfügungen des Eigentümers nicht beeinträchtigt werden können. 6

2. Belastungen einzelner Wohnungs- und Teileigentumsrechte. Die Erforderlichkeit der **Zustimmung** der Grundpfandrechtsgläubiger, die in einem von der Schließung betroffenen Wohnungs- oder Teileigentumsgrundbuch eingetragen sind, ergibt sich aus der durch die Schließung bewirkten Inhaltsänderung des Miteigentums.[6] 7

Im Einzelfall ist allerdings denkbar, dass eine **dingliche Belastung** an einem Miteigentumsanteil **fortbesteht.** Insbesondere dann, wenn ein Miteigentümer mehrere Sondereigentumseinheiten hatte, können nach Schließung der Wohnungsgrundbücher unter Zustimmung der Grundpfandrechtsgläubiger die Rechte an dem künftig einheitlichen Miteigentumsanteil ohne Pfanderstreckung und Rangregulierung weiter bestehen.[7] 8

---

[1] Bärmann/*Armbrüster* Rn. 8; Staudinger/*Rapp,* 2018, Rn. 2.
[2] Vgl. *Drasdo* NZM 2020, 13.
[3] BGH DNotZ 2016, 847; RNotZ 2017, 231; Bärmann/*Armbrüster* § 1 Rn. 237; Palandt/*Weidenkaff* BGB § 577 Rn. 4.
[4] BGH NJW-RR 2016, 910; NJW 2008, 2257.
[5] BVerfG NJW 2011, 1723.
[6] Staudinger/*Rapp,* 2018, Rn. 14; Weitnauer/*Briesemeister* Rn. 6.
[7] Bärmann/*Armbrüster* Rn. 41; Staudinger/*Rapp,* 2018, Rn. 14.

9 Da bei der Schließung der Wohnungsgrundbücher durch den Alleineigentümer die Belastung eines Miteigentumsanteils nach der Schließung wegen **§ 1114 BGB** rechtlich nicht möglich ist, müssen bei unterschiedlicher Belastung der zu schließenden Wohnungsgrundbücher unter Zustimmung der dinglich Berechtigten die betroffenen Rechte entweder nach Vereinbarung einer Rangregulierung auf das gesamte Grundstück erstreckt werden oder die Löschung vereinbart werden.[8]

10 **3. Wohnungsrecht.** Einen Sonderfall stellt die Belastung eines einzelnen Wohnungseigentumsrechts mit einem Wohnungsrecht dar. Da sich nach der Schließung der Wohnungsgrundbücher der belastete Miteigentumsanteil auf das gesamte Grundstück bezieht, müsste das Wohnungsrecht am Miteigentumsanteil, da es auf etwas rechtlich Unmögliches gerichtet ist, gelöscht werden.

11 Soll das Wohnungsrecht, welches mit einem bestimmten Sondereigentum verbunden war, fortbestehen, muss es **auf das gesamte Grundstück erstreckt** werden. Hierfür ist die Zustimmung der übrigen dinglich Berechtigten erforderlich. Zur Erreichung der Zustimmung der übrigen Gläubiger ist eine Beschränkung des Wohnungsrechts in der Weise sinnvoll, dass es sich räumlich beschränkt auf das vormals mit dem untergegangenen Miteigentumsanteil verbundene Sondereigentum gemäß Aufteilungsplan, der bei den Grundakten verblieben ist, bezieht. Ein Anspruch auf Zustimmung der Gläubiger besteht nicht, da das Wohnungsrecht bei einer Erstreckung den zustimmenden Rechten unter Umständen im Rang vorgeht.

12 **4. Gesamtrechte.** Eine **Zustimmung** von Gesamtrechtsgläubigern ist **nicht erforderlich.**[9] Ist also das ganze Grundstück belastet oder besteht das Recht einheitlich auf allen Wohnungs- und Teileigentumseinheiten, so wird das Recht durch die Schließung der Wohnungsgrundbücher nicht berührt.[10] Es ist vielmehr auf dem neu anzulegenden Grundbuchblatt für das nunmehr ungeteilte Grundstück zu übertragen.

IV. Anlegung eines Grundstücksgrundbuchs

13 § 9 Abs. 3 ordnet an, dass nach Schließung der Wohnungs- und Teileigentumsgrundbücher für das Grundstück ein neues Grundbuchblatt anzulegen ist. Das neue Grundstücksgrundbuch tritt an die Stelle der Wohnungs- und Teileigentumsgrundbücher. Im **Bestandsverzeichnis** ist zu vermerken dass das Grundstücksgrundbuch nach Schließung der Wohnungs- und Teileigentumsgrundbuchblätter neu angelegt worden ist.

---

8 Bärmann/*Armbrüster* Rn. 43; Staudinger/*Rapp,* 2018, Rn. 15; aA Riecke/Schmid/*Schneider* Rn. 23.

9 Bärmann/*Armbrüster* Rn. 41; Palandt/*Wicke* Rn. 5; Staudinger/*Rapp,* 2018, Rn. 13; *Hügel/Elzer* Rn. 15.

10 *Röll* DNotZ 2000, 749 (751); Staudinger/*Rapp,* 2018, Rn. 13; *Hügel/Elzer* Rn. 15.

Abschnitt 3. Rechtsfähige Gemeinschaft der Wohnungseigentümer

§ 9a Gemeinschaft der Wohnungseigentümer

(1) [1]Die Gemeinschaft der Wohnungseigentümer kann Rechte erwerben und Verbindlichkeiten eingehen, vor Gericht klagen und verklagt werden. [2]Die Gemeinschaft der Wohnungseigentümer entsteht mit Anlegung der Wohnungsgrundbücher; dies gilt auch im Fall des § 8. [3]Sie führt die Bezeichnung „Gemeinschaft der Wohnungseigentümer" oder „Wohnungseigentümergemeinschaft" gefolgt von der bestimmten Angabe des gemeinschaftlichen Grundstücks.

(2) Die Gemeinschaft der Wohnungseigentümer übt die sich aus dem gemeinschaftlichen Eigentum ergebenden Rechte sowie solche Rechte der Wohnungseigentümer aus, die eine einheitliche Rechtsverfolgung erfordern, und nimmt die entsprechenden Pflichten der Wohnungseigentümer wahr.

(3) Für das Vermögen der Gemeinschaft der Wohnungseigentümer (Gemeinschaftsvermögen) gelten § 18, § 19 Absatz 1 und § 27 entsprechend.

(4) [1]Jeder Wohnungseigentümer haftet einem Gläubiger nach dem Verhältnis seines Miteigentumsanteils (§ 16 Absatz 1 Satz 2) für Verbindlichkeiten der Gemeinschaft der Wohnungseigentümer, die während seiner Zugehörigkeit entstanden oder während dieses Zeitraums fällig geworden sind; für die Haftung nach Veräußerung des Wohnungseigentums ist § 160 des Handelsgesetzbuchs entsprechend anzuwenden. [2]Er kann gegenüber einem Gläubiger neben den in seiner Person begründeten auch die der Gemeinschaft der Wohnungseigentümer zustehenden Einwendungen und Einreden geltend machen, nicht aber seine Einwendungen und Einreden gegenüber der Gemeinschaft der Wohnungseigentümer. [3]Für die Einrede der Anfechtbarkeit und Aufrechenbarkeit ist § 770 des Bürgerlichen Gesetzbuchs entsprechend anzuwenden.

(5) Ein Insolvenzverfahren über das Gemeinschaftsvermögen findet nicht statt.

Übersicht

I. Normzweck

§ 9a gestaltet die bisher schon vorhandenen Regelungen in § 10 Abs. 6–8 aF und § 11 Abs. 3 **1**
aF zur Gemeinschaft der Wohnungseigentümer in einem Paragrafen neu. Durch den neu eingefügten „Abschnitt 3 – Rechtsfähige Gemeinschaft der Wohnungseigentümer" macht der (Reform-) Gesetz-

geber nunmehr auch systematisch deutlich, dass zwischen der Gemeinschaft der Wohnungseigentümer (auch „Verband") als Rechtssubjekt einerseits und andererseits der inneren Verfasstheit der Wohnungseigentümer untereinander sowie ihrem Verhältnis zum Verband (neuer Abschnitt 4 – Rechtsverhältnis der Wohnungseigentümer untereinander und zur Gemeinschaft der Wohnungseigentümer) zu unterscheiden ist.

2 § 9a **Abs. 1** S. 1 regelt die Rechts- und Prozessfähigkeit der Gemeinschaft der Wohnungseigentümer und beendet durch die geänderte Formulierung den Meinungsstreit[1] über ihre sog. Teilrechtsfähigkeit, also die bereichsmäßige Beschränkung ihrer Rechtsfähigkeit (→ Rn. 3). § 9a Abs. 1 S. 2 verlagert den Zeitpunkt der Entstehung der rechtsfähigen Gemeinschaft auch im Fall der Teilung nach § 8 in Form einer sog. Ein-Personen-Gemeinschaft vor, nämlich auf den Zeitpunkt der Anlegung der Wohnungsgrundbücher. § 9a Abs. 1 S. 3 übernimmt unter nur sprachlicher Anpassung die Regelung zur Bezeichnung aus § 10 Abs. 6 S. 4 aF **Abs. 2** bestimmt die Ausübungs-/Wahrnehmungsbefugnis des Verbands für Rechte und Pflichten aus dem gemeinschaftlichen Eigentum und der Wohnungseigentümer unter Aufgabe der sog. gekorenen Befugnis. **Abs. 3** definiert den Begriff des sog. Gemeinschaftsvermögens. **Abs. 4** übernimmt die Regelungen zur Haftung der Wohnungseigentümer, jedoch unter Aufgabe der Beschränkung gegenüber dem Verband wegen nicht ordnungsgemäßer Verwaltung. **Abs. 5** ersetzt die bestehende Regelung aus§ 11 Abs. 3, dass der Verband nicht insolvenzfähig ist.

II. Rechtsfähigkeit der Gemeinschaft der Wohnungseigentümer

3 Die Gemeinschaft der Wohnungseigentümer ist **rechtsfähig.** Schon durch den Beschluss des BGH vom 2.6.2005[2] wurde der Gemeinschaft der Wohnungseigentümer Teilrechtsfähigkeit zuerkannt.[3] Demnach besteht Rechtsfähigkeit, soweit die Gemeinschaft der Wohnungseigentümer bei der Verwaltung des gemeinschaftlichen Eigentums am Rechtsverkehr teilnimmt.[4] Diese Entscheidung wurde im Rahmen der WEG-Reform zum 1.7.2007 in § 10 Abs. 6 aF in das Gesetz aufgenommen. Umstritten war, ob sich aus dem Gesetz gewordenen Zusatz „im Rahmen der gesamten Verwaltung des gemeinschaftlichen Eigentums" eine echte Einschränkung der Rechtsfähigkeit[5] oder nur ein Verweis auf die Organisation der Gemeinschaft der Wohnungseigentümer[6] ergibt. Das WEMoG in der vom Bundestag am 17.9.2020 beschlossenen Fassung[7] beendet diesen akademischen Streit und verzichtet bewusst auf diesen Zusatz, weil die damit angedeutete Beschränkung der Rechtsfähigkeit dem deutschen Recht fremd ist.[8] Im Übrigen wird das bisher geltende Recht nicht geändert.[9]

4 Es bleibt aber dabei, dass die Wohnungseigentümer im Hinblick auf das **sachenrechtliche Eigentum** eine Bruchteilsgemeinschaft bilden, also nicht der Gemeinschaft der Wohnungseigentümer, sondern den Wohnungseigentümern selbst neben ihrem Sondereigentum das Gemeinschaftseigentum gehört. Daran will das WEMoG auch durch die Streichung des § 10 Abs. 1 aF nichts ändern.[10] Es kann für die Praxis dahin gestellt bleiben, ob die Wohnungseigentümergemeinschaft mit der **sog. Einheitstheorie** ein janusköpfiges Gebilde ist, für dessen Rechtsfähigkeit auf die Zuordnung der jeweiligen Rechte, also das Tätigwerden in verschiedenen Rechtskreisen, abzustellen ist oder mit der **sog. Trennungstheorie** gleich zwei Gemeinschaften, nämlich eine rechtsfähige Gemeinschaft der Wohnungseigentümer und eine Bruchteilsgemeinschaft nebeneinander existieren.[11]

---

1 Zum Meinungsstand und zum dogmatischen Hintergrund BeckOGK/*Falkner,* 1.3.2020, § 10 Rn. 435–442.1.

2 BGHZ 163, 154 = DNotZ 2005, 776.

3 Bärmann/*Suilmann* § 10 Rn. 200; *Häublein* ZWE 2017, 429; *Hügel/Elzer,* 2. Aufl. 2018, § 10 Rn. 203; Jennißen/*Abramenko* § 10 Rn. 76; Niedenführ/Schmidt-Räntsch/Vandenhouten/*Schmidt-Räntsch,* § 10 Rn. 76; Riecke/Schmid/*Lehmann-Richter* § 10 Rn. 13; Staudinger/*Kreuzer,* 2018, § 10 Rn. 243.

4 BGHZ 163, 154 = DNotZ 2005, 776 Ls. 1a.

5 BGH NZM 2016, 387 Rn. 27; OLG München BeckRS 2016, 9171 Rn. 15; *Schmidt-Räntsch* ZWE 2016, 429 (432 ff.).

6 Staudinger/*Kreuzer,* 2018, § 10 Rn. 258.

7 BT-Drs. 18971; BT-Drs. 22634.

8 Begr. RegE, BT-Drs. 18971, 45 mit Verweis auf *Häublein* ZWE 2017, 429 ff.; so auch BeckOGK/*Falkner,* 1.3.2020, § 10 Rn. 435–442.1.

9 Vgl. Begr. RegE, BT-Drs. 18791, 49.

10 Vgl. Begr. RegE, BT-Drs. 18791, 54, wonach die Regelung des § 10 Abs. 1 aF lediglich deklaratorischen Inhalts ist und es dessen nicht bedarf.

11 BeckOK WEG/*Müller* § 10 Rn. 394–405, auch ausf. zum Meinungsstand und den praktischen Auswirkungen des Theorienstreits.

1. Träger von Rechten und Pflichten. Da die Gemeinschaft der Wohnungseigentümer rechtsfähig und folglich ein von den Wohnungseigentümern zu unterscheidendes **Rechtssubjekt** ist, kann sie gegenüber Dritten Rechte erwerben und Pflichten eingehen. Folglich ist gemäß § 9a Abs. 1 S. 1 allein die Gemeinschaft der Wohnungseigentümer Inhaberin, Berechtigte und Verpflichtete aus den von ihr **erworbenen** Rechten und **eingegangenen** Verbindlichkeiten und ihr **gesetzlich zugeordneten** Ansprüchen und Aufgaben. Vertreten wird die Gemeinschaft nach § 9b Abs. 1 S. 1 im Rechtsverkehr durch den bestellten Verwalter oder, soweit kein Verwalter bestellt worden ist, nach § 9b Abs. 1 S. 2 durch die Wohnungseigentümer gemeinschaftlich. 5

a) Abgrenzung zur Untergemeinschaft. Untergemeinschaften sind **nicht rechtsfähig** und können daher keine Rechte und Pflichten begründen.[12] Demzufolge sind auch Verträge auf Grundlage von Beschlüssen einer Untergemeinschaft von der (Gesamt-)Gemeinschaft abzuschließen, die im Außenverhältnis auch unter Berücksichtigung von § 9a Abs. 4 haftet. Dies ist insbesondere auch für die in § 9a Abs. 4 geregelte Haftung der einzelnen Wohnungseigentümer im Außenverhältnis von grundlegender Bedeutung. Diese Haftung kann durch die Gemeinschaft nicht einseitig, auch nicht durch Vereinbarung – zB in der Gemeinschaftsordnung – abbedungen werden.[13] Zum einen haben Vereinbarungen nach § 10 Abs. 2 S. 2 nur Regelungen über das Verhältnis der Wohnungseigentümer untereinander oder zur Gemeinschaft der Wohnungseigentümer zum Gegenstand, zum anderen können die Wohnungseigentümer nach dem allgemeinen Verbot des Vertrags zu Lasten Dritter keine gegenüber dem Gesetz abweichende (nur eingeschränkte) Haftung vereinbaren.[14] 6

b) Verbrauchereigenschaft. Die Gemeinschaft der Wohnungseigentümer ist im Rechtsverkehr einem Verbraucher nach **§ 13 BGB** gleichzustellen, wenn ihr wenigstens ein Verbraucher angehört und sie ein Rechtsgeschäft zu einem Zweck abschließt, der weder einer gewerblichen noch einer selbständigen beruflichen Tätigkeit dient,[15] auch bei Vertretung durch eine gewerbliche Hausverwaltung.[16] Wohnungseigentümer, die ihr Wohnungseigentum als Kapitalanleger vermieten, sind als Verbraucher anzusehen, sofern **private Vermögensverwaltung** gegeben ist.[17] Dies gilt auch für den Abschluss des Verwaltervertrags.[18] Im Detail, insbesondere auch zur Anwendung der Widerrufsrechte der Verbraucher nach § 312g BGB, ist dennoch Vieles umstritten (→ BGB § 13 Rn. 21). 7

c) Umfang der Rechtsträgerschaft, Einzelfälle. Die Rechtsfähigkeit der Gemeinschaft der Wohnungseigentümer ist **uneingeschränkt.** Schon zu § 10 Abs. 6 aF wurde vertreten, dass die Rechtsfähigkeit der Gemeinschaft der Wohnungseigentümer zur Sicherheit des Rechtsverkehrs nicht durch den Verbandszweck oder die Grenzen ordnungsmäßiger Verwaltung beschränkt ist, sondern für die Wirksamkeit von Verträgen der Gemeinschaft nur maßgeblich ist, ob das handelnde Organ seine Vertretungsmacht überschritten oder seine Befugnisse missbraucht hat.[19] Da das WEMoG ausweislich der Gesetzesbegründung bewusst auf die insoweit von Teilen der Lit. und Rspr. einschränkend verstandenen Zusatz (→ Rn. 2 f.) verzichtet hat, gilt das nun umso mehr. Sie kann daher auch **Rechte aller Art erwerben,** soweit das handelnde Organ, in der Regel der Verwalter, seine Vertretungsmacht nicht mit der Folge der §§ 177 ff. BGB überschreitet oder seine Befugnisse nicht missbraucht. Da der Fall des Befugnismissbrauchs das Innenverhältnis zur Gemeinschaft betrifft, führt dieser nur dann zur Unwirksamkeit des Rechtserwerbs, wenn Sittenwidrigkeit gemäß § 138 BGB vorliegt oder der Geschäftspartner wusste oder wissen musste, dass sich der Rechtserwerb nicht mehr im Rahmen der Befugnisse des handelnden Organs bewegt.[20] 8

Die **Entscheidungs- und Handlungsbefugnis** muss gerade der Gemeinschaft der Wohnungseigentümer bzw. deren Rechtskreis (→ Rn. 4) **zugewiesen** sein, wovon das WEMoG auch in ausdrücklicher Abwendung vom bisherigen Recht extensiv Gebrauch macht (→ Rn. 10). Freilich muss die Kompetenz für den einem davon unabhängig möglichen Rechtserwerb regelmäßig zugrunde liegenden Beschluss bestanden haben. Ferner muss sich ein solcher Beschluss an den Grundsätzen ordnungsmäßiger Verwaltung messen lassen, da er sonst auf Anfechtung hin aufzuheben 9

[12] BGH NZM 2018, 340 Rn. 18; OLG Koblenz ZWE 2011, 91 = ZMR 2011, 225; OLG Düsseldorf ZWE 2010, 336.
[13] BGH NZM 2018, 340 Rn. 18.
[14] BeckOGK/*Falkner*, 1.3.2020, § 10 Rn. 111.
[15] BGH ZWE 2015, 322 = ZMR 2015, 563; hierzu *Roguhn* ZWE 2015, 315.
[16] LG Karlsruhe ZWE 2016, 25; LG Rostock ZWE 2007, 292.
[17] BGH NZM 2020, 808; OLG München BeckRS 2008, 21287; aA aber noch LG Rostock ZWE 2007, 292.
[18] BGH ZWE 2020, 83 Rn. 21.
[19] Bärmann/*Suilmann* § 10 Rn. 210 ff.
[20] Auch vertiefend Bärmann/*Suilmann* § 10 Rn. 211.

ist. Dient ein Rechtserwerb dem Zweck der Gemeinschaft, wird er aber in der Regel ordnungsgemäßer Verwaltung entsprechen. Ein entsprechender gemeinschaftlicher Zweck kann entweder durch eine Bestimmung in der Teilungserklärung bzw. der Gemeinschaftsordnung vorgegeben sein oder auch nachträglich durch Beschluss der Eigentümerversammlung festgelegt werden.

10 Das WEMoG weist der Gemeinschaft der Wohnungseigentümer **direkt** Ansprüche und Aufgaben zu: Die Gemeinschaft ist berechtigt, von den Wohnungseigentümern die **Einhaltung von Gesetz, Vereinbarungen und Beschlüssen** bezüglich des Gemeinschaftseigentums zu verlangen (§ 14 Abs. 1 Nr. 1). Sie ist – teilweise neben den Wohnungseigentümern – Inhaberin des **Duldungsanspruchs** in Bezug auf vereinbarte oder beschlossene Einwirkungen gegenüber Wohnungseigentümern (§ 14 Abs. 1 Nr. 2) und gegenüber sonstigen Nutzern (§ 15). Sie ist **Schuldnerin des Aufopferungsanspruchs** nach § 14 Abs. 3, soweit die Duldungspflicht ihr gegenüber besteht.[21] Die Gemeinschaft ist **Trägerin der Verwaltung,** also unmittelbar Berechtigte und Verpflichtete aus § 18 Abs. 1, 2 und 4. Damit richten sich die bisher gegen die Wohnungseigentümer bestehenden Ansprüche auf ordnungsgemäße Verwaltung, bestimmte Benutzungs- oder Gebrauchsregelungen, auf Schadensersatz wegen der Verletzung der Verwaltungspflicht, etc. originär nur noch gegen die Gemeinschaft der Wohnungseigentümer (→ § 18 Rn. 27 ff.).[22] Da § 21 Abs. 4 aF nun im neuen § 18 Abs. 2 Nr. 1 aufgeht und seinem Inhalt nach nur gegen die Gemeinschaft der Wohnungseigentümer besteht,[23] dürfte dies nunmehr entgegen der dazu ergangenen BGH-Rspr. für die aus § 21 Abs. 4 aF resultierenden Ansprüche auf erstmalige plangerechte Erstellung des Gemeinschaftseigentums[24] und auf den zu erbringenden Stellplatznachweis[25] gelten.

11 Die Gemeinschaft ist **mitgliedsfähig,** kann also Mitgliedschaften, zB in einem Haus- und Grundbesitzerverein[26] oder Beteiligungen – auch an Unternehmen[27] – erwerben. Denkbar ist somit die Beteiligung der Gemeinschaft der Wohnungseigentümer an einem lokalen Energieversorgungsunternehmen wie einem Blockheizkraftwerk, welches dezentral unter anderem das Gebäude der Gemeinschaft versorgt.[28]

12 Die Gemeinschaft der Wohnungseigentümer kann Anteile an Zuwegungen, Garagengrundstücken, also solche außerhalb ihrer Wohnanlage, aber auch an Hausmeisterwohnungen, Schwimmbädern oder Wellnesseinrichtungen und auch an anderen Wohnungs- und Teileigentumsrechten innerhalb der Anlage erwerben und hierüber durch Mehrheitsbeschluss entscheiden, wenn der Erwerb und das Halten dieser Rechte im Rahmen der ordnungsmäßigen Verwaltung einem gemeinschaftlichen Zweck dient.[29] Die Wohnungseigentümergemeinschaft ist folglich **grundbuchfähig.**[30] Die Eintragung einer Zwangshypothek für die Wohnungseigentümergemeinschaft ist unter ihrer Bezeichnung möglich,[31] ebenso die Eintragung einer Dienstbarkeit.[32] Die Abgabe einer Löschungsbewilligung durch den bestellten Verwalter für ein Recht der Gemeinschaft setzt – jedenfalls im Innenverhältnis – einen Beschluss voraus.[33] Der Verkauf einer Teilfläche des Gemeinschaftsgrundstücks durch den Verwalter aufgrund Mehrheitsbeschluss ist demgegenüber nicht möglich, da es sich hier nicht um die Veräußerung von Gemeinschaftsvermögen sondern von Miteigentum der Wohnungseigentümer handelt.[34] Das Miteigentum ist der Gemeinschaft der Wohnungseigentümer bzw. dem von ihr zu verantwortenden Rechtskreis aber gerade nicht zugeordnet; es betrifft das

---

21 Begr. RegE, BT-Drs. 18791, 52.

22 Begr. RegE, BT-Drs. 18791, 58–60.

23 Begr. RegE, BT-Drs. 18791, 59.

24 Zum alten Recht BGH DNotZ 2018, 48 = ZMR 2017, 818 = ZWE 2017, 367 mAnm *Briesemeister* ZWE 2017, 369; *J.-H. Schmidt* ZWE 2017, 238.

25 Zum alten Recht BGH ZWE 2017, 177 = DNotZ 2017, 938 = ZMR 2017, 317.

26 AG Hannover NZM 2008, 690; BeckOK WEG/*Müller* § 10 Rn. 425; *Häublein* ZWE 2017, 429.

27 BeckOGK/*Falkner,* 1.3.2020, § 10 Rn. 450; BeckOK WEG/*Müller* § 10 Rn. 489; *Häublein* ZWE 2017, 429.

28 Mit guten Gründen und dogmatischer Herleitung *Kreuzer* ZWE 2010, 163 ff.; allg. zu Blockheizkraftwerken *Suilmann* ZWE 2014, 302.

29 BGH NJW 2016, 2177 = ZWE 2016, 268 mAnm *Lehmann-Richter* ZWE 2016, 250 = ZMR 2016, 476; OLG München ZWE 2016, 256 = ZMR 2016, 792 = RNotZ 2016, 510; OLG Celle NJW 2008, 1537 = ZWE 2008, 237 mAnm *Hügel* ZWE 2008, 240; OLG Hamm ZWE 2011, 454 = ZMR 2011, 403; LG Bremen ZWE 2015, 367 = ZMR 2015, 475; *Abramenko* ZWE 2010, 193; Bärmann/*Suilmann* § 10 Rn. 223; *Basty* ZWE 2009, 253; *Weber* ZWE 2017, 68; vertiefend auch *Armbrüster* NZG 2017, 441; aA noch LG Heilbronn ZMR 2007, 649; LG Nürnberg-Fürth ZMR 2006, 812.

30 OLG Hamm ZWE 2010, 270 = ZMR 2010, 785; DNotZ 2010, 130; aA noch KG ZMR 2009, 283.

31 BGHZ 163, 154 (169) = NZM 2005, 543.

32 KG ZWE 2016, 23.

33 OLG München ZWE 2011, 180.

34 BGH ZWE 2013, 330; OLG München ZMR 2010, 706; *Reymann* ZWE 2012, 315.

sachenrechtliche Grundverhältnis. Ein entsprechender Beschluss ist mangels Beschlusskompetenz nichtig.

Die Gemeinschaft ist grundsätzlich **Versicherungsnehmer,** insbesondere der Gebäudeversicherung.[35] Versicherte sind demgegenüber die Wohnungseigentümer.[36] Sie ist für das Gemeinschaftseigentum **verkehrssicherungspflichtig,**[37] wobei die Erfüllung dieser Pflicht zur ordnungsgemäßen Verwaltung gehört.[38] 13

Die Gemeinschaft ist **scheck- und wechselfähig**[39] und kann selbst **Kontoinhaberin**[40] sein. 14
Im Zusammenhang mit notwendigen Instandhaltungsmaßnahmen im Rahmen ordnungsmäßiger Verwaltung kann die Gemeinschaft nach Beschluss der Eigentümerversammlung auch Darlehen aufnehmen.[41] An die Prüfung, ob die Kreditaufnahme noch im Rahmen ordnungsmäßiger Verwaltung liegt, sind hohe Ansprüche zu stellen.[42] Problematisch bleibt die für derartige Darlehen übliche grundbuchliche Besicherung, da eine solche insbesondere im ersten Rang in der Regel nicht möglich ist.

Die Gemeinschaft ist **Vertragspartnerin** aller Verträge mit Dritten, die der Verwaltung des 15
Gemeinschaftseigentums im weitesten Sinne dienen, zB Anwaltsverträge, Dienstverträge mit dem Hausmeister oder auch dem Verwalter, Kaufverträge, Mietverträge (→ Rn. 29 zur Besitzüberlassung bzw. Besitzmittlung), Verträge zur Daseinsvorsorge, Werkverträge.[43]

Die Gemeinschaft ist Inhaberin der Ansprüche gegen die einzelnen Wohnungseigentümer aus 16
dem gesetzlichen Schuldverhältnis **(sog. Sozialansprüche).**[44] Dazu gehören insbesondere der Anspruch auf Zahlung des Wohngeldes und sich aus einer Pflichtverletzung hiergegen ergebenden Schadensersatzansprüche,[45] aber auch sonstige (Beitrags-)Forderungen, wie zB Sonderumlagen oder negative Abrechnungsspitzen aus der Jahresabrechnung,[46] die dem Gemeinschaftsvermögen zuzuordnen sind. Spiegelbildlich ist sie Verpflichtete solcher Sozialansprüche der einzelnen Wohnungseigentümer, zB die Auskehr eines Abrechnungsguthabens aus der Jahresabrechnung.[47] Mit § 17 Abs. 1 S. 1 wird der **Entziehungsanspruch** – der bisher der geborenen Ausübungsbefugnis nach § 10 Abs. 6 S. 3 unterfiel[48] – direkt der Gemeinschaft der Wohnungseigentümer materiell-rechtlich zugeordnet.[49]

Die Gemeinschaft der Wohnungseigentümer übt den **Besitz** am Gemeinschaftsvermögen und 17
am Gemeinschaftseigentum aus, das nicht dem alltäglichen Zugriff der Wohnungseigentümer bzw. Bewohner unterliegt, wie zB Dachflächen, Fassade, ungenutzte Dach- oder Kellerräume.[50]

Schließlich ist die Gemeinschaft auch noch **erbfähig,**[51] **grundrechtsfähig**[52] sowie **prozess-** 18
kostenhilfefähig.[53]

2. Parteifähigkeit. Wesentliches Merkmal der Rechtsfähigkeit ist die in § 9a Abs. 1 S. 1 Hs. 2 19
ausdrücklich genannte Parteifähigkeit in Aktiv- und Passivprozessen.[54] Untergemeinschaften sind

[35] BGH ZWE 2017, 30; NZM 2007, 88; OLG Hamm ZMR 2008, 401; LG Karlsruhe ZWE 2019, 324.
[36] BGH ZWE 2017, 30; zum Verhältnis und zur Abwicklung eingehend *Dötsch* NZM 2018, 353 ff.
[37] LG Heidelberg ZWE 2018, 34; LG München I ZWE 2010, 399; AG München ZWE 2014, 346; AG Hamburg-Wandsbeck ZWE 2013, 128; vertiefend und krit. dazu *Dötsch/Greiner* ZWE 2014, 343, aA *Hügel/Elzer,* 2. Aufl. 2018, § 10 Rn. 219, wobei sich die dort geäußerte Kritik zu der Zuordnung zur Gemeinschaft der Wohnungseigentümer durch § 18 Abs. 1 erübrigt haben dürfte.
[38] BGH ZWE 2020, 235, wobei diese Entscheidung in Bezug auf den Schadensersatzpflichtigen durch die ausdrückliche Zuweisung der Verwaltungsobliegenheit in § 18 Abs. 1 überholt ist.
[39] BeckOK WEG/*Müller* § 10 Rn. 423 mit Verweis auf Literaturmeinungen.
[40] OLG Hamburg BeckRS 2011, 17297 = ZMR 2006, 791.
[41] BGH DNotZ 2015, 924 = ZWE 2015, 453 mAnm *Scheuer* ZWE 2015, 446 = ZMR 2016, 49; ZWE 2013, 27 mAnm *Dötsch* ZWE 2013, 18 = ZMR 2013, 127; LG Bielefeld ZWE 2011, 422 = ZMR 2011, 894 verlangt einstimmigen Beschluss; hierzu *Abramenko* ZMR 2011, 173; allg. *Häublein* ZWE 2015, 61.
[42] OLG Hamm ZWE 2012, 378 = ZMR 2012, 800; LG Düsseldorf ZWE 2014, 44 = ZMR 2013, 823; *Häublein* ZWE 2015, 61 (65 ff.); *Vonkilch* ZWE 2015, 352.
[43] Vertiefend BeckOK WEG/*Müller* § 10 Rn. 419 mit Verweis auf die Instanz-Rspr.
[44] *Armbrüster/Witsch* ZWE 2019, 386 (391).
[45] BGH ZWE 2017, 360 = BeckRS 2017, 109303.
[46] OLG München NZM 2005, 673.
[47] BGH NZM 2019, 415 Rn. 20, bzw. des Überschusses geleisteter Vorschüsse nach § 28.
[48] Bärmann/Pick/*Emmerich* § 10 Rn. 114.
[49] Begr. RegE, BT-Drs. 18791, 57.
[50] Str.; Riecke/Schmid/*Lehmann-Richter* § 10 Rn. 308; aA *Bruns* NJW 2011, 337 (341).
[51] *Abramenko* ZMR 2005, 589; *Demharter* NZM 2005, 619; *Elzer* MietRB 2005, 250; *Hügel* DNotZ 2005, 755; *Sauren* ZWE 2006, 266; *Wenzel* ZWE 2006, 2.
[52] BGH NZM 2013, 622.
[53] BGH NZM 2010, 586.
[54] Vgl. LG Saarbrücken ZWE 2014, 361 zu § 10 Abs. 6 aF.

nicht parteifähig.[55] Ebenso ist die Gemeinschaft der Wohnungseigentümer im Verwaltungsgerichtsverfahren beteiligungsfähig gemäß § 61 Nr. 2 VwGO[56] und Adressatin belastender Bescheide.[57]

20 **a) Prozessfähigkeit.** Für die Praxis bleibt insbesondere die Parteifähigkeit von erheblicher Bedeutung, da auf diese Weise die vor der WEG-Reform 2007 immer wieder gegebenen Probleme der Prozessfähigkeit in Aktiv- und Passivprozessen überwunden wurde.

21 **b) Prozessführungsbefugnis – Aktiv- und Passivlegitimation.** Schon bisher bestand Prozessführungsbefugnis der Gemeinschaft der Wohnungseigentümer, wobei zwischen originärer Prozessführungsbefugnis als Rechtsinhaberin für Ansprüche/Verbindlichkeiten der Gemeinschaft einerseits und gesetzlicher[58] oder gewillkürter[59] Prozessstandschaft gemäß § 10 Abs. 6 S. 3 aF, abhängig von geborener, also gesetzlich zugewiesener und gekorener, also durch Beschluss begründeter Ausübungs- bzw. Wahrnehmungsbefugnis andererseits, unterschieden wurde. Das Konzept der Differenzierung zwischen sog. geborener und gekorener Befugnis wird durch das WEMoG aufgegeben.[60] Folglich ist nun nur noch zwischen der **originären Prozessführungsbefugnis der Gemeinschaft** für eigene Rechte (→ Rn. 5, → Rn. 10 ff.) und der **gesetzlichen Prozessstandschaft** für die (gesetzliche) Ausübungsbefugnis für Rechte der Wohnungseigentümer nach § 9a Abs. 2 (→ Rn. 26 ff.), nämlich (1) den sich aus dem gemeinschaftlichen Eigentum ergebenden und (2) denen, die eine einheitliche Rechtsverfolgung erfordern, zu unterscheiden. Sofern die Gemeinschaft der Wohnungseigentümer anstelle der zunächst in Anspruch genommenen Wohnungseigentümer verklagt wird, ist ein Parteiwechsel notwendig.[61]

22 Von der Prozessführungsbefugnis und der Prozessstandschaft auf der Zulässigkeitsebene zu unterscheiden ist die Aktiv- bzw. Passivlegitimation, die an die **Sachbefugnis** auf materieller Ebene anknüpft. **Originär von der Gemeinschaft inne gehaltene Rechte und eingegangene Verbindlichkeiten** sind nicht nur von bzw. gegenüber der Gemeinschaft geltend zu machen, ihr steht insoweit als Rechtssubjekt auch die Sachbefugnis zu. Soweit die Gemeinschaft **im Rahmen ihrer Ausübungsbefugnis nach § 9a Abs. 2** Rechte der Wohnungseigentümer geltend macht oder wegen deren Pflichten in Anspruch genommen wird, ergibt sich die Prozessführungsbefugnis aus der gesetzlichen Prozessstandschaft – die Sachbefugnis wird dadurch nicht verändert. Hinsichtlich der gemeinschaftsbezogenen Pflichten ist die Gemeinschaft entsprechend passivlegitimiert.[62] Eine aufgrund der Rechtsfähigkeit der Gemeinschaft der Wohnungseigentümer erfolgte Rubrumsberichtigung lässt folglich die Aktivlegitimation unberührt.[63]

23 Sofern ein Recht in Prozessstandschaft ausgeübt wird, stellt sich die Frage nach der **Bindungswirkung des Urteils auch für den Rechtsinhaber.** Dies ist im Einzelnen grundsätzlich umstritten.[64] Im Fall der gesetzlichen Prozessstandschaft kommt es darauf an, ob der Rechtsinhaber zur Geltendmachung seines Rechts berechtigt bleibt (sog. konkurrierende Prozessführungsbefugnis) oder nicht (sog. verdrängende Prozessführungsbefugnis).[65] Im zweiten Fall, tritt Rechtskrafterstreckung ein.[66] Die Ausübungsbefugnis der Gemeinschaft nach § 10 Abs. 6. S. 3 aF wird als sog. verdrängende Prozessführungsbefugnis qualifiziert.[67] Dies hat der BGH jedenfalls für die sog. gekorene Ausführungsbefugnis entschieden.[68] Daraus folgt, dass dies erst Recht für die sog. geborene und nach dem nunmehr geltenden Recht einzige gesetzliche Ausübungsbefugnis gilt.

24 Vom BGH zur sog. gekorenen Ausübungsbefugnis bisher nicht endgültig gelöste Schwierigkeiten zu den (WEG-rechtlichen) Anforderungen an die erforderliche Willensbildung in der Wohnungseigentümerversammlung für den Abschluss eines **Prozessvergleichs**[69] dürften durch deren

---

[55] OLG Brandenburg BeckRS 2020, 2069; *Dötsch* Anm. zu OLG Nürnberg IMR 2016, 300; OLG Koblenz ZWE 2011, 91 = ZMR 2011, 225; LG Frankfurt a.M. ZWE 2014, 191 = ZMR 2014, 142.

[56] OVG Berlin-Brandenburg ZWE 2010, 50; OVG Greifswald ZWE 2012, 146.

[57] VGH München ZWE 2014, 144; OVG Münster ZWE 2016, 55; OVG Greifswald ZWE 2016, 294.

[58] BGH NJW 2007, 1952 = ZMR 2007, 627.

[59] BGH NJW 2007, 1952 = ZMR 2007, 627; NJW 2007, 1957 = ZWE 2007, 360 = ZMR 2007, 630.

[60] Begr. RegE, BT-Drs. 18791, 46.

[61] BGH ZWE 2011, 215 = ZMR 2011, 575.

[62] BGH ZWE 2016, 252 = DNotZ 2016, 456 = ZMR 2016, 379.

[63] OLG Düsseldorf ZMR 2008, 313.

[64] Musielak/Voit/*Weth* ZPO § 50 Rn. 36.

[65] Musielak/Voit/*Weth* ZPO § 50 Rn. 36; BeckOK ZPO/*Hübsch,* 1.7.2020, ZPO § 50 Rn. 58 ff.

[66] Musielak/Voit/*Weth* ZPO § 50 Rn. 36.

[67] BGHZ 172, 42 = NZM 2007, 403; Bärmann/*Roth* § 48 Rn. 8; *Lehmann-Richter* ZWE 2014, 385 (389); *Suilmann* ZWE 2013, 302 (307).

[68] BGH ZWE 2015, 122.

[69] Vertiefend *Dötsch* ZWE 2016, 149 ff.; für eine entsprechende Verfügungsbefugnis der Gemeinschaft LG München ZWE 2012, 99.

Wegfall praktisch gelöst sein. Aus der Gesetzesbegründung des WEMoG kann die Schlussfolgerung gezogen werden, dass die Entscheidung über einen Vergleichsabschluss und damit ein Nachgeben in Bezug auf die streitige Rechtsposition aus dem gemeinschaftlichen Eigentum durch einfachen Mehrheitsbeschluss gefasst werden kann, weil dort ausdrücklich für Ansprüche aus § 1004 BGB unter Verweis auf § 18 Abs. 1 ausgeführt wird, dass die Gemeinschaft der Wohnungseigentümer die sich aus dem gemeinschaftlichen Eigentum ergebenden Rechtet verwaltet.[70] Verwaltungsangelegenheiten unterliegen jedoch grundsätzliche der Beschlussfassung durch die einfache Mehrheit der Wohnungseigentümer.

Dogmatisch ungelöst bleibt jedoch das Problem der **Rechtsnachfolgerbindung**[71] solcher in gesetzlicher Prozessstandschaft geschlossener Vergleiche, wenn man streng zwischen Prozessführungs- und Sach- bzw. Verfügungsbefugnis trennt. Unter Berufung auf § 10 Abs. 4 S. 1 aF wurde vertreten, dass gerichtliche Vergleiche in WEG-Verfahren Rechtsnachfolger trotz § 794 ZPO nicht binden sollen, weil es an einer mit § 10 Abs. 3 aF vergleichbaren Regelung fehle.[72] Dies sollte nach allgemeinen Grundsätzen nur entweder durch eine verdinglichte Vereinbarung gemäß § 10 Abs. 3 aF oder durch Fassung eines entsprechenden (inhaltsgleichen) Beschlusses gemäß § 10 Abs. 4 S. 1 aF, erreicht werden können, nicht aber bereits durch den Vergleich selbst.[73] Auch für die Rechtsnachfolgerbindung wurde auf die Beschlusskompetenz für den Vergleichsabschluss abgestellt und konstatiert, dass es daran in der Praxis nicht selten fehlen wird.[74] Fehlt sie, soll eine verdinglichte Vereinbarung geschlossen werden. Besteht sie, sollen zwei Beschlüsse gefasst werden, nämlich einer zur Regelung-/Genehmigung des Vergleichs und ein weiterer zur Herstellung der Rechtsnachfolgerbindung.[75] Das Problem der Rechtsnachfolgerbindung stellt sich auf Seiten der Wohnungseigentümer, deren Rechte die Gemeinschaft geltend macht. Dies gilt umso mehr, als eine Beiladung der Rechtsinhaber – wie gemäß des nun weggefallenen § 48 aF – nicht mehr vorgesehen ist. Es muss folglich auch nach dem nun geltenden WEG ein weiterer, vom Wohnungseigentumsgesetz vorgesehener Rechtsakt zur Rechtsnachfolgerbindung durchgeführt werden. Durch § 10 Abs. 3 S. 1 bedarf aber jetzt auch ein Beschluss über den Vergleichsinhalt, der auf einer sog. Öffnungsklausel basiert, einer Verdinglichung. Insbesondere bei einer im Vergleichswege auf Grundlage einer Öffnungsklausel beschlossenen Zustimmung zu einer Nutzungsänderung oder zu einer nicht dem (gesetzlichen) Mehrheitserfordernis unterworfenen baulichen Veränderung ist also nun zusätzlich die Eintragung des den Vergleich beinhaltenden Beschlusses im Grundbuch erforderlich. Folglich kommen als Rechtsakte zur Rechtsnachfolgerbindung einerseits weiterhin eine verdinglichte Vereinbarung oder ein (ggf. verdinglichter) Beschluss in Betracht. Allerdings dürfte sich das Risiko einer fehlenden echten Rechtsnachfolgerbindung jedenfalls für die kraft Gesetzes von der Gemeinschaft auszuübenden Rechte, insbesondere aus § 1004 BGB, praktisch erledigt haben: Die Prozessführungsbefugnis steht allein der Gemeinschaft zu, weshalb ein Rechtsnachfolger einen durch Vergleich erledigten Unterlassungsanspruch weder allein geltend machen, noch von der – insoweit gebundenen – Gemeinschaft die erneute Rechtsverfolgung verlangen kann. 25

3. Entstehung der Gemeinschaft der Wohnungseigentümer. Das WEMoG schafft durch § 9a Abs. 1 S. 2 einen Gleichlauf der Entstehungszeitpunkte für die Gemeinschaft der Wohnungseigentümer bei Teilung gemäß § 3 durch Vertrag und Teilung gemäß § 8 durch Erklärung des (Allein-)Eigentümers. Sie entsteht mit Anlegung der Wohnungsgrundbücher. Ab diesem Zeitpunkt sind die Vorschriften des WEG anwendbar. Das galt bisher nur im Fall der Teilung gemäß § 3, bei der von Anfang an mehr als nur eine Person Grundstücks- und somit nach Teilung Wohnungseigentümer war. Bei der Teilung nach § 8 existiert bei Anlegung der Wohnungsgrundbücher aber in der Regel noch kein zweiter (Wohnungs-) Eigentümer. Infolgedessen ist durch das WEMoG die **sog. Ein-Personen-Gesellschaft** möglich und sogar ausdrücklich beabsichtigt.[76] Ferner wird durch diese Regelung das richterrechtlich geschaffene Institut der **sog. werdenden Wohnungseigentümergemeinschaft** überflüssig.[77] Das für die Teilung nach § 8[78] richterrechtlich entwickelte Institut 26

---

[70] Begr. RegE, BT-Drs. 18791, 46, 47.
[71] *Dötsch* ZWE 2016, 149 ff.
[72] BeckOK WEG/*Müller* § 10 Rn. 362 mit Verweis auf BayObLG NJW-RR 1990, 594; iErg wohl aA OLG Zweibrücken NZM 2001, 1136; *Lehmann-Richter* AnwZert MietR 8/2012 Anm. 2; *Drasdo* Eigentümerversammlung Rn. 105 ff.; *Schmid* MietRB 2013, 161 f.; *Dötsch* NZM 2013, 626 (630 f.).
[73] BeckOK WEG/*Müller* § 10 Rn. 363.
[74] BeckOK WEG/*Müller* § 10 Rn. 363 mit Verweis auf KG NZM 2004, 951; BayObLG NZM 2000, 344; OLG München NZM 2007, 487.
[75] Vgl. *Dötsch* NZM 2013, 626 ff.
[76] Begr. RegE, BT-Drs. 18791, 45.
[77] Begr. RegE, BT-Drs. 18791, 44, 46.
[78] Der BGH wird über die Anwendbarkeit der Grundsätze der werdenden Wohnungseigentümergemeinschaft bei einer Teilung nach § 3 voraussichtlich am 26.2.2021 verhandeln und ggf. entscheiden.

des sog. werdenden Wohnungseigentümers ist nunmehr in § 8 Abs. 3 übernommen worden, so dass für den Zeitpunkt des Eintritts in die Binnenrechte des Wohnungseigentümers im Fall des Ersterwerbs vom teilenden Eigentümer nicht die Eigentumsumschreibung maßgeblich ist (→ § 8 Rn. 23).

27 Durch die zeitliche Vorverlagerung der Entstehung können nun auch im Rahmen einer Teilung nach § 8 bereits vor Veräußerung der ersten Einheit Beschlüsse gefasst und – für die Erwerber verbindliche – Verträge, zB Versorgungsverträge oder der Verwaltervertrag, für die rechtsfähige Gemeinschaft der Wohnungseigentümer abgeschlossen werden. Die bisher praktisch komplizierte Überleitung solcher – vor Übergabe der Einheiten vom Markt als vorhanden erwarteter – Verträge auf die Gemeinschaft der Wohnungseigentümer ist infolgedessen nicht mehr notwendig. Die Anfechtungsfrist für solche Beschlüsse dürfte aber regelmäßig bereits abgelaufen sein, wenn die ersten Erwerber gemäß § 8 Abs. 3 Wohnungseigentümer im Rechtssinne geworden sind. Die Gesetzesbegründung setzt sich mit diesem Risiko explizit auseinander, kommt aber zu dem Ergebnis, dass es beherrschbar sei: Zum Einen führt sie an, dass die Wohnungseigentümer vom aufteilenden Eigentümer gefasste (ordnungswidrige) Beschlüsse später wieder aufheben können, weil kein Anspruch auf dauerhaften Bestand solcher Beschlüsse besteht.[79] Dabei könne es der Klärung durch Rspr. und Wissenschaft überlassen bleiben, ob hierauf sogar ein Anspruch besteht.[80] Zum Anderen vertritt sie den Standpunkt, dass auch die allein vom – gewerblich handelnden – aufteilenden Eigentümer inne gehaltene Ein-Personen-Gemeinschaft Verbraucherin iSd § 13 BGB sei, weil die hinter der BGH-Entscheidung zur Verbrauchereigenschaft der Wohnungseigentümergemeinschaft[81] stehende Wertung auch für die Ein-Personen-Gemeinschaft gelte, wenn diese auf den Eintritt von Verbrauchern gerichtet sei; dadurch seien die Erwerber durch die Vorschriften der §§ 305 ff. BGB zusätzlich geschützt.[82] Die Begründung, insbesondere die dort vertretenen Rechtsansichten erfuhren bereits in der Fassung des Regierungsentwurfs vom 23.3.2020[83] beachtliche Kritik, insbesondere zur der Wertung, dass die von der vom Bauträger inne gehaltenen Ein-Personen-Gemeinschaft abgeschlossenen Verträge den Beschränkungen des Verbraucherschutzes, vor allem nach §§ 305 ff. BGB unterliegen würden.[84] Aber auch die Beschlussempfehlung des Rechtsausschusses zog nur in Erwägung die Verbrauchereigenschaft der Ein-Personen-Gemeinschaft gesetzlich zu regeln, verwarf diese Erwägung jedoch (leider) unter Bezugnahme auf die Regierungsbegründung und der dazu ergangenen Rspr. des BGH.[85] Der BGH hat jedoch bisher nur entschieden, dass eine Wohnungseigentümergemeinschaft jedenfalls dann als Verbraucherin anzusehen ist, wenn ihr mindestens eine natürliche Person als Verbraucher angehört und sie ein Rechtsgeschäft zu einem Zweck abschließt, der weder einer gewerblichen noch einer selbständigen beruflichen Tätigkeit dient.[86] Solange der Ein-Personen-Gemeinschaft jedoch nur ein Bauträger oder Aufteiler, also gerade keine natürliche Person als Verbraucher angehört und der Bauträger bzw. Aufteiler dabei im Rahmen seines Unternehmenszwecks gewerblich tätig wird, weil er bezugsfertige Einheiten in einer funktionierenden Anlage veräußern will, ist die Ein-Personen-Gemeinschaft nach geltendem Recht nicht per se als Verbraucherin zu qualifizieren, selbst wenn das (politische) Ziel richtig und gerechtfertigt ist. Eine Klärung durch die Rspr. ist erforderlich, die Zeit bis dahin mit Unsicherheiten verbunden.

28 **4. Bezeichnung.** § 9a Abs. 1 S. 3 macht, wie schon § 10 Abs. 6 S. 4 aF, der Gemeinschaft der Wohnungseigentümer die Führung einer eigenen Bezeichnung zur Pflicht, wobei diese entweder die postalische Anschrift oder die Grundbuchstelle des Stammgrundstücks bzw. der Wohnungseigentumsrechte sein kann.[87]

III. Ausübung von Rechten/Wahrnehmung von Pflichten der Wohnungseigentümer

29 Voraussetzung für die Befugnis der Ausübung/Wahrnehmung der Rechte/Pflichten der Wohnungseigentümer ist nach § 9a Abs. 2 nurmehr, dass diese sich aus dem gemeinschaftlichen Eigentum ergeben oder eine einheitliche Rechtsverfolgung/Erfüllung erfordern. Eine auf einem Beschluss beruhende besondere Ausübungs- bzw. Wahrnehmungsbefugnis (sog. gekorene Ausübungs- bzw. Wahrnehmungsbefugnis) sieht das Gesetz wegen des damit verbundenen Eingriffs in die durch

---

79 Begr. RegE, BT-Drs. 18791, 45.
80 Begr. RegE, BT-Drs. 18791, 45.
81 BGH ZWE 2015, 322 = ZMR 2015, 563.
82 Begr. RegE, BT-Drs. 18791, 45.
83 RegE vom 23.3.2020, 49.
84 *Becker/Schneider* ZfIR 2020, 281 (292) mit Verweis auf Stellungnahme des VDIV zum RegE vom 14.2.2020, 8 f.
85 BT-Drs. 19/22634, 42.
86 BGH NJW 2015, 3228 Rn. 30.
87 OLG Rostock ZWE 2014, 122.

Art. 2 Abs. 1 GG geschützte Privatautonomie des Eigentümers und des berechtigten Interesse des Rechtsverkehrs an eine klare Zuordnung von Rechten und Pflichten nicht mehr vor; bereits gefasste sog. Vergemeinschaftungsbeschlüsse verlieren mit Inkrafttreten des WEMoG nach allgemeinen Grundsätzen für die Zukunft ihre Wirkung.[88]

1. Anwendungsbereich. Nach der Gesetzesbegründung betrifft § 9a Abs. 2 nur Rechte und Pflichten der Wohnungseigentümer, die nicht auf dem WEG beruhen; sog. Sozialansprüche und -pflichten (→ Rn. 16) fallen nicht in dessen Anwendungsbereich, weil die Zuordnung von Rechten und Pflichten an einzelne Wohnungseigentümer durch das WEG der gesetzlichen Ausübungsbefugnis als speziellere Regelung vorgeht.[89] Auf den ersten Blick ist diese ausdrückliche Ausnahme der sog. Sozialansprüche und -pflichten aus dem Anwendungsbereich der Vorschrift verunsichernd in Bezug auf den Wohngeld- bzw. Vorschussanspruch der Gemeinschaft und die korrespondierende Pflicht zur Auskehrung von Abrechnungsguthaben durch die Gemeinschaft. Bei genauerem Hinsehen betrifft § 9a Abs. 2 aber gerade nicht originäre Ansprüche der Gemeinschaft der Wohnungseigentümer als eigenes Rechtssubjekt, sondern den Umfang der Befugnis, Rechte und Pflichten der Wohnungseigentümer, also **der Gemeinschaft fremde Rechte und Pflichten** auszuüben bzw. wahrzunehmen. Die in Bezug auf das Gemeinschaftsvermögen bestehenden Rechte und Pflichten der Gemeinschaftseigentümer werden daher nicht berührt, an der Zuständigkeit der Gemeinschaft der Wohnungseigentümer hierfür ändert sich dadurch folglich nichts. Außerdem ist die Befugnis nach § 9a Abs. 2 nicht erforderlich, soweit Rechte und Pflichten direkt der Gemeinschaft der Wohnungseigentümer zugeordnet sind (→ Rn. 5, → Rn. 10 ff.) – auch dann ist die Gemeinschaft bereits originär sach- und ausübungs-/wahrnehmungsbefugt. 30

2. Sich aus dem gemeinschaftlichen Eigentum ergebende Rechte und Pflichten. Diese gesetzliche Befugnis bezieht sich auf alle Rechte der Wohnungseigentümer, die aus dem Miteigentum am gemeinschaftlichen Eigentum fließen und knüpft damit, wie die Gesetzesbegründung betont, an die Formulierung des § 1011 BGB an.[90] Demnach kann für den Anspruchsinhalt, also zur Definition der sich aus dem (Mit-)Eigentum ergebenden Rechte auf § 1011 BGB zurückgegriffen werden. Darunter fallen Ansprüche aus dem Eigentum (§§ 985–1007 BGB), aber auch **schuldrechtliche Ansprüche** aus §§ 812 ff. BGB, §§ 987 f., 989 ff., 906 Abs. 2 S. 2 BGB sowie **Ansprüche aus Besitz** (§§ 861, 862, 1007 BGB; → BGB § 1011 Rn. 2 mwN),[91] soweit die Gemeinschaft nicht originär sachbefugt ist (→ Rn. 11, → Rn. 17). Freilich ist allen Ansprüchen als sich direkt aus § 9a Abs. 2 ergebende weitere Voraussetzung gemeinsam, dass sie sich aus dem gemeinschaftlichen Eigentum ergeben müssen. Ansprüche, die sich aus dem Sondereigentum ergeben, also zB Unterlassungsansprüche nach § 1004 BGB, die sich aus der Beeinträchtigung nur des Sondereigentums ergeben werden von der Ausübungsbefugnis nicht erfasst. Dies hat der BGH aber bereits zu § 10 Abs. 6 S. 3 Hs. 2 entschieden, indem er die Beschlusskompetenz für eine sog. Vergemeinschaftung von Unterlassungsansprüchen zu ausschließlich das Sondereigentum betreffenden Beeinträchtigungen verneint hat.[92] Damit wird auch ein **Gleichlauf mit der verwaltungsgerichtlichen Rspr.** hergestellt, die die Gemeinschaft – entgegen dem bisherigen § 10 Abs. 6 S. 3[93] – immer dann als (allein) ausübungs- und damit prozessführungsbefugt ansieht, wenn gemeinschaftliches Eigentum betroffen ist, den einzelnen Wohnungseigentümer demgegenüber nur dann, wenn und soweit sein Sondereigentum betroffen ist.[94] Gleiches gilt für Sondernutzungsrechte, die einem Wohnungseigentümer wie Sondereigentum zugewiesen sind und folglich der Gemeinschaft die Verwaltungsbefugnis entzogen worden ist. Ob ein Sondernutzungsrecht diese Kriterien erfüllt, ist anhand der konkreten Zuweisung/Vereinbarung zu beurteilen. 31

Demnach fallen über die vorstehend allgemein beschriebenen hinaus folgende, von der Rspr. und Lit. noch als „gemeinschaftsbezogen“ qualifizierte Rechte und Pflichten unter diese Ausübungsbefugnis: 32

– nachbarrechtliche Ansprüche nach §§ 906 ff. BGB wegen der Beeinträchtigung des Gemeinschaftseigentums,[95] auch die spiegelbildlichen Pflichten der Wohnungseigentümer gegenüber

---

[88] Begr. RegE, BT-Drs. 18791, 47.

[89] Vgl. Begr. RegE, BT-Drs. 18791, 46.

[90] Begr. RegE, BT-Drs. 18791, 46.

[91] BeckOK BGB/*Fritzsche* BGB § 1011 Rn. 3, 4 mwN der Rspr. zu Einzelfällen.

[92] BGH ZWE 2020, 344.

[93] Dazu vertieft und dogmatisch zur bisherigen Rechtslage zutr. *Bantlin* NVwZ 2018, 1836 mit Verweis auf VGH Mannheim ZWE 2017, 469.

[94] VGH München ZWE 2018, 47; BeckRS 2014, 55292; ZWE 2013, 100; OVG Berlin-Brandenburg ZWE 2013, 99; 2011, 426; OVG Münster ZWE 2012, 382; OVG Greifswald BeckRS 2008, 32110; VG Köln ZWE 2013, 428.

[95] Bärmann/Pick/*Emmerich* § 10 Rn. 114.

gemeinschaftsfremde Dritte (Grundstücksnachbarn) auf Unterlassung nach § 1004 BGB[96] sowie auf Geldausgleich nach § 906 Abs. 2 S. 2 BGB;[97]
- Anspruch der Wohnungseigentümergemeinschaft gegen Nachbarn auf Beseitigung eines Überbaus;[98] spiegelbildlich auch die Inanspruchnahme durch einen Grundstücksnachbarn auf Beseitigung eines Überbaus;[99]
- Ansprüche zwischen (grundstücksbenachbarten) Wohnungseigentümergemeinschaften, die auf Dienstbarkeiten und Reallasten beruhen, wie zB auf Zahlung der anfallenden Kosten für eine Heizungsanlage, die auf dem Grundstück der einen Wohnanlage belegen ist, die andere aber mitversorgt;[100]
- Herausgabeansprüche nach § 985 BGB;[101]
- öffentlich-rechtliche Abwehransprüche gegen eine Baugenehmigung wegen der Beeinträchtigung des Gemeinschaftseigentums;[102] die jüngste Entscheidung des BVerwG,[103] der die gemeinschaftliche Geltendmachung subjekt-öffentlicher Nachbarrechte bei einem Planfeststellungsbeschluss vom Vorliegen eines Vergemeinschaftungsbeschlusses bis zur letzten mündlichen Verhandlung abhängig macht, steht dem nicht entgegen, da in diesem Fall Lärmeinwirkungen auf das Sondereigentum mehrerer Wohnungseigentümer geltend gemacht wurden.
- Besitzüberlassung bzw. -mittlung gegenüber Mietern in Erfüllung der Gebrauchsgewährungspflicht der vermietenden Gemeinschaft.[104]

33 **3. Rechte und Pflichten, die eine einheitliche Rechtsverfolgung erfordern.** Die Regelung knüpft an das Kriterium der Gemeinschaftsbezogenheit des bisherigen § 10 Abs. 6 S. 3 an, wobei sie sich aber an dessen Definition durch den BGH[105] anlehnt.[106] Erforderlich ist eine Rechtsausübung durch die Gemeinschaft der Wohnungseigentümer, wenn schutzwürdige Belange des Schuldners an einer einheitlichen Rechtsverfolgung das grundsätzlich vorrangige Interesse des Wohnungseigentümers, seine Rechte selbst und eigenverantwortlich auszuüben und prozessual durchzusetzen, deutlich überwiegen,[107] wobei eine typisierende Betrachtungsweise geboten ist.[108] Da die Regelung des § 9a Abs. 2 weitgehend dem bisher geltendem Recht entspricht, kann zur näheren Konkretisierung der Ausübungsbefugnis auf die bisher zum Kriterium der Gemeinschaftsbezogenheit ergangenen Rspr. zurückgegriffen, aber auch weiterhin aufgrund einer Abwägungsentscheidung zugeordnet werden.[109]

34 Folglich kann und muss (→ §§ 18 Rn. 127 ff., 129) die Gemeinschaft folgende, von Rspr. und Lit. bereits ausdrücklich als gemeinschaftsbezogen qualifizierte Rechte und Pflichten – soweit sie nicht ohnehin durch direkte Zuordnung zur Gemeinschaft (→ Rn. 5, → Rn. 10 ff.) oder über die Rechte und Pflichten aus dem Miteigentum (→ Rn. 30) von der Gemeinschaft ausgeübt werden – ausüben und wahrnehmen:
- Anspruch auf Einräumung eines Notwegerechts, der nur gemeinsam geltend gemacht werden kann;[110]
- Schadensersatzansprüche wegen Schäden am Gemeinschaftseigentum,[111] infolge des Wegfalls der sog. gekorenen Ausübungsbefugnis für Unterlassungsansprüche aus § 1004 BGB nun auch dann, wenn insoweit konkurrierende Ansprüche bestehen;

---

96 BGH ZWE 2016, 252 mAnm *Becker,* wobei der Senat auf das Erfordernis eines gemeinschaftlichen Vorgehens abstellt, die nun aufgrund des Abstellens in § 9a Abs. 2 auf aus dem gemeinschaftlichen Eigentum ergebende Pflichten schon deshalb in die Wahrnehmungsbefugnis der Gemeinschaft fällt.
97 BGH NZM 2016, 435 Rn. 14.
98 OLG München ZWE 2011, 37 = ZMR 2011, 316.
99 AA Palandt/*Wicke* § 9a Rn. 8, der diese Ansprüche nach § 9a Abs. 2 Var. 2 der Gemeinschaft der Wohnungseigentümer zuordnet.
100 OLG Koblenz ZWE 2010, 96.
101 OLG München ZWE 2011, 37 = ZMR 2011, 316; Riecke/Schmid/*Lehmann-Richter* § 10 Rn. 324.
102 Diese Zuordnung lässt sich ableiten aus VGH München ZWE 2006, 230.
103 BVerwG NVwZ 2019, 95.
104 BeckOK WEG/*Müller* § 10 Rn. 512.
105 BGH ZWE 2015, 358.
106 Begr. RegE, BT-Drs. 18791, 47.
107 BGH NJW 2019, 1216; NZM 2019, 636; ZWE 2015, 358 Rn. 13 mit Verweis auf BGH ZWE 2006, 287, die allerdings zum alten Recht auch auf die schutzwürdigen Belange der Wohnungseigentümer abstellen.
108 BGH ZWE 2015, 358.
109 Begr. RegE, BT-Drs. 18791, 46; *Häublein* ZWE 2020 1, 6; demgegenüber sehen *Lehrmann-Richter/Wobst* WEG-Reform 2020 § 3 Rn. 133 die praktische Bedeutung von § 9a Abs. 2 Var. 2 als gering an und qualifizieren die Norm unter Verweis auf die Begr. RegE (BT-Drs. 19/18791, 46 f.) als reinen Auffangtatbestand.
110 BGH ZWE 2006, 486.
111 BGH NJW 2019, 1216; 2014, 1090.

– sonstige Zahlungsansprüche für die Inanspruchnahme von Gemeinschaftseigentum;[112]
– Minderung und sog. kleiner Schadensersatz wegen Mängeln am Gemeinschaftseigentum;[113] nicht gemeinschaftsbezogen sind demgegenüber aber rein kaufrechtliche Ansprüche auf Minderung und sog. kleinen Schadensersatz, jedenfalls dann, wenn eine gebrauchte Eigentumswohnung unter Ausschluss der Haftung für Sachmängel verkauft und eine Beschaffenheitsgarantie nicht vereinbart wurde;[114]
– öffentlich-rechtliche Pflichten, wie zB die Pflicht zum Einbau von Rauchwarnmeldern, soweit das jeweilige Landesrecht die Gesamtheit der Wohnungseigentümer als Grundstückseigentümer zum Einbau verpflichtet[115] oder die Überprüfung einer Trinkwasserversorgungsanlage;[116] § 26 EnEV, soweit Gemeinschaftseigentum verändert wird[117] bzw. sich aus der HeizkostenV ergebende Pflichten und auch die Pflicht zur Erfüllung einer hoheitlichen grundstücksbezogenen Abgabeschuld, jedenfalls im Innenverhältnis, wenn die jeweiligen landesrechtlichen Vorschriften insoweit eine Gesamtschuld der Grundstückseigentümer vorsieht[118] – dazu gehören Müllabfuhr und Straßenreinigung,[119] aber auch Wasser/Abwassergebühren.

Nicht gemeinschaftsbezogen iSd Abs. 2 bleibt die Abnahme des Gemeinschaftseigentums bei 35 Neubauten.[120] Die gerichtliche Geltendmachung von primären Mängelrechten in Bezug auf das Gemeinschaftseigentum[121] inklusive der Verfügung darüber durch Abschluss eines (Prozess-) Vergleichs[122] (→ Rn. 24) setzt nach wie vor einen sog. Vergemeinschaftungsbeschluss voraus. Weil der BGH schon vor Inkrafttreten von § 10 Abs. 6 S. 3 Alt. 2 aF als gesetzlichen Rechtsgrundlage anerkannt hat, dass sog. Vergemeinschaftungsbeschlüsse in Bezug auf die Geltendmachung von primären Mängelrechten das Gemeinschaftseigentum betreffend zulässig sind und eine gesetzliche Prozessstandschaft der Gemeinschaft begründen, bleibt dies auch ohne § 10 Abs. 6 S. 3 Alt. 2 aF und trotz § 9a Abs. 2 möglich (→ § 18 Rn. 107).

IV. Gemeinschaftsvermögen

§ 9a Abs. 3 enthält eine **Legaldefinition** des Gemeinschaftsvermögens als „Vermögen der 36 Gemeinschaft der Wohnungseigentümer". Der bisherige gesetzliche Begriff des sog. Verwaltungsvermögens wird dadurch abgelöst. Die neue gesetzliche Bezeichnung orientiert sich an der Rechtsträgerschaft dieses Vermögens, nämlich der rechtsfähigen Gemeinschaft. Auf weitere klarstellende Regelungen, die vormals noch in § 10 Abs. 7 S. 1–3 aF enthalten waren, wird verzichtet. Die weggefallenden klarstellenden Regelungen wurden jedoch schon früher als zwangsläufige Folge der Anerkennung der Rechtsfähigkeit und damit als verzichtbar angesehen.[123]

1. Eigentumsrechtliche Zuordnung, Erwerb bzw. Übertragung. Wie bisher noch in § 10 37 Abs. 7 S. 1 aF klargestellt, steht das Gemeinschaftsvermögen auch nach dem WEMoG im Eigentum der Gemeinschaft der Wohnungseigentümer. Dies ist Konsequenz der Manifestierung der Rechtsfähigkeit der Gemeinschaft und deren Qualifikation als Rechtssubjekt. Für diese eigentumsrechtliche Zuordnung ist es unerheblich, wann – also vor oder nach der Anerkennung der Rechtsfähigkeit der Gemeinschaft durch das maßgebliche BGH-Urteil[124] bzw. vor oder nach dem 1.7.2007 – das Gemeinschaftsvermögen erworben wurde;[125] eines besonderen Übertragungsaktes auf die Gemeinschaft bedurfte und bedarf es nicht.

112 BGH NJW 2011, 1351; *Schmid* NZM 2009, 721.
113 BGH NJW 2015, 2874; ZWE 2011, 122; KG ZMR 2010, 467; *Hügel* ZMR 2008, 855; *Pause/Vogel* ZMR 2007, 577.
114 BGH ZWE 2015, 358; 2015, 405 = DNotZ 2015, 828 = ZMR 2015, 952.
115 BGH ZWE 2013, 358.
116 LG Saarbrücken BeckRS 2016, 3582; Riecke/Schmid/*Lehmann-Richter* § 10 Rn. 335.
117 Riecke/Schmid/*Lehmann-Richter* § 10 Rn. 335.
118 BGH ZWE 2014, 165.
119 BGH NZM 2012, 461.
120 LG München ZWE 2017, 39 = ZMR 2016, 991; *Elzer* ZWE 2017, 113.
121 BGH ZWE 2007, 300; Begr. RegE, BT-Drs. 18791, 47, wonach dies vom Wegfall der sog. gekorenen Ausübungsbefugnis unberührt bleibt, da die Rspr. der WEG-Novelle 2007 entwickelt worden war und folglich fort gilt.
122 Sehr str.; dafür LG München ZWE 2012, 99 zu Ansprüchen, die in sog. gekorener Ausübungsbefugnis geltend gemacht worden sind, was den Umkehrschluss zulässt, dass dies erst recht für gemeinschaftsbezogene Ansprüche gelten muss.
123 Staudinger/*Kreuzer*, 2018, § 10 Rn. 287; Bärmann/*Suilmann* § 10 Rn. 285; *Bub* ZWE 2007, 15.
124 BGH NJW 2005, 2061.
125 Niedenführ/Schmidt-Räntsch/Vandenhouten/*Schmidt-Räntsch* § 10 Rn. 101; BT-Drs. 16/887, 63.

38 **2. Zusammensetzung.** Zum Gemeinschaftsvermögen gehören alle Rechte, welche die Gemeinschaft der Wohnungseigentümer im Rahmen der Verwaltung durch Rechtsgeschäft oder kraft Gesetzes erworben hat, desgleichen alle rechtsgeschäftlich erworbenen Sachen, soweit sie nicht wesentliche Bestandteile des Grundstücks werden, sowie alle Verbindlichkeiten, die sie begründet hat, also alle **Aktiva und Passiva.**[126] Insbesondere gehören auch die Instandhaltungsrücklagen zum Verwaltungsvermögen.[127]

39 Das Gemeinschaftsvermögen beinhaltet daher **Forderungen** gegen einzelne Wohnungseigentümer bzw. alle Wohnungseigentümer und gegen Dritte.[128] Diese umfassen zB Bankguthaben, (Instandhaltungs-)Rücklagen, laufende Beitragszahlungen und Sonderumlagen, Abrechnungsspitzen. Dazu gehören aber auch Ersatzansprüche gegen einzelne Wohnungseigentümer, zB wegen Beschädigung des Gemeinschaftseigentums,[129] Versicherer und Ansprüche aus Abrechnungen gegen Versorger, ererbtes Vermögen sowie Einnahmen aus der Vermietung von Gemeinschaftseigentum.

40 **Bewegliche Sachen,** die die Gemeinschaft bei der Verwaltung des Gemeinschaftseigentums erwirbt und die nicht durch ihren Einbau wesentlicher Grundstücksbestandteil werden, gehören ebenfalls zum Gemeinschaftsvermögen. Dazu gehören zB Heizöl-, Holz- oder sonstige Brennstoffvorräte, Gartengeräte, Reinigungsmittel, Gemeinschaftsfahrräder, Waschmaschinen und Trockner im gemeinschaftlichen Waschraum oder Spielgeräte. Ferner gehören auch die **Verwaltungsunterlagen** zum Gemeinschaftsvermögen, was durch den klarstellenden Verweis auf § 18 Abs. 4 verdeutlicht wird.[130]

41 Zum Gemeinschaftsvermögen zählt auch von der Gemeinschaft erworbenes **Immobilienvermögen,** gleich ob innerhalb der eigenen Anlage oder auf einem anderen Grundstück.[131] Außerdem alle für die Gemeinschaft bestellten und **in Abteilung III des Grundbuchs eintragungsfähigen Rechte,** wozu Zwangssicherungshypotheken, Grundschulden oder beschränkt persönliche Dienstbarkeiten zählen.[132] Folglich kann eine Wohnungseigentümergemeinschaft auch sonstige Rechte erwerben, wie zB Nutzungsrecht an einer Parkplatzfläche, welche durch eine Dienstbarkeit vermittelt wird.[133]

42 **3. Verwaltung, Verfügungsbefugnis.** Der Verweis auf § 18 soll klarstellen, dass die Verwaltung des Gemeinschaftsvermögens durch die Gemeinschaft der Wohnungseigentümer erfolgt, die jeder Wohnungseigentümer nach § 18 Abs. 2 von der Gemeinschaft auf Grundlage der nun dort geregelten ordnungsgemäßen Verwaltung und Benutzung verlangen kann.[134] Soweit keine Vereinbarung besteht, wird über die Verwaltung und Benutzung des Gemeinschaftsvermögens durch (Mehrheits-)Beschluss entschieden,[135] der freilich an den Grundsätzen ordnungsgemäßer Verwaltung gemessen wird. Die Aufgaben und Befugnisse des Verwalters bestimmen sich entsprechend § 27, was durch den Verweis in § 9a Abs. 3 S. 2 deutlich wird.[136]

43 Nach der Gesetzesbegründung soll der einzelne Wohnungseigentümer auf Grundlage des Verweises von § 9a Abs. 3 S. 2 auf § 18 Abs. 3 unter den dort geregelten Voraussetzungen berechtigt sein, **Notmaßnahmen** auch im Hinblick auf das Gemeinschaftsvermögen zu treffen.[137] Weil § 18 Abs. 3 wörtlich dem § 21 Abs. 2 aF entspricht, kann auch weiterhin auf die bisher von der Rspr. geprägte Konkretisierung von sog. Notmaßnahmen zurückgegriffen werden und auf Gegenstände des Gemeinschaftsvermögens übertragen werden. Die Notgeschäftsführung nach § 18 Abs. 3 begründet kein Recht des Wohnungseigentümers, für die Gemeinschaft Verträge abzuschließen, Verbindlichkeiten einzugehen oder über das Gemeinschaftsvermögen zu verfügen; vielmehr handelt der Wohnungseigentümer im Rahmen der Notgeschäftsführung im eigenen Namen und erwirbt lediglich einen Aufwendungsersatzanspruch gegen die Gemeinschaft[138] (→ § 18 Rn. 136).

44 **§ 16 Abs. 1 S. 1und 2 sowie Abs. 2 S. 1 und 2** gelten für das Gemeinschaftsvermögen **unmittelbar,**[139] die Früchte (zB Einnahmen aus der Vermietung von Gemeinschaftseigentum, aus dem

[126] So treffend Bärmann/*Suilmann* § 10 Rn. 334.
[127] Zur Vermögensverwaltung in Mehrhausanlagen *Rüscher* ZWE 2015, 237 ff.
[128] Bärmann/*Suilmann* § 10 Rn. 335.
[129] Bärmann/*Suilmann* § 10 Rn. 335; aA Bärmann/Pick/*Emmerich* § 10 Rn. 126, der diesen Anspruch aus nur der Ausübungsbefugnis unterliegend den übrigen Wohnungseigentümern zuordnet.
[130] Vgl. BT-Drs. 19/18791, 47.
[131] BGH NJW 2016, 2177.
[132] Bärmann/*Suilmann* § 10 Rn. 340 mwN.
[133] Das ergibt sich mittelbar aus der erstinstanzlichen Entscheidung des AG Bremen-Blumenthal ZWE 2014, 227; letztinstanzlich BGH NJW 2016, 2177.
[134] BT-Drs. 19/18791, 47.
[135] Vgl. BT-Drs. 19/18791, 47.
[136] BT-Drs. 19/18791, 47.
[137] BT-Drs. 19/18791, 47.
[138] Vgl. BeckOK WEG/*Elzer* § 21 Rn. 64, 65; *Rüscher* in Bärmann/Seuß WE-Praxis § 21 Rn. 18.
[139] BT-Drs. 19/18791, 47.

Verkauf von sog. Waschmünzen, Zinsen, etc.) sind nach Miteigentumsanteilen zu verteilen. Zudem sind Kosten grundsätzlich nach dem sog. natürlichen Verteilerschlüssel, also nach Miteigentumsanteilen zu tragen. **Unanwendbar** sind nach dem Willen des Gesetzgebers **§ 16 Abs. 1 S. 2** und **§ 20,** um zu verhindern, dass in Bezug auf Gegenstände des Gemeinschaftsvermögens Individualrechte und/oder der Anspruch auf Mitgebrauch bzw. bauliche Maßnahmen entstehen.[140] Die sinnvolle Verwertung des Gemeinschaftsvermögens, dem im Übrigen nur eine Hilfsfunktion für die Verwaltung zukommt, soll durch solche Individualrechte nicht erschwert werden.[141]

V. Haftung der Wohnungseigentümer

§ 9a Abs. 4 übernimmt zwar § 10 Abs. 8 S. 1–3 aF wörtlich, **unterscheidet** aber infolge der bewussten Streichung von § 10 Abs. 8 S. 4 aF nun noch deutlicher **zwischen** der bekannten quotalen Haftungsbegrenzung für Verbindlichkeiten der Gemeinschaft im **Außenverhältnis** und einer unbeschränkten **Binnenhaftung** gegenüber der Gemeinschaft der Wohnungseigentümer und weiterhin der Wohnungseigentümer untereinander. 45

1. Außenhaftung. § 9a Abs. 4 regelt die Außenhaftung des einzelnen Wohnungseigentümers für Verbindlichkeiten der Gemeinschaft der Wohnungseigentümer gegenüber Dritten. Davon unberührt bleiben die Rechtsbeziehungen der Wohnungseigentümer untereinander und die der Gemeinschaft gegenüber einzelnen Wohnungseigentümern und umgekehrt (→ Rn. 53). Nur **ausnahmsweise** gilt die zusätzliche anteilige Außenhaftung der Wohnungseigentümer auch im Verhältnis von Gemeinschaft und einzelnem Wohnungseigentümer, nämlich wenn die Ansprüche des Wohnungseigentümers in keinem Zusammenhang mit seiner Stellung als solcher stehen,[142] sondern er der Gemeinschaft wie ein Dritter gegenübersteht. Dies soll zB auch der Fall sein, wenn ein Wohnungseigentümer im Wege der Notgeschäftsführung. Zahlungen in voller Höhe auf eine Verbindlichkeit der Gemeinschaft leistet; insoweit steht ihm bezüglich der seinen quotalen Anteil übersteigenden Zahlung ein Aufwendungsersatzanspruch gegen die Gemeinschaft zu, wobei er diesbezüglich einem Drittgläubiger gleichsteht.[143] Dies hat der **BGH** aber zwischenzeitlich ausdrücklich anders entschieden: Sozialverbindlichkeiten, wozu auch der Aufwendungsersatz aus Notgeschäftsführung gehört, fallen nicht unter § 10 Abs. 8 S. 1 aF.[144] Dies ist auf den inhaltsgleichen § 9a Abs. 4 S. 1 zu übertragen. 46

a) Quotale Haftung. Die durch die Rspr. des BGH entwickelte und gesetzlich festgeschriebene Rechtsfähigkeit der Gemeinschaft und ihre damit verbundene Stellung als Rechtssubjekt hat zur Aufhebung der zuvor bestehenden gesamtschuldnerischen Haftung der Wohnungseigentümer für diese Rechte und Pflichten geführt.[145] Um bei einer Inanspruchnahme der Gemeinschaft durch Dritte bzw. einem Rückgriff der Gemeinschaft auf den einzelnen Wohnungseigentümer oder einem eventuellen Durchgriff des Dritten die unbeschränkte Haftung des einzelnen Wohnungseigentümers auszuschließen, ordnet § 9 Abs. 4 S. 1 die quotale Begrenzung der Haftung des einzelnen Wohnungseigentümers auf seinen Miteigentumsanteil an. Jeder Wohnungseigentümer haftet also **neben**[146] der Gemeinschaft in Höhe seines Miteigentumsanteils, insoweit jedoch quasi gesamtschuldnerisch, um eine doppelte Inanspruchnahme zu vermeiden.[147] 47

Die quotale Haftungsbegrenzung des einzelnen Wohnungseigentümers gilt für sämtliche **Verbindlichkeiten der rechtsfähigen Gemeinschaft** gegenüber Dritten. Soweit die Ansprüche der Dritten jedoch an die Stellung als Grundstückseigentümer anknüpfen,[148] gilt die Haftungsbegrenzung nicht. § 9 Abs. 4 verwehrt es Bund und Ländern nicht, für öffentlich-rechtliche Abgaben oder privatrechtliche Entgelte für Leistungen der öffentlichen Hand,[149] Art und Umfang anders zu 48

---

[140] BT-Drs. 19/18791, 47/48.
[141] BT-Drs. 19/18791, 48.
[142] BGH NZM 2019, 415.
[143] Niedenführ/Schmidt-Räntsch/Vandenhouten/*Schmidt-Räntsch* § 10 Rn. 134.
[144] BGH NZM 2019, 415.
[145] BGH ZMR 2010, 142; Bärmann/*Suilmann* § 10 Rn. 350; *Dötsch* ZWE 2012, 401; *M. Schmid* ZMR 2012, 85 ff.
[146] Anders noch BGH NJW 2005, 2061, wonach der einzelne Wohnungseigentümer grds. nicht (auch nicht anteilig) für Verbindlichkeiten der Gemeinschaft akzessorisch haftet.
[147] Niedenführ/Schmidt-Räntsch/Vandenhouten/*Schmidt-Räntsch* § 10 Rn. 116.
[148] ZB BGH ZWE 2014, 165; VG Neustadt adW ZWE 2015, 102; VG Gelsenkirchen ZWE 2014, 294; *F. Schmidt* ZWE 2009, 203 f.
[149] Str.; so aber Bärmann/*Suilmann* § 10 Rn. 358; anders bzgl. privatrechtlich ausgestalteter Versorgungsverträge in Berlin BGH ZWE 2012, 264; auch für öffentlich-rechtlicher Gebühren und Abgaben nach Anerkennung der Teilrechtsfähigkeit durch den BGH, aber vor Inkrafttreten des § 10 Abs. 8 noch KG NZM 2006, 3647 = ZMR 2006, 636; so wohl auch *Briesemeister* ZWE 2008, 230.

bestimmen.[150] Deshalb kann auch für Kommunalabgaben etwas anderes gelten, sofern für diese Gebühren aufgrund landesgesetzlicher Regelung eine gesamtschuldnerische Haftung der Wohnungseigentümer angeordnet ist.[151]

49 Unabhängig davon kann durch Vertragsschluss eine gesamtschuldnerische Haftung der Wohnungseigentümer neben der Gemeinschaft vertraglich vereinbart werden. Das setzt jedoch voraus, dass sich alle Wohnungseigentümer klar und eindeutig neben der Gemeinschaft persönlich verpflichtet haben.[152]

50 **b) Voraussetzungen in zeitlicher Hinsicht, Nachhaftung.** Die Haftungsbegrenzung gilt nach der Rspr. des BGH auch für Altverbindlichkeiten, die vor Einführung des § 10 Abs. 8 aF begründet worden sind.[153] Da § 9a Abs. 4 die bisherige Regelung übernimmt, bleibt es dabei. Ein Vertrauensschutz besteht insoweit nicht. Die Nachhaftung des ausgeschiedenen Wohnungseigentümers ist durch die in § 9a Abs. 4 S. 1 übernommene, gesetzliche Anordnung der entsprechenden Anwendung des § 160 HGB ebenfalls gleichgeblieben. Auch diese Regelung dient ausschließlich der Begrenzung der Haftungsrisiken aus der Mitgliedschaft in einer zahlungsschwachen oder zahlungsunfähigen Wohnungseigentümergemeinschaft.[154]

51 **c) Einwendungen.** Dem einzelnen Wohnungseigentümer stehen gemäß § 9a Abs. 4 S. 2 neben den in seiner Person begründeten Einwendungen und Einreden gegen einen ihn in Anspruch nehmenden Gläubiger auch alle Einwendungen und Einreden zu, die der teilrechtsfähigen Gemeinschaft gegen diesen Gläubiger zustehen. Das sind zB die Einrede der Verjährung, das Zurückbehaltungsrecht, aber auch der Einwand der Erfüllung oder der Unwirksamkeit des Vertrags. Seine eigenen Einwendungen und Einreden gegenüber der Gemeinschaft kann der Wohnungseigentümer gegen den Gläubiger jedoch nicht vorbringen.[155] Dadurch wird klargestellt, dass der Gläubiger sich nicht mit Streitpunkten aus dem Innenverhältnis der Wohnungseigentümer untereinander bzw. gegenüber der Gemeinschaft auseinandersetzen muss.

52 Für die Einreden der Anfechtbarkeit und Aufrechenbarkeit wird der Wohnungseigentümer gemäß § 9a Abs. 4 S. 3 durch die Anordnung der entsprechenden Anwendung des § 770 BGB einem Bürgen gleichgestellt. Folglich kann ein Wohnungseigentümer den Gläubiger auf die Anfechtungs- und Aufrechnungsbefugnis der Gemeinschaft verweisen.[156] Wie nach hM[157] (→ BGB § 770 Rn. 6) bei der unmittelbaren Anwendung des § 770 BGB, kann auch der in Anspruch genommene Wohnungseigentümer dem Gläubiger gegenüber Gestaltungsrechte, wie zB Rücktritt oder Widerruf, einwenden.[158]

53 **d) Folge der Inanspruchnahme nach Abs. 4 S. 1.** Sofern ein Wohnungseigentümer nach Abs. 4 S. 1 von einem Dritten in Anspruch genommen wird, kann er (ausschließlich) **von der Gemeinschaft** Freistellung verlangen oder, falls er (anteilig) bezahlt hat, Rückgriff nehmen.[159] Dabei handelt es sich um einen Aufwendungsersatzanspruch, dessen Rechtsgrundlage (§ 426 BGB analog, § 110 HGB analog (ggf. iVm § 670 BGB) oder § 774 BGB) unterschiedlich bewertet wird.[160] Der Aufwendungsersatzanspruch ist nicht um den Eigenanteil des Eigentümers zu kürzen,[161] eine Anrechnung erfolgt nicht.[162]

54 **2. Binnenhaftung.** Die **Haftung** der Wohnungseigentümer **gegenüber der Gemeinschaft** wegen nicht ordnungsgemäßer Verwaltung wird nun durch den Wegfall von § 10 Abs. 8 S. 4 aF

---

150 Vgl. vertiefend Bärmann/*Suilmann* § 10 Rn. 358 ff.

151 BGH DNotZ 2010, 118 = ZWE 2009, 373; ZWE 2010, 364; OLG Hamm ZWE 2009, 206 = ZMR 2009, 464; VGH Baden-Württemberg ZMR 2009, 160; OVG Bautzen ZWE 2013, 145; OVG Münster ZWE 2013, 470; VG Karlsruhe ZWE 2014, 232; aA OVG Lüneburg ZWE 2010, 294 = ZMR 2010, 410.

152 BGH NZM 2010, 284.

153 BGH NZM 2010, 284; aA Niedenführ/Schmidt-Räntsch/Vandenhouten/*Schmidt-Räntsch* § 10 Rn. 22; OLG Karlsruhe NZM 2009, 247, *Briesemeister* NZM 2008, 230.

154 Niedenführ/Schmidt-Räntsch/Vandenhouten/*Schmidt-Räntsch* § 10 Rn. 123; Bärmann/*Suilmann* § 10 Rn. 369; *Dötsch* ZWE 2012, 401 (403).

155 Niedenführ/Schmidt-Räntsch/Vandenhouten/*Schmidt-Räntsch* § 10 Rn. 131.

156 Niedenführ/Schmidt-Räntsch/Vandenhouten/*Schmidt-Räntsch* § 10 Rn. 130.

157 BGH NJW 2006, 845.

158 BeckOGK/*Falkner,* 1.3.2020, § 10 Rn. 591; Riecke/Schmid/*Lehmann-Richter* § 10 Rn. 379; *Dötsch* ZWE 2012, 401, 403.

159 KG ZWE 2010, 89 = ZMR 2010, 391; Niedenführ/Schmidt-Räntsch/Vandenhouten/*Schmidt-Räntsch* § 10 Rn. 126.

160 Ausf. Riecke/Schmid/*Lehmann-Richter* § 10 Rn. 385 mwN.

161 BeckOGK/*Falkner,* 1.3.2020, § 10 Rn. 575.

162 Niedenführ/Schmidt-Räntsch/Vandenhouten/*Schmidt-Räntsch* § 10 Rn. 126.

bewusst nicht mehr auf den Miteigentumsanteil begrenzt, sondern besteht in vollem Umfang des entstandenen Anspruchs.[163] Vielmehr haften nun alle Wohnungseigentümer, denen insoweit eine Pflichtverletzung gegenüber der Gemeinschaft vorzuwerfen ist, gesamtschuldnerisch. **Daneben** bleibt die Beitragspflicht des Wohnungseigentümers gegenüber der Gemeinschaft im Innenverhältnis weiterhin so lange bestehen, bis die letzte Außenverbindlichkeit getilgt ist.[164] Die Binnenhaftung ist also unbegrenzt, so dass die Wohnungseigentümer so lange Beiträge beschließen und solche leisten müssen, bis die Gemeinschaft über ausreichende Finanzmittel verfügt.[165]

Gläubiger können Ansprüche der Gemeinschaft gegen die einzelnen Wohnungseigentümer **55** auf Zahlung von Beitragsvorschüssen und etwaigen Sonderumlagen,[166] und – nun auch unbeschränkt – Schadensersatzansprüche wegen einer Pflichtverletzung gegenüber der Gemeinschaft pfänden. Anders als bisher kann also der insoweit für Schadensersatzansprüche der Gemeinschaft (gesamtschuldnerisch) haftende Wohnungseigentümer durch einen Dritten unbeschränkt, nämlich mittelbar durch Pfändung dieses Schadensersatzanspruchs in Anspruch genommen werden. Dies ist nach der Gesetzesbegründung hinzunehmen, weil es für den verpflichteten Wohnungseigentümer keine Rolle spielt, ob er von der Gemeinschaft oder einem ihrer Gläubiger in Anspruch genommen wird.[167]

VI. Insolvenz

Nach § 9a **Abs. 5** bleibt die Durchführung eines Insolvenzverfahrens über das Gemeinschafts- **56** vermögen ausgeschlossen. Infolge der Anerkennung der **Rechtsfähigkeit** der Gemeinschaft der Wohnungseigentümer durch den BGH[168] im Jahr 2005 musste die in Lit. und Rspr. zuvor umstrittene Frage der Insolvenzfähigkeit der Wohnungseigentümergemeinschaft[169] bereits im Rahmen der letzten Reform[170] behandelt werden und wurde in § 11 Abs. 3 aF geregelt. Die Beibehaltung dieser, nun systematisch passender in § 9a integrierten Regelung hat Kritik erfahren.[171]

Der in § 11 Abs. 1 weiterhin enthaltene Grundsatz der Unauflöslichkeit der Gemeinschaft führt **57** aber zu dem Schluss, dass die **Durchführung eines Insolvenzverfahrens,** welches grundsätzlich die Zerlegung des Restvermögens zur anteiligen Befriedigung der Gläubiger zum Zweck hat, **nicht zulässig** sein kann. Da bereits durch § 11 Abs. 2 der Aufhebungsanspruch im Insolvenzverfahren ausgeschlossen worden ist und bleibt, wurde folgerichtig in § 11 Abs. 3 aF und nun in § 9a Abs. 5 festgeschrieben, dass ein Insolvenzverfahren über das Gemeinschaftsvermögen nicht stattfindet. Diese Regelung trägt der für die Unauflöslichkeit der Gemeinschaft maßgebenden besonderen Rechtsnatur des Wohnungseigentums Rechnung und rechtfertigt sich durch das bestehende Refinanzierungs- und Haftungssystem der Gemeinschaft.[172]

Unabhängig davon ist die Frage, in welcher Weise eine **geordnete Entschuldung** einer **zahlungsunfähigen** Wohnungseigentümergemeinschaft erfolgen kann. Der bestellte Verwalter ist im **58** Vollstreckungsverfahren gegen die Gemeinschaft zur Erstellung eines Vermögensverzeichnisses verpflichtet und hat dessen Richtigkeit und Vollständigkeit an Eides Statt zu versichern.[173] Für die Geltendmachung von Beitragsforderungen gegen Mitglieder kann der Wohnungseigentümergemeinschaft Prozesskostenhilfe gewährt werden.[174]

§ 9b Vertretung

(1) [1]Die Gemeinschaft der Wohnungseigentümer wird durch den Verwalter gerichtlich und außergerichtlich vertreten, beim Abschluss eines Grundstückskauf- oder Darlehensvertrags aber nur aufgrund eines Beschlusses der Wohnungseigentümer. [2]Hat die Gemeinschaft der Wohnungseigentümer keinen Verwalter, wird sie durch die Wohnungseigentümer gemeinschaftlich vertreten. [3]Eine Beschränkung des Umfangs der Vertretungsmacht ist Dritten gegenüber unwirksam.

163 BT-Drs. 19/18791, 48.
164 Vgl. auch BeckOGK/*Falkner,* 1.3.2020, § 10 Rn. 595.1; Bärmann/*Suilmann* § 10 Rn. 393.
165 BGH NZM 2015, 821.
166 BGHZ 163, 154 (174 f.) = DNotZ 2005, 776.
167 BT-Drs. 19/18971, 48.
168 BGHZ 163, 154 = DNotZ 2005, 776.
169 Für die Insolvenzfähigkeit zuvor *Fischer* NZI 2005, 585 ff.; *Bork* ZInsO 2005, 1067; dagegen LG Dresden ZMR 2006, 561; *Häublein* ZIP 2005, 1720 ff.; *Häublein* ZWE 2006, 205 ff.
170 BT-Drs. 16/887, 58; BT-Drs. 16/3843, 25.
171 *Skauradszun* ZRP 2020, 34 (35 f.).
172 Bärmann/*Suilmann* § 11 Rn. 30.
173 BGH NJW-RR 2012, 460; LG Aurich ZWE 2011, 41.
174 BGH ZWE 2010, 332.

(2) Dem Verwalter gegenüber vertritt der Vorsitzende des Verwaltungsbeirats oder ein durch Beschluss dazu ermächtigter Wohnungseigentümer die Gemeinschaft der Wohnungseigentümer.

Übersicht

I. Normzweck und Neuordnung gegenüber dem WEG aF

1 § 9b regelt die Vertretung der **Gemeinschaft der Wohnungseigentümer** und tritt an die Stelle des § 27 Abs. 3 aF. Eine Vertretung der einzelnen Wohnungseigentümer, wie vormals in § 27 Abs. 2 aF ist nicht mehr vorgesehen, aber auch in materieller Hinsicht nicht mehr notwendig:[1] In Gemeinschaftsangelegenheiten nimmt die rechtsfähige Gemeinschaft der Wohnungseigentümer – ggf. über die Ausübungs-/Wahrnehmungsbefugnis des § 9a Abs. 2 für individuelle Rechte der einzelnen Wohnungseigentümer – am Rechtsverkehr teil. Beschlussklagen richten sich nach § 44 Abs. 2 jetzt gegen die Gemeinschaft der Wohnungseigentümer, so dass es auch prozessual keiner Vertretung der einzelnen Wohnungseigentümer bedarf.[2] Alle anderen Rechte und Pflichten können und müssen die einzelnen Wohnungseigentümer selbst ausüben bzw. wahrnehmen.[3]

2 § 9b Abs. 1 S. 1 stellt als **Grundsatz** die **Vertretung durch den Verwalter** auf (→ Rn. 4 ff.). Dadurch soll der (effiziente) Rechtsverkehr mit der Gemeinschaft der Wohnungseigentümer – auch im Interesse der Wohnungseigentümer – erleichtert werden.[4] Beschränkt auf das Verhältnis der Gemeinschaft der Wohnungseigentümer zum Verwalter schafft § 9b Abs. 2 eine Ausnahme vom Grundsatz, der erst durch die Beschlussempfehlung des Rechtsausschusses in dieser Form Eingang ins Gesetz gefunden hat[5] (→ Rn. 26 ff.). Ist eine Gemeinschaft verwalterlos, vertreten die Wohnungseigentümer sie nach § 9b Abs. 1 S. 2 gemeinschaftlich (→ Rn. 20 ff.).

3 Die Norm betrifft das **(rechtliche) Können im Außenverhältnis** und ist vom (rechtlichen) Dürfen im Innenverhältnis zu unterscheiden. Für den Verwalter (§ 9a Abs. 1 S. 1) ist dieses Dürfen in § 27 Abs. 1 geregelt und kann nach § 27 Abs. 2 durch Beschluss eingeschränkt oder erweitert werden. Für die gemeinschaftliche Vertretung (§ 9b Abs. 1 S. 2) ist eine gesetzliche Regelung obsolet, da – zumindest im ersten Schritt – alle Wohnungseigentümer mitwirken müssen. Im Außenverhältnis ist eine **Beschränkung** des gesetzlich geregelten Umfangs der Vertretungsmacht **nicht möglich;** die Möglichkeit einer Modifikation bzw. Erweiterung durch Vereinbarung wird teilweise wegen der Außenwirkung abgelehnt,[6] ist jedoch aus Gründen der Autonomie und der Dispositionsfreiheit zu bejahen.[7] Für die Vertretung gegenüber dem Verwalter (§ 9b Abs. 2) fehlt eine gesetzliche Regelung zum Umfang des Dürfens – er kann jedoch durch Vereinbarung oder Beschluss festgelegt werden (→ Rn. 31).

II. Vertretung durch den Verwalter

4 Ist ein Verwalter bestellt, ist die Vertretungsmacht **ausschließlich.** Anders als bisher ist eine Ermächtigung einzelner oder mehrerer Wohnungseigentümer neben dem Verwalter nicht mehr

[1] BT-Drs. 19/18791, 48; krit. *Becker/Schneider* ZfIR 2020, 281 (303) sub IV.9.3 unter Anführung von Beispielen, die infolge der fehlenden Vertretungsmacht für einzelne Eigentümer zu Erschwernissen führen.
[2] Vgl. BT-Drs. 19/18791, 48.
[3] BT-Drs. 19/18791, 48.
[4] BT-Drs. 19/18791, 48.
[5] BT-Drs. 19/22634, 43.
[6] Palandt/*Wicke* Rn. 3; *Lehmann-Richter/Wobst* WEG-Reform 2020 § 3 Rn. 250.
[7] Überzeugend *Dötsch/Schultzky/Zschieschack* WEG-Recht 2021 Kap. 3 Rn. 93.

möglich, da § 27 Abs. 3 S. 3 aF ersatzlos aufgehoben worden ist.[8] Auch nach dem Wortlaut und der Systematik des § 9b, auch iVm § 27, ist grundsätzlich die umfassende Vertretung der Gemeinschaft der Wohnungseigentümer durch den Verwalter vorgesehen. Sie ist nur durch die Ausnahme des § 9b Abs. 1 S. 1 Hs. 2 (→ Rn. 6 ff.) und die allgemeinen Grenzen der Vertretungsmacht (→ Rn. 14), insbesondere für Fälle des § 181 BGB gegenüber dem Verwalter (§ 9b Abs. 2), begrenzt (→ Rn. 16). Der Verwalter hat die Funktion eines **gesetzlichen Vertreters** als **Organ** der Gemeinschaft der Wohnungseigentümer.[9]

1. Umfang der Vertretungsmacht. Der Verwalter vertritt die Gemeinschaft der Wohnungseigentümer gegenüber Dritten und Wohnungseigentümern (→ Rn. 14),[10] und zwar **aktiv und passiv.**[11] Die Vertretungsmacht ist – mit Ausnahme des Abschlusses von Grundstückskauf- und Darlehensverträgen (→ Rn. 6 ff.) – **sachlich nicht,** insbesondere nicht auf den Verbandszweck, bestimmte Angelegenheiten oder ordnungsgemäße Verwaltung,[12] **beschränkt.** Sie umfasst sowohl die außergerichtliche als auch die gerichtliche Vertretung. Sie greift für die Vertretung in Verfahren aller Gerichtsbarkeiten, so dass der Verwalter ohne einen bisher für die Einleitung von Aktivprozessen erforderlichen Ermächtigungsbeschluss zB das Hausgeldinkasso durch Einleitung eines Mahnverfahrens oder Klageerhebung betreiben sowie eine verwaltungsgerichtliche Anfechtungsklage für die Gemeinschaft der Wohnungseigentümer[13] erheben kann. 5

a) Abschluss von Grundstückskauf- und Darlehensverträgen. Die Ausnahme von der ursprünglich unbeschränkt vorgesehenen Vertretungsmacht ist auf die Beschlussempfehlung des Rechtsausschusses[14] zurückzuführen, die den Schutz der Wohnungseigentümer vor eigenmächtigem Handeln des Verwalters wegen ihrer anteiligen Haftung nach § 9 Abs. 4 bezweckt. Für die Vertretungsmacht des Verwalters beim Abschluss von Grundstückskauf- und Darlehensverträgen ist eine **Ermächtigung durch die Wohnungseigentümer** notwendig. Diese kann sowohl für den konkreten Fall als auch abstrakt generell in bestimmten Grenzen, aber auch umfassend ausgestaltet sein.[15] Es genügt die **einfache Mehrheit** der abgegebenen Stimmen,[16] so dass die Ermächtigung – ggf. zusammen mit gemäß § 27 Abs. 2 erweiterten Befugnissen – erst recht vereinbart werden kann.[17] Fehlt ein Ermächtigungsbeschluss, worunter auch dessen Nichtigkeit zu fassen ist, ist der Verwalter Vertreter ohne Vertretungsmacht – es gelten §§ 177 ff. BGB, wobei dem Verwalter bei einer ihm nicht zurechenbaren Beschlussnichtigkeit ein Regressanspruch nach § 280 BGB gegen die Gemeinschaft der Wohnungseigentümer zustehen kann.[18] Wird der Ermächtigungsbeschluss auf Anfechtung aufgehoben, entfällt die Vertretungsmacht rückwirkend. Es bleibt abzuwarten, ob die vom BGH zum vergleichbaren § 27 Abs. 3 S. 1 Nr. 7 aF vertretene Auffassung, dass bis zur Aufhebung des Ermächtigungsbeschlusses bereits abgeschlossene Rechtsgeschäfte wirksam bleiben sollen,[19] auch für oftmals wesentliche Vermögensverschiebungen beinhaltende Grundstückskauf- und Darlehensverträge weitergeführt oder die in der Lit. vertretene, vorzugswürdige Analogie zu § 122 BGB[20] angewandt wird, die die Haftung des Verwalters nach § 179 BGB ausschließt und die Gemeinschaft der Wohnungseigentümer als zum Schadensersatz gegenüber dem Vertragspartner verpflichtet ansieht. 6

Der Gesetzgeber hatte – auf Empfehlung des Rechtsausschusses – bei der Auswahl der Ausnahmetatbestände wohl den Schutz der Wohnungseigentümer vor besonders weitreichenden Rechtsgeschäften vor Augen, die der Kauf oder Verkauf eine Grundstücks(-teils) oder Abschluss eines Darlehensvertrags mit sich bringen kann. Wegen der konkreten Benennung genau der im Gesetz 7

---

[8] *Lehmann-Richter/Wobst* WEG-Reform 2020 § 3 Rn. 183.

[9] Palandt/*Wicke* Rn. 1; *Lehmann-Richter/Wobst* WEG-Reform 2020 § 3 Rn. 182.

[10] Bezüglich Vertretungsmacht gegenüber Wohnungseigentümern diff. zwischen sog. Innen- und Außengeschäften *Lehmann-Richter/Wobst* WEG-Reform 2020 § 3 Rn. 213 ff., 216.

[11] Palandt/*Wicke* Rn. 1.

[12] Vertiefend *Lehmann-Richter/Wobst* WEG-Reform 2020 § 3 Rn. 208, 218.

[13] Vertiefend *Bantlin* NVwZ 2018, 1840: Die verwaltungsgerichtliche Rspr. sah – mit nur einer Ausnahme (VGH Mannheim ZWE 2017, 469) – ausschließlich die Gemeinschaft der Wohnungseigentümer als klagebefugt an, soweit die Verletzung nachbarschützender Normen durch eine Baugenehmigung gerügt werden, die das Gemeinschaftseigentum betreffen. Insoweit hat das WEMoG einen Gleichlauf mit der hM in der verwaltungsgerichtlichen Rspr. hergestellt.

[14] BT-Drs. 19/222634, 43.

[15] Vgl. BT-Drs. 19/222634, 43.

[16] So auch *Lehmann-Richter/Wobst* WEG-Reform 2020 § 3 Rn. 200.

[17] So auch und vertiefend zur Erteilung und zur Beendigung der Ermächtigung *Dötsch/Schultzky/Zschieschack* WEG-Recht 2021 Kap. 3 Rn. 62; *Hügel/Elzer* Rn. 8, 11.

[18] Ausf. *Lehmann-Richter/Wobst* WEG-Reform 2020 § 3 Rn. 205, 207.

[19] BGH NJW 2020, 988 Rn. 8 ff.

[20] *Lehmann-Richter/Wobst* WEG-Reform 2020 § 3 Rn. 206; Bärmann/*Becker* § 27 Rn. 24 ff.

aufgenommenen Rechtsgeschäfte, kommt eine Erweiterung oder (teleologische) Reduktion grundsätzlich nicht in Betracht; bei der **Auslegung** ist in erster Linie auf den **Wortlaut** abzustellen.[21] Einzelheiten zu den Ausnahmen (→ Rn. 8 ff.) sind bereits jetzt in der Lit. umstritten und bedürfen einer Klärung durch die Rspr.

8 **aa) Vertragsabschluss.** § 9b Abs. 1 S. 1 Hs. 2 beschränkt die Vertretungsmacht für den „Abschluss" der genannten Verträge. Nach dem Wortlaut fällt die Änderung solcher Verträge nicht unter den Ausnahmetatbestand. Es ist jedoch über das dogmatische Argument der Gleichstellung von Abschluss und Änderung in § 311 Abs. 1 BGB hinaus vertretbar, auch die Änderung solcher Verträge unter die beschränkte Vertretungsmacht zu subsumieren,[22] weil der bezweckte Schutz andernfalls unter Abänderung der wesentlichen Vertragsinhalte sogar innerhalb der (abschließend) geregelten Ausnahmen unterlaufen werden könnte, zB durch nachträgliche Erhöhung des Kaufpreises bei einem Ankauf. Das Tatbestandsmerkmal des „Abschlusses" kann jedoch nicht so weit ausgelegt werden, dass auch die Ausübung von Gestaltungsrechten, wie zB Widerruf, Kündigung oder Rücktritt von der Beschränkung erfasst sind.[23] Erklärungen im Rahmen der Vertragsabwicklung und auch dingliche Rechtsgeschäfte sind von der der Beschränkung jedoch nicht erfasst.[24] Das betrifft insbesondere die Auflassung oder die Belastung des Grundstücks.

9 **bb) Grundstückskaufvertrag.** Der Gesetz gewordene Begriff „Grundstückskaufvertrag" ist im BGB nicht definiert. Am naheliegendsten fallen darunter **Kaufverträge gemäß § 433 BGB über Grundstücke.** Auch andere Verträge, die neben weiteren Bestandteilen einen Grundstückskauf zum Gegenstand haben, wie zB ein Bauträgervertrag (§ 650u BGB), fallen unter die Ausnahme des § 9b Abs. 1 S. 1 Hs. 2.[25] Es spricht zwar viel dafür, die Ausnahme anhand des Wortlauts eng auszulegen,[26] insbesondere die Sicherheit des Rechtsverkehrs. Allerdings ist der Bauträgervertrag als Rechtsgeschäft nicht teilbar. Zudem verweist § 650u Abs. 1 S. 3 BGB ausdrücklich auf §§ 433 ff. BGB. Mit diesem Argument ist auch der Tauschvertrag (§ 480 BGB) unter den Ausnahmetatbestand zu fassen,[27] nicht aber die Schenkung.[28]

10 Zur **Definition des Grundstücksbegriffs** wird einhellig § 311b Abs. 1 BGB herangezogen,[29] sodass neben unbebauten und bebauten Grundstücken auch Miteigentumsanteile, inklusive Wohnungs- und Teileigentum sowie sog. grundstücksgleiche Rechte, wie zB das Erbbaurecht, als Grundstück iSd § 9b Abs. 1 S. 1 Hs. 2 anzusehen sind.

11 Die Beschränkung der Vertretungsmacht greift sowohl für den Fall, dass die Gemeinschaft als Verkäuferin auftritt, als auch für den, dass sie Käuferin ist.

12 **cc) Darlehensvertrag.** Der (entgeltliche) Darlehensvertrag ist in §§ 488–505e BGB geregelt. Alle unter diese Vorschriften fallenden Verträge sind daher von der Ausnahme des § 9b Abs. 1 S. 1 Hs. 2 erfasst. Auch die **Überziehung eines Girokontos** im Rahmen eines Dispositions- oder Kontokorrentkredits fällt darunter[30] (→ BGB § 491 Rn. 59). Der Abschluss des Girovertrags bedarf jedoch im Ergebnis auch dann keines Ermächtigungsbeschlusses, wenn er – wie häufig – zugleich einen Vertrag über die Einräumung einer Überziehungsmöglichkeit enthält (§ 504 BGB), weil er

---

[21] Ausführlicher unter Einbeziehung des Gesetzgebungsverfahrens *Lehmann-Richter/Wobst* WEG-Reform 2020 § 3 Rn. 185 ff.; *Dötsch/Schultzky/Zschieschack* WEG-Recht 2021 Kap. 3 Rn. 62, der in einer Auslegung nach dem Sinn und Zweck der Ausnahmen für andere gewichtige Geschäfte zum Schutz des Rechtsverkehrs zu Recht ablehnt.

[22] Dazu auch *Lehmann-Richter/Wobst* WEG-Reform 2020 § 3 Rn. 189 unter Verweis auf § 311 Abs. 1 BGB, der Abschluss und Änderung von Rechtsgeschäften gleichstellt; aA *Dötsch/Schultzky/Zschieschack* WEG-Recht 2021 Kap. 3 Rn. 62, der inhaltliche Änderungen, wie Aufhebung, Verzicht und Vergleich durch den Verwalter für möglich hält.

[23] *Dötsch/Schultzky/Zschieschack* WEG-Recht 2021 Kap. 3 Rn. 62.

[24] BT-Drs. 19/22634, 43.

[25] AA wohl *Dötsch/Schultzky/Zschieschack* WEG-Recht 2021 Kap. 3 Rn. 62, der andere Vertragstypen generell ausschließt, auch wenn sie die Pflicht zur Übertragung des Grundstücks beinhalten.

[26] *Lehmann-Richter/Wobst* WEG-Reform 2020 § 3 Rn. 187.

[27] So auch Palandt/*Wicke* Rn. 1, der sogar sämtliche Verpflichtungsgeschäfte nach § 311b Abs. 1 BGB der Vollmachtsbeschränkung zuordnet; wohl auch *Hügel/Elzer* Rn. 6; aA *Dötsch/Schultzky/Zschieschack* WEG-Recht 2021 Kap. 3 Rn. 62; *Lehmann-Richter/Wobst* WEG-Reform 2020 § 3 Rn. 193.

[28] AA Palandt/*Wicke* Rn. 1; wohl auch *Hügel/Elzer* Rn. 6.

[29] Palandt/*Wicke* Rn. 1; *Dötsch/Schultzky/Zschieschack* WEG-Recht 2021 Kap. 3 Rn. 62; *Lehmann-Richter/Wobst* WEG-Reform 2020 § 3 Rn. 191; iErg ebenfalls *Hügel/Elzer* Rn. 6.

[30] *Lehmann-Richter/Wobst* WEG-Reform 2020 § 3 Rn. 197; iErg ebenfalls *Hügel/Elzer* Rn. 12; aA mit ausf. Begr. *Dötsch/Schultzky/Zschieschack* WEG-Recht 2021 Kap. 3 Rn. 62, mit Verweis auf Palandt/*Sprau,* 79. Aufl. 2020, BGB § 675f Rn. 36, der einen im Rahmen eines Girovertrags eingeräumten Überziehungsrahmen lediglich als Zusatzabrede qualifiziert.

nach § 139 BGB auch ohne den Überziehungskredit wirksam bleibt.[31] Der Verweis in § 514 BGB auf die Vorschriften zum entgeltlichen Darlehen spricht dafür, dass auch zinslose Darlehen unter § 9b Abs. 1 S. 2 Hs. 2 zu subsumieren sind.[32] Aufgrund der im Wesentlichen auf den Wortlaut beschränkten Auslegung (→ Rn. 7), kommt eine Ausnahme von der Ausnahme für die laufende Verwaltung durch die Bildung einer **Bagatellgrenze** nicht in Betracht.[33]

Sachdarlehen (§§ 607 ff. BGB), Teilzahlungsgeschäfte und Finanzierungshilfen (§§ 506 ff., 515 BGB) sind **keine Darlehen** iSd § 9b Abs. 1 S. 1 Hs. 2.[34] Der Verwalter hat folglich die uneingeschränkte Vertretungsmacht, eine Teilzahlungs- oder Stundungsvereinbarung mit Dritten abzuschließen. Sie ermöglicht ihm auch, in konsequenter Fortführung der Vertretungsmacht für das sog. Hausgeldinkasso, solche Vereinbarungen mit säumigen Wohnungseigentümern wegen rückständiger Hausgelder, Sonderumlagen oder Nachschüsse (§ 28 Abs. 2 S. 1) zu treffen – dabei handelt es sich nicht um ein verbandsrechtliches Innengeschäft (→ Rn. 14). 13

b) Allgemeine Grenzen der Vertretungsmacht. Die Vertretungsmacht betrifft grundsätzlich das **Außenverhältnis** der Gemeinschaft der Wohnungseigentümer. Dies ergibt sich aus der systematischen Stellung des § 9b in Abschnitt 3. Sie unterliegt neben den in § 9b Abs. 1 S. 1 Hs. 2 und Abs. 2 geregelten auch den allgemeinen Grenzen. Bei **Rechtsgeschäften mit Wohnungseigentümern** ist zu differenzieren, ob es um mitglieds- und organschaftliche Rechte und Pflichten (sog. Innengeschäfte)[35] oder um solche geht, in denen der Wohnungseigentümer der Gemeinschaft wie ein Dritter gegenübersteht (sog. Außengeschäfte). Innengeschäfte fallen nicht unter den Anwendungsbereich des § 9b, wobei das sog. Hausgeldinkasso und seine Abwicklung im weitesten Sinne (→ Rn. 13) wegen seiner Vergleichbarkeit mit einem Außengeschäft der Gemeinschaft unter § 9b Abs. 1 fällt. Die Vertretungsmacht des § 9b Abs. 1 besteht auch bei Außengeschäften mit Wohnungseigentümern ohne Einschränkung. Dies wird zwar unter Verweis auf das Verbandsrecht in der Lit. abgelehnt und vertreten, dass sie nur insoweit besteht, als der Verwalter im Innenverhältnis vertreten darf.[36] Nicht nur, aber gerade auch in Bezug auf das Haugeldinkasso würde dieses Durchschlagen des Binnenrechts auf die Vertretungsmacht auch für das rechtliche Können einen Ermächtigungsbeschluss oder eine vereinbarte Erweiterung der Verwalterbefugnisse nach § 27 Abs. 2 erfordern. Dies widerspricht jedoch dem Verständnis der durch das WEMoG beabsichtigten Erweiterung der Befugnisse des Verwalters.[37] 14

aa) Missbrauch. Grundsätzlich trägt der Vertretene das Risiko des Missbrauchs der Vertretungsmacht. Es besteht auch keine Nachprüfungspflicht des Vertragspartners bezüglich einer Beschränkung im Innenverhältnis.[38] Lediglich im Fall eines Missbrauchs, der sich in §§ 134, 138 BGB einordnen lässt (zB Kollusion) oder bei dem der Vertragspartner erkennen musste oder grob fahrlässig verkannt hat, dass keine Vertretungsmacht besteht, also das Berufen auf die gesetzliche Vertretungsmacht einer unzulässigen Rechtsausübung gleichkäme, schlägt der Missbrauch auf das Bestehen der Vertretungsmacht durch (→ BGB § 164 Rn. 213 ff.). 15

bb) Fälle des § 181 BGB. § 181 BGB verhindert, dass der Verwalter mit sich selbst oder als Vertreter eines Dritten ein Rechtsgeschäft vornimmt, soweit es sich nicht ausschließlich um die Erfüllung einer Verbindlichkeit handelt. Für Rechtsgeschäfte mit dem Verwalter regelt § 9b Abs. 2 (→ Rn. 26 ff.) die Vertretung der Gemeinschaft der Wohnungseigentümer. Eine nach § 181 BGB mögliche **Befreiung vom Verbot des Insichgeschäfts** kann vereinbart werden, weil § 9b Abs. 1 S. 3 lediglich Beschränkungen der Vertretungsmacht verbietet. Ob diese Befreiung auch beschlossen werden kann, ist schon jetzt **streitig, aber zu bejahen.** Nach einer Ansicht sind solche Beschlüsse mangels Beschlusskompetenz für die Erweiterung der gesetzlichen Vertretungsmacht des Verwalters nichtig.[39] Nach anderer Ansicht beinhaltet § 19 Abs. 1 eine Beschlusskompetenz, die Befreiung 16

---

31 *Lehmann-Richter/Wobst* WEG-Reform 2020 § 3 Rn. 197 mit Verweis auf Staudinger/*Roth,* 2020, BGB § 139 Rn. 33; aA *Hügel/Elzer* Rn. 12.

32 *Dötsch/Schultzky/Zschieschack* WEG-Recht 2021 Kap. 3 Rn. 62; iErg auch *Lehmann-Richter/Wobst* WEG-Reform 2020 § 3 Rn. 196.

33 Vertiefend *Hügel/Elzer* Rn. 12.

34 *Dötsch/Schultzky/Zschieschack* WEG-Recht 2021 Kap. 3 Rn. 62; *Lehmann-Richter/Wobst* WEG-Reform 2020 § 3 Rn. 198.

35 Ausf. zur Definition und zum dogmatischen Hintergrund *Lehmann-Richter/Wobst* WEG-Reform 2020 § 3 Rn. 214 ff.

36 Vertiefend *Lehmann-Richter/Wobst* WEG-Reform 2020 § 3 Rn. 216.

37 *Dötsch/Schultzky/Zschieschack* WEG-Recht 2021 Kap. 3 Rn. 62; Abschlussbericht der Bund-Länder-Arbeitsgruppe zur Reform des WEG vom August 2019, NZM 2019, 717; wohl auch Palandt/*Wicke* Rn. 1.

38 BGH NJW-RR 2016, 1138; NJW 2011, 66; 1999, 2883.

39 *Lehmann-Richter/Wobst* WEG-Reform 2020 § 3 Rn. 210.

von § 181 BGB – jedenfalls in Einzelfällen – zu gestatten.[40] Da § 181 BGB die Gestattung eines Insichgeschäfts ausdrücklich vorsieht, ist in einem entsprechenden Beschluss keine Erweiterung der Vertretungsmacht, sondern eine gesetzliche vorgesehene Ausnahme vom Verbot zu sehen, weshalb die erstgenannte Ansicht nicht überzeugt. Eine Befreiung von § 181 BGB in **vorformulierten Verwaltervertragsklauseln** scheitert aber – wie auch schon nach altem Recht – an § 307 Abs. 1 S. 1, Abs. 2 Nr. 2 BGB und ist folglich unwirksam.[41]

17 **2. Folgen für den Rechtsverkehr, Nachweis der Vertretungsmacht.** Der Rechtsverkehr mit der Gemeinschaft der Wohnungseigentümer wird durch die gesetzliche Vertretungsmacht des Verwalters erleichtert. Ein potenzieller Vertragspartner darf sich – von den Ausnahmen der gesetzlich vorgesehenen und allgemeinen Beschränkungen abgesehen (→ Rn. 6 ff.) – darauf verlassen, dass der bestellte Verwalter umfassend zur Vertretung berechtigt ist. Es ist also ausreichend, dass die Verwalterstellung (maßgeblich ist das Amt, nicht der Vertrag) nachweisbar ist. Das Protokoll über den Bestellungsbeschluss ist für sich genommen allenfalls ein Indiz, aber kein Nachweis, weil daraus nicht rechtssicher erkennbar ist, ob der der Bestellungsbeschluss wirksam, angefochten oder zwischenzeitlich aufgehoben worden ist bzw. der Verwalter sein Amt vorzeitig niedergelegt hat oder abberufen worden ist. Ein öffentliches Verwalterregister oder zumindest eine Nachweisurkunde sieht das WEMoG trotz diverser Anregungen[42] nicht vor.

18 Muss der Verwalter für die Gemeinschaft **Erklärungen gegenüber dem Grundbuchamt** abgeben, zB bei der Abwicklung von „Grundstückskaufverträgen" iSv § 9b Abs. 1 S. 1 Hs. 2 oder bei dinglichen Rechtsgeschäften, ist – wie bisher – ein Protokoll des Bestellungsbeschlusses vorzulegen, dessen Unterschriften öffentlich beglaubigt worden sind.[43] Die Unterschriften des Protokolls, das einen **Ermächtigungsbeschluss** für Grundstückskaufverträge enthält, bedürfen demgegenüber keiner öffentlichen Beglaubigung, da der Notar nach § 17 Abs. 1 BeurkG die Vertretungsmacht für den Abschluss des Vertrags prüft, der nicht an § 29 GBO gebunden ist, und nicht das Grundbuchamt.[44]

19 Vertragspartner der Gemeinschaft haben bei einseitigen empfangsbedürftigen Willenserklärungen – im Gegensatz zum alten Recht[45] – **keine Zurückweisungsbefugnis nach § 174 S. 1 BGB** mehr. § 174 BGB ist nicht mehr anwendbar, weil der Verwalter gesetzlich als Organ vertritt, diese Befugnis nach § 9b Abs. 1 S. 3 im Außenverhältnis nicht beschränkt werden kann und die in § 9b Abs. 1 S. 1 Hs. 2 geregelten sachlichen Ausnahmen für potenzielle Vertragspartner erkennbar sind. Damit ist eine Ungewissheit über den Umfang der Vertretungsmacht des Verwalters ausgeschlossen. Dies ist der wesentliche Unterschied zur Gesellschaft bürgerlichen Rechts, für die § 174 BGB analog[46] gilt. Daran ändert der schwer zur führende Nachweis der Verwalterstellung (→ Rn. 17) nichts.[47]

III. Vertretung der verwalterlosen Gemeinschaft

20 Eine Gemeinschaft ohne Verwalter wird nach § 9 Abs. 1 S. 2 durch die Wohnungseigentümer gemeinschaftlich vertreten. Ein Beschluss zur Ermächtigung eines Vertreters ist für diesen Fall nicht mehr vorgesehen – es fehlt die Beschlusskompetenz. Vormals auf Grundlage von § 27 Abs. 3 S. 3 aF gefasste Beschlüsse werden mit Inkrafttreten des WEMoG für die Zukunft wirkungslos.[48]

21 **Verwalterlos** ist eine Gemeinschaft, wenn die Funktion des Verwalters aus Rechtsgründen nicht besetzt ist.[49] Das ist immer dann der Fall, wenn kein Verwalter (mehr) im Amt ist; Unvermögen, zB wegen längerer Erkrankung oder Abwesenheit, genügt aus Gründen des Verkehrsschutzes nicht.[50]

22 **1. Art und Weise der Vertretungsmacht.** Bei der gemeinschaftlichen Vertretung durch die Wohnungseigentümer sind diese **Gesamtvertreter.** Im Fall der Teilung nach § 8 hat der aufteilende Alleineigentümer der **sog. Ein-Personen-Gemeinschaft** bis zur Verwalterbestellung allein die

[40] *Dötsch/Schultzky/Zschieschack* WEG-Recht 2021 Kap. 3 Rn. 67; für den Einzelfall, wie zB den Abschluss des Verwaltervertrags *Hügel/Elzer* Rn. 28.
[41] OLG München ZWE 2009, 27; OLG Düsseldorf NZM 2006, 936; LG Frankfurt ZWE 2018, 38.
[42] Statt vieler *Becker/Schneider* ZfIR 2020, 281 (293).
[43] *Hügel/Elzer* Rn. 13.
[44] Zutr. *Lehmann-Richter/Wobst* WEG-Reform 2020 § 3 Rn. 195 mit Verweis auf Staudinger/*Hertel,* 2017, BeurkG Rn. 340 mwN; aA Palandt/*Wicke* Rn. 1; *Hügel/Elzer* Rn. 9.
[45] BGH NJW 2014, 1587.
[46] BGH NJW 2002, 1194 (1195).
[47] Vertiefend *Dötsch/Schultzky/Zschieschack* WEG-Recht 2021 Kap. 3 Rn. 66 mwN.
[48] BT-Drs. 19/18791, 49.
[49] *Hügel/Elzer* Rn. 19.
[50] Ausf. *Hügel/Elzer* Rn. 19; aA Palandt/*Wicke* Rn. 2.

Vertretungsmacht, selbst wenn Erwerber bereits die Stellung als sog. werdende Wohnungseigentümer (§ 8 Abs. 3) erlangt hat.[51]

23 Für die **Aktivvertretung** bedeutet das, dass alle Wohnungseigentümer mitwirken und sich einig sein müssen. Verbindliche Erklärungen können aktiv **nur gemeinsam** abgegeben werden, was nicht zeitgleich erfolgen muss.[52] Zwar kann als Ausfluss des Prinzips der Gesamtvertretung eine Ermächtigung eines oder mehrerer Wohnungseigentümer zur Vertretung der Gemeinschaft **(sog. Gesamtvertreterermächtigung)** erklärt werden, solange sie nicht pauschal alle Angelegenheiten der Gemeinschaft umfasst.[53] Diese Gesamtvertreterermächtigung erfordert aber **gleichgerichtete Erklärungen aller Wohnungseigentümer** und ist nach allg. Meinung einem Mehrheitsbeschluss nicht zugänglich. Anders kann es sein, wenn eine entsprechende Beschlusskompetenz vereinbart worden ist (→ Rn. 3).[54] Demgegenüber ist grundsätzlich jeder **einzelne Wohnungseigentümer** als Gesamtvertreter für die Gemeinschaft **passivvertretungsberechtigt.** Dies leitet sich für die Entgegennahme von Willenserklärungen aus dem allgemeinen Prinzip der Gesamtvertretung ab,[55] für Zustellungen im Rahmen eines Rechtsstreits aus § 170 Abs. 3 ZPO.[56]

24 **2. Fälle des § 181 BGB.** Besonderheiten folgen aus dem **Verbot des Insichgeschäfts gemäß § 181 BGB:** Liegen die Voraussetzungen in der Person eines Wohnungseigentümers vor, scheidet die gemeinschaftliche aktive Vertretung aus.[57] Umstritten ist, wie mit der daraus folgenden partiellen Handlungsunfähigkeit der verwalterlosen Gemeinschaft umzugehen ist. Nach eine Ansicht ist sie hinzunehmen und dadurch aufzulösen, dass entweder ein Verwalter oder in dringlichen Fällen ein Prozesspfleger nach § 57 Abs. 1 ZPO bestellt wird.[58] Nach anderer Ansicht kann dies entweder durch eine Gesamtvertreterermächtigung oder durch Beschlussfassung über die Befreiung von § 181 BGB (→ Rn. 16) gelöst werden.[59]

25 **3. Umfang der Vertretungsmacht, Stellung der Gesamtvertreter.** Die Gesamtvertretung hat den gleichen Umfang, wie die des Verwalters jedoch ohne die Einschränkung des § 9b Abs. 1 S. 1. Die Gesamtheit der Wohnungseigentümer erlangt als Gesamtvertreter über Ihre Stellung als Willensbildungsorgan hinaus die Stellung eines Vollzugsorgans.[60]

IV. Vertretung gegenüber dem Verwalter

26 § 9b Abs. 2 regelt abschließend den Fall, dass die Gemeinschaft gegenüber dem Verwalter der Gemeinschaft außergerichtlich oder gerichtlich zu vertreten ist, weil der Verwalter aus Rechtsgründen an der Vertretung gehindert ist. Dabei hatte der Gesetzgeber außergerichtlich § 181 BGB im weiteren Sinne und gerichtlich allgemeine prozessrechtliche Grundsätze – in Anlehnung an § 46 Nr. 8 GmbHG – vor Augen.[61] Zweck ist die **Sicherung der Handlungsfähigkeit der Gemeinschaft.**

27 **1. Eingeschränkter Anwendungsbereich.** Die Vertretungsmacht nach § 9b Abs. 2 besteht ausschließlich „dem Verwalter gegenüber". Das setzt voraus, dass ein Verwalter bestellt ist. Sie erfasst die Fälle, in denen der Verwalter **auch auf Seiten des Vertragspartners** oder des sonst der Gemeinschaft gegenüberstehenden Dritten agiert (§ 181 BGB), also zB Willenserklärungen abgibt oder empfängt. Die Vorschrift erfasst damit sog. Insichgeschäfte (§ 181 Alt. 1 BGB), wie zB den **Abschluss des Verwaltervertrags,** aber auch Konstellationen, in denen der Verwalter zugleich als Vertreter eines Dritten auftritt (§ 181 Alt. 2 BGB) und sogar die Fälle in denen § 181 BGB analog angewendet wird.[62] Folglich greift § 9a Abs. 2 auch für **Prozesse** der Gemeinschaft **gegen den**

---

[51] *Dötsch/Schultzky/Zschieschack* WEG-Recht 2021 Kap. 2 Rn. 11; *Dötsch/Schultzky/Zschieschack* WEG-Recht 2021 Kap. 3 Rn. 87.

[52] Vertiefend dazu *Dötsch/Schultzky/Zschieschack* WEG-Recht 2021 Kap. 3 Rn. 88; *Hügel/Elzer* Rn. 21.

[53] Zur dogmatischen Herleitung vgl. *Lehmann-Richter/Wobst* WEG-Reform 2020 § 3 Rn. 240 mit Verweis auf BGH NJW-RR 1986, 778.

[54] Str.; dafür *Dötsch/Schultzky/Zschieschack* WEG-Recht 2021 Kap. 3 Rn. 93; dagegen Palandt/*Wicke* Rn. 3; *Lehmann-Richter/Wobst* WEG-Reform 2020 § 3 Rn. 250.

[55] BGH NJW 1974, 1194 (1195).

[56] Ausf. dazu *Hügel/Elzer* Rn. 22.

[57] RGZ 89, 369 (373); Staudinger/*Schilken,* 2019, BGB 181 Rn. 16 mwN.

[58] *Lehmann-Richter/Wobst* WEG-Reform 2020 § 3 Rn. 245, 248.

[59] *Dötsch/Schultzky/Zschieschack* WEG-Recht 2021 Kap. 3 Rn. 89.

[60] *Lehmann-Richter/Wobst* WEG-Reform 2020 § 2 Rn. 44; aA *Hügel/Elzer* Rn. 18; *Hügel/Elzer* § 9a Rn. 28, 30; *Skauradszun* AnwZertMietR 13/2020, Anm. 1, der die Gesamtheit der Wohnungseigentümer als „Organwalter" bezeichnet.

[61] BT-Drs. 19/18791, 49.

[62] Ausf. *Lehmann-Richter/Wobst* WEG-Reform 2020 § 3 Rn. 223.

amtierenden Verwalter. Auch unterstützende (Vorbereitungs-) Handlungen, wie zB die Beauftragung eines Rechtsanwalts zur Verfolgung von Ansprüchen gegen den Verwalter sollen darunter fallen.[63] **Nicht** erfasst vom Anwendungsbereich des § 9a Abs. 2 sind demgegenüber die Fälle, gegenüber dem Verwalter, der aus dem Amt ausgeschieden ist oder das Amt erst künftig antreten wird.[64]

28 **2. Person des Vertreters.** Der **Vorsitzende des Verwaltungsbeirats** ist nach § 9b Abs. 2 Alt. 1 gegenüber dem Verwalter organschaftlicher Vertreter der Gemeinschaft. **Daneben** können die Wohnungseigentümer **durch Beschluss** nach § 9b Abs. 2 Alt. 2 einen oder mehrere[65] zur Vertretung der Gemeinschaft **ermächtigen.** Diese Ermächtigung kann – wie die nach § 9b Abs. 1 S. 1 Hs. 2 (→ Rn. 6) – für den konkreten Einzelfall, einen bestimmten Bereich von Rechtsgeschäften oder pauschal beschlossen werden. Sie bedarf der Annahme durch den/die Ermächtigten, die konkludent erfolgen kann.

29 **3. Art und Umfang der Vertretungsmacht.** Im Anwendungsbereich des § 9b Abs. 2 vertreten sowohl der Verwaltungsbeiratsvorsitzende als auch der/die Ermächtigte/n **organschaftlich.**[66] Insoweit kommt dem Verwaltungsbeiratsvorsitzenden die Stellung eines Organs und dem/den Ermächtigte/n die eines Sonderorgans der Gemeinschaft zu. Die Anwendbarkeit des § 174 BGB ist deshalb auch bei der Vertretung nach § 9b Abs. 2 insgesamt abzulehnen. Nach eine Ansicht soll die Vertretungsmacht des nach § 9b Abs. 2 Alt. 2 Ermächtigten auch mit Außenwirkung beschränkbar und § 174 BGB insoweit anwendbar sein,[67] weil das Verbot der Beschränkung der Vertretungsmacht gegenüber Dritten (§ 9b Abs. 1 S. 3) aufgrund seiner systematischen Stellung nicht auch für § 9b Abs. 2 gilt. Dagegen spricht jedoch, dass in solchen Fällen neben dem Ermächtigungsbeschluss auch noch ein Beschluss über die Ermächtigung zur Erteilung einer Originalvollmacht zu fassen und eine Vollmachtsurkunde auszustellen ist, also letztlich der Normzweck (Sicherung der Handlungsfähigkeit).

30 Der Verwaltungsbeiratsvorsitzende und der/die durch Beschluss Ermächtigte/n sind **nebeneinander einzelvertretungsberechtigt;**[68] eine Hierarchie ist gesetzlich nicht vorgesehen.

31 Der Vertreter nach § 9b Abs. 2 unterliegt den Weisungen der Gesamtheit der Wohnungseigentümer durch Vereinbarung oder Beschluss. Eine gesetzliche Regelung seines (rechtlichen) Dürfens im Innenverhältnis fehlt. Dennoch ist die Befugnis der Vertretung auch ohne gesetzliche Regelung und ausdrückliche Weisung in – derzeit noch bezüglich des Umfangs strittigen, aber – engen Grenzen anzunehmen: Nach eine Ansicht sind die gesetzlichen Befugnis des Verwalters nach § 27 Abs. 1 heranzuziehen,[69] nach anderer Ansicht ist die ordnungsgemäße Verwaltung Maßstab.[70] Die zweitgenannte Ansicht überzeugt, weil sich der Beirat (und damit auch der Vorsitzende) nach der Begründung des Rechtsausschusses keine Kompetenzen des Verwalters aneignen kann.[71] Zur Pflicht, die Befugnis auch auszuüben, → § 29 Rn. 11.

---

[63] *Dötsch/Schultzky/Zschieschack* WEG-Recht 2021 Kap. 3 Rn. 73.

[64] Vertiefend dazu *Dötsch/Schultzky/Zschieschack* WEG-Recht 2021 Kap. 3 Rn. 73.

[65] AA *Hügel/Elzer* Rn. 27, wonach aufgrund des Wortlauts der Norm nur die Ermächtigung eines einzelnen Wohnungseigentümers zulässig sein soll.

[66] So auch Palandt/*Wicke* Rn. 4; *Dötsch/Schultzky/Zschieschack* WEG-Recht 2021 Kap. 3 Rn. 80.

[67] Vgl. *Dötsch/Schultzky/Zschieschack* WEG-Recht 2021 Kap. 3 Rn. 81.

[68] *Hügel/Elzer* Rn. 27.

[69] *Lehmann-Richter/Wobst* WEG-Reform 2020 § 3 Rn. 227.

[70] *Dötsch/Schultzky/Zschieschack* WEG-Recht 2021 Kap. 3 Rn. 82.

[71] So wohl auch Palandt/*Wicke* § 29 Rn. 3 mit Verweis auf BT-Drs. 19/22634, 48.

Abschnitt 4. Rechtsverhältnis der Wohnungseigentümer untereinander und zur Gemeinschaft der Wohnungseigentümer

§ 10 Allgemeine Grundsätze

(1) [1]Das Verhältnis der Wohnungseigentümer untereinander und zur Gemeinschaft der Wohnungseigentümer bestimmt sich nach den Vorschriften dieses Gesetzes und, soweit dieses Gesetz keine besonderen Bestimmungen enthält, nach den Vorschriften des Bürgerlichen Gesetzbuchs über die Gemeinschaft. [2]Die Wohnungseigentümer können von den Vorschriften dieses Gesetzes abweichende Vereinbarungen treffen, soweit nicht etwas anderes ausdrücklich bestimmt ist.

(2) Jeder Wohnungseigentümer kann eine vom Gesetz abweichende Vereinbarung oder die Anpassung einer Vereinbarung verlangen, soweit ein Festhalten an der geltenden Regelung aus schwerwiegenden Gründen unter Berücksichtigung aller Umstände des Einzelfalls, insbesondere der Rechte und Interessen der anderen Wohnungseigentümer, unbillig erscheint.

(3) [1]Vereinbarungen, durch die die Wohnungseigentümer ihr Verhältnis untereinander in Ergänzung oder Abweichung von Vorschriften dieses Gesetzes regeln, die Abänderung oder Aufhebung solcher Vereinbarungen sowie Beschlüsse, die aufgrund einer Vereinbarung gefasst werden, wirken gegen den Sondernachfolger eines Wohnungseigentümers nur, wenn sie als Inhalt des Sondereigentums im Grundbuch eingetragen sind. [2]Im Übrigen bedürfen Beschlüsse zu ihrer Wirksamkeit gegen den Sondernachfolger eines Wohnungseigentümers nicht der Eintragung in das Grundbuch.

Übersicht

I. Normzweck

Mit § 10 beginnt der vierte Abschnitt des WEG. Dieser Abschnitt trägt den Titel **Rechtsverhältnis der Wohnungseigentümer untereinander und zur Gemeinschaft der Wohnungseigentümer** und enthält in §§ 10–29 Vorschriften, die das Miteinander der Wohnungseigentümer und ihr Verhältnis zur Gemeinschaft regeln. Das WEMoG hat die bisher in § 10 Abs. 6–8 aF, § 11 Abs. 3 aF enthaltene Rechtsfähigkeit der Gemeinschaft der Wohnungseigentümer und auch deren Rechtsbeziehungen im Außenverhältnis in einen eigenen Abschnitt 3 zusammengefasst (→ § 9a Rn. 1) und trennt diese systematisch vom Rechtsverhältnis der Wohnungseigentümer untereinander 1 sowie gegenüber der Gemeinschaft **(Binnenverhältnis).** § 10 stellt hierfür die **allgemeinen Grundsätze** auf.

2 Im Einzelnen: § 10 Abs. 1 S. 1, 2 regelt die **Hierarchie** der auf das Binnenverhältnis anwendbaren Vorschriften (→ Rn. 3 ff.) und § 10 Abs. 1 S. 2 die Möglichkeit, vom WEG **durch Vereinbarungen** der Wohnungseigentümer **abzuweichen** (→ Rn. 12 ff.). § 10 Abs. 2 behält den bisher schon in **§ 10 Abs. 2 S. 3 aF** normierten **Anspruch** der Wohnungseigentümer **auf Abschluss oder Anpassung einer Vereinbarung** (→ Rn. 44 ff.) inhaltlich unverändert bei. § 10 Abs. 3 normiert die Voraussetzungen der **Sondernachfolgerbindung** von Vereinbarungen und Beschlüssen (→ Rn. 55 ff.). Ohne ausdrückliche Regelung zeigt § 10 abschließend die **Handlungsinstrumente**[1] zur Regelung des Binnenverhältnisses (→ Rn. 5) auf, nämlich Vereinbarungen und Beschlüsse.

II. Hierarchie der anwendbaren Vorschriften

3 § 10 Abs. 1 bestimmt das **Verhältnis** der Regelungen des WEG zu denen der Grundstücksgemeinschaft nach **§§ 741 ff., 1008 ff. BGB** und zu **Vereinbarungen** der Wohnungseigentümer, wozu insbesondere die **Gemeinschaftsordnung** gehört. Auch wenn § 10 Abs. 1 dies nicht ausdrücklich nennt, ergibt sich aus der Zusammenschau mit § 19 Abs. 1, dass **auch Beschlüsse** die Regelungen des WEG individuell ausgestalten können und, sofern keine vorrangige Vereinbarung greift, noch vor den gesetzlichen Regelungen gelten.[2] Soweit keine **individuellen Regelungen** durch Vereinbarung, insbesondere in der Gemeinschaftsordnung oder durch Beschlüsse getroffen wurden, gelten die Vorschriften des WEG. Enthält wiederum das WEG keine Regelung, gelten gemäß § 10 Abs. 2 S. 1 die Regelungen der §§ 741 ff., 1008 ff. BGB über die Grundstücksgemeinschaft, jedoch nur im Verhältnis der Wohnungseigentümer untereinander.[3]

4 **1. Vorrang von individuellen Regelungen.** Grundsätzlich gilt gemäß § 10 Abs. 1 S. 2 der **Vorrang von Vereinbarungen** vor den Bestimmungen des WEG, soweit diese Bestimmungen des WEG abdingbar sind.[4] Soweit die Verwaltung und Benutzung des Gemeinschaftseigentums betroffen und diese nicht durch Vereinbarung geregelt ist, kann dies durch Beschluss erfolgen (§ 19 Abs. 1). Insbesondere auch dann, wenn aufgrund einer Vereinbarung Beschlüsse zur näheren Ausgestaltung des Binnenverhältnisses gefasst werden (→ Rn. 41 ff. zu Öffnungsklauseln), gehen **Beschlüsse** den abdingbaren Bestimmungen des WEG ebenso vor, wie Vereinbarungen. Mit solchen **individuellen Regelungen** kann den Besonderheiten einer Wohnungseigentümergemeinschaft angemessen Rechnung getragen werden. **Begrenzt** ist diese Freiheit, abweichende individuelle Regelungen zu treffen, nach dem Wortlaut von § 10 Abs. 1 S. 2 auf den **Anwendungsbereich des WEG** und durch die **sog. zwingenden Vorschriften des WEG,** zudem durch die in ihrem Umfang strittigen, weiteren durch die **Rspr. herausgebildeten Schranken** und die **allgemeinen Grundsätze** der §§ 134, 138 BGB und § 242 BGB.

5 **2. Begrenzung der Privatautonomie. a) Anwendungsbereich.** Nach dem Wortlaut von § 10 Abs. 1 S. 2 können Abweichungen (nur) „von diesem Gesetz", also vom WEG, vereinbart werden. Richtigerweise wird man § 10 Abs. 1 S. 2 aber wegen seiner systematischen Stellung im Gesetz so verstehen müssen, dass der **Anwendungsbereich** für die Zulässigkeit abweichender Vereinbarungen vom WEG **auf das Binnenverhältnis der Wohnungseigentümer untereinander und gegenüber der Gemeinschaft der Wohnungseigentümer** beschränkt ist. Mit dieser Begründung sind, wie schon nach bisher hM,[5] Vereinbarungen mit **sachenrechtlichem Regelungsgehalt unzulässig,** insbesondere die Zuordnung zwingenden Gemeinschaftseigentums zum Sondereigentum **(§ 5 Abs. 2),** die Verselbständigung von Sondereigentum **(§ 6)** oder eine Vereinbarung, die die Umwandlung von Gemeinschaftseigentum in Sondereigentum und umgekehrt durch einzelne oder mehrere Wohnungseigentümer ermöglicht.[6] Ebenso unzulässig sind Vereinbarungen zur **Regelung von Rechtsbeziehungen zu Dritten:** Darunter ist **§ 9a Abs. 5** zu fassen, so dass die von Gesetzes wegen fehlende Insolvenzfähigkeit nicht durch Vereinbarung herbeigeführt werden kann. Gleiches gilt für das Eintragungserfordernis als Voraussetzung für die Rechtsnachfolgerbindung nach Abs. 3 S. 1 – es kann nicht durch eine Vereinbarung abbedungen werden, selbst wenn diese

---

1 *Hügel/Elzer* Rn. 10.

2 Palandt/*Wicke* Rn. 2.

3 BT-Drs. 19/18791, 50, weil die Gemeinschaft nach §§ 741 ff., 1008 ff. BGB nicht rechtsfähig ist.

4 Bärmann/*Suilmann* Rn. 65; zu den Grenzen der Gestaltungsfreiheit *Binkowski,* Reichweite und Grenzen der Privatautonomie im Wohnungseigentumsrecht, 2011, 45 ff.

5 Vgl. Bärmann/Pick/*Dötsch* Rn. 45, 56 ff. mwN.

6 Vertiefend dazu *Hügel/Elzer* Rn. 66, 67.

ihrerseits im Grundbuch eingetragen worden ist,[7] weil der so einbezogene Rechtsnachfolger zum Zeitpunkt des Abschlusses der Vereinbarung noch nicht Wohnungseigentümer, sondern Dritter ist.

§ 10 Abs. 3 lässt aber das **noch engere Verständnis** zu, dass solche abweichenden Vereinbarungen nur das Binnenverhältnis der Wohnungseigentümer untereinander, nicht auch das zur Gemeinschaft der Wohnungseigentümer, regeln können.[8] Dieser Ansatz würde aber so weit führen, dass **jegliche Abweichungen von §§ 9a, 9b unzulässig** wären, weil sie die rechtsfähige Gemeinschaft der Wohnungseigentümer betreffen.[9] Dies würde jedoch in Bezug auf § 9a Abs. 2 insbesondere bei Sondernutzungsrechten (→ Rn. 17 ff., → Rn. 36) am praktischen Regelungsbedürfnis vorbeiführen.[10] Gegen dieses noch engere Verständnis von § 10 Abs. 1 S. 2 spricht darüber hinaus, dass der Wortlaut von § 10 Abs. 1 S. 2 und § 10 Abs. 3 S. 1 nicht deckungsgleich sind, was wohl eher einem redaktionellen Versehen im Zuge des zeitlich knappen Gesetzgebungsverfahrens geschuldet ist, als dem gesetzgeberischen Willen – andernfalls bedürften Vereinbarungen und Beschlüsse aufgrund vereinbarter Beschlusskompetenz über das Verhältnis zwischen Wohnungseigentümern und der Gemeinschaft der Wohnungseigentümer zur Rechtsnachfolgerbindung keiner Eintragung im Grundbuch, weil der Wortlaut von § 10 Abs. 3 S. 1 diesen Fall nicht ausdrücklich erfasst. Zudem ist die Begründung über die Beschränkung der Anwendbarkeit von § 10 Abs. 1 S. 2 auf das Binnenverhältnis nur der Wohnungseigentümer untereinander für die zutreffend angenommene Unabdingbarkeit von §§ 3, 5 Abs. 2, 6 oder die Unzulässigkeit der Regelung von Rechtsbeziehungen mit Dritten überhaupt nicht erforderlich, so dass diese weitere Einschränkung **abzulehnen** ist. 6

b) Zwingende Vorschriften des WEG. Der zwingende Charakter einzelner Normen des WEG kann sich entgegen verbreiteter Ansicht **nicht über den Wortlaut des § 10 Abs. 1 S. 2 hinaus durch Auslegung** ergeben.[11] Deshalb ist jedenfalls die partielle Unabdingbarkeit des gesetzlichen Verwaltungsmonopols der Gemeinschaft der Wohnungseigentümer[12] abzulehnen.[13] Dies geht auch am praktischen Regelungsbedürfnis im Rahmen von Gemeinschaftsordnungen, insbesondere bei der nach wie vor zulässigen Einräumung Sondernutzungsrechten (→ Rn. 17 ff., → Rn. 36) und der Regelung von Mehrhausanlagen durch die Bildung von Untergemeinschaften (→ Rn. 15) vorbei. 7

Nach dem Wortlaut des WEG sind folgende Vorschriften **nicht abdingbar, also zwingend:**[14] 8

- **§ 9b Abs. 1 S. 3:** Der Umfang der gesetzlichen Vertretungsmacht bezüglich der Gemeinschaft kann Dritten gegenüber nicht beschränkt werden.
- **§ 11 Abs. 1 S. 3:** Wohnungseigentümergemeinschaften sind unauflöslich mit der Ausnahme des Falles des Nichtwiederaufbaus nach Zerstörung gemäß § 11 Abs. 1 S. 3. Folglich kann auch gemäß § 11 Abs. 2 kein Recht für den Pfändungspfandgläubiger auf Auflösung der Gemeinschaft begründet werden.
- **§ 12 Abs. 2 S. 1:** Auch bei Vereinbarung einer Veräußerungsbeschränkung kann die Erteilung der Zustimmung nur aus wichtigem Grunde versagt werden. Zwar kann durch Vereinbarung der Wohnungseigentümer ein Katalog von Versagungsgründen in die Gemeinschaftsordnung aufgenommen werden. Die in einer Gemeinschaftsordnung angeführten Versagungsgründe unterliegen im Falle der Verweigerung der Zustimmung aus diesem Grunde der gerichtlichen Nachprüfung und sind möglicherweise wegen Verstoßes gegen § 12 Abs. 2 S. 1 nichtig.[15] An dieser Stelle ist die mit § 12 verwandte Vorschrift des § 747 BGB zu nennen, die ebenfalls unabdingbar ist.
- **§ 12 Abs. 4 S. 2:** Die Beschlussbefugnis der Wohnungseigentümer zur Aufhebung von Veräußerungsbeschränkungen kann nicht ausgeschlossen werden.
- **§ 17 Abs. 1, 3:** Der Anspruch auf Entziehung des Wohnungseigentums kann nicht eingeschränkt oder ausgeschlossen werden.

---

[7] Vgl. zu § 10 Abs. 3 aF OLG Hamm ZMR 2008, 159.

[8] *Hügel/Elzer* Rn. 66; *Lehmann-Richter/Wobst* WEG-Reform 2020 Kap. 3 Rn. 250; wohl auch Palandt/*Wicke* Rn. 3.

[9] So *Lehmann-Richter/Wobst* WEG-Reform 2020 Kap. 3 Rn. 250; Palandt/*Wicke* Rn. 3.

[10] So im Ergebnis auch Hügel/*Elzer* Rn. 152; wohl auch *Dötsch/Schultzky/Zschieschack* WEG-Recht 2021 Kap. 3 Rn. 15.

[11] Str., zutr. und ausf. zur Begr. Bärmann/*Merle* § 23 Rn. 144; aA *Hügel/Elzer* Rn. 56 mit Verweis auf OLG Hamm ZMR 2009, 219; BayObLGZ 1980, 331.

[12] So aber *Hügel/Elzer* Rn. 56.

[13] So auch *Dötsch/Schultzky/Zschieschack* WEG-Recht 2021 Kap. 3 Rn. 15, 120; iErg für Sondernutzungsrechte auch Hügel/*Elzer* Rn. 152.

[14] Palandt/*Wicke* Rn. 2; *Hügel/Elzer* Rn. 55.

[15] Bärmann/*Suilmann* § 12 Rn. 14.

– **§ 26 Abs. 1, 5:** Die Bestellung und Abberufung eines Verwalters durch einfachen Mehrheitsbeschluss kann durch Vereinbarung weder eingeschränkt noch ausgeschlossen werden.
– **§ 26 Abs. 2, 5:** Abweichungen von der maximalen Bestellungszeit eines Verwalters von fünf Jahren und bei der ersten Bestellung nach der Begründung von Wohnungseigentum von drei Jahre sind nicht zulässig.
– **§ 26 Abs. 3, 5:** Jegliche Erschwernisse der jederzeit möglichen Verwalterabberufung und des gesetzlich bestimmten Endes der Verwaltervertragslaufzeit nach einer Abberufung sind nicht zulässig. Abs. 5 spricht zwar wörtlich von *„Abweichungen"*, weshalb vertreten wird, dass auch (in der Regel beschlossene) Erleichterungen, wie zB eine Verknüpfung von Verwaltervertragslaufzeit an die Bestellungszeit nicht zu Gunsten der Gemeinschaft greifen, sondern der Verwaltervertrag auch in solchen Fällen (erst) sechs Monate nach der Abberufung endet. Es entspricht aber eher dem durch das Wort *„spätestens"* zum Ausdruck gekommenen Schutzzweck der Norm und dem Willen des Gesetzgebers,[16] dass – aufgrund der Fortgeltung von Verwalterverträgen, die noch zum bisherigen Recht gestaltet worden sind, ungewollte – Vergünstigungen der Gemeinschaft ebenfalls zu Gute kommen und damit möglich sein sollen.

9 **c) Schranken der Rechtsprechung.** Als „vereinbarungsfest" sieht die Rspr. den **sog. Kernbereich des Wohnungseigentums** an, welcher neben den – schon am Anwendungsbereich des § 10 Abs. 1 S. 2 scheiternden – sachenrechtlichen Grundlagen (→ Rn. 5) die (1) unabdingbaren Strukturprinzipien des Gemeinschaftsverhältnisses, (2) die unabdingbaren Mitgliedschaftsrechte und (3) den unantastbaren Inhalt des Eigentums umfasst.[17]

10 **d) Allgemeine Grundsätze.** Beschränkungen der Abdingbarkeit, oder dogmatisch richtiger: der Zulässigkeit von Abweichungen, von gesetzlichen Vorschriften können sich im Einzelfall überdies aus § 242 BGB sowie nach §§ 134 und 138 BGB ergeben.[18] Die aus dem Gemeinschaftsverhältnis abgeleitete Grenze des § 242 BGB ist vor allem bei einer **einseitig vom aufteilenden Eigentümer vorgegebenen Gemeinschaftsordnung** von Bedeutung. Darin enthaltene Abweichungen vom WEG unterliegen einer **Inhaltskontrolle,** wobei der BGH in jüngerer Zeit offengelassen hat, ob es sich dabei um eine solche nach §§ 305 ff BGB oder nach § 242 BGB handelt, in beiden Fällen aber die gleichen Maßstäbe gelten sollen.[19] Weil die Gemeinschaftsordnung als Vereinbarung im Sinne eines Organisationsvertrags und nicht als Austauschvertrag zu qualifizieren ist[20] und die Rspr. die §§ 305 ff. BGB nicht für (entsprechend) anwendbar erachtet hat,[21] ist richtigerweise nur **§ 242 BGB als Maßstab** heranzuziehen.

11 **3. Geltung der §§ 741 ff., 1008 ff. BGB.** Sofern zur Klärung einer Frage aus dem Gemeinschaftsverhältnis weder eine Regelung in der Gemeinschaftsordnung enthalten, noch eine andere abweichende Vereinbarung getroffen worden ist und auch das WEG keine Regelung vorsieht, gelten gemäß § 10 Abs. 1 S. 1 **ergänzend §§ 741 ff., 1008 ff. BGB.**

III. Modifikation der gesetzlichen Vorschriften

12 In den Schranken des § 10 Abs. 1 S. 2 (→ Rn. 5 ff.) zulässige Modifikationen erfolgen in der Praxis zumeist durch die **Gemeinschaftsordnung** (→ Rn. 13 ff.). Nicht zwingend, aber regelmäßig werden im Rahmen der Gemeinschaftsordnung – als Sonderformen solcher Modifikationen – **Sondernutzungsrechte** sogleich zugewiesen (→ Rn. 24 ff.) oder vorbehalten (→ Rn. 29 ff.), **Gebrauchsregelungen** getroffen (→ § 13 Rn. 10 ff.) oder **sog. Öffnungsklauseln** geregelt (→ Rn. 41).

13 **1. Gemeinschaftsordnung.** Zur näheren Ausgestaltung und vor allem zum Zweck der Modifikation der gesetzlichen Vorschriften ist **im Regelfall Bestandteil der Teilungserklärung** eine Gemeinschaftsordnung. Die Gemeinschaftsordnung umfasst die **Gesamtheit aller Vereinbarungen**[22] und wird daher auch als Satzung der Gemeinschaft bezeichnet, die das Verhältnis der Wohnungseigentümer untereinander und gegenüber der Gemeinschaft der Woh-

---

16 BT-Drs. 19/22634, 46.
17 Vertiefend mit Einzelfällen aus der Rspr. Bärmann/*Suilmann* Rn. 98, 99–103; *Hügel/Elzer* Rn. 62, der die sog. Kernbereichslehre jedoch ablehnt, *Hügel/Elzer* Rn. 63, zT über die von ihm für möglich erachtete Beschränkung des § 10 Abs. 1 S. 2 durch Auslegung der Einzelnormen des WEG (→ Rn. 6) zu ähnlichen Ergebnissen gelangt.
18 Zu den Grenzen der gerichtlichen Kontrolle *Prüfer* ZWE 2001, 398 ff.
19 BGH NJW 2018, 1309.
20 Prüfer ZWE 2001, 401.
21 KG ZWE 2017, 403; BayObLG NJW-RR 1992, 83, wohl auch BGH NJW 2012, 676, NJW 2002, 3240.
22 Bärmann/Pick/*Dötsch* Rn. 34.

nungseigentümer sowie die Verwaltung und Benutzung der gemeinschaftlichen Anlagen und Einrichtungen regelt.

14 **a) Allgemeines.** In der Gemeinschaftsordnung kann, wie durch jede Vereinbarung, lediglich das Binnenverhältnis geregelt werden. Vereinbarungen, die eine Verpflichtung zur Schaffung oder Änderung von Sondereigentum begründen, unterfallen nicht § 10 Abs. 2.[23] Durch die Regelungen einer Gemeinschaftsordnung können die gesetzlichen Vorgaben der §§ 10–29 an die **objektbezogenen Besonderheiten** einer bestimmten Gemeinschaft angepasst werden. **Spezialimmobilien,** wie zB eine Anlage für Betreutes Wohnen oder ein Studentenwohnheim bzw. rein gewerblich genutzte Teileigentumsanlagen erfordern andere Vereinbarungen als **reine Wohnimmobilien.** Die Gemeinschaftsordnung einer Anlage mit einer **Vielzahl von Geschosswohnungen** ist anders zu fassen als die eines **Doppelhauses** oder einer WEG-geteilten **Reihenhaussiedlung.** Weiter ist es üblich und zweckmäßig, danach zu differenzieren, ob ein oder mehrere Baukörper vorhanden sind. Insofern ergeben sich bestimmte **Grundtypen** von Gemeinschaftsordnungen für bestimmte Bebauungsarten.[24]

15 Nicht nur, aber besonders bei großen Gemeinschaften mit mehreren Baukörpern **(sog. Mehrhausanlagen)** bietet es sich an, in der Gemeinschaftsordnung durch die Bildung von (WEG-) rechtlich unselbständigen **Untergemeinschaften** für die einzelnen Baukörper zu ermöglichen, dass die jeweiligen Eigentümer des Baukörpers die Angelegenheiten, welche nur „ihren" Baukörper betreffen, im Binnenverhältnis autark regeln. Die Bildung von Untergemeinschaften mit Beschlusskompetenzen ist zulässig, solange dadurch nicht in den Kernbereich der Mitgliedschaftsrechte eingegriffen wird, also die Mitglieder einer Untergemeinschaft nicht über Belange entscheiden können, die das Grundstück, sonstiges zwingendes Gemeinschaftseigentum aller oder den anderen Baukörper betreffen.[25] Sofern die Aufteilung in Wohnungseigentum zB zur Errichtung von zwei Einzelhäusern auf einem Grundstück erfolgt, sollte mit der Gemeinschaftsordnung eine Modifikation der gesetzlichen Vorschriften bis zur zulässigen Grenze der möglichen **binnenrechtlichen** und **wirtschaftlichen Unabhängigkeit** der beiden Wohnungseigentumsrechte voneinander erreicht werden. Unzulässig ist dagegen die gemeinsame Bewirtschaftung von zwei rechtlich selbständigen Gemeinschaften mit nur einem Verwaltungs- und Abrechnungswesen.[26]

16 **b) Einzelne Regelungsmaterien.** Nachfolgend sind in alphabetischer Reihenfolge einige Gegenstände aufgeführt, die typischerweise in Gemeinschaftsordnungen geregelt sind:

Antennenanlagen: In einem in der Gemeinschaftsordnung grundsätzlich möglichen Verbot des Anbaus von einzelnen Parabolantennen ist ein Verzicht des einzelnen Wohnungseigentümers auf Art. 5 GG zu sehen.

Aufzugsanlagen: Die Regelung über die Nutzung und Verteilung der Kosten, anhand der Intensität der Nutzung, je nach Lage des Wohnungs- oder Teileigentums und seiner Nutzungsart, ist zulässig;[27] so ist zB eine prozentuale Verteilung dergestalt möglich, dass bei drei Stockwerken und Nichtvorhandensein einer Fahrstuhlverbindung in das Kellergeschoss unter Freistellung des Erdgeschosses von den Eigentümern des ersten Stockwerks gemeinsam 16,67% der Kosten, von den Eigentümern des zweiten Stockwerks gemeinsam 33,33% der Kosten und von den Eigentümern des dritten Stockwerks 50% der Kosten der Aufzugsanlage zu tragen sind.

Bauliche Veränderungen: Infolge der Neuregelung der baulichen Veränderungen in § 20 ist eine Regelung in der Gemeinschaftsordnung nicht mehr zwingend erforderlich. Bei Mehrhausanlagen ist es zweckmäßig, vorzusehen, dass bei baulichen Veränderungen, die nur einen Baukörper betreffen, lediglich die Eigentümer dieses Baukörpers zur Beschlussfassung berufen sind und auch nur diese die Kosten und Folgekosten der baulichen Veränderungen zu tragen haben.

Beirat: Die Regelungen des § 29 über die Befugnisse und Pflichten des Beirats können durch eine Vereinbarung näher ausgestaltet werden[28] (→ § 29 Rn. 32).

Benutzungsregelungen: Die Benutzung gemeinschaftlicher Anlagen wie zB von Gemeinschaftsgärten,[29] Parkplätzen, Saunen oder Schwimmbädern kann in der Gemeinschaftsordnung gere-

---

23 BGH ZWE 2012, 361; so schon BGH NJW 2003, 2165 = DNotZ 2003, 536.

24 Anschauliche Beispiele hierfür finden sich bei *Sauren* Vor § 10 Rn. 10 ff.

25 Vgl. BGH NJW 2018, 1309 = ZWE 2018, 124 mAnm *Bueb;* ZWE 2012, 494; ausf. zu Untergemeinschaften *Moosheimer* ZWE 2014, 602 ff.; *Moosheimer* ZWE 2014, 687 ff.

26 OLG Hamm DNotZ 2004, 627.

27 Jennißen/*Abramenko* Rn. 44.

28 BGH ZWE 2010, 215 = ZMR 2010, 545; BayObLG NJW-RR 1992, 210.

29 BayObLGZ 1975, 201.

gelt werden, wobei es zweckmäßig sein kann, eine Änderung durch Mehrheitsbeschluss vorzusehen ist.[30]

Betreutes Wohnen: Die Gemeinschaftsordnung kann eine bestimmte Gebrauchsregelung, sogar zur Zweckerreichung ein Selbstnutzungsverbot verbindlich vorgeben. Unzulässig ist jedoch zB eine in der Teilungserklärung enthaltene Verpflichtung zum Abschluss eines Betreuungsvertrages mit einer Laufzeit von mehr als zwei Jahren.[31]

Einzugsermächtigung, Lastschriftverfahren: Die Gemeinschaftsordnung kann die Pflicht zur Erteilung einer Einzugsermächtigung für das Wohngeld vorsehen.[32]

Erwerberhaftung: Mit Ausnahme des Falls der Ersteigerung kraft Zuschlags kann die Gemeinschaftsordnung eine Rechtsgrundlage für die Haftung eines Erwerbers für Zahlungsrückstände seines Rechtsvorgängers gegenüber der Gemeinschaft schaffen.[33]

Fiktion des Zugangs: Zulässig ist eine Zugangsfiktion in Bezug auf Erklärungen und Schriftstücke bei Versand an die dem Verwalter zuletzt mitgeteilte Anschrift oder Einwurf in den Briefkasten der Wohnung, solange keine andere Adresse mitgeteilt wurde, soweit die Voraussetzungen an ordnungsgemäßes Verwalterhandeln anknüpfen.[34]

Gärten: Neben einer Benutzungsregelung können in der Gemeinschaftsordnung auch Vorgaben hinsichtlich der Bepflanzungsarten und -höhen gemacht werden, insbesondere auch für die mit einem Sondernutzungsrecht belegten Flächen.[35]

Geldstrafen: Die Vereinbarung von Geldstrafen bei gemeinschaftswidrigem Verhalten ist durch Vereinbarung zulässig, wobei die Bestimmung der Höhe im Einzelfall der Eigentümerversammlung vorbehalten sein kann.[36]

Hausordnung: Eine Hausordnung kann Bestandteil der Gemeinschaftsordnung sein.[37] Sofern sie in der Gemeinschaftsordnung enthalten ist, sollte zur Klarstellung ihre Abänderbarkeit durch Mehrheitsbeschluss[38] angeordnet werden.

Haustierhaltung: Die Haustierhaltung kann durch die Gemeinschaftsordnung bis zum generellen Verbot jeglicher Tierhaltung geregelt werden.[39] Im Einzelfall kann unter dem Gesichtspunkt von Treu und Glauben die Gestattung von Ausnahmen geboten sein,[40] wodurch aber das generelle Verbot nicht berührt wird.[41]

Heizungen: Die Gemeinschaftsordnung kann das Ableseverfahren vorgeben und dem Sondereigentümer die Kosten der Instandhaltung, Instandsetzung und Erneuerung der Heizkörper einschließlich der Ventile auferlegen oder entziehen.

Instandhaltungs- und Instandsetzungspflichten: Bezüglich bestimmter Anlagen und Teile des Gebäudes, die zwingendes Gemeinschaftseigentum sind, sich aber im Bereich eines Sondereigentums befinden (zB Wohnungsabschlusstüren, Außenfenster ua) oder mit einem Sondernutzungsrecht belegt sind (zB Balkone, Carports, Gärten ua), können dem Sondereigentümer bzw. dem Sondernutzungsberechtigten sämtliche Kosten der Unterhaltung, Instandhaltung, Instandsetzung und auch der Erneuerung auferlegen[42] oder ihm sogar die Verwaltungskompetenz hierfür übertragen werden. Wenn Flächen wie zB Balkone oder Dachterrassen ausschließlich durch einen Wohnungseigentümer genutzt werden können, erstreckt sich die übertragene Instandhaltungs- und Instandsetzungspflicht im Zweifel auch auf die im Gemeinschaftseigentum befindliche Unterkonstruktion.[43] Sofern die Gemeinschaftsordnung den Außenanstrich der Fenster und Türen der Gemeinschaft vorbehält und die Erneuerung nicht regelt, ist eine vollständige Erneuerung im Zweifel Sache der Gemeinschaft.[44]

---

30 *Sauren* Vor § 10 Rn. 15B.

31 BGH NJW 2019, 1280; 2013, 324; 2007, 213; zum betreuten Wohnen im Wohnungseigentum *Burgmair* ZWE 2020, 313; *Rapp* notar 2013, 359.

32 OLG Düsseldorf WuM 1990, 46; OLG Hamm ZWE 2000, 424; LG Köln ZWE 2015, 43 = ZMR 2014, 823.

33 BGH ZWE 2012, 373.

34 Staudinger/*Kreuzer,* 2018, Rn. 184 mit Verweis auf OLG Hamm ZWE 2017, 173.

35 Staudinger/*Kreuzer,* 2018, § 15 Rn. 14.

36 BayObLGZ 1985, 345 = NJW-RR 1986, 179; Staudinger/*Kreuzer,* 2018, Rn. 157.

37 Allg. zu Hausordnungen *Elzer* ZMR 2006, 733.

38 BayObLG ZMR 1998, 356.

39 BGH NJW 1995, 2036 – noch als vereinbarungsersetzender Beschluss; OLG Frankfurt ZWE 2011, 363; *Sauren* Vor § 10 Rn. 15H.

40 OLG Hamm ZMR 2005, 897.

41 BayObLG ZWE 2002, 175; aA wohl OLG Saarbrücken ZWE 2007, 190.

42 BGH ZWE 2014, 125 = ZMR 2014, 899 = MittBayNot 2014, 328; ZWE 2013, 29 = ZMR 2013, 290 = MittBayNot 2013, 128 mAnm *Kreuzer;* Riecke/Schmid/*Lehmann-Richter* Rn. 159; *Sauren* Vor § 10 Rn. 15I.

43 BGH NJW-RR 2018, 1419 = ZMR 2018, 833 = BeckRS 2018, 13276.

44 BGH ZWE 2012, 267 = ZMR 2012, 641.

Konkurrenzverbot: Durch Vereinbarung in der Gemeinschaftsordnung kann eine Konkurrenzklausel errichtet werden.[45] Möglich ist zB ein Verbot des Vertriebs von Produkten konkurrierender Hersteller oder das Verbot der Ausübung einer bestimmten freiberuflichen Tätigkeit.

Kosten- und Lastenverteilung: Diese kann durch Vereinbarung in der Gemeinschaftsordnung abweichend von § 16 Abs. 2 geregelt werden, insbesondere auch vollständig verbrauchsabhängig. Bei Mehrhausanlagen können für jeden Baukörper Untergemeinschaften für die Kostentragung und die Beschlussfassung darüber gebildet werden.[46]

Musizieren: Das Musizieren kann erheblich eingeschränkt oder einer Regelung durch Beschluss der Eigentümerversammlung unterworfen werden.[47] Eine Anordnung in der Gemeinschaftsordnung soll aber keine Rechtswirkungen entfalten, wenn die Musik in den anderen Einheiten nicht vernehmbar ist.[48]

Nutzungsbeschränkungen: Möglich sind zB Begrenzungen auf eine Wohnnutzung bzw. auf nicht störende gewerbliche Tätigkeiten.

Prozessführung durch den bestellten Verwalter: Die Gemeinschaftsordnung kann nach § 26 Abs. 2 eine pauschale oder auf einzelne Rechtskreise (zB Hausgeldinkasso) beschränkte Ermächtigung des Verwalters zur Prozessführung für die Gemeinschaft vorsehen.

Reinigungs-, Räum- und Streupflichten: Diese können durch die Gemeinschaftsordnung für bestimmte Eigentümer begründet werden.[49]

Schiedsvereinbarungen: Die Vereinbarung eines Schiedsverfahrens ist zulässig, wobei der Weg zum gesetzlichen Richter nicht generell ausgeschlossen sein darf.[50] Möglich ist die Vereinbarung der Zuständigkeit des Deutschen Ständigen Schiedsgerichts für Wohnungseigentumssachen.[51]

Stimmkraft: Die Stimmkraft kann abweichend vom gesetzlichen Kopfprinzip in § 25 Abs. 2 geregelt werden.[52] Möglich ist zB die Stimmkraft entsprechend dem Miteigentumsanteil (Wertprinzip),[53] eine Stimme pro Sondereigentumseinheit (Objektprinzip) oder bestimmte Stimmanzahlen pro Wohnungs- bzw. Teileigentum zu vereinbaren, wobei die Anordnung einer über- bzw. unterproportionalen Stimmkraft zulässig ist.[54]

Teilung des Sondereigentums: Die Gemeinschaftsordnung kann die (Unter-) Teilung verbieten. Bei Unterteilung des Wohnungseigentums kann kraft Anordnung in der Gemeinschaftsordnung ein weiteres Stimmrecht entstehen.[55] Die Gemeinschaftsordnung kann auch bestimmen, dass das auf die unterteilte Einheit entfallende Stimmrecht verhältnismäßig geteilt wird, da es sonst nach der Unterteilung nur einheitlich ausgeübt werden kann.

Teilung des Grundstücks: Nach richtiger Ansicht kann für den Fall der nachträglichen gesetzlichen Gestattung eine Verpflichtung zur Realteilung des Grundstücks in die Gemeinschaftsordnung aufgenommen werden.[56] Die auf § 11 Abs. 1 gestützte Gegenansicht verkennt, dass § 11 die Aufhebung der Gemeinschaft im Geschosswohnungsbau ausschließen will, während eine Realteilung nur für Reihen- und Doppelhausanlagen sowie die Bebauung mit mehreren Baukörpern in Betracht kommt. Ebenso muss die Abtrennung von unbebauten Grundstücksteilflächen zwecks separater Bebauung oder zB zur Gehwegerweiterung möglich sein.

Umwandlung von Wohnungs- in Teileigentum: Die Umwandlung von Wohnungs- in Teileigentum und umgekehrt ist nur bei Gestattung in der Gemeinschaftsordnung von der Zustimmung der übrigen Eigentümer unabhängig.[57]

Veräußerungsbeschränkung: Gemäß § 12 Abs. 1 kann vereinbart werden, dass die Veräußerung von der Zustimmung anderer Wohnungseigentümer oder eines Dritten abhängig ist, § 12 Abs. 2 S. 2 ermöglicht die Vereinbarung eines Anspruchs hierauf.

---

45 BayObLGZ 1982, 1 = MDR 1982, 496; *Sauren* Vor § 10 Rn. 15; Staudinger/*Kreuzer,* 2018, Rn. 160 rät zur Eintragung einer Dienstbarkeit.
46 *Sauren* Vor § 10 Rn. 15M; Staudinger/*Kreuzer,* 2018, Rn. 165.
47 *Sauren* Vor § 10 Rn. 15M.
48 So berechtigterweise unter Hinweis auf die örtlichen Gegebenheiten Staudinger/*Kreuzer,* 2018, § 15 Rn. 31.
49 Staudinger/*Kreuzer,* 2018, Rn. 142.
50 OLG Zweibrücken ZMR 1986, 63.
51 *Sauren* Vor § 10 Rn. 15S; Staudinger/*Kreuzer,* 2018, Rn. 175b.
52 *Sauren* Vor § 10 Rn. 15S; Staudinger/*Kreuzer,* 2018, Rn. 177.
53 OLG Hamm Rpfleger 1975, 401; OLG Zweibrücken Rpfleger 1989, 453.
54 OLG Zweibrücken OLGZ 1990, 186; sinnvoll zB im Verhältnis Wohnungseigentum zu Teileigentum Garage.
55 BayObLG NJW-RR 1991, 910.
56 Staudinger/*Kreuzer,* 2018, § 11 Rn. 31 unter Berufung auf BayObLGZ 1979, 414 (421) gegen OLG Frankfurt Rpfleger 1976, 397.
57 BayObLG NJW-RR 2001, 1163; OLG Celle ZWE 2001, 33.

Vereinigung von Einheiten: Die Gemeinschaftsordnung kann die grundsätzlich zustimmungsfreie Vereinigung einzelner Wohnungseigentumsrechte entsprechend der Unterteilung von der Zustimmung der anderen Wohnungseigentümer abhängig machen.

Vermietung: Die Vermietung kann durch die Gemeinschaftsordnung von der Zustimmung des Verwalters oder der anderen Wohnungseigentümer abhängig gemacht werden.[58] Ein absolutes Vermietungsverbot ist nichtig, da dies im Widerspruch zur Beschränkung aus § 12 Abs. 2 S. 1 stünde.[59]

Versicherungen: Die Gemeinschaftsordnung kann den Abschluss bestimmter Versicherungen auch für das Sondereigentum zur Pflicht machen.

Vertretung in der Eigentümerversammlung, Vollmacht zur Stimmabgabe: Die Bevollmächtigung bestimmter Personen zur Vertretung in der Eigentümerversammlung kann eingeschränkt und die Form der Vollmacht geregelt werden.[60]

Verwalter: Die Gemeinschaftsordnung kann die Rechte und Pflichten des Verwalters nach § 27 Abs. 2 beschränken oder erweitern. Für die Bewirtschaftung und die Abrechnung können Vorgaben aufgestellt werden.

Verzugszinsen: Verzugszinsen bei verspäteter Wohngeldzahlung können vorgesehen werden,[61] wobei der gesetzliche Verzugszins nicht überschritten werden darf. Nichtig ist die Vereinbarung einer doppelten Verwaltergebühr bei Säumnis.[62]

Werbetafeln: Grundsätzlich kann die Gemeinschaftsordnung die Aufstellung von Werbetafeln regeln,[63] wobei auch die Verteilung des Ertrages bestimmt werden kann. Ebenso kann die Vermietbarkeit von Werbeflächen grundsätzlich geregelt werden. Verkehrsübliche Hinweisschilder auf zulässige Nutzungen im Gebäude können durch die Gemeinschaftsordnung nicht untersagt werden.[64]

Zwangsvollstreckungsunterwerfung wegen Wohngeld: Eine Verpflichtung aus der Gemeinschaftsordnung zur Erklärung eines Schuldanerkenntnisses nebst Zwangsvollstreckungsunterwerfung in der Form des § 794 Abs. 1 Nr. 5 ZPO wegen rückständiger monatlicher Wohngeldbeträge ist zulässig, soweit sie betragsmäßig beziffert ist.[65] Unzulässig wäre der Ausschluss von der Wohnungseigentümerversammlung oder der Entzug des Stimmrechts bei Wohngeldrückständen.[66]

17 **2. Sondernutzungsrechte.** Sondernutzungsrechte sind im WEG nicht geregelt; daran hat auch das **WEMoG** nichts geändert, im Gegenteil: § 3 Abs. 2, 3, § 5 Abs. 1 S. 3 ermöglichen nunmehr die Bildung von Sondereigentum an außerhalb des Gebäudes liegenden Grundstücksteilen, wie insbesondere Gartenanteilen und Kfz-Stellplätzen und sollen die **gesetzlich nicht vorgesehene Konstruktion** der Sondernutzungsrechte überflüssig machen.[67] Daraus folgt aber nicht, dass die Einräumung von Sondernutzungsrechten künftig verboten wäre.[68] Auch nach bisherigem Recht eingeräumte Sondernutzungsrechte bestehen fort; eine Überführung in Sondereigentum ist nur nach den allgemeinen Grundsätzen (Zuweisung nach § 3 durch Erklärung aller Wohnungseigentümer) möglich.[69]

18 **a) Begriff.** Unter einem Sondernutzungsrecht ist das **durch Vereinbarung** begründete Recht eine Wohnungseigentümers zu verstehen, bestimmte **Teile des Gemeinschaftseigentums** unter Ausschluss der übrigen Wohnungseigentümer allein zu nutzen; es kann aufgrund der Privatautonomie – unter Einhaltung der Gesetz im Übrigen – frei ausgestaltet werden.[70] Das dem Sondernutzungsrecht unterliegende Gemeinschaftseigentum bleibt Gemeinschaftseigentum.[71] Sondernutzungsrechte haben nach allgemeiner Ansicht eine **Doppelnatur** und lassen sich in zwei Komponenten untergliedern: Zum einen **schließt** das Sondernutzungsrecht die anderen Wohnungs-

---

58 BayObLGZ 1987, 291 = NJW-RR 1988, 17.
59 *Gottschalg* DWE 2000, 50 ff.; Staudinger/*Kreuzer,* 2018, Rn. 178.
60 *Sauren* Vor § 10 Rn. 15V; Staudinger/*Kreuzer,* 2018, Rn. 179.
61 Staudinger/*Kreuzer,* 2018, Rn. 157.
62 OLG Hamm ZMR 2008, 554 = ZWE 2008, 293.
63 *Eichberger/Schlapka* ZMR 2005, 927; *Sauren* Vor § 10 Rn. 15.
64 *Sauren* Vor § 10 Rn. 15l.
65 KG ZMR 1997, 664; *Sauren* Vor § 10 Rn. 15Z; Riecke/Schmid/*Lehmann-Richter* Rn. 157; Staudinger/*Kreuzer,* 2018, Rn. 155. Näher zur Fassung derartiger Klauseln *Wolfsteiner,* Die vollstreckbare Urkunde, 4. Aufl. 2019.
66 BGH ZWE 2011, 122 = ZMR 2011, 397.
67 Vgl. BT-Drs. 19/18791, 39.
68 *Dötsch/Schultzky/Zschieschack* WEG-Recht 2021 Kap. 1 Rn. 47.
69 *Dötsch/Schultzky/Zschieschack* WEG-Recht 2021 Kap. 1 Rn. 49; *Lehmann-Richter/Wobst* WEG-Reform 2020 Kap. 16, Rn. 1742 f.
70 BGH NZM 2012, 837; *Ott* ZWE 2001, 12 ff.; Staudinger/*Kreuzer,* 2018, § 13 Rn. 30.
71 BGH NJW 2015, 549.

eigentümer von der Nutzung des betroffenen Gemeinschaftseigentums **aus (sog. negative Komponente).** Zum anderen **weist** das Sondernutzungsrecht dem Berechtigen die Befugnis **zu,** das betroffene Gemeinschaftseigentum zu nutzen **(sog. positive Komponente).**[72] Die nach bisherigem Recht aufgeworfene Frage der Qualifikation der Einräumung eines Sondernutzungsrechts als Vereinbarung eines schuldrechtlichen Gebrauchsrechts[73] oder als Gebrauchsregelung nach § 15 Abs. 1 aF,[74] ist durch das WEMoG weggefallen, weil § 15 Abs. 1 aF in § 10 Abs. 1 S. 2 aufgeht und § 5 Abs. 4 S. 3 gestrichen worden ist. Es wird zwischen **sog. schuldrechtlichen Sondernutzungsrechten,** die nicht als Inhalt des Sondereigentums im Grundbuch eingetragen sind und **sog. dinglichen Sondernutzungsrechten,** deren Vereinbarung im Grundbuch eingetragen, also „verdinglicht" ist, differenziert.

19 **Keine Sondernutzungsrechte** sind mangels Vereinbarung **sog. faktische Sondernutzungsrechte** (auch wenn die Bezeichnung etwas anderes vermuten lässt). Darunter sind Gemeinschaftsflächen zu verstehen, die nur von einer Sondereigentumseinheit aus betreten werden können, weil die übrigen Eigentümer von der Nutzung aus tatsächlichen Gründen ausgeschlossen sind. Hierzu zählen zB Spitzböden, Kriechspeicher, gefangene Räume, die bei der Aufteilung nicht nach § 5 zugewiesen worden sind. Diese rein tatsächlichen Gründe begründen **keinen Rechtsanspruch** auf die Nutzung unter Ausschluss der übrigen Eigentümer,[75] sofern nicht ausnahmsweise durch Auslegung der Teilungserklärung und der Gemeinschaftsordnung etwas anderes ergibt.[76]

20 **b) Berechtigte.** Da Vereinbarungen nach § 10 Abs. 1 S. 2 nur das Binnenverhältnis regeln können und – jedenfalls als im Grundbuch eingetragener Inhalt des Sondereigentums[77] – keine Außenwirkung gegenüber Dritten haben, ist der Kreis der Berechtigen **auf Wohnungs- und Teileigentümer beschränkt.**[78] In der Regel wird das Sondernutzungsrecht einer Sondereigentumseinheit zugeordnet, so dass es mehreren Miteigentümern dieser Einheit gemeinschaftlich zusteht. Sondernutzungsrechte können auch **nur an einem Miteigentumsanteil** eines Wohnungs- oder Teileigentums begründet werden.[79] Str. ist, ob das Sondernutzungsrecht ausschließlich „subjektiv-dinglich", also zu Gunsten eines bestimmten Wohnungs- oder Teileigentums unabhängig von der Person des Eigentümers[80] oder auch **persönlich, also beschränkt auf den gegenwärtigen Eigentümer** begründbar ist.[81] Des Wegfall der Frage nach der richtigen rechtsdogmatischen Einordnung durch das WEMoG (→ Rn. 18) und das praktische Bedürfnis, Sondernutzungsrechte im Zusammenhang mit Ausbaurechten auf einen fähigen Eigentümer zu beschränken, spricht für die Möglichkeit der Einräumung eines „nur" persönlichen Sondernutzungsrechts. Möglich ist auch die Begründung **gemeinschaftlicher Sondernutzungsrechte zu Gunsten mehrerer Sondereigentumseinheiten,** also mehrerer Sondereigentümer, sofern das mit dem Sondernutzungsrecht belegte Gemeinschaftseigentum von diesen gemeinsam genutzt werden kann und soll.[82] Dies ist vor allem bei sog. (geregelten) Mehrhausanlagen üblich. Die interne Verteilung der Nutzungen und Lasten zwischen den gemeinschaftlich Sondernutzungsberechtigten betrifft allein deren Innenverhältnis und ist von diesen individuell regelbar.[83] **Ohne ausdrückliche Regelung sind §§ 741 ff BGB anwendbar,**[84] Entscheidungen im Rahmen der Eigentümerversammlung also nicht möglich. Es empfiehlt sich daher eine ausdrückliche Regelung, wie zB die Klarstellung, dass die Verwaltungskompetenz der Gemeinschaft durch das Sondernutzungsrecht nicht entzogen wird, sondern lediglich die Entscheidungskompetenzen und die Kostentragungspflicht auf die Sondernutzungsberechtigten, zB als Untergemeinschaft, übertragen werden.

21 **c) Entstehung.** Die wirksame Entstehung des Sondernutzungsrechts setzt, insbesondere wegen seiner sog. negativen Komponente (→ Rn. 18) und vor allem im Fall seiner Verdinglichung

---

72 BGH NJW 2012, 676; BayObLG ZWE 2002, 78 (81); Bärmann/*Suilmann* § 13 Rn. 53; Staudinger/*Rapp,* 2018, § 5 Rn. 91.
73 So BGH NJW 2000, 59; 2000, 3500.
74 Zum dogmatischen Hintergrund Bärmann/Pick/*Emmerich* § 13 Rn. 32 mwN.
75 OLG München NZM 2008, 87; 2006, 635.
76 Bärmann/Pick/*Emmerich* § 13 Rn. 53 mit Verweis auf BayObLG NZM 2004, 384 zu Balkonen.
77 BGH NZM 2008, 732.
78 Vertiefend BeckOGK/*Falkner,* 1.3.2020, Rn. 336; Bärmann/Pick/*Emmerich,* § 13, Rn. 38.
79 BGH NZM 2012, 837= ZWE 2012, 359 m. zust. Anm. *Armbrüster;* so zuvor schon OLG Nürnberg ZWE 2011, 419; hierzu *Hügel* NZM 2004, 766.
80 Bärmann/Pick/*Emmerich* § 13 En. 38; *Elzer* NZM 2016, 529, 531.
81 BeckOGK/*Falkner,* 1.3.2020, Rn. 339 mit Verweis auf KG DNotZ 2004, 634 mAnm *Häublein; Lehmann-Richter* ZWE 2018, 385, 386 zu Sondernutzungsrechten im Zusammenhang mit Ausbaurechten eines Eigentümers.
82 OLG Düsseldorf ZWE 2010, 368; Staudinger/*Rapp,* 2018, § 5 Rn. 106.
83 OLG Düsseldorf ZWE 2010, 368.
84 OLG München BeckRS 2016, 135208.

eine **hinreichend bestimmte Bezeichnung** (→ Rn. 22 f.) sowie einen **Begründungsakt** (→ Rn. 24 ff.) voraus, der nicht ohne weiteres beansprucht werden kann (→ Rn. 33).

22 **aa) Bestimmtheit.** Das Sondernutzungsrecht muss **bestimmt bezeichnet** sein, was durch eine textliche Beschreibung möglich ist,[85] in der Praxis aber regelmäßig durch einen **Verweis auf Pläne oder zeichnerische Darstellungen** geschieht. Bei Abschluss der schuldrechtlichen Verpflichtung zur Begründung oder Übertragung eines Sondernutzungsrechts ist ein eindeutiger aber nicht notwendig maßstabgerechter Plan ausreichend,[86] welcher nicht notwendig eine Kopie des Aufteilungsplans sein muss.[87] Nicht ausreichend ist es allerdings, wenn der Gegenstand des Sondernutzungsrechts ohne klare Kontur, nur skizzenhaft eingezeichnet ist.[88] Ein Außenstehender muss mit den bei der Begründung des Sondernutzungsrechts in Bezug genommenen Plänen die Grenzen des der Sondernutzung unterliegenden Gegenstands **einwandfrei und unschwer feststellen können.**[89] Andernfalls **entsteht** das Sondernutzungsrecht **nicht.**

23 Da es regelmäßig Ziel ist, dem Sondernutzungsberechtigten eine dauerhaft, also auch bei Rechtsnachfolgen in der Gemeinschaft, gesicherte Rechtsposition, ähnlich einem Sondereigentümer zuzuweisen, werden Sondernutzungsrechte im Grundbuch als Inhalt des Sondereigentums eingetragen. Daher sind an die Bestimmtheit solcher sog. dinglicher Sondernutzungsrechte nach dem **Gebot klarer Grundbucheintragungen,** auch wegen des Gutglaubensschutzes nach § 894 BGB, besondere Anforderungen zu stellen.[90] Für die **Eintragung im Grundbuch** ist der Teilungserklärung oder der sonstigen Eintragungsbewilligung ein (maßstabgerechter) **Plan** beizufügen,[91] der die räumliche Ausdehnung der Sondernutzungsflächen im Verhältnis zum Gebäude und dem Grundstück zeichnerisch festlegt. Eine amtliche Vermessung der Flächen ist gesetzlich nicht angeordnet. Der Plan muss jedoch eindeutig sein, um dem sachenrechtlichen Bestimmtheitsgrundsatz zu genügen.[92] Bei einem **Widerspruch zwischen Teilungserklärung und Lageplan** hat die Bestimmung in der Teilungserklärung Vorrang, da diese Vereinbarungscharakter hat.[93] Wenn in der Grundakte ein Plan fehlt, ist der Wortlaut der Teilungserklärung maßgeblich.[94] Der **Nachweis** des Sondernutzungsrechts ist immer in der Form des **§ 29 GBO** zu führen.[95] **Streitigkeiten über den Geltungsbereich** eines Sondernutzungsrechts sind im Verfahren nach § 43 Nr. 1 zu entscheiden.[96]

24 **bb) Begründungsakt.** Wegen des damit verbundenen Entzugs des Mitgebrauchs bestimmter Teile des Gemeinschaftseigentums können Sondernutzungsrechte nur durch Vereinbarung begründet werden,[97] Beschlüsse diesen Inhalts sind mangels Beschlusskompetenz nichtig. Allerdings soll auf Grundlage einer **sog. Öffnungsklausel** (→ Rn. 41) eine **Beschlusskompetenz auch für Einräumung von Sondernutzungsrechte** geschaffen werden können,[98] wofür jedoch eine allgemeine Öffnungsklausel nicht genügt.[99] Offen ist, wie eine solche besondere Öffnungsklausel ausgestaltet sein muss, um den Entzug des Mitgebrauchs durch Beschluss rechtfertigen zu können. Nach **Abs. 3 S. 1** bedarf die der aufgrund einer solchen, besonderen Öffnungsklausel gefasste Beschluss zur Wirksamkeit für Rechtsnachfolger der **Eintragung im Grundbuch.** Weil der Einräumung eines Sondernutzungsrechts auf Grundlage einer vereinbarten Öffnungsklausel infolgedessen nicht entgegengehalten werden kann, dass der sachenrechtliche Inhalt aller Wohnungseigentumsrechte der betroffenen Gemeinschaft, welcher typischerweise durch die Sondereigentums- und Sondernutzungsrechte quali-

---

85 OLG Karlsruhe BeckRS 2017, 111374.
86 BGHZ 150, 334 = NJW 2002, 2247 = ZWE 2002, 518.
87 OLG München ZWE 2016, 255 = ZMR 2016, 305 = MittBayNot 2016, 316.
88 LG Hamburg BeckRS 2010, 81.
89 OLG Nürnberg NZM 2018, 571.
90 Ausf. dazu und zur Auslegung der Bezeichnung Bärmann/Pick/*Emmerich* § 13 Rn. 42 f. mzN der Rspr.
91 OLG Hamm ZWE 2000, 316 (318 f.); Staudinger/*Rapp,* 2018, § 5 Rn. 90.
92 OLG München ZWE 2013, 318 = ZMR 2013, 761; ZWE 2013, 321; OLG Saarbrücken ZMR 2005, 981; LG Hamburg ZMR 2011, 990; 2010, 62; Staudinger/*Rapp,* 2018, § 7 Rn. 19.
93 OLG Hamburg ZMR 2003, 445; nach BayObLG ZMR 2005, 758 ist bei „jeweils vor den Wohnungen befindlichen Vorgärten" von einer Trennlinie zwischen den Gärten an der gedachten Verlängerung der Wohnungen auszugehen.
94 OLG Karlsruhe ZMR 2017, 660.
95 OLG München ZWE 2014, 401.
96 BGH ZMR 2010, 971.
97 BGH NJW 2012, 676; BGHZ 145, 158 = NJW 2000, 3500 = NZM 2000, 1184; Bärmann/*Suilmann* § 13 Rn. 80; *Hogenschurz,* Das Sondernutzungsrecht nach WEG, 2008, § 2 Rn. 97; *Hogenschurz* ZfIR 2014, 717 ff.
98 BGHZ 145, 158 = NJW 2000, 3500 = NZM 2000, 1184.
99 BGH NJW 2019, 2083.

fiziert wird, außerhalb des Grundbuchs geändert werden könnte, **stärkt das WEMoG diese Möglichkeit.**

25 Auch wenn dies den Wohnungseigentümern **nicht bewusst** gewesen sein sollte, ist ein Beschluss, der einzelne Wohnungseigentümer **vom Gebrauch** einer Fläche **infolge einer gestatteten baulichen Veränderung** ausschließt, nach Auffassung des BGH als **(missglückte) Einräumung eines Sondernutzungsrechts** anzusehen.[100] Gegen diese Auffassung sprach schon bisher, dass eine (konkludente) Vereinbarung eines Sondernutzungsrechts voraussetzt, dass die Wohnungseigentümer in dem Bewusstsein agieren, dass eine Bindung für die Zukunft eintreten soll.[101] Durch die **Neuregelung** der baulichen Veränderungen im **WEMoG** ist die BGH-Auffassung dogmatisch aber **zu überdenken,** weil andernfalls der nach **§ 20 Abs. 2 Nr. 1** mögliche Anspruch auf Einbau eines Aufzugs gerade **nicht durch Beschlussfassung erfüllt** werden könnte, sondern an der damit – nach Auffassung des BGH – verbundenen Einräumung eines Sondernutzungsrechts mangels Beschlusskompetenz scheitern würde. Es bleibt abzuwarten, ob zur Lösung künftig ein Sondernutzungsrecht an einer infolge baulicher Veränderungen überbauten Gemeinschaftsflächen beschlossen werden kann, ein solcher Überbau von Gemeinschaftsflächen rechtlich nicht mehr als Sondernutzungsrecht eingeordnet wird oder insoweit ein Anspruch auf die Vereinbarung eines Sondernutzungsrechts gegen die übrigen Wohnungseigentümer nach Abs. 2 begründet wird.

26 Sondernutzungsrechte können unter einer **auflösenden oder einer aufschiebenden Bedingung** begründet werden, da ihnen eine schuldrechtliche Vereinbarung zugrunde liegt.[102] Für die (schuldrechtliche) **Entstehung** des aufschiebend bedingten Sondernutzungsrechts genügt grundsätzlich der **Bedingungseintritt,** eine (sofortige) Eintragung des so entstandenen Sondernutzungsrechts im Grundbuch ist nicht erforderlich, aber zweckmäßig, weil ansonsten die Zustimmung aller Wohnungseigentümer erforderlich werden kann.[103]

27 Eine in der Gemeinschaftsordnung enthaltene Ermächtigung für einen Sondereigentümer zur Neubegründung von Sondernutzungsrechten kann nicht als Inhalt des Sondereigentums vereinbart werden.[104] Möglich ist jedoch die Vereinbarung einer konkreten **Zuweisungsbefugnis** für Sondernutzungsrechte in der Gemeinschaftsordnung (→ Rn. 29 ff.).

28 Die **Einbindung Dritter** ist unter Umständen erforderlich, weil die Begründung eines Sondernutzungsrechts gegenüber Rechtsnachfolgern grundsätzlich nur dann ohne weiteres wirkt, wenn die Vereinbarung gemäß § 10 Abs. 3 S. 1 im Grundbuch **eingetragen** worden ist.[105] Fehlt die Eintragung, kann die Bindungswirkung hergestellt werden, wenn der Dritte in seinem Erwerbsvertrag der Begründung des Sondernutzungsrechts **zugestimmt** hat oder diese in grundbuchtauglicher Form **genehmigt.** Eine **Verpflichtung zur Mitwirkung** bei der Grundbucheintragung kann sich aus einer schuldrechtlichen Vereinbarung sämtlicher Wohnungseigentümer ergeben.[106] Allerdings kann das Erfordernis der Eintragung eines Sondernutzungsrechts in das Grundbuch als Wirksamkeitsvoraussetzung gegenüber Sonderrechtsnachfolgern nicht durch Vereinbarung abbedungen werden.[107] Sofern an der mit dem Sondernutzungsrecht zu belegenden Fläche des Gemeinschaftseigentums eine Dienstbarkeit für einen Dritten bestellt ist, deren Ausübungsbereich durch das Sondernutzungsrecht betroffen ist, bedarf die Eintragung des Sondernutzungsrechts im Grundbuch **zusätzlich der Zustimmung des Dienstbarkeitsberechtigten.**[108]

29 **cc) Sonderfall: Vorbehaltene Zuweisungsbefugnis.** Oftmals steht die Verteilung von Sondernutzungsflächen bei Errichtung eines Bauwerks noch nicht fest. Dies gilt insbesondere für Kfz-Stellplätze sowie für Keller- und Bodenräume. Festgelegt sind lediglich die insgesamt für diese Nutzung vorgesehenen Flächen. Eine Zuweisung von Sondereigentum nach § 3 Abs. 2 ist in solchen Fällen nicht möglich, so dass die Einräumung einer Befugnis für den aufteilenden Eigentümer **zur nachträglichen Bestimmung und Zuordnung von Sondernutzungsrechten** vorzugswürdig ist, da anderenfalls eine nachträgliche Einräumung nur durch Vereinbarung möglich ist. Dies ist sowohl in der Teilungserklärung als auch in der Gemeinschaftsordnung als **sog. Zuweisungsbefug-**

---

100 BGH NZM 2017, 447 betreffend die (Grund-)Fläche in einem Treppenhaus, die mit einem Aufzug überbaut werden soll.

101 LG Hamburg ZWE 2010, 277 zur konkludenten Vereinbarung durch widerspruchslose Hinnahme einer Sondernutzung.

102 OLG Zweibrücken ZMR 2008, 667.

103 OLG München ZWE 2018, 164 mAnm *Hogenschurz;* ZMR 2015, 469 = MittBayNot 2014, 530; ZWE 2013, 357 = ZMR 2013, 845; ZWE 2012, 367.

104 BayObLG NJW 2005, 444 = DNotZ 2005, 390 mAnm *Röll.*

105 BayObLG ZWE 2002, 268; DNotZ 2005, 789; OLG Schleswig ZWE 2017, 213.

106 BayObLG DNotZ 2004, 931 = ZMR 2005, 382.

107 OLG Hamm DNotZ 2008, 382.

108 BayObLG MittBayNot 2002, 397 = DNotI-Report 2002, 92.

nis für Sondernutzungsrechte möglich.[109] Handwerklich wird dies so umgesetzt, dass sie sog. negative Komponente des Sondernutzungsrechts, also der Ausschluss des Mitgebrauchs vereinbart wird und zugleich einem oder mehreren Wohnungseigentümern die Befugnis zur sog. positiven Komponente eingeräumt wird, an bestimmten Flächen des Gemeinschaftseigentums von ihnen hinsichtlich der räumlichen Ausdehnung festzulegende Sondernutzungsrechte einzelnen Sondereigentumseinheiten zuzuweisen und diese Sondernutzungsrechte nachträglich mit diesen zu verbinden.[110] Möglich ist auch ein Ausschluss der übrigen Eigentümer vom Mitgebrauch erst nach Ausnutzung der vorbehaltenen Zuweisungsbefugnis.[111] Diese Befugnis kann auch durch den vom aufteilenden Eigentümer bevollmächtigten Verwalter ausgeübt werden.[112]

30 Die **Zuweisungsbefugnis** muss dem **sachenrechtlichen Bestimmtheitsgrundsatz** genügen[113] und ist unter Bezugnahme auf einen Plan, der die zuweisbaren Flächen und deren Nutzung bestimmt,[114] bei grundbuchlichem Vollzug der Aufteilung gemäß § 10 Abs. 3 S. 1 in sämtlichen Wohnungs- und Teileigentumsgrundbüchern zu **vermerken.** Die spätere **Zuweisung** hat in der **Form des § 29 GBO** zu erfolgen und muss im Grundbuch des mit dem Sondernutzungsrecht verbundenen Sondereigentums gemäß § 10 Abs. 3 S. 1 eingetragen werden, damit sie gegenüber sämtlichen Rechtsnachfolgern Wirksamkeit entfaltet.[115] Eine Zustimmung dinglich Berechtigter ist bei bestehender Zuweisungsbefugnis nicht erforderlich.[116]

31 Die Zuweisungsbefugnis **erlischt** durch **vollständige Ausnutzung, einseitige Aufgabeerklärung** des Zuweisungsberechtigten oder **mit der Veräußerung der letzten Einheit.**[117] Nach aA besteht eine Zuweisungsbefugnis auch nach Verkauf der letzten Einheit durch den Zuweisungsberechtigten fort, da die Zuweisungsbefugnis nicht notwendig dem aufteilenden Eigentümer zustehen muss, sondern mit einem bestimmten Sondereigentum verbunden werden kann.[118] Letzteres Verständnis wird von der konkreten Ausgestaltung der Zuweisungsbefugnis abhängen. Entsprechend der Übertragbarkeit von Sondernutzungsrechten innerhalb der Gemeinschaft kann auch die ganze Zuweisungsbefugnis mit der Befugnis zur Übertragung auf einen anderen Wohnungs- oder Teileigentümer begründet werden. In diesem Fall ist die Zuweisungsbefugnis durch Erklärung des Zuweisungsberechtigten in der Form des § 29 GBO auf einen anderen Wohnungs- oder Teileigentümer aus der Gemeinschaft übertragbar, soweit sie noch nicht ausgenutzt oder einseitig aufgebeben worden ist. Die Zuweisungsbefugnis ist nicht pfändbar.[119]

32 **dd) Anspruch.** In keinem Fall kann ein Anspruch auf Begründung eines Sondernutzungsrechts aufgrund **jahrelanger Nutzung** einer bestimmten Fläche des Gemeinschaftseigentums[120] oder durch **Verwirkung** von Beseitigungs- oder Unterlassungsansprüchen gegen eine Nutzung[121] entstehen. Auch die Begründung von **faktischen Sondernutzungsrechten** durch Beschluss ist unmöglich.[122] Besteht ausnahmsweise ein Anspruch auf Abschluss einer Vereinbarung zur Einräumung eines Sondernutzungsrechts gemäß § 10 Abs. 2 (siehe auch zu den möglichen Folgen des WEMoG → Rn. 25) und wird dieser nicht erfüllt, kann die Vereinbarung **durch eine gerichtliche Entscheidung ersetzt** werden, wenn bei der inhaltlichen Ausgestaltung Spielraum besteht.[123]

---

[109] BGH NJW 2012, 676 = ZWE 2012, 175 mAnm *Schneider* ZWE 2012, 171 = MittBayNot 2012, 380; im Übrigen OLG München ZWE 2011, 264 betr. Kellerräume; ZWE 2011, 265 betr. Kfz-Stellplätze; BayObLG ZWE 2002, 78 = Rpfleger 2001, 587; OLG Hamm MittRhNotK 1998, 318; DNotZ 2000, 210 = ZWE 2000, 80; ZWE 2015, 211; OLG Düsseldorf ZWE 2001, 443 = MittBayNot 2001, 396; OLG Frankfurt MittBayNot 1998, 443; OLG Stuttgart ZWE 2012, 488 = ZMR 2012, 715.

[110] BayObLG ZWE 2002, 78 (81) unter Bezugnahme auf BayObLGZ 1985, 124, 128; Bärmann/*Suilmann* § 13 Rn. 65; *Hügel/Elzer* § 13 Rn. 58; Staudinger/*Rapp,* 2018, § 5 Rn. 92.

[111] LG Stuttgart ZWE 2014, 33 = ZMR 2013, 661.

[112] OLG Frankfurt ZWE 2017, 87 = MittBayNot 2017, 252.

[113] BGH ZWE 2012, 258 = ZMR 2012, 651; OLG München ZWE 2016, 19; OLG Nürnberg ZWE 2018, 169.

[114] OLG Düsseldorf ZWE 2001, 443 (444).

[115] Staudinger/*Rapp,* 2018, § 5 Rn. 92.

[116] KG ZWE 2015, 402.

[117] BGH ZWE 2012, 175 = MittBayNot 2012, 380; OLG München ZWE 2013, 319; OLG Zweibrücken ZMR 2014, 139 = MittBayNot 2014, 48; OLG Frankfurt ZWE 2016, 171 = MittBayNot 2017, 48.

[118] So zutr. unter Verweis auf § 317 BGB LG München II MittBayNot 2004, 367; ebenso wohl *Kreuzer* MittBayNot 2014, 49 f.

[119] OLG Stuttgart ZWE 2002, 542 = ZMR 2003, 56.

[120] OLG Düsseldorf ZMR 2003, 955.

[121] OLG Hamm DNotZ 2008, 382.

[122] OLG München ZMR 2008, 560.

[123] BGH NJW 2017, 64.

d) Inhalt. Gegenstand von Sondernutzungsrechten ist das **Gemeinschaftseigentum;** an Sondereigentum kann kein Sondernutzungsrecht begründet werden.[124] Ein Sondernutzungsrecht kann folglich an Freiflächen, Räumen, Teilen eines Raumes, Gebäudebestandteilen, Gebäudeteilen oder ganzen Gebäuden eingeräumt werden. 33

Die das Sondernutzungsrecht begründende Vereinbarung muss im Einzelfall **Inhalt** und **Grenzen** der Fläche sowie der erlaubten **Nutzung** detailliert bestimmen.[125] So ist mit dem Sondernutzungsrecht an einer Gartenfläche ohne ausdrückliche Befugnis nicht ohne weiteres das Recht verbunden, diese einzuzäunen[126] oder die auf der Sondernutzungsfläche befindlichen Bäume ohne Zustimmung der Eigentümerversammlung zu fällen[127] oder auf einem PKW-Stellplatz einen Carport zu errichten.[128] Dem Sondernutzungsberechtigten kann die Einfriedung und Umbauung der Sondernutzungsfläche gestattet sein.[129] Andererseits kann der Sondernutzungsberechtigte wegen der Zugehörigkeit der Fläche zum Gemeinschaftseigentum verpflichtet bleiben, anderen Wohnungseigentümern **notwendige Zugangsmöglichkeiten** zu ihren Sondereigentumsrechten zu gewähren, sofern keine anderen Zugangsmöglichkeiten bestehen.[130] So kann im Einzelfall auch nachträglich mit Stimmenmehrheit eine Gebrauchsregelung getroffen werden nach der eine Sondernutzungsfläche im Notfall als Fluchtweg genutzt werden darf.[131] 34

Die **Pflicht zur Instandhaltung, Instandsetzung und Erneuerung** des dem Sondernutzungsrecht unterliegendem Gemeinschaftseigentum inklusive der hierfür anfallenden Kosten **treffen ohne besondere Regelung die** Gemeinschaft.[132] Auch insoweit bedarf die Einräumung eines Sondernutzungsrechts eine den praktischen Bedürfnissen und dem konkreten Fall berücksichtigende **Ausgestaltung durch ausdrückliche Regelung.** Dabei wird zwischen der **Übertragung der Wahrnehmung der Pflichten** auf den Sondernutzungsberechtigten und einer nur abweichenden **Kostentragungsregelung** bei fortbestehender Zuständigkeit der Gemeinschaft differenziert. Infolge des WEMoG und der – zumindest partiellen – Abdingbarkeit von § 18 Abs. 1[133] hat sich die strittige Frage, ob auch die Übertragung der Pflichten auf den Sondernutzungsberechtigten wirksam möglich ist,[134] erledigt. Bei Sondernutzungsrechten, die konstruktiv für das Gesamtgebäude notwendige Gebäudeteile betreffen, ist zu berücksichtigen, dass die Sondernutzung den eigentlichen Zweck dieser Gebäudeteile nicht berührt, sondern erweitert. In diesen Fällen sollte die Kostentragungsregelung dem Sondernutzungsberechtigten allein die Kosten der für die Sondernutzung benötigten Komponenten der Fläche auferlegen, während die übrigen Kosten von allen Miteigentümern zu tragen sind.[135] Fingerspitzengefühl ist auch bei Ausgestaltung gemeinschaftlicher Sondernutzungsrechte erforderlich (→ Rn. 20). 35

Sog. dingliche Sondernutzungsrechte unterliegen einem eigentumsrechtlichen Schutz, da sie als Inhalt des Sondereigentums dem Schutz des Sondereigentums selbst unterfallen.[136] Da die Ansprüche der Sonderwohnungseigentümer aus dem Eigentum nach § 9a Abs. 2 betreffend das Gemeinschaftseigentum nunmehr der Ausübungsbefugnis der Gemeinschaft unterliegen, erscheint sie auch zur **Geltendmachung der aus dem eigentumsrechtlichen Schutz des Sondernutzungsrechts resultierenden Ansprüche** berufen und ggf. verpflichtet. Da ein dingliches Sondernutzungsrecht dem Berechtigten eine dauerhafte, sondereigentumsähnliche Rechtsposition zukommen soll und der Sondereigentümer bestimmungsgemäß die Rechte aus seinem Sondereigentum selbst ausüben und geltend machen kann und soll, geht dies am praktischen Bedürfnis vorbei (→ Rn. 6 f.). Der Sondernutzungsberechtigte ist daher zur Ausübung und Verfolgung der Ansprüche 36

---

[124] Bärmann/Pick/*Emmerich* § 13 Rn. 37 mit Verweis auf BGH NJW 2014, 1879 zu Sondernutzungsrechten an dem Sondereigentum mehrerer zugewiesener Mehrfachparkern.

[125] Bärmann/*Suilmann* § 13 Rn. 78.

[126] OLG Köln ZMR 2008, 817 bei parkähnlicher Gesamtanlage; grds. zu Veränderungen an Gartenflächen *Hogenschurz* ZMR 2013, 250; *M. Schmidt* ZWE 2015, 109.

[127] BayObLG ZWE 2001, 22; LG Lüneburg ZMR 2013, 656 – „prägender" Baum; folglich sind die Kosten der Beseitigung eines Baumes idR von der Gemeinschaft zu tragen, OLG Düsseldorf ZMR 2004, 608.

[128] BayObLG ZWE 2003, 185.

[129] BGH ZWE 2012, 377 = ZMR 2012, 883; OLG München ZWE 2014, 257 = ZMR 2014, 812; ZWE 2013, 321 f.

[130] OLG Zweibrücken ZWE 2011, 179.

[131] OLG Hamm ZWE 2010, 448 = ZMR 2010, 54.

[132] BGH NJW 2015, 549.

[133] *Dötsch/Schultzky/Zschieschack,* WEG-Recht 2021, Kap. 3, Rn. 120.

[134] Zust. BGH ZWE 2019, 322; NJW 2013, 681; abl. Bärmann/Pick/*Emmerich,* § 13, Rn. 71.

[135] Hier ist grds. objektbezogen eine präzise Aufteilung der Kosten zwischen dem Sondernutzungsberechtigten und der Gemeinschaft sinnvoll, vgl. OLG München ZMR 2007, 557.

[136] BGH ZWE 2020, 328; OLG Düsseldorf DNotZ 2020, 44; OLG Schleswig ZWE 2012, 42; BayObLG DNotZ 1998, 384, OLG München ZWE 2007, 490; *Hügel/Elzer* Rn. 151.

aus seinem Sondernutzungsrecht berechtigt, jedenfalls, soweit der Gemeinschaft die Verwaltungsbefugnis entzogen ist (→ § 9a Rn. 31).[137]

37 **e) Übertragung von Sondernutzungsrechten.** Wirksam begründete Sondernutzungsrechte können ohne Zustimmung der anderen Wohnungs- und Teileigentümer allein aufgrund Bewilligung der beteiligten Wohnungseigentümer auf ein anderes Wohnungs- oder Teileigentumsrecht innerhalb der Wohnungseigentümergemeinschaft und übertragen werden,[138] ggf. auch in Teilen.[139] Ein gutgläubiger Erwerb ist möglich,[140] was auch bei einer Begründung durch unwirksame Vereinbarung gelten soll.[141] Die Übertragung eines Sondernutzungsrechts ist gemäß § 2 Abs. 2 Nr. 3 GrEStG ein der Grunderwerbsteuer unterfallender Vorgang.

38 **f) Keine isolierte Belastung von Sondernutzungsrechten.** Sondernutzungsrechte können nicht isoliert mit dinglichen Rechten belastet werden, da die mit dem Sondernutzungsrecht belegten Flächen Gemeinschaftseigentum sind.[142] Insbesondere kann von dem Sondernutzungsberechtigten keine Dienstbarkeit an seinem Sondernutzungsrecht bestellt werden.[143] Möglich ist aber eine Belastung der mit dem Sondernutzungsrecht belegten Fläche des Gemeinschaftseigentums mit einer Dienstbarkeit unter Zustimmung sämtlicher Wohnungs- und Teileigentümer der Gemeinschaft. Diese Dienstbarkeit ist in sämtlichen Wohnungs- und Teileigentumsgrundbüchern zu vermerken.

39 **g) Änderung und Aufhebung von Sondernutzungsrechten.** Ein wirksam begründetes Sondernutzungsrecht kann schuldrechtlich nur durch Vereinbarung aller Wohnungs- und Teileigentümer aufgehoben werden, da die zur Begründung des Sondernutzungsrechts abgeschlossene Vereinbarung nur durch eine neue Vereinbarung als actus contrarius aufgehoben werden kann.[144] Selbst wenn man die Aufhebung durch Beschluss auf Grundlage einer Öffnungsklausel für möglich hält, bedarf dies die Zustimmung des Sondernutzungsberechtigten.[145] Die Fläche des Gemeinschaftseigentums muss auch nach Aufhebung des Sondernutzungsrechts nicht ohne weiteres zugänglich sein.[146] Der Anspruch auf Herausgabe des Besitzes an einer grundbuchlich vermerkten Sondernutzungsfläche ist unverjährbar.[147] Eine Änderung der Sondernutzungsrechte durch den aufteilenden Alleineigentümer ist bis zur Eintragung einer Auflassungsvormerkung für einen Dritten ohne weitere Zustimmung möglich.[148]

40 Für die Löschung im Grundbuch ist allein die Bewilligung des Sondernutzungsberechtigten und der übrigen an dem betreffenden Wohnungseigentum in Abteilung II und III des Wohnungsgrundbuchs eingetragenen dinglich Berechtigten ausreichend, da die übrigen Wohnungseigentümer durch die Löschung im Grundbuch in ihren Rechten in der Regel nicht nachteilig betroffen sind.[149] Dies erscheint jedenfalls dann nicht unproblematisch, wenn dadurch nicht unerhebliche Pflichten und Lasten auf die Gemeinschaft zurückfallen, weil sie bisher vom Sondernutzungsberechtigten erfüllt und getragen wurden.

41 **3. Öffnungsklauseln.** Unter Öffnungsklauseln versteht man die gesetzliche oder vereinbarte **Kompetenz, Vereinbarungen ausnahmsweise durch Beschluss begründen, abändern oder aufheben** zu können. An dieser Stelle sind nur vereinbarte Öffnungsklauseln (→ § 3 Rn. 88) von Bedeutung, die das WEG durch ihre Erwähnung in § 5 Abs. 4, § 10 Abs. 3 S. 1, § 23 Abs. 1 S. 1ausdrücklich anerkennt. Die Vereinbarung erfolgt regelmäßig in der Gemeinschaftsordnung. Eine Öffnungsklausel kann aber auch nachträglich vereinbart werden, wobei keine Zustimmung der dinglich Berechtigten zur Eintragung im Grundbuch erforderlich ist.[150]

42 Unter **sog. allgemeinen Öffnungsklauseln** versteht man eine Vereinbarung, die bestimmte Regelungen der Gemeinschaftsordnung, also Vereinbarungen einer Änderung durch Mehrheitsbe-

---

137 Ausführlich *Hügel/Elzer* Rn. 152 ff.
138 BayObLG DNotZ 1999, 672 = MittBayNot 1999, 180; Bärmann/*Suilmann* § 13 Rn. 105; *Spielbauer* ZWE 2017, 19.
139 BayObLG DNotZ 1988, 30.
140 OLG Hamm ZWE 2009, 169: bei wirksamer Begr.; LG München I ZWE 2011, 232 = ZMR 2011, 749: bei unwirksamer Begr.
141 OLG Hamm ZWE 2009, 169; LG München I NZM 2012, 283.
142 OLG Zweibrücken MittBayNot 1999, 378.
143 OLG Düsseldorf DNotZ 1988, 31; OLG Schleswig ZWE 2012, 42.
144 BGHZ 145, 133 (136) = NZM 2000, 1187; Bärmann/*Suilmann* § 13 Rn. 112.
145 Anders bei der nach § 10 Abs. 2 beanspruchten Aufhebung BGH ZWE 2018, 353.
146 OLG Düsseldorf ZWE 2013, 210 = ZMR 2013, 731.
147 LG München I ZWE 2010, 380.
148 BGH ZWE 2017, 169 = DNotZ 2017, 852 = MittBayNot 2017, 234.
149 BGHZ 145, 133 (137) = NZM 2000, 1187.
150 OLG Düsseldorf NJW 2004, 1394 = DNotZ 2004, 640 mAnm *Becker* DNotZ 2004, 642.

schluss der Eigentümerversammlung zugänglich machen.[151] Die Öffnungsklausel kann sich auch auf bestimmte Gegenstände beschränken, die **einzelne Angelegenheiten** zum Gegenstand haben, wie zB vormals übliche, nach dem WEMoG aber nicht mehr notwendige Erleichterungen zur Zustimmung zu baulichen Veränderungen nach § 22 Abs. 1 aF oder der Verteilung von Kosten des Erhaltungsaufwands nach § 16 Abs. 4 aF über den Einzelfall hinaus. Die Begründung einer Zuweisungsbefugnis für Sondernutzungsrechte durch die Teilungserklärung oder durch nachträgliche Vereinbarung ist wird auch als Öffnungsklausel bezeichnet.[152] Möglich sind aber auch **gegenständlich unbegrenzte Öffnungsklauseln,** die für jegliche, ansonsten nur einer Regelung durch Vereinbarung zugängliche Angelegenheiten eine Beschlusskompetenz schafft.[153] Angelegenheiten die nicht vereinbart werden können, können aber auch nicht auf Grundlage einer Öffnungsklausel beschlossen werden[154] (→ Rn. 4, → Rn. 5 ff.).

Die für die Beschlussfassung **erforderliche Mehrheit** kann in der Öffnungsklausel ebenso geregelt werden, wie der Umstand, dass das Erreichen dieser erforderlichen Mehrheit konstitutiv, also **Beschlusswirksamkeitsvoraussetzung** sein soll. Unklarheiten und Zweifel sind durch Auslegung zu beseitigen.[155] 43

IV. Anpassungsanspruch

§ 10 Abs. 2 regelt die Voraussetzungen, bei deren Vorliegen jeder Wohnungseigentümer den Abschluss einer vom Gesetz abweichen Vereinbarungen oder deren Anpassung verlangen kann. Der BGH hatte bereits vor der Aufnahme dieses Anspruchs infolge der WEG-Novelle 2007 im Wege der **ergänzenden Auslegung** einer Gemeinschaftsordnung unter Berücksichtigung der Gesamtumstände eines konkreten Einzelfalles und unter Berücksichtigung von **Treu und Glauben** gemäß § 242 BGB die Existenz eines Anspruchs auf Anpassung einer Bestimmung einer Gemeinschaftsordnung anerkannt.[156] Hierfür besteht aufgrund des aus § 10 Abs. 2 gegebenen Anpassungsanspruchs keine Notwendigkeit mehr.[157] 44

1. Anspruchsgegner, -durchsetzung, -inhalt. § 10 Abs. 2 gewährt einen gesetzlichen Anspruch der Wohnungseigentümer **gegen die nicht zustimmungswilligen Wohnungseigentümer.**[158] Er ist auf Abgabe einer Willenserklärung/Zustimmung gerichtet, die die Bewilligung zur Eintragung im Grundbuch einschließt. Der Anspruch ist im Wege der **Leistungsklage** durchzusetzen[159] (→ § 44 Rn. 39). Der Anspruch ist kein der Vergemeinschaftung zugängliches Individualrecht.[160] Für die gerichtliche Geltendmachung des Anspruchs ist es nicht erforderlich, dass die Eigentümerversammlung zuvor befasst wurde,[161] was in der Praxis aber die Regel sein sollte. Der Anspruch aus § 10 Abs. 2 kann einem Untersagungsverlangen der Gemeinschaft erst nach rechtskräftiger Durchsetzung als Einwand entgegengestellt werden.[162] Ein Urteil muss die beantragte Änderung durch Ersetzung der beanstandeten Regelung aussprechen, zB den zur Zustimmung vorgelegten, geänderten Kostenverteilungsschlüssel in Kraft setzen,[163] da anderenfalls keine verbindliche Regelung bestehen würde. Ein der Klage stattgebendes Urteil ersetzt die Zustimmung des Beklagten, so dass damit die entsprechende Eintragung im Grundbuch erfolgen kann. 45

§ 10 Abs. 2 begründet keine Beschlusskompetenz zur Abänderung von Vereinbarungen.[164] Ebenso ergibt sich aus dieser Vorschrift kein Änderungsanspruch hinsichtlich der sachenrechtlichen 46

---

[151] BGHZ 95, 137 (140) = NJW 1985, 2832; OLG München ZWE 2010, 128 mAnm *Commichau* ZWE 2010, 126 = ZMR 2010, 393 = MittBayNot 2010, 204; Bärmann/*Suilmann* Rn. 140; Palandt/*Wicke* Rn. 27; Staudinger/*Kreuzer,* 2018, Rn. 168.

[152] S. hierzu *Hogenschurz,* Das Sondernutzungsrecht nach WEG, 2008, § 2 Rn. 100 ff.

[153] Bärmann/Pick/*Emmerich* Rn. 80.

[154] BGH NJW 2019, 2083; NJW 2015, 549.

[155] Ausf. zur Auslegung Bärmann/Pick/*Emmerich* Rn. 81.

[156] BGHZ 160, 354 (361 ff.) = DNotZ 2005, 218; zuletzt OLG Schleswig ZMR 2008, 664.

[157] BGHZ 186, 34 = ZWE 2010, 330 = ZMR 2010, 778.

[158] BGHZ 186, 34 = ZWE 2010, 330 = ZMR 2010, 778; Bärmann/*Suilmann* Rn. 152; *Merle* ZWE 2007, 472.

[159] OLG Hamm ZMR 2008, 156; Bärmann/*Suilmann* Rn. 162; Jennißen/*Abramenko* Rn. 55; Niedenführ/Vandenhouten/*Kümmel/Niendenführ* Rn. 62; *Suilmann* ZWE 2016, 451.

[160] LG Nürnberg ZMR 2017, 91.

[161] BGHZ 184, 88 = ZWE 2010, 174 = ZMR 2010, 542.

[162] BGH NJW-RR 2018, 1227 = ZMR 2018, 782 = MittBayNot 2018, 548 mAnm *Kanzleiter.*

[163] Vgl. zu den Urteilswirkungen *Becker* Anm. zu BGH ZWE 2011, 170.

[164] *Hügel/Elzer* Rn. 187; so aber wohl *Abramenko* ZWE 2007, 336; aA berechtigterweise Bärmann/*Suilmann* Rn. 166, da anderenfalls gegen den Willen des Gesetzgebers mittelbar eine unbeschränkte gesetzliche Öffnungsklausel bestehen würde.

Grundlagen der Gemeinschaft, da der Anspruch aus § 10 Abs. 2 nur auf die Anpassung der inhaltlichen Ausgestaltung des Gemeinschaftsverhältnisses abzielt.[165] Möglich ist die Geltendmachung eines Anspruchs auf Änderung einer Zweckbestimmung des Sondereigentums.[166] Ebenso kann ein Anspruch auf dauerhafte Änderung und die dauerhafte Aufhebung eines Sondernutzungsrechts geltend gemacht werden.[167]

47 **2. Anspruchsvoraussetzungen.** Nach § 10 Abs. 2 kann jeder Eigentümer den Abschluss einer Vereinbarung oder die Zustimmung zur Anpassung einer bestehenden Vereinbarung verlangen, soweit ein Festhalten an der geltenden Regelung aus schwerwiegenden Gründen und unter Berücksichtigung aller Umstände des Einzelfalls, insbesondere der Belange der übrigen Wohnungseigentümer, unbillig erscheint.[168] Allerdings ist der Anpassungsanspruch **subsidiär gegenüber einer Auslegung der Gemeinschaftsordnung;**[169] er besteht daher nicht, wenn die erhebliche Benachteiligung durch Auslegung beseitigt werden kann.[170]

48 **a) Schwerwiegende Gründe.** Schwerwiegende Gründe sind für den Anspruchsteller gegeben, wenn dieser in der tatsächlichen Nutzung seines Sondereigentums erheblich eingeschränkt ist und die Einschränkung zum einen unnötig und zum anderen mit vertretbarem Aufwand aufhebbar ist. Eine Kostenmehrbelastung von unter 25% gegenüber anderen Wohnungseigentümern ist dabei noch nicht als schwerwiegender Grund anzusehen.[171] Bei Beurteilung der Belastung ist dabei nicht auf die tatsächliche Nutzung, sondern auf die vereinbarte Nutzung und Kostenverteilung abzustellen, da diese bei Eintritt in die Wohnungseigentümergemeinschaft bereits Bestand hatte.[172] Das Belastungsverbot, welches jeden Wohnungseigentümer vor nachträglichen zusätzlichen Kostenbelastungen schützt, schließt den Änderungsanspruch nicht aus.[173] Das in der Gemeinschaftsordnung vorgesehene Erfordernis einer Zweidrittelmehrheit zur wirksamen Beschlussfassung in einer vollkommen zerstrittenen Gemeinschaft soll keinen schwerwiegenden Grund darstellen.[174] In einer grundsätzlich verfehlten Stimmkraftverteilung kann unter Umständen ein schwerwiegender Grund liegen.[175]

49 **b) Berücksichtigung aller Umstände des Einzelfalls unter Berücksichtigung der Belange der übrigen Eigentümer.** Die Berücksichtigung aller Umstände des Einzelfalls zwingt dazu, die individuelle Beeinträchtigung der Nutzung mit Blick auf möglicherweise bereits im Vorfeld zu der angestrebten Neuregelung gegebene Abhilfemöglichkeiten zu untersuchen und eine Abwägung unter Einbeziehung der Rechte und Interessen der übrigen Wohnungseigentümer vorzunehmen. Im Rahmen dieser Einzelfallabwägung darf nicht außer Acht gelassen werden, dass der Erwerb des Wohnungseigentums regelmäßig im Vertrauen auf das Fortbestehen der bestehenden Vereinbarungen erfolgt ist, wobei rein formale Fortbestandsinteressen nicht ausreichen, sondern nur konkrete Interessen gegen eine Anpassung abgewogen werden müssen.[176] Wenn die unbilligen Wirkungen der abzuändernden Regelung bei Erwerb des Wohnungseigentums bereits erkennbar waren besteht, in der Regel kein Anspruch auf Abänderung.[177]

50 **c) Unbilligkeit.** Nur dann, wenn unter Berücksichtigung der vorgenannten Anspruchsvoraussetzungen zu a) und b) die Durchsetzung des Anspruchs nicht unbillig wäre, ist ein Anspruch gegeben. Sofern auch nur eine der vorgenannten Anspruchsvoraussetzungen zu a) und b) nicht erfüllt ist, wäre die Durchsetzung des Anspruchs aus § 10 Abs. 2 unbillig und damit unbegründet.

---

[165] BGH ZWE 2012, 361 = ZMR 2012, 793; Bärmann/*Suilmann* Rn. 157; *Hügel/Elzer* Rn. 187.

[166] BGH ZWE 2019, 318; Bärmann/*Suilmann* Rn. 157; AG Nürnberg ZWE 2015, 35, noch unter der Voraussetzung, dass sofern sich die tatsächlichen Verhältnisse seit der Begründung des Wohnungseigentums geändert haben; aA AG Elmshorn ZWE 2014, 273 = ZMR 2014, 323: kein Anspruch auf Änderung der Zweckbestimmung.

[167] BGH ZMR 2018, 681 = ZWE 2018, 353 mAnm *Schnellbacher* ZWE 2018, 352 = BeckRS 2018, 9753 = MittBayNot 2019, 41.

[168] BGHZ 186, 34 = ZWE 2010, 330 = ZMR 2010, 778; BGH ZWE 2011, 170.

[169] BGH NZM 2019, 592; ZWE 2016, 374.

[170] Vertiefend Bärmann/Pick/*Emmerich* Rn. 67, 68.

[171] BGHZ 186, 34 (36) = ZWE 2010, 330 = ZMR 2010, 778; OLG Köln ZMR 2008, 989; LG Itzehoe ZWE 2017, 263; allg. zur Rspr. betr. Änderung von Kostenverteilungsschlüsseln unter dem neuen Recht *Moosheimer* ZMR 2011, 597 ff.

[172] BGH ZWE 2011, 170.

[173] BGH ZWE 2016, 374 mAnm *Sommer* ZWE 2016, 366 = ZMR 2016, 713.

[174] LG München I ZMR 2014, 54 = ZWE 2014, 174.

[175] BGH NZM 2019, 418.

[176] Vgl. BGH ZWE 2019, 318; NZM 2018, 754.

[177] Niedenführ/Vandenhouten/*Kümmel* Rn. 58; ähnlich *Hügel/Elzer* Rn. 184.

V. Rechtsnachfolgerbindung

§ 10 Abs. 3 regelt die Bindungswirkung für **Sondernachfolger.** Der Sondernachfolger ist vom Gesamtrechtsnachfolger (zB Erbe nach § 1922 Abs. 1 BGB) zu unterscheiden. Der Gesamtrechtsnachfolger tritt schon kraft Gesetzes in alle Rechte und Pflichten ein, die Schaffung einer Bindungswirkung ist für diesen entbehrlich. Sondernachfolger ist derjenige, der **durch Rechtsgeschäft** oder durch **Zuschlag in der Zwangsversteigerung**[178] Wohnungseigentum erwirbt. 51

1. Vereinbarungen. § 10 Abs. 3 schreibt die Eintragung von gesetzesändernden Vereinbarungen in das Grundbuch als deren Wirksamkeitsvoraussetzung gegenüber **Sondernachfolgern** vor. Bei Vereinbarungen iSd § 10 Abs. 2 oder deren Änderung ist von erheblicher Bedeutung, Sondernachfolger entsprechend zu binden oder mit bestimmten Rechten rechtsbeständig auszustatten. Sofern Vereinbarungen iSd § 10 Abs. 2 **nicht im Grundbuch eingetragen** sind wirken sie gegenüber Sondernachfolgern nämlich **nur dann,** wenn diese den Vereinbarungen in ihren Erwerbsverträgen oder nachträglich **ausdrücklich zugestimmt** haben. Dies kann nur der veräußernde Wohnungseigentümer im Rahmen der Veräußerung, nicht aber die Gemeinschaft sicherstellen. Sofern ein Sondernachfolger in die Gemeinschaft eintritt, ohne diese Zustimmung zu erteilen und die gemäß § 10 Abs. 3 im Grundbuch eingetragene Vereinbarung keine für alle Wohnungseigentümer einheitlich zu beurteilende Bedeutung hat, tritt nur im Verhältnis zu diesem der ursprüngliche Regelungszustand wieder in Kraft.[179] 52

2. Beschlüsse. Bei Beschlüssen ist wegen der unterschiedlichen Voraussetzungen des § 10 Abs. 3 für die Sondernachfolgerbindung zwischen solchen, die auf Grundlage einer vereinbarten Öffnungsklausel getroffen werden (können) und sonstigen Beschlüssen zu differenzieren. Auch Beschlüsse, die aufgrund einer Vereinbarung gefasst worden sind, bedürfen zur Sondernachfolgerbindung nunmehr der Eintragung ins Grundbuch. Sonstige Beschlüsse binden Sondernachfolger auch weiterhin ohne weiteres. 53

a) Beschlüsse aufgrund einer Vereinbarung. Entscheidend für die Eintragungsbedürftigkeit zum Zwecke der Sondernachfolgerbindung ist allein die **formale Rechtsnatur**[180] der **Beschlusskompetenz.** Wurde der Beschluss also auf Grundlage einer vereinbarten Beschlusskompetenz (vereinbarte Öffnungsklausel, → Rn. 41 ff.) gefasst, bedarf er der Eintragung. Hat sich die Beschlusskompetenz aus dem Gesetz ergeben, handelt es sich um einen sonstigen Beschluss (→ Rn. 55). Weder eintragungsbedürftig noch eintragungsfähig sind auch Beschlüsse, die aufgrund einer vereinbarten Öffnungsklausel gefasst worden sind, die eine **gesetzliche Öffnungsklausel wiederholt oder sich inhaltlich mit ihr deckt,** auch wenn sich die Wohnungseigentümer bei der Beschlussfassung auf die vereinbarte Öffnungsklausel stützen.[181] Sind gesetzliche und vereinbarte Öffnungsklausel **nicht deckungsgleich,** ist zu differenzieren: Ist die vereinbarte enger (strenger) als die gesetzliche, soll im Zweifel eine Beschlussfassung auf Grund der gesetzlichen anzunehmen sein, mit der Folge, dass keine Grundbucheintragung zur Bindung von Sondernachfolgern erforderlich ist.[182] Erweitert sie die gesetzliche Öffnungsklausel, soll es darauf ankommen, ob auch die strengeren Voraussetzungen eingehalten worden sind – dann keine Eintragungsbedürftigkeit, oder nicht – dann soll die Eintragung erforderlich sein.[183] 54

b) Sonstige Beschlüsse. Sofern ein sonstiger Beschluss wirksam ist, wirkt der Inhalt des Beschlusses auch ohne Eintragung in das Grundbuch gegen jeden Sondernachfolger. 55

§ 11 Aufhebung der Gemeinschaft

(1) [1]Kein Wohnungseigentümer kann die Aufhebung der Gemeinschaft verlangen. [2]Dies gilt auch für eine Aufhebung aus wichtigem Grund. [3]Eine abweichende Vereinbarung ist nur für den Fall zulässig, dass das Gebäude ganz oder teilweise zerstört wird und eine Verpflichtung zum Wiederaufbau nicht besteht.

(2) Das Recht eines Pfändungsgläubigers (§ 751 des Bürgerlichen Gesetzbuchs) sowie das im Insolvenzverfahren bestehende Recht (§ 84 Absatz 2 der Insolvenzordnung), die Aufhebung der Gemeinschaft zu verlangen, ist ausgeschlossen.

---

[178] BGH NZM 2017, 37.
[179] BayObLG ZWE 2002, 268.
[180] BT-Drs. 19/18791, 41.
[181] BT-Drs. 19/18791, 41; aA wegen der Auslegung anhand des Beschlusses *Dötsch/Schultzky/Zschieschack* WEG-Recht 2021 Kap. 1 Rn. 53.
[182] AA *Dötsch/Schultzky/Zschieschack* WEG-Recht 2021 Kap. 1 Rn. 53.
[183] Ausf. mit Beispielen *Lehmann-Richter/Wobst* WEG-Reform 2020 Kap. 17 Rn. 1758 ff.

(3) [1]Im Falle der Aufhebung der Gemeinschaft bestimmt sich der Anteil der Miteigentümer nach dem Verhältnis des Wertes ihrer Wohnungseigentumsrechte zur Zeit der Aufhebung der Gemeinschaft. [2]Hat sich der Wert eines Miteigentumsanteils durch Maßnahmen verändert, deren Kosten der Wohnungseigentümer nicht getragen hat, so bleibt eine solche Veränderung bei der Berechnung des Wertes dieses Anteils außer Betracht.

Übersicht

I. Normzweck

1 § 11 Abs. 1 enthält in **Abweichung gegenüber § 749 Abs. 1 BGB** den für die Wohnungseigentümergemeinschaft prägenden Grundsatz, dass die Gemeinschaft in Abweichung zu „normalen" Miteigentümergemeinschaften nicht aufgehoben werden kann. Ebenso kann ein Insolvenzverfahren über das Verwaltungsvermögen der teilrechtsfähigen Wohnungseigentümergemeinschaft nicht durchgeführt werden (§ 9a Abs. 5).

II. Unauflöslichkeit der Gemeinschaft

2 **1. Ausschluss der Aufhebung der Gemeinschaft.** Eine Aufhebung der Wohnungseigentümergemeinschaft auf Antrag eines Miteigentümers ist gemäß § 11 Abs. 1 S. 1 nicht möglich. Diese gesetzliche Festschreibung gilt – unter Abweichung der Grundregel des § 749 Abs. 1 BGB – gemäß § 11 Abs. 1 S. 2 sogar für eine Aufhebung aus **wichtigem Grund.** § 11 Abs. 1 ist unabdingbar[1] und damit ein Grundpfeiler des WEG. Der Grund hierfür ist die besondere Bindung aller Miteigentumsanteile in einer Wohnungseigentümergemeinschaft, bei der es über das gemeinschaftliche Eigentum hinaus aufgrund des Sondereigentums **alleineigentumsartige** Rechte der einzelnen Miteigentümer gibt, die bei einer Aufhebung der Gemeinschaft ersatzlos entzogen würden.

3 Unberührt bleibt auf jeden Fall die kraft Privatautonomie bestehende Möglichkeit, durch Vereinbarung aller Miteigentümer gemäß § 3 die Aufhebung der Gemeinschaft zu erreichen, da § 11 lediglich die Aufhebung auf Betreiben eines einzelnen Miteigentümers ausschließt.[2]

4 **2. Ausnahme bei Zerstörung.** Eine **Ausnahme** von dem Grundsatz der Unauflöslichkeit der Gemeinschaft gilt gemäß § 11 Abs. 1 S. 3 nur für den Fall der teilweisen oder ganzen **Zerstörung des Gebäudes,** wenn unter den Miteigentümern – zum Beispiel in der Gemeinschaftsordnung – keine Verpflichtung zum Wiederaufbau vereinbart ist.

5 Auch die Aufhebung gemäß § 11 Abs. 1 S. 3 ist ausgeschlossen, wenn in der Gemeinschaftsordnung eine Verpflichtung zum **Wiederaufbau** vereinbart ist.[3] Oftmals wird darin eine solche Verpflichtung für den Fall begründet, dass der Wiederaufbau durch Versicherungsleistungen von dritter Seite gedeckt ist, zum Beispiel durch entsprechende Versicherungsleistungen. Ist eine solche Vereinbarung nicht getroffen, so empfiehlt es sich von der Möglichkeit einer Regelung iSd § 11 Abs. 1 S. 3 Gebrauch zu machen.[4]

6 **3. Ausnahme für Realteilung.** Eine weitere Ausnahme vom Grundsatz der Unauflöslichkeit der Wohnungseigentümergemeinschaft kann bei einer Bebauung des Grundstücks mit mehreren Gebäuden oder Doppelhäusern für den Fall vorliegen, dass die das Grundstück in Wohnungseigentum aufteilenden Miteigentümer bereits bei der Aufteilung einer Mehrhausanlage in der Gemeinschaftsordnung eine **Verpflichtung zur Realteilung** des Grundstücks für den Fall der entsprechenden behördlichen Genehmigung vereinbaren. Die Begründung einer schuldrechtlichen Verpflichtung bei Auftei-

[1] BeckOGK/*Skauradszun* Rn. 2; BeckOK WEG/*Dötsch* Rn. 7.
[2] Weitnauer/*Lüke* Rn. 4; BeckOK WEG/*Dötsch* Rn. 21.
[3] Zur Ausgestaltung s. DNotI-Gutachten Nr. 109085 vom 24.2.2011.
[4] Ebenso BeckOK WEG/*Dötsch* Rn. 9; BeckOGK/*Skauradszun* Rn. 13 f. mit Formulierungsvorschlag.

lung in Wohnungseigentum muss zulässig sein, da auch eine allseitige Vereinbarung über die Aufhebung des Wohnungseigentums jederzeit möglich ist.[5] Besteht die Wohnungseigentümergemeinschaft nur aus zwei Miteigentümern, führt die Realteilung in diesen Fällen zur Auflösung der Gemeinschaft.

4. Keine Aufgabe durch Verzicht. Wohnungs- und Teileigentum kann **nicht durch einseitigen Verzicht** aufgegeben werden.[6] Eine solche Aufgabeerklärung stünde im Widerspruch zu § 11. Wenn ein solcher einseitiger Verzicht möglich wäre, könnte sich der Verzichtende einseitig zu Lasten der übrigen Wohnungs- und Teileigentümer von seiner anteiligen Kosten- und Lastentragung befreien, was der Teleologie des Gesetzes diametral widerspricht. Eine entsprechende Anwendung des § 928 BGB scheidet daher aus.[7] 7

Auch durch **Vereinbarung** kann ein Anspruch auf Verzicht nicht begründet werden. Daher kann ein Verzicht auf Wohnungs- oder Teileigentum auch nicht im Grundbuch eingetragen werden.[8] Möglich ist allein der gleichzeitige Verzicht aller Wohnungs- und Teileigentümer, da dann entsprechend § 928 BGB ein Verzicht auf das Grundstück im Ganzen gegeben ist.[9] 8

III. Aufhebungsausschluss durch Pfändungsgläubiger oder Insolvenzverwalter

§ 11 Abs. 2 erstreckt den Ausschluss der Aufhebung der Gemeinschaft auch auf **Pfändungsgläubiger** der Miteigentümer sowie das im Insolvenzverfahren gemäß § 84 Abs. 2 InsO bestehende Recht zur Aufhebung der Gemeinschaft. 9

Der Grundsatz der Unauflöslichkeit der Gemeinschaft gilt auch für dinglich Berechtigte an den Wohnungs- und Teileigentumsrechten sowie den Insolvenzverwalter, weil anderenfalls der für alle Miteigentümer geltende Grundsatz ausgehebelt werden könnte. Für die Verwertung besteht demnach nur die Möglichkeit der **Zwangsversteigerung** oder **Zwangsverwaltung** des einzelnen Wohnungs- oder Teileigentumsrechts oder des Verkaufs aus der Insolvenzmasse.[10] 10

Der auf die Wohnungs- oder Teileigentumseinheit entfallende Anteil am Verwaltungsvermögen kann ebenfalls nicht isoliert verwertet werden, da sich das Verbot der Aufhebung der Gemeinschaft aus § 11 auch auf das **Verwaltungsvermögen** bezieht. 11

IV. Anteil bei Aufhebung der Gemeinschaft

1. Normzweck. Abs. 3 war bis zur Reform durch das WEMoG im Jahr 2020 (BGBl. 2020 I 2187) als eigenständiger § 17 in Kraft und regelt die materiellen Folgen der Aufhebung der Gemeinschaft der Miteigentümer. Bei der Auseinandersetzung soll nach dem Zweck der Vorschrift in Abweichung von § 16 Abs. 1 nicht dem im Wohnungsgrundbuch eingetragenen Verhältnis der Miteigentumsanteile, sondern den **tatsächlichen Wertverhältnissen** zur Zeit der Aufhebung der Gemeinschaft Rechnung getragen werden.[11] Wer sich nach dem Willen der anderen Wohnungseigentümer auf Grund eines entsprechenden Gebrauchsvorteils an den Kosten einer Maßnahme beteiligen muss, soll auch an einer **Wertsteigerung** der Miteigentumsanteile partizipieren, unabhängig davon, ob er die Maßnahme selbst unterstützt hat. S. 2 stellt daher darauf ab, ob der Wohnungseigentümer die Kosten der Maßnahme getragen hat.[12] 12

Abs. 3 verbietet eine Gestaltung in der Gemeinschaftsordnung, der zur Folge das gemeinsame Grundstück **anders als durch öffentliche Versteigerung** liquidiert wird. Dies beruht darauf, dass sich die Gemeinschaftsordnung auf die Regelung der Interna ihrer Eigentümer beschränkt, sie kann nicht das sachenrechtliche Grundverhältnis regeln. 13

2. Bestimmung der Anteile der Miteigentümer. Abs. 3 S. 1 betrifft die Auseinandersetzungsquote im Hinblick auf das Sondereigentum. Es ist der Wert der Sondereigentumsrechte eines jeden Miteigentümers im Zeitpunkt der Aufhebung festzustellen, der nicht dem im Grundbuch eingetragenen Miteigentumsanteil entsprechen muss. So kommen dem Wohnungseigentümer die 14

---

5 OLG Frankfurt DNotZ 2000, 779; Bärmann/*Suilmann* Rn. 15; *Sauren* Rn. 2; aA Jennißen/*Abramenko* Rn. 14, 18; Niedenführ/Schmidt-Räntsch/Vandenhouten/*Kümmel*/*Niedenführ* Rn. 2.

6 BGHZ 115, 1 = DNotZ 1992, 359; BGH DNotZ 2007, 845 = NZM 2007, 600; OLG Düsseldorf ZWE 2001, 36; OLG Zweibrücken ZWE 2002, 603 = ZMR 2003, 137; *Briesemeister* ZWE 2007, 218 ff.; BeckOK WEG/*Dötsch* Rn. 45.

7 OLG Düsseldorf ZWE 2001, 36 (37); Bärmann/*Suilmann* Rn. 4; Staudinger/*Kreuzer*, 2018, Rn. 6.

8 BGH DNotZ 2007, 845 = NZM 2007, 600.

9 BGH DNotZ 2007, 845 (848); BeckOK WEG/*Dötsch* Rn. 45.

10 Ausf. zu den Folgen der Insolvenz eines Wohnungseigentümers *Lüke* ZWE 2006, 370; zum Schutz der Gemeinschaft vor zahlungsunfähigen Miteigentümern *Häublein* ZWE 2004, 48 ff.

11 *Kreuzer* NZM 2001, 123, der einen Überblick über eine Bemessung des Wertausgleichs bei Aufhebung von Wohnungseigentum unter Vorstellung eines Muster-Wertausgleichsvertrags gibt.

12 BT-Drs. 16/887, 26 = NZM 2006, 401 (415).

von ihm im Bereich seines Sondereigentums getätigten Aufwendungen, zB besondere Ausstattungen, zugute, aber auch eine eventuell bessere Lage innerhalb der Anlage.

15 Nach **Abs. 3 S. 2** kommt eine Wertsteigerung des Miteigentumsanteils durch bauliche Veränderungen des gemeinschaftlichen Eigentums nur denen zugute, die die Kosten der betreffenden Maßnahme getragen haben. Auf die anderen Wohnungseigentümer entfällt wegen des Wertes dieser Anlagen kein Anteil.

16 Die **Durchführung der Auseinandersetzung** bestimmt sich nach §§ 749 ff. BGB. Das BGB sieht in § 752 BGB in erster Linie die Naturalteilung vor. Diese wird nur in seltenen Fällen möglich sein, nämlich dann, wenn das Gebäude zerstört oder wertlos geworden ist und wenn sich das Grundstück in eine entsprechende Anzahl von Bauplätzen aufteilen lässt, so zB bei Doppelhäusern. In der Regel wird die Teilung durch Verkauf und Teilung des Erlöses stattfinden (§ 753 BGB), ggf. im Wege der Zwangsversteigerung zur Aufhebung der Gemeinschaft (§§ 180 ff. ZVG) führen. Nach § 756 BGB sind Verbindlichkeiten aus der Gemeinschaft, insbesondere Rückstände wegen Hausgeld et cetera bei der Teilung des Erlöses zu berücksichtigen. Bei der Ermittlung des Verkehrswerts einer Eigentumswohnung ist eine bestimmte Methode (zB Sachwert- oder Ertragswertmethode[13]) gesetzlich nicht festgelegt.

§ 12 Veräußerungsbeschränkung

(1) Als Inhalt des Sondereigentums kann vereinbart werden, dass ein Wohnungseigentümer zur Veräußerung seines Wohnungseigentums der Zustimmung anderer Wohnungseigentümer oder eines Dritten bedarf.

(2) [1]Die Zustimmung darf nur aus einem wichtigen Grunde versagt werden. [2]Durch Vereinbarung gemäß Absatz 1 kann dem Wohnungseigentümer darüber hinaus für bestimmte Fälle ein Anspruch auf Erteilung der Zustimmung eingeräumt werden.

(3) [1]Ist eine Vereinbarung gemäß Absatz 1 getroffen, so ist eine Veräußerung des Wohnungseigentums und ein Vertrag, durch den sich der Wohnungseigentümer zu einer solchen Veräußerung verpflichtet, unwirksam, solange nicht die erforderliche Zustimmung erteilt ist. [2]Einer rechtsgeschäftlichen Veräußerung steht eine Veräußerung im Wege der Zwangsvollstreckung oder durch den Insolvenzverwalter gleich.

(4) [1]Die Wohnungseigentümer können beschließen, dass eine Veräußerungsbeschränkung gemäß Absatz 1 aufgehoben wird. [2]Ist ein Beschluss gemäß Satz 1 gefasst, kann die Veräußerungsbeschränkung im Grundbuch gelöscht werden. [3]§ 7 Absatz 2 gilt entsprechend.

Übersicht

[13] Vgl. hierzu BGHZ 160, 8 = NJW 2004, 2671 = EWiR 2004, 1069 mAnm *Medicus.*

I. Normzweck

1 § 12 Abs. 1 gibt die Möglichkeit, die Veräußerung des Wohnungs- oder Teileigentum an die **Zustimmung** der anderen Wohnungseigentümer oder eines Dritten zu binden. Die Eigentümer können gemäß § 12 Abs. 4 durch Beschluss der Eigentümerversammlung ein bislang vereinbartes Zustimmungserfordernis beseitigen.

II. Veräußerungsbeschränkung

2 **1. Veräußerung. a) Gegenstand.** § 12 Abs. 1 gestattet die Vereinbarung einer **Veräußerungsbeschränkung** für das Wohnungseigentum. Eine Veräußerungsbeschränkung gilt nach zutreffender Auffassung auch für die isolierte Übertragung eines Sondernutzungsrechts, da über ein grundstücksgleiches Recht verfügt wird, das in der Regel mit der Pflicht zur Tragung von Lasten und Kosten verbunden ist.[1]

3 **b) Betroffene Rechtsgeschäfte.** Voraussetzung für das Erfordernis einer gemäß § 12 angeordneten Zustimmung ist das Vorliegen einer **rechtsgeschäftlichen Veräußerung.** Mit „Veräußerung" ist **sowohl das schuldrechtliche, als auch das dingliche Geschäft** gemeint, sodass beide Fälle der Zustimmungspflicht unterliegen. Daher bedarf es sowohl für das Kausalgeschäft (Kaufvertrag, Schenkungsvertrag), als auch für die Auflassung als Einigung über den Eigentumswechsel (§ 925 BGB) der Zustimmung.[2]

4 **c) Andere Fälle. Keine** Veräußerung iSd § 12 sind – wenn als Tatbestand der Verkauf vorgesehen ist – der Erwerb durch Schenkung,[3] durch **Erbfolge**[4] oder Erbteilskauf.[5] Im Gegensatz dazu bedarf die Vermächtniserfüllung oder die Übertragung im Rahmen einer Erbauseinandersetzung an einzelne Miterben der Zustimmung.[6] Die Eintragung einer **Vormerkung** ist keine Veräußerung iSd § 12 und damit nicht von einer Zustimmung abhängig.[7] Die Rückabwicklung eines Kaufvertrages erfordert auch bei bereits erfolgter Eigentumsumschreibung im Grundbuch keine erneute Zustimmung.[8] Dagegen bedarf der Rückerwerb einer neuerlichen Zustimmung des Verwalters,[9] da ein neues Schuldverhältnis begründet wird. Vorbehaltlich einer Bestimmung in der Gemeinschaftsordnung ist auch die Unterteilung von Wohnungseigentumsrechten zustimmungsfrei.[10]

5 **d) Umwandlungsvorgänge.** Der **Rechtsformwechsel** einer juristischen Person ist – ebenso wie eine umwandlungsrechtliche Gesamtrechtsnachfolge[11] – keine Veräußerung des Wohnungseigentums iSd § 12 und damit nicht zustimmungspflichtig,[12] ebenso nicht die Verfügung über Anteile an einer Personengesellschaft, die ihrerseits Eigentümerin eines Wohnungseigentumsrechts ist[13] oder die durch das Ausscheiden aller weiteren Gesellschafter entstehende Alleineigentümerschaft des verbleibenden Gesellschafters.[14] Etwas anderes gilt, wenn die **Personengesellschaft im Ganzen verkauft** oder auf die Gesellschafter als Miteigentümer übertragen wird, da dann infolge des

1 So auch *Hügel/Elzer* Rn. 21; BeckOGK/*Skauradszun* Rn. 8; aA Jennißen/*Grziwotz* Rn. 12.
2 BGH NZM 2019, 542 Rn. 17.
3 KG ZWE 2010, 456 = ZMR 2011, 399; BeckOK WEG/*Hogenschurz* Rn. 24.
4 OLG Karlsruhe DNotZ 2013, 122 = ZWE 2012, 490; BeckOK WEG/*Hogenschurz* Rn. 24.
5 Staudinger/*Kreuzer,* 2018, Rn. 24.
6 BayObLGZ 1982, 46; OLG Nürnberg ZWE 2016, 20 = ZMR 2016, 55 = MittBayNot 2016, 400; Staudinger/*Kreuzer,* 2018, Rn. 16.
7 OLG Hamm ZWE 2012, 97; BayObLGZ 1964, 237; BeckOK WEG/*Hogenschurz* Rn. 24.
8 OLG Hamm ZWE 2010, 417 = ZMR 2011, 147; Staudinger/*Kreuzer,* 2018, Rn. 19.
9 OLG Hamm ZWE 2012, 97.
10 OLG München ZWE 2013, 409 = ZMR 2014, 137; Staudinger/*Kreuzer,* 2018, Rn. 26.
11 Jennißen/*Grziwotz* Rn. 6; BeckOGK/*Skauradszun* Rn. 8.
12 OLG Jena ZWE 2014, 123; Palandt/*Wicke* Rn. 4; Bärmann/*Suilmann* Rn. 18.
13 OLG Celle ZWE 2011, 270; Palandt/*Wicke* Rn. 4; BeckOK WEG/*Hogenschurz* Rn. 24; Weitnauer/*Lüke* Rn. 2.
14 AG Bremerhaven ZWE 2011, 141.

vollständigen Eigentümerwechsels eine zustimmungspflichtige Veräußerung gegeben ist. Zustimmungspflichtig ist auch die Eigentumsübertragung eines Wohnungseigentums von einer GmbH & Co. KG auf ihre Kommanditisten[15] oder der Weiterverkauf nach Auseinandersetzung einer Gesellschaft bürgerlichen Rechts durch die einzelnen Gesellschafter.[16] Zustimmungsbedürftig ist sowohl der Erwerb vom Ersteigerer[17] als auch im Wege der Kettenauflassung.[18]

6 **2. Ausnahme vom Grundsatz des § 137 BGB. a) Allgemeines.** Die Möglichkeit der Vereinbarung einer Veräußerungsbeschränkung gemäß § 12 ist eine Ausnahme zum Grundsatz des § 137 BGB, der Verfügungsbeschränkungen über veräußerliche Rechte eigentlich verbietet.[19] Daher ist eine vereinbarte Verfügungsbeschränkung im Zweifel nicht erweiternd,[20] sondern **eng auszulegen.**[21]

7 **b) Inhalt der Veräußerungsbeschränkung.** Die Vereinbarung eines **Belastungsverbots** ist **unzulässig.**[22] Unzulässig ist ebenfalls eine Veräußerungsbeschränkung in der Weise, dass eine **Veräußerung lediglich an bestimmte Personen** erfolgen darf. Ein derartiges Gebot kann zwar in der Gemeinschaftsordnung begründet werden,[23] führt aber nicht zur Unwirksamkeit der Veräußerung an einen Dritten.[24] Die faktische Durchsetzung einer solchen Veräußerungsbeschränkung kann nur durch die Bestellung von **Vorkaufsrechten** zugunsten der anderen Wohnungs- und Teileigentümer und deren Eintragung in die Grundbücher der mit dem Vorkaufsrecht belasteten Wohnungs- und Teileigentumsrechte erreicht werden.[25]

8 **3. Zweck einer Veräußerungsbeschränkung. a) Allgemeines.** Zweck der Beschränkung der Veräußerung gemäß § 12 ist die **Information** über die Zusammensetzung der Wohnungseigentümergemeinschaft zum Schutz der Gemeinschaft.[26] Folglich unterfällt die **Veräußerung aller Einheiten** an einen Erwerber nicht einem vereinbarten Zustimmungserfordernis aus § 12, da der Schutzzweck nicht erfüllt ist.[27] Ebenso besteht bei einem gleichzeitigen Verkauf aller Einheiten an verschiedene Erwerber keine Zustimmungspflicht, da eine neue Gemeinschaft entsteht.[28]

9 **b) Kontrolle zum Schutz der Gemeinschaft.** Eine wesentliche Funktion des Zustimmungserfordernisses für die Veräußerung von Wohnungs- und Teileigentum liegt in der **Prüfung der Person des Erwerbers** zum Schutz der Gemeinschaft. Sind ausdrücklich bestimmte Versagungsgründe in der Teilungserklärung angeführt, dient das Zustimmungserfordernis zur Kontrolle der Einhaltung dieser Vorgaben und zum angemessenen Interessenausgleich zwischen der Wohnungseigentümergemeinschaft und einem Erwerber.[29] Als Gründe dürfen dabei nur Tatbestände angeführt werden, die als **wichtige Gründe** iSd § 12 Abs. 2 S. 1 anzusehen sind. Wichtige Gründe iSd § 12 Abs. 2 S. 1 können nur in der Person des Erwerbers liegende Tatsachen sein.[30] Ist etwa die Übertragung an „Ehegatten" frei gestellt, so ist auch der Erwerb durch den geschiedenen Partner zustimmungsfrei.[31]

10 **c) Information des Verwalters.** Das Zustimmungserfordernis gemäß § 12 hat zur Folge dass der in der Regel als Zustimmungspflichtiger bestimmte Verwalter **rechtzeitig Kenntnis** von Eigentümerwechseln erlangt und die Namen und das Beteiligungsverhältnis der künftigen Miteigentümer samt ladungsfähiger Anschrift erhält.

11 **4. Eintragung im Grundbuch.** Das Zustimmungserfordernis ist gemäß § 7 Abs. 3 S. 2 – und überflüssig wiederholend auch § 3 Abs. 2 Hs. 2 WGV – in den Wohnungs- und Teileigentumsgrund-

---

[15] OLG Hamm ZMR 2007, 212.
[16] KG DNotZ 2014, 700 = ZWE 2014, 311.
[17] AG Schwerin ZMR 2015, 593.
[18] OLG Köln ZMR 2012, 982.
[19] Bärmann/*Suilmann* Rn. 1; Weitnauer/*Lüke* Rn. 1.
[20] Bärmann/*Suilmann* Rn. 17; *Hügel/Elzer* Rn. 19; Staudinger/*Kreuzer,* 2018, Rn. 11.
[21] BayObLG WuM 1991, 612.
[22] Palandt/*Wicke* Rn. 1.
[23] Palandt/*Wicke* Rn. 1.
[24] BayObLG MittBayNot 1984, 88.
[25] Bärmann/*Suilmann* Rn. 3; BeckOGK/*Skauradszun* Rn. 2.
[26] *Commichau* FS Merle, 2011, 101 ff.; *Froese* ZWE 2015, 390 ff.; BeckOGK/*Skauradszun* Rn. 2; Staudinger/*Kreuzer,* 2018, Rn. 5.
[27] OLG Hamm ZWE 2012, 276 mAnm *F. Schmidt* ZWE 2013, 217.
[28] OLG Saarbrücken ZWE 2012, 132 = ZMR 2012, 381.
[29] Staudinger/*Kreuzer,* 2018, Rn. 53; *Froese* ZWE 2015, 390 (393 ff.).
[30] OLG Frankfurt NZM 2006, 380; BeckOGK/*Skauradszun* Rn. 27; *Hügel/Elzer* Rn. 55 f.
[31] OLG Schleswig NJW-RR 1993, 1103; BeckOK WEG/*Hogenschurz* Rn. 24.

büchern **ausdrücklich einzutragen,** so dass die bloße Bezugnahme auf die Gemeinschaftsordnung oder die zugrunde liegende Vereinbarung der Wohnungseigentümer nicht genügt. Eine noch nicht im Grundbuch eingetragene Veräußerungsbeschränkung wirkt nur unter den Wohnungseigentümern, die sie getroffen haben, nicht aber gegenüber Sondernachfolgern.[32] Eines weitergehenden Schutzes Betroffener oder Dritter, der rechtfertigen würde, dass die die Verfügungsbeschränkung erst mit ihrer Verlautbarung im Grundbuch wirksam wird, bedarf es nicht.[33]

12 Wurde die Veräußerungsbestimmung unter Verletzung der Anforderungen des § 7 Abs. 3 S. 2 nicht ausdrücklich im Grundbuch eingetragen, so können Erwerber auch ohne die gleichwohl erforderliche Zustimmung das Wohnungseigentum gutgläubig erwerben.

13 Die **Aufhebung** des Zustimmungserfordernisses kann gemäß § 12 Abs. 4 S. 1 durch Beschluss oder durch Vereinbarung aller Wohnungseigentümer erfolgen (→ Rn. 48 ff.). Die Aufhebung des Zustimmungserfordernisses durch Vereinbarung wirkt bereits ab deren Abschluss, da der gesetzliche Regelzustand des § 137 BGB wiederhergestellt wird.[34] Zur Grundbuchklarheit sollte die Grundbuchberichtigung unverzüglich erfolgen.

14 **5. Zustimmungsberechtigte. a) Allgemeines.** Als Zustimmungsberechtigte können gemäß § 12 Abs. 1 andere Wohnungseigentümer oder Dritte bestimmt werden. Als solcher „Dritte" wird in der Regel der Verwalter der Wohnungseigentümergemeinschaft bestimmt (→ Rn. 15). Zulässig ist es aber auch, die Veräußerung von der Zustimmung durch sonstige außenstehende **Dritte** abhängig zu machen.[35] Dies kann durchaus sachgerechten Interessen dienen, etwa zur Auswahl des Eigentümers im Sinne der Sicherstellung einer zweckentsprechenden Nutzung.[36] Allerdings steht das Verbot des § 1136 BGB einer Regelung entgegen, die das Erfordernis der Zustimmung eines Grundpfandrechtsgläubigers vorsehen würde.[37]

15 **b) Verwalter.** Der in der Praxis überwiegende Anwendungsfall ist die Zustimmungsbedürftigkeit durch den **Verwalter der Wohnungseigentümergemeinschaft.** Dieser darf Dritte zur Erteilung der Zustimmung bevollmächtigen[38] und kann auch dann wirksam die Zustimmung erklären, wenn er selbst Veräußerer oder Erwerber ist, da § 181 BGB nicht anwendbar ist.[39] Im Übrigen können die Wohnungseigentümer die Zustimmungskompetenz vor erteilter Zustimmung an sich ziehen.[40]

16 Der zustimmungsberechtigte Verwalter muss zum Zeitpunkt der Abgabe der Zustimmung **wirksam bestellt** sein, jedoch nicht mehr bei Vollzug der Eigentumsumschreibung im Grundbuch, da es für die Wirksamkeit einer Zustimmung auf den Zeitpunkt ihrer Erteilung ankommt.[41] Die früher in der Rspr. teilweise vertretene Gegenauffassung wurde zu Recht vom BGH verworfen.[42] Eine Verschmelzung oder Abspaltung einer zur Verwalterin bestellten juristischen Person lässt ein bestehendes Verwaltungsverhältnis unberührt.[43]

17 Die Zustimmung kann von dem zustimmungsberechtigten Verwalter auch dann wirksam erteilt werden, wenn er zugleich als **Makler** tätig geworden ist.[44] Das gleichzeitige Tätigwerden des zustimmungsberechtigten Verwalters als Makler ist jedoch für einen etwaigen Provisionsanspruch aus § 652 BGB von Bedeutung. Nach Auffassung des BGH besteht ein Provisionsanspruch nur dann, wenn der Provisionspflichtige die Zahlung der Provision in Kenntnis der das Entstehen des Provisionsanspruchs hindernden Identität von zustimmungsberechtigtem Verwalter und Makler verspricht[45] oder es ihm speziell auf dessen Maklertätigkeit ankommt.[46] Eine bestehende wirtschaftliche Verflechtung von

32 BeckOGK/*Skauradszun* Rn. 12.

33 AA Bärmann/*Suilmann* Rn. 8; Staudinger/*Kreuzer,* 2018, Rn. 36; s. auch DNotI-Report 2005, 20.

34 Bärmann/*Suilmann* Rn. 55; *Hügel/Elzer* Rn. 82.

35 BGH NZM 2019, 542 Rn. 19; BeckOGK/*Skauradszun* Rn. 22; Bärman/*Suilmann* Rn. 28.

36 Jennißen/*Grziwotz* Rn. 17.

37 Ebenso Jennißen/*Grziwotz* Rn. 20; Staudinger/*Kreuzer,* 2018, Rn. 32a; offen BGH NZM 2019, 542; aA Bärmann/*Suilmann* Rn. 28; Palandt/*Wicke* Rn. 6.

38 OLG Köln MittRhNotK 2000, 393; Bärmann/*Suilmann* Rn. 26; Jennißen/*Grziwotz* Rn. 22.

39 KG DNotZ 2004, 391; Jennißen/*Grziwotz* Rn. 21; Staudinger/*Kreuzer,* 2018, Rn. 33.

40 AG Zossen ZWE 2015, 37.

41 Bärmann/*Suilmann* Rn. 33; Jennißen/*Grziwotz* Rn. 34; Niedenführ/Schmidt-Räntsch/Vandenhouten/*Kümmel/Vandenhouten* Rn. 25; aA wohl Staudinger/*Kreuzer,* 2018, Rn. 33a.

42 BGH DNotZ 2013, 362 = ZWE 2013, 21 = ZMR 2013, 125 = MittBayNot 2013, 130.

43 BGH ZWE 2014, 246 = ZMR 2014, 654 mAnm *Brandt/Hansen* ZMR 2014, 657 betr. Verschmelzung; OLG München ZWE 2014, 169 betr. Abspaltung.

44 DNotI-Report 2008, 57.

45 BGH WM 1983, 42.

46 BGH NJW 1981, 2297 = WM 1981, 1084; Staudinger/*Kreuzer,* 2018, Rn. 33.

Makler und Verwalter ist dem Käufer daher offenzulegen. Anderenfalls entsteht nach der Rspr. des BGH bei Identität von zustimmungsberechtigtem Verwalter und Makler kein Provisionsanspruch.[47]

18 **c) Wohnungseigentümer.** Die Zustimmung durch einen bestimmten Wohnungseigentümer ist nur dann sinnvoll, wenn dieser zugleich Verwalter ist. Soll mit einem derartigen Zustimmungserfordernis eine persönliche Einflussnahme des zustimmungspflichtigen Wohnungseigentümers auf die Zusammensetzung der Gemeinschaft erreicht werden, sind einer Einflussnahme wegen der eng auszulegenden Versagungsgründe **strikte Grenzen** gesetzt. Gegebenenfalls kann jedoch durch die Bestellung von **Vorkaufsrechten** die direkte Einflussnahme eines bestimmten Eigentümers gesichert werden.

19 Gelegentlich begründen Teilungserklärungen auch das Erfordernis der **Zustimmung durch Miteigentümer oder** des **Verwaltungsbeirats** einer Gemeinschaft allein oder zusätzlich zur Zustimmung durch den Verwalter. Die Bestellung der Beiratsmitglieder ist entsprechend § 26 Abs. 3 nachzuweisen.[48]

20 Wurde eine Zustimmungspflicht der anderen Wohnungs- und Teileigentümer vereinbart, muss die Zustimmung aller **zum Zeitpunkt der Eigentumsumschreibung** auf den Erwerber eingetragenen Eigentümer vorliegen. Etwa zuvor erteilte Zustimmungen früherer Eigentümer sind wirkungslos.[49] Ist die Mehrheit der Wohnungseigentümer zur Zustimmung berufen, muss die Eigentümerversammlung mit der hierfür in der Gemeinschaftsordnung bestimmten Mehrheit zu entscheiden.[50] Bei einer Zustimmung durch Beschluss in einem schriftlichen Verfahren müssen alle Zustimmungserklärungen in der Form des § 29 GBO vorgelegt werden.[51]

21 **d) Fehlen eines Zustimmungsberechtigten.** Ist kein Verwalter bestellt oder ist ein sonstiger bestimmter Dritter als Zustimmungsberechtigter nicht bestimmt, knüpft aber die Teilungserklärung oder die Gemeinschaftsordnung die Wirksamkeit der Veräußerung an die Zustimmung eines Verwalters oder eines bestimmten Dritten, so müssen **alle Wohnungseigentümer** in der Form des § 29 GBO einer Veräußerung zustimmen.[52]

III. Wichtiger Grund

22 **1. Allgemeines.** § 12 Abs. 2 S. 1 schreibt fest, dass die Zustimmung zur Veräußerung nur aus einem **wichtigen Grund** versagt werden darf. § 12 Abs. 2 S. 1 ist unabdingbar. Eine Verpflichtung der Wohnungs- und Teileigentümer untereinander, über ein Wohnungs- oder Teileigentum auch ohne Vorliegen eines wichtigen Grundes nur mit Zustimmung der anderen Miteigentümer zu verfügen, kann jedoch schuldrechtlich vereinbart werden.[53] Gemäß § 12 Abs. 2 S. 2 kann durch Vereinbarung für bestimmte Fälle ein Anspruch auf Erteilung der Zustimmung eingeräumt werden.

23 **2. Anspruch auf Zustimmung.** Grundsätzlich besteht ein Anspruch auf Erteilung der Zustimmung.[54] Dieser Anspruch folgt aus dem Eigentum und der gemäß § 137 BGB grundsätzlich nicht einschränkbaren Verfügungsbefugnis.[55] Im Zwangsvollstreckungsverfahren kann der vollstreckende Gläubiger diesen Anspruch geltend machen.[56]

24 Die schuldhafte Versagung oder **Verzögerung** der Zustimmung begründet Schadensersatzansprüche des veräußernden Wohnungseigentümers gegen den Zustimmungsberechtigten.[57] Sofern die Wohnungseigentümergemeinschaft die Entscheidung über die Zustimmung an sich gezogen hat, ist sie für die Klage auf Zustimmung passivlegitimiert.[58]

25 Der Verwalter kann verlangen, dass ihm vor Abgabe der Zustimmungserklärung bestimmte **Informationen hinsichtlich der Bonität des Erwerbers** vorgelegt werden.[59] Der zustimmungs-

---

47 BGHZ 112, 240 = NJW 1991, 168 = ZMR 1991, 61.

48 OLG Hamm ZWE 2013, 329 = ZMR 2014, 302; hierzu *Hogenschurz* ZMR 2014, 774.

49 OLG Celle RNotZ 2005, 542.

50 OLG Hamm ZWE 2015, 362 = ZMR 2016, 54.

51 LG Karlsruhe ZWE 2017, 362.

52 LG Hannover DWE 1983, 124; Bärmann/Suilmann Rn. 29; Riecke/Schmid/*Schneider* Rn. 87; *Sauren* Rn. 12; aA Staudinger/*Kreuzer,* 2018, Rn. 33a.

53 OLG München ZMR 2006, 961.

54 Palandt/*Wicke* Rn. 8; Bärmann/*Suilmann* Rn. 41.

55 Staudinger/*Kreuzer,* 2018, Rn. 52.

56 BGH ZWE 2014, 140.

57 BayObLG WE 1993, 349; OLG Düsseldorf ZMR 2003, 956; 2005, 971 = MittBayNot 2006, 232; Staudinger/*Kreuzer,* 2018, Rn. 78.

58 BGH ZWE 2011, 321.

59 OLG Hamburg ZMR 2003, 865; 2004, 850; LG Köln ZWE 2014, 406; Staudinger/*Kreuzer,* 2018, Rn. 71; zu den Auskunftspflichten des Erwerbers allg. *F. Schmidt* DW 1999, 5.

pflichtige Verwalter hat nur bei Vorliegen der Zustimmung der Vertragsbeteiligten oder bei einer entsprechenden Vorgabe in der Teilungserklärung oder in der Gemeinschaftsordnung einen Anspruch auf Vorlage einer Abschrift des Kaufvertrages.[60] Nach Ansicht des OLG Celle soll auch ohne entsprechende Ermächtigung wegen der Prüfungspflichten des Verwalters ein Anspruch auf Vorlage des vollständigen Kaufvertrages einschließlich etwaiger Nachträge bestehen.[61] Da jeder andere Wohnungseigentümer die Wohnungsgrundbücher seiner Wohnungseigentümergemeinschaft einsehen kann[62] und das Zustimmungserfordernis den **Schutz der Gemeinschaft** bezweckt, sind keine Gründe ersichtlich, die gegen die Vorlage des später auch in der Grundakte befindlichen Kaufvertrags vor Erteilung der Zustimmung sprechen, auch wenn der Verwalter selbst kein allgemeines Einsichtsrecht in das Grundbuch hat.[63] Nur so kann der Verwalter prüfen, ob vom Erwerber aufgrund entsprechender Vorgaben in der Teilungserklärung oder der Gemeinschaftsordnung zu übernehmende Verpflichtungen wie zB eine Zwangsvollstreckungsunterwerfung des Käufers hinsichtlich der zukünftigen Wohngeldforderungen vom Käufer übernommen worden sind.

26 **3. Versagungsgründe. a) Allgemeines.** Bei Vorliegen einer Veräußerungsbeschränkung nach § 12 hat der Zustimmungsberechtigte zu prüfen, ob **Tatsachen** vorliegen, die als **wichtige Gründe** iSd § 12 Abs. 2 S. 1 die Versagung der Zustimmung rechtfertigen.[64] Wichtige Gründe dürfen dabei allein in der Person des Erwerbers[65] oder durch ihn ausgewählter Nutzer liegen.[66]

27 Führt die Teilungserklärung oder die Gemeinschaftsordnung **einzelne Versagungsgründe** an, ist eine Versagung der Zustimmung unter Berufung auf die dort angeführten Gründe nur dann zulässig, wenn es sich bei den angeführten Gründen um wichtige Gründe iSd § 12 Abs. 2 S. 1, die in der Person des Erwerbers liegen, handelt. Der Zustimmungsberechtigte muss also in jedem Fall prüfen, ob sich eine Versagung der Zustimmung auf wichtige Gründe iSd § 12 Abs. 2 S. 1 stützen lässt, da die Zustimmung auch bei Vorliegen von in der Teilungserklärung angeführten Gründen in jedem Fall nur bei Vorliegen eines wichtigen Grundes iSd § 12 Abs. 2 S. 1 versagt werden darf.

28 **b) Zulässige Versagungsgründe.** Als zulässige Gründe für die Versagung der Zustimmung sind anerkannt:[67] Vermutung des Bordellbetriebs,[68] Vermutung der **Zahlungsunfähigkeit,**[69] vorhersehbare Probleme bei der Geltendmachung von Wohngeldzahlungen infolge fehlender Aufenthaltsbefugnis,[70] Erwerb durch **nachweislich Streitsüchtigen,**[71] Erwerb durch vermögenslose juristische Person.[72]

29 **c) Unzulässige Versagungsgründe.** Keine Versagung rechtfertigen:[73] **Ethnische Gründe;** ausländischer Ehegatte sowie Kinderreichtum des Erwerbers;[74] drohende Majorisierung durch den Erwerber.[75] **Persönliche Spannungen** und Vorbehalte sind in keinem Fall ausreichend.[76] Die Verweigerung der Abgabe einer Selbstauskunft soll die Versagung der Zustimmung nicht rechtfertigen,[77] was im Blick auf den Schutzzweck des § 12 nicht nachvollziehbar ist.

30 Gelegentlich wird die Erteilung der Zustimmung oder die Verwendung der bereits erteilten Zustimmung durch den Verwalter von der Begleichung von **Wohngeldrückständen**[78] abhängig gemacht. Die Ausübung eines solchen Zurückbehaltungsrechts ist jedoch unzulässig. Jede Verknüpfung der Erteilung der Zustimmung mit der Klärung sonstiger Streitfragen im Verhältnis zum Veräußerer widerspricht dem Zweck des § 12, da dieser einen Schutz der Wohnungseigentümergemein-

---

[60] OLG Hamburg ZMR 2004, 850; Bärmann/*Suilmann* Rn. 31.
[61] OLG Celle ZMR 2009, 545.
[62] *Demharter* GBO § 12 Rn. 9.
[63] *Demharter* GBO § 12 Rn. 9, 18.
[64] Bärmann/*Suilmann* Rn. 31.
[65] OLG Frankfurt NZM 2006, 380; OLG Zweibrücken DNotZ 2006, 295; LG Düsseldorf ZWE 2017, 131; BeckOGK/Skauradszun Rn. 27; Jennißen/*Grziwotz* Rn. 26.
[66] Hierzu *Häublein* ZMR 2014, 777.
[67] S. hierzu die ausf. Aufstellungen bei *Sauren* Rn. 18 ff.; Staudinger/*Kreuzer,* 2018, Rn. 59.
[68] KG Rpfleger 1978, 382.
[69] OLG Hamm OLGZ 1993, 295; OLG Düsseldorf ZMR 1997, 430.
[70] AG Berlin-Wedding ZWE 2013, 127.
[71] BayObLG ZWE 2002, 528 = MittBayNot 2003, 54.
[72] BayObLG vom 16.12.1985 nv; LG Düsseldorf ZMR 2016, 978.
[73] Bärmann/*Suilmann* Rn. 40; *Sauren* Rn. 18; Staudinger/*Kreuzer,* 2018, Rn. 69.
[74] OLG Zweibrücken MittBayNot 1994, 44.
[75] LG Braunschweig ZMR 2011, 158.
[76] LG Itzehoe ZWE 2012, 180.
[77] LG Itzehoe ZWE 2012, 180.
[78] BayObLG DWE 1984, 60; MittBayNot 1981, 190; OLG Schleswig DWE 1983, 26.

schaft vor bestimmten Erwerbern verwirklichen soll und nicht zu einer Beschränkung der Eigentümerrechte des Veräußerers führen darf.[79]

31 Unzulässige Voraussetzung für die Erteilung der Zustimmung ist auch eine durch die Teilungserklärung oder Gemeinschaftsordnung vorgegebene Verpflichtung der Erwerbers zur **Erteilung einer Vollmacht** für den Bauträger zur Schaffung weiterer Sondereigentumsrechte bei der abschnittsweisen Errichtung von Mehrhausanlagen.[80]

32 **d) Nachweis der Tatsachen.** Wenn dem Zustimmungsberechtigten Tatsachen bekannt sind, die einen wichtigen Grund iSd § 12 Abs. 2 S. 1 belegen, hat er die Zustimmung zur Veräußerung zu verweigern. Sofern im Einzelfall Streit über die Erteilung der Zustimmung entsteht ist der Nachweis für das Vorliegen von Tatsachen, die eine Versagung rechtfertigen, oft problematisch. Im Streitfall ist der Zustimmungsberechtigte für das Vorliegen der Tatsachen **darlegungspflichtig.**[81]

33 Unklar ist, bis zu welcher Grenze die Überprüfungspflicht des Zustimmungsberechtigten reicht.[82] Dies gilt insbesondere vor dem Hintergrund, dass das Führen von Verzeichnissen oder ähnlichen Listen, in denen säumige Wohngeldzahler aufgeführt sind, in der Regel aus datenschutzrechtlichen Gründen unzulässig sein dürfte. Zulässig und sinnvoll ist die Aufforderung zu einer Selbstauskunft des Erwerbers.[83] Möglich sind die Einholung einer **Schufa-Auskunft** sowie die Einsicht in ein Schuldnerverzeichnis.

34 Empfehlenswert ist eine Bestimmung in der Gemeinschaftsordnung, wonach eine verweigerte **Zustimmung des Verwalters** auf Antrag des Veräußerers **durch einen Beschluss** einer ggf. außerordentlichen Eigentümerversammlung **ersetzt werden kann.**[84]

35 **4. Vereinbarter Anspruch auf Zustimmung.** Gemäß § 12 Abs. 2 S. 2 kann in der Teilungserklärung oder der Gemeinschaftsordnung auch ein **Anspruch auf Erteilung der Zustimmung** angeordnet werden. In der Praxis wird selten ein Anspruch auf Erteilung der Zustimmung vereinbart. Vielmehr wird entweder keine Zustimmungspflicht vereinbart oder es werden bei Begründung einer Zustimmungspflicht bestimmte Erwerber von dem Zustimmungserfordernis ausgenommen.

36 Im Regelfall ist bei der Anordnung einer Veräußerungsbeschränkung gemäß § 12 die Veräußerung oder Übertragung an bestimmte Erwerber von **dem Zustimmungserfordernis ausgenommen.** Typischerweise wird die Veräußerung an Ehegatten,[85] Lebenspartner iSd LPartG, Verwandte in gerader Linie sowie die Veräußerung im Wege der Zwangsversteigerung und durch den Insolvenzverwalter vom Zustimmungserfordernis ausgenommen. Gleiches gilt für den Fall, dass der aufteilende Eigentümer erstmalig veräußert. Ist die Veräußerung an Abkömmlinge zustimmungsfrei, gilt dieses auch für die Übertragung des Erben an seine Abkömmlinge.[86] Trotz Befreiung von der Zustimmungspflicht bei einer Veräußerung an Verwandte ist die Übertragung auf eine allein aus Verwandten bestehende Gesellschaft bürgerlichen Rechts zustimmungspflichtig, da das später mögliche Eintreten von Gesellschaftern, denen unter Umständen die Zustimmung zum Erwerb versagt werden könnte, nicht kontrollierbar ist.[87]

37 Die **Ausnahmen sind** als Einschränkung der Veräußerungsbeschränkung **in den** jeweiligen **Wohnungs- und Teileigentumsgrundbüchern ausdrücklich,** also nicht nur durch Bezugnahme auf die Eintragungsbewilligung, durch eine entsprechende Eintragung **zu verlautbaren.** Die für die Befreiung maßgeblichen Tatbestände sind in der Form des § 29 GBO nachzuweisen.[88]

IV. Wirksamkeitsvoraussetzung

38 **1. Rechtsfolgen der Zustimmung. a) Wirkung der Zustimmung.** Ist in der Teilungserklärung oder der Gemeinschaftsordnung die Zustimmung der anderen Wohnungseigentümer oder eines Dritten als Voraussetzung für die Veräußerung oder Übertragung des Wohnungs- oder Teileigentumsrechts an Dritte angeordnet, ist gemäß § 12 Abs. 3 S. 1 ein über die Veräußerung und

[79] OLG Hamm NJW-RR 1992, 785.
[80] Bärmann/*Suilmann* Rn. 40; Jennißen/*Grziwotz* Rn. 27; mit guten Gründen für eine derartige Vinkulierung dagegen *Hügel* DNotZ 2003, 517 ff.
[81] BayObLG NJW-RR 1988, 1425; OLG Köln ZWE 2010, 42.
[82] *Commichau* FS Merle, 2011, 101 (104 f.); *F. Schmidt* DW 1999, 5 (12 f.).
[83] AG Ansbach ZWE 2014, 451 = ZMR 2014, 240; Staudinger/*Kreuzer,* 2018, Rn. 71.
[84] Weitnauer/*Lüke* Rn. 12.
[85] Sofern hier Befreiung vom Zustimmungserfordernis angeordnet ist, gilt diese auch für die Veräußerung im Rahmen einer Scheidungsfolgenvereinbarung, OLG Schleswig NJW-RR 1993, 1103; anders aber nach Rechtskraft der Scheidung KG ZWE 2011, 220.
[86] KG ZWE 2012, 227 = ZMR 2012, 653.
[87] KG ZWE 2012, 41; vgl. auch DNotI-Gutachten Nr. 114414 vom 18.10.2011.
[88] KG DNotZ 2014, 698 = ZWE 2014, 310.

Übertragung abgeschlossenes Rechtsgeschäft bis zur Erteilung der Zustimmung **schwebend unwirksam.**[89]

39 Rechtsfolge der **Zustimmung** ist die Wirksamkeit des Veräußerungsvertrages, die entsprechend den §§ 182 ff. BGB zurückwirkt.[90] Eine erteilte Zustimmung beinhaltet nur, dass in der Person des Erwerbers keine wichtigen Gründe gegen seinen Eintritt in die Wohnungseigentümergemeinschaft begründet sind, nicht aber die Zustimmung zu einer aus dem Kaufvertrag ersichtlichen Umnutzung der verkauften Einheit.[91] In der Praxis hat die schwebende Unwirksamkeit zur Folge, dass geleistete Zahlungen bis zur Erteilung der Zustimmung ohne Rechtsgrund erfolgen.

40 **b) Zeitpunkt der Erteilung der Zustimmung.** Die Zustimmung der Zustimmungsberechtigten kann sowohl **vor** als auch **nach** Abschluss des jeweiligen Kaufvertrages erteilt werden, da sich die Zustimmung nicht auf das Rechtsgeschäft, sondern auf die Person des Erwerbers bezieht.[92] Wurde die erforderliche Zustimmung bezogen auf den bestimmten Erwerber bereits vor Vertragsschluss erteilt, wird der Veräußerungsvertrag bereits mit seinem Abschluss wirksam. Bis zum Wirksamwerden des Veräußerungsvertrags ist die vorab erteilte Zustimmung entsprechend § 183 BGB widerruflich.[93]

41 **c) Form der Zustimmung.** Die Zustimmungserklärung bedarf der **Form des § 29 GBO,** da sie als Wirksamkeitserfordernis für den Veräußerungsvertrag dem Grundbuchamt zur Eintragung der Rechtsänderung im Grundbuch vorzulegen ist.[94]

42 **d) Nachweis der Verwaltereigenschaft.** Sofern die Zustimmung durch den Verwalter der Wohnungseigentumsanlage erfolgt, ist zusammen mit der Zustimmung der **Nachweis über die wirksame Bestellung des Verwalters** zu führen. Dieser Nachweis wird gemäß § 26 Abs. 3 iVm § 24 Abs. 6 durch Vorlage einer öffentlich beglaubigten Urkunde erbracht, die den Beschluss über die Bestellung des Verwalters enthält.[95] Sofern die Zustimmung von dem bestellten Verwalter wirksam erklärt worden ist, kommt es für die spätere Verwendbarkeit der Zustimmung nicht darauf an, ob der zustimmende Verwalter zum Zeitpunkt der Einreichung der Zustimmung beim Grundbuchamt noch wirksam bestellt ist oder nicht, da er treuhänderisch als Stellvertreter der Wohnungseigentümer tätig wird.[96] Die Gegenansicht[97] übersah, dass durch die wirksame Erteilung der Verwalterzustimmung sowohl der schuldrechtliche als auch der dingliche Vertrag wirksam geworden sind.[98] Wurde die Verwalterbestellung wirksam angefochten, ist eine erteilte Zustimmung unwirksam.[99]

43 Eine Urkunde iSd § 26 Abs. 3 ist entweder die **Teilungserklärung** oder die **Gemeinschaftsordnung,** in der der Verwalter bestellt wurde, oder das **Protokoll der Eigentümerversammlung** in welcher die Bestellung des Verwalters protokolliert wurde. Sofern der Nachweis durch ein Protokoll einer Eigentümerversammlung erbracht wird, sind zur Einhaltung der Form des § 26 Abs. 3 gemäß § 24 Abs. 6 S. 2 die Unterschriften des Versammlungsleiters sowie eines Wohnungseigentümers und sofern ein Verwaltungsbeirat bestellt ist zusätzlich die Unterschrift des Vorsitzenden des Verwaltungsbeirats oder seines Vertreters öffentlich zu beglaubigen.[100]

44 **2. Widerruf der Zustimmung.** Eine zu einem **schuldrechtlichen Vertrag erteilte Zustimmung** – insbesondere die des Verwalters – ist nach zutreffender Auffassung des BGH ab dem Zeitpunkt **unwiderruflich,** in dem der **Vertrag wirksam geworden ist.**[101] Die vereinzelt

---

[89] Jennißen/*Grziwotz* Rn. 36; BeckOGK/*Skauradszun* Rn. 45.

[90] BGH NZM 2019. 542; *Hügel/Elzer* Rn. 68; Jennißen/*Grziwotz* Rn. 38; aA unter Berufung auf den Wortlaut § 12 Abs. 3 Bärmann/*Suilmann* Rn. 36; *Weitnauer/Lüke* Rn. 13.

[91] KG ZMR 2005, 572.

[92] Jennißen/*Grziwotz* Rn. 34; Weitnauer/*Lüke* Rn. 13.

[93] BGH NZM 2019, 542; Jennißen/*Grziwotz* Rn. 34.

[94] Staudinger/*Kreuzer,* 2018, Rn. 44.

[95] OLG München ZMR 2016, 717; KG ZWE 2018, 263; *Sauren* § 26 Rn. 64; Staudinger/*Kreuzer,* 2018, Rn. 45.

[96] BGH DNotZ 2013, 362 = ZWE 2013, 21 = ZMR 2013, 125 = MittBayNot 2013, 130; zuvor bereits OLG München ZWE 2012, 93; OLG Düsseldorf ZWE 2011, 268; KG ZWE 2012, 227 = ZMR 2012, 653 f.

[97] So zuvor OLG Celle RNotZ 2005, 542; OLG Hamm ZMR 2011, 145; OLG Hamburg ZfIR 2011, 526; OLG Frankfurt ZWE 2012, 273 = ZMR 2012, 383; ZWE 2012, 274.

[98] Bärmann/*Suilmann* Rn. 33; *Commichau* DNotZ 2013, 366; *F. Schmidt* ZWE 2010, 394 (396).

[99] KG ZWE 2010, 87; aA AG Bonn ZMR 2016, 909.

[100] Zuletzt OLG Hamm ZWE 2013, 215; OLG Köln ZWE 2013, 217 betr. Mitwirkung werdender Wohnungseigentümer; allg. zu § 26 Abs. 3 *F. Schmidt* ZMR 2013, 501.

[101] BGH NZM 2019, 542; aus der vorangegangenen Rspr. s. BGH ZWE 2017, 444 = RNotZ 2017, 654; OLG Düsseldorf DNotZ 2011, 625 m. zust. Anm. *Hügel;* KG DNotZ 2012, 773 = ZWE 2012, 227 =

gebliebene Gegenansicht[102] einer weiter gehenden Widerrufbarkeit steht im Widerspruch zur Konzeption des § 12, schafft kaum lösbare Rechtsunsicherheit bei der Vertragsabwicklung und dient erkennbar keinem schutzwürdigen Interesse.

45 Die Zustimmung wird sowohl zum **schuldrechtlichen** als auch zum **dinglichen** Vertrag erteilt. Die erteilte Zustimmung kann ab Wirksamwerden des schuldrechtlichen Vertrags (zB Kauf- oder Überlassungsvertrag) nicht mehr widerrufen werden.[103] Hinsichtlich des dinglichen Vertrages erlischt gemäß § 878 BGB die Widerrufsmöglichkeit spätestens, wenn die Einigung gemäß § 873 Abs. 2 BGB bindend geworden ist und der Antrag auf Eigentumsumschreibung beim Grundbuchamt eingegangen ist.

46 Wird die Zustimmung sowohl zum schuldrechtlichen als auch zum dinglichen Vertrag **einheitlich** erteilt,[104] kann eine nach Wirksamwerden des Verpflichtungsgeschäfts erteilte Zustimmung nicht nachträglich widerrufen werden.[105] Eine vor Abschluss des zustimmungspflichtigen Vertrags erteilte Zustimmung kann dagegen bis zum Abschluss des Kaufvertrages widerrufen werden.[106] Eine fehlerhafte Versagung der Zustimmung wird nach Zugang bestandskräftig.[107]

47 **3. Zwangsversteigerung, Insolvenzverfahren.** Als Veräußerung iSd § 12 gilt gemäß § 12 Abs. 3 S. 2 mit der Folge der Zustimmungsbedürftigkeit auch die Veräußerung im **Zwangsversteigerungsverfahren** oder durch den Insolvenzverwalter. Sofern die Zustimmung nicht vorliegt heilt der Zuschlag das Fehlen der Zustimmung.[108]

V. Aufhebung der Veräußerungsbeschränkung

48 **1. Allgemeines.** Gemäß § 12 Abs. 4 S. 1 kann eine Wohnungseigentümergemeinschaft eine bestehende Veräußerungsbeschränkung **durch Beschluss aufheben.** Zweck dieser Reglung ist die Stärkung der Verfügungsfreiheit der Wohnungseigentümer.[109] Bis zur entsprechenden Änderung durch das WEMoG war in § 12 Abs. 4 S. 2 vorgesehen, dass die Beschlusskompetenz gemäß S. 1 nicht durch Vereinbarung der Wohnungseigentümer ausgeschlossen oder eingeschränkt werden konnte. Diese Beschränkung der sonst im Wohnungseigentumsrecht allgemein bestehenden Vertragsfreiheit (vgl. § 10 Abs. 1 S. 2) war wenig einleuchtend und wurde daher durch das WEMoG beseitigt.[110] Damit kann in der Gemeinschaftsordnung ohne weiteres die beschlussweise Aufhebung der Veräußerungsbeschränkung ausgeschlossen oder an besondere Voraussetzungen – wie etwa eine qualifizierte Mehrheit oder ein wichtiger Grund – geknüpft werden.

49 **2. Form der Aufhebung. a) Beschluss.** Die Aufhebung einer Veräußerungsbeschränkung erfolgt nach § 12 Abs. 4 S. 1 durch **Beschluss,** für den nach allgemeinen Grundsätzen die Stimmenmehrheit genügt (§ 25 Abs. 1). Diese Befugnis kann gemäß § 12 Abs. 4 S. 2 durch **Vereinbarung** beschränkt oder ausgeschlossen werden. Für die Aufhebung ist kein sachlicher Grund erforderlich.

50 **b) Mehrheit.** Die **Stimmenmehrheit** für den erforderlichen Beschluss bestimmt sich nach § 25 Abs. 1. Da die Aufhebung der Veräußerungsbeschränkung den Schutz der Eigentümergemeinschaft vor dem Eintritt zahlungsunfähiger oder aus anderen objektiven Gründen ungeeigneter Erwerber verkürzt, ist im Blick auf die Schutzfunktion der Veräußerungsbeschränkung das Erfordernis des Erreichens einer **qualifizierten Mehrheit** sinnvoll;[111] eine entsprechende Regelung kann Inhalt der Gemeinschaftsordnung sein.

51 Die **Wiedereinführung** einer Veräußerungsbeschränkung ist wegen der Beschränkung in der freien Verfügung über Eigentum nur durch allstimmige Vereinbarung aller Wohnungs- und Teileigentümer möglich.[112] Die Anfechtung oder Aufhebung des Beschlusses über die Aufhebung der Veräußerungsbeschränkung ist allein nicht ausreichend für das Wiederaufleben der Veräußerungsbeschränkung.[113] Gutgläubiger zustimmungsfreier Erwerb ist bis zur Wiedereintragung der Verfügungsbeschränkung möglich.[114]

ZMR 2012, 653; vgl. auch Bärmann/*Suilmann* Rn. 33; Palandt/*Wicke* Rn. 11; *F. Schmidt* MittBayNot 1999, 366 (367); *Weber* ZWE 2017, 341; DNotI-Report 2004, 1434.

102 OLG München ZWE 2017, 313 = ZMR 2017, 756; OLG Hamburg ZWE 2011, 408.

103 BGH NZM 2019, 542.

104 Palandt/*Wicke* Rn. 11; Staudinger/*Kreuzer,* 2018, Rn. 49.

105 BGH NZM 2019, 542.

106 Jennißen/*Grziwotz* Rn. 34.

107 BGH ZWE 2012, 499 = ZMR 2012, 972.

108 Bärmann/*Suilmann* Rn. 44.

109 *Wenzel* ZWE 2008, 69 (73 f.).

110 BT-Drs. 19/18791, 50 f.

111 Bärmann/*Suilmann* Rn. 52; Staudinger/*Kreuzer,* 2018, Rn. 89.

112 OLG München ZWE 2014, 267 = ZMR 2014, 810.

113 *Wenzel* ZWE 2008, 69 (75).

114 Bärmann/*Suilmann* Rn. 54.

c) Nachweis gegenüber dem Grundbuchamt. Für die **Löschung** der Veräußerungsbeschränkung **im Wege der Grundbuchberichtigung** gemäß § 12 Abs. 4 S. 3 bedarf es gemäß § 12 Abs. 4 S. 3 keiner Bewilligung in der Form des § 19 GBO. Vielmehr ist gemäß § 7 Abs. 4 S. 1 der Beschluss in der Form des § 26 Abs. 3 iVm § 24 Abs. 6 nachzuweisen. Ausreichend ist das den Beschluss enthaltende Protokoll der Eigentümerversammlung mit den Unterschriften des Vorsitzenden der Versammlung, eines Eigentümers und ggf. des Beiratsvorsitzenden bzw. seines Vertreters, jeweils in beglaubigter Form. Eine **Zustimmung der dinglich Berechtigten** ist mangels Betroffenheit **nicht erforderlich.**[115] Antragsberechtigt ist jeder Eigentümer und der Verwalter.[116] Die Antragsbefugnis des einzelnen Eigentümers beschränkt sich aber richtigerweise auf sein Wohnungseigentum.[117] Bei einem Beschluss im Umlaufverfahren ist für die Grundbuchberichtigung die Unterschrift jedes Eigentümers in der Form des § 29 GBO beizubringen.[118] 52

3. Rechtsfolgen der Aufhebung. a) Wirkung des Beschlusses. Nach Aufhebung der Veräußerungsbeschränkung ist die Wirksamkeit einer Veräußerung nicht mehr von der Zustimmung des Verwalters abhängig. Der **Beschluss wirkt** hierbei ohne Grundbucheintragung **sofort**[119] und gemäß § 10 Abs. 3 S. 2 auch gegen Sondernachfolger.[120] Die Löschung des entsprechenden Vermerks im Grundbuch erfolgt daher im Wege der Berichtigung. 53

b) Gutgläubiger Erwerb. Ist die Veräußerungsbeschränkung im Grundbuch bereits gelöscht, erwirbt ein neuer Eigentümer das Wohnungseigentum **gutgläubig** ohne Veräußerungsbeschränkung.[121] Wenn sich die Löschung der Veräußerungsbeschränkung nachträglich als unwirksam herausstellt, kann die Unwirksamkeit des Aufhebungsbeschlusses Dritten erst ab Wiedereintragung der Veräußerungsbeschränkung im Grundbuch entgegengehalten werden.[122] Wurde für einen Erwerber bereits eine Auflassungsvormerkung im Grundbuch eingetragen, ist die neuerliche Eintragung der Veräußerungsbeschränkung ihm gegenüber unwirksam. 54

§ 13 Rechte des Wohnungseigentümers aus dem Sondereigentum

(1) Jeder Wohnungseigentümer kann, soweit nicht das Gesetz entgegensteht, mit seinem Sondereigentum nach Belieben verfahren, insbesondere dieses bewohnen, vermieten, verpachten oder in sonstiger Weise nutzen, und andere von Einwirkungen ausschließen.

(2) Für Maßnahmen, die über die ordnungsmäßige Instandhaltung und Instandsetzung (Erhaltung) des Sondereigentums hinausgehen, gilt § 20 mit der Maßgabe entsprechend, dass es keiner Gestattung bedarf, soweit keinem der anderen Wohnungseigentümer über das bei einem geordneten Zusammenleben unvermeidliche Maß hinaus ein Nachteil erwächst.

Übersicht

[115] Bärmann/*Suilmann* Rn. 55.
[116] Bärmann/*Suilmann* Rn. 56; aA *Hügel/Elzer* Rn. 84: allein die Eigentümer.
[117] Riecke/Schmid/*Schneider* Rn. 68h.
[118] OLG Hamm ZWE 2012, 489.
[119] BT-Drs. 19/18791, 51; Bärmann/*Suilmann* Rn. 55; *Häublein* ZMR 2007, 409 (414); *Hügel/Elzer* Rn. 82; *Wenzel* ZWE 2008, 69 (75).
[120] Vgl. BT-Drs. 19/18791, 51.
[121] Bärmann/*Suilmann* Rn. 54; BeckOK WEG/*Hogenschurz* Rn. 91.
[122] Bärmann/*Suilmann* Rn. 54.

I. Normzweck

1 **Abs. 1** begründet die **Eigentümerbefugnisse** des Wohnungseigentümers, allerdings nur hinsichtlich des Sondereigentums (zum gemeinschaftlichen Eigentum → § 16 Rn. 2 ff.). Zwar benutzt Abs. 1 nahezu die gleichen Worte wie § 903 BGB, beschreibt aber nicht allein den Eigentumsinhalt,[1] sondern konstituiert diesen:[2] (Nur) weil § 13 Abs. 1 dem Sondereigentümer weitgehend eine Rechtsstellung zuweist,[3] die jener des § 903 BGB entspricht, ist Sondereigentum (vgl. die Klammerdefinition in § 3 Abs. 1 S. 1) **echtes bürgerlich-rechtliches (Sach-)Eigentum,** allerdings nicht für sich genommen, sondern im Verbund mit dem Miteigentumsanteil (vgl. auch § 6),[4] zu dem als weiteres untrennbar hiermit verknüpftes Element das Mitgliedschaftsrecht tritt; das in diesem Sinne einheitliche Eigentumsobjekt unterfällt dem verfassungsrechtlichen Eigentumsbegriff und damit dem **Schutz des Art. 14 GG.**[5] Grenzen setzt § 14 Abs. 1 und 2 als Inhalts- und Schrankenbestimmung iSd Art. 14 Abs. 1 S. 2 GG;[6] die Grenzen sind aber aufgrund des **räumlichen Näheverhältnisses** der Wohnungseigentümer zueinander – im Sinne eines intensivierten, besonders konfliktträchtigen Nachbarschaftsverhältnisses[7] – enger gezogen als jene des Grundstückseigentümers durch die §§ 906 ff. BGB.[8] Weitere Einschränkungen statuiert **Abs. 2,** der sich mit dem Rechts- und Pflichtenkreis in Bezug auf erhaltungsübersteigende (bauliche) Maßnahmen am Sondereigentum befasst und diese Maßnahmen grundsätzlich dem Erfordernis eines legitimierenden Gestattungsbeschlusses unterwirft, indes nur, sofern mindestens ein Wohnungseigentümer im Übermaß beeinträchtigt ist. Da das Wohnungseigentum im Gegensatz zum Sacheigentum iSd BGB überdies kein homogenes Recht ist,[9] sondern in weitgehendem Umfang der **Um- und Ausgestaltung** zugänglich, wird seit jeher (im Ergebnis indes zu Unrecht) an der bürgerlich-rechtlichen Eigentumsqualität gezweifelt.[10] Diese Zweifel aktualisieren sich im Lichte der Neustrukturierung des innergemeinschaftlichen Nachbarrechts, sind aber insoweit allein von akademischem Interesse, zumal der Reformgesetzgeber den Willen bekräftigt hat, Sondereigentum (richtig: Wohnungseigentum) als echtes Eigentum iSd bürgerlichen Rechts auszugestalten,[11] und zu diesem Zweck eine **Klammerdefinition** des **Sondereigentums** in § 3 Abs. 1 S. 1 eingefügt hat.[12]

II. Sondereigentümerbefugnisse (Abs. 1)

2 **1. Bezugsobjekt: Sondereigentum.** § 13 Abs. 1 vermittelt das alleinige **Herrschaftsrecht über den (geometrischen) Raum,**[13] dem Wohnungseigentümer kommt insoweit die Rechts-

[1] Demgegenüber kommt § 903 BGB deskriptiver Gehalt zu; vgl. Staudinger/*Althammer,* 2016, BGB § 903 Rn. 2.

[2] AA *Lehmann-Richter/Wobst* WEG-Reform 2020 Rn. 1308 f.: Befugnisse folgen aus § 903 S. 1 BGB, sodass der Gesetzgeber § 13 Abs. 1 („Norm ohne Funktion") hätte streichen können; ähnlich zu § 13 aF jurisPK-BGB/*Lafontaine* Rn. 1.

[3] Sondereigentum ist nicht nur anzuerkennen, sondern rechtsschöpferisch hervorzubringen; vgl. *Froese* ZWE 2015, 250 (251); dogmatisch nicht überzeugend daher etwa Soergel/*H.-J. Weber* Rn. 3: „abgesicherte" Rechte.

[4] AA, indes zu Unrecht, weil über Sondereigentum nur im Verbund mit dem Miteigentumsanteil verfügt werden kann, BGH NZM 2020, 107 Rn. 18; NJW 2019, 2083 Rn. 6; Riecke/Schmid/*Abramenko* Rn. 1; *Hügel/Elzer* Rn. 4 unter Verweis auf § 3 Abs. 1 S. 1; wie hier aber Weitnauer/*Lüke* Rn. 1; jurisPK-BGB/*Lafontaine* Rn. 6; Bärmann/*Suilmann* Rn. 2; Erman/*Grziwotz* Rn. 1.

[5] BVerfGK 16, 267 Rn. 16 = NJW 2010, 220; *Froese* ZWE 2015, 250.

[6] BVerfGK 16, 267 Rn. 17 = NJW 2010, 220; Jennißen/*Schultzky* Rn. 4.

[7] *Dreyer* DNotZ 2007, 594 (600); *Paulick* AcP 152 (1952/53), 420 (432); Weitnauer/*Lüke* Rn. 3; Staudinger/*Rapp,* 2018, § 5 Rn. 66.

[8] Vgl. Soergel/*H.-J. Weber* Rn. 2; Riecke/Schmid/*Abramenko* Rn. 1.

[9] Insoweit zu Recht *Röll* Rpfleger 1980, 90 (91) in Auseinandersetzung mit *Ertl* DNotZ 1979, 279.

[10] Vgl. die Übersicht bei *Junker,* Die Gesellschaft nach dem Wohnungseigentumsgesetz, 1993, 28 ff.

[11] BR-Drs. 168/20, 38, 54.

[12] Rechtspositivistisch ist damit die Qualifikation als bürgerlich-rechtliches Eigentum gesichert.

[13] Zutr. *Hügel* ZWE 2020, 174 (176): wirtschaftliche Zurechnung der Raumeinheit zum Sondereigentümer.

stellung eines Alleineigentümers zu.[14] Die Ausübung von Herrschaftsmacht setzt voneinander abgrenzbare Herrschaftssphären voraus, die idealtypisch bei allseitig fest umschlossenen Räumen gegeben ist, hinreichend ist jedoch bereits eine die Herrschaftsmacht ermöglichende Abgrenzbarkeit (→ § 5 Rn. 2 ff.). – Auf **gemeinschaftliches Eigentum,** das sich (wie Außentüre oder tragende Wände) räumlich im Bereich einer Sondereigentumseinheit befindet, erstreckt sich die Alleinherrschaft nicht. Anderes gilt für das Nutzungsrecht: Den faktischen Gegebenheiten Rechnung tragend, erstreckt sich das **Alleinnutzungsrecht** des Sondereigentümers auf sämtliche in seiner Raumeinheit befindlichen Gebäudebestandeile,[15] woraus sich auch die Möglichkeit von Unterlassungsdienstbarkeiten in Bezug auf Gebäudeteile ergibt, die im gemeinschaftlichen Eigentum stehen (etwa dahingehend, Fenster innerhalb der Wohnungseigentumseinheit nicht zu öffnen).[16] Außerhalb des Tatbestandes des § 13 Abs. 1 liegen unwesentliche Bestandteile, die nicht sondereigentumsfähig sind.[17]

2. Inhalt des Sondereigentums. a) Gesetzlicher Eigentumsinhalt. aa) Einwirkungsrechte. Als Ausdruck der positiven Seite der Eigentümerbefugnisse darf der Wohnungseigentümer mit seinem Sondereigentum **nach Belieben verfahren,** insbesondere dieses bewohnen (→ Rn. 12), vermieten (→ Rn. 21 ff.), verpachten oder in sonstiger Weise nutzen, hat umgekehrt aber auch die Gefahr des zufälligen Untergangs des Sondereigentums zu tragen,[18] ebenso die Last sämtlicher das Sondereigentum betreffender Pflichten. Die auf Nutzungsrechte (im weiten Sinne des § 100 BGB) bezogenen Bsp. in § 13 Abs. 1 sind nicht enumerativ zu verstehen („insbesondere"). Sie bilden ohnehin nur einen Teilausschnitt der Herrschaftsmacht über das Sondereigentum – es fehlt die Erwähnung der Vererblichkeit und Veräußerlichkeit, ja des **Verfügungsrechts** überhaupt, das als selbstverständliche Ausprägung rechtlicher Herrschaftsmacht nicht gesondert genannt wird,[19] sich aber nicht aus § 13 Abs. 1,[20] sondern angesichts § 6 Abs. 1 erst unter Rückgriff auf die §§ 747, 903 BGB ergibt,[21] auch im Fall der Unterteilung von Wohnungseigentum (in entsprechender Anwendung des § 8 Abs. 1),[22] ebenso bei isolierter Neuzuteilung von Sondereigentumsrechten, dh der Abtrennung von Teilen des Sondereigentums unter Verbindung mit einem anderen Miteigentumsanteil, wenn man darin zutreffend eine Inhaltsänderung der betroffenen Miteigentumsanteile sieht.[23] – Infolge des „Beliebig-Verfahrendürfens" kommt dem Sondereigentümer neben dem **Hausrecht**[24] (mit der daraus folgenden Entscheidungsmacht über Zutrittsgewähr und -verwehrung [inklusive Hausverbot],[25] begrenzt durch die Duldungspflicht vor allem hinsichtlich des Betretens nach § 14 Abs. 1 Nr. 2 und Abs. 2 Nr. 2 [→ § 14 Rn. 10 ff.] sowie spezialgesetzliche Schranken, etwa § 16 Abs. 2 InfSG[26]) auch die **Verwaltungshoheit** über das Sondereigentum zu, was ein Alleinentscheidungsrecht insbesondere über Erhaltungsmaßnahmen impliziert,[27] das sich aber bei drohender Beeinträchtigung fremden Eigentums zu einer Erhaltungspflicht verengt (→ § 14 Rn. 32 ff.). 3

bb) Ausschließungsrechte. (1) Abwehrrechte. Die **negative Seite der Sondereigentümerposition** ist darin zu sehen, dass der Wohnungseigentümer andere von Einwirkungen auf das 4

---

[14] § 13 Abs. 1 aF erwähnte nicht die Alleinherrschaft über den Raum, allerdings ohne Unterschied in der Sache.

[15] BGH ZWE 2020, 328 Rn. 35 in Bestätigung von BGHZ 107, 289 (293 f.) = NJW 1989, 2391; Soergel/*H.-J. Weber* Rn. 8; Bärmann/*Suilmann* Rn. 3.

[16] BGHZ 107, 289 (293 f.) = NJW 1989, 2391; BGH ZWE 2020, 328 Rn. 35 mAnm *Heinemann;* NZM 2019, 448 Rn. 11; aA *Zimmermann* Rpfleger 1981, 333 (337); in diese Richtung auch *Elzer* MietRB 2019, 187 (190).

[17] AA Bärmann/*Suilmann* Rn. 5: generelles Verfügungsrecht erstreckt sich auch auf Zubehör.

[18] Weitnauer/*Lüke* Rn. 5 mwN; vgl. auch AG Heilbronn IBR 2003, 1110 mAnm *Metzger.*

[19] Vgl. Bärmann/Pick/*Emmerich* Rn. 1: „Natur der Sache".

[20] AA Bärmann/Pick/*Emmerich* Rn. 13; BeckOGK/*Falkner,* 1.3.2020, Rn. 52; Spielbauer/Then/*Spielbauer* Rn. 3; für Ableitung aus § 12 Jennißen/*Schultzky* Rn. 6.

[21] Bärmann/*Suilmann* Rn. 5; BeckOK WEG/*Maximilian A. Müller* Rn. 6; Weitnauer/*Lüke* Rn. 9.

[22] BGH NJW-RR 2005, 10 (10 f.); BeckOGK/*M. Müller* 1.3.2020, § 2 Rn. 419 mwN.

[23] BeckOGK/*M. Müller* 1.3.2020, § 2 Rn. 384 ff.; dagegen greift *F. Schmidt* FS Bärmann/Weitnauer, 1985, 37 (55) auf §§ 873, 925 BGB zurück und müsste damit das Verfügungsrecht auf § 13 Abs. 1 stützen.

[24] BVerfGK 16, 267 Rn. 21 = NJW 2010, 220; *Hügel/Elzer* Rn. 10; Bärmann/*Suilmann* Rn. 13.

[25] BGH NJW 2012, 1725 Rn. 8; 2006, 1054 Rn. 7; 2006, 377 Rn. 25.

[26] OVG Münster BeckRS 2008, 40609 = NJW-Spezial 2009, 99; Bärmann/*Suilmann* Rn. 13.

[27] Ein auf Verwaltung des Sondereigentums zielender Beschluss wäre daher mangels Beschlusskompetenz nichtig; vgl. BGH NZM 2017, 224 Rn. 23; NJW-RR 2014, 527 Rn. 6; NJW 2014, 379 Rn. 6; 2013, 3092 Rn. 14; 2011, 2958 Rn. 10; vgl. auch *Emmerich* ZWE 2017, 161 (162); *Wenzel* ZWE 2009, 165 (166), der dies mit einem Eingriff in den Kernbereich begründet; Palandt/*Wicke* § 18 Rn. 3.

Sondereigentum ausschließen kann. Allerdings besteht ein **gemeinschaftsinternes Abwehrrecht** – abweichend von der Formulierung des § 903 BGB – nicht gegenüber „jeder" beliebigen Einwirkung, sondern nur im Fall der Überschreitung der innergemeinschaftlichen Duldungsgrenzen des § 14 Abs. 1 Nr. 2, Abs. 2 Nr. 1 und 2. Immanente Grenze des Abwehrrechts bildet zudem das allgemeine Verbot unzulässiger Rechtsausübung (§§ 226, 242 BGB).[28] Im **Außenverhältnis** (gegenüber gemeinschaftsexternen Dritten, dh insbesondere: Grundstücksnachbarn, nicht aber im innergemeinschaftlichen Binnenverhältnis[29]) unterstehen Sondereigentümer dagegen dem Schutz **öffentlich-rechtlicher Vorschriften,**[30] gleichviel, ob bauordnungsrechtlicher, immissionsschutzrechtlicher oder sonstiger gewerberechtlicher Herkunft, jeweils indes nur, sofern sie mit drittschützender Wirkung ausgestattet sind und gerade (konkret und individuell)[31] Sonder- und nicht nur Gemeinschaftseigentum betroffen ist.[32] Abwehrrechte bestehen demnach gegen eine unter Verletzung von Abstandsflächenrecht seitlich an die Raumeinheit des Sondereigentümers heranrückende Bebauung,[33] nicht aber, sofern diese lediglich den Gebietserhaltungsanspruch verletzt.[34] Öffentlich-baurechtlicher und damit grundstücksbezogen ausgestalteter **Nachbarschutz** scheidet dagegen **zwischen den Wohnungseigentümern** schon mangels erforderlicher Betroffenheit verschiedener Grundstücke aus[35] (vgl. → Rn. 9).

5 Der **Einwirkungsausschluss** kann – gleichviel, ob gegenüber gemeinschaftsinternen oder -externen Störern[36] – mittels negatorischer Abwehr (§§ 1004 f. BGB),[37] dinglicher Vindikation (§§ 985 f. BGB) und – da der Sondereigentümer hinsichtlich der in seinem Sondereigentum stehenden Gebäudeteile eigenbesitzender Teilbesitzer (§ 865 BGB) ist[38] (vgl. → BGB § 865 Rn. 3) – Besitzschutzansprüchen (§§ 858 ff. BGB) **realisiert** werden,[39] wobei freilich eine Duldungspflicht bei gesetzlich gestatteter Beeinträchtigung besteht, wofür nicht auf § 906 Abs. 1 S. 1, Abs. 2 S. 1 BGB zurückgegriffen werden muss, sondern auf § 14 Abs. 1 Nr. 2, Abs. 2 Nr. 2 als spezielle gesetzliche Gestattungsregeln abgestellt werden kann;[40] in Ausnahmefällen gegenwärtiger, nicht zu duldender Sondereigentumsverletzung besteht überdies das Notwehrrecht nach § 227 BGB.[41] Gegen Sondereigentumsbeeinträchtigungen durch andere Wohnungseigentümer kann sich der im räumlichen Bereich seines Sondereigentums Gestörte nicht nur sachenrechtlich mittels § 1004 Abs. 1 BGB, sondern auch schuldrechtlich mittels § 14 Abs. 2 Nr. 1 zur Wehr setzen (→ § 14 Rn. 25 ff.), selbst dann, wenn zugleich eine Störung des Gemeinschaftseigentums (mit Störungsabwehrzuständigkeit bei der Gemeinschaft der Wohnungseigentümer nach § 9a Abs. 2) vorliegt;[42] näher zu diesen Fällen der Störung beider Eigentumssphären → § 14 Rn. 37; zu Unterlassungsansprüchen bei „formalen" Verstößen gegen eine „verdinglichte" Zweckbestimmung des Sondereigentums → § 14 Rn. 29 ff.

---

28 Vgl. OLG München ZMR 2007, 884 = BeckRS 2007, 14002: keine „Aufrechnung" gegenseitiger geringfügiger Parkverstöße; vgl. auch Riecke/Schmid/*Abramenko* Rn. 10.

29 BVerwG NJW 1988, 3279 (3280): keine Klagebefugnis für Anfechtungsklage gegen Verband erteilter Genehmigung; VGH München BayVBl 2020, 271 = BeckRS 2019, 27418 Rn. 22 ff.; VG Düsseldorf NZM 2001, 967; *Hügel/Elzer* Rn. 60 ff.

30 VGH München ZWE 2013, 100: s. weiterhin VGH Kassel ZWE 2018, 418 Rn. 35; Battis/Krautzberger/Löhr/*Reidt* BauGB Vor §§ 29–28 Rn. 25; *Hügel/Elzer* Rn. 57 ff.

31 Es genügt nicht, wenn Sondereigentumseinheiten durch ein Bauvorhaben auf dem Nachbargrundstück im gleichen Maß betroffen sind; vgl. Niedenführ/Schmidt-Räntsch/Vandenhouten/*Schmidt-Räntsch* Rn. 3 mwN; aA *Hügel/Elzer* Rn. 59.

32 OVG Münster ZWE 2014, 144: Behörde muss bei Genehmigungserteilung zugunsten eines Dritten auch Schutz nachbarlicher Interessen des Sondereigentums aufgetragen sein, um Abwehrrechte zu begründen; VGH Mannheim ZWE 2013, 382 Rn. 5 ff.; *Schweinoch* ZWE 2014, 237; *Hügel/Elzer* Rn. 58.

33 VGH München BeckRS 2010, 31199 Rn. 10 ff.: massiv einseitige Grenzbebauung.

34 VGH München ZWE 2018, 47 Rn. 3: keine Klagebefugnis des Wohnungseigentümers; ZWE 2013, 382 Rn. 8; BeckRS 2013, 54525 Rn. 7; aA OVG Bremen ZWE 2015, 471 Rn. 23 ff.; VG München ZMR 2013, 1011 = BeckRS 2011, 47950; Battis/Krautzberger/Löhr/*Reidt* BauGB Vor §§ 29–28 Rn. 25.

35 BVerfGK 7, 263 = NJW-RR 2006, 726 (727); VG München ZWE 2017, 339 Rn. 11; *Schweinoch* ZWE 2014, 237 (240).

36 BVerfGK 7, 263 = NJW 1995, 1665 (1666); Bärmann/*Suilmann* Rn. 4; jurisPK-BGB/*Lafontaine* Rn. 21.

37 BGH ZWE 2011, 78 (78 f.); Soergel/*H.-J. Weber* § 14 Rn. 80.

38 BayObLG WuM 1998, 561 (562) = BeckRS 1998, 2223; BayObLGZ 1990, 115 (119); OLG Karlsruhe NZM 2005, 305 für einen vermietenden Wohnungseigentümer als mittelbaren Besitzer; Bärmann/*Suilmann* Rn. 4.

39 Vgl. BayObLG NZM 2001, 893; Riecke/Schmid/*Abramenko* Rn. 9; *Hügel/Elzer* Rn. 50.

40 AA *Lehmann-Richter/Wobst* WEG-Reform 2020 Rn. 1446, die § 906 BGB nicht als verdrängt ansehen.

41 Vgl. etwa Jennißen/*Schultzky* Rn. 49; *Hügel/Elzer* Rn. 50.

42 Noch zu § 15 Abs. 3 aF BGH NJW-RR 2020, 894 Rn. 18 = ZfIR 2020, 623 mAnm *Lang;* Riecke/Schmid/*Abramenko* Rn. 11; s. auch *Elzer* FD-ZVR 2020, 429759: konkurrierende Abwehrzuständigkeit.

(2) Schadensersatzansprüche. Schäden sind über §§ 823 ff. BGB,[43] bei Verletzung von Pflichten aus dem nachbarlichen Gemeinschaftsverhältnis zudem über § 280 BGB[44] zu ersetzen, jeweils nach Maßgabe allgemeinen Schadensersatzrechts; so kann eine Ersatzpflicht für einen nicht mehr vom Schutzzweck der verletzten Norm erfassten Schaden entfallen, wie im Fall erlittener Verluste bei einem durch Störungen eines anderen Wohnungseigentümers provozierten Verkauf des Wohnungseigentums.[45] Erleidet ein Sondereigentümer einen Schaden am Sondereigentum, weil ein Beschluss über notwendige **Erhaltungsmaßnahmen** (etwa eine Kellersanierung) entgegen § 18 Abs. 2 nicht (rechtzeitig) umgesetzt wurde, richten sich Schadensersatzansprüche nach § 280 Abs. 1 BGB nunmehr – nach gesetzgeberischer Zuweisung der Verwaltungsaufgabe hinsichtlich des Gemeinschaftseigentums an die in diesem Sinne auch nach innen gekehrte Gemeinschaft der Wohnungseigentümer – gegen diese,[46] die sich Pflichtverletzungen eines beauftragten Dritten nach § 278 BGB,[47] aber vor allem auch solche des Verwalters nach § 31 BGB zurechnen lassen muss.[48] Selbiges gilt (vermittels Zurechnung des pflichtwidrigen Verwalterhandelns), sofern die Gemeinschaft der Wohnungseigentümer im Fall des § 27 Abs. 1 Nr. 2 auch ohne Beschluss durch den Verwalter hätte handeln können. Ist bereits kein (erforderlicher) positiver Beschluss über die Vornahme einer notwendigen Erhaltungsmaßnahme zustande gekommen, können (weiterhin) die übrigen Wohnungseigentümer auch gegenüber dem beeinträchtigten Wohnungseigentümer wegen eines **pflichtwidrigen Abstimmungsverhaltens** haften (§ 280 Abs. 2 BGB, § 241 Abs. 2 BGB),[49] was freilich das Vertretenmüssen (§ 280 Abs. 1 S. 2 BGB) der Verletzung einer sich zu einer positiven Stimmpflicht verdichtenden horizontalen Treuepflicht voraussetzt. Ihre Entlassung aus der Pflicht zur Verwaltung des gemeinschaftlichen Eigentums (vgl. § 21 aF) zugunsten einer Konzentration der Verwaltungspflicht bei der Gemeinschaft der Wohnungseigentümer (§ 18 Abs. 1) entbindet die Wohnungseigentümer nicht von einer treuepflichtbasierten und in diesem Sinne haftungsbewehrten Stimmpflicht, die auch horizontal, nicht nur vertikal wirkt (näher → § 18 Rn. 36 ff., dort allerdings gegen diesen ausnahmsweise greifenden Direktanspruch). Neben ihre etwaige Haftung tritt aber nunmehr[50] jene der Gemeinschaft der Wohnungseigentümer (wegen Verletzung ihrer Pflicht aus § 18 Abs. 2 Nr. 1),[51] die **anderslautende höchstrichterliche Rspr.**[52] ist **überholt.** Die Zurechnung der im Unterlassen der positiven Beschlussfassung liegenden Pflichtverletzung der Gesamtheit der Wohnungseigentümer als Willensbildungsorgan über § 31 BGB[53] scheitert nicht an dem für eine Zurechnung des Vertretenmüssens von Innenorganen erforderlichen Außenbezug – denn gegenüber dem geschädigten Sondereigentümer entfaltet das Unterlassen der Beschlussfassung zumindest 6

[43] OLG München ZMR 2009, 468 = BeckRS 2009, 6410, freilich noch auf der überholten Grundlage, das Unterlassen der Durchführung gebotener Erhaltungsmaßnahmen könne einen Schadensersatzanspruch gegen die übrigen Wohnungseigentümer begründen.

[44] BGHZ 141, 224 (229) = NJW 1999, 2108; BayObLG ZMR 2002, 285 (286) = BeckRS 2001, 30213701: übermäßiger Lärm; OLG Saarbrücken NJW 2008, 80 (81): Mietausfallschaden nach Kündigung.

[45] Vgl. den Fall OLG Köln ZWE 1996, 676; Riecke/Schmid/*Abramenko* Rn. 10.

[46] So auch *Becker* ZWE 2020, 209 (2020); Bärmann/Pick/*Emmerich* Anh. I § 18 Rn. 3; *Hügel/Elzer* Rn. 66; für Haftung bei fehlender Beschlussumsetzung auch noch BGH NJW 2012, 2955 Rn. 7 ff.; für (alleinige) Verantwortung des Verwalters bei nicht durchgeführten Beschlüssen jedoch (nunmher überholt) BGH NZM 2018, 615 Rn. 21 ff. mAnm *Bartholome;* NZM 2018, 719 Rn. 8 ff.; für Verantwortung des Verbands schon nach altem Recht *Schmid* ZWE 2012, 24 (26); BeckOGK/*Karkmann,* 1.3.2020, § 21 Rn. 36.1, 50.

[47] BR-Drs. 168/20, 63; *Lehmann-Richter/Wobst* WEG-Reform 2020 Rn. 390 f.; Palandt/*Wicke* § 18 Rn. 6; aA, jedoch noch zum früheren Recht (nun überholt), BGH NJW NZM 2018, 719 Rn. 38.

[48] *Dötsch/Schultzy/Zschieschack* WEG-Recht 2021 Kap. 13 Rn. 18; *Lehmann-Richter/Wobst* WEG-Reform 2020 Rn. 384.

[49] AA *Dötsch/Schultzy/Zschieschack* WEG-Recht 2021 Kap. 13 Rn. 39; *Lehmann-Richter/Wobst* WEG-Reform 2020 Rn. 46 iVm 431, jeweils ausdrücklich gegen den Begründungsweg über Treuepflichten; *Skauradszun* ZRP 2020, 34 (35); *Hügel/Elzer* § 18 Rn. 87: Haftung der Wohnungseigentümer nur im Verhältnis zum Verband; wie hier, aber mit Zweifeln hinsichtlich der Direkthaftung („wohl auch"), Palandt/*Wicke* § 18 Rn. 11; nur die hier vertretene Sichtweise kongruiert auch mit allgemeinen verbandsrechtlichen Grundsätzen, vgl. zur GmbH etwa Baumbach/Hueck/*Fastrich* GmbHG § 13 Rn. 30a.

[50] So schon zur alten Rechtslage LG Hamburg ZMR 2009, 714 (715) = BeckRS 2009, 24593 (dagegen dann aber LG Hamburg ZWE 2012, 26 [27]); *Schmid* ZWE 2012, 24 (25); *Becker* ZfIR 2010, 645 (646).

[51] Für Haftung des Verbands *Becker* ZWE 2020, 209 (214); *Dötsch/Schultzy/Zschieschack* WEG-Recht 2021 Kap. 13 Rn. 19; Bärmann/Pick/*Emmerich* Anh. I § 18 Rn. 4; vgl. auch *Skauradszun* ZRP 2020, 34 (35 f.).

[52] BGH NZM 2018, 719 Rn. 8 ff.: bei unterbliebener Sanierungsbeschlussfassung nur Haftung der Wohnungseigentümer, nicht des Verbands.

[53] *Dötsch/Schultzy/Zschieschack* WEG-Recht 2021 Kap. 13 Rn. 19 f.; *Lehmann-Richter/Wobst* WEG-Reform 2020 Rn. 386 ff.; richtig bereits der Hinweis, dass das Internum der fehlenden Beschlussfassung den Verband nicht entlastet, bei *Schmid* ZWE 2011, 202 (204); nochmals *Schmid* ZWE 2012, 24 (25) und zwar entgegen LG Hamburg ZWE 2012, 26 (27); offenlassend, ob Zurechnung nach § 31 BGB möglich, BGH NJW 2012, 2955 Rn. 7.

bei wertender Betrachtung die erforderliche Außenwirkung. Denkbar erscheint zudem eine Anknüpfung an einen erweitert ausgelegten § 14 Abs. 3[54] (→ Rn. 46). Zum Ganzen näher → § 18 Rn. 36 ff.

7 **b) Vereinbarter Eigentumsinhalt. aa) Um- und Ausgestaltung mit dinglicher Wirkung.** Das Sondereigentum kann von den Wohnungseigentümern nach Maßgabe des § 5 Abs. 4 S. 1 iVm § 10 Abs. 3 durch in das Grundbuch eingetragene Vereinbarung (insbesondere in Form von Gebrauchsbeschränkungen) in weitgehendem Umfange **mit dinglicher Wirkung um- und ausgestaltet** werden[55] (vgl. → Rn. 1). Im Kontrast dazu können Verwaltungs- und Benutzungsregelungen unter Bruchteilseigentümern zum Zwecke der „Verdinglichung" nach § 1010 BGB Abs. 1 lediglich „als Belastungen" der Anteile in das Grundbuch eingetragen werden, berühren hierdurch aber nicht die Struktur des Miteigentums. Das Eigentum nach dem WEG ist damit – nach dem Vorbild der §§ 2, 5, 27 Abs. 1 S. 2 ErbbauRG, § 32 Abs. 1 S. 2 ErbbauRG – **gestaltungsfähig** („dingliche Vertragsfreiheit"),[56] doch nur in dem Sinne, dass Vereinbarungen durch Grundbucheintragung ihre Zuordnung zum Schuldrecht verlieren und als „Inhalt des Sondereigentums" (vgl. den Wortlaut des § 5 Abs. 4 S. 1 – präziser indes: Inhalt des Wohnungseigentums, und zwar durch Inhaltsänderung aller Wohnungseigentumsrechte in entsprechender Anwendung des § 877 BGB iVm § 873 BGB) auch **gegenüber Sondernachfolgern** gelten. Sie werden hierdurch jedoch nicht zum selbstständigen dinglichen Recht, wirken daher auch nicht absolut gegenüber jedermann, sondern alleinig gegenüber den Wohnungseigentümern mitsamt ihren jeweiligen Sondernachfolgern[57] (hierzu und zu relevanten praktischen Auswirkungen dieser Einstufung → § 14 Rn. 29 ff.). Nur dies erfordert auch der gesteigerte soziale Kontakt der Wohnungseigentümer zueinander, der damit Grund und zugleich Grenze des erweiterten Wirkungskreises vorgibt.[58] Ist die Verdinglichung unterblieben, stellt die Vereinbarung dagegen einen gewöhnlichen schuldrechtlichen Vertrag zwischen den Wohnungseigentümern dar, der nicht gegen Sondernachfolger wirkt. § 14 Abs. 1 Nr. 1 Var. 2 transformiert die Bindung an diese (ebenso wie an verdinglichte) Vereinbarungen allerdings zu korporativen Verpflichtungen gegenüber der Gemeinschaft der Wohnungseigentümer (→ § 14 Rn. 3).

8 **bb) Gestaltungsgrenzen.** In der Konturierung des Inhalts des Wohnungseigentums liegt richtigerweise **kein Eingriff in grundrechtsrelevante Rechtspositionen,** sodass zB das Anbringen von Parabolantennen trotz der durch Art. 5 Abs. 1 GG verbürgten Informationsfreiheit im Vereinbarungswege verboten werden kann,[59] ebenso wie etwa die Vermietung[60] (→ Rn. 22 ff.), die Tierhaltung,[61] das Musizieren[62] oder auch das Rauchen[63] beschränkt, vorbehaltlich der Wahrung der nachfolgend behandelten Gestaltungsschranken aber auch gänzlich untersagt werden kann. Der Konstruktion eines in der Vereinbarung liegenden Verzichts auf betroffene Freiheitsgrundrechte[64] bedarf es aufgrund der Konstituierungsaufgabe hinsichtlich des Eigentums „mit vereinbartem Inhalt" (vgl. → Rn. 1) nicht. Allgemeinen Rechtsprinzipien entsprechend darf freilich bei der Durchsetzung die Grenze der **Treu-**

---

54 Zur Anknüpfung an den Gedanken des § 14 Abs. 3 bereits (noch zu § 14 Nr. 4 aF) Niedenführ/Schmidt-Räntsch/Vandenhouten/*Schmidt-Räntsch* Rn. 13, iErg aber abl. Niedenführ/Schmidt-Räntsch/Vandenhouten/*Schmidt-Räntsch* § 14 Rn. 55.

55 Vgl. *M. Müller,* Änderungen des sachenrechtlichen Grundverhältnisses, 2010, 18; Staudinger/*Rapp,* 2018, § 5 Rn. 65.

56 Staudinger/*Rapp,* 2018, § 5 Rn. 66; *F. Schmidt* MittBayNot 1985, 237.

57 Vgl. *Armbrüster/Müller* ZWE 2007, 227 (230 f.); Bärmann/*Suilmann* § 10 Rn. 118; von „dinglicher Wirkung" der Vereinbarung (ohne selbständiges dingliches Recht zu sein) spricht BGHZ 37, 203 (206) = NJW 1962, 1963; BGHZ 73, 145 (149) = NJW 1979, 548; *Hügel/Elzer* § 10 Rn. 50 sowie § 10 Rn. 34 ff.; dagegen etwa aus jüngerer Zeit *Lehmann-Richter* ZWE 2018, 385 (386).

58 *Rapp* FS Wenzel 2005, 271 (279); Bärmann/*Suilmann* § 10 Rn. 117 f., der von verdinglichter Änderung des gesetzlichen Begleitschuldverhältnisses spricht; Staudinger/*Rapp,* 2018, § 5 Rn. 58.

59 BGHZ 157, 322 (329 ff.) = NJW 2004, 937; Jennißen/*Schultzky* § 15 Rn. 60; näher *Hügel* FS Koch, 2019, 363 (366); *Hügel* FS 25 Jahre DNotI, 2018, 149 (157 ff.).

60 Vgl. Jennißen/*Schultzky* § 15 Rn. 63: völliges Verbot der Vermietung nicht sittenwidrig.

61 BGHZ 129, 329 (333) = NJW 1995, 2036; wohl auch OLG Hamburg ZMR 2008, 151 = BeckRS 2008, 2584 Rn. 11; weitergehend aber OLG Düsseldorf ZMR 1998, 45 = BeckRS 1997, 4712 Rn. 36: Hausordnung kann generelles Hundehalteverbot festlegen; Jennißen/*Schultzky* Rn. 62 mwN; Bärmann/*Suilmann* Rn. 12.

62 Vgl. zu Einschränkungen des Musizierens durch Beschluss BGHZ 139, 288 (297) = NJW 1998, 3713; OLG Frankfurt NZM 2004, 31 (32); s. auch, zurückhaltend, OLG Hamm NJW 1981, 465 (465 f.).

63 *Hügel* ZWE 2010, 18 (20 f.).

64 IdS BGHZ 157, 322 (330) = NJW 2004, 937; Jennißen/*Schultzky* § 15 Rn. 60; Soergel/*H.-J. Weber* Rn. 22; allg. dazu *Binkowski,* Reichweite und Grenzen der Privatautonomie im Wohnungseigentumsrecht, 2011, passim; krit. zur Konstruktion des Grundrechtsverzichts BeckOGK/*Falkner,* 1.3.2020, § 15 Rn. 92.1.

widrigkeit nicht überschritten werden, weshalb von Fall zu Fall die beschränkende Vereinbarung durchbrochen werden kann.[65] – **Gestaltungsschranken** der Eigentumsausgestaltung bilden allerdings die §§ 134, 138 BGB sowie (insbesondere bei autarker Vereinbarungssetzung durch den aufteilenden Eigentümer) § 242 BGB,[66] überdies nach wohl hM ein vereinbarungsfester, unverzichtbarer („absolut unentziehbarer") **Kernbereich** des Wohnungseigentums,[67] der noch der weiteren Konturierung durch Fallgruppenbildung bedarf. Rechtsmethodisch sind jedoch bereits prinzipielle Einwendungen gegen die Kernbereichslehre angebracht,[68] sofern sie nicht nur „mehrheitsfeste" Rechtspositionen verklammernd bezeichnen will, sondern auf die Etablierung eines festen (vom Einzelfall losgelösten) Kanons unverzichtbarer (nicht nur mehrheitsfester) Individualrechte der Wohnungseigentümer abzielt, mithin starre Dispositionsgrenzen setzen will. Ungeachtet dessen wird ein so verstandener Kernbereich jedenfalls überdehnt, wenn er nicht auf elementare Mitgliedschaftsrechte (Recht zur Teilnahme an der Eigentümerversammlung, Stimmrecht[69]) oder die Bedingungen der Möglichkeit der Sondereigentumsnutzung zum vereinbarten Zweck (zur Vermeidung von Perplexität) beschränkt wird (daher: kein Betretungs- oder aber auch Duschverbot und richtigerweise auch kein vollständiges Musizierverbot),[70] sondern auch auf Gebrauchsrechte des Wohnungseigentums erstreckt[71] wird (so aber wohl → § 18 Rn. 67). Zu Öffnungsklauseln → Rn. 22 sowie → § 10 Rn. 41 ff.

3. Grenzen der Herrschaftsmacht. a) Beschränkungen durch Gesetz. Das „Beliebig-Verfahrendürfen" des Sondereigentümers findet seine Grenze im entgegenstehenden (verfassungskonformen) Gesetz. Diese Selbstverständlichkeit hebt § 13 Abs. 1 ausdrücklich hervor, begnügt sich hiermit – anders als § 13 Abs. 1 aF – aber auch, ohne noch gesondert auf entgegenstehende **„Rechte Dritter"**[72] zu verweisen, was allerdings keine sachliche Änderung impliziert. In Bezug auf gemeinschaftsinterne Drittrechte (der anderen Wohnungseigentümer), die der Sondereigentumsnutzung entgegenstehen können, fällt die daraus resultierende Schranke mit dem Verweis auf das „entgegenstehende Gesetz" zusammen, weil § 14 Abs. 1 Nr. 1 eine gesetzliche Verpflichtung zur Einhaltung der Verbandsordnung (→ § 14 Rn. 4 ff.) und § 14 Abs. 2 Nr. 1 ein Beeinträchtigungsverbot in Bezug auf fremdes Sondereigentum statuiert (→ § 14 Rn. 25 ff.). Mit Blick auf gemeinschaftsexterne Drittrechte (vornehmlich beschränkte dingliche Einwirkungsrechte,[73] dh Verwertungs- und Nutzungsrechte Dritter, aber auch Eigentumsrechte realer Grundstücksnachbarn) erübrigt sich nach der Gesetzesbegründung[74] eine spezifische Schrankenbestimmung, weil insoweit **der allgemeinere § 903 BGB** zum Tragen kommt (was konsequent erscheint, vgl. → Rn. 1). Unter die hier relevanten gesetzlichen Beschränkungen im **Außenverhältnis** fallen **öffentlich-rechtliche Vorschriften** mit drittschützender Wirkung, aber auch privatrechtliche Bestimmungen, sofern sie – wie das private Nachbarrecht (§§ 906 ff. BGB) – drittschützende Wirkung haben. Es gelten insoweit keine Besonderheiten gegenüber anderem Immobiliareigentum.[75] Im **Innenverhältnis** der Wohnungseigentümer zueinander wird das private und öffentliche Nachbarrecht dagegen durch das spezifische innergemeinschaftliche Nachbarrecht, wie es § 14 ausgestaltet, als lex specialis verdrängt (→ Rn. 4 mN). Sofern es das generalklauselartige Rücksichtnahmegebot des § 14 Abs. 1 Nr. 2 zu konkretisieren gilt, ist das private ebenso wie das öffentliche Nachbarrecht jedoch von Fall zu Fall wertend – und 9

[65] Dies gilt etwa, wenn ein Wohnungseigentümer aus gesundheitlichen Gründen auf ein Tier angewiesen ist, zB auf einen Blindenhund; vgl. BayObLG NZM 2001, 105; NJW-RR 2002, 226.

[66] BGHZ 99, 90 (93 f.) = NJW 1987, 650; BGHZ 191, 198 Rn. 7 = NJW 2011, 679; OLG Frankfurt NJW-RR 2004, 662 (663); BayObLG NJW-RR 1992, 83 (84).

[67] BGHZ 145, 158 (165 f.) = ZWE 2000, 518; BGHZ 191 Rn. 10 = NJW 2012, 72; BGH NJW 2011, 679 Rn. 8; NZM 2014, 275 Rn. 10.

[68] Krit. auch BeckOGK/*Falkner,* 1.3.2020, § 15 Rn. 92.

[69] Vgl. BGH NZM 2014, 275 Rn. 10.

[70] Vgl. nur Niedenführ/Schmidt-Räntsch/Vandenhouten/*Schmidt-Räntsch* § 15 Rn. 6; Bärmann/*Suilmann* § 10 Rn. 103; s. zudem OLG Frankfurt NZM 2001, 1136 (1137): Recht zum Waschen und Trocknen in der Wohnung. Auch ein vollständiges Verbot des Musizierens dürfte danach nicht vereinbart werden können, wenn und weil das „Haus"-Musizieren eine sozialtypische Wohnverhaltensweise darstellt.

[71] So noch, jeweils den Kernbereich bemühend, um wesentlichen, nicht entziehbaren Inhalt der Nutzung zu bezeichnen, BGHZ 157, 322 (334) = NJW 2004, 937; BGHZ 129, 329 (333) = NJW 1995, 2036; dagegen mit Recht Jennißen/*Schultzky* § 15 Rn. 12; überzeugend nun BGHZ 221, 373 Rn. 13 ff. = NJW 2019, 2083 unter Hinwendung zu verfassungskonformer Auslegung; näher *Lieder* notar 2016, 283 (291).

[72] Zur vormaligen Interpretation des Bezugs auf „Rechte Dritter" BeckOGK/*Falkner,* 1.3.2020, Rn. 44; zur nunmehrigen Rechtslage *Lehmann-Richter/Wobst* WEG-Reform 2020 Rn. 1308, allerdings auf Grundlage wenig überzeugender Annahme, Sondereigentümerbefugnisse folgten aus § 903 BGB; ebenso auch *Hügel/Elzer* Rn. 4.

[73] Vgl. Jennißen/*Schultzky* Rn. 19; Bärmann/*Suilmann* Rn. 36.

[74] BR-Drs. 19/18791, 51, worin sich die „echte" Eigentumsqualität des Sondereigentums ausdrücken soll.

[75] Jennißen/*Schultzky* Rn. 18; Bärmann/*Suilmann* Rn. 21; Riecke/Schmid/*Abramenko* Rn. 19.

zwar als Mindestvorgabe – einzubeziehen;[76] dazu gehören insbesondere das öffentliche Baurecht,[77] aber etwa auch eine Zweckentfremdungssatzung.[78] Zur Disponibilität dieses Schutzes → § 14 Rn. 48.

10 **b) Beschränkungen durch Rechtsgeschäft.** Sofern Nutzungsbestimmungen über die Konkretisierung **„ordnungsmäßiger Benutzung"** des Sondereigentums iSd § 19 Abs. 1 hinausgehen (vgl. vormals § 15 Abs. 2 aF, der den Mehrheitsbeschluss ebenfalls nur im Rahmen des ordnungsgemäßen Gebrauchs zuließ), können sie nur durch **Vereinbarung** (nicht durch Mehrheitsbeschluss) getroffen werden (zu solchen vereinbarten Gebrauchsregelungen, die dann häufig als Zweckbestimmungen im engeren Sinne bezeichnet werden, → Rn. 14 ff.). Dies ist insbesondere dann der Fall, wenn Nutzungsregelungen einen nach § 13 Abs. 1 an sich zulässigen Gebrauch des Sondereigentums verbieten oder einschränken, etwa jede Form der Vermietung, weitergehend auch bereits bei einem Verbot der Vermietung an wöchentlich wechselnde Nutzer,[79] oder etwa der Untersagung der Führung eines Konkurrenzbetriebes,[80] was jeweils über die Regelung des ordnungsmäßigen Gebrauchs hinausgeht. Ein entsprechender Beschluss (der vereinbarungsersetzend wirkte) wäre (weil es nicht an der Beschlusskompetenz überhaupt fehlt) jedoch nur anfechtbar,[81] nichtig dagegen, sofern er vereinbarungsändernd wäre[82] (also Gebrauchsvorgaben im Widerspruch zu einer Gebrauchsvereinbarung statuierte, sofern keine Öffnungsklausel die Beschlusskompetenz begründet). Durch **Mehrheitsbeschluss** (vor allem auch über eine entsprechend beschlossene Hausordnung, vgl. § 19 Abs. 2 Nr. 1) kann in die Benutzung des Sondereigentums daher nur regelnd iSv **konkretisierend** eingegriffen werden, so etwa durch Beschlüsse, die das Musizieren zu bestimmten Tageszeiten verbieten,[83] sofern dies nicht einer allgemeinen Untersagung gleichkommt (dann ist eine Vereinbarung erforderlich), oder aber die zulässige Zahl der Haustiere pro Wohnung festlegen (vgl. → § 18 Rn. 91 f.). Zu Gebrauchsregelungen hinsichtlich des gemeinschaftlichen Eigentums → § 16 Rn. 13 ff.

11 **aa) Zweckbestimmung im weiteren Sinne. (1) Grundtypen der Nutzung.** Die Unterscheidung zwischen Wohnungseigentum (§ 1 Abs. 2) und Teileigentum (§ 1 Abs. 3) hat nach heute weitgehend gefestigter Meinung trotz ihrer systematischen Verortung im Kontext des Aufteilungsaktes keine sachenrechtliche Bedeutung.[84] Wohnungs- und Teileigentum sind in ihrer Rechtsqualität gleichwertig (vgl. § 1 Abs. 6, § 7 Abs. 1, 5),[85] unterscheiden sich aber hinsichtlich ihrer Zweckbestimmung, hier auf Wohnnutzung, dort auf nicht wohnungsmäßige Nutzungen des Sondereigentums gerichtet. Funktional dient die Abgrenzung damit der Unterscheidung zweier in diesem Sinne vereinbarter Nutzungsgrundtypen, allerdings nur in der Grobunterscheidung zwischen (sich im Ausgangspunkt ausschließender) Wohn- und sonstiger Nutzung; es wird mithin nur ein weiter **Gebrauchsrahmen** abgesteckt.[86] Jede Nutzungsart ist innerhalb dieser Dichotomie theoretisch – ohne Schnittmenge[87] – entweder dem Wohnen oder dem Nicht-Wohnen zuordnungsfähig,[88] allein die praktische Abgrenzung bereitet in Grenzfällen nicht selten Schwierigkeiten (etwa im Fall von

---

76 BGH NJW 2007, 3636 Rn. 9; BayObLG NJW-RR 2005, 385 (386); OLG Hamm NZM 2003, 156 (157); *Grziwotz* MietRB 2014, 122 (123); Spielbauer/Then/*Spielbauer* Rn. 16; aA Staudinger/*Kreuzer*, 2018, Rn. 6.

77 S. etwa VG München ZWE 2011, 294.

78 Vgl. AG Bonn BeckRS 2016, 116820: Beeinträchtigung immer, wenn Vermietung unter Verstoß gegen Zweckentfremdungssatzung erfolgt; zust. PWW/*Elzer/Riecke* Vor § 1 Rn. 35; aA LG München I IBRRS 2017, 1933 = ZMR 2017, 325; dazu *Dötsch* IMR 2017, 328.

79 BGHZ 221, 373 Rn. 5 = NJW 2019, 2083; BGH NJW 2010, 3093 Rn. 16 ff.; LG Berlin ZWE 2013, 406: keine Beschlusskompetenz.

80 OLG Hamm NJWE-MietR 1997, 180 (180 f.); vgl. auch BeckOK BGB/*Hügel* WEG § 15 Rn. 14.

81 *Hagen* FS Wenzel, 2005, 201 (210 ff.); Weitnauer/*Lüke* § 15 Rn. 9; BeckOGK/*Falkner*, 1.3.2020, § 15 Rn. 81; aA BeckOK WEG/*Maximilian A. Müller* § 15 Rn. 31.

82 BGHZ 157, 322 = NJW 2004, 937 (940 f.).

83 BGHZ 139, 288 = NJW 1998, 3713 (3714); OLG Frankfurt NZM 2004, 31 (31 f.).

84 BGHZ 216, 333 Rn. 6 = NJW 2018, 41; BGH ZWE 2015, 208 Rn. 10; KG MittBayNot 2008, 209 (210); *Armbrüster/M. Müller* FS Seuß, 2007, 3 (14 f.) = ZWE 2007, 227; *Hügel* FS Bub, 2007, 137 (149) = ZWE 2008, 120; Bärmann/*Armbrüster* § 1 Rn. 28; Staudinger/*Rapp*, 2018, § 1 Rn. 11; Palandt/*Wicke* § 1 Rn. 1; aA OLG Celle ZWE 2001, 33 (33 f.); KG ZWE 2001, 612 (613); *Ott* ZfIR 2005, 129 (131); *Wenzel* ZWE 2006, 62.

85 Vgl. Weitnauer/*Briesemeister* § 1 Rn. 3; BeckOGK/*M. Müller* 1.3.2020, § 1 Rn. 147.

86 Vgl. nur BGHZ 216, 333 Rn. 6, 8 = NJW 2018, 41; BGH NJW-RR 2019, 519 Rn. 12 ff.; s. auch AG Charlottenburg BeckRS 2019, 17268 („Alten-WG") = IMR 2019, 469 mAnm *Hogenschurz;* Bärmann/*Armbrüster* § 1 Rn. 28 f.; Staudinger/*Rapp*, 2018, § 1 Rn. 1; Palandt/*Wicke* § 1 Rn. 1.

87 Jedenfalls dann, wenn der Ausstattung nach an entsprechender Raumeinheit sowohl Wohnungs- als auch Teileigentum begründet werden könnte; BGHZ 216, 333 Rn. 8 ff. = NJW 2018, 41; zust. etwa Soergel/*H.-J. Weber* § 15 Rn. 21; ohne diese Einschränkung *Brückner* ZNotP 2020, 1.

88 BGHZ 216, 333 Rn. 8 = NJW 2018, 41; BeckOK WEG/*Maximilian A. Müller* § 15 Rn. 12.

Appartements in hotelähnlichen Ferienanlagen oder bei heimartig ausgestalteten Unterkünften[89] (→ Rn. 12). Ungeachtet dessen steht es den Wohnungseigentümern frei, für ein und dieselbe Raumeinheit **alternativ**[90] oder gar **kumulativ**[91] die Wohn- und/oder Nicht-Wohnnutzung als zulässige Nutzungsweise zu vereinbaren, etwa dergestalt, dass in einer Raumeinheit Wohnungs- und Praxisräume untergebracht sind. Allerdings bestehen immanente Gestaltungs- bzw. vielmehr **Bezeichnungsgrenzen:** So kann Wohnungseigentum nur an Wohnungen begründet werden, was eine entsprechende baulich-funktionale Eignung der Raumeinheit verlangt;[92] die tatsächliche Nutzung ist demgegenüber in allen Fällen unbedeutend – eine Eigentumswohnung bleibt Wohnungseigentum, auch wenn sie als Büro genutzt werden sollte.

(2) Wohnnutzung. Was unter einer **„Wohnung"** zu verstehen ist, definiert das WEG nicht. 12
Das in Nr. 4 der allgemeinen Verwaltungsvorschrift für die Ausstellung von Bescheinigungen gemäß § 7 Abs. 4 Nr. 2 vom 19.3.1974 zum Ausdruck gebrachte Begriffsverständnis, wonach unter einer Wohnung die Summe der Räume zu verstehen ist, welche die Führung eines Haushalts ermöglichen (wozu insbesondere stets eine Küche oder ein Raum mit Kochgelegenheit gehört, ebenso Sanitäranlagen[93]), gibt schon aufgrund seiner Blickrichtung (Abgeschlossenheit!) keine direkte Antwort auf die Frage,[94] gleichwohl einen Orientierungspunkt,[95] soweit es den übergeordneten Gedanken zum Ausdruck bringt, dass jede Wohnung wegen der **elementaren Lebensbedürfnisse autark** sein soll. Eine dafür nötige **Möglichkeit der Haushaltsführung** fehlt etwa bei **Hotelzimmern,**[96] aber auch bei einzelnen **Studentenapartments,** sofern diese über keine eigene Kochgelegenheit verfügen, sodass jeweils nur die Begründung von Teileigentum in Betracht kommt, in welchem dann auf Grundlage jedenfalls der Zweckbestimmung der Gesamtanlage, meist bereits einer ausdrücklichen dahingehenden Zweckbestimmung im engeren Sinne (→ Rn. 14 ff.) iSd § 13 Abs. 1 „gewohnt" werden darf. Sie fehlt schließlich auch, sofern die autarke bzw. autonome Haushaltsführung durch eine heteronome Organisationsstruktur überlagert wird. Daher ist eine **heimtypische Unterbringung** nur im Teileigentum zulässig.[97] Eine solche wird je nach Art der Einrichtung, aber auch der baulichen Beschaffenheit der Räume, in **Flüchtlings- oder Asylbewerberheimen,** insbesondere Gemeinschaftsunterkünften iSd § 53 AsylG,[98] in **Obdachlosenunterkünften,**[99] aber auch (vor allem aufgrund der hier wesentlich hinzutretenden Betreuungs- und Pflegeleistungen) in **Altenpflegeheimen**[100] (nicht aber bei betreutem Wohnen oder gar häuslicher Pflege,[101] sondern regelmäßig nur bei stationären Pflegeeinrichtungen[102]) typischerweise vorliegen. Jeweils kommt auf den Einzelfall an, wobei verschiedene Kriterien einer Gesamtschau zu unterziehen sind, die insgesamt (um zur Annahme einer heimartigen, nur im Teileigentum zulässigen Struktur zu gelangen) bei einer Schwerpunktbetrachtung entweder die schlichte Unterkunftsnutzung mit der Möglichkeit der selbstbestimmten Ausgestaltung der Haushaltsführung und des häuslichen Wirkungskreises in den Hintergrund treten lässt oder aber die Erbringung von Organisations- und sonstigen Dienst- oder Pflegeleistungen in den Vordergrund rückt.[103]

(3) Sonstige Nutzung. Zu **Teileigentum** erklärte Räume eines Gebäudes dürfen mangels 13
näherer Konkretisierung der Nutzungsart in der Gemeinschaftsordnung im Grundsatz **zu jeglichen,**

[89] BGHZ 216, 333 Rn. 17 ff. = NJW 2018, 41.
[90] BeckOGK/*Falkner,* 1.3.2020, § 15 Rn. 64; Bärmann/*Armbrüster* § 1 Rn. 26.
[91] Staudinger/*Rapp,* 2018, § 1 Rn. 10, Bärmann/*Armbrüster* § 1 Rn. 25.
[92] S. etwa OLG München NZM 2017, 45 Rn. 22; vgl. zudem BGH NJW 2010, 3093 Rn. 15: Wohnungseigentum kann nur an einer Wohnung begründet werden; Niedenführ/Schmidt-Räntsch/Vandenhouten/*Vandenhouten* § 1 Rn. 11.
[93] S. nur BGHZ 216, 333 Rn. 8 = NJW 2018, 41.
[94] S. auch jurisPK-BGB/*Lafontaine* Rn. 11, der eine autonome Begriffsbestimmung nach Sinn und Zweck verlangt.
[95] Vgl. BFH NZM 1999, 186 (186 f.); BVerwGE 9, 277 = BeckRS 1959, 103480; BayObLG FGPrax 2005, 11 (13).
[96] OVG Lüneburg DNotZ 1984, 390; OLG München NJW-RR 2017, 659 Rn. 16 ff.; Bärmann/*Armbrüster* § 3 Rn. 78; Riecke/Schmid/*Schneider* Rn. 31; Niedenführ/Schmidt-Räntsch/Vandenhouten/*Vandenhouten* § 1 Rn. 11; Bärmann/*Armbrüster* § 1 Rn. 16.
[97] Zweifelhaft dagegen, in Hostel „Heimnutzung" zu sehen; so aber LG BeckRS 2019, 17267 Rn. 14.
[98] BGHZ 216, 333 Rn. 19 ff. = NJW 2018, 41; *Brückner* ZNotP 2020, 1 (2); *Schnellbacher* ZWE 2018, 26.
[99] BGH NJW-RR 2019, 519 Rn. 13 ff.; dazu *Schmidt-Räntsch* ZWE 2020, 1 (7).
[100] BGHZ 216, 333 Rn. 20 = NJW 2018, 4; vgl. auch AG Köln ZWE 2013, 129 (130).
[101] BGHZ 216, 333 Rn. 20 = NJW 2018, 41.
[102] Vgl. auch OLG Köln NJW-RR 2007, 87; zust. PWW/*Elzer/Riecke* § 15 Rn. 5.
[103] Vgl. auch die Kriterien in BGHZ 216, 333 Rn. 12 ff. = NJW 2018, 41 m. zust. Anm. *Rapp* notar 2018, 135 (135 ff.); dazu auch *Schnellbacher* ZWE 2018, 26; krit. indes *Kanzleiter* DNotZ 2019, 402 (403 ff.).

nur nicht zu Wohnzwecken dienen. Voraussetzung für die Begründung von Teileigentum ist allein, dass es sich um eine abgeschlossene Raumeinheit dient, die nicht zu Wohnzwecken zu dienen bestimmt ist; auf eine bestimmte bauliche Ausstattung kommt es hier nicht an – auch bei Eignung als Wohnung kann die Nicht-Wohnnutzung vereinbart sein. In Ermangelung einer konkretisierenden Nutzungsvorgabe durch Zweckbestimmung im engeren Sinne ist das Teileigentum insbesondere jedem gewerblichen Gebrauch zugänglich, was für den Teileigentümer vorteilhaft wäre, allerdings zulasten der Miteigentümer ginge, denen gerade daraus Nachteile erwachsen könnten. Zur Zweckentfremdung durch Wohnen im Teileigentum → Rn. 16 ff.

14 **bb) Zweckbestimmung im engeren Sinne.** Zweckbestimmungen im engeren Sinne – ebenfalls Vereinbarungen – konkretisieren (bei hinreichend klar zum Ausdruck gekommenem Regelungswillen)[104] den innerhalb des durch die Einordnung als Wohnungs- bzw. Teileigentum abgesteckten Rahmens **zulässigen Gebrauch,** indem sie diesen Rahmen **verengen** (zB: Nutzung einer Teileigentumseinheit als „Café") oder punktuell **erweitern** (zB: Gestattung der Ausübung einer jeden oder einer spezifisch genannten freiberuflichen Tätigkeit in einer Wohneinheit, ggf. unter der einschränkenden Bedingung der gleichzeitigen Wohnnutzung derselben Einheit durch den freiberuflich tätigen Wohnungseigentümer). Ob und inwieweit der zulässige Gebrauch mittels Zweckbestimmung im engeren Sinne abgesteckt wird, obliegt der Entscheidung der Wohnungseigentümer bzw. dem aufteilenden Eigentümer. – Umstritten, aber wegen des individuellen (und teils divergierenden) Störpotentials einzelner Räume zu bejahen ist die Frage, ob Zweckbestimmungen auch für **einzelne Räume** einer Raumeinheit vereinbart werden können.[105]

15 Sofern eine Nutzungsvorgabe nur im **Aufteilungsplan** (§ 7 Abs. 4 S. 1 Nr. 1) enthalten ist, muss im Einzelfall unter Berücksichtigung der Teilungserklärung und der Gemeinschaftsordnung im Auslegungswege – und zwar objektiv und nächstliegend[106] – ermittelt werden, ob eine verbindliche Zweckbestimmung vorliegt.[107] In der Regel kommt den entsprechenden Eintragungen (etwa eines Architekten) im Aufteilungsplan aufgrund dessen (bloßer) sachenrechtlicher Aufteilungsfunktion nicht dieser Charakter, sondern nur jener eines unverbindlichen Nutzungsvorschlags zu.[108] Anderes mag von Fall zu Fall anzunehmen sein, wenn die Teilungserklärung auf die Nutzungsangaben im Aufteilungsplan (regelnd!)[109] verweist,[110] wobei der **Regelungswille** indiziell fernliegt, wenn ein Bestandsgebäude aufgeteilt und auf die zur Zeit der Aufteilung ausgeübte Nutzung (dann wohl meist nur verdeutlichend) Bezug genommen wird[111] (sodass hier im Zweifelsfall keine Zweckbestimmung vorliegt),[112] wohingegen Raumcharakterisierungen (etwa als Büro oder Gaststätte) bei noch zu errichtenden Gebäuden regelmäßig eher auf einen Regelungswillen schließen lassen. In jedem Fall geht eine in der Teilungserklärung bzw. Gemeinschaftsordnung enthaltene Zweckbestimmung einer widersprechenden Bezeichnung im Aufteilungsplan vor.[113] Bei Widersprüchen zwischen Teilungserklärung und Gemeinschaftsordnung ist im Sinne einer **Auslegungs- bzw. Zweifelregel** die Zweckbestimmung in der sachnäheren Gemeinschaftsordnung (sei sie umfassender oder enger) maßgebend.[114] Weisen Zweckbestimmungen Widersprüche auf, ohne dass über Hierarchieregelungen bzw. den Verweis auf Sachnähe ein Vorrang auszumachen wäre (etwa bei Bestimmung ein und derselben Raumeinheit als einerseits „Büro", andererseits „Laden", jeweils in der Gemeinschaftsordnung), sind

---

[104] BGH NJW-RR 2019, 519 Rn. 19 f.: im Zweifel keine Zweckbestimmung, BGHZ 216, 333 Rn. 29 = NJW 2018, 31.

[105] Soergel/*Schäuble* § 1 Rn. 25; aA BeckOGK/*Falkner,* 1.3.2020, § 15 Rn. 21; regelmäßig werden Angaben im Aufteilungsplan aber insoweit nur als Nutzungsvorschläge zu verstehen sein; vgl. OLG Frankfurt ZWE 2008, 433 (440); OLG Hamm NZM 2007, 294 (295).

[106] BGHZ 216, 333 Rn. 18 mwN = NJW 2018, 41.

[107] BGH NJW-RR 2010, 667 Rn. 7; Bärmann/*Suilmann* § 15 Rn. 23; Jennißen/*Schultzky* § 15 Rn. 15; Weitnauer/*Lüke* § 15 Rn. 13.

[108] BGH NZM 2017, 224 Rn. 17 f.; NJW-RR 2015, 1037 Rn. 6; ZWE 2013, 168 Rn. 5; OLG Karlsruhe ZWE 2017, 90 Rn. 27; Bärmann/*Suilmann* Rn. 27; BeckOK WEG/*Maximilian A. Müller* § 15 Rn. 16; Weitnauer/*Lüke* § 15 Rn. 8; Riecke/Schmid/*Abramenko* § 15 Rn. 3.

[109] Wohl großzügiger *Brückner* ZNotP 2020, 1: „schlichte Bezeichnung" kann genügen.

[110] BGH NZM 2017, 224 Rn. 17 mwN.

[111] BGHZ 216, 333 Rn. 29 = NJW 2018, 41; BGH NJW 2019, 3716 Rn. 8 ff.; BeckOK WEG/*Maximilian A. Müller* § 15 Rn. 17.

[112] BGH NJW-RR 2019, 519 Rn. 19 mwN; *Brückner* ZNotP 2020, 1: in Zweifelsfällen keine Zweckbestimmung.

[113] BGH NJW-RR 2017, 1042 Rn. 13; OLG Frankfurt ZWE 2008, 433 (436); OLG Schleswig ZMR 2008, 990 (991) = NJOZ 2008, 3415; OLG München NJOZ 2007, 4196 (4198); OLG Düsseldorf ZMR 2004, 448 (449) = FGPrax 2003, 202; *Brückner* ZNotP 2017, 364 (366); Jennißen/*Schultzky* § 15 Rn. 16a mwN.

[114] BGH NJW-RR 2017, 1042 Rn. 11; OLG Frankfurt ZWE 2013, 211 Rn. 148; Niedenführ/Schmidt-Räntsch/Vandenhouten/*Schmidt-Räntsch* § 15 Rn. 10.

sie perplex und damit unwirksam; sind die Zweckbestimmungen nur nicht deckungsgleich, aber nicht einander widersprechend, ist im Zweifel die inhaltlich umfassendere Zweckbestimmung ausschlaggebend. Vgl. zum Ganzen auch → § 1 Rn. 2 ff. sowie → § 18 Rn. 63 ff.

cc) Zweckentfremdung. (1) Abweichung von der Zweckbestimmung im weiteren Sinne. Zu weit ginge es, wollte man prinzipiell die **Nutzung** von **Wohnungseigentum** für **berufliche** oder **gewerbliche Zwecke** zulassen, solange diese Nutzungsweise nicht stärker stört, nur weil – sachenrechtlich – zwischen Wohnungs- und Teileigentum keine Wesensverschiedenheit besteht; selbiges gilt umgekehrt für die Frage der Zulässigkeit der Wohnnutzung in einer Teileigentumseinheit (→ Rn. 19). Jeweils kommt es vielmehr auf den Willen des „Vereinbarungsgebers“ an, der gerade auch dahin gehen kann, durch die Zweckbestimmung von Raumeinheiten zu Wohnungseigentum jedwede andere Nutzungsart auszuschließen. Fehlt es an dahingehenden ausdrücklichen Bestimmungen, muss auf einen solchen etwaigen Willen aus dem Bestimmungszweck des Gebäudes wertend geschlossen werden. Versteht sich die Wohnungseigentumsanlage etwa als gewerblich geprägte Teileigentumsanlage, wird eine faktische Umwandlung von gewerblich genutzten Räumen in Wohnräume regelmäßig und nach Maßgabe des durch BGHZ 216, 333 Rn. 8 betonten **Dualismus zwischen Wohnungs- und Teileigentumsnutzungsformen** (→ Rn. 11) unzulässig sein, weil die Wohnnutzung prinzipiell mit andersgelagerten Störungsarten verbunden ist,[115] es sei denn, die Zweckbestimmung des Gebäudes ließe einen der Wohnnutzung gleichwertigen störenden Gebrauch zu.[116] 16

Spiegelbildlich wird man in einer alleinig dem („exklusiven“) Wohnen dienenden Anlage in der Wohnnutzung regelmäßig die einzige zulässige Nutzungsart erblicken können; allenfalls zulässig dürfte dann eine berufliche Mitbenutzung der Wohnräume sein, sofern diese nicht nach außen wahrnehmbar ist, so etwa, wenn die zu Wohnungseigentum bestimmte Raumeinheit als Atelier für einen Kunstmaler oder als Büro für einen Schriftsteller dient. Eine **Arztpraxis** wird bei einer solchen Zweckbestimmung und überhaupt bei einer reinen Wohnanlage regelmäßig nicht zuzulassen sein,[117] wenn und weil typischerweise unzumutbare Belastungen durch gesteigerten Publikumsverkehr entstehen.[118] Aber auch hier sind die Einzelfallumstände heranzuziehen, um auf den hypothetischen Willen der Wohnungseigentümer zu schließen. So wird es etwa auf die erhebliche Patientenfrequenz oder besonders intensiven Lärm (etwa bei einer psychotherapeutischen Gruppentherapie, einer Kinderarztpraxis[119] oder einer Tierarztpraxis[120]) ankommen, aber auch auf den Zuschnitt des Gebäudes und den Charakter der Umgebung, sodass für eine reine Wohnanlage in ruhiger Umgebung strengere Maßstäbe gelten dürften als für eine Anlage im Stadtzentrum, die von vornherein für die gemischtwirtschaftliche Benutzung konzipiert ist. 17

Weitere **Kasuistik:** Der Betrieb einer **Krankengymnastikpraxis,**[121] **Naturheilpraxis**[122] oder **Psychotherapiepraxis**[123] jeweils moderaten Zuschnitts wird häufig als **zulässige Nutzungsweise** im Wohnungseigentum betrachtet werden können, nicht mehr aber, sofern sich die Wohnungseigentumsanlage ihrerseits durch einen besonders kleinen Zuschnitt auszeichnet.[124] Dienstleistungen durch **Anwälte,**[125] **Architekten,**[126] **Steuerberater** oder **Wirtschaftsprüfer**[127] sind anhand ähnlicher Kriterien zu bewerten und dürften damit in der Regel als zulässige Nutzungsweisen im Wohnungseigentum einzustufen sein, falls nicht das besondere Gepräge des Gebäudes oder die Organisation der Leistungserbringung anderes ergeben. Auch wird es darauf ankommen, ob die gewerblich zu nutzenden Räume in einem abgetrennten Gebäudeteil mit separatem Eingang lokalisiert sind 18

---

[115] Vgl. auch BGH NJW-RR 2019, 519 Rn. 17 ff.; ZWE 2011, 396 (397); s. aber auch BGH NZM 2018, 754 Rn. 7 ff. = MittBayNot 2018, 548 mAnm *Kanzleiter;* großzügiger, jedenfalls im Ansatz (wohl weniger iErg) *Kanzleiter* DNotZ 2019, 402 (403 ff.).

[116] Vgl. den Fall BayObLG FGPrax 2005, 11.

[117] BayObLG ZWE 2000, 521 = BeckRS 2000, 30123401.

[118] Jennißen/*Schultzky* § 15 Rn. 29; Niedenführ/Schmidt-Räntsch/Vandenhouten/*Schmidt-Räntsch* § 15 Rn. 13.

[119] OLG Düsseldorf FGPrax 1996, 16: Praxisnutzung in Büroräumen unzulässig; großzügiger womöglich Jennißen/*Schultzky* § 15 Rn. 29; Niedenführ/Schmidt-Räntsch/Vandenhouten/*Schmidt-Räntsch* § 15 Rn. 13.

[120] Vgl. OLG München FGPrax 2005, 147 zu einer unzulässigen Nutzung einer Wohnung als Tierarztpraxis.

[121] *Sauren* § 15 Rn. 12K; Staudinger/*Kreuzer,* 2018, § 15 Rn. 17.

[122] AG München ZWE 2014, 363, wegen geringeren Patientenaufkommens; aA LG München I ZWE 2016, 85 (86): Nutzung einer 2,5-Zimmer-Wohnung zum Betrieb stört stärker als reine Wohnnutzung.

[123] OLG Düsseldorf FGPRax 1998, 95 = BeckRS 1998, 335: bei einer Praxis, in der keine psychiatrischen Patienten behandelt werden, sei Patientenbesuch hinzunehmen.

[124] LG Frankfurt a.M. ZWE 2018, 319 zur Psychotherapiepraxis.

[125] Staudinger/*Kreuzer,* 2018, § 15 Rn. 17.

[126] KG NJW-RR 1995, 333 (334).

[127] BayObLG ZMR 1999, 186 = BeckRS 1998, 9019.

und welche ärztlichen Leistungen erbracht werden.[128] (Zu Fragen zulässiger **Vermietungsformen** im Wohnungseigentum → Rn. 21.) Regelmäßig stärker störend und daher **unvereinbar mit der Zweckbestimmung „Wohnen"** sind demgegenüber ein **lärmerzeugender Betrieb,** wie etwa eine Druckerei; gleiches gilt für die Ausübung von **Prostitution,** zumal die Verwendung eines Wohnungseigentums für solche Zwecke den Verkaufs- und Mietwert der anderen Wohnungen herabmindern dürfte. Unzulässig wird auch der Betrieb einer Intensiv-Pflegestation sein,[129] ebenso – auch unter Einbeziehung der Wertungen des § 22 Abs. 1a BImSchG – die Betreuung mehrerer Kleinkinder von 7.00–19.00 Uhr im Rahmen einer Kindertagesstätte,[130] nicht aber jene von nur zwei Kindern,[131] insbesondere im Rahmen der Nachbarschaftshilfe.[132] Zur Unzulässigkeit des Betriebes von **Flüchtlings- oder Asylbewerberheimen** sowie **Obdachlosenunterkünften** im Wohnungseigentum, jeweils sofern heimartig strukturiert, → Rn. 12 mN; fehlt es an dieser Organisationsstruktur, kann Wohnungseigentum aber auch als **Asylbewerber- und Aussiedlerunterkunft** dienen,[133] jedenfalls sofern keine Überbelegung gegeben ist[134] und die Belegung nicht ununterbrochen wechselt.[135] Erweist sich danach eine zweckentfremdende Nutzung als getragen von der erweitert ausgelegten Zweckbestimmung, bleibt konkret gestörten Wohnungseigentümern freilich unbenommen, einzelne Übermaßbeeinträchtigungen über **§ 14 Abs. 2 Nr. 1** sowie **§ 1004 Abs. 1 BGB** abzuwehren (→ § 14 Rn. 27), allerdings mit dem Ziel der Einstellung der konkreten Störungen, nicht der Nutzungsart als solcher.[136]

19 **(2) Abweichung von der Zweckbestimmung im engeren Sinne.** Wird **Teileigentum** im Widerspruch zu einer konkretisierenden **Zweckbestimmung im engeren Sinne** genutzt, gilt auch hier, dass eine andere Nutzungsweise zulässig ist, wenn sie für die anderen Eigentümer nicht mit erhöhtem Störungspotential einhergeht. Der Kreis zulässiger Nutzungen wird daher zu eng gezogen, wenn in erster Linie auf sprachliche Gesichtspunkte und damit den Wortlaut der Gemeinschaftsordnung zurückgegriffen wird. Es genügt mithin nicht, zur Begründung der Unzulässigkeit einer gastronomischen Nutzung in einer als **„Laden"** bestimmten Raumeinheit darauf zu verweisen, eine Gastwirtschaft sei kein „Laden",[137] weil in einem solchen der Charakter der bloßen Verkaufsstätte im Vordergrund stehe.[138] Zur Begründung ist vielmehr darauf abzustellen, ob sich die (im Beispiel: gastronomische) Nutzung von dem typischerweise mit einer „Ladennutzung" einhergehenden Störpotential zulasten der anderen Eigentümer entfernt, etwa aufgrund gesteigerten oder jedenfalls anders gelagerten Lärms, aber auch wegen fehlender Ladenschlusszeiten, wobei insoweit aber landesrechtliche Freigaben der Ladenöffnungszeiten (auf die durch eine Zweckbestimmung als „Laden" regelmäßig jedenfalls stillschweigend dynamisch verwiesen worden sein dürfte) in Rechnung zu stellen sind.[139] Auch hier ist daher jeweils unter Berücksichtigung der Lage und Eigenart des Gebäudes zu entscheiden, welche abweichenden Nutzungsweisen zulässig und welche unzulässig sind.[140]

20 **Unzulässig** sind damit nach der reichhaltigen **Kasuistik** in einem „Laden" der Betrieb einer **Eisdiele**[141] (sofern mit Bestuhlung und damit für einen „Laden" ungewöhnlichen Nutzung der Außenflächen einhergehend, wohl nicht aber bei einer bloßen Eisverkaufsstelle „über den Tresen"),

---

[128] OLG Düsseldorf FGPrax 1998, 95 = BeckRS 1998, 835: psychologische Einzelpraxis zulässig.
[129] AG Köln ZWE 2013, 129 (130).
[130] BGH NJW-RR 2012, 1292 Rn. 7 f.: bei Erbringung von Betreuungsdienstleistungen gegenüber Dritten in Form einer Pflegestelle für bis zu fünf Kleinkinder; vgl. auch LG Köln ZWE 2012, 185.
[131] AG Bonn ZWE 2018, 212: Kindertagespflege mit zwei bis drei Kindern typisierend betrachtet keine größere Beeinträchtigung als Wohnnutzung; AG Konstanz ZWE 2016, 222: Tagespflege von max. drei Kindern zulässig.
[132] Zutr. *Abramenko* IMR 2012, 377.
[133] KG NJW 1992, 3045; LG Braunschweig ZWE 2016, 258.
[134] OLG Stuttgart NJW 1992, 3046, wonach sich die Belegung einer Wohneinheit mit Aussiedlern im zulässigen Rahmen hält, wenn in etwa ein Richtwert von zwei Personen je Zimmer und eine Verweildauer nicht unter einem halben Jahr eingehalten wird.
[135] OLG Hamm WE 1992, 135; LG Koblenz ZWE 2017, 133 (134), zur Unterbringung von Asylbewerbern in einer Studentenwohnanlage; darauf ebenfalls abstellend OLG Stuttgart NJW 1992, 3046 (3047).
[136] BGH ZWE 2011, 78 (78 f.); NZM 2020, 667 Rn. 31, 33; Jennißen/*Schultzky* § 15 Rn. 19.
[137] In diese Richtung aber BayObLG Rpfleger 1980, 349 = MittBayNot 1981, 291 Ls.
[138] BGHZ 223, 305 Rn. 21 = NZM 2020, 107; BGH NZM 2020, 667 Rn. 11; 2015, 787 Rn. 22, aber offenlassend, ob bestimmte Arten von Gaststätten auch bei Zweckbestimmung als „Laden" zulässig sind; in diese Richtung auch, aber wohl zu weitgehend, BayObLGZ 1980, 154 (159), wonach „Laden" nur als Verkaufsstelle zu verstehen sei.
[139] Dies ausdrücklich offenlassend BGH NJW 2016, 53 Rn. 22 mwN.
[140] Vgl. etwa Jennißen/*Schultzky* § 15 Rn. 48.
[141] BGHZ 223, 305 Rn. 20 ff. = NZM 2020, 107; dazu *Suilmann* MietRB 2020, 91 (95).

eines **Office- und Partyservices**[142] oder eines **Restaurants**[143] (jedenfalls, sofern auch außerhalb der für einen Laden typischen Öffnungszeiten, insbesondere zur Nachtzeit, Störungen für die Bewohner der Anlage zu erwarten stehen), eines **Spielsalons,**[144] eines **Wettbüros,**[145] aber auch die **Wohnnutzung**[146] (zur Wohnnutzung näher → Rn. 12), **zulässig** sind unter Umständen dagegen der Betrieb eines **muslimisches Glaubenszentrums**[147] oder jener eines **Weinlokals;**[148] einzupreisen bei der Bewertung der Zulässigkeit zweckentfremdeter Nutzung sind auch Ausstrahlungswirkungen solcher Bestimmungen, die Ausdruck allgemeiner Rechtsgedanken sind, wie etwa die durch § 22 Abs. 1a S. 1 BImSchG vermittelte Privilegierung von Kindergeräuschen, weshalb diese nicht als solche ein erhöhtes Störpotential begründen können, woraus sich die Zulässigkeit von **Kindertageseinrichtungen,** ja gar von Eltern-Kind-Zentren, ergibt, falls diese ähnlich strukturiert sind und die durch § 22 Abs. 1a S. 1 BImSchG privilegierten Angebote nicht in den Hintergrund rücken.[149] Weitere Kasuistik bei → § 18 Rn. 70 ff.

4. Vermietung des Sondereigentums. a) Vermietungsformen im Wohnungs- und Teileigentum. Wie in § 13 Abs. 1 als Beispiel ausdrücklich erwähnt, ist der Wohnungseigentümer zur Vermietung der in seinem Sondereigentum stehenden Raumeinheit befugt. Ist die Raumeinheit dem Wohnen gewidmet (→ Rn. 12), bewegt sich auch die kurzfristige Vermietung an (wöchentlich oder gar täglich wechselnde) **Feriengäste**[150] innerhalb der Zweckbestimmung – gleiches muss für sonstige Formen der Deckung vorübergehenden Unterkunftsbedarfs, etwa für **Boardinghouse-Benutzer,**[151] gelten, aber auch für **„Medizintouristen",**[152] welche die Grenze zur nur im Teileigentum zulässigen gewerblichen Nutzung jeweils nicht überschreiten, solange nur in der Raumeinheit „gewohnt" wird,[153] gleichviel, durch wen und ob dauerhaft oder nicht.[154] Auch an Asylbegehrende bzw. Geflüchtete kann Wohnungseigentum zweckbestimmungskonform vermietet werden,[155] ungeachtet der vorübergehenden Natur der Unterbringung, solange nur keine heimartige Organisationsstruktur hinzutritt (→ Rn. 12). Ausgehend vom Dualismus zwischen Wohn- und Nicht-Wohnnutzung (→ Rn. 16) impliziert diese Qualifikation zugleich, dass entsprechende Vermietungsformen im Teileigentum unzulässig sind.[156] Jeweils kommt es darauf an, welche Nutzung in der Raumeinheit unmittelbar erfolgen soll; so darf ein zu Teileigentum erklärter Gewerberaum nicht zu Wohn-, sondern regelmäßig allein zu gewerblichen Zwecken vermietet werden.[157] 21

b) Vermietungsbeschränkungen. aa) (Teil-)Ausschluss. Regelungsspielraum besteht, da das Vermietungsrecht (gleichviel, ob zur kurzfristigen oder langfristigen Vermietung) kein absolut unentziehbares (unverzichtbares) Individualrecht der jeweiligen Wohnungseigentümer ist (→ Rn. 8 mwN; strenger bei → § 10 Rn. 16).[158] Vorsorge kann daher insbesondere gegen das mit **Kurzzeit-** 22

---

[142] OLG Hamburg ZMR 2003, 770 = BeckRS 2004, 01378.

[143] OLG Celle NJOZ 2003, 2937 (2937 f.); LG Berlin ZWE 2019, 124.

[144] BayObLG NJW-RR 1990, 594 (595), das die Zweckbestimmung „Ladenräume" für unvereinbar mit der Einrichtung einer Spielhalle hält; LG München I ZMR 2012, 482 = BeckRS 2012, 87085 unter Verweis auf erhöhte Kriminalitätsgefahr.

[145] AG Offenbach ZWE 2014, 214 (215); AG München ZMR 2013, 667 = IBBRS 2013, 3622.

[146] BGH NJW-RR 2018, 1227 Rn. 7 ff. = MittBayNot 2018, 548 m. krit. Anm. *Kanzleiter.*

[147] OLG Frankfurt ZWE 2013, 211 (212).

[148] AG Bremen ZMR 2013, 749 = IBBRS 2013, 4450, unter Verweis auf die landesrechtliche Freigabe von Ladenöffnungszeiten.

[149] BGH NZM 2020 667 Rn. 18.

[150] BGHZ 221, 373 Rn. 5 = NJW 2019, 2083; BGHZ 216, 333 Rn. 10 = NJW 2018, 41; BGH NJW 2010, 3093 Rn. 15 ff.

[151] Vgl. etwa, für ein „Boardinghouse" für arabische Benutzer, AG München ZMR 2016, 321 = BeckRS 2016, 7892; aA OLG Saarbrücken NZM 2006, 588 (589): Wohneinheit darf nicht zu „Boardinghouse"-Zwecken vermietet werden.

[152] Vgl. LG München I ZWE 2016, 264 (265 ff.); Jennißen/*Schultzky* § 15 Rn. 28; diese Vermietungsform als „grenzwertig" im Wohnungseigentum einstufend Staudinger/*Kreuzer,* 2018 Rn. 14.

[153] Eine Wohnnutzung iSd § 3 Abs. 2 Nr. 1 BauNVO, § 4 Abs. 2 Nr. 1 BauNVO liegt darin freilich nicht; vgl. auch OVG Berlin-Brandenburg NVwZ-RR 2016, 650 (651).

[154] Krit. jurisPK-BGB/*Lafontaine* Rn. 70; BeckOGK/*Falkner,* 1.3.2020, § 15 Rn. 71 ff.

[155] Vgl. etwa LG Braunschweig ZWE 2016, 258 (259 f.), wo auf Basis eines Gruppenvertrags mit einem Land die Unterbringung von Flüchtlingen in den Räumlichkeiten der Wohnungseigentümergemeinschaft erfolgte.

[156] BGHZ 216, 333 Rn. 10 = NJW 2018, 41: im Umkehrschluss ist eine solche Nutzung in Teileigentumseinheiten, die die Anforderung an eine Wohnung erfüllen, im Grundsatz unzulässig.

[157] Vgl. auch Spielberger/Then/*Spielberger* Rn. 6.

[158] Offenlassend, ob vollständiges Vermietungsverbot von Vereinbarungsfreiheit gedeckt ist, BGH NJW 2019, 2085 Rn. 17; befürwortend etwa BeckOK WEG/*Maximilian A. Müller* Rn. 77; Palandt/*Wicke* § 19 Rn. 26.

vermietungen verbundene Störungs- und damit Konfliktpotential (insbesondere, sofern in modernen Spielarten betrieben, wie bei plattformbasierten Vermittlungsarten [zB „Airbnb"]) durch Vereinbarungen in der Gemeinschaftsordnung getroffen werden, vornehmlich durch Untersagung oder zumindest Beschränkung der (näher definierten) Ferien- bzw. Kurzzeitvermietung insgesamt[159] oder in speziellen Spielarten. Schweigt die Gemeinschaftsordnung, kann ein Mehrheitsbeschluss indes nicht korrigierend eingreifen, auch nicht, sofern die Gemeinschaftsordnung eine allgemein gefasste Öffnungsklausel enthält – denn das Vermietungsrecht wird zur Effektuierung des Minderheitenschutzes mit Recht zur Kategorie der **relativ unentziehbaren („mehrheitsfesten") Individualrechte** gezählt, die nur mit Zustimmung aller (nicht nur der im konkreten Fall betroffenen,[160] dh aktuell vermietenden bzw. vermietungswilligen) Wohnungseigentümer entzogen oder eingeschränkt werden können;[161] es genügt damit nicht, dass sich ein entsprechender Mehrheitsbeschluss in Ausnutzung der Öffnungsklausel auf einen **sachlichen Grund** stützen kann.[162] Der Eingriff kann auch nicht über die Figur des „antizipierten Einverständnisses" legitimiert werden, sofern Grundlage des Mehrheitsbeschlusses eine allgemein gehaltene Öffnungsklausel ist; werden aber (daher in ihrer Belastungswirkung abschätzbare!) Vermietungsbeschränkungen ausdrücklich in den Anwendungsbereich der Öffnungsklausel einbezogen oder wird eine **spezifisch hierauf bezogene Öffnungsklausel** geschaffen, rechtfertigt eine solche einen darauf gestützten, auf Vermietungsbeschränkung gerichteten Beschluss[163] (→ Rn. 8). Wird einer Vermietungsbeschränkung zuwider vermietet, verstößt der vermietende Sondereigentümer damit gegen seine Legalitätspflicht aus § 14 Abs. 1 Nr. 1 (ausführlich → § 14 Rn. 8), der Mietvertrag bleibt aber wirksam[164] (auch die „verdinglichte" Vereinbarung hat keine absolute Wirkung; → § 14 Rn. 23 f.).

23 **bb) Zustimmungsvorbehalt.** Ein weniger einschneidendes zulässiges Instrument zur unkontrollierten Vermietung liegt darin, diese (durch Vereinbarung, nicht durch Mehrheitsbeschluss) von der **Zustimmung anderer Wohnungseigentümer oder eines Dritten,** insbesondere des **Verwalters,** abhängig zu machen.[165] Entsprechend anwendbar ist hierauf die Bestimmung des § 12 Abs. 2 S. 1,[166] jedenfalls der darin enthaltene Rechtsgedanke, weshalb die Zustimmung nur aus wichtigem Grund und damit bei zu befürchtender unzumutbarer Beeinträchtigung der anderen Wohnungseigentümer durch die konkret geplante Vermietung (im Hinblick vor allem auf die Person des Mieters, die Art der Nutzung, aber auch die Belegungszahl) versagt werden darf; ein Versagungsgrund liegt ferner vor, wenn der Zustimmungsberechtigte die Vermietung pauschal (ohne ihm verbleibende Einzelfallprüfung) gestatten soll, wie bei einer begehrten Vermietung einer Ferienwohnung an ständig wechselnde Feriengäste[167] oder aber einer „Zwischenvermietung" an eine Gemeinde, die ihrerseits die angemieteten Raumeinheiten Asylbewerbern überlassen will.[168] Es überspannte indes die Analogiebildung, sofern nicht nur – als zwingendes Recht – das Erfordernis des wichtigen Grundes, sondern auch die Definitionshoheit darüber, was ein „wichtiger Grund" sein soll, der Vereinbarungsfreiheit entzogen würde. – Ein Zustimmungsvorbehalt wirkt trotz der punktuellen Analogie zu § 12 Abs. 2 S. 1 nicht dergestalt dinglich, dass ein ohne Zustimmung geschlossener Mietvertrag schwebend unwirksam wäre, bis die Zustimmung vorliegt.[169] Hat ein Wohnungseigentümer ohne erforderliche Zustimmung vermietet, so können weder die Gemeinschaft der Wohnungseigentümer noch die Wohnungseigentümer selbst gegen den Mieter etwas unternehmen, solange sich dieser nicht Störungen zuschulden kommen lässt (vgl. zur Abwehr von Störungen durch Mieter → § 14 Rn. 22 ff.).

---

159 Formulierungsbeispiel bei *Falkner* in Weber KölnFormB WEG Kap. 3 Rn. 95.

160 So aber noch BGH NJW 2015, 549 Rn. 15; *Blankenstein* ZWE 2016, 197 (202 ff.); Jennißen/*Schultzky* Rn. 25; Jennißen/*Hogenschurz* § 14 Rn. 4 b; jurisPK-BGB/*Lafontaine* Rn. 12.

161 BGH NJW 2019, 2083 Rn. 17.

162 AA *Kümmel* ZMR 2010, 381 (382); *Briesemeister* NZM 2011, 146 (149); wie die hM aber etwa *Hügel/Elzer* Rn. 28.

163 Offenlassend BGH NJW 2019, 2083 Rn. 19 mwN.

164 Statt vieler Weitnauer/*Lüke* § 15 Rn. 21, wonach es in diesem Fall zu einer Pflichtenkollision in der Person des vermietenden Sondereigentümers kommt; näher → § 14 Rn. 18.

165 BGHZ 37, 203 = NJW 1962, 1613 (1614); OLG Frankfurt NJW-RR 2005, 1604 (1605); *Fritz/Schacht* NZM 2008, 155; *Hügel/Elzer* Rn. 31.

166 OLG Köln NZM 2002, 258 (25); BayObLG WuM 1992, 278; NJW-RR 1988, 17; AG Koblenz ZWE 2016, 412; Staudinger/*Kreuzer*, 2018, § 10 Rn. 178; aA *Ehmann* ZWE 2016, 342 (349); *Schledorn* ZWE 2018, 330: Willkürverbot.

167 BayObLGZ 1982, 9 (13 f.).

168 LG Koblenz ZWE 2016, 412 (413) mAnm *Ehmann*.

169 BGHZ 37, 203 = NJW 1962, 1613; *Ehmann* ZWE 2016, 414 (415); *Wüsthoff* ZMR 2014, 421 (424); BeckOK WEG/*Maximilian A. Müller* Rn. 88.

c) Vermietungspflicht. Denkbarer Vereinbarungsinhalt ist eine Verpflichtung zur Vermietung[170] (mit korrespondierendem, total oder partiell ausgestaltetem Selbstnutzungsverbot), die sich als zweckmäßig und in diesen Fällen auch als zulässig erweisen kann,[171] wenn anderenfalls der wirtschaftliche Zweck einer Spezialimmobilie (wie im Fall einer Hotel- und Ferienanlage[172] mit Kapitalanlageinteresse der jeweiligen Wohnungseigentümer) nicht erreicht würde.[173] Üblich ist es hier, unter vereinbarter Delegation der Verwaltungsaufgabe hinsichtlich des Sondereigentums[174] die Vermietungs- oder Verpachtungspflicht zugunsten einer (gebündelt untervermietenden, durch Mehrheitsbeschluss konkret bestimmbaren) **Betreibergesellschaft**[175] oder einer sich aus den jeweiligen Wohnungseigentümern (Beitrittspflicht!) zusammensetzenden, daher beteiligungsidentischen (Außen-)GbR[176] zu begründen, die mitunter indes nicht „isoliert" zwecks direkter Vermietung an multiple Dritte errichtet wird, sondern (ggf., aber nicht zwingend, konkludent begründet)[177] neben die Betreibergesellschaft tritt, an welche sie gebündelt (regelmäßig als Erstmieterin, nicht als Eigentümerin etwa in sie eingebrachten Wohnungseigentums) zur Weitervermietung vermietet, wobei es verschiedene Erscheinungsformen solcher der Risikodiversifikation dienenden **„Mietpool"-Konstruktionen** gibt.[178] Die **Gemeinschaft der Wohnungseigentümer** kann überdies aber auch selbst als **Vermieterin** fremden Sondereigentums (der jeweiligen Wohnungseigentümer) auftreten (gerade auch zwecks Vermietung an eine als gewerbliche Zwischenmieterin auftretende Betreibergesellschaft); ihre Rechtsfähigkeit ist jedenfalls nunmehr ausweislich § 9a Abs. 1 S. 1 nicht mehr auf die Verwaltung des Gemeinschaftseigentums „beschränkt", sodass sich vormalige Bedenken an dieser Konstruktion mit Blick auf das Außenverhältnis zu den jeweiligen Mietern erledigt haben dürften;[179] im Innenverhältnis muss der Gemeinschaft der Wohnungseigentümer (und damit dem Verwalter) freilich durch Vereinbarung die Verwaltungsaufgabe hinsichtlich des jeweiligen Sondereigentums übertragen worden sein; zur Verteilung der Mieterträge in diesem Fall → § 16 Rn. 2 ff. – Eine Mischform aus Gebrauchsbeschränkung und -gebot ist im Fall einer dem **„betreuten Wohnen"** gewidmeten Anlage anzutreffen,[180] sofern die Benutzung des Sondereigentums Personen mit einem Mindestalter oder einer näher konkretisierten Pflege- oder Betreuungsbedürftigkeit vorbehalten bleibt[181] – weist der Sondereigentümer diese Merkmale auf, kann er selbst nutzen, anderenfalls hat er an entsprechende Personen zu vermieten. 24

d) Einwirkungspflicht des Vermieters. Der Sondereigentümer hat darauf **hinzuwirken,** dass die Mieter bei der Benutzung der Räume die gleichen **Beschränkungen einhalten,** wie sie für den Wohnungseigentümer zum Tragen kämen, wenn er die Wohnung selbst benutzte; diese Einwirkungspflicht war vormals in § 14 Nr. 2 aF festgeschrieben – sie gilt auch nach Streichung dieser Bestimmung im Grundsatz fort, allerdings basierend auf einem nunmehr geänderten rechtlichen Fundament, das sich aus dem Gedanken der Legalitätssicherungspflicht entwickeln lässt; hierzu und zum davon zu unterscheidenden eigenen Pflichtenkreis des Mieters wird auf die Ausführungen bei → § 14 Rn. 17 ff. verwiesen. 25

e) Mitgebrauchsrecht am Gemeinschaftseigentum. Schweigt der Wortlaut des Mietvertrages hierzu, wird ein auf die Vermietung der im Sondereigentum stehenden Raumeinheit gerichteter 26

170 BGH NJW 2007, 213 Rn. 15; *Rapp* MittBayNot 2012, 432 (433); *Heinemann* MietRB 2013, 365 (367); *Hügel/Elzer* Rn. 15.

171 BayObLG NJW-RR 1999, 739 (740); 1988, 1163 f.; krit. *Lüke* ZWE 2004, 291 (292).

172 Für ein Muster einer Ferienhausanlage BeckFormB WEG/*H. Müller* D.X.

173 Vgl. BFH NJW-MieR 1997, 286 (287): zulässig, Vermietungsbefugnis auf einheitliche Vermietung an einen bestimmten Mieter zu beschränken; BayObLG NJW-RR 1988, 1163 für Ferienparkanlage.

174 AA (weil das WEG keine Vereinbarungen über die Verwaltung des Sondereigentums kenne), allerdings im Lichte des § 10 Abs. 1 S. 2 nicht überzeugend, Niedenführ/Schmidt-Räntsch/Vandenhouten/*Schmidt-Räntsch* § 15 Rn. 8; wie hier aber BayObLGZ NJW-RR 1996, 1037 (1037 f.); BeckOGK/*Falkner,* 1.3.2020, § 15 Rn. 36.2.

175 Vgl. etwa für die Vermietung an den Betreiber eines Seniorenstiftes OLG Karlsruhe OLGR 2004, 214 = IBRRS 4885; *Schmidt* ZWE 2000, 506 (508 f.); s. weiterhin *Burgmaier* ZWE 2020, 319 (313).

176 Zu dieser Variante etwa *Drasdo* in Bärmann/Seuß WE-Praxis § 7 Rn. 86; Muster bei *Falkner* in Weber KölnFormB WEG Rn. 1141; BeckFormB WEG/*H. Müller* D.XI.

177 AA OLG München ZWE 2012, 130; jurisPK-BGB/*Lafontaine* § 10 Rn. 53; wie hier (gegen Automatismus) BayObLG NJW-RR 1999, 737 (740); BeckOGK/*Falkner,* 1.3.2020, § 15 Rn. 37 f.

178 *Drasdo* ZfIR 2014, 613 (617); ausf. zum Vermietungspool *Drasdo* NZM 2017, 652; *Schmid* GuT 2011, 485.

179 S. jedoch die Bedenken bei *Elzer* ZWE 2009, 12 (13 f.); BeckOK WEG/*Maximilian A. Müller* Rn. 46; wie hier Guhling/Günter/*Kazele* § 15 Rn. 4.

180 Zu Anlagen zwecks „betreuten Wohnens" *Burgmaier* ZWE 2020, 313; *Rapp* notar 2013, 359; *Forst* RNotZ 2003, 292; *Heinemann* MittBayNot 2002, 69; *Elzer* ZNotP 2019, 110.

181 Vgl. BGH NJW 2007, 213 (215); 2019, 1280 Rn. 24; weiterhin *Drasdo* in Bärmann/Seuß WE-Praxis § 7 Rn. 37 ff.; BeckOGK/*Falkner,* 1.3.2020, § 15 Rn. 35 ff.

Vertrag implizit zugleich eine **Ausübungsüberlassung hinsichtlich des Mitgebrauchsrechts** des vermietenden Wohnungseigentümers am **Gemeinschaftseigentum** (§ 16 Abs. 1 S. 3; → § 16 Rn. 7) enthalten,[182] und zwar nicht nur hinsichtlich solcher Grund- und Gebäudeteile, die den Zugang zur Mietsache vermitteln, sondern regelmäßig auch hinsichtlich der Gemeinschaftseinrichtungen (zB Fahrradkeller). Dies gilt trotz ersatzloser Streichung des § 14 Nr. 2 aF weiterhin, dem entnommen werden konnte, dass der Gesetzgeber von einer grundsätzlichen Berechtigung des Mieters zur Mitbenutzung des Gemeinschaftseigentums – in den vor allem durch Vereinbarungen und Beschlüssen abgesteckten Gebrauchsgrenzen des vermietenden Wohnungseigentümers (zu anderenfalls greifenden Unterlassungsansprüchen → § 14 Rn. 22 f.) – ausgegangen ist.[183] Denn das Recht, das Mitgebrauchsrecht aus § 16 Abs. 1 S. 3 dem Mieter zu überlassen, ist als Ausfluss der (unverändert gebliebenen) Vermietungsbefugnis nach § 13 Abs. 1 zu verstehen,[184] die sich zwar formal nur auf das Sondereigentum bezieht, aber verkümmerte, so sie nicht mit einer Befugnis zur Überlassung der Ausübung des Mitgebrauchsrechts am Gemeinschaftseigentum einherginge; faktisch ist die Ausübungsüberlassungsbefugnis damit Bedingung der Möglichkeit der Vermietung der Raumeinheit.

III. Bauliche Maßnahmen

27 **1. Grundlagen. a) Legitimierender Mehrheitsbeschluss.** § 13 Abs. 2 normiert die Voraussetzungen der Zulässigkeit baulicher Maßnahmen am Sondereigentum, beschränkt sich aber im Zeichen der weitestgehenden Harmonisierung des Rechts baulicher Veränderungen (am Sonder- wie am Gemeinschaftseigentum) mit einer **modifizierten Verweisung** auf § 20, der sich mit den Voraussetzungen baulicher Veränderungen am gemeinschaftlichen Eigentum befasst (zum Normzweck → Rn. 1). Bislang wurde die Entscheidung über die Durchführung einer baulichen Maßnahme am Sondereigentum, die nicht in das Gemeinschaftseigentum übergriff (dann: § 22 aF), alleinig als solche des Sondereigentümers eingestuft und damit normativ bei § 13 Abs. 1 und dort als Unterform des freien Gebrauchsrechts[185] verortet; hierzu zählten etwa (und zählen immer noch) die Entfernung von Tapeten, nicht tragender Wände oder auch des Bodenbelags bis zum Estrich.[186] Grenzen zog § 14 Nr. 1 aF,[187] falls die bauliche Maßnahme (dh der durch sie herbeigeführte dauerhafte Zustand!) zu einem Nachteil führte, der für die anderen Wohnungseigentümer über das bei einem geordneten Zusammenleben unvermeidliche Maß hinausging, allerdings nicht im Sinne eines Präventivschutzes – vielmehr konnte (nur) nachträglich die Beseitigung der baulichen Maßnahme verlangt werden;[188] ein Beschluss über bauliche Maßnahmen am Sondereigentum war dagegen (grundsätzlich)[189] als nichtig einzustufen.[190] Nunmehr bedürfen bauliche Maßnahmen am Sondereigentum nach der gesetzlichen Regel zwingend eines Beschlusses, regelmäßig eines **Gestattungsbeschlusses** (→ Rn. 41), es sei denn, aus ihnen würde – im gesetzlichen Ausnahme-, wenngleich praktischen Regelfall – keinem anderen Wohnungseigentümer ein über das bei einem geordneten Zusammenleben unvermeidliche Maß hinausgehender Nachteil erwachsen (= Maßnahmen ohne **„Übermaßnachteil"**). – Die Notwendigkeit, mit Ausnahme von Maßnahmen ohne jeden Übermaßnachteil iSd Abs. 2 bauliche Maßnahmen am Sondereigentum durch Mehrheitsbeschluss gestatten zu lassen, führt dazu, dass die Wohnungseigentümer über die bevorstehende Maßnahme umfassend informiert werden; einem positiven Mehrheitsbeschluss kommt sodann **Legitimationswirkung** hinsichtlich der erhaltungsübersteigenden Maßnahme zu. Zur Legitimationswirkung und zum Beschlusserfordernis näher → Rn. 48. Die **Kosten** der Umsetzung der erhaltungsübersteigenden Maßnahme trägt alleinig der betroffene Sondereigentümer; als selbstverständlicher Ausdruck seiner auf sein Sondereigentum bezogenen Verwaltungslast ist diese Kostentragungspflicht im Gesetz unerwähnt geblieben.[191] Sie

[182] BGH ZWE 2020, 328 Rn. 35; NJW 2011, 2717 Rn. 21; OLG Düsseldorf NJWE-MietR 1996, 254 zur Nutzungsüberlassung an einem Sondernutzungsrecht hinsichtlich eines Stellplatzes; KG ZWE 2016, 21 (22); vgl. etwa auch Jennißen/*Schultzky* Rn. 27; Spielbauer/Then/*Spielbauer* Rn. 6; *Hügel/Elzer* Rn. 21.

[183] Zu diesem Argument etwa Jennißen/*Schutzky* Rn. 27; BeckOGK/*Falkner,* 1.3.2020, Rn. 66; BeckOK WEG/*Maximilian A. Müller* Rn. 41.

[184] BeckOK WEG/*Maximilian A. Müller* Rn. 41; Bärmann/*Suilmann* Rn. 38.

[185] OLG Hamm NZM 2007, 294 (295); Jennißen/*Schultzky* Rn. 46.

[186] Vgl. etwa Riecke/Schmid/*Abramenko* § 22 Rn. 28.

[187] BGH NZM 2017, 328 Rn. 9; LG Halle ZWE 2010, 48 (49); Riecke/Schmid/*Abramenko* § 22 Rn. 5.

[188] Vgl. OLG Düsseldorf NJW-RR 2008, 681 (682); BeckOGK/*Falkner,* 1.3.2020, Rn. 49.

[189] Für den Sonderfall optischer Ausstrahlung auf Gemeinschaftseigentum galt über eine Analogie zu § 22 anderes; BGH NZM 2017, 328 Rn. 19 ff.; näher → Rn. 32.

[190] BGH NJW 2013, 3092 Rn. 14; NJW-RR 2014, 527 Rn. 6; OLG Düsseldorf NZM 2002, 443 (443 f.); LG Itzehohe ZWE 2020, 98 Rn. 9; Soergel/*Schäuble* § 22 Rn. 6; Jennißen/*Hogenschurz* § 22 Rn. 2; demgegenüber suggerieren *Lehmann-Richter/Wobst* WEG-Reform 2020 Rn. 1223 die Möglichkeit eines Gestattungsbeschlusses losgelöst von § 13 Abs. 2.

[191] Vgl. nur *Lehmann-Richter/Wobst* WEG-Reform 2020 Rn. 1236.

greift ausnahmslos, selbst dann, wenn dem Bauwilligen im Ausnahmefall die erhaltungsübersteigende Maßnahme nicht gestattet, sondern deren Durchführung von der Gemeinschaft der Wohnungseigentümer übernommen wird (→ Rn. 41).

b) Dispositivität. Abs. 2 ist durch Vereinbarung – nicht durch Beschluss, es sei denn auf der Grundlage einer spezifischen Öffnungsklausel – ausweislich § 10 Abs. 1 S. 2 **abdingbar,** weil eine ausdrückliche Bestimmung von Dispositionsgrenzen fehlt, und zwar generell oder für einen speziellen Fall, in Gänze oder beschränkt auf einzelne Tatbestands- oder Rechtsfolgenelemente. So kann etwa das jedenfalls prima vista formalistisch anmutende **Erfordernis eines Mehrheitsbeschlusses trotz Einverständnisses** der durch die bauliche Veränderung beeinträchtigten Wohnungseigentümer womöglich zur Effektuierung der Verwaltungshoheit der jeweiligen Sondereigentümer unzweckmäßig sein und vor diesem Hintergrund **abbedungen** werden. Weitergehend steht es den Wohnungseigentümern frei, einen legitimierenden **Mehrheitsbeschluss** gänzlich – auch bei fehlendem Einverständnis beeinträchtigter Wohnungseigentümer – für **obsolet** zu erklären; dies entbände den bauwilligen Sondereigentümer von der formalen Pflicht, nur auf Grundlage eines legitimierenden Beschlusses die erstrebte Veränderung des Sondereigentums durchzuführen, nicht aber von der (ihrerseits im Hinblick auf das zu duldende Störungsmaß konkretisierbaren) Grenze des § 14 Abs. 2 Nr. 1, womit letztlich insoweit wieder der frühere Rechtszustand hergestellt würde. Die Vorteile einer etwaigen positiven Beschlussfassung gingen hierdurch indes verloren. – Von grundsätzlichen Eingriffen in die Struktur des Tatbestandes bzw. dessen vollständiger Abbedingung oder Modifikation sind **punktuelle Erleichterungen** erhaltungsübersteigender Maßnahmen am Sondereigentum zu unterscheiden, etwa zugunsten bestimmter Wohnungseigentümer (vgl. auch → § 20 Rn. 30). Die Vereinbarung konkreter erhaltungsübersteigender Maßnahmen ersetzt insoweit – allgemeinen wohnungseigentumsrechtlichen Prinzipien der Rechtsakthierarchie entsprechend – das Beschlusserfordernis. Dies gilt auch, wenn der aufteilende Eigentümer als autarker Normgeber entsprechende Vereinbarungen alleine trifft und diese durch Grundbucheintragung zum dinglichen Inhalt des Sondereigentums erhebt (vgl. § 8 Abs. 2 iVm § 5 Abs. 4 iVm § 10 Abs. 3 S. 1). Zu Vorratsbeschlüssen → Rn. 46. – In umgekehrter Richtung kann der **Individualschutz** der durch Baumaßnahmen beeinträchtigten Wohnungseigentümer auch **verstärkt** werden, insbesondere, indem die Möglichkeit genommen wird, mit Mehrheitsentscheidung iSd § 20 Abs. 1 die Baumaßnahme gegen den Willen beeinträchtigter Wohnungseigentümer zu gestatten. Auch sind die Privilegierungen des § 20 Abs. 2 sowie jene des § 20 Abs. 3 ihrerseits disponibel, wenngleich eine diese abbedingende Vereinbarung kaum einmal zweckgerecht sein wird. Dass § 20 Abs. 2 grundrechtliche Wertungen einfach gesetzlich ausformt, steht seiner Disponibilität nicht entgegen. Auch § 20 Abs. 4 ist durch Vereinbarung abdingbar. Sein Sinn liegt zwar im Minderheitenschutz; doch darf aus dieser Schutzrichtung nicht für sich genommen auf einen unabdingbaren Status der Bestimmung geschlossen werden.[192] 28

2. Tatbestand: erhaltungsübersteigende Maßnahmen. a) Negativabgrenzung. aa) Erhaltungsmaßnahmen. § 13 Abs. 2 enthält als negatives Tatbestandsmerkmal baulicher Maßnahmen eine Klammerdefinition der sog. **„Erhaltung",** die als Oberbegriff für ordnungsgemäße Instandhaltungs- und Instandsetzungsmaßnahmen verstanden wird. Es gilt damit zwischen Erhaltungs- und sonstigen Maßnahmen abzugrenzen, um über die Frage der Eröffnung des **tatbestandlichen Anwendungsbereichs** des § 13 Abs. 2 iVm § 20 zu entscheiden, gehört doch die Erhaltung zur ordnungsgemäßen Verwaltung, die in Bezug auf das gemeinschaftliche Eigentum § 19 Abs. 2 Nr. 2, in Bezug auf das Sondereigentum der Verwaltungskompetenz jedes einzelnen Sondereigentümers als Ausfluss seiner Eigentümerrechte und damit § 13 Abs. 1 unterfällt (→ Rn. 3). Unter die sonstigen, nicht der Erhaltung zugehörigen Maßnahmen fallen sämtliche **Maßnahmen, die über die Erhaltung „hinausgehen",** mithin nicht nur der Bewahrung des bisherigen Zustandes des Sondereigentums (etwa durch Reparaturen oder die Ersetzung unbrauchbar gewordener Gegenstände) dienen, sondern vielmehr über den bisherigen Soll-Zustand hinausgehen (sinngemäß zum Begriff der Erhaltung → § 16 Rn. 19 f.). 29

Keine reinen Erhaltungsmaßnahmen und damit jedenfalls partiell § 13 Abs. 2 unterfallende bauliche Maßnahmen am Sondereigentum (= erhaltungsübersteigende Maßnahmen) sind hingegen die vormals unter dem Begriff der **modernisierenden Instandsetzungsmaßnahmen** (§ 22 Abs. 3 aF) und damit im Bereich ordnungsgemäßer Verwaltung verorteten sinnvollen Modernisierungen des Bestehenden. Auch wenn diese Verortung in § 22 Abs. 3 aF nur klarstellend zu verstehen war,[193] wird die Privilegierung der modernisierenden Instandsetzungsmaßnahmen nunmehr – im Einklang 30

[192] AA *Hügel/Elzer* § 20 Rn. 188: Abs. 2–4 nach Sinn und Zweck unabdingbar; diese Sichtweise verträgt sich indes kaum mit § 10 Abs. 1 S. 2.

[193] BT-Drs. 16/887, 32; Bärmann/*Merle* § 22 Rn. 367; BeckOGK/*Karkmann,* 1.3.2020, § 22 Rn. 198.

mit den dies nahelegenden Gesetzesmaterialien[194] – jedenfalls hinsichtlich des Gemeinschaftseigentums für obsolet gehalten, weil nach § 20 Abs. 1 über jedwede erhaltungsübersteigende Maßnahme mit einfacher Mehrheit beschlossen werden kann.[195] Diese Sichtweise kann allerdings schon für das Gemeinschaftseigentum nach dem bei → § 16 Rn. 20 Gesagten nicht vollständig überzeugen, ist doch vielmehr zwischen dem Erhaltungs- und dem baulichen Veränderungselement der modernisierenden Erhaltungsmaßnahme zu unterscheiden. Im selbigen Sinne wird theoretisch hinsichtlich des Sondereigentums § 13 Abs. 2 nur (aber immerhin!) insoweit greifen, als das bauliche Veränderungselement in Rede steht. Methodisch begründbar, weil eine Neudefinition dessen fehlt, was unter ordnungsgemäßer Erhaltung zu fassen sein soll, wäre es freilich auch, wenn man es jedenfalls für den Bereich des Sondereigentums bei der früheren Einordnung unter die Erhaltungskategorie belassen wollte (so generell → § 19 Rn. 14 ff.). Hiergegen spricht aber unter Wertungsgesichtspunkten, dass es dann gerade bei diesen privilegierungswürdigen Maßnahmen im Fall fehlenden Einverständnisses benachteiligter Wohnungseigentümer keine zwingende Notwendigkeit eines nach Bestandskraft Rechtssicherheit schaffenden Mehrheitsbeschlusses iSd § 20 Abs. 1 gäbe. Auch bestünde bei einem Einverständnis beeinträchtigter Wohnungseigentümer kein Anspruch auf gestattenden Beschluss (iSd § 20 Abs. 3), sodass der Vorteil der korporativen Wirkung der Legitimierung der Maßnahme entfiele (→ Rn. 48). Dieser Sichtweise steht nicht entgegen, dass es nach altem Recht die Figur der modernisierenden Instandsetzung des Sondereigentums (!) nicht gab, weil sich durch den Verweis auf § 20 insoweit die Prämissen geändert haben und ein Gleichklang sachgerecht erscheint.

31 **bb) Bauliche Veränderungen (am Gemeinschaftseigentum).** Ausgegrenzt aus dem Tatbestand des § 13 Abs. 2 sind jedwede erhaltungsübersteigenden Maßnahmen, die das Gemeinschaftseigentum betreffen und mit der Klammerdefinition in § 20 Abs. 1 als **„bauliche Veränderungen"** (→ § 20 Rn. 20 ff.) bezeichnet werden. Ob § 13 Abs. 2 oder § 20 zur Anwendung gelangt, verlangt mithin eine vorherige Klärung der Frage, welche **Eigentumssphäre** von der Maßnahme betroffen wird, wofür (jedenfalls bei Substanzeingriffen) auf § 5 abgestellt werden kann (→ § 20 Rn. 29). In den häufigen Fällen der **Berührung beider Eigentumssphären,** zB, weil die Maßnahme am Sondereigentum in das Gemeinschaftseigentum hinübergreift,[196] stellt sich die Konkurrenzfrage. Bei der mangels anderer Anhaltspunkte im Gesetz gebotenen formalen Betrachtung bedarf es in diesen Fällen **zweier Gestattungsbeschlüsse,**[197] allerdings nur, wenn auch hinsichtlich beider Eigentumssphären der jeweilige Soll-Zustand einer Veränderung unterworfen wird. Eine ebenfalls denkbare Schwerpunktbetrachtung erschiene dagegen wenig überzeugend, schon wegen hiermit verbundener Bewertungsschwierigkeiten. Überdies lassen sich die erhaltungsübersteigenden Maßnahmen mit Betroffenheit beider Eigentumssphären regelmäßig in Einzelmaßnahmen unterteilen, die unschwer rechtlich dem jeweils einschlägigen Tatbestand zuzuordnen sind, so etwa im Fall eines geplanten Austauschs des Fußbodens, wo klar zwischen Maßnahmen am Fußbodenbelag (hierfür: § 13 Abs. 2) und dem darunter liegenden Gemeinschaftseigentum (hierfür: § 20) unterschieden werden kann. Schon bisher hatte die Rspr.[198] für solche bauliche Maßnahmen im Bereich des Sondereigentums, die mit einer **optischen Ausstrahlungswirkung** auf den Gesamteindruck des Gebäudes (und damit das Gemeinschaftseigentum) einhergingen, die Vorschriften des § 22 Abs. 2 und 3 aF entsprechend herangezogen (vgl. auch → Rn. 39). Diese **Analogiebildung erübrigt sich** nun aufgrund fortgefallener Regelungslücke,[199] weil auch derartige bauliche Maßnahmen vom Sondereigentum ausgehen und damit von der Spezialbestimmung des § 13 Abs. 2 erfasst werden (wohl auch → § 20 Rn. 30), deren Anwendung freilich im Ergebnis aufgrund des Verweises auf § 20 keine Ergebnisdivergenz mit sich bringt, falls nicht die in § 13 Abs. 2 verankerte Ausnahme vom Erfordernis des

---

[194] BR-Drs. 168/20, 76, wonach eine „modernisierende Instandsetzung – wie jede bauliche Veränderung – mit einfacher Mehrheit" beschlossen werden könne.

[195] So *Dötsch/Schultzky/Zschieschack* WEG-Recht 2021 Kap. 6 Rn. 39 und Kap. 4 Rn. 12; Bärmann/Pick/*Emmerich* Anh. I § 21 Rn. 4; iErg auch Palandt/*Wicke* § 19 Rn. 11 f.; aA *Hügel/Elzer* § 19 Rn. 72, die von einem Redaktionsfehler ausgehen und modernisierende Erhaltungsmaßnahmen vollständig dem Bereich baulicher Veränderungen entziehen wollen.

[196] Für Beispiele s. BeckOGK/*Falkner,* 1.3.2020, Rn. 48; vgl. auch *Hügel/Elzer* Rn. 11, 74, die jedoch zu stark auf den baulichen Realakt abstellen, wenn sie § 20 für (unmittelbar!) einschlägig halten, sofern die bauliche Veränderung des Sondereigentums in das gemeinschaftliche Eigentum „eingreift".

[197] AA wohl, aber die Konkurrenzfrage letztlich nicht beantwortend, *Lehmann-Richter/Wobst* WEG-Reform 2020 Rn. 1225, wonach § 13 Abs. 2 „eigenständige Bedeutung" nur dort haben soll, wo eine Baumaßnahme allein das Sondereigentum betreffe, da anderenfalls § 20 bereits unmittelbar zur Anwendung gelange; iErg insoweit wie hier aber *Hügel/Elzer* Rn. 74.

[198] BGH NJW 2017, 2184 Rn. 16 ff.; hierzu etwa Bärmann/*Merle* § 22 Rn. 8a.

[199] IErg ebenso *Dötsch/Schultzky/Zschieschack* WEG-Recht 2021 Kap. 4 Rn. 7.

Gestattungsbeschlusses zum Tragen kommt. Die Ausstrahlungsfälle waren bisher selten, werden aber – was den Regelungsbedarf begründet hat – im Lichte der nunmehrigen Sondereigentumsfähigkeit wirtschaftlich nebensächlicher Freiflächen (vgl. § 3 Abs. 2) zunehmen. Übermaßbeeinträchtigungen iSd § 13 Abs. 2 auslösen und damit das Beschlusserfordernis begründen können werden bauliche Maßnahmen auf diesen Freiflächen regelmäßig aber nur bei den auch schon zuvor über die Analogiebildung erfassten Fällen der Veränderung des optischen Gesamteindrucks oder spezifischen Immissionen, die von Anlagen bzw. Einrichtungen auf den Freiflächen ausgehen.[200] Zur Vereinbarung der Zulässigkeit potentiell beeinträchtigender baulicher Maßnahmen → Rn. 28, zum prophylaktischen Gestattungsbeschluss → Rn. 49.

b) Maßnahme. aa) „Bauliche" Maßnahme. Der Tatbestand der erhaltungsübersteigenden Maßnahme ist für sich genommen wenig spezifisch und erklärt sich erst, wenn zugleich der Tatbestand des § 20 mit in den Blick genommen wird: Es geht um „bauliche" Maßnahmen;[201] dieser durch den Gesetzeswortlaut verdunkelte Zusammenhang erklärt sich vor dem Hintergrund des (wenig sinnhaften) Bestrebens des Gesetzgebers, den Begriff der „baulichen Veränderung" für jene Maßnahmen zu reservieren, die über Erhaltungsmaßnahmen am gemeinschaftlichen Eigentum hinausgehen (zur Negativabgrenzung zu Erhaltungsmaßnahmen → Rn. 29 f.).[202] Indem freilich § 20 unter den Begriff der „baulichen Veränderung" sämtliche über die Erhaltung hinausgehenden Maßnahmen fassen will, bleibt auch dort (und damit mittelbar bei § 13 Abs. 2) bei bloßer Wortlautbetrachtung unklar, ob das Adjektivattribut **„baulich"** noch einen **eigenständigen Gehalt** im Sinne einer tatbestandlichen Voraussetzung für die Eröffnung des Anwendungsbereichs des § 20 und damit des § 13 Abs. 2 hat. Das wird man nur mit Einschränkungen bejahen können, da die Klammerdefinition der „baulichen Veränderung" nur auf das Überschreiten bloßer Erhaltungsmaßnahmen abstellt, eine eigentlich „bauliche" Tätigkeit (im Sinne einer tatsächlichen, handwerklich-technischen Veränderung oder Neuschaffung von Gebäudeteilen, Anlagen, Einrichtungen oder des Grundstücks selbst) aber nicht verlangt.[203] Die bisherigen, zu § 22 aF entwickelten Grundsätze können aber im Übrigen insoweit in sinngemäßer Anwendung fortgelten, als unter einer baulichen Maßnahme jedenfalls nur **auf Dauer angelegte Veränderungen des Errichtungszustandes**[204] zu verstehen sein sollten, mithin solche, die nicht nur vorübergehend von der Bewahrung des vor allem im Aufteilungsplan definierten oder sich nach Durchführung zulässiger anderweitiger baulicher Veränderungen ergebenden Zustands abweichen und damit über die Erhaltung des Status quo bzw. des derzeit maßgeblichen Soll-Zustands hinausgehen. 32

Für den **Ausgangs- als Vergleichszustand** maßgebend ist in diesem Rahmen in erster Linie die Teilungserklärung bzw. der Teilungsvertrag, jeweils unter Zuhilfenahme des (für den Soll-Zustand „innerhalb" der Sondereigentumsraumeinheit indes häufig wenig aussagekräftigen) Aufteilungsplans (§ 7 Abs. 4 S. 2 Nr. 1), weiterhin die Baugenehmigung mitsamt zugehöriger Baupläne, überdies die Baubeschreibung, indes nur, sofern sie als Anlage zur Aufteilung mitbeurkundet wurde,[205] nicht aber (weil lediglich das schuldrechtliche Verhältnis des aufteilenden Eigentümers zu den Erwerbern betreffend), wenn sie – im praktischen Ausnahmefall – lediglich Eingang in die jeweiligen Erwerbsverträge gefunden hat.[206] Sämtlichen Wohnungseigentümern (auch künftigen) muss erkennbar sein, von welchem Störungspotential sie in Bezug auf fremdes Sondereigentum auszugehen haben. Bau- 33

[200] Zutr. *Lehmann-Richter/Wobst* WEG-Reform 2020 Rn. 1729 f., die damit davon ausgehen, dass alle Baumaßnahmen, die auf Freiflächen-Gemeinschaftseigentum nach § 22 Abs. 1, § 14 Nr. 1 aF keiner Zustimmung einzelner Wohnungseigentümer bedurften, künftige durch Freiflächen-Sondereigentümer ohne vorherige Beschlussfassung vorgenommen werden können.

[201] Ebenso *Dötsch/Schultzky/Zschieschack* WEG-Recht 2021 Kap. 4 Rn. 8.

[202] Zu diesem gesetzgeberischen Motiv bei der Wahl der Terminologie *Lehmann-Richter/Wobst* WEG-Reform 2020 Rn. 1228.

[203] So bereits zutr. zu § 22 aF etwa Soergel/*Schäuble* Rn. 5; vgl. nun auch *Lehmann-Richter/Wobst* WEG-Reform 2020 Rn. 971 ff., wonach sogar der „Nicht-Bau" bauliche Veränderung sein kann, wenn eine nach dem bisherigen Soll-Zustand zu bauende Anlage nunmehr nicht mehr gebaut werden soll; aA *Dötsch/Schultzky/Zschieschack* WEG-Recht 2021 Kap. 4 Rn. 9.

[204] Von Veränderung des Errichtungszustandes spricht BeckOK WEG/*Elzer* § 22 Rn. 8; von Veränderung des Status quo *J.-H. Schmidt* in Bärmann/Seuß WE-Praxis § 12 Rn. 22; von Neudefinition des Ist-Zustandes sprechen gleichsinnig *Lehmann-Richter/Wobst* WEG-Reform 2020 Rn. 970; vgl. auch Palandt/*Wicke* § 20 Rn. 2: „Vergleichszustand".

[205] Vgl. auch BGH NZM 2016, 523 Rn. 12 mAnm *Elzer,* wonach Bauplänen nur Bedeutung zukommen können soll, wenn der Aufteilungsplan keine Aussage trifft; weiterhin BGH ZWE 2016, 79 Rn. 9 ff.; *J.-H. Schmidt* in Bärmann/Seuß WE-Praxis § 12 Rn. 22; vgl. näher *J.-H. Schmidt* ZWE 2017, 238 (241 ff.).

[206] Letzteres in Bezug auf das gemeinschaftliche Eigentum offenlassend BGH NJW-RR 2018, 1165 Rn. 17 f. mN zum Streitstand; abl. etwa Staudinger/*Lehmann-Richter,* 2018, § 21 Rn. 161, wobei sich die abl. Position auf das Gemeinschaftseigentum bezieht.

vertragliche Sonderwünsche einzelner Erwerber gegenüber einem aufteilenden Bauträger sind nach diesen Grundsätzen in den Ausgangszustand einzupreisen, wenn sie ihrerseits wohnungseigentumsrechtlich zulässig umgesetzt wurden, wobei in Rechnung zu stellen ist, dass auch der aufteilende Bauträger nach Entstehen der Gemeinschaft der Wohnungseigentümer an die Vorgaben des § 13 Abs. 2 gebunden ist (→ Rn. 45), falls er nicht hiervon befreit wird. – Nicht entscheidend nach dem Gesagten ist, ob gerade Gebäudeteile verändert werden; auch die nachträgliche Veränderung **unbebauter Grundstücksteile** kann als bauliche Maßnahme eingestuft werden, was Bedeutung für zu Sondereigentum erklärte Freiflächen (§ 3 Abs. 2) hat. – Im Einzelnen kann zur näheren Konturierung des Begriffs der baulichen Maßnahme auf die entsprechend geltenden Ausführungen bei § 20 verwiesen werden (→ § 20 Rn. 20 ff.).

34 **bb) Kein Erfordernis des Substanzeingriffs.** Keinen zwingenden Rückschluss erlaubt weder der Wortlaut des § 13 Abs. 2 noch jener des in Bezug genommenen § 20 Abs. 1 auf die Streitfrage, ob eine bauliche Maßnahme einen **Substanzeingriff** verlangt.[207] Aufgrund des bei → Rn. 32 aufgeführten Befundes liegt es indes nahe, mit einer bereits zu § 22 aF entwickelten gewichtigen Ansicht in instanzgerichtlicher Rspr. und Lit. auf das Erfordernis eines Eingriffs in die Bausubstanz des Sondereigentums bzw. nunmehr auch: eines substanziellen Eingriffs in die Freiflächen iSd § 3 Abs. 2 zu verzichten,[208] und allein für ausschlaggebend zu halten, ob die erhaltungsübersteigende Maßnahme zu einer **dauerhaften Veränderung** des Sondereigentums führt, und zwar verglichen mit dem bisherigen Sollzustand (→ Rn. 33). Diese Lesart des § 13 Abs. 2 iVm § 20 Abs. 1 entspricht bei einer Zusammenschau besser dem Wortlaut, da § 20 Abs. 1 die „bauliche Veränderung" als (jedwede) „Maßnahme" definiert, die über die Erhaltung hinausgeht. Damit unterfallen § 13 Abs. 2 richtigerweise etwa auch die Fälle der (umgestaltenden) Änderung der Beschaffenheit des Gartens (wie im Fall der Entfernung das optische Gesamtbild der Anlage prägender Bäume[209]), sofern innerhalb einer zu Sondereigentum erklärten Freifläche iSd § 3 Abs. 2 belegen, im Einzelfall ebenso – unter selbiger Voraussetzung – das (auf Dauer angelegte) Aufstellen von Sandkästen, Schaukeln[210] oder Whirlpools.[211] Unstrittig nicht als erhaltungsübersteigende Maßnahmen sind vorübergehende Veränderungen einzustufen, die als Ausdruck des Gebrauchmachens vom Sondereigentum weiterhin allein § 13 Abs. 1 unterfallen; für die nähere Konturierung der Begriffe der Umgestaltung und der auf Dauer angelegten Veränderungen gelten die Ausführungen bei § 20 entsprechend (→ § 20 Rn. 20 ff.).

35 **c) Übermaßnachteil. aa) Grundsätzliches.** Ein legitimierender Mehrheitsbeschluss ist ausweislich § 13 Abs. 2 nur vonnöten, sofern mindestens ein anderer Wohnungseigentümer durch die erhaltungsübersteigende Maßnahme einen Nachteil erleidet, der über das bei einem geordneten Zusammenleben unvermeidliche Maß hinausgeht (hier verkürzt „Übermaßnachteil" genannt). Es handelt sich um einen **unbestimmten Rechtsbegriff,** dessen Konkretisierung nach Maßgabe des Gesetzeszwecks, aber auch unter Berücksichtigung der Bedürfnisse der im Interessenstreit befindlichen Wohnungseigentümer zu erfolgen hat. Obgleich das enge nachbarschaftliche Verhältnis eine Rücksichtnahme auf die Bedürfnisse der jeweils anderen Wohnungseigentümer verlangt, darf das Vorliegen eines – jeweils konkreten und objektiven – Übermaßnachteils nicht allzu großzügig angenommen werden; geringe, kaum spürbare oder gar nur abstrakt befürchtete Beeinträchtigungen reichen jedenfalls nicht aus, ebenso wenig subjektive Befindlichkeiten.[212]

36 **bb) Störungspotential des geänderten Soll-Zustands.** Entscheidend muss es auf Grundlage tatrichterlicher Würdigung in einer Einzelfallbetrachtung darauf ankommen, ob sich ein **„verobjektivierter" Wohnungseigentümer,** dh ein vernünftig denkender Durchschnittseigentümer, in entsprechender Lage durch die erhaltungsübersteigende Maßnahme, und zwar zuvörderst durch den

---

207 Für das Erfordernis eines Substanzeingriffs bei § 20 Abs. 1 kann nicht die beiläufige Aussage bei BGH NZM 2010, 46 Rn. 19 angeführt werden; offengelassen bei BGHZ 157, 322 (325 f.) = NJW 2004, 937; dezidiert für dieses Erfordernis aber, ausdrücklich auch zu § 13 Abs. 2, *Hügel/Elzer* Rn. 75; *Dötsch/Schultzky/Zschieschack* WEG-Recht 2021 Kap. 4 Rn. 9.

208 Vgl. OLG Hamburg ZMR 2005, 394 = BeckRS 2005, 02403, wonach dies außer Zweifel stehe; vgl. auch LG Hamburg NJOZ 2004, 1127 (1130): bauliche Veränderung auch ohne bauliche Tätigkeit im engeren Sinne und ohne Eingriff in die Bausubstanz möglich; *Schuschke* ZWE 2000, 146 (147); Jennißen/*Hogenschurz* § 22 Rn. 3a.

209 OLG Schleswig WuM 2007, 587 = BeckRS 2007, 15920; OLG Köln NZM 1999, 623 (623 f.); OLG Düsseldorf NJW-RR 1994, 1167 (1168); vgl. zudem auch LG Berlin ZWE 2016, 467; LG Hamburg ZWE 2014, 45; Riecke/Schmid/*Abramenko* § 22 Rn. 27.

210 Zu Schaukel sowie Sandkasten LG Frankfurt a.M. ZWE 2015, 183; vgl. auch Bärmann/*Merle* Rn. 97.

211 LG Stuttgart ZWE 2016, 416; Bärmann/*Merle* Rn. 117a.

212 Vgl. etwa BayObLG NJW-RR 1992, 150 (151); Bärmann/*Merle* § 22 Rn. 178.

hierdurch erreichten, neu bestimmten Soll-Zustand, dh durch das hiermit verbundene **modifizierte Störungspotential,** mehr als nur ganz unerheblich beeinträchtigt fühlen würde.[213] Auf Störungen durch den bloßen **Akt der Durchführung der Maßnahme** kommt es für das Vorliegen eines Übermaßnachteils im hier in Rede stehenden Kontext demgegenüber im Ausgangspunkt nicht entscheidend an.[214] Dessen ungeachtet darf der Wohnungseigentümer freilich eine ihm gestattete erhaltungsübersteigende Maßnahme nicht auf eine Weise durchführen, die mit einem Übermaßnachteil (etwa durch exzessiven, in dieser Form vermeidbaren Baulärm) für andere Wohnungseigentümer einhergeht. Derartige Übermaßnachteile sind abwehrfähig, über § 14 Abs. 2 Nr. 1 auch individuell durch in ihrem Sondereigentum Gestörte.

cc) Störungspotential des Durchführungsakts. Eine Abweichung zu dem bei → Rn. 36 Gesagten gilt, wenn die erhaltungsübersteigende Maßnahme nur (dh zwingend) auf eine Weise durchgeführt werden kann, die (im Rahmen ihrer Durchführung) mit Übermaßnachteilen für andere einhergeht. In diesem Fall der **zwingenden Übermaßbenachteiligung** durch den Akt der Umsetzung der baulichen Maßnahme muss auch dieser Nachteil genügen, um das Beschlusserfordernis des § 13 Abs. 2 iVm § 20 Abs. 1 auszulösen. Wird die bauliche Maßnahme durch Mehrheitsbeschluss dennoch gestattet, sind die Einwirkungen als notwendige und unvermeidbare Folge der Beschlussumsetzung nach § 14 Abs. 2 Nr. 2 zu dulden, weil über den Gestattungsbeschluss mitlegitimiert; erweisen sie sich als unzumutbar, gewährt § 14 Abs. 3 einen aufopferungsähnlichen Ausgleichsanspruch. 37

dd) Grundrechtliche Wertungen. In den verobjektivierten Maßstab fließen auch Wertungen der Grundrechte (insbesondere jene der Art. 3 Abs. 3 S. 2 GG;[215] Art. 5 Abs. 1 GG[216] sowie Art. 14 Abs. 1 GG[217]) ein, und zwar sowohl auf Seiten des bauwilligen als auch des potentiell beeinträchtigten Wohnungseigentümers;[218] damit kann bei wertender Betrachtung ein Übermaßnachteil iSd § 13 Abs. 2 im Ausnahmefall bereits deshalb entfallen, weil die gebotene Rücksichtnahme auf die Interessen des bauwilligen Wohnungseigentümers unter Einbeziehung einschlägiger grundrechtlicher Wertungen nach Gesamtabwägung der widerstreitenden Interessen den Ausschlag gibt. Die Konkretisierung des Übermaßnachteils darf freilich nicht die **Wertungen des § 20 Abs. 2** unterlaufen; die dort aufgeführten Privilegierungen, vor allem jene des § 20 Abs. 2 Nr. 1 (Art. 3 Abs. 3 S. 2 GG) und Nr. 3 (Art. 14 Abs. 1 GG), sind nämlich teils selbst Ausfluss gesetzgeberischer Rücksichtnahme auf grundgesetzliche Wertungen – gleichwohl führt die Einschlägigkeit eines Privilegierungstatbestandes nicht zum Entfallen eines Übermaßnachteils, sondern allein zum Anspruch auf Fassung eines Gestattungsbeschlusses (§ 13 Abs. 2 iVm § 20 Abs. 2). Daher darf nicht etwa prinzipiell (sondern jeweils nur in Abhängigkeit vom im Einzelfall zu ermittelnden Störungspotential) der Bau einer behindertengerechten Rampe auf zu Sondereigentum erklärten Freiflächen (§ 3 Abs. 2) unter Verweis auf Art. 3 Abs. 3 S. 2 GG zum Ausschluss eines Übermaßnachteils und damit zum Entfallen der Beschlussnotwendigkeit führen. Selbiges gilt für den behindertengerechten, allein das Sondereigentum betreffenden Umbau einer Wohneinheit. – Der aus solchen Umständen dem umbauwilligen Wohnungseigentümer erwachsende Anspruch auf einen Gestattungsbeschluss (§ 20 Abs. 2 Nr. 1) besteht auch dann, wenn der Wohnungseigentümer nicht selbst behindert ist, der Umbau also nicht die behindertengerechte Eigennutzung ermöglichen soll, sondern die Behinderung in der Person seines Mieters besteht,[219] zumal der Wortlaut des § 20 Abs. 2 Nr. 1 in keiner Weise zwischen **Eigen- und Fremdnutzung** differenziert; mehr noch: aufgrund der hier gebotenen abstrakten Betrachtungsweise ist die Angewiesenheit des konkreten Eigen- oder Fremdnutzers für den Anspruch nicht ausschlaggebend.[220] Kann der Mieter über § 554a BGB vom vermietenden Wohnungseigentümer Zustimmung zum behindertengerechten Umbau der im Sondereigentum stehenden Gebäudeteile verlangen, wird sich daraus als mietvertragliche Nebenpflicht ableiten lassen, den Gestattungsan- 38

[213] Vgl. auch BGHZ 145, 158 (165 f.) = ZWE 2012, 32; BGHZ 146, 241 (245) = ZWE 2001, 314; BGHZ 116, 392 (396) = NJW 1992, 978.

[214] Womöglich abw. indes *Lehmann-Richter/Wobst* WEG-Reform 2020 Rn. 1230, wenn diese ausführen, dass „mit Baunahmen" verbundene Lärmbeeinträchtigungen nicht „automatisch" (offenbar wohl aber bei Überschreitung einer Erheblichkeitsschwelle) „rechtlich relevant" seien; richtig aber in Bezug auf bauliche Veränderungen iSd § 20 bei *Lehmann-Richter/Wobst* WEG-Reform 2020 Rn. 1019, wonach sich die Benachteiligung aus baulicher Veränderung selbst ergeben müsse.

[215] BGH ZWE 2017, 224 Rn. 6 zu einem Aufzug bei Betreuung von Schwerbehinderten.

[216] BGHZ 157, 322 (327) = NJW 2004, 937, zur Parabolantenne.

[217] Vgl. etwa OLG Düsseldorf BeckRS 2004, 08942 = NZM 2005, 264 Ls. zum Nachrüsten von Fenstergittern zum Einbruchsschutz; vgl. hierzu ebenfalls KG NJW-RR 1994, 401 (402).

[218] BVerfGK 4, 333 = NZM 2005, 182 (183) = ZMR 2005, 634 mAnm *Schmid.*

[219] Vgl. bereits, allerdings noch zu § 13 aF, *Schmid* NJW 2014, 1201 (1205).

[220] IdS auch BR-Drs. 168/20, 69; vgl. weiterhin Bärmann/Pick/*Emmerich* Anh. I § 29 Rn. 6.

spruch durchzusetzen (vgl. auch → BGB § 554a Rn. 16) – ohnehin wird dies der vermietende Wohnungseigentümer schon im Eigeninteresse tun, um seiner Legalitätssicherungspflicht (→ § 14 Rn. 17 ff.) zu genügen, die verletzt würde, baute der Mieter eigenmächtig ohne (im Verhältnis zum vermietenden Wohnungseigentümer legitimierend wirkenden) Gestattungsbeschluss um, ohne dass der vermietende Wohnungseigentümer zuvor seinen aus § 13 Abs. 2 iVm § 20 Abs. Nr. 1 bestehenden Anspruch durchzusetzen versucht hat.

39 **ee) Kasuistik, Einzelfälle. Keinen Übermaßnachteil** begründet nach diesen Grundsätzen etwa regelmäßig die **Einziehung** oder **Verschiebung nichttragender Wände,** überhaupt die **Verlegung eines Raumes;** anders kann es indes im Einzelfall liegen, wenn sich darin die **Sanitäreinrichtungen** befinden und sich infolgedessen nunmehr ein benachbarter Wohnungseigentümer entgegen der im Aufteilungsplan ausgewiesenen Raumlage in seinem Schlafzimmer (erstmals oder vermehrt) Dusch- oder Toilettenwasserfließgeräuschen ausgesetzt sieht,[221] die aktuell geltende Schallschutzgrenzen (DIN 4109) überschreiten. Durch Geräuschimmissionen bedingte Übermaßnachteile scheiden ansonsten überdies nicht nur aus, wenn sich der Schallschutz nach Durchführung der erhaltungsübersteigenden Maßnahme im Rahmen der geltenden **DIN-Normen** bewegt,[222] sondern bereits dann, wenn jener Schallschutz gewahrt wird, der bei Gebäudeerrichtung bestand,[223] und zwar auch, wenn das wie auch immer zu ermittelnde „wertige Gepräge des Gebäudes" die Erwartung eines höheren Schutzstandards geweckt haben sollte;[224] eine Verbesserungspflicht hinsichtlich des Schallschutzes besteht anlässlich der Durchführung erhaltungsübersteigender Maßnahmen mithin nicht;[225] anderes (nämlich der maßgebliche Schallschutz zum Zeitpunkt der Umbaumaßnahme) gilt aber, sofern mit der baulichen Maßnahme ein nachhaltiger Eingriff in die Gebäudesubstanz verbunden ist,[226] was aber vornehmlich praktisch bei baulichen Veränderungen am Gemeinschaftseigentum wird. **Übermaßnachteile entstehen** umgekehrt, wenn durch die erhaltungsübersteigende Maßnahme das bisherige **Schallschutzniveau** unterschritten wird, wie dies bei einem durch den Austausch des Bodenbelags bedingten geringeren Trittschallschutz der Fall sein kann,[227] und zwar selbst dann, wenn der Bodenbelagaustausch für sich genommen bei hypothetischer mangelfreier Trittschalldämmung durch die im gemeinschaftlichen Eigentum stehenden Bauteile nicht zu einem Unterschreiten des maßgebenden Schallschutzes geführt hätte.[228] – Auch die Errichtung eines **Carports,**[229] einer **Doppelgarage**[230] oder von **Parkbügeln**[231] auf einer als Kfz-Stellplatz bezeichneten, zu Sondereigentum erklärten Freifläche (§ 3 Abs. 2) wird in der Regel wegen der Änderung des optischen Gesamteindrucks eine benachteiligende erhaltungsübersteigende Maßnahme sein, ebenso – jeweils wieder auf zu Sondereigentum erklärten Freiflächen – die Errichtung eines Sandkastens, einer Schaukel[232] oder eines Gartenhauses, falls sie sich nicht architektonisch in die Gesamtanlage einfügen.[233] Die nachteilige optische Ausstrahlungswirkung auf das Gemeinschaftseigentum führt in diesen und vergleichbaren Fällen im Übrigen nicht zur direkten Anwendbarkeit des § 20, sondern zu jener des § 13 Abs. 2 (→ Rn. 31).

40 **3. Rechtsfolge. a) Maßnahme mit Übermaßnachteil (Abs. 2 Var. 1). aa) Fallkonstellationen.** Liegt ein **Übermaßnachteil zulasten** mindestens eines anderen **Wohnungseigentümers**

[221] Vgl. etwa OLG Hamm NZM 2007, 294 (295); *Schmid* NZM 2010, 852 (853), der auch den Lageort des jeweiligen Raums im Aufteilungsplan für entscheidend hält; für Unbeachtlichkeit derartiger Geräusche und damit für die Ablehnung eines daraus resultierenden Übermaßnachteils OLG Frankfurt ZWE 2008, 433 (440); LG Berlin ZWE 2014, 270 (271 f.); BeckOGK/*Falkner,* 1.3.2020, Rn. 47.

[222] BGH NJW-RR 2020, 1086 Rn. 9; 2019, 73 Rn. 9, 11; NJW 2012, 2725 Rn. 10; OLG Düsseldorf NJW-RR 2008, 681 (682); OLG Stuttgart OLGZ 1994, 524 (526); LG Itzehoe ZWE 2014, 319 (319 f.); Niedenführ/Schmidt-Räntsch/Vandenhouten/*Schmidt-Räntsch* Rn. 3; Riecke/Schmid/*Abramenko* Rn. 7, 10a.

[223] BGH NJW 2015, 1442 Rn. 7 = ZfIR 2015, 391 mAnm *Hogenschurz;* LG München I ZMR 2012, 479 = BeckRS 2012, 87084.

[224] BGH NJW 2015, 1442 Rn. 10 = ZfIR 2015, 391 mAnm *Hogenschurz* unter Aufgabe der früheren Rspr. in BGH NJW 2012, 2725 Rn. 14.

[225] LG München I ZMR 2012, 479 = BeckRS 2012, 87084; Riecke/Schmid/*Abramenko* § 14 Rn. 12.

[226] Vgl. nur *Hogenschurz* MDR 2015, 737 (740); BeckOGK/*Falkner,* 1.3.2020, § 14 Rn. 34.1; BeckOK WEG/*Maximilian A. Müller* § 14 Rn. 20 ff.

[227] Vgl. die Fälle OLG Brandenburg ZWE 2010, 272; OLG Hamm ZWE 2009, 445; 2001, 389; OLG München ZWE 2008, 335.

[228] BGH NJW-RR 2020, 1086 Rn. 9; zust. BeckOK WEG/*Maximilian A. Müller* § 14 Rn. 22.

[229] BayObLG ZWE 2003, 185 (186); OLG Hamburg ZMR 2005, 305 = BeckRS 2005, 02405; dazu auch BeckOGK/*Karkmann,* 1.3.2020, § 22 Rn. 55; *Sauren* § 22 Rn. 51A.

[230] BayObLG NJW-RR 2003: bei großzügigem Grundstückszuschnitt keine Zustimmung aller erforderlich.

[231] LG Düsseldorf ZWE 2013, 376 (377); vgl. hierzu auch Bärmann/*Merle* § 22 Rn. 269.

[232] LG Frankfurt a.M. ZWE 2015, 183; vgl. auch AG München ZWE 2018, 221: mobiles Trampolin zulässig.

[233] LG Hamburg ZWE 2013, 133 (134).

vor **(Fall 1),** sind aber sämtliche dergestalt Beeinträchtigte mit der Maßnahme einverstanden, besteht ein Anspruch nach § 13 Abs. 2 iVm § 20 Abs. 3 auf Fassung eines Gestattungsbeschlusses iSd § 20 Abs. 1 Var. 2 (durchzusetzen notfalls mittels Beschlussersetzungsklage, § 44 Abs. 1 S. 2). Beabsichtigt ein Wohnungseigentümer etwa die Veränderung des auf dem Estrich verlegten (sondereigentumsfähigen) Bodenbelags, bedarf es eines Gestattungsbeschlusses nach § 13 Abs. 2 iVm § 20 Abs. 1, sofern die Veränderung des Bodenbelags zu einem Übermaßnachteil eines anderen Wohnungseigentümers führt, naheliegenderweise – falls die Bodenbelagveränderung zu einer erhöhten Lärmbeeinträchtigung führt – jenes Eigentümers der darunter liegenden Raumeinheit.[234] Ist dieser **einverstanden** – wofür es letztlich nur auf dessen Willen als Internum ankommt, dessen Entäußerung als rechtsgeschäftsähnliche Handlung in jeder beliebigen Art und Weise erfolgen kann,[235] insbesondere keiner irgendwie gearteten Erklärung im Rahmen einer Beschlussfassung bedarf – hebt dies die Beschlussnotwendigkeit nicht auf (ohne Beschluss bliebe die Umbaumaßnahme formell illegal, was sich aus einem Umkehrschluss zur hier nicht einschlägigen Ausnahme vom Beschlusserfordernis in § 13 Abs. 2 ergibt, → Rn. 48). Dies erklärt sich vor dem Hintergrund der mangelnden Bindungswirkung des Einverständnisses gegenüber Sondernachfolgern, womit künftiges Konfliktpotential bestünde, könnte das gegenwärtige „Einverstandensein" beeinträchtigter Wohnungseigentümer einen Beschluss entbehrlich machen. – Ist ein **benachteiligter Wohnungseigentümer** mit der baulichen Maßnahme **nicht einverstanden (Fall 2),** entfällt der zu (1) beschriebene Gestattungsanspruch. Dennoch kann die Gestattung mit einfacher Mehrheit (§ 25 Abs. 1) beschlossen werden, § 20 Abs. 1 (Beschlusskompetenz); sie darf es aber nicht (Anfechtungs-, kein Nichtigkeitsgrund bei Verstoß), falls in der gestatteten baulichen Veränderung eine unbillige Benachteiligung des gestörten Wohnungseigentümers läge, § 20 Abs. 4 Hs. 1 Alt. 2; → Rn. 43. Die weitere Gestattungsgrenze der grundlegenden Umgestaltung der Wohnanlage (§ 20 Abs. 4 Alt. 1) wird dagegen (abgesehen von Fällen baulicher Maßnahmen auf Annex-Sondereigentumsflächen, sofern diese im Extremfall mit einer Veränderung des Gesamtcharakters der Anlage einhergehen) praktisch bei Maßnahmen am Sondereigentum kaum Relevanz erlangen (vgl. zu dieser Grenze → § 20 Rn. 33 f.). Ob der bauwillige Wohnungseigentümer eigenverantwortlich die Maßnahme durchführen darf oder vielmehr die Gemeinschaft der Wohnungseigentümer die Durchführung übernimmt, obliegt in dieser Fallkonstellation deren Mehrheitsentscheidung (→ Rn. 41). – Trotz fehlenden Einverständnisses beeinträchtigter Wohnungseigentümer, besteht gleichwohl ein Anspruch auf die erhaltungsübersteigende Maßnahme, sofern eine **privilegierte Maßnahme** iSd § 13 Abs. 2 iVm § 20 Abs. 2 in Rede steht **(Fall 3);** es unterfällt hier aber wiederum der Mehrheitsentscheidung, durch wen die erhaltungsübersteigende Maßnahme durchzuführen ist (vgl. § 20 Abs. 2 S. 2); auch im Übrigen gilt hier das zu Fall 2 Gesagte.

bb) Gestattungs- und Durchführungsbeschluss. Der umfassende Verweis auf § 20 lässt im Unklaren, ob der dort etablierte Dualismus zwischen **„beschlossenen"** und **„gestatteten"** baulichen Veränderungen (näher → § 20 Rn. 16 ff.) für § 13 Abs. 2 Bedeutung hat. Erwägenswert erscheint, diese Frage im Wege der reduzierenden Auslegung zu verneinen; insoweit käme nur ein Gestattungsbeschluss in Betracht, sodass die Maßnahme zwingend vom Sondereigentümer (und nicht etwa der Gemeinschaft der Wohnungseigentümer) durchzuführen wäre. Hierfür lässt sich immerhin anführen, dass neben dem Wortlaut des § 13 Abs. 2, der nur die „Gestattung" erwähnt[236] (wenngleich bezogen auf den Sonderfall fehlender Beschlussnotwendigkeit), auch die Gesetzesbegründung zu § 13 Abs. 2 durchgängig nur von einer „Gestattung" der erhaltungsübersteigenden Maßnahme spricht, und zwar nicht nur mit Blick auf den jedenfalls allein auf Gestattung gerichteten Anspruch iSd § 20 Abs. 3, sondern ebenso mit Blick auf privilegierte Maßnahmen nach § 20 Abs. 2, die durchzuführen – nach § 20 Abs. 2 S. 2 (dh jedenfalls im unmittelbaren Anwendungsbereich von baulichen Veränderungen am gemeinschaftlichen Eigentum) – sich auch die Gemeinschaft der Wohnungseigentümer selbst (anstelle des Bauwilligen) auferlegen kann.[237] Überdies harmonierte die alleinige Durchführungskompetenz des bauwilligen Wohnungseigentümers mit seiner **Verwaltungs-** 41

[234] Vgl. Fall BayObLG NJW-RR 1994, 598 (599); OLG Düsseldorf ZWE 2008, 99 (100) mAnm *Sauren;* LG Halle ZWE 2010, 48 (49).

[235] Vgl. nur BR-Drs. 168/20, 74: Einverständnis keine Willenserklärung, sondern rechtsgeschäftsähnliche Handlung; zur vormals nach § 22 Abs. 1 S. 2 aF erforderlichen „Zustimmung" war diese dort anders gelagerte Frage str., vgl. nur *Hügel* FS Merle, 2010, 167 ff., wurde aber im selbigen Sinne im Einklang mit der bisher schon hM durch BGH ZWE 2020, 379 Rn. 18 ff. mAnm *Wobst* = ZfIR 2020, 569 mAnm *Greiner* entschieden.

[236] Auch *Hügel/Elzer* Rn. 85 sprechen nur von einer „Gestattung", ohne die hier aufgeworfene Frage zu erörtern.

[237] Vgl. zu § 20 auch BR-Drs. 168/20, 71; *Lehmann-Richter/Wobst* WEG-Reform 2020 Rn. 1162; Bärmann/Pick/*Emmerich* Anh. I Rn. 5.

kompetenz hinsichtlich des ihm gehörenden Sondereigentums (→ Rn. 2). Trotz alledem und der insoweit jedenfalls missverständlichen Gesetzesbegründung ist jedoch darüber hinaus nichts für ein Redaktionsversehen und damit einen zu weit geratenen Verweis auf § 20 ersichtlich.[238] Auch lässt sich nicht füglich behaupten, der umfassende Verweis widerspreche (notwendig) dem Regelungszweck der Norm, weshalb eine teleologische Reduktion des Verweises letztlich nicht gut begründbar ist. Denn der erhebliche Eingriff in die Verwaltungshoheit kann zumindest damit gerechtfertigt werden, dass jenseits des Falles des § 13 Abs. 2 iVm § 20 Abs. 3 (dh bei Einverständnis aller beeinträchtigten Wohnungseigentümer – dann stets mit Anspruch auf Gestattung und damit auf eigenständige Durchführung der Maßnahme!) der Mehrheitsbeschluss erheblich in die Rechtsposition der widersprechenden Minderheit eingreift. Zur Abmilderung des Eingriffs kann es insoweit aber ggf. erforderlich sein (Frage der ordnungsgemäßen Verwaltung!), die Durchführung der Maßnahme in die Hände der Gemeinschaft der Wohnungseigentümer zu legen. So wird es jedoch im Lichte der an sich bestehenden Verwaltungshoheit des Sondereigentümers (und damit einhergehender Pflicht zur Tragung der Kosten der baulichen Maßnahme) nur in Ausnahmefällen liegen können.

42 **cc) Durchführungsvorgaben.** Zweifelhaft ist, ob der Mehrheitsbeschluss dem Sondereigentümer (an den Grundsätzen ordnungsgemäßer Verwaltung zu messende) Durchführungsvorgaben auferlegen kann, die Veränderung des Soll-Zustands mithin zwar erlauben, aber an den **Realakt der Umsetzungsmaßnahme** bestimmte Anforderungen (etwa an die Auswahl der Handwerker) stellen kann.[239] Zu sehen ist, dass die Gemeinschaft der Wohnungseigentümer mit diesen Durchführungsvorgaben kraft Mehrheitsentscheidung erheblich in die Verwaltungshoheit des Sondereigentümers (zu dieser → Rn. 2) eingriffe. Wiederum (vgl. → Rn. 41) wird man diesen Eingriff aber zumindest im Grundsatz über den Gedanken rechtfertigen können, dass die Mehrheitsentscheidung überhaupt erst den Weg in die zulässige bauliche Maßnahme ebnet, sodass sich ein argumentum a maiore ad minus anbietet. Überspannt würde dieses Argument aber, wenn Durchführungsvorgaben in jedem Fall für zulässig erachtet würden. Richtig scheint, sie nur dort anzuerkennen, wo es die Gemeinschaft der Wohnungseigentümer in der Hand hätte, kraft Beschlusses die Durchführung der Maßnahme insgesamt an sich zu ziehen, dh in den Fällen des § 13 Abs. 2 iVm § 20 Abs. 1 oder Abs. 2, nicht aber im Fall des § 13 Abs. 2 iVm § 20 Abs. 3.

43 **dd) Absolute Gestattungsgrenze (§ 20 Abs. 4).** Was unter der **„unbilligen Benachteiligung gegenüber anderen"** iSd § 20 Abs. 4 Alt. 2 als **absoluter Gestattungsgrenze** zu verstehen ist (näher → § 20 Rn. 35 f., dort auch zur hier wenig relevanten Gestattungsgrenze der grundlegenden Umgestaltung der Wohnanlage), erläutert das Gesetz nicht, wohl aber die Gesetzesbegründung, die diese Wendung im Sinne jener wortgleichen in § 22 Abs. 2 aF verstanden wissen will.[240] Der aufgrund der Rechtsfolgenverweisung fehlende konkrete Zuschnitt dieser Gestattungsgrenze auf die Lage bei erhaltungsübersteigenden Maßnahmen am Sondereigentum führt indes zu **Auslegungsproblemen.** Wird im Einklang mit dem Wortlaut des § 20 Abs. 4 Alt. 2 hierfür verlangt, dass ein Wohnungseigentümer gerade im Vergleich zu anderen ohne sein Einverständnis unbillig benachteiligt wird,[241] um aus dieser absoluten Gestattungsgrenze all jene Konstellationen auszuklammern, die sich durch eine gleichmäßige Beeinträchtigung der übrigen Wohnungseigentümer auszeichnen, läuft diese Vergleichsbetrachtung weitgehend leer, wenn – wie häufig – die erhaltungsübersteigende Maßnahme am Sondereigentum nur für eine benachbarte Einheit Nachteile mit sich bringt, sodass deren Sondereigentümer unweigerlich in stärkerem Maße als andere (nämlich alleinig) beeinträchtigt ist. Dadurch würde aber der Gestattungsgrenze übermäßig breiter Raum verschafft. So wird sich etwa der durch einen Austausch des Fußbodenbelags benachteiligte Eigentümer der Raumeinheit unterhalb jener des Bauwilligen bei dieser Lesart nur allzu leicht auf die absolute Gestattungsgrenze berufen können, weil er in der Vergleichsbetrachtung (die alle übrigen Wohnungseigentümer im Sinne einer Durchschnittsbetrachtung einzubeziehen hat)[242] der einzig Benachteiligte ist. Damit wäre aber die Möglichkeit (anfechtungsfester) Mehrheitsentscheidungen wesentlich reduziert.

44 Die **relative Betrachtungsweise** wirkt damit im Bereich der entsprechenden Anwendung des § 20 Abs. 4 Alt. 2 über den Rechtsfolgenverweis in § 13 Abs. 2 kaum einmal einschränkend, es sei denn, ein Wohnungseigentümer wäre im Vergleich zu weiteren beeinträchtigten Wohnungseigentü-

---

[238] AA *Dötsch/Schultzky/Zschieschack* WEG-Recht 2021 Kap. 4 Rn. 17, die nur einen Gestattungsbeschluss für zulässig halten.

[239] Hierfür *Lehmann-Richter/Wobst* WEG-Reform 2020 Rn. 1231 iVm Rn. 1148 ff.

[240] BR-Drs. 168/20, 55.

[241] IdS, bezogen auf § 22 Abs. 2 aF, BGH NJW 2011, 1221 Rn. 13: treuwidrige Ungleichbehandlung; hierfür auch zu § 20 Abs. 4 *Lehmann-Richter/Wobst* WEG-Reform 2020 Rn. 1023 ff., die als Vergleichsgruppe alle übrigen Wohnungseigentümer heranziehen.

[242] Vgl. nur *Lehmann-Richter/Wobst* WEG-Reform 2020 Rn. 1023.

mern (gleichviel, ob diese einverstanden sind oder nicht)[243] herausgehoben beeinträchtigt. Um die absolute Gestattungsgrenze nicht zu überdehnen, muss daher verstärktes Augenmerk auf die Unbilligkeit des in diesen Fällen häufig vorliegenden Sonderopfers des beeinträchtigten Wohnungseigentümers gerichtet werden. Es müssen dafür **gravierendere** oder zumindest **anders gelagerte Nachteile** als jene das Beschlusserfordernis iSd § 13 Abs. 2 auslösende hinzutreten.[244] Für die Einschlägigkeit der absoluten Gestattungsgrenze des § 20 Abs. 4 Alt. 2 kommt es daher insgesamt darauf an, dass bei **wertender Betrachtung** die Sondervorteile des bauwilligen Wohnungseigentümers zu jenen Sondernachteilen des beeinträchtigten Wohnungseigentümers zulasten des Letzteren außer Verhältnis stehen, wobei im Rahmen dieser Abwägung wiederum die gesetzliche Privilegierung der in § 20 Abs. 2 genannten baulichen Maßnahmen zu berücksichtigen ist, aber auch die grundsätzliche Entscheidung des Gesetzgebers zugunsten des Mehrheitsprinzips in § 20 Abs. 1. Es darf mithin bei verständiger Betrachtung dem benachteiligten Wohnungseigentümer nicht abverlangt werden können, die erhaltungsübersteigende Maßnahme zu dulden.

ee) Ordnungsmäßigkeit des Gestattungsbeschlusses. (1) Formelle Ordnungsmäßigkeit. In formeller Hinsicht genügt für den Gestattungsbeschluss (selbiges gilt für einen etwaigen Durchführungsbeschluss) mangels Vorgabe eines besonderen Quorums die **einfache Mehrheit** (§ 25 Abs. 1). **Stimmberechtigt** sind – mangels Einschlägigkeit des § 25 Abs. 4 – auch die nicht beeinträchtigten Wohnungseigentümer,[245] zumal bei den häufig lediglich einzelne Wohnungseigentümer benachteiligenden erhaltungsübersteigenden Maßnahmen anderenfalls das Beschlusserfordernis seinen Sinn verlöre, umgekehrt unterliegen die im Übermaß beeinträchtigten Wohnungseigentümer iSd § 13 Abs. 2 ebenfalls keinem Stimmrechtsausschluss (ihre Zustimmung ist aber nicht erforderlich!), auch der veränderungswillige Wohnungseigentümer ist mithin stimmberechtigt. Unzureichend für die Erzielung der erforderlichen Legitimationswirkung ist stets die bloße Zustimmung der benachteiligten, aber auch jene sämtlicher Wohnungseigentümer. Es bedarf daher zwingend (vorbehaltlich des Ausnahmefalls in § 13 Abs. 2) der **Rechtsaktform des Beschlusses.** 45

Auch ein auf künftige erhaltungsübersteigende Maßnahmen bezogener **Vorratsbeschluss** des **aufteilenden Eigentümers** (§ 8) ist nach Anlegung der Wohnungsgrundbücher und dem damit verbundenen Entstehen des (Einpersonen-)Verbandes (§ 9a Abs. 1 S. 2) zulässig; er hat auch ohne Grundbucheintragung Bindungswirkung gegenüber Sondernachfolgern (§ 10 Abs. 3 S. 2). Ungeachtet dessen bedarf der aufteilende Eigentümer nach Entstehen des (Einpersonen-)Verbandes für erhaltungsübersteigende Maßnahmen (wozu freilich nicht die Fertigstellung der Wohnanlage zählt!) stets eines Gestattungsbeschlusses, da auch er nach § 14 Abs. 1 Nr. 1 gegenüber der Gemeinschaft der Wohnungseigentümer zur Wahrung der Verbandsordnung verpflichtet ist, wozu auch das in § 13 Abs. 2 iVm § 20 Abs. 1 normierte Beschlusserfordernis zählt, das durch sein eigenes Einverständnis nicht fortfällt (§ 20 Abs. 3); unbedeutend ist, ob nach Entstehung des Verbandes bereits ein weiterer Erwerber Mitglied desselben geworden ist oder nicht. Ergebnisrelevanz hat dies freilich nicht, sofern sich der aufteilende Eigentümer (regelmäßig ein Bauträger) in der Gemeinschaftsordnung vorbehält, Änderungen einer Sondereigentumseinheit vorzunehmen; → Rn. 29. 46

(2) Materielle Ordnungsmäßigkeit. Materiell ordnungsgemäß wird ein Gestattungsbeschluss trotz eines iSd § 13 Abs. 2 im Übermaß Benachteiligten vor allem in jenen Konstellationen sein können, in welchen ein Anspruch auf denselben besteht, also bei **Einverständnis** benachteiligter Wohnungseigentümer (§ 20 Abs. 3) oder bei Einschlägigkeit einer durch § 20 Abs. 2 **privilegierten Maßnahme** der Barrierefreiheit, E-Mobilität, des Einbruchschutzes oder des Glasfaseranschlusses (zur Auslegung dieser vornehmlich im Bereich baulicher Veränderungen am Gemeinschaftseigentum praktisch werdenden Privilegierungen gelten die Ausführungen bei → § 20 Rn. 84 ff. sinngemäß). Ohne Gestattungsanspruch wird ein Gestattungsbeschluss bei fehlendem Einverständnis des im Übermaß Beeinträchtigten dagegen häufig materiell ordnungswidrig sein, wobei sich die Ordnungswidrigkeit in diesen Fällen bereits aus der dann häufig zugleich erfolgten Überschreitung der absoluten Gestattungsgrenze ergeben kann (→ Rn. 42). Wird die absolute Gestattungsgrenze bei der gebotenen wertenden Betrachtung indes nicht überschritten, dürfen die darin zum Ausdruck gekommenen Wertungen allerdings nicht dadurch unterlaufen werden, dass bereits unter schlichtem Verweis auf 47

---

[243] Dazu, dass in die Vergleichsgruppe gerade auch solche beeinträchtigten Wohnungseigentümer einzubeziehen sind, die mit der baulichen Maßnahme einverstanden sind, s. nur *Lehmann-Richter/Wobst* WEG-Reform 2020 Rn. 1023 f.

[244] So, bezogen auf § 22 Abs. 2 aF, BGH NJW-RR 2018, 1165 Rn. 29; NJW 2011, 1221 Rn. 12 f.; LG Hamburg ZWE 2019, 214 Rn. 40 ff.

[245] Vgl., zu § 22 Abs. 1 aF, BGH ZWE 2020, 379 Rn. 11 mAnm *Wobst* = ZfIR 2020, 569 mAnm *Greiner;* der frühere Streitstand zur Stimmberechtigung nicht beeinträchtigter Wohnungseigentümer hat sich damit für die Praxis erledigt; näher dazu *Hügel* FS Merle, 2010, 167 (178); *Armbrüster* ZWE 2008, 61 (63).

den Übermaßnachteil der Gestattungsbeschluss für ordnungswidrig erklärt wird. Hier wird es sehr auf den Einzelfall ankommen.

48 **ff) Beschlusswirkung.** Wurde der Gestattungsbeschluss nicht (fristgerecht) angefochten, ist es nach Eintritt seiner **Bestandskraft** den übrigen Wohnungseigentümern (auch deren Sondernachfolgern,[246] vgl. § 10 Abs. 3 S. 2, und zwar selbst dann, wenn sie erst nach Abschluss der Maßnahme Eigentümer geworden sind) verwehrt, einen (angeblich) erlittenen Übermaßnachteil iSd § 13 Abs. 2 gegen die Maßnahme ins Feld zu führen; das gilt auch, wenn der Gestattungsbeschluss formell oder materiell nicht ordnungsgemäß gewesen sein sollte.[247] Insbesondere Rückbauansprüche – auch soweit auf § 1004 Abs. 1 BGB gestützt – scheiden daher auf der Grundlage dieser **Legitimationswirkung** aus.[248] Auch das typischerweise vom neuen Soll-Zustand ausgehende Störungspotential bzw. einzelne, in diesem Rahmen liegende „Störungen" sind mitlegitimiert und nicht etwa über § 14 Abs. 2 Nr. 1 abwehrfähig.[249] Fehlt ein Gestattungsbeschluss, obgleich dieser vonnöten gewesen wäre, ist die bauliche Maßnahme dagegen unzulässig und schon nach § 14 Abs. 1 S. 1 Var. 1 abwehrfähig. Auf die – wie auch immer geartete – Zustimmung beeinträchtigter oder gar sämtlicher Wohnungseigentümer kommt es, soweit diese außerhalb eines Beschlussverfahrens erklärt wird, insoweit nicht entscheidend an; sie vermag an der Unzulässigkeit der Maßnahme bei fehlendem (förmlichem!) Gestattungsbeschluss nichts zu ändern. Die heilende Wirkung eines **nachträglichen Gestattungsbeschlusses** ist indes anzuerkennen,[250] allerdings ist diese Heilungsmöglichkeit nicht gesichert. Für sie spricht, dass sich hinsichtlich der Lage der konfligierenden Interessen und des gesetzgeberischen Motivs der Zubilligung der Möglichkeit, mit Mehrheitsmacht einen Konflikt zwischen bauwilligem und dadurch gestörtem Wohnungseigentümer zu entscheiden, keinen entscheidenden Unterschied zu einem vorangehenden Gestattungsbeschluss ergibt. Der Weg des nachträglichen Gestattungsbeschlusses ist freilich versperrt, wenn damit im Einzelfall schutzwürdige Interessen des gestörten Wohnungseigentümers unterlaufen würden; in diesem Sinne wäre etwa ein nachträglicher Gestattungsbeschluss anfechtbar, der sich in Widerspruch zu einem rechtskräftigen Beseitigungstitel setzt, den der gestörte Wohnungseigentümer zuvor erwirkt hatte.[251]

49 **b) Maßnahme ohne Übermaßnachteil (Abs. 2 Var. 2).** Erwächst aus der Maßnahme **keinem der Wohnungseigentümer ein Nachteil,** der in seinem Gewicht über dasjenige hinausgeht, was Wohnungseigentümer bei einem geordneten Zusammenleben unvermeidlich hinnehmen müssen (Übermaßnachteil), bedarf es keines legitimierenden Gestattungsbeschlusses. Insoweit erleichtert § 13 Abs. 2 entsprechende Maßnahmen am Sondereigentum im Vergleich zu § 20, der für bauliche Veränderungen (am Gemeinschaftseigentum) keine derartige Ausnahme bereithält. Das Risiko, die tatsächliche bzw. rechtliche Lage fehleinzuschätzen, trägt freilich der bauwillige Wohnungseigentümer; denn geht er fälschlicherweise davon aus, die geplante Maßnahme führe zu keinem Übermaßnachteil, wäre die gleichwohl durchgeführte Maßnahme ohne legitimierenden Gestattungsbeschluss jedenfalls formell ordnungswidrig und daher unzulässig (→ Rn. 48). Die Häufigkeit der Einholung eines **prophylaktischen Gestattungsbeschlusses** wird abseits klar liegender Fälle wesentlich von der Risikobereitschaft der jeweiligen Wohnungseigentümer abhängen. Zu betonen ist, dass ein Einverständnis benachteiligter Wohnungseigentümer die Notwendigkeit eines Gestattungsbeschlusses nicht entfallen lässt; es kommt allein darauf an, dass ein Übermaßnachteil rechtlich nicht gegeben ist. Das Einverständnis ist aber nicht bedeutungslos – es begründet einen Anspruch auf Fassung eines Gestattungsbeschlusses[252] (§ 13 Abs. 2 iVm § 20 Abs. 3; → Rn. 40), es erübrigt diesen aber nicht.

§ 14 Pflichten des Wohnungseigentümers

(1) Jeder Wohnungseigentümer ist gegenüber der Gemeinschaft der Wohnungseigentümer verpflichtet,

---

246 Vgl. zur Parallelfrage bzgl. § 22 aF *Hügel* NotBZ 2018, 20 (25); Bärmann/*Merle* § 22 Rn. 154.

247 So bereits, allerdings zu § 22 aF für bauliche Maßnahmen am Gemeinschaftseigentum, BGH NJW-RR 2020, 1022 Rn. 10; 2018, 1165 Rn. 21; NJW 2017, 1167 Rn. 14; 2012, 603 Rn. 8; BayObLGZ 1994, 339 (343); *Häublein* NZM 2007, 751 (752 f.); *Wenzel* NZM 2000, 257 (260); Bärmann/*Merle* § 22 Rn. 140.

248 Ebenso *Dötsch/Schultzky/Zschieschack* WEG-Recht 2021 Kap. 4 Rn. 20, die aber die Legitimationswirkung relativieren, indem sie durch den neuen Soll-Zustand gestörten Wohnungseigentümern Ansprüche nach § 14 Abs. 2 Nr. 1 zubilligen.

249 AA wohl Dötsch/Schultzky/Zschieschack WEG-Recht 2021 Kap. 4 Rn. 20.

250 Vgl. zu § 22 aF in Bezug auf bauliche Maßnahmen am Gemeinschaftseigentum BGH NJW-RR 2020, 1022 Rn. 10 ff. = ZfIR 2020, 575 mAnm *Elzer;* BayObLG ZWE 2000, 577 (578); vgl. auch OLG Köln NZM 2001, 293 (294); OLG Düsseldorf NZM 2005, 791.

251 So, bezogen auf § 22 aF, zutr. OLG Köln ZWE 2000, 591 (592).

252 Vgl. auch Bärmann/Pick/*Emmerich* Anh. I § 13 Rn. 2.

1. die gesetzlichen Regelungen, Vereinbarungen und Beschlüsse einzuhalten und
2. das Betreten seines Sondereigentums und andere Einwirkungen auf dieses und das gemeinschaftliche Eigentum zu dulden, die den Vereinbarungen oder Beschlüssen entsprechen oder, wenn keine entsprechenden Vereinbarungen oder Beschlüsse bestehen, aus denen ihm über das bei einem geordneten Zusammenleben unvermeidliche Maß hinaus kein Nachteil erwächst.

(2) Jeder Wohnungseigentümer ist gegenüber den übrigen Wohnungseigentümern verpflichtet,
1. deren Sondereigentum nicht über das in Absatz 1 Nummer 2 bestimmte Maß hinaus zu beeinträchtigten und
2. Einwirkungen nach Maßgabe des Absatz 1 Nummer 2 zu dulden.

(3) Hat der Wohnungseigentümer eine Einwirkung zu dulden, die über das zumutbare Maß hinausgeht, kann er angemessenen Ausgleich in Geld verlangen.

Übersicht

I. Normzweck

1 § 14 ist geprägt durch die **Unterscheidung** zwischen der **Verbands-** und der **Individualrechtssphäre,** wobei die erstere zulasten der letzteren – im Vergleich zur früheren Rechtslage (insbesondere § 15 Abs. 3 aF) – gestärkt wird. Vor allem Nutzungskonflikte sollen allein zwischen Störer und Gemeinschaft der Wohnungseigentümer ausgetragen werden, sofern lediglich das Gemeinschaftseigentum beeinträchtigt ist oder sich eine Störung in einem formalen Verstoß gegen die Verbandsordnung erschöpft. Dieses **Bündelungsziel** wird erst aufgegeben, sofern das Sondereigentum beeinträchtigt ist und damit der individuelle (das jeweilige Sondereigentum schützende) Abwehranspruch aus § 14 Abs. 2 Nr. 1 Platz greift. – **Abs. 1 und 2** konturieren das Pflichtenprogramm eines jeden Wohnungseigentümers, untergliedert in **(verbandsbezogene) Pflichten,** deren Erfüllung gegenüber der Gemeinschaft der Wohnungseigentümer geschuldet ist (Abs. 1), und **(miteigentümerbezogene) Pflichten** gegenüber den jeweils anderen Wohnungseigentümern (Abs. 2). Die verbandsbezogenen Pflichten differenzieren sich weiter aus in eine auf die Wahrung der Verbandsordnung gerichtete **Legalitäts-** (Abs. 1 Nr. 1) und eine auf Einwirkungen jeder Art bezogene **Duldungspflicht** (Abs. 1 Nr. 2), die miteigentümerbezogenen Pflichten in ein auf fremdes Sonder-

eigentum gerichtetes **Beeinträchtigungsverbot** (Abs. 2 Nr. 1) und eine mit Abs. 1 Nr. 2 inhaltlich korrespondierende Duldungspflicht (Abs. 2 Nr. 2), die sich von jener Duldungspflicht des Abs. 1 Nr. 2 alleinig durch das **Einwirkungssubjekt** unterscheidet, hier (Abs. 2 Nr. 2) in Gestalt eines anderen Wohnungseigentümers, dort (Abs. 1 Nr. 2) in Gestalt der Gemeinschaft der Wohnungseigentümer. Der Duldungsgegenstand ist dagegen identisch, das **Einwirkungsobjekt** kann überdies in beiden Fällen entweder das Sonder- oder das gemeinschaftliche Eigentum bilden. – **Abs. 3** gewährt für unzumutbare, wenngleich rechtmäßige und damit zu duldende Einwirkungen – gleichviel, von welchem Einwirkungssubjekt ausgehend – einen **verschuldensunabhängigen Aufopferungsanspruch,** und begründet damit einen § 906 Abs. 2 S. 2 BGB nachgebildeten schuldrechtlichen Anspruch, mithin ein Forderungsrecht, das systematisch aufgrund seiner tatbestandlichen Verwiesenheit auf die in Abs. 1 Nr. 2 bzw. Abs. 2 Nr. 2 normierten Duldungspflichten in § 14 bei den Pflichten der Wohnungseigentümer verankert wurde.

II. Pflichten gegenüber der Gemeinschaft der Wohnungseigentümer (Abs. 1)

2 **1. Pflichtenträger.** Die Pflicht zur Wahrung der Verbandsordnung (Abs. 1 Nr. 1) sowie zur Duldung bestimmter Einwirkungen auf das Sonder- oder Gemeinschaftseigentum (Abs. 1 Nr. 2) **obliegt jedem Wohnungseigentümer** individuell. Einbezogen in den Kreis der Pflichtigen ist auch der sog. **werdende Wohnungseigentümer,** wie er nunmehr in Anlehnung an diese richterrechtlich herausgebildete Figur in § 8 Abs. 3 seine gesetzliche Ausgestaltung gefunden hat,[1] nicht aber der sog. Zweiterwerber vor Erlangung der Eigentümerstellung, erst recht nicht der sog. Fremdnutzer, gleichviel, welcher Art (zu Letzterem → Rn. 22 ff.), zumal es jeweils an der Beteiligung am Gemeinschaftsverhältnis der Wohnungseigentümer fehlt.

3 **2. Rechtsinhaber.** Die Pflichterfüllung wird nach dem unmissverständlichen Wortlaut des Abs. 1 **gegenüber der Gemeinschaft der Wohnungseigentümer** als Rechtssubjekt (vgl. § 9a Abs. 1 S. 1) geschuldet. Schon bisher war im Prinzip anerkannt, dass die Gemeinschaft der Wohnungseigentümer auch im Binnenverhältnis zu den Wohnungseigentümern Rechte und Pflichten innehaben kann.[2] Zu derartigen „Sozialansprüchen" gestaltet Abs. 1 nun die Ansprüche gegen die jeweiligen Wohnungseigentümer auf Einhaltung der Verbandsordnung (Abs. 1 Nr. 1) sowie auf Einwirkungsduldung (Abs. 1 Nr. 2) aus. Soweit demgegenüber in der **Lit.**[3] vertreten wird, der Wortlaut sei als missverständlich formulierter nicht ausschlaggebend, da die Gemeinschaft der Wohnungseigentümer weder aus dem Gesetz, noch aus einer Vereinbarung oder auch nur einem Beschluss berechtigt sei, sodass nur eine **verbandsbezogene Ausübungsbefugnis** in Betracht komme, kann dem nicht gefolgt werden. So sind Beschlüsse korporative (kollektive) Willensbildungsakte, die der Gemeinschaft der Wohnungseigentümer als Beschlussträger zuzurechnen sind. Aber auch **Vereinbarungen** sind wegen ihres omnilateralen Charakters – gleichviel, ob verdinglicht oder nicht – zur **Verbandsordnung** zu rechnen; Abs. 1 S. 2 schafft insoweit ein von der vertraglichen Ebene losgelöstes Verbandsrecht zur Sicherstellung der Wahrung der Verbandsordnung.

4 **3. Legalitätspflicht (Abs. 1 Nr. 1). a) Grundsätzliches.** Die Wohnungseigentümer haben sich nach Abs. 1 Nr. 1 jeweils im Einklang mit Gesetz, Vereinbarung und Beschlüssen zu verhalten. Damit wird die **Pflicht zur Einhaltung der Verbandsordnung** gekennzeichnet, die mit dem Terminus der **Legalitätspflicht** auf den Begriff gebracht werden kann. Diese Legalitätspflicht versteht sich von selbst, zumal sich die Verpflichtungswirkung bereits unmittelbar aus den jeweils einschlägigen gesetzlichen Regelungen, Vereinbarungen oder Beschlüssen ergibt, nicht erst über Abs. 1 Nr. 1, der eigenständigen Regelungsgehalt daher nur hinsichtlich der Frage beinhaltet, wem gegenüber die Wahrung der Legalitätspflicht geschuldet ist (→ Rn. 3). Der Gemeinschaft der Wohnungseigentümer wird, ohne dass dies allerdings dem Wortlaut mit Klarheit zu entnehmen wäre, ein **korrespondierender (schuldrechtlicher) Anspruch** gegen pflichtwidrig handelnde Wohnungseigentümer gewährt,[4] der letztlich an die Stelle des § 15 Abs. 3 aF sowie § 21 Abs. 4 aF tritt, indes mit dem bedeutenden Unterschied, dass der Anspruch nicht mehr in den Händen der Wohnungseigentümer liegt, sofern nicht eine (konkrete) Sondereigentumsbeeinträchtigung in Rede steht (Abs. 2 Nr. 1, → Rn. 25 ff.).

---

[1] Vgl. zur Rechtslage vor Einfügung des § 8 Abs. 3 noch BGHZ 193, 219 Rn. 7 ff. = NJW 2012, 2650; BGH NJW-RR 2020, 840 Rn. 9 ff.; dazu *Lieder/Pordzik* ZWE 2020, 270.

[2] Ausf. *Häublein* ZWE 2019, 25 (26 f.) in Auseinandersetzung mit BGHZ 219, 60 = NJW 2018, 3305.

[3] *Hügel/Elzer* Rn. 12; *Elzer* FD-ZVR 2020, 429759; wie hier aber *Lehmann-Richter/Wobst* WEG-Reform 2020 Rn. 1492; *Dötsch/Schultzky/Zschieschack* WEG-Recht 2021 Kap. 4 Rn. 27; Palandt/*Wicke* Rn. 2.

[4] Vgl. auch idS *Lehmann-Richter/Wobst* WEG-Reform 2020 Rn. 1492; *Dötsch/Schultzky/Zschieschack* WEG-Recht 2021 Kap. 4 Rn. 29; Bärmann/Pick/*Emmerich* Anh. I § 14 Rn. 2.

b) Gesetzliche Regelungen (Abs. 1 Nr. 1 Var. 1). aa) Erfasste Regelungen. Jedem Wohnungseigentümer obliegt die Pflicht, das **Gesetz einzuhalten,** wobei unter dem zu wahrenden „Gesetz" hier einerseits einschränkend **normspezifisch** jenes des WEG zu verstehen ist,[5] andererseits in erweiterter (aber teleologisch gerechtfertigter) Auslegung sämtliche ungeschriebenen, aus der mitgliedschaftlichen Verbundenheit resultierenden (und damit aus dem „gesetzlichen" Schuldverhältnis abgeleiteten) Pflichten,[6] insbesondere horizontale wie auch vertikale **Treue- und Rücksichtnahmepflichten.** Bedeutung erlangt Letzteres vor allem für die hieraus abzuleitenden Einwirkungspflichten gegenüber Drittnutzern (→ Rn. 17 ff.), deren Erfüllung über Abs. 1 Nr. 1 die Gemeinschaft der Wohnungseigentümer verlangen kann. Diese Legalitätswahrungspflicht ist im Grunde eine Selbstverständlichkeit, deren Aufnahme in Abs. 1 Nr. 1 allein dem Zweck dient, den Gläubiger dieser Pflicht als die Gemeinschaft der Wohnungseigentümer zu bestimmen (→ Rn. 3). Wird zB eine über die Erhaltung hinausgehende (bauliche) Maßnahme am Sondereigentum entgegen den Vorgaben des § 13 Abs. 2 iVm § 20 ohne Gestattungsbeschluss vorgenommen, liegt darin eine Gesetzesverletzung, die eine Pflichtwidrigkeit im Verhältnis zur Gemeinschaft der Wohnungseigentümer begründet. Zur umstrittenen Einbeziehung des § 14 Abs. 2 Nr. 1 bei → Rn. 7. 5

bb) Pflicht zum schonenden Gebrauch. (1) Gemeinschaftliches Eigentum. Abs. 1 Nr. 1 Var. 1 unterfällt auch **ordnungswidriger** (zu vermeidbaren Übermaßnachteilen anderer führender) **Gebrauch des Gemeinschaftseigentums,** § 16 Abs. 1 S. 3 iVm § 14 Abs. 1, wobei es auf Abs. 1 Nr. 1 Var. 1 nur ankommt, sofern der Verstoß nicht in einem Gebrauch im Widerspruch zu einer Vereinbarung (Var. 2) oder einem Beschluss (Var. 3) liegt. Es mangelt zwar an einer Bestimmung nach dem Vorbild des (insoweit treffender aktivisch formulierten) § 14 Nr. 1 aF, wonach sinngemäß vom Gemeinschaftseigentum nur schonend Gebrauch gemacht werden durfte, anderenfalls eine Pflichtverletzung vorlag. Man wird die allzu pauschale **Verweisung des § 16 Abs. 1 S. 3 auf § 14** (insgesamt [!], damit aber auch auf das freilich in gänzlich anderem Kontext stehende, in Abs. 1 Nr. 2 beschriebene Maß) jedoch – letztlich zur Ermöglichung praktikabler Ergebnisse – dahingehend verstehen müssen, dass die Nutzung des gemeinschaftlichen Eigentums nicht nur im Einklang mit einschlägigen Vereinbarungen und Beschlüssen erfolgen muss, sondern darüber hinaus – wie schon bisher – auch im Übrigen **schonend,** mithin solche **Nachteile vermeidend,** die über das bei einem geordneten Zusammenleben unvermeidliche Maß hinausgehen (→ § 16 Rn. 9 ff.).[7] In diesem Sinne ist § 16 Abs. 1 S. 3 mit seinem so verstandenen Verweis auf § 14 zugleich als gegenüber der Gemeinschaft der Wohnungseigentümer nach Maßgabe des § 14 Abs. 1 Nr. 1 Var. 1 zu wahrende gesetzliche Regelung zu verstehen. 6

(2) Sondereigentum. Die vormals ebenfalls in § 14 Nr. 1 aF sinngemäß enthaltene Pflicht, vom Sondereigentum nur schonend Gebrauch zu machen, ist gesetzlich nicht mehr ausdrücklich verankert, zumal § 13 Abs. 1 (anders als § 16 Abs. 1 S. 3 für das gemeinschaftliche Eigentum; → Rn. 6) nicht einmal pauschal auf § 14 (und damit auch nicht auf das Verbot der Zufügung von Übermaßnachteilen) verweist. Allerdings ergibt sich aus Abs. 2 Nr. 1 eine miteigentümerbezogene Pflicht, Übermaßbeeinträchtigungen fremden Sondereigentums zu unterlassen. Aus diesem Beeinträchtigungsverbotstatbestand ergeben sich korrespondierende **Nachteilsabwendungspflichten,** auch in Form auf das eigene Sondereigentum gerichteter Erhaltungspflichten, die im Ergebnis weitgehend mit dem aus § 14 Nr. 1 aF gewonnenen Pflichtenprogramm übereinstimmen (→ Rn. 32 f.). Diese Nachteilsabwendungspflichten können zwar ausweislich Abs. 2 Nr. 1 auch durch betroffene Sondereigentümer durchgesetzt werden; gleichwohl handelt es sich bei dieser Bestimmung um eine „gesetzliche Regelung", deren Erfüllung (die Sondereigentümerrechte freilich nicht verdrängend!) über Abs. 1 Nr. 1 ebenfalls die Gemeinschaft der Wohnungseigentümer verlangen kann.[8] Eine andere, im Ergebnis zu verneinende Frage ist diejenige nach einem etwaigen 7

---

5 BR-Drs. 168/20, 55; *Lehmann-Richter/Wobst* WEG-Reform 2020 Rn. 1497; Palandt/*Wicke* Rn. 2 weist zutr. darauf hin, dass dies auch für die durch § 10 Abs. 1 S. 1 in Bezug genommenen Auffangvorschriften des BGB gilt, die damit ebenfalls einbezogen sind; zu weit ginge es dagegen, ganz unspezifisch „sämtliche" gesetzlichen Regelungen einzubeziehen.

6 Zutr. idS *Lehmann-Richter/Wobst* WEG-Reform 2020 Rn. 1497 ff.; aA wohl implizit Palandt/*Wicke* Rn. 2.

7 Je mit abw. Begründung, iErg aber ebenso *Lehmann-Richter/Wobst* WEG-Reform 2020 Rn. 1354; Palandt/*Wicke* Rn. 3, jedoch die normative Grundlage für das Nachteilsvermeidungsgebot im Unklaren belassend; *Hügel/Elzer* Rn. 46: allgemeine (ungeschriebene) Verpflichtung zum „sozialadäquaten Verhalten" in Bezug auf Gemeinschaftseigentum; aA (auch iErg) *Dötsch/Schultzky/Zschieschack* WEG-Recht 2021 Kap. 4 Rn. 42: keinerlei Abwehransprüche bei fehlendem Verstoß gegen „geschriebenes" Regelwerk.

8 AA *Dötsch/Schultzky/Zschieschack* WEG-Recht 2021 Kap. 4 Rn. 28, wonach Abs. 1 Nr. 1 allein Pflichten unterfallen, die (nur?) gegenüber dem Verband bestehen, was auf eine teleologische Reduktion hinausläuft; ebenso *Hügel/Elzer* Rn. 15, wonach allein der betroffene Sondereigentümer abwehrberechtigt sei (allerdings ohne darauf einzugehen, dass Abs. 2 Nr. 1 ebenfalls eine „gesetzliche Regelung" iSd Abs. 1 Nr. 1 ist); iErg wohl wie hier Palandt/*Wicke* Rn. 3, der gesetzeskorrigierend für Fortgeltung der unter § 14 Nr. 1 aF bestehenden Rechtslage plädiert.

Anspruch des gestörten Sondereigentümers gegenüber der Gemeinschaft der Wohnungseigentümer auf Einschreiten gegen den Störenden – den diesen Anspruch stützenden Wortlaut des § 18 Abs. 2 Nr. 2 wird man für diesen Fall eigener Abwehrmöglichkeit teleologisch zu reduzieren haben.[9]

8 **c) Vereinbarungen (Abs. 1 Nr. 1 Var. 2).** Die Pflicht, Vereinbarungen jeder Art einzuhalten, unabhängig davon, ob diese das Verhältnis der Wohnungseigentümer untereinander oder jenes derselben zum Verband betreffen (vgl. § 10 Abs. 1), folgt schon aus ihrer vertraglichen Rechtsnatur. Allerdings besteht, wie es Abs. Nr. 1 Var. 2 konstitutiv bestimmt, die Pflicht nunmehr gegenüber der Gemeinschaft der Wohnungseigentümer (→ Rn. 3), indes nur bei Verdinglichung iSd § 5 Abs. 4 S. 1 auch in der Person des Sondernachfolgers. Auch die Sanktionierung **vereinbarungswidrigen Verhaltens** ist daher als reiner **Binnenrechtsstreit** zwischen Gemeinschaft der Wohnungseigentümer und pflichtwidrig handelndem Wohnungseigentümer konzipiert, sofern nicht die Schwelle zur (konkreten) Sondereigentumsbeeinträchtigung überschritten wird, sodass Abs. 2 Nr. 1 hinzutritt (→ Rn. 25 ff.). Praktische Relevanz hat diese gesetzliche Rechtszuweisung vornehmlich für den Komplex der **Nutzungsstreitigkeiten,** sofern die Pflichtwidrigkeit in einer Verletzung von Gebrauchsbestimmungen liegt (zu diesen → § 13 Rn. 11 ff.; → § 16 Rn. 13 ff.). Umgekehrt sind Nutzungsweisen, die im Einklang mit Vereinbarungen stehen, stets legal, und nicht als solche im Hinblick auf mit ihr typischerweise verbundene „Einwirkungen" (etwa Geräusche in Form von Kinderlärm bei vereinbarter Wohnnutzung oder von Lieferverkehr bei vereinbarter gewerblicher Nutzung als Laden[10]) zu unterlassen. Allein **einzelne unzumutbare Störungen,** die von einer vereinbarungskonformen Nutzungsweise ausgehen (nicht aber die Nutzungsweise als solche!), sind abwehrfähig,[11] auch wenn der Wortlaut des Abs. 2 Nr. 1 iVm Abs. 1 Nr. 2 diese Differenzierung verdunkelt (→ § 13 Rn. 18 aE).

9 **d) Beschlüsse (Abs. 1 Nr. 1 Var. 3).** Die **Bindung** an wirksame Beschlüsse ergibt sich für den jeweiligen Wohnungseigentümer nicht erst aus Abs. 1 Nr. 1 Var. 1, sondern bereits aus deren **korporativem Charakter** (→ Rn. 3), konsequenterweise auch für den Sondernachfolger (vgl. § 10 Abs. 3 S. 2), bei Beschlüssen in Ausnutzung einer vereinbarten Öffnungsklausel indes für Sondernachfolger nur, sofern als Inhalt des Sondereigentums im Grundbuch eingetragen (§ 10 Abs. 3 S. 1). Neben Beschlüssen über Vorschüsse, Nachschüsse oder Sonderumlagen (vgl. → § 16 Rn. 85 ff.) wird es hier vor allem um solche über bauliche Maßnahmen am Sonder- (§ 13 Abs. 2) oder Gemeinschaftseigentum (§ 20) gehen. Daneben betroffen sind insbesondere durch Mehrheitsbeschluss getroffene Benutzungsregelungen, auch in Form einer Hausordnung (→ § 18 Rn. 84 ff.).

10 **4. Duldungspflicht (Abs. 1 Nr. 2). a) Grundsätzliches.** Abs. 1 Nr. 2 begründet in seiner **Var. 1** die Pflicht eines jeden Wohnungseigentümers, weit verstandene **Einwirkungen** auf das **Sonder-** oder das **Gemeinschaftseigentum** zu dulden,[12] sofern diese im Einklang mit der Verbandsordnung stehen (→ Rn. 13 f.). Sofern die in Rede stehende Einwirkungshandlung (etwa Baulärm) nicht unmittelbarer Regelungsgegenstand, sondern nur typische Folge eines Verwaltungshandelns (etwa einer durchgeführten baulichen Veränderung) ist, wird dies häufig eine Auslegung der einschlägigen Bestimmung der Verbandsordnung verlangen.[13] **Var. 2** begründet eine Duldungspflicht hinsichtlich solcher Einwirkungen, die zwar keine Legitimationsgrundlage in der „geschriebenen" Verbandsordnung (durch Vereinbarung oder Beschluss) haben, aus denen dem Duldungspflichtigen aber kein Übermaßnachteil erwächst (→ Rn. 15 f.). Abs. 1 Nr. 2 betrifft allein Einwirkungen, die von der Gemeinschaft der Wohnungseigentümer ausgehen (zu den Einwirkungssubjekten → Rn. 1), also im Zusammenhang mit von dieser wahrzunehmenden Aufgaben stehen.

11 **b) Einwirkungsrecht und Duldungsinhalt.** Als Kehrseite der Duldungspflicht begründet Abs. 1 Nr. 2 ein spiegelbildliches **Einwirkungsrecht** der Gemeinschaft der Wohnungseigentümer, auch wenn sich dieses nicht ausdrücklich aus dem Gesetzeswortlaut ergibt. Das Einwirkungsrecht wirkt unmittelbar (und rechtfertigend), es bedarf insbesondere keines irgendwie gearteten Einverständnisses des Duldungspflichtigen, um die Einwirkungshandlung vornehmen zu dürfen.[14] Das

---

9 Zutr. *Hügel/Elzer* § 18 Rn. 99, die hierfür auch auf BR-Drs. 168/20, 6 verweisen.

10 Beispiel in Anlehnung an BeckOGK/*Falkner,* 1.3.2020, § 15 Rn. 20.

11 Vgl. bereits zu § 14 aF BGH ZWE 2011, 78 (78 f.); NJW 2020, 1354 Rn. 31, 33 = ZWE 2020, 180 mAnm *Maximilian A. Müller;* vgl. weiterhin auch etwa Jennißen/*Hogenschurz* Rn. 4b.

12 Vgl. auch *Hügel/Elzer* Rn. 17: Duldungspflicht, kein Abwehrrecht.

13 Zu Recht auf die Notwendigkeit der Auslegung des jeweils einschlägigen Rechtsgeschäfts hinweisend *Lehmann-Richter/Wobst* WEG-Reform 2020 Rn. 1323 ff.; iErg ebenso *Dötsch/Schultzky/Zschieschack* WEG-Recht 2021 Kap. 4 Rn. 46 f.

14 Nach *Lehmann-Richter/Wobst* WEG-Reform 2020 Rn. 1332 könnte man hieran angesichts des Wortlauts, der nur von einer Duldungspflicht spricht, womöglich (auch aus deren Sicht indes: zu Unrecht) zweifeln.

Pflichtenprogramm des nach Abs. 1 Nr. 2 verpflichteten Sondereigentümers ist in allen Fällen auf die **Duldung der Einwirkung** beschränkt, **aktive Mitwirkungspflichten** oder sonstige, irgendwie geartete Handlungspflichten zur Sicherstellung des mit der Einwirkung etwaig bezweckten Erfolges sind hieraus **nicht ableitbar.** So besteht keine Pflicht des betroffenen Wohnungseigentümers, in seiner zwecks Durchführung von Erhaltungsmaßnahmen zu betretenden Raumeinheit blockierende Möbelstücke zu entfernen bzw. gar einzulagern (dies ist vielmehr eine Aufgabe der Gemeinschaft der Wohnungseigentümer, deren Wahrnehmung durch den Wohnungseigentümer zu Aufwendungsersatzansprüchen nach § 670 BGB führen kann).[15] Bezüglich der **Betretungsrechte** wird man allerdings das Öffnen der Tür als Annexverpflichtung zur Duldungspflicht begreifen können,[16] ist dieses doch Bedingung der Möglichkeit des (gewaltlosen) Betretens.

c) Einwirkung. Der Begriff der Einwirkung, als deren Spezialfall jener des Betretens des Sondereigentums gezählt wird, ist umfassend zu verstehen, nicht nur bezogen auf Einwirkungen iSd § 906 BGB,[17] also vor allem solche durch Gase, Dämpfe, Geruch, Rauch, Ruß, Wärme, Geräusche und Erschütterungen, oder Immissionen iSd BImSchG. Vielmehr dient er als **Sammelbegriff** für alle von der Gemeinschaft der Wohnungseigentümer ausgehenden **Beeinträchtigungen** des Sonder- oder des Gemeinschaftseigentums bzw. darauf bezogene **Nachteile,** gleichviel, welcher Art sie sein mögen.[18] 12

aa) Einwirkungen iSd Abs. 1 Nr. 2 Var. 1. (1) Vereinbartes oder beschlossenes Betreten des Sondereigentums. Die Duldungspflicht des Abs. 1 Nr. 2 Var. 1 ist nur betroffen, sofern sich das Betreten[19] auf eine **Vereinbarung** oder **Beschlussfassung** stützen kann (sonst Var. 2), wie im Fall eines in der Gemeinschaftsordnung nach Dauer und Häufigkeit näher konkretisierten Betretungsrechts zwecks Wartungs- und Kontrollmaßnahmen an einer Heizungsanlage, die sich in einer Sondereigentumseinheit befindet.[20] Entfallen ist die **vormalige enge Umgrenzung des Betretungsrechts in § 14 Nr. 4 aF** zum Zwecke der Erhaltung des gemeinschaftlichen Eigentums.[21] Soweit bereits zu § 14 Nr. 4 aF vertreten wurde,[22] durch Vereinbarung könne das Betretungsrecht über diese Umgrenzung hinaus erweitert werden, gilt dies nunmehr erst recht. Trotz des fortgefallenen Erhaltungskontextes sind aber die aus Art. 13 GG iVm §§ 138, 242 BGB abgeleiteten **Gestaltungsgrenzen** geblieben.[23] Daher müssen die mit sonstigen Betretungsrechten verfolgten Zwecke jeweils sachlich gerechtfertigt und muss das Betreten zur Zweckerreichung erforderlich sein. In diesem Sinne wird aber (jedenfalls) nunmehr ein Betretungsrecht auch zur Durchsetzung beschlossener **Versorgungssperren** gegen säumige Hausgeldschuldner vereinbart werden können, da sich dieses aus dem Gesichtspunkt der Ermöglichung der praktischen Durchsetzung der Versorgungssperre rechtfertigen lässt.[24] Selbiges gilt für Fälle, in welchen das Betreten zum Zwecke der **Ablesung** von Heizungs- und Wasserzählern,[25] der Erbringung von **Vermessungsarbeiten** als 13

---

15 *v. Rechenberg* ZWE 2005, 47 (52); Niedenführ/Schmidt-Räntsch/Vandenhouten/*Schmidt-Räntsch* Rn. 41; Jennißen/*Hogenschurz* Rn. 26; s. auch Soergel/*H.-J. Weber* Rn. 61.

16 Vgl. BGH NJW-RR 2007, 863 Rn. 17 ff. zur Reichweite eines Unterlassungstitels; aus der Lit. etwa Bärmann/Pick/*Emmerich* Rn. 44; Bärmann/*Becker* Rn. 71.

17 *Lehmann-Richter/Wobst* WEG-Reform 2020 Rn. 1322 zufolge sollen Einwirkungen sowohl iSd § 906 Abs. 1 S. 1 BGB als auch solche iSd § 904 S. 1 BGB erfasst sein.

18 Schon zu § 14 Nr. 3 aF wurde ein ähnlich weiter Einwirkungsbegriff vertreten; vgl. Niedenführ/Schmidt-Räntsch/Vandenhouten/*Schmidt-Räntsch* Rn. 38; für ein weites Begriffsverständnis auch *Lehmann-Richter/Wobst* WEG-Reform 2020 Rn. 1322.

19 Wahrzunehmen etwa durch den Hausverwalter, beauftragte Handwerker oder Sachverständige, nicht aber den Verwaltungsbeirat oder andere Wohnungseigentümer; vgl. dazu Jennißen/*Hogenschurz* Rn. 26.

20 Hierzu *Leidner* FS 25 Jahre DNotI, 2018, 193 (200) sowie BeckOK WEG/*Gerono/Leidner* § 5 Rn. 35a; zur Frage der Sondereigentumsfähigkeit vgl. → § 5 Rn. 28.

21 Vor diesem Hintergrund überzeugt es nicht, wenn *Hügel/Elzer* Rn. 20 meinen, eine inhaltliche Änderung sei weder bezweckt noch erfolgt; wäre sie nicht bezweckt, müsste § 14 Abs. 1 Nr. 2 als zu weit geraten teleologisch reduziert werden, wofür den Befürworter der teleologischen Reduktion die Argumentationslast trifft.

22 Vgl. etwa OLG Bremen ZWE 2016, 324 Rn. 13; nach BeckOGK/*Falkner,* 1.3.2020, Rn. 50 wurden entspr. Vereinbarungen freilich krit. gesehen.

23 Zu diesen bereits BVerfGE 89, 1 (11) = NJW 1993, 2035 (2037); BayObLGZ 1996, 146 (148); OLG Zweibrücken ZWE 2001, 171 (172); OLG Bremen ZWE 2016, 324 Rn. 13; *Lüke* WE 1997, 370 (372); Jennißen/*Hogenschurz* Rn. 24; BeckOK WEG/*Maximilian A. Müller* Rn. 148; zutr. insoweit auch zu § 14 Abs. 1 Nr. 2 *Hügel/Elzer* Rn. 21.

24 IErg auch Palandt/*Wicke* Rn. 20; schon zu § 14 Nr. 4 OLG München NJW-RR 2005, 598 (599); *Bonifacio* ZMR 2012, 330 (332); *Gottschlag* NZM 2010, 424 (426); *Gaier* ZWE 2004, 109 (116); *Armbrüster* WE 1999, 14 (17); Riecke/Schmid/*Abramenko* Rn. 42; Jennißen/*Hogenschurz* Rn. 25b; Soergel/*H.-J. Weber* Rn. 77.

25 OLG Bremen ZWE 2015, 170 Rn. 33.

Grundlage eines geänderten Kostenverteilungsschlüssels oder der Durchführung beschlossener **Ausbauarbeiten** erforderlich ist. Überdies ist es zulässig, ein **jährliches Betretungsrecht** des Verwalters zwecks Inspektion der im gemeinschaftlichen Eigentum befindlichen Gebäudeteile zu vereinbaren, sofern diese nur über im Sondereigentum stehende Räume bzw. untergeordnete Freiflächen (vgl. § 3 Abs. 2) oder Sondernutzungsflächen zugänglich und überprüfbar sind.[26] Im Übrigen wird der Gestaltungsspielraum äußert restriktiv auszulegen sein; so wird ein **turnusmäßiges Nachschau-** und damit verbundenes **Betretungsrecht** zwecks Überprüfung der Einhaltung von Gebrauchsregelungen oder Vorgaben der Hausordnung nicht wirksam vereinbart werden können.

14 **(2) Sonstige vereinbarte oder beschlossene Einwirkungen.** Unter die **sonstigen** vereinbarten oder beschlossenen **Einwirkungen** (auf das Sonder- oder Gemeinschaftseigentum) sind alle Nachteile zu fassen, die nicht im Betreten liegen. Darunter fallen vor allem durch bauliche Veränderungen bedingte Einwirkungen (etwa damit verbundener Baulärm), zudem solche, die aus der Umsetzung einer beschlossenen Beseitigung einer rechtswidrigen baulichen Veränderung resultieren. Daneben gehören hierher auch die Fälle der vereinbarten bzw. beschlossenen **Benutzung** des Sondereigentums, die in § 14 Nr. 4 aF noch als neben das Betreten gestellte Einwirkungsweise hervorgehoben war, allerdings wiederum (vgl. → Rn. 13) verbunden mit der nun entfallenden einschränkenden Zweckbestimmung zur Durchführung von Erhaltungsmaßnahmen am Gemeinschaftseigentum. Auch hier stellt sich die Frage, ob nunmehr Vereinbarungen zulässig sind, die Benutzungsrechte der Gemeinschaft der Wohnungseigentümer von der Zweckbindung an Erhaltungsmaßnahmen loslösen. Diese Frage wird man, ebenso wie in Bezug auf Betretungsrechte (→ Rn. 13), vorsichtig bejahen können. Im Lichte der aus Art. 13 GG iVm §§ 138, 242 BGB resultierenden **Gestaltungsgrenzen** wird allerdings wiederum ein objektiv zu rechtfertigender, im Gemeinschaftsinteresse liegender **Sachgrund** vorliegen müssen. Ein die Benutzung gestattender Beschluss ist überdies nur ordnungsgemäß, wenn die Benutzung für die Verwirklichung des jeweiligen Zwecks erforderlich ist. Hier ist darauf abzustellen, ob andere Maßnahmen, ohne Inanspruchnahme des Sondereigentums, technisch nicht durchführbar wären oder wirtschaftlich unvertretbaren Aufwand brächten.[27]

15 **bb) Einwirkungen iSd Abs. 1 Nr. 2 Var. 2. (1) Einwirkungen ohne Übermaßnachteil.** Abseits dahingehender Vereinbarungen oder Beschlüsse (Abs. 1 Nr. 2 Var. 1), die – vor allem bei notwendigen Eilmaßnahmen[28] – nicht zwingende Voraussetzung für das Bestehen eines Zutrittsrechts sind,[29] ist das **Betreten** des Sondereigentums nach Abs. 1 Nr. 2 Var. 2 zu dulden,[30] wenn es eine Einwirkung darstellt, aus der dem betroffenen Wohnungseigentümer über das bei einem geordneten Zusammenleben **unvermeidliche Maß** hinaus **kein Nachteil** erwächst („Übermaßnachteil"). Selbiges gilt für sonstige, nicht im Betreten liegende Einwirkungen auf das Sonder- oder Gemeinschaftseigentum, falls es an einschlägigem Verbandsrecht fehlt. Ausweislich der Gesetzesbegründung soll insoweit für die Konkretisierung dieses Maßstabs auf § 14 Nr. 1 aF zurückgegriffen werden können, sodass weiterhin gilt, dass der Nachteil als jede nicht ganz unerhebliche, also mehr als nur geringfügige Beeinträchtigung zu verstehen ist,[31] wofür auf objektive Kriterien abzustellen ist,[32] mithin auf einen verständigen Durchschnittswohnungseigentümer.[33] Damit ist letztlich bei der **Bewertung der Erheblichkeit** einer Beeinträchtigung eine **Interessenabwägung** vorzunehmen, im Rahmen derer insbesondere auch die grundrechtlich geschützten Interessen der betroffenen Wohnungseigentümer zu berücksichtigen sind.[34]

16 **(2) Einwirkungszwecke im Betretensfall.** Eine vorbehaltlose Übertragung der zu § 14 Nr. 4 aF ergangenen Rspr., um dem nicht durch Vereinbarung oder Beschluss legitimierten Betretungs-

---

[26] Für deren Unzulässigkeit aber, freilich noch zu § 14 Nr. 4 aF, OLG Zweibrücken ZWE 2001, 171 (172); *v. Rechenberg* ZWE 2005, 47 (51 f.); BeckOGK/*Falkner,* 1.3.2020, Rn. 50; BeckOGK/*Falkner,* 1.3.2020, § 10 Rn. 264.

[27] S. etwa, zu § 14 aF, Riecke/Schmid/*Abramenko* Rn. 45.

[28] LG Frankfurt ZWE 2016, 275 (275 f.); jurisPK-BGB/*Lafontaine* Rn. 79.

[29] Jennißen/*Hogenschurz* Rn. 24, der einen Heranziehungsbeschluss für nicht erforderlich hält; ebenso BeckOGK/*Falkner,* 1.3.2020, Rn. 50; Riecke/Schmid/*Abramenko* Rn. 40.

[30] Zu vollstrecken nach § 890 ZPO; vgl. etwa Bärmann/Pick/*Emmerich* Rn. 43.

[31] BGH NJW-RR 2019, 519 Rn. 25; NZM 2018, 794 Rn. 28; NJW 1992, 978 (979); BayObLGZ 1979, 267 (272); Bärmann/*Suilmann* Rn. 4; Staudinger/*Kreuzer,* 2018, Rn. 26; Jennißen/*Hogenschurz* Rn. 3.

[32] BGH NZM 2018, 794 Rn. 28; NJW 2012, 72 Rn. 14; BayObLG WE 1987, 156 (157); Staudinger/*Kreuzer,* 2018, Rn. 32.

[33] BGH NZM 2018, 794 Rn. 28; 2017, 447 Rn. 15; vgl. auch *Lehmann-Richter/Wobst* WEG-Reform 2020 Rn. 1327; *Dötsch/Schultzky/Zschieschack* WEG-Recht 2021 Kap. 4 Rn. 49.

[34] BVerfG NJW 2010, 220 Rn. 18; BGH NZM 2017, 447 Rn. 15; LG Hamburg ZWE 2014, 408 (410); Bärmann/*Suilmann* Rn. 16; Jennißen/*Hogenschurz* Rn. 4.

recht Kontur zu verleihen, ist nicht möglich, und zwar schon deshalb nicht, weil der **Konnex zur Durchführung von Erhaltungsmaßnahmen** ebenso **entfallen** ist wie das vormalige Kriterium der hierfür bestehenden **Erforderlichkeit.** Da freilich der vage Rechtsbegriff des unvermeidlichen Maßes im Lichte des Art. 13 GG zu konkretisieren ist, wird eine wesentliche Ausdehnung von Betretungsrechten nicht infrage kommen (zur ähnlich gelagerten Frage, ob solche Betretungsrechte durch Vereinbarung erweitert werden können, → Rn. 13). Allerdings werden nunmehr in jenen Fällen Betretungsrechte bestehen, bei denen diese unter Geltung des einschränkenden § 14 Nr. 4 aF zwar aus Wertungsgesichtspunkten begründbar waren, rechtskonstruktiv aber nur unter Zuhilfenahme der Treuepflicht[35] oder einer Duldungspflicht als Annex zur Bindung an eine Vereinbarung bzw. einen Beschluss[36] abgeleitet werden konnten. Solche **teleologisch begründeten erweiternden Normanwendungen** sind nunmehr **obsolet,** da § 14 Abs. 1 Nr. 2 neben das Betretungsrecht gleichgewichtig jedwede sonstigen Einwirkungsrechte stellt (→ Rn. 15). Das gilt etwa für die **Wartung** von Rauchmeldern, deren Installation beschlossen wurde,[37] erst recht freilich (dann aber Abs. 1 Nr. 2 Var. 1 unterfallend), sofern das Wartungsrecht mitbeschlossen wurde.[38] Auch Vermessungsarbeiten nach Änderung des Kostenverteilungsschlüssels fallen hierunter.[39] Dient das Betreten des Sondereigentums dem Zweck der **Erhaltung des Gemeinschaftseigentums,** kann vorsichtig auf die bisherigen Kriterien zu § 14 Nr. 4 aF zurückgegriffen werden. Das in § 14 Abs. 2 Nr. 1 Var. 1 fehlende Erforderlichkeitskriterium wird im Wege verfassungskonformer Auslegung hinzuzuaddieren sein, wobei eine (bestandskräftig) beschlossene Erhaltungsmaßnahme, deren Ausführung einen Zutritt bedingt, die Erforderlichkeit belegt[40] und der vorherigen Ankündigung mit hinreichender Vorlaufzeit bedarf.[41] Aufgrund des hinzuaddierten Erforderlichkeitskriteriums wird bei **Vorfeldmaßnahmen,** die der Feststellung eines Erhaltungsbedarfs dienen sollen, stets auf das Vorhandensein **hinreichend konkreter Anhaltspunkte** für diesen abzustellen sein.[42]

5. Legalitätssicherungspflicht (Einwirkungspflicht gegenüber Fremdnutzern). a) Grundlage. § 14 Nr. 2 aF erweiterte das Pflichtenprogramm eines jeden Wohnungseigentümers dahin, die Einhaltung der in § 14 Nr. 1 aF genannten **Rücksichtnahmepflichten durch Drittnutzer,** die zu seinem Hausstand oder Geschäftsbetrieb[43] gehören oder denen er die Nutzung – vor allem mietvertraglich – überlassen hat, **sicherzustellen.**[44] Dies erfolgte vor dem Hintergrund, dass Drittnutzer mangels Mitgliedschaft in der Gemeinschaft der Wohnungseigentümer nicht an deren Verbandsordnung gebunden sind. Gleiches galt gegenüber einem Nießbraucher,[45] aber auch einem Dienstbarkeitsberechtigten.[46] Diese Bestimmung des § 14 Nr. 2 aF ist ersatzlos fortgefallen, ebenso damit auch der gesetzliche Anknüpfungspunkt für eine derartige **Legalitätssicherungspflicht.** Dieses gesetzgeberische Schweigen ist kein Versehen, sondern eine bewusste Entscheidung dafür, die Konturierung des Pflichtenprogramms des vermietenden Wohnungseigentümers und des korrespondierenden Mieters Rspr. und Wissenschaft zu überlassen.[47] Was die Legalitätssicherungspflicht als 17

35 OLG Bremen ZWE 2015, 170 Rn. 29: Ausfluss eigentümerspezifischer Treuepflichten; BeckOK WEG/*M. Müller* Rn. 157; vgl. auch jurisPK-BGB/*Lafontaine* Rn. 82, wonach sich in vielen Konstellationen ein Betretensrecht aus der besonderen, innerhalb der Wohnungseigentümergemeinschaft bestehenden Rücksichtnahmepflicht herleiten lassen können soll; ähnlich Soergel/*H.-J. Weber* Rn. 74.

36 Etwa über die Einführung der verbrauchsabhängigen Abrechnung, *Schmid* DWE 2011, 44 (46), oder zur Durchführung baulicher Maßnahmen, Soergel/*H.-J. Weber* Rn. 61.

37 Vgl. bereits zu § 14 Nr. 4 aF BGH NJW 2013, 3092 Rn. 18; AG Kiel ZWE 2011, 380 (381); Riecke/Schmid/*Abramenko* Rn. 42; Bärmann/Pick/*Emmerich* Rn. 43.

38 Zu dieser Möglichkeit BGH NJW-RR 2019, 401 Rn. 9 f.

39 Vgl. auch *v. Rechenberg* ZWE 2005, 47 (50).

40 OLG Celle ZMR 2002, 293 = BeckRS 2001, 30978220; vgl. *v. Rechenberg* ZWE 2005, 47 (53); BeckOGK/*Falkner,* 1.3.2020, Rn. 49; Jennißen/*Hogenschurz* Rn. 25; vgl. auch zu beschlossenen Baumaßnahmen Soergel/*H.-J. Weber* Rn. 61; strenger womöglich Palandt/*Wicke* Rn. 18.

41 Mindestens eine Woche, vgl. *v. Rechenberg* ZWE 2005, 47 (51); BeckOGK/*Falkner,* 1.3.2020, Rn. 48; Jennißen/*Hogenschurz* Rn. 26; Bärmann/Pick/*Emmerich* Rn. 46: beim Fensteraustausch deutlich längere Ankündigungsfrist geboten, falls keine besondere Dringlichkeit bei einer Notfallmaßnahme gegeben ist.

42 OLG München NJW-RR 2006, 1022 (1023); BayObLG ZMR 2004, 762 = BeckRS 2004, 3767; *Gottschalg* NZM 2010, 424 (426); BeckOGK/*Falkner,* 1.3.2020, Rn. 50; Jennißen/*Hogenschurz* Rn. 24; Weitnauer/*Lüke* Rn. 8.

43 Zum Hausstand oder Geschäftsbetrieb gehören sämtliche Personen, die sich mit Einverständnis des Eigentümers ständig oder vorübergehend in seinem Wohnungs- oder Teileigentumsrecht aufhalten; vgl. Bärmann/*Suilmann* Rn. 43; Staudinger/*Kreuzer,* 2018, Rn. 102.

44 Vgl. insgesamt zum Normzweck des § 14 Nr. 2 aF BGH NJW 2014, 2640 Rn. 11; weiterhin Soergel/*H.-J. Weber* Rn. 50; Jennißen/*Hogenschurz* Rn. 15; Bärmann/Pick/*Emmerich* Rn. 24.

45 BGH NJW 2014, 2640 Rn. 1; dazu *Briesemeister* ZWE 2014, 353 (355).

46 BGH ZWE 2020, 328 Rn. 48 mAnm *Heinemann.*

47 Vgl. Abschlussbericht der Bund-Länder-Arbeitsgruppe zur Reform des WEG ZWE 2019, 429, 460 ff.

Teilausschnitt dieses Fragenkomplexes anbetrifft, wird man aus der ersatzlosen Streichung des bisherigen positivrechtlichen Anknüpfungspunktes im Ergebnis nicht auf eine Änderung der Rechtslage schließen können (zu einem weiteren Teilausschnitt → § 15 Rn. 1 ff.). Denn richtigerweise hatte § 14 Nr. 2 aF allein **klarstellenden Charakter;** letztlich war er nur Ausprägung des immer noch gültigen und aus der Treuepflicht ableitbaren Wertungsgedankens, dass sich ein Wohnungseigentümer nicht vermöge Vermietung seines Wohnungseigentums seiner Pflicht zur Wahrung der Verbandsordnung (vgl. → Rn. 4) entziehen kann.[48] Die weiterhin in unveränderter Form bestehende Legalitätssicherungspflicht wechselt nur ihr **normatives Fundament** und stützt sich nun auf das durch § 14 abgesteckte Pflichtenprogramm des Wohnungseigentümers im Verbunde mit seiner Treuepflicht,[49] die zu wahren wiederum § 14 Abs. 1 Nr. 1 Var. 1 gebietet (→ Rn. 5). Geht es um Beeinträchtigungen fremden Sondereigentums durch Dritte, greift zudem § 14 Abs. 2 Nr. 1 iVm der Treuepflicht, verstanden als Nachteilsabwendungspflicht.[50]

18 **b) Pflichtenprogramm des vermietenden Wohnungseigentümers. aa) Präventive Maßnahmen.** Zum Pflichtenprogramm des vermietenden Wohnungseigentümers gehört es zuvörderst, in Erfüllung seiner Legalitätssicherungspflicht in seiner **präventiven Wirkrichtung**[51] im Miet- bzw. Pachtvertrag den Fremdnutzer zur Wahrung der Verbandsordnung, insbesondere auch zur Einhaltung einer Hausordnung in der jeweils gültigen Fassung, zu verpflichten[52] (vgl. → § 13 Rn. 25). Dies ist auch aus Sicht des vermietenden Wohnungseigentümers geboten, um anderenfalls drohenden Mängelansprüchen des Mieters zu entgehen, die etwa auf eine weitergehende, aber nicht ohne Verstoß des vermietenden Wohnungseigentümers gegen seine Legalitätssicherungspflicht erfüllbare mietvertragliche Nutzungsbefugnis zurückzuführen sind. Der vermietende Wohnungseigentümer ist jedenfalls gehalten, durch entsprechende Mietvertragsgestaltung ein **Auseinanderfallen der beiden Pflichtenkreise** (dh seines eigenen als Wohnungseigentümers und desjenigen des Mieters) in Bezug auf Benutzungsfragen zu **vermeiden.**[53] Versäumt er dies und kann er daher seiner Legalitätssicherungspflicht (wegen einer Pflichtenkollision mit dem anderslautenden Pflichtenprogramm als Vermieter) nicht nachkommen, liegt bereits in diesem Versäumnis eine Pflichtverletzung, derentwegen er den anderen Wohnungseigentümern bzw. der Gemeinschaft der Wohnungseigentümer gegenüber zum Schadensersatz verpflichtet sein kann. Schwierigkeiten bereitet die **Einbeziehung künftiger Änderungen** der Verbandsordnung in das mietvertragliche Pflichtenprogramm. Empfehlenswert und nach zutr. Ansicht zulässig ist ein dynamischer Verweis,[54] und zwar sowohl individualvertraglich[55] als auch formularvertraglich, sofern das Transparenzgebot gewahrt wird und durch alleinige Einbeziehung ordnungsgemäßer Gebrauchsregelungen[56] kein Verstoß gegen den Klauselverbotstatbestand des § 308 Nr. 4 BGB erfolgt.[57]

19 **bb) Repressive Maßnahmen.** Der Vermieter hat als Ausfluss der **repressiven Wirkrichtung** der Legalitätssicherungspflicht auch während der Mietzeit erforderlichenfalls jede ihm zumutbare Maßnahme gegen den Mieter zu ergreifen,[58] wobei die Art und Weise der Einwirkung dem vermietenden Wohnungseigentümer überlassen bleibt,[59] eine etwaige Unmöglichkeit der Einwirkung (§ 275 Abs. 1 BGB) jedoch allein im Vollstreckungsverfahren Bedeutung erlangt. Unter Umständen kann auch die Kündigung des Mietverhältnisses geboten sein.[60] In der Praxis empfiehlt es sich, die

48 Zutr. BeckOK WEG/*Maximilian A. Müller* Rn. 98; Riecke/Schmid/*Abramenko* Rn. 31.

49 IErg ebenso *Dötsch/Schultzky/Zschieschack* WEG-Recht 2021 Kap. 15 Rn. 7; Palandt/*Wicke* Rn. 15; wohl zurückhaltender, weil Einstandspflicht stärker auf Haftung für Dritte nach § 278 BGB verengend, *Lehmann-Richter/Wobst* WEG-Reform 2020 Rn. 1503 ff.

50 Ähnlich *Hügel/Elzer* Rn. 65 ff., die aber die Einwirkungspflicht des Sondereigentümers zu eng konturieren, wenn sie diese allein auf § 14 Abs. 2 Nr. 1 und damit auf konkrete Sondereigentumsbeeinträchtigungen stützen.

51 Zur Differenzierung zwischen präventiven und repressiven Einwirkungen Staudinger/*Kreuzer,* 2018, Rn. 98.

52 Von „Einbindungspflicht" sprchen, jeweils zu § 14 aF, Staudinger/*Kreuzer,* 2018, Rn. 98; Jennißen/*Hogenschurz* Rn. 16a; vgl. auch Palandt/*Wicke* Rn. 15.

53 Näher Jennißen/*Schultzky* § 13 Rn. 29 ff.; BeckOGK/*Falkner,* 1.3.2020, § 13 Rn. 78 ff.; Soergel/*H.-J. Weber* Rn. 56.

54 Ausf. zu dieser Problematik BeckOGK/*Falkner,* 1.3.2020, § 13 Rn. 82 ff.

55 Weitgehend unstr.; *Lehmann-Richter* ZWE 2009, 345 (351); BeckOGK/*Falkner,* 1.3.2020, § 13 Rn. 83.

56 Vgl. nur für diese Einschränkung AG Schorndorf WuM 2012, 494 = BeckRS 2012, 19795; dazu *Emmert* jurisPR-MietR 9/2013, Anm. 3; Niedenführ/Schmidt-Räntsch/Vandenhouten/*Schmidt-Räntsch* Rn. 36.

57 Zu dieser Problematik *Armbrüster* FS Blank, 2006, 578 (585 ff.); *Armbrüster* ZWE 2004, 217 (224 ff.).

58 Vgl. etwa Jennißen/*Hogenschurz* Rn. 16b; Soergel/*H.-J. Weber* Rn. 52.

59 BGHZ 129, 329 (335) = NJW 1995, 2035; OLG Frankfurt NJW-RR 2004, 662 (664); BeckOGK/*Falkner,* 1.3.2020, § 13 Rn. 96.

60 BGH NJW 1996, 714; OLG Frankfurt NJW-RR 2004, 662 (664); OLG Karlsruhe NJW-RR 1994, 146 (147); BeckOGK/*Falkner,* 1.3.2020, § 13 Rn. 97; vgl. auch Jennißen/*Hogenschurz* Rn. 17a.

gültige Hausordnung dem Mietvertrag als Anlage beizufügen[61] und einen wiederholten Verstoß gegen die Hausordnung vertraglich zum außerordentlichen Kündigungsgrund zu erheben.[62] Abweichende mietvertragliche Regelungen können einer beschlossenen Hausordnung jedenfalls nicht entgegengehalten werden.[63]

c) Rechtsfolgen von Pflichtverletzungen. aa) Ansprüche gegen vermietenden Wohnungseigentümer. (1) Haftung für eigenes Verschulden. Verletzt der vermietende Wohnungseigentümer seine Sorgetragungspflicht, resultiert daraus bei entstandenem Schaden und entsprechendem Vertretenmüssen eine **schuldrechtliche Haftung des vermietenden Wohnungseigentümers** nach § 280 Abs. 1 BGB iVm dem Gemeinschaftsverhältnis. Zugleich wird dadurch seine (mittelbare) Handlungsstörereigenschaft begründet,[64] die ihm gegenüber – falls er die Störung adäquat kausal verursacht hat –[65] zu Abwehransprüchen der Gemeinschaft der Wohnungseigentümer nach § 14 Abs. Nr. 1 bzw. (bei Sondereigentumsbeeinträchtigung) gestörter Wohnungseigentümer nach § 14 Abs. 2 Nr. 1 führen kann, und die neben jene unmittelbare Störereigenschaft des Mieters tritt, auf die vornehmlich (bei konkreter Eigentumsbeeinträchtigung) mit § 1004 Abs. 1 BGB zu reagieren ist (näher → Rn. 22 ff.). Dagegen scheiden auf § 14 gestützte Binnenansprüche gegenüber dem Mieter aus, weil insoweit ein anderer Pflichtenkreis berührt ist.[66] Eigenständig neben[67] die Haftung des vermietenden Wohnungseigentümers aufgrund Verletzung seiner Legalitätssicherungspflicht tritt – eine entsprechende Rechtsguts-, regelmäßig Eigentumsverletzung iSd § 823 Abs. 1 BGB vorausgesetzt – eine auf **§ 831 BGB** fußende **deliktische Eigenhaftung** desselben,[68] falls diesem ein Auswahl- oder Überwachungsverschulden hinsichtlich eines als Verrichtungsgehilfe zu qualifizierenden deliktisch Nutzenden zur Last fällt.[69] Diese deliktische Haftung hat indes nur geringe praktische Bedeutung,[70] zumal in diesen Fällen regelmäßig zugleich eine schuldhafte Verletzung der Legalitätskontrollpflicht vorliegt. 20

(2) Haftung für Erfüllungsgehilfen. Relevant, vor allem in jenen Fällen, in denen entweder keine Verletzung der Legalitätskontrollpflicht vorliegt oder keine solche, die der vermietende Wohnungseigentümer zu vertreten hat (vgl. § 280 Abs. 1 S. 2 BGB),[71] ist eine **Zurechnung des Verhaltens und Vertretenmüssens eines Nutzers,** sofern dieser – wie ein mit Instandhaltungsarbeiten am Sondereigentum beauftragter Handwerker, aber vor allem auch der Mieter – als **Erfüllungsgehilfe iSd § 278 BGB** eingestuft werden kann.[72] Hinsichtlich des Mieters wird in der **Lit.** indes dessen Erfüllungsgehilfeneigenschaft vereinzelt verneint,[73] allerdings zu Unrecht. Soweit zur Begründung auf die an rechtliche Grenzen stoßende **Einwirkungsmöglichkeit** des vermietenden Wohnungseigentümers gegenüber seinem Mieter verwiesen wird,[74] um sodann aus der fehlenden uneingeschränkten Einwirkungsmöglichkeit auf eine fehlende Zurechenbarkeit fremden Vertretenmüssens über § 278 BGB zu schließen, ist dem zu widersprechen. Der durch § 14 gesetzlich umrissene Pflichtenkreis des Wohnungseigentümers, insbesondere auch dessen Pflicht zur Wahrung der Verbandsordnung (→ Rn. 4), ist gesetzlicher Ausdruck des zwischen den Mitgliedern der Gemeinschaft 21

---

[61] Vgl. BeckOK WEG/*Maximilian A. Müller* § 13 Rn. 105; Schmidt-Futterer/Blank/*Eisenschmid* BGB § 535 Rn. 378 für jegliche Hausordnung.

[62] Soergel/*H.-J. Weber* Rn. 56; Weitnauer/*Lüke* Nach § 13 Rn. 5.

[63] LG Hamburg ZWE 2012, 290; vgl. auch Bärmann/*Merle* § 21 Rn. 84.

[64] BVerfG NJW 2010, 220 Rn. 18; NJW-RR 2012, 1292 Rn. 9; LG Frankfurt ZWE 2019, 178 Rn. 21, jeweils noch zu § 14 aF; iErg auch *Dötsch/Schultzky/Zschieschack* WEG-Recht 2021 Kap. 15 Rn. 7; Palandt/*Wicke* Rn. 16.

[65] Vgl. nur BGH NJW 2014, 2640 Rn. 8 noch zu § 14 aF; *Dötsch/Schultzky/Zschieschack* WEG-Recht 2021 Kap. 15 Rn. 11; *Lehmann-Richter/Wobst* WEG-Reform 2020 Rn. 1510; Palandt/*Wicke* Rn. 15.

[66] S. anschaulich Staudinger/*Kreuzer,* 2018, Rn. 100; weiterhin *Lehmann-Richter/Wobst* WEG-Reform 2020 Rn. 1510.

[67] Vgl. nur Riecke/Schmid/*Riecke* Anh. § 13 Rn. 74.

[68] Zu Unrecht wird diese Haftung als eine solche für Fremdverschulden des Nutzers hingegen eingestuft bei Bärmann/*Suilmann* Rn. 47; Weitnauer/*Lüke* Rn. 5. Es geht bei § 831 BGB allerdings nicht um eine Haftung für das Handeln eines Gehilfen; vgl. nur Jauernig/*Teichmann* BGB § 831 Rn. 1.

[69] Hierzu *Wangemann* WuM 1987, 43 (43 ff.).

[70] Vgl. BeckOK WEG/*Maximilian A. Müller* Rn. 137.

[71] Darauf zu Recht hinweisend Niedenführ/Schmidt-Räntsch/Vandenhouten/*Schmidt-Räntsch* Rn. 31.

[72] BGH ZWE 2014, 208 (209); OLG Saarbrücken NZM 2007, 774 (774 f.); KG ZWE 2002, 529 (530); NZM 2002, 869; ZWE 2000, 419; BayObLGZ 1970, 65 (75 ff.); BayObLG NJW 1970, 1550 (1554); *Horst* NZM 2012, 289 (293); *Schmid* MDR 2010, 1367 (1369); *Kirchhoff* ZMR 1989, 323 (324); Niedenführ/Schmidt-Räntsch/Vandenhouten/*Schmidt-Räntsch* Rn. 31; Weitnauer/*Lüke* Rn. 5; *Lehmann-Richter/Wobst* WEG-Reform 2020 Rn. 1506.

[73] → 8. Aufl. 2020, Rn. 22 ff. *(Commichau);* zurückhaltend auch Staudinger/*Kreuzer,* 2018, Rn. 26; krit. zudem Riecke/Schmid/*Abramenko* Rn. 37, aber iErg diesen Ansatz (mit Recht) abl.

[74] Vgl. etwa Riecke/Schmid/*Abramenko* Rn. 37.

der Wohnungseigentümer bestehenden Schuldverhältnisses, aus dem die in § 14 Abs. 1 Nr. 1 normierte Legalitätspflicht resultiert, aus der aber auch Treue- und Rücksichtnahmepflichten iSd § 241 Abs. 2 BGB folgen können. Nutzt der Wohnungseigentümer nicht selbst, entbindet ihn eine vom Willen des Wohnungseigentümers getragene Fremdnutzung nicht aus diesem Pflichtenprogramm, vielmehr bedient sich dieser zur Pflichterfüllung des Fremdnutzers als Hilfsperson; die rechtliche oder faktische Möglichkeit zur Kontrolle oder Überwachung des Fremdnutzers ist nicht ausschlaggebend für die Qualifikation des Fremdnutzers als Erfüllungsgehilfe.[75] Die gegenteilige Sichtweise unterscheidet nicht hinreichend zwischen Haftung für eigenes Vertretenmüssen der Verletzung der Legalitätskontrollpflicht (→ Rn. 17) und Haftung für schuldhaftes Fehlverhalten eines im Pflichtenkreis des vermietenden Wohnungseigentümers eingesetzten Fremdnutzers. Sofern zwischen der Pflichtverletzung des Mieters und den Pflichten des Wohnungseigentümers aus § 14 indes kein innerer Zusammenhang besteht oder den Mieter selbst kein Vertretenmüssen trifft, ist eine Haftung des Wohnungseigentümers ausgeschlossen,[76] weshalb (selbstverständlich) mit einer Zurechnung über § 278 BGB keine irgendwie geartete Garantiehaftung des Wohnungseigentümers verbunden ist.[77] Auch für Personen, die das Wohnungseigentum ohne Gestattung des Eigentümers nutzen, haftet der Wohnungseigentümer in keinem Fall.[78]

22 **bb) Ansprüche gegen Mieter. (1) Unterlassungsansprüche bei konkreten Störungen.** Von der Legalitätssicherungspflicht des vermietenden Wohnungseigentümers ist der **eigene Pflichtenkreis des Mieters** zu **unterscheiden.** Gegen ihn bestehen im Störungsfall keine schuldrechtlichen (über § 14 Abs. 1 Nr. 1 bzw. Abs. 2 Nr. 1 vermittelten), sondern allein sachenrechtliche Unterlassungsansprüche auf der Grundlage des § 1004 BGB. Diese Ansprüche kommen jedenfalls zum Tragen, wenn – wie meist in diesen Fällen[79] – vom „Nutzungsexzess“ des Mieters mit einer Eigentumsbeeinträchtigung einhergehende Immissionen iSd § 906 BGB (etwa in Gestalt von Lärm- oder Geräuschbelästigungen) zulasten fremden Sonder- oder des Gemeinschaftseigentums ausgehen,[80] die bei Verschulden auch deliktische Schadensersatzansprüche nach sich ziehen können. Fehlt es an solchen schon nach allgemeinem Zivilrecht abwehrfähigen Eigentumsbeeinträchtigungen, gleich, ob Sonder- oder das Gemeinschaftseigentum betreffend, ist umstritten, inwieweit **vereinbarungs-** oder gar nur **beschlusswidrige Nutzungen des Sondereigentums** durch den Mieter (etwa im Fall des Betriebs einer Gaststätte in einer zur Nutzung als „Laden“ bestimmten Teileigentumseinheit) unmittelbar diesem gegenüber vermittels § 1004 Abs. 1 abgewehrt werden können (→ Rn. 23).

23 **(2) Unterlassungsansprüche bei vereinbarungs- oder beschlusswidriger Nutzung des Gemeinschaftseigentums.** Der hier vormals bestehende **Meinungsstreit** hat sich in weiten Teilen für die Praxis **durch BGHZ 223, 305 Rn. 12 f. erledigt.** Danach erwächst den Wohnungseigentümern aus der **vereinbarungs- oder beschlusswidrigen Nutzung** des Gemeinschaftseigentums durch den Mieter – unabhängig von einer in diesem Verhältnis unbedeutenden Gestattung durch den vermietenden Wohnungseigentümer – ein **Unterlassungsanspruch aus § 1004 Abs. 1 BGB.** Dies überzeugt bereits deshalb, weil die Wohnungseigentümer grundsätzlich keine Nutzung des Gemeinschaftseigentums durch Dritte zu dulden haben, es sei denn, es bestünde hierfür ein Rechtfertigungs- und damit Duldungsgrund iSd § 1004 Abs. 2 BGB. Der Mieter hat zwar nach dem bei → § 13 Rn. 26 Ausgeführten ein Mitbenutzungsrecht hinsichtlich des Gemeinschaftseigentums, dieses ist aber ein vom vermietenden Wohnungseigentümer abgeleitetes, das im Verhältnis zu den übrigen Wohnungseigentümern nur eine Nutzung legitimieren kann, die im Einklang mit der „weitergereichten“ Nutzungsbefugnis des vermietenden Wohnungseigentümers steht. So wie dieser aber bei Eigennutzung die Wahrung der Verbandsordnung schuldet (→ Rn. 4), kann er bei Fremdnutzung dem Fremdnutzer keine überschießenden Nutzungsbefugnisse gestatten, die dessen „Nutzungsexzess“ gegenüber den anderen Wohnungseigentümern iSd § 1004 Abs. 2 BGB rechtfertigte. Auf die Frage, welcher Rechtsnatur die Nutzungsvorgaben sind, kommt es insoweit nicht an. Nicht nur ein Nutzungsverhalten des Mieters hinsichtlich des Gemeinschaftseigentums, das im Wider-

---

[75] BGHZ 187, 86 Rn. 18 = NJW 2011, 139 Rn. 18; BGHZ 100, 117 (122) = NJW 1987, 1815 (1817); BGHZ 62, 119 (124) = NJW 1974, 692 (692 f.); BGHZ 24, 325 (328 f.) = NJW 1957, 1187; *Zunft* AcP 153 (1954), 373 (374 ff.). Vgl. zudem Palandt/*Grüneberg* BGB § 278 Rn. 7, 39.

[76] Bärmann/*Suilmann* Rn. 48; Weitnauer/*Lüke* § 13 Rn. 18.

[77] Richtig BeckOK WEG/*Maximilian A. Müller* Rn. 134; der Sache nach ebenso, aber mit restriktiverer Tendenz bzgl. der Zurechnung nach § 278 BGB Staudinger/*Kreuzer*, 2018, Rn. 26.

[78] Bärmann/*Suilmann* Rn. 46; Staudinger/*Kreuzer*, 2018, Rn. 105.

[79] Ähnlich *Lehmann-Richter* ZWE 2009, 345 (345 f.); wohl auch LG Nürnberg-Fürth ZWE 2010, 26; LG Köln WuM 1989, 288; letztlich auch *Jacoby* ZWE 2012, 70 (73); *Jacoby* ZMR 2012, 669 (673).

[80] Zutr. BeckOK WEG/*Maximilian A. Müller* Rn. 124; *Lehmann-Richter* ZWE 2009, 345 (345 f.); *Armbrüster/M. Müller* ZMR 2007, 321 (322); iErg auch *Jacoby* ZWE 2012, 70 (73).

spruch zu einschlägigen Vereinbarungen steht, ist damit sachenrechtlich abwehrfähig, sondern auch eine Nutzungsweise, die quer zu „einfachen" Beschlüssen oder auch der Hausordnung liegt (so ist etwa eine Hundehaltung im Widerspruch zur Hausordnung stets auch als Beeinträchtigung des gemeinschaftlichen Eigentums nach § 1004 Abs. 1 BGB einzustufen).[81]

24 **(3) Unterlassungsansprüche bei vereinbarungs- oder beschlusswidriger Nutzung des Sondereigentums.** Die für die Begründung einer Eigentumsbeeinträchtigung hinsichtlich des Gemeinschaftseigentums tragende Argumentation verfängt nicht, sofern damit im Fall einer **vereinbarungs- oder beschlusswidrigen Nutzung** des vermieteten Sondereigentums eine Beeinträchtigung fremden Sondereigentums begründet werden soll. Denn entgegen BGHZ 223, 305 Rn. 18[82] stellt nicht jede (auch vertragslose) Fremdnutzung fremden Sondereigentums (anderes gilt für die Nutzung des Gemeinschaftseigentums!) für die übrigen Wohnungseigentümer grundsätzlich eine **Eigentumsbeeinträchtigung** dar, die nur entfällt, wenn die Fremdnutzung iSd § 1004 Abs. 2 BGB gerechtfertigt werden kann. Hier kommt es – genau umgekehrt – gerade auf die **Art des Verstoßes** des Fremdnutzers an, um überhaupt erst den Tatbestand des § 1004 Abs. 1 BGB zu eröffnen. Im Fall der Mieternutzung im Widerspruch zu verdinglichten Zweckbestimmungen bzw. Gebrauchsvereinbarungen (→ § 13 Rn. 11 ff.) wird man zwar nach der sog. **„Theorie vom Eigentum mit vereinbartem Inhalt"** eine Eigentumsverletzung annehmen können; selbiges gilt bei einer Nutzung im Widerspruch zu einer beschlossenen Gebrauchsregelung, die sich auf eine Öffnungsklausel stützen kann. Indes ist darin entgegen BGHZ 223, 305 keine Sondereigentumsverletzung zu erblicken, sondern eine Verletzung des Miteigentumsanteils (eingehend → Rn. 31), deren Abwehr nach § 9a Abs. 2 der Gemeinschaft der Wohnungseigentümer obliegt. Die von BGH NZM 2020, 664 (666) beiläufig[83] im bejahenden Sinne beantwortete Frage, ob eine Sondereigentumsbeeinträchtigung auch in einem Verstoß des Mieters gegen „einfache" Beschlüsse liegt, ist richtigerweise auf dem Boden der in der Sache auch vom BGH geteilten „Theorie vom Eigentum mit vereinbartem Inhalt" zu verneinen.[84]

III. Pflichten gegenüber den übrigen Wohnungseigentümern (Abs. 2)

25 **1. Anwendungsbereich.** Abs. 2 regelt die **wechselseitigen Pflichten der Wohnungseigentümer** im Verhältnis zueinander und ist damit komplementär zu Abs. 1 ausgestaltet, der jene Pflichten des Wohnungseigentümers benennt, deren Erfüllung gegenüber der Gemeinschaft der Wohnungseigentümer geschuldet ist (→ Rn. 3). Terminologisch lässt sich insoweit zwischen **miteigentümer- und verbandsbezogenen Pflichten** unterscheiden (→ Rn. 1). Zum personellen Anwendungsbereich (und zwar sowohl auf Gläubiger- als auch Schuldnerseite) gilt das bei → Rn. 2 Gesagte sinngemäß, zu Beeinträchtigungen durch Drittnutzer das bei → Rn. 17 ff. Ausgeführte.

26 **2. Beeinträchtigungsverbot (Abs. 2 Nr. 1). a) Unterlassungspflicht.** Abs. 2 Nr. 1 begründet eine auf fremdes Sondereigentum (nicht Gemeinschaftseigentum!) bezogene **Unterlassungspflicht**[85] im Sinne eines **Beeinträchtigungsverbots,** die als besondere gesetzliche Ausprägung des aus der horizontalen Treuepflicht der Wohnungseigentümer zueinander abgeleiteten wechselseitigen Rücksichtnahmegebots zu verstehen ist. Danach sind pflichtwidrig zwar nicht jedwede irgendwie gearteten Beeinträchtigungen fremden Sondereigentums, wohl aber jene (gleichviel, welcher Art), aus denen dem Beeinträchtigten ein über das bei einem geordneten Zusammenleben unvermeidliche Maß hinausgehender Nachteil (vgl. den Verweis in Abs. 2 Nr. 1 auf Abs. 1 Nr. 2) entsteht. Insoweit lässt sich, wie bei Abs. 1 Nr. 2 Var. 2, von **Übermaßbeeinträchtigungen** sprechen.[86] Zum Beeinträchtigungsbegriff → Rn. 27. Übermaßbeeinträchtigungen sind individuell durch den beeinträchtigten Wohnungseigentümer über Abs. 2 Nr. 1 abwehrfähig, der spiegelbildlich zum Beeinträchti-

---

[81] Richtig *Jacoby* ZWE 2012, 70 (73).

[82] Schon zuvor *Dötsch* WuM 2013, 90 (94), auf den der BGH verweist, der aber ebenfalls keine nähere Begründung hierfür liefert; richtig dagegen *Kümmel* ZWE 2008, 273 (275).

[83] Dazu auch Anm. *Dötsch* IMR 2020, 296; krit. zur Vereinbarung dieser zu § 15 aF ergangenen Rspr. mit den nunmehrigen Wertungen des § 14 zudem *Dötsch/Schultzky/Zschieschack* WEG-Recht 2021 Kap. 15 Rn. 12.

[84] AA *Hügel/Elzer* Rn. 36, die Drittnutzer umfassend an das Verbandsrecht binden wollen, auch im Hinblick auf Benutzungsbeschlüsse; insoweit wie hier aber *Dötsch/Schultzky/Zschieschack* WEG-Recht 2021 Kap. 15 Rn. 12.

[85] Selbige dogmatische Einordnung bei *Lehmann-Richter/Wobst* WEG-Reform 2020 Rn. 1403 ff.

[86] Und zwar iSv „Über-Maß-Beeinträchtigungen", „Maß" verstanden als jenes iSd in Abs. 1 Nr. 2 definierte.

gungsverbot einen auf Unterlassung gerichteten Primäranspruch begründet.[87] Sekundärrechte bei Verletzung des Beeinträchtigungsverbots ergeben sich dagegen nicht direkt aus dieser Bestimmung, sondern im Verbund mit § 280 BGB, verlangen mithin zusätzlich Vertretenmüssen der in der Beeinträchtigung liegenden Pflichtverletzung. Unerheblich ist, ob die Beeinträchtigung fremden Sondereigentums durch einen anderen Wohnungseigentümer aus dessen verbandsordnungswidriger Nutzung seines eigenen Sonder- oder des Gemeinschaftseigentums resultiert.[88]

27 **b) Arten der Beeinträchtigung. aa) Grundsätzliches.** Abs. 2 Nr. 1 greift tatbestandlich ein, sofern ein Wohnungseigentümer fremdes Sondereigentum über das unvermeidliche Maß hinaus, wie es in Abs. 1 Nr. 2 definiert ist, beeinträchtigt. Das darf trotz **unklaren Wortlauts,** der sich mit seinem **Verweis auf das Maß iSd Abs. 1 Nr. 2** auch auf Fälle iSd Abs. 1 Nr. 2 Var. 2 (→ Rn. 15) beschränken könnte, nicht dahin missverstanden werden, abwehrfähig seien allein Übermaßbeeinträchtigungen bei Fehlen einschlägigen Verbandsrechts. Der Verweis auf das Maß iSd Abs. 1 Nr. 2 bezieht sich bei teleologischer Betrachtung nicht nur auf die Var. 2 des Abs. 1 Nr. 2 und damit auf die Fälle fehlender einschlägiger Vereinbarungen oder Beschlüsse,[89] auch wenn für ein dahingehendes Verständnis überdies systematisch angeführt werden könnte, dass Verletzungen der „geschriebenen" Verbandsordnung allein durch Abs. 1 Nr. 1 erfasst und durch die Gemeinschaft der Wohnungseigentümer abwehrfähig sein sollen. Ein solches Auslegungsergebnis führte indes zu sachwidrigen Ergebnissen, würden hierdurch doch die Individualabwehrrechte der in ihrem Sondereigentum beeinträchtigten Wohnungseigentümer über Gebühr verkürzt. Auch der vom Gesetzgeber intendierte Bündelungseffekt (→ Rn. 1) verlangt diese Verkürzung der Individualabwehrrechte nicht. Vielmehr sollen ausweislich der Gesetzesbegründung jedwede **„konkreten" Sondereigentumsbeeinträchtigungen** dem Tatbestand des Abs. 2 Nr. 1 unterfallen,[90] ohne dass das Gesetz freilich die Konkretheit der Beeinträchtigung im Tatbestand aufgreift. **Ausgeklammert** und allein Abs. 1 Nr. 1 überlassen werden sollen damit wohl nur jene vereinbarungs- oder beschlusswidrigen Beeinträchtigungen sein, die sich in diesem **Verstoß gegen die Verbandsordnung erschöpfen,** ohne mit einer („konkreten") Sondereigentumsbeeinträchtigung einherzugehen,[91] mithin solche, die in der Lit. als **„rein formale" Verstöße** bezeichnet werden (→ Rn. 29).[92] Anhaltspunkte für diese Auslegung bietet im Gesetz der Kontrast zu Abs. 1 Nr. 1 und damit der systematische Vergleich mit einer Bestimmung, die jedwede Verletzungen der Verbandsordnung im weiteren Sinne als pflichtwidrig und damit abwehrfähig durch die Gemeinschaft der Wohnungseigentümer (nicht aber durch die Wohnungseigentümer) einstuft. Die Rede von der „Konkretheit" der Beeinträchtigung dient damit letztlich nur der erläuternden Abgrenzung zu Verbandsordnungsverletzungen ohne Sondereigentumsbeeinträchtigung, die allein über die Gemeinschaft der Wohnungseigentümer sanktioniert werden können. Unproblematisch unterfallen Abs. 2 Nr. 1 damit vereinbarungs- oder beschlusswidrige Sondereigentumsnutzungen, die mit weiteren, nach Abs. 2 Nr. 2 nicht zu duldenden Einwirkungen einhergehen, wie dies etwa bei durch vereinbarungswidriges Musizieren verursachten Immissionen der Fall ist, die über das in § 906 Abs. 1 und 2 BGB abgesteckte Maß hinausgehen.[93]

28 **bb) Konkrete Gebrauchsstörungen; Kasuistik.** Für das Vorliegen der Sondereigentumsbeeinträchtigung kommt es auf einen **wertend zu ermittelnden Übermaßnachteil** an, wobei in die Bewertung auch etwaig vorhandenes, einschlägiges „geschriebenes" Verbandsrecht einzufließen hat. Ein solcher wird etwa regelmäßig bei **Musizieren zur Unzeit** gegeben sein – wobei je nach Zweck der Anlage (Seniorenwohnung) auch strengere Maßstäbe gelten können –, freilich nur für jenes Sondereigentum, das hierdurch „konkret" beeinträchtigt ist (→ Rn. 27), nicht dagegen etwa für jenes Sondereigentum, in welchem das Musizieren akustisch nicht vernommen werden kann. Erfolgt das Musizieren im Widerspruch zu einschlägigem Verbandsrecht, genügt insoweit auch eine unwesentliche Beeinträchtigung[94] (eine konkrete Beeinträchtigung ist aber vonnöten, sodass keine Abwehransprüche jenes

---

[87] BR-Drs. 168/20, 56; ausf. *Lehmann-Richter/Wobst* WEG-Reform 2020 Rn. 1406 ff.: Erfüllungsanspruch, geltend zu machen durch Unterlassungsklage.

[88] Zutr. *Hügel/Elzer* Rn. 53, die aber (zu weitgehend) § 14 Abs. 2 Nr. 1 als Grundlage der „goldenen Regel" des Zusammenlebens betrachten und daher auch die Pflicht, vom Gemeinschaftseigentum schonend Gebrauch zu machen, hier verorten wollen.

[89] Die Frage ebenfalls aufwerfend *Elzer* FD-ZVR 2020, 429759, der sie wie hier beantwortet; *Hügel/Elzer* Rn. 51; iErg auch *Dötsch/Schultzky/Zschieschack* WEG-Recht 2021 Kap. 15 Rn. 35; *Lehmann-Richter/Wobst* WEG-Reform 2020 Rn. 1413.

[90] BR-Drs. 168/20, 56; ebenso Palandt/*Wicke* Rn. 4.

[91] IErg ebenso *Lehmann-Richter/Wobst* WEG-Reform 2020 Rn. 1412.

[92] *Lehmann/Richter/Wobst* Rn. 1391; *Lehmann-Richter/Wobst* ZWE 2020, 123 (127).

[93] Vgl. bereits das Beispiel von *Dötsch* WuM 2013, 90 (93).

[94] *Dötsch/Schultzky/Zschieschack* WEG-Recht 2021 Kap. 4 Rn. 35 mit zutr. Hinweis darauf, dass das zu duldende Störungsmaß gerade durch die geltenden Regelungen (falls einschlägig) festgelegt wird.

Wohnungseigentümers bestehen, in dessen Raumeinheit das Musizieren nicht zu hören ist). Selbiges gilt für andere **Geräuschimmissionen,** wie wiederholtes Geschrei, Trampeln oder Türknallen,[95] die „üblich" und damit unvermeidbar sind,[96] aber auch (etwa im Hinblick auf die „benachbarte" und dadurch ggf. konkret beeinträchtigte Sondereigentumseinheit) für eine Überbelegung einer Wohneinheit, für die auf die Zweckbestimmung der Anlage, die jeweilige Wohnungsgröße und die sachliche Art der Belegung abzustellen ist.[97] Beim Gebrauch durch Kinder ist grundsätzlich ein höherer Geräuschpegel hinzunehmen (gesteigerte Duldungspflicht).[98] Fehlen Nutzungsvorgaben zur Tierhaltung, ist mit demselben Vorbehalt der konkreten Spürbarkeit für fremdes Sondereigentum als Übermaßbeeinträchtigung etwa das **Halten von Ratten** und **giftigen Schlangen**[99] oder **Kampfhunden,**[100] ebenso das Halten einer **Mehrzahl von Haustieren,** wenn diese Anzahl außer Verhältnis zu Gebäudeart und Wohnungsgröße steht.[101] Übermaßbeeinträchtigungen können auch durch **Rauchen** verursacht, aber nicht pauschal angenommen werden,[102] jedoch bei herausgehobenem Störungspotential, wie übermäßigem Rauchen auf Balkonen.[103] Soweit sich die Nutzung eines Teileigentums als **Sex-Shop**[104] oder zur **Prostitutionsausübung**[105] im Rahmen der Zweckbestimmung bewegt, kann nach dem bei → Rn. 8 Ausgeführten in dieser Nutzungsweise nicht als solcher eine Übermaßbeeinträchtigung liegen, wohl aber in einzelnen, ihrerseits abwehrfähigen Störungen, etwa in Form vermehrter Geräuschimmissionen zur Unzeit, aus denen heraus ein Anspruch auf Unterlassung der konkreten Beeinträchtigung, nicht aber der Nutzung überhaupt, erwachsen kann.[106]

cc) Verstöße gegen „verdinglichte" Gebrauchsregelungen. Wann die von Abs. 2 Nr. 1 allein geforderte Sondereigentumsbeeinträchtigung vorliegt, ist im Detail unklar, sofern Sondereigentumsnutzungen vorliegen, die im Widerspruch zu „verdinglichten" (§ 10 Abs. 3 S. 1) Gebrauchsvereinbarungen bzw. Zweckbestimmungen (→ § 13 Rn. 11 ff.) stehen, deren beeinträchtigende Wirkung auf fremdes Sondereigentum sich aber in der Vereinbarungswidrigkeit des Gebrauchs erschöpft. Hier wird der tradierte **Meinungsstreit,** ob in der vereinbarungswidrigen Sondereigentumsnutzung eine **Verletzung fremden Sondereigentums** liegt, virulent und der Streitentscheid maßgeblich für die Frage der Reichweite des Abs. 2 Nr. 1, und zwar – anders als unter Geltung § 15 Abs. 3 aF – nicht nur im Verhältnis zu vereinbarungswidrig nutzenden Mietern (dort sub specie § 1004 Abs. 1 BGB; → Rn. 24), sondern im Verhältnis zu vereinbarungswidrig nutzenden Sondereigentümern. Denn: Sollte hierin eine Sondereigentumsverletzung liegen, wird man die Einschlägigkeit des Abs. 2 Nr. 1 (anders als bei rein „rein formalen" Verstößen etwa gegen die Hausordnung) nicht verneinen können.[107] 29

Die literarisch weiterhin häufig vertretene **„Spaltungslehre"**[108] – der zufolge das Wohnungseigentum in einen aus Sondereigentum und Miteigentumsanteil bestehenden sachenrechtlichen Teil und ein schuldrechtliches Verhältnis zerfällt – muss konsequent zum Ergebnis der Unanwendbarkeit des Abs. 2 Nr. 1 gelangen, zumal sich die Verdinglichungswirkung schuldrechtlicher Vereinbarungen hiernach auf die Geltungserstreckung hinsichtlich der Sondernachfolger beschränken soll. Das steht indes nicht nur im Widerspruch zum Wortlaut des § 5 Abs. 4 S. 1 sowie des § 10 Abs. 3 S. 1, wonach die Vereinbarungen der Wohnungseigentümer „zum Inhalt des Sondereigentums" gemacht werden können, sondern wird auch dem gesetzgeberischen Konzept nicht gerecht. Denn in § 5 Abs. 4 S. 1 30

[95] Beispiel nach OLG Düsseldorf NJW 2009, 3377 (3378); BeckOGK/*Falkner,* 1.3.2020, Rn. 30.
[96] BGH NZM 2015, 382 Rn. 17 – anders aber bei übermäßiger oder ungewöhnlicher Nutzung.
[97] Vgl. Palandt/*Wicke* Rn. 10 mit Angabe konkreter Richtwerte; s. zudem LG Bremen BeckRS 2020, 11177 Rn. 9 f.: keine Überbelegung bei Nutzung einer 50 qm großen Wohnung durch vier erwachsene Personen; siehe aus der älteren Rspr. zudem BayObLG NJW 1994, 1662; KG NJW 1992, 3045.
[98] OLG Düsseldorf NJW 2009, 3377 (3378).
[99] OLG Karlsruhe NZM 2004, 551; NJW-RR 2004, 951; OLG Frankfurt NJW-RR 1990, 1430 (1431).
[100] OLG Frankfurt NJW-RR 1993, 981.
[101] OLG Köln NJWE-MietR 1996, 62; KG NJW-RR 1991, 1116 (1117).
[102] LG Frankfurt ZWE 2014, 171; AG München ZWE 2014, 363 (364).
[103] *Schmidt-Räntsch* ZWE 2015, 429 (440); BeckOGK/*Falkner,* 1.3.2020, Rn. 32.
[104] VerfGH Berlin NJW-RR 2003, 229 (230).
[105] OLG Hamburg ZMR 2005, 644 = BeckRS 2011, 17288; BayObLG NZM 2004, 949 (950); OLG Düsseldorf NJOZ 2003, 1013 (1014).
[106] BGH NZM 2019, 293 Rn. 25 ff., NZM 2015, 382 Rn. 5; NJW 2012, 2725 Rn. 6.
[107] AA, jedoch insoweit nicht überzeugend, *Lehmann-Richter/Wobst* Rn. 1432 ff., die die Frage nur hinsichtlich der Einschlägigkeit von § 1004 BGB für relevant halten, mithin selbst bei Sondereigentumsverletzung in diesen Fällen Abs. 2 Nr. 1 nicht heranziehen wollen; ähnlich *Dötsch/Schultzky/Zschieschack* WEG-Recht 2021 Kap. 4 Rn. 31.
[108] Zuweilen auch als „schuldrechtliche Theorie" bezeichnet; dafür etwa *Ertl* DNotZ 1979, 267 (273, 281); letztlich auch *Häublein,* Sondernutzungsrechte und ihre Begründung im Wohnungseigentumsrecht, 2003, 32 ff.; *Lehmann-Richter/Wobst* ZWE 2020 123 (125 f.).

sowie § 10 Abs. 3 S. 1 kommt die bei → § 13 Rn. 7 dargestellte Aus- und Umgestaltungsbefugnis der Wohnungseigentümer hinsichtlich des Wohnungseigentums zum Ausdruck.[109] Auf Basis der daher im Grundsatz überlegenen **„Lehre vom vereinbarten Eigentumsinhalt"** stellt der Gebrauch von Sondereigentum, der im Widerspruch zu einer verdinglichten Zweckbestimmung (→ § 13 Rn. 11 ff.) steht, nach überwiegender, auch von BGHZ 223, 305 Rn. 18 geteilter Ansicht eine Sondereigentumsverletzung sämtlicher übriger Wohnungseigentümer dar.[110] Entscheidend wird insoweit auf einen **Reziprozitätsgedanken** abgestellt: Indem die verdinglichte Zweckbestimmung den Inhalt des Sondereigentums ausgestalte, würden nicht nur die Eigentümerbefugnisse beschränkt, vielmehr entspreche dieser Eigentumsbeschränkung das spiegelbildliche Recht eines jeden anderen Wohnungseigentümers, das Sondereigentum unter Ausschluss eines zweckwidrigen Gebrauchs einer anderen Raumeinheit zu nutzen.[111] Zweckbestimmungswidrige Nutzungen implizierten damit Eigentumsverletzungen eines jeden anderen Wohnungseigentümers, und zwar bezogen auf seinen Miteigentumsanteil, aber gleichermaßen sein Sondereigentum. Konsequent muss auf dieser Grundlage durch vereinbarungswidrige Nutzung des Sondereigentums der Tatbestand des Abs. 2 Nr. 1 verwirklicht werden, sodass jeder dermaßen in seinem Sondereigentum beeinträchtigte Wohnungseigentümer einen entsprechenden schuldrechtlichen Abwehranspruch hätte, der neben jenen des § 1004 Abs. 1 BGB träte. Ob damit das **gesetzgeberische Anliegen** teilweise **unterlaufen** würde, ist unklar, da die Gesetzesbegründung gerade das Beispiel der Verletzung „verdinglichter" Vereinbarungen unerwähnt lässt.[112]

31 **Stellungnahme:** Die Begründung der hM überzeugt nicht. Bezeichnenderweise wird der ihr zugrunde liegende Reziprozitätsgedanke, jedenfalls sofern er für eine Verletzung des Sondereigentums bemüht wird, auch nur behauptet,[113] nicht aber näher dargelegt, sondern sprachlich verklausuliert, indem von einer **„Doppelwirkung"** gesprochen wird.[114] Überzeugen kann der Reziprozitätsgedanke zudem allenfalls hinsichtlich des **Miteigentumsanteils:** Wird das Miteigentum durch das zu anderen Miteigentumsanteilen zugehörige Sondereigentum inhaltlich beschränkt,[115] wird das Miteigentum dinglich beeinträchtigt, sofern das Sondereigentum in einer Weise genutzt wird, die im Widerspruch zu dessen dinglicher Ausgestaltung (durch verdinglichte Zweckbestimmungen) steht.[116] Der Bereich der Verstärkung jenes Miteigentums ist hier verlassen, sodass jede nicht durch den Inhalt des Sondereigentums legitimierte Nutzung die insoweit nicht beschränkten Miteigentumsanteile der übrigen Wohnungseigentümer verletzt. Warum indes zugleich, wie auch in BGHZ 223, 305 zugrunde gelegt, eine **Sondereigentumsverletzung** vorliegen soll, erschließt sich nicht.[117] Die Behauptung, mit der Pflicht eines jeden Wohnungseigentümers, einen nicht von der Zweckbestimmung gedeckten Gebrauch zu unterlassen, korrespondiere ein entsprechendes Recht, diese Pflichtwidrigkeit abzuwehren, weil die Zweckbestimmungen „Inhalt des Sondereigentums" seien und daher vereinbarungswidrige Nutzungen Sondereigentumsverletzungen darstellten,[118] kommt über eine **petitio principii** kaum hinaus. Denn es fehlt das erforderliche Argument, weshalb gerade das Sondereigentum (und nicht nur das Miteigentum) verletzt werden sollte; der Hinweis auf die Eintragung als „Inhalt des Sondereigentums" genügt jedenfalls nicht, weil es sich um eine buchungstechnische Frage handelt. Daraus folgt, dass **„formale" Verstöße** gegen verdinglichte Zweckbestimmungen allenfalls Eigentumsverletzungen in Bezug auf den Miteigentumsanteil darstellen können. Diese sind aber nicht nach Abs. 2 Nr. 1 abwehrfähig, wenngleich nach Abs. 2 Nr. 2

---

109 Auf die Ausgestaltungsbefugnis stellt auch BGHZ 223, 305 Rn. 18 = NZM 2020, 107 ab; näher *Armbrüster/Müller* ZMR 2007, 321 (324) mwN; *Hügel* FS Koch, 2019, 363 (365); Jennißen/*Schultzky,* § 13 Rn. 33.

110 Schon zuvor BGH NJW 2000, 3643 (3644); Bärmann/*Suilmann* § 10 Rn. 118; *Armbrüster/M. Müller* FS Seuß, 2007, 3 (9 ff.) = ZWE 2007, 227 (230 f.).

111 So ausdrücklich BGH NZM 2020, 107 Rn. 18 unter Berufung auf *Armbrüster/Müller* ZMR 2007, 321 (324); *Merle* WE 1993, 148 (149 f.).

112 BR-Drs. 168/20, 56; die Gefahr des Unterlaufens des gesetzgeberischen Willens sehen auch *Dötsch/Schultzky/Zschieschack* WEG-Recht 2021 Kap. 4 Rn. 31, die daher bei „formalen" Verstößen gegen verdinglichte Zweckbestimmungen Ansprüche aus § 1004 BGB als durch § 14 Abs. 2 Nr. 1 verdrängt ansehen, wofür allerdings weder das Gesetz noch die Gesetzesmaterialien sprechen.

113 Vgl. die Ausführungen bei *Armbrüster/M. Müller* ZMR 2007, 321 (324); *Merle* WE 1993, 148 (149 f.).

114 BGH NZM 2020, 107 Rn. 18; OLG München NJW-RR 1992, 1492 (1493); *Armbrüster/M. Müller* FS Seuß, 2007, 3 (11) = ZWE 2007, 227 (231).

115 Zu dieser hM, die als Inhaltsänderungsmodell bezeichnet werden kann, nur BeckOGK/*M. Müller* 1.3.2020, § 1 Rn. 64 ff. mit Darstellung des Meinungsstreits.

116 So bereits OLG München NJW-RR 1992, 1492; zust. *Merle* WE 1993, 148 (149), der jedoch zugleich eine Sondereigentumsverletzung sieht.

117 Insoweit auch *Lehmann-Richter/Wobst* ZWE 2020, 123 (126 f.).

118 Soweit ersichtlich, wird dieser Gedanke erstmals von *Merle* WE 1993 148 (149 f.) vorgetragen; dies aufgreifend *Armbrüster/M. Müller* ZMR 2007, 321 (324).

nicht zu dulden; die Abwehraufgabe liegt insoweit nach § 9a Abs. 2 bei der Gemeinschaft der Wohnungseigentümer. Dies gilt erst recht für Verstöße gegen **Gebrauchsregelungen,** die sich auf einen **Beschluss** stützen, der seine Grundlage in einer vereinbarten Öffnungsklausel[119] findet. Die auch von BGHZ 223, 305 Rn. 18 geteilte Gegenansicht muss konsequenterweise, und zwar ebenfalls in Bezug auf Abs. 2 Nr. 1, zum gegenteiligen Ergebnis kommen,[120] weil auch derartige Beschlüsse (anders als „einfache"!) den Inhalt des Sondereigentums ausgestalten, sofern sie in das Grundbuch zur Erlangung der Bindungswirkung gegenüber Sondernachfolgern eingetragen werden (vgl. § 10 Abs. 3 S. 1), auch wenn der Beschluss dadurch nicht seine Rechtsnatur (hin zu einer Vereinbarung) ändert,[121] wohl aber Ausfluss einer vorverlagerten Ausübung der Vereinbarungsfreiheit ist.

dd) Unterlassene Erhaltungsmaßnahmen. (1) Erhaltungspflicht. § 14 Abs. 1 Nr. 1 Alt. 1 32
aF, der eine individuelle Pflicht eines jeden Sondereigentümers zur Erhaltung seines Sondereigentums begründete, sofern diese vonnöten war, um einen (anderenfalls drohenden) Nachteil für fremdes Sonder- oder Gemeinschaftseigentum abzuwenden, ist ersatzlos entfallen. Eine Änderung der bisherigen Rechtslage ist damit allerdings nicht verbunden, weil sich diese dergestalt auf eine Nachteilsabwendungspflicht beschränkte Erhaltungspflicht nunmehr – bezogen auf fremdes Sondereigentum – sinngleich aus dem Beeinträchtigungsverbotstatbestand des § 14 Abs. 2 Nr. 1 ableiten lässt.[122] Das in § 13 Abs. 1 ausgedrückte „Beliebig-Verfahrendürfen" mit dem Sondereigentum (vgl. → § 13 Rn. 3), das letztlich das Recht auf Vernachlässigung des Zustandes desselben impliziert, verengt sich mithin bei anderenfalls drohender Beeinträchtigung fremden Sondereigentums über das Beeinträchtigungsverbot – positiv formuliert – zu einer **Erhaltungspflicht,** die insoweit ohnehin nur eine besondere Ausprägung der allgemeineren Schutz- und Treuepflichten der Wohnungseigentümer untereinander ist.[123] Wie diese Erhaltungspflicht erfüllt wird, obliegt allein dem betreffenden Sondereigentümer zu entscheiden.[124] Beschlüsse, die ihm Vorgaben zu machen suchten, wären nichtig,[125] erforderlich wäre hierfür stets eine Vereinbarung. Stehen Beeinträchtigungen fremden Sonder- oder des Gemeinschaftseigentums nicht zu befürchten, ist der Zustand des Sondereigentums im Ausgangspunkt ohne Belang, falls nicht vereinbarungsweise anderes bestimmt ist; insbesondere reine Schönheitsreparaturen stehen damit im ungebundenen Ermessen des jeweiligen Sondereigentümers.

(2) Kasuistik/Einzelfälle. Kommt es zu **Schäden am Sondereigentum,** die zu einer Beein- 33
trächtigung der anderen Wohnungseigentümer führen können, sind diese ohne schuldhaftes Zögern **zu beheben,** ganz gleich, welcher Ursache sie sein mögen. So sind etwa **defekte Wasserleitungen** bei drohenden Schäden für andere Wohnungseigentumsrechte unverzüglich zu reparieren,[126] **undicht gewordene Bodenbeläge** auf Balkonen zu erneuern, und zwar auch dann, wenn eine Instandsetzung des für das Eindringen von Feuchtigkeit mitverantwortlichen Gemeinschaftseigentums deutlich höhere Kosten verursacht;[127] im selbigen Sinne ist bei **Frostschadengefahr** für eine ausreichende Beheizung zu sorgen,[128] wodurch auch einem grundsätzlich aus § 13 Abs. 1 folgenden Recht zum **Leerstehenlassen der Raumeinheit** Grenzen gesetzt werden. Eine Verpflichtung zu einer fortlaufenden Erneuerung zur Erreichung des **aktuellen Stands der Technik** besteht indes nicht,[129] ebenso wenig eine Verpflichtung zur **laufenden Kontrolle** der Einrichtungen des Sondereigentums (auch nicht der Heizkörper[130]) durch Fachpersonal[131] oder überhaupt eine in regelmäßigen Abständen wiederauflebende Renovierungspflicht. Sofern eine **Reparatur** vorgenommen wird, ist der bisherige Standard zumindest zu erhalten;[132] eine Zustandsverbesserungspflicht besteht nicht,[133] daher sind die bei Errichtung der Wohnungseigentumsanlagen geltenden Richtlinien aus-

[119] Hierzu generell *Armbrüster* ZWE 2013, 242.
[120] So denn auch konsequent zu § 1004 Abs. 1 BGH NZM 2020, 107 Rn. 17.
[121] IdS aber *Böttcher* NotBZ 2007, 421 (428); *Kreuzer* FS Seuß 2007, 155 (157).
[122] Zutr. *Hügel/Elzer* Rn. 57 ff.; iErg auch Palandt/*Wicke* Rn. 14.
[123] Vgl. allg. dazu *Hügel* in Hügel/Scheel WEG-HdB § 7 Rn. 2.
[124] BeckOGK/*Falkner,* 1.3.2020, Rn. 17; Niedenführ/Schmidt-Räntsch/Vandenhouten/*Schmidt-Räntsch* Rn. 9.
[125] BGH NJW 2011, 2958 Rn. 10 f.; OLG Düsseldorf NZM 2002, 443 (444); LG Frankfurt NJW-RR 1989, 1166; Niedenführ/Schmidt-Räntsch/Vandenhouten/*Schmidt-Räntsch* Rn. 9; Jennißen/*Hogenschurz* Rn. 13.
[126] Staudinger/*Kreuzer,* 2018, Rn. 20; Soergel/*H.-J. Weber* Rn. 9.
[127] OLG Düsseldorf ZMR 1995, 493 (494) = BeckRS 1995, 3674; Jennißen/*Hogenschurz* Rn. 12; Bärmann/*Suilmann* Rn. 29.
[128] Vgl. etwa Bärmann/*Suilmann* Rn. 26; Soergel/*H.-J. Weber* Rn. 9.
[129] BGH NJW 2012, 2725 Rn. 10; Staudinger/*Kreuzer,* 2018, Rn. 25.
[130] OLG Frankfurt OLGR 2005, 852; Bärmann/*Suilmann* Rn. 28.
[131] OLG Frankfurt OLGR 2005, 852; BayObLG NJW-RR 1994, 718; Niedenführ/Schmidt-Räntsch/Vandenhouten/*Schmidt-Räntsch* Rn. 10.
[132] OLG Hamm ZWE 2001, 389 (390 f.).
[133] OLG Stuttgart OLGZ 1994, 524 (526); Weitnauer/*Lüke* Rn. 2.

schlaggebend.[134] Sofern eine rechtswidrige Verletzung der Erhaltungsverpflichtung zu einem Schaden bei einem anderen Wohnungseigentümer führt, ist der Eigentümer bei Vertretenmüssen (§ 280 Abs. 1 S. 2 BGB) wegen Verletzung der aus dem Gemeinschaftsverhältnis bzw. § 14 Abs. 2 Nr. 1 entspringenden Schadensabwendungspflicht nach § 280 Abs. 1 BGB iVm § 241 Abs. 2 BGB **schadensersatzpflichtig;**[135] daneben tritt – eine Eigentumsverletzung vorausgesetzt – die deliktische Einstandspflicht aus § 823 Abs. 1 BGB.[136] Fehlt es am Verschulden, etwa, weil der schadensverursachende Zustand am erhaltungsbedürftigen Sondereigentum nicht erkennbar war, kann in diesen Fällen einer **faktischen Verhinderung,** die drohende Störung über § 14 Nr. 2 Nr. 1 abzuwehren, über einen erweitert ausgelegten § 14 Abs. 3 ein **Ausgleichsanspruch** gegen den schädigenden Wohnungseigentümer begründet werden. Ein (nicht mehr erforderlicher) Rückgriff auf einen verschuldensunabhängigen nachbarrechtlichen Ausgleichsanspruch über eine entsprechende Anwendung des § 906 Abs. 2 S. 2 BGB ist dagegen nunmehr im Lichte des speziellen Ausgleichsanspruchs in § 14 Abs. 3 versperrt (näher → Rn. 38 ff.).

34 **3. Einwirkungsduldungspflicht (Abs. 2 Nr. 2). a) Grundsätzliches.** Tatbestandlich bezieht sich Abs. 2 Nr. 2 – anders als Abs. 2 Nr. 1 – auf Sonder- und Gemeinschaftseigentum als denkbare **Einwirkungsobjekte;** Einwirkungssubjekt ist – wie bei Abs. 2 Nr. 1 – ein anderer Wohnungseigentümer (Einwirkungen durch die Gemeinschaft der Wohnungseigentümer werden von Abs. 1 Nr. 2 erfasst; → Rn. 10 ff.). Zum korrespondierenden Einwirkungsrecht gilt → Rn. 11 sinngemäß. **Duldungspflichtig** sind nur Wohnungseigentümer, nicht hingegen Fremdnutzer,[137] wie etwa ein Mieter.

35 **b) Einwirkungen auf Sondereigentum.** Jede Form der Einwirkung auf fremdes Sondereigentum ist von dem betroffenen Sondereigentümer zu dulden, sofern die Einwirkung im Einklang mit einschlägigen Vereinbarungen oder Beschlüssen steht oder keinen Übermaßnachteil bewirkt. Diese **Duldungspflicht** geht damit ihrem Wortlaut nach **über** jene des **§ 14 Nr. 3 aF hinaus,** der eine Duldungspflicht nur begründete, sofern Einwirkungen auf Sondereigentum auf einem nach § 14 Nr. 1 oder 2 aF zulässigen Gebrauch beruhten; hinzu trat die in § 14 Abs. 1 Nr. 4 aF enthaltene Gestattungspflicht (in Wahrheit: Duldungspflicht) hinsichtlich des Betretens und Benutzens des Sondereigentums, aber nur, soweit zur Erhaltung des gemeinschaftlichen Eigentums erforderlich. Die bisher bemühten erweiterten, vornehmlich auf **Treuepflichten** gestützten[138] Anwendungen dieser Duldungspflicht, um jedenfalls **Betretungsrechte für fremdes Sondereigentum** zu begründen, sofern diese für die Erhaltung oder Bewirtschaftung des eigenen Sondereigentums zwingend erforderlich sein sollten,[139] erübrigen sich damit. Im Lichte des über Art. 13 GG vermittelten Grundrechtsschutzes werden derartige Betretungsrechte zugunsten fremden Sondereigentums aber weiterhin nur in Ausnahmefällen angenommen werden können, wobei sich das im Wortlaut entfallene Erforderlichkeitskriterium in die **Abwägungsentscheidung** zur Beurteilung der Übermaßbenachteiligung integrieren lässt. Für die Einzelheiten dieses Betretungsrechts kann auf die sinngemäß geltenden Ausführungen bei → Rn. 13 ff. verwiesen werden.

36 **c) Einwirkungen auf Gemeinschaftseigentum.** Parallel zu dem bei → Rn. 35 über Einwirkungen auf das Sondereigentum Gesagten gilt: Einwirkungen durch andere Wohnungseigentümer auf das Gemeinschaftseigentum, die im Einklang mit vorhandenen einschlägigen Vereinbarungen oder Beschlüssen stehen oder – bei deren Nichtvorhandensein – keine Übermaßbeeinträchtigungen bewirken, sind von jedem Wohnungseigentümer zu dulden (zu Einwirkungen durch die Gemeinschaft der Wohnungseigentümer → Rn. 10). Auch soweit keine Duldungspflicht besteht, erwächst aus Abs. 2 Nr. 2 aber **kein individueller schuldrechtlicher Abwehranspruch** der beeinträchtigten Wohnungseigentümer; soweit die Einwirkungen zugleich zu **sachenrechtlichen Abwehransprüchen** nach § 1004 Abs. 1 BGB führen sollten, stehen diese materiell-rechtlich zwar den jeweiligen Wohnungseigentümern zu (vgl. auch § 1011 BGB), allerdings mit gesetzlich begründeter

---

[134] BGH NJW 2012, 2725 Rn. 10; Niedenführ/Schmidt-Räntsch/Vandenhouten/*Schmidt-Räntsch* Rn. 3; BeckOGK/*Falkner,* 1.3.2020, Rn. 15.

[135] Niedenführ/Schmidt-Räntsch/Vandenhouten/*Schmidt-Räntsch* Rn. 11; Staudinger/*Kreuzer,* 2018, Rn. 58; Weitnauer/*Lüke* Rn. 2.

[136] Vgl. Jennißen/*Hogenschurz* Rn. 13; Palandt/*Wicke* Rn. 13: auch über § 823 Abs. 2 BGB iVm mit Schutzgesetzverletzung; zu §§ 836, 838 BGB OLG Zweibrücken NZM 2002, 570.

[137] Vgl. BGH NJW 2015, 2968 Rn. 12; Bärmann/*Suilmann* Rn. 51; jurisPK-BGB/*Lafontaine* Rn. 67.

[138] JurisPK-BGB/*Lafontaine* Rn. 84; Staudinger/*Kreuzer,* 2018, Rn. 39; BeckOK WEG/*Maximilian A. Müller* Rn. 154.

[139] OLG Frankfurt NJOZ 2005, 1441 (1443 f.) für beschränkten Zutritt zur gelegentlichen Kontrolle bzw. Wartung eines Tankraums; BeckOK WEG/*Maximilian A. Müller* Rn. 154; Soergel/*H.-J. Weber* Rn. 62; Riecke/Schmid/*Abramenko* Rn. 40.

exklusiver Rechtsverfolgungskompetenz der Gemeinschaft der Wohnungseigentümer (§ 9a Abs. 2 Var. 1), ohne dass es hierfür – nach Aufgabe dieser Figur im neu eingefügten § 9a – eines Vergemeinschaftungsbeschlusses bedürfte.[140] Damit korrespondiert die (nunmehrige) alleinige Verortung der Aufgabe der Verwaltung des gemeinschaftlichen Eigentums bei der Gemeinschaft der Wohnungseigentümer nach Maßgabe des § 18 Abs. 1, wobei dieser Befund freilich nichts daran ändert, dass den jeweiligen Wohnungseigentümern und nicht der Gemeinschaft derselben das Wohnungseigentum eigentumsrechtlich zugeordnet ist.[141] Zu Einwirkungen auf das gemeinschaftliche Eigentum auch → § 16 Rn. 8.

d) Einwirkungen auf Sonder- und Gemeinschaftseigentum. Beeinträchtigt eine nicht zu 37 duldende Einwirkung (etwa durch Lärm- oder Geruchsbelästigungen) sowohl das Gemeinschafts- als auch das Sondereigentum, sind mithin **beide Eigentumssphären betroffen,** tritt der Abwehranspruch der Gemeinschaft der Wohnungseigentümer (sowohl jener aus § 1004 Abs. 1 BGB als auch ggf. jener aus § 14 Abs. 1 Nr. 1) neben den individuellen Abwehranspruch des beeinträchtigten Sondereigentümers, unabhängig davon, ob dieser aus § 1004 Abs. 1 BGB oder § 14 Abs. 2 Nr. 1 resultiert. Es bleibt insoweit bei dem in BGH NZM 2020, 664 Rn. 18 zutreffend herausgearbeiteten Grundsatz[142] der **parallelen Verfolgbarkeit,**[143] wobei eine Bündelungsmöglichkeit zugunsten des beeinträchtigten Sondereigentümers oder der Gemeinschaft der Wohnungseigentümer nicht besteht. Anderes gilt, wenn die Beeinträchtigung des Sondereigentums nur eine Folge jener des Gemeinschaftseigentums ist, wie es im Fall einer dadurch bedingten Verkehrswertminderung des Sondereigentums liegt.[144]

IV. Ausgleichsanspruch (Abs. 3)

1. Tatbestand. a) Einwirkungshandlung. aa) Art der Einwirkung. Abs. 3 gewährt einen 38 dogmatisch als Aufopferungsanspruch[145] einzustufenden **verschuldensunabhängigen Entschädigungsanspruch** zugunsten eines Wohnungseigentümers für duldungspflichtige Einwirkungen, die über das zumutbare Maß hinausgehen. Er kommt zeitlich zum Tragen kommt, wenn sich die zum Sonderopfer führende Einwirkung am oder nach dem Datum des Inkrafttretens dieser Bestimmung ereignet.[146] Der Tatbestand dieses Aufopferungsanspruchs ist **erheblich weiter als** jener des **§ 14 Nr. 4 Hs. 2 aF** gefasst, sodass sich eine uneingeschränkte Fortsetzung der zu § 14 Nr. 4 Hs. aF entwickelten Grundsätze nicht als möglich erweist.[147] Verlangte diese Vorgängerbestimmung noch einen entstandenen Schaden, der durch ein zu gestattendes, weil zur Durchführung von **Erhaltungsmaßnahmen** erforderliches Betreten oder Benutzen fremden Sondereigentums verursacht wurde, wird dieser Konnex zu damit bezweckten Erhaltungsmaßnahmen nunmehr aufgegeben und überdies die tatbestandlich relevante Einwirkungshandlung nicht mehr auf das Betreten oder Benutzen fremden Sondereigentums reduziert, sondern insoweit ihrer Art nach nicht beschränkt.

bb) Erheblichkeitsschwelle. Eine uferlose Weite des Tatbestandes wird durch die Erheblich- 39 keitsschwelle vermieden. Ausgleichsansprüche sind abhängig vom Vorliegen einer Einwirkung, die über das nicht näher definierte **„zumutbare Maß“** hinausgeht (zu diesem Maß → Rn. 41), womit es auf das Gewicht des Einwirkungserfolgs ankommen wird. Der Tatbestand ist jedenfalls erfüllt,

---

140 Vgl. etwa *Lehmann-Richter/Wobst* ZEW 2020, 123 (127 f.); *Hügel/Elzer* Rn. 73; *Elzer* FD-ZVR 2020, 429759: Vergemeinschaftung weder möglich noch nötig; *Bruns* NZM 2020, 909 (910); s. demgegenüber noch zu § 10 Abs. 6 S. 3 Fall 2 WEG sowie für gekorene Ausübungsbefugnis BGH NJW 2019, 1216 Rn. 8 ff.; NJW-RR 2018, 333 Rn. 8 f.; NJW 2014, 2640 Rn. 6; 2010, 438 Rn. 8; 2006, 2187 Rn. 12; OLG Köln NJOZ 2008, 4567 (4569); *Schmid* DWE 2009, 78 (80); *Wenzel* ZWE 2006, 462 (467 f.); BeckOGK/*Falkner,* 1.3.2020, § 10 Rn. 511.

141 Vgl. dazu BeckOGK/*Falkner,* 1.3.2020, § 10 Rn. 471.

142 Die gegenteilige Ansicht, etwa von *Ott* ZWE 2015, 125, wonach die Gemeinschaft solche Ansprüche an sich ziehen kann, wenn sämtliche Sondereigentumsrechte betroffen sind, ist damit für die Praxis nicht mehr bedeutsam.

143 Ebenso *Hügel/Elzer* Rn. 48 ff.; *Elzer* FD-ZVR 2020, 429759; *Lehmann-Richter/Wobst* WEG-Reform 2020 Rn. 1431a; für Vorrang des Individualanspruchs des Sondereigentümers aber *Bruns* NJW 2020, 909 (910 f.).

144 Um zu ermitteln, ob tatsächlich beide Eigentumssphären betroffen sind, ist im Fall von Substanzbeeinträchtigungen nach § 5 abzugrenzen; bei sonstigen Einwirkungen wollen *Lehmann-Richter/Wobst* WEG-Reform 2020 Rn. 1431 die Grundsätze der Besitzstörung (§ 858 Abs. 1 Var. 2 BGB) fruchtbar machen.

145 Diese dogmatische Einordnung traf schon auf § 14 Nr. 4 aF zu, obwohl die damalige Rechtsfolge auf Schadensersatz gerichtet war; BGHZ 153, 182 (187), zu § 1 Ziff. 1 AHB; *v. Rechenberg* ZWE 2005, 47 (53); Staudinger/*Kreuzer,* 2018, Rn. 126; Jennißen/*Hogenschurz* Rn. 27; Bärmann/*Suilmann* Rn. 73.

146 Vgl. auch *Lehmann-Richter/Wobst* WEG-Reform 2020 Rn. 1390.

147 Tendenziell anders, nämlich von einer weitgehenden Entsprechung beider Vorschriften ausgehend Bärmann/Pick/*Emmerich* Anh. I § 14 Rn. 6.

wenn auf fremdes Sondereigentum in einer Weise eingewirkt wird, die für den in seinem Sondereigentum betroffenen Wohnungseigentümer ein **Sonderopfer** begründet.[148] Vormals unter Geltung des § 14 Nr. 4 Hs. 2 aF wegen fehlender Verursachung der Beeinträchtigung durch das Betreten oder Benutzen fremden Sondereigentums ausgeklammerte Fälle, wie etwa Verdienst- oder Mietausfälle infolge einer Einrüstung des Gebäudes[149] oder infolge eindringenden Löschwassers,[150] sind damit nunmehr ebenfalls erfasst; jeweils kommt es nur auf das Überschreiten der Zumutbarkeitsschwelle an.

40 **b) Einwirkungsobjekt.** Einwirkungsobjekt muss nicht zwingend das **fremde Sondereigentum** sein, auch wenn derartige Einwirkungen den hauptsächlichen Anwendungsbereich bilden werden. Weder Gesetzeswortlaut noch Gesetzesbegründung weisen nämlich auf eine dahingehende Beschränkung des Einwirkungsobjekts hin. Es kommt allein darauf an, dass einem **Wohnungseigentümer** (nicht: Sondereigentümer) kraft Einwirkungsduldungspflicht ein **Sonderopfer auferlegt** wird. Tatbestandlich relevant werden damit auch Einwirkungen auf das Gemeinschaftseigentum sein, sofern an diesem ein **Sondernutzungsrecht** begründet worden ist, sodass sich der frühere Meinungsstreit[151] zu § 14 Nr. 4 Hs. 2 aF, ob eine dahingehende erweiternde Anwendung in Betracht kommt, erledigt hat. Einschränkend wird man aber schon unter dem Gesichtspunkt des Sonderopfers verlangen müssen, dass der Entschädigungsanspruch des Sondernutzungsberechtigten bei beeinträchtigtem Gemeinschaftseigentum nur eingreift, sofern dieser auch die Erhaltungskosten zu tragen hat.[152] Ohne Sondernutzungsrecht werden überdies Einwirkungen auf das Gemeinschaftseigentum schon wegen fehlenden Sonderopfers eines Wohnungseigentümers tatbestandlich nicht erfasst bzw. im Wege der teleologischen Reduktion des Abs. 3 auszuscheiden sein.[153]

41 **c) Beeinträchtigung über das zumutbare Maß hinaus.** Was unter dem „zumutbaren Maß" iSd Abs. 3 zu verstehen ist, lässt die Gesetzesbegründung offen;[154] klargestellt wird insoweit nur, dass dieses Maß ein anderes als jenes in Abs. 1 Nr. 2 näher konkretisierte ist. Hier (bei Abs. 3) wird auf die **Zumutbarkeit der Einwirkung** abgestellt, dort (bei Abs. 1 Nr. 2) auf die Unvermeidlichkeit derselben. Auch jene Einwirkung, die unvermeidlich ist, kann aber unzumutbar sein. Dies ergibt sich schon daraus, dass Abs. 3 tatbestandlich an eine zu duldende Einwirkung anknüpft, was aber wiederum voraussetzt, dass diese entweder im Einklang mit der „geschriebenen" Verbandsordnung steht oder aber keinen vermeidbaren Übermaßnachteil iSd Abs. 1 Nr. 2 bewirkt. Ist etwa zur Durchführung einer Erhaltungsmaßnahme am Gemeinschaftseigentum das Betreten fremden Sondereigentums vonnöten (→ Rn. 13 ff.) und ist hierfür ein Substanzeingriff in dieses unvermeidlich, liegt eine zu duldende Einwirkung vor, die jedoch als unzumutbar iSd Abs. 3 und damit entschädigungspflichtig einzustufen sein wird. Ähnliches gilt, falls durch das Aufstellen eines Gerüstes auf einer Sondernutzungsfläche (mit Erhaltungskostenlast beim Sondernutzungsberechtigten) Schäden an der Bepflanzung entstehen.[155]

42 Lehnt man sich bei der Konkretisierung von Einwirkungen über das zumutbare Maß hinaus vorsichtig an die zu § 906 Abs. 2 S. 2 BGB entwickelten Grundsätze an (→ BGB § 906 Rn. 185), wird auch hier zu gelten haben, dass für die Beurteilung der Unzumutbarkeit ein **differenziert-objektiver Maßstab** anzulegen ist; damit kommt es darauf an, ob die Einwirkungsfolgen von der Warte eines verständigen Durchschnittswohnungseigentümers aus unter Berücksichtigung vor allem auch der Zweckbestimmung der Anlage, aber unter Ausblendung persönlicher Befindlichkeit, nach

---

[148] BR-Drs. 168/20, 57: Sonderopfergrenze; vgl. auch *Dötsch/Schultzky/Zschieschack* WEG-Recht 2021 Kap. 4 Rn. 50; *Lehmann-Richter/Wobst* WEG-Reform 2020 Rn. 1377; Palandt/*Wicke* Rn. 20.

[149] Niedenführ/Schmidt-Räntsch/Vandenhouten/*Schmidt-Räntsch* Rn. 51; jurisPK-BGB/*Lafontaine* Rn. 96.

[150] AG Kassel ZMR 2013, 77 (78); jurisPK-BGB/*Lafontaine* Rn. 96; es muss damit nicht mehr danach unterschieden werden, ob das Löschwasser von außen eindringt oder die Löschung unter unmittelbarer Nutzung der im fremden Sondereigentum stehenden Räume erfolgt.

[151] Offengelassen von BGH BeckRS 2019, 1627 = ZfiR 2019, 518 Ls.; dazu *Dötsch* IMR 2019, 199; diese Erweiterung in einem Sonderfall bejahend OLG Düsseldorf ZMR 2006, 459 (460); zutr. Differenzierung bei Bärmann/*Suilmann* Rn. 74; ähnlich Bärmann/Pick/*Emmerich* Rn. 50; wie hier zu § 14 Abs. 3 auch *Lehmann-Richter/Wobst* WEG-Reform 2020 Rn. 1369; *Hügel/Elzer* Rn. 82; *Dötsch/Schultzky/Zschieschack* WEG-Recht 2021 Kap. 4 Rn. 53; Palandt/*Wicke* Rn. 20.

[152] Richtig Bärmann/*Suilmann* Rn. 74, freilich noch zu § 14 Nr. 4 Hs. 2.

[153] Zu § 14 Nr. 4 aF war dies unstr., vgl. BGHZ 207, 40 Rn. 33 = NJW 2016, 1310, allerdings wurde dort auch im Tatbestand nur an Sondereigentum angeknüpft. Wie hier, allerdings zweifelnd („wohl nicht") Palandt/*Wicke* Rn. 20; aA *Lehmann-Richter/Wobst* WEG-Reform 2020 Rn. 1369, wonach sowohl das Gemeinschafts- als auch das Sondereigentum gegenständlich betroffen sein können sollen.

[154] BR-Drs. 168/20, 57.

[155] OLG Düsseldorf FGPrax 2006, 104 (105 f.); Bärmann/Pick/*Emmerich* Rn. 50.

Zeitdauer und Intensität als wesentlich einzustufen sind,[156] was regelmäßig eine Beeinträchtigung voraussetzt, die dem Betreten des fremden Sondereigentums mindestens gleichgewichtig ist (→ Rn. 13 ff.). Letztlich wird eine **Abwägung der konfligierenden Interessen** des Einwirkungssubjekts auf der einen und des beeinträchtigten Wohnungseigentümers auf der anderen Seite ausschlaggebend sein. Auch wenn der Eintritt eines Schadens durch die zu duldende Einwirkung anders als in § 14 Nr. 4 Hs. 2 aF keine Tatbestandsvoraussetzung ist, wird doch häufig erst ein solcher zum Überschreiten der Zumutbarkeitsgrenze führen. Demgegenüber wird das bloße Duldenmüssen eines Betretens zum Zwecke von Erhaltungsmaßnahmen nur im Einzelfall, etwa in Abhängigkeit zur Zeitdauer, zum Entschädigungsanspruch führen können. Regelmäßig ausscheiden dürfte der Tatbestand, sofern etwa turnusmäßig Rauchmelder in der Sondereigentumseinheit zu warten sind; bei einem vereinbarten Betretungsrecht zwecks Wartungs- und Kontrollmaßnahmen an einer Heizungsanlage, die sich in einem Raum einer Sondereigentumseinheit befindet, kann die Schwelle der Unzumutbarkeit jedoch überschritten werden, wenn häufige Wartungen oder Kontrollmaßnahmen vonnöten sind, die zu einer hypothetischen Mietminderung führen könnten. Auch erhebliche Geräuschbelästigungen, die im Rahmen der Durchführung einer erhaltungsübersteigenden Maßnahme iSd § 13 Abs. 2 oder einer baulichen Maßnahme iSd § 20 entstehen, können unter dieser Prämisse zu einem Entschädigungsanspruch führen. Zudem können Schäden, die durch die Verzögerung oder Unterlassung einer Mangelbeseitigung am Gemeinschaftseigentum entstehen, § 14 Abs. 3 unterfallen[157] (→ § 13 Rn. 6).

2. Rechtsfolge. Als Rechtsfolge der unzumutbaren Einwirkung kann der beeinträchtigte Woh- **43**
nungseigentümer **angemessenen Ausgleich in Geld** verlangen. Der Wortlaut orientiert sich bewusst an jenem des § 906 Abs. 2 S. 2 BGB, und zwar ausweislich der Gesetzesbegründung, die zudem die für dessen Auslegung entwickelten Grundsätze herangezogen wissen will. Freilich sind die dortigen Auslegungsgrundsätze ihrerseits umstritten (vgl. → BGB § 906 Rn. 188 ff. mN zum Streitstand), insbesondere was die Frage anbetrifft, ob eine volle Schadloshaltung iSd §§ 249 ff. BGB geschuldet ist oder – wie es die dort hM annimmt – eine davon im Ergebnis teils hinter dem Schadensersatz zurückbleibende **Billigkeitsentschädigung,** sodass der dortige Streitstand in § 14 Abs. 3 hineintragen wird. In den bei § 14 Abs. 3 häufigen Fällen der Substanzbeeinträchtigung wird dieser Meinungsstreit indes selten praktisch, weil der Entschädigungsanspruch hier – im Einklang mit den zu § 906 Abs. 2 S. 2 BGB entwickelten Grundsätzen – auf vollen Schadensersatz gehen kann.[158]

Im Übrigen wird man angesichts der bewussten gesetzgeberischen Entscheidung der Ablösung **44**
des § 14 Abs. 3 vom noch in § 14 Nr. 4 Hs. 2 aF und in der Referentenentwurfsfassung enthaltenen Schadenserfordernis wohl eine Hinwendung zur hM zu § 906 Abs. 2 S. 2 BGB erblicken können. Bekräftigt wird dies durch die Gesetzesbegründung, die ausdrücklich nicht jeden adäquat-kausal verursachten Schaden für ersatzfähig halten will.[159] Ausgleichsfähig ist damit insbesondere nur jene **Vermögenseinbuße,** die infolge der Überschreitung der Zumutbarkeitsgrenze erlitten wird, wohingegen es nicht auf die Wiederherstellung jenes Zustandes ankommt, der bei Ausbleiben der Beeinträchtigung bestünde,[160] womit insbesondere **hypothetische Wertentwicklungen unberücksichtigt** bleiben. Überdies beschränkt sich der Ausgleich auf den **unzumutbaren Teil der Beeinträchtigung,**[161] da Beeinträchtigungen, die das zumutbare Maß iSd Abs. 3 nicht überschreiten, im Umkehrschluss entschädigungslos hinzunehmen sind; kommt es etwa zu einer nachgewiesenen Mietminderung[162] durch Baustellenlärm, ist für den vermietenden Wohnungseigentümer nur jene Ertragseinbuße unzumutbar, die über der Vergleichsmiete liegt, wobei als Vergleichsmaßstab hier – anders als bei § 906 Abs. 2 S. 2 BGB – aber nicht auf die ortsübliche Vergleichsmiete abzustellen sein wird,[163] sondern auf einen Vergleich mit dem Üblichen innerhalb der konkreten Wohnungs-

---

[156] Vgl. auch *Dötsch/Schultzky/Zschieschack* WEG-Recht 2021 Kap. 4 Rn. 55; auf ein anerkennenswertes Kompensationsinteresse wollen *Lehmann-Richter/Wobst* WEG-Reform 2020 Rn. 1377 abstellen, was freilich nur eine anderweitige Beschreibung für die Notwendigkeit der im Text geschilderten Abwägungsentscheidung ist.

[157] Anders, wiederum indes noch unter Geltung des § 14 Nr. 4 Hs. 2 aF, BGH ZWE 2012, 431 (432); wie hier *Dötsch/Schultzky/Zschieschack* WEG-Recht 2021 Kap. 4 Rn. 52.

[158] BGHZ 142, 66 (70 f.) = NZM 1999, 821; BGH NJW-RR 1997, 1374; 2003, 2377 (2380).

[159] BR-Drs. 168/20, 57.

[160] Vgl. zu § 906 Abs. 2 S. 2 BGB idS BGHZ 147, 45 = NJW 2001, 1865 (1867); BGH NJW 2010, 3160 Rn. 8; BeckOGK/*Klimke,* 1.1.2020, BGB § 906 Rn. 325.

[161] Vgl. zu § 906 Abs. 2 S. 2 BGB nur BGHZ 91, 20 (31 f.) = NJW 1984, 1876; BGHZ 62, 361 (372) = NJW 1974, 1869; BeckOGK/*Klimke,* 1.1.2020, BGB § 906 Rn. 329 mwN.

[162] OLG Köln NJWE-MietR 1996, 274 (275); OLG Frankfurt NJW-RR 2007, 233 (233 f.).

[163] Vgl. BeckOGK/*Klimke,* 1.1.2020, BGB § 906 Rn. 329.1.

eigentümergemeinschaft. Bei **Substanzschäden** am Sondereigentum (ebenso bei Beschädigung darin befindlicher beweglicher Sachen) kann der geschädigte Wohnungseigentümer die Kosten der Beseitigung verlangen, indes begrenzt durch den Verkehrswert der beschädigten Substanz; ein verbleibender Minderwert ist auszugleichen,[164] ein Abzug „neu für alt" möglich.[165] Bei **Nutzungsbeeinträchtigungen** ist zu differenzieren: Im Fall gewerblicher Nutzung eines Teileigentums kann bei vorübergehender Beeinträchtigung der Ertragsverlust zugrunde gelegt werden (vgl. → BGB § 906 Rn. 189), bei dauerhafter Nutzungsbeschränkung wiederum begrenzt durch den Verkehrswert; bei selbst bewohntem Wohnungseigentum ist auf eine **hypothetische Mietminderung** im Fall der Vermietung abzustellen (vgl. → BGB § 906 Rn. 189).

45 **3. Anspruchsgegner.** In den Fällen einer Einwirkung auf Veranlassung der Gemeinschaft der Wohnungseigentümer, also bei Duldungspflicht nach Abs. 1 Nr. 2, ist diese selbst Anspruchsgegner und damit Schuldner des Entschädigungsanspruchs (zur Kostentragung im Innenverhältnis → Rn. 50). Erfolgt die Einwirkung dagegen auf Veranlassung eines anderen Wohnungseigentümers, basiert die Duldungspflicht mithin auf Abs. 2 Nr. 2, ist dieser Anspruchsgegner. **Einwirkungssubjekt und Anspruchsgegner** sind mithin stets **identisch.** Auf die Abgrenzung der Eigentumssphären kommt es dagegen nicht entscheidend an. Geht die Einwirkung etwa räumlich von Gebäudeteilen im gemeinschaftlichen Eigentum aus, obliegt deren Erhaltung nach der Gemeinschaftsordnung aber einem Wohnungseigentümer, ist dieser Einwirkungssubjekt und damit Anspruchsgegner,[166] dies gilt insbesondere, wenn diesem Wohnungseigentümer am betreffenden gemeinschaftlichen Eigentum ein Sondernutzungsrecht eingeräumt ist.[167]

46 **4. Entsprechende Anwendung, Konkurrenzen.** Führt die Einwirkung iSd § 14 Abs. 3 zu einem Schaden des Wohnungseigentümers, greifen bei entsprechendem Verschulden allgemeine **zivilrechtliche Schadensersatzansprüche,** die durch § 14 Abs. 3 nicht verdrängt werden. Eine Anspruchskonkurrenz wird im unmittelbaren Anwendungsbereich des § 14 Abs. 3 aber bereits deshalb nicht entstehen, weil zu duldende Einwirkungen nicht rechtswidrig sind. In der Gesetzesbegründung nicht erwähnt ist die richtigerweise zu bejahende Frage, ob Entschädigungsansprüche auch im Fall rechtswidriger, aber **„faktisch" duldungspflichtiger Einwirkungen** zum Tragen kommen können. Im Hinblick auf § 906 Abs. 2 S. 2 BGB ist eine erweiternde Anwendung auf Fälle fehlender Duldungspflicht bei faktischer oder rechtlicher Unmöglichkeit der Durchsetzung primärer Abwehransprüche nach § 1004 Abs. 1 BGB, § 862 Abs. 1 BGB in stRspr des BGH als sog. **nachbarrechtlicher Ausgleichsanspruch** anerkannt (→ BGB § 906 Rn. 195 ff. mN). Denkbar sind auch im Anwendungsbereich des § 14 Abs. 3 Fälle, in denen ein an sich bestehender Abwehranspruch etwa aufgrund allzu rascher Schadensentwicklung (zB bei einem Wasserrohrbruch) nicht durchgesetzt werden kann. Die in BGHZ 198, 327 Rn. 12 ff. = ZWE 2014, 83 in zweifach entsprechender Anwendung befürwortete Heranziehung des nachbarlichen Ausgleichsanspruchs für rechtswidrige, aber faktisch nicht abwehrfähige **Einwirkungen im Verhältnis der Wohnungseigentümer zueinander** entfällt nunmehr jedenfalls mangels vorhandener „doppelter" Regelungslücke.[168] Sachnäher und wertungsmäßig überzeugend ist heute ein Rückgriff auf einen extensiv verstandenen § 14 Abs. 3. Auch faktisch nicht abwehrfähige Einwirkungen, die von der **Gemeinschaft der Wohnungseigentümer** ausgehen, fallen richtigerweise im Fall der unzumutbaren Beeinträchtigung unter einen erweitert herangezogenen § 14 Abs. 3; das wird vor allem Fälle der Durchführung einer keinen Aufschub duldenden Erhaltungsmaßnahme betreffen, sofern hierbei vermeidbare Schäden am Sondereigentum eintreten. Die Ablehnung eines nachbarrechtlichen Ausgleichsanspruchs durch BGHZ 185, 371 Rn. 19 ff. = ZWE 2010, 327 im Verhältnis zwischen Sondereigentümer und Gemeinschaft der Wohnungseigentümer steht angesichts des tatbestandlich nunmehr weiter gefassten § 14 Abs. 3 dessen erweiterter Anwendung nicht entgegen. Geht es indes um Beeinträchtigungen des Sondereigentums, die allein auf einen **mangelhaften Zustand des Gemeinschaftseigentums** zurückzuführen sind, erscheint die erweiterte Anwendung des § 14 Abs. 3 weniger gut begründbar, zumal die zur Begründung der Ablehnung eines nachbarrechtlichen Ausgleichsanspruchs in diesem

---

164 Zu § 906 Abs. 2 S. 2 BGB s. BGH NJW 1992, 2884 (2885); NJW-RR 1997, 1374 (1375); BeckOGK/*Klimke,* 1.1.2020, BGB § 906 Rn. 333.

165 BGH NJW 1992, 2884; BeckOGK/*Klimke,* 1.1.2020, BGB § 906 Rn. 337.

166 Das galt iErg vergleichbar richtigerweise schon zu § 14 Nr. 4 Hs. 2 aF; vgl. nur BeckOGK/*Falkner,* 1.3.2020, Rn. 72 ff.

167 Vgl. auch BGH NZM 2019, 788 Rn. 14.

168 AA, mangels feststellbarer Regelungslücke, *Lehmann-Richter/Wobst* WEG-Reform 2020 Rn. 1374; auf dieser Linie auch, allerdings noch zu § 14 Nr. 4 aF, LG München I ZWE 2020, 376 Rn. 12 mAnm *Sommer;* wohl auch Palandt/*Wicke* Rn. 20; entspr. Anwendung mit zutr. Argumenten erwägend, aber letztlich offenlassend, *Dötsch/Schultzky/Zschieschack* WEG-Recht 2021 Kap. 4 Rn. 54.

Fall von BGHZ 185, 371 Rn. 19 ff. vorgetragenen Argumente nicht beim abschließenden Charakter des § 14 Nr. 4 Hs. 2 aF ansetzten, sondern darauf abstellten, dass es an den von § 906 Abs. 2 S. 2 BGB geforderten gegenläufigen Interessen fehlt, sofern es um die Vorteile und Risiken aus dem gemeinschaftlichen Eigentum geht, zumal alle Wohnungseigentümer zu deren Erhaltung verpflichtet sind. Angesichts der nunmehrigen Verortung der Verantwortlichkeit für die Erhaltung des gemeinschaftlichen Eigentums alleinig bei der Gemeinschaft der Wohnungseigentümer (§ 18 Abs. 1) sprechen aber im Ergebnis doch die besseren Argumente für eine erweiterte Anwendung des § 14 Abs. 3 auch auf diese Fälle des „faktischen" Duldungszwangs.[169] Die Frage muss allerdings als noch ungeklärt betrachtet werden. Kein Ausgleichsanspruch besteht dem gegenüber, wenn weder eine rechtliche noch eine faktische Duldungspflicht besteht, der beeinträchtigte Wohnungseigentümer aber schlicht unterlässt, die Störung abzuwehren.

V. Abdingbarkeit

1. Abs. 1. Abs. 1 Nr. 1 ist **zwingendes Recht,**[170] die Legalitätspflicht kann nicht als solche abbedungen werden, auch nicht im Vereinbarungswege. Davon zu unterscheiden ist die sachliche Reichweite der jeweiligen, für jeden Wohnungseigentümer geltenden Regelung; diese Unterscheidung erlangt etwa im Fall von Mehrhausanlagen Bedeutung – so beziehen sich (hier häufig in Teilversammlungen gefasste) Beschlüsse zuweilen nur auf einen von mehreren Baukörpern, für welchen eine Untergemeinschaft gebildet ist. Diese sachliche Reichweitenbeschränkung ändert aber nichts daran, dass die übrigen Wohnungseigentümer an diesen Beschluss gleichwohl gebunden sind und dessen Beachtung der Gemeinschaft der Wohnungseigentümer schulden, wenngleich sich sein Regelungsgehalt für diese nicht aktualisiert. 47

Abs. 1 Nr. 2 stellt demgegenüber **einseitig zwingendes („halbdispositives") Recht** dar. 48 Erweiterungen der Einwirkungsbefugnisse der Gemeinschaft der Wohnungseigentümer sind zulässig, wenngleich keine völlige Gestaltungsfreiheit besteht, sondern die vor allem bei Betretungsrechten relevanten Gestaltungsschranken aus §§ 138, 242 BGB iVm Art. 13 GG einschränkend hinzutreten (→ Rn. 13). Verkürzungen der Einwirkungsbefugnisse sind demgegenüber problematischer; hier kommt es auf den Einzelfall, vor allem auf den Charakter der jeweiligen Anlage an. Der vom Gesetzgeber als typisch zugrunde gelegte Fall kennzeichnet sich durch die besondere Enge des nachbarschaftlichen Verhältnisses der Wohnungseigentümer im selben Gebäude bzw. in derselben Wohnungseigentumsanlage. Bei einer Mehrhausanlage ist diese Enge aber in dieser Form allein baukörperbezogen vorhanden, baukörperübergreifend jedenfalls gelockert; besteht die Mehrhausanlage nur aus Einfamilienhäusern, werden über § 903 BGB hinausgehende „ungeschriebene" Duldungspflichten nach Abs. 1 Nr. 2 Var. 2 ganz in den Hintergrund treten und daher auch im Vereinbarungswege abdingbar sein,[171] wobei sich rechtskonstruktiv die Frage stellt, ob es hier wirklich um eine Abbedingung der Bestimmung oder nicht vielmehr eine anlagenspezifische Konkretisierung des zu duldenden „Einwirkungsmaßes" geht. Für das nachbarliche Verhältnis der Wohnungseigentümer gelten dann jedenfalls allein die allgemeinen Vorschriften des privaten und öffentlichen Nachbarrechts. Unabdingbar bleibt auch hier indes Abs. 1 Nr. 2 Var. 1 und die darin normierte Pflicht zur Duldung solcher Einwirkungen, die auf der „geschriebenen" Verbandsordnung basieren, sich mithin auf eine Vereinbarung oder einen Beschluss stützen können. Jenseits dieser Fälle wird aber in einer „typischen" Wohnungseigentumsanlage die Pflicht zur Einwirkungsduldung – auch im Fall des Abs. 1 Nr. 2 Var. 2 –, insbesondere zur Duldung des Betretens, nicht vollständig abdingbar sein, jedenfalls soweit die Duldung Bedingung der Möglichkeit der Durchführung von Erhaltungsmaßnahmen ist.

2. Abs. 2. Unabdingbar ist das Verbot, andere Wohnungseigentümer in ihrem Sondereigen- 49 tum zu beeinträchtigen, sofern die Beeinträchtigung auf einer Verletzung von Vereinbarungen oder Beschlüssen beruht (Abs. 2 Nr. 1 iVm Abs. 1 Nr. 2 Var. 1);[172] im Übrigen wird anlagenspezifisch das für das Vorliegen einer Beeinträchtigung relevante **Einwirkungsmaß konkretisiert** werden können. Spiegelbildlich gilt diese Differenzierung für Abs. 2 Nr. 2.

3. Abs. 3. Im **Vereinbarungswege** kann der verschuldensunabhängige Entschädigungsan- 50 spruch nach § 14 Abs. 3 unmittelbar dem Umfang nach **gekürzt** bzw. auch gänzlich **ausgeschlossen** werden,[173] zumal dieser Anspruch trotz seines häufigen Konnexes zu im Lichte des Art. 13 GG zu

[169] Dies erwägend, aber ohne Stellungnahme, *Dötsch/Schultzky/Zschieschack* WEG-Recht 2021 Kap. 4 Rn. 54.
[170] IErg auch *Hügel/Elzer* Rn. 2.
[171] Insoweit übereinstimmend, noch zu § 14 aF, BeckOGK/*Falkner*, 1.3.2020, Rn. 7.
[172] AA *Hügel/Elzer* Rn. 2, die von vollständiger Dispositivität ausgehen.
[173] *Hügel/Elzer* Rn. 2; vgl. (noch zu § 14 Nr. 4 aF) LG München I ZWE 2014, 185 (186); AG München ZMR 2013, 756 = BeckRS 2013, 16451; *Dötsch* MietRB 2019, 123 (125); Niedenführ/Schmidt-Räntsch/Vandenhouten/*Schmidt-Räntsch* Rn. 62 ff.; Bärmann/*Suilmann* Rn. 80.

betrachtenden Betretungsrechten[174] nicht zum unverzichtbaren Kernbereich der Rechtsstellung eines jeden Wohnungseigentümers gehört (zum Kernbereich → § 13 Rn. 8).[175] Eine alle künftigen Fälle erfassende, also dauerhafte **Kürzung** (bzw. Pauschalierung) oder ein ebensolcher **Ausschluss** des Entschädigungsanspruches durch **Beschluss** ist dagegen aufgrund des gesetzesändernden Charakters und damit fehlender dahingehender Beschlusskompetenz **nichtig,**[176] ebenso aber auch der Ausschluss oder die Kürzung für den Einzelfall.[177] Eine Beschlusskompetenz besteht jedoch nach § 16 Abs. 2 S. 2 für eine (generelle oder einzelfallbezogene) **Änderung des Schlüssels** hinsichtlich der Umlage des Entschädigungsaufwands in der Jahresabrechnung (näher → § 16 Rn. 22),[178] ein entsprechender Beschluss (sofern mit wirtschaftlicher Rückverteilungswirkung zulasten des beeinträchtigten Wohnungseigentümers verbunden) wird aber regelmäßig nicht ordnungsgemäßer Verwaltung entsprechen und daher anfechtbar sein.[179]

§ 15 Pflichten Dritter

Wer Wohnungseigentum gebraucht, ohne Wohnungseigentümer zu sein, hat gegenüber der Gemeinschaft der Wohnungseigentümer und anderen Wohnungseigentümern zu dulden:

1. **die Erhaltung des gemeinschaftlichen Eigentums und des Sondereigentums, die ihm rechtzeitig angekündigt wurde; § 555a Absatz 2 des Bürgerlichen Gesetzbuchs gilt entsprechend;**
2. **Maßnahmen, die über die Erhaltung hinausgehen, die spätestens drei Monate vor ihrem Beginn in Textform angekündigt wurden; § 555c Absatz 1 Satz 2 Nummer 1 und 2, Absatz 2 bis 4 und § 555d Absatz 2 bis 5 des Bürgerlichen Gesetzbuchs gelten entsprechend.**

Übersicht

[174] Daher für eine restriktive Gestaltungsbefugnis BeckOK WEG/*Maximilian A. Müller* Rn. 196.

[175] BGH ZWE 2017, 216 Rn. 14; vgl. zudem Niedenführ/Schmidt-Räntsch/Vandenhouten/*Schmidt-Räntsch* Rn. 58 mBsp; weiterhin *Dötsch* MietRB 2019, 123 (125); jurisPK-BGB/*Lafontaine* Rn. 101; Bärmann/*Suilmann* Rn. 80.

[176] BGH NJW 2000, 3500 (3500 f.); ausdrücklich OLG Düsseldorf FGPrax 2006, 104 (106); LG Frankfurt a.M. ZWE 2014, 403 (404); Niedenführ/Schmidt-Räntsch/Vandenhouten/*Schmidt-Räntsch* Rn. 60; jurisPK-BGB/*Lafontaine* Rn. 101; aA – für bloße Anfechtbarkeit – BayObLG NJW-RR 1994, 1104; Staudinger/*Kreuzer*, 2018, Rn. 41.

[177] Zutr. *Hügel/Elzer* Rn. 78: als „anspruchsvernichtend" nichtig.

[178] Zu diesem, sich freilich nunmehr aufgrund der weitreichenden Beschlussmöglichkeiten nach § 16 Abs. 2 S. 2 in neuem Lichte darstellenden Problemkreis, *Dötsch/Schultzky/Zschieschack* WEG-Recht 2021 Kap. 7 Rn. 33; vgl. bereits *Dötsch* MietRB 2019, 123 (126 ff.); Niedenführ/Schmidt-Räntsch/Vandenhouten/*Schmidt-Räntsch* Rn. 61 ff.

[179] *Dötsch* MietRB 2019, 123 (127); BeckOK WEG/*Maximilian A. Müller* Rn. 198.

I. Normzweck

Im Regelfall kann es zwar schuldrechtliche Rechte und Pflichten zwischen der Gemeinschaft der Wohnungseigentümer und einem Wohnungseigentümer oder zwischen den Wohnungseigentümern geben, nicht jedoch zwischen diesen und einem **Dritten,** der Wohnungseigentum zwar gebraucht, aber weder mit der Gemeinschaft der Wohnungseigentümer noch anderen Wohnungseigentümern ein Schuldverhältnis eingegangen ist. Aufgrund der **Relativität der Schuldverhältnisse** kann daher weder die Gemeinschaft der Wohnungseigentümer noch ein anderer Wohnungseigentümer von dem Dritten etwas aus Vertrag verlangen, insbesondere nicht die Duldung von Erhaltungs- oder Modernisierungsmaßnahmen. Gebrauchsrechte Dritter würden dann dazu führen, dass die Gemeinschaft der Wohnungseigentümer oder ein einzelner Wohnungseigentümer an der Durchführung der Maßnahmen gehindert werden. Dies wäre insbesondere für die Ansprüche aus § 20 Abs. 2 und 3 nicht stimmig, mit denen bauliche Veränderungen für den Gebrauch des Wohnungseigentums durch Menschen mit Behinderung, für das Laden elektrisch betriebener Fahrzeuge, für den Einbruchschutz oder für den Anschluss an ein Telekommunikationsnetz mit sehr hoher Kapazität verlangt werden können. Eine solche **Durchführungsblockade** soll § 15 **verhindern.**[1] Die entsprechende Duldungspflicht regelt also § 15. Gesetzestechnisch bedient sich § 15 hierbei der mietvertraglichen §§ 555a–555d BGB, die fast vollständig entsprechend herangezogen werden. Nur die in § 555a Abs. 1 BGB und § 555d Abs. 1 BGB genannten Duldungspflichten wurden nicht in Bezug genommen, um eine Doppelung mit § 15 zu vermeiden. 1

Im Grundsatz bezweckt § 15 auch den **Schutz des Dritten,**[2] der dem Schutz eines Mieters entspricht.[3] Dieser wird durch zwei Rechtsfiguren erreicht, ein Ankündigungserfordernis und – im Falle von über die Erhaltung hinausgehender Maßnahmen – ein etwaiger Härteeinwand. 2

II. WEMoG

§ 15 wurde durch das Wohnungseigentumsmodernisierungsgesetz neu geschaffen. Ziel der Reform war unter anderem, Mietrecht und Wohnungseigentumsrecht zu **harmonisieren.**[4] Der Gesetzgeber stand hierbei vor einem **Zielkonflikt.** Auf der einen Seite wurde die Vermietung von Eigentumswohnungen als rechtspolitisch gewünscht eingeschätzt, auf der anderen Seite war der Schutz der Mieter zu gewährleisten und auszubauen.[5] 3

Im Rechtsausschuss blieb § 15 **unverändert.** In den Untersuchungen zum Referenten- und Regierungsentwurf wurde § 15 wenig Aufmerksamkeit geschenkt. In den Verhandlungen im Rechtsausschuss spielte § 15 offenbar kaum mehr eine Rolle. Die von der Fraktion Die Linke geäußerten Bedenken zu § 15 wurden in der Beschlussempfehlung des Rechtsausschusses zwar erwähnt, inhaltlich aber nicht diskutiert.[6] Die praktischen Folgen für Dritte, insbesondere Mieter, dürften gleichwohl von größerer Bedeutung sein. 4

III. Abdingbarkeit

Die gesetzliche Duldungspflicht in § 15 verdrängt etwaige anderslautende vertragliche Vereinbarungen zwischen dem Dritten und demjenigen Wohnungseigentümer, der den Gebrauch des Wohnungseigentums gewährt. § 15 ist in diesem Verhältnis **nicht abdingbar.** Es würde sich andernfalls um eine Vereinbarung zulasten Dritter handeln, wobei Dritte entweder die Gemeinschaft der Wohnungseigentümer oder andere Wohnungseigentümer wären. Denkbar erscheint **allerdings,** dass der Dritte und alle Anspruchsberechtigten – die Gemeinschaft der Wohnungseigentümer und jeder Wohnungseigentümer – vereinbaren, dass **Ansprüche aus § 15 ausgeschlossen** werden. Die Anspruchsberechtigten wären dann für Erhaltungs- und Modernisierungsmaßnahmen auf die Mitwirkung des Dritten angewiesen. Ein solcher Ausschluss scheint kautelarjuristisch für Dritte sinnvoll zu sein, die Teileigentum für gewerbliche oder selbständige Zwecke nutzen (vgl. § 1 Abs. 6 iVm § 15), keine Unterbrechungen hinnehmen und daher keinen Duldungsansprüchen aus § 15 ausgesetzt sein wollen. In solchen Klauseln kann ferner vereinbart werden, dass der Mieter bestimmte Erhaltungs- und Modernisierungsmaßnahmen der Gemeinschaft der Wohnungseigentümer übernimmt. Er kann dann eigenständig planen und ist nicht von den Plänen der Gemeinschaft der Wohnungseigentümer oder anderen Wohnungseigentümern abhängig. 5

---

1 BT-Drs. 19/18791, 54.
2 *Lehmann-Richter/Wobst* WEG-Reform 2020 Rn. 1591.
3 BT-Drs. 19/18791, 54.
4 BT-Drs. 19/18791, 29.
5 Vgl. BT-Drs. 19/18791, 29.
6 BT-Drs. 19/22634, 41 f.

IV. Rechtsverhältnisse

6 § 15 stellt eine **Anspruchsgrundlage** dar, die nur in bestimmten Rechtsverhältnissen anwendbar ist. In diesen Rechtsverhältnissen führt § 15 zu einem **gesetzlichen Schuldverhältnis.**[7] Anspruchsberechtigt kann zunächst die Gemeinschaft der Wohnungseigentümer sein. Dann muss sich die Maßnahme auf das gemeinschaftliche Eigentum beziehen (zB Erhaltung des Daches). Anspruchsberechtigt kann auch ein einzelner Wohnungseigentümer sein, der sein Sondereigentum erhält oder modernisiert und im Zuge dessen die gemietete Wohnung des Dritten beeinträchtigt. Dies wäre etwa der Fall, wenn große Baumaterialien (Fenster, Heizkörper) zwingend über den Balkon der angrenzenden Wohnung angeliefert werden müssten, weil der Flur zu eng ist oder eine im Sondereigentum stehende marode Rohrleitung nur von der anderen Wandseite aus zugänglich ist. Anspruchsberechtigt ist allerdings nicht derjenige Wohnungseigentümer, von dem der Dritte sein Gebrauchsrecht ableitet.[8] Für das Rechtsverhältnis des Dritten zu demjenigen Wohnungseigentümer, der den Gebrauch gewährt, ist **nicht** auf **§ 15** abzustellen,[9] sondern auf das in diesem Rechtsverhältnis ggf. bestehende schuld- oder sachenrechtliche Rechtsverhältnis. In vielen Fällen wird dies ein Mietvertrag sein, sodass die §§ 555a ff. BGB direkt anwendbar sein können, in anderen Fällen sind beispielsweise die Vorschriften über den Nießbrauch (§§ 1030 ff. BGB) heranzuziehen. § 15 ist ferner nicht für den Fall einschlägig, in dem die **Gemeinschaft der Wohnungseigentümer** gemeinschaftliches Eigentum oder Sondereigentum an einen Wohnungseigentümer **vermietet** (vgl. § 15 Hs. 2).

7 In diesen Rechtsverhältnissen ist **Dritter,** wer Wohnungseigentum gebraucht. Ein solcher Dritter leitet den Gebrauch des Wohnungseigentums von einem Wohnungseigentümer ab, was häufig auf einem Mietvertrag oder einem sachenrechtlichen Nutzungsrecht beruhen kann.[10] Auch der **Untermieter** des Mieters eines Wohnungseigentümers ist Dritter iSv § 15, da auch dieser das Wohnungseigentum gebraucht.[11] Schließlich gehören zu den Dritten Personen, denen der Gebrauch des Wohnungseigentums rein **faktisch** überlassen wurde.[12] Hierzu gehören etwa **Angehörige** des Hausstands des Mieters, die ebenfalls zur Duldung verpflichtet sein können.[13] Da § 15 den Kreis der Verpflichteten groß fasst, können praktische **Probleme bei der Ankündigung** entstehen.

V. Vorbereitungen zur Geltendmachung des Anspruchs

8 § 15 Nr. 1 und Nr. 2 unterscheiden sich dadurch, dass Nr. 1 nur die Erhaltung des gemeinschaftlichen Eigentums und des Sondereigentums erfasst, während Nr. 2 diejenigen Maßnahmen erfasst, die darüber hinausgehen, insbesondere Modernisierungsmaßnahmen. Die **Abgrenzung** ist deshalb von Bedeutung, da § 15 Nr. 2 durch den Verweis auf § 555c Abs. 1 S. 2 BGB wesentlich umfangreichere Informationen bei der Ankündigung vorschreibt und nur Nr. 2 die Reaktion des Dritten mit dem Härteeinwand nach § 555d Abs. 2 BGB vorsieht.

9 Die Erhaltungsmaßnahmen nach § 15 Nr. 1 umfassen Instandhaltungen und Instandsetzungen. Maßnahmen, die darüber hinausgehen, sind insbesondere Modernisierungsmaßnahmen. Es handelt sich um **bauliche Veränderungen** iSv § 20 Abs. 1, wobei § 15 Nr. 2 sowohl das gemeinschaftliche Eigentum als auch das Sondereigentum umfasst. Für die Abgrenzung ist zu fragen, ob nach der **Verkehrsauffassung** das gemeinschaftliche Eigentum oder Sondereigentum durch die Maßnahme verbessert werden soll (vgl. die Parallele zu → BGB § 555a Rn. 6). Dann ist § 15 Nr. 2 einschlägig. In manchen Fällen will die Gemeinschaft der Wohnungseigentümer oder ein anderer Wohnungseigentümer nur eine Erhaltung, der Ausgangszustand führt jedoch zwingend dazu, dass bei der Ersetzung eine Verbesserung eintritt. Dies wird meist schon im Zuge der Besichtigung durch die Handwerker der jeweiligen Gewerke, jedenfalls aber mit Eintreffen des Kostenvoranschlags deutlich, sodass die Gemeinschaft der Wohnungseigentümer oder der andere Wohnungseigentümer weiß, ob er eine Erhaltung nach § 15 Nr. 1 oder eine Maßnahme ankündigen muss, die darüber hinausgeht (Nr. 2).

10 Ferner können **mehrere Maßnahmen zusammentreffen,** wie etwa der Austausch einer defekten Ölheizung durch eine Wärmepumpenheizung und gleichzeitig der Austausch eines undich-

---

[7] *Lehmann-Richter/Wobst* WEG-Reform 2020 Rn. 1594.

[8] BT-Drs. 19/18791, 54.

[9] *Lehmann-Richter/Wobst* WEG-Reform 2020 Rn. 1599.

[10] BT-Drs. 19/18791, 54; Palandt/*Wicke* Rn. 1.

[11] Deutscher Anwaltverein Stellungnahme Nr. 9/2020, 21, https://www.bmjv.de/SharedDocs/Gesetzgebungsverfahren/DE/WEMoG.html (zuletzt abgerufen am 27.10.2020).

[12] Offenbar auch für ein weites Verständnis *Lehmann-Richter/Wobst* WEG-Reform 2020 Rn. 1604, da diese selbst den rechtsgrundlosen Nutzer als Dritten verstehen.

[13] Palandt/*Wicke* Rn. 1; Deutscher Anwaltverein Stellungnahme Nr. 9/2020, 21, https://www.bmjv.de/SharedDocs/Gesetzgebungsverfahren/DE/WEMoG.html (zuletzt abgerufen am 27.10.2020).

ten Heizungsrohres und eines defekten Heizkörpers. Dann ist zu fragen, ob der **Schwerpunkt** auf einer Erhaltung oder Modernisierung liegt (vgl. die Parallele zu → BGB § 555a Rn. 8). Im genannten Beispiel wäre § 15 Nr. 2 einschlägig.

Geht die Gemeinschaft der Wohnungseigentümer oder ein anderer Wohnungseigentümer von einer Erhaltungsmaßnahme aus und kündigt diese zutreffend nach § 15 Nr. 1 an, und **zeigt sich später,** nämlich erst bei der konkreten Umsetzung, dass die Maßnahme über eine Erhaltung hinausgehen wird, **wird nun § 15 Nr. 2 einschlägig.** Es wird Fälle geben, in denen die Gemeinschaft der Wohnungseigentümer oder ein anderer Wohnungseigentümer argumentieren kann, dass die Einwirkung auf den Gebrauch des Wohnungseigentums nicht höher ist, weshalb die Maßnahme – obwohl sie über eine Erhaltung hinausgeht – fortgesetzt werden kann und nicht die dreimonatige Ankündigungsfrist abgewartet werden muss. Umgekehrt wird es Fälle geben, in denen die Gemeinschaft der Wohnungseigentümer oder ein anderer Wohnungseigentümer dem genauso überraschten Dritten die Zeit gewähren muss, sich auf die Maßnahme vorzubereiten, die über die Erhaltung hinausgehen wird. Die dreimonatige Ankündigungsfrist ist dann zu beachten. Die weiteren Informationen sind anzukündigen. 11

1. Zuständigkeiten. Die das **Innenverhältnis** betreffende Frage, ob der Anspruch der Gemeinschaft der Wohnungseigentümer geltend gemacht werden soll, muss nicht stets von der Wohnungseigentümerversammlung entschieden werden. Hat die Wohnungseigentümerversammlung die Erhaltung als solche nach § 19 Abs. 2 Nr. 2 beschlossen, kann – jedenfalls in größeren Gemeinschaften oder solchen, in denen der Gebrauch des Wohnungseigentums regelmäßig Dritten gewährt wird – auch der **Verwalter** den Anspruch aus § 15 geltend machen. Denn dann handelt es sich um eine Maßnahme ordnungsmäßiger Verwaltung, die untergeordnete Bedeutung hat und nicht zu erheblichen Verpflichtungen führt (§ 27 Abs. 1 Nr. 1). 12

Die Wohnungseigentümerversammlung kann aber im Zuge der Entscheidung über die Erhaltung nach § 19 Abs. 2 Nr. 2 auch über die Geltendmachung des Anspruchs aus § 15 entscheiden. Wird dies in einem **Beschluss** kombiniert, handelt es sich um teilbare Regelungen des Rechtsgeschäfts, über die in etwaigen Beschlussklageverfahren iSv § 44 unterschiedlich entschieden werden kann.[14] 13

Im **Außenverhältnis** wird der Anspruch der Gemeinschaft der Wohnungseigentümer von ihrem Verwalter geltend gemacht,[15] der die Gemeinschaft notfalls auch bei der gerichtlichen Durchsetzung vertritt (§ 9b Abs. 1). Hat die Gemeinschaft der Wohnungseigentümer **keinen Verwalter,** wird sie nach § 9b Abs. 1 S. 2 durch die Wohnungseigentümer gemeinschaftlich vertreten. Dann tritt die Besonderheit auf, dass derjenige Wohnungseigentümer, der den Gebrauch des Wohnungseigentums einräumt, zwar nicht anspruchsberechtigt, jedoch zusammen mit den übrigen Wohnungseigentümern für die Vertretung der Gemeinschaft der Wohnungseigentümer zuständig ist. 14

2. Fälligkeit des Anspruchs. Der Duldungsanspruch aus § 15 ist – gleich, ob ihn die Gemeinschaft der Wohnungseigentümer oder ein einzelner Wohnungseigentümer geltend machen will – grundsätzlich erst fällig, wenn der Dritte auf die Maßnahme vorbereitet wurde (**Fälligkeitsvoraussetzung**[16]). Es handelt sich in dem durch § 15 begründeten gesetzlichen Schuldverhältnis **nicht** um eine **Pflicht** iSv § 241 Abs. 1 BGB, **sondern** um eine **Obliegenheit.**[17] Denn die Ankündigung kann nicht verlangt werden und ist nicht einklagbar. Wird sie aber nicht vorgenommen, ist der Anspruch des Gläubigers noch nicht fällig; die unterlassene Ankündigung führt – trotz Schuldverhältnisses iSv § 280 Abs. 1 BGB – auch nicht zu Schadensersatzansprüchen.[18] Hierfür bedarf es einer Ankündigung, für die es eine unterschiedliche Frist gibt, je nachdem, ob der Dritte auf eine Erhaltung oder eine darüber hinausgehende Maßnahme vorbereitet werden muss. Die Fälligkeitsvoraussetzung muss nach dem Wortlaut der Vorschrift **gegenüber all jenen erfüllt werden,** die das Wohnungseigentum **gebrauchen** („Wer Wohnungseigentum gebraucht"… „ihm […] angekündigt"). Der Anspruchsberechtigte iSv § 15 muss die Maßnahmen also auch gegenüber Untermietern und Angehörigen des Hausstands des Mieters ankündigen, obwohl die Gemeinschaft der Wohnungseigentümer oder ein einzelner Wohnungseigentümer zu den konkret das Wohnungseigentum gebrauchenden Personen ggf. keine Kenntnis hat. 15

Allerdings ist die Fälligkeitsvoraussetzung in einer für das praktische Leben tauglichen Weise auszulegen. **Praktisch** kann die Ankündigung also so erfüllt werden, dass an der Eingangstür des betroffenen Sondereigentums ein Aushang angebracht wird oder die Ankündigung in den zugehöri- 16

[14] BeckOGK/*Skauradszun,* 1.12.2020, § 44 Rn. 32.
[15] Bärmann/Pick/*Emmerich* Anh. I § 15 Rn. 2.
[16] BT-Drs. 19/18791, 54.
[17] *Lehmann-Richter/Wobst* WEG-Reform 2020 Rn. 1595.
[18] *Lehmann-Richter/Wobst* WEG-Reform 2020 Rn. 1595.

gen Briefkasten geworfen wird. Wird die Maßnahme beispielsweise gegenüber einem Elternteil einer Familie angekündigt, gilt diese auch dem anderen Elternteil und den Kindern gegenüber als angekündigt. Alles andere würde zu einer Verkomplizierung der Fälligkeitsvoraussetzung führen. Diese praktischen Probleme sind im Übrigen eine Besonderheit, die bei § 555a Abs. 2 BGB, § 555c Abs. 1 BGB nicht auftreten, da dort die Fälligkeitsvoraussetzung nur gegenüber dem Mieter zu erfüllen ist, den der Vermieter durch den Vertragsschluss kennt.

17 **a) Fälligkeit des Duldungsanspruchs bei Erhaltungsmaßnahmen.** Für die Ankündigung einer **Erhaltungsmaßnahme** sieht § 15 Nr. 1 **keine starre Frist** vor. Verlangt wird stattdessen eine „rechtzeitige“ Ankündigung. Es handelt sich um ein normatives Tatbestandsmerkmal. Erst nach Ablauf dieser rechtzeitigen Ankündigung ist der Duldungsanspruch fällig. Was **rechtzeitig** ist, hängt zum einen vom Umfang der Maßnahme ab, zum anderen von der Dringlichkeit. So wird der Austausch eines defekten Heizkörpers in den Wintermonaten mit wenigen Tagen Vorlauf rechtzeitig sein, da unbeheizte Räume Schäden an den Außenwänden nach sich ziehen können. Die gleiche Erhaltungsmaßnahme in den Sommermonaten kann eine längere Ankündigungsfrist voraussetzen, um rechtzeitig iSv § 15 Nr. 1 zu sein. Ebenso wird eine geringe Beeinträchtigung (Austausch eines Fensterglases) eine kürzere Ankündigungsfrist erlauben als eine umfangreiche Maßnahme (Austausch aller Fenster), die womöglich gar die Nutzung der Wohnung tageweise unmöglich macht (zum Aufwendungsersatz → Rn. 33).

18 Die Erhaltungsmaßnahme muss hingegen **nicht angekündigt** werden, wenn sie nur mit einer unerheblichen Einwirkung auf den Gebrauch des Wohnungseigentums verbunden oder ihre sofortige Durchführung zwingend erforderlich ist (§ 15 Nr. 1 Hs. 2 iVm § 555a Abs. 2 BGB, **Bagatell- oder Notmaßnahme**[19]). Der Duldungsanspruch ist in diesem Fall **sofort fällig.** Zu **unerheblichen Einwirkungen** können Erhaltungsmaßnahmen gehören, die nur sehr kurzfristig sind – etwa wenige Stunden – oder den Gebrauch ganz überwiegend weiter ermöglichen. Beispiele hierfür sind das Abkleben der Fenster während der Reinigung der Fassade oder der Photovoltaik-Anlage auf dem Dach oder das Abstellen von Bauwerkzeug wie Leitern und kleineren Maschinen bis zum nächsten Werktag. In solchen Fällen wird der Gebrauch des Wohnungseigentums zwar beeinträchtigt, da ein Raum abgedunkelt wird oder eine Fläche belegt wird, die Einwirkung ist aber iSv § 555a Abs. 2 BGB unerheblich, weil der Raum weiter gebraucht werden kann bzw. die Fläche nur wenige Stunden belegt wird. Zu den **zwingend erforderlichen Maßnahmen** gehören solche, bei denen ein Zuwarten zu Schäden führen oder die Schäden erhöhen würde. Beispiele hierfür sind das Betreten der Wohnung und der Austausch eines gebrochenen Dachfensters oder das Instandsetzen eines undichten Abwasserrohres.[20] Sofern ein umfangreicher Schaden in Frage steht, was bei Schäden an Wasserleitungen regelmäßig der Fall ist, erfordert auch das Betreten der Wohnung zur Leckortung keine Ankündigung.

19 Anders als die Fälligkeitsregelung bei Maßnahmen, die über die Erhaltung hinausgehen, hat der Gesetzgeber für die Fälligkeitsvoraussetzung betreffend § 15 Nr. 1 keine Formvorschrift aufgenommen. Die Erhaltung des gemeinschaftlichen Eigentums und des Sondereigentums kann damit auch **formlos angekündigt** werden. Es genügt also etwa auch die mündliche Mitteilung an den Dritten, die sich wegen des schwereren Beweises im Verfahren gleichwohl nicht empfiehlt (zur gerichtlichen Durchsetzbarkeit → Rn. 35 ff.).

20 Im Grundsatz ist die Erhaltungsmaßnahme zwar **von demjenigen anzukündigen,** der die Duldungspflicht auslösen will,[21] also etwa von der Gemeinschaft der Wohnungseigentümer, wenn diese vom Dritten die Duldung verlangen will. Ein **Sonderfall** tritt aber auf, wenn die Erhaltungsmaßnahme von einem potentiell Anspruchsberechtigten angekündigt wurde, nach der Ankündigung die Maßnahme aber von einem anderen Anspruchsberechtigten durchgeführt werden soll. Es stellt sich dann die Frage, ob dieser die Erhaltungsmaßnahme zunächst erneut ankündigen muss oder die **Ankündigung durch den anderen** Anspruchsberechtigten zur **Erfüllung** der Fälligkeitsvoraussetzung führt. Nach Sinn und Zweck soll der Dritte auf die Erhaltungsmaßnahme vorbereitet werden. Er soll planen und die Einwirkung auf den Gebrauch des Wohnungseigentums entsprechend vorbereiten können.[22] Wurde ihm die Erhaltungsmaßnahme rechtzeitig angekündigt, ist die Fälligkeitsvoraussetzung als erfüllt anzusehen, auch wenn bei der Durchführung der Maßnahme der Anspruchsberechtigte wechselt.

---

[19] *Lehmann-Richter/Wobst* WEG-Reform 2020 Rn. 1621.

[20] *Lehmann-Richter/Wobst* WEG-Reform 2020 Rn. 1624.

[21] BT-Drs. 19/18791, 54 auf Vorschlag des Deutschen Anwaltvereins Stellungnahme Nr. 9/2020, 22; ebenso *Lehmann-Richter/Wobst* WEG-Reform 2020 Rn. 1607.

[22] Vgl. *Lehmann-Richter/Wobst* WEG-Reform 2020 Rn. 1620.

Von diesem Sonderfall sind **zwei weitere Fälle abzugrenzen.** Die rechtzeitige Ankündigung nach § 15 Nr. 1 lässt die Duldungspflicht auch dann entstehen, wenn der Dritte zu Recht daran erinnert, dass derjenige Wohnungseigentümer, von dem er den Gebrauch ableitet, aus dem zwischen diesen beiden bestehenden Rechtsverhältnis ebenfalls verpflichtet gewesen wäre, die Erhaltungsmaßnahme anzukündigen, dies jedoch versäumt hat.[23] Die in § 15 genannten Anspruchsberechtigten haben die Fälligkeitsvoraussetzungen dieser Norm zu beachten, **nicht** aber **fremde Pflichten** zu **erfüllen** (Relativität der Schuldverhältnisse). Ist derjenige Wohnungseigentümer, der den Gebrauch des Wohnungseigentums gewährt, verpflichtet, die Erhaltungsmaßnahme dem Dritten gegenüber anzukündigen, kann er jedoch auf die Ankündigung durch den Anspruchsberechtigten iSv § 15 Bezug nehmen und um diejenigen Angaben ergänzen, die nur er anzukündigen hat, beispielsweise eine Mieterhöhung **(ergänzende Ankündigung).**[24] Anders gewendet erscheint es nicht stimmig, von diesem Wohnungseigentümer zu verlangen, eine vollständige Ankündigung abzugeben und damit Informationen zu doppeln, die für den Dritten keinen Mehrwert darstellen und damit nach Sinn und Zweck der Vorschrift nichts mehr „ankündigen". Die erste Ankündigung erfüllt die Fälligkeitsvoraussetzung also schon teilweise und muss nur noch ergänzt werden. 21

Schließlich kann der Fall auftreten, dass zwar derjenige Wohnungseigentümer, von dem der Dritte den Gebrauch ableitet, die Erhaltungsmaßnahme rechtzeitig angekündigt hat (zB **mietrechtliche Ankündigung**), jedoch nicht der nach § 15 Nr. 1 Anspruchsberechtigte. Ob diese Ankündigung die Fälligkeitsvoraussetzung für den nach § 15 Nr. 1 Anspruchsberechtigten erfüllt, ist schwieriger zu entscheiden. Dafür spricht, dass die Hauptinformation („es steht eine Erhaltungsmaßnahme an bzw. eine Maßnahme, die über eine Erhaltung hinausgeht") in beiden Ankündigungen dieselbe wäre und die zweite Ankündigung damit kaum einen Mehrwert bietet. Dagegen spricht, dass es einen Unterschied machen kann, ob die Maßnahme von einem Anspruchsberechtigten iSv § 15 durchgeführt wird – etwa der Gemeinschaft der Wohnungseigentümer – oder von einem Wohnungseigentümer in seiner Rolle als Vermieter. Nach der **hier vertretenen Auffassung** erfüllt die Ankündigung durch denjenigen Wohnungseigentümer, von dem der Dritte den Gebrauch ableitet, die Fälligkeitsvoraussetzung nach § 15 Nr. 1 nicht. Das gesetzliche Schuldverhältnis durch § 15 und das Schuldverhältnis zwischen dem Dritten und dem Wohnungseigentümer, von dem der Dritte den Gebrauch ableitet, sind zu trennen. Es gilt auch hier der Grundsatz von der Relativität der Schuldverhältnisse. Andernfalls würde sich der nach § 15 Anspruchsberechtigte in der Praxis meist darauf verlassen, dass der Wohnungseigentümer, der den Gebrauch einräumt, die „Ankündigung schon vornehmen wird", da dieser schließlich „näher dran" sei. Dies würde nicht dem Konzept des § 15 entsprechen, der für den Anspruchsberechtigten eine originäre Obliegenheit statuiert. 22

b) Fälligkeit des Duldungsanspruchs bei über die Erhaltung hinausgehenden Maßnahmen. Für die Ankündigung von Maßnahmen, die über die Erhaltung hinausgehen, sieht § 15 Nr. 2 eine Frist von **drei Monaten** vor ihrem Beginn vor. § 15 Nr. 2 gilt sowohl für Maßnahmen, die das gemeinschaftliche Eigentum (dann sog. **bauliche Veränderungen** iSv § 20 Abs. 1) als auch das Sondereigentum betreffen.[25] Bei beiden Eigentumsarten handelt es sich insbesondere um **Modernisierungsmaßnahmen.** Die Fälligkeitsvoraussetzung besteht nicht nur aus der Ankündigungsfrist, sondern auch aus einem **Formerfordernis.**[26] Die Modernisierungsmaßnahme muss insoweit in Textform angekündigt werden, aufgrund von § 126b BGB[27] also etwa durch E-Mail, einen Kurznachrichtendienst oder ein formloses Schreiben ohne eigenhändige Unterschrift, denn dann ist es dem Dritten möglich, die Erklärung aufzubewahren oder zu speichern. Ferner ist sie für einen angemessenen Zeitraum zugänglich und kann unverändert wiedergegeben werden. 23

Die Darstellung der **Sonderfälle** in → Rn. 20 ff. (Erfüllung der Fälligkeitsvoraussetzung durch eine fremde Ankündigung; Wechsel des Anspruchsberechtigten) gilt entsprechend: Derjenige Wohnungseigentümer, der den Gebrauch des Wohnungseigentums gewährt, ist verpflichtet, die Erhaltungsmaßnahme dem Dritten gegenüber anzukündigen, kann aber auf die Ankündigung durch den Anspruchsberechtigten iSv § 15 Bezug nehmen und um diejenigen Angaben ergänzen, die nur er anzukündigen hat, beispielsweise eine Mieterhöhung (→ Rn. 21). Die Fälligkeitsvoraussetzung für den nach § 15 Nr. 2 Anspruchsberechtigten wird jedoch nicht mit der Ankündigung durch denjenigen Wohnungseigentümer erfüllt, der den Gebrauch eingeräumt hat (→ Rn. 22). 24

3. Inhalt der Ankündigung von über die Erhaltung hinausgehenden Maßnahmen. § 555c Abs. 1 S. 2 Nr. 1 und 2 BGB finden entsprechende Anwendung (§ 15 Nr. 2 Hs. 2). Die 25

23 BT-Drs. 19/18791, 55 zu § 15 Nr. 2.
24 Offenbar ebenso *Lehmann-Richter/Wobst* WEG-Reform 2020 Rn. 1599 im Modell 2 und 3.
25 BT-Drs. 19/18791, 54.
26 Bärmann/Pick/*Emmerich* Anh. I § 15 Rn. 3.
27 Palandt/*Wicke* Rn. 2.

Modernisierungsankündigung muss daher Angaben über die **Art** und den voraussichtlichen **Umfang** der Modernisierungsmaßnahme in wesentlichen Zügen (Nr. 1), den voraussichtlichen **Beginn** und die voraussichtliche **Dauer** der Modernisierungsmaßnahme (Nr. 2) enthalten.

26 Auch § 555c Abs. 2 BGB findet entsprechende Anwendung, sodass die Gemeinschaft der Wohnungseigentümer bzw. der andere Wohnungseigentümer iSv § 15 in der Ankündigung auf die Form und die Frist des **Härteeinwands** nach § 555d Abs. 3 S. 1 BGB hinweisen soll. Ohne diesen Hinweis werden viele Dritte nicht wissen, dass sie womöglich zur Duldung nicht verpflichtet sind.

27 Zu einer **Erleichterung** soll die entsprechende Anwendung von § 555c Abs. 3 BGB führen. Bei den Modernisierungsmaßnahmen nach § 555b Nr. 1 und 2 BGB (energetische Modernisierung und eine solche, durch die nicht erneuerbare Primärenergie nachhaltig eingespart oder das Klima nachhaltig geschützt wird) kann die Gemeinschaft der Wohnungseigentümer bzw. der andere Wohnungseigentümer iSv § 15 hinsichtlich der energetischen Qualität von Bauteilen auf allgemein anerkannte Pauschalwerte Bezug nehmen. Eine Energieeinsparung lässt sich also etwa auch in der Weise darlegen, dass ein für das Alter eines Bauteils im Bestand üblicher Wärmedurchgangskoeffizient dem Wert des neuen Bauteils gegenübergestellt wird. Insbesondere für lange bestehende Gemeinschaften stellt dies eine Erleichterung dar, da die Bau-Dokumentation durch die Lagerung und möglicherweise zahlreiche Verwalterwechsel lückenhaft sein wird.

28 Im Übrigen muss die Ankündigung **keine Angaben** über eine etwaige **Erhöhung** der Entgelte für den Gebrauch, insbesondere also die **Miete,** enthalten.[28] Denn dies ist eine Frage, die nicht das durch § 15 ermöglichte gesetzliche Schuldverhältnis betrifft, sondern das Schuldverhältnis zwischen dem Dritten und demjenigen Wohnungseigentümer, von dem er den Gebrauch ableitet. § 15 Nr. 2 nimmt deshalb bewusst nicht auf § 555c Abs. 1 S. 2 Nr. 3 BGB Bezug. Fehlt also in der Ankündigung nach § 15 eine Angabe zu einer etwaigen Mieterhöhung, lässt dies ein etwaiges Recht des Vermieters auf eine Mieterhöhung unberührt.[29]

29 § 15 Nr. 2 nimmt auch auf die **Ausnahme** nach § 555c Abs. 4 BGB Bezug, wonach das Ankündigungserfordernis in Textform mit dreimonatigem Vorlauf (Abs. 1) und dem vorgegebenen Inhalt der Ankündigung (Abs. 2 und 3) dann nicht zu beachten ist, wenn die Modernisierungsmaßnahme nur mit einer **unerheblichen Einwirkung** auf den Gebrauch verbunden ist. Diese Ausnahme ähnelt damit § 15 Nr. 1 Hs. 2, der auf § 555a Abs. 2 BGB Bezug nimmt. Die Unerheblichkeit kann sich auch hier aus der **Kürze der Beeinträchtigung** ergeben (etwa nur wenige Stunden) oder der **Qualität** der Beeinträchtigung. Als Beispiel mag eine Anlage dienen, bei der im Zuge einer energetischen Modernisierung in einem vermieteten Sondereigentum ein Temperaturfühler installiert oder die Steuerungseinheit der Fußbodenheizung ausgetauscht werden muss. Auf den Gebrauch des Wohnungseigentums wird mit diesen Maßnahmen zwar eingewirkt, allerdings nur unerheblich iSv § 555c Abs. 4 BGB. Von dem Verweis in § 15 Nr. 2 auf § 555c Abs. 4 BGB ist zwar auch die Ausnahme erfasst, dass die Modernisierungsmaßnahme nur zu einer unerheblichen **Mieterhöhung** führt. Es ist jedoch fraglich, ob diese Ausnahme tatsächlich anwendbar sein soll. Denn etwaige Mieterhöhungen sind kein Pflichtbestandteil der Ankündigung, da § 555c Abs. 1 S. 2 Nr. 3 BGB in § 15 Nr. 2 nicht in Bezug genommen wird. Ferner hat der Anspruchsberechtigte nach § 15 keinen Einfluss auf eine etwaige Mieterhöhung, sodass es auch nicht stimmig wäre, Fragen der Mieterhöhung, die aus einem anderen Schuldverhältnis resultieren, in das gesetzliche Schuldverhältnis zwischen dem Dritten und dem Anspruchsberechtigten iSv § 15 zu verlagern.

VI. Rechtsfolge des Duldungsanspruchs

30 Der Dritte muss entsprechende Maßnahmen dulden.[30] Zwar wird der Dritte oft freiwillig seine persönlichen Dinge bei Seite stellen oder abbauen wollen, eine Mitwirkungspflicht trifft ihn jedoch nicht.[31] Auch muss er keine organisatorischen Funktionen übernehmen[32] und etwa einen Möbelabbau durch Arbeiter anweisen oder überwachen. Die Grenzen des bloßen Duldens setzt § 242 BGB,[33] weshalb der Dritte etwa eine zuverlässige Terminabstimmung ermöglichen muss.[34]

---

[28] BT-Drs. 19/18791, 55; *Lehmann-Richter/Wobst* WEG-Reform 2020 Rn. 1600; Palandt/*Wicke* Rn. 2.
[29] Vgl. Deutscher Anwaltverein Stellungnahme Nr. 9/2020, 22, https://www.bmjv.de/SharedDocs/Gesetzgebungsverfahren/DE/WEMoG.html (zuletzt abgerufen am 27.10.2020).
[30] Palandt/*Wicke* Rn. 1.
[31] *Lehmann-Richter/Wobst* WEG-Reform 2020 Rn. 1651: keine Handlungspflicht.
[32] Für das Mietrecht BeckOK BGB/*Schlosser* BGB § 555a Rn. 19.
[33] *Lehmann-Richter/Wobst* WEG-Reform 2020 Rn. 1651.
[34] Für das Mietrecht BeckOK BGB/*Schlosser* BGB § 555a Rn. 19.

VII. Schutz des Dritten

1. Härteeinwand. Der Dritte kann bei Maßnahmen, die über die Erhaltung hinausgehen, ggf. durch einen **Härteeinwand** geschützt werden.[35] § 15 Nr. 2 ermöglicht hierzu die entsprechende Anwendung von § 555d Abs. 2–5 BGB. Eine Duldungspflicht nach § 15 Nr. 2 besteht nicht, wenn die Modernisierungsmaßnahme für den Dritten, seine Familie oder einen Angehörigen seines Haushalts eine Härte bedeuten würde, die auch unter Würdigung der berechtigten Interessen sowohl des Anspruchsberechtigten als auch von Belangen der Energieeinsparung und des Klimaschutzes nicht zu rechtfertigen ist. Die zu erwartende Mieterhöhung sowie die voraussichtlichen künftigen Betriebskosten bleiben bei der Abwägung im Rahmen der Duldungspflicht außer Betracht (§ 555d Abs. 2 BGB). 31

Es ist denkbar, dass ein Wohnungseigentümer eine Maßnahme dadurch zu blockieren versucht, dass er sein Wohnungseigentum an einen Dritten vermietet, der eine solche Härte begründen könnte (etwa durch eine **gezielte Vermietung** an einen Schwerkranken, der durch Modernisierungsmaßnahmen nicht beeinträchtigt werden kann). Solche Fälle dürften zwar die seltene Ausnahme sein, sie können aber nicht schon mit § 226 BGB oder dem allgemeinen Grundsatz von Treu und Glauben gelöst werden, denn der Härteeinwand steht dem Dritten zu, der dieses Recht weder schikanös noch treuwidrig ausüben würde. 32

Umfangreiche Maßnahmen können sich auf **Gewerbetreibende** auswirken, indem der Kundenstamm weitgehend verloren geht,[36] was eine Duldungspflicht ausschließen kann. Als Beispiel dient ein Friseurgeschäft, welches bei mehrmonatiger Modernisierung den Kundenstamm weitestgehend verlieren würde, da die Kunden bis zum nächsten Haarschnitt nicht Monate warten können und sich daher anderweitig umsehen. 33

Der Dritte hat dem Anspruchsberechtigten iSv § 15 **Umstände,** die eine Härte im Hinblick auf die Duldung begründen, bis zum Ablauf des Monats, der auf den Zugang der Modernisierungsankündigung folgt, in Textform **mitzuteilen.** Der Lauf der Frist beginnt nur, wenn die Modernisierungsankündigung den Vorschriften des § 15 Nr. 2 iVm § 555c BGB entspricht (§ 555d Abs. 3 BGB). 34

Nach Ablauf der Frist sind Umstände, die eine Härte im Hinblick auf die Duldung begründen, noch zu berücksichtigen, wenn der Dritte ohne Verschulden an der **Einhaltung der Frist gehindert** war und er dem Anspruchsberechtigten iSv § 15 die Umstände sowie die Gründe der Verzögerung unverzüglich in Textform mitteilt (§ 555d Abs. 4 BGB). 35

Hat der Anspruchsberechtigte iSv § 15 in der Modernisierungsankündigung **nicht** auf die Form und die Frist des Härteeinwands **hingewiesen** (§ 555c Abs. 2 BGB), so bedarf die Mitteilung des Dritten nach § 555d Abs. 3 S. 1 BGB nicht der dort bestimmten Form und Frist. 36

2. Aufwendungsersatz und Kündigungsrechte. Dem Dritten können aufgrund der Maßnahme schuldrechtliche Ansprüche auf **Aufwendungsersatz** oder besondere **Kündigungsrechte** zustehen. Solche etwaigen Rechte bleiben von § 15 unberührt.[37] Im Mietrecht regelt § 555a Abs. 3 BGB, dass der Vermieter in angemessenem Umfang Aufwendungen zu ersetzen hat, die der Mieter infolge einer Erhaltungsmaßnahme machen muss. Ferner hat der Vermieter auf Verlangen des Mieters Vorschuss zu leisten (S. 2). 37

a) Analogie zu § 555a Abs. 3 BGB (Aufwendungsersatz und Vorschuss). Eine solche Regelung sieht § 15 allerdings nicht vor. Der Gesetzgeber hat in § 15 Nr. 1 nur auf § 555a Abs. 2 BGB Bezug genommen.[38] Der Verweis schließt an das Ankündigungserfordernis des § 15 Nr. 1 an und soll klarstellen, dass auch im Wohnungseigentumsrecht bei nur unerheblichen Einwirkungen oder sofort durchzuführenden Maßnahmen keine Ankündigung erfolgen muss. Wegen der engen inhaltlichen Verknüpfung zwischen § 15 Nr. 1 und der mietrechtlichen Norm, auf die verwiesen wird, lässt sich allerdings auch kein Gegenschluss ziehen, wonach der Gesetzgeber abschließend alle anwendbaren Normen des Mietrechts aufgezählt habe. Vielmehr scheint der Bereich des Aufwendungsersatzes wegen der Fixierung auf die Ankündigungserfordernisse nicht als zu regelnde Problematik gesehen worden zu sein **(planwidrige Regelungslücke).** Die Gesetzesbegründung spricht schlicht davon, dass Aufwendungsersatzansprüche unberührt bleiben sollen.[39] Für den Mieter kann es aber keinen Unterschied machen, ob eine Maßnahme von seinem Vermieter oder der Gemeinschaft der Wohnungseigentümer durchgeführt wird. Die Einheitlichkeit der Rechtsordnung würde andernfalls verloren gehen und der Mieter ohne erkennbaren Grund benachteiligt (Mieterschutz). Genau dieser Mieterschutz war aber Ziel des 38

---

[35] Palandt/*Wicke* Rn. 1.
[36] BeckOK BGB/*Schlosser* BGB § 555d Rn. 13.
[37] BT-Drs. 19/18791, 55; Palandt/*Wicke* Rn. 2.
[38] BT-Drs. 19/18791, 55.
[39] BT-Drs. 19/18791, 55.

Gesetzgebers.[40] Die **Interessenlage** ist damit **hinreichend vergleichbar** zur mietrechtlichen Konstellation, was für die hier vorgeschlagene **Analogie zu § 555a Abs. 3 BGB** spricht.

39 Analog zur mietrechtlichen Regelung des § 555a Abs. 3 BGB hat damit auch der Dritte iSv § 15 Anspruch auf Ersatz der Kosten für die Reinigung, Einlagerung von Möbelstücken und der Unterbringung im Hotel.[41] Nach der hier vertretenen Auffassung richtet sich der Aufwendungsersatzanspruch stets gegen denjenigen, dessen Maßnahme zu dulden ist. Bei Maßnahmen am gemeinschaftlichen Eigentum also gegen die Gemeinschaft der Wohnungseigentümer und nicht etwa gegen den vermietenden Sondereigentümer.[42] Entgangene Gewinne eines Gewerbetreibenden stellen keine freiwilligen Aufwendungen dar und sind deshalb nicht vom Anspruch umfasst.[43] Müssen etwa Möbel tatsächlich weggebracht werden und mietet der Dritte dazu vor der Maßnahme einen Lagerraum an, handelt es sich um eine freiwillige Aufwendung. Der Dritte kann vom Anspruchsberechtigten des § 15 entweder analog § 555a Abs. 3 S. 2 BGB einen **Vorschuss** oder **Befreiung verlangen** (§ 257 BGB).

40 **b) Keine Analogie zu § 555e Abs. 1 BGB (Sonderkündigungsrecht).** Die analoge Anwendung des Sonderkündigungsrechts aus § 555e Abs. 1 BGB dürfte bei Modernisierungsmaßnahmen am gemeinschaftlichen Eigentum wegen der **Relativität der Schuldverhältnisse** nicht in Betracht kommen. Eine von der Gemeinschaft der Wohnungseigentümer beschlossene Modernisierung darf sich also nicht derart auf das Rechtsverhältnis der Mietparteien auswirken, dass dem Mieter ein aus der Maßnahme der Gemeinschaft der Wohnungseigentümer oder eines anderen Wohnungseigentümers abgeleitetes Kündigungsrecht zusteht. Hat der vermietende Wohnungseigentümer gegen die Modernisierung gestimmt, ist ihm ein solches Durchgreifen in das Mietverhältnis nicht zuzumuten.

41 Sofern der vermietende Wohnungseigentümer auf Basis einer Modernisierungsmaßnahme am gemeinschaftlichen Eigentum tatsächlich eine Mieterhöhung geltend macht, steht dem Mieter das Sonderkündigungsrecht aus § 561 Abs. 1 S. 1 BGB zu. Hinsichtlich etwaiger Kündigungsrechte scheint der Mieter als ausreichend geschützt.

42 **3. Deliktsrecht, Beseitigungs- und Unterlassungsanspruch, verbotene Eigenmacht.** Sind die Voraussetzungen des § 15 erfüllt, kann der Dritte gegen den Anspruchsberechtigten **keinen deliktsrechtlichen Schadensersatzanspruch** aus § 823 Abs. 1 BGB geltend machen, da es jedenfalls an der Rechtswidrigkeit fehlt.[44] Ein Anspruch aus § 1004 BGB auf Beseitigung oder Unterlassung besteht wegen der Duldungspflicht nicht.[45] Wie im Mietrecht stellt sich die Frage, ob der Anspruchsberechtigte des § 15 verbotene Eigenmacht iSv § 858 BGB begeht, falls er den tatsächlich bestehenden Duldungsanspruch gegen den Willen des Mieters durchsetzt.[46] Dies ist insbesondere für eine vom Dritten begehrte einstweilige Verfügung von Bedeutung, da diese dann bis zum Erlass eines Duldungstitels die Maßnahme blockieren könnte. Hier muss zwischen Maßnahmen innerhalb und außerhalb der Wohnung unterschieden werden. Während innerhalb der Wohnung die Privatsphäre des Dritten der Durchsetzung gegen dessen Willen entgegensteht, kann der Anspruchsberechtigte des § 15 außerhalb der Wohnung auch gegen den Willen des Dritten Maßnahmen durchsetzen und begeht insoweit keine verbotene Eigenmacht.[47]

VIII. Pflichten Dritter jenseits der Maßnahmen nach § 15

43 § 15 ist obgleich der weit gefassten Überschrift „Pflichten Dritter“ diesbezüglich **nicht abschließend** zu verstehen. Pflichten Dritter können auch aus sonstigen Rechtsquellen resultieren, etwa der Zweckbestimmung[48] in der Teilungserklärung. So bindet den Dritten etwa die **Zweckbestimmung** in der Teilungserklärung, einen Kellerraum, den der Dritte gemietet hat, nicht entgegen der Zweckbestimmung zu nutzen.[49] Im Gesetzgebungsverfahren war vom Deutschen Richterbund gefordert worden, dass die Pflichten aus § 14 Abs. 1 und 2 auch Dritten gegenüber gelten. Dies wurde vom Gesetzgeber nicht aufgegriffen. Siehe im Detail bei § 14.

---

[40] BT-Drs. 19/18791, 29.

[41] So für das Mietrecht *Blank/Börstinghaus* BGB § 555a Rn. 24.

[42] Der Ansatz von *Blank/Börstinghaus* BGB § 555a Rn. 44 im Mietrecht, wonach der vermietende Wohnungseigentümer Schuldner sein soll, widerspricht dem starken Verbandsdenken des modernisierten Wohnungseigentumsrechts.

[43] Für das Mietrecht *Blank/Börstinghaus* BGB § 555a Rn. 24.

[44] *Lehmann-Richter/Wobst* WEG-Reform 2020 Rn. 1657.

[45] *Lehmann-Richter/Wobst* WEG-Reform 2020 Rn. 1658.

[46] Vgl. *Blank/Börstinghaus* BGB § 555a Rn. 42.

[47] Vgl. *Lehmann-Richter* NZM 2013, 451; *Blank/Börstinghaus* BGB § 555a Rn. 42.

[48] Bärmann/Pick/*Emmerich* Anh. I § 15 Rn. 4.

[49] Vgl. BGH NJW 2020, 921.

IX. Gerichtliche Durchsetzung der Duldungspflicht und Gegenrechte

1. Sachliche und örtliche Zuständigkeit. Die Verfahrensvorschriften (§§ 43 ff.) enthalten keine Regelung zur gerichtlichen Durchsetzung der Duldungspflicht **(Duldungsklage).** Insbesondere ist das Gericht, in dessen Bezirk das Grundstück liegt, nicht nach § 43 Abs. 2 ausschließlich zuständig. *Elzer* hatte im Gesetzgebungsverfahren vorgeschlagen, Duldungsklagen entweder vor dem nach § 43 Abs. 2 zuständigen Amtsgericht oder funktional vor einem Mietgericht zu verhandeln.[50] Da dieser sehr sinnvolle Vorschlag nicht erhört wurde, ist auf die allgemeinen Zuständigkeitsvorschriften zurückzugreifen. 44

Der Anspruchsberechtigte iSv § 15 muss den Dritten vor dem nach §§ 23, 71 GVG sachlich und nach §§ 12 ff. ZPO örtlich zuständigen Gericht verklagen. Eine WEG-Sache nach **§ 23 Nr. 2 lit. c GVG** liegt **nicht** vor, da kein Fall des § 43 einschlägig ist. Der Streit wird zwischen der Gemeinschaft der Wohnungseigentümer bzw. einem anderen Wohnungseigentümer iSv § 15 und dem Dritten geführt. Dieser ist aber gerade nicht Wohnungseigentümer und fällt daher nicht unter § 43 Abs. 2. Die Zuständigkeit der Amtsgerichte hängt daher vom **Wert des Streitgegenstandes** ab. Übersteigt dieser 5.000 Euro nicht, sind die Amtsgerichte zuständig, andernfalls nach § 71 GVG die Landgerichte. 45

Örtlich ist dasjenige Amts- oder Landgericht zuständig, in dessen Bezirk der Dritte seinen **allgemeinen Gerichtsstand** hat. Im Regelfall ist also auf den Wohnsitz abzustellen (§§ 12, 13 ZPO, § 7 BGB), was im Fall einer Duldungsklage also häufig das Wohnungseigentum ist, welches der Dritte gebraucht. 46

Auch wenn die Duldungspflicht am Ort des Grundstückes zu erfüllen ist, ist der **besondere Gerichtsstand** des Erfüllungsorts nach § 29 ZPO nicht einschlägig, da hierfür ein streitiges Vertragsverhältnis zugrunde liegen müsste. Dieses besteht zwischen dem Anspruchsberechtigten nach § 15 und dem Dritten jedoch nicht. In diesem Verhältnis besteht auch kein Mietverhältnis, weshalb § 29a ZPO nicht einschlägig ist. 47

Der **ausschließliche dingliche Gerichtsstand** nach § 24 Abs. 1 ZPO ist für die Gemeinschaft der Wohnungseigentümer als Anspruchsberechtigte iSv § 15 nicht einschlägig, da die Gemeinschaft nicht Eigentümerin des gemeinschaftlichen Eigentums und im Regelfall auch nicht Eigentümerin eines Sondereigentums ist. Dies ist allerdings möglich. Dann oder wenn ein einzelner Wohnungseigentümer die Maßnahme am gemeinschaftlichen Eigentum oder an seinem Sondereigentum vornehmen lassen will, machen diese eine Eigentumsklage geltend. Denn sie können ihr Eigentum – wozu Miteigentum genügt – nicht so erhalten oder modernisieren, wie sie es nach § 903 BGB, § 13 Abs. 1 dürfen. Nach alldem spricht viel dafür, dass – auch ohne besondere Vorschrift bei den §§ 43 ff. – bei nicht zu teuren Maßnahmen die Duldungsklage bei dem Amtsgericht zu erheben ist, in dessen Bezirk das Grundstück liegt. 48

Allerdings ist **funktional** nicht die WEG-Abteilung, sondern die **allgemeine Zivilabteilung** zuständig. 49

2. Streitwert. Es erscheint nicht überzeugend, als **Streitwert** den Wert der Erhaltungsmaßnahme bzw. den Streitwert der darüber hinausgehenden Maßnahme anzusetzen. Zwar blockiert der Dritte diese Maßnahme, jedoch typischerweise nur zeitweilig. Daher erscheint es stimmiger, den Streitwert als einen **Bruchteil des Werts der Maßnahme** zu bestimmen. Beträgt der Wert der energetischen Modernisierung beispielsweise 100.000 Euro und weigert sich ein Dritter, diese zu dulden, kann der Streitwert auf 1/10 geschätzt werden, da die energetische Modernisierung typischerweise nur für die Dauer des gerichtlichen Verfahrens blockiert werden kann. Das Beispiel soll deutlich machen, dass auch bei einem moderat angesetzten Streitwert gelegentlich die Landgerichte zuständig sein werden, die zu diesen Fragen weniger Erfahrung aufgebaut haben. 50

3. Darlegungs- und Beweislast. Der Anspruchsberechtigte des § 15 trägt die **Darlegungs- und Beweislast** für den Zugang der Ankündigung, weshalb sich eine formlose Ankündigung bei Erhaltungsmaßnahmen nicht empfiehlt. Tatsachen, die eine Ankündigung entbehrlich machen (→ Rn. 18) muss der Anspruchsberechtigte beweisen. Auch für die grundsätzliche Einordnung als Erhaltungs- oder Modernisierungsmaßnahme, die verschiedene Voraussetzungen hinsichtlich der Ankündigung zur Folge hat, ist der Anspruchsberechtige des § 15 beweispflichtig. 51

Der Dritte hingegen muss bei einem geltend gemachten **Aufwendungsersatzanspruch** die Aufwendung und die Angemessenheit beweisen. 52

4. Negative Feststellungsklage. Der Dritte kann im Übrigen prozessual in die Offensive gehen und eine negative Feststellungsklage nach **§ 256 ZPO** erheben. Für diese kann er ein Feststellungsinteresse aufweisen, wenn die Gemeinschaft der Wohnungseigentümer oder der andere Woh- 53

[50] *Elzer,* Stellungnahme vom 19.5.2020, 13.

nungseigentümer iSv § 15 ankündigt, dass der Dritte in Kürze zur Duldung verpflichtet sei oder mitteilt, einen Härteeinwand nicht berücksichtigen zu wollen. Verklagt später die Gemeinschaft der Wohnungseigentümer oder ein anderer Wohnungseigentümer iSv § 15 den Dritten auf Duldung, **erledigt** sich die negative Feststellungsklage. Denn dann ist die Duldungsklage vorrangig, da diese vollstreckt werden könnte.

§ 16 Nutzungen und Kosten

(1) [1]Jedem Wohnungseigentümer gebührt ein seinem Anteil entsprechender Bruchteil der Früchte des gemeinschaftlichen Eigentums und des Gemeinschaftsvermögens. [2]Der Anteil bestimmt sich nach dem gemäß § 47 der Grundbuchordnung im Grundbuch eingetragenen Verhältnis der Miteigentumsanteile. [3]Jeder Wohnungseigentümer ist zum Mitgebrauch des gemeinschaftlichen Eigentums nach Maßgabe des § 14 berechtigt.

(2) [1]Die Kosten der Gemeinschaft der Wohnungseigentümer, insbesondere der Verwaltung und des gemeinschaftlichen Gebrauchs des gemeinschaftlichen Eigentums, hat jeder Wohnungseigentümer nach dem Verhältnis seines Anteils (Absatz 1 Satz 2) zu tragen. [2]Die Wohnungseigentümer können für einzelne Kosten oder bestimmte Arten von Kosten eine von Satz 1 oder von einer Vereinbarung abweichende Verteilung beschließen.

(3) Für die Kosten und Nutzungen bei baulichen Veränderungen gilt § 21.

Übersicht

I. Normzweck

1 Die Bestimmung behandelt zwei verschiedene Komplexe, die zwar sachlich zusammenhängen, rechtlich aber nicht kongruieren müssen. **Abs. 1** betrifft die Beteiligung an **Nutzungen.** S. 1 und 2 geben insoweit für die Verteilung von Früchten entweder des gemeinschaftlichen Eigentums (Var. 1) oder des Vermögens der Gemeinschaft der Wohnungseigentümer (Var. 2) einen dispositiven Verteilungsmodus (nach Miteigentumsbruchteilen) vor, S. 3 konturiert (wenngleich nur umrisshaft)

das Mitgebrauchsrecht eines jeden Wohnungseigentümers am gemeinschaftlichen Eigentum (nicht am Gemeinschaftsvermögen), bildet insoweit aber ebenfalls allein dispositives Recht. **Abs. 2** befasst sich dagegen mit den **Kosten,** dh jedwedem bei der Gemeinschaft der Wohnungseigentümer anfallenden und daher verteilungsbedürftigen Aufwand, und hält insoweit in S. 1 eine wiederum dispositive Auffangregelung bereit, nämlich im Sinne einer Kostenverteilung nach Miteigentumsbruchteilen. S. 2 steht im Zeichen der Förderung autonom gesetzter, auf die jeweilige Wohnungseigentumsanlage und bestimmte Kosten bzw. Kostenarten zugeschnittener Verteilungsschlüssel. Die Bestimmung räumt nunmehr (im Kontrast zu den abgestuften Vorgaben des § 16 Abs. 2–8 aF) durch pauschale gesetzliche Öffnungsklausel der Beschlussmehrheit (abseits des Ausnahmefalls der Änderung des Auffangkostenverteilungsschlüssels) umfassende Gestaltungskompetenz ein, materiell allein begrenzt durch das Gebot ordnungsgemäßer Verwaltung, dessen Verletzung indes nur zur Anfechtbarkeit führt (zwingende Gestaltungsgrenzen setzt, auch für Vereinbarungen, allerdings die HeizkostenV). **Abs. 3** enthält schließlich eine bloße Verweisung auf § 21, der Kosten- und Nutzungsfragen in Bezug auf **bauliche Veränderungen** gesondert regelt.

II. Beteiligung an Nutzungen (Abs. 1)

1. Früchte (Abs. 1 S. 1). a) Früchte des Gemeinschaftseigentums (Abs. 1 S. 1 Var. 1). Unter den Früchten des Gemeinschaftseigentums sind zum einen sämtliche daraus gezogenen **unmittelbaren Sach- und Rechtsfrüchte** iSd § 99 Abs. 1 bzw. 2 BGB zu verstehen, etwa „natürliche Früchte" in Form von Erzeugnissen des Bodens unbebauter Grundstücksflächen (zB Obst des gemeinschaftlichen Gartens),[1] die nach Trennung iSd § 953 BGB zunächst in das gemeinschaftliche Eigentum fallen (vgl. § 10 Abs. 1 aF),[2] im Fall anschließender Inbesitznahme für die Gemeinschaft der Wohnungseigentümer (zB durch den hierzu ermächtigten Verwalter) oder Trennung im Rahmen der Verwaltung aber in entsprechender Anwendung des § 956 BGB dem Gemeinschaftsvermögen zuzuordnen sind. Zum anderen gehören hierher **mittelbare Sachfrüchte** iSd § 99 Abs. 3 BGB, als „rechtliche Früchte", praktisch bedeutsam im Fall der **Vermietung** (oder Verpachtung) gemeinschaftlichen Eigentums (etwa von Kfz-Stellplätzen oder Reklameeinrichtungen).[3] Obgleich die Gemeinschaft der Wohnungseigentümer in solchen Fällen – zwingend – Vermieter[4] des im Miteigentum der Wohnungseigentümer stehenden Gemeinschaftseigentums ist (§ 9a Abs. 2 Var. 1) und die Mieteinnahmen in das Gemeinschaftsvermögen (§ 9a Abs. 3, vgl. insoweit noch deutlicher § 10 Abs. 7 S. 2 und 3 aF) fallen,[5] handelt es sich doch um mittelbare Sachfrüchte des gemeinschaftlichen Eigentums (nicht um Früchte des Gemeinschaftsvermögens iSd Abs. 1 S. 1 Var. 2). 2

b) Früchte des Gemeinschaftsvermögens (Abs. 1 S. 1 Var. 2). Zu den Früchten des in § 9a Abs. 3 definierten und strikt vom gemeinschaftlichen Eigentum zu trennenden Gemeinschaftsvermögens (→ § 9a Rn. 36 ff.) sind insbesondere **Guthabenzinsen** für das Rücklagenkonto zu zählen, überhaupt jedwede **Zinserträge** aus dem Gemeinschaftsvermögen,[6] auch von Wohnungseigentümern gezahlte Zinsen auf Hausgeldrückstände,[7] überdies **Mieteinnahmen** aus der Vermietung dem Verbandsvermögen zuzuordnender Gegenstände, etwa einer im Eigentum der Gemeinschaft der Wohnungseigentümer stehenden Hausmeisterwohnung (→ Rn. 2). Auch an diesen Früchten des Gemeinschaftsvermögens gebührt jedem Wohnungseigentümer ein **Anteil** nach Maßgabe des Miteigentumsverhältnisses (Abs. 1 S. 1 Var. 2 iVm Abs. 1 S. 2) und dies, obgleich diese Früchte dinglich dem Gemeinschaftsvermögen zuzuordnen sind. Der früher zuweilen bemühten Begründung dieses Ergebnisses über eine Gesamtanalogie zu den § 121 Abs. 1 HGB, § 29 Abs. 1 S. 1 GmbHG[8] bedarf es nicht mehr.[9] 3

---

1 Weitere, in der Sache unstr. Beispiele bei jurisPK-BGB/*Lafontaine* Rn. 17.

2 Riecke/Schmid/*Abramenko* Rn. 147; näher, auch zu Sonderfällen, Bärmann/*Becker* Rn. 12; aA Staudinger/*Kreuzer,* 2018, Rn. 14: Früchte „ab Ernte" Verbandseigentum; BeckOK WEG/*Bartholome:* alle gezogenen Früchte Gemeinschaftsvermögen; ähnlich auch Staudinger/*Bub,* 2005, Rn. 73.

3 Vgl. BayObLG ZWE 2000, 302 (302 f.); Jennißen/*Jennißen* Rn. 5a; Bärmann/Pick/*Emmerich* Rn. 16.

4 Zur Vermieterstellung des Verbands näher Riecke/Schmid/*Abramenko* Rn. 145; BeckOGK/*Falkner,* 1.3.2020, Rn. 31; BeckOGK/*Falkner,* 1.3.2020, § 10 Rn. 130 mwN; dagegen hält Bärmann/Pick/*Emmerich* Rn. 16 eine Vermietung durch „alle Eigentümer oder den Verband" für möglich.

5 Vgl. etwa Riecke/Schmid/*Abramenko* Rn. 145; Bärmann/Pick/*Emmerich* Rn. 16; BeckOK WEG/*Bartholome* Rn. 16; aA Weitnauer/*Gottschalg* Rn. 6; Staudinger/*Bub,* 2005, Rn. 73.

6 Unscharf daher, noch zu § 16 Abs. 1 aF, BGH NJW 2012, 2797 Rn. 16; zutr. jedoch BeckOK WEG/*Bartholome* Rn. 5; jurisPK-BGB/*Lafontaine* Rn. 20; wie hier auch *Hügel/Elzer* Rn. 5.

7 BGH NJW 2014, 145 Rn. 7, allerdings mit unzureichender Differenzierung der Vermögenssphären; vgl. dazu auch BeckOK WEG/*Bartholome* Rn. 6.

8 So noch BeckOGK/*Falkner,* 1.3.2020, § 10 Rn. 550, die aber überdies mit Recht noch eine Beschlussfassung auf Auszahlung verlangt.

9 Nach BR-Drs. 168/20, 59 soll § 16 Abs. 1 S. 1 Var. 2 freilich nur klarstellend wirken.

4 **c) Verteilungsmaßstab (Abs. 1 S. 2).** Verteilungsmaßstab unter den Wohnungseigentümern (inkl. des „werdenden Wohnungseigentümers" iSd § 8 Abs. 3) ist in allen Fällen des Abs. 1 S. 1 jener des Abs. 1 S. 2. Damit erfolgt die Verteilung nach Maßgabe des Verhältnisses der im Grundbuch eingetragenen (nicht der in Wahrheit bestehenden!) **Miteigentumsanteile** (vgl. § 47 GBO).[10] Änderungen der Höhe der Miteigentumsanteile führen erst mit Eintragung im Wohnungsgrundbuch zu einer abweichenden Verteilungsquote.[11] Der gesetzliche **Verteilungsmaßstab** kann **durch Beschluss nicht modifiziert** werden,[12] zumal sich die gesetzliche Öffnungsklausel des Abs. 2 S. 2 nur auf die Kostentragung bezieht, wohl aber durch (hinreichend konkrete) **Vereinbarung** (vgl. § 10 Abs. 1 S. 2) oder Beschluss, sofern dieser sich auf eine rechtsgeschäftliche Öffnungsklausel stützen kann[13] (s. demgegenüber aber die umfassendere Beschlusskompetenz zur Früchteverteilung hinsichtlich veränderten gemeinschaftlichen Eigentums in § 21 Abs. 5 S. 1; → § 21 Rn. 122 ff.). Insoweit sind inhaltlich keine prinzipiellen Grenzen gesetzt, sodass der Verteilungsmaßstab insgesamt oder für spezifische Früchte, etwa jene aus einer Sondernutzungsfläche (mit alleiniger Zuweisung der Erträge an den Sondernutzungsberechtigten),[14] abweichend festgelegt werden kann, auch inkongruent zur Kostenverteilung[15] oder unter Ausschluss einzelner Wohnungseigentümer bzw. Mitglieder einer Untergemeinschaft im Fall einer Mehrhausanlage.

5 **d) Fruchtziehung und Verteilung.** Abs. 1 S. 1 und 2 befassen sich nicht mit der Frage, wer **Eigentümer** der gezogenen Früchte wird (hierzu bzgl. der Früchte des gemeinschaftlichen Eigentums → Rn. 2 und jener des Gemeinschaftsvermögens → Rn. 3), auch nicht mit der **Art und Weise der Fruchtziehung** (die Frage zu beantworten ist Aufgabe ordnungsgemäßer Verwaltung iSd § 19 Abs. 1,[16] die über § 27 Abs. 2 durch Mehrheitsbeschluss – regelmäßig aber nicht bereits über § 27 Abs. 1 Nr. 1 – auch dem Verwalter überantwortet werden kann),[17] sondern allein mit dem **internen Maßstab** der Verteilung unter den Wohnungseigentümern.[18] Jeweils gebührt den Wohnungseigentümern nicht der Rohertrag, sondern nur der nach Abzug der Lasten und Kosten verbleibende **Reinertrag,**[19] doch nicht im Sinne eines unmittelbaren Auskehranspruchs, sondern als Rechnungsposten innerhalb der Bestimmung der Vorschuss-, Nachschuss- oder Rückzahlungsansprüche iSd § 28 Abs. 1 und 2.[20] Die Erträge sind, soweit es sich um Geld (und nicht um real teilbaren Naturalertrag)[21] handelt, mithin in die Jahresabrechnung einzustellen und in den jeweiligen Saldo einzubeziehen. Erst ein aus der Einzelabrechnung folgendes Guthaben ist (im Fall einer Überdeckung) auszukehren,[22] falls die Erträge nicht zur Verrechnung mit künftigen Beitragsvorschüssen bzw. nunmehr (vgl. § 28 Abs. 2 S. 1 Alt. 2): zu deren Anpassung verwandt werden.[23] Zulässig ist

[10] Heute unstr.; vgl. etwa BeckOK WEG/*Bartholome* Rn. 8; aA noch Soergel/*Baur,* 11. Aufl. 1998, Rn. 3, wonach tatsächliche ideelle Quoten entscheidend sein sollen.

[11] BayObLG NZM 2000, 287 (288); Riecke/Schmid/Elzer/*Abramenko* Rn. 24; BeckOGK/*Falkner,* 1.3.2020, Rn. 37.

[12] S., noch zu § 16 Abs. 1 aF, den Fall OLG Düsseldorf NZM 2003, 28 (29); vgl. weiterhin Bärmann/*Becker* Rn. 15; BeckOGK/*Falkner,* 1.3.2020, Rn. 32.1; Riecke/Schmid/*Abramenko* Rn. 142; Niedenführ/Schmidt-Räntsch/Vandenhouten/*Niedenführ* Rn. 41; vgl. zu § 16 Abs. 1 auch *Dötsch/Schultzky/Zschieschack* WEG-Recht 2021 Kap. 7 Rn. 14.

[13] *Lehmann-Richter/Wobst* WEG-Reform 2020 Rn. 173, 1095; Palandt/*Wicke* Rn. 18; ebenso, noch zu § 16 Abs. 1 aF, Bärmann/Pick/*Emmerich,* Rn. 17; jurisPK-BGB/*Lafontaine* Rn. 27.

[14] Vgl. BeckOK WEG/*Bartholome* Rn. 10; Spielbauer/Then/*Spielbauer* Rn. 6; näher BeckOGK/*Falkner,* 1.3.2020, Rn. 35 ff.

[15] Vgl. nur Bärmann/*Becker* Rn. 14 f.

[16] Vgl. Palandt/*Wicke* Rn. 10: Verwaltung iSd § 18; zu § 21 aF ebenso Riecke/Schmid/*Abramenko* Rn. 148; jurisPK-BGB/*Lafontaine* Rn. 32.

[17] S. bereits zu § 21 Abs. 3 aF sowie § 27 Abs. 1 Nr. 4, 5 aF Bärmann/*Becker* Rn. 11; Weitnauer/*Gottschalg* Rn. 7; jurisPK-BGB/*Lafontaine* Rn. 32.

[18] Vgl. Weitnauer/*Gottschalg* Rn. 6 f.; BeckOK WEG/*Bartholome* Rn. 6.

[19] Bärmann/*Becker* Rn. 17; Weitnauer/*Gottschalg* Rn. 6; Soergel/*H.-J. Weber* Rn. 7; Niedenführ/Schmidt-Räntsch/Vandenhouten/*Niedenführ* Rn. 41.

[20] Für Auszahlungsanspruch noch Riecke/Schmid/*Abramenko* Rn. 145 f.; Soergel/*H.-J. Weber* Rn. 7; Bärmann/*Becker* Rn. 17 f.; BeckOGK/*Falkner,* 1.3.2020, Rn. 31.

[21] Staudinger/*Kreuzer,* 2018, Rn. 14; vgl. auch Bärmann/Pick/*Emmerich* Rn. 17; BeckOGK/*Falkner,* 1.3.2020, Rn. 31.1.

[22] BGH NJW 2012, 2797 Rn. 16; *Dötsch/Schultzky/Zschieschack* WEG-Recht 2021 Kap. 7 Rn. 11; Bärmann/*Becker* Rn. 17; BeckOK WEG/*Bartholome* Rn. 6; BeckOGK/*Falkner,* 1.3.2020, Rn. 32; Bärmann/Pick/*Emmerich* Rn. 17; Palandt/*Wicke* Rn. 10; für Direktanspruch gegen Miteigentümer Niedenführ/Schmidt-Räntsch/Vandenhouten/*Niedenführ* Rn. 41; Weitnauer/*Gottschalg* Rn. 6; zu weitgehend auch jurisPK-BGB/*Lafontaine* Rn. 21.

[23] Zur Zulässigkeit BGH NJW 2012, 2797 Rn. 16; Riecke/Schmid/*Abramenko* Rn. 146; Bärmann/*Becker* Rn. 17.

auch der Beschluss zur Bildung einer Erhaltungsrücklage, wodurch der Anspruch nach Abs. 1 S. 1 geschmälert werden kann.[24] Nur ein auf den **Überschuss gerichteter Auskehranspruch** (aus § 812 Abs. 1 S. 2 Var. 1) ist abtretbar, pfändbar und verpfändbar, wohingegen der Anteil an den Früchten als solcher ein rechtlich nicht verselbstständigtes Element des jeweiligen Wohnungseigentums ist.[25]

2. Gebrauchsvorteile (Abs. 1 S. 3). a) Mitgebrauchsrecht. aa) Gleichmäßige Mitnutzungsbefugnis. Nach Abs. 1 S. 3, der sich mit den aus dem gemeinschaftlichen Eigentum erwachsenden Gebrauchsvorteilen iSd § 100 Var. 3 BGB befasst, ist jeder Wohnungseigentümer „nach Maßgabe des § 14" (zu dieser Einschränkung → Rn. 9) zum Mitgebrauch des gemeinschaftlichen Eigentums berechtigt. Im Grundsatz ist jeder Wohnungseigentümer **gleichermaßen** zum Gebrauch des gemeinschaftlichen Eigentums befugt.[26] Das Gebrauchsrecht ist also nicht von der Größe des Miteigentumsanteils oder seiner Raumeinheit abhängig[27] und wäre auch nicht im engeren Sinne aufteilbar. Soll der Gebrauch des gemeinschaftlichen Eigentums, etwa einer Gartenanlage, flächenmäßig aufgeteilt werden, bedarf es hierfür aufgrund des darin liegenden teilweisen Entzugs des Mitgebrauchsrechts einer Vereinbarung iSd § 10 Abs. 1 S. 2, mithin zwingend der Begründung ggf. befristeter Sondernutzungsrechte (→ Rn. 15). Zu einem auf einen bestimmten Personenkreis beschränkten Nutzungs- und damit auch Gebrauchsrecht kommt es – allerdings nur, falls dieses faktisch umsetzbar ist – überdies für jene Wohnungseigentümer, denen eine bauliche Veränderung gestattet wurde (Fall des § 21 Abs. 1 S. 2 iVm § 20 Abs. 1) bzw. auf deren Verlangen sie durch die Gemeinschaft der Wohnungseigentümer durchgeführt wurde (Fall des § 21 Abs. 1 S. 2 iVm § 20 Abs. 2), sowie für all jene, die sie mitbeschlossen haben (Fall des § 21 Abs. 3), womit im Ergebnis durch Mehrheitsbeschluss ein „faktisches" Sondernutzungsrecht begründet wird[28] (→ § 21 Rn. 26 ff.). – **Ausgeklammert** vom Mitgebrauchsrecht bleibt das strikt vom gemeinschaftlichen Eigentum zu unterscheidende **Gemeinschaftsvermögen,** wie es sich schon aus dem fehlenden Verweis in § 9a Abs. 3 auf § 16 Abs. 1 S. 3 ergibt[29] (→ § 9a Rn. 44; zur Verteilung daraus erwachsender Früchte → Rn. 3). 6

bb) Selbstnutzungsrecht. Das Mitgebrauchsrecht ist als Selbstnutzungsrecht zu verstehen (durch Ausübung des Mitbesitzes iSd § 866 BGB). Wird das gemeinschaftliche Eigentum dagegen **durch Dritte genutzt,** zB im Fall der Vermietung desselben durch die Gemeinschaft der Wohnungseigentümer (§ 9a Abs. 2 Var. 1), geht es um Nutzung durch **Fruchtziehung** iSd § 99 Abs. 3 BGB und Verteilung der Früchte nach Maßgabe des Abs. 1 S. 1 und 2 (→ Rn. 2). Davon losgelöst ist die Befugnis eines vermietenden Wohnungseigentümers zu sehen, das Gemeinschaftseigentum mitzuvermieten (→ § 13 Rn. 27). 7

cc) Abwehrrecht. Gegen Beeinträchtigungen des (Mit-)Gebrauchsrechts kann sich jeder Wohnungseigentümer mittels **Unterlassungsanspruchs** zur Wehr setzen, doch nicht individuell, sondern nur über die Gemeinschaft der Wohnungseigentümer. Im Verhältnis zu Dritten bedarf es zur Anspruchsbegründung des Rückgriffs auf § 1004 Abs. 1 BGB; der daraus resultierende dingliche Abwehranspruch unterliegt jedoch nach dem bei → § 14 Rn. 36 Ausgeführten der alleinigen Rechtsverfolgungskompetenz der Gemeinschaft der Wohnungseigentümer (§ 9a Abs. 2 Var. 1). Beeinträchtigungen, die von anderen Wohnungseigentümern ausgehen, führen bei Überschreitung der in § 14 Abs. 2 Nr. 2 festgelegten Duldungsgrenze neben ggf. hinzutretenden, indes wiederum nicht individuell verfolgbaren (vgl. § 9a Abs. 2 Var. 1) sachenrechtlichen Ansprüchen des Beeinträchtigten zu **schuldrechtlichen Abwehransprüchen,** die das Gesetz aber von vornherein in die Hände der Gemeinschaft der Wohnungseigentümer legt (§ 14 Abs. 1 Nr. 1; → § 14 Rn. 6). Zur parallelen Verfolgbarkeit von Beeinträchtigungen des Sonder- und des gemeinschaftlichen Eigentums → § 14 Rn. 37. – Zu **Schäden** führende Beeinträchtigungen des gemeinschaftlichen Eigentums begründen – Verschulden vorausgesetzt – deliktische Schadensersatzansprüche nach §§ 823 f. BGB, überdies – bei entsprechendem Vertretenmüssen eines in Überschreitung seines Mitgebrauchsrechts handelnden anderen Wohnungseigentümers – schuldrechtliche Schadensersatzansprüche nach § 280 Abs. 1 BGB, § 241 BGB infolge der damit einhergehenden (Schutz-)Pflichtverletzung aus dem Gemeinschaftsverhältnis, wobei zur Anspruchsverfolgung das zu Unterlassungsansprüchen Gesagte sinngemäß gilt. 8

---

[24] Zutr. Staudinger/*Bub,* 2005, Rn. 93; Riecke/Schmid/*Abramenko* Rn. 145; BeckOGK/*Falkner,* 1.3.2020, Rn. 32; aA jurisPK-BGB/*Lafontaine* Rn. 33, Bärmann/*Becker* Rn. 17, Weitnauer/*Gottschalg* Rn. 9 f.
[25] Zutr. insbes. Bärmann/*Becker* Rn. 18; aA Weitnauer/*Gottschalg* Rn. 6.
[26] OLG Hamm NZM 2001, 239 (240); *Hügel* in Hügel/Scheel WEG-HdB § 7 Rn. 10.
[27] Vgl. bereits BayObLG BayObLG 1972, 209 (112 f.); Spielbauer/Then/*Spielbauer* § 13 Rn. 18.
[28] Ausf. *Medinger* NZM 2020, 269 (273 f.); weiterhin Bärmann/Pick/*Emmerich* Anh. I § 20 Rn. 14.
[29] BR-Drs. 168/20, 59; Palandt/*Wicke* Rn. 1.

9 **b) Schranke des § 14. aa) Mitgebrauch „nach Maßgabe des § 14".** Zum Mitgebrauch des gemeinschaftlichen Eigentums ist jeder Wohnungseigentümer nur „nach Maßgabe des § 14" berechtigt. Dieser Totalverweis auf § 14 geht auf die insoweit gleichlautende Formulierung des Verweises in § 13 Abs. 2 aF zurück, der überdies noch den ersatzlos entfallenen § 15 aF und damit Gebrauchsregelungen in Bezug nahm. Der Totalverweis in Abs. 1 S. 3 ist freilich überschießend,[30] soweit § 14 das Sondereigentum betrifft, andererseits unzureichend, weil die vormals in § 14 Nr. 1 aF enthaltene Pflicht zum schonenden Gebrauchmachen vom gemeinschaftlichen Eigentum im heutigen § 14 keine ausdrückliche Entsprechung gefunden hat (→ § 14 Rn. 6). Man wird den daher allzu **undifferenzierten Verweis** wie folgt zu verstehen haben: **(1)** Das Mitgebrauchsrecht besteht nur in der Gestalt, die es durch Vereinbarungen und Beschlüsse gefunden hat (→ Rn. 13), weiterhin nur in den Grenzen des Gesetzes; die gleichmäßige Gebrauchsbefugnis steht mithin unter dem **Vorbehalt der Legalität** sowie **abweichender Bestimmungen** der Verbandsordnung (→ § 14 Rn. 14 ff.); einschlägige Bestimmungen einzuhalten, und zwar sowohl bezogen auf die Benutzungsart wie auch das Benutzungsmaß, ist jeder Wohnungseigentümer gegenüber der Gemeinschaft der Wohnungseigentümer verpflichtet, § 14 Abs. 1 Nr. 1. **(2)** Jeder Wohnungseigentümer hat **Einwirkungen** auf das gemeinschaftliche Eigentum durch die Gemeinschaft der Wohnungseigentümer (§ 14 Abs. 1 Nr. 2, → § 14 Rn. 10 ff.) sowie durch die übrigen Wohnungseigentümer (§ 14 Abs. 2 Nr. 2, → § 14 Rn. 34 ff.) **zu dulden,** indes nur, sofern die Einwirkungen im Einklang mit der „geschriebenen" Verbandsordnung stehen oder, in Ermangelung einschlägiger Bestimmungen, keinen Übermaßnachteil bedeuten.[31] **(3)** Erst im Umkehrschluss aus dieser Grenze der Duldungspflicht folgt, dass Einwirkungen auf das gemeinschaftliche Eigentum und damit Ausübungsweisen des Mitgebrauchsrechts, die von anderen als **Übermaßbeeinträchtigung** nicht mehr zu dulden sind, **pflichtwidrig** sind. In der Sache wird darunter nichts anderes als die vormals als aktive Handlungspflicht formulierte **Pflicht zum schonenden Gebrauch** zu verstehen sein, die sich losgelöst vom gesetzlichen Anknüpfungspunkt auch bereits aus der horizontalen Treuepflicht der Wohnungseigentümer zueinander und der daraus resultierenden Pflicht zur gegenseitigen Rücksichtnahme ergibt. Wer diese **Pflichterfüllung schuldrechtlich verlangen** kann, ergibt sich aus § 14 Abs. 1 Nr. 1 (→ § 14 Rn. 3).

10 **bb) Übermaßnachteil. (1) Begriff.** Für das tatbestandliche Vorliegen eines Übermaßnachteils (zum Nachteilsbegriff → § 14 Rn. 15) kommt es – jenseits der Fälle einer Überschreitung der Grenzen vereinbarter oder beschlossener Gebrauchsregelungen, die das zu duldende Einwirkungsmaß konkretisieren, sodass Nutzungen im Widerspruch zu diesen einen Übermaßnachteil indizieren – darauf an, ob der Mitgebrauch der anderen Wohnungseigentümer am Gemeinschaftseigentum über das **unvermeidliche Maß** hinaus beeinträchtigt wird. Ein verständiger Durchschnittseigentümer wird hierfür auch Kriterien der Verkehrs-, aber auch Sozialüblichkeit berücksichtigen, sodass das gelegentliche Spielen von Kindern auf einer Pkw-Zufahrt trotz dieser abweichenden Zweckbestimmung (die auch in diesem Sinne ergänzend ausgelegt werden könnte) hinzunehmen ist.[32] Ebenso wird er das Gebot der gegenseitigen Rücksichtnahme in Rechnung stellen, woraus sich etwa die Pflicht ergibt, Hunde und Katzen auf Gemeinschaftsflächen nur angeleint auszuführen.[33]

11 **(2) Kasuistik.** Exzessives **Rauchen,** ebensolches **Grillen,**[34] nach zweifelhafter Ansicht auch das Versprühen von **Duftstoffen** im Treppenhaus,[35] jedenfalls das dortige wiederholte Abstellen von **Müllbehältern,**[36] aber auch jenes von **Kinderwagen** im Hausflur,[37] allerdings nur, sofern bei geringer Größe des Hausflurs spezifische Nachteile entstehen,[38] begründet eine nicht zu duldende Beeinträchtigung, ebenso der **faktische Ausschluss** anderer Wohnungseigentümer von der Ausübung ihres Mitgebrauchsrechts, wie im Fall des zeitweiligen Verschließens von Teilen des gemein-

---

[30] Zum selben Befund gelangen *Lehmann-Richter/Wobst* WEG-Reform 2020 Rn. 1353.

[31] IErg wohl identisch, wenngleich mit geringfügig abw. Begründung, *Lehmann-Richter/Wobst* WEG-Reform 2020 Rn. 1354 ff.; Palandt/*Wicke* § 14 Rn. 3.

[32] KG NJW-RR 1998, 1546; Spielbauer/Then/*Spielbauer* § 13 Rn. 18; BeckOK WEG/*Maximilian A. Müller* § 14 Rn. 92.

[33] LG Frankfurt a.M. ZWE 2015, 413 (414); AG München ZWE 2014, 275 (275 f.); Bärmann/*Suilmann* § 15 Rn. 58.

[34] BayObLG NZM 1999, 575 (576); Jennißen/*Hogenschurz* § 14 Rn. 7 mwN.

[35] OLG Düsseldorf NJW-RR 2003, 1098 (1099); zust. etwa Jennißen/*Hogenschurz* § 14 Rn. 7; krit. dagegen BeckOGK/*Falkner,* 1.3.2020, § 14 Rn. 36.

[36] OLG Düsseldorf NJWE-MietR 1996, 250 (251); zust. Jennißen/*Hogenschurz* § 14 Rn. 7.

[37] AA unter Verweis auf Art. 6 GG AG Dortmund ZMR 2018, 539 = BeckRS 2017, 135652 Rn. 16 ff.; ausf. BeckOK WEG/*Maximilian A. Müller* § 14 Rn. 89.

[38] Vgl. nur BeckOK WEG/*Maximilian A. Müller* § 14 Rn. 89; zutr. weist Jennißen/*Hogenschurz* § 14 Rn. 7 darauf hin, dass dies va gilt, wenn der Brandschutz nicht mehr gewährleistet ist.

schaftlichen Treppenhauses, aber auch im Fall der alleinigen Nutzung eines Waschraums unter Ausschluss der übrigen Wohnungseigentümer, weitergehend zudem eine **Nutzungsintensivierung** trotz Ressourcenknappheit, wie beim Anschluss eines zusätzlichen Heizkörpers an die gemeinschaftliche Heizungsanlage[39] oder beim Kaminanschluss, sofern einzelnen Miteigentümern damit ein ebensolcher Anschluss versperrt ist.[40] Auch eine gezielte **Videoüberwachung**[41] der Hoffläche durch einen Wohnungseigentümer zwecks Dokumentation von Sachbeschädigungen ist schon im Lichte des im Rahmen der Abwägung der widerstreitenden Interessen zu berücksichtigenden Allgemeinen Persönlichkeitsrechts[42] nicht duldungspflichtig seitens der übrigen Wohnungseigentümer, wenn sie einen Teil der überwachten Fläche täglich überqueren müssen,[43] ebenso wenig mittels einer dem selbigen Zweck dienenden Aufzeichnung durch eine „Dash-Cam", die im Pkw eines stellplatznutzenden Wohnungseigentümers installiert ist;[44] die Duldungspflicht wird in derartigen Fällen regelmäßig schon aufgrund eines darin liegenden gesetzeswidrigen Gebrauchs des Gemeinschaftseigentums (§ 16 Abs. 1 S. 3 iVm § 14 Abs. 1 Nr. 1 Var. 1) entfallen, sofern die Voraussetzungen des § 4 BDSG nicht eingehalten werden.[45] Sind Einrichtung und Betrieb einer Videoüberwachungsanlage wegen eines **berechtigten Interesses** der Gemeinschaft der Wohnungseigentümer zur Vermeidung von Straftaten vereinbart worden und widerspricht der Umgang mit den gespeicherten Daten nicht den geltenden rechtlichen Vorschriften, ist der Betrieb einer solchen Anlage als vereinbarte Nutzungsbeschränkung indes zulässig,[46] wobei Dritte bei Betreten des Überwachungsbereichs auf die Überwachung hingewiesen werden müssen.[47] Hinzunehmen ist auch eine Videoanlage am Klingeltableau des Hauseingangs,[48] sofern die Bildübertragung mit einer Dauer von maximal einer Minute nur in die angeklingelte Wohnung erfolgt und die Bilder nicht gespeichert werden.[49] Allein die Befürchtung einzelner Wohnungseigentümer, gefilmt zu werden, stellt keinen Übermaßnachteil dar, sofern es sich lediglich um die **Attrappe** einer Videokamera handelt,[50] was indes nur zutrifft, wenn die Attrappe deutlich als eine solche zu erkennen ist,[51] vor allem, wenn eine vormals aktive Videokamera bereits in der Vergangenheit zu rechtswidrigen Aufnahmen genutzt wurde und für einen Durchschnittsbetrachter keine erkennbare Inaktivierung erfolgt ist.[52]

(3) „Faktisches" Sondernutzungsrecht. Eine besondere Ausprägung des Verbots, das Mit- **12**
gebrauchsrecht in einer Weise auszuüben, aus der ein Übermaßnachteil erwächst (§ 16 Abs. 1 S. 3 iVm § 14 Abs. 1 Nr. 1 und 2),[53] bildet die missverständlich so bezeichnete Figur des faktischen, dh nicht vereinbarten und daher nicht im Rechtssinne so zu verstehenden Sondernutzungsrechts (zu dieser Figur im dort zutreffenderen Kontext des Nutzungsausschlusses infolge baulicher Veränderungen → § 21 Rn. 26 ff.). Sie zeichnet sich dadurch aus, dass sämtlichen Wohnungseigentümern vor dem Hintergrund der **tatsächlichen bzw. räumlichen Umstände** die Ausübung des **Mitgebrauchsrechts verwehrt** ist. So liegt es vor allem in den Fällen, in welchen gemeinschaftliches Eigentum (etwa ein Spitzboden) nur unter Durchquerung eines vorgelagerten, im Sondereigentum

---

[39] OLG Schleswig NJW-RR 1993, 24: wenn Leistungsfähigkeit der Zentralheizung nicht ausreicht; Bärmann/*Becker* § 14 Rn. 34; BeckOK WEG/*Maximilian A. Müller* § 14 Rn. 84.

[40] S. etwa BayObLG ZMR 1985, 239 (239 f.); NJWE-MietR 1996, 179 (181); LG München I ZMR 2015, 149 = BeckRS 2015, 07504; BeckOK WEG/*Maximilian A. Müller* § 14 Rn. 84; Riecke/Schmid/*Abramenko* § 13 Rn. 24; Jennißen/*Hogenschurz* § 14 Rn. 7a.

[41] Hierzu näher *Elzer* NJW 2013, 3537 (3541 f.); Jennißen/*Hogenschurz* § 14 Rn. 4c.

[42] OLG München NZM 2005, 668 (669); LG München I ZWE 2012, 233 (234), Spielbauer/Then/*Spielbauer* § 14 Rn. 50 aE.

[43] OLG Düsseldorf NJW 2007, 780 (780 f.); ebenso Spielbauer/Then/*Spielbauer* § 13 Rn. 21.

[44] AG Hamburg ZMR 2017, 266 = BeckRS 2016, 128450 Rn. 16 ff.; dazu *Sauren* IMR 2017, 368; Jennißen/*Hogenschurz* § 14 Rn. 4c.

[45] Vgl. zu § 4 BDSG etwa AG Hamburg ZMR 2020, 59.

[46] Zur Überwachung mittels Video im Bereich der Gemeinschaftsflächen EuGH ZWE 2020, 337 Rn. 34 ff. mAnm *Lindner;* BGH ZWE 2013, 363 Rn. 9 ff.; Bärmann/*Merle* § 22 Rn. 285; Jennißen/*Hogenschurz* § 22 Rn. 4c.

[47] *Brink* ZWE 2013, 73 (78 f.).

[48] OLG Köln ZMR 2008, 559 = ZWE 2008, 104 mAnm *Abramenko;* dazu auch *Lindner* ZWE 2020, 342 (343).

[49] BGH ZWE 2011, 259 (259 f.); vgl. auch Spielbauer/Then/*Spielbauer* § 14 Rn. 50 aE.

[50] LG Frankfurt ZWE 2014, 98; aA LG Düsseldorf ZWE 2015, 30; LG Berlin ZMR 2018, 1003 = BeckRS 2018.

[51] Zutr. LG Berlin ZMR 2018, 1003 = BeckRS 2018, 16850; großzügiger tendenziell Jennißen/*Hogenschurz* § 14c Rn. 4c.

[52] Vgl., jeweils bzgl. einer auf ein Nachbargrundstück gerichteten Videokamera, OLG Köln NJW 2017, 835 (836 f.) mAnm *Horst;* LG Hamburg ZMR 2018, 473 = BeckRS 2018, 9432.

[53] Ebenso wohl *Hügel/Elzer* Rn. 15; zutr. idS auch Bärmann/*Suilmann* § 13 Rn. 90.

stehenden Raums erreicht werden kann. Freilich wird in solchen Fällen im Wege des Erst-recht-Schlusses ein Betretungsrecht der Gemeinschaft der Wohnungseigentümer (§ 14 Abs. 1 Nr. 2; → § 14 Rn. 13 ff.) oder – je nach Fallgestaltung – der übrigen Wohnungseigentümer (§ 14 Abs. 2 Nr. 2; → § 14 Rn. 34 ff.) bestehen, das tendenziell weiter geht als jenes auf fremdes Sondereigentum bezogenes, weshalb von Fall zu Fall auch das Abstellen von Gegenständen in solchen Räumen zu dulden ist,[54] was jedoch auch von der Art des Raumes abhängt, sodass eine gelegentliche Mitbenutzung eines Balkons ausscheidet. Kein (in diesem Sinne missverständlich so bezeichnetes) faktisches (Gruppen-)Sondernutzungsrecht ist jedoch bereits aus dem schlichten Vorhandensein einer Mehrhausanlage trotz erkennbar einzelnen Häusern zugehöriger Räume (etwa Müllräume) ableitbar, selbst dann nicht, wenn Untergemeinschaften gebildet worden sind. Verfehlt wäre es auch, hier auf die ohnehin argumentativ wenig aussagekräftige Figur der **„Natur der Sache"** abzustellen.[55] Das insoweit eingeschränkte Mitgebrauchsrecht der jeweils „hausfremden" Wohnungseigentümer wird sich vielmehr allein im Wege einer (ggf. ergänzenden) Auslegung der Gemeinschaftsordnung ergeben können.

13 **c) Vereinbarte oder beschlossene Grenzen des Mitgebrauchsrechts. aa) Konkretisierende Regelungen.** Das Mitgebrauchsrecht steht unter Vereinbarungsvorbehalt, kann mithin insbesondere durch eine **Zweckbestimmung** konkretisiert, aber auch gänzlich ausgeschlossen werden, vor allem durch eine flächenmäßige Aufteilung von Grund und Boden zur jeweiligen Alleinnutzung (→ Rn. 15), praktisch relevant in Bezug auf Kfz-Stellplätze. Der **zweckbestimmungswidrige Gebrauch** gemeinschaftlichen Eigentums (etwa durch Nutzung eines zum Abstellen von Fahrrädern gewidmeten Raums als Hobbyraum oder eines „Spitzbodens" zur Wohnnutzung, falls wirklich eine Zweckbestimmung vorliegt und nicht nur eine Bezugnahme auf die örtliche Lage der Räume[56]) begründet grundsätzlich schon für sich genommen einen nicht hinzunehmenden Verstoß gegen die Legalitätspflicht (§ 14 Abs. 1 Nr. 1 Var. 2; → § 14 Rn. 4). Auch durch Mehrheitsbeschluss der Wohnungseigentümer können grundsätzlich das Mitgebrauchsrecht konkretisierende **Benutzungsregelungen,** etwa (in Gestalt von Benutzungsordnungen) hinsichtlich Aufzug, Schwimmbad, Sauna oder Garagen, vorgegeben werden, deren Einhaltung jeder Wohnungseigentümer der Gemeinschaft der Wohnungseigentümer schuldet (§ 14 Abs. 1 Nr. 1 Var. 3; → § 14 Rn. 9). Weitere **Beispiele** sind Beschlüsse über die Vermietung[57] (oder Verpachtung)[58] bestimmter Gemeinschaftsflächen oder Räume, und zwar auch an einzelne Wohnungseigentümer[59] (hier tritt an die Stelle des Mitgebrauchs der Anteil an den Mieteinnahmen nach § 16 Abs. 1 S. 1 Var. 1, weshalb keine Umgehung der Voraussetzungen der Einräumung eines Sondernutzungsrechts vorliegt), das Freihalten eines gemeinschaftlichen Kfz-Stellplatzes für die Müllentsorgung,[60] die Aufstellung eines Gefrierschranks in einem Waschraum,[61] das Verbot der Anbringung von Blumenkästen auf einer Dachterrasse zur Erreichung einer zuvor vereinbarten einheitlichen Gestaltung des Grundstücks,[62] eine Beschränkung des Zugangs zu Räumen mit Versorgungseinrichtungen und Zählern auf Verwalter und Verwaltungsbeirat,[63] eine Beschränkung der Nutzung eines Schwimmbads auf Eigentümer und Mieter einer Ferienanlage,[64] das Verbot bestimmter Kampfhunderassen, die Beschränkung des freien Herumlaufens[65] oder das Verbot der Fahrstuhlnutzung durch Hunde.[66] Zum Unterlassungsanspruch nach § 1004 Abs. 1 BGB im Fall der Nutzung des gemeinschaftlichen Eigentums durch einen Mieter im Widerspruch zu einer vereinbarten oder beschlossenen Gebrauchsregelung → § 14 Rn. 22 ff.

14 **bb) Mitgebrauchsausschluss. (1) Fehlende Beschlusskompetenz.** Keine Beschlusskompetenz besteht, um den **Mitgebrauch vollständig** zu **entziehen,** sei es für jeden Wohnungseigentü-

---

[54] Zu weitgehend daher BeckOGK/*Falkner,* 1.3.2020, § 13 Rn. 134: alleiniges Gebrauchsrecht; zum Ganzen auch jurisPK-BGB/*Lafontaine* § 13 Rn. 204 mwN.

[55] So Spielbauer/Then/*Spielbauer* § 13 Rn. 20; Riecke/Schmid/*Abramenko* § 13 Rn. 26; zutr. aber *Hügel/Elzer* Rn. 16.

[56] OLG Schleswig FGPrax 2006, 207 (207 f.); Jennißen/*Schultzky* § 15 Rn. 47; Spielbauer/Then/*Spielbauer* § 14 Rn. 18.

[57] BGHZ 144, 386 (387) = DNotZ 2000, 851; Bärmann/*Suilmann* § 15 Rn. 62.

[58] BayObLG NZM 2002, 569 (569 f.); OLG Hamburg ZMR 2003, 957 = IBBRS 2004, 2543.

[59] LG Hamburg ZWE 2016, 219 (220); abl. für Sonderfall OLG Frankfurt BeckRS 2004, 150697 Rn. 18; vgl. auch OLG Köln ZMR 2009, 388 = BeckRS 2009, 4272; zu eng PWW/*Elzer/Riecke* § 13 Rn. 19.

[60] OLG Hamm ZWE 2000, 370 (372); Bärmann/*Suilmann* § 15 Rn. 60.

[61] OLG Frankfurt ZMR 2009, 385 = ZWE 2009, 136 mAnm *Wagner.*

[62] BayObLG ZWE 2001, 612 Ls. = IBBRS 2006, 2614.

[63] BayObLG ZWE 2002, 318 (319); Bärmann/Pick/*Emmerich* § 15 Rn. 42B.

[64] OLG München ZMR 2005, 811 = BeckRS 2005, 3705; zu einem Burkini-Verbot im Schwimmbad AG Köln ZWE 2018, 269 (270).

[65] BGH ZWE 2015, 328 Rn. 15 ff.; LG Frankfurt a.M. ZWE 2016, 218 (219): gilt entspr. für Katzen.

[66] LG Karlsruhe ZWE 2014, 172 (173); vgl. auch BeckOK WEG/*Maximilian A. Müller* § 14 Rn. 91.3a.

mer (bezogen auf einzelne Anlagen des gemeinschaftlichen Eigentums, wie im Fall eines diese treffenden Parkverbots auf einem nicht durch die Gemeinschaft der Wohnungseigentümer vermieteten Kfz-Stellplatz[67] oder bei einer Stilllegung eines Müllschluckers[68] bzw. eines Aufzugs[69]) oder aber einzelne Wohnungseigentümer bzw. bestimmte Gruppen derselben (vgl. auch → § 18 Rn. 69). Derartige Ausschlüsse des Mitgebrauchsrechts liegen nicht im Rahmen ordnungsgemäßer Verwaltung (§ 19 Abs. 1) und bedürfen daher zwingend der einstimmigen Vereinbarung nach § 10 Abs. 1 S. 2, schon, weil sie im Widerspruch zu § 16 Abs. 1 S. 3 stehen. Vor allem können durch **Mehrheitsentscheidung keine Sondernutzungsrechte** einzelner Wohnungseigentümer begründet werden, ist diesen doch wesensimmanent, dass einem oder einzelnen Wohnungseigentümern (im letzteren Fall in Form sog. „Gruppensondernutzungsrechte“) das alleinige bzw. gruppenbezogene Nutzungsrecht an Flächen oder an Gebäudeteilen des gemeinschaftlichen Eigentums zugewiesen wird, und zwar jeweils unter Ausschluss des Gebrauchsrechts („negative Komponente“) mindestens eines Wohnungseigentümers (→ § 10 Rn. 17 ff., dort auch insgesamt zu Sondernutzungsrechten). Soll zB an bestimmten Pkw-Stellplätzen das alleinige Nutzungsrecht einzelnen Wohnungseigentümern eingeräumt werden, bedarf es zwingend einer Vereinbarung. Selbst eine allgemein gefasste Öffnungsklausel vermag hierüber nicht hinwegzuhelfen, weil mit dem Mitgebrauchsrecht ein relativ unentziehbares Vermögensrecht betroffen ist,[70] in der Vereinbarung einer derartigen Klausel aber kein antizipiertes Einverständnis der betroffenen Wohnungseigentümer erblickt werden kann. Zulässig ist dagegen die Begründung eines Sondernutzungsrechts mittels einer spezifisch hierauf gerichteten Öffnungsklausel, zumal darin ein konkreter potentieller Verzicht eines jeden ausgeschlossenen Wohnungseigentümers gesehen werden kann[71] (str.; → § 10 Rn. 23).

(2) Gleichmäßige Aufteilung von Flächen oder Anlagen. Keine Spezifika gegenüber → Rn. 14 gelten im Fall der gleichmäßigen Aufteilung von Flächen oder Anlagen im gemeinschaftlichen Eigentum zur jeweils ausschließlichen, dauerhaften Nutzung. Seit BGH NJW 2017, 64 Rn. 11 ff. ist für die Praxis im zutreffenden Sinne geklärt,[72] dass der von der Gegenansicht angeführte **Kompensationsgedanke** („gleichmäßige“, ggf. auch „gleichwertige“ Aufteilung) nicht trägt, um bei derartigen Zuweisungsakten das Vorliegen eines Sondernutzungsrechts abzulehnen, zumal der Ausschluss des Mitgebrauchsrechts an den jeweils anderen Flächen allein wirtschaftlich, nicht aber rechtlich (wie im zulässigen Fall einer Vermietung entsprechender Teile des gemeinschaftlichen Eigentums durch die Gemeinschaft der Wohnungseigentümer) kompensiert wird (aA wohl → § 18 Rn. 90).[73] Auf einen womöglich anders lautenden ausdrücklichen Willen der Wohnungseigentümer kommt es für diese rechtliche Qualifikationsfrage nicht an.[74] 15

(3) Turnusmäßige Nutzung. Anders als bei → Rn. 15 liegt es jedoch in den Fällen einer turnusmäßigen Nutzung, zB an Waschanlagen oder begrenzt verfügbaren Kfz-Stellplätzen, die nicht zwingend durch Vereinbarung, sondern ebensosehr durch Mehrheitsbeschluss (auch in der Hausordnung) vorgegeben werden kann. Ein befristetes Sondernutzungsrecht wird dadurch grundsätzlich nicht begründet. Indes ist die Abgrenzung zur Sondernutzungsrechtsbegründung unscharf; unklar und von BGH NJW 2017, 64 Rn. 16 ff. offengelassen bleibt, ab welcher **Zeitdauer** des jeweiligen Nutzungsausschlusses die Schwelle zum Sondernutzungsrecht überschritten wird. Die vorgeschlagene Anknüpfung an die konkrete Zeitdauer (nach dem Grundsatz: je länger, desto eher ein befristetes Sondernutzungsrecht)[75] ist für die Praxis mangels vorhandener höchstrichterlicher Vorgaben unbefriedigend. Eher taugt, darauf abzustellen, ob eine **Reihenfolge der Nutzung** konkret vorgegeben ist, sodass jeder Wohnungseigentümer genau einpreisen kann, wann welcher Wohnungseigentümer zur Alleinnutzung befugt ist.[76] 16

---

[67] OLG Köln ZMR 2009, 388 = BeckRS 2009, 4272; zust. Bärmann/*Suilmann* § 13 Rn. 15; BeckOGK/*Falkner*, 1.3.2020, § 15 Rn. 115.2; Jennißen/*Schultzky* § 15 Rn. 5.

[68] BayObLG DNotZ 2002, 888 (888 f.); zust. Bärmann/*Suilmann* § 13 Rn. 15.

[69] OLG Saarbrücken NJOZ 2007, 1109 (1112); zust. BeckOGK/*Falkner*, 1.3.2020, § 15 Rn. 125.

[70] Vgl. hierzu allg. BGH NJW 2019, 2083 Rn. 10, 13, 19.

[71] Zutr. *Becker* ZWE 2002, 341 (345); *Wenzel* ZWE 2004, 130 (132 f.); Bärmann/*Suilmann* § 10 Rn. 41; aA etwa *Spielbauer* ZWE 2017, 19 (20); zum Streitstand *Francastel* RNotZ 2015, 385 (405 f.).

[72] AA noch OLG Hamm FGPrax 2005, 113 (113 f.); näher BeckOGK/*Falkner*, 1.3.2020, § 15 Rn. 120 ff. mwN zum Streitstand.

[73] S. nur *Bornemann*, Der Erwerb von Sondernutzungsrechten im Wohnungseigentum, 2003, 133: ideelle und wirtschaftliche, nicht aber rechtliche Kompensation.

[74] Vgl. zutr. LG Berlin ZMR 2019, 707 Rn. 5 = BeckRS 2019, 21931.

[75] *Häublein*, Sondernutzungsrechte und ihre Begründung im Wohnungseigentumsrecht, 2003, 6 f.; hilfsweise darauf abstellend *Bornemann*, Der Erwerb von Sondernutzungsrechten im Wohnungseigentum, 2003, 56 f.

[76] *Schweiger*, Sondernutzungsrechte im Wohnungseigentum, 1987, 50; dem folgend *Bornemann*, Der Erwerb von Sondernutzungsrechten im Wohnungseigentum, 2003, 133.

III. Beteiligung an Kosten (Abs. 2)

17 **1. Kostenbegriff. a) Oberbegriff für verteilungsbedürftigen Aufwand.** Abs. 2 S. 1 knüpft einheitlich an die Kosten der Gemeinschaft der Wohnungseigentümer an und hebt die beiden wichtigsten Kostenarten (Verwaltungs- sowie Gebrauchskosten) allein exemplarisch hervor. Die noch in § 16 Abs. 2 aF enthaltene, an § 748 BGB angelehnte gesetzliche Differenzierung zwischen Lasten und Kosten des gemeinschaftlichen Eigentums ist durch § 16 Abs. 2 S. 1 aufgegeben. Nunmehr wird einheitlich auf „Kosten" als Oberbegriff abgestellt, und zwar solche der Gemeinschaft der Wohnungseigentümer (nicht [nur]: des gemeinschaftlichen Eigentums),[77] um deren interne Verteilung es in Abs. 2 S. 1 geht. Da es für das Eingreifen der Kostentragungspflicht der Wohnungseigentümer und damit die Verteilungsfrage nicht auf die Klassifizierung der Kosten, sondern allein darauf ankommt, dass **Aufwand** bei der **Gemeinschaft der Wohnungseigentümer entstanden** ist (wofür Verbindlichkeiten nur begründet, nicht notwendig befriedigt sein müssen),[78] wurde die vormalige Differenzierung zwischen Lasten und Kosten auch bislang ohnehin nur praktisch, sofern eine gewillkürte Kostenverteilungsregelung auf diese Begriffe unter Zuweisung unterschiedlicher Verteilungsmaßstäbe Bezug nahm.[79] Freilich behält die **begriffliche Unterscheidung** zwischen Lasten und Kosten weiterhin **Bedeutung,** falls eine Gemeinschaftsordnung immer noch (bei Altvereinbarungen) oder fortan im vorstehend beschriebenen Sinne zwischen diesen Begriffen differenziert. Auch die weitere Untergliederung der **Kostenarten** durch § 16 aF, die vormals für die Reichweite der Dispositionsmöglichkeiten über den Verteilungsschlüssel im Beschlusswege Relevanz hatte, hat mit der Einführung einer auf sämtliche Kostenarten erstreckten Beschlusskompetenz durch Abs. 2 S. 2 nur noch diese Restbedeutung im Fall differenzierender Bezugnahme durch die Gemeinschaftsordnung oder einen Mehrheitsbeschluss. In diesem Sinne prägen diese Unterbegriffe allerdings weiterhin noch das kostenrechtliche „Sprachspiel".

18 **b) Kosten des Sondereigentums.** Kosten, die mit dem Sondereigentum zusammenhängen, sind im Grundsatz vom jeweiligen Wohnungseigentümer zu tragen. Jenseits eindeutiger Fälle (Erhaltungskosten des Sondereigentums, Kapitalkosten für die Finanzierung des Wohnungseigentums, Stromkosten, wenn der Stromverbrauch vom Elektrizitätswerk für jede Wohneinheit getrennt abgelesen und in Rechnung gestellt wird) kommt es für die **Zuordnung** einer Kostenposition zum Sonder- oder gemeinschaftlichen Eigentum nach BGHZ 156, 192 (198 f.) (zur Rechtslage noch vor der WEG-Novelle 2007) – etwa bei Kaltwasser-, aber auch Kabelanschlusskosten[80] – auf den jeweiligen **Gegenstand der Verwaltung oder des Gebrauchs** an. Werden die Kosten des Sondereigentums unmittelbar mit jedem Wohnungseigentümer getrennt abgerechnet, ist Abs. 2 indes schon mangels Aufwand bei der Gemeinschaft der Wohnungseigentümer nicht einschlägig. Verteilungsbedürftiger **Aufwand** entsteht aber hinsichtlich all jener Kosten des Sondereigentums, die von Dritten (etwa Versorgungsunternehmen oder Kabelanschlussanbietern) **gegenüber** der **Gemeinschaft der Wohnungseigentümer abgerechnet** werden, dieser mithin zunächst zur Last fallen. In diesem Fall sind sie im Ausgangspunkt nach dem Maß des Abs. 2 S. 1 in der Jahresabrechnung zu verteilen, weil diese Bestimmung nunmehr allein voraussetzt, dass der Gemeinschaft der Wohnungseigentümer Kosten entstanden sind, ohne einschränkend zu verlangen, dass Bezugspunkt dieser Kosten das gemeinschaftliche Eigentum ist. Die durch BGHZ 156, 192 (198 f.) erfolgte Entziehung der Sondereigentumskosten aus dem Anwendungsbereich des § 16 Abs. 2 aF ist damit überholt und im Lichte der Beschlusskompetenzen, die durch den heutigen § 16 Abs. 2 S. 2 eingeräumt werden,[81] überdies unnötig, ebenso die im Anschluss an BGH NJW 2007, 3492 Rn. 12 befürwortete entsprechende (?) Anwendung dieses Kostenverteilungsschlüssels als des „natürlichen Maßstabs".[82] Damit ist nunmehr der Verteilungsschlüssel des **Abs. 2 S. 1 direkt maßgeblich,**[83] wenn weder durch die

---

[77] Vgl. idS letztlich schon zu § 16 Abs. 2 bzw. § 21 Abs. 7 aF BGH NJW 2016, 2177 Rn. 41; s. zudem *Lehmann-Richter/Wobst* WEG-Reform 2020 Rn. 685: „personellen Kostenanknüpfung"; *Hügel/Elzer* Rn. 29.

[78] Ähnlich Staudinger/*Kreuzer,* 2018, Rn. 4: angemessene Verteilung von Aufwand.

[79] Vgl. nur Staudinger/*Bub,* 2005, Rn. 96; Staudinger/*Kreuzer,* 2018, Rn. 40; jurisPK-BGB/*Lafontaine* Rn. 58; s. auch Soergel/*H.-J. Weber* Rn. 10: Ausgrenzung von Aufwand für Sondereigentum.

[80] BGH NZM 2007, 886 Rn. 11 f.; vgl. auch *Armbrüster* ZWE 2008, 47 (47 f.).

[81] Vgl. aber auch bereits den durch die WEG-Novelle 2007 eingefügten § 16 Abs. 3 aF, weshalb diese Entscheidung teilweise schon zuvor überholt war; vgl. nur Jennißen/*Jennißen* Rn. 13; BeckOGK/*Falkner,* 1.3.2020, Rn. 93. 1 f.; aA Riecke/Schmid/*Abramenko* Rn. 277 iVm Rn. 27.

[82] Für entspr. Anwendung, zu § 16 Abs. 2 aF, etwa OLG München NZM 2007, 775 (776); PWW/*Riecke/Elzer* Rn. 8.

[83] AA *Hügel/Elzer* Rn. 26; zudem Palandt/*Wicke* Rn. 5, der eine analoge Anwendung jedenfalls zur Begründung der Beschlusskompetenz des § 16 Abs. 2 S. 2 für erforderlich hält.

Gemeinschaftsordnung noch durch einen Mehrheitsbeschluss geregelt ist, nach welchem abweichenden Schlüssel die Kosten des Sondereigentums unter den Wohnungseigentümern zu verteilen sind.

c) Verwaltungskosten (Abs. 2 S. 1 Beispiel 1). aa) Erhaltungskosten. Zu Verwaltungskosten zu rechnen sind die Erhaltungskosten. Die damit verbundene **Kostentragungspflicht** der Wohnungseigentümer ist scharf von der hiermit nicht notwendig zugleich überbürdeten **Erhaltungslast** iSd Verwaltungshoheit zu unterscheiden, für welche in Ermangelung abweichender Vereinbarung die alleinige Verantwortung bei der Gemeinschaft der Wohnungseigentümer liegt. Die einzelnen Wohnungseigentümer sind mithin nicht verpflichtet, Erhaltungsmaßnahmen selbst vorzunehmen oder vornehmen zu lassen,[84] sondern nur, die Kosten hierfür anteilig aufzubringen.[85] Zur Erhaltung des Sondereigentums ist die Gemeinschaft nur bei besonderer (vertraglicher) Ermächtigung befugt.[86] Zu den durch Arbeiten im Bereich des gemeinschaftlichen Eigentums veranlassten Kosten zählen aber auch jene, die durch Arbeiten am Sondereigentum entstehen und notwendig sind, um einen Zustand zu schaffen, der es erst erlaubt, die erforderlichen Arbeiten am Gemeinschaftseigentum vorzunehmen.[87] Ebenfalls zu den **Kosten der Erhaltung** (in einem weit verstandenen, aber von der Klammerdefinition in § 13 Abs. 2 gedeckten Sinne) gehört der Aufwand für die **erstmalige mangelfreie Herstellung** des Gemeinschaftseigentums[88] (gleichviel, ob durch Korrektur einer anfänglich planwidrigen Errichtung,[89] Beseitigung von Baumängeln[90] oder Vervollständigung eines „steckengebliebenen" Baus, näher → Rn. 67 sowie → § 19 Rn. 24 f.) und jener zur Erfüllung öffentlich-rechtlicher, etwa bauordnungsrechtlicher Vorgaben[91] mitsamt der Kosten der Ermittlung der hierfür erforderlichen Maßnahmen,[92] nicht aber jener Aufwand (erhaltungsübersteigender) baulicher Veränderungen iSd § 20 Abs. 1, für welche § 21 eine spezifische Kostenverteilungsbestimmung bereithält (→ § 21 Rn. 1 ff.). 19

bb) Kosten modernisierender Instandsetzung. Nicht mehr (vollständig) zu den Erhaltungskosten, sondern (partiell) zu jenen baulicher Veränderungen (§ 21) gehören nunmehr – trotz ggf. vorhandenen Reparaturbedarfs – die Kosten vormals sog. **„modernisierender Instandsetzung"** (§ 22 Abs. 3, § 21 Abs. 5 aF), die nach hergebrachtem Verständnis[93] allein dem Bereich der Erhaltungsmaßnahmen hätte zugeschlagen werden müssen (vgl. → § 13 Rn. 30). Da es der mit dieser systematischen Verortung nach früherem Recht verbundenen Privilegierung angesichts der nunmehr weitreichenden Beschlussmöglichkeit (vgl. § 20) allerdings nicht mehr bedarf und der Gesetzgeber mit den in § 21 Abs. 2 S. 1 Nr. 2 genannten baulichen Veränderungen im Kern solche erfasst, die nach überkommener Kategorisierung teils als Maßnahmen modernisierender Instandsetzung, teils als Modernisierungsmaßnahmen (iSd § 22 Abs. 2 aF) einzuordnen gewesen wären,[94] ist mit der in diesem Sinne zu verstehender Gesetzesbegründung[95] davon auszugehen, dass die modernisierende Instandsetzung jedenfalls **nicht mehr** vollständig als **Unterkategorie der Erhaltungsmaßnahmen** verstanden werden kann (→ § 19 Rn. 14 ff., dort jedoch mit aA). Das Gesetz ordnet sie allerdings nicht mit letzter Klarheit ausschließlich der Kategorie der baulichen Veränderung zu, was bei dahingehender Absicht indes nahegelegen hätte.[96] Richtig erscheint vor diesem Hintergrund, die modernisierende Erhaltungsmaßnahme sachlich aufzuspalten, und zwar in ein Erhaltungs- und ein bauliches Veränderungselement. Der Anwendungsbereich des § 16 Abs. 2 ist damit nicht vollständig verlassen (und allein jener des § 21 eröffnet), sobald mit der zu ergreifenden Maßnahme der **ursprüngliche (Soll-)Zustand** des Gebäudes **verändert** (und nicht allein der Status quo bewahrt oder wiederhergestellt) wird. Vielmehr werden jene Kosten, die (bei einer hierfür anzustellenden Vergleichsberechnung) allein für die Erhaltung des Status quo angefallen wären, dem Anwen- 20

84 BGHZ 202, 346 Rn. 18 = NJW 2015, 459; BGH NJW 2012, 1724 Rn. 11.
85 BGHZ 202, 346 Rn. 18 = NJW 2015, 549.
86 OLG Düsseldorf ZMR 1995, 84 = BeckRS 1994, 10136 Rn. 29 f.
87 OLG Düsseldorf NZM 1999, 507 (508); BeckOK WEG/*Bartholome* Rn. 29.
88 Vgl. nur BGH NJW-RR 2017, 1042 Rn. 7 zum Einbau eines zweiten Rettungsweges; NJW-RR 2018, 1165 Rn. 11; NZM 2018, 611 Rn. 10; NJW-RR 2017, 1042 Rn. 7; 2017, 462 Rn. 13; NZM 2016, 523 Rn. 10; NJW 2016, 473 Rn. 7. Vgl. nun auch zu § 16 Abs. 2 S. 1 *Lehmann-Richter/Wobst* WEG-Reform 2020 Rn. 719.
89 BGH NJW-RR 2018, 1165 Rn. 12; 2017, 1042 Rn. 7; NZM 2016, 523 Rn. 10; NJW 2016, 473 Rn. 7.
90 BGH NZM 2018, 611 Rn. 10, 18; OLG Schleswig OLGR 2003, 451 (452).
91 Ebenso bereits Bärmann/Pick/*Emmerich* Anh. I § 20 Rn. 3; *Dötsch* ZfIR 2020, 221 (224).
92 BGH NJW-RR 2017, 462 Rn. 21; zust. etwa PWW/*Elzer/Riecke* Rn. 5.
93 Vgl. nur BT-Drs. 16/887, 32, sodass § 22 Abs. 3 aF als Klarstellung verstanden wurde.
94 Vgl. nur Bärmann/Pick/*Emmerich* Anh. I § 21 Rn. 4.
95 Vgl. BR-Drs. 168/20, 76.
96 Für die gegenteilige Verortung der Kosten modernisierender Erhaltungsmaßnahmen allein bei § 16 Abs. 2 denn auch *Hügel/Elzer* Rn. 37.

dungsbereich des § 16 Abs. 2 zuzuschlagen sein; nur der übersteigende Teil unterfällt § 21.[97] Vollständig § 21 zuzuordnen sind dagegen Aufwendungen in all jenen Fällen, in denen es am (notwendigen oder jedenfalls absehbaren) Bedarf für die Ergreifung von Erhaltungsmaßnahmen (noch) fehlt, womit insbesondere Maßnahmen zur Modernisierung bzw. Anpassung des gemeinschaftlichen Eigentums an den Stand der Technik iSd § 22 Abs. 2 aF ohne Konnex zu einer Reparaturmaßnahme aus dem Anwendungsbereich des § 16 Abs. 2 ausgeklammert bleiben. Näher → § 20 Rn. 23 f.

21 **cc) Kosten der Entziehung nach § 17 (§ 16 Abs. 7 Var. 1 aF).** Nach dem **fortgefallenen § 16 Abs. 7 Alt. 1 aF** zählten zu den umzulegenden Kosten der Verwaltung ausdrücklich die Kosten einer Entziehungsklage nach § 18 Abs. 1 aF (heute: § 17). An diesen Kosten musste sich auch der obsiegende (beklagte) Wohnungseigentümer beteiligen, und zwar endgültig. Die Zuordnung der Kosten des Einziehungsverfahrens zu den Verwaltungskosten war allerdings allein **deklaratorisch** zu verstehen. Der ersatzlose Fortfall des § 16 Abs. 7 Alt. 1 aF ändert mithin nichts an der Rechtslage, zumal nunmehr allein die Gemeinschaft der Wohnungseigentümer klagen kann (selbst im Fall der Zweiergemeinschaft, da auch hier materiell der Entziehungsanspruch der Gemeinschaft der Wohnungseigentümer zugehörig ist).[98] Das gilt auch für die Frage der **Kostenbeteiligung des beklagten Wohnungseigentümers:** Dieser hat (in Ermangelung einer anderweitigen Bestimmung) im Verhältnis seines Miteigentumsanteils nicht nur die Gerichts- und Anwaltskosten der Gemeinschaft der Wohnungseigentümer mitzutragen,[99] sondern auch den Aufwand der ihm zugute kommenden Kostenerstattung,[100] und zwar jeweils, weil er der Gemeinschaft der Wohnungseigentümer nicht nur als Beklagter, sondern ebenso sehr als Mitglied gegenübertritt. Im Einzelfall grober Unbilligkeit (insbesondere bei Fehlen jeglichen Anlasses für die Anstrengung eines Einziehungsverfahrens) hilft der Rechtsgedanke des § 242 BGB,[101] der für eine teleologische Reduktion der durch Abs. 2 S. 1 grundsätzlich auch hier greifenden Kostenbeteiligung angeführt werden kann, falls nicht ohnehin in einem solchen Fall nach § 16 Abs. 2 S. 2 eine Freistellung von der Kostentragungspflicht zugunsten des Obsiegenden beschlossen wird, was jedenfalls ordnungsgemäßer Verwaltung entspräche. Spiegelbildlich profitiert der betroffene Wohnungseigentümer von den Einnahmen der Gemeinschaft der Wohnungseigentümer anteilig bei eigenem Verlust;[102] verteilungsbedürftiger Aufwand entsteht hier nicht. Ordnungswidrig (und damit anfechtbar) wäre ein Beschluss nach § 16 Abs. 2 S. 2, der dem Entziehungsbeklagten im Innenverhältnis (unabhängig vom Prozessausgang) die Kostentragungslast aufbürdete; hier gilt das bei → § 14 Rn. 50 Gesagte sinngemäß. Eine generelle Kostenfreistellung zugunsten obsiegender Entziehungsbeklagter zu beschließen, entspräche dagegen ordnungsgemäßer Verwaltung.

22 **dd) Kosten der Entschädigung nach § 14 Abs. 3 (§ 16 Abs. 7 Var. 2 aF).** Hat ein Wohnungseigentümer eine Übermaßeinwirkung zu dulden, die von der Gemeinschaft der Wohnungseigentümer ausgeht, gewährt ihm § 14 Abs. 3 gegen diese einen verschuldensunabhängigen Ausgleichsanspruch (→ § 14 Rn. 38 ff.). Der **ersatzlose Fortfall des § 16 Abs. 7 Var. 2 aF,** wonach dieser Ausgleichsanspruch zu den Verwaltungskosten zu rechnen war, hat zu keiner Änderung der Rechtslage geführt – der hierdurch der Gemeinschaft der Wohnungseigentümer entstehende Aufwand ist nach § 16 Abs. 2 S. 1 weiterhin (wie jeder ihr entstehende Aufwand) unter den Wohnungseigentümern zu verteilen. Soweit § 16 Abs. 7 Var. 2 aF (durch den Verweis auf § 16 Abs. 2 aF) die Klarstellung entnommen wurde, auch der zu entschädigende Wohnungseigentümer habe im Innenverhältnis **anteilig die Ausgleichssumme mitzutragen,**[103] war diese Klarstellung schon nach altem Recht überflüssig (das Gegenteil wäre vielmehr begründungsbedürftig gewesen!), sodass sich die Frage der Kostenbelastung des zu entschädigenden Wohnungseigentümers nicht in neuem Lichte stellte. Es bleibt mithin bei der Beteiligung des zu entschädigenden Wohnungseigentümers am Aufwand der Entschädigung im Verhältnis seines Miteigentumsanteils. – Für den **Verteilungsmaßstab** gilt dies freilich nur vorbehaltlich eines abweichend vereinbarten oder beschlossenen Kostenverteilungsschlüssels, wobei die Beschlusskompetenz heute zwangslos aus § 16 Abs. 2 S. 2 folgt. Der Umlageschlüssel für den Entschädigungsaufwand kann generell oder im Einzelfall und prinzipiell

[97] Überzeugend *Lehmann-Richter/Wobst* WEG-Reform 2020 Rn. 1292 ff.

[98] Vgl. *Lehmann-Richter/Wobst* WEG-Reform 2020 Rn. 1534, 1568; *Dötsch/Schultzky/Zschieschack* WEG-Recht 2021 Kap. 7 Rn. 29 ff.

[99] Dies dürfte seit langem weitgehend unstr. sein; vgl. etwa RGRK-BGB/*Augustin* Rn. 23; nunmehr etwa auch *Dötsch/Schultzky/Zschieschack* WEG-Recht 2021 Kap. 7 Rn. 30.

[100] OLG Düsseldorf ZMR 1996, 571 (572) mAnm *Drasdo* = NJW-RR 1997, 13; ZWE 2007, 308 (311) mAnm *Kümmel;* Riecke/Schmid/*Abramenko* Rn. 304 ff.; BeckOGK/*Falkner,* 1.3.2020, Rn. 270; aA Bärmann/*Becker* Rn. 164; in diese Richtung auch *Dötsch/Schultzky/Zschieschack* WEG-Recht 2021 Kap. 7 Rn. 30.

[101] OLG Düsseldorf ZMR 1996, 571 (572) mAnm *Drasdo*= NJW-RR 1997, 13; BeckOGK/*Falkner,* 1.3.2020, Rn. 271.

[102] Zutr. Bärmann/Pick/*Emmerich* Rn. 62R.

[103] OLG Schleswig NJW-RR 2007, 448 (449); OLG Frankfurt ZMR 2006, 625 (627) mAnm *Elzer.*

nach Maßgabe eines jeden denkbaren (ordnungsgemäßer Verwaltung entsprechenden) Verteilungsschlüssels modifiziert werden (zu Letzterem, wenn diese Modifikation zulasten des zu entschädigenden Wohnungseigentümers geht, → § 14 Rn. 50). Liegt die duldungspflichtige Einwirkungshandlung in einer Erhaltungsmaßnahme, wird es regelmäßig naheliegen, einen **Gleichlauf der Umlageschlüssel** für Entschädigungs- und Erhaltungsaufwand zu bestimmen, der sich in Ermangelung einer dahingehenden Bestimmung aber nicht von selbst ergibt.[104] Geht die zu duldende Einwirkung von Gebäudeteilen im gemeinschaftlichen Eigentum aus, hinsichtlich derer einem Wohnungseigentümer (insbesondere einem Sondernutzungsberechtigten) die Erhaltungslast (und nicht nur die Kostenlast) obliegt, ist dieser Einwirkungssubjekt und damit Schuldner des Anspruchs aus § 14 Abs. 3 (→ § 14 Rn. 45); verteilungsbedürftiger Aufwand entsteht dann nicht.[105] – **Kostenbeteiligung** des zu entschädigenden Wohnungseigentümers bedeutet (nach wie vor) richtigerweise nicht Kürzung des Entschädigungsanspruchs, sondern **Umlage des Entschädigungsaufwands** unter Einschluss des zu Entschädigenden in der Jahresabrechnung.[106] Zur mangelnden Möglichkeit, den Entschädigungsanspruch durch Beschluss zu kürzen, → § 14 Rn. 50.

ee) Kosten eines Rechtsstreits (§ 16 Abs. 8 aF). (1) Umlagebedürftiger Aufwand bei Parteistellung der Gemeinschaft der Wohnungseigentümer. Der **ersatzlos fortgefallene § 16 Abs. 8 aF** suchte zu verhindern, dass Konflikte unter den Wohnungseigentümern auf Kosten aller Wohnungseigentümer ausgetragen werden,[107] war aber nach allgemein konsentierter Ansicht in seinem Wortlaut (der pauschal auf Kosten eines Rechtsstreits nach § 43 aF verwies) zu weit geraten und bedurfte daher einer weitreichenden teleologischen Reduktion. Die Streichung des § 16 Abs. 8 aF enthebt von der vormals erforderlichen Notwendigkeit, die vom Wortlaut überschießend ausgenommenen Rechtsstreitkosten korrigierend den Verwaltungskosten zuzuordnen. Insoweit ergibt sich nun zwanglos (aber ohne Änderung in der Sache), dass **jedwede Parteistellung** der **Gemeinschaft der Wohnungseigentümer** im Prozess **umlagebedürftigen Aufwand** impliziert. Schließt der Verwalter bei Parteistellung der Gemeinschaft der Wohnungseigentümer eine **Vergütungsvereinbarung,** sind diese Mehrkosten stets auf alle Wohnungseigentümer umzulegen, ist nichts anderes vereinbart oder beschlossen. Die sachlich deutlich zurückgedrängten Binnenstreitigkeiten der Wohnungseigentümer untereinander (relevant aber noch etwa im Fall des § 14 Abs. 2 Nr. 1 → § 14 Rn. 25 ff.) berühren demgegenüber nicht die Verwaltung durch die Gemeinschaft der Wohnungseigentümer, gehen mithin auch nicht mit umlagebedürftigen Kosten derselben einher; die Kosten sind von den Streitbeteiligten zu tragen. – Die in einem Rechtsstreit der Gemeinschaft der Wohnungseigentümer gegen einzelne Wohnungseigentümer entstehenden **Prozesskosten** sind gemäß Abs. 2 von **allen Wohnungseigentümern** zu tragen, und zwar nach dem in Abs. 2 S. 1 zum Ausdruck gekommenen Maßstab für den Ausgleich unter Wohnungseigentümern, also nach Miteigentumsanteilen.[108] Dies hat seinen Grund darin, dass auch der klagende oder beklagte Wohnungseigentümer (vgl. § 43 Abs. 2 Nr. 2) Mitglied der Gemeinschaft ist und sich in dieser Eigenschaft an der Finanzierung des Prozesses der Gemeinschaft beteiligen muss. **Obsiegt** die **Gemeinschaft der Wohnungseigentümer** in dem Prozess, wird die von dem beklagten Wohnungseigentümer geschuldete Kostenerstattung als Einnahme in der Jahresabrechnung allen Wohnungseigentümern – also auch dem Beklagten – gutgeschrieben.[109] **Obsiegt** dagegen der **Wohnungseigentümer,** hat er zwar einen **Anspruch auf Kostenerstattung;** seinen Anteil an den daraus resultierenden Kosten der Gemeinschaft der Wohnungseigentümer hat er jedoch – wie die übrigen Wohnungseigentümer auch – endgültig zu tragen, und zwar nicht nur hinsichtlich deren Prozesskosten,[110] sondern auch hinsichtlich des Aufwands, der dieser dadurch entsteht, dass sie dem obsiegenden Wohnungseigentümer dessen Prozesskosten zu erstatten hat.[111] Nur diese Sichtweise wird der Doppelrolle des obsie- 23

[104] AA BeckOGK/*Falkner,* 1.3.2020, Rn. 273 ff., wonach Erhaltungs- und Entschädigungskosten regelmäßig als Einheit zu betrachten seien, und daher auch ohne dahingehenden Beschluss parallel laufen sollen.

[105] In diese Richtung bereits BGH NJW-RR 2017, 527 Rn. 14 = ZWE 2017, 216 mAnm *Briesemeister;* Soergel/*H.-J. Weber* Rn. 193.

[106] Soergel/*H.-J. Weber* Rn. 194; BeckOGK/*Falkner,* 1.3.2020, Rn. 272.

[107] BGH NJW 2015, 930 Rn. 24; 2014, 2197 Rn. 15; 2007, 1869 Rn. 22; OLG Hamm OLGZ 1989, 47 (49); näher zum Ganzen *Mengwasser* ZfIR 2014, 731.

[108] Vgl. auch *Dötsch/Schultzky/Zschieschack* WEG-Recht 2021 Kap. 7 Rn. 35.

[109] BGH NJW 2014, 2197 Rn. 11 ff. = ZWE 2014, 261 Rn. 11 ff.; LG Frankfurt ZWE 2014, 170 mAnm *Becker; Niedenführ* ZMR 2018, 168 (169); iErg auch Palandt/*Wicke* Rn. 15.

[110] *Hügel/Elzer* Rn. 35; für Umlegung jedenfalls der Prozesskosten (noch zu § 16 aF) BGH NJW 2014, 2197 Rn. 11 f.; 2014, 2197 Rn. 12; aA *Becker* ZWE 2014, 170 (171).

[111] *Drasdo* NZM 2015, 65 (67); *Greiner* ZWE 2015, 149 (157); *Hügel/Elzer* Rn. 35; in diese Richtung zudem, aber zweifelnd („wohl auch“) Palandt/*Wicke* Rn. 15; offengelassen bei BGH ZWE 2014, 261 Rn. 17; aA *Mengwasser* ZfIR 2014, 731 (733); Bärmann/*Becker* Rn. 173; Jennißen/*Jennißen* Rn. 165 ff.

genden Wohnungseigentümers als Prozesspartei und Mitglied der Wohnungseigentümergemeinschaft gerecht. Ein ihn (generell oder konkret) von der Kostentragungslast freistellender Beschluss wäre jedoch ordnungsgemäß.

24 **(2) Ordnungswidriges Unterlaufen der gerichtlichen Kostenentscheidung.** Die Verteilung der Kosten nach dem Verhältnis der Miteigentumsanteile gilt nur, falls nichts anderes vereinbart oder beschlossen wurde (Abs. 2 S. 2). Ein **Kostenverteilungsbeschluss,** der zum **Unterlaufen der gerichtlichen Kostenentscheidung** führte, entspräche jedoch nicht ordnungsgemäßer Verwaltung (zu materiellen Beschlussschranken → Rn. 45) und wäre anfechtbar.[112] Dies gilt – aufgrund der hiermit verbundenen erheblichen faktischen Beschneidung prozessualer, zum Kernbereich der Mitgliedschaft zählender Rechte[113] – unabhängig davon, ob eine generelle Verschiebung der Kostentragung zulasten obsiegender Wohnungseigentümer erfolgt oder eine einzelfallbezogene, gleichviel, ob vor, während oder nach dem Prozess. Ordnungswidrig wäre damit insbesondere ein Kostenverteilungsbeschluss, wonach die **Prozesskosten** der Gemeinschaft der Wohnungseigentümer unabhängig vom Obsiegen oder Unterliegen dem klagenden **Wohnungseigentümer** in der **Einzelabrechnung anzulasten** sind, ebenso ein Beschluss, wonach dieser seine eigenen Prozesskosten in jedem Fall zu tragen hat. Ordnungsgemäßer Verwaltung widerspräche es im Fall des Unterliegens der Gemeinschaft der Wohnungseigentümer im Rahmen einer Beschlussanfechtungsklage aber auch, allein jene Wohnungseigentümer im Innenverhältnis mit den Prozesskosten zu belasten, die für den angefochtenen Beschluss gestimmt haben; hier käme es zu einer ungebührlichen faktischen Einschränkung der freien **Stimmrechtsausübung.**[114] Dies gilt selbst dann, wenn die Stimmrechtsausübung ihrerseits pflichtwidrig war – vielmehr hat die Gemeinschaft der Wohnungseigentümer ihre etwaigen Regressansprüche zu verfolgen, es sei denn, diese wären bereits rechtskräftig tituliert oder anerkannt.[115] Eine gegenteilige Sichtweise, die einen derartigen Beschluss, der jedenfalls nicht nichtig wäre (Beschlusskompetenz aus § 16 Abs. 2 S. 2!), auch für ordnungsgemäß hält, führte dazu, dass innerhalb eines vom vermeintlich Haftenden anzustrengenden Anfechtungsprozesses inzidenter das Bestehen des Regressanspruchs zu prüfen wäre.[116]

25 **ff) Weitere Verwaltungskosten.** Ebenfalls unter die zu verteilenden **Verwaltungskosten im weiteren Sinne** sind all jene Kosten zu rechnen, die weder als Erhaltungs- noch als Gebrauchskosten einzustufen sind, damit unter anderem **Verwalterhonorar,** einschließlich der hierauf zu entrichtenden Steuern sowie Beiträge zur Sozialversicherung und zur gesetzlichen Unfallversicherung (näher → Rn. 56), Kosten der **Wohnungseigentümerversammlung,**[117] einschließlich der Übersendung der Einladungen und Protokolle, aber auch Raum- und Bewirtungskosten;[118] in vergleichbarer Weise ebenfalls die Kosten des **Verwaltungsbeirats;** Kosten des **Geldverkehrs** (Kontoführungsentgelte,[119] aber auch **Kapitalkosten,** mithin Aufwand für Verzinsung und Tilgung gemeinschaftlicher Darlehen,[120] die der Verwalter zur Deckung gemeinschaftlicher Ausgaben aufgenommen hat); vorbehaltlich anderweitiger Vereinbarung in der Gemeinschaftsordnung die Kosten für die **Verwalterzustimmung** nach § 12 Abs. 1 Var. 2[121] bzw. der Aufwand in Form des Rückgriffsanspruchs des Verwalters für verauslagte Notargebühren[122] und einer ggf. im Verwaltervertrag vereinbarten Vergütung; Kosten der Einsichtnahme iSd § 18 Abs. 4; **Versicherungskosten**[123] (zB für die Feuerversicherung oder die Grundstücks- und Gebäudehaftpflichtversicherung, aber auch eine Glasversicherung oder eine Versicherung gegen Sturmschäden; → § 19 Rn. 37 ff.); Kosten der **mangelfreien**

---

112 Für Nichtigkeit noch AG Goslar ZMR 2007, 571 = BeckRS 2007, 11789; BeckOK WEG/*Bartholome* Rn. 279.

113 BGH ZWE 2019, 403 mAnm *M. Müller* Rn. 17 zählt das Anfechtungsrecht zum Kernbereich der Mitgliedschaftsrechte.

114 Ebenso *Lehmann-Richter/Wobst* WEG-Reform 2020 Rn. 1962 iVm 692, 714 ff.; iErg auch *Dötsch/Schultzky/Zschieschack* WEG-Recht 2021 Kap. 7 Rn. 37 ff.; aA *Skauradszun* ZRP 2020, 34 (37): Verteilung von Prozesskosten über Sonderumlagen unter Wohnungseigentümern, die für Beschluss verantwortlich sind; zweifelnd daran mit Recht Palandt/*Wicke* Rn. 16.

115 So zu Recht *Lehmann-Richter/Wobst* WEG-Reform 2020 Rn. 716 ff.

116 Vgl. nur BGH NJW 2011, 1346 Rn. 9; *Becker* ZWE 2011, 254 (256); BeckOK WEG/*Bartholome* Rn. 157 f.; *Lehmann-Richter/Wobst* WEG-Reform 2020 Rn. 713 ff.

117 BayObLG NJW-RR 2001, 1231 (1232).

118 AG Bremen-Blumenthal ZWE 2015, 49 (51); aA in Bezug auf Bewirtungskosten Bärmann/*Becker* Rn. 36a.

119 LG Hamburg ZWE 2013, 453; BeckOK WEG/*Bartholome* Rn. 41.

120 Vgl. BGHZ 207, 99 Rn. 31 = NZM 2015, 82; Bärmann/*Becker* Rn. 36.

121 KG NJW-RR 1997, 1231 (1232); *Göhmann* RNotZ 2012, 251 (270); zu den Kosten des auf Erteilung der Zustimmung gerichteten Prozesses BGH ZWE 2020, 189 Rn. 7 ff.

122 *Schneider/Karsten* RNotZ 2011, 238 (239); iErg ebenso *Lehmann-Richter/Wobst* WEG-Reform 2020 Rn. 721.

123 Vgl. etwa bereits RGRK-BGB/*Augustin* Rn. 21.

Fertigstellung (→ Rn. 67); Kosten der Anschaffung und Unterhaltung von Kaltwasserzählern, über deren Einbau die Wohnungseigentümer nach § 16 Abs. 2 S. 2 3 iVm § 19 Abs. 1 durch Mehrheitsbeschluss entscheiden können; Kosten für die Ausstattung mit **Wärmezählern** oder **Heizkostenverteilern** zur Erfassung des anteiligen Wärmeverbrauchs sowie mit Warmwasserzählern zur Erfassung des anteiligen Warmwasserverbrauchs (näher → HeizkostenV § 3 Rn. 6), zumal die Wohnungseigentümer gemäß § 4 Abs. 1 HeizkostenV verpflichtet sind, den anteiligen Verbrauch der Wohnungseigentümer an Wärme und Warmwasser zu erfassen (→ Rn. 71 ff.); Kosten eines Eigentümers für **Notmaßnahmen** nach § 18 Abs. 3; **Entgelte** für Wasser, Gas, Wärme und Strom, jeweils, sofern von der Gemeinschaft der Wohnungseigentümer abgenommen und bezahlt.

26 **d) Gebrauchskosten (Abs. 2 S. 1 Beispiel 2).** Kosten des gemeinschaftlichen Gebrauchs sind die **Betriebskosten** des Gemeinschaftseigentums iSd § 556 Abs. 1 S. 2 BGB iVm § 2 BetrKV.[124] Nach Maßgabe des insoweit einschlägigen mietrechtlichen Betriebskostenbegriffs[125] sind Betriebskosten jene Kosten, die dem Eigentümer durch den bestimmungsgemäßen Gebrauch des Gebäudes, der Nebengebäude, Anlagen, Einrichtungen und des Grundstücks laufend (mithin wiederkehrend) entstehen.

27 **e) Lasten (§ 16 Abs. 2 Fall 1 aF). aa) Begriff.** Lasten des gemeinschaftlichen Eigentums (zur Bedeutung dieses in Abs. 2 S. 1 nicht mehr verwandten Lastenbegriffs → Rn. 18) sind (wiederkehrende oder einmalige) Leistungen, die **aus dem aufgeteilten Grundstück im Ganzen** unter damit einhergehender Minderung seines Nutzungswerts zu entrichten sind (vgl. auch → BGB § 103 Rn. 5 ff.; → BGB § 748 Rn. 6),[126] gleichviel, ob diese Lasten öffentlich-rechtlicher oder privatrechtlicher Natur sind (vgl. auch § 1047 BGB). Grundstückslasten setzen damit neben einer persönlichen und gesamtschuldnerischen (nicht nur teilschuldnerischen) Haftung aller Wohnungseigentümer (ggf. stattdessen auch: der Gemeinschaft der Wohnungseigentümer) die **dingliche Haftung des Grundstücks** voraus, was in entsprechender Anwendung des Rechtsgedankens des § 1132 BGB nach Aufteilung des Grundstücks in Wohnungseigentum als dingliche Haftung sämtlicher (nicht nur einzelner!) Wohnungseigentumseinheiten zu verstehen ist.[127]

28 **bb) Privatrechtliche Lasten.** Zu privatrechtlichen Lasten des gemeinschaftlichen Eigentums zählen insbesondere rechtsgeschäftlich begründete Verpflichtungen aller Wohnungseigentümer zu Geldleistungen, für die das Grundstück als Ganzes dinglich haftet,[128] zB **Hypotheken- und Grundschuldzinsen,** soweit das Grundpfandrecht auf allen Wohnungseigentumseinheiten ruht,[129] sodass nur (in der Praxis selten relevante) Gesamtgrundpfandrechte (§ 1132 BGB) hierunter fallen, nicht aber Belastungen (gleich, welcher Art) des einzelnen Wohnungseigentums. Im Fall einer **Gesamthypothek** gehören hierher auch die Kapitalkosten,[130] im Fall der Gesamtgrundschuld (angesichts fehlender Akzessorietät) hingegen nur, sofern nicht nur auf die Darlehensverbindlichkeit, sondern zugleich auf die Grundschuld geleistet wird,[131] anderenfalls handelt es sich aber um Verwaltungskosten, die freilich ebenfalls nach Abs. 2 S. 1 umzulegen sind, sodass der hier bestehende Meinungsstreit mehr von akademischem Interesse ist.

29 **cc) Öffentliche Lasten.** Gemeinschaftliche öffentliche Lasten, die verteilungsbedürftige Kosten nach Abs. 2 S. 1 entstehen lassen, sind jene **Abgabenverpflichtungen,** die auf öffentlichem Recht beruhen, von allen Wohnungseigentümern durch wiederkehrende oder einmalige Geldleistungen persönlich zu erfüllen sind und für die das Grundstück als Ganzes dinglich haftet.[132] Damit fällt insbesondere die **Grundsteuer** nicht hierunter, weil sie für jedes Wohnungseigentum getrennt erhoben wird (§ 2 Nr. 2 GrStG iVm § 68 Abs. 1 Nr. 3 BewG; § 10 GrStG);[133] ebenso wenig gehören zu gemeinschaftlichen Lasten **Erschließungsbeiträge** nach dem Baugesetzbuch, da hier jeder Wohnungseigentümer in Ausnahme vom Grundsatz der Gesamtschuldnerschaft (§ 134 Abs. 1 S. 4 Hs. 1 BauGB) Alleinschuldner (und alleiniger Beitragsadressat) der auf ihn entfallenen Quote an den

[124] Die BetrKV ist im Anschluss zu § 556 kommentiert (→ BetrKV § 1 Rn. 1 ff.).
[125] BT-Drs. 16/887, 22; BGH NJW 2010, 2654 Rn. 10; BeckOGK/*Falkner*, 1.3.2020, Rn. 173 ff.
[126] *Greiner* ZMR 2004, 319 (320); Bärmann/*Becker* Rn. 25; BeckOK WEG/*Bartholome* Rn. 18.
[127] Staudinger/*Bub*, 2005 Rn. 100; BeckOK WEG/*Bartholome* Rn. 18.
[128] Staudinger/*Bub*, 2005, Rn. 120 f.; Bärmann/*Becker* Rn. 30; BeckOK WEG/*Bartholome* Rn. 25.
[129] BayObLGZ 1973, 142 (143) = NJW 1973, 1881; BeckOK WEG/*Bartholome* Rn. 25.
[130] BayObLGZ 1973, 142 (143) = NJW 1973, 1881; Niedenführ/Schmidt-Räntsch/Vandenhouten/*Niedenführ* Rn. 46; aA Weitnauer/*Gottschalg* Rn. 15; *Sauren* Rn. 5.
[131] Staudinger/*Bub*, 2005, Rn. 121; Bärmann/*Becker* Rn. 30.
[132] BGH NZM 2012, 875 Rn. 4 f.; NJW 2013, 3515 Rn. 12.
[133] BayObLG NJW-RR 1992, 1431 (1432); *Schmid* ZWE 2014, 248 (250); vgl. auch VG Leipzig BeckRS 2020, 19636; näher *Fischl* in Bärmann/Seuß WE-Praxis § 63 Rn. 1 ff.

Erschließungsbeiträgen ist (§ 134 Abs. 1 S. 4 Hs. 2 BauGB);[134] korrespondierend dazu ruht der entstandene Erschließungsbeitrag nach § 134 Abs. 2 BauGB als öffentliche Last (iSd § 10 Abs. 1 Nr. 3 ZVG) alleinig auf dem jeweiligen Wohnungseigentum (womit der Erwerber für nicht bezahlte Erschließungsbeiträge seines Rechtsvorgängers mit seinem Wohnungseigentum haftet). Zu gemeinschaftlichen öffentlichen Lasten (diese verstanden als Beiträge, etwa Anliegerbeiträge, oder grundstücksbezogene Benutzungsgebühren) sind dagegen zB zu rechnen: **Straßenreinigungsgebühren, Schornsteinfegergebühren** (vgl. § 20 Abs. 2 S. 1 SchfHwG: Gemeinschaft der Wohnungseigentümer als Gebührenschuldner)[135] sowie **Kanalanschluss- bzw. Kanalbenutzungsgebühren,**[136] indes nur, falls nicht das jeweilige Landesrecht Wohnungseigentümer nur entsprechend ihres Miteigentumsanteils (und damit als Teilschuldner) für beitragspflichtig erklärt[137] (sodass ohnehin kein zu verteilender Aufwand bei der Gemeinschaft der Wohnungseigentümer entsteht). Vielmehr muss – auf hinreichend deutlicher gesetzlicher Grundlage –[138] die Gemeinschaft der Wohnungseigentümer selbst als Abgabenschuldner bestimmt[139] oder aber eine gesamtschuldnerische Haftung angeordnet sein.[140] Im letzteren Fall stellt sich die Frage, ob (trotz formaler Schuldnerstellung der jeweiligen gesamtschuldnerisch haftenden Wohnungseigentümer) § 9a Abs. 2 eine **Außenzuständigkeit** der Gemeinschaft der Wohnungseigentümer für diese Pflichten zu begründen vermag,[141] wofür immerhin spricht, dass es sich bei diesen Abgabenpflichten um solche handelt, die aus der Miteigentümerstellung am gemeinschaftlichen Grundstück resultieren.[142] Auch wenn man § 9a Abs. 2 nicht für einschlägig hält, wird man doch zu verteilungsfähigem Aufwand bei der Gemeinschaft der Wohnungseigentümer gelangen – denn über § 18 Abs. 2 Nr. 1 ergibt sich (insoweit entsprechend § 10 Abs. 6 S. 3 aF) ein Anspruch der Wohnungseigentümer auf Erfüllungsübernahme bzw. Freistellung von dieser gemeinschaftsbezogenen Pflicht.[143]

30 **2. Gesetzlicher Kostenverteilungsschlüssel. a) Typisierte Kostengerechtigkeit.** Nach Abs. 2 S. 1 bestimmt sich die Beteiligung des einzelnen Wohnungseigentümers an den Kosten der Gemeinschaft der Wohnungseigentümer im Innenverhältnis nach dem Verhältnis der im Grundbuch eingetragenen Miteigentumsanteile. Dieser gesetzliche Verteilungsmaßstab ist **dispositives Recht;** die Kostentragung nach dem Verhältnis der Eigentumsbruchsteile zueinander ist damit eine „Faust- und Hilfsregel", die nur subsidiär zum Tragen kommt, wenn nicht durch Vereinbarung oder Beschluss für einzelne Kosten oder bestimmte Kostenarten (vgl. Abs. 2 S. 2) oder – insoweit nur durch Vereinbarung möglich – generell (dh ein allgemeingültiger oder jedenfalls als Auffangregelung fungierender) abweichender Verteilungsmodus festgelegt wird. Da das Gesetz als in diesem Sinne dispositiven Schlüssel für die Kostenverteilung die Größe der Miteigentumsanteile vorsieht, andererseits aber nicht verlangt, dass die Miteigentumsanteile nach Wert, Größe oder Nutzungsmöglichkeit der einzelnen Raumeinheiten festgelegt werden müssen,[144] hat der Gesetzgeber im Zeichen der Schaffung einer pauschalierenden, Rechtsklarheit schaffenden Auffangnorm, die zugleich eine praktikable Verwaltung ermöglicht, Unbilligkeiten im Einzelfall in Kauf genommen. Der **gesetzliche Lastenverteilungsschlüssel** muss mithin auch **hingenommen** werden, wenn er im Einzelfall etwa dem **wirklichen Verbrauch nicht entspricht,** selbst dann, wenn eine anderweitige Kostenverteilung als nach Miteigentumsanteilen nahegelegen hätte (aber eine abweichende Verteilung weder vereinbart noch beschlossen wurde). So muss sich etwa der Nichtschwimmer an den Kosten des im gemeinschaftlichen Eigentum stehenden Schwimmbads ebenso beteiligen wie der Eigentümer einer im Erdgeschoss oder im Fall der Mehrhausanlage gar im Haus ohne Aufzug gelegenen Raumeinheit an den Aufzugskosten;[145] Ähnliches gilt auch für leerstehende Wohnungen (→ Rn. 65).

---

[134] BeckOK BauGB/*Eiding* BauGB § 134 Rn. 19b; Erman/*Grziwotz* Rn. 3.
[135] VG Darmstadt NZM 2007, 417 (418); näher *H. Müller* ZWE 2014, 203; vgl. auch BeckOK WEG/*Bartholome* Rn. 20; BeckOGK/*Falkner*, 1.3.2020, Rn. 75.
[136] OVG Bremen NZM 2019, 219 Rn. 11.
[137] Vgl. *Becker* MietRB 2011, 332 (333); s. auch die Übersicht über die jeweiligen Landesgesetze bei *Becker* in Bärmann/Seuß WE-Praxis § 71 Rn. 3 ff.; BeckOGK/*Falkner*, 1.3.2020, § 10 Rn. 579.1.
[138] BayVGH NVwZ-RR 2007, 223 (226); BeckOK WEG/*Bartholome* Rn. 23; Staudinger/*Bub*, 2005, Rn. 102.
[139] Vgl. § 20 Abs. 2 S. 1 SchfHwG.
[140] BGH NJW 2014, 1093 Rn. 8; *Briesemeister* NZM 2007, 225 (229); BeckOK WEG/*Bartholome*, Rn. 23.
[141] So zu § 10 Abs. 6 S. 3 aF BGH NJW 2014, 1093 Rn. 9 ff.; *Becker* ZWE 2020, 209 (210 ff.); s. zudem BeckOGK/*Falkner*, 1.3.2020, § 10 Rn. 579 ff.
[142] Zutr. idS *Hügel/Elzer* Rn. 38 f.; *Dötsch/Schultzky/Zschieschack* WEG-Recht 2021 Kap. 7 Rn. 3; in diese Richtung auch *Becker/Schneider* ZfIR 2020, 282 (294); aA jedoch *Lehmann-Richter/Wobst* WEG-Reform 2020 Rn. 151, die öffentlich-rechtliche Abgabepflichten als nicht von § 9a Abs. 2 erfasst sehen.
[143] Insoweit zutr. *Lehmann-Richter/Wobst* WEG-Reform 2020 Rn. 151 iVm 109 ff.
[144] Unstr.; vgl. etwa BayObLG NZM 2001, 290; OLG Düsseldorf FGPrax 2001, 101.
[145] BGHZ 92, 18 (22 f.) = NJW 1984, 2576.

b) Verteilung nach Miteigentumsbruchteilen. Da es nach Abs. 2 S. 1 auf die Grundbucheintragung iSd § 47 GBO hinsichtlich der Eigentumsbruchteile ankommt (vgl. bereits sinngemäß → Rn. 4) und Änderungen der Miteigentumsquoten erst mit ihrer **Eintragung im Grundbuch** wirksam werden, dürfen Änderungen bei der Aufstellung von Wirtschaftsplan (§ 28 Abs. 1 S. 2) bzw. Jahresabrechnung (§ 28 Abs. 2 S. 2), erst recht bei der Beschlussfassung über die Vorschüsse zur Kostentragung (§ 28 Abs. 1 S. 1) oder über die Einforderung von Nachschüssen (§ 28 Abs. 2 S. 1) erst ab diesem Zeitpunkt berücksichtigt werden.[146] Nach allgemein konsentierter Ansicht[147] sind die Wohnungseigentümer bzw. ist der aufteilende Eigentümer **frei in der Bemessung der Größe der Miteigentumsanteile,** die insbesondere nicht dem Anteil des Sondereigentums am Wert des Gesamtgebäudes entsprechen müssen. Neben der Festlegung der Quote hinsichtlich der Nutzungsteilhabe (§ 16 Abs. 1 S. 1 und 2) und der Außenhaftung für Verbindlichkeiten der Gemeinschaft der Wohnungseigentümer (§ 9a Abs. 4 S. 1) besteht die Hauptfunktion der Bestimmung der Miteigentumsanteilsgröße in der Bildung des Kostenverteilungsschlüssels. Dies sollte indes nicht dazu verleiten, zu versuchen, allein über die **Miteigentumsanteile** eine möglichst **gerechte Kostenverteilung** sicherzustellen, zumal bei der Verschiedenartigkeit der Kostenfaktoren ein derartiger Versuch scheitern dürfte. Sinnvoller ist es, von dem Gestaltungsspielraum des § 16 Abs. 2 S. 2 Gebrauch zu machen und für die einzelnen Kostenarten verschiedene Verteilungsschlüssel festzulegen.[148] – **Häufig nach Miteigentumsanteilen verteilt** werden etwa Kosten für **Versicherungen** (§ 2 Nr. 13 BetrKV, einschließlich der Kosten eines prämienmindernden Selbstbehalts, der aber – auch durch Beschluss iSd § 16 Abs. 2 S. 2[149] – abweichend verteilt werden kann, nicht aber – insoweit ordnungsgemäßer Verwaltung widersprechend – zulasten eines in seinem Sondereigentum geschädigten Wohnungseigentümers ohne dessen Exkulpationsmöglichkeit), für **Schornsteinreinigung** (§ 2 Nr. 12 BetrKV), für den **Allgemeinstrom** (3 2 Nr. 13 BetrKV), falls nicht bestimmte Stromkosten für im gemeinschaftlichen Eigentum stehende Flächen oder Anlagen (wie etwa jene der Beleuchtung eines nur von einigen Wohnungseigentümern genutzten Garagengebäudes) nach Gebrauchsmöglichkeit,[150] nach Einheiten (vgl. → Rn. 56)[151] oder (indes wenig empfehlenswert → Rn. 68) nach Personenzahl abgerechnet werden sollen,[152] ferner die Kosten für die **Straßenreinigung** (§ 2 Nr. 8 BetrKV), einschließlich jener des **Winterdienstes** (→ Rn. 57), wobei im Fall ursprünglicher Verteilung nach Kopfteilen (→ Rn. 68) ein Übergang zur Verteilung nach Miteigentumsanteilen (wenn der unterschiedlichen Gebrauchsmöglichkeit unter Berücksichtigung der Verkehrssicherungspflicht Rechnung tragend) ordnungsgemäßer Verwaltung entsprechen wird.[153] 31

3. Gewillkürter Kostenverteilungsschlüssel (Abs. 2 S. 2). a) Vereinbarte Verteilungsschlüssel. aa) Gestaltungsfreiheit; Gestaltungsgrenzen. Es steht den Wohnungseigentümern frei, ob sie im Wege der Vereinbarung einen anderslautenden Kostenverteilungsschlüssel (etwa eine Kostenverteilung nach Wohn- und Nutzflächen) generell an die Stelle des gesetzlichen treten lassen wollen, sodass dieser vereinbarte Schlüssel seinerseits nunmehr als Auffangregelung für die Verteilung all jener Kostenpositionen dient, die keiner spezifischen Kostenverteilungsbestimmung (durch Vereinbarung oder Beschluss) zugeführt wurden, oder ob sie sich darauf beschränken, für einzelne Kosten oder Kostenarten von der gesetzlichen Auffangregel abweichende Verteilungsmodi vorzugeben,[154] ohne jedoch die gesetzliche Auffangregel ihrerseits abzubedingen. **Zwingende Gestaltungsgrenzen** setzt die **HeizkostenV** (→ Rn. 71 ff.), ansonsten besteht **Gestaltungsfreiheit,** die ihre Grenze in § 242 BGB, richtigerweise auch bei Setzung durch den Alleineigentümer indes nicht in den §§ 307 ff. BGB findet (allgemein → § 10 Rn. 10). Kostengerechtigkeit herzustellen, ist auf Vereinbarungsebene damit nur ein Zweckmäßigkeitspostulat; „ungerechte" Kostenverteilungsschlüssel sind durch den Konsens der Wohnungseigentümer legitimiert und damit allenfalls (in seltenen 32

146 Vgl. BayObLG NZM 2000, 287 (288); Riecke/Schmid/Elzer/*Abramenko* Rn. 24; Niedenführ/Schmidt-Räntsch/Vandenhouten/*Niedenführ* Rn. 6.

147 BGH NJW-RR 2011, 1646 Rn. 11; Bärmann/*Becker* Rn. 41; BeckOGK/*Falkner,* 1.3.2020, Rn. 38.

148 Vor allzu ausdifferenzierten Kostenverteilungsregeln warnt jurisPK-BGB/*Lafontaine* Rn. 90.

149 AA, allerdings noch zu § 16 aF, Niedenführ/Schmidt-Räntsch/Vandenhouten/*Niedenführ* Rn. 96; Bärmann/*Armbrüster* § 1 Rn. 253; wie hier indes OLG Köln NZM 2003, 641 (642), allerdings ohne Begr.; AG Lemgo NZM 2018, 405 (405 f.); *Dötsch* ZMR 2014, 168 (178).

150 S. nur Niedenführ/Schmidt-Räntsch/Vandenhouten/*Niedenführ* Rn. 94.

151 Vgl. BeckOK WEG/*Bartholome* Rn. 140; *Sauren* Rn. 12S; aA – Verteilung nach Anzahl der Wohnungen nicht sachgerecht – Jennißen/*Jennißen* Rn. 93.

152 Vgl. auch Jennißen/*Jennißen* Rn. 93.

153 *Moosheimer* ZMR 2011, 597 (605); nicht diff. Niedenführ/Schmidt-Räntsch/Vandenhouten/*Niedenführ* Rn. 87: Wechsel widerspricht nicht ordnungsgemäßer Verwaltung; einschr. LG München I NZM 2010, 248 (249); Bärmann/*Becker* Rn. 106; Jennißen/*Jennißen* Rn. 138b.

154 Vgl. etwa LG Rostock ZWE 2015, 462 (463); *Elzer* MietRB 2014, 92 (94 ff.); Bärmann/*Becker* Rn. 45.

Fällen) bei Verletzung des in § 242 BGB wurzelnden Übermaßverbots durch den aufteilenden Eigentümer unwirksam, etwa wenn ein aufteilender Bauträger die Kostenverteilung einseitig zulasten der künftigen übrigen Wohnungseigentümer ausgestaltet, indem er sich selbst von einer Kostentragungspflicht ganz oder über Gebühr ausnimmt.[155]

33 **bb) Ausdrückliche und konkludente Vereinbarungen.** Als schuldrechtlicher Kollektivvertrag bedarf die Vereinbarung über das Verhältnis der Wohnungseigentümer untereinander keiner besonderen Form und kann im Einzelfall auch konkludent zustande kommen. Bestehen allerdings Zweifel hinsichtlich des **Abbedingungswillens,** die (bei verdinglichter Vereinbarung) im Wege der objektiven **Auslegung** nach Maßgabe der Grundbucheintragung und der für jedermann erkennbaren Verhältnisse nicht beseitigt werden können, verbleibt es beim gesetzlichen Auffangkostenverteilungsschlüssel.[156] Erst recht gilt dies beim Fehlen eines rechtsgeschäftlichen Abbedingungsakts, sodass aus einer **mehrjährigen Übung** für sich genommen nicht auf die Vereinbarung eines Kostenverteilungsschlüssels geschlossen werden kann. Anders liegt es nur, wenn ein Rechtsbindungswille feststellbar ist, der aber mindestens voraussetzt, dass sämtliche Wohnungseigentümer Kenntnis von der Diskrepanz des tatsächlich herangezogenen gegenüber dem geltenden Verteilungsschlüssel haben und diesen (auch für die Zukunft, nicht nur für die Zwecke einer Jahresabrechnung) durch den tatsächlich praktizierten ersetzen wollen, den Verstoß mithin nicht nur zu dulden bereit sind,[157] was regelmäßig (aber nicht zwingend) verlangt, dass die Wohnungseigentümer allesamt in Kenntnis der geltenden Vereinbarung über die Änderung beraten haben.[158] Ebenso verbleibt es bei § 16 Abs. 2 S. 1 im Fall gewollter, aber **undurchführbarer Kostenvereinbarungen;**[159] wurde zweifelsfrei der Kostenverteilungsschlüssel abbedungen, bleibt aber im Unklaren, in welchem Umfang, ist die (grundsätzlich auslegungsfähige) Vereinbarung eng zu verstehen.[160] Möglich bleibt im Lichte des § 16 Abs. 2 S. 2 in solchen Fällen ein **Klarstellungsbeschluss,** nicht aber, soweit eine Vereinbarung betroffen ist, die den Auffangkostenverteilungsschlüssel generell abbedingen will, weil für eine entsprechende Festlegung eines gewillkürten Auffangkostenverteilungsschlüssels keine Beschlusskompetenz besteht (→ Rn. 39 f.).

34 Eine Frage der ergänzenden Auslegung der Gemeinschaftsordnung ist es, ob die **Zuweisung eines Sondernutzungsrechts** bei Schweigen der Gemeinschaftsordnung hierzu mit einer Auferlegung der betreffenden Erhaltungskosten zulasten des Sondernutzungsberechtigten einhergehen sollte. Die Annahme eines dahingehenden Automatismus verbietet sich jedenfalls,[161] schon, weil das Sondernutzungsrecht bei der Bildung der Miteigentumsanteile (maßgebend für den gesetzlichen Kostenverteilungsschlüssel, → Rn. 32) berücksichtigt worden sein kann oder die übrigen Wohnungseigentümer über die Erhaltung mitbeschließen wollen, dann aber auch Erhaltungsmaßnahmen mitfinanzieren sollen.[162]

35 **cc) Umdeutung.** Ein Sonderfall der Auslegung ist betroffen, soll eine gewillkürte Kostenverteilungsregelung im Wege der Umdeutung (§ 140 BGB) einer **nichtigen Zuweisung** von (tatsächlich im gemeinschaftlichen Eigentum stehenden) Gebäudeteilen zum **Sondereigentum** gewonnen werden. Vermittels der Umdeutung soll zwar dem Willen der am Rechtsgeschäft Beteiligten möglichst zum Erfolg verholfen werden, doch sind die beschränkten Auslegungsmöglichkeiten verdinglichter Vereinbarungen bzw. sachenrechtlicher Zuweisungserklärungen in Rechnung zu stellen, sodass es auf den objektiven Sinn des im Grundbuch Eingetragenen ankommt. Im Einzelfall kann nach diesen Grundsätzen aber eine in der Teilungserklärung erfolgte, wegen Verstoßes gegen § 5 Abs. 2 indes nichtige Zuweisung der Fenster, Balkontüren und -geländer etc. zum Sondereigentum dahingehend umgedeutet werden, dass den betroffenen Wohnungseigentümer die Erhaltungspflicht bezüglich

---

[155] Vgl. auch idS BeckOGK/*Falkner,* 1.3.2020, Rn. 129.

[156] Vgl. Bärmann/*Becker* Rn. 45; BeckOK WEG/*Bartholome* Rn. 59; Jennißen/*Jennißen* Rn. 18; Niedenführ/Schmidt-Räntsch/Vandenhouten/*Niedenführ* Rn. 7; Spielbauer/Then/*Spielbauer* Rn. 13.

[157] Vgl. BayObLG NZM 2001, 754 (756); OLG München NZM 2007, 167 (168); dazu Jennißen/*Jennißen* Rn. 21; BeckOK WEG/*Bartholome* Rn. 54; Spielbauer/Then/*Spielbauer* Rn. 9.

[158] OLG Hamburg ZMR 2006, 298 = BeckRS 2011, 17281 Rn. 28 ff.; s. auch OLG Düsseldorf NJOZ 2007, 2885 (2887).

[159] KG NJOZ 2003, 1711 (1713 f.); BeckOK WEG/*Bartholome* Rn. 59; Niedenführ/Schmidt-Räntsch/Vandenhouten/*Niedenführ* Rn. 7.

[160] LG Köln ZWE 2019, 219 (220); LG Itzehoe ZMR 2018, 259 = BeckRS 2017, 145050; BeckOK *Bartholome* Rn. 58; Jennißen/*Jennißen* Rn. 17; Spielbauer/Then/*Spielbauer* Rn. 13.

[161] *Ott* ZWE 2013, 156 (157); Niedenführ/Schmidt-Räntsch/Vandenhouten/*Niedenführ* Rn. 18; BeckOGK/*Falkner,* 1.3.2020, Rn. 133; zum Ganzen auch *Hogenschurz,* Das Sondernutzungsrecht nach dem WEG, 2008, § 3 Rn. 13 ff.

[162] Zutr. idS BeckOGK/*Falkner,* 1.3.2020, Rn. 133.1 f.

dieser Gegenstände trifft.[163] Das liegt allerdings letztlich nur nahe,[164] wenn die Gemeinschaftsordnung im Übrigen um eine strenge Korrelation von Kosten- und Nutzenverteilung bemüht ist, etwa durch Zuweisung sämtlicher Kosten der Erhaltung der zu Sondereigentum bestimmten Raumeinheiten an den Sondereigentümer, einschließlich der Erhaltungskosten hinsichtlich der darin befindlichen Teile des gemeinschaftlichen Eigentums (zu einer solchen Vereinbarung → Rn. 62).

b) Beschlossene Verteilungsschlüssel. aa) Gesetzliche Öffnungsklausel (Abs. 2 S. 2). 36
Abs. 2 S. 2 bringt eine gesetzliche Öffnungsklausel für eine Änderung des Kostenverteilungsschlüssels durch **Mehrheitsbeschluss,** sei dieser der gesetzliche (Abs. 2 S. 1) oder ein vereinbarter. Die Beschlusskompetenz ist sachlich zwar auf die Vorgabe eines Maßstabs der Verteilung einzelner oder bestimmter Arten von Kosten beschränkt (zu dieser sachlich unbedeutenden Differenzierung → Rn. 37 ff.), doch bedeutet dies nicht mehr, als dass über den Auffangkostenverteilungsschlüssel nicht beschlossen werden darf (→ Rn. 39 f.). Die Beschlusskompetenz ist **jenseits dieser Ausnahme unbeschränkt,** insbesondere auf die Verteilung jedweder Art des von § 16 Abs. 2 erfassten Aufwands bezogen, der bei der Gemeinschaft der Wohnungseigentümer anfällt (zu den Kostenarten → Rn. 17 ff.), einschließlich jenes Aufwands, der sachlich dem Sondereigentum zuzuordnen ist, aber im Außenverhältnis der Gemeinschaft der Wohnungseigentümer in Rechnung gestellt wird (→ Rn. 18) sowie jenes Aufwands, der durch rechtswidriges Handeln einzelner Wohnungseigentümer entstanden ist.[165] Ausgeklammert bleiben allein die Kosten baulicher Veränderungen (nicht aber jene der erstmaligen Herstellung des gemeinschaftlichen Eigentums, → Rn. 67), aber nur, weil sie insgesamt aus dem Anwendungsbereich des § 16 Abs. 2 herausfallen (vgl. § 16 Abs. 3), doch hält hierfür § 21 Abs. 5 S. 1 eine Beschlusskompetenz bereit. Die Beschlusskompetenz nach Abs. 2 S. 2 besteht unabhängig davon, ob die Kostenverteilung für einen **Einzelfall** oder **generell** für die Zukunft festgelegt werden soll, solange damit nur keine Änderung des Auffangkostenverteilungsschlüssels verbunden ist; sie kann, relevant im Fall von Erhaltungsmaßnahmen, vor Durchführung der beschlossenen Maßnahme, zeitgleich mit dieser, aber auch im Nachgang ausgeübt werden.[166] Die Frage, welche Kostenart betroffen ist, hat weder für die Reichweite der Beschlusskompetenz noch für die Mehrheitserfordernisse Bedeutung.

bb) Einzelne Kosten(positionen) (Abs. 2 S. 2 Fall 1). Die vom Gesetz so bezeichneten „einzelnen Kosten" (besser: Kostenpositionen) sind sachlich von einem Kostenverteilungsbeschluss betroffen, sofern er sich auf einen konkret entstandenen oder entstehenden Aufwand bei der Gemeinschaft der Wohnungseigentümer bezieht. **„Einzeln"** heißt insoweit individualisierbar, **konkret bestimmbar,**[167] nach der Gesetzesbegründung zugleich aber auch „einmalig" anfallend, was jedoch missverständlich gefasst ist, weil selbstverständlich nicht ausgeschlossen sein muss, dass die konkrete Aufwandsposition in Zukunft noch einmal anfällt: Treffender wäre es hier, davon zu sprechen, dass die Aufwandsposition im Zeitpunkt der Beschlussfassung „einmalig" erscheint, weil jeweils keine Wiederholung des kostenauslösenden Ereignisses geplant ist.[168] Da die Abgrenzung zur Beschlussfassung über die Verteilung bestimmter Kostenarten rechtlich aber ohne Bedeutung ist, sollte die Frage der zutreffenden Einordnung nicht überbewertet werden. Die Gesetzesbegründung bringt als Beispiel die Verteilung der Kosten einer konkreten Erhaltungsmaßnahme in Gestalt eines Fenstertausches,[169] was sich mit dem aufgezeigten Begriffsverständnis deckt. 37

cc) Bestimmte Kostenarten (Abs. 2 S. 2 Fall 2). Unter bestimmten Kostenarten sind nach der Gesetzesbegründung im Gegensatz zu einzelnen Kostenpositionen (→ Rn. 39) solche Formen des bei der Gemeinschaft der Wohnungseigentümer entstehenden Aufwands zu verstehen, die **laufend wiederkehrend** (Müllentsorgungs- oder Aufzugswartungskosten) oder aber in **unregelmäßigen Abständen gleichartig** anfallen (Kosten der Fenstererhaltung oder der Verwalterzustimmung nach § 12).[170] Gemeint ist, dass der Kostenverteilungsbeschluss nicht allein auf eine konkret bestimm- 38

---

[163] OLG Karlsruhe ZWE 2011, 38 (39); Niedenführ/Schmidt-Räntsch/Vandenhouten/*Niedenführ* Rn. 17; BeckOK WEG/*Bartholome* Rn. 57; strenger Jennißen/*Jennißen* Rn. 24: salvatorische Klausel erforderlich.

[164] Vgl. OLG Karlsruhe ZWE 2011, 38 (39); LG Düsseldorf ZWE 2015, 40 (41); strenger Spielbauer/Then/*Spielbauer* Rn. 13; dagegen mit Recht Niedenführ/Schmidt-Räntsch/Vandenhouten/*Niedenführ* Rn. 17.

[165] Vgl. nur *Lehmann-Richter/Wobst* WEG-Reform 2020 Rn. 691; Letzteres war unter Geltung des § 16 Abs. 2 aF str.; abl. etwa BeckOK WEG/*Bartholome* Rn. 157.

[166] Zutr. Palandt/*Wicke* Rn. 6.

[167] So auch *Hügel/Elzer* Rn. 53 mit Beispiel.

[168] Vgl. auch *Lehmann-Richter/Wobst* WEG-Reform 2020 Rn. 698: Beschluss über Kosten mit „konkret identifiziertem Kostenentstehungsgrund"; s. aber auch Erman/*Grziwotz* Rn. 10a: „einmalig anfallend"; Palandt/*Wicke* Rn. 6: „Einzelfall"; *Hügel/Elzer* Rn. 54: „Kostenpositionen".

[169] BR-Drs. 168/20, 60.

[170] Beispiel nach BR-Drs. 168/20, 60 bzw. *Lehmann-Richter/Wobst* WEG-Reform 2020 Rn. 698 sowie Erman/*Grziwotz* Rn. 10a.

bare Aufwandsposition bezogen ist, sondern auch mit Wirkung für die Zukunft die Verteilung gleichartiger oder wiederkehrender Aufwandspositionen erfassen soll, womit herausgestrichen wird, dass die Beschlusskompetenz (anders als nach § 16 Abs. 4 S. 1 aF) gerade nicht auf Einzelfälle beschränkt ist (sodass Beschlusskompetenz etwa auch dafür besteht, jedem Wohnungseigentümer die Kosten des Austauschs der in seiner Raumeinheit befindlichen Fenster aufzuerlegen). Der vormalige Grundsatz der Maßstabskontinuität[171] verliert mithin insoweit seine Bedeutung, behält aber als Gleichbehandlungsgebot (für künftige, gleichgelagerte Fälle) und damit als Topos bei der Bewertung der materiellen Ordnungsmäßigkeit eines künftigen, sachlich einschlägigen – nicht des derzeitigen(!) – Kostenverteilungsbeschlusses eine Restfunktion.[172] Die vom Gesetz weiterhin verlangte „Bestimmtheit" der Kostenart ist nur als Referenz auf das Fehlen einer Beschlusskompetenz für den Auffangkostenverteilungsschlüssel zu verstehen.

39 **dd) Keine Beschlusskompetenz für Änderung des generellen Verteilungsmaßstabs.** Wenn Abs. 2 S. 2 spezifizierend davon spricht, dass über einzelne Kosten oder bestimmte Kostenarten beschlossen werden kann, ergibt sich im Umkehrschluss, dass die Beschlusskompetenz nicht unbeschränkt besteht. Die Gesetzesbegründung versucht die damit gemeinte Ausnahme dahingehend zu umschreiben, dass hiermit eine „generelle Veränderung des allgemeinen Verteilungsschlüssels" gemeint sei. Da über Kostenarten allerdings über den Einzelfall hinaus und damit generell beschlossen werden darf (→ Rn. 36), kann dies nur dahingehend zu verstehen sein, dass der **Auffangkostenverteilungsschlüssel** nicht durch Mehrheitsbeschluss, sondern **nur durch Vereinbarung** (etwa hin zu einer Auffangkostenverteilung nach Wohn- oder Nutzflächen) geändert werden darf. Mit dem „allgemeinen" Verteilungsschlüssel ist damit jener Schlüssel gemeint, der eingreift, sofern kein besonderer vorhanden bzw. einschlägig ist. Dies ergibt auch unter Wertungsgesichtspunkten Sinn: Mehrheitsentscheidungen sollen nur dort zugelassen werden, wo die beschlussfassenden Wohnungseigentümer die betroffenen Aufwandspositionen zumindest ihrer Art nach vor Augen haben, nicht aber dort, wo für alle künftigen Fälle, bei denen kein spezifischer Kostenverteilungsschlüssel greift, eine Auffangregelung zum Tragen kommen soll, deren Auswirkungen im konkreten Fall noch gar nicht absehbar sind.[173] Hieraus folgt zwanglos, dass auch vereinbarte Kostenregelungen, die als Auffangregelung dienen, nicht vermittels Mehrheitsbeschluss durch eine andere Auffangregelung ersetzt werden können. Unberührt bleibt freilich die Möglichkeit, durch Mehrheitsbeschluss die Auffangregelung (gleichviel, ob die gesetzliche oder eine vereinbarte) für bestimmte Kostenpositionen oder bestimmte Kostenarten zu durchbrechen.

40 Wenig überzeugend ist es, demgegenüber den Ausschluss der Beschlusskompetenz nicht auf die Festlegung einer Auffangkostenregelung für jedwede nicht spezifisch erfassten Kosten der Gemeinschaft der Wohnungseigentümer zu beziehen, sondern auf einen **„Generalbeschluss"**, der die betroffenen Kosten nicht näher konkretisiert.[174] Diese Sichtweise führte in sachlich kaum begründbare Differenzierungen, etwa danach, ob ein Mehrheitsbeschluss ganz generell die „Kosten des Gebrauchs" nach einem bestimmten Maßstab verteilt wissen will (keine Beschlusskompetenz) oder (schon etwas spezifischer) die „Kosten der Erhaltung" desselben (Beschlusskompetenz). Überzeugen könnte dies nur, wenn sich gesetzliche Anhaltspunkte für eine Differenzierung zwischen „allgemeinen" und „konkreten" Kostengruppen finden ließen, was aber nicht der Fall ist. IErg wird auch diese Ansicht freilich meist zu ähnlichen Ergebnissen kommen; denn wenn es richtigerweise darauf ankommt, ob eine Mehrheitsentscheidung den Auffangkostenverteilungsschlüssel in dieser Funktion ändert, muss darauf abgestellt werden, ob Kostenarten spezifiziert bzw. „bestimmt" sind, wie es auch Abs. 2 S. 2 Fall 2 verlangt; für Bestimmtheit in diesem Sinne genügt es aber, aus dem Kreis des von § 16 Abs. 2 S. 1 erfassten Aufwands bei der Gemeinschaft der Wohnungseigentümer einen Teilbereich herauszugreifen, sodass noch Raum für eine Auffangregelung verbleibt.

41 **ee) Abdingbarkeit der gesetzlichen Öffnungsklausel.** Die **Beschlusskompetenz** iSd Abs. 2 S. 2 ist durch Vereinbarung **abdingbar und modifizierbar,** indem sie etwa gänzlich ausgeschlossen oder an erhöhte Voraussetzungen (etwa ein höheres Beschlussquorum) gebunden wird.[175] Eine § 16 Abs. 5 aF entsprechende Bestimmung hält das Gesetz nicht mehr bereit. Dies ist iErg zu

[171] BGHZ 186, 51 Rn. 19 = NJW 2010, 2513; dazu auch *Riecke/v. Rechenberg* MDR 2011, 9 (10); *Häublein* ZWE 2013, 160 (161); *Bonifacio* ZMR 2011, 771 (772); *Jennißen* ZWE 2017, 117 (119).

[172] Vgl. BR-Drs. 168/20, 60; zu diesem Gleichbehandlungsgebot BGH NJW-RR 2013, 335 Rn. 19; zum Ganzen auch *Lehmann-Richter/Wobst* WEG-Reform 2020 Rn. 711 f. mit Beispiel; weiterhin Palandt/*Wicke* Rn. 5.

[173] Zu krit. daher *Lehmann-Richter/Wobst* WEG-Reform 2020 Rn. 695 f.

[174] So aber *Lehmann-Richter/Wobst* WEG-Reform 2020 Rn. 696 f., die denn auch wie im Text ausgeführt differenzieren.

[175] Vgl. auch BR-Drs. 168/20, 96; Palandt/*Wicke* Rn. 7; unklar *Dötsch/Schultzky/Zschieschack* WEG-Recht 2021 Kap. 7 Rn. 11, wenn diese ausführen, § 16 Abs. 2 S. 2 sei „faktisch unabdingbar".

begrüßen, und zwar als Korrektiv zu den weitreichenden Mehrheitskompetenzen, die Abs. 2 S. 2 begründet (zu diesen → Rn. 36 ff.), die zwar ihrerseits einer flexiblen, maßgeschneiderten Festlegung von Kostenverteilungsschlüsseln dienen, indes die Minderheit der Wohnungseigentümer bei ordnungswidrigen Kostenverteilungsschlüsseln der Mehrheit in die Anfechtungsklage drängt. Wo diese Auswirkungen in einer Wohnungseigentumsanlage ungewünscht sind, können sie durch sämtliche Wohnungseigentümer mittels Vereinbarung vermieden werden. Dass damit im Fall des Gebrauchmachens von dieser Abbedingungsmöglichkeit die Beschlusskompetenzen hinter dem alten Rechtszustand zurückbleiben, der über § 16 Abs. 5 aF die (freilich weniger weitreichenden) Beschlusskompetenzen garantierte, ist hinzunehmen. Eine Altvereinbarung, die Beschlusskompetenzen im Widerspruch zu § 16 Abs. 5 aF abbedingen wollte und daher nichtig war, bleibt allerdings nichtig, da sich die Nichtigkeit nach dem Zeitpunkt des Abschlusses des Rechtsgeschäftes richtet.[176]

ff) Formelle Anforderungen. Ohne Differenzierung nach der betroffenen Kostenposition bzw. Kostenart genügt generell für die Beschlussfassung über die Änderung des gesetzlichen oder eines vereinbarten Kostenverteilungsschlüssels eine **einfache Mehrheit** (Abs. 2 S. 2 iVm § 25 Abs. 1), und zwar berechnet auf Grundlage der abgegebenen (nicht aller insgesamt möglichen oder auch nur aller in der Versammlung erschienenen bzw. vertretenen) Stimmen. Da nunmehr seit ersatzloser Streichung der § 25 Abs. 3 und Abs. 4 aF jede Versammlung der Wohnungseigentümer unabhängig von der Anzahl der Teilnehmer beschlussfähig ist, kann dies im Extremfall dazu führen, dass ein einziger teilnehmender Wohnungseigentümer einen entsprechenden Kostenverteilungsschlüssel beschließt; umso wichtiger ist, dass der Beschlussgegenstand bei der Einberufung konkret bezeichnet wird,[177] wie es § 23 Abs. 2 ohnedies als Gültigkeitsvoraussetzung des Beschlusses verlangt. 42

Dem gefassten Beschluss muss **hinreichend konkret** entnommen werden können, dass die Wohnungseigentümer einen dahingehenden **Änderungswillen** hatten. Dies verlangt zweierlei: **(1)** Der Beschluss muss seinem **Inhalt** nach (bei der im Lichte der korporativen Wirkung notwendigen objektiven Auslegung) auf eine **Kostenverteilungsänderung gerichtet** sein, mithin von einem dahingehenden Erklärungsbewusstsein (der Mehrheit) der Wohnungseigentümer bei ihrer Stimmabgabe getragen sein (bei fehlendem dahingehenden Erklärungsbewusstsein ist der Beschluss nichtig).[178] Wird über Vorschüsse auf Grundlage eines Wirtschaftsplans beschlossen (vgl. § 28 Abs. 1), der seinerseits einen vom bisher geltenden (gesetzlichen, vereinbarten oder beschlossenen) abweichenden Kostenverteilungsschlüssel zugrunde legt (selbiges gilt für Beschlüsse über Nachschüsse iSd § 28 Abs. 2 auf der Grundlage der Jahresabrechnung, auch wenn die Einzelabrechnungen die Kostenverteilungsschlüssel zur Anwendung bringen), kann der Beschluss nicht allein deshalb als konkludenter bzw. impliziter Änderungsbeschluss hinsichtlich des Kostenverteilungsschlüssels ausgelegt werden.[179] **(2)** Der Beschluss muss dergestalt **transparent** gefasst werden, dass ein verständiger, unbefangener Dritter aus ihm die intendierte Kostenverteilungsänderung entnehmen kann. Maßstab war zu § 16 aF insoweit, ob ihm diese Änderung bei Durchsicht der Beschlusssammlung (mit üblicher Sorgfalt) ohne Weiteres (dh ohne gezielt daraufhin die Beschlusssammlung durchzusehen) auffällt.[180] Dieser Maßstab bleibt auch weiterhin sachgerecht. 43

gg) Materielle Anforderungen an den Mehrheitsbeschluss. (1) Grundsatz ordnungsmäßiger Verwaltung. Abs. 2 S. 2 schweigt hinsichtlich materieller Anforderungen an einen Mehrheitsbeschluss über einzelne Kostenpositionen bzw. bestimmte Kostenarten. Das gesetzgeberische Schweigen ist aber ein beredtes. Heteronome Vorgaben hinsichtlich der Beantwortung der sich in jeder Wohnungseigentumsanlage spezifisch stellenden Verteilungsfragen sollen unterbleiben, um breiten Raum für dezentrale, autonome Regelsetzung zu schaffen.[181] Doch bedeutet dies (anders als im Vereinbarungsfall) nicht Willkürfreiheit; denn anderenfalls drohte Mehrheitsmacht einseitig zulasten der jeweiligen Minderheit ausgenutzt zu werden. Das daher nötige **Korrektiv** ist aber nach der gesetzgeberischen Liberalisierung der Kostenverteilung allein in dem allgemeinen **Grundsatz** 44

---

[176] Zutr. *Lehmann-Richter/Wobst* WEG-Reform 2020 Rn. 2046.

[177] Dem wäre nicht entsprochen, wenn etwa nur angekündigt würde, über Vor- oder Nachschüsse zu beschließen; vgl. bereits Riecke/Schmid/Elzer/*Abramenko* Rn. 78; BeckOGK/*Falkner,* 1.3.2020, Rn. 170; ausf. zu den Anforderungen an Einladung und Protokoll *Riecke* ZWE 2018, 456 (457).

[178] Vgl. nur BGH NJW-RR 2018, 1162 Rn. 18; BeckOK WEG/*Bartholome* Rn. 145; Niedenführ/Schmidt-Räntsch/Vandenhouten/*Niedenführ* Rn. 58.

[179] Vgl. bereits zu § 16 aF die heute erst recht geltenden Argumente in BGH NJW 2010, 2654 Rn. 16; NJW 2012, 603 Rn. 12; NJW-RR 2018, 1162 Rn. 18; s. zudem LG München NZM 2007, 775 (776); *Becker* ZWE 2008, 217 (225); BeckOGK/*Falkner,* 1.3.2020, Rn. 163.

[180] Vgl. nur BGH NJW 2010, 2654 Rn. 16; BeckOK WEG/*Bartholome* Rn. 145; BeckOGK/*Falkner,* 1.3.2020, Rn. 163; Niedenführ/Schmidt-Räntsch/Vandenhouten/*Niedenführ* Rn. 48.

[181] Vgl. sinngemäß BR-Drs. 168/20, 60; eine erhebliche Mehrbelastung einzelner Wohnungseigentümer als Kriterium der Ordnungswidrigkeit eines Änderungsbeschluss fordernd jurisPK-BGB/*Lafontaine* Rn. 141.

der ordnungsgemäßen Verwaltung zu finden, wie ihn § 19 Abs. 1 zum Ausdruck bringt und wie ihn § 18 Abs. 2 im Wege der Klammerdefinition dahingehend konkretisiert, dass ihm allein Genüge getan wird, wenn ein Beschluss dem Interesse der Gesamtheit der Wohnungseigentümer (und nicht nur Partikularinteressen) nach billigem Ermessen entspricht (näher → § 19 Rn. 5 ff.).[182] Wie das Interesse der Gesamtheit, also der Ausgleich der womöglich widerstreitenden Interessen von Mehrheit und Minderheit ausfällt, ist keine empirische, sondern eine normative Frage; entscheidend kann es für die Frage der **Ordnungsmäßigkeit** eines Kostenverteilungsschlüssels bei der hierdurch vorausgesetzten Verobjektivierung daher nur darauf ankommen, wie ein **vernünftig,** aber auch **wirtschaftlich denkender Wohnungseigentümer** entschiede, was stets auch eine Kosten-Nutzen-Analyse mit einschließt.[183] Dies zu ermitteln, obliegt aber wiederum zunächst der Gemeinschaft der Wohnungseigentümer, dh hier: der Mehrheit der abgegebenen Stimmen, die insoweit einen weiten Ermessens- im Sinne eines Gestaltungsspielraums[184] für sich reklamieren kann.

45 **(2) Herstellung von Verteilungsgerechtigkeit. Orientierungspunkt** hat zuvörderst die Herstellung von Verteilungsgerechtigkeit zu sein, sei es, dass diese erstmals hergestellt oder gesteigert werden soll. Weil freilich das, was unter Verteilungsgerechtigkeit zu verstehen ist, seinerseits nur der subjektiven Setzung unterliegt, kann jenseits von Fällen der Evidenz von einer Ordnungswidrigkeit des Kostenverteilungsbeschlusses allein gesprochen werden, wenn das **Ermessen fehlerhaft ausgeübt** wurde, etwa, weil ein ermessensfremder Gesichtspunkt (im Extremfall: Kostenfreistellung der Mehrheit, aber auch Kostenentlastung der Mehrheit unter Belastung der Minderheit)[185] zugrunde gelegt wurde oder aber das ermessenslenkende Kriterium der Herstellung von Kostenverteilungsgerechtigkeit nicht hinreichend in Rechnung gestellt wurde, was der Fall wäre, wenn entweder einzelne Wohnungseigentümer im Vergleich zum früheren Zustand unbillig belastet würden und sich die Mehrheit opportunistisch über die Interessen der Minderheit hinwegsetzte. An die Bewertung eines neu eingeführten Kostenverteilungsschlüssels als angemessen und damit ordnungsgemäßer Verwaltung entsprechend dürfen im Lichte dessen nicht allzu zu strenge Anforderungen gestellt werden, zumal sich ohnehin jede Änderung des Verteilungsmaßstabes zwangsläufig auf die Kostenlast des einen oder des anderen Wohnungseigentümers auswirkt.[186] Aus dem bloßen Umstand, dass eine Kostenverteilung nunmehr einige Wohnungseigentümer im Vergleich zum vorherigen Zustand stärker belastet, folgt mithin keineswegs für sich genommen bereits die Ordnungswidrigkeit. Welche durch Mehrheitsbeschluss eingeführten Kostenverteilungsschlüssel den Grundsätzen ordnungsgemäßer Verwaltung entsprechen, lässt sich nicht pauschal, sondern nur einzelfallbezogen klären, wobei sich bestimmte Grundsätze zu häufig anfallenden Kostenpositionen entwickelt haben, die auch weiterhin (teils mit Modifikationen) Gültigkeit haben. Verwiesen wird insoweit auf die jeweiligen Ausführungen zu den denkbaren Verteilungsschlüsseln bei → Rn. 54 ff.

46 **(3) Übergeordnete Topoi im Rahmen der Ordnungsmäßigkeitskontrolle.** Als übergeordnete Topoi, die für eine Ordnungsmäßigkeit eines durch Mehrheitsbeschluss neu eingeführten Kostenverteilungsschlüssels angeführt werden können, lassen sich skizzieren:[187] **(1)** Herstellung oder Steigerung der **Korrelation** von Kostentragungspflicht und (eigennütziger) Nutzungsmöglichkeit, insbesondere durch eine Verkleinerung oder erstmalige Schaffung von den Gebrauchsmöglichkeiten Rechnung tragenden Abrechnungskreisen (praktisch bedeutsam insbesondere im Fall von Mehrhausanlagen, aber auch von Tiefgaragen [mit einem separaten Kostenkreis]). **(2)** Kostenverteilung nach **Verbrauch,**[188] wo (aufgrund von entsprechenden Erfassungsgeräten) möglich (und dann auch geboten),[189] zumal hiermit individuelle Anreize zur Kostensenkung verbunden sind; vor Einführung entsprechender Erfassungsgeräte indes nur nach vorheriger Abwägung mit dem damit verbundenen Verwaltungs- und Kostenaufwand, falls die Einführung derselben nicht gesetzlich vorgeschrieben ist. **(3)** Kostenverteilung nach Maßgabe der (zuordnungsfähigen) **Verursachung** des bei der

---

182 Etwa BayObLG Rpfleger 1975, 367 (368); jurisPK-BGB/*Lafontaine* Rn. 140 mwN.
183 Vgl. zu alledem im allg. Kontext des § 21 aF Bärmann/*Merle* § 21 Rn. 28 mwN.
184 Diesen betont auch BGH NJW 2010, 3298 Rn. 17; NJW-RR 2011, 1646 Rn. 8; aus der Lit. etwa Soergel/*H.-J. Weber* Rn. 148.
185 Vgl. ähnlich bereits *Schmid* ZWE 2014, 248 (249); s. weiterhin BeckOGK/*Falkner,* 1.3.2020, Rn. 200.
186 BGH NJW 2010, 3298 Rn. 17; *Schmid* ZMR 2010, 259 (260); Jennißen/*Jennißen* Rn. 34; BeckOGK/*Falkner,* 1.3.2020, Rn. 200.
187 Vgl. auch, in der Sache weitgehend übereinstimmend, *Lehmann-Richter/Wobst* WEG-Reform 2020 Rn. 700 ff.; *Dötsch/Schultzky/Zschieschack* WEG-Recht 2021 Kap. 7 Rn. 64.
188 Zu weitgehend BeckOGK/*Falkner,* 1.3.2020, Rn. 204: Einführung einer verbrauchsabhängigen Kostenverteilung bedürfe keiner weiteren Rechtfertigung.
189 Zu der hier bestehenden Gebotenheit der Abrechnung nach Verbrauch *Niedenführ* ZWE 2018, 68 (70); Bärmann/*Becker* Rn. 102; Riecke/Schmid/Elzer/*Abramenko* Rn. 81; Bärmann/Pick/*Emmerich* Rn. 51; BeckOGK/*Falkner,* 1.3.2020, Rn. 204.

Gemeinschaft der Wohnungseigentümer angefallenen Aufwands. **(4)** Herstellung einer Korrelation zwischen **Außen- und Innenverhältnis,**[190] sodass sich die Abrechnungsweise von Vertragspartnern der Gemeinschaft der Wohnungseigentümer im Außenverhältnis (etwa nach Wohneinheiten) im Innenverhältnis widerspiegelt. **(5)** Befreiung von der Tragung gebrauchs- oder verbrauchsbezogener Kosten im Fall **fehlender Nutzungsmöglichkeit.**

(4) Willkürverbot; sachlicher Grund. Keiner näheren Begründung bedarf, dass eine Änderung ordnungsgemäßer Verwaltung entspricht, wenn der geänderte Verteilungsmodus **höhere Kostengerechtigkeit** zu verbürgen verspricht, etwa weil er erstmals oder stärker den Gebrauchsmöglichkeiten oder dem Verbrauch Rechnung trägt oder er, zB im Fall von Mehrhausanlagen, durch hausbezogene Kostenverteilung der Verwirklichung des ermessenslenkenden Kriteriums der Herstellung einer größtmöglichen Korrelation von Kosten und Nutzen zu dienen imstande ist; überhaupt gehört hierher jede Kostenverteilungsänderung, die mit einer **Korrektur bisheriger Unbilligkeiten** verbunden ist, etwa weil einzelne Wohnungseigentümer bislang sachlich nicht gerechtfertigte und damit willkürliche Privilegierungen genossen, zB bei der Ausklammerung sämtlicher (statt allein verbrauchsbezogener) Verwaltungskosten nicht vollständig fertiggestellter Wohneinheiten.[191] Gleichermaßen zählen hierzu Fälle **geänderter tatsächlicher Verhältnisse,** die die Sachgerechtigkeit des bisherigen Kostenverteilungsschlüssels infrage stellen, ohne dass aber die Änderung der tatsächlichen Verhältnisse zwingende Voraussetzung eines ordnungsgemäßen Änderungsbeschlusses wäre.[192] Weil Gerechtigkeit und Effizienz häufig konvergieren, kommt es aber abseits dieses klaren Falles nicht zwingend auf die höhere Kostengerechtigkeit im engeren Sinne an, vielmehr kann es genügen, dass sich der neue Kostenverteilungsschlüssel als **praktikabler** in seiner Handhabung erweist[193] (was wiederum letztlich zur Gesamtreduktion von Verwaltungsaufwand und damit zur Kostenersparnis führen kann). 47

Weniger gesichert ist, ob auch ein relativ betrachtet **gleichwertiger Kostenverteilungsschlüssel** als Maßnahme ordnungsgemäßer Verwaltung eingeführt werden, dh ein solcher, der weder Gerechtigkeits- noch Praktikabilitätsverbesserungen verspricht. Weil die Gemeinschaft der Wohnungseigentümer als Ausdruck ihres Selbstorganisationsrechts ein weites Gestaltungsermessen in Anspruch nehmen kann, wird man diese Frage im Ausgangspunkt bejahend beantworten müssen;[194] ein spezifischer Änderungsgrund ist damit nicht vonnöten.[195] Vielmehr kommt es einzig darauf an, ob der neue Verteilungsschlüssel seinerseits ordnungsgemäßer Verwaltung entspricht, ohne dass er zwingend „besser" als der vorherige zur Kostenverteilung geeignet sein muss (wohingegen für die Einführung eines weniger „gerechten" Kostenverteilungsschlüssels regelmäßig nur ein willkürliches Kostenentlastungsinteresse der Mehrheit sprechen wird). Das Gesetz gibt (wie der Umkehrschluss aus § 16 Abs. 2 S. 2 zeigt) der Minderheit gerade **keine Garantie für den Fortbestand** der bisherigen Kostenverteilungsregel, sei diese sachgerecht und praktikabel oder nicht. Eine Abschirmung vor künftigen Mehrheitsentscheidungen kann nur eine vereinbarte Kostenverteilungsbestimmung bewerkstelligen, wenn zugleich die Abänderbarkeit durch Mehrheitsbeschluss mittels dahingehender Vereinbarung ausgeschlossen wird (zu dieser seit Fortfall des § 16 Abs. 5 aF bestehenden Möglichkeit → Rn. 41). Ordnungswidrig ist ein Kostenverteilungsbeschluss damit nicht schon bei Fehlen eines Änderungsgrundes, sondern erst bei Willkür. Diese liegt aber nur dort vor, wo die **Mehrheit eigensüchtig** und **opportunistisch** einen neuen Kostenverteilungsschlüssel einführen will, um sich zulasten der Minderheit von der Kostentragung ganz oder teilweise zu entlasten. In diesem Sinne geht auch das richtig verstandene Erfordernis eines „sachlichen Grundes"[196] für die Neuverteilung der Kosten im Verbot willkürlicher Ermessensausübung auf, wie es bereits durch BGH NJW 2011, 48

[190] BeckOK WEG/*Bartholome* Rn. 135; von „Kostenweitergabe" spricht BeckOGK/*Falkner,* 1.3.2020, Rn. 205; vgl. auch Bärmann/Pick/*Emmerich.*

[191] S. nur BGH NJW-RR 2011, 1646 Rn. 12; vgl. auch die ähnlichen Fälle bei Jennißen/*Jennißen* Rn. 40; ferner *Schmid* ZWE 2014, 248 (249); s. zur Änderung eines Kostenverteilungsschlüssel, der sich „nicht bewährt" hat, OLG Hamm ZWE 2000, 424 (426); Riecke/Schmid/*Abramenko* Rn. 83.

[192] Gegen Notwendigkeit einer Änderung der tatsächlichen Verhältnisse LG München I NZM 2010, 248 (249); ebenso auch Jennißen/*Jennißen* Rn. 41.

[193] Zutr. Jennißen/*Jennißen* Rn. 39, wonach ein „besserer" zur Kostenverteilungsschlüssel auch ein praktikablerer sei; jurisPK-BGB/*Lafontaine* Rn. 145.

[194] AA LG Düsseldorf ZMR 2010, 59 = BeckRS 2010, 79 für Verteilung der Aufzugskosten nach Wohnflächen statt nach Miteigentumsanteilen; ähnlich auch LG Rostock ZWE 2016, 183 (184) für die Änderung der Verteilung von Müllentsorgungskosten.

[195] So bereits BGH ZWE 2011, 327 (328); BeckOK BGB/*Hügel* Rn. 17; aA Jennißen/*Jennißen* Rn. 38 ff. der das Erfordernis des sachlichen Grundes negativ abgrenzen will.

[196] Anderes Verständnis bei *Carstens,* Satzungsrecht und Mehrheitsprinzip in der Wohnungseigentümergemeinschaft, 2010, 188; *Häublein* ZMR 2007, 409 (417); vgl. auch *Gottschalg* NZM 2007, 194 (195); Jennißen/*Jennißen* Rn. 38 ff.; Soergel/*H.-J. Weber* Rn. 147.

2202 Rn. 8 = ZfIR 2011, 480 mAnm *Schmid* vorgezeichnet wurde.[197] Erweist sich danach der Änderungsbeschluss nicht als willkürlich, ist damit freilich noch nicht gesagt, dass auch der neu eingeführte Kostenverteilungsschlüssel ordnungsgemäßer Verwaltung entspricht.[198] „Ob" der Änderung und „Wie" derselben sind vielmehr voneinander zu unterscheiden.

49 **(5) Zweitbeschlüsse.** Nichts anderes als bei → Rn. 48 gilt für sog. **Zweitbeschlüsse:**[199] Der Abänderungsbeschluss eines zuvor ebenfalls durch Beschluss eingeführten Kostenverteilungsschlüssels muss zwar etwaige schutzwürdige Belange der durch die nunmehr eingeführte Kostenverteilungsregel benachteiligten Wohnungseigentümer berücksichtigen. Doch sind diese Belange nicht deshalb schutzwürdiger, weil ihnen zuvor durch Mehrheitsbeschluss Rechnung getragen wurde. Eine Fortbestandsgarantie kann der Kostenverteilungsbeschluss als solcher nicht geben, die Minderheit muss stets mit einer Abänderung durch die Mehrheit rechnen, sofern diese hierbei nicht opportunistisch handelt, sondern eine im Gesamtinteresse der Wohnungseigentümer liegende Regel beschließen will. Auf eine **Änderung der tatsächlichen Verhältnisse,** die eine Neubewertung der Kostenfrage rechtfertigt, kommt es daher auch hier ebenso wenig an, wie auf **Defizite der bisherigen Kostenverteilungsregelung** – ob sich diese praktisch als gerechte und durchführbare bewährt hat, ist mithin nicht entscheidend, wenngleich freilich Indiz (aber auch nicht mehr!) für die Ordnungswidrigkeit der gleichwohl erfolgten Fassung eines Änderungsbeschlusses (mithin für das „Ob" der Änderung).

50 **(6) Rückwirkung.** Beschlusskompetenz besteht auch, wie durch BGH NJW 2010, 2654 Rn. 9 zutreffend geklärt,[200] für eine **rückwirkende Änderung** des Kostenverteilungsschlüssels, selbst soweit bereits abgeschlossene Abrechnungszeiträume betroffen sind. § 6 Abs. 4 S. 3 HeizkostenV, der für die von der HeizkostenV erfassten Kosten Änderungen des Verteilungsmaßstabes nur mit Wirkung zum Beginn eines Abrechnungszeitraums für zulässig erklärt (und zur Nichtigkeit eines dennoch rückwirkenden Änderungsbeschluss führte), ist eine auf diese Kostenpositionen beschränkte Ausnahmevorschrift, die mangels ersichtlicher Regelungslücke nicht auf weitere Kostenpositionen außerhalb des Anwendungsbereichs der HeizkostenV herangezogen werden kann.[201] Der darin enthaltene Rechtsgedanke des **Schutzes vor überraschenden Änderungen** des Verteilungsmaßstabs inmitten einer laufenden Abrechnungsperiode[202] ist im Lichte des einschränkungslos formulierten § 16 Abs. 2 S. 2 zwar nicht zur Statuierung einer zwingenden Beschlussgrenze übertragbar, wohl aber fließt er in die Bewertung einer rückwirkenden Änderung als ordnungsgemäßes Verwaltungshandeln ein, insbesondere dort, wo verbrauchsabhängig abgerechnet wird[203] und sich damit bei rückwirkender Änderung ggf. Kosteneinsparungsbemühungen einzelner Wohnungseigentümer nachträglich als frustriert erweisen könnten. Vertrauensschutz und die **Herstellung von Kostengerechtigkeit** sind insoweit gegeneinander abzuwägen.

51 **Ordnungswidrig** wird es danach regelmäßig sein, in bereits vollständig **abgeschlossene Abrechnungszeiträume** einzugreifen.[204] Anders liegt es nur, wenn der bisherige Kostenverteilungsschlüssel unbrauchbar, in hohem Maße impraktikabel oder grob unbillig ist[205] – hier kommt dem Ziel gerechter Abrechnungen Vorrang vor Vertrauensschutzgesichtspunkten zu, zumal sich bei

---

[197] Bestätigt in BGH NJW-RR 2011, 1646 Rn. 8; ebenso LG Berlin ZWE 2014, 269 (270); idS schon zu § 16 Abs. 3 aF s. *Schmid* ZWE 2014, 248 (249); *Moosheimer* ZMR 2011, 597 (600); *Meffert* ZMR 2007, 667 (668); Niedenführ/Schmidt-Räntsch/Vandenhouten/*Niedenführ* Rn. 53; BeckOK WEG/*Bartholome* Rn. 151; BeckOGK/*Falkner,* 1.3.2020, Rn. 201; Bärmann/Pick/*Emmerich* Rn. 50; ähnlich auch Staudinger/*Kreuzer,* 2018, Rn. 62, wonach der Beginn einer neuen Abrechnungsperiode „Sachgrund genug" sei.

[198] Vgl. auch Jennißen/*Jennißen* Rn. 39; Soergel/*H.-J. Weber* Rn. 147, die jedoch jeweils kumulativ für das „Ob" sowie das „Wie" das Willkürverbot als negative Abgrenzung und das Gebot ordnungsgemäßer Verwaltung als positive Abgrenzung heranziehen wollen.

[199] Besondere Einschränkungen im Lichte der schutzwürdigen Belange der begünstigten Wohnungseigentümer verlangend BGHZ 156, 192 (202 f.) = NJW 2003, 3476; BGHZ 113, 197 (200) = NJW 1991, 979; offenlassend BGH NJW 2001, 3339 (3344); bezweifelnd BGH NJW 2010, 3299 Rn. 14; für besondere Anforderungen zudem Bärmann/*Becker* Rn. 114; wie hier *Hügel/Elzer* Rn. 63; *Elzer* ZMR 2007, 237 (240); BeckOK WEG/*Bartholome* Rn. 154; Jennißen/*Jennißen* Rn. 34; Riecke/Schmid/*Abramenko* Rn. 84 f.; Staudinger/*Kreuzer,* 2018, Rn. 60; Bärmann/Pick/*Emmerich* Rn. 58.

[200] Vgl. auch LG Itzehoe ZMR 2014, 909 (910) = BeckRS 2014, 21783; Niedenführ/Schmidt-Räntsch/Vandenhouten/*Niedenführ* Rn. 68; Soergel/*H.-J. Weber* Rn. 143.

[201] Dies jedoch erwägend *Schmid* ZWE 2014, 248 (249), wonach neben dem Vertrauensschutz auch der Rechtsgedanke des § 6 Abs. 4 S. 3 HeizkostenV und jener des § 556a Abs. 2 S. 2 BGB dafür sprechen soll.

[202] Hierzu *Lammel* HeizkostenV § 6 Rn. 100; zu dieser Regelung krit. aber Jennißen/*Jennißen* Rn. 41e.

[203] Zutr. Jennißen/*Jennißen* Rn. 42, wonach das Vertrauen bei allen anderen Kosten eingeschränkt sei.

[204] LG Itzehoe ZMR 2014, 909 (910) = BeckRS 2014, 21783; *Hügel/Elzer* Rn. 64 f.; Niedenführ/Schmidt-Räntsch/Vandenhouten/*Niedenführ* Rn. 68; Soergel/*H.-J. Weber* Rn. 143; Riecke/Schmid/*Abramenko* Rn. 8; tendenziell womöglich großzügiger Jennißen/*Jennißen* Rn. 42.

[205] BGH NJW 2010, 2654 Rn. 11; Niedenführ/Schmidt-Räntsch/Vandenhouten/*Niedenführ* Rn. 55.

Verteilungsschlüsseln, die zu grob unbilligen Ergebnissen führten, ohnehin kein schutzwürdiges Vertrauen hat herausbilden dürfen. Ähnliches (kein Herausbilden schutzwürdigen Vertrauens) wird man annehmen können, wenn das Wirtschaftsjahr ohne (gültigen) Wirtschaftsplan (bzw. Einzelwirtschaftspläne) verstrichen ist.[206] In **laufende Abrechnungszeiträume** wird zudem ordnungsgemäß rückwirkend eingegriffen werden können,[207] selbst dann, wenn die Vorschüsse auf Basis für sich genommen nicht zu beanstandender Einzelwirtschaftspläne beschlossen wurden.

(7) Erstmalige Kostenbelastung. Die mit BGH NJW 2012, 2578 Rn. 13 zu § 16 Abs. 3 aF 52
begründete **Rechtsprechungslinie,** die sich in der Folge auch im Schrifttum zur gleichlautenden hL[208] verfestigt hat, der zufolge eine gesetzlich begründete Beschlusskompetenz allein zur Veränderung des Kostenverteilungsmaßstabs innerhalb des Kreises der bisher Kostentragungspflichtigen bestehe, jedoch **nicht** zur **Begründung einer Kostentragungspflicht** eines bislang dem Kreis nicht angehörenden Wohnungseigentümers, wird unter Geltung des § 16 Abs. 2 S. 2 nicht mehr, jedenfalls nicht mehr uneingeschränkt, fortzuführen sein.[209] Das primär auf den **Wortlaut** des § 16 Abs. 3 (selbiges hatte konsequenterweise für den insoweit gleichgefassten § 16 Abs. 4 aF zu gelten) gestützte Argument der jedenfalls bislang hM lässt sich wie folgt rekonstruieren, wobei stets vorausgesetzt ist, dass eine (nun durch Beschluss zu modifizierende) Vereinbarung über die Kostenverteilung getroffen worden ist, die iErg einzelne Wohnungseigentümer von der „an sich" (auf Basis des gesetzlichen Auffangschlüssels nach Miteigentumsquoten) bestehenden Kostentragungspflicht befreit hat: Weil § 16 Abs. 3 aF nur eine Beschlusskompetenz zur Kostenverteilung „abweichend von Abs. 2" und damit in Veränderung des gesetzlichen Kostenverteilungsschlüssels nach Miteigentumsquoten begründete, sollte diese Beschlusskompetenz zur Voraussetzung haben, dass Änderungen im Verteilungsmodus nicht zur Einbeziehung bislang von der Kostentragungspflicht befreiter Wohnungseigentümer führen – denn nach der gesetzlichen, an den Miteigentumsquoten ausgerichteten Kostenverteilungsregel wäre (aufgrund der notwendigen Miteigentümerstellung eines jeden Wohnungseigentümers) zwingend ein jeder künftig Kostentragungspflichtiger schon zuvor kostentragungspflichtig gewesen. Jedenfalls diesem Argument ist mit § 16 Abs. 2 S. 2 der Boden entzogen. Denn diese Bestimmung begründet eine Beschlusskompetenz ausdrücklich auch zur **Abweichung von einer Kostenverteilungsvereinbarung,** und zwar gleichviel, wie diese ausfällt – die Abweichung von einem durch Vereinbarung festgelegten Kostenverteilungsmodus durch Mehrheitsbeschluss war zwar schon zu dem dahingehend erweitert ausgelegten § 16 Abs. 3 aF anerkannt,[210] doch sollte dem im Normtext enthaltenen (und nun entfallenen) Verweis auf die Abweichung von Abs. 2 (und damit der gesetzlichen Auffangkostenverteilung) durch das die Beschlusskompetenz einschränkende Erfordernis der dem Grunde nach bestehenden Kostentragungspflicht Rechnung getragen werden. Für diese einschränkende Auslegung ist nunmehr kein Anhaltspunkt mehr im Gesetz gegeben.

Soweit die **bislang hM** sich indes nur (oder auch) auf die Fälle bezog, in denen die Einbeziehung 53
in den Kreis der Kostentragungspflichtigen nicht als (womöglich nicht unmittelbar intendierte) Nebenfolge der Einführung eines neuen Verteilungsschlüssels erfolgte (etwa von einer vereinbarten Verteilung nach Gebrauchsmöglichkeit hin zu einer Verteilung nach Einheiten), sondern durch **gezielte Einbeziehung** eines bislang Freigestellten (bei gleichbleibendem Verteilungsmodus), lässt sich aus § 16 Abs. 2 S. 2 für sich genommen kein durchschlagendes Argument hiergegen anführen, weil der Wortlaut auch weiterhin eine abweichende „Verteilung" voraussetzt, jedenfalls primärer Bezugspunkt des Wortlauts mithin die Änderung einer Kostenverteilungsregelung sein könnte. Es steht daher zu erwarten, dass die Rspr. auch unter Geltung des § 16 Abs. 2 S. 2 diese Fälle einer gezielten Auferlegung einer erstmaligen Kostentragungspflicht durch Mehrheitsbeschluss ohne gleichzeitige Änderung des Verteilungsschlüssels als nicht von der Beschlusskompetenz gedeckt ansieht. Überzeugen könnte das indes nicht. Die **Auswahl des Kostenschuldners** ist zwar nicht notwendiger Bestandteil eines jeden Kostenverteilungsbeschlusses. Entscheidend ist aber, dass unter einer „Verteilung", wie sie § 16 Abs. 2 S. 2 verlangt, nicht nur eine Neufestsetzung eines (abstrakten) Verteilungsmaßstabes zu verstehen ist, sondern vom Wortlaut auch jede **Neuverteilung einzelner**

---

[206] Vgl. bereits BGH NJW 2011, 2202 Rn. 12; LG Berlin ZWE 2014, 269; Soergel/*H.-J. Weber* Rn. 144; BeckOGK/*Falkner,* Rn. 168; krit. hins. des Abstellens auf den Wirtschaftsplan aber Jennißen/*Jennißen* Rn. 42.

[207] BGH NJW 2011, 2202 Rn. 11; LG Berlin ZWE 2017, 33 (34); Soergel/*H.-J. Weber* Rn. 143.

[208] Vgl. etwa Bärmann/*Becker* Rn. 83; Bärmann/Pick/*Emmerich* Rn. 35; *Sauren* Rn. 14; Palandt/*Wicke* Rn. 5; aA Jennißen/*Jennißen* Rn. 32 ff.; jurisPK-BGB/*Lafontaine* Rn. 130.

[209] AA Palandt/*Wicke* Rn. 5, der an den bisherigen Grundsätzen festhalten will; ebenso *Hügel/Elzer* Rn. 47; wie hier aber im Ausgangspunkt *Lehmann-Richter/Wobst* WEG-Reform 2020 Rn. 693; ebenso *Dötsch/Schultzky/Zschieschack* WEG-Recht 2021 Kap. 7 Rn. 66.

[210] BGH NJW 2010, 2654 Rn. 9; 2012, 2578 Rn. 12.

Kosten erfasst ist – eine derartige Neuverteilung liegt aber auch vor, wenn aus dem Kreis aller Wohnungseigentümer (als potentiell Kostenpflichtiger) die Umverteilung zulasten jener erfolgt, die bislang freigestellt waren. Eine Kompetenz besteht daher richtigerweise (nunmehr) auch für die erstmalige Einbeziehung bislang von der Kostentragungspflicht befreiter Wohnungseigentümer, und zwar nicht nur als Nebenfolge der Änderung des Verteilungsschlüssels; ein dahingehender Beschluss ist daher jedenfalls nicht nichtig. Freilich wird er nur im Ausnahmefall **ordnungsgemäßer Verwaltung** entsprechen, im Regelfall hingegen anfechtbar sein, und zwar in all jenen Fällen, in denen die bisherigen, ihrerseits sachlich anzuerkennenden (nicht willkürlich angeführten) Gründe für die Privilegierung der kostenbefreiten Wohnungseigentümer fortbestehen. Liegt der Fall dagegen so, dass die bisherige Privilegierung sachlich nicht gerechtfertigt werden konnte oder ein bislang tragender Sachgrund aufgrund veränderter Umstände nicht mehr rechtfertigend zu wirken vermag, wird die erstmalige Kostenbelastung bisher befreiter Wohnungseigentümer ordnungsgemäßer Verwaltung entsprechen können.[211]

54 **c) Verteilungsmaßstäbe; Einzelfälle. aa) Verteilung nach Wohn- bzw. Nutzflächen. (1) Grundsätzliches.** Die Kostenverteilung nach (bekannten, jedenfalls nach Maßgabe durch Vereinbarung oder Beschluss[212] konkret vorgegebener Ermittlungsgrundsätze feststellbaren)[213] Wohnflächen wird nur **ergebnisrelevant,** wenn die Eigentumsbruchteilsgrößen nicht ohnehin am Verhältnis der Wohnflächen zueinander ausgerichtet sind. Besteht diese Korrelation nicht, soll aber hinsichtlich bestimmter Kostenarten (mangels Beschlusskompetenz aber nicht hinsichtlich der Auffangregel → 39 f.) die Kostenverteilung an diesem Verhältnis Maß nehmen, wird ein dahingehender Beschluss regelmäßig als sachlich gerechtfertigt einzustufen sein.[214] Demgegenüber wird die Einführung dieses Verteilungsmaßstabes für die Betriebskosten durch Mehrheitsbeschluss regelmäßig nicht mehr für sich genommen mit dem Argument der einfacheren Verwendbarkeit der Jahresabrechnung für die mietrechtliche Betriebskostenabrechnung gerechtfertigt werden können,[215] weil § 556a Abs. 3 S. 1 BGB nunmehr für eine (dynamische) Harmonisierung von Betriebskostenumlage und Kostenverteilung sorgt,[216] es sei denn, der bisherige Maßstab für die Kostenverteilung wäre mietrechtlich als unbillig iSd § 556a Abs. 3 S. 2 BGB einzustufen – hier wird eine Umstellung auf einen auch mietrechtlich billigen Schlüssel, wie den Wohnflächenschlüssel, weiterhin mit der dadurch erzielbaren Harmonisierung begründet werden können.

55 **(2) Auslegungsfragen.** Sollen ausweislich Vereinbarung oder (auf bestimmte Kostenarten bezogenem) Beschluss **„die Wohnflächen"** maßgebend sein, ist die nächstliegende Bedeutung, dass es für Teileigentum auf die **Nutzflächen** ankommen soll.[217] Sind die Betriebskosten der Wohnungsanlage im Verhältnis der Wohn-/Nutzflächen umzulegen, ist die in der **Teilungserklärung angegebene Flächengröße** (falls nicht erkennbar fehlerhaft, wie bei planabweichender Bauausführung) maßgebend (und nicht etwa abweichende Angaben in einer Bauzeichnung).[218] Bei Fehlen exakter Angaben kann regelmäßig im Wege der Auslegung (erst recht bei dahingehender Bestimmung durch Vereinbarung oder – auch nachträglich konkretisierenden – Beschluss [argumentum e contrario aus Abs. 2 S. 2]) auf die **WoflV**[219] abgestellt werden, womit Balkone, Loggien und Dachterrassen mit einem Viertel ihrer Grundfläche (§ 4 Nr. 4 WoflV) anzusetzen sind;[220] zu unbestimmt bleibt allerdings eine in der Gemeinschaftsordnung für maßgeblich erklärte Berechnung der Flächen **„nach den gesetzlichen Bestimmungen"** (welche?),[221] die aber durch Beschluss (Erst-recht-Schluss aus

---

[211] Vgl. nur Jennißen/*Jennißen* Rn. 32b.

[212] Beschlusskompetenz besteht, weil es sich um Vorfrage des Verteilungsschlüssels bzw. die Bedingung der Möglichkeit seiner Anwendung handelt; aA LG Nürnberg-Fürth ZMR 2015, 805 (806 f.); wie hier aber Jennißen/*Jennißen* Rn. 45; *Hügel/Elzer* Rn. 85.

[213] Ansonsten ist ein entspr. Beschluss mangels Bestimmtheit nichtig; vgl. nur LG Frankfurt/Oder ZWE 2017, 274 (274 f.); zu diesem Erfordernis Jennißen/*Jennißen* Rn. 45; Niedenführ/Schmidt-Räntsch/Vandenhouten/*Niedenführ* Rn. 52; BeckOGK/*Falkner,* 1.3.2020, Rn. 139.

[214] S. nur Jennißen/*Jennißen* Rn. 44a: Anpassung an die tatsächlichen Verhältnisses als rechtfertigender Grund.

[215] Zu diesem Argument noch Jennißen/*Jennißen* Rn. 46; BeckOK WEG/*Bartholome* Rn. 70.

[216] *Hügel/Elzer* Rn. 67; vgl. zu diesem Gleichbehandlungsgebot BGH NJW-RR 2013, 335 Rn. 19; s. auch BR-Drs. 168/20, 102.

[217] BayObLG NZM 2001, 141 (142); LG München I ZMR 2008, 915 (916).

[218] OLG Frankfurt NZM 2007, 490 (492); LG Dortmund ZMR 2016, 721 = BeckRS 2016, 12757 Rn. 3; LG Frankfurt a.M. ZMR 2018, 789 (790) = BeckRS 2018, 9683: Abweichung von Flächenangaben in Teilungserklärung bedarf Beschlusses; zust. etwa Niedenführ/Schmidt-Räntsch/Vandenhouten/*Schmidt-Räntsch* Rn. 14; BeckOGK/*Falkner,* 1.3.2020, Rn. 139.

[219] Verordnung zur Berechnung der Wohnfläche vom 25.11.2003, BGBl. 2003 I 2346.

[220] BayObLG NJW 1996, 2106; Bärmann/*Becker* Rn. 47; BeckOGK/*Falkner,* 1.3.2020, Rn. 139.

[221] Vgl. den Fall LG Nürnberg-Fürth ZMR 2015, 805.

§ 16 Abs. 2 S. 2) konkretisiert werden kann,[222] ebenso (zu unbestimmt und damit nichtig) eine Abrechnung auf Grundlage der **„tatsächlich genutzten Wohnfläche“,**[223] nicht aber schon eine Abrechnung nach Wohn- bzw. Nutzflächen, sofern die Flächen erst **noch** (nach einem bereits hinreichend bestimmten Maßstab!) **zu vermessen** sind;[224] wird für die Berechnung auf die DIN in der jeweils gültigen Fassung abgestellt, wird dies ergänzend dahingehend ausgelegt werden können, dass nunmehr in Ermangelung einer einschlägigen DIN die WoflV heranzuziehen ist.[225] Soll durch Mehrheitsbeschluss – etwa für Betriebskosten – eine Abrechnung nach Wohn- bzw. Nutzflächen festgelegt werden, wird der Wahrung der Vorgaben der WoflV trotz fehlender unmittelbarer Einschlägigkeit hinsichtlich der Kostenfrage zwar keine Indikatorfunktion für die Ordnungsgemäßheit des Kostenverteilungsbeschlusses beizumessen sein können, wohl aber wird umgekehrt eine ohne ersichtlichen Grund erfolgende Abweichung von diesen Berechnungsvorgaben indiziell auf die Ordnungswidrigkeit hindeuten.[226]

bb) Verteilung nach Wohnungseigentumseinheiten. (1) Grundsätzliches. Der Verteilungsmodus nach Wohnungseigentumseinheiten erscheint dort **sachgerecht,** wo der zu verteilende Aufwand, der der Gemeinschaft der Wohnungseigentümer entsteht, **jede Wohnungseigentumseinheit gleichmäßig** trifft, weil der Aufwand unabhängig von der Größe der jeweiligen Wohnungseigentumseinheit anfällt und auch nicht vom Verbrauch oder Gebrauch abhängig ist. In Betracht kommt dieser Maßstab daher für **Verwaltungskosten** und dort insbesondere für die Kosten des **Verwalterhonorars;** hier ist es angebracht, jede Wohnung mit einer gleichen Quote zu belasten, da die Routinearbeiten des Verwalters, wie Buchführung oder Zahlungsüberwachung, gerade unabhängig von der Größe der jeweiligen Einheit anfallen. Ein Wechsel hin zur Verteilung nach Miteigentumsanteilen widerspräche demgegenüber ordnungsgemäßer Verwaltung, insbesondere, sofern sich nach dem Verwaltervertrag die Vergütung nach der Anzahl der Einheiten bemisst und durch den neuen Verteilungsmodus ein Wohnungseigentümer doppelt so viel wie zuvor zu zahlen hätte.[227] Umgekehrt könnte bei bisheriger Verteilung nach Miteigentumsanteilen eine Verteilung nach Einheiten ermessensfehlerfrei beschlossen werden; der bloße Umstand, dass sich die Verwaltervergütung im Verwaltervertrag nach der Anzahl der Einheiten richtet, entbindet aber nicht von der Notwendigkeit einer entsprechenden Beschlussfassung bzw. Vereinbarung, soll die Kostenverteilung im Gleichklang dazu erfolgen.[228] Kommt es zur **Unterteilung** einer Einheit, sind beide Einheiten selbstständig zu berücksichtigen, und zwar nach überwiegender Ansicht auch ohne (rechtlich erforderlichen) Grundbuchvollzug der Unterteilung,[229] was jedoch schon mangels deutlicher Erkennbarkeit für den Verwalter abzulehnen ist,[230] sodass jedenfalls in der Gemeinschaftsordnung klargestellt werden sollte, dass der Grundbuchvollzug maßgebend ist. Die **Zusammenlegung** ist nicht komplementär zu behandeln – der zusammenlegende Wohnungseigentümer ist für die Zwecke der Kostenverteilung mithin weiterhin als Eigentümer mehrerer Einheiten zu betrachten. **Teileigentumsrechte** an Garagen oder Stellplätzen sollten nicht zu einer Erhöhung der Quote führen, falls dem Eigentümer auch eine Einheit außerhalb dieses Teileigentums gehört, weil anderenfalls die doppelte Quote zu zahlen wäre. Sind die Betriebskosten nach der Zahl der Wohnungseigentumsrechte zu verteilen, „soweit dies möglich, zweckmäßig und sachdienlich ist“, im Übrigen nach Miteigentumsanteilen, dann ist die Verwaltervergütung grundsätzlich nach der Zahl der Wohnungseigentumsrechte umzulegen;[231] ein dahingehender Beschluss entspricht ordnungsgemäßer Verwaltung.[232] 56

[222] AA, allerdings noch zu § 16 aF, LG Nürnberg-Fürth ZMR 2015, 806 (806); AG Berlin-Charlottenburg ZWE 2014, 282 (282 f.); Niedenführ/Schmidt-Räntsch/Vandenhouten/*Niedenführ* Rn. 15.

[223] LG Frankfurt/Oder ZWE 2017, 274 (275); zust. Niedenführ/Schmidt-Räntsch/Vandenhouten/*Niedenführ* Rn. 61.

[224] Womöglich weitergehend, weil nicht auf die Vorgabe des Berechnungsmaßes abstellend, LG München I ZMR 2008, 915 (916); Niedenführ/Schmidt-Räntsch/Vandenhouten/*Niedenführ* Rn. 61; aA wohl Jennißen/*Jennißen* Rn. 4.

[225] LG Düsseldorf NZM 2002, 262 (263); LG Itzehoe ZWE 2014, 330 (340); Bärmann/*Becker* Rn. 47; Niedenführ/Schmidt-Räntsch/Vandenhouten/*Niedenführ* Rn. 15; *Sauren* Rn. 13a; aA wohl AG Berlin-Charlottenburg ZWE 2014, 282 (282 f.), zu einer Vereinbarung, wonach Betriebskosten „ grundsätzlich im Verhältnis der jeweiligen Wohnfläche“ auf die einzelnen Eigentümer umgelegt werden sollten.

[226] IdS zutr. AG Dortmund NZM 2011, 127 (128); *Moosheimer* ZMR 2011, 597 (603); Niedenführ/Schmidt-Räntsch/Vandenhouten/*Niedenführ* Rn. 61.

[227] LG Lüneburg ZWE 2013, 27; zust. Niedenführ/Schmidt-Räntsch/Vandenhouten/*Niedenführ* Rn. 59.

[228] BayObLG NZM 2004, 623; BeckOK WEG/*Bartholome* Rn. 42.

[229] BayObLG ZWE 2001, 317 (318); Jennißen/*Jennißen* Rn. 95; BeckOGK/*Falkner,* 1.3.2020, Rn. 142. 1; Bärmann/*Becker* Rn. 49.

[230] Zutr. BeckOK WEG/*Bartholome* Rn. 72, der zu Recht auf fehlende Feststellbarkeit für den Verwalter verweist.

[231] BayObLG ZWE 2001, 369 (370).

[232] Vgl. Jennißen/*Jennißen* Rn. 53.

57 **(2) Einzelfälle, Kasuistik.** Eine **einheitsbezogene Verteilung** bietet sich jenseits der Verwalterkosten auch für die Kosten der **Eigentümerversammlung** an, überdies für die Kosten des **Geldverkehrs,**[233] der **Medienversorgung** (vgl. § 2 Nr. 15 lit. a und lit. b BetrKV), dh entsprechender Nutzungs- und Anschlussentgelte, vor allem bzgl. des gebäudebezogenen Kabelanschlusses.[234] Hinsichtlich dieser Entgelte widerspräche eine Neuverteilung nach Miteigentumsanteilen durch Beschluss ordnungsgemäßer Verwaltung (da sich der Preisvorteil durch Anmeldung einer Mehrzahl der Anschlüsse für jene Miteigentümer mit höheren Bruchteilen nicht besonders auswirkt).[235] Eine Ausklammerung der nicht angeschlossenen Einheiten (bei Bemessung des Nutzungsentgelts in Abhängigkeit zur Anzahl der angeschlossenen Einheiten) und damit eine Verteilung „nach Anzahl" im Einklang mit dem Verursacherprinzip, ist aber nicht zwingend,[236] wenngleich möglich und zuweilen sinnvoll. Weiterhin bietet sich die einheitsbezogene Verteilung an für die Kosten der Gartenpflege (§ 2 Nr. 10 BetrKV),[237] wobei auch durch Mehrheitsbeschluss diese Kosten jenen Wohnungseigentümern auferlegt werden können, denen am Garten ein Sondernutzungsrecht zugewiesen wurde,[238] ebenso aber auch für jene der **Hausmeistervergütung** (§ 2 Nr. 14 BetrKV),[239] selbst wenn einzelne im Leistungsverzeichnis des Hausmeisters aufgeführte Leistungen nicht sämtliche Einheiten betreffen, und der Gebäudereinigung (§ 2 Nr. 9 BetrKV); **Gebäudereinigungskosten** (für welche eine verbrauchs- oder nutzungsabhängige Erfassung praktisch ausscheidet) durch Beschluss nach Einheiten zu verteilen, wäre nicht ermessensfehlerhaft, entspräche mithin noch ordnungsgemäßer Verwaltung,[240] obgleich mitunter größere Einheiten häufiger (aber eben nicht zwingend, sondern abhängig vom jeweiligen Nutzungsverhalten) Anlass zur Gebäudereinigung bieten, sodass die Verteilung nach Miteigentumsquoten zweckgerechter wäre. Selbiges gilt (aufgrund anderenfalls übermäßiger Einschränkung des Gestaltungsermessens) für einen Beschluss, der die bislang nach Miteigentumsanteilen zu verteilenden Kosten des **Winterdienstes** nunmehr nach der Anzahl der Einheiten zu verteilen vorgibt, wiederum mangels zwingender Korrelation von häufig nach Einheitsgröße zunehmender Personenanzahl und Höhe des Reinigungs- bzw. Verkehrssicherungsbedarfs, sodass nicht vom ermessenslenkenden Verursachungsprinzip abgewichen wird.[241] – Auch **Rauchwarnmelder** können (aufgrund dahingehender Vereinbarung oder entsprechendem Mehrheitsbeschluss) pro Einheit abgerechnet werden (zu Rauchwarnmeldern → § 19 Rn. 23); hatten einzelne Wohnungseigentümer in ihre Einheiten bereits eigenständig Rauchwarnmelder eingebaut, müssen diese schon aufgrund des Gemeinschaftsinteresses an einer einheitlichen Qualität und Wartung der Geräte bei der Kostenverteilung nicht ausgeklammert bleiben, auch wenn sie aus ihrer Sicht mit unnötigen Kosten belastet werden.[242]

58 **cc) Verteilung nach Verbrauch und Verursachung. (1) Grundsätzliches.** Der Verteilungsmodus „nach Verbrauch" sichert bei verbrauchsabhängigen Kostenpositionen ein hohes Maß an Kostengerechtigkeit, setzt aber voraus, dass sich der Verbrauch messen lässt, und impliziert einen gesteigerten Verwaltungsaufwand, zumal der nachträgliche Einbau von Messgeräten zuweilen erhebliche Kosten verursacht und derartige Erfassungsgeräte durch Verschmutzen bzw. Verkalken hohen Wartungsbedarf auslösen. Weil dem Verursachungsprinzip Rechnung tragend und zu Sparsamkeit anregend, wird die Einführung dieses Maßstabes durch Mehrheitsbeschluss regelmäßig ordnungsgemäßer Verwaltung entsprechen,[243] es sei denn, der Aufwand für die Erfassung mittels Messgeräten überstiege bei **Kosten-Nutzen-Abwägung** die binnen zehn Jahren zu erwartenden Einsparungen (vgl. auch den Gedanken des § 11 Abs. 1 Nr. 1 lit. b HeizkostenV).[244] Umgekehrt ist die Einführung

---

233 AG Hannover ZMR 2009, 558 = BeckRS 2009, 19302; zust. Jennißen/*Jennißen* Rn. 54.

234 LG Nürnberg-Fürth NZM 2009, 363 (364); zust. etwa Niedenführ/Schmidt-Räntsch/Vandenhouten/*Niedenführ* Rn. 98.

235 Zutr. LG Nürnberg-Fürth NZM 2009, 363 (364).

236 AA wohl Jennißen/*Jennißen* Rn. 125; *Sauren* Rn. 12K: im Zweifel dürfen nicht angeschlossene Einheiten nicht mit Kosten belastet werden.

237 Vgl. *Schmid* ZWE 2014, 248 (252).

238 S. nur Niedenführ/Schmidt-Räntsch/Vandenhouten/*Niedenführ* Rn. 93.

239 Riecke/Schmid/*Elzer/Abramenko* Rn. 75; BeckOGK/*Falkner,* 1.3.2020, Rn. 143.

240 AA LG Nürnberg-Fürth NZM 2009, 363 (364); Jennißen/*Jennißen* Rn. 47; wie hier aber BeckOGK/*Falkner,* 1.3.2020, Rn. 143.

241 AA AG Nürnberg ZWE 2014, 35 (36); Jennißen/*Jennißen* Rn. 138b.

242 BGH NZM 2019, 214 Rn. 15 ff. mN zum vormaligen Streitstand = ZfIR 2019, 199 mAnm *Dötsch;* dazu *Schnellbacher* ZWE 2019, 123.

243 BGHZ 156, 192 (203) = NJW 2003, 3476; Niedenführ/Schmidt-Räntsch/Vandenhouten/*Niedenführ* Rn. 77; zum Ganzen näher *Niedenführ* ZWE 2018, 68.

244 BGHZ 156, 192 (204) = NJW 2003, 3476; OLG Düsseldorf NJW-RR 2010, 372 (373); Niedenführ/Schmidt-Räntsch/Vandenhouten/*Niedenführ* Rn. 77; BeckOK WEG/*Bartholome* Rn. 137; aA *Hügel* ZWE 2005, 204 (207); BeckOGK/*Falkner,* 1.3.2020, Rn. 184; Bärmann/*Becker* Rn. 102, jeweils mit Hinweis darauf, dass es um Kostengerechtigkeit gehe, nicht um den Amortisationsgedanken.

eines anderen Verteilungsmaßstabs durch Mehrheitsbeschluss ermessensfehlerhaft, wenn geeignete Erfassungsgeräte bereits vorhanden[245] oder durch Bauordnungsrecht eines Landes gefordert sind,[246] wodurch das Ermessen auf die Einführung dieses Verteilungsschlüssels reduziert ist.[247] Wird dieser Verteilungsmodus, der sich insbesondere für die **Kaltwasserkosten** anbietet, durch Vereinbarung oder für bestimmte Kostenarten durch Beschluss eingeführt, kann der **Einbau** entsprechender (regelmäßig geeichter, sämtliche Einheiten erfassender[248]) einen entsprechend erweitert ausgelegten **Erfassungsgeräte** (etwa eines Zählers oder einer Waage) mitvereinbart oder (ebenfalls gestützt auf einen entsprechend erweitert ausgelegten § 16 Abs. 2 S. 2) mitbeschlossen werden (es handelt sich nicht um eine bauliche Veränderung iSd § 20), ebenfalls die Verteilung der Einbaukosten[249] (ansonsten nach Miteigentumsanteilen). Unterbleibt dies, hat jeder Wohnungseigentümer einen auf § 18 Abs. 2 Nr. 1 gestützten Anspruch auf Einbau. Sind eingebaute Erfassungsgeräte **nicht geeicht** bzw. ist die Eichfrist abgelaufen, widerspricht ihre Nutzung für Zwecke der Abrechnung jedoch ordnungsgemäßer Verwaltung,[250] bei gesetzlich vorgeschriebener Eichung (§ 31 Abs. 2 Nr. 3 MessEG, § 37 Abs. 1 MessEG) schon wegen Verstoßes gegen das MessEG als öffentlich-rechtliches Verbotsgesetz[251] – in solchen Fällen ist im Anwendungsbereich der HeizkostenV auf Grundlage von § 9a HeizkostenV zu schätzen bzw. allein flächenbezogen abzurechen,[252] ansonsten auf den Auffangschlüssel (nach Miteigentumsanteilen) zurückzugreifen. – Verbleibt bei einer Verbrauchsabrechnung ein **unaufklärbarer Differenzbetrag,** etwa, weil der von einzelnen Wasseruhren angezeigte Verbrauch hinter dem Gesamtverbrauch zurückbleibt, sind diese Kosten mangels einschlägigen gewillkürten Verteilungsschlüssels nach Miteigentumsanteilen zu verteilen.

(2) Einzelfälle/Kasuistik. „Nach Verursachung" können den jeweiligen Wohnungseigentümern etwa die Kosten der **Verwalterzustimmung** (Sondervergütung; Notarkosten) nach § 12 – nicht aber (weil alle künftigen Veräußerungen betreffend) des Verwalternachweises iSd § 26 Abs. 4 – auferlegt werden; ein dahingehender Beschluss entspräche, weil dem Verursachungsprinzip Rechnung tragend, ordnungsgemäßer Verwaltung,[253] ebenso ein Beschluss, der Kosten eines Zusatzhonorars des Verwalters für die Erstellung einer Bescheinigung über **haushaltsnahe Dienstleistungen** nach § 35a EStG jenen auferlegt, die diese Bescheinigung angefordert haben,[254] gleichermaßen ein Beschluss, mittels dessen dem Einsicht Nehmenden die damit verbundenen Verwaltungskosten auferlegt werden.[255] Überhaupt sind durch § 16 Abs. 2 S. 2, der keine abstrakt-generelle Kostenverteilungsvorgabe verlangt, auch Belastungen konkreter Wohnungseigentümer nach Maßgabe der Kostenverursachung im Einzelfall durch Mehrheitsbeschluss möglich, zumal richtigerweise (jedenfalls nunmehr) auch erstmalige Kostenbelastungen eines Wohnungseigentümers infolge Beschlusses nach § 16 Abs. 2 S. 2 möglich sind (→ Rn. 52 f.). Der Fortfall der vormaligen Möglichkeit des Rückgriffs auf den insoweit **ersatzlos gestrichenen § 21 Abs. 7 aF** für „besonderen Verwaltungsaufwand" ist damit insoweit unschädlich.[256] 59

(3) Ausgrenzung: Umzugskostenpauschalen; Benutzungsgebühren. Eine Kostenverteilung nach § 16 Abs. 2 S. 2 setzt notwendig das **Entstehen zu verteilenden Aufwands** voraus. Pauschale Gebühren, wie **Mahngebühren** ohne korrespondierenden Aufwand, aber auch die **Umzugskostenpauschale,** können daher zwar vereinbart, mangels dahingehender Beschlusskom- 60

245 BGHZ 156, 192 (203) = NJW 2003, 3476; BeckOK WEG/*Bartholome* Rn. 138; BeckOGK/*Falkner,* 1.3.2020, Rn. 147 erblickt im Beschluss, Messgeräte einzubauen, zugleich die Regelung, dass die Kosten nach Verbrauch zu verteilen sind, was allerdings die Beschlussauslegung überstrapaziert.

246 LG Hamburg NZM 2011, 859 (859 f.); *Bub* ZWE 2001, 457 (459) Fn. 26; Niedenführ/Schmidt-Räntsch/Vandenhouten/*Niedenführ* Rn. 77; BeckOK WEG/*Bartholome* Rn. 138; BeckOGK/*Falkner,* 1.3.2020, Rn. 182.

247 Niedenführ/Schmidt-Räntsch/Vandenhouten/*Niedenführ* Rn. 77.

248 Vgl. BeckOK WEG/*Bartholome* Rn. 73; Jennißen/*Jennißen* Rn. 134.

249 AA, allerdings noch zu § 16 Abs. 3 aF und damit wohl überholt, *Schmid* ZWE 2014, 248 (250); BeckOGK/*Falkner,* 1.3.2020, Rn. 185.

250 *Blank* MDR 2017, 369 (370); Bärmann/*Becker* Rn. 51a; BeckOK WEG/*Bartholome* Rn. 73; Jennißen/*Jennißen* Rn. 134a; für einen Beschluss, gerichtet auf Weitereinsetzung, auch *Hügel/Elzer* Rn. 78.

251 Vgl. etwa OVG Münster NVwZ-RR 2016, 807; VG Köln ZWE 2015, 292; Jennißen/*Jennißen* Rn. 115.

252 Zutr. *Jennißen/Kemm* ZWE 2017, 390 (394); Jennißen/*Jennißen* Rn. 115; aA BeckOGK/*Falkner,* 1.3.2020, Rn. 195.4, wonach trotz Ablauf der Eichfrist die Kosten verbrauchsabhängig verteilt werden können; *Hügel/Elzer* Rn. 79; Bärmann/*Becker* Rn. 115.

253 Vgl. nur Jennißen/*Jennißen* Rn. 144; BeckOGK/*Falkner,* 1.3.2020, Rn. 149.

254 Vgl. Jennißen/*Jennißen* Rn. 100 f.; BeckOGK/*Falkner,* 1.3.2020, Rn. 149.

255 Hierzu BeckOGK/*Skauradszun* 1.3.2020, § 18 Rn. 79 f.

256 Ebenso Bärmann/Pick/*Emmerich* Anh. I § 19 Rn. 6; zur früheren Rechtslage ausf. *Schultzky* ZWE 2018, 198.

petenz aber nicht im eigentlichen Sinne pauschalierend festgesetzt werden.[257] – **Kein Anwendungsfall** verursachungsbezogener Kostenverteilung liegt davon losgelöst in der Erhebung von **Benutzungsgebühren,** etwa über Münzautomaten für die Sauna- oder Waschmaschinennutzung oder sonstige Einrichtungen bzw. Anlagen des gemeinschaftlichen Eigentums (wie etwa einen Tennisplatz). Die mit diesen Einrichtungen bzw. Anlagen einhergehenden Kosten sind über den hierfür maßgeblichen Kostenverteilungsschlüssel umzulegen, wohingegen das Entgelt für die Nutzung (das nur wirtschaftlich als Sonderbeitrag der Nutzenden einstufen ist) zu den Einnahmen der Gemeinschaft der Wohnungseigentümer zählt.[258] Die Erhebung von Benutzungsgebühren ist damit Bestandteil einer zu vereinbarenden oder zu beschließenden Nutzungsregelung, keine Frage des Kostenverteilungsschlüssels.

61 **dd) Verteilung nach Gebrauch bzw. Gebrauchsmöglichkeit. (1) Grundsätzliches.** Ein an der **Gebrauchs- bzw. Einwirkungsmöglichkeit** auf bestimmte Bereiche des gemeinschaftlichen Eigentums ausgerichteter Verteilungsmodus ist in besonderem Maße geeignet, für **Kostengerechtigkeit** zu sorgen. Vor diesem Hintergrund leuchtet es ein, wenn die Gesetzesbegründung hervorhebt, dass bei einer Mehrheitsentscheidung über die Kostenverteilung der Gebrauch bzw. die Gebrauchsmöglichkeit im Rahmen ordnungsgemäßer Ermessensausübung regelmäßig zu berücksichtigen ist,[259] mithin **ermessenslenkend** wirkt, freilich nur, wenn tatsächlich eine korrespondierende gesteigerte Gebrauchsmöglichkeit bzw. Einwirkungsmöglichkeit einzelner Wohnungseigentümer besteht[260] (zu Mehrhausanlagen → Rn. 69 f.), sodass etwa Kosten einer Reparatur eines Rohrbruchs, der sich zufällig in der Raumeinheit eines bestimmten Eigentümers ereignet, diesem nicht durch Mehrheitsbeschluss auferlegt werden können.[261] Von einer bisherigen Verteilung, etwa nach Miteigentumsanteilen, durch Mehrheitsbeschluss auf einen derartigen Verteilungsmodus umzuschwenken, wird typischerweise ordnungsgemäßer Verwaltung entsprechen, selbst dann, wenn dieser Verteilungsmodus seinerseits mit einer gewissen Pauschalierung verbunden sein sollte.

62 **(2) Erhaltungskosten im räumlichen Bereich des Sondereigentums bzw. Sondernutzungsrechts.** Häufig sinnvoll ist es,[262] die Kosten der Erhaltung jener zum gemeinschaftlichen Eigentum gehörender Gegenstände nach Gebrauchs- bzw. Einwirkungsmöglichkeit zu verteilen, die sich räumlich im Bereich des Sondereigentums oder eines Sondernutzungsrechts befinden[263] und damit eine **exklusive Gebrauchs- bzw. besondere Einflussmöglichkeit** vermitteln.[264] Meist werden hierzu etwa die Erhaltungskosten sämtlicher im räumlichen Bereich eines Sondereigentums befindlichen (Außen-)Fenster und (Außen-)Türen gerechnet, zuweilen auch (stärker die Einwirkungsmöglichkeit in Rechnung stellend) beschränkt auf die Erhaltungskosten der entsprechenden Schließmechanik. Auf selbiges läuft es durch Auslegung hinaus, wenn eine Kostenverteilungsregelung – weniger präzise – Erhaltungskosten von „Anlagen oder Gebäudeteilen" jenen Wohnungseigentümern auferlegt, zu „deren ausschließlichem Gebrauch" sie bestimmt sind, ohne klarzustellen, dass dies auch für entsprechende im gemeinschaftlichen Eigentum stehende Bestandteile dieser Anlagen bzw. Gebäudeteile gilt,[265] zumal der Sinn einer solchen Kostenverteilung gerade auf die Herstellung einer Kongruenz von Kostenlast und Nutzungsmöglichkeit zielt. Ordnungsgemäßer Verwaltung widerspricht es hierbei nicht, wenn im Sinne der Praktikabilität nicht vollends nach Einwirkungsmöglichkeit differenziert wird, indem etwa sowohl die Innen- als auch die Außenseite der Fenster einbezogen werden.[266] Werden die Erhaltungskosten in diesem Sinne auf Sondereigentümer abge-

---

[257] Vgl. Bärmann/Pick/*Emmerich* Anh. I § 19 Rn. 6: Umzugskostenpauschalen können nicht mehr wirksam beschlossen werden; s. aber (mit Ausweg) *Lehmann-Richter/Wobst* WEG-Reform 2020 Rn. 724 ff.; näher auch *Dötsch/Schultzky/Zschieschack* WEG-Recht 2021 Kap. 7 Rn. 77 ff.

[258] Zutr. *Merle* ZWE 2006, 128 (129); aA OLG Düsseldorf FGPrax 2003, 158 (159); BeckOK WEG/*Bartholome* Rn. 132; BeckOGK/*Falkner,* 1.3.2020, Rn. 150.

[259] BR-Drs. 168/20, 60; ähnlich *Lehmann-Richter/Wobst* WEG-Reform 2020 Rn. 705 f.

[260] Vgl. nur BGHZ 186, 51 Rn. 15 = NJW 2010, 2513; BGH NZM 2015, 53 Rn. 16.

[261] Zutr. Jennißen/*Jennißen* Rn. 656; s. zudem Bärmann/Pick/*Emmerich* Anh. I Rn. 7.

[262] Vgl. etwa das Muster bei *Falkner* in Weber KölnFormB WEG Kap. 3 Rn. 246.

[263] OLG München NJOZ 2007, 3029; LG Stuttgart ZWE 2016, 44 (45); s. weiterhin *Elzer* ZNotP 2020, 7 (8); Bärmann/*Becker* Rn. 136 ff.; BeckOGK/*Falkner,* 1.3.2020, Rn. 152 f.

[264] S. nur zu diesen Präzisierungen der Gebrauchsmöglichkeit Jennißen/*Jennißen* Rn. 64a; ferner Bärmann/*Becker* Rn. 137.

[265] BGH ZWE 2013, 30 Rn. 9 = MittBayNot 2013, 128 mAnm *Kreuzer* hinsichtlich Balkonsanierungskosten; ZWE 2017, 99 Rn. 25; vgl. zudem BGH NJW-RR 2018, 1419 Rn. 10; s. auch Niedenführ/Schmidt-Räntsch/Vandenhouten/*Niedenführ* Rn. 27.

[266] Zutr. *Lehmann-Richter/Wobst* WEG-Reform 2020 Rn. 706 f.

wälzt, fallen hierunter aber mangels dahingehender ausdrücklicher Regelung nicht zugleich die Kosten erstmaliger Herstellung,[267] obgleich auch diese zur Erhaltung gehört (→ Rn. 67).

63 Wird in der Gemeinschaftsordnung ein **Sondernutzungsrecht** begründet, kann daraus für sich genommen (ohne gesonderte Regelung der Kostenlast) jedoch noch nicht auf die Überbürdung der Erhaltungskosten auf den Sondernutzungsberechtigten unter dem Gesichtspunkt des mutmaßlich beabsichtigten Gleichlaufs von Kosten und Nutzen geschlossen werden,[268] zumal eine weitere Auslegungsmöglichkeit in einem fortbestehenden Entscheidungsrecht der Gemeinschaft der Wohnungseigentümer über einschlägige Erhaltungsmaßnahmen mit korrespondierender Kostenlast liegt; wird einem Sondernutzungsrechtsinhaber aber zumindest die entsprechende Erhaltungslast übertragen, wird daraus im Zweifel auch auf die damit verbundene Kostentragungslast zu schließen sein;[269] wird diese ausdrücklich auf den Sondernutzungsberechtigten abgewälzt, indes nur für Instandhaltungs- oder nur Instandsetzungskosten, kommt es darauf an, ob die Vereinbarung (objektiv ausgelegt) differenzieren wollte oder lediglich sprachlich unpräzise gefasst ist – im Zweifelsfall wird man dem Wortlaut folgend zu einer Differenzierung gelangen,[270] hingegen bei Überwälzung der „Unterhaltskosten" im Regelfall von einer umfassend gemeinten (wenngleich unpräzise ausgedrückten) Auferlegung sämtlicher Erhaltungskosten ausgehen müssen.[271]

64 **(3) Aufzugskosten.** Auch Betriebs- und Erhaltungskosten eines **Aufzugs** werden häufig nach Gebrauchsmöglichkeit verteilt,[272] sollen sich nicht, wie sonst der Fall, alle daran beteiligen müssen.[273] Denkbar ist es, die Quote umso größer ausfallen zu lassen, je höher sich die Wohnung befindet, doch führt dies zu umständlichen, ihrerseits nicht immer befriedigenden Ergebnissen. Eine derartige, nach Stockwerken unterscheidende (nach sog. Haltepunkten differenzierende) Kostenverteilung wäre allerdings nicht ordnungswidrig.[274] Sinnvoll ist es jedoch, jene Wohnungseigentümer von der Kostentragung freizustellen (was auch durch Mehrheitsbeschluss möglich ist), die den Aufzug nicht oder kaum einmal nutzen, etwa die Eigentümer von im Erdgeschoss gelegenen Raumeinheiten oder eines aufzugslosen Hauses innerhalb einer Mehrhausanlage (vgl. → Rn. 69). Ähnliches gilt, sofern Sondereigentum an den einzelnen Stellplätzen eines Mehrfachparkers begründet wird (nunmehr möglich ausweislich § 3 Abs. 1 S. 2), etwa hinsichtlich der Kosten der notwendig im gemeinschaftlichen Eigentum (§ 5 Abs. 2) stehenden Hebeanlage; die hierfür anfallenden Betriebs- und Erhaltungskosten können nach § 16 Abs. 2 S. 2 der Gruppe der Nutzer des Mehrfachparkers zugewiesen werden.[275]

65 **(4) Leerstand.** Einen Sonderfall **fehlender Nutzungsmöglichkeit** bildet der sog. „Leerstand" (insbesondere im Fall noch nicht „abverkaufter" Wohnungseigentumseinheiten des aufteilenden Bauträgers), der für sich genommen den hiervon betroffenen Wohnungseigentümer nicht von der Kostentragungspflicht befreit.[276] Es fällt in die Risikosphäre eines jeden Wohnungseigentümers, ob seine (fertiggestellte) Raumeinheit genutzt werden kann; fehlt es an anderweitigen Bestimmungen, hat dieser mithin im Grundsatz sämtliche Kosten mitzutragen.[277] Von Gesetzes wegen erfolgt insoweit keine Differenzierung nach einzelnen Kostenpositionen (mit Ausnahme des zwingend verbrauchsabhängigen Teils der Heiz- und Warmwasserkosten nach der HeizkostenV), sie durch Vereinbarung oder Mehrheitsbeschluss einzuführen, wäre auch nicht sachgerecht:[278] Jenseits der Frage nach

---

267 S. BGH NJW 2016, 473 Rn. 29; LG München I ZMR 2017, 923 = BeckRS 2017, 135161; offenlassend, ob eine Überbürdung der Kosten erstmaliger Herstellung ordnungsgemäßer Verwaltung entsprechen würde, BGH NJW-RR 2017, 462 Rn. 21; aA LG Koblenz ZWE 2015, 269 (271) zur Beseitigung anfänglicher Baumängel.

268 BeckOK WEG/*Bartholome* Rn. 62; BeckOGK/*Falkner,* 1.3.2020, Rn. 133.

269 Vgl. nur BGH NZM 2017, 603 Rn. 19; Niedenführ/Schmidt-Räntsch/Vandenhouten/*Niedenführ* Rn. 21; s. hierzu BeckOGK/*Falkner,* 1.3.2020, Rn. 133 ff.

270 Vgl. nur BGH NJW-RR 2017, 527 Rn. 19; Bärmann/*Becker* Rn. 62; zum Ganzen *Elzer* ZNotP 2020, 7.

271 Dafür BGH ZWE 2019, 322 Rn. 13; aA etwa KG NZM 2009, 867; näher *Elzer* ZNotP 2020, 7 (10).

272 Vgl. auch Bärmann/Pick/*Emmerich* Rn. 62A.

273 S. nur BGH NJW 1984, 2576 (2577); vgl. auch den Fall LG München I ZMR 2018, 70 (71); Niedenführ/Schmidt-Räntsch/Vandenhouten/*Niedenführ* Rn. 28; Riecke/Schmid/*Abramenko* Rn. 133.

274 Vgl. LG Nürnberg-Fürth NJW-RR 2009, 884 (886); Jennißen/*Jennißen* Rn. 94a.

275 Vgl. nur *Lehmann-Richter/Wobst* WEG-Reform 2020 Rn. 1668 ff. mit Formulierungsbeispiel.

276 OLG Düsseldorf NZM 1998, 867; OLG Celle OLGR 2000, 137 (138); Jennißen/*Jennißen* Rn. 126 f.; Riecke/Schmid/*Abramenko* Rn. 243; Bärmann/Pick/*Emmerich* Rn. 62L; BeckOK WEG/*Bartholome* Rn. 38; vgl. auch *Grüner* in Hügel/Scheel WEG-HdB § 8 Rn. 127 f.; zum Ganzen näher *Röll* NJW 1976, 1473 (1475).

277 Vgl. schon BayObLGZ 1978 270 (275 f.), wonach es anderenfalls keinen Kostenschuldner gäbe; zudem Weitnauer/*Gottschalg* Rn. 21, der die Heranziehung von § 242 BGB für verbrauchsabhängige Kosten erwägt.

278 Dafür aber *Zoebe* DWE 1976, 7.

einem Anpassungsanspruch des betroffenen Wohnungseigentümers[279] kann durch Mehrheitsbeschluss indes für Kostenpositionen, die eindeutig einzelnen Wohnungseigentumseinheiten zuzuordnen sind, ein verbrauchs- bzw. verursachungsabhängiger Schlüssel eingeführt werden (nicht aber eine pauschale Kostenbefreiung des betreffenden Wohnungseigentümers zulasten der übrigen).[280] Dieser wird ordnungsgemäßer Verwaltung entsprechen, sofern die Raumeinheit **dauerhaft nicht nutzbar** ist bzw. die Nutzbarkeit nicht durch den betroffenen Wohnungseigentümer hergestellt werden kann, nicht mehr indes, sofern es nur am Nutzungswillen fehlt.[281] Demgegenüber kann ein Wohnungseigentümer mit **Ausbaurecht,** etwa bzgl. eines Dachgeschosses, nicht nur durch Vereinbarung, sondern auch durch Mehrheitsbeschluss von der Kostentragungspflicht umfassend befreit werden, allerdings nur, bis der Dachgeschossausbau im Wesentlichen fertiggestellt ist.[282]

66 **(5) Bauabschnittsweise Fertigstellung.** Sachlich eng verwandt sind die Fälle der bauabschnittsweisen Fertigstellung, insbesondere einer Mehrhausanlage mit separaten Baukörpern (zur Mehrhausanlage → Rn. 69). Hier wird sich der aufteilende Bauträger im Fall der sog. „großen Aufteilung" oder unter Einräumung eines sog. „überdimensionalen Miteigentumsanteils" als **Inhaber substanzlosen Wohnungseigentums** hinsichtlich noch nicht fertiggestellter Einheiten an bestimmten Kosten nicht beteiligen wollen. Ohne abweichende Bestimmung kommt es jedoch (weil auch hier Miteigentum besteht) nicht zur Kostenbefreiung (sondern allenfalls nach geltend gemachtem Anpassungsanspruch),[283] auch nicht hinsichtlich verbrauchsabhängiger Kostenpositionen (wiederum jedoch nur, soweit nicht der Anwendungsbereich der HeizkostenV betroffen). Eine Vereinbarung, wonach der aufteilende Bauträger für noch in seinem Eigentum stehende Wohnungseigentumseinheiten erst mit der jeweiligen **Bezugsfertigkeit** überhaupt an den Kosten zu beteiligen ist, wird einer Inhaltskontrolle (richtigerweise über § 242 BGB; → § 10 Rn. 10) regelmäßig nicht standhalten,[284] sofern von der Kostenfreistellung nicht zumindest die auf unbebaute Grundstücksflächen entfallenden Kosten ausgenommen werden.[285] Ein dahingehender Mehrheitsbeschluss widerspräche zudem ordnungsgemäßer Verwaltung. Zulässig sind jedoch Bestimmungen (in Vereinbarungen wie Beschlüssen), wonach Eigentümer noch nicht errichteter Wohneinheiten (etwa bis zur Bezugsfertigkeit) von den Betriebskosten freigestellt sind.[286] Überdies wird die bei Mehrhausanlagen übliche untergemeinschaftsbezogene Zuweisung aussonderbarer Kostenpositionen (→ Rn. 69) den aufteilenden Eigentümer von einer Belastung mit Kosten weitgehend bewahren, die auf einen bereits fertiggestellten (und abverkauften) Gebäudeblock bezogen sind. Vereinbart werden kann zudem, dass sich bis zur weiteren Unterteilung und Abspaltung von Miteigentumsanteilen eine an diesen ausgerichtete Kostenverteilung nicht unter vollem Ansatz eines **überdimensionierten Miteigentumsanteils** errechnen soll,[287] wobei für diese pauschale (wenn auch zeitlich begrenzte) Kostenverteilungsregelung allerdings wohl keine Beschlusskompetenz nach § 16 Abs. 2 S. 2 besteht (sodass es einer Vereinbarung bedarf; → Rn. 39 f.).

67 **(6) Mangelfreie Erstherstellung.** Eine im Einzelnen umstrittene Frage der Korrelation von Kostentragungspflicht und Gebrauchsmöglichkeiten ist aufgeworfen bei den Kosten für die erstmalige mangelfreie Herstellung (vgl. auch zu dieser Erstherstellung → § 19 Rn. 24 f.), deren Verteilung bei Insolvenz des Bauträgers, aber auch bei Verjährung entsprechender Erst- oder Nacherfüllungsansprüche bedeutsam ist. Diese erstmalige Herstellung ist als **Erhaltungsmaßnahme** einzustufen,

[279] Dazu BGH ZWE 2005, 72 (73 ff.) mAnm *Hügel;* offenlassend für leerstehende, nicht verkaufte Einheiten LG Frankfurt ZWE 2018, 371 Rn. 8.

[280] S. nur Jennißen/*Jennißen* Rn. 127; ferner BeckOGK/*Falkner,* 1.3.2020, Rn. 153; vgl. weiterhin LG Dortmund ZMR 2016, 640 = BeckRS 2016, 5627.

[281] IdS diff. auch Jennißen/*Jennißen* Rn. 127.

[282] S. etwa KG ZWE 2002, 81 (82) zu einer Regelung in der Gemeinschaftsordnung, der zufolge der Ausbauberechtigte erst ab „Herstellung" Kosten tragen sollte; s. weiterhin Staudinger/*Bub,* 2005, Rn. 38; Jennißen/*Jennißen* Rn. 127; BeckOK WEG/*Bartholome* Rn. 67; Riecke/Schmid/*Abramenko* Rn. 242.

[283] BGHZ 130, 304 (313) = NJW 1995, 2791; BayObLG NJW-RR 1987, 714 (715); Riecke/Schmid/*Abramenko* Rn. 245; *Hügel/Elzer* Rn. 35; demgegenüber will *Röll* NJW 1976 1473 (1744) im Ausnahmefall über § 242 BGB korrigieren; ähnlich Staudinger/*Bub,* 2005, Rn. 203.

[284] IdS wohl Staudinger/*Bub,* 2005, Rn. 38; Bedenken im Hinblick auf das Standhalten einer derartigen Klausel im Rahmen der Inhaltskontrolle auch bei *Falkner* in Weber KölnFormB WEG Rn. 1044.

[285] Ohne diesen Ausschluss, insoweit aber nicht unbedenklich, das Muster bei BeckFormB WEG/*H. Müller* D.VI; diff. *Falkner* in Weber KölnFormB WEG Kap. 3 Rn. 1046 ff.; vgl. weiterhin Staudinger/*Bub,* 2005, Rn. 203, dort allerdings nicht ausdrücklich zur Frage, ob eine dahingehende Vereinbarung der Inhaltskontrolle standhielte.

[286] Zutr. *Häublein* ZWE 2005, 198 (190).

[287] Vgl. etwa *Häublein* ZWE 2005, 191 (195); s. das Muster bei *Falkner* in Weber KölnFormB WEG Kap. 3 Rn. 1048; ferner *Stöhr* in Heinemann KölnFormB Grundstücksrecht Kap. 2.E. Rn. 696.

jedenfalls nicht als bauliche Veränderung iSd § 20 Abs. 1, sodass die Kosten durch Mehrheitsbeschluss iSd § 16 Abs. 2 S. 2 abweichend verteilt werden können[288] (anderenfalls griffe § 21 Abs. 5 S. 1, der ebenfalls einen Mehrheitsbeschluss zulässt). Eine davon losgelöste Frage ist diejenige, ob es **ordnungsgemäßer Verwaltung** entspräche, jenem Wohnungseigentümer Kosten aufzuerlegen, in dessen Raumeinheit sich zufällig das nicht ordnungsgemäß hergestellte gemeinschaftliche Eigentum befindet (wie etwa im Fall mangelhafter Kellerabdichtung). Dies wird regelmäßig zu verneinen sein[289] (anders bei einer Kostenverteilung nach Häusern im Fall einer Mehrhausanlage → Rn. 69), ebenso eine Kostenverteilung nach Maßgabe des Verhältnisses der jeweils erbrachten Vergütungsleistungen an den Bauträger, weil hier ein sachfremdes Kriterium[290] (nämlich eines, das nur die jeweiligen Erwerbsverträge betrifft) in die Kostenverteilung einflösse. Ermessensfehlerhaft wäre es überdies, im Fall des **steckengebliebenen Baus** den aufteilenden Bauträger, sofern er noch Eigentümer von Einheiten ist, selbst wenn er zahlungsunfähig ist, von der Kostentragungspflicht gänzlich auszunehmen.[291] Anders liegt es, wenn es um Anlagen bzw. Flächen geht, deren Fertigstellung nicht allen Wohnungseigentümern zugutekommt (die Erfüllung brandschutzrechtlicher Vorgaben, etwa durch die Herstellung eines zweiten Rettungsweges, kommt jedoch allen zugute!).[292] Hier kann es im Einzelfall ordnungsgemäßer Verwaltung entsprechen, nur die (durch Nutzungsmöglichkeiten) begünstigten Wohnungseigentümer mit den Kosten zu belasten,[293] die insoweit nicht anders zu stellen sind als Wohnungseigentümer hinsichtlich der Kosten der Fertigstellung ihres Sondereigentums.[294] Abseits dieses Sonderfalls wird man aber davon ausgehen müssen, dass es im Grundsatz ordnungswidrig ist, einzelnen Wohnungseigentümern die Kosten der erstmaligen plangerechten oder mangelfreien Herstellung aufzuerlegen, da hier ein **gemeinschaftliches Kostenrisiko** ohne tragfähigen Grund auf Einzelne verlagert wird.[295] Wurden im Fall einer Mehrhausanlage Untergemeinschaften gebildet (→ Rn. 69) und sind ausscheidbare Kosten hausbezogen zu verteilen, müssen sich an den Kosten der erstmaligen (plankonformen bzw. mangelfreien) Herstellung jeweils (nach Maßgabe der Kostenseparierung) nur die Mitglieder der Untergemeinschaft beteiligen;[296] nur sie trifft auch die etwaige Verpflichtung zur Fertigstellung ihres Gebäudes,[297] was wegen der wohl anders lautenden überwM allerdings ausdrücklich in der Gemeinschaftsordnung verankert werden sollte.

ee) Verteilung nach Köpfen. Zuweilen wird eine Kostenverteilung nach Köpfen (etwa hinsichtlich Müll-[298] oder Kaltwasserkosten) vorgenommen, was jedoch mangels sicherer Feststellbarkeit der relevanten Zahl der tatsächlichen, in Ermangelung abweichender Bestimmung nicht allein der gemeldeten[299] Bewohner durch den Verwalter allenfalls in kleinen Wohnungseigentumsanlagen funktionieren kann. Die Komplexität dieses Verteilungsmodus steigert sich nochmals, sofern sich während laufender Abrechnungsperiode die Personenanzahl je Wohnungseigentumseinheit verändert oder eine vorübergehende Nutzung durch weitere Personen zu berücksichtigen ist.[300] Regelmäßig ist dieser Verteilungsmodus daher jedenfalls **unzweckmäßig,** zuweilen widerspricht er eher ord- 68

[288] Ebenso *Lehmann-Richter/Wobst* WEG-Reform 2020 Rn. 719 iVm 1279.
[289] Bärmann/Pick/*Emmerich* Anh. I Rn. 7; *Lehmann-Richter/Wobst* WEG-Reform 2020 Rn. 1280.
[290] Wohl auch *Lehmann-Richter/Wobst* WEG-Reform 2020 Rn. 1280; *Ott* NZM 2003, 134 (137); aA insoweit, zu § 16 Abs. 4 aF, Niedenführ/Schmidt-Räntsch/Vandenhouten/*Vandenhouten* § 22 Rn. 224.
[291] BayObLG ZWE 2000, 214 (215); *Ott* NZM 2004, 134 (137); *Hügel/Elzer* Rn. 35.
[292] Daher sollten nach BGH NJW-RR 2017, 1042 Rn. 19 (noch zu § 16 Abs. 4 aF) die entspr. Kosten nicht durch Beschluss jenen zugewiesen werden können, die den Rettungsweg benötigen; aA BeckOGK/*Falkner,* 1.3.2020, Rn. 215.4.
[293] So *Häublein* ZWE 2005, 191 (201 f.); aA aber wohl Jennißen/*Jennißen* Rn. 66; diff. BeckOGK/*Falkner,* Rn. 215.3.
[294] *J.-H. Schmidt* ZWE 2017, 238 (245 f.); BeckOGK/*Karkmann,* 1.3.2020, § 22 Rn. 212; aA Bärmann/*Merle* § 21 Rn. 118: auch erstmalige Herstellung des Sondereigentums sei gemeinsame Aufgabe aller Wohnungseigentümer; *Riesenberger* FS Deckert, 2002, 395 (411).
[295] Bärmann/*Becker* Rn. 137; Jennißen/*Jennißen* Rn. 66; BeckOGK/*Falkner,* 1.3.2020, Rn. 153; offenlassend BGH ZWE 2017, 177 Rn. 21.
[296] Str., wie hier, für anfängliche Baumängel BGH NJW-RR 2020, 959 Rn. 6 ff.; zudem BeckOGK/*Falkner,* 1.3.2020, Rn. 154. 2; *Häublein* ZWE 2005, 191 (201 f.); Muster für eine ausdrückliche Separierung der Kosten für die erstmalige Herstellung bei *Elzer* notar 2016, 201 (207); aA etwa *Ott* ZWE 2016, 193 (196).
[297] Zutr. *Röll* NJW 1978, 1507 (1509); *Sauren* § 22 Rn. 78; dem zuneigend *Grüner* in Hügel/Scheel WEG-HdB § 13 Rn. 122 m. Fn. 363; aA *Ott* NZM 2003, 134 (138).
[298] Vgl. *Schmid* ZWE 2014, 248 (251); BeckOGK/*Falkner,* 1.3.2020, Rn. 133.
[299] BGH NZM 2008, 242; BeckOK WEG/*Bartholome* Rn. 72; BeckOGK/*Falkner,* 1.3.2020, Rn. 145; vgl. auch Jennißen/*Jennißen* 49 f.
[300] Vgl. etwa LG Rostock ZWE 2016, 183 (184), wonach die Einführung dieses Verteilungsschlüssels nicht ordnungsgemäßer Verwaltung entsprechen soll; Jennißen/*Jennißen* Rn. 49.

nungsgemäßer Verwaltung, sodass seine Einführung vermittels Mehrheitsbeschlusses anfechtbar wäre, bei Unbestimmtheit gar nichtig.[301]

69 **ff) Verteilung nach Häusern (Mehrhausanlage).** Befinden sich auf einem Grundstück mehrere Baukörper, entspricht es den Bedürfnissen der Wohnungseigentümer und daraus abgeleiteter Gestaltungspraxis, hausbezogen **Untergemeinschaften** zu bilden, die zwar ihrerseits nicht rechtsfähig sind (Rechtsfähigkeit kommt nur der [Gesamt-] Gemeinschaft der Wohnungseigentümer zu, § 9a Abs. 1 S. 1), allerdings in der Gemeinschaftsordnung dergestalt verselbstständigt werden können, dass sie sich an Teilverbände annähern, wenngleich sich diese Annäherung immer nur auf das Innenverhältnis beziehen kann. Zulässig und gebräuchlich ist die Vereinbarung, dass die **Mitglieder** einer jeden **Untergemeinschaft** die **ihr Gebäude betreffenden Kosten** (meist unter gleichzeitiger Einräumung eines Gruppensondernutzungsrechts am betreffenden Baukörper) alleine tragen.[302] Für die Kostenverteilung entscheidend ist es, genau festzulegen, welche Kosten gemeinschaftlich bleiben, wobei diese Festlegung klar und eindeutig erfolgen muss und sich auf Kostenpositionen zu beziehen hat, die von den übrigen Kosten **„ausscheidbar"** sind,[303] mithin den einzelnen Gebäuden zugeordnet werden können (die hausbezogene Verteilung von Kosten, soweit diese einer Untergemeinschaft „eindeutig zuzuordnen" sind, genügt indes).

70 Die durch § 16 Abs. 2 S. 2 eingeräumte weitreichende Beschlusskompetenz ermöglicht es, die hausbezogene Kostenverteilung durch **Mehrheitsbeschluss** zu bestimmen. **Ordnungsgemäßer Verwaltung** wird dies regelmäßig (aufgrund der hierdurch bewirkten Verstärkung des Gleichlaufs von Kosten und Nutzen durch Verkleinerung des Abrechnungskreises) entsprechen, insbesondere sofern hausbezogen erfassbare bzw. zurechenbare Betriebs-, Verwaltungs- und Erhaltungskosten betroffen sind, ebenso aber auch, sofern es um die Kosten der erstmaligen (plankonformen bzw. mangelfreien) Herstellung (→ Rn. 67) eines der Häuser geht.[304] Der im Rahmen des Gestaltungsermessens zu berücksichtigende Gesichtspunkt der **gesteigerten Gebrauchsmöglichkeit** steht auch einer Mehrheitsentscheidung nicht entgegen, die Erhaltungskosten solcher Teile des gemeinschaftlichen Eigentums auf die Mitglieder der Untergemeinschaft abzuwälzen, auf deren Gebäude das Teil zwar bezogen ist, ohne dass diese indes von diesem Teil (wie bei einem Hausdach oder sonstigen konstruktiven Bestandteilen) im eigentlichen Sinne eigennützigen Gebrauch machen können – denn die Frage der eigennützigen Gebrauchsmöglichkeit ist zumindest seit Fortfall des § 16 Abs. 4 aF nur noch ein, jedoch nicht zwingend der entscheidend zu berücksichtigende Gesichtspunkt.[305] Der **Grundsatz der Gleichbehandlung** (bzw. insoweit: der Maßstabskontinuität) verlangt dann aber, entsprechend über die Zuweisung von Erhaltungskosten der anderen Häuser zu entscheiden. Umgekehrt wird indes eine Vergrößerung des Abrechnungskreises, sofern vormals ausscheidbare Kostenpositionen nunmehr von der Gesamtheit der Wohnungseigentümer getragen werden sollen, regelmäßig ordnungsgemäßer Verwaltung widersprechen.[306] – Werden ausscheidbare Kosten hausbezogen verteilt, ist jeweils auch zu vereinbaren, in welchem **Verhältnis** die **Miteigentümer einer Untergemeinschaft zueinander** die der jeweiligen Untergemeinschaft zugeordneten Kosten zu tragen haben; wird nichts bestimmt, gilt (vorbehaltlich der Reichweite der HeizkostenV) die Auffangregelung des § 16 Abs. 2 S. 1 (Verteilung nach Miteigentumsanteilen) in entsprechender Anwendung[307] bzw. der vereinbarte generelle Verteilungsschlüssel (eine Beschlusskompetenz entsprechend § 16 Abs. 2 S. 2 für die generelle Verteilung der Kosten innerhalb der Untergemeinschaft besteht jedoch nicht).

71 **4. Verteilung der Heizungs- und Warmwasserkosten. a) Vorrang der HeizkostenV; Beschränkung der Gestaltungsmacht (§ 3 S. 1 HeizkostenV).** Hinsichtlich der Verteilung der bei der Gemeinschaft der Wohnungseigentümer angefallenen Kosten von Wärme- und Warmwasserlieferung bzw. der Betriebskosten einer zentralen Heizungs- und Warmwasserversorgungsanlage (einschließlich der Kosten des Betriebsstroms)[308] statuiert die der Einsparung von Wärmeenergie (nicht aber der Steigerung der Verteilungsgerechtigkeit unter den Nutzern) dienende HeizkostenV[309]

[301] Jennißen/*Jennißen* Rn. 49; s. auch AG Dortmund ZMR 2016, 233 = BeckRS 2016, 5635.
[302] Vgl. auch BGH NJW 2018, 1309 Rn. 27; NJW-RR 2020, 959 Rn. 11. Zum typischen Inhalt einer Vereinbarung zur Etablierung von Untergemeinschaften *Sommer* ZWE 2019, 155 (158 f.).
[303] Vgl. etwa *Jennißen* ZWE 2017, 117 (118); Jennißen/*Jennißen* Rn. 64; Bärmann/*Becker* Rn. 55.
[304] *Lehmann-Richter/Wobst* WEG-Reform 2020 Rn. 1280.
[305] Schon zu § 16 aF einen dahingehenden Beschluss für ordnungsgemäß haltend Niedenführ/Schmidt-Räntsch/Vandenhouten/*Niedenführ* Rn. 154; zweifelnd indes BGHZ 186, 51 Rn. 15 = NJW 2010, 2513; aA Jennißen ZWE 2017, 118 (121).
[306] Vgl. bereits zu § 16 Abs. 4 aF *Sommer* ZWE 2019, 155, 168; Riecke/Schmid/*Abramenko* Rn. 127d.
[307] Vgl. auch BeckOGK/*Falkner,* 1.3.2020, Rn. 154; Palandt/*Wicke* Rn. 4.
[308] BGH ZWE 2017, 43 Rn. 12 ff. mAnm *Becker;* vgl. Bärmann/*Becker* Rn. 57; BeckOGK/*Falkner,* 1.3.2020, Rn. 194.
[309] Die HeizkostenV ist im Anschluss zu § 556a BGB kommentiert (→ 8. Aufl. 2020, HeizkostenV § 1 Rn. 1 ff.).

als zwingendes, nicht verzichtbares Recht **Gestaltungsgrenzen** (§ 23 Abs. 4 S. 1!), ohne jedoch ihrerseits einen vollständig fixierten, unmittelbar heranziehbaren gesetzlichen Verteilungsschlüssel vorzugeben (zur Konkretisierungsaufgabe der Gemeinschaft der Wohnungseigentümer → Rn. 77). Die Gemeinschaft der Wohnungseigentümer ist danach verpflichtet, Verbrauch an Wärme und Warmwasser **getrennt zu erfassen** (§ 4 HeizkostenV) und die Kosten **verbrauchsabhängig** unter die Wohnungseigentümer zu verteilen (§ 6 HeizkostenV), was jeder Wohnungseigentümer nach § 18 Abs. 2 Nr. 1 verlangen kann. Gestützt auf § 5 Abs. 4 EnEG aF (heute: § 6 Abs. 2 GEG) greift die HeizkostenV **gesetzesändernd** in das WEG ein;[310] als Ausdruck dessen ist der in § 16 Abs. 2 S. 1 enthaltene Auffangschlüssel in seiner Anwendbarkeit (weil er zu keiner verordnungskonformen Abrechnung führte) suspendiert (→ Rn. 83).

b) Kostenverteilungsbestimmung im Widerspruch zur HeizkostenV. Selbiges gilt nach wohl hM a maiore ad minus, wenn eine **Kostenverteilungsbestimmung** vereinbart wurde, die im **Widerspruch** zu den **Abrechnungsvorgaben der HeizkostenV** steht – auch eine solche Vereinbarung soll, soweit widersprechend, unanwendbar sein, konsequenterweise, ohne dass es einer vorherigen Beseitigung dieser Kostenverteilungsbestimmungen durch rechtsgeschäftlichen Akt bedürfte.[311] Richtigerweise ist eine solche Vereinbarung gar **unwirksam,** weil die vorrangige HeizkostenV Gestaltungsmöglichkeiten nur eröffnet, soweit sie in § 3 S. 2 HeizkostenV einen Umsetzungsspielraum schafft, der durch Vereinbarung (oder Beschluss) auszunutzen ist, bei dessen Verlassen indes keine rechtsgeschäftliche Gestaltungsmacht besteht. Damit ist nicht gesagt, dass die HeizkostenV Verbotsgesetzcharakter iSd § 134 BGB hätte (was sie nicht hat, aber nur,[312] weil sie bereits vorher, nämlich bei der Gestaltungsmacht ansetzt), wohl aber, dass wohnungseigentumsrechtlicher Gestaltungsspielraum im sachlichen Anwendungsbereich der HeizkostenV nur insoweit besteht, wie diese ihn eröffnet. Die dominierende Rede vom „Anwendungsvorrang"[313] (die § 3 S. 1 HeizkostenV als Norm-Kollisionsvorschrift versteht,[314] mithin als Vorschrift, die eine Normenhierarchie begründet) verdunkelt diese Zusammenhänge, wenn sie den Anwendungsvorrang als Gegenkategorie zum abzulehnenden Verbotsgesetzcharakter versteht. Begreift man die HeizkostenV als **Einschränkung der Gestaltungsmacht** (iErg vergleichbar → HeizkostenV § 2 Rn. 1: „Abdingbarkeitsverbot"), ergibt sich im Übrigen zwanglos, dass ihr widersprechende Vereinbarungen keiner vorherigen rechtsgeschäftlichen Beseitigung bedürfen, um die (hierdurch nicht abbedungene) HeizkostenV zur Anwendung zu bringen. Vgl. zum sachlichen Anwendungsbereich, der auch im Fall der Fernwärme und des Wärme-Contracting eröffnet ist,[315] § 1 Abs. 1 Nr. 1 und 2 HeizkostenV (näher → HeizkostenV § 1 Rn. 2 f.), zum persönlichen Anwendungsbereich § 1 Abs. 2 Nr. 3 HeizkostenV. 72

c) Unmittelbare Anwendbarkeit der HeizkostenV. Die seit BGH NJW 2012, 1434 Rn. 8 f. für die Praxis im Grundsatz geklärte Frage der unmittelbaren Anwendbarkeit der HeizkostenV ergibt sich aus § 2 HeizkostenV iVm § 3 S. 1 HeizkostenV, wonach diese Spezialvorschriften auf das Wohnungseigentum (als Sammelbegriff für Wohnungs- und Teileigentum verstanden, vgl. § 1 Abs. 6)[316] unabhängig davon anzuwenden sind, ob durch Vereinbarung oder Beschluss abweichende Bestimmungen über die Verteilung der einschlägigen Kosten getroffen worden sind. Für die grundsätzliche Anwendbarkeit der HeizkostenV bedarf es mithin **keines rechtsgeschäftlichen Implementationsaktes,**[317] erst recht nicht, wie es häufig missverständlich formuliert wird,[318] für ihre Geltung. Die unmittelbare Anwendbarkeit der HeizkostenV bedeutet iErg, dass der Gemeinschaft der Wohnungseigentümer über das „Ob" ihrer Anwendung im Rahmen ordnungsgemäßer Verwal- 73

---

310 Dies hält *Jennißen,* Die Verwalterabrechnung nach dem WEG, 7. Aufl. 2013, Rn. 160 für verfassungsrechtlich bedenklich, jedoch zu Unrecht, wie auch sein Verweis auf § 5 Abs. 4 EnEG aF belegt.

311 Vgl. nur *Lammel* HeizkostenV § 3 Rn. 5.

312 Die fehlende Strafsanktion spricht entgegen *Lammel* HeizkostenV § 2 Rn. 11 nicht gegen ein Verbotsgesetz.

313 Daraus soll sich eine Überlagerungswirkung ergeben, vgl. etwa Bärmann/*Becker* Rn. 58, die auch zur Folge haben soll, dass nach einem Außerkrafttreten der HeizkostenV entspr. Vereinbarungen wieder zur Anwendung gelangen; so *Lammel* HeizkostenV § 2 Rn. 13.

314 *Lammel* HeizkostenV Rn. 10.

315 BeckOGK/*Drager,* 1.10.2020, HeizkostenV § 1 Rn. 8 f.

316 Die Anwendbarkeit auf Teileigentumsanlagen ist denn auch unstr; vgl. nur LG Hamburg ZMR 2015, 484 (485) = BeckRS 2015, 11951 bezogen auf Garagenteileigentum; aus der Lit. etwa Niedenführ/Schmidt-Räntsch/Vandenhouten/*Niedenführ* Anh. HeizkostenV Rn. 4; Schmidt-Futter/*Lammel* HeizkostenV § 3 Rn. 5.

317 BGH NJW-RR 2020, 526 Rn. 8; NJW 2018, 3717 Rn. 17; NJW-RR 2017, 263 Rn. 13; NJW 2012, 1434 Rn. 8 f.; *Hügel/Elzer* Rn. 25.

318 S. etwa BGH NZM 2012, 344 Rn. 8 sowie BeckOGK/*Drasdo,* 1.10.2020, HeizkostenV § 3 Rn. 5, die jeweils nicht zwischen Anwendung und Geltung unterscheiden.

tung kein Entscheidungsspielraum verbleibt (vgl. aber zu den Ausnahmefällen → Rn. 74 f.), und zwar selbst dann nicht, wenn es an der erforderlichen rechtsgeschäftlichen Umsetzung der Vorgaben der HeizkostenV fehlt. Der Rückgriff auf einen verordnungswidrigen gewillkürten oder aber den gesetzlichen (§ 16 Abs. 2 S. 1) Kostenverteilungsschlüssel ist demgegenüber versperrt, weil deren Anwendbarkeit bei Widersprüchen zwischen zu den Vorgaben der HeizkostenV suspendiert ist bzw. gewillkürte, abweichende Verteilungsmodi nichtig sind.

74 **d) Ausnahmen von der zwingenden Anwendbarkeit. aa) § 2 HeizkostenV.** Auch im Fall einer **Zwei-Personen-Gemeinschaft** kommen die Bestimmungen der HeizkostenV grundsätzlich zur Anwendung. Eine Bereichsausnahme kommt jedoch nach Maßgabe des sinngemäß angewandten § 2 HeizkostenV zum Tragen, wenn nur zwei Wohnungseigentumseinheiten gebildet sind, die entweder (i) von den beiden Wohnungseigentümern selbst bewohnt werden[319] oder (ii), falls die beiden Wohnungseigentumseinheiten demselben Eigentümer gehören, von denen der vermietende Eigentümer eine selbst bewohnt – in beiden Fällen treffen nur zwei Nutzer aufeinander, sodass nach der (ihrerseits freilich zweifelhaften) Ratio des § 2 HeizkostenV zu erwarten steht, dass beide um Energieeinsparung bemüht sein werden, was aufgrund der Nähe beider zueinander effektiv sozial kontrolliert werden können soll.[320] Sofern indes eine **dritte Partei** involviert ist bzw. der **Wohnungseigentümer nicht selbst** im Gebäude **wohnt** (wie bei Vermietung beider Eigentumswohnungen), gelangt die HeizkostenV zur Anwendung.[321] Im Fall einer **Ein-Personen-Gemeinschaft** greift die HeizkostenV aufgrund eines Erst-recht-Schlusses zu § 2 HeizkostenV ebenfalls nicht.

75 **bb) § 11 HeizkostenV.** Die Vorschriften der §§ 3–7 HeizkostenV über die verbrauchsabhängige Abrechnung sind nach § 11 HeizkostenV (zu dieser Ausnahmebestimmung näher → HeizkostenV § 11 Rn. 1 ff.) ua nicht zwingend anzuwenden auf Räume in Gebäuden, die einen Heizwärmebedarf von weniger als 15 kWh/m^2 pro Jahr aufweisen (sog. **Passivhausstandard;** § 11 Abs. 1 Nr. 1 lit. a HeizkostenV) oder – praxisrelevanter – auf solche, bei denen das Anbringen der Ausstattung zur Verbrauchserfassung, die Erfassung des Wärmeverbrauchs oder die Verteilung der Kosten des Wärmeverbrauchs nicht oder nur mit **unverhältnismäßig hohen Kosten** möglich sind (§ 11 Abs. 1 Nr. 1 lit. b HeizkostenV). Unverhältnismäßigkeit ist anzunehmen, wenn bezogen auf zehn Jahre die Kosten für die Installation und Wartung von Messgeräten und die Abrechnung höher sind als die voraussichtlichen Einsparungen; dabei können für die Kostenersparnis 15 % der Gesamtkosten angesetzt werden. Eine zu erwartende Erhöhung der Energiepreise kann berücksichtigt werden.[322] Ist nicht nach Maßgabe der HeizkostenV abzurechnen, erfolgt die Kostenverteilung nach dem gewillkürten, hilfsweise dem gesetzlichen (§ 16 Abs. 2 S. 1) Verteilungsschlüssel.[323]

76 Wenn gesagt wird, zur **Regelungskompetenz** der Wohnungseigentümer nach Maßgabe des § 3 S. 2 HeizkostenV gehöre auch die **Entscheidung** darüber, ob die **Voraussetzungen** für eine **Ausnahme** von der Pflicht zur Einführung der verbrauchsabhängigen Heizungskostenabrechnung nach § 11 HeizkostenV vorliegen,[324] so ist dies zumindest missverständlich. Ein **Optionsrecht** gegen die Anwendung der Heizkosten besteht auch in den Fällen des § 11 HeizkostenV **nicht;** es obliegt zwar den Wohnungseigentümern, zu prüfen, ob die Ausnahmevoraussetzungen einschlägig sind, indes ist das Prüfungsergebnis gerichtlich überprüfbar. Beschließen die Wohnungseigentümer, auf eine Verbrauchserfassung in den einzelnen Wohnungs- und Teileigentumseinheiten zu verzichten, obgleich ein Ausnahmetatbestand nach § 11 nicht einschlägig ist, ist ein dahingehender Beschluss nichtig. Selbiges gilt für eine dahingehende Vereinbarung, und zwar in beiden Fällen deshalb, weil keine dahingehende Gestaltungsmacht besteht. Der Verweis in § 3 S. 2 HeizkostenV auf § 11 HeizkostenV ist denn auch nicht dahingehend zu verstehen, dass das Gesetz damit die Entscheidung über die Anwendbarkeit zur Frage ordnungsgemäßer Verwaltung machen würde, die bei fehlerhafter Prüfung der Voraussetzungen des § 11 HeizkostenV einen Nichtanwendungsbeschluss nur anfechtbar, nicht aber nichtig machte. Eine solche Sichtweise überdehnte den Aussagegehalt des § 3 S. 2 HeizkostenV. Nur dort, wo ein Spielraum verbleibt, kann hierüber im Rahmen ordnungsgemäßer Verwaltung nach Sachkriterien entschieden werden; einen solchen wird man aber nur da annehmen

---

[319] AG Blankenese ZMR 2004, 544 = BeckRS 2003, 30998636; *Lammel* HeizkostenV § 2 Rn. 45; aA, eine Vermietung einer Einheit durch den Eigentümer beider Einheiten verlangend, Bärmann/*Becker* Rn. 58; BeckOGK/*Falkner,* 1.3.2020, Rn. 194.1; Jennißen/*Jennißen* Rn. 105, der § 2 HeizkostenV generell auf das Verhältnis zweier Wohnungseigentümer zueinander nicht anwenden will.

[320] Hierzu BeckOGK/*Drager,* 1.10.2020, HeizkostenV § 2 Rn. 19; *Lammel* HeizkostenV § 2 Rn. 42.

[321] *Lammel* HeizkostenV § 2 Rn. 42; BeckOGK/*Drager,* 1.10.2020, HeizkostenV § 2 Rn. 21; Bärmann/*Becker* Rn. 59.

[322] BayObLG NZM 2005, 106 (107).

[323] *Becker* ZWE 2010, 302 (305); BeckOGK/*Falkner,* 1.3.2020, Rn. 194.2.

[324] Vgl. etwa OLG Hamm NJW-RR 1995, 465 (466); Theobald/Kühling/*Schumacher* HeizkostenV § 3 Rn. 8.

können, wo über die freiwillige Abrechnung nach den Vorgaben der HeizkostenV trotz Einschlägigkeit des § 11 HeizkostenV entschieden werden soll,[325] oder darüber, ob ein Antrag auf Erteilung einer Ausnahmegenehmigung nach § 11 Nr. 5 gestellt werden soll.[326]

77 **e) Umsetzung der Vorgaben der HeizkostenV. aa) Konkretisierungsakt.** Es bedarf, wie bei → Rn. 71 ausgeführt, eines Konkretisierungsaktes, der die praktische Heranziehbarkeit der durch die HeizkostenV vorgegebenen Verteilungsgrundsätze für die Zwecke der Kostenverteilung erst ermöglicht. Denn diese Verteilungsgrundsätze geben **kein festes Abrechnungssystem,** sondern nur einen Rahmen für die verordnungskonforme Abrechnung vor, der noch der privatautonomen Ausgestaltung bedarf. Diese **Ausgestaltungsbefugnis** liegt aber nicht in den Händen des Verwalters, allerdings nicht, wie mitunter gesagt wird, weil dieser insoweit „gebunden" agiere,[327] sondern weil die **zwingende Bestimmung** des § 3 S. 2 HeizkostenV für die Entscheidung über Anbringung und Auswahl der Ausstattung zur Verbrauchserfassung sowie über den Verteilungsmodus auf die Verwaltung des gemeinschaftlichen Eigentums und damit auf § 19 Abs. 1 bzw. eine Vereinbarung der Wohnungseigentümer abstellt und somit die **Entscheidung den Wohnungseigentümern zuweist** – vonnöten ist eine Vereinbarung oder ein Mehrheitsbeschluss der Wohnungseigentümer.[328] Daran ändert auch § 27 Abs. 1 Nr. 1 nichts, da die hier in Rede stehenden Entscheidungen (schon für die Sicherung der Verteilungsgerechtigkeit) derart gewichtig sind, dass sich die Annahme verbietet, ein durchschnittlicher Wohnungseigentümer hielte eine Beschlussfassung hierüber für obsolet. Falls die Wohnungseigentümer dem nicht nachkommen (worauf jeder einzelne nach § 18 Abs. 2 Nr. 1 einen Anspruch hat), weil sie die Ermessensentscheidungen (etwa über die Art der einzubauenden Messvorrichtungen) nicht treffen, sind diese nach Anrufung des Gerichts durch einen Wohnungseigentümer durch den Richter zu regeln. Die HeizkostenV enthält selbst jedoch keine unmittelbare Sanktion für den Fall, dass sämtliche Wohnungseigentümer ihre Vorgaben ignorieren. Es besteht indes zumindest für einen vermietenden Wohnungseigentümer ein indirekter Zwang, notfalls eine richterliche Entscheidung über die verordnungskonforme Kostenverteilung herbeizuführen, da der Mieter die Beachtung der HeizkostenV verlangen und von seinem Kürzungsrecht (um 15 %) nach § 12 Abs. 1 S. 1 HeizkostenV Gebrauch machen kann (wohingegen nach § 12 Abs. 1 S. 2 HeizkostenV ein entsprechendes Kürzungsrecht nicht für das Verhältnis der Wohnungseigentümer zur Gemeinschaft derselben gilt). Angesichts fehlender unmittelbarer Sanktionen in der HeizkostenV kommt der Frage, welche Rechtsfolgen an eine verordnungswidrige Kostenverteilung zu knüpfen sind, erhebliche Bedeutung zu (vgl. → Rn. 83).

78 **bb) Festlegung des Verteilungsschlüssels. (1) Kompetenzgrundlage.** Zur Ausnutzung des durch § 3 S. 2 HeizkostenV eröffneten Gestaltungsspielraums gehört zuvörderst die **Wahl** eines zulässigen **Verteilungsmaßstabs,** mithin die Festlegung eines Verteilungsschlüssels im Einklang mit den durch die §§ 6–8 HeizkostenV vorgegebenen Maßstäben für die verbrauchsabhängigen und verbrauchsunabhängigen Teile. Weil § 3 S. 2 HeizkostenV für diese Auswahlentscheidung auf die Bestimmungen des WEG über die Verwaltung des gemeinschaftlichen Eigentums verweist, ergibt sich, dass die Festlegung eines sich im Gestaltungsrahmen bewegenden Verteilungsschlüssels durch Vereinbarung oder Mehrheitsbeschluss zu erfolgen hat, und zwar, auf Grundlage des verständig gewürdigten Gesetzeswortlauts, über den insoweit nicht verdrängten § 16 Abs. 2 S. 2,[329] nicht nach Maßgabe des § 19 Abs. 1.[330] Aus dem Zusammenspiel mit § 3 S. 2 HeizkostenV ergibt sich, dass eine Beschlusskompetenz nicht nur für eine Abweichung von den Vorgaben des gesetzlichen (§ 16 Abs. 2 S. 1) Verteilungsschlüssels, sondern auch zur Ausfüllung von Gestaltungsaufträgen der HeizkostenV besteht.

79 **(2) Konkretisierung der Rahmenvorgaben (§§ 7 ff. HeizkostenV).** Für den **Verteilungsschlüssel** gelten folgende **Rahmenvorgaben:** Die Kosten des Betriebs einer zentralen Heiz- sowie einer davon getrennten Warmwasseranlage sind mit mindestens 50 %, höchstens aber 70 % nach dem erfassten Verbrauch zu erteilen (§ 7 Abs. 1 S. 1 HeizkostenV bzw. § 8 Abs. 1 S. 1 HeizkostenV), die übrigen Kosten sind verbrauchsunabhängig nach der Wohn- oder

[325] Zutr. idS BeckOGK/*Drager,* 1.10.2020, HeizkostenV § 3 Rn. 10; BeckOK Mietrecht/*Pfeifer* HeizkostenV § 3 Rn. 88.
[326] *Lammel* HeizkostenV § 3 Rn. 11; BeckOK Mietrecht/*Pfeifer* HeizkostenV § 3 Rn. 88.
[327] IdS *Lammel* HeizkostenV § 3 Rn. 6; Theobald/Kühling/*Schumacher* HeizkostenV § 3 Rn. 4.
[328] BGH NJW 2012, 1434 Rn. 8; *Lammel* HeizkostenV § 3 Rn. 6; Spielbauer/Then/*Spielbauer* Rn. 13.
[329] Ebenso, zu § 16 Abs. 3 aF, *Schmid* ZWE 2014, 248 (250); Bärmann/*Becker* Rn. 65; Bärmann/Pick/*Emmerich* Rn. 41; offenlassend BeckOGK/*Falkner,* 1.3.2020, Rn. 193.
[330] IdS aber, auf § 21 Abs. 1 aF stützend, Theobald/Kühling/*Schumacher* HeizkostenV § 3 Rn. 6; BeckOK Mietrecht/*Pfeifer* HeizkostenV § 3 Rn. 12; *Lammel* HeizkostenV Rn. 23, der nur für die Einführung einer Abrechnung nach den Vorgaben der HeizkostenV auf § 16 Abs. 3 aF abstellen will.

Nutzfläche umzulegen (§ 8 Abs. 1 S. 1 HeizkostenV), bei den Heizkosten ist überdies auch eine Umlage nach dem umbauten Raum bzw. nach Maßgabe der insoweit beheizbaren Räume zulässig (§ 7 Abs. 1 S. 5 HeizkostenV). Ein anderer Verteilungsschlüssel kann wegen der Festkosten nicht gewählt werden, auch wenn er zu einem im Einzelfall gerechteren Verteilungsergebnis führte. Ist die Zentralheizungsanlage mit einer Warmwasserversorgungsanlage verbunden, erfolgt die Aufteilung unter die beiden Nutzungsarten nach § 9 HeizkostenV (näher → HeizkostenV § 9 Rn. 1 ff.).[331] Es liegt im Ermessen der Wohnungseigentümer, welchen Verteilungsschlüssel sie innerhalb des vorgegebenen Rahmens wählen; die Ermessensausübung muss im Fall eines Beschlusses freilich ordnungsgemäßer Verwaltung entsprechen (zwingend ist der 70 %-Verbrauchsanteil hinsichtlich der Wärmeversorgung indes bei den in § 7 Abs. 1 S. 2 HeizkostenV genannten Gebäuden).

80 Bei der Konkretisierungsaufgabe ist in Rechnung zu stellen, dass die HeizkostenV den Gedanken einer gerechten Verteilung gerade dadurch zu berücksichtigen sucht, dass ein Teil der Kosten nach einem festen Maßstab umzulegen ist, worin sich die Erkenntnis ausdrückt, dass jede Heizungsanlage einen gewissen Kostenanteil produziert, der von dem individuellen Verbrauchsverhalten gänzlich unabhängig ist. Dort, wo es **keinen „Mitheizeffekt"** gibt, dh insbesondere bei Reihen- und Einzelhausanlagen, aber auch bei Raumeinheiten mit guter Isolierung, ist eine Abrechnung unter Zugrundelegung eines mit 70 % veranschlagten verbrauchsabhängigen Teils häufig angemessen; ist dies nicht der Fall, wie häufig beim Altbau, oder besteht bei einzelnen Wohnungen aufgrund ihrer Lage ein besonders hoher Verbrauch (sog. **Lagenachteil**), kann dagegen ein Verbrauchsanteil von 50 % von Fall zu Fall als angemessener erscheinen, ohne dass deshalb nur die Festlegung eines solchen niedrigeren verbrauchsabhängigen Teils ordnungsgemäß wäre. Ordnungswidrig wäre es aber hinsichtlich des Maßstabes für die Verteilung der Festkosten der Heizung etwa, wenn bei erheblicher Diskrepanz auf die Gesamt- anstelle der beheizbaren Fläche abgestellt würde.[332] **Ermessensfehlerhaft** wäre es überdies etwa, wenn im Fall mehrerer in einem Gebäude befindlicher Heizungsanlagen oder – praktisch bedeutsamer – mehrerer Heizungsanlagen in einer aus mehreren Gebäuden bestehenden Mehrhausanlage die Wohnungseigentümer nicht allein mit den Kosten jener Heizungsanlage belastet würden, an die ihre Räume jeweils angeschlossen sind,[333] und zwar schon deshalb, weil hier trotz getrennter Erfassungsmöglichkeit die gebündelte Heizkostenverteilung weder dem tatsächlichen Verbrauch noch der tatsächlichen Gebrauchsmöglichkeit hinreichend Rechnung trüge. Eine (hausbezogene bzw. auf den Anschluss an die Heizungsanlagen bezogene) Verkleinerung des Abrechnungskreises wäre im vorstehenden Fall demgegenüber auf jeden Fall ordnungsgemäß. Dagegen widerspräche es den Grundsätzen ordnungsgemäßer Verwaltung wiederum, wollte ein Mehrheitsbeschluss einen Wohnungseigentümer von der Kostentragungspflicht freistellen, weil dieser seine Raumeinheit von der Zentralheizungsanlage abgekoppelt hat,[334] ebenso ein Mehrheitsbeschluss, der jenen Wohnungseigentümer vom verbrauchsabhängigen Teil der Heizkosten freistellte, zumal in diesem Fall Messdifferenzen allein die anderen Wohnungseigentümer träfen.[335]

81 **cc) Höherer Verbrauchsanteil (§ 10 HeizkostenV).** Die jeweilige Untergrenze von 50 % ist zwingend, die Obergrenze allerdings ausweislich § 10 HeizkostenV nicht, weil diese Vorschrift rechtsgeschäftliche Bestimmungen unberührt lässt. Sie findet auch auf Wohnungseigentumsanlagen Anwendung, obgleich sie von § 3 S. 2 HeizkostenV nicht in Bezug genommen wird, was aber unschädlich ist, zumal sie einschränkungslos von vorrangigen rechtsgeschäftlichen Bestimmungen handelt. Allerdings stellt sich die Frage, wie § 10 HeizkostenV, soll der verbrauchsabhängige Teil der Kosten über 70 % betragen, **sinngemäß auf Wohnungseigentumsanlagen anzuwenden** sein soll. Führt man sich vor Augen, dass er im eigentlichen Anwendungsbereich das Verhältnis von Gebäudeeigentümer zu Nutzer betrifft und insoweit eine rechtsgeschäftliche Bestimmung zwischen beiden verlangt, erhellt dies, dass im Fall einer Wohnungseigentumsanlage **jedenfalls** eine **Zustimmung eines jeden Wohnungseigentümers** vonnöten ist, weil nur hierdurch alle Nutzer (das sind die Wohnungseigentümer im Verhältnis zur Gemeinschaft der Wohnungseigentümer) einbezogen sind. Eine formlose Zustimmung oder gar ein Einverständnis genügt indes nicht, weil § 10 HeizkostenV gerade auf eine rechtsgeschäftliche Bestimmung abstellt; zu spitzfindig wäre es indes, eine

[331] Zu verbundenen Anlagen, die zugeführte Energie sowohl für die Erzeugung von (Heizungs-)Wärme als auch Warmwasser verwenden, *Lammel* NZM 2020, 450.

[332] Vgl. LG Karlsruhe ZWE 2016, 92 (93); BeckOGK/*Falkner,* 1.3.2020, Rn. 195.5.

[333] AG Hamburg WM 1987, 89 = BeckRS 1986, 05454; zust. *Lammel* HeizkostenV § 7 Rn. 13.

[334] LG Hamburg ZMR 2015, 484 = BeckRS 2015, 11951; *Abramenko* ZWE 2007, 61 (68).

[335] Vgl. hierzu, aber nur Anspruch auf dahingehende Anpassung abl., BayObLG NJW-RR 1988, 1166 (1166 f.); BeckOK WEG/*Bartholome* Rn. 90; aA – für Möglichkeit, den betroffenen Wohnungseigentümer im Rahmen eines ordnungsgemäßen Beschlusses freizustellen – *Sauren* Rn. 39F.

allstimmige Beschlussfassung nicht genügen zu lassen,[336] zumal in der Stimmabgabe eines jeden Wohnungseigentümers ein rechtsgeschäftlicher Akt liegt.[337] Zu weit ginge es im Lichte der aufgezeigten Ratio des § 10 HeizkostenV jedoch, einen **Mehrheitsbeschluss** genügen zu lassen,[338] es sei denn, er wäre auf eine hinreichend bestimmte Öffnungsklausel gestützt (die Mehrheitsbeschlusskompetenz aus § 16 Abs. 2 S. 2 hat für diese Frage keine Bedeutung).[339] Gleichzustellen ist der stets möglichen Vereinbarung eine Kostenregelung im Rahmen der Vorratsteilung nach § 8 Abs. 2 iVm § 5 Abs. 4 S. 1, überdies – konsequent, wenngleich wertungsmäßig weniger überzeugend – eine solche, die auf einem Beschluss des aufteilenden Bauträgers in der Ein-Personen-Gemeinschaft beruht. Ein Beschluss, die Heiz- oder Warmwasserkosten **vollständig nach Verbrauch** umzulegen, **widerspricht** indes regelmäßig **ordnungsgemäßer Verwaltung,** es sei denn, es bestünde eine besondere sachliche Rechtfertigung hierfür. Insoweit ist aber in den Blick zu nehmen, dass die HeizkostenV keine Möglichkeiten eröffnet, einen Mehrverbrauch, der aus Baumängeln oder sog. Lagenachteilen resultiert und deshalb durch ein sparsames Heizverhalten nicht beeinflusst werden kann, individuell zu berücksichtigen. Die einzige Möglichkeit, derartige individuelle Nachteile zu egalisieren, eröffnet die Bestimmung eines verbrauchsunabhängigen Umlageanteils.

dd) Änderung des Verteilungsschlüssels. Eine Änderung des Verteilungsschlüssels, gleich- 82
viel, ob dieser bereits bisher verordnungskonform war oder nicht, muss nicht in der gleichen Art erfolgen, in welcher der Verteilungsschlüssel begründet wurde. Eine Beschlusskompetenz zur Änderung ergibt sich in allen Fällen aus § 3 S. 2 HeizkostenV iVm § 16 Abs. 2 S. 2. Die Änderung ist jedoch, gleichermaßen wie die erstmalige Festlegung, nur mit Wirkung zum Beginn eines Abrechnungszeitraums zulässig (§ 6 Abs. 3 HeizkostenV). Wenn § 6 Abs. 4 S. 2 Nr. 3 HeizkostenV hierfür **„sachgerechte Gründe"** verlangt, so ist damit zwar nicht nur eine Bezugnahme auf ein Willkürverbot gemeint,[340] das im Rahmen ordnungsgemäßer Verwaltung ohnehin in Rechnung zu stellen ist, es genügt aber, sofern nachvollziehbare Gründe für eine Änderung angeführt werden können.[341] Zeitliche Schranken der Änderung (wie noch nach Maßgabe des § 6 Abs. 4 Nr. 1 HeizkostenV aF, wonach eine Änderung nur bis zum Ablauf von drei Abrechnungszeiträumen möglich war) bestehen nicht, ebenso wenig eine Beschränkung auf eine einmalige Änderung.[342]

f) Verstöße gegen die HeizkostenV. Unterbleibt der Konkretisierungsakt, kommt nicht 83
ein vereinbarter oder beschlossener, hilfsweise der gesetzliche (§ 16 Abs. 2 S. 1) Kostenverteilungsschlüssel zum Tragen, da dessen Anwendbarkeit während der Geltungsdauer der HeizkostenV suspendiert ist, soweit im Widerspruch zu dieser stehend. Die Gemeinschaft der Wohnungseigentümer ist vielmehr gehalten, der Konkretisierungsaufgabe noch vor Erstellung der Einzelabrechnungen (vgl. § 28 Abs. 2 S. 2) nachzukommen; der Verwalter hat – möchte er gleichwohl ordnungsgemäß handeln – auf eine entsprechende vorherige Beschlussfassung über eine verordnungskonforme Verteilung hinzuwirken. Kommt es hierzu nicht, ist eine **Abrechnung** ohne diesen Konkretisierungsakt, sofern(!) sie zudem noch im Widerspruch zu den Anforderungen der HeizkostenV steht,[343] **ordnungswidrig.** Da über die Jahresabrechnung als Zahlenwerk nicht mehr beschlossen wird, kann diese allerdings nicht mehr Anfechtungsgegenstand sein,[344] wohl aber kann bei verordnungswidriger

---

336 So aber Riecke/Schmid/*Abramenko* Rn. 35, der eine Vereinbarung oder einen Mehrheitsbeschluss auf Basis einer Öffnungsklausel verlangt; in diese Richtung zudem BeckOGK/*Falkner,* 1.3.2020, Rn. 195. 1, allerdings iErg offenlassend; wie hier jedoch Theobald/Kühling/*Schumacher* HeizkostenV § 10 Rn. 8; BeckOK Mietrecht/*Pfeifer* § 10 Rn. 24; Jennißen/*Jennißen* Rn. 109a; näher *Jennißen* ZWE 2011, 153 (158).

337 Missverständlich daher BeckOGK/*Falkner,* 1.3.2020, Rn. 195.1, wonach die verlangte Einstimmigkeit nur durch Vereinbarung gewährleistet sei; in diese Richtung aber auch *Schmid* ZWE 2014, 248 (250).

338 So aber Bärmann/*Becker* Rn. 68.

339 AA offenbar Palandt/*Wicke* Rn. 20, der auch einen Mehrheitsbeschluss nach § 16 Abs. 2 S. 2 genügen lassen will.

340 So aber jüngst BGH NJW-RR 2021, 141 Rn. 28 sowie zuvor schon *Jennißen* ZWE 2011, 153 (158); BeckOK Mietrecht/*Pfeifer* HeizkostenV § 6 Rn. 74; Bärmann/*Becker* Rn. 66; BeckOGK/*Falkner,* 1.3.2020, Rn. 198.

341 Vgl. auch Theobald/Kühling/*Schumacher* HeizkostenV § 6 Rn. 25, wonach objektiv mehr Gründe für den neuen Maßstab sprechen müssen; auf die Beseitigung unbilliger Folgen der bisherigen Umlage abstellend *Lammel* HeizkostenV § 6 Rn. 97. Im praktischen Ergebnis werden sich hieraus kaum Abweichungen zur hM ergeben.

342 Richtig *Lammel* HeizkostenV § 6 Rn. 93; BeckOGK/*Falkner,* 1.3.2020, Rn. 198; aA Jennißen/*Jennißen* Rn. 109, der weiterhin nur eine einmalige Änderung als zulässig erachtet.

343 Klarstellend idS Niedenführ/Schmidt-Räntsch/Vandenhouten/*Niedenführ* Anh. HeizkostenV Rn. 45; Bärmann/*Becker* Rn. 67.

344 Zur Anfechtbarkeit einer insoweit ordnungswidrigen Jahresabrechnung zu § 28 aF noch BGH NJW 2018, 3717 Rn. 16 ff.; zust. etwa Niedenführ/Schmidt-Räntsch/Vandenhouten/*Niedenführ* Anh. HeizkostenV Rn. 45. Zur nunmehrigen Rechtslage, allerdings ohne Bezug zur HeizkostenV, BR-Drs. 168/20, 84; *Lehmann-Richter/Wobst* WEG-Reform 2020 Rn. 872 ff.

Verteilung der Einforderungsbeschluss hinsichtlich etwaiger Nachschüsse angefochten werden, sofern sich der verordnungswidrige Verteilungsschlüssel betragsrelevant ausgewirkt hat (was nicht zwingend der Fall ist); selbiges gilt für die Anfechtung eines beschlossenen Vorschussbetrages. In diesen Fällen hat der Anfechtende nach § 18 Abs. 2 Nr. 1 einen Anspruch auf nachholende (aber auch für die Zukunft wirkende generelle) Festlegung eines verordnungskonformen Verteilungsschlüssels,[345] sodass die Abrechnung der Heiz- und Warmwasserkosten bis zur rechtsgeschäftlichen (trotz § 6 Abs. 4 S. 3 HeizkostenV in diesem Fall rückwirkenden) Festlegung eines verordnungskonformen Verteilungsmaßstabes aufzuschieben ist. Soll die Ordnungswidrigkeit des Verwalterhandelns trotz fehlenden Konkretisierungsakts vermieden werden, ist durch den Verwalter auf § 9a Abs. 1 HeizkostenV (Kostenschätzung) bzw. eher auf § 9a Abs. 2 HeizkostenV iVm § 7 Abs. 1 Nr. 5 HeizkostenV bzw. § 8 Abs. 1 HeizkostenV (Verteilung nach Wohn- bzw. Nutzfläche) zurückzugreifen, da ein Abstellen auf den suspendierten vereinbarten, beschlossenen oder gesetzlichen Verteilungsschlüssel im Lichte des § 3 HeizkostenV ausscheidet.[346] Für diesen Rückgriff bedarf es keines vorherigen rechtsgeschäftlichen Beseitigungsaktes hinsichtlich eines verordnungswidrigen Beschlusses bzw. einer ebensolchen Vereinbarung,[347] da diese aufgrund des Anwendungsvorrangs unbeachtlich (wenngleich mangels Verbotsgesetzcharakters der HeizkostenV nicht in jedem Fall nichtig) sind. Selbiges (Rückgriff auf § 9a Abs. 2 HeizkostenV) gilt, falls der Kostenverteilungsschlüssel rückwirkend zu ändern ist, allerdings für den Abrechnungszeitraum keine Erfassungsgeräte vorhanden waren[348] (in diesem Fall besteht auch keine Anfechtungsmöglichkeit).[349]

84 **Vereinbarte** oder **beschlossene Verteilungsschlüssel,** die inhaltlich im Widerspruch zur HeizkostenV stehen (etwa, weil der Verbrauchsanteil mit weniger als 50 % festlegt wird),[350] sind nach dem bei → Rn. 71 ff. Ausgeführten **nichtig,** nicht etwa wirksam (wenngleich im Fall eines Beschlusses anfechtbar) und nur durch die HeizkostenV überlagert; denn in diesen Fällen fehlt es an der Gestaltungsmacht, die § 3 S. 2 HeizkostenV allein in dem dortigen Rahmen eröffnet. Davon zu unterscheiden sind Beschlüsse, die sich im Rahmen der Gestaltungsvorgaben der HeizkostenV bewegen, aber ordnungsgemäßer Verwaltung gleichwohl widersprechen, und daher anfechtbar sind.

IV. Beitragsschuldner; Beitragsgläubiger

85 **1. Beitragsschuld.** Jeder Wohnungseigentümer hat vorbehaltlich abweichender Bestimmungen (durch Vereinbarung oder Mehrheitsbeschluss) im Innenverhältnis anteilsmäßig nach dem Verhältnis der im Grundbuch eingetragenen Miteigentumsanteile Kosten zu tragen (zum Kostenbegriff → Rn. 18), und zwar ausweislich Abs. 2 S. 1 bezogen auf sämtliche „Kosten der Gemeinschaft der Wohnungseigentümer". Doch begründet Abs. 2 S. 1 keine eigenständige, konkretisierte Kostentragungsverpflichtung, mit der ein darauf gestützter Anspruch der übrigen Wohnungseigentümer korrespondieren würde. Insofern unterscheidet sich Abs. 2 S. 1 in zweifacher Hinsicht grundlegend von der auf die Bruchteilsgemeinschaft bezogenen Bestimmung des § 748 BGB,[351] die allein die Teilhaber zu Gläubigern und Schuldnern des Ausgleichsverhältnisses bestimmt (→ BGB § 748 Rn. 4), das sich überdies sofort mit Entstehen einer Verbindlichkeit im Außenverhältnis aktualisiert.[352] Dagegen dient § 16 Abs. 2 S. 1 allein der (dispositiven) Festlegung des Verteilungsschlüssels für den der Gemeinschaft der Wohnungseigentümer entstandenen Aufwand. **Zahlungspflicht** und -anspruch resultieren erst aus einem **Beschluss**[353] iSd § 28 Abs. 1 S. 1 über Vorschüsse zur Kostentragung auf der Grundlage des vom Verwalter jeweils für ein Kalenderjahr aufgestellten (nicht zum Beschlussge-

[345] Von „Nachholung" spricht BGH NJW 2012, 1434 Rn. 9 aE; auch dies spricht gegen die These von *Lammel* HeizkostenV § 3 Rn. 5, der zufolge ein rechtswidriger Verteilungsschlüssel gleichwohl gelten soll. Zutr. idS Staudinger/*Häublein,* 2018, § 28 Rn. 66.

[346] Richtig idS *Jennißen* FS Blank, 2006, 635 (641); *Elzer* MietRB 2014, 92 (94); Bärmann/*Becker* Rn. 58; *Hügel/Elzer* Rn. 25; PWW/*Elzer/Riecke* Rn. 50, die allerdings, insoweit nicht weiterführend, auf § 9a Abs. 1 S. 1 statt Abs. 2 abstellen wollen; aA LG Itzehoe ZWE 2011, 274: Umlegung nach vereinbartem Verteilungsmaßstab, subsidiär nach Miteigentumsanteilen, nicht nach Wohnfläche; *Lammel* HeizkostenV Rn. 7: abw. Vereinbarungen bleiben zunächst maßgeblich; Staudinger/*Kreuzer,* 2018, Rn. 70; *Niedenführ* LMK 2012, 334551.

[347] AA *Lammel* HeizkostenV § 3 Rn. 5, wonach die formale Existenz entgegenstehender Regelungen zuvor beseitigt werden müsse; wie hier BeckOK WEG/*Bartholome* Rn. 78.

[348] AA – Rückgriff auf vereinbarten oder gesetzlichen Verteilungsschlüssel – Riecke/Schmid/*Abramenko* Rn. 35; wie hier indes Jennißen/*Jennißen* Rn. 114.

[349] AA Riecke/Schmid/*Abramenko* Rn. 37.

[350] Für Nichtigkeit eines dahingehenden Beschlusses Bärmann/*Becker* Rn. 70; Soergel/*H.-J. Weber* Rn. 91.

[351] AA Erman/*Grziwotz* Rn. 3: Regelung entspreche § 748 BGB.

[352] S. Weitnauer/*Gottschalg* Rn. 11; ferner Riecke/Schmid/*Abramenko* Rn. 2; BeckOGK/*Falkner,* 1.3.2020, Rn. 17.

[353] Vgl. *Hügel/Elzer* Rn. 23; noch zu § 16 aF, BGH NZG 2020, 1145 Rn. 16; NJW 2018, 2044 Rn. 6.

genstand zu machenden) Wirtschaftsplans iSd § 28 Abs. 1 S. 2 (näher → § 28 Rn. 4 ff.), einschließlich eines solchen über unterjährige Sonderumlagen, im Fall einer Unterdeckung erhöht um beschlossene Nachschüsse (vormals: Abrechnungsspitze) iSd § 28 Abs. 2 S. 1 Var. 1 (→ § 28 Rn. 65 ff.), im Fall einer Überdeckung unter teilweiser Aufhebung der Vorschussansprüche durch Anpassungsbeschluss iSd § 28 Abs. 2 S. 1 Var. 2, wobei sich Nachschusseinforderungs- und Anpassungsbeschluss am Zahlenwerk der vom Verwalter aufzustellenden (aber, wie der Wirtschaftsplan, ebenfalls nicht zum Beschlussgegenstand zu machenden) Jahresabrechnung auszurichten haben. Hinzu treten Beiträge, die als Rücklagen zu verbuchen sind; die Summe all dieser Zahlungspflichten wird als Wohn-, zuweilen auch als Hausgeld im weiteren Sinne oder auch als Beitragsschuld bezeichnet, wohingegen Vorschusszahlungen als Wohn- oder Hausgeld im engeren Sinne zu verstehen sind.[354] Der Vorschussanspruch wird nach insoweit ersatzloser Streichung des § 28 Abs. 2 aF nicht erst mit Abruf durch den Verwalter fällig, sondern nach Maßgabe einer in der Gemeinschaftsordnung vereinbarten abstrakten Fälligkeitsregelung, anderenfalls nach Maßgabe eines den Fälligkeitszeitpunkt bestimmenden Beschlusses iSd § 28 Abs. 3, der zumeist auf Fälligkeit zu Beginn eines jeden Monats (in monatlichen Teilbeträgen) lautet. Nachschussansprüche iSd § 28 Abs. 2 S. 1 sind im Zweifel – ist nicht nach § 28 Abs. 3 anderes beschlossen oder generell anderes vereinbart – sofort fällig (§ 271 Abs. 1 BGB). Zur Durchsetzung der Beitragsschulden → § 28 Rn. 22 ff.

2. Beitragsschuldner. a) Wohnungseigentümer. Die **abstrakte Kostentragungspflicht** 86
und damit die abstrakte Schuldnerstellung in Bezug auf Beitragsansprüche trifft einen **jeden Wohnungseigentümer,** wie es sich bereits aus dem Wortlaut des hieran anknüpfenden § 16 Abs. 2 S. 1 ergibt. Sie ist wesentlich und im Prinzip untrennbar (dh vor allem unübertragbar) mit der **Mitgliedschaft** in der Gemeinschaft der Wohnungseigentümer verbunden. Maßgebend ist die **dingliche Rechtslage,** Anknüpfungspunkt aber nur die Eigentümerstellung, nicht etwa die dingliche Rechtsstellung als **Nießbraucher** oder **Wohnungsberechtigter,**[355] deren vom Vollrecht abgespaltene Rechtspositionen nicht genügen, um als Mitglieder der Gemeinschaft der Wohnungseigentümer und damit einhergehend als Beitragsschuldner eingestuft werden zu können. Hat ein Wohnungseigentümer sein Miteigentum **treuhänderisch** auf einen Dritten übertragen, so ist der Treuhänder (als formaler Eigentümer) nach der Grundbuchumschreibung unabhängig von der internen Treuhandabrede Schuldner hiernach fällig werdender Beitragsforderungen.[356] Auch der Inhaber eines sog. **isolierten,** dh sondereigentumslosen **Miteigentumsanteils** (→ Einl. Rn. 38) ist bis zur Behebung dieses zu ändernden Zustandes jedenfalls wie ein Mitglied der Gemeinschaft der Wohnungseigentümer zu behandeln und deshalb konsequent auch zur anteiligen Kostentragung verpflichtet.[357] Im Fall von **Bruchteilseigentum** an einer Wohnungseigentumseinheit haftet jeder Bruchteilseigentümer solidarisch für die Beitragsschulden (§§ 421 ff. BGB),[358] da die Haftung insoweit wohnungsbezogen ausfällt. Ist Wohnungseigentümer eine **Außen-GbR,** trifft diese die Beitragsschuld, für die aber (ebenfalls primär) die Gesellschafter in entsprechender Anwendung des § 128 HGB haften, untereinander solidarisch auf das Ganze; den ausgeschiedenen Gesellschafter trifft eine Nachhaftung nach § 736 Abs. 2 BGB iVm § 160 Abs. 1 HGB auch für Beitragspflichten, die innerhalb eines Zeitraums von fünf Jahren nach positiver Kenntnis des jeweiligen Gläubigers (hier: der Gemeinschaft der Wohnungseigentümer) von seinem Ausscheiden fällig werden, weil die Nachhaftung nicht an die erst durch Beschluss zur Entstehung gebrachte konkretisierte Beitragspflicht anknüpft (zu dieser → Rn. 85), sondern an die abstrakte Kostentragungspflicht, deren Rechtsgrundlage bereits mit dem Erwerb des Wohnungseigentums durch die (Außen-)GbR gelegt wurde.[359] Dieses Ergebnis basiert auf einer zweckgerechten weiten Auslegung des sinngemäß anzuwendenden § 160 Abs. 1 S. 1 HGB, die den Spezifika wohnungseigentumsrechtlicher Beitragspflichten Rechnung trägt.

Für die Wohnungseigentümerstellung kommt es auf die **materielle Rechtslage** an, nicht auf 87
die davon etwaig abweichende grundbuchlich verlautbarte. Kein Wohnungseigentümer ist somit dagegen derjenige, der als solcher im Grundbuch deklariert ist, obgleich er in Wahrheit materiell-

[354] Zur Begriffsbildung etwa Riecke/Schmid/*Abramenko* Rn. 186.

[355] *Bruns* ZWE 2017, 347 (351); BeckOGK/*Falkner,* 1.3.2020, Rn. 42; Riecke/Schmid/*Abramenko* Rn. 197; Bärmann/*Becker* Rn. 178.

[356] OLG Düsseldorf NZM 2002, 260 (261); *Hügel* MietRB 2006, 106 (107).

[357] OLG Hamm RNotZ 2007, 207 (209); *Hügel* ZMR 2004, 549 (553); *Wenzel* DNotZ 1993, 297 (300); *Ertl* WE 1992, 219 (221); Riecke/Schmid/*Abramenko* Rn. 206.

[358] OLG Karlsruhe NZM 2013, 196 (197); LG Saarbrücken ZWE 2010, 416; *Bruns* ZWE 2017, 347 (351); Jennißen/*Jennißen* Rn. 172b; Riecke/Schmid/*Abramenko* Rn. 205; ausf. Soergel/*H.-J. Weber* Rn. 59.

[359] Überzeugend idS BGH NZG 2020, 1145 Rn. 12 ff. = ZWE 2020, 467 mAnm *Lehmann-Richter;* Bärmann/*Becker* Rn. 176; aA noch AG Bremerhaven ZWE 2011, 141 (142) m. krit. Anm. *Bub/von der Osten* FD-MietR 2011, 313274; Soergel/*H.-J. Weber* Rn. 60, die jeweils an die Fälligkeit anknüpfen wollen.

rechtlich kein Eigentum erworben hat (sog. **Buchberechtigter**).[360] Da § 891 BGB die eingetragene Eigentümerstellung indes als richtig (widerleglich) vermutet, muss der vermeintlich zu Unrecht herangezogene (Buch-)Eigentümer den vollen Beweis des Gegenteils erbringen, was er grundsätzlich auch inzident im Rahmen eines Wohngeldprozesses tun kann, selbst wenn dadurch das etwaige Liquiditätsinteresse der Gemeinschaft der Wohnungseigentümer beeinträchtigt wird.[361] Wer den Erwerb von Wohnungseigentum (und zwar zumindest auch das dingliche Rechtsgeschäft!) wirksam angefochten hat (etwa nach § 123 BGB), haftet, auch wenn er noch (fälschlich) im Grundbuch eingetragen ist, nicht für Verbindlichkeiten, die nach seiner Grundbucheintragung begründet oder auch nur fällig werden;[362] dasselbe gilt im Fall nichtiger Auflassung[363] (nicht aber, sofern nur das Kausalgeschäft fehlerbehaftet, etwa nichtig oder anfechtbar, ist).[364] Jedoch kann es im Einzelfall wegen **widersprüchlichen Verhaltens** rechtsmissbräuchlich sein (§ 242 BGB), wenn ein Bucheigentümer den gegen ihn gerichteten Beitragsforderungen sein in Wahrheit fehlendes Eigentum entgegenhält, obwohl er sich bis dahin auf seine fehlende Eigentümerstellung nicht berufen hat, ja vielmehr aktiv als Wohnungseigentümer aufgetreten ist. In einem solchen Fall kann das Vertrauen der Wohnungseigentümergemeinschaft schutzwürdig sein, zumal die Nichtigkeit des dinglichen Erwerbsakts ihre Ursache nicht im Verhältnis des Bucheigentümers zur Gemeinschaft der Wohnungseigentümer hat, sondern in dessen Verhältnis zum Veräußerer.[365]

88 **b) Werdender Wohnungseigentümer.** Der häufig sog. „werdende Wohnungseigentümer" wird – ohne, dass sich das Gesetz dieser Terminologie bediente – ausweislich § 8 Abs. 3 im Fall der dort genannten Voraussetzungen kraft gesetzlicher Fiktion (es fehlt die Eigentümerstellung als Voraussetzung der Mitgliedschaft in der Gemeinschaft der Wohnungseigentümer!) im Binnenverhältnis zu den übrigen Wohnungseigentümern sowie (hier allein relevant) zur Gemeinschaft der Wohnungseigentümer als Wohnungseigentümer behandelt. Es geht in der Sache um eine Ausstattung jenes Erwerbs von Wohnungseigentum mit den Rechten und Pflichten eines Wohnungseigentümers, der zwar mangels erfolgten Grundbuchvollzugs noch nicht Verbandsmitglied ist, gleichwohl aber bereits tatsächlich in die mit Anlegung der Wohnungseigentumsgrundbücher entstandene (vgl. § 9a Abs. 1 S. 2) Gemeinschaft der Wohnungseigentümer **eingegliedert** ist. Doch kann nicht jeder tatsächlich Eingegliederte (etwa auch der sog. Zweiterwerber mit Besitzübernahme) vorverlagert einem Wohnungseigentümer gleichgestellt werden, sondern nur jener Ersterwerber vom aufteilenden Eigentümer, in dessen Person die (ihrerseits nicht erweiterbar auszulegenden) Voraussetzungen des § 8 Abs. 3 (die eine teilweise Kodifizierung der vormaligen Rechtsprechungsgrundsätze zur Figur des „werdenden Wohnungseigentümers" darstellen) vorliegen. Entscheidend ist hierfür der **vormerkungsgesicherte**[366] **Erst-Erwerbsanspruch** gegen den aufteilenden Eigentümer (ein Zweiterwerb ist nicht erfasst) nebst Besitzübergabe hinsichtlich der im Sondereigentum stehenden Raumeinheit; zeitliche Grenzen gibt es nicht, solange es sich nur um den Ersterwerb handelt.[367]

89 Mit Erlangung der Rechtsstellung als werdender Eigentümer trifft diesen die Pflicht, die hiernach fällig gewordenen Beitragsschulden zu tragen – und zwar allein, **nicht gesamtschuldnerisch** mit dem noch im Grundbuch eingetragenen aufteilenden Eigentümer.[368] Für die vormals umstrittene alleinige Haftung muss nicht mehr, wie früher, auf eine teleologische Reduktion des § 16 Abs. 2 aF (heute § 16 Abs. 2 S. 1) abgestellt werden, weil § 8 Abs. 3 den werdenden Wohnungseigentümer nunmehr ausdrücklich „anstelle" des aufteilenden Eigentümers als Wohnungseigentümer fingiert.

---

[360] Vgl. bereits BGH NJW 1994, 3352 (3353); Riecke/Schmid/*Abramenko* Rn. 196; missverständlich insoweit Jennißen/*Jennißen* Rn. 172d, wenn dieser ausführt, der „Kaufvertrag" müsse wirksam sein.

[361] Zutr. weist Soergel/*H.-J. Weber* Rn. 47 darauf hin, dass dieses Liquiditätsinteresse nicht höher zu gewichten ist, als das Interesse des in Anspruch Buchberechtigten, zu bestreiten, Mitglied der Gemeinschaft der Wohnungseigentümer zu sein; vgl. auch BeckOGK/*Falkner,* 1.3.2020, Rn. 44.

[362] BGH NJW 2012, 3232 Rn. 8, wo ausdrücklich auf die rückwirkende Nichtigkeit von Kaufvertrag und dinglicher Einigung abgestellt wird.

[363] KG ZWE 2001, 440 (441); Soergel/*H.-J. Weber* Rn. 46; Bärmann/*Becker* Rn. 177.

[364] Anfechtung des Kaufvertrages dagegen wohl genügen lassend Jennißen/*Jennißen* Rn. 172d; wie hier aber etwa Soergel/*H.-J. Weber* Rn. 46.

[365] OLG Stuttgart BWNotZ 2007, 33 (34).

[366] Zu den Anforderungen *Lehmann-Richter/Wobst* WEG-Reform 2020 Rn. 294; *Becker/Schneider* ZfIR 2020, 281 (290).

[367] BT-Drs. 19/18791, 4; idS bereits, übereinstimmend mit der nunmehrigen Rechtslage, BGH ZWE 2020, 267 Rn. 13 ff. mAnm *Lieder/Pordzik;* offengelassen noch bei BGHZ 193, 219 Rn. 12 = NJW 2012, 2650; dazu auch *Lehmann-Richter/Wobst* WEG-Reform 2020 Rn. 297; zur str., iErg abzulehnenden Anwendung des § 8 Abs. 3 auf den Zessionar vor erstmaligem Eigentumswechsel *Dötsch/Schultz/Zschieschack* WEG-Recht 2021 Kap. 2 Rn. 30.

[368] BGHZ 193, 219 Rn. 15 = NJW 2012, 2650; vgl. auch *Bruns* ZWE 2017, 347 (352); Soergel/*H.-J. Weber* Rn. 64.

Eine irgendwie geartete Verdopplung der Pflichtenstellung ist daher de lege lata ausgeschlossen, auch wenn diese Rechtslage rechtspolitisch im Lichte der dadurch fortbestehenden hausgeldbezogenen **Vollstreckungsdefizite** im werdenden Stadium (keine Zwangsversteigerungsmöglichkeit hinsichtlich des Wohnungseigentums aufgrund fehlender Identität zwischen dem Vollstreckungsschuldner, dh hier: dem werdenden Wohnungseigentümer, und dem eingetragenen [aufteilenden] Eigentümer, vgl. § 869 ZPO, § 17 Abs. 1 ZVG; weder Zwangsverwaltungsmöglichkeit gegen den aufteilenden Eigentümer mangels Eigenbesitz noch gegen den „werdenden Wohnungseigentümer" mangels Eigentümerstellung, vgl. § 146 Abs. 1 ZVG iVm § 17 Abs. 1 ZVG) mit beachtenswerten Argumenten kritisiert werden kann.[369] Weil die Stellung als werdender Wohnungseigentümer wesentlich einen vormerkungsgesicherten Erwerbsanspruch verlangt, dies aber aufgrund der Akzessorietät der Vormerkung einen wirksamen Erwerbsanspruch voraussetzt, kann der vermeintlich als werdender Wohnungseigentümer im Hausgeldprozess unter Verweis auf einen **unwirksam (gewordenen) Erwerbsvertrag** seine fehlende Beitragspflichtigkeit einwenden[370] (insoweit unterscheidet sich der Fall von dem bei → Rn. 87 behandelten, bei welchem schuldrechtliche Einwendungen unbeachtlich sind).

c) Einzelrechtsnachfolger. aa) Fälligkeit der Beitragsschuld als Abgrenzungskriterium. Derjenige, der als sog. **Zweiterwerber** (im Gegensatz zum bei → Rn. 88 behandelten Ersterwerber) im Wege der Einzelrechtsnachfolge Wohnungseigentum erwirbt – selbiges gilt für den Ersteher in der Zwangsversteigerung ab dem Zuschlagszeitpunkt –, schuldet wohnungseigentumsrechtlich nach der sog. **„Fälligkeitstheorie"**[371] allein die nach dem Eigentumsübergang (als entscheidender Zäsur) fällig gewordenen Vor- sowie Nachschüsse. Ein Wohnungseigentümer hat mithin stets nur für jene Beitragsschuld einzustehen, die **zu Zeiten seiner Mitgliedschaft fällig** geworden ist. Im Fall aufgeschobener Fälligkeit (vgl. § 28 Abs. 3) kommt es damit insbesondere nicht auf den Zeitpunkt der Beschlussfassung und damit auf jenen der Anspruchsentstehung[372] an.[373] Damit kann der Erwerber (stets anstelle des Veräußerers, nicht neben diesem!) auch für solche Beitragsschulden (insbesondere auch in Form von Sonderumlagen) haften, die ihren Rechtsgrund in einem Beschluss finden, an denen der Erwerber mangels Stimmrecht noch nicht mitwirken konnte. Die Haftung des Erwerbers erscheint hier nur vordergründig unbillig, effektuiert aber zumindest faktisch die Durchsetzbarkeit der Beitragsansprüche. Auch liegt hierin entgegen teils anderslautender Literaturstimmen[374] kein „Gesamtakt zulasten Dritter", nämlich des Erwerbers, weil sich dessen **Bindung** an den gefassten, die Zahlungspflicht mit aufgeschobener Fälligkeit begründenden Beschluss aus dessen **korporativer Wirkung** ergibt. Gerade im neuralgischen Fall noch unter Mitwirkung des Veräußerers gefasster **Sonderumlagen** (die heute als zusätzliche Vorschüsse einzuordnen sind) kann sich aber die Problematik faktisch dadurch entschärfen, dass diese (fehlt es an einer Bestimmung zur Fälligkeit iSd § 28 Abs. 3) anders als früher nicht erst mit dem Abruf seitens des Verwalters (§ 28 Abs. 2 aF) fällig werden,[375] sondern sofort (§ 271 Abs. 1 BGB) – damit besteht nicht mehr die Gefahr, dass der Verwalter womöglich nach sachfremden Gesichtspunkten über die Person des Haftenden entscheidet. Zur Haftung für Sonderumlagen näher → § 28 Rn. 61 ff. 90

Gleichermaßen **unbedeutend** ist (relevant vor allem im Fall nach dem Eigentumswechsel fällig gewordener Nachschüsse iSd § 28 Abs. 2 S. 1 Var. 1) die **Eigentümerposition im betroffenen Abrechnungszeitraum** (gleichviel, welche Kostenposition in Rede steht),[376] selbst dann, 91

[369] Zur Kritik *Becker/Schneider* ZfIR 2020, 281 (290 f.); diese rechtspolitischen Einwendungen ergaben sich allerdings schon zur alten Rechtslage; vgl. etwa *Schneider* ZMR 2014, 185 (186); Soergel/*H.-J. Weber* Rn. 215; möglich bleibt aber die Vollstreckung in das Anwartschaftsrecht sowie in den Anspruch auf Eigentumsverschaffung.

[370] AA, und zwar nicht nur de lege ferenda, *Becker/Schneider* ZfIR 2020, 281 (290), die im Hausgeldprozess allein auf die (wenngleich womöglich unrichtige) Grundbuchlage hinsichtlich der Vormerkung abstellen wollen; Bärmann/*Becker* Rn. 180; wie hier aber *Dötsch/Schultzky/Zschieschack* WEG-Recht 2021 Kap. 2 Rn. 37.

[371] BGHZ 104, 197 (200 f.) = NJW 1988, 1980; BGHZ 107, 285 (288) = NJW 1989, 2697; BGHZ 131, 228 (230) = NJW 1996, 725; BGHZ 142, 290 (299) = NJW 1999, 3713; BGH NJW 2018, 2044 Rn. 8.

[372] BGH ZWE 2017, 360 Rn. 6, wonach die Beitragspflicht des Wohnungseigentümers über Vorschüsse hinsichtlich des Wohngelds mit Beschlussfassung entsteht.

[373] AA aber *Elzer* ZWE 2018, 153 (156).

[374] Jennißen/*Jennißen* Rn. 175, der die korporative Wirkung nicht hinreichend in Rechnung stellt.

[375] So noch BGH NJW 2018, 2044 Rn. 20; zu den daraus resultierenden Gefahren Jennißen/*Jennißen* Rn. 175; Soergel/*H.-J. Weber* Rn. 61; zur nunmehrigen Rechtslage *Lehmann-Richter/Wobst* WEG-Reform 2020 Rn. 823.

[376] AA für verbrauchsabhängige Kosten *Elzer* ZWE 2018, 153 (157), der insoweit Einzelabrechnungen fordert; ähnlich, im Anwendungsbereich der HeizkostenV dies für zwingend haltend, Jennißen/*Jennißen* Rn. 182.

wenn die beschlossenen Nachschüsse auf Jahresabrechnungen gestützt sind, die sich auf Zeiträume beziehen, zu welchen ausschließlich der Veräußerer Eigentümer war[377] (zumal der Nachschussbeschluss umgekehrt auf unanfechtbare Weise gar nicht auf die rückwirkende Begründung von Verbindlichkeiten für vormalige Wohnungseigentümer lauten könnte).[378] Eine periodengerechte Aufteilung der Nachschusspflichten zwischen den beiden Eigentümern, die im Abrechnungszeitraum zeitlich versetzt Eigentum innehatten, ist daher abzulehnen; die dies fordernde sog. „Aufteilungstheorie"[379] ist überdies kaum mit § 9a Abs. 4 S. 1 (vormals § 10 Abs. 8 aF) vereinbar, der – wenn auch nur für die Haftung gegenüber Dritten im Außenverhältnis – auf die Fälligkeit abstellt.[380]

92 **bb) Keine Haftung für Rückstände.** Mit diesem Befund geht eine Ablehnung der Haftung des Einzelrechtsnachfolgers für Rückstände des Veräußerers einher.[381] Bis zum Eigentumswechsel nicht erfüllte, aber fällig gewordene Beitragsschulden dürfen **nicht zulasten des Erwerbers** in die Jahresabrechnung eingestellt werden (für diese haftet der vormalige Eigentümer weiter).[382] **Überholt** sind frühere, auf die (kaum überzeugend begründbare) Konstruktion eines gesetzlichen Schuldbeitritts hinauslaufende Ansichten,[383] wonach der Einzelrechtsnachfolger für die laufenden und rückständigen Beitragsschulden hafte, für die letzteren gesamtschuldnerisch mit dem Veräußerer. Eine solidarische Haftung lässt sich (ebenso wie eine alleinige Haftung des Erwerbers für Rückstände, einschließlich solcher aufgrund von Sonderumlagen) nur über eine dahingehende **„verdinglichte" Vereinbarung** in der Gemeinschaftsordnung begründen[384] (ein entsprechender Beschluss, beruht er nicht auf einer Öffnungsklausel, wäre dagegen nichtig).[385] Der Erwerber kann sich damit durch die Grundbucheintragung (als Voraussetzung der Bindungswirkung gegenüber Sondernachfolgern) über diese ihn belastende Vereinbarung informieren; um die Kenntnischance zu erhöhen, verlangt § 7 Abs. 3 S. 2 hierfür nunmehr eine **ausdrückliche Eintragung** dieser Haftungsvereinbarung, wohingegen eine bloße auf die Bewilligung bezugnehmende Eintragung unzureichend ist, sodass in diesem Fall die Verdinglichung scheitert.[386] Eine entsprechende Vereinbarung, die auch den **Ersteher** in der Zwangsversteigerung in die Haftung einbezieht, verstößt demgegenüber gegen § 56 S. 2 ZVG, weil dies praktisch einen Eingriff in das Zwangsversteigerungsrecht bedeutet; eine derartige Vereinbarung wäre daher nach § 134 BGB nichtig.[387] – Von alledem ist freilich das **Innenverhältnis** zwischen **Veräußerer** und **Erwerber** zu unterscheiden, das sich insoweit nach den von ihnen privatautonom setzbaren Bestimmungen richtet, hilfsweise nach § 446 S. 2 BGB, wonach entscheidend auf den Besitzübergang (und nicht, wie wohnungseigentumsrechtlich, auf den Eigentumsübergang) für die Lastentragung abzustellen ist,[388] was sinngemäß für die Kostentragung zu gelten hat; ist nichts geregelt, wird man den Käufer nur für solche Beitragsschulden im Innenverhältnis ab Besitzübergang haften lassen, die ab diesem Zeitpunkt fällig geworden sind.

93 **cc) Kein dingliches Befriedigungsrecht aus § 10 Abs. 1 Nr. 2 ZVG.** Für die Rückstandshaftung im Fall der Sondernachfolge unbeachtlich ist § 10 Abs. 1 Nr. 2 ZVG, gleichviel, ob es um Rückstände in Bezug auf Vorschuss- oder Nachschussansprüche geht. Denn diese Bestimmung begründet nach BGHZ 198, 216 Rn. 8[389] **kein dingliches Befriedigungsrecht** der

---

377 BGH NJW 2018, 2044 Rn. 16 ff.; *J. Weber* ZNotP 2018, 54 (56); BeckOGK/*Falkner,* 1.3.2020, Rn. 60; aA Riecke/Schmid/*Elzer/Abramenko* Rn. 190.

378 BGH NJW-RR 2012, 217 Rn. 9; BGHZ 104, 197 (200 f.); ein entspr. „rückwirkend" ausgerichteter Beschluss wäre aber nur anfechtbar, nicht nichtig; vgl. Jennißen/*Jennißen* Rn. 175.

379 Dafür Jennißen/*Jennißen* Rn. 181 ff.; *Rau* ZMR 2000, 337 (345).; krit. zur Fälligkeitstheorie auch Riecke/Schmid/*Abramenko* Rn. 209, wonach der Maßstab der Fälligkeit willkürlich gewählt sei.

380 S. nur jurisPK-BGB/*Lafontaine* Rn. 39; BeckOGK/*Falkner,* 1.3.2020, Rn. 66; Soergel/*H.-J. Weber* Rn. 61.

381 BGH NJW 2018, 2044 Rn. 8; Soergel/*H.-J. Weber* Rn. 65; Riecke/Schmid/Elzer/*Abramenko* Rn. 210.

382 BGHZ 131, 228 (231) = NJW 1996, 725; Riecke/Schmid/*Abramenko* Rn. 210.

383 Vgl. etwa noch Bärmann/*Merle,* 11. Aufl. 2010, § 28 Rn. 152; Bärmann/Pick/*Pick,* 19. Aufl. 2010, § 16 Rn. 30.

384 BGH NJW 1994, 2950 (2951 f.); vgl. etwa auch *J. Weber* ZNotP 2018, 54 (56); Riecke/Schmid/*Abramenko* Rn. 217 f.

385 LG München I ZWE 2011, 233 (234); ausf. Jennißen/*Jennißen* Rn. 188 f.; BeckOGK/*Falkner,* 1.3.2020, Rn. 55; Riecke/Schmid/*Abramenko* Rn. 219; Soergel/*H.-J. Weber* Rn. 65.

386 BT-Drs. 19/18791, 42; *Lehmann-Richter/Wobst* WEG-Reform 2020 Rn. 1795.

387 BGHZ 99, 358 (362) = NJW 1987, 1638; Jennißen/*Jennißen* Rn. 186 f.; aA noch *Pick* PiG 18 (1985), 65 (75).

388 Vgl. Weitnauer/*Gottschalg* Rn. 52; *J. Weber* ZNotP 2018, 54 (56) zu Sonderumlagen.

389 Bestätigt und nochmals gegen literarische Kritik verteidigt in BGH NJW 2018, 403 Rn. 18.

Gemeinschaft der Wohnungseigentümer[390] (sodass der Erwerber hierfür nicht wie im Fall einer dinglichen Last haftet), sondern bewirkt nur eine **verfahrensrechtliche,** auf den Erlös in der Zwangsversteigerung bezogene **Bevorzugung** solcher schuldrechtlicher Beitragsansprüche, die sich auf das konkret zur Vollstreckung stehende Wohnungseigentum (nicht auf weiteres Wohnungseigentum des Vollstreckungsschuldners) beziehen,[391] und zwar durch Einordnung derselben in die Rangklasse 2 (in der Insolvenz des Wohnungseigentümers besteht gleichwohl für Beitragsansprüche, die vor Verfahrenseröffnung fällig werden, ein Recht auf abgesonderte Befriedigung, → Rn. 99). Diese für die Praxis maßgebende, rein verfahrensrechtliche Deutung des Vorrechts wird in der (vor allem vollstreckungsrechtlichen) Lit. nicht nur dogmatisch vielfach kritisiert,[392] sondern verschiedentlich vor allem auch unter Verweis auf die hierdurch gesetzten Anreize zur Verfolgung einer **Enthaftungsstrategie** durch Eigentumsübertragung[393] (denn: der Sondernachfolger haftet nur für die nach seinem Erwerb fällig werdenden Beitragsansprüche, der vormalige Eigentümer haftet dagegen zwar persönlich, aber das Wohnungseigentum kann insoweit nicht mehr als Vollstreckungsobjekt dienen); besonders virulent wird dies im Fall des „werdenden Wohnungseigentümers" (→ Rn. 88).

Das Vorrecht aus § 10 Abs. 1 Nr. 2 ZVG ist dem **Umfang** nach auf Beitragsansprüche 94
einschließlich aller Nebenleistungen (insbesondere in Form von Kosten der dinglichen Rechtsverfolgung nach § 10 Abs. 2 ZVG) in Höhe von nicht mehr als 5 % des nach § 74a Abs. 5 ZVG festgesetzten Grundstückswertes begrenzt (die Mindestzahlungsrückstandsvoraussetzung von 3 % des Einheitswerts nach § 10 Abs. 3 S. 1 aF ist nunmehr zur Sicherstellung der Kongruenz mit den Einziehungsvorgaben nach Streichung des § 18 Abs. 2 S. 2 aF allerdings entfallen). Nach Maßgabe der § 22 Abs. 1 ZVG, § 10 Abs. 1 Nr. 2 ZVG, § 13 Abs. 1 ZVG ist das Vorrecht zudem **zeitlich begrenzt** auf fällige rückständige Beitragspflichten aus dem Jahr der Beschlagnahme (im Fall mehrerer: der ersten, § 13 Abs. 4 S. 1 ZVG) und den letzten zwei (Kalender-)Jahren davor sowie die fälligen laufenden Beträge.[394] Rückstände, die auf einen **Zeitraum vor dieser zeitlichen Grenze** bezogen sind, mithin auf einen Zeitraum, der mehr als zwei Kalenderjahre vor dem Kalenderjahr der Beschlagnahme zurückliegt, begründen keinen Vorrang in der Rangklasse 2 (sind mithin nachrangig in der Rangklasse 5 zu befriedigen, § 10 Abs. 1 Nr. 5 ZVG) und zwar nach hL,[395] die sich auf BT-Drs. 16/887, 44 ff. berufen kann, auch dann nicht, wenn die entsprechenden Beitragspflichten innerhalb dieses Zeitraums durch Beschluss begründet und fällig wurden. Richtig erscheint dagegen, im Einklang mit der auch im Übrigen geltenden **„Fälligkeitstheorie"** (→ Rn. 90) auf den Zeitpunkt der Fälligkeit der Nachschussansprüche (vormals: der Abrechnungsspitze) abzustellen.[396] Liegt dieser innerhalb des maßgebenden Zeitraums, ist die Forderung vom Vorrang erfasst.[397]

Das so konturierte **Vorrecht** greift auch **gegenüber einem Sondernachfolger** (falls der 95
dingliche Erwerb nach Wirksamwerden der Beschlagnahme erfolgt),[398] selbst dann, wenn vor Anordnung der Zwangsversteigerung, ja selbst vor Fälligwerden der Beitragsansprüche zu dessen Gunsten bereits eine **Eigentumsvormerkung** im Grundbuch eingetragen war. Nach BGHZ 201, 157 Rn. 22 ff.[399] kommt es mit Eigentumserwerb nicht zur Verfahrenseinstellung nach § 28 Abs. 1 S. 1 ZVG, da der nach Wirksamwerden der Beschlagnahme (zugunsten der Gemeinschaft der Wohnungseigentümer) erfolgte Eigentumserwerb dieser gegenüber unwirksam ist, § 23 Abs. 1 S. 1 ZVG iVm §§ 135 f. BGB. Die Vormerkung (nach hM ein rangfähiges Recht iSd § 879 Abs. 1 BGB; → BGB § 879 Rn. 9 mN) vermag dem Erwerber nicht darüber hinwegzuhelfen, da sie lediglich in Rangklasse

390 AA etwa *Becker* FS H. Müller 2019, 21 (26 f.); Bärmann/*Becker* Rn. 187a ff.

391 Vgl. den Wortlaut des § 10 Abs. 1 Nr. 2 ZVG, der auf die „daraus fälligen Ansprüche" abstellt.

392 Vgl. die Kritikpunkte bei *Becker* ZfIR 2013, 809 (811); *Schneider* ZWE 2014, 61 (66); *Böttcher* ZVG § 10 Rn. 19; Stöber/*Achenbach* ZVG § 10 Rn. 32 mwN.

393 Stöber/*Achenbach* ZVG § 10 Rn. 32; Bärmann/*Becker* Rn. 167a; Soergel/*H.-J. Weber* Rn. 209.

394 Für die Fälligkeit kommt es iÜ auf die Vorgaben des Beschlusses (§ 26 Abs. 3), ansonsten auf § 271 BGB an; aA Stöber/*Achenbach* ZVG § 10 Rn. 34; wie hier *Jacoby* ZWE 2015, 297 (300).

395 S. etwa Stöber/*Achenbach* ZVG § 10 Rn. 36; Dassler/Schiffhauer/*Rellermeyer* ZVG § 10 Rn. 25 mwN; wohl auch Jennißen/*Jennißen* § 28 Rn. 239.

396 Hierfür, noch zu § 28 aF, bereits *Schneider* ZWE 2011, 341 (342); *Jacoby* ZWE 2015, 297 (300); Bärmann/*Becker* Rn. 190; offengelassen in BGH NJW 2011, 3098 Rn. 32.

397 Ebenso *Alff* ZWE 2010 105 (113); *Böttcher* ZVG § 10 Rn. 18; aA Stöber/*Achenbach* ZVG § 10 Rn. 34, der die „Fälligkeit" zwangsvollstreckungsspezifisch bestimmen will.

398 Vgl. auch *Brückner* ZNotP 2015, 328 (334); *Schreindorfer* MittBayNot 2015, 42 (44); *J. Weber* DNotZ 2014, 738 (744).

399 IErg ebenso *Schneider* ZMR 2009, 165 (169 f.); *Suilmann* NotBZ 2010, 365; *Alff* Rpfleger 2013, 15 (18); *Jacoby* ZWE 2015, 297 (299); Soergel/*H.-J. Weber* Rn. 211 ff.; näher zum Ganzen *Böttcher* NJW 2014, 3404; *J. Weber* DNotZ 2014, 738, dort auch zum möglichen Schutz des Erwerbers über ein Anwartschaftsrecht.

4 (§ 10 Abs. 1 Nr. 4) zu berücksichtigen und nicht in das geringste Gebot aufzunehmen ist, wenn sie dem Recht eines besserrangigen betreibenden Gläubigers (nämlich jenem der Gemeinschaft der Wohnungseigentümer in der Rangklasse 2) nachgeht (mit Zuschlag erlischt sie daher, § 91 Abs. 1 ZVG, § 52 Abs. 1 S. 2 ZVG; zur Abwendung dieses Ergebnisses bleibt dem Erwerber nur, die Beitragsansprüche nach § 268 Abs. 3 S. 1 BGB abzulösen).

96 **d) Haftung in der Zwangsverwaltung. aa) Fälligkeit vor Beschlagnahme.** Vor Beschlagnahme fällig werdende Beitragsverbindlichkeiten sind von dem Zwangsverwalter nicht als Ausgaben der Verwaltung iSd § 155 Abs. 1 ZVG vorweg zu bestreiten; sie sind allein im gerichtlichen Verteilungsverfahren nach § 155 Abs. 2 ZVG zu berücksichtigen, sofern die Gemeinschaft der Wohnungseigentümer deretwegen die Zwangsverwaltung betreibt.[400]

97 **bb) Fälligkeit nach Beschlagnahme.** Wird Wohnungseigentum unter Zwangsverwaltung gestellt (§§ 146 ff. ZVG), muss der Zwangsverwalter (korrespondierend zum Nutzungsziehungsrecht) ab dem **Zeitpunkt der Beschlagnahme** fällig werdende Beitragspflichten als **Verwaltungsausgaben** iSd § 155 Abs. 1 ZVG unverzüglich vorwegleisten; die Gemeinschaft der Wohnungseigentümer kann ihn in Anspruch nehmen, selbst wenn sie keine Rechte angemeldet haben sollte.[401] Die Einstufung als vorweg zu bestreitende Verwaltungsausgaben war im Lichte der Einordnung entsprechender Beitragsforderungen als in der Rangklasse des § 10 Abs. 1 Nr. 2 bevorrechtigte Gläubigerforderung infolge der WEG-Novelle 2007 und der spezifisch damit korrespondierenden Bestimmung des § 156 Abs. 1 S. 2 ZVG, der zufolge sie zwar ohne Aufstellung eines Teilungsplans bedient werden dürften, aber (als Rangklasse) nur aus den Überschüssen (dh aus den Nutzungen aus dem zwangsverwalteten Wohnungseigentum abzüglich der Verwaltungsausgaben), zwischenzeitlich streitig geworden. Die Frage ist für die Praxis seit BGHZ 182, 361 (365) = NJW 2010, 1003 Rn. 11 mAnm *Hasselblatt* = ZfIR 2010, 37 mAnm *Becker*[402] geklärt, vor allem getragen von der Erwägung, eine (durch die Gesetzesänderung wohl nicht intendierte) Schlechterstellung der Gemeinschaft der Wohnungseigentümer im Vergleich zur früheren Rechtslage vermeiden zu wollen (denn bei gegenteiliger Sichtweise setzte die Leistung verteilbare Überschüsse voraus). Konsequenterweise gilt die Einordnung unter die Verwaltungsausgaben dann aber unabhängig davon,[403] ob es sich um **Vorschussverbindlichkeiten** iSd § 28 Abs. 1 S. 1 Var. 1 handelt, um **Nachschussverbindlichkeiten** iSd § 28 Abs. 2 S. 1 Var. 1 oder aber um **Sonderumlagen** (jedenfalls dann, wenn sie der Finanzierung von Erhaltungsmaßnahmen dienen),[404] die weitere (spezifische) Vorschussverbindlichkeiten iSd § 28 Abs. 1 S. 1 Var. 1 sind (deren Zahlungsmodalität als Erhöhung des monatlichen Vorschussanspruchs oder einmalig zu zahlender Vorschuss der Mehrheitsentscheidung nach § 28 Abs. 3 unterliegt), auch wenn dies für die letztgenannten Beitragspflichten höchstrichterlich noch nicht geklärt ist. Jeweils entscheidend ist richtigerweise nur, dass die entsprechenden Zahlungsverbindlichkeiten erst **nach Beschlagnahme fällig** werden (es sich also nicht um rückständige Beitragspflichten nach Maßgabe der „Fälligkeitstheorie" handelt; zu dieser → Rn. 90), nach § 13 Abs. 1 ZVG einschließlich einer letzten bereits vor der Beschlagnahme fällig gewordenen Beitragsverbindlichkeit;[405] bei Nachschussverbindlichkeiten gilt dies nach alledem mithin selbst dann, wenn sie sich auf einen Zeitraum beziehen, zu welchem die Zwangsverwaltung noch nicht angeordnet war;[406] im Falle fehlender hinreichender Einnahmen des Verwalters ist der Gläubiger auch insoweit **vorschusspflichtig**[407] (leistet er nicht, greift § 161 Abs. 3 ZVG).

[400] BGH NJW 2012, 1293 Rn. 12 mN.

[401] Vgl. Bärmann/*Becker* Rn. 207 mit zutr. Hinweis darauf, dass die persönliche Haftung für diese Amtspflicht des Zwangsverwalters mangels nachweisbaren kausalen Schadens kaum praktische Relevanz hat; Stöber/*Drasdo* ZVG § 154 Rn. 11 f.

[402] Dazu Bärmann/*Becker* § 16 Rn. 176; Jennißen/*Jennißen* Rn. 195; dogmatische Kritik bei Soergel/*H.-J. Weber* Rn. 230; Böttcher/*Keller* ZVG § 155 Rn. 10c.

[403] So schon, allerdings noch zu § 28 aF, im Grundsatz OLG München ZWE 2007, 356 (358 f.); vgl. auch Soergel/*H.-J. Weber* Rn. 232; Jennißen/*Jennißen* Rn. 196; Bärmann/*Becker* Rn. 204.

[404] Str., wohl aber zu bejahen ist die Frage, ob dies auch dann gilt, wenn die Sonderumlage dem Zweck der Ausfalldeckung dient; anders aber, nur auf Sonderumlagen zur Finanzierung von Erhaltungsmaßnahmen abstellend, Böttcher/*Keller* ZVG § 155 Rn. 10b; Schneider/*Schmidberger* ZVG § 155 Rn. 39; Weitnauer/*Gottschalg* Rn. 42; wie hier aber etwa Staudinger/*Bub* 2005, § 28 Rn. 217; *Sauren* ZWE 2009, 214 (215); offenlassend BGH NJW 2009, 1674 Rn. 20.

[405] Zur dadurch entstehenden Deckungslücke Böttcher/*Keller* ZVG § 155 Rn. 10a mwN.

[406] Stöber/*Drasdo* ZVG § 155 Rn. 17; Palandt/*Wicke* Rn. 29; einschr. für die vormals sog. Abrechnungsspitze *Wenzel* ZInsO 2005, 113 (116); Schneider/*Schmidberger* ZVG § 155 Rn. 34: nur zeitanteilig für die Zeit der Beschlagnahme; dazu näher mwN Hintzen/Engels/Rellermeyer/*Engels* ZVG § 152 Rn. 207 ff.; anders auch Jennißen/*Jennißen* Rn. 192, allerdings auf Grundlage der sog. „Aufteilungstheorie".

[407] Vgl. nur Hintzen/Engels/Rellermeyer/*Engels* ZVG § 152 Rn. 219 ff.; Bärmann/*Becker* Rn. 203.

cc) Gesamtschuld. Die Haftung des Zwangsverwalters für die nach Anordnung der Zwangsverwaltung fällig werdenden Wohngeldforderungen führt nicht dazu, dass der Verwalter an die Stelle des Wohnungseigentümers tritt. Vielmehr tritt der Zwangsverwalter neben den Wohnungseigentümer, der **gesamtschuldnerisch** mit dem Verwalter weiter persönlich für die Hausgeldansprüche haftet.[408] Bei einer Inanspruchnahme kann sich der Wohnungseigentümer daher nur in Höhe der tatsächlich vom Zwangsverwalter erbrachten Leistungen auf die schuldbefreiende Wirkung dieser Zahlungen berufen. Aus dem Gesichtspunkt des Zahlungsverzugs haftet der Wohnungseigentümer ferner für Vorschusszahlungen, welche die Gemeinschaft der Wohnungseigentümer zum Zwecke der Zwangsvollstreckung an einen Zwangsverwalter leistet, weil sie allein von diesem Wohnungseigentümer nach materiellem Recht zu tragen sind. 98

e) Haftung in der Insolvenz. aa) Fälligkeit vor Verfahrenseröffnung. Beitragsansprüche, die vor dem Zeitpunkt der Eröffnung des Insolvenzverfahrens über das Vermögen eines Wohnungseigentümers fällig werden, sind als **einfache Insolvenzforderungen** iSd § 38 InsO einzustufen,[409] die Gemeinschaft der Wohnungseigentümer ist folglich insoweit bloßer Insolvenzgläubiger. Wie es sich aus der Verweisung in § 49 InsO bei wertender Betrachtung ergibt, besteht indes für die Beitragsansprüche nach Maßgabe des § 10 Abs. 1 Nr. 2 ZVG ein **Absonderungsrecht,**[410] sodass die Gemeinschaft der Wohnungseigentümer für solche rückständigen Beitragsansprüche (mit der Obergrenze von 5 % des Verkehrswertes, § 10 Abs. 1 S. 2 Nr. 3 ZVG) bevorzugte Befriedigung aus dem Wohnungseigentum als Massegegenstand erlangen kann, und zwar ohne dass hierfür eine gesonderte Beschlagnahme des Wohnungseigentums vor Insolvenzeröffnung erforderlich wäre – an die Stelle der zwangsvollstreckungsrechtlichen Beschlagnahme (ist diese nicht schon vorher erfolgt) tritt die **Insolvenzeröffnung,** mit der eine Beschlagnahme des zur Insolvenzmasse gehörenden Vermögens einhergeht (vgl. § 80 Abs. 1 InsO); diese Verfahrenseröffnung bildet dann (anstelle der Beschlagnahme nach § 22 Abs. 1 ZVG, § 10 Abs. 1 Nr. 2, 13 Abs. 1 ZVG) auch für die Berechnung des Vorrechts die **zeitliche Zäsur,**[411] sodass im Jahr der Verfahrenseröffnung und in den letzten zwei Jahren davor fällig gewordene Beitragsrückstände erfasst sind. Die abgesonderte Befriedigung ist durch Vollstreckungsverwertung nach den §§ 15 ff. ZVG bzw. §§ 146 ff. ZVG zu realisieren.[412] 99

bb) Fälligkeit nach Verfahrenseröffnung. Nach Verfahrenseröffnung fällig werdende Beitragsverbindlichkeiten sind dagegen als **Masseverbindlichkeit** iSd § 55 Abs. 1 Nr. 1 Fall 2 InsO einzustufen, die korrespondierenden Masseansprüche sind mithin (gibt der Insolvenzverwalter das Wohnungseigentum nicht frei – in diesem Fall haftet der Schuldner mit insolvenzfreiem Vermögen) vorweg aus der Insolvenzmasse zu befriedigen (ist die Masse hierfür unzulänglich, ist dies nach § 208 InsO anzuzeigen); ihretwegen kann aber (im Lichte des § 91 InsO, überdies, weil § 49 InsO nicht für Massegläubiger greift) nicht aus der Rangklasse 2 des § 10 Abs. 1 Nr. 2 ZVG in das Wohnungseigentum vollstreckt werden.[413] Für die Frage, wann Beitragsansprüche als Insolvenzforderung und wann sie als Masseansprüche zu bewerten sind, gelten die bei → Rn. 90 dargestellten Grundsätze der sog. **„Fälligkeitstheorie" sinngemäß.**[414] Seit Fortfall des Beschlusserfordernisses über die Jahresabrechnung gilt die vormalige Sichtweise erst recht, wonach der Ausweis noch offener, rückständiger Beitragspflichten in der Jahresabrechnung für die Zuordnung unbeachtlich ist.[415] Damit gilt: Sämtliche Beitragsansprüche, die nach Verfahrenseröffnung fällig werden, gleichviel, auf welchen Abrechnungszeitraum sie inhaltlich bezogen sind, stellen Masseansprüche dar – dies gilt auch für Nachschussansprüche iSd § 28 Abs. 2 S. 1 Var. 1 im Fall der Unterdeckung in einem Wirtschaftsjahr, während dessen das Insolvenzverfahren eröffnet wurde (zumal die Begründung der Nachschussverbindlichkeiten ohnehin erst eine darauf gerichtete Beschlussfassung voraussetzt), ebenso für Sonder- 100

[408] BGH NJW-RR 2008, 679 Rn. 7; *Bruns* ZWE 2017, 347 (351); *Elzer* ZWE 2018, 153 (158); Jennißen/*Jennißen* Rn. 193; Palandt/*Wicke* Rn. 27.

[409] BGHZ 150, 305 (312) = NJW-RR 2002, 1198; BGH NJW 2011, 3098 Rn. 7; *Hintzen* ZWE 2018, 249 (259); *Böttcher* ZVG § 10 Rn. 22c; Palandt/*Wicke* Rn. 24; *Elzer* ZWE 2018, 153 (158) will dagegen nicht auf die Fälligkeit der Forderung, sondern auf deren Entstehung abstellen.

[410] BGH NJW 2013, 3515 Rn. 7; 2011, 3098 Rn. 7; vgl. etwa Bärmann/Pick/*Emmerich* § 28 Rn. 207; *Böttcher* ZVG § 10 Rn. 22c.

[411] BGH NJW 2011, 3098 Rn. 34; *Hintzen* ZWE 2018, 249 (260); *Böttcher* ZVG § 10 Rn. 22c; Soergel/*H.-J. Weber* Rn. 243; Jennißen/*Jennißen* Rn. 198; aA Bärmann/*Becker* Rn. 217: Beschlagnahme gemäß § 29 Abs. 1 ZVG, § 22 ZVG maßgebend; zum Ganzen auch *Jacoby* ZWE 2015, 297.

[412] Zu Einzelheiten dieser abgesonderten Befriedigungsmöglichkeit MüKoInsO/*Ganter* InsO § 49 Rn. 51b.

[413] BGH NJW 2011, 3098 Rn. 7 f., 32; Soergel/*H.-J. Weber* Rn. 250 mwN.

[414] Vgl. Uhlenbruck/*Sinz* InsO § 55 Rn. 35 f.; Jennißen/*Jennißen* Rn. 198a, der selbst indes die „Fälligkeitstheorie" ablehnt; iErg auch (mit Ausnahme der Ausfalldeckungsumlagen) Palandt/*Wicke* Rn. 24 f.

[415] Zur vormaligen Rechtslage BGHZ 131, 228 (231) = NJW 1996, 725; BGH NJW 2012, 2797 Rn. 20 f.

umlagen (als „zusätzliche Vorschüsse"), und zwar nach richtiger, wenngleich bestrittener Ansicht auch für eine **Ausfalldeckungsumlage,** weil auch eine derartige Sonderumlage eine neue Forderung begründet.[416] – Als Konsequenz des mit BGHZ 198, 216 Rn. 8 abgelehnten dinglichen Rechtscharakters der nach § 10 Abs. 1 Nr. 2 ZVG bevorrechtigten Beitragsansprüche haftet im Fall der **freihändigen Veräußerung** durch den Insolvenzverwalter der Erwerber nicht für rückständige Beitragsforderungen, hat mithin eine darauf gestützte Zwangsvollstreckung nicht zu dulden.[417]

101 **f) Gesamtrechtsnachfolger. aa) Fälligkeit vor Erbfall.** Unmittelbar mit dem Tod eines Wohnungseigentümers wird – vorbehaltlich einer rückwirkenden Ausschlagung der Erbschaft – dessen **Erbe** im Wege der Universalsukzession Wohnungseigentümer und damit Beitragsschuldner (§ 1922 BGB),[418] im Fall der Erbenmehrheit halten diese gesamthänderisch das Wohnungseigentum. Auf den Zeitpunkt der (berichtigenden) Eintragung des Gesamtrechtsnachfolgers im Wohnungsgrundbuch kommt es nicht an, weil sie allein deklaratorischer Natur ist. Beitragsschulden des Erblassers, die noch **vor dem Erbfall fällig** wurden, sind nach allgemein konsentierter Ansicht als (reine) Nachlassverbindlichkeiten in der Form von **Erblasserschulden** iSd § 1967 Abs. 2 Var. 1 (als „vom Erblasser herrührende" Schulden) einzustufen.[419] Für diese kommt es, wie stets bei dieser Schuldenkategorie, zur unbeschränkten Erbenhaftung mit Beschränkungsmöglichkeit (vgl. §§ 1970 ff. BGB), wobei im Fall der Beschränkung nur der Nachlass haftet.

102 **bb) Fälligkeit nach dem Erbfall.** Die Beschränkungsmöglichkeit entfällt nach BGH NJW 2013, 3446 Rn. 14 ff.[420] im Regelfall für nach dem Erbfall durch Beschluss neu begründete Beitragsschulden (iSd § 28 Abs. 1 S. 1 oder Abs. 2 S. 1), aber auch für **nach dem Erbfall fällig werdende** (bereits zu Lebzeiten des Erblassers begründete), die in beiden Fällen „jedenfalls auch" als **Eigenverbindlichkeiten** des Erben bei der Verwaltung des Nachlasses anzusehen seien, wenn dem Erben das Innehaben des Wohnungseigentums als Handeln bei der Nachlassverwaltung zugerechnet werden könne. Das soll regelmäßig spätestens mit aktiver Erbschaftsannahme (§ 1943 Var. 1 BGB) oder passiver Annahme infolge Fristablaufs (§ 1943 Var. 2 BGB) und jedenfalls faktischer Wohnnutzungsmöglichkeit der Fall sein, nicht aber bei rein passivem Erblasserverhalten (trotz darin liegender Annahme infolge Fristablaufs) und fehlender Nutzungsmöglichkeit des Wohnungseigentums, etwa im Fall einer Belastung desselben mit einem Wohnungsrecht für einen Dritten (dann reine Nachlassverbindlichkeit), wobei die Mitwirkung an Beschlüssen der Wohnungseigentümerversammlung richtigerweise wiederum genügt, um auch bei im Übrigen rein passivem Verhalten (ohne Eigennutzungsmöglichkeit) ein **Verwaltungshandeln** des Erben anzunehmen, das zumindest auch eine Eigenschuld begründet (zur Kritik an dieser Rspr. aber → Rn. 103).[421] Ob die Beitragsschuld im Fall hinausgeschobener Fälligkeit (vgl. § 28 Abs. 3) noch auf einem Beschluss unter Mitwirkung des Erblassers beruht, hat daher auf Grundlage dieser höchstrichterlichen Rechtsprechungslinie nur in den Ausnahmefällen rein passiven Verhaltens (ohne Eigennutzungsmöglichkeit) Bedeutung, weil hier die Mitwirkung entscheidendes Kriterium für die Begründung der Eigenschuld ist; in den übrigen Fällen kommt es hiernach stets (auch) zur Eigenhaftung des Erben, gleichviel, wann der Beschluss gefasst wurde.

103 Mit der Wendung, dass nach dem Erbfall begründete oder fällig gewordene Beitragsschulden unter den genannten Voraussetzungen „jedenfalls auch" Eigenverbindlichkeiten des Erben seien, wird vom BGH zu Recht einer Qualifikation derselben als reine Nachlassverbindlichkeiten eine Absage erteilt. Offen bleibt indes, ob bzw. unter welchen **Voraussetzungen** sie als **reine Eigenverbindlichkeiten** des Erblassers einzustufen sind oder vielmehr als Nachlasserbenschulden, für die neben dem Nachlass auch das Eigenvermögen des Erben haftet. Richtig scheint, von einer reinen Eigenverbindlichkeit auszugehen, wenn auch aus Gläubigersicht das Verhalten des Erben nicht mehr Ausdruck ordnungsgemäßer Nachlassverwaltung ist,[422] wie es im Fall der Eigennut-

[416] Wie hier Uhlenbruck/*Sinz* InsO § 55 Rn. 36; Jennißen/*Jennißen* Rn. 201; s. auch, in beiden Fällen offenlassend, BGHZ 150, 305 (317) = NJW-RR 2002, 1198; BGH NJW 2009, 1674 Rn. 20; aA Bärmann/*Becker* Rn. 213; Palandt/*Wicke* Rn. 24. Näher dazu, allerdings mit gegenteiliger Ansicht, unter Verweis darauf, dass anderenfalls die Gemeinschaft der Wohnungseigentümer ihre Insolvenzforderungen zu Masseforderungen aufwerten könnte, MüKoInsO/*Hefermehl* InsO § 55 Rn. 87 mwN.

[417] MüKoInsO/*Ganter* InsO § 49 Rn. 51b.

[418] Weitnauer/*Gottschalg* Rn. 32; Riecke/Schmid/*Abramenko* Rn. 198; jurisPK-BGB/*Lafontaine* Rn. 41.

[419] Vgl. nur *Herzog* NZM 2013, 175 (182); *Bonifacio* MDR 2006, 244 (245); Soergel/*H.-J. Weber* Rn. 51; jurisPK-BGB/*Lafontaine* Rn. 42.

[420] Bestätigt durch BGH NJW 2019, 988 Rn. 7; vgl. zudem OLG Schleswig ZEV 2014, 33 (34) m. krit. Anm. *Küpper; Bruns* ZWE 2017, 347 (351); Bärmann/*Becker* Rn. 184; Riecke/Schmid/Elzer/*Abramenko* Rn. 199; Soergel/*H.-J. Weber* Rn. 50 ff.

[421] Zutr. etwa Soergel/*H.-J. Weber* Rn. 54; idS auch OLG Schleswig ZEV 2014, 33 (34) m. krit. Anm. *Küpper.*

[422] Ebenso Palandt/*Weidlich* § 1967 Rn. 3; *Herzog* NZM 2013, 175 (183 ff.), nach denen es jeweils darauf ankommt, ob das Halten der Wohnung eine ordnungsgemäße Nachlassverwaltung darstellt.

zung, sei es durch Selbstnutzung oder Vermietung im Eigeninteresse, liegen wird (in diesem Sinne und ausführlich → BGB § 1967 Rn. 22), nicht aber zwingend bei der Mitwirkung der Fassung von Beschlüssen der Wohnungseigentümerversammlung, da dies für sich genommen nichts darüber besagt, ob die konkrete Form des Haltens des Wohnungseigentums ordnungsgemäßer Verwaltung dient. Demgegenüber sind während der Dauer einer Testamentsvollstreckung fällig werdende Beitragsschulden für im Nachlass befindliches Wohnungseigentum stets (reine) Nachlassverbindlichkeiten,[423] zumal angesichts der Testamentsvollstreckung Spielraum für eine eigenhändige Nachlassverwaltung durch den Erben nicht verbleibt. – **Verfehlt** ist es dagegen, mit einer von diesen Rechtsprechungsgrundsätzen abweichenden Literaturmeinung[424] die bereits **zu Lebzeiten des Erblassers entstandenen,** wenngleich **noch nicht fälligen** Beitragsschulden als **reine Nachlassverbindlichkeiten** in Form von Erblasserschulden einzuordnen. Zwar kann diese Ansicht unter Verweis auf BGH NJW 2013, 933 Rn. 16 für sich geltend machen, dass das in Wahrheit für die Begründung einer Nachlasserbenschuld erforderliche rechtsgeschäftliche Handeln des Erben fehle. Trotzdem erscheint hier das Gegenteil, insoweit ebenfalls die bei → Rn. 102 geschilderten Grundsätze des BGH modifizierend, richtig: Für die Begründung der am Wohnungseigentum als Einzelgegenstand „haftenden" Eigenverbindlichkeit kommt es nicht entscheidend auf das Vorliegen eigenen Verwaltungshandelns des Erben an; vielmehr trifft ihn die **Beitragsschuld** bereits aufgrund seiner (wenngleich zur Erbmasse gehörenden) **dinglichen Position,** dh in seiner Eigenschaft als Wohnungseigentümer, der er mit dem Erbfall geworden ist (insoweit vergleichbar der Haftung für nachlassbezogene Realsteuern), sodass er bereits **mit dem Erbfall** (und nicht erst mit aktiver oder passiver Erbschaftsannahme) für **Beitragsschulden haftet,**[425] selbst solche, die schon vorher beschlossen, aber noch nicht fällig wurden (zur Fälligkeit als entscheidender Zäsur auch beim rechtsgeschäftlichen Erwerb → Rn. 90 ff.). Verhindert werden kann diese Eigenhaftung nur durch **Ausschlagung;** ob daneben über den Rechtsgedanken der Nachlasserbenschuld eine Nachlasshaftung besteht, bemisst sich nach den bei → Rn. 102 ausgeführten Kriterien. Sonderheiten gelten nach BGH NJW 2019, 988 Rn. 9 ff. allerdings für den **Fiskus,** der kein Ausschlagungsrecht hat (§§ 1936, 1942 Abs. 2 BGB) und dessen Passivität nach dem Erbfall daher nicht den bei → Rn. 102 aufgezeigten Erklärungswert haben kann: Hier werden allerdings zu seinen Lasten nur Eigenverbindlichkeiten begründet, wenn er das Wohnungseigentum ersichtlich für eigene Zwecke nutzen will und daher den Bereich einer ordnungsgemäßen Nachlassabwicklung verlässt.[426] Diesen Grundsätzen ist aus Billigkeitsgründen trotz der gegenstandsbezogenen Beitragspflicht zuzustimmen.

V. Abs. 3 (Weiterverweis)

Abs. 3 dient allein der **Ausklammerung** einer spezifischen Nutzungs- und damit korrespondierenden Kostenart aus dem allgemeinen Zuweisungs- und Verteilungssystem des § 16 Abs. 1 bzw. des Abs. 2; betroffen sind Nutzungen und Kosten bei **baulichen Veränderungen** iSd § 20. Hierfür gilt die Spezialbestimmung des § 21, auf deren Erläuterung verwiesen wird. Zur im Einzelnen problematischen Abgrenzung zwischen baulichen Veränderungen und § 16 unterfallenden Erhaltungsmaßnahmen ist überdies auf → Rn. 21 f. hinzuweisen. **104**

§ 17 Entziehung des Wohnungseigentums

(1) Hat ein Wohnungseigentümer sich einer so schweren Verletzung der ihm gegenüber anderen Wohnungseigentümern oder der Gemeinschaft der Wohnungseigentümer obliegenden Verpflichtungen schuldig gemacht, dass diesen die Fortsetzung der Gemeinschaft mit ihm nicht mehr zugemutet werden kann, so kann die Gemeinschaft der Wohnungseigentümer von ihm die Veräußerung seines Wohnungseigentums verlangen.

---

423 Vgl. BGH NJW 2012, 316 Rn. 7, der allerdings jedenfalls terminologisch unsauber von „Nachlasserbenschulden" spricht; zutr. aber BeckOGK/*Grotheer,* 1.10.2020, BGB § 2206 Rn. 9.1; s. zudem BGB § 1967 Rn. 22 Fn. 109; vgl. weiterhin Burandt/Rojahn/*Joachim* BGB § 1967 Rn. 26.

424 *Leidner* ZWE 2019, 211 (213); *Herzog* NZM 2013, 175 (182), *Dötsch* ZMR 2006, 902 (906), jeweils unter Verweis darauf, dass die Beitragsschuld schon zu Lebzeiten des Erblassers entstanden war.

425 Richtig *Marotzke* ZEV 2000, 151 (154); Staudinger/*Marotzke,* 2010, BGB § 1967 Rn. 36; ebenso noch Staudinger/*Dutta,* 2016, BGB § 1967 Rn. 36; wohl abgeschwächt nur noch Staudinger/*Kunz,* 2020, BGB § 1967 Rn. 204; Soergel/*A. Stein* BGB § 1967 Rn. 4: Wohngeld rührt aus dinglicher Position; idS iErg ebenso jurisPK-BGB/*Lafontaine* Rn. 41.

426 Dazu ausf. *Leidner* ZWE 2019, 211; vgl. ferner Staudinger/*Kunz,* 2020, Rn. 207; BeckOGK/*Falkner,* 1.3.2020, Rn. 47. 1.

(2) Die Voraussetzungen des Absatzes 1 liegen insbesondere vor, wenn der Wohnungseigentümer trotz Abmahnung wiederholt gröblich gegen die ihm nach § 14 Absatz 1 und 2 obliegenden Pflichten verstößt.

(3) Der in Absatz 1 bestimmte Anspruch kann durch Vereinbarung der Wohnungseigentümer nicht eingeschränkt oder ausgeschlossen werden.

(4) [1]Das Urteil, durch das ein Wohnungseigentümer zur Veräußerung seines Wohnungseigentums verurteilt wird, berechtigt zur Zwangsvollstreckung entsprechend den Vorschriften des Ersten Abschnitts des Gesetzes über die Zwangsversteigerung und die Zwangsverwaltung. [2]Das Gleiche gilt für Schuldtitel im Sinne des § 794 der Zivilprozessordnung, durch die sich der Wohnungseigentümer zur Veräußerung seines Wohnungseigentums verpflichtet.

Übersicht

I. Normzweck, Änderungen durch die WEG-Reform

1 Zum Schutz gegen Wohnungseigentümer, die ihren aus dem Gemeinschaftsverhältnis folgenden Verpflichtungen nicht nachkommen, sowie als Ausgleich für die grundsätzliche Unauflöslichkeit der Gemeinschaft gewährt § 17 als **„ultima ratio" zur Wiederherstellung des Gemeinschaftsfriedens** gegenüber dem „Störenfried"[1] einen Anspruch auf Entziehung des Wohnungseigentums. Historisch orientiert sich die Norm an der **Abmeierungsklage** in § 15 Reichserbhofgesetz vom 29.3.1933,[2] der sich an dem mittelalterlichen Begriff des bäuerlichen Pachtrechts – dem Meierrecht – orientiert.[3]

2 Da der Eigentümer durch die Verpflichtung zur Veräußerung mit Ausnahme der Verfügungsbefugnis seine Eigentumsrechte – vor allem die Nutzungsmöglichkeit – verliert, ist die Norm mit Blick auf **Art. 14 GG** restriktiv auszulegen.[4] Zu berücksichtigen ist dabei aber auch, dass durch schwerwiegende Störungen des Gemeinschaftsverhältnisses auch die grundrechtlich geschützten Eigentumsrechte der anderen Eigentümer tangiert sind, sodass es letztlich um eine **praktische**

[1] Vgl. BGHZ 170, 369 = NJW 2007, 1353; BGH NJW-RR 2019, 7 Rn. 15.
[2] Dazu Bärmann/Pick/*Dötsch* § 18 Rn. 3.
[3] *Creifelds,* Rechtswörterbuch, 23. Aufl. 2019, Meierrecht.
[4] BVerfG NJW 1994, 241 (242).

Konkordanz widerstreitender Grundrechtsinteressen im konkreten Einzelfall geht.[5] Erforderlich ist daher, dass zunächst mildere Mittel ergriffen werden, um Pflichtverletzungen zu unterbinden. Hierzu gehört neben der **Abmahnung** auch die gerichtliche Geltendmachung von **Unterlassungsansprüchen.**[6] Das Verfahren spielt in der Praxis eine geringe Rolle, insbesondere die Vollstreckung ist äußerst schwerfällig.

Durch die **WEG-Reform** ist das Entziehungsverfahren geringfügig modifiziert worden und einheitlich in § 17 geregelt. Der Anspruch ist – dem neuen System des WEG folgend, wonach die Verwaltung eine Angelegenheit des Verbandes ist (§ 18 Abs. 1) – der Gemeinschaft zugewiesen worden, die Sonderregelung für Zwei-Personen-Gemeinschaften wurde aufgegeben, ebenso das bislang erhöhte Quorum. Das bisherige Regelungsbeispiel des Zahlungsverzugs ist entfallen, entsprechend ebenso die Möglichkeit die Entziehung durch Zahlung abzuwenden. 3

II. Anspruchsinhaber und Anspruchsgegner

Während nach bisherigem Recht die einzelnen Eigentümer Inhaber des Anspruchs waren, der 4
allerdings von der Gemeinschaft im Wege der **geborenen Ausübungsbefugnis** geltend gemacht wurde, soll nach der Gesetzesbegründung der Anspruch nun **materiell-rechtlich** der **Gemeinschaft** zugeordnet werden.[7] Dies erscheint insoweit konsequent, weil der Entziehungsanspruch als Ausprägung der ordnungsgemäßen Verwaltung verstanden wird,[8] der nun bei der Gemeinschaft liegt (§ 18 Abs. 1). Letztlich geht es allerdings um das sachenrechtliche Grundverhältnis, sodass wohl mehr dafürsprechen dürfte, weiter davon auszugehen, dass es ein Anspruch der Wohnungseigentümer ist, für den der Verband die alleinige **gesetzliche Ausübungsbefugnis** hat.[9]

Eine Sonderregelung für **Zwei-Personen-Gemeinschaften**[10] bedarf es nun nicht mehr. Aller- 5
dings dürfte die Durchsetzung eines Entziehungsanspruchs hier problematisch sein, da nicht mehr direkt auf Entziehung geklagt werden kann. Zwar kann der Störenfried bei der Abstimmung nicht mitstimmen (§ 25 Abs. 4), sodass insoweit eine Blockade und damit eine Beschlussersetzungsklage (§ 44 Abs. 1 S. 2) nicht nötig ist, erforderlich wird aber im Regelfall eine gerichtliche Ermächtigung zur Einberufung der Versammlung sein, wenn die Gemeinschaft – was in der Praxis die Regel sein dürfte – keinen Verwalter hat (§ 24 Abs. 3). Ungeklärt ist auch, wie die gerichtliche Durchsetzung dann erfolgen soll, denn eine Ermächtigung eines Eigentümers Klagen im Namen des Verbandes zu erheben, sieht § 9b Abs. 1 S. 2 nicht vor. Erlaubt man in diesen Fällen keine Ausnahme von dem Vertretungsverbot, bedarf es zugleich der Bestellung eines Verwalters, um den Anspruch durchzusetzen. Lösen lässt sich das Problem allenfalls dann, wenn man den Eigentümer, um dessen Entziehung es geht, nach allgemeinen Grundsätzen von der **Vertretung** ausschließt, dann könnte die Entziehungsklage doch der weitere Eigentümer erheben.[11] Dieses Problem stellt sich auch in anderen Fällen der **verwalterlosen Gemeinschaft.**

Das Bestehen eines Entziehungsanspruchs setzt eine Eigentümergemeinschaft voraus, schon 6
bisher genügte das Entstehen einer werdenden Eigentümergemeinschaft.[12] In der **Ein-Personen-Wohnungseigentümergemeinschaft** ist der werdende Wohnungseigentümer (§ 8 Abs. 3) tauglicher Adressat eines Entziehungsanspruchs, wobei der Anspruch dann nur auf Veräußerung des Anwartschaftsrechts gerichtet ist.[13] Da die werdenden Wohnungseigentümer im Innenverhältnis als Eigentümer behandelt werden und Stimmrechte haben, ist auch eine von ihnen ausgehende Entziehungsklage gegen den **Alleineigentümer** möglich. Bei mehreren Wohnungseigentumsrechten, ist § 17 für jedes Wohnungseigentum gesondert zu prüfen, im Regelfall werden die Entziehungsgründe aber identisch sein.[14]

Gehört ein Wohnungseigentum **mehreren Eigentümern,** reicht ein entziehungsfähiges Fehl- 7
verhalten auch nur eines von ihnen zu der Veräußerung der Wohnung, wenn es diesen zur gesamten Hand zusteht.[15] Der nicht störende Miteigentümer sollte nach der Rspr. des BGH bislang entspre-

---

5 Bärmann/Pick/*Dötsch* § 18 Rn. 3.

6 BGH NJW-RR 2017, 260 Rn. 21 mwN; zu den möglichen Optionen ausf. Jennißen/*Heinemann* § 18 Rn. 47.

7 BT-Drs. 19/18791, 57.

8 Bärmann/Pick/*Dötsch* § 18 Rn. 8.

9 *Dötsch/Schultzky/Zschieschack* WEG-Recht 2021 § 12 Rn. 9.

10 Dazu → 8. Aufl. 2020, § 18 Rn. 41 *(Engelhardt).*

11 *Dötsch/Schultzky/Zschieschack* WEG-Recht 2021 § 12 Rn. 11; *Hügel/Elzer* Rn. 24.

12 Bärmann/*Suilmann* § 18 Rn. 5.

13 Bärmann/Pick/*Dötsch* § 18 Rn. 4.

14 Palandt/*Wicke* § 18 Rn. 1.

15 BGH NJW-RR 2019, 7 Rn. 8; Jennißen/*Heinemann* § 18 Rn. 9; *Hügel/Elzer* Rn. 3; Niedenführ/Schmidt-Räntsch/Vandenhouten/*Vandenhouten* § 18 Rn. 5.

chend § 19 Abs. 2 aF berechtigt sein, die Wirkungen des Entziehungsurteils bis zur Erteilung des Zuschlags dadurch abzuwenden, dass er den Miteigentumsanteil des störenden Miteigentümers selbst erwirbt, den störenden Miteigentümer dauerhaft und einschränkungslos aus der Wohnanlage entfernt und dass er der Wohnungseigentümergemeinschaft alle Kosten ersetzt, die dieser durch die Führung des Entziehungsrechtsstreits und die Durchführung eines Zwangsversteigerungsverfahrens zur Durchsetzung des Entziehungsanspruchs entstanden sind.[16] Nach der Gesetzesbegründung soll mit der Abschaffung der **Abwendungsbefugnis** von § 19 Abs. 2 aF eine Rechtsänderung nicht verbunden sein. Die Rechtsfolgen sollen sich nun aus **§ 242 BGB** ergeben.[17] Dem ist zuzustimmen.[18] Über das Bestehen oder Nichtbestehen der Abwendungsbefugnis des nicht störenden Miteigentümers sollte bislang entsprechend § 19 Abs. 2 aF in der Regel nicht in dem Entziehungsrechtsstreit, sondern im Rahmen einer Vollstreckungsabwehrklage (§ 767 BGB) zu entscheiden. Möglich war es aber auch im Entziehungsverfahren durch Feststellungsanträge klären zu lassen, ob die Abwendungsberechtigung dem Grunde nach besteht oder nicht. Im Vollstreckungsklageverfahren hat dann lediglich noch die inhaltliche Prüfung zu erfolgen.[19] Auch an diesen prozessualen Möglichkeiten ändert sich nichts.

III. Voraussetzungen des Entziehungsanspruchs nach Abs. 1

8 **1. Schwere Pflichtverletzung eines Wohnungseigentümers gegenüber anderen Wohnungseigentümern (Generalklausel, Abs. 1 S. 1). a) Schwere Pflichtverletzung.** Allgemeine Voraussetzung des Entziehungsanspruchs ist zunächst eine schwere Verletzung der einem Wohnungseigentümer obliegenden Verpflichtungen gegenüber anderen, nicht notwendig allen **Wohnungseigentümern** wobei durch die Reform dem eine Verletzung von Pflichten gegenüber der **Gemeinschaft** gleichgestellt ist. Insoweit kommen einmalige und wiederholte Verstöße gegen gemeinschaftsbezogene Pflichten in Betracht.[20] **Abs. 1 S. 1** betrifft den Entziehungsanspruch, der bereits aufgrund einer auch nur einmal begangenen schweren Pflichtverletzung verwirkt sein kann, wenn diese zu einer **Unzumutbarkeit** der Fortsetzung des Gemeinschaftsverhältnisses führt. Die Abwägung, ob der Entziehungsanspruch gerechtfertigt ist, ist letztlich immer eine Frage des konkreten **Einzelfalls.**

9 **b) Beispiele unzumutbarer Pflichtverletzungen.** Als unzumutbare Pflichtverletzungen iSv Abs. 1 kommen in Betracht Tätlichkeiten gegenüber anderen Wohnungseigentümern, Hausbewohnern oder dem Verwalter; Beleidigung in Fäkalsprache mit rassistischem Vokabular,[21] erhebliche Körperverletzungen[22] oder Belästigung anderer Wohnungseigentümer, deren Angehörigen oder Mieter, zB durch ständiges Lärmen (nicht aber Lärmstörungen durch Kinder),[23] Beschmutzungen und Sachbeschädigungen **(Messie-Fälle);** wiederholtes Beschmieren des Treppenhauses, einer Hinweistafel im Eingangsbereich der Anlage, einer Wohnungstür und Briefkästen anderer Wohnungseigentümer mit beschimpfenden Schriftzügen;[24] das Rauchen im Innenhof, das Hinterlassen von Zigarettenkippen im Eingangs- und Hofbereich, das Nichtschließen der Türen, das Klingeln bei anderen Bewohnern, das Blockieren des Hauseingangs durch Personen und Gepäck sowie die Verschmutzung der Anlage;[25] die Benutzung der Räume in einer dem Wesen der Wohnungseigentumsanlage widersprechenden Weise (zB als Bordell).

10 Auch die **exzessive** Ausübung von **Eigentümerrechten,** etwa durch Anträge an den Verwalter oder **Anfechtung** von **Eigentümerbeschlüssen** genügt im Grundsatz nicht für eine Entziehung. Dem Eigentümer muss es insoweit möglich sein, seine Rechte unbefangen und effizient wahrzunehmen.[26] Anders liegt es nur dann, wenn die Geltendmachung **rechtsmissbräuchlich** erfolgt, weil wohnungseigentumsfremde oder -feindliche Ziele damit verfolgt werden, etwa das Ziel eines verwalterlosen Zustandes.[27] Anzulegen ist hier ein strenger Maßstab, wobei vor allem das subjektive Element erhebliche Beweisprobleme aufwirft, alleine eine Vielzahl erfolgloser Klage wird im Regelfall noch

---

[16] BGH NJW-RR 2019, 7 Rn. 16.
[17] BT-Drs. 19/18791, 58.
[18] *Dötsch/Schultzky/Zschieschack* WEG-Recht 2021 § 12 Rn. 19; *Becker/Schneider* ZfIR 202, 281 (287).
[19] BGH NJW-RR 2019, 7 Rn. 35.
[20] *Dötsch/Schultzky/Zschieschack* WEG-Recht 2021 § 12 Rn. 9.
[21] BGH NJW-RR 2019, 7.
[22] BGH NJW-RR 2019, 7.
[23] LG Aachen ZMR 1965, 75.
[24] BGH NJW-RR 2019, 7.
[25] BGH NJW-RR 2019, 293 Rn. 26.
[26] BGHZ 222, 1 Rn. 11 = NZM 2019, 630.
[27] BGHZ 222, 1 Rn. 12 ff. = NZM 2019, 630.

nicht den Schluss auf die gemeinschaftsfeindliche Intention erlauben.[28] Ob auch die **Ablehnung** einer **gebotenen Beschlussfassung** zur Entziehung berechtigt, dürfte jedenfalls im Regelfall zu verneinen sein. In Ausnahmefällen, etwa bei Majorisierungen, um Sanierungen abzuwehren und das Grundstück letztlich anderweitig verwerten zu können, mag dies aber anders gesehen werden können. Insoweit ist zu berücksichtigen, dass § 19 Abs. 1 jetzt ausdrücklich auch eine Verpflichtung zur Mitwirkung an der Beschlussfassung enthält (→ § 19 Rn. 4). In der Bund-Länder-Arbeitsgruppe wurde jedenfalls der **Sanierungsverweigerer** als tauglicher Störenfried angesehen und sogar über die Schaffung eines entsprechenden Regelbeispiels diskutiert.[29]

Ist ein Wohnungseigentümer gleichzeitig auch der **Verwalter,** so war umstritten, ob in Ausübung seines Amts begangene Unredlichkeiten eine Entziehung rechtfertigen können.[30] Da nunmehr auch Verfehlungen gegenüber der Gemeinschaft zur Entziehung führen können, wird man die Frage in Zukunft eher zu bejahen haben, wobei klar ist, dass nicht jeder Verstoß gegen eine Verwalterpflicht die Entziehung rechtfertigt, bei schweren – vor allem strafrechtlich relevanten (Untreue) – Verstößen, wird ein Entziehungsgrund indes vorliegen.[31] Gleiches gilt im Grundsatz für **Beiratsmitglieder,** wobei hier Verstöße von einem solchen Gewicht nur in extremen Ausnahmefällen denkbar sind. 11

c) Zahlungsverzug. Die **bisherige Sonderregelung** für den Zahlungsverzug ist **entfallen,** was schon deshalb erforderlich war, da die Anknüpfung an den Einheitswert verfassungsrechtliche Bedenken aufgeworfen hat.[32] Zu Recht stellt die Gesetzesbegründung zudem darauf ab, dass mit der Privilegierung in § 10 Abs. 1 Nr. 2 ZVG für Zahlungsrückstände eine effektivere Möglichkeit der Immobiliarzwangsvollstreckung besteht. Angesichts dieser zutreffenden gesetzlichen Wertung werden nun Zahlungsrückstände als solche nicht mehr für ein Entziehungsverfahren herangezogen werden können, hier wird man auf das **mildere** und **effektivere** Mittel der Titulierung und Vollstreckung von Zahlungsansprüchen verweisen können. Konsequenterweise ist auch die Abwendungsbefugnis entfallen. Im Verfahren auf Vollstreckung titulierter Hausgeldforderungen kann sich der säumige Eigentümer hingegen unproblematisch durch Befriedigung der Vollstreckung entziehen. 12

Gleichwohl ist die **Pflicht** zur **Kostentragung** eine der zentralen Pflichten der Eigentümer, sodass auch deren Verletzung eine Pflichtverletzung iSv § 17 Abs. 1 darstellen kann.[33] Denkbar ist nach neuem Recht eine Entziehung darauf zu stützen, dass der Eigentümer wiederholt erst im Rahmen von Zwangsvollstreckungsmaßnahmen seine Zahlungsverpflichtungen erfüllt hat. Bei entsprechend hohen Rückständen und einem damit verbundenen Aufwand der Gemeinschaft, mag hierin eine zur Entziehung berechtigende Pflichtverletzung gesehen werden können.[34] Wird dies bejaht, besteht eine Abwendungsbefugnis nicht mehr. Auch unterhalb dieser Schwelle kann in Einzelfällen die unpünktliche Erfüllung der Pflicht zur regelmäßigen Zahlung der Wohngelder und Umlagen, auf die die Gemeinschaft zu ihrer sachgerechten Verwaltung unbedingt angewiesen ist, ein Gewicht erlangen, das den anderen Wohnungseigentümern die Fortsetzung der Gemeinschaft mit dem säumigen Wohnungseigentümer unzumutbar macht.[35] 13

2. „Schuldig machen". Eine **schuldhafte Pflichtverletzung** des Störers iSd **§ 276 BGB** ist nicht erforderlich. Dies stellt nach der Rspr. des BVerfG jedenfalls dann keine die Grundrechte verletzende Fehlinterpretation der Vorschrift dar, wenn die Schuldunfähigkeit bei der Beurteilung der Schwere der Pflichtverletzung berücksichtigt wird.[36] Eine Verpflichtung zur Veräußerung ist möglich, wenn ein Eigentümer seine Pflichten gegenüber anderen Wohnungseigentümern schwer verletzt; eine solche Verpflichtung ist in jedem Fall zulässig, wenn weitere schwere Verletzungen zu befürchten stehen; aber auch dann, wenn eine Wiederholungsgefahr nicht zu erwarten ist, kann eine Verpflichtung zur Veräußerung zulässig sein, wenn die einmalige Verletzung von einer solchen Schwere ist, dass den anderen Wohnungseigentümern das weitere gemeinsame Bewohnen einer 14

---

28 Bärmann/Pick/*Dötsch* § 18 Rn. 13.

29 Bund-Länder-Arbeitsgruppe ZWE 2019, 429 (465 f.).

30 Verneinend LG Berlin GE 1995, 1217; Bärmann/Pick/*Dötsch* § 18 Rn. 18; bejahend → 8. Aufl. 2020, § 18 Rn. 3 *(Engelhardt).*

31 Wie hier Bärmann/Pick/*Dötsch* § 18 Rn. 18.

32 BVerfGE 148, 147 = NJW 2018, 1451; *Bund-Länder-Arbeitsgruppe* ZWE 2019, 429 (444).

33 Ausdrücklich BT-Drs. 19/18791, 54 f.; *Dötsch/Schultzky/Zschieschack* WEG-Recht 2021 § 12 Rn. 9; *Hügel/Elzer* Rn. 17.

34 Bund-Länder-Arbeitsgruppe ZWE 2019, 429 (444).

35 BGHZ 170, 369 Rn. 9, 10 = NJW 2007, 1353; zum vergleichbaren Fall der Kündigung eines Wohnraummietverhältnisses aus wichtigem Grund wegen Mietrückständen (§ 543 BGB) vgl. BGH NJW 2006, 1585.

36 BVerfG NJW 1994, 241 (242).

Wohnungseigentumsanlage zusammen mit demjenigen, der seine Pflichten ihnen gegenüber verletzt hat, nicht zugemutet werden kann.[37]

15 Hat der auszuschließende Wohnungseigentümer seine Pflicht **nicht schuldhaft** verletzt, müssen mangels persönlicher Vorwerfbarkeit bzw. Zurechenbarkeit des Handelns besondere Gründe vorliegen, wenn allein aufgrund begangener Verletzungen eine Verpflichtung zur Veräußerung erfolgen soll; in Betracht kommt eine besonders schwere Pflichtverletzung oder die Gefahr weiterer Pflichtverletzungen,[38] etwa bei einem psychisch Kranken, wenn eine Änderung seines Verhaltens und eines von ihm geschaffenen dauerhaft unerträglichen Zustandes auf absehbare Zeit mangels vorhandener Behandlungseinsicht nicht zu erwarten ist.[39]

16 Der Entziehungsgrund kann auch in der Person eines **Mieters** oder eines **Familienangehörigen** des Wohnungseigentümers liegen, wenn der Eigentümer nicht pflichtgemäß gegen die von diesen Personen begangenen Störungen einschreitet.[40] Auch wenn der bisherige § 14 Nr. 2 aF entfallen ist, gilt auch nach neuem Recht, dass der Eigentümer dafür Sorge tragen muss, dass die seinem Hausstand oder Geschäftsbetrieb angehörenden Personen sowie Mieter die sich aus der Gemeinschaft ergebenden Verpflichtungen einhalten.

17 **3. Unzumutbarkeit der Fortsetzung der Gemeinschaft. a) Unzumutbarkeit wegen schwerer Pflichtverletzung trotz Abmahnung.** Das Veräußerungsverlangen setzt eine solche Schwere der Pflichtverletzung voraus, dass die Fortsetzung der Gemeinschaft nicht mehr zumutbar ist, wobei der Wortlaut hier weiter (nur) auf die betroffenen Wohnungseigentümer und nicht den Verband abstellt. Aus dem Merkmal der Unzumutbarkeit sowie dem Zweck der Entziehungsklage (→ Rn. 1) ergibt sich, dass das Entziehungsverfahren als ein schwer wiegendes und letztes Mittel nur dann in Betracht kommt, wenn weniger einschneidende Maßnahmen, insbesondere eine **Abmahnung,** erfolglos ausgeschöpft sind oder nicht in Frage kommen, auch wenn eine Abmahnung nicht ausdrücklich in Abs. 1 S. 1 erwähnt wird.[41] Nur mit einer Abmahnung wird den aus dem Grundrecht auf Eigentum aus Art. 14 Abs. 1 GG folgenden Anforderungen an die Vorschrift Rechnung getragen.[42]

18 **aa) Abmahnung.** Die Abmahnung muss hinreichend bestimmt sein und ein Verhalten aufzeigen, das als solches einen Entziehungsbeschluss rechtfertigen kann, zugleich muss deutlich werden, dass weitere Störungen zur Entziehung führen können.[43] Sie ist schriftlich und **formlos** möglich, muss aber dem Störenfried **zugehen,** was bei einer Beschlussfassung in Abwesenheit voraussetzt, dass ihm der Beschluss zugeht.[44]

19 Bisher galt es als gesichert, dass die Abmahnung durch den Verwalter oder einen Wohnungseigentümer ausgesprochen werden kann.[45] An der Befugnis des **Verwalters** zur Abmahnung hat sich durch die Reform nichts geändert, im Außenverhältnis ist er hierzu gemäß § 9b Abs. 1 S. 1 befugt. Im Innenverhältnis wird der Verwalter in der Regel einen **Beschluss,** der ihn zur Abmahnung berechtigt benötigen, wenn die Gemeinschaft nicht entsprechend § 27 Abs. 2 seine Kompetenzen erweitert hat, denn eine Maßnahme „untergeordneter Bedeutung" wird in einer Abmahnung zur Vorbereitung der Entziehung kaum gesehen werden können.[46] Folgt man der gesetzgeberischen Intention, den Entziehungsanspruch auch materiell der Gemeinschaft zuzuweisen (→ Rn. 4), **fehlt** es nun an der **Abmahnbefugnis** der **Eigentümer** untereinander, denn zur Vertretung des Verbandes ist ein einzelner Eigentümer nicht berechtigt (§ 9b Abs. 1 S. 2).[47]

20 Wie bisher kann die Abmahnung auch durch einen **Beschluss ausgesprochen** werden,[48] wobei – wie stets – der Beschluss die interne Willensbildung ist, die Umsetzung liegt bei Anwesenheit des Störenfrieds in der Verkündung, sonst muss ihm die Abmahnung zugehen.[49] Ein mangels Abmahnung unwirksamer Entziehungsbeschluss kann in eine Abmahnung umgedeutet werden.[50] Eine

---

37 BVerfG NJW 1994, 241 (242).
38 BVerfG NJW 1994, 241 (242).
39 LG Tübingen NJW-RR 1995, 650.
40 *Hogenschurz* NZM 2005, 611 (613).
41 BGHZ 170, 369 Rn. 14 ff. = NJW 2007, 1353; BGHZ 190, 236 Rn. 4 ff. = NJW 2011, 3026; OLG Köln ZMR 1998, 48; LG Aachen ZMR 1993, 233.
42 BGHZ 170, 369 Rn. 15 = NJW 2007, 1353.
43 BGHZ 190, 238 Rn. 8 = NJW 2011, 3026.
44 Bärmann/Pick/*Dötsch* § 18 Rn. 16.
45 BGHZ 170, 369 Rn. 19 = NJW 2007, 1353; BayObLG NJW-RR 2004, 1020 (1021).
46 *Dötsch/Schultzky/Zschieschack* WEG-Recht 2021 § 12 Rn. 14.
47 *Dötsch/Schultzky/Zschieschack* WEG-Recht 2021 § 12 Rn. 14; *Hügel/Elzer* Rn. 7.
48 BGHZ 222, 1 Rn. 6 = NZM 2019, 630.
49 *Hügel/Elzer* Rn. 8.
50 BGH NJW 2007, 1353 Rn. 24.

Abmahnung kann den ihr zugedachten Zweck nur erfüllen, wenn sie vor einem Entziehungsbeschluss erfolgt, eine Nachholung ist daher nicht möglich.[51]

bb) Entbehrlichkeit der Abmahnung. Eine Abmahnung ist grundsätzlich dann entbehrlich, wenn ein Wohnungseigentümer, gegen den bereits ein gerichtliches **Verfahren** auf Entziehung des Wohnungseigentums **anhängig** ist, die in der Klage beanstandeten gemeinschaftswidrigen Verhaltensweisen in gleichartiger oder ähnlicher Weise fortsetzt. Denn angesichts der gegen ihn erhobenen Klage weiß er, dass die Wohnungseigentümergemeinschaft das beanstandete Verhalten nicht länger hinnehmen will und zum Anlass für eine Entziehung des Wohnungseigentums nimmt; sieht er sich gleichwohl nicht veranlasst, sein gemeinschaftswidriges Verhalten zu ändern, bringt er damit zum Ausdruck, dass er nicht gewillt ist, sein Verhalten zu ändern.[52] 21

Auf eine Abmahnung kann ausnahmsweise auch dann verzichtet werden, wenn diese der Gemeinschaft **unzumutbar** ist oder offenkundig keine Aussicht auf Erfolg bietet.[53] Dies ist etwa bei **schweren Tätlichkeiten** der Fall, nicht jedoch bereits bei jeder zudem wechselseitigen körperlichen Auseinandersetzung. Alleine das Bestehen einer Zweier-Gemeinschaft genügt hierfür nicht.[54] 22

cc) Anfechtung der Abmahnung. Der Ausspruch einer Abmahnung durch den Verwalter ist nicht anfechtbar.[55] Wird hingegen die Abmahnung aufgrund eines **Beschlusses** ausgesprochen, ist dieser anfechtbar.[56] Der Prüfungsmaßstab ist allerdings eingeschränkt darauf, ob die formellen Voraussetzungen der Beschlussfassung eingehalten sind, das abgemahnte Verhalten einen Entziehungsbeschluss überhaupt rechtfertigen kann und ob die Abmahnung hinreichend bestimmt ist. Die materielle Prüfung der Abmahnung ist hingegen gerichtlichen Entziehungsprozess vorbehalten.[57] Wird der **Beschluss,** der den Verwalter generell Aufgabe im Innenverhältnis zu **Abmahnungen berechtigt wird** (§ 27 Abs. 2) angefochten, stellt sich vor allem die Frage der **Bestimmtheit** der Gründe, unter denen die Abmahnung auszusprechen ist. 23

b) Abwägung der Interessen der Beteiligten. Bei der Entscheidung der Frage, ob die Pflichtverletzung des Störers zu einem Anspruch auf Veräußerung des Wohnungseigentums führt, darf das Verhalten des Störers nicht isoliert bewertet werden. Es sind vielmehr **alle Umstände des Einzelfalles** zu berücksichtigen und die Interessen insgesamt gegeneinander abzuwägen.[58] Da Abs. 1 S. 2 ausdrücklich nur auf die Eigentümer („diesen") abstellt, sind die Interessen des Verbandes hier wohl außer Betracht zu lassen, wenn man dies nicht als Redaktionsversehen ansieht. Dies zeigt einmal mehr, dass alleine reine Zahlungsrückstände nicht (mehr) genügen. Die Interessen der übrigen Eigentümer sind aber dann betroffen, wenn diese – etwa über Sonderumlagen – diese auffangen müssen. 24

Im Rahmen der Abwägung ist der **Mitverschuldens**gedanke des § 254 BGB auch insoweit zu berücksichtigen, als er das Verhalten der anderen Eigentümer betrifft.[59] Eine Veräußerungsklage scheitert dann, wenn das dem beklagten Wohnungseigentümer vorgeworfene Verhalten provoziert ist oder die Inanspruchnahme sich sonst als treuwidrig darstellt.[60] 25

IV. Regelbeispiel (Abs. 2)

Durch die WEG-Reform ist in Abs. 2 nur noch das Regelbeispiel einer wiederholten groben Pflichtverletzung gegen § 14 Abs. 1, 2 verblieben, bei dem der Gesetzgeber die Voraussetzungen des Abs. 1 stets als gegeben ansieht, sodass bei Vorliegen dieser Sondertatbestände die Zumutbarkeit nicht geprüft zu werden braucht. 26

Insoweit muss es sich um einen wiederholten gröblichen Verstoß gegen die Pflichten eines Wohnungseigentümers aus § 14 Abs. 1 und 2 gehandelt haben. Der Verstoß muss, wie bei Abs. 1, nach schriftlicher oder mündlicher **Abmahnung,** sei es durch Mehrheitsbeschluss oder durch den **Verwalter**[61] wiederholt vorgekommen sein, dh nach der Abmahnung müssen mindestens zwei weitere gröbliche Verstöße stattgefunden haben.[62] 27

---

51 BGHZ 170, 369 Rn. 12 = NJW 2007, 1353.
52 BGH NJW-RR 2018, 649 Rn. 10.
53 BGHZ 170, 369 Rn. 15 = NJW 2007, 1353.
54 Bärmann/Pick/*Dötsch* § 18 Rn. 14.
55 BGH NZM 2019, 630 Rn. 6.
56 BGHZ 222, 1 Rn. 6 = NZM 2019, 630.
57 BGHZ 222, 1 Rn. 8 = NZM 2019, 630.
58 BGH ZWE 2010, 179 (180); Jennißen/*Heinemann* § 18 Rn. 13.
59 Zum alten Recht Staudinger/*Kreuzer,* 2018, § 18 Rn. 20.
60 BGH ZWE 2010, 179 (180).
61 BGHZ 170, 369 Rn. 19 = NJW 2007, 1353.
62 BGHZ 170, 369 Rn. 14 = NJW 2007, 1353.

V. Entziehungsbeschluss

28 **1. Allgemeines.** Die Abschaffung des bisherigen § 18 Abs. 3 aF, der Regelungen zur Beschlussfassung enthielt, ändert in der Sache nichts daran, dass auch weiterhin zur Geltendmachung des Entziehungsverlangens ein **Mehrheitsbeschluss** erforderlich ist.[63] Dieser Beschluss ist **Prozessvoraussetzung** für die Entziehungsklage. Das bisher bestehende Quorum sah der Gesetzgeber als nicht (mehr) sachgerecht an, da bei Vorliegen der Entziehungsvoraussetzungen ein berechtigtes Interesse der Gemeinschaft an der Entfernung des störenden Wohnungseigentümers aus der Gemeinschaft besteht und dieser durch den Rechtsschutz im Entziehungsverfahren hinreichend geschützt ist.[64]

29 **2. Gegenstand der Beschlussfassung.** Seinem Inhalt nach muss der Beschluss das an den betroffenen Wohnungseigentümer gerichtete Verlangen enthalten, sein Wohnungseigentum zu veräußern. Ein **Eigentumsverlust** ist mit der Beschlussfassung **nicht verbunden,** insoweit bedarf es vielmehr noch der Entziehungsklage und ggf. deren Vollstreckung. Dies ist auch bei der Beschlussfassung zu beachten. Geht diese nur dahin, dass der Verwalter zur Veräußerungsklage ermächtigt ist, liegt hierin keine hinreichend bestimmte Entziehung.[65] Als Prozessvoraussetzung für den sich anschließenden Zivilprozess ist der Beschluss **bedingungsfeindlich.**[66] Die Gemeinschaft hat einen weiten Beurteilungsspielraum, ob sie den störenden Eigentümer zur Veräußerung zwingen wollen. Deren Zustimmung oder Ablehnung, die Veräußerung zu verlangen, ist deshalb **gerichtlich nur dahin überprüfbar,** ob sie außerhalb dieses Beurteilungsspielraums liegt und damit Grundsätzen ordnungsmäßiger Verwaltung widerspricht.[67]

30 **3. Verfahren der Beschlussfassung, Stimmrecht.** Da ein Mehrheitsbeschluss Prozessvoraussetzung für ein sich anschließendes Klageverfahren auf Entziehung des Wohnungseigentums ist, gebietet es die ordnungsgemäße Verwaltung, dass der Verwalter auf Antrag auch nur eines Wohnungseigentümers einen entsprechenden **Tagesordnungspunkt** in die Ladung zur nächsten Versammlung der Wohnungseigentümer aufnimmt,[68] und damit der Beschlussgegenstand aus Einladung klar und für jeden Wohnungseigentümer erkennbar ist;[69] dabei genügt die Angabe **„Abmeierungsklage".**[70]

31 Der störende Wohnungseigentümer ist gemäß § 25 Abs. 4 **nicht stimmberechtigt,** denn der Beschlussgegenstand betrifft die Einleitung eines Rechtsstreits gegen ihn.[71] An der Versammlung darf er hingegen – unter Hinzuziehung eines Rechtsanwalts[72] – teilnehmen, reden und den gefassten Beschluss auch anfechten.

32 **4. Anfechtung des Eigentümerbeschlusses.** Der Eigentümerbeschluss, durch den von einem Wohnungseigentümer die Veräußerung seines Wohnungseigentums verlangt oder der hierauf gerichtete Antrag abgelehnt wird, kann in der Klage auf Ungültigerklärung des Beschlusses nach § 44 nur eingeschränkt zu überprüfen.[73] Dies betrifft zunächst **formelle Mängel** beim Zustandekommen des Beschlusses, zB Ladungsmängel (§ 23 Abs. 2); Mängel bei der Einberufung und Durchführung der Versammlung (§ 24); Mängel bei der Feststellung des Erreichens der erforderlichen Mehrheit (§ 25 Abs. 2 und 5), daneben aber auch die Frage der **Bestimmtheit,** also ob der Beschluss seinem Inhalt nach dahin ausgelegt werden kann, dass mit ihm die Veräußerung des Wohnungseigentums verlangt wird.[74]

33 Ob das Veräußerungsverlangen **materiell gerechtfertigt** ist, dh die Voraussetzungen des Abs. 1 oder Abs. 2 vorliegen, bleibt einer Überprüfung in dem Prozess auf Entziehung vorbehalten, weil Inhalt des Eigentümerbeschlusses nur die Frage ist, ob die Veräußerung verlangt werden soll.[75] Damit ist dem Gericht in dem Beschlussanfechtungsverfahren die Prüfung entzogen, ob die Beschlussfassung

---

[63] BT-Drs. 19/18791, 57; dazu *Dötsch/Schultzky/Zschieschack* WEG-Recht 2021 § 12 Rn. 20.
[64] BT-Drs. 19/18791, 57.
[65] Bärmann/Pick/*Dötsch* § 18 Rn. 36; Jennißen/*Heinemann* § 18 Rn. 35.
[66] Staudinger/*Kreuzer,* 2018, § 18 Rn. 56.
[67] KG NJWE-MietR 1996, 233; Niedenführ/Schmidt-Räntsch/Vandenhouten/*Vandenhouten* § 18 Rn. 20; Jennißen/*Heinemann* § 18 Rn. 35.
[68] OLG Köln WuM 1997, 454.
[69] OLG Düsseldorf ZfIR 1998, 96.
[70] KG NJW-RR 1996, 526.
[71] BGH NZM 2017, 734 Rn. 11; Bärmann/*Suilmann* § 18 Rn. 45; Niedenführ/Schmidt-Räntsch/Vandenhouten/*Vandenhouten* § 18 Rn. 21.
[72] OLG Köln ZMR 1998, 48.
[73] BayObLG NJW-RR 1999, 887; OLG Hamm OLGZ 1990, 57; OLG Hamburg BeckRS 2004, 01381; OLG Braunschweig BeckRS 2010, 00950.
[74] BayObLG NJW-RR 1999, 887; OLG Hamm OLGZ 1990, 57.
[75] BGH ZWE 2019, 409 Rn. 8; BGHZ 190, 238 Rn. 5 f. = NJW 2011, 3026.

ordnungsgemäßer Verwaltung entspricht. Dagegen müssen die formalen Voraussetzungen für das Veräußerungsverlangen bei der Beschlussfassung vorliegen. Die Frage, ob eine **Abmahnung** erfolgt ist, ist formelle Voraussetzung des Entziehungsbeschlusses und damit Gegenstand der Anfechtungsklage, während die **inhaltliche Richtigkeit** der in der Abmahnung aufgeführten Gründe erst im Rahmen der Entziehungsklage zu prüfen ist.[76] Sind hingegen die genannten Gründe für den Entziehungsbeschluss so gewichtig, kann die Abmahnung ausnahmsweise entbehrlich sein, auch dies ist im Anfechtungsverfahren zu prüfen.

34 Wird die Beschlussfassung **abgelehnt,** kann eine diesbezügliche Beschlussanfechtung bzw. Beschlussersetzungsklage (§ 44 Abs. 1) nur dann Erfolg haben, wenn eine **Ermessensreduzierung** auf **Null** vorliegt, also nur der Beschluss eines Veräußerungsverlangens ordnungsmäßiger Verwaltung entspricht.[77]

VI. Abdingbarkeit (Abs. 3)

35 Gemäß Abs. 3 kann der in Abs. 1 bestimmte Anspruch, unter den dort gegebenen Voraussetzungen von dem störenden Miteigentümer die Veräußerung des Wohnungseigentums verlangen zu können, durch Vereinbarung der Wohnungseigentümer **nicht eingeschränkt** oder **ausgeschlossen** werden; nicht erfasst werden von Abs. 3 aber Erweiterungen. Diese eingeschränkte Möglichkeit zur Abänderung bezieht sich auch auf Abs. 2, weil diese Bestimmung nur eine Ausgestaltung und Erläuterung des Abs. 1 darstellt.[78] Zu beachten ist, dass eine in der Teilungserklärung vorgesehene Regelung zur Entziehung des Wohnungseigentums dem Bestimmtheitsgrundsatz des Grundbuchrechts[79] genügen muss, weil sie andernfalls nicht ins Grundbuch eingetragen werden darf. An der notwendigen Klarheit und Eindeutigkeit fehlt es zB einer Klausel, die als Gründe der Entziehung „nachbarrechtliche Störungen und schwere persönliche Misshelligkeiten“ nennt.[80] Denkbar sind aber **Erleichterungen,** etwa ein Verzicht auf die Abmahnung oder zusätzliche Entziehungsgründe oder erleichterte Abwicklungsmöglichkeiten.[81]

VII. Klage auf Entziehung des Wohnungseigentums

36 Die Beschlussfassung über die Frage, **ob** von einem Wohnungseigentümer die Veräußerung des Wohnungseigentums verlangt werden soll, führt noch nicht zu dessen Verpflichtung zu der Veräußerung, sondern ist nur eine Vorstufe hierzu. Um die Entziehung zu erzwingen, muss der Wohnungseigentümer im Verfahren nach § 43 Abs. 2 verurteilt werden. Dafür ist nach § 23 Nr. 2 lit. c GVG ohne Rücksicht auf die Höhe des Streitwerts das Amtsgericht zuständig, in dessen Bezirk das Grundstück liegt. Die Wirkungen des die Entziehung aussprechenden Urteils regelt § 17 Abs. 4 (→ Rn. 44).

37 Die Klage ist für die Gemeinschaft vom **Verwalter** zu erheben, die Vollmacht im Außenverhältnis folgt aus § 9b Abs. 1 S. 1, im Innenverhältnis ist kein Fall vorstellbar, bei dem es sich hierbei um eine Maßnahme nach § 27 Abs. 1 handelt. Da eine Vertretungsbefugnis einzelner Eigentümer nicht mehr vorgesehen ist, kommt eine **Rückermächtigung**[82] auf einzelne Eigentümer nicht in Betracht. Zum Problem in Zwei-Personen-Gemeinschaften (→ Rn. 5).

38 Der **Klageantrag** geht auf Veräußerung der Eigentumswohnung. Er kann nicht auf eine Veräußerung an einen bestimmten Erwerber lauten, weil die Veräußerung nach § 17 Abs. 4 durch Versteigerung erfolgt.

39 Eine **Prozessvoraussetzung** für die Entziehungsklage ist der Beschluss nach Abs. 1.[83] Dieser bindet bis zur rechtkräftigen Ungültigerklärung das Gericht, Nichtigkeitsgründe sind hingegen zu prüfen (§ 23 Abs. 4 S. 1). Ist noch eine Anfechtungsklage gegen den Entziehungsbeschluss anhängig, kommt eine **Aussetzung** des Entziehungsverfahrens in Betracht, bis über diese abschließend entschieden ist. Eine direkte Anwendung des § 148 ZPO ist wegen § 23 Abs. 4 S. 1 nicht möglich,[84] denn die Beschlussmängelklage hat gerade keine aufschiebende Wirkung. Allerdings kommt – gerade vor dem Hintergrund von Art. 14 GG – eine analoge Anwendung von § 148 ZPO in Betracht,

[76] BGHZ 190, 238 Rn. 6 = NJW 2011, 3026; Jennißen/*Heinemann* § 18 Rn. 35; aA wohl *Hügel/Elzer* Rn. 21.
[77] KG NJWE-MietR 1996, 233; Jennißen/*Heinemann* § 18 Rn. 35; Niedenführ/Schmidt-Räntsch/Vandenhouten/*Vandenhouten* § 18 Rn. 20; Bärmann/Pick/*Dötsch* § 18 Rn. 37.
[78] OLG Düsseldorf NJW-RR 2001, 231.
[79] Vgl. hierzu *Demharter* GBO Anh. § 13 Rn. 5.
[80] OLG Düsseldorf NJW-RR 2001, 231.
[81] Vgl. Bärmann/Pick/*Dötsch* § 18 Rn. 55; Jennißen/*Heinemann* § 18 Rn. 44.
[82] Zum alten Recht Bärmann/Pick/*Dötsch* § 18 Rn. 8.
[83] BGH NZM 2011, 694 mwN.
[84] AA OLG Hamburg WuM 1991, 310; Bärmann/Pick/*Dötsch* § 18 Rn. 48; Jennißen *Heinemann* § 19 Rn. 12.

um effektiven Rechtsschutz zu gewährleisten.[85] Auf eine entsprechende Ermessensprüfung hat der Beklagte einen Anspruch. Erfolgt keine Aussetzung kann der zur Entziehung verurteilte Eigentümer sich mit einer Vollstreckungsabwehrklage gegen die Vollstreckung wenden.[86] Da die Parteien der Entziehungsklage und der Anfechtungsklage identisch sind, kommt nun auch eine **Verfahrensverbindung** (§ 147 ZPO) in Betracht,[87] wobei die Aussetzung praktisch wohl vorzugswürdig sein dürfte.

40 Die **Beweislast** trägt für die materiell-rechtlichen Voraussetzungen der Entziehung die Wohnungseigentümergemeinschaft als Klägerin, hierzu gehört auch die Abmahnung. Für das Verschulden, wenn man es für erforderlich hält, gilt § 280 BGB.[88] Neue Entziehungsgründe können in nach Maßgabe der §§ 296, 531 ZPO nachgeschoben werden;[89] dies gilt insbesondere für erstmals während des Verfahrens begangene Pflichtverletzungen, die das Gericht zu prüfen hat.[90]

41 Im Prozess tritt **Hauptsacherledigung** und damit der Wegfall des Rechtsschutzbedürfnisses für die Entziehungsklage ein, wenn das Wohnungseigentum veräußert ist und der Eigentumswechsel im Grundbuch vollzogen ist. Denn damit wird die erstrebte gerichtliche Entscheidung nach § 17, mit der unter anderem die Bewilligung ersetzt wird, hinfällig und bis zum Vollzug der Eigentumsumschreibung bleibt der zur Veräußerung verpflichtete Wohnungseigentümer Mitglied der Eigentümergemeinschaft.

42 Die **Kosten eines Rechtsstreits** nach § 17 sind nunmehr unproblematisch Kosten der Verwaltung (§ 16 Abs. 2), die bisherige Sonderregelung des § 16 Abs. 7 aF ist damit entbehrlich geworden. Der Beklagte ist an den Verfahrenskosten auch dann beteiligt, wenn die Klage abgewiesen wird. Zwar sind die Kosten dann im Rechtsstreit dem unterlegenen Verband aufzuerlegen, die aber aus dem Verwaltungsvermögen zu begleichen sind. Über § 16 Abs. 2 S. 1 muss sich der Kläger dann an den Kosten beteiligen, wenn kein abweichender Kostenschlüssel gemäß § 16 Abs. 2 S. 2 beschlossen wurde.

43 Zum **Geschäftswert** der Klage auf Entziehung des Wohnungseigentums sowie der Anfechtungsklage und Abmahnung → § 44 Rn. 77.

VIII. Zwangsversteigerung nach ZVG (Abs. 4)

44 § 17 Abs. 4 regelt die Wirkungen des Urteils, mit dem ein Wohnungseigentümer auf Grund einer Entziehungsklage der Gemeinschaft zur **Veräußerung** seiner Eigentumswohnung **verpflichtet** wurde. Die bisherige Regelung in § 19 Abs. 4 aF für einen gerichtlichen oder vor einer Gütestelle geschlossenen **Vergleich** ist entfallen, stattdessen wird (Abs. 4 S. 2) auf die Schuldtitel nach § 794 ZPO verwiesen, die den Vergleich (§ 794 Abs. 1 Nr. 1 ZPO) umfassen. Kommt er dieser Verpflichtung nicht freiwillig durch ein Rechtsgeschäft mit einem Dritten nach, kann sein Wohnungseigentum versteigert werden; denn das Urteil selbst entzieht das Wohnungseigentum nicht. In Abänderung der früheren Rechtslage, nach der gemäß §§ 53 ff. aF ein Versteigerungsverfahren vor dem Notar stattfand, erfolgt seit Inkrafttreten der WEG-Reform am 1.9.2007 die Versteigerung **entsprechend** den Vorschriften ZVG. Die Details sind dunkel und ungeklärt. Zu einer Änderung hat sich der Reformgesetzgeber nicht durchringen können und die Hoffnung auf eine noch ausstehende Novelle des ZVG verlagert.[91]

45 **1. Voraussetzungen der Zwangsvollstreckung.** Die Voraussetzungen der Vollstreckung sind – wie stets – das Vorliegen von **Titel,** wobei jetzt neben einem Urteil alle Vollstreckungstitel nach § 794 ZPO erfasst sind, Klausel (§§ 724, 725 ZPO) und Zustellung (§ 750 ZPO).

46 **2. Vollstreckung nach § 10 Abs. 1 Nr. 5 ZVG.** Das nach § 704 ZPO vollstreckbare Urteil, das einen Wohnungseigentümer gemäß § 17 zur Veräußerung seines Sondereigentums verurteilt, wird nach den §§ 1–145a ZVG durch Zwangsversteigerung vollstreckt, obwohl es sich nicht um einen Zahlungsanspruch handelt. Aus dem Entziehungsurteil wird immer aus der **Rangklasse 5,** dh nach § 10 Abs. 1 Nr. 5 ZVG vollstreckt, nicht aus Rangklasse 2, die den Wohnungseigentümern ein begrenztes Vorrecht für Hausgeldansprüche einräumt.[92] Die Rangklasse 5 beinhaltet alle Ansprüche der betreibenden Gläubiger, soweit sie nicht in einer der vorhergehenden Klassen zu befriedigen

---

85 Vgl. BGH NJW 2019, 1216 Rn. 25.
86 BVerfG WuM 1998, 45.
87 *Dötsch/Schultzky/Zschieschack* WEG-Recht 2021 § 12 Rn. 24.
88 Dazu Jennißen/*Heinemann* § 19 Rn. 14.
89 Jennißen/*Heinemann* § 19 Rn. 16; Bärmann/Pick/*Dötsch* § 19 Rn. 45.
90 BGH NJW-RR 2018, 649 Rn. 10 f.
91 Bund-Länder-Arbeitsgruppe ZWE 2019, 429 (444).
92 BT-Drs. 16/887, 26; Bärmann/Pick/*Dötsch* § 19 Rn. 8; aA – ranglos – Jennißen/*Heinemann* § 19 Rn. 29; Bärmann/Seuß/*Müller* § 19 Rn. 84; *Schneider* NZM 2014, 498 ff.

sind; dazu gehört auch der Anspruch auf Entziehung des Wohnungseigentums. Dass es sich dabei nicht um einen Zahlungsanspruch handelt, ist unerheblich, weil Abs. 4 S. 1 ausdrücklich eine entsprechende Anwendung des ZVG vorsieht. Die Zuordnung des Entziehungsanspruchs zur Rangklasse 5 hat zur Folge, dass in der Regel sämtliche Belastungen des Grundstücks im geringsten Gebot zu berücksichtigen und vom Ersteher zu übernehmen sind.[93] Daher ist die Vollstreckung aus einem Zahlungsurteil bei Hausgeldrückständen wirtschaftlich sinnvoller, weil hier nach § 10 Abs. 1 Nr. 2 ZVG aus einem besseren Rang vollstreckt wird.[94]

3. Veräußerungsverbot nach § 23 ZVG. Eine für die Wohnungseigentümergemeinschaft bedeutende Folge der durch die Anordnung der Zwangsversteigerung bewirkten Beschlagnahme (§ 20 ZVG) ist die in § 23 ZVG vorgesehene Wirkung eines **Veräußerungsverbotes.**[95] Eine **Grundbuchsperre** ist damit indes nicht verbunden, sodass Missbrauchsmöglichkeiten bleiben. Das in § 57a ZVG gewährte außerordentliche Kündigungsrecht des Erstehers erhöht die Chancen einer erfolgreichen Versteigerung. Eine der Teilungsversteigerung entsprechende Regelung, die das Sonderkündigungsrecht in diesen Fällen ausschließt (vgl. § 183 ZVG), gibt es nicht.[96] Die Vollstreckung auf Räumung und Herausgabe findet aufgrund des Zuschlagsbeschlusses statt (§ 93 Abs. 1 ZVG). Die entsprechende Anwendung der Vorschriften des ZVG hat wegen der unterschiedlichen Verfahrensregelungen allerdings zur Folge, dass nicht in entsprechender Anwendung des § 27 ZVG ein Gläubiger wegen einer Geldforderung dem Verfahren beitreten kann und umgekehrt dies für den Verband auch nicht möglich ist.[97] 47

4. Ersteigerung durch den Eigentümer, Entfernung aus der Wohnung. Der zur Veräußerung verpflichtete Eigentümer ist nach allg. Meinung als Bieter analog §§ 81, 68 Abs. 3 ZVG **ausgeschlossen,** gleiches gilt für eine verdeckte Stellvertretung.[98] Ein Erwerb durch Strohmänner wird sich wirksam allerdings nicht verhindern lassen. 48

Der Zuschlagsbeschluss ist für den Ersteigerer ein **Räumungstitel** nach § 93 ZVG. Der Ersteigerer ist als neues Mitglied der Wohnungseigentümergemeinschaft auch an den Entziehungsbeschluss gebunden und daher **verpflichtet,** für die **Entfernung** des Störenfrieds zu sorgen, wenn die Abmeierung nicht nur auf Zahlungsverzug gestützt war. Tut er dies nicht, kann die Gemeinschaft ihn insoweit in Anspruch nehmen und notfalls auch gegen ihn ein Verfahren nach § 17 durchführen.[99] Einen eigenen Räumungsanspruch hat die Wohnungseigentümergemeinschaft nicht. Der **Verband** kann allerdings **selbst** die Wohnung **ersteigern** und so für eine effektive Entfernung des Störenfrieds sorgen.[100] 49

5. Freihändiger Verkauf, Rechtsbehelfe. Zwar verpflichtet das Urteil den Störenfried nur zur Veräußerung seines Miteigentumsanteils, durch die Beschlagnahmewirkung ist er hieran aber gehindert. Möglich ist neben der einstweiligen **Einstellung** der **Zwangsvollstreckung** auf Bewilligung des Gläubigers (§ 30 ZVG) wohl eine entsprechende Anwendung der Vorschriften der §§ 30a ff. ZVG, die zu einer vorübergehenden Einstellung der Zwangsvollstreckung führen, um einen Verkauf zu ermöglichen.[101] Daneben besteht die Möglichkeit der Geltendmachung der allgemeinen Generalklausel des **§ 765a ZPO,** was vor allem im Rahmen der Räumungsvollstreckung nach § 93 ZVG im Zusammenhang mit **Suizidankündigungen** de facto zur Vereitelung der Vollstreckung führen kann.[102] 50

6. Abwendung der Zwangsvollstreckung? Die bisherige Abwendungsmöglichkeit in § 19 Abs. 2 aF ist **entfallen.** Die Gesetzesbegründung verweist indes darauf, dass im Einzelfall auf **§ 242 BGB** zurückgegriffen werden kann.[103] Relevanz hat dies vor allem in den Fällen eines störenden Miteigentümers, hier kann die Vollstreckung dadurch abgewandt werden, dass der nicht störende Miteigentümer den gesamten Anteil erwirbt, den Störenfried dauerhaft und einschränkungslos aus 51

---

93 BT-Drs. 16/887, 26 = NZM 2006, 401 (415).

94 Bärmann/Pick/*Dötsch* § 19 Rn. 8.

95 BT-Drs. 16/887, 26 = NZM 2006, 401 (416).

96 BT-Drs. 16/887, 26 = NZM 2006, 401 (416).

97 Bärmann/Pick/*Dötsch* § 19 Rn. 8; *Schneider* NZM 2014, 498 (499 f.); aA BT-Drs. 16/887, 26 = NZM 2006, 401 (416); → 8. Aufl. 2020, § 19 Rn. 4 *(Engelhardt);* Jennißen/*Heinemann* § 19 Rn. 28.

98 BeckOK WEG/*Hogenschurz* § 19 Rn. 8 mwN; aA Jennißen/*Heinemann* § 19 Rn. 44, der allerdings dann zum Ergebnis kommt, dass der Titel nicht verbraucht ist.

99 BGH NZM 2017, 387 Rn. 13 ff.

100 Dazu ausf. BeckOGK/*Skauradszun* § 19 Rn. 10.1 mwN.

101 Jennißen/*Heinemann* § 19 Rn. 35; zweifelnd Bärmann/Pick/*Dötsch* § 19 Rn. 18.

102 Dazu umfassend *Zschieschack* ZfIR 2019, 549; *Zschieschack* WuM 2018, 267; jüngst BGH NZM 2020, 476 mAnm *Zschieschack.*

103 BT-Drs. 19/18791, 58; *Hügel/Elzer* Rn. 37.

der Wohnanlage entfernt und der Wohnungseigentümergemeinschaft alle Kosten ersetzt (→ Rn. 7).[104] Denkbar sind hier auch Fälle des Versterbens des störenden Miteigentümers.[105] In den Fällen fortlaufender unpünktlicher Zahlungen wird kaum Spielraum für eine Abwendung der Zwangsvollstreckung sein, denn anders als bisher kommt es nun nicht mehr auf die Rückstände an, es müsste daher sichergestellt sein, dass es in Zukunft nicht mehr zu Rückständen kommen kann, was allerdings eine Frage des Erkenntnisverfahrens ist.

52 **7. Abdingbarkeit.** Abs. 4 ist unabdingbar, weil es sich um verfahrensrechtliche Vorschriften handelt, die nicht zur Disposition der Beteiligten stehen.

IX. Übergangsvorschriften

53 Im Hinblick auf anhängige Verfahren ist zu trennen. Für das **materielle Recht** sind Übergangsvorschriften nicht vorgesehen, demgegenüber sind die **verfahrensrechtlichen Altvorschriften** auf laufende Verfahren weiter anzuwenden (§ 48 Abs. 4).

54 Zu den **materiellen Vorschriften** zählen die Voraussetzungen der Entziehung, dies kann in den Fällen des entfallenden Regelbeispiels nach § 18 Abs. 2 Nr. 2 aF Probleme bereiten, hier ist nun zu prüfen, ob materiell die Voraussetzungen des § 17 Abs. 1 bejaht werden können. Auch die Sonderregelung bei Zwei-Personen-Gemeinschaften ist keine Verfahrensvorschrift,[106] denn sie betrifft die Ausübungsbefugnis, die eine materielle Frage ist und zur Klageabweisung als unbegründet führen würde. Erforderlich ist daher ein Parteiwechsel – praktikabel ist dies nicht, da dies eine mühsame (→ Rn. 5) Beschlussfassung erfordert. Dies gilt im Übrigen auch, wenn ein Titel bereits erstritten ist, hier kann im Wege der Vollstreckungsabwehrklage (§ 767 ZPO) der Entfall der Ausübungsbefugnis geltend gemacht werden. Will man der Wohnungseigentümergemeinschaft die Vollstreckung ermöglich, muss eine Klauselumschreibung analog § 727 ZPO zugelassen werden.

55 Ob man die **Abwendungsbefugnis** des § 19 Abs. 2 aF als Verfahrensvorschrift einzuordnen hat, die auf Altverfahren weiter anzuwenden ist, ist zweifelhaft. Bislang wurde überwiegend lediglich § 19 Abs. 1 und 3 aF als Verfahrensvorschriften angesehen.[107] Der Entfall der Abwendungsbefugnis erscheint allerdings nicht sachgerecht, da dieser gerade als Kompensation für die erleichtere Klagemöglichkeit nach § 18 Abs. 2 Nr. 2 aF diente. Will man die Norm nicht weiter anwenden, wird man hier mit § 242 BGB helfen müssen.[108]

§ 18 Verwaltung und Benutzung

(1) Die Verwaltung des gemeinschaftlichen Eigentums obliegt der Gemeinschaft der Wohnungseigentümer.

(2) Jeder Wohnungseigentümer kann von der Gemeinschaft der Wohnungseigentümer
1. eine Verwaltung des gemeinschaftlichen Eigentums sowie
2. eine Benutzung des gemeinschaftlichen Eigentums und des Sondereigentums
verlangen, die dem Interesse der Gesamtheit der Wohnungseigentümer nach billigem Ermessen (ordnungsmäßige Verwaltung und Benutzung) und, soweit solche bestehen, den gesetzlichen Regelungen, Vereinbarungen und Beschlüssen entsprechen.

(3) Jeder Wohnungseigentümer ist berechtigt, ohne Zustimmung der anderen Wohnungseigentümer die Maßnahmen zu treffen, die zur Abwendung eines dem gemeinschaftlichen Eigentum unmittelbar drohenden Schadens notwendig sind.

(4) Jeder Wohnungseigentümer kann von der Gemeinschaft der Wohnungseigentümer Einsicht in die Verwaltungsunterlagen verlangen.

Übersicht

[104] BGH NJW-RR 2019, 7 Rn. 34.
[105] Zum Meinungsstand BGH NJW-RR 2019, 7 Rn. 24.
[106] Zum alten Recht Jennißen/*Heinemann* § 19 Rn. 61; zweifelnd OLG München NZM 2008, 169.
[107] → 8. Aufl. 2020, § 19 Rn. 9 *(Engelhardt);* Bärmann/*Suilmann* § 19 Rn. 27.
[108] BT-Drs. 19/18791, 58; dazu *Dötsch/Schultzky/Zschieschack* WEG-Recht 2021 § 12 Rn. 31.

I. Normzweck

§ 18 regelt die **Verwaltung** des **gemeinschaftlichen Eigentums** sowie die **Benutzung** des Sonder- und Gemeinschaftseigentums und führt zu einer erheblichen Umgestaltung der Rechtslage, die sich sowohl im materiellen als auch im prozessualen Recht auswirkt. Während nach „altem Recht" die Verwaltung des gemeinschaftlichen Eigentums den Eigentümern, dem Verwalter und dem (fakultativen) Verwaltungsbeirat oblag (§ 20 Abs. 1 aF), ist hierfür nun ausschließlich die Gemeinschaft der Wohnungseigentümer zuständig. Hinsichtlich des **Sondereigentums** ist jeder Wohnungseigentümer in der Verwaltung frei, soweit sich nicht aus dem Gesetz – insbesondere aus § 14 Abs. 1 und Abs. 2 –, aus einer Vereinbarung der Eigentümer nach § 10 Abs. 1, 3 oder aus Beschlüssen, die aufgrund einer Vereinbarung gefasst werden (vgl. § 5 Abs. 4 S. 1, § 7 Abs. 2), etwas anderes ergibt (§ 13). 1

1a Mit § 18 soll laut der Gesetzesbegründung vor allem **Rechtssicherheit** geschaffen werden.[1] Unklar war bisher, inwieweit die Gemeinschaft der Wohnungseigentümer (von der teilrechtsfähigen Gemeinschaft der Wohnungseigentümer ist jetzt nicht mehr zu sprechen, da es aufgrund der Gesetzesnovelle keine Teilbereiche mehr gibt, bei denen die Gemeinschaft der Wohnungseigentümer nicht bei der Verwaltung des gemeinschaftlichen Eigentums am Rechtsverkehr teilnimmt) in die Verwaltung des gemeinschaftlichen Eigentums eingebunden war. Auch die Rspr. des BGH war insoweit nicht einheitlich; während beispielsweise zunächst noch entschieden worden ist, dass es Sache der Gemeinschaft der Wohnungseigentümer sei, für eine Vollziehung gefasster Beschlüsse zu sorgen,[2] hat der BGH diese Rspr. später aufgegeben und festgestellt, dass die Gemeinschaft der Wohnungseigentümer im Innenverhältnis nicht in die ordnungsmäßige Verwaltung des gemeinschaftlichen Eigentums eingebunden sei, sondern vielmehr der Verwalter verpflichtet sei, Beschlüsse zu vollziehen.[3] Die Rechtsbeziehungen zwischen den Wohnungseigentümern untereinander einerseits und zwischen den Wohnungseigentümern und der Gemeinschaft der Wohnungseigentümer andererseits waren auch über zehn Jahre nach der WEG-Novelle 2007 nicht abschließend geklärt. Diese **konzeptionelle Unklarheit** über die Rolle der rechtsfähigen Gemeinschaft der Wohnungseigentümer führte dazu, dass der Rechtsanwender oftmals nicht mit hinreichender Sicherheit feststellen konnte, ob die rechtsfähige Gemeinschaft der Wohnungseigentümer oder die einzelnen Wohnungseigentümer berechtigt bzw. verpflichtet sind. Aufgrund dieser konzeptionellen Unklarheit über die Rolle der Gemeinschaft der Wohnungseigentümer ist in Abs. 1 nunmehr klar geregelt, dass die Verwaltung des gemeinschaftlichen Eigentums sowohl im **Außenverhältnis** als auch im **Innenverhältnis** ausschließlich der Gemeinschaft der Wohnungseigentümer obliegt. Ansprüche im Zusammenhang mit der Verwaltung des gemeinschaftlichen Eigentums richten sich also auch im Innenverhältnis stets gegen die Gemeinschaft der Wohnungseigentümer. Dieses Konzept soll zu einer klaren Ordnung der Rechtsbeziehungen führen und es ermöglichen, ungeklärte Rechtsfragen nach allgemeinen rechtlichen Prinzipien zu lösen.[4] Diese Änderungen im materiellen Recht werden durch Änderungen im **Verfahrensrecht** flankiert; insbesondere die **Beschlussanfechtungsklage** ist nunmehr auch gegen die Gemeinschaft der Wohnungseigentümer zu richten (§ 44 Abs. 2 S. 1).

II. Verwaltung des gemeinschaftlichen Eigentums (Abs. 1)

2 **1. Begriff der Verwaltung.** Zur Verwaltung des gemeinschaftlichen Eigentums, die der Gemeinschaft der Wohnungseigentümer – also nicht (mehr) den einzelnen Wohnungseigentümern – zusteht, gehören alle **Maßnahmen,** die in tatsächlicher oder rechtlicher Hinsicht auf eine Änderung des bestehenden Zustands abzielen oder sich als **Geschäftsführung** zugunsten der Gemeinschaft der Wohnungseigentümer in Bezug auf das gemeinschaftliche Eigentum darstellen.[5] Was das WEG, das den Begriff der Verwaltung nicht definiert, darunter im Einzelnen versteht, ergibt sich insbesondere aus Abs. 2–4 sowie § 9a Abs. 1–3, § 9b, die zum einen regeln, was zur ordnungsmäßigen Verwaltung des gemeinschaftlichen Eigentums gehört, wem das **Verwaltungsvermögen** gehört und durch wen die Gemeinschaft der Wohnungseigentümer **vertreten** wird und aus denen sich zum anderen ergibt, dass entsprechend der neuen Struktur ausschließlich von der Gemeinschaft der Wohnungseigentümer die sich aus dem gemeinschaftlichen Eigentum ergebenden Rechte sowie solche Rechte der Wohnungseigentümer, die eine einheitliche Rechtsverfolgung erfordern, ausgeübt und die entsprechenden Pflichten der Wohnungseigentümer wahrgenommen werden. Ferner enthalten die §§ 19 ff. Regelungen darüber, wer die für die Verwaltung des gemeinschaftlichen Eigentums erforderlichen Entscheidungen über das „Ob" und „Wie" trifft; zu den **Verwaltungsmaßnahmen** gehören daher die in § 19 Abs. 2 genannten Maßnahmen der laufenden Verwaltung, bauliche Maßnahmen nach § 20 Abs. 2 und 3, die Bestellung und Abberufung des Verwalters (§ 26) und die dem Verwalter nach §§ 27, 28 obliegenden Rechte und Pflichten.

3 Zur gemeinschaftlichen Verwaltung gehören auch Entscheidungen über die **Geltendmachung von Forderungen** und die Führung eines **Prozesses,** zB gegen den Verwalter wegen eines der Gemeinschaft der Wohnungseigentümer zustehenden Anspruchs,[6] sowie über den Abschluss von **Verträgen,** zB mit den Handwerkern, Öllieferanten oder mit dem Verwalter (→ § 26 Rn. 65 ff.). Eine Maßnahme der Verwaltung des gemeinschaftlichen Eigentums ist auch die Geltendmachung von Rechten wegen einer Verletzung von öffentlich-rechtlichen Vorschriften, die dem Schutz des

---

1 BT-Drs. 19/18791, 58.
2 BGH NJW 2012, 2955 Rn. 17 ff.; 2016, 1310 Rn. 15.
3 BGH NJW 2018, 3305 Rn. 15 ff.
4 BT-Drs. 19/18791, 58.
5 Zum alten Recht BGHZ 121, 22 = NJW 1993, 727; BGH NJW 1997, 2106; Weitnauer/*Lüke* Vor § 20 Rn. 2.
6 Zum alten Recht BGHZ 106, 222 = NJW 1989, 1091.

gemeinschaftlichen Eigentums dienen, so dass die Gemeinschaft einen Normenkontrollantrag nach § 47 VwGO stellen kann.[7] Auch Forderungen nach **Naturalrestitution** (§ 249 Abs. 1 BGB) bei einem **Schaden** des Gemeinschaftseigentums sind Verwaltungsmaßnahmen, einmal weil der Schadensersatzanspruch an die Stelle des gemeinschaftlichen Eigentums tritt, so dass die Durchsetzung des Anspruchs sich als eine Maßnahme der Ausübung solcher Rechte der Wohnungseigentümer darstellt, die eine einheitliche Rechtsverfolgung iSv § 9a Abs. 2 erfordern, zum anderen auch deswegen, weil durch die Wiederherstellung der bestehende Zustand des Gemeinschaftseigentums in tatsächlicher Hinsicht geändert wird, was ebenfalls in den Bereich der gemeinschaftlichen Verwaltung fällt.[8]

Nicht zur Verwaltung iSd Abs. 1 gehört eine **Veräußerung** von Teilen des gemeinschaftlichen 4 Eigentums, wie zB eines **Grundstücksteils,** oder eine **Umwidmung** von Teileigentum in Wohnungseigentum oder eine **Umwandlung** von **Gemeinschaftseigentum** in **Sondereigentum.** Denn eine Änderung der Eigentumsverhältnisse an dem gemeinschaftlichen Eigentum betrifft nicht die Gemeinschaft der Wohnungseigentümer, sondern die Eigentumsverhältnisse und damit die sachenrechtlichen Grundlagen der Gemeinschaft (sog. sachenrechtliches Grundlagengeschäft). Eine **Änderung der sachenrechtlichen Zuordnung** kann weder Gegenstand einer Vereinbarung nach § 10 Abs. 1 noch eines Mehrheitsbeschlusses sein,[9] und zwar auch dann nicht, wenn die Vereinbarung nur eine schuldrechtliche Verpflichtung zur Mitwirkung an der Änderung der sachenrechtlichen Grundlagen der Gemeinschaft begründet.[10]

Der Grundsatz, dass die Verwaltung des gemeinschaftlichen Eigentums der Gemeinschaft der 5 Wohnungseigentümer obliegt, gilt nicht, soweit kraft Gesetzes ein anderer handeln darf (zB der Notgeschäftsführer nach Abs. 3).

2. Organe der Gemeinschaft der Wohnungseigentümer. Die Gemeinschaft der Woh- 6 nungseigentümer kann die ihr zugewiesene Aufgabe, das gemeinschaftliche Eigentum zu verwalten, ausschließlich durch ihre Organe erfüllen, da sie ohne ihre Organe keine Entscheidungen treffen und umsetzen kann. In der **Wohnungseigentümerversammlung** als **Willensbildungsorgan** sind die Wohnungseigentümer dazu berufen, die Entscheidungen über die Verwaltung des gemeinschaftlichen Eigentums zu treffen (vgl. § 19 Abs. 1), sofern der **Verwalter** gemäß § 27 nicht selbst entscheidungsbefugt ist; gemäß § 27 Abs. 1 ist der Verwalter gegenüber der Gemeinschaft der Wohnungseigentümer berechtigt und verpflichtet, diejenigen Maßnahmen ordnungsmäßiger Verwaltung selbst zu treffen, die entweder untergeordnete Bedeutung haben und nicht zu erheblichen Verpflichtungen führen oder zur Wahrung einer Frist oder zur Abwendung eines Nachteils erforderlich sind. Gemäß § 27 Abs. 2 können die Wohnungseigentümer diese Rechte und Pflichten durch Beschluss einschränken oder erweitern. Als Ausführungs-, Geschäftsführungs- und Vertretungsorgan, dh als **Vollzugs- und Vertretungsorgan,** setzt der Verwalter die von den Wohnungseigentümern getroffenen Entscheidungen um (vgl. § 9b, § 27 für die Vertretung) und wird dabei durch den **Verwaltungsbeirat** unterstützt und überwacht, § 29 Abs. 2 **(Unterstützungs- und Kontrollorgan).**

a) Wohnungseigentümerversammlung. Soweit die Verwaltung des gemeinschaftlichen 7 Eigentums nicht durch Vereinbarung der Wohnungseigentümer geregelt ist, benennt das Gesetz in § 19 Abs. 1 die Wohnungseigentümer, die die Maßnahmen der ordnungsmäßigen Verwaltung zu beschließen haben. Da die Beschlüsse der Wohnungseigentümer in der Regel in einer Eigentümerversammlung gefasst werden, ist die Wohnungseigentümerversammlung das **oberste** und wichtigste **Organ** der Gemeinschaft der Wohnungseigentümer, da ganz überwiegend ausschließlich in einer Versammlung die **Willensbildung** für die Gemeinschaft der Wohnungseigentümer stattfindet und die für eine Verwaltung des gemeinschaftlichen Eigentums erforderlichen **Verwaltungs**- und **Benutzungsregelungen** beschlossen werden; entgegen der Gesetzesbegründung sind also nicht die Wohnungseigentümer in ihrer Gesamtheit Willensbildungsorgan,[11] sondern die Eigentümerversammlung, nachdem in der Regel Mehrheitsbeschlüsse ausreichend sind und daher nicht die Gesamtheit der Wohnungseigentümer für eine Willensbildung benötigt wird. Die Wohnungseigentümerversammlung ist ferner die wichtigste Plattform für die Wohnungseigentümer, sich untereinander zu verständigen und auszutauschen, ihre Anliegen vorzubringen und sich zu artikulieren. Ferner stellt die Wohnungseigentümerversammlung für die einzelnen Eigentümer eine Möglichkeit dar, durch entsprechende Anträge zur Tagesordnung über für sie wichtige Angelegenheiten eine Befassung

[7] OVG Mecklenburg-Vorpommern ZWE 2012, 146.
[8] BGHZ 121, 22 = NJW 1993, 727 (728).
[9] BGH NJW-RR 2012, 1036 Rn. 8; NJW 2013, 1962 = ZWE 2013, 330 Rn. 9 mAnm *Reymann;* vgl. auch BT-Drs. 16/887, 19.
[10] BGH NJW 2003, 2165 (2166); 2013, 1962.
[11] BT-Drs. 19/18791, 58.

durch die Miteigentümer zu erreichen und eine Beschlussfassung hierüber herbeizuführen. Die Eigentümerversammlung ist also nicht eine bloße „Informations- und Austauschrunde“.[12]

8 Gemäß § 23 Abs. 1, § 24 Abs. 1 handelt es sich bei einer Wohnungseigentümerversammlung um eine Versammlung der Wohnungseigentümer, also nicht um eine Versammlung der Gemeinschaft der Wohnungseigentümer. In der Wohnungseigentümerversammlung üben die Wohnungseigentümer im Rahmen der Verwaltung des gemeinschaftlichen Eigentums (§ 19 Abs. 1) ihr **Stimmrecht** aus. Dadurch wird die Wohnungseigentümerversammlung zum **Willensbildungsorgan** der Gemeinschaft der Wohnungseigentümer.

9 Da die **Wohnungseigentümer** für die Gemeinschaft der Wohnungseigentümer den Willen bilden und Verwaltungs- und Benutzungsregelungen beschließen, sind sie **Organwalter** für das Organ „Wohnungseigentümerversammlung“, nicht jedoch ein eigenes Organ.

10 **aa) Begriff des „Wohnungseigentümers“ im WEG.** Wohnungseigentümer iSv § 19 Abs. 1 ist entweder der **Erwerber,** dem durch **Auflassung** und **Eintragung** in das **Grundbuch** gemäß §§ 3, 4 rechtmäßig Sondereigentum eingeräumt wurde – der zu Unrecht Eingetragene ist kein Wohnungseigentümer[13] –, oder der Eigentümer des Grundstücks, der durch Teilungserklärung gemäß § 8 Wohnungseigentum begründet hat (vgl. § 2)[14] oder der **gesetzliche Erwerber,** der das Eigentum außerhalb des Grundbuchs erworben hat (**Erb**- oder sonstige **Gesamtrechtsnachfolge;**[15] **Ersteher**[16]).

11 Besteht eine Anlage aus Wohnungs- und Teileigentum, so umfasst der Begriff „Wohnungseigentümer“ nicht nur die Wohnungseigentümer, sondern auch die Teileigentümer, weil die Eigentümer der Wohnungen ebenso wie die Teileigentümer keine eigene Gemeinschaft bilden; der Begriff „Wohnungseigentümer“ ist daher entsprechend den gesetzlichen Regelungen im WEG (§ 1 Abs. 6, §§ 10 ff., §§ 20 ff., §§ 43 ff.) in einem umfassenden Sinne als Synonym für „Sondereigentümer“ zu verstehen.[17]

12 Der Veräußerer einer Eigentumswohnung ist bis zur **Eigentumsumschreibung** im Grundbuch rechtlich Mitglied der Gemeinschaft der Wohnungseigentümer (zu den Ausnahmen bei einer (Vorrats-)Teilung des Grundstücks durch Teilungserklärung nach § 8 → Rn. 3 ff.; → Rn. 23 f.). Diese rechtliche Zugehörigkeit wird mit der Verpflichtung zur Veräußerung des Wohnungseigentums (auch wenn der Auflassungsanspruch des Erwerbers durch eine Vormerkung gesichert ist), dem Besitzübertragung auf den Erwerber sowie dessen nachfolgende Nutzung der Wohnung nicht beendet, mit der Folge, dass der Veräußerer auch bis zur Umschreibung des Eigentums im Grundbuch die aus dem Wohnungseigentum fließenden Rechte und Pflichten hat; er hat daher die **Kosten** des gemeinschaftlichen Eigentums zu tragen[18] und ihm steht infolge seiner weiterhin bestehenden Mitgliedschaft das **Stimmrecht** iSv § 25 Abs. 2 S. 1 zu.[19]

13 **bb) Werdender Wohnungseigentümer.** Die Inanspruchnahme der Mitgliedschaftsrechte aus § 19 Abs. 1, §§ 20 ff. und die Klagebefugnis aus § 44, aber auch die Begründung der Zahlungspflicht nach §§ 16, 28 setzen grundsätzlich die Eintragung des Eigentums des betroffenen Wohnungseigentümers in das Grundbuch voraus. Da sich bei einer Neugründung einer Gemeinschaft der Wohnungseigentümer, die zwar gemäß § 9a Abs. 1 S. 2 bereits mit Anlegung der Wohnungsgrundbücher entsteht, die Eigentumsumschreibungen auf die Erwerber in die neu anzulegenden Wohnungsgrundbücher über einen längeren Zeitraum hinziehen können (bei Gründung durch Teilungsvertrag nach § 3 werden alle Miteigentümer sogleich bei Anlegung der Wohnungsgrundbücher als Wohnungseigentümer gebucht, so dass es bei ihr eine werdende Eigentümergemeinschaft im Sinne der früher geltenden Rechtslage ohnehin nicht gab), besteht ein Bedürfnis, den **Ersterwerbern** schon vor ihrer Eintragung als Eigentümer im Grundbuch die Verwaltungsrechte – insbesondere das Stimmrecht in der Eigentümerversammlung und das Recht zur Anfechtung von Eigentümerbeschlüssen – einzuräumen sowie die Pflichten zur Tragung der Kosten aufzuerlegen, um die Entscheidungsbefugnis wie auch die Zahlungsverpflichtung vom teilenden Eigentümer (zB einem Bauträger) auf die Erwerber zu verlagern. Dieses Bedürfnis besteht für alle Ersterwerber, gleichgültig wann sie im Wohnungsgrundbuch als Wohnungseigentümer eingetragen worden sind, sofern sie bereits im **Besitz** der

---

12 LG Hamburg ZMR 2013, 62.
13 BGH NJW 1994, 3352 (3353).
14 BGHZ 87, 138 = NJW 1983, 1615 unter II.1.
15 BayObLG BeckRS 1993, 03614.
16 BayObLG BeckRS 2004, 03775.
17 OLG Hamm ZWE 2006, 433.
18 BGHZ 87, 138 = NJW 1983, 1615 f.
19 BGHZ 106, 113 = NJW 1989, 1087 (1088).

erworbenen Eigentumswohnung sind;[20] dieser Besitz muss ihnen durch **Übergabe** eingeräumt worden sein.[21]

14 **Ersterwerber** in diesem Sinn ist der Wohnungseigentümer, der unmittelbar mit dem teilenden Eigentümer einen auf die Übereignung von Wohnungseigentum gerichteten **Erwerbsvertrag** abschließt. Die Anwendung der Grundsätze über den werdenden Wohnungseigentümer setzt nicht voraus, dass es sich bei dem Ersterwerb von dem teilenden Eigentümer um einen **Bauträgervertrag** handelt. Diese Grundsätze gelten vielmehr unabhängig davon, ob der Erwerbsvertrag eine Errichtungs-, Herstellungs- oder Sanierungsverpflichtung umfasst, für jeden Ersterwerb vom **teilenden Eigentümer.**[22]

15 Im Unterschied dazu ist **Zweiterwerber,** wer sein Wohnungseigentum nicht von dem teilenden Eigentümer, sondern von einem anderen im Grundbuch eingetragenen Wohnungseigentümer erwirbt. Einem **Zweiterwerber gleichgesetzt** ist derjenige, dem ein werdender Eigentümer die Wohnung unter Abtretung seines im Grundbuch durch Vormerkung gesicherten Anspruchs auf Übereignung und Übertragung des Besitzes veräußert.[23] Bei dem Zweiterwerb ist eine vorgelagerte Anwendung des Wohnungseigentumsrechts nicht erforderlich, bei ihm vollzieht sich der Wechsel der Mitgliedschaft daher erst mit dem Zeitpunkt des **Eigentumswechsels**[24] (→ Rn. 12). Bis dahin bleiben der bisherige Wohnungseigentümer bzw. der werdende Wohnungseigentümer Mitglieder der Gemeinschaft der Wohnungseigentümer mit allen Rechten und Pflichten, der Erwerber (Zessionar) ist nicht als „werdender Wohnungseigentümer" anzusehen.[25]

16 Nach der früher geltenden Rechtslage endete mit der Eintragung des ersten Ersterwerbers als Eigentümer im Grundbuch das Gründungsstadium der Gemeinschaft der Wohnungseigentümer und aus der **werdenden Gemeinschaft der Wohnungseigentümer** entstand eine Gemeinschaft der Wohnungseigentümer im Rechtssinne.[26] Durch den neu eingefügten **§ 9a Abs. 1 S. 2** gehört dies der Vergangenheit an. Gemäß § 9a Abs. 1 S. 2 entsteht die Gemeinschaft der Wohnungseigentümer bereits mit der **Anlegung** der **Wohnungsgrundbücher.** Eine werdende Gemeinschaft der Wohnungseigentümer im Sinne der früher geltenden Rechtslage gibt es also nicht mehr. Hiervon zu unterscheiden ist die Frage, aus wem sich diese Gemeinschaft der Wohnungseigentümer zusammensetzt bzw. welcher Ersterwerber ab wann als (werdender) Wohnungseigentümer Mitglied der Gemeinschaft der Wohnungseigentümer ist.

17 Nach der Rspr. des BGH werden Mitglied der Gemeinschaft der Wohnungseigentümer neben dem teilenden Eigentümer

- diejenigen **Ersterwerber** einer Eigentumswohnung, mit denen der teilende Eigentümer einen wirksamen auf die Übereignung der Eigentumswohnung gerichteten **Erwerbsvertrag** geschlossen hat, für die im Grundbuch eine **Auflassungsvormerkung** eingetragen ist und denen der **Wohnungsbesitz** durch **Übergabe** eingeräumt worden ist,[27] sowie
- diejenigen Ersterwerber, die zum Zeitpunkt der Entstehung der rechtlich in Vollzug gesetzten Gemeinschaft der Wohnungseigentümer entweder bereits den **Erwerbsvertrag** geschlossen haben und zu deren Gunsten bereits die **Auflassungsvormerkung** eingetragen ist, sobald ihnen der **Besitz** an der erworbenen Sondereigentumseinheit übergeben ist[28] oder die als **erste gesicherte Erwerbsposition** zumindest bereits den Erwerbsvertrag geschlossen haben, sobald die Auflassungsvormerkung eingetragen und ihnen der Besitz an der erworbenen Sondereigentumseinheit übergeben ist.[29]

18 Soweit vom BGH die Frage offen gelassen worden ist,[30] ob auch derjenige Ersterwerber als „werdender Eigentümer" mit den sich daraus ergebenden Rechten und Pflichten angesehen werden kann, der erst nach Entstehen der Gemeinschaft der Wohnungseigentümer mit dem teilenden Eigentümer einen Erwerbsvertrag abschließt, ist diese Frage nunmehr in zweierlei Hinsicht geklärt. Zum einen ist nach der fortführenden und zu erwartenden Rspr. des BGH werdender Wohnungseigentümer auch derjenige, der nach Entstehen der Gemeinschaft der Wohnungseigentümer im Rechtssinne

[20] BGHZ 193, 219 Rn. 5 = NJW 2012, 2650; BGHZ 206, 281 Rn. 5 = NJW 2015, 2877; BGHZ 177, 53 Rn. 18 = NJW 2008, 2639.
[21] BGH NJW-RR 2016, 461 Rn. 7.
[22] BGH NJW-RR 2020, 840 = ZfIR 2020, 542 mAnm *Rüscher.*
[23] BGHZ 206, 281 = NJW 2015, 2877 = ZfIR 2015, 765 mAnm *Engelhardt;* Bärmann/*Suilmann* § 10 Rn. 19.
[24] BGHZ 206, 281 Rn. 6 = NJW 2015, 2877; BGHZ 177, 53 Rn. 18 = NJW 2008, 2639.
[25] BGHZ 206, 281 Rn. 11 = NJW 2015, 2877 unter Aufgabe von BGHZ 44, 43 = NJW 1965, 1763.
[26] BGHZ 177, 53 Rn. 16 = NJW 2008, 2639.
[27] BGHZ 177, 53 Rn. 14 = NJW 2008, 2639.
[28] BGHZ 177, 53 Rn. 12 ff. = NJW 2008, 2639; BGH NJW-RR 2016, 461 Rn. 18.
[29] BGHZ 193, 219 Rn. 6 ff. = NJW 2012, 2650.
[30] BGHZ 206, 219 Rn. 12 = NJW 2012, 2650.

von dem teilenden Eigentümer Wohnungseigentum erwirbt und durch Eintragung einer Auflassungsvormerkung und Übergabe der Wohnung eine gesicherte Rechtsposition erlangt; hierbei macht es keinen Unterschied, ob ein solcher Ersterwerb von dem teilenden Eigentümer während der eigentlichen Vermarktungsphase oder erst längere Zeit nach deren Abschluss erfolgt.[31] Zum anderen sieht dies der neu eingeführte **§ 8 Abs. 3** ausdrücklich vor; gemäß § 8 Abs. 3 gilt jeder Ersterwerber, der einen Anspruch auf Übertragung von Wohnungseigentum gegen den teilenden Eigentümer hat, der durch Vormerkung im Grundbuch gesichert ist, gegenüber der Gemeinschaft der Wohnungseigentümer und den übrigen Wohnungseigentümern anstelle des teilenden Eigentümers als Wohnungseigentümer, sobald ihm der Besitz an den zum Sondereigentum gehörenden Räumen übergeben wurde.

19 Mit Erlangung der Rechtsstellung als werdender Eigentümer hat der Ersterwerber **alle Rechte und Pflichten** eines Wohnungseigentümers, er hat daher das Stimmrecht und ist zur Anfechtung der Beschlüsse berechtigt, er hat aber auch die Pflicht, die Kosten des Wohnungseigentums zu tragen. Die Kosten hat er allein zu tragen und **nicht gesamtschuldnerisch** mit dem noch als Eigentümer seiner Wohnung eingetragenen Veräußerer,[32] weil der werdende Wohnungseigentümer wie ein Eigentümer behandelt wird und an dessen Stelle tritt.[33]

20 Ein werdender Wohnungseigentümer bleibt auch dann Mitglied der Gemeinschaft der Wohnungseigentümer, wenn er die Einheit unter **Abtretung** des vorgemerkten **Übereignungsanspruchs** und Besitzübertragung veräußert (der Erwerber ist nicht als werdender Wohnungseigentümer anzusehen).[34]

21 Die einmal erlangte Stellung als werdender Wohnungseigentümer entfällt auch dann nicht, wenn sich die anschließende Umschreibung des Eigentums über Jahre hinzieht.[35]

22 **b) Verwalter.** Nach **§ 9b Abs. 1 S. 1** wird die Gemeinschaft der Wohnungseigentümer vom jeweiligen Verwalter gerichtlich und außergerichtlich vertreten und dabei gemäß § 29 Abs. 2 vom – fakultativen – Verwaltungsbeirat unterstützt und überwacht, wodurch sowohl der Verwalter als auch der Verwaltungsbeirat zu Organen der Gemeinschaft der Wohnungseigentümer werden. Der Verwalter ist ausführendes Organ der Gemeinschaft der Wohnungseigentümer und zugleich deren Vertreter **(Vollzugs- und Vertretungsorgan).**

23 **c) Verwaltungsbeirat.** Für die Gemeinschaft der Wohnungseigentümer besteht gemäß **§ 29 Abs. 1** die Möglichkeit, einen Verwaltungsbeirat einzurichten, der ein Organ zur **Unterstützung** und **Überwachung** des Verwalters bei der Durchführung seiner Aufgaben ist (§ 29 Abs. 2) und der gemäß § 29 Abs. 2 S. 2 die nach § 28 Abs. 1 und Abs. 2 zu erstellenden Wirtschaftspläne und Abrechnungen vorab überprüfen und mit einer Stellungnahme versehen soll, aber weder eigene Entscheidungskompetenzen noch Durchführungspflichten hat. Eine Weisungsbefugnis gegenüber dem Verwalter sieht § 29 Abs. 2 nicht vor,[36] inzwischen aber eine allgemeine Überwachungspflicht (→ § 29 Rn. 7).

24 **d) Sonderausschuss.** Im Rahmen ordnungsgemäßer Verwaltung kann die Gemeinschaft der Wohnungseigentümer durch Mehrheitsbeschluss einen Sonderausschuss für bestimmte einzelne Aufgaben einrichten.[37] Die **Anzahl** der Mitglieder eines solchen Ausschusses festzulegen, liegt im Ermessen der Gemeinschaft der Wohnungseigentümer. Das Gesetz enthält hierfür keine ausdrückliche Festlegung. Die Bestimmung der Mitgliederzahl muss lediglich den Grundsätzen einer ordnungsgemäßen Verwaltung entsprechen. So können sie etwa einen **Wahlausschuss** bestellen, der sich zB vor der Verwalterbestellung um die Erholung mehrerer Angebote bemüht, die eingeholten Angebote sichtet und sodann alle Wohnungseigentümer hierüber informiert. Vielfach wird auch vor einer größeren Baumaßnahme ein **Bauausschuss** bestellt, dessen Tätigkeit darauf beschränkt ist, den Verwalter bei der Durchführung seiner Aufgaben im Bereich der Sanierung zu unterstützen.[38]

III. Anspruch jedes Wohnungseigentümers auf ordnungsgemäße Verwaltung des gemeinschaftlichen Eigentums (Abs. 2)

25 Jeder Wohnungseigentümer besitzt nach Abs. 2 einen **Anspruch** auf ordnungsgemäße Verwaltung des gemeinschaftlichen Eigentums sowie ordnungsmäßige Benutzung des Gemeinschafts- und

[31] BGH NJW-RR 2020, 840 = ZfIR 2020, 542 mAnm *Rüscher.*
[32] BGHZ 193, 219 Rn. 15 ff. = NJW 2012, 2650.
[33] BGHZ 193, 219 Rn. 18 = NJW 2012, 2650.
[34] BGHZ 206, 281 Rn. 6 ff. = NJW 2015, 2877 = ZfIR 2015, 765 mAnm *Engelhardt;* insoweit Aufgabe von BGHZ 44, 43 = NJW 1965, 1763.
[35] BGHZ 177, 53 Rn. 16 = NJW 2008, 2639; BGHZ 193, 219 Rn. 9 = NJW 2012, 2650.
[36] BGH NJW 2018, 2550 Rn. 66.
[37] BGH NJW 2010, 3168 Rn. 8.
[38] Vgl. BayObLG NJW-RR 1994, 338; OLG Frankfurt OLGZ 1988, 188; OLG Schleswig NZM 2005, 588.

Sondereigentums. Dieser Anspruch korrespondiert mit der sich aus § 19 Abs. 2 ergebenden Pflicht der einzelnen Wohnungseigentümer, zur ordnungsgemäßen Verwaltung des gemeinschaftlichen Eigentums und zur ordnungsmäßigen Benutzung des Gemeinschafts- und Sondereigentums zusammenzuwirken und die hierfür erforderlichen **Beschlüsse** zu fassen.[39] Diese muss dem Gesetz, den Vereinbarungen und Beschlüssen (→ Rn. 61 ff., → Rn. 84 ff.) und bei fehlender Regelung dem Interesse der Gesamtheit der Wohnungseigentümer unter Berücksichtigung der Beschaffenheit der Anlage nach **billigem Ermessen** entsprechen. Welche Verwaltungsmaßnahme und Benutzungsregelung im Einzelfall billigem Ermessen entspricht, ist Tatfrage. Richtschnur ist stets die Frage, wie sich im vergleichbaren Fall ein **wirtschaftlich denkender vernünftiger Alleineigentümer** verhalten würde.[40] Wie schon nach früher geltendem Recht bezieht sich der Anspruch auf ordnungsgemäße Verwaltung **nicht** auf das **Sondereigentum;** dieses wird von jedem Wohnungseigentümer selbst verwaltet.

26 Besteht ein Anspruch auf Durchführung einer **sofortigen Sanierungsmaßnahme,** so kann der einzelne Wohnungseigentümer auch die Zustimmung zu der Bildung einer **Sonderumlage** nach Miteigentumsanteilen gemäß Abs. 2 verlangen. Denn die Erteilung von Aufträgen zu der Sanierung entspricht nur dann ordnungsmäßiger Verwaltung, wenn die Aufbringung der Mittel gesichert ist; gerade dann, wenn finanzielle Schwierigkeiten bestehen, ist es ein Gebot ordnungsmäßiger Verwaltung, die Verfügbarkeit entsprechender Mittel vorab sicherzustellen.[41]

27 **1. Gegner des Anspruchs auf ordnungsgemäße Verwaltung.** Der Anspruch auf ordnungsgemäße Verwaltung richtet sich gemäß § 18 Abs. 2 ausschließlich gegen die **Gemeinschaft der Wohnungseigentümer** und nicht (mehr) gegen den Verwalter oder die anderen Wohnungseigentümer, so wie es vor dem Inkrafttreten des WEMoG der Fall war.[42] Die Gemeinschaft der Wohnungseigentümer kann nach § 9a Abs. 1 S. 1 Rechte erwerben und Verbindlichkeiten eingehen, vor Gericht klagen und verklagt werden.

28 Auch soweit das Gesetz einzelne Pflichten im Rahmen der Verwaltung des gemeinschaftlichen Eigentums in anderen Vorschriften aufführt und ausgestaltet, handelt es sich stets um Pflichten der Gemeinschaft der Wohnungseigentümer. Das gilt auch dann, wenn sich die betreffende Vorschrift ihrem Wortlaut nach an ein konkretes Organ richtet; insoweit wird lediglich die **interne Organzuständigkeit** zur Erfüllung dieser Aufgabe mitgeregelt.[43]

Beispiele:
Die Pflicht, eine **Versammlung einzuberufen,** ist nunmehr in erster Linie eine Pflicht der Gemeinschaft der Wohnungseigentümer. § 24 Abs. 1 weist die Erfüllung dieser Pflicht lediglich im Rahmen der internen Zuständigkeitsverteilung zwischen den Organen dem Verwalter zu. Wird pflichtwidrig keine Versammlung einberufen, richtet sich der **Anspruch** der Wohnungseigentümer auf Einberufung daher **gegen** die **Gemeinschaft** der Wohnungseigentümer; auch sie ist es, die die aus einer Pflichtverletzung resultierenden Schäden einzelner Wohnungseigentümer zu ersetzen hat. Der Verwalter ist aufgrund seiner Stellung als Organ wiederum gegenüber der Gemeinschaft der Wohnungseigentümer verpflichtet, die ihn als Organ treffenden Pflichten zu erfüllen. Unterlässt er es etwa pflichtwidrig, eine Versammlung einzuberufen, haftet er gegenüber der Gemeinschaft der Wohnungseigentümer. Ein Direktanspruch des einzelnen Wohnungseigentümers gegen den Verwalter soll in diesem System zumindest laut der Gesetzesbegründung weder sinnvoll noch notwendig sein.[44]
Entsprechendes gilt, wenn der Verwalter den Antrag eines Eigentümers, einen bestimmten Tagesordnungspunkt auf die **Tagesordnung** der Eigentümerversammlung zu setzen, ignoriert. Auch in diesem Fall muss der betroffene Eigentümer den Weg über die Gemeinschaft der Wohnungseigentümer gehen und die Gemeinschaft der Wohnungseigentümer, vertreten durch den Verwalter, außergerichtlich und notfalls auch gerichtlich auf Aufnahme seines Tagesordnungspunktes in die Tagesordnung der nächsten Eigentümerversammlung in Anspruch nehmen, obwohl die Tagesordnung einer Eigentümerversammlung vom Verwalter bestimmt wird, der die Versammlung auch einberuft (§ 23 Abs. 2, § 24 Abs. 1, 2) und ein einzelner Wohnungseigentümer oder eine Eigentümergruppe nicht das Recht und nicht die Möglichkeit hat, einen Punkt unmittelbar am Verwalter vorbei auf die Tagesordnung einer Eigentümerversammlung zu bringen.[45] Die Gemeinschaft der Wohnungseigentümer kann sich sodann erst im zweiten Schritt beim Verwalter schadlos halten und diesen in Regress nehmen.
Ebenso richtet sich der Anspruch der Wohnungseigentümer, dass der Gegenstand einer Beschlussfassung bei der Einberufung so **hinreichend bezeichnet** ist, dass sie vor überraschenden Beschlüssen geschützt sind

[39] BGHZ 141, 224 = NJW 1999, 2108 (2109).
[40] RGRK-BGB/*Augustin* § 21 Rn. 38.
[41] BGH NJW 2015, 613 Rn. 17; 2011, 2958 Rn. 8.
[42] BGHZ 67, 232 = NJW 1977, 44.
[43] BT-Drs. 19/18791, 58.
[44] BT-Drs. 19/18791, 58.
[45] BGH NJW 2018, 3305 Rn. 62; BayObLGZ 1988, 287 (292); ZWE 2001, 603 (605).

und sie die Möglichkeit haben, sich anhand der Tagesordnung auf die Versammlung vorzubereiten und sich zu entscheiden, ob sie daran teilnehmen wollen,[46] nun nicht mehr gegen den Verwalter, sondern gegen die Gemeinschaft der Wohnungseigentümer.

Nachdem nun endlich geklärt war, dass sich der Anspruch der Wohnungseigentümer auf **Vollziehung eines Beschlusses** gegen den Verwalter richtet und nicht gegen die Gemeinschaft der Wohnungseigentümer, so dass Pflichtverletzungen des Verwalters, die sich auf die Durchführung von Beschlüssen beziehen, keine Schadensersatzansprüche einzelner Wohnungseigentümer gegen die Gemeinschaft der Wohnungseigentümer begründet haben,[47] gehört dies nun schon wieder der Vergangenheit an. Nach dem Willen des Gesetzgebers richtet sich der **Anspruch** der Wohnungseigentümer auf Vollziehung eines Beschlusses nicht (mehr) gegen den Verwalter, sondern **gegen** die **Gemeinschaft** der Wohnungseigentümer. Es tritt nun genau das ein, was der BGH verhindern wollte. Vollzieht der Verwalter einen gefassten Beschluss nicht, muss ein Wohnungseigentümer, der die Vollziehung des Beschlusses wünscht und verlangt, die Gemeinschaft der Wohnungseigentümer außergerichtlich und notfalls auch gerichtlich dahingehend in Anspruch nehmen, dass der Beschluss vollzogen wird. Der Klageantrag würde in diesem Fall sinngemäß lauten „Die Beklagte wird verurteilt, den Beschluss zu TOP … der ETV vom … zu vollziehen". Liegt sodann das Urteil vor und weigert sich der **Verwalter** als **Vollzugs-** und **Vertretungsorgan,** das Urteil zu erfüllen, kann sich die **Vollstreckungshandlung** auch wieder nur gegen die Gemeinschaft der Wohnungseigentümer als **Titelschuldner** richten. Alternativ besteht die Möglichkeit, in der nächsten Eigentümerversammlung den Beschluss zu fassen, dass die Gemeinschaft der Wohnungseigentümer den Verwalter gerichtlich auf Vollziehung des Beschlusses in Anspruch nimmt. Beide Alternativen haben mit einem effektiven Rechtsschutz nichts zu tun. Im Extremfall kann es Jahre dauern, bis es endlich zur Vollziehung eines Beschlusses kommt. Warum in diesem Fall ein Direktanspruch des einzelnen Eigentümers gegen den Verwalter in diesem System weder sinnvoll noch notwendig sein soll, erschließt sich nicht. Das vom Gesetzgeber gewählte System wird auch dazu führen, dass sich die Anzahl der Prozesse erhöhen wird; dort, wo früher Direktansprüche gegen den Verwalter bestanden, muss nunmehr im ersten Schritt stets die Gemeinschaft der Wohnungseigentümer in Anspruch genommen werden, die sich sodann im zweiten Schritt beim Verwalter schadlos halten wird, dh künftig werden zwei Prozesse die Regel sein. Auch stellt sich die Frage nach der Vollstreckung des Urteils; da die Beschlüsse grundsätzlich vom Vollzugs- und Vertretungsorgan zu vollziehen sind, dh vom Verwalter (vgl. § 9b Abs. 1 S. 1), handelt es sich um eine unvertretbare Handlung iSv § 888 ZPO, dh bei einer Nichterfüllung des Urteils kann lediglich die Verhängung eines **Zwangsgeldes,** ersatzweise Zwangshaft beantragt werden. Das Zwangsgeld trifft zunächst wieder die Gemeinschaft der Wohnungseigentümer, die sodann den Verwalter in Regress nehmen kann/muss. **§ 9b Abs. 2,** wonach der **Vorsitzende** des **Verwaltungsbeirats** oder ein durch Beschluss dazu ermächtigter Wohnungseigentümer die Gemeinschaft der Wohnungseigentümer gegenüber dem Verwalter vertritt, hilft hier nicht weiter; durch diese Regelung tritt der Vorsitzende des Verwaltungsbeirats nicht in die Rechte und Pflichten des Verwalters ein, dh § 9b Abs. 2 verleiht dem Vorsitzenden des Verwaltungsbeirats nicht das Recht und die Befugnis, anstelle des Verwalters zu handeln. Zwar besteht gemäß § 26 Abs. 3 nunmehr die Möglichkeit, den **Verwalter** jederzeit **abzuberufen** und gegen ein anderes Vollzugs- und Vertretungsorgan auszutauschen; hierfür bedarf es jedoch zunächst eines Beschlusses, der möglicherweise aber erst nach einer gewissen Zeit oder gar nicht zu Stande kommt. Denkbar wäre es auch, einen Beschluss zu erwirken, dass eine andere Person ermächtigt wird, den vom Verwalter bisher nicht vollzogenen Eigentümerbeschluss zu vollziehen, was aber auch sehr langwierig sein kann. Das Beispiel am nicht vollzogenen Beschluss zeigt deutlich auf, dass der Gesetzgeber bei diesem Systemwechsel und der damit verbundenen Abschaffung der Direktansprüche der Eigentümer gegen den Verwalter die dadurch entstehenden **Lücken** nicht hinreichend bedacht und berücksichtigt hat.

Auch die Ansprüche auf Erstellung von **Wirtschaftsplänen, Jahresabrechnungen** und **Vermögensübersichten** iSv § 28 Abs. 1, 2 und 4 richten sich entgegen des Wortlautes von § 28 Abs. 1, 2 und 4 („der Verwalter hat") gegen die Gemeinschaft der Wohnungseigentümer. Erstellt beispielsweise ein Verwalter für ein abgelaufenes Wirtschaftsjahr die Abrechnung nicht, obwohl er hierzu verpflichtet ist, kann ein Wohnungseigentümer die Gemeinschaft der Wohnungseigentümer außergerichtlich und notfalls auch gerichtlich darauf in Anspruch nehmen, für dieses bestimmte Wirtschaftsjahr die Gesamtabrechnung und die hierauf beruhenden Einzelabrechnungen zu erstellen und vorzulegen. Da die Gemeinschaft der Wohnungseigentümer diesen Anspruch wiederum nur durch ihren Vertreter, dh den Verwalter erfüllen kann, richtet sich der Anspruch so gesehen dann doch gegen den Verwalter, aber eben nur mittelbar bzw. erst im zweiten Schritt. Unmittelbar und im ersten Schritt ist der Anspruch gegen die Gemeinschaft der Wohnungseigentümer zu richten.

Gewährt ein Verwalter keine **Einsicht in die Verwaltungsunterlagen,** kann gemäß § 18 Abs. 4 jeder Wohnungseigentümer von der **Gemeinschaft** der Wohnungseigentümer, also nicht vom Verwalter, Einsicht in die Verwaltungsunterlagen verlangen.

Wird das **Protokoll einer Eigentümerversammlung** nicht versandt, obwohl der Verwalter hierzu verpflichtet ist, richtet sich der Anspruch ebenso **gegen** die **Gemeinschaft** der Wohnungseigentümer. Eine **Protokollberichtigungsklage** ist demnach auch gegen die Gemeinschaft der Wohnungseigentümer zu erheben und nicht – wie bisher – gegen diejenigen Personen, die das Protokoll unterzeichnet haben.

---

46 BGH NJW-RR 2012, 343 Rn. 9.

47 BGH NJW 2018, 3305 Rn. 12 ff.; insoweit Aufgabe von BGH NJW 2012, 2955 Rn. 17 ff. und BGHZ 207, 40 Rn. 15 = NJW 2016, 1310.

Hat der **Bauträger abweichend** von dem der Teilungserklärung beigefügten Lageplan **gebaut,** richtet sich der Anspruch eines Wohnungseigentümers auf **Herstellung** eines den Plänen entsprechenden **ordnungsmäßigen Zustands** des gemeinschaftlichen Eigentums grundsätzlich gegen die Gemeinschaft der Wohnungseigentümer. Besteht aber nur Streit zwischen zwei benachbarten Wohnungseigentümern über die Größe ihrer **Sondernutzungsflächen** und werden die übrigen Wohnungseigentümer dadurch nicht beeinträchtigt, kann der eine den anderen wohl nach wie vor allein in Anspruch nehmen; in diesem Fall kann der Anspruch also **ausnahmsweise** gegen einen **einzelnen Wohnungseigentümer** gerichtet werden.[48]

2. Durchsetzung. Bestand vor dem Inkrafttreten des WEMoG zwischen einem Wohnungseigentümer und der Gemeinschaft der Wohnungseigentümer Streit darüber, ob eine Maßnahme zur ordnungsmäßigen Verwaltung gehört, musste sich der Wohnungseigentümer **zunächst** um eine **Beschlussfassung** über die strittige Maßnahme bemühen, bevor er eine Klage erheben konnte, der andernfalls das **Rechtsschutzbedürfnis** fehlte.[49] Lehnen die Wohnungseigentümer den Antrag auf Durchführung der Maßnahme ab, hat der einzelne Wohnungseigentümer die Möglichkeit, diese Entscheidung nach § 44 Abs. 1 S. 1 gerichtlich prüfen zu lassen und/oder nach § 44 Abs. 1 S. 2 den nicht gefassten Beschluss durch das Gericht ersetzen zu lassen **(Beschlussersetzungsklage),** wobei in der Regel gegen den **Negativbeschluss** keine Anfechtungsklage erhoben werden muss und die Erhebung einer Beschlussersetzungsklage völlig ausreichend ist; bestehen nämlich Zweifel, ob der geltend gemachte Anspruch besteht, entspricht es ordnungsmäßiger Verwaltung, den Antrag abzulehnen, so dass eine Anfechtungsklage gegen den Negativbeschluss unbegründet wäre.[50] Haben die Wohnungseigentümer eine Maßnahme, die allein ordnungsmäßiger Verwaltung entspricht, zu Unrecht abgelehnt, spricht das Gericht auf entsprechenden Antrag eine entsprechende Verpflichtung aus (§ 44 Abs. 1 S. 2). Der Richter kann nicht nur **Einzelmaßnahmen,** wie die Vornahme von Reparaturen anordnen, sondern auch, wenn Mehrheitsbeschlüsse pflichtwidrig unterbleiben, eine **Dauerregelung** erlassen, wie zB eine Benutzungs- oder Hausordnung (vgl. → § 44 Rn. 21 ff.). 29

Nach dem Inkrafttreten des WEMoG muss in Bezug auf das **Vorbefassungsgebot der Eigentümerversammlung** wie folgt unterschieden werden: bei denjenigen Maßnahmen der Verwaltung des gemeinschaftlichen Eigentums, bei denen schon vor dem Inkrafttreten des WEMoG das Vorbefassungsgebot der Eigentümerversammlung berücksichtigt werden musste, muss dies auch nach wie vor eingehalten werden. Hingegen bei denjenigen Maßnahmen der Verwaltung des gemeinschaftlichen Eigentums, die vor dem Inkrafttreten des WEMoG direkt und unmittelbar gegenüber dem Verwalter geltend gemacht werden konnten (beispielsweise Einberufung einer Eigentümerversammlung, Aufnahme eines Tagesordnungspunktes in die Tagesordnung der nächsten Eigentümerversammlung, Vollziehung eines Beschlusses, Erstellung von Abrechnung und Wirtschaftsplan, Einsicht in Verwaltungsunterlagen, etc), bedarf es **nicht** der **Vorbefassung** der Eigentümerversammlung, da sich bei diesen Maßnahmen die Gemeinschaft der Wohnungseigentümer das pflichtwidrige Handeln des Verwalters zurechnen lassen muss. In diesen Fällen wäre es schlechterdings unerträglich und unzumutbar, wenn ein Eigentümer zunächst das Vorbefassungsgebot der Eigentümerversammlung einhalten und berücksichtigen müsste sowie erst versuchen müsste, über die von ihm beanspruchte Maßnahme eine Beschlussfassung in der Eigentümerversammlung herbeizuführen. Weigert sich also beispielsweise der Verwalter, einen bestimmten Tagesordnungspunkt auf die Tagesordnung der Eigentümerversammlung zu setzen, vollzieht der Verwalter einen Beschluss nicht oder erstellt der Verwalter für das abgelaufene Wirtschaftsjahr die Abrechnung nicht, kann ein Wohnungseigentümer sofort die Gemeinschaft der Wohnungseigentümer außergerichtlich und gerichtlich auf Erfüllung dieser Pflichten in Anspruch nehmen, dh er muss nicht zunächst versuchen, eine Beschlussfassung darüber herbeizuführen, dass die Gemeinschaft der Wohnungseigentümer den Verwalter auf Erfüllung seiner Pflichten in Anspruch zu nehmen hat. Dort, wo sich die betreffende Vorschrift ihrem Wortlaut nach an das Organ „Verwalter“ oder „Verwaltungsbeirat“ richtet, bedarf es nicht der Vorbefassung der Eigentümerversammlung. Für solche Maßnahmen hingegen, für die es einer Beschlussfassung bedarf, die also vom Willensbildungsorgan „Eigentümerversammlung“ für die Gemeinschaft der Wohnungseigentümer zu erfüllen sind, bedarf es nach wie vor grundsätzlich zunächst der Vorbefassung der Eigentümerversammlung. 30

3. Einwendungen. Da der Anspruch auf ordnungsmäßige Verwaltung gerichtet ist, unterliegt der Anspruch der Wohnungseigentümer gegen die Gemeinschaft der Wohnungseigentümer weder der **Verjährung** noch der **Verwirkung.**[51] 31

---

48 BayObLG NZM 2000, 1011; OLG Frankfurt BeckRS 1997, 08609.
49 BGHZ 184, 88 Rn. 14 = NJW 2010, 2129; OLG Hamm ZMR 2008, 156 (159) = BeckRS 2007, 17892.
50 BGH NJW 2015, 3713.
51 BGH ZWE 2012, 218; LG Hamburg ZWE 2013, 34.

32 **4. Ersatzvornahme.** Ein Recht zur Ersatzvornahme bzw. einen Anspruch auf **Zahlung der Kosten** für die eigenmächtige Durchführung einer Maßnahme oder von voraussichtlichen Kosten für eine künftige Ersatzvornahme einer von ihm für notwendig erachteten Reparatur am Gemeinschaftseigentum billigt das Wohnungseigentumsrecht dem einzelnen Eigentümer nicht zu. Dem Wohnungseigentümer, der **eigenmächtig Erhaltungsarbeiten** am Gemeinschaftseigentum durchführt, steht kein Ersatzanspruch aus Geschäftsführung ohne Auftrag oder Bereicherungsrecht zu. Das gilt auch dann, wenn die von dem Wohnungseigentümer durchgeführte Maßnahme ohnehin hätte vorgenommen werden müssen oder wenn der Wohnungseigentümer eine Maßnahme zur Erhaltung des Gemeinschaftseigentums in der irrigen Annahme durchführt, er habe diese als Sondereigentümer auf eigene Kosten vorzunehmen (zB Fenstererneuerung).[52]

33 Einzelne Wohnungseigentümer können aus ihrem Miteigentum grundsätzlich auch nicht das Recht ableiten, von anderen Wohnungseigentümern oder von Dritten rechtswidrig herbeigeführte **bauliche Veränderungen** des gemeinschaftlichen Eigentums auf eigene Kosten **selbst** zu **beseitigen.**[53]

34 **5. Anspruch des Verbandes auf ordnungsgemäße Verwaltung.** Der Anspruch auf ordnungsgemäße Verwaltung steht nicht nur den einzelnen Wohnungseigentümern zu, sondern auch der **Gemeinschaft** der Wohnungseigentümer **gegen** seine **Mitglieder.**[54] Dieser Anspruch ist von den Gläubigern der Gemeinschaft pfändbar,[55] insbesondere wenn der Anspruch der Gemeinschaft der Wohnungseigentümer gegen seine Mitglieder auf Zahlung deren Beiträge gerichtet ist.

35 **6. Untergemeinschaften.** Auch wenn nunmehr die Gemeinschaft der Wohnungseigentümer für die Verwaltung des gemeinschaftlichen Eigentums zuständig und verantwortlich ist, wird es nach wie vor möglich sein, dass in einer **geregelten Mehrhausanlage** aufgrund entsprechender Regelungen in der Gemeinschaftsordnung in **Teilversammlungen** von sog. Untergemeinschaften Beschlüsse gefasst werden, sofern der Beschlussgegenstand ausschließlich die jeweilige Untergemeinschaft betrifft. Bereits nach bisher geltendem Recht war es zulässig, eine Vereinbarung iSv § 10 Abs. 1 S. 2 zu treffen, wonach für die einzelnen Häuser einer Mehrhausanlage sog. Untergemeinschaften gebildet werden, die eigenständig über nur sie betreffende Angelegenheiten beschließen (sog. **Blockstimmrecht**) und dafür eigenständige Teilversammlungen durchführen können. Eine Gemeinschaftsordnung kann also eine weitgehende Eigenständigkeit von Untergemeinschaften im Innenverhältnis vorsehen. Die einzelnen Befugnisse und Beschlusskompetenzen der Untergemeinschaften sind im Einzelfall durch Auslegung der Vereinbarung zu ermitteln. Durch das WEMoG hat sich hieran nichts geändert. § 19 Abs. 1, wonach die Wohnungseigentümer eine ordnungsmäßige Verwaltung und Benutzung beschließen, ist auf der Grundlage von § 10 Abs. 1 S. 2 dahingehend abdingbar, dass auch nur ein Teil der Eigentümer eine ordnungsmäßige Verwaltung und Benutzung beschließen kann, nämlich nur die Mitglieder der betroffenen Untergemeinschaft. In Bezug auf geregelte Mehrhausanlagen und den darin gebildeten Untergemeinschaften tritt durch das WEMoG also **keine Änderung** ein. Demzufolge hat die Bund-Länder-Arbeitsgruppe in ihrem Abschlussbericht vom August 2019 insoweit auch keinen Änderungsbedarf festgestellt.[56]

36 **7. Schadensersatzpflicht im Rahmen des Abs. 2. a) Pflichtverletzung.** Da die Verwaltung des gemeinschaftlichen Eigentums der Gemeinschaft der Wohnungseigentümer obliegt, muss primär eine Pflichtverletzung auf Seiten der Gemeinschaft der Wohnungseigentümer vorliegen. Da jedoch die Gemeinschaft der Wohnungseigentümer weder selbst handeln noch einen eigenen Willen bilden kann, ist analog **§ 31 BGB** auf das **Handeln** oder **Unterlassen** deren **Organe** abzustellen, welches sodann der Gemeinschaft der Wohnungseigentümer zuzurechnen ist. Liegt also eine Pflichtverletzung des Organs **„Wohnungseigentümerversammlung“** bzw. der **Wohnungseigentümer** als deren **Organwalter** im Zusammenhang mit der Willensbildung vor oder eine Pflichtverletzung des **Verwalters** als Vollzugs- und/oder Vertretungsorgan, muss sich dies die Gemeinschaft der Wohnungseigentümer zurechnen lassen, so dass diese Pflichtverletzung zugleich eine eigene Pflichtverletzung begründet. Im Vergleich zu der vor dem Inkrafttreten des WEMoG geltenden Rechtslage tritt also in Bezug auf die Frage, ob und wann eine Pflichtverletzung vorliegt, nach dem Inkrafttreten des WEMoG keine wesentliche Änderung ein; die einzige und wesentliche Änderung besteht darin, dass bei Pflichtverletzungen des Willensbildungs- und/oder Vollzugs- und Vertretungsorgans Anspruchsgegner stets und ausschließlich die Gemeinschaft der Wohnungseigentümer ist, die sich

[52] BGH NJW 2019, 3780; insoweit Aufgabe von BGHZ 207, 40 = NJW 2016, 1310; OLG München NZM 2006, 785.

[53] BGH NJW 2020, 42.

[54] BGHZ 163, 154 = NJW 2005, 2061 (2067) unter III. 9.

[55] BGHZ 163, 154 = NJW 2005, 2061 (2067) unter III. 9.

[56] Abschlussbericht der Bund-Länder-Arbeitsgruppe zur Reform des WEG, ZWE 2019, 430 (439 f.).

diese Pflichtverletzungen zurechnen lassen muss, dh es kommt lediglich zu einem **Austausch** des **Anspruchsgegners,** was ja auch mit ein Hauptgrund für den vom Gesetzgeber veranlassten **Systemwechsel** war, da nach der vor dem Inkrafttreten des WEMoG geltenden Rechtslage häufig unklar war, wer der richtige Anspruchsgegner war.

aa) Pflichtverletzungen des Organs „Wohnungseigentümerversammlung". Eine Pflichtverletzung des Organs „Wohnungseigentümerversammlung" liegt insbesondere dann vor, wenn die Wohnungseigentümer als Organwalter eine **Mitwirkungspflicht** iSv § 19 Abs. 1 trifft, ihr Stimmrecht dergestalt auszuüben, dass die erforderlichen Maßnahmen der **Erhaltung** des **Gemeinschaftseigentums** beschlossen werden, dieser Pflicht aber nicht nachkommen[57] oder schuldhaft die Durchführung der gebotenen und zumutbaren Maßnahmen zur Sicherstellung einer ordnungsmäßigen Wärmeerfassung[58] oder die Behebung eines Mangels, der auf die fehlerhafte Erstellung durch den Bauträger zurückzuführen ist, **unterlassen** haben[59] oder gegen die Pflicht verstoßen haben, über Vorschüsse iSv § 28 Abs. 1, deren Ergänzung **(Deckungsumlage)** oder die Nachschüsse iSv § 28 Abs. 2 zu beschließen.[60] 37

Abzustellen ist dabei nur auf die **persönliche Pflichtenstellung** der Wohnungseigentümer als Organwalter, weil eine Zurechnung etwaiger Pflichtverletzungen des **Verwalters** in diesem Zusammenhang nicht stattfindet. Denn dieser ist im Verhältnis der Wohnungseigentümer zueinander **nicht Erfüllungsgehilfe** iSd § 278 BGB.[61] 38

bb) Pflichtverletzungen des Organs „Verwalter". Beruft ein Verwalter eine **Eigentümerversammlung** nicht ein oder setzt er einen bestimmten Tagesordnungspunkt nicht auf die **Tagesordnung,** so dass ein erforderlicher **Instandsetzungsbeschluss** nicht gefasst werden kann oder vollzieht der Verwalter einen bereits gefassten Instandsetzungsbeschluss nicht und entsteht einem Wohnungseigentümer hierdurch ein Schaden, muss sich die Gemeinschaft der Wohnungseigentümer diese Pflichtverletzungen zurechnen lassen, so dass sie dem geschädigten Wohnungseigentümer die hierdurch entstehenden Schäden zu ersetzen hat. 39

cc) Pflichtverletzungen des Organs „Verwaltungsbeirat". Denkbar sind auch Pflichtverletzungen des Verwaltungsbeirats in Ausübung der **Beiratstätigkeit.** Kommen die Mitglieder des Verwaltungsbeirats ihrer gemäß § 29 Abs. 2 bestehenden **Überwachungspflicht** nicht nach und entsteht einem Wohnungseigentümer hierdurch ein Schaden, muss sich die Gemeinschaft der Wohnungseigentümer zumindest diese Pflichtverletzung zurechnen lassen. Ob die Gemeinschaft der Wohnungseigentümer allerdings auch für den hierdurch entstehenden Schaden haftet, ist eine Frage des **Verschuldens** (→ Rn. 43 ff.). 40

dd) Pflichtverletzungen von Erfüllungsgehilfen. Vor dem Inkrafttreten des WEMoG hat die Gemeinschaft der Wohnungseigentümer grundsätzlich nicht für Schäden gehaftet, die **Handwerker, Bauleiter oder Architekten,** die der Verwalter zur Durchführung einer beschlossenen Sanierung im Namen der Gemeinschaft der Wohnungseigentümer beauftragt hat, schuldhaft am Sondereigentum verursacht haben, sondern der Schädiger aufgrund der Verletzung von Pflichten aus einem Vertrag mit Schutzwirkung zugunsten Dritter, da diese Auftragnehmer im Verhältnis zu den einzelnen Wohnungseigentümern nicht Erfüllungsgehilfen der Gemeinschaft der Wohnungseigentümer iSv § 278 Abs. 1 BGB waren.[62] Der einzelne Wohnungseigentümer hat damit das **Insolvenzrisiko** einer Person getragen, die er sich nicht selbst als Vertragspartner ausgesucht hat, sondern die aufgrund eines Mehrheitsbeschlusses einen Vertrag mit der Gemeinschaft der Wohnungseigentümer geschlossen hat. Das hat der Gesetzgeber als nicht sachgerecht angesehen, zumal es oftmals vom Zufall abhängt, welcher Wohnungseigentümer durch das schädigende Verhalten einen Schaden erleidet. Nach dem Inkrafttreten des WEMoG ist dies anders. Da nunmehr die Verwaltung des gemeinschaftlichen Eigentums ausschließlich der Gemeinschaft der Wohnungseigentümer obliegt, sind Handwerker, Bauleiter, Architekten und dergleichen **Erfüllungsgehilfen** der Gemeinschaft der Wohnungseigentümer iSv § 278 Abs. 1 BGB, sodass sich die Gemeinschaft der Wohnungseigentümer ein **Verschulden** ihrer Erfüllungsgehilfen **zurechnen** lassen muss. Kommt es also bei Durchführung einer Sanierung durch ein Verschulden des beauftragten Handwerkers zu einem Schaden am Sonder- 41

---

57 BGH NJW 2018, 2550 Rn. 24.
58 BayObLG NJW-RR 1999, 1243.
59 OLG Köln NZM 1999, 83.
60 BGHZ 163, 154 = NJW 2005, 2061 (2064) unter III.5. aE und 9c.
61 OLG Hamm BeckRS 2005, 33337.
62 BGH NJW 2018, 3305 Rn. 38 unter Aufgabe von BGHZ 141, 224 = NJW 1999, 2108 zum früheren Recht.

eigentum, kann der geschädigte Sondereigentümer den ihm entstandenen Schaden unmittelbar gegenüber der Gemeinschaft der Wohnungseigentümer geltend machen.[63]

42 Dieses System führt zu einer angemessenen Verteilung von Insolvenzrisiken. Dieses Risiko wird nunmehr auf alle Wohnungseigentümer verteilt, indem der geschädigte Wohnungseigentümer in der Regel einen Anspruch gegen die Gemeinschaft der Wohnungseigentümer hat. Das schädigende Verhalten des Vertragspartners ist der Gemeinschaft der Wohnungseigentümer zuzurechnen (§ 278 BGB).[64] Die Gemeinschaft der Wohnungseigentümer kann wiederum bei ihrem Vertragspartner Regress nehmen.

43 **b) Verschulden.** Eine **Inanspruchnahme der Gemeinschaft der Wohnungseigentümer** wegen einer Pflichtverletzung im Rahmen der ordnungsgemäßen Verwaltung setzt voraus, dass sie diese zu vertreten hat,[65] was aber nach § 280 Abs. 1 S. 2 BGB vermutet wird. Da die Gemeinschaft der Wohnungseigentümer selbst und persönlich keine schuldhafte Pflichtverletzung begehen kann, sondern die der Gemeinschaft der Wohnungseigentümer obliegenden Aufgaben und Pflichten durch ihre **Organe** erfüllt werden, muss sich die Gemeinschaft der Wohnungseigentümer die Pflichtverletzungen, die ihre Organe „Wohnungseigentümerversammlung", „Verwalter" oder „Verwaltungsbeirat" begehen, **analog § 31 BGB** zurechnen lassen. Entsprechendes gilt demnach für das Verschulden, dh ein Verschulden auf Seiten der Gemeinschaft der Wohnungseigentümer ist nur dann gegeben, wenn in Bezug auf die Pflichtverletzung eines Organs ebenfalls Verschulden vorliegt.

44 Bei einer erforderlichen, **keinen Aufschub duldenden Sanierungsmaßnahme** liegt unter den Voraussetzungen von § 280 Abs. 1 oder 2 BGB iVm § 286 BGB dann eine Pflichtverletzung des Organs **„Wohnungseigentümerversammlung"** vor, wenn Wohnungseigentümer sich mit ihrem Abstimmungsverhalten nicht auf die Seite des Anspruchsstellers gestellt haben, also entweder untätig geblieben sind oder gegen die erforderliche Maßnahme gestimmt bzw. sich enthalten haben und daher der zwingend erforderliche Sanierungsbeschluss nicht zustande gekommen ist.[66] Im Grundsatz sind sie zwar zur Teilnahme an der Eigentümerversammlung und zur Mitwirkung an der Willensbildung nicht verpflichtet. Auch können sie – ebenso wie ein Alleineigentümer – selbst zwingend gebotene und unaufschiebbare Maßnahmen in den Grenzen von § 903 BGB unterlassen, solange und soweit sie hierüber einig sind. Anders liegt es aber dann, wenn nur die sofortige Vornahme einer bestimmten Maßnahme ordnungsmäßiger Verwaltung entspricht und diese von einem Wohnungseigentümer verlangt wird, der andernfalls Schäden an seinem Sondereigentum erleidet; in diesen Fällen ergibt sich eine **Mitwirkungspflicht** der übrigen Wohnungseigentümer aus der **gegenseitigen Treuepflicht**[67] und aus ihrer Pflicht gegenüber dem Organ „Wohnungseigentümerversammlung", dafür zu sorgen, dass das Organ „Wohnungseigentümerversammlung" die gegenüber der Gemeinschaft der Wohnungseigentümer bestehende Pflicht erfüllt, eine ordnungsgemäße Verwaltung des gemeinschaftlichen Eigentums zu beschließen. Ein **pflichtwidriges Abstimmungsverhalten** ist aber nur dann **schuldhaft,** wenn die Wohnungseigentümer mit der Einberufung der Eigentümerversammlung in hinreichend deutlicher Weise über den Instandsetzungsbedarf des Gemeinschaftseigentums und den von seinem bestehenden Zustand ausgehenden Auswirkungen auf das Sondereigentum betroffener Wohnungseigentümer in **Kenntnis** gesetzt worden sind, es sei denn, ihnen sind die Umstände, welche die Stimmpflicht begründen, bereits bekannt oder sie wurden während der Teilnahme an der Eigentümerversammlung über diese unterrichtet.[68]

45 Die Frage ist, ob ein pflichtwidriges Abstimmungsverhalten und ein Verschulden auch dann vorliegen, wenn ein positiver Mehrheitsbeschluss gefasst und vollzogen, später aber aufgrund einer Anfechtungsklage für ungültig erklärt wird. Wird beispielsweise mit einfacher Mehrheit ein Sanierungsbeschluss gefasst, der nicht ordnungsmäßiger Verwaltung entspricht und wird der Beschluss trotz erhobener Anfechtungsklage vollzogen, so dass gemeinschaftliche **Instandsetzungskosten** entstehen, ist jeder Eigentümer im Rahmen der Jahresabrechnung anteilig an diesen Kosten beteiligt. Insoweit wäre daran zu denken, dass zumindest dem obsiegenden Wohnungseigentümer ein **Schadensersatzanspruch** gegen die Gemeinschaft der Wohnungseigentümer zustehen könnte, wenn sich die Gemeinschaft der Wohnungseigentümer die Pflichtverletzung des Willensbildungsorgans „Eigentümerversammlung" zurechnen lassen muss. Die Gemeinschaft der Wohnungseigentümer könnte sodann wiederum die den Beschluss fassenden Wohnungseigentümer für den Schaden in

---

[63] BT-Drs. 19/18791, 58.

[64] BT-Drs. 19/18791, 58.

[65] BayObLG NJW-RR 1992, 1102.

[66] BGH NJW 2018, 2550 Rn. 36; 2015, 513; *Armbrüster/Kräher* ZWE 2014, 1 (6).

[67] BGHZ 202, 375 Rn. 24 = NZM 2015, 513; BGHZ 207, 40 = NJW 2016, 1310 mAnm *Skauradszun* = ZWE 2016, 136 Rn. 15 mAnm *Elzer* ZWE 2016, 128; BGH NJW 2018, 3305 Rn. 9, 30; *Jacoby* ZWE 2014, 8 (11).

[68] BGH NJW 2018, 2550 Rn. 77.

Regress nehmen. Ein pflichtwidriges und **schuldhaftes Abstimmungsverhalten** der dem Beschlussantrag zustimmenden Wohnungseigentümer dürfte allerdings nur dann gegeben sein, wenn der Beschlussantrag ganz offensichtlich nicht ordnungsmäßiger Verwaltung entspricht und daher eine Zustimmung zum Beschlussantrag einen **Ermessensfehlgebrauch** oder **Ermessensmissbrauch** darstellen würde, die Wohnungseigentümer vor der Beschlussfassung ausdrücklich darauf hingewiesen worden sind und ferner darauf hingewiesen worden sind, dass der Beschluss im Falle einer Anfechtung für ungültig (oder gar für nichtig) erklärt werden würde. Dabei dürfte es sich allerdings um einen Ausnahmefall handeln. Im Regelfall ist nicht von einem pflichtwidrigen und schuldhaften Abstimmungsverhalten auszugehen, da es im Regelfall im Ermessen der Wohnungseigentümer liegt, frei darüber zu entscheiden, ob und wie sie von ihrem Stimmrecht Gebrauch machen.

Bei einer Pflichtverletzung des **Verwalters** wird ein Verschulden in der Regel indiziert. Von einem Verschulden des Verwalters ist im Hinblick auf die Ausführungen unter → Rn. 44 ff. auch dann auszugehen, wenn der auf eine zwingend erforderliche Sanierungsmaßnahme gerichtete Beschlussantrag abgelehnt wird, ohne dass jedoch eine schuldhafte Pflichtverletzung des Willensbildungsorgans „Wohnungseigentümerversammlung“ vorliegt, weil die Wohnungseigentümer im Vorfeld der Beschlussfassung eben gerade nicht in hinreichend deutlicher Weise über den Instandsetzungsbedarf des Gemeinschaftseigentums und den von seinem bestehenden Zustand ausgehenden Auswirkungen auf das Sondereigentum betroffener Wohnungseigentümer in Kenntnis gesetzt worden sind. Diese **Hinweispflicht** obliegt dem Verwalter. Verletzt ein Verwalter diese Hinweispflicht und kommt deshalb der zwingend erforderliche Sanierungsbeschluss nicht zu Stande, haftet für diese schuldhafte Pflichtverletzung ebenso die Gemeinschaft der Wohnungseigentümer. Regressansprüche bestehen in diesem Fall dann jedoch nicht gegenüber denjenigen Wohnungseigentümern, die dem Beschlussantrag nicht zugestimmt haben, sondern gegenüber dem Verwalter. Auch an diesem Beispiel wird deutlich, dass der Systemwechsel auf den ersten Blick zu Rechtsklarheit und Rechtssicherheit führt. Kommt ein zwingend erforderlicher Beschluss, bei dem das Ermessen auf „Null“ reduziert ist, nicht zu Stande, haftet gegenüber dem hierdurch geschädigten Wohnungseigentümer stets die Gemeinschaft der Wohnungseigentümer. Offen bleibt dann zunächst jedoch, bei wem die Gemeinschaft der Wohnungseigentümer **Regress** nehmen kann; entweder bei denjenigen Wohnungseigentümern, die dem Beschlussantrag nicht zugestimmt haben, sofern sie im Vorfeld der Beschlussfassung darauf hingewiesen worden sind, dass sie dem Beschlussantrag zwingend zustimmen müssen, oder beim Verwalter, sofern dieser diese Hinweispflicht verletzt hat. Die im ersten Schritt geschaffene Rechtssicherheit und Rechtsklarheit kann also im zweiten Schritt, wenn es darum geht, wen die Gemeinschaft der Wohnungseigentümer in Regress nehmen kann, wiederaufleben. 46

Bei einer Pflichtverletzung des **Verwaltungsbeirats** ist im Hinblick auf ein etwaiges Verschulden § 29 Abs. 3 zu berücksichtigen, wonach unentgeltlich tätige Mitglieder des Verwaltungsbeirats nur **Vorsatz** und **grobe Fahrlässigkeit** zu vertreten haben. Liegt zwar eine Pflichtverletzung der Mitglieder des Verwaltungsbeirats vor, die jedoch weder vorsätzlich noch grob fahrlässig begangen worden ist, fehlt es am relevanten Verschulden, so dass die Gemeinschaft der Wohnungseigentümer für diese Pflichtverletzung mangels Verschulden auch nicht haftet. 47

c) Rechtsfolge der schuldhaften Pflichtverletzung. Liegt eine schuldhafte Pflichtverletzung eines der Organe der Gemeinschaft der Wohnungseigentümer vor, die sich die Gemeinschaft der Wohnungseigentümer gemäß § 31 BGB analog zurechnen lassen muss, und entsteht einem Wohnungseigentümer hierdurch ein Schaden, besteht nach §§ 280, 281 BGB ein **Schadensersatzanspruch** gegenüber der Gemeinschaft der Wohnungseigentümer. Ohne genehmigenden **Eigentümerbeschluss** ist der Verwalter im Innenverhältnis jedoch nicht berechtigt, diesen Schadensersatzanspruch zulasten des Verwaltungsvermögens zu **erfüllen,** da es sich bei der Erfüllung von in der Regel zweifelhaften Ansprüchen nicht um eine Maßnahme von untergeordneter Bedeutung iSv § 27 Abs. 1 Nr. 1 handelt. Der den Schadensersatz beanspruchende Wohnungseigentümer muss also zunächst versuchen, eine **Beschlussfassung** über die Erfüllung des von ihm geltend gemachten Schadensersatzanspruchs herbeizuführen, dh es gilt das **Vorbefassungsgebot der Wohnungseigentümerversammlung.**[69] Ohne Vorbefassung fehlt einer Zahlungsklage das Rechtsschutzbedürfnis. 48

Leistet die Gemeinschaft der Wohnungseigentümer dem geschädigten Wohnungseigentümer **Schadensersatz,** ist die damit verbundene Ausgabe in den **Einzelabrechnungen** für das betroffene Wirtschaftsjahr auf alle Wohnungseigentümer nach dem **allgemein gültigen Verteilerschlüssel** zu verteilen, also auch auf den geschädigten Wohnungseigentümer. Entsprechendes gilt für **Prozesskosten;** muss der geschädigte Wohnungseigentümer den ihm entstandenen Schaden gegen die Gemeinschaft der Wohnungseigentümer gerichtlich geltend machen und obsiegt dabei der geschädigte Wohnungseigentümer, so dass die Gemeinschaft der Wohnungseigentümer nicht nur die ihr 49

[69] BGH NJW 2015, 3713.

entstandenen Rechtsanwaltskosten selbst tragen muss, sondern auch dem obsiegenden Wohnungseigentümer dessen Rechtsanwaltskosten erstatten muss, ist der obsiegende Wohnungseigentümer an diesen Prozesskosten im Rahmen der Verteilung in den Einzelabrechnungen für das betroffene Wirtschaftsjahr anteilig zu beteiligen. Auch dies ist eine Folge des Systemwechsels dahingehend, dass die gesamte Verwaltung des gemeinschaftlichen Eigentums der Gemeinschaft der Wohnungseigentümer obliegt.[70]

50 **d) Regress der Gemeinschaft der Wohnungseigentümer gegen das pflichtwidrig handelnde Organ.** Werden gegenüber der Gemeinschaft der Wohnungseigentümer Ansprüche geltend gemacht, die auf einer schuldhaften Pflichtverletzung eines der Organe oder Organwalters beruhen und entstehen der Gemeinschaft der Wohnungseigentümer hierdurch Schäden, kann sich die Gemeinschaft der Wohnungseigentümer bei dem die Pflichtverletzung verursachenden Organ bzw. Organwalter **schadlos halten.** Für den Fall, dass die Gemeinschaft der Wohnungseigentümer von einem oder mehreren Wohnungseigentümern gerichtlich in Anspruch genommen werden sollte, empfiehlt sich eine **Streitverkündung** gegenüber dem pflichtwidrig handelnden Organ bzw. Organwalter (§ 72 Abs. 1 ZPO). Sollte die Gemeinschaft der Wohnungseigentümer aufgrund einer schuldhaften Pflichtverletzung eines ihrer Organe bzw. Organwalters im Prozess unterliegen, führt die Streitverkündung gegenüber dem pflichtwidrig handelnden Organ bzw. Organwalter dazu, dass die schuldhafte Pflichtverletzung auch im Verhältnis zwischen der Gemeinschaft der Wohnungseigentümer und dem pflichtwidrig handelnden Organ bzw. Organwalter verbindlich fest steht, unabhängig davon, ob das pflichtwidrig handelnde Organ bzw. der Organwalter dem Rechtsstreit beigetreten ist oder nicht (§ 74 Abs. 3 ZPO, § 68 ZPO). Sollte es sich bei dem pflichtwidrig handelnden Organ um den **Verwalter** handeln, wird die Gemeinschaft der Wohnungseigentümer gemäß § 9b Abs. 2 vom **Vorsitzenden** des **Verwaltungsbeirats** oder einem durch Beschluss dazu ermächtigten Wohnungseigentümer vertreten, dh die Entscheidung darüber, ob dem Verwalter der Streit verkündet wird, trifft der Vorsitzende des Verwaltungsbeirats oder ein durch Beschluss hierzu ermächtigter Wohnungseigentümer. Falls die Gemeinschaft der Wohnungseigentümer durch einen **Rechtsanwalt** vertreten wird, sollte eine Abstimmung mit dem Rechtsanwalt erfolgen; dabei ist allerdings zu berücksichtigen, dass der die Gemeinschaft der Wohnungseigentümer vertretende Rechtsanwalt in der Regel das Mandat über den Verwalter vermittelt bekommen hat, so dass der Rechtsanwalt mit der Empfehlung einer Streitverkündung gelegentlich in eine persönliche Konfliktsituation geraten dürfte; sieht er von einer Streitverkündung ab, obwohl diese geboten oder sogar erforderlich wäre, und lässt sich der Regressanspruch gegenüber dem Verwalter nur aufgrund der unterlassenen Streitverkündung nicht realisieren, bestehen Haftungsansprüche gegenüber dem Rechtsanwalt. Wenn in einem Rechtsstreit gegen die Gemeinschaft der Wohnungseigentümer dem Verwalter der Streit verkündet werden sollte und der Verwalter dem Rechtsstreit beitreten sollte, ist der Verwalter sowohl für die Gemeinschaft der Wohnungseigentümer als auch für sich selbst **Zustellungsvertreter;** dies ist unglücklich und mag zu der einen oder anderen **Interessenkollision** führen, ist jedoch dem Umstand geschuldet, dass § 45 aF ersatzlos weggefallen ist. Kommt aufgrund eines fehlerhaften Abstimmungsverhaltens eine Streitverkündung gegenüber einzelnen **Wohnungseigentümern** als Organwalter des Organs „Wohnungseigentümerversammlung" in Betracht, ist die Streitverkündung den einzelnen Wohnungseigentümern zuzustellen. Auch ohne Streitverkündung besteht für das möglicherweise pflichtwidrig handelnde Organ oder den Organwalter die Möglichkeit, dem Rechtsstreit im Wege der **streitgenössischen Nebenintervention** auf Seiten der Gemeinschaft der Wohnungseigentümer beizutreten (§§ 66 ff., 69, 61 ZPO), um der Gemeinschaft der Wohnungseigentümer zum Obsiegen zu verhelfen, damit sich bestenfalls die Frage nach einem möglichen Regress gar nicht erst stellt.

51 Damit in einem Rechtsstreit zwischen einem Eigentümer und der Gemeinschaft der Wohnungseigentümer diese dem pflichtwidrig handelnden Organ bzw. Organwalter die Streitverkündung aussprechen kann, bedarf es im Innenverhältnis keines ermächtigenden Eigentümerbeschlusses. Eine **Streitverkündung** ist iSv § 27 Abs. 1 entweder eine Maßnahme ordnungsmäßiger Verwaltung, die **untergeordnete Bedeutung** hat und nicht zu erheblichen Verpflichtungen führt oder die zur Wahrung einer **Frist** oder zur **Abwendung** eines **Nachteils** erforderlich sein kann. Für die Führung eines Regressprozesses gegen das pflichtwidrig handelnde Organ bzw. den oder die Organwalter bedarf es im Innenverhältnis hingegen in der Regel eines entsprechenden ermächtigenden **Eigentümerbeschlusses.** Die Einleitung eines **Aktivprozesses** ist nicht eine Maßnahme von untergeordneter Bedeutung iSv § 27 Abs. 1 Nr. 1. Ein Eigentümerbeschluss wäre allenfalls dann entbehrlich, wenn die Einleitung gerichtlicher Schritte gegen das pflichtwidrig handelnde Organ bzw. den oder

[70] Vgl. BGHZ 171, 335 = ZMR 2007, 623; BGH ZWE 2014, 261; OLG München ZMR 2007, 140; LG München I ZWE 2013, 406.

die Organwalter zur Wahrung einer Frist oder zur Abwendung eines Nachteils erforderlich wäre (§ 27 Abs. 1 Nr. 2). Auch wenn § 27 Abs. 1 in einem Prozess zwischen der Gemeinschaft der Wohnungseigentümer und dem Verwalter nicht einschlägig ist, weil in diesem Fall gemäß § 9b Abs. 2 die Gemeinschaft der Wohnungseigentümer durch den Vorsitzenden des Verwaltungsbeirats oder einen durch Beschluss dazu ermächtigten Wohnungseigentümer vertreten wird, hat diese Person allenfalls auch nur diejenigen Rechte und Befugnisse, die der Verwalter als eigentlicher Vertreter der Gemeinschaft der Wohnungseigentümer gemäß § 27 Abs. 1 hätte, dh im Falle von § 9b Abs. 2 ist der Vorsitzende des Verwaltungsbeirats oder ein durch Beschluss dazu ermächtigter Wohnungseigentümer ebenso nur berechtigt und verpflichtet, die Maßnahmen ordnungsmäßiger Verwaltung zu treffen, die untergeordnete Bedeutung haben und nicht zu erheblichen Verpflichtungen führen oder zur Wahrung einer Frist oder zur Abwendung eines Nachteils erforderlich sind.

Das Organ **„Wohnungseigentümerversammlung"** selbst kann keine schuldhafte Pflichtverletzung begehen. Insoweit ist auf die **Organwalter** abzustellen, dh auf die **Wohnungseigentümer.** Wie bereits dargelegt, kommt ein schuldhaftes Handeln von Wohnungseigentümern im Rahmen der Willensbildung dann in Betracht, wenn nur die **sofortige Vornahme** einer bestimmten Maßnahme ordnungsmäßiger Verwaltung entspricht. In einem solchen Fall haben die Wohnungseigentümer ihr Stimmrecht dergestalt auszuüben, dass die erforderlichen Maßnahmen beschlossen werden.[71] Kommt der erforderliche Eigentümerbeschluss aber nicht zu Stande, weil die Nein-Stimmen die Ja-Stimmen überwiegen, machen sich im Verhältnis zur Gemeinschaft der Wohnungseigentümer diejenigen Wohnungseigentümer unter den Voraussetzungen des § 280 Abs. 1, 2 BGB iVm § 286 BGB schadensersatzpflichtig, die gegen den Beschlussantrag gestimmt haben, sich der Stimme enthalten haben oder an der Wohnungseigentümerversammlung gar nicht teilgenommen haben (→ Rn. 44).[72] Bei zwingend erforderlichen Maßnahmen der Erhaltung des gemeinschaftlichen Eigentums bestehen gegen diese Wohnungseigentümer aber nur dann Regressansprüche, wenn sie mit der Einberufung der Eigentümerversammlung in hinreichend deutlicher Weise über den Instandsetzungsbedarf des Gemeinschaftseigentums und den von seinem bestehenden Zustand ausgehenden Auswirkungen auf das Sondereigentum betroffener Wohnungseigentümer in **Kenntnis** gesetzt worden sind, es sei denn, ihnen sind die Umstände, welche die Stimmpflicht begründen, bereits bekannt oder sie wurden während der Teilnahme an der Eigentümerversammlung über diese unterrichtet.[73] Ändert ein Wohnungseigentümer sein **Abstimmungsverhalten** und kommt er seiner **Mitwirkungspflicht** nach, ist er für den Schaden, der durch einen gleichwohl nicht zustande gekommenen Beschluss über die Instandsetzung des Gemeinschaftseigentums entsteht, nicht verantwortlich. Für die ordnungsgemäße Erfüllung der Mitwirkungspflicht ist der Wohnungseigentümer darlegungs- und **beweisbelastet,** der zunächst pflichtwidrig gehandelt hat.[74] Die pflichtwidrig handelnden Wohnungseigentümer haften gegenüber der Gemeinschaft der Wohnungseigentümer als **Gesamtschuldner.** Bei der Mitwirkungspflicht handelt es sich nach alledem nicht um eine leistungsbezogene Pflicht iSd § 280 Abs. 2 BGB; denn die Wohnungseigentümer sind nicht selbst zur Durchführung der Maßnahme verpflichtet, von ihnen geschuldet ist vielmehr ausnahmsweise ein Abstimmungsverhalten, das die Grundlage für die Durchführung der dringend gebotenen Maßnahme schafft.[75] 52

Sind die Wohnungseigentümer mit der Einberufung der Eigentümerversammlung vom **Verwalter** nicht in hinreichend deutlicher Weise über den Instandsetzungsbedarf des Gemeinschaftseigentums und den von seinem bestehenden Zustand ausgehenden Auswirkungen auf das Sondereigentum betroffener Wohnungseigentümer in Kenntnis gesetzt worden und hat der Verwalter die Wohnungseigentümer während der Teilnahme an der Eigentümerversammlung hierüber auch nicht unterrichtet, so dass ein zwingend erforderlicher Beschluss nicht zustande kommt, und wird die Gemeinschaft der Wohnungseigentümer hierfür von einem Wohnungseigentümer erfolgreich in Anspruch genommen, kann die Gemeinschaft der Wohnungseigentümer den Verwalter für die durch eine **unterbliebene oder verzögerte Beschlussfassung** entstehenden Schäden in Regress nehmen (→ Rn. 39).[76] Gleiches gilt, wenn der Verwalter einen gefassten **Eigentümerbeschluss nicht vollzieht** und die Gemeinschaft der Wohnungseigentümer deshalb auf Vollziehung des Beschlusses in Anspruch genommen wird. Kommt der Verwalter seinen **organschaftlichen Pflichten** nicht nach (zB unterlassene Einberufung einer Eigentümerversammlung, unterlassene 53

[71] BGH NJW 2018, 2550 Rn. 36.
[72] BGH NJW 2015, 613 Rn. 24.
[73] BGH NJW 2018, 2550 Rn. 77.
[74] BGH NJW 2018, 2550 Rn. 40.
[75] BGH NJW 2018, 2550 Rn. 36 – insoweit Klarstellung zu BGHZ 202, 375 Rn. 24 = NJW 2015, 613; BGH NJW 2012, 2955 Rn. 6.
[76] BGH NJW 2015, 613 Rn. 13.

Erstellung einer Jahresabrechnung oder eines Wirtschaftsplans, etc) und wird deshalb die Gemeinschaft der Wohnungseigentümer auf Vornahme dieser Handlungen in Anspruch genommen, kann sich im Innenverhältnis die Gemeinschaft der Wohnungseigentümer ebenfalls beim Verwalter schadlos halten.

54 Sollte einer Inanspruchnahme der Gemeinschaft der Wohnungseigentümer eine schuldhafte Pflichtverletzung eines ihrer **Erfüllungsgehilfen** zu Grunde liegen, bestehen Regressansprüche gegenüber dem pflichtwidrig handelnden Erfüllungsgehilfen.

55 Zu den **Schäden,** die der Gemeinschaft der Wohnungseigentümer entstehen können und die die Gemeinschaft der Wohnungseigentümer im Wege des Regresses weiterreichen kann, zählen nicht nur etwaige **materielle Schäden,** die die Gemeinschaft der Wohnungseigentümer dem geschädigten Wohnungseigentümer zu ersetzen hat, sondern auch **Rechtsverfolgungs**- bzw. **Rechtsverteidigungskosten.**

IV. Anspruch jedes Wohnungseigentümers auf ordnungsgemäße Benutzung des gemeinschaftlichen Eigentums und des Sondereigentums (Abs. 2)

56 § 18 Abs. 2 Nr. 2 entspricht überwiegend dem früheren § 15 Abs. 3 aF. Soweit im bisher geltenden § 15 Abs. 3 aF vom **Gebrauch** die Rede war, ist dieser Begriff durch die „Benutzung" ersetzt worden; die Begriffsänderung führt jedoch nicht zu einer inhaltlichen Änderung, sondern ist nur deshalb vorgenommen worden, um in Bezug auf den in § 18 Abs. 2 Nr. 1 verwendeten Begriff „Verwaltung" denselben weiblichen Artikel verwenden zu können (die Verwaltung und die Benutzung). Im Vergleich zum früher geltenden § 15 Abs. 3 aF besteht die wesentliche Änderung nunmehr allerdings darin, dass ein Wohnungseigentümer nur noch **von der Gemeinschaft** der Wohnungseigentümer eine Benutzung des gemeinschaftlichen Eigentums und des Sondereigentums verlangen kann, die dem Interesse der Gesamtheit der Wohnungseigentümer nach billigem Ermessen und, soweit solche bestehen, den gesetzlichen Regelungen, Vereinbarungen und Beschlüssen entsprechen. Findet also beispielsweise durch einen einzelnen Wohnungseigentümer in seiner Sondereigentumseinheit eine **zweckbestimmungswidrige Benutzung** statt, kann ein einzelner Wohnungseigentümer nicht gegen den störenden Wohnungseigentümer vorgehen, sondern muss die Gemeinschaft der Wohnungseigentümer darauf in Anspruch nehmen, dass diese hiergegen tätig wird. Ob und inwieweit dieser Anspruch besteht, hängt im Wesentlichen davon ab, ob es in Bezug auf die Benutzung des Sondereigentums und des gemeinschaftlichen Eigentums gesetzliche Regelungen, Vereinbarungen oder Beschlüsse gibt, gegen die verstoßen wird.

57 Damit ein solcher Anspruch gegen die Gemeinschaft der Wohnungseigentümer wenn möglich gar nicht erst entsteht, ist gemäß **§ 14 Abs. 1 Nr. 1** jeder Wohnungseigentümer gegenüber der Gemeinschaft der Wohnungseigentümer verpflichtet, die gesetzlichen Regelungen, Vereinbarungen und Beschlüsse einzuhalten, wozu auch die Pflicht zählt, die Sondereigentumseinheit nur entsprechend der Zweckbestimmung zu nutzen oder nutzen zu lassen. § 14 Abs. 1 Nr. 1 begründet nicht nur Pflichten der Wohnungseigentümer gegenüber der Gemeinschaft der Wohnungseigentümer; vielmehr begründet § 14 Abs. 1 Nr. 1 einen **originären Anspruch** der Gemeinschaft der Wohnungseigentümer gegenüber den Wohnungseigentümern auf Einhaltung der gesetzlichen Regelungen, Vereinbarungen und Beschlüsse.

58 Die aus § 18 Abs. 2 Nr. 2 und § 19 Abs. 1 folgende Befugnis zum Erlass von **Benutzungsregelungen** soll den Wohnungs- und Teileigentümern die Möglichkeit geben, in Ergänzung der **gesetzlichen Vorschriften** das Miteinander in der Gemeinschaft der Wohnungseigentümer unter Berücksichtigung der örtlichen Gegebenheiten durch Vereinbarungen oder Beschlüsse zu regeln. Aus den § 18 Abs. 2 Nr. 2, § 19 Abs. 1 ergibt sich, dass für die Benutzung des Sondereigentums und des gemeinschaftlichen Eigentums **Vereinbarungen** getroffen werden können. Soweit keine Vereinbarungen existieren, können Benutzungsregelungen **beschlossen** werden (§ 19 Abs. 1).

59 **1. Gesetzliche Benutzungsregelungen.** Sowohl **§ 1 Abs. 2** als auch **§ 1 Abs. 3** enthalten Benutzungsregelungen. § 1 Abs. 2 definiert **Wohnungseigentum** als „das Sondereigentum an einer Wohnung in Verbindung mit dem Miteigentumsanteil an dem gemeinschaftlichen Eigentum, zu dem es gehört", dh aus Wohnungseigentum folgt die Benutzungsregelung **„Wohnen".** § 1 Abs. 3 definiert **Teileigentum** als „das Sondereigentum an nicht zu Wohnzwecken dienenden Räumen eines Gebäudes in Verbindung mit dem Miteigentumsanteil an dem gemeinschaftlichen Eigentum, zu dem es gehört", dh aus Teileigentum folgt die Benutzungsregelung **„alles außer Wohnen".** Die mit Wohnungs- und Teileigentum gesetzlich vorgesehenen Grundtypen der Nutzungsbefugnis schließen sich – vorbehaltlich anderer Vereinbarungen – gegenseitig aus; jedenfalls im Hinblick auf eine Einheit, an der angesichts ihrer Ausstattung sowohl Wohnungs- als auch Teileigentum begründet

werden könnte, gibt es keine Nutzungen, die zugleich als Wohnen und nicht als Wohnen anzusehen sind.[77]

Als gesetzliche Benutzungsregelungen kommen ferner unter anderem **§ 13 Abs. 1** in Betracht, wonach jeder Wohnungseigentümer mit seinem **Sondereigentum nach Belieben** verfahren kann, soweit nicht das Gesetz entgegensteht, und **§ 16 Abs. 1 S. 3,** wonach jeder Wohnungseigentümer zum **Mitgebrauch** des gemeinschaftlichen Eigentums nach Maßgabe des § 14 berechtigt ist. Da gemäß **§ 14 Abs. 1 Nr. 1** jeder Wohnungseigentümer gegenüber der Gemeinschaft der Wohnungseigentümer verpflichtet ist, die **gesetzlichen Regelung, Vereinbarungen und Beschlüsse einzuhalten,** stellt § 14 Abs. 1 Nr. 1 unter anderem auch eine Benutzungsregelung dar. So zählt zB zu der Pflicht eines jeden Wohnungseigentümers, die Vereinbarungen einzuhalten, auch die Pflicht, das Sondereigentum nur entsprechend der Zweckbestimmung zu benutzen, es sei denn, die zweckbestimmungswidrige Nutzung stört typischerweise nicht mehr als es die zweckbestimmungsgemäße Nutzung täte. Zu der Pflicht eines jeden Wohnungseigentümers, Beschlüsse einzuhalten, zählt zB auch die Pflicht, die beschlossene **Hausordnung** einzuhalten. Auch **§ 14 Abs. 1 Nr. 2** enthält eine Benutzungsregelung für das Sonder- und Gemeinschaftseigentum dahingehend, dass jeder Wohnungseigentümer gegenüber der Gemeinschaft der Wohnungseigentümer verpflichtet ist, das **Betreten** seines Sondereigentums und andere **Einwirkungen** auf dieses und das gemeinschaftliche Eigentum zu **dulden,** die den Vereinbarungen oder Beschlüssen entsprechen oder, wenn keine entsprechenden Vereinbarungen oder Beschlüsse bestehen, aus denen ihm über das bei einem geordneten Zusammenleben unvermeidliche Maß hinaus kein **Nachteil** erwächst. Ferner ist gemäß § 14 Abs. 2 Nr. 1 jeder Wohnungseigentümer gegenüber den anderen Wohnungseigentümern verpflichtet, deren Sondereigentum nicht über das in § 14 Abs. 1 Nr. 2 bestimmte Maß hinaus zu beeinträchtigen. Ein Verstoß gegen **öffentlich-rechtliche Vorschriften** führt hingegen nicht unmittelbar zu einer gesetzeswidrigen Benutzung; allerdings kann ein Verstoß gegen nachbarschützende öffentlich-rechtliche Vorschriften einen Nachteil iSv § 14 Abs. 2 Nr. 1 iVm § 14 Abs. 1 Nr. 2 begründen. 60

2. Benutzungsregelungen durch Vereinbarung. Durch Vereinbarungen können verbindliche Regelungen für die Benutzung des Sondereigentums und des gemeinschaftlichen Eigentums getroffen werden. Mit diesen Vereinbarungen können die gesetzlichen Vorschriften der § 13, § 14 und § 16 Abs. 1 S. 3 entweder bei Begründung des Wohnungs- und Teileigentums oder nachträglich modifiziert werden.[78] Derartige Vereinbarungen sind als Vereinbarungen iSd § 10 Abs. 3 stets **einstimmig** zu treffen.[79] 61

Mit einer Vereinbarung kann auch eine **Ermessensregelung** geschaffen werden, die es von einem Mehrheitsbeschluss der Wohnungseigentümer gemäß § 19 Abs. 1 oder von der Zustimmung des Verwalters oder eines Beirats abhängig macht, ob und wie eine Nutzung in dem Rahmen, der durch die Vereinbarung festgelegt wurde, zulässig ist.[80] Ebenso kann durch eine Vereinbarung der Verwalter zum Erlass einer **Hausordnung** ermächtigt werden. Eine aufgrund einer solchen Ermächtigung aufgestellte Hausordnung steht unter dem Vorbehalt einer Änderung durch Mehrheitsbeschluss der Eigentümerversammlung.[81] 62

a) Sondereigentum. Grundsätzlich hat jeder Sondereigentümer gemäß § 13 Abs. 1 das Recht, mit seinem Sondereigentum **nach Belieben** zu verfahren. **Beschränkungen** dieser Nutzungsbefugnis ergeben sich aus § 14 und den Rechten der anderen Sondereigentümer. Eine Beschränkung der Nutzungsbefugnis kann sich darüber hinaus durch eine in der Teilungserklärung enthaltene **Zweckbestimmung** ergeben. 63

Die Abgrenzung von Wohnungs- und Teileigentum knüpft bei Vorliegen der jeweils erforderlichen baulichen Voraussetzungen an eine entsprechende Zweckbestimmung des Sondereigentums in der Teilungserklärung an. Die Teilungserklärung für ein Teileigentum kann eine Zweckbestimmung enthalten, die wie eine Nutzungsregelung wirkt. Im Regelfall hat eine **Zweckbestimmung** in der Teilungserklärung **Vereinbarungscharakter.**[82] 64

Sofern eine Zweckbestimmung nur im **Aufteilungsplan** enthalten ist, muss im Einzelfall unter Berücksichtigung der Teilungserklärung und der Gemeinschaftsordnung ermittelt werden, ob eine verbindliche Zweckbestimmung vorliegt.[83] In der Regel kommt den Eintragungen eines Architekten 65

[77] BGH NJW 2018, 41.
[78] Staudinger/*Kreuzer,* 2018, § 15 Rn. 3; Weitnauer/*Lüke* § 15 Rn. 7.
[79] Staudinger/*Kreuzer,* 2018, § 15 Rn. 4; Weitnauer/*Lüke* § 15 Rn. 7.
[80] BayObLG WE 1997, 319; ZWE 2001, 112 = DNotZ 2004, 385 = ZMR 2004, 133.
[81] BayObLG ZWE 2001, 595; Jennißen/*Abramenko* § 15 Rn. 21.
[82] BayObLG ZWE 2000, 122; 2000, 525; OLG Düsseldorf ZWE 2002, 230; Bärmann/*Suilmann* § 15 Rn. 13; Weitnauer/*Lüke* § 15 Rn. 15.
[83] Niedenführ/Schmidt-Räntsch/Vandenhouten/*Schmidt-Räntsch* § 15 Rn. 10; Weitnauer/*Lüke* § 15 Rn. 13.

im Aufteilungsplan nicht der Charakter einer Zweckbestimmung zu.[84] In jedem Fall geht eine in der Teilungserklärung enthaltene Zweckbestimmung einer Bezeichnung im Aufteilungsplan vor.[85] Bei **Widersprüchen** zwischen **Teilungserklärung** und **Gemeinschaftsordnung** gilt die Zweckbestimmung der Gemeinschaftsordnung.[86]

66 Möglich sind nach wohl hM auch **Vereinbarungen zwischen Miteigentümern** eines Sondereigentums hinsichtlich dessen Nutzung. Die Zulässigkeit soll sich aus dem Wortlaut des § 18 Abs. 2 Nr. 2 und § 19 Abs. 1 ergeben, die von Vereinbarungen für die Benutzung des Sondereigentums sprechen.[87] Typischerweise wird eine Vereinbarung gemäß § 18 Abs. 2 Nr. 2 und § 19 Abs. 1 zwischen sämtlichen Wohnungs- und Teileigentümern einer Gemeinschaft der Wohnungseigentümer getroffen, da eine Vereinbarung zur Nutzung von Sonder- oder Gemeinschaftseigentum nur dann zu treffen ist, wenn die vereinbarte Nutzung im Verhältnis zu den anderen Wohnungs- und Teileigentümern von einer Nutzung im Rahmen der § 13 und § 14 abweicht und über die ordnungsmäßige Benutzung hinausgeht. Im Hinblick auf die Möglichkeit des Abschlusses einer **Nutzungsvereinbarung** gemäß § 1010 BGB zwischen Miteigentümern eines Wohnungs- oder Teileigentumsrechts, die zudem auch in das betroffene Wohnungs- oder Teileigentumsgrundbuch eingetragen werden kann, sowie die vom BGH zugelassene Begründung von Sondernutzungsrechten zugunsten eines Miteigentümers eines Sondereigentums[88] (→ § 10 Rn. 18), ist die Annahme der Zulässigkeit von Vereinbarungen gemäß § 18 Abs. 2 Nr. 2 und § 19 Abs. 1 zwischen Miteigentümern eines Sondereigentums nicht erforderlich.[89]

67 Die durch Vereinbarung getroffenen Nutzungsregelungen dürfen nicht gegen **höherrangiges Recht** und die **guten Sitten** verstoßen.[90] Zum höherrangigen Recht gehört auch der durch Art. 14 GG geschützte **Kernbereich** des **Wohnungseigentums,** in den durch Vereinbarungen nicht eingegriffen werden darf.[91] Etwas anderes kann nur dann gelten, wenn die entsprechende Nutzungsbeschränkung bereits bei Begründung des Wohnungs- und Teileigentums vereinbart wurde und nicht gegen die guten Sitten verstößt, da das betroffene Wohnungseigentum dann bereits mit dieser Einschränkung entstanden ist.[92]

68 **b) Gemeinschaftseigentum.** Jeder Wohnungs- und Teileigentümer hat gemäß § 16 Abs. 1 S. 3 das Recht zum **Mitgebrauch** des gemeinschaftlichen Eigentums (hier wurde der Gebrauch nicht durch die Benutzung ersetzt). Die Nutzung des Gemeinschaftseigentums wird in der Regel abschließend durch die Gemeinschaftsordnung und eine die Gemeinschaftsordnung ergänzende **Hausordnung** festgelegt, soweit nicht bereits durch die Zuordnung von **Sondernutzungsrechten** (→ § 10 Rn. 17 ff.) zu einzelnen Wohnungs- und Teileigentumsrechten in der Teilungserklärung oder durch nachträgliche Vereinbarung bestimmte Flächen des Gemeinschaftseigentums generell von der Nutzung durch die Gemeinschaft ausgeschlossen sind.[93] Auch für die Ausübung der Sondernutzungsrechte können Benutzungsregelungen vereinbart oder beschlossen werden.[94]

69 Sofern im Einzelfall **besondere Einrichtungen** des Gemeinschaftseigentums wie zB gemeinsame **Kfz-Stellplätze,** ein **Schwimmbad,** eine **Sauna** oder ein **Aufzug** vorhanden sind, sollten die Nutzungsregelungen gemäß § 18 Abs. 2 Nr. 2 und § 19 Abs. 1 hierfür in der Gemeinschaftsordnung enthalten sein. In diesen Fällen ist unter Berücksichtigung des Gebots der angemessenen Verteilung von Nutzungen und Kosten eine **Benutzungsregelung** aufzustellen, die jedem Miteigentümer ein angemessenes **Mitbenutzungsrecht** einräumt. Gleiches gilt für die Beteiligung jedes Miteigentümers an den Kosten der Unterhaltung, Erhaltung und der Erneuerung. Sofern eine Nutzungsrege-

[84] Bärmann/*Suilmann* § 15 Rn. 23; Jennißen/*Schultzky* § 15 Rn. 15; BGH DNotZ 2010, 782 = ZWE 2010, 178 = ZMR 2010, 461.

[85] BayObLG ZWE 2000, 129; OLG Frankfurt RNotZ 2013, 108.

[86] Bärmann/*Suilmann* Rn. 27.

[87] BayObLG Rpfleger 1995, 67; OLG Jena MittBayNot 2000, 443 = ZWE 2000, 232 für einen Doppelparker; Bauer/Schaub/*Schneider* AT E Rn. 91.

[88] BGH DNotZ 2012, 769 = ZWE 2102, 359 mAnm *Armbrüster* = ZMR 2012, 795 = MittBayNot 2013, 133.

[89] Bärmann/*Suilmann* § 15 Rn. 3.

[90] Niedenführ/Schmidt-Räntsch/Vandenhouten/*Schmidt-Räntsch* § 15 Rn. 4; Staudinger/*Kreuzer,* 2018, § 15 Rn. 19.

[91] *Hügel/Elzer* § 10 Rn. 60; Riecke/Schmid/*Elzer* § 20 Rn. 51; aA *Binkowski,* Reichweite und Grenzen der Privatautonomie im Wohnungseigentumsrecht, 2011, 152 f.

[92] Niedenführ/Schmidt-Räntsch/Vandenhouten/*Schmidt-Räntsch* § 15 Rn. 4.

[93] Niedenführ/Schmidt-Räntsch/Vandenhouten/*Schmidt-Räntsch* § 15 Rn. 9; Staudinger/*Kreuzer,* 2018, § 15 Rn. 14.

[94] Bärmann/*Suilmann* § 15 Rn. 65.

lung zu einem vollständigen Gebrauchsentzug für alle übrigen Sondereigentümer führt, liegt keine Konkretisierung des gesetzlichen Rechts auf Mitgebrauch vor, sondern eine nur mit Zustimmung aller Miteigentümer zulässige Änderung.[95]

c) Zweckbestimmungen der Teilungserklärung und zulässige Nutzungen. Nachfolgend sind einzelne Zweckbestimmungen aus Teilungserklärungen und deren Vereinbarkeit mit bestimmten Nutzungen bzw. umgekehrt aufgeführt.[96] Zu berücksichtigen ist dabei jedoch stets, dass die Nutzung des Sondereigentums über die mit der Einordnung als Wohnungs- oder Teileigentum verbundene Zweckbestimmung hinaus nur dann auf bestimmte Zwecke beschränkt wird, wenn dies aus der Teilungserklärung **klar und eindeutig** hervorgeht.[97] 70

Abstellraum: Nutzung als Wohn- und Schlafraum unzulässig;[98]

Anhänger: langfristiges Abstellen auf Kfz-Stellplatz zulässig, sofern Anhänger zugelassen;[99]

Architekturbüro: in Wohnung zulässig;[100]

Apotheke: in einem als Apotheke bezeichneten Teileigentum kann keine Gaststätte eingerichtet werden;[101]

Arztpraxis, Kinderarztpraxis: in Wohnung nur zulässig, sofern im konkreten Fall keine unzumutbaren Belastungen durch den gesteigerten Publikumsverkehr entstehen;[102]

Asylbewerber- und Aussiedlerunterkunft: in Wohnung grundsätzlich zulässig,[103] sofern keine Überbelegung gegeben ist[104] und die Belegung nicht ununterbrochen wechselt;[105] grundsätzlich zulässig in Teileigentum, da mit nicht zu Wohnzwecken dienender Heimunterbringung vergleichbar;[106]

Boardinghouse: in Teileigentum zulässig;[107]

Bordell: in Wohnung generell unzulässig;[108] in Teileigentum abhängig von der Zweckbestimmung[109] und der Umgebung;[110]

Büro: unzulässig sind in einer derart bezeichneten Einheit Ballettschule,[111] Gaststätte,[112] Spielsalon[113] oder Zahnarztpraxis[114] bzw. Zahnklinik;[115]

Café: in Wohnung unzulässig, in einer als Laden bezeichneten Einheit nur bis zu den üblichen Ladenschlusszeiten gemäß den Ladenschlussgesetzen der Länder zulässig;[116] Gleiches gilt für ein Billardcafé[117] oder ein Bistro;[118] in einer als Café bezeichneten Einheit ist grundsätzlich auch der Betrieb eines Bierlokals,[119] einer Speisegaststätte mit Alkoholausschank und Musikunterhaltung[120] oder eines griechischen Spezialitätenrestaurants[121] unzulässig;

Chemische Reinigung: in Laden unzulässig,[122] nicht aber in allgemeinen Geschäftsräumen;[123]

---

95 LG Köln ZWE 2012, 187.

96 Ausf. Aufzählung bei Bärmann/*Suilmamm* § 15 Rn. 48; Niedenführ/Schmidt-Räntsch/Vandenhouten/*Schmidt-Räntsch* § 15 Rn. 13; *Sauren* § 15 Rn. 16; Weitnauer/*Lüke* § 15 Rn. 14 ff.

97 BGH WuM 2017, 544; ZWE 2019, 268.

98 BayObLG WE 1995, 90; OLG Düsseldorf ZMR 2004, 610.

99 LG Hamburg ZWE 2015, 452.

100 KG WE 1995, 19.

101 OLG Stuttgart DWE 1987, 139.

102 Jennißen/*Schultzky* § 15 Rn. 29; Niedenführ/Schmidt-Räntsch/Vandenhouten/*Schmidt-Räntsch* § 15 Rn. 13.

103 KG NJW 1992, 3045; LG Braunschweig ZWE 2016, 258.

104 OLG Stuttgart NJW 1992, 3046.

105 OLG Hamm WE 1992, 135; LG Koblenz ZWE 2017, 133.

106 BGH DNotZ 2018, 528 = ZMR 2018, 238 = ZWE 2018, 28.

107 LG Frankfurt a.M. ZMR 2017, 1000.

108 BayObLG MDR 1985, 325.

109 BayObLG NJW-RR 1994, 1036 – unzulässig in Saunaraum im Wohngebiet.

110 LG Nürnberg-Fürth NJW-RR 1990, 1355 – zulässig im Gewerbegebiet.

111 LG Bremen NJW-RR 1991, 1423.

112 BayObLG NZM 2000, 868.

113 AG Passau Rpfleger 1980, 23.

114 OLG Hamm DNotZ 2004, 389 = ZMR 2005, 219.

115 OLG Düsseldorf ZMR 2004, 448.

116 OLG Karlsruhe OLGZ 1985, 392; AG Nürnberg ZWE 2015, 175.

117 OLG Zweibrücken ZMR 1987, 228.

118 BayObLG ZMR 1993, 427.

119 OLG München NJW-RR 1992, 1492.

120 BayObLG ZWE 2000, 572.

121 BayObLG ZMR 2005, 215.

122 OLG Hamm Rpfleger 1978, 60.

123 BayObLG NJW-RR 1994, 1038.

Dach- und Spitzboden, Speicher: Nutzung zu Lagerzwecken zulässig; Nutzung bzw. Umbau zu Wohnraum unzulässig;[124]

Digital-Druckerei: bei der Zweckbestimmung „freiberufliche Tätigkeit" zulässig;[125]

Diskothek: in als Weinkeller bezeichnetem Teileigentum unzulässig;[126]

Eisdiele: diese Zweckbestimmung erlaubt den Betrieb einer Gaststätte;[127] Eisdiele in einem Laden jedenfalls dann unzulässig, wenn Außenflächen in Anspruch genommen werden, sei es durch eine Außenbestuhlung oder durch den Verkauf nach außen;[128]

Eltern-Kind-Zentrum: in einem „Laden mit Lager" grundsätzlich zulässig;[129]

Erotikshop: in Teileigentum Laden unzulässig, wenn mit dem Charakter der Wohnanlage unvereinbar;[130]

Ferienvermietung: in Wohnung grundsätzlich zulässig,[131] auch für sog. Medizintouristen;[132]

Flüchtlinge: vgl. Asylbewerber und Aussiedler;

Freikirchliche Gemeinde: in Teileigentum zulässig;[133]

Gaststätte: unzulässig in Laden[134] oder Praxis;[135] längerer Betrieb als bis 22.00 Uhr in Café unzulässig;[136]

Geschäftsraum: Gaststättenbetrieb zulässig;[137]

Gewerbe: diese Zweckbestimmung ist sehr weitgehend und lässt verschiedene gewerbliche Nutzungen unter der Voraussetzung ihrer öffentlich-rechtlichen Genehmigung zu,[138] so zB auch den Betrieb eines Cafés,[139] eines deutsch-kurdischen Kulturvereins,[140] einer Spielothek,[141] einer Tagesstätte mit Kontaktstelle für psychisch Kranke[142] oder einer Methadonabgabestelle;[143]

Gewerbewohnung: hier kann auch eine reine Wohnnutzung zulässig sein;[144]

Gymnastik- und Tanzstudio: in Lagerraum unzulässig;[145]

Hausmeisterwohnung: ist grundsätzlich als solche zu nutzen, nur bei Vorliegen wichtiger Gründe ist Nutzung zu anderen Zwecken zulässig;[146]

Hobbyraum: Ausbau zu Wohnzwecken unzulässig;[147] Nutzung zu dauerhaften Wohnzwecken unzulässig;[148] Nutzung tagsüber zur Kinderbetreuung zulässig;[149] die Nutzung zu vorübergehenden Wohnzwecken kann zulässig sein;[150]

Imbiss: in Laden unzulässig;[151]

Kammer: sofern derart bezeichnete Räume zu einem Wohnungseigentum gehören, können sie auch dann zu Wohnzwecken genutzt werden, wenn sie räumlich getrennt von der Wohnung in einem ausgebauten Dachgeschoss belegen sind;[152]

---

124 BayObLG WE 1995, 157; 1996, 116.
125 OLG Düsseldorf ZMR 2008, 393.
126 BayObLG ZMR 1990, 230.
127 OLG Hamm NJW-RR 1986, 1336; aA OLG München NJW-RR 1992, 1492 (1493).
128 BGH NJW 2020, 921.
129 BGH NJW 2020, 1354.
130 BayObLG NJW-RR 1995, 467; KG ZWE 2000, 228.
131 BGH ZWE 2011, 78; NJW 2010, 3093.
132 LG München I ZWE 2016, 264 = ZMR 2017, 325.
133 LG Berlin ZWE 2018, 450.
134 BGH ZWE 2015, 402 = ZMR 2015, 947 = DNotZ 2015, 824; BayObLG ZMR 2001, 987; 1985, 206.
135 BayObLG ZMR 2004, 685.
136 AG München ZMR 2011, 678.
137 BayObLG MDR 1982, 496.
138 *Sauren* § 15 Rn. 12G.
139 OLG Zweibrücken ZMR 1987, 229.
140 OLG Hamm ZMR 2006, 149.
141 LG Karlsruhe ZWE 2011, 99.
142 OLG Zweibrücken ZMR 2006, 76.
143 OLG Düsseldorf NZM 2002, 259 = ZWE 2002, 230.
144 KG MittBayNot 2008, 209.
145 BayObLG NJW-RR 1994, 527.
146 BayObLG WuM 1989, 38.
147 BGH ZWE 2011, 396; OLG Zweibrücken NJW-RR 1987, 1367; ZMR 2002, 219; BayObLG ZMR 2004, 925; anders bei Gestattung in einer Anlage zur Gemeinschaftsordnung OLG München ZMR 2007, 302.
148 LG Hamburg ZWE 2017, 132.
149 BayObLG NJW-RR 1991, 140.
150 BGH ZWE 2011, 396.
151 BayObLG NZM 2000, 288; KG DWE 1986, 30.
152 KG NJW-RR 1991, 1359.

Keller, Lager: in Kellerräumen ist nur eine Nutzung zulässig, die einer Kellernutzung gleichkommt, so dass eine Wohnnutzung[153] oder eine Büronutzung[154] unzulässig sind, ebenso der Betrieb eines Gymnastik- oder Tanzstudios;[155]

Kindertagesstätte: in Laden unzulässig, soweit nicht Schallschutzmaßnahmen durchgeführt werden;[156] in Wohnung unzulässig;[157] bei Tagespflege von max. 3 Kindern zulässig;[158] dürfen die Wohnungen laut der Gemeinschaftsordnung jedoch auch zu freiberuflichen und/oder gewerblichen Zwecken genutzt werden, ist die Nutzung der Wohnung als Kindertagesstätte unter Einbeziehung der Wertungen des § 22 Abs. 1a BImSchG zulässig;[159]

Krankengymnastikpraxis: in Wohnung zulässig, wobei wie bei einer Arztpraxis und sonstiger freiberuflicher Tätigkeit im Einzelfall auf die durch den Publikumsverkehr eintretenden zusätzlichen Belastungen abzustellen ist;[160]

Laden: der Betrieb eines Geschäfts ist an die geltenden Ladenöffnungszeiten gebunden,[161] wobei sich diese durch geänderte öffentlich-rechtliche Vorschriften ändern können;[162] im Übrigen ist im Einzelfall unter Berücksichtigung der Lage und Eigenart des Gebäudes zu entscheiden, welche Nutzung zulässig und welche unzulässig ist;[163] unzulässig sind Fischgroßhandel,[164] Office- und Partyservice[165] oder Restaurant,[166] Wettbüro;[167] zulässig unter Umständen muslimisches Glaubenszentrum,[168] Weinlokal;[169]

Musikschule, Musikstudio: in Laden, Büro oder Keller unzulässig;[170] etwas anderes gilt nur dann, wenn diese Nutzung nicht mehr stört als eine zweckbestimmungsgemäße Nutzung des Kellers;[171]

Nachtlokal: in Geschäftsräumen unzulässig, sofern nicht der Charakter der Wohnanlage diese Nutzung zulässt;[172]

Naturheilpraxis: in Wohnung grundsätzlich unzulässig;[173]

Obdachlosenunterkunft: die tageweise Unterbringung von wohnungslosen Personen in einer Gemeinschaftsunterkunft zur Vermeidung von Obdachlosigkeit ist in der Regel nicht als eine zu Wohnzwecken dienende Nutzung, sondern als heimähnliche Unterbringung anzusehen, die grundsätzlich in Teileigentumseinheiten erfolgen kann;[174]

Prostitution: in Wohnung unzulässig;[175] in gewerblicher Einheit zulässig, sofern der Charakter der Wohnanlage nicht entgegensteht;[176]

Psychotherapiepraxis: in Wohnung unzulässig;[177]

Rechtsanwaltspraxis: in Wohnung zulässig, wobei im Einzelfall auf die Zumutbarkeit des entstehenden Publikumsverkehrs abzustellen ist;[178]

Spielplatz: unzulässig auf Außenfläche einer Postfiliale;[179]

---

153 BGH ZMR 2011, 967; BayObLG ZMR 1993, 29; OLG Zweibrücken ZMR 2006, 316 = MittBayNot 2006, 333.
154 BayObLG WuM 1993, 490.
155 BayObLG NJW-RR 1994, 527.
156 KG NJW-RR 1992, 1102.
157 LG Köln ZWE 2012, 185 = ZMR 2012, 39.
158 AG Bonn ZWE 2018, 212; AG Konstanz ZWE 2016, 222.
159 BGH ZWE 2012, 366.
160 *Sauren* § 15 Rn. 12K; Staudinger/*Kreuzer,* 2018, § 15 Rn. 17.
161 OLG München ZWE 2010, 36; BayObLG WuM 1993, 697; ZWE 2000, 409 – Gaststättenbetrieb nur zu Ladenöffnungszeiten.
162 OLG München ZMR 2009, 628; OLG Hamm ZMR 2008, 642.
163 Jennißen/*Weise* § 15 Rn. 42 ff.; Staudinger/*Kreuzer,* 2018, § 13 Rn. 7.
164 OLG München ZMR 2007, 718.
165 OLG Hamburg ZMR 2003, 770.
166 OLG Celle ZMR 2003, 689.
167 AG München ZMR 2013, 667; AG Offenbach ZWE 2014, 214.
168 OLG Frankfurt ZWE 2013, 211.
169 AG Bremen ZMR 2013, 749.
170 BayObLG WE 1996, 191.
171 BayObLG ZWE 2001, 160.
172 KG NJW-RR 1989, 140.
173 LG München I ZWE 2016, 85.
174 BGH ZWE 2019, 749.
175 BayObLG MDR 1985, 325; KG NJW-RR 1986, 1072.
176 LG Nürnberg NZM 2000, 54.
177 LG Frankfurt a.M. ZWE 2018, 319.
178 Staudinger/*Kreuzer,* 2018, § 13 Rn. 17.
179 LG Hamburg ZWE 2016, 260 = ZMR 2016, 308.

Spielsalon, Spielothek, Spielhalle: in Laden grundsätzlich nicht zulässig, wobei auf den Charakter des Gebäudes abzustellen ist;[180] in ehemaligem Restaurant zulässig, wenn nicht stärker störend;[181]

Stellplatz: unzulässig ist die Nutzung zur dauerhaften Lagerung von Gegenständen, die nicht im Zusammenhang mit der Kfz-Nutzung stehen;[182] unerheblich ist es, ob die Stellplatzfläche Sonder- oder Gemeinschaftseigentum ist.[183]

Steuerberater- und Wirtschaftsprüferpraxis: in Wohnung zulässig,[184] wobei der Umfang des Parteiverkehrs zumutbar bleiben muss;

Teileigentum: die Nutzung einer Teileigentumseinheit zu Wohnzwecken ist jedenfalls in einem ausschließlich beruflichen und gewerblichen Zwecken dienenden Gebäude bei typisierender Betrachtung regelmäßig schon deshalb störender als die vorgesehene Nutzung, weil eine Wohnnutzung mit typischen Wohnimmissionen sowie einer anderen Benutzung des Gemeinschaftseigentums einhergeht und zu anderen Zeiten – nämlich ganztägig und auch am Wochenende – erfolgt; die Teileigentümer haben ein berechtigtes Interesse daran, dass der professionelle Charakter einer derartigen Anlage erhalten bleibt, um Konflikte, die durch eine in der Teilungserklärung nicht angelegte gemischte Nutzung hervorgerufen werden können, von vornherein zu vermeiden;[185]

Trockenraum: Nutzung als Fitnessraum unzulässig;[186]

Wohnung: in einer Wohnung dürfen nur Tätigkeiten ausgeübt werden, von denen keine Beeinträchtigungen ausgehen, die über die von einer üblichen Wohnnutzung ausgehenden Beeinträchtigungen hinausgehen;[187] zulässig ist eine Vermietung an täglich oder wöchentlich wechselnde Touristen, sofern Teilungserklärung oder Gemeinschaftsordnung dieses nicht verbieten;[188] unzulässig ist die Nutzung als Intensiv-Pflegestation;[189] unzulässig ist die Betreuung mehrerer Kleinkinder von 7.00–19.00 Uhr,[190] nicht aber von nur zwei Kindern;[191] im Übrigen ist bei jeder Nutzung auf die Umstände des Einzelfalls abzustellen;[192]

Zahnarztpraxis: in Wohnung grundsätzlich zulässig,[193] wobei der Patientenverkehr zumutbar bleiben muss.[194]

71 Am Ende dieser nicht abschließenden Aufzählung ist darauf hinzuweisen, dass in jedem Fall für die Entscheidung über die Zulässigkeit einer bestimmten Nutzung eine **Einzelfallbetrachtung** vorgenommen werden muss, bei der unter Berücksichtigung der objekt- und lagebezogenen **Besonderheiten des Gebäudes** und dessen Nutzung die Zulässigkeit unter Beachtung der Zweckbestimmung der Einheit zu beurteilen ist.[195] Dies gilt insbesondere dann, wenn für ein auf einer Sondernutzungsfläche stehendes Gebäude keine Zweckbestimmung gegeben ist.[196] Die im Grundbuch eingetragenen Zweckbestimmungen geben den Umfang der zulässigen Benutzung vor, mit der Folge, dass eine abweichende Nutzung unzulässig ist. Hiervon macht die hM jedoch im Wege der „ergänzenden Auslegung" der Zweckbestimmung dann eine Ausnahme, wenn die zweckbestimmungswidrige Nutzung bei **typisierender Betrachtungsweise** generell nicht mehr stören oder beeinträchtigen kann als eine der Zweckbestimmung entsprechende Nutzung. Hierbei ist die Benutzung nach ihrer Art und der damit verbundenen Folgen (zB die zu erwartende Besucherfrequenz einer Arztpraxis) zu konkretisieren und auf die örtlichen Gegebenheiten (Umfeld, Lage im Gebäude) und zeitlichen Verhältnisse (etwa Öffnungszeiten) zu beziehen.

72 Durch einen späteren **Nachtrag** zur **Teilungserklärung,** der geänderte Zweckbestimmungen enthält, werden die in der Gemeinschaftsordnung enthaltenen Zweckbestimmungen konkretisiert und ggf. abgeändert.[197]

---

[180] BayObLG NJW-RR 1990, 594; OLG Hamm WE 1990, 95; LG München I ZMR 2012, 482.
[181] LG München I ZWE 2016, 172.
[182] LG Hamburg ZMR 2015, 142.
[183] LG Hamburg ZMR 2015, 787.
[184] BayObLG ZMR 1999, 186.
[185] BGH NJW-RR 2018, 1227.
[186] AG Bremen ZWE 2014, 451.
[187] BayObLG NJW-RR 1991, 849; ZWE 2001, 112: Friseursalon unzulässig.
[188] BGH ZWE 2010, 3093 = ZMR 2010, 378; etwas differenzierter BGH ZWE 2011, 78 = ZMR 2011, 396; OLG Saarbrücken ZWE 2012, 492; aA VG Berlin ZWE 2018, 48; KG ZMR 2008, 406.
[189] AG Köln ZWE 2013, 129.
[190] BGH ZWE 2012, 366 = ZMR 2013, 970; LG Köln ZWE 2012, 185 = ZMR 2012, 39.
[191] AG Bremen-Blumenthal ZWE 2014, 452.
[192] *Sauren* § 15 Rn. 12W; Staudinger/*Kreuzer,* 2018, § 13 Rn. 7.
[193] KG NJW-RR 1991, 1421.
[194] BayObLG NJW-RR 1989, 273.
[195] Staudinger/*Kreuzer,* 2018, § 13 Rn. 15; BayObLG DNotZ 2003, 541; LG München I ZMR 2012, 477.
[196] BayObLG MittBayNot 2004, 439.
[197] BayObLG ZMR 2003, 757.

d) Sondernutzungsrechte. Nur durch eine **Vereinbarung** gemäß § 18 Abs. 2 Nr. 2, § 19 Abs. 1 und § 10 Abs. 3 oder einen gleichartigen Rechtsakt können Sondernutzungsrechte zugunsten einzelner Miteigentümer an Flächen und Räumen des gemeinschaftlichen Eigentums begründet werden (→ § 10 Rn. 17 ff.). Der Inhaber eines Sondernutzungsrechts am gemeinschaftlichen Eigentum kann die übrigen Miteigentümer von der Benutzung der betreffenden Fläche des Gemeinschaftseigentums ausschließen. Zwischen Sondernutzungsberechtigten können bundes- und landesgesetzliche **Nachbarrechtsvorschriften** zur Anwendung kommen, da diese Flächen den jeweiligen Eigentümern zur alleinigen Nutzung zugewiesen sind.[198] Zu Begriff und Inhalt von Sondernutzungsrechten → § 10 Rn. 17 ff. 73

e) Gemeinschaftsordnung. In der Regel wird für jede Gemeinschaft der Wohnungseigentümer eine Gemeinschaftsordnung durch Vereinbarung gemäß § 18 Abs. 2 Nr. 2, § 19 Abs. 1, § 10 Abs. 3 aufgestellt. 74

In einer Gemeinschaftsordnung werden die aufgrund objektbezogener Besonderheiten einer bestimmten Gemeinschaft der Wohnungseigentümer erforderlichen **Modifikationen** der gesetzlichen Bestimmungen der §§ 10–29 angeordnet, sofern diese Modifikationen dauerhaften Bestand haben sollen (zum Inhalt einer Gemeinschaftsordnung → § 10 Rn. 13 ff.).[199] Damit diesen Modifikationen gegenüber sämtlichen Rechtsnachfolgern Rechtswirkung zukommt, wird die Gemeinschaftsordnung im Regelfall zum **Bestandteil der Teilungserklärung** gemacht und damit bei Anlegung der Wohnungs- und Teileigentumsgrundbücher zum Inhalt des Wohnungs- und Teileigentums. Die grundbuchliche Inbezugnahme der vereinbarten Gemeinschaftsordnung als Bestandteil des Wohnungs- und Teileigentums wird auch als **Verdinglichung** der Gemeinschaftsordnung bezeichnet.[200] 75

f) Hausordnung durch Vereinbarung. Über § 18 Abs. 2 Nr. 2 und § 19 Abs. 1 kann auch eine Hausordnung, in der die zulässigen Nutzungen der Sondereigentumsrechte und des gemeinschaftlichen Eigentums für alle Eigentümer verbindlich geregelt sind, vereinbart werden. Eine Hausordnung kann auch durch **Mehrheitsbeschluss** gefasst werden, sofern die Hausordnung gemäß § 19 Abs. 1 lediglich die ordnungsmäßige Benutzung des Sonder- und Gemeinschaftseigentums regelt. Die Aufstellung einer Hausordnung gehört gemäß § 19 Abs. 2 Nr. 1 zur ordnungsmäßigen Verwaltung. Unter dem Gesichtspunkt der oftmals erforderlichen Anpassung einzelner Passagen der Hausordnung an sich ändernde Umstände ist eine von der Teilungserklärung und der Gemeinschaftsordnung getrennte Fassung der Hausordnung in Beschlussform sinnvoll. Auf diese Weise können notwendige Änderungen und Ergänzungen der Hausordnung auf Eigentümerversammlungen mit Mehrheitsbeschlüssen vorgenommen werden.[201] 76

Voraussetzung für die Fassung der Hausordnung durch **Mehrheitsbeschluss** gemäß § 19 Abs. 1 sowie der Möglichkeit der späteren Änderung einzelner Bestimmungen durch Mehrheitsbeschluss ist, dass die Hausordnung oder die zu ändernden Bestimmungen ausschließlich Nutzungsregelungen im Sinne einer ordnungsmäßigen Benutzung enthalten.[202] **Nutzungsänderungen** oder ein genereller **Ausschluss bestimmter Nutzungen** können in keinem Fall durch Änderung der Hausordnung beschlossen werden.[203] 77

g) Änderung vereinbarter Benutzungsregelungen. Vereinbarungen nach § 18 Abs. 2 Nr. 2 und § 19 Abs. 1 sind grundsätzlich nur **einstimmig** änderbar, da nach der Rspr. des BGH eine Vereinbarung nur durch eine Vereinbarung aufgehoben oder ersetzt werden kann (→ § 10 Rn. 43).[204] Etwas anderes gilt nur dann, wenn allein Bestimmungen über die ordnungsmäßige Benutzung geändert werden, bei denen das Gesetz gemäß § 19 Abs. 1 auch eine Regelung durch Mehrheitsbeschluss zulässt. Nach hM ist aus Gründen der Praktikabilität im Zweifel davon auszugehen, dass eine in der Teilungserklärung mit Gemeinschaftsordnung enthaltene Hausordnung nicht „mehrheitsfest" und damit **„beschlussoffen"** sein soll, weil insbesondere bei den in der Hausordnung enthaltenen Benutzungsregelungen nicht davon ausgegangen werden kann, dass diese im Grunde für alle Zukunft gelten und grundsätzlich unabänderbar sein sollen.[205] Die Beschlusskompetenz ergibt sich aus § 19 Abs. 2 Nr. 1.[206] 78

---

198 AG München ZWE 2014, 362 = ZMR 2014, 836.
199 Detailliert *Kreuzer,* Die Gemeinschaftsordnung nach dem WEG, 2005.
200 Bauer/Schaub/*Schneider* AT E Rn. 99.
201 Zu Fassung und Inhalt Jennißen/*Heinemann* § 21 Rn. 51; Riecke/Schmid/*Drabek* § 21 Rn. 160.
202 Staudinger/*Kreuzer,* 2018, § 15 Rn. 42.
203 OLG Düsseldorf ZMR 2005, 143.
204 BGHZ 145, 133 (136) = NZM 2000, 1187.
205 Bärmann/*Merle* § 21 Rn. 79; Staudinger/*Lehmann-Richter* § 21 Rn. 109, 168; *Elzer* ZMR 2006, 733 (734); BayObLGZ 1975, 201 (204); OLG Saarbrücken NZM 1999, 621 (622); LG München I ZWE 2018, 176.
206 Vgl. auch *Schmidt* ZMR 2009, 325.

79 **aa) Öffnungsklausel in der Teilungserklärung.** Das Wohnungseigentumsgesetz räumt den Wohnungseigentümern für die Regelung ihrer Verhältnisse untereinander in weitem Umfang **Vertragsfreiheit** ein. Nachdem den Wohnungseigentümern in § 23 Abs. 1 ausdrücklich die Befugnis eingeräumt wird, durch **Vereinbarung** zusätzliche Angelegenheiten von dem Einstimmigkeitsprinzip auszunehmen, begegnet es keinen Bedenken, wenn die Wohnungseigentümer vereinbaren, dass auch dort Mehrheitsbeschlüsse zulässig sein sollen, wo das Gesetz an sich eine Vereinbarung vorschreibt, denn mit Billigung einer **Abänderungsklausel** in der Teilungserklärung mit Gemeinschaftsordnung erklären sich die Wohnungseigentümer mit der Geltung des **Mehrheitsgrundsatzes** einverstanden.[207] Zu Zulässigkeit und Inhalt derartiger Öffnungsklauseln → § 3 Rn. 88; → § 10 Rn. 40.

80 Beschlüsse, die auf der Grundlage einer allgemeinen Öffnungsklausel gefasst werden, sind im Allgemeinen nur insoweit materiell überprüfbar, als das „Ob" und das „Wie" der Änderung nicht willkürlich sein dürfen. Einer **weiterreichenden Kontrolle** unterliegen dagegen Beschlussgegenstände, die **unentziehbare,** aber verzichtbare („mehrheitsfeste") **Rechte** der Sondereigentümer betreffen. Deshalb ist ein Änderungsbeschluss auf der Grundlage einer Öffnungsklausel nicht schon dann rechtmäßig, wenn er die Anforderungen der Ermächtigungsgrundlage erfüllt. Vielmehr sind insbesondere zum Schutz der Minderheit bestimmte fundamentale inhaltliche Schranken zu beachten. Die durch eine Öffnungsklausel legitimierte Mehrheitsmacht ist daher materiell-rechtlich unter anderem durch unentziehbare, aber verzichtbare Mitgliedschaftsrechte begrenzt. Zu den unentziehbaren, aber verzichtbaren („mehrheitsfesten") Rechten eines Sondereigentümers gehört beispielsweise die **Zweckbestimmung** seines Wohnungs- oder Teileigentums; sie darf durch einen auf der Grundlage einer allgemeinen Öffnungsklausel gefassten Mehrheitsbeschluss nur mit Zustimmung des Sondereigentümers geändert oder eingeschränkt werden.[208] Zu den unentziehbaren, aber verzichtbaren Mitgliedschaftsrechten gehört unter anderem auch das sog. **Belastungsverbot,** das jeden Wohnungseigentümer vor der Aufbürdung neuer (originärer) – sich weder aus dem Gesetz noch aus der bisherigen Gemeinschaftsordnung ergebender – Leistungspflichten schützt.[209]

81 **bb) Anpassungsanspruch aus § 10 Abs. 2.** Der in § 10 Abs. 2 verankerte Anspruch eines Wohnungseigentümers auf Anpassung einer Vereinbarung (→ § 10 Rn. 43 ff.) gibt einem oder mehreren Wohnungseigentümern die Möglichkeit, die für eine Änderung oder Modifikation einer Vereinbarung gemäß § 18 Abs. 2 Nr. 2 und § 19 Abs. 1 im Einzelfall erforderliche Zustimmung einzelner Miteigentümer gerichtlich einzuklagen.

82 Dieser Anspruch ist insbesondere auch für die **Änderung** von **Zweckbestimmungen** für Sondereigentumseinheiten in Teilungserklärungen von Interesse, da diese als Vereinbarungen gemäß § 18 Abs. 2 Nr. 2 und § 19 Abs. 1 nur allstimmig abänderbar sind.[210] Durch die engen Tatbestandsvoraussetzungen des § 10 Abs. 2 setzt die Geltendmachung eines Anspruchs auf Zustimmung zur Änderung der Zweckbestimmung neben der Darlegung der gesetzlichen Anspruchsvoraussetzungen des § 10 Abs. 2 (→ § 10 Rn. 46 ff.) zusätzlich den Nachweis der Änderung der objektiven Gegebenheiten für die beanspruchte Änderung der Zweckbestimmung voraus.[211]

83 **h) Bindung der Rechtsnachfolger.** Vereinbarungen entfalten gegenüber Rechtsnachfolgern gemäß § 10 Abs. 3 S. 1 erst ab ihrer **Eintragung** im **Grundbuch** Rechtswirkungen.

84 **3. Benutzungsregelung durch Beschluss.** § 19 Abs. 1 erlaubt für den Fall, dass keine Vereinbarungen entgegenstehen, Benutzungsregelungen durch **Mehrheitsbeschluss.** Zulässig sind derartige Beschlüsse nur dann, wenn die beschlossenen Benutzungsarten eine ordnungsmäßige Benutzung des Sondereigentums und des Gemeinschaftseigentums gestatten.[212]

85 **a) Hausordnung durch Mehrheitsbeschluss.** Eine Hausordnung kann immer dann durch Mehrheitsbeschluss gefasst werden, wenn mit dieser lediglich Benutzungsregelungen im Sinne einer ordnungsmäßigen Benutzung des Sondereigentums und des gemeinschaftlichen Eigentums festgelegt werden.[213] Wesentliches Kennzeichen einer Hausordnung ist, dass sämtliche Wohnungs- oder Teileigentümer durch sie in gleicher Weise berechtigt und verpflichtet werden.

---

[207] BGH NJW 1985, 2832.
[208] BGH NJW 2019, 2083.
[209] BGH NJW 2015, 549.
[210] Bärmann/*Suilmann* § 15 Rn. 18.
[211] Bärmann/*Suilmann* § 10 Rn. 156.
[212] BGHZ 129, 329 (331 f.) = NJW 1995, 2036; Bärmann/*Suilmann* § 15 Rn. 55; Staudinger/*Kreuzer,* 2018, § 15 Rn. 24; allg. zu Verwaltungs- und Benutzungsregelungen durch Beschluss *H. Müller* ZWE 2005, 303 ff.
[213] Riecke/Schmid/*Abramenko* § 15 Rn. 21.

aa) Regelungsgegenstand. Gesetzlich definiert ist der Begriff „Hausordnung" nicht. Er ist als Verkörperung sämtlicher hausbezogener **Benutzungs**- und **Verwaltungsregelungen** für das gemeinschaftliche Eigentum und das Sondereigentum zu verstehen.[214] Durch eine Hausordnung sollen primär die sich aus § 14 abstrakt ergebenden Rechte und Pflichten der Wohnungseigentümer im Hinblick auf die Nutzung und Verwaltung des Sonder- und Gemeinschaftseigentums ausgearbeitet und veranschaulicht werden.[215] Gegenstand einer Hausordnung sind primär Benutzungsregelungen iSv § 19 Abs. 1. Dies können allgemeine Sorgfalts-, Sicherheits- und Gefahrvorbeugungspflichten sein, aber auch Regelungen zur Benutzung gemeinschaftlicher Flächen (zB Treppenhäuser, Flure, Gänge, Wasch-, Trocken-, Fahrrad- und Kinderwagenraum). Ferner werden üblicherweise neben einer gegenseitigen **Rücksichtnahmepflicht** insbesondere das Anbringen von **Türschildern** und **Tafeln,** die Nutzung von Gemeinschaftseinrichtungen (zB **Fahrstühle, Saunen** und **Schwimmbäder**), das Verschließen der **Haustür**[216] sowie die täglichen **Ruhezeiten** geregelt.[217] 86

bb) Untergemeinschaften. Sofern eine Gemeinschaft der Wohnungseigentümer mehrere Gebäudekomplexe umfasst, kann eine getrennte Bewirtschaftungs- und Benutzungsregelung sinnvoll sein, um etwaigen Besonderheiten der Gebäudekomplexe angemessen Rechnung zu tragen. Die Teilungserklärung kann die Bildung von Untergemeinschaften für die Abrechnung vorsehen.[218] Das Gesetz sieht die Bildung von Untergemeinschaften nicht vor.[219] Untergemeinschaften haben keine Teilrechtsfähigkeit (→ § 1 Rn. 27). 87

Für die Beschlussfassung innerhalb einer Untergemeinschaft kann die Gemeinschaftsordnung das Mehrheitsprinzip innerhalb der Stimmen der Untergemeinschaft anordnen, sofern die zu beschließenden Regelungen allein die ordnungsmäßige Benutzung der Eigentümer innerhalb der Untergemeinschaft betreffen.[220] In diesem Fall kann für jede Untergemeinschaft von der betroffenen Untergemeinschaft eine **eigene Hausordnung** beschlossen werden, um Besonderheiten dieser Untergemeinschaft angemessen Rechnung zu tragen. Abwehrrechte der anderen Wohnungseigentümer sind in diesem Fall ausgeschlossen, sofern nicht der Bestand der Gemeinschaft dienender Anlagenteile als solcher beeinträchtigt oder gegen allgemeines Nachbarrecht verstoßen wird.[221] 88

b) Ordnungsmäßige Benutzung. Unter ordnungsmäßiger Benutzung ist eine Nutzung zu verstehen, die im Rahmen der durch die § 13 und § 14 sowie die Bestimmungen der Teilungserklärung und der Gemeinschaftsordnung bestehenden Rechte und Pflichten erfolgt und nicht gegen öffentlich-rechtliche Bestimmungen oder sonstiges höherrangiges Recht verstößt.[222] Die Nutzung muss unter Berücksichtigung der örtlichen Gegebenheiten dem Gebot gegenseitiger Rücksichtnahme und billigem Ermessen entsprechen.[223] 89

Zur **Regelung** der ordnungsmäßigen Benutzung[224] gehören zB die Beschlussfassung über die **Vermietung**[225] und **Verpachtung**[226] von Gemeinschaftsflächen, eine allgemeine[227] oder zeitlich begrenzte **Verteilung von Kfz-Stellplätzen** auf dem Grundstück,[228] eine räumliche Aufteilung einer gemeinschaftlichen **Gartenfläche** und deren Zuweisung an jeweils eine Gruppe von Sondereigentümern,[229] die zeitliche Begrenzung des **Biergartenbetriebs** auf einer Sondernutzungsfläche,[230] das Freihalten eines gemeinschaftlichen Kfz-Stellplatzes für die **Müllentsorgung,**[231] die Aufstellung 90

---

214 *Elzer* ZMR 2006, 733; BeckOK WEG/*Elzer* § 21 Rn. 200; Spielbauer/Then/*T. Spielbauer* § 21 Rn. 45; BayObLG WuM 2005, 475; OLG Frankfurt NJW-RR 2007, 377.
215 BayObLG ZMR 2005, 132; *Elzer* ZMR 2006, 733.
216 LG Frankfurt a. M. ZWE 2015, 458 = ZMR 2015, 734: aus Sicherheitsgründen unangemessen ist die Anordnung des Verschließens von innen.
217 Zu Aufstellung und Inhalt einer Hausordnung ausf. *Bielefeld*/Christ/Sommer, Der Wohnungseigentümer, Ratgeber zum Wohnungseigentum, 10. Aufl. 2017, 200.
218 Bärmann/*Suilmann* § 15 Rn. 26; BGH ZWE 2012, 223; BayObLG ZMR 2004, 356; 2004, 765.
219 OLG Naumburg ZMR 2009, 389.
220 Bärmann/*Suilmann* § 10 Rn. 27; Weitnauer/*Lüke* § 15 Rn. 10 unter Berufung auf BayObLGE 1961, 332.
221 OLG München DNotZ 2008, 614.
222 Bärmann/*Suilmann* § 15 Rn. 55; Staudinger/*Kreuzer,* 2018, § 15 Rn. 19.
223 Staudinger/*Kreuzer,* 2018, § 15 Rn. 24; Palandt/*Wicke,* 79. Aufl. 2020, § 15 Rn. 4.
224 Eine anschauliche Aufstellung findet sich bei Riecke/Schmid/*Abramenko* § 15 Rn. 16.
225 BGHZ 144, 386 = DNotZ 2000, 851; OLG Hamburg ZMR 2004, 615; an die Stelle des Mitgebrauchs tritt der Anteil an den Mieteinnahmen, BayObLG ZMR 2000, 110.
226 OLG Hamburg ZMR 2003, 957.
227 LG Berlin ZWE 2014, 450.
228 BayObLG NJW-RR 1992, 599; LG Itzehoe ZWE 2015, 32.
229 OLG Hamm ZMR 2005, 400.
230 BayObLG ZWE 2001, 606.
231 OLG Hamm ZWE 2000, 370.

eines Gefrierschranks in einem **Waschraum,**[232] das Verbot der Anbringung von **Blumenkästen** auf einer Dachterrasse zur Erreichung einer zuvor vereinbarten einheitlichen Gestaltung des Grundstücks,[233] eine Beschränkung des Zugangs in Räume mit Versorgungseinrichtungen und Zählern auf Verwalter und Verwaltungsbeirat,[234] eine Beschränkung der Nutzung eines **Schwimmbads** auf Eigentümer und Mieter einer Ferienanlage,[235] das Verbot bestimmter **Kampfhunderassen,**[236] die Beschränkung des freien Herumlaufens[237] oder der Haltung von **Haustieren** auf einen Hund oder drei Katzen pro Sondereigentumseinheit,[238] das Verbot der **Fahrstuhlnutzung** durch Hunde[239] oder deren generelles Verbot im Einzelfall.[240]

91 **c) Über ordnungsmäßige Benutzung hinausgehende Nutzungsregelungen.** Sofern die Benutzungsregelungen über die ordnungsmäßige Benutzung hinausgehen, kann eine Nutzungsregelung nur durch eine **Vereinbarung** gemäß § 18 Abs. 2 Nr. 2 und § 19 Abs. 1 getroffen werden. Dies ist insbesondere dann der Fall, wenn Nutzungsregelungen eine nach § 13 Abs. 1 zulässige Benutzung des Sondereigentums verbieten[241] oder einschränken[242] oder den Wohnungseigentümern außerhalb der gemeinschaftlichen Kosten weitere zusätzliche Leistungspflichten auferlegen.[243]

92 So gehen zB das **Verbot** jeder **Haustierhaltung,**[244] jedes Musizierens ohne Ausnahme für **berufsbedingtes Musizieren,**[245] der **Vermietung** allgemein[246] oder an wöchentlich wechselnde Nutzer,[247] der Ausübung eines Berufs oder eines sonstigen Gewerbes[248] sowie der Führung eines **Konkurrenzbetriebes**[249] über die Regelung der ordnungsmäßigen Benutzung hinaus. Ebenso gehen Beschlüsse, die generell das Anbringen von **Parabolantennen** verbieten,[250] die eine Nutzung von gemeinschaftlichen Kfz.-Stellplätzen durch Besucher einer in der Anlage befindlichen gewerblichen Einheit verbieten[251] oder nicht allen Sondereigentümern ein Nutzungsrecht einräumen,[252] die Zuweisung der Nutzung von **Wasseranschlüssen**[253] oder **Kaminzügen**[254] im Gemeinschaftseigentum an einzelne Sondereigentümer, das Erzwingen einer Mindestbeheizung durch pauschale Umlage von 75% der Heizkosten auf jeden Sondereigentümer[255] oder Beschlüsse, die eine Verpflichtung für vermietende Wohnungs- und Teileigentümer begründen, dem Verwalter eine Ermächtigung zum Mieteinzug und gleichzeitiger Zurverfügungstellung von Teilen des Mietzinses an die Gemeinschaft zu erteilen,[256] über die Regelung der ordnungsmäßigen Benutzung hinaus.

93 **d) Änderung beschlossener Benutzungsregelungen.** Die Änderung von gemäß § 19 Abs. 1 beschlossenen Benutzungsregelungen erfolgt durch **Mehrheitsbeschluss** gemäß § 19 Abs. 1. Insoweit ist auch die Änderung von Beschlüssen einfacher als die Änderung von Vereinbarungen, die bei Fehlen einer gesetzlichen oder einer in der Teilungserklärung mit Gemeinschaftsordnung vereinbarten Beschlusskompetenz nur einstimmig durch Vereinbarung geändert werden können.

94 **e) Bindung der Rechtsnachfolger.** Beschlüsse nach § 19 Abs. 1 wirken gemäß § 23 Abs. 1 S. 1, § 10 Abs. 3 S. 2 grundsätzlich auch **ohne Eintragung** im **Grundbuch** gegenüber sämtlichen

---

[232] OLG Frankfurt ZMR 2009, 385.
[233] BayObLG ZWE 2001, 612.
[234] BayObLG ZWE 2002, 318.
[235] OLG München ZMR 2005, 811.
[236] KG ZMR 2004, 704.
[237] BGH ZWE 2015, 328 = ZMR 2015, 729; BayObLG ZMR 2004, 769; LG Frankfurt a.M. ZWE 2016, 218 = ZMR 2016, 56 – Beschränkung gilt entsprechend für Katzen.
[238] KG MDR 1998, 1345; LG Lüneburg ZMR 2012, 728 – zwei Hunde pro Sondereigentum.
[239] LG Karlsruhe ZWE 2014, 172.
[240] BGHZ 129, 329 (333 f.) = NJW 1995, 2036 f.; OLG Düsseldorf ZWE 2002, 535.
[241] Palandt/*Wicke,* 79. Aufl. 2020, § 15 Rn. 5.
[242] OLG Düsseldorf ZMR 2003, 861.
[243] BGH NJW 2010, 2801 = ZWE 2010, 359 = ZMR 2010, 777.
[244] BayObLG ZWE 2002, 175; OLG Zweibrücken ZMR 2007, 308; AG WürzBurg ZMR 2015, 423.
[245] BayObLG ZWE 2002, 312.
[246] BayObLGZ 1975, 233.
[247] LG Berlin ZWE 2013, 406.
[248] BayObLGZ 1978, 305; OLG Hamm OLGZ 1992, 300.
[249] OLG Hamm FGPrax 1997, 96.
[250] BGH ZWE 2010, 29 = ZMR 2010, 299; BayObLG ZMR 2004, 688.
[251] BayObLG ZWE 2000, 208.
[252] OLG Zweibrücken OLGZ 1985, 418; KG NJW-RR 1990, 1495; OLG Frankfurt ZMR 2008, 398.
[253] OLG München ZMR 2007, 561.
[254] AG München ZMR 2013, 141.
[255] OLG Hamm ZMR 2006, 149.
[256] OLG Düsseldorf ZWE 2001, 335.

Rechtsnachfolgern. Hiervon **ausgenommen** sind gemäß § 10 Abs. 3 S. 1 **Beschlüsse,** die **aufgrund** einer **Vereinbarung** gefasst werden, dh in der Regel Beschlüsse, die aufgrund einer in der Teilungserklärung mit Gemeinschaftsordnung enthaltenen Öffnungsklausel gefasst werden und die eine Vereinbarung ändern, ergänzen oder aufheben; derartige vereinbarungsändernde, vereinbarungsaufhebende oder vereinbarungsergänzende Beschlüsse wirken gemäß § 10 Abs. 3 S. 1 gegen den Sondernachfolger nur, wenn sie als Inhalt des Sondereigentums in das **Grundbuch** eingetragen sind. Gemäß § 5 Abs. 4 können derartige Beschlüsse zum Inhalt des Sondereigentums gemacht werden; hierfür reicht es gemäß § 7 Abs. 2 aus, wenn der Beschluss durch eine Niederschrift, bei der die Unterschriften der in § 24 Abs. 6 bezeichneten Personen öffentlich beglaubigt sind, nachgewiesen ist.

Seit dem 1.7.2007 sind gefasste Beschlüsse gemäß § 24 Abs. 7 S. 3 vom bestellten Verwalter **95** in die von ihm gemäß § 24 Abs. 8 zu führende **Beschluss-Sammlung** der Gemeinschaft der Wohnungseigentümer einzutragen. Die Beschluss-Sammlung wurde im Zusammenhang mit den erweiterten Beschlusskompetenzen eingeführt. Die Beschluss-Sammlung hat die in der Gemeinschaft geltende Beschlusslage vollständig chronologisch wiederzugeben. Jeder Sondernachfolger kann durch **Einsicht** in die Beschluss-Sammlung vor Eintritt in die Gemeinschaft Kenntnis von der geltenden Beschlusslage nehmen. Die Beschluss-Sammlung genießt jedoch keinen öffentlichen Glauben.[257] Da sich die Beschluss-Sammlung nach Meinung des Gesetzgebers angeblich bewährt haben soll, ist diese beibehalten worden.[258]

4. Anspruch auf ordnungsmäßige Benutzung. § 18 Abs. 2 Nr. 2 stellt klar, dass jeder Woh- **96** nungs- oder Teileigentümer gegenüber der Gemeinschaft der Wohnungseigentümer einen **Anspruch** auf eine Benutzung des gemeinschaftlichen Eigentums und des Sondereigentums hat, die dem Interesse der Gesamtheit der Wohnungseigentümer nach billigem Ermessen und, soweit solche bestehen, den gesetzlichen Regelungen, Vereinbarungen und Beschlüssen entsprechen.

a) Anspruchsgegner. Der Anspruch auf ordnungsgemäße Benutzung richtet sich gemäß § 18 **97** Abs. 2 ausschließlich gegen die **Gemeinschaft der Wohnungseigentümer,** also nicht gegen den oder die störenden Eigentümer.

Wird jedoch ein Wohnungseigentümer durch eine unzulässige Benutzung eines anderen Woh- **98** nungseigentümers in seinem **Sondereigentum** oder einem anderen absoluten Recht beeinträchtigt, hat er einen gegen diesen gerichteten **Unterlassungsanspruch** nach den allgemeinen Vorschriften, insbesondere nach § 14 Abs. 2 Nr. 1 und nach § 1004 Abs. 1 BGB. Zu denken ist dabei insbesondere an **Lärm**- und/oder **Geruchsbeeinträchtigungen.** Diese individuellen **Beseitigungs**- bzw. **Unterlassungsansprüche** aus § 1004 Abs. 1 BGB kann weiterhin der einzelne Wohnungseigentümer gegen den Störer geltend machen. Die Geltendmachung solcher Ansprüche durch die Gemeinschaft der Wohnungseigentümer kann auch nicht durch Beschluss auf die Gemeinschaft der Wohnungseigentümer übertragen werden,[259] da gemäß § 9a Abs. 2 die Gemeinschaft der Wohnungseigentümer schon von Gesetzes wegen die gemeinschaftsbezogenen Rechte der Wohnungseigentümer, die eine einheitliche Rechtsverfolgung erfordern, ausübt und gemäß § 18 Abs. 1 die Verwaltung des gemeinschaftlichen Eigentums grundsätzlich der Gemeinschaft der Wohnungseigentümer obliegt und daher das Gesetz die Möglichkeit von sog. Vergemeinschaftungsbeschlüssen, die nach der früher geltenden Rechtslage auf der Grundlage von § 10 Abs. 6 S. 3 Alt. 2 aF gefasst werden konnten, nicht mehr vorsieht. Für die Geltendmachung derartiger **Individualansprüche** ist die Gemeinschaft der Wohnungseigentümer also nicht zuständig. Die zweckbestimmungswidrige Nutzung muss der sich hiervon gestört fühlende Wohnungseigentümer gegenüber der Gemeinschaft der Wohnungseigentümer geltend machen, während er die damit einhergehenden Geruchsbeeinträchtigungen gegenüber dem Störer geltend machen kann. Kommt es hingegen aufgrund der zweckbestimmungswidrigen Benutzung einer Sondereigentumseinheit zu einer Beeinträchtigung des gemeinschaftlichen Eigentums, kann gemäß § 9a Abs. 2 nur die Gemeinschaft der Wohnungseigentümer Unterlassungsansprüche ausüben, sofern die Beeinträchtigung des gemeinschaftlichen Eigentums nicht zugleich gegen eine Vereinbarung oder einen Beschluss verstößt (dann bestünde der originäre Anspruch der Gemeinschaft der Wohnungseigentümer aus § 14 Abs. 1 Nr. 1). Hier wird es zu erheblichen **Abgrenzungsschwierigkeiten** kommen, insbesondere dann, wenn mit einer zweckbestimmungswidrigen Nutzung einer Sondereigentumseinheit individuelle Beeinträchtigungen einhergehen, wie zum Beispiel Geruchsbeeinträchtigungen, weil in einer als Laden bezeichneten Einheit ein Imbiss betrieben wird.

---

[257] Niedenführ/Schmidt-Räntsch/Vandenhouten/*Vandenhouten* § 24 Rn. 99; Riecke/Schmid/*Riecke* § 24 Rn. 146.

[258] BT-Drs. 19/22634, 45.

[259] Vgl. hierzu bereits zum „alten Recht" BGH ZWE 2020, 344.

99 Betrifft der Streit allein die Abgrenzung von benachbarten **Sondernutzungsrechten,** dürfte der Anspruch ebenfalls nur gegen den anderen Sondernutzungsberechtigten geltend zu machen sein.[260]

100 Auf das nachbarliche Verhältnis von zwei Wohnungseigentümern sind bundes- und landesrechtliche Vorschriften des **Nachbarrechts** entsprechend anzuwenden.[261] Wird die Nutzung eines Sondereigentums durch rechtswidrige Einwirkungen aus einem anderen Sondereigentum beeinträchtigt, können dem betroffenen Wohnungseigentümer auch Abwehr- und Ausgleichsansprüche in entsprechender Anwendung des § 906 Abs. 2 S. 2 BGB gegenüber dem anderen Sondereigentümer zustehen.[262] Auch für die Geltendmachung solcher Ansprüche ist die Gemeinschaft der Wohnungseigentümer nicht zuständig.

101 **b) Anspruchsart.** Bei der zweckbestimmungswidrigen Nutzung einer Sondereigentumseinheit konnte ein Wohnungseigentümer hiergegen bisher **Unterlassungsansprüche** geltend machen. Lag die störende Benutzung des gemeinschaftlichen Eigentums darin begründet, dass ein Wohnungseigentümer eine unzulässige bauliche Veränderung des Gemeinschaftseigentums vorgenommen hat, konnte ein Wohnungseigentümer hiergegen **Beseitigungsansprüche** geltend machen. Nachdem sich nunmehr aber der Anspruch gegen die Gemeinschaft der Wohnungseigentümer richtet, die Gemeinschaft der Wohnungseigentümer aber in Bezug auf die pflichtwidrige Benutzung nicht Handlungsstörerin ist, kann die Gemeinschaft der Wohnungseigentümer nicht auf eine Unterlassung oder Beseitigung in Anspruch genommen werden. Vielmehr richtet sich der Anspruch gegen die Gemeinschaft der Wohnungseigentümer auf die **Vornahme einer Handlung,** nämlich tätig zu werden und auf der Grundlage von § 14 Abs. 1 Nr. 1 oder § 9a Abs. 2 gegen den eigentlichen Störer vorzugehen.

102 **c) Durchsetzung.** Bevor ein Wohnungseigentümer die Gemeinschaft der Wohnungseigentümer gerichtlich auf ein Tätigwerden gegen eine pflichtwidrige Benutzung des gemeinschaftlichen Eigentums oder des Sondereigentums in Anspruch nehmen kann, muss der betroffene Wohnungseigentümer auch hier zunächst erfolglos versucht haben, in einer Wohnungseigentümerversammlung einen Beschluss herbeizuführen, der zum Inhalt hat, dass die Gemeinschaft der Wohnungseigentümer gegen die pflichtwidrige Benutzung des gemeinschaftlich Eigentums oder des Sondereigentums außergerichtlich und notfalls auch gerichtlich vorgeht. Auch hier ist also das **Vorbefassungsgebot der Eigentümerversammlung** zu berücksichtigen, denn ohne ermächtigenden Beschluss ist der Verwalter im Innenverhältnis gegenüber der Gemeinschaft der Wohnungseigentümer in der Regel nicht berechtigt, namens der Gemeinschaft Aktivprozesse einzuleiten.

103 Kommt der Eigentümerbeschluss nicht zu Stande, kann das Gericht auf Klage eines Wohnungseigentümers gemäß § 44 Abs. 1 S. 2 den Beschluss fassen **(Beschlussersetzungsklage).** Gemäß § 44 Abs. 2 S. 1 ist diese Klage gegen die Gemeinschaft der Wohnungseigentümer zu richten. Die Klageanträge könnten sinngemäß wie folgt formuliert werden: „Das außergerichtliche und notfalls auch gerichtliche Vorgehen durch die Beklagte gegen die zweckbestimmungswidrige Nutzung der Ladeneinheit Nr. … als Imbiss ist beschlossen", oder „Das außergerichtliche und notfalls auch gerichtliche Vorgehen durch die Beklagte gegen die an dem zur Wohnung Nr. … gehörenden Balkon installierte Satellitenschüssel ist beschlossen".

104 **d) Einwendungen.** Da der Anspruch der Wohnungseigentümer gegen die Gemeinschaft der Wohnungseigentümer auf ordnungsmäßige Benutzung gerichtet ist und dem Anspruch auf ordnungsmäßige Verwaltung gleichgestellt ist, unterliegt der Anspruch weder der **Verjährung** noch der **Verwirkung.**[263]

105 **e) Schadensersatzpflicht im Rahmen des Abs. 2.** Auch bei einer pflichtwidrigen Benutzung von Sonder- und/oder Gemeinschaftseigentum sind Schadensersatzansprüche gegenüber der Gemeinschaft der Wohnungseigentümer denkbar. Liegt eine **zweckbestimmungswidrige Nutzung** vor und geht die Gemeinschaft der Wohnungseigentümer hiergegen nicht zeitnah vor, weil in einer Eigentümerversammlung der im Innenverhältnis hierfür grundsätzlich erforderliche Eigentümerbeschluss zunächst nicht gefasst wird, sind **Schadensersatzansprüche** gegen die Gemeinschaft der Wohnungseigentümer denkbar, wenn zum Beispiel der Mieter einer Sondereigentumseinheit aufgrund der störenden zweckbestimmungswidrigen Nutzung einer anderen Sondereigentumseinheit die Miete mindert; in diesem Fall sind Schadensersatzansprüche des vermietenden Eigentümers gegen die Gemeinschaft der Wohnungseigentümer denkbar.

---

[260] BayObLG ZWE 2001, 72.
[261] BGH DNotZ 2008, 378.
[262] BGH ZWE 2014, 83 mAnm *Dötsch* = ZMR 2014, 225.
[263] BGH ZWE 2012, 218; LG Hamburg ZWE 2013, 34.

Liegt eine unzulässige **bauliche Veränderung** vor und geht die Gemeinschaft der Wohnungseigentümer hiergegen nicht zeitnah vor, weil in einer Eigentümerversammlung der im Innenverhältnis hierfür erforderliche Eigentümerbeschluss zunächst nicht gefasst wird, sind ebenfalls Schadensersatzansprüche gegen die Gemeinschaft der Wohnungseigentümer denkbar. Da im Rahmen des Schadensersatzanspruchs gemäß § 249 Abs. 1 BGB auch **Naturalrestitution** verlangt werden kann, kann verlangt werden, dass die Gemeinschaft der Wohnungseigentümer die unzulässige bauliche Veränderung selbst und auf eigene Kosten beseitigt.[264] **106**

Beruht die Schadensersatzpflicht der Gemeinschaft der Wohnungseigentümer auf einer schuldhaften Pflichtverletzung eines ihrer Organe oder Organwalters, sind auch hier **Regressansprüche** möglich (→ Rn. 50 ff.). **107**

V. Anspruchsverfolgung durch die Gemeinschaft der Wohnungseigentümer

1. Ansprüche der Gemeinschaft der Wohnungseigentümer. Nachdem gemäß Abs. 1 nur noch die Gemeinschaft der Wohnungseigentümer für die Verwaltung des gemeinschaftlichen Eigentums zuständig ist, obliegt es ausschließlich der Gemeinschaft der Wohnungseigentümer, die **originären Ansprüche** sowie die **gemeinschaftsbezogenen Ansprüche** aus § 9a Abs. 2 geltend zu machen. **108**

a) Originäre Ansprüche. Zu den originären Ansprüchen, die die Gemeinschaft der Wohnungseigentümer aus eigenem Recht geltend macht, zählen insbesondere (zu weiteren Beispielen → § 9a Rn. 10 ff.): **109**

- Gemäß Abs. 1 Anspruch auf **Verwaltung des gemeinschaftlichen Eigentums.** Aus dem Anspruch der Gemeinschaft der Wohnungseigentümer auf Verwaltung des gemeinschaftlichen Eigentums erwachsen weitere Ansprüche, die aus der Verwaltung des gemeinschaftlichen Eigentums resultieren und die für die Verwaltung des gemeinschaftlichen Eigentums erforderlich sind, nämlich insbesondere:
  - Anspruch gegen den Verwalter auf Erstellung der **Jahresabrechnung** und des **Wirtschaftsplans;**
  - Anspruch gegen den Verwalter auf **Vollziehung eines Beschlusses;**
  - Anspruch gegen den Verwalter auf Aufnahme bestimmter **Tagesordnungspunkte;**
  - Anspruch gegen den Verwalter auf **Einberufung** einer **Eigentümerversammlung;**
  - Anspruch gegen den Verwalter auf **Einsichtnahme in die Verwaltungsunterlagen** (vgl. § 18 Abs. 4);
  - Anspruch gegen den Verwalter auf **Einsichtnahme** in die **Beschluss-Sammlung;**
  - Anspruch gegen den Verwalter auf Erstellung des **Vermögensberichts** iSv § 28 Abs. 3;
  - Anspruch auf Erstellung einer **Versammlungsniederschrift** (§ 24 Abs. 6 S. 1);
  - Anspruch auf **Berichtigung** der **Versammlungsniederschrift;**
- **Beitragsansprüche** aus **Vorschüssen, Nachschüssen** und **Sonderumlage** (§ 16 Abs. 1 S. 1);
- Anspruch aus § 14 Abs. 1 Nr. 1, gegenüber den Wohnungseigentümern die **Einhaltung von Gesetz, Vereinbarungen und Beschlüssen** bezüglich des Gemeinschaftseigentums **zu verlangen;** hierzu zählt insbesondere,
  - von den Wohnungseigentümern die Einhaltung von § 20 Abs. 1 zu verlangen, wonach vor der Durchführung einer **baulichen Veränderung** zunächst ein **gestattender Eigentümerbeschluss** einzuholen ist;
  - von den Wohnungseigentümern die Einhaltung der **Zweckbestimmung** der jeweiligen Sondereigentumseinheit zu verlangen, da es sich bei einer Zweckbestimmung um eine Regelung mit **Vereinbarungscharakter** handelt;
  - von den Wohnungseigentümern die Einhaltung der **Hausordnung** zu verlangen, sofern die Hausordnung vereinbart oder durch einen Beschluss verabschiedet worden ist;
  - von den Wohnungseigentümern die **Zahlung der Beiträge** (Hausgeldvorauszahlungen, Abrechnungsspitzen und Sonderumlagen) zu verlangen, da die Vorschüsse, Nachschüsse und Sonderumlagen auf Beschlüssen beruhen (§ 28 Abs. 1 und 2);
- **Duldungsanspruch** in Bezug auf Zutritt zum Sondereigentum und andere Einwirkungen auf das Sonder- und Gemeinschaftseigentum gegenüber Wohnungseigentümern (§ 14 Abs. 1 Nr. 2);
- Ansprüche aus den **erworbenen Rechten** iSv § 9a Abs. 1 S. 1, dh insbesondere Erfüllungs-, Mängel- und Schadensersatzansprüche aus den von der Gemeinschaft der Wohnungseigentümer geschlossenen Verträgen;
- Anspruch auf **Veräußerung** des **Wohnungseigentums** (§ 17 Abs. 1).

---

264 BGH NJW 2020, 42.

110 **b) Gemeinschaftsbezogene Ansprüche iSv § 9a Abs. 2.** Bei den **gemeinschaftsbezogenen Ansprüchen** aus § 9a Abs. 2 handelt es sich um gemeinschaftsbezogene Rechte der Wohnungseigentümer, die eine einheitliche Rechtsverfolgung erfordern. Diese Ansprüche macht die Gemeinschaft der Wohnungseigentümer in **gesetzlicher Prozessstandschaft** geltend. Im Vergleich zur früheren Rechtslage handelt es sich bei diesen Ansprüchen um die sog. **„geborenen" Ansprüche** iSv § 10 Abs. 6 S. 3 Alt. 1 aF, die auch schon nach der zuvor geltenden Rechtslage ausschließlich von der Gemeinschaft der Wohnungseigentümer ausgeübt werden mussten, sowie um die sog. **„gekorenen" Ansprüche** iSv § 10 Abs. 6 S. 3 Alt. 2 aF, die von der Gemeinschaft der Wohnungseigentümer aufgrund eines **„Vergemeinschaftungsbeschlusses"** ausgeübt werden konnten. Hierzu zählen insbesondere (zu zahlreichen weiteren Beispielen → § 9a Rn. 31 f.):

- **Beseitigungsansprüche** gegen unzulässige bauliche Veränderungen am Gemeinschaftseigentum, auch soweit der Beseitigungsanspruch die Wiederherstellung des vorherigen Zustands umfasst;[265] sofern die Beeinträchtigung des gemeinschaftlichen Eigentums zugleich einen Verstoß gegen eine gesetzliche Regelung, eine Vereinbarung oder einen Beschluss begründet, dann besteht zusätzlich ein originärer Anspruch der Gemeinschaft der Wohnungseigentümer gemäß § 14 Abs. 1 Nr. 1, wovon regelmäßig auszugehen sein dürfte, denn wenn ohne gestattenden Eigentümerbeschluss eine bauliche Veränderung vorgenommen worden ist, liegt in der Regel ein Verstoß gegen § 20 Abs. 1 vor;
- **Unterlassungsansprüche** gemäß § 1004 Abs. 1 BGB bei Beeinträchtigungen des gemeinschaftlichen Eigentums; sofern die Beeinträchtigung des gemeinschaftlichen Eigentums zugleich einen Verstoß gegen eine gesetzliche Regelung, eine Vereinbarung oder einen Beschluss begründet, dann besteht zusätzlich ein originärer Anspruch der Gemeinschaft der Wohnungseigentümer gemäß § 14 Abs. 1 Nr. 1;
- **Herausgabeansprüche** in Bezug auf gemeinschaftliche Flächen und Räume; sofern die Beeinträchtigung des gemeinschaftlichen Eigentums zugleich einen Verstoß gegen eine gesetzliche Regelung, eine Vereinbarung oder einen Beschluss begründet, dann besteht zusätzlich ein originärer Anspruch der Gemeinschaft der Wohnungseigentümer gemäß § 14 Abs. 1 Nr. 1;
- **Schadensersatz** gegen einen Wohnungseigentümer wegen Beschädigung von Gemeinschaftseigentum;[266]
- **Abwehransprüche gegen Dritte,** wenn die Beeinträchtigung des Gemeinschaftseigentums auf einem störenden Verhalten des Dritten beruht (zB Verstoß gegen die Zweckbestimmung oder die Hausordnung durch den Mieter);
- Geltendmachung von **sekundären Mängelrechten** (Minderung und der sog. „kleine" Schadensersatz) der Erwerber gegen den Bauträger/Aufteiler wegen Mängeln am Gemeinschaftseigentum; diese Mängelrechte konnte auch schon nach früher geltendem Recht ausschließlich die Gemeinschaft der Wohnungseigentümer geltend machen.

111 Der einzelne Wohnungseigentümer ist nicht (mehr) befugt, diese Ansprüche selbst und im eigenen Namen geltend zu machen. Macht ein einzelner Eigentümer diese Ansprüche dennoch selbst und im eigenen Namen geltend, **fehlt** ihm die **Prozessführungsbefugnis.** Eine Klage wäre unzulässig.

112 **c) Sonderfall: primäre Mängelrechte und Abnahme gegenüber dem Bauträger.** Aus der Gesetzesbegründung ergibt sich, dass die **primären Mängelrechte** (Nacherfüllung, Kostenvorschuss, Aufwendungsersatz) der Erwerber gegen den Bauträger/Aufteiler wegen Mängeln am Gemeinschaftseigentum nicht unter § 9a Abs. 2 fallen,[267] so dass es hierfür keine gesetzliche Ausübungsbefugnis gibt. Nachdem es auch nicht mehr die Möglichkeit gibt, die Geltendmachung und Ausübung dieser Ansprüche durch einen „Vergemeinschaftungsbeschluss" auf die Gemeinschaft der Wohnungseigentümer zu übertragen, da § 10 Abs. 6 S. 3 Alt. 2 aF ersatzlos weggefallen ist, stellt sich die Frage, wie dies nun noch möglich sein soll. Die Antwort hat bereits vor Kodifizierung von § 10 Abs. 6 S. 3 Alt. 2 aF der BGH geliefert. Laut BGH kann die Gemeinschaft der Wohnungseigentümer durch **Mehrheitsbeschluss** die Durchsetzung der auf die ordnungsgemäße Herstellung des Gemeinschaftseigentums gerichteten Rechte der Erwerber von Wohnungseigentum wegen Mängeln des Gemeinschaftseigentums **an sich ziehen.** Macht sie von dieser Möglichkeit Gebrauch, begründet dies ihre **alleinige Zuständigkeit.** Im Gerichtsverfahren tritt die Gemeinschaft der Wohnungseigentümer als **gewillkürte Prozessstandschafterin** auf.[268] Nachdem es zum Zeitpunkt dieser BGH-Entscheidung vom 12.4.2007 die Möglichkeit eines „Vergemeinschaftungsbeschlusses" iSv § 10 Abs. 6 S. 3 Alt. 2 aF noch nicht gab, da § 10 Abs. 6 S. 3 Alt. 2 aF erst am 1.7.2007 in Kraft

---

[265] BGH NJW 2019, 1216.
[266] BGH NJW 2014, 1090.
[267] BT-Drs. 19/18791, 47.
[268] BGH NJW 2007, 1952.

getreten ist, lebt diese BGH-Entscheidung nach dem nunmehrigen Wegfall von § 10 Abs. 6 S. 3 Alt. 2 aF wieder auf. Da es also laut BGH schon ohne die Existenz einer gesetzlichen Rechtsgrundlage möglich war, „Vergemeinschaftungsbeschlüsse" in Bezug auf die Geltendmachung von primären Mängelrechten zu fassen, ist es auf Grundlage der genannten BGH-Entscheidung auch ohne § 10 Abs. 6 S. 3 Alt. 2 aF und ohne § 9a Abs. 2 möglich, hinsichtlich der Geltendmachung von primären Mängelrechten einen „Vergemeinschaftungsbeschluss" zu fassen. Weil für die **primären Mängelrechte** gegenüber dem Bauträger § 9a Abs. 2 nicht einschlägig ist, bleibt es daher auch dabei, dass die einzelnen **Erwerber** so lange in der Lage sind, die primären Mängelrechte gegenüber dem Bauträger/Aufteiler alleine geltend zu machen, bis der **„Vergemeinschaftungsbeschluss"** gefasst wird;[269] dies ist eine der wesentlichen Folgen davon, dass die primären Mängelrechte gegenüber dem Bauträger/Aufteiler nicht von § 9a Abs. 2 erfasst sind, denn wäre § 9a Abs. 2 einschlägig, wären die einzelnen Erwerber von Beginn an nicht berechtigt, die sich aus ihrem jeweiligen Bauträgervertrag ergebenden Mängelrechte gegenüber dem Bauträger geltend zu machen. Unerheblich ist somit auch, dass die auf Grundlage des § 10 Abs. 6 S. 3 Alt. 2 aF gefassten „Vergemeinschaftungsbeschlüsse" nach allgemeinen Grundsätzen mit Inkrafttreten der Neuregelung für die Zukunft ihre Wirkung verlieren sollen, denn wie sich aus der genannten BGH-Entscheidung ergibt, wurde für die „Vergemeinschaftungsbeschlüsse" in Bezug auf die primären Mängelrechte § 10 Abs. 6 S. 3 Alt. 2 aF gar nicht benötigt.[270] Insoweit bleibt es also dabei, dass die Gemeinschaft der Wohnungseigentümer im Rahmen der ordnungsmäßigen Verwaltung die Ausübung der den einzelnen Erwerbern aus den jeweiligen Verträgen mit dem Veräußerer zustehenden Rechte auf ordnungsgemäße Herstellung des Gemeinschaftseigentums gemäß § 19 Abs. 2 Nr. 2 durch Mehrheitsbeschluss an sich ziehen kann.[271] Darunter fallen die auf Beseitigung von Mängeln am Gemeinschaftseigentum gerichteten werkvertraglichen **Erfüllungs**- oder **Nacherfüllungsansprüche,** und zwar selbst dann, wenn nur noch ein Erwerber (sog. **Nachzügler** oder **Spätkäufer**) ein durchsetzbares Recht auf ordnungsgemäße Herstellung des Gemeinschaftseigentums haben sollte.[272] Anerkannt hat der BGH die Ausübungsbefugnis der Gemeinschaft der Wohnungseigentümer auch für das Gemeinschaftseigentum betreffende **kaufvertragliche Nacherfüllungsansprüche** der Erwerber gemäß § 437 Nr. 1 BGB, § 439 BGB, wenn diese Ansprüche – wie die werkvertraglichen Erfüllungs- und Nacherfüllungsansprüche – jeweils in vollem Umfang auf Beseitigung der Mängel am Gemeinschaftseigentum und damit auf das gleiche Ziel gerichtet sind; dann besteht kein Anlass, die aus § 19 Abs. 2 Nr. 2 folgenden Befugnisse der Gemeinschaft der Wohnungseigentümer unterschiedlich zu beurteilen.[273] Rechtsinhaber bleiben in diesen Fällen zwar die einzelnen Erwerber bzw. Wohnungseigentümer; die materielle Ausübungs- und die Prozessführungsbefugnis steht aber allein der Gemeinschaft der Wohnungseigentümer zu (gewillkürte Prozessstandschaft).

Was die **Abnahme des Gemeinschaftseigentums** vom Bauträger betrifft, bleibt es dabei, 113
dass dies keine gemeinschaftsbezogene Pflicht iSv § 9a Abs. 2 ist.[274] Für die Abnahme des Gemeinschaftseigentums sind also nach wie vor die einzelnen **Erwerber** zuständig, nicht hingegen die Gemeinschaft der Wohnungseigentümer. Es bleibt auch dabei, dass die Abnahme des Gemeinschaftseigentums nicht durch einen Beschluss „vergemeinschaftet" werden kann.

d) „Altverfahren" über „geborene" und „gekorene" Ansprüche iSv § 10 Abs. 6 S. 3 114
aF. Sofern die Gemeinschaft der Wohnungseigentümer auf der Grundlage von § 10 Abs. 6 S. 3 aF im eigenen Namen „geborene" oder „gekorene" Ansprüche gerichtlich geltend macht und diese Verfahren zum Zeitpunkt des Inkrafttretens des WEMoG noch nicht beendet sind, stellt sich die Frage, ob und wie diese Verfahren fortgesetzt werden können.

Bei den **geborenen Ansprüchen** iSv § 10 Abs. 6 S. 3 Alt. 1 aF ist die Fortsetzung des Verfah- 115
rens unproblematisch möglich, denn schon nach altem Recht war ausschließlich die Gemeinschaft der Wohnungseigentümer für die Geltendmachung und Ausübung dieser Ansprüche zuständig, ohne dass hierfür ein Vergemeinschaftungsbeschluss erforderlich war.

Bei den **gekorenen Ansprüchen** iSv § 10 Abs. 6 S. 3 Alt. 2 aF stellt sich dies etwas anders 116
dar. Der Unterschied zu den „geborenen" Ansprüchen besteht darin, dass es für die Geltendmachung und Ausübung der „gekorenen" Ansprüche zwingend eines „Vergemeinschaftungsbeschlusses" iSv § 10 Abs. 6 S. 3 Alt. 2 aF bedurfte. Nach Auffassung des Gesetzgebers sollen diese Beschlüsse nach allgemeinen Grundsätzen mit Inkrafttreten der Neuregelung für die Zukunft ihre Wirkung verlie-

---

269 BGH NJW 2007, 1952.
270 BGH NJW 2007, 1952.
271 BGH NJW-RR 2020, 72; NJW 2016, 1575; BauR 2010, 774; NJW 2007, 1952.
272 BGH NJW 2016, 1575; BauR 2010, 774.
273 BGH NJW 2016, 1575.
274 BGH ZWE 2016, 318; OLG Stuttgart ZWE 2015, 363; AG München IMR 2015, 504; LG München I ZWE 2017, 39.

ren.[275] Diese Auffassung wird nicht geteilt. § 10 Abs. 6 S. 3 Alt. 2 aF war geltendes materielles Recht. Es ist nicht nachvollziehbar und verfassungsrechtlich durchaus bedenklich, warum geltendes materielles Recht durch eine Gesetzesänderung rückwirkend nicht mehr gelten soll. Für die Frage der Wirksamkeit und Bestandskraft von Beschlüssen kam und kommt es stets auf den Zeitpunkt der Beschlussfassung an. Somit ist nicht nachvollziehbar und verständlich, warum Beschlüsse, die auf der Grundlage des damals existierenden § 10 Abs. 6 S. 3 Alt. 2 aF gefasst worden sind, nun plötzlich ihre Wirkung verlieren und gegenstandslos werden sollen. Sollte die Rspr. diese Auffassung aus der Gesetzesbegründung übernehmen, hätte dies auf die Verfahren aber wohl dennoch keine Auswirkungen, denn an die Stelle des für wirkungslos angesehenen „Vergemeinschaftungsbeschlusses" würde nunmehr die gesetzliche Ausübungsbefugnis gemäß § 9a Abs. 2 treten, so dass also unverändert eine Rechtsgrundlage für die Ausübungsbefugnis vorhanden wäre.

117 **2. Ansprüche der Wohnungseigentümer.** Die Wohnungseigentümer können hingegen insbesondere dann noch Ansprüche geltend machen, wenn sie persönlich in ihrem Sondereigentum betroffen sind (zB **Geruchsbeeinträchtigungen, Lärmbeeinträchtigungen,** etc) oder wenn es um **ehrverletzende Äußerungen,** Beleidigungen, etc geht.

118 **3. Durchsetzung der Ansprüche der Gemeinschaft der Wohnungseigentümer.** Soll ein Anspruch der Gemeinschaft der Wohnungseigentümer außergerichtlich und notfalls auch gerichtlich durchgesetzt werden, bedarf es hierfür im **Innenverhältnis** in der Regel eines entsprechenden **Ermächtigungsbeschlusses,** es sei denn, im Innenverhältnis sind die Rechte des Verwalters auf Grundlage von § 27 Abs. 2 durch Beschluss dahingehend erweitert worden, dass der Verwalter auch ohne gesonderten Ermächtigungsbeschluss berechtigt ist, Ansprüche der Gemeinschaft der Wohnungseigentümer außergerichtlich und gerichtlich geltend zu machen. Im **Außenverhältnis** ist der Verwalter gemäß § 9b Abs. 1 berechtigt, auch ohne Beschluss eine Rechtsanwaltskanzlei mit der außergerichtlichen und notfalls auch gerichtlichen Geltendmachung zu beauftragen.

119 Kommt es durch ein störendes Verhalten eines Wohnungseigentümers zu einer Beeinträchtigung des Gemeinschaftseigentums, wovon sich beispielsweise aber nur ein anderer Wohnungseigentümer gestört fühlt, hat der betroffene Eigentümer gemäß Abs. 2 gegen die Gemeinschaft der Wohnungseigentümer einen Anspruch darauf, dass sie gegen das störende Verhalten vorgeht. Wie dargelegt, bedarf es hierfür zumindest im **Innenverhältnis** in der Regel eines **Ermächtigungsbeschlusses,** sodass allein schon hierdurch das **Vorbefassungsgebot der Eigentümerversammlung** gewahrt wird. Der gestörte Eigentümer sollte daher beim Verwalter beantragen, als **Tagesordnungspunkt** eine Beschlussfassung über die außergerichtliche und notfalls auch gerichtliche Geltendmachung der Abwehransprüche auf die Tagesordnung der nächsten Eigentümerversammlung zu setzen. Sollte der Beschlussantrag abgelehnt werden und lässt der Eigentümer den **Negativbeschluss** bestandskräftig werden, kann nicht mehr eingewandt werden, die Beschlussfassung habe nicht ordnungsmäßiger Verwaltung entsprochen.[276] Der Gemeinschaft der Wohnungseigentümer und dem Verwalter sind aufgrund des Negativbeschlusses zunächst die Hände gebunden, so dass ein Vorgehen gegen das störende Verhalten nicht möglich ist. Da ein Negativbeschluss keine Sperrwirkung entfaltet,[277] bleibt es dem gestörten Wohnungseigentümer allerdings unbenommen, in der nächsten Wohnungseigentümerversammlung denselben Beschlussantrag erneut zur Abstimmung zu stellen. Um zu erreichen, dass die Gemeinschaft der Wohnungseigentümer gegen das störenden Verhalten vorgeht, muss der gestörte Eigentümer **Beschlussersetzungsklage** gemäß § 44 Abs. 1 S. 2 erheben. Erst wenn auf diese Klage hin das Gericht den im Innenverhältnis grundsätzlich erforderlichen Ermächtigungsbeschluss gefasst hat, ist der Verwalter berechtigt und in der Lage, namens der Gemeinschaft der Wohnungseigentümer gegen das störende Verhalten vorzugehen. Es kann also ein langer und steiniger Weg sein, bis ein Wohnungseigentümer das von ihm gewünschte Ziel, nämlich die Abwehr der Störung, erreicht; bis dahin ist der Abwehranspruch ggf. bereits **verjährt.** Die Konzentration der Anspruchsverfolgung auf die Gemeinschaft der Wohnungseigentümer führt zu einer erheblichen **Beschneidung der Individualansprüche** und Rechte der einzelnen Eigentümer. Trotz aller Kritik hat der Gesetzgeber dies so hingenommen und belassen.

120 **4. Einwendungen.** Einem Unterlassungs- und Beseitigungsverlangen können die Grundsätze von **Treu und Glauben** entgegenstehen.[278] Ebenso kann dem Beseitigungsanspruch unter Umständen unter dem Gesichtspunkt der **unzulässigen Rechtsausübung**[279] ein Anspruch auf **Änderung**

---

[275] BT-Drs. 19/18791, 47.
[276] BGH ZWE 2012, 218; OLG Hamm ZMR 2005, 808.
[277] BGH ZWE 2016, 15; ZMR 2010, 542; LG Hamburg ZMR 2015, 30; LG München I ZWE 2012, 47.
[278] BayObLG ZWE 2001, 609.
[279] BayObLG ZWE 2000, 175 (177).

der Teilungserklärung entgegengehalten werden,[280] Der Anspruch aus § 10 Abs. 2 kann jedoch nur nach vorheriger rechtskräftiger Durchsetzung als Einwand angeführt werden.[281]

Ein **Beseitigungs- oder Rückbauanspruch** verjährt gemäß § 195 BGB in drei Jahren,[282] 121
wobei die Frist mit Abschluss des beeinträchtigenden Eingriffs beginnt.[283] Der Einwand der **Verjährung** ändert nichts an der Rechtswidrigkeit einer baulichen Veränderung, weshalb die Gemeinschaft selbst die Beseitigung der Anlage auf eigene Kosten durchführen kann.[284] Der Einwand der Verjährung kann nicht geführt werden, wenn eine bereits ursprünglich nicht zulässige Anlage durch eine neue, ebenfalls unzulässige Anlage ersetzt wird, da hier der Beseitigungsanspruch neu entsteht.[285]

Für den **Verjährungsbeginn** gilt § 199 Abs. 1 Nr. 2 BGB, dh die 3-jährige Verjährungsfrist 122
beginnt mit dem Schluss des Jahres, in dem der Gläubiger von den den Anspruch begründenden Umständen und der Person des Schuldners **Kenntnis** erlangt oder ohne grobe Fahrlässigkeit erlangen müsste. Nachdem Gläubigerin die Gemeinschaft der Wohnungseigentümer ist und diese selbst keine Kenntnis haben kann, stellt sich die Frage, auf wessen Kenntnis abzustellen ist. In Betracht kommen die Organe (Verwalter, Wohnungseigentümerversammlung) und die Wohnungseigentümer. Nach früher geltendem Recht war grundsätzlich auf die Kenntnis eines jeden einzelnen Wohnungseigentümers abzustellen, da es sich um individuelle Beseitigungsansprüche der Wohnungseigentümer gehandelt hat. Erst sobald die Gemeinschaft derartige Ansprüche der Wohnungseigentümer nach § 10 Abs. 6 S. 3 Alt. 2 aF durch Beschluss an sich gezogen hatte, war den einzelnen Mitgliedern einer Gemeinschaft der Wohnungseigentümer das Wissen des Verwalters bei der Durchsetzung ihrer Ansprüche als eigene Kenntnis iSv § 199 Abs. 1 Nr. 2 BGB entsprechend § 166 BGB zuzurechnen; die Zurechnung der Kenntnis des Verwalters wirkte im Fall des § 10 Abs. 6 S. 3 Alt. 2 aF nicht auf den Zeitpunkt der Kenntniserlangung zurück, sondern galt erst ab Beschlussfassung.[286] Nachdem nun gemäß § 9a Abs. 2 die **gesetzliche Ausübungsbefugnis** für die Beseitigungsansprüche bei der Gemeinschaft der Wohnungseigentümer liegt und die Gemeinschaft der Wohnungseigentümer gemäß § 9b Abs. 1 durch den Verwalter vertreten wird, kommt es nunmehr ausschließlich auf die **Kenntnis des Verwalters** an. Auf die Kenntnis der **Wohnungseigentümerversammlung** ist hingegen nicht abzustellen, da es häufig von Zufälligkeiten abhängt, wann der dem Beseitigungsanspruch zu Grunde liegende Sachverhalt erstmals zum Thema einer Wohnungseigentümerversammlung gemacht wird. Auf die Kenntnis der **Wohnungseigentümer** als **Organwalter** ist ebenfalls nicht abzustellen, da die Wohnungseigentümer in Bezug auf die Gemeinschaft der Wohnungseigentümer weder Organ noch Vertreter sind. Aufgrund der gesetzlichen Ausübungsbefugnis der Gemeinschaft der Wohnungseigentümer und der Tatsache, dass die Gemeinschaft der Wohnungseigentümer durch den Verwalter vertreten wird, ist in entsprechender Anwendung der nach altem Recht geltenden Rspr. des BGH[287] gemäß § 166 Abs. 1 BGB somit auf die **Kenntnis beim Verwalter** abzustellen. Auf die Kenntnis der Wohnungseigentümer kommt es nur dann an, wenn ein Verwalter fehlt und die Wohnungseigentümer Vertreter der Gemeinschaft der Wohnungseigentümer sind (§ 9b Abs. 1 S. 2).

Nachdem also die der Gemeinschaft der Wohnungseigentümer zustehenden Beseitigungsan- 123
sprüche der dreijährigen Verjährung unterliegen, ist dem einzelnen Eigentümer wenig geholfen, dass sein Anspruch gegen die Gemeinschaft der Wohnungseigentümer auf ordnungsmäßige Verwaltung nicht der Verjährung unterliegt. Ist der geltend zu machende Beseitigungsanspruch verjährt, dürfte es dann nämlich gerade nicht ordnungsmäßiger Verwaltung entsprechen, dass die Gemeinschaft der Wohnungseigentümer einen verjährten Anspruch geltend macht. In diesem Fall wäre dann aber ein **Schadensersatzanspruch** des Wohnungseigentümers gegen die Gemeinschaft der Wohnungseigentümer dahingehend denkbar, dass die Gemeinschaft der Wohnungseigentümer im Wege der **Naturalrestitution** die bauliche Veränderung selbst und auf eigene Kosten zu beseitigen hat (→ Rn. 106).[288]

Bei **zweckwidriger Nutzung** einer Teileigentumseinheit als Wohnung tritt keine Verjährung 124
ein, da hier die Störung nicht in der Aufnahme, sondern in der Aufrechterhaltung der zweckwidrigen Nutzung liegt.[289] Einem geltend gemachten **Unterlassungsanspruch** kann der Einwand der **Ver-**

[280] OLG Hamburg ZWE 2002, 186.
[281] BGH NJW-RR 2018, 1227 = ZMR 2018, 782 = MittBayNot 2018, 548 mAnm *Kanzleiter.*
[282] LG Hamburg ZMR 2013, 558; ZWE 2016, 227; Niedenführ/Schmidt-Räntsch/Vandenhouten/*Schmidt-Räntsch* § 15 Rn. 47; Riecke/Schmid/*Abramenko* § 15 Rn. 31.
[283] LG Hamburg ZWE 2014, 405.
[284] BGH NJW 2020, 42; LG Hamburg ZWE 2013, 375; AG Dortmund ZWE 2015, 142 = ZMR 2015, 69.
[285] LG Frankfurt a.M. ZWE 2014, 327 = ZMR 2014, 821.
[286] BGH ZWE 2014, 398.
[287] BGH ZWE 2014, 398.
[288] BGH NJW 2020, 42.
[289] BGH NJW 2015, 262 = ZMR 2015, 731; NJW 2014, 2861; 2014, 1090; 2006, 2187.

wirkung entgegen gehalten werden, wenn der Unterlassungsanspruch erst lange Zeit nach Eintritt des Verstoßes geltend gemacht wird.[290] Eine Verwirkung eines Rechts kommt nur in Betracht, wenn sich der Verpflichtete aufgrund eines Verhaltens des Berechtigten darauf einrichten durfte und eingerichtet hat, dass das Recht nicht mehr geltend gemacht wird. Die bloße Untätigkeit des Berechtigten ist für die Verwirkung allerdings allein nicht ausreichend.[291] Der Einwand der Verwirkung greift nicht, wenn eine langjährige zweckwidrige Nutzung nach einer **Neuvermietung** angegriffen wird.[292]

125 **5. Verfolgungskollision für „Altfälle“.** Hat ein einzelner Wohnungseigentümer bereits vor dem Inkrafttreten des WEMoG einen gemeinschaftsbezogenen Individualanspruch gerichtlich geltend gemacht, für dessen Geltendmachung nunmehr gemäß § 14 Abs. 1 Nr. 1 oder § 9a Abs. 2, § 18 Abs. 1 die Gemeinschaft der Wohnungseigentümer zuständig ist, und ist das Verfahren des Wohnungseigentümers zum Zeitpunkt des Inkrafttretens des WEMoG noch nicht beendet, stellt sich die Frage, ob und welche Auswirkungen dies auf das Verfahren des Wohnungseigentümers hat. Übergangsvorschriften hierzu gibt es nicht; § 48 Abs. 5 enthält lediglich eine **Übergangsregelung** für die Vorschriften des 3. Teils dieses Gesetzes in ihrer bis dahin geltenden Fassung, dh für die §§ 43–50 aF, nicht hingegen für die hier maßgeblichen materiellen Änderungen. Zu vergleichen ist dies im Hinblick auf die frühere Rechtslage damit, dass während eines laufenden Verfahrens eines einzelnen Wohnungseigentümers in der Eigentümerversammlung ein **„Vergemeinschaftungsbeschluss“** iSv § 10 Abs. 6 S. 3 Alt. 2 aF gefasst worden ist. Dies führte dazu, dass mit diesem Beschluss die **alleinige Zuständigkeit** der Gemeinschaft der Wohnungseigentümer begründet worden ist und der bereits klagende Wohnungseigentümer seine **Prozessführungsbefugnis verloren** hat. Diese Rechtslage ist vergleichbar mit dem Tag des Inkrafttretens des WEMoG. Mit dem Inkrafttreten des WEMoG wird für die originären Ansprüche gemäß § 14 Abs. 1 Nr. 1 und die gemeinschaftsbezogenen Ansprüche iSv § 9a Abs. 2, § 18 Abs. 1 die alleinige Zuständigkeit der Gemeinschaft der Wohnungseigentümer begründet, sodass nur noch die Gemeinschaft der Wohnungseigentümer befugt ist, diese Ansprüche entweder aus eigenem Recht (§ 14 Abs. 1 Nr. 1) oder in gesetzlicher Prozessstandschaft (§ 9a Abs. 2) geltend zu machen. Der bereits klagende Wohnungseigentümer verliert seine Prozessführungsbefugnis und muss für **erledigt** erklären. Ist zu diesem Zeitpunkt das Klageverfahren in einem Stadium, zu dem der Ausgang des Verfahrens noch nicht vorhergesagt werden kann, weil beispielsweise noch eine Beweisaufnahme durchgeführt werden müsste, ist bei der noch im Beschlusswege zu treffenden Kostenentscheidung iSv § 91a ZPO mit **Kostenaufhebung** zu rechnen, da nur für die Kostenentscheidung keine Beweisaufnahme stattfindet und ohnehin nur noch eine **summarische Rechtsprüfung** erfolgt.

126 Eine alternative Vorgehensweise wäre die Übernahme des laufenden Rechtsstreits des einzelnen Wohnungseigentümers durch die Gemeinschaft der Wohnungseigentümer. Ein derartiger **gewillkürter Parteiwechsel** dürfte sachdienlich und nach § 263 ZPO, § 533 ZPO (sogar in der Revisionsinstanz) unproblematisch möglich sein.[293] Einen Anspruch hierauf hat der klagende Wohnungseigentümer allerdings nicht.

127 **6. Ermessen.** Die Verwaltung des gemeinschaftlichen Eigentums sowie die Benutzung des gemeinschaftlichen Eigentums und des Sondereigentums muss dem Interesse der Gesamtheit der Wohnungseigentümer nach **billigem Ermessen** entsprechen. Insoweit besteht also für die Gemeinschaft der Wohnungseigentümer ein **Ermessensspielraum,** der von ihren Organen bzw. den Organwaltern ausgeübt wird.

128 Da die Verwaltung und Benutzung billigem Ermessen zu entsprechen hat, besteht insoweit ein Ermessensspielraum, der durch das Gericht nur eingeschränkt überprüft werden kann.[294] Im Rahmen dieses Ermessensspielraums ist im Einzelfall eine **Abwägung** etwaiger unterschiedlicher Interessen vorzunehmen, bei welcher das Interesse der Gesamtheit der Wohnungseigentümer höher zu bewerten ist als ein Einzelinteresse.[295] Eine Maßnahme erfolgt im Interesse der Gesamtheit der

[290] BGH ZWE 2010, 266 – „seit Jahrzehnten“; BayObLG ZWE 2002, 35; 2003, 181; OLG Düsseldorf ZMR 2004, 610 – nach 25 Jahren; OLG Köln NJW-RR 1995, 851 – nach dreieinhalbjähriger Duldung; OLG Schleswig ZMR 2005, 737 – nach sechs Jahren; aA OLG Düsseldorf ZWE 2000, 230 – uU auch nach sechs Jahren keine Verwirkung; BayObLG ZWE 2000, 521; OLG Zweibrücken ZWE 2002, 47; KG ZWE 2007, 201 = ZMR 2007, 299 – keine Verwirkung des Unterlassungsanspruchs bei beantragter Nutzungsänderung; allg. Niedenführ/Schmidt-Räntsch/Vandenhouten/*Schmidt-Räntsch* § 15 Rn. 48; Riecke/Schmid/*Abramenko* § 15 Rn. 32.

[291] BGH ZWE 2019, 28 = ZWE 2018, 171 Ls. = NZM 2018, 909 = ZMR 2018, 529.

[292] BGH ZWE 2015, 262 = ZMR 2015, 731; LG Frankfurt a.M. ZWE 2014, 358 = ZMR 2014, 1001.

[293] BGH ZWE 2015, 402.

[294] BayObLG ZMR 2003, 951; BayObLG NZM 2004, 746; OLG Frankfurt NJW-RR 2007, 377.

[295] BayObLG NZM 2004, 391.

Wohnungseigentümer, wenn sie bei objektiv vernünftiger Betrachtungsweise unter Berücksichtigung der besonderen Umstände des Einzelfalles nützlich ist. Dies ist beispielsweise der Fall, wenn sich die Maßnahme bei einer an den konkreten Bedürfnissen und Möglichkeiten ausgerichtete Kosten-Nutzen-Analyse und unter Berücksichtigung der Verkehrsauffassung der finanziellen Leistungsfähigkeit der Gemeinschaft der Wohnungseigentümer im Einzelfall als vertretbar erweist.[296] Es besteht also ein weiter Ermessensspielraum, innerhalb dessen die Gemeinschaft der Wohnungseigentümer nach **Zweckmäßigkeits- und Nützlichkeitskriterien** zwischen mehreren, ordnungsmäßiger Verwaltung entsprechenden Maßnahmen entscheiden kann. Wenn es – wie häufig – mehrere verschiedene geeignete Maßnahmen gibt, die jede für sich gesehen ordnungsmäßiger Verwaltung entspricht, und ist die Gemeinschaft der Wohnungseigentümer nicht durch eine Vereinbarung oder einen Beschluss gebunden, liegt es in dem weitem Ermessensspielraum der Gemeinschaft der Wohnungseigentümer, vertreten durch ihr Organ „Wohnungseigentümerversammlung", für welche dieser Maßnahmen sie sich sodann entscheidet. Es liegt dabei zB innerhalb des Ermessensspielraums der Gemeinschaft der Wohnungseigentümer, ob eine billigere Lösung mit kürzerer Lebensdauer oder eine aufwendigere mit längerer Lebensdauer gewählt wird.[297] Ein Anspruch auf eine bestimmte Maßnahme bestünde lediglich dann, wenn allein diese ordnungsmäßiger Verwaltung entspräche.[298]

Auch bei der Entscheidung darüber, ob die Gemeinschaft der Wohnungseigentümer **originäre** 129
Ansprüche und **gemeinschaftsbezogene Ansprüche** iSv § 9a Abs. 2 geltend macht, besteht grundsätzlich ein weiter Ermessensspielraum. Um den individuellen Rechtsschutz der einzelnen Eigentümer jedoch nicht gänzlich zu vernichten, dürfte allein schon aus verfassungsrechtlichen Erwägungen der **Ermessensspielraum eingeschränkter** sein. Aufgrund des Wortlauts von Abs. 2, wonach jeder Eigentümer von der Gemeinschaft der Wohnungseigentümer eine ordnungsmäßige Verwaltung und Benutzung verlangen kann, ist das Ermessen der Gemeinschaft der Wohnungseigentümer jedenfalls dann **auf „Null" reduziert,** wenn vieles dafür spricht, dass der vom Wohnungseigentümer behauptete Anspruch auf ordnungsmäßige Verwaltung oder Benutzung besteht und durchsetzbar ist. Bestehen hingegen berechtigte **Zweifel** an der Existenz des vom Wohnungseigentümer behaupteten Anspruchs auf ordnungsmäßige Verwaltung oder Benutzung oder sind bereits im Vorfeld begründete **Einwendungen** gegen den behaupteten Anspruch ersichtlich (zB Verjährung, Verwirkung), liegt es im Ermessensspielraum der Gemeinschaft der Wohnungseigentümer, zu beschließen, den vom Wohnungseigentümer behaupteten Anspruch nicht geltend zu machen. Eine Anfechtungsklage gegen diesen **Negativbeschluss** wäre unbegründet, denn wenn berechtigte Zweifel am Bestehen des behaupteten Anspruchs bestehen, entspricht es ordnungsmäßiger Verwaltung, den Anspruch zumindest nicht freiwillig zu erfüllen.[299] Das richtige Rechtsmittel ist in diesem Fall somit die **Beschlussersetzungsklage** gemäß § 44 Abs. 1 S. 2. Fraglich ist, ob im Rahmen dieser Beschlussersetzungsklage bereits komplett durchgeprüft wird, ob der vom Wohnungseigentümer behauptete Anspruch, den die Gemeinschaft der Wohnungseigentümer geltend machen soll, auch tatsächlich besteht, oder ob lediglich zu prüfen ist, ob der behauptete Anspruch zumindest nicht von vornherein ausgeschlossen ist, sodass es nicht ordnungsmäßiger Verwaltung entspräche, die Geltendmachung des Anspruchs zumindest nicht zu versuchen. Der Wortlaut von § 44 Abs. 1 S. 2 spricht für die Alt. 1, da das Gericht nur eine „notwendige Beschlussfassung" ersetzen kann. Auch hier gilt aber: um den **individuellen Rechtsschutz** des einzelnen Wohnungseigentümers nicht gänzlich auszuhöhlen, dürfte allein schon aus verfassungsrechtlichen Erwägungen eine Beschlussersetzungsklage bereits dann Erfolg haben, wenn der vom Wohnungseigentümer behauptete Anspruch, den die Gemeinschaft der Wohnungseigentümer geltend machen soll, schlüssig, plausibel und wahrscheinlich durchsetzbar erscheint. Das tatsächliche Bestehen des behaupteten Anspruchs ist also nicht bereits im Rahmen der Beschlussersetzungsklage zu prüfen und zu entscheiden, sondern erst im Rahmen des sich daran anschließenden Hauptsacheverfahrens zwischen der Gemeinschaft der Wohnungseigentümer und dem Störer.

In diesem Zusammenhang sind noch **zwei Alternativen** denkbar. Wenn es von der Mehrheit 130
der in der Wohnungseigentümerversammlung anwesenden und vertretenen Wohnungseigentümer aus rechtlichen, wirtschaftlichen oder persönlichen Gründen nicht gewünscht sein sollte, dass die Gemeinschaft der Wohnungseigentümer den von einem Wohnungseigentümer behaupteten Anspruch auf ordnungsmäßige Verwaltung und Benutzung gegen einen anderen Wohnungseigentümer geltend macht, bestünde auch die Möglichkeit, den anspruchstellenden **Wohnungseigentümer** durch Beschluss zu **ermächtigen,** den von ihm behaupteten Anspruch selbst und im eigenen Namen geltend zu machen. Auch hier ist fraglich, ob der Wohnungseigentümer einen solchen Anspruch

296 KG WE 1989, 136; BayObLG ZMR 2003, 951; OLG Köln ZMR 2007, 389.
297 OLG Hamburg ZMR 2003, 441.
298 BGH ZWE 2012, 268.
299 BGH NJW 2015, 3713.

auf **„Rückermächtigung“** bzw. **„Rückdelegation“** hat. Die Gemeinschaft der Wohnungseigentümer ist nicht verpflichtet, wegen eines behaupteten Anspruchs, der ganz offensichtlich nicht besteht und unbegründet ist, eine „Rückermächtigung“ bzw. „Rückdelegation“ zu beschließen; vielmehr dürften die in der → Rn. 129 dargelegten Grundsätze gelten, wonach eine Ermessensreduktion dann gegeben ist, wenn der vom Wohnungseigentümer behauptete Anspruch, den er geltend gemacht wissen will, schlüssig, plausibel und wahrscheinlich durchsetzbar erscheint. Sollte hingegen die Mehrheit dem Anliegen des betroffenen Eigentümers nachkommen wollen, ohne jedoch die Gemeinschaft der Wohnungseigentümer mit den Prozesskosten zu belasten, bestünde auch die Möglichkeit, auf der Grundlage von § 16 Abs. 2 S. 2 den **Verteilerschlüssel** für alle im Zusammenhang mit der Anspruchsverfolgung entstehenden Kosten dahingehend zu **ändern,** dass diese von dem anspruchstellenden Wohnungseigentümer zu tragen sind.

VI. Notgeschäftsführung (Abs. 3)

131 **1. Voraussetzungen.** Nach Abs. 3 kann ein einzelner Wohnungseigentümer ohne Zustimmung der anderen Eigentümer nur diejenigen Maßnahmen treffen, die zur Abwendung eines dem gemeinschaftlichen Eigentum **unmittelbar drohenden Schadens** notwendig sind. Dies kann vor allem dann erforderlich sein, wenn ein Verwalter nicht erreichbar ist oder sich weigert, sofort Maßnahmen zu ergreifen und die Wohnungseigentümerversammlung nicht tätig werden kann oder eine Maßnahme ablehnt und die Herbeiführung einer gerichtlichen Entscheidung zur Ersetzung eines Eigentümerbeschlusses nicht abgewartet werden kann.[300] Bei einer Notgeschäftsführung dürfen in der Regel aber nur solche Maßnahmen veranlasst werden, die den Eintritt des unmittelbar drohenden Schadens verhindern und die Gefahrenlage beseitigen, da es grundsätzlich der Wohnungseigentümerversammlung und dem Verwalter obliegt, für die Erhaltung des Gemeinschaftseigentums zu sorgen.[301]

132 Ferner muss von der konkreten Gefahrenlage das **Gemeinschaftseigentum** betroffen sein. Deswegen greift Abs. 3 nicht, wenn nur am **Sondereigentum** der Eintritt eines Schadens unmittelbar droht. In diesen Fällen ist der Wohnungseigentümer bereits aufgrund seiner eigenen Verantwortlichkeit gemäß § 13 Abs. 1 berechtigt und gemäß § 14 Abs. 2 Nr. 1 auch verpflichtet, Maßnahmen gegen den drohenden Schadenseintritt zu ergreifen. Wie der uneingeschränkte Verweis in § 9a Abs. 3 auf § 18 zeigt, sind unter Umständen auch Notgeschäftsführungsmaßnahmen in Bezug auf das **Verwaltungsvermögen** der Gemeinschaft der Wohnungseigentümer möglich und zulässig.

133 Aus der Rspr. sind folgende **Beispiele** von Maßnahmen der Notgeschäftsführung zu nennen:
- Beauftragung eines Handwerkers zur Behebung eines Wasserrohrbruchs;[302]
- Noteindeckung eines durch Sturm abgedeckten Dachs;[303]
- Maßnahmen zur Beseitigung einer akuten Brandgefahr;[304]
- Begleichung der Gas-, Wasser- oder Stromrechnung zur Abwendung einer Liefersperre;[305]
- Geltendmachung von Forderungen gegen den Verwalter, sofern bei einem weiteren Warten die Gefahr besteht, dass der Verwalter oder die Gemeinschaft der Wohnungseigentümer zahlungsunfähig werden könnte und die Versorgungsbetriebe bereits mit einer Liefersperre drohen;[306]
- Geltendmachung von Nachbarrechten im Verwaltungsverfahren und Verwaltungsprozess;[307]
- Klageerhebung in Prozessstandschaft nur bei besonderen Eilfällen.[308]

134 Folgende Maßnahmen begründen hingegen **keine Notgeschäftsführung:**
- Aufnahme eines Darlehens zur Finanzierung von Mängelbeseitigungsmaßnahmen;[309]
- Komplettaustausch eines Fensters, da in der Regel eine Reparatur möglich ist;[310]
- Einstellung eines Hausmeisters;[311]
- Einleitung eines selbstständigen Beweisverfahrens gemäß §§ 485 ff. ZPO;[312]

---

300 OLG München NJW-RR 2008, 534.
301 BayObLG ZWE 2001, 418.
302 AG Hannover ZMR 2006, 483.
303 AG Hamburg-Blankenese WuM 1994, 403.
304 OLG Celle ZWE 2002, 369.
305 OLG Hamm ZMR 2004, 855.
306 OLG Düsseldorf WE 1989, 200.
307 BayVGH NZM 2004, 235.
308 AG Offenbach ZMR 2016, 741.
309 OLG Hamm WE 1993, 28.
310 KG WuM 2005, 271; BayObLG ZMR 2003, 951.
311 OLG Stuttgart ZMR 1989, 191.
312 BayObLG WuM 1995, 728.

– Sanierung der Fassade;[313]
– Umbau der Hofeinfahrt;[314]
– Einberufung einer Eigentümerversammlung durch einen einzelnen Eigentümer, selbst wenn ein Verwalter und ein Verwaltungsbeirat fehlen;[315]
– Neueindeckung des Dachs.[316]

Unverständlich ist, warum im Falle einer Notgeschäftsführung die „Zustimmung der anderen Wohnungseigentümer" entbehrlich sein soll. Nachdem die Verwaltung des gemeinschaftlichen Eigentums der Gemeinschaft der Wohnungseigentümer obliegt, müsste eigentlich die Gemeinschaft der Wohnungseigentümer die Maßnahmen treffen, die zur Abwendung eines dem gemeinschaftlichen Eigentum unmittelbar drohenden Schadens notwendig sind. Richtigerweise müsste es daher heißen, dass jeder Wohnungseigentümer im Falle einer Notgeschäftsführung berechtigt ist, die Maßnahmen der Notgeschäftsführung ohne Zustimmung der Gemeinschaft der Wohnungseigentümer zu treffen. Auf die fehlende Zustimmung der anderen Wohnungseigentümer wäre allenfalls dann abzustellen, wenn eigentlich alle Wohnungseigentümer gemeinsam als Vertreter der Gemeinschaft der Wohnungseigentümer tätig werden müssten, was jedoch in der Regel nicht möglich sein dürfte, und daher der als Notgeschäftsführer handelnde Wohnungseigentümer ermächtigt wird, alleine als Vertreter der Gemeinschaft der Wohnungseigentümer ohne Zustimmung der Wohnungseigentümer zu handeln. Dies ist jedoch abzulehnen; zum einen handelt der als Notgeschäftsführer handelnde Wohnungseigentümer im **eigenen Namen** und nicht namens und im Auftrag der Gemeinschaft der **Wohnungseigentümer,** da Abs. 3 für den handelnden Wohnungseigentümer **keine Vertretungsmacht** begründet,[317] zum anderen sind alle Wohnungseigentümer nur dann Vertreter der Gemeinschaft der Wohnungseigentümer, wenn ein Verwalter fehlt (§ 9b Abs. 1 S. 2). 135

2. Aufwendungsersatzanspruch. Der als Notgeschäftsführer oder Geschäftsführer ohne Auftrag tätige Wohnungseigentümer handelt für die Gemeinschaft und erzeugt damit Kosten iSd § 16 Abs. 2. Er hat daher gegen die Gemeinschaft der Wohnungseigentümer als Trägerin der für sie als Gemeinschaft gesetzlich begründeten Pflichten (§ 18 Abs. 1) unter den Voraussetzungen des Abs. 3 oder der Geschäftsführung ohne Auftrag (§ 683 BGB) einen **Aufwendungsersatzanspruch.**[318] Der Anspruch ist auf Zahlung in Geld aus gemeinschaftlichen Mitteln gerichtet, wobei sich der antragstellende Wohnungseigentümer einen seinem nach der Gemeinschaftsordnung bzw. § 16 Abs. 2 entsprechenden Anteil anrechnen lassen muss.[319] Die Auszahlung steht nicht unter dem Vorbehalt einer Abrechnung durch die Wohnungseigentümer. Im Unterschied zu dem Fall der Rückforderung eingezahlter Wohngeldvorschüsse, die in die Kasse der Gemeinschaft geflossen sind und über die erst nach § 28 Abs. 2 abgerechnet werden muss, ehe etwaige Überschüsse ausgezahlt werden können,[320] geht es bei dem Aufwendungsersatzanspruch um Forderungen gegen die Gemeinschaft, die diese erst noch erfüllen muss, um sie in die Jahresabrechnung aufnehmen zu können. Denn die Gelder, mit denen der Notgeschäftsführer Verbindlichkeiten der Gemeinschaft beglichen hat, sind direkt an außenstehende Dritte bezahlt worden und stammen nicht aus der Gemeinschaftskasse. Daneben steht dem Notgeschäftsführer nicht das Recht zu, seine Aufwendungen direkt bei einem Miteigentümer einzufordern,[321] auch nicht aus § 9a Abs. 4 S. 1, weil diese Vorschrift nur die Haftung der Wohnungseigentümer gegenüber Dritten betrifft. Denn eine Haftung des Wohnungseigentümers gemäß § 9a Abs. 4 S. 1 für Verbindlichkeiten des Verbands scheidet aus, wenn es sich um Ansprüche anderer Wohnungseigentümer handelt, die aus dem Gemeinschaftsverhältnis herrühren (sog. **Sozialverbindlichkeiten**). Hierzu gehören Aufwendungsersatzansprüche, die einem Wohnungseigentümer wegen der Tilgung einer Verbindlichkeit des Verbands zustehen, und zwar auch dann, wenn die Tilgung eine Notgeschäftsführungsmaßnahme iSd Abs. 2 ist; dies gilt unabhängig davon, ob eine Befriedigung aus dem Gemeinschaftsvermögen zu erwarten ist oder nicht.[322] Eine Inanspruchnahme der Gemeinschaft der Wohnungseigentümer aus dem Gesichtspunkt der **ungerechtfertigten Bereicherung** scheidet im Fall einer **berechtigten Notgeschäftsführung** oder **Geschäftsführung ohne Auftrag** aus, weil diese den rechtlichen Grund für Leistungen und Eingriffe darstellen.[323] 136

[313] BayObLG ZMR 1997, 325.
[314] OLG München BeckRS 2005, 33945.
[315] Vgl. BGH ZfIR 2011, 759.
[316] OLG Hamburg ZMR 2007, 129.
[317] AG Offenbach ZMR 2016, 741.
[318] BayObLG NZM 2000, 299; OLG Hamm OLGZ 1994, 23; OLG München NJW-RR 2008, 534.
[319] OLG Hamm OLGZ 1994, 134.
[320] Vgl. BGH NZM 2020, 755.
[321] OLG München NJW-RR 2008, 534.
[322] BGH NZM 2019, 415 Rn. 15 ff.
[323] Palandt/*Sprau* BGB Einf. § 677 Rn. 10.

137 Der Aufwendungsanspruch kann auch zur **Aufrechnung** gegen Wohngeldforderungen gestellt werden, allerdings nur von demjenigen Wohnungseigentümer, der auch die Notgeschäftsführung vorgenommen hat.[324] Aufrechnen kann auch, wer das Wohnungseigentum erst nach der Entstehung des Anspruchs aus Notgeschäftsführung erworben hat.[325] Die Erstattung der Kosten eines **selbständigen Beweisverfahrens** zur Feststellung von Mängeln am Gemeinschaftseigentum kann aber nicht verlangt werden, weil das selbständige Beweisverfahren nicht der Abwendung eines unmittelbar drohenden Schadens dient,[326] ebenso nicht die zur Finanzierung der Instandsetzung aufgewandten **Kreditkosten.**[327]

138 Liegen die Voraussetzungen des Abs. 3 nicht vor, steht dem tätig gewordenen Wohnungseigentümer kein wie auch immer gearteter Erstattungsanspruch zu.[328]

VII. Anspruch auf Einsicht in die Verwaltungsunterlagen (Abs. 4)

139 Abs. 4 regelt den **Individualanspruch** jedes Wohnungseigentümers, Einsicht in die Verwaltungsunterlagen nehmen zu dürfen. Nachdem die Verwaltung des gemeinschaftlichen Eigentums in Abs. 1 nunmehr auf die Gemeinschaft der Wohnungseigentümer übertragen worden ist, ist der Anspruch auf Einsicht in die Verwaltungsunterlagen ein zentraler Teil der Informationsrechte der Wohnungseigentümer, so dass dieser Anspruch im Gesetz besonders als individueller erwähnt wird. Vor Einführung des Anspruchs in Abs. 4 gab es diesen Anspruch allerdings auch schon; der Anspruch hatte bisher seine Grundlage in § 24 Abs. 6 S. 3 aF und § 675 BGB, § 666 BGB iVm dem Verwaltervertrag.

140 **1. Voraussetzungen des individuellen Anspruchs auf Einsichtnahme.** Der den einzelnen Wohnungseigentümern zustehende Anspruch auf Einsichtnahme in Verwaltungsunterlagen richtet sich nicht mehr gegen den Verwalter,[329] sondern gegen die **Gemeinschaft der Wohnungseigentümer.** Im **Innenverhältnis** bedient sich die Gemeinschaft der Wohnungseigentümer zur Erfüllung dieses Anspruchs dem Organ **„Verwalter".** Dieser Anspruch steht auch dem ausgeschiedenen Wohnungseigentümer zu.[330] Da die Einsichtnahme auch der Überprüfung der Verwaltertätigkeit dient, besteht das Einsichtsrecht nach der bestandskräftigen Genehmigung der Nachschüsse/Anpassung der Vorschüsse und nach der Entlastung des Verwalters fort.[331] Der Anspruch unterliegt keinen weiteren Voraussetzungen, wie zB einem besonderen rechtlichen Interesse des Wohnungseigentümers.[332]

141 Dabei sind zwingende Vorgaben der **DS-GVO** als unmittelbar anwendbares Recht zu beachten und einzuhalten. Dies ist selbstverständlich und bedurfte nach Auffassung des Gesetzgebers keiner gesonderten Erwähnung.[333]

142 Seine Grenze findet das Recht auf Einsicht im **Schikane-** und **Missbrauchsverbot** der § 226 BGB, § 242 BGB,[334] etwa wenn seitens des Anspruchstellers keinerlei sachliche Interessen an den Informationen feststellbar sind,[335] oder wenn der Wohnungseigentümer dieselben Verwaltungsunterlagen zum x-ten Mal einsehen möchte. Daher muss sich das Ersuchen des Wohnungseigentümers auf hinreichend genau bezeichnete Unterlagen beziehen, die ohne nennenswerten Vorbereitungsaufwand und ohne Störung des Betriebsablaufs der Verwaltung eingesehen und fotokopiert werden können.[336] Gegenüber dem Recht jedes Wohnungseigentümers auf Einsicht in die einer Abrechnung zu Grunde liegenden Belege kann sich die Gemeinschaft der Wohnungseigentümer nicht auf tatsächliche Schwierigkeiten berufen, die sich bei der Geltendmachung des Anspruchs durch die zahlreichen Eigentümer einer großen Wohnanlage für das Organ „Verwalter" ergeben könnten.[337]

---

[324] OLG Stuttgart NJW-RR 1989, 841; KG NJW-RR 1995, 719; NZM 2003, 686; BayObLG ZWE 2001, 593; OLG Oldenburg NZM 1999, 467; OLG Köln OLGR 2004, 322.
[325] BayObLG NZM 1998, 973 auch zur Frage der Aufrechnung im Fall des Konkurses.
[326] BayObLG NJWE-MietR 1996, 36.
[327] OLG Hamm OLGZ 1994, 134.
[328] BGH NJW 2019, 3780.
[329] Zum alten Recht BayObLG NJW-RR 2000, 463; aA KG NZM 2000, 828: einheitlich gegen den Verwalter und die übrigen Wohnungseigentümer.
[330] KG NZM 2000, 828.
[331] BGH NJW 2011, 1137 Rn. 8; BayObLG NZM 2000, 873.
[332] BGH NJW 2011, 1137 Rn. 8; BayObLG NZM 2003, 905.
[333] BT-Drs. 19/19369, 7.
[334] BGH NJW 2011, 1137 Rn. 8.
[335] OLG Hamm ZWE 2008, 193.
[336] OLG Hamm NZM 1998, 724.
[337] BayObLG NJW-RR 2000, 1466.

Der Wohnungseigentümer kann auch einen Dritten **bevollmächtigen,** für ihn das Einsichtsrecht wahrzunehmen. Bei dem Einsichtsrecht handelt es sich nicht um ein höchstpersönliches Recht. Der Wohnungseigentümer kann auch **Dritte** zur Einsicht mitbringen, sofern hierfür ein berechtigtes Interesse besteht. 143

2. Umfang des Anspruchs; Fertigung von Fotokopien. Der Anspruch auf Einsichtnahme ist nicht auf solche Unterlagen beschränkt, die der einzelne Wohnungseigentümer zur Prüfung etwaiger Ansprüche benötigt. Vielmehr erfasst der Anspruch **sämtliche Unterlagen** und **Konten,** in denen Vorgänge betreffend die Wohnungseigentumsanlage gebucht sind,[338] wobei es unerheblich ist, auf wessen Namen die Unterlagen, zB bei einem Fremdgeldkonto, angelegt sind. Entscheidend ist vielmehr, ob die Unterlagen unmittelbar die Eigentümergemeinschaft betreffen.[339] 144

Das jedem Wohnungseigentümer zustehende Recht zur Einsichtnahme beinhaltet auch ein Recht auf Einsichtnahme in **fremde Einzelabrechnungen,** weil sich die Stimmabgabe jedes einzelnen Wohnungseigentümers bei der Beschlussfassung auch auf die Genehmigung der fremden Nachschüsse/Anpassung der Vorschüsse bezieht; dem steht die DS-GVO nicht entgegen, da die Gemeinschaft der Wohnungseigentümer keine anonyme Gemeinschaft ist.[340] 145

Vom Einsichtsrecht erfasst sind also sämtliche Verwaltungsunterlagen, die von und für die Gemeinschaft der Wohnungseigentümer erstellt worden sind (insbesondere Jahresabrechnung, Wirtschaftspläne, Versammlungsprotokolle, Belege, Rechnungen, Kontoauszüge, Handwerker- und Dienstleistungsverträge, Pläne, Gebührenbescheide, Verwaltungsakte, Schriftverkehr zwischen dem Verwalter einerseits und Eigentümern oder Dritten andererseits, etc). 146

Auf die Verkörperung der Verwaltungsunterlagen kommt es nicht an. Erfasst sind daher sowohl **Papierdokumente** als auch **digitale Dokumente.**[341] Möglich ist es, dass sich der Wohnungseigentümer und der Verwalter darauf verständigen, dass ihm die Unterlagen, in die er einsehen möchte, digital per E-Mail übersandt werden; besteht der Wohnungseigentümer jedoch auf Einsichtnahme in die physischen Papierdokumente, kann dieses Verlangen nicht dadurch erfüllt werden, dass der Verwalter die gewünschten Unterlagen per E-Mail übersendet, da das Gesetz trotz der Anregung diverser Verbände die Möglichkeit einer digitalen Einsichtnahme nicht vorsieht. 147

Ferner besteht auch ein Anspruch auf Einsichtnahme in die **Beschluss-Sammlung.** Dieser Anspruch ist gesondert in § 24 Abs. 7 S. 8 geregelt. 148

Es besteht jedoch **kein Anspruch** darauf, dass dem Wohnungseigentümer digitalisierte Verwaltungsunterlagen als Anhang per **E-Mail** übersandt, **Kopien** von Verwaltungsunterlagen gefertigt und übergeben oder sogar Verwaltungsunterlagen im Original überlassen werden.[342] Gegen **Kostenerstattung** steht es dem Wohnungseigentümer jedoch frei, selbst Kopien anzufertigen.[343] Überlässt der Verwalter einem Wohnungseigentümer dennoch Verwaltungsunterlagen zur Prüfung außerhalb seiner Geschäftsräume, kommt regelmäßig ein Leihvertrag zustande mit der Folge, dass die Gemeinschaft der Wohnungseigentümer die Herausgabe der Unterlagen verlangen kann.[344] 149

3. Ort der Einsichtnahme. Als der Verwalter noch Schuldner des Anspruchs auf Einsichtnahme in die Verwaltungsunterlagen war, fand die Einsichtnahme grundsätzlich[345] in den Räumen des Verwalters statt, sofern nichts anderes bestimmt oder aus den Umständen zu entnehmen war (§ 269 Abs. 2 BGB). Denn der Schwerpunkt der Verwaltertätigkeit liegt nicht am Ort der Wohnungseigentumsanlage, sondern üblicherweise in seinen **Geschäftsräumen.**[346] Nachdem nunmehr jedoch die Gemeinschaft der Wohnungseigentümer Schuldnerin des Anspruchs auf Einsichtnahme in die Verwaltungsunterlagen ist und § 269 Abs. 2 BGB somit nicht mehr einschlägig ist, gilt § 269 Abs. 1 BGB, wonach die Leistung an dem Orte zu erfolgen hat, an welchem der Schuldner zur Zeit der Entstehung des Schuldverhältnisses seinen Wohnsitz hat. Zwar hat die Gemeinschaft der Wohnungseigentümer keinen Wohnsitz in diesem Sinne. Der Sitz der Gemeinschaft der Wohnungseigentümer ergibt sich aber aus der **Belegenheit des Grundstücks.** Erfüllungsort ist somit die **Wohnanlage.** Auf Verlangen hat sich daher der Verwalter in die Wohnanlage zu begeben, damit der beantragende Wohnungseigentümer Einsicht in die Verwaltungsunterlagen nehmen kann. Hierzu 150

---

338 BayObLG NJWE-MietR 1997, 14; OLG Hamm ZWE 2008, 193.
339 OLG Hamm ZWE 2008, 193.
340 OLG Frankfurt OLGZ 1984, 258; OLG München NJW-RR 2007, 1516.
341 BT-Drs. 19/18791, 60.
342 OLG München NJW-RR 2007, 1516.
343 BGH NZM 2011, 279.
344 BGH NJW-RR 2011, 1578 Ls.
345 BGH NJW 2010, 1137 Rn. 9; BayObLG NJW-RR 2004, 1090; OLG Köln NJW-RR 2006, 1447; einen Ausnahmefall behandelt OLG Hamm NJW-RR 1999, 161.
346 BGH NJW 2010, 1137 Rn. 9.

hat der Verwalter sämtliche Verwaltungsunterlagen mitzunehmen, in die der Wohnungseigentümer Einsicht nehmen möchte. Besteht ein Teil der gewünschten Verwaltungsunterlagen nur in digitaler Form, hat der Verwalter auch das entsprechende Equipment mitzunehmen, damit Einsicht in diese digitalen Unterlagen genommen werden kann, also zB ein **Laptop.** Selbstverständlich steht es dem beantragenden Wohnungseigentümer jedoch frei, mit dem Verwalter einen anderen Einsichtnahmeort zu vereinbaren, nämlich zB den Sitz der Verwaltung. Daneben muss der Verwalter die Unterlagen vor oder bei einer Eigentümerversammlung am Versammlungsort zur Einsichtnahme bereithalten.[347]

151 Möchte ein Wohnungseigentümer ganz gezielt nur in bestimmte Verwaltungsunterlagen Einsicht nehmen und verfügt der Wohnungseigentümer über einen E-Mail-Account, kann der Verwalter den gegen die Gemeinschaft der Wohnungseigentümer gerichteten Anspruch auf Einsichtnahme in die konkret bezeichneten Verwaltungsunterlagen auch dadurch erfüllen, indem er dem Wohnungseigentümer die eingescannten Verwaltungsunterlagen per **E-Mail** als **pdf** übersendet.

§ 19 Regelung der Verwaltung und Benutzung durch Beschluss

(1) Soweit die Verwaltung des gemeinschaftlichen Eigentums und Benutzung des gemeinschaftlichen Eigentums und des Sondereigentums nicht durch Vereinbarung der Wohnungseigentümer geregelt sind, beschließen die Wohnungseigentümer eine ordnungsmäßige Verwaltung und Benutzung.

(2) Zur ordnungsmäßigen Verwaltung und Benutzung gehören insbesondere
1. die Aufstellung einer Hausordnung,
2. die ordnungsmäßige Erhaltung des gemeinschaftlichen Eigentums,
3. die angemessene Versicherung des gemeinschaftlichen Eigentums zum Neuwert sowie der Wohnungseigentümer gegen Haus- und Grundbesitzerhaftpflicht,
4. die Ansammlung einer angemessenen Erhaltungsrücklage,
5. die Festsetzung von Vorschüssen nach § 28 Absatz 1 Satz 1 sowie
6. die Bestellung eines zertifizierten Verwalters nach § 26a, es sei denn, es bestehen weniger als neun Sondereigentumsrechte, ein Wohnungseigentümer wurde zum Verwalter bestellt und weniger als ein Drittel der Wohnungseigentümer (§ 25 Absatz 2) verlangt die Bestellung eines zertifizierten Verwalters.

Übersicht

[347] OLG Köln NZM 2007, 366; Bärmann/*Becker* § 28 Rn. 164.

I. Normzweck

§ 19 regelt grundlegend, wie die der Gemeinschaft der Wohnungseigentümer obliegende **Verwaltung** des gemeinschaftlichen Eigentums und **Benutzung** des Gemeinschafts- und Sondereigentums (§ 18 Abs. 1) durchzuführen ist und wie und für was Entscheidungen zu treffen sind. § 19 Abs. 1 ist die Grundlage dafür, dass die Gemeinschaft der Wohnungseigentümer die ihr obliegende Aufgabe der Verwaltung des gemeinschaftlichen Eigentums wahrnehmen und die Ansprüche der Wohnungseigentümer auf ordnungsmäßige Verwaltung und Benutzung erfüllen kann, soweit die Verwaltung des gemeinschaftlichen Eigentums und die Benutzung des gemeinschaftlichen Eigentums und des Sondereigentums nicht bereits durch **Vereinbarung** der Wohnungseigentümer geregelt sind, nämlich durch die in der **Wohnungseigentümerversammlung** zu fassenden **Beschlüsse.** § 19 Abs. 1 ist somit auch das **Bindeglied** zwischen der Gemeinschaft der Wohnungseigentümer und dem Organ „Wohnungseigentümerversammlung" und deren Organwalter, den Wohnungseigentümern. 1

In Bezug auf die **Verwaltung** des gemeinschaftlichen Eigentums entspricht die Vorschrift dem früheren § 21 aF. Hinsichtlich der **Benutzung** des Sonder- und Gemeinschaftseigentums tritt § 19 an die Stelle des § 15 Abs. 2 aF; der Begriff der Benutzung entspricht dem früher verwendeten Begriff des Gebrauchs und ist wie bei § 18 Abs. 2 Nr. 2 lediglich aus sprachlichen Gründen gewählt worden. 2

II. Ordnungsgemäße Verwaltung und Benutzung durch Mehrheitsbeschluss (Abs. 1)

1. Beschlusskompetenz für Maßnahmen ordnungsgemäßer Verwaltung und Benutzung bei fehlender Vereinbarung. Vorbehaltlich einer **Vereinbarung** in der **Gemeinschaftsordnung** beschließen die Wohnungseigentümer über eine für das Gemeinschaftseigentum anstehende Verwaltungsmaßnahme (zum Begriff der **Verwaltung** → § 18 Rn. 25) und über die **Benutzung** des Gemeinschafts- und Sondereigentums (zum Begriff der Benutzung → § 18 Rn. 56) mit Stimmenmehrheit nach den Grundsätzen ordnungsmäßiger Verwaltung. Unter dem Vereinbarungsvorbehalt des Abs. 1 stehen insbesondere die in **Abs. 2** aufgeführten Verwaltungsmaßnahmen. Enthält eine Gemeinschaftsordnung die Bestimmung, dass jeder Wohnungseigentümer auf eigene Rechnung für die Instandhaltung von im Gemeinschaftseigentum stehenden Gegenständen zu sorgen hat,[1] darf die Eigentümergemeinschaft daher gegen den Willen des betroffenen Wohnungseigentümers die Mangelbeseitigung nicht an sich ziehen. Die Wohnungseigentümergemeinschaft kann in diesem Fall zB keinen Vergleich mit Wirkung für einzelne Wohnungseigentümer abschließen.[2] 3

Abs. 1 verleiht nicht nur **Beschlusskompetenz** zur Regelung der Verwaltung und Benutzung durch Beschluss. Aus Abs. 1 ergibt sich im Umkehrschluss auch eine **Pflicht** der Wohnungseigentümer gegenüber der Gemeinschaft der Wohnungseigentümer **zur Mitwirkung an einer Beschlussfassung** und somit auch ein **Anspruch** der Gemeinschaft der Wohnungseigentümer gegen die Wohnungseigentümer auf Erfüllung deren Pflicht, damit die Gemeinschaft der Wohnungseigentümer ihre Aufgabe zur Verwaltung des gemeinschaftlichen Eigentums und Benutzung des Gemeinschafts- und Sondereigentums wahrnehmen und die Ansprüche der Wohnungseigentümer auf ordnungsmäßige Verwaltung und Benutzung erfüllen kann.[3] 4

2. Ordnungsmäßiges Verwaltungs- und Benutzungshandeln für die Gemeinschaft der Wohnungseigentümer durch die Wohnungseigentümer. Was **ordnungsgemäße Verwaltung** und **Benutzung** ist, ist in jedem Einzelfall zu entscheiden und damit weitgehend Tatfrage.[4] Dabei ist entscheidend, ob die Verwaltungs- und Benutzungsmaßnahme der Beschaffenheit des gemeinschaftlichen Eigentums entspricht, dh dem bestimmungsgemäßen Zweck des betroffenen Gegenstandes Rechnung trägt,[5] dem geordneten Zusammenleben in der Gemeinschaft nützt und bei Beachtung des Gebots der allgemeinen Rücksichtnahme dem Interesse aller Wohnungseigentümer nach billigem Ermessen dient (§ 18 Abs. 2).[6] Als Beurteilungsmaßstab ist die **Sicht eines vernünftig und wirtschaftlich denkenden Alleineigentümers** hinzuzuziehen. Die Zuordnung einer Maßnahme zur ordnungsmäßigen Verwaltung und Benutzung lässt sich aber nicht nur unter dem Gesichtspunkt bloßer **Zweckdienlichkeit** vornehmen, sondern es muss auch darauf abgestellt werden, ob die beschlossene Maßnahme einen Inhalt hat, der mit der Grundordnung des Gemeinschaftsverhältnisses vereinbar ist, oder ob er den danach zulässigen Rahmen der Verwaltung und Benutzung 5

---

1 Vgl. hierzu BGH NJW 2012, 1722 Rn. 7 ff.
2 OLG München NJW 2007, 2418.
3 BT-Drs. 19/18791, 60.
4 *Belz,* Handbuch des Wohnungseigentums, 1996, Rn. 151.
5 BGHZ 144, 386 = NJW 2000, 3211 (3212); OLG Stuttgart NJW 1961, 1359.
6 BGHZ 139, 288 (296) = NJW 1998, 3713 (3715); BGHZ 144, 386 = NJW 2000, 3211 (3212).

sprengt.[7] So können die Wohnungseigentümer zB auch den **Erwerb eines Grundstücks** durch die Gemeinschaft der Wohnungseigentümer beschließen, wenn das Grundstück für die Anlage von Beginn an eine dienende und auf Dauer angelegte Funktion hatte und mit dem Erwerb aufrechterhalten werden soll.[8] Pauschalierende und typisierende Regelungen, etwa bei Regelungen im Rahmen des § 28 Abs. 3, entsprechen nur dann einer ordnungsgemäßen Verwaltung, wenn die Pauschale maßvoll bemessen ist und nicht zu einer ungerechtfertigten Ungleichbehandlung der Wohnungseigentümer führt. Eine ordnungsgemäße Verwaltung und Benutzung ist dann zu verneinen, wenn für einen verständigen Wohnungseigentümer ohne weiteres ersichtlich ist, dass das mit der Beschlussfassung anvisierte Ziel aus tatsächlichen oder rechtlichen Gründen von vornherein nicht erreichbar ist.[9]

6 Bei Mehrheitsbeschlüssen ist stets der zum Tragen kommende **Gleichbehandlungsgrundsatz** zu beachten, der Differenzierungen nur zulässt, wenn dafür ein ausreichender Sachgrund besteht.[10] Ist ein solcher nicht ersichtlich, muss für eine Gleichbehandlung der Wohnungseigentümer Sorge getragen werden.[11] Ein ausreichender Sachgrund wäre hingegen ein „unrechter" Sachverhalt, da es keine Gleichbehandlung im Unrecht gibt.

7 **3. Beurteilungsspielraum für die Gemeinschaft der Wohnungseigentümer.** Kommen für die Gemeinschaft der Wohnungseigentümer mehrere Verwaltungs- und Benutzungsmaßnahmen in Betracht, so ist es gemäß Abs. 1 Sache der **Wohnungseigentümer,** durch Stimmenmehrheit eine Auswahl zu treffen, dh ihnen verbleibt ein **Ermessensspielraum,**[12] den sie als **Organwalter** des Organs „Wohnungseigentümerversammlung" für die Gemeinschaft der Wohnungseigentümer ausüben. Dieser ist erst dann überschritten, wenn eine Maßnahme beschlossen wird, gegen die sich jeder vernünftige und wirtschaftlich denkende Wohnungseigentümer entschieden hätte.[13] Daher entspricht keineswegs zwangsläufig immer nur die kostengünstigere Variante ordnungsgemäßer Verwaltung oder Benutzung.[14] Es liegt auch im pflichtgemäßen Ermessen der Gemeinschaft der Wohnungseigentümer, ob größere Reparaturarbeiten ganz oder teilweise aus der **Erhaltungsrücklage** bezahlt werden sollen oder ob insoweit eine **Sonderumlage** erhoben wird; entscheidet sich die Gemeinschaft der Wohnungseigentümer, die Erhaltungsrücklage ganz oder teilweise zur Finanzierung der Erhaltungsmaßnahme einzusetzen, bedarf es in der Regel tatsächlicher Feststellungen, mit welchen anderen Maßnahmen und mit welchem finanziellen Sanierungsaufwand in nächster Zeit in der Gemeinschaft der Wohnungseigentümer zu rechnen ist, für die die Erhaltungsrücklage voraussichtlich in Anspruch genommen werden soll;[15] werden solche Feststellungen nicht getroffen bzw. ist nicht bekannt oder erkennbar, dass solche Feststellungen getroffen worden sind, ist von einem **Ermessensausfall** auszugehen. Ein im Rahmen des Abs. 1 liegender Beschluss kann im gerichtlichen **Anfechtungsprozess** aber nicht deshalb für ungültig erklärt werden, weil eine andere Regelung bloß zweckmäßiger ist.[16] Kommen für die Verwaltung des gemeinschaftlichen Eigentums und die Benutzung des Sonder- und Gemeinschaftseigentums mehrere Maßnahmen in Betracht, hat das Gericht die ausgewählte Maßnahme, soweit sie vertretbar ist, grundsätzlich hinzunehmen, weil sie im Rahmen des der Gemeinschaft der Wohnungseigentümer eingeräumten Ermessens liegt.[17]

8 **Kein Ermessensspielraum** besteht in Fällen, in denen nur die **sofortige Instandsetzung** zwingend erforderlich ist; in diesem Fall entspricht nur ihre Vornahme billigem Ermessen (sog. Ermessensreduktion „auf Null"), so dass jeder einzelne Wohnungseigentümer gemäß § 18 Abs. 2 einen Anspruch auf Durchführung der Instandsetzung hat (→ § 18 Rn. 26, → § 18 Rn. 37, → § 18 Rn. 44).[18]

III. Verwaltungs- und Benutzungsmaßnahmen nach Abs. 2

9 Abs. 2 zählt **beispielhaft** die häufigsten Maßnahmen der Verwaltung auf, die unter dem Vorbehalt einer Vereinbarung (Abs. 1) von den Wohnungseigentümern mit Stimmenmehrheit zu beschließen sind. Bei den in Abs. 2 enthaltenen Regelungen handelt es sich lediglich um einen Katalog,

[7] BGHZ 115, 151 = NJW 1991, 2637 (2638).
[8] BGH NJW 2016, 2177 Rn. 23; OLG Hamm NJW 2010, 1464; OLG Celle NJW 2008, 1537.
[9] BGH NJW-RR 2013, 335 Rn. 16.
[10] BGH NJW 2010, 3508 Rn. 12.
[11] BGH NJW-RR 2013, 335 Rn. 19.
[12] BayObLG NZM 2002, 75; OLG Hamm FGPrax 1996, 47; OLG Köln NZM 1998, 970.
[13] OLG Köln NZM 1998, 970.
[14] OLG Hamburg BeckRS 2000, 10718; OLG Köln NZM 1998, 970; Bärmann/*Merle* § 21 Rn. 30.
[15] BayObLG BeckRS 2004, 12575.
[16] BayObLG NZM 1999, 404; OLG Düsseldorf FGPrax 1999, 94.
[17] BayObLG BeckRS 2004, 12575.
[18] BGH NJW 2018, 3240 Rn. 9; 2015, 613 Rn. 10.

der Maßnahmen enthält, die in der Regel („insbesondere") zur ordnungsgemäßen Verwaltung und Benutzung gehören. Das schließt indes nicht aus, dass es im Einzelfall aufgrund besonderer Umstände auch ein Absehen von derartigen Maßnahmen sich im Rahmen ordnungsgemäßer Verwaltung und Benutzung halten kann.[19] Weitere wichtige Maßnahmen sind die **Geltendmachung** von **originären Ansprüchen** iSv § 14 Abs. 1 durch die Gemeinschaft der Wohnungseigentümer sowie die **Ausübung der gemeinschaftsbezogenen Rechte nach § 9a Abs. 2** (→ § 9a Rn. 29) und Maßnahmen zur **Erfüllung öffentlich-rechtlicher Pflichten** und der **Verkehrssicherungspflicht** (→ Rn. 66). Beschlüsse in Zahlungsangelegenheiten sind ebenfalls Maßnahmen ordnungsmäßiger Verwaltung, allerdings gesondert in § 28 Abs. 3 geregelt; sie unterliegen nicht dem Vorbehalt einer Vereinbarung.

1. Hausordnung (Abs. 2 Nr. 1). a) Inhalt. Zu den Maßnahmen einer ordnungsgemäßen Verwaltung und Benutzung, die durch Mehrheitsbeschluss geregelt werden können, gehört nach Abs. 2 Nr. 1 die Aufstellung einer Hausordnung, die verbindliche Regeln für das **Zusammenleben** innerhalb der Gemeinschaft trifft, wie Benutzung und **Reinigung** des Gebäudes, seine **Beleuchtung,** Abstellen von Kinderwagen im Hausflur,[20] Beschränkung der **Haustierhaltung,**[21] **Musizieren,**[22] Benutzung des Trockenraums, Verbot von stationären Klimageräten[23] die Regelung der Heizperiode und Raumtemperatur[24] usw. In der Regel unterliegt eine in der Gemeinschaftsordnung enthaltene Hausordnung der Abänderung durch Mehrheitsbeschluss.[25] Enthält die Gemeinschaftsordnung die Bestimmung, dass die Hausordnung vom Verwalter erlassen wird, bleibt das Recht der Gemeinschaft der Wohnungseigentümer unberührt, durch Mehrheitsbeschluss der Wohnungseigentümer eine Hausordnung errichten zu lassen.[26] 10

b) Auslegung. Die Hausordnung ist wie eine Grundbucheintragung **objektiv und normativ auszulegen,** weil sie auch ohne Grundbucheintragung für und gegen Sondernachfolger gilt (§ 10 Abs. 3 S. 2). Daher kann das Revisionsgericht im gerichtlichen Verfahren nach § 43 die Hausordnung selbst auslegen und ist nicht auf die Auslegung durch den Tatrichter verwiesen.[27] 11

c) Rechtmäßigkeit. Eine durch Mehrheitsbeschluss aufgestellte Hausordnung ist zB insoweit **nichtig,** als sie eine garantiemäßige Haftung für Schäden durch den Verursacher, also auch ohne Verschulden, vorsieht.[28] Sie ist insoweit wegen fehlender **Bestimmtheit** für ungültig zu erklären, als sie den Verwalter verpflichtet, **grobe Verstöße gerichtlich zu ahnden;**[29] als sie das Singen und Musizieren außerhalb der Ruhezeiten nur in **„nicht belästigender Weise und Lautstärke"** gestattet;[30] bestimmt ist hingegen die Regelung, dass Kinderwagen **vorübergehend** im Hausflur abgestellt werden dürfen.[31] Sie entspricht **nicht ordnungsgemäßer Verwaltung,** wenn sie eine Beschränkung der Lärmverursachung auf Zimmerlautstärke vorsieht für den Fall, dass ein Mitbewohner schwer erkrankt ist, ohne eindeutig zu bestimmen, ob sich dies nur auf Lärm durch Fernseh-, Rundfunkgeräte und Plattenspieler bezieht oder auch auf Geräusche durch Singen und Musizieren;[32] wenn sie das Singen und Musizieren ohne sachlichen Grund stärker einschränkt als die Tonübertragung durch Fernseh-, Rundfunkgeräte oder sonstige Übertragungsgeräte;[33] wenn das Musizieren auf Zimmerlautstärke beschränkt wird;[34] oder wenn in einer Wohnungs- und Teileigentumsanlage, die bezüglich der Ausübung eines freien Berufs keine Benutzungsbeschränkungen enthält, das Musi- 12

[19] Bärmann/*Merle* § 21 Rn. 77; Weitnauer/*Lüke* § 21 Rn. 25.
[20] BayObLGZ 1975, 201; OLG Hamburg OLGZ 1993, 310; OLG Hamm NJW-RR 2002, 10.
[21] KG NJW-RR 1998, 1385 – ein Hund und drei Katzen je Wohnung; OLG Köln NJWE-MietR 1996, 62 – hundert Kleintiere in Zwei-Zimmer-Wohnung; OLG Saarbrücken NZM 1999, 621 – Anschaffung abhängig von Zustimmung des Verwalters und Beirats; OLG Zweibrücken BeckRS 1999, 07616 – vier Hunde in einer Wohnung.
[22] OLG Hamburg BeckRS 1998, 11047, wonach die Wohnungseigentümer für bestimmte Ruhezeiten ein absolutes Musizierverbot festlegen können.
[23] BayObLG BeckRS 2001, 30168477.
[24] BayObLG BeckRS 1993, 01642.
[25] BayObLGZ 1975, 201.
[26] BayObLGZ 1991, 421; NJW 2001, 3635; KG OLGZ 1992, 182.
[27] BGH NJW 1998, 3713 (3716) unter III.2.a; BayObLG ZMR 2000, 115; OLG Hamm NJW-RR 2002, 10.
[28] BayObLG NZM 2002, 171.
[29] BayObLG NZM 2002, 171.
[30] BGHZ 139, 288 = NJW 1998, 3713 (3715) unter III.2.d.
[31] OLG Hamm NJW-RR 2002, 10.
[32] BGH NJW 1998, 3713 (3715) unter III.2.f.
[33] BGHZ 139, 288 = NJW 1998, 3713 (3714 ff.).
[34] BayObLG NJW 2001, 3635; zum Verbot des Musizierens OLG Hamm NJW 1981, 465.

zieren beschränkt wird, ohne eine Ausnahme für berufsbedingt musizierende Bewohner vorzusehen.[35] Da das häusliche Musizieren einschließlich des dazugehörigen Übens zu den sozialadäquaten und üblichen Formen der Freizeitbeschäftigung gehört, sind daraus herrührende Geräuscheinwirkungen jedenfalls in gewissen Grenzen zumutbar und in diesem Rahmen als unwesentliche Beeinträchtigung des benachbarten Grundstücks iSv § 906 Abs. 1 BGB anzusehen; insoweit hat ein **Berufsmusiker,** der sein Instrument im häuslichen Bereich spielt, nicht mehr, aber auch nicht weniger Rechte als ein **Hobbymusiker** und umgekehrt.[36]

13 **2. Erhaltung des Gemeinschaftseigentums (Abs. 2 Nr. 2). a) Begriff der Erhaltung.** Unter **Erhaltung** ist gemäß § 13 Abs. 2 die **Instandhaltung** und **Instandsetzung** zu verstehen. Abs. 2 Nr. 2 entspricht damit dem bisher geltenden § 21 Abs. 5 Nr. 2 aF. Einer begrifflichen Unterscheidung zwischen den Begriffen Instandhaltung und Instandsetzung kommt wegen der identischen Rechtsfolgen keine praktische Bedeutung zu,[37] so dass die beiden Begriffe unter dem Oberbegriff „Erhaltung" geführt werden. Hierunter fällt sowohl die **erstmalige Herstellung** eines ordnungsmäßigen Zustands der Wohnanlage[38] (→ Rn. 24 f.) als auch die Beseitigung von Schäden und Mängeln, die insbesondere durch Alterung, Abnutzung, Witterungseinflüsse oder unzureichende Instandhaltung entstanden sind. Sie umfasst die Reparatur zur **Wiederherstellung** des ursprünglichen ordnungsgemäßen Zustandes,[39] die Erneuerung im Sinne einer **Ersatzbeschaffung** einzelner Teile[40] sowie pflegende, erhaltende und vorsorgende Maßnahmen, die der Aufrechterhaltung des ursprünglichen Zustandes dienen.[41]

14 **b) Modernisierende Instandsetzung.** Aber auch eine verbessernde oder **modernisierende Maßnahme,** die sich nicht auf eine bloße Reparatur beschränkt, sondern den ursprünglichen Zustand verändert, kann eine ordnungsgemäße Erhaltung sein, wenn sie sich im Rahmen bewährter Techniken hält und bei Abwägung aller Umstände als die wirtschaftlich vernünftigere Lösung darstellt (→ § 20 Rn. 28). Diese ist eine Variante der Instandsetzung, so dass für sie keine besonderen Zustimmungs- oder Mehrheitserfordernisse gemäß §§ 20, 21 gelten. Es ist stets die einfache Stimmenmehrheit gemäß § 25 Abs. 1 ausreichend; diese bezieht sich auf die in der Versammlung persönlich anwesenden oder vertretenen Eigentümer.

15 Erfüllt eine modernisierende Instandsetzungsmaßnahme – was regelmäßig der Fall sein dürfte – begrifflich zugleich die Voraussetzungen einer **Modernisierung** gemäß § 555b Nr. 1–7 BGB, hat Abs. 2 Nr. 2 im Verhältnis zu den §§ 20, 21 entsprechend der bisher einhelligen Meinung[42] Vorrang. Zwar wird in der Begründung des Regierungsentwurfs zum WEMoG eine modernisierende Instandsetzung demgegenüber gerade als eine **„bauliche Veränderung"** eingeordnet, da eine modernisierende Instandsetzung hiernach schon „begrifflich voraussetze, dass sich die dafür notwendigen Kosten innerhalb eines angemessenen Zeitraums amortisieren" und somit dem § 21 Abs. 2 S. 1 Nr. 2 unterfallen[43] Insoweit dürfte es sich jedoch um einen **Redaktionsfehler** handeln,[44] denn erklärtes Ziel der WEG-Novelle war und ist doch unter anderem die Beseitigung des Modernisierungsstaus; dieses Ziel würde zum Teil verfehlt werden, wenn die Kosten für modernisierende Instandsetzungen nicht von allen Eigentümern gemäß § 16 Abs. 2 S. 1 zu tragen wären, sondern möglicherweise gemäß § 21 Abs. 3 nur von denjenigen Eigentümern, die dem Beschlussantrag zustimmen würden, so dass der Beschluss häufig nicht zustande kommen dürfte.

16 Im Übrigen ist die **Amortisation** in § 21 Abs. 2 S. 1 Nr. 2 geregelt, also in einer Norm, die ausschließlich die Kosten von baulichen Veränderungen zum Gegenstand hat. Die Kosten einer Maßnahme und deren Amortisation können aber nicht Abgrenzungskriterium für die Frage sein, ob es sich bei der Maßnahme um eine modernisierende Instandsetzung oder um eine bauliche Veränderung handelt. Vielmehr ist dies eine Frage der **ordnungsmäßigen Verwaltung.** Auch wenn sich die Kosten einer modernisierenden Instandsetzung nicht innerhalb eines angemessenen Zeitraums amortisieren sollten, ändert dies nichts daran, dass es sich um eine modernisierende Instandsetzung handelt, die dann „lediglich" nicht ordnungsmäßiger Verwaltung entspricht, dh die in der Gesetzesbegründung vertretene Auffassung, eine modernisierende Instandsetzung setze schon

[35] BayObLG NZM 2002, 492 Ls.
[36] BGH ZWE 2019, 178.
[37] BGHZ 141, 224 = NJW 1999, 2108 (2109); *Lüke* PiG 48, 41.
[38] BGH NJW 2016, 473 Rn. 7; 2015, 2027 Rn. 20.
[39] BayObLG NZM 2002, 75; OLG Düsseldorf NJWE-MietR 1997, 78; OLG Saarbrücken FGPrax 1997, 56.
[40] BayObLG BeckRS 1993, 04349; OLG Düsseldorf NJWE-MietR 1997, 78 für Schiebetüranlage.
[41] KG ZMR 1993, 478; OLG Hamm BeckRS 1992, 31008395.
[42] Bärmann/Pick/*Emmerich* § 22 Rn. 111 mwN.
[43] BT-Drs. 19/18791, 67.
[44] Vgl. BT-Drs. 19/22643, 8.

„begrifflich voraus, dass sich die dafür notwendigen Kosten innerhalb eines angemessenen Zeitraums amortisieren", wird nicht geteilt. In diesem Zusammenhang ist zu berücksichtigen, dass es bei der Frage der Amortisation ja ohnehin nur um diejenigen Kosten gehen kann, die auf die Modernisierung entfallen, nicht hingegen um die Instandsetzungskosten. Häufig lassen sich die beiden Kostenarten jedoch nicht oder nicht vollständig voneinander trennen, da es sich bei der modernisierenden Instandsetzung meist um eine einheitliche Maßnahme handelt, die untrennbar miteinander verbunden ist.

Ferner heißt es in der Gesetzesbegründung, dass der Abs. 2 Nr. 2 dem zuvor geltenden § 21 Abs. 5 Nr. 2 aF entspricht.[45] Da es sich nach der zuvor geltenden Rechtslage bei Maßnahmen der modernisierenden Instandsetzung gemäß § 22 Abs. 3 aF um Maßnahmen iSv § 21 Abs. 5 Nr. 2 aF gehandelt hat und der nunmehrige Abs. 2 Nr. 2 dem zuvor geltenden § 21 Abs. 5 Nr. 2 aF entspricht, bleibt es dabei, dass Maßnahmen der modernisierenden Instandsetzung Erhaltungsmaßnahmen iSv Abs. 2 Nr. 2 sind. Hinzu kommt, dass bei einer modernisierenden Instandsetzung primär der **Instandsetzungsbedarf** Anlass und Ursache für die Maßnahme ist, nicht hingegen der Wunsch nach Durchführung einer baulichen Veränderung. 17

Im Übrigen passt auch die Definition der baulichen Veränderung nicht auf die modernisierende Instandsetzung. Gemäß § 20 Abs. 1 sind bauliche Veränderungen Maßnahmen, die über die ordnungsmäßige Erhaltung des gemeinschaftlichen Eigentums hinausgehen. Maßnahmen der modernisierenden Instandsetzung sind dem Grunde nach Maßnahmen, die grundsätzlich einer ordnungsmäßigen Erhaltung entsprechen. Sollten sich die Kosten hierfür nicht innerhalb eines angemessenen Zeitraums amortisieren, ändert dies nichts daran, dass es sich um eine ordnungsmäßige Erhaltung handelt, unabhängig von der Frage, ob sie ordnungsmäßiger Verwaltung entspricht. 18

Ergänzend ist zu verweisen auf die **Gesetzesbegründung** zu der am 1.7.2007 in Kraft getretenen WEG-Novelle. Dort heißt es, dass der mit Wirkung zum 1.7.2007 eingeführte § 22 Abs. 3 aF nur „der Klarstellung (dient). Maßnahmen der modernisierenden Instandsetzung können die Wohnungseigentümer weiterhin wie nach geltendem Recht mit einfacher Mehrheit beschließen. Für die Abgrenzung kommt es darauf an, ob die Neuerung einen Bezug zur Instandhaltung oder Instandsetzung hat, ob also vorhandene Einrichtungen wegen bereits notwendiger oder absehbarer Reparaturen technisch auf einen aktuellen Stand gebracht oder durch eine wirtschaftlich sinnvollere Lösung ersetzt werden. In diesem Fall geht es um die modernisierende Instandsetzung, zu der es eine Vielzahl von Entscheidungen der Rspr. gibt. Im Unterschied dazu sind bauliche Maßnahmen, die sich im Rahmen des § 559 Abs. 1 BGB halten und keinen Bezug mehr zur Instandhaltung oder Instandsetzung haben, als Modernisierungen zu bewerten, die der qualifizierten Mehrheit bedürfen."[46] Schon damals ist der Gesetzgeber also zutreffend davon ausgegangen, dass es sich bei modernisierenden Instandsetzungen um Instandsetzungsmaßnahmen handelt und nicht um bauliche Veränderungen. § 22 Abs. 3 aF ist damals nur deshalb in das zum 1.7.2007 in Kraft getretene Gesetz aufgenommen worden, um klarzustellen, dass der ebenfalls zum 1.7.2007 eingeführte § 22 Abs. 2 aF (Beschlusskompetenz für Modernisierungsmaßnahmen als privilegierte bauliche Veränderungen mit doppelt-qualifizierter Mehrheit) nichts daran ändert, dass es sich bei modernisierenden Instandsetzungen nicht um Modernisierungen und somit auch nicht um bauliche Veränderungen handelt, sondern um **Instandsetzungsmaßnahmen.** 19

Die modernisierende Instandsetzung erlaubt es den Wohnungseigentümern, im Rahmen der ordnungsgemäßen Instandsetzung nicht den früheren Zustand wiederherstellen zu müssen, sondern über die bloße Reproduktion des alten (veralteten) Zustandes hinaus eine zeitgemäße, technisch bessere und wirtschaftlich sinnvollere Lösung umzusetzen und damit dem **technischen Fortschritt** und den allgemeinen Änderungen in den Lebensgewohnheiten und insbesondere dem Wohnverhalten Rechnung zu tragen. So ist etwa der Austausch von Holz- gegen Kunststofffenster im Regelfall keine bauliche Veränderung, sondern eine Maßnahme modernisierender Instandsetzung.[47] Nicht zwingend ist, dass die modernisierende Instandsetzungsmaßnahme ein bereits vorhandenes Gebäudeteil ersetzt oder eine bereits vorhandene Funktion übernimmt. Daher kann die Beseitigung von Nässeschäden an einer Fassade unter gleichzeitiger und erstmaliger Aufbringung einer Wärmedämmung eine modernisierende Instandsetzung darstellen. Gleiches gilt für die erstmalige Dämmung der Kellerdecke im Rahmen einer anstehenden Fassadensanierung. 20

Eine modernisierende Instandsetzung im Rahmen ordnungsmäßiger Verwaltung setzt neben den allgemeinen Anforderungen an Sanierungsbeschlüsse grundsätzlich eine **Kosten-Nutzen-Analyse** unter Abwägung aller Vor- und Nachteile einer bloßen Reparatur des vorhandenen Zustands einerseits im Vergleich zu der Herstellung des neuen Zustands andererseits voraus. Bei Maßnahmen zur 21

[45] BT-Drs. 19/18791, 60.
[46] BT-Drs. 16/887, 32.
[47] LG München I NJW-RR 2009, 1672.

Energieeinsparung wird von der Rspr. bislang zumeist eine **Amortisation** der Kosten innerhalb von **zehn Jahren** gefordert.[48] Infolge der neuen Gesetzeslage im Energierecht können sich kurz- bis mittelfristig Verlängerungen der Amortisationszeiträume ergeben. Die Kosten-Nutzen-Analyse entfällt, soweit die Durchführung der Gesamtmaßnahme oder ein Teil von ihr durch öffentlichrechtliche Bestimmungen vorgeschrieben ist.

22 Wesentliche Voraussetzung einer modernisierenden Instandsetzung ist nach hM das Bestehen eines **konkreten Instandsetzungsbedarfs.** Umstritten ist, was unter einem konkreten Instandsetzungsbedarf zu verstehen ist. Nach hM setzt eine modernisierende Instandsetzung einen bereits vorhandenen Instandsetzungsbedarf voraus, wobei in der obergerichtlichen Rspr. vereinzelt ein schwerwiegender Mangel des Gemeinschaftseigentums verlangt wird, der dessen Reparatur oder Erneuerung erforderlich macht, während die meisten Gerichte schon einen geringeren Instandsetzungsbedarf genügen lassen.[49] Fehlt ein solcher, kommt eine Qualifizierung der baulichen Maßnahme als modernisierende Instandsetzung nicht in Betracht. Stattdessen kann eine **bauliche Veränderung** gemäß § 20 Abs. 1 mit einfacher Mehrheit beschlossen werden. Zwar ist die erforderliche Mehrheit stets gleich (jeweils einfache Mehrheit gemäß § 25 Abs. 1), jedoch kann es einen Unterschied beim anzuwendenden **Kostenverteilerschlüssel** geben. Während die Kosten für eine modernisierende Instandsetzung vorbehaltlich abweichender Regelungen in einer Teilungserklärung mit Gemeinschaftsordnung gemäß § 16 Abs. 2 S. 1 von allen Wohnungseigentümern anteilig zu tragen sind, ist dies bei den Kosten für eine reine Modernisierungsmaßnahme gemäß **§ 21 Abs. 2 S. 1** nur dann der Fall, wenn entweder die Maßnahme mit mehr als zwei Dritteln der abgegebenen Stimmen und der Hälfte aller Miteigentumsanteile beschlossen worden und die Maßnahme nicht mit unverhältnismäßigen Kosten verbunden ist, oder wenn die Kosten sich innerhalb eines angemessenen Zeitraums amortisieren; wird nur die einfache Mehrheit aber nicht diese doppelt-qualifizierte Mehrheit erreicht, oder ist die Maßnahme mit unverhältnismäßigen Kosten verbunden, oder amortisieren sich die Kosten nicht innerhalb eines angemessene Zeitraums, sind die Kosten gemäß **§ 21 Abs. 3 S. 1** nur von den Wohnungseigentümern zu tragen, die die Maßnahme beschlossen haben.

23 Eine ordnungsgemäße Maßnahme zur Instandsetzung des Gemeinschaftseigentums setzt weiter voraus, sie so durchzuführen, dass – soweit möglich – **Schäden am Sondereigentum vermieden** werden.[50] Die Beschlusskompetenz nach Abs. 1 und Abs. 2 Nr. 2 umfasst auch die Entscheidung über den einheitlichen Einbau und die einheitliche Wartung und Kontrolle von **Rauchwarnmeldern** in allen Wohnungen durch ein Fachunternehmen;[51] sie entspricht regelmäßig auch dann ordnungsmäßiger Verwaltung und Benutzung, wenn der Beschluss auch Wohnungen einbezieht, in denen Eigentümer bereits Rauchwarnmelder angebracht haben.[52]

24 **c) Anspruch auf plangerechte Erstherstellung.** Ist ein Gebäude planwidrig erstellt worden, stellt die erstmalige plangerechte Herstellung keine bauliche Veränderung iSd § 20 dar, sondern eine Instandsetzung, mit der die Planwidrigkeit behoben wird.[53] Was zur ordnungsmäßigen Instandsetzung des Gemeinschaftseigentums erforderlich ist, bestimmt sich daher in erster Linie danach, wie das gemeinschaftliche Eigentum nach der **Teilungserklärung** und dem in ihr gemäß § 7 Abs. 4 Nr. 1 in Bezug genommenen **Aufteilungsplan**[54] (einschließlich Freiflächengestaltungs- und Entwässerungsplan) aussehen soll. Deshalb ist die Gemeinschaft der Wohnungseigentümer nicht nur verpflichtet, das gemeinschaftliche Eigentum nach den Vereinbarungen und Beschlüssen und den Grundsätzen ordnungsmäßiger Verwaltung zu erhalten, sondern auch, es bei Bedarf erstmals in den Zustand zu versetzen, den es nach der Teilungserklärung haben soll.[55] Diese Pflicht obliegt auch dann der Gemeinschaft der Wohnungseigentümer und nicht einem einzelnen Wohnungseigentümer, wenn eine **Trennwand** zwischen zwei Sondereigentumseinheiten von Anfang an planwidrig situiert ist.[56] Sie umfasst die Verpflichtung, das gemeinschaftliche Eigentum in einen Zustand zu versetzen, der die Nutzung der in der Teilungserklärung vorgesehenen Teileigentums- und Wohnungseigentumsrechte in dem Umfang erlaubt, der in der Teilungserklärung vorgesehen ist. Diesen **„Erstherstellungsanspruch“** kann grundsätzlich jeder Wohnungseigentümer gemäß § 18 Abs. 2 von der

[48] Vgl. BGH NZM 2013, 193.
[49] OLG Düsseldorf NZM 2000, 1067; 2002, 704; 2003, 28; OLG Hamburg WuM 1999, 55; BayObLG NJW-RR 1989, 1293; NZM 2002, 75.
[50] BGHZ 141, 224 = NJW 1999, 2108 (2109).
[51] BGH NJW-RR 2019, 401 Rn. 8.
[52] BGH NJW-RR 2019, 401 Rn. 15.
[53] BGH NJW 2018, 3240 Rn. 9; 2015, 2027 Rn. 20; 2007, 1952 Rn. 16.
[54] BGH NJW 2016, 473 Rn. 7; 2015, 2027 Rn. 20; BayObLGZ 1989, 470; NZM 2000, 515; ZWE 2000, 312; OLG Hamm ZWE 2007, 491.
[55] BGH NJW-RR 2017, 462 Rn. 13.
[56] BGH NJW 2015, 2027 Rn. 19.

Gemeinschaft der Wohnungseigentümer verlangen,[57] auch der werdende Wohnungseigentümer (→ § 18 Rn. 13 ff.).[58]

25 Der nicht der **Verjährung** unterliegende Anspruch auf erstmalige Herstellung eines der Teilungserklärung und dem Aufteilungsplan entsprechenden Zustands kann im Einzelfall nach **Treu und Glauben** (§ 242 BGB) ausgeschlossen sein. Dies kann in Betracht kommen, wenn seine Erfüllung der Gemeinschaft der Wohnungseigentümer nach den Umständen des Einzelfalls nicht zuzumuten ist. Das ist zB der Fall, wenn die tatsächliche Bauausführung nur **unwesentlich** von dem Aufteilungsplan abweicht oder die plangerechte Herstellung tiefgreifende **Eingriffe** in das Bauwerk erfordert oder Kosten verursacht, die auch unter Berücksichtigung der berechtigten Belange der von der abweichenden Bauausführung unmittelbar betroffenen Wohnungseigentümer **unverhältnismäßig** sind.[59] Dann sind die Wohnungseigentümer gegenüber der Gemeinschaft der Wohnungseigentümer im Grundsatz verpflichtet, Teilungserklärung und Aufteilungsplan so zu ändern, dass diese der tatsächlichen Bauausführung entsprechen;[60] ggf. kann der hiervon nachteilig betroffene Eigentümer hierfür eine **Ausgleichszahlung** verlangen.[61]

26 **d) Mitwirkungspflichten der Wohnungseigentümer bei der Erhaltung.** Haben die Organe bzw. Organwalter der Gemeinschaft der Wohnungseigentümer **Kenntnis** von einem **Mangel** des gemeinschaftlichen Eigentums, der zu Folgeschäden im Bereich des Sondereigentums eines Wohnungseigentümers führen kann, wird die Pflichtenstellung der Gemeinschaft der Wohnungseigentümer durch diejenigen Maßnahmen ordnungsgemäßer Verwaltung bestimmt, die ihr im Rahmen der gemeinschaftlichen Verwaltung und Benutzung obliegt. Die Wohnungseigentümer üben für das Organ „Wohnungseigentümerversammlung" durch eine dort getroffene **Willensbildung** die gemeinschaftliche Verwaltung und Benutzung durch Beschlussfassung in der Eigentümerversammlung aus (§ 19 Abs. 1), die in der Regel vom Verwalter als Vollzugs- und Vertretungsorgan durchzuführen ist (§ 9b Abs. 1). Dementsprechend besteht im Verhältnis zwischen der Gemeinschaft der Wohnungseigentümer und den Wohnungseigentümern eine Mitwirkungspflicht des einzelnen Wohnungseigentümers bei der **Beschlussfassung** über die konkret erforderlichen Maßnahmen, die ergänzt wird durch eine entsprechende **Werkleistung** mit Hilfe von Fachkräften. Soll festgestellt werden, ob Maßnahmen der Erhaltung in Betracht kommen, sind die Wohnungseigentümer gemäß § 14 Abs. 1 Nr. 2 auch verpflichtet, das **Betreten ihrer Wohnung** zu gestatten, sofern ausreichende Anhaltspunkte für die Notwendigkeit solcher Maßnahmen vorliegen.[62]

27 **aa) Beschlussfassungen über die Erhaltung; Gestaltungsspielraum.** Über die Frage, **ob und wie** eine Erhaltungsmaßnahme durchzuführen ist, beschließen die Wohnungseigentümer in der Versammlung mehrheitlich. Auch wenn die Rechte und Pflichten des Verwalters gemäß § 27 Abs. 2 erweitert werden können, kann diese Entscheidungskompetenz grundsätzlich nicht im Beschlusswege auf den Verwalter übertragen werden.[63] Hat ein Wohnungseigentümer einen Baumangel **ohne Herbeiführung eines Mehrheitsbeschlusses** auf eigene Kosten behoben, kann die Gemeinschaft der Wohnungseigentümer die Beseitigung dieser Baumaßnahme verlangen, wenn über die Konzeption der Behebung des Baumangels ein Mehrheitsbeschluss herbeigeführt wird, der eine andere Lösung vorsieht.[64]

28 Der Gemeinschaft der Wohnungseigentümer steht bei der Erhaltung des gemeinschaftlichen Eigentums nicht nur hinsichtlich der zu treffenden Maßnahmen, sondern auch hinsichtlich der einzelnen Sanierungsschritte ein **Gestaltungsspielraum** zu,[65] der nicht zu kleinlich gefasst werden darf. So kann ein Beschluss über eine umfassende Fassaden- und Balkonsanierung, der solche Fassadenteile von der Sanierung ausnimmt, die sich im Zug der Maßnahme als nicht sanierungsbedürftig erweisen, ordnungsmäßiger Verwaltung entsprechen; denn es ist nicht zwingend erforderlich, vorab den Sanierungsumfang, etwa durch Gutachten, im Einzelnen festzulegen.[66] Der Beurteilungsspielraum der Gemeinschaft der Wohnungseigentümer bei der Beschlussfassung über Erhaltungsmaßnahmen, der von den Wohnungseigentümern als Organwalter des Organs „Wohnungseigentümerver-

---

[57] Zum alten Recht BGH NJW 2015, 2027 Rn. 7; BayObLG NJW-RR 1990, 332; NZM 2000, 515; ZWE 2000, 214; OLG Düsseldorf NZM 2001, 146; OLG Köln NJWE-MietR 1996, 275.
[58] *Schmidt-Räntsch* ZWE 2018, 2 (4).
[59] BGHZ 208, 29 Rn. 21, 22 = ZWE 2016, 79; BGH NJW 2015, 2027 Rn. 21.
[60] BGHZ 208, 29 Rn. 22 = ZWE 2016, 79; BGH NJW 2015, 2027 Rn. 21.
[61] BGHZ 65, 395 = NJW 1976, 669; BGH ZfIR 2004, 108; BayObLG ZWE 2001, 605.
[62] BayObLG FGPrax 1996, 179.
[63] OLG Düsseldorf NJW-RR 1998, 13.
[64] Vgl. zum alten Recht OLG Karlsruhe NZM 2001, 758.
[65] BGH NJW 2011, 2958 Rn. 8; OLG Hamm FGPrax 2007, 69.
[66] OLG München BeckRS 2007, 06715.

sammlung" ausgeübt wird, ist nicht überschritten, wenn über die Mindestsanierung hinaus Arbeiten vergeben werden, deren Ausführung derzeit nicht zwingend notwendig, jedoch nicht unvertretbar ist.[67] Bei Reparaturbedürftigkeit eines **Altbaus** schuldet die Gemeinschaft der Wohnungseigentümer regelmäßig nur ein sukzessives Vorgehen bei der Sanierung nach Prüfung eines Sachverständigen.[68] Gehen die Wohnungseigentümer bei der Beschlussfassung von objektiv unzutreffenden Angaben, zB über die Finanzierungsmöglichkeit aus, entspricht der Instandsetzungsbeschluss nicht ordnungsgemäßer Verwaltung.[69]

29 Sieht die Gemeinschaftsordnung einer **Mehrhausanlage** vor, dass die Eigentümer der beiden Hausgemeinschaften über die Erhaltung „ihres" Gebäudes beschließen können, kann ein für beide Hausgemeinschaften geschlossener Aufzug-Wartungsvertrag nicht von den Eigentümern nur einer Hausgemeinschaft gekündigt werden. Ein gleichwohl gefasster Mehrheitsbeschluss mit diesem Inhalt entspricht nicht ordnungsgemäßer Verwaltung.[70] Ebenso entspricht es nicht ordnungsgemäßer Verwaltung, wenn die Gemeinschaft der Wohnungseigentümer einen Beschluss einer Untergemeinschaft über eine bauliche Maßnahme aufhebt, den diese im Rahmen ihrer sich aus der Teilungserklärung ergebenden Kompetenzen gefasst hat.[71] Durch die Gemeinschaftsordnung für eine Mehrhausanlage kann den Mitgliedern der für einzelne Gebäude oder Gebäudekomplexe gebildeten Untergemeinschaften die **Kompetenz** eingeräumt werden, unter Ausschluss der anderen Eigentümer die Durchführung von Erhaltungsmaßnahmen zu beschließen, die ein zu der jeweiligen Untergemeinschaft gehörendes Gebäude betreffen, wenn zugleich bestimmt wird, dass die durch diese Maßnahmen verursachten Kosten im Innenverhältnis allein von den Mitgliedern der jeweiligen Untergemeinschaft zu tragen sind.[72]

30 **bb) Beschlussfassung zur Ermittlung und Feststellung der Art des Mangels.** Wird eine Reparaturmaßnahme erforderlich, kommt jedoch nicht offensichtlich nur eine bestimmte Maßnahme in Betracht, entspricht es ordnungsgemäßer Verwaltung und Benutzung, wenn sich die Gemeinschaft der Wohnungseigentümer zunächst um eine **Feststellung** des konkreten **Umfangs** des Schadens und der in Betracht kommenden **Reparaturmöglichkeiten** unter Einbeziehung der jeweils anfallenden Kosten bemüht und insoweit ggf. fachmännisch beraten lässt. Denn ordnungsmäßiger Verwaltung und Benutzung entspricht eine Instandsetzung, wenn auch die **Kostenfrage** geregelt ist, wobei es genügt, dass die Aufbringung der Mittel durch die Gemeinschaft der Wohnungseigentümer gesichert ist.[73]

31 Haben der Verwalter und der geschädigte oder andere Wohnungseigentümer hinsichtlich der Baumängel den gleichen **Kenntnisstand,** so obliegt es dem Verwalter als Vertretungsorgan der Gemeinschaft der Wohnungseigentümer, einen Beschluss der Gemeinschaft zur Feststellung der Ursache der Mängel und zu deren Beseitigung rechtzeitig herbeizuführen.[74]

32 **cc) Beschlussfassung über die Ausschreibung von Handwerkerleistungen.** Vor einer größeren Instandsetzungsmaßnahme müssen grundsätzlich der **Schadensumfang** und die **Sanierungsbedürftigkeit** festgestellt sowie **mehrere Kostenangebote** eingeholt werden; das Gesetz schreibt aber für die Einholung von Angeboten zur Instandhaltung des Gemeinschaftseigentums keine Mindestzahl vor.[75] Daher widerspricht es regelmäßig ordnungsmäßiger Verwaltung, wenn mit den Stimmen einer Mehrheitsgruppe ohne vergleichende Kostenangebote die Vergabe eines Reparaturauftrags an ein weiteres Mitglied der Mehrheitsgruppe beschlossen wird.[76] Ferner kann ein Wohnungseigentümer nicht die Durchführung einer ganz bestimmten, von ihm zB durch Privatgutachten ermittelten Maßnahme verlangen;[77] die Entscheidung über das „Wie" einer Instandsetzungsmaßnahme liegt im **Ermessensspielraum** der Gemeinschaft der Wohnungseigentümer.

33 **dd) Beschlussfassung über die Auftragsvergabe an den Handwerker.** Hat die Gemeinschaft der Wohnungseigentümer die erforderliche Reparaturmaßnahme ermittelt und liegt das Ergebnis der Ausschreibungen vor, dann hat sie durch die Wohnungseigentümer durch Beschluss die **Entscheidung über die Auftragsvergabe** und **die Aufbringung der finanziellen Mittel,**

---

[67] OLG Düsseldorf NZM 1999, 766.
[68] KG ZWE 2001, 613.
[69] KG FGPrax 1996, 95.
[70] BayObLG NZM 2000, 1021.
[71] OLG Köln ZWE 2000, 376.
[72] BGH NJW 2018, 1309 = ZfIR 2018, 353 mAnm *Rüscher.*
[73] BGH NJW 2011, 2958 Rn. 8.
[74] AA zum alten Recht OLG Hamm NJW-RR 1997, 908: es obliegt dem geschädigten Wohnungseigentümer.
[75] BayObLG NJW-RR 1999, 307; OLG Köln ZWE 2000, 321.
[76] KG OLGZ 1994, 149.
[77] OLG Köln ZWE 2000, 321.

sei es durch Entnahme aus gemeinschaftlichen Mitteln, sei es durch Erhebung einer Sonderumlage, treffen zu lassen[78] Die Gültigkeit des späteren **Vergabebeschlusses** hängt davon ab, dass sich die vergebenen Arbeiten im Wesentlichen im Rahmen des bestandskräftigen Sanierungsbeschlusses halten.[79] Führt die Gemeinschaft der Wohnungseigentümer dann eine von der beschlossenen Maßnahme leicht abweichende, die Eigentümer weniger belastende Variante aus, so handelt ein Wohnungseigentümer rechtsmissbräuchlich, der von der Gemeinschaft der Wohnungseigentümer das Unterlassen der Sanierungsmaßnahme unter Berufung auf diese Abweichung vom Sanierungsbeschluss verlangt, obwohl er sich nur durch einen solchen Teil der Baumaßnahme gestört sieht, der bereits in der beschlossenen Variante unverändert vorgesehen war.[80] Haben die Wohnungseigentümer im Wege eines **Grundsatzbeschlusses** bestandskräftig die Sanierung nach den näheren Vorgaben eines Gutachters beschlossen, so kann die **Anfechtung des späteren Eigentümerbeschlusses** über die Vergabe der Arbeiten nicht mehr darauf gestützt werden, die vom Sachverständigen für notwendig oder empfehlenswert gehaltenen Sanierungsmaßnahmen seien in Wirklichkeit nicht erforderlich oder sie stellten zustimmungsbedürftige bauliche Veränderungen des gemeinschaftlichen Eigentums dar.[81] Haben die Wohnungseigentümer zur Finanzierung umfangreicher Sanierungsarbeiten die Erhebung einer **Sonderumlage** beschlossen, wird dieser Beschluss nicht dadurch außer Kraft gesetzt, dass die Wohnungseigentümer später einen Beschluss über die bloße Änderung der Ausführungsart hinsichtlich einzelner Sanierungsmaßnamen fassen.[82] Wird jedoch der Beschluss über die Sanierungsmaßnahme im Falle einer Anfechtung durch das Gericht für ungültig erklärt, führt dies in der Regel gemäß **§ 139 BGB analog** auch zur Ungültigerklärung des Finanzierungsbeschlusses, sofern gegen diesen ebenfalls Anfechtungsklage erhoben worden sein sollte.[83]

Die **Unterlassung von Vorbereitungsmaßnahmen** führt aber nur dann im Prozess zur Ungültigerklärung eines Eigentümerbeschlusses, der die Auftragsvergabe angeordnet hat, wenn der konkret vergebene Auftrag tatsächlich zu objektiv überhöhten Aufwendungen geführt hat.[84] Eine allzu kleinliche Beurteilung dieser Frage durch das Gericht wäre verfehlt, da der Gemeinschaft der Wohnungseigentümer ein gewisser Ermessensspielraum zuzubilligen ist. Stellt sich im Nachhinein heraus, dass die in Auftrag gegebenen Arbeiten mangelhaft ausgeführt wurden, ist dies kein Mangel der Beschlussfassung über die Auftragsvergabe, sofern nicht das Vorgehen des Verwalters und der Eigentümerversammlung Risiken im Hinblick auf die ordnungsgemäße Erledigung der Erhaltungsarbeiten ausgelöst hat.[85] 34

ee) Grundsätzlich keine Pflicht der Wohnungseigentümer zur tätigen Mithilfe. Die Wohnungseigentümerversammlung ist **mangels Kompetenzzuweisung** nicht befugt, durch **Mehrheitsbeschluss** die einzelnen Wohnungseigentümer zur tätigen Mithilfe, sei es durch persönliche Eigenleistungen oder durch die Beauftragung Dritter, im Rahmen der Verkehrssicherungspflicht oder der Erhaltung des gemeinschaftlichen Eigentums zu verpflichten,[86] vielmehr ist der Wohnungseigentümer gemäß § 16 Abs. 2 S. 1 auf die anteilige Kostenübernahme der durch die Organe der Gemeinschaft der Wohnungseigentümer zu veranlassenden Tätigkeit beschränkt.[87] Ein gleichwohl gefasster Mehrheitsbeschluss, durch den eine Leistungspflicht gegen den Willen des Wohnungseigentümers begründet werden soll, wie zB **Treppenhausreinigung** oder **Winterdienst,** ist nichtig.[88] Etwas anderes gilt nur dann, wenn eine **Vereinbarung** der Wohnungseigentümer eine derartige Verpflichtung ermöglicht.[89] 35

e) Pflichten des Verwalters bei der Durchführung. Bei der Durchführung von mehrheitlich beschlossenen Maßnahmen der Erhaltung des Gemeinschaftseigentums hat der Verwalter auf eine baulich und fachlich einwandfreie Lösung ebenso zu achten wie auf die **Wirtschaftlichkeit.** Daraus folgt jedoch nicht zwingend, dass der Verwalter vor Durchführung jeder Maßnahme zwin- 36

---

[78] OLG Hamm BeckRS 2005, 33337 = ZMR 2005, 808.
[79] BayObLG NZM 1999, 910.
[80] OLG Köln NZM 1999, 973.
[81] BayObLG NZM 1999, 910.
[82] KG NZM 2000, 553.
[83] BGHZ 207, 99 (114) = ZWE 2015, 453; LG Frankfurt a.M. ZWE 2018, 366; LG München I ZWE 2019, 495.
[84] BayObLG NJW-RR 1989, 1293.
[85] BayObLG NJW-RR 1989, 1293.
[86] BGH NJW 2012, 1724 Rn. 10; 2011, 1220 Rn. 15; 2010, 2801 Rn. 11.
[87] OLG Hamm OLGZ 1980, 261 für Anstrich von Gebäudeteilen; KG NJW 1978, 1439 für Wässerung des Rasens.
[88] BGH NJW 2012, 1724 Rn. 12; 2010, 2801 Rn. 11; 2010, 3093 Rn. 10; LG Dortmund ZWE 2018, 363 Rn. 4 mAnm *Sommer.*
[89] BGH NJW 2012, 1724 Rn. 11; LG Dortmund ZWE 2018, 363 Rn. 8.

gend Angebote von ausführungsbereiten Fachfirmen einholen muss, wenn ihm die Eigentümerversammlung dies nicht aufgetragen hat. Dem Verwalter steht vielmehr insoweit ein **Gestaltungsspielraum** zu, der im gerichtlichen Verfahren nur einer eingeschränkten Kontrolle unterliegt.[90]

37 **3. Versicherung (Abs. 2 Nr. 3).** Zur ordnungsgemäßen Verwaltung und Benutzung, die der Mehrheitsentscheidung der Wohnungseigentümer nach Abs. 1 unterliegt, zählt auch der Abschluss einer **angemessen Versicherung des gemeinschaftlichen Eigentums**[91] **zum Neuwert** sowie einer **Haus- und Grundbesitzerhaftpflicht** der Wohnungseigentümer als Inhaber des gemeinschaftlichen Eigentums.[92] Die angemessene **Versicherung zum Neuwert** dient dazu, im Falle einer Zerstörung des Gebäudes die Wiederherstellung zu sichern und so den Wohnraum zu erhalten. Soweit in dem zuvor geltenden § 21 Abs. 2 Nr. 3 aF die Versicherung des gemeinschaftlichen Eigentums zum Neuwert auf die Feuerversicherung beschränkt war, hat der Gesetzgeber diese Beschränkung aufgehoben und damit klargestellt, dass es auch ordnungsmäßiger Verwaltung entspricht, das gemeinschaftliche Eigentum gegen andere Risiken zu versichern, die zu einer Zerstörung des Gebäudes führen können, wie zB die Elementarschadenversicherung.

38 Im Einzelfall kann es der Gemeinschaft der Wohnungseigentümer aber nicht als Verstoß gegen die Grundsätze ordnungsgemäßer Verwaltung angelastet werden, wenn sie von der Versicherung zum Neuwert abweicht und stattdessen eine **Versicherung auf Zeitwertbasis** abschließt. Zu denken ist dabei an den Fall einer desolaten Liquiditätslage, in der eine Gemeinschaft den jährlichen Beitrag zur Versicherung zum Neuwert nicht vollständig erbringen kann. Zahlt die Gemeinschaft der Wohnungseigentümer die Versicherungsprämie nämlich nicht rechtzeitig, so kann der Versicherer ihr eine Frist zur Zahlung binnen zwei Wochen setzen. Leistet innerhalb dieser Frist die Eigentümergemeinschaft immer noch nicht die Versicherungsprämie, so ist der Versicherer nach § 38 Abs. 2 VVG von der Leistungspflicht befreit. Darüber hinaus steht ihm nach § 38 Abs. 3 VVG ein Kündigungsrecht zu. Nach einer entsprechenden Kündigung wird es für die Wohnungseigentümergemeinschaft fast unmöglich, einen erneuten Versicherungsvertrag abzuschließen.

39 Die Versicherungspflicht trifft zwar nur das **Gemeinschaftseigentum.** Die Regel ist aber der Abschluss einer Versicherung unter **Einschluss der Sondereigentumseinheiten.** Dies bietet iSd Gemeinschaftsfriedens den Vorteil, dass bei einem von einem Sondereigentum auf ein anderes Sondereigentum ausgehenden Schaden der geschädigte Miteigentümer aufgrund der zwischen den Mitgliedern einer Wohnungseigentümergemeinschaft bestehenden Treue- und Rücksichtnahmepflichten iSv § 241 Abs. 2 BGB verpflichtet ist, nicht den schädigenden Miteigentümer auf Schadensausgleich in Anspruch zu nehmen (insbesondere gemäß § 906 Abs. 2 BGB analog), wenn der geltend gemachte Schaden Bestandteil des versicherten Interesses ist, der Gebäudeversicherer nicht Regress nehmen könnte und nicht besondere Umstände vorliegen, die ausnahmsweise eine Inanspruchnahme des Schädigers durch den Geschädigten rechtfertigen.[93]

40 Eine für die Wohnungseigentümergemeinschaft bestehende **Gebäudeversicherung** für das gesamte Gebäude ist eine **Versicherung auf fremde Rechnung** iSd § 41 VVG, soweit sie das Sondereigentum der einzelnen Miteigentümer mitumfasst, dh mit Ausnahme von etwaigem Eigentum der Gemeinschaft der Wohnungseigentümer. Dabei besteht zwischen dem Versicherungsnehmer und dem Versicherten im Innenverhältnis ein Treuhandverhältnis, das iVm dem Bereicherungsverbot für den Versicherungsnehmer diesen verpflichtet, den ihm nicht zustehenden Entschädigungsbetrag einzuziehen und an den Geschädigten auszukehren.[94] **Versicherungsnehmer** ist die gemäß § 9a Abs. 1 und 2 rechtsfähige Gemeinschaft der Wohnungseigentümer, während **Versicherte** die einzelnen Wohnungseigentümer sind, und zwar sowohl für ihren ideellen Anteil am Gemeinschaftseigentum als auch für ihr Sondereigentum.[95] Somit kann ausschließlich die Gemeinschaft der Wohnungseigentümer als Versicherungsnehmerin Ansprüche gegenüber dem Versicherer geltend machen. Macht die Gemeinschaft der Wohnungseigentümer in ihrer Eigenschaft als Versicherungsnehmerin den Entschädigungsanspruch gegenüber dem Versicherer auch in Ansehung des Sondereigentums geltend, so hat sie die Bindungen aus dem gesetzlichen **Treuhandverhältnis** zu den einzelnen Miteigentümern zu berücksichtigen, insbesondere dafür Sorge zu tragen, dass dem betroffenen Wohnungseigentümer der zustehende Entschädigungsbetrag tatsächlich zufließt.

---

[90] OLG Köln NZM 1998, 820.
[91] KG OLGZ 1992, 318 f. = NJW-RR 1992, 150.
[92] Hierzu *Abramenko* ZMR 2015, 827; *Armbrüster* ZMR 2003, 1; *Armbrüster* ZWE 2012, 201; *Dötsch* NZM 2018, 353; *Dötsch* ZWE 2015, 341; *Dötsch* ZMR 2014, 169 ff.; *Schmid* VersR 2015, 168; *Greiner* NZM 2013, 481.
[93] BGH NJW 2007, 292 Rn. 9 f.
[94] BGH ZWE 2017, 26 Rn. 6; NJW 1991, 3031 (3032).
[95] BGH ZWE 2017, 26 Rn. 6; OLG Köln NZM 2000, 887; OLG Hamm ZWE 2008, 133.

Problematisch und umstritten ist die Frage, ob und wie ein **Selbstbehalt** zwischen der Gemeinschaft der Wohnungseigentümer und einem vom Schaden ebenfalls betroffenen Sondereigentümer aufzuteilen ist. In der Regel zieht der Versicherer den Selbstbehalt von der ersten Regulierungszahlung ab. Wenn mit der ersten Regulierungszahlung lediglich die Schäden im und am Sondereigentum reguliert werden sollten, würde ausschließlich der geschädigte Sondereigentümer den Selbstbehalt tragen. Es dürfte auf der Hand liegen, dass die Belastung mit dem Selbstbehalt schwerlich dem Zufall überlassen sein kann, welche Schäden der Versicherer zuerst reguliert. Auch wenn ausschließlich Schäden im und am Sondereigentum vorliegen sollten, hätte allein der betroffene Sondereigentümer den Selbstbehalt zu tragen und hätte keinerlei Ausgleichsansprüche gegen die Gemeinschaft der Wohnungseigentümer. Auch dies wäre mit dem Sinn und Zweck des Selbstbehaltes nicht vereinbar. Da es sich in der Regel um einen einheitlichen Gebäudeversicherungsvertrag handelt, ist nur die Gemeinschaft der Wohnungseigentümer Versicherungsnehmerin und somit alleinige **Prämienschuldnerin.** Bei wertender Betrachtung ist der Selbstbehalt nichts anderes als ein faktischer Teil der **Versicherungsprämie,** da ohne den Selbstbehalt die Versicherungsprämie höher wäre und die höhere Versicherungsprämie ebenfalls alleine von der Gemeinschaft der Wohnungseigentümer als Versicherungsnehmerin zu tragen wäre. Somit haben alle Eigentümer einen Nutzen vom Selbstbehalt, weil sich durch den Selbstbehalt die Versicherungsprämie reduziert. Somit spricht viel dafür, dass der Selbstbehalt stets auf alle Eigentümer anteilig nach dem allgemein gültigen Kostenverteilerschlüssel zu verteilen ist, denn vernünftigerweise hätte sich keiner der Eigentümer darauf eingelassen, mit einem Selbstbehalt alleine belastet zu werden, obwohl alle Eigentümer von der niedrigeren Prämie profitieren.[96] Der Selbstbehalt ist daher unabhängig von der konkreten Schadensverteilung in den Einzelabrechnungen stets entsprechend anteilig auf **sämtliche Wohnungseigentümern** zu verteilen, da er zu einer niedrigeren Prämie führt, wovon wiederum alle Wohnungseigentümer profitieren (str.). 41

4. Erhaltungsrücklage (Abs. 2 Nr. 4). Die Wohnungseigentümergemeinschaft ist keine Vermögensgemeinschaft, in der zu beliebigen Zwecken Vermögen gebildet und verwaltet werden kann. Die Ansammlung von Geldmitteln ist rechtlich vorbehaltlich einer abweichenden Vereinbarung nur für einen einzigen Zweck zugelassen, nämlich der Bildung einer Erhaltungsrücklage,[97] die nach Abs. 2 Nr. 4 zu einer ordnungsgemäßen Verwaltung und Benutzung gehört. Dadurch soll einmal sichergestellt werden, dass auch bei einem plötzlich auftretenden hohen Reparaturbedarf immer die hierfür notwendigen Mittel vorhanden sind. Zum anderen soll eine gleichmäßige Aufbringung der hierfür erforderlichen Beträge gewährleistet werden, damit nicht etwa der Käufer für einen kurz nach seinem Erwerb auftretenden hohen Schaden allein aufkommen muss. Eine solche Erhaltungsrücklage ist nach dem Maßstab eines vernünftig und wirtschaftlich denkenden Hauseigentümers getrennt von den sonstigen Finanzierungsmitteln auf einem Konto anzulegen, das nach Möglichkeit höhere Zinseinnahmen als ein normales Girokonto einbringt. 42

Begrifflich ersetzt die Erhaltungsrücklage die **Instandhaltungsrücklage** oder **Instandhaltungsrückstellung.** Zum einen beruht die Umbenennung auf § 13 Abs. 2, da dort für die Instandhaltung und Instandsetzung der einheitliche Begriff der „Erhaltung" verwendet wird. Zum anderen soll der Begriff „Erhaltungsrücklage" verdeutlichen, dass es sich dabei nicht um einen bilanziellen Posten, sondern um tatsächlich **verfügbares Vermögen** handelt.[98] 43

a) Verwendungszweck. Verwendungszweck der Rücklage sind sowohl die durch **Reparaturen** als auch die durch **Ersatzbeschaffungen** beim Gemeinschaftseigentum anfallenden **Kosten;** sie darf daher nicht für die monatlich anfallenden Kosten oder Heizkosten[99] oder zur Abdeckung von Beitragsrückständen[100] oder Anwaltshonorar verwandt werden. Die Rücklage darf zur Behebung **anfänglicher Baumängel** verwendet werden, wenn deren Beseitigung durch Bauträger oder Bauhandwerker nicht zu erwarten ist.[101] Im Zweifel dient die Rücklage zur Deckung aller Kosten der Instandhaltung und Instandsetzung, auch soweit es sich um kleine Beträge handelt. Nicht selten wird aber durch Mehrheitsbeschluss bestimmt, dass die Rücklage nur für Aufwendungen ab einer bestimmten Höhe im Einzelfall zu verwenden ist,[102] um die Rücklage im Hinblick auf spätere größere Aufwendungen zu schonen. Solche Beschlüsse widersprechen nicht einer ordnungsgemäßen 44

---

96 Vgl. AG Saarbrücken ZMR 2002, 980.
97 OLG Hamm ZWE 2001, 446; aA Staudinger/*Lehmann-Richter,* 2018, § 21 Rn. 143; *Suilmann* ZWE 2015, 246 f.
98 BT-Drs. 19/18791, 61.
99 BGHZ 67, 232 = NJW 1977, 44 (45).
100 BGHZ 108, 44 = NJW 1989, 3018 f.; KG NJW-RR 1988, 844; OLG Hamm NJW-RR 1991, 212.
101 BayObLG NJW 1978, 1387.
102 BayObLG Rpfleger 1981, 284.

Verwaltung. Ob größere Reparaturarbeiten aus der hierfür ausreichenden Erhaltungsrücklage bezahlt werden sollen oder ob insoweit eine Sonderumlage erhoben wird, um eine Erschöpfung der Rücklage zu vermeiden, liegt im pflichtgemäßen Ermessen der Gemeinschaft der Wohnungseigentümer. Es besteht kein Anspruch darauf, immer zunächst die Rücklage auszuschöpfen.[103] Nach Auffassung des OLG Saarbrücken kann zum Ausgleich rückständigen Wohngelds auf die Erhaltungsrücklage zurückgegriffen werden, soweit nicht die **„eiserne Reserve"** angegriffen werde.[104]

45 Da die Rücklage zum Verwaltungsvermögen der Gemeinschaft der Wohnungseigentümer gehört (§ 9a Abs. 3), kann sie im Fall der Veräußerung des Wohnungseigentums **nicht zurückverlangt** werden; dies folgt auch aus der **Zweckgebundenheit** der Rücklage.[105]

46 **b) Vorratsbeschluss.** Da die Erhaltungsrücklage zweckgebunden ist, darf der Verwalter nicht ohne weiteres zur Vermeidung von **Liquiditätsengpässen** auf die Erhaltungsrücklage zurückgreifen. Die Wohnungseigentümer können vorbehaltlich einer abweichenden Vereinbarung nur dann beschließen, eine vorhandene Erhaltungsrückstellung für andere Zwecke, so zB auch als Liquiditätsrücklage zu verwenden, soweit eine angemessene Erhaltungsrücklage („eiserne Reserve") verbleibt, die Entnahme nur vorübergehend erfolgt, die Grenzen klar und eindeutig festgelegt sowie eine spätere Rückführung gewährleistet ist.[106]

47 **c) Höhe.** Auch die Höhe der zu bildenden Rücklage muss ordnungsgemäßer Verwaltung entsprechen. Was ordnungsgemäß ist, hängt von den Umständen des Einzelfalls ab, insbesondere von der **Beschaffenheit** der Anlage (Alter, Größe, bauliche Besonderheiten und Zustand des Gebäudes). Einen Anhaltspunkt für die Höhe einer Rücklage kann zB § 28 II. BV entnommen werden, die für mit öffentlichen Mitteln geförderte Mietwohnungen aufgestellt ist.[107] Hiernach dürfen pro Quadratmeter Wohnfläche im Jahr bei zurückliegender Bezugsfertigkeit von weniger als 22 Jahren höchstens 7,10 Euro, bei einer solchen von mindestens 22 Jahren höchstens 9 Euro und einer solchen von mindestens 32 Jahren höchstens 11,50 Euro als Instandhaltungskosten angesetzt werden.

48 Die Höhe kann durch **Mehrheitsbeschluss** festgesetzt und jederzeit geändert werden. Sie ist nach wirtschaftlichen Überlegungen unter Berücksichtigung des zu erwartenden Bedarfs nach Erfahrungswerten zu bestimmen. Wie bereits der Wortlaut des Abs. 2 Nr. 4 zeigt, hat die Gemeinschaft der Wohnungseigentümer bei ihrer Bemessung einen weiten **Ermessensspielraum,** ob sie die Ansätze knapp oder reichlich festlegen will; nur wesentlich überhöhte oder zu niedrige Ansätze widersprechen ordnungsmäßiger Verwaltung.[108]

49 **d) Mehrhausanlage.** Für Mehrhausanlagen können in der Gemeinschaftsordnung buchungstechnisch **getrennte Erhaltungsrücklagen** gebildet werden, deren Verwendungszweck jeweils die Erhaltung der einzelnen Gebäude oder Gebäudekomplexe ist; die getrennten Erhaltungsrücklagen gehören gemäß § 9a Abs. S. 3 aber ungeachtet einer solchen Zweckbindung zu dem **Verwaltungsvermögen** der Gemeinschaft der Wohnungseigentümer[109] – und nicht zu der nicht rechtsfähigen Untergemeinschaft.

50 **e) Anlageform.** Über die Form der Anlage der Erhaltungsrücklage (zB auf Sparkonten) entscheidet entweder die Gemeinschaft mit **Mehrheitsbeschluss** oder der Verwalter, sofern ihm dieses Recht gemäß § 27 Abs. 2 übertragen worden ist.[110]

51 **5. Festlegung von Vorschüssen (Abs. 2 Nr. 5).** Abs. 2 Nr. 5 verpflichtet die Gemeinschaft der Wohnungseigentümer zur Festsetzung von Vorschüssen nach § 28 Abs. 1 S. 1. Zu diesem Zweck hat der Verwalter als Vertretungsorgan der Gemeinschaft der Wohnungseigentümer gemäß § 28 Abs. 1 S. 2 jeweils für ein Kalenderjahr einen **Wirtschaftsplan** aufzustellen, der darüber hinaus die voraussichtlichen Einnahmen und Ausgaben enthält. Bedeutsam sind dabei insbesondere die **Einzelwirtschaftspläne,** weil sich nur aus diesen die von den Wohnungseigentümern zu leistenden Vorschüsse ergeben. Dies ist eine zentrale Maßnahme ordnungsgemäßer Verwaltung, zu deren Mitwirkung jeder Wohnungseigentümer verpflichtet ist, damit die Liquidität der Gemeinschaft gewährleistet ist und der Gemeinschaft der Wohnungseigentümer die finanzielle Grundlage zur Begleichung der laufenden Verpflichtungen durch Beschlussfassung über entsprechende Vorschüsse, deren Ergän-

---

[103] OLG Köln NZM 1998, 878.
[104] OLG Saarbrücken NJW-RR 2000, 87.
[105] Zum früheren Recht BayObLG NJW-RR 1991, 213; KG NJW-RR 1988, 844.
[106] LG München I ZWE 2017, 286; LG Köln ZMR 2020, 787.
[107] OLG Düsseldorf FGPrax 2002, 210; *v. Hauff/Hoffmann* WE 1996, 225 (251, 288).
[108] BayObLG NZM 1999, 34; OLG Düsseldorf FGPrax 2002, 210; KG BeckRS 2008, 02093.
[109] BGH NJW 2015, 847 Rn. 22.
[110] OLG Düsseldorf FGPrax 1996, 51.

zung (Deckungsumlage) oder die Nachschüsse gegeben wird.[111] Jeder Wohnungseigentümer ist daher aus dem Treueverhältnis verpflichtet, daran mitzuwirken, dass über die Vorschüsse, die erst die Zahlungsverpflichtung der einzelnen Wohnungseigentümer entstehen lassen,[112] oder neben diesen über eine einmalige **Sonderumlage** im Fall der Vermeidung von Liquidationsengpässen[113] gemäß § 28 Abs. 1 S. 1 ein Beschluss gefasst wird.

6. Bestellung eines zertifizierten Verwalters nach § 26a (Abs. 2 Nr. 6). a) Zweck und Geltung. Mit der neu geschaffenen Regelung in Abs. 2 Nr. 6 soll sichergestellt werden, dass bei den Verwaltern eine **hinreichende Sachkunde** besteht, nachdem sich die Anforderungen an eine qualifizierte Verwaltung von Wohnungseigentumsanlagen stetig erhöhen. Der zunehmende Bedarf an einer fachkundigen Verwaltung resultiert aber auch aus den immer komplexer werdenden technischen, gesellschaftlichen und rechtlichen Zusammenhängen, die die Verwaltertätigkeit prägen. Der Gesetzgeber hat es daher für erforderlich erachtet, den Wohnungseigentümern das rechtliche Instrumentarium dafür bereit zu stellen, dass sie nach ihren Bedürfnissen und ihrem Ermessen die Verwaltung einer sach- und fachkundigen Person übertragen können.[114] Daher ist der Maßnahmenkatalog der ordnungsmäßigen Verwaltung um die Bestellung eines zertifizierten Verwalters nach § 26a erweitert worden. 52

Da die notwendigen Zertifizierungsverfahren erst entwickelt und umgesetzt werden müssen, ist Abs. 2 Nr. 6 gemäß § 48 Abs. 4 S. 1 erst **zwei Jahre nach Inkrafttreten** des Gesetzes anwendbar. 53

b) Anspruch. Wie jede Maßnahme der ordnungsmäßigen Verwaltung aus dem Maßnahmenkatalog des Abs. 2 begründet auch die Maßnahme gemäß Abs. 2 Nr. 6 einen Anspruch eines jeden Wohnungseigentümers, dh die Bestellung eines zertifizierten Verwalters kann jeder Wohnungseigentümer verlangen, sofern nicht die in Abs. 2 Nr. 6 genannte Ausnahme vorliegt. Dies gilt sowohl für die **Neubestellung** eines Verwalters als auch die **Weiterbestellung,** wobei bei einer Weiterbestellung § 48 Abs. 4 S. 2 zu beachten ist; gemäß § 48 Abs. 4 S. 2 gilt, dass ein bestellter Verwalter einer konkreten Gemeinschaft der Wohnungseigentümer als zertifiziert gilt, wenn er am 1.12.2020 bereits Verwalter dieser Gemeinschaft der Wohnungseigentümer war; diese Regelung gilt bis zum 1.6.2024; innerhalb dieser Frist kann der Verwalter auch ordnungsmäßig ohne Zertifizierung weiterbestellt werden. 54

Dieser Anspruch ist notfalls gerichtlich durchsetzbar. **Anspruchsgegner** ist auch hier die Gemeinschaft der Wohnungseigentümer. Bestellt das Organ „Wohnungseigentümerversammlung" durch die mehrheitliche Entscheidung der Wohnungseigentümer als ihre Organwalter einen Verwalter, der nicht zertifiziert ist, muss sich die Gemeinschaft der Wohnungseigentümer dieses **pflichtwidrige Abstimmverhalten** zurechnen lassen. 55

Damit erhöhen sich auch die Anforderungen, die im Vorfeld an den Bestellungsbeschluss zu stellen sind, damit der Bestellungsbeschluss ordnungsmäßiger Verwaltung entspricht. Bei einer Neubestellung eines Verwalters ist es nach der Rspr. des BGH schon jetzt erforderlich, zum einen **Vergleichsangebote** einzuholen[115] und zum anderen den Eigentümern zusammen mit der Einladung zur Eigentümerversammlung innerhalb der **Einladungsfrist** diese Angebote zu übersenden bzw. den Wohnungseigentümern zumindest die **Eckdaten** der Angebote (Name des Verwaltungsunternehmens, Laufzeit, Vergütung) in einem Art **Preisspiegel** mitzuteilen.[116] Damit den Wohnungseigentümern in der Wohnungseigentümerversammlung eine hinreichende Entscheidungsgrundlage vorliegt, dürfte es ab der Geltung von Abs. 2 Nr. 6 auch erforderlich sein, dem Einladungsschreiben einen **Nachweis über die Zertifizierung** beizufügen, damit die Wohnungseigentümer überprüfen können, ob und bei welchen Bewerbern es sich um zertifizierte Verwalter iSv § 26a handelt. 56

c) Zertifizierter Verwalter. Wann es sich bei einem Verwalter um einen zertifizierten Verwalter handelt, ergibt sich aus § 26a. Gemäß § 26a darf sich als zertifizierter Verwalter bezeichnen, wer vor einer Industrie- und Handelskammer durch eine Prüfung nachgewiesen hat, dass er über die für die Tätigkeit als Verwalter notwendigen rechtlichen, kaufmännischen und technischen Kenntnisse verfügt (ergänzend → § 26a Rn. 4 ff.). 57

d) Ausnahme. Ausnahmsweise besteht kein Anspruch auf Bestellung eines zertifizierten Verwalters, wenn **weniger als neun Sondereigentumsrechte** bestehen, ein **Wohnungseigentümer** zum **Verwalter** bestellt worden ist und **weniger als ein Drittel** der Wohnungseigentümer iSv 58

---

[111] BGHZ 163, 154 = NJW 2005, 2061 (2067) unter III. 9c.
[112] BGHZ 163, 154 = NJW 2005, 2061 (2067) unter III. 9c.
[113] KG NJW-RR 1995, 397.
[114] BT-Drs. 19/22634, 44.
[115] BGH NZM 2011, 515 = ZWE 2011, 317; NJW 2012, 3175 = ZWE 2012, 427.
[116] BGH ZWE 2020, 284.

§ 25 Abs. 2 die Bestellung eines zertifizierten Verwalters verlangen. Diese Ausnahme besteht also ausschließlich in kleineren Anlagen für die Fälle der sog. **Eigenverwaltung,** da in solchen Kleinanlagen der Verwaltungsaufwand typischerweise einen geringeren Umfang einnimmt.

59 **aa) Weniger als neun Sondereigentumsrechte.** Zu den neun Sondereigentumsrechten zählen selbstverständlich auch Teileigentumseinheiten, wie zB eigenständige Keller- und/oder Speichereinheiten und Stellplätze. Es ist also nicht nur die Anzahl der Wohnungen maßgeblich. Existieren in einer Wohnanlage demnach drei Wohnungen, drei rechtlich selbstständige Kellerräume, an denen jeweils Teileigentum gebildet worden ist, sowie drei rechtlich selbstständige Stellplätze, an denen ebenfalls jeweils Teileigentum gebildet worden ist, existieren insgesamt neun Sondereigentumseinheiten, so dass der Ausnahmetatbestand nicht einschlägig ist, selbst wenn die Wohnungseigentümergemeinschaft nur aus drei Personen bestehen sollte, weil jeder Wohnungseigentümer auch Eigentümer eines Kellers und eines Stellplatzes ist.

60 **bb) Wohnungseigentümer als Verwalter.** Der Ausnahmetatbestand setzt weiter voraus, dass ein Wohnungseigentümer zum Verwalter bestellt wird. Die Bestellung einer anderen Person zum Verwalter, die aber nicht zertifizierter Verwalter iSv § 26a ist, entspricht demnach nicht ordnungsmäßiger Verwaltung. Nachvollziehbar ist dies nicht, da ein Berufsverwalter in der Regel über größere und bessere Fachkenntnisse verfügt als ein Wohnungseigentümer, selbst wenn der Berufsverwalter nicht zertifizierter Verwalter iSv § 26a ist. Scheinbar soll mit dieser Regelung auch erreicht werden, dass sich entweder alle Berufsverwalter zertifizieren lassen oder die nicht zertifizierten Berufsverwalter vom Markt verschwinden.

61 **cc) Minderheitenquorum.** Ferner darf nicht mindestens ein Drittel der stimmberechtigten Wohnungseigentümer die Bestellung eines zertifizierten Verwalters verlangen. Wie der Verweis auf § 25 Abs. 2 zeigt, kommt es dabei auf die Zahl der stimmberechtigten Wohnungseigentümer nach „Köpfen" an, unabhängig davon, ob abweichend vom Gesetz in der Teilungserklärung mit Gemeinschaftsordnung ein anderes Stimmrechtsprinzip (Wertprinzip oder Objektprinzip) vereinbart ist. Wenn also bei einer aus sechs „Köpfen" bestehenden Wohnungseigentümergemeinschaft zwei Köpfe die Bestellung eines zertifizierten Verwalters verlangen, kann die Bestellung eines zertifizierten Verwalters beansprucht werden, sodass die Bestellung eines Wohnungseigentümers zum Verwalter, der nicht zertifizierter Verwalter ist, nicht ordnungsmäßiger Verwaltung entspräche. Diese Voraussetzung soll sicherstellen, dass der als Verwalter tätige Wohnungseigentümer über hinreichenden Rückhalt in der Gemeinschaft verfügt.[117]

62 **e) Verstoß.** Folgende Verstöße gegen Abs. 2 Nr. 6 sind denkbar: in einer Wohnungseigentümergemeinschaft, für die nicht der genannte Ausnahmetatbestand gilt, wird ein Verwalter bestellt, der nicht zertifizierter Verwalter iSv von § 26a ist; oder in einer kleinen Wohnanlage, für die der Ausnahmetatbestand einschlägig wäre, wird entweder nicht ein Wohnungseigentümer zum Verwalter bestellt, sondern eine andere Person, die ebenfalls nicht zertifizierter Verwalter iSv § 26a ist, oder es wird ein Wohnungseigentümer zum Verwalter bestellt, obwohl mindestens ein Drittel der Wohnungseigentümer nach „Köpfen" die Bestellung eines zertifizierten Verwalters verlangt. Dabei ist wie folgt zu differenzieren:

63 Wird gegen den Beschluss nicht innerhalb eines Monats ab Beschlussfassung Anfechtungsklage erhoben, wird der Beschluss **bestandskräftig.** Ein Verstoß gegen Abs. 2 Nr. 6 führt nicht zur Nichtigkeit des Beschlusses. Ein Anspruch auf Abberufung des unter Verstoß gegen Abs. 2 Nr. 6 bestellten Verwalters besteht ebenso wenig.

64 Wird hingegen gegen den Beschluss fristgerecht **Anfechtungsklage** erhoben und diese fristgerecht mit dem Verstoß gegen Abs. 2 Nr. 6 begründet, ist der Beschluss aufgrund des Verstoßes gegen Abs. 2 Nr. 6 „ohne Wenn und Aber" für ungültig zu erklären. Unerheblich ist dabei, ob der nicht zertifizierte Verwalter mit überwältigender Mehrheit bestellt worden ist, kompetent ist, seit Jahrzehnten Verwalter der Wohnanlage ist und ganz überwiegend das Vertrauen der Wohnungseigentümer genießt. Es besteht also für einen einzelnen Wohnungseigentümer die Möglichkeit, einen zertifizierten Verwalter „durchzudrücken". Da der Verstoß gegen Abs. 2 Nr. 6 offensichtlich ist, käme sogar der Erlass einer **einstweiligen Verfügung** mit dem Inhalt in Betracht, den Eigentümerbeschluss über die Bestellung des nicht zertifizierten Verwalters bis zur rechtskräftigen Entscheidung in der Hauptsache auszusetzen. Erlangt der bestellte Verwalter erst während des laufenden Anfechtungsverfahrens seine Zertifizierung, ist die Anfechtungsklage dennoch begründet, da – wie stets bei Beschlussanfechtungsklagen[118] – auf den **Zeitpunkt der Beschlussfassung** abzustellen ist.

---

117 BT-Drs. 19/22634, 44.
118 Vgl. LG Frankfurt a.M. BeckRS 2020, 6043.

Wird die Bestellung eines zertifizierten Verwalters durch Beschluss abgelehnt **(Negativbeschluss),** kann hiergegen **Beschlussersetzungsklage** iSv von § 44 Abs. 1 S. 2 erhoben werden. Da die Gerichte jedoch nur so wenig wie möglich in die Willensbildung der Eigentümerversammlung eingreifen dürfen, kommt dabei nur eine Entscheidung über das „Ob" in Betracht (zB „Die Bestellung eines zertifizierten Verwalters ist beschlossen"). Über das „Wie", dh insbesondere über die Person des zertifizierten Verwalters und die Konditionen hat sodann zunächst wieder die Wohnungseigentümerversammlung zu entscheiden. Mit einer Beschlussersetzungsklage ist es also einem einzelnen Eigentümer nicht möglich, den von ihm favorisierten Verwalter durchzusetzen. 65

7. Maßnahmen zur Erfüllung öffentlich-rechtlicher Pflichten und Verkehrssicherungspflichten. Auch folgende – nicht abschließend aufgezählte – Verwaltungsmaßnahmen gehören grundsätzlich zu den Maßnahmen der ordnungsmäßigen Verwaltung und Benutzung: 66
- Maßnahmen zur Erfüllung der Pflicht, sicherzustellen, dass Zufahrtswege einer Wohnanlage der ausschließlichen Benutzung durch **Rettungsfahrzeuge** vorbehalten bleiben, zB durch die Anbringung von Absperrpfosten.[119]
- Maßnahmen zur Erfüllung von in der **Baugenehmigung** zur **Auflage** gemachten Pflichten, zB die langfristige Pacht eines Grundstücks zur Errichtung von Kfz-Stellplätzen.[120]
- Maßnahmen zur Erfüllung der Pflicht, die erforderlichen Müllbehälter auf dem Grundstück unterzustellen, zB durch einen entgeltlichen Erwerb des Sondernutzungsrechts an zwei oberirdischen Kfz-Stellplätzen.[121]
- Maßnahmen zur Erfüllung der **Verkehrssicherungspflicht**[122] wie die Errichtung eines Zauns zum Schutz von Kindern vor den Gefahren eines Baches.[123]

§ 20 Bauliche Veränderungen

(1) Maßnahmen, die über die ordnungsmäßige Erhaltung des gemeinschaftlichen Eigentums hinausgehen (bauliche Veränderungen), können beschlossen oder einem Wohnungseigentümer durch Beschluss gestattet werden.

(2) [1]Jeder Wohnungseigentümer kann angemessene bauliche Veränderungen verlangen, die
1. dem Gebrauch durch Menschen mit Behinderung,
2. dem Laden elektrisch betriebener Fahrzeuge,
3. dem Einbruchsschutz und
4. dem Anschluss an ein Telekommunikationsnetz mit sehr hoher Kapazität
dienen. [2]Über die Durchführung ist im Rahmen ordnungsmäßiger Verwaltung zu beschließen.

(3) Unbeschadet des Absatzes 2 kann jeder Wohnungseigentümer verlangen, dass ihm eine bauliche Veränderung gestattet wird, wenn alle Wohnungseigentümer, deren Rechte durch die bauliche Veränderung über das bei einem geordneten Zusammenleben unvermeidliche Maß hinaus beeinträchtigt werden, einverstanden sind.

(4) Bauliche Veränderungen, die die Wohnanlage grundlegend umgestalten oder einen Wohnungseigentümer ohne sein Einverständnis gegenüber anderen unbillig benachteiligen, dürfen nicht beschlossen und gestattet werden; sie können auch nicht verlangt werden.

Übersicht

[119] BayObLG ZWE 2001, 547.
[120] BayObLG NZM 1998, 520.
[121] BayObLG NZM 1998, 978.
[122] BayObLG ZWE 2000, 580.
[123] BayObLG NJW-RR 2000, 968.

I. Normzweck

1 **1. Ziele und Regelungskonzept.** § 20 regelt die Zulässigkeit baulicher Veränderungen des gemeinschaftlichen Eigentums und verfolgt dabei insbesondere **drei Ziele:**[1]

2 Zum einen sollen Beschlüsse über die Ermächtigung oder Gestattung zur Durchführung bzw. Vornahme baulicher Veränderungen abweichend vom bislang geltenden Recht einfacher gefasst werden können. Deshalb genügt für die Beschlussfassung stets die **einfache Mehrheit,** unabhängig davon, wie viele Wohnungseigentümer durch die bauliche Veränderung beeinträchtigt werden (Abs. 1). Zudem ist der Beschluss über die Ermächtigung oder Gestattung zur Durchführung bzw. Vornahme einer baulichen Veränderung grundsätzlich (neben den allgemeingültigen Anfechtungs-

[1] Vgl. auch den Abschlussbericht der Bund-Länder-Arbeitsgruppe zur Reform des WEG, ZWE 2019, 430 (446 f.).

gründen) nur dann erfolgreich **anfechtbar,** wenn die bauliche Veränderung die Wohnanlage **grundlegend umgestaltet** oder einzelne Wohnungseigentümer ohne ihr Einverständnis gegenüber den anderen Wohnungseigentümern **unbillig benachteiligt** werden (vgl. Abs. 4), oder wenn einem Wohnungseigentümer die bauliche Veränderung gestattet wird, ohne dass alle Wohnungseigentümer, deren Rechte durch die bauliche Veränderung über das bei einem geordneten Zusammenleben unvermeidliche Maß hinaus beeinträchtigt werden, einverstanden sind (vgl. Abs. 3).

Zum anderen soll jeder Wohnungseigentümer einen **Anspruch** darauf haben, bauliche Verände- 3 rungen durchzusetzen, die dem Gebrauch durch Menschen mit Behinderungen, dem Laden elektrisch betriebener Fahrzeuge, dem Einbruchsschutz und dem Glasfaseranschluss dienen (vgl. Abs. 2 S. 1).

Des Weiteren wird klargestellt, dass jede bauliche Veränderung des gemeinschaftlichen Eigen- 4 tums eines **legitimierenden Beschlusses** bedarf, auch wenn kein Wohnungseigentümer in rechtlich relevanter Weise beeinträchtigt wird (vgl. Abs. 3). Auf diese Weise wird sichergestellt, dass die Wohnungseigentümer in der Wohnungseigentümerversammlung über alle baulichen Veränderungen des gemeinschaftlichen Eigentums informiert werden und hierüber eine verbindliche Entscheidung treffen können. Für den bauwilligen Wohnungseigentümer hat der gestattende Beschluss den Vorteil, dass er durch dessen Bestandskraft **Rechtssicherheit** gewinnt.

§ 20 liegt folgendes Konzept zugrunde: 5

Abs. 1 sieht als reine **Grundsatzregelung** vor, dass die Gemeinschaft der Wohnungseigentümer 6 sowohl selbst bauliche Veränderungen durchführen kann, sofern sie hierzu in der Wohnungseigentümerversammlung durch Beschluss ermächtigt wird, als auch einzelnen Wohnungseigentümern die Ausführung baulicher Veränderungen durch Beschluss gestatten kann.

Die **Abs. 2 S. 1 und 3** begründen jeweils einen **Individualanspruch** des einzelnen Wohnungs- 7 eigentümers auf Beschlussfassung nach Abs. 1. Abs. 2 S. 1 gilt dabei für bestimmte **privilegierte Maßnahmen** (Gebrauch durch Menschen mit Behinderungen, Laden elektrisch betriebener Fahrzeuge, Einbruchsschutz, Glasfaseranschluss); Abs. 3 bezieht sich auf Maßnahmen **ohne relevante Beeinträchtigung** anderer Wohnungseigentümer.

Schließlich enthält **Abs. 4** zwei allgemeine **Veränderungssperren,** die einer ordnungsmäßigen 8 Beschlussfassung in jedem Fall entgegenstehen, nämlich das Verbot, die Anlage grundlegend umzugestalten, und das Verbot, einen Wohnungseigentümer ohne sein Einverständnis gegenüber anderen unbillig zu benachteiligen.

Nach diesem Regelungskonzept beschließen die Wohnungseigentümer bauliche Veränderungen 9 stets nach Abs. 1. Die Abs. 2 S. 1 und 3 verschaffen dem einzelnen Wohnungseigentümer lediglich einen Anspruch auf eine solche Beschlussfassung, wobei die Gemeinschaft der Wohnungseigentümer im Fall des Abs. 2 S. 1 über die Modalitäten der Durchführung im Rahmen ordnungsmäßiger Verwaltung selbst entscheiden kann.

Dieses Regelungskonzept hat zur Folge, dass ein Beschluss über die Ermächtigung oder Gestat- 10 tung zur Durchführung bzw. Vornahme baulicher Veränderungen im Rahmen einer **Anfechtungsklage** stets nach dem gleichen **Prüfungsmaßstab** kontrolliert werden kann. Es spielt keine Rolle, ob er auf dem Willen der Mehrheit beruht oder ob er lediglich gefasst wurde, um den Anspruch eines Wohnungseigentümers nach Abs. 2 S. 1 oder 3 zu erfüllen.[2]

2. Abdingbarkeit. § 20 ist in allen Punkten durch Vereinbarung abdingbar.[3] So kann ein 11 **völliges Änderungsverbot** oder eine Änderung, die vom **Einverständnis aller Wohnungseigentümer** abhängig sein soll, vereinbart werden; der Maßstab des § 14 Abs. 1 Nr. 2 ist in diesem Fall nicht anzulegen.[4] Es kann aber auch umgekehrt vereinbart werden, dass bauliche Veränderungen aller Art **ohne Einverständnis der Wohnungseigentümer** zulässig sind; dann führt die Abbedingung dazu, dass bauliche Veränderungen im Rahmen der zulässigen Nutzung und der Art der Anlage durchgeführt werden dürfen, soweit sie nach den nachbarrechtlichen Vorschriften des Privatrechts sowie den drittschützenden Vorschriften des öffentlichen Baurechts zulässig sind[5] und von ihnen keine schädlichen Auswirkungen ausgehen können.[6] Für einen Anspruch auf Beseitigung einer baulichen Veränderung sind in diesen Fällen die allgemeinen nachbarrechtlichen Vorschriften des Privatrechts und des öffentlichen Rechts entsprechend anwendbar.[7] In diesem Rahmen kann es Bedeutung gewinnen, ob die Baumaßnahme ordnungsbehördlich genehmigt worden ist. Steht näm-

---

2 BT-Drs. 19/18791, 61 f.

3 BayObLG NJW-RR 2001, 1456; OLG Celle BeckRS 2001, 31002624; OLG Zweibrücken FGPrax 1999, 143.

4 BayObLG NZM 2005, 622; OLG Düsseldorf DNotZ 2005, 696; OLG Frankfurt NZM 2005, 947.

5 BayObLG ZWE 2000, 175; NZM 2001, 769 betr. Beseitigungsverlangen.

6 BayObLG NJW-RR 2002, 1022 betr. Mobilfunksendeanlage.

7 BayObLG NJW-RR 2001, 1456; ZMR 2000, 234.

lich durch die Baugenehmigung fest, dass der „Bauherr" nicht gegen öffentlich-rechtliche Vorschriften verstoßen hat, muss das der „Nachbar" gegen sich gelten lassen.[8]

12 Die Gemeinschaftsordnung – mangels Beschlusskompetenz aber nicht ein Mehrheitsbeschluss – kann auch wirksam vorsehen, dass für die Ermächtigung zur Vornahme einer baulichen Veränderung **nur die Zustimmung des Verwalters** erforderlich ist.[9] Bei seiner Entscheidung über die Zustimmung oder deren Versagung steht dem Verwalter ein Beurteilungsspielraum zu.[10] Sieht die Gemeinschaftsordnung vor, dass **bauliche Veränderungen der schriftlichen Einwilligung des Verwalters bedürfen,** so ist dies in der Regel nur als zusätzliches Erfordernis anzusehen, das neben die Ermächtigung oder Gestattung durch einen Eigentümerbeschluss treten soll.[11]

13 Enthält die Teilungserklärung mit Gemeinschaftsordnung im Vergleich zu der nunmehr gültigen gesetzlichen Regelung eine Abweichung, stellt sich die Frage, welche Regelung vorrangig gilt. Gemäß § 47 **(Auslegung von Altvereinbarungen)** stehen Vereinbarungen, die aus der Zeit vor dem 1.12.2020 stammen und die von Vorschriften dieses Gesetzes abweichen, die durch das WEMoG geändert wurden, der Anwendung der neuen Vorschriften nicht entgegen, soweit sich aus der Vereinbarung nicht ein anderer Wille ergibt. Ein solcher Wille ist in der Regel nicht anzunehmen. Insoweit dürfte wie folgt zu differenzieren sein: stellte die abweichende Vereinbarung im Vergleich zur früheren Rechtslage (Zustimmung aller nachteilig Betroffenen) eine **Erleichterung** dar (zB Beschluss mit Zweidrittelmehrheit, Zustimmung nur des Verwalters), im Vergleich zur jetzigen Rechtslage aber eine Erschwernis, gilt die **gesetzliche Regelung,** da der Wille der Vereinbarung dahingehend zu interpretieren ist, im Vergleich zur gesetzlichen Lage eine Erleichterung zu schaffen. Stellte die abweichende Vereinbarung im Vergleich zur früheren Rechtslage hingegen eine **Erschwernis** dar (zB generelles Verbot von baulichen Veränderungen, Zustimmung aller Eigentümer unabhängig von der Betroffenheit, zusätzliche Zustimmung des Verwalters), gilt weiterhin die **Vereinbarung,** da der Wille der Vereinbarung dahingehend zu interpretieren ist, strenger sein zu wollen, als das damals ohnehin schon recht strenge Gesetz.

II. Eigentümerbeschluss gemäß Abs. 1

14 **1. Beschlusszwang.** Bei dem bisher geltenden § 22 Abs. 1 aF war es strittig und bis zuletzt höchstrichterlich nicht entschieden, ob eine bauliche Veränderung des Gemeinschaftseigentums erst und nur dann vorgenommen werden darf, wenn zuvor ein gestattender Eigentümerbeschluss hierüber gefasst worden ist.[12] Diese Frage hat sich durch das WEMoG erledigt. Aus Abs. 1 und insbesondere aus Abs. 3 ergibt sich, dass jede bauliche Veränderung des gemeinschaftlichen Eigentums eines **legitimierenden Beschlusses** bedarf, auch wenn kein Wohnungseigentümer in rechtlich relevanter Weise beeinträchtigt wird (vgl. Abs. 3). Auf diese Weise wird sichergestellt, dass die Wohnungseigentümer in der Versammlung über alle baulichen Veränderungen des gemeinschaftlichen Eigentums **informiert** werden. Für den bauwilligen Wohnungseigentümer hat der legitimierende Beschluss den Vorteil, dass er durch dessen Bestandskraft **Rechtssicherheit** gewinnt. Ferner tritt damit eine Bindungswirkung gegenüber **Sondernachfolgern** ein (§ 10 Abs. 3 S. 3). Nicht ausreichend ist daher, dass die Wohnungseigentümer außerhalb eines Eigentümerbeschlusses ihre Zustimmung erteilt haben oder kein Wohnungseigentümer in relevanter Weise beeinträchtigt wird (Abs. 3).

15 Nicht erledigt hat sich damit die Streitfrage, ob **Rückbauansprüche** gegen einen Wohnungseigentümer stets schon dann begründet sind, wenn eine bauliche Veränderung ohne gestattenden Eigentümerbeschluss vorgenommen worden ist, oder ob sich der Wohnungseigentümer, der die bauliche Veränderung vorgenommen hat, auf **§ 242 BGB** berufen kann, wenn er einen Anspruch auf Gestattung bzw. Genehmigung der baulichen Veränderung haben sollte (dolo agit qui petit, quod statim redditurus est). Hier dürfte zum einen der gesetzgeberische Wille zu berücksichtigen sein, dass grundsätzlich ein **Beschlusszwang** besteht; zum anderen besagt auch das hohe Gut des **Vorbefassungsgebots der Eigentümerversammlung,** dass mit dem Anliegen vorab die Wohnungseigentümerversammlung zu befassen ist. Sowohl der Beschlusszwang als auch das Vorbefassungsgebot der Wohnungseigentümerversammlung würden obsolet werden, wenn ein Wohnungseigentümer folgenlos gegen diese beiden Prinzipien verstoßen könnte. Ferner ist zu berücksichtigen, dass in den Fällen von Abs. 2 S. 1 die Gemeinschaft der Wohnungseigentümer über das „Wie" der Durchführung der Maßnahme entscheiden kann, dh nimmt ein Wohnungseigentümer eine privilegierte Maßnahme iSv Abs. 2 S. 1 vor, ohne dass hierfür ein gestattender Eigentümerbeschluss

---

[8] BVerwG NVwZ 1990, 655; BayObLGZ 2000, 355; BayObLG NJW-RR 1997, 269.

[9] KG NZM 1998, 771 betr. Umgestaltung des im Dachgeschoss befindlichen Teileigentums in Wohnungseigentum.

[10] BGHZ 131, 346 = NJW 1996, 1216 (1217 f.).

[11] BayObLG ZWE 2000, 217.

[12] Vgl. BGH NJW-RR 2019, 73 Rn. 19; NJW 2014, 1090 Rn. 9 f.

vorliegt, wird man ohnehin nur zu dem Ergebnis kommen, dass allenfalls über das „Ob" der Maßnahme ein Anspruch besteht, nicht hingegen auf das vom Eigentümer gewählte „Wie". Im Übrigen wäre der Beseitigungsprozess der falsche Ort, um dort erstmals zu prüfen und darüber zu befinden, ob der Wohnungseigentümer einen Anspruch auf Genehmigung der von ihm bereits vorgenommenen baulichen Veränderung hat oder nicht; der Ort hierfür ist die Wohnungseigentümerversammlung. In der Regel ist daher davon auszugehen, dass dem Beseitigungsanspruch nicht § 242 BGB entgegengehalten werden kann, selbst wenn der betroffene Wohnungseigentümer grundsätzlich einen Anspruch auf Gestattung der Baumaßnahme haben sollte. Dies mag ausnahmsweise ggf. in ganz eindeutig gelagerten Fällen iSv Abs. 3 in Betracht kommen, bei denen auf den ersten Blick ganz offensichtlich ist, dass keiner der übrigen Wohnungseigentümer durch die bauliche Veränderung auch nur ansatzweise beeinträchtigt ist; in diesen Fällen könnte das **Beseitigungsverlangen rechtsmissbräuchlich** sein, wenn es auf eine Leistung zielt, die aufgrund des Anspruchs auf einen Gestattungsbeschluss alsbald zurück zu gewähren wäre.[13]

2. Ermächtigung. Zum einen regelt Abs. 1 die bauliche Veränderung des Gemeinschaftseigen- 16
tums, die auf Veranlassung der **Gemeinschaft der Wohnungseigentümer** durchgeführt wird. Dabei kann es sich um eine bauliche Veränderung handeln, welche die Gemeinschaft der Wohnungseigentümer „aus eigener Idee" vornehmen möchte (zB Einzäunung des Grundstücks), oder um eine privilegierte Maßnahme iSv Abs. 2 S. 1, die ein Wohnungseigentümer verlangt, die aber von der Gemeinschaft der Wohnungseigentümer auf der Grundlage von Abs. 2 S. 2 durchgeführt wird. Über die Ermächtigung zur Durchführung dieser baulichen Veränderungen wird gemäß Abs. 1 beschlossen.

3. Gestattung. Zum anderen regelt Abs. 1 die bauliche Veränderung des Gemeinschaftseigen- 17
tums, die ein **einzelner Wohnungseigentümer** vornehmen möchte. Auch über diese bauliche Veränderung wird gemäß Abs. 1 beschlossen. Zum Zwecke der Unterscheidung von der baulichen Veränderung, die auf Veranlassung der Gemeinschaft der Wohnungseigentümer durchgeführt wird, wird diese Ermächtigung als „Gestattung" bezeichnet.

Gestatten die Wohnungseigentümer eine bauliche Maßnahme eines Miteigentümers, ohne sich 18
zuvor einen auf Tatsachen gegründeten groben Überblick darüber zu verschaffen, inwieweit dem Gemeinschaftseigentum infolge der Baumaßnahme eine optische, statische oder technische Beeinträchtigung drohen kann **(Blankettzustimmung),** entspricht der Beschluss nicht ordnungsgemäßer Verwaltung.[14]

4. Mehrheit. Unabhängig davon, ob über eine bauliche Veränderung im **Kollektivinteresse** 19
beschlossen wird, die auf Veranlassung der Gemeinschaft der Wohnungseigentümer durchgeführt wird, oder ob einem einzelnen Wohnungseigentümer eine bauliche Veränderung im **Individualinteresse** durch Beschluss gestattet wird, bedarf es stets nur der **einfachen Mehrheit** iSv § 25 Abs. 1. Unerheblich ist ebenso, um welche Art von baulicher Veränderung es sich dabei handelt, dh die einfache Mehrheit gilt für die Gestattung der Anbringung einer Parabolantenne gleichermaßen wie für die Anbringung eines Wärmedämmverbundsystems.

5. Bauliche Veränderung iSd Abs. 1. a) Definition der baulichen Veränderung. Eine 20
bauliche Veränderung iSd Abs. 1 ist jede **auf Dauer**[15] angelegte gegenständliche **Veränderung** des **gemeinschaftlichen Eigentums,** die von der Bewahrung des im Aufteilungsplan vorgesehenen Zustands und der bestehenden Form abweicht und über eine ordnungsgemäße Erhaltung hinausgeht.[16] Dabei muss es sich nicht um Gebäudeteile handeln, auch die nachträgliche Veränderung unbebauter Grundstücksteile kann hierunter fallen.[17] Auf bauliche Tätigkeiten und die Art des verwendeten Mittels kommt es nicht an, ausschlaggebend ist allein, ob durch die Umgestaltung der bauliche Zustand des Gemeinschaftseigentums verändert wird.[18] Daher kann auch das Aufstellen von Blumenkästen oder Parabolantennen[19] auf dem Balkon eine bauliche Veränderung sein, selbst wenn keine feste Verbindung zum Gebäude hergestellt wird. Ein Eingriff in die Substanz des Gemeinschaftseigentums und damit eine auf Dauer angelegte gegenständliche Veränderung seiner realen Teile liegt auch dann vor, wenn die Gemeinschaft der Wohnungseigentümer eine nach der

[13] BGH NJW-RR 2012, 140 Rn. 6.
[14] OLG Düsseldorf NZM 2002, 262 betr. Einbau von Flachkollektoren einer Solaranlage.
[15] AA Staudinger/*Lehmann-Richter,* 2018, § 22 Rn. 48.
[16] BayObLG NJW-RR 2002, 445; NJW 1981, 690.
[17] OLG Schleswig BeckRS 2007, 15920.
[18] BayObLG NJW-RR 2002, 445; OLG Köln FGPrax 1995, 191.
[19] Vgl. OLG Stuttgart NJWE-MietR 1996, 131.

Teilungserklärung vorgesehene gemeinschaftliche Einrichtung (zB einen Aufzug) nicht mehr reparieren, sondern dauerhaft **außer Betrieb** nehmen will.[20]

21 Sind bauliche Veränderungen **mit bestandskräftigem Ermächtigungsbeschluss** durchgeführt worden, ist bei neuen baulichen Veränderungen Vergleichsmaßstab nicht mehr der Zustand bei Entstehung der Anlage, sondern der geänderte rechtmäßige Zustand.[21] Die spätere **Wiederherstellung** des ursprünglichen Zustands **(Rückbau)** stellt daher ebenfalls eine bauliche Veränderung dar, deren Zulässigkeit sich nach § 20 beurteilt.[22]

22 Die **Unterschreitung des Bauwichs** nach örtlichem Bauordnungsrecht durch einen Grundstücksnachbarn der Wohnungseigentumsanlage führt zwar nicht zu einer Veränderung der baulichen Substanz des Gemeinschaftseigentums, wohl aber zu einem Heranrücken der Nachbarbebauung; weil sich das auf das Gemeinschaftseigentum ähnlich wie eine bauliche Veränderung des Gemeinschaftseigentums selbst auswirken kann, ist § 20 **analog** auf eine Zustimmung zur Unterschreitung des öffentlich-rechtlichen Bauwichs durch einen Nachbarn der Wohnungseigentümergemeinschaft anzuwenden.[23]

23 Auch bauliche Maßnahmen, die der **Modernisierung** entsprechend § 555b BGB dienen sollen (vgl. § 22 Abs. 2 aF), sind bauliche Veränderungen iSv Abs. 1. Modernisierungsmaßnahmen dienen nicht der Erhaltung, denn sie sollen weder das Gemeinschaftseigentum in einem bestimmten Zustand erhalten noch bauliche Mängel beheben, sondern verhindern, dass mangels Anpassung an die Erfordernisse der Zeit insbesondere bei älteren Anlagen ein Wertverlust sowohl des gemeinschaftlichen Eigentums als auch des Sondereigentums eintritt.[24] Der Begriff „Modernisierungsmaßnahme" ist nach der Gesetzesbegründung zu § 555b BGB weit auszulegen; er erfasst nicht nur Veränderungen, die mit einem Substanzeingriff einhergehen, sondern auch solche, welche die Anlagentechnik eines Gebäudes betreffen.[25] Dies ist zB der Fall bei einer **Photovoltaikanlage,** die auf das Dach des Hauses montiert wird und bei der der erzeugte Strom nicht der Versorgung der Wohnungseigentumsanlage dient, sondern gegen Vergütung in das allgemeine Stromnetz einspeist wird. Weiter werden Maßnahmen erfasst, die das Klima auf sonstige Weise nachhaltig schützen. Die Mehrheitsmacht erfasst dabei kleine, mittlere und größere Vorhaben, etwa das Aufstellen eines **Fahrradständers,** das nachträgliche Anbringen einer **Gegensprechanlage** oder auch den Einbau eines **Fahrstuhls,** die Einrichtung eines **Kinderspielplatzes,** die Schaffung von **Grünanlagen** und **Stellplätzen** und **Fahrradunterstände, Waschküchen, Müllboxen.**[26] Nicht hierzu gehört zB der Einbau von Kaltwasserzählern, wenn er zur Umsetzung der verbrauchsabhängigen Verteilung der Wasserkosten erfolgt, weil er eine Maßnahme ordnungsmäßiger Verwaltung iSd § 18 Abs. 2 darstellt.[27] Das gleiche gilt bei der durch §§ 3, 4 HeizkostenV vorgeschriebenen Ausstattung einer Wohnungseigentumsanlage mit Geräten zur Erfassung des Warmwasserverbrauchs.[28]

24 Bauliche Maßnahmen, die ausschließlich den Sinn und Zweck haben, das Gemeinschaftseigentum an den **Stand der Technik** anzupassen (vgl. § 22 Abs. 2 aF), sind ebenfalls bauliche Veränderungen iSv Abs. 1. Mit „Anpassung an den Stand der Technik" ist das Niveau einer anerkannten und in der Praxis bewährten, fortschrittlichen technischen Entwicklung gemeint, wobei auch wirtschaftliche Gesichtspunkte zu berücksichtigen sind.[29]

25 **b) Von Abs. 1 nicht erfasste Fälle einer baulichen Veränderung.** Soweit Maßnahmen nicht über die ordnungsgemäße Erhaltung des gemeinschaftlichen Eigentums hinausgehen, gilt nicht § 20 mit den möglichen Kostenfolgen nach § 21, sondern § 19 Abs. 2 Nr. 2 mit der Kostenfolge des § 16 Abs. 2 S. 1.

26 **Bauliche Maßnahmen, durch die erstmalig ein dem Aufteilungsplan** oder den für die Ersterstellung maßgeblichen Bauplänen **entsprechender Zustand hergestellt wird,**[30] werden von Abs. 1 nicht erfasst, weil sie keine Veränderungen darstellen. Hierzu gehören die Fälle, dass ein Gebäude **von Anfang** an, wenn auch auf Verlangen des teilenden künftigen Wohnungseigentümers,

---

[20] OLG Saarbrücken FGPrax 2007, 114.
[21] BayObLG NJW-RR 2002, 445; OLG Saarbrücken FGPrax 1997, 56.
[22] OLG Köln ZWE 2000, 429; BeckRS 2000, 30134567.
[23] BGH NJW 2010, 446.
[24] BT-Drs. 16/887, 29 = NZM 2006, 401 (417); BGH NJW 2018, 1008 Rn. 15 zu § 555a BGB; NJW 1972, 723 unter II 3, zu § 541a Abs. 2 BGB aF.
[25] BT-Drs. 17/10485, 1.
[26] Zum Mietrecht Schmidt-Futterer/*Eisenschmid* BGB § 555b Rn. 76.
[27] BGH NJW 2003, 3476 (3478); *Armbrüster* ZWE 2002, 145 (148); *Wenzel* ZWE 2001, 226 (236).
[28] BGH NJW 2003, 3476 (3478).
[29] BT-Drs. 16/887, 30 = NZM 2006, 401 (418) unter Hinweis auf BMJV, Handbuch der Rechtsförmlichkeit, 2. Aufl. 1999, Rn. 247.
[30] BayObLG BeckRS 1999, 05936 = ZMR 2000, 38.

anders gebaut wird als es der Teilungsplan vorsieht,[31] weil es bis zur Entstehung der Gemeinschaft der Wohnungseigentümer neben dem Alleineigentümer niemanden gibt, der sein Einverständnis zu baulichen Maßnahmen erteilen könnte. In diesen Fällen besteht kein Beseitigungsanspruch, sondern ein gegen die Gemeinschaft der Wohnungseigentümer gerichteter Anspruch auf **Herstellung** eines den Plänen entsprechenden Zustandes.

Das gleiche gilt für **Maßnahmen, durch die erstmals ein ordnungsgemäßer Zustand** geschaffen wird, weil sie nicht über eine ordnungsgemäße Erhaltung iSd § 19 Abs. 2 Nr. 2 hinausgehen;[32] dies ist zB der Fall, wenn eine fest verankerte Wäschespinne versetzt wird, weil der erste Standort verfehlt war;[33] oder wenn ein Abflussrohr aus der Dachrinne an der Hauswand installiert wird, weil die Dachrinne ursprünglich so angebracht war, dass das Regenwasser von dem überstehenden Ende der Dachrinne auf einen Kfz-Stellplatz fällt;[34] oder wenn Pläne und Baubeschreibung zur Bauausführung im einzelnen keine Angaben – zB zur Verlegung der Abwasserrohre – enthalten, hat der zur Herstellung des Bauwerks Verpflichtete diejenige Ausführung zu wählen, die bestehenden Vorschriften entspricht und im Übrigen sachgerecht ist.[35] 27

Maßnahmen der **modernisierenden Instandsetzung** sind ebenfalls keine baulichen Veränderungen iSv Abs. 1 (ausführlich → § 19 Rn. 14 ff.). 28

c) Bauliche Veränderungen am Gemeinschaftseigentum. § 20 regelt ausschließlich bauliche Veränderungen des gemeinschaftlichen Eigentums. Bloße Umbauten im **Sondereigentum,** zB die Entfernung nicht tragender Wände oder des Oberbodenbelags innerhalb der Wohnung,[36] fallen nicht unter § 20. Für die Frage, welche Gebäudebestandteile, Anlagen und Einrichtungen im Sonder- oder Gemeinschaftseigentum stehen, ist unverändert § 5 Abs. 1–3 maßgeblich, mit der Neuerung in § 5 Abs. 1 S. 2, dass Sondereigentum auch auf außerhalb des Gebäudes liegende Teile des Grundstücks erstreckt werden kann. 29

d) Bauliche Veränderungen am Sondereigentum. Bauliche Veränderungen, die sich auf den Bereich des Sondereigentums beschränken, werden von Abs. 1 nicht erfasst, weil Abs. 1 eine bauliche Veränderung des gemeinschaftlichen Eigentums voraussetzt.[37] Dennoch kann sich die Notwendigkeit eines gestattenden Eigentümerbeschlusses zu einer baulichen Maßnahme am Sondereigentum aus § 13 Abs. 2 ergeben, wenn durch die Maßnahme Rechte anderer Wohnungseigentümer über das bei einem geordneten Zusammenleben unvermeidliche Maß hinaus beeinträchtigt werden. Insoweit unterliegt der Wohnungseigentümer bei dem Gebrauch seines Sondereigentums damit ausnahmsweise den gleichen Einschränkungen wie bei dem Gebrauch des Gemeinschaftseigentums, sodass für die Bestimmung des Nachteils bzw. der Beeinträchtigung die gleichen Maßstäbe gelten.[38] Will der Sondereigentümer eine bauliche Maßnahme am Sondereigentum vornehmen, die wegen ihrer Ausstrahlung auf den **optischen Gesamteindruck** des Gebäudes für andere Wohnungseigentümer eine Beeinträchtigung darstellt, gilt § 20 entsprechend.[39] Eine danach erforderliche Gestattung nach Abs. 3 iVm Abs. 1 kann mit der Zuweisung eines Sondereigentums oder eines Sondernutzungsrechts vorweg erteilt werden, sofern bauliche Veränderungen Eingang in die **Beschreibung** des **Sondernutzungsrechts** gefunden haben oder nach dem Inhalt des jeweiligen Sondernutzungsrechts üblicherweise vorgenommen werden und der Wohnungseigentumsanlage dadurch kein anderes Gepräge verleihen.[40] So liegt zB allein in der Zuweisung eines Sondernutzungsrechts an einer Terrasse nicht bereits die Ermächtigung, die Terrasse zu überdachen und die Überdachung an einer in Gemeinschaftseigentum stehenden angrenzenden Wand zu befestigen[41] oder in der Zuweisung eines Dachgartens zum Sondereigentum eines Wohnungseigentümers noch keine Ermächtigung, auf der Dachterrasse einen Dachvorbau zu errichten.[42] 30

Soweit durch die bauliche Veränderung im und am Sondereigentum Rechte anderer Wohnungseigentümer nicht über das bei einem geordneten Zusammenleben unvermeidliche Maß hinaus beeinträchtigt werden, gilt gemäß § 13 Abs. 2 die Regelung des § 20 nicht, sodass die Maßnahme 31

[31] BayObLG NJW-RR 1994, 276; OLG Celle NZM 2000, 911 Ls.; vgl. auch OLG Hamm NJW-RR 1998, 371.
[32] BayObLG BeckRS 1993, 07297; 1994, 10137.
[33] BayObLG BeckRS 1993, 07297.
[34] BayObLG NJWE-MietR 1996, 181.
[35] BayObLG BeckRS 1994, 10137 = ZMR 1995, 87.
[36] BayObLG ZMR 1996, 46.
[37] BGH NJW 2017, 2184 Rn. 8; BayObLG BeckRS 1995, 05899.
[38] BGH NJW 2017, 2184 Rn. 9.
[39] BGH NJW 2017, 2184 Rn. 19.
[40] BGH NJW 2017, 2184 Rn. 24; 2014, 1090 Rn. 7; 2012, 676 = ZfIR 2012, 182 mAnm *Krüger.*
[41] BGH NJW 2014, 1090 Rn. 7.
[42] BGH NJW 2017, 2184 Rn. 24.

durch den Wohnungseigentümer nach seinem Belieben vorgenommen werden darf, ohne dass hiermit vorab die Wohnungseigentümerversammlung befasst werden muss und ohne dass hierüber ein gestattender Eigentümerbeschluss eingeholt werden muss.

32 **6. Kosten der baulichen Veränderung.** Die Kosten von baulichen Veränderungen iSv Abs. 1 und von solchen baulichen Veränderungen im und am Sondereigentum, die gemäß § 13 Abs. 2 Rechte anderer Wohnungseigentümer über das bei einem geordneten Zusammenleben unvermeidliche Maß hinaus beeinträchtigen, so dass hierfür ebenso § 20 gilt, sind in **§ 21** gesondert geregelt. Aufgrund der vereinfachten Möglichkeit, bauliche Veränderungen stets mit einfacher Mehrheit beschließen zu können und der damit verbundenen Reduzierung des **Minderheitenschutzes,** bedürfen diejenigen Wohnungseigentümer, die eine bauliche Veränderung ablehnen, weil sie die damit verbundenen Kosten scheuen, eines besonderen Schutzes. Die nicht bauwillige Minderheit kann zwar nicht mehr ohne weiteres die bauliche Veränderung an sich verhindern; sie wird aber durch die Vorschriften über die Kostentragung gemäß § 21 geschützt. Gegen ihren Willen müssen Wohnungseigentümer nur die Kosten bestimmter, vom Gesetz als besonders sinnvoll erachteter Maßnahmen tragen (vgl. § 21 Abs. 2). Andere bauliche Veränderungen können zwar mehrheitlich beschlossen werden, ihre Kosten sind aber allein von der beschließenden Mehrheit zu tragen (vgl. § 21 Abs. 3). Auf diese Weise wird ein **angemessener Ausgleich** erreicht zwischen dem Interesse der Mehrheit, das gemeinschaftliche Eigentum baulich verbessern oder verändern zu wollen, und dem Interesse der Minderheit, durch solche Maßnahmen nicht über das notwendige Maß hinaus mit Kosten belastet zu werden.[43]

33 **7. Veränderungssperre (Abs. 4). a) Grundlegende Umgestaltung der Wohnanlage.** Die Mehrheitsmacht der Wohnungseigentümer ist einmal dadurch eingeschränkt, dass durch die Baumaßnahmen die Wohnanlage nicht grundlegend umgestaltet werden darf. Durch diese Einschränkung soll das **Vertrauen des Erwerbers** auf den wesentlichen inneren und äußeren Bestand der Eigentumsanlage, das in der Regel Grundlage seiner Entscheidung für den Erwerb der Wohnung war, geschützt werden.

34 Ob eine bauliche Veränderung die Wohnanlage grundlegend umgestaltet, kann nur im **Einzelfall** unter Berücksichtigung aller Umstände entschieden werden. Bezugspunkt ist dabei die **Anlage als Ganzes.** Eine grundlegende Umgestaltung wird deshalb nur im **Ausnahmefall** und bei den nach Abs. 2 S. 1 privilegierten Maßnahmen zumindest typischerweise gar nicht anzunehmen sein. Insbesondere führt nicht jede bauliche Veränderung, die nach dem früher geltenden § 22 Abs. 2 S. 1 aF die Eigenart der Wohnanlage geändert hätte, auch zu einer grundlegenden Umgestaltung. Der Begriff der grundlegenden Umgestaltung ist vielmehr **enger zu verstehen** als der Begriff der Änderung der Eigenart im früher geltenden Recht. Dadurch soll die bauliche Veränderung von Wohnungseigentumsanlagen erleichtert werden.[44] Die Mehrheitsmacht erfasst daher nicht eine Umgestaltung der Wohnanlage, die sich nicht auf eine Verbesserung des vorhandenen Bestands beschränkt, sondern deren Charakter grundlegend verändern würde, insbesondere unter **Veränderung** seines **Grundrisses** durch einen **Anbau,** etwa eines **Wintergartens,** eine **Aufstockung,** einen **Ausbau** des **Spitzbodens,** der Erstellung eines **Schwimmbades** oder einen **Abriss** von Gebäudeteilen (zB Veranda) oder durch vergleichbare Veränderungen des inneren Bestandes.[45] Auch dürfte nach wie vor der **Ausbau** des bisher nicht zu Wohnzwecken genutzten **Speichers** zu Wohnungen oder die **Asphaltierung** einer die Wohnanlage umgebende größere **Grünfläche** zum Abstellen von Autos unter die Veränderungssperre iSv Abs. 4 fallen, da derartige Maßnahmen nicht nur die Eigenart der Wohnanlage ändern, sondern die Wohnanlage grundlegend umgestalten.[46] Maßnahmen, die jedoch lediglich zu einer bloßen Nutzungsänderung bereits vorhandener Räume führen, wie zB der Einbau einer Sauna im Keller, führen nicht zu einer grundlegenden Veränderung.[47]

35 **b) Keine unbillige Beeinträchtigung einzelner Wohnungseigentümer gegenüber anderen Wohnungseigentümern.** Die Mehrheitsmacht umfasst auch nicht Maßnahmen, die einen Wohnungseigentümer ohne sein Einverständnis gegenüber den anderen Wohnungseigentümern unbillig benachteiligen. Das Verbot, einen Wohnungseigentümer gegenüber den anderen Wohnungseigentümern unbillig zu benachteiligen, entspricht dem früheren § 22 Abs. 2 S. 1 aF. Ein Verstoß gegen dieses Verbot setzt zunächst voraus, dass einem Wohnungseigentümer **Benachteiligungen**

---

[43] BT-Drs. 19/18791, 62.
[44] BT-Drs. 19/18791, 66; vgl. den Abschlussbericht der Bund-Länder-Arbeitsgruppe zur Reform des WEG, ZWE 2019, 430 (447).
[45] BGH NJW 2018, 1008 Rn. 16 zum Mietrecht; NJW 2012, 603.
[46] Vgl. zu § 22 Abs. 2 aF BT-Drs. 16/887, 30 = NZM 2006, 401 (418).
[47] *Mediger* NZM 2020, 269.

zugemutet werden, die bei wertender Betrachtung nicht durch die mit der baulichen Veränderung verfolgten Vorteile ausgeglichen werden. Darüber hinaus ist es notwendig, dass die bauliche Veränderung zu einer **treuwidrigen Ungleichbehandlung** der Wohnungseigentümer führt, indem die Benachteiligung einem oder mehreren Wohnungseigentümern in größerem Umfang zugemutet wird als den übrigen Wohnungseigentümern. Dabei sind insbesondere die Belange behinderter Wohnungseigentümer zu berücksichtigen.[48] Zu berücksichtigen ist dabei aber, dass es für die Annahme einer Benachteiligung nicht schon genügt, wenn sich ein verständiger Durchschnittseigentümer nach der Verkehrsanschauung nachvollziehbar benachteiligt fühlen kann. Vor dem Hintergrund der Erweiterung des Gestaltungsspielraums der Wohnungseigentümer ist vielmehr von einer Ausweitung dessen auszugehen, was ein überstimmter Wohnungseigentümer hinzunehmen hat. Umstände, die zwangsläufig mit der baulichen Veränderung verbunden sind, können für sich alleine nicht zur Annahme eines unbilligen Nachteils führen,[49] so zB die erhöhte Wartungs- oder Reparaturanfälligkeit der beschlossenen Anlage, die erstmalig eingebaut werden soll, oder die Kompliziertheit einer neuen technischen Anlage oder die mit dem Einbau eines Fahrstuhls verbundene Einschränkung der Gebrauchsmöglichkeit des Treppenhauses oder eine intensivere Nutzung von Obergeschossen,[50] zumal von derartigen Benachteiligungen alle Wohnungseigentümer gleichermaßen betroffen sind. Unbillig sein können nur darüber hinausgehende Nachteile, die bei wertender Betrachtung und in Abwägung mit den mit der baulichen Veränderung verfolgten Vorteilen einem verständigen Wohnungseigentümer zumutbarer Weise nicht abverlangt werden dürfen.[51] Eine unbillige Benachteiligung könnte demnach zB vorliegen, wenn die mit dem Betrieb einer Klimaanlage verbundenen Geräusche vornehmlich in der Wohnung eines Wohnungseigentümers zu vernehmen sind, wenn ein Außenaufzug unmittelbar im Bereich der Wohnung des betroffenen Wohnungseigentümers angebracht werden soll (Schallbeeinträchtigung, Verschattung, kein freier Ausblick mehr, etc) oder wenn das neue Mülltonnenhäuschen unmittelbar im Bereich der Erdgeschosswohnung eines Wohnungseigentümers errichtet werden soll.

Wird ein Wohnungseigentümer durch die bauliche Veränderung gegenüber anderen Wohnungs- **36**
eigentümer unbillig benachteiligt, kann er sich hierauf gleichwohl nicht berufen, wenn er zu der baulichen Veränderung sein **Einverständnis** erteilt hat. Aufgrund der Verwendung desselben Begriffs dürfte das Einverständnis iSv Abs. 4 gleichzusetzen sein mit dem Einverständnis iSv Abs. 3, dh das Einverständnis ist keine Willenserklärung, sondern eine **rechtsgeschäftsähnliche Handlung,** für die keine besondere Form erforderlich ist.[52] Ein Einverständnis in diesem Sinne liegt auch dann vor, wenn dem Beschlussantrag zugestimmt wird. Liegt sein Einverständnis zu der baulichen Veränderung vor, kann sich der Wohnungseigentümer danach nicht mehr auf eine unbillige Benachteiligung iSv Abs. 4 berufen.

c) Kein Prüfungsmaßstab in Bezug auf die Veränderungssperre iSv Abs. 4. Aus dem **37**
Gesichtspunkt der **Kostenbelastung** kann sich keine unbillige Benachteiligung ergeben, wenn ein Wohnungseigentümer wegen der Kosten von baulichen Veränderungen überfordert und gezwungen würde, sein Wohnungseigentum zu veräußern. Denn entweder werden die Kosten von demjenigen Wohnungseigentümer getragen, dem die Vornahme der baulichen Veränderung gestattet worden ist (§ 21 Abs. 1) bzw. alternativ von denjenigen Wohnungseigentümern, die den Beschluss über die bauliche Veränderung gefasst haben (§ 21 Abs. 3). Oder die bauliche Veränderung ist mit unverhältnismäßigen Kosten iSv § 21 Abs. 2 S. 1 Nr. 1 verbunden, so dass die Kosten der baulichen Veränderung gemäß § 21 Abs. 2 S. 1 Nr. 1 eben gerade nicht von allen Wohnungseigentümern zu tragen sind, was im Falle der Nichtbeachtung mittels Anfechtungsklage eingewandt werden kann, dh der **Minderheitenschutz** in Bezug auf unverhältnismäßig hohe Kosten wird bereits über § 21 Abs. 1–3 erreicht, so dass die Kostenbelastung für die unbillige Benachteiligung iSv Abs. 4 nicht ein weiteres Mal einschlägig sein kann.

Wie die negative Formulierung in Abs. 4 verdeutlicht, regelt die Vorschrift die Anfechtbarkeit **38**
(vgl. → Rn. 49 ff.) eines Beschlusses über bauliche Veränderungen nicht abschließend. Ein Beschluss über die Ermächtigung oder Gestattung zur Durchführung bzw. Vornahme einer baulichen Veränderung kann deshalb auch aus anderen Gründen ordnungswidrig sein. Bei der Bestimmung der **Grenzen der ordnungsmäßigen Verwaltung,** die für einen Beschluss über bauliche Veränderungen gelten, sind jedoch grundsätzlich die Wertungen von Abs. 4 zu berücksichtigen. Demnach führt das Maß der baulichen Veränderung der Anlage grundsätzlich erst dann zu einem Verstoß gegen den

---

[48] BT-Drs. 19/18791, 66.

[49] Vgl. zu § 22 Abs. 2 aF BT-Drs. 16/887, 31 = NZM 2006, 401 (418); BGH NJW 2011, 1220 Rn. 12 f.; NZM 2018, 794 Rn. 29.

[50] BT-Drs. 16/887, 30 = NZM 2006, 401 (419).

[51] Vgl. zu § 22 Abs. 2 aF BGH NJW 2011, 1220 Rn. 12 f.; NZM 2018, 794 Rn. 29.

[52] BT-Drs. 19/18791, 65.

Grundsatz der ordnungsmäßigen Verwaltung, wenn die Grenze der grundlegenden Umgestaltung überschritten ist. Bauliche Veränderungen, die dieses Maß nicht erreichen und mehrheitlich beschlossen werden, sind von der überstimmten Minderheit grundsätzlich hinzunehmen. Dies gilt insbesondere für **Beeinträchtigungen** des **optischen Gesamteindrucks.** Auch Beeinträchtigungen anderer Wohnungseigentümer widersprechen erst dann ordnungsmäßiger Verwaltung, wenn Wohnungseigentümer ohne ihr Einverständnis unbillig gegenüber anderen benachteiligt werden; unterhalb dieser Schwelle liegende Beeinträchtigungen, die sich aus einer mehrheitlich beschlossenen baulichen Veränderung ergeben, sind zu tolerieren. Insbesondere kann der Ausschluss einzelner Wohnungseigentümer von den Nutzungen der baulichen Veränderungen nicht zur Ordnungswidrigkeit führen; denn diese Folge trifft alle Wohnungseigentümer, die die Kosten der baulichen Veränderung nicht zu tragen haben (vgl. § 21 Abs. 3 S. 2). Ein Beschluss über eine bauliche Veränderung ist deshalb auf Anfechtungsklage hin grundsätzlich nur dann aufzuheben, wenn er gegen Abs. 4 verstößt oder unabhängig von dem Maß der Veränderung oder dem Maß der Beeinträchtigung ordnungsmäßiger Verwaltung widerspricht.[53]

39 Dies gilt aber nur für solche Beschlüsse, die entweder bauliche Veränderungen zum Gegenstand haben, die auf Veranlassung der Gemeinschaft der Wohnungseigentümer durchgeführt und daher gemäß Abs. 1 beschlossen werden, oder die eine privilegierte Maßnahme iSd Abs. 2 S. 1 zum Gegenstand haben, deren Vornahme einem Wohnungseigentümer durch Beschluss iSv Abs. 1 gestattet wird. Für bauliche Veränderungen iSv **Abs. 3,** die einzelnen Wohnungseigentümern durch Beschluss gestattet werden, ist die besondere Veränderungssperre des Abs. 4 nicht einschlägig, da es sich bei baulichen Veränderungen iSd Abs. 3 bereits per se um solche handelt, bei denen es an einer relevanten Beeinträchtigung fehlt, dh bei baulichen Veränderungen iSv Abs. 3 bleibt **Prüfungsmaßstab,** ob durch die bauliche Veränderung Rechte anderer Wohnungseigentümer über das bei einem geordneten Zusammenleben unvermeidliche Maß hinaus beeinträchtigt werden, so dass es bei diesen baulichen Veränderungen nach wie vor insbesondere auf die **Beeinträchtigung des optischen Gesamteindrucks** ankommen kann.

40 **d) Kein Anspruch sowie Beschluss- und Gestattungsverbot.** Bauliche Veränderungen, die die Wohnanlage grundlegend umgestalten und/oder einen Wohnungseigentümer ohne sein Einverständnis gegenüber anderen unbillig benachteiligen, können nicht verlangt werden, dh auf solche baulichen Veränderungen besteht **kein Anspruch,** selbst wenn es sich um eine privilegierte Maßnahme iSv Abs. 2 S. 1 handeln sollte. Die Veränderungssperre gemäß Abs. 4 steht damit insbesondere auch Ansprüchen nach Abs. 2 S. 1 und Abs. 3 entgegen.

41 Ferner können bauliche Veränderungen, die die Wohnanlage grundlegend umgestalten und/oder einen Wohnungseigentümer ohne sein Einverständnis gegenüber anderen unbillig benachteiligen, gemäß Abs. 4 nicht beschlossen werden. Fraglich ist, ob dies auch dann gilt, wenn dem Beschlussantrag alle existierenden Wohnungseigentümer zustimmen, wenn also ein **allstimmiger Beschluss** vorliegt. Auf eine unbillige Benachteiligung kann sich ein Wohnungseigentümer dann jedenfalls nicht berufen, da sein Einverständnis vorliegt. Allerdings kann sich ein Wohnungseigentümer im Rahmen einer Beschlussanfechtungsklage nachträglich darauf berufen, dass die bauliche Veränderung zu einer grundlegenden Umgestaltung der Wohnanlage führt, dh die Zustimmung zum Beschlussantrag führt nicht dazu, dass ein Wohnungseigentümer mit diesem Einwand ausgeschlossen ist. Im Rahmen der Anhörung zum Gesetzesentwurf ist dem Gesetzgeber insoweit ein **Redaktionsfehler** vorgehalten worden;[54] nachdem der Gesetzgeber jedoch keine Änderung am Wortlaut von Abs. 4 vorgenommen hat,[55] scheint er keinen Redaktionsfehler gesehen zu haben. Es ist ja auch ein schon immer allgemeingültiger Grundsatz, dass ein Wohnungseigentümer selbst dann Beschlussanfechtungsklage erheben kann, wenn er in der Eigentümerversammlung dem Beschlussantrag zugestimmt hat. Nichts anderes gilt bei einem einstimmigen Verstoß gegen die Veränderungssperre iSv Abs. 4 bezogen auf die grundlegende Umgestaltung der Wohnanlage.

42 Zu den Rechtsfolgen eines dennoch gefassten Beschlusses über die Ermächtigung oder Gestattung zur Durchführung bzw. Vornahme einer gegen Abs. 4 verstoßenden baulichen Veränderung → Rn. 55.

43 **e) Anforderungen an den Verwalter.** Der Verwalter muss in **Vorbereitung** einer **Beschlussfassung** über die bauliche Veränderung des gemeinschaftlichen Eigentums gemäß Abs. 4 **prüfen,** ob die Tatbestandsvoraussetzungen der Veränderungssperre iSv Abs. 4 vorliegen und von welchen Eigentümern das Einverständnis erforderlich ist, weil diese gegenüber anderen Wohnungseigentümern unbillig benachteiligt sein könnten. In der Wohnungseigentümerversammlung muss er

53 BT-Drs. 19/18791, 66 f.

54 Stellungnahme der Richterin am BGH (V. und XIII. ZS) *Schmidt-Räntsch* vom 24.5.2020.

55 BT-Drs. 19/22634.

vor der Beschlussfassung über das Ergebnis seiner Prüfung **informieren** und ggf. auf ein bestehendes **Anfechtungsrisiko hinweisen.** Klärt der Verwalter die Wohnungseigentümerversammlung vor einer Beschlussfassung gemäß Abs. 1 nicht in gebotener Weise darüber auf, dass der Beschluss gegen die Veränderungssperre iSv Abs. 4 verstoßen könnte, handelt er pflichtwidrig iSv § 280 Abs. 1 BGB; einen **Rechtsirrtum** hat er aber nur dann iSv § 276 BGB zu vertreten, wenn seine Einschätzung **offenkundig falsch** ist.[56]

Ist der Verwalter der Auffassung, dass ein Beschluss gegen die Veränderungssperre iSv Abs. 4 **44** verstoßen könnte, und hat er deshalb Bedenken gegen die Verkündung eines auf eine bauliche Veränderung des gemeinschaftlichen Eigentums gemäß Abs. 1 gerichteten Beschlusses, für den sich eine einfache Mehrheit ausgesprochen hat, so kann er, statt das Zustandekommen des Beschlusses zu verkünden, eine **Weisung** der Gemeinschaft der Wohnungseigentümer im Weg eines **Geschäftsordnungsbeschlusses** einholen.[57]

Wiewohl der Verwalter nicht „Aufsichtsorgan" der Gemeinschaft der Wohnungseigentümer ist, **45** rechnet es zum Kerngeschäft eines Berufsverwalters, wohnungseigentumsrechtliche Erwägungen jedenfalls in ihren Grundzügen anstellen zu können, schon um die Wohnungseigentümer mittels einer vorausschauenden Vorbereitung der Eigentümerversammlung in die Lage zu versetzen, ihren Willen unter den im Einzelfall zutreffenden Rahmenbedingungen zu bilden. Zur Aufgabenstellung des Berufsverwalters gehört es mithin, die Versammlung über das mit Blick auf bauliche Veränderungen zu wählende Abstimmungsverfahren nebst seinen unterschiedlichen (Kosten-)Folgen in Kenntnis zu setzen. Die Wohnungseigentümer auf aus seiner Sicht verbleibende **Rechtsunsicherheiten hinzuweisen,** steht ihm ebenso offen wie ein **zweistufiges Vorgehen,** bei dem etwa notwendige Einverständnisse vor der Stimmabgabe abgefragt werden.[58]

8. Rechtsfolgen der Ermächtigung bzw. Gestattung zur Durchführung bzw. Vornahme einer baulichen Veränderung. Haben die Wohnungseigentümer eine bauliche Verände- **46** rung durch einen bestandskräftig gewordenen Mehrheitsbeschluss gestattet, kann der betroffene Wohnungseigentümer nicht zu deren Beseitigung aufgefordert und im Weigerungsfalle mit einem gerichtlichen Verfahren überzogen werden, denn der Beschluss schließt ein Beseitigungsverlangen **grundsätzlich** aus.[59]

Dies schließt aber nicht von vornherein aus, dass die Gemeinschaft der Wohnungseigentümer **47** die Gestattung zur Vornahme einer baulichen Veränderung später durch einen **abändernden Zweitbeschluss widerrufen** kann, sofern hierfür ein **sachlicher Grund** vorliegt und der betroffene Wohnungseigentümer gegenüber dem bisherigen Zustand nicht unbillig benachteiligt wird.[60] Ein abändernder Zweitbeschluss entspricht daher idR nur dann ordnungsmäßiger Verwaltung, wenn er etwaige **schutzwürdige Interessen** und Belange von Wohnungseigentümern berücksichtigt, zu deren Gunsten der Erstbeschluss gefasst worden ist und die im Vertrauen auf diesen bestandskräftigen Erstbeschluss bereits Aufwendungen getätigt haben (zB Planungskosten, Anschaffungskosten, Herstellungskosten, etc).[61]

9. Rechtsmittel bei erlaubten bzw. gestatteten bzw. abgelehnten baulichen Verände- 48 rungen. Wird eine bauliche Veränderung durch Beschluss erlaubt oder gestattet oder wird alternativ der auf eine Ermächtigung oder Gestattung gerichtete Beschlussantrag abgelehnt, stellt sich die Frage, welche Rechtsmittel gegen den **positiven Beschluss** bzw. **Negativbeschluss** möglich sind. Insoweit ist zu differenzieren zwischen einer baulichen Veränderung, die durch die Gemeinschaft der Wohnungseigentümer veranlasst und wozu sie durch Beschluss ermächtigt werden soll und einer baulichen Veränderung, die einem einzelnen Wohnungseigentümer durch Beschluss gestattet werden soll.

a) Rechtsmittel bei erlaubten bzw. gestatteten baulichen Veränderungen. Wird **49** beschlossen, dass die **Gemeinschaft der Wohnungseigentümer** eine bauliche Veränderung vornimmt bzw. durchführt, besteht für einen Wohnungseigentümer, der mit dieser Entscheidung nicht einverstanden ist und die bauliche Veränderung verhindern möchte, die Möglichkeit, hiergegen innerhalb eines Monats ab Beschlussfassung **Beschlussanfechtungsklage** zu erheben. Wie dargelegt, kommen als Einwände neben den allgemeinen Anfechtungsgründen (insbesondere formelle

---

56 BGH ZWE 2020, 379 Rn. 29.
57 BGH ZWE 2020, 379 Rn. 31.
58 BGH ZWE 2020, 379.
59 BayObLG NJW-RR 1995, 395; NJWE-MietR 1997, 11; OLG Köln NJW-RR 2001, 1096.
60 BGHZ 95, 137 = NJW 1985, 2832; BayObLG NJW-RR 1995, 395; NJWE-MietR 1997, 11; OLG Köln NJW-RR 2001, 1096.
61 BGH NJW 1991, 979; OLG München ZMR 2008, 560; OLG Schleswig ZWE 2007, 51; OLG Düsseldorf WE 2000, 2; LG München I ZMR 2017, 187; LG Hamburg ZWE 2015, 220.

Mängel, Bestimmtheitsgebot, Verstöße gegen die Grundsätze ordnungsmäßiger Verwaltung, weil zB keine Vergleichsangebote vorlagen, etc) insbesondere ein Verstoß gegen die **Veränderungssperre** iSv Abs. 4 in Betracht. Auf die mit der baulichen Veränderung verbundenen **Kosten** kann sich der Anfechtungskläger dann berufen, wenn der Beschluss gegen § 21 Abs. 2 oder Abs. 3 verstoßen sollte (vgl. § 21 Abs. 5 S. 2). Auf **Nachteile** und **Beeinträchtigungen,** die mit der baulichen Veränderung einhergehen und die nach der früheren Rechtslage gemäß § 14 Nr. 1 aF für eine Ungültigerklärung des Beschlusses ausgereicht hätten, kann sich der Anfechtungskläger hingegen nunmehr nicht mehr berufen. Nachteile und Beeinträchtigungen sind nur noch dann relevant, wenn sie darauf beruhen, dass die Wohnanlage grundlegend umgestaltet oder ein Wohnungseigentümer ohne sein Einverständnis gegenüber anderen Wohnungseigentümern unbillig benachteiligt wird (Abs. 4).

50 Wird einem **Wohnungseigentümer** durch Beschluss eine bauliche Veränderung **gestattet,** besteht für einen anderen Wohnungseigentümer, der mit dieser Entscheidung nicht einverstanden ist und die bauliche Veränderung verhindern möchte, die Möglichkeit, hiergegen innerhalb eines Monats ab Beschlussfassung **Beschlussanfechtungsklage** zu erheben. Wenn es sich bei der gestatteten baulichen Veränderung um eine **privilegierte Maßnahme** iSv Abs. 2 S. 1 handelt, kommen als Einwände neben den allgemeinen Anfechtungsgründen auch hier insbesondere (nur) ein Verstoß gegen die Veränderungssperre iSv Abs. 4 in Betracht. Auf die mit der baulichen Veränderung verbundenen **Kosten** kann sich der Anfechtungskläger allein schon deshalb nicht berufen, da die Kosten einer baulichen Veränderung, die einem Wohnungseigentümer durch Beschluss gestattet worden ist, von dem betroffenen Wohnungseigentümer zu tragen sind (§ 21 Abs. 1). Auf **Nachteile** und **Beeinträchtigungen,** die mit der baulichen Veränderung einhergehen und die nach der früheren Rechtslage gemäß § 14 Nr. 1 aF für eine Ungültigerklärung des Beschlusses ausgereicht hätten, kann sich der Anfechtungskläger nur dann berufen, wenn es sich um eine bauliche Veränderung iSv Abs. 3 handelt, ohne dass es sich um eine privilegierte Maßnahme iSv Abs. 2 S. 1 handelt.

51 **b) Rechtsmittel bei abgelehnten baulichen Veränderungen.** Wird die **Gemeinschaft** der Wohnungseigentümer **nicht** durch Beschluss zur Durchführung einer baulichen Veränderung **ermächtigt,** besteht für die Gemeinschaft der Wohnungseigentümer keine Möglichkeit, hiergegen gerichtlich vorzugehen. Es bliebe allenfalls die Beschlussersetzungsklage, die die Gemeinschaft der Wohnungseigentümer gegen sich selbst erheben müsste; insoweit würde es bereits an einem Anfechtungsrecht fehlen, da gemäß § 44 Abs. 1 eine Anfechtungsklage und eine Beschlussersetzungsklage nur von einem Wohnungseigentümer erhoben werden kann. Somit wäre allenfalls denkbar, dass ein Wohnungseigentümer **Beschlussersetzungsklage** iSv § 44 Abs. S. 2 mit dem Ziel erhebt, dass die Durchführung der in der Eigentümerversammlung beantragten baulichen Veränderung durch die Gemeinschaft der Wohnungseigentümer als beschlossen gilt; diese Klage wäre in der Regel jedoch unbegründet, da kein Anspruch darauf besteht, dass die Gemeinschaft der Wohnungseigentümer eine bauliche Veränderung durchführt. Dies gilt auch für privilegierte Maßnahmen iSv Abs. 2 S. 1, da der Wohnungseigentümer insoweit nur einen Anspruch auf das „Ob" hat, nicht hingegen auf das „Wie" und „durch wen".

52 Wird jedoch der Beschlussantrag über die Ermächtigung einer von der Gemeinschaft der Wohnungseigentümer durchzuführenden baulichen Veränderung mit einfacher Mehrheit angenommen und verkündet der Versammlungsleiter gleichwohl die Ablehnung des Beschlussantrags, weil er der Auffassung ist, die zur Abstimmung gestellte bauliche Veränderung werde die Wohnanlage grundlegend umgestalten oder einen Wohnungseigentümer ohne sein Einverständnis gegenüber anderen Wohnungseigentümer unbillig benachteiligen, kann gegen den ablehnenden Beschluss (Negativbeschluss) **Anfechtungsklage** und zusätzlich **Beschlussfeststellungsklage** erhoben werden mit dem Ziel, festzustellen, dass der Beschlussantrag mehrheitlich angenommen worden ist, sofern sich der Versammlungsleiter in Bezug auf das Vorliegen der Tatbestandsvoraussetzungen der Veränderungssperre iSv Abs. 4 geirrt haben sollte **(Verkündungsfehler).**

53 Wird einem **Wohnungseigentümer** durch Beschluss eine bauliche Veränderung **nicht gestattet,** besteht für den betroffenen Eigentümer die Möglichkeit, **Beschlussersetzungsklage** iSv § 44 Abs. 1 S. 2 zu erheben. Diese Beschlussersetzungsklage wäre dann begründet, wenn der Wohnungseigentümer einen Anspruch auf Gestattung der beantragten baulichen Veränderung haben sollte, wenn es sich also um eine **privilegierte Maßnahme** iSv Abs. 2 S. 1 handeln sollte und/oder um eine bauliche Veränderung **ohne relevante Beeinträchtigung** iSv Abs. 3. Im Falle einer baulichen Veränderung ohne relevante Beeinträchtigung iSv Abs. 3 muss sich der Klageantrag dabei auf eine konkrete bauliche Veränderung samt der Art ihrer Vornahme beziehen, denn ein Ermessen des Gerichts hinsichtlich der Vornahme besteht genauso wenig wie ein Ermessen der Wohnungseigentümer, da Abs. 2 S. 2 für bauliche Veränderungen ohne relevante Beeinträchtigung nicht einschlägig ist, selbst wenn es sich bei der geplanten Maßnahme um eine privilegierte iSv Abs. 2 S. 1 handeln sollte. Der einleitende Satzteil in Abs. 3 („Unbeschadet des Absatzes 2 …") stellt klar, dass der

Anspruch nach Abs. 3 in **Anspruchskonkurrenz** zu einem Anspruch nach Abs. 2 S. 1 stehen kann. Dazu kann es kommen, wenn eine nach Abs. 2 S. 1 privilegierte Maßnahme keine relevante Beeinträchtigung auslöst. Im Falle der Anspruchskonkurrenz wird der Wohnungseigentümer freilich seinen Anspruch in der Regel auf Abs. 3 stützen, da er in dessen Rahmen mangels einer dem Abs. 2 S. 2 entsprechenden Vorschrift frei über die Art der Vornahme der Maßnahme entscheiden kann.[62] Wenn hingegen nur Abs. 2 S. 1 einschlägig ist **(privilegierte Maßnahme),** nicht hingegen Abs. 3, oder wenn der Eigentümer den im Rahmen der Beschlussersetzungsklage geltend gemachten Anspruch ausschließlich auf Abs. 2 S. 1 stützt, hat das Gericht im Rahmen der Beschlussersetzungsklage zunächst lediglich einen **Grundsatzbeschluss** dahingehend zu fassen, dass die von dem Wohnungseigentümer beantragte privilegierte Maßnahme dem Grunde nach gestattet ist. Es kann also zunächst nur eine Entscheidung über das „Ob" getroffen werden. Die Entscheidung über das „Wie" ist sodann zunächst wieder der **Wohnungseigentümerversammlung** vorbehalten, dh im Rahmen dieses Beschlussersetzungsverfahrens kann das Gericht (noch) nicht nach eigenem Ermessen eine Entscheidung gemäß Abs. 2 S. 2 treffen und kann daher (noch) nicht festlegen, auf welche Art und Weise der Wohnungseigentümer selbst für eine Vornahme der privilegierten Maßnahme sorgen soll oder auf welche Art und Weise die Gemeinschaft der Wohnungseigentümer die privilegierte Maßnahme durchführen soll. Dies wäre erst dann möglich, wenn die Wohnungseigentümerversammlung nach Vorliegen des vom Gericht gefassten Grundsatzbeschlusses auch im 2. Schritt keine Entscheidung über das „Wie", dh über die Art und Weise der Vornahme oder Durchführung der privilegierten Maßnahme treffen sollte.[63]

Von der Erhebung einer **Anfechtungsklage** gegen den **Negativbeschluss** ist hingegen in der Regel (zur Ausnahme → Rn. 52) abzuraten. Bestehen nämlich Zweifel, ob ein Anspruch auf Gestattung der konkret zur Abstimmung gestellten baulichen Veränderung besteht, entspricht es ordnungsmäßiger Verwaltung, den Antrag abzulehnen, so dass eine Anfechtungsklage gegen den Negativbeschluss unbegründet wäre.[64] **54**

c) Verstoß gegen die Veränderungssperre des Abs. 4. Wird eine bauliche Veränderung durch Beschluss erlaubt oder gestattet, obwohl es sich um eine bauliche Veränderung handelt, die die Wohnanlage grundlegend umgestaltet oder einen Wohnungseigentümer ohne sein Einverständnis gegenüber anderen Wohnungseigentümern unbillig benachteiligt, führt dieser Verstoß gegen die Veränderungssperre iSv Abs. 4 **nicht** zur **Nichtigkeit** des Beschlusses. Zwar „dürfen" solche Beschlüsse nicht gefasst werden, gemäß Abs. 1 „können" sie aber gefasst werden,[65] dh ein Verstoß gegen die Veränderungssperre iSv Abs. 4 lässt nicht die Beschlusskompetenz entfallen, sondern führt lediglich zur **Anfechtbarkeit** und **Ungültigerklärung** des Beschlusses. Wird gegen den Beschluss keine Anfechtungsklage erhoben, wird er trotz des Verstoßes gegen die Veränderungssperre iSv Abs. 4 **bestandskräftig.** **55**

10. Abwehransprüche bei unrechtmäßigen baulichen Veränderungen. Ist eine bauliche Veränderung des Gemeinschaftseigentums ohne ermächtigenden oder gestattenden Eigentümerbeschluss durchgeführt bzw. vorgenommen worden, stellt sich die Frage, welche Ansprüche hiergegen geltend gemacht werden können. Insoweit ist zu differenzieren zwischen einer ungenehmigten baulichen Veränderung der Gemeinschaft der Wohnungseigentümer und einer nicht gestatteten baulichen Veränderung eines einzelnen Wohnungseigentümers. **56**

a) Abwehransprüche bei unrechtmäßigen baulichen Veränderungen der Gemeinschaft der Wohnungseigentümer. Lässt der Verwalter als Vertretungsorgan der Gemeinschaft der Wohnungseigentümer eine bauliche Veränderung am Gemeinschaftseigentum vornehmen, **ohne** dass hierfür ein **ermächtigender Eigentümerbeschluss** vorliegt, handelt es sich um eine unrechtmäßige bauliche Veränderung. Da es sich bei den hierdurch in Betracht kommenden Ansprüchen entweder um originäre Ansprüche der Gemeinschaft der Wohnungseigentümer iSv § 14 Abs. 1 Nr. 1 handeln würde, oder um gemeinschaftsbezogene Ansprüche iSv § 9a Abs. 1, wäre ausschließlich die Gemeinschaft der Wohnungseigentümer berechtigt, diese Ansprüche geltend zu machen bzw. auszuüben, worauf der einzelne Wohnungseigentümer gemäß § 18 Abs. 2 einen Anspruch hätte. Nachdem es jedoch nicht möglich ist, dass sich die Gemeinschaft der Wohnungseigentümer selbst auf Beseitigung der baulichen Veränderung in Anspruch nimmt, scheidet diese Möglichkeit aus. **57**

Ein einzelner Wohnungseigentümer kann nur dadurch die Beseitigung der unrechtmäßigen baulichen Veränderung erreichen, dass er in der Wohnungseigentümerversammlung den Beschluss- **58**

---

62 BT-Drs. 19/18791, 66.
63 AA BT-Drs. 19/18791, 63.
64 BGH NJW 2015, 3713 Rn. 13.
65 BT-Drs. 19/18791, 67.

antrag zur Abstimmung stellen lässt, dass auf Veranlassung der Gemeinschaft der Wohnungseigentümer diese bauliche Veränderung wieder beseitigt wird. Sollte die bauliche Veränderung in diesem Zusammenhang nicht nachträglich genehmigt werden, was möglich wäre,[66] der Beschlussantrag aber ebenfalls abgelehnt werden, könnte der einzelne Wohnungseigentümer **Beschlussersetzungsklage** gemäß § 44 Abs. 1 S. 2 erheben und den in der Wohnungseigentümerversammlung nicht gefassten Beschluss durch das Gericht fassen lassen. Diese dürfte in diesem Fall auch begründet sein, denn es widerspräche Abs. 1, der Konzeption des Gesetzes und darüber hinaus ordnungsgemäßer Verwaltung, weder die Genehmigung der baulichen Veränderung noch deren Rückbau zu beschließen.

59 **b) Abwehransprüche bei unrechtmäßigen baulichen Veränderungen einzelner Wohnungseigentümer.** Hat ein einzelner Wohnungseigentümer eine bauliche Veränderung am Gemeinschaftseigentum vorgenommen, ohne dass ihm dies vorab durch einen Eigentümerbeschluss gestattet worden ist, kommen folgende Abwehransprüche in Betracht:

60 **aa) Beseitigungsanspruch.** Hat ein einzelner Wohnungseigentümer eine bauliche Veränderung am Gemeinschaftseigentum vorgenommen, ohne dass ihm dies vorab durch einen Eigentümerbeschluss gestattet worden ist, besteht grundsätzlich ein **Anspruch auf Beseitigung.** Da Abs. 1 vorschreibt, dass für bauliche Veränderungen ein Beschlusszwang gilt, liegt ein Verstoß gegen eine gesetzliche Regelung vor, dh bei dem Beseitigungsanspruch handelt es sich gemäß **§ 14 Abs. 1 Nr. 1** um einen **originären Anspruch** der Gemeinschaft der Wohnungseigentümer.

61 Zur Geltendmachung des Anspruchs bedarf der Verwalter im **Außenverhältnis** keiner besonderen Ermächtigung durch Eigentümerbeschluss. Im **Innenverhältnis** bedarf es dann eines gesonderten **Ermächtigungsbeschlusses,** wenn es sich bei der Geltendmachung des Beseitigungsanspruchs nicht um eine Maßnahme von untergeordneter Bedeutung handelt, wenn die Maßnahme nicht zur Wahrung einer Frist oder zur Abwendung eines Nachteils getroffen werden muss oder wenn auf der Grundlage von § 27 Abs. 2 die Rechte des Verwalters nicht durch Beschluss dahingehend erweitert worden sind, dass er ohne Eigentümerbeschluss Aktivprozesse einleiten darf.

62 Hat ein Wohnungseigentümer einen **Baumangel behoben** ohne vorherige Herbeiführung eines Mehrheitsbeschlusses (auf eigene Kosten) und verlangt die Gemeinschaft der Wohnungseigentümer im gerichtlichen Verfahren nach § 43 die Beseitigung dieser Baumaßnahme, so ist den Parteien Gelegenheit zu geben, einen Mehrheitsbeschluss über die Konzeption der Behebung des Baumangels herbeizuführen. Denn erst wenn die Gemeinschaft der Wohnungseigentümer eine andere Lösung beschließt, kann über den Beseitigungsanspruch entschieden werden.[67]

63 Fraglich ist, ob ein **Anspruch zur Beseitigung** baulicher Veränderungen durch einen Mehrheitsbeschluss begründet werden kann. Dies wurde in der Rspr. teilweise vertreten.[68] Die Auffassung, Mehrheitsbeschlüsse könnten **Leistungspflichten** begründen, so dass sie Anspruchsgrundlage einer Beseitigungspflicht sind, ist jedoch abzulehnen. Denn das Gesetz weist den Wohnungseigentümern insoweit **keine Beschlusskompetenz** zu.[69] Die Gemeinschaft der Wohnungseigentümer kann nämlich durch Beschlussfassung nicht in rechtmäßiger Weise eine Änderung der gesetzlichen Ausformung der aus dem Gemeinschaftsverhältnis hervorgegangenen Ansprüche vornehmen.[70]

64 **bb) Schadensersatz und Wiederherstellungsanspruch.** Die Beseitigungspflicht des Störers, der ohne gestattenden Eigentümerbeschluss eine bauliche Veränderung vornimmt, erstreckt sich auch auf die anschließende **Wiederherstellung** des ursprünglichen Zustands (Rückbau) nach § 823 Abs. 1 BGB. Für Schadensersatzansprüche, die auf die Verletzung des Gemeinschaftseigentums gestützt werden, besteht gemäß § 9a Abs. 2 eine gesetzliche Ausübungsbefugnis der Gemeinschaft der Wohnungseigentümer.[71] Das gilt auch, soweit der Beseitigungsanspruch die Wiederherstellung des vorherigen Zustands umfasst.[72]

65 **cc) Unterlassungsanspruch.** Möglich ist auch ein Unterlassungsanspruch nach § 20 Abs. 1 iVm § 1004 Abs. 1 S. 2 BGB. Beantragt ein Wohnungseigentümer bei der Baubehörde die Genehmigung von beeinträchtigenden Baumaßnahmen, ohne hierfür bisher einen gestattenden Eigentümerbeschluss eingeholt zu haben, ist in der Regel schon vor Beginn der Bauarbeiten die Besorgnis eines rechtswidrigen Eingriffs in das gemeinschaftliche Eigentum begründet, so dass ein Unterlassungsan-

---

66 BGH ZWE 2020, 418 mAnm *Rüscher.*

67 OLG Karlsruhe NZM 2001, 758.

68 BayObLG NJW-RR 2003, 587; OLG Hamburg BeckRS 2003, 09083; OLG Köln NZM 2006, 662.

69 BGH NJW 2010, 3093 Rn. 11 ff.; OLG Zweibrücken NJW 2007, 2417; Bärmann/*Merle* § 22 Rn. 318; *Wenzel* NZM 2004, 542; *Schmid/Riecke* ZMR 2005, 252.

70 BGHZ 115, 151 = NJW 1991, 2637 (2638) für die Verzinsungspflicht.

71 Vgl. zum alten Recht BGH NJW 2011, 1351 Rn. 10.

72 BGH NJW 2019, 1216 Rn. 8, insoweit unter Aufgabe von BGH NJW 2014, 1090 Rn. 17.

spruch der Gemeinschaft der Wohnungseigentümer besteht.[73] Der Anspruch ist aber unbegründet, solange über die Anfechtung eines gestattenden Eigentümerbeschlusses noch nicht rechtskräftig entschieden ist.[74]

Beeinträchtigungen, die nicht zwangsläufig von der baulichen Veränderung selbst ausgehen, sondern allenfalls von deren Benutzern, können demgegenüber zwar einen Unterlassungsanspruch gemäß § 1004 Abs. 1 S. 2 BGB begründen, nicht jedoch eine Beseitigung der baulichen Veränderung rechtfertigen.[75] 66

dd) Anspruchsinhaber. Wird eine bauliche Veränderung am Gemeinschaftseigentum ohne gestattenden Eigentümerbeschluss vorgenommen, liegt ein Verstoß gegen Abs. 1 vor, da gemäß Abs. 1 für bauliche Veränderungen am Gemeinschaftseigentum die Notwendigkeit eines legitimierenden Beschlusses **(Beschlusszwang)** besteht. Nachdem die Gemeinschaft der Wohnungseigentümer gemäß § 14 Abs. 1 Nr. 1 von jedem Wohnungseigentümer die Einhaltung der gesetzlichen Regelungen beanspruchen kann, begründet ein Verstoß gegen die gesetzlichen Regelungen einen **originären Abwehranspruch** der Gemeinschaft der Wohnungseigentümer, dh Anspruchsinhaber ist in diesem Fall gemäß § 14 Abs. 1 Nr. 1 die **Gemeinschaft der Wohnungseigentümer.** 67

Ferner handelt es sich bei den Abwehransprüchen im Zusammenhang mit unzulässigen baulichen Veränderungen um **gemeinschaftsbezogene Ansprüche** iSv § 9a Abs. 2, die von der Gemeinschaft der Wohnungseigentümer ausgeübt werden. In diesem Fall macht die Gemeinschaft der Wohnungseigentümer im eigenen Namen die Ansprüche der Wohnungseigentümer in gesetzlicher Prozessstandschaft geltend. 68

ee) Anspruchsgegner. Zur Beseitigung einer rechtswidrigen baulichen Veränderung ist nur derjenige **Wohnungseigentümer,** der die Eigentumsbeeinträchtigung durch sein Verhalten, dh durch positives Tun oder pflichtwidriges Unterlassen, adäquat verursacht hat, als **Handlungsstörer** verpflichtet.[76] Dies gilt auch dann, wenn der Handlungsstörer inzwischen nicht mehr Mitglied der Gemeinschaft der Wohnungseigentümer ist, dh auch dann kann er noch auf Beseitigung in Anspruch genommen werden. 69

Der **Sondernachfolger des Handlungsstörers** ist als **Zustandsstörer grundsätzlich** nur verpflichtet, die Beseitigung entweder durch den Handlungsstörer oder alternativ durch die Gemeinschaft der Wohnungseigentümer zu dulden.[77] Der Sondernachfolger haftet aber dann **ausnahmsweise** als **Handlungsstörer,** wenn er die störende Handlung im Rahmen einer früheren Nutzungsberechtigung an der Wohnung verantwortlich mit hervorgerufen hat.[78] In diesem Falle richtet sich der daraus herzuleitende Wiederherstellungsanspruch der Gemeinschaft der Wohnungseigentümer sowohl gegen den tatsächlich nutzenden zukünftigen Erwerber als auch gegen den im Grundbuch noch eingetragenen Wohnungs- bzw. Teileigentümer, der selbst (mittelbarer) Handlungsstörer iSd § 1004 Abs. 1 BGB wird.[79] Dabei ist ohne Belang, dass die Erwerber für die Eigentumsstörung als sog. Handlungsstörer selbst haften. Denn unter mehreren Störern, die kumulativ und gesamtverbindlich haften, besteht kein Rangverhältnis.[80] Ferner kann der Zustandsstörer auch dann zur Beseitigung einer ihm zurechenbaren Störung verpflichtet sein,[81] wenn er nicht nur tatsächlich und rechtlich in der Lage ist, die Störung zu beseitigen, sondern wenn zudem die **Störung** bei der gebotenen wertenden Betrachtung durch seinen maßgebenden Willen zumindest **aufrechterhalten** wird.[82] 70

Der **Erwerber** einer Eigentumswohnung, der mit dem **teilenden Eigentümer** eine von dem Teilungsplan abweichende bauliche Ausgestaltung vereinbart, ist hinsichtlich der sich daraus ergebenden Veränderungen des Gemeinschaftseigentums **nicht Störer** und daher gegenüber der Gemeinschaft der Wohnungseigentümern nicht zur Beseitigung des planwidrigen Zustands verpflichtet,[83] selbst wenn die Baumaßnahme auf einem Sonderwunsch eines Wohnungseigentümers gegenüber 71

---

[73] BayObLG WuM 1993, 294.

[74] BayObLG NZM 1999, 132.

[75] LG Hamburg ZWE 2017, 316 = ZMR 2017, 324.

[76] BGHZ 144, 200 = NJW 2000, 2901 (2902); BGH NJW 2007, 432 Rn. 9, 18; aA OLG München NZM 2009, 707.

[77] BayObLG NJW-RR 2002, 660; OLG Hamburg ZMR 2006, 377; KG NJW-RR 1991, 1421; OLG Schleswig NZM 2000, 674.

[78] OLG München NJW-RR 2007, 1384.

[79] Für den vergleichbaren Fall der Überlassung des Sondereigentums auf einen Mieter/Pächter BayObLG BeckRS 1996, 08860; OLG Düsseldorf NJW-RR 2001, 803; OLG Köln NZM 2000, 1018.

[80] OLG Köln NZM 2000, 1018.

[81] Vgl. BGH NJW-RR 2010, 807; NJW 2007, 2182 = NZM 2007, 537.

[82] Vgl. BGH NJW-RR 2010, 807; NJW 2007, 432 = NZM 2007, 130.

[83] BGH NJW 2015, 2027 Rn. 9.

dem Bauträger vor Entstehung der Gemeinschaft der Wohnungseigentümer zurückzuführen ist.[84] Soweit **planwidrige Baumaßnahmen vor** dem Entstehen der Gemeinschaft der Wohnungseigentümer (→ § 18 Rn. 16 ff.) vorgenommen worden sind, folgt dies schon daraus, dass es an der von § 1004 Abs. 1 BGB vorausgesetzten Eigentumsbeeinträchtigung fehlt, weil der teilende Eigentümer als Alleineigentümer gemäß § 903 BGB mit seinem Eigentum nach Belieben verfahren kann.[85] Aber auch soweit die planwidrige Bauausführung erst **nach** dem Entstehen der Wohnungseigentümergemeinschaft vorgenommen oder fertig gestellt worden ist, scheidet nach der Rspr. des BGH eine Inanspruchnahme des Erwerbers auf Beseitigung des planwidrigen Zustandes aus, weil dieser davon ausgehen darf, dass der Bauträger die Bauausführung im Rahmen seiner (Eigentums-)Befugnisse durchführt.[86]

72 In allen diesen Fällen richtet sich ein etwaiger **Anspruch** auf Beseitigung unter dem Gesichtspunkt der Herstellung eines ordnungsmäßigen, den Plänen entsprechenden Zustandes (§ 18 Abs. 2) nicht gegen einen einzelnen Wohnungseigentümer, sondern **gegen** die **Gemeinschaft** der Wohnungseigentümer.[87]

73 Nur **ausnahmsweise** kann der **Herstellungsanspruch gegen einen einzelnen Wohnungseigentümer** gerichtet werden, und zwar dann, wenn der Streit nicht die Interessen der Gemeinschaft der Wohnungseigentümer berührt, zB wenn nur Streit zwischen zwei benachbarten Wohnungseigentümern über die Größe ihrer Sondernutzungsflächen besteht.[88]

74 Im Fall der **Gesamtrechtsnachfolge** haftet der Rechtsnachfolger für einen gegen den Rechtsvorgänger als Handlungsstörer gerichteten Anspruch (§§ 1922, 1967 BGB).[89]

75 Der **vermietende Wohnungseigentümer,** der seinem Mieter eigenmächtig beeinträchtigende bauliche Veränderungen gestattet, ist nicht nur Zustandsstörer, sondern auch **(mittelbarer) Handlungsstörer.**[90] Er hat die Pflicht, auf den Mieter mit allen geeigneten rechtlichen Maßnahmen einzuwirken, dass dieser, soweit erforderlich, bei der Beseitigung der unzulässigen baulichen Veränderungen mitwirkt; die Verpflichtung ist gemäß § 888 ZPO zu vollstrecken.[91]

76 Nimmt der **Mieter** einer Sondereigentumseinheit eine bauliche Veränderung am Gemeinschaftseigentum vor, ohne dass die Vornahme der Maßnahme dem vermietenden Eigentümer durch Eigentümerbeschluss gestattet worden ist, kann die Gemeinschaft der Wohnungseigentümer auch unmittelbar gegenüber dem Mieter als **Handlungsstörer** gemäß § 1004 Abs. 1 BGB die Beseitigung der unzulässigen baulichen Veränderung verlangen, denn der Mieter übt in Bezug auf das Gemeinschaftseigentum eine von seinem Vermieter als Miteigentümer abgeleitete Befugnis zur Inanspruchnahme des auch fremden Miteigentums an dem Grundstück aus, die nicht weiterreichen kann, als die Befugnis des Eigentümers, der sie dem Mieter im Rahmen des Mietverhältnisses einräumt.[92] Mieter einer Eigentumswohnung sind hingegen dann **Zustandsstörer,** wenn sie durch ihre Weigerung, den Rückbau einer vom Vermieter vorgenommenen Baumaßnahmen zu dulden, den eigentumsbeeinträchtigenden rechtswidrigen Zustand aufrechterhalten; der hieraus folgende Beseitigungsanspruch ist darauf gerichtet, dass die Mieter die von der Gemeinschaft der Wohnungseigentümer im Wege der Ersatzvornahme beabsichtigten Rückbaumaßnahmen zu dulden verpflichtet sind.[93]

77 **ff) Verjährung.** Der Anspruch auf Beseitigung einer baulichen Veränderung aus § 1004 BGB unterliegt grundsätzlich der **dreijährigen Verjährungsfrist** nach § 195 BGB. Zum **Verjährungsbeginn** näher → § 18 Rn. 122. Besteht aber gleichzeitig neben dem Anspruch auf Beseitigung ein Anspruch auf die **Wiedereinräumung des Mitbesitzes** an dem gemeinschaftlichen Eigentum aus § 985 BGB, ist § 902 Abs. 1 BGB anzuwenden, mit der Folge, dass eine Verjährung ausscheidet.[94] Der gegen die Gemeinschaft der Wohnungseigentümer gerichtete Anspruch auf **erstmalige Herstellung** eines der Teilungserklärung entsprechenden Zustands unterliegt ebenfalls nicht der Verjährung.[95]

---

84 OLG Hamm NJW-RR 1998, 371; OLG Hamburg BeckRS 2007, 02239.
85 BGH NJW 2015, 2027 Rn. 10.
86 BGH NJW 2015, 2027 Rn. 12.
87 BayObLG NJW-RR 1994, 276; OLG Frankfurt ZWE 2007, 461; OLG Hamm NJW-RR 1998, 371; OLG Zweibrücken NZM 2002, 253.
88 BayObLG NZM 2000, 1011; OLG Frankfurt ZMR 1997, 609.
89 BayObLG NJWE-MietR 1996, 248.
90 OLG Düsseldorf NJW-RR 2001, 803.
91 OLG Köln NZM 2000, 1018.
92 BGH NJW 2020, 921.
93 KG NJW-RR 2006, 1239; aA OLG München NZM 2003, 445.
94 OLG München NZM 2008, 87.
95 BGH NJW-RR 2012, 910 Rn. 10.

gg) Treu und Glauben, Verwirkung, Schikaneverbot (§§ 242, 226 BGB). (1) Voraussetzungen. Der Beseitigungs- und Wiederherstellungsanspruch gegen den Handlungsstörer wird durch die §§ 226, 242 BGB begrenzt.[96] Die **Verwirkung** eines Anspruchs ist ein Fall der **unzulässigen Rechtsausübung.** Sie schließt die illoyal verspätete Geltendmachung eines Rechts aus. Im Rahmen der danach erforderlichen **Zumutbarkeitsprüfung** sind alle **Umstände** des **Einzelfalls** zu berücksichtigen. Dabei kommt es nicht auf den Willen des Berechtigten an. Verwirkung kann auch gegen den Willen des Berechtigten eintreten, da die an Treu und Glauben ausgerichtete objektive Beurteilung, nicht aber der Willensentschluss des Berechtigten entscheidend ist. Verwirkung kann daher selbst dann eintreten, wenn der Berechtigte keine Kenntnis von seiner Berechtigung hat.[97] Notwendig für die Verwirkung ist jedoch immer, dass sich der Verpflichtete mit Rücksicht auf das Verhalten des Berechtigten darauf eingerichtet hat und einrichten durfte, dass dieser das ihm zustehende Recht nicht mehr geltend machen werde,[98] so dass es mit **Treu und Glauben** nicht zu vereinbaren ist, dass der Berechtigte später doch mit dem ihm zustehenden Recht hervortritt[99] und dass unter diesem Gesichtspunkt die Leistung für den Verpflichteten unzumutbar ist.[100] Im Prozess ist daher festzustellen, ob derjenige, der sich auf die Verwirkung beruft, im Vertrauen auf die Nichtgeltendmachung des Anspruchs konkrete Dispositionen getroffen hat.[101] 78

Auch der Anspruch auf **erstmalige Herstellung** des ordnungsmäßigen Zustandes der Wohnungseigentumsanlage entfällt, wenn die tatsächliche Bauausführung nur **unwesentlich** von dem Aufteilungsplan abweicht[102] oder seine Erfüllung der Gemeinschaft der Wohnungseigentümer nach den Umständen des Einzelfalls **nicht zuzumuten** ist.[103] So kann es etwa liegen, wenn die plangerechte Herstellung tiefgreifende **Eingriffe in das Bauwerk** erfordert oder **Kosten** verursacht, die auch unter Berücksichtigung der berechtigten Belange der von der abweichenden Bauausführung unmittelbar betroffenen Wohnungseigentümer **unverhältnismäßig** sind. In einem solchen Fall ist die Gemeinschaft der Wohnungseigentümer verpflichtet, Teilungsvertrag und Aufteilungsplan so zu ändern, dass diese der tatsächlichen Bauausführung entsprechen.[104] Die Interessen der hiervon nachteilig betroffenen Wohnungseigentümer werden dadurch gewahrt, dass sie jedenfalls gravierende Abweichungen zu Lasten ihres Sondereigentums unter Umständen nur gegen eine Ausgleichszahlung hinnehmen müssen.[105] 79

Das Verlangen kann im Einzelfall auch dann **rechtsmissbräuchlich** sein, wenn bei der Geltendmachung von Beseitigungsansprüchen ohne sachlichen Grund zwischen einzelnen Wohnungseigentümern unterschieden wird **(Ungleichbehandlung);**[106] hat die Gemeinschaft der Wohnungseigentümer in der Vergangenheit vereinzelt Veränderungen am Gemeinschaftseigentum (zB die Anbringung von Markisen) hingenommen, handelt sie aber nicht treuwidrig, wenn sie zu einem späterem Zeitpunkt zu einer besseren Einsicht kommt und von einem Wohnungseigentümer den Rückbau einer weiteren ohne Einverständnis angebrachten und nicht dem ursprünglichen Erscheinungsbild entsprechenden Fensteranlage verlangt.[107] **Rechtsmissbrauch** kann gegeben sein, wenn der in Anspruch genommene Wohnungseigentümer mit seiner Maßnahme einen Zustand geschaffen hat, der dem entspricht, was auch die Gemeinschaft der Wohnungseigentümer erklärtermaßen erreichen wollte;[108] wenn seit der Veränderung **zehn Jahre** verstrichen sind, ohne dass Verjährung eingetreten und Beseitigung verlangt worden ist[109] oder wenn der Anspruchsinhaber längere Zeit die Baumaßnahme nach außen hin **widerspruchslos,** aber mit dem geheimen Vorbehalt hingenommen hat, zu einem ihm genehmen Zeitpunkt Ansprüche gerichtlich geltend zu machen; wenn die Beeinträchtigung geringfügig, ihre Beseitigung aber nur mit unverhältnismäßigen, billigerweise nicht zumutbaren Aufwendungen verbunden ist.[110] Dabei ist aber insbesondere zu berücksichtigen, dass es grundsätzlich das Risiko des Störers ist, wenn er nicht **vor** den Kosten verursachenden Maßnah- 80

---

[96] BayObLG FGPrax 1996, 220; OLG Frankfurt ZWE 2007, 370.
[97] BGHZ 25, 47 (53) = NJW 1957, 1358; BGH NJW 2007, 2183 Rn. 8.
[98] BGH NJW 2006, 219 Rn. 22.
[99] RGZ 158, 100.
[100] BGHZ 25, 47 (52) = NJW 1957, 1358; BGH NJW 2007, 2183 Rn. 8.
[101] OLG München NZM 2008, 848.
[102] BGH NJW 2016, 473 Rn. 21.
[103] BGH NJW 2015, 2027 Rn. 21; BayObLG ZWE 2002, 589; KG FGPrax 2003, 12.
[104] BGH NJW 2015, 2027 Rn. 21; 2004, 1798 (1800 f.); NJW-RR 2012, 1036 Rn. 11.
[105] BGH NJW 2004, 1798 (1800).
[106] OLG Oldenburg BeckRS 1997, 31046458.
[107] OLG Köln NZM 2005, 790.
[108] OLG Düsseldorf NJW-RR 2007, 1024.
[109] OLG Hamburg ZMR 2006, 465; OLG Karlsruhe BeckRS 1999, 30812482; vgl. aber OLG Köln NZM 1999, 263.
[110] BayObLG NZM 1999, 1150; OLG Hamm OLGZ 1976, 61; OLG Köln NZM 2000, 764.

men den nach dem Gesetz erforderlichen Gestattungsbeschluss eingeholt hat. Im Regelfall spricht es daher gegen einen Rechtsmissbrauch, wenn der in Anspruch Genommene sich dieses Risikos bewusst war.[111] Ein Beseitigungsanspruch ist nicht schon deshalb verwirkt, weil in der Vergangenheit andere Wohnungseigentümer ebenfalls durch bauliche Maßnahmen das Gemeinschaftseigentum verändert haben;[112] denn es kommt ausschließlich darauf an, ob von der **jeweiligen** baulichen Veränderung tatsächliche Nachteile ausgehen, eine gegenseitige Aufrechnung gibt es nicht **(keine Gleichbehandlung im Unrecht).**[113]

81 Ein Verstoß gegen das **Schikaneverbot** (§ 226 BGB) kommt nur in Betracht, wenn für die Geltendmachung eines Anspruchs keinerlei berechtigtes Interesse ersichtlich ist und diese lediglich den Zweck verfolgt, den Anspruchsgegner zu schädigen. Es genügt nicht, dass jemand subjektiv aus verwerflichen Gründen von seinem Recht Gebrauch macht.[114]

82 **(2) Keine Verwirkung des durch Mehrheitsbeschluss begründeten Anspruchs.** Die Ausübung des Rechts zur Vornahme einer baulichen Veränderung aufgrund eines **gestattenden Mehrheitsbeschlusses** der Eigentümerversammlung unterliegt nicht der Verwirkung. Der Anwendungsbereich des Rechtsinstituts der Verwirkung beschränkt sich auf die gegen Treu und Glauben verstoßende, illoyale Verspätung der Ausübung einer Rechtsposition, die einem anderen gegenüber geltend gemacht werden kann.[115] Demgegenüber erfüllt ein gestattender Mehrheitsbeschluss der Eigentümerversammlung insoweit die Merkmale eines Rechtsgeschäfts, als sein wesentlicher Bestandteil eine oder mehrere Willenserklärungen sind und er die kollektive und rechtsverbindliche Entscheidung der Gemeinschaft der Wohnungseigentümer über einen Antrag zum Ausdruck bringt. Jedenfalls gilt dies dort, wo die Beschlüsse nicht lediglich interne Wirkung haben, sondern auf die Begründung, Änderung oder Aufhebung rechtlicher Befugnisse oder Pflichten gerichtet sind.[116] Um eine solche rechtsgeschäftliche Wirkung handelt es sich, wenn die Befugnis eines Wohnungseigentümers zur Vornahme einer baulichen Veränderung durch Beschluss begründet worden ist. Der Eigentümerbeschluss als **Rechtsgeschäft** führt zu einer unmittelbaren Umgestaltung der Rechtslage. Die Rechtswirkungen des Eigentümerbeschlusses bestimmen sich allein nach seinem Inhalt. Enthält der Beschluss **keine Befristung,** wie sie nach § 163 BGB durchaus möglich wäre, so bietet § 242 BGB keine Grundlage, die rechtsgeschäftlichen Wirkungen gleichwohl mit einem Endtermin zu versehen. Vielmehr können die rechtsgeschäftlichen Wirkungen wiederum nur durch Rechtsgeschäft beseitigt oder beendet werden, wobei die Voraussetzungen einer Aufhebung oder Beendigung nach dem jeweiligen Rechtsverhältnis der Beteiligten zu beurteilen sind.[117] Nimmt ein Wohnungseigentümer entgegen einem bestandskräftigen Mehrheitsbeschluss der Gemeinschaft der Wohnungseigentümer an seiner Wohnung eine bestimmte Baumaßnahme vor (zB Kunststofffenster statt Holzfenster), so kann die Gemeinschaft der Wohnungseigentümer daher die Entfernung dieser Baumaßnahme verlangen, ohne dass sich der Wohnungseigentümer unter Berufung auf den Grundsatz von **Treu und Glauben** damit rechtfertigen kann, seine beschlusswidrige Baumaßnahme stelle sich für die Gemeinschaft der Wohnungseigentümer nicht als optisch nachteilig dar und sei deshalb hinzunehmen.[118]

83 **c) Heilung durch nachträgliche Ermächtigung bzw. Gestattung.** Eine ohne Ermächtigung bzw. Gestattung durchgeführte bzw. vorgenommene bauliche Veränderung kann durch einen Eigentümerbeschluss nachträglich genehmigt bzw. gestattet werden.[119] Dies ist auch dann möglich, wenn bereits eine **Beseitigungsklage** gegen die unzulässige bauliche Veränderung anhängig sein sollte. Zwar würde die Gemeinschaft der Wohnungseigentümer mit einem nachträglichen Gestattungsbeschluss ihre eigene Beseitigungsklage „torpedieren", da der nachträgliche Gestattungsbeschluss nunmehr die Rechtsgrundlage für die ehemals unzulässige bauliche Veränderung darstellen würde. Im Rahmen einer vergleichsweisen Einigung könnte aber beispielsweise der Gestattungsbeschluss mit der **Auflage** oder **Bedingung** verknüpft werden, dass der gerichtlich in Anspruch genommene Wohnungseigentümer im Falle einer Rücknahme der Klage durch die Gemeinschaft

111 BayObLG NZM 1999, 1150.
112 BayObLG BeckRS 2001, 30211181 betr. Änderung der Fassade.
113 OLG München ZWE 2015, 25 (27); BayObLG NJW-RR 1993, 337; NJWE-MietR 1997, 59; OLG Frankfurt FGPrax 1997, 54; unklar BGH NZM 2013, 195.
114 BayObLG BeckRS 2004, 09709; NJW-RR 1987, 1492.
115 BGHZ 25, 47 = NJW 1957, 1358 unter II.1.; Palandt/*Grüneberg* BGB § 242 Rn. 87.
116 BGHZ 139, 289 = NJW 1998, 3713 (3715 f.).
117 OLG Hamm FGPrax 2005, 63.
118 OLG Düsseldorf FGPrax 2005, 200.
119 BGH NZM 2020, 805; OLG Köln NZM 2001, 293; OLG Düsseldorf NZM 2005, 791; LG Itzehoe ZWE 2014, 329; LG Stuttgart ZWE 2014, 372.

der Wohnungseigentümer dennoch sämtliche **Kosten des Rechtsstreits** übernimmt. Ein Beschluss über die Genehmigung bzw. Gestattung von baulichen Veränderungen kann mit Auflagen oder Bedingungen versehen werden.[120]

III. Anspruch auf privilegierte Maßnahmen gemäß Abs. 2 S. 1

1. Anspruch. Abs. 1 gewährt dem einzelnen Wohnungseigentümer einen **Individualanspruch** gegen die Gemeinschaft der Wohnungseigentümer, jeweils durch einfachen Mehrheitsbeschluss entweder ihm die Vornahme einer privilegierten Maßnahme iSv Abs. 2 S. 1 zu **gestatten** bzw. die **Gemeinschaft** der Wohnungseigentümer zur Durchführung dieser Maßnahme zu **ermächtigen.** 84

2. Anspruchsgegner. Der Anspruch richtet sich gegen die **Gemeinschaft der Wohnungseigentümer.** Das Verlangen nach einer privilegierten Maßnahme hat der Wohnungseigentümer gegenüber der Gemeinschaft der Wohnungseigentümer, in der Regel vertreten durch den **Verwalter** (vgl. § 9b), zu äußern. Der Verwalter hat dann einen entsprechenden Tagesordnungspunkt auf die Tagesordnung der nächsten Eigentümerversammlung zu setzen. 85

Fraglich ist, ob es sodann auch Aufgabe des Verwalters ist, einen konkreten **Beschlussentwurf** auszufertigen, **Angebote** einzuholen, zu prüfen, ob und wie die privilegierte Maßnahme überhaupt durchgeführt werden kann, etc. Nachdem es sich um einen Anspruch gegenüber der Gemeinschaft der Wohnungseigentümer handelt und die Gemeinschaft der Wohnungseigentümer daher verpflichtet ist, diesen Anspruch zu erfüllen, wird der Verwalter als Vertreter der Gemeinschaft der Wohnungseigentümer diese Leistungen erbringen müssen. Dabei darf er sich notfalls fachlicher (technischer und/oder rechtlicher) Hilfe bedienen bzw. auch gestaffelt vorgehen und hierzu zunächst einen **Grundsatzbeschluss** einholen. 86

3. Anspruchsumfang. Der Anspruch auf Gestattung oder Ermächtigung zur Vornahme bzw. Durchführung einer privilegierten Maßnahme bezieht sich nur auf das **„Ob"** der Maßnahme; über das **„Wie"** entscheiden die Wohnungseigentümer im Rahmen ordnungsmäßiger Verwaltung (vgl. Abs. 2 S. 2; → Rn. 120 ff.). 87

4. Privilegierte Maßnahmen. Abs. 2 S. 1 enthält den **Katalog** der privilegierten Maßnahmen. Wenn die Voraussetzungen der jeweiligen Nummer vorliegen, hat der Wohnungseigentümer einen Anspruch auf Fassung eines entsprechenden Beschlusses nach Abs. 1; dabei haben die übrigen Wohnungseigentümer lediglich hinsichtlich der Art und Weise der Durchführung der Maßnahme **(„Wie")** einen **Entscheidungsspielraum** (Abs. 2 S. 2). 88

a) Barrierefreiheit (Abs. 2 S. 1 Nr. 1). Dem Gebrauch durch Menschen mit **Behinderungen** dienen alle baulichen Veränderungen, die für die Nutzung durch körperlich oder geistig eingeschränkte Personen **erforderlich** oder auch nur **förderlich** sind. Die Vorschrift bezieht sich sowohl auf das **gemeinschaftliche Eigentum,** das sich **im Bereich der Wohnung** des Wohnungseigentümers befindet, als auch auf das **übrige gemeinschaftliche Eigentum;** über § 13 Abs. 2 gilt die Vorschrift zudem für das **Sondereigentum.** In allen Fällen kommt es allein darauf an, dass die bauliche Veränderung der tatsächlichen Wahrnehmung einer rechtlich bestehenden Gebrauchsmöglichkeit durch Menschen mit Behinderungen förderlich ist. Ob und in welchem Umfang der Wohnungseigentümer oder einer seiner Angehörigen auf die Maßnahme angewiesen ist, spielt keine Rolle, dh ein Wohnungseigentümer kann auch dann eine Maßnahme verlangen, die der Barrierefreiheit dient, wenn sich bei ihm nur gelegentlich die behinderte Enkeltochter zur Betreuung aufhält.[121] Deswegen ist in Abs. 2 S. 1 Nr. 1 abstrakt von **„Menschen mit Behinderung"** die Rede. Durch diese **abstrakte Betrachtungsweise** werden nicht nur Streitigkeiten über die Notwendigkeit im Einzelfall vermieden, sondern auch dem gesamtgesellschaftlichen Bedürfnis nach barrierefreiem oder barrierereduziertem Wohnraum Rechnung getragen.[122] 89

aa) Menschen mit Behinderung. Menschen mit Behinderungen sind Menschen, die körperliche, seelische, geistige oder **Sinnesbeeinträchtigungen** haben, die sie in Wechselwirkung mit einstellungs- und umweltbedingten Barrieren an der gleichberechtigten Teilhabe an der Gesellschaft mit hoher Wahrscheinlichkeit länger als sechs Monate hindern können. Eine Beeinträchtigung in diesem Sinne liegt vor, wenn der Körper- und Gesundheitszustand von dem für das Lebensalter typischen Zustand abweicht (vgl. **§ 2 Abs. 1 SGB IX**). 90

---

[120] BGH NZM 2020, 805.

[121] BGH NZM 2017, 447.

[122] BT-Drs. 19/18791, 63.

91 Die UN-Behindertenrechtskonvention, die auch von der Bundesrepublik Deutschland ratifiziert wurde, hat den **Behinderungsbegriff** weiterentwickelt und stellt gemäß dem Leitmotiv „Wir sind nicht behindert, sondern werden behindert" die gesellschaftlichen Barrieren stärker in den Fokus. Nach Art. 1 UN-Behindertenrechtskonvention und Präambel UN-Behindertenrechtskonvention zählen „zu den Menschen mit Behinderungen ... Menschen, die langfristige körperliche, seelische, geistige oder Sinnesbeeinträchtigungen haben, welche sie in Wechselwirkung mit verschiedenen (gemeint sind: einstellungs- und umweltbedingte) Barrieren an der vollen, wirksamen und gleichberechtigten Teilhabe an der Gesellschaft hindern können." Allein ein **hohes Lebensalter** ist hingegen für sich genommen nicht als Behinderung anzusehen.[123]

92 **bb) Maßnahmen der Barrierefreiheit.** Als bauliche Veränderungen, die dem Gebrauch durch Menschen mit Behinderung dienen, kommen hauptsächlich der **Treppenlift,** die **Rollstuhl-** oder **Rollatorrampe,** der **Treppenhandlauf** im Treppenhaus und der **Aufzug** in Betracht. Nachdem jeder Wohnungseigentümer nur „angemessene" bauliche Veränderungen verlangen kann, hat zwischen mehreren in Betracht kommenden Möglichkeiten eine **Interessenabwägung** stattzufinden. Bei der insoweit gebotenen Interessenabwägung sind neben dem Grundrecht auf Eigentum (Art. 14 Abs. 1 GG), auf das sich jeder Wohnungseigentümer berufen kann,[124] auf Seiten des Menschen mit Behinderung die Wertungen des Art. 3 Abs. 3 S. 2 GG zu beachten, wonach niemand wegen seiner Behinderung benachteiligt werden darf.[125]

93 Schon nach der zum bislang geltenden Recht verbreiteten Ansicht hat die erforderliche Interessenabwägung ergeben, dass ein Wohnungseigentümer einen **Treppenlift,** eine **Rollstuhl- oder Rollatorrampe** oder einen **Treppenhandlauf** im Treppenhaus auch ohne Einverständnis der übrigen Wohnungseigentümer anbringen darf, sofern er seine Wohnung infolge einer Behinderung ohne solche Hilfsmittel nicht erreichen kann.[126] Diese Rechtsauffassung hat sich der Gesetzgeber bereits bei der Reform des WEG zum 1.7.2007 ausdrücklich zu Eigen gemacht. In der Gesetzesbegründung wird hervorgehoben, dass Maßnahmen wie Rollstuhlrampen und Treppenlifte als unvermeidlich zu bewerten seien, wenn die Barrierefreiheit nach objektiven Kriterien geboten und ohne erhebliche Eingriffe in die Substanz des Gemeinschaftseigentums technisch machbar sei.[127] Diese Maßnahmen sind aufgrund des neu eingeführten Abs. 2 S. 1 Nr. 1 nunmehr grundsätzlich erst recht zulässig und angemessen. Eine **Ausnahme** kann dann gelten, wenn die erforderliche **Verengung des Treppenhauses** bauordnungsrechtlich nicht zulässig ist,[128] nicht hingegen, wenn die verbleibende Treppenbreite nach behördlicher Überprüfung als noch hinnehmbar angesehen wird.[129]

94 Mit dem Einbau eines **Personenaufzugs** musste sich die Rspr. bislang nur vereinzelt befassen; dieser ist nach früherer Rspr. als Nachteil angesehen worden.[130] Auch nach der Rspr. des BGH war der nachträgliche Einbau eines Personenaufzugs durch einen Wohnungseigentümer auf eigene Kosten grundsätzlich nur mit Einverständnis der übrigen Wohnungseigentümer möglich. Er hat dies damit begründet, dass der Einbau eines Aufzugs – anders als etwa der Einbau eines Treppenlifts oder einer Rollstuhlrampe – auch dann einen Nachteil iSv § 22 Abs. 1 iVm § 14 Nr. 1 aF für die übrigen Wohnungseigentümer begründet, wenn der bauwillige Wohnungseigentümer aufgrund einer Gehbehinderung auf den Aufzug angewiesen ist, um seine Wohnung zu erreichen.[131] Diese Rspr. gilt aufgrund des neu eingeführten Abs. 2 S. 1 Nr. 1 in dieser Pauschalität nun nicht mehr. Auf der Grundlage von Abs. 2 S. 1 Nr. 1 besteht grundsätzlich auch ein **Anspruch auf Einbau oder Anbau eines Personenaufzugs.** Zu beachten ist dabei allerdings die Angemessenheit iSv Abs. 2 S. 1 Nr. 1. Im Rahmen der Angemessenheit wird zu prüfen sein, mit welchen **Eingriffen** in das Gemeinschaftseigentum der Einbau oder Anbau des Personenaufzugs verbunden sein wird. Sollte der Einbau oder Anbau des Personenaufzugs mit erheblichen Eingriffen in das Gemeinschaftseigentum, das Gebäude und/oder die **Statik** verbunden sein und sollte sich die Barrierefreiheit auch durch Einbau eines Treppenlifts oder Treppenhandlaufs erreichen lassen, kann der bauwillige Wohnungseigentümer im

---

[123] Vgl. zum Begriff der Behinderung BVerfGE 96, 288 = NJW 1998, 131.
[124] BVerfG NZM 2005, 182 = NJW-RR 2005, 454.
[125] Vgl. für das Mietrecht BVerfG NZM 2000, 539 = NJW 2000, 2658.
[126] Vgl. BayObLGZ 2003, 254; OLG München NZM 2005, 707; NZM 2008, 848; LG Hamburg NZM 2001, 767; LG Karlsruhe ZWE 2013, 37; AG Hamburg ZMR 2005, 821; AG Krefeld WuM 1999, 590 jeweils betr. Treppenlift; AG Bielefeld WE 2004, 104; AG Warendorf ZWE 2015, 56 jeweils betr. Rampe; LG Bremen ZMR 2014, 386; LG Köln ZWE 2012, 277 jeweils betr. Handlauf; AG Stuttgart WuM 2012, 288 betr. Türeinbau.
[127] BT-Drs. 16/887, 31.
[128] Vgl. dazu VG Freiburg NVwZ-RR 2002, 14; VG Gelsenkirchen BeckRS 2012, 58164.
[129] Vgl. BayObLGZ 2003, 254; AG Krefeld WuM 1999, 590.
[130] AG Hamburg ZMR 2005, 821; offenlassend LG München I ZWE 2015, 139.
[131] BGH NZM 2017, 447.

Rahmen der Angemessenheit auf das **mildere Mittel** verwiesen werden. Der Wohnungseigentümer hat schließlich nur einen Anspruch auf das „Ob“ einer privilegierten Maßnahme iSv Abs. 2 S. 1, nicht hingegen auf das „Wie“; kommen für das „Wie“ **mehrere gangbare Alternativen** in Betracht, kann sich die Gemeinschaft der Wohnungseigentümer im Rahmen ihres Ermessensspielraums für das mildere Mittel entscheiden (zB Treppenlift), auch wenn der bauwillige Wohnungseigentümer lieber einen Personenaufzug hätte. Insoweit spielt die genannte Rspr. des BGH[132] durchaus noch eine begrenzte Rolle. Lässt sich hingegen die Barrierefreiheit nur mit dem Einbau oder Anbau eines Personenaufzugs erreichen, besteht hierauf ein Anspruch gemäß Abs. 2 S. 1 Nr. 1, es sei denn, es greift die **Veränderungssperre** iSv Abs. 4.

b) Elektromobilität (Abs. 2 S. 1 Nr. 2). Um die **Klimaschutzziele** zu erreichen, hätten nach dem Koalitionsvertrag unter anderem bereits bis 2020 mindestens 100.000 **Ladepunkte** zusätzlich geschaffen werden sollen, um elektrisch betriebene Kraftfahrzeuge laden zu können, da in der Elektromobilität ein hierfür geeignetes Mittel gesehen wird. Dies setzt jedoch nicht nur das Vorhandensein geeigneter Fahrzeuge voraus, sondern auch eine umfangreiche **Ladeinfrastruktur.** Um dies zu erreichen, sind im **Koalitionsvertrag** die Förderung bei Errichtung privater Ladesäulen und rechtliche Erleichterungen für Mieter und Wohnungseigentümer vereinbart worden. Die Vereinfachung bei der Einrichtung privater Ladeinfrastruktur für Elektrofahrzeuge in Wohnungseigentumsanlagen und somit die Förderung der Elektromobilität waren der eigentliche Anlass des Gesetzgebers, das Wohnungseigentumsgesetz zu reformieren, denn auf Grundlage der früher geltenden Gesetzeslage und Rspr. war es zumindest in rechtlicher Hinsicht so gut wie nicht möglich, in Bestandsgaragen eine Lademöglichkeit nachzurüsten, da dies entweder als bauliche Veränderung bewertet worden ist, der alle Eigentümer zuzustimmen hatten,[133] oder zumindest als mit der doppeltqualifizierten Mehrheit iSv § 22 Abs. 2 aF zu beschließende Modernisierung iSd § 555b Nr. 2 Hs. 2 BGB, da sie dem Klimaschutz dient. Daher sieht der neu eingeführte Abs. 2 S. 1 Nr. 2 vor, dass jeder Wohnungseigentümer **bauliche Maßnahmen** verlangen kann, die dem **Laden elektrisch betriebener Fahrzeuge** dienen. 95

Damit nicht nur **Wohnungseigentümer** einen Anspruch auf eine Lademöglichkeit haben, sondern auch die **Mieter** einer vermieteten Eigentumswohnung, ist zeitgleich **§ 554 BGB** eingeführt worden, wonach der Mieter unabdingbar verlangen kann, dass ihm der Vermieter bauliche Veränderungen der Mietsache erlaubt, die dem Gebrauch durch Menschen mit Behinderungen, dem Laden elektrisch betriebener Fahrzeuge oder dem Einbruchsschutz dienen. Der Anspruch besteht nicht, wenn die bauliche Veränderung dem Vermieter auch unter Würdigung der Interessen des Mieters **nicht zugemutet** werden kann. Der Mieter kann sich im Zusammenhang mit der baulichen Veränderung zur Leistung einer besonderen **Sicherheit** verpflichten; § 551 Abs. 3 BGB gilt entsprechend. 96

aa) Art der baulichen Maßnahmen. Dem Laden elektrisch betriebener Fahrzeuge dienen alle baulichen Veränderungen, die es ermöglichen, die Batterie eines Fahrzeugs zu laden. Der Anspruch beschränkt sich deshalb nicht nur auf die Anbringung einer Ladestation an der Wand (sog. **Wallbox**), sondern betrifft zum Beispiel auch die **Verlegung** zusätzlicher **Leitungen** und die **Eingriffe in die Stromversorgung** oder die **Telekommunikationsinfrastruktur,** die dafür notwendig sind, dass die Lademöglichkeit sinnvoll genutzt werden kann. Der Anspruch beschränkt sich nicht nur auf die **Ersteinrichtung** einer Lademöglichkeit, sondern betrifft auch deren **Verbesserung.** Der Begriff der Lademöglichkeit ist dabei im Hinblick auf die technische und rechtliche Weiterentwicklung ohne Rückgriff auf die Ladesäulenverordnung oder andere Regelwerke zu bestimmen.[134] 97

Wenn es hingegen nur darum geht, das gemeinschaftliche Stromnetz mitzubenutzen bzw. sein Elektrofahrzeug an einer bereits vorhanden Steckdose in der Tiefgarage anzuschließen, ohne dass eine bauliche Veränderung erforderlich ist, ist nicht Abs. 2 S. 1 Nr. 2 einschlägig, sondern § 16 Abs. 1 S. 3, dh Abs. 2 S. 1 Nr. 2 dient nur der Ergänzung.[135] 98

Ist nur das **Sondereigentum** betroffen, gilt § 13 Abs. 2, der allerdings auf § 20 verweist. 99

bb) Elektrisch betriebene Fahrzeuge. Aus den gleichen Gründen ist auch der **Begriff des Fahrzeugs** ohne Rückgriff auf das Elektromobilitätsgesetz (EmoG) zu verstehen. Erfasst sind neben den im EmoG genannten Fahrzeugen etwa auch elektrisch betriebene **Zweiräder** oder spezielle **Elektromobile für Gehbehinderte,** die nicht in den Anwendungsbereich dieses Gesetzes fallen.[136] 100

---

[132] BGH NZM 2017, 447.

[133] LG München I ZMR 2016, 569 = BeckRS 2016, 103463; AG Düsseldorf ZMR 2018, 374; AG Schöneberg ZMR 2017, 431; AG Berlin-Mitte ZWE 2019, 52.

[134] BT-Drs. 19/18791, 63.

[135] *Dötsch* ZWE 2020, 215 ff.

[136] BT-Drs. 19/18791, 64.

101 **cc) Dem Laden dienend.** Die sinnvolle Nutzung der Lademöglichkeit beschränkt sich nicht auf die bloße Entnahme von Elektrizität. Halter von Elektrofahrzeugen können beispielsweise Flexibilität für das Stromnetz oder den Strommarkt bereitstellen oder von variablen Tarifen profitieren. Solche Anwendungen eröffnen zusätzliche Nutzungen der Ladeeinrichtung und des Fahrzeugs. Je nach Dimensionierung des Hausanschlusses und der Auslastung des örtlichen Verteilernetzes kann eine **intelligente Steuerbarkeit** eine entscheidende Voraussetzung dafür sein, dass eine Ladeeinrichtung an das Stromnetz angeschlossen werden kann. Dem Laden elektrisch betriebener Fahrzeuge dienen daher insbesondere bauliche Veränderungen, die zur Umsetzung von **Vorgaben des Messstellenbetriebsgesetzes** oder zur Teilnahme an einem **Flexibilitätsmechanismus** nach § 14a EnWG erforderlich sind. Hierzu gehören Veränderungen, die zum Einbau und Betrieb der notwendigen **Mess- und Steuereinrichtungen** erforderlich sind (zB Veränderungen von Zählerschränken, kommunikative Anbindung der Ladeeinrichtung an ein intelligentes Messsystem, etc).[137]

102 **dd) Ladeplatz.** Abs. 2 S. 1 Nr. 2 räumt dem Wohnungseigentümer nicht das Recht ein, ein zu ladendes Fahrzeug für die Zeit des Ladevorgangs im Bereich des gemeinschaftlichen Eigentums abzustellen. Fehlt es an einem solchen Recht, ist die Herstellung einer Lademöglichkeit nicht angemessen iSv Abs. 2 S. 1 Nr. 2. Ein Anspruch besteht deshalb in der Regel nur, wenn der Wohnungseigentümer das Recht hat, das zu ladende Fahrzeug im Bereich der begehrten Lademöglichkeit abzustellen. Keine Rolle spielt es, ob sich dieses Recht aus dem **Sondereigentum,** einem **Sondernutzungsrecht** oder lediglich dem Recht zum **Mitgebrauch** einer gemeinschaftlichen Abstellfläche ergibt.[138]

103 **ee) Recht zum Mitgebrauch des gemeinschaftlichen Eigentums.** Soweit für das Laden elektrisch betriebener Fahrzeuge keine bauliche Veränderung des gemeinschaftlichen Eigentums erforderlich ist, sondern lediglich die Nutzung des bestehenden gemeinschaftlichen Eigentums, liegt kein Fall des Abs. 2 S. 1 Nr. 2 vor. Vielmehr besteht insoweit ein **Recht zum Mitgebrauch** nach § 16 Abs. 1 S. 3. Der Wohnungseigentümer wird seinen Anspruch aus Abs. 2 S. 1 Nr. 2 auf bauliche Veränderung (zum Beispiel zur Verlegung von Leitungen und zur Anbringung einer sog. Wallbox) deshalb oftmals mit seinem Recht zum Mitgebrauch nach § 16 Abs. 1 S. 3 (zB der bestehenden **Elektroinstallationen**) kombinieren.[139]

104 Das Recht zum Mitgebrauch besteht unproblematisch, soweit der Mitgebrauch durch alle interessierten Wohnungseigentümer technisch möglich ist. Entstehen durch den nachträglichen Mitgebrauch eines Wohnungseigentümers **Kapazitätsprobleme,** müssen diese nach allgemeinen Regeln gelöst werden, etwa durch einen Beschluss, der regelt, wann welcher Wohnungseigentümer das gemeinschaftliche Eigentum gebrauchen darf **(Rotationsprinzip).** Dabei sind alle interessierten Wohnungseigentümer gleich zu behandeln, ungeachtet der Tatsache, wie lange sie das gemeinschaftliche Eigentum schon gebrauchen. Es ist deshalb nicht zulässig, den Anspruch aus Abs. 2 S. 1 Nr. 2 mit Blick auf beschränkte Kapazitäten etwa der gemeinschaftlichen Elektroinstallationen abzulehnen. Entweder teilen sich in einem solchen Fall alle an der Nutzung interessierten Wohnungseigentümer die beschränkten Kapazitäten der bestehenden Elektroinstallationen oder sie rüsten diese gemeinsam auf (zB durch die Installation eines **Lastmanagementsystems** oder die Erweiterung der Hausanschlussleistung) und tragen die dafür notwendigen Kosten gemeinsam (vgl. § 21 Abs. 1 S. 1; → § 21 Rn. 22); der Anspruch auf **Aufrüstung** ergibt sich wiederum aus Abs. 2 S. 1 Nr. 2. Die Nutzung und Kostenbeteiligung durch später hinzutretende Wohnungseigentümer regelt in diesem Fall § 21 Abs. 4 (→ § 21 Rn. 113).[140] Lässt sich das Kapazitätsproblem allerdings nicht lösen, besteht gemäß § 275 Abs. 1 BGB kein Anspruch.[141]

105 **ff) Kosten.** Für die Kosten der Maßnahme gilt § 21 (näher → § 21 Rn. 1 ff.).

106 **gg) Gebäude-Elektromobilitätsinfrastruktur-Gesetz (GEIG).** Der Entwurf des Gebäude-Elektromobilitätsinfrastruktur-Gesetzes sieht vor, dass künftig neu gebaute oder renovierte Wohn- und Nichtwohngebäude mit **Ladestationen** oder zumindest mit einer **Leitungsinfrastruktur** für Elektromobilität ausgestattet werden müssen. Bei dem **Neubau** oder einer umfassenden **Sanierung** (ab 25 % der Gebäudehülle) eines Wohngebäudes mit mehr als zehn Stellplätzen erhält jeder Stellplatz ein Leerrohr für die Leitungsinfrastruktur und bei dem Neubau oder einer umfassenden Sanierung (ab 25 % der Gebäudehülle) eines Nichtwohngebäudes mit mehr als zehn Stellplätzen erhält jeder fünfte Stellplatz ein Leerrohr für die Ladeinfrastruktur. Eine Ausnahme besteht, wenn die Kosten

137 BT-Drs. 19/18791, 64.
138 BT-Drs. 19/18791, 64.
139 BT-Drs. 19/18791, 64.
140 BT-Drs. 19/18791, 64.
141 *Dötsch* ZWE 2020, 215 ff.

für die Ladeinfrastruktur mehr als 7 % der Kosten der Sanierungsmaßnahmen insgesamt ausmachen. Dies könnte dazu führen, dass sich Eigentümergemeinschaften gegen eine umfangreiche, aber dringend notwendige Renovierung entscheiden, um nicht noch zusätzliche Kosten für eine Ladestation, für die es derzeit möglicherweise noch gar keinen Bedarf gibt, zahlen zu müssen.

Die vorgeschriebene Leitungsinfrastruktur besteht zunächst einmal nur aus **Leerrohren** sowie 107
dem **Raum** für Zähler und Netzerweiterung. Bereits hierfür können aber erhebliche Umbaumaßnahmen anfallen, denn vor allem in älteren Bestandsgebäuden ist die vorhandene Technik nicht für die Zusatzbelastung des Stromnetzes ausgerichtet. In den meisten Fällen wird eine Netzerweiterung erforderlich sein. Ein intelligentes **Lastenmanagement** wird erforderlich werden, um Energieengpässe im Haus zu vermeiden. Auch die nächstgelegene Trafostation des Versorgers muss über genügend Kapazitäten verfügen.

Alle damit im Zusammenhang stehenden Maßnahmen dienen dem Laden elektrisch betriebener 108
Fahrzeuge iSv Abs. 2 S. 1 Nr. 2, sodass für sämtliche Maßnahmen ein **einfacher Mehrheitsbeschluss** ausreichend ist.

c) Einbruchsschutz (Abs. 2 S. 1 Nr. 3). Bauliche Veränderungen dienen dem Einbruchs- 109
schutz, wenn sie geeignet sind, den widerrechtlichen Zutritt zu einzelnen Wohnungen oder zu der Wohnanlage insgesamt zu verhindern, zu erschweren oder auch nur unwahrscheinlicher zu machen. Dazu zählen der Einbau einer **Alarmanlage,** einer einbruchhemmenden **Wohnungseingangstür,** einbruchshemmender Fenster oder einer elektrischen **Türöffnungs-** oder **Gegensprechanlage, Fenstergitter, Rollläden,** spezielle **Fenster- und Türgriffe, Bewegungsmelder,** etc.

Unter die Maßnahmen des Einbruchsschutzes fallen auch **technische Überwachungsmög-** 110
lichkeiten. Dabei ist jedoch das Recht eines jeden Wohnungseigentümers auf informationelle Selbstbestimmung zu berücksichtigen. Das Überwachungsinteresse der Gemeinschaft der Wohnungseigentümer muss das Interesse des einzelnen Wohnungseigentümers und von Dritten, deren Verhalten mit überwacht wird, überwiegen und die Ausgestaltung der Überwachung muss inhaltlich und formell dem **Schutzbedürfnis** des Einzelnen ausreichend Rechnung tragen.[142] Die zu beachtenden Vorgaben ergeben sich aus **§ 4 BDSG.**[143] Demnach kann das Interesse der Gemeinschaft der Wohnungseigentümer an einer Videoüberwachung unter ihrer Regie und Aufsicht das Interesse des einzelnen Wohnungseigentümers überwiegen, wenn dies zur Abwehr von Straftaten gegen das Gemeinschaftseigentum und/oder gegen Bewohner oder zur Wahrung des Hausrechts oder zur Wahrnehmung berechtigter Interessen für konkret festzulegende Zwecke iSv § 4 Abs. 1 Nr. 2 und Nr. 3 BDSG erforderlich ist und schutzwürdige Belange von Betroffenen nicht überwiegen.[144] Der **Umfang** einer Videoüberwachung muss auf das Notwendige beschränkt werden. So kann eine Überwachung des Eingangsbereichs zur Vermeidung von Straftaten zulässig sein, eine Überwachung des gesamten Treppenhauses einschließlich der Wohnungseingangstür aber nicht.[145] Der Einbau einer **Videoanlage** im gemeinschaftlichen **Klingeltableau** ist zulässig, wenn die Kamera nur durch Betätigung der Klingel aktiviert wird, eine Bildübertragung allein in die Wohnung erfolgt, bei der geklingelt wurde, die Bildübertragung nach spätestens einer Minute unterbrochen wird und die Anlage nicht das dauerhafte Aufzeichnen von Bildern ermöglicht.[146] Entsprechende Beschränkungen gelten für den Umfang der **Aufzeichnungen,** die Dauer ihrer **Aufbewahrung** und den **Zugriff** hierauf. All das muss der Gestattungsbeschluss berücksichtigen. Der Gestattungsbeschluss hat die konkreten Zwecke der Überwachung, die Begrenzung des Umfangs der Überwachung auf den wirklichen Bedarf, die Sicherstellung der Einhaltung der Vorgaben von § 4 BDSG (Hinweis auf Überwachung und der verantwortlichen Stelle, Dauer der Aufbewahrung von Aufzeichnungen, Löschen der Daten),[147] den Zugang zu den Aufzeichnungen und deren Verwendung sowie Kontrolle und Sicherstellung dieser Vorgaben zu regeln. Enthält der Gestattungsbeschluss diese Regelungen nicht, ist er zwar nicht nichtig, aber erfolgreich **anfechtbar.** Um zu vermeiden, dass mit einer Videoüberwachung Missbrauch betrieben wird und um zu gewährleisten, dass trotz einer Videoüberwachung das geschützte Interesse der Bewohner an der Wahrung ihrer Privatsphäre nicht beeinträchtigt wird, sollte im Rahmen des Beschlusses über die Durchführung der Maßnahme iSv Abs. 2 S. 2 festgelegt werden, dass die Maßnahme durch die Gemeinschaft der Wohnungseigentümer durchgeführt wird; in diesem sensiblen Fall dürfte es nicht ordnungsmäßiger Verwaltung entsprechen, durch

---

142 BGH ZWE 2013, 363.
143 BGH ZWE 2013, 363.
144 BGHZ 197, 274 = NJW 2013, 3089; BGH NJW-RR 2012, 140; NJW 1995, 1955; BayObLG NJW-RR 2005, 284; KG FGPrax 2002, 211; LG Bielefeld NJW-RR 2008, 327; LG Itzehoe NJW-RR 1999, 1394.
145 BGH ZWE 2013, 363.
146 BGH NJW-RR 2011, 949.
147 KG ZWE 2002, 409.

Beschluss die Installation der Videoüberwachungsanlage dem bauwilligen Wohnungseigentümer zu überlassen.

111 **d) Anschluss an ein Telekommunikationsnetz mit sehr hoher Kapazität (Abs. 2 S. 1 Nr. 4).** Der **Begriff** des Telekommunikationsnetzes mit sehr hoher Kapazität ist angelehnt an das in **Art. 2 Nr. 2 EECC-Richtlinie**[148] definierte „Netz mit sehr hoher Kapazität". Bauliche Veränderungen dienen dem Anschluss an ein solches Netz, wenn sie dem Wohnungseigentümer in seinem Sondereigentum die Nutzung eines Telekommunikationsnetzes eröffnen, das entweder komplett aus **Glasfaserkomponenten** zumindest bis zum Verteilerpunkt am Ort der Nutzung besteht oder das zu üblichen Spitzenlastzeiten eine ähnliche Netzleistung in Bezug auf die verfügbare Downlink- und Uplink-Bandbreite, Ausfallsicherheit, fehlerbezogene Parameter, Latenz und Latenzschwankung bieten kann. Neben der **Downloadgeschwindigkeit** spielt hier auch der Upload eine Rolle, damit sich ein Anschluss als eine Internetverbindung mit einer hohen Kapazität bezeichnen lässt. Zu den baulichen Veränderungen gehören insbesondere das Verlegen von Glasfaserkomponenten bis in das Sondereigentum des Wohnungseigentümers, aber freilich auch alle Maßnahmen am gemeinschaftlichen Eigentum, die dafür notwendig sind.[149] Die Gemeinschaft der Wohnungseigentümer muss zwar noch veranlassen, dass die **Stichleitung** von dem in der Straße verlegten Kabel bis zum Gebäude verlegt wird,[150] sie muss aber nicht dafür sorgen, dass überhaupt erstmals ein Glasfaserkabel in der Straße verlegt wird.

112 Hierdurch werden die Eigentümer von Anschlüssen an ein Telekommunikationsnetz mit sehr hoher Kapazität (Very High Capacity Network, sog. VHC-Netz) profitieren und die Digitalisierung wird weiter vorankommen. Ergänzend muss das **TKG umfassend novelliert** werden, um die EECC-Richtlinie in das deutsche Recht zu überführen. Eines der Hauptziele des EU-Kodex und damit auch der TKG-Novelle ist der Ausbau von Datennetzen mit „sehr hoher Kapazität". Darunter sind in der Hauptsache Glasfasernetze zu verstehen. Darüber hinaus zielt der Kodex auf einen wirksamen Wettbewerb sowie die Interoperabilität der Telekommunikationsdienste. Der Entwurf der TKG-Novelle setzt die Vorgaben aus dem Unionsrecht um. Gleichzeitig enthält er einige spezifisch deutsche Punkte. Er sieht zB einen **Rechtsanspruch auf schnelles Internet** vor, der Teil des Koalitionsvertrages ist. Was dieser Anspruch umfassen soll, wird in §§ 149 und 150 TKG-E dargelegt. Zum einen ist für Endnutzer ein Recht auf Versorgung mit Telekommunikationsdiensten „innerhalb einer angemessenen Frist an ihrer Hauptwohnung oder an ihrem Geschäftsort" vorgesehen. Zum anderen werden **Mindestanforderungen** an den Anschluss gestellt. Dieser muss die Nutzung bestimmter Dienste ermöglichen: Dazu gehören unter anderem E-Mail, Videoanrufe, die Nutzung von sozialen Medien, Onlinewerkzeuge für das Suchen und Finden von Informationen, Online-Bestellungen und -Banking sowie elektronische Behördendienste und die Teleheimarbeit. § 151 TKG-E schreibt darüber hinaus vor, dass Telekommunikationsdienste Verbrauchern, Kleinst- und Kleinunternehmen sowie nicht kommerziellen Organisationen zu **„erschwinglichen Preisen"** angeboten werden müssen. Ein weiterer Baustein der TKG-Novelle ist die Beschleunigung der Genehmigungsverfahren für den Auf- und Ausbau von Glasfasernetzen. Dazu wird das Wegerecht sowie das Recht zur Mitnutzung bestehender Infrastruktur in den §§ 119–128 TKG-E neu geordnet und vereinfacht. § 119 TKG-E schreibt den Kommunen und Kreisen vor, dass Anträge auf Verlegung von Telekommunikationsnetzen an öffentlichen Wegen, Plätzen, Brücken und Tunneln sowie öffentlichen Gewässern im Regelfall innerhalb von drei Monaten zu bearbeiten sind. Anträge gelten als vollständig, wenn die Genehmigungsbehörde nicht innerhalb von einem Monat Einwände erhebt.

113 Dort, wo Anschlüsse mit sehr hoher Kapazität verlegt werden, muss oft schnell von der Gemeinschaft der Wohnungseigentümer entschieden werden, ob man vom Ausbau der zukunftssicheren Netze profitieren will oder ob noch viele Jahre die alte Kupferleitung aus Postzeiten genutzt werden soll. Denn genau dann, wenn die neuen Gigabit-Netze ausgebaut werden, kommt es darauf an, dass möglichst alle Häuser angeschlossen werden. Die damit einhergehende Erhöhung der Anschlussquote (Take-up-Rate) bringt einen entscheidenden positiven Effekt für den Investitionsstandort Deutschland mit sich. Insbesondere vor dem Hintergrund der angestrebten **Digitalisierung** dient Abs. 2 S. 1 Nr. 4 dazu, die Wohnanlage in einen zeitgemäßen Zustand zu versetzen und den **Wert der Immobilie** durch einen Anschluss an ein VHC-Netz zu steigern, zumal künftig jeder Arbeitnehmer einen **Anspruch auf Home-Office** haben könnte (§ 111 Abs. 2 GewO-E).

114 **5. Angemessenheit.** Bei dem alle privilegierten Maßnahmen betreffenden Merkmal der Angemessenheit handelt es sich um einen **unbestimmten Rechtsbegriff.** Er ermöglicht es im Einzelfall,

---

[148] RL (EU) 2018/1972 des Europäischen Parlaments und des Rates vom 11.12.2018 über den europäischen Kodex für die elektronische Kommunikation, ABl. EU 2018 L 321, 36.

[149] BT-Drs. 19/18791, 64 f.

[150] *Lehmann-Richter/Wobst* WEG-Reform 2020 Rn. 1180.

objektiv unangemessene Forderungen zurückzuweisen. Wann eine Maßnahme unangemessen ist, kann nur im **Einzelfall** unter Berücksichtigung aller Umstände entschieden werden. Ein Entscheidungsermessen oder Einschätzungsspielraum über das „Ob" der Maßnahme wird den Wohnungseigentümern dadurch aber nicht eingeräumt.[151] Die Unangemessenheit kommt demnach hauptsächlich beim **„Wie"** der Durchführung zum Tragen. So kann es im Einzelfall eine objektiv unangemessene Forderung sein, einen barrierefreien Zugang durch Einbau eines Fahrstuhls zu verlangen, wenn sich ein barrierefreier Zugang auch mit weitaus weniger gravierenden Eingriffen durch Einbau eines Treppenlifts herstellen lässt.[152]

6. Gestattung bzw. Ermächtigung iSv Abs. 1. Auch wenn auf die Vornahme/Durchführung einer privilegierten Maßnahme iSv Abs. 2 S. 1 ein Anspruch besteht, benötigt der bauwillige Wohnungseigentümer vorab zunächst einen **gestattenden** oder **ermächtigenden Eigentümerbeschluss** iSv Abs. 1. Der bauwillige Wohnungseigentümer kann seinen Anspruch also nicht eigenmächtig und in Selbstjustiz durchsetzen, sondern muss zunächst die **Wohnungseigentümerversammlung** damit **vorbefassen** und einen Beschluss einholen. Auf diese Weise wird sichergestellt, dass die Wohnungseigentümer in der Versammlung über alle baulichen Veränderungen des gemeinschaftlichen Eigentums informiert werden. Ferner muss der Gemeinschaft der Wohnungseigentümer im Rahmen der Vorbefassung der Wohnungseigentümerversammlung die Möglichkeit gegeben werden, gemäß Abs. 2 S. 2 über die Durchführung der Maßnahme, dh über das „Wie" der Maßnahme im Rahmen ordnungsmäßiger Verwaltung beschließen zu können. 115

Vor der Beschlussfassung sind die Eigentümer über sämtliche relevanten **Umstände** einer geplanten Maßnahme, die beschlossen werden soll, **aufzuklären.** Den Eigentümern müssen sämtliche für die Entscheidungsfindung wesentlichen **Informationen** zur Verfügung gestellt werden.[153] Bei dem beabsichtigten Beschluss über die Anbringung einer Wärmedämmung sind die Eigentümer daher vor der Beschlussfassung darüber aufzuklären, dass sich durch die angebrachte Wärmedämmung die Lichtverhältnisse in den Wohnungen verschlechtern werden.[154] Ferner sind die Eigentümer bei einem beabsichtigten Beschluss über die Sanierung der Balkone vorher darüber aufzuklären, dass die bisher schwellenlosen und somit barrierefreien Balkontürelemente gegen Balkontürelemente mit einer 15 cm hohen Türschwelle ausgetauscht werden sollen. Die Eigentümer müssen also wissen, was im Einzelnen der Beschlussantrag beinhaltet, was die Umsetzung des Beschlusses für Folgen und Auswirkungen haben wird und welche Veränderungen damit verbunden sein werden.[155] Nur dann liegt für einen Beschluss eine hinreichende **Entscheidungsgrundlage** und damit „Beschlussreife" vor. 116

In einem Beschlussantrag und somit im Beschluss selbst kann zur Konkretisierung der getroffenen Regelung auf eine **Anlage** Bezug genommen werden. Dies ist oft auch auf Grund der technischen Details empfehlenswert, um dem **Bestimmtheitsgrundsatz** genügen zu können. Die Anlage muss dann aber zweifelsfrei bestimmt sein.[156] Es ist allgemein anerkannt, dass der Wortlaut eines Beschlusses zur näheren Erläuterung inhaltlich auf Urkunden oder Schriftstücke Bezug nehmen kann, sofern das in Bezug genommene Dokument zweifelsfrei bestimmt ist.[157] Die notwendige **Publizität** wird dadurch gewährleistet, dass das in Bezug genommene Schriftstück auch in die **Beschluss-Sammlung** oder eine Anlage zu dieser aufzunehmen ist.[158] Um die notwendige Bestimmtheit zu erreichen, vor allem um das, was geregelt sein soll, einfach, klar, transparent und eindeutig darzustellen, kann und sollte im Einzelfall also auf Beschluss-Anlagen Bezug genommen werden, wie zB Abrechnungen, Wirtschaftspläne, Angebote, Beschreibungen, Gutachten, Lichtbilder, Stellungnahmen, Verträge, Zeichnungen, Pläne, etc. Die Bezugnahme auf eine Beschluss-Anlage muss stets eindeutig sein. Die **Eindeutigkeit** ist unter anderem durch ein Datum oder ein anderes Kriterium herzustellen. Am besten wird bereits im Beschluss-Text Klarheit geschaffen („Angebot Nr. … der X-GmbH vom …"). Nach der Rspr. des BGH[159] sind Beschlussanlagen in die Beschluss-Sammlung oder in ihre Anlage aufzunehmen. Lässt die Verwaltersoftware die Aufnahme von Anlagen in die Beschluss-Sammlung nicht zu, sollte vorsorglich die vom BGH erwähnte **Anlage zur Beschluss-Sammlung** (= Ordner oder eigenständige Datei) geschaffen werden, wobei dann zu raten ist, in der Beschluss-Sammlung auf diese Anlage zu verweisen. Hilfsweise bzw. alternativ kann 117

[151] BT-Drs. 19/18791, 63.
[152] Vgl. BGH NZM 2017, 447.
[153] AG München ZMR 2013, 391.
[154] AG München ZMR 2012, 56.
[155] LG Hamburg ZWE 2012, 329.
[156] BGH ZWE 2016, 325.
[157] BayObLG ZMR 2005, 639 (640); LG München I IMR 2011, 303.
[158] BGH ZWE 2016, 325.
[159] BGH ZWE 2016, 325.

eine Anlage, auf die ein Beschluss Bezug nimmt, als Anlage zur Niederschrift genommen und mit den Niederschriften gesammelt werden; auf die Anlage sollte ein Vermerk aufgenommen werden (zB „Anlage zu TOP 6 des Protokolls").

118 Ein Beschluss über Instandsetzungsarbeiten ist nur dann hinreichend **bestimmt,** wenn angegeben ist, welche konkreten Maßnahmen vorgenommen und auf welche Art und Weise diese durchgeführt werden sollen.[160] Im Rahmen der Bestimmtheit eines Instandsetzungsbeschlusses ist es geboten, dass das Angebot des ausführenden Unternehmens mit den darin enthaltenen Arbeiten als Anlage zur Versammlungsniederschrift genommen und darauf konkret Bezug genommen wird.[161] Entsprechendes gilt für einen Beschluss über die Ermächtigung oder Gestattung zur Durchführung bzw. Vornahme einer baulichen Veränderung. Ein Beschluss über die Vergabe von Handwerkerleistungen ist zu **unbestimmt,** wenn in ihm der genaue Umfang der Arbeiten nicht zumindest durch Bezugnahme auf ein bestimmtes Angebot Beschlussinhalt geworden ist oder wenn der „derzeit" günstigste Anbieter den Auftrag bekommen soll, ohne dass festgehalten ist, bis wann günstigere Angebote zu dem gleichen Leistungsinhalt eingeholt werden sollen.[162] Wird im Beschluss auf ein konkretes Angebot Bezug genommen, das zu beauftragende Unternehmen genannt und die Höhe der zu erwartenden Kosten, so liegt jedenfalls keine zur Nichtigkeit führende Unbestimmtheit vor.[163] Damit der Beschluss über die Ermächtigung zur Durchführung einer baulichen Veränderung hinreichend bestimmt ist, muss eine konkrete **Beschreibung** der konkreten baulichen Maßnahme Inhalt des Beschlusses sein, wie zB bei einer Lademöglichkeit für elektrisch betriebene Fahrzeuge der Aufstellungsort, die Beschaffenheit der Box (Modell, Material, Größe, Farbe), der Verlauf der Stromkabel, Kostentragung, Kaution etc.[164]

119 Auch ein **Grundlagenbeschluss** (auch Grundsatzbeschluss genannt), der grundsätzlich nur das „Ob" festlegt, aber noch nicht das „Wie", muss hinsichtlich seines begrenzten Regelungsgegenstands hinreichend bestimmt sein, um ordnungsmäßiger Verwaltung zu entsprechen. Auch ein Grundlagenbeschluss kann daher im Falle seiner **Unbestimmtheit** für ungültig erklärt werden.

120 **7. Durchführung der Maßnahme (Abs. 2 S. 2).** Gemäß Abs. 2 S. 2 wird über die Durchführung einer privilegierten Maßnahme iSv Abs. 2 S. 1 im Rahmen **ordnungsmäßiger Verwaltung** beschlossen.

121 **a) Art und Weise der Durchführung der Maßnahme.** Abs. 2 S. 2 eröffnet den Wohnungseigentümern die Möglichkeit, über die Durchführung der baulichen Maßnahme im Rahmen ordnungsmäßiger Verwaltung (§ 18 Abs. 2), also dem **Interesse der Gesamtheit der Wohnungseigentümer** nach billigem Ermessen entsprechend, zu beschließen. Die Möglichkeit, einen solchen Beschluss zu fassen, ergibt sich bereits aus Abs. 1. Abs. 2 S. 2 schränkt lediglich den Anspruch aus Abs. 2 S. 1 insoweit ein, als dass der Wohnungseigentümer keinen Anspruch auf eine bestimmte Durchführung der baulichen Veränderung hat.[165] Der **Anspruch** des Wohnungseigentümers beschränkt sich auf das **„Ob",** erstreckt sich hingegen nicht auf das „Wie". Das **„Wie"** liegt vielmehr im **Ermessen** der **Gemeinschaft** der Wohnungseigentümer.

122 Der Begriff der Durchführung bezieht sich sowohl auf die baulichen **Details** als auch auf die Frage, wer **Bauherr** sein wird; dies ergibt sich mittelbar auch aus der Kostentragungsregelung des § 21 Abs. 1.

123 Die Gemeinschaft der Wohnungseigentümer kann daher festlegen, dass der bauwillige **Wohnungseigentümer selbst bauen** soll und kann dabei im Rahmen ihres Ermessensspielraums etwa detaillierte **Vorgaben** für die bauliche Vornahme machen, die der Wohnungseigentümer zu berücksichtigen hat (zB die Verwendung bestimmter **Materialien** oder die Vorgabe, Kabel unter Putz zu verlegen). Dadurch kann auch sichergestellt werden, dass bauliche Veränderungen mehrerer Wohnungseigentümer technisch kompatibel sind. Insoweit ist die Gemeinschaft der Wohnungseigentümer nicht verpflichtet, die für den Wohnungseigentümer beste oder günstigste Lösung zu beschließen. Des Weiteren kann auch vorgegeben werden, dass die Arbeiten nur durch **Fachfirmen** vorgenommen werden dürfen. Die Gemeinschaft der Wohnungseigentümer kann auch konkrete **Firmen** vorgeben, wenn zum Beispiel zu bestimmten Firmen aufgrund deren langjährigen Tätigkeit in der Wohnanlage ein besonderes **Vertrauensverhältnis** besteht. Ferner kann insbesondere bei größeren Baumaßnahmen als Bedingung für die Gestattung festgelegt werden, dass der bauwillige Wohnungseigentümer eine **Bauwesen- und/oder eine Bauleistungsversicherung** abzuschließen oder

---

[160] AG Oldenburg ZMR 2015, 891.
[161] AG Dortmund ZMR 2016, 146.
[162] AG Dortmund ZWE 2015, 275.
[163] LG Itzehoe ZMR 2016, 904.
[164] LG Bremen ZMR 2017, 83.
[165] BT-Drs. 19/18791, 65.

begrenzt **Sicherheit** zu leisten oder sicherungshalber **Ansprüche** an die Gemeinschaft der Wohnungseigentümer **abzutreten** hat. Es können auch Vorgaben gemacht werden, zu welchen **Uhrzeiten** gebaut bzw. nicht gebaut werden darf. Es kann angeordnet werden, dass beispielsweise bei Arbeiten im Treppenhaus **Schutz- und Abdeckmaßnahmen** zu ergreifen sind und das Treppenhaus täglich nach Beendigung der Arbeiten zu reinigen ist. Da Abs. 2 S. 2 lediglich die „Durchführung der Maßnahme" regelt und damit die konkrete Maßnahme der baulichen Veränderung gemeint ist, besteht **keine Beschlusskompetenz,** dem bauwilligen Wohnungseigentümer die Vornahme von **Folgemaßnahmen** (wie zB Wartung, Unterhaltung, Erhaltung des neu einzubauenden Bauteils durch den bauwilligen Wohnungseigentümer) aufzuerlegen.

Schon nach der Rspr. des BGH[166] zum bislang geltenden Recht war es möglich, die Vornahme der baulichen Veränderung nur unter bestimmten **Maßgaben oder Bedingungen** zu gestatten. Zu den möglichen Maßgaben kann auch gehören, dass vom bauwilligen Wohnungseigentümer **Verkehrssicherungspflichten** übernommen werden, die bauliche Maßnahme durch ein **Fachunternehmen** vorgenommen wird und ein bestimmtes äußeres **Erscheinungsbild** gewahrt bleibt. Enthält eine Gestattung solche Maßgaben und Bedingungen, obliegt es dem bauwilligen Wohnungseigentümer, dem die bauliche Maßnahme gestattet worden ist, selbst darüber zu entscheiden, ob er von der Gestattung unter Erfüllung der Maßgaben und Bedingungen Gebrauch macht oder ob er bestimmte Maßgaben und Bedingungen nicht erfüllen möchte und somit von der Gestattung keinen Gebrauch macht.[167] Derartige Maßgaben und Bedingungen finden nun ihre Rechtfertigung in Abs. 2 S. 2. **124**

Die Wohnungseigentümer können aber auch beschließen, dass die Bauausführung durch die **Gemeinschaft der Wohnungseigentümer** auf Kosten des bauwilligen Wohnungseigentümers erfolgt. Soll die privilegierte Maßnahme auf Veranlassung der Gemeinschaft der Wohnungseigentümer durchgeführt werden, wählt diese selbstverständlich auch die zu beauftragenden Firmen und Handwerker aus. **125**

Die Entscheidungsmacht der Wohnungseigentümer ist nicht schrankenlos, sondern wird durch die Vorgaben **ordnungsmäßiger Verwaltung** und das Verbot von **Rechtsmissbrauch** und **Schikane** beschränkt. Die Gemeinschaft der Wohnungseigentümer darf dem bauwilligen Wohnungseigentümer nicht derart hohe Hürden und Auflagen stellen, dass ihm dadurch die Vornahme der privilegierten Maßnahme im Grunde unmöglich gemacht wird. **126**

b) Finanzierung der Maßnahme. Abs. 2 S. 2 ermöglicht es der Gemeinschaft der Wohnungseigentümer auch, im Rahmen des Gestattungsbeschlusses zu regeln, durch wen und wie die Maßnahme (vor)finanziert wird. So kann beispielsweise beschlossen werden, dass die für die privilegierte Maßnahme aufzuwendenden Kosten zunächst von der Gemeinschaft der Wohnungseigentümer verauslagt werden und erst in der **Einzelabrechnung** des betroffenen Eigentümers an ihn weitergereicht werden. Denkbar wäre auch, die Durchführung der Maßnahme durch die Gemeinschaft der Wohnungseigentümer zu beschließen und ferner auf der Grundlage von § 21 Abs. 1 zu beschließen, dass zur Finanzierung der zu erwartenden Kosten gegenüber dem Wohnungseigentümer, dem die beantragte privilegierte Maßnahme gestattet werden soll, als **Kostenvorschuss** eine **Sonderumlage** erhoben wird und der Verwalter angewiesen wird, den Auftrag zur Durchführung der privilegierten Maßnahme erst dann zu vergeben, wenn die Sonderumlage vollständig bezahlt ist. Insoweit ist die Gemeinschaft der Wohnungseigentümer im Übrigen auch nicht verpflichtet, die für den Wohnungseigentümer beste oder billigste Lösung zu beschließen. **127**

Angelehnt an § 554 Abs. 1 S. 3 BGB dürfte es auch zulässig sein, vom bauwilligen Wohnungseigentümer eine **Sicherheitsleistung** für die in Zukunft ggf. entstehenden **Rückbaukosten** zu verlangen. **128**

Dem bauwilligen Wohnungseigentümer kann allerdings nicht durch Beschluss aufgegeben werden, wie er die Maßnahme zu finanzieren hat, dh die Gemeinschaft der Wohnungseigentümer kann dem bauwilligen Wohnungseigentümer nicht aufgeben, dass er zB die Kosten durch Aufnahme eines **Kredits** zu finanzieren hat. Sollte sich hingegen die Gemeinschaft der Wohnungseigentümer dazu entschließen, die Maßnahme vorzufinanzieren, hat sie dabei insbesondere die Interessen des bauwilligen Wohnungseigentümers zu berücksichtigen; so wird es nicht ordnungsmäßiger Verwaltung entsprechen, die Kosten für die Durchführung der Maßnahme durch Aufnahme eines Kredits durch die Gemeinschaft der Wohnungseigentümer zwischen zu finanzieren und alle damit in Zusammenhang stehenden Kosten (insbesondere **Bearbeitungsgebühren, Zinsen, Bereitstellungszinsen, Vorfälligkeitsentschädigung,** etc) dem bauwilligen Wohnungseigentümer aufzuerlegen. **129**

---

[166] BGH NZM 2020, 805.
[167] BGH NZM 2020, 805.

130 **8. Veränderungssperre (Abs. 4).** Dem Anspruch auf Durchführung einer privilegierten Maßnahme iSv Abs. 2 S. 1 kann lediglich entgegengehalten werden, dass die beantragte privilegierte Maßnahme die Wohnanlage **grundlegend umgestalten** oder einen Wohnungseigentümer ohne sein Einverständnis gegenüber anderen Wohnungseigentümern **unbillig benachteiligen** würde.

131 Verstößt die beantragte privilegierte Maßnahme gegen die Veränderungssperre iSv Abs. 4, bedeutet dies aber nicht, dass kein Anspruch auf eine andere privilegierte Maßnahme iSv Abs. 2 S. 1 besteht, bei der mit weitaus weniger Eingriffen in das Gemeinschaftseigentum zu rechnen ist. Beantragt beispielsweise ein Wohnungseigentümer den Einbau eines **Fahrstuhls,** um barrierefrei in seine Wohnung im oberen Geschoss gelangen zu können und würde der Fahrstuhl entweder die Wohnanlage grundlegend umgestalten oder würde ein Wohnungseigentümer hierdurch gegenüber anderen Wohnungseigentümern unbillig benachteiligt werden (weil zB der Maschinenraum des Aufzugs unmittelbar an sein Schlafzimmer grenzt), ist die Gemeinschaft der Wohnungseigentümer gemäß Abs. 4 berechtigt und verpflichtet, den Antrag abzulehnen. Dies bedeutet jedoch nicht, dass der betroffene Wohnungseigentümer nicht einen Anspruch auf eine anderweitige Maßnahme hat, die ihm einen barrierefreien Zugang zu seiner Wohnung ermöglicht, wie zB einen **Treppenlift.** Ergänzend → Rn. 33 ff.

132 **9. Kosten.** Für die Kosten gilt § 21 Abs. 1 S. 1 (näher → § 21 Rn. 1 ff.).

133 **10. Rechtsmittel bzw. Abwehransprüche. a) Rechtsmittel im Falle der Ablehnung.** Wird einem Wohnungseigentümer durch Beschluss die Vornahme einer privilegierten Maßnahme nicht gestattet, besteht für den betroffenen Eigentümer die Möglichkeit, **Beschlussersetzungsklage** iSv § 44 Abs. 1 S. 2 zu erheben (ergänzend → Rn. 53).

134 **b) Rechtsmittel im Falle der Gestattung.** Wird einem Wohnungseigentümer durch Beschluss eine privilegierte Maßnahme gestattet, besteht für einen anderen Wohnungseigentümer, der mit dieser Entscheidung nicht einverstanden ist und die bauliche Veränderung verhindern möchte, die Möglichkeit, hiergegen innerhalb eines Monats ab Beschlussfassung **Beschlussanfechtungsklage** iSv § 44 Abs. 1 S. 1 zu erheben (ergänzend → Rn. 50).

135 **c) Abwehransprüche bei Vornahme ohne Gestattung.** Hat ein einzelner Wohnungseigentümer eine privilegierte Maßnahme vorgenommen, **ohne** dass ihm dies vorab durch einen **Eigentümerbeschluss** gestattet worden ist, kommen Abwehransprüche in Betracht (→ Rn. 59 ff.).

IV. Anspruch auf bauliche Veränderungen ohne relevante Beeinträchtigung gemäß Abs. 3

136 Abs. 3 begründet einen Anspruch auf Gestattung einer baulichen Veränderung, durch die kein Wohnungseigentümer in rechtlich relevanter Weise beeinträchtigt wird.

137 **1. Ohne relevante Beeinträchtigung.** Eine Beeinträchtigung ist rechtlich nicht relevant, wenn sie **nicht über das bei einem geordneten Zusammenleben unvermeidliche Maß hinausgeht** oder die über dieses Maß hinaus beeinträchtigten Wohnungseigentümer einverstanden sind. Das Maß der von vornherein nicht relevanten Beeinträchtigung entspricht dabei dem früher geltenden § 22 Abs. 1 iVm § 14 Nr. 1 aF; die sprachliche Anpassung ist lediglich dem geänderten § 14 geschuldet.[168]

138 Allerdings kann sich die Beeinträchtigung **nicht** mehr aus den **Kosten** einer baulichen Veränderung oder ihren Folgekosten ergeben, denn nach § 21 Abs. 1 sind diese Kosten einschließlich der Folgekosten allein von dem bauwilligen Wohnungseigentümer zu tragen (→ Rn. 32, → Rn. 105).

139 Die **Feststellung,** ob eine bauliche Veränderung eine **Beeinträchtigung** iSv Abs. 3 zur Folge hat, liegt auf tatrichterlichem Gebiet.[169] Bei der Beurteilung, ob das unvermeidliche Maß an Beeinträchtigung gegenüber den anderen Sondereigentümern überschritten wurde, ist eine Betrachtung des **Einzelfalles** vorzunehmen.[170] Sofern mehrere Einzelmaßnahmen eines Vorhabens zu bewerten sind, muss immer auch eine **Gesamtbetrachtung** erfolgen.[171] Allein die Tatsache, dass erst die bauliche Veränderung die betroffene Einheit wirtschaftlich rentabel werden lässt, macht die durch die Maßnahmen entstehende Beeinträchtigung für die anderen Wohnungseigentümer nicht hin-

---

[168] BT-Drs. 19/18791, 65.
[169] BayObLG ZWE 2001, 65; 2002, 75.
[170] BGH ZWE 2017, 266 mAnm *Drabek* ZWE 2017, 259 = ZMR 2017, 409 mAnm *Abramenko* ZMR 2017, 545.
[171] BayObLG ZMR 1992, 32 f.; LG Hamburg ZWE 2013, 133 = ZMR 2013, 60.

nehmbar.[172] Einwendungen einzelner Wohnungseigentümer finden ihre Begrenzung durch den Einwand des Rechtsmissbrauchs.[173]

a) Beeinträchtigungen iSv Abs. 3. Unter einer Beeinträchtigung in diesem Sinne ist **jede nicht ganz unerhebliche, konkrete und objektive Beeinträchtigung** zu verstehen. Entscheidend ist, ob sich nach der **Verkehrsanschauung** ein Wohnungseigentümer in der entsprechenden Lage verständlicherweise beeinträchtigt fühlen kann.[174] Bei der Beurteilung können im Einzelfall auch **bauliche Besonderheiten** der Wohnanlage zu berücksichtigen sein, zB wenn in einer sonnenexponierten Lage der Wohnung angesichts großer nach Südosten ausgerichteter Fenster ein besonderes Interesse an einem Sonnen- bzw. Wärmeschutz und deshalb an der Anbringung von Außenjalousien besteht.[175] 140

Diese Voraussetzungen geben Raum für eine fallbezogene abwägende Auslegung, die die **Grundrechte** eines einzelnen Wohnungseigentümers unter Berücksichtigung der Eigentumsrechte der widersprechenden Wohnungseigentümer beachtet.[176] Bei den im Rahmen des Abs. 3 gegeneinander abzuwägenden **Grundrechten,** die als Teil der allgemeinen Wertordnung in die Auslegung des Zivilrechts einfließen,[177] kommen neben dem Recht auf Gewährleistung des Eigentums **(Art. 14 GG)** insbesondere die Grundrechte auf ungehinderte Berufsausübung **(Art. 12 GG),**[178] auf das Verbot der Benachteiligung der Menschen mit Behinderung **(Art. 3 S. 2 GG)** und auf Informationsfreiheit **(Art. 5 Abs. 1 GG)**[179] in Betracht. 141

Ob eine unvermeidbare Beeinträchtigung vorliegt, hängt von den Umständen des **Einzelfalls** ab. Zu den **nicht hinnehmbaren Beeinträchtigungen** gehört jede nicht ganz unerhebliche[180] (§ 242 BGB), an objektiven Maßstäben zu bewertende[181] Beeinträchtigung, wie zB **statische oder technische Beeinträchtigungen;**[182] **Baurechtswidrigkeit;**[183] lästige **Immissionen;**[184] erhöhte **Wartungs- und Reparaturanfälligkeit,**[185] die Gefahr, dass durch die Maßnahme **Schäden** hervorgerufen werden, aber nur schwer feststellbar sind;[186] die Beschränkung des Mitgebrauchs oder die Möglichkeit **intensiverer Nutzung,** auch wenn sich (zunächst) weder qualitativ noch quantitativ an der Nutzung tatsächlich etwas ändert.[187] Ausreichend ist auch eine **optisch nachteilige Veränderung** des äußeren Erscheinungsbildes einer Wohnanlage;[188] dass die Veränderung deutlich sichtbar ist, reicht nicht aus.[189] Dabei ist entscheidend, dass die optische Veränderung von außen sichtbar ist, also vom Standort eines Miteigentümers, etwa aus dessen Wohnbereich, oder jedes Miteigentümers wie auch eines unbefangenen Dritten, etwa von der Straße oder von Gemeinschaftsflächen aus.[190] 142

Bei der Gestaltung einer **Hausfassade** gelten grundsätzlich besonders strenge Maßstäbe, eine Ausnahme gilt bei **Reihenhäusern,** bei denen typischerweise weniger Einheitlichkeit erwartet wird.[191] Die Gefahr eines **Nachahmungseffekts** durch andere Wohnungseigentümer kann für sich allein die konkrete Feststellung nicht ersetzen, eine bauliche Veränderung habe zu einer nicht ganz unerheblichen 143

---

172 LG München I ZWE 2012, 299.
173 BayObLG ZfIR 2003, 107; ähnlich BayObLG ZWE 2002, 525.
174 BGHZ 116, 392 (396) = NJW 1992, 978; BGH NJW 2012, 2725 Rn. 12; 2013, 1439 Rn. 4.
175 BGH NJW-RR 2018, 1165 Rn. 28 = ZWE 2018, 395 mAnm *Schnellbacher.*
176 BVerfG NJW 1995, 1665; NJW-RR 2005, 454.
177 BVerfGE NJW 94, 1165 (1166) zum Anspruch eines einzelnen Wohnungseigentümers auf Errichtung einer Parabolantenne.
178 BayObLG FGPrax 1998, 218.
179 BayObLG FGPrax 1998, 218; OLG Düsseldorf ZWE 2001, 336; OLG Frankfurt BeckRS 1997, 10308; OLG Hamm BeckRS 1997, 31008400; OLG Stuttgart NJWE-MietR 1996, 131.
180 BayObLG NZM 1998, 775.
181 BGHZ 116, 392 = NJW 1992, 978; BayObLG BeckRS 1994, 09284; KG NZM 2001, 341; OLG Hamm BeckRS 1994, 31008434; OLG Zweibrücken ZWE 2000, 93.
182 OLG Düsseldorf NZM 2002, 262.
183 BayObLG BeckRS 1999, 05936.
184 BayObLG NZM 2001, 895 betr. Geräusch und Gerüche eines Friseursalons.
185 KG OLGZ 1992, 426.
186 BayObLG NJW-RR 1996, 1165; OLG Hamm NJWE-MietR 1997, 277 betr. Begrünung der Dachterrasse; NJW 2002, 1730 betr. Mobilfunkantenne.
187 BayObLG NZM 1999, 1009 betr. Vergrößerung der Terrasse; OLG Karlsruhe NZM 1999, 36 betr. Treppe zwischen Balkon und Garten.
188 BGH NJW 2017, 2184 Rn. 12 betr. ein Sondereigentum; BayObLG ZWE 2000, 575; OLG Zweibrücken FGPrax 2003, 60.
189 BayObLG NJWE-MietR 1997, 112; OLG Hamburg WuM 1998, 743 = ZMR 1998, 797.
190 LG Hamburg ZWE 2018, 267.
191 BayObLG ZMR 2005, 394; OLG Stuttgart ZMR 1999, 284.

nachteiligen Veränderung des **optischen Erscheinungsbilds** der Wohnanlage geführt.[192] Jedoch kann in die Beurteilung der Erheblichkeit der Beeinträchtigung der Interessen der übrigen Wohnungseigentümer der Präventionsgedanke aufgenommen werden, dass der abzuwehrende Nachahmungseffekt durch andere Wohnungseigentümer zu einer Fassadenverunstaltung führt.[193] Im Einzelfall kann eine optische Beeinträchtigung zu verneinen sein, wenn die Baumaßnahme infolge des Aufstellens oder Anpflanzens von immergrünen Pflanzen von außen nicht mehr sichtbar ist[194] oder einer geringen optischen Beeinträchtigung eine erhebliche Einsparung von Heizenergie gegenüber steht;[195] aber nicht jede umweltfreundliche Maßnahme zur Energiegewinnung ist zu dulden.[196]

144 Die Errichtung einer **Mobilfunksendeanlage** auf dem Dach führt aufgrund der allgemein verbreiteten Befürchtungen gesundheitsschädlicher Abstrahlungen und der daraus folgenden Wertminderung einer Dachgeschosswohnung zu einer Beeinträchtigung,[197] ebenso die erhebliche Erweiterung einer bereits bestehenden Anlage.[198]

145 Die Errichtung eines **Carports,**[199] einer **Doppelgarage**[200] oder von **Parkbügeln**[201] auf einem als Kfz-Stellplatz bezeichneten Sondernutzungsrecht ist in der Regel wegen der Änderung des optischen Gesamteindrucks eine beeinträchtigende bauliche Veränderung des Gemeinschaftseigentums, ebenso die Errichtung eines **Sandkastens,** einer **Schaukel**[202] oder eines **Gartenhauses,** welches sich architektonisch nicht in die Gesamtanlage einpasst.[203] Gleiches kann für einen übermäßigen **Heckenrückschnitt,**[204] das Fällen eines prägenden Baumes[205] oder geräuschintensive externe **Klimaanlagen** gelten.[206] Beeinträchtigend wirkt auch der durch den Betrieb eines Ofens verursachte Rauch.[207]

146 Eine nach Abs. 3 nicht hinzunehmende Beeinträchtigung liegt im Grundsatz auch vor, wenn eine bauliche Maßnahme am **Sondereigentum** auf den optischen Gesamteindruck des Gebäudes ausstrahlt und diesen erheblich verändert. Diese Feststellung erfordert einen **Vorher-Nachher-Vergleich,** bei dem in wertender Betrachtung der optische Gesamteindruck des Gebäudes vor der baulichen Maßnahme dem als Folge der baulichen Maßnahme entstandenen optischen **Gesamteindruck** gegenüberzustellen ist.[208] Auf bauliche Maßnahmen am Sondereigentum, die nur wegen ihrer Ausstrahlung auf den optischen Gesamteindruck des Gebäudes für andere Wohnungseigentümer einen Nachteil darstellen, sind die Vorschriften der Abs. 1–4 entsprechend anzuwenden (§ 13 Abs. 2).

147 **b) Fehlende Beeinträchtigung.** Eine Beeinträchtigung durch eine bauliche Maßnahme ist aber nicht gegeben, wenn die Veränderung vorgenommen wird, um eine **erlaubte Nutzung** herbeizuführen, zB wenn es dem Wohnungseigentümer gestattet ist, seine Wohnung auch als Teileigentum oder den **Speicher** zu **Wohnzwecken**[209] oder den Keller zu gewerblichen Zwecken zu nutzen[210] oder wenn es sich bei der geltend gemachten Beeinträchtigung, die zB durch eine geänderte Nutzung eines „Kinderzimmers" als „Küche" hervorgerufen wird, um eine zulässige Nutzung handelt.[211]

---

192 BayObLG NZM 1999, 1146.
193 OLG Zweibrücken FGPrax 1998, 99; BeckRS 1999, 31129751; ebenso OLG München NJW 2008, 235.
194 BayObLG BeckRS 1999, 283 betr. Aufstellen eines Schuppens auf der zur Wohnung gehörenden Dachterrasse.
195 OLG Köln NJW 1981, 585 betr. Wärmedämmfenster.
196 BayObLG NJW-RR 2000, 1179 betr. Sonnenkollektoren.
197 BGH ZWE 2014, 124 = ZMR 2014, 464.
198 LG Frankfurt a.M. ZWE 2015, 217.
199 BayObLG ZWE 2003, 185 = ZMR 2003, 363.
200 BayObLG ZMR 2003, 514 = NJW-RR 2003, 952 = NZM 2003, 720: bei großzügigem Grundstückszuschnitt dennoch keine Zustimmung aller erforderlich.
201 LG Düsseldorf ZWE 2013, 376.
202 LG Frankfurt a.M. ZWE 2015, 183 = ZMR 2015, 623; zulässig ist aber ein mobiles Trampolin: AG München ZWE 2018, 221.
203 LG Hamburg ZWE 2013, 133 = ZMR 2013, 60; zulässig sind aber mobile Pflanzkübel: AG Pinneberg ZMR 2017, 687.
204 LG Hamburg ZMR 2010, 983.
205 LG Hamburg ZWE 2014, 45 = ZMR 2013, 742; LG Berlin ZWE 2016, 467.
206 OLG Düsseldorf ZWE 2010, 92 = ZMR 2010, 385; LG Hamburg ZWE 2015, 135 = ZMR 2014, 1009.
207 LG Karlsruhe ZWE 2012, 138.
208 BGH NJW 2017, 2184 Rn. 13.
209 BayObLG NJWE-MietR 1997, 32 betr. Einbau Dachflächenfenster.
210 BayObLG NJWE-MietR 1997, 256.
211 BGHZ 146, 241 = NJW 2001, 1212; OLG Hamm NZM 2007, 294.

Aus dem Recht eines Teileigentümers, sein Teileigentum gewerblich zu nutzen, folgt sein aus § 18 Abs. 2 abzuleitendes Recht, **Werbemaßnahmen an der Fassade** anzubringen, wobei es nicht entscheidend ist, ob es sich bei diesem Eingriff um eine bauliche Veränderung handelt. Maßgebend ist vielmehr die auch im Rahmen des Abs. 3 anzuwendende Vorschrift des § 14, die die gesetzlichen Eigentümerbefugnisse begrenzt. Nach § 14 Abs. 2 Nr. 2 iVm § 14 Abs. 1 Nr. 2 ist jeder Wohnungseigentümer verpflichtet, Einwirkungen auf das Gemeinschaftseigentum zu dulden, soweit sie auf einem Gebrauch beruhen, durch den ihm kein über das bei einem geordneten Zusammenleben unvermeidliche Maß hinausgehender Nachteil erwächst. Dies bedeutet, dass jeder Wohnungseigentümer solche Nachteile hinzunehmen hat, die bei einem geordneten Zusammenleben nicht vermeidbar sind. Die Wohnungseigentümer sind daher verpflichtet, die Anbringung von **Werbeanlagen** durch den Teileigentümer, der in zulässiger Weise sein Teileigentum gewerblich nutzt, zur ortsüblichen und angemessenen Werbung für das betriebene Gewerbe oder Ladengeschäft zu **dulden.**[212] **148**

Ein **Sondernutzungsrecht** gibt dem Berechtigten nur die Befugnis zu solchen umgestaltenden Maßnahmen, die für die übrigen Wohnungseigentümer keine Nachteile bedeuten, die ihnen nicht schon durch die Begründung des Rechts entstanden sind.[213] Es gestattet daher nicht automatisch die Vornahme baulicher Veränderungen.[214] Indes ist das Einverständnis zu baulichen Veränderungen nach Abs. 3 dann bereits in der Zuweisung des Sondernutzungsrechts enthalten, wenn und soweit bauliche Veränderungen Eingang in die **Beschreibung des Sondernutzungsrechts** (zB „Sondernutzungsrecht an der Terrasse") gefunden haben oder wenn sie nach dem Inhalt des jeweiligen Sondernutzungsrechts üblicherweise vorgenommen werden und der Wohnungseigentumsanlage dadurch kein anderes Gepräge verleihen.[215] **149**

Ist ein **Sondernutzungsrecht an einem Spitzboden** begründet, so berechtigt es nicht zu dessen Ausbau zu Wohnzwecken, auch wenn der Spitzboden im Aufteilungsplan als ausbaufähig beschrieben ist[216] oder der Ausbau der Verbesserung beengter Wohnverhältnisse dient.[217] Es berechtigt aber zum Einbau einer **Verbindungstreppe** von der Wohnung zum Spitzboden, wenn dadurch weder Nachteile in statischer, schalltechnischer oder brandtechnischer Hinsicht entstehen noch eine wohnungsähnliche Nutzung des Spitzbodens in Frage kommt.[218] **150**

Ein Sondernutzungsrecht an einem **Garten** ist inhaltlich auf eine gärtnerische Nutzung der betreffenden Fläche beschränkt. Hinsichtlich der Art und Weise der Nutzung steht dem Berechtigten innerhalb des Rahmens ordnungsmäßiger Verwaltung ein **Gestaltungsspielraum** zu, zumal das zu erwartende Wachstum oder Absterben von Gewächsen nicht stets mit Sicherheit voraussehbar ist.[219] Dies erlaubt aber nicht, den Garten grundlegend umzugestalten;[220] einen Teil der Vorgartenfläche zur Errichtung eines Kfz-Stellplatzes zu bepflastern; **Bäume** ohne Einverständnis der übrigen Eigentümer zu fällen;[221] die gesamte Sondernutzungsfläche zu **umzäunen;**[222] eine **Sichtschutzmatte** hinter einem Maschendrahtzaun, der zwei Sondernutzungsflächen am Garten voneinander trennt, anzubringen;[223] den **Sitzplatz** zu **überdachen;**[224] eine direkte **Verbindung** zwischen **Balkon** und **Garten** durch Anbringen einer Treppe zu schaffen.[225] **151**

Nicht jeder **Verstoß gegen öffentlich-rechtliche Vorschriften** begründet eine über das bei einem geordneten Zusammenleben unvermeidliche Maß hinausgehende Beeinträchtigung,[226] so dass allein das **Fehlen einer** möglicherweise erforderlichen **Baugenehmigung** einen Beseitigungsanspruch der Gemeinschaft der Wohnungseigentümer nicht zu begründen vermag, vielmehr müssen hierdurch konkrete Beeinträchtigungen entstehen, zB von der Baubehörde in Anspruch genommen zu werden. **152**

In der Regel schließt auch die Einhaltung der aktuellen **DIN-Vorschriften** Beeinträchtigungen iSv Abs. 3 durch eine bauliche Veränderung aus.[227] Bei der Prüfung einer Beeinträchtigung ist aber **153**

---

212 BayObLG NZM 2000, 1236; KG NJW-RR 1995, 333.
213 BayObLGZ 1985, 164; NJW-RR 1988, 591.
214 OLG Köln NZM 2002, 458.
215 BGH NJW 2012, 676; ZWE 2012, 377.
216 OLG Hamm NZM 1998, 873.
217 BayObLG NJW-RR 1993, 336.
218 BayObLG NJW-RR 1994, 1169.
219 BayObLG BeckRS 2001, 30163087.
220 OLG Hamm NJW-RR 2000, 1401.
221 BayObLG NZM 2001, 672.
222 BayObLG NJW-RR 1991, 1362; OLG Köln NZM 1998, 864; 1999, 138.
223 BayObLG NJW-RR 2000, 1324 – wegen optischer Beeinträchtigung; OLG Köln NZM 1999, 178.
224 BayObLG BeckRS 1992, 07044.
225 OLG Karlsruhe NZM 1999, 36 – wegen der Möglichkeit einer intensiveren Nutzung.
226 BGHZ 146, 241 = NJW 2001, 1212 (1213).
227 OLG Frankfurt NZM 2006, 903; vgl. zum Mietrecht BGH NJW 2005, 218.

zu berücksichtigen, dass es nicht nur auf die DIN ankommt, weil deren Richtwerte nur rechtlich unverbindliche Mindestwerte sind.[228] Anders ist es zB, wenn die Gemeinschaftsordnung Regelungen zum **Schallschutz** enthält, die über den Mindeststandard hinausgehen.[229] Wird der in einer Eigentumswohnung vorhandene Bodenbelag (zB Teppichboden) durch einen anderen (zB Parkett) ersetzt, richtet sich der zu gewährende Schallschutz grundsätzlich nach der zur Zeit der Errichtung des Gebäudes geltenden Ausgabe der **DIN 4109;** ein höheres einzuhaltendes Schallschutzniveau kann sich zwar aus der Gemeinschaftsordnung ergeben, nicht aber aus einem besonderen Gepräge der Wohnanlage.[230] Spätere Änderungen der DIN-Werte bleiben auf das Verhältnis der Wohnungseigentümer ohne Auswirkungen,[231] auch wenn ein Wohnungseigentümer zB den vorhandenen Bodenbelag durch einen anderen ersetzt.[232] Der im Verhältnis der **Wohnungseigentümer untereinander** zu gewährende Schallschutz richtet sich nach der DIN 4109, wenn ein vorhandener Bodenbelag durch einen anderen ersetzt und dabei nicht in den unter dem Belag befindlichen Estrich und die Geschossdecke eingegriffen wird. Das gilt grundsätzlich auch dann, wenn die **Trittschalldämmung** des Gemeinschaftseigentums **mangelhaft** ist und der Trittschall ohne diesen Mangel den schallschutztechnischen Mindestanforderungen entspräche.[233]

154 **Durchbrüche** durch im Gemeinschaftseigentum stehende Wände innerhalb einer Wohnung oder zwischen zwei Wohnungen begründen dann keine Beeinträchtigung iSv Abs. 3, wenn kein wesentlicher Eingriff in die **Stabilität** und **Brandsicherheit** des Gebäudes gegeben ist.[234] Zulässig ist auch die Verlegung eines Raums mit **Sanitäreinrichtungen** innerhalb einer Wohnung, soweit hierdurch die übrigen Sondereigentümer im konkreten Fall nicht unzumutbar beeinträchtigt werden.[235] Ebenso führt die Verlegung einer **Mülltonnenanlage** nicht zwingend zu einer Beeinträchtigung iSv Abs. 3.[236] Der Austausch einer Sichtstoffverbundplatte durch eine Glasscheibe bewirkt keine Beeinträchtigung der übrigen Sondereigentümer, wenn hierdurch die optische Einheitlichkeit der Außenfassade nicht nachteilig verändert wird.[237] Gleiches gilt für die Vornahme einer **Kernbohrung** von 50 mm im Außenmauerwerk zwecks Installation einer von außen nicht sichtbaren Klimaanlage[238] oder die Ersetzung eines Fensters durch eine **Terrassentür.**[239] Bei der Installation einer **Parabolantenne** ist nur dann keine Beeinträchtigung gegeben, wenn diese den optischen Gesamteindruck nicht stört und der Gemeinschaft der Wohnungseigentümer bei der Auswahl zwischen mehreren Standorten ein Mitbestimmungsrecht eingeräumt wird.[240] Kein Nachteil ist in der Regel bei Verlegung einer unterirdischen Gasleitung gegeben.[241]

155 **c) Beispiele aus der Rechtsprechung.** Eine Beeinträchtigung ist grundsätzlich gegeben, so dass das Einverständnis der Wohnungseigentümer erforderlich ist: ja/nein.

156 **Abluftrohr,** das über das Dach hinausragt: nein;[242] **Absperrung** durch Eisenpfosten und Kette ja;[243] Sperrbügel: ja:[244] **Abtrennung** Teile des Gemeinschaftseigentums ja;[245] **Abwasserrohre** nein;[246] **Amateurfunkantenne** ja;[247] **Anbau** ja;[248] **Antenne** (→ Rn. 154) **Antennenmast** ja;[249]

---

[228] BGHZ 139, 16 = NJW 1998, 2814 (2815); BGH NJW 2012, 2725 Rn. 9; OLG Frankfurt NZM 2005, 68.
[229] BGH NJW 2012, 2725 Rn. 14; OLG Köln NJW-RR 1998, 1312.
[230] BGH NJW 2015, 1442.
[231] BGH NJW 2012, 2725 Rn. 10; OLG Stuttgart NJW-RR 1994, 1497.
[232] BGH NJW 2012, 2725 Rn. 11; OLG Frankfurt NZM 2005, 68.
[233] BGH NJW-RR 2020, 1086.
[234] BGH MDR 2001, 497 = ZWE 2001, 314; BayObLG ZWE 2002, 358; OLG Celle ZWE 2002, 533.
[235] OLG Hamm ZMR 2006, 634; anders bei Einbau eines Whirlpools AG Reutlingen ZWE 2013, 169 (171) = ZMR 2013, 151, 153.
[236] BayObLG ZWE 2002, 213.
[237] OLG Celle ZMR 2008, 391.
[238] OLG Düsseldorf ZMR 2007, 206.
[239] OLG Hamburg ZMR 2005, 391.
[240] BayObLG ZWE 2005, 93; OLG München ZWE 2006, 337 = ZMR 2006, 304; OLG Frankfurt ZWE 2011, 407; s. zu Parabolantennen in einer Wohnungseigentumsanlage *Derleder* ZWE 2006, 220.
[241] OLG München ZMR 2006, 998.
[242] OLG München BeckRS 2006, 18163.
[243] BayObLG NZM 1999, 29 – im gegebenen Fall nein, weil in der Teilungserklärung vorgesehen.
[244] OLG Frankfurt OLGZ 1992, 437; OLG Schleswig NJWE-MietR 1997, 29.
[245] OLG Düsseldorf DWE 1990, 80.
[246] BayObLG BeckRS 1994, 10137.
[247] OLG Celle DWE 1982, 33.
[248] BayObLG BeckRS 2000, 06364.
[249] OLG Saarbrücken BeckRS 1998, 09679.

Aufstockung ja;[250] **Aufzug,** Einbau ja;[251] **Außenfläche** Errichtung einer aus Pflanzsteinen bestehenden Mauer ja;[252] **Außenjalousien/-rollladen** ja;[253] elektrischer Heber nein;[254] **Außenkamin** ja;[255] Außenlampe ja;[256] **Außenspiegel** ja;[257] **Außentreppe** ja.[258]

157 **Balkon** Abtrennung, Beseitigung ja;[259] Anbau ja;[260] Anbringung des Balkons ja;[261] Bepflanzung mit Gemüse nein;[262] Balkonbrüstung: Anbringung von Kronenblechen nein,[263] Anbringung von Regenrinnen ja;[264] Erweiterung ja;[265] Gewächshaus ja;[266] Gitter, Austausch gegen Tür ja;[267] Katzennetz ja;[268] Rankgitter ja;[269] Umbau zu Wintergarten ja;[270] Unterfangung durch Anbau ja;[271] Verglasung ja;[272] Verkleidung ja;[273] **Baum** Anpflanzung ja,[274] Beseitigung ja;[275] einzelne Bäume nein;[276]**Bepflanzung** Beseitigung nein;[277] Erstbepflanzung nein;[278] **Betonplatte** ja;[279] **Betonschwelle** nein;[280] **Blitzschutzanlage** nein;[281] Anbringung eines eigenen, separaten **Briefkastens** nein.[282]

158 Steht kein Anschluss an das **Breitbandkabelnetz** zur Verfügung, so hat der Wohnungseigentümer in der Regel einen Anspruch darauf, eine **Parabolantenne** zu installieren, er kann nicht auf herkömmliche Antennenanlagen verwiesen werden. Ist seinen Informationsinteressen durch die Errichtung einer Gemeinschaftsparabolantenne gedient, so kann dem Wohnungseigentümer, der die Installation von Einzelparabolantennen verhindern will, ein Zustimmungsvorbehalt des Inhalts einzuräumen sein, dass sich die an einem Satellitenempfang Interessierten mit einer Gemeinschaftsparabolantenne einverstanden erklären.[283] Der **Grundrechtsschutz** kann sich auch auf **Mieter des Wohnungseigentümers** erstrecken. Installiert eine deutsche Mieterin, die ihren ausländischen Lebenspartner in ihre Wohnung aufgenommen hat, eine Parabolantenne auf dem Balkon, um so Fernsehprogramme aus dessen Heimatland empfangen zu können, die über eine vorhandene Satelli-

---

250 BayObLG BeckRS 2001, 30161522; KG OLGZ 1976, 56; OLG Karlsruhe NJW 1969, 1442.
251 BGH ZWE 2017, 224 Rn. 18, 23: grds. mit Zustimmung aller; BayObLG BeckRS 2015, 00184; OLG Köln ZMR 1989, 384.
252 OLG Frankfurt MDR 2010, 1108 = BeckRS 2010, 24008.
253 BayObLG WuM 1992, 88; OLG Celle BeckRS 2001, 31002624; OLG Düsseldorf NZM 2001, 243; BeckRS 1999, 30814183; AG Pinneberg ZMR 2018, 90.
254 OLG Köln NZM 2001, 53.
255 OLG Köln NZM 2000, 764.
256 OLG Hamm ZWE 2007, 494 unter 5.
257 BayObLG NJW-RR 1996, 1358.
258 BayObLGZ 1974, 269; WE 1987, 51; 1992, 198; OLG Karlsruhe NZM 1999, 36.
259 BayObLG BeckRS 2001, 30159135.
260 BayObLG ZWE 2001, 609; OLG Düsseldorf FGPrax 1999, 218; OLG Hamburg ZMR 2006, 702; OLG Köln ZWE 2000, 486.
261 LG Hamburg ZWE 2012, 287.
262 BayObLG BeckRS 1984, 30958709.
263 OLG Hamm DWE 1984, 126 betr. Bauausführungsmangel.
264 OLG Düsseldorf WE 1990, 204.
265 OLG München NJW-RR 2007, 1384.
266 LG Düsseldorf NZM 2002, 131.
267 BayObLG Rpfleger 1974, 319.
268 OLG Zweibrücken NZM 1998, 376; AG Oberhausen ZMR 2012, 62; vgl. auch BayObLG FGPrax 2003, 123.
269 OLG Zweibrücken FGPrax 1999, 143.
270 BGH NJW 2007, 432 Rn. 7.
271 OLG Köln NZM 2000, 296 – trotz Zustimmung der Denkmalbehörde.
272 BayObLG NJW 1995, 202; ZWE 2001, 65; BeckRS 200, 30211181; OLG Bremen BeckRS 1992, 30920031; OLG Düsseldorf FGPrax 1995, 102; OLG Frankfurt BeckRS 2010, 20573 = ZMR 1994, 381; OLG Hamm BeckRS 1994, 31008434; OLG Köln MDR 1996, 1235; OLG Zweibrücken WE 1989, 102; FGPrax 2003, 60.
273 BayObLG NJW-RR 1996, 266 betr. Markisenstoff.
274 KG NJW-RR 1987, 1360 betr. stark wachsenden Baum.
275 Es sei denn Instandsetzungsmaßnahme; BayObLG NJW-RR 1996, 1166; NJWE-MietR 1997, 253; BeckRS 2001, 30163087; OLG Karlsruhe DWE 1994, 20; OLG Köln NJW-RR 1999, 1027; ZWE 2000, 320.
276 BayObLG BeckRS 2001, 30163087.
277 BayObLG NZM 1998, 1011.
278 BayObLG NJW-RR 1991, 1362.
279 OLG Hamburg WE 1989, 178.
280 KG OLGZ 1985, 263 betr. Verkehrsberuhigung.
281 OLG Düsseldorf BeckRS 2000, 30119850.
282 BayObLG NJWE-MietR 1997, 256; LG Dortmund ZWE 2018, 270: verfassungskonformer Zugang.
283 BVerfG NJW 1995, 1665; zur Rspr. vgl. *Maaß/Hitpaß* NZM 2003, 181.

tenanlage nicht empfangen werden können, kann der vermietende Wohnungseigentümer gegen die übrigen Eigentümer einen Anspruch auf Duldung haben.[284]

159 **Carport** ja.[285]

160 **Dach** Aufbauten ja;[286] Ausbau (→ Rn. 147); Fenster ja;[287] Entfernen von Gitterstäben vor den Fenstern nein;[288] **Dachgarten/Terrasse** Bau einer Dachterrasse ja;[289] Errichtung eines Anlehngewächshauses auf einer zur Sondereigentumseinheit gehörenden Dachterrasse ja;[290] Bau einer Solaranlage ja;[291] Aufstellung eines größeren Whirlpools auf einer Dachterrasse ja;[292] Begrünung ja;[293] Lamellenzaun ja;[294] Pflanzen statt Kiesschicht ja;[295] Pflanztrog ja;[296] Umwandlung in **Dachterrasse** ja;[297] Terrassenüberdachung ja;[298] **Deckendurchbruch** s. Wanddurchbruch; **Dusche** s. Einbau im Keller.[299]

161 neuer **Eingang** ja;[300] Umwandlung einer Wohnung in **Empfangshalle** ja;[301] **Enthärtungsanlage** für Trinkwasser ja;[302] **Entlüftungsanlage** ja;[303] **Entlüftungsrohr,** Verlängerung nein.[304]

162 **Fahrradständer** ja;[305] **Fahrradunterstand** nein;[306] **Fallrohr** Änderungen eines Regenfallrohrs durch Einfügung von Teilen (Bögen) ja;[307] **Fassade** Anstrich, farblich stark abweichend ja;[308] Entfernung der Begrünung ja;[309] Verputzen ja;[310] **Fenster** Austausch gegen Doppelglas ja;[311] Austausch von Doppelkastenfenstern gegen gleich aussehende Kunststofffenster ja;[312] Austausch 2-Flügel gegen 3-Flügel ja;[313] Umgestaltung des Fensters in ein dreiflügeliges Element mit Unterlicht und einem integrierten Schutzelement ja;[314] Dreh-Kippfenster statt Kippfenster ja;[315] als Ersatz für Glasbausteine ja;[316] Giebelverglasung ja;[317] Kunststofffenster ja;[318] geringfügige Vergrößerung eines Dachfensters ja;[319] Umbau zur Tür: Maßnahme nicht per se zustimmungspflichtig;[320] zwei Fenster gegen Fenster-Türelement ja;[321] Ver-

---

[284] OLG Hamm NJW-RR 2002, 1020; OLG Schleswig NZM 2003, 558.
[285] BayObLG NJW-RR 2000, 226; OLG Hamburg BeckRS 2005, 02405.
[286] BayObLG NJW-RR 2002, 445.
[287] BGH NJW 1992, 978 – Dachluke; OLG Düsseldorf NJW-RR 2001, 803; ZWE 2008, 137; OLG Frankfurt NZM 1998, 962; OLG Köln NZM 2000, 765.
[288] LG Hamburg ZWE 2017, 316.
[289] OLG München NJW-RR 2008, 247.
[290] AG München ZMR 2017, 931.
[291] OLG München NZM 2005, 825.
[292] LG Stuttgart ZWE 2016, 416.
[293] OLG Hamm NJWE-MietR 1997, 277.
[294] BayObLG NJW-RR 2002, 445.
[295] BayObLG NJW-RR 1996, 1165.
[296] OLG Hamburg BeckRS 2002, 30242213.
[297] OLG Hamburg ZWE 2006, 243; OLG Köln NJW-RR 2000, 16; OLG München BeckRS 2007, 05910.
[298] BGH NJW 2014, 1090.
[299] BayObLG NJW-RR 1992, 272.
[300] BayObLG WE 1987, 51.
[301] OLG Celle ZWE 2001, 33.
[302] BayObLG BeckRS 1984, 30958709.
[303] OLG Köln ZWE 2000, 428 betr. Gaststätte.
[304] BayObLG ZMR 1985, 62.
[305] BayObLG WE 1991, 228; OLG Köln NJWE-MietR 1996, 275: Mehrheitsbeschluss möglich.
[306] Vgl. OLG Hamburg BeckRS 2001, 30859735.
[307] LG Hamburg ZWE 2014, 360.
[308] OLG Hamburg BeckRS 2005, 02403; AG München BeckRS 2015, 122277 = ZMR 2017, 1021.
[309] OLG Düsseldorf BeckRS 2005, 00173.
[310] BayObLG NJW-RR 1988, 1169.
[311] BayObLG BeckRS 1994, 09284; OLG Köln NJW 1981, 585; ZMR 1998, 49.
[312] KG BeckRS 2008, 02541.
[313] BayObLG BeckRS 2000, 09278.
[314] AG Schöneberg ZWE 2018, 42.
[315] OLG Köln NZM 1999, 263.
[316] BayObLG NZM 1998, 339.
[317] BayObLG NJW-RR 1988, 588.
[318] OLG Köln WuM 1997, 455; NZM 1998, 821: Zustimmung aber nicht immer erforderlich.
[319] BGHZ 116, 392 = NJW 1992, 978 (979 f.).
[320] BayObLG WE 1984, 27; BeckRS 1997, 06400; OLG Düsseldorf NZM 1999, 264: Zustimmungspflicht abgelehnt.
[321] BayObLG BeckRS 1994, 09283 = WuM 1994, 564; BeckRS 1999, 06992 = ZfIR 1999, 781; OLG München BeckRS 2006, 08881; OLG Frankfurt BeckRS 2010, 20573 = ZMR 1994, 381; OLG Düsseldorf NZM 2007, 528.

größerung ja;[322] Zumauern ja;[323] **Fenstergitter** grundsätzlich ja;[324] „Französisches Fenster," das ist ein Fenster, das wie eine Tür mit einem unmittelbar vor der Öffnung befestigten Geländer konstruiert ist, ja[325] **Flur** Abtrennung eines im gemeinschaftlichen Eigentum stehenden Flurteiles ja;[326] **Funkantenne** ja;[327] Mobilfunkanlage ja;[328] **Fußboden** (höhere Last auf der Decke, verringerte Wärmedämmung, erhöhter Trittschall) ja.[329]

Garage Betonierung der Zufahrt ja;[330] Errichtung ja;[331] Fernbedienung zum Öffnen ja;[332] 163
Flügeltor ja;[333] Maß-Überschreitung ja;[334] Rolltor in Tiefgarage ja;[335] Tor an Stellplätzen in Tiefgarage ja;[336] Anbringen eines verschließbaren Tores an einer offenen Garage ja;[337] Tor/Farbe nein;[338] Umwandlung eines Parkplatzes in eine Garage ja;[339] **Garagenstellplatz,** Aufstellen einer Trennwand ja;[340] Austausch des einen Stellplatz begrenzenden Maschendrahtzaunes gegen eine Holztrennwand ja;[341] **Garderobe,** Anbringen im Treppenhaus ja;[342] **Garten** andersartige Anlage ja;[343] Baumfällen: Einzelfallfrage, vorrangig minder einschneidende Maßnahmen wie Auslichtung;[344] Anpflanzung eines stark wachsenden Baumes ja;[345] Fällen von den Garten prägenden Bäumen ja;[346] Beet ja;[347] Beeteinfassung ja;[348] Geräteschuppen ja;[349] Aufbringen stattlicher Findlinge ja;[350] Gartenhaus ja;[351] Gartenzwerge ja;[352] Errichtung einer Gabionenwand ja;[353] radikaler Rückschnitt der Hecke (von ca. 160 cm auf 80 cm) ja;[354] Austausch einer Hecke gegen einen Stahlgitterzaun nebst Begrenzungssteinen nein;[355] Marmorgarten ja;[356] Möbel nein;[357] Palisadenwand (Friesenwall) ja;[358] Pergola ja;[359] Pflanztröge ja;[360] Plattenverlegung ja;[361] Sicht-

[322] BayObLG NZM 2001, 895; OLG Düsseldorf NJW-RR 1994, 277 betr. Keller; OLG Zweibrücken BeckRS 1999, 31129751.
[323] OLG Düsseldorf WE 1989, 177.
[324] OLG Düsseldorf NZM 2005, 264 Ls.
[325] LG Berlin GE 2016, 1515.
[326] OLG Düsseldorf DWE 1989, 80 Ls.
[327] BayObLG NJW-RR 1987, 202; 1990, 1167; OLG Köln NJWE-MietR 1996, 110.
[328] BGH NJW 2014, 1233.
[329] OLG Hamburg ZMR 2006, 377; vgl. auch BGH NJW 2012, 2725.
[330] OLG Celle MDR 1968, 48.
[331] BayObLGZ 1973, 81; NZM 2003, 720; OLG Frankfurt OLGZ 1987, 40; KG NJW 1968, 160; OLG Stuttgart OLGZ 1974, 404; OLG Hamburg ZMR 2007, 981 betr. Tiefgarage.
[332] BayObLG NZM 1998, 522.
[333] BayObLG NZM 1999, 282.
[334] OLG Düsseldorf NZM 1998, 79.
[335] OLG Köln NZM 1999, 865.
[336] BayObLG BeckRS 1997, 08897.
[337] BayObLG NZM 1999, 282.
[338] LG Bonn NJW-RR 2002, 442.
[339] BayObLGZ 1973, 78.
[340] OLG München NZM 2006, 783.
[341] OLG München NZM 2006, 783.
[342] OLG München FGPrax 2006, 110.
[343] OLG Düsseldorf NJW-RR 1994, 1167.
[344] KG FGPrax 1996, 19; OLG Düsseldorf NZM 2003, 980; OLG München BeckRS 2006, 04715; OLG Schleswig BeckRS 2007, 15920; AG Braunschweig ZWE 2014, 283.
[345] KG NJW-RR 1987, 1360.
[346] LG Berlin ZWE 2017, 47; AG Hamburg-Blankenese BeckRS 2016, 12173 = ZMR 2016, 492.
[347] BayObLG NJW-RR 1996, 1165; KG NJW-RR 1994, 526.
[348] KG NJW-RR 1993, 526.
[349] KG WE 1992, 283; BayObLG FGPrax 2001, 189; OLG München BeckRS 2006, 14070.
[350] AG Oberhausen ZWE 2014, 291.
[351] BayObLG NJW-RR 2002, 445; OLG Hamm BeckRS 2009, 05171 mAnm *Weber* ZWE 2009, 138; OLG Köln NZM 1998, 864; OLG Hamburg BeckRS 2007, 13264 = ZMR 2007, 635.
[352] OLG Hamburg NJW 1988, 2652; AG Essen NZM 2000, 309.
[353] LG Frankfurt a.M. ZWE 2014, 221.
[354] OLG München NJW-RR 2006, 88; OLG Köln NZM 1999, 623; OLG Karlsruhe DWE 1994, 20.
[355] BGH NJW 2012, 676 (678).
[356] OLG Hamburg ZWE 2002, 136.
[357] BayObLG NJW-RR 2002, 949; NZM 2002, 569.
[358] OLG Schleswig NZM 1999, 422.
[359] BayObLG BeckRS 2000, 30139436; OLG München NJW-RR 2007, 1384; BeckRS 2006, 08282; OLG Köln MDR 1997, 1020.
[360] BayObLG BeckRS 1992, 30810008.
[361] BayObLG NJWE-MietR 1996, 83.

schutzwand ja;[362] Teeren der Rasenfläche ja;[363] Tor grundsätzlich ja,[364] Ausnahmen möglich, zB wenn der Einbau des (nicht verschließbaren) Tores bei dem sonst umzäunten Grundstück dazu dient, die Voraussetzungen eines befriedeten Besitztums und damit des strafbewehrten Schutzes nach § 123 StGB zu schaffen;[365] Trampolin auf einer der Terrasse vorgelagerten Gartenfläche nein;[366] Trittplatten ja;[367] Zaun ja;[368] **Gasleitung** ja;[369] **Gegensprechanlage** nein;[370] **Grillplatzentfernung** ja;[371] Errichtung eines kleinen Kaninchengeheges nein.[372]

164 **Hebeanlage für Abwasser** und **Rückstauklappe** (erstmaliger Einbau) nein;[373] **Heizung** automatische Regelungsanlage nein;[374] Abkoppelung einer Wohnung von der gemeinsamen Heizungsanlage ja;[375] Austausch Elektro- durch Gasetagenheizung nein;[376] Demontage ja;[377] Umstellung von Nachtspeicherstrom auf Gas ja;[378] Umstellung einer Öl-Zentralheizungsanlage auf Fernwärme ja,[379] auf Gas nein;[380] Heizkörper-Austausch gegen Konvektor ja;[381] zusätzlicher Heizkörper nein;[382] Ersetzung einer konventionellen Heizung durch ein Blockheizkraftwerk, das auch der Erzeugung von Strom dient ja;[383] **Hofpflasterung,** Ersthерstellung nein;[384] Installation eines teilautomatischen Schließmechanismus des Hoftores ja.[385]

165 Einbau von **Kaltwasserzählern** nein;[386] Errichtung eines neuen **Kaminabzugs** ja;[387] Beseitigung ja;[388] Betrieb eines Pizzaofens an nicht zur Sondernutzung bestimmten **Kaminzug** ja;[389] **Klimaanlage** ja;[390] an der Außenfassade ja;[391] Klimaanlage auf dem Flachdach ja.[392]

166 **Leitungsrohr,** Keller ja;[393] **Lichterkette** am Balkon ja;[394] **Loggiaverglasung** s. Balkonverglasung.

167 **Jalousien** und **Jalousiekästen** bei optischem Nachteil ja.[395]

168 **Markise** ja;[396] **Mauer** im Garten zwischen zwei Gebäuden einer WE-Anlage ja;[397] eine aus Florwallsteinen errichtete und mit Thujen bepflanzte Mauer ja;[398] **Mobilfunkanlage**

---

362 BayObLG NZM 2000, 678; OLG Köln NZM 1999, 178.
363 BayObLG 17.7.1986 – BReg Z 32/86, WE 1987, 51.
364 BGH NJW 1979, 817.
365 OLG München BeckRS 2005, 08688.
366 LG München I ZMR 2018, 862; AG München ZWE 2018, 221 = IMR 2018, 67 mAnm *Dötsch;* aA LG Hamburg BeckRS 2016, 15041 = ZMR 2016, 562.
367 BayObLG NZM 2001, 959; NJW-RR 2002, 158.
368 OLG Köln ZWE 2008, 394.
369 BayObLG NZM 1998, 1014.
370 BayObLG NZM 2002, 869.
371 BayObLG NZM 2002, 130.
372 OLG Köln NZM 2005, 785.
373 LG München I ZMR 2017, 923 = BeckRS 2017, 135161.
374 OLG Hamm OLGZ 1982, 260.
375 OLG Düsseldorf FGPrax 2003, 116.
376 OLG Frankfurt NJW-RR 1992, 1494.
377 LG Hannover BeckRS 2008, 22162.
378 OLG Hamm NJW-RR 1995, 909.
379 OLG Düsseldorf FGPrax 1998, 49.
380 BayObLG ZWE 2002, 315; OLG Celle BeckRS 1992, 30809895 betr. modernisierende Instandsetzung.
381 OLG Hamburg BeckRS 1999, 10859.
382 OLG Düsseldorf NZM 2004, 835.
383 AG Freiburg ZWE 2008, 355 mAnm *Elzer.*
384 OLG Düsseldorf NZM 2000, 390.
385 AG Hamburg-Wandsbek ZMR 2018, 82.
386 BGH NJW 2003, 3476 (3479).
387 OLG München ZMR 2006, 884; OLG Köln ZWE 2000, 592; LG Karlsruhe ZWE 2012, 138; LG München I ZWE 2017, 328.
388 OLG Köln ZWE 2000, 378; LG Karlsruhe ZWE 2012, 138.
389 LG Frankfurt a.M. BeckRS 2016, 08114 = ZMR 2016, 644.
390 OLG Köln BeckRS 1999, 08189; OLG Zweibrücken FGPrax 1999, 143; OLG Düsseldorf BeckRS 2007, 14732; AG Essen ZMR 2017, 836 = ZWE 2017, 377.
391 LG Berlin ZWE 2017, 130; LG Frankfurt a. M. ZWE 2017, 145.
392 LG Hamburg ZWE 2015, 135.
393 OLG Düsseldorf NZM 2001, 392.
394 LG Köln BeckRS 2008, 11032 = ZMR 2008, 993.
395 LG Aurich ZWE 2016, 274.
396 BayObLG NJW-RR 1996, 266; OLG Frankfurt OLGZ 1986, 42; KG NJW-RR 1995, 587; LG Düsseldorf ZWE 2015, 412.
397 KG NJW-RR 1994, 526.
398 OLG Frankfurt BeckRS 2010, 24008 = MDR 2010, 1108.

ja;[399] **Mülltonnen** Verlegung ja,[400] nein;[401] Einrichtung eines Abstellplatzes für Mülltonnen nein[402] ja, sofern der Platz nur von einem Wohnungseigentümer benutzt wird;[403] Umbau einer Böschungsstützmauer zur Aufnahme von Mülltonnen ja;[404] **Münzwaschsalon** ja.[405]

Parabolantenne ja,[406] es sei denn, sie ist nicht sichtbar;[407] **Parkplatz** Anbringung von Parkab- 169
sperrbügeln ja;[408] Umwandlung eines Platzes für Müllcontainer in einen Parkplatz ja;[409] **Pergola** ja;[410] **Pflanztröge** Aufstellen nein;[411] Entfernen ja;[412] **Photovoltaikanlage** ja.[413]

Regenfallrohr nein;[414] **Regenrinne** ja;[415] **Reklametafel** unbeleuchtet nein;[416] beleuchtet 170
(ortsüblich) nein;[417] **Rollladen** ja;[418] Rollladenkasten ja;[419] Umbau der bisher manuell betriebenen Rollläden durch elektrisch betriebene Rollladenheber grundsätzlich nein.[420]

Satellitenanlage nein;[421] **Sauna** ja;[422] **Schaukästen** ja;[423] **Schwimmbecken** ja;[424] Erweite- 171
rung um Ruheraum ja;[425] **Solaranlage/Sonnenkollektoren** ja;[426] **Spielplatz** nein;[427] Ballspielplatz nein;[428] Kinderschaukel nein;[429] **Spitzboden/Speicher** ja, es sei denn, die Wohnanlage besteht aus selbständigen Einfamilienhäusern;[430] **Stellplatz** Bau einer Terrasse auf einem Stellplatz ja.[431]

Tapete, Glasfasertapete nein;[432] **Teppichboden** nein;[433] **Terrasse** ja;[434] Geländer ja;[435] 172
Mauer ja;[436] teilweise Austausch des Terrassenbelags (Holz statt Steinplatten) ja;[437] Aufstellen von

399 BGH NJW 2014, 1233 Rn. 4 f.; BayObLG NZM 2002, 441; OLG München FGPrax 2007, 74: Mehrheitsbeschluss nichtig; OLG Hamm NJW 2002, 1730; OLG Schleswig NZM 2001, 1035.
400 BayObLG ZWE 2002, 213; OLG Frankfurt OLGZ 1980, 78; OLG Zweibrücken NJW-RR 1987, 1359; LG Hamburg ZWE 2015.
401 OLG Hamburg BeckRS 1977, 30971820; OLG Karlsruhe OLGZ 1978, 172.
402 LG Bremen NZM 1998, 725; zweifelhaft.
403 LG Aurich ZMR 2017, 909 = BeckRS 2017, 135817; AG Jever ZMR 2017, 683 = BeckRS 2017, 115766.
404 OLG Karlsruhe OLGZ 1978, 172.
405 BayObLGZ 1991, 256.
406 BayObLG NJW-RR 1999, 956; NZM 2001, 433; OLG Celle NJW 1994, 2160; OLG Frankfurt BeckRS 1997, 10308; OLG Hamm NJW-RR 2002, 1020; BeckRS 1997, 31008400; AG Köln ZWE 2017, 451; AG Pinneberg ZMR 2018, 90.
407 OLG München NJW-RR 2006, 592.
408 OLG Frankfurt NJW-RR 1993, 86; OLG Schleswig NJWE-MietR 1997, 29.
409 OLG Frankfurt OLGZ 1980, 78.
410 BayObLG NZM 2001, 769; KG NJW-RR 1991, 1300; OLG München BeckRS 2006, 08282 = ZMR 2006, 800; aA LG Frankfurt a.M. ZWE 2014, 327.
411 BayObLG BeckRS 1997, 06400.
412 BayObLG BeckRS 1992, 30810008.
413 BayObLG NZM 2002, 74.
414 BayObLG NJWE-MietR 1996, 181 Ls. betr. erstmalige Herstellung.
415 OLG Düsseldorf BeckRS 2012, 19329.
416 OLG Hamm OLGZ 1980, 274; OLG Köln NZM 2007, 92.
417 BayObLG ZMR 1987, 389; NZM 2000, 1236; OLG Frankfurt Rpfleger 1982, 64; OLG Hamm OLGZ 1980, 274; OLG Köln NZM 2007, 92.
418 OLG Düsseldorf ZWE 2001, 34; OLG Hamburg BeckRS 2003, 09083; LG Hamburg ZWE 2013, 137; AG Oldenburg BeckRS 2016, 15048.
419 OLG Düsseldorf ZWE 2000, 279.
420 OLG Köln NZM 2001, 53; OLG Zweibrücken ZWE 2003, 274.
421 OLG Köln NZM 1998, 970.
422 BayObLG ZWE 2001, 428.
423 BayObLG BeckRS 1995, 05899.
424 BayObLG BeckRS 1999, 11016; zur Schließung eines Schwimmbades vgl. BayObLG NJW-RR 1987, 655.
425 BGH NJW 2012, 603 = ZfIR 2012, 97 mAnm *Elzer.*
426 BayObLG NJW-RR 2000, 1179 (die Entscheidung FGPrax 2005, 108 befasst sich nicht mit der Beeinträchtigung, sondern stellt nur klar, dass es sich um eine bauliche Veränderung handelt); OLG München NZM 2005, 825; OLG Düsseldorf NZM 2002, 202.
427 BayObLG NZM 1998, 817.
428 OLG Schleswig NZM 2002, 960.
429 BayObLG NZM 1998, 817; KG OLGZ 1991, 54.
430 OLG Hamm FGPrax 1998, 175; OLG München ZMR 2006, 301.
431 BGH ZWE 2012, 377 f.
432 OLG Düsseldorf NJW-RR 1994, 1169.
433 OLG Saarbrücken FGPrax 1998, 18.
434 BayObLG NZM 2002, 128; NJW-RR 1997, 971; OLG Frankfurt ZWE 2007, 461.
435 BayObLG BeckRS 2003, 30304065.
436 BayObLG BeckRS 2001, 20153278.
437 AG München ZWE 2017, 410.

Pflanzkübeln ja;[438] Sonnensegel und Sichtschutzmatten am Terrassengeländer ja;[439] Treppe von Terrasse zum Garten ja;[440] Verglasung ja;[441] Überdachung ja;[442] Unterkellerung ja;[443] Vergrößerung ja;[444] **Treppenhaus** Einbau eines Alarmanlagenschalters nein;[445] Errichtung eines Aufzugs ja;[446] Garderobe im Treppenhaus ja;[447] Schrank im Treppenhaus ja;[448] Treppenlift nein;[449] Zählerkasten im Treppenhaus ja;[450] **Tür** Einbau ja;[451] Einbau einer Zwischenwand mit Wohnungsabschlusstür ja.[452]

173 **Überwachungskamera/Videoanlage** grundsätzlich ja zum Schutz vor unberechtigten Zugriffen auf das Eigentum, sofern die Kamera nur das Grundstück des Eigentümers und weder öffentliche noch fremde private Flächen (einschließlich des gemeinsamen Zugangs zu diesen) erfasst und der Schutz der Privatsphäre Dritter beachtet wird; das Persönlichkeitsrecht Dritter ist zB betroffen, wenn diese aufgrund konkreter Umstände eine Überwachung befürchten müssen;[453] Videokamera im Bereich des **Sondereigentums,** zB Garage, ja;[454] Einbau einer **Videoanlage** im gemeinschaftlichen **Klingeltableau** ist zulässig, wenn die Kamera nur durch Betätigung der Klingel aktiviert wird, eine Bildübertragung allein in die Wohnung erfolgt, bei der geklingelt wurde, die Bildübertragung nach spätestens einer Minute unterbrochen wird und die Anlage nicht das dauerhafte Aufzeichnen von Bildern ermöglicht;[455] Recht zur dauerhaften Bildaufzeichnung, wenn das Überwachungsinteresse der Gemeinschaft das Interesse des einzelnen Wohnungseigentümers und von Dritten, deren Verhalten mit überwacht wird, überwiegt und wenn die Ausgestaltung der Überwachung inhaltlich und formell dem Schutzbedürfnis des Einzelnen ausreichend Rechnung trägt.[456]

174 **Versorgungsleitung** ja;[457] Verlegung einer Wasserleitung nein.[458]

175 **Wanddurchbruch** zur Verbindung von zwei Wohnungen: Einzelfall,[459] wenn keine Gefahr für die konstruktive Stabilität des Gebäudes und dessen Brandsicherheit nein,[460] bei erhöhter Nutzungsintensität ja,[461] für zusätzlichen Eingang ja;[462] **Wärmedämmung** ja;[463] **Warmwasserboiler** nein;[464] **Waschküche,** Umbau in Versammlungsraum ja;[465] **Wäschespinne** nein;[466]

---

438 AG Pinneberg ZMR 2017, 687.
439 LG Karlsruhe ZWE 2015, 45.
440 BayObLG NZM 2004, 747.
441 OLG Karlsruhe BeckRS 2000, 30811151.
442 BGH NJW 2014, 1090; OLG München BeckRS 2005, 14115; OLG Zweibrücken OLGZ 1989, 181.
443 BayObLG BeckRS 2004, 07242; OLG Hamm OLGZ 1976, 61.
444 BayObLG NZM 1999, 1009; OLG Frankfurt ZWE 2007, 461; OLG Hamburg ZMR 2006, 465; AG Esslingen WuM 2017, 734.
445 LG Düsseldorf ZWE 2015, 412.
446 BGH ZWE 2017, 224 mAnm *Hogenschurz* ZWE 2017, 208.
447 BayObLG NJW-RR 1998, 875 OLG Hamm BeckRS 2009, 05171 mAnm *Weber* ZWE 2009, 138; OLG München NJW-RR 2006, 803.
448 KG NJW-RR 1993, 403.
449 BGH ZWE 2017, 224 Rn. 23 f. mAnm *Hogenschurz* ZWE 2017, 208; BayObLG FGPrax 2003, 261; OLG München NJW-RR 2005, 1324; LG Erfurt NZM 2003, 402; LG Hamburg NZM 2001, 767; vgl. auch AG Hamburg ZMR 2005, 821, das den Einbau als nachteilig und unverhältnismäßig ansah, weil mildere Mittel zur Verfügung standen; NJW-RR 2008, 1332, 1334; LG Karlsruhe ZWE 2013, 37 f.; AG Krefeld WuM 1999, 590 f.
450 BayObLG ZWE 2002, 570.
451 BGH NJW 1979, 817; OLG Stuttgart OLGZ 1991, 40.
452 OLG Düsseldorf NZM 2005, 791.
453 BGHZ 197, 274 = NJW 2013, 3089; BGH NJW-RR 2012, 140; NJW 1995, 1955; BayObLG NJW-RR 2005, 284; KG FGPrax 2002, 211; LG Bielefeld NJW-RR 2008, 327; LG Itzehoe NJW-RR 1999, 1394; AG Hamburg-Barmbek ZMR 2017, 266.
454 AG Schöneberg GE 2017, 844 = BeckRS 2017, 118587.
455 BGH NJW-RR 2011, 949.
456 BGHZ 197, 274 = NJW 2013, 3089.
457 BayObLG NJW-RR 1988, 589; KG WuM 1994, 38; KG NJW-RR 1997, 713.
458 OLG Hamm NZM 2007, 294; LG Itzehoe ZMR 2010, 640 = BeckRS 2010, 18615.
459 BGHZ 146, 241 = NJW 2001, 1212; BayObLG ZWE 2002, 358; BayObLGZ 2000, 252; OLG Celle ZWE 2002, 533; OLG München BeckRS 2007, 222045; KG NJW-RR 1997, 587.
460 BGHZ 146, 241 = NJW 2001, 1212.
461 OLG Köln NJW-RR 2005, 1541; AG Pinneberg ZMR 2017, 603 betr. tragende Wand.
462 OLG Frankfurt BeckRS 2005, 14050.
463 BayObLG NZM 2002, 75; OLG Düsseldorf NZM 2002, 704.
464 OLG Düsseldorf NZM 2002, 705.
465 BayObLG NJWE-MietR 1997, 179.
466 OLG Zweibrücken NZM 2000, 293.

Wäschestange ja;[467] **Wäschetrockenplatz,** Verlegung ja;[468] **Wasseranschluss** ja;[469] **WC-Einbau** ja;[470] **Windschutz** ja;[471] **Wintergarten** nebst Balkon ja;[472] **Wohnungsabschlusstür** nein.[473]

Zähler Einbau ja;[474] **Zählerkasten** nein;[475] **Zaun** Errichtung eines Zaunes als Windschutz 176
oder zur Einfriedung des Grundstücks oder einer Sondernutzungsfläche ja;[476] massiver Holzzaun ja;[477] Austausch eines Jägerzaunes durch eine Zaunanlage mit Überwachungssensorik sowie Übersteige- und Untergrabschutz ja;[478] Erneuerung eines Zaunes aus Rundholz durch Halbrundholz ja;[479] Anbringung einer grünen Kunststoffmatte am Zaun ja;[480] Hecke nein,[481] Ersatz Holzpfosten durch Stahlpfosten nein;[482] Holzflechtzaun hinter Jägerzaun ja,[483] kindersicherer Zaun nein,[484] leicht demontierbar nein,[485] Maschendrahtzaun zwischen Gärten bei Doppelhaus nein,[486] Maschendrahtzaun zwischen Stellflächen einer Garage ja.[487]

2. Einverständnis der Beeinträchtigten. Werden Rechte anderer Wohnungseigentümer 177
durch die beabsichtigte bauliche Veränderung über das bei einem geordneten Zusammenleben unvermeidliche Maß hinaus beeinträchtigt, kommt es auf das Einverständnis der beeinträchtigten Wohnungseigentümer an. Abs. 3 spricht dabei bewusst von einem Einverständnis, da es nicht um die Zustimmung zu einem Rechtsgeschäft, sondern um das Einverstanden-Sein mit einem Rechtseingriff geht.

Das Erfordernis des Einverständnisses aller Beeinträchtigten regelt die benötigte Stimmenzahl. 178
Es ist **nicht kompetenzbegründend.** Die **Beschlusskompetenz** haben die Wohnungseigentümer – wie sich aus dem Wortlaut in Abs. 1 „können beschlossen … werden“ ergibt – unabhängig davon, ob die Beeinträchtigten iSv Abs. 3 ihr Einverständnis tatsächlich erklärt haben oder nicht. Sie dürfen nur keine Beschlüsse ohne deren Einverständnis fassen. Fassen sie gleichwohl einen solchen Beschluss, so ist dieser zwar **anfechtbar,** aber nicht nichtig.[488]

Das Einverständnis der von einer baulichen Veränderung betroffenen Eigentümer[489] ist **keine** 179
Willenserklärung, sondern eine **rechtsgeschäftsähnliche Handlung.**[490] Das Einverständnis kann **formlos** erteilt werden und verlangt nicht einen in der Eigentümerversammlung gefassten Beschluss (→ Rn. 36); im Streitfall obliegt es dem Anspruchsteller, das erforderliche Einverständnis darzulegen und notfalls zu beweisen. Es kann **beschränkt** auf eine bestimmte, an konkrete Unterlagen (Planskizzen, Baubeschreibungen) festzumachende Maßnahme, oder auch an Auflagen und Bedingungen geknüpft werden,[491] aber auch ganz allgemein erteilt werden.[492]

Das Einverständnis kann auch **konkludent** erklärt werden.[493] In der Genehmigung von Aus- 180
baumaßnahmen durch **Unterzeichnung** eines öffentlich-rechtlichen **Bauantrags,** dem die Bauzeichnungen beigefügt sind, kann in Ausnahmefällen die privatrechtliche Zustimmung zu den bean-

---

467 BayObLG ZMR 1987, 389.
468 BayObLG ZMR 1987, 389.
469 BayObLG BeckRS 1997, 06400; OLG Düsseldorf FGPrax 2003, 116; OLG Zweibrücken NZM 2002, 253 betr. unterirdische Leitung.
470 BayObLG NJW-RR 1988, 589; 1992, 272.
471 BayObLG BeckRS 1994, 09801.
472 BGH NJW 2007, 432; OLG Köln BeckRS 2008, 17425; OLG München NJW-RR 2014, 453.
473 BayObLG NZM 2002, 869.
474 BayObLG ZWE 2002, 73; OLG Düsseldorf NJW 1985, 2837.
475 BayObLG ZWE 2002, 73.
476 BayObLG NJW-RR 1991, 1362; KG ZMR 1985, 27; OLG Düsseldorf WE 1997, 310.
477 LG Hannover DWE 1984, 127.
478 BayObLG WE 1992, 197.
479 KG NJW-RR 1997, 713; OLG Köln ZMR 2008, 817.
480 BayObLG NZM 2000, 678.
481 BayObLG NJW-RR 1991, 1362; MDR 1982, 852.
482 OLG Düsseldorf MDR 1986, 677.
483 KG NJW-RR 1997, 713.
484 BayObLG NZM 2000, 513.
485 OLG Köln NZM 1998, 820.
486 BayObLG NZM 1999, 261; OLG Hamburg WE 1984, 91.
487 BayObLG NJW-RR 1991, 722; OLG Hamburg WE 1984, 91.
488 Vgl. BT-Drs. 16/887, 30 = NZM 2006, 401 (417).
489 Vgl. hierzu *Ott* ZWE 2002, 61.
490 BT-Drs. 19/18791, 65.
491 BayObLG NZM 1998, 1014.
492 BayObLG WE 1997, 236; OLG Zweibrücken NZM 2000, 293; OLG Karlsruhe NJW-RR 1998, 1468.
493 OLG Zweibrücken NZM 2000, 293.

tragten baulichen Veränderungen liegen, wenn über die öffentlich-rechtliche Verzichtserklärung hinaus damit auch eine bürgerlich-rechtliche Willenserklärung verbunden ist.[494]

181 Die **bloße Duldung** einer baulichen Veränderung enthält aber grundsätzlich nicht das erforderliche Einverständnis.[495] Das Einverständnis, das den Ausbau zu Wohnzwecken genehmigt, umfasst in der Regel alle Maßnahmen einschließlich baulicher Veränderungen, die zur Schaffung von Wohnraum erforderlich sind. Von mehreren Gestaltungsmöglichkeiten ist diejenige zu wählen, die die Belange der übrigen Wohnungseigentümer am wenigsten beeinträchtigt.[496]

182 Der **Sondernachfolger** eines Wohnungseigentümers ist an das Einverständnis seines Rechtsvorgängers gebunden (§ 10 Abs. 3 S. 2),[497] sofern die bauliche Veränderung im Zeitpunkt der Rechtsnachfolge zumindest teilweise bereits vorgenommen war,[498] so dass er den durch die Veränderung geschaffenen Zustand durch Besichtigung und Befragung zur Kenntnis und von einem Erwerb Abstand nehmen konnte. Das Gleiche gilt für einen Eigentümer, der als **Vormerkungsberechtigter** zugestimmt hat.[499]

183 Ein Wohnungseigentümer, der um das Einverständnis zu einer baulichen Veränderung nachsucht, kann aufgrund der sich aus dem Gemeinschaftsverhältnis ergebenden **Schutz- und Treuepflichten** gehalten sein, die anderen Wohnungseigentümer über Umstände **aufzuklären,** die für Art und Ausmaß der zu erwartenden Beeinträchtigungen von Bedeutung sind.[500]

184 **3. Anforderung an den Verwalter.** Der Verwalter muss in **Vorbereitung** einer **Beschlussfassung** über die bauliche Veränderung des gemeinschaftlichen Eigentums gemäß Abs. 3 **prüfen,** ob die **Tatbestandsvoraussetzungen** von Abs. 3 vorliegen und von welchen Eigentümern das Einverständnis erforderlich ist und vorliegt, weil deren Rechte durch die bauliche Veränderung über das bei einem geordneten Zusammenleben unvermeidliche Maß hinaus beeinträchtigt werden. In der **Wohnungseigentümerversammlung** muss er vor der Beschlussfassung über das Ergebnis seiner Prüfung **informieren** und ggf. auf ein bestehendes **Anfechtungsrisiko hinweisen.** Klärt der Verwalter die Wohnungseigentümerversammlung vor einer Beschlussfassung gemäß Abs. 1 nicht in gebotener Weise darüber auf, dass die Voraussetzungen für einen Beschluss nach Abs. 3 nicht vorliegen, handelt er pflichtwidrig iSv § 280 Abs. 1 BGB; einen **Rechtsirrtum** hat er aber nur dann iSv § 276 BGB zu vertreten, wenn seine Einschätzung **offenkundig falsch** ist.[501]

185 Dem Verwalter steht es insoweit auch offen, die Wohnungseigentümer auf aus seiner Sicht verbleibende Rechtsunsicherheiten **hinzuweisen** und im Rahmen eines zweistufigen Vorgehens etwa notwendige Einverständnisse vor der Stimmabgabe abzufragen.[502] Ist der Verwalter der Auffassung, dass die Voraussetzungen für einen Beschluss nach Abs. 3 nicht vorliegen, weil es sich um eine bauliche Veränderung mit relevanter Beeinträchtigung handelt und nicht von allen beeinträchtigten Wohnungseigentümern das Einverständnis hierzu vorliegt, und hat er deshalb **Bedenken** gegen die Verkündung eines auf eine bauliche Veränderung des gemeinschaftlichen Eigentums gemäß Abs. 1 gerichteten Beschlusses, für den sich eine einfache Mehrheit ausgesprochen hat, so kann er, statt das Zustandekommen des Beschlusses zu verkünden, eine **Weisung** der Gemeinschaft der Wohnungseigentümer im Wege eines **Geschäftsordnungsbeschlusses** einholen.[503]

186 **4. Anspruch auf Gestattung.** Abs. 1 gewährt dem einzelnen Wohnungseigentümer einen **Individualanspruch** gegen die Gemeinschaft der Wohnungseigentümer, eine Maßnahme gemäß Abs. 3 durch **einfachen Mehrheitsbeschluss** zu gestatten.

187 Auch wenn auf die Vornahme einer baulichen Veränderung ohne relevante Beeinträchtigung iSv Abs. 3 ein Anspruch besteht, benötigt der bauwillige Wohnungseigentümer vorab zunächst einen gestattenden **Eigentümerbeschluss** iSv Abs. 1. Der bauwillige Wohnungseigentümer kann seinen Anspruch also nicht eigenmächtig und im Wege einer Selbstjustiz durchsetzen, sondern muss zunächst die **Wohnungseigentümerversammlung** damit **vorbefassen** und einen Gestattungsbe-

---

494 BayObLG NJW-RR 1994, 82; KG NZM 1998, 771. Zur Auslegung einer im Baugenehmigungsverfahren gegenüber der Verwaltungsbehörde erteilten Zustimmung als Zustimmung gemäß § 22 aF vgl. auch OLG Karlsruhe NJW-RR 1998, 1468.

495 BayObLG NJW-RR 1998, 947.

496 OLG Hamm NZM 1998, 873.

497 BayObLG BeckRS 2001, 30153278; KG OLGZ 1989, 305; WuM 1994, 38; OLG Hamm NJW-RR 1991, 910; 1996, 971; OLG Stuttgart BeckRS 1998, 30815228.

498 BayObLG NJW-RR 1998, 947; OLG Düsseldorf NZM 1998, 79; OLG Hamm NJW-RR 1996, 971.

499 BayObLG NJW-RR 1995, 653.

500 BayObLG NJW 2002, 71.

501 BGH ZWE 2020, 379.

502 BGH ZWE 2020, 379.

503 BGH ZWE 2020, 379.

schluss einholen. Auf diese Weise wird sichergestellt, dass die Wohnungseigentümer in der Versammlung über alle baulichen Veränderungen des gemeinschaftlichen Eigentums informiert werden.

Zum Inhalt des **Gestattungsbeschlusses** näher → Rn. 115 ff. 188

Für einen Beschluss nach Abs. 3 ist daher neben der **Stimmenmehrheit** der in einer Versamm- 189
lung erschienenen und vertretenen Wohnungseigentümer auch das **Einverständnis** der durch die baulichen Veränderungen beeinträchtigten Wohnungseigentümer erforderlich.[504] Ist die Stimmenmehrheit der in einer Eigentümerversammlung erschienenen und vertretenen Wohnungseigentümer erreicht und umfasst sie auch die Einverständniserklärungen der durch die bauliche Veränderung beeinträchtigten Wohnungseigentümer, liegen die Voraussetzungen für die Feststellung und **Verkündung eines positiven Beschlussergebnisses** durch den **Versammlungsleiter** vor.[505] Wird die Stimmenmehrheit der in der Versammlung erschienenen Wohnungseigentümer zwar erreicht, fehlt aber das Einverständnis auch nur eines beeinträchtigten Wohnungseigentümers, liegt ein positives Beschlussergebnis eigentlich nicht vor. Da der Versammlungsleiter die Beeinträchtigung eines Wohnungseigentümers zu berücksichtigen hat, muss er dies grundsätzlich **feststellen und verkünden,** dass ein Beschluss über die geplante bauliche Veränderung **nicht zustande gekommen** ist.[506] Wird hingegen das Zustandekommen eines positiven Beschlusses verkündet, ist dieser **anfechtbar.**[507] Zu den Anforderungen an den Verwalter, um insoweit eine Pflichtverletzung zu vermeiden → Rn. 184.

5. Anspruchsgegner. Der Anspruch richtet sich gegen die **Gemeinschaft der Wohnungsei-** 190
gentümer. Das Verlangen nach einer Maßnahme ohne relevante Beeinträchtigung hat der Wohnungseigentümer gegenüber der Gemeinschaft der Wohnungseigentümer, in der Regel vertreten durch den **Verwalter** (vgl. § 9b) zu äußern. Der Verwalter hat dann einen entsprechenden Tagesordnungspunkt auf die Tagesordnung der nächsten **Eigentümerversammlung** zu setzen.

Fraglich ist auch hier (vgl. → Rn. 86), ob es sodann auch Aufgabe des Verwalters ist, einen 191
konkreten **Beschlussentwurf** auszufertigen, **Angebote** einzuholen, zu prüfen, ob und wie die Maßnahme überhaupt vorgenommen werden kann, etc. Dies ist bei Maßnahmen ohne relevante Beeinträchtigung, die nicht privilegiert iSv Abs. 2 sind, nicht der Fall. Bei Maßnahmen ohne relevante Beeinträchtigung, die nicht privilegiert iSv Abs. 2 sind, obliegt nämlich die Vornahme der Maßnahme ausschließlich dem bauwilligen Wohnungseigentümer. Bei einer nicht privilegierten Maßnahme ohne relevante Beeinträchtigung kann der bauwillige Wohnungseigentümer frei über die Art der Vornahme der Maßnahme entscheiden. Die Gemeinschaft der Wohnungseigentümer kann ihm insoweit **keine Vorgaben** oder **Auflagen** machen. Daher obliegt es ausschließlich dem bauwilligen Wohnungseigentümer, dafür zu sorgen, dass zum Zeitpunkt der Beschlussfassung in der Wohnungseigentümerversammlung den Wohnungseigentümern eine ausreichende **Entscheidungsgrundlage** vorliegt. Hierzu gehört sowohl die Vorlage eines konkreten und hinreichend bestimmten **Beschlussantrags,** der alle wesentlichen Regelungen für die beantragte bauliche Veränderung enthält, als auch die Vorlage von **Plänen, Skizzen, Zeichnungen, Angeboten,** etc. Bei baulichen Veränderungen ohne relevante Beeinträchtigung ist es also nicht Aufgabe des Verwalters, dafür zu sorgen, dass ein Gestattungsbeschluss gefasst wird, der einer Anfechtungsklage standhält. Dies ist vielmehr Aufgabe des bauwilligen Wohnungseigentümers.

6. Anspruchsumfang. Der Anspruch auf Gestattung einer Maßnahme ohne relevante Beein- 192
trächtigung, die nicht privilegiert iSv Abs. 2 ist, bezieht sich sowohl auf das **„Ob"** der Maßnahme als auch auf das **„Wie".** Abs. 2 S. 2 gilt für bauliche Veränderungen ohne relevante Beeinträchtigungen iSv Abs. 3 nicht, dh bei Maßnahmen ohne relevante Beeinträchtigung iSv Abs. 3 entscheidet der bauwillige Wohnungseigentümer alleine und frei über die Art und Weise der Vornahme der Maßnahme, es sei denn, es handelt sich um eine privilegierte Maßnahme iSv Abs. 2 S. 1 und der Wohnungseigentümer stützt seinen Anspruch auf Abs. 2 S. 1.

7. Vornahme der Maßnahme. Da Abs. 2 S. 2 für nicht privilegierte bauliche Veränderungen 193
ohne relevante Beeinträchtigungen iSv Abs. 3 nicht gilt, wird die Maßnahme ausschließlich namens und **im Auftrag** und auf Veranlassung des bauwilligen **Wohnungseigentümers** vorgenommen. Sollte dennoch beschlossen werden, dass die Maßnahme auf Veranlassung der Gemeinschaft der Wohnungseigentümer durchgeführt wird, wäre der Beschluss **nichtig,** da hierfür **keine Beschlusskompetenz** bestünde. Wenn ein Wohnungseigentümer eine bauliche Veränderung vornehmen möchte, die keinen anderen Wohnungseigentümer in rechtlich relevanter Weise beeinträchtigen

---

[504] Vgl. BT-Drs. 16/887, 29; BGHZ 73, 196 = NJW 1979, 817.

[505] Bärmann/*Merle* § 22 Rn. 142.

[506] LG München I ZWE 2011, 228; NZM 2009, 868; LG Karlsruhe ZWE 2012, 184; Bärmann/*Merle* § 22 Rn. 142, 143; *Becker* ZWE 2012, 297 (299); aA AG Oberhausen ZMR 2011, 76; *Niedenführ* ZWE 2012, 476 (478).

[507] BT-Drs. 16/887, 29.

wird und er daher einen Anspruch auf Gestattung dieser Maßnahme hat, kann dieser Anspruch nicht dadurch beschränkt werden, indem die Gemeinschaft der Wohnungseigentümer hierzu Vorgaben macht oder gar beschließt, dass die Maßnahme durch die Gemeinschaft der Wohnungseigentümer durchgeführt wird.

194 Denkbar ist allenfalls, den Gestattungsbeschluss mit **Maßgaben und Bedingungen**[508] zu verknüpfen, die ordnungsgemäßer Verwaltung zu entsprechen haben und die dem Wohnungseigentümer aber keine Vorgaben machen dürfen, auf welche Art und Weise er zu bauen hat. So kann der beantragte Mauerdurchbruch durch eine im Gemeinschaftseigentum stehende tragende Wand innerhalb einer Sondereigentumseinheit mit der Maßgabe und Bedingung gestattet werden, dass dem Verwalter vor Beginn der Baumaßnahme eine **Unbedenklichkeitsbescheinigung** vorgelegt wird, aus der sich ergibt, dass die Maßnahme in statischer, brandschutztechnischer und schallschutztechnischer Hinsicht unbedenklich ist, wobei eine solche Unbedenklichkeitsbescheinigung eigentlich bereits zum Zeitpunkt der Beschlussfassung vorliegen sollte, damit eine hinreichende Entscheidungsgrundlage gegeben ist. Ferner kann die Gestattung mit der Maßgabe verbunden werden, dass lärmintensive Arbeiten nur **werktags** und nicht innerhalb der **Ruhezeiten** vorgenommen werden.

195 Die Wohnungseigentümer haben dabei – anders als nach Abs. 2 S. 2 – **kein Ermessen,** über die Durchführung einer nicht privilegierten baulichen Veränderung zu entscheiden. Ein solches Ermessen ist mangels relevanter Beeinträchtigung nicht gerechtfertigt.

196 **8. Anspruchskonkurrenz zu Abs. 2.** Der einleitende Satzteil („Unbeschadet des Absatzes 2") stellt klar, dass der Anspruch nach Abs. 3 in **Konkurrenz** zu einem Anspruch nach **Abs. 2 S. 1** stehen kann. Dazu kann es kommen, wenn eine nach Abs. 2 S. 1 privilegierte Maßnahme keine relevante Beeinträchtigung auslöst. Im Falle der Anspruchskonkurrenz wird der Wohnungseigentümer freilich seinen Anspruch in der Regel auf **Abs. 3** stützen, da er in dessen Rahmen mangels einer dem Abs. 2 S. 2 entsprechenden Vorschrift frei über die **Art der Vornahme** der Maßnahme entscheiden kann.

197 **9. Veränderungssperre (Abs. 4).** Bei baulichen Veränderungen ohne relevante Beeinträchtigung spielt die Veränderungssperre gemäß Abs. 4 **keine Rolle.** Baulichen Veränderungen ohne relevante Beeinträchtigung ist es geradezu immanent, dass sie nicht zu einer grundlegenden Umgestaltung der Wohnanlage oder zu einer unbilligen Benachteiligung von einzelnen Wohnungseigentümern führen können, denn wenn dies so wäre, würde es sich nicht um bauliche Veränderungen ohne relevante Beeinträchtigung handeln (ergänzend → Rn. 39).

198 **10. Kosten.** Für die Kosten gilt § 21 Abs. 1 S. 1 (näher → § 21 Rn. 1 ff.).

199 **11. Rechtsmittel bzw. Abwehransprüche. a) Rechtsmittel im Falle der Ablehnung.** Wird einem Wohnungseigentümer durch Beschluss die Vornahme einer baulichen Veränderung ohne relevante Beeinträchtigung **nicht gestattet,** besteht für den betroffenen Eigentümer die Möglichkeit, **Beschlussersetzungsklage** iSv § 44 Abs. 1 S. 2 zu erheben (ergänzend → Rn. 53).

200 **b) Rechtsmittel im Falle der Gestattung.** Wird einem Wohnungseigentümer durch Beschluss die Vornahme einer baulichen Veränderung ohne relevante Beeinträchtigung **gestattet,** besteht für einen anderen Wohnungseigentümer, der mit dieser Entscheidung nicht einverstanden ist und die bauliche Veränderung verhindern möchte, die Möglichkeit, hiergegen innerhalb eines Monats ab Beschlussfassung **Beschlussanfechtungsklage** iSv § 44 Abs. 1 S. 1 zu erheben (ergänzend → Rn. 50).

201 **c) Abwehransprüche bei Vornahme ohne Gestattung.** Hat ein einzelner Wohnungseigentümer eine bauliche Veränderung ohne relevante Beeinträchtigung vorgenommen, ohne dass ihm dies vorab durch einen Eigentümerbeschluss gestattet worden ist, kommen **Abwehransprüche** in Betracht (→ Rn. 59 ff.).

§ 21 Nutzungen und Kosten bei baulichen Veränderungen

(1) [1]Die Kosten einer baulichen Veränderung, die einem Wohnungseigentümer gestattet oder die auf sein Verlangen nach § 20 Absatz 2 durch die Gemeinschaft der Wohnungseigentümer durchgeführt wurde, hat dieser Wohnungseigentümer zu tragen. [2]Nur ihm gebühren die Nutzungen.

(2) [1]Vorbehaltlich des Absatzes 1 haben alle Wohnungseigentümer die Kosten einer baulichen Veränderung nach dem Verhältnis ihrer Anteile (§ 16 Absatz 1 Satz 2) zu tragen,

[508] Vgl. BGH NZM 2020, 805.

1. die mit mehr als zwei Dritteln der abgegebenen Stimmen und der Hälfte aller Miteigentumsanteile beschlossen wurde, es sei denn, die bauliche Veränderung ist mit unverhältnismäßigen Kosten verbunden, oder
2. deren Kosten sich innerhalb eines angemessenen Zeitraums amortisieren.
[2]Für die Nutzungen gilt § 16 Absatz 1.

(3) [1]Die Kosten anderer als der in den Absätzen 1 und 2 bezeichneten baulichen Veränderungen haben die Wohnungseigentümer, die sie beschlossen haben, nach dem Verhältnis ihrer Anteile (§ 16 Absatz 1 Satz 2) zu tragen. [2]Ihnen gebühren die Nutzungen entsprechend § 16 Absatz 1.

(4) [1]Ein Wohnungseigentümer, der nicht berechtigt ist, Nutzungen zu ziehen, kann verlangen, dass ihm dies nach billigem Ermessen gegen angemessenen Ausgleich gestattet wird. [2]Für seine Beteiligung an den Nutzungen und Kosten gilt Absatz 3 entsprechend.

(5) [1]Die Wohnungseigentümer können eine abweichende Verteilung der Kosten und Nutzungen beschließen. [2]Durch einen solchen Beschluss dürfen einem Wohnungseigentümer, der nach den vorstehenden Absätzen Kosten nicht zu tragen hat, keine Kosten auferlegt werden.

Übersicht

I. Normzweck

1 Aufgrund der vereinfachten Möglichkeit, bauliche Veränderungen stets mit einfacher Mehrheit beschließen zu können und der damit verbundenen Reduzierung des **Minderheitenschutzes,** bedürfen diejenigen Wohnungseigentümer, die eine bauliche Veränderung ablehnen, weil sie die damit verbundenen Kosten scheuen, eines besonderen Schutzes. Die nicht bauwillige Minderheit kann zwar nicht mehr ohne weiteres die bauliche Veränderung an sich verhindern; sie wird aber im Gegenzug durch die Vorschriften über die Kostentragung gemäß § 21 geschützt. Gegen ihren Willen müssen Wohnungseigentümer grundsätzlich nur die **Kosten bestimmter baulicher Veränderungen** tragen, die entweder mit einer doppelt-qualifizierten Mehrheit beschlossen oder vom Gesetz als besonders sinnvoll erachtet werden (vgl. Abs. 2 S. 1). Andere bauliche Veränderungen können zwar mehrheitlich beschlossen werden, ihre Kosten sind aber allein von denjenigen Wohnungseigentümern zu tragen, die den Beschluss gefasst haben (vgl. Abs. 3). Auf diese Weise wird ein **angemessener Ausgleich** erreicht zwischen dem Interesse der Mehrheit, das gemeinschaftliche Eigentum baulich verbessern oder verändern zu wollen, und dem Interesse der Minderheit, durch solche Maßnahmen nicht über das notwendige Maß hinaus mit Kosten belastet zu werden.[1]

2 § 21 unterscheidet **drei** verschiedene **Arten** von **baulichen Veränderungen,** nämlich
- bauliche Veränderungen, die ein **Wohnungseigentümer** auf Grundlage eines Gestattungsbeschlusses iSv § 20 Abs. 1 **selbst vornimmt** oder die auf sein Verlangen durch die **Gemeinschaft** der Wohnungseigentümer **durchgeführt** werden (Abs. 1),
- bauliche Veränderungen, die mit einer **doppelt-qualifizierten Mehrheit** beschlossen werden und die **nicht** mit **unverhältnismäßigen Kosten** verbunden sind, oder deren Kosten sich innerhalb eines angemessenen Zeitraums **amortisieren** (Abs. 2 S. 1),
- sowie andere bauliche Veränderungen (Abs. 3).

3 Die Kosten einer **modernisierenden Instandsetzung** fallen hingegen nicht unter § 21, sondern unter § 16 Abs. 2 iVm § 19 Abs. 2 Nr. 2 (vgl. ausführlich → § 19 Rn. 14 ff.).

4 Die Befugnis zur **Nutzungsziehung** verläuft parallel zur Kostentragungspflicht. Die Nutzungen des baulich veränderten gemeinschaftlichen Eigentums gebühren deshalb nur denjenigen Wohnungseigentümern, die auch die Kosten der baulichen Veränderung zu tragen haben (vgl. Abs. 1 S. 2, Abs. 2 S. 2, Abs. 3 S. 2).

5 Die **Abs. 4 und 5** enthalten schließlich **ergänzende Regelungen:** Abs. 4 räumt jedem Wohnungseigentümer, der nicht berechtigt ist, Nutzungen zu ziehen, einen Anspruch ein, dies nachträglich gegen angemessenen Ausgleich und Kostenbeteiligung zu verlangen. Gemäß Abs. 5 S. 1 können die Wohnungseigentümer eine abweichende Verteilung der Kosten und Nutzungen beschließen.

II. Kostenverteilung gemäß Abs. 1

6 Gemäß Abs. 1 sind die Kosten einer **baulichen Veränderung,** deren Vornahme einem Wohnungseigentümer durch einen Eigentümerbeschluss iSv § 20 Abs. 1 gestattet worden ist, oder die auf sein Verlangen nach § 20 Abs. 2 S. 1 durch die Gemeinschaft der Wohnungseigentümer durchgeführt worden ist, von dem **betroffenen Wohnungseigentümer** zu tragen.

7 **1. Gestattungs- bzw. Ermächtigungsbeschluss iSv § 20 Abs. 1.** Abs. 1 S. 1 setzt einen Gestattungs- bzw. Ermächtigungsbeschluss iSv § 20 Abs. 1 voraus. Abs. 1 S. 1 ist also nicht einschlägig für ohne Beschluss eigenmächtig vorgenommene oder durchgeführte bauliche Veränderungen. Für die Anwendung von Abs. 1 S. 1 kommen also zwei mögliche Beschlüsse in Betracht:

8 Entweder ist einem Wohnungseigentümer gemäß § 20 Abs. 1 die Vornahme einer baulichen Veränderung durch Beschluss **gestattet** worden, oder auf Verlangen eines Wohnungseigentümers ist die Gemeinschaft der Wohnungseigentümer zur Durchführung einer privilegierten Maßnahme

[1] BT-Drs. 19/18791, 62.

iSv § 20 Abs. 2 S. 1 durch Beschluss **ermächtigt** worden. Beide Beschlüsse haben gemeinsam, dass ihnen eine bauliche Veränderung im **Individualinteresse** einzelner Wohnungseigentümer zu Grunde liegt, nämlich entweder eine privilegierte Maßnahme iSv § 20 Abs. 2 S. 1 oder eine bauliche Veränderung ohne relevante Beeinträchtigung iSv § 20 Abs. 3, oder eine bauliche Veränderung, die weder unter § 20 Abs. 2 S. 2 noch unter § 20 Abs. 3 fällt, die einem Wohnungseigentümer aber dennoch durch bestandskräftigen Beschluss iSv § 20 Abs. 1 gestattet worden ist.

2. Kosten iSv Abs. 1. Abs. 1 gilt für alle Kosten, die auf der baulichen Veränderung beruhen. **9**
Hierzu zählen insbesondere:

a) Planungs- und Herstellungskosten. Unter Abs. 1 fallen zunächst die reinen **Baukosten,** **10**
dh insbesondere die Herstellungskosten. Hierzu zählen auch die Neben-, Planungs- und etwaige Genehmigungskosten.

b) Folgekosten. Ferner fallen unter Abs. 1 auch die Folgekosten des **Gebrauchs,** der **Erhaltung** und der **Verwaltung.** Um derartige Folgekosten handelt es sich auch dann, wenn beispielsweise aufgrund einer Erhaltungsmaßnahme am Gemeinschaftseigentum die bauliche Veränderung abgebaut werden muss und nach Durchführung einer Erhaltungsmaßnahme wieder installiert wird oder wenn beispielsweise im Rahmen der Wahrnehmung der **Verkehrssicherungspflicht** sofortiges Handeln geboten ist und der Gemeinschaft der Wohnungseigentümer hierdurch Kosten entstehen.[2] **11**

c) Andere Kosten. Nur **mittelbare Folgekosten** fallen jedoch nicht unter Abs. 1. Wird beispielsweise auf Verlangen eines Wohnungseigentümers beschlossen, dass namens und im Auftrag der Gemeinschaft der Wohnungseigentümer eine privilegierte Maßnahme iSv § 20 Abs. 2 S. 1 auf Kosten des beantragenden Wohnungseigentümers durchgeführt wird und kommt es im Anschluss an die Durchführung der Maßnahme zu einem Rechtsstreit zwischen dem ausführenden Unternehmen und der Gemeinschaft der Wohnungseigentümer, fallen die dabei entstehenden **Prozesskosten** nicht unter Abs. 1, da der Anfall dieser Prozesskosten hauptsächlich darauf zurückzuführen ist, dass sich die Gemeinschaft der Wohnungseigentümer dafür entschieden hat, die Arbeiten selbst und im eigenen Namen durch einen von ihr ausgesuchten und beauftragten Werkunternehmer durchführen zu lassen. Für derartige Folgekosten, die nicht unter Abs. 1 fallen, wäre es allerdings möglich, auf Grundlage von § 16 Abs. 2 S. 2 durch einfachen Mehrheitsbeschluss den Verteilerschlüssel dahingehend zu ändern, dass auch diese Kosten von demjenigen Wohnungseigentümer zu tragen sind, der die bauliche Veränderung verlangt hat; gemäß § 16 Abs. 3 gilt § 21 nur für die Kosten und Nutzungen bei baulichen Veränderungen, nicht hingegen für mittelbare Folgekosten. **12**

Wenn und soweit Kosten für eine Maßnahme im **Sondereigentum** anfallen, muss der Wohnungseigentümer diese gemäß § 13 Abs. 2 sowieso alleine tragen; § 21 ist hierfür nicht einschlägig. **13**

3. Kostenträger. Mit Kostenträger in diesem Sinne ist derjenige gemeint, der (zunächst) die Anschaffungs- und Herstellungskosten bezahlt. Je nachdem, wer die bauliche Veränderung vornimmt bzw. durchführt, ist Kostenträger, dh entweder der **Wohnungseigentümer** oder die **Gemeinschaft** der Wohnungseigentümer. **14**

a) Wohnungseigentümer. Nimmt der Wohnungseigentümer eine ihm gestattete bauliche Veränderung ohne relevante Beeinträchtigung iSv § 20 Abs. 3 vor, so hat er selbst die hierfür aufzuwendenden Kosten zu tragen und zu begleichen, sprich das von ihm angeschaffte **Material** und/oder den von ihm selbst beauftragten **Handwerker selbst** zu **bezahlen.** Über das Konto der Gemeinschaft der Wohnungseigentümer laufen insoweit keine Ausgaben, sodass sich für die Gemeinschaft der Wohnungseigentümer **keine Finanzierungs- und/oder Verteilungsfragen** stellen. **15**

Ferner ist der Wohnungseigentümer dann Kostenträger, wenn ihm durch Beschluss iSv § 20 Abs. 1 die Vornahme einer **privilegierten Maßnahme** iSv § 20 Abs. 2 S. 1 gestattet wird und sich die Gemeinschaft der Wohnungseigentümer bei der Festlegung über das „Wie“ auf der Grundlage von § 20 Abs. 2 S. 2 dazu entschließt, dass der **Wohnungseigentümer** die Maßnahme selbst und auf **eigene Kosten** durchführen soll. Auch dann gilt → Rn. 15. **16**

b) Gemeinschaft der Wohnungseigentümer. Wird dem Wohnungseigentümer durch Beschluss iSv § 20 Abs. 1 die Vornahme einer privilegierten Maßnahme iSv § 20 Abs. 2 S. 1 gestattet und entscheidet sich die **Gemeinschaft** der Wohnungseigentümer bei der Festlegung über das „Wie“ auf der Grundlage von § 20 Abs. 2 S. 2 hingegen dafür, die Maßnahme selbst und **auf eigene Kosten** durchzuführen, ist zunächst die Gemeinschaft der Wohnungseigentümer der Kostenträger. In diesem Fall stellen sich dann die Fragen nach der **Finanzierung** und **Umlage** der Kosten (→ Rn. 18 ff.). **17**

[2] Vgl. BGH ZWE 2020, 418 mAnm *Rüscher.*

18 **4. Finanzierung der Kosten und deren Umlage.** Hat die **Gemeinschaft** der Wohnungseigentümer auf der Grundlage von § 20 Abs. 2 S. 2 beschlossen, die **Kosten** für eine privilegierte Maßnahme iSv § 20 Abs. 2 S. 1, die einem Wohnungseigentümer durch Beschluss iSv § 20 Abs. 1 gestattet worden ist, zu **verauslagen,** gilt für die Finanzierung und Verteilung dieser Kosten folgendes:

19 **a) Finanzierung der Kosten.** Um Abs. 1 Rechnung zu tragen, lassen sich die Kosten der Gestalt finanzieren, dass der bauwillige Wohnungseigentümer der Gemeinschaft der Wohnungseigentümer vor Durchführung der Maßnahme als einen Art **Kostenvorschuss** denjenigen Betrag zur Verfügung zu stellen hat, der für die Durchführung der Maßnahme aller Voraussicht nach aufgewendet werden muss. Hierzu kann auf der Grundlage von § 20 Abs. 2 S. 2 auch die Erhebung einer **Sonderumlage** zu Lasten des bauwilligen Wohnungseigentümers beschlossen werden.

20 Auf der Grundlage von § 20 Abs. 2 S. 2 kann allerdings auch beschlossen werden, dass die **Gemeinschaft** der Wohnungseigentümer die Maßnahme **vorfinanziert.** Insoweit kommen die üblichen Finanzierungsmittel in Betracht, dh Finanzierung durch Entnahme aus der **Erhaltungsrücklage,** aus dem **laufenden Etat** oder Erhebung einer **Sonderumlage** gegenüber allen Wohnungseigentümern. Ob eine solche Finanzierung **ordnungsgemäßer Verwaltung** entspricht, dürfte vom **Einzelfall** abhängen. Handelt es sich um überschaubare Kosten und ist der bauwillige Wohnungseigentümer solvent, dürfte nichts dagegen einzuwenden sein, wenn die Gemeinschaft der Wohnungseigentümer in Vorlage geht. Müssen hingegen hohe Kosten aufgewendet werden (zB Einbau eines Aufzugs) und handelt es sich bei dem Wohnungseigentümer, der diese Maßnahme verlangt, um einen altbekannten Hausgeldschuldner, entspricht es nicht ordnungsmäßiger Verwaltung, wenn die Gemeinschaft der Wohnungseigentümer die Maßnahme vorfinanziert.

21 **b) Umlage auf einzelnen Wohnungseigentümer.** Werden die Kosten von der Gemeinschaft der Wohnungseigentümer verauslagt, sind die Kosten gemäß Abs. 1 ausschließlich und in voller Höhe in die **Einzelabrechnung** für die Einheit des begünstigten Wohnungseigentümers für das Wirtschaftsjahr einzustellen, in dem die verauslagten Kosten (und Folgekosten etc) vom Konto der Gemeinschaft der Wohnungseigentümer abgeflossen sind. Bei Abs. 1 handelt es sich insoweit um den hierfür erforderlichen gesetzlichen **Kostenverteilerschlüssel.**

22 **c) Umlage auf mehrere Wohnungseigentümer.** Das Gesetz sieht keine ausdrückliche Regelung für den Fall vor, dass eine bauliche Veränderung mehreren Wohnungseigentümern nach § 20 Abs. 1 Alt. 2 gestattet worden ist oder mehrere Wohnungseigentümer eine bauliche Veränderung gemeinschaftlich nach § 20 Abs. 2 verlangt haben. Denn es ist selbstverständlich, dass auch in diesem Fall das **Verhältnis der Miteigentumsanteile** bzw. ein hiervon in der Gemeinschaftsordnung abweichend vereinbarter Schlüssel für die Verteilung der Kosten maßgeblich ist. Für den Fall der nachträglichen Gestattung ergibt sich dies sogar ausdrücklich aus Abs. 4 S. 2 iVm Abs. 3.[3]

23 **d) Sondernachfolger.** Die Pflicht eines einzelnen Wohnungseigentümers zur Kostentragung geht auf seinen Sondernachfolger über, auch wenn dieser an der Nutzung der baulichen Veränderung gar kein Interesse haben sollte.[4]

24 **e) Gemeinschaft der Wohnungseigentümer.** Entstehen der Gemeinschaft der Wohnungseigentümer **mittelbare Folgekosten,** die nicht unter Abs. 1 fallen und für die auch kein abweichender Verteilerschlüssel gemäß § 16 Abs. 2 S. 2 beschlossen worden ist, handelt es sich um gemeinschaftliche Kosten, die auf alle Eigentümer nach dem **Verhältnis der Miteigentumsanteile** oder nach einem in der Gemeinschaftsordnung abweichend vereinbarten Kostenverteilerschlüssel zu verteilen sind. Aufgrund der spezielleren Kostenverteilungsregelungen in § 21 scheiden Erstattungsansprüche der Gemeinschaft der Wohnungseigentümer (zB § 675 BGB, § 670 BGB oder § 812 BGB) aus.[5]

25 **f) Abweichende Regelung iSv Abs. 5 S. 1.** Es ist möglich, auf der Grundlage von Abs. 5 S. 1 beispielsweise zu beschließen, dass die **Gemeinschaft** der Wohnungseigentümer die Kosten trägt. Gemäß Abs. 5 S. 2 dürfen aber einem Wohnungseigentümer, der nach den Abs. 1–4 keine Kosten zu tragen hat, durch einen solchen Beschluss **keine Kosten auferlegt** werden. Selbst wenn die von einem Wohnungseigentümer verlangte Maßnahme allen Wohnungseigentümern zu Gute kommen sollte (zB Einbau einer einbruchshemmenden Hauseingangstüre), würde ein auf Grundlage von Abs. 5 S. 1 gefasster Beschluss, wonach alle Wohnungseigentümer die Kosten zu tragen haben, gegen Abs. 5 S. 2 **verstoßen,** sofern nicht ein Fall von Abs. 2 vorliegen sollte. Zu den **Rechtsfolgen** → Rn. 32, → Rn. 131 ff.

---

[3] BT-Drs. 19/18791, 68.
[4] *Hügel/Elzer* Rn. 13.
[5] Vgl. BGH NJW 2019, 3780.

5. Nutzungen. Gemäß **§ 100 BGB** sind Nutzungen die **Früchte** einer Sache oder eines Rechts sowie die Vorteile, welche der **Gebrauch** der Sache oder des Rechts gewährt. Nach Abs. 1 S. 2 gebühren auch die Nutzungen nur dem kostentragungspflichtigen Wohnungseigentümer. Die übrigen Wohnungseigentümer sind demnach grundsätzlich von der Benutzung **ausgeschlossen.** Dies setzt allerdings voraus, dass ein **exklusiver Gebrauch** des baulich veränderten gemeinschaftlichen Eigentums überhaupt **möglich** ist. Denn nicht jeder Vorteil, den ein Wohnungseigentümer aufgrund der baulichen Veränderung genießt, ist rechtlich als Nutzung iSd des Abs. 1 S. 2 einzuordnen. Ein Wohnungseigentümer, der etwa in den Genuss eines neu errichteten Zauns, eines überdachten Eingangsbereichs oder einer besonders gesicherten Hauseingangstür kommt, ohne dass er sich dem entziehen könnte, handelt daher nicht rechtswidrig und ist auch nicht zur Kostentragung verpflichtet, wenn er der baulichen Veränderung nicht zugestimmt hat.[6] 26

a) Gebrauch. Der größte Nutzen besteht in der Regel im Gebrauch der baulichen Veränderung. Wenn und soweit es die bauliche Veränderung zulässt, besteht zugunsten des begünstigten Wohnungseigentümers ein **Alleingebrauchsrecht** (zB Treppenlift, Aufzug, Ladestation, Gartenhäuschen). Wird eine bauliche Veränderung mehreren Wohnungseigentümern gestattet, besteht zu deren Gunsten ein gemeinsames **Mitgebrauchsrecht** (§ 16 Abs. 1 S. 3). 27

Ein Alleingebrauchsrecht kann – je nach Art der baulichen Veränderung – zu einem **faktischen Sondernutzungsrecht** führen, das durch Beschluss begründet werden kann. Dies gilt nicht nur für die bauliche Veränderung selbst (zB Aufzug), sondern zB auch für die **Gemeinschaftsfläche,** die durch die bauliche Veränderung überbaut wird (zB durch einen Aufzug, ein Gartenhäuschen, etc). Im Vergleich zur früher geltenden Rechtslage stellt dies eine erhebliche Veränderung dar. Bisher konnten Sondernutzungsrechte nur durch eine Vereinbarung iSv § 10 Abs. 1 S. 2 begründet werden, die in die Wohnungs- und Teileigentumsgrundbücher eingetragen werden musste, um Bindungswirkung gegenüber Sondernachfolgern zu erreichen (§ 10 Abs. 3 S. 1). Ein **Beschluss** über die Begründung eines Sondernutzungsrechts war **mangels Beschlusskompetenz nichtig.**[7] Um eine Umgehung zu vermeiden, galt dies auch für die Begründung eines faktischen Sondernutzungsrechts. Unter dem **„Deckmantel"** einer **baulichen Veränderung** kann nunmehr im Einzelfall – je nach Art der baulichen Veränderung – ein **Alleinnutzungsrecht** zugunsten einzelner Wohnungseigentümer und somit ein faktisches Sondernutzungsrecht beschlossen werden. Der Gesetzgeber hat sich hierzu in der Gesetzesbegründung nicht geäußert; lediglich die Bund-Länder-Arbeitsgruppe hat in ihrem Abschlussbericht hierzu erwähnt,[8] dass ein nach den Regeln über die baulichen Veränderungen rechtmäßiger Beschluss nicht an der fehlenden Beschlusskompetenz für Sondernutzungsrechte scheitern soll, auch wenn durch die bauliche Veränderung ein „faktisches" Sondernutzungsrecht zugunsten einzelner Wohnungseigentümer geschaffen wird. 28

Lässt die Art der baulichen Veränderung hingegen ein Alleingebrauchsrecht nicht zu (zB Vordach über der Hauseingangstür), hat dies der bauwillige Wohnungseigentümer hinzunehmen. Dieses **unvermeidbare Mitgebrauchsrecht** der anderen Wohnungseigentümer (§ 16 Abs. 1 S. 3) begründet keine Pflicht der anderen Wohnungseigentümer zur anteiligen Kostenbeteiligung.[9] 29

b) Früchte. Für die Früchte einer Sache oder eines Rechts gilt **§ 99 BGB.** Zu den Früchten zählen demnach zB **Mieteinnahmen,** der gewonnene **Strom** aus Solarmodulen auf dem Dach, **Verkaufserlöse, Obst** von den Bäumen, etc. Die Früchte einer baulichen Veränderung stehen ausschließlich dem begünstigten Wohnungseigentümer zu. Ist eine bauliche Veränderung **mehreren Wohnungseigentümern** gestattet worden, sind die Früchte unter den begünstigten Wohnungseigentümern gemäß § 16 Abs. 1 S. 1, 2 im **Verhältnis deren Miteigentumsanteile** zu verteilen. 30

c) Sondernachfolger. Der Anspruch eines Wohnungseigentümers auf die Nutzungen geht auf seinen Sondernachfolger über, auch wenn dieser an der Nutzung der baulichen Veränderung gar kein Interesse haben sollte.[10] 31

6. Prozessuales und Regress. Wird auf der Grundlage von Abs. 5 S. 1 ein abweichender Verteilerschlüssel beschlossen, durch den einem Wohnungseigentümer Kosten auferlegt werden, die er gemäß Abs. 1 nicht zu tragen hätte, kann und muss er hiergegen **Anfechtungsklage** erheben. Wird hiergegen keine Anfechtungsklage erhoben, wird der Beschluss **bestandskräftig.** Der Beschluss ist **nicht nichtig,** da gemäß Abs. 5 S. 1 **Beschlusskompetenz** besteht und gemäß Abs. 5 32

---

6 BT-Drs. 19/18791, 67.
7 BGH NJW 2000, 3500.
8 Abschlussbericht Bund-Länder-Arbeitsgruppe zur Reform des WEG, ZWE 2019, 429 (445).
9 BT-Drs. 19/18791, 67.
10 *Hügel/Elzer* Rn. 13.

S. 2 einem Wohnungseigentümer, der gemäß Abs. 1 keine Kosten zu tragen hätte, durch einen solchen Beschluss zwar keine Kosten auferlegt werden „dürfen“, aber können (→ Rn. 131 ff.).

33 Werden die auf den oder die Wohnungseigentümer zu verteilenden Kosten, Folgekosten, etc. in den **Einzelabrechnungen** falsch verteilt, kann gegen den Beschluss über die Nachschüsse/Anpassung der Vorschüsse iSv § 28 Abs. 2 insoweit **Anfechtungsklage** erhoben werden, da die Anwendung eines falschen Verteilerschlüssels in der Regel zu einem falschen Ergebnis iSv § 28 Abs. 2 führt.

34 Damit künftig insbesondere die **Folgekosten** in den Einzelabrechnungen zutreffend verteilt werden können, bedarf es einer **Dokumentation** des Verwalters, welchen Wohnungseigentümern die Vornahme einer baulichen Veränderung gestattet worden ist und welche Wohnungseigentümer demnach alle damit im Zusammenhang stehenden Kosten zu tragen haben. Da es die Pflicht des Verwalters ist, in den Einzelabrechnungen die zutreffenden Kostenverteilerschlüssel in Ansatz zu bringen, gehört es demnach auch zur **Pflicht eines Verwalters,** diese Dokumentation zu erstellen und zu **archivieren.** Verletzt der Verwalter diese Pflichten und können deshalb insbesondere die Folgekosten nicht mehr auf die Wohnungseigentümer, denen damals die Vornahme der baulichen Veränderung gestattet worden ist, oder deren Sondernachfolger verteilt werden, weil sich diese Wohnungseigentümer nicht mehr nachvollziehen lassen, kommen **Schadensersatzansprüche gegenüber** der **Gemeinschaft** der Wohnungseigentümer in Betracht, die sich gemäß § 31 BGB analog die Pflichtverletzung ihres Organs „Verwalter“ zurechnen lassen muss.

III. Kostenverteilung gemäß Abs. 2 S. 1

35 Abs. 2 war eines der größten „Dickschiffe“ der Verhandlungen zwischen den Koalitionsparteien über den Entwurf des WEMoG. Einerseits gelte es zu verhindern, dass einzelne Eigentümer übervorteilt würden, andererseits müsse der allgemeine **Modernisierungsstau** bei der Bestandssanierung abgebaut werden. Mit der Einführung eines **doppelten Quorums** sei hier ein guter **Mittelweg** gefunden worden, um Sanierungsentscheidungen der Gemeinschaft der Wohnungseigentümer zu erleichtern. Abs. 2 bringe die divergierenden Ziele der Beteiligten in Einklang, indem er **größtmögliche Freiheit** für die Wohnungseigentümer, und – mit einer ausgewogenen Quorenregelung – ein hohes Maß an Legitimation schaffe und zugleich den Modernisierungsstau abbaue.[11]

36 Bei einer baulichen Veränderung, die **nicht** im **Individualinteresse** vorgenommen oder durchgeführt wird, sondern im **Gesamtinteresse,** sind die Kosten gemäß Abs. 2 von allen Wohnungseigentümern zu tragen, unabhängig davon, ob sie dem Beschlussantrag zugestimmt haben oder nicht, sofern entweder die bauliche Veränderung mit einer **doppelt-qualifizierten Mehrheit** beschlossen worden ist und die **Kosten nicht unverhältnismäßig** sind, oder sich die Kosten der baulichen Veränderung innerhalb eines angemessenen Zeitraums **amortisieren** (Abs. 2 S. 1). Im Falle der Amortisation ist dies schon deshalb gerechtfertigt, weil alle Wohnungseigentümer zumindest mittelfristig finanziell von der baulichen Veränderung profitieren. Aber auch die Beteiligung aller Wohnungseigentümer an den Kosten baulicher Veränderungen, die mit einer doppelt-qualifizierten Mehrheit beschlossen worden sind und deren Kosten nicht unverhältnismäßig sind, ist angemessen, denn bei Erreichen dieser Mehrheit ist zu unterstellen, dass die Maßnahme sinnvoll und angemessen ist. Zugleich profitieren alle Wohnungseigentümer von der **Wertsteigerung** ihrer Wohnungseigentumsanlage.

37 **1. Konkurrenz zu Abs. 1.** Abs. 2 S. 1 gilt nur **vorbehaltlich** des Abs. 1, dh eine bauliche Veränderung, die einem Wohnungseigentümer gestattet wird oder die er nach § 20 Abs. 2 S. 1 verlangt und die für ihn auf der Grundlage von § 20 Abs. 2 S. 2 von der Gemeinschaft der Wohnungseigentümer durchgeführt wird, ist nicht von Abs. 2 S. 1 erfasst, auch wenn sie die dort genannten Voraussetzungen erfüllt. Denn die **Kostentragung** durch **alle Wohnungseigentümer** ist nur dann gerechtfertigt, wenn die Entscheidung für die bauliche Veränderung auf dem **freien Entschluss** der Mehrheit der Wohnungseigentümer beruht, nicht hingegen, wenn sie von einem Wohnungseigentümer verlangt wird, weil er einen Anspruch hierauf hat. Andernfalls bestünde die Gefahr, dass ein einzelner Wohnungseigentümer bauliche Veränderungen, die in den Anwendungsbereich von § 20 Abs. 2 S. 1 fallen, auf Kosten aller Wohnungseigentümer erzwingen kann, zum Beispiel den Einbau einer Ladestation, wenn sich die Kosten innerhalb eines angemessenen Zeitraums amortisieren.

38 **2. Ermächtigungsbeschluss iSv § 20 Abs. 1.** Abs. 2 S. 1 setzt voraus, dass die Gemeinschaft der Wohnungseigentümer durch einen **Eigentümerbeschluss** iSv § 20 Abs. 1 ermächtigt worden ist, eine im **Gesamtinteresse** liegende bauliche Veränderung durchzuführen. Hat der Verwalter die

[11] So BT-Drs. 19/22634, 41.

Durchführung der Maßnahme veranlasst, **ohne** dass hierfür ein **Beschluss** iSv § 20 Abs. 1 vorliegt, ist hinsichtlich der Kosten der Anwendungsbereich von Abs. 2 S. 1 nicht eröffnet, selbst wenn sich die Kosten innerhalb eines angemessenen Zeitraums amortisieren sollten; vielmehr handelt es sich dann um gemeinschaftliche Kosten iSv § 16 Abs. 2 S. 1, die (ebenfalls) auf alle Eigentümer nach dem Verhältnis der Miteigentumsanteile bzw. nach dem in der Gemeinschaftsordnung abweichend vereinbarten Verteilerschlüssel zu verteilen sind.

3. Anwendung von Abs. 2 S. 1 Nr. 1. Abs. 2 S. 1 Nr. 1 setzt das Erreichen einer **doppelt-qualifizierten Mehrheit** voraus, nämlich mehr als zwei Drittel der abgegebenen Stimmen und mehr als die Hälfte aller Miteigentumsanteile. Dieser Regelung liegt der Gedanke zugrunde, dass eine bauliche Veränderung, die von einem so großen Teil der Wohnungseigentümer befürwortet wird, **typischerweise sinnvoll** und **angemessen** ist und deshalb von allen Wohnungseigentümern bezahlt werden sollte.[12] 39

Sieht die Gemeinschaftsordnung einer **Mehrhausanlage** vor, dass die **Untergemeinschaften** über bauliche Veränderungen an dem zu ihrer Untergemeinschaft gehörenden Gebäude ohne Mitwirkung der übrigen Untergemeinschaften beschließen, wird die doppelt-qualifizierte Mehrheit anhand der Stimmen und Miteigentumsanteile innerhalb der betroffenen Untergemeinschaft berechnet.[13] 40

a) Zweidrittelmehrheit. Auch wenn in der Gesetzesbegründung von zwei Dritteln der abgegebenen Stimmen die Rede ist,[14] werden in Abs. 2 S. 1 Nr. 1 klar und eindeutig **mehr als zwei Drittel der abgegebenen Stimmen** genannt. Gemäß § 25 Abs. 2 S. 1 gilt grundsätzlich das **Kopfprinzip.** Ist in der Gemeinschaftsordnung jedoch ein hiervon **abweichendes Stimmrechtsprinzip** vereinbart (Objekt- oder Wertprinzip), ist das abweichend vereinbarte Stimmrechtsprinzip anzuwenden,[15] da Abs. 2 S. 1 Nr. 1 in Bezug auf die Stimmen nicht auf § 25 Abs. 2 S. 1 verweist, so wie es beispielsweise bei § 19 Abs. 2 Nr. 6 oder § 16 Abs. 4 aF und § 22 Abs. 2 S. 2 aF der Fall ist bzw. war. Dies führt bei Geltung des Wertprinzips zu dem Ergebnis, dass sich beide Mehrheiten nach dem Verhältnis der Miteigentumsanteile berechnen. 41

Da rein auf die **abgegebenen** Stimmen abzustellen ist, kommt es auf die insgesamt existierenden Stimmen und grundsätzlich auch auf die in der Eigentümerversammlung insgesamt anwesenden und vertretenen Stimmen nicht an. Eine Stimme ist dann abgegeben, wenn entweder der ordnungsgemäß ausgefüllte Stimmzettel abgegeben wird oder bei einer der drei Abstimmungsfragen (Ja, Nein, Enthaltung) die Hand gehoben wird. Sind beispielsweise in einer Eigentümerversammlung insgesamt 65 Stimmen anwesend und vertreten, wovon sich jedoch bei der Abstimmung fünf Stimmen außerhalb des Versammlungsraums aufhalten (zB Zigaretten- oder Toilettenpause) und somit nicht abgegeben werden, müssen bei Geltung des Kopfprinzips von unterstellt 60 abgegebenen Stimmen mindestens 41 Stimmen der baulichen Veränderung zugestimmt haben. Werden hingegen bei den drei Abstimmungsfragen insgesamt nur 50 Stimmen abgegeben, weil 10 Stimmen bewusst und gewollt bei keiner der drei Abstimmungsfragen abgegeben werden, müssen mindestens 34 Stimmen der baulichen Veränderung zugestimmt haben. Allerdings setzt die Stimmabgabe **keine ausdrückliche Erklärung** voraus, so dass bei Anwendung der **Subtraktionsmethode** auch eine **konkludente Stimmabgabe** in Betracht kommt.[16] 42

b) Hälfte der Miteigentumsanteile. Des Weiteren müssen **mehr als die Hälfte aller Miteigentumsanteile** iSv § 16 Abs. 2 S. 1 (zB 501/1000) dem Beschlussantrag zugestimmt haben. Der in Abs. 2 S. 1 Nr. 1 verwendete Begriff „mehr" bezieht sich sowohl auf zwei Drittel der abgegebenen Stimmen als auch auf die Hälfte aller Miteigentumsanteile, denn anderenfalls müsste aufgrund des Wortlauts der Regelung exakt die Hälfte der Miteigentumsanteile erreicht werden. Es muss also in der Eigentümerversammlung zusätzlich ermittelt werden, wie viele Miteigentumsanteile auf die Ja-Stimmen entfallen. 43

c) Unverhältnismäßige Kosten. Die Vermutung, dass die bauliche Veränderung typischerweise **sinnvoll** und **angemessen** ist, da sie von einem so großen Teil der Wohnungseigentümer befürwortet wird, kann aber **widerlegt** werden. Ist die bauliche Veränderung mit unverhältnismäßigen Kosten verbunden, scheidet eine Kostentragung der überstimmten Minderheit aus. Maßgeblich sind dabei nicht nur die zu erwartenden **Baukosten,** sondern auch die zu erwartenden **Folgekosten** für Gebrauch und Erhaltung. Diese Kosten sind in das Verhältnis zu den Vorteilen 44

---

[12] BT-Drs. 19/22634, 44.
[13] Bärmann/*Suilmann* § 10 Rn. 27; *Hügel/Elzer* Rn. 23.
[14] BT-Drs. 19/22634, 44.
[15] *Hügel/Elzer* Rn. 23; aA Palandt/*Wicke* Rn. 3.
[16] BGHZ 152, 63 = NJW 2002, 3629 (3630) unter Ziff. III. 1. b) bb); LG München I ZMR 2016, 569.

zu setzen, die die bauliche Veränderung verspricht. Dies verlangt eine **wertende Betrachtung.** Dabei ist ein objektiver, auf die konkrete Anlage bezogener Maßstab anzulegen. Entscheidend sind deshalb nicht die **Bedürfnisse** und **finanziellen Mittel** des einzelnen überstimmten Wohnungseigentümers, sondern die der **Gesamtheit der Wohnungseigentümer** in der Anlage. Je nach **Charakter der Anlage** und der **Alters- und Sozialstruktur** der Wohnungseigentümer kann die Bewertung unterschiedlich ausfallen. Bei besonders hohen Kosten ist eine Unverhältnismäßigkeit auch dann nicht ausgeschlossen, wenn alle Wohnungseigentümer finanziell in der Lage sind, diese Kosten zu tragen.[17]

45 Wie bei Abs. 2 S. 1 Nr. 2 (Amortisation) kommt es allein auf die **ex-ante-Beurteilung** zum Zeitpunkt der **Beschlussfassung** an, also auf die zu erwartenden Kosten; die sich erst später zeigenden tatsächlichen Kosten spielen dagegen keine Rolle.[18] Zu der Frage, wie und durch wen zu ermitteln ist, ob die Kosten unverhältnismäßig sein könnten, näher → Rn. 50 ff.

46 Sind die Kosten unverhältnismäßig hoch, stellt sich die Frage nach der **Amortisation** iSv Abs. 2 S. 1 Nr. 2 grundsätzlich nicht mehr, so dass in diesem Fall die Kosten der baulichen Veränderung nicht nach Abs. 2 S. 1 auf alle Eigentümer zu verteilen sind, sondern automatisch gemäß Abs. 3 auf diejenigen Wohnungseigentümer, die den Beschluss gefasst haben, sofern weder auf der Grundlage von Abs. 5 S. 1 etwas abweichendes beschlossen worden ist, noch der Beschlussantrag an Bedingungen oder Maßgaben geknüpft worden ist (→ Rn. 50 ff.).

47 **4. Anwendung von Abs. 2 S. 1 Nr. 2 (Amortisation).** Unabhängig von dem Erreichen der doppelt-qualifizierten Mehrheit iSv Abs. 2 S. 1 Nr. 1 sind die Kosten der beschlossenen baulichen Veränderung dann von allen Wohnungseigentümern zu tragen, wenn sich deren Kosten innerhalb eines **angemessenen Zeitraums** amortisieren. Die Begriffe Amortisation und Amortisierung umfassen mehrere Bedeutungen. Die gebräuchlichste bezeichnet den Prozess, in dem anfängliche Aufwendungen für eine Maßnahme durch dadurch entstehende Erträge oder ersparte künftige Aufwendungen gedeckt werden. Die Dauer dieses Prozesses wird **Amortisationszeit** bzw. Amortisierungszeit genannt. Der angemessene Zeitraum, innerhalb dessen sich die Kosten iSd Abs. 2 S. 1 Nr. 2 amortisieren müssen, ist gesetzlich nicht festgeschrieben. Der Gesetzgeber hat zwar erwogen, den maßgeblichen Amortisationszeitraum gesetzlich zu präzisieren. Davon ist jedoch abgesehen worden, um im Einzelfall zu sachgerechten Ergebnissen zu gelangen.[19] Die von der **Rspr.** zur sog. modernisierenden Instandsetzung entwickelte Annahme, wonach der Zeitraum **im Regelfall zehn Jahre** betragen soll,[20] ist nicht statisch zu übertragen, soll aber in jedem Fall ein **wichtiger Anhaltspunkt** sein.[21]

48 Maßgeblich ist in jedem Fall die **ex-ante-Beurteilung zum Zeitpunkt der Beschlussfassung;** ob die Amortisierung später tatsächlich eintritt, spielt dagegen keine Rolle.[22]

49 Im Einzelfall dürfte es schwierig sein, verbindlich zu ermitteln, ob sich die Kosten der beabsichtigten baulichen Veränderung innerhalb eines angemessenen Zeitraums amortisieren, so dass es im Einzelfall ebenso kaum möglich sein dürfte, vor der Abstimmung über den Beschlussantrag eine verbindliche Klärung herbeizuführen, ob gemäß Abs. 2 S. 1 Nr. 2 die Kosten von allen Wohnungseigentümern zu tragen sind oder gemäß Abs. 3 nur von denjenigen Wohnungseigentümern, die dem Beschlussantrag zustimmen werden. Um diese **Unsicherheit** zu vermeiden, kann und sollte der Beschlussantrag mit bestimmten **Maßgaben** und **Bedingungen** verbunden werden (→ Rn. 50 ff.).

50 **5. Anforderungen an den Verwalter.** Die Anforderungen an den Verwalter im Zusammenhang mit der Kostenregelung gemäß Abs. 2 sind hoch. Nicht nur, dass Abs. 2 zahlreiche **unbestimmte Rechtsbegriffe** enthält, es findet bereits in Abs. 2 die entscheidende **Weichenstellung** statt, ob die Kosten der beabsichtigten baulichen Veränderung von allen Wohnungseigentümern zu tragen sind oder gemäß Abs. 3 von denjenigen Wohnungseigentümern, die den Beschluss gefasst haben. Hierauf hat der **Verwalter hinzuweisen.** Insbesondere muss der Verwalter als Versammlungsleiter dem möglichen Umstand Rechnung tragen, dass den Wohnungseigentümern zum Zeitpunkt der Abstimmung unter Umständen **nicht bekannt** ist, mit welchen **anteiligen Kosten** sie an der beabsichtigten baulichen Veränderung beteiligt sein könnten, sofern zum Zeitpunkt der Abstimmung nicht verbindlich feststeht oder absehbar ist, ob sich die Kostenverteilung nach Abs. 2 oder Abs. 3 richten wird. Auch hierauf hat der **Verwalter hinzuweisen.** Diese

[17] BT-Drs. 19/22634, 44.
[18] BT-Drs. 19/22634, 44.
[19] BT-Drs. 19/22634, 43.
[20] BGH ZWE 2013, 172 Rn. 10.
[21] BT-Drs. 19/18791, 69; BT-Drs. 19/22634, 43.
[22] BT-Drs. 19/18791, 69.

Systematik von Abs. 2 und Abs. 3 könnte und würde in **Einzelfällen** dazu führen, dass die **Höhe der Beteiligung** an den Kosten baulicher Veränderungen am Gemeinschaftseigentum häufig **erst nachträglich** feststehen würde, was zu einer erheblichen **Rechtsunsicherheit** führt. Dies wiederum könnte dazu führen, dass Wohnungseigentümer zu einer Wohnungseigentümerversammlung, in der über die Durchführung einer baulichen Veränderung beschlossen werden soll, gar nicht erst erscheinen oder vorsorglich mit „Nein" stimmen, um ein über den eigenen Anteil hinausgehendes Risiko der Kostentragung zu vermeiden.[23] Dadurch besteht ferner die Gefahr, dass Modernisierungsmaßnahmen künftig auch weiterhin nicht beschlossen werden und der **Modernisierungsstau** anwächst.[24]

Der **Rechtsausschuss** hat nicht verkannt, dass die Systematik von Abs. 2 und Abs. 3 dazu führen kann, dass die individuelle Pflicht zur Kostentragung erst nach der Beschlussfassung feststeht, wenn nämlich im Vorfeld nicht abgeschätzt werden kann, ob zB das Quorum iSv Abs. 2 S. 1 Nr. 1 erreicht wird oder ob sich die Kosten innerhalb eines angemessenen Zeitraums iSv Abs. 2 S. 1 Nr. 2 amortisieren. Dieses Problem kann durch eine geeignete **Gestaltung des Abstimmungsverfahrens** gelöst werden. Insbesondere in kleineren Gemeinschaften kann es sinnvoll sein, die Abstimmung im **Subtraktionsverfahren** vorzunehmen. Dabei wird nicht nach den „Ja"-Stimmen, sondern nach den „Nein"-Stimmen gefragt. So kann jeder Wohnungseigentümer, wenn er sieht, dass die Zahl der „Nein"-Stimmen ein Drittel übersteigt, das Quorum also nicht erreicht werden kann, seine Hand auch noch heben. Daneben ist es auch möglich, den Beschluss über die bauliche Veränderung unter die **Bedingung** einer entsprechenden **Kostentragung** zu stellen. Jeder Wohnungseigentümer, der die Baumaßnahme befürwortet, sich aber höchstens entsprechend seinem Miteigentumsanteil an den Kosten beteiligen möchte, kann dann bedenkenlos mit „Ja" stimmen, denn wirksam wird der Beschluss eben nur dann, wenn es nach dem Stimmverhalten zu einer entsprechenden Kostentragung durch alle Wohnungseigentümer kommt.[25] 51

a) Beschlussvorbereitung. Im Vorfeld der Beschlussfassung sollte wenn möglich eine **Klärung** darüber herbeigeführt werden, ob die beabsichtigte bauliche Veränderung mit **unverhältnismäßigen Kosten** iSv Abs. 2 S. 1 Nr. 1 verbunden ist und falls nicht, ob sich die **Kosten** der beabsichtigten baulichen Veränderung innerhalb eines angemessenen Zeitraums iSv Abs. 2 S. 1 Nr. 2 **amortisieren.** Diese Feststellungen muss nicht der Verwalter treffen, der sie in der Regel auch gar nicht treffen kann. In der Regel muss zur Klärung dieser Fragen eine **fachkundige Stellungnahme** eingeholt werden, was sich der Verwalter im ersten Schritt beschließen lassen sollte, sofern nicht eine der unter den → Rn. 53 ff. dargestellten Alternativen gewählt wird. Erst wenn die fachkundige Stellungnahme vorliegt und darin eine klare und eindeutige Aussage zu der Frage nach der Unverhältnismäßigkeit der Kosten und deren Amortisation enthalten ist, besteht bis auf die Zweidrittelmehrheit Kenntnis darüber, ob die Kosten nach Abs. 2 oder Abs. 3 zu verteilen wären, so dass eine **hinreichende Entscheidungsgrundlage** vorliegt, um über die Durchführung der baulichen Veränderungen beschließen zu können. 52

b) Beschlussfassung. Um schon zum Zeitpunkt der Beschlussfassung **Gewissheit** darüber zu haben, dass die Kosten der beabsichtigten baulichen Veränderung von allen Wohnungseigentümern zu tragen sein werden und um sicherzustellen, dass dies auch nach dem möglichen Anfall der Kosten so sein wird, gibt es zwei Möglichkeiten: 53

Zum einen könnte der **Beschluss** unter die **Bedingung** gestellt werden, dass dieser nur dann zustande kommt, wenn **mehr als zwei Drittel** der abgegebenen Stimmen und **mehr als die Hälfte aller Miteigentumsanteile** dem Beschlussantrag zustimmen. Damit wird zumindest sichergestellt, dass der Beschluss überhaupt erst dann zustande kommt, wenn das Quorum iSv Abs. 2 S. 1 Nr. 1 erreicht wird. Damit ist es jedoch noch nicht getan, denn selbst bei Erreichen der doppelt-qualifizierten Mehrheit iSv Abs. 2 S. 1 Nr. 1 ist es ja noch möglich, dass die bauliche Veränderung mit **unverhältnismäßigen Kosten** iSv Abs. 2 S. 1 Nr. 1 verbunden ist und somit die Anwendbarkeit von Abs. 2 S. 1 Nr. 1 trotz Erreichen der doppelt-qualifizierten Mehrheit dennoch ausscheidet. In Bezug auf die unverhältnismäßigen Kosten kann der Beschluss nicht unter die Bedingung gestellt werden, dass dieser nur dann zustande kommt, wenn die bauliche Veränderung nicht mit unverhältnismäßigen Kosten iSv Abs. 2 S. 1 Nr. 1 verbunden ist, da zum Zeitpunkt der Verkündung des Beschlussergebnisses häufig ja noch nicht verbindlich feststeht, ob die bauliche Veränderung mit unverhältnismäßigen Kosten iSv Abs. 2 S. 1 Nr. 1 verbunden ist oder nicht. Nach der Rspr. des BGH[26] kann das verkündete Beschlussergebnis nicht vom Eintritt 54

[23] Vgl. Stellungnahme des Deutschen Richterbundes vom Februar 2020 zum RefE des WEMoG.
[24] Vgl. Stellungnahme des V. ZS des BGH vom 11.2.2020 zum RefE des WEMoG.
[25] BT-Drs. 19/22634, 45.
[26] BGH ZWE 2019, 139 mAnm *Rüscher.*

einer bestimmten Bedingung (hier: keine unverhältnismäßigen Kosten) abhängig gemacht werden, da zum Zeitpunkt der Verkündung des Beschlussergebnisses nicht offen bleiben kann, ob das verkündete Beschlussergebnis nun das verbindliche Endergebnis darstellt oder nicht. Die Verkündung eines Beschlussergebnisses ist bedingungsfeindlich. Mit der Verkündung eines Beschlussergebnisses müssen die Eigentümer wissen, ob und mit welchem Inhalt ein Beschluss zustande gekommen ist oder nicht, da mit der Verkündung des Beschlussergebnisses (sei es in der Eigentümerversammlung oder durch Mitteilung des Ergebnisses des schriftlichen Umlaufverfahrens) die einmonatige Anfechtungsfrist iSv § 45 S. 1 zu laufen beginnt. Aufgrund der kurzen Klagefrist von einem Monat ist eine verbindliche Feststellung und Verkündung eines Beschlussergebnisses erforderlich. Um auch dieses Risiko auszuschließen, sollte die Alternative gemäß → Rn. 56 f. zur Anwendung kommen. Nur wenn sicher ausgeschlossen werden kann, dass die bauliche Veränderung mit unverhältnismäßigen Kosten iSv Abs. 2 S. 1 Nr. 1 verbunden ist, kann auf Basis dieser ersten Alternativen der Beschluss wie folgt formuliert werden:

55 *„… (Beschreibung der baulichen Veränderung) … Dieser Beschluss kommt nur dann zustande, wenn mehr als zwei Drittel der abgegebenen Stimmen und mehr als die Hälfte aller Miteigentumsanteile dem Beschlussantrag zustimmen."*

56 Zum anderen könnte auf der Grundlage von **Abs. 5 S. 1** ein **Kostenverteilerschlüssel** dahingehend **festgelegt** werden, dass die Kosten der beabsichtigten baulichen Veränderung von allen Wohnungseigentümern nach dem Verhältnis der Miteigentumsanteile oder nach dem in der Gemeinschaftsordnung abweichend vereinbarten Verteilerschlüssel zu tragen sind. Sollten die Tatbestandsvoraussetzungen von Abs. 2 S. 1 Nr. 1 und/oder Nr. 2 nicht erfüllt sein, würde es sich tatsächlich um einen **abweichenden Verteilerschlüssel** handeln, weil dann eigentlich der Kostenverteilerschlüssel nach Abs. 3 einschlägig wäre und die Kosten nur von denjenigen Wohnungseigentümern zu tragen wären, die den Beschluss gefasst haben. Dies würde einen **Verstoß** gegen Abs. 5 S. 2 begründen, wonach durch einen solchen Beschluss einem Wohnungseigentümer, der eigentlich keine Kosten zu tragen hat, auch keine Kosten auferlegt werden dürfen, so dass auch diesem **Risiko** vorgebeugt werden muss, indem der Beschluss zusätzlich noch unter die Bedingung gestellt werden sollte, dass der Verwalter den Beschluss erst dann vollziehen darf, wenn er bestandskräftig geworden ist. Sollten hingegen die Tatbestandsvoraussetzungen von Abs. 2 S. 1 Nr. 1 und/oder Nr. 2 erfüllt sein, so dass die Kosten ohnehin von allen Wohnungseigentümern zu tragen sind, hätte der beschlossene Kostenverteilerschlüssel nur **deklaratorische Bedeutung.** Bei dieser Vorgehensweise sollte der Beschluss also ua folgende Bestimmungen zum Inhalt haben:

57 *„… (Beschreibung der baulichen Veränderung) … Die mit dieser baulichen Veränderung im Zusammenhang stehenden Kosten und Folgekosten sind von allen Wohnungseigentümern nach dem Verhältnis der Miteigentumsanteile (oder nach dem in der Gemeinschaftsordnung abweichend vereinbarten Verteilerschlüssel) zu verteilen. Der Verwalter wird angewiesen, den Beschluss erst dann zu vollziehen, wenn er bestandskräftig ist."*

58 Bei beiden Alternativen sollte über die **Durchführung** der baulichen Veränderung und über die **Bedingung** (Alt. 1) bzw. **Verteilung** der damit im Zusammenhang stehenden **Kosten** und Folgekosten (Alt. 2) ein **einheitlicher Beschluss** gefasst werden, um zu verhindern, dass im Falle einer Anfechtung nur der Beschluss über die Bedingung bzw. Kostenverteilung für ungültig erklärt wird, nicht hingegen der Beschluss über die Durchführung der baulichen Veränderung. In diesem Fall würde sich dann nämlich die Kostenverteilung nach den gesetzlichen Regelungen richten, also entweder Abs. 2 oder Abs. 3. Eben diese Unsicherheit soll mit den vorstehenden Beschlussvorschlägen ausgeschlossen werden, wofür es zusätzlich erforderlich sein wird, einen einheitlichen Beschluss über die bauliche Veränderung samt Bedingung bzw. Kostenverteilung fassen zu lassen. Sollte ein Wohnungseigentümer nur gegen die Bedingung bzw. Kostenverteilungsregelung Anfechtungsklage erheben, dürfte es sich um eine **unzulässige Teilanfechtung** handeln, da der eine Teil des Beschlusses (bauliche Veränderung) nicht ohne den anderen Teil des Beschlusses (Bedingung bzw. Kostenverteilung) gefasst worden wäre. Um auch noch sicherzustellen, dass nicht nur gegen einen Teil des Beschlusses (Bedingung bzw. Kostenregelung) Anfechtungsklage erhoben werden kann, sollte der Beschluss bei beiden Alternativen ferner noch folgende Regelung zum Inhalt haben:

59 *„Alle Beschlussteile stellen eine einheitliche Regelung dar. Sie „stehen und fallen" also ausdrücklich miteinander."*

60 Zu den **Rechtsfolgen,** die eintreten, wenn der Beschluss über die Durchführung der baulichen Veränderung und die Verteilung der Kosten für ungültig erklärt wird, → Rn. 72 f.

61 **6. Rechtsfolgen.** Welche Rechtsfolgen eintreten, hängt – vorbehaltlich einer abweichenden Beschlussfassung (→ Rn. 53 ff.) – davon ab, ob die Tatbestandsvoraussetzungen von Abs. 2 S. 1 Nr. 1 und/oder Abs. 2 S. 1 Nr. 2 erfüllt sind oder nicht.

a) Abs. 2 S. 1 Nr. 1 und/oder Abs. 2 S. 1 Nr. 2 erfüllt. Sind die Tatbestandsvoraussetzungen von Abs. 2 S. 1 Nr. 1 und/oder Abs. 2 S. 1 Nr. 2 erfüllt, haben **alle Wohnungseigentümer** die **Kosten** der baulichen Veränderung nach dem Verhältnis ihrer Anteile oder nach einem in der Gemeinschaftsordnung abweichend vereinbarten Verteilerschlüssel zu tragen. Für die **Nutzungen** gilt § 16 Abs. 1. 62

Dies gilt auch dann, wenn nur Abs. 2 S. 1 Nr. 1 erfüllt ist, also die **doppelt-qualifizierte Mehrheit** erreicht worden und die bauliche Veränderung **nicht** mit **unverhältnismäßigen Kosten** verbunden ist, selbst wenn Abs. 2 S. 1 Nr. 2 nicht erfüllt ist, weil sich Kosten der baulichen Veränderung **nicht** innerhalb eines angemessenen Zeitraums **amortisieren.** Was die Höhe der zu erwartenden Kosten betrifft, enthalten Abs. 2 S. 1 Nr. 1 mit den unverhältnismäßigen Kosten und Abs. 2 S. 1 Nr. 2 mit den Amortisierungskosten **jeweils** eine **eigene Kostenbegrenzung.** Bei Vorliegen der Voraussetzungen von Abs. 2 S. 1 Nr. 1 sind also die Kosten einer baulichen Veränderung von allen Wohnungseigentümern nach dem Verhältnis ihrer Anteile zu tragen, selbst wenn sich die Kosten der baulichen Veränderung nicht innerhalb eines angemessenen Zeitraums amortisieren. Dies ergibt sich auch dadurch, dass es sich schon rein textlich („oder") um zwei eigenständige Alternativen handelt. 63

aa) Kosten. Dies gilt für **alle Kosten,** die auf der baulichen Veränderung beruhen, also nicht nur für die Baukosten, sondern insbesondere auch für die Folgekosten des Gebrauchs und der Erhaltung. Ergänzend → Rn. 9 ff. 64

bb) Nutzungen. Für die Nutzungen ordnet Abs. 2 S. 2 die entsprechende Anwendung von § 16 Abs. 1 an. Die **Früchte** stehen also ebenfalls allen Wohnungseigentümern im Verhältnis ihrer Miteigentumsanteile zu (§ 16 Abs. 1 S. 1 und 2); sie sind zugleich zum **Mitgebrauch** berechtigt (§ 16 Abs. 1 S. 3). Ergänzend → Rn. 26 ff. 65

b) Abs. 2 S. 1 Nr. 1 und Abs. 2 S. 1 Nr. 2 nicht erfüllt. Sind die Tatbestandsvoraussetzungen von Abs. 2 S. 1 Nr. 1 und Abs. 2 S. 1 Nr. 2 nicht erfüllt, ist **automatisch** der in **Abs. 3** geregelte Verteilerschlüssel anwendbar, dh die Kosten sind dann auf diejenigen Wohnungseigentümer zu verteilen, die den Beschluss gefasst haben, es sei denn, es kommt eine der unter den → Rn. 53 ff. dargestellten Alternativen zur Anwendung. 66

c) Abweichende Regelung iSv Abs. 5 S. 1. Wie bereits unter den → Rn. 56 f. dargelegt, kann auf der Grundlage von Abs. 5 S. 1 eine **abweichende Kostenverteilung** beschlossen werden. Ergänzend → Rn. 56 f. und → Rn. 70. 67

7. Finanzierung der Kosten und deren Umlage. Sind die Tatbestandsvoraussetzungen von Abs. 2 S. 1 Nr. 1 und/oder Abs. 2 S. 1 Nr. 2 erfüllt und haben somit alle Wohnungseigentümer die Kosten der baulichen Veränderung nach dem Verhältnis ihrer Anteile oder nach einem in der Gemeinschaftsordnung abweichend vereinbarten Verteilerschlüssel zu tragen, gibt es weder bei der Finanzierung noch bei der Umlage Besonderheiten. Da es sich um Gemeinschaftskosten handelt, stehen die **üblichen Finanzierungsmittel** zur Verfügung, dh insbesondere Finanzierung aus der **Erhaltungsrücklage,** Erhebung einer **Sonderumlage,** Finanzierung aus dem **laufenden Etat** und **Darlehensaufnahme.** 68

8. Prozessuales. Klarzustellen ist zunächst, dass § 21 ausschließlich in Abs. 5 S. 1 eine Beschlussfassung über die Verteilung der Kosten einer baulichen Veränderung regelt. Die **Abs. 1–4,** die die Kosten und Nutzungen einer beschlossenen baulichen Veränderung gesetzlich regeln, sehen **keine Beschlussfassung** vor. Die in den Abs. 1–4 geregelten Kostenverteilerschlüssel und Nutzungsbefugnisse sind nicht Gegenstand eines Beschlusses, sondern **Folge des Beschlusses** über die Gestattung oder Durchführung einer baulichen Veränderung. Wenn und soweit also **Anfechtungsklagen** gegen Beschlüsse in Betracht kommen, dann nur gegen Beschlüsse, die auf der Grundlage von Abs. 5 S. 1 oder § 20 Abs. 1 gefasst worden sind. Ferner sind Anfechtungsklagen gegen **Folgebeschlüsse** möglich, wenn zB Nachschüsse iSv § 28 Abs. 2 auf der Grundlage von **Einzelabrechnungen** beschlossen werden, in denen die Kosten einer baulichen Veränderung falsch verteilt werden. Im Zusammenhang mit Abs. 2 sind folgende Konstellationen denkbar, die zu einer prozessualen Auseinandersetzung führen könnten: 69

a) Festlegung eines anderen Verteilerschlüssels. Liegen von Abs. 2 S. 1 Nr. 1 und/oder von Abs. 2 S. 1 Nr. 2 die Voraussetzungen vor und wird aber auf der Grundlage von Abs. 5 S. 1 ein von Abs. 2 S. 1 abweichender Verteilerschlüssel beschlossen, handelt es sich insoweit um einen Beschluss iSv Abs. 5 S. 1 über eine abweichende Verteilung der Kosten. Wird auf der Grundlage von Abs. 5 S. 1 ein abweichender Verteilerschlüssel beschlossen, wodurch ein Wohnungseigentümer höhere Kosten zu tragen hat, als er gemäß Abs. 2 zu tragen hätte, ist eine **Anfechtungsklage** 70 hiergegen **unbegründet.** Es liegt in diesem Fall kein Verstoß gegen Abs. 5 S. 2 vor. Abs. 5 S. 2 verbietet es lediglich, einem Wohnungseigentümer (erstmalig) Kosten aufzuerlegen, die er ansonsten gemäß einer der Regelungen in Abs. 1–3 überhaupt nicht hätte. Wenn jedoch ein Wohnungseigentümer ohnehin schon anteilig an den Kosten der baulichen Veränderung beteiligt ist, lässt es Abs. 5 S. 1 zu, im Innenverhältnis der kostentragenden Wohnungseigentümer einen vom gesetzlichen oder vereinbarten Kostenverteilerschlüssel abweichenden Verteilerschlüssel zu beschließen.

71 Wird die Anfechtungsklage ua damit begründet, dass die Kosten unverhältnismäßig iSv Abs. 2 S. 1 Nr. 1 seien, hat der Anfechtungskläger die **Unverhältnismäßigkeit** zu **beweisen.**[27] Sollte die Beklagte diese Behauptung bestreiten, müsste das Gericht hierüber **Sachverständigenbeweis** erheben.

72 **b) Rechtsfolgen der Ungültigerklärung.** Wird der **Beschluss** über die Durchführung der **baulichen Veränderung** und – sofern gefasst – der Beschluss iSv Abs. 5 S. 1 über die **Verteilung** der **Kosten** der baulichen Veränderung **rechtskräftig** für **ungültig** erklärt und ist jedoch die beschlossene **Maßnahme** bis zur rechtskräftigen Ungültigerklärung des Beschlusses bereits **durchgeführt** worden (vgl. § 23 Abs. 4 S. 2), ist für die durchgeführte Maßnahme weder § 20 noch § 21 einschlägig. Bei den mit der Maßnahme im Zusammenhang stehenden Kosten handelt es sich somit um **gemeinschaftliche Kosten** iSv § 16 Abs. 2 S. 1, die alle Wohnungseigentümer nach dem Verhältnis ihrer Anteile zu tragen haben. Hiervon ist auch nicht der obsiegende Anfechtungskläger auszunehmen, da ein etwaiger **Folgenbeseitigungsanspruch** jedenfalls nicht zu einem Anspruch auf Freistellung von der anteiligen Kostenlast führt.

73 Wird hingegen lediglich der auf Grundlage von Abs. 5 S. 1 gefasste Beschluss mit dem Inhalt, dass die **Kosten** der baulichen Veränderung alle Wohnungseigentümer zu tragen haben, für **ungültig** erklärt, weil weder Abs. 2 S. 1 Nr. 1 noch Abs. 2 S. 1 Nr. 2 erfüllt sind, nicht hingegen der Beschluss über die Durchführung der baulichen Veränderung (ggf. mangels Anfechtung), handelt es sich bei der durchgeführten Maßnahme um eine bauliche Veränderung iSv § 20 Abs. 1, so dass einer der **gesetzlichen Kostenverteilerschlüssel** iSv § 21 einschlägig ist, dh konkret Abs. 3, wonach die Kosten nur diejenigen Wohnungseigentümer zu tragen haben, die den Beschluss über die bauliche Veränderung gefasst haben.

IV. Kostenverteilung gemäß Abs. 3

74 Ist weder Abs. 1 noch Abs. 2 einschlägig, sind in allen anderen Fällen die Kosten der baulichen Veränderung nur **von denjenigen Wohnungseigentümern** zu tragen, die den **Beschluss** über die Durchführung der baulichen Veränderung **gefasst** haben. Dadurch werden bauunwillige Wohnungseigentümer vor **finanziellen Überlastungen geschützt,** ohne dass die bauliche Weiterentwicklung der Wohnungseigentumsanlage unnötig erschwert wird.

75 **1. Konkurrenz zu Abs. 1 und Abs. 2.** Auch bauliche Veränderungen, die nicht von Abs. 1 und Abs. 2 erfasst sind, können mehrheitlich beschlossen werden (vgl. § 20 Abs. 1). Die Kosten solcher baulichen Veränderungen haben nach Abs. 3 aber nur diejenigen Wohnungseigentümer zu tragen, die die bauliche Veränderung beschlossen haben, also bei der Abstimmung mit „Ja" gestimmt haben. Abs. 3 setzt also voraus, dass die bauliche Veränderung weder unter Abs. 1 noch unter Abs. 2 fällt.

76 **2. Kosten.** Dies gilt für **alle Kosten,** die auf der baulichen Veränderung beruhen, also nicht nur für die Baukosten, sondern insbesondere auch für die Folgekosten für Gebrauch und Erhaltung. Ergänzend → Rn. 9 ff.

77 **3. Kostenträger.** Da Abs. 3 voraussetzt, dass Abs. 1 nicht einschlägig ist, fallen unter Abs. 3 nur solche baulichen Veränderungen, die namens der **Gemeinschaft der Wohnungseigentümer** durchgeführt werden, dh im Außenverhältnis ist die Gemeinschaft der Wohnungseigentümer Kostenträger.

78 **4. Finanzierung der Kosten und deren Umlage.** Hat die Gemeinschaft der Wohnungseigentümer die Durchführung einer baulichen Veränderung beschlossen, deren Kosten aber nur von denjenigen Wohnungseigentümern zu tragen sind, die den Beschluss gefasst haben, stellen sich Finanzierungs- und Verteilungsfragen.

79 **a) Finanzierung.** Sollte zum Zeitpunkt der Eigentümerversammlung zumindest bekannt sein, dass die zu beschließende bauliche Veränderung **nicht** mit **unverhältnismäßigen Kosten** iSv Abs. 2 S. 1 Nr. 1 verbunden sein wird, und dass die Tatbestandsvoraussetzungen von Abs. 2 S. 1 Nr. 2

[27] BT-Drs. 19/22634, 44.

(Amortisation) aber **nicht erfüllt** sein werden, kommt es für die Frage, ob für die Kostenverteilung Abs. 2 S. 1 oder Abs. 3 einschlägig sein wird, nur darauf an, ob die **doppelt-qualifizierte Mehrheit** iSv Abs. 2 S. 1 Nr. 1 erreicht wird oder nicht. Die Besonderheit besteht dann insoweit darin, dass zum Zeitpunkt des Verlesens des Beschlussantrags weder bekannt ist, ob die Kosten der zu beschließenden baulichen Veränderung nur von denjenigen Wohnungseigentümern zu tragen sein werden, die mit „Ja" stimmen werden, noch welche und wie viele Wohnungseigentümer dies sein werden. Somit bereitet es in diesem Fall auch **Schwierigkeiten,** eine entsprechende **Finanzierungsregelung** zu beschließen. Hierzu gibt es zwei Möglichkeiten:

Entweder wird die Finanzierungsregelung zum Gegenstand des Beschlusses über die bauliche Veränderung gemacht. In diesem Fall kommen als Finanzierung die Entnahme aus der **Erhaltungsrücklage,** die Finanzierung aus dem **laufenden Etat** oder die Erhebung einer **Sonderumlage gegenüber allen** Wohnungseigentümern in Betracht, nachdem ja noch nicht bekannt ist, welche Wohnungseigentümer sodann tatsächlich die Kosten zu tragen haben werden. 80

Möchte man sich jedoch die Option offen halten, die Sonderumlage nur gegenüber denjenigen Wohnungseigentümern zu erheben, die bei dem Beschluss über die Durchführung der baulichen Veränderung mit „Ja" stimmen, müssten der **Beschluss** über die **Durchführung** der baulichen Veränderung einerseits und der Beschluss über die **Finanzierung** der Maßnahme andererseits voneinander **getrennt** werden, damit zum Zeitpunkt der Beschlussfassung über die Finanzierung der Beschluss über die Durchführung der baulichen Maßnahme bereits vorliegt, so dass dann bereits Kenntnis darüber besteht, ob die doppelt-qualifizierte Mehrheit erreicht worden ist oder nicht. Ist sie nicht erreicht, steht fest, dass Abs. 3 einschlägig ist, so dass im Anschluss daran der Beschluss gefasst werden könnte, dass zur Finanzierung der baulichen Veränderung eine Sonderumlage nur gegenüber denjenigen Wohnungseigentümern erhoben wird, die den Beschluss über die Durchführung der baulichen Veränderung gefasst haben. 81

Die vorstehenden Ausführungen haben allerdings nur dann Relevanz, wenn der Versammlungsleiter die Frage des anzuwendenden Kostenverteilerschlüssels bei der Beschlussfassung über die Durchführung der baulichen Veränderung tatsächlich offen lassen sollte und nicht auf der Grundlage von Abs. 5 S. 1 einen bestimmten Kostenverteilerschlüssel festlegen und beschließen lassen sollte, wovon jedoch dringend abzuraten ist (→ Rn. 53 ff.). 82

b) Verteilung auf die beschließenden Wohnungseigentümer. Richtet sich die Kostenverteilung nach Abs. 3, sind die Kosten nur von denjenigen Wohnungseigentümern zu tragen, die bei dem Beschlussantrag über die Durchführung der baulichen Veränderung mit „Ja" gestimmt haben. Um dies zu **dokumentieren,** muss der Versammlungsleiter diese Wohnungseigentümer **namentlich erfassen** und im **Versammlungsprotokoll wiedergeben,** denn schließlich ergibt sich hieraus ja der künftig anzuwendende Kostenverteilerschlüssel. Wird hiergegen verstoßen, kann dies zu **Regressansprüchen** gegenüber dem Verwalter führen (→ Rn. 90). 83

Die an den Kosten gemäß Abs. 3 nicht zu beteiligenden Wohnungseigentümer sind demnach auch einer erhöhten Beitragsleistung nicht ausgesetzt, weil die **Erhaltungsrücklage** zu diesem Zweck grundsätzlich **nicht angegriffen** werden darf.[28] Aus diesem Grunde darf auch nicht eine **Sonderumlage** unter Einbeziehung der an den Kosten nicht zu beteiligenden Wohnungseigentümer zur Zwischenfinanzierung erhoben werden. Dies gilt im Grundsatz auch für die Folgekosten der Maßnahme, es sei denn, die bauliche Veränderung führt zu einer Folgemaßnahme, die durch eine ordnungsgemäße Verwaltung geboten ist.[29] 84

Sind für die bauliche Veränderung Gelder der Gemeinschaft der Wohnungseigentümer aufgewendet worden, so sind sie in den **Einzelabrechnungen** auf diejenigen Wohnungseigentümer umzulegen, die den Beschluss gefasst haben.[30] Sofern der **Erhaltungsrücklage** für eine bauliche Veränderung iSv Abs. 3 in nicht zulässiger Weise Geld **entnommen** worden ist, können die Wohnungseigentümer beschließen, dass dieser Betrag der Erhaltungsrücklage **wieder zugeführt** wird.[31] 85

c) Verteilerschlüssel. Unter denjenigen Wohnungseigentümern, die gemäß Abs. 3 die Kosten der baulichen Veränderung zu tragen haben, gilt als Verteilerschlüssel das **Verhältnis** der auf deren Sondereigentumseinheiten entfallenden **Miteigentumsanteile** bzw. ein in der Gemeinschaftsordnung hiervon abweichender Verteilerschlüssel. 86

Ist beispielsweise in der **Gemeinschaftsordnung** eine **wirtschaftliche Trennung** zwischen den Wohngebäuden einerseits und der Tiefgarage andererseits **vereinbart,** ohne dass jedoch ein Blockstimmrecht vereinbart ist und ist ferner vereinbart, dass die auf die Wohngebäude entfallenden 87

---

[28] BGHZ 116, 392 = NJW 1992, 978.
[29] BGHZ 116, 392 = NJW 1992, 978; Bärmann/*Becker* Rn. 156; *Zimmermann* ZMR 1986, 305.
[30] BGHZ 116, 392 = NJW 1992, 978.
[31] OLG Hamm NZM 2002, 874.

Kosten auf die Wohnungseigentümer nach dem Verhältnis der Wohnfläche zu verteilen sind und die auf die Tiefgarage entfallenden Kosten auf die Stellplatzeigentümer nach der Anzahl der Stellplätze, und wird über eine bauliche Veränderung am Wohngebäude beschlossen, für deren Kosten Abs. 3 einschlägig ist, wird die Kostenverteilung problematisch, wenn auch Stellplatzeigentümer dem Beschlussantrag zugestimmt haben. In diesem Fall stellt sich die Frage nach dem anzuwendenden Kostenverteilerschlüssel im Innenverhältnis derjenigen Eigentümer, die den Beschluss gefasst haben. Da nicht zwei **unterschiedliche Verteilerschlüssel** (Wohnfläche einerseits, Anzahl der Stellplätze andererseits) in Ansatz gebracht werden können, ist in diesem Fall auf den **gesetzlichen Verteilerschlüssel** als **Auffangregelung** zurückzugreifen, also auf das Verhältnis der Miteigentumsanteile (§ 16 Abs. 2 S. 1).

88 **d) Sondernachfolger.** Die Pflicht eines einzelnen Wohnungseigentümers zur Kostentragung geht auf seinen Sondernachfolger über, auch wenn dieser an der Nutzung der baulichen Veränderung gar kein Interesse haben sollte.[32]

89 **e) Abweichende Regelung iSv Abs. 5 S. 1.** Insoweit → Rn. 25. Wie die vorstehenden Ausführungen zu Abs. 3 zeigen, kann die Anwendung von Abs. 3 durchaus **Probleme** bereiten. Um diese Probleme zu vermeiden, sollte bei dem Beschlussantrag über die Durchführung der baulichen Veränderung von Abs. 5 S. 1 Gebrauch gemacht werden und zugleich als **Kostenverteilerschlüssel festgelegt** werden, dass die Kosten der baulichen Veränderung von **allen Wohnungseigentümern** nach dem geltenden Kostenverteilerschlüssel zu tragen sind. Allerdings besteht dann natürlich die Gefahr, dass hiergegen Anfechtungsklage erhoben wird, da hierdurch Eigentümer mit Kosten belastet werden, die sie gemäß Abs. 3 nicht zu tragen haben. Ergänzend → Rn. 53 ff.

90 **f) Regress.** Damit die **Herstellungskosten** und künftig insbesondere die **Folgekosten** in den **Einzelabrechnungen** zutreffend verteilt werden können, bedarf es einer **Dokumentation** des Verwalters, welche Wohnungseigentümer den Beschluss gefasst haben und demnach alle damit im Zusammenhang stehenden Kosten zu tragen haben. Da es die Pflicht des Verwalters ist, in den Einzelabrechnungen die zutreffenden Kostenverteilerschlüssel in Ansatz zu bringen, gehört es demnach auch zur Pflicht eines Verwalters, diese Dokumentation zu erstellen (vgl. → Rn. 83). Verletzt der Verwalter diese Pflicht und können deshalb insbesondere die Folgekosten nicht mehr auf die betroffenen Wohnungseigentümer oder deren Sondernachfolger verteilt werden, weil sich diese Wohnungseigentümer nicht mehr nachvollziehen lassen, kommen **Schadensersatzansprüche gegenüber** der **Gemeinschaft** der Wohnungseigentümer in Betracht, die sich gemäß § 31 BGB analog die Pflichtverletzung ihres Organs „Verwalter" zurechnen lassen muss.

91 **5. Nutzungen.** Die Nutzungen sind entsprechend § 16 Abs. 1 nach dem gleichen Verhältnis wie die Kosten zu verteilen. Die Früchte stehen also den zur Kostentragung verpflichteten Wohnungseigentümern im Verhältnis ihrer Miteigentumsanteile zu; nur diese Wohnungseigentümer sind zum Mitgebrauch berechtigt. Ergänzend → Rn. 26 ff.

92 Wenn es sich um eine bauliche Veränderung handelt, bei der **kein** exklusives **Allein- oder Mitgebrauchsrecht** möglich ist (zB Überdachung des Hauseingangs, Anbringung eines Wärmedämmverbundsystems), so dass diejenigen Wohnungseigentümer, die dem Beschlussantrag nicht zugestimmt haben, nicht von der Nutzung ausgeschlossen werden können, führt Abs. 3 dazu, dass aus Kostensicht diejenigen Wohnungseigentümer, die der Versammlung ferngeblieben sind oder sich bei der Stimmabgabe enthalten oder sogar mit „Nein" gestimmt haben, von dieser baulichen Veränderung profitieren **(„Trittbrettfahrer").** Damit sind Streitigkeiten vorprogrammiert. Um dies zu vermeiden, sollte trotz des bestehenden Anfechtungsrisikos auf der Grundlage von Abs. 5 S. 1 ein abweichender Kostenverteilerschlüssel dahingehend beschlossen werden, dass die Kosten von allen Wohnungseigentümern nach dem Verhältnis ihrer Anteile zu tragen sind. Ergänzend → Rn. 53 ff.

93 **6. Prozessuales.** Liegen weder von Abs. 2 S. 1 Nr. 1 (entweder nicht erreichte doppelt-qualifizierte Mehrheit oder unverhältnismäßige Kosten), noch von Abs. 2 S. 1 Nr. 2 die Voraussetzungen vor, so dass eigentlich Abs. 3 einschlägig wäre, und wird aber gleichwohl mit einfacher Mehrheit beschlossen, dass die **Kosten** der baulichen Veränderung **alle Wohnungseigentümer** nach dem Verhältnis ihrer Anteile zu tragen haben, handelt es sich insoweit um einen Beschluss iSv Abs. 5 S. 1 über eine abweichende Verteilung der Kosten. Wird auf der Grundlage von Abs. 5 S. 1 ein abweichender Verteilerschlüssel beschlossen, durch den einem Wohnungseigentümer Kosten auferlegt werden, die er gemäß Abs. 3 nicht zu tragen hätte, kann und muss er hiergegen **Anfechtungsklage** erheben. Wird hiergegen keine Anfechtungsklage erhoben, wird der Beschluss **bestandskräftig.**

---

[32] *Hügel/Elzer* Rn. 13.

Der Beschluss ist **nicht nichtig,** da gemäß Abs. 5 S. 1 **Beschlusskompetenz** besteht und gemäß Abs. 5 S. 2 einem Wohnungseigentümer, der gemäß Abs. 3 keine Kosten zu tragen hätte, durch einen solchen Beschluss zwar keine Kosten auferlegt werden „dürfen", aber können (→ Rn. 131 ff.).

V. Nutzungsbeteiligung iSv Abs. 4

Nach Abs. 4 S. 1 kann jeder Wohnungseigentümer **verlangen,** dass ihm nach **billigem Ermessen** durch Beschluss gestattet wird, **Nutzungen** zu ziehen, die ihm nach den gesetzlichen Vorschriften nicht gebühren. Das gilt unabhängig davon, ob der Wohnungseigentümer kraft Gesetzes (nach den Abs. 1–3) oder durch Beschluss (nach Abs. 5) von der Nutzungsziehung ausgeschlossen ist. 94

Der Anspruch erlaubt es insbesondere einem Wohnungseigentümer, der einer baulichen Veränderung zunächst nicht zugestimmt hat, seine **Meinung** nachträglich zu **ändern.** Auf diese Weise können die Vorteile baulicher Veränderungen auch denjenigen Wohnungseigentümern oder ihren Rechtsnachfolgern zugutekommen, die zunächst, etwa aus finanziellen Gründen, gegen sie gestimmt haben.[33] 95

Ferner haben somit auch **Sondernachfolger,** die zum Zeitpunkt der Beschlussfassung über die Gestattung der Vornahme der baulichen Veränderung noch nicht Wohnungseigentümer waren, bei entsprechendem Interesse die Möglichkeit, gegen einen angemessenen Ausgleich die bauliche Veränderung mitzubenutzen. 96

1. Keine Nutzungsberechtigung. Abs. 4 setzt zunächst voraus, dass in Bezug auf eine nach § 20 Abs. 1 beschlossene bauliche Veränderung dem antragstellenden Wohnungseigentümer kein gesetzliches (Abs. 1–3) oder beschlossenes (Abs. 5) Nutzungsrecht zusteht. Der antragstellende Wohnungseigentümer muss also gemäß Abs. 1, Abs. 2, Abs. 3 oder Abs. 5 von den **Nutzungen** einer baulichen Veränderung **ausgeschlossen** sein. Entsprechendes gilt für den **Sondernachfolger,** wenn sein Rechtsvorgänger gemäß Abs. 1, Abs. 2, Abs. 3 oder Abs. 5 von den Nutzungen einer baulichen Veränderung ausgeschlossen war. 97

Abs. 4 gilt somit grundsätzlich also auch für bauliche Veränderungen, deren Nutzungsrechte in Abs. 1 geregelt sind, dh auch für bauliche Veränderungen, deren Vornahme einem einzelnen Wohnungseigentümer im **Individualinteresse** gestattet worden ist. Somit könnte ein Wohnungseigentümer auf der Grundlage von Abs. 4 grundsätzlich die Mitbenutzung zB einer Gartenhütte verlangen, deren Errichtung einem anderen Wohnungseigentümer durch Beschluss gestattet worden ist; allerdings dürfte dies kaum billigem Ermessen entsprechen (→ Rn. 110). 98

2. Verlangen iSv Abs. 4. Der **Anspruch** auf Mitbenutzung einer baulichen Veränderung besteht **gegenüber** der **Gemeinschaft** der Wohnungseigentümer. Somit muss das Verlangen nach Mitbenutzung an das **Vertretungsorgan** der Gemeinschaft der Wohnungseigentümer gerichtet werden, dh an den **Verwalter,** welcher es an das **Willensbildungsorgan** „Wohnungseigentümerversammlung" weiterzuleiten und es somit zum Gegenstand der nächsten Eigentümerversammlung zu machen hat, damit über das Verlangen abgestimmt und beschlossen werden kann. 99

3. Gestattung. Der **Anspruch** ist auf die Fassung eines **Beschlusses** gerichtet, der dem Wohnungseigentümer die Teilhabe an den Nutzungen gegen angemessenen Ausgleich **gestattet.** Abs. 4 S. 1 enthält zugleich die dafür notwendige **Beschlusskompetenz.** Über den Beschlussantrag stimmen **alle Wohnungseigentümer** ab, nicht etwa nur die Wohnungseigentümer, die schon nutzungsberechtigt sind, da das gemeinschaftliche Eigentum betroffen ist. 100

Dies gilt auch dann, wenn sich das Verlangen eines Wohnungseigentümers zB auf Mitbenutzung der auf einer Gemeinschaftsfläche stehenden Gartenhütte bezieht, deren Errichtung einem anderen Wohnungseigentümer durch Beschluss gestattet worden ist, sofern die Gartenhütte eigentumsrechtlich zum **Gemeinschaftseigentum** gehört. In diesem Fall mutet es zwar seltsam an, dass hierüber die Gemeinschaft der Wohnungseigentümer durch ihr Organ „Wohnungseigentümerversammlung" entscheidet und nicht etwa der Wohnungseigentümer, der alleine und auf eigene Kosten die Gartenhütte errichtet hat und dem bisher das alleinige Nutzungsrecht hieran zusteht, erklärt sich aber dadurch, dass ein Gestattungsbeschluss iSv Abs. 4 einem Gestattungsbeschluss iSv § 20 Abs. 1 entspricht. 101

Abs. 4 ist allerdings nicht anwendbar, wenn sich das Verlangen eines Wohnungseigentümers zB auf Mitbenutzung einer mobilen Parabolantenne bezieht, deren Aufstellung einem anderen Wohnungseigentümer durch Beschluss gestattet worden ist, denn für **Alleineigentum** oder **Sondereigentum** ist der Anwendungsbereich von Abs. 4 bereits **per se** nicht eröffnet. 102

[33] BT-Drs. 19/18791, 69 f.

103 Für einen Gestattungsbeschluss iSv Abs. 4 müssen zwei **Anspruchsvoraussetzungen** erfüllt sein: zum einen besteht ein Anspruch auf Mitbenutzung nur gegen **Zahlung** eines **angemessenen Ausgleichs,** zum anderen muss die beanspruchte Mitbenutzung **billigem Ermessen** entsprechen.

104 **a) Angemessener Ausgleich.** Der Wohnungseigentümer, zu dessen Gunsten der Gestattungsbeschluss gefasst werden soll, ist verpflichtet, einen angemessenen Ausgleich zu leisten. Der **Ausgleichsbetrag** ist in dem **Beschluss festzusetzen.** Die dafür notwendige **Beschlusskompetenz** enthält Abs. 4 S. 1.

105 Zeitlich bezieht sich der Ausgleich nur auf die **bis zur Beschlussfassung angefallenen Kosten;** für die **künftigen Betriebs- und Erhaltungskosten** gilt Abs. 3 S. 1, der nach Abs. 4 S. 2 entsprechend anwendbar ist. Im Ausgangspunkt bezieht sich der Ausgleich auf alle Kosten (vor allem Planungs-, Bau- und Baunebenkosten sowie bisherige Betriebs- und Erhaltungskosten). Der Maßstab der Angemessenheit gebietet es aber regelmäßig, den Wohnungseigentümer nur an solchen Kosten aus der Vergangenheit zu beteiligen, die sich zumindest mittelbar auch auf seine zukünftigen Nutzungen der baulichen Veränderung auswirken. **Laufende Betriebskosten** sind daher regelmäßig nicht auszugleichen.[34] Aus demselben Grund sollen auch zwischenzeitliche Abnutzungen und Verschlechterungen beim Ausgleich der angefallenen Herstellungskosten zu berücksichtigen sein, dh es hätte eine Art **Abschreibung** stattzufinden, so dass das Wirtschaftsgut (zB Aufzug), wenn es vollständig abgeschrieben ist, aber weiterhin genutzt wird, mit 1 Euro Restwert im Vermögensbericht iSv § 28 Abs. 4 zu führen wäre, bis es verschrottet, zerstört oder veräußert wird. Dies würde bedeuten, dass nach Ablauf der Abschreibungsdauer keine Ausgleichszahlungen mehr zu leisten wären. Diese Auffassung ist zu „holzschnittartig" und unzutreffend. Allenfalls mag das Alter der baulichen Veränderung im Rahmen der Angemessenheit der Ausgleichszahlung eine Rolle spielen, nicht jedoch für die Frage des „Ob" einer Ausgleichszahlung.

106 Der Ausgleich ist an die **Gemeinschaft der Wohnungseigentümer** zu zahlen. Er soll nach Auffassung des Gesetzgebers im Rahmen der **Jahresabrechnung** den Einheiten derjenigen Wohnungseigentümer zugutekommen, die die auszugleichenden Kosten ursprünglich zu tragen hatten,[35] was sich allerdings nicht aus dem Wortlaut von Abs. 4 S. 1 ergibt. Auch § 16 Abs. 1 S. 1 enthält hierfür keine Regelung; im Gegenteil, in § 16 Abs. 3 wird in Bezug auf Kosten und Nutzungen bei baulichen Veränderungen auf § 21 verwiesen. Demnach wäre die Ausgleichszahlung eigentlich eine Einnahme der Gemeinschaft der Wohnungseigentümer, die in den entsprechenden Einzelabrechnungen gemäß § 16 Abs. 1 S. 1 nach dem **allgemein gültigen Verteilerschlüssel** auf alle Wohnungseigentümer zu verteilen wäre, was allerdings kein sachgerechtes Ergebnis wäre. Um dies zu vermeiden, wird man wohl den Begriff **„Nutzungen"** großzügig auslegen müssen, damit auch die Ausgleichszahlung darunterfällt und somit nur denjenigen Wohnungseigentümern (und deren Sondernachfolgern → Rn. 108) gebührt, die die auszugleichenden Kosten ursprünglich zu tragen hatten.

107 Problematisch und noch schwieriger wird es, was der Gesetzgeber offenbar nicht bedacht hat, wenn sich Wohnungseigentümer **zeitlich gestaffelt** in die bauliche Veränderung „einkaufen". Sobald sich ein Wohnungseigentümer in die bauliche Veränderung „eingekauft" hat, stehen ihm gemäß Abs. 4 S. 2 anteilige Nutzungen zu. Leisten danach noch weitere Wohnungseigentümer Ausgleichszahlungen, stellt sich die Frage, wie sodann diese Ausgleichszahlungen zu verteilen sind, denn die Nutzungsberechtigten setzen sich in diesem Zeitpunkt aus denjenigen Wohnungseigentümern zusammen, die ursprünglich die gesamten Baukosten zu tragen hatten und denjenigen Wohnungseigentümern, die danach Ausgleichszahlungen geleistet haben. Hierdurch erhalten also diejenigen Wohnungseigentümer, die bereits eine Ausgleichszahlung geleistet haben, durch nachfolgende Ausgleichszahlungen einen Teil ihrer geleisteten **Ausgleichszahlung refinanziert,** sofern es sich auch insoweit um Nutzungen iSv Abs. 4 S. 2 iVm Abs. 3 S. 2 handeln sollte.

108 Ein weiteres Problem entsteht und besteht dann, wenn ein Wohnungseigentümer, der entweder bereits zu Beginn an den Baukosten beteiligt war oder zu einem späteren Zeitpunkt auf der Grundlage von Abs. 4 S. 1 eine angemessene Ausgleichszahlung geleistet hat, zum Zeitpunkt von (weiteren) Ausgleichszahlungen nicht mehr Wohnungseigentümer ist und somit an diesen (weiteren) Ausgleichszahlungen nicht mehr partizipiert. Die Frage ist, ob dann der **Sondernachfolger** anteilig an diesen (weiteren) Ausgleichszahlungen partizipiert. Dies ist zu bejahen. Da die Verteilung einer Zahlung in den betroffenen Einzelabrechnungen stattzufinden hat und Einzelabrechnungen **nicht personenbezogen** sondern **objektbezogen** sind, sind Ausgleichszahlungen auf die betroffenen Einheiten zu verteilen und nicht auf Personen. Im Übrigen hat es ein Veräußerer selbst in der Hand, durch entsprechende Regelungen im Kaufvertrag mit dem Erwerber sicherzustellen, dass etwaige

[34] BT-Drs. 19/18791, 70.
[35] BT-Drs. 19/18791, 70.

anteilige Ausgleichszahlungen, die auf die betroffene Einheit verteilt werden, im Innenverhältnis dem Veräußerer zustehen.

b) Billiges Ermessen. Der Anspruch besteht jedoch nur unter der Einschränkung, dass eine Teilhabe an den Nutzungen, insbesondere dem Gebrauch, billigem Ermessen entspricht. Besondere **Umstände des Einzelfalls** können den Anspruch deshalb auch ausschließen. Dabei ist aber zu berücksichtigen, dass beispielsweise bei einer Ladevorrichtung für elektrisch betriebene Fahrzeuge iSv § 20 Abs. 2 S. 1 Nr. 2 **Kapazitätsprobleme** für sich genommen dem Anspruch regelmäßig nicht entgegenstehen. Denn die Billigkeit verlangt eine **Gleichbehandlung** aller Wohnungseigentümer. Diejenigen Wohnungseigentümer, die die bauliche Veränderung ursprünglich beschlossen haben, haben deshalb grundsätzlich kein besseres Recht als ein **Nachzügler** (kein **„Windhundprinzip“**). Denn ungeachtet der zeitlichen Abfolge geht es um den Gebrauch des gemeinschaftlichen Eigentums. Entstehen durch den nachträglichen Mitgebrauch eines Wohnungseigentümers Kapazitätsprobleme, müssen diese nach allgemeinen Regeln gelöst werden, etwa durch einen Beschluss, der regelt, wann welcher Wohnungseigentümer das veränderte gemeinschaftliche Eigentum gebrauchen darf.[36] 109

Die Gestattung einer Mitbenutzung könnte beispielsweise dann billigem Ermessen **widersprechen,** wenn an einer im Gemeinschaftseigentum stehenden baulichen Veränderung bisher ein **Alleinnutzungsrecht** besteht, weil nur einem Wohnungseigentümer die Vornahme der baulichen Veränderung gemäß § 20 Abs. 1 gestattet worden ist und nur dieser Wohnungseigentümer gemäß Abs. 1 S. 1 die Kosten hierfür getragen hat, und die bauliche Veränderung bereits ihrer Natur nach auch nur der Alleinnutzung dienen soll, wie zB ein kleines Gartenhäuschen oder die an eine Erdgeschoßwohnung angrenzende Terrasse oder der an eine Wohnung nachträglich angebaute Balkon. 110

4. Künftige Kosten und Nutzungen. Sobald es einem Wohnungseigentümer durch Beschluss gestattet worden ist, in Bezug auf eine bereits vorhandene bauliche Veränderung Nutzungen zu ziehen, ist er gemäß Abs. 4 S. 2 an den künftigen Kosten und Nutzungen zu beteiligen. 111

a) Kosten. Der Wohnungseigentümer, zu dessen Gunsten der Gestattungsbeschluss iSv Abs. 4 gefasst worden ist, ist grundsätzlich **ab Beschlussfassung** (abweichende Regelung ist möglich und zu empfehlen; → Rn. 117) gemäß Abs. 4 S. 2 verpflichtet, sich an den Kosten zu beteiligen, die ab der Beschlussfassung anfallen. Dafür gilt nach Abs. 4 S. 2 die Vorschrift des Abs. 3 S. 1 entsprechend. Maßgeblich ist also das Verhältnis seines Anteils zu den Anteilen der übrigen kostentragungspflichtigen Wohnungseigentümer. Zu den Kosten ergänzend → Rn. 9 ff. 112

Abs. 4 ermöglicht es im Zusammenspiel mit Abs. 1 zugleich, die Probleme sachgerecht zu lösen, die dadurch entstehen, dass bauliche Veränderungen zeitlich gestaffelt durch unterschiedlich viele Wohnungseigentümer genutzt werden und dadurch ab einem bestimmten Zeitpunkt **zusätzliche Erstherstellungs**- bzw. **Aufrüstungskosten** entstehen können, sobald aufgrund einer bestimmten Anzahl von Nutzern die **Kapazitätsgrenze** erreicht ist. So kann es etwa bei der Errichtung von **Lademöglichkeiten** für elektrisch betriebene Fahrzeuge vorkommen, dass die bestehende Kapazität der im gemeinschaftlichen Eigentum stehenden Elektroinstallationen die Errichtung einer bestimmten Zahl von Ladevorrichtungen mit geringem finanziellen Aufwand ermöglicht (zB weil lediglich Leitungen verlegt und sogenannte Wallboxen angebracht werden müssen). Sobald diese Schwelle aber erreicht ist, kann die sachgerechte Nutzung einer weiteren Ladevorrichtung mit **erheblichen Kosten** verbunden sein, weil eine grundlegende Aufrüstung notwendig wird (zB die Installation eines Lastmanagementsystems oder die Erweiterung der Hausanschlussleistung). Sobald die Aufrüstung erfolgt ist, ist die Errichtung einer bestimmten Zahl weiterer Ladevorrichtungen wiederum kostengünstig möglich, bis die Kapazitätsgrenze erneut erreicht ist, und so weiter. Die Abs. 1–4 sollen sicherstellen, dass die Kosten in derartigen Fällen angemessen auf alle betroffenen Wohnungseigentümer verteilt werden. Die Kosten der Aufrüstung hat zunächst nach Abs. 1 die Gruppe der Wohnungseigentümer zu tragen, die diese Maßnahme verlangt. Diese Gruppe besteht neben dem Wohnungseigentümer, der die Schwelle überschreitet, aus allen Wohnungseigentümern, die ihre Ladevorrichtung weiternutzen möchten und deshalb gemeinsam mit diesem die Aufrüstung verlangen. Diese Wohnungseigentümer stellen eine Art **„Betriebsgemeinschaft“** dar. Alle später hinzutretenden Wohnungseigentümer haben zwar einen Anspruch darauf, das verbesserte Gemeinschaftseigentum nutzen zu dürfen (Abs. 4 S. 1), müssen sich aber zugleich an den Kosten der Verbesserung beteiligen (Abs. 4 S. 2).[37] 113

---

[36] BT-Drs. 19/18791, 70.
[37] BT-Drs. 19/18791, 70 f.

114 **b) Nutzungen.** Der Wohnungseigentümer, zu dessen Gunsten der Gestattungsbeschluss iSv Abs. 4 gefasst worden ist, ist **ab Beschlussfassung** gemäß Abs. 4 S. 2 berechtigt, an den Nutzungen teilzuhaben. Abs. 4 S. 2 ordnet an, dass hinsichtlich des Umfangs Abs. 3 entsprechend gilt. Der Wohnungseigentümer ist folglich zum **Mitgebrauch** berechtigt (vgl. Abs. 3 S. 2, der auf § 16 Abs. 1 S. 3 verweist). Ihm steht zudem ein seinem Miteigentumsanteil entsprechender **Anteil der Früchte** zu (vgl. Abs. 3 S. 2, der auf § 16 Abs. 1 S. 1 und 2 verweist).[38] Zu den Nutzungen ergänzend → Rn. 26 ff.

115 **c) Abweichende Regelung iSv Abs. 5 S. 1.** Ungeachtet dieser gesetzlichen Verteilung der Kosten und Nutzungen bleibt es den Wohnungseigentümern freilich unbenommen, auch im Falle des Abs. 4 eine abweichende Verteilung nach Abs. 5 S. 1 zu beschließen und den Wohnungseigentümer, dem die Nutzungsziehung gestattet wurde, in diese Verteilung einzubeziehen.

116 Die abweichende Regelung kann sich auf die **künftigen Kosten** und **Nutzungen** beziehen. Es kann beispielsweise aber auch beschlossen werden, dass die **Ausgleichszahlungen** nicht über die Einzelabrechnungen an diejenigen Wohnungseigentümer ausgeschüttet werden, auf deren Kosten die bauliche Veränderung vorgenommen worden ist, sondern einer gesondert für die bauliche Veränderung gebildeten **Erhaltungsrücklage** zugeführt werden. Ferner könnte auch beschlossen werden, dass die Ausgleichszahlungen nicht an die Gemeinschaft der Wohnungseigentümer zu leisten sind, sondern direkt **an** diejenigen **Wohnungseigentümer,** auf deren Kosten die bauliche Veränderung vorgenommen worden ist.

117 Um eine abweichenden Regelung iSv Abs. 5 S. 1 handelt es sich auch dann, wenn eine Beteiligung an den Nutzungen und Kosten nicht bereits ab Beschlussfassung eintreten soll, sondern erst mit **Beginn des nächsten Wirtschaftsjahres.** Eine derartige Regelung ist dringend zu empfehlen, um zu verhindern, dass sich während eines laufenden Wirtschaftsjahres die Kostenverteilerschlüssel für bauliche Veränderungen mehrfach ändern. Zudem stellen sich sonst erhebliche Abgrenzungsprobleme.

118 **d) Regress.** Wird es weiteren Wohnungseigentümern durch Beschluss gestattet, die bauliche Veränderung mitzubenutzen, so dass sich hierdurch gemäß Abs. 4 S. 2 künftig auch der Kostenverteilerschlüssel entsprechend ändert, obliegt es erneut dem Verwalter, dies hinreichend deutlich zu **dokumentieren** und **archivieren,** damit auch noch Jahre später der zutreffende Kostenverteilerschlüssel nachvollziehbar ermittelt, dokumentiert und angewandt werden kann. Verstößt der Verwalter hiergegen, stehen Regressansprüche im Raum. Ergänzend → Rn. 34.

119 **5. Prozessuales.** Verlangt ein Wohnungseigentümer gemäß Abs. 4 S. 1, eine bauliche Veränderung mitzubenutzen und wird der Beschlussantrag abgelehnt, kann der Anspruchsteller **Beschlussersetzungsklage** erheben (§ 44 Abs. 1 S. 2).

120 Müssen **zusätzliche bauliche Veränderungen** vorgenommen werden, um den Anspruch erfüllen zu können (zB Aufrüstung), gilt § 20 Abs. 2 S. 2 entsprechend, dh es besteht nur ein Anspruch auf das „Ob", nicht hingegen auf das „Wie"; das „Wie" ist entsprechend § 20 Abs. 2 S. 2 von der Gemeinschaft der Wohnungseigentümer festzulegen. Dies gilt es im Falle einer Beschlussersetzungsklage beim **Klageantrag** zu berücksichtigen. § 20 Abs. 3 ist hingegen nicht entsprechend anwendbar, da der Eintritt weiterer Wohnungseigentümer in die „Betriebsgemeinschaft" und eine damit erforderlich werdende zusätzliche bauliche Veränderung (zB Aufrüstung) bereits **per se** zumindest innerhalb der „Betriebsgemeinschaft" zu **Beeinträchtigungen** iSv § 20 Abs. 3 führt, denn durch den Eintritt eines weiteren Wohnungseigentümers in die „Betriebsgemeinschaft" und einer damit erforderlich werdenden zusätzlichen baulichen Veränderung ändern sich der Nutzerkreis und der Kostenverteilerschlüssel; des Weiteren führt dies auch dazu, dass zum einen an die Gemeinschaft der Wohnungseigentümer eine angemessene Ausgleichszahlung zu leisten ist, die es innerhalb der „Betriebsgemeinschaft" zu verteilen gilt, und zum anderen durch die erforderlich werdende weitere bauliche Veränderung die bestandskräftig beschlossene bauliche Erstveränderung verändert wird, was freilich nicht in die Hände eines einzelnen Wohnungseigentümers gelegt werden kann.

121 Wird einem Wohnungseigentümer hingegen durch Beschluss gestattet, eine bauliche Veränderung mitzubenutzen, obwohl dies nicht billigem Ermessen entspricht (vgl. zB → Rn. 110), kann ein Wohnungseigentümer hiergegen **Beschlussanfechtungsklage** gemäß § 44 Abs. 1 S. 1 erheben.

VI. Abweichende Verteilung der Kosten und Nutzungen gemäß Abs. 5

122 Die Wohnungseigentümer können nach **Abs. 5 S. 1** eine vom Gesetz abweichende Verteilung der Kosten und Nutzungen beschließen. Ein abweichender Kostenverteilerschlüssel kann nur auf

[38] BT-Drs. 19/18791, 70.

Grundlage der **spezielleren Regelung** gemäß Abs. 5 S. 1 beschlossen werden, nicht hingegen gemäß § 16 Abs. 2 S. 2 (vgl. § 16 Abs. 3).

Diese **Beschlusskompetenz** ermöglicht es den Wohnungseigentümern, **Klarheit** über die Verteilung der Kosten und Nutzungen einer baulichen Veränderung zu schaffen. Dafür besteht ein Bedürfnis insbesondere dann, wenn unklar ist, ob eine bestimmte bauliche Veränderung den Vorschriften des Abs. 2 oder des Abs. 3 unterfällt, ob also alle Wohnungseigentümer kostentragungspflichtig sein werden oder nur diejenigen, die die bauliche Veränderung beschlossen haben. Geht die Mehrheit der Wohnungseigentümer davon aus, dass Abs. 2 gilt, kann ein Beschluss gefasst werden, der die Kosten und Nutzungen unter allen Wohnungseigentümern verteilt. Die Wohnungseigentümer, die abweichend davon Abs. 3 für einschlägig halten, können hiergegen **Beschlussanfechtungsklage** erheben und so gerichtlich überprüfen lassen, ob dies tatsächlich der Fall ist. Andernfalls wird der Beschluss bestandskräftig und schafft dadurch hinsichtlich der Verteilung der Kosten **Rechtssicherheit.**[39] 123

1. Abweichung von Abs. 1–4. Abs. 5 S. 1 gilt für alle vorhergehenden Absätze des § 21, dh auf der Grundlage von Abs. 5 S. 1 können die in den Abs. 1–4 geregelten **Kostenverteilerschlüssel** und **Nutzungsbefugnisse** durch Beschluss abweichend geregelt werden. 124

2. Beschluss. Um von den in den Abs. 1–4 geregelten Kostenverteilerschlüsseln und Nutzungsbefugnissen eine abweichende Regelung treffen zu können, bedarf es gemäß Abs. 5 S. 1 **zwingend** eines Beschlusses. Dieser bedarf der **einfachen Mehrheit** gemäß § 25 Abs. 1. 125

a) In Kombination mit Beschluss über bauliche Veränderung. Wenn und soweit ein von Abs. 1–4 abweichender Beschluss gefasst werden soll, empfiehlt es sich, diesen abweichenden Beschluss iSv Abs. 5 zusammen mit dem Beschluss über die Gestattung bzw. Durchführung der baulichen Veränderung iSv § 20 Abs. 1 zu fassen, damit bereits zum **Zeitpunkt der Beschlussfassung** über die bauliche Veränderung **Klarheit** besteht, wie die Kosten der baulichen Veränderung zu verteilen sein werden und wie sich die Nutzungsbefugnisse darstellen werden. Ergänzend → Rn. 53 ff. 126

b) Nachträglicher Beschluss. Grundsätzlich besteht auch die Möglichkeit, den abweichenden Beschluss iSv Abs. 5 S. 1 zeitlich erst nach dem Beschluss über die Gestattung bzw. Durchführung der baulichen Veränderung zu fassen, zB sobald dieser bestandskräftig ist. Dies ist allerdings mit **Risiken** behaftet, denn wenn bei der Beschlussfassung über die Gestattung bzw. Durchführung der baulichen Veränderung kein abweichender Beschluss über die Kostenverteilung und/oder Nutzungsbefugnisse gefasst wird, können die Wohnungseigentümer grundsätzlich **darauf vertrauen,** dass für die Kosten und Nutzungen je nach Art der baulichen Veränderung und je nach Abstimmungsergebnis eine der Regelungen in den Abs. 1–4 gilt. Wird dann zu einem späteren Zeitpunkt beabsichtigt, auf der Grundlage von Abs. 5 S. 1 hierüber einen **abändernden Beschluss** herbeizuführen, entspricht dies jedenfalls dann nicht ordnungsmäßiger Verwaltung, wenn Wohnungseigentümer gerade im Vertrauen auf die Anwendbarkeit von einer der Regelungen in den Abs. 1–4 dem Beschlussantrag über die Gestattung bzw. Durchführung der baulichen Veränderung zugestimmt haben. Vom Grundsatz her kann dies verglichen werden mit einem **abändernden Zweitbeschluss,** der idR nur dann **ordnungsmäßiger Verwaltung** entspricht, wenn er etwaige **schutzwürdige Interessen** und **Belange** von Wohnungseigentümern **berücksichtigt,** zu deren Gunsten der Erstbeschluss gefasst worden ist und die im Vertrauen auf diesen bestandskräftigen Erstbeschluss bereits Aufwendungen getätigt haben (zB Planungskosten, Anschaffungskosten, Herstellungskosten, etc).[40] 127

c) Inhalt des Beschlusses. Wie jeder Eigentümerbeschluss muss auch der Beschluss iSv Abs. 5 S. 1 **hinreichend bestimmt** sein. Es muss also klar und eindeutig geregelt sein, welcher **Kostenverteilerschlüssel** und/oder welche **Nutzungsbefugnisse** nun aufgrund des Beschlusses iSv Abs. 5 gelten sollen. Soll beispielsweise auf der Grundlage von Abs. 5 S. 1 lediglich der Kostenverteilerschlüssel von „Miteigentumsanteile“ auf „Wohn-/Nutzfläche“ geändert werden, muss sich aus dem Beschluss klar ergeben, welche Wohn-/Nutzflächen dabei in Ansatz zu bringen sind (entweder durch Verweis auf die ggf. in der Teilungserklärung mit Gemeinschaftsordnung angegebenen Wohn-/Nutzflächen oder durch Angabe der einzelnen Wohn-/Nutzflächen im Beschluss oder durch konkreten Verweis auf eine eindeutig bezeichnete, in sich schlüssige Anlage). 128

Ferner ist anzugeben, ab welchem **Wirtschaftsjahr** der abweichende Kostenverteilerschlüssel gelten soll. Eine **rückwirkende Änderung** des Kostenverteilerschlüssels entspricht grundsätzlich 129

---

39 BT-Drs. 19/18791, 71.

40 BGH NJW 1991, 979; OLG München ZMR 2008, 560; OLG Schleswig ZWE 2007, 51; OLG Düsseldorf WE 2000, 2; LG München I ZMR 2017, 187; LG Hamburg ZWE 2015, 220.

nicht ordnungsmäßiger Verwaltung.[41] Ein neuer Kostenverteilerschlüssel sollte immer erst zu Beginn des neuen Wirtschaftsjahres gelten, um zu vermeiden, dass für eine bestimmte Kostenposition innerhalb eines Wirtschaftsjahres zwei verschiedene Kostenverteilerschlüssel in Ansatz gebracht werden müssen.

130 **d) Deklaratorischer Beschluss.** Wird auf der Grundlage von Abs. 5 S. 1 beschlossen, dass die Kosten der beschlossenen baulichen Veränderung von allen Wohnungseigentümern nach dem Verhältnis ihrer Anteile zu tragen sind, und sollte nach der Beschlussfassung über die Durchführung der baulichen Veränderung feststehen, dass ohne diese beschlossene Kostenverteilung der in Abs. 2 gesetzlich geregelte Kostenverteilerschlüssel anwendbar wäre (weil zB die doppelt-qualifizierte Mehrheit erreicht worden ist und die Kosten nicht unverhältnismäßig sind), so dass bei Anwendung des gesetzlichen Verteilerschlüssels die Kosten ebenfalls auf alle Wohnungseigentümer nach dem Verhältnis ihrer Anteile zu verteilen wären, ist im Grunde **kein abweichender Kostenverteilerschlüssel** beschlossen worden, sondern nur der gesetzliche Verteilerschlüssel bestätigt worden, so dass es sich insoweit um einen deklaratorischen Beschluss handelt. Zum Teil wird angenommen, dass deklaratorische Beschlüsse **nicht ordnungsmäßiger Verwaltung** entsprechen.[42] Dies gilt jedenfalls für deklaratorische Beschlüsse iSv Abs. 5 S. 1 nicht, denn Abs. 5 S. 1 bezweckt hauptsächlich, bei Zweifeln, ob sich die gesetzliche Kostenverteilung nach Abs. 2 oder Abs. 3 richtet, durch Festlegung eines konkreten Verteilerschlüssels **Klarheit** und **Rechtssicherheit** zu schaffen.[43]

131 **3. Verstoß.** Durch einen Beschluss gemäß Abs. 5 S. 1 dürfen nach Abs. 5 S. 2 einem Wohnungseigentümer, der nach den Abs. 1–4 Kosten nicht zu tragen hat, keine Kosten auferlegt werden. Demgemäß dürfen die Kosten nur unter den ohnehin schon **kostentragungspflichtigen Wohnungseigentümern** nach einem anderen als dem gesetzlichen Schlüssel verteilt werden. Unerheblich ist dabei, aus welchem Abs. 1–4 die gesetzliche Kostentragungspflicht folgt. Ein Verstoß gegen Abs. 5 S. 2 führt **nicht** zur **Nichtigkeit** des Beschlusses, sondern nur dazu, dass dieser auf eine **Anfechtungsklage** hin aufzuheben ist. Das verdeutlicht der Wortlaut durch die Verwendung des Wortes „dürfen", wohingegen in S. 1 zur Begründung der Beschlusskompetenz das Wort „können" verwendet wird.[44]

132 Wird auf der Grundlage von Abs. 5 S. 1 ein abweichender Verteilerschlüssel beschlossen, wodurch ein Wohnungseigentümer hingegen **lediglich höhere Kosten** zu tragen hat, als er nach der einschlägigen gesetzlichen Regelung iSv Abs. 1–4 zu tragen hätte, liegt **kein Verstoß** gegen Abs. 5 S. 2 vor. Abs. 5 S. 2 verbietet es lediglich, einem Wohnungseigentümer **(erstmalig) Kosten** aufzuerlegen, die er ansonsten gemäß den Abs. 1–4 überhaupt nicht hätte. Wenn jedoch ein Wohnungseigentümer ohnehin schon anteilig an den Kosten der baulichen Veränderung beteiligt ist, lässt es Abs. 5 S. 1 zu, im Innenverhältnis der kostentragenden Wohnungseigentümer einen vom gesetzlichen oder vereinbarten Kostenverteilerschlüssel abweichenden Verteilerschlüssel zu beschließen.

133 **4. Prozessuales.** Wird auf der Grundlage von Abs. 5 S. 1 ein abweichender Verteilerschlüssel beschlossen, durch den einem Wohnungseigentümer Kosten auferlegt werden, die er gemäß den Abs. 1–4 nicht zu tragen hätte, kann und muss er hiergegen **Anfechtungsklage** erheben. Wird hiergegen keine Anfechtungsklage erhoben, wird der Beschluss **bestandskräftig.**

134 Verfehlt wäre es, in diesem Fall die Anfechtungsklage mit einer **Feststellungsklage** zu verbinden, mit der das Gericht den zutreffenden Verteilerschlüssel feststellen soll. Läge also zB ein Fall von Abs. 3 vor, wonach nur diejenigen Wohnungseigentümer die Kosten zu tragen hätten, die den Beschluss gefasst haben, und wird jedoch beschlossen, dass die Kosten von allen Wohnungseigentümern nach dem Verhältnis ihrer Anteile zu tragen sind, wäre es fehlerhaft, neben der Anfechtungsklage zusätzlich zu beantragen, festzustellen, dass die Kosten der beschlossenen baulichen Veränderungen nur von denjenigen Wohnungseigentümern zu tragen sind, die den Beschluss gefasst haben. Denn dies ist ohnehin die **gesetzliche Folge** einer Ungültigerklärung des Beschlusses. Wird der Beschluss über den abweichenden Kostenverteilerschlüssel für **ungültig** erklärt, gilt sodann **automatisch** der **gesetzliche Verteilerschlüssel.** Der gesetzliche Verteilerschlüssel ist nicht Gegenstand des Beschlusses über die bauliche Veränderung, sondern dessen Folge.[45]

135 Wird darüber abgestimmt, einen abweichenden Verteilerschlüssel festzulegen, und wird der Beschlussantrag abgelehnt **(Negativbeschluss),** sind eine Anfechtungsklage gegen den Negativbe-

---

[41] BGH ZWE 2011, 323; NJW 2010, 2654.
[42] KG WuM 1993, 429; LG Karlsruhe ZWE 2009, 355; aA BGH NJW 2010, 933 Rn. 13.
[43] *Hügel/Elzer* Rn. 74.
[44] BT-Drs. 19/18791, 71.
[45] Palandt/*Wicke* Rn. 9.

schluss sowie eine **Beschlussersetzungsklage unbegründet,** da kein Anspruch besteht, einen vom Gesetz abweichenden Verteilerschlüssel zu beschließen.

§ 22 Wiederaufbau

Ist das Gebäude zu mehr als der Hälfte seines Wertes zerstört und ist der Schaden nicht durch eine Versicherung oder in anderer Weise gedeckt, so kann der Wiederaufbau nicht beschlossen oder verlangt werden.

Übersicht

I. Normzweck

1 Der Wiederaufbau iSv § 22 regelt den **Sonderfall der Erhaltung.** Nach § 18 Abs. 2 und § 19 Abs. 2 Nr. 2 ist die Gemeinschaft der Wohnungseigentümer grundsätzlich verpflichtet, Beschädigungen am gemeinschaftlichen Eigentum zu beheben. Solche Maßnahmen werden nach § 25 Abs. 1 mehrheitlich beschlossen. Die generelle **Pflicht zum Erhalt** und auch zum **Wiederaufbau** ergibt sich aus dem Vertrauen aller Eigentümer in den Fortbestand ihrer Investitionen in das Objekt, wie es auch in der grundsätzlichen **Unauflöslichkeit der Gemeinschaft** (vgl. § 11) zum Ausdruck kommt. § 22 regelt den Sonderfall einer so erheblichen Zerstörung, dass ein Wertverlust um mehr als die Hälfte des Wertes eintrat und die Mittel zum Wiederaufbau von einem Dritten nicht erlangt werden können. In einem solchen Fall sind die wirtschaftlichen Interessen der Eigentümer zu schützen, die sich den **finanziellen Kraftakt** eines Wiederaufbaus gegen ihren Willen nicht leisten können.

2 Die Vorschrift schafft **keinen Wiederaufbauanspruch** in bestimmten Fällen; im Gegenteil, § 22 schafft einen Anspruch, unter den dort genannten Voraussetzungen von der grundsätzlich bestehenden Wiederaufbaupflicht nach § 18 Abs. 2 und § 19 Abs. 2 Nr. 2 abzusehen („kann .... nicht"). Sind die Voraussetzungen von § 22 erfüllt, so kann der Wiederaufbau nicht nach § 19 Abs. 1 beschlossen und nicht nach § 18 Abs. 2 verlangt werden. Wird dennoch der Wiederaufbau beschlossen, ist der Beschluss nicht nichtig, sondern nur anfechtbar.

II. Wiederaufbau des zerstörten Gebäudes

3 **1. Objekt der Zerstörung.** Maßgebend ist allein das Gebäude, dh der **Baukörper.** Auf den Wert von **Grund und Boden** kommt es nicht an. Unstreitig ist bei der **Wertberechnung** des Gebäudes auf das **Gemeinschaftseigentum** abzustellen. Umstritten ist, ob bei der Wertberechnung auch das **Sondereigentum** zu berücksichtigen ist, soweit es zerstört ist. Zum Teil wird vertreten, dass bei der Wertberechnung auch das Sondereigentum zu berücksichtigen sei, soweit es zerstört ist. § 22 stelle auf den Begriff des Gebäudes ab und dem natürlichen Sprachgebrauch nach umfasse der Begriff „Gebäude" neben dem gemeinschaftlichen Eigentum auch das Sondereigentum.[1] Nach zutreffender hM ist nur auf das zerstörte Gemeinschaftseigentum abzustellen, da gemäß § 18 Abs. 2 und § 19 Abs. 2 Nr. 2 nur der Wiederaufbau des Gemeinschaftseigentums beschlossen werden kann.[2] § 22 regelt einen Sonderfall des § 19 Abs. 2 Nr. 2, somit nur die Instandhaltung und Instandsetzung des Gemeinschaftseigentums, nicht des Sondereigentums. Somit kann es dahingestellt bleiben, bis

[1] Bärmann/*Merle* Rn. 374.
[2] Staudinger/*Lehmann-Richter,* 2018, Rn. 137; Jennißen/*Hogenschurz* Rn. 81; BeckOK WEG/*Elzer* Rn. 5.

zu welchem Grad individuelle Einrichtungen des Sondereigentums (Luxus) bei der Wertberechnung eine Rolle spielen können.

4 **2. Zerstörungsgrund.** Eine Zerstörung iSv § 22 liegt insbesondere dann vor, wenn der Grund für die Zerstörung in einer **Explosion** liegt, einer **Naturkatastrophe** (wie zB Sturm) oder einer **Überschwemmung.** Umstritten ist, ob eine Zerstörung iSv § 22 auch dann vorliegt, wenn sie auf einer **unterlassenen** Instandhaltung und/oder **Instandsetzung** beruht.

5 Nach **überwiegender Ansicht** liegt eine Zerstörung iSv § 22 auch dann vor, wenn diese auf einer unterlassenen Instandhaltung und/oder Instandsetzung beruht. Es komme nicht auf die Ursache sondern auf die Wirkung an. Der Zerstörung stünden daher der **Verfall** und die darauf beruhende **Baufälligkeit** sowie die **Überalterung** gleich.[3]

6 Dem ist nicht zu folgen. Die Verschleppung von notwendigen Instandsetzungsmaßnahmen, die schließlich zu einem Teilverfall des Gebäudes führt, fällt nicht unter § 22. Sowohl der **Normzweck** als auch die **Systematik** sprechen dafür, § 22 auf Konstellationen zu beschränken, in denen durch ein **unerwartet eintretendes Schadensereignis** eine Instandsetzung des Gebäudes erforderlich wird. Denn **§ 22 regelt besondere Aufwendungen,** also nicht Aufwendungen, die „sowieso" getätigt werden müssten. Bei dieser laufenden Abnutzung droht grundsätzlich **keine finanzielle Überforderung,** vor der § 22 schützen soll, weil jeder Wohnungseigentümer über § 18 Abs. 2 eine ständige Erhaltung verlangen kann, die es verhindert, dass mit einem Schlag eine große Sanierung ansteht. Es wäre auch ein äußerst seltsames Ergebnis, wenn ein bestehender Anspruch auf Instandsetzung des Gemeinschaftseigentums, der unverjährbar ist, durch schlichte Untätigkeit plötzlich erlöschen würde.[4]

7 **3. Zerstörungsgrad und dessen Berechnung.** Gemäß § 22 muss das Gebäude zu **mehr als der Hälfte des Wertes** zerstört sein. Insoweit ist ausschließlich auf das **Gemeinschaftseigentum** abzustellen (→ Rn. 3). Das zerstörte Sondereigentum bleibt bei der Berechnung außer Betracht.

8 Auszugehen ist vom **Verkehrswert** des Gebäudes in intaktem Zustand zum Zeitpunkt der Beschlussfassung.[5] Dieser wird mit dem Restwert des Gebäudes nach der Zerstörung, dh mit dem aktuellen Verkehrswert verglichen. Ist der Restwert geringer als die Hälfte des Wertes des intakten Gebäudes, ist das Gebäude zu mehr als der Hälfte seines Wertes zerstört. Ein **Indiz** kann sein, dass die **Kosten einer Instandsetzung** den hälftigen Gebäudewert übersteigen.

9 Unter **„Gebäude"** iSv § 22 ist nicht nur das **Hauptgebäude** (meist Wohnhaus) zu verstehen. Vielmehr sind auch Nebenräume oder **Nebengebäude** zu berücksichtigen, wie zB eine zum Wohnhaus dazugehörige **Tiefgarage,** selbst wenn diese baulich vom Wohnhaus getrennt errichtet wurde.[6] Für den Zerstörungsgrad ist also der Gesamtgebäudewert in unzerstörtem Zustand dem Wert der sanierungsbedürftigen Tiefgarage gegenüber zu stellen.[7]

10 Ist bei einer **Mehrhausanlage** nur eines von mehreren Gebäuden zerstört, ist es umstritten, ob es nur auf den Zerstörungsgrad dieses Gebäudes ankommt und die übrigen unzerstörten Gebäude der Anlage außer Betracht bleiben, oder ob bei der Berechnung die unzerstörten Gebäude einzubeziehen sind. Zum Teil wird vertreten, dass es nur auf den Zerstörungsgrad des zerstörten Gebäudes ankomme.[8] Dies überzeugt nicht. Für Mehrhausanlagen gelten insoweit **keine Besonderheiten.** Der Zerstörungsgrad bemisst sich nach dem Wert aller Gebäude, denn bei der Zerstörung nur eines Hauses sind dennoch grundsätzlich alle Wohnungseigentümer zur Wiederherstellung ebenso wie bei einer Instandsetzung verpflichtet. Die Instandsetzungspflicht nach § 18 Abs. 2 und § 19 Abs. 2 Nr. 2 erstreckt sich auf das gemeinschaftliche Eigentum insgesamt, wozu alle Häuser gehören.[9] Eine **Ausnahme** gilt, wenn nach der Gemeinschaftsordnung die **Instandsetzungskosten gebäudebezogen verteilt** werden; dann gebietet der mit § 22 bezweckte Belastungsschutz eine gebäudebezogene Ermittlung des Zerstörungsgrades.[10]

11 **4. Schadensdeckung.** Auch bei einem Zerstörungsgrad von mehr als der Hälfte besteht eine **Wiederaufbaupflicht** trotzdem dann, wenn die **Kosten** des Wiederaufbaus (= der Schaden) durch eine Versicherung oder in sonstiger Weise **gedeckt** sind.

---

3 BeckOK WEG/*Elzer* Rn. 7; Bärmann/*Merle* Rn. 371; *Schmidt* in Bärmann/Seuß WEG-Praxis § 12 Rn. 225; Jennißen/*Hogenschurz* Rn. 78; LG München I ZWE 2017, 325.

4 Spielbauer/*Then* Rn. 27; Staudinger/*Lehmann-Richter,* 2018, Rn. 142; KG ZMR 1997, 534; BayObLG ZMR 2001, 832.

5 LG München I ZWE 2017, 325; Bärmann/*Merle* Rn. 375.

6 OLG Schleswig NJW-RR 1998, 15.

7 KG ZMR 1997, 534.

8 Bärmann/*Merle* Rn. 377; *Schmidt* in Bärmann/Seuß WEG-Praxis § 12 Rn. 225.

9 BeckOK WEG/*Elzer* Rn. 3, 5; Spielbauer/*Then* Rn. 27; Staudinger/*Lehmann-Richter,* 2018, Rn. 144; Jennißen/*Hogenschurz* Rn. 81.

10 Staudinger/*Lehmann-Richter,* 2018, Rn. 144.

Nach dem Sinn und Zweck der Norm ist es **nicht erforderlich,** dass der Schaden **zu 100 % abgedeckt** ist. Vielmehr reicht es zum Schutz der einzelnen Wohnungseigentümer vor übermäßigen Kostenbelastungen aus, dass durch die Ersatzleistung bzw. der **Teildeckung** bei den Eigentümern nicht mehr als die Hälfte der Kosten für den Wiederaufbau des Gemeinschaftseigentums verbleibt. Denn in diesem Fall stehen die Wohnungseigentümer so, als ob das Gebäude von Anfang an nur zu weniger als der Hälfte seines Wertes zerstört wäre. 12

Unerheblich ist der **Grund der Schadensdeckung.** Tritt für den Schaden eine **Versicherung** ein (Feuer- oder Haftpflichtversicherung), kann der Wiederaufbau nicht unter Verweis auf § 22 verweigert werden. Gedeckt im Sinne der Norm ist der Wiederaufbau auch dann, wenn bei objektiver Betrachtung nicht die Befürchtung besteht, die Wohnungseigentümer müssten für den in Rede stehenden Deckungsbetrag durch Zahlung aufkommen. Dies ist auch dann der Fall, wenn der Betrag liquide in der **Erhaltungsrücklage** der Gemeinschaft der Wohnungseigentümer vorhanden ist, weil auch dann ein durch § 22 vermittelter Belastungsschutz entbehrlich ist. In Betracht kommen auch **zivilrechtliche Schadensersatzansprüche** (gegen den Schädiger) oder Ansprüche aus **Staatshaftung** (zB wegen Bodenabsenkung aufgrund U-Bahn-Baus). Das bloße Bestehen eines Anspruchs reicht nicht aus. Vielmehr muss der Anspruch **jederzeit durchsetzbar** sein. Notfalls muss der Anspruch gerichtlich durchgesetzt werden. Ein Anspruch ohne Realisierungschance (zB wegen Vermögenslosigkeit des Schädigers) reicht nicht. Weil die Deckung auch „in anderer Weise" herbeigeführt werden kann, ist es einem Miteigentümer möglich, durch eine **überobligatorische Zahlung** die Gemeinschaft der Wohnungseigentümer in die restliche Zahlungspflicht (resultierend aus § 19 Abs. 2 Nr. 2) zu zwingen, sofern sichergestellt ist, dass der freiwillig zu viel zahlende Eigentümer nicht später den überschießenden Betrag (etwa über die Vorschriften der Geschäftsführung ohne Auftrag oder nach Bereicherungsrecht) von der Gemeinschaft der Wohnungseigentümer wieder zurückverlangen kann.[11] 13

Soweit zum Teil vertreten wird, dass bei der Berechnung des Zerstörungsgrades auch das **Sondereigentum** zu berücksichtigen ist, soweit es zerstört ist,[12] müsste konsequenter Weise bei der Schadensdeckung wiederum berücksichtigt werden, dass ein Sondereigentümer unter Umständen verpflichtet sein könnte, selbst und auf eigene Kosten sein zerstörtes Sondereigentum wiederherzustellen, dh wenn die Berücksichtigung von zerstörtem Sondereigentum dazu führen würde, dass das Gebäude zu mehr als der Hälfte seines Wertes zerstört wäre, so dass im ersten Schritt kein Anspruch auf Wiederaufbau bestünde, könnte der Wert des berücksichtigten zerstörten Sondereigentums im zweiten Schritt aufgrund der bestehenden Schadensdeckung dazu führen, dass weniger als die Hälfte des Wertes finanziert werden müsste, so dass im Ergebnis dann doch wieder gemäß § 18 Abs. 2 und § 19 Abs. 2 Nr. 2 ein Anspruch auf Wiederaufbau bestünde. 14

Und soweit zum Teil vertreten wird, dass § 22 auch die Fälle der **unterlassenen Instandsetzung** des Gebäudes **(Verfall)** umfasst und dies unter anderem damit begründet wird, dass gegen solche Eigentümer, die ihrer Verpflichtung, für eine rechtzeitige ordnungsgemäße Instandhaltung und Instandsetzung zu sorgen, zuwider handeln, **Schadensersatzansprüche** bestehen,[13] könnte auch dies dazu führen, dass wegen der bestehenden Schadensersatzansprüche gegenüber der Gemeinschaft der Wohnungseigentümer weniger als die Hälfte des Wertes finanziert werden müsste, so dass auch hier im Ergebnis dann doch wieder gemäß § 18 Abs. 2 und § 19 Abs. 2 Nr. 2 ein Anspruch auf Wiederaufbau bestünde. 15

5. Rechtsfolgen und Inhalt der Wiederaufbaupflicht. Wenn **entweder** weniger als die Hälfte des Wertes des Gemeinschaftseigentums der gesamten Wohnanlage zerstört ist **oder** zwar mehr als die Hälfte des Wertes zerstört ist, aber weniger als die Hälfte des Wertes finanziert werden muss, weil der Schaden ganz oder teilweise durch eine Versicherung oder anderweitig gedeckt ist, greift nicht der Sonderfall des § 22, sondern es besteht nach den allgemeinen Vorschriften des § 18 Abs. 2 und § 19 Abs. 2 Nr. 2 ein **Anspruch auf** Wiederaufbau im Rahmen der **Instandsetzung** des Gemeinschaftseigentums. 16

a) Objekt des Wiederaufbaus. Unstreitig ist das zerstörte **Gemeinschaftseigentum** wiederherzustellen. 17

Nach ganz überwiegender Auffassung gehört zerstörtes **Sondereigentum** nicht zum Umfang der Wiederaufbaupflicht. Das Sondereigentum muss jeder Sondereigentümer selbst und auf eigene Kosten aufbauen. Selbst soweit vertreten wird, dass bei der **Berechnung** des Zerstörungsgrades zerstörtes Sondereigentum zu berücksichtigen ist,[14] wird in Bezug auf die Pflicht zum Wiederaufbau etwas wider- 18

[11] Vgl. BGH NJW 2019, 3780.
[12] Bärmann/*Merle* Rn. 374.
[13] LG München I ZWE 2017, 325.
[14] Bärmann/*Merle* Rn. 374.

sprüchlich vertreten, dass für die Wiederherstellung von zerstörtem Sondereigentum der betroffene Sondereigentümer verantwortlich ist.[15] Grundsätzlich steht es dem betroffenen Sondereigentümer aber frei, selbst darüber zu entscheiden, ob und wann und wie und in welchem Umfang er sein zerstörtes Sondereigentum wieder herstellt. Ein **Anspruch** gegen den betroffenen Sondereigentümer auf Wiederherstellung seines zerstörten Sondereigentums besteht nur dann, wenn das zerstörte Sondereigentum einen Nachteil begründet, der über das bei einem geordneten Zusammenleben unvermeidliche Maß hinausgeht. Ferner kann sich eine Pflicht zum Wiederaufbau von zerstörtem Sondereigentum aus der **Gemeinschaftsordnung** ergeben. Für den Wiederaufbau von zerstörtem Sondereigentum besteht **keine Beschlusskompetenz.** Ein dennoch gefasster Beschluss ist **nichtig.**

19 **b) Umfang des Wiederaufbaus.** Das zerstörte Gemeinschaftseigentum ist in dem Zustand wieder aufzubauen, der vor der Zerstörung bestand. Dieser ergibt sich aus den **Aufteilungsplänen,** der **Baubeschreibung** und ggf. aus der **Teilungserklärung** mit **Gemeinschaftsordnung** unter Berücksichtigung der zwischenzeitlich durchgeführten, rechtmäßigen **baulichen Veränderungen.** Soll der Wiederaufbau abweichend vom ursprünglichen Zustand erfolgen, ist dies – wie bei einer baulichen Veränderung – nur unter den Voraussetzungen von § 20 zulässig.

20 **c) Anspruch auf Wiederaufbau.** Liegen die Voraussetzungen des § 22 nicht vor, können die Eigentümer den Wiederaufbau des **Gemeinschaftseigentums** gemäß § 18 Abs. 2 und § 19 Abs. 2 Nr. 2 mit einfacher Mehrheit beschließen. Jeder Eigentümer kann von der Gemeinschaft der Wohnungseigentümer den Wiederaufbau gemäß § 18 Abs. 2 verlangen und gerichtlich durchsetzen, sobald die **Wohnungseigentümerversammlung** damit **vorbefasst** worden ist und den Wiederaufbau nicht beschlossen hat; in diesem Fall ist die **Beschlussersetzungsklage** gemäß § 44 Abs. 1 S. 2 die richtige Klageart.

21 Ein Anspruch auf Wiederaufbau von zerstörtem **Sondereigentum** ergibt sich nicht aus § 18 Abs. 2 und § 19 Abs. 2 Nr. 2 iVm § 22, sondern allenfalls aus § 14 Abs. 1 Nr. 1 (→ Rn. 18).

22 **6. Keine Wiederaufbaupflicht und Rechtsfolgen.** Sind die Voraussetzungen von § 22 kumulativ erfüllt (Zerstörung um mehr als die Hälfte und keine oder zu geringe Schadensdeckung), so kann der Wiederaufbau nicht nach § 18 Abs. 2 verlangt werden. Ein dennoch gefasster Beschluss entspräche **nicht ordnungsmäßiger Verwaltung** und wäre daher mit Erfolg **anfechtbar, nicht** aber **nichtig.**[16] Allerdings **erlischt** die **Gemeinschaft** der Wohnungseigentümer damit **nicht** automatisch. Die Gemeinschaft der Wohnungseigentümer wandelt sich auch **nicht** automatisch in eine schlichte **Bruchteilsgemeinschaft** um. Zerstörung und Nichtaufbau bedeuten also noch **nicht** die **Beendigung** der **Gemeinschaft** der Wohnungseigentümer iSv §§ 741 ff., 1008 ff. BGB. Wird das Gebäude ganz oder teilweise zerstört, **besteht** die **Gemeinschaft** der Wohnungseigentümer zunächst also **fort.**

23 Die Wohnungseigentümer können sich gemäß § 11 Abs. 1 S. 3 allerdings abweichend vom Grundsatz des § 11 Abs. 1 S. 1 im Wege der **Vereinbarung** das Recht einräumen, die **Aufhebung** ihrer Gemeinschaft zu verlangen, ein entsprechender Beschluss wäre nach § 134 BGB iVm § 11 Abs. 1 S. 1 hingegen nichtig. Enthält die Gemeinschaftsordnung eine derartige Vereinbarung nicht, kann es in **Ausnahmefällen** einen **Anspruch** auf Mitwirkung zur **Aufhebung** der Gemeinschaft aus den §§ 242, 313 BGB geben, falls die **Fortsetzung** der Gemeinschaft ohne Wiederaufbau einem Eigentümer unzumutbar ist.

24 **7. Gestaltungsmöglichkeiten.** § 22 ist **abdingbar.** So kann vereinbart werden, dass eine **Pflicht zum Wiederaufbau** unabhängig vom Zerstörungsgrad des Gebäudes und der Schadensdeckung bestehen soll. Auch kann ein **anderer Zerstörungsgrad** als der in § 22 festgelegte vereinbart werden. Der Zerstörungsgrad kann erhöht (zB drei Viertel des Wertes) oder gesenkt werden (zB ein Viertel des Wertes[17]). Auch kann vereinbart werden, dass bei teilweiser Zerstörung der Wiederaufbau des Gebäudes nur mit **qualifizierter Mehrheit** beschlossen werden kann (was jedoch nicht für den Verfall gelten würde, sofern der Verfall unter § 22 fallen sollte).

25 Schließlich kann vereinbart werden, dass **keine Pflicht zum Wiederaufbau** besteht. Dazu gehört zunächst die Vereinbarung nach § 11 Abs. 1 S. 3. Anstatt eines Anspruchs auf Aufhebung der Gemeinschaft können auch **andere Formen der Abwicklung** vereinbart werden; so kann vereinbart werden, dass diejenigen Eigentümer, die den Wiederaufbau nicht wollen, ihre **Einheiten** an diejenigen Eigentümer, die den Wiederaufbau wollen, zu **übertragen** haben, was jedoch der notariellen Beurkundung bedarf. Ferner kann vereinbart werden, dass ein Eigentümer **überobligationsmäßige Zahlungen** leisten kann.

---

[15] Bärmann/*Merle* Rn. 381.
[16] AA BeckOK WEG/*Elzer* Rn. 10: wegen Verstoß gegen § 134 BGB, § 22 nichtig.
[17] Was nach Staudinger/*Lehmann-Richter,* 2018, Rn. 141 unwirksam sein soll.

III. Steckengebliebener Bau

1. Analoge Anwendung von § 22. Unterstellt, die vom Bauträger zu errichtende Wohnanlage ist noch **nicht zu mehr als der Hälfte ihres Wertes fertiggestellt** und die gemäß § 9a Abs. 1 S. 2 bereits entstandene Gemeinschaft der Wohnungseigentümer besteht aus dem Bauträger und mindestens einem (werdenden) Wohnungseigentümer (zB bei der abschnittsweisen Errichtung einer Mehrhausanlage), soll nach herrschender Rspr.[18] **§ 22 analog** anwendbar sein, so dass in diesem Fall **kein Anspruch auf Fertigstellung** und **keine Fertigstellungspflicht** bestehe; die Gemeinschaft könne nach § 11 Abs. 1 S. 3, § 22 analog aufgehoben werden. Ist das Gebäude hingegen bereits zu mehr als der Hälfte seines Wertes fertiggestellt, bestehe eine Fertigstellungspflicht. 26

Diese Auffassung überzeugt nicht. Zum einen ist dieser Fall nicht mit dem **Sinn und Zweck** von § 22 vereinbar und der Fall des zerstörten Gebäudes nicht mit dem Fall des noch nicht fertig gestellten Gebäudes vergleichbar. Während § 22 davor schützen soll, für ein bereits finanziertes Objekt erneut erhebliche Vermögensopfer aufbringen zu müssen, haben die Erwerber einer vom Bauträger bereits teilweise errichteten Wohnanlage die **Erwerbspreise** in der Regel eben gerade noch **nicht vollständig beglichen.** Zum anderen **fehlt** es an der für eine Analogie erforderlichen **Regelungslücke,** da sich die Pflicht zur erstmaligen Herstellung aus § 18 Abs. 2, § 19 Abs. 2 Nr. 2 ergibt.[19] 27

2. Objekt der Fertigstellung. Unstreitig ist das **Gemeinschaftseigentum** fertigzustellen. Das **Sondereigentum** wird von der Pflicht zur Fertigstellung nicht erfasst. Dieses hat jeder Sondereigentümer selbst fertigzustellen, worauf gemäß § 14 Abs. 1 Nr. 1 unter Umständen ein Anspruch bestehen kann (→ Rn. 18). 28

3. Anspruch auf Fertigstellung. Sofern bereits die **Gemeinschaft der Wohnungseigentümer** besteht, ergibt sich der Anspruch auf Fertigstellung des Gemeinschaftseigentums aus § 18 Abs. 2, § 19 Abs. 2 Nr. 2. Die **erstmalige Herstellung** eines ordnungsgemäßen, den Aufteilungsplänen und der Baubeschreibung entsprechenden Zustands ist eine Maßnahme der Instandsetzung iSv § 19 Abs. 2 Nr. 2. Anspruchsgegner ist die Gemeinschaft der Wohnungseigentümer. Auch hier ist das **Vorbefassungsgebot** der **Eigentümerversammlung** zu berücksichtigen. 29

4. Finanzierung und Verteilung der Fertigstellungskosten. Da eine **Erhaltungsrücklage** in der Regel noch nicht angespart sein dürfte, kommen als Finanzierungsmittel entweder die **Sonderumlage** oder ein **Kredit** in Betracht. Die Kosten für die Fertigstellung des **Gemeinschaftseigentums** sind grundsätzlich nach dem in der Gemeinschaftsordnung **vereinbarten Kostenverteilerschlüssel** oder gemäß § 16 Abs. 2 anteilig auf alle Eigentümer zu verteilen. Abweichende Kostenverteilerschlüssel in der Gemeinschaftsordnung gelten in der Regel auch für die Kosten der erstmaligen Herstellung.[20] Die Kosten für die Fertigstellung des **Sondereigentums** haben die betroffenen Sondereigentümer selbst aufzubringen. 30

Für die Berechnung und Verteilung der Kosten ist es unerheblich, dass ggf. einer der Erwerber vor der Insolvenz **höhere Zahlungen** an den Bauträger geleistet hat als die übrigen Erwerber. Die Überzahlung hat ihren Grund im jeweiligen **Erwerbsvertrag** und ist dort auszugleichen.[21] Ansprüche aus Geschäftsführung ohne Auftrag oder aus ungerechtfertigter Bereicherung dürften nach der Rspr. des BGH nicht bestehen.[22] Nach aA sind bei der Verteilung der noch aufzubringenden Kosten für die Fertigstellung des Gemeinschaftseigentums unter den (werdenden) Eigentümern die – möglicherweise unterschiedlichen – Zahlungen der Erwerber an den Bauträger zu berücksichtigen, sofern sie nachweislich in den Bau eingeflossen sind.[23] 31

Hat die Gemeinschaft der Wohnungseigentümer die Fertigstellung beschlossen, kann sie nicht gegenüber dem säumigen Zahler ein **Zurückbehaltungsrecht** in der Weise ausüben, dass sie den Anschluss seiner Wohnung an die Versorgungsleitungen (Strom, Wasser etc) verhindert.[24] 32

---

18 BayObLG ZWE 2000, 214; OLG Frankfurt OLGZ 1991, 293; OLG Hamburg OLGZ 1990, 308; OLG Karlsruhe NJW 1981, 466 mAnm *Röll;* OLG Köln WE 1990, 26; *Röll* NJW 1978, 1507.

19 So auch Staudinger/*Lehmann-Richter,* 2018, Rn. 147; Bärmann/*Merle* Rn. 394 ff.; BayObLG ZWE 2000, 214; OLG Celle ZInsO 2005, 818; OLG Hamm Rpfleger 1978, 182; OLG Köln ZMR 1989, 384.

20 BGH NJW-RR 2020, 959.

21 OLG Frankfurt OLGZ 1991, 293; OLG Hamm NJW 1984, 2708; LG Bonn ZMR 1985, 63; BeckOK WEG/*Elzer* Rn. 21; Spielbauer/*Then* Rn. 30.

22 BGH NJW 2019, 3780.

23 OLG Karlsruhe NJW 1981, 466; OLG Hamburg OLGZ 1990, 308; Jennißen/*Hogenschurz* Rn. 83; Bärmann/*Merle* Rn. 402.

24 OLG Hamm NJW 1984, 2708.

§ 23 Wohnungseigentümerversammlung

(1) [1]Angelegenheiten, über die nach diesem Gesetz oder nach einer Vereinbarung der Wohnungseigentümer die Wohnungseigentümer durch Beschluss entscheiden können, werden durch Beschlussfassung in einer Versammlung der Wohnungseigentümer geordnet. [2]Die Wohnungseigentümer können beschließen, dass Wohnungseigentümer an der Versammlung auch ohne Anwesenheit an deren Ort teilnehmen und sämtliche oder einzelne ihrer Rechte ganz oder teilweise im Wege elektronischer Kommunikation ausüben können.

(2) Zur Gültigkeit eines Beschlusses ist erforderlich, dass der Gegenstand bei der Einberufung bezeichnet ist.

(3) [1]Auch ohne Versammlung ist ein Beschluss gültig, wenn alle Wohnungseigentümer ihre Zustimmung zu diesem Beschluss in Textform erklären. [2]Die Wohnungseigentümer können beschließen, dass für einen einzelnen Gegenstand die Mehrheit der abgegebenen Stimmen genügt.

(4) [1]Ein Beschluss, der gegen eine Rechtsvorschrift verstößt, auf deren Einhaltung rechtswirksam nicht verzichtet werden kann, ist nichtig. [2]Im Übrigen ist ein Beschluss gültig, solange er nicht durch rechtskräftiges Urteil für ungültig erklärt ist.

Übersicht

I. Normzweck

1 Die §§ 23–25 regeln das **Verfahren der Beschlussfassung.** Hierfür sieht das Gesetz in § 23 Abs. 1 die Wohnungseigentümerversammlung zunächst als Präsenzversammlung, dies allerdings nach

Aufhebung des Quorums für die Beschlussfähigkeit in § 25 Abs. 3 aF unabhängig von der Zahl der erschienenen oder vertretenen Wohnungseigentümer, aber auch aufgrund einfachen Mehrheitsbeschlusses als virtuelle Versammlung, und schließlich in Abs. 3 ein schriftliches Verfahren vor. Da der Beschluss das Mittel der Willensbildung der Wohnungseigentümer ist und bei der Meinungsbildung alle Argumente, insbesondere die von Minderheiten, gehört werden soll, ist eine Beschlussfassung ohne Versammlung in Abs. 3 grundsätzlich nur für einstimmige Beschlüsse zugelassen und schreibt Abs. 2 die Ankündigung des Gegenstands der Beschlussfassung bei der Einberufung vor, die erst eine Auseinandersetzung mit dem Verwalter vorgeschlagenen Vorgehen ermöglicht.[1] Die Effektivität des **Minderheitenschutzes** durch Vorgaben zum Verfahren der Beschlussfassung ist allerdings davon abhängig, ob der Beschluss wegen des Verstoßes angefochten werden kann (→ § 23 Rn. 71) oder wegen der Verletzung elementarer Mitwirkungsrechte sogar zur Nichtigkeit führt,[2] oder auch im Ergebnis folgenlos bleibt. Abs. 4 enthält punktuelle Regelungen des materiellen **Beschlussmängelrechts,** nämlich einen der Nichtigkeitstatbestände (→ Rn. 63), und die Anordnung der vorläufigen Gültigkeit von anfechtbaren Beschlüssen, um die Handlungsfähigkeit der Gemeinschaft der Wohnungseigentümer zu sichern.

Aus dem Normzweck ergibt sich, inwieweit die Regelungen des § 23 **abdingbar** sind: Der durch Abs. 3 angestrebte Minderheitenschutz lässt abweichende Vereinbarungen nicht zu.[3] Deshalb sind Vereinbarungen, die uneingeschränkt schriftliche Mehrheitsbeschlüsse erlauben, nicht zulässig. Für Abs. 1 folgt daraus, dass die Eigentümerversammlung selbst nicht mit dem Ziel vollständig abdingbar ist, nur noch schriftliche Beschlüsse zu erlauben. Eine Vereinbarung, nur noch eine schriftliche Beschlussfassung zu erlauben, müsste zugleich das Allstimmigkeitsprinzip für alle Eigentümerbeschlüsse festschreiben; das ist mit der grundsätzlichen Abschaffung der qualifizierten Mehrheitserfordernisse[4] unvereinbar und steht auch im Übrigen mit der gesetzlichen Konzeption der Eigentümerversammlung als zentralem, regelmäßigen Ort des Meinungsaustauschs und der Entscheidung über Verwaltungsangelegenheit mit Stimmenmehrheit nicht in Einklang. Deshalb kann auch das Ankündigungserfordernis des Abs. 2 nicht nur ein verzichtbares Recht enthalten, dass durch Vereinbarung vollständig abbedungen werden könnte.[5] Die Nichtigkeitsfolge des Verstoßes gegen eine Rechtsvorschrift (Abs. 4 S. 1), auf deren Einhaltung – regelmäßig im öffentlichen Interesse – nicht verzichtet werden kann, ist nicht disponibel. Dagegen ist eine Vereinbarung zulässig, die abweichend von Abs. 4 S. 2 den Vollzug von Eigentümerbeschlüssen bis zum Eintritt der Bestandskraft aufschiebt, soweit die Möglichkeit verbleibt, in Fällen besonderer Dringlichkeit (§ 24 Abs. 4 S. 2) die sofortige Vollziehbarkeit zu beschließen. 2

Für die **Auslegung von Altvereinbarungen** gemäß § 47 kommt ein anderer Wille, der sich aus der Vereinbarung ergibt, im Einzelfall bei den unverändert gebliebenen gesetzlichen Bestimmungen in Betracht, so beim Aufschieben des Vollzugs von Eigentümerbeschlüssen (Abs. 4 S. 2). Im Übrigen, insbesondere wo früher geltende gesetzliche Regelungen nur wiederholt worden sind, gilt das neue Recht und ermöglicht insbesondere in jeder Wohnungseigentümerversammlung die virtuelle Teilnahme (Abs. 1 S. 2) und die Zustimmung zu Beschlüssen außerhalb der Eigentümerversammlung in Textform (Abs. 3 S. 2). 3

II. Eigentümerbeschluss

1. Begriff und Funktion. Der Beschluss iSv Abs. 1 S. 1 wird als **mehrseitiges Rechtsgeschäft** der Wohnungseigentümer in der besonderen Form eines Gesamtaktes verstanden, durch den – im Gegensatz zum Vertrag – mehrere gleichgerichtete Willenserklärungen gebündelt werden und der auf das Herbeiführen eines rechtlichen Erfolges gerichtet ist.[6] Grundlage des Eigentümerbeschlusses ist eine durch Gesetz oder Vereinbarung (zur Öffnungsklausel → § 10 Rn. 40) eingeräumte **Beschlusskompetenz.**[7] Wesentlicher Bestandteil des Beschlusses ist die kollektive und rechtsverbindliche Entscheidung der Wohnungseigentümer über einen Antrag.[8] Die Wohnungseigentümer entscheiden innerhalb des durch Gesetz und Vereinbarung vorgegebenen Rahmens mit Stimmenmehrheit über die Verwaltung des gemeinschaftlichen Eigentums. Die damit verbundene Festlegung zu einer konkret-individuellen Frage gilt für positive Entscheidungen ebenso wie für negative (mit 4

---

1 BGH NJW-RR 2020, 960.
2 BGH NZM 2020, 563 Rn. 18.
3 OLG Hamm OLGZ 1978, 292; BayObLGZ 1980, 331; aA *B. Müller* ZWE 2007, 56 (57).
4 BT-Drs. 19/19791, 71.
5 AA BayObLG NJW 1970, 1136; OLGZ 1979, 296 (300).
6 BGH NJW-RR 2012, 217 Rn. 9; NJW 2002, 3629 (3630); 1998, 3713 (3715); zur Abgrenzung von Beschluss und Vereinbarung *Wenzel* NZM 2003, 217.
7 BGH NJW 2000, 3500.
8 BGH NJW 1998, 3713 (3716).

der Aussage „so, wie beantragt, jedenfalls jetzt nicht"; sog. **Negativbeschluss,** → Rn. 5). Die Entscheidung ist ihrem Wesen nach grundsätzlich nicht endgültig, sondern nur vorläufig, steht also neuen, zur Heilung formeller Fehler gefassten inhaltsgleicher, also bestätigender, aber auch abweichenden Entscheidungen (sog. **Zweitbeschluss** → Rn. 15) grundsätzlich nicht entgegen, wo nicht – durch eine positive Regelung – schutzwürdiges Vertrauen in den Bestand der Regelung oder eine gesicherte Rechtsposition begründet worden ist.[9] Schließlich kann sich der Beschluss darin erschöpfen, Regelungen des Gesetzes oder in Vereinbarungen zu wiederholen (sog. **deklaratorische Beschlüsse**), was als Erinnerung verstanden nicht unzulässig ist;[10] die Kompetenz zur verbindlichen Auslegung von Gesetz und Vereinbarung haben die Wohnungseigentümer indes nicht.

5 Verfehlt ein Beschlussantrag (→ Rn. 7) die erforderliche Mehrheit oder wird er mehrheitlich abgelehnt, liegt ein **Negativbeschluss** vor.[11] Weil auch dem Negativbeschluss Beschlussqualität zukommt, kann er angefochten werden, wenn er ordnungsmäßiger Verwaltung widerspricht.[12] Im Rahmen der Begründetheit einer solchen Klage ist lediglich zu prüfen, ob im Zeitpunkt der Beschlussfassung allein die freiwillige Erfüllung des Anspruchs ordnungsmäßiger Verwaltung entsprochen hätte; dies ist nur dann anzunehmen, wenn der Anspruch offenkundig und ohne jeden vernünftigen Zweifel begründet war.[13] Weil sich der Regelungsgehalt in der Aussage zum Beschlussantrag „derzeit so nicht" erschöpft, entfaltet der Negativbeschluss keine materielle Sperrwirkung oder Bindungswirkung für eine spätere positive Entscheidung auch zu einem identischen Beschlussantrag;[14] er steht deshalb auch dem Erfolg einer Beschlussersetzungsklage nicht entgegen (→ § 44 Rn. 27).

6 **2. Entstehung und Form.** Damit ein Beschluss zustande kommt, sind regelmäßig neben der **Beschlusskompetenz**[15] als Grundlage einer Mehrheitsentscheidung als **weitere Voraussetzungen** erforderlich ein geeigneter Ort der Beschlussfassung (Eigentümerversammlung, Abs. 1, oder außerhalb im Umlaufverfahren, Abs. 3), eine Ladung der Teilnahmeberechtigten (→ § 24 Rn. 14), ein bestimmter Beschlussantrag (→ Rn. 7), die Abstimmung über den Beschlussantrag (→ § 25 Rn. 26), sowie die Feststellung und Verkündung des Abstimmungsergebnisses (→ Rn. 10), nicht aber die Dokumentation in der Niederschrift (→ § 24 Rn. 70) oder Beschluss-Sammlung (→ § 24 Rn. 83). Beschlüsse bedürfen materiell-rechtlich **keiner Form,** wenn nicht etwas anderes vereinbart ist, können also grundsätzlich auch konkludent gefasst werden.

7 **a) Beschlussantrag und Abstimmung.** Eine Abstimmung ist nur zu einem zuvor **festgelegten Beschlussgegenstand** möglich. Der Beschlussantrag bestimmt deshalb den Inhalt des Abstimmungsgegenstands. Wird in der Praxis der Beschlussantrag nicht – wie wünschenswert – zunächst (schriftlich) fixiert und (durch Verlesen) zur Abstimmung gestellt, erlaubt die Niederschrift des Beschlussergebnisses regelmäßig den Rückschluss auf den Beschlussantrag (→ § 24 Rn. 70). Der Beschlussantrag kann Alternativen vorsehen; wenn dies nicht der Fall ist, muss die Zustimmung zu einem Weniger oder Aliud als Ablehnung des Beschlussantrags gewertet werden.[16] Geeignete, insbesondere hinreichend bestimmte Beschlussformulierungen vorzuschlagen, ist Aufgabe des Verwalters bei der Vorbereitung der Eigentümerversammlung; Beschlussanträge können aber auch alle Teilnehmer der Eigentümerversammlung vorschlagen. Die Beschlussanträge zur Abstimmung zu stellen, ist Aufgabe des Versammlungsleiters.

8 Die Verwendung von **Beschlussanlagen** zum Beschlussantrag und **Bezugnahmen** ist möglich und empfehlenswert, wenn sich der Beschlussgegenstand im Beschlusstext selbst nicht oder nur ungenau beschreiben lässt. Zur Vermeidung der Unbestimmtheit ist eine ausdrückliche und eindeutige Bezugnahme durch Bezeichnung der in Bezug genommenen Dokumente[17] erforderlich,[18] die auch durch Anheftung der in Bezug genommenen Dokumente (Skizze, Angebot, Abrechnung) zur Beschlussniederschrift erreicht werden kann.

9 Mit der **Abstimmung** erklären die Stimmberechtigten Zustimmung, Ablehnung oder Enthaltung zu dem Beschlussantrag. Aus den zustimmenden Stimmen ergibt sich die erforderliche Mehrheit (→ § 25 Rn. 26). Ob nur eine **Probeabstimmung** vorliegt, mit der noch keine verbindliche Rege-

---

[9] BGH NJW 2011, 2202 Rn. 11; 2010, 2654 Rn. 11; aA *Elzer* ZMR 2007, 237 (240).
[10] BGH NJW 2017, 1167 Rn. 16; 2010, 933 Rn. 13; aA noch KG NJW-RR 1993, 1404 (1405); LG Karlsruhe ZWE 2009, 355 (357).
[11] BGH NJW 2015, 3713 Rn. 8; 2012, 1722 Rn. 5; 2010, 2129 Rn. 13; 2001, 3339 (3341).
[12] BGH NJW 2015, 3713 Rn. 8, 11; 2010, 2129 Rn. 13.
[13] BGH NJW 2015, 3713 Rn. 13.
[14] BGH NJW 2015, 3713 Rn. 13; 2012, 1722 Rn. 5; NJW-RR 2012, 1299 Rn. 11.
[15] BGH NJW 2000, 3500.
[16] OLG München NZM 2009, 33.
[17] LG Frankfurt a.M. NJW-RR 2019, 75 Rn. 11.
[18] BGH NJW-RR 2016, 985 Rn. 9; LG Dortmund ZWE 2015, 41 (41); LG München I NJW 2011, 1974 (1975).

lung erfolgen soll, sondern ein Meinungsbild insbesondere zu Entscheidungsalternativen eingeholt werden kann, ist danach zu unterscheiden, wovon die Wohnungseigentümer auf der Grundlage der Ankündigung des Versammlungsleiters objektiv ausgehen durften.[19] Kommt es – aus welchen Gründen auch immer – nicht zur Abstimmung, gibt es keinen Beschluss.[20] Werden vereinbarte Beschlussmehrheiten verfehlt, ist der Beschluss anfechtbar, nicht nichtig (→ § 25 Rn. 27). Gleiches gilt im Falle von Zählfehlern, wenn der Verwalter irrig vom Erreichen der Mehrheit ausgeht, die – nur bei Verfehlen der erforderlichen Mehrheit – die Beschlussanfechtung wegen formeller Mängel begründen.[21]

b) Feststellung und Verkündung. Die Beschlussentstehung erfordert weiter als konstitutiven Akt[22] die Feststellung und Verkündung des Beschlussergebnisses,[23] die in der Eigentümerversammlung durch den Versammlungsleiter, auch auf Weisung der Mehrheit durch Geschäftsordnungsbeschluss,[24] bei dessen Fehlen durch Einigung aller Stimmberechtigten über Abstimmungsergebnis und Beschlussinhalt und deren Fixierung erfolgt,[25] beim Beschluss außerhalb der Eigentümerversammlung (Abs. 3) durch dessen Initiator (→ Rn. 60). Die **Verkündung** in der Eigentümerversammlung kann nicht nur ausdrücklich, durch mündliche Mitteilung oder schriftliche Niederlegung, sondern auch schlüssig erfolgen, wenn das für jedermann und ohne weiteres erkennbare Verhalten des Versammlungsleiters – wie insbesondere die Wiedergabe eines eindeutigen Abstimmungsergebnisses, nicht nur des Beschlussantrages in der Niederschrift – den Schluss erlaubt, dass ein Beschluss zustande gekommen ist.[26] Das Erfordernis von Feststellung und Verkündung besteht auch, wenn in der Ein-Mann-Versammlung (→ Rn. 21; → § 9a Rn. 26) der Versammlungsleiter und der einzige Versammlungsteilnehmer identisch sind.[27] Unterbleiben Feststellung und Verkündung, obwohl eine Mehrheit vorlag, kann auf Feststellung und Verkündung des Abstimmungsergebnisses geklagt werden (→ § 44 Rn. 34). Das Zustandekommen eines Beschlusses kann **nicht unter einer Bedingung** festgestellt werden, insbesondere nicht von der Zustimmung eines abwesenden Wohnungseigentümers oder dem Ausbleiben von dessen Widerspruch innerhalb bestimmter Frist abhängig gemacht werden;[28] abzugrenzen ist davon der Beschlussinhalt, der Bedingungen enthalten kann und deshalb den Wohnungseigentümer Alternativentscheidung „für den Fall, dass …" erlaubt. Zur Verkündung eines **schwebend unwirksamen Beschlusses** → Rn. 75. 10

Der Versammlungsleiter ist zur **Verkündung nicht ordnungsmäßiger Beschlüsse** berechtigt,[29] denn die Überprüfung der Ordnungsmäßigkeit ist durch § 44 Abs. 1 S. 1 Alt. 1 dem Gericht zugewiesen und die Verkündung dient nur der rechtssicheren vorläufigen Konstituierung und Fixierung des Beschlussergebnisses, nicht hingegen der Durchsetzung des Gebots der ordnungsmäßigen Verwaltung. Der Versammlungsleiter ist aber nicht verpflichtet, formell oder materiell nicht ordnungsmäßige Beschlüsse zu verkünden. Bei Zweifeln kann er auf das Anfechtungsrisiko hinweisen; dann ist es Sache der Wohnungseigentümer, darüber zu entscheiden, ob sie den Verwalter in Bestätigung der vorangegangenen Willensbildung anweisen, einen positiven Beschluss zu verkünden, oder ob sie wegen des nunmehr bekannten Anfechtungsrisikos die Anweisung erteilen, von der Verkündung Abstand zu nehmen.[30] 11

c) Vereinbarte Entstehungsvoraussetzungen, insbesondere Protokollierung. Durch Vereinbarung können weitere Beschlussentstehungsvoraussetzungen begründet werden. So kann die Entstehung des Beschlusses von **Protokollierungserfordernissen** abhängig gemacht werden, etwas der Unterzeichnung der Niederschrift durch den Verwalter und zwei Wohnungseigentümer,[31] der Eintragung in ein Protokollbuch,[32] ein Beschlussbuch[33] oder die Beschluss-Sammlung, schließlich auch vom Erreichen qualifizierter Mehrheiten (→ § 25 Rn. 27). Wird ein Beschluss trotz Fehlens dieser vereinbarten Entstehungsvoraussetzungen festgestellt und verkündet, ist dieser grundsätzlich 12

---

19 KG NJW-RR 1992, 720.
20 OLG Frankfurt BeckRS 2009, 21207.
21 BGH NJW 2009, 2132 Rn. 29; 2012, 3372 Rn. 12.
22 BGH NZM 2020, 801 Rn. 12.
23 BGH NJW 2001, 3339 (3341); 2014, 1090 Rn. 8; NZM 2020, 801 Rn. 14.
24 BGH NZM 2020, 801 Rn. 30.
25 BGH NJW 2001, 3339 (3341).
26 BGH NJW 2001, 3339 (3341); OLG München ZWE 2008, 351; LG Berlin ZWE 2016, 465; LG Düsseldorf ZWE 2012, 44 (46); AG Dresden BeckRS 2018, 40996 Rn. 20.
27 OLG München NZM 2008, 577; aA *Wicke* ZWE 2021, 21 (22).
28 BGH NJW-RR 2019, 73 Rn. 16.
29 Vgl. BGH NZM 2020, 801 Rn. 19, 25.
30 Vgl. BGH NZM 2020, 801 Rn. 30.
31 BGH NJW 2016, 568 Rn. 17; 1997, 2956.
32 OLG Köln NZM 2007, 133.
33 OLG Düsseldorf NZM 2005, 24.

nicht unwirksam, sondern wegen Fehlens einer Rechtsmäßigkeitsvoraussetzung nur anfechtbar.[34] Etwas anderes mag gelten, wenn die Auslegung der Regelung im Einzelfall ergibt, dass ausdrücklich das Entstehen des Beschlusses von dem besonderen Erfordernis abgängig gemacht wird,[35] obwohl der angestrebte Schutzzweck der Beweissicherung regelmäßig bereits durch die Anfechtbarkeit erreicht wird und bei Annahme der Unwirksamkeit entgegen Abs. 4 S. 2 eine erhebliche Unsicherheit in die Gemeinschaft getragen würde.

13 **3. Auslegung von Eigentümerbeschlüssen.** Bei der Auslegung von Eigentümerbeschlüssen ist im Ansatz danach zu unterscheiden, ob diese eine **Dauerregelung** enthalten, also darauf angelegt sind, nicht nur die derzeitigen Wohnungseigentümer rechtlich zu binden, sondern auch Rechtswirkungen im Verhältnis zu später hinzutretenden Sondernachfolgern schaffen (§ 10 Abs. 3 S. 2). Die Auslegung des im Protokoll niedergelegten Beschlussinhalts hat dann aus sich selbst heraus **objektiv** und **normativ** zu erfolgen, ohne dass es auf die subjektiven Vorstellungen der an der Beschlussfassung Beteiligten ankommt, weil die Sondernachfolger diese Vorstellungen nicht kennen und daher auf das objektiv Erklärte vertrauen müssen;[36] dasselbe gilt für die Frage, ob es sich um einen Beschluss mit Dauerwirkung handelt oder ob der Beschluss einen Einzelfall regelt.[37] Maßgebend ist also der Wortlaut, aber auch der Sinn und Zweck, wie er sich aus unbefangener Sicht als nächstliegende Bedeutung ergibt; Umstände außerhalb des protokollierten Inhalts dürfen nur herangezogen werden, wenn sie nach den besonderen Verhältnissen des Einzelfalles für jedermann ohne weiteres erkennbar sind.[38] Ist dies nicht der Fall, dürfen sie selbst dann keine Berücksichtigung finden, wenn insoweit übereinstimmende Vorstellungen bestanden und ein Dissens nicht vorlag.[39] Im gerichtlichen Verfahren nach §§ 43, 44 kommt in diesen Fällen eine Beweisaufnahme zu dem beabsichtigten Inhalt des Beschlusses nicht in Betracht.

14 Beschränkt sich der Beschluss auf eine **Einzelfallregelung,** gelten die allgemeinen Auslegungsregeln für Rechtsgeschäfte (§§ 133, 157 BGB).[40] Es ist also der wirkliche Wille zu erforschen und nicht am Wortlaut zu haften.

15 **4. Der Zweitbeschluss.** Die Wohnungseigentümer sind grundsätzlich nicht gehindert, über eine schon geregelte gemeinschaftliche Angelegenheit erneut und gleichlautend zu beschließen.[41] Besondere Voraussetzungen hat der Zweitbeschluss nicht. Unerheblich ist, aus welchen Gründen die Gemeinschaft eine erneute Beschlussfassung für angebracht hält. Insbesondere kann ein wegen formeller Fehler (→ Rn. 71) anfechtbarer Beschluss durch einen neuen formgültigen Beschluss bestätigt **(„geheilt“)** werden. Unzulässig ist aber die **grundlose inhaltsgleiche Wiederholung** früherer Eigentümerbeschlüsse, die bereits aus sachlichen Gründen für ungültig erklärt worden sind, insbesondere mit der Absicht, den Anfechtungskläger zu zermürben.[42] Die Rechtskraft gerichtlicher Entscheidungen steht Zweitbeschlüssen nicht entgegen, sofern diese Zweitbeschlüsse wegen **geänderter Sachlage** (oder bei Vermeidung formeller Mängel) ordnungsgemäßer Verwaltung entsprechen.[43] Zur Abänderung gerichtlicher Beschlussersetzungen → § 44 Rn. 32. Ein Zweitbeschluss widerspricht ordnungsmäßiger Verwaltung, wenn er schutzwürdige Belange aus Inhalt und Wirkungen des Erstbeschlusses nicht berücksichtigt; „Ob“ und „Wie“ der Änderung dürfen nicht willkürlich sein.

III. Wohnungseigentümerversammlung (Abs. 1 S. 1)

16 **1. Allgemeines.** Die Entscheidung der Wohnungseigentümer erfolgt grundsätzlich in der Eigentümerversammlung und mit Mehrheit. **Rationale Entscheidung** setzt Information und Beratung (Diskurs) voraus. Die Entscheidung der Wohnungseigentümer verfolgt einerseits das **Ziel** der Gestaltung (zB Sanierungen), dient andererseits der **Kontrolle** von Verwalter und Verwaltungsbeirat.

17 Die Eigentümerversammlung ist dabei im Grundsatz die **physische Zusammenkunft** der Wohnungseigentümer einer Wohnungseigentumsanlage oder ihrer Vertreter an einem Versammlungsort in einer Versammlungsstätte mit dem Ziel, die Angelegenheiten der Gemeinschaft durch

---

[34] BGH NJW 2012, 2512 Rn. 16; 1997, 1956.
[35] *Bub* FS Seuß, 2007, 53 (57); *Becker* ZWE 2016, 2 (4).
[36] BGHZ 139, 288 = NJW 1998, 3713 (3714); BGH NJW 2016, 2177 Rn. 20; 2015, 1378 Rn. 19.
[37] OLG Hamm ZWE 2009, 441.
[38] BGH ZWE 2014, 261 Rn. 21; NJW 2010, 3298 Rn. 14; BGHZ 139, 288 = NJW 1998, 3713 (3714); BGH NZM 2001, 961 (964).
[39] KG OLGZ 1981, 307.
[40] BayObLG NJW-RR 1994, 1104; aA OLG Stuttgart NJW-RR 1991, 913; Bärmann/*Merle* Rn. 62.
[41] BGHZ 113, 197 = NJW 1991, 979; BGHZ 148, 335 = NJW 2001, 3339 (3343) unter III.4.b.
[42] KG NJW-RR 1994, 1358; AG Hamburg-Altona ZWE 2015, 222; aA LG Hamburg NZM 2012, 281.
[43] LG München I ZWE 2017, 288.

Mehrheitsbeschluss zu ordnen, nach vorangegangener Einberufung aller Wohnungseigentümer unter Angabe der Beschlussgegenstände durch einen Einberufungsberechtigten (§ 24 Abs. 1 und 3). Fehlt es an einer den Anforderungen genügenden Einberufung, ist dieser Verstoß durch Zustimmung aller, nicht nur der erschienenen Wohnungseigentümer heilbar (sog. Universalversammlung, → Rn. 19). Eine Eigentümerversammlung liegt dagegen begrifflich nicht vor, sondern eine Zusammenkunft, wenn die Mehrheit der Wohnungseigentümer zufällig oder auf Einladung eines Nichtberechtigten oder ohne die Absicht der Ordnung von Gemeinschaftsangelegenheiten (Informationsveranstaltung, Geburtstagsfeier usw.) zusammenkommt, so dass dort getroffene „Beschlüsse" als Nichtbeschlüsse rechtlich bedeutungslos sind.[44] Das zufällige Zusammentreffen der Mehrheit der Wohnungseigentümer in der Wohnungseigentumsanlage erlaubt eine Beschlussfassung nicht.[45]

2. Sonderformen. Für bestimmte Formen von Eigentümerversammlungen haben sich Bezeichnungen eingebürgert, deren Verwendung nicht immer einheitlich erfolgt; aus der Begriffsbildung an sich dürfen keine Rechtsfolgen abgeleitet werden, die sich allein aus der Anwendung der gesetzlichen Regelungen und Vereinbarungen ergeben können. So wird der Begriff der **Dachgemeinschaft** oder Übergemeinschaft verwendet, wenn in einem „Wohnpark" die Interessen mehrerer benachbarter Wohnungseigentümergemeinschaften durch ein gemeinsames Entscheidungsorgan koordiniert werden sollen; dabei handelt es sich um eine Gesellschaft bürgerlichen Rechts, der Entscheidungsbefugnisse der Eigentümerversammlungen der einzelnen Eigentümergemeinschaften nicht wirksam übertragen werden können.[46] 18

a) Universalversammlung. Als Universal- oder Vollversammlung wird eine **Zusammenkunft aller Wohnungseigentümer** bzw. deren Vertreter (jeweils auch im Wege elektronischer Kommunikation; → Rn. 30) bezeichnet, bei der alle Wohnungseigentümer mit dem – etwa durch Erläuterung des Versammlungsleiters vermittelten – Wissen, dass die gesetzlichen Regelungen etwas anderes besagen, auf die Einberufungsformalien (Ladung, Tagesordnung usw.) verzichten und festlegen, dass sie eine Eigentümerversammlung abhalten und über bestimmte Angelegenheiten (mit Mehrheit) beschließen wollen.[47] Der Verzicht kann zwar stillschweigend erfolgen, doch muss eine Rüge der Einladungsmängel nicht ausdrücklich erklärt werden; die bloße Teilnahme erlaubt also nicht den Schluss auf den Verzicht auf die Formalien.[48] Auch die Teilnahme an Abstimmungen erlaubt nicht zwingend den Schluss auf den Verzicht auf die Formalien.[49] 19

b) Teilversammlung, Sukzessivversammlung. Dass die Bildung von **Untergemeinschaften** (→ § 25 Rn. 16) mit eigener Beschlusszuständigkeit, also die Stimmberechtigung einiger Wohnungseigentümer unter Ausschluss der übrigen vereinbart ist, bedeutet nicht ohne weiteres, dass Versammlungen nur des stimmberechtigten Teils der Wohnungseigentümer zulässig oder geboten wären.[50] Vielmehr ist das durch Vereinbarung auf einen Teil der Wohnungseigentümer beschränkte Stimmrecht grundsätzlich in der Versammlung aller Wohnungseigentümer („Gesamtversammlung") auszuüben. Dabei mag es sinnvoll sein, die nur von einigen Wohnungseigentümern zu entscheidenden Fragen in der Tagesordnung in einem bestimmten Abschnitt der Tagesordnung zusammenzufassen, denn die übrigen Wohnungseigentümer müssen für diese nicht anwesend sein. Fehlen ausdrückliche Vereinbarungen zu Teilversammlungen[51] kommt die Durchführung von Teilversammlungen (und eine Beschränkung des Kreises der Einzuladenden) nur mit den vom Beschlussgegenstand „betroffenen" Wohnungseigentümern, das sog. Blockstimmrecht,[52] ohne Einverständnis der ausgeschlossenen Wohnungseigentümer nicht in Betracht.[53] Teilnahme-, Rede- und Antragsrecht der übrigen Wohnungseigentümer bleiben stets bestehen.[54] Auch eine **Sukzessivversammlung,** bei die Teilversammlungen jeweils identische Beschlüsse fassen, um Angelegenheiten der Gesamtgemeinschaft zu regeln, etwa die Bestellung des Verwalters, sind nicht möglich und diese Beschlüsse nichtig.[55] 20

[44] BayObLG NZM 2003, 199 (200); OLG Hamm NJW-RR 2008, 450 (451); Palandt/*Wicke* Rn. 2.
[45] OLG Hamm NJW-RR 2008, 250 (251).
[46] OLG Hamm NZM 2004, 787; OLG Düsseldorf NZM 2003, 446.
[47] BGH NJW-RR 2011, 1519 Rn. 7.
[48] LG Hamburg ZWE 2017, 323 Rn. 14.
[49] BGH NZG 2009, 385 Rn. 6.
[50] Großzügiger Palandt/*Wicke* Rn. 3.
[51] Zu Regelungsmöglichkeiten *Hügel* NZM 2010, 8 (15).
[52] OLG München FGPrax 2007, 74 (76); DNotZ 1985, 414.
[53] OLG Schleswig NZM 2000, 385; *Rüscher* ZWE 2011, 308 (311); *Häublein* ZWE 2010, 149 (155).
[54] LG München I ZWE 2019, 495; diff. *Häublein* ZWE 2010, 149 (156); *Rüscher* ZWE 2011, 308 (311).
[55] AG Nürnberg BeckRS 2019, 30082.

21 **c) Ein-Mann-Versammlung.** Durch § 9a Abs. 1 S. 2, der die Entstehung der Gemeinschaft der Wohnungseigentümer bereits mit der Anlegung der Wohnungsgrundbücher ausdrücklich auch im Fall der Aufteilung durch den Grundstückseigentümer gemäß § 8 zulässt, ist in der Entstehungsphase der Gemeinschaft der Wohnungseigentümer bei der Teilung gemäß § 8 bis zum Eintritt eines Erwerbers als werdender Wohnungseigentümer unter den Voraussetzungen des § 8 Abs. 3 im Regelfall ein Zeitraum gegeben, in dem es nur einen stimmberechtigten Wohnungseigentümer, nämlich den teilenden Grundstückseigentümer gibt (→ § 9a Rn. 26). Damit ist in Abkehr von der bisherigen Dogmatik[56] auch ein **Ein-Mann-Beschluss** des aufteilenden Grundstückseigentümers bis zum Eintritt des ersten werdenden Wohnungseigentümers möglich.[57]

22 Eine **Ein-Mann-Versammlung** kann auch später, nach Eintritt werdender Wohnungseigentümer (§ 8 Abs. 3) auftreten, wenn alle Stimmrechte in der Eigentümerversammlung durch eine Person ausgeübt werden, gleich ob eigene Stimmrechte oder Vollmachten der übrigen Stimmberechtigten vorliegen.[58] Dieser einzige Teilnehmer, etwa der von Wohnungseigentümer bevollmächtigte Verwalter, kann Eigentümerbeschlüsse mit Mehrheit fassen. In diesem Fall entfällt das Erfordernis der Empfangsbedürftigkeit der Stimmabgabe. Auch wenn nur ein Wohnungseigentümer erschienen oder vertreten ist, kann dieser nach Abschaffung der Beschlussfähigkeitsschranken mit einer Ja-Stimme Mehrheitsbeschlüsse fassen.

23 Vereinbarte **Protokollierungserfordernisse** (→ Rn. 12) sind gewahrt, wenn nur ein Wohnungseigentümer anwesend ist, und in seiner Funktion als Verwalter und Versammlungsleiter allein die Versammlungsniederschrift unterschreibt.[59]

24 **3. Versammlungsrechte.** Unter Versammlungsrechten der Wohnungseigentümer versteht man das Recht, die Aufnahme eines Gegenstandsauf die Tagesordnung der Eigentümerversammlung zu verlangen (→ Rn. 51), das Recht, zur Eigentümerversammlung eingeladen zu werden (→ § 24 Rn. 14), das Recht auf Teilnahme an der Eigentümerversammlung, persönlich oder durch einen Vertreter (→ § 24 Rn. 50), das Rederecht in der Eigentümerversammlung, das Stimmrecht (→ § 25 Rn. 12), schließlich das Recht auf Begleitung (→ § 24 Rn. 53).

25 **a) Teilnahmerecht.** Das Recht zur persönlichen Teilnahme an der Eigentümerversammlung ist unentziehbar und darf in keiner Weise vereitelt werden.[60] Dies gilt indes nur, soweit nicht öffentliche-rechtliche Beschränkungen, etwa infektionsschutzrechtliche Schutzmaßnahmen („Quarantäne") gemäß § 28 InfSchG bestehen; so kann aufgrund der Maßnahmen zur Bekämpfung von COVID19-Pandemie entsprechend den landesrechtlichen Anforderungen an Versammlungen die Teilnahme von der Erklärung abhängig gemacht werden, dass der Teilnehmer (Wohnungseigentümer oder Vertreter) keiner Quarantäne unterliegt; zum Anspruch auf Teilnahme im Wege elektronischer Kommunikation → Rn. 31. Das Teilnahmerecht besteht im Übrigen **unabhängig von einem Stimmrechtsausschluss** im Einzelfall (→ § 25 Rn. 39). Das Teilnahmerecht umfasst die gesamte Eigentümerversammlung von Anfang bis Ende und beinhaltet das Recht zur Antragstellung, zu Redebeiträgen und auch zu Fragen an die Verwaltung. Das Rederecht darf nur beschränkt oder entzogen werden, wenn der Beitrag völlig unsachlich ist und mildere Mittel, wie die Aufforderung, zur Sache zu sprechen, oder eine Redezeitbegrenzung, vergeblich geblieben sind, um den Ablauf der Versammlung sicherzustellen.[61] Eine **Redezeitbeschränkung** darf aus sachlichen Gründen als Geschäftsordnungsmaßnahme beschlossen werden, soweit die eingeräumte Redezeit im angemessenen Verhältnis zum Beschlussgegenstand steht.[62] Deshalb verbieten sich starre Höchstgrenzen. Die Redezeit kann auch nicht von der Zahl der beabsichtigten Wortmeldungen und der Hoffnung abhängen, die weiteren Redner würden etwaige weitere Argumente noch nachtragen. Subsidiär kann der Versammlungsleiter die Redezeitbeschränkung anordnen (→ § 24 Rn. 57). Eine Entziehung des Teilnahmerechts, also der **Ausschluss von der Eigentümerversammlung,** kommt nur als letztes Mittel in Betracht, wenn trotz vorrangiger milderer Mittel, wie Abmahnungen und Redezeitbeschränkungen, anders die ordnungsgemäße Durchführung der Eigentümerversammlung nicht möglich wäre.[63] Deshalb scheidet ein vorsorglicher Ausschluss, auch durch Nichteinladung eines vermeintlichen Querulanten, aus,[64] ebenso die „Vertreibung" in anderer Weise.[65]

---

56 BGH NJW 2002, 3240 (3243); OLG München NZM 2006, 347.
57 *Wicke* ZWE 2021, 21.
58 BGH NJW 2016, 568 Rn. 21.
59 BGH NJW 2016, 568 Rn. 16.
60 OLG Köln NJW 2005, 908; OLG Saarbrücken ZMR 2004, 67.
61 OLG Saarbrücken ZMR 2004, 67.
62 BayObLG NZM 1999, 852; OLG Stuttgart NJW-RR 1986, 1277.
63 OLG Saarbrücken ZMR 2004, 67.
64 AG Offenbach ZMR 2016, 738 (740).
65 OLG Köln NZM 2000, 1017 für die Beeinträchtigung eines atemwegserkrankten Wohnungseigentümers durch Zigarettenrauch.

b) Teilnahmeberechtigte. Teilnahmeberechtigt sind neben den Wohnungseigentümern und deren Vertretern (zur Vereinbarung von Vertretungsbeschränkungen → § 25 Rn. 33), der Verwalter und auch Verwaltungsbeiräte, die nicht Wohnungseigentümer sind, jedenfalls soweit der Aufgabenbereich der Verwaltungsbeirats betroffen ist,[66] sowie der Vertreter des Verwalters oder des Verwaltungsbeiratsmitglieds.[67] 26

Durch Vereinbarung kann die Teilnahme von **Begleitern oder Beiständen** erlaubt oder verboten werden.[68] Fehlen Vereinbarungen ist die Gestattung der Teilnahme durch Geschäftsordnungsbeschluss zulässig.[69] Will man die Nichtbeanstandung der Verletzung des Grundsatzes der Nichtöffentlichkeit als Verzicht auf das Anfechtungsrecht verstehen,[70] erfordert dies zumindest Kenntnis der Verletzung; in der Praxis wirkt sich der Verstoß wohl nicht aus, wenn man den Nachweis der erheblichen Auswirkung des Verstoßes auf das Abstimmungsergebnis fordert (→ Rn. 71). 27

Ein Anspruch auf Gestattung der **Hinzuziehung von Beratern** zur Eigentümerversammlung besteht grundsätzlich nicht, insbesondere nicht auf Begleitung durch einen Rechtsanwalt.[71] Wenn die Wohnungseigentümer mit der Einladung zur Eigentümerversammlung über den Beschlussgegenstand ausreichend und rechtzeitig unterrichtet werden, ist es ihnen grundsätzlich möglich, sich vor der Eigentümerversammlung erforderlichen Rat einzuholen.[72] Das ist anders nur dann, wenn der Wohnungseigentümer aus persönlichen oder sachlichen Gründen, zB körperliche Behinderung, Sprachunkundigkeit[73] oder bei komplexen Beschlussgegenständen, ein Interesse an einer Beratung gerade in der Eigentümerversammlung hat, das die Interessen der übrigen Wohnungseigentümer an der Nichtöffentlichkeit überwiegt.[74] Das Teilnahmerecht kann sich deshalb auf einzelne Tagesordnungspunkte beschränken. Zerstrittenheit begründet in der Regel die Hinzuziehung eines Rechtsanwalts nicht.[75] **Gäste** dürfen nur im Einverständnis aller Teilnehmer anwesend sein, wie es regelmäßig für das Bewirtungspersonal anzunehmen ist, aber nicht durch Geschäftsordnungsbeschluss zugelassen werden.[76] 28

Durch Geschäftsordnungsbeschluss kann auch die Teilnahme von **Beratern für die Gemeinschaft der Wohnungseigentümer** beschlossen werden, wenn für die Wohnungseigentümer in ihrer Gesamtheit nach objektiven Maßstäben ein Bedürfnis an Beratung besteht,[77] wie sie etwa bei der Frage der Geltendmachung von Mängelrechten gegenüber dem Bauträger sinnvoll ist. 29

IV. Teilnahme an der Eigentümerversammlung im Wege elektronischer Kommunikation (Abs. 1 S. 2)

Weil die Teilnahme an der Eigentümerversammlung zum Kernbereich der Mitgliedschaftsrechte gehört und Rede- und Stimmrecht erst die Mitbestimmung bei der Verwaltung des Gemeinschaftseigentums ermöglichen, die durch einen Vertreter nur unvollkommen wahrgenommen werden können, erscheint es als wünschenswert, die durch die technische Entwicklung begründeten Möglichkeiten zu nutzen und deshalb eine Teilnahme von Wohnungseigentümern ohne körperliche Anwesenheit im Wege der Bild- und/oder Tonübertragung zu ermöglichen. Die Möglichkeit der Videoübertragung birgt andererseits eine Gefahr für den **Grundsatz der Nichtöffentlichkeit der Eigentümerversammlung** (→ § 24 Rn. 50), weil ein „unsichtbare" Berater den zugeschalteten Wohnungseigentümer – mehr als in der Präsenzversammlung über Smartphones möglich – unterstützen oder die Versammlung aufgezeichnet werden könnte, und auch für die Diskussionskultur (sog. Asymmetrie der Wahrnehmung[78]). Abzugrenzen ist die Regelung der Teilnahme von Wohnungseigentümern von der schon heute – jedenfalls auf der Grundlage eines Geschäftsordnungsbeschluss – bestehenden Möglichkeit der **Hinzuziehung externe Berater,** etwa des Architekten zur Vorstel- 30

---

[66] OLG Hamm FGPrax 2007, 7.
[67] OLG München NJW-RR 2005, 964.
[68] KG OLGZ 1986, 56.
[69] OLG Frankfurt BeckRS 2005, 5169; BayObLG NJW-RR 2004, 1312; LG Karlsruhe ZWE 2010, 377 (379); aA AG München BeckRS 2013, 198816.
[70] LG München I BeckRS 2015, 11953; LG Düsseldorf ZWE 2012, 44; aA *Armbrüster/Roguhn* ZWE 2016, 105 (112).
[71] BayObLG NZM 2002, 616; BeckRS 1997, 4196.
[72] OLG Saarbrücken ZMR 2004, 67.
[73] AG Wiesbaden ZWE 2013, 285 für Dolmetscher.
[74] BGH NJW 1993, 1329 (1330).
[75] BayObLG NJW-RR 2002, 1307.
[76] OLG Köln ZWE 2009, 139; aA LG Dresden BeckRS 2007, 10533.
[77] OLG Köln ZWE 2009, 139; BayObLG NJW-RR 2004, 1312; zum Interessengegensatz beim Vorgehen der Eigentümergemeinschaft gegen einzelne Wohnungseigentümer *Jennißen/Intveen* NJW 2007, 2881.
[78] *Greger* MDR 2020, 957 (958) zu § 128a ZPO.

lung und Erläuterung der Sanierungsplanung oder des Rechtsanwalts zur Erläuterung des Vorgehens gegen den Bauträger – im Wege der Bild- und Tonübertragung zur Eigentümerversammlung. Weiter abzugrenzen ist die **„virtuelle Vorversammlung“**[79] bei der in einer Telefon- oder Videokonferenz die im Anschluss gemäß Abs. 3 außerhalb der Eigentümerversammlung einstimmig zu beschließenden Eigentümerbeschlüsse informell vorbesprochen werden, allerdings eine Beschlussfassung nicht möglich ist.[80]

31 **1. Normzweck.** Die durch das WEMoG nach dem Vorbild des § 118 Abs. 1 S. 2 AktG eingefügte **Neuregelung** des Abs. 1 S. 2 ermöglicht es anders als die frühere Rechtslage,[81] die Teilnahme von Wohnungseigentümern im Wege der elektronischen Kommunikation (sog. Online-Teilnahme) nicht nur durch Vereinbarung, sondern durch Mehrheitsbeschluss zu gestatten und auch deren technische Ausgestaltung zu regeln.[82] Damit ist es nach der Gesetzesbegründung ausdrücklich nicht möglich, die Präsenzversammlung insgesamt zugunsten einer reinen Online-Versammlung **(virtuelle Eigentümerversammlung)** abzuschaffen und die physische Präsenz in der Eigentümerversammlung zu verbieten.[83] Denn das Recht jedes Wohnungseigentümers, physisch an der Versammlung teilzunehmen, steht nicht zur Disposition der Mehrheit; eine Beschlusskompetenz für das Verbot der physischen Teilnahme fehlt mit der Folge der Nichtigkeit.[84] Weitere Regelungen, etwa zu den Anforderungen an die Wahrung der Nichtöffentlichkeit oder den Folgen von Übertragungsstörungen, fehlen und müssen und können[85] bei der Normanwendung, insbesondere durch Regelungen im Gestattungsbeschluss,[86] geschlossen werden. Die Teilnahme an einer geheimen Abstimmung, wie sie bei der Beiratswahl sinnvoll sein mag, ist indes im Wege der elektronischen Kommunikation ohne Verwendung eines elektronischen Abstimmungssystems für die zugeschalteten Teilnehmer nicht möglich und scheidet deshalb in der Regel aus.

32 **2. Ausgestaltung.** Die Gestattung der Teilnahme an der Eigentümerversammlung im Wege der elektronischen Kommunikation und auch deren Modalitäten müssen ordnungsmäßiger Verwaltung entsprechen. Die Möglichkeit zur Gestattung ist nicht auf die nächste Eigentümerversammlung beschränkt, sondern kann als Grundlagenbeschluss für die Zukunft erfolgen. Immer muss **schon vor der Eigentümerversammlung feststehen,** also in einer vorangegangenen Präsenzveranstaltung beschlossen worden sein,[87] und zudem mit der Einladung mitgeteilt werden, in welchem **Umfang** Teilnahmerechte im Wege der elektronischen Kommunikation ausgeübt werden können, um den Wohnungseigentümern die Entscheidung zu ermöglichen, ob sie zur Wahrnehmung aller Mitgliedschaftsrechte an der Eigentümerversammlung teilnehmen oder einen Vertreter bevollmächtigen. Die Ausgestaltung muss den Grundsatz der Nichtöffentlichkeit sicherstellen, kann aber im Übrigen entsprechend § 118 Abs. 1 S. 2 AktG Regelungen zur Gewährung einzelner oder aller Rechte (Teilnahme, Beiträge, Abstimmung) enthalten.[88] Keinesfalls entspricht es ordnungsgemäßer Verwaltung, in der laufenden Versammlung die zuvor eröffnete Wahrnehmung der Mitgliedschaftsrechte, insbesondere das Stimmrecht, im Wege der elektronischen Kommunikation ohne vorherige Ankündigung in der Einladung zu beenden oder sonst zu beschränken, sondern beides kann nur nach Ankündigung in der Einladung und nur für die Zukunft beschlossen werden.

33 Die Gestattung kann sich auf Wohnungseigentümer selbst, bei Vorliegen besonderer Gründe auch einzelner Wohnungseigentümer, beschränken aber auch – unter Beachtung etwaiger Vertretungsbeschränkungen (→ § 25 Rn. 33) – die **Teilnahme von deren Vertreter** im Wege der elektronischen Kommunikation zulassen.[89]

34 **a) Ausübung sämtlicher oder einzelner Rechte.** Soweit zum Inhalt der Beschlusskompetenz in der Gesetzesbegründung[90] erläutert ist, diese ermögliche neben der Zulassung der Versammlungsteilnahme auch, den Wohnungseigentümern im Wege der elektronischen Kommunikation die Ausübung sämtlicher oder einzelner ihrer Rechte ganz oder teilweise zu ermöglichen, spricht dies

[79] Schmidt/*Zschieschack,* COVID-19, Rechtsfragen zur Corona-Krise, 2. Aufl. 2020, § 4 Rn. 45, 51.
[80] BGH NJW 2020, 1134 Rn. 22.
[81] *Gündel* ZWE 2019, 199 (204).
[82] BR-Drs. 168/20, 26.
[83] *Dötsch/Schultzky/Zschieschack* Kap. 8 Rn. 44.
[84] BR-DrS 168/20, 82; krit. zu dieser Einschränkung *Zschieschack* NZM 2020, 297 (300 f.).
[85] aA *Zschieschack* NZM 2020, 297 (300 f.).
[86] Für die Möglichkeit der Delegation an den Verwalter *Abramenko,* Das neue Wohnungseigentumsrecht, § 7 Rn. 23.
[87] Schmidt/*Zschieschack,* COVID-19, Rechtsfragen zur Corona-Krise, 2. Aufl. 2020, § 4 Rn. 44.
[88] Palandt/*Wicke* Rn. 4a.
[89] Zur Dokumentation der Teilnehmenden *Danwerth* NZG 2020, 586.
[90] BR-DrS 168/20, 82.

dafür, dass zwischen **Teilnahmerecht,** also der Möglichkeit zuzuhören und zuzusehen, **Rederecht,** also der Möglichkeit von mündlichen Beiträgen, **Fragerecht,** also die Möglichkeit von Fragen, **Antragsrecht,** also die Möglichkeit zur Antragstellung, und **Stimmrecht,** also der Beteiligung an Abstimmungen, unterschieden werden kann.[91] Wie es möglich ist, von der Möglichkeit der Zulassung einer Teilnahme im Wege elektronischer Kommunikation keinen Gebrauch zu machen, kann diese Teilnahmemöglichkeit auch auf einzelne Rechte beschränkt werden.[92] Zum Beispiel besteht die Möglichkeit einer „Halb-Onlineversammlung", bei der im Wege elektronischer Kommunikation an der Eigentümerversammlung teilnehmende Wohnungseigentümer für die Stimmabgabe einen physisch anwesenden Vertreter bevollmächtigen müssen.[93] Sinnvoll ist eine Beschränkung des Teilnahmerechts im Wege elektronischer Kommunikation nicht; das gilt in der Regel auch für die Beschränkung der Teilnahme im Wege elektronischer Kommunikation auf einzelne Tagesordnungspunkte.

Weiter ist die Beachtung des **Gleichbehandlungsgrundsatzes**[94] insbesondere beim freien Zugang zur Teilnahme geboten, der nur eine sachgerechte Differenzierung zwischen einzelnen Wohnungseigentümern auch bei der Zulassung von deren Teilnahme im Wege der elektronischen Kommunikation erlaubt. Danach mag die Teilnahme im Wege elektronischer Kommunikation nur für Wohnungseigentümer eröffnet werden, die an der Eigentümerversammlung aufgrund gesundheitlicher Einschränkungen, wie Gehbehinderte, sonst nicht oder nur mit erheblichem Aufwand teilnehmen könnten. 35

b) Technische Ausgestaltung: Bild- und/oder Tonübertragung; Kosten. Das Gesetz erlaubt die Zulassung der Teilnahme im Wege der **Videoübertragung,** aber auch nur im Wege der **Audioübertragung;** im Ergebnis ist auch die Durchführung der Eigentümerversammlung durch Teilnahme an der Präsenzversammlung im Wege einer Telefonkonferenz[95] möglich. Durch die Formulierung „im Wege elektronischer Kommunikation" ist auch klargestellt, dass eine Übertragung „in Bild und Ton" (§ 128a Abs. 1 ZPO) nicht erforderlich ist und auch nicht alle an- und abwesenden Beteiligten die Möglichkeit haben müssen, alle weiteren Beteiligten jederzeit sehen und hören zu können. Sofern die Versammlung in Bild und/oder Ton verfolgt werden kann, können Beiträge auch durch Messengerdienste oder E-Mail erfolgen. 36

Die **technische Ausstattung** muss eine Teilnahme im Wege elektronischer Kommunikation durch alle Wohnungseigentümer in gleicher Weise ermöglichen, die dies wünschen. Das schließt eine Regelung im Gestattungsbeschluss nicht aus, die Zahl der Interessenten vorab zu erfragen, um Kosten einsparen zu können. Andererseits muss auch ein Stimmberechtigter, der sich für eine Teilnahme im Wege elektronischer Kommunikation angemeldet hat, stets, also auch nach kurzfristiger Entscheidung die Möglichkeit haben, physisch an der Eigentümerverhandlung teilzunehmen und daher der Versammlungsort im Grundsatz ausreichend Platz für alle Wohnungseigentümer bieten. 37

Wird die Teilnahme nur durch Tonübertragung eröffnet, ist bei der **Durchführung** der Eigentümerversammlung sicherzustellen, dass die externen Zuhörer die Urheber von Äußerungen identifizieren können, also vor Wortmeldungen der Name des Sprechers genannt wird; eine anonyme Teilnahme ist nicht zulässig. Soweit in der Versammlung Präsentationen zu Tagesordnungspunkten beabsichtigt sind, etwa zur Erläuterung von Sanierungsalternativen, ergibt sich kein Informationsdefizit für Zuhörer, wenn diese – wie geboten[96] – mit der Einladung zumindest in den Eckpunkten vorgestellt werden; anhand dieser Information muss der Wohnungseigentümer auch beurteilen können, ob seine physische Anwesenheit in der Eigentümerversammlung aus seiner Sicht angezeigt ist. Aktuelle Ergänzungen oder Änderungen müssen virtuellen Teilnehmern bekannt gemacht werden zB als Datei per E-Mail oder im Intranet der Gemeinschaft der Wohnungseigentümer zur Verfügung gestellt werden. 38

Von welchem Ort die Teilnahme im Wege elektronischer Kommunikation erfolgt, unterliegt keinen Einschränkungen, soweit der Grundsatz der Nichtöffentlichkeit der Eigentümerversammlung beachtet wird. Um den durch § 201 StGB strafbewehrten Grundsatz der Nichtöffentlichkeit zu wahren, kann die Teilnahme im Wege elektronischer Kommunikation von der Versicherung abhängig gemacht werden, dass nur Berechtigte – etwa andere Wohnungseigentümer oder zugelassene Berater – über die mitgeteilte Einwahlmöglichkeit an der Eigentümerversammlung teilnehmen und auch keine (heimliche) Aufzeichnung erfolgt. Soweit die **Sicherung der Nichtöffentlichkeit** als 39

91 Palandt/*Wicke* Rn. 4a.

92 Zu Gestaltungsvarianten *Dötsch/Schultzky/Zschieschack* Kap. 8 Rn. 48 ff.

93 *Gündel* ZWE 2019, 199 (204) unter Bezugnahme auf *Jacoby* in Fn. 49.

94 Allg. BGH NZM 2013, 195 Rn. 19; NJW 2010, 3508 Rn. 10.

95 AA Palandt/*Wicke* Rn. 1.

96 BGH NJW-RR 2020, 960 Rn. 10.

zentrales Problem der geringen gesetzlichen Regelungsdichte verstanden wird,[97] gebietet das gesetzgeberische Ziel der für das Wohnungseigentumsrecht[98] erfolgten Neuregelung („Idee einer Zuschaltung zur Eigentümerversammlung vom heimischen Schreibtisch“[99]) vor dem Hintergrund früher geäußerter Bedenken[100] und bei Annahme einer durch den technischen Fortschritt veränderten gesellschaftlichen Wirklichkeit die Folgerung, dass der Gesetzgeber diese Risiken der Teilnahme im Wege elektronischer Kommunikation in Kauf genommen hat und eine Einschränkung des Grundsatzes der Nichtöffentlichkeit vorgesehen hat. Dass es nach der Neuregelung erforderlich wäre, um sicherzustellen, dass der Versammlungsteilnehmer keinen Souffleur oder Beobachter hinter der Kamera – oder im virtuellen Raum – versteckt hat, die Übertragung nur von einem „sicheren“ dritten Ort, etwa anderen Büros des Verwalters oder von Serviceanbietern, zuzulassen,[101] oder auch eine Zwei-Faktor-Authentifizierung vorzunehmen,[102] ergibt sich allerdings nicht aus den Gesetzesmaterialien, der die Ausgestaltung der Mehrheitsmacht überlässt.[103] Der Grundsatz der Nichtöffentlichkeit (→ § 24 Rn. 50) bezweckt nicht, eine fachkundige Beratung der Wohnungseigentümer in der Diskussion unmittelbar vor der Entscheidung zu unterbinden und ihn auf die Überprüfung der Entscheidung im Wege der Beschlussmängelklage zu beschränken, sondern soll nur den ordnungsgemäßen Ablauf der Eigentümerversammlung sicherstellen. Soll die Neuregelung praktikabel sein, ist mit ihr eine Neubewertung des Anfechtungsgrundes des Verstoßes gegen die Nichtöffentlichkeit verbunden. Auf die Einhaltung der Nichtöffentlichkeit der Eigentümerversammlung kann auch stillschweigend verzichtet werden, indem die Anwesenheit Dritter nicht gerügt wird.[104] Schließlich wird sich in der Regel eine Erheblichkeit eines Verstoßes nicht feststellen lassen, etwa wenn ein Angehöriger die Versammlung aus dem privaten Umfeld mitverfolgt.[105]

40 Für die **Kosten der Teilnahme im Wege elektronischer Kommunikation** ist danach zu unterscheiden, wo diese anfallen: Jeder Wohnungseigentümer trägt seine Kosten für seine technische Ausstattung und die Verbindung bis zum Einwahlpunkt. Die Kosten für die technische Ausstattung des Versammlungsortes (Videokameras, Mikrofone usw) und ein etwa erforderliches technisches System (Videoplattform usw) sind Kosten der Durchführung der Eigentümerversammlung, die von der Gemeinschaft der Wohnungseigentümer zu zahlen und nach allgemeinen Regeln zu verteilen sind.

41 **c) Folgen technischer Mängel.** Entscheidet sich ein Wohnungseigentümer zur Teilnahme im Wege elektronischer Kommunikation, muss er alle notwendigen Vorbereitungen mit der erforderlichen Sorgfalt treffen, um die Übertragung während der Eigentümerversammlung sicherzustellen, also insbesondere einen Ort aufsuchen, an dem er erwarten kann, dass eine von Übertragungsmängeln und externen Einflüssen (Lärm usw.) störungsfreie Teilnahme gewährleistet ist, und eine angebotene Testmöglichkeit nutzen. Verstößt der Teilnehmer – trotz Abmahnung – gegen den Grundsatz der Nichtöffentlichkeit der Eigentümerversammlung, kann ihm die Teilnahme im Wege der elektronischen Kommunikation verwehrt und er aus der laufenden Versammlung ausgeschlossen werden.

42 Für **technische Störungen** und deren Folgen ist danach zu unterscheiden, ob diese in der Sphäre des Wohnungseigentümers oder der Gemeinschaft der Wohnungseigentümer, handelnd durch den Versammlungsleiter, haben oder die Ursache ungeklärt bleibt. Technische Mängel im Bereich des Wohnungseigentümers, wie etwa das fehlende Mobilfunknetz oder mangelnde Stromversorgung, berechtigten ihn nicht zur Anfechtung, ebenso technische Störungen bis zum Einwahlpunkt, die wie das Wegerisiko bei der Anreise zur Eigentümerversammlung vom Wohnungseigentümer zu tragen sind. Ob für technische Störungen im Bereich der Eigentümerversammlung (Übertragungstechnik am Versammlungsort; Videoplattform usw), deren Risiko im Grundsatz der Gemeinschaft der Wohnungseigentümer zuzuweisen ist, eine Einschränkung des Anfechtungsrechts auf Vorsatz und grobe Fahrlässigkeit entsprechend § 243 Abs. 3 Nr. 1 AktG vorzunehmen ist,[106] gewinnt Entscheidungserheblichkeit nur dann, wenn der formelle Beschlussmangel überhaupt beachtlich ist (→ Rn. 71), wie etwa bei der Herbeiführung einer technischen Störung zum Zwecke des Ausschlusses eines unliebsamen Wohnungseigentümers oder beim Unterbleiben einer Unterbrechung bis zur Beseitigung der Störung. Wenn sich die Ursache der technischen Störung nicht ermitteln lässt,

[97] *Zschieschack* NZM 2020, 297 (300).
[98] Zum Regelungsbedarf im Betriebsverfassungsrecht vgl. *Fündling/Sorber* NZA 2020, 552 (554).
[99] *Zschieschack* NZM 2020, 297 (301).
[100] LG München I BeckRS 2015, 11953.
[101] *Zschieschack* NZM 2020, 297 (301).
[102] So *Dötsch/Schultzky/Zschieschack* Kap. 8 Rn. 65.
[103] Bund-Länder-Arbeitsgruppe ZWE 2019, 429 (451).
[104] LG München I BeckRS 2015, 11953.
[105] Palandt/*Wicke* Rn. 4a.
[106] Ablehnend *Dötsch/Schultzky/Zschieschack* Kap. 8 Rn. 55 ff.

geht dies nach der allgemeinen Beweislast des Anfechtungsklägers für Anfechtungsgründe (→ § 44 Rn. 11) zu dessen Lasten. – Eine Beschlusskompetenz zur Regelung der Risiken um Gestattungsbeschluss ist nicht eröffnet.[107]

d) Anspruch auf Gestattung der Teilnahme im Wege elektronischer Kommunikation? 43
Ein Anspruch auf Gestattung der Teilnahme im Wege elektronischer Kommunikation besteht regelmäßig nicht.[108] Weil eine besondere gesetzliche Regelung fehlt, kann nur der Anspruch auf ordnungsmäßige Verwaltung (§ 18 Abs. 2 Nr. 1) einen Anspruch auf Gestattung der Teilnahme an der Eigentümerversammlung im Wege elektronischer Kommunikation (einschließlich der Stimmrechtsausübung) begründen, wenn das Ermessen der Wohnungseigentümer im Einzelfall ausnahmsweise auf null reduziert ist. Weil die Ausgestaltung der Teilnahme im Wege elektronischer Kommunikation der Mehrheitsentscheidung überantwortet ist, kann von der Eröffnung der Teilnahmemöglichkeit im Wege elektronischer Kommunikation im Hinblick auf die beschränkten Kontrollmöglichkeiten hinsichtlich der Nichtöffentlichkeit und der Kosten regelmäßig abgesehen und damit der Wohnungseigentümer auf die Bevollmächtigung eines Vertreters – selbst bei Beschränkungen der Vertretungsmöglichkeit[109] – verwiesen werden. Sollte es im Einzelfall ganz ausnahmsweise wegen des Beschlussgegenstands geboten sein, einem Wohnungseigentümer persönlich Gehör zu gewähren, ergibt sich selbst dann ein Anspruch auf Teilnahme im Wege elektronischer Kommunikation allenfalls, wenn dem auf absehbare Zeit nicht in anderer Weise, etwa durch Terminsverlegung bzw. Vertagung, zumutbar Rechnung getragen werden kann.[110]

V. Bezeichnung des Beschlussgegenstandes (Abs. 2)

1. Normzweck. Die verantwortliche Wahrnehmung der Mitwirkungsrechte der Wohnungseigentümer setzt die Vorbereitung der Entscheidung voraus. Diese wird nach dem Gesetz zunächst durch die Bezeichnung des Beschlussgegenstands in der Einladung zur Eigentümerversammlung ermöglicht, der **überraschende Beschlussfassungen verhindern** soll,[111] und weiter durch die Einladungsfrist (§ 24 Abs. 4). Die Bezeichnung des Beschlussgegenstandes in der Einladung muss als Grundlage für eine Entscheidung der Wohnungseigentümer geeignet sein, ob sie wegen eines bestimmten Gegenstands an der Eigentümerversammlung teilnehmen wollen.[112] 44

2. Anforderungen. Die Bezeichnung des Beschlussgegenstandes muss in deutscher Sprache in Textform erfolgen und inhaltlich verständlich den Wohnungseigentümern ermöglichen, zu verstehen und in den Auswirkungen zu überblicken, was in tatsächlicher und rechtlicher Hinsicht beschlossen werden soll, um die damit verbundenen tatsächlichen und rechtlichen Fragestellungen prüfen und vorbereiten zu können; das schließt **schlagwortartige Bezeichnungen** nicht aus.[113] Der Beschlussgegenstand ist aber umso genauer in der Ladung zu bezeichnen, je größer seine Bedeutung und je geringer der Wissensstand des einzelnen Eigentümers hierzu ist.[114] Wenn auch nicht alle Einzelheiten des Beschlussgegenstandes angegeben werden müssen, so ist doch ein solches Maß an Erkennbarkeit und Voraussehbarkeit erforderlich, dass sich der einzelne Wohnungseigentümer über die wesentlichen rechtlichen und tatsächlichen Folgen und Konsequenzen einer vorgesehenen Maßnahme klar werden kann.[115] So soll die Bezeichnung „Weiterbestellung des Verwalters" keine Beschlussfassung zur Erhöhung des Honorars abdecken.[116] Der bereits vorhandene Wissensstand der Wohnungseigentümer kann Berücksichtigung finden,[117] wie er sich insbesondere aus Befassungen in früheren Eigentümerversammlung ergeben kann.[118] Nicht ausreichend ist es aber, wenn die Wohnungseigentümer **außerhalb der Einladung erfahren,** dass über einen bestimmten Gegenstand abgestimmt werden soll.[119] 45

Besondere Beachtung verdient die richtige Ankündigung von Vorhaben, die **mehrere (teilbare) Beschlussgegenstände** betreffen, die – wie bei einer Sanierungsmaßnahme die Entscheidung 46

---

[107] *Dötsch/Schultzky/Zschieschack* Kap. 8 Rn. 57.
[108] *Lehmann-Richter/Wobst* WEG-Reform 2020 Rn. 608.
[109] BGH NJW-RR 2019, 1354 Rn. 8.
[110] großzügiger *Abramenko,* Das neue Wohnungseigentumsrecht, § 7 Rn. 19.
[111] BGH NJW-RR 2012, 343 Rn. 9; LG Köln BeckRS 2018, 29565 Rn. 12.
[112] BGH NZM 2015, 595 Rn. 8, 11; NJW-RR 2012, 343 Rn. 9.
[113] BGH NJW 2013, 3098 Rn. 22; NJW-RR 2012, 343 Rn. 9.
[114] OLG München NZM 2006, 934.
[115] LG Frankfurt a.M. BeckRS 2018, 32697 Rn. 26.
[116] LG Berlin ZMR 2020, 679.
[117] OLG München NZM 2006, 934 (935).
[118] BGH NZM 2015, 595 Rn. 12; BayObLGZ 1992, 79(84).
[119] OLG Hamm NJW-RR 1993, 468.

über Ob und Wie, die Finanzierung, den anzuwendenden Kostenverteilungsschlüssel und der Kostentragung, der gesonderten ausdrücklichen Benennung bedürfen, auch wenn nur ein Eigentümerbeschluss gefasst wird.[120] Eine **Erweiterung der Tagesordnung** durch Geschäftsordnungsbeschluss in der Eigentümerversammlung ist ausgeschlossen.[121] Die Mitteilung des Beschlussantrags im Wortlaut ist nicht erforderlich.[122] Ebenso wenig bedarf es bei näher bezeichneten Beschlussgegenständen des Hinweises, dass eine Beschlussfassung beabsichtigt ist.[123]

47 Eine weitergehende **Informationspflicht des Verwalters** (→ Rn. 54) kann unabhängig davon bei komplexen Beschlussgegenständen, wie der Jahresabrechnung, oder der Notwendigkeit der Überprüfung und des Vergleichs bei alternativen Angeboten durch Übersendung einer Übersicht mit den Eckdaten oder aller vorliegenden Angebote bestehen,[124] um den Wohnungseigentümern eine inhaltliche Befassung mit dem Beschlussgegenstand zu ermöglichen.[125] Die Beschlussankündigung kann den Verwalter nicht von seiner eigenen Vorbereitungspflicht entlasten.[126]

48 Aus dem Tagesordnungspunkt **„Sonstiges/Verschiedenes"** ist eine beabsichtigte Beschlussfassung ohne weitere Angaben nicht erkennbar, so dass die Wohnungseigentümer nur mit Beschlussfassungen von allenfalls ganz untergeordneter Bedeutung rechnen müssen.[127] Das gilt auch für den Tagesordnungspunkt „Anfragen/Anregungen".[128]

49 **Folge der unzureichenden Ankündigung des Beschlussgegenstandes** ist entgegen dem an § 32 Abs. 1 S. 2 BGB angelehnten Wortlauts „gültig" grundsätzlich die Anfechtbarkeit wegen eines Verfahrensmangels (→ Rn. 71), nicht die Nichtigkeit des Eigentümerbeschlusses.[129]

50 **3. Tagesordnung.** Die Gesamtheit der in der Einladung zur Eigentümerversammlung (→ § 24 Rn. 21) angekündigten Beschlussgegenstände ergibt die Tagesordnung. Die Tagesordnung wird grundsätzlich vom Einladenden, in der Regel also **vom Verwalter aufgestellt** (§ 23 Abs. 2, § 24 Abs. 1).[130] Das Einberufungsrecht gemäß § 24 Abs. 3 (→ § 24 Rn. 3) erstreckt sich auch auf die Festlegung der Tagesordnung.[131] Die Tagesordnung muss den Beschlussgegenstand enthalten, der Gegenstand des Einberufungsverlangens gemäß § 24 Abs. 2 Fall 2 ist, im Übrigen die vom Gesetz vorgesehenen Beschlussgegenstände, wie Wirtschaftsplan und Abrechnungsspitzen (§ 28 Abs. 1 und 2), sowie alle Gegenstände, zu denen eine Unterrichtung und Entscheidung der Wohnungseigentümer für eine ordnungsmäßige Verwaltung erforderlich sind.

51 Jeder Wohnungseigentümer hat einen **Anspruch auf Aufnahme eines Tagesordnungspunktes und Behandlung** in der nächsten ordentlichen Eigentümerversammlung, wenn sachliche Gründe vorliegen, den Gegenstand zu erörtern und zum Gegenstand der Abstimmung zu machen.[132] Der Anspruch kann eingeklagt werden,[133] im Eilfall mit einer einstweiligen Verfügung (Leistungsverfügung) durchgesetzt werden.[134] Der inhaltliche Maßstab für diese Prüfung muss großzügig sein, weil die Wohnungseigentümer ihre Angelegenheiten im Wesentlichen in der Eigentümerversammlung regeln und somit im Zweifel jeder Punkt, den ein Wohnungseigentümer selbst für wichtig erachtet, gegebenenfalls kurz wird erörtert werden müssen; nicht erforderlich ist ein Anspruch auf positive Beschlussfassung.[135] Ein Anspruch auf eine bestimmte Bezeichnung oder Verwendung einer bestimmten Formulierung besteht grundsätzlich nicht.[136] Dass ist anders, soweit bestimmte Formulierungen des Wohnungseigentümers, insbesondere Beschlussanträge, den Gegenstand der Vorbefassung für eine nachfolgende Beschlussersetzungsklage festlegen (→ § 44 Rn. 25). Die Vorbereitungspflicht des Verwalters (→ Rn. 54) gilt in gleicher Weise für von ihm vorgesehene wie auf Antrag einzelner Wohnungseigentümer aufgenommene Tagesordnungspunkte. Soweit für den beanspruchten Tagesordnungspunkt die Ladungsfrist des § 24 Abs. 4 S. 2 einzuhalten ist und keine Verkürzung

---

120 LG Hamburg ZWE 2011, 458 (459).
121 OLG München NZM 2005, 825 (827).
122 OLG Köln NZM 2003, 122; BayObLG NZM 1999, 175; LG Düsseldorf NZM 2013, 795.
123 BayObLGZ 2004, 31 (35).
124 BGH NZM 2020, 663.
125 BGH NJW-RR 2012, 343 Rn. 12.
126 LG Dortmund ZWE 2018, 363 (364).
127 BayObLG BeckRS 2004, 5053; NZM 1998, 978.
128 BayObLG NJOZ 2002, 1056 (1060).
129 KG NZM 1999, 850; OLG Köln BeckRS 1997, 31051275.
130 BayObLGZ ZWE 2001, 538 (540).
131 OLG Frankfurt NJW 2009, 300 (301); OLG Düsseldorf NJW-RR 1896, 96 (97).
132 OLG Frankfurt NJW 2009, 300; LG Hamburg ZWE 2013, 135.
133 BayObLG NZM 2004, 108 (109); LG Hamburg ZWE 2013, 135.
134 LG München I ZWE 2012, 144.
135 LG München I ZWE 2012, 144.
136 BayObLG ZWE 2001, 538 (540); LG Frankfurt a.M. ZWE 2014, 337.

in Betracht kommt, sind **nach Erhalt der Einladung angemeldete Tagesordnungspunkte** regelmäßig erst in der nachfolgenden Eigentümerversammlung zu behandeln.[137] Können die Anforderungen an die Ladungsfrist gewahrt werden, kommt eine Ergänzung der Tagesordnung in Betracht, die bei pflichtwidriger Weigerung des Verwalters[138] oder dessen Missachtung des Minderheitenanspruchs gemäß § 24 Abs. 2[139] auch durch den Verwaltungsbeiratsvorsitzenden erfolgen kann.

Der in der Tagesordnung **angekündigte Ablauf** ordnet die Eigentümerversammlung. Weil auch die Tagesordnung überraschende Beschlussfassungen verhindern soll, kann der Wohnungseigentümer grundsätzlich darauf vertrauen, dass ein einmal abgehandelter Punkt nicht noch einmal aufgerufen wird und dann eine weitere Beschlussfassung erfolgt.[140] Das Wiederaufgreifen früherer Tagesordnungspunkte ist allerdings möglich, wenn sich deren Notwendigkeit aus späteren Beschlussfassungen ergibt; so muss der Sanierungsbeschluss aufgehoben oder zumindest seine Ausführung zurückgestellt werden, wenn zum nachfolgenden Tagesordnungspunkt Finanzierung die beabsichtigte Entscheidung über eine Sonderumlage nicht zustande kommt. 52

Grundsätzlich muss über jeden mit der Tagesordnung angekündigten Gegenstand abgestimmt werden, wenn nicht nur die Ablehnung ordnungsgemäßer Verwaltung entspräche, weil ein Negativbeschluss für den Antragsteller keine rechtlichen Folgen hätte,[141] oder wenn keine inhaltliche Regelung vorgesehen war.[142] 53

4. Vorbereitungs- und Informationspflicht. Unabhängig von der Bezeichnung der Beschlussgegenstände und Ankündigung der Tagesordnung treffen den Verwalter Vorbereitungs- und Informationspflichten, deren Erfüllung erst eine **sachgerechte Entscheidung der Eigentümerversammlung** ermöglicht.[143] 54

Soweit der Verwalter im Innenverhältnis (§ 27) nicht berechtigt und deshalb verpflichtet ist, über Maßnahmen zur Verwaltung des gemeinschaftlichen Eigentums selbständig zu entscheiden, etwa über Maßnahmen der Instandhaltung und Instandsetzung, trifft ihn die Pflicht, den Zustand des Gemeinschaftseigentums zu kontrollieren, die Wohnungseigentümer ausreichend zu unterrichten und sie in die Lage zu versetzen, einen **sachgerechten Beschluss über das weitere Vorgehen** zu fassen.[144] Gerade beim Gebäudeunterhalt ist zu bedenken, dass die Wohnungseigentümer zumeist nicht über technisches Fachwissen verfügen und ihnen nicht sämtliche baulichen und rechtlichen Verhältnisse des Gemeinschaftseigentums bekannt sind; deshalb muss der Verwalter zur Vorbereitung der Beschlussfassung über Maßnahmen der Instandhaltung und Instandsetzung des Gemeinschaftseigentums die verschiedenen Handlungsoptionen aufzeigen. Dazu gehört auch, dass der Verwalter – auch der Bauträgerverwalter – die Wohnungseigentümer auf mögliche Gewährleistungsansprüche und eine drohende Verjährung dieser Ansprüche hinweist und ebenso auf Zweifel, ob beauftragte oder versprochene Arbeiten ordnungsgemäß durchgeführt worden sind. Dabei kommt es auf die (potentielle) Kenntnis der Wohnungseigentümer von den Tatsachen, aus denen sich Anhaltspunkte für einen Mangel ergeben, an, denn es ist nicht ihre Aufgabe, sondern Aufgabe des Verwalters zu überprüfen, ob der Mangel vorliegt und wie er ggf. zu beseitigen ist; darauf, dass der Verwalter diese Überprüfung vornimmt, die Wohnungseigentümer entsprechend unterrichtet und eine sachgerechte Beschlussfassung vorbereitet, dürfen sich diese generell verlassen.[145] Die Kenntnis einzelner Wohnungseigentümer oder des Verwaltungsbeirats entlastet den Verwalter nicht.[146] Zu einer ordnungsgemäßen Unterrichtung gehört es bei komplexen Beschlussgegenständen, etwa bei der Neubestellung eines Verwalters oder umfangreichen Sanierungsentscheidungen, dass den Wohnungseigentümern die vorliegenden Angebote oder zumindest deren wesentliche Eckpunkte (insbesondere Anbieter, Preis, Unterschiede) grundsätzlich unter Wahrung der Einladungsfrist zur Verfügung gestellt werden.[147] 55

Bei Verstößen des Verwalters gegen seine Überwachungs-, Kontroll- und Unterrichtungspflichten hinsichtlich des Gemeinschaftseigentums besteht eine **tatsächliche Vermutung** dafür, dass die Pflichtverletzung für den Eintritt des Schadens kausal war. Es ist nämlich nach der Lebenserfahrung davon auszugehen, dass die Wohnungseigentümer bei der Verwaltung des gemeinschaftlichen Eigen- 56

---

[137] LG München ZWE 2012, 144; s. auch BGH NZG 2020, 1106 zu § 124 AktG.
[138] OLG Frankfurt BJW 2009, 300.
[139] OLG Düsseldorf NJW-RR 1986, 96.
[140] BayOblG NZM 1999, 672 (673).
[141] OLG München NJOZ 2007, 2666.
[142] AG Potsdam BeckRS 2019, 1914 Rn. 10 für „Aussprache zu Transparenz und Publizität".
[143] *Riecke* FS Müller, 2019, 248; *Riecke* WuM 2020, 543.
[144] BGH NZM 2020, 60; 2020, 376.
[145] BGH NZM 2020, 376 Rn. 21.
[146] BGH NZM 2020, 376 Rn. 22.
[147] BGH ZWE 2020, 284.

tums Beschlüsse fassen, die ordnungsmäßiger Verwaltung entsprechen, wenn der Verwalter sie zutreffend und ausreichend unterrichtet und eine sachgerechte Beschlussfassung hinreichend vorbereitet; daran ändert es nichts, dass den Wohnungseigentümern auch bei ausreichender Unterrichtung durch den Verwalter zumeist mehrere Handlungsalternativen zur Verfügung stehen.[148]

57 Für die Erfüllung dieser Vorbereitungs- und Informationspflicht gilt: Eine ordnungsgemäße Beschlussfassung kann es – unabhängig von der ausreichenden Bezeichnung des Gegenstands der Beschlussfassung (§ 23 Abs. 2) – im Einzelfall erfordern, den Wohnungseigentümern **schon in der Einladung zur Eigentümerversammlung unter Beachtung der Einladungsfrist** Informationen zur Verfügung zu stellen, um ihnen eine inhaltliche Befassung mit dem Beschlussgegenstand und eine ausreichende Vorbereitung auf die Eigentümerversammlung zu ermöglichen, wie bei der Beschlussfassung über den Wirtschaftsplan und die Nachschüsse.[149] Dabei hängt es von dem Beschlussgegenstand und den auszuwertenden Unterlagen bzw. Informationen ab, wann es erforderlich ist, den Wohnungseigentümern bereits vor der Eigentümerversammlung Unterlagen oder bestimmte Informationen zur Verfügung zu stellen.

VI. Beschlussfassung außerhalb der Eigentümerversammlung (Abs. 3)

58 Außerhalb der Eigentümerversammlung ermöglicht § 23 Abs. 3 Eigentümerbeschlüsse mit Zustimmung aller Wohnungseigentümer, die sich auf den Beschlussantrag und – damit zumindest stillschweigend – auf die Beschlussfassung im Verfahren gemäß § 23 Abs. 3 beziehen muss.[150] Die gesonderte Zustimmung zur Beschlussfassung im Verfahren gemäß § 23 Abs. 3 hat damit praktisch Bedeutung nur im Fall des Abs. 3 S. 2 (→ Rn. 61).

59 **1. Normzweck.** Unter deutlicher Betonung des Minderheitenschutzes durch das Erfordernis der Allstimmigkeit im Regelfall ermöglicht die Regelung die Beschlussfassung außerhalb der Eigentümerversammlung zu unstreitigen Beschlussgegenständen. Durch die Einführung der Zustimmung in Textform (§ 126b BGB) wird die Möglichkeit zur Nutzung von **Plattformen oder Apps** (im zu jedem Beschlussgegenstand erneut einzuholenden allseitigen Einverständnis) ermöglicht.[151] Der Vorschlag, weitergehend durch Mehrheitsbeschluss die Einführung und Nutzung eines Intranets für die Gemeinschaft der Wohnungseigentümer, insbesondere auch für mehrheitliche Beschlussfassungen, vorzusehen,[152] hat keine Mehrheit gefunden. Durch das verbliebene Erfordernis der Zustimmung aller Wohnungseigentümer ist die **praktische Nutzung** der Beschlussfassung außerhalb einer Eigentümerversammlung erheblich eingeschränkt, wenn nicht vorab – auch im Wege einer Video- oder Telefonkonferenz (sog. **„virtuelle Vorversammlung“**) ein allseitiges Eivernehmen hergestellt wird. Soweit für den **Nachweis des Eigentümerbeschlusses** besondere Formen vorgeschrieben sind, insbesondere in § 29 Abs. 1 GBO für den Nachweis der Veräußerungszustimmung durch Eigentümerbeschluss (→ § 12 Rn. 42), bleibt es, weil die Reform insoweit auf Änderungen verzichtet,[153] beim Erfordernis der Vorlage aller Zustimmungserklärungen in öffentlich beglaubigter Form (§ 129 BGB), also notwendig schriftlich.[154]

60 **2. Grundsatz (Abs. 3 S. 1).** Dem Beschlussantrag, der von jedem Wohnungseigentümer aber auch vom Verwalter als Initiator ausgehen kann,[155] müssen sämtliche, auch die vom Stimmrecht ausgeschlossenen[156] Wohnungseigentümer[157] zumindest in Textform (§ 126b BGB) zustimmen; eine mündliche Zustimmung reicht nicht. Die Zustimmung kann in einem Dokument erfolgen (Umlaufverfahren) oder gesondert, etwa mit Stimmzetteln, erklärt werden. Die Zustimmung erfordert das Bewusstsein jedes Zustimmenden, einen verbindlichen Beschluss zu fassen, und setzt deshalb eine diesbezüglich unmissverständliche **Initiative** voraus.[158] Mit dem Zugang der Stimme beim Initiator, nicht noch danach bis zur Verkündung des Beschlussergebnisses, kann diese nicht mehr widerrufen

---

[148] BGH NZM 2020, 60 Rn. 39.
[149] BGH ZWE 2020, 284 Rn. 11; NJW-RR 2012, 343 Rn. 12; *Schmidt-Räntsch* ZWE 2012, 445 (451).
[150] LG München I BeckRS 2015, 13205; aA Palandt/*Wicke* Rn. 5.
[151] BR-Drs. 168/20, 26.
[152] BT-Drs. 19/18955, 3.
[153] BT-Drs. 19/18791, 40.
[154] OLG Düsseldorf NZM 2020, 113; LG Karlsruhe ZWE 2017, 362 (363).
[155] OLG München NZM 2007, 522 (523).
[156] Zur Ausnahme des vereinbarten Stimmrechtsausschlusses bei Mehrhausanlagen *Häublein* NZM 2003, 785 (792).
[157] OLG Zweibrücken FGPrax 2003, 60 (62); BayObLG ZWE 2001, 590 (593); LG München I BeckRS 2015, 13205.
[158] BGH NJW 2015, 2415 Rn. 12; OLG Düsseldorf NZM 2020, 113.

werden.[159] Fehlt auch nur eine Zustimmung, kommt ein Eigentümerbeschluss nicht zustande **(Nichtbeschluss).**[160] Auch wenn ein Wohnungseigentümer den übrigen „Beschlüsse" übersendet und diese nicht widersprechen, kommt ein Beschluss gemäß § 23 Abs. 3 nicht zustande.[161] Schließlich setzt auch das Zustandekommen eines Eigentümerbeschlusses außerhalb der Eigentümerversammlung dessen Feststellung und Verkündung (→ Rn. 10), also die an alle Miteigentümer gerichtete Mitteilung des Beschlussergebnisses durch den Initiator, nicht notwendig den Verwalter voraus;[162] für die Unterrichtung genügt jede Form, bei der den gewöhnlichen Umständen mit einer Kenntnisnahme durch die Wohnungseigentümer gerechnet werden kann.[163] Mit der Mitteilung an den letzten Wohnungseigentümer beginnt die Anfechtungsfrist zu laufen (→ § 45 Rn. 3).

3. Mehrheitsbeschluss für einzelne Beschlussgegenstände (Abs. 3 S. 2). Die Wohnungseigentümer können – in der Wohnungseigentümerversammlung mit Mehrheit, außerhalb gemäß Abs. 3 S. 1 nur allstimmig – beschließen, dass für einen einzelnen Gegenstand die Mehrheit der abgegebenen Stimmen genügt. Die im Gesetzgebungsverfahren des WEMoG durch den Rechtsausschuss[164] eingefügte Beschlusskompetenz soll eine weitere Erleichterung bei der Fassung eines sogenannten Umlaufbeschlusses ermöglichen. Die Wohnungseigentümer können beschließen, dass für einen einzelnen Gegenstand auch im Umlaufverfahren die Mehrheit der abgegebenen Stimmen genügt, es also abweichend vom Grundsatz des Abs. 3 S. 1 also nicht der Zustimmung aller Wohnungseigentümer bedarf; das mag sinnvoll sein, wenn sich die Wohnungseigentümer etwa in der Eigentümerversammlung mangels hinreichender Informationen nicht in der Lage sehen, abschließend einen Beschluss über einen bestimmten Gegenstand zu fassen, um eine weitere Eigentümerversammlung zu vermeiden.[165] Da bei einem solchen Vorgehen eine umfassende Information und Diskussion der entscheidungserheblichen Gesichtspunkte, und damit zum Kernbereich des Mitgliedschaftsrechte gehörende Rechte gefährdet erscheinen, muss das vage Merkmal des einzelnen Gegenstands einschränkend ausgelegt werden. Diese Beschlusskompetenz kann auch nicht dazu berechtigen, den in § 24 Abs. 1 niedergelegten Grundsatz der jährlichen Eigentümerversammlung auszuhöhlen, der nicht einmal durch Vereinbarung abgeändert werden kann (→ § 24 Rn. 9). Danach kann mit „einzelnem Gegenstand" bei dem gebotenen restriktiven Verständnis[166] nur die Entscheidung eines Einzelfalls gemeint sein, also die nächste Entscheidung zur Heizungssanierung oder die nächste Entscheidung über die Anpassung der Vorschüsse, nicht aber ein Beschlussgegenstand durch einen Grundlagenbeschluss grundsätzlich der schriftlichen Mehrheitsentscheidung unterworfen werden, etwa ein schriftlicher Mehrheitsbeschluss über zukünftige Wirtschaftspläne vorgesehen werden. Zudem ist neben dem Hinweis an die Wohnungseigentümer, dass ausnahmsweise eine einfache Mehrheit im schriftlichen Verfahren genügt, die Einräumung einer angemessenen, nicht notwendig der Einladungsfrist des § 24 Abs. Abs. 4 S. 2 entsprechenden Bedenkfrist für die Zustimmung erforderlich.[167] Zur Anfechtbarkeit als Geschäftsordnungsbeschluss → § 23 Rn. 8.[168] 61

VII. Beschlussmängel (Abs. 4)

Das Gesetz unterscheidet in Abs. 4 zwischen der Nichtigkeit und der Anfechtbarkeit von Eigentümerbeschlüssen und greift diesen Unterschied im Prozessrecht mit der Unterscheidung von Anfechtungs- und Nichtigkeitsklage in § 44 Abs. 1 S. 1 auf. Der Unterscheidung von Nichtigkeit und Anfechtbarkeit kommt auch deshalb erhebliche Bedeutung zu, weil die Erhebung der Anfechtungsklage keinen Suspensiveffekt hat (Abs. 4 S. 2), der nur ausnahmsweise im Wege der einstweiligen Verfügung angeordnet werden kann (→ § 44 Rn. 41), und nur die Anfechtungsklage fristgebunden ist (§ 45 S. 1). Deshalb kann mit Ablauf der Anfechtungsfrist und rechtskräftiger Abweisung der Anfechtungsklage **Bestandskraft**[169] eintreten, mit deren Eintritt die Ordnungswidrigkeit des Eigentümerbeschlusses und auch Schadensersatzansprüche,[170] gleich ob gegen Verwalter und Gemeinschaft der Wohnungseigentümer oder 62

[159] BGH NJW 2012, 3372 Rn. 6 für die Zustimmung in der Eigentümerversammlung; aA noch OLG Celle NZM 2006, 784.
[160] OLG Zweibrücken FGPrax 2003, 60 (62); BayObLG NZM 2002, 300 (303); OLG Schleswig NZM 2001, 1035; LG München I ZWE 2014, 189; aA AG Idstein ZM 2020, 162.
[161] OLG Hamm NJW-RR 2008, 250 (251).
[162] LG Karlsruhe ZWE 2017, 362 (363); AG Idstein ZM 2020, 162.
[163] BGH NJW 2001, 3339 (3341).
[164] BT-Drs. 19/22634, 45.
[165] BT-Drs. 19/22634, 45.
[166] Zur Anfechtbarkeit wegen Verfahrensmängeln *Dötsch/Schultzky/Zschieschack* Kap. 8 Rn. 35 ff.
[167] Palandt/*Wicke* Rn. 6a.
[168] *Dötsch/Schultzky/Zschieschack* Kap. 8 Rn. 22.
[169] BGH NJW 2013, 65 Rn. 15; 2012, 3719 Rn. 8; NJW-RR 2012, 1292 Rn. 10; NJW 2009, 3655 Rn. 14.
[170] BGH ZWE 2020, 78; NJW 2012, 2955 Rn. 11; ZWE 2012, 218 Rn. 9; NJW 2011, 2660 Rn. 16.

die übrigen Wohnungseigentümer, nicht mehr geltend gemacht werden können. Damit bleibt es aufgrund § 23 Abs. 4 S. 2 bei **„Zitterbeschlüssen“** mit der Grundaussage: Mag ein Beschluss auch anfechtbar sein, solange er nicht durch rechtskräftiges Urteil für ungültig erklärt wird, ist und bleibt er gültig. Demgegenüber entfaltet ein **nichtiger Beschluss** ohne weiteres keine Rechtsfolgen für Wohnungseigentümer und Verwalter; Nichtigkeit kann jederzeit, auch nach Ablauf der Fristen der Anfechtungsklage, § 45 S. 1, ohne besondere Voraussetzungen geltend gemacht werden[171] und ist von Amts wegen auch im Rahmen einer Beschlussanfechtungsklage zu prüfen (→ § 44 Rn. 4).

63 **1. Nichtigkeit (Abs. 4 S. 1).** Ein Eigentümerbeschluss als Rechtsgeschäft ist nichtig, wenn er gegen eine Rechtsvorschrift verstößt, auf deren Einhaltung rechtswirksam nicht verzichtet werden kann. Die Nichtigkeit eines Beschlusses wirkt grundsätzlich für und gegen alle, weil nichtige Beschlüsse endgültig keine Rechtswirkungen entfalten. Der Verwalter darf und muss ihn nicht ausführen.[172] Die Nichtigkeit bedarf keiner Geltendmachung und ist im gerichtlichen Verfahren von Amts wegen zu berücksichtigen;[173] sie kann daher jederzeit ohne vorhergehende Gerichtsentscheidung geltend gemacht werden, es gibt keine Ausschlussfrist. Die gerichtliche Feststellung hat nur deklaratorische Bedeutung.[174] Auch bei einer **rechtskräftig abgewiesenen Anfechtungsklage** ist eine Berufung auf Nichtigkeitsgründe nicht (mehr) umfassend ausgeschlossen, weil beide nach der Vorstellung des Reformgesetzgebers wie im Gesellschaftsrecht verschiedene Streitgegenstände betreffen (→ § 44 Rn. 4). Zur Nichtigkeit führen insbesondere folgende Verstöße:

64 **a) Verstöße gegen zwingende Bestimmungen des WEG.** Zwingende gesetzliche Vorschriften enthalten die § 5 Abs. 2, §§ 6, 11, 12 Abs. 2, § 17 Abs. 3, § 23 Abs. 3, § 26 Abs. 1 S. 3, § 27 Abs. 2, die selbst durch eine Vereinbarung nicht geregelt werden könnten und daher erst recht nicht im Beschlusswege. Nichtig sind daher zB Beschlüsse, die auf der Grundlage eines Vertrages gefasst werden, durch den die Miteigentümer mehrerer selbständiger Wohnungseigentumsgemeinschaften ein **gemeinsames Verwaltungs- und Wirtschaftswesen** unter Verdrängung der gesetzlichen Verwaltungsbefugnisse der einzelnen Gemeinschaften vereinbart haben;[175] Beschlüsse, durch die das **Stimmrecht entzogen** wird, weil die Stimmrechtsausübung zum wesentlichen Inhalt der Nutzung von Wohnungseigentum gehört und ihr Entzug daher die personenrechtliche Gemeinschaftsstellung der Wohnungseigentümer aushöhlt;[176] auch die bewusste Umgehung des Mitwirkungsrechts des einzelnen Wohnungseigentümers führt zur Nichtigkeit der auf der Eigentümerversammlung gefassten Beschlüsse, zB durch **vorsätzlich unterlassene Mitteilung des Tagungsortes** an einen Miteigentümer[177] oder **bewusste Nichtladung eines Miteigentümers** zur Versammlung[178] oder Auswahl eines Versammlungsortes, den ein Wohnungseigentümer aus gesundheitlichen Gründen nicht aufsuchen kann;[179] die **Bestellung mehrerer Verwalter,** weil das Gesetz davon ausgeht, dass die Verwaltung aus Gründen der erforderlichen Klarheit der Verantwortlichkeit nur einer einzelnen Person übertragen werden kann;[180] die Wahl eines Verwalters in den Beirat.[181] Die Regelungsbefugnis der Wohnungseigentümer überschreiten schließlich auch **Beschlüsse zu Lasten eines Dritten.**

65 **b) Verstöße gegen zwingende Grundsätze des WEG, insbesondere Fehlen der Beschlusskompetenz.** Die Wohnungseigentümer können einen Gegenstand durch (Mehrheits-) Beschluss ordnen, wenn das **Gesetz,** wie bei der Verwaltung des gemeinschaftlichen Eigentums durch § 18 Abs. 1 oder für die Begründung von Zahlungsansprüchen gegen die Wohnungseigentümer für Vorschüsse zur Kostentragung und Nachschüsse in § 28 Abs. 1 und 2, oder eine **Vereinbarung** (sog. Öffnungsklausel, → § 10 Rn. 40) eine Entscheidung durch Beschluss erlaubt.[182] **Rechtsfolge** des Fehlens einer Beschlusskompetenz, wie außerhalb von § 28 für die Begründung von Leistungs- oder Unterlassungsansprüchen gegen den Wohnungseigentümer[183] oder den Mieter,[184]

[171] BGH NJW-RR 2011, 1381 Rn. 49, 52; NJW 1970. 1316 (1317).
[172] BT-Drs. 19/18791, 82.
[173] BGH ZWE 2011, 403 (404).
[174] BGHZ 107, 268 = NJW 1989, 2059.
[175] OLG Hamm FGPrax 2004, 210.
[176] OLG Köln NZM 1999, 846.
[177] BayObLG NZM 2005, 630; OLG Celle ZWE 2002, 276.
[178] BGH NJW-RR 2020, 840 Rn. 18.
[179] OLG Köln NZM 2004, 793.
[180] BGHZ 107, 268 = NJW 1989, 2059 f.
[181] OLG Zweibrücken OLGZ 1983, 438.
[182] BGH NJW 2000, 3500.
[183] BGH NJW 2015, 549 Rn. 18; 2014, 2861 Rn. 5; 2012, 1724 Rn. 11; 2011, 1220 Rn. 15; 2010, 2801 Rn. 10; NZM 2010, 285 Rn. 10.
[184] LG Dresden ZWE 2013, 97.

insbesondere für die Anordnung der Haftung des Rechtsnachfolgers für Beitragsschulden seines Rechtsvorgängers, wo diese nicht kraft Gesetzes besteht,[185] sowie generell für die Anspruchsvernichtung,[186] für die Begründung von Sondernutzungsrechten,[187] für die Auslegung von Vereinbarungen[188] oder für die Verwaltung des Sondereigentums ist die Nichtigkeit.

Zu den zwingenden Vorschriften des WEG gehören die Bestimmungen über die Regelungs- 66
kompetenzen (→ Rn. 8). Nichtig sind daher wegen absoluter Beschlussunzuständigkeit Beschlüsse, die die gesetzliche Zuständigkeit der Wohnungseigentümerversammlung überschreiten, weil sie Angelegenheiten regeln, die weder nach dem WEG noch nach der Gemeinschaftsordnung durch Beschluss gefasst werden können (sog. **gesetzes-** oder **vereinbarungsändernde Beschlüsse**),[189] Kann die Angelegenheit nach dem Gesetz durch Vereinbarung geregelt werden, so ist dies aber für die Beurteilung der Nichtigkeit des Beschlusses unerheblich, solange nicht vereinbart ist, dass eine vereinbarungsbedürftige Angelegenheit auch mit Mehrheit beschlossen werden kann.[190] Auch der Beschluss einer Untergemeinschaft innerhalb einer **Mehrhausanlage** ist nichtig, wenn diese Eigentümerteilgemeinschaft die ihr zustehende Regelungskompetenz zu Lasten der übrigen Wohnungseigentümer überschritten hat, weil auch diese durch die Beschlussfassung betroffen werden; so greift zB die Genehmigung zur Errichtung einer Mobilfunkanlage auf dem Dach in die Beschlusskompetenz der gesamten Gemeinschaft der Wohnungseigentümer, weil von dieser Maßnahme jeder Wohnungseigentümer betroffen wird und der Maßnahme zustimmen muss.[191]

Die **Abgrenzung,** ob ein **vereinbarungsändernder** Beschluss vorliegt, der nichtig ist und 67
deshalb nicht bestandskräftig werden kann, oder ein **vereinbarungswidriger** Beschluss, der bestandskräftig wird, wenn er nicht innerhalb der Frist des § 45 mit einer Klage angefochten und vom Gericht für ungültig erklärt wird, hängt davon ab, welche Folgen die Wohnungseigentümer mit dem Beschluss nach dessen Inhalt und Zusammenhang erreichen wollen. Die Unterscheidung zwischen einer konkret-individuellen und einer generell-abstrakten Regelung ist dabei wesentliches Unterscheidungsmerkmal.[192] Regeln die Wohnungseigentümer nicht lediglich eine konkrete Einzelmaßnahme, sondern treffen sie eine allgemeine Regelung, die als Legitimation für weitere Entscheidungen dient, dann ist ihr Beschluss vereinbarungsändernd und nicht bloß vereinbarungswidrig. Erschöpft sich ein vereinbarungswidriger Beschluss demnach in einer einmaligen Regelung, kann er nicht die Legitimation für weitere Entscheidungen bieten, so dass sich zB aus der Anwendung eines fehlerhaften Kostenverteilungsschlüssels in einem früheren Beschluss keine Bindung der Wohnungseigentümer für einen späteren Beschluss zur Abschlagszahlung ergeben kann.[193]

Nichtig ist zB ein Beschluss, 68

- dem bei einer Beschlussfassung außerhalb der Eigentümerversammlung (Abs. 3) nicht alle Wohnungseigentümer zugestimmt haben (→ Rn. 60);
- durch den die im Zeitpunkt der Beschlussfassung geltende Gemeinschaftsordnung abgeändert wird,[194] etwa die nach der Teilungserklärung erlaubte gewerbliche Nutzung eines Teileigentums einschränkt wird;[195]
- durch den ein Entschädigungsanspruch eines Sondereigentümers nach § 14 Abs. 3 vollständig ausgeschlossen wird;[196]
- durch den die Kosten für die Instandsetzung von Fenstern im Bereich der Wohnungen abweichend vom vereinbarten (und gemäß § 47 fortgeltenden) Kostenverteilungsschlüssel für die Zukunft dem einzelnen Wohnungseigentümer auferlegt werden;[197]
- durch den Vertragstrafen für Verstöße gegen Vermietungsbeschränkungen eingeführt werden sollen, weil dies durch § 21 Abs. 7 nicht ermöglicht wird;[198]
- durch den Wohngeldrückstände eines Wohnungseigentümers mit dessen Guthabenanteil an der Instandsetzungsrücklage verrechnet werden sollen, weil der Anteil eines Wohnungseigentümers

---

185 BGH NJW 2012, 2796 Rn. 11; NJW-RR 2012, 217 Rn. 11; NJW 1999, 3713.
186 BGH NJW 2015, 3713 Rn. 12.
187 BGH NZM 2017, 447 Rn. 31.
188 LG München I BeckRS 2012, 15110; AG Heidelberg BeckRS 2016, 66.
189 BGHZ 145, 158 = NJW 2000, 3500 (3501 f.); *Buck* WE 1998, 90; *Wenzel* PiG 59, 62.
190 BGHZ 145, 158 = NJW 2000, 3500 (3502).
191 OLG München FGPrax 2007, 74.
192 OLG Saarbrücken NZM 2006, 588 (590); Weitnauer/*Lüke* § 10 Rn. 56.
193 OLG München NJW 2008, 156 (157); *Wenzel* ZWE 2004, 130 (131); *Merle* ZWE 2001, 342 (343 f.).
194 BGHZ 130, 304 = NJW 1995, 2791; OLG Frankfurt DNotZ 2007, 470.
195 OLG Düsseldorf NZM 2003, 805.
196 OLG Düsseldorf FGPrax 2006, 104.
197 OLG München ZWE 2007, 157.
198 BGH NJW 2019, 1673 Rn. 7.

an der Instandhaltungsrücklage sich nicht als ein von ihm angesparter Vermögenswert darstellt, der außerhalb seiner Zweckbestimmung verwendet werden könnte;[199]
- nach dem der Erwerber für Wohngeldrückstände des früheren Eigentümers haften soll;[200]
- der die Haftung desjenigen, der Wohnungseigentum durch Zuschlag in der Zwangsversteigerung erwirbt, für Wohngeldrückstände des früheren Eigentümers vorsieht;[201]
- durch den über den Fortbestand eines für einen einzelnen Wohnungseigentümer bereits titulierten Anspruchs auf Beseitigung einer baulichen Veränderung entschieden wird;[202]
- durch den eine Einrichtung der Gemeinschaft auf Dauer – ohne bauordnungsrechtliche Verpflichtung – faktisch stillgelegt wird (zB Aufzug oder Schwimmbad), weil sich die Gemeinschaft einer Reparatur verweigert;[203]
- durch den ein Burkini-Verbot für das gemeinschaftliche Schwimmbad beschlossen wird;[204]
- durch den für Beschlussanträge die Schriftform und eine schriftliche Begründung vorgeschrieben wird;[205]
- durch den die Entscheidung über Art und Umfang von Instandhaltungs- und Instandsetzungsarbeiten auf den Verwalter übertragen wird;[206]
- durch den einem nicht zum Kreis der Wohnungseigentümer zählender Dritter eine Verpflichtung auferlegt wird (Gesamtakt zu Lasten Dritter).[207]

68a **c) Verstöße gegen Normen des übrigen Privat- oder öffentlichen Rechts. Fundamentale Schranken** ergeben sich weiter aus den gesetzlichen Bestimmungen der §§ 134, 138 BGB;[208] § 1 Abs. 3 S. 2 BauGB;[209] § 56 ZVG; § 87 InsO sowie den zum **Kernbereich des Wohnungseigentumsrechts**[210] **oder des Miteigentums**[211] zählenden Vorschriften, wozu unter anderem nicht entziehbare und unverzichtbare Individualrechte gehören; denn was selbst durch Vereinbarung nicht geregelt werden könnte, entzieht sich auch einer Regelung im Beschlusswege; ein gleichwohl gefasster Beschluss ist nichtig.[212] Dazu gehören auch **Eingriffe in den dinglichen Kernbereich des Sondereigentums,**[213] wie bei der Aufhebung oder Änderung des Miteigentumsanteils oder des Sondereigentums unter Verletzung der §§ 873, 925 BGB,[214] sowie in der nachträglichen Umwandlung von Gemeinschaftseigentum in Sondereigentum.[215] Der Beschluss über eine konkrete Jahresabrechnung unter Missachtung der Vorgaben der HeizkostenV, ist nicht nichtig, sondern lediglich anfechtbar.[216]

69 **d) Fehlen eines vollziehbaren Inhalts.** Verstöße gegen den Grundsatz, dass Beschlüsse einen vollziehbaren Inhalt haben müssen, können zur Nichtigkeit oder aber auch nur zur Anfechtbarkeit führen. Fehlt einem Eigentümerbeschluss die zur rechtlichen Beachtlichkeit erforderliche **Bestimmtheit,** lässt er also nicht aus sich heraus genau klar, eindeutig und widerspruchsfrei erkennen, was gilt,[217] so führt dieser Mangel dann zur Nichtigkeit, wenn die Unbestimmtheit auf inhaltlicher **Widersprüchlichkeit** beruht („Perplexität"), die auch durch Auslegung nicht behoben werden kann.[218] Lässt der Beschluss jedoch noch eine durchführbare Regelung erkennen, so führt der Mangel nur zur Anfechtbarkeit.[219]

---

199 OLG Hamm NJW-RR 1991, 212.
200 *Wenzel* PiG 59, 66; aA BayObLG NZM 2000, 52.
201 BayObLGZ 1984, 198.
202 OLG Hamm NZM 2001, 543.
203 OLG Saarbrücken FGPrax 2007, 114.
204 AG Köln ZWE 2018, 269.
205 KG FGPrax 2002, 211.
206 Vgl. OLG Düsseldorf FGPrax 1997, 217.
207 OLG München NZM 2009, 707.
208 BGH NJW 2012, 3571 Rn. 5; 2009, 2132 Rn. 27; 2017, 666 Rn. 20.
209 OVG Mecklenburg-Vorpommern NordÖR 2007, 257.
210 BGH NJW 2015, 549 Rn. 13; 2009, 2132 Rn. 27.
211 BGH NZM 2014, 2014, 275 Rn. 10; NJW 2011, 679 Rn. 10.
212 BGH NJW 2015, 549 Rn. 15; *Wenzel* ZNotP 2004, 170 (171).
213 BGHZ 129, 99 = NJW 1995, 2036 f. – hier abgelehnt für den Fall des generellen Verbots der Hundehaltung; OLG Köln NZM 2001, 541.
214 BayObLG Rpfleger 1987, 64; *Wenzel* PiG 59, 63.
215 BayObLG NJW-RR 2001, 1163; OLG Celle ZWE 2001, 34; OLG Düsseldorf NJW-RR 1996, 210; NJWE-MietR 1997, 81 betr. Schließung des Zugangs zu einem Sondereigentum; OLG Köln NJW-RR 1997, 1442.
216 BGH NJW 2018, 3717 Rn. 16 mwN.
217 BGH NZM 2016, 387 Rn. 39.
218 OLG Hamm NJW-RR 1991, 212; *Hogenschurz* NZM 2010, 500; *Hogenschurz* ZMR 2011, 928.
219 BGHZ 139, 288 = NJW 1998, 3713; BayObLG ZWE 2000, 305; OLG Hamm NJW-RR 2002, 10.

2. Anfechtbarkeit (Abs. 4 S. 2). Wenn ein Beschluss der Wohnungseigentümerversammlung mit einem Mangel behaftet ist, der dessen Zustandekommen oder Inhalt betreffen kann (formeller oder materieller Mangel), aber keine Nichtigkeit vorliegt, so ist er auf eine rechtzeitig erhobene Anfechtungsklage nach § 44 Abs. 1 S. 1, § 45 vom Gericht für ungültig zu erklären. Diese Mängel können das Verfahren (formelle Mängel) und inhaltlich die Entscheidung selbst (materielle Beschlussmängel) betreffen. Bis der Beschluss rechtskräftig für ungültig erklärt worden ist, kann und muss er vom Verwalter umgesetzt werden.[220] Deshalb steht die Anfechtung von Beschlüssen über Vorschüsse, Sonderumlagen oder Nachschüsse der Geltendmachung und Durchsetzbarkeit der Ansprüche zunächst bis zu deren Ungültigerklärung nicht entgegen.[221] 70

3. Besonderheiten bei formellen Beschlussmängeln. Verstöße gegen Verfahrensvorschriften, wie die Einhaltung der Ladungsfrist oder die Ankündigung des Beschlussgegenstands, die regelmäßig einer geordneten und optimalen Ermessensausübung und dem Minderheitenschutz dienen, sind in der Regel nur dann erheblich und führen nur dann zur **Anfechtbarkeit** und Ungültigerklärung eines Eigentümerbeschlusses, wenn sich der Verstoß auf das Abstimmungsergebnis ausgewirkt hat.[222] Das erfordert zunächst die Abgrenzung, ob nur ein Verfahrensmangel vorliegt, wie bei der Nichteinhaltung der Ladungsfrist, oder ein inhaltlicher Beschlussmangel, wie bei der Entscheidung auf unzureichender Tatsachengrundlage bei unzureichender Vorbereitung der Beschlussfassung und Vorabinformation der Wohnungseigentümer.[223] Bei der Feststellung der danach bei formellen Beschlussmängeln grundsätzlich erforderlichen Kausalität[224] wendet die ständige Rechtsprechung in unterschiedlichen Formulierungen und mit im Einzelfall unterschiedlichen Anforderungen den Erfahrungssatz (tatsächliche Vermutung) an, dass von der Ursächlichkeit so lange auszugehen sei, bis der Beweis des Gegenteils zweifelsfrei erbracht sei.[225] Damit trifft den Beklagten der Anfechtungsklage grundsätzlich die **Darlegungslast** für die Tatsachen und Hilfstatsachen, aus denen sich die Unbeachtlichkeit des formellen Mangels ergibt.[226] Die Anfechtung eines formellen Mangels bleibt dann erfolglos, wenn festgestellt werden kann (§ 286 ZPO), dass der Eigentümerbeschluss bei Beachtung der Verfahrensvorschriften genauso gefasst worden wäre,[227] wie das insbesondere bei **Zählfehlern** der Fall ist,[228] sei es aufgrund der Anwendung des falschen Stimmrechtsprinzips (→ § 25 Rn. 7) oder der zu Unrecht erfolgten Nichtberücksichtigung von Stimmen (→ § 25 Rn. 39). Mitunter wird allerdings auch vom Anfechtungskläger eine Darlegung dazu erwartet, wie er sich ohne den Verfahrensmangel verhalten hätte, etwa dass er nur wegen des verspäteten Zugangs der Einladung nicht an der Eigentümerversammlung teilnehmen konnte,[229] welche weiteren Vorbereitungsmaßnahmen er bei ordnungsgemäßer Beschlussankündigung noch hätte einholen wollen oder auch, welche Argumente er angesichts eindeutiger Mehrheitsverhältnisse gegen die Entscheidung der Mehrheit hätte geltend machen wollen. Diese unterschiedlichen Anforderungen und Schlussfolgerungen lassen in der Praxis besondere Vorsicht, nämlich auf beiden Seiten nähere Darlegungen zur Kausalität geboten erscheinen. Für die den Eigentümerbeschluss tragende Mehrheit der Wohnungseigentümer bleibt immer die Möglichkeit, den vermeintlichen, möglicherweise oder tatsächlich vorliegenden Verfahrensmangel durch einen Zweitbeschluss zu heilen; schon deshalb und aus der Erkenntnis, dass sich eine Ermessensbetätigung im Gerichtsverfahren durch den Verband der Wohnungseigentümer und dessen Vertreter nicht nachholen lässt, bedarf es nach dem hier bevorzugten Verständnis regelmäßig mit Ausnahme von Zählfehlern keiner Darlegungen des Anfechtungsklägers zum hypothetischen Geschehen ohne den Fehler, zu dem 71

[220] BGH NZM 2020, 801 Rn. 18.

[221] LG Frankfurt a.M. ZWE 2021, 50 Rn. 9; LG Hamburg BeckRS 2019, 32945 Rn. 12; LG Düsseldorf ZWE 2017, 319 (320); zur Rückabwicklung von Zahlungsansprüchen nur über die nächste Jahresabrechnung BGH NZM 2020, 755.

[222] BGH NJW 2018, 522 Rn. 22; 2011, 679 Rn. 10; LG München I BeckRS 2018, 42024 Rn. 23; LG Stuttgart ZWE 2020, 438 Rn. 17; krit. *Dötsch/Hogenschurz* NZM 2010, 297 (300) mwN; Staudinger/*Häublein,* 2018, § 24 Rn. 112 ff.; ausf. *Dötsch/Schultzky/Zschieschack* Kap. 8 Rn. 15; zur Relevanztheorie im Gesellschaftsrecht, die demgegenüber auf die Relevanz des Verfahrensfehlers für die Ausübung der Mitwirkungsrechte durch ein objektiv urteilendes Verbandsmitglied abstellt vgl. BGH NJW 2019, 669 Rn. 38; NZG 2019, 269 Rn. 61; NJW 2018, 52 Rn. 74.

[223] *Dötsch/Schultzky/Zschieschack* Kap. 8 Rn. 22.

[224] BGH NJW 2011, 3026 Rn. 11; 2011, 679 Rn. 10; 2002, 1747 (1651).

[225] BGH NJW 2002, 1647 (1651); BayObLG BeckRS 2004, 6297.

[226] LG München I ZWE 2016, 42; LG Karlsruhe NZM 2016, 104; ZWE 2014, 93 (94); LG Berlin ZWE 2013, 458.

[227] BGH NJW 2011, 679 Rn. 10; 2002, 1647 (1651); LG München I BeckRS 2018, 42024 Rn. 24; ZWE 2016, 42.

[228] LG München I ZWE 2020, 91 Rn. 27.

[229] LG Hamburg ZWE 2017, 183 (184).

Feststellungen ohnehin bei offenen Ermessensentscheidungen, wie sie die Verfahrensvorschriften gerade sicherstellen sollen, ohnehin nicht sicher möglich sind.

72 Schwerwiegende Verstöße gegen Verfahrensvorschriften sind unabhängig von ihrer Auswirkung auf das Beschlussergebnis stets beachtlich und begründen die **Nichtigkeit** des Eigentümerbeschlusses. Schwerwiegend sind solche Verfahrensverstöße, die zu einem **Eingriff in den Kernbereich elementarer Mitgliedschaftsrechte** führen, die insbesondere, wie etwa die bewusste Nichteinladung eines Wohnungseigentümers oder dem unberechtigten Ausschluss vom Stimmrecht, dazu führen, dass das Teilnahme- und Mitwirkungsrecht eines Mitglieds in gravierender Weise unterlaufen wird.[230] Dann kommt es auf die Kausalität des Fehlers für die Beschlussfassung nicht an.

73 **4. schwebend unwirksame Beschlüsse.** Mit schwebend unwirksamen Beschlüssen wird die Fallkonstellation bezeichnet, in denen ein Eigentümerbeschluss ein **unentziehbares, mehrheitsfestes Individualrecht verletzt;** weil der Beschluss nur mit Zustimmung des Betroffenen wirksam werden kann, ist seine Wirksamkeit offen („schwebt"), bis die Zustimmung erteilt oder verweigert wird.[231] Dessen Nichtigkeit bedarf wie bei einem von Anfang an unwirksamen Eigentümerbeschluss keiner Geltendmachung und ist im gerichtlichen Verfahren von Amts wegen zu berücksichtigen. Die Unwirksamkeit kann daher jederzeit ohne vorhergehende Gerichtsentscheidung geltend gemacht werden, es gibt keine Ausschlussfrist wie bei nur anfechtbaren Beschlüssen. Demgegenüber liegt kein schwebend unwirksamer Eigentümerbeschluss, sondern (nur) ein **Nichtbeschluss** (Scheinbeschluss) vor, wenn es an einer Entstehungsvoraussetzung (→ Rn. 73), etwa der Verkündung, fehlt.[232]

74 Zu den in diesem Sinne mehrheitsfesten Rechten gehört das dem Verbandsrecht immanente **Belastungsverbot** (vgl. § 53 Abs. 3 GmbHG, § 179 Abs. 3 AktG und § 180 Abs. 1 AktG; § 35 Abs. 1 BGB), das jeden Wohnungseigentümer vor der Aufbürdung neuer (originärer) – sich weder aus dem Gesetz noch aus der bisherigen Gemeinschaftsordnung ergebender – Leistungspflichten, wie etwa tätiger Mithilfe, schützt.[233] Die Vereinbarung einer **Öffnungsklausel** (→ § 10 Rn. 40) schafft zwar die formelle Kompetenz der Wohnungseigentümer als Organ der Gemeinschaft der Wohnungseigentümer, die Bestimmungen der Teilungserklärung mit einer Mehrheitsentscheidung zu ändern. Die Öffnungsklausel erlaubt es aber nicht, durch Eigentümerbeschluss in Mitgliedschaftsrechte eingreifen, auf die ein hiervon betroffener Wohnungseigentümer zwar verzichten kann, zu deren Entziehung er aber seine Zustimmung (noch) nicht erteilt hat.[234]

75 Für den **Versammlungsleiter** ergeben sich bei der Behandlung von Eigentümerbeschlüssen, die der Zustimmung einzelner Wohnungseigentümer bedürfen, Besonderheiten, die im Anschluss an die Grundsätze zur Zustimmung zu baulichen Veränderungen gemäß § 22 Abs. 1 aF[235] zu beschreiben sind: Durch die Feststellung eines schwebend unwirksamen Beschlusses handelt der Verwalter nicht pflichtwidrig, auch wenn der betroffenen Wohnungseigentümer noch nicht zugestimmt hat; verweigert der Wohnungseigentümer die Zustimmung, darf der Verwalter den Beschluss nicht feststellen. Der Verwalter muss in Vorbereitung der Beschlussfassung prüfen, ob und welche Wohnungseigentümer zustimmen müssen, und er muss die Eigentümerversammlung vor der Beschlussfassung über das Ergebnis seiner Prüfung informieren und auf das Risiko der Nichtigkeit des Beschlusses bei Versagung der Zustimmung hinweisen. Unterlässt der Verwalter die gebotene Aufklärung über ein bestehendes Zustimmungserfordernis, handelt er pflichtwidrig; fahrlässig ist dies, wenn seine Einschätzung offenkundig falsch ist, wie das bei der Aufbürdung neuer (originärer) – sich weder aus dem Gesetz noch aus der bisherigen Gemeinschaftsordnung ergebenden – Leistungspflichten der Fall ist. Wenn der Verwalter der Auffassung ist, dass die erforderliche Zustimmung einzelner Eigentümer fehlt, und hat er deshalb Bedenken gegen die Verkündung eines Beschlusses, für den sich eine einfache Mehrheit ausgesprochen hat, so kann er, statt das Zustandekommen des Beschlusses zu verkünden, eine Weisung der Wohnungseigentümer im Wege eines Geschäftsordnungsbeschlusses einholen.

§ 24 Einberufung, Vorsitz, Niederschrift

(1) Die Versammlung der Wohnungseigentümer wird von dem Verwalter mindestens einmal im Jahr einberufen.

(2) Die Versammlung der Wohnungseigentümer muss von dem Verwalter in den durch Vereinbarung der Wohnungseigentümer bestimmten Fällen, im Übrigen dann einberufen

---

[230] BGH NZM 2020, 563 Rn. 18; 2017, 24 Rn. 17; 2011, 246 Rn. 10; zur Abgrenzung LG Stuttgart ZWE 2020, 438.
[231] BGH NJW 2015, 549 Rn. 15, 20.
[232] Elzer ZWE 2007, 165 (168).
[233] BGHZ 202, 346 Rn. 16, 17 = NJW 2015, 549; LG Dortmund ZWE 2018, 363.
[234] BGHZ 202, 346 Rn. 15 = NJW 2015, 549.
[235] BGH NZM 2020, 801 = ZWE 2020, 379.

werden, wenn dies in Textform unter Angabe des Zwecks und der Gründe von mehr als einem Viertel der Wohnungseigentümer verlangt wird.

(3) Fehlt ein Verwalter oder weigert er sich pflichtwidrig, die Versammlung der Wohnungseigentümer einzuberufen, so kann die Versammlung auch durch den Vorsitzenden des Verwaltungsbeirats, dessen Vertreter oder einen durch Beschluss ermächtigten Wohnungseigentümer einberufen werden.

(4) [1]Die Einberufung erfolgt in Textform. [2]Die Frist der Einberufung soll, sofern nicht ein Fall besonderer Dringlichkeit vorliegt, mindestens drei Wochen betragen.

(5) Den Vorsitz in der Wohnungseigentümerversammlung führt, sofern diese nichts anderes beschließt, der Verwalter.

(6) [1]Über die in der Versammlung gefassten Beschlüsse ist unverzüglich eine Niederschrift aufzunehmen. [2]Die Niederschrift ist von dem Vorsitzenden und einem Wohnungseigentümer und, falls ein Verwaltungsbeirat bestellt ist, auch von dessen Vorsitzenden oder seinem Vertreter zu unterschreiben.

(7) [1]Es ist eine Beschluss-Sammlung zu führen. [2]Die Beschluss-Sammlung enthält nur den Wortlaut
1. **der in der Versammlung der Wohnungseigentümer verkündeten Beschlüsse mit Angabe von Ort und Datum der Versammlung,**
2. **der schriftlichen Beschlüsse mit Angabe von Ort und Datum der Verkündung und**
3. **der Urteilsformeln der gerichtlichen Entscheidungen in einem Rechtsstreit gemäß § 43 mit Angabe ihres Datums, des Gerichts und der Parteien,**

soweit diese Beschlüsse und gerichtlichen Entscheidungen nach dem 1. Juli 2007 ergangen sind. [3]Die Beschlüsse und gerichtlichen Entscheidungen sind fortlaufend einzutragen und zu nummerieren. [4]Sind sie angefochten oder aufgehoben worden, so ist dies anzumerken. [5]Im Fall einer Aufhebung kann von einer Anmerkung abgesehen und die Eintragung gelöscht werden. [6]Eine Eintragung kann auch gelöscht werden, wenn sie aus einem anderen Grund für die Wohnungseigentümer keine Bedeutung mehr hat. [7]Die Eintragungen, Vermerke und Löschungen gemäß den Sätzen 3 bis 6 sind unverzüglich zu erledigen und mit Datum zu versehen. [8]Einem Wohnungseigentümer oder einem Dritten, den ein Wohnungseigentümer ermächtigt hat, ist auf sein Verlangen Einsicht in die Beschluss-Sammlung zu geben.

(8) [1]Die Beschluss-Sammlung ist von dem Verwalter zu führen. [2]Fehlt ein Verwalter, so ist der Vorsitzende der Wohnungseigentümerversammlung verpflichtet, die Beschluss-Sammlung zu führen, sofern die Wohnungseigentümer durch Stimmenmehrheit keinen anderen für diese Aufgabe bestellt haben.

Übersicht

I. Normzweck

1 Die Vorschrift regelt die Einberufung und Durchführung der Eigentümerversammlung sowie die Dokumentation der Ergebnisse. Weil die Wohnungseigentümerversammlung der **zentrale Ort** des Gedankenaustauschs, der Meinungsbildung, der Mehrheitsfindung und **für Entscheidungen der Wohnungseigentümer** ist, kommt ihrer geordneten Durchführung von der frühzeitigen, jetzt grundsätzlich mit einer Frist von drei Wochen durchzuführenden Einberufung bis zur Dokumentation der Entscheidungen in der Versammlungsniederschrift und der Beschluss-Sammlung eine zentrale Bedeutung für den Schutz der Minderheiten angesichts des weiten Ermessens bei der Verwaltung des Gemeinschaftseigentums zu.

2 Die Regelungen zur Durchführung, nicht die jährliche Eigentümerversammlung selbst, sind gleichwohl grundsätzlich **disponibel,** soweit das zum Kernbereich des Wohnungseigentums zählende Recht der Wohnungseigentümer an der Mitwirkung der Verwaltung des Gemeinschaftseigentums nicht oder nicht wesentlich eingeschränkt wird. Möglich sind danach Vereinbarungen, die das Gesetz konkretisieren oder Erleichterungen für die Wohnungseigentümer schaffen. Zum Beispiel können Zeiträume für die Durchführung der ordentlichen Eigentümerversammlung festgelegt werden oder die Wirksamkeit von Beschlüssen von deren Protokollierung abhängig gemacht werden (→ § 23 Rn. 12).[1]

II. Einberufung der Eigentümerversammlung (Abs. 1–4)

3 **1. Zuständigkeit (Abs. 1, Abs. 3). a) Grundsätzliche Zuständigkeit des Verwalters (Abs. 1).** Die Einberufung erfolgt grundsätzlich durch den Verwalter.[2] Für die **Stellung als Verwalter** maßgeblich ist das Vorhandensein einer wirksamen Bestellung im Zeitpunkt der Ladung,[3] nicht dem der Versammlung, gleich ob diese durch Eigentümerbeschluss, in der Teilungserklärung oder auch durch das Gericht („Notverwalter") erfolgt ist (→ § 26 Rn. 17). Der Verwalter kann die Einladung einem seiner Mitarbeiter übertragen.[4] Die Einberufung ist wirksam und nicht formell ordnungswidrig, auch wenn der Bestellungsbeschluss noch nicht bestandskräftig ist wegen § 23

[1] BGH NJW 1997, 2956; 2016, 568.
[2] BGH NJW-RR 2011, 1519 Rn. 4.
[3] OLG Köln NZM 1998, 920.
[4] LG Flensburg NJW-RR 1999, 596.

Abs. 4 S. 2[5] oder später für ungültig erklärt worden ist entsprechend § 47 FamFG.[6] Auch wenn die Verwalterbestellung später für unwirksam erklärt wird, bleiben die auf der von ihm einberufenen Versammlung gefassten Beschlüsse der Wohnungseigentümer daher wirksam.[7]

Mit dem **Ende der Bestellung** zum Verwalter (→ § 26 Rn. 47), etwa durch Ablauf des beschlossenen Bestellungszeitraums, Überschreitung der Höchstfrist des § 26 Abs. 1 S. 2 oder Rechtskraft der gerichtlichen Ungültigerklärung des Bestellungsbeschlusses, aber auch sogleich durch Amtsniederlegung[8] oder Abberufung endet das Einberufungsrecht. Selbst wenn die Abberufung aufgehoben wird, besteht keine Rückwirkung dieser gerichtlichen Entscheidung, aufgrund derer die unwirksame Einberufung nunmehr Wirksamkeit erlangen würde.[9] – Gemäß **§ 6 Abs. 1 COVMG** bleibt allerdings der zuletzt bestellte Verwalter bis zu seiner Abberufung oder bis zur Bestellung eines neuen Verwalters im Amt (→ COVMG § 6 Rn. 3).[10] Die Verwalterstellung lebt aber nicht wieder auf.[11] – Der von seinem Amt zurückgetretene Verwalter ist nicht mehr berechtigt, eine Eigentümerversammlung einzuberufen, selbst wenn eine Mehrheit der Eigentümer ihn umgestimmt hat, das aufgegebene Amt erneut zu übernehmen,[12] oder der Verwaltungsbeiratsvorsitzende mit der Ladung einverstanden ist.[13] Wer erst in der Eigentümerversammlung zum Verwalter bestellt werden soll, darf diese nicht schon selbst einberufen.[14] 4

Werden in einer Eigentümerversammlung, die ein nicht wirksam oder nicht mehr zum Verwalter bestellter nichtberechtigter Scheinverwalter einberufen hat, Eigentümerbeschlüsse gefasst, leiden diese grundsätzlich unter einem **formellen Beschlussmangel,** der wie alle Verstöße gegen Verfahrensvorschriften nicht ohne weiteres zur gerichtlichen Ungültigerklärung, also zum Erfolg einer Beschlussanfechtungsklage führt (→ § 23 Rn. 70).[15] Geheilt wird der Ladungsmangel durch eine wiederholte, ordnungsgemäße Einladung oder auch durch eine Universalversammlung (→ § 23 Rn. 19).[16] – Ausgenommen von diesem Grundsatz sind die Fälle, in denen nach objektiven Maßstäben jeder Eigentümer auf den ersten Blick erkennen konnte, dass hier ein Nichtberechtigter zur Versammlung lädt, also jeder Eigentümer davon ausgehen darf, dass aufgrund dieser Einladung keine Eigentümerversammlung stattfinden wird, wie bei Einladung durch einen Verwalterkandidaten;[17] in einer solchen Zusammenkunft gefasste Beschlüsse sind nichtig (→ § 23 Rn. 64).[18] 5

b) Zuständigkeit bei Fehlen eines Verwalters oder dessen Weigerung (Abs. 3). Fehlt ein Verwalter oder weigert er sich pflichtwidrig, die Versammlung binnen angemessener Zeit von einem Monat einzuberufen, so kann sie vom **Verwaltungsbeiratsvorsitzenden** oder dessen Stellvertreter, nicht aber vom einfachen Beiratsmitglied allein,[19] zudem seit der Neuregelung durch das WEMoG auch einen durch Mehrheitsbeschluss ermächtigten Wohnungseigentümer einberufen werden **(Abs. 3;** → Rn. 8). Anders als der Verwalter sind sie aber zur Einberufung nicht verpflichtet. Versäumt es die Eigentümerversammlung entgegen § 29 Abs. 1 S. 2, einen Vorsitzenden des Verwaltungsbeirats zu bestellen, können alle Mitglieder des Verwaltungsbeirats eine Versammlung einberufen.[20] Der Verwalter muss dem Beirat auch eine aktuelle Eigentümerliste mit den Anschriften sämtlicher Wohnungseigentümer zur Verfügung stellen; eine Listenform und die E-Mail-Adressen sind nicht geschuldet.[21] Die Einberufung kann einvernehmlich auch durch **alle Eigentümer** erfolgen;[22] weil alle Wohnungseigentümer gemeinsam der Souverän der Eigentümergemeinschaft sind und sich spontan versammeln können (→ § 23 Rn. 19), gilt dies auch, wenn ein Verwalter bestellt ist, ein Verwaltungsbeirat besteht und Vorsitzender bzw. stellvertretender Vorsitzender bestellt sind oder auch wenn ein Wohnungseigentümer durch Mehrheitsbeschluss zur Einberufung ermächtigt worden ist. 6

---

5 BayObLG ZWE 2003, 95; OLG Hamburg BeckRS 2000, 10718.
6 BGH NJW 2020, 988 Rn. 8.
7 OLG Zweibrücken FGPrax 2003, 62.
8 LG Frankfurt a.M. ZWE 2021, 36.
9 KG OLGZ 1990, 421.
10 *Zschieschack* in Schmidt, COVID-19, Rechtsfragen zur Corona-Krise, 2. Aufl. 2020, § 4 Rn. 80.
11 OLG Hamm NZM 2020, 991.
12 OLG Köln NZM 1998, 920.
13 BayObLG NJW-RR 1992, 910 (911).
14 BayObLG NZM 1999, 129.
15 BayObLG NZM 2005, 308; OLG Köln BeckRS 2004, 11523.
16 BayObLG BeckRS 1996, 9347; OLG Köln NZM 1998, 920.
17 BeckOGK/*Hermann* Rn. 40.
18 AG Bonn ZWE 2019, 95.
19 OLG Köln NJW-RR 2000, 1616.
20 Vgl. OLG Köln NJW-RR 2000, 1616; OLG Zweibrücken NZM 1999, 858.
21 LG Düsseldorf NZM 2019, 67.
22 BGH NJW-RR 2011, 1519 (1520).

7 Der **Verwalter fehlt** tatsächlich oder rechtlich, wenn bei der Begründung der WEG kein Verwalter bestellt worden ist, die Amtszeit abgelaufen ist, das Amts niedergelegt worden ist, er abberufen worden, tot, schwer erkrankt, dauernd abwesend, inhaftiert, geschäftsunfähig oder insolvent ist, schließlich bei nicht nur vorübergehender Untätigkeit. Der **Verwalter verweigert pflichtwidrig die Einberufung,** wenn einem Einberufungsverlangen nicht[23] oder nicht zeitnah[24] nachkommt. Im Einzelfall kann dem Einberufungsgrund der pflichtwidrigen Verweigerung der Einberufung der Versammlung durch den Verwalter nach Abs. 3 gleichstehen, wenn der Verwalter sich pflichtwidrig weigert, wesentliche Punkte auf die Tagesordnung zu setzen;[25] in einem solchen Ausnahmefall ist der ersatzweise Einberufungsberechtigte daher befugt, seinerseits die Eigentümerversammlung einzuberufen.

8 Ein einzelner Wohnungseigentümer kann zu einer Versammlung einberufen, wenn ihm diese Aufgabe durch Mehrheitsbeschluss überragen worden ist, sonst wenn ihn das Gericht hierzu ermächtigt hat.[26] Die durch das WEMoG neu geschaffene Beschlusskompetenz des § 24 Abs. 3, die die **Bestellung eines Wohnungseigentümers zum berechtigt einladenden besonderen Vertreter** durch einfachen Mehrheitsbeschluss jederzeit ohne konkreten Anlass erlaubt, soll eine Handlungsmöglichkeit eröffnen, insbesondere wenn ein Verwaltungsbeirat nicht bestellt ist, was in kleineren Gemeinschaften ohne Verwalter sinnvoll sein kann.[27] Weil das Gesetz ausdrücklich nur eine Bestellung von (auch mehreren) Wohnungseigentümern zulässt, also nicht von Dritten, mag gerade bei Gemeinschaften von Wohnungseigentümern, in denen sich der Kreis der Einzuladenden nicht ohne weiteres zu überschauen ist, etwa in großen oder in „jungen" Gemeinschaften wegen der werdenden Wohnungseigentümer (§ 8 Abs. 3), die Bereitschaft zur Übernahme der haftungsträchtigen Aufgabe gering sein. Die Möglichkeit einer Professionalisierung, etwa der vorsorglichen Bestellung eines Rechtsanwalts zum Einladungsberechtigten, hat der Gesetzgeber indes wie beim als unattraktiv erkannten Verwaltungsbeirat[28] bewusst verhindert, ohne wie in § 29 Abs. 3 bei unentgeltlicher Tätigkeit eine Haftungsbeschränkung auf Vorsatz und grobe Fahrlässigkeit vorzusehen. Ein weiteres Problem des zur Einladung ermächtigten Wohnungseigentümers ist die Frage, wohin er die Versammlung einberufen soll, denn eine Kompetenz für die weiteren mit der Durchführung der Versammlung verbundenen Fragen, etwa für die Anmietung der Versammlungsstätte als Vertreter der Gemeinschaft der Wohnungseigentümer oder die Tragung von Kosten und Auslagen für die Einladung (Porto usw.), regelt das Gesetz nicht; deren Eckdaten müssen allerdings grundsätzlich, wenn auch nicht im Bestellungsbeschluss, aber noch in der gleichen Eigentümerversammlung geklärt werden.[29]

9 **2. Erforderlichkeit (Abs. 1, Abs. 2). a) Ordentliche Eigentümerversammlung.** Der Verwalter muss eine Eigentümerversammlung (unabdingbar) mindestens **einmal jährlich** und in den durch Vereinbarung der Wohnungseigentümer bestimmten Fällen einberufen (Abs. 1). Damit ist sichergestellt, dass jeder Wohnungseigentümer jährlich die Möglichkeit hat, gemeinsam mit den anderen Wohnungseigentümern Probleme zu diskutieren, Anregungen abzugeben, Missstände aufzuzeigen und Informationen über die Anlage, die Arbeit des Verwalters, die Arbeit des Beirats und bezüglich der Abarbeitung zuvor gefasster Beschlüsse zu erhalten. Die jährliche (ordentliche) Eigentümerversammlung ist insbesondere erforderlich, weil jeweils für ein Jahr die Beschlüsse über Vorschüsse zur Kostentragung und die Einforderung von Nachschüssen (§ 28 Abs. 1 und 2) beschließen, die die Grundlage für die Verpflichtung der einzelnen Wohnungseigentümer zur Wohngeldzahlung bilden

10 **b) Außerordentliche Eigentümerversammlung.** Eine zusätzliche Eigentümerversammlung ist dann einzuberufen, wenn sie **erforderlich** ist, insbesondere wenn im Einzelfall ein akuter Handlungs- und Entscheidungsbedarf besteht, der keinen Aufschub duldet, etwa bei dringend anstehenden Instandsetzungsmaßnahmen. Das Ermessen des Verwalters ist auf null reduziert, wenn ein Zuwarten bis zur ordentlichen Eigentümerversammlung unzweckmäßig ist, weil zwischenzeitlich Schäden eintreten könnten, insbesondere bei akutem Handlungsbedarf zur Gefahrenbeseitigung oder für Maßnahmen aufgrund ordnungsbehördlicher Weisungen.

11 **c) Einberufungsverlangen (Abs. 2).** Eine Eigentümerversammlung muss von dem Verwalter im Übrigen auch dann einberufen werden, wenn sie (seit der Neufassung durch das WEMoG) in

[23] OLG Köln NZM 2004, 305.
[24] OLG Düsseldorf NZM 2004, 110.
[25] OLG Schleswig NJW-RR 2006, 594.
[26] OLG Hamm NJW 1992, 184; OLG Frankfurt NJW 2009, 300.
[27] BT-Drs. 19/18791, 83.
[28] BT-Drs. 19/18791, 76.
[29] Vgl. zur Verwalterbestellung BGH NJW 2015, 1378 Rn. 9.

Textform (§ 126b BGB) unter auf den Einzelfall bezogenen Angabe des Zwecks und der Gründe von mehr als einem Viertel der Wohnungseigentümer verlangt wird (Abs. 2). Die **Minderheit von einem Viertel** ist nach Kopfzahl der Wohnungseigentümer zu berechnen und nicht nach dem Verhältnis der Miteigentumsanteile,[30] dh jeder Wohnungseigentümer hat eine Stimme, auch wenn er mehrere Wohnungen besitzt, sofern nicht eine Vereinbarung anderes bestimmt. Auch Bruchteilseigentümer haben nur eine Stimme.[31] Dieses Minderheitsrecht auf Einberufung kann nicht durch Vereinbarung eingeschränkt werden,[32] sondern richtigerweise das Quorum nur herabgesetzt werden.[33] Entscheidend für die Berechnung ist der Zeitpunkt des Zugangs des Verlangens beim Verwalter. Das Quorum muss aber im Zeitpunkt der Einladung nicht fortbestehen; nur so sind Manipulationen durch Verzögerungen der Einladung ausgeschlossen.[34]

Der Verwalter hat einem formell ordnungsgemäß gestellten Einberufungsverlangen binnen angemessener Zeit, in der Regel **binnen eines Monats,**[35] zu entsprechen. Ein materielles Prüfungsrecht steht ihm, von offensichtlichen Missbrauchsfällen abgesehen, nicht zu, weil sonst der Charakter eines Minderheitsrechts nicht mehr gewahrt wäre.[36] Es ist Sache der mehrheitlichen Beschlussfassung der Eigentümerversammlung zu bewerten, ob das Anliegen der Wohnungseigentümer, die die Einberufung einer Versammlung verlangen, berechtigt ist, weil der Eigentümerversammlung nach § 23 Abs. 1 die ausschließliche Kompetenz zur Regelung der gemeinschaftlichen Verwaltung zusteht. **12**

Im Einzelfall kann ein Verwalter auch verpflichtet sein, auf Bitten einiger Eigentümer, deren Zahl das erforderliche Quorum zur Erzwingung einer außerordentlichen Eigentümerversammlung nicht erreicht, eine außerordentliche Eigentümerversammlung mit dem **Tagesordnungspunkt der vorzeitigen Beendigung des Verwaltervertrags einzuberufen,** wenn als Grund für die vorzeitige Verwalterabberufung schwerwiegende Pflichtverletzungen angeführt werden, die nicht für längere Zeit ungeklärt im Raum stehen dürfen.[37] Das pflichtwidrige Unterlassen der Einberufung einer außerordentlichen Eigentümerversammlung kann die Abberufung des Verwalters aus wichtigem Grund rechtfertigen.[38] **13**

3. Adressat der Einladung. a) Einzuladende. Der Einberufende hat alle Personen einzuladen, die ein eigenes Recht auf Teilnahme an der Versammlung haben.[39] Eine Ausnahme von diesem Grundsatz gilt dann, wenn einzelne Eigentümer (zB bei Mehrhausanlagen) von der Verwaltung im konkreten Fall ausnahmsweise ausgeschlossen sind (→ § 23 Rn. 20). Deshalb sind **grundsätzlich alle** Eigentümer[40] und an Stelle des Bauträgers die werdenden Wohnungseigentümer (→ § 8 Rn. 23)[41] einzuladen. Dies gilt unabhängig von einem **Stimmrechtsausschluss,** denn der Stimmrechtsausschluss erstreckt sich nicht auf Teilnahme- und Rederecht (→ § 23 Rn. 25).[42] Miteigentümer eines Wohnungseigentums sind sämtlich zu laden.[43] Bei bekannter Geschäftsunfähigkeit eines Eigentümers ist der **Vertreter** einzuladen (§ 131 BGB). Bei Vorliegen einer **Dauervollmacht**[44] kann die Einladung nach allgemeinen Regeln an den Bevollmächtigten erfolgen, muss es aber nicht; dies gilt mit Blick auf § 666 Var. 1 BGB nicht, wenn der Einladende, insbesondere der Verwalter, der Bevollmächtigte und deshalb verpflichtet ist, dem Wohnungseigentümer als Vollmachtgeber die notwendigen Nachrichten zu geben. Steht ein Eigentümer unter Betreuung, ist auch der **Betreuer** einzuladen, wenn die Beschlussgegenstände dessen Tätigkeitskreis umfassen. Wenn die Einladung nicht durch den **Verwalter** selbst erfolgt, so ist er grundsätzlich unabhängig davon einzuladen, ob er zugleich Wohnungseigentümer ist, um seine Pflichten als Organ der Gemeinschaft der Wohnungseigentümer bei der Vorbereitung der Beschlussfassung, -dokumentation und -ausführung wahrnehmen zu können.[45] **14**

---

30 BayObLG NJW 1973, 151; OLG Hamm NJW 1973, 2300.
31 LG Koblenz ZWE 2019, 46.
32 BayObLG NJW 1973, 151.
33 Weitnauer/*Lüke* Rn. 3; str.
34 AA LG Koblenz ZWE 2019, 46.
35 LG Koblenz ZWE 2019, 46.
36 OLG Hamm BeckRS 2001, 30811101; BayObLG NZM 2003, 317; OLG München NJW-RR 2006, 1159.
37 Vgl. OLG Köln NJW-RR 2004, 733.
38 OLG Hamm BeckRS 2001, 30811101.
39 KG FGPrax 1997, 92.
40 BayObLG NJW-RR 2002, 1308; OLG Hamm BeckRS 2007, 18441; zum isolierten Miteigentumsanteil → § 25 Rn. 22.
41 BGH NJW 2012, 2650.
42 BayObLG NJW-RR 1996, 1101; NJW 1993, 603; LG Stralsund NZM 2005, 709.
43 OLG Köln WE 1989, 30.
44 Für eine Unterscheidung von Ladungs- und Stimmrechtsvollmacht Palandt/*Wicke* Rn. 5.
45 LG Düsseldorf ZWE 2012, 328, str.

15 **Maßgebender Zeitpunkt** für die Frage, an wen die Ladung versandt werden soll, ist der Zeitpunkt der Versendung der Einladungsschreiben.[46] Spätere Änderungen im Kreis der Einzuladenden berühren die Rechtmäßigkeit der Einladung und in der Eigentümerversammlung gefassten Eigentümerbeschlüsse nicht. Bei einem **Eigentümerwechsel** obliegt es dem Veräußerer wie dem Erwerber, den Verwalter über die Eigentumsumschreibung zu informieren, weil keine gesetzlichen Vorkehrungen getroffen sind, dass der Verwalter von Amts wegen Kenntnis über einen Eigentümerwechsel erhält, und bei ihnen ein Interesse an der Anzeige des Eigentumsüberganges anzunehmen ist (→ Rn. 18). Der zwischen den Kaufvertragsparteien intern vereinbarte Nutzen-/Lastenwechsel ist unbeachtlich.[47] Der Erwerber muss damit rechnen und es sich daher zurechnen lassen, dass der Veräußerer kurz vor der Eigentumsumschreibung noch eine Einladung zu einer Eigentümerversammlung erhalten hat. Bei unbekanntem Eigentumswechsel außerhalb des Grundbuchs muss sich der nicht eingetragene Wohnungseigentümer die an den Scheineigentümer ergangene Ladung entsprechend § 893 BGB zurechnen lassen.[48]

16 Maßgeblich ist grundsätzlich der **Grundbuchstand.** Eine Ausnahme gilt aber dann, wenn dem Einladenden definitiv bekannt ist, dass das Grundbuch unrichtig ist, weil § 892 BGB nicht gilt, wie insbesondere in den Fällen der Zwangsversteigerung, wenn der Ersteher mit dem Zuschlagsbeschluss kraft Hoheitsakts Eigentümer wird und deshalb auch einzuladen ist.[49] Bei Vorliegen einer **gesetzlichen Verwaltungsbefugnis** sind diese in der Eigentümerversammlung teilnahmeberechtigt und deshalb einzuladen, so der Nachlassverwalter und der Testamentsvollstrecker sowie der Insolvenzverwalter und der Zwangsverwalter; daneben ist der Wohnungseigentümer einzuladen, soweit ihm zu einzelnen Tagesordnungspunkten das Rede- und Stimmrecht verbleibt (→ § 23 Rn. 25). Hingegen sind Grundpfandrechtsgläubiger oder Nießbraucher nicht einzuladen.[50] Ein **Beiratsmitglied,** das nicht Wohnungseigentümer ist, kann, muss nicht geladen werden;[51] zu seinem Teilnahmerecht → § 23 Rn. 26. Ein durch die Eigentümerversammlung **abberufener Verwalter** braucht zu einer nachfolgenden Eigentümerversammlung, in der die Abberufung bestätigt werden soll, nicht geladen zu werden.[52]

17 **b) Zugang und Fehlerfolgen.** Die Ladung zur Eigentümerversammlung muss den einzelnen Eigentümern zugehen (→ BGB § 130 Rn. 16).[53] Soweit für die Einladung ein von § 130 Abs. 1 S. 1 BGB abweichender Zugangsbegriff mit anderen, mitunter strengeren Anforderungen vertreten wird, fehlt eine Rechtfertigung für eine damit wohl angestrebte abweichende Risikoverteilung. Dabei muss der Wohnungseigentümer – entgegen der früheren Rechtslage – seit der Zulassung der Einladung in Textform seit dem 1.7.2007 mit einer Einladung in dieser Form, insbesondere durch **E-Mail** rechnen, wie das inzwischen – auch zur Vermeidung oder Verlagerung von Kosten (Porto; Papier; Druckkosten usw) – weit verbreitet ist. § 126b BGB sieht ein Einverständnis des Erklärungsempfängers zu einer bestimmten Kommunikationsform auch dann nicht vor, wenn die Textform nach den bisherigen Geschäftsgepflogenheiten nicht üblich war (→ BGB § 130 Rn. 12). Zudem wird in der Mitteilung der E-Mail-Adresse oder der Faxnummer regelmäßig aus der maßgeblichen Empfängersicht regelmäßig das Einverständnis mit dieser Kommunikationsform zu entnehmen sein.

18 Die Absendung der Einladung muss an die letzte bekannte **Adresse** erfolgen, gleich ob postalisch oder per E-Mail.[54] Erhält der Einladende Kenntnis davon, dass die Einladung nicht zugegangen ist, muss er sich um den nochmaligen Zugang bemühen, wenn nicht der Empfänger den Zugang offensichtlich bewusst vereitelt hat. Wenn ein Wohnungseigentümer umzieht, muss er seine **Anschriftenänderung** dem Verwalter mitteilen; andernfalls kann er sich auf seine Nichteinladung insbesondere bei der Beschlussanfechtung nicht berufen.[55] Ebenso trifft den Wohnungseigentümer die Obliegenheit, den Verwalter auf fehlerhafte Adressdaten hinzuweisen.[56]

19 Über den Zugang der Einladung sind **Vereinbarungen** der Wohnungseigentümer möglich, etwa das die Absendung an die letzte mitgeteilte Anschrift genügt (→ Rn. 25); eine Beschlusskompetenz für derartige Regelungen besteht nicht.[57]

---

46 BGHZ 106, 113 = NJW 1989, 1087; KG FGPrax 1997, 92.
47 BGH NJW 1989, 1087.
48 Bärmann/*Merle* Rn. 43.
49 BGHZ 199, 358 = NJW 2014, 924.
50 BGH ZWE 2002, 260.
51 BayObLG NJW-RR 1988, 270; aA Bärmann/*Merle* Rn. 101.
52 OLG Hamm NJW-RR 1999, 522.
53 BGH NJW 2013, 3098; OLG Hamburg BeckRS 2011, 17294.
54 BGH NJW 2013, 3098; KG NJW-RR 1997, 1033.
55 BGH NJW 2013, 3098; KG NJW-RR 1997, 1033.
56 aA LG Mönchengladbach ZMK 2002, 788.
57 BayObLG WuM 1991, 312 = BeckRS 1990, 05941.

Die **fehlende oder nicht zugegangene Einladung** eines Wohnungseigentümers zur Eigentümerversammlung macht die gefassten Beschlüsse grundsätzlich nur anfechtbar, nur im Ausnahmefall der bewussten Nichtladung nichtig,[58] weil er nicht gegen eine Rechtsvorschrift verstößt, auf deren Einhaltung rechtswirksam nicht verzichtet werden kann.[59] **Nichtigkeit** der gefassten Beschlüsse tritt allerdings im Falle der vorsätzlichen (böswilligen) Nichteinladung eines Wohnungseigentümers ein.[60] Die fehlende Einladung eines Verwaltungsratsmitglieds, das nicht zugleich Wohnungseigentümer ist, führt nicht zur Anfechtbarkeit der in der Versammlung gefassten Beschlüsse, weil keine Pflicht zur Ladung besteht, wenngleich sie zweckmäßig sein kann.[61] Zur Darlegungs- und Beweislast für den Zugangsmangel → § 44 Rn. 11; allgemein → BGB § 130 Rn. 46. 20

4. Textform der Einberufung (Abs. 4 S. 1). Die Einberufung hat zumindest in Textform, dh in einer **lesbaren, die Person des Einladenden nennenden, aber nicht notwendigerweise unterschriebenen Erklärung iSd § 126b BGB** zu erfolgen (zB Brief, Fax, E-Mail), wobei der Abschluss der Erklärung erkennbar sein muss (→ BGB § 126b Rn. 6).[62] Durch das Medium muss die Erklärung stets abrufbar und dauerhaft verfügbar sein;[63] das mag bei der Einladung mittels SMS zweifelhaft sein, die aber ohnehin regelmäßig durch die Umfangsbeschränkung die notwendigen Informationen nicht umfassen kann. Die Textform gilt auch für die Bekanntmachung der Tagesordnung (§ 23 Abs. 2), weil sie Bestandteil der Einladung ist. Die Gemeinschaftsordnung kann weitere Erfordernisse aufstellen, zB Einberufung durch eingeschriebenen Brief; die Verletzung der gesetzlichen oder vereinbarten Form macht die in der Versammlung gefassten Beschlüsse anfechtbar. – Eine Sprachnachricht oder ein Aushang im Treppenhaus oder Hausflur reicht nicht aus, weil eine Kenntnisnahme der Empfänger in nicht sichergestellt ist. 21

5. Einberufungsfrist (Abs. 4 S. 2). a) Grundsatz. Die Frist zur Einberufung soll, sofern nicht ein Fall besonderer Dringlichkeit vorliegt, mindestens **drei Wochen** betragen; der Gesetzgeber des WEMoG hat sich damit zu einer moderaten Verlängerung der bisherigen Frist von zwei Wochen entschlossen, um die Informationsmöglichkeiten der Wohnungseigentümer zu verbessern, die anders als die ursprünglich vorgesehene Frist von vier Wochen[64] indes der Aktualität Rechnung tragen soll. Im Einzelfall, etwa während der Hauptreisezeit oder des Jahreswechsels, kann ordnungsmäßige Verwaltung eine längere Ankündigung erforderlich machen.[65] Abweichende Vereinbarungen sind möglich; bisher getroffene Regelungen, die vor dem Hintergrund der früheren gesetzlichen Regelungen mit einer Einladungsfrist von einer Woche bis zum 1.7.2007 und sodann von zwei Wochen[66] verbreitet waren, verlieren gemäß § 47 ihre Wirkung, soweit sie das damalige Gesetz wiederholt haben. 22

Die Frist zur Einberufung gilt für die **Bekanntgabe sämtlicher Tagesordnungspunkte,** weil nur dann die Wohnungseigentümer die Möglichkeit haben, sich ausreichend auf die einzelnen Tagesordnungspunkte und die möglicherweise zu fassenden Eigentümerbeschlüsse vorzubereiten; das **Nachschieben** von Tagesordnungspunkten oder Informationen kommt nur in Fällen besonderer Dringlichkeit (→ Rn. 26) in Betracht. Die Einladungsfrist ist auch zu beachten, wenn die ordnungsgemäße Einladung über die Bezeichnung des Beschlussgegenstandes (§ 23 Abs. 2) hinaus eine weitergehende Unterrichtung der Wohnungseigentümer mit der Einladung erfordert, wie das insbesondere für die Vergleichsangebote vor Abschluss des Verwaltervertrags, aber auch die Jahresabrechnung, den Wirtschaftsplan oder namhafte Sonderumlagen gilt,[67] aber darüber hinaus auch für alle komplexen Entscheidungen, auf deren Diskussion sich der Wohnungseigentümer nur bei entsprechender Information durch den Verwalter vorab vorbereiten kann, wie regelmäßig für Sanierungsmaßnahmen mit namhaftem Umfang. 23

Ist die Einladung **formlos** übersandt worden, wird die Frist **mit tatsächlichem Zugang beim letzten Wohnungseigentümer** in Lauf gesetzt (§ 130 Abs. 1 S. 1 BGB), nicht aber fiktiv unter Berücksichtigung allgemeiner Postlaufzeiten.[68] Weil die rechtzeitige Absendung nicht genügt, ist es ratsam, stets einen gewissen Sicherheitszuschlag wegen möglicher Zustellungsprobleme einzu- 24

---

[58] BGH NJW-RR 2020, 840 Rn. 18.
[59] BGHZ 142, 290 = NJW 1999, 3713 (3714); OLG Zweibrücken FGPrax 2003, 60 für den Fall einer Nichtigkeit.
[60] BGH NJW 2012, 3571; BayObLG NZM 2005, 630.
[61] OLG Hamm FGPrax 2007, 71.
[62] LG Kleve NJW-RR 2003, 196.
[63] BT-Drs. 14/4987, 19.
[64] BT-Drs. 19/18791, 13.
[65] LG Karlsruhe NJW-RR 2014, 197.
[66] BT-Drs. 16/887, 33.
[67] BGH NZM 2020, 663.
[68] Vgl. OLG Hamburg BeckRS 2011, 17294.

planen. Bei der Berechnung der Frist tritt das Fristende erst mit dem Ablauf des entsprechenden Wochentages ein (§ 187 Abs. 1 BGB, § 188 Abs. 2 BGB); § 193 BGB ist nicht anzuwenden.[69] Wenn die Einladung per Einschreiben vereinbart ist, kann die Fristberechnung entsprechend § 51 Abs. 1 S. 2 GmbHG[70] erfolgen.

25 Eine **abweichende Vereinbarung,** wonach für die Ordnungsmäßigkeit der Einberufung die Absendung an die Anschrift genügt, die dem Verwalter von dem Sondereigentümer zuletzt mitgeteilt worden ist, muss dahin ausgelegt werden, dass die Verwaltung von der Verpflichtung zur Nachforschung bezüglich etwaiger Adressenänderungen der Wohnungseigentümer entbunden werden soll; sie bürdet dem Wohnungseigentümer aber nicht das Risiko eines verspäteten Zugangs der Einladung auf, sondern nur die Gefahr des Nichtzugangs der Einberufung für den Fall, dass er eine Adressenänderung seinerseits nicht mitteilt.[71] – Ist der Wohnungseigentümer unbekannten Aufenthalts und auch sonst unerreichbar, kann der Zugang gemäß § 132 Abs. 2 BGB durch eine öffentliche Zustellung ersetzt werden. Es besteht daneben die Möglichkeit einer Abwesenheitspflegschaft nach § 1911 BGB.

26 **b) Ausnahme bei Dringlichkeit.** Von der Einladungsfrist von drei Wochen kann abgewichen werden bei „besonderer Dringlichkeit". Gemeint sind etwa **dringende Maßnahmen** zur **Erhaltung** des **gemeinschaftlichen Eigentums,** bei der ein Abwarten der Einladungsfrist nach dem nur eingeschränkt gerichtlich überprüfbaren Ermessen des Einladenden[72] aus rechtlichen Gründen, etwa wegen Vollziehungsfristen von Ordnungsbehörden zum Brandschutz, oder aus tatsächlichen Gründen, etwa wegen einer Verschlimmerung der Schäden, nicht hinnehmbar ist. Eine Abkürzung der Einladungsfrist kommt danach nicht in Betracht, soweit die originäre Entscheidungskompetenz des Verwalters gemäß § 27 Abs. 1 (→ § 27 Rn. 13) reicht; nach der gesetzlichen Systematik erscheint dabei eine Abkürzung der Ladungsfrist vorzugswürdig gegenüber einer Ausdehnung der Eilkompetenz des Verwalters, deren Reichweite zu bestimmen der Mehrheitsentscheidung der Wohnungseigentümer gemäß § 27 Abs. 2 (→ § 27 Rn. 32) zugewiesen ist. Die verkürzte Frist muss der jeweiligen Dringlichkeit des Beschlussgegenstands angepasst sein: Je dringlicher die zu beschließende Maßnahme ist, umso kürzer darf die Frist bemessen sein. Um dies beurteilen zu können, müssen die Gründe für die Abkürzung in der Einladung mitgeteilt werden. Dass eine Eigentümerversammlung unter Abkürzung der Ladungsfrist einberufen werden muss, erlaubt nicht die Behandlung und Abstimmung über andere, nicht dringlich zu behandelnde Angelegenheiten.

27 **c) Folgen von Verstößen.** Auch wenn Abs. 4 eine Sollvorschrift enthält, begründet ein **Verstoß** die Beschlussanfechtung, wenn bei lebensnaher Betrachtung festgestellt werden kann, dass die Wohnungseigentümer konkret an der Stimmabgabe gehindert wurden und das Abstimmungsergebnis dadurch beeinflusst wurde (→ § 23 Rn. 71),[73] grundsätzlich aber nicht die Nichtigkeit.[74]

28 **6. Aufhebung und Verlegung des Termins und/oder des Versammlungsortes.** Die Versammlung kann durch den, der die Versammlung einberufen hat, abgesagt und zeitlich oder örtlich verlegt werden, auch wenn das Gesetz über die Zulässigkeit der Verlegung einer Eigentümerversammlung keine Vorschrift enthält;[75] denn dieser allgemeine verbandsrechtliche Grundsatz gilt auch im Wohnungseigentum.[76] Haben sich alle Wohnungseigentümer zur Versammlung eingeladen (§ 9b Abs. 1 S. 2), können nur alle gemeinsam, nicht ein einzelner die Versammlung absagen.[77] Für den Termin der neuen Versammlung gilt ebenfalls die Frist des Abs. 4 S. 2.[78] Die Wirksamkeit der Verlegung einer Eigentümerversammlung durch den Verwalter ist nicht davon abhängig, dass sie – wie etwa bei Erkrankung des Verwalters, der Sperrung der Versammlungsstätte oder öffentlich-rechtlicher Verbote[79] – ordnungsgemäßer Verwaltung entspricht; denn der einzelne Wohnungseigentümer muss sich darauf verlassen können, dass eine klare und eindeutige Verlegung wirksam ist. Eine Absage oder Verlegung muss auch so rechtzeitig erfolgen, dass gewährleistet ist, dass sämtliche Eigentümer hiervon Kenntnis erlangen und eben nicht zu dem ursprünglich angegebenen Termin

---

[69] OLG Hamm NJW-RR 2001, 105.
[70] Vgl. BGHZ 100, 264 = NJW 1987, 2580 (2581).
[71] OLG Hamburg BeckRS 2011, 17294.
[72] OLG Frankfurt OLGZ 1982, 418.
[73] Vgl. BGHZ 150, 109 = NJW 2002, 1647 (1651) aE; OLG Düsseldorf NJW-RR 2002, 1525; OLG Hamm BeckRS 2007, 14121.
[74] BGH NJW 2002, 1647.
[75] OLG Hamm OLGZ 1981, 24; LG Karlsruhe BeckRS 2010, 17793.
[76] BGH NJW-RR 2011, 1519 Rn. 9.
[77] BGH N ZM 2011, 806 (807).
[78] BGHZ 100, 264 = NJW 1987, 2580 für die GmbH.
[79] LG Meiningen NZM 2020, 992.

erscheinen.[80] Gegebenenfalls macht sich ein Verwalter aber wegen schuldhafter Pflichtverletzung gegenüber den Wohnungseigentümern schadensersatzpflichtig, wenn er ohne ausreichenden Grund einen Termin verlegt.[81] Da es sich bei Abs. 4 um eine Sollvorschrift handelt, kann eine Verlegung nicht verlangt werden.

7. Ort und Zeit der Versammlung. a) Grundsätze. Die Wahl des Ortes und der Zeit einer Eigentümerversammlung, die in der Einladung mitgeteilt werden müssen, steht bei Fehlen von Vereinbarungen oder Eigentümerbeschlüssen im pflichtgemäßen **Ermessen** der für die Einberufung zuständigen Person.[82] Die Ermessensgrenzen ergeben sich aus der Funktion der Wohnungseigentümerversammlung als Ort der gemeinsamen Willensbildung, also eine ordnungsgemäße Durchführung der im Einzelfall beabsichtigten Eigentümerversammlung ermöglichen.[83] Der Ort und die Zeit müssen verkehrsüblich und zumutbar sein, **um allen Wohnungseigentümern die Teilnahme zu ermöglichen** und nicht zu erschweren.[84] 29

b) Versammlungsstätte. Die Versammlungsstätte muss für die Wohnungseigentümer erreichbar sein. Sie muss grundsätzlich allen Wohnungseigentümer die Teilnahme ermöglichen.[85] Die **Auswahl** des Ortes steht in dem **pflichtgemäßen Ermessen** des Einladenden. Zu dessen Vorbereitungspflicht gehört auch die Erstellung eines (qualifizierten) Hygienekonzepts, wo dies öffentlich-rechtlich, etwa als Schutzmaßnahme gemäß § 28 InfSchG oder aufgrund landesrechtlicher Vorgaben erforderlich ist, und auch die Beachtung von Mindestgrößen zur Zulässigkeit von Veranstaltungen,[86] schließlich die Einhaltung arbeitsschutzrechtlicher Standards[87] gegenüber Mitarbeitern. Werden die Grenzen des Auswahlermessens bei der Einladung beachtet, stehen subjektive Befürchtungen wegen einer Gesundheitsgefährdung der Versammlungsdurchführung nicht entgegen.[88] In keinem Fall zulässig ist, Wohnungseigentümer durch Hinweise auf die Notwendigkeit der Bevollmächtigung des Verwalters von der Teilnahme abhalten zu wollen.[89] – Möglich ist es für die Wohnungseigentümer, auf einer Wohnungseigentümerversammlung durch Mehrheitsbeschluss den Ort für die nächste Eigentümerversammlung festzulegen. 30

Die Versammlung sollte in der Regel in der **Gemeinde** stattfinden, in der sich die Wohnanlage befindet, und zwar möglichst in deren Nähe. Dies gilt selbst dann, wenn die Mehrheit der Wohnungseigentümer außerhalb des Ortes der Anlage wohnhaft ist.[90] Nach den Umständen des Einzelfalls kann ein Ausweichen in eine Nachbargemeinde sinnvoll sein, weil dort eine geeignete Versammlungsstätte zur Verfügung steht. Sieht die Teilungserklärung vor, dass die Versammlungen am Sitz des Verwalters stattzufinden haben, ist diese Bestimmung auch dann wirksam, wenn der Verwalter den Sitz an einen anderen Ort als dem Ort der Wohnanlage hat, soweit dadurch den Eigentümern die Teilnahme nicht unzumutbar erschwert wird.[91] Die Teilnahme darf durch die Wahl des Ortes den Eigentümern nicht erschwert werden;[92] bei einer Versammlung in der Wohnungseigentumsanlage muss der Zutritt für nicht in der Anlage wohnende Wohnungseigentümer und Vertreter möglich sein.[93] Insbesondere gehbehinderten Wohnungseigentümern oder Wohnungseigentümern, die auf die Benutzung eines Rollstuhls angewiesen sind, darf durch die Wahl des Versammlungsorts nicht die Teilnahme faktisch unmöglich gemacht werden;[94] wie im Fall der vorsätzlichen Nichtladung[95] und jedem bewussten Verstoß gegen Verfahrensvorschriften in der Absicht, einen Wohnungseigentümer von Teilnahme und Abstimmung fernzuhalten,[96] hat dies die Nichtigkeit der in dieser Eigentü- 31

[80] BGH NJW 1987, 2580.
[81] OLG Hamm OLGZ 1981, 24.
[82] LG Dortmund NZM 2019, 100.
[83] LG Dortmund NZM 2019, 100.
[84] BGHZ 150, 109 = NJW 2002, 1647 (1651); OLG Köln NZM 2006, 227; NJW-RR 1991, 725; OLG Hamm NJW-RR 2001, 516.
[85] LG Frankfurt a.M. BeckRS 2020, 35684; AG Kassel ZfIR 2020, 787 m. abl. Anm. *Häublein*.
[86] AG Kassel BeckRS 2020, 22007; AG Dortmund BeckRS 2020, 23575.
[87] *Felz* ARP 2020, 278; *Klein* NJ 2020, 377; *Wilrich* NZA 2020, 634; *Winkelmüller* ARP 2020, 187.
[88] AG Suhl ZMR 2020, 794.
[89] AG Lemgo ZWE 2020, 480 mAnm *Greiner*.
[90] OLG Köln NJW-RR 2006, 520.
[91] OLG Celle NJW-RR 1998, 1706 – Wohnanlage in Hannover, Sitz des Verwalters in Hamburg, Eigentümer fast ausschließlich Anleger aus Süddeutschland.
[92] OLG Köln NZM 2004, 793.
[93] AG Dortmund BeckRS 2018, 4465.
[94] OLG Köln NZM 2004, 793.
[95] BGH NJW-RR 2020, 840 Rn. 18.
[96] AG Kassel ZWE 2018, 225.

merversammlung gefassten Eigentümerbeschlüsse zur Folge. Schwerbehinderung kann die Zulassung von Begleitpersonen erfordern (→ Rn. 53).

32 Die **Versammlungsstätte** muss zunächst hinsichtlich seiner Beschaffenheit die **geordnete Durchführung der Versammlung** zulassen,[97] insbesondere die Wahrung des Grundsatzes der Nichtöffentlichkeit (→ Rn. 50). Deshalb muss die Versammlung in einem abgetrennten und separaten Raum durchgeführt werden;[98] unzulässig ist es, die Versammlung in einem Lokal abzuhalten, in dem sich auch andere Gäste aufhalten.[99] Nicht erforderlich ist es, dass die Versammlung in einem allseitig umschlossenen Raum durchgeführt wird, sondern auch eine Versammlung unter freiem Himmel, etwa im Garten der Wohnungseigentumsanlage, ist zulässig, wenn Dritte keinen Zutritt haben und Störungen von außen nicht zu befürchten sind.[100] Sitzgelegenheiten für sämtliche Eigentümer müssen spätestens bei einer absehbaren Versammlungsdauer von mehr als einer Stunde zur Verfügung stehen.[101] Die Größe des Raumes muss der Anzahl der anwesenden Rechnung tragen. Bei größeren Gemeinschaften kann es erforderlich sein, eine Lautsprechanlage zu installieren, damit sämtliche Eigentümer alle Wortbeiträge verfolgen können. Das Büro des Verwalters kommt als Versammlungsort in Betracht, wenn dieser in der Nähe der Wohnanlage ansässig ist, soweit damit nicht bei Spannungen zwischen den Eigentümern und dem Verwalter Eigentümer von der Teilnahme oder Redebeiträgen abgehalten werden könnten.[102]

33 **Beispiele:**
Eine Eigentümerversammlung in einem **Wohnwagen** des Verwalters kann für einzelne Wohnungseigentümer unzumutbar sein, wenn zwischen ihnen und dem Verwalter gespannte zwischenmenschliche Beziehungen bestehen.[103] Eine Wohnungseigentümerversammlung kann bei kurzer Tagesordnung auch in einem **Kellerraum,** der mehr einem Souterrainraum entspricht,[104] oder in den Räumen einer **Waschküche** der Gemeinschaft, insbesondere zur Vermeidung von Kosten der Anmietung eines Versammlungsraumes, abgehalten werden,[105] schließlich auch auf dem nicht öffentlich zugänglichen Spielplatz der Wohnungseigentumsanlage.[106]

34 **c) Versammlungszeitpunkt.** Der genaue **Zeitpunkt** der jährlichen Versammlung ist nicht gesetzlich vorgegeben;[107] durch Vereinbarung kann aber ein Zeitraum festgelegt werden, etwa dass die Versammlung in der ersten Jahreshälfte durchzuführen ist. Schon bei Einladung zur jährlichen (ordentlichen) Eigentümerversammlung sollten die für die in § 28 vorgesehenen Beschlussfassung und Unterrichtung erforderlichen Unterlagen (Abrechnung, Vermögensstatus usw.) vorliegen. Vorzugswürdig sollte der Tag der Versammlung in der ersten Jahreshälfte liegen, weil gewöhnlich die Beschlussfassung über die Einforderung von Nachschüssen (§ 28 Abs. 2) ansteht; zwingend ist ein Termin der ersten Jahreshälfte aber nicht, sondern maßgeblich sind die Umstände des Einzelfalls.[108] Die Versammlungszeit sollte, muss aber nicht mit dem Verwaltungsbeirat – soweit vorhanden – abgestimmt werden.

35 Die **konkrete Terminierung** in der Zeit zwischen Weihnachten und Neujahr ist unzulässig,[109] ebenso eine Ansetzung auf Heiligabend oder bei Vorhandensein jüdischer Eigentümer am Sederabend.[110] Eine Versammlung an Sonn- und Feiertagen ist nicht generell unzulässig.[111] Sonntags muss allerdings auf allgemeine Kirchgangzeiten Rücksicht genommen werden,[112] wo es solche noch gibt. Am Karfreitag nachmittags ist eine Versammlung zugelassen,[113] ebenso am Abend des Pfingstmontags.[114] Die allgemeine Ferienzeit ist ebenfalls nicht in jedem Fall ein Hinderungsgrund,

---

97 LG Dortmund NZM 2019, 100.
98 KG NJW-RR 1997, 1171.
99 OLG Frankfurt NJW 1997, 3395.
100 AG Berlin-Wedding BeckRS 2020, 22353.
101 OLG Düsseldorf BeckRS 1993, 01645.
102 OLG Hamm NZM 2001, 297.
103 OLG Hamm NJW-RR 2001, 516.
104 OLG Hamburg ZMR 2004, 771.
105 OLG Düsseldorf BeckRS 1993, 01645; LG Dortmund NZM 2019, 100.
106 AG Berlin Wedding BeckRS 2020, 22353.
107 BayObLG NZM 2003, 317.
108 LG Hamburg BeckRS 2020, 26297 Rn. 31.
109 OLG Hamm NZM 2001, 297.
110 LG München I ZWE 2020, 349.
111 OLG Schleswig NJW-RR 1987, 1362; aA AG Biedenkopf ZWE 2021, 51 mAnm *Burgmair.*
112 BayObLG NJW-RR 1987, 1362.
113 OLG Schleswig NJW-RR 1987, 1362.
114 LG Frankfurt a.M. ZWE 2020, 199.

eine Versammlung gerade in dieser Zeit einzuberufen.[115] Bei der Ansetzung zu beachten sind Ereignisse von allgemeinem Interesse wie Großereignisse (Endspiel der Fußballweltmeisterschaft, Tag der Deutschen Einheit usw); zu gewichten sind die Interessen im Einzelfall. Schließlich darf eine Eigentümerversammlung nicht durchgeführt werden, wenn die Zusammenkunft öffentlich-rechtlich, etwa aufgrund Schutzmaßnahmen zur Bekämpfung übertragbarer Krankheiten gemäß § 28 IfSchG, verboten ist.[116]

Bei großen Eigentümergemeinschaften, der viele auswärtige Wohnungseigentümer angehören, die zumindest teilweise weite Anfahrtswege haben, darf der Verwalter die Eigentümerversammlung mit Rücksicht auf die berechtigten Interessen der entfernt wohnenden Teilnehmer auch auf 15.00 Uhr an einem Werktag anberaumen.[117] Der **Beginn** der Eigentümerversammlung sollte sonst regelmäßig werktags nicht vor 17:00 Uhr liegen.[118] Zu berücksichtigen ist aber, dass das **Ende** der Versammlung möglichst bis 23:00 Uhr erreicht wird; eine umfangreiche Tagesordnung macht deshalb einen früheren Beginn erforderlich. Bei der Abwägung im Einzelfall kommt es nicht darauf an, dass die Mehrzahl der Eigentümer zu dem gewählten Zeitpunkt zur Versammlung erscheinen kann, sondern der Minderheitenschutz erfordert gerade, die Interessen der anderen möglicherweise wenigen Eigentümer zu wahren.[119] Durch geeignete Maßnahmen ist sicherzustellen, dass die Feststellung der Erschienen und die Prüfung der Vollmachten den Beginn der Versammlung nicht unnötig verzögern und zu spät kommende Wohnungseigentümer den Ablauf nicht verzögern. 36

8. Aufnahme von Tagesordnungspunkten. Die Tagesordnung einer Eigentümerversammlung wird vom Verwalter bestimmt, der sie nach § 23 Abs. 2 (→ § 23 Rn. 44) bei der Einberufung zu bezeichnen hat. Das Gesetz gewährt dem einzelnen Wohnungseigentümer nicht ausdrücklich einen Anspruch auf Aufnahme von ihm bezeichneter Verhandlungsgegenstände auf die Tagesordnung einer Eigentümerversammlung. Ein solches Recht ergibt sich auch nicht auf der Grundlage des in Abs. 3 gewährten Rechts auf Einberufung einer Eigentümerversammlung, weil es die Bestimmung des Abs. 2 aushöhlen und die Gefahr des Missbrauchs durch eine Minderheit bestehen würde.[120] Der einzelne Wohnungseigentümer hat deshalb nicht die Möglichkeit, einen Punkt unmittelbar am Verwalter vorbei auf die Tagesordnung einer Eigentümerversammlung zu bringen,[121] oder die Befugnis, die Versammlung selbst einzuberufen, wenn der Verwalter dem Verlangen nach Aufnahme eines Beratungsgegenstandes in die Tagesordnung aus unsachlichen Gründen nicht stattgibt.[122] 37

Ein Wohnungseigentümer kann aber gemäß § 43 das Gericht anrufen und mit der Klage oder einer einstweiligen Verfügung die Aufnahme von Verhandlungsgegenständen auf die Tagesordnung einer Wohnungseigentümerversammlung beanspruchen, wenn ihre Beratung **ordnungsgemäßer Verwaltung** entspricht (§ 21 Abs. 4), dh wenn sachliche Gründe dafür vorliegen, einen bestimmten Punkt auf einer Versammlung zu erörtern und zum Gegenstand einer Abstimmung zu machen und der Verwalter es daher pflichtwidrig unterlässt, dem Verlangen auf Behandlung dieses Gegenstands in der Eigentümerversammlung nachzukommen.[123] Auf dieser Grundlage sind weder Verwalter noch Gericht an die Formulierung des Themas durch den Antragsteller gebunden, vielmehr dürfen sie es neu formulieren, aufspalten oder in einen größeren Zusammenhang stellen, solange sie das Anliegen des Wohnungseigentümers erschöpfend aufnehmen.[124] 38

9. Einberufungsmängel. Verstöße gegen die Vorschriften über die Einberufung zur Eigentümerversammlung führen grundsätzlich nur zur **Anfechtbarkeit,** nicht aber zur Nichtigkeit der dort gefassten Beschlüsse.[125] Dies ist zB der Fall, wenn die Eigentümerversammlung durch eine nach Abs. 1 nicht legitimierte Person, etwa von dem Verwalter nach Ablauf der Bestellungszeit[126] oder jemandem einberufen wird, der noch nicht Verwalter ist, in der Versammlung aber zum Verwalter bestellt werden soll und auch bestellt wird[127] oder wenn der Vorsitzende des Verwaltungsbeirats die Versammlung einberuft, ohne dass die Voraussetzungen des Abs. 3 vorliegen.[128] Unterbleibt die 39

115 BayObLG NZM 2002, 794.
116 AG Dortmund BeckRS 2020, 23575.
117 OLG Köln NZM 2005, 20.
118 OLG Köln NZM 2005, 20; LG Stuttgart ZWE 2020, 438 Rn. 15.
119 LG München NZM 2005, 591.
120 BayObLG NJW 1970, 1136.
121 BayObLG NJW 1970, 1136; BayObLGZ 1988, 287; OLG Düsseldorf NJW-RR 1986, 96.
122 BayObLG NJW 1970, 1136; OLG Düsseldorf NJW-RR 1986, 96.
123 BayObLG NJW 1970, 1136; BayObLGZ 1988, 287.
124 OLG Saarbrücken ZMR 2004, 533.
125 BGH NJW 2012, 3571 Rn. 5; BGHZ 142, 290 = NJW 1999, 3713 (3714); BayObLG ZWE 2001, 593.
126 BayObLG BeckRS 1994, 07528.
127 BayObLG NZM 1999, 129.
128 OLG Düsseldorf NJW 2006, 3645; OLG Hamm BeckRS 1995, 31008418.

Ladung einzelner Wohnungseigentümer, kann dies zur Anfechtbarkeit der gefassten Beschlüsse führen;[129] bei bewusster Nichtladung oder sonstiger Vereitelung des Teilnahmerechts tritt aufgrund des Eingriffs in den Kernbereich der Mitgliedschaftsrechte Beschlussnichtigkeit ein.[130] Teilt ein Wohnungseigentümer seine ladungsfähige Anschrift aber nicht oder falsch mit und misslingt seine Ladung zu der Eigentümerversammlung aus diesem Grund ohne Verschulden der Verwaltung, muss er sich die unterbliebene Ladung als Folge seiner Obliegenheitsverletzung zurechnen lassen; in der Versammlung gefasste Beschlüsse können dann nicht wegen der unterbliebenen Ladung angefochten werden, und zwar auch nicht durch andere Wohnungseigentümer.[131]

40 Der Einberufungsmangel kann nur im Einzelfall beim Hinzutreten weiterer Umstände auch – unabhängig von den Auswirkungen auf das Abstimmungsergebnis – zur **Nichtigkeit** führen.[132] Das ist etwa der Fall, wenn sich ein gerichtlich abberufener Verwalter mit der Einberufung einer Versammlung bewusst über die gerichtliche Bestellung eines neuen Verwalters hinwegsetzt, so dass auch für die an der Versammlung teilnehmenden Wohnungseigentümer nicht zweifelhaft sein kann, dass der ehemalige Verwalter zu einer solchen Handlung nicht mehr befugt ist; dabei ist auch in den Blick zu nehmen, dass dem Wohnungseigentümer, der sich gegen ein solches Verhalten wehren will, nicht zugemutet werden kann, dass er (möglicherweise erneut) tätig werden und eine Klage erheben muss. Auch die bewusste Umgehung des Mitwirkungsrechts des einzelnen Wohnungseigentümers führt zur Nichtigkeit der daraufhin gefassten Beschlüsse der Wohnungseigentümer. Dies ist gegeben, wenn einem Wohnungseigentümer der Tagungsort der Eigentümerversammlung vorsätzlich nicht mitgeteilt[133] oder er bewusst nicht geladen[134] oder ein Versammlungsort ausgewählt worden ist, den ein Mitglied der Gemeinschaft aus Gesundheitsgründen nicht aufsuchen kann,[135] weil die Wahl gerade dieses Ortes der bewussten Nichtladung des fraglichen Mitgliedes zur Versammlung gleichkommt.

41 Ein Einberufungsmangel wegen eines Ladungsmangels führt, wie andere formelle Mängel auch, dann nicht zur Anfechtbarkeit des Beschlusses, wenn sich feststellen lässt, dass er für die erfolgte Beschlussfassung **nicht ursächlich** war.[136] Dies setzt voraus, dass feststeht[137] oder kein vernünftiger Zweifel daran in Betracht kommt, dass auch bei ordnungsgemäßer Einladung und Durchführung der Versammlung der Beschluss ebenso zustande gekommen wäre.[138] Diese vom BGH für den Vereinsbeschluss[139] und für den Gesellschafterbeschluss einer GmbH[140] entwickelte Rspr. ist auch auf Beschlüsse einer Wohnungseigentümerversammlung übertragen worden.[141] An die Feststellung, ein Beschluss einer Eigentümerversammlung beruhe nicht auf einem Einberufungsmangel, sind strenge Anforderungen zu stellen. Denn die Einberufungsvorschriften sollen eine gleichrangige Mitwirkung aller Wohnungseigentümer am Willensbildungsprozess gewährleisten, und zwar auch dann, wenn sich ein Wohnungseigentümer mit seinen Vorstellungen in einer Minderheitenposition befindet. Die Möglichkeit, dass der durch den Mangel betroffene Wohnungseigentümer das Beschlussergebnis hätte beeinflussen können, muss nicht nur unwahrscheinlich sein, sondern bei vernünftiger Betrachtung unter keinen Umständen in Betracht kommen. Abzustellen ist dabei darauf, wie sich die Dinge in einer Eigentümerversammlung entwickelt hätten, in welcher der nicht ordnungsgemäß geladene Wohnungseigentümer erschienen wäre und die Möglichkeit gehabt hätte, durch von ihm vorgetragene Argumente das Abstimmungsergebnis zu beeinflussen. Deshalb kann nicht allein maßgeblich sein, dass der Beschluss von einer bestimmten Mehrheit der Wohnungseigentümer getragen worden ist und dieselbe Mehrheit den Beschluss in einer Wiederholungsversammlung erneut gefasst hat.[142] Denn es kann nicht ohne weiteres davon ausgegangen werden, dass sich

---

[129] BGH NJW 2013, 3098 Rn. 18; 2012, 3571 Rn. 5 ff.; BGHZ 142, 290 = NJW 1999, 3713 (3714).
[130] BGH NJW 2013, 3098 Rn. 18.
[131] BGH NJW 2013, 3098 Rn. 18.
[132] BayObLG NZM 1999, 129.
[133] BayObLG NZM 2005, 630; OLG Celle ZWE 2002, 276.
[134] OLG Zweibrücken FGPrax 2003, 60.
[135] OLG Köln NZM 2004, 793.
[136] BayObLG NJW-RR 1992, 910; OLG Hamburg BeckRS 2011, 17294; OLG Hamm OLGZ 1992, 309.
[137] BayObLG NZM 2004, 388; 1999, 130; OLG Düsseldorf NJW 2006, 3645; OLG Karlsruhe NZM 1998, 768.
[138] BayObLG ZWE 2001, 593; KG NJW-RR 1997, 1171; OLG Düsseldorf BeckRS 1994, 10136; NJWE-MietR 1997, 85.
[139] BGHZ 59, 369 = NJW 1973, 235.
[140] BGH NJW 1972, 1320 (1321).
[141] BayObLG NJW-RR 1986, 813; OLG Hamm OLGZ 1992, 309; 1979, 296; krit. *Dötsch/Hogenschurz* NZM 2010, 297.
[142] OLG Hamm BeckRS 1995, 31008418.

alle Wohnungseigentümer zu dem Beschlussgegenstand den Argumenten des nicht ordnungsgemäß Geladenen verschlossen hätten.

In der Regel werden Einberufungsmängel **geheilt,** wenn sämtliche Wohnungseigentümer in der Eigentümerversammlung anwesend sind (**Vollversammlung;** → § 23 Rn. 19) und deren Durchführung zugestimmt haben, ohne den Einberufungsmangel zu rügen **(Universalbeschluss).**[143] Hierbei kommt es nicht darauf an, ob einzelne Wohnungseigentümer für oder gegen den Antrag gestimmt oder sich der Stimme enthalten haben. Die Berufung auf einen Einberufungsmangel kann im Einzelfall auch als Folge einer **Obliegenheitsverletzung** rechtsmissbräuchlich sein, zB wenn ein Wohnungseigentümer eine Änderung seiner Anschrift[144] oder einen Eigentümerwechsel nicht mitgeteilt hat.[145] 42

III. Durchführung der Versammlung (Abs. 5)

1. Vorsitz (Abs. 5). a) Leitung der Versammlung. Soweit die Versammlung nicht von ihrem autonomen Gestaltungsrecht Gebrauch macht, durch Mehrheitsbeschluss eine andere Person zum Versammlungsleiter zu bestellen, und dieser das Amt annimmt, ist der **Verwalter** berechtigt und verpflichtet, die Eigentümerversammlung zu leiten. Die Befugnis zur Versammlungsleitung stellt daher weder eine originäre noch eine unentziehbare Kompetenz des Verwalters dar.[146] Als Gehilfe der in der Versammlung zusammengekommenen oder vertretenen Wohnungseigentümer kann der Verwalter diese um Entscheidung von Fragen und Anweisung bei der Versammlungsleitung ersuchen bis hin zur Frage, ob er das Zustandekommen von Beschlüssen feststellen soll.[147] 43

Der Verwalter kann sich für die Versammlungsleitung einer **Hilfskraft** bedienen,[148] sofern diese in seinen Geschäftsbetrieb eingegliedert ist.[149] Es verstößt nicht gegen den Grundsatz der Nichtöffentlichkeit, wenn ein Mitarbeiter des Verwalters den Vorsitz in der Wohnungseigentümerversammlung führt. Denn auf welche Art und Weise der Verwalter seiner Aufgabe zur Leitung der Versammlung gerecht wird, ist seine Sache. Daher ist es ihm unbenommen, sich zur Erfüllung seiner Aufgaben, etwa bei der Feststellung der Erschienenen oder der Auszählung der Stimmen, grundsätzlich eines Erfüllungsgehilfen zu bedienen.[150] Dem stehen die durch den Grundsatz der Nichtöffentlichkeit (→ Rn. 50) geschützten Interessen der Wohnungseigentümer nicht entgegen, sofern der Mitarbeiter des Verwalters aufgrund seiner vertraglichen Beziehung zu dem Verwalter ohnehin zur Verschwiegenheit verpflichtet ist. Sofern die Eigentümerversammlung hiermit nicht einverstanden ist, steht es den Eigentümern frei, durch Mehrheitsbeschluss einen anderen Vorsitzenden zu bestellen. Der Nachweis, dass der Mitarbeiter im Auftrag des Verwalters gehandelt hat, kann unbedenklich noch nachträglich erbracht werden.[151] 44

Ist Verwalterin eine **juristische Person,** so kann die Wahrnehmung des Vorsitzes nicht nur durch eine kraft Gesetzes vertretungsberechtigte Person (zB Geschäftsführer einer GmbH), sondern auch durch einen Prokuristen oder einen rechtsgeschäftlich bestellten Vertreter erfolgen.[152] 45

Die durch Abs. 5 eröffnete Beschlusskompetenz, einen **anderen Vorsitzenden der Eigentümerversammlung** – für die gesamte Versammlung, aber auch nur für einzelne Tagesordnungspunkte – durch Mehrheitsbeschluss zu bestimmen, soll wegen des Grundsatzes der Nichtöffentlichkeit nicht die **Bestellung eines Nichtwohnungseigentümers** zulassen.[153] Das kann nur richtig sein, soweit Vertretungsbeschränkungen vereinbart sind (→ § 25 Rn. 35), denn wer als Vertreter an der Eigentümerversammlung teilnehmen darf, kann auch als Versammlungsleiter nicht die Nichtöffentlichkeit der Eigentümerversammlung verletzen. 46

Aus Wortlaut und Funktion folgt, dass es zeitgleich **nur einen Versammlungsleiter** geben kann, also kein Versammlungspräsidium und auch kein Co-Vorsitzender bestellt werden kann. – Anfechtbar ist ein solcher Eigentümerbeschluss als Geschäftsordnungsbeschluss nicht selbständig; ein solcher Beschluss muss auch nicht in der Tagesordnung angekündigt sein.[154] 47

---

[143] LG Hamburg ZWE 2017, 323; BayObLG BeckRS 1996, 9348 Rn. 13.
[144] BGH NJW 2013, 3098 Rn. 18.
[145] LG München I ZWE 2013, 463.
[146] KG FGPrax 2003, 113.
[147] BGH NZM 2020, 801 Rn. 30.
[148] BayObLG FGPrax 2001, 149; OLG München NJW-RR 2005, 964.
[149] OLG München NJW-RR 2005, 964; ausf. *Dötsch/Hogenschurz* FS Riecke 2020, 209.
[150] KG ZWE 2001, 75.
[151] OLG München NJW-RR 2008, 245.
[152] OLG Schleswig MDR 1997, 821 mAnm *Riecke; Dötsch/Hogenschurz* FS Riecke 2019, 209.
[153] LG Berlin BeckRS 1986, 06108.
[154] BayObLG NJW 1965, 821.

48 **b) Vollmachtsausübung durch den Vorsitzenden der Eigentümerversammlung.** Von der Frage der Versammlungsleitung zu unterscheiden ist die Frage, unter welchen Voraussetzungen der Vorsitzende der Eigentümerversammlung als Mitarbeiter des Verwalters in der Eigentümerversammlung **Vollmachten ausüben** darf, die dem Verwalter erteilt sind. In diesem Fall ist nicht nur die Vollmachtserteilung an den Verwalter gemäß § 25 Ab. 3 **in Textform nachzuweisen,** sondern auch – wo eine Vertretungsmacht für den Verwalter nicht wie bei Geschäftsführer oder Prokurist aus öffentlichen Registern ersichtlich ist – die Unterbevollmächtigung des Mitarbeiters (→ § 25 Rn. 29); dieser Nachweis kann sich schon aus der Mitteilung in der Einladung ergeben, ein namentlich benannter Mitarbeiter werde die Eigentümerversammlung für den Verwalter leiten.

49 **c) Geschäftsordnung.** Der Leiter der Versammlung entscheidet zunächst über Geschäftsordnungsfragen; das sind diejenigen Probleme, die sich auf das Verfahren der Versammlung beziehen (zB Redezeit, Verfahren der Abstimmung; Ende der Debatte; Ablehnung eines Beistands in der Versammlung), nicht auf den Inhalt der Beschlüsse. Die Wohnungseigentümer können jedoch diese Angelegenheiten an sich ziehen und durch Beschluss entscheiden. Ein solcher Beschluss muss nicht nach § 23 Abs. 2 angekündigt werden und ist grundsätzlich nicht selbständig anfechtbar, wenn er mit dem Ende der Versammlung gegenstandslos wird.[155] Wurde die Geschäftsordnungsfrage aber falsch entschieden, kann dies eine Anfechtung der Sachbeschlüsse begründen, sofern nicht ausgeschlossen werden kann, dass diese auch ohne den gerügten Mangel zu Stande gekommen wären.[156]

50 **2. Teilnahmebefugnis. a) Grundsatz der Nichtöffentlichkeit.** Die Eigentümerversammlung findet grundsätzlich **unter Ausschluss der Öffentlichkeit** statt.[157] Dieser Grundsatz, der sich aus dem Wortlaut „Versammlung der Wohnungseigentümer" ableiten lässt, verfolgt zunächst den berechtigten Zweck, die Versammlungen der Wohnungseigentümer von gemeinschaftsfremden Einwirkungen freizuhalten und die Wohnungseigentümer in die Lage zu versetzen, Angelegenheiten der Gemeinschaft in Ruhe und ohne Einflussnahme Dritter zu erörtern, aber auch einer Verbreitung ihrer Angelegenheiten in der Öffentlichkeit vorzubeugen.[158] Auf den Grundsatz der Nichtöffentlichkeit kann seitens der teilnehmenden Eigentümer – auch konkludent – verzichtet werden.[159] Ein Mitschnitt darf nur bei Zustimmung aller, insbesondere der entsprechenden Redner, erfolgen;[160] ein Mehrheitsbeschluss ist nicht ausreichend, weil das allgemeine Persönlichkeitsrecht aller Teilnehmer betroffen ist.[161]

51 Der Grundsatz der Nichtöffentlichkeit erfährt allerdings zahlreiche **Durchbrechungen** und ist deshalb stets auf seinen Sinn und Zweck hin zu befragen, bevor aus ihm Teilnahmebeschränkungen abgleitet werden. Dabei ist zunächst zu bedenken, dass es jedem Wohnungseigentümer – vorbehaltlich abweichender Vereinbarungen (→ § 25 Rn. 33) – im Grundsatz freisteht, sich in der Eigentümerversammlung durch einen oder mehrere Bevollmächtigte vertreten zu lassen.[162] Gemeinschaftsfremde Einwirkungen und Einflussnahmen Dritter durch Redebeiträge des Vertreters lassen sich dann nicht vermeiden. Hinzu kommt die Überlegung, dass die effektive Wahrnehmung des Mitwirkungsrechts jedes Wohnungseigentümers, das allgemein zum Kernbereich seiner unentziehbaren Rechte gehört, im Vorfeld der Eigentümerversammlung einmal vom Gesetzgeber unter anderem durch die Verlängerung der Einladungsfrist auf drei Wochen und die Eröffnung der Möglichkeit der Teilnahme im Wege elektronischer Kommunikation betont wird, zum anderen durch die Annahme ungeschriebener Informationspflichten, sowie nach der Eigentümerversammlung durch die Pflicht zur unverzüglichen Dokumentation der Ergebnisse, die dann Grundlage für eine gerichtliche Überprüfung (§ 44) ist. Schließlich ist es durch die technische Entwicklung heute möglich, auch während der laufenden Eigentümerversammlung zB durch Nutzung von Smartphones externe Berater in einer Weise „geräuschlos" zu beteiligen, die den Ablauf der Versammlung nicht stört. Deshalb erscheint es als bedenklich, gerade den der Beschlussfassung vorangehenden Moment der Diskussion von einer Beratung durch Dritte freizustellen und damit die Diskussion dem rhetorischen Geschick oder intellektuellen Vermögen einzelner Wohnungseigentümer zu überlassen, die allerdings ihrerseits häufig genug dem professionellen Verwalter hinsichtlich der rechtlichen und tatsächlichen, insbeson-

---

[155] BayObLG FGPrax 2002, 169; vgl. zur Ausnahme KG FGPrax 2003, 113.
[156] BayObLG NZM 2001, 766; OLG München NZM 2005, 825.
[157] BGHZ 121, 236 = NJW 1993, 1329 (1330); BayObLG FGPrax 2002, 171; OLG Hamm OLGZ 1990, 57.
[158] BGHZ 99, 90 = NJW 1987, 650 (651); BayObLG FGPrax 2002, 171; OLG Frankfurt OLGZ 1979, 134 (135); OLG Hamm OLGZ 1990, 57; OLG Karlsruhe FGPrax 2006, 253.
[159] OLG Hamburg BeckRS 2007, 11791; LG Düsseldorf ZWE 2012, 44.
[160] OLG Karlsruhe NJW-RR 1998, 1116.
[161] BGH NJW 1994, 3094 zu § 118 AktG; aA LG Itzehoe BeckRS 2020, 28193 Rn. 63.
[162] BGH NJW 2012, 2512 Rn. 10.

dere technischen Kenntnisse unterlegen sind.[163] Der Grundsatz der Nichtöffentlichkeit darf in der Praxis auch nicht dazu führen, den widerspruchsfreien, zügigen Versammlungsablauf auf der Grundlage der vom Verwalter – in Abstimmung mit dem Verwaltungsbeirat – vorgesehenen Geschäftsordnung zu ermöglichen, will man die Eigentümerversammlung als Ort der Wahrnehmung von Minderheiteninteressen bei der Ermessensausübung ernstnehmen. Störungen des Ablaufs kann durch Redezeitbeschränkungen und Ordnungsmaßnahmen bis hin zum Ausschluss von Störenfrieden nach Abmahnung begegnet werden. Keinesfalls ist es gerechtfertigt, die Möglichkeit der Teilnahme im Wege elektronischer Kommunikation mit Rücksicht auf den Grundsatz der Nichtöffentlichkeit als praktisch undurchführbar anzusehen (→ § 23 Rn. 30); der Gesetzgeber hat diese in Kenntnis der in anderen Bereichen, etwa für den Betriebsrat geführten Diskussion zugelassen.

b) Vertreter eines Wohnungseigentümers. Die Nichtöffentlichkeit der Versammlung verbietet nicht, dass neben den Wohnungseigentümern für diese, nicht nur bei deren Verhinderung **in Textform bevollmächtigte Vertreter** zur Teilnahme befugt sind,[164] sofern durch die Gemeinschaftsordnung nichts anderes bestimmt ist. Wenn vereinbart ist, dass sich die Wohnungseigentümer in ihren Versammlungen nur durch bestimmte Personen vertreten lassen dürfen, so betrifft dies nicht nur die Stimmabgabe, sondern jede aktive Beteiligung (→ § 25 Rn. 35). 52

c) Berater, Beistände und notwendige Begleitpersonen. Aus der Nichtöffentlichkeit ergibt sich weiter, dass Berater und Beistände von Wohnungseigentümern **grundsätzlich** nicht an der Versammlung teilnehmen dürfen.[165] Aus § 3 Abs. 3 BRAO ergibt sich kein Recht eines Wohnungseigentümers, gegen den Willen der anderen einen Rechtsanwalt als Berater hinzuziehen zu dürfen.[166] Er darf sich aber durch einen Rechtsanwalt vertreten lassen, wenn nichts anderes vereinbart ist. Im **Einzelfall** kann aber die Abwägung der Interessen der Wohnungseigentümer mit dem Interesse eines einzelnen Wohnungseigentümers, in der Versammlung einen Berater hinzuzuziehen, ergeben, dass die Anwesenheit von Beratern zu gestatten ist,[167] etwa bei Schwerbehinderung eines Eigentümers oder bei rechtlichen oder tatsächlichen/technischen Schwierigkeiten der Angelegenheit.[168] Wenn in der Gemeinschaftsordnung geregelt ist, dass sich die Wohnungseigentümer in der Eigentümerversammlung nur durch bestimmte Personen vertreten lassen dürfen, dann ist es auch einem Beistand nicht erlaubt, in der Versammlung Erklärungen abzugeben und Anträge zu stellen.[169] Zur Versammlung zuzulassen sind auch **notwendige Begleitpersonen,** zB bei Blinden oder Hilflosen. Die Vertreterklausel gilt nicht für zuzulassende Begleitpersonen.[170] 53

Der mit der Nichtöffentlichkeit verfolgte Zweck, dass außenstehende Dritte nicht auf den Ablauf der Versammlung und dadurch womöglich auf die Meinungsbildung der Wohnungseigentümer Einfluss nehmen können, kommt bei der Teilnahme eines **im Interesse der Gesamtheit der Wohnungseigentümer** zur Versammlung hinzugezogenen Beraters, sei es eines **technischen Beraters,** sei es eines **Rechtsberaters,** nicht zum Tragen. Soweit eine solche Person in ihrer Beraterfunktion an der Versammlung teilnimmt, handelt sie im Interesse aller Wohnungseigentümer, von deren Einverständnis der zur Neutralität verpflichtete Verwalter, solange sich kein Widerspruch erhebt, auch dann ausgehen kann, wenn die Anwesenheit nicht vorher angekündigt war.[171] Das den Wohnungseigentümern eingeräumte Ermessen bei der Zulassung Dritter ist auch nicht überschritten, wenn sie zur Versammlung eine Person zulassen, deren Bestellung als Verwalter in Aussicht genommen wird; denn gerade eine Eigentümerversammlung ist geeignet, ein gegenseitiges Kennenlernen zwischen Verwalter und Eigentümern zu ermöglichen; in diesem Zusammenhang beschränkt sich die Zulässigkeit der Teilnahme dritter Personen auch nicht auf den Tagesordnungspunkt der Verwalterwahl. 54

d) Teilnahme von Verwaltungsbeiratsmitgliedern, die nicht Wohnungseigentümer sind. Wer nicht Wohnungseigentümer ist, darf **nur dann** durch Mehrheitsbeschluss zum Verwaltungsbeirat gewählt werden, wenn dies die Gemeinschaftsordnung bzw. eine Vereinbarung der Wohnungseigentümer vorsieht, ein Mehrheitsbeschluss reicht insoweit nicht aus (→ § 29 Rn. 23).[172] Ein Mitglied des Verwaltungsbeirates, das nicht zugleich Wohnungseigentümer ist, steht in der 55

---

[163] *Kappus* NJW 2020, 3617 Rn. 12.
[164] BGH NJW 2012, 2512 Rn. 10.
[165] BGHZ 121, 236 = NJW 1993, 1329 (1330).
[166] BayObLG FGPrax 2002, 171.
[167] OLG Düsseldorf NJW-RR 1995, 1294; OLG Karlsruhe NJWE-MietR 1997, 132.
[168] BGHZ 121, 236 = NJW 1993, 1329 (1331).
[169] BGHZ 121, 236 = NJW 1993, 1329 (1330).
[170] LG Lüneburg BeckRS 2017, 155568 Rn. 16.
[171] BayObLG NJW-RR 2004, 1312.
[172] 2BayObLG NJW-RR 1992, 210; KG NJW-RR 1989, 460.

Eigentümerversammlung jedenfalls in dem Umfang ein Anwesenheitsrecht zu, als der Aufgabenbereich des Verwaltungsbeirats betroffen ist.[173] Zum Umfang der Überwachungspflicht des Verwaltungsbeirats → § 29 Rn. 30. Unabhängig von der Frage, ob in einem solchen Fall eine Pflicht zur Ladung besteht,[174] ist die Teilnahme an der Versammlung häufig zweckmäßig. Es dient der sachgerechten Erfüllung der dem Verwaltungsbeirat obliegenden Aufgaben, wenn er zu Fragen, die seinen Aufgabenkreis betreffen, auch unmittelbar in der Eigentümerversammlung Stellung nehmen und auf Nachfragen Erläuterungen abgeben kann, zumal § 29 Abs. 3 nicht vorschreibt, dass die dort vorgesehene Stellungnahme schriftlich erfolgen muss.

56 **3. Ablauf, insbesondere Rederecht.** Der Versammlungsvorsitzenden leitet die Eigentümerversammlung. Durch die Eröffnung, regelmäßig mit Feststellung der Beschlussfähigkeit, trennt der Vorsitzende der Eigentümerversammlung Vorgespräche von der Eigentümerversammlung. **Ziel der Versammlungsleitung** ist die ungestörte Willensbildung der Wohnungseigentümer durch formell ordnungsmäßiger Verwaltung entsprechende Mehrheitsbeschlüsse. Soweit durch die Ausgestaltung der Versammlungsleitung die Teilnahmemöglichkeit einzelner Wohnungseigentümer betroffen ist, kann diesen ein Anspruch auf Anordnungen zur Ermöglichung ihrer Teilnahme zustehen.[175]

57 Die **Diskussionsleitung** umfasst den Aufruf des Tagesordnungspunkts, die Entgegennahme von Wortmeldungen und Beschlussanträgen und die Festlegung der Reihenfolge bei der Worterteilung sowie die Begrenzung der Redezeit.[176] Die **Redezeit** muss so bemessen werden, dass einerseits jeder Wohnungseigentümer den beabsichtigten Wortbeitrag liefern kann, andererseits der ordnungsgemäße und zügige Ablauf der Versammlung gewährleistet bleibt, also den Verhältnismäßigkeitsgrundsatz beachten und das Rederecht der Eigentümer möglichst schonend beschränken.[177] Weil es auf die Umstände des Einzelfalls ankommen muss, kann ein Beschluss, der eine Redezeitbeschränkung auch für künftige Versammlungen zum Inhalt hat, nicht ordnungsmäßiger Verwaltung entsprechen.[178] Das Rederecht darf nur ausnahmsweise beschränkt oder gar entzogen werden, etwa bei einer Redezeitüberschreitung oder wenn ein Wohnungseigentümer völlig unsachlich wird.[179] Kritik eines Wohnungseigentümers, auch wenn sie sachlich überzogen und persönlich abwertend ist, ist bis zur Grenze der strafbaren Beleidigung hinzunehmen.[180]

58 Zur Aufrechterhaltung der Ordnung stehen ihm **Geschäftsordnungsmaßnahmen** (Ermahnung, Entziehung des Rederechts, Hausrecht). Die Wohnungseigentümer können **Geschäftsordnungsbeschlüsse** (→ Rn. 60) treffen, die dann auch von dem Versammlungsvorsitzenden zu beachten sind,[181] insbesondere Geschäftsordnungsmaßnahmen des Verwalters auch wieder aufheben. Um den Ablauf der Versammlung regeln zu können, werden Geschäftsordnungsbeschlüsse in der Regel zu Beginn der Versammlung getroffen, können aber auch erst im Laufe der Versammlung erforderlich werden, wie die Vertagung einzelner Beschlussgegenstände.

59 In der Versammlung sind die einzelnen **Tagesordnungspunkte** grundsätzlich gemäß der in der Einladung angegebenen Reihenfolge zu behandeln; der Vorsitzende der Eigentümerversammlung darf einen neuen Punkt erst aufrufen, wenn die vorhergehenden Punkte erledigt sind. Davon kann aufgrund eines Geschäftsordnungsbeschlusses, unter Umständen auch aufgrund unwidersprochen gebliebener Anordnung des Vorsitzenden der Eigentümerversammlung abgewichen werden.[182] Ein Verstoß gegen die in der Einladung angegebene **Reihenfolge** kann zur Ungültigerklärung eines Eigentümerbeschlusses führen, wenn ein Wohnungseigentümer die Versammlung in der begründeten Annahme verlassen hat, ein ihn besonders interessierender Tagesordnungspunkt sei ohne Abstimmung erledigt, aber zu diesem Punkt später noch ein Eigentümerbeschluss gefasst wird.[183] Zur Abstimmung und Ermittlung der Mehrheit → § 25 Rn. 26; zu Feststellung und Verkündung des Beschlussergebnisses → § 23 Rn. 10.

60 **4. Geschäftsordnungsbeschlüsse.** Zur Regelung von Verfahrensfragen die Wohnungseigentümerversammlung betreffend dienen nach herkömmlichem Sprachgebrauch Geschäftsordnungsord-

173 LG Berlin GE 2020, 619; OLG Hamm FGPrax 2007, 71; offengelassen von BayObLG NJW-RR 1988, 270.
174 Insoweit verneinend BayObLG NJW-RR 1988, 270.
175 OLG Köln NJW-RR 2001, 88; LG Dortmund ZWE 2014, 127, jeweils zum Anspruch auf ein allgemeines Rauchverbot.
176 OLG Stuttgart NJW-RR 1986, 1277.
177 LG Frankfurt a.M. NZM 2018, 871.
178 LG Frankfurt a.M. ZWE 2014, 408.
179 OLG Saarbrücken ZMR 2004, 67.
180 LG München I ZWE 2014, 462; AG München ZMR 2018, 84.
181 BGH NJW 2002, 3629.
182 BayObLG NZM 1999, 672.
183 BayObLG NZM 1999, 672.

nungsbeschlüsse.[184] Zur neuen Regelungsbefugnis bei Beschlüssen außerhalb der Eigentümerversammlung gemäß § 23 Abs. 3 S. 2 → § 23 Rn. 58. In der Sache unbestritten sind **Mehrheitsentscheidungen der Wohnungseigentümer zu Verfahrensfragen** zulässig, einzelfallbezogen, also eine konkrete Eigentümerversammlung oder Beschlussfassung betreffend, aber auch zur generellen Regelung für alle Eigentümerversammlungen in der Zukunft. Nur letztere Eigentümerbeschlüsse können selbständig angefochten werden.[185] Im Übrigen werden Geschäftsordnungsbeschlüsse als bloße Zwischenentscheidung verstanden, die der Sachentscheidung der Eigentümerversammlung vorangehen, und deshalb grundsätzlich nicht eigenständig angefochten werden können, sondern nur die Sachentscheidung wegen eines Verfahrensfehlers;[186] bei Wiederholungsgefahr soll die Klärung vorbeugend durch eine Feststellungsklage erfolgen.[187]

5. Unterbrechung der Versammlung bei Vorliegen besonderer Umstände. Der Vorsitzende der Eigentümerversammlung hat die **Befugnis,** die Eigentümerversammlung zu unterbrechen, wenn dies ordnungsmäßiger Durchführung der Wohnungseigentümerversammlung entspricht. Er entscheidet über die Vornahme einer – auf ein angemessenes zeitliches Maß beschränkten – Unterbrechung nach pflichtgemäßem Ermessen.[188] Eine Unterbrechung der Eigentümerversammlung ohne eine zumindest ungefähre vorhergehende **Festlegung der Unterbrechungsdauer** ist mit einer ordnungsmäßigen Versammlungsführung nicht vereinbar.[189] 61

Die während der Unterbrechung geführten Unterredungen zwischen den Eigentümern untereinander oder mit einem externen Dritten sind **nicht Bestandteil der Eigentümerversammlung.** Ein Ausschluss einzelner Wohnungseigentümer von einem während der Unterbrechung geführten Gespräch einer Gruppe von Wohnungseigentümern stellt daher keinen Ausschluss von der Wohnungseigentümerversammlung dar. Unterredungen der Wohnungseigentümer während einer Das Fehlen eines sachlichen Grundes für die Vornahme einer Unterbrechung kann dazu führen, dass die Entscheidung über die Unterbrechung ermessensfehlerhaft ist, ändert aber nichts daran, dass während der Unterbrechung gerade keine Eigentümerversammlung stattfindet. Ebenso wenig werden während der Unterbrechung geführte Gespräche der Wohnungseigentümer dadurch zu solchen der Eigentümerversammlung, dass sie einen sachlichen Bezug zu den Themen der Eigentümerversammlung aufweisen.[190] 62

Die Unterbrechung einer Wohnungseigentümerversammlung für ein **Mandantengespräch** zwischen den von einem Beschlussanfechtungsverfahren betroffenen Wohnungseigentümern und ihrem Prozessbevollmächtigten entspricht nur bei Vorliegen besonderer Umstände ordnungsmäßiger Durchführung der Versammlung, nämlich wenn ein Beratungsbedarf erst aufgrund der in der Eigentümerversammlung geführten Diskussion zu einem bestimmten Tagesordnungspunkt, insbesondere nach unzureichender Vorab-Information durch den Verwalter, entsteht.[191] Eine sachgerechte Beratung hierzu erfordert es sonst nicht, das Mandantengespräch auf den Zeitpunkt einer bereits laufenden Eigentümerversammlung zu legen. Denn den Wohnungseigentümern ist zumutbar, Informationsgespräche mit ihrem Prozessbevollmächtigten zeitlich so zu legen, dass die Eigentümerversammlung hiervon unberührt bleibt.[192] 63

6. Schließung der Versammlung. Über die Schließung der Versammlung hat zunächst der Versammlungsleiter zu entscheiden, wenn nicht die Fortsetzung aus tatsächlichen Gründen (Gebäuderäumung wegen Brandalarms, Tumult, Geschäftsschluss des Tagungslokals usw.) unmöglich wird. Der Verwalter ist grundsätzlich nicht berechtigt, die Versammlung zu beenden, wenn die **Tagesordnung** noch nicht **abgearbeitet** ist. Es steht nicht im Belieben des Verwalters, die Versammlung vorzeitig zu beenden, etwa weil es zu ihm unliebsamen Entscheidungen gekommen ist; dann können die Wohnungseigentümer durch Mehrheitsbeschluss einen anderen Vorsitzenden der Eigentümerversammlung bestimmen, der die Versammlung zu Ende bringt. Zur Erstellung von Teilniederschriften durch den jeweiligen Versammlungsleiter → Rn. 72. Allerdings wird eine Vertragung durch den Vorsitzenden der Eigentümerversammlung unumgänglich, soweit angesichts der Vielzahl der unbewältigten Tagesordnungspunkte ein Versammlungsende zu den Wohnungseigentümern zumutbarer 64

---

[184] BGH NZM 2020, 801 Rn. 30; *Greiner* ZWE 2016, 297; aA *Hügel/Elzer* Rn. 69.
[185] OLG München FGPrax 2007, 21.
[186] OLG Schleswig NZM 2007, 132; OLG München NZM 2005, 825 (827); KG FGPrax 2003, 113.
[187] KG FGPrax 2003, 113; BayObLG NJW-RR 1996, 254.
[188] BGH NJW 2017, 666 Rn. 16.
[189] BGH NJW 2017, Rn. 19.
[190] BGH NJW 2017, 666 Rn. 13.
[191] BGH NJW 2017, 666 Rn. 16.
[192] BGH NJW 2017, 666 Rn. 17.

Nachtstunde nicht erreicht werden kann; hier muss – unter Beachtung der Ladungsfrist – ein **Fortsetzungstermin** anberaumt werden.

65 Wurde die **Versammlung geschlossen,** können keine weiteren Beschlüsse mehr gefasst werden.[193] Verlässt der Leiter der Versammlung den Versammlungsort, nachdem sämtliche Tagesordnungspunkte abgehandelt sind, ohne die Versammlung ausdrücklich zu schließen, ist grundsätzlich mit seinem Weggang die Versammlung als beendet anzusehen und danach kein Raum mehr für eine Beschlussfassung durch die verbliebenen Anwesenden.[194]

IV. Niederschrift der Beschlüsse (Abs. 6)

66 **1. Normzweck.** Die Niederschrift der „gefassten" Beschlüsse, von der Praxis als **Protokoll** der Eigentümerversammlung oder Versammlungsprotokoll bezeichnet, dient dazu, den Inhalt der Beschlüsse im Wortlaut zukunftsfest zu **dokumentieren** und die Wohnungseigentümer, die an der Eigentümerversammlung nicht persönlich teilgenommen haben, über deren Inhalt zu **informieren.**[195] Dazu gehört auch die Dokumentation, wer einer baulichen Veränderung im Fall des § 21 Abs. 3 S. 1 kostenpflichtig zugestimmt hat (→ § 21 Rn. 83).[196]

67 Durch die Formulierung **„unverzüglich"** (wie bei der Beschluss-Sammlung gemäß Abs. 7 S. 7; → Rn. 91) wird die schon bisher herrschende Literaturmeinung[197] betont, die eine Fertigstellung ohne schuldhaftes Zögern (→ BGB § 121 Rn. 7), also regelmäßig unmittelbar nach der Versammlung fordert, und damit eine Verzögerung der Fertigstellung innerhalb der Anfechtungsfrist von einem Monat gemäß § 45 verhindert. Die Niederschrift bietet aufgrund des in S. 2 vorgesehenen Erfordernisses der Unterschriften mehrerer Erklärender – anders als die vom Verwalter allein zu führende Beschluss-Sammlung (→ Rn. 85) – eine besondere Richtigkeitsgewähr. Die Niederschrift ist Grundlage für die Eintragungen von Beschlüssen in das Grundbuch gemäß § 5 Abs. 4 S. 1, § 7 Abs. 2 (→ § 5 Rn. 43) und Nachweis der Verwalterstellung gemäß § 26 Abs. 4 (→ § 26 Rn. 114).

68 **2. Notwendiger Inhalt (Abs. 6 S. 1).** Über die in der Wohnungseigentümerversammlung gefassten **Beschlüsse** ist eine Niederschrift **im Wortlaut** zu fertigen. Ein Ablaufprotokoll ist nicht erforderlich, kann aber durch die Wohnungseigentümer vereinbart werden. Zum **notwendigen Inhalt der Niederschrift** gehören im Übrigen zunächst der Name der Eigentümergemeinschaft, der Datum der Versammlung, Angaben zu Beschlussfähigkeit der Versammlung und deren Veränderung im Laufe der Versammlung, der Wortlaut der Beschlussanträge zu den Tagesordnungspunkten, das Abstimmungsergebnis (Anzahl der gültigen Ja- und Nein-Stimmen; im Falle des § 21 Abs. 3 S. 1 der Zustimmenden → § 21 Rn. 83) und das Beschlussergebnis, schließlich zum Vorsitzenden der Eigentümerversammlung.[198]

69 Soweit ein Beschluss auf eine **Anlage** Bezug nimmt, muss die Anlage in die Niederschrift aufgenommen werden, soweit dies zur Bestimmtheit des Beschlussinhalts erforderlich ist.[199] Was weiter zu protokollieren ist, kann durch Vereinbarung oder Eigentümerbeschluss geregelt werden.[200] Im Übrigen steht der Umfang der Beurkundung im pflichtgemäßen, nur eingeschränkt gerichtlich überprüfbaren Ermessen des Vorsitzenden der Eigentümerversammlung,[201] das insbesondere eine einseitige oder verzerrte Darstellung von Diskussionsbeiträgen und die Aufnahme beleidigender Äußerungen verbietet.[202] Ein Anspruch des einzelnen Teilnehmers auf Aufnahme von Diskussionsbeiträgen besteht nicht.[203] Als **weitere Angaben** kommen in Betracht Angaben zur Ladungsfrist (Datum der Einladung), zum Versammlungsort, zur Versammlungsstätte, zu Beginn und Ende (Versammlungszeit), zu den Teilnehmern (Teilnehmerverzeichnis), zu Beschlussanträgen, über die nicht abgestimmt wurde, zu Stimmrechtsausschlüssen, zu Enthaltungen, zu Feststellung und Verkündung des Beschlussergebnisses (→ § 23 Rn. 10), zum Ablauf (insbesondere zu Ordnungsmaßnahmen), zu Informationen des Verwalters (zB bei der Beschlussfassung über eine Kreditaufnahme; → § 18 Rn. 14).

---

193 KG OLGZ 1989, 51; Palandt/*Wicke* § 23 Rn. 2.
194 BayObLG NZM 1998, 1010.
195 BayObLG NZM 2004, 108; LG Hamburg BeckRS 2011, 1205; *Becker* ZWE 2016, 2.
196 *Dötsch/Schultzky/Zschieschack* WEG-Recht 2021 Kap. 6 Rn. 139 ff.
197 Staudinger/*Häublein,* 2018, Rn. 241; aA – nämlich spätestens eine Woche vor Ablauf der Anfechtungsfrist – BayObLG NZM 2001, 754; OLG Frankfurt BeckRS 1990, 7897.
198 *Becker* ZWE 2016, 2 (4).
199 *Becker* ZWE 2016, 2 (5).
200 BayObLG BeckRS 2003, 30334866; *Becker* ZWE 2016, 2 (4).
201 OLG Hamm OLGZ 1989, 314 (315).
202 LG Hamburg BeckRS 2011, 1205.
203 BayObLG BeckRS 2003, 30334866.

Die Protokollierung eines Beschlusses ist weder Voraussetzung für die Existenz noch für Wirksamkeit eines gefassten Beschlusses. Das **Unterbleiben der Niederschrift** begründet daher nicht die Ungültigkeit und die Anfechtbarkeit von Beschlüssen der Wohnungseigentümerversammlung, es sei denn, es ist etwas anderes vereinbart (→ § 23 Rn. 12).[204] Ein Eigentümerbeschluss ist auch nicht deswegen ungültig, weil die Versammlungsniederschrift lediglich festhält, dass er mit Mehrheit gefasst wurde, ohne die Anzahl der Für- und Gegenstimmen anzugeben.[205] Denn die für das Entstehen eines Eigentümerbeschlusses erforderliche Feststellung und Verkündung des **Abstimmungsergebnisses** durch den Vorsitzenden der Eigentümerversammlung (→ § 23 Rn. 10) brauchen grundsätzlich nicht in das Versammlungsprotokoll aufgenommen zu werden; die Feststellung kann auch in konkludenter Weise geschehen, es sei denn, dass sich das hieraus folgende Beschlussergebnis in Frage stellen lässt.[206] Eine Protokollierung des Abstimmungsergebnisses empfiehlt sich aber im Hinblick auf eine eventuell erforderlich werdende Überprüfung der vom Verwalter getroffenen Feststellung des Zustandekommens eines Beschlusses. 70

3. Form und Unterschriften (Abs. 6 S. 2); Beweiswirkung. Die Aufgabe des **Protokollführers** weist das Gesetz dem Vorsitzenden der Versammlung zu; er kann aber auch eine andere Person als Hilfsperson hiermit beauftragen, bleibt indes durch das Unterschriftserfordernis des S. 2 für den Inhalt stets selbst verantwortlich. Nach Abs. 6 S. 2 ist die Niederschrift von den dort genannten Personen, nämlich dem **Vorsitzenden der Eigentümerversammlung** und **einem Wohnungseigentümer,**[207] der durch Eigentümerbeschluss mit seinem Einverständnis bestimmt werden kann, und ggf. zusätzlich von dem **Vorsitzenden des Verwaltungsbeirats** oder seinem Stellvertreter – nicht notwendig auf demselben Exemplar[208] – zu unterzeichnen. Damit kommt der Niederschrift eine besondere Richtigkeitsgewähr zu.[209] Unterschriften setzen eine **schriftliche Niederschrift** voraus; dafür sprechen auch Gesetzessystematik und die Gesetzgebungsgeschichte, denn hier ist eine andere Form (Textform usw) nicht erwähnt und der Gesetzgeber des WEMoG hat hier – anders etwa als beim Vollmachtsnachweis gemäß § 25 Abs. 3 – auf deren Einführung stillschweigend verzichtet. 71

Die Anwendung dieser Grundsätze ist in der zahlreichen Rechtsprechung in den **Einzelheiten** umstritten. Geklärt ist: Nur wer in der Versammlung **zugegen** war, kann die Niederschrift unterschreiben, weil nur dann die Funktion der Unterschriften, eine Gewähr für die Richtigkeit der Niederschrift zu bieten, gewahrt ist.[210] Wechselt der Vorsitz während der Eigentümerversammlung, haben entweder beide Vorsitzenden die Niederschrift gemeinsam zu erstellen oder zu unterzeichnen, oder jeder von ihnen hat ein **Teilprotokoll** zu erstellen und dieses zu unterzeichnen. Wohnungseigentümer ist auch der bloße Miteigentümer eines Wohnungseigentums, so dass dessen Unterschrift genügt; § 25 Abs. 2 S. 2 gilt nicht entsprechend.[211] Wenn ein **Verwaltungsbeirat** nicht bestellt ist, bedarf es keiner weitere Unterschrift eines anderen Versammlungsteilnehmers.[212] Wenn entgegen § 29 Abs. 1 S. 2 kein Vorsitzender des Verwaltungsbeirats bestellt ist, ist dessen Unterschrift entbehrlich.[213] Führt der Beiratsvorsitzende ausnahmsweise den Vorsitz in der Versammlung, soll es dagegen nicht genügen, wenn er in seiner in Doppelfunktion – als Beiratsvorsitzender und Vorsitzender der Eigentümerversammlung – und ein weiterer Wohnungseigentümer ihre Unterschrift leisten, soweit für den Verwaltungsbeirat dessen stellvertretender Vorsitzender unterschrieben kann,[214] wenn er denn in der Eigentümerversammlung anwesend war.[215] Unterzeichnen mehrere Wohnungseigentümer mit dem Zusatz „Beirat“, dann schließt dies nicht aus, sie gleichwohl als die nach Abs. 6 S. 2 erforderliche Unterschrift „eines Wohnungseigentümers“ anzusehen, sofern die erforderliche Anzahl von Wohnungseigentümern und Beiratsmitgliedern die Unterschrift geleistet haben.[216] Zur Ein-Mann-Versammlung → § 23 Rn. 21. 72

---

[204] BGHZ 136, 187 = NJW 1997, 2956 (2957); BayObLG NJW-RR 2005, 456.
[205] BayObLG ZWE 2001, 538.
[206] BGHZ 148, 335 = NJW 2001, 3339 (3342) unter III.3. dd; Staudinger/*Häublein,* 2018, Rn. 248; aA *Becker/Gregor* ZWE 2001, 245.
[207] Zum werdenden Wohnungseigentümer KG ZWE 2018, 397.
[208] KG ZWE 2018, 264.
[209] BGHZ 148, 335 (342) = NJW 2001, 3339.
[210] OLG Hamm ZWE 2011, 417.
[211] DNotI Gutachten DNotI-Report 2018, 113.
[212] LG Oldenburg Rpfleger 1983, 436.
[213] KG ZWE 2018, 263.
[214] *Demharter* Rpfleger 2010, 499.
[215] *Demharter* Rpfleger 2010, 499.
[216] KG ZWE 2018, 267; OLG Hamm ZWE 2011, 417; *Demharter* ZWE 2012, 75 (76); aA OLG Düsseldorf ZWE 2010, 182.

73 Die Protokollierung soll unverzüglich (→ Rn. 67) erfolgen. Eine fehlende Unterschrift kann **nachgeholt** werden.[217] Beim **Fehlen einer Unterschrift** sind die Eigentümerbeschlüsse grundsätzlich weder nichtig, wenn nicht eine besondere Form der Protokollierung als Wirksamkeitserfordernis vereinbart ist (→ § 23 Rn. 12), noch zur Anfechtbarkeit.[218] Während der Vorsitzende der Eigentümerversammlung verpflichtet ist, eine Niederschrift der Versammlung zu erstellen und durch Unterschrift die Verantwortung für deren Richtigkeit zu übernehmen, können in der Regel weder der Wohnungseigentümer noch der Verwaltungsbeiratsvorsitzende bzw. dessen Stellvertreter gezwungen werden, die Niederschrift zu unterschreiben.[219] Denn mit dieser Unterschrift soll eine besondere Richtigkeitsgewähr sichergestellt werden, so dass sich die Unterschrift nicht nur auf die Erklärung ergibt, dass die Niederschrift vom Vorsitzenden der Eigentümerversammlung erstellt worden ist, sondern auch, dass die Niederschrift inhaltlich zutreffend ist. Das Fehlen der Unterschrift des Wohnungseigentümers und ggfls. des Verwaltungsbeiratsvorsitzenden lässt deshalb – soweit die Genannten in der Eigentümerversammlung anwesend waren – als Beweisanzeichen den Schluss zu, dass diese nicht erklärt haben, die Niederschrift sei richtig; das Fehlen der Unterschrift ist in diesem Sinne Beweisanzeichen für eine mögliche Unrichtigkeit der Niederschrift. Eine Pflicht zur Unterschrift und damit eine Pflicht zur Einigung über den Protokollinhalt muss allerdings auch für den Wohnungseigentümer und ggf. den Verwaltungsbeiratsvorsitzenden angenommen werden, wenn die Gemeinschaftsordnung eine Bestimmung enthält, dass zur Gültigkeit eines Beschlusses der Wohnungseigentümerversammlung die Protokollierung des Beschlusses erforderlich und das Protokoll von den in Abs. 6 S. 2 zu unterzeichnen ist (→ § 23 Rn. 12), denn damit käme dem Unterzeichnungserfordernis sonst die Bedeutung eines grundsätzlich nicht anzunehmenden Vetorechts einzelner Wohnungseigentümer, insbesondere des Beiratsvorsitzenden zu.

74 Praktische Bedeutung hat das Unterschrifterfordernis insbesondere über § 26 Abs. 4 beim **Nachweis der Verwalterstellung** (→ § 26 Rn. 114), vor allem beim Nachweis der **Veräußerungszustimmung** des Verwalters gemäß § 12 Abs. 1 gegenüber dem Grundbuchamt (→ § 12 Rn. 42) sowie bei der Eintragung von Eigentümerbeschlüssen gemäß § 5 Abs. 4 S. 1, § 7 Abs. 2. Im Übrigen kommt der Niederschrift der **Beweiswert** einer Privaturkunde gemäß § 416 ZPO zu,[220] hat also anders als eine öffentliche Urkunde keine formelle Beweiskraft für ihren Inhalt, weder positiv noch negativ. Die Niederschrift ist aber – wenn alle erforderlichen Unterschriften von in der Versammlung Anwesenden vorliegen[221] – ein sehr **wichtiges Indiz** dafür, dass Beschlüsse in der Eigentümerversammlung sowie wie in der Niederschrift wiedergegeben oder auch nicht gefasst worden sind.[222] Wird ein Beschluss nicht beurkundet, ist dies ein Indiz dafür, dass es diesen Beschluss auch nicht gibt.[223] Ein Beweiswert kommt der Niederschrift auch zu, soweit ein zwingender Inhalt nicht protokolliert ist.[224] Wer geltend macht, die Niederschrift sei unrichtig oder unvollständig, muss den Erfahrungssatz von der Vollständigkeit und Richtigkeit von schriftlichen Erklärungen[225] (→ BGB § 125 Rn. 39) widerlegen. Zum Widerspruch zwischen Niederschrift und Eintragung in der Beschluss-Sammlung → Rn. 100.

75 **4. Einsichtnahme, Aufbewahrung und Versendung.** Jeder Wohnungseigentümer ist zur **Einsichtnahme** in die Niederschriften berechtigt; dabei handelt es sich um einen Unterfall des allgemeinen Einsichtsrechts aus § 18 Abs. 4 (→ § 18 Rn. 139). Richtiger **Anspruchsgegner** ist nach der Vorstellung des WEMoG-Gesetzgebers, wie in der Gesetzesbegründung zu § 18 Abs. 4[226] allgemein zum Ausdruck gekommen ist, die Gemeinschaft der Wohnungseigentümer, deren Organ der Verwalter bei der Verwahrung der Niederschriften und der Gewährung des Einsichtsrechts ist, die zum Verwaltungsvermögen gehören. Ein besonderes berechtigtes Interesse an der Einsicht in die Niederschriften braucht der Einsichtsberechtigte nicht darzulegen.[227] Das Einsichtsrecht ist aber durch das Schikane- und Missbrauchsverbot gemäß §§ 226, 242 BGB beschränkt.[228] Neben dem

[217] OLG München NJW 2008, 156; *Heggen* RNotZ 2010, 455 (456); aA OLG Düsseldorf ZWE 2010, 182.
[218] OLG Hamm ZWE 2013, 215 (216).
[219] AA *Becker* ZWE 2016, 2 (5).
[220] BGHZ 136, 187 = NJW 1997, 2956; BayObLG NJW-RR 2003, 9 (10); NZM 2002, 616; LG Hamburg ZWE 2013, 418.
[221] BGHZ 136, 187 = NJW 1997, 2956; BayObLG BeckRS 1989, 05873.
[222] BayObLG NJW-RR 1990, 210; LG Hamburg BeckRS 2015, 11950; LG Frankfurt a.M. BeckRS 2019, 31880.
[223] BGHZ 136, 187 = NJW 1997, 2956.
[224] BGH NJW 2015, 3651 Rn. 47.
[225] Krit. *Hügel/Elzer* Vor § 43 Rn. 34.
[226] BT-Drs. 19/18791, 58 zu Verwaltungsunterlagen allgemein.
[227] OLG Köln NJW-RR 2002, 375; BayObLG NZM 2000, 873 (874); KG NZM 2000, 828 (829).
[228] BayObLG BeckRS 2004, 17251; ZWE 2000, 407; BayObLGZ 1978, 231 (234); OLG Köln NJW-RR 2002, 375.

Wohnungseigentümer ist zur Einsichtnahme aus eigenem Recht berechtigt, wer wie Insolvenz- oder Zwangsverwalter dessen Recht kraft Amtes wahrnimmt. Die Wohnungseigentümer können **Dritte zur Einsichtnahme bevollmächtigen,** ohne dass diese selbst ein eigenes berechtigtes Interesse an der Einsichtnahme – wie eine fehlende Sachkunde des Wohnungseigentümers oder die Stellung des Vertreters als Vertrauter oder Mieterin des Wohnungseigentümers, die vage und zum angestrebten Schutz des Geheimhaltungsinteresses ungeeignet sind – haben müssten,[229] denn für die Annahme eines höchstpersönlichen Rechts gibt es keine Grundlage und eine Geheimhaltung; schließlich kann sich der Wohnungseigentümer grundsätzlich auch durch einen beliebigen Dritten in der Versammlung vertreten lassen (→ § 25 Rn. 35).

Eine Regelung des Leistungsorts, wie sie der Referentenentwurf (WEModG) noch „an dem Ort …, an dem die Verwaltung geführt wird" vorsah,[230] ist im Gesetzgebungsverfahren ohne weitere Begründung entfallen, so dass § 269 BGB anzuwenden und auf den Schwerpunkt der Verwaltertätigkeit abzustellen ist.[231] Die Einsichtnahme muss grundsätzlich in den **Geschäftsräumen des Verwalters** – nach Vorankündigung während üblicher Bürozeiten[232] – erfolgen, wenn nichts anderes im Verwaltervertrag vereinbart ist[233] oder etwa bei Entfernung zwischen Sitz und Wohnungseigentumsanlage nach den Umständen anzunehmen ist.[234] Der Verwalter muss die früheren Niederschriften vor oder bei einer Eigentümerversammlung am Versammlungsort zur Einsichtnahme bereithalten.[235] Neben der Einsichtnahme besteht ein Anspruch auf die **Überlassung von Kopien,** nicht bloß Abschriften, gegen Kostenerstattung;[236] aber nicht auf Übersendung von Kopien.[237] Überlässt der Verwalter, der hierzu nicht verpflichtet ist, einem Wohnungseigentümer die Niederschriften zur Prüfung außerhalb seiner Geschäftsräume, kommt regelmäßig ein Leihvertrag zustande mit der Folge, dass der Verwalter die Herausgabe der Unterlagen im eigenen Namen verlangen kann.[238] **76**

Das Einsichtsrecht in die Niederschrift wird ergänzt (und nicht ersetzt) durch das Einsichtsrecht in die **Beschluss-Sammlung** in § 24 Abs. 7 S. 8 (→ Rn. 98). Die Niederschriften sind vom Verwalter dauernd **aufzubewahren.** Dies ergibt sich aus dem Einsichtsrecht der Wohnungseigentümer, den Rechtswirkungen nach § 10 Abs. 3 S. 2 sowie daraus, dass Beschlüsse noch nach Jahrzehnten Bedeutung haben können. **77**

Die **Versendung** der Niederschrift nach ihrer Fertigstellung ist nach dem Gesetz nicht vorgeschrieben.[239] Die Wohnungseigentümer können eine Pflicht zur Übersendung aber vereinbaren oder im Verwaltervertrag festlegen. **78**

5. Genehmigung und Berichtigung der Niederschrift. a) Keine Genehmigung oder Berichtigung der Niederschrift durch die Eigentümerversammlung. Eine eventuelle Berichtigung der Niederschrift über die Versammlung der Wohnungseigentümer obliegt wie die Abfassung der Niederschrift ausschließlich den in Abs. 6 genannten Personen. Der Gesamtheit der Wohnungseigentümer oder der nächsten Eigentümerversammlung obliegt weder Abfassung noch Berichtigung der Niederschrift.[240] Dies kann die Eigentümerversammlung nicht dadurch unterlaufen, dass sie sich die Genehmigung des Protokolls oder dessen Korrektur vorbehält oder eine korrigierte Fassung beschließt oder Weisungen zum Inhalt beschließt. **79**

Die Niederschrift ist eine von den Unterzeichnern errichtete Privaturkunde iSv § 416 ZPO, der hinsichtlich der Richtigkeit ihres Inhalts keine gesetzliche Beweiskraft zukommt.[241] Ein gleichwohl gefasster Eigentümerbeschluss über eine Genehmigung oder Berichtigung des Protokolls kann ordnungsmäßiger Verwaltung widersprechen, weil er die Aussage anderer Erklärender nicht ändern kann, und wäre geeignet, zu Missverständnissen zu führen, etwa dass die Unrichtigkeit des Protokolls auch von denjenigen nicht mehr geltend gemacht werden dürfe, die bei der Beschlussfassung nicht mitgewirkt haben oder die bei der Beschlussfassung überstimmt worden sind.[242] Das schließt nicht **80**

---

[229] AA LG Saarbrücken BeckRS 2019, 30787 Rn. 22; LG Hamburg ZWE 2012, 283.
[230] *Zschieschack* NZM 2020, 137 (147).
[231] *Rüscher* in Bärmann/Seuß WE-Praxis § 26 Rn. 22.
[232] BayObLG NZM 2000, 874; KG NZM 2000, 828.
[233] BGH NJW 2011, 1137 (1138).
[234] OLG Köln NJW-RR 2002, 375 (376).
[235] OLG Köln NJW-RR 2006, 1447; OLG Köln NJW-RR 2002, 375 (376); offengelassen von BGH NJW 2011, 1137 (1138).
[236] BGH NJW 2011, 1137 (1138).
[237] BGH NJW 2011, 1137 (1138).
[238] BGH NZM 2012, 30.
[239] BayObLG NJW-RR 1989, 656.
[240] BayObLG NJW-RR 1989, 1168 (1170).
[241] BayObLGZ 1982, 445; 1984, 213; NJW-RR 2002, 1667.
[242] BayObLG NJW-RR 2002, 1667; OLG Frankfurt BeckRS 2005, 05168.

aus, Einwendungen gegen die Richtigkeit der Niederschrift in der nächsten Eigentümerversammlung zu diskutieren und zu dokumentieren.[243] Das schließt auch vorsorgliche Zweitbeschlüsse nicht aus, die klarstellend vielleicht fehlerhaft niedergelegte Eigentümerbeschlüsse „korrigieren" nicht aus.

81 **b) Anspruch auf Berichtigung.** Wenn der Vorsitzende der Eigentümerversammlung den notwendigen oder fakultativen Inhalt der Niederschrift, insbesondere Beschlussanträge oder Abstimmungsergebnisse, **unrichtig oder unvollständig oder gar nicht** dokumentiert, widerspricht dies ordnungsmäßiger Verwaltung.[244] Bei Mängeln des Protokolls hat jeder Wohnungseigentümer einen **Anspruch auf Berichtigung;** dieser ist mit der Leistungs-, nicht mit der Feststellungsklage geltend zu machen.[245] Richtiger **Anspruchsgegner** ist nach der Vorstellung des WEMoG-Gesetzgebers[246] die Gemeinschaft der Wohnungseigentümer, deren Organ der Vorsitzende der Eigentümerversammlung und die weiteren Unterzeichner sind; ein unmittelbarer Anspruch gegen die Erklärenden kann nur bei deliktsrechtlichen Ansprüchen – ggf. neben dem Anspruch gegen die Gemeinschaft der Wohnungseigentümer – bestehen. Weil der Vorsitzende der Eigentümerversammlung im Übrigen bei der Gestaltung der Niederschrift, soweit sie über den gesetzlichen oder vereinbarten Mindestinhalt hinausgeht, ein weites Ermessen hat, kommt ein gerichtliches Eingreifen nur dann in Betracht, wenn der Verwalter von seinem Ermessen eindeutig fehlerhaft Gebrauch gemacht hat und für eine gerichtliche Entscheidung ein Rechtsschutzbedürfnis besteht.[247] Danach kann kein Wohnungseigentümer die Aufnahme gerade seiner Diskussionsbeiträge verlangen; ein Wohnungseigentümer, der abweichende Standpunkte vertritt und durchsetzen will, ist darauf verwiesen, innerhalb und außerhalb der Eigentümerversammlung selbst für seinen Standpunkt zu werben.[248] Gerade bei Bagatellen ist keine Korrektur erforderlich.[249] Von einer erfolgten Berichtigung müssen alle weiteren Eigentümer informiert werden.

82 Soweit über die Versammlung nicht nur ein **Ergebnisprotokoll,** sondern ein **Ablaufprotokoll** erstellt wird, gebietet es der Persönlichkeitsschutz der Wohnungseigentümer, dass die Niederschrift keine sachlich nicht gebotenen **Wertungen, Schärfen, Bloßstellungen und Diskriminierungen** enthält[250] und Diskussionsbeiträge nur einseitig zugunsten oder zulasten bestimmter Wohnungseigentümer wiedergibt.[251] Jeder Wohnungseigentümer kann verlangen, dass solche Fehler oder Unrichtigkeiten in Niederschriften über Eigentümerversammlungen berichtigt werden, soweit seine Rechtsposition durch die begehrte Änderung verbessern oder zumindest rechtlich erheblich verändern würde.[252]

V. Beschluss-Sammlung (Abs. 7 und Abs. 8)

83 **1. Zweck der Beschluss-Sammlung; Abdingbarkeit.** Die Beschluss-Sammlung soll es einem Erwerber von Wohnungseigentum ermöglichen, sich über die **Beschlusslage,** also die Beschlüsse der Wohnungseigentümer zu informieren, die diese vor seinem Beitritt zur Gemeinschaft der Wohnungseigentümer gefasst haben und die aus dem Grundbuch nicht ersichtlich, ihm gegenüber aber gleichwohl ohne Grundbucheintragung gemäß § 10 Abs. 3 S. 2 wirksam sind, und sichert damit die Publizität.[253] Das gilt auch gilt für die Entscheidungen des Gerichts in einem Rechtsstreit gemäß § 44. Der Erwerber soll wissen können, was auf ihn zukommt, wenn er sich danach erkundigt. Die Sammlung ist aber auch für die Wohnungseigentümer selbst und den Verwalter sinnvoll. Wohnungseigentümer und Verwalter haben ein Interesse daran, die ergangenen gerichtlichen Entscheidungen und die von ihnen und ihren Voreigentümern gefassten Beschlüsse in ihrer Gesamtheit einsehen zu können, um sich über die Beschlusslage der Gemeinschaft der Wohnungseigentümer zu unterrichten.[254] Dadurch ist auch gewährleistet, dass eine ergangene Entscheidung oder ein einmal gefasster Beschluss später nicht übersehen werden oder in Vergessenheit gerät. Ob diese Ziele von der Beschluss-Sammlung erreicht werden, war vor der Modernisierung des WEG umstritten. Während der Gesetzentwurf[255] noch Optimierungsbedarf ausmachte, etwa die Möglichkeit der Füh-

[243] OLG Frankfurt BeckRS 2005, 05168.
[244] BayObLG BeckRS 2003, 30334866.
[245] AG Paderborn BeckRS 2017, 149734 Rn. 22.
[246] BT-Drs. 19.18791, 76 zum Vermögensbericht.
[247] AG München BeckRS 2017, 139971.
[248] OLG Hamm OLGZ 1989, 314.
[249] BayObLGZ 1982, 445; LG Dresden ZWE 2014, 54.
[250] BayObLGZ 1982, 445; OLG Hamm OLGZ 1989, 314.
[251] BayObLG BeckRS 2003, 30334866.
[252] LG Stuttgart NZM 2015, 790; LG Dresden ZWE 2014, 54.
[253] BGH NZM 2016, 553 Rn. 10.
[254] BT-Drs. 16/887, 12 f. = NZM 2006, 401 (406).
[255] BT-Drs. 19/18791, 25, 26, 38 f., 71 f.

rung in elektronischer Form eröffnen wollte, hat sich der Rechtsausschuss[256] zuletzt für die Beibehaltung der im Jahr 2007 eingeführten Regelung entschieden, die allerdings um die Möglichkeit der Grundbucheintragung von vereinbarungsersetzenden Eigentümerbeschlüssen gemäß § 5 Abs. 4, § 7 Abs. 2, § 10 Abs. 3 (→ § 7 Rn. 15) ergänzt wurde.

Die vom Gesetzgeber offengelassene Frage der **Abdingbarkeit der Beschluss-Sammlung** durch Vereinbarung ist zu bejahen.[257] Wer in Kenntnis des Umstands, dass eine Beschluss-Sammlung nicht geführt wird, Wohnungseigentum erwirbt, verdient keinen Schutz und kann sich durch Regelungen im Erwerbsvertrag, etwa Zusagen des Verkäufers, ausreichend schützen. Umgekehrt kann durch Vereinbarung die Eintragung in die Beschluss-Sammlung zur Wirksamkeitsvoraussetzung gemacht werden (→ § 23 Rn. 12). **84**

2. Pflicht zur Führung einer Beschluss-Sammlung (Abs. 7 S. 1). Nach Abs. 7 S. 1 besteht die Pflicht, über die nach Abs. 6 durch den **Vorsitzenden der Wohnungseigentümerversammlung** protokollierten Beschlüsse eine Beschluss-Sammlung zu führen. Das Merkmal „führen" umfasst alle mit der Anlegung der Sammlung, den Eintragungen, der Aktualisierung, der Löschung und der Einsichtnahme verbundenen Maßnahmen. Zweck der Vorschrift ist es, dass der Inhalt der Sammlung einem Erwerber von Wohnungseigentum, den Wohnungseigentümern selbst und dem Verwalter in übersichtlicher Form Kenntnis von der aktuellen Beschlusslage der Gemeinschaft und damit zusammenhängenden gerichtlichen Entscheidungen gibt. Die Form der Sammlung hat der Gesetzgeber offengelassen, sie kann daher **in schriftlicher Form,** etwa als Stehordner, aber auch **in elektronischer Form** angelegt werden, soweit dabei eine ungehinderte Einsicht – zB durch einen Ausdruck – ermöglicht wird. Im Rahmen der gesetzlichen Vorgaben bestimmten die Wohnungseigentümer über die Form nach pflichtgemäßem Ermessen durch Mehrheitsbeschluss, bei Fehlen von Vorgaben der die Beschluss-Sammlung gemäß Abs. 8 Führende. Entscheidend ist, dass sie zweckmäßig und **übersichtlich** geführt wird, wobei es je nach den Umständen angezeigt sein, ein **Inhaltsverzeichnis** anzulegen, in dem auch der Gegenstand etwa eines Beschlusses in Kurzform bezeichnet werden könnte.[258] Die gesetzliche Pflicht besteht gegenüber der Gemeinschaft der Wohnungseigentümer. Den Anspruch auf ordnungsmäßige Führung der Sammlung hat jeder einzelne Wohnungseigentümer gegen die Gemeinschaft der Wohnungseigentümer und kann so die Geltendmachung von deren Ansprüchen gegen den Vorsitzenden der Eigentümerversammlung erreichen. **85**

3. Notwendiger Inhalt der Beschluss-Sammlung (Abs. 7 S. 2–7). Abs. 7 S. 2 bestimmt den Inhalt der Sammlung, in der nur die **ab dem 1.7.2007** verkündeten Beschlüsse und Entscheidungen einzutragen sind, nicht aber frühere. Vor diesem Zeitpunkt ergangene Beschlüsse und gerichtliche Entscheidungen sind nicht von Gesetzes wegen zu sammeln. Wenn eine nachträgliche Sammlung aller vorhergehenden Beschlüsse möglich ist, kann sie beschlossen werden.[259] Ein Anspruch eines einzelnen Eigentümers nach § 18 Abs. 2 auf Erweiterung der Beschluss-Sammlung für die Zeit vor dem 1.7.2007 besteht aber nicht.[260] **86**

a) Beschlüsse (Abs. 7 S. 2 Nr. 1 und Nr. 2). Nach **Abs. 7 S. 2 Nr. 1** und **Nr. 2** ist, damit die Sammlung übersichtlich bleibt, (nur) der **Wortlaut** der in der Eigentümerversammlung vom Verwalter festgestellten oder im schriftlichen Verfahren gefassten und den Wohnungseigentümern vom Initiator mitgeteilten **Eigentümerbeschlüsse** einzutragen. Es sind also nicht die in Abs. 6 genannten Niederschriften (→ Rn. 66) aufzunehmen.[261] Bei **schriftlichen Beschlüssen,** die zu ihrer Wirksamkeit eines Vorgangs bedürfen, welcher der Feststellung und Verkündung des Beschlussergebnisses in der Versammlung entspricht, etwa durch Aushang oder Rundschreiben (→ § 23 Rn. 10),[262] ist zu vermerken, wann und wie der Initiator die an alle Wohnungseigentümer gerichtete Mitteilung über das Beschlussergebnis veranlasst hat. **87**

Die Eintragungspflicht unabhängig davon, ob der Beschluss gemäß § 5 Abs. 4 S. 1, § 7 Abs. 2 in das **Grundbuch eingetragen** werden kann und eingetragen worden ist; die erfolgte Grundbucheintragung ist auch nicht Voraussetzung für die Aufnahme in die Beschluss-Sammlung. Die Eintragungspflicht erstreckt sich auf **positive wie negative Beschlüsse,** auch die ersatzlose **Aufhebung** früherer Beschlüsse. Dabei kann der Beschlussantrag im Wortlaut wiedergegeben und mit dem **88**

---

[256] BT-Drs. 19/22634, 45 im Anschluss an den Abschlussbericht der Bund-Länder-Arbeitsgruppe ZWE 2019, 429 (434).
[257] Dafür etwa *Deckert/Kappus* NZM 2007, 745 (746); dagegen *Reichert* ZWE 2007, 388; *Hügel/Elzer* NZM 2009, 457 (467).
[258] BT-Drs. 16/887, 33 = NZM 2006, 401 (420).
[259] *Drasdo* ZWE 2008, 169 (177).
[260] Jennißen/*Schultzky* Rn. 174; aA *Hügel/Elzer* Rn. 101.
[261] AG Essen BeckRS 2015, 15320.
[262] BGHZ 148, 335 = NJW 2001, 3339 (3342).

Zusatz „angenommen" oder „abgelehnt" versehen werden oder die Entscheidung wiedergegeben werden, was bei negativen Beschlüssen die Mitteilung erfordert, welcher Beschlussantrag abgelehnt worden ist. Ob ein einzutragender Beschluss angefochten wurde, ist für die Frage seiner Eintragung zunächst unerheblich (→ Rn. 93), aber zu vermerken (Abs. 7 S. 4). Keine Rolle spielt ferner, ob ein **Beschluss nichtig** ist oder ordnungsmäßiger Verwaltung entspricht, denn diese Prüfung ist in § 44 dem Gericht vorbehalten, dessen Entscheidung dann durch deren Eintragung zu dokumentieren ist. **Nichtbeschlüsse** und **Geschäftsordnungsbeschlüsse** (→ Rn. 60) sind nicht aufzunehmen.[263]

89 **Beschlussanlagen,** also im Beschluss in Bezug genommene Dokumente, sind Teil des Eigentümerbeschlusses und deshalb in die Beschluss-Sammlung, zulässig durch Vermerk einer entsprechenden Verweisung auch als Anlagenband, aufzunehmen.[264]

90 **b) Gerichtliche Entscheidungen (Abs. 7 S. 2 Nr. 3).** Nach **Abs. 7 S. 2 Nr. 3** ist von den gerichtlichen Entscheidungen, die in einem **Rechtsstreit gemäß § 43** ergangen sind, nur der **Wortlaut der Urteilsformel** einzutragen. Im Hinblick auf den Zweck der Sammlung[265] sind neben dem Wortlaut **Angaben** zum **Ort** und zum **Zeitpunkt** sowie zum **Gericht** und zu den **Parteien** erforderlich. Viele Einzelfragen zu den Fragen, Entscheidungen in welchen Verfahren gemäß § 43 überhaupt erfasst und was inhaltlich einzutragen ist, sind seit der Einfügung im Jahr 2007 bis heute umstritten; weil § 43 durch das WEMoG neu gefasst worden ist, kommt in Betracht, dass vor und nach dem Inkrafttreten der Neufassung am 1.11.2020 unterschiedliche Anforderungen gelten könnten. Stellt man richtigerweise auf **Sinn und Zweck der Vorschrift** ab, Wohnungseigentümern wie Verwaltern eine verlässliche und vollständige, aber auch aus sich heraus verständliche Information über die gemäß § 10 Abs. 3 bindende Beschlusslage der Eigentümergemeinschaft zu ermöglichen, sind einzutragen alle gerichtlichen Entscheidungen, die die Unwirksamkeit, Nichtigkeit oder Ersetzung von Eigentümerbeschlüssen betreffen (§ 44), dies wegen Abs. 7 S. 4 ab Erlass, ebenso auf Klärung des Beschlussinhalts gerichtete Entscheidungen (sog. Beschlussfeststellungsklage; → § 44 Rn. 34) und auch Entscheidungen im einstweiligen Rechtsschutz (→ § 44 Rn. 41) gemäß §§ 935, 922 ZPO, die eine vorläufige Regelung zur Suspendierung der Beschlusswirkung des § 23 Abs. 4 S. 2 betreffen. Nicht die Beschlusslage betreffende Verfahren sind nicht einzutragen, etwa Klagen Dritter im Gerichtsstand gemäß § 43 Abs. 1, Klagen gegen den ausgeschiedenen Verwalter auf Herausgabe von Geldern oder Unterlagen, Beitragsklagen gegen säumige Wohnungseigentümer usw. Inhaltlich einzutragen ist zunächst der Wortlaut der Urteils- bzw. Entscheidungsformel, indes nur insoweit, als er die Beschlusslage betrifft, also die Entscheidung zur Hauptsache, nicht aber die Kostenentscheidung und die Entscheidung zur vorläufigen Vollstreckbarkeit, die sich bei den einzutragenden Entscheidungen (Gestaltungs- bzw. Feststellungsurteil) nur auf die Kostengrundentscheidung, nicht die Hauptsache beziehen kann. Einzutragen sind auch Prozessvergleiche in den vorgenannten Verfahren, für die § 10 Abs. 3 eine Wirkung gegen Sondernachfolger weiter nicht anordnet (→ § 10 Rn. 51), die aber die Beschlusslage beeinflussen bis zum Eintritt eines neuen Wohnungseigentümers, der der Vereinbarung nicht beitritt.[266]

91 **c) Unverzügliche fortlaufende Eintragung und Nummerierung (Abs. 7 S. 3 und S. 7).** Nach **Abs. 7 S. 3 iVm S. 7** sind die Beschlüsse und gerichtlichen Entscheidungen jeweils historisch[267] **fortlaufend** und **unverzüglich,** dh gemäß der Legaldefinition in § 121 Abs. 1 S. 1 BGB ohne schuldhafte Verzögerung einzutragen bzw. zu löschen, regelmäßig nicht sogleich nach der Verkündung in der Versammlung, sondern nach Ende der Eigentümerversammlung, regelmäßig nach drei Tagen,[268] spätestens nach einer Woche,[269] regelmäßig nach drei Werktagen. Weder die Fertigstellung der Niederschrift (→ Rn. 66), noch die Ankündigung oder Erhebung einer Beschlussmängelklage (§ 44 Abs. 1 S. 1) berechtigen dazu, die Eintragung aufzuschieben.

92 Dabei müssen die Eintragungen im Hinblick auf die Feststellbarkeit des Merkmals „unverzüglich" mit Datum versehen und fortlaufend nummeriert werden. Die fortlaufende Nummer dient als Indiz für die Vollständigkeit der Sammlung. Weil die Eintragung bei ordnungsmäßiger Verwaltung unmittelbar im Anschluss an die Verkündung erfolgt, ist nach den Vorstellungen des Gesetzgebers eine Eintragung, die mehrere Tage später vorgenommen wird, in der Regel nicht mehr unverzüglich.[270] Ob die Beschluss-Sammlung allein **chronologisch** oder auch, was vorteilhafter sein kann,

---

[263] *Greiner* ZWE 2016, 297 (302); Staudinger/*Häublein,* 2018, Rn. 268; aA *Merle* ZWE 2007, 272 (276).
[264] BGH NZM 2016, 553 Rn. 10; *Dötsch/Schultzky/Zschieschack* WEG-Recht 2021 Kap. 8 Rn. 111 f.
[265] BT-Drs. 16/887, 33.
[266] OLG München DNotZ 2019, 872 (875).
[267] BT-Drs. 16/887, 34.
[268] LG Karlsruhe ZWE 2013, 36 (37).
[269] LG Berlin ZWE 2010, 224 (225).
[270] BT-Drs. 16/887, 34.

nach **Sachgebieten** geordnet wird (zB Jahresabrechnungen/Wirtschaftspläne, Instandsetzung/Instandhaltung, bauliche Veränderungen/Modernisierungen, Gartengestaltung), ist dem für die Führung der Sammlung Verantwortlichen überlassen. Gerade bei umfangreichen Beschlüssen, wie bei der Inbezugnahme von umfangreichen Angeboten für Baumaßnahmen, ist der Verweis auf Sonderbände zulässig.[271] Entscheidend ist die Übersichtlichkeit; insoweit kommt es auch auf den Umfang der Sammlung und damit auf das Alter und die Größe der Wohnanlage an.

d) Anmerkung bei Anfechtung und Aufhebung (Abs. 7 S. 4). Die in **Abs. 7 S. 4** vorgese- 93
hene „Anmerkung" einer Anfechtung, also der Erhebung einer Anfechtungsklage gemäß § 44 Abs. 1 S. 1, oder Aufhebung (auch durch Zweitbeschluss) dient der Aktualität der Sammlung. Insoweit reicht ein Hinweis aus, dass ein Beschluss oder eine gerichtliche Entscheidung angefochten ist, weil sich daraus der Stand der aktuellen Beschlusslage bei einer Einsichtnahme in die Sammlung ersehen lässt. Die Anmerkung – etwa „angefochten mit Klage vom …" oder „aufgehoben durch Zweitbeschluss vom …" – ist bei dem Beschluss oder der Entscheidung anzubringen.[272]

e) Löschung (Abs. 7 S. 5 und S. 6). Im **Interesse der Übersichtlichkeit** der Sammlung 94
kann nach Ermessen gemäß **Abs. 7 S. 5** ein gerichtlich für ungültig oder für nichtig erklärter Eigentümerbeschluss ggf. zusammen mit dem Urteil gelöscht werden. Zur Löschung kann bei einer Sammlung in Papierform der Text der Eintragung durchgestrichen und die Löschung mit einem entsprechenden Hinweis – etwa „Gelöscht am … " – vermerkt werden. Bei einer Sammlung in elektronischer Form kann der Text entfernt werden. Neben der laufenden Nummer, die bestehen bleibt, ist die Löschung zu vermerken. Weil es sich um eine **Kann-Vorschrift** handelt, ist es auch zulässig, von einer Löschung ganz abzusehen. In einem solchen Fall muss die in Abs. 7 S. 4 vorgesehene Anmerkung angebracht werden.

Nach **Abs. 7 S. 6** kann nach Ermessen ein Mehrheitsbeschluss auch in anderen Fällen gelöscht 95
werden, in denen er keine Bedeutung mehr hat, weil er zB durch eine spätere Regelung überholt ist oder weil er eine Einzelfallregelung enthielt, die sich durch Zeitablauf erledigt hat. Für die Beurteilung kommt es maßgeblich auf die Umstände des Einzelfalles an. Von einer Löschung kann abgesehen werden, wenn Zweifel bestehen, ob eine Eintragung noch Bedeutung hat.[273]

Nach **Abs. 7 S. 7** sind die Eintragungen, Vermerke und Löschungen nach Abs. 7 S. 3–6 **unver-** 96
züglich zu erledigen. Dies soll die Aktualität der Eintragungen, Vermerke und Löschungen sicherstellen. Die Angabe des Datums ist erforderlich im Hinblick auf die Feststellbarkeit des Merkmals „unverzüglich".

f) Berichtigung. Die Frage der Berichtigung von Fehlern ist im Gesetz nicht ausdrücklich 97
geregelt. Weil nur eine fehlerfreie Beschluss-Sammlung ordnungsgemäßer Verwaltung entspricht, muss eine Berichtigung und Ergänzung fehlerhafter oder unvollständiger Einträge jederzeit, unbefristet und inhaltlich unbeschränkt möglich sein. Die Korrektur ist als solche kenntlich zu machen, soweit nicht die Voraussetzung der Löschung gemäß Abs. 7 S. 5 (→ Rn. 94) vorliegen; nur auf diesem Weg wird die angestrebte verlässliche Dokumentation sichergestellt. Für die Berichtigung zuständig ist, wer die Beschluss-Sammlung aktuell führt iSv Abs. 8, also der ausgeschiedene Verwalter nicht mehr.[274] Soweit die Berichtigung nicht durch den ursprünglich Erklärenden erfolgt, beschränkt sich die Korrektur auf den Erklärungswert, der Korrektor halte die ursprüngliche Erklärung für unzutreffend. Eine Beschlusskompetenz zu Genehmigung oder Berichtigung besteht nicht (→ Rn. 79).

4. Einsichtsrecht (Abs. 7 S. 8). Abs. 7 S. 8 enthält im Hinblick auf die mit der Beschluss- 98
Sammlung bezweckte bessere Informationsmöglichkeit nochmals, eigentlich entbehrlich[275] die schon in § 18 Abs. 4 allgemein ausgesprochene Verpflichtung, einem Wohnungseigentümer oder einem Dritten, den ein Wohnungseigentümer ermächtigt hat, Einsicht in die Sammlung zu geben. Anspruchsverpflichtet ist die Gemeinschaft der Wohnungseigentümer, in deren Eigentum die Beschluss-Sammlung als Teil des Verwaltungsvermögens steht; die Gemeinschaft der Wohnungseigentümer handelt bei der Erfüllung des Anspruchs durch ihr Organ, den Wohnungseigentumsverwalter.[276] Dementsprechend ist bei der gerichtlichen Durchsetzung des Anspruchs stets die Gemeinschaft der Wohnungseigentümer passivlegitimiert, niemals deren Organ der Verwalter persönlich; dies gilt für das Hauptsachverfahren ebenso wie für den einstweiligen Rechtsschutz.

---

[271] BGH NZM 2016, 553 Rn. 10.
[272] BT-Drs. 16/887, 33.
[273] BT-Drs. 16/887, 34.
[274] Staudinger/*Häublein,* 2018, Rn. 288; aA AG Schöneberg ZWE 2015, 142.
[275] BT-Drs. 19/18791, 58.
[276] BT-Drs 19/18791, 58.

99 Das Recht eines Wohnungseigentümers auf Einsichtnahme in die Beschlusssammlung steht unter keinen besonderen Voraussetzungen, erfordert insbesondere nicht die Darlegung eines besonderen Interesses.[277] Dieses, grundsätzlich wie bei der Niederschrift (→ Rn. 75) am Ort der Verwaltung zu erfüllende Recht besteht neben dem Recht auf Einsicht in einzelne Niederschriften aus Abs. 6 S. 3 und dem allgemeinen Einsichtsrecht aus § 18 Abs. 4. Die Verpflichtung zur Einsichtnahme schließt die Verpflichtung zur Fertigung von Kopien ein. Ein Zurückbehaltungsrecht, dass der Verwalter für die Gemeinschaft der Wohnungseigentümer als Eigentümerin des Verwaltungsvermögens, zu der die Beschluss-Sammlung gehört, ausüben könnte, besteht nicht; insbesondere bei Beitragsrückständen des Wohnungseigentümers und erst recht bei Honorarrückständen der Gemeinschaft der Wohnungseigentümer gegenüber dem Verwalter fehlt es an der Konnexität (→ BGB § 273 Rn. 13) der wechselseitigen Ansprüche.

100 **5. Rechtliche Wirkung der Eintragung.** Die Wirksamkeit eines Beschlusses hängt nicht davon ab, dass er in die Beschluss-Sammlung aufgenommen worden ist.[278] Auch ist die Eintragung nicht Voraussetzung dafür, dass der Beschluss nach § 10 Abs. 3 S. 2 gegen den Sondereigentümer eines Wohnungseigentümers wirkt. Der gute Glaube in der Richtigkeit und Vollständigkeit der Beschluss-Sammlung ist nicht geschützt. Die Beschluss-Sammlung ist kein öffentliches Register, an das besondere Wirkungen geknüpft werden könnten oder dürften. Die Eintragung ist eine **Privaturkunde** (§ 416 ZPO) über die Erklärung des Eintragenden, der wiedergegebene Beschluss sei mit dem eingetragenen Inhalt gefasst bzw. die wiedergegebene Gerichtentscheidung so wie wiedergegeben erlassen worden. Diese Erklärung kann nur ein Beweisanzeichen dafür sein, dass die beschriebenen Vorgänge (Beschlüsse und Entscheidungen) so wie erklärt geschehen sind. Dieses Beweisanzeichen ist entwertet, wenn durch eine spätere Berichtigung eines anderen Erklärenden (→ Rn. 70) die Erklärung vorliegt, die in der ersten Eintragung liegende Erklärung sei unzutreffend. Weil die Eintragung in der Beschluss-Sammlung in der Regel nicht die durch das besondere Formerfordernis der Versammlungsniederschrift gemäß § 24 Abs. 6 S. 2 besondere Richtigkeitsgewähr durch Erklärungen mehrerer bietet, kommt der Versammlungsniederschrift ein höherer indizieller Wert für die niedergelegten Eigentümerbeschlüsse zu, der gleichwohl eine Aufklärung durch Beweisaufnahme bzw. Anhörung der Wohnungseigentümer nicht entbehrlich macht. Zur Beweiswirkung der Niederschrift → Rn. 70.

101 **6. Pflicht zur Führung einer Beschluss-Sammlung (Abs. 8). Abs. 8 S. 1** verpflichtet den aktuellen **Verwalter,** eine Beschluss-Sammlung zu führen. Er muss die Beschlüsse der Wohnungseigentümer und die Urteilsformeln der gerichtlichen Entscheidungen, die nach dem Inkrafttreten der Regelungen zur Beschluss-Sammlung ab 1.7.2007 ergangen sind, mit ihrem Wortlaut in eine fortlaufende Sammlung eintragen und diese auf aktuellem Stand halten, dies – unabhängig von der Frage einer besonderen Vergütung bei Notwendigkeit eines besonderen Aufwands – auch soweit die Zeit vor seiner Bestellung betroffen ist.[279] **Fehler des Verwalters** bei der Führung der Beschlusssammlung rechtfertigen nicht mehr ohne weiteres dessen Abberufung, weil der dies anordnende § 26 Abs. 1 S. 4 aF[280] ersatzlos gestrichen worden ist; durch Fehler bei der Führung der Beschluss-Sammlung kann sich der Verwalter allerdings ebenso wie durch eine unrichtige Versammlungsniederschrift als ungeeignet für die Verwalteraufgabe zeigen (→ § 26 Rn. 107). Die Pflichtverletzung des Verwalters kann eine Schadensersatzpflicht gemäß § 280 Abs. 1 S. 1 BGB begründen, gegenüber seinem Vertragspartner Gemeinschaft der Wohnungseigentümer und die in den Schutzzweck des Verwaltervertrags einbezogenen Wohnungseigentümern, nicht aber gegenüber Einsicht nehmenden Dritten, insbesondere Erwerbern.[281]

102 Wenn ein **Verwalter fehlt,** was in einer kleinen Gemeinschaft noch vorkommt, trifft die Verpflichtung zur Führung der Beschluss-Sammlung gemäß **Abs. 8 S. 2 Hs. 1** den Vorsitzenden der Wohnungseigentümerversammlung. Die gesetzliche Pflicht kann sich nur auf die gerade in dieser Versammlung getroffenen Beschlüsse beziehen, weil sich die Aufgabe des Vorsitzenden der Eigentümerversammlung auf diese Versammlung beschränkt.[282] Die Einfügung in die bereits bestehende Beschluss-Sammlung, insbesondere die Fortsetzung der Nummerierung der Eigentümerbeschlüsse, setzt den von der Gemeinschaft der Wohnungseigentümer zu ermöglichenden Zugriff auf die vorhandene Sammlung (Beschlussbuch, Ordner oder Datei) voraus. Den Wohnungseigentümern ist es gemäß **Abs. 8 S. 2 Hs. 2** unbenommen, mit Stimmenmehrheit einen anderen mit der Aufgabe

---

277 LG Hamburg BeckRS 2016, 135717.
278 BGH NZM 2016, 553 Rn. 10.
279 LG Berlin ZWE 2017, 95.
280 BT-Drs. 16/887, 34.
281 *Merle* GE 2007, 636; Jennißen/*Schultzky* Rn. 205.
282 AA Jennißen/*Schultzky* Rn. 171.

zu betrauen, ermöglicht also die Trennung der Aufgaben von Vorsitz in der Eigentümerversammlung und der Führung der Beschluss-Sammlung. Wie der Versammlungsvorsitz (→ Rn. 46) kann die Aufgabe an einen Dritten übertragen werden und erfordert das Einverständnis mit der Übernahme. Eine Reservefunktion des Vorsitzenden des Verwaltungsbeirats – wie an anderer Stelle – ist nicht vorgesehen.

§ 25 Beschlussfassung

(1) Bei der Beschlussfassung entscheidet die Mehrheit der abgegebenen Stimmen.

(2) [1]Jeder Wohnungseigentümer hat eine Stimme. [2]Steht ein Wohnungseigentum mehreren gemeinschaftlich zu, so können sie das Stimmrecht nur einheitlich ausüben.

(3) Vollmachten bedürfen zu ihrer Gültigkeit der Textform.

(4) Ein Wohnungseigentümer ist nicht stimmberechtigt, wenn die Beschlussfassung die Vornahme eines auf die Verwaltung des gemeinschaftlichen Eigentums bezüglichen Rechtsgeschäfts mit ihm oder die Einleitung oder Erledigung eines Rechtsstreits gegen ihn betrifft oder wenn er nach § 17 rechtskräftig verurteilt ist.

Übersicht

I. Normzweck

1 § 25 enthält Bestimmungen über die **formellen Voraussetzungen der Beschlussfassung** in der Wohnungseigentümerversammlung, will also nicht umfassend die Voraussetzungen und Rechtsfolgen eines Beschlusses regeln.[1] Er regelt als allgemeinen Grundsatz das **Prinzip der einfachen Mehrheit** (§ 20 Abs. 1) und das Stimmrecht nach dem Kopfprinzip, um die Beherrschung der Versammlung durch wenige Eigentümer auszuschließen, den Nachweis der Bevollmächtigung in Textform und den Ausschluss vom Stimmrecht.

2 Neben der Abschaffung besonderer Mehrheitserfordernisse ist die wichtigste Neuerung des WEMoG die **Streichung einer Regelung zur Beschlussfähigkeit,** wie sie § 25 Abs. 3 aF[2] seit Schaffung des WEG vorsah. Damit sind auch die Stichworte „Wiederholungsversammlung"[3] und

[1] BT-Drs. 19/18791, 84.
[2] → 8. Aufl. 2020, § 25 Rn. 34 *(Engelhardt).*
[3] → 8. Aufl. 2020, § 25 Rn. 38 *(Engelhardt).*

„Eventualeinberufung"[4] erledigt. Die Gesetzesbegründung benennt als wichtige Auswirkung, dass dadurch überflüssige und ärgerliche Teilnahmen an Versammlungen, die sich als nicht beschlussfähig herausstellen, vermieden und dass eine Stärkung der Verwaltungskompetenz der Wohnungseigentümer erreicht wird.[5] Zusammen mit der Verlängerung der Ladungsfrist von zwei auf drei Wochen (§ 24 Abs. 4 S. 2) wird die Bedeutung der Mitwirkung und die Möglichkeit zur Mitwirkung verbessert. Zugleich muss die Aussicht, dass jede Eigentümerversammlung, gleich wie viele Wohnungseigentümer erschienen sind, auch Beschlüsse fassen kann, jeden Wohnungseigentümer dazu veranlassen, für die Wahrung seiner Interessen durch eigene Teilnahme an oder Vertretung in der Eigentümerversammlung Sorge zu tragen, zumal ein Minderheitenschutz durch besondere gesetzliche Mehrheitserfordernisse für einzelne, weitreichende Maßnahmen grundsätzlich nicht mehr vorgesehen ist.[6]

II. Das Mehrheitsprinzip (Abs. 1)

3 Der in § 20 Abs. 1 und § 25 Abs. 1 ausgesprochene **Grundsatz der einfachen Mehrheit,** der besondere Mehrheitserfordernisse[7] mit Ausnahme der Rechtsfolgenanknüpfung in § 21 Abs. 2 S. 1 Nr. 1 grundsätzlich nicht mehr kennt, verlagert den Minderheitenschutz in die Beschlussmängelklagen. Soweit in § 21 Abs. 2 S. 1 Nr. 1 an das Erreichen einer qualifizierten Mehrheit die besondere Folge der Kostentragung durch alle Wohnungseigentümer für bauliche Veränderungen geknüpft wird (→ § 21 Rn. 39), handelt es sich zwar nicht um ein Mehrheitserfordernis; soweit die Baumaßnahme aber nur für den Fall durchgeführt werden soll, dass alle Wohnungseigentümer deren Kosten tragen sollen (→ § 21 Rn. 51), also die qualifizierte Mehrheit erreicht wird, wird die dazu notwendige Potestativbedingung (→ BGB § 158 Rn. 19) in den Eigentümerbeschlüssen, dass die qualifizierte Mehrheit erreicht wird, faktisch ein besonderes Tatbestandsmerkmal für die Beschlussfassung bewirken.

4 Inwieweit in der Vergangenheit getroffene Regelungen zu qualifizierten Mehrheiten Vertrauensschutz erhalten, hängt vom Verständnis des **§ 47** ab (→ § 47 Rn. 3); trotz der gesetzlichen Vermutung des § 47 S. 2 besteht gerade bei der Vereinbarung von qualifizierten Mehrheitserfordernissen im Falle einer Ausweitung gegenüber den gesetzlichen Beschlusskompetenzen im Zeitpunkt der Vereinbarung die Absicht, dass diese Erweiterung beibehalten wird, soweit sie über die Beschlusskompetenzen des ab 1.12.2020 geltenden WEG hinausgeht; andernfalls gelten die neuen, noch weiteren gesetzlichen Beschlusskompetenzen. Soweit die Beschlusskompetenzen im Zeitpunkt der Vereinbarung eingeschränkt worden sind, etwa beim Einstimmigkeitserfordernis in sehr kleinen Gemeinschaften, ist erkennbar ein Minderheitenschutz beabsichtigt, der die Fortgeltung des Mehrheitserfordernisses zur Folge hat.

III. Das Stimmrecht (Abs. 2)

5 **1. Allgemeines.** Das Stimmrecht eines Wohnungseigentümers gehört zum **Kernbereich** seiner elementaren Mitgliedschaftsrecht.[8] Das Stimmrecht kann nicht vom Mitgliedschaftsrecht abgespalten, also vollständig als eigenes Recht übertragen werden.[9] Das Stimmrecht kann auch durch Vereinbarung nicht allgemein ausgeschlossen werden,[10] insbesondere auch nicht für einzelne Gruppen von Wohnungseigentümern.[11] Kein Wohnungseigentümer kann durch Vereinbarung gezwungen werden, sein Stimmrecht insgesamt auf einen Delegierten zu übertragen.[12] Das schließt eine **Stimmrechtsbeschränkung** durch Vereinbarung nicht aus,[13] wie dies etwa durch die Vereinbarung von Untergemeinschaften mit eigener Verwaltungszuständigkeit in Mehrhausanlagen[14] regelmäßig geschieht. Dies schließt auch die **Delegation** einzelner Aufgaben, wie die Aufstellung von Hausordnung oder Wirtschaftsplan, auf Verwaltungsbeirat oder Verwalter nicht aus;[15] den Wohnungseigentümern verbleibt dann aber immer die Kompetenz, die Entscheidung durch Mehrheitsbeschluss zurückzuholen (→ § 12 Rn. 15). Die in Abs. 4 normierten Fälle des Stimmrechtsausschlusses sind also grundsätzlich nicht abschließend. Das in Abs. 4 Fall 3 angeordnete Erfordernis einer rechtskräfti-

[4] OLG München BeckRS 2018, 400.
[5] BT-Drs. 19/18791, 25, 84.
[6] BT-Drs. 19/18791, 84.
[7] Zu den bisherigen Mehrheitserfordernissen grdl. *Derleder* ZWE 2008, 253.
[8] BGH NJW 2018, 552 Rn. 9; NZM 2011, 275 Rn. 10; NJW 2011, 679 Rn. 10.
[9] BGH NJW 2002, 1647 (1649).
[10] BGH NJW 2002, 1647 (1649); 1987, 650 (651).
[11] LG München I ZWE 2020, 91 Rn. 14 für Teileigentümer von Stellplätzen.
[12] Vgl. LG München I ZWE 2011, 139.
[13] BGH NZM 2014, 275 Rn. 10; NJW 2012, 72 Rn. 10; 2011, 679 Rn. 8.
[14] BGH NJW 2018, 1309; NJW-RR 2012, 1291.
[15] Zum Rechtsschutz gegen derartige Bestimmungen Dritter → § 23 Rn. 65.

gen Verurteilung nach § 17 schließt es aber aus, dem Wohnungseigentümer bereits wegen Verzugs mit Hausgeld das Stimmrecht (und erst recht das Teilnahme-, Antrags-, Frage- und Rederecht) zu entziehen.[16]

Die Stimmabgabe ist eine einseitige, empfangsbedürftige **Willenserklärung.**[17] Erklärungsempfänger ist der Versammlungsleiter.[18] Nach den allgemeinen Regeln für Willenserklärungen gilt: Die in der Eigentümerversammlung abgegebene Stimme wird wirksam, wenn sie der Versammlungsleiter bei der Ermittlung des Abstimmungsergebnisses zur Kenntnis nimmt; eine im Stimmzettel verkörperte Willenserklärung wird bereits mit dessen Übergabe in den Herrschaftsbereich des Versammlungsleiters wirksam.[19] Eine unklare Erklärung ist auszulegen (§§ 133, 151 BGB). Die Stimmabgabe kann wegen eines Erklärungsirrtums nach § 119 Abs. 1 BGB mit dem Ziel angefochten werden, sie durch eine gültige zu ersetzen.[20] Ein Widerruf nach Zugang beim Versammlungsleiter ist gemäß § 130 Abs. 1 S. 1 BGB nicht mehr möglich.[21] Als einseitige Willenserklärung muss die Stimmabgabe unbedingt sein; bedingt abgegebene Stimmen sind grundsätzlich ungültig.[22] Zur schriftlichen Abstimmung außerhalb der Eigentümerversammlung → § 23 Rn. 60. 6

2. Stimmrechtsprinzipien. Mit der Frage, wie die Mehrheit zu bestimmen sei, also der Frage nach den Kriterien der Stimmkraft, ist zugleich die Frage nach der Minderheit und nach deren Schutz vor „Majorisierung" mit den Gesichtspunkten der Willkür, des Rechtsmissbrauchs oder der unbilligen Benachteiligung Einzelner, gestellt. Aus der Erkenntnis, dass keinem der Stimmrechtsprinzipien ein überragender Gerechtigkeitsgehalt beigemessen werden kann, sondern der Minderheitenschutz durch die Beschlussmängelklage abgesichert wird, ergibt sich, dass die Regelung des Abs. 2 **abdingbar** ist und der teilende Eigentümer bei der Ordnung des Gemeinschaftsverhältnisses weitgehend (→ Rn. 4) freie Hand hat.[23] 7

a) Kopfstimmrecht (Abs. 2 S. 1). Soweit in der Gemeinschaftsordnung keine abweichende Regelung getroffen ist, hat jeder Wohnungseigentümer eine Stimme, unabhängig von der Anzahl und Größe seiner Wohnungseinheiten. Das bedeutet eine Abstimmung nach Köpfen, unabhängig davon, ob ein Wohnungseigentümer eine oder mehrere Eigentumswohnungen zu eigen hat und wie groß seine Miteigentumsanteile sind.[24] Bei einer **Vereinigung** mehrerer Wohnungseigentumsrechte entfallen die weiteren Stimmrechte, so dass die relative Stimmkraft der übrigen Stimmen anwächst. Veräußert der teilende Grundstückseigentümer Wohnungseigentum, gilt der Erwerber mit der Eintragung der Vormerkung als Wohnungseigentümer (§ 8 Abs. 3) und übt das Stimmrecht aus.[25] Veräußert ein Wohnungseigentümer, dem mehrere Wohnungen gehören, einzelne davon, kommt es bei Geltung des gesetzlichen Kopfprinzips daher zu einer **Stimmrechtsvermehrung,** sobald der Erwerber im Grundbuch als Eigentümer eingetragen ist.[26] Dies gilt auch dann, wenn eine von mehreren Einheiten gerade im Hinblick auf das zusätzliche Stimmrecht an einen nahen Angehörigen[27] oder an eine von dem Wohnungseigentümer beherrschte juristische Person veräußert wird.[28] Dass es infolgedessen zu einer Vermehrung der Stimmrechte kommen kann, ist in dem Kopfstimmrecht angelegt und hinzunehmen, selbst wenn der veräußernde Wohnungseigentümer beherrschenden Einfluss auf den Erwerber ausübt.[29] Auf die spätere Schaffung neuer Einheiten durch **Unterteilung eines Wohnungseigentums** ohne Mitwirkung der übrigen Eigentümer ist dies indes nicht übertragbar (→ Rn. 11).[30] Bei **Mitberechtigungen** an mehreren Rechtsgemeinschaften haben identisch zusammengesetzte Eigentümergemeinschaften nach dem Kopfstimmrecht nur eine Stimme; handelt es sich um unterschiedliche Rechtsträger – etwa bei Teilidentität der Bruchteilseigentümer oder bei Eheleuten als Mitberechtigten, die zugleich Gesellschafter einer Außengesellschaft 8

---

16 BGH NZM 2017, 42 Rn. 16; NJW 2011, 679 Rn. 8; aA *Gottschalg* NZM 2012, 271 (272).
17 BGH NJW 2012, 3372 Rn. 5.
18 BGH NJW 2012, 3372 Rn. 5.
19 BGH NJW 2012, 3372 Rn. 5.
20 BayObLG NJW-RR 2000, 1036.
21 BGH NJW 2002, 3629 (3630).
22 BayObLG BeckRS 1994, 10539; OLG Düsseldorf NZM 2002, 527.
23 BGH NJW 2015, 3371 Rn. 13; BGHZ 191, 245 Rn. 4, 8 = NJW 2012, 921; BGHZ 152, 46 = NJW 2002, 3704 (3706).
24 BGH NJW 2018, 552 Rn. 6; 2012, 3232 Rn. 8; BayObLGZ 1965, 283.
25 BGH NJW-RR 2020, 840 zum bisherigen Recht.
26 BGH NJW 2018, 552 Rn. 6; 2012, 3232 Rn. 10; 2012, 2434 Rn. 10; BGHZ 106, 113 Rn. 27 = NJW 1989, 1087; OLG München NJW-RR 2007, 302; KG NZM 2000, 671.
27 BGH NJW 2018, 552 Rn. 6; OLG München NJW-RR 2007, 302.
28 BGH NJW 2018, 552 Rn. 7.
29 BGH NJW 2018, 552 Rn. 7.
30 BGH NJW 2012, 2434 Rn. 10.

bürgerlichen Rechts sind, die Eigentümerin einer weiteren Wohnung ist, hat jeder Rechtsträger eine Stimme.[31]

9 **b) Abweichende Vereinbarungen, insbesondere Objekt- und Wertstimmrecht.** Abweichend vom Gesetz kann durch Vereinbarung vorgesehen werden, dass jede Wohnung eine Stimme hat **(Objektstimmrecht).** Die Vereinbarung muss allerdings deutlich sein. Wenn zum Beispiel die Gemeinschaftsordnung bestimmt, dass „jeder Eigentümer einer Sondereigentumseinheit in der Eigentümerversammlung eine Stimme" hat, ist für die Beschlussfassung das Kopfstimmrecht maßgebend.[32] Das Kopfstimmrecht gilt regelmäßig auch, wenn die Regelung des Stimmrechts wegen Ausschlusses bestimmter Eigentümergruppen unwirksam ist.[33] Bei einer Vereinigung von zwei Wohnungseigentumsrechten zu einem Wohnungseigentum werden aus zuvor zwei Stimmen nur noch eine.[34] Das Stimmrecht kann durch Vereinbarung auch nach der Größe der Miteigentumsanteile bemessen werden **(Wert- oder Anteilsstimmrecht).**[35] Das gilt auch für Gemeinschaften mit nur zwei Wohnungseigentumsrechten, selbst wenn damit die Majorisierung festgeschrieben wird.[36] Sind Objektstimmrecht oder Wertstimmrecht vereinbart, kann der Eigentümer mehrerer Wohnungseigentumsrechte seine Stimme spalten. Schließlich kann sich der teilende Alleineigentümer jedenfalls in kleinen Gemeinschaften ein **Vetorecht** vorbehalten, wonach gegen seine Stimme ein Eigentümerbeschluss nicht gefasst werden kann, solange ihm auch nur eine Wohnung gehört.[37] – Eine **Öffnungsklausel** erlaubt die Änderung des Stimmrechtsprinzips durch Eigentümerbeschluss grundsätzlich nicht.[38]

10 Ein **Anspruch auf Änderung** des in der Gemeinschaftsordnung bzw. Teilungserklärung festgelegten Objektstimmrechtes besteht auch bei wirtschaftlichem Ungleichgewicht der Stimmrechte und Gefahr der Majorisierung nicht, sondern der Schutz der Minderheit wird durch die Beschlussmängelklage gesichert.[39] Beim „steckengebliebenen Bau", also einer (noch) nicht entsprechend der Teilungserklärung durch den Bauträger fertiggestellten Wohnungseigentumsanlage, kann es hinreichende Gründe geben, die Stimmrechtskraft des Bauträgers für noch nicht errichtete Wohnungen (Geisterwohnungen) in einer Weise herabzusetzen, die dessen Stimmenübergewichtbei der Willensbildung in der Eigentümerversammlung beseitigt.[40]

11 **c) Schicksal des Stimmrechts bei nachträglicher Aufteilung.** Die nachträgliche Aufteilung und Veräußerung **eines Wohnungseigentumsrechts** ohne Zustimmung der übrigen Eigentümer führt unter der Geltung des Kopfstimmrechts[41] oder des Objektstimmrechts[42] nicht zu einer Vermehrung der Stimmrechte.[43] Eine Stimmrechtsvermehrung tritt auch bei Zustimmung des Verwalters zur Teilveräußerung nicht ein.[44] Zwar bedarf die spätere Aufteilung nicht der Zustimmung der übrigen Wohnungseigentümer,[45] soweit die Zweckbestimmung nicht geändert wird,[46] und ist auch die anschließende Veräußerung einer neu geschaffenen Einheit – vorbehaltlich einer Vereinbarung gemäß § 12 – zustimmungsfrei.[47] Diese Befugnis des teilenden Wohnungseigentümers setzt aber voraus, dass der Status der übrigen Wohnungseigentümer gewahrt bleibt, was nur dann als gewährleistet ist, wenn die ursprüngliche Stimmenzahl keine Änderung erfährt.[48] Daher ist das bestehende Stimmrecht wegen der Selbstständigkeit der neu geschaffenen Einheiten von deren Erwerbern **nach Bruchteilen,** nicht analog Abs. 2 S. 2 einheitlich, auszuüben; dies gilt für das Objektstimmrecht[49] und in gleicher Weise für das Kopfstimmrecht, wenn die neu geschaffenen Einheiten an unterschiedliche Erwerber veräußert werden.[50]

---

31 KG ZWE 2000, 313 (314); LG Frankfurt a.M. BeckRS 2020, 1583, n.rkr.
32 BayObLG DNotZ 1999, 215.
33 LG München I ZWE 2020, 91 Rn. 15.
34 AG Dortmund BeckRS 2019, 13175 Rn. 12.
35 BayObLG Rpfleger 1982, 143; OLG Zweibrücken OLGZ 1990, 186.
36 BayObLG NJW-RR 1997, 1305; BayObLGZ 1986, 10 (12).
37 BayObLG NJW-RR 1997, 1305; OLG Oldenburg NJW-RR 1997, 775 (776).
38 LG Karlsruhe ZWE 2018, 283 (284).
39 KG NJW-RR 1994, 525.
40 BGH NZM 2019, 480.
41 BGHZ 73, 150 (155) = NJW 1979, 870; NJW 2012, 2434.
42 BGHZ 160, 354 (366 f.) = NJW 2004, 3413.
43 LG Karlsruhe ZWE 2018, 283 (284); *Mediger* NZM 2011, 137 (143).
44 BGH NJW 2012, 2434.
45 BGHZ 49, 250 = NJW 1968, 499.
46 BGH NJW-RR 2015, 645.
47 BGHZ 73, 150 (155) = NJW 1979, 870; BGHZ 160, 354 (366 f.) = NJW 2004, 3413.
48 BGHZ 73, 150 (155) = NJW 1979, 870; BGHZ 160, 354 (366 f.) = NJW 2004, 3413.
49 BGHZ 160, 354 (367) = NJW 2004, 3413.
50 BGH NJW 2012, 2434 Rn. 8.

3. Träger des Stimmrechts. a) Wohnungseigentümer und Erwerber; Gemeinschaft der Wohnungseigentümer. Das Stimmrecht steht nach Abs. 2 S. 1 dem Wohnungseigentümer zu. Maßgeblich ist der Zeitpunkt der Durchführung der Abstimmung, nicht der Einladung zur Eigentümerversammlung.[51] An die Stelle des teilenden Eigentümers tritt mit Eintragung einer Auflassungsvormerkung und Besitzübergang der **werdende Wohnungseigentümer** (§ 8 Abs. 3; → § 8 Rn. 23). In den übrigen Fällen des Erwerbs erhält der **Erwerber** einer Eigentumswohnung das Stimmrecht erst mit seiner Eintragung als Eigentümer in das Grundbuch,[52] nicht schon wenn sein Übereignungsanspruch durch eine im Grundbuch eingetragene Vormerkung gesichert ist und Besitz, Nutzungen und Gefahr auf ihn übergegangen sind.[53] Der Zweiterwerber wird erst mit Eintragung als Eigentümer im Grundbuch stimmberechtigt,[54] wenn ihn der Veräußerer nicht ausdrücklich[55] bevollmächtigt. Die „faktische" Zugehörigkeit zur Wohnungseigentümergemeinschaft vermag die fehlende Rechtsstellung nicht zu ersetzen.[56] 12

Der Veräußerer kann den Erwerber zur **Stimmabgabe im eigenen Namen bevollmächtigen,** ohne dass dadurch zu einer Stimmrechtsvermehrung kommen darf. Wenn ein Stimmrecht nach Anteilen oder nach Wohnungseinheiten vereinbart ist, ist es grundsätzlich zulässig, dass der Veräußerer den Erwerber entsprechend den gekauften Anteilen oder der Wohnungseinheit zur Stimmabgabe im eigenen Namen ermächtigt und so sein anteils- oder wohnungsgebundenes Stimmrecht aufteilt.[57] Die Ermächtigung soll nicht zu einer Beschlussfassung berechtigen, die der erkennbaren Interessenlage des Veräußerers widerspricht.[58] 13

Wenn die **Gemeinschaft der Wohnungseigentümer Eigentümer einer Wohnung** in der eigenen Wohnungseigentumsanlage ist, so steht ihr selbst kein Stimmrecht zu, sondern das Stimmrecht ruht, weil ihr eine einheitliche Ausübung des Stimmrechts, wie sie das Gesetz fordert, weder durch alle Wohnungseigentümer, noch durch den durch alle Wohnungseigentümer anzuweisenden Verwalter möglich ist.[59] 14

b) Rechtsgemeinschaft (Abs. 2 S. 2). Steht das Wohnungseigentum einer Rechtsgemeinschaft zu, zB Eheleuten in Gütergemeinschaft, einer Erbengemeinschaft oder einer Gesellschaft bürgerlichen Rechts, so kann das Stimmrecht nur **einheitlich ausgeübt** werden. Die Mitberechtigten müssen sich nach den für ihr jeweiligen Innenverhältnis geltenden Vorschriften untereinander über die Stimmausübung verständigen,[60] etwa durch Bestellung eines **gemeinschaftlichen Vertreters.**[61] Wenn in einer Wohnungseigentümerversammlung nur einer der Mitinhaber eines Wohnungseigentums anwesend ist, muss er die Vollmacht der weiteren Mitberechtigten in Textform nachweisen (→ Rn. 26).[62] Die Frage, ob die Mehrheit der Gesellschaft durch eine einheitliche Stimmabgabe zugleich im Innenverhältnis einen Beschluss iSv § 745 Abs. 1 BGB treffen und die Gesellschaft bei der Stimmabgabe vertreten kann, dürfte zu verneinen sein (→ BGB § 746 Rn. 16).[63] Geben mehrere Berechtigte ihre Stimme unterschiedlich ab, so ist die Stimmabgabe **ungültig.**[64] Zum Stimmrechtsausschluss einer der Mitberechtigten → Rn. 41. Gehört einem der Mitinhaber eine weitere Wohnung zu Alleineigentum, so steht ihm eine weitere Stimme zu.[65] Gehört ein Wohnungseigentum einer Erbengemeinschaft, so kann jeder Miterbe wegen § 2308 Abs. 1 BGB einen Eigentümerbeschluss allein anfechten.[66] Im Falle der Testamentsvollstreckung steht das Stimmrecht dem Testamentsvollstrecker,[67] im Falle der Zwangsverwaltung dem Zwangsverwalter zu.[68] 15

c) Stimmrecht bei Untergemeinschaften. Wenn die Bildung von Untergemeinschaften mit eigener Verwaltungszuständigkeit in Mehrhausanlagen[69] vereinbart ist, wie dies bei aus mehreren 16

---

51 KG ZWE 2019, 38, 39; KG FGPrax 2018, 3, 4.
52 BGHZ 106, 113 = NJW 1989, 1087 (1088).
53 BGHZ 106, 113 = NJW 1989, 1087; BGHZ 107, 285 = NJW 1989, 366.
54 BGH NJW 1989, 1087.
55 *Abramenko* ZWE 2016, 399 (402).
56 BGH NJW 2012, 3232.
57 BGHZ 106, 113 = NJW 1989, 1087 (1089).
58 BayObLG NZM 2002, 300.
59 OLG Hamm DNotZ 2010, 130 (134); *Häublein* FS Seuß, 2007, 125 (139).
60 OLG Düsseldorf BeckRS 2003, 30322908; OLG Dresden BeckRS 2005, 33184.
61 BayObLG NZM 1999, 859.
62 *Hügel/Elzer* Rn. 10; aA OLG Rostock BeckRS 2005, 12220.
63 *Hügel/Elzer* Rn. 8, 10; aA *Merle* FS Seuß, 2007, 193 (200).
64 OLG Rostock BeckRS 2005, 12220; OLG Köln NJW-RR 1986, 698; OLG Celle NJW 1958, 305.
65 KG OLGZ 1988, 434; OLG Frankfurt BeckRS 1996, 9546.
66 BayObLG NJW-RR 1999, 164.
67 BGH NJW 2012, 316 Rn. 7.
68 BayObLG FGPrax 1999, 19.
69 BGH NJW 2018, 1309; NJW-RR 2012, 1291.

Baukörpern bestehenden Wohnungseigentumsanlagen der Fall sein kann, müssen Begrenzung und Umfang der **Beschlusskompetenz der Untergemeinschaft** durch Auslegung der Vereinbarung ermittelt werden. Die Verwaltungszuständigkeit einer Untergemeinschaft kann nur insoweit wirksam vereinbart werden, als deren Mitglieder die durch die Verwaltungsmaßnahmen der Untergemeinschaft entstehenden Kosten im Innenverhältnis allein tragen müssen.[70] Anerkannt ist, dass durch eine Vereinbarung, nach der bestimmte Wohnungseigentümer über einen bestimmten Gegenstand allein stimmberechtigt sind, in diesem Umfang ein Stimmrechtsausschluss der übrigen Wohnungseigentümer im Grundsatz zulässig ist (→ Rn. 5).[71] Die gebotene objektive Auslegung nach Wortlaut und Sinn, wie er sich für einen unbefangenen Betrachter als nächstliegende Bedeutung des Eingetragenen ergibt, führt nur dann zu dem Ergebnis, dass allein die Mitglieder der Untergemeinschaft stimmberechtigt sein sollen, wenn diese Abweichung vom Gesetz klar und eindeutig feststellbar ist.[72] Im Zweifel bleibt es bei der gesetzlichen Regelung, also der Zuständigkeit der Gesamtgemeinschaft und dem Stimmrecht aller Wohnungseigentümer.[73] Eine Beschlusskompetenz der Untergemeinschaft kraft **Natur der Sache,** also aufgrund tatsächlicher Umstände, kommt nicht in Betracht.[74] Zu den Folgen der Stimmrechtsbeschränkung für Teilnahme- und Rederecht → § 23 Rn. 20.

17 Häufig ist – ohne weitere Konkretisierung – vereinbart, dass hinsichtlich solcher **Verwaltungsmaßnahmen, die nur die Untergemeinschaft betreffen,** auch nur die Sondereigentümer des hiervon betroffenen Baukörpers ein Stimmrecht haben sollen; diese Befugnis reicht regelmäßig nur, soweit die Rechte der übrigen Eigentümer in keiner Weise betroffen werden. Die durch diese wenig bestimmte Regelung aufgeworfenen Abgrenzungsfragen kann die Gesamtgemeinschaft nicht durch Eigentümerbeschluss über die „richtige" Auslegung beenden, denn dafür besteht keine Beschlusskompetenz. Für Eigentümerbeschlüsse über **Beiträge** (§ 28), Vorschüsse wie Nachschüsse, etwa kann eine Beschlusskompetenz der Untergemeinschaft grundsätzlich nicht bestehen, weil allein die Gemeinschaft der Wohnungseigentümer einen Verwalter hat, deren Einnahmen und Ausgaben er abrechnet, und die Schuldnerin der Ansprüche auf Vor- und Nachschüsse ist (→ § 28 Rn. 11), auch wo zulässigerweise bestimmte Kosten nur von den Mitgliedern der Untergemeinschaft zu tragen sind,[75] also in der Abrechnung entsprechend diesem besonderen Schlüssel zu verteilen sind.

18 Die Voraussetzungen für eine **gesonderte Abstimmung** über die **Jahresabrechnung** und über die Entlastung von Verwaltung und Verwaltungsbeirat liegen bei Mehrhausanlagen nur vor, wenn sich aus der Gemeinschaftsordnung eine Verpflichtung des Verwalters ergibt, für die Untergemeinschaft eigene Wirtschaftspläne und Jahresabrechnungen aufzustellen, über die gesondert in einer Versammlung der betreffenden Untergemeinschaft abzustimmen ist.[76] Soweit die Abrechnung Kosten enthält, die das Gemeinschaftseigentum insgesamt betreffen (etwa für Versicherungen und die Verwaltung), können nur alle Wohnungseigentümer beschließen. Gleiches gilt für die Frage der Entlastung des Verwalters der Gemeinschaft der Wohnungseigentümer insgesamt.[77] Besteht danach keine Beschlusskompetenz der Untergemeinschaft, dh ist zu Unrecht ein Stimmrechtsausschluss der übrigen Wohnungseigentümer angenommen worden, wie etwa verbreitet bei Regelungen über die Kostentragung bei Entscheidungen über die Verteilung der Einnahmen, ist der Beschluss der Untergemeinschaft insoweit nichtig.[78]

19 **d) Von Gesetzes wegen stimmberechtigte Dritte. aa) Insolvenzverwalter.** Wenn über das Vermögen eines Wohnungseigentümers das Insolvenzverfahren eröffnet ist, steht das Stimmrecht gemäß §§ 35, 80 InsO grundsätzlich **allein** dem Insolvenzverwalter zu,[79] soweit er das Wohnungseigentumsrecht nicht freigegeben hat oder ausnahmsweise Bestand und Verwertbarkeit der Insolvenzmasse von der Beschlussfassung nicht einmal mittelbar betroffen sind. Hat der Insolvenzverwalter nur eine von mehreren Eigentumswohnungen des Insolvenzschuldners freigegeben, müssen bei Geltung des Kopfstimmrechts Insolvenzschuldner und Insolvenzverwalter die eine Stimme gemein-

---

[70] BGH NJW 2018, 1309 Rn. 27; NZM 2020, 715 Rn. 11.
[71] BGH NJW-RR 2012, 1291 Rn. 10.
[72] OLG München NJW-RR 2007, 375; OLG Hamburg BeckRS 2004, 4303; LG München I ZWE 2010, 232, jeweils zur Kostentragung.
[73] OLG Hamburg BeckRS 2004, 4303; OLG Frankfurt BeckRS 2005, 10545 jeweils zur Kostentragung.
[74] BGH NZM 2020, 841 Rn. 8; NJW 2015, 1442 Rn. 10; 2018, 2124 Rn. 9, jeweils zum sog. Gepräge; aA noch OLG Köln BeckRS 1997, 8697 Rn. 3.
[75] BGH NZM 2015, 544.
[76] BGH NJW-RR 2012, 1291 Rn. 9.
[77] OLG Zweibrücken ZWE 2005, 111 mAnm *Röll.*
[78] BGH NJW-RR 2012, 1291 Rn. 11.
[79] KG DNotZ 1989, 152; *Vallender* NZI 2004, 401 (403); zum Anfechtungsrecht LG Düsseldorf ZWE 2012, 337.

sam ausüben.[80] Wenn ein Insolvenzverwalter für verschiedene Wohnungseigentümer bestellt ist, steht ihm die Summe der auf die betroffenen Eigentümer entfallenden Stimmrechte zu.[81]

bb) Zwangsverwalter. Bei Anordnung der Zwangsverwaltung geht das Stimmrecht mit dem Recht der Verwaltung und Nutzung gemäß § 148 Abs. 2 ZVG grundsätzlich auf den Zwangsverwalter über.[82] Nur soweit der Zweck der Zwangsverwaltung eine Stimmrechtsausübung durch den Zwangsverwalter nicht iSv § 152 Abs. 1 ZVG erfordert, bleibt das Stimmrecht beim Schuldner.[83] Indes wird vermutet, dass alle Beschlussgegenstände die Zwangsverwaltung betreffen,[84] so dass selbst für eine Gebrauchsregelung und überhaupt für alle Beschlussthemen der laufenden Bewirtschaftung das Stimmrecht dem Zwangsverwalter zusteht.[85] 20

cc) Testamentsvollstrecker und Nachlassverwalter. Der Testamentsvollstrecker gemäß § 2205 BGB und der Nachlassverwalter gemäß § 1984 Abs. 1 BGB üben das Stimmrecht für das zum Nachlass gehörende Wohnungseigentum anstelle der Erben in eigenem Namen und aus eigenem Recht aus.[86] Anordnungen des Erblassers sowie § 2205 S. 3 BGB, § 2206 BGB können der Ausübungsbefugnis des Testamentsvollstreckers Grenzen setzen.[87] 21

e) Sondereigentumsloser Miteigentümer. Beim sondereigentumslosen Miteigentümer (→ § 3 Rn. 37), dessen Sondereigentum nicht errichtet oder nicht sondereigentumsfähig ist, muss danach unterscheiden werden, ob das Sondereigentum noch entstehen kann oder nicht. Der durch Vorratsteilung und Eintragung im Grundbuch entstandene **Miteigentumsanteil verbunden mit dem Anwartschaftsrecht auf Erlangung des Sondereigentums**[88] vermittelt dem Berechtigten bereits das volle Stimmrecht in der Eigentümerversammlung, auch wenn das Sondereigentum noch nicht errichtet worden ist.[89] Wenn die sondereigentumslosen Miteigentumsanteile nicht mehr zum Vollrecht erstarken können, weil die Herstellung des Sondereigentums nicht mehr in Betracht kommt, gleich ob das Gebäude oder der Gebäudeteil, in dem sich das Sondereigentum befinden soll, nicht errichtet werden kann[90] oder bei der Bauausführung von dem Aufteilungsplan in einer Weise abgewichen worden ist, die es unmöglich macht, die errichteten Räume einer in dem Aufteilungsplan ausgewiesenen Raumeinheit zuzuordnen,[91] also bei **Unmöglichkeit der Entstehung des vorgesehenen Sondereigentums (isoliertes Miteigentum),**[92] die zum Erlöschen des Anwartschaftsrechts führt, besteht in der Regel ein Anspruch gegen die anderen Miteigentümer auf Übernahme des isolierten Miteigentumsanteils.[93] Indes bleibt der Sondereigentümer bis zu seinem Ausscheiden mit allen Pflichten und Rechten Mitglied der Gemeinschaft der Wohnungseigentümer und deshalb stimmberechtigt.[94] 22

f) Kein Stimmrecht des Nießbrauchers. Die Belastung des Wohnungseigentums mit einem Nießbrauch[95] lässt das Stimmrecht des Eigentümers unberührt. Dieses geht auch hinsichtlich einzelner Beschlussgegenstände nicht auf den Nießbraucher über.[96] Der Wohnungseigentümer muss sein Stimmrecht weder allgemein noch in einzelnen Angelegenheiten gemeinsam mit dem Nießbraucher ausüben.[97] Aus dem zwischen ihnen bestehenden Schuldverhältnis kann der Wohnungseigentümer jedoch im Einzelfall gegenüber dem Nießbraucher verpflichtet sein, bei der Stimmabgabe dessen Interessen zu berücksichtigen, nach dessen Weisung zu handeln oder ihm eine Stimmrechtsvollmacht 23

---

80 KG NJW-RR 1989, 1162.
81 KG NZM 2004, 878.
82 LG Berlin BeckRS 2009, 21209.
83 KG NZM 2006, 383.
84 BayObLGZ 1998, 288 = NZM 1999, 77.
85 LG Berlin BeckRS 2009, 21209.
86 BGH NZG 2014, 945 Rn. 14.
87 BGH NZG 2014, 945 Rn. 22.
88 BGHZ 110, 36 = NJW 1990, 1111; BGH NJW 2004, 1798; OLG Hamm OLGZ 1991, 27; NZM 2006, 142.
89 OLG Hamm NZM 2006, 142; OLG Frankfurt ZWE 2007, 84; LG München I ZWE 2017, 325.
90 Vgl. dazu BGHZ 110, 36 = NJW 1990, 1111.
91 Vgl. dazu BGH NJW 2004, 1798.
92 BGHZ 110, 36 = NJW 1990, 1111.
93 BGHZ 109, 179 = NJW 1990, 447; BGH NJW-RR 2005, 10.
94 OLG Hamm NZM 2007, 448; LG München I ZWE 2017, 325; *Hügel* ZMR 2004, 549 (553); aA OLG Naumburg NJOZ 2005, 335 (336).
95 BGH ZWE 2020, 328.
96 BGHZ 150, 109 = NJW 2002, 1647; OLG Hamm NZM 2001, 1086.
97 BGHZ 150, 109 = NJW 2002, 1647 (1650); BGH NJW 2015, 2968 Rn. 8.

zu erteilen.[98] Fehlt es an einer ausdrücklichen Vereinbarung, so ist für das Entstehen und den Umfang einer solchen Verpflichtung insbesondere die Regelung zur Tragung der Kosten des mit einem Nießbrauch belasteten Wohnungseigentums maßgeblich. Die Gültigkeit der Stimmrechtsausübung des Wohnungseigentümers und damit der Beschlussfassung wird durch solche schuldrechtlichen Stimmrechtsabsprachen jedoch nicht berührt.[99]

24 **g) Stimmrecht bei Dauerwohnrecht und Wohnungsrecht nach § 1093 BGB.** Wenn ein Wohnungseigentum mit einem Dauerwohnrecht gemäß §§ 31, 33 oder einem alle Räume des Sondereigentums umfassenden Wohnungsrecht nach § 1093 BGB belastet ist, steht die Ausübung des Stimmrechts nur dem Wohnungseigentümer zu, dem Berechtigten auch insoweit nicht, als die Beschlussfassung der Eigentümergemeinschaft die Benutzung dieser Räume und die Mitbenutzung der zum gemeinschaftlichen Gebrauch der Bewohner bestimmten Anlagen und Einrichtungen berührt oder er im Innenverhältnis zur Kostentragung verpflichtet ist.[100]

25 **h) Sonstige dingliche und schuldrechtlich Berechtigte.** Sonstige Berechtigte, Grundpfandrechtsgläubiger und nur schuldrechtlich Berechtigte, wie Mieter oder Pächter, steht kein Stimmrecht zu; dies gilt auch, soweit der Beschlussgegenstand – etwa bei der Geltendmachung von Ansprüchen aus § 15 – diese betrifft. Der Wohnungseigentümer kann allerdings durch die Stimmrechtsausübung Pflichten aus dem Innenverhältnis diesen gegenüber verletzen.

26 **4. Abstimmung, Mehrheit.** Wie die **Durchführung** der Abstimmung erfolgt, durch Zuruf, Handzeichen oder Stimmkarten (= offene namentliche Abstimmung),[101] Stimmzettel (= schriftliche Abstimmung) oder auch elektronische Abstimmungsgeräte, können die Wohnungseigentümer vereinbaren oder bei Fehlen einer Vereinbarung auch beschließen.[102] Das gilt ebenso bei der Frage, in welcher Reihenfolge Beschlussvorschläge zur Abstimmung gestellt und nach Zustimmung, Ablehnung oder Enthaltung gefragt wird.[103] Fehlt auch eine Beschlussfassung, stehen diese Anordnungen dem **Versammlungsleiter** zu.[104] Das gilt auch für die Frage, ob Beschlussgegenstände zur gemeinschaftlichen Abstimmung verbunden werden oder bei der Beiratswahl über die Kandidaten einzeln oder gemeinsam (Blockwahl; → § 29 Rn. 14)[105] abgestimmt wird, wenn keiner der Abstimmenden Widerspruch äußert. Bei der **Feststellung des Abstimmungsergebnisses** (→ § 23 Rn. 8) kann bereits nach der Abstimmung über zwei von drei auf Zustimmung, Ablehnung oder Enthaltung gerichteten Abstimmungsfragen die Zahl der noch nicht abgegebenen Stimmen als Ergebnis der dritten Abstimmungsfrage gewertet werden, soweit für den Zeitpunkt der jeweiligen Abstimmung die Anzahl der anwesenden und vertretenen Wohnungseigentümer und – bei Abweichung vom Kopfprinzip – auch deren Stimmkraft feststeht **(Subtraktionsmethode).**[106] Stehen mehr als zwei Alternativen, etwa Verwalterangebote, zur Auswahl, genügt es nur, wenn ein Bewerber die absolute Mehrheit der abgegebenen Ja-Stimmen erreicht; sonst müssen alle Alternativen einzeln zur Wahl gestellt werden.[107] Soweit § 21 Abs. 2 S. 1 Nr. 1 Kostenfolgen an das Erreichen einer qualifizierten Mehrheit stützt, soll der Wunsch, die Baumaßnahme nur dann durchzuführen, wenn die qualifizierte Mehrheit erreicht und alle Wohnungseigentümer die Kosten tragen müssen, dadurch Rechnung getragen werden können, dass in Anwendung der Subtraktionsmethode zunächst nach den Nein-Stimmen gefragt wird;[108] sicherer erscheint indes die Aufnahme einer Potestativbedingung (→ Rn. 3).

27 Die Mehrheit der für einen Beschluss abgegebenen Stimmen wird grundsätzlich aus der Zahl der in der Versammlung vertretenen Stimmen in Anwendung des geltenden Stimmrechtsprinzips (→ Rn. 7) berechnet, nicht aus der Zahl aller möglichen Stimmen (zur Ausnahme des § 21 Abs. 2 S. 1 Nr. 1 → § 21 Rn. 41). Erforderlich ist, dass die Anzahl der Ja-Stimmen die der Nein-Stimmen übersteigt.[109] Die Stimmabgabe muss unbedingt sein, andernfalls ist sie ungültig.[110] **Stimmenthal-**

---

[98] BGHZ 150, 109 = NJW 2002, 1647 (1649).
[99] BGHZ 150, 109 = NJW 2002, 1647 (1649).
[100] BayObLGZ 1998, 145 = NZM 1998, 815; OLG Hamburg BeckRS 2004, 01802; aA noch BGH MDR 1977, 299 = DNotZ 1978, 157 = BeckRS 1976, 31117225; offengelassen in BGHZ 150, 109 = NJW 2002, 1647 (1650).
[101] AG München ZMR 2019, 159.
[102] BGH NJW 2002, 3629 (3630).
[103] BGH NJW 2002, 3629 (3630).
[104] BGH NJW 2002, 3629 (3630).
[105] OLG München NJOZ 2007, 4891 (4893); KG BeckRS 2004, 08100.
[106] BGH NJW 2002, 3629.
[107] BGH NZM 2019, 639 Rn. 9.
[108] BT-Drs. 19/22634, 45.
[109] OLG Düsseldorf NJW-RR 2001, 11.
[110] BayObLG BeckRS 1994, 10539; OLG Düsseldorf NJW-RR 2002, 1383.

tungen werden nicht einbezogen. Sie können nicht als Neinstimmen gewertet werden; denn wer sich der Stimme enthält, will nicht dagegen stimmen.[111] Weil die Eigentümerversammlung keine Beschlussfähigkeit mehr kennt, kann auch der einzig erschienene oder vertretene Wohnungseigentümer allein durch Zustimmung Beschlüsse fassen (→ § 23 Rn. 22). Bei **Stimmengleichheit** gilt der Antrag als abgelehnt. **Nach Versammlungsende** vom Verwalter aufgestellte **Neuberechnungen** des Abstimmungsergebnisses sind unerheblich.[112] Die Anwendung des falschen Stimmrechtsprinzips macht den festgestellten Beschluss regelmäßig nur anfechtbar.[113] Bei Abstimmung mittels schriftlicher Stimmzettel, die nicht geheim, sondern vor den Augen aller Versammlungsteilnehmer stattfindet, kann die Stimmabgabe im Fall der Anfechtung jedenfalls bis zum Abschluss der Auszählung der Stimmzettel durch den Versammlungsleiter wiederholt werden.[114] Wenn **qualifizierte Beschlussmehrheiten** – trotz § 47 (→ Rn. 4; → § 47 Rn. 3) noch und auch im Übrigen[115] wirksam – vereinbart sind, müssen diese erreicht werden; andernfalls ist der Beschluss anfechtbar, nicht nichtig, weil der Rechtmäßigkeitsmaßstab verfehlt wird.[116] Wo das Gesetz an das Vorliegen bestimmter Mehrheitserfordernisse besondere Rechtsfolgen knüpft, müssen diese erreicht sein, um die Rechtsfolgen auszulösen (→ Rn. 3).

**5. Stimmrechtsvollmacht. a) Vertretung aufgrund Vollmacht in Textform (Abs. 3); 28
Zurückweisung.** Für die Wohnungseigentümerversammlung können die Eigentümer **Stimmrechtsvollmachten in Textform** (§ 126b BGB) erteilen.[117] Zur Erteilung einer unwiderruflichen, verdrängenden Vollmacht kann ein Wohnungseigentümer nicht gezwungen werden, so dass die Vereinbarung sog. Delegiertenversammlungen ausgeschlossen ist.[118] Die Neuregelung des WEMoG beseitigt mit dem Erfordernis der Textform in Anlehnung an § 47 Abs. 3 GmbHG praktische Schwierigkeiten beim Nachweis der Bevollmächtigung.[119] Das erstmals im Gesetz vorgesehene Formerfordernis beendet auch den Streit wegen einer stillschweigenden Bevollmächtigung, wie sie insbesondere für Ehegatten bisher angenommen wurde.[120] Durch das Formerfordernis der **Textform** werden einerseits Unsicherheiten über die Vertretungsverhältnisse in der Versammlung beseitigt. andererseits keine großen Hürden an die Vollmachtserteilung und für den Vollmachtsnachweis errichtet, kann doch die Vollmacht sogar noch während der Versammlung zum Beispiel per E-Mail oder anderer elektronischer Nachricht erteilt werden.[121] – Das Textformerfordernis ist grundsätzlich **abdingbar.**

aa) Vollmachtserteilung in Textform (§ 126b BGB). Die Vollmacht kann sich auf eine 29
Versammlung oder auch nur einzelne Beschlussgegenstände beschränken oder als Dauervollmacht für alle künftigen Versammlungen erteilt werden, mit oder ohne Weisungen zur Abstimmung. Auch eine allgemeine Vollmacht zur Erledigung aller Vermögensverhältnisse kann als Stimmrechtsvollmacht verwendet werden,[122] das Gleiche gilt für die Prokura.[123] Auch eine „automatisierte Vollmacht", also eine Vereinbarung, dass das Stimmrecht durch den Versammlungsleiter ausgeübt wird, soweit ein Wohnungseigentümer nicht (zumindest virtuell) anwesend oder anderweitig vertreten ist, wird als zulässig angesehen.[124] Die **Textform** (§ 126b BGB) wird durch die Schriftform, die elektronische Form, die notarielle Beurkundung und die öffentliche Beglaubigung erfüllt (→ BGB § 126b Rn. 10). Ein Wohnungseigentümer kann sich bei der Ausübung seines Stimmrechts auch durch **mehrere Bevollmächtigte** vertreten lassen; diese können aber nur einheitlich abstimmen, wenn sie gleichzeitig in der Versammlung anwesend sind.[125] Vertritt ein Eigentümer andere Wohnungseigentümer, so muss die ihm erteilte Vollmacht regelmäßig dahin ausgelegt werden, dass sie sich nur auf die Abstimmung zu den in dem Einladungsschreiben vorgesehenen Tagesordnungspunkten erstreckt.[126] Eine **Unterbevollmächtigung** kann vom Hauptbevollmächtigten nur erteilt werden, wenn ihm dies ausdrücklich gestattet ist oder der Wille des Vollmachtgebers hierzu sich aus den

[111] BGH NZM 2019, 639 Rn. 8; BGHZ 106, 179 = NJW 1989, 1090 f.
[112] KG FGPrax NZM 2002, 16132.
[113] LG München I ZWE 2020, 91 Rn. 25.
[114] BayObLG NJW-RR 2000, 1036.
[115] Zur Unbestimmtheit des Bezugs „Angelegenheiten von erheblicher Bedeutung" vgl. KG NZM 1998, 520.
[116] BGH NZM 2020, 801 Rn. 25; LG München I ZWE 2014, 186; LG Berlin BeckRS 2015, 9518.
[117] Zu Streitfragen ausf. *Dötsch/Schultzky/Zschieschack* Kap. 8 Rn. 84.
[118] Vgl. LG München I ZWE 2011, 139.
[119] BT-Drs. 19/18791, 84.
[120] LG München I ZWE 2012, 99; aA *Hügel/Elzer* Rn. 11.
[121] BT-Drs. 19/18791, 84.
[122] BayObLGZ 1984, 15.
[123] BayObLGZ 1984, 15.
[124] OLG Düsseldorf NJW-RR 2003, 1312; OLG Frankfurt OLGZ 1986, 45.
[125] BGH NJW 2012, 2512 Rn. 10.
[126] OLG Hamm NJW-RR 1993, 468; Staudinger/*Häublein,* 2018, Rn. 108.

Umständen ergibt, etwa ein Interesse an der persönlichen Wahrnehmung der Vollmacht fehlt,[127] auch zur Vermeidung eines Stimmrechtsausschlusses.[128] Bei einer **Kette von Bevollmächtigungen** muss jede Vollmacht zumindest in Textform nachgewiesen werden. Deshalb muss der Mitarbeiter eines Verwalters in Textform bevollmächtigt sein, wenn er die dem Verwalter erteilte Stimmrechtsvollmacht (Verwaltervollmacht) als Versammlungsleiter bei der Ausübung der Stimmrechtsvollmacht in der Eigentümerversammlung ausüben soll; eine solche Bevollmächtigung mag sich im Wege der Auslegung formgerecht angesichts der geringen Anforderungen des § 126b BGB bereits aus der Einladung zur Eigentümerversammlung ergeben, wenn dort der Versammlungsleiter namentlich benannt und die Einladung den Verwalter selbst bzw. bei juristischen Personen dessen Organ als Person des Erklärenden nennt.

30 Für die **Vertretung juristischer Personen** gelten die allgemeinen Vorschriften. Das Erfordernis der Textform gilt wie bei § 47 Abs. 3 GmbHG[129] für organschaftliche oder gesetzliche Vertreter nicht. Eine **Dauervollmacht** muss bei jeder Versammlung vorliegen.[130] Der **Prokurist** kann seine Vollmacht wie auch sonst im Rechtsverkehr durch einen Handelsregisterauszug nachweisen, der nicht unbedingt neuesten Datums sein muss.[131] Für die rechtsgeschäftliche Vertretung juristischer Personen im Übrigen gilt das Erfordernis der Textform.

31 **bb) Zurückweisung bei fehlendem Nachweis.** Die Zurückweisung einer der Textform genügenden Vollmacht gemäß § 174 Abs. 1 BGB ist nicht möglich.[132] Die Vollmacht muss allerdings in geeigneter Weise in der Eigentümerversammlung[133] nachgewiesen, nicht nur behauptet werden. Die Zurückweisung eines Vertreters, der die Vollmacht nicht einmal in Textform nachweisen kann, sondern nur behauptet, bleibt möglich und für den Versammlungsleiter empfehlenswert. Denn ob die nicht in Textform nachgewiesene Vollmacht auch ohne Zurückweisung unwirksam ist, wird in der Gesetzesbegründung[134] offengelassen und damit den Wohnungseigentümern ein Meinungsstreit zugemutet, obwohl dafür eine tragfähige Begründung mit dem Hinweis auf die einheitliche Rechtsentwicklung zu § 47 Abs. 3 GmbHG fehlt. Mit der herrschenden Meinung zu § 47 Abs. 3 GmbHG[135] ist grundsätzlich von der Formunwirksamkeit der nicht in Textform erteilten Vollmacht auszugehen, wenn nicht die Berufung auf das Formerfordernis ausnahmsweise als treuwidrig erscheint, weil zum Beispiel die Vollmacht in der Eigentümerversammlung vor allen Beteiligten mündlich erteilt wird oder sonst sämtlichen Wohnungseigentümern bekannt ist und von ihnen anerkannt wird; ist die Vollmacht formunwirksam, fehlt die Vertretungsmacht und darf unabhängig von der Zurückweisung nicht mitgezählt werden.[136] Auf die gegenüber dem Verwalter bzw. dem Versammlungsleiter in Textform verlautbarte Vollmacht finden die §§ 171, 173 BGB Anwendung, bei Erteilung einer Vollmachtsurkunde die §§ 172, 173 BGB.

32 Die **Entscheidung über die Zurückweisung** eines Bevollmächtigten ohne Vollmachtsnachweis in Textform trifft zunächst der Vorsitzende der Versammlung.[137] Soweit er selbst bevollmächtigt ist, wie häufig beim Verwalter der Fall, kann er sich nicht selbst zurückweisen; weil die Bevollmächtigung zu Beginn der Versammlung bekannt zu machen ist, was allerdings auch durch die Erklärung, dass alle Wohnungseigentümer anwesend oder vertreten sind, erfolgen kann,[138] können die Wohnungseigentümer in diesem Fall eine Entscheidung durch Beschlussfassung über die Zurückweisung herbeiführen. Alle Wohnungseigentümer[139] und auch die Mitglieder des Verwaltungsbeirats[140] besitzen ein eigenes Prüfungs- und Zurückweisungsrecht.[141] **Folge der berechtigten Zurückweisung** ist, dass die vertretenen Stimmen nicht mitgezählt werden dürfen.[142] In der Zurückweisung eines Gesuchs auf Einsichtnahme in die zur Eigentümerversammlung erteilten Vollmachten anderer Woh-

---

127 BayObLG FGPrax 2003, 67.
128 OLG Zweibrücken NZM 1998, 671.
129 Roth/Altmeppen/*Altmeppen* GmbHG § 47 Rn. 56.
130 BayObLGZ 1984, 15; OLG München NZM 2008, 92.
131 BayObLGZ 1984, 15.
132 BT-Drs. 19/18791, 84.
133 LG Lüneburg BeckRS 2017, 155568 Rn. 8.
134 BT-Drs. 19/18791, 84.
135 BGHZ 49, 183 (194) = NJW 1968, 743 (745); MüKoGmbHG/*Drescher* GmbHG § 47 Rn. 104 mwN.
136 *Dötsch/Schultzky/Zschieschack* Kap. 8 Rn. 86; aA LG Mainz ZWE 2011, 461 bei Verneinung der Formunwirksamkeit zu § 25 aF.
137 BayObLGZ 1984, 15.
138 OLG München ZWE 2011, 262.
139 OLG München NZM 2008, 92.
140 OLG München ZWE 2008, 58.
141 OLG München NZM 2008, 92 zur vereinbarten Schriftform; LG Frankfurt a.M. NJW 2015, 1767.
142 BayObLGZ 1984, 15 (18).

nungseigentümer liegt ein Beschlussfehler.[143] Den Eigentümern kann nicht das Risiko zugemutet werden, in der Versammlung anfechtbare Beschlüsse zu fassen. Fehlt der Vollmachtsnachweis, ist vom Nichtbestand der Vollmacht auszugehen; wirkt sich die Stimme auf das Beschlussergebnis aus, sind die gefassten Beschlüsse auf eine Anfechtungsklage hin für ungültig zu erklären.[144]

b) Vertretungsbeschränkungen. Vertretungsbeschränkungen durch Vereinbarungen, also insbesondere Regelungen in der Gemeinschaftsordnung, können durch die Vereinbarung besonderer Formerfordernisse oder die Beschränkung des Kreises zulässiger Vertreter ergeben. 33

aa) Besondere Formerfordernisse. Sieht die Gemeinschaftsordnung für Stimmrechtsvollmachten die **Schriftform** vor, so bedeutet dies nur, dass Bevollmächtigte ohne Vollmachtsurkunde zurückgewiesen werden können, nicht aber, dass eine nicht formgerecht erteilte Vollmacht ungültig wäre.[145] Sieht eine Gemeinschaftsordnung vor, dass eine Vollmacht schriftlich zu erteilen und zu den Akten des Verwalters zu übergeben ist, so kann diese Regelung dahin ausgelegt werden, dass die Übergabe der Vollmacht zu den Akten Voraussetzung dafür ist, dass ein Bevollmächtigter an der Versammlung teilnehmen und wirksam abstimmen kann; bei einer solchen Regelung handelt es sich nicht nur um eine Ordnungsvorschrift, die Beweiszwecken dient.[146] Vor Inkrafttreten des WEMoG getroffene Vereinbarungen strengerer Formerfordernisse (Schriftform usw.) sind gemäß **§ 47** durch die Einführung der Textform grundsätzlich überholt. 34

bb) Beschränkung der zulässigen Vertreter. Die Beschränkung des Kreises der möglichen Vertreter **(Vertreterklausel),** etwa auf den Verwalter, den Verwaltungsbeirat, andere Wohnungseigentümer, den Ehegatten des Wohnungseigentümers, seine Familienangehörigen, seinen Lebenspartner oder seine Kinder, wie sie in unterschiedlichen Formulierungen verbreitet ist, verfolgt das im Grundsatz als zulässig anerkannte Ziel, den Grundsatz der Nichtöffentlichkeit der Wohnungseigentümerversammlung (→ § 24 Rn. 50) zu wahren und die Versammlung von gemeinschaftsfremden Einflüssen freizuhalten. Solche Beschränkungen, die regelmäßig dahin auszulegen sind, dass der Ausschluss der Vertretung nicht nur die Stimmabgabe, sondern auch die dieser vorgelagerten Aussprache über den Beschlussantrag und die Antragstellung, also die Teilnahme schlechthin, erfasst,[147] werden als grundsätzlich zulässig angesehen, erfordern aber – gerade bei einem eng gezogenen Kreis (zB Vertretung nur durch Ehegatten oder Verwalter) – eine ergänzende Auslegung, etwa des Lebenspartners (§ 11 Abs. 1 LPartG) als Familienangehörigen, aber auch des Lebensgefährten.[148] Ergibt die Auslegung eine abschließende Aufzählung der zulässigen Vertreter und ist der Verwalter nicht genannt, kann eine Vertretung durch den Verwalter ausgeschlossen sein.[149] Dagegen ist Bevollmächtigung eines Nießbrauchers ohne seine ausdrückliche Erwähnung in der Vertreterklausel ausgeschlossen.[150] Im Einzelfall ist eine Berufung auf die Beschränkung auf die Vertreterbeschränkung auch **nach Treu und Glauben** ausgeschlossen,[151] etwa wenn die Vertretung auf die übrigen Wohnungseigentümer und den Verwalter beschränkt ist und die Entscheidung über die Entziehung des Wohnungseigentums (§ 17) gegen den Wohnungseigentümer ansteht, der sich vertreten lassen will. Hat die Gemeinschaft über Jahre die Vertretung eines Wohnungseigentümers in der Versammlung hingenommen, obwohl diese der Regelung der Gemeinschaftsordnung nicht entspricht, darf die Gemeinschaft ihre bisherige Handhabung nur in einer Weise ändern, die gewährleistet, dass der betroffene Wohnungseigentümer rechtzeitig für seine ordnungsgemäße Vertretung sorgen kann. Fehlt es daran, muss der Vertreter nach Treu und Glauben (§ 242 BGB) zur Teilnahme an der Versammlung zugelassen werden.[152] 35

Eine Vereinbarung, nach der Wohnungseigentümer sich in der Versammlung nur durch den Ehegatten, einen Wohnungseigentümer oder den Verwalter vertreten lassen können, kann in der Regel dahin auszulegen, dass sie auch für **juristische Personen** gilt und dass diese sich nicht nur durch ihre organschaftlichen Vertreter, sondern auch durch einen ihrer **Mitarbeiter** vertreten lassen können; diese Vertretungsklausel ist in der Regel ergänzend dahin auszulegen, dass sich eine juristische Person in der Versammlung jedenfalls auch von einem Mitarbeiter einer zu demselben Konzern gehörenden **Tochtergesellschaft** vertreten lassen darf, wenn diese für die Verwaltung der Sondereigentumseinheiten zuständig ist.[153] 36

---

[143] LG Frankfurt a.M. NJW 2015, 1767.
[144] OLG München NZM 2008, 92.
[145] BayObLGZ 1984, 15; OLG Hamm OLGZ 1990, 191.
[146] Vgl. OLG München NJW-RR 2006, 730.
[147] BGHZ 99, 90 = NJW 1987, 650 (651); BGH NJW 1993, 1329 (1330).
[148] OLG Köln NZM 2004, 656.
[149] AG Lahnstein ZMR 2018, 962 (963).
[150] OLG Hamburg BeckRS 2004, 01802; aA *F. Schmidt* MittBayNot 2002, 188 (189); → BGB § 1066 Rn. 17.
[151] BGHZ 99, 90 = NJW 1987, 650 (651); BGH NJW 1993, 1329 (1330).
[152] OLG Hamm NJW-RR 1997, 846.
[153] BGH NJW-RR 2019, 1354.

37 Bei einem **Verstoß** gegen den Ausschluss der Vertretung in der Eigentümerversammlung dürfen die Stimmen der Vertreter bei der Feststellung des Abstimmungsergebnisses nicht mitgezählt werden. Vertretungsbeschränkungen in Teilungserklärungen sind aber ohne Bedeutung, wenn die Stimmabgabe eines Vertreters in der Eigentümerversammlung weder von den Miteigentümern noch von dem Versammlungsleiter beanstandet wird.[154] Ein unter Verstoß gegen die Vertretungsbeschränkung zustande gekommener Eigentümerbeschluss ist nicht nichtig, sondern nur **anfechtbar,**[155] dies allerdings dann nicht mit Erfolg, wenn die Stimmrechtsabgabe des nach der Vertreterklausel nicht zugelassenen Vertreters nicht beanstandet worden ist.[156] Vor Inkrafttreten des WEMoG vereinbarte Beschränkungen des Kreises der zugelassenen Vertreter können gemäß **§ 47** im Einzelfall fortgelten, wenn aus der Vereinbarung der Wille hinreichend deutlich wird, die nichtöffentliche Eigentümerversammlung frei von fremden Einflüssen zu halten.

38 **c) Folgen der Nichtausübung oder des Verstoßes gegen Weisungen.** Macht der Vertreter eines Wohnungseigentümers in der Eigentümerversammlung von der Stimmrechtsvollmacht keinen oder entgegen im Innenverhältnis erteilter[157] Weisungen Gebrauch, kann der Auftraggeber daraus weder Anfechtungs- noch Nichtigkeitsgründe hinsichtlich eines gegen seinen Willen zustande gekommenen Eigentümerbeschlusses herleiten.[158] Denn die übrigen Wohnungseigentümer sind nicht dafür verantwortlich zu machen, wenn die Stimmrechtsabgabe unterbleibt. Die Aufkündigung des der Vertretung zu Grunde liegenden Auftrags zur Unzeit und die Verweigerung der Vertretung, etwa kurz vor oder in der Eigentümerversammlung, durch den Vertreter, insbesondere den Verwalter, der durch Übersendung eines Vollmachtsformulars mit der Einladung die Übernahme der Vertretung angeboten hat, ist zwar im Verhältnis von Vertreter und Vertretenem pflichtwidrig,[159] berührt die Wirksamkeit der Beschlussfassung indes grundsätzlich nicht.

IV. Stimmrechtsausschluss (Abs. 4), Stimmrechtsentzug und Stimmrechtsmissbrauch

39 **1. Grundsatz.** Weil das Stimmrecht ein wesentliches Mittel zur Mitgestaltung der Gemeinschaftsangelegenheiten bildet (→ Rn. 4), darf es nur ausnahmsweise und lediglich unter eng begrenzten Voraussetzungen eingeschränkt werden.[160] Abs. 4 sieht als **Sondervorschrift zu § 181 BGB** gerade keinen allgemeinen Stimmrechtsausschluss im Fall von Interessenkonflikten vor, sondern beschränkt den Ausschluss des Stimmrechts auf bestimmte Fälle schwerwiegender Interessenkollisionen, in denen die – sonst legitime – Verfolgung privater Sonderinteressen bei der Willensbildung der Wohnungseigentümer nicht mehr hinnehmbar erscheint.[161] Auch wenn von der Beschlussfassung erhebliche Sonderinteressen betroffen sind, bleibt das Stimmrecht im Übrigen grundsätzlich bestehen;[162] auch Verwandtschaft oder sonstige persönliche Näheverhältnisse führen grundsätzlich nicht zu einem Stimmrechtsausschuss.[163] Abs. 4 ist grundsätzlich **abdingbar** (§ 10 Abs. 2 S. 2); die Regelung des § 40 BGB, nach dem § 32 BGB nicht abbedungen werden kann, gilt für das WEG nicht. Schranken für den Inhalt der Gemeinschaftsordnung ergeben sich jedoch aus den Grenzen der Privatautonomie nach §§ 134, 138 BGB.[164] Die Gestaltungsfreiheit für Gemeinschaftsordnungen endet dort, wo das Mitgliedschaftsrecht ausgehöhlt würde; deshalb ist ein allgemeiner oder nur vorübergehenden Ausschluss eines Wohnungseigentümers vom Stimmrecht unwirksam.[165] Im Umkehrschluss aus Abs. 5 Alt. 3 ergibt sich deshalb, dass selbst erhebliche Beitragsrückstände das Stimmrecht nicht entfallen lassen, solange der Wohnungseigentümer nicht gemäß § 17 rechtskräftig zur Veräußerung seines Wohnungseigentums verurteilt ist.[166] Selbst ein rechtsmissbräuchliches Verhalten (→ Rn. 47) kann allenfalls dazu führen, dass die Stimmabgabe bezogen auf die jeweilige Beschlussfassung unbeachtlich ist.[167]

---

[154] KG NJW-RR 1995, 147.
[155] BGH NJW 2009, 2132 Rn. 29.
[156] KG NJW-RR 1995, 147.
[157] Zur Abgrenzung von der Vollmachtsbeschränkung im Außenverhältnis mit der Folge fehlender Vertretungsmacht vgl. *Abramenko* ZWE 2016, 399 (408).
[158] KG NJW-RR 1997, 776.
[159] AG Merseburg ZMR 2008, 741.
[160] BGH NJW 2018, 552 Rn. 9.
[161] BGHZ 152, 46 (57 f.) = NJW 2002, 3704 (3707); BGH NJW 2011, 679 Rn. 8; 2018, 552 Rn. 9.
[162] BayObLG NJOZ 2005, 3201.
[163] OLG Saarbrücken FGPrax 1998, 18; LG Frankfurt (Oder) ZWE 2013, 174 (175).
[164] BGHZ 99, 90 (93 f.) = NJW 1987, 650; BGH NJW 2011, 679 Rn. 7.
[165] BGH NJW 2011, 679 Rn. 8; BayObLG NZM 1999, 77; LG Regensburg NJW-RR 1991, 1169; LG Stralsund NJW-RR 2005, 313.
[166] BGH NJW 2011, 679 Rn. 9; 2018, 552 Rn. 9.
[167] BGHZ 152, 46 (61) = NJW 2002, 3704 (3708); BGH NJW 2018, 552 Rn. 9.

2. Stimmrechtsausschluss beim Abschluss eines Rechtsgeschäfts (Abs. 4 Fall 1). Der Stimmrechtsausschuss betreffend In-sich-Geschäfte gilt für **Rechtsgeschäfte,** aber auch rechtsgeschäftliche Handlungen (zB Kündigung),[168] nicht aber für die Wahrnehmung mitgliedschaftlicher Rechte,[169] wie bei der Bestellung und Abberufung des zum Verwalter bestellten Wohnungseigentümers (einschließlich des gleichzeitigen Abschlusses des Verwaltervertrags), es sei denn die Abberufung aus wichtigem Grund,[170] ebenso beim Verwaltungsbeirat,[171] der Erteilung einer Klagebefugnis für einen Wohnungseigentümer,[172] schließlich der Einzelabrechnung.[173] Dabei ist für die Abgrenzung darauf abzustellen, ob der Schwerpunkt der Angelegenheit in der Wahrnehmung mitgliedschaftlicher Interessen oder in der Verfolgung privater Sonderinteressen liegt,[174] wie bei der Einräumung von Sonderrechten, Mahnungen und Fristsetzungen, schließlich oder der Entlastung in der Funktion als Verwalter oder Verwaltungsbeirat[175] oder bei der Abstimmung über die Geltendmachung von Ansprüchen gegen ihn.[176] Wenn der Beschluss, für den der Stimmrechtsausschluss gilt, noch mit weiteren Abstimmungsgegenständen verbunden wird, so erstreckt sich der Stimmrechtsausschluss auch darauf.[177] 40

Die Vorschrift erfasst zunächst nur den Wohnungseigentümer selbst und umfassend,[178] findet aber entsprechende Anwendung bei einer engen personellen und wirtschaftlichen **Verflechtung** von Wohnungseigentümer und Vertragspartner des Verbands,[179] wenn also bei wirtschaftlicher Betrachtung für den Wohnungseigentümer der gleiche Interessenkonflikt besteht, zum Beispiel weil der Wohnungseigentümer alleiniger oder beherrschender Gesellschafter du Geschäftsführer des Vertragspartners ist,[180] oder umgekehrt Vertragspartner ein Gesellschafter oder Mitglied eines Organs einer juristischen Person als Wohnungseigentümer ist und auf die Meinungsbildung des Wohnungseigentümers maßgeblichen Einfluss hat.[181] Ein Wohnungseigentümer ist auch dann nicht stimmberechtigt, wenn die Beschlussfassung die Vornahme eines Rechtsgeschäfts mit jemandem betrifft, mit dem zusammen er eine Gesellschaft bürgerlichen Rechts bildet, und wenn das Rechtsgeschäft in Beziehung zu dem Zweck der Gesellschaft steht.[182] An dem erforderlichen Interessenkonflikt fehlt es, wenn der Wohnungseigentümer nur Kommanditist des Vertragspartners ist.[183] Wenn eine Verflechtung in Betracht kommt, muss der Wohnungseigentümer darüber dem Versammlungsleiter **Auskunft** erteilen.[184] Wenn einer der **Mitberechtigten** (→ Rn. 15) von der Abstimmung ausgeschlossen ist, kann dies gegen alle wirken, wenn er die übrigen Mitberechtigten bei der Stimmrechtsausübung im Innenverhältnis maßgeblich beherrscht.[185] 41

Wer von der Abstimmung ausgeschlossen ist, kann auch **Stimmrechtsvollmachten** anderer Wohnungseigentümer nicht ausüben,[186] und auch keine weisungsfreie Untervollmacht erteilen.[187] Wer von der Abstimmung ausgeschlossen ist, kann sich auch nicht vertreten lassen.[188] 42

3. Stimmrechtsausschluss in einem Rechtsstreit mit den anderen Wohnungseigentümern (Abs. 4 Fall 2). Nach Abs. 4 Fall 2 ist ein Wohnungseigentümer unter anderem dann nicht stimmberechtigt, wenn die Beschlussfassung die Einleitung oder Erledigung eines Rechtsstreits gegen ihn betrifft. Die Vorschrift galt schon bisher[189] für die Inanspruchnahme des Wohnungseigentümers 43

168 BGH NJW-RR 2011, 1117 Rn. 14 zu § 47 Abs. 4 S. 2 GmbHG.
169 BGH NJW 2002, 3704 (3707).
170 LG Berlin NJW 2002, 3704 (3707); BeckRS 2008, 21379; LG Frankfurt (Oder) ZWE 2013, 174.
171 OLG Köln BeckRS 2006, 7033.
172 KG NJW-RR 1994, 855.
173 BayObLG BeckRS 1995, 18358.
174 BGH NJW 2002, 3704 (3707).
175 OLG Karlsruhe BeckRS 2008, 10221; OLG Düsseldorf NJW-RR 2001, 1668.
176 BGHZ 106, 222 = NJW 1989, 1091 (1093).
177 OLG Zweibrücken NJW-RR 2002, 735.
178 LG Berlin BeckRS 2018, 40309: Stimmrechtsausschluss auch bei Geltung des Objektprinzips für ein nur eine Wohnung betreffendes Rechtsgeschäft.
179 BGH NZM 2017, 418 Rn. 19.
180 BGH NZM 2017, 418 Rn. 20.
181 BGH NZM 2017, 418 Rn. 20, 31.
182 BayObLG NJW-RR 1995, 395 für die Beauftragung eines Rechtsanwalts, mit dem der Wohnungseigentümer zu einer Anwaltssozietät zusammengeschlossen ist.
183 AA LG Berlin ZMR 2001, 310 (312).
184 BGH NZM 2017, 418 Rn. 31.
185 *Pauly* ZMR 2013, 13 (15).
186 BayObLG NZM 2003, 204; OLG Zweibrücken ZWE 2003, 283 (284).
187 Palandt/*Wicke* Rn. 16.
188 BayObLG NJ-RR 1987, 595 (596); OLG Zweibrücken ZWE 2002, 283 (284).
189 BGH NZM 2014, 275 Rn. 8.

durch die Gemeinschaft der Wohnungseigentümer, wie jetzt durch die Streichung der aus der Zeit vor Entdeckung der Rechtsfähigkeit überkommenen Formulierung „der anderen Wohnungseigentümer" durch das WEMoG klargestellt ist.[190] Als Partei eines Rechtsstreits und als Mitglied der Gemeinschaft der Wohnungseigentümer befindet sich der Wohnungseigentümer in einer **Doppelrolle,** was die nahe liegende Gefahr birgt, dass der Wohnungseigentümer sich von seinen privaten Sonderinteressen leiten lässt und nicht die mitgliedschaftlichen Interessen berücksichtigt.[191] Die Regelung des Abs. 4 Fall 2 soll daher verhindern, dass der Wohnungseigentümer als Beklagter auf das Ob und Wie eines gegen ihn gerichteten Rechtsstreits **Einfluss nehmen** kann, da bei einer Mitwirkung an der auf das Verfahren bezogenen Willensbildung auch auf Klägerseite die naheliegende Gefahr bestünde, dass eine sachgerechte Klärung der zur gerichtlichen Überprüfung gestellten Streitgegenstände erschwert oder gar verhindert würde, sei es, dass schon keine Klage erhoben würde, sei es, dass sachgerechte Anträge nicht gestellt würden oder der Rechtsstreit in sonstiger Weise nicht mit dem nötigen Nachdruck betrieben würde.[192] Daher scheidet eine Beteiligung des betroffenen Wohnungseigentümers an der Abstimmung über alle Beschlussgegenstände aus, die **verfahrensbezogene Maßnahmen** betreffen, worunter insbesondere Beschlüsse über die Einleitung des Rechtsstreits, die Art und Weise der Prozessführung und die Frage der verfahrensrechtlichen Beendigung fallen. Von dem Stimmrechtsverbot nicht betroffen sind damit Abstimmungen über Gegenstände, die kein verfahrensrechtliches Verhalten betreffen.[193]

44 Beschließen die Wohnungseigentümer, einen Rechtstreit **gegen einen Wohnungseigentümer und einen Dritten** einzuleiten, die wegen Baumängeln am Gemeinschaftseigentum in Anspruch genommen werden sollen, weil sie die Wohnanlage errichtet haben, dann ist der Wohnungseigentümer vom Stimmrecht auch insoweit ausgeschlossen, als der Dritte verklagt werden soll.[194] Dies gilt nach Sinn und Zweck der Vorschrift auch, wenn der betroffene Wohnungseigentümer nicht in dieser Eigenschaft, sondern **in seiner Eigenschaft als Verwalter** gerichtlich in Anspruch genommen werden soll. Der Wohnungseigentümer, dem durch einen Beschluss der Wohnungseigentümer eine Klagebefugnis erteilt werden soll, ist von der Abstimmung darüber nicht ausgeschlossen.[195]

45 Über den Wortlaut des Abs. 4 Fall 2 hinaus gelten die vorgenannten Grundsätze in gleicher Weise, wenn der vom Stimmrecht auszuschließende **Wohnungseigentümer selbst der Kläger** des Rechtsstreits gegen die Gemeinschaft der Wohnungseigentümer oder die übrigen Wohnungseigentümer ist, weil der Zweck des Stimmrechtsverbots, zu verhindern, dass ein Wohnungseigentümer Einfluss auf die Willensbildung des Prozessgegners nehmen kann, in diesem Fall in gleicher Weise eingreift.[196]

46 **4. Stimmrechtsausschluss nach Verurteilung zur Veräußerung des Wohnungseigentums (Abs. 4 Fall 3).** Der dritte Fall des Stimmrechtsausschlusses liegt nur vor, wenn der Wohnungseigentümer nach § 17 zur Entziehung des Wohnungseigentums rechtskräftig verurteilt ist. Auf das Stimmrecht des Insolvenzverwalters oder des Zwangsverwalters wirkt sich ein rechtskräftiges Urteil, durch das ein Wohnungseigentümer zur Veräußerung seines Wohnungseigentums verurteilt wurde, nicht aus,[197] denn das Ruhen des Stimmrechts bezieht sich nicht auf das Wohnungseigentum, sondern auf den störenden Wohnungseigentümer. Abs. 5 Fall 3 ist abschließend; selbst erhebliche Beitragsrückstände lassen das Stimmrecht nicht entfallen, solange der Wohnungseigentümer nicht gemäß § 17 rechtskräftig zur Veräußerung seines Wohnungseigentums verurteilt ist.[198]

47 **5. Stimmrechtsmissbrauch.** Ein Stimmrecht kann nicht ausgeübt werden, soweit dies rechtsmissbräuchlich wäre.[199] Ein Stimmrechtsausschluss wegen rechtsmissbräuchlichen Verhaltens kommt allerdings nur ausnahmsweise, bezogen auf einen konkreten Beschlussgegenstand und unter engen Voraussetzungen in Betracht, ist also auf besonders gelagerte **Ausnahmefälle** beschränkt.[200] Es reicht nicht aus, dass der mit den Stimmen eines Mehrheitseigentümers gefasste Beschluss ordnungsmäßiger Verwaltung widerspricht (Majorisierung) oder dass ein Wohnungseigentümer aufgrund seines Stimmgewichts – unter Beachtung der Stimmrechtsausschlüsse – Beschlussfassungen blockiert (Blo-

[190] BT-Drs. 19/18791, 84.
[191] LG Stuttgart ZWE 2010, 468.
[192] BGH NJW 2012, 72 Rn. 11; LG München NJW-RR 2011, 374; LG Stuttgart ZWE 2010, 468.
[193] BGH NJW 2012, 72 Rn. 12.
[194] BayObLG NJW-RR 1998, 231.
[195] KG NJW-RR 1994, 855.
[196] BGHZ 191, 198 Rn. 11 = NJW 2012, 72; BGH NZM 2014, 275 Rn. 13.
[197] BayObLG NZM 1999, 77.
[198] BGH NJW 2011, 679 Rn. 9; 2018, 552 Rn. 9.
[199] BayObLG BeckRS 2005, 07872; KG OLGZ 1979, 28.
[200] BGH NJW 2018, 552.

ckadehaltung), obwohl es ein Gebot ordnungsmäßiger Verwaltung wäre, einen positiven Beschluss zu fassen.[201] Weil der Minderheitenschutz in erster Linie durch die Beschlussersetzungsklage gewährleistet wird und das Stimmrecht nicht von Wertungen im Einzelfall abhängen kann, muss der Stimmrechtsmissbrauch die übrigen Wohnungseigentümer so offenkundig und ohne jeden Zweifel in treuwidriger Weise benachteiligen, dass **der Ausgang eines gerichtlichen Verfahrens** (Anfechtungs- oder Beschlussersetzungsklage) **nicht abgewartet werden kann.**[202] Insbesondere sind negative Stimmabgaben, mit denen die Mehrheit eine dringend gebotene Sanierungsmaßnahme zum Nachteil der Minderheit verzögert oder die Neubestellung eines Verwalters verhindert, nicht wegen Rechtsmissbrauchs unwirksam, denn der Rechtsschutz der Minderheit wird über eine gerichtliche Beschlussersetzung und Schadensersatzansprüche – nach der Konzeption des WEMoG der Gemeinschaft der Wohnungseigentümer – gegen die blockierenden Wohnungseigentümer gewährleistet.[203] Ein Missbrauch liegt nicht vor, wenn für die Stimmabgabe nachvollziehbare und verständliche Gründe vorliegen.[204] Erst recht ist ein genereller Ausschluss des Stimmrechts für nachfolgenden Abstimmungen wegen der Befürchtung von Rechtsmissbrauch nicht zulässig.[205]

6. Wirkung des Stimmrechtsausschlusses. Der Stimmrechtsausschluss schließt die Teil- 48
nahme des betroffenen Wohnungseigentümers und sein Rederecht in der Eigentümerversammlung nicht aus (→ § 24 Rn. 14). Ein **Eingriff in das Teilnahme- und Rederecht** ist nur statthaft, wenn auf andere Weise die geordnete Durchführung einer Versammlung nicht gewährleistet werden kann, so etwa, wenn ein Wohnungseigentümer nachhaltig und trotz Androhung des Ausschlusses die Versammlung weiterhin in erheblicher Weise stört.[206] Der Grundsatz ordnungsmäßiger Verwaltung schließt es aus, durch die willkürliche Verbindung von Beschlussgegenständen ohne sachlichen Zusammenhang, den Stimmrechtsausschluss auf davon nicht erfasste Beschlussgegenstände im Wege der Geschäftsordnung auszudehnen.

Wenn – in kleineren Gemeinschaften – nur noch ein Wohnungseigentümer stimmberechtigt 49
ist, kann dieser **Ein-Personen-Beschlüsse** (→ § 23 Rn. 21) fassen. Die Teilnahme eines mit seinem Stimmrecht ausgeschlossenen Wohnungseigentümers an einer Beschlussabstimmung führt nicht zur Nichtigkeit, sondern nur zur Anfechtbarkeit des Beschlusses.[207] Eine **Stimmabgabe trotz Stimmrechtsausschluss** führt dann nicht zur Ungültigerklärung des angefochtenen Beschlusses, wenn festgestellt werden kann, dass sich der Mangel auf das Beschlussergebnis nicht ausgewirkt hat.[208] Der wegen Interessenkollision an einer Beschlussfassung Ausgeschlossene ist gleichwohl im Verfahren über die Anfechtung dieses Beschlusses klagebefugt;[209] die ohne seine Mitwirkung gefassten Beschlüsse werden aber nur auf die Einhaltung der Grundsätze ordnungsgemäßer Verwaltung, nicht auf Zweckmäßigkeit untersucht.

§ 26 Bestellung und Abberufung des Verwalters

(1) Über die Bestellung und Abberufung des Verwalters beschließen die Wohnungseigentümer.

(2) [1]Die Bestellung kann auf höchstens fünf Jahre vorgenommen werden, im Fall der ersten Bestellung nach der Begründung von Wohnungseigentum aber auf höchstens drei Jahre. [2]Die wiederholte Bestellung ist zulässig; sie bedarf eines erneuten Beschlusses der Wohnungseigentümer, der frühestens ein Jahr vor Ablauf der Bestellungszeit gefasst werden kann.

(3) [1]Der Verwalter kann jederzeit abberufen werden. [2]Ein Vertrag mit dem Verwalter endet spätestens sechs Monate nach dessen Abberufung.

(4) Soweit die Verwaltereigenschaft durch eine öffentlich beglaubigte Urkunde nachgewiesen werden muss, genügt die Vorlage einer Niederschrift über den Bestellungsbeschluss, bei der die Unterschriften der in § 24 Absatz 6 bezeichneten Personen öffentlich beglaubigt sind.

(5) Abweichungen von den Absätzen 1 bis 3 sind nicht zulässig.

---

[201] BGH NJW 2018, 552.
[202] BGH NJW 2018, 552 Rn. 13, 17.
[203] BGH NJW 2018, 552 Rn. 20.
[204] BayObLG BeckRS 2005, 07872.
[205] BayObLGZ 1998, 288; NZM 1999, 77; KG OLGZ 1988, 432.
[206] BGH NJW 2011, 679 Rn. 9; BGHZ 44, 245 (251) = NJW 1966, 43.
[207] OLG Düsseldorf NZM 1999, 285.
[208] BayObLG NZM 1998, 442.
[209] KG NJW-RR 1996, 642; OLG Frankfurt OLGZ 1992, 439.

Übersicht

I. Normzweck, Reform

1 § 26 regelt die Bestellung und die Abberufung des Verwalters, die durch Beschluss der Eigentümer erfolgt (Abs. 1). Geregelt sind die Höchstzeiten der Bestellung (Abs. 2). Neu ist die Möglichkeit den Verwalter jederzeit abzuberufen, wodurch der Vertrag sechs Monate später endet (Abs. 3). Abs. 4 erleichtert, insbesondere für den Grundbuchverkehr (§ 29 GBO), den Nachweis der Verwalterbestellung.

2 Nach der herrschenden **Trennungstheorie**[1] wird das **Verwalteramt** durch eine Bestellung der Wohnungseigentümer nach Abs. 1 S. 1 mit den gesetzlichen und in der Gemeinschaftsordnung vereinbarten Aufgaben und Befugnissen übertragen. Dadurch erlangt der Verwalter seine **Organstellung.** Den der Bestellung zugrundeliegenden Verwaltervertrag schließt die rechtsfähige Gemeinschaft der Wohnungseigentümer mit dem Verwalter ab.

3 Die **Stellung** des **Verwalters** wird durch die WEG-Reform 2020 wesentlich verändert, sie war im Laufe der Gesetzgebung eines der umstrittensten Punkt des Reformvorhabens. Der Text

[1] Vgl. dazu für die hM nur Bärmann/*Becker* Rn. 22 ff.; Bärmann/Pick/*Emmerich* Rn. 22 ff.; aA BeckOGK/*Greiner,* 1.4.2020, § 27 Rn. 6 ff.; Jennißen/*Jennißen* § 27 Rn. 20 ff.

des § 26 ist im Laufe des Gesetzgebungsprozesses mehrfach überarbeitet worden. Bis auf sprachliche Korrekturen ist die einzige materielle Änderung, dass die **Beschränkung** der **Abberufungsgründe entfallen** ist (Abs. 3), hiermit werden aber erhebliche praktische Änderungen einhergehen. Erst im Rechtsausschuss des Bundestages ist damit auch eine automatische Beendigung des Verwaltervertrages verknüpft worden. Zudem wird die Stärkung des Verwalteramtes zahlreiche Fragen, die sich auch schon bisher stellten, in einem neuen Licht erscheinen lassen. Wichtige Änderungen in der Praxis wird es auch durch die Einführung des zertifizierten Verwalters (→ § 26a Rn. 1 ff.) geben.

II. Person und Qualifikation des Verwalters

1. Person des Verwalters. Zum Verwalter kann nur **eine** juristische oder natürliche Person 4
bestellt werden. Daher ist die Bestellung mehrerer Personen zum Verwalter nichtig;[2] denn das Gesetz geht davon aus, dass sich aus Gründen der Klarheit die Verantwortlichkeit auf nur eine einzige Person konzentrieren darf. Auch eine **GbR** kann, obwohl sie rechts- und handlungsfähig ist,[3] nach der Rspr. des BGH **nicht Verwalterin** sein,[4] weil der Rechtsverkehr nie sichere Kenntnis darüber erlangen kann, wer für diese handelt. Für die GbR gibt es nämlich kein Register und die Einsichtnahme in den Gesellschaftsvertrag genießt keinen vergleichbaren öffentlichen Glauben, sodass sich ein außenstehender Dritter keinen zuverlässigen Aufschluss über den Gesellschafterbestand und die Vertretungsverhältnisse verschaffen kann.[5] Auch eine **juristische** Person, zB eine GmbH oder eine **haftungsbeschränkte Unternehmergesellschaft,** obwohl für sie ein Mindeststammkapital nicht vorgeschrieben ist,[6] kann zum Verwalter bestellt werden. Desgleichen eine OHG[7] oder KG,[8] diese Personengesellschaften sind zwar nicht juristische Personen, jedoch im Rechtsverkehr handlungsfähig.

Bis 1.12.2022 kann Verwalter jeder Wohnungseigentumseinheit auch problemlos ein **Wohnungseigentümer** sein. Ab Inkrafttreten des § 19 Abs. 2 Nr. 6 entspricht dies jedoch nur noch 5
dann ordnungsmäßiger Verwaltung, wenn die Gemeinschaft weniger als neun Einheiten hat und weniger als ein Drittel der Eigentümer einen zertifizierten Verwalter verlangen (zu den Einzelheiten → § 19 Rn. 52). Verfügt ein Wohnungseigentümer über das entsprechende Zertifikat nach § 26a, ist er auch ab diesem Zeitpunkt als Verwalter in größeren Einheiten zertifizierten Fremdverwaltern gleichgestellt.

2. Qualifikation des Verwalters. Bislang enthielt das WEG keine Anforderungen an die 6
Qualifikation des Verwalters. Diese Frage war seit langem umstritten, da angesichts der gestiegenen Anforderungen an das Verwalteramt Qualifikationsanforderungen überwiegend für unumgänglich gehalten wurden. Ein Versuch des Gesetzgebers im Jahre 2016 einen **Sachkundenachweis** als Voraussetzung der gewerberechtlichen Erlaubnis[9] vorzusehen, hatten keinen Erfolg. Allerdings bedürfen gewerbsmäßig tätige Verwalter einer **Erlaubnis** und müssen eine Berufshaftpflichtversicherung nachweisen und sich in geringem Umfang fortbilden (→ Rn. 10 ff.). Mit der deutlichen Stärkung des Verwalteramtes durch die WEG-Reform war schon in der Bund-Länder-Arbeitsgruppe die Forderung nach der Einführung eines Sachkundenachweises verbunden.[10] Erstaunlicherweise fanden sich derartige Erwägungen im Regierungsentwurf nicht, auch im Gesetzgebungsverfahren konnten sich Überlegungen eine Sachkundenachweis im Rahmen der gewerberechtlichen Erlaubnisprüfung einzuführen, nicht durchsetzen. Geschaffen wurde dann eine **WEG-interne Lösung,** die die Ordnungsmäßigkeit der Bestellung eines Verwalters von dessen Zertifizierung (§ 26a) abhängig macht. Gemäß § 19 Abs. 2 Nr. 6 (→ § 19 Rn. 52) entspricht in Zukunft – mit Ausnahme von Kleinstgemeinschaften mit einem Quorum – nur noch die Wahl eines zertifizierten Verwalters ordnungsmäßiger Verwaltung. Die Norm tritt erst zwei Jahre nach Inkrafttreten der WEG-Reform in Kraft und für eine weitere **Übergangsphase** von anderthalb Jahren ab diesem Zeitpunkt gilt der in einer Eigentümergemeinschaft bestellte Verwalter für diese als zertifizierter Verwalter (§ 48 Abs. 4; näher → § 48 Rn. 10 f.). Da das Zertifikat – worauf die Gesetzesbegründung – ausdrücklich ver-

[2] BGHZ 107, 268 (272) = NJW 1989, 2059 f.
[3] BGHZ 116, 86 (88) = NJW 1992, 499; BGHZ 136, 254 (257) = NJW 1997, 2754; BGH NJW 2001, 1056.
[4] BGHZ 107, 268 = NJW 1989, 2059; BGH NJW 2006, 2189 Rn. 8 ff. = ZWE 2006, 183 m. abl. Anm. *Armbrüster;* aA Palandt/*Wicke* Rn. 1.
[5] BGH NJW 2006, 2189 Rn. 16 ff.
[6] BGH NJW 2012, 3175 Rn. 14.
[7] BGH NJW 2006, 2189 Rn. 12; BGHZ 107, 268 = NJW 1989, 2059 (2060).
[8] BGH NJW 2006, 2189 Rn. 12; BGHZ 107, 268 = NJW 1989, 2059 (2060).
[9] BT-Drs. 18/10190, 6 zu § 34c Abs. 2 Nr. 4 GewO-E.
[10] Bund-Länder-Arbeitsgruppe ZWE 2019, 429 (441).

weist[11] keine gewerberechtliche Erlaubnisvoraussetzung ist, könnte dem Wortlaut nach auch in Zukunft ein Verwalter diese Erlaubnis erhalten, ohne ein entsprechendes Zertifikat zu haben oder anzustreben. Ob der dann jedoch auch die entsprechende gewerberechtliche Zuverlässigkeit iSv § 34c Abs. 2 Nr. 1 GewO auf Dauer hat, steht auf einem anderen Blatt.[12]

7 **§ 34c Abs. 1 Nr. 4 GewO** (idF seit 15.12.2018) enthält eine **Berufszulassungsregelung.** Danach bedarf, wer gewerbsmäßig das gemeinschaftliche Eigentum von Wohnungseigentümern iSd § 1 Abs. 2, 3, 5 und 6 verwalten will, der Erlaubnis der zuständigen Behörde; die Verwaltung von Gewerbeobjekten bleibt davon ausgeklammert.[13] Die Erlaubnis kann inhaltlich beschränkt und mit Auflagen verbunden werden, soweit dies zum Schutze der Allgemeinheit oder der Auftraggeber erforderlich ist; unter denselben Voraussetzungen ist auch die nachträgliche Aufnahme, Änderung und Ergänzung von Auflagen zulässig. Nach § 34c Abs. 3 GewO kann das Bundesministerium für Wirtschaft und Energie durch Rechtsverordnung Vorschriften über **Informationspflichten des Verwalters** erlassen, unter anderem über dessen Pflicht, den Wohnungseigentümern seine berufliche Qualifikation und die seiner Mitarbeiter sowie die absolvierten Fortbildungen mitzuteilen.

8 Nach **§ 34c Abs. 2 GewO** ist die Erlaubnis, Wohnungseigentum zu verwalten, zu versagen, wenn

1. Tatsachen die Annahme rechtfertigen, dass der Verwalter oder eine der mit der Leitung des Verwaltungsbetriebes oder einer Zweigniederlassung beauftragten Personen die für den Gewerbebetrieb **erforderliche Zuverlässigkeit** nicht besitzt; die erforderliche Zuverlässigkeit besitzt in der Regel nicht, wer in den letzten fünf Jahren vor Stellung des Antrages wegen eines Verbrechens oder wegen Diebstahls, Unterschlagung, Erpressung, Betruges, Untreue, Geldwäsche, Urkundenfälschung, Hehlerei, Wuchers oder einer Insolvenzstraftat rechtskräftig verurteilt worden ist, oder
2. der Antragsteller in **ungeordneten Vermögensverhältnissen** lebt; dies ist in der Regel der Fall, wenn über das Vermögen des Antragstellers das Insolvenzverfahren eröffnet worden oder er in das vom Vollstreckungsgericht zu führende Verzeichnis (§ 26 Abs. 2 InsO, § 882b ZPO) eingetragen ist.
3. der Antragsteller, der ein Gewerbe nach Abs. 1 S. 1 Nr. 4 betreiben will, den Nachweis einer **Berufshaftpflichtversicherung** nicht erbringen kann.

9 Der Verwalter darf nur solche Personen unmittelbar bei der Verwaltung von Wohnungseigentum beschäftigen, die über die für die jeweilige Tätigkeit erforderliche Qualifikation verfügen. Erfasst werden von der Regelung in § 34c Abs. 2a GewO diejenigen **Mitarbeiter,** die aktiv an der Verwaltungstätigkeit mitwirken. Eine aktive Mitwirkung im Rahmen der Wohnungseigentumsverwaltung kann zB durch die Erstellung von Wohngeldabrechnungen oder die Einberufung und Durchführung von Eigentümerversammlungen erfolgen. Nicht erfasst werden rein administrative Hilfstätigkeiten wie zum Beispiel Sekretariatsaufgaben und rein innerbetriebliche Tätigkeiten zum Beispiel in der Buchhaltung oder Personalabteilung.[14]

10 Nach **§ 34c Abs. 2a S. 1 GewO** ist der Verwalter verpflichtet, sich in einem Umfang von 20 Stunden innerhalb eines Zeitraums von drei Jahren **weiterzubilden;** das Gleiche gilt entsprechend für unmittelbar bei der erlaubnispflichtigen Tätigkeit mitwirkende beschäftigte Personen. Für den Verwalter ist es nach § 34c Abs. 2a S. 3 GewO ausreichend, wenn der Weiterbildungsnachweis durch eine im Hinblick auf eine ordnungsgemäße Wahrnehmung der erlaubnispflichtigen Tätigkeit angemessene Zahl von ihm beschäftigten natürlichen Personen erbracht wird, denen die Aufsicht über die direkt bei der Verwaltung nach Abs. 1 S. 1 Nr. 4 mitwirkenden Personen übertragen ist und die den Verwalter vertreten dürfen. Die Ausgestaltung der Weiterbildungspflicht im Einzelnen ist gemäß § 34c Abs. 3 S. 1 GewO dem Bundesministerium für Wirtschaft und Energie übertragen, das eine Rechtsverordnung mit Zustimmung des Bundesrates, soweit zum Schutz der Allgemeinheit und der Auftraggeber erforderlich, erlassen kann.[15]

11 Der Verwalter hat die Pflicht, die **Qualifikation seiner Mitarbeiter** aktiv zu prüfen, bevor er sie entsprechend einsetzt. Nicht erforderlich ist dabei, dass ein Sachkundenachweis durch Ablegung einer IHK-Sachkundeprüfung erbracht wird. Für die angemessene Qualifikation können zB auch Abschlüsse, Zertifikate oder Schulungen privater Bildungsträger und Akademien ausreichend sein.[16] Sofern der Verwalter seiner Verpflichtung aus § 34c Abs. 2a S. 1 Hs. 2 GewO nicht nachkommt und längerfristig oder wiederholt unqualifizierte Mitarbeiter einsetzt, kann dies unter Umständen im Einzelfall zu einem Widerruf der Erlaubnis nach § 49 VwGO wegen Unzuverlässigkeit führen.[17]

---

[11] BT-Drs. 19/22634, 46.
[12] *Dötsch/Schultzky/Zschieschack* WEG-Recht 2021 Kap. 9 Rn.
[13] *Drasdo* NZM 2018, 655 (657).
[14] BT-Drs. 18/10190, 16.
[15] *Armbrüster* ZWE 2018, 105 ff.; *Drasdo* ZfIR 2018, 263 f.
[16] BT-Drs. 18/10190, 16.
[17] BT-Drs. 18/10190, 16.

Verletzt der gewerbsmäßige Verwalter **seine Weiterbildungspflicht,** kann ihm die Erlaubnis nach § 34c Abs. 1 GewO entzogen werden, was ein wichtiger Grund ist, ihn von seinem Amt abzuberufen und den **Verwaltervertrag** außerordentlich zu **kündigen.**[18] 12

Wird der gewerbsmäßige Verwalter **ohne die erforderliche Erlaubnis** tätig, sei es, ob er sie noch nie besaß oder nicht mehr besitzt, ist er als Verwalter ungeeignet. Seine Bestellung widerspricht damit ordnungsmäßiger Verwaltung, sodass der Bestellungsbeschluss anfechtbar ist[19] bzw. ein außerordentlicher **Kündigungsgrund** gegeben ist, zudem besteht ein Anspruch auf Abberufung. 13

3. Rechtsnachfolge in das Verwalteramt. a) Tod des Verwalters oder Erlöschen der zur Verwalterin bestellten juristischen Person. Das Verwalteramt ist **höchstpersönlich;** es endet 14
- bei einer natürlichen Person mit deren **Tod** und geht nicht auf den Erben über, § 675 Abs. 1 BGB iVm § 673 S. 1 BGB („Tod des Beauftragten“);[20]
- bei einer beauftragten juristischen Person mit deren **Erlöschen;**[21]
- bei der **Umwandlung** einer als Verwalterin tätigen einzelkaufmännischen Firma in eine neu gegründete juristische Person, zB GmbH;[22] in diesem Fall erlischt die Einzelfirma gemäß §§ 158, 155, 20 Abs. 1 Nr. 1 und Nr. 2 UmwG mit der Eintragung der Ausgliederung im Handelsregister. Das Amt geht nicht auf die GmbH über, deren Wahl ist auch keine Wiederbestellung (→ Rn. 23).
- bei einer im Weg der Umwandlung vorgenommenen **Abspaltung/Ausgliederung eines Teilbetriebs** („WEG-Verwaltung“) gemäß § 123 Abs. 2, 3 UmwG; wegen der Bindung des Verwalteramts an den gewählten Verwalter geht dieses nicht nach § 131 Abs. 1 UmwG auf den neuen Rechtsträger über.[23]

b) Bestehenbleiben des Verwalteramts bei Personenidentität. Ist der Verwalter eine **juristische Person,** dann bleibt er im Amt 15
- bei einem Wechsel des einzigen Komplementärs einer zur Verwalterin bestellten KG;
- ebenso nicht bei einem Geschäftsführerwechsel eine GmbH; auch dann nicht, wenn es sich um eine Ein-Personen-GmbH handelt, denn auch hier ist die juristische Person und nicht der Geschäftsführer Verwalter;
- bei der **Verschmelzung** einer zur Verwalterin einer Wohnungseigentumsanlage bestellten juristischen Person auf eine andere juristische Person; in diesem Fall gehen die Organstellung und der Verwaltervertrag im Wege der Gesamtrechtsnachfolge auf den übernehmenden Rechtsträger über; der Verwaltervertrag **erlischt nicht** in entsprechender Anwendung von § 673 S. 1 BGB, weil diese Norm durch die Spezialvorschriften in § 20 Abs. 1 UmwG verdrängt wird: Der bisherige Rechtsträger geht gemäß § 20 Abs. 1 Nr. 2 UmwG mit Eintragung der Verschmelzung in das Register ohne besondere Löschung unter; sein Vermögen und seine Verbindlichkeiten gehen gemäß § 20 Abs. 1 Nr. 1 UmwG auf den übernehmenden Rechtsträger über.[24]

4. Hilfspersonen des Verwalters, Aufgabendelegation. Den Verwalter trifft grundsätzlich die Pflicht, seine Dienste **höchstpersönlich** zu erbringen; denn das WEG konzentriert das Amt aus Gründen der erforderlichen **Klarheit der Verantwortlichkeit** auf einer einzelnen Person.[25] Es ist nach hM nicht zulässig, wenn der Verwalter seine Verwalterstellung bzw. die gesamte tatsächliche Ausübung seiner Verwaltertätigkeit oder wesentliche Teile hiervon ohne Einwilligung der Gemeinschaft auf einen Dritten delegiert.[26] Kernaufgaben können weder durch einen Vertrag noch durch einen Beschluss auf Dritte übertragen werden.[27] Sofern die Teilungserklärung oder der Verwaltervertrag nichts anderes bestimmen, ist aber bei einer juristischen Person oder Personengesellschaft als Verwalter die Delegation einzelner Verwaltungsangelegenheiten (zB Leitung der Eigentümerversammlung,[28] Verwaltung der 16

[18] Bärmann/*Becker* Rn. 17a.
[19] Bärmann/*Becker* Rn. 17; *Hügel/Elzer* Rn. 46.
[20] OLG München NJW-RR 2008, 1397; zu den Pflichten des Erben ausf. BeckOGK/*Greiner,* 1.4.2020, Rn. 20.
[21] BayObLGZ 1990, 173.
[22] BayObLG NJW-RR 2002, 732.
[23] OLG München NZM 2014, 757; OLG Köln BeckRS 2003, 30329023; LG München I ZWE 2013, 415; aA *Hügel/Elzer* Rn. 32.
[24] BGHZ 200, 221 Rn. 11 = NJW 2014, 1447; *Schmidt-Räntsch* ZWE 2014, 429 (435).
[25] BGHZ 107, 268 = NJW 1989, 2059.
[26] BGH NZM 2014, 312 Rn. 11; LG Frankfurt a.M. ZWE 2013, 30 (31).
[27] BayObLGZ 1975, 327; Jennißen/*Jennißen* Rn. 12; *Hügel/Elzer* Rn. 25.
[28] Für Anwesenheitspflicht des Verwalters aber Jennißen/*Jennißen* Rn. 11.

Konten der Wohnungseigentümergemeinschaft[29] oder Erstellung eines Wirtschaftsplans[30]) auf **Hilfspersonen,** die Erfüllungsgehilfen iSd § 278 BGB sind, zulässig.[31] Dieses Kriterium dürfte auch bei Verwaltungen durch Einzelpersonen ein taugliches Kriterium sein, denn von der Rechtsform dürfte kaum abhängen, in welchem Umfang eine Einschaltung von Personal bei der Verwaltung möglich ist.[32] Maßgeblich ist lediglich, ob der gewählte Verwalter für das Handeln in vollem Umfang nach § 278 BGB haftet und sich die Tätigkeit damit als eine des gewählten Verwalters darstellt.[33]

III. Bestellung des Verwalters (Abs. 1)

17 **1. Bestellung durch Mehrheitsbeschluss (Abs. 1 S. 1). a) Grundlagen.** Die Bestellung zum Verwalter, die dessen **Organstellung** begründet, erfolgt durch Mehrheitsbeschluss der Wohnungseigentümer (§ 25 Abs. 1). Die Beschlussfassung ist die **interne Willensbildung** der Eigentümer. Zu trennen davon ist die **Willenserklärung** an den Verwalter, die rechtsgeschäftlichen Charakter hat und daher deren Zugang erfordert.[34] Ist der Verwalter anwesend, liegt die Erklärung in der Verkündung des Beschlusses.[35] Anderenfalls reicht die Mitteilung des Ergebnisses aus, um dem Kandidaten die Bestellung bekannt zu geben. Der Beiratsvorsitzende hat hierzu die entsprechende Vertretungsmacht (§ 9b Abs. 2), möglich ist aber auch, durch Beschluss einen anderen Eigentümer entsprechend zu bevollmächtigen (§ 9b Abs. 2).[36]

18 Durch die Ernennung allein wird die Bestellung zum Verwalter aber noch nicht wirksam. Denn niemand kann zur Annahme des Verwalteramts gezwungen werden. Es ist daher eine **Annahme** erforderlich, die auch durch schlüssiges Verhalten erklärt werden kann, zB Aufnahme der Verwaltertätigkeit. Mit der Annahme wird die Verwalterstellung begründet, sofern der Zeitpunkt nicht auf einen späteren Zeitpunkt festgelegt ist, eine Rückwirkung ist nicht möglich.[37] Auf den Zugang der Annahmeerklärung wird in der Regel verzichtet (§ 151 BGB). Mit der Umsetzung der Bestellung wird auch ein Amtsrechtsverhältnis begründet.[38]

19 Ab Inkrafttreten des § 19 Abs. 2 Nr. 6 entspricht, wenn keine der dort vorhandenen Ausnahmen einschlägig ist, nur noch die Bestellung eines **zertifizierten Verwalters** ordnungsmäßiger Verwaltung (→ § 19 Rn. 46 ff. auch zu den Einzelheiten der Ausnahme). Für den Fall, dass die Eigentümer einen anderen Verwalter wählen, macht dies den Beschluss nicht nichtig, aber anfechtbar (→ § 26 Rn. 56).[39] Die Bestellung eines anderen Verwalters, auch wenn er besondere Kompetenzen oder ein großes Vertrauen der Eigentümer genießt, entspricht dann – mit Ausnahme der Eigenverwaltung in Kleinstanlagen – nicht mehr ordnungsmäßiger Verwaltung. Dies wird sich in kleinen Anlagen als Problem erweisen, wenn kein zertifizierter Verwalter zur Übernahme der Verwaltung bereit ist, da die verwalterlose Gemeinschaft nach dem neuen Recht weitgehend handlungsunfähig ist. Hier wird sich bald die Frage stellen, welche finanziellen Aufwendungen den Eigentümern zuzumuten ist, oder ob Ausnahmefälle denkbar sind, in denen auch die Bestellung eines nicht zertifizierten Verwalters hinzunehmen ist.[40]

20 **b) Ermessensentscheidung.** Der Bestellungsbeschluss ist am Maßstab einer **ordnungsgemäßen Verwaltung** zu messen. Den Eigentümern wird hier ein weiter **Beurteilungsspielraum** zugebilligt, der erst überschritten ist, wenn es objektiv nicht mehr vertretbar erscheint, dass sie den Verwalter ungeachtet der gegen ihn sprechenden Umstände bestellen.[41] Als berücksichtigungsfähige Gründe können nur solche geltend gemachte werden, die vor der Verwalterbestellung liegen, da maßgeblich der Zeitpunkt der Beschlussfassung ist.[42]

---

[29] OLG München BeckRS 2006, 13818.
[30] *Schultzky* MietRB 2015, 379 (382).
[31] LG Flensburg NJW-RR 1999, 596; hierzu Staudinger/*Jacoby,* 2018, Rn. 128.
[32] BeckOGK/*Greiner,* 1.4.2020, Rn. 39.
[33] Staudinger/*Jacoby,* 2018, Rn. 128; Bärmann/*Becker* Rn. 33 f.
[34] BGHZ 151, 164 = NJW 2002, 3240 (3242) unter III.2a aa.
[35] So für den Abberufungsbeschluss BGHZ 106, 113 = NJW 1989, 1087 (1089) unter B.2.; OLG Hamm NJW-RR 1999, 522.
[36] *Dötsch/Schultzky/Zschieschack* WEG-Recht 2021 Kap. 9 Rn. 5; iE auch *Lehmann-Richter/Wobst* WEG-Reform 2020 Rn. 458, wobei die Vertretungsmacht nicht für die Annahmeerklärung des Verwalters gegeben sein soll.
[37] OLG Hamm BeckRS 1995, 31008418.
[38] Staudinger/*Jacoby,* 2018, Rn. 24; Bärmann/*Becker* Rn. 28a.
[39] *Dötsch/Schultzky/Zschieschack* WEG-Recht 2021 Kap. 9 Rn. 38; *Lehmann-Richter/Wobst* WEG-Reform 2020 Rn. 563.
[40] *Dötsch/Schultzky/Zschieschack* WEG-Recht 2021 Kap. 9 Rn. 37.
[41] BGH NJW 2015, 1378 Rn. 5; 2012, 3175 Rn. 7; krit. BeckOGK/*Greiner,* 1.4.2020, Rn. 100 ff.
[42] Dazu ausf. LG Frankfurt a.M. WuM 2020, 382 = BeckRS 2020, 6043.

Eine Überschreitung des Ermessensspielraums ist in der Regel dann gegeben, wenn Gründe für seine Abberufung vorliegen, andererseits billigt man den Eigentümern bei kleineren Verstößen ein **Verzeihungsermessen** zu,[43] was vor allem im Falle der Wiederbestellung (→ Rn. 35) besondere Relevanz hat. Liegen aber erhebliche Fehler bei der Verwaltung vor, entspricht die Wahl nicht ordnungsmäßiger Verwaltung. Nicht verzeihbar ist etwa ein **Zugriff** auf das **Gemeinschaftsvermögen,** sei es auch nur vorübergehend[44] oder die nicht ordnungsgemäße getrennte Verwaltung des Gemeinschaftsvermögens.[45] Bislang stellte gemäß § 26 Abs. 1 S. 4 aF die nicht ordnungsgemäß geführte **Beschlusssammlung** einen wichtigen Grund für die Abberufung dar, woraus gefolgert wurde, dass eine (Wieder-)bestellung dann auch nicht ordnungsmäßiger Verwaltung entspricht.[46] Hieran wird festzuhalten sein (→ Rn. 107). Ebenso spricht eine **fehlende Neutralität,** die zu einem fehlenden Vertrauen einzelner Eigentümer führt, gegen die Verwalterbestellung.[47] Dabei kommt es nicht darauf an, ob der Verwalter Konflikte mit den Miteigentümern verschuldet hat. In zerstrittenen Eigentümergemeinschaften besteht daher in der Regel ein Anspruch auf einen externen objektiven Verwalter.[48] Es darf ebenso zum Verwalter nur bestellt werden, wer über **ausreichende finanzielle Mittel** verfügt und ausreichende Sicherheit im Haftungsfall bietet,[49] bei Gesellschaften, die hieran Zweifel lassen (UG) muss die Bonität vor Beschlussfassung aufgeklärt werden.[50] 21

c) Einholung von Vergleichsangeboten. Damit die Entscheidung der Eigentümer über die Verwalterwahl auf einer sachgerechten Tatsachengrundlage erfolgt, sind nach gefestigter Rspr. des BGH für die erstmalige **Verwalterbestellung** Alternativangebote einzuholen.[51] Diese müssen den Eigentümern so rechtzeitig übersandt werden, dass eine inhaltliche Vorbereitung möglich ist, sodass im Grundsatz innerhalb der **Einladungsfrist** (§ 24 Abs. 4) die Namen und Eckdaten der Angebote mitzuteilen sind.[52] Im Grundsatz genügen drei Angebote. Lassen sich diese nicht finden, macht dies jedoch den Bestellungsbeschluss nicht anfechtbar.[53] Dieses Problem wird sich verstärken nach Inkrafttreten des § 19 Abs. 2 Nr. 6 (→ § 19 Rn. 46 ff.), da dann – mit Ausnahme von Kleinstanlagen – nur noch **zertifizierte Verwalter** zur Wahl stehen dürfen. Die Auswahl zwischen den vorliegenden Angeboten liegt bei den Eigentümern und kann auf den Verwaltungsbeirat nicht delegiert werden.[54] Eine Verpflichtung, Bewerber um die Verwaltertätigkeit in der Versammlung persönlich anzuhören, besteht nicht.[55] Geschieht dies, haben die Kandidaten nach der Vorstellung wegen des Grundsatzes der Nichtöffentlichkeit den Raum wieder zu verlassen.[56] 22

Bei **Wiederwahl** sind Alternativangebote nicht erforderlich, wenn sich die Grundlagen nicht wesentlich geändert haben, dies wird bei maßvollen Preisanpassungen nicht der Fall sein. Keine Wiederwahl liegt aber vor, wenn ein Rechtsformwechsel stattgefunden hat[57] oder der vorherige Bestellungsbeschluss für ungültig erklärt worden ist. 23

Der **Verwalter** ist bei der Einholung der Angebote, so diese für eine Wiederwahl erforderlich sind, regelmäßig **befangen** und daher hierzu nicht verpflichtet.[58] Möglich ist etwa den Eigentümer binnen angemessener Frist die Möglichkeit zur Einreichung von Angeboten zu eröffnen, wird hiervon keinen Gebrauch gemacht, ist durch Beschluss zu bestimmen, wer Angebote einzuholen hat,[59] meist der Beiratsvorsitzende.[60] 24

d) Beschlussfassung, Stimmverfahren. Der in Abs. 1 aF enthaltene Passus, dass mit Stimmenmehrheit beschlossen wird, ist entfallen und findet sich jetzt generell in § 25 Abs. 1. Der Eigentü- 25

---

43 LG Köln ZWE 2014, 414 Rn. 21; BeckOGK/*Greiner,* 1.4.2020, Rn. 101.
44 LG Frankfurt a.M. ZWE 2020, 196; 2015, 134.
45 LG Frankfurt a.M. NZM 2018, 825.
46 Vgl. dazu LG Frankfurt a.M. ZWE 2020, 196 Rn. 19 ff.; andererseits aber LG München I ZMR 2018, 72.
47 OLG Hamm NZM 2001, 297 (298); LG Hamburg ZWE 2020, 194 Rn. 19 ff.; 2012, 288; LG Itzehoe BeckRS 2018, 3298.
48 Staudinger/*Jacoby,* 2018, Rn. 132.
49 BGH NJW 2012, 3175 Rn. 17, 20.
50 LG Frankfurt a.M. NZG 2014, 826; MüKoGmbHG/*Rieder* GmbHG § 5a Rn. 56a.
51 BGH NZM 2020, 663; NJW 2012, 3175 Rn. 10; NZM 2011, 515 Rn. 12; zur Kritik vgl. BeckOGK/*Greiner,* 1.4.2020, Rn. 47 mwN.
52 BGH ZWE 2020, 284.
53 LG Frankfurt a.M. ZWE 2020, 56 Rn. 12.
54 Vgl. dazu LG Frankfurt NZM 2018, 871; Bärmann/Pick/*Dötsch* § 29 Rn. 57.
55 OLG München NJW-RR 2008, 26.
56 BeckOGK/*Greiner,* 1.4.2020, Rn. 65.
57 GmbH statt Einzelverwalter, LG Frankfurt a.M. ZWE 2018, 327.
58 BGH ZWE 2011, 317 Rn. 13.
59 LG Frankfurt NZM 2015, 350 (351); anders → 8. Aufl. 2020, Rn. 19 *(Engelhardt).*
60 BeckOGK/*Greiner,* 1.4.2020, Rn. 49 ff. mit Formulierungsbeispiel.

mer, der sich zum Verwalter wählen lassen will, ist vom **Stimmrecht nicht ausgeschlossen,**[61] dies gilt auch dann, wenn er Mehrheitseigentümer ist (zur Ein-Personen-Gemeinschaft → Rn. 28), ggf. ist die Ordnungsgemäßheit des Beschlusses besonders sorgfältig zu prüfen.[62]

26 Stehen mehr als zwei Verwalter zur Wahl muss der Versammlungsleiter das **Abstimmungsverfahren** vorgeben.[63] Besteht nur die Möglichkeit auf alle Kandidaten nur eine Stimme abzugeben, ist bereits gewählt, wer die absolute Mehrheit hat, anderenfalls ist eine Stichwahl nötig. Besteht eine derartige Beschränkung nicht und wird jeweils über alle Kandidaten hintereinander abgestimmt, ist über alle Kandidaten abzustimmen.[64] Gewählt ist, wenn mehrere Kandidaten mehr Ja als Nein Stimmer erhalten, der mit den meisten Stimmen.

27 Nach der Rspr. des BGH ist es erforderlich, dass in derselben Eigentümerversammlung, in der die Bestellung des Verwalters erfolgt, auch die **Eckpunkte** des abzuschließenden Verwaltervertrags (Vertragslaufzeit und Höhe der Vergütung) in **wesentlichen Umrissen** geregelt werden. Eine inhaltliche Verknüpfung von Verwaltervertrag und Bestellung, etwa mit der Folge, dass beide nach § 139 BGB eine **Einheit** bilden, ist damit allerdings nach Auffassung des BGH **nicht verbunden,** vielmehr handelt es sich um zwei getrennte Beschlüsse, die auch unterschiedlich zu beurteilen sind.[65] Die mit der Verknüpfung angestrebte Rechtsfolge, ein dauerhaftes Auseinanderfallen von Vertragsverhältnis und Bestellungsrechtsverhältnis zu verhindern, löst der BGH nicht am Beginn der Rechtsbeziehungen, sondern über deren Ende, indem er jedem Wohnungseigentümer einen Anspruch auf einen Abberufungsbeschluss zubilligt, wenn es nicht gelingt mit dem Verwalter einen Vertrag zu schließen und der Verwaltervertrag aus wichtigem Grund gekündigt werden kann, wenn es nicht gelingt, dem Verwalter die Organstellung zu verschaffen.[66] Damit dienen die Eckpunkte letztlich nur der Klärung der für die Ermessensentscheidung der Eigentümer erforderlichen Tatsachen, ob die jedoch in jedem Falle einer Beschlussfassung bedürfen, erscheint zweifelhaft.[67] Bei der Wiederwahl kann hierauf verzichtet werden, denn wird hier kein Beschluss zu Vergütungserhöhungen gefasst, ist davon auszugehen, dass der bisherige Vertrag verlängert wird (→ Rn. 35).

28 **e) Bestellung in der Gründungsphase der WEG.** Auch weiterhin besteht die bisher allseits anerkannte Möglichkeit,[68] dass der teilende Eigentümer in der **Teilungserklärung** oder der Gemeinschaftsordnung einen **Verwalter** bestellt.[69] Hat er den Verwalter in der Teilungserklärung bestellt, so darf er, sofern er diese nicht ändert, nicht einen anderen Verwalter bestellen.[70] Eine derartige Bestellung bedeutet allerdings nicht, dass die Bestellung den Charakter einer Vereinbarung hat, die durch Mehrheitsbeschluss nicht geändert werden könnte.[71] Auch dieser Verwalter kann, ohne dass dafür ein Grund erforderlich ist, **abberufen** werden.

29 Da nunmehr die Gemeinschaft bereits mit Anlegung der Wohnungsgrundbücher (§ 9a Abs. 1 S. 2) auch als **Ein-Personen-Gemeinschaft** entsteht, stellen sich hier neue Fragen. Auch der Alleineigentümer kann nunmehr Beschlüsse fassen und dergestalt einen Verwalter bestellen. Dies verschafft ihm auch die Möglichkeit, sich **selbst** oder eine ihm nahestehende Person als **Verwalter** zu **wählen.** Bereits die Bund-Länder-Arbeitsgruppe zur WEG-Reform hatte sich dagegen ausgesprochen, hier Einschränkungen vorzunehmen.[72] Ein **Stimmrechtsausschluss** des Alleineigentümers (§ 25 Abs. 4) besteht auch dann nicht, wenn er sich selbst wählt.[73] Bezüglich der Anfechtung bestehen insoweit keine Besonderheiten, insbesondere ist nicht vorgesehen, dass die Anfechtungsfrist erst beginnt, wenn ein Erwerber in die Gemeinschaft eintritt.[74] Möglich ist eine Anfechtung daher nur, wenn Wiedereinsetzungsgründe in die versäumte Anfechtungsfrist (§ 45 Abs. 1 S. 2) vorliegen und die Jahresfrist des § 234 Abs. 3 ZPO noch nicht abgelaufen ist. Danach ist nur noch eine Trennung vom Verwalter durch **Abberufung** möglich, die allerdings zur Folge hat, dass der Verwaltervertrag noch sechs Monate weiter läuft (→ Rn. 60 ff.).

---

[61] BGH NZM 2002, 995 (999).
[62] BGH NJW 2018, 552 Rn. 8 ff.
[63] Dazu BGH NZM 2019, 639; ausf. mit Zahlenbeispielen BeckOGK/*Greiner* Rn. 57 ff.
[64] BGH NZM 2019, 639.
[65] BGH NZM 2020, 240 Rn. 40.
[66] BGH NZM 2020, 240 Rn. 41.
[67] Krit. auch *Hügel/Elzer* Rn. 102.
[68] Staudinger/*Jacoby,* 2018, Rn. 53 ff.
[69] Palandt/*Wicke* Rn. 3; *Lehmann-Richter/Wobst* WEG-Reform 2020 Rn. 461 – Vorab-Beschluss; aA *Hügel/Elzer* Rn. 115.
[70] OLG Düsseldorf FGPrax 2001, 135.
[71] BayObLG NJW 1974, 2136; Staudinger/*Jacoby,* 2018, Rn. 56.
[72] Bund-Länder-Arbeitsgruppe ZWE 2019, 429 (437).
[73] *Dötsch/Schultzky/Zschieschack* WEG-Recht 2021 Kap. 9 Rn. 28; zum alten Recht OLG Hamm ZMR 2008, 60; OLG Celle ZWE 2002, 474; Jennißen/*Schultzky* § 25 Rn. 126 mwN.
[74] So aber die Überlegungen der Bund-Länder-Arbeitsgruppe ZWE 2019, 429 (437).

2. Zeitliche Beschränkung der Bestellung (Abs. 2). a) Amtszeit, gesetzliche Höchstfristen, Fristbeginn (Abs. 2 S. 1). Nach Abs. 2 S. 1 kann die Bestellung nur zeitlich beschränkt vorgenommen werden. Die Höchstfrist liegt bei **fünf Jahren,** diese gilt nach S. 2 Hs. 2 aber nicht bei der erstmaligen Bestellung nach Begründung von Wohnungseigentum, die der Gesetzgeber auf **drei Jahre** festgeschrieben hat. Dies hat seinen Grund darin, dass die Frist für die Verjährung von Mängelansprüchen bei neu errichteten Eigentumswohnungen gemäß § 634a Abs. 1 Nr. 2 BGB fünf Jahre beträgt, sodass die Wohnungseigentümer die Möglichkeit haben, vor Ablauf der Gewährleistungsfrist einen vom Bauträger unabhängigen Verwalter zu bestellen, weil ein Gleichlauf der Bestellungsfrist mit der Gewährleistungsfrist die Gefahr von Interessenkollisionen in sich birgt.[75] Durch die nunmehr gegebene Möglichkeit der jederzeitigen Abberufung (Abs. 3) kann sich das Problem in der Praxis entschärfen. Überschreitet der Beschluss die gesetzlichen Fristen, ist er grundsätzlich entgegen § 139 BGB nur hinsichtlich des übersteigenden Teils gemäß § 134 BGB teilnichtig, denn es ist anzunehmen, dass ein Verwalter, der für einen längeren Zeitraum als gesetzlich zulässig bestellt worden ist, wenigstens für den gesetzlich zulässigen Zeitraum bestellt sein soll.[76] Bei einer Bestellung auf unbestimmte Zeit endet diese daher nach Ablauf von fünf bzw. drei Jahren. Durch die Änderung des bisher in der Norm verwandten Wortes „darf" in „kann" wollte der Gesetzgeber klarstellen, dass es sich insoweit um ein gesetzliches Verbot handelt.[77] 30

Fristbeginn ist, soweit nicht ein bestimmter Kalendertag in der Bestellung genannt ist, grundsätzlich der Tag der Annahme der Bestellung, denn entscheidend ist der Zeitraum der Amtsführung.[78] Bei einer **Bestellung durch den teilenden Eigentümer** bzw. Bauträger in der Teilungserklärung wurde bislang der Beginn der Frist mit Anlegung der Wohnungsgrundbücher angesetzt.[79] Hieran bleibt festzuhalten, da zu diesem Zeitpunkt nun die Wohnungseigentümergemeinschaft entsteht (§ 9a Abs. 1 S. 2). 31

b) Unzulässigkeit von Beschränkungen der Verwalterbestellung (Abs. 5). Nach Abs. 5 sind Abweichungen von Abs. 1–3 nicht zulässig. Für die Bestellung gilt daher weiterhin, dass außer der zeitlichen keine weiteren Beschränkungen hinsichtlich der Bestellung durch Vereinbarung oder Beschluss der Wohnungseigentümer zulässig sind. Die im früheren Recht enthaltene Regelung in § 20 Abs. 2 aF, wonach die Bestellung des Verwalters nicht ausgeschlossen werden kann, ist in diese Norm aufgegangen, da jeder Ausschluss der Möglichkeit der Verwalterbestellung eine Abweichung von Abs. 1 darstellen würde. Nichtig sind daher Bestimmungen in der Gemeinschaftsordnung, nach denen der Verwalter durch Dritte (zB den Verwaltungsbeirat) oder nur mit Zustimmung eines Dritten oder mit qualifizierter Mehrheit[80] oder nur ein Wohnungseigentümer zum Verwalter bestellt werden kann[81] oder einem bestimmten Personenkreis angehört (zB Mitglied eines Verbandes)[82] oder nach welcher der erste Verwalter berechtigt ist, die Verwaltung insgesamt auf ein anderes Unternehmen zu übertragen.[83] 32

Wie bisher steht Abs. 5 einer Regelung in der Gemeinschaftsordnung, dass abweichend vom Stimmrecht nach Köpfen (§ 25 Abs. 2) eine **Abstimmung nach dem Objekt- oder Wertprinzip** zu erfolgen hat (dh Verteilung der Stimmen nach einzelnen Wohnungseinheiten oder nach Miteigentumsanteilen), nicht entgegen, sodass sie auch für die Verwalterwahl gilt, selbst wenn damit eine Verringerung der Stimmkraft anderer Wohnungseigentümer einhergeht.[84] 33

Die Beschränkung des Abs. 5 gilt auch für Vereinbarungen oder Beschlüsse, die eine bestimmte, unterhalb der zulässigen Höchstdauer liegende Befristung für jede Bestellung **verbindlich** festlegen, zB eine Regelung, dass die Bestellung immer für drei Jahre erfolgt. Da den Wohnungseigentümern durch eine solche Vereinbarung die Möglichkeit genommen wird, einen Verwalter auf fünf Jahre oder auf eine kürzere oder längere als die in der Vereinbarung festgelegte Dauer zu verpflichten, wird deren Recht iSd S. 5 in unzulässiger Weise beschränkt; anders ist es nur, wenn die Regelung für 34

---

[75] BT-Drs. 16/3843, 13.
[76] OLG München NJW-RR 2007, 1245; Bärmann/*Becker* Rn. 83; Staudinger/*Jacoby,* 2018, § 26 Rn. 9.
[77] BT-Drs. 19/18791, 74; 19/22634, 45.
[78] Wie hier *Hügel/Elzer,* 2. Aufl. 2018, Rn. 79 aA – Zeitpunkt der Beschlussfassung – Bärmann/Pick/*Emmerich* Rn. 46.
[79] LG Bremen Rpfleger 1987, 199; → 8. Aufl. 2020, Rn. 30 *(Engelhardt);* ausf. dazu BeckOGK/*Greiner,* 1.4.2020, Rn. 95.
[80] BayObLG BeckRS 1994, 07532; OLG Köln NZM 2003, 685; OLG Karlsruhe Justiz 1983, 412; zur relativen Mehrheit BayObLGZ 2003, 11.
[81] BayObLG NJW-RR 1995, 271.
[82] OLG Bremen Rpfleger 1980, 68.
[83] OLG Schleswig MDR 1997, 821 mAnm *Riecke.*
[84] BGH NJW 2012, 921 Rn. 7; aA *Merle* ZWE 2009, 15 (19).

den Bestellzeitraum des Verwalters unverbindlich festgelegt werden, da in diesem Fall abweichende Beschlussregelungen nicht ausgeschlossen werden.[85]

35 **3. Wiederholte Bestellung des Verwalters (Abs. 2 S. 2).** Der Verwalter kann wiederholt bestellt werden. Der Beschluss über die wiederholte Bestellung des gleichen Verwalters darf **frühestens ein Jahr vor Ablauf der Bestellungszeit** gefasst werden. Damit soll eine längere Bindung als die Höchstzeit verhindert werden. Auch bei Bestellung des gleichen Verwalters kann die Verlängerung schon mehr als ein Jahr vor Ablauf seiner Amtszeit beschlossen werden, sofern die erneute Amtszeit mit der Neubestellung beginnt, dh die neue Amtszeit mit sofortiger Wirkung beschlossen wird, denn auch dann ist die Bindung nicht länger als fünf Jahre.[86] Ein Beschluss der gegen Abs. 2 S. 2 verstößt, ist nichtig.[87] Wird in einer Wohnungseigentümerversammlung die Fortsetzung des Verwaltervertrages beschlossen, so ist in der Regel der Beschluss dahin auszulegen, dass er auch die Neubestellung des Verwalters umfasst;[88] umgekehrt liegt in einem Eigentümerbeschluss über die Verlängerung der Bestellung als Verwalter grundsätzlich auch eine Fortgeltung des Verwaltervertrages.[89]

36 Zur Beschlussfassung gelten die Ausführungen zur Erstbestellung entsprechend, auch dieser Beschluss muss ordnungsmäßiger Verwaltung entsprechen. Alternativangebote müssen bei im wesentlichen gleichbleibenden Konditionen nicht eingeholt werden (→ Rn. 23), zum Ermessen der Eigentümer (→ Rn. 21).

37 **4. Bestellung des Verwalters durch das Gericht.** Fehlt ein Verwalter und lehnt die Eigentümergemeinschaft die Wahl eines Verwalters durch Mehrheitsbeschluss ab, so kann – nach erfolgloser Vorbefassung der Eigentümer – durch **Beschlussersetzungsklage** (§ 44 Abs. 1) das Gericht einen Verwalter bestellen. Wohnungseigentümer haben gemäß § 18 Abs. 2 Nr. 1 einen Anspruch auf eine Verwaltung ihrer Gemeinschaft, die den Grundsätzen ordnungsmäßiger Verwaltung entspricht; das schließt einen Anspruch auf Bestellung eines tauglichen Verwalters ein.[90] Ab Inkrafttreten des § 19 Abs. 2 Nr. 6 besteht der Anspruch auf den zertifizierten Verwalter (→ § 19 Rn. 52 ff.). Der Anspruch kann durch eine **einstweilige Verfügung** nach § 940 ZPO gesichert werden,[91] wobei dies den Vorteil hat, dass die Bestellung mit Verkündung und Zustellung wirkt,[92] während beim Hauptsacheverfahren das **Gestaltungsurteil** erst mit Rechtkraft Wirkungen entfaltet. Allerdings ist das Fehlen eines Verwalters noch kein Verfügungsgrund. Erforderlich ist ein eiliger Verwaltungsbedarf. Angesichts der beschränkten Vertretungsmöglichkeiten der Gemeinschaft werden abzuschließende Verträge häufig zu einem Verfügungsgrund führen.[93] Die früher gegebene Möglichkeit, dass ein außenstehender Dritter die Bestellung eines **„Notverwalters"** beantragen konnte, wurde durch das zum 1.7.2007 in Kraft getretene WEG-Reformgesetz (BGBl. 2007 I 370) ersatzlos gestrichen, obwohl dies bei verwalterlosen Gemeinschaften, die weitgehend handlungsunfähig sind, geboten wäre.

38 Ein Anspruch auf einen Verwalter besteht auch in einer **Zwei-Personen-Gemeinschaft.**[94] Ein Anspruch auf Ernennung einer bestimmten Person zum Verwalter besteht nicht. Da das Gericht an Stelle der Eigentümer das Ermessen ausübt, muss der Kläger dem Gericht die erforderlichen **Grundlagen vortragen,** hierzu gehören die zur Übernahme bereiten Kandidaten, finden sich keine drei, genügen auch weniger.[95]

39 Die gerichtliche Bestellung ersetzt – mit Rechtskraft als Gestaltungsurteil – den sonst von den Wohnungseigentümern gemäß Abs. 1 zu fassenden Beschluss und auch die Willenserklärung der Wohnungseigentümer, mit dem Verwalter einen Vertrag abzuschließen. Es bedarf aber einer **Annahme** durch den **Verwalter,** die allerdings vorab bedingt erteilt werden kann. eine Bestellung gegen den Willen des Verwalters ist nicht möglich. Die Rechtsstellung entspricht der eines von den Eigentümern bestellten Verwalters, diese haben auch jederzeit die Möglichkeit den Verwalter wieder **abzuberufen.** Für Sonderregelungen insoweit hat der Reformgesetzgeber keinen Bedarf gesehen.[96]

40 **5. Anfechtungsverfahren gegen Bestellungsbeschluss. a) Überprüfung des Bestellungsbeschlusses der Gemeinschaft.** Die Anfechtungsklage gegen den Bestellungsbeschluss ist

[85] OLG Düsseldorf ZWE 2008, 52.
[86] BGH NJW-RR 1995, 780 (781).
[87] KG FGPrax 1997, 218; OLG Frankfurt OLGR 2006, 46; OLG Zweibrücken FGPrax 2004, 273.
[88] OLG Schleswig NJW-RR 2006, 1525.
[89] BGH NJW-RR 2020, 68 Rn. 25.
[90] BGH NJW 2011, 3025 Rn. 11.
[91] BGH NJW 2011, 3025 Rn. 11; BT-Drs. 16/887, 35 zu Nr. 12b = NZM 2006, 401 (421).
[92] BGH NJW 2011, 3025 Rn. 11.
[93] Für eine Heizölbestellung LG Stuttgart BeckRS 2008, 23332.
[94] LG Frankfurt a.M. ZWE 2017, 231.
[95] LG Frankfurt a.M. ZWE 2020, 56 Rn. 10 ff.; LG Dortmund ZWE 2017, 141; Bärmann/*Merle* § 21 Rn. 210.
[96] Bund-Länder-Arbeitsgruppe ZWE 2019, 429 (457); für Nichtigkeit eines reinen Abberufungsbeschlusses *Hügel/Elzer* Rn. 120.

nach allgemeinen Regeln möglich (§ 44 Abs. 1). Der bestellte Verwalter ist für die WEG, gegen die sich nun die Klage richtet, vertretungsbefugt (§ 9b Abs. 1 S. 1), ein Ausschluss von der Vertretung besteht nicht. Der Verwalter kann aber dem Rechtsstreit als einfacher Nebenintervenient beitreten.[97]

41 Im Falle der Anfechtung des Bestellungsbeschlusses ist zu prüfen, ob sich die Beschlussfassung im Rahmen **ordnungsmäßiger Verwaltung** hält, worauf jeder einzelne Wohnungseigentümer einen gesetzlichen Anspruch hat. Die Rspr. ist restriktiv und erklärt Bestellungsbeschlüsse allenfalls dann für ungültig, wenn tatsächliche Gesichtspunkte vorliegen, die sogleich die Abberufung des Verwalters aus wichtigem Grund erfordert hätten.[98] Weil sich im Gegensatz zur Abberufung eines Verwalters, bei der sich die Mehrheit gegen den Verwalter entschieden hat, im Fall der Bestellung die Mehrheit der Wohnungseigentümer für den Verwalter entschieden hat, stellt die Rspr. bei der Anfechtung des Bestellungsbeschlusses sogar höhere Anforderungen an das Vorliegen des wichtigen Grundes als bei der Anfechtung der Abberufung. Denn die Gerichte sollen nicht ohne zwingende Notwendigkeit in die Mehrheitsentscheidung der Eigentümer eingreifen.[99] Es können daher auch nur zum Zeitpunkt der Beschlussfassung vorliegende Gründe berücksichtigt werden, weil nur diese die Entscheidung der Eigentümerversammlung beeinflusst haben können. Liegen Fehler im späteren Handeln des Verwalters, kann der Eigentümer nur mit der Beschlussersetzungsklage die Abberufung des Verwalters begehren, insoweit hat er die Gemeinschaft aber vorzubefassen.

42 Nach dem **Ablauf** der **Amtszeit** wurde weitgehend vertreten, dass die Beschlussanfechtungsklage in der **Hauptsache erledigt** ist.[100] Der BGH ist dem nun entgegengetreten und sieht ein fortwährendes Rechtschutzbedürfnis, da die Frage für Folgeprozesse relevant sein könne.[101] Jedenfalls für den Fall einer Verknüpfung von Amt und Vertrag mag dies zutreffen, in anderen Fällen erscheint es zweifelhaft, denn Folgewirkungen sind hier kaum vorstellbar. Die Bestellung kann auch unabhängig von dem Beschluss über den Vertrag angefochten werden.[102]

43 **b) Folgen erfolgreicher Beschlussanfechtung.** Die Folgen der Anfechtungsklage allgemein sind dunkel,[103] in besonderer Weise gilt dies für die Anfechtung des Bestellungsbeschlusses. Nach hM führt die rechtskräftige Ungültigerklärung dazu, dass der Verwalter **rückwirkend** seine **Organstellung** und die daraus folgenden Befugnisse verliert.[104] Da dieses Ergebnis nicht sachgerecht ist, entspricht es gefestigter Rspr. des BGH, dass das Handeln des Verwalters, zu dem er aufgrund des Bestellungsbeschlusses im Rahmen der laufenden Verwaltung berechtigt und verpflichtet war, nicht unberechtigt wird, sondern nach dem Rechtsgedanken des **§ 47 FamFG** wirksam bleibt.[105]

§ 47 FamFG Wirksam bleibende Rechtsgeschäfte

Ist ein Beschluss ungerechtfertigt, durch den jemand die Fähigkeit oder die Befugnis erlangt, ein Rechtsgeschäft vorzunehmen oder eine Willenserklärung entgegenzunehmen, hat die Aufhebung des Beschlusses auf die Wirksamkeit der inzwischen von ihm oder ihm gegenüber vorgenommenen Rechtsgeschäfte keinen Einfluss, soweit der Beschluss nicht von Anfang an unwirksam ist.

44 Dies vermeidet insbesondere im Verhältnis zu Vertragspartnern der Wohnungseigentümergemeinschaft Unbilligkeiten, die sich daraus ergeben, dass nach § 23 Abs. 4 die Erhebung einer Anfechtungsklage die Wirksamkeit des Verwalterhandelns nicht berührt. An diesem Ergebnis wird man auch nach der WEG-Reform festhalten müssen, obwohl die **Voraussetzungen** der **Analogie nicht vorliegen.** Mag man bei der Reform 2007 noch davon ausgegangen sein, der Gesetzgeber habe die Problematik übersehen,[106] war diese Frage jetzt ausdrücklich Gegenstand der Erörterungen im Gesetzgebungsverfahren, man hat sich bewusst gegen eine Kodifizierung ausgesprochen[107] – dogmatisch ist eine planwidrige Regelungslücke damit eigentlich nicht mehr zu bejahen. Das Ergebnis entspricht allerdings dem Befund im Gesellschaftsrecht, wo man mit der Lehre vom fehlerhaften Organ, einer Analogie zu § 15 Abs. 3 HGB oder den Grundsätzen der Anscheinsvollmacht zum

[97] *Dötsch/Schultzky/Zschieschack* WEG-Recht 2021 Kap. 14 Rn. 122 ff.
[98] BayObLG FGPrax 1997, 176; OLG Köln NJW-RR 1998, 1622; OLG Stuttgart NJW-RR 1986, 315.
[99] BGHZ 151, 164 = NJW 2002, 3240; BayObLG ZMR 2005, 561; OLG Düsseldorf NJW 2006, 3645; OLG Frankfurt BeckRS 2005, 08548; zur Kritik instruktiv BeckOGK/*Greiner,* 1.4.2020, Rn. 101.1 ff.
[100] → 8. Aufl. 2020, Rn. 70 *(Engelhardt);* Bärmann/*Becker* Rn. 258; Niedenführ/Schmidt-Räntsch/Vandenhouten/*Niedenführ* Rn. 38.
[101] BGH NJW 2020, 988 Rn. 11.
[102] BGH NZM 2020, 240.
[103] Ausf. *Zschieschack* FS Riecke, 2019, S. 477 ff. = ZMR 2020, 387 ff.
[104] BGH NJW 2020, 988 Rn. 9; NZM 2007, 645 Rn. 7; NJW 1997, 2106 (2107).
[105] BGH NJW 2020, 988 Rn. 11; 2007, 2776; 1997, 2106.
[106] Dazu → 8. Aufl. 2020, Rn. 72 *(Engelhardt).*
[107] Bund-Länder-Arbeitsgruppe ZWE 2019, 429 (460).

gleichen Ergebnis – der Wirksamkeit des Handelns des anfechtbar bestellten Organs – kommt,[108] die Analogie zu § 47 FamFG wird dort allerdings nicht vertreten.[109]

45 Friktionslos wird sich dies allerdings in das neue Recht nicht einfügen, was bei der Anfechtung der Abberufung (→ Rn. 57 f.) noch deutlicher wird. Denn nach dem neuen Verfahrensrecht ist der Verwalter am Anfechtungsverfahren nicht beteiligt ist und daher entfaltet das Urteil ihm gegenüber keine prozessualen Wirkungen, denn auf die bisherigen Bindungswirkung nach § 48 verzichtete die Reform und sieht – anders als das Aktienrecht in § 248 Abs. 1 AktG – auch keine Rechtskrafterstreckung auf den Verwalter vor. Eine Bindungswirkung kann man daher nur dadurch erreichen, dass der Verwalter Organ der Wohnungseigentümergemeinschaft (war), ob dies allerdings genügt, ist zweifelhaft.[110] Einfacher ließe sich die Thematik lösen, wenn man beachtet, dass Gegenstand der Anfechtungsklage nur der Beschluss über die **interne Willensbildung** der Eigentümer ist. Dieser ist durch die Mitteilung der Bestellung an den Verwalter umgesetzt, als diesem eine Willenserklärung, die rechtsgeschäftlichen Charakter hat, übermittelt wurde, womit auch erst das Amtsrechtsverhältnis begründet wird (→ Rn. 19). Wendet man auf diese Erklärung § 47 FamFG an, gelangt man zu dem Ergebnis, dass der Verwalter tatsächlich wirksam bestellt ist. Dann hätte man auch hier den Befund, dass die Ungültigerklärung eines Beschlusses lediglich interne Wirkung hat, auf Rechtsverhältnisse zu Dritten, wozu auch der Verwalter gehört, aber ohne Auswirkung bleibt. Die gegenüber dem Verwalter abgegebene Willenserklärung zur Bestellung bliebe wirksam. Das Ergebnis entspräche dem in anderen Anfechtungsfällen, wo auch eine Umsetzung nach außen, trotz fehlerhaften Beschlusses und damit mangelhafter Willensbildung im Innenverhältnis wirksam wäre.[111] Damit bleibt der Verwalter auch bei erfolgreicher Anfechtung des Bestellungsbeschlusses wirksam bestellt, der Analogie zu § 47 FamFG im Außenverhältnis gegenüber Dritten bedarf es nicht. Der siegreiche Anfechtungskläger hat aber einen Anspruch, dass als **Folgenbeseitigung** der unwirksamen Bestellung der Verwalter abberufen wird, was nach neuem Recht voraussetzungslos möglich ist. Dies vermeidet die Friktionen die bei der bisherigen Lösung bestehen, zumal sich ansonsten die Folgefrage stellt, wie im Falle der Ungültigerklärung des Bestellungsbeschlusses das Vertragsverhältnis aufgelöst wird oder ob auch hier Abs. 3 S. 2 (analog?) gilt. Zu vergleichbaren Ergebnissen gelangt, wer auf den WEG-Verwalter die **Lehre** vom **fehlerhaften** Organ anwendet.[112]

46 Da der Antrag auf Ungültigerklärung der Bestellung keine aufschiebende Wirkung hat (§ 23 Abs. 4 S. 2), der angefochtene Eigentümerbeschluss vielmehr bis zur gerichtlichen Ungültigerklärung für die Wohnungseigentümer und den Verwalter bindend ist, ist der Verwalter berechtigt und verpflichtet, während des Verfahrens über die Anfechtung seiner Bestellung seine **Tätigkeit nicht ruhen** lassen. Möglich – und weit verbreitet – ist insbesondere, dass er – auch nach erstinstanzlicher Ungültigerklärung des Bestellungsbeschlusses – zu einer Versammlung einlädt und sich dort erneut wählen lässt,[113] was allerdings nach Auffassung des BGH nun das Rechtschutzbedürfnis für die Fortführung der Anfechtungsklage nicht entfallen lässt (→ Rn. 42). Will der anfechtende Eigentümer ein Tätigwerden des Verwalters verhindern, verbleibt die Möglichkeit, im Wege **einer einstweiligen Verfügung** eine weitere Tätigkeit des Verwalters zu untersagen. Die Voraussetzungen werden aber nur in Ausnahmefällen vorliegen,[114] da die Rspr. mit der Aussetzung von Beschlüssen sehr zurückhaltend ist.[115]

IV. Abberufung des Verwalters

47 **1. Abberufung durch Mehrheitsbeschluss (Abs. 3).** Die Abberufung ist das Gegenstück zur Bestellung. Sie setzt ebenfalls einen Mehrheitsbeschluss voraus. Dieser betrifft aber ebenfalls nur die interne Willensbildung und bedarf der **Umsetzung** durch eine Erklärung gegenüber dem Verwalter.[116] Seine Organstellung verliert der Verwalter mit dem Zugang der Abberufungserklärung,

---

108 Ausf. dazu MHdB GesR III/*Wolff* § 40 Rn. 79 ff.; Baumbach/Hueck/*Zöllner/Noack* GmbHG Anh. § 47 Rn. 178; MüKoGmbHG/*Fleischer* GmbHG § 43 Rn. 219; für eine Anwendung im neuen WEG-Recht *Lehmann-Richter/Wobst* WEG-Reform 2020 Rn. 462.

109 Baumbach/Hueck/*Zöllner/Noack* GmbHG Anh. § 47 Rn. 177.

110 Dazu *Dötsch/Schultzky/Zschieschack* WEG-Recht 2021 Kap. 14 Rn. 119 f.

111 *Zschieschack* FS Riecke 2019, 477 ff.

112 *Lehmann-Richter/Wobst* WEG-Reform 2020 Rn. 462.

113 LG München I BeckRS 2017, 111349 Rn. 12 – insoweit nicht in ZWE 2017, 325 abgedruckt.

114 Vgl. LG Frankfurt a.M. ZWE 2015, 134 für Verwalterwiederwahl nach eingestandener Veruntreuung von 74.000 Euro.

115 Zur Kritik instruktiv Bärmann/*Roth* § 46 Rn. 150 ff.

116 BGHZ 106, 113 = NJW 1989, 1087 (1089); Niedenführ/Schmidt-Räntsch/Vandenhouten/*Niedenführ* § 26 Rn. 127; ebenso im Gesellschaftsrecht, vgl. nur MüKoGmbHG/*H.-F. Müller* GmbHG § 66 Rn. 68; aA – keine Mitteilung an den Verwalter nötig, da Abberufung mit Beschluss – Staudinger/*Jacoby,* 2018, Rn. 61.

die entweder im Abberufungsbeschluss enthalten ist oder gesondert abgegeben wird.[117] Ebenso wie bei der Bestellung ist auch hier der **Beiratsvorsitzende** mit der entsprechenden Vertretungsmacht ausgestattet, ein anderer Eigentümer kann durch Beschluss bestimmt werden (§ 9b Abs. 2). Da der **Zugang** der Abberufung für die Dauer des Vergütungsanspruchs relevant ist (Abs. 3 S. 2) wird es wichtig sein, eine **Beweisbarkeit** sicherzustellen. Einer Annahme durch den Verwalter bedarf die Abberufungserklärung (natürlich) nicht.[118]

2. Abberufung ohne Gründe jederzeit möglich. Anders als nach früherem Recht kann die Abberufungsmöglichkeit nicht mehr auf das Vorliegen eines wichtigen Grundes beschränkt werden (Abs. 3, Abs. 5). Findet sich eine Mehrheit kann der Verwalter nun **jederzeit abberufen** werden, damit soll als Gegenstück zur stärkeren Stellung des Verwalters, den Eigentümern die Möglichkeit gegeben werden, sich jederzeit vom Verwalter zu trennen.[119] Um Unzuträglichkeiten im Hinblick auf den Verwaltervertrag zu beseitigen, ist im Rechtsausschuss des Bundestages die Regelung in Abs. 3 S. 2 aufgenommen worden, wodurch der Verwaltervertrag sechs Monate nach Abberufung automatisch endet (→ Rn. 60). Die ursprüngliche Konzeption des Regierungsentwurfes, dass die Wohnungseigentümergemeinschaft dem Verwalter bis zum Ende der Vertragslaufzeit die Vergütung weiterzahlt, hätte sich für Gemeinschaften als teure Falle erweisen können und wäre kaum auf Verständnis gestoßen. 48

a) Ordnungsgemäßheit der Abberufung. Bezüglich der Ordnungsgemäßheit der Abberufung wird Neuland betreten. Auf dies bisherige Rspr. kann nicht zurückgegriffen werden, allerdings werden auch Anleihen im Gesellschaftsrecht nicht weiterhelfen, denn der dort im Mittelpunkt stehende Gedanken der profitablen Unternehmensführung, stellt sich im WEG-Recht nicht. Im Grundsatz wird man den Eigentümern einen **weiten Ermessensspielraum** einzuräumen haben. Fruchtbar gemacht werden kann die Rspr. zur Verwalterbestellung, wonach der Spielraum der Eigentümer erst überschritten ist, wenn der Beschluss objektiv nicht mehr vertretbar ist.[120] Stärker als bei der Bestellung wird aber zu berücksichtigen sein, dass jedenfalls für einen Zeitraum von sechs Monaten die **Vermögensinteressen** des Verbandes dadurch besonders betroffen sind, dass im Grundsatz eine **doppelte Verwaltervergütung** zu zahlen ist. 49

Erforderlich werden daher zumindest sachlich nachvollziehbare **Gründe** für die Abberufung sein,[121] die allerdings nicht in der Person des Verwalters liegen müssen. Problemlos wird nun eine Trennung des vom Bauträger eingesetzten **Erstverwalters**[122] sein, wenn etwa Bauprozesse anstehen und die Gemeinschaft meint, hier von einem anderen Verwalter unabhängiger vertreten zu werden. Gleiches gilt, wenn eine Verwaltung durch einen **Eigentümer** erfolgt, Spannungen in der Gemeinschaft aber dazu führen, dass die Mehrheit einen anderen – idealerweise außenstehenden – Verwalter wünscht. Nach Inkrafttreten des Anspruchs auf einen zertifizierten Verwalter (§ 19 Abs. 2 Nr. 6, § 48 Abs. 4) wird von dem Ermessen der Eigentümer auch die Abberufung eines **nicht zertifizierten Verwalters** gedeckt sein, zumindest wenn dies mit dem Ziel erfolgt, einen solchen zu bestellen. Die wird auch dann gelten, wenn die Bestellung noch vor Inkrafttreten der WEG-Reform erfolgte und daher gegenüber dieser Wohnungseigentümergemeinschaft der Verwalter als zertifiziert gilt. 50

Liegen keine derart typischen Abberufungsgründe vor, ist das Ermessen der Eigentümer gleichwohl weitgehend frei. Damit die Entscheidung aber auf einer zureichenden **Tatsachengrundlage** erfolgt, muss den Eigentümern klar sein, dass der **Vergütungsanspruch** im Grundsatz für weitere sechs Monate **fortbesteht.** Dieser Hinweis ist sinnvollerweise zu dokumentieren, dies ist allerdings nur ein Beweisfrage, aus einem Fehlen kann nicht auf ein Unterlassen des Hinweises geschlossen werden.[123] 51

Eine **bedingte Abberufung** ist unzulässig, daher ist es nicht möglich, den Verwalter nur für den Fall eines wichtigen Grundes abzuberufen, der zur Kündigung des Verwaltervertrages berechtigen würde. 52

Ein **Anspruch** auf Abberufung eines Eigentümers wird wie bisher nur in wenigen Ausnahmefällen bestehen. Die Rspr. zeigt sich hier seit jeher äußerst zurückhaltend. Alleine das Vorliegen eines wichtigen Grundes genügt hierfür noch nicht, eben so wenig, dass die Bestellung nicht 53

---

[117] BGHZ 151, 164 = NJW 2002, 3240 (3242); OLG Hamm FGPrax 2007, 71.
[118] BayObLG NJW-RR 2003, 517.
[119] BT-Drs. 19/18791, 74.
[120] Vgl. zusammenfassend BeckOGK/*Greiner,* 1.4.2020, Rn. 101 mwN.
[121] *Lehmann-Richter/Wobst* WEG-Reform 2020 Rn. 455: keine grundlose Abberufung.
[122] Vgl. etwa BGH NJW-RR 2020, 68.
[123] Anders für Ermessen LG Dortmund ZMR 2018, 60 = BeckRS 2017, 139956 Rn. 39; dunkel zur Protokollierungspflicht BGHZ 207, 99 Rn. 35 = NJW 2015, 3615.

ordnungsmäßiger Verwaltung entsprochen hat.[124] Erforderlich ist, dass die Ablehnung der Abberufung aus **objektiver Sicht nicht** mehr **vertretbar** ist.[125] Die Grenze liegt dort, wo die Mehrheit aus der Sicht eines vernünftigen Dritten gegen ihre eigenen Interessen handelt, weil sie – etwa aus Bequemlichkeit – **massive Pflichtverletzungen toleriert.**[126] Auch eine Majorisierung kann berücksichtigt werden, genügt alleine allerdings nicht.[127] An dieser Linie wird festzuhalten sein, ein Anspruch auf Abberufung ohne einen derartigen Grund ist auch in Zukunft nicht gegeben, hieran ändert die Möglichkeit der grundlosen Abberufung des Abs. 3 nichts. Hieraus folgt, dass auch nach Inkrafttreten des § 19 Abs. 2 Nr. 6 kein Anspruch auf Abberufung eines nicht **zertifizierten Verwalters** besteht.[128] Galt § 19 Abs. 2 Nr. 6 bereits bei der Bestellung folgt dieses schon daraus, dass die Bestellung anzufechten gewesen wäre, aber auch wenn die Norm erst während der Bestellungszeit in Kraft trat, besteht ein Anspruch auf Abberufung nicht, selbst wenn für den Verwalter – mangels Bestellung vor Inkrafttreten der WEG-Reform – die Fiktion des § 48 Abs. 4 nicht gilt.

54 Vor der Geltendmachung einer Abberufung im Verfahren der **Beschlussersetzung** (§ 44 Abs. 1) ist die Versammlung mit dem Anliegen und den Abberufungsgründen **vorzubefassen,** wenn dies nicht im konkreten Einzelfall – vor allem in Zwei-Personen-Gemeinschaften mit gleichem Stimmrecht – eine reine Förmelei ist.[129] Das Urteil entfaltet Wirkungen erst mit **Rechtskraft,** bis dahin ist der Verwalter im Amt und kann auch hier zu einer Eigentümerversammlung einladen und sich erneut bestellen lassen und damit das Urteil unterlaufen (→ Rn. 46 auch zum Rechtsschutz dagegen). Nach bislang überwiegend vertretener Auffassung **erledigt** sich die Beschlussersetzungsklage mit **Ablauf** der **Amtszeit** des Verwalters, da der Kläger sein Rechtsschutzziel, die Abberufung des Verwalters nicht mehr erreichen kann.[130] Hieran dürfte festzuhalten sein,[131] denn die Konstellation unterscheidet sich von dem umgekehrten Fall der Anfechtung des Bestellungsbeschlusses (→ Rn. 42) dadurch, dass im Innenverhältnis eine Entscheidung dieses Rechtsstreits, die ohnehin nur noch als Feststellungsklage fortzuführen wäre, keine Wirkungen entfaltet. Dieses muss ebenso für die interessenidentische **Anfechtung** des **Negativbeschlusses** über die Ablehnung der Abberufung gelten.

55 **b) Anfechtbarkeit der Abberufung.** Den Abberufungsbeschluss kann nach neuem Recht der **Verwalter nicht** mehr **anfechten.**[132] Ein derartiges Bedürfnis hat der Gesetzgeber nicht mehr gesehen, da Abberufungsgründe nicht mehr erforderlich sind.[133] Die Rechtslage entspricht nun der eines Fremdgeschäftsführers einer GmbH,[134] was aus Sicht des Regierungsentwurfes des Gesetzes konsequent war, da der Vertrag weiterlaufen sollte. Anfechtungsbefugt bleiben aber die **Wohnungseigentümer.** Der Verwalter kann jedoch auch anfechten, wenn er selbst Eigentümer ist. Ist er dies nicht, kann er – da tauglicher Streitverkündeter in Beschlussklagen[135] – diesem Verfahren als einfacher **Nebenintervenient** (§ 66 ZPO) beitreten.

56 **Endet** während des Verfahrens der **Bestellungszeitraum** wurde bislang, jedenfalls bei einer Anfechtung durch den Verwalter, eine **Erledigung** des Rechtsstreits angenommen, da der Verwalter seine Amtsstellung nicht zurückerlangen kann und Vergütungsansprüche aus dem Vertragsverhältnis folgen.[136] Für die nun alleine mögliche Anfechtung von Wohnungseigentümern wird man die Rspr. des BGH zum Rechtschutzbedürfnis bei der Anfechtung von Bestellungsbeschlüssen (→ Rn. 42) zu übertragen haben.[137] Damit sind derartige Klagen in der Regel fortzuführen, da die Frage der Rechtmäßigkeit der Beschlussfassung möglicherweise im Innenverhältnis Folgen haben kann. Bei dieser Lösung entfallen jedenfalls Überlegungen zu komplizierten Erwägungen im Rahmen von zivilrechtlichen Fortsetzungsfeststellungsklagen.[138]

---

[124] Vgl. BGH NZM 2012, 347.
[125] BGH NJW 2012, 1884.
[126] BGH NZM 2012, 347 Rn. 10.
[127] BGH NZM 2012, 347 Rn. 10; strenger BGH ZWE 2017, 411 Rn. 15 ff.
[128] *Dötsch/Schultzky/Zschieschack* WEG-Recht 2021 Kap. 9 Rn. 38; *Lehmann-Richter/Wobst* WEG-Reform 2020 Rn. 563.
[129] BGH NZM 2012, 347 Rn. 4.
[130] LG Frankfurt a.M. ZWE 2019, 292 Rn. 10; OLG Hamm NZM 2003, 486; OLG Köln NZM 2004, 625; ausf. Niedenführ/Schmidt-Räntsch/Vandenhouten/*Niedenführ* WEG Rn. 126.
[131] AA Bärmann/Pick/*Emmerich* § 26 Rn. 113.
[132] *Lehmann-Richter/Wobst* WEG-Reform 2020 Rn. 455; aA – für Nichtigkeit – Palandt/*Wicke* Rn. 10.
[133] BT-Drs. 19/18791, 82.
[134] Baumbach/Hueck/*Zöllner/Noack* GmbHG nach § 47 Rn. 140.
[135] Ausf. dazu *Dötsch/Schultzky/Zschieschack* WEG-Recht 2021 Kap. 14 Rn. 121 ff.
[136] BGH NJW 2014, 1447 Rn. 9; LG Frankfurt a.M. ZWE 2108, 142; NJOZ 2019, 1412.
[137] Bärmann/Pick/*Emmerich* Rn. 106; aA Palandt/*Wicke* Rn. 11.
[138] Bärmann/*Becker* Rn. 268.

Mit der Ungültigerklärung des Abberufungsbeschlusses verliert dieser **ex tunc** seine Wirkung. Folge davon ist nach hM dass der Verwalter wieder in sein Amt gelangt.[139] Dies war bislang schon deshalb zwingend, da Abberufungsbeschlüsse fast nur vom Verwalter angefochten wurden. Eine zwischenzeitlich erfolgte anderweitige Verwalterbestellung soll nichtig sein, da es immer nur einen Verwalter geben kann.[140] Dieses System aufrecht zu erhalten, wird bereits prozessual schwierig, denn anders als früher (§ 48 aF) entfalten nunmehr Beschlussklagen keine Bindungswirkung auf den Verwalter. Der durch den unwirksamen Beschluss abberufene Verwalter ist an dem Verfahren überhaupt nicht beteiligt, würde dann aber sein Amt automatisch – ex tunc – zurückerhalten.[141] Will er das Amt nicht weiter ausführen, müsste er es niederlegen. Für das Handeln des zwischenzeitlich agierenden Verwalters wird wohl ebenfalls **§ 47 FamFG analog** anzuwenden sein,[142] was bei einem nichtigen Beschluss – anders als bei einem angefochtenen – allerdings nicht auf der Hand liegt. 57

Auch hier wäre zu erwägen, ob man nicht die Folgen der erfolgreichen **Anfechtungsklage** auf die **interne Willensbildung** der Eigentümer beschränkt und den Vollzug – auch zum Verwalter – davon unberührt lässt (→ Rn. 45). Hier kann bezüglich der Abberufungserklärung § 47 FamFG analog angewandt werden, den der BGH ausdrücklich auch für Handlungen des Beiratsvorsitzenden anwendet.[143] Folge wäre, dass unabhängig von der späteren Beschlussaufhebung der Verwalter abberufen bleibt. Die **Umsetzung** des Urteils, dass diesen Beschluss für ungültig erklärt, bedürfte dann ein **Handeln** des Verbandes. Hierauf wird der siegreiche Anfechtungskläger einen **Folgenbeseitigungsanspruch** haben, wobei auch hier in Ausnahmefällen (kurze Restlaufzeit) Abweichungen denkbar sind. Der aktuelle Verwalter wäre – bei Fortbestehen eines Vergütungsanspruchs für die nächsten sechs Monate – **abzuberufen,** der bisherige Verwalter **erneut** zu **bestellen.** Diese Lösung würde zu klaren Verhältnissen führen und Vermischungen von Rechtsverhältnissen auf verschiedenen Ebenen vermeiden und zudem die Interessen des nicht (mehr) am Verfahren unmittelbar beteiligten Verwalters angemessen berücksichtigen. Vor allem würde es dem Altverwalter erlauben, ohne Amtsniederlegung alleine durch Ablehnung der Bestellung die Wiederaufnahme der Tätigkeit abzulehnen. 58

c) Beschränkung der Abberufungsgründe in Altfällen. Bis zum Inkrafttreten der WEG-Reform konnten die Abberufungsgründe auf wichtige Gründe beschränkt werden (§ 26 Abs. 1 S. 3 aF), hiervon wurde auch überwiegend Gebrauch gemacht. Dem steht nunmehr Abs. 5 entgegen. Sämtliche Beschränkungen sind mit **Inkrafttreten** des Gesetzes **ex nunc entfallen.**[144] Ist eine Beschränkung im **Verwaltervertrag** enthalten gewesen, kommt eine **Vertragsanpassung** (§ 313 BGB) dennoch wohl nicht in Betracht. Insoweit ist mit der Annahme eines Vertragsanpassungsanspruchs Zurückhaltung geboten, wenn der Gesetzgeber selbst Überleitungsvorschriften regelt (vgl. zusammenfassend → BGB § 313 Rn. 232 ff.). Der Gesetzgeber hat – mit wenigen Ausnahmen in § 48 – keine Übergangsvorschriften vorgesehen, diese Entscheidung wird zu respektieren sein, zumal sich die Gesetzesänderung nicht als Nebeneffekt auf bestehende Verträge auswirkt (→ BGB § 313 Rn. 231 ff.), sondern dies zwingende Folge der Reform ist. Insoweit ist für eine Vertragsanpassung kein Raum. Soll diese dennoch erfolgen, scheidet wegen Abs. 5 eine Beschränkung der Abberufungsmöglichkeit aus, denkbar sind allenfalls finanzielle Kompensationen. 59

d) Auswirkung der Abberufung auf den Vergütungsanspruch. Die Abberufung lässt den Verwaltervertrag an sich unberührt, dieser muss durch – ggf. fristlose – Kündigung beendet werden. Um die Möglichkeiten zur Abberufung nicht einzuschränken sieht Abs. 3 S. 2 eine Beendigung des Vertrages sechs Monate nach Abberufung vor. Maßgeblicher Zeitpunkt ist **nicht** die **Beschlussfassung,** welche nur die interne Willensbildung darstellt, sondern der **Zugang** der **Abberufung** beim Verwalter. Ist der Verwalter indes hier anwesend, enthält die Verkündung des Beschlusses zugleich die Abberufungserklärung an den Verwalter. 60

Die Vertragsbeendigung gemäß Abs. 3 S. 2 ist außer der Abberufung voraussetzungslos. Das Vertragsverhältnis endet „automatisch" kraft Gesetzes. Die **Frist** von sechs Monaten **beginnt** mit dem **Wirksamwerden** der **Abberufung** und nicht mit der – ggf. mit einer Frist versehenen – Beschlussfassung,[145] denn die Norm regelt keine gesetzliche Kündigungsrecht, sondern stellt eine 61

139 BGHZ 106, 113 = NJW 1989, 1087 (1089); ausf. Bärmann/*Becker* Rn. 258; *Hügel/Elzer* Rn. 168.
140 OLG Zweibrücken NJOZ 2003, 739 (741); ausf. Niedenführ/Schmidt-Räntsch/Vandenhouten/*Niedenführ* Rn. 131; Bärmann/*Becker* Rn. 262, jeweils mwN.
141 Ausf. *Dötsch/Schultzky/Zschieschack* WEG-Recht 2021 Kap. 9 Rn. 46.
142 Ohne Nennung einer Norm ebenso OLG Zweibrücken NJOZ 2003, 739 (742); Niedenführ/Schmidt-Räntsch/Vandenhouten/*Niedenführ* § 26 Rn. 131; unklar Bärmann/*Becker* Rn. 262, wonach Bestellung in der Schwebezeit „wirksam" war.
143 BGH NZM 2020, 563 Rn. 7.
144 BT-Drs. 19/18791, 49 unter Bezugnahme auf Staudinger/*Sack/Seibl,* 2017, BGB § 134 Rn. 55.
145 *Hügel/Elzer* Rn. 171; aA *Lehmann-Richter/Wobst* WEG-Reform 2020 Rn. 547; Palandt/*Wicke* Rn. 17.

Kompensation des Verwalters für die – an sich untypische – Vertragsbeendigung bei Abberufung dar.[146]

62 Der **Vergütungsanspruch** folgt – ebenso wie für den abberufenen GmbH-Geschäftsführer – aus **§ 615 BGB,**[147] sodass die Voraussetzungen des Annahmeverzuges vorliegen müssen. Der abberufene Verwalter muss daher seine Leistungen angeboten, oder Klage gegen die Wohnungseigentümergemeinschaft erhoben haben. Geschuldet ist in jedem Falle die **Grundvergütung.** Ein Anspruch auf **Sondervergütungen,** denen wohl ebenfalls Entgeltcharakter zukommt (zum Problem vertiefend → BGB § 615 Rn. 64), wird nur bestehen, wenn diese üblicherweise im zu vergütenden Zeitraum angefallen sind, etwa weil in der Vergangenheit da stets eine außerordentliche Eigentümerversammlung stattgefunden hat. Anzurechnen sind zunächst **ersparte Aufwendungen.** Die Höhe wird vom Gericht großzügig nach § 287 Abs. 2 ZPO zu schätzen sein, üblich sind Abzüge von 20–45% des Honorars.[148] Die 5%-Regelung des § 648 S. 3 BGB lässt sich jedenfalls nicht übertragen.[149] Noch schwieriger wird in der Praxis die Anrechnung eines **Zwischenverdienstes** sein. Dem Verwalter kommt hier eine sekundäre Darlegungslast bezüglich der von ihm aufgenommenen oder abgelehnten Tätigkeiten zu, den Gerichten ist zur großzügigen Anwendung des § 287 Abs. 2 ZPO zu raten.

63 Da **Abweichungen** von Abs. 3 nach Abs. 5 **unzulässig** sind, sind alle Regelungen, die dem Verwalter auch mittelbar – etwa durch eine **Abstandssumme** – eine Vergütung zubilligen, die über die nach dem Vorstehenden geschuldete Vergütung hinausgeht, nach § 134 BGB nichtig.[150] Klauseln, die in Abweichung von § 615 BGB Pauschalen regeln, setzen sich ebenfalls der Gefahr einer entsprechenden Nichtigkeit aus. Sind sie formularmäßig vereinbart, werden sie ohnehin – so die Gemeinschaft Verbraucher ist – einer Prüfung an § 307 BGB kaum standhalten, da bei verwenderfeindlichster Auslegung es hier dazu kommen kann, dass die Wohnungseigentümergemeinschaft dem Verwalter eine Vergütung fortzahlt, obwohl dieser keinen Einkommensverlust erlitten hat, insoweit wird wohl auch der Rechtsgedanke des § 309 Nr. 5 BGB, ggf. auch § 308 Nr. 7 BGB, § 309 Nr. 5 BGB zum Tragen kommen.[151]

64 **e) Verknüpfung von Amt und Vertrag.** Verwalterstellung und Verwaltervertrag sind zwar zwei Rechtsverhältnisse die zueinander abstrakt sind, sie können und konnten aber gemäß **§ 158 BGB** miteinander verknüpft werden, üblicherweise dahingehend, dass das Vertragsverhältnis von dem Bestellungsrechtsverhältnis abhängig gemacht wird.[152] Enthält ein Verwaltervertrag eine derartige Regelung, endet im Grundsatz der Vertrag mit der Abberufung, eine **Kündigung** des Vertrages ist dann **nicht erforderlich.** Während dies bisher weitgehend unproblematisch war, da Abberufungsründe in der Regel auch zur Kündigung des Vertrages berechtigten, ändert sich dies durch den Entfall der Möglichkeit der Beschränkung der Abberufungsgründe. Für bereits laufende Verwalterverträge stellt sich auch hier die Frage nach der Anpassung der Verträge gemäß § 313 BGB, die aber ebenfalls angesichts fehlender Übergangsregelungen hierzu zu verneinen ist.[153] Zudem werden üblicherweise Folgen von Gesetzesänderungen zwischen den Parteien hälftig geteilt (Nachweise → BGB § 313 Rn. 232), was hier nicht möglich ist. Eine Entkoppelung ginge letztlich zu Lasten der WEG. Für künftige Verträge wird der Verwalter zu beachten haben, dass er durch eine Koppelungsklausel seinen Anspruch nach Abs. 3 S. 2 verliert.

V. Verwaltervertrag zwischen Verwalter und rechtsfähigem Verband

65 **1. Vertragsparteien; rechtliche Einordnung.** Der Verwaltervertrag, der keiner Formvorschrift unterliegt,[154] regelt das (schuldrechtliche) Rechtsverhältnis des im Bestellungsbeschluss gewählten Verwalters zu dem Verband der Wohnungseigentümer, das rechtlich von der auf dem Bestellungsakt durch die Eigentümerversammlung beruhenden Organstellung des Verwalters unabhängig ist.

---

146 *Dötsch/Schultzky/Zschieschack* WEG-Recht 2021 Kap. 9 Rn. 75.

147 Vgl. nur BGH NJW 2012, 1656 Rn. 15; 2011, 920 Rn. 10; aA – § 326 BGB – *Lunk/Rodenbusch* NZA 2011, 497 (499); *Greger* FS Boujong, 1996, 145 (153); für den WEG-Verwalter OLG Köln BeckRS 1994, 122822.

148 OLG Hamburg ZMR 2005, 974, OLG Köln OLGR 1994, 318; KG ZMR 1994, 579.

149 Staudinger/*Jacoby,* 2018, § 26 Rn. 101.

150 Vgl. Staudinger/*Jacoby,* 2018, Rn. 20.

151 *Dötsch/Schultzky/Zschieschack* WEG-Recht 2021 Kap. 9 Rn. 64.

152 Dazu LG Frankfurt a.M. NJOZ 2019, 1412 Rn. 10; Bärmann/*Becker* Rn. 202, jeweils mwN.

153 AA *Lehmann-Richter/Wobst* WEG-Reform 2020 Rn. 541: Auslegung, dass Kopplung nur bei Abberufung aus wichtigem Grund.

154 OLG München NJW-RR 2005, 1326.

Regelmäßig handelt es sich um einen **Geschäftsbesorgungsvertrag** mit überwiegend dienstvertraglichem Charakter und werkvertraglichen Elementen nach §§ 675, 611 ff. BGB.[155] Wird eine mit ihrer Zustimmung zum Verwalter bestellte Person als solcher aufgrund eines geschlossenen Vertrages tätig, der an einem eigenen Nichtigkeits- oder Unwirksamkeitsgrund leidet, so kommt eine Anwendung der Vorschriften über die Geschäftsführung ohne Auftrag in Betracht, sodass der als Verwalter Tätige gemäß § 683 S. 1 BGB Aufwendungsersatz für seine geleisteten Verwaltungstätigkeiten verlangen kann.[156] Erfolgt die so ausgeübte Geschäftsbesorgung in einer von dem Verwalter im Rahmen seines Gewerbebetriebes entfalteten Tätigkeit, kann er die übliche Vergütung für die von ihm erbrachten Leistungen verlangen.[157] Hierbei kann, wenn er zuvor bereits mit einem wirksamen Vertrag tätig war, im Zweifel auf die zuvor vereinbarte Vergütung zurückgegriffen werden. 66

2. Zustandekommen des Vertrages. Der Verwaltervertrag kommt nach den allgemeinen Regeln (§§ 145 ff. BGB) zustand. Unproblematisch ist dabei die Willenserklärung des Verwalters, die entweder in der Unterbreitung eines Vertragsangebotes liegt oder der – praktisch eher selten – Annahme eines Angebotes durch die Wohnungseigentümergemeinschaft. 67

Problematischer ist die Willenserklärung der Wohnungseigentümergemeinschaft. Nach der Rspr. des BGH kann der Verwaltervertrag in zwei Varianten abgeschlossen werden. Entweder ermächtigen die Wohnungseigentümer einzelne Eigentümer – zumeist den Beiratsvorsitzenden – den Vertrag auszuhandeln und abzuschließen oder aber sie beschließen über die Genehmigung eines vom Verwalter vorgelegten Vertrages, der dann üblicherweise von einzelnen ermächtigten Eigentümern unterzeichnet wird.[158] § 9b Abs. 2 Alt. 1 räumt insofern dem Beiratsvorsitzenden die nötige Vertretungsmacht ein, schafft aber auch die Möglichkeit, einem Eigentümer (§ 9b Abs. 2 Alt. 2) Vertretungsmacht gegenüber dem Verwalter einzuräumen. Da der Wortlaut „gegenüber dem Verwalter" voraussetzt, dass der Verwalter im Amt ist, ist zweifelhaft, ob die Norm anwendbar ist, wenn die Eigentümer zunächst mit dem Verwalter einen Vertrag aushandeln und dieser erst danach bestellt wird, wobei diese Variante in der Praxis ohnehin kaum vorkommt.[159] 68

Werden Eigentümer beauftragt, den Verwaltervertrag auszuhandeln, müssen in diesem Beschluss die **Eckpunkte des Vertrages** (Laufzeit und Grundvergütung) festgelegt werden.[160] Im Übrigen ist dem Bevollmächtigten die nähere Ausgestaltung des Verwaltervertrages überlassen. Diese Verfahrensweise war bisher für die Handelnden mit hohen Risiken verbunden, denn die Vollmacht umfasst nur solche Regelungen, mit denen üblicherweise zu rechnen ist, die also inhaltlich **ordnungsgemäßer Verwaltung** entsprechen.[161] Bei Überschreiten der Grenzen lag ein Handeln als Vertreter ohne Vertretungsmacht vor, mit der Folge, dass entsprechende Klauseln nicht wirksam sind.[162] Das kaum zu billigende Ergebnis, einer Haftung nach § 179 BGB der Handelnden gegenüber dem Verwalter, löst die hM dadurch, dass dem Verwalter keine Ersatzansprüche zustehen sollen, da er den Mangel der Vollmacht hätte erkennen können.[163] Da der Beiratsvorsitzende nun gemäß § 9b Abs. 2 bereits die notwendige Vertretungsmacht gegenüber dem Verwalter hat, kann er den Verband wirksam binden. Überschreitet er seine Kompetenzen im Innenverhältnis bestehen allenfalls Haftungsansprüche. Das bisherige Problem kann sich nur stellen, wenn einem anderen Eigentümer beschränkt für den Verwaltervertrag gemäß § 9b Abs. 2 Alt. 2 Vertretungsmacht eingeräumt wird.[164] 69

Besonderheiten gelten in der **Ein-Personen-Gemeinschaft.** Hat der Alleineigentümer sich selbst zum Verwalter bestellt, ist er an dem Abschluss eines Verwaltervertrages nicht nach **§ 181 BGB** gehindert. Der BGH hat für das identische Problem in Ein-Personen-Gesellschaften entschieden, dass die Norm nicht anwendbar ist,[165] der Gesetzgeber hat darauf mit der Schaffung von § 35 Abs. 3 S. 2 GmbHG reagiert. Eine entsprechende Norm gibt es im WEG nicht. Für die GmbH stellte der BGH jedoch strengen Anforderungen an den Nachweis derartiger Geschäfte, die in der Regel eine schriftliche Aufzeichnung erfordern.[166] Dies wird man auch hier verlangen, Verwalterverträge wer- 70

---

155 BGH NJW 1997, 2106 (2107); BayObLG BeckRS 1995, 18355; OLG Hamm NJW-RR 1993, 845.
156 Vgl. BGH NJW-RR 1989, 970.
157 BGH NJW-RR 1989, 970 unten, unter Bezug auf BGHZ 55, 128 = NJW 1971, 609 (610).
158 So BGH NJW 2020, 988 Rn. 16.
159 Dazu *Dötsch/Schultzky/Zschieschack* WEG-Recht 2021 Kap. 9 Rn. 10; Kap. 3 Rn. 71 ff.
160 BGH NJW 2020, 988 Rn. 16.
161 BayObLG BeckRS 2003, 30329219; OLG Hamm NJW-RR 2001, 226; OLG Frankfurt ZWE 2008, 470; LG Dortmund BeckRS 2016, 122731 Rn. 12; ausf. BeckOGK/*Greiner,* 1.4.2020, Rn. 162 ff.; Bärmann/Pick/*Emmerich* Rn. 64 f.
162 Ausf. BeckOGK/*Greiner,* 1.4.2020, Rn. 162 ff.; Bärmann/Pick/*Emmerich* Rn. 65; Jennißen/*Jennißen* Rn. 83.
163 Jennißen/*Jennißen* Rn. 83.
164 *Dötsch/Schultzky/Zschieschack* WEG-Recht 2021 Kap. 9 Rn. 13.
165 BGHZ 56, 97 = NJW 1971, 1355; BGHZ 75, 358 = NJW 1980, 932.
166 BGHZ 75, 358 = NJW 1980, 932 (933).

den aber ohnehin schriftlich geschlossen werden, das Problem kann sich allenfalls bei behaupteten späteren Vertragsänderungen stellen.[167]

71 **3. Inhalt des Verwaltervertrages. a) Verwaltervertrag und AGB.** Nach der Rspr. des BGH ist die Wohnungseigentümergemeinschaft bereits dann einem Verbraucher gleichzustellen, wenn ihr wenigstens ein **Verbraucher** angehört und sie ein Rechtsgeschäft zu einem Zweck abschließt, der weder einer gewerblichen noch einer selbstständigen beruflichen Tätigkeit dient.[168] Mit Ausnahme von Eigentümerverwaltern wird der Verwalter stets Unternehmer sein. Folge ist, dass das Verbraucherschutzrecht und die Regelungen des AGB, wenn die Wohnungseigentümergemeinschaft nach dem Vorgenannten Verbraucherin ist, zumindest über **§ 310 Abs. 3 BGB** gelten.[169]

72 Probleme stellen sich auch hier in der Gründungsphase, in der Ein-Personen-Gemeinschaft. Die **Bauträger Ein-Personen-WEG** ist **kein Verbraucher.** § 13 BGB erlaubt auch vor dem Hintergrund der mit der Schaffung der Norm erfolgten (Voll-)Umsetzung der Verbraucherkredit-RL keine Auslegung dahingehend, dass eine Personenvereinigung auch dann ein Verbraucher ist, wenn hinter dieser keine natürliche Person steht.[170] Die entgegenstehende Auffassung des WEG-Reformgesetzgebers[171] findet im Gesetz keine Stütze und kann bei der erforderlichen Auslegung des § 13 BGB daher nicht zu einer anderen Lösung führen. Zudem ist – anders vielleicht als im AGB-Recht – eine Schutzbedürftigkeit des alleinigen Eigentümers, der Bauträger-GmbH im Hinblick auf die Informations- und Widerrufsmöglichkeiten nach §§ 312 ff. BGB nicht gegeben.[172] Bei einer Klauselkontrolle, die gleichwohl nach § 307 BGB stattzufinden hat, wird aber zu berücksichtigen sein, dass die Rechtsbeziehung darauf angelegt ist, dass später Verbraucher dem Verband beitreten und damit Verbraucher mit dem Vertrag in Berührung kommen. Dies wird es erlauben, die Wertungen der §§ 308 f. BGB zu berücksichtigen.[173] Der Anwendungsbereich des § 310 Abs. 3 BGB (Verbrauchervertrag) ist dennoch nicht eröffnet, sodass die Mehrfachverwendungsabsicht zu beweisen ist.

73 **b) Verwaltervergütung.** Vergütungsregelungen sind Kernpunkte des Verwaltervertrages. Der Vergütungsanspruch richtet sich nur **gegen den rechtsfähigen Verband** als den alleinigen Vertragspartner des Verwalters. Üblich ist eine monatsweise Verwaltervergütung, die sich nach der Zahl der Einheiten richtet. Möglich ist, dass für die Vergütung eine einheitliche **Pauschalvergütung** gezahlt wird. Dem steht ein Modell gegenüber, das mehrere **Vergütungsbestandteile** enthält, zumeist eine **Grundvergütung** und eine Vergütung von darüber hinaus anfallenden Tätigkeiten.[174]

74 Nach neuer Rspr. des BGH ist bei der **Prüfung** des Verwaltervertrages zu **trennen.** Auf AGB-rechtliche Verstöße können sich die Eigentümer bei der **Beschlussanfechtung** des Beschlusses über den Verwaltervertrag nicht berufen (→ Rn. 100). Relevant werden sie lediglich in **Prozessen** zwischen der **Wohnungseigentümergemeinschaft** und dem **Verwalter** (vor allem über Vergütungen oder deren Rückforderungen).[175] Da dies in der Vergangenheit überwiegend so nicht gesehen wurde, ist hier zu prüfen, inwieweit Entscheidungen in einem Bereich auf den anderen übertragbar sind.[176]

75 **aa) Verwaltervergütung und AGB-Kontrolle.** Im Rahmen der AGB-Kontrolle ist zu beachten, dass der **Klauselkontrolle** nur **Preisnebenabreden** unterliegen (§ 307 Abs. 3 BGB).

76 Bei dem Vergütungsmodell, dass auf **Vergütungsbestandteile** abstellt, ist damit die gesamte Vergütung einer Inhaltskontrolle entzogen. Prüfungsmaßstab ist hier alleine die **Transparenzkontrolle** (§ 307 Abs. 3 S. 2, Abs. 1 BGB). Dies erfordert, dass eine klare und transparente Abgrenzung der Aufgaben, die von der Grundvergütung erfasst sind und derjenigen, für die eine Sondervergütung anfällt, erfolgt.[177] Soll eine aufgeschlüsselte Vergütung für die laufend anfallenden Tätigkeiten erfolgen, steht dem nach der Rspr. des BGH das Transparenzgebot in der Regel entgegen.[178] Nicht zu

[167] *Dötsch/Schultzky/Zschieschack* WEG-Recht 2021 Kap. 9 Rn. 27.
[168] BGHZ 204, 325 Rn. 30 = NJW 2015, 3228.
[169] BGH NJW 2020, 988 Rn. 21.
[170] Zu den Details *Dötsch/Schultzky/Zschieschack* WEG-Recht 2021 Kap. 2 Rn. 12 ff.; *Kappus* NJW 2020, 3617 (3618).
[171] RegE, BT-Drs. 19/18791, 43; nochmals ausdrücklich RA, BT BT-Drs. 19/22634, 42; ebenso Palandt/*Wicke* § 9 Rn. 2; *Lehmann-Richter/Wobst* WEG-Reform 2020 Rn. 268.
[172] Ausf. dazu *Dötsch/Schultzky/Zschieschack* WEG-Recht 2021 Kap. 2 Rn. 13.
[173] Ausf. dazu *Dötsch/Schultzky/Zschieschack* WEG-Recht 2021 Kap. 2 Rn. 15, Kap. 9 Rn. 27.
[174] BGH NJW 2020, 988 Rn. 33.
[175] BGH NJW 2020, 988 = NZM 2020, 240 m. insoweit krit. Anm. *Graf v. Westphalen.*
[176] Instruktiv zur Thematik *Jacoby/Lehmann-Richter/Weiler* ZMR 2018, 181.
[177] BGH NJW 2020, 988 Rn. 35 mwN.
[178] BGH NJW 2020, 988 Rn. 35; aA BeckOGK/*Greiner,* 1.4.2020, Rn. 227.

beanstanden ist, wenn neben der Grundvergütung für ständig anfallende Tätigkeiten für klar umrissene Leistungen **Sondervergütungen** nach dem **Baukastenprinzip** vereinbart werden.[179]

77 Wird eine **Pauschalvergütung** vereinbart, ist die Vergütungsvereinbarung in der Regel so auszulegen, dass sie alle Pflichtaufgaben abdecken.[180] Wird hier gleichwohl für derartige Tätigkeiten eine Sondervergütung vereinbart, handelt es sich um kontrollfähige Preisnebenabreden.[181] Da sie zu einer erneuten Vergütung führen, werden sie damit in der Regel an § 307 BGB scheitern.[182]

78 **bb) Verwaltervergütung und ordnungsmäßige Verwaltung.** Einer Prüfung am Maßstab ordnungsmäßiger Verwaltung ist die Vergütung im Rahmen der Anfechtung des Beschlusses über die Genehmigung des Verwaltervertrages zu unterziehen. Bei der Prüfung, ob der Vertrag ordnungsmäßiger Verwaltung entspricht, ist das weite **Gestaltungsermessen** zu berücksichtigen.[183]

79 Der BGH betont indes das **Gebot der Wirtschaftlichkeit.**[184] Dieses kann gegen die Ordnungsgemäßheit der Vergütung sprechen. Die Wohnungseigentümer sind allerdings nicht gehalten, stets die billigste Verwaltung zu wählen. Sie können auch andere Gesichtspunkte, insbesondere die Zuverlässigkeit und den Umfang der Aufgabenerfüllung bei der Entscheidungsfindung mit berücksichtigen. Eine **(einfache) höhere** als die übliche **Vergütung** ist dabei nach der Rspr. des BGH unproblematisch, eine deutliche Überschreitung der üblichen Gebühren, bedarf indes eine besondere Rechtsfertigung.[185] Jedenfalls bei Abweichungen von bis zu **10 %** wird man kaum von einer **deutlichen Überschreitung** der üblichen Vergütungssätze ausgehen können. **Besondere Gründe** für höhere Sätze können in der Struktur der Wohnungseigentümergemeinschaft (besonders kleine verwaltungsintensive Gemeinschaft) oder in dem Umfang der Aufgaben (hohe Sanierungsbedürftigkeit, besonders aufwändige Gemeinschaftseinrichtungen) liegen. Auch die Übernahme der Verwaltung einer hochzerstrittenen Gemeinschaft kann eine höhere Vergütung rechtfertigen. Diese Grundsätze gelten auch für **Sondervergütungen,** wobei eine Überschreitung der üblichen Sätze für Sondervergütungen auch mit niedrigen Sätzen für die Grundvergütung gerechtfertigt werden kann.[186] Die Bestellung eines Verwalters, dessen Vergütung deutlich über den Konkurrenzangeboten liegt, entspricht daher nur dann ordnungsmäßiger Verwaltung, wenn es für die Bezahlung des Mehrbetrags entsprechende sachliche Gründe gibt.[187] In der Praxis wird hier eine umfassende Vergleichsberechnung erforderlich sein.

80 Bei der Prüfung der Ordnungsgemäßheit des Vertrages gilt ebenfalls das **Transparenzgebot.** Den Eigentümern muss erkennbar sein, welche Vergütungen geschuldet sind.[188] Inhaltlich gelten daher auch in diesem Bereich die oben genannten Grundsätze (→ Rn. 76). Erforderlich ist danach auch, dass erkennbar ist, welche Leistungen von der Grundvergütung erfasst sind und für welche eine Sondervergütung geschuldet ist.

81 **cc) Praxisrelevante Einzelfälle.** Bei Verträgen nach dem **Baukastenprinzip** sind Sondervergütungen üblich für Leistungen, die nicht zum Alltagsgeschäft des Verwalters gehören. Ob es sich dabei um Aufgaben handelt, die zum generellen Pflichtenprogramm des Verwalters gehören oder nicht, spielt nach der Grundsatzentscheidung des BGH[189] nunmehr weder für die Frage der Ordnungsgemäßheit noch die AGB-Prüfung noch eine Rolle, anderslautende ältere Entscheidungen, die dies in den Mittelpunkt der Betrachtungen stellen, sind überholt.[190]

82 Hinsichtlich Sondervergütungen für **baubegleitende Tätigkeiten** stellt sich allerding ein Transparenzproblem, denn es muss erkennbar sein, für welche Fälle die Vergütung anfällt, Klauseln wie „besonders aufwändig" sind daher zu beanstanden, klarer sind hier feste Vergütungsgrenzen.[191] Bei derartigen Klauseln kann die Vergütungshöhe an das Volumen des Auftrages geknüpft werden, wobei sich dann die Frage stellt, ob generelle und abstrakte Pauschalen ordnungsmäßiger

---

179 BGH NJW 2020, 988 Rn. 36.
180 BGH NJW 2020, 988 Rn. 33.
181 Dazu BeckOGK/*Zschieschack,* 1.9.2020, BGB § 307 Preisklausel Rn. 22 ff.
182 Staudinger/*Jacoby,* 2018, Rn. 170.
183 BGH NJW 2020, 988 Rn. 17.
184 BGH NJW 2020, 988 Rn. 19, 30.
185 BGH NJW 2020, 988 Rn. 30; so auch schon BayObLG FGPrax 2003, 66; OLG Frankfurt ZMR 1997, 609.
186 BGH NJW 2020, 988 Rn. 31 ff.
187 Vgl. OLG München NJW-RR 2008, 26; vgl. zur Höhe auch BayObLG BeckRS 2000, 30128388; NZM 2001, 672; OLG Frankfurt NJW-RR 1991, 659.
188 BGH NJW 2020, 988 Rn. 35.
189 BGH NJW 2020, 988.
190 Zutr. BeckOGK/*Greiner,* 1.4.2020, Rn. 233.
191 BeckOGK/*Greiner,* 1.4.2020, Rn. 234.

Verwaltung entsprechen, da nicht in jedem Fall die Höhe des Auftrages mit dem Aufwand korreliert.[192]

83 Möglich sind in diesem Bereich auch **Einzelbeschlüsse** die nur unter dem Blickwinkel der Ordnungsgemäßheit zu prüfen sind. An dieser Stelle wird indes weiter die Frage eine Rolle spielen, ob die Tätigkeit von der vereinbarten Vergütung bereits erfasst ist oder es sich um eine atypische Tätigkeit handelt, für die Vergütung noch nicht vorgesehen ist.[193] Denkbar sind vor allem Aufgaben, die anderenfalls fremdvergeben werden würden (etwa Tätigkeiten von Rechtsanwälten oder Architekten oder Bauleiter). Üblich sind auch hier Beschlüsse, die die Vergütung an die Auftragssumme knüpfen. Bei der gerichtlichen Prüfung dürfte den Eigentümern ein weites Ermessen einzuräumen sein und die Anknüpfung an die Auftragssumme nicht zu beanstanden sein, da hier bei Beschlussfassung absehbar ist, welche Tätigkeiten entfaltet werden müssen.[194]

84 Sondervergütungen für **Mahnungen** werden als zulässig angesehen. Dabei stellen sich AGB-rechtlich Fragen des § 309 Nr. 5 BGB nicht, denn es geht nicht um eine Mahngebühr gegenüber dem säumigen Eigentümer, sondern um eine Vergütung des mahnenden Verwalters gegenüber dem Gläubiger.[195] Beträge unterhalb von 10 Euro sind wohl bedenkenlos möglich,[196] wobei teilweise eine Beschränkung auf eine Mahnung für erforderlich gehalten wird.[197] **Ordnungsmäßiger Verwaltung** widerspricht eine Mahngebühr ohne Obergrenze nicht, da der Verwalter nach den Grundsätzen ordnungsmäßiger Verwaltung und der Beschlusslage der Eigentümer nicht mehr als erforderlich mahnen darf.[198]

85 Möglich ist eine Sondervergütung für die Nichtteilnahme am **Lastschriftverfahren,**[199] wobei hier insbesondere darauf zu achten ist, dass es um eine Vergütung des Verwalters gegenüber der Gemeinschaft geht und nicht um eine solche für den Eigentümer, sodass sich auch Fragen des § 270a BGB nicht stellen.[200] Auch für die Begleitung eines **Hausgeldverfahrens** ist eine Sondervergütung möglich.[201] Eine Vergütung nach den Sätzen des RVG setzt aber voraus, dass der Verwalter nicht noch zusätzlich einen Rechtsanwalt beauftragt.[202]

86 Eine Sondervergütung für eine **außerordentliche Eigentümerversammlung,** jedenfalls wenn sie nicht vom Verwalter verschuldet ist, ist ebenfalls anerkannt.[203] Für die Erhebung von **Sonderumlagen** wurde dies bislang überwiegend verneint,[204] ob hieran festzuhalten ist, dürfte zu bezweifeln sein, wenn hinreichend transparent gemacht wird, dass diese Tätigkeit mit der Grundvergütung nicht abgegolten ist. Für die **Veräußerungszustimmung** ist ein Pauschalbetrag zulässig, der aber nicht in Abhängigkeit vom Kaufpreis stehen darf, da dessen Höhe für den Aufwand ohne Relevanz ist.[205]

87 **dd) Vergütungserhöhung, Fälligkeit, Einzelanlastungen.** Eine **nachträgliche Vergütungserhöhung** des Verwalters bedarf eines Mehrheitsbeschlusses der Wohnungseigentümer, aufgrund dessen ein Änderungsvertrag zwischen den Wohnungseigentümern und dem Verwalter zu schließen ist. Enthält der Vertrag bereits eine Preisanpassungsklausel, ist darauf zu achten, dass die Vorgaben des **Preisklauselgesetzes**[206] eingehalten werden, zudem handelt es sich insoweit um eine **Preisnebenabrede,** sodass neben der Transparenz der Klausel darauf zu achten ist, dass die

[192] Vgl. LG Frankfurt a.M. 24.6.2015 – 2-13 S 132/13, juris-Rn. 13.
[193] Staudinger/*Jacoby,* 2018, Rn. 181; Niedenführ/Schmidt-Räntsch/Vandenhouten/*Niedenführ* Rn. 97.
[194] LG Berlin LSK 2018, 25193 = ZMR 2018, 846 (3 % der Nettosumme); AG Düsseldorf ZMR 2019, 801 = BeckRS 2019, 25070 (6 % der Auftragssumme).
[195] IE ebenso BeckOGK/*Greiner,* 1.4.2020, Rn. 236.
[196] AG Düsseldorf NZM 2007, 887 (6 Euro); demgegenüber 10 Euro schon zu hoch LG Hamburg ZWE 2015, 461.
[197] LG Frankfurt a.M. ZWE 2018, 38 Rn. 16; LG Hamburg ZWE 2015, 46; Niedenführ/Schmidt-Räntsch/Vandenhouten/*Niedenführ* Rn. 104; aA BeckOGK/*Greiner,* 1.4.2020, Rn. 236.
[198] BGH NZM 2020, 240 Rn. 36.
[199] Vgl. nur BT-Drs. 16/887, 27.
[200] Dazu ausf. BeckOGK/*Greiner,* 1.4.2020, Rn. 238.1.
[201] AG Düsseldorf NZM 2007, 887 (120 Euro); AG Fürth LSK 2004, 460267 = ZMR 2004, 540 (300 DM); abl. bzgl. Pauschalvergütungen ohne Bezug zur Forderungshöhe LG München I NZM 2010, 446; LG Köln ZMR 2019, 70 = BeckRS 2018, 36384; Vergütung nach RVG Sätzen, BGH NJW 1993, 1924; LG Stuttgart NZM 2003, 72.
[202] Niedenführ/Schmidt-Räntsch/Vandenhouten/*Niedenführ* Rn. 106.
[203] BGH NZM 2020, 240 Rn. 38.
[204] LG Frankfurt ZWE 2018, 38; *Lehmann-Richter* ZWE 2015, 193 (196).
[205] KG NJW-RR 1997, 1231; BeckOGK/*Greiner,* 1.4.2020, Rn. 245.
[206] Dazu in Bezug auf Preisanpassungsklauseln in AGB BeckOGK/*Zschieschack,* 1.9.2020, BGB § 307 Preisanpassungsklausel Rn. 2 ff.

Preisänderung das Äquivalenzverhältnis nicht zugunsten des Verwenders verschiebt, diesem also einen zusätzlichen Gewinn verschafft.[207]

Da der Verwaltervertrag alleine zwischen den Verband und dem Verwalter geschlossen wird, können dort keine **Einzelanlastungen** auf Eigentümer erfolgen.[208] Insofern würde es sich um einen unzulässigen Vertrag zu Lasten Dritter handeln. Wenn hier eine Verlagerung gewünscht ist, muss die Gemeinschaft einen Beschluss nach § 16 Abs. 2 S. 2 gefasst werden. Möglich bleiben – etwa im Verzug – Ersatzansprüche der WEG, wenn dieser dadurch ein Schaden entstanden ist, dass sie dem Verwalter durch ein Fehlverhalten eines Eigentümers eine Sondervergütung (Mahnung, Prozessbegleitung) schuldet. Soll der Anspruch zusammen mit dem Hausgeld gerichtlich geltend gemacht werden, ist aber erforderlich, dass der Wohnungseigentümergemeinschaft durch die Entnahme der Vergütung schon ein Schaden entstanden ist, anderenfalls kommt nur ein Freistellungsanspruch in Betracht. 88

Für die **Fälligkeit der Vergütung** des Wohnungseigentumsverwalters gilt grundsätzlich § 614 S. 1 BGB, daher darf sich der Verwalter nur die monatlich fällig werden Beträge entnehmen.[209] Die Möglichkeit der Entnahme kann im Verwaltervertrag geregelt werden.[210] Der Verwalter ist aber nicht befugt, wegen seiner Vergütungsansprüche auf die Instandhaltungsrücklage zuzugreifen, weil es sich bei der Instandhaltungsrücklage um zweckgebundenes Vermögen handelt.[211] 89

c) Laufzeit. Auch wenn die Wohnungseigentümergemeinschaft Verbraucher ist, soll nach der noch zu § 11 Nr. 12 lit. a AGBG aF ergangenen Rspr. des BGH die **Laufzeitbegrenzung** in § 309 Nr. 9 lit. a BGB nicht anwendbar, da die Regelungen in Abs. 2 über die Bestellungszeit auch insoweit als interessengerechte Sonderregelungen den **AGB**-rechtlichen Vorschriften vorgehen sollen.[212] Jedenfalls die bisherigen Argumentation des BGH,[213] dürfte kaum noch tragfähig sein. Abs. 2 regelt die Vertragslaufzeit nicht, es ist daher eigentlich kein Grund ersichtlich, dass die gesetzlich geregelte Höchstbestellungszeit AGB-Regeln zur Laufzeitbegrenzung entgegensteht.[214] Hinzu kommt, dass angesichts der jederzeitigen Möglichkeit zur Abberufung auch der Argumentation, dass das Wohnungseigentumsrecht eine längerfristige Bindung des Verwalters als Zielsetzung verfolgt, wohl der Boden entzogen ist. Allerdings ist zu berücksichtigen, dass die Wohnungseigentümergemeinschaft mit der Möglichkeit der jederzeitigen Abberufung (Abs. 3) nun ein quasi gesetzliches Lösungsrecht hat, das es ihr gestattet, auch den Vertrag mit einem „Nachlauf" von sechs Monaten nach der Abberufung zu beenden. Dies mag der Anwendung des § 309 Nr. 9a BGB auf eine Laufzeitklausel entgegenstehen, denn eine Vertragsbindung setzt nach der Rspr. des BGH voraus, dass der Verbraucher den Vertrag nicht vor Laufzeitende ordentlich beenden kann.[215] Soweit versucht wird, sich durch Vertragsgestaltung der Anwendung des AGB-Rechts zu entziehen, ist zu beachten, dass die Rspr. streng ist und insbesondere Verträge mit Wahlvarianten verschiedener Laufzeiten gleichwohl dem AGB-Regime unterstellt.[216] Offen dürfte hingegen sein, ob eine Bezugnahme des Vertrages bezüglich der festen Laufzeit auf den im Bestellungsbeschluss angegebenen Zeitraum ebenso als vom Verwalter gestellte Vertragsklausel einzuordnen ist. Dagegen mag sprechen, dass es sich hier um eine in Bezug genommene interne Willensbildung des Vertragspartners handelt.[217] 90

d) Regelungen zu Erweiterungen/Begrenzungen der Befugnisse nach § 27 Abs. 2. Die **Erweiterung** der **Befugnisse** nach § 27 Abs. 2 erfordert einen **Beschluss,** gleiches gilt für die Einschränkungen (→ § 27 Rn. 32).[218] Dies schließt es allerdings nicht aus und ist auch sinnvoll, 91

---

[207] Staudinger/*Jacoby,* 2018, Rn. 187; allg. BeckOGK/*Zschieschack,* 1.9.2020, BGB § 307 Preisanpassungsklausel Rn. 15 ff.

[208] *Dötsch/Schultzky/Zschieschack* WEG-Recht 2021 Kap. 9 Rn. 24, Kap. 7 Rn. 83.

[209] Bärmann/Pick/*Emmerich* Rn. 72.

[210] BGH NJW-RR 2020, 393 Rn. 9.

[211] OLG Düsseldorf NZM 2005, 628; OLG Hamm ZWE 2008, 182 mAnm *Drabek;* für den ausgeschiedenen Verwalter soll dies hingegen nicht mehr gelten, OLG Hamm ZWE 2008, 182; OLG Düsseldorf NZM 2005, 628.

[212] BGHZ 151, 164 = NJW 2002, 3240 (3246).

[213] Zur Kritik an der Entscheidung schon zum alten Recht *Jacoby* ZWE 2016, 68 (70); *Hügel/Elzer,* 2. Aufl. 2018, Rn. 124; für Fortgeltung der BGH-Rspr. nun aber *Hügel/Elzer* Rn. 206.

[214] *Lehmann-Richter/Wobst* WEG-Reform 2020 Rn. 537.

[215] BGHZ 120, 108 = NJW 1993, 326 (328); dazu BeckOGK/*Weiler,* 1.9.2020, BGB § 309 Nr. 9 Rn. 67 ff.

[216] Dazu und zu anderen Umgehungsvarianten BeckOGK/*Zschieschack,* 1.9.2020, BGB § 307 Laufzeitklauseln Rn. 8 mwN.

[217] *Dötsch/Schultzky/Zschieschack* WEG-Recht 2021 Kap. 9 Rn. 25.

[218] *Dötsch/Schultzky/Zschieschack* WEG-Recht 2021 Kap. 9 Rn. 150 ff.; *Lehmann-Richter/Wobst* WEG-Reform 2020 Rn. 503; *Hügel/Elzer* § 27 Rn. 79; so schon bisher Staudinger/*Jacoby,* 2018, § 27 Rn. 117 ff.; *Dötsch* ZWE 2015, 341 (342); weitgehender für entsprechende Regelungen im Verwaltervertrag BeckOGK/*Greiner,* 1.4.2020, § 27 Rn. 179 mwN; wohl auch – ohne Problembewusstsein – BGH NZM 2006, 465 Rn. 13.

dass entsprechende Beschränkungen und Erweiterungen auch im **Verwaltervertrag** geregelt werden. Der Vorteil liegt vor allem darin, dass damit eine bessere Kalkulation der Leistungen möglich ist und den Parteien wechselseitig klar ist, welche Leistungen für welches Entgelt geschuldet sind.

92 Möglich ist auch, dass im Vertrag die Parteien sich Kündigungsgründe für den Fall der erheblichen Erweiterung oder Beschränkung der Aufgaben durch einen Beschluss nach § 27 Abs. 2 vorbehalten, um das Problem der Vertragsanpassung in Fällen von einschneidenden Beschlüssen nach § 27 Abs. 2 zu umgehen (→ § 27 Rn. 38 ff.).

93 Findet sich eine **Kompetenzerweiterung nur** im **Verwaltervertrag** wird zum alten Recht teils eine Nichtigkeit vertreten, teils wird angenommen, diese Erweiterung sei ebenso wirksam wie eine beschlossene.[219] Da der Wortlaut des § 27 Abs. 2 eindeutig ist, liegt eine wirksame Kompetenzverlagerung alleine in dem Vertrag nicht. Eine solche könnte allenfalls in den Beschluss über die Genehmigung hineingelesen werden, wenn damit zugleich eine Beschlussfassung nach § 27 Abs. 2 verbunden sein soll.[220] Man wird jedoch wohl kaum zu der Auffassung gelangen können, dass in dem Beschluss über den Vertrag objektiv-normativ zugleich eine Beschlussfassung nach § 27 Abs. 2 erfolgen sollte.[221] Allein wegen der Bindung von Rechtsnachfolgern (§ 10 Abs. 3 S. 2) ist eine **eindeutige** und **transparente Beschlussfassung** erforderlich;[222] hieran fehlt es.[223] Zwingend ist daher eine Ankündigung eines derartigen Kompetenzbeschlusses mit der Einberufung. Handelt der Verwalter – zwar im Bestellungsverhältnis pflichtwidrig – im Vertragsverhältnis aber im Rahmen der ihm dort übertragenen Aufgaben, können hieraus **Schadensersatzansprüche** des Verbandes **nicht folgen,** denn für diese ist der Vertrag ebenso bindend.[224]

94 **e) Sonstige Klauseln, Haftungsbeschränkungen.** Wie auch in anderen Verträgen sind Erweiterungen des Vertragsgefüges zu Gunsten des Verwalters skeptisch zu beurteilen. Die formularmäßige **Befreiung** von **§ 181 BGB** ist nach § 307 BGB unwirksam[225] und entspricht auch nicht ordnungsmäßiger Verwaltung.[226]

95 **Haftungsbeschränkungen** entsprechen nicht ordnungsmäßiger Verwaltung, da kein Grund dafür ersichtlich ist, dass die Gemeinschaft auf einen ihr zustehenden Anspruch verzichtet.[227] Einer AGB-Prüfung halten sie zudem im Zweifel nicht stand. Beschränkt die Klausel die Haftung auf **grobe Fahrlässigkeit,** widerspricht sie bereits § 309 Nr. 7 BGB, da sie die dort vorgesehenen Ausnahmen für Körper- und Gesundheitsschäden nicht enthält, die beim Verwaltervertrag (Verkehrssicherungspflicht) auch nicht ausgeschlossen sind.[228] Enthält die Klausel das Wort **nachweislich,** liegt ein Verstoß gegen das Verbot der Beweislastumkehr (§ 309 Nr. 12 BGB) vor.[229] Unzulässig ist auch eine **Verjährungsverkürzung,** denn auch dies unterfällt § 309 Nr. 7 BGB, zudem liegt ein über § 307 Abs. 1 BGB zu berücksichtigender Verstoß gegen § 202 Abs. 1 BGB vor, wenn auch **Vorsatz** erfasst ist.[230]

96 **Salvatorische Klauseln** sind in AGB immer unwirksam.[231] Dies gilt auch in Verwalterverträgen.[232]

97 Regelungen, die das Gemeinschaftsverhältnis der **Wohnungseigentümer untereinander** betreffen, können jedenfalls nach neuem Recht nicht mehr Gegenstand des Verwaltervertrages sein.[233] Der Verwaltervertrag betrifft alleine das Rechtsverhältnis zwischen der Wohnungseigentümergemeinschaft und dem Verwalter, daher kann auch eine Vertretungsbefugnis für die Eigentümer nicht im Verwaltervertrag begründet werden.

98 **4. Anfechtung des Beschlusses über den Verwaltervertrag.** Auch der Beschluss über den Verwaltervertrag unterliegt der Anfechtung. Der BGH beschränkt die Prüfung jedoch auf die Frage, ob die Beschlussfassung **ordnungsmäßiger Verwaltung** entspricht. Ist Gegenstand der Beschlussfassung die Bevollmächtigung einzelner Eigentümer zur Unterzeichnung eines vorliegenden Vertra-

---

219 Ausf. dazu BeckOGK/*Greiner,* 1.4.2020, Rn. 189.
220 *Hügel/Elzer* § 27 Rn. 80.
221 Zweifelnd auch *Lehmann-Richter/Wobst* WEG-Reform 2020 Rn. 504.
222 Vgl. BGH NJW 2010, 2654 Rn. 16 zu Beschlüssen nach § 16 Abs. 3 aF.
223 *Dötsch/Schultzky/Zschieschack* WEG-Recht 2021 Kap. 9 Rn. 151.
224 *Dötsch/Schultzky/Zschieschack* WEG-Recht 2021 Kap. 9 Rn. 20.
225 LG München NZM 2009, 548 Rn. 45; OLG Düsseldorf NZM 2006, 936 Rn. 45.
226 LG Frankfurt a.M. 2018, 38 Rn. 9.
227 Ausf. BeckOGK/*Greiner,* 1.4.2020, Rn. 202.
228 LG Frankfurt a.M. ZWE 2019, 377 Rn. 7.
229 LG Frankfurt a.M. ZWE 2019, 377 Rn. 7.
230 BGH NZM 2020, 60 Rn. 33.
231 BeckOGK/*Zschieschack* § 307 Salvatorische Klausel Rn. 1 ff.
232 BGH NZM 2020, 60 Rn. 31.
233 Zum alten Recht → 8. Aufl. 2020, Rn. 34 *(Engelhardt).*

ges, ist inzident der gesamte Vertrag zu prüfen, allerdings nur am Maßstab ordnungsmäßiger Verwaltung.[234] Hierzu gehört nach Auffassung des BGH **eine AGB-Prüfung** nicht, da durch unwirksame Klauseln die Wohnungseigentümergemeinschaft wegen der Wirkungen des § 306 BGB keinen Nachteil erleidet.[235] Überzeugend ist dies weder vor dem Hintergrund des gebotenen Verbraucherschutzes noch vor dem Prüfungsprogramm ordnungsmäßiger Verwaltung, denn ein Vertrag mit zahlreichen unwirksamen Klauseln enthält ein hohes Streitpotential.[236] Ist darüber beschlossen worden, dass einzelne Eigentümer einen Vertrag mit dem Verwalter aushandeln sollen, sind Gegenstand der Prüfung nur die dabei beschlossenen Eckpunkte.[237]

Verwirrung hat der BGH bezüglich der **Folgen** der **Anfechtung** erzeugt. Nachdem er zunächst zur Auffassung gelangte, dass der Vertrag mit der Aufhebung des Genehmigungsbeschlusses für die Zukunft endet,[238] ist der BGH nun zu der richtigen Auffassung gelangt, dass die Anfechtung nur Auswirkungen auf die interne Willensbildung der Eigentümer hat, der mit dem Verwalter geschlossene Vertrag aber nach § 47 FamFG hiervon **unberührt** bleibt.[239] Folge ist, dass die Anfechtung des Genehmigungsbeschlusses auf den Vertrag keine Auswirkungen hat. Die Wohnungseigentümergemeinschaft kann allenfalls versuchen, die Folgen zu beseitigen, indem sie dem Verwalter einen anderen Vertrag anbietet. Wie oft gilt, dass die Anfechtungsklage im Ergebnis folgenlos bleibt,[240] der anfechtende Eigentümer kann allenfalls versuchen, im Wege des **einstweiligen Rechtsschutzes** mit Blick auf die fehlende Möglichkeit der Rückgängigmachung die Unterzeichnung des Vertrages zu verhindern. Erfolg wird dies allerdings nur in Ausnahmefällen haben, da die Anforderungen an den vorläufigen Rechtsschutz im Falle von Beschlussaussetzungen hoch sind.[241] 99

5. Beendigung des Verwaltervertrages. a) Automatische Beendigung kraft Gesetzes (Abs. 3 S. 2). Die im Rechtsausschuss noch in das Gesetz aufgenommene **automatische Vertragsbeendigung** gemäß Abs. 3 S. 2 sechs Monate nach **Abberufung** wird in Zukunft vermutlich der Regelfall der Vertragsbeendigung sein. Wegen der Einzelheiten der Voraussetzungen und der Folgen → Rn. 60 ff. 100

b) Kündigung des Verwaltervertrages. aa) Grundlagen. Von dem gesetzlichen Beendigungstatbestand abgesehen, bleibt auch eine **Kündigung** des Vertragsverhältnisses möglich. Sie ist von dem wohnungseigentumsrechtlichen Akt der Abberufung des Verwalters zu unterscheiden. Die Kündigung ist eine einseitige empfangsbedürftige Willenserklärung. Sie kann von dem Beiratsvorsitzenden oder einem durch Beschluss bevollmächtigten Eigentümer erklärt werden (§ 9b Abs. 2). Im Innenverhältnis ist ein Beschluss der Eigentümer nötig. Eine erfolgreiche Anfechtung dieses Beschlusses führt wegen der Anwendung des § 47 FamFG nicht zur Unwirksamkeit der Kündigung.[242] 101

Die Kündigungsgründe des Verwaltervertrages werden in aller Regel auf **wichtige Gründe** beschränkt sein (§ 314 Abs. 1 BGB, § 626 Abs. 1 BGB). Ob eine **Abmahnung** vor der Kündigung erforderlich ist, hängt – so man diese überhaupt für erforderlich hält[243] – von den Umständen des Einzelfalls ab. Bei schweren Pflichtverletzungen und einem zerstörten Vertrauensverhältnis ist sie entbehrlich.[244] Andererseits sind auch Verstöße möglich, bei denen statt einer Kündigung eine **Abmahnung** ausreichend ist.[245] 102

Kündigungsgründe können im Prozess **nachgeschoben** werden, wenn diese objektiv im Zeitpunkt der Kündigung vorlagen und die Eigentümerversammlung von diesen Gründen Kenntnis hatte und zumindest nachträglich billigt, dass die Kündigung auch hierauf gestützt wird.[246] Es ist weder erforderlich alle Kündigungsgründe im Kündigungsschreiben anzugeben, noch diese unverzüglich dem Gekündigten mitzuteilen.[247] 103

bb) Wichtige Gründe für eine fristlose Kündigung. Ob eine Pflichtverletzung zur Vertragsbeendigung berechtigt, ist abhängig von der Schwere des Verstoßes und letztlich eine **Einzelfall-** 104

---

[234] BGH NJW 2020, 988 Rn. 15 ff.
[235] BGH NJW 2020, 988 Rn. 23 ff.
[236] Krit. auch Anm. *v. Westphalen* NZM 2020, 246 ff.; *Häublein* ZWE 2020, 89 f.
[237] BGH NJW 2020, 988 Rn. 16.
[238] BGH NJW 2020, 988 Rn. 10; dem folgend Bärmann/Pick/*Emmerich* § 26 Rn. 59.
[239] BGH NZM 2020, 563 Rn. 7.
[240] Dazu *Zschieschack* FS Riecke, 2019, 477 ff.
[241] Zur Kritik an den Anforderungen Bärmann/*Roth* § 46 Rn. 158 ff.; Bärmann/Pick/*Dötsch* § 46 Rn. 158.
[242] LG Frankfurt a.M. NZM 2018, 825 Rn. 11.
[243] Verneinend *Hügel/Elzer* Rn. 355; vgl. LG Frankfurt a.M. ZWE 2018, 82 Rn. 26.
[244] LG Frankfurt a.M. ZWE 2013, 219 (221); LG Hamburg ZMR 2012, 465 = BeckRS 2012, 87079.
[245] BGHZ 151, 164 = NJW 2002, 3240 (3244).
[246] BGH NJW 2005, 3069 Rn. 12 ff.; NJW-RR 1992, 12; LG Frankfurt NZM 2018, 825 Rn. 22.
[247] Vgl. nur BGHZ 157, 151 = NJW 2004, 1528 (1529).

frage. Inhaltlich wird hier die bisherige Rspr. zu Abberufungsgründen herangezogen werden können, denn schon bisher bestand ein Gleichlauf der Abberufungs- und Kündigungsgründe.[248]

105 Da Kernaufgabe des Verwalters auch weiter die **Beschlussausführung** ist, liegt im Regelfall jedenfalls in der beharrlichen Weigerung sich an die Beschlusslage zu halten, ein wichtiger Grund vor, dies dürfte auch gelten, wenn beharrlich eine Beschlussumsetzung verweigert wird.[249] **Kompetenzüberschreitungen** bzw. eine Nichthandeln im Rahmen der dem Verwalter durch Beschluss (§ 27 Abs. 2) zugewiesenen Kompetenzen können ebenfalls einen wichtigen Grund darstellen, jedoch wird es hier auf den Einzelfall ankommen. Nicht jede Fehleinschätzung rechtfertigt die Kündigung des Verwaltervertrages, es muss vielmehr ein Fall vorliegen, in welchem die Beurteilung durch den Verwalter offensichtlich unvertretbar ist.[250] Führt der Verwalter über einen längeren Zeitraum keine **Eigentümerversammlung** durch oder weigert er sich, einem Einberufungsverlangen nachzukommen, kann auch hierin ein wichtiger Grund liegen.[251] Eine grob fehlerhafte oder verspätete Aufstellung von **Wirtschaftsplan** und **Jahresabrechnung** kann ebenfalls eine außerordentliche Kündigung rechtfertigen, jedoch genügt hier nicht jeder kleinere Fehler.[252] Dies wird in Zukunft auch für den Vermögensbericht (§ 28 Abs. 4) gelten.

106 Fehler in der **Vermögensverwaltung** stellen ebenfalls in der Regel wichtige Gründe dar, so etwa wenn der Verwalter Gelder veruntreut,[253] die Gelder der Gemeinschaft nicht getrennt von seinem eigenen Vermögen verwaltet[254] oder unberechtigt Eigenentnahmen vornimmt, auch wenn diese vor Entdeckung zurückgeführt wurden.[255]

107 Auch wenn die gesetzliche Regelung in Abs. 1 S. 4 aF entfallen ist, dass **Fehler** bei der **Beschluss-Sammlung** die Abberufung rechtfertigen, wird hier die bisherige Rspr. heranzuziehen sein. Nicht jede Fehlerhaftigkeit stellt einen Kündigungsgrund dar.[256] Gleichwohl ist zu beachten, dass dies eine der zentralen Aufgaben des Verwalters ist, um die Beschlusslage den Eigentümern, einem späteren Verwalter und Erwerbern vermitteln zu können. Erhebliche Fehler, die dazu führen, dass dies nicht möglich ist, werden daher auch in Zukunft eine Kündigung aus wichtigem Grund rechtfertigen. Das ist etwa dann der Fall, wenn es vollständig an einer Nummerierung fehlt und vor allem, wenn Anlagen, die Teil des Beschlusses sind, nicht eingetragen sind, da aus dem so häufig inhaltsleeren Beschluss sich der Beschlussgegenstand nicht entnehmen lässt.[257] Eine nicht ordnungsmäßig geführte Sammlung lässt im Übrigen nach Auffassung des Gesetzgebers generell negative Rückschlüsse auf die Art der Verwaltung zu.[258]

108 Die **Verschmelzung der Verwalterin** einer Wohnungseigentumsanlage stellt nach Auffassung des BGH zwar als solche keinen wichtigen Grund dar, der eine vorzeitige Kündigung eines Verwaltervertrags rechtfertige; an die erforderlichen besonderen Umstände, welche die Fortführung der Verwaltung durch den übernehmenden Rechtsträger für die Wohnungseigentümer unzumutbar machen, seien aber keine hohen Anforderungen zu stellen. Daher reiche es aus, wenn die Wohnungseigentümer aufgrund der Umstrukturierung mit konkreten nachteiligen Änderungen in der Zusammenarbeit rechnen müssen, die nicht ganz unerheblich sind.[259] Heute wird man sich der Verwaltung aber durch **Abberufung** entziehen können.

109 **c) Kündigungsfrist.** Nach hM ist auf die Kündigung des Verwaltervertrages die Zweiwochenfrist des **§ 626 Abs. 2 BGB** nicht anzuwenden, da innerhalb dieser Frist eine Willensbildung der Eigentümer auf einer Versammlung nicht möglich ist und ohne einen entsprechenden Beschluss die Kündigung nicht ausgesprochen werden kann.[260] Gleichwohl ist man sich auch hier einig, dass nicht unbegrenzt gewartet werden kann und innerhalb einer angemessenen Frist eine Beschlussfassung der Eigentümer herbeizuführen ist.[261]

---

[248] *Lehmann-Richter/Wobst* WEG-Reform 2020 Rn. 555.
[249] Bärmann/Pick/*Emmerich* Rn. 104B.
[250] Näher *Dötsch/Schultzky/Zschieschack* WEG-Recht 2021 Kap. 13 Rn. 56.
[251] BGH NJW 2020, 3240 (3243); BayObLG NJW-RR 1999, 1390: 1,5 Jahre keine Versammlung; OLG Düsseldorf NZM 2004, 110: trotz berechtigtem Verlangen vier Monate keine Versammlung.
[252] BGH NJW 2002, 3240 (3243).
[253] LG Frankfurt a.M. ZWE 2015, 134.
[254] LG Frankfurt a.M. NZM 2018, 825 Rn. 15 ff.
[255] LG Frankfurt a.M. ZWE 2020, 296 Rn. 17 ff.
[256] Vgl. BGH NJW 2012, 1884.
[257] LG Frankfurt a.M. ZWE 2020, 196 Rn. 18 ff.
[258] BT-Drs. 16/887, 35 = NZM 2006, 401 (420 f.).
[259] BGHZ 200, 221 Rn. 28 = NJW 2014, 1447.
[260] Vgl. nur LG Frankfurt a.M. ZMR 2018, 250 (252); Bärmann/*Becker* Rn. 205; *Hügel/Elzer* Rn. 357, jeweils mwN.
[261] Vgl. Bärmann/Pick/*Emmerich* Rn. 99 mwN.

Dieser Auffassung ist indes nicht zu folgen, für einen wohnungseigentumsrechtlichen Sonderweg ist nichts ersichtlich.[262] Das von der hM ins Felde geführte Abstimmungsproblem stellt sich auch bei anderen Verbänden. Richtigerweise ist entscheidend, wann das **Organ,** dass über die Kündigung zur befinden hat, die entsprechende **Kenntnis** hat. Insoweit ist für das Gesellschaftsrecht anerkannt, dass es allein auf den Wissensstand des zur Entscheidung über die fristlose Kündigung befugten und bereiten Gremiums ankommt.[263] Dies ist hier die **Wohnungseigentümerversammlung,** auf eine Kenntnis einzelner Eigentümer kommt es nicht an.[264] Verzögerungen bei der Einberufung lassen sich dadurch auflösen, dass der BGH insoweit im Gesellschaftsrecht entschieden hat, dass bei einer **Verzögerung** der Einberufung die zur Kündigung berechtigte Gesellschaft sich so behandeln lassen muss, als wäre die Gesellschafterversammlung mit der billigerweise zumutbaren Beschleunigung einberufen worden.[265] Da auch der Beiratsvorsitzende eine Versammlung einberufen kann, wird damit relevant, wann der Beirat die entsprechende Kenntnis erlangte.[266] 110

VI. Amtsniederlegung und Kündigung des Verwaltervertrags durch den Verwalter

Ein Recht des Verwalters auf Amtsniederlegung ist im Gesetz nicht ausdrücklich vorgesehen, aber allgemein anerkannt.[267] Die Niederlegung hat unmittelbar den **Amtsverlust** zur Folge, ob die Niederlegung gerechtfertigt ist, so man hierfür einen Grund verlangt, ist kann schon aus Rechtsschutzgründen insoweit keine Relevanz haben.[268] Erfolgt die Amtsniederlegung allerdings zur **Unzeit** kann dies **Schadensersatzansprüche** gemäß § 280 BGB in entsprechender Anwendung des § 671 Abs. 2 S. 2 BGB auslösen.[269] Eine derartige Unzeit kann dann gegeben sein, wenn die Wohnungseigentümergemeinschaft keine Vorsorge für eine rechtzeitige Bestellung eines neuen Verwalters treffen kann. Besondere Relevanz hat dies im Zuge von Versammlungsbeschränkungen im Zuge der **COVID-19-Pandemie.**[270] Da die Gemeinschaft nach neuem Recht deutlich stärker als früher auf einen Verwalter angewiesen ist und eine **verwalterlose Gemeinschaft** weitgehend **handlungsunfähig** ist,[271] kommt eine Ersatzpflicht aber auch in anderen Fällen sofortiger Amtsniederlegung in Betracht. Zu empfehlen ist, die Wirkung der Niederlegung mit einer **Frist** oder einer Bedingung (nächste Versammlung) zu versehen, um so der Wohnungseigentümergemeinschaft die Möglichkeit zu schaffen, einen neuen Verwalter zu bestellen. 111

Zur Beendigung des Verwaltervertrages ist eine **Kündigung** erforderlich. In der nach § 133 BGB auszulegenden Erklärung zur Amtsniederlegung zugleich die außerordentliche Kündigung des Verwaltervertrags liegen und umgekehrt in der fristlosen Kündigung eine Amtsniederlegung.[272] Will der Verwalter Rechte aus dem Verwaltervertrag, insbesondere den Vergütungsanspruch, wahren, bedarf es dazu daher grundsätzlich eines ausdrücklichen Vorbehalts.[273] Erfolgversprechend wird dies letztlich nicht sein, denn mit der Amtsniederlegung verletzt der Verwalter seine Hauptpflicht des Vertrages, sodass die Wohnungseigentümergemeinschaft kündigen kann und **Schadensersatzansprüche** anfallen können.[274] Gleiches gilt auch dann, wenn der Verwalter den Vertrag ohne Kündigungsgrund beendet. Hat hingegen ein vertragswidriges Verhalten der Wohnungseigentümergemeinschaft den Verwalter zur Kündigung veranlasst, kommen seinerseits Schadensersatzansprüche aus § 628 Abs. 2 BGB in Betracht. 112

Die Amtsniederlegung und Kündigung sind einseitige **empfangsbedürftige Willenserklärungen,** die dem Empfänger zugehen müssen (§ 130 BGB).[275] Die Empfangszuständigkeit richtet sich nach § 9b Abs. 2, sodass der Verwalter die Erklärung dem Beiratsvorsitzenden oder dem Eigentümer, der durch Beschluss für die Vertretung ihm gegenüber bestimmt ist, abgeben muss. Problema- 113

[262] *Dötsch/Schultzky/Zschieschack* WEG-Recht 2021 Kap. 9 Rn. 81.
[263] BGH NJW 1989, 3274; NJW-RR 2002, 173 f.; BeckOK BGB/*Plum* BGB § 626 Rn. 58.
[264] Zum Zurechnungsproblem Bärmann/Pick/*Emmerich* Rn. 99.
[265] BGH NJW 1989, 3274.
[266] *Dötsch/Schultzky/Zschieschack* WEG-Recht 2021 Kap. 9 Rn. 81.
[267] Staudinger/*Jacoby,* 2018, Rn. 43; Bärmann/*Becker* Rn. 23; *Bork* ZWE 2002, 153; *Drasdo* ZWE 2001, 522; *Schmidt* ZWE 2006, 29 mwN.
[268] Vgl. BGHZ 78, 82 = NJW 1980, 2415 (2416).
[269] Ausf. dazu *Zschieschack* in Schmidt COVID-19 § 4 Rn. 87 mwN.
[270] Dazu *Zschieschack* in Schmidt COVID-19 § 4 Rn. 87 f.
[271] Dazu *Dötsch/Schultzky/Zschieschack* WEG-Recht 2021 Kap. 3 Rn. 98 ff.
[272] OLG Köln NZM 1998, 920; Niedenführ/Schmidt-Räntsch/Vandenhouten/*Niedenführ* § 26 Rn. 153; zur identischen Auffassung im Gesellschaftsrecht Baumbach/Hueck/*Beurskens* GmbHG § 38 Rn. 78.
[273] BayObLG NJW-RR 2000, 156, das noch offenließ, ob überhaupt zwischen der Niederlegung des Verwalteramts und der Kündigung des Verwaltervertrags durch den Verwalter zu unterscheiden ist.
[274] Zum Gesellschaftsrecht Baumbach/Hueck/*Beurskens* GmbHG § 38 Rn. 78; Henssler/Strohn/*Oetker* GmbHG § 38 Rn. 50.
[275] Vgl. *Schmidt* ZWE 2006, 29.

tisch ist die Niederlegung in Gemeinschaften ohne Beirat und Beschluss über einen Vertreter gegenüber dem Verwalter. Da § 9b Abs. 2 die Vertretungsmacht gegenüber dem Verwalter abschließend regelt und § 9b Abs. 1 eine Gesamtvertretung bei Ausschluss des Verwalters von der Vertretung nicht regelt,[276] kommt die früher vertretene analoge Anwendung von § 125 Abs. 2 S. 3 HGB, § 78 Abs. 2 S. 2 AktG, § 25 Abs. 1 S. 3 GenG, § 170 Abs. 3 ZPO[277] nicht mehr in Betracht. Erforderlich ist daher die Einberufung einer Versammlung durch den Verwalter, wo entweder der Versammlung gegenüber,[278] die Niederlegung erklärt werden kann, oder ein Vertreter nach § 9b Abs. 2 Alt. 2 zu bestimmen ist.

VII. Nachweis der Verwalterbestellung (Abs. 4)

114 Das in der Form des Abs. 4 erstellte Protokoll einer Eigentümerversammlung über die Bestellung eines Verwalters dient dem Nachweis, dass ein entsprechender Beschluss über die Verwalterbestellung tatsächlich gefasst wurde.[279] In Grundbuchsachen, in denen die Verwaltereigenschaft durch eine öffentlich beglaubigte Urkunde nachgewiesen werden muss (§ 29 GBO), genügt daher die Vorlage einer Niederschrift über den Bestellungsbeschluss, bei der die Unterschriften der in § 24 Abs. 6 bezeichneten Personen öffentlich beglaubigt sind, also von den Personen, welche die Niederschrift über die Eigentümerversammlung unterschreiben müssen, das sind der Versammlungsvorsitzende und ein Wohnungseigentümer und, falls ein Verwaltungsbeirat bestellt ist, dessen Vorsitzender oder sein Vertreter (vgl. § 129 BGB, § 40 BeurkG). Erforderlich ist nach dem klaren Wortlaut der Vorschrift nicht die Unterschrift irgendeines Mitglieds des Verwaltungsbeirats, sondern nur die des Vorsitzenden bzw. seines Vertreters.[280] Damit wird einem möglichen Kompetenzstreit der Beiratsmitglieder untereinander von vornherein die Grundlage entzogen. Das kann insbesondere dann von Bedeutung sein, wenn keine Einigkeit über den Inhalt der Niederschrift besteht.[281]

115 Den Formanforderungen von § 29 Abs. 1 GBO iVm Abs. 3 ist genügt, wenn zum Nachweis der Verwalterstellung **mehrere gleichlautende Niederschriften** über den Beschluss zur Verwalterbestellung vorliegen, die zusammen die beglaubigten Unterschriften von sämtlichen in § 24 Abs. 6 bezeichneten Personen, dh des Vorsitzenden, eines Wohnungseigentümers und – sofern vorhanden – des Vorsitzenden des Verwaltungsbeirats, tragen.[282] Zwar geht der Wortlaut des Abs. 4 davon aus, dass nur „eine" Niederschrift vorgelegt wird. Damit ist jedoch lediglich der übliche Fall beschrieben, dass sämtliche in § 24 Abs. 6 bezeichneten Personen das Original der Versammlungsniederschrift unterzeichnen; denn dem Sinn und Zweck der Vorschrift ist in gleicher Weise genüge getan, wenn die beglaubigten Unterschriften auf mehreren gleichlautenden Niederschriften geleistet werden.[283]

116 Streitig ist, ob in **Grundbuchverfahren** das Grundbuchamt zu prüfen hat, ob den Personen, die das Protokoll unterzeichnet haben, die in § 24 Abs. 6 S. 2 genannten **Eigenschaften** tatsächlich zukommen.[284] Das OLG Köln bejaht dies für den Fall, dass sich für das Grundbuchamt aus dem Inhalt des Grundbuchs begründete Zweifel an der Richtigkeit eines Unterschriftenzusatzes ergeben, zB hinsichtlich der Eigenschaft als Wohnungseigentümer.[285] Soweit dem bezüglich werdender Wohnungseigentümer entgegengehalten wurde,[286] dass sich dieser nicht in jedem Falle aus dem Grundbuch ergebe, ist dies durch die auf die Sicherung des Übertragungsanspruchs durch eine eingetragene Vormerkung (§ 8 Abs. 3) nunmehr der Boden entzogen.

117 Die Bestellung der Beiratsmitglieder, die das Protokoll über die Bestellung des Verwalters nach § 24 Abs. 6 unterzeichnen, ist dagegen nicht in der Form des § 29 GBO nachzuweisen, da Abs. 4 andernfalls leerlaufen würde. Dies betrifft jedoch nur den Nachweis der Verwalterbestellung, für den die Rechtsposition der Protokollunterzeichner quasi eine Vorfrage ist.[287]

118 Falls der Verwalter durch **schriftlichen Beschluss** nach § 23 Abs. 3 bestellt worden ist, muss die Unterschrift aller Wohnungseigentümer öffentlich beglaubigt werden. Hat der **Bauträger** allein den Verwalter bestellt, so genügt die Beglaubigung seiner Unterschrift.

---

276 *Dötsch/Schultzky/Zschieschack* WEG-Recht 2021 Kap. 3 Rn. 67 ff.

277 Bärmann/*Becker* § 27 Rn. 284; Staudinger/*Jacoby,* 2018, § 27 Rn. 235; zu den daraus folgenden Problemen *Zschieschack* in Schmidt COVID-19 § 4 Rn. 85; für Fortgeltung Palandt/*Wicke* Rn. 22.

278 Dies in jedem Falle fordernd BeckOGK/*Greiner,* 1.4.2020, Rn. 331; Jennißen/*Heinemann* Rn. 167.

279 OLG München NJW-RR 2007, 1245.

280 *Demharter* Rpfleger 2010, 498; *Schmidt* ZMR 2013, 501 (505).

281 KG ZWE 2015, 173.

282 KG ZWE 2018, 264; aA LG Berlin BeckRS 2004, 17811.

283 KG ZWE 2018, 264.

284 Verneinend OLG Düsseldorf ZWE 2010, 182; Bärmann/*Becker* Rn. 305; Jennißen/*Schultzky* § 24 Rn. 148a; *Demharter* § 29 Rn. 11; *Demharter* ZWE 2012, 75; *Böhringer* NotBZ 2008, 179.

285 OLG Köln ZWE 2013, 217.

286 → 8. Aufl. 2020, Rn. 83 *(Engelhardt).*

287 OLG Hamm ZWE 2013, 329.

Ein Nachweis des **Fortbestehens der Verwalterstellung** kann nicht verlangt werden, wenn die reguläre Bestellzeit noch nicht abgelaufen ist, ebenso nicht die Vorlage des Verwaltervertrags.[288] 119

VIII. Sonderreglungen im Zusammenhang mit der COVID-19 Pandemie

Um verwalterlose Zustände im Zusammenhang mit der Schwierigkeit Eigentümerversammlungen einzuberufen,[289] während der COVID-19-Pandemie zu vermeiden, hat der Gesetzgeber im **COVID-19-Folgenabmilderungsgesetz** vorgesehen, dass der zuletzt bestellte Verwalter im Amt bleibt (ausführlich → COVMG § 6 Rn. 1 ff. im Anhang zu Art. 240 EGBGB).[290] 120

§ 6 COVMG Wohnungseigentümergemeinschaften

(1) Der zuletzt bestellte Verwalter im Sinne des Wohnungseigentumsgesetzes bleibt bis zu seiner Abberufung oder bis zur Bestellung eines neuen Verwalters im Amt.

(2) (nicht abgedruckt)

Die Norm findet in allen Fällen Anwendung, in denen die **Wohnungseigentümergemeinschaft ohne Verwalter** ist, ob die Corona-Krise hierfür die Ursache gesetzt hat, ist ohne Relevanz. Sie gilt auch, wenn der Verwalter bei Inkrafttreten der Regelung nicht mehr im Amt war (→ COVMG § 6 Rn. 2).[291] Hier wird der Verwalter – allerdings nicht rückwirkend[292] – zum 28.3.2020 in das Amt gesetzt. Eine Annahme der Bestellung durch den Verwalter ist nicht vorgesehen, die (Weiter-)Bestellung erfolgt automatisch (→ COVMG § 6 Rn. 2).[293] Dem Verwalter bleibt nur die Möglichkeit sein Amt niederzulegen, wobei sich das Problem der Amtsniederlegung zur Unzeit (→ Rn. 111) in besonderer Weise stellt, wenn Versammlungen nicht abgehalten werden können.[294] Eine Begrenzung der Verlängerung sieht das Gesetz nicht vor, die Amtszeit des Verwalters endet daher auch nicht mit dem Außerkrafttreten der Sonderregelung, denn diese regelt nur die Fortsetzung der Bestellung (→ COVMG § 6 Rn. 3).[295] 121

Eine Beendigung der Amtsstellung erfolgt alleine durch **Abberufung** des Verwalters oder **Neubestellung** eines anderen Verwalters, bzw. der Amtsniederlegung. Endet die Amtsstellung des Verwalters und wird kein neuer Verwalter gewählt, erfolgt jedenfalls im Wege der teleologischen Reduktion des § 6 Abs. 1 COVMG dann keine erneute Verlängerung der Bestellung dieses Verwalters. Ob dies auch für eine Abberufung vor der Krise gilt, wenn die Eigentümer keinen neuen Verwalter bestellt haben (→ COVMG § 6 Rn. 3), ist zweifelhaft, denn Zweck der Norm ist es, verwalterlose Zustände in Krisenzeiten zu verhindern. 122

Ausdrücklich nicht im Gesetz vorgesehen, ist eine **Verlängerung** des **Verwaltervertrages.**[296] 123
Dies versperrt auch den Weg für eine konkludente Vertragsverlängerung,[297] zumal keinesfalls sicher ist, dass die Parteien unter den Bedingungen der Krise den Vertrag bei einer aufgezwungenen Amtszeitverlängerung (für welchen Zeitraum?) unverändert verlängert hätten. Dies ist eine bewusste Entscheidung des Gesetzgebers. Sie hat zur Folge, dass sämtliche vertraglichen Vereinbarungen für den „Krisenverwalter" nicht gelten.[298] Dies betraf – in Vorwegnahme des Abs. 3 – auch Vertragsklauseln, welche die Abberufung auf einen wichtigen Grund beschränkten. Dies erleichterte eine Trennung von dem der Gemeinschaft vom Gesetzgeber aufgezwungenen Verwalter. Auch sonstige vertragliche Regelungen – in der Praxis vor allem Erweiterungen des Handlungsspielraums des Verwalters – gelten nicht. Soweit diese Erweiterungen aber – wie an sich erforderlich – auf einem Beschluss der Gemeinschaft nach § 27 Abs. 3 Nr. 7 aF beruhen (Hausgeldinkasso), mag man diesen dahingehend auslegen können, dass er sich auf die gesamte (also auch verlängerte) Bestellungszeit des Verwalters bezieht.

---

[288] BayObLG NJW-RR 1991, 978; OLG Oldenburg DNotZ 1979, 33; BeckRS 1978, 3097293.
[289] Dazu ua *Zschieschack* NZM 2020, 297.
[290] BT-Drs. 19/18110, 31; *Zschieschack* in Schmidt COVID-19 § 4 Rn. 80; *Zschieschack* ZWE 2020, 165.
[291] BT-Drs. 19/18110, 31; ausf. *Zschieschack* in Schmidt COVID-19 § 4 Rn. 80; krit. *Elzer* in Zehelein Miete in Zeiten von Corona § 5 Rn. 5.
[292] OLG Hamm BeckRS 2020, 24847 Rn. 5.
[293] *Zschieschack* in Schmidt COVID-19 § 4 Rn. 80; aA *Elzer* MietRB 2020, 149 (150).
[294] Dazu *Zschieschack* in Schmidt COVID-19 § 4 Rn. 82 ff.
[295] *Elzer* MietRB 2020, 149 (150); aA – Ende mit Außerkrafttreten – *Hogenschurz* MDR 2020, 165 (167); Staudinger/*Jacoby,* 2018, in juris April 2020, § 26 Rn. 114_3.
[296] Ebenso BeckOGK/*Greiner,* 1.4.2020, Rn. 82; *Drasdo* NZM 2020, 426; aA → COVMG § 6 Rn. 4 *(Czi-upka).*
[297] AA *Hogenschurz* MDR 2020, 534 (536); ähnlich *Elzer* in Zehelein Miete in Zeiten von Corona § 5 Rn. 6.
[298] Dazu *Zschieschack* in Schmidt COVID-19 § 4 Rn. 92 ff.

124 Auch die **Vergütungsregeln,** die zentraler Bestandteil des Vertrages sind, gelten nicht fort. Diese richten sich daher nach den Grundsätzen der **Geschäftsführung ohne Auftrag,** wobei im Zweifel die zuvor vereinbarte Vergütung als übliche Vergütung anzusehen ist (→ Rn. 66).[299] Der Vergütungsanspruch schließt das Haftungsprivileg des § 680 BGB aus (vgl. nur → BGB § 680 Rn. 9 mwN). Zu empfehlen ist, auf der ersten Versammlung, die nach der Krise abgehalten werden kann, den Verwalter „ordentlich" zu bestellen und zugleich seinen Vergütungsanspruch während der Krisenzeit zu regeln. Hierauf hat jeder Wohnungseigentümer im Rahmen des § 19 Abs. 1 einen Anspruch, da ein dauerhaftes Auseinanderfallen von Vertrag und Bestellung nicht ordnungsmäßiger Verwaltung entspricht (→ Rn. 27).

§ 26a Zertifizierter Verwalter

(1) Als zertifizierter Verwalter darf sich bezeichnen, wer vor einer Industrie- und Handelskammer durch eine Prüfung nachgewiesen hat, dass er über die für die Tätigkeit als Verwalter notwendigen rechtlichen, kaufmännischen und technischen Kenntnisse verfügt.

(2) [1]Das Bundesministerium der Justiz und für Verbraucherschutz wird ermächtigt, durch Rechtsverordnung nähere Bestimmungen über die Prüfung zum zertifizierten Verwalter zu erlassen. [2]In der Rechtsverordnung nach Satz 1 können insbesondere festgelegt werden:
1. nähere Bestimmungen zu Inhalt und Verfahren der Prüfung;
2. Bestimmungen über das zu erteilende Zertifikat;
3. Voraussetzungen, unter denen sich juristische Personen und Personengesellschaften als zertifizierte Verwalter bezeichnen dürfen;
4. Bestimmungen, wonach Personen aufgrund anderweitiger Qualifikationen von der Prüfung befreit sind, insbesondere weil sie die Befähigung zum Richteramt, einen Hochschulabschluss mit immobilienwirtschaftlichem Schwerpunkt, eine abgeschlossene Berufsausbildung zum Immobilienkaufmann oder zur Immobilienkauffrau oder einen vergleichbaren Berufsabschluss besitzen.

I. Normzweck

1 Abs. 1 regelt, dass sich als zertifizierter Verwalter bezeichnen kann, wer eine entsprechende Prüfung vor einer IHK abgelegt hat, Abs. 2 schafft eine Ermächtigung für eine – bei Abschluss des Manuskripts noch nicht vorliegende – Rechtsverordnung des Bundesministeriums der Justiz und für Verbraucherschutz, in der die Einzelheiten der Prüfung und der Befreiung geregelt werden.

2 Die Norm schafft damit die Grundlagen für den Anspruch auf einen zertifizierten Verwalter gemäß § 19 Abs. 2 Nr. 6 (→ § 19 Rn. 52 ff.), wobei die Norm des § 48 Abs. 4 den Rechtszustand in der Übergangsphase regelt (→ § 48 Rn. 10 f.).

II. WEG-Reform 2020

3 Überlegungen, Qualitätsanforderungen an Verwalter gesetzlich festzulegen, bestimmen seit langem die Diskussion, ein im Jahre 2016 unternommener Versuch, im Rahmen der gewerberechtlichen Erlaubnis einen **Sachkundenachweis** einzuführen, ist gescheitert (→ § 26 Rn. 6). Das gesamte Gesetzgebungsverfahren zur Reform des 2020 begleiteten intensive Forderungen, die Stärkung der Stellung des Verwalters damit zu flankieren, dass die Anforderungen an die Ausbildung der Verwalter erhöht werden. Bereits die Arbeitsgruppe zur WEG-Reform hatte die Erweiterung der Kompetenzen mit der Forderung nach der Einführung eines Sachkundenachweises und der Erweiterung der § 34c GewO und § 15 MaBV verbunden.[1] Weder im Referentenentwurf zum WEModG[2] noch im Regierungsentwurf[3] wurde dies jedoch aufgegriffen. Erst im Rechtsausschuss des Bundestages wurden die Regelungen zum zertifizierten Verwalter in das Gesetz aufgenommen.[4] Dabei hat man sich ausdrücklich gegen eine Lösung im Rahmen des Gewerberechts entschieden[5] und mit der Schaffung eines Anspruchs auf einen zertifizierten Verwalter im Binnenrecht eine WEG-interne Lösung geschaffen (→ § 26 Rn. 6), die ausdrücklich kein Teil der gewerberechtlichen Erlaubniserteilung ist.[6]

---

[299] Vgl. nur BGH NJW 2015, 1020 mwN; für die Verwaltervergütung KG NJW 1994, 138 (139).
[1] Bund-Länder-Arbeitsgruppe ZWE 2019, 429 (441).
[2] Dokumentiert NZM 2020, 161, mit Synopse *Zschieschack* NZM 2020, 137.
[3] BT-Drs. 19/18791.
[4] BT-Drs. 19/22634, 43 f., 46.
[5] Dazu *Lehmann-Richter/Wobst* WEG-Reform 2020 Rn. 562.
[6] BT-Drs. 19/22634, 46.

III. Zertifizierte Verwalter (Abs. 1)

Voraussetzung für die Bezeichnung als zertifizierter Verwalter ist die Ablegung einer **Prüfung** vor einer **IHK,** durch die nachgewiesen wird, dass der Verwalter die notwendigen rechtlich, kaufmännischen und technischen Voraussetzungen verfügt. Die Einzelheiten zur Prüfung und zu dem zu erteilenden Zertifikat regelt eine Rechtsverordnung (Abs. 2 Nr. 1 und 2). Sachlich, wenn auch auf einem anderen als bislang diskutierten Weg, ist damit der schon lange geforderte Sachkundenachweis geschaffen,[7] der dafür Sorge tragen wird, dass zumindest einmal ein entsprechender Kenntnisstand nachgewiesen werden muss. 4

1. Keine Sonderregelung für Altverwalter. Eine sog. **„Alte-Hasen-Regelung“,** die bereits länger tätige Verwalter von der Prüfungspflicht ausnimmt, gibt es – anders als im Gesetzesentwurf 2016[8] – nicht. Hier hat der Verordnungsgeber auch keinen Spielraum. Einen gewissen Bestandsschutz schafft allenfalls § 48 Abs. 4 (→ § 48 Rn. 10 f.), wobei dieser an konkrete Verwaltungen anknüpft und voraussetzt, dass die Verwaltung vor dem 1.12.2020 übernommen wurde. In der Sache ist dies zu begrüßen, denn alleine eine langjährige Tätigkeit als Verwalter sagt – das zeigt die Praxis immer wieder – über die Qualität der Verwaltung nichts aus. 5

2. Dem zertifizierten Verwalter gleichgestellte Personen. Abs. 2 Nr. 4 schafft die Möglichkeit, dass die Rechtsverordnung Personen, die eine **anderweitige Qualifikation** haben, von der Prüfung befreit. Als Beispiele hierfür werden neben **Volljuristen,** ein Hochschulabschluss mit immobilienrechtlichem Schwerpunkt oder eine abgeschlossene Berufsausbildung zum Immobilienkaufmann oder -frau angeführt. Hier wird die Regelung in der Rechtsverordnung abzuwarten sein, allerdings überrascht das Vertrauen des Gesetzgebers in den Volljuristen. Im Regelfall dürfte es diesem – angesichts der nicht vorhandenen Relevanz des WEG-Rechts in der Ausbildung – schon an den notwendigen rechtlichen Kenntnissen für eine WEG-Verwaltung fehlen, auf die Vermittlung der erforderlichen kaufmännischen und vor allem technischen Fertigkeiten ist die Juristenausbildung nicht angelegt. Hier bleibt zu hoffen, dass der Markt Versuche regelt, nach einem gescheiterten Einstieg in einen klassischen juristischen Beruf über den Weg des Abs. 2 Nr. 4 Verwaltungen zu übernehmen. Unproblematischer ist der Kenntnisstand bei den angeführten **Hochschulstudiengängen,** wobei hier die Schwierigkeit darin liegen wird, angesichts der Vielzahl möglicher Studiengänge genau zu bestimmen, welche von der Befreiung erfasst sind. Diese Probleme stellen sich bei dem Ausbildungsberuf zum **Immobilienkaufmann** oder **-frau** nicht. 6

Etwas unpassend ist die **Rechtsfolge** der Befreiung von der Prüfung. Denn nimmt man den Wortlaut ernst, bekommen die in Abs. 2 Nr. 4 genannten Personen kein Zertifikat, damit ist die Frage der „anderweitigen Qualifikation“ keine, die etwa in einem Anerkennungsverfahren der IHK zu prüfen ist. Folglich ist es Aufgabe der Wohnungseigentümer – und damit letztlich der WEG-Gerichte – im Rahmen der Prüfung des § 19 Abs. 2 Nr. 6 zu entscheiden, ob die Voraussetzungen der Gleichstellung vorliegen oder nicht.[9] Dies kann im Rahmen der Anfechtung von Bestellungsbeschlüssen sowohl in Fällen relevant werden, in denen bei dem gewählten Verwalter die Qualifikation streitig ist, aber auch dann, wenn Kandidaten die Gleichstellung abgesprochen wurde und damit geltend gemacht wird, die Auswahlentscheidung sei auf einer unzureichenden Tatsachengrundlage getroffen worden. Zu hoffen bleibt zumindest, dass die **Rechtsverordnung** einen abschließenden Katalog der Befreiungstatbestände enthält, dies vor allem auch im Hinblick auf im europäischen Ausland erworbene Abschlüsse. 7

3. Zertifikat für juristische Personen und Personengesellschaften. Ebenfalls in der Rechtsverordnung ist zu regeln (Abs. 2 Nr. 3), unter welchen Anforderungen sich juristische Personen und Personengesellschaften als zertifizierte Verwalter bezeichnen dürfen. Der Rechtsausschuss des Bundestages hat hier die Empfehlung ausgesprochen, an § 34c Abs. 2a S. 1 GewO (→ § 26 Rn. 10) anzuknüpfen,[10] wonach insoweit auf die **Personen** abzustellen ist, die **unmittelbar** bei der **Verwaltung** mitwirken, während Personen mit untergeordneten Tätigkeiten von dem Prüfungserfordernis ausgenommen wären. Auch hier deutet der Wortlaut allerdings darauf hin, dass die juristische Person als solche kein Zertifikat bekommen, sondern nur die dort tätigen natürlichen Personen. Dies ist auch nur praxisgerecht, denn anderenfalls würde durch eine Anstellung eines nicht zertifizierten Mitarbeiters, der mit Verwaltungsaufgaben befasst ist, zum Verlust des Zertifikats führen. Mangels fortlaufender Prüfmöglichkeiten eine für die IHK unmögliche Aufgabe. Andererseits werden nun Wohnungseigentümer und WEG-Gerichte vor der Frage stehen, ob eine als Verwalter bestellte oder kandidierende juristische Person oder Personengesellschaft den Anforderungen des zertifizierten Verwalters genügt. Hier bieten sich 8

---

[7] Ebenso *Lehmann-Richter/Wobst* WEG-Reform 2020 Rn. 562.
[8] BT-Drs. 18/10190, 8 zu § 161 Abs. 3 GewO-E.
[9] Dazu *Dötsch/Schultzky/Zschieschack* WEG-Recht 2021 Kap. 9 Rn. 33.
[10] BT-Drs. 19/22634, 46.

Spielräume für mannigfache Streitfragen, die dabei beginnen, wo die untergeordnete Tätigkeit endet. Schnell wird auch die Frage aufgeworfen werden, ob durch eine lediglich vorübergehende – vielleicht Aushilfstätigkeit – eines nicht zertifizierten Mitarbeiters die Gleichstellung verloren geht.

9 In der Sache schafft die vom Rechtsausschuss angestrebte Regelung eine gewisse Unwucht, denn ist der Verwalter **Einzelgewerbetreibender,** kann er sich als zertifizierter Verwalter bezeichnen, wenn er das Zertifikat besitzt. Beschäftigt er Mitarbeiter, ist es für sein Zertifikat ohne Relevanz, ob diese zertifiziert sind. Hat der Verwalter hingegen für sein Unternehmen die **Rechtsform** einer juristischen Person gewählt, dürfte es nach den Plänen darauf ankommen, ob auch seine Mitarbeiter zertifiziert sind, damit das Unternehmen einem zertifizierten Verwalter gleichsteht. Dies ist kaum erklärlich, zumal eine Fortbildungspflicht nach § 34c Abs. 2a S. 1 GewO in beiden Fällen für die mit der Verwaltung befassten Mitarbeiter besteht.

10 Maßgeblicher **Zeitpunkt** der Betrachtung für die Frage der Gleichstellung dürfte der **Bestellungsbeschluss** sein. Verliert die bestellte Verwaltungsgesellschaft durch die Beschäftigung eines nicht zertifizierten Mitarbeiters im verwaltungsrelevanten Bereich ihre Gleichstellung, dürfte ein **Abberufungsanspruch** bestehen, da hier der Anspruch aus § 19 Abs. 2 Nr. 6 nachträglich durch eine Änderung der tatsächlichen Gegebenheiten verletzt ist. Auf die Frage, inwieweit der betreffende Mitarbeiter in die konkrete Verwaltung tatsächlich eingebunden ist, kommt es nicht an.

§ 27 Aufgaben und Befugnisse des Verwalters

(1) Der Verwalter ist gegenüber der Gemeinschaft der Wohnungseigentümer berechtigt und verpflichtet, die Maßnahmen ordnungsmäßiger Verwaltung zu treffen, die
1. untergeordnete Bedeutung haben und nicht zu erheblichen Verpflichtungen führen oder
2. zur Wahrung einer Frist oder zur Abwendung eines Nachteils erforderlich sind.

(2) Die Wohnungseigentümer können die Rechte und Pflichten nach Absatz 1 durch Beschluss einschränken oder erweitern.

Übersicht

I. Überblick, Normzweck und Reform

1 § 27 regelt die Aufgaben und Befugnisse des Verwalters im **Innenverhältnis**[1] und ist im Zusammenhang mit § 9b betreffend das Außenverhältnis zu sehen. Beide Vorschriften sind zentrale Regelungen des **Verbandsrechts,** denn bei einem jeden Verband wird zwischen Geschäftsführung im

[1] BT-Drs. 19/18791, 74; Bärmann/Pick/*Emmerich* Anh. I § 27 Rn. 1; Palandt/*Wicke* Rn. 5.

Innenverhältnis und der Vertretung im Außenverhältnis unterschieden.[2] Adressat der §§ 9b, 27 ist der Verwalter als **Organ**[3] der Gemeinschaft der Wohnungseigentümer. Die Regelungen sind also unabhängig vom Verwaltervertrag (Trennungslehre[4]).

§ 27 wurde durch das **WEMoG** neu gefasst. § 9b hat im bisherigen Recht keinen Vorgänger. Beide Vorschriften waren im Gesetzgebungsverfahren Gegenstand intensiver Diskussionen und wurden noch in der Beschlussempfehlung des Rechtsausschusses angepasst.[5] In der Fassung des Referenten- und Regierungsentwurfs[6] entsprachen die Vorschriften noch typischen verbandsrechtlichen Formulierungen betreffend die Geschäftsführungsbefugnis und Vertretungsmacht.[7] Die Formulierungen wurden in beiden Vorschriften sodann im **Rechtsausschuss** abgeschwächt, wobei die Abschwächungen in beiden Vorschriften überwiegend optischer Natur[8] sind und der Rechtsausschuss in seiner Begründung Formulierungen gewählt hat, die dem Gesetzestext im RefE bzw. RegE entsprechen.[9] Die Grundstruktur blieb von der Konzeptionsphase bis hin zum Abschluss des Gesetzgebungsverfahrens jedoch erhalten. Das Gesetz über Maßnahmen im Gesellschafts-, Genossenschafts-, Vereins-, Stiftungs- und Wohnungseigentumsrecht zur Bekämpfung der Auswirkungen der **COVID-19-Pandemie (COVMG)** ist hinsichtlich § 27 nur insoweit relevant, als sich die Aufgaben und Befugnisse des Verwalters aus dessen Bestellung nach § 26 ergeben und der zuletzt bestellte Verwalter bis zu seiner Abberufung oder bis zur Bestellung eines neuen Verwalters im Amt bleibt (§ 6 COVMG) und damit unter § 27 fällt. 2

§ 27 ist eine in zweierlei Hinsicht **flexible, moderne Norm** und ermöglicht allen Arten und Größen von Wohnungseigentümergemeinschaften individuelle Auslegungen und Feinjustierungen der Aufgaben und Befugnisse des Verwalters. Dies betrifft zum einen das normative Tatbestandsmerkmal „Maßnahmen untergeordneter Bedeutung", für die der Verwalter gegenüber der Gemeinschaft der Wohnungseigentümer berechtigt und verpflichtet ist, ohne zuvor einen Beschluss der Gesamtheit der Wohnungseigentümer einholen zu müssen, zum anderen betrifft dies die besondere Beschlusskompetenz in Abs. 2, aufgrund der die Wohnungseigentümer die Geschäftsführungsbefugnis erweitern bzw. einschränken können. 3

II. Der Verwalter im verbandsrechtlichen System

1. Verband und Verwalter als Verbandsorgan. Für das Verständnis von § 27 ist gedanklich zunächst mit § 18 Abs. 1 zu beginnen. Die Verwaltung des gemeinschaftlichen Eigentums obliegt danach ausschließlich[10] der Gemeinschaft der Wohnungseigentümer **(Verwaltungsmonopol).** Typisch für das Verbandsrecht ist im zweiten Schritt die Suche nach dem im **Innenverhältnis** zuständigen Verbandsorgan, damit die Gemeinschaft der Wohnungseigentümer ihrer durch § 18 Abs. 1 zugewiesenen Aufgabe nachkommen kann.[11] Dasjenige Verbandsorgan mit den umfangreichsten Rechten und Pflichten ist die Gesamtheit der Wohnungseigentümer als Willensbildungsorgan (§ 19). Dem Verwalter kommt die Rolle des **Geschäftsführungs- und Vertretungsorgans** zu (§§ 9b, 27), wozu auch der Vollzug der Beschlüsse der Gesamtheit der Wohnungseigentümer gehört. Der Verwaltungsbeirat ist als unterstützendes und überwachendes Organ konzipiert (§ 29). 4

Wird im Verbandsrecht von Zuständigkeiten gesprochen, ist die **primäre Zuständigkeit** gemeint. Auch wenn ein Verbandsorgan primär zuständig ist, kann ein anderes Verbandsorgan entweder für anschließende Aufgaben zuständig sein oder aber das primär zuständige Organ überstimmen. Wichtigstes Beispiel für die **erste Kategorie** ist die Gesamtheit der Wohnungseigentümer, die primär für die Maßnahmen nach § 19 Abs. 1 sowie weitere Beschlüsse wie nach § 28 Abs. 1 S. 1, Abs. 2 S. 1 zuständig ist. Nach der Beschlussfassung ist der Verwalter als ausführendes Organ für den Vollzug des Beschlusses zuständig. In dieser Kategorie kann der Verwalter also nie primär zuständig sein, etwa nie anstelle der Wohnungseigentümer den Beschluss nach § 28 Abs. 1 S. 1 fassen. Wichtige 5

---

2 Parallelvorschriften sind etwa §§ 26, 27 BGB (Verein), §§ 709, 714 BGB (GbR), §§ 24 ff. GenG (Genossenschaft).

3 Palandt/*Wicke* Rn. 1.

4 JurisPK-BGB/*Geiben* § 26 Rn. 12; *Drasdo* NZM 2001, 923 (926), *Jennißen* in Jennißen/Schmidt, Der WEG-Verwalter, A Rn. 65 ff., 84; *Skauradszun,* Der Beschluss als Rechtsgeschäft, 2020, 269.

5 BT-Drs. 19/22634, 9, 21.

6 BT-Drs. 19/18791, 10, 16.

7 Beispiele bei *Skauradszun* ZRP 2020, 34 (36).

8 *Lehmann-Richter/Wobst* WEG-Reform 2020 Rn. 475: abstrakter, aber ohne Unterschied in der Sache.

9 Vgl. BT-Drs. 19/18791, 16 mit der Formulierung in § 27 Abs. 1 Nr. 1 („Beschlussfassung durch die Wohnungseigentümer nicht geboten") und BT-Drs. 19/22634, 21 („untergeordnete Bedeutung") sowie BT-Drs. 19/22634, 47, wo der Rechtsausschuss gleichwohl wieder mit dem Gebotenheitskriterium argumentiert.

10 Palandt/*Wicke* Rn. 3a.

11 Vertiefter zu diesem verbandsrechtlichen System BeckOGK/*Skauradszun,* 1.12.2020, § 18 Rn. 14; ähnlich und mit Bezug zu § 18 Abs. 1 *Lehmann-Richter/Wobst* WEG-Reform 2020 Rn. 443.

Beispiele für die **zweite Kategorie** sind der für die Aufstellung des Wirtschaftsplans und der Jahresabrechnung primär zuständige Verwalter (§ 28 Abs. 1 S. 2, Abs. 2 S. 2) bzw. der für die Zustimmung zur Veräußerung primär zuständige Verwalter (§ 12 Abs. 1 Alt. 2), dessen Entscheidungen jedoch von der Gesamtheit der Wohnungseigentümer als Willensbildungsorgan überstimmt werden können, indem der Verwalter durch Beschluss angewiesen wird (§ 19 Abs. 1, § 27 Abs. 2).[12] In dieser Kategorie ist der Verwalter zwar primär zuständig, ist in der **Hierarchie der Verbandsorgane** aber dem Willensbildungsorgan untergeordnet (vgl. → Rn. 7). Diese Mechanismen sind typisch für das Verbandsrecht und lassen sich besonders gut am GmbH-Recht zeigen: Der GmbH-Geschäftsführer ist primär für die Geschäftsführung und Vertretung der GmbH zuständig, kann jedoch jederzeit von der Gesellschafterversammlung als Willensbildungsorgan überstimmt werden, indem diese den Geschäftsführer durch Beschluss anweist (§ 37 Abs. 1 GmbHG, §§ 45 f. GmbHG).

6 An vielen Stellen des Gesetzes wird der Verwalter zwar direkt angesprochen, es wird aber nicht ausdrücklich geregelt, in welcher Funktion der Verwalter tätig wird. Es handelt sich **ausschließlich** um Aufgaben und Befugnisse des Verwalters, die dieser **als Verbandsorgan** für die Gemeinschaft der Wohnungseigentümer erfüllt und wahrnimmt.[13] Musterbeispiel im Gesetzgebungsverfahren war die Einberufung der Wohnungseigentümerversammlung nach § 24 Abs. 1. Diese Aufgabe nimmt der Verwalter als Verbandsorgan für die Gemeinschaft der Wohnungseigentümer wahr,[14] damit diese ihrer Pflicht aus § 18 Abs. 1 nachkommen kann.

7 **2. Hierarchie der Verbandsorgane und flexible Verwalterstärke.** Der **Verwalter** als Geschäftsführungs- und Vertretungsorgan ist im Vergleich zur Gesamtheit der Wohnungseigentümer als Willensbildungsorgan insoweit **schwächer,** als er vom Willensbildungsorgan bestellt und abberufen wird und die Abberufung jederzeit und grundlos beschlossen werden kann (§ 26).[15] Ferner ist § 27 Abs. 2 so zu verstehen, dass das Willensbildungsorgan jederzeit Entscheidungen **an sich ziehen** kann,[16] auch wenn diese zuvor an den Verwalter übertragen wurden **(Rückholkompetenz**[17]**).** Dieses Kräfteverhältnis bezieht sich auf das theoretische Konzept der §§ 9b, 19, 26 und § 27. Je größer jedoch die Anlage ist, desto umfangreicher sind die Aufgaben und Befugnisse des Verwalters nach § 27 Abs. 1 Nr. 1.[18] Ferner können durch die flexible Regelung des § 27 Abs. 2 Aufgaben und Befugnisse des Verwalters erweitert werden, sodass dieser eine Rechtsstellung erreicht, die mit der eines GmbH-Geschäftsführers vergleichbar ist.[19]

8 Das durch § 27 Abs. 1 Nr. 1, Abs. 2 geschaffene System ist sehr flexibel und modern. Es ermöglicht eine Auslegung (Abs. 1 Nr. 1) bzw. Beschlussfassung (Abs. 2), mit der sowohl Großobjekte als auch Kleinstgemeinschaften verwaltet werden können.[20] Bei **Großobjekten** gelingt durch eine weite Auslegung von § 27 Abs. 1 Nr. 1 eine effektive Verwaltung, da der Verwalter dann das Gros des Tagesgeschäfts erledigen kann **(laufende Verwaltung)**[21] und sich die Wohnungseigentümer auf bedeutsame Entscheidungen konzentrieren können **(Grundlagenentscheidungen).** Eine solche Auslegung kommt Wohnungseigentümern zugute, die in Wohnungseigentum investieren, das Wohnungseigentum jedoch nicht selbst bewohnen und mit dem Tagesgeschäft möglichst wenig zu tun haben wollen. In **kleineren Gemeinschaften** kommen dem Verwalter durch eine enge Auslegung von § 27 Abs. 1 Nr. 1 weniger Aufgaben und Befugnisse zu, weshalb die Wohnungseigentümer im Willensbildungsorgan vermehrt zur Entscheidung berufen sind (§ 19). Sie haben die Zügel in der Hand und können diese durch eine Beschlussfassung nach Abs. 2 zudem noch enger nehmen. Gleichzeitig ist Abs. 2 flexibel genug, um eine punktuelle Erweiterung zu ermöglichen. Ein solch **flexibles und modernes System** wurde im Gesetzgebungsverfahren von *Schmidt-Räntsch* zu Recht als weise eingeschätzt.[22]

9 **3. Checks-and-Balances-System und Systemschwächen.** Die drei genannten Organe befinden sich in einem **Checks-and-Balances-System.**[23] Die Gesamtheit der Wohnungseigentü-

---

[12] *Lehmann-Richter/Wobst* WEG-Reform 2020 Rn. 447 (für das Beispiel nach § 12).
[13] BT-Drs. 19/18791, 58; *Lehmann-Richter/Wobst* WEG-Reform 2020 Rn. 443.
[14] BT-Drs. 19/18791, 58; *Lehmann-Richter/Wobst* WEG-Reform 2020 Rn. 446.
[15] Vgl. BT-Drs. 19/18791, 74.
[16] BT-Drs. 19/18791, 75: Maßnahmen im Einzelfall entziehen; *Lehmann-Richter/Wobst* WEG-Reform 2020 Rn. 447, 507; Bärmann/Pick/*Emmerich* Anh. I § 27 Rn. 1: Weisungsbefugnis.
[17] *Skauradszun/Harnack* AnwZert MietR 13/2020, Anm. 1; *Skauradszun* in SEHR WEG-Reform 2020/2021 § 1 Rn. 51.
[18] Gesetzesbegründung, BT-Drs. 19/18791, 75; Rechtsausschuss, BT-Drs. 19/22634, 47.
[19] *Hinz* ZMR 264 (268); *Skauradszun* in SEHR WEG-Reform 2020/2021 § 1 Rn. 67.
[20] *Skauradszun* in SEHR WEG-Reform 2020/2021 § 1 Rn. 10.
[21] Palandt/*Wicke* Rn. 6.
[22] *Kaßler* ZWE 2020, 354 (355) zu den Anhörungen (*Schmidt-Räntsch:* „Ich glaube, dass diese Lösung – ich sag das jetzt mal – weise ist […]").
[23] BeckOGK/*Skauradszun,* 1.12.2020, § 18 Rn. 11.

mer kann die Aufgabenbefugnisse des Verwalters nach § 27 insoweit überprüfen, als sie sich in der Wohnungseigentümerversammlung berichten lässt und zu einem jedem Thema Weisungen erteilen kann,[24] beispielsweise wie Wirtschaftsplan und Jahresabrechnung zu gestalten sind (vgl. → § 28 Rn. 16). Umgekehrt beinhalten einige Aufgaben des Verwalters ebenso ein kontrollierendes Element. Wenn dieser beispielsweise die Beschlussgegenstände für die Wohnungseigentümerversammlung vorbereitet, prüft er automatisch, über welche Aufgaben der Verwaltung die Wohnungseigentümer beschließen müssen, beispielsweise über die Vorschüsse zur Kostentragung nach § 28 Abs. 1 S. 1 oder die Beschlussfassung über Nachschüsse nach § 28 Abs. 2 S. 1. Da der **Verwalter** häufig einen Wissens- und Erfahrungsvorsprung hat, setzt er dem Willensbildungsorgan faktisch wie rechtlich ein **nennenswertes Gegengewicht** entgegen. Schließlich kommt auch dem Verwaltungsbeirat eine kontrollierende Aufgabe zu (§ 29 Abs. 2 S. 1), die er insbesondere durch die Vorprüfung des Wirtschaftsplans und der Jahresabrechnung erfüllt (S. 2).

Die **Achillesferse** dieses Checks-and-Balances-System besteht darin, dass die Gesamtheit der 10
Wohnungseigentümer nicht so schnell und unförmlich entscheiden kann, wie dies der Verwalter nach § 27 Abs. 1 vermag und die Wohnungseigentümer daher darauf angewiesen sind, dass ein jedes durch Beschluss zu regelnde Thema zunächst durch das Nadelöhr der Wohnungseigentümerversammlung gelangt **(Nadelöhrdoktrin[25]).** Diese wiederum setzt die Einberufung durch den Verwalter voraus (§ 24 Abs. 1). Die Wohnungseigentümer sind darauf angewiesen, dass der Verwalter die Versammlung ordnungsmäßig einberuft, mithin so zeitig, dass die Wohnungseigentümer entscheiden können. § 24 Abs. 3 enthält zwar ein subsidiäres Einberufungsrecht für den Vorsitzenden des Verwaltungsbeirats, dessen Vertreter oder einen durch Beschluss ermächtigten Wohnungseigentümer, zum einen muss es aber erst einmal einen Verwaltungsbeirat geben, zum anderen wird auch durch diese Variante der Einberufung eine gewisse zeitliche Verzögerung eintreten – zumal auch bei dieser Einberufung im Regelfall eine 3-wöchige Einberufungsfrist zu wahren ist (§ 24 Abs. 4 S. 2). Es kann zwar eingewandt werden, dass Pflichtverletzungen des Verwalters bei der Organisation der Entscheidungsfindung der Wohnungseigentümer Schadensersatzansprüche begründen können, auch diese muss jedoch erst einmal die Gemeinschaft der Wohnungseigentümer geltend machen. Dies setzt wieder eine Beschlussfassung hinsichtlich der Anspruchsverfolgung und ggf. eine hinsichtlich der Vertretung voraus (§ 9b Abs. 2 Alt. 2).

Hinzu kommt, dass der Verwalter **geborener Versammlungsleiter**[26] ist (§ 24 Abs. 5) und 11
aus dieser Funktion eine erhebliche Macht resultiert. Als Versammlungsleiter formuliert er den Beschlussantrag und hat allein durch diese Vorformulierung die Möglichkeit, die Wohnungseigentümer in der Wohnungseigentümerversammlung zu lenken und zu beeinflussen.[27] Zudem entsteht der Beschluss als Rechtsgeschäft erst mit seiner Verkündung, sodass die Wohnungseigentümer darauf angewiesen sind, dass der Verwalter die Beschlussprozedur ordnungsgemäß abschließt. Andernfalls kommt das Rechtsgeschäft nicht zustande und kann den Verwalter nicht anweisen.[28]

Die Entscheidungsfähigkeit der Gesamtheit der Wohnungseigentümer verbessert sich nicht 12
unbedingt durch Beschlüsse in **Umlaufverfahren.** Zwar erlaubt § 23 Abs. 3 diese nun endlich auch in Textform und der dortige S. 2 in Umlaufverfahren sogar Mehrheitsbeschlüsse, zum einen muss jedoch auch das Umlaufverfahren initiiert werden, weshalb erneut der Verwalter involviert ist,[29] zum anderen muss das Umlaufverfahren mit Mehrheitsbeschluss für einen einzelnen Beschlussgegenstand zuvor erst einmal durch Beschluss ermöglicht sein. Weigert sich der Verwalter, eine Wohnungseigentümerversammlung einzuberufen, kann das Umlaufverfahren auch der Vorsitzende des Verwaltungsbeirats initiieren.[30] Hier gilt dann wieder, dass es den Verwaltungsbeirat erst einmal geben muss. Das Checks-and-Balances-System funktioniert nach alldem nur, wenn das jeweilige Organ seine Aufgabenbefugnisse wahrnimmt und wahrnehmen kann. Für das Willensbildungsorgan bedeutet dies, dass es maßgeblich darauf ankommt, dass die Wohnungseigentümer ihren Willen durch Beschluss tatsächlich bilden können.

III. Entscheidungsbefugnisse und Handlungspflichten des Verwalters (Abs. 1)

Die maßgebliche Aufgabe von Abs. 1 ist es, die Zuständigkeit der Verbandsorgane im Innenver- 13
hältnis abzugrenzen. Ist der Verwalter nicht nach Abs. 1 zuständig, ist die Gesamtheit der Wohnungseigentümer nach § 19 Abs. 1 oder der Verwaltungsbeirat (etwa für die Prüfung des Wirtschaftsplans

---

[24] Bärmann/Pick/*Emmerich* Anh. I § 27 Rn. 1; Palandt/*Wicke* Rn. 1.
[25] *Skauradszun* NJW 2016, 1314; *Skauradszun* ZWE 2020, 105.
[26] BeckOGK/*Skauradszun,* 1.12.2020, § 18 Rn. 28.
[27] Ausf. *Skauradszun,* Der Beschluss als Rechtsgeschäft, 2020, 69 ff.
[28] *Skauradszun* ZMR 2018, 122 (123).
[29] BeckOGK/*Hermann,* 1.11.2020, § 23 Rn. 132; Soergel/*Skauradszun* § 23 Rn. 56.
[30] BeckOGK/*Hermann,* 1.11.2020, § 23 Rn. 132; Soergel/*Skauradszun* § 23 Rn. 56.

und der Jahresabrechnung nach § 29 Abs. 2 S. 2) zuständig. In vielen Fällen ist die Zuständigkeit im Innenverhältnis im Gesetz nicht ausdrücklich geregelt. Eine Zuständigkeitslücke besteht gleichwohl nicht, da jedenfalls die Gesamtheit der Wohnungseigentümer nach § 19 Abs. 1 zuständig ist,[31] solange und soweit es sich um eine Maßnahme handelt, die sich in dem durch § 18 vorgegebenen Korridor bewegt, insbesondere also das Verwaltungsmonopol der Gemeinschaft der Wohnungseigentümer nach § 18 Abs. 1 betrifft. Denn entweder handelt es sich um eine Maßnahme, die nicht nur untergeordnete Bedeutung hat oder zu erheblichen Verpflichtungen führt (vgl. Abs. 1 Nr. 1), weshalb ohnehin im Regelfall allein die Gesamtheit der Wohnungseigentümer zuständig ist, oder die Gesamtheit der Wohnungseigentümer macht von ihrer Rückholkompetenz Gebrauch (Abs. 2) und zieht ein Thema zur Entscheidung an sich.

14 **1. Maßnahmen untergeordneter Bedeutung und ohne erhebliche Verpflichtungen (Abs. 1 Nr. 1). a) Alternativitätsverhältnis in Abs. 1 Nr. 1.** Der Gesetzgeber hat sich bewusst dafür entschieden, auf einen Katalog zu verzichten, der Aufgaben und Befugnisse des Verwalters definiert.[32] Das Gesetz sieht stattdessen in Abs. 1 Nr. 1 zwei normative Tatbestandsmerkmale vor („untergeordnete Bedeutung" und „nicht erhebliche Verpflichtung"), die auszulegen sind. Beide **Voraussetzungen** müssen **kumulativ** erfüllt sein, damit der Verwalter nach Nr. 1 primär zuständig ist.[33] Aus Sicht der Wohnungseigentümer stehen die beiden Voraussetzungen in einem **Alternativitätsverhältnis:** Wenn auch nur eine der beiden Alternativen nicht erfüllt ist, die Maßnahme also **entweder** mehr als nur untergeordnete Bedeutung hat **oder** zu einer erheblichen Verpflichtung führt, ist der Verwalter nicht mehr nach Nr. 1 primär zuständig, sondern die Gesamtheit der Wohnungseigentümer. Denn es mag Maßnahmen geben, die zwar nicht zu erheblichen Verpflichtungen führen (nicht-finanzielle Maßnahmen), jedoch eine hohe Bedeutung haben. Dies gilt etwa für die Aufstellung der **Hausordnung.** Diese führt als solche nicht zu erheblichen Verpflichtungen, hat aber für das Zusammenleben der Wohnungseigentümer eine erhebliche Bedeutung. Folglich kann der Verwalter die Hausordnung nicht alleine aufstellen. Weiter können hierzu Gestaltungsrechte gehören.[34] Ferner gilt dies für Maßnahmen, die den **Charakter der Anlage** betreffen, auch wenn sie finanziell zu unerheblichen Verpflichtungen führen. Umgekehrt kann die Maßnahme als solche nur untergeordnete Bedeutung haben, aber zu erheblichen Verpflichtungen führen, beispielsweise wenn bei dieser Maßnahme später Probleme auftreten und sich dann **Haftungsrisiken** realisieren. Auch dann ist die Gesamtheit der Wohnungseigentümer zuständig und nicht primär der Verwalter.

15 **b) Bezugspunkt für die Prüfung nach Abs. 1 Nr. 1.** Fraglich ist, was der Bezugspunkt für die Prüfung ist. Ist zu prüfen, ob es sich für die Gemeinschaft der Wohnungseigentümer oder für die einzelnen Wohnungseigentümer um eine Maßnahme untergeordneter Bedeutung handelt? Ist entscheidend, ob die Maßnahme zu erheblichen Verpflichtungen für die Gemeinschaft der Wohnungseigentümer oder für den einzelnen Wohnungseigentümer führt? Wortlaut und Systematik sprechen dafür, dass der Fokus auf der Gemeinschaft der Wohnungseigentümer liegt, die Entstehungsgeschichte der Vorschrift spricht hingegen dafür, auf die einzelnen Wohnungseigentümer abzustellen. Die Frage könnte für die Praxis erhebliche Bedeutung haben, da sie schon bei etwas größeren Anlagen zu völlig unterschiedlichen Ergebnissen führen könnte. Im Einzelnen:

16 Der **Wortlaut** nennt die Pflicht des Verwalters gegenüber der Gemeinschaft der Wohnungseigentümer, nicht aber gegenüber den einzelnen Wohnungseigentümern. Es wird also zu Recht das verbandsrechtliche System angesprochen. Hingegen enthält der Wortlaut keine Anhaltspunkte dafür, dass der Bezugspunkt auf den einzelnen Wohnungseigentümern liegt.

17 **Systematisch** steht § 27 im Abschnitt über die Gemeinschaft der Wohnungseigentümer. Die Vorschriften §§ 26, 26a und § 27 beziehen sich alle auf den Verwalter als Verbandsorgan. Systematisch widmen sich diese Vorschriften also nicht den einzelnen Wohnungseigentümern.

18 Wortlaut und Systematik sprechen somit eindeutig dafür, dass der Bezugspunkt für die Prüfung einer untergeordneten Bedeutung oder einer erheblichen Verpflichtung stets die Gemeinschaft der Wohnungseigentümer ist. Der Rechtsausschuss hingegen formulierte, dass maßgeblich sei, „ob derjenige Teil der Verpflichtung, für den der einzelne Wohnungseigentümer nach § 9a Abs. 4 einstehen muss, so bedeutsam [sei], dass eine vorherige Beschlussfassung geboten ist".[35] In der Gesetzesbegründung zum ursprünglich vorgeschlagenen § 27 Abs. 1 Nr. 1 wurde ebenfalls auf den durchschnittlichen Wohnungseigentümer abgestellt und nicht auf die Gemeinschaft der Wohnungseigentümer.[36]

---

31 Vgl. BT-Drs. 19/18791, 75.
32 BT-Drs. 19/18791, 74; BT-Drs. 19/22634, 47.
33 *Lehmann-Richter/Wobst* WEG-Reform 2020 Rn. 476.
34 Palandt/*Wicke* Rn. 10.
35 BT-Drs. 19/22634, 47.
36 BT-Drs. 19/18791, 75.

Die **Entstehungsgeschichte** der Norm spricht also dafür, den Bezugspunkt auf die einzelnen Wohnungseigentümer zu legen.

Dieser **Widerspruch** lässt sich so **auflösen,** dass man sich der grundlegenden Idee des § 27 Abs. 1 Nr. 1 erinnert. Danach war stets eine flexible Regelung bezweckt, die den Maßstab zwischen untergeordneter und bedeutsamer Maßnahme bzw. unerheblicher und erheblicher Verpflichtung fließend danach verschiebt, wie groß die Anlage ist.[37] Die **Größe einer Anlage** muss, damit die Regelung Sinn macht, nach der **Anzahl der Miteigentumsanteile** bestimmt werden, denn mit der Anzahl an Miteigentumsanteile reduziert sich mathematisch die Last für den einzelnen Wohnungseigentümer. Führt eine Maßnahme beispielsweise zu Ausgaben in Höhe von 3.000 Euro und mehr und gibt es nur drei etwa gleich große Miteigentumsanteile, handelt es sich nicht mehr um eine Maßnahme untergeordneter Bedeutung, die nicht zu erheblichen Verpflichtungen führt. Die gleiche Maßnahme bei einer Gemeinschaft mit 300 Miteigentumsanteilen ist von untergeordneter Bedeutung und führt auch nicht zu erheblichen Verpflichtungen. Damit kommt also der Größe der Anlage die maßgebliche Bedeutung zu. Je weniger die Maßnahmen den einzelnen Miteigentumsanteil finanziell belasten, desto weniger Interesse hat der diesen Miteigentumsanteil haltende Wohnungseigentümer typischerweise an einer Beschlussfassung durch die Wohnungseigentümer und stattdessen ein Interesse an der Erledigung durch den Verwalter.[38] Auf Grundlage dieses Verständnisses ist es schließlich irrelevant, ob ein Miteigentumsanteil von zwei oder mehr Personen gehalten wird oder eine Person gleich mehrere Miteigentumsanteile hält. Entscheidend ist die Anzahl der Miteigentumsanteile. 19

Als **Faustformel**[39] kann dienen, dass bei einer Gemeinschaft mit weniger als zehn Wohnungseigentümern eine Maßnahme zu erheblichen Verpflichtungen iSv § 27 Abs. 1 Nr. 1 führt, die Ausgaben in Höhe von 2.000 Euro oder mehr auslöst. Bis zu dieser Höhe ist der Verwalter primär zuständig, sodann hat die Gesamtheit der Wohnungseigentümer zu entscheiden. Bei einer Anlage mit 50 Wohnungseigentümern oder mehr führt eine Maßnahme zu erheblichen Verpflichtungen iSv § 27 Abs. 1 Nr. 1, die Ausgaben in Höhe von 10.000 Euro oder mehr auslöst. Bis zu dieser Höhe ist der Verwalter primär zuständig, sodann hat die Gesamtheit der Wohnungseigentümer zu entscheiden. 20

Es handelt sich gleichwohl nur um Faustformeln. Die **Erheblichkeitsschwelle verschiebt sich** etwa auch dann, wenn es in einer Anlage der **Verwaltungspraxis** entspricht, Maßnahmen auch dann durch die Gesamtheit der Wohnungseigentümer beschließen zu lassen, wenn Verpflichtungen ausgelöst werden, die deutlich unter den genannten Schwellen liegen. Muss der Verwalter also abwägen, ob er primär nach § 27 Abs. 1 Nr. 1 zuständig ist oder aber die Sache der Gesamtheit der Wohnungseigentümer vorlegen muss, ist auch die bisherige Verwaltungspraxis zu betrachten. 21

Bei alldem ist die Flexibilität der Regelung des § 27 Abs. 1 Nr. 1 nicht zu kritisieren, sondern die Vorschrift im Einzelfall[40] schlicht auszulegen. Dass sich im Laufe der Jahre zu dieser Regelung eine Rspr. erst entwickeln muss, ist kein Nachteil, sondern typisch für jede Vorschrift, in der normative Tatbestandsmerkmale verwendet werden. Diese **normativen Tatbestandsmerkmale** der Regelung erlauben, dass die Gerichte die Grenzen der Aufgaben und Befugnisse des Verwalters **zeitgemäß fortentwickeln.** 22

c) Beispiele für Zuständigkeiten nach Abs. 1 Nr. 1. Der Verwalter ist typischerweise nach § 27 Abs. 1 Nr. 1 zuständig für 23

- die außergerichtliche **Anspruchsverfolgung** der nach § 28 Abs. 1 S. 1, Abs. 2 S. 1 beschlossenen Zahlungspflichten,[41]
- die **gerichtliche Anspruchsdurchsetzung** der nach § 28 beschlossenen Zahlungspflichten, einschließlich der Durchsetzung in der **Zwangsvollstreckung,**[42]
- Durchführung bzw. Vollzug der **Beschlüsse,**[43] auch wenn diese angefochten wurden (§ 23 Abs. 4 S. 2)[44] und ohne dass es hierzu – wie im übrigen Verbandsrecht – einer ausdrücklichen Regelung bedürfte,[45]

---

37 Vgl. Gesetzesbegründung, BT-Drs. 19/18791, 75; Rechtsausschuss, BT-Drs. 19/22634, 47.

38 Ähnlich *Lehmann-Richter/Wobst* WEG-Reform 2020 Rn. 477.

39 *Lehmann-Richter/Wobst* WEG-Reform 2020 Rn. 477 arbeiten ebenfalls mit einer „Richtschnur“: unerhebliche Verpflichtung, wenn sie weniger als 2 % der durchschnittlichen Wirtschaftsplansumme ausmacht.

40 BT-Drs. 19/22634, 47.

41 BT-Drs. 19/18791, 75; BT-Drs. 19/22634, 47; Palandt/*Wicke* Rn. 7, 9.

42 BT-Drs. 19/22634, 47; *Lehmann-Richter/Wobst* WEG-Reform 2020 Rn. 482.

43 BT-Drs. 19/18791, 75; BT-Drs. 19/22634, 47.

44 Palandt/*Wicke* Rn. 7.

45 *Lehmann-Richter/Wobst* WEG-Reform 2020 Rn. 468.

- Empfang von Zahlungen und deren Verwaltung etwa auf Bankkonten,[46]
- Durchführung der Hausordnung,[47] also auch Erinnerungen bzw. Ermahnungen hierzu,[48]
- Instandsetzungen[49] am gemeinschaftlichen Eigentum mit den Maßstäben nach → Rn. 18 ff., also etwa die Instandsetzung von Lampen oder Fenstern im Bereich des gemeinschaftlichen Eigentums, ferner Graffitientfernung,[50] sofern hierdurch keine erheblichen Verpflichtungen ausgelöst werden (Kleinreparaturen[51]),
- die Auswahl eines Providers für Telefon und Internet oder Wechsel desselbigen,
- Überweisung von Rechnungen und Zahlung[52] von Leistungen, die auf voraussichtlichen Ausgaben des Wirtschaftsplans beruhen, etwa Zahlung der Rechnung für Öl oder Pellets,
- Durchführung der Vereinbarungen der Wohnungseigentümer.[53]

24 Mit zunehmender Größe der Anlage ist der Verwalter ferner primär für den Abschluss von **Versorgungs- und Dienstleistungsverträgen** zuständig,[54] beispielsweise für die Auswahl eines Lieferanten für Strom, Gas, Öl, Pellets etc.

25 **2. Wahrung einer Frist oder Abwendung eines Nachteils (Abs. 1 Nr. 2). a) Enge Auslegung.** Ist der Verwalter schon nach § 27 Abs. 1 Nr. 1 zuständig, da die Maßnahme von untergeordneter Bedeutung ist und keine erheblichen Verpflichtungen auslöst, kommt es auf Nr. 2 nicht mehr an. Nr. 2 ist aber von Bedeutung, wenn die Maßnahme außerhalb des Anwendungsbereichs von Nr. 1 liegt, der Verwalter damit also nicht primär zuständig ist. Das WEG kennt eine Notverwaltung durch einen einzelnen Wohnungseigentümer in § 18 Abs. 3 und die Notgeschäftsführung durch den Verwalter in § 27 Abs. 1 Nr. 2 (dringliche Maßnahmen[55]). In beiden Fällen soll ein Handeln ermöglicht werden, bevor die primär zuständige Gesamtheit der Wohnungseigentümer als Willensbildungsorgan entscheiden, typischerweise also einen Beschluss fassen kann. Da § 27 Abs. 1 Nr. 2 in die **Zuständigkeit** des Willensbildungsorgans **eingreift,** sollte die Vorschrift – genauso wie § 18 Abs. 3 – als **Ausnahmevorschrift eng ausgelegt** werden.[56] Wird nämlich Nr. 2 zu weit ausgelegt, wird das primär zuständige Willensbildungsorgan unterlaufen und damit das Nadelöhr umgangen (vgl. → Rn. 10).

26 **b) Gemeinschaftliches Eigentum.** Da der Verwalter nach § 27 Abs. 1 als Organ der Gemeinschaft der Wohnungseigentümer tätig wird und der Wortlaut auf die „ordnungsmäßige Verwaltung" Bezug nimmt, kann sich die Notgeschäftsführung nur auf die Verwaltung nach § 18 Abs. 1 beziehen. Es muss also das **gemeinschaftliche Eigentum** betroffen sein. Der Verwalter ist also auch nach § 27 Abs. 1 Nr. 2 nicht für die Wahrung von Fristen eines Sondereigentümers zuständig. Jedenfalls im Grundsatz ist der Verwalter ferner nicht zur Abwendung eines Nachteils am Sondereigentum zuständig. Hinweis- oder sogar Handlungspflichten können sich allenfalls aus den **allgemeinen Schutz- und Treuepflichten** ergeben.[57] Meist wird jedoch zumindest in geringem Maße auch das gemeinschaftliche Eigentum betroffen sein, sodass dem Verwalter dann eine originäre Zuständigkeit zukommt. Sieht der Verwalter etwa, dass unter der Eingangstür zu einem Sondereigentum Wasser austritt, weil offenbar ein Wasserschaden vorliegt, wird alsbald auch das gemeinschaftliche Eigentum betroffen sein, namentlich der Flur, das Treppenhaus und tragende Wände und Decken.

27 **c) Eilbedürftigkeit.** Die Erforderlichkeit iSv Nr. 2 ergibt sich vorrangig aus der Eilbedürftigkeit. Das Willensbildungsorgan würde in derartigen Situationen typischerweise mit einer Geschäftsführung des Verwalters einverstanden sein. Kann über die Maßnahme hingegen von der Gesamtheit der Wohnungseigentümer entschieden werden, entweder in einer **(außerordentlichen) Wohnungseigentümerversammlung** oder im **Umlaufverfahren,** ist eine Geschäftsführung des Verwalters nach Nr. 2 nicht erforderlich. Für diese Prüfung kommt es etwa darauf an, wie lange die Frist läuft oder der abzuwendende Nachteil schon andauert. Ferner ist zu berücksichtigen, seit wann dem Verwalter der Fristablauf oder der abzuwendende Nachteil bekannt ist.[58] Von Nr. 2 sind also

---

[46] BT-Drs. 19/18791, 75.
[47] BT-Drs. 19/22634, 47.
[48] Palandt/*Wicke* Rn. 7.
[49] Gesetzesbegründung, BT-Drs. 19/18791, 75; Rechtsausschuss, BT-Drs. 19/22634, 47.
[50] BT-Drs. 19/22634, 47.
[51] Palandt/*Wicke* Rn. 6.
[52] BT-Drs. 19/18791, 75.
[53] BT-Drs. 19/18791, 75; *Lehmann-Richter/Wobst* WEG-Reform 2020 Rn. 469.
[54] BT-Drs. 19/18791, 75.
[55] BT-Drs. 19/18791, 75; Bärmann/Pick/*Emmerich* Anh. I § 27 Rn. 1.
[56] BeckOGK/*Skauradszun,* 1.12.2020, § 18 Rn. 51.
[57] Vgl. zur Parallelnorm BeckOGK/*Skauradszun,* 1.12.2020, § 18 Rn. 53.
[58] Vgl. zur Parallelnorm BeckOGK/*Skauradszun,* 1.12.2020, § 18 Rn. 54.

keine Maßnahmen gedeckt, die – rechtzeitig vorbereitet – durch Beschluss der Wohnungseigentümer hätten geregelt werden können, durch das Liegenlassen nun aber eilbedürftig geworden sind. Würde man dies anders sehen, wird eine jede Maßnahme – wird nur lange genug gewartet – irgendwann eilbedürftig. Es versteht sich von selbst, dass mit einer solchen Sichtweise das Willensbildungsorgan massiv entwertet würde.

d) Sachlicher Umfang. Nr. 2 erfasst vom sachlichen Umfang her nur solche Maßnahmen, **28** die erforderlich sind, um die in Rede stehende Frist zu wahren oder den drohenden Nachteil abzuwenden. Es geht insbesondere um die Verhinderung eines drohenden Schadens oder dass sich ein Schaden ausweitet. Der Umfang ist also begrenzt auf das, was das eigentlich zuständige Willensbildungsorgan vernünftigerweise für erforderlich halten dürfte. Typische **Beispiele** sind das Stellen eines Fristverlängerungsantrags und das Einlegen eines Rechtsmittels, bevor die Gesamtheit der Wohnungseigentümer über die Prozessstrategie bzw. die Erfolgsaussichten in der höheren Instanz entscheiden konnte,[59] ferner Notreparaturen bei einer Rohrverstopfung oder einem Rohrbruch, eine Notreparatur an der Heizung im Herbst und Winter, der Austausch eines aufgebrochenen Türschlosses und Sicherungsmaßnahmen beim Austreten von Gas oder Öl.[60] Droht der Verlust von Beweisen, ist von Nr. 2 nicht nur das Dokumentieren des Nachteils für das gemeinschaftliche Eigentum, sondern auch das Begutachtenlassen durch Experten erfasst. Vom sachlichen Umfang erfasst sind also auch Maßnahmen, ohne die ein **rechtlicher,** insbesondere prozessualer Nachteil droht.

Anders als bei der Parallelvorschrift des § 18 Abs. 3 entstehen für den Verwalter bei § 27 Abs. 1 **29** Nr. 2 keine Probleme bei der Vertretung der Gemeinschaft der Wohnungseigentümer. Denn der Verwalter verfügt über eine **gesetzliche Vertretungsmacht** aus § 9b Abs. 1, die dem Umfang nach Dritten gegenüber nicht beschränkbar ist (§ 9b Abs. 1 S. 3). Beantragt der Verwalter also etwa eine Fristverlängerung im Verbandsprozess oder beauftragt er einen Handwerker zur Abwendung eines Schadens, kann er die Gemeinschaft der Wohnungseigentümer wirksam vertreten. Dies hat zugleich den Vorteil, dass die hierzu eingegangenen Verträge – etwa der Werkvertrag mit dem Handwerker zu einer dringlichen Instandsetzung – von der Gemeinschaft der Wohnungseigentümer zu erfüllen sind. Die Ansprüche der Handwerker etc. auf Vergütung richten sich also gegen diese.

3. Ermessen. Der **Gemeinschaft der Wohnungseigentümer** obliegt zwar die Verwaltung **30** des gemeinschaftlichen Eigentums (§ 18 Abs. 1), ihr steht jedoch ein **weites Ermessen** zu, wie sie das gemeinschaftliche Eigentum verwaltet. Dieses Ermessen üben die Verbandsorgane für die Gemeinschaft der Wohnungseigentümer aus. Genauso wie die Wohnungseigentümer bei der Beschlussfassung nach § 19 Abs. 1 nicht über ein originäres Ermessen verfügen, sondern das Ermessen des Verbands ausüben, verfügt der Verwalter nicht über ein originäres Ermessen, sondern übt jenes des Verbands aus.[61] Denn nur derjenige, der zur Verwaltung verpflichtet ist, kann über ein originäres Ermessen verfügen.[62] Dies ist die Gemeinschaft der Wohnungseigentümer.

Der Verwalter muss vorrangig erkennen, ob und wie er bei einer Maßnahme der Verwaltung **31** ein Ermessen des Verbands ausüben kann. Beispielsweise verfügt er über kein Ermessen, **ob** er einen Wirtschaftsplan oder eine Jahresabrechnung aufstellt (vergleiche § 28 Abs. 1 S. 2, Abs. 2 S. 1), ein Ermessen besteht aber bei der Frage, **wie** der Wirtschaftsplan bzw. die Jahresabrechnung aufgebaut wird. Ein weiteres Beispiel betrifft die Vorbereitung einer Beschlussfassung durch die Gemeinschaft der Wohnungseigentümer. Der Gemeinschaft der Wohnungseigentümer steht bei der Frage ein durch den Verwalter ausgeübtes Ermessen zu, ob eine Wohnungseigentümerversammlung einberufen oder ein Umlaufverfahren initiiert wird, auf welchen Tag die Wohnungseigentümerversammlung einberufen und wie die Beschlussgegenstände angekündigt werden.

IV. Einschränkungen oder Erweiterungen durch Beschluss (Abs. 2)

1. Beschlusstechnik: Maßnahmenkatalog, Wertgrenzen, Zustimmungsvorbehalte. **32** Abs. 2 enthält eine besondere **Beschlusskompetenz.**[63] Die Aufgaben und Befugnisse des Verwalters können durch Beschluss für das **Innenverhältnis** erweitert oder eingeschränkt werden. **Durch** den **Verwaltervertrag** zwischen der Gemeinschaft der Wohnungseigentümer und dem Verwalter können die Aufgaben und Befugnisse hingegen **nicht** eingeschränkt oder erweitert werden.[64] Die

---

[59] BT-Drs. 19/18791, 75: Führung eines Prozesses, soweit Beschlussfassung nicht möglich.

[60] Vgl. zur Parallelnorm BeckOGK/*Skauradszun,* 1.12.2020, § 18 Rn. 56.

[61] *Skauradszun* ZMR 2020, 905 (906).

[62] *Skauradszun* ZMR 2020, 905 (906).

[63] *Lehmann-Richter/Wobst* WEG-Reform 2020 Rn. 487.

[64] *Lehmann-Richter/Wobst* WEG-Reform 2020 Rn. 503; Bärmann/Pick/*Emmerich* Anh. I § 27 Rn. 2: im Beschlusswesen; Palandt/*Wicke* Rn. 13: im Vertrag nur zusätzlich wegen der Klarheit.

Zuständigkeit im Verband liegt hierfür nämlich ausweislich Abs. 2 bei der Gesamtheit der Wohnungseigentümer als Willensbildungsorgan, nicht aber beim Verband im Außenverhältnis.

33 Erweitern die Wohnungseigentümer die Aufgaben und Befugnisse des Verwalters, geht damit in gleichem Maße eine Beschränkung der primären Zuständigkeit der Gesamtheit der Wohnungseigentümer einher. Allerdings kann das Willensbildungsorgan trotz Erweiterung der Aufgaben und Befugnisse eine Maßnahme wieder an sich ziehen (→ Rn. 7).[65] Für das Außenverhältnis gilt grundsätzlich § 9b Abs. 1 S. 3 (unbeschränkbare Vertretungsmacht).[66] Ein Beschluss nach § 27 Abs. 2 kann die Vertretungsmacht im Außenverhältnis also nicht beschränken. Der Beschluss nach Abs. 2 bedarf einer **einfachen Mehrheit** (§ 25 Abs. 1).

34 Der **Beschlussantrag** ist dann **bestimmt,** wenn er die konkrete Maßnahme benennt, für die der Verwalter zuständig oder nicht mehr zuständig sein soll, ferner ist der Beschlussantrag bestimmt, wenn ein **Maßnahmenkatalog** aufgenommen wird.[67] Der Beschlussantrag darf auf eine Anlage Bezug nehmen. Im Übrigen kann der Beschlussantrag **Wertgrenzen** enthalten[68] und damit definieren, was als erhebliche Verpflichtung iSv § 27 Abs. 1 Nr. 1 betrachtet wird (Beispiel: „Für die Aufgaben und Befugnisse des Verwalters, für die er ohne Beschluss der Wohnungseigentümer nach § 27 Abs. 1 Nr. 1 berechtigt und verpflichtet ist, wird eine Wertgrenze von 5.000 Euro für Ausgaben der Gemeinschaft der Wohnungseigentümer festgesetzt").

35 Die Aufgaben und Befugnisse können ferner so eingeschränkt oder erweitert werden, dass der Verwalter für bestimmte Maßnahmen oder ab bestimmten Wertgrenzen zuvor der **Einwilligung** des Verwaltungsbeirats oder eines oder mehrerer Wohnungseigentümer bedarf.[69] Da der Verwalter im Außenverhältnis die Gemeinschaft der Wohnungseigentümer unbeschränkbar vertreten kann (§ 9b Abs. 1 S. 3),[70] ist ein solches Zustimmungserfordernis regelmäßig als Einwilligung iSv § 183 BGB auszulegen. Denn die Zustimmung soll vorher eingeholt werden und nicht nachträglich, wenn die Gemeinschaft der Wohnungseigentümer rechtsgeschäftlich schon gebunden ist. Ein solcher Einwilligungsvorbehalt kann sinnvoll sein, wenn die Gesamtheit der Wohnungseigentümer organisatorisch zu schwerfällig ist. Eine **fehlende Einwilligung** im Innenverhältnis schlägt auf die Vertretung der Gemeinschaft der Wohnungseigentümer im Außenverhältnis nicht durch. Der Verwalter wird insbesondere nicht zum Vertreter ohne Vertretungsmacht. Die §§ 177 ff. BGB sind nicht anwendbar.

36 Beachtet der Verwalter das Zustimmungserfordernis, Wertgrenzen oder den Maßnahmenkatalog schuldhaft nicht, **haftet** er der Gemeinschaft der Wohnungseigentümer für Schäden aus § 280 Abs. 1 BGB[71] (→ Rn. 52).

37 Schränkt die Gesamtheit der Wohnungseigentümer eine Aufgabe oder Befugnis des Verwalters nach Abs. 2 ein, bedarf dieser **Beschluss keiner Zustimmung durch den Verwalter.** Wie auch bei der Abberufung entbindet der Beschluss mit seinem Zustandekommen den Verwalter von den entsprechenden Pflichten.[72] Ähnlich ist dies ferner bei Beschlüssen, mit denen der Verwalter angewiesen wird. Auch bei diesen Beschlüssen bedarf es keiner Zustimmung durch den Verwalter. Werden durch Beschluss nach Abs. 2 hingegen weitere Aufgaben und Befugnisse auf den Verwalter **übertragen,** könnte erwogen werden, dass – wie bei der Bestellung – eine Zustimmung des Verwalters zur Übernahme der Pflichten notwendig ist. Da § 27 aber eine Kernvorschrift des Verbandsrechts darstellt, mit der seit dem WEMoG ein jeder Verwalter vertraut sein muss, gehört es zu den **Charakteristika des Verwalteramtes,** dass seine Aufgaben und Befugnisse durch Beschluss erweitert oder eingeschränkt werden können, gegebenenfalls auch nur vorübergehend oder sehr punktuell. Daher kann der Beschluss nach § 27 Abs. 2 nicht mit dem Bestellungsbeschluss nach § 26 Abs. 1 S. 1 gleichgesetzt werden. Für die Wirksamkeit der Beschlüsse nach § 27 Abs. 2 überzeugt es also nicht, ein Zustimmungserfordernis anzunehmen.

38 Die Thematik setzt sich auf **vertraglicher Ebene** zwischen der Gemeinschaft der Wohnungseigentümer und dem Verwalter fort. Überträgt nämlich die Gesamtheit der Wohnungseigentümer durch § 27 Abs. 2 nach Abschluss des Verwaltervertrags weitere Aufgaben und Befugnisse auf den Verwalter – gegebenenfalls wachsen diese durch Beschluss übertragenen Aufgaben und Befugnisse auch erst im Laufe der Zeit an –, stellt sich die Frage, ob der Verwalter eine **höhere Vergütung** verlangen kann. Fraglich ist etwa, ob ein solcher **Anspruch auf Anpassung des Verwaltervertrags** aus § 313 Abs. 1 BGB folgt. Dazu müssten sich Umstände, die zur Grundlage des Vertrags geworden

---

[65] Palandt/*Wicke* Rn. 13.
[66] Bärmann/Pick/*Emmerich* Anh. I § 27 Rn. 4.
[67] BT-Drs. 19/18791, 75; Palandt/*Wicke* Rn. 13.
[68] BT-Drs. 19/18791, 75; Palandt/*Wicke* Rn. 13.
[69] Vgl. BT-Drs. 19/18791, 75.
[70] BT-Drs. 19/18791, 75.
[71] Palandt/*Wicke* Rn. 2.
[72] *Skauradszun,* Der Beschluss als Rechtsgeschäft, 2020, 270 ff. und mwN zur Gegenauffassung.

sind, nach Vertragsschluss schwerwiegend verändert haben und die Parteien dürften den Vertrag nicht oder mit anderem Inhalt geschlossen haben, wenn sie diese Veränderung vorausgesehen hätten. Eine schwerwiegende Veränderung **(reales Element)** erscheint vertretbar, wenn die Vertragsparteien nur die Aufgaben und Befugnisse des Verwalters nach § 27 Abs. 1 zugrunde gelegt hatten, mithin der Verwalter nur für Aufgaben untergeordneter Bedeutung und ohne wesentliche Verpflichtungen zuständig sein sollte, durch einen oder mehrere Beschlüsse nach § 27 Abs. 2 aber faktisch das Verwalteramt zu einem dem GmbH-Geschäftsführer vergleichbaren Status ausgebaut wurde. Problematisch aber ist das **hypothetische Element** des § 313 BGB, denn die Parteien wissen um den Mechanismus des § 27 Abs. 2 und sehen deshalb Veränderungen bei den Aufgaben und Befugnissen des Verwalters voraus. Man wird deshalb jedenfalls nicht ohne Weiteres sagen können, dass die Parteien, hätten sie diese Veränderung vorausgesehen, den Vertrag nicht oder mit anderem Inhalt geschlossen hätten. Auch beim **normativen Element** des § 313 Abs. 1 BGB wird man streiten können, denn dem Verwalter ist das Festhalten am unveränderten Vertrag womöglich deshalb zumutbar, weil Erweiterungen oder Einschränkungen der Aufgaben und Befugnisse durch den Beschluss nach § 27 Abs. 2 für das Amt des Verwalters charakteristisch und daher Veränderungen in beide Richtungen jederzeit zu erwarten sind.

Faustformel kann sein, dass eine maßvolle Erweiterung oder Einschränkung der Aufgaben 39
und Befugnisse eher nicht zu Anpassungsansprüchen führt, eine charakterändernde Beschlussfassung aber einen Anspruch auf Anpassung des Verwaltervertrags rechtfertigen kann (Beispiel: § 27 Abs. 1 Nr. 1 wird während der Vertragslaufzeit derart umfassend erweitert, dass der Verwalter durch den Beschluss nach Abs. 2 einem GmbH-Geschäftsführer gleicht).

Empfehlenswert ist nach alldem, dass die Gemeinschaft der Wohnungseigentümer und der 40
Verwalter schon bei Abschluss des Verwaltervertrags vereinbaren, ob und gegebenenfalls wie sich die Vergütung des Verwalters anpasst, wenn Aufgaben und Befugnisse nach § 27 Abs. 2 erweitert oder eingeschränkt werden oder ob dem Verwalter ein **Sonderkündigungsrecht** zugebilligt wird, wenn sich die Aufgaben und Befugnisse durch einen Beschluss nach Abs. 2 signifikant ändern. Die Niederlegung des Amtes ist zwar auch ohne eine solche vertragliche Regelung wirksam, kann aber eine Pflichtverletzung des Verwaltervertrags bedeuten und insbesondere bei einer Amtsniederlegung zur Unzeit Schadensersatzansprüche begründen.

2. Beispiele. Beispiele für Beschlüsse nach Abs. 2 sind: 41

- ein Beschluss, mit dem der Verwalter die **gerichtliche Durchsetzung der Zahlungspflichten** einzelner Wohnungseigentümer beginnen muss, wenn der säumige Wohnungseigentümer zweimal in einem Abstand von vier Wochen gemahnt wurde,
- ein Beschluss, mit dem dem Verwalter für § 12 **(Veräußerungsbeschränkung)** die Befugnis eingeräumt wird, Veräußerungen an interessierte Wohnungseigentümer alleine prüfen und entscheiden zu dürfen, er Veräußerungen an neue Teileigentümer (gewerblich genutztes Sondereigentum) jedoch dem Willensbildungsorgan vorlegen muss.

3. Beschlusskontrolle. Der Beschluss nach Abs. 2 kann mit einer Beschlussklage nach § 44 42
Abs. 1 S. 1 überprüft werden **(Anfechtungs- und Nichtigkeitsklage).** Wird ein nach Abs. 2 notwendiger Beschluss nicht gefasst, kann ein einzelner Wohnungseigentümer eine **Beschlussersetzungsklage** nach § 44 Abs. 1 S. 2 erheben. Der Beschluss wird im sogenannten **Verbandsprozess** überprüft, die Klagen richten sich also gegen die Gemeinschaft der Wohnungseigentümer, vertreten durch den Verwalter (§ 44 Abs. 2 S. 1, § 9b Abs. 1 S. 1).

Ein nach Abs. 2 gefasster **Beschluss** ist **gültig,** solange er nicht durch rechtskräftiges Urteil für 43
ungültig erklärt ist (§ 23 Abs. 4 S. 2). Bis zur Rechtskraft des Gestaltungsurteils sind die Aufgaben und Befugnisse des Verwalters also durch den Beschluss eingeschränkt bzw. erweitert.

In Ausnahmefällen kann ein Verfügungsgrund vorliegen, sodass ein einzelner Wohnungseigentü- 44
mer im Wege der **einstweiligen Verfügung** der Gemeinschaft der Wohnungseigentümer untersagen lassen kann,[73] einstweilig bestimmte Maßnahmen nicht durch ihren Verwalter erledigen zu lassen (§ 18 Abs. 2; §§ 935 ff. ZPO). Das neue Verfahrensrecht (§§ 43 ff.) äußert sich zwar an keiner Stelle zum einstweiligen Rechtsschutz, da die §§ 43 ff. jedoch auf die Zivilprozessordnung zurückgreifen, bestehen keine Bedenken, die §§ 935 ff. ZPO direkt anzuwenden.[74] Da sich der Anspruch aus § 18 Abs. 2 gegen die Gemeinschaft der Wohnungseigentümer richtet, ist der Antrag auf Erlass einer einstweiligen Verfügung gegen sie zu richten. Die Gemeinschaft der Wohnungseigentümer hat sodann ihren **allgemeinen Gerichtsstand** bei dem Gericht, in dessen Bezirk das Grundstück liegt (§ 43 Abs. 1 S. 1).[75]

---

[73] *Lehmann-Richter/Wobst* WEG-Reform 2020 Rn. 500.
[74] *Skauradszun* FS Riecke, 2019, 431 (436).
[75] BeckOGK/*Skauradszun,* 1.12.2020, § 43 Rn. 16.

45 Einstweilige Verfügungen sind hier insbesondere in der Form der **Regelungsverfügung** relevant, da zur Abwendung wesentlicher Nachteile ein Zustand auch einstweilig geregelt werden kann. Hier soll einstweilig geregelt werden, dass der Verwalter trotz des Beschlusses nach § 27 Abs. 2 zur Durchführung bestimmter Maßnahmen nicht befugt ist. Der Wohnungseigentümer als Antragsteller hat den **Verfügungsanspruch** und **Verfügungsgrund** glaubhaft zu machen (§§ 935, 920 Abs. 2 ZPO). Der Wohnungseigentümer als Antragsteller muss also glaubhaft machen, dass der Beschluss nach § 27 Abs. 2 den Grundsätzen ordnungsmäßiger Verwaltung iSv § 18 Abs. 2 widerspricht. Ferner muss er glaubhaft machen, warum ein **wesentlicher Nachteil** droht. Für die Glaubhaftmachung gilt § 294 ZPO, sodass beim Freibeweis auch die **Versicherung an Eides statt** zugelassen ist.

46 Den Inhalt der einstweiligen Regelungsverfügung kann das Gericht nach freiem Ermessen bestimmen (§ 938 Abs. 1 ZPO). Denkbar wäre etwa, dass eine Befugnis, die nach § 27 Abs. 2 an den Verwalter übertragen wurde, einstweilen nur nach vorheriger Zustimmung durch den Verwaltungsbeirat ausgeübt werden darf. Zu beachten ist der besondere Schadensersatzanspruch aus § 945 ZPO, sollte sich im Hauptverfahren zeigen, dass die einstweilige Verfügung von Anfang an ungerechtfertigt erlassen wurde.

47 Da es zwischen den Wohnungseigentümern und dem Verwalter **keine Direktansprüche** gibt, ist auch keine einstweilige Verfügung des Wohnungseigentümers gegen den Verwalter statthaft. Allerdings kann die Gemeinschaft der Wohnungseigentümer in besonderen Fällen eine einstweilige Verfügung gegen ihren Verwalter erwirken.

48 Für die **Begründetheit der Anfechtungsklage** kommt es darauf an, ob der Beschluss nach Abs. 2 ordnungsmäßiger Verwaltung, also dem Interesse der Gesamtheit der Wohnungseigentümer nach billigem Ermessen und, soweit solche bestehen, den gesetzlichen Regelungen, Vereinbarungen und Beschlüssen widerspricht. Es ist also der allgemeine Maßstab nach § 18 Abs. 2 zugrunde zu legen.[76] Hat der Verwalter **beispielsweise** eine Maßnahme wiederholt pflichtwidrig erledigt und stimmt die Mehrheit der Wohnungseigentümer gleichwohl für eine Erweiterung der Aufgaben des Verwalters genau in diesem Bereich, widerspricht ein solcher Beschluss den Grundsätzen ordnungsmäßiger Verwaltung. Auch ein Beschluss, wonach der Verwalter grundsätzlich nur einmal im Jahr eine **Wohnungseigentümerversammlung** einberufen darf und von einer Einberufung selbst bei Sonderfällen absehen muss, würde ebenfalls ordnungsmäßiger Verwaltung widersprechen.

49 Ein Beschluss, mit dem die Aufgaben und Befugnisse des Verwalters nach Abs. 2 **eingeschränkt** werden, ist tendenziell schwer mit Erfolg anzugreifen,[77] da es den Wohnungseigentümern grundsätzlich zusteht, die Zügel enger zu halten und mehr Maßnahmen durch das Nadelöhr der Wohnungseigentümerversammlung zu bringen (→ Rn. 9).

50 Da ein Beschluss nach Abs. 2 die Zuständigkeiten der Verbandsorgane betrifft und damit eine Kernmaterie des Verbandsrechts, ist nicht fernliegend, dass Beschlussfehler sogar zur **Nichtigkeit des Beschlusses** führen. Nichtig wäre etwa ein Beschluss, wonach

– eine einmal durch Beschluss gewährte Erweiterung der Aufgaben und Befugnisse nicht mehr durch Beschluss eingeschränkt werden kann (Versuch einer **Perpetuierung** des **erstarkten Verwalters**),
– eine Zuständigkeit der Gesamtheit der Wohnungseigentümer betreffend den Verwalter, wie bei der Bestellung[78] und Abberufung, dem Verwalter übertragen wird. Denn dann würde das vom Gesetz angelegte **Checks-and-Balances-System aufgehoben,** da nicht mehr die zwei zwingend involvierten Organe beteiligt wären, sondern nur noch eines,
– der Verwalter hinsichtlich der Zuständigkeit grundsätzlich an die Stelle der Gesamtheit der Wohnungseigentümer gesetzt wird, wenn das Gesetz der Gesamtheit der Wohnungseigentümer eine Beschlusskompetenz einräumt, damit diese über Maßnahmen der Verwaltung und Benutzung nicht mehr entscheiden müssen und die Verwaltung auf den Verwalter abwälzen können. Ein solcher Beschluss würde faktisch das **Willensbildungsorgan abschaffen,**
– dem Verwalter Aufgaben und Befugnisse zugesprochen werden, die ausschließlich das **Sondereigentum** betreffen. Denn dies liegt außerhalb der Zuständigkeit des Verbands nach § 18 Abs. 1 und damit außerhalb der Zuständigkeit der Verbandsorgane,
– der Verwalter **Vereinbarungen** der Wohnungseigentümer ändern darf. Denn die Vereinbarung als durch übereinstimmende Willenserklärungen aller Wohnungseigentümer entstandener Vertrag kann im Grundsatz nur durch einen Änderungsvertrag geändert werden (vgl. § 311 Abs. 1 BGB). Rückausnahme wäre eine Vereinbarung, die eine Öffnungsklausel enthält, wonach die Wohnungs-

---

[76] *Lehmann-Richter/Wobst* WEG-Reform 2020 Rn. 498.
[77] Ähnlich *Lehmann-Richter/Wobst* WEG-Reform 2020 Rn. 491.
[78] Ähnlich und iErg identisch mit *Lehmann-Richter/Wobst* WEG-Reform 2020 Rn. 495.

eigentümer beschließen können, Details der Vereinbarung später durch den Verwalter anpassen zu lassen.

V. Haftung des Verwalters

1. Ansprüche gegen den Verband. Das neue verbandsrechtliche System geht davon aus, dass sich **Ansprüche** der Wohnungseigentümer **gegen den Verband** und **nicht gegen den Verwalter** richten.[79] Anspruchsgegner der zentralen Anspruchsgrundlage auf ordnungsmäßige Verwaltung und Benutzung aus § 18 Abs. 2 ist daher die Gemeinschaft der Wohnungseigentümer. Diese Anspruchsgrundlage wird zum einen dann benötigt, wenn die Gesamtheit der Wohnungseigentümer einen notwendigen Beschluss nicht fasst oder der Verwalter seinen Aufgaben nach § 27 nicht nachgekommen ist. Die Handlungen oder Unterlassungen des Verwalters als Verbandsorgan werden der Gemeinschaft der Wohnungseigentümer nach § 31 BGB analog **zugerechnet.**[80] 51

2. Ansprüche des Verbands gegen den Verwalter. a) Organschaftlicher und vertraglicher Schadensersatzanspruch. Die materiell-rechtliche **Anspruchsgrundlage** der Gemeinschaft der Wohnungseigentümer gegenüber dem Verwalter auf Haftung ist **§ 280 Abs. 1 BGB.**[81] Die Norm erfasst sowohl das **Organschaftsverhältnis,** als auch das Vertragsverhältnis auf Grundlage des **Verwaltervertrags.**[82] Betreffend das Organschaftsverhältnis ist materiell-rechtlich ein gesetzliches Schuldverhältnis ab dem Zeitpunkt entstanden, in dem der Verwalter durch Beschluss nach § 26 Abs. 1 bestellt wurde und diese Bestellung angenommen hat.[83] Pflichten aus diesem gesetzlichen Schuldverhältnis hat der Verwalter verletzt, wenn er gegen § 27 oder eine speziellere Vorschrift verstoßen,[84] beispielsweise nicht die Jahresabrechnung nach § 28 Abs. 2 S. 2 aufgestellt hat. 52

Im Regelfall wird eine **Pflichtverletzung nicht** darin zu sehen sein, dass der Verwalter eine **Wohnungseigentümerversammlung einberuft,** um dieser eine Maßnahme der Verwaltung vorzulegen, obwohl hierfür der Verwalter nach § 27 Abs. 1 primär zuständig ist. Hier hilft ein Vergleich mit § 119 Abs. 2 AktG, wonach der Vorstand – der unstreitig die Aktiengesellschaft unter eigener Verantwortung leitet (§ 76 Abs. 1 AktG) – gleichwohl der Hauptversammlung Fragen der Geschäftsführung vorlegen kann. Dies wird man dem Verwalter in der Regel ebenfalls zubilligen müssen.[85] Legt er der Gesamtheit der Wohnungseigentümer allerdings zu häufig Fragen der Verwaltung vor, für die er nach § 27 Abs. 1 primär zuständig ist, muss er damit rechnen, nicht erneut bestellt oder gar vorzeitig abberufen zu werden. 53

Nach § 280 Abs. 1 S. 2 BGB wird das **Vertretenmüssen** des Verwalters vermutet. Sodann muss er vollen Gegenbeweis erbringen, dass er die Pflichtverletzung nicht zu vertreten hat (vgl. → § 28 Rn. 84). Das WEG enthält keinen allgemeinen Sorgfaltsmaßstab für die Haftung des Verwalters. Es fehlt also eine dem § 43 Abs. 2 GmbHG bzw. § 93 Abs. 1 S. 1 AktG vergleichbare Regelung, wonach die Organmitglieder in den Angelegenheiten der Gesellschaft die Sorgfalt eines ordentlichen und gewissenhaften Geschäftsleiters anzuwenden haben. Daher ist auf den **allgemeinen Sorgfaltsmaßstab** des § 276 Abs. 1 S. 1, Abs. 2 BGB abzustellen, wonach der Verwalter Vorsatz und Fahrlässigkeit zu vertreten hat und er fahrlässig handelt, wenn er die im Verkehr erforderliche Sorgfalt außer Acht lässt. Eine strengere oder mildere Haftung kann bestimmt werden, sich ferner aus dem sonstigen Inhalt des Schuldverhältnisses entnehmen lassen (§ 276 Abs. 1 S. 1 BGB). Dieser allgemeine Sorgfaltsmaßstab ist flexibel genug, um auf den konkreten Rechtsverkehr abstellen zu können und etwa danach zu differenzieren, ob das Verwalteramt **laienhaft** von einem der Wohnungseigentümer ausgeübt wird oder von einem **professionellen** Verwalter.[86] Haftungsbeschränkungen sind zulässig.[87] 54

Führt die Pflichtverletzung kausal zu einem Schaden, richtet sich der Ersatz des **Schadens** nach den §§ 249 ff. BGB. 55

b) Keine Direktansprüche der Wohnungseigentümer gegen den Verwalter. Schadensersatzansprüche aus dem Verwaltervertrag in Verbindung mit dem Rechtsinstitut des **Vertrags mit** 56

---

[79] *Lehmann-Richter/Wobst* WEG-Reform 2020 Rn. 522; Palandt/*Wicke* Rn. 2.
[80] Palandt/*Wicke* Rn. 1.
[81] *Lehmann-Richter/Wobst* WEG-Reform 2020 Rn. 1921; Palandt/*Wicke* Rn. 2.
[82] *Lehmann-Richter/Wobst* WEG-Reform 2020 Rn. 526.
[83] *Skauradszun,* Der Beschluss als Rechtsgeschäft, 2020, 268.
[84] *Lehmann-Richter/Wobst* WEG-Reform 2020 Rn. 509.
[85] *Lehmann-Richter/Wobst* WEG-Reform 2020 Rn. 509a sehen dieses Problem ebenfalls, setzen jedoch auf Ebene des Vertretenmüssens an.
[86] Im Ergebnis wohl auch *Lehmann-Richter/Wobst* WEG-Reform 2020 Rn. 525.
[87] Palandt/*Wicke* Rn. 2.

Schutzwirkung zugunsten Dritter bestehen grundsätzlich nicht.[88] Das Rechtsinstitut des Vertrags mit Schutzwirkung zugunsten Dritter setzt nämlich unter anderem voraus, dass der Dritte schutzbedürftig ist, insbesondere über keine eigenen vertraglichen Ansprüche verfügt (→ BGB § 328 Rn. 184 ff.).[89] Da den **Wohnungseigentümern** gesetzliche Leistungsansprüche aus § 18 Abs. 2 gegenüber der Gemeinschaft der Wohnungseigentümer zustehen und sie – im Falle eines Schadens – gegenüber der Gemeinschaft gesetzliche Schadensersatzansprüche aus § 280 Abs. 1 BGB verfolgen können, sind sie **nicht schutzbedürftig.** Etwas anderes ergibt sich auch nicht aus der kurz vor der Beschlussfassung im Bundestag verfassten Beschlussempfehlung des **Rechtsausschusses,** der zwar noch die Ergänzung in § 43 Abs. 2 Nr. 3 vorgeschlagen und in der Begründung das Rechtsinstitut des Vertrags mit Schutzwirkung zugunsten Dritter angesprochen hatte.[90] Auch der Rechtsausschuss hat aber gesehen, dass dieses Rechtsinstitut nur in Betracht kommt, wenn seine Voraussetzungen vorliegen.[91] Dies ist aufgrund der fehlenden Schutzbedürftigkeit der einzelnen Wohnungseigentümer nicht der Fall. Aus § 43 Abs. 2 Nr. 3 – einer verfahrensrechtlichen Zuständigkeitsvorschrift – ergibt sich schließlich ebenfalls kein materiell-rechtlicher Anspruch.[92]

57 **c) Haftungsvorbereitung im Vorprozess.** Wird zunächst der Verband in Anspruch genommen, wird die Haftung des Verwalters im **Prozess** meist so vorbereitet, dass der Verband dem Verwalter den Streit verkündet (§ 72 ZPO).[93] Dies ist sinnvoll, wenn er glaubt, sich beim Verwalter schadlos halten zu können (§ 72 ZPO).[94] Zwar ist streitig, ob der Verwalter als gesetzlicher Vertreter (§ 9b Abs. 1 S. 1) ein „Dritter" iSv § 72 ZPO ist,[95] dies ist aber zu bejahen. Denn der Wortlaut von § 72 Abs. 1 ZPO trennt genau zwischen der Partei und dem Dritten. Da der Verwalter nicht Partei des Verbandsprozesses ist, ist er Dritter. Eine Streitverkündung wird nach Sinn und Zweck des § 72 ZPO gerade auch gegenüber gesetzlichen Vertretern benötigt, um die Nebeninterventionswirkung auszulösen. Der Verwalter kann also nach Empfang der **Streitverkündung** dem Kläger oder dem verklagten Verband als Streithelfer beitreten. Die **Nebeninterventionswirkung** ergibt sich aus § 74 Abs. 3 ZPO, § 68 ZPO.[96] Der Verwalter kann im Haftungsprozess dann nicht mehr einwenden, dass der Rechtsstreit, wie er dem Richter im Vorprozess vorgelegen habe, unrichtig entschieden sei.

§ 28 Wirtschaftsplan, Jahresabrechnung, Vermögensbericht

(1) [1]Die Wohnungseigentümer beschließen über die Vorschüsse zur Kostentragung und zu den nach § 19 Absatz 2 Nummer 4 oder durch Beschluss vorgesehenen Rücklagen. [2]Zu diesem Zweck hat der Verwalter jeweils für ein Kalenderjahr einen Wirtschaftsplan aufzustellen, der darüber hinaus die voraussichtlichen Einnahmen und Ausgaben enthält.

(2) [1]Nach Ablauf des Kalenderjahres beschließen die Wohnungseigentümer über die Einforderung von Nachschüssen oder die Anpassung der beschlossenen Vorschüsse. [2]Zu diesem Zweck hat der Verwalter eine Abrechnung über den Wirtschaftsplan (Jahresabrechnung) aufzustellen, die darüber hinaus die Einnahmen und Ausgaben enthält.

(3) Die Wohnungseigentümer können beschließen, wann Forderungen fällig werden und wie sie zu erfüllen sind.

(4) [1]Der Verwalter hat nach Ablauf eines Kalenderjahres einen Vermögensbericht zu erstellen, der den Stand der in Absatz 1 Satz 1 bezeichneten Rücklagen und eine Aufstellung des wesentlichen Gemeinschaftsvermögens enthält. [2]Der Vermögensbericht ist jedem Wohnungseigentümer zur Verfügung zu stellen.

---

[88] BT-Drs. 19/18791, 58; *Lehmann-Richter/Wobst* WEG-Reform 2020 Rn. 37, 442, 444; *Skauradszun* ZMR 2020, 905, 908; Palandt/*Wicke* Rn. 3.

[89] BGH NJW 1985, 2411; *Brox/Walker* SchuldR AT § 33 Rn. 8 ff.; *Wörlen/Metzler-Müller* SchuldR AT Rn. 421c ff.

[90] BT-Drs. 19/22634, 47.

[91] BT-Drs. 19/22634, 47: „[s]oweit die Voraussetzungen dieses Rechtsinstituts vorliegen".

[92] *Lehmann-Richter/Wobst* WEG-Reform 2020 Rn. 57.

[93] Palandt/*Wicke* Rn. 3.

[94] BeckOGK/*Skauradszun,* 1.12.2020, § 44 Rn. 60.3.

[95] Dagegen und damit keine Streitverkündung gegenüber dem gesetzlichen Vertreter BeckOK ZPO/*Dressler* ZPO § 72 Rn. 5; Zöller/*Vollkommer* ZPO § 71 Rn. 1; Prütting/*Gehrlein* ZPO § 72 Rn. 3; dafür hingegen Stein/Jonas/*Jacoby* ZPO § 72 Rn. 7; *M. Schwab* NZG 2013, 521 (523); *Skauradszun* ZMR 2020, 905 (911); offengelassen in BGH BeckRS 2015, 11029 Rn. 15; OLG Köln NJW 2015, 3317 Rn. 3.

[96] BeckOGK/*Skauradszun,* 1.12.2020, § 44 Rn. 60.2.

Übersicht

I. Überblick, Normzweck und Reform

1 § 28 wurde durch das WEMoG **neu gefasst.** Die Norm verarbeitet die essentiellen Themen Wirtschaftsplan und Jahresabrechnung, ferner erstmals den Vermögensbericht. Obwohl das Finanz- und Rechnungswesen für eine jede Gemeinschaft der Wohnungseigentümer, die das gemeinschaftliche Eigentum der Wohnungseigentümer erhalten will, essentiell ist, wird diesen Themen jeweils nur ein Absatz gewidmet. Die Norm ist nach der Neufassung gleichwohl beeindruckend klar und transparent gelungen. Der rote Faden ist nun die präzise Trennung zwischen der jeweiligen Beschlussvorbereitung und dem Beschlussgegenstand. Durch die Verschlankung der Beschlussgegenstände auf die Zahlpflichten (**„Vorschussbeschluss“** und **„Nachschussbeschluss“**) soll die Anzahl an **Beschlussanfechtungsklagen** verringert werden,[1] die sich bislang gegen das Zahlenwerk im Wirtschaftsplan oder in der Jahresabrechnung gerichtet haben.[2] Dadurch folgt eine Entlastung der Gerichte, welche sich der Gesetzgeber allerdings durch eine deutliche **Einschränkung der Beschlusskompetenz** erkauft.

2 Mit dem Wirtschaftsplan und der Jahresabrechnung werden die **Beschlüsse vorbereitet,**[3] mit denen die Zahlungspflichten festgelegt werden. Nach § 6 Abs. 2 **COVMG** gilt der zuletzt von den Wohnungseigentümern beschlossene Wirtschaftsplan bis zum Beschluss eines neuen Wirtschaftsplans fort. Damit wird die Gemeinschaft der Wohnungseigentümer in die Lage versetzt, die ihr obliegende Verwaltung des gemeinschaftlichen Eigentums zu erfüllen (Verwaltungsmonopol nach § 18 Abs. 1) und der Verwalter faktisch befähigt, **Verbindlichkeiten** der Gemeinschaft zu **befriedigen.** Die Verteilung der Zahlungspflichten auf die einzelnen Wohnungseigentümer bestimmt sich nach den gesetzlichen oder vereinbarten Verteilungsschlüsseln (Miteigentumsanteil, Einheiten, HeizkostenV).

[1] Palandt/*Wicke* Rn. 1.
[2] BT-Drs. 19/18791, 76; *Lehmann-Richter/Wobst* WEG-Reform 2020 Rn. 794.
[3] Palandt/*Wicke* Rn. 1.

3 Der durch das WEMoG neu geschaffene **Vermögensbericht** ermöglicht den Wohnungseigentümern, die wirtschaftliche Lage der Gemeinschaft der Wohnungseigentümer einzuschätzen und etwaigen Sondernachfolgern leichter eine umfassende Einschätzung zu ermöglichen.

II. Wirtschaftsplan (Abs. 1)

4 Abs. 1 widmet sich bestimmten Beschlussgegenständen (S. 1) und der Beschlussvorbereitung (S. 2). Daher setzt S. 2 zeitlich vor S. 1 an, denn die Aufstellung des Wirtschaftsplans bereitet die Beschlussfassung vor.

5 **1. Beschlussgegenstände und Beschlusskompetenz (Abs. 1 S. 1).** Abs. 1 S. 1 erlaubt nur **drei Beschlussgegenstände,** nämlich erstens die Vorschüsse zur Kostentragung, zweitens die Vorschüsse zur Ansammlung einer angemessenen Erhaltungsrücklage iSv § 19 Abs. 2 Nr. 4 und drittens die Vorschüsse zu sonstigen durch Beschluss vorgesehenen Rücklagen. Zu der letztgenannten Kategorie kann beispielsweise eine Liquiditätsrücklage[4] zählen, die deshalb aufgebaut wird, weil die Wohnungseigentümer perspektivisch eine bauliche Veränderung vor Augen haben. **Alle drei Beschlussgegenstände** betreffen damit **Zahlungspflichten.**[5] Der Beschluss bzw. die Beschlüsse nach Abs. 1 S. 1 können als „Vorschussbeschluss" verschlagwortet werden. Die Zahlungspflicht entsteht nicht mehr durch den Wirtschaftsplan – dieser bereitet den Beschluss nach Abs. 1 S. 2 nur vor –, sondern durch den Beschluss nach Abs. 1 S. 1.[6] Einen Beschluss über den Wirtschaftsplan gibt es nicht mehr.[7] Die Gesetzesbegründung ist offenbar so zu verstehen, dass die Wohnungseigentümer **über Abs. 1 S. 1 hinaus** über **keine Beschlusskompetenz** verfügen.[8] Die Wohnungseigentümer können also über den Wirtschaftsplan als solchen nach Abs. 1 S. 2 nicht mehr beschließen. Ein solcher Beschluss wäre mangels Beschlusskompetenz nichtig. Konsequenterweise kann der gesetzgeberische Wille auch nicht mit § 27 Abs. 2 umgangen werden. Die Wohnungseigentümer können also auch nicht nach § 27 Abs. 2 beschließen, die Aufstellung des Wirtschaftsplans an sich zu ziehen, um so doch wieder über den Wirtschaftsplan zu beschließen.

6 § 28 findet auf **Mehrhausanlagen** in gleicher Weise Anwendung. Der Wirtschaftsplan bezieht sich auf die Vorschüsse und voraussichtlichen Einnahmen und Ausgaben insgesamt. Die Wohnungseigentümer können aber bei der Beschlussfassung nach Abs. 1 S. 1 beispielsweise für das jeweilige Haus individuelle Rücklagen beschließen.

7 Der Beschluss nach Abs. 1 S. 1 ist nur dann bestimmt, wenn der Beschlussantrag bei den jeweiligen Zahlungspflichten auch den Betrag nennt, den der jeweilige Zahlungsverpflichtete zu leisten hat. In kleinen Gemeinschaften kann beispielsweise formuliert werden: „Die monatlichen Vorschüsse zur Kostentragung werden für Wohnung 1 auf 100 Euro und für die Wohnungen 2 und 3 auf 200 Euro und die monatlichen Vorschüsse zu den Erhaltungsrücklagen für Wohnung 1 auf 200 Euro und für die Wohnungen 2 und 3 auf 400 Euro festgesetzt. Alle Vorschüsse sind jeweils am Monatsersten fällig". Praktisch bestehen keine Bedenken, dass für die Formulierung der Beschlussgegenstände nach Abs. 1 S. 1 insbesondere in größeren Gemeinschaften auf eine **Anlage** Bezug genommen wird, in der die individuellen Zahlungspflichten pro Wohnungseigentümer aufgelistet sind. Diese Darstellung kann auch im Wirtschaftsplan enthalten sein, auf die der Beschlussantrag Bezug nehmen kann. Die Verteilungsschlüssel müssen im Beschlussantrag nicht genannt werden.[9]

8 **a) Zeitpunkt der Beschlussfassung und Fälligkeit der Zahlungspflichten.** Im Regelfall beschließen die Wohnungseigentümer die Zahlungspflichten **nach Abschluss der Beschlussvorbereitung,** mithin nach Aufstellung des Wirtschaftsplans. Der Beschlussgegenstand muss nach § 23 Abs. 2 bei der Einberufung bezeichnet werden **(Ankündigung)** und lautet nun nicht mehr auf Beschlussfassung über den Wirtschaftsplan, sondern auf Beschlussfassung über die Vorschüsse zur Kostentragung und zu den Erhaltungsrücklagen bzw. sonstige durch Beschluss vorgesehenen Rücklagen. Da der Wirtschaftsplan nicht mehr durch Beschluss genehmigt wird, erübrigen sich die bisherigen Fragen dazu, ob andere Beschlüsse, wie ein Entlastungsbeschluss zugunsten des Verwalters, auch eine Billigung des Wirtschaftsplans beinhalten können.

9 Der Verwalter ist verpflichtet, den Wohnungseigentümern über die ordnungsmäßige Bezeichnung des Gegenstands der Beschlussfassung in der Einladung hinaus **vorab Einsicht in den Wirt-**

[4] *Lehmann-Richter/Wobst* WEG-Reform 2020 Rn. 769. Wird dieses Vorhaben später aufgegeben, kann ein jeder Wohnungseigentümer von der Gemeinschaft der Wohnungseigentümer verlangen, dass eine entsprechend gebildete Rücklage aufgelöst wird.

[5] Palandt/*Wicke* Rn. 5.

[6] Palandt/*Wicke* Rn. 18.

[7] *Lehmann-Richter/Wobst* WEG-Reform 2020 Rn. 740a; Palandt/*Wicke* Rn. 18.

[8] BT-Drs. 19/18791, 76.

[9] *Lehmann-Richter/Wobst* WEG-Reform 2020 Rn. 788.

schaftsplan zu ermöglichen, um ihnen eine inhaltliche Befassung mit dem Beschlussgegenstand zu ermöglichen.[10] Denn den Wohnungseigentümern wird eine ordnungsmäßige Beschlussfassung nach Abs. 1 S. 1 ohne die Möglichkeit einer Vorbereitung durch Durchsicht des Wirtschaftsplans (und der Stellungnahme des Verwaltungsbeirats) sehr erschwert.[11] Zusätzlich zur Einsicht in den Wirtschaftsplan können sich die Wohnungseigentümer auf die Beschlussfassung nach Abs. 1 S. 1 so vorbereiten, dass sie **Einsicht** in die Verwaltungsunterlagen nehmen.[12] § 18 Abs. 4 enthält diesbezüglich einen **Individualanspruch** des einzelnen Wohnungseigentümers,[13] der sich materiell-rechtlich gegen die Gemeinschaft der Wohnungseigentümer richtet, im Innenverhältnis aber durch den Verwalter erfüllt wird.[14] Von diesem Einsichtsrecht ist beispielsweise umfasst, dass ein Wohnungseigentümer Verträge der Gemeinschaft der Wohnungseigentümer einsieht, aus denen diese Einnahmen generieren wird, die der Verwalter als voraussichtliche Einnahme im Wirtschaftsplan listet. Gleiches gilt für Verträge der Gemeinschaft der Wohnungseigentümer, die voraussichtlich zu Ausgaben führen, etwa mehrjährige Lieferverträge für Energie oder technische Dienstleistungen.[15] Die Wohnungseigentümer können sich so auf die Beschlussfassung vorbereiten, sie können allerdings nicht von der Gemeinschaft der Wohnungseigentümer bzw. vom Verwalter verlangen, die Verwaltungsunterlagen erklärt oder von den eingesehenen Unterlagen Kopien übersandt zu bekommen.[16] Schließlich gehört es zu den Nebenpflichten des Verwalters aus Abs. 1 S. 2, dass dieser den Wirtschaftsplan mit den zugrunde liegenden Verwaltungsunterlagen **in der Wohnungseigentümerversammlung** elektronisch oder in Papierform zur Einsicht bereithält, damit die Wohnungseigentümer vor der Beschlussfassung im Zahlenwerk noch einmal nachsehen können (vgl. § 18 Abs. 4).

Mit der Beschlussfassung nach Abs. 1 S. 1 hat die Wohnungseigentümerversammlung ihren 10
Willen gebildet. Der Beschluss als Rechtsgeschäft wird der Gemeinschaft der Wohnungseigentümer zugerechnet. Diese kann sodann die Erfüllung der Zahlungspflichten verlangen. **Materiell-rechtliche Inhaberin der Forderungen** ist also die Gemeinschaft der Wohnungseigentümer.[17] Die Forderungen sind Teil ihres Gemeinschaftsvermögens iSv § 9a Abs. 3.[18] Offene Forderungen sind im Vermögensbericht zu nennen.

Die Wohnungseigentümer können bei der Beschlussfassung eine **Fälligkeitsbestimmung** für 11
die Zahlungspflichten aufnehmen, wonach etwa jeweils bis zum Ersten eines Monats oder zum Monatsletzten zu zahlen ist. Diese **Beschlusskompetenz** wurde den Wohnungseigentümern in Abs. 3 ausdrücklich eingeräumt. Sie hätte sich im Übrigen auch als Annex-Beschlusskompetenz aus Abs. 1 S. 1 ergeben. Denn wenn ihnen in der Sache die Beschlusskompetenz zukommt, über Zahlungspflichten zu beschließen, steht ihnen als Annex hierzu auch die Beschlusskompetenz zu, Fälligkeitsregelungen aufzunehmen.[19] Beschließen die Wohnungseigentümer keine Fälligkeitsregelung, gilt der Grundsatz nach § 271 Abs. 1 BGB, wonach der Gläubiger – die Gemeinschaft der Wohnungseigentümer – die Leistung **sofort** verlangen kann. Anders als nach früherem Recht sind die Zahlungspflichten nicht erst dann fällig, wenn der Verwalter sie abgerufen hat (§ 28 Abs. 2 aF).[20] Möglich ist schließlich ein Beschluss, der die sofortige Fälligkeit der gesamten Jahresbeiträge vorsieht und den Wohnungseigentümern in Verbindung mit einer Verfallklausel die Zahlung in monatlichen Raten nachlässt.[21]

Die beschlossenen Zahlungspflichten sind im Regelfall **nach jedem Zeitintervall** (zum Bei- 12
spiel monatlich oder jährlich) **erneut fällig.** Der Beschluss nach Abs. 1 S. 1 kann sich also ohne Weiteres auf mehr als nur ein Kalenderjahr beziehen. Die Wohnungseigentümer können sogar beschließen, dass die festgesetzten Vorschüsse bis auf Weiteres zu leisten sind.[22] Denn nur Abs. 1 S. 2 enthält einen zeitlichen Bezug auf das Kalenderjahr, für welches ein Wirtschaftsplan aufzustellen ist. Abs. 1 S. 1 enthält keine solche zeitliche Begrenzung. Abweichendes kann jedoch durch Auslegung des Beschlusses ermittelt werden. So kann dies etwa bei nur einmaligen Sonderumlagen der Fall sein.

---

[10] Vgl. BGH NJW-RR 2012, 343 Rn. 12.
[11] Vgl. OLG Köln NJW-RR 2007, 808; ähnlich (und für Übersendungspflicht) Palandt/*Wicke* Rn. 4.
[12] Palandt/*Wicke* Rn. 4.
[13] BeckOGK/*Skauradszun*, 1.12.2020, § 18 Rn. 65.
[14] BeckOGK/*Skauradszun*, 1.12.2020, § 18 Rn. 66.
[15] BeckOGK/*Skauradszun*, 1.12.2020, § 18 Rn. 70.
[16] BeckOGK/*Skauradszun*, 1.12.2020, § 18 Rn. 77 f.
[17] Palandt/*Wicke* Rn. 17.
[18] Vgl. BGH NJW-RR 2017, 844 Rn. 7.
[19] Vgl. BGHZ 156, 279 = NJW 2003, 3550 (3553 f.); *Merle* ZWE 2003, 290.
[20] *Lehmann-Richter/Wobst* WEG-Reform 2020 Rn. 823.
[21] BGHZ 156, 279 = NJW 2003, 3550 (3552 ff.).
[22] BT-Drs. 19/18791, 76.

13 Ebenfalls keine Auswirkungen auf die einmal beschlossenen Zahlungspflichten hat, dass womöglich die **Jahresabrechnung** entgegen Abs. 2 S. 2 nicht aufgestellt wird. Diese ist in der Regel nur für die Vorbereitung des Beschlusses nach Abs. 2 S. 1 notwendig, also die Beschlussfassung über Nachschüsse und Anpassungen der beschlossenen Vorschüsse. Die Zahlungspflichten nach Abs. 1 S. 1 sind aber von der Jahresabrechnung nach Abs. 2 losgelöst zu sehen. Denn die Vorschüsse nach Abs. 1 sind das zentrale Finanzierungsinstrument der Gemeinschaft der Wohnungseigentümer. Die Jahresabrechnung soll insoweit nur eine Korrektur bzw. Anpassung ermöglichen.

14 **b) Fehlende Beschlussfassung.** Beschließen die Wohnungseigentümer keine Zahlungspflichten nach Abs. 1 S. 1, steht einem jeden Wohnungseigentümer nach § 18 Abs. 2 Nr. 1 ein **Anspruch gegen die Gemeinschaft der Wohnungseigentümer** zu, dass diese den Beschluss nach § 28 Abs. 1 S. 1 durch ihr Willensbildungsorgan fassen lässt.[23] **Jeder Wohnungseigentümer** ist nach § 19 Abs. 1 **verpflichtet,** an dieser Beschlussfassung mitzuwirken.[24] Eine entsprechende Pflichtverletzung kann zu Schadensersatzansprüchen führen.[25] Anders als nach früherem Recht[26] umfasst der Anspruch aus § 18 Abs. 2 aber nicht mehr, dass die Wohnungseigentümer über den Wirtschaftsplan iSv Abs. 1 S. 2 beschließen. Der Anspruch gegen die Gemeinschaft der Wohnungseigentümer wird im Verbandsprozess durch eine Beschlussersetzungsklage nach § 44 Abs. 1 S. 2 durchgesetzt.[27] Der Anspruch aus § 18 Abs. 2 kann zwar gerichtlich geltend gemacht werden, das Problem besteht aber meist darin, dass die Gemeinschaft der Wohnungseigentümer schnell zu Einnahmen kommen muss, um ihren vertraglichen und gesetzlichen Zahlungspflichten nachzukommen. **Einstweilige Verfügungen** gibt es zwar auch auf Leistung, dürften hier aber allenfalls theoretischer Natur sein. Beschließen die Wohnungseigentümer nach Abs. 1 S. 1 nicht, muss ihnen allerdings klar sein, dass jeder Wohnungseigentümer einem Gläubiger nach dem Verhältnis seines Miteigentumsanteils für Verbindlichkeiten der Gemeinschaft der Wohnungseigentümer **haftet,** die während seiner Zugehörigkeit entstanden oder während dieses Zeitraums fällig geworden sind (§ 9a Abs. 4 S. 1). Kann die Gemeinschaft der Wohnungseigentümer nicht leisten, da ihr die Einnahmen fehlen, ist es nur der nächste logische Schritt, dass die Gläubiger die Wohnungseigentümer in Anspruch nehmen.

15 Stehen die Wohnungseigentümer vor der Frage, ob sie den Beschluss nach Abs. 1 S. 1 vorerst nicht fassen, etwa weil der Verwaltungsbeirat den **Wirtschaftsplan noch nicht geprüft** und mit einer Stellungnahme versehen hat, kann als Kompromiss die Frage auftreten, ob die Wohnungseigentümer den Beschluss unter der **aufschiebenden Bedingung** iSv § 158 Abs. 1 BGB fassen können. Die Bedingung stellt dann die Prüfung durch den Verwaltungsbeirat ohne Einwände dar. Diese Frage lässt sich nur beantworten, wenn zuvorderst entschieden wird, ob Beschlüsse als Rechtsgeschäfte auch unter aufschiebenden Bedingungen zustande kommen können. Dies ist streitig.[28] Im Wohnungseigentumsrecht sprechen sich viele Autoren dafür aus.[29] In der Tat können Beschlüsse unter einer aufschiebenden Bedingung gefasst werden, denn § 158 BGB differenziert nicht nach der Art des Rechtsgeschäfts. Der Wortlaut der Vorschrift lässt sich ohne Einschränkungen auch auf Beschlüsse anwenden, sodass die von der Bedingung abhängig gemachte Wirkung erst mit dem Eintritt der Bedingung eintritt. Ein solcher Kompromiss hätte den Vorteil, dass der Beschluss als Rechtsgeschäft schon zustande kommt und sich die Wohnungseigentümer eine neue Wohnungseigentümerversammlung oder ein Umlaufverfahren ersparen, wenn die Prüfung des Verwaltungsbeirats abgeschlossen ist.

16 **c) Anfechtung der Beschlussfassung.** Einwendungen, welche das formelle Zustandekommen eines Beschlusses oder die Höhe der in der Jahresabrechnung ausgewiesenen Zahlungen und Ausgaben sowie deren Verteilung auf die einzelnen Wohnungseigentümer betreffen, können nur durch Anfechtung des Beschlusses nicht aber im Zahlungsverfahren geltend gemacht werden.[30] Mit der Beschlussanfechtungsklage nach § 44 Abs. 1 S. 1, die gegen die Gemeinschaft der Wohnungseigentümer zu richten ist (§ 44 Abs. 2 S. 1), kann aber nur die Zahlungspflicht angegriffen werden.[31] Beschlussgegenstand ist jedoch nicht mehr der Wirtschaftsplan, weshalb der **Wirtschaftsplan** als

---

23 *Lehmann-Richter/Wobst* WEG-Reform 2020 Rn. 778; Palandt/*Wicke* Rn. 15.

24 BT-Drs. 19/18791, 60; *Lehmann-Richter/Wobst* WEG-Reform 2020 Rn. 779.

25 *Skauradszun* NZM 2015, 273; *Skauradszun,* Der Beschluss als Rechtsgeschäft, 2020, 373 ff.

26 BGHZ 163, 154 = NJW 2005, 2061 (2064).

27 *Lehmann-Richter/Wobst* WEG-Reform 2020 Rn. 782.

28 Rechtsgebietsübergreifend hierzu *Skauradszun,* Der Beschluss als Rechtsgeschäft, 2020, 227 und 272 (dort in Fn. 45 zahlreiche Nachweise zu Gegenstimmen aus dem Gesellschaftsrecht).

29 Spielbauer/Then/*T. Spielbauer* § 23 Rn. 19; Jennißen/*Jennißen* § 26 Rn. 60 f.; *J.-H. Schmidt* AnwZert MietR 16/2018, Anm. 2; BeckOGK/*Hermann,* 1.11.2020, § 23 Rn. 69; Palandt/*Wicke* Rn. 18; *Skauradszun,* Der Beschluss als Rechtsgeschäft, 2020, 227.

30 BayObLG ZWE 2000, 128.

31 BT-Drs. 19/18791, 76; *Lehmann-Richter/Wobst* WEG-Reform 2020 Rn. 793.

solches mit der Beschlussanfechtungsklage **nicht mehr angegriffen** werden kann. Dies ist auch nicht mehr notwendig, da die Gesamtheit der Wohnungseigentümer Änderungen im Wirtschaftsplan gegenüber dem Verwalter anweisen kann und der Verwalter verpflichtet ist, diesen Beschluss umzusetzen. Praktisch ist die Wahrscheinlichkeit allerdings hoch, dass ein fehlerhafter Wirtschaftsplan dazu führt, dass auch die Beträge in dem Beschluss nach Abs. 1 S. 1 fehlerhaft sind. Zu Möglichkeiten des „Nachrechnens" durch den Verwalter im Prozess → Rn. 17.

Typischer Anfechtungsgrund kann eine **überhöhte** Zahlungspflicht,[32] etwa aufgrund eines unrichtigen Kostenverteilungsschlüssels[33] sein. Auch die **zu geringe** Zahlungspflicht stellt einen Anfechtungsgrund dar, da dann die voraussichtlichen Ausgaben nicht gedeckt werden können, was nicht ordnungsmäßiger Verwaltung entspricht. Entscheidend für die Anfechtung ist, dass der im Beschluss genannte Betrag falsch ist, also beispielsweise für einen Wohnungseigentümer richtigerweise ein monatlicher Vorschuss zur Kostentragung von 80 Euro reichen würde, die voraussichtlichen Ausgaben zu decken, der Beschluss aber eine Zahlungspflicht von 100 Euro begründet. Das heißt allerdings auch, dass eine Anfechtungsklage unbegründet ist, wenn die Zahlungspflicht nur deshalb im Ergebnis richtig ist, weil sich bestimmte Fehler im vorbereitenden **Zahlenwerk ausgleichen** bzw. **fehlerhafte Rechenoperationen neutralisieren.** Je umfangreicher ein Wirtschaftsplan ist, desto mehr Rechenoperationen sind möglich, als verklagte Gemeinschaft der Wohnungseigentümer, die im Beschlussklageverfahren vom Verwalter vertreten wird – also genau der Person, die für das Zahlenwerk zuständig ist – so **„nachzurechnen"**, dass am Ende genau der Betrag herauskommt, der im Beschluss als Zahlungspflicht festgesetzt wurde. Wenn dies dem verklagten Verband gelingt, praktisch also dem Verwalter, wird der klagende Wohnungseigentümer die Anfechtungsklage verlieren. 17

Wird der Wirtschaftsplan nicht vorab aufgestellt und zur Verfügung gestellt, wird gegen die Beschlussvorbereitungspflicht aus Abs. 1 S. 2 verstoßen. Nach der Gesetzesbegründung soll ein gleichwohl gefasster Beschluss über die Zahlungspflichten nicht allein deshalb fehlerhaft sein.[34] Pointiert stellt sich der Gesetzgeber vor **„nicht auf den Weg zum Beschluss, sondern den Betrag kommt's an".** Gleichwohl kann der Weg zum Beschluss natürlich fehlerhaft sein. Zur ordnungsmäßigen Beschlussfassung muss der Beschlussgegenstand nicht nur nach § 23 Abs. 2 angekündigt werden, aus dieser Norm kann auch die Pflicht resultieren, vor der Beschlussfassung weitergehende Informationen zur Verfügung zu stellen,[35] namentlich den Wirtschaftsplan. Können sich die Wohnungseigentümer nicht vorbereiten, weil ihnen der Wirtschaftsplan nicht oder erst in der Versammlung vorgelegt wird, ist die Beschlussprozedur fehlerhaft.[36] Der Beschlussprozedur wird rechtsgebietsübergreifend eine herausragende Bedeutung beigemessen, da diese zentrale Legitimationsgrundlage für diese Art Rechtsgeschäft ist.[37] Allerdings kann es sein, dass sich ein formeller **Fehler** des Beschlusses **nicht ausgewirkt hat.**[38] Genau dies ist der Fall, wenn die Wohnungseigentümer den beschlossenen Betrag auch mit ausreichender Vorbereitung so hätten fassen müssen, da die Beträge richtig sind.[39] Im Prozess wird im ersten Schritt vermutet, dass der Beschluss auf dem formellen Fehler beruht. Sodann obliegt der verklagten Gemeinschaft der Wohnungseigentümer die Darlegungs- und Beweislast, dass sich der formelle Fehler nicht ausgewirkt hat.[40] Dieser Beweis wird dem Verwalter für die Gemeinschaft gelingen, wenn der Betrag im Ergebnis richtig ist. 18

Nach **neuem Recht** ist ein Anfechtungsgrund nicht mehr darin zu sehen, dass der Verwalter zwar einen richtigen Wirtschaftsplan aufstellt, dieser aber nicht die **individuellen Zahlungspflichten** enthält.[41] Ein Beschluss kann nämlich ordnungsmäßiger Verwaltung entsprechen, wenn der Wirtschaftsplan nur das Gesamtzahlenwerk für die Gemeinschaft der Wohnungseigentümer enthält und die Wohnungseigentümer die individuellen Zahlungspflichten selbst bestimmen und sodann nach Abs. 1 S. 1 beschließen (siehe daher schon Rn. 18). Die Gemeinschaft der Wohnungseigentümer kann allerdings vom Verwalter nach Abs. 1 S. 2 verlangen, neben dem **Gesamtwirtschaftsplan** 19

32 OLG München BeckRS 2005, 04436.
33 OLG München NZM 2005, 825; *Lehmann-Richter/Wobst* WEG-Reform 2020 Rn. 798.
34 BT-Drs. 19/18791, 77; ausdrücklich für den Fall, dass der (Gesamt-)Wirtschaftsplan fehlt und gleichwohl nach § 28 Abs. 1 S. 1 betragsmäßig richtig beschlossen wurde (= Anfechtungsklage sei abzuweisen), *Lehmann-Richter/Wobst* WEG-Reform 2020 Rn. 795.
35 *Lehmann-Richter/Wobst* WEG-Reform 2020 Rn. 743.
36 Insoweit noch übereinstimmend mit Palandt/*Wicke* Rn. 20.
37 Grdl. zum Wert der Beschlussprozedur, seinen Elementen und zur Beschlussprozedur als Legitimationsgrundlage *Skauradszun,* Der Beschluss als Rechtsgeschäft, 2020, 64 ff.
38 Soergel/*Skauradszun* § 23 Rn. 65.
39 AA Palandt/*Wicke* Rn. 20: Beschluss ohne vorherige Versendung des Wirtschaftsplans anfechtbar.
40 Jennißen/*Schultzky* § 23 Rn. 175; Riecke/Schmid/*Drabek* § 23 Rn. 37; Soergel/*Skauradszun* § 23 Rn. 65.
41 Palandt/*Wicke* Rn. 19 (Fehlen der Einzelpläne).

auch Einzelwirtschaftspläne aufzustellen. Schließlich kann die Anfechtung nicht auf die fehlende Prüfung des Wirtschaftsplans durch den Verwaltungsbeirat gestützt werden.

20 Der Kläger kann einen einheitlichen Beschluss über die Vorschüsse zur Kostentragung und die Vorschüsse zu den Rücklagen auch nur betreffend den Teil für die Kostentragung oder betreffend eine oder mehrere Rücklagen anfechten **(Teilanfechtung).** Denn bei dem Beschluss nach Abs. 1 S. 1 ist in der Regel anzunehmen, dass die Wohnungseigentümer den Beschluss auch ohne den für ungültig erklärten Teil vorgenommen hätten. Die Wohnungseigentümer hätten beispielsweise über die Vorschüsse zur Erhaltungsrücklage auch dann beschlossen, wenn sie gewusst hätten, dass der Teil betreffend die Vorschüsse zur Kostentragung später für ungültig erklärt wird. Jedenfalls die drei in Abs. 1 S. 1 genannten **Beschlussgegenstände** sind also abgrenzbare Teile des Beschlusses und als solche isoliert anfechtbar.[42] Konsequent dazu kann mit der **Beschlussersetzungsklage** nach § 44 Abs. 1 S. 2 beantragt werden (objektive Klagenhäufung, § 260 ZPO), nur den für ungültig erklärten Teil des Beschlusses zu ersetzen.

21 Wird der Beschluss nach Abs. 1 S. 1 angefochten, kann allein deshalb die **Zahlungspflicht nicht ausgesetzt** werden.[43] Denn die beschlossenen Zahlungspflichten basieren auf einem Beschluss, der gültig ist, solange er nicht durch rechtskräftiges Urteil für ungültig erklärt wurde (§ 23 Abs. 4 S. 2). Die Anfechtungsklage hat insoweit keine aufschiebende Wirkung. Wird der die Zahlungsverpflichtung begründende Beschluss allerdings rechtskräftig durch eine gerichtliche Entscheidung für unwirksam erklärt, entfällt die Basis für die Zahlungsverpflichtung der Wohnungseigentümer. Diesen Einwand können die Wohnungseigentümer, die noch in Anspruch genommen werden, geltend machen.[44] Anders ist dies bei nichtigen Beschlüssen, da diese von Anfang an keine Wirkung entfalten. **Einstweilige Verfügungen** nach §§ 935 ff. ZPO sind zwar denkbar, in der Praxis des Wohnungseigentumsrechts aber selten und insbesondere in diesem Bereich, in dem durch eine Anpassung der beschlossenen Vorschüsse später noch korrigiert werden kann, eher theoretisch. Ein Verfügungsgrund dürfte allenfalls in Extremfällen diskutabel sein.

22 **d) Durchsetzung der beschlossenen Zahlungspflichten und etwaige Einwendungen und Einreden.** Da die Forderungen materiell-rechtlich der Gemeinschaft der Wohnungseigentümer zustehen, kann auch nur diese die Zahlungspflichten der Wohnungseigentümer durchsetzen.[45] Die Forderungen können daher nicht von den Wohnungseigentümern geltend gemacht werden.[46] Erfüllt ein Wohnungseigentümer seine Zahlungspflichten nicht, ist zunächst zu klären, ob der **Verwalter** gegenüber der Gemeinschaft der Wohnungseigentümer nach § 27 Abs. 1 Nr. 1 berechtigt und verpflichtet ist, diese Forderungen zu verfolgen und gegebenenfalls sogar gerichtlich durchzusetzen. Die außergerichtliche Durchsetzung wird man regelmäßig unter § 27 Abs. 1 Nr. 1 subsumieren können. Je größer die Gemeinschaft der Wohnungseigentümer ist, desto mehr spricht ferner dafür, dass auch die gerichtliche Durchsetzung der beschlossenen Zahlungspflichten zu den Maßnahmen ordnungsmäßiger Verwaltung gehört, für die der Verwalter gegenüber der Gemeinschaft der Wohnungseigentümer berechtigt und verpflichtet ist (→ § 27 Rn. 23). Denn dann ist die einzelne Zahlungspflicht von untergeordneter Bedeutung iSv § 27 Abs. 1 Nr. 1. Eine vorherige Beschlussfassung der Wohnungseigentümerversammlung ist dann nicht geboten.[47] Jedenfalls **der einzelne Wohnungseigentümer** ist für die Durchsetzung der beschlossenen Zahlungspflichten hingegen **nicht zuständig.** Denn er vertritt die Gemeinschaft der Wohnungseigentümer nicht (vgl. § 9b). Die frühere Ansicht, wonach den Anspruch ein anderer Wohnungseigentümer im Wege der **Prozessstandschaft** gerichtlich geltend machen konnte, wenn er hierzu durch Beschluss ermächtigt wurde,[48] dürfte überholt sein, da diese Variante in § 9b nicht vorgesehen ist.

23 Lässt die Gemeinschaft der Wohnungseigentümer ihre Forderungen titulieren, kann sie nach §§ 864 Abs. 2, 869 ZPO in den Miteigentumsanteil des Wohnungseigentümers **vollstrecken.** Bei der Zwangsversteigerung oder Zwangsverwaltung nach dem Zwangsversteigerungsgesetz steht das Recht der Gemeinschaft der Wohnungseigentümer im **Rang** nach § 10 Abs. 1 Nr. 2 ZVG.

24 Einen Sonderfall stellt schließlich derjenige Wohnungseigentümer dar, der seine Zahlungspflichten **nur teilweise erfüllen** kann. Es ist möglich, dass der Wohnungseigentümer eine **Tilgungsbestimmung** nach § 366 Abs. 1 BGB trifft, wonach er vorrangig auf bestimmte Zahlungspflichten leistet, beispielsweise vorrangig auf die Vorschüsse zur Kostentragung. Die Beschlusskompetenz nach

---

[42] BGH ZWE 2010, 170; BeckOGK/*Skauradszun,* 1.12.2020, § 44 Rn. 32; zum rechtsgeschäftlichen Hintergrund *Skauradszun,* Der Beschluss als Rechtsgeschäft, 2020, 61 ff.

[43] BGH ZWE 2014, 265 Rn. 6.

[44] OLG Düsseldorf ZWE 2001, 272.

[45] OLG München FGPrax 2005, 206; *Wenzel* ZWE 2006, 465.

[46] Die frühere gegenteilige Rspr. (BGHZ 111, 148 = NJW 1990, 2386) ist überholt.

[47] Vgl. BT-Drs. 19/22634, 47.

[48] BGHZ 111, 148 = NJW 1990, 2386; Riecke/Schmid/*Abramenko* Rn. 37a.

Abs. 3 Alt. 2 („beschließen […] wie sie zu erfüllen sind") umfasst auch eine Entscheidung darüber, ob die Gemeinschaft der Wohnungseigentümer bei Teilzahlungen diese vorrangig auf die Vorschüsse zur Kostentragung oder zur Erhaltungsrücklage bzw. auf eine sonstige durch Beschluss vorgesehene Rücklage anrechnet. Will ein Wohnungseigentümer nach der Beschlussfassung später einmal eine Vereinbarung über die Anrechnung von Teilleistungen auf mehrere Zahlungspflichten schließen, ist Vertragspartner dieser Vereinbarung die Gemeinschaft der Wohnungseigentümer als Inhaberin der Forderungen. Sie wird durch den Verwalter vertreten (§ 9b Abs. 1 S. 1), der in Fällen untergeordneter Bedeutung alleine nach § 27 Abs. 1 Nr. 1 entscheiden kann. Der Wohnungseigentümer hat die mit der Beschlussfassung nach § 28 Abs. 1 festgesetzten Zahlungen auf das von der Gesamtheit der Wohnungseigentümer bestimmte **Konto** zu überweisen. Überweist ein Wohnungseigentümer von ihm geschuldete Vorschüsse oder Nachschüsse auf ein „Verwaltungskonto" des Verwalters und überweist der Verwalter den Betrag mit dem Bemerken zurück, dass die Zahlung auf das dem Schuldner bekannt gegebene „Hausgeldkonto" (Treuhandkonto) zu erfolgen habe, so entfaltet die Überweisung auf das „Verwaltungskonto" **keine Tilgungswirkung.**[49] Denn teilt ein Gläubiger dem Schuldner ein bestimmtes Konto mit und/oder ergibt sich dies aus der Natur der Sache (Hausgeldkonto als Treuhandkonto), so hat die Überweisung auf ein anderes Konto in der Regel keine Tilgungswirkung.[50]

25 **e) Einwendungen und Einreden des Zahlungspflichtigen.** Ein Wohnungseigentümer kann gegen die Durchsetzung der beschlossenen Zahlungspflichten nicht einwenden, ihm stehe ein **Anspruch auf Änderung des Kostenverteilungsschlüssels** innerhalb der Gemeinschaft der Wohnungseigentümer zu. Denn erst die Durchsetzung eines solchen Anspruchs führt zu einer Änderung des Inhalts der Gemeinschaftsordnung. Bis dahin gilt der gesetzliche oder vereinbarte Verteilungsschlüssel.

26 Hat die Gemeinschaft der Wohnungseigentümer die Kosten einer **Erhaltung** am gemeinschaftlichen Eigentum aufgebracht, kann ein Wohnungseigentümer der Geltendmachung des auf ihn entfallenden Teils des tatsächlich bezahlten Betrags nicht entgegenhalten, die Arbeiten seien **mangelhaft** ausgeführt worden, sodass der von dem Unternehmen in Rechnung gestellte Betrag nicht gerechtfertigt sei. Da der Betrag von der Gemeinschaft der Wohnungseigentümer tatsächlich bezahlt wurde, ist er zu Recht auf die einzelnen Wohnungseigentümer umgelegt worden. Ob **Gewährleistungsansprüche** wegen etwaiger Mängel gegen den Unternehmer bestehen, berührt die der Gemeinschaft der Wohnungseigentümer gegenüber bestehende Verpflichtung des Wohnungseigentümers nicht, den auf ihn entfallenden Betrag der Kosten zu bezahlen.[51]

27 Ob ein Wohnungseigentümer gegen Zahlungsforderungen ein – rechtshemmendes – **Zurückbehaltungsrecht** nach § 273 BGB wirksam geltend machen kann, ist fraglich und allenfalls für anerkannte oder rechtskräftig festgestellte Gegenforderungen sowie bei Ansprüchen aus Notgeschäftsführung erwägenswert.[52] Das Zögern, hier ein Zurückbehaltungsrecht zuzulassen, liegt darin begründet, dass eine ordnungsmäßige Verwaltung nur dann gewährleistet ist, wenn alle Wohnungseigentümer ihren Zahlungspflichten nachkommen. Ein Zurückbehaltungsrecht gegenüber Ansprüchen der Gemeinschaft der Wohnungseigentümer wegen eines Anspruchs der Gemeinschaft gegen den Verwalter, zB auf Erstellung des Wirtschaftsplans, scheidet schon wegen der **erforderlichen Gegenseitigkeit** aus.[53] Ein Zurückbehaltungsrecht eines Wohnungseigentümers gegen Zahlungsforderungen der Gemeinschaft der Wohnungseigentümer kann in der Gemeinschaftsordnung wirksam ausgeschlossen werden.[54]

28 Die Ansprüche auf Zahlung der Vor- und Nachschüsse unterliegen der dreijährigen **Verjährungsfrist** des § 195 BGB.[55] Die Frist beginnt mit dem Schluss des Jahres, in dem diese Forderungen fällig sind und Kenntnis von dem Anspruch besteht (§ 199 BGB). Die Gemeinschaft der Wohnungseigentümer muss sich dabei die Kenntnis des Verwalters von dem Bestehen der Ansprüche zurechnen lassen (§ 199 Abs. 1 Nr. 1 BGB). Im Hinblick auf die kurze Verjährungsfrist können die Wohnungseigentümer eine besondere Verjährungsfrist vereinbaren und so etwa die Verjährungsfrist in der Gemeinschaftsordnung nach § 202 BGB verlängern, um die Zahlungsfähigkeit der Gemeinschaft der Wohnungseigentümer nicht durch zahlungsunwillige Wohnungseigentümer zu gefährden. Im

49 OLG Düsseldorf NJW-RR 2006, 660.
50 BGHZ 98, 24 = NJW 1986, 2428; OLG Karlsruhe NJW 1997, 1587.
51 BayObLG BeckRS 1996, 09286.
52 Ebenfalls zögernd BGH NJW 2012, 2797 Rn. 15; BayObLGZ 1971, 313 (319) = MDR 1972, 145; OLG Frankfurt OLGZ 1979, 391 (392); OLG München NJW-RR 2005, 1326.
53 BGH NJW 2012, 2797 Rn. 14; BayObLG ZWE 2001, 157.
54 BayObLG NZM 2001, 766.
55 BGH NJW 2012, 2797; 2005, 3146 zu § 195 BGB aF.

Übrigen verjährt auch der **bereicherungsrechtliche Anspruch** eines Wohnungseigentümers auf Rückzahlung nach § 195 BGB in drei Jahren.

29 **f) Versorgungssperre.** Die Gemeinschaft der Wohnungseigentümer ist unter Wahrung des Verhältnismäßigkeitsprinzips bei **erheblichen Zahlungsrückständen** eines Wohnungseigentümers aus dem Gesichtspunkt eines Zurückbehaltungsrechts (§ 273 BGB) berechtigt, einen säumigen Wohnungseigentümer von der Versorgung mit Wasser, Allgemeinstrom und Heizenergie auszuschließen.[56] Die Konnexität der zurückgehaltenen Leistung mit der Verpflichtung, zu deren Durchsetzung das Zurückbehaltungsrecht ausgeübt wird, folgt aus der für alle Mitglieder der Gemeinschaft der Wohnungseigentümer bestehenden Berechtigung zur Teilhabe an den gemeinschaftlichen Leistungen und der damit korrespondierenden Pflicht zur Erfüllung der jedem Mitglied der Gemeinschaft der Wohnungseigentümer gegenüber bestehenden Verpflichtungen.[57]

30 Die Ausübung dieses Zurückbehaltungsrechtes ist gewöhnlich nicht von der Zuständigkeit des Verwalters nach § 27 Abs. 1 Nr. 1 gedeckt, da sie über die bloße Anforderung laufender und rückständiger Zahlungen hinausgeht. Sie bedarf daher regelmäßig eines **Beschlusses** der Wohnungseigentümer.[58] Bei großen Anlagen kann allerdings auch dies in die Zuständigkeit des Verwalters fallen. Bei der **beiderseitigen Interessenabwägung** ist in den Blick zu nehmen, dass die Versorgungssperre für den betroffenen Wohnungseigentümer bzw. dessen Mieter einschneidende Wirkungen hat und in der Regel dazu führt, dass ihm eine Nutzung der Wohnung kaum noch möglich ist, andererseits aber die Gemeinschaft der Wohnungseigentümer ein erhebliches Interesse an der Aufrechterhaltung ihrer Liquidität hat und die Absperrung der Leitungen jederzeit wieder rückgängig gemacht werden kann. Die Pflicht der Mitglieder des Verbands untereinander zur gegenseitigen Rücksichtnahme gebietet daher, dass die Wohnungseigentümer nur bei einem erheblichen Rückstand ihr säumiges Mitglied durch Beschluss von der Versorgung ausschließen können. Als erheblich ist nach der Rspr. des BGH ein Rückstand mit mehr als sechs Monatsbeträgen anzusehen.[59]

31 Die Abwägung der beiderseitigen Interessen erfordert darüber hinaus, die Ausübung des Zurückbehaltungsrechts davon abhängig zu machen, dass ein Anspruch in erheblicher Höhe zweifelsfrei besteht, also entweder **anerkannt** oder **rechtskräftig** festgestellt ist,[60] und die Maßnahme vorher angedroht wurde.[61] Der säumige Wohnungseigentümer ist verpflichtet, das Betreten seiner Wohnung zum Zweck des Absperrens der Versorgungsleitungen zu dulden.[62] Eine Beschädigung von Gegenständen seines Sondereigentums, die über das mit dem Anbringen der Absperrvorrichtungen verbundene Maß hinausgeht, braucht der säumige Wohnungseigentümer auf Grund des Zurückbehaltungsrechts der Wohnungseigentümer aber nicht zu dulden.[63]

32 **2. Beschlussvorbereitung (Abs. 1 S. 2).** Mit dem Wirtschaftsplan sollen zum Zweck der **Vorfinanzierung** die bei der Verwaltung des gemeinschaftlichen Eigentums im jeweiligen Wirtschaftsjahr anfallenden Ausgaben ermittelt werden, mithin welchen Gesamtbetrag die Gemeinschaft der Wohnungseigentümer zur Kostenbestreitung im laufenden Wirtschaftsjahr benötigt und – im Regelfall (vgl. → Rn. 19) – wie viel davon auf den einzelnen Eigentümer entfällt.[64] Es handelt sich um eine **Schätzung.** Vorfinanzierung meint hingegen nicht, dass die Gemeinschaft der Wohnungseigentümer Vermögen um des Vermögens Willen aufbaut. Der reine Vermögensaufbau gehört nicht zur Verwaltung des gemeinschaftlichen Eigentums. Die im Wirtschaftsplan aufgeführten Rücklagen dienen also stets dazu, die Gemeinschaft der Wohnungseigentümer in eine Lage zu versetzen, im Bedarfsfalle Verbindlichkeiten befriedigen zu können, die im Zuge der Verwaltung des gemeinschaftlichen Eigentums anfallen (vgl. § 18 Abs. 1).

33 **a) Zuständigkeit für den Wirtschaftsplan und Zeitpunkt der Aufstellung.** Für die Beschlussvorbereitung nach Abs. 1 S. 2 ist der **Verwalter** zuständig. Dieser hat den Wirtschaftsplan aufzustellen. Er handelt hier **als Organ** der Gemeinschaft der Wohnungseigentümer.[65] Die Pflicht

---

[56] BGH NJW 2005, 2622 (2623); BayObLG NJW-RR 2005, 598; KG NJW-RR 2006, 446; ZWE 2002, 182 mAnm *Briesemeister* ZWE 2002, 183; ZWE 2001, 497 mAnm *Suilmann* ZWE 2001, 476; OLG Celle NJW-RR 1991, 1118; OLG Hamm OLGZ 1994, 269.

[57] BGH NJW 2005, 2622 (2623); *Gaier* ZWE 2004, 109 (112).

[58] BGH NJW 2005, 2622 (2623).

[59] BGH NJW 2005, 2622 (2623).

[60] OLG Dresden BeckRS 2007, 10963 = ZMR 2008, 140; OLG Frankfurt NJW-RR 2006, 1673; OLG Oldenburg BeckRS 2011, 16868 = ZMR 2008, 140.

[61] *Armbrüster* WE 1999, 14 (17); *Gaier* ZWE 2004, 109 (115); *Kümmel/v. Seldeneck* GE 2002, 1045 (1046).

[62] *Gaier* ZWE 2004, 109 (116).

[63] OLG München NJW-RR 2005, 5.

[64] Vgl. *Becker* ZWE 2018, 193.

[65] *Lehmann-Richter/Wobst* WEG-Reform 2020 Rn. 753; Palandt/*Wicke* Rn. 2.

aus Abs. 1 S. 2 besteht daher nicht gegenüber einzelnen Wohnungseigentümern, sondern nur gegenüber der rechtsfähigen Gemeinschaft der Wohnungseigentümer.[66] Der **einzelne Wohnungseigentümer** kann aber nach § 18 Abs. 2 Nr. 1, § 28 Abs. 1 S. 2 von der Gemeinschaft der Wohnungseigentümer verlangen, dass diese den Wirtschaftsplan durch ihren Verwalter aufstellen lässt.[67]

Die Verwalter hat die Pflicht zur Aufstellung des Wirtschaftsplans jeweils für ein Kalenderjahr zu erfüllen, mithin **jährlich neu.**[68] Daran ändert nichts, dass die Wohnungseigentümer nach Abs. 1 S. 1 einen Beschluss für mehrere Kalenderjahre fassen oder vereinbart haben, dass ein gefasster Beschluss bis auf Weiteres fortgelten soll.[69] Wann die Pflicht nach Abs. 1 S. 2 fällig ist, regelt § 28 nicht. Aus den Umständen ist aber zu entnehmen (vgl. § 271 Abs. 1 BGB), dass der Wirtschaftsplan, sollte dieser noch fehlen, ohne schuldhaftes Zögern mit Übernahme des Verwalteramtes aufzustellen ist, damit die Wohnungseigentümer nach Abs. 1 S. 1 beschließen können. Für das neue Kalenderjahr ist der Wirtschaftsplan ebenfalls **ohne schuldhaftes Zögern** aufzustellen. Warum nach Beginn des Kalenderjahres drei bis sechs Monate Zeit für die Aufstellung des Wirtschaftsplans zugebilligt werden, erschließt sich nicht.[70] Überzeugend ist vielmehr, dass der Wirtschaftsplan für ein Kalenderjahr typischerweise **aufzustellen** ist, **bevor** dieses **Kalenderjahr beginnt.**[71] 34

Ob der **Anspruch** auf Aufstellung eines Wirtschaftsplans dann **erlischt,** wenn der Beschluss nach Abs. 1 S. 1 bestandskräftig geworden ist,[72] ist **zweifelhaft.** Hintergrund dieser **Auffassung** ist, dass der Wortlaut in Abs. 1 S. 2 einen besonderen Zweck der Aufstellungspflicht nennt, nämlich den Beschluss vorzubereiten. Daraus schließt diese Auffassung, dass der Zweck mit der Beschlussfassung jedenfalls dann erreicht sei, wenn der Beschluss Bestandskraft erlangt habe. **Überzeugender** ist es aber, dass die Pflicht aus Abs. 1 S. 2 auch dann weiter besteht, wenn die Wohnungseigentümer die Vorschüsse nach Abs. 1 S. 1 bestandskräftig beschlossen haben, etwa weil sie einstimmig der Auffassung waren, Zahlungspflichten auf Grundlage einer Schätzung festsetzen zu wollen. Damit wollen sie aber nicht zum Ausdruck bringen, dass die Gemeinschaft der Wohnungseigentümer auf ihren Anspruch auf Aufstellung des Wirtschaftsplans verzichtet. Es macht Sinn, auch nach einem bestandskräftigen Beschluss den Verwalter weiter auf Aufstellung des Wirtschaftsplans in Anspruch zu nehmen, um noch unterjährig die Zahlungspflichten anpassen zu können, etwa durch Sonderumlagen. Andernfalls müsste abgewartet werden, bis die Jahresabrechnung vorliegt und die Über- oder Unterdeckung mit Nachschüssen oder angepassten Vorschüssen behoben wird. 35

Nach Ablauf des Wirtschaftsjahres kann ein Wirtschaftsplan für das **zurückliegende Wirtschaftsjahr** nicht mehr aufgestellt werden.[73] Die Wohnungseigentümer können durch Beschluss nicht mehr rückwirkend zur Zahlung von „Vorschüssen" verpflichtet werden. Denn ist das zu planende Wirtschaftsjahr abgeschlossen und stehen die tatsächlichen Einnahmen und Ausgaben fest, ist die Vorausplanung mittels Wirtschaftsplans sinnlos.[74] Abs. 1 S. 2 spricht insoweit zu Recht von „voraussichtlichen" Einnahmen und Ausgaben. Möglich bleibt aber die Beschlussfassung über die Einforderung von (mitunter erheblichen) Nachschüssen. 36

Ist die Gemeinschaft der Wohnungseigentümer **verwalterlos,** läuft die Anspruchsgrundlage aus Abs. 1 S. 2 leer. Dies hat für den Beschluss nach Abs. 1 S. 1 keine unmittelbare Rechtsfolge, insbesondere nicht für den Fall einer Anfechtung, da der Gesetzgeber die Anfechtung des Beschlusses nur dann für begründet erachten wollte, wenn der Zahlbetrag fehlerhaft ist. Der Beschluss nach Abs. 1 S. 1 kann also im Einzelfall ordnungsmäßiger Verwaltung entsprechen, wenn die Wohnungseigentümer einer verwalterlosen Gemeinschaft der Wohnungseigentümer anhand der Erfahrungen der vergangenen Kalenderjahre die notwendigen Vorschüsse prognostizieren und diese Beträge richtig sind. 37

b) Inhalt des Wirtschaftsplans (Abs. 1 S. 2). Der Wirtschaftsplan enthält die Zahlungspflichten (Vorschüsse zur Kostentragung, Vorschüsse zur Erhaltungsrücklage und Vorschüsse zu sonstigen Rücklagen) und darüber hinaus die voraussichtlichen Einnahmen und Ausgaben. Mit dieser Formulierung sollte zum Ausdruck gebracht werden, dass der Wirtschaftsplan aus einem Gesamtwirtschaftsplan (Einnahmen und Ausgaben insgesamt) und Einzelwirtschaftsplänen besteht (individuelle Vorschüsse).[75] 38

---

[66] *Lehmann-Richter/Wobst* WEG-Reform 2020 Rn. 748.
[67] BT- Drs. 19/22634, 43.
[68] *Lehmann-Richter/Wobst* WEG-Reform 2020 Rn. 755; Palandt/*Wicke* Rn. 2.
[69] Palandt/*Wicke* Rn. 2.
[70] So aber *Lehmann-Richter/Wobst* WEG-Reform 2020 Rn. 754; Palandt/*Wicke* Rn. 2; krit. zu Recht Staudinger/*Häublein,* 2018, Rn. 137.
[71] Überzeugend Staudinger/*Häublein,* 2018, Rn. 137 mwN.
[72] So *Lehmann-Richter/Wobst* WEG-Reform 2020 Rn. 754.
[73] Palandt/*Wicke* Rn. 2.
[74] Vgl. OLG Hamm NZM 2009, 820; OLG Schleswig FGPrax 2001, 184 mAnm *Munzig* FGPrax 2001, 185.
[75] Im Ergebnis ebenso Palandt/*Wicke* Rn. 7.

39 Abs. 1 gibt **keine konkrete Form der Gestaltung des Wirtschaftsplans** vor. Die in den §§ 238 ff. HGB normierten Vorschriften über die Handelsbücher, insbesondere die über die Aufstellung einer Bilanz und einer Gewinn- und Verlustrechnung sind nicht anwendbar,[76] da die Gemeinschaft der Wohnungseigentümer kein Kaufmann iSd §§ 1 ff. HGB ist. Geboten ist lediglich eine für die Wohnungseigentümer nachvollziehbare Darstellung, die sich an der Funktion des Wirtschaftsplans ausrichtet.[77]

40 Der Wirtschaftsplan hat den geschätzten Betrag der zu erwartenden **Ausgaben für das Wirtschaftsjahr** zu enthalten und zwar in Form einer Aufstellung gegliedert nach Kostenarten, die in übersichtlicher und nachprüfbarer Weise nach Grund und Höhe aufgeführt sein müssen. Den Ausgaben ist der geschätzte Gesamtbetrag der zu erwartenden **Einnahmen der Gemeinschaft** der Wohnungseigentümer während des Wirtschaftsjahres gegenüberzustellen, insbesondere sind die benötigten Beiträge der Wohnungseigentümer, aber auch die der Gemeinschaft der Wohnungseigentümer voraussichtlich zufließenden Erträge anzugeben, die die benötigten Vorschüsse von den Wohnungseigentümern mindern.[78] Werden sie erst im nächsten Jahr geleistet, sind sie nicht für das laufende Wirtschaftsjahr einzustellen.[79] Die Einnahmen-Ausgaben-Kalkulation bildet den (Gesamt-)**Wirtschaftsplan.** Dieser ist die Grundlage für die **Berechnung der anteilsmäßigen Verpflichtung** der Wohnungseigentümer zur Kostentragung.[80]

41 Beim Kostenansatz im Wirtschaftsplan **steht der Gemeinschaft der Wohnungseigentümer** regelmäßig ein **weiter Ermessensspielraum zu.**[81] Dieses Ermessen übt der Verwalter für die Gemeinschaft aus. Dem **Verwalter** steht aber **kein originäres Ermessen** zu, denn er handelt als Organ für den Verband. Daher kann in Streitfällen die Gesamtheit der Wohnungseigentümer den Verwalter durch ihr Willensbildungsorgan anweisen, wie er einen Kostenansatz vorzunehmen hat. Ist die Gesamtheit der Wohnungseigentümer beispielsweise der Auffassung, dass Ausgaben für die Kleinreparaturen im Wirtschaftsplan mit 2.000 Euro prognostiziert werden, der Verwalter will hingegen 5.000 Euro ansetzen, setzt sich die Gesamtheit der Wohnungseigentümer mittels Beschlussfassung durch. Hinsichtlich der Ansammlung einer angemessenen **Erhaltungsrücklage** nach § 19 Abs. 2 Nr. 4 steht das Ermessen ebenfalls der Gemeinschaft der Wohnungseigentümer zu, welches durch das Willensbildungsorgan ausgeübt wird, da für die Entscheidung hierüber nicht der Verwalter als Organ, sondern die Gesamtheit der Wohnungseigentümer zuständig ist. Die Gemeinschaft der Wohnungseigentümer, der die Verwaltung des gemeinschaftlichen Eigentums nach § 18 Abs. 1 obliegt, kann durch ihr Willensbildungsorgan zum Beispiel entscheiden, das gemeinschaftliche Eigentum bestmöglich oder nur notdürftig zu erhalten. Entsprechend ist die Höhe nach dem Bedarf an voraussichtlichen Erhaltungsmaßnahmen zu schätzen.[82] Buchungstechnisch kann der Vorschuss auf eine Erhaltungsrücklage auf ein **Sonderkonto** gebucht werden und stellt dann eine entsprechende Einnahme dar.[83]

42 Das **Vermögen** stellt freilich keine Einnahme des kommenden Wirtschaftsjahres dar und ist deshalb nicht in den Wirtschaftsplan aufzunehmen,[84] sondern im Vermögensbericht aufzuschlüsseln (Abs. 4).

43 Eine **Forderung** ist im Wirtschaftsplan nur aufzunehmen, wenn mit ihrer Erfüllung tatsächlich während des Wirtschaftsjahres gerechnet werden kann.[85] Ist der **Ausfall von Zahlungspflichten** einzelner Wohnungseigentümer bereits abzusehen, so ist dies im Wirtschaftsplan kenntlich zu machen.[86] Es darf nicht suggeriert werden, dass diese Einnahme voraussichtlich erzielt werden kann. Diese Einnahme wird nämlich „voraussichtlich" nicht erzielt. Natürlich ist auch ein solcher Wohnungseigentümer weiter zur Finanzierung heranzuziehen und der Wirtschaftsplan nicht um diese Einnahme zu kürzen. Ferner beschließen die Wohnungseigentümer gleichwohl über die entsprechenden Vorschüsse auch dieses Wohnungseigentümers.

44 Auch im Vermögensbericht muss die offene Forderung gegenüber dem Wohnungseigentümer weiter gelistet werden. Daran ändert die **Eröffnung eines Insolvenzverfahrens** über das Vermögen eines Wohnungs- bzw. Teileigentümers zunächst nichts. In welcher Höhe die Forderungen der

[76] Palandt/*Wicke* Rn. 10.
[77] BGH NZM 2013, 650 Rn. 12.
[78] BGH NJW-RR 2013, 1234 Rn. 9.
[79] BayObLG WuM 1993, 92; Palandt/*Wicke* Rn. 11 (Zu- und Abflussprinzip).
[80] Vgl. BGH NJW-RR 2013, 1234 Rn. 8.
[81] BayObLG NZM 2001, 754.
[82] Bärmann/*Becker* Rn. 31.
[83] BGH NJW 2010, 2127 Rn. 15 f. = ZMR 2010, 300 mAnm *Jennißen.*
[84] Bärmann/*Becker* Rn. 25.
[85] BayObLG NJW-RR 2000, 17; Palandt/*Wicke* Rn. 10.
[86] KG BeckRS 2008, 2093 Rn. 39.

Gemeinschaft der Wohnungseigentümer noch werthaltig sind, ergibt sich erst im weiteren Verlauf des Insolvenzverfahrens; eine außerplanmäßige Abschreibung ist nicht notwendig. Jedenfalls kann die Gemeinschaft der Wohnungseigentümer ihre Forderungen nach § 174 InsO zur Insolvenztabelle anmelden und – je nach Höhe der Insolvenzmasse – voraussichtlich Einnahmen erhalten.

Der Verwalter ist befugt, im Wirtschaftsplan als voraussichtliche Ausgaben **Mittel für die** 45
Rechtsverteidigung der Gemeinschaft der Wohnungseigentümer gegen Beschlussklagen anzusetzen (vgl. § 44 Abs. 2 S. 1), wenn voraussichtlich Beschlussanfechtungsklagen eingereicht werden. Dies hat zur Folge, dass alle Wohnungseigentümer – also auch der Kläger der Beschlussklage – mit den Kostenvorschüssen nach dem allgemeinen Verteilungsschlüssel der Gemeinschaft der Wohnungseigentümer belastet werden.[87] Sobald die Gemeinschaft der Wohnungseigentümer von **Regressansprüchen** gegen einzelne Wohnungseigentümer ausgeht, die voraussichtlich im Kalenderjahr erfüllt werden, sind diese Forderungen als voraussichtliche Einnahmen in den Wirtschaftsplan aufzunehmen. Andernfalls gehören diese Forderungen zum wesentlichen Gemeinschaftsvermögen im Vermögensbericht.

c) Berechnung der individuellen Zahlungspflichten (Einzelwirtschaftspläne). Nach 46
bisherigem Recht musste der Wirtschaftsplan neben der Feststellung der Gesamtbeträge auch die von den einzelnen Eigentümern **anteilsmäßig** zu entrichtenden Zahlungen enthalten. Die Berechnung der einzelnen Zahlungspflichten (sog. Einzelwirtschaftspläne) war damit regelmäßig **Bestandteil** des Gesamtwirtschaftsplans.[88] § 28 enthält keine Aussagen zu Einzelwirtschaftsplänen. Auch die Gesetzesbegründung nennt hierzu keine Pflichten des Verwalters. Es wird daher folgendes Verständnis zugrunde gelegt:

Der Anspruch der Gemeinschaft der Wohnungseigentümer aus Abs. 1 S. 2 umfasst im Regelfall 47
die Pflicht des Verwalters, einen **Gesamt- und Einzelwirtschaftsplan aufzustellen.**[89] Der Verwalter hat bei der Beschlussfassung unterschiedliche Verteilungsschlüssel zugrunde zu legen, primär den Miteigentumsanteil, teils aber auch eine Verteilung nach Einheiten oder nach der HeizkostenV. Im Regelfall wären die Wohnungseigentümer mit der Berechnung der individuellen Zahlbeträge überfordert, jedenfalls aber überfordert, aus dem Gesamtwirtschaftsplan erst in der Wohnungseigentümerversammlung die individuellen Zahlbeträge zu berechnen.

Nach neuem Recht ist es denkbar, dass die Gemeinschaft der Wohnungseigentümer vom Ver- 48
walter **nur** die **Aufstellung** eines **Gesamtwirtschaftsplans** verlangt und die Wohnungseigentümer aus diesem die individuellen Zahlungspflichten ermitteln und durch Beschluss festsetzen. Dies gilt etwa für Kleinstgemeinschaften, bei denen die Ableitung der individuellen Zahlbeträge sehr einfach ist.

Fehlt aber im Beschlussantrag die Information zu den individuellen Zahlungspflichten, ist der 49
Beschluss unbestimmt und damit nichtig, weil der einzelne Wohnungseigentümer aus dem Beschluss nicht entnehmen kann wie hoch seine Zahlungspflichten sind. Es ist möglich und bei größeren Gemeinschaften auch sinnvoll, dass der Beschluss auf eine Anlage Bezug nimmt, die für jeden einzelnen Wohnungseigentümer die auf ihn entfallende Zahlungspflicht nennt.[90]

Insbesondere nach einem Verwalterwechsel konnte nach bisherigem Recht das Problem auftre- 50
ten, dass der neue Verwalter Vereinbarungen zu einem Verteilungsschlüssel, gegebenenfalls auch nur zu bestimmten Kostenpositionen, nicht kannte. Es wurde dann vorgeschlagen, dass der Verwalter einen **Notwirtschaftsplan** aufstellen und die Zahlungspflichten nach Miteigentumsanteilen aufteilen müsse.[91] Diese Problematik hat sich nach neuem Recht entschärft, da die Wohnungseigentümer über die Zahlungspflichten gleichwohl beschließen können und dieser Beschluss ordnungsmäßiger Verwaltung entspricht, wenn er betragsmäßig richtig ist (Abs. 1 S. 1).

d) Prüfung des Wirtschaftsplans (§ 29 Abs. 2 S. 2). Der Wirtschaftsplan soll nach § 29 51
Abs. 2 S. 2 vom Verwaltungsbeirat geprüft und mit einer Stellungnahme versehen werden, bevor der Beschluss nach § 28 Abs. 1 S. 1 gefasst wird. Wurde ein Verwaltungsbeirat eingerichtet und hat dieser den Wirtschaftsplan vor der Beschlussfassung nach Abs. 1 S. 1 **nicht geprüft** bzw. nicht mit einer Stellungnahme versehen, macht allein dies den Beschluss nach Abs. 1 S. 1 nicht fehlerhaft. Denn wenn schon ein Verstoß gegen die Beschlussvorbereitungspflicht nach Abs. 1 S. 2 den Beschluss nicht fehlerhaft macht,[92] muss dies erst recht für den nur unterstützenden Prüfungsauftrag des Verwaltungsbeirats nach § 29 Abs. 2 S. 2 so gelten. Die Wohnungseigentümer können im Übrigen

[87] BGH NJW 2015, 930 Rn. 10.
[88] BGHZ 163, 154 = NJW 2005, 2061 (2068) unter IV.2.; KG ZMR 2008, 67.
[89] Palandt/*Wicke* Rn. 7.
[90] BGH NJW-RR 2013, 1234 Rn. 14 ff.
[91] Vgl. OLG Hamm BeckRS 2008, 8524.
[92] BT-Drs. 19/18791, 77.

wohl **nicht vereinbaren, dass der Verwaltungsbeirat** nach seiner Prüfung sogleich über die Vorschüsse zur Kostentragung und zu den nach § 19 Abs. 2 Nr. 4 durch Beschluss vorgesehenen Rücklagen **beschließt.** Eine solche Abweichung wird zwar von § 10 Abs. 1 S. 2 nicht ausdrücklich untersagt, würde aber ein Kernrecht des Willensbildungsorgans beseitigen und gleichzeitig den Verwaltungsbeirat zum Willensbildungsorgan umqualifizieren. Dies dürfte verbandsrechtlich nicht zulässig sein. Es hätte zudem eine Reihe von Nachteilen. Zum einen liegt dann eine erhebliche Entscheidung in den Händen Weniger und wird daher nicht unbedingt von einer Mehrheit der Wohnungseigentümer mitgetragen. Zum anderen kann ein einzelner Wohnungseigentümer den Beschluss des Verwaltungsbeirats nicht mit einer Beschlussklage nach § 44 angreifen.[93] Der Gesetzgeber hat in der Gesetzesbegründung ausdrücklich dokumentiert, dass § 44 nicht auf Beschlüsse des Verwaltungsbeirats anwendbar sei.[94] Beschließt der Verwaltungsbeirat also über Vorschüsse zur Kostentragung und zu den Rücklagen und ist dieses Rechtsgeschäft fehlerhaft, ist es grundsätzlich **nichtig.**[95] Im Vergleich dazu ist ein Beschluss der Wohnungseigentümerversammlung nach Abs. 1 S. 1 selbst dann auszuführen, wenn er mit der Anfechtungsklage angegriffen wurde und gültig, solange er nicht durch rechtskräftiges Urteil für ungültig erklärt ist (§ 23 Abs. 4 S. 2). In dieser Zeit – mitunter viele Monate – ist der Beschluss nach Abs. 1 S. 1 weiter durchzuführen, die Wohnungseigentümer sind also zur Zahlung verpflichtet und der Beschluss die Rechtsgrundlage dafür, dass die Gemeinschaft der Wohnungseigentümer ihre Forderungen notfalls durchsetzen kann. All dies wäre bei einem nichtigen Beschluss des Verwaltungsbeirats nicht möglich.

52 **e) Abweichung von Abs. 1 S. 2.** Von der **Pflicht zur Aufstellung eines Wirtschaftsplans** kann der Verwalter nur durch Vereinbarung, nicht aber durch einen Beschluss befreit werden. Der Wohnungseigentümerversammlung fehlt insoweit die Beschlusskompetenz, den Verwalter **auf Dauer** von seiner Pflicht zur Aufstellung von Wirtschaftsplänen zu befreien. Ein solcher Beschluss, der auf eine Abweichung von Abs. 1 S. 2 hinausläuft, wäre nichtig.[96] Die einzelnen Vorschriften des § 28 sind nur durch eine Regelung in der Teilungserklärung bzw. nach § 10 Abs. 1 S. 2 durch **Vereinbarung** der Wohnungseigentümer abdingbar.[97] Es erscheint allerdings wenig sinnvoll, von Abs. 1 S. 2 abzuweichen, denn der jährlich aufzustellende Wirtschaftsplan soll die Wohnungseigentümer befähigen, nach Abs. 1 S. 1 einen ordnungsmäßigen Beschluss zu fassen und damit Zahlungspflichten in der erforderlichen Höhe festzusetzen.[98] Soweit zum bisherigen Recht argumentiert wurde, dass es wirtschaftlicher Vernunft entsprechen könne, die Fortgeltung eines Wirtschaftsplans auch für die Folgejahre zu vereinbaren, wird man dem entgegenhalten können, dass dann auch nichts dagegen spricht, den Wirtschaftsplan für ein Kalenderjahr kurzerhand zu aktualisieren und den Wohnungseigentümern in der ordentlichen Wohnungseigentümerversammlung eine Beschlussfassung nach Abs. 1 S. 1 zu ermöglichen.

53 Möglich ist es durch Vereinbarung ferner, die Pflicht der Wohnungseigentümer zur Leistung von Vorschüssen zur Kostentragung von einer vorherigen Festsetzung der Höhe der Zahlungen durch den **Verwaltungsbeirat** abhängig zu machen.

54 **f) Durchsetzung der Aufstellpflicht gegenüber Verband und Verwalter.** Der Anspruch aus § 18 Abs. 2 Nr. 1, § 28 Abs. 1 S. 2 auf Aufstellung des Wirtschaftsplans kann gegen die Gemeinschaft der Wohnungseigentümer im Wege der **Leistungsklage** verfolgt werden.[99] § 28 Abs. 1 S. 2 konkretisiert also den allgemeinen Anspruch aus § 18 Abs. 2.[100] Es handelt sich um eine Streitigkeit iSv § 43 Abs. 2 Nr. 2. Das Leistungsurteil („Die Beklagte wird verurteilt, für das Kalenderjahr X einen Wirtschaftsplan aufstellen zu lassen.") kann nach § 887 ZPO vollstreckt werden. Es handelt sich um eine vertretbare Handlung, was bedeutet, dass der Wirtschaftsplan auch durch einen Dritten aufgestellt werden kann. Der klagende Wohnungseigentümer wird deshalb auf Antrag von dem Prozessgericht des ersten Rechtszuges ermächtigt, **auf Kosten der verurteilten Gemeinschaft** der Wohnungseigentümer – der Vollstreckungsschuldnerin – die Handlung vornehmen zu lassen. Der Vollstreckungsgläubiger kann dann etwa einen anderen Verwalter mit der Aufstellung des Wirtschaftsplans beauftragen.

55 Muss die **Gemeinschaft der Wohnungseigentümer** die **Pflicht** gegenüber ihrem Verwalter mit einer Leistungsklage **einklagen,** wird sie entweder durch den Vorsitzenden des Verwaltungsbei-

93 Ausf. zum Interorganstreit BeckOGK/*Skauradszun,* 1.12.2020, § 44 Rn. 21.
94 BT-Drs. 19/18791, 82.
95 *Hügel/Elzer* § 29 Rn. 52.
96 BGHZ 163, 154 = NJW 2005, 2061 (2068) unter IV.1.
97 BayObLGZ 1988, 287; OLG Hamm OLGZ 1982, 20; Bärmann/*Becker* Rn. 6.
98 BT-Drs. 19/18791, 76.
99 Palandt/*Wicke* Rn. 2.
100 *Lehmann-Richter/Wobst* WEG-Reform 2020 Rn. 750.

rats vertreten oder die Wohnungseigentümer ermächtigen einen von ihnen durch Beschluss zur Vertretung der Gemeinschaft der Wohnungseigentümer gegenüber dem Verwalter (§ 9b Abs. 2). Sodann handelt es sich um eine Streitigkeit nach § 43 Abs. 2 Nr. 3, für die das Gericht ausschließlich zuständig ist, in dessen Bezirk das Grundstück liegt. Der Leistungsklage liegt der materiell-rechtliche Anspruch aus § 28 Abs. 1 S. 2 zugrunde. Verurteilt das Gericht den Verwalter zur Aufstellung des Wirtschaftsplans, kann auch dieses Leistungsurteil nach § 887 ZPO vollstreckt werden.[101] Es handelt sich erneut um eine vertretbare Handlung, was bedeutet, dass der Wirtschaftsplan auch durch einen Dritten aufgestellt werden kann. Gegenüber dem Dritten hat der verurteilte Verwalter die Verwaltungsunterlagen herauszugeben, die erforderlich sind, um den Vollstreckungstitel zu vollstrecken.

Soweit nach bisherigem Recht dem einzelnen Wohnungseigentümer das Recht zugebilligt 56
wurde, im gerichtlichen Verfahren vom **Gericht die Festsetzung des Wirtschaftsplans** beantragen zu können, ist dies nun **nicht mehr möglich.** Weder kann dies im Wege einer Beschlussersetzungsklage verlangt werden (§ 44 Abs. 1 S. 2), da über den Wirtschaftsplan schon nicht mehr zu beschließen ist,[102] noch über das Vollstreckungsrecht erzwungen werden, wenn der Anspruch des einzelnen Wohnungseigentümers aus § 18 Abs. 2 tituliert wurde, da ein solcher Anspruch nach § 887 ZPO zu vollstrecken wäre. Der Wohnungseigentümer kann also von dem Prozessgericht des ersten Rechtszugs auf Antrag ermächtigt werden, auf Kosten der Gemeinschaft der Wohnungseigentümer den Wirtschaftsplan aufstellen zu lassen.

3. Sonderumlagen als Nachträge zum Wirtschaftsplan. Die Wohnungseigentümer kön- 57
nen nach Abs. 1 S. 1 nicht nur über regelmäßig fällig werdende Zahlungspflichten beschließen, sondern auch über **Sonderumlagen.** Diese stellen einen Nachtrag zum Wirtschaftsplan dar.[103] Die Beschlusskompetenz ergibt sich aus Abs. 1 S. 1.[104] Zeitlich wird der Beschluss auf eine Sonderumlage nach Abs. 1 S. 1 ebenfalls nach Abs. 1 S. 2 vorbereitet. Der Verwalter nimmt in einem Nachtrag zum Wirtschaftsplan also weitere voraussichtliche Ausgaben auf und berechnet, wie hoch die weiteren Vorschüsse hierfür sein müssen.

a) Voraussetzungen und Höhe der Sonderumlage. Die Sonderumlage kann im Laufe eines 58
Wirtschaftsjahres beschlossen werden, wenn sich ein außerordentlicher Liquiditätsbedarf ergibt, der aus den schon beschlossenen Vorschüssen nicht gedeckt werden kann, sei es, weil die Ansätze des Wirtschaftsplans unrichtig waren oder durch neue Tatsachen, wie das Erfordernis umfangreicher Erhaltungsmaßnahmen, überholt sind,[105] der Wirtschaftsplan aus anderen Gründen nicht durchgeführt werden kann[106] oder wenn Zahlungspflichten eines Wohnungseigentümers aus früheren Jahresabrechnungen vorübergehend oder dauernd nicht erfüllt werden können und dadurch **Einnahmeausfälle** entstehen, die zur Deckung beschlossener Ausgaben der Gemeinschaft der Wohnungseigentümer oder zur Tilgung gemeinschaftlicher Verbindlichkeiten ausgeglichen werden sollen.[107] Über den Nachtrag ist durch **Beschluss** zu entscheiden, der entsprechend Abs. 1 S. 1 die Sonderumlage nennt und den von den einzelnen Wohnungseigentümern anteilsmäßig geschuldeten Betrag beziffert.[108] Ein Beispiel wäre: „Zur Instandsetzung der durch Graffiti besprühten Hauswand wird einmalig eine Sonderumlage erhoben, wobei 1.000 Euro auf Wohnung 1 und jeweils 2.000 Euro auf Wohnung 2 und 3 entfallen". Der Beschluss kann als ausnahmsweise noch bestimmt genug bewertet werden, wenn er nur den insgesamt zu leistenden Vorschuss nennt, nicht aber die individuelle Zahlungspflicht. So kann dies der Fall sein, wenn sich der individuell geschuldete Betrag ohne Weiteres errechnen lässt.[109] Besteht etwa eine Gemeinschaft der Wohnungseigentümer nur aus zwei Wohnungseigentümern, die über gleich große Miteigentumsanteile verfügen und ist die Sonderumlage nach § 16 Abs. 2 S. 1 jeweils hälftig zu tragen, ist jedem Wohnungseigentümer klar, dass er die Hälfte der Sonderumlage bezahlen muss. Haben die Wohnungseigentümer über die Sonderumlage nach Abs. 1 S. 1 beschlossen, gilt auch hier, dass die Zahlungspflicht der Gemeinschaft der Wohnungseigentümer gegenüber sofort **fällig** ist, die Gemeinschaft der Wohnungseigentümer die Zahlung also sofort verlangen kann (§ 271 Abs. 1 BGB). Die Gemeinschaft der Wohnungseigentümer

[101] OLG Düsseldorf NZM 1999, 842; *Lehmann-Richter/Wobst* WEG-Reform 2020 Rn. 759; Palandt/*Wicke* Rn. 2.
[102] BT-Drs. 19/18791, 76.
[103] BT-Drs. 19/18791, 76.
[104] *Lehmann-Richter/Wobst* WEG-Reform 2020 Rn. 820.
[105] BGH NJW-RR 2012, 343 Rn. 15; OLG Köln BeckRS 2001, 30159509.
[106] BGH NJW-RR 2012, 343 Rn. 15.
[107] BGHZ 108, 44 = NJW 1989, 3018; OLG Saarbrücken NJW-RR 2000, 87.
[108] BayObLG ZWE 2002, 34.
[109] BayObLG NZM 1998, 337; 1998, 918; NJW-RR 1998, 1386.

muss also mit der Geltendmachung der Forderungen beispielsweise nicht warten, bis die zu finanzierende Erhaltungsmaßnahme begonnen hat.

59 Es kann ordnungsmäßiger Verwaltung entsprechen, wenn die Wohnungseigentümer über eine Sonderumlage beschließen, obwohl die Erhaltungsmaßnahme als solches noch nicht beschlossen wurde und der finale **Aufwand** für die Erhaltung **noch nicht feststeht.** So ist dies etwa der Fall, wenn schon feststeht, dass eine Erhaltungsmaßnahme ansteht, es gegenwärtig aber noch zu früh ist, die genaue Maßnahme zu beschließen und die exakten Kosten durch die betroffenen Gewerke berechnen zu lassen.[110]

60 So wie die Gemeinschaft der Wohnungseigentümer über ein weites Ermessen verfügt, welche Ansätze sie im Wirtschaftsplan durch ihren Verwalter wählt, steht der Gemeinschaft der Wohnungseigentümer auch ein weites **Ermessen bei Sonderumlagen** zu, welches die Wohnungseigentümer für sie ausüben. Dies betrifft insbesondere die grundsätzliche Frage, ob eine Erhaltungsmaßnahme aus der allgemeinen Erhaltungsrücklage finanziert werden soll, oder ob eine besondere Sonderumlage beschlossen wird, um eine Erschöpfung der allgemeinen Erhaltungsrücklage zu vermeiden. Es besteht kein Anspruch darauf, immer zunächst die Erhaltungsrücklage auszuschöpfen.[111] Da die Sonderumlage in der Sache eine nachträgliche Erhöhung der Zahlungspflichten darstellt, müssen die auf sie geleisteten Beträge wie die anderen gezahlten Vorschüsse in der Jahresabrechnung als Einnahmen dargestellt werden.[112]

61 **b) Schuldner der Sonderumlage, insb. beim Eigentümerwechsel.** Schuldner der Sonderumlage ist jeder Wohnungseigentümer. Dies gilt auch dann, wenn ein Wohnungseigentümer voraussichtlich nicht in der Lage ist, dieser Zahlungspflicht nachzukommen. Ein etwaiges Insolvenzverfahren über das Vermögen des Wohnungseigentümers ändert daran nichts. Es handelt sich bei beschlossenen Sonderumlagen während des eröffneten Insolvenzverfahrens um Masseverbindlichkeiten iSv § 55 Abs. 1 Nr. 1 InsO, da für die Abgrenzung zwischen Insolvenzforderung und Masseverbindlichkeit entscheidend ist, ob der Anspruch zur Zeit der Eröffnung des Insolvenzverfahrens schon begründet war (dann bloße Insolvenzforderung).

62 Der **Erwerber** von Wohnungs- oder Teileigentum haftet für eine nach dem Eigentumswechsel **fällig werdende** Sonderumlage, auch wenn deren Erhebung vor dem Eigentumswechsel beschlossen wurde (sog. **„Fälligkeitstheorie"**).[113] Sieht die Gemeinschaftsordnung vor, dass der **Erwerber** eines Wohnungseigentums für **rückständige Beträge** des Veräußerers haftet, was nach der Rspr. des BGH möglich ist[114] und überzeugt, da die Zahlungspflicht an die Mitgliedschaft im Verband anknüpft, die nun übergeht, umfasst die Haftung auch eine fällige Sonderumlage.[115] Dabei können die Wohnungseigentümer jedoch nach Treu und Glauben gehalten sein, eine nicht zu beanstandende Regelung der Gemeinschaftsordnung **bei einer atypischen Konstellation** aufgrund der besonderen Umstände des Einzelfalles **nicht anzuwenden,** weil dies dem Betroffenen im Einzelfall unzumutbar wäre.[116] Zur anteiligen Zahlung der Sonderumlage ist fraglos auch ein Wohnungseigentümer verpflichtet, der sein Wohnungseigentum zwar vor der Beschlussfassung, aber erst nach Entstehung der mit der Umlage zu deckenden Forderung erworben hat.[117]

III. Jahresabrechnung (Abs. 2)

63 Abs. 2 widmet sich in S. 1 bestimmten **Beschlussgegenständen** und in S. 2 der **Beschlussvorbereitung.** Daher setzt Abs. 2 S. 2 zeitlich vor S. 1 an, denn vor der Beschlussfassung muss diese durch die Jahresabrechnung vorbereitet werden.

64 Während im Wirtschaftsplan die **voraussichtlichen** Einnahmen und Ausgaben dargestellt werden, geht es bei der Jahresabrechnung darum, die **tatsächlich** angefallenen Ausgaben und erzielten Einnahmen darzustellen. Die Wohnungseigentümer müssen nachvollziehen können, was mit den Vorschüssen zur Kostentragung geschehen ist, insbesondere ob sie entsprechend dem Wirtschaftsplan eingesetzt wurden.[118] Seit dem WEMoG ist aber nicht mehr die Jahresabrechnung die Grundlage für etwaige Nachschusspflichten, sondern der Beschluss über die Einforderung von Nachschüssen nach Abs. 2 S. 1.

---

110 Vgl. KG FGPrax 2004, 277.
111 OLG Köln NZM 1998, 878.
112 KG BeckRS 2005, 00154.
113 BGHZ 104, 197 = NJW 1988, 1910; BGH NJW 2018, 2044 Rn. 8.
114 BGH NJW 1994, 2950.
115 BayObLG BeckRS 1996, 4625.
116 BGH NJW 1994, 2950 (2952); BGHZ 121, 236 = NJW 1993, 1329 (1330); BGHZ 99, 90 = NJW 1987, 650 (651); OLG Karlsruhe OLGZ 1976, 273 (275).
117 OLG Düsseldorf NJW-RR 2002, 302.
118 BGH NJW 2018, 942 Rn. 7; 2014, 145 Rn. 6; NJW-RR 2012, 1103 Rn. 7.

1. Beschlussgegenstand und Beschlusskompetenz (Abs. 2 S. 1). Beschlussgegenstand nach Abs. 2 S. 1 sind nur die Zahlungspflichten. Dieser Beschlussgegenstand ist von dem Beschluss nach Abs. 1 S. 1 zu unterscheiden und **rechtlich** von diesem Beschluss **unabhängig,** da es sich um zwei verschiedene Rechtsgeschäfte handelt. Sollte ein Beschlussantrag sowohl die Beschlussgegenstände nach Abs. 1 S. 1 und Abs. 2 S. 1 enthalten, sind diese Beschlussteile teilbar und können – etwa im Falle einer Beschlussanfechtungsklage – unabhängig voneinander entschieden werden. Die Jahresabrechnung als Zahlenwerk hingegen ist nicht Gegenstand des Beschlusses.[119] Entsprechend den Ausführungen zu Abs. 1 S. 1 können die Wohnungseigentümer nicht mehr über die Jahresabrechnung beschließen, da sie nach dem neuen Recht insoweit über **keine Beschlusskompetenz** verfügen. Der Verwalter braucht also auf die Tagesordnung keine Beschlussfassung über die Jahresabrechnung aufzunehmen. Konsequenterweise kann der gesetzgeberische Wille auch nicht mit § 27 Abs. 2 umgangen werden. Die Wohnungseigentümer können also auch nicht nach § 27 Abs. 2 beschließen, die Aufstellung der Jahresabrechnung an sich zu ziehen, um so doch wieder über die Jahresabrechnung zu beschließen. Bei den Beschlussgegenständen nach Abs. 2 S. 1 ist sodann zwischen Fällen einer **Unterdeckung** oder **Überdeckung** zu trennen. 65

a) Unter- und Überdeckung. Ergibt die Jahresabrechnung, dass **Nachschüsse** eingefordert werden müssen, begründet nicht die Jahresabrechnung, sondern der Beschluss nach Abs. 2 S. 1 die Pflicht zur Zahlung von Nachschüssen **(anspruchsbegründender Beschluss).**[120] Diese Zahlungspflicht bezieht sich individuell auf den einzelnen Wohnungseigentümer. Wie beim Beschluss nach Abs. 1 S. 1 muss daher auch der Beschluss nach Abs. 2 S. 1 den auf den einzelnen Wohnungseigentümer entfallenden Betrag nennen (essentialia negotii).[121] Dazu kann entweder der Beschlussantrag die **individuellen Beträge** nennen oder auf eine Beschlussanlage Bezug nehmen, die die individuellen Beträge auflistet. Wie auch beim Wirtschaftsplan wird die Aufschlüsselung der individuellen Beträge im Regelfall in der Jahresabrechnung genannt **(Gesamt- und Einzeljahresabrechnung),** für die Frage der Anfechtbarkeit des Beschlusses ist dies aber nicht entscheidend. Die Aufschlüsselung in der Jahresabrechnung löst auch keine Zahlungspflichten aus. Bei der Aufschlüsselung der individuellen Zahlungspflichten ist zu bedenken, dass **unterschiedliche Verteilungsschlüssel** anzuwenden sind. Insbesondere bei den Heiz- und Warmwasserkosten ist nicht der jeweilige Miteigentumsanteil relevant, sondern der im jeweiligen Kalenderjahr tatsächlich angefallene Verbrauch des jeweiligen Wohnungseigentümers. Ein Beschluss, der nur den Gesamtbetrag der Nachschüsse nennt und die Berechnung der individuellen Beträge den Wohnungseigentümern belässt, genügt in der Regel nicht.[122] Er wäre unbestimmt und daher nichtig. Zu einer Ausnahme → Rn. 51. 66

Wurden mehr Einnahmen als Ausgaben erzielt bzw. getätigt, wird die **Überdeckung** durch eine Anpassung der nach Abs. 1 S. 1 beschlossenen Vorschüsse ausgeglichen. Gemeint ist nicht, dass die auf die Zukunft gerichteten Vorschüsse angepasst werden, die Wohnungseigentümer also in der Zukunft weniger zu bezahlen haben, die Betonung liegt vielmehr auf dem Wort „beschlossenen" Vorschüsse und meint also eine **Anpassung des Rechtsgrunds** der Zahlungen **für die Vergangenheit.** Die Anpassung der in der Vergangenheit beschlossenen Vorschüsse führt dazu, dass der Rechtsgrund in Höhe der Überdeckung wegfällt und damit der frühere Beschluss teilweise keinen Rechtsgrund mehr für das Behaltendürfen der an die Gemeinschaft der Wohnungseigentümer geleisteten Zahlungen bildet. Sodann steht dem Wohnungseigentümer ein **Rückzahlungsanspruch aus Bereicherungsrecht** zu (§ 812 Abs. 1 S. 2 Alt. 1 BGB, condictio ob causam finitam).[123] Ein Rückzahlungsanspruch scheidet hingegen aus, soweit der beschlossene Vorschuss nicht erbracht wurde.[124] Zwischen den Zahlungsansprüchen der Gemeinschaft der Wohnungseigentümer und Rückzahlungsansprüchen eines Wohnungseigentümers kann eine **Aufrechnungslage** iSv § 387 BGB entstehen. Sowohl die Gemeinschaft der Wohnungseigentümer als auch der einzelne Wohnungseigentümer sind zur **Erklärung der Aufrechnung** nach § 388 BGB berechtigt. Soweit sich die Forderungen decken, bewirkt die Aufrechnung, dass die Forderungen ab dem Zeitpunkt als erloschen gelten, in welchem sie zur Aufrechnung geeignet einander gegenüber getreten sind (§ 389 BGB). Der Rückzahlungsanspruch des einzelnen Wohnungseigentümers geht mit seinem Ausscheiden auf seinen Nachfolger über **(Eigentümerwechsel).** Von dem früheren Wohnungseigentümer kann der Anspruch dann nicht mehr geltend gemacht werden. 67

b) Zeitpunkt der Beschlussfassung, Zeitpunkt der Fälligkeit und Zeitpunkt von Eigentümerwechseln. Im Grundsatz geht der Beschlussfassung zunächst eine Beschlussvorberei- 68

[119] BT-Drs. 19/18791, 77; *Lehmann-Richter/Wobst* WEG-Reform 2020 Rn. 740a.
[120] BT-Drs. 19/18791, 77.
[121] BT-Drs. 19/18791, 77.
[122] Frankfurt OLGZ 1984, 333.
[123] *Lehmann-Richter/Wobst* WEG-Reform 2020 Rn. 860.
[124] BT-Drs. 19/18791, 77.

tung voraus, also die Aufstellung der Jahresabrechnung. Die Ausführungen beim Wirtschaftsplan zur **Ankündigung des Beschlussgegenstandes** nach § 23 Abs. 2 und zur Vorbereitung der Wohnungseigentümer durch **Zurverfügungstellung der Jahresabrechnung** vor der Beschlussfassung oder durch **Einsichtnahme** nach § 18 Abs. 4 in die Verwaltungsunterlagen gelten entsprechend für die Vorbereitung des Beschlusses nach Abs. 2 S. 1. Ferner gilt entsprechend, dass sich ein Fehler auf dem Weg zum Beschluss ggf. nicht ausgewirkt haben kann, wenn die jeweiligen Beträge richtig sind und auch bei ordnungsmäßiger Beschlussvorbereitung – Aufstellung der Jahresabrechnung, Ankündigung des Beschlussgegenstands und vorherige Zurverfügungstellung der Jahresabrechnung – diese Beträge so hätten beschlossen werden müssen.

69 Die Beschlussfassung kann zu Zahlungspflichten nur für diejenigen Personen führen, die im **Zeitpunkt der Fälligkeit** des Anspruchs Wohnungseigentümer der Gemeinschaft der Wohnungseigentümer sind.[125] Mit dem Beschluss nach Abs. 2 S. 1 kann **von einem Rechtsvorgänger kein Nachschuss verlangt** werden.[126] Denn durch Beschluss kann Dritten keine Pflicht auferlegt werden, denen der Dritte nicht zustimmt. Beschlüsse sind insoweit Rechtsgeschäfte zur Willensbildung im Innenverhältnis. Damit kann es sein, dass die Wohnungseigentümer Nachschüsse beschließen, die nicht durch die aktuell im Grundbuch eingetragenen Wohnungseigentümer verursacht oder nicht durch Ausgaben während ihrer Zeit entstanden sind, gleichwohl von ihnen zu tragen sind.[127] Ein **potentieller Erwerber** und der veräußerungswillige Wohnungseigentümer können jedoch im **Innenverhältnis** vereinbaren, wen die Einforderung von Nachschüssen wirtschaftlich belasten soll. Wird umgekehrt ein Beschluss über die Einforderung von Nachschüssen gefasst, wird dieser Anspruch fällig und tritt dann bei einem Wohnungseigentümer eine Sondernachfolge ein, haftet weiter der Rechtsvorgänger, nicht aber der Sondernachfolger.[128] Auch hier gilt, dass der Beschluss gegenüber einem Dritten keine Pflichten begründen kann. Ein gleichwohl gefasster Beschluss, mit dem eine nicht bestehende Erwerberhaftung auferlegt wird, wäre nichtig.[129]

70 Beim **Ausscheiden** eines Wohnungseigentümers aus der Gemeinschaft der Wohnungseigentümer **während des Abrechnungsjahres,** was der Regelfall sein wird, muss der Beschluss nach Abs. 2 S. 1 die auf den ausscheidenden Wohnungseigentümer entfallenden Nachschüsse nicht getrennt ausweisen. Der anspruchsbegründende Beschluss wird zu einem Zeitpunkt gefasst, zu dem der frühere Wohnungseigentümer nicht mehr Mitglied der Gemeinschaft der Wohnungseigentümer ist und daher durch eine Entscheidung im Innenverhältnis dieser Gemeinschaft nicht mehr gebunden werden kann. Der gerechte Ausgleich zwischen dem Rechtsvorgänger und dem Sondernachfolger ist auch hier durch eine Vereinbarung zwischen diesen beiden möglich, wonach der Rechtsvorgänger anteilig die eingeforderten Nachschüsse dem Sondernachfolger zu erstatten hat.

71 Im Beschluss nach Abs. 2 S. 1 kann zudem bestimmt werden, wann die Nachschussforderungen **fällig** werden und wie sie zu erfüllen sind. Diese, eigentlich schon aus Abs. 2 S. 1 resultierende Beschlusskompetenz, gewährt Abs. 3 ausdrücklich. Damit kann zB beschlossen werden, dass die Nachschüsse erst einige Wochen nach der Beschlussfassung fällig werden. Wie auch die Sachentscheidung über die Nachschüsse als solches muss aber auch eine Fälligkeits- oder Ratenregelung **Grundsätzen ordnungsmäßiger Verwaltung** entsprechen. Wurde beispielsweise das Konto der Gemeinschaft der Wohnungseigentümer erheblich überzogen und fallen Zinsen für einen Überziehungskredit an, kann eine gleichwohl von der Mehrheit befürwortete Fälligkeit für die Zahlung der Nachschüsse erst in einigen Monaten gegen den Grundsatz ordnungsmäßiger Verwaltung verstoßen.

72 **c) Fehlende Beschlussfassung.** Wird der nach Abs. 2 S. 1 nach Ablauf des Kalenderjahres erforderliche Beschluss nicht gefasst, kann ein jeder Wohnungseigentümer die Beschlussfassung nach § 18 Abs. 2 Nr. 1 von der Gemeinschaft der Wohnungseigentümer verlangen.[130] Denn eine solche Beschlussfassung ist nach den Grundsätzen ordnungsmäßiger Verwaltung erforderlich, um Unterdeckungen durch die Einforderung von Nachschüssen bzw. die Überdeckung durch die Anpassung der beschlossenen Vorschüsse auszugleichen.

73 Der Beschluss wird unter anderem durch die Prüfung der Jahresabrechnung durch den Verwaltungsbeirat und dessen Stellungnahme vorbereitet (→ Rn. 83). Fehlt diese Prüfung und Stellungnahme im Zeitpunkt der Beschlussfassung, kann anstelle einer Verschiebung der Beschlussfassung der oben zum Wirtschaftsplan dargestellte Kompromiss in Betracht kommen. Der Beschluss nach Abs. 2 S. 1 kann unter einer **aufschiebenden Bedingung** iSv § 158 Abs. 1 BGB gestellt werden,

---

125 *Lehmann-Richter/Wobst* WEG-Reform 2020 Rn. 907.
126 BGHZ 104, 197 (203) = NJW 1988, 1910 (1911); BGH NJW 1996, 725 (726).
127 *Lehmann-Richter/Wobst* WEG-Reform 2020 Rn. 910.
128 *Lehmann-Richter/Wobst* WEG-Reform 2020 Rn. 908.
129 BGH NJW 2012, 2796 Rn. 10 ff.
130 *Lehmann-Richter/Wobst* WEG-Reform 2020 Rn. 828 f.

wonach der Beschluss seine Wirkung erst entfaltet, wenn die Prüfung des Verwaltungsbeirats abgeschlossen wurde und die Stellungnahme keine Änderungen bei der Jahresabrechnung empfiehlt (vgl. → Rn. 15).

d) Anfechtung der Beschlussfassung. Der Beschluss nach Abs. 2 S. 1 kann mit der Beschlussanfechtungsklage angegriffen werden (§ 44 Abs. 1 S. 1). Eine Anfechtungsklage gegen den Beschluss nach Abs. 2 S. 1 lässt den Beschluss nach Abs. 1 S. 1 jedoch unberührt. Die nach Abs. 1 S. 1 beschlossenen Vorschüsse zur Kostentragung und zu den Rücklagen sind also weiter zu leisten und der entsprechende Beschluss weiter deren Rechtsgrundlage. Fassen die Wohnungseigentümer den Beschluss nach Abs. 2 S. 1, obwohl die Beschlussvorbereitung nach Abs. 2 S. 2 fehlt oder fehlerhaft erfüllt wurde, macht dies allein den Beschluss nicht fehlerhaft.[131] Der Weg zum Beschluss ist zwar fehlerhaft, der formelle Fehler hat sich aber nicht ausgewirkt, wenn die Wohnungseigentümer die konkreten Beträge auch bei ordnungsmäßiger Vorbereitung so hätten beschließen müssen. 74

Eine Teilanfechtung des Beschlusses ist dann möglich, wenn die Einforderung von Nachschüssen in solche zur Kostentragung und zu einer oder verschiedenen Rücklagen getrennt werden kann. Es ist dann regelmäßig anzunehmen, dass der Beschluss auch ohne den für ungültig erklärten Teil vorgenommen worden wäre, da die Wohnungseigentümer typischerweise die Liquiditätslücke schließen wollen. 75

e) Durchsetzung der beschlossenen Zahlungsansprüche. Da die Beschlussfassung nach Abs. 2 S. 1 anspruchsbegründend ist, kann die Gemeinschaft der Wohnungseigentümer die Zahlungsansprüche auch gegenüber den Wohnungseigentümern durchsetzen. Sie trägt das Insolvenzrisiko der Wohnungseigentümer, also das Risiko, dass ein Nachschuss zwar eingefordert, aber im **Insolvenzverfahren** nicht durchgesetzt werden kann, weil dies die Verwertung im Zuge der abgesonderten Befriedigung nach § 49 InsO nicht hergibt. Sie kann also bei der Befriedigung ausfallen (§ 52 InsO) und mit ihrer Ausfallforderung nur teilweise oder gar nicht befriedigt werden. In der **Einzelzwangsvollstreckung** in das Wohnungseigentum stehen Forderungen der Gemeinschaft der Wohnungseigentümer gegen den säumigen Wohnungseigentümer aber zumindest in einem besseren Rang (§§ 864, 869 ZPO, § 10 Abs. 1 Nr. 2 ZVG).[132] Dadurch ist die Gemeinschaft der Wohnungseigentümer im Hinblick auf Rückstände der Wohnungseigentümer in begrenztem Umfang gegenüber den Grundpfandgläubigern vom Gesetzgeber privilegiert worden, um damit den Werterhalt der Anlage insgesamt sicherzustellen.[133] Die bevorrechtigte Stellung der Gemeinschaft der Wohnungseigentümer wegen ihrer Forderungen aus den beiden letzten Jahren gilt aber nicht hinsichtlich der **nach Verfahrenseröffnung** fälligen Forderungen.[134] § 10 Abs. 1 Nr. 2 ZVG führt ferner nicht zu einer dinglichen Wirkung des Vorrechts – dh der Verband kann nicht wegen der bevorrechtigten Stellung die Duldung der Zwangsversteigerung betreiben –, sondern lediglich eine Privilegierung schuldrechtlicher Ansprüche sowohl im Zwangsversteigerungsverfahren als auch im Insolvenzverfahren betreiben, weil der Gesetzgeber mit der Regelung lediglich eine begrenzte bevorrechtigte Beteiligung an dem Veräußerungserlös in der Zwangsversteigerung hat erreichen wollen.[135] 76

Die Durchsetzung der **Zahlungsansprüche** nach Abs. 2 S. 1 ist **unabhängig** von der Durchsetzung der Zahlungsansprüche nach Abs. 1 S. 1.[136] Steht der Gemeinschaft der Wohnungseigentümer beispielsweise gegen Wohnungseigentümer A noch ein Anspruch nach Abs. 1 S. 1 auf Zahlung der Vorschüsse zur Kostentragung zu und ein weiterer Anspruch nach Abs. 2 S. 1 auf Zahlung eines Nachschusses aufgrund höherer Ausgaben für eine Instandsetzung, kann die Gemeinschaft der Wohnungseigentümer beide Ansprüche unabhängig voneinander durchsetzen. Betrifft die Einforderung eines Nachschusses eine säumige Zahlung auf die Vorschüsse zur Kostentragung, kann die Zahlung ein und desselben Betrages auf zwei verschiedene Rechtsgrundlagen gestützt werden. 77

2. Beschlussvorbereitung (Abs. 2 S. 2). a) Zuständigkeit für die Jahresabrechnung und Zeitpunkt der Aufstellung (Abs. 2 S. 2). Zuständig für die Aufstellung der Jahresabrechnung ist nach Abs. 2 S. 2 der **Verwalter** als Verbandsorgan, was schon deshalb Sinn macht, da dieser auch zuvor für die Aufstellung des Wirtschaftsplans zuständig war und er daher effizient die voraussichtlichen mit den endgültigen Einnahmen und Ausgaben abgleichen kann. Obgleich der Verwalter im Innenverhältnis für die Aufstellung der Jahresabrechnung zuständig ist, kann die **Gesamtheit der Wohnungseigentümer den Verwalter anweisen,** die Darstellungsform oder den Inhalt der Jahresabrechnung nach ihren Vorgaben anzupassen. Dies betrifft beispielsweise auch Rechenfehler oder 78

---

131 BT-Drs. 19/18791, 77.

132 Ausf. zur Zwangsvollstreckung und weiteren Varianten *Hügel/Elzer* Rn. 189 ff.

133 BT-Drs. 16/887, 43 f.; BGHZ 198, 216 = NJW 2013, 3515.

134 BGH NJW 2011, 3098.

135 BGHZ 198, 216 = NJW 2013, 3515.

136 *Lehmann-Richter/Wobst* WEG-Reform 2020 Rn. 858.

unzutreffend zugrunde gelegte Abrechnungsschlüssel. Ob das Willensbildungsorgan oder ein einzelner Wohnungseigentümer allerdings befugt sind, eigenhändig Änderungen am Wirtschaftsplan oder der Jahresabrechnung vorzunehmen, ist zweifelhaft. Verbandsrechtlich sieht nämlich § 28 eine klare Aufteilung der Zuständigkeiten vor. Für die Aufstellung der Zahlenwerke ist nach Abs. 1 S. 2 bzw. Abs. 2 S. 1 eindeutig nur der Verwalter zuständig, sodass als Annex hierzu auch die Anpassung der beiden Zahlenwerke in die Zuständigkeit des Verwalters fällt. Ohne gesonderte Vereinbarung ist ein Verwalter im Übrigen nicht dazu verpflichtet, für eine **vermietete Wohnung** eine Abrechnung zu erstellen, die vom vermietenden Wohnungseigentümer unverändert als wirksame Betriebskostenabrechnung gegenüber dem Mieter verwendet werden kann.[137]

79 Abrechnungsjahr für die Jahresabrechnung ist das **Kalenderjahr,** sofern Abs. 2 S. 2 nicht durch eine Vereinbarung ersetzt wurde.[138] Der Verwalter ist daher nicht befugt, statt einer Jahresabrechnung für das abgelaufene Kalenderjahr beispielsweise vier Quartalsabrechnungen[139] oder eine maßnahmenbezogene Abrechnung zu erstellen, die mehrere Jahre umfasst.[140] Außerhalb der Jahresabrechnung gibt es keine nachträglichen Abrechnungspflichten gegenüber **ausgeschiedenen Wohnungseigentümern.**[141]

80 Wann die Pflicht nach Abs. 2 S. 2 fällig ist, regelt § 28 nicht. Aus den Umständen ist aber zu entnehmen (vgl. § 271 Abs. 1 BGB), dass die Jahresabrechnung mit Übernahme des Verwalteramtes ohne schuldhaftes Zögern aufzustellen ist, sollte diese noch fehlen, damit die Wohnungseigentümer nach Abs. 2 S. 1 auf eine Über- oder Unterdeckung reagieren können. Für das nächste abgeschlossene Kalenderjahr ist die Jahresabrechnung ebenfalls ohne schuldhaftes Zögern aufzustellen. Warum nach dem Jahreswechsel drei bis sechs Monate Zeit für die Aufstellung der Jahresabrechnung zugebilligt werden sollen, erschließt sich nicht.[142]

81 Ob der **Anspruch** auf Aufstellung der Jahresabrechnung dann **erlischt,** wenn der Beschluss nach Abs. 2 S. 1 bestandskräftig geworden ist,[143] ist **zweifelhaft.** Hintergrund dieser **Auffassung** ist, dass der Wortlaut in Abs. 2 S. 2 einen besonderen Zweck der Aufstellungspflicht nennt, nämlich den Beschluss vorzubereiten. Daraus schließt diese Auffassung, dass der Zweck mit der Beschlussfassung jedenfalls dann erreicht sei, wenn der Beschluss Bestandskraft erlangt habe. **Überzeugender** ist es aber, dass die Pflicht aus Abs. 2 S. 2 auch dann weiter besteht, wenn die Wohnungseigentümer nach Abs. 2 S. 1 bestandskräftig beschlossen haben, etwa weil sie einstimmig der Auffassung waren, die Liquiditätslücke zügig mit Nachschüssen schließen zu wollen, obwohl die vorbereitende Berechnung noch nicht ordnungsmäßig ist. Damit wollten sie ggf. aber nicht zum Ausdruck bringen, dass die Gemeinschaft der Wohnungseigentümer auf ihren Anspruch auf Aufstellung der Jahresabrechnung verzichtet. Es macht auch Sinn, nach einem bestandskräftigen Beschluss nach Abs. 2 S. 1 den Verwalter weiter auf ordnungsmäßige Aufstellung der Jahresabrechnung in Anspruch zu nehmen, um das Finanzwesen für jedes Jahr ordnungsmäßig dokumentiert zu haben. Im Übrigen haben die Wohnungseigentümer dann die Möglichkeit, den Beschluss nach Abs. 2 S. 1 im Wege eines Umlaufbeschlusses anzupassen.

82 **b) Inhalt der Jahresabrechnung, Gesamt- und Einzeljahresabrechnungen (Abs. 2 S. 2).** Der anspruchsbegründende Beschluss nach Abs. 2 S. 1 wird mit der Jahresabrechnung vorbereitet. Die Jahresabrechnung muss eine Abrechnung über den Wirtschaftsplan enthalten, darüber hinaus die **tatsächlichen** Einnahmen und Ausgaben (Abs. 2 S. 1). Eine Jahresabrechnung, die nur die beschlossenen Zahlungspflichten zugrunde legt, nicht aber die tatsächlichen Einnahmen, ist fehlerhaft. Seit dem WEMoG muss die Jahresabrechnung **keine Angaben** mehr über die Höhe der gebildeten **Rücklagen** enthalten, da dies nun Pflichtbestandteil des Vermögensberichts nach Abs. 4 ist.[144] Die tatsächlichen Zahlungen der Wohnungseigentümer auf die Rücklagen stellen aber tatsächliche Einnahmen dar und sind insoweit Teil der Jahresabrechnung.

83 Nach bisherigem Recht musste die Jahresabrechnung neben der Feststellung der Gesamtbeträge auch die von den einzelnen Eigentümern **anteilsmäßig** zu entrichtenden Zahlungen enthalten. Die Berechnung der einzelnen Zahlungspflichten (sog. Einzeljahresabrechnungen) war damit regelmäßig **Bestandteil** der Gesamtjahresabrechnung. § 28 enthält keine Aussagen zu Einzeljahresabrechnungen. Auch die Gesetzesbegründung nennt hierzu keine Pflichten des Verwalters. Es wird daher folgendes Verständnis zugrunde gelegt:

---

[137] BayObLG ZMR 2005, 564.
[138] OLG Zweibrücken BeckRS 2000, 30806821; *Blanck* NZM 2004, 365 (366).
[139] OLG Düsseldorf NJW-RR 2007, 594.
[140] Bärmann/*Becker* Rn. 114; Riecke/Schmid/*Abramenko* Rn. 63; aA KG NJW-RR 2004, 588.
[141] KG NZM 2000, 830.
[142] So aber *Lehmann-Richter/Wobst* WEG-Reform 2020 Rn. 831.
[143] So *Lehmann-Richter/Wobst* WEG-Reform 2020 Rn. 832.
[144] *Lehmann-Richter/Wobst* WEG-Reform 2020 Rn. 746, 840.

Damit die Wohnungseigentümer nach Abs. 2 S. 1 beschließen können, muss die Jahresabrechnung **im Regelfall** die individuelle Höhe der zu beschließenden Nachschüsse oder die individuelle Höhe für die Anpassung der beschlossenen Vorschüsse enthalten. Der Anspruch aus Abs. 2 S. 2 umfasst im Regelfall also die Pflicht des Verwalters, eine **Gesamt- und Einzeljahresabrechnung aufzustellen.** Der Verwalter hat damit für die Einzeljahresabrechnung unterschiedliche Verteilungsschlüssel zugrunde zu legen, primär den Miteigentumsanteil, teils aber auch eine Verteilung nach Einheiten oder nach der HeizkostenV. Im Regelfall wären die Wohnungseigentümer mit der Berechnung der individuellen Zahlbeträge überfordert, jedenfalls aber überfordert, aus der Gesamtjahresabrechnung erst in der Wohnungseigentümerversammlung die individuellen Zahlbeträge für die Nachschüsse oder die Anpassung der beschlossenen Vorschüsse zu berechnen. 84

Nach neuem Recht ist es denkbar, dass die Gemeinschaft der Wohnungseigentümer vom Verwalter **nur** die **Aufstellung** einer **Gesamtjahresabrechnung** verlangt und die Wohnungseigentümer aus dieser die individuellen Zahlungspflichten ermitteln und durch Beschluss festsetzen. Dies kann etwa für Kleinstgemeinschaften gelten, bei denen die Ableitung der individuellen Zahlbeträge sehr einfach ist. 85

Wie auch beim Wirtschaftsplan muss auch hier eine Darstellung gewählt werden, die für einen Laien ohne Hinzuziehung fachlicher Unterstützung verständlich ist.[145] Die Jahresabrechnung ist hingegen **keine Bilanz** mit Gewinn- und Verlustrechnung.[146] Die §§ 242 ff. HGB sind nicht anwendbar, da die Gemeinschaft der Wohnungseigentümer nicht zu den Kaufleuten iSv §§ 1 ff. HGB gehört. Die Vorschriften können auch nicht analog herangezogen werden. Dort ist der Gesetzeszweck ein anderer, nämlich die Gewinnfeststellung, Ermittlung des Betriebsvermögens, Kreditfähigkeit und die Grundlage für die Steuerbilanz zu schaffen (§ 5 EStG, § 8 KStG). Dies trifft für die Gemeinschaft der Wohnungseigentümer nicht zu. Hier dient die Jahresabrechnung dem Ausgleich von Über- und Unterdeckungen. Gleichwohl ist einzuräumen, dass die handelsrechtliche Rechnungslegung auf vielen **Prinzipien** basiert, die auch auf die wohnungseigentumsrechtliche Jahresabrechnung **übertragbar** sind. In manchen Äußerungen aus der Rspr. und dem Schrifttum klingen daher Prinzipien der handelsrechtlichen Rechnungslegung an. 86

Die Jahresabrechnung erfasst tatsächliche Einnahmen und Ausgaben im entsprechenden Kalenderjahr, **nicht** aber **Zahlungen, die** in diesem Kalenderjahr **hätten eingenommen oder getätigt werden müssen,** tatsächlich aber im darauffolgenden Kalenderjahr eingehen bzw. getätigt werden. Wird zum Beispiel der im Dezember fällige Vorschuss zur Kostentragung erst im Januar des Folgejahres bezahlt, ist diese Einnahme erst im Folgejahr als Einnahme aufzuführen, obwohl sie schuldrechtlich auf das Vorjahr entfällt. Wird umgekehrt eine im Januar des Folgejahres fällige Zahlung schon im vorangegangenen Dezember geleistet, erhöhen sich die Einnahmen des Vorjahres.[147] Die Jahresabrechnung kann eine nähere Aufschlüsselung der Zahlungen erreichen, aus der die Abrechnungszeiträume hervorgehen, für die sie geschuldet waren. Eine solche Aufschlüsselung ist jedoch wegen des Charakters der Jahresabrechnung als reine Einnahmen- und Ausgabenrechnung nicht zwingend erforderlich.[148] Da die Jahresabrechnung als reine Einnahmen- und Ausgabenrechnung zu führen ist, stellt auch eine **Nachzahlung auf Rückstände aus Vorjahren** – im Gegensatz zu offenen Forderungen – in der Jahresabrechnung eine Einnahme der Gemeinschaft der Wohnungseigentümer dar, und zwar unabhängig von der Frage der Anrechnung (§ 366 BGB).[149] Sie ist in dem Jahr als Einnahme in die Jahresabrechnung aufzunehmen, in dem sie eingenommen wurde. Das Verbuchen von eingenommenen Zahlungen von einem allgemeinen Konto der Gemeinschaft der Wohnungseigentümer auf ein getrennt davon geführtes Rücklagenkonto stellt keine Ausgabe dar. Offene Forderungen zur Kostentragung oder Rücklagen sind zwar kein Bestandteil der Jahresabrechnung, gehören aber zum wesentlichen Vermögen der Gemeinschaft der Wohnungseigentümer.[150] 87

In die Jahresabrechnung sind auch solche Ausgaben einzustellen, die der Verwalter **unberechtigterweise aus Mitteln der Gemeinschaft** der Wohnungseigentümer getätigt hat.[151] Nur so ist sichergestellt, dass die Wohnungseigentümer alle tatsächlichen Ausgaben der Gemeinschaft der Wohnungseigentümer erkennen, die Jahresabrechnung auf ihre Plausibilität[152] und gegebenenfalls auch daraufhin überprüfen können, was mit den eingezahlten Mitteln geschehen ist,[153] und ob 88

145 BGH NJW 2010, 2127 Rn. 10; KG ZMR 1988, 108; OLG Hamm ZMR 1997, 251.
146 BayObLG NJW-RR 1993, 1166; OLG Karlsruhe NZM 1998, 768.
147 BGH NJW 2014, 145 Rn. 9.
148 BGH NJW 2014, 145 Rn. 10.
149 BGH NJW 2014, 145 Rn. 9.
150 BT-Drs. 19/18791, 77.
151 BGH NJW 2011, 1346 Rn. 6; BayObLG NJW-RR 2004, 1090.
152 BGH NJW 2011, 1346 Rn. 6; 2010, 2127 (2129).
153 BGH NJW 2011, 1346 Rn. 6; BayObLG NJW-RR 1992, 1431 (1432).

Regressansprüche gegen den Verwalter oder sonstige Personen in Betracht kommen und ob diese gerichtlich durchgesetzt werden sollen. Eine solche Prüfung wäre zumindest deutlich erschwert, wenn unberechtigt getätigte Ausgaben in die Jahresabrechnung nicht eingestellt würden.[154] Auch sonstige tatsächliche Ausgaben, die aufgrund eines Beschlusses der Gesamtheit der Wohnungseigentümer getätigt wurden, aber materiell-rechtlich unberechtigt sind, sind als Ausgaben in der Jahresabrechnung aufzuführen. Lassen sich Ansprüche gegen den jeweiligen Schuldner durchsetzen, fließen der Gemeinschaft der Wohnungseigentümer die verausgabten Gelder daher in einem späteren Abrechnungszeitraum wieder zu.[155]

89 Da in der von dem Verwalter nach Ablauf des Kalenderjahres aufzustellenden Jahresabrechnung sämtliche Einnahmen und Ausgaben einander gegenüberzustellen sind, ist auch bei den **Heiz- und Warmwasserkosten** in der Jahresabrechnung ausnahmslos am Einnahmen-Ausgaben-Prinzip festzuhalten.[156] Dem stehen die Bestimmungen der HeizkostenV nicht entgegen, weil sie lediglich eine Verteilung der tatsächlich angefallenen Heiz- und Warmwasserkosten auf der Grundlage des gemessenen Verbrauchs erfordert. Den Vorgaben der HeizkostenV wird daher bereits dann Genüge getan, wenn zwar nicht in der Jahresabrechnung, aber **bei der Abrechnung der einzelnen Einheiten** eine verbrauchsabhängige Abrechnung vorgenommen wird. Hier sind also nicht die in der Abrechnungsperiode bezahlten Rechnungen anzugeben, sondern die Kosten für den in diesem Zeitraum tatsächlich verbrauchten Brennstoff durch das jeweilige Wohnungseigentum. Der Umstand, dass sich insoweit ausnahmsweise diese Abrechnung nicht unmittelbar aus der Jahresabrechnung herleitet, ist hinzunehmen, sofern die in der Abrechnung enthaltene Abweichung deutlich ersichtlich und mit einer verständlichen Erläuterung versehen ist.[157] An welcher konkreten Stelle der Jahresabrechnung bzw. Abrechnung der einzelnen Einheiten diese Erläuterung erfolgt, bleibt dem Verwalter überlassen. Entscheidend ist allein, dass die Darstellung verständlich und nachvollziehbar ist.[158]

90 **c) Prüfung der Jahresabrechnung (§ 29 Abs. 2 S. 2).** Die Jahresabrechnung soll nach § 29 Abs. 2 S. 2 vom Verwaltungsbeirat geprüft und mit einer Stellungnahme versehen werden, bevor der Beschluss nach § 28 Abs. 2 S. 1 gefasst wird. Wurde ein Verwaltungsbeirat eingerichtet und hat dieser die Jahresabrechnung vor der Beschlussfassung nach Abs. 2 S. 1 **nicht geprüft** bzw. nicht mit einer Stellungnahme versehen, macht allein dies den Beschluss nach Abs. 2 S. 1 nicht fehlerhaft. Denn wenn schon ein Verstoß gegen die Beschlussvorbereitungspflicht nach Abs. 2 S. 2 den Beschluss nicht fehlerhaft macht,[159] muss dies erst recht für den nur unterstützenden Prüfungsauftrag des Verwaltungsbeirats nach § 29 Abs. 2 S. 2 so gelten. Die Wohnungseigentümer können im Übrigen wohl **nicht vereinbaren, dass der Verwaltungsbeirat** nach seiner Prüfung sogleich über die Nachschüsse oder die Anpassung der beschlossenen Vorschüsse **beschließt.** Eine solche Abweichung wird von § 10 Abs. 1 S. 2 zwar nicht ausdrücklich untersagt, dürfte aber verbandsrechtlich nicht zulässig sein (→ Rn. 51).

91 **d) Durchsetzung der Aufstellpflicht gegenüber dem Verwalter.** Jeder Wohnungseigentümer kann zwar nach § 18 Abs. 2 Nr. 1, § 28 Nr. 2 S. 2 von der Gemeinschaft der Wohnungseigentümer **verlangen, dass der Verwalter seiner Aufstellpflicht** nach Abs. 2 S. 2 **nachkommt.** Soweit nach bisherigem Recht dem einzelnen Wohnungseigentümer aber das Recht zugebilligt wurde, im gerichtlichen Verfahren vom Gericht die Festsetzung der Jahresabrechnung beantragen zu können, ist dies nun nicht mehr möglich. Weder kann dies im Wege einer Beschlussersetzungsklage verlangt werden (§ 44 Abs. 1 S. 2), da über die Jahresabrechnung schon nicht mehr zu beschließen ist,[160] noch über das Vollstreckungsrecht erreicht werden, wenn der Anspruch des einzelnen Wohnungseigentümers aus § 18 Abs. 2 Nr. 1, § 28 Nr. 2 S. 2 tituliert würde, da ein solcher Anspruch nach § 887 ZPO[161] zu vollstrecken wäre. Der Wohnungseigentümer könnte also als Vollstreckungsgläubiger von dem Prozessgericht des ersten Rechtszugs auf Antrag ermächtigt werden, auf Kosten der Gemeinschaft der Wohnungseigentümer die Jahresabrechnung aufstellen zu lassen.

92 **e) Verwalterwechsel.** Scheidet der Verwalter im Laufe des Jahres aus seinem Amt aus, soll er nach Auffassung des BGH – vorbehaltlich einer abweichenden Vereinbarung[162] zwischen ihm und der Gemeinschaft der Wohnungseigentümer – die Aufstellung der Jahresabrechnung für das **abgelau-**

---

[154] BGH NJW 2011, 1346 Rn. 6; KG NJW-RR 2006, 383.
[155] BGH NJW 2011, 1346 Rn. 7.
[156] BGH NJW 2012, 1434 Rn. 15 ff.
[157] Zu allem BGH NJW 2012, 1434 Rn. 16.
[158] BGH NJW 2012, 1434 Rn. 16.
[159] BT-Drs. 19/18791, 77.
[160] BT-Drs. 19/18791, 77.
[161] *Lehmann-Richter/Wobst* WEG-Reform 2020 Rn. 835.
[162] BayObLG NJW-RR 1995, 530; OLG Hamm NJW-RR 1993, 847.

fene Kalenderjahr schulden (**Beispiel:** Verwalter ist A, Ablauf des Kalenderjahres 2020, Verwalter A ist am 1.1.2021 noch im Amt, Verwalteramt wechselt zum 1.2.2021 auf B – Verwalter A sei noch verpflichtet, die Jahresabrechnung 2020 aufzustellen).[163] Ist der Anspruch der Gemeinschaft der Wohnungseigentümer zur Erstellung der Jahresabrechnung entstanden, bestehe er **als nachwirkende Pflicht aus dem Verwaltervertrag**[164] fort. Die Pflicht gehe nicht auf den neuen Verwalter über.[165] Soweit er die Verwaltungsunterlagen inzwischen an den neuen Verwalter herausgegeben habe, stehe ihm ein Einsichtsrecht zu.[166] Dieses erfasse auch die für die Abrechnung erforderlichen Unterlagen und Belege, die im Zeitpunkt des Ausscheidens aus dem Verwalteramt noch nicht vorlagen, sondern erst später dem neuen Verwalter zur Verfügung stehen wie zB die auf einen Dienstleister übertragene Heizkostenabrechnung.[167]

Die **Rspr. des BGH** dürfte mit Inkrafttreten des WEMoG **nicht mehr anwendbar** sein. Nach 93
dem verbandsrechtlichen Modell des § 18 Abs. 1 ist die Gemeinschaft der Wohnungseigentümer für die Verwaltung des gemeinschaftlichen Eigentums zuständig. Die Organe erfüllen die im Innenverhältnis obliegenden Pflichten stets für den Verband. In der Gesetzesbegründung wurde zu Recht betont, dass, auch soweit das Gesetz einzelne Pflichten im Rahmen der Verwaltung des gemeinschaftlichen Eigentums aufführt und ausgestaltet, es sich stets um Pflichten der Gemeinschaft der Wohnungseigentümer handelt.[168] Die Gesetzesbegründung nennt als Beispiel die Pflicht der Gemeinschaft der Wohnungseigentümer zur Einberufung der Versammlung, die im Innenverhältnis vom Verwalter für den Verband erfüllt wird.[169] Nicht anders ist dies bei § 28. Die **Pflicht** zur Aufstellung der Jahresabrechnung **folgt aus der Organstellung** des Verwalters, nicht aus einem etwaigen Verwaltervertrag.[170] Rechtsgrundlage für diese Pflicht ist die Organstellung. Endet diese Organstellung durch Abberufung nach § 26 Abs. 1, können vom abberufenen Verwalter keine organschaftlichen Pflichten mehr verlangt werden. Der BGH argumentierte in seiner Entscheidung maßgeblich mit dem Verwaltervertrag und einem Anspruch auf Aufstellung der Jahresabrechnung, der aus diesem Verwaltervertrag resultierte und als entstandener Anspruch auch nach Beendigung des Verwaltervertrages bestehen bleibt.[171] Dies mag zutreffend sein, ist aber für § 28 in der geltenden Fassung nach dem **neuen verbandsrechtlichen Modell** nicht mehr entscheidend. Erfüllt der Verwalter die Pflicht zur Aufstellung der Jahresabrechnung nicht und wird er sodann abberufen, wird der Gemeinschaft der Wohnungseigentümer regelmäßig durch diese unerfüllte Organpflicht ein Schaden entstehen. Denn die Gemeinschaft der Wohnungseigentümer wird einen Dritten für die Aufstellung der Jahresabrechnung beauftragen müssen. Sie kann dann den abberufenen Verwalter aus **Organpflichtverletzung** in Anspruch nehmen. Anspruchsgrundlage hierzu ist § 280 Abs. 1 BGB. Das Schuldverhältnis besteht in der Organstellung. Die Pflichtverletzung liegt darin, dass der abberufene Verwalter zwischen dem 1. Januar nach Ablauf des Kalenderjahres und dem Tag der Abberufung die Jahresabrechnung nicht aufgestellt hat. Nach § 280 Abs. 1 S. 2 BGB wird vermutet, dass der abberufene Verwalter diese Organpflichtverletzung zu vertreten hat. Diese Vermutung wird der abberufene Verwalter etwa dann widerlegen können, wenn er die Jahresabrechnung deshalb noch nicht aufstellen konnte, da ihm Abrechnungen Dritter noch nicht zugegangen sind oder eine Aufstellung der Jahresabrechnung zwischen dem 1. Januar und dem Tag der Abberufung nicht leistbar war (Beispiel: Abberufung am 2. Januar). Der Schadensersatz richtet sich nach den §§ 249 ff. BGB. Bietet der abberufene Verwalter von sich aus an, die Jahresabrechnung aufzustellen, kann die Gemeinschaft der Wohnungseigentümer entscheiden, ob sie diese Leistung anstatt einer Geldzahlung annimmt (§ 364 Abs. 1 BGB).

Streitig ist ferner, ob die Abrechnungspflicht des Verwalters für ein abgelaufenes Kalenderjahr 94
am letzten Tag des abgelaufenen Jahres oder am ersten Tag des anschließenden Kalenderjahrs entsteht. Der BGH hat diese Frage offen gelassen.[172] Bei einem **Verwalterwechsel zum 31.12.** kommt es dann darauf an, ob der zum Jahreswechsel ausgeschiedene oder der neue Verwalter die Abrechnung für das abgelaufene Wirtschaftsjahr zu erstellen hat. Da Abs. 2 offenbar so zu verstehen ist, dass die Pflicht zur Erstellung der Jahresabrechnung nach Ablauf des Kalenderjahres entsteht, ist **der neue** Verwalter zur Abrechnung verpflichtet. Den Wortlaut „[n]ach Ablauf des Kalenderjahres" enthält

[163] BGH NJW 2018, 1969 Rn. 11.
[164] BGH NJW 2018, 1969 Rn. 15; OLG Frankfurt BeckRS 1998, 11659; OLG Hamm OLGZ 1975, 157.
[165] BGH NJW 2018, 1969 Rn. 14.
[166] BGH NJW 2018, 1969 Rn. 16; BayObLGZ 1975, 327 (329); OLG Celle ZMR 2005, 718 = BeckRS 2005, 8029; OLG Hamm NJW-RR 1993, 847.
[167] BGH NJW 2018, 1969 Rn. 16.
[168] BT-Drs. 19/18791, 58.
[169] BT-Drs. 19/18791, 58.
[170] *Lehmann-Richter/Wobst* WEG-Reform 2020 Rn. 830.
[171] BGH NJW 2018, 1969 Rn. 15.
[172] BGH NJW 2018, 1969 Rn. 17.

zwar nur S. 1 betreffend die Beschlussfassung, in der Gesamtschau ist Abs. 2 aber offenbar so zu verstehen, dass die Jahresabrechnung erst nach Ablauf des Kalenderjahres aufzustellen ist. Der neue Verwalter ist dazu auch in der Lage, weil der bisherige Verwalter mit Beendigung seiner Tätigkeit die Verwaltungsunterlagen an die Gemeinschaft der Wohnungseigentümer herausgeben muss,[173] die der neue Verwalter nach einer Auswertung in der Jahresabrechnung geordnet darstellen kann.[174] Der ausgeschiedene Verwalter bleibt zur **Rechnungslegung** auf den Zeitpunkt des Ausscheidens verpflichtet,[175] sodass der neue Verwalter erwarten darf, dass ihm diese bei Erstellung der Jahresabrechnung vorliegt und somit die Arbeit erleichtert.[176]

IV. Fälligkeit und Art der Erfüllung (Abs. 3)

95 Abs. 3 enthält klarstellend eine **Beschlusskompetenz,**[177] wonach die Wohnungseigentümer bei der Beschlussfassung auch eine **Fälligkeitsbestimmung** für die Zahlungspflichten aufnehmen oder ändern[178] können (vgl. → Rn. 11). Beschließen die Wohnungseigentümer keine Fälligkeitsregelung, gilt der Grundsatz nach § 271 Abs. 1 BGB, wonach der Gläubiger – die Gemeinschaft der Wohnungseigentümer – die Leistung **sofort** verlangen kann.

V. Vermögensbericht (Abs. 4)

96 **1. Zweck des Vermögensberichts (Abs. 4 S. 1).** Zweck des Vermögensberichts ist es, die Wohnungseigentümer über die wirtschaftliche Lage der Gemeinschaft der Wohnungseigentümer zu informieren.

97 **2. Inhalt des Vermögensberichts (Abs. 4 S. 1).** Der Vermögensbericht muss eine Aufstellung des wesentlichen Gemeinschaftsvermögens enthalten. Aufzulisten ist das **tatsächlich vorhandene Vermögen** (Ist-Stand).[179] Teil des Gemeinschaftsvermögens iSv § 9a Abs. 3 sind die **Kontostände,** insbesondere die angesammelten **Erhaltungsrücklagen** iSv § 19 Abs. 2 Nr. 4 sowie die weiteren durch Beschluss vorgesehenen Rücklagen (Abs. 4 S. 1 iVm Abs. 1 S. 1). Es sollte dargestellt werden, welchen Stand die jeweilige Rücklage zu Jahresbeginn hatte und wie sich die jeweilige Rücklage sodann entwickelt hat.[180] Diese Rücklagen sind selbst dann Pflichtbestandteil des Vermögensberichts, wenn sie noch eine geringe Höhe haben, etwa weil mit dem Rücklagenaufbau erst vor kurzer Zeit begonnen wurde. Jedenfalls nach einigen Jahren kann die Erhaltungsrücklage den wichtigsten Bestandteil des Gemeinschaftsvermögens ausmachen.

98 Zu dem wesentlichen Gemeinschaftsvermögen iSv Abs. 4 S. 1 gehören alle **Forderungen** der Gemeinschaft der Wohnungseigentümer gegen einzelne Wohnungseigentümer und Dritte.[181] Dies umfasst etwa **offene Forderungen auf Zahlung der Vorschüsse** nach Abs. 1 S. 1 oder der Nachschüsse nach Abs. 2 S. 1.[182] Für die Wohnungseigentümer ist die Erkenntnis wichtig, in welchem Umfang die Wohnungseigentümer mit ihren Vorschüssen zu den Rücklagen im Rückstand sind. Ein hoher Forderungsbestand betreffend rückständige Vorschüsse lässt wichtige Rückschlüsse zu, etwa auf einen drohenden Erhaltungsrückstau beim gemeinschaftlichen Eigentum, auf Liquiditätsprobleme bei einzelnen oder einigen Wohnungseigentümern oder verbreitete Zahlungsunwilligkeit. Da die §§ 238 ff. HGB weder direkt noch analog anwendbar sind, werden diese Forderungen auch **nicht** im Sinne der Rechnungslegung **bewertet.**[183] Sie werden insbesondere nicht außerplanmäßig abgeschrieben, wenn deren Einbringlichkeit nicht mehr in voller Höhe gewährleistet ist. Da der Vermögensbericht aber das tatsächlich vorhandene Vermögen darstellen soll und dieses größer erscheinen würde als es ist, wenn auch Forderungen in voller Nominalhöhe dargestellt werden, obwohl diese nicht oder teilweise nicht mehr einbringlich sind, entspricht es Sinn und Zweck des Vermögensberichts, bei solchen Forderungen zumindest einen kurzen Vermerk über die **Zweifelhaftigkeit der Einbringlichkeit** anzubringen („Einbringlichkeit zweifelhaft").

---

173 BGH NJW 2018, 1969 Rn. 19; BayObLGZ 1969, 209 (214 f.); OLG Hamburg WE 1987, 83; BayObLG WE 1989, 63 (64); 1994, 280.
174 BGH NJW 2018, 1969 Rn. 19.
175 BGH NJW 2018, 1969 Rn. 19; 2016, 3536; 1997, 2106 (2018).
176 *Fuhrmann* ZWE 2018, 218 (219).
177 Palandt/*Wicke* Rn. 15.
178 Palandt/*Wicke* Rn. 15.
179 BT-Drs. 19/18791, 77; Palandt/*Wicke* Rn. 24.
180 BGH NJW 2010, 2127.
181 BT-Drs. 19/18791, 77; Palandt/*Wicke* Rn. 24.
182 *Lehmann-Richter/Wobst* WEG-Reform 2020 Rn. 939.
183 Vgl. BT-Drs. 19/18791, 78; Palandt/*Wicke* Rn. 24.

Zu dem wesentlichen Gemeinschaftsvermögen können ferner eigene Grundstücke der Gemeinschaft der Wohnungseigentümer, Maschinen und Geräte für den Garten oder Brennstoffvorräte wie Pellets, Brennholz und Öl zählen. 99

Der Vermögensbericht hat zudem die **Verbindlichkeiten** der Gemeinschaft der Wohnungseigentümer darzustellen, etwa Darlehensverbindlichkeiten[184] und Verbindlichkeiten aus Warenlieferungen. Schließlich gehören hierzu offene Verbindlichkeiten gegenüber dem Verwalter, wenn diese die Wesentlichkeitsschwelle erreichen. 100

Die einzelnen Posten des Vermögensberichts können **Vermögensgegenstände** genannt werden, obwohl dieser in der Gesetzesbegründung verwendete Begriff dem Vokabular der handelsrechtlichen Rechnungslegung entspricht (vgl. etwa § 246 HGB). Die Vermögensgegenstände müssen **nicht bewertet** werden,[185] sie sind also weder planmäßig noch außerplanmäßig abzuschreiben. Es ist aber zumindest **empfehlenswert,** dass der Verwalter beim jeweiligen Vermögensgegenstand kenntlich macht, **wann** dieser in den Vermögensbericht aufgenommen wurde, damit die Wohnungseigentümer und etwaige Sondernachfolger eine Vorstellung davon bekommen, ob diese Vermögensgegenstände noch einen Wert haben. Wird beispielsweise im Vermögensbericht zum 1.5.2021 ein Rasenmäher mit dem Kaufpreis von 400 Euro aufgenommen, kann jeder Wohnungseigentümer und ein etwaiger Sondernachfolger darauf schließen, dass dieser Vermögensgegenstand fünf Jahre später keinen Wert von 400 Euro mehr hat. Auch wenn die Gesetzesbegründung bei Geldforderungen ausdrücklich nur deren Angabe zum Nominalbetrag verlangt,[186] gilt das oben Gesagte, wonach bei ganz oder teilweise nicht mehr einbringlichen Forderungen zumindest ein kurzer Hinweis darauf notwendig ist, um den Zweck des Vermögensberichts zu erfüllen. 101

Wann ein Vermögensgegenstand **wesentlich** und daher in den Vermögensbericht aufzunehmen ist, hängt insbesondere von der Größe der Gemeinschaft der Wohnungseigentümer ab.[187] In großen Anlagen kann der im zuvor genannten Beispiel erwähnte Rasenmäher einen unwesentlichen Vermögensgegenstand darstellen. Aus Sicht des verpflichteten Verwalters sollte ein Vermögensgegenstand **im Zweifel im Vermögensbericht gelistet** werden. Die Wohnungseigentümer können den Verwalter dann immer noch durch Beschluss anweisen, künftig nur noch Vermögensgegenstände ab einer gewissen Höhe an Anschaffungskosten aufzunehmen. 102

3. Zuständigkeit für den Vermögensbericht und Anspruchsdurchsetzung (Abs. 4 S. 1). Für die Erstellung des Vermögensberichts ist im **Innenverhältnis** der Verwalter als Verbandsorgan zuständig (Abs. 4 S. 1). Kommt der Verwalter seiner Pflicht nicht nach, kann **der einzelne Wohnungseigentümer** von der Gemeinschaft der Wohnungseigentümer nach § 18 Abs. 2 verlangen, dass diese einen Vermögensbericht aufstellen lässt.[188] Der Anspruch aus § 18 Abs. 2 kann im Wege der **Leistungsklage** verfolgt werden. Die ausschließliche Zuständigkeit des Gerichts, in dessen Bezirk das Grundstück liegt, folgt aus § 43 Abs. 2 Nr. 2. Das Leistungsurteil kann nach § 887 ZPO **vollstreckt** werden.[189] Es handelt sich um eine vertretbare Handlung. Erfüllt die Gemeinschaft der Wohnungseigentümer durch ihren Verwalter die Verpflichtung aus § 28 Abs. 4 S. 1 nicht, ist der Wohnungseigentümer von dem Prozessgericht des ersten Rechtszugs auf Antrag zu ermächtigen, auf Kosten der Gemeinschaft der Wohnungseigentümer den Vermögensbericht erstellen zu lassen. 103

Die Gemeinschaft der Wohnungseigentümer kann **den Verwalter** auf Erstellung eines Vermögensberichts aus § 28 Abs. 4 **in Anspruch** nehmen. Sie wird hierbei vom Vorsitzenden des Verwaltungsbeirats vertreten; alternativ kann ein Wohnungseigentümer durch Beschluss zur Vertretung der Gemeinschaft der Wohnungseigentümer gegenüber dem Verwalter ermächtigt werden (§ 9b Abs. 2). 104

4. Zurverfügungstellung des Vermögensberichts (Abs. 4 S. 2). Da der Verwalter seine Pflicht zur Erstellung eines Vermögensberichts als Organ der Gemeinschaft der Wohnungseigentümer erfüllt, ist er im Ausgangspunkt nur ihr gegenüber verpflichtet. Die Gemeinschaft der Wohnungseigentümer kann daher vom Verwalter neben der Erstellung des Vermögensberichts auch dessen Zurverfügungstellung verlangen. Um dem **einzelnen Wohnungseigentümer** einen Zugang zum Vermögensbericht zu ermöglichen, sieht das Gesetz zwei verschiedene Wege vor. Nach § 28 Abs. 4 S. 2 ist der Verwalter gegenüber der Gemeinschaft der Wohnungseigentümer verpflichtet, jedem Wohnungseigentümer den Vermögensbericht zur Verfügung zu stellen. 105

---

[184] BT-Drs. 19/18791, 78.
[185] *Lehmann-Richter/Wobst* WEG-Reform 2020 Rn. 933.
[186] BT-Drs. 19/18791, 78.
[187] BT-Drs. 19/18791, 78.
[188] *Lehmann-Richter/Wobst* WEG-Reform 2020 Rn. 916.
[189] *Lehmann-Richter/Wobst* WEG-Reform 2020 Rn. 919; aA Palandt/*Wicke* Rn. 25: § 888 ZPO.

Begünstigter dieser Pflicht ist der einzelne Wohnungseigentümer. Wird dieser Pflicht nicht nachgekommen, steht dem einzelnen Wohnungseigentümer aus **§ 18 Abs. 2** ein Anspruch gegen die Gemeinschaft der Wohnungseigentümer zu,[190] dass diese den Vermögensbericht durch ihren Verwalter zur Verfügung stellt. Da der Vermögensbericht zu den Verwaltungsunterlagen gehört,[191] regelt zudem **§ 18 Abs. 4,** dass jeder Wohnungseigentümer von der Gemeinschaft der Wohnungseigentümer Einsicht in die Verwaltungsunterlagen verlangen kann. In beiden Fällen wird der Anspruch durch den Verwalter erfüllt. Der Leistungsort für beide Ansprüche richtet sich nach § 269 Abs. 1 BGB und bestimmt sich danach, wo das Grundstück der Gemeinschaft der Wohnungseigentümer belegen ist.[192] Beide Ansprüche sind daher auf dem Grundstück zu erfüllen (Holschuld).[193]

106 Wie der Verwalter den Vermögensbericht einem einzelnen Wohnungseigentümer zur Verfügung stellt, regelt Abs. 4 Satz 2 nicht. Die Wohnungseigentümer können hierüber einen Beschluss fassen (§ 19 Abs. 1).[194] Die Gesetzesbegründung nennt neben der Übersendung per Post oder **E-Mail** (zeitlich gegebenenfalls zusammen mit der Jahresabrechnung nach Abs. 2 S. 2) die Möglichkeit, dass der Verwalter den Vermögensbericht auf einer **Internetseite** zur Verfügung stellt, auf die nur die Wohnungseigentümer zugreifen können.[195]

§ 29 Verwaltungsbeirat

(1) [1]Wohnungseigentümer können durch Beschluss zum Mitglied des Verwaltungsbeirats bestellt werden. [2]Hat der Verwaltungsbeirat mehrere Mitglieder, ist ein Vorsitzender und ein Stellvertreter zu bestimmen. [3]Der Verwaltungsbeirat wird von dem Vorsitzenden nach Bedarf einberufen.

(2) [1]Der Verwaltungsbeirat unterstützt und überwacht den Verwalter bei der Durchführung seiner Aufgaben. [2]Der Wirtschaftsplan und die Jahresabrechnung sollen, bevor die Beschlüsse nach § 28 Absatz 1 Satz 1 und Absatz 2 Satz 1 gefasst werden, vom Verwaltungsbeirat geprüft und mit dessen Stellungnahme versehen werden.

(3) Sind Mitglieder des Verwaltungsbeirats unentgeltlich tätig, haben sie nur Vorsatz und grobe Fahrlässigkeit zu vertreten.

Übersicht

[190] BT-Drs. 19/18791, 78.
[191] BeckOGK/*Skauradszun,* 1.12.2020, § 18 Rn. 70.
[192] BeckOGK/*Skauradszun,* 1.12.2020, § 18 Rn. 73.
[193] BeckOGK/*Skauradszun,* 1.12.2020, § 18 Rn. 73.
[194] Palandt/*Wicke* Rn. 24.
[195] BT-Drs. 19/18791, 78.

I. Normzweck

1 § 29 kodifiziert das **Gremium** des Verwaltungsbeirats (nachfolgend „Beirat" genannt). Die Einsetzung des Beirats ist **fakultativ.**[1] Abs. 1 S. 1 regelt die Bestellung und eine Anforderung an seine Mitglieder, Abs. 1 S. 2 die Zusammensetzung und Hierarchie und Abs. 1 S. 3 die innere Organisation. Abs. 2 definiert die Aufgaben und Befugnisse des Beirats. Dabei wurde der Beirat schon nach bisherigem Recht als **„Hilfs- und Kontrollorgan"** angesehen, der die Beteiligung der Wohnungseigentümer an der Verwaltung außerhalb der Versammlung sichert.[2] Diese Funktion hat bereits der Regierungsentwurf des WEMoG vorausgesetzt,[3] obwohl die Aufgabe der Überwachung (Abs. 2 S. 1) erst infolge der Kritik von Eigentümerverbänden durch die Beschlussempfehlung des Rechtsausschusses[4] in den Gesetzestext aufgenommen worden ist. Abs. 3 **begrenzt die Haftung** der unentgeltlich tätigen Beiratsmitglieder. Nach der Begründung des Regierungsentwurfs soll dadurch die Bereitschaft gefördert werden, sich unentgeltlich als Beiratsmitglied zu engagieren.[5]

II. Rechtsstellung

2 Das (Rechts-)Verhältnis der Beiratsmitglieder zur Gemeinschaft ist – wie das zum Verwalter – nach der herrschenden **sog. Trennungstheorie** in Amt und Vertrag zu unterteilen.[6] Infolge der – angenommenen – Bestellung wird das Beiratsmitglied **Träger eines privaten Amtes.**[7] Daneben besteht ein **Beiratsvertrag** (→ Rn. 4), der in der Regel durch schlüssiges Verhalten, nämlich den Bestellungsakt begründet wird,[8] aber auch ausdrücklich vereinbart oder beschlossen werden kann.

3 Weder das einfache Beiratsmitglied noch das Gremium ist ein Organ der Gemeinschaft,[9] § 31 BGB ist grundsätzlich nicht anwendbar. Ausnahmen von diesem Grundsatz sind möglich, wenn der Beirat bzw. seine Mitglieder – zB aufgrund durch Vereinbarung zugewiesener Aufgaben (→ Rn. 32 ff.) – im Pflichtenkreis der Gemeinschaft gegenüber Dritten auftreten.[10] Nur dem Beiratsvorsitzenden kommt im Rahmen seiner organschaftliche Vertretungsmacht gemäß § 9b Abs. 2 Alt. 1 (→ § 9b Rn. 28) eine eingeschränkte Organstellung zu, die sich bei der Haftung der Gemeinschaft für ihn gegenüber Dritten rechtlich auswirkt.

4 **1. Beiratsvertrag.** In der Regel ist der Beiratsvertrag ein konkludent mit der Bestellung abgeschlossenes **Auftragsverhältnis** iSd § 662 BGB, das sich auf die in § 29 gesetzlich normierten Aufgaben bezieht, sofern die Beiratsmitglieder unentgeltlich tätig werden.[11] Soweit für die Tätigkeit ein Entgelt vorgesehen ist, handelt es sich um einen Dienstvertrag nach §§ 611, 675 BGB, der eine Geschäftsbesorgung zum Gegenstand hat.[12] Vertragspartner der rechtsfähigen Gemeinschaft (§ 9a Abs. 1 S. 1) sind die Beiratsmitglieder und nicht das Gremium,[13] da es nicht rechtsfähig ist.[14]

5 **2. Sich aus der Rechtsstellung ergebende Pflichten.** Aus der Rechtsstellung als Beiratsmitglied ergeben sich sowohl ungeschriebene Amtspflichten als auch vertragliche Pflichten, die neben der Pflicht zur Erfüllung seiner Aufgaben und Befugnisse[15] (→ Rn. 27 ff.) bestehen. Aufgrund der Neuregelungen durch das WEMoG verdienen die **Person des Gläubigers** und die Frage des Umfangs der spiegelbildlich zur Aufgabe der **Überwachung** bestehenden Pflicht besondere Beach-

---

[1] BGH NJW 2010, 3168 Rn. 8; dies ergibt sich aber auch bereits aus dem Gesetz, da insbesondere § 29 Abs. 1 S. 1 durch die Formulierung „können" deutlich macht, dass der Verwaltungsbeirat nicht zwingend ist und § 24 Abs. 6 die Regelung zur Unterzeichnung des Protokolls für den Fall, dass ein Verwaltungsberat bestellt ist, modifiziert.

[2] *Gottschalg,* Die Haftung von Verwalter und Beirat in der Wohnungseigentümergemeinschaft, 3. Aufl. 2009, Rn. 28.

[3] BT-Drs. 19/18791, 28.

[4] BT-Drs. 19/22634, 48.

[5] BT-Drs. 19/18791, 79.

[6] AA Staudinger/*Lehmann-Richter,* 2018, Rn. 55.

[7] Ausf. *Dötsch/Schultzky/Zschieschack* WEG-Recht 2021 Kap. 11 Rn. 19; Bärmann/Pick/*Dötsch* Rn. 24.

[8] OLG Düsseldorf NZM 1998, 36; vertiefend Bärmann/*Becker* Rn. 25.

[9] *Hügel/Elzer* Rn. 4, 5 mwN; aA für das Beiratsmitglied BGH NZM 2019, 341; 2018, 615 – dies kann infolge des ersatzlosen Wegfalls von § 20 Abs. 1 aF mE nicht mehr aufrechterhalten werden.

[10] *Hügel/Elzer* Rn. 97 mwN.

[11] Vgl. zum alten Recht OLG Düsseldorf NZM 1998, 36; Bärmann/*Becker* Rn. 24.

[12] Bärmann/*Becker* Rn. 24 mwN.

[13] Vgl. Bärmann/*Becker* Rn. 109.

[14] OLG Düsseldorf NZM 1998, 36.

[15] Aufgabe der in der → 8. Aufl. 2020, Rn. 11 *(Commichau)* zum alten Recht vertretenen Auffassung; *Lehmann-Richter/Wobst* WEG-Reform 2020 Kap. 7 Rn. 585; ausf. noch zum alten Recht Bärmann/*Becker* Rn. 50 mwN; aA KG FGPrax 1997, 173.

tung. Schließlich ergeben sich **weitere Pflichten** aus den gesetzlich **durch das WEMoG** im jeweiligen Sachzusammenhang normierten Sonderkompetenzen **einzelner Beiratsmitglieder,** denen eine Funktion (Beiratsvorsitzender, Stellvertreter) zugewiesen ist.

6 **a) Person des Gläubigers.** Infolge der ausschließlichen Verwaltungszuständigkeit der **Gemeinschaft der Wohnungseigentümer** und deren (Voll-) Rechtsfähigkeit, sind die Pflichten grundsätzlich nur ihr gegenüber zu erfüllen. Demzufolge kann die Erfüllung grundsätzlich nur von der Gemeinschaft verlangt und gerichtlich durchgesetzt werden.[16] Die Ermächtigung einzelner Wohnungseigentümer zur Anspruchsverfolgung durch einen Beschluss nach § 19 Abs. 1 bleibt möglich.[17] § 242 BGB kann ausnahmsweise einen Individualanspruch für Auskunftsansprüche (→ Rn. 8) rechtfertigen, wenn sich dieser auf eine Angelegenheit bezieht, die ausschließlich einen Wohnungseigentümer betrifft.[18]

7 **b) Überwachungspflicht.** Die Begründung der Beschlussempfehlung des Rechtsausschusses enthält zur Ausgestaltung und zum Umfang der Überwachung (-spflicht) nichts.[19] Es ist daher nicht überraschend, dass die **Einzelheiten** bereits jetzt **sehr str.** sind. Das Meinungsspektrum reicht von einer recht umfassenden Verpflichtung in Bezug auf Rechts- und Ordnungsgemäßheit sowie Wirtschaftlichkeit des Verwalterhandels, das sogar die Einholung von Beratungsleistungen rechtfertigt und ggf. erfordert,[20] über eine eingeschränkte Kontroll- und Handlungspflicht der Beiratsmitglieder,[21] bis hin zur Feststellung, dass sich gegenüber dem bisherigen Recht nichts geändert hat, weil ansonsten ua das gesetzgeberische Ziel, die Beiratstätigkeit attraktiver zu machen, verfehlt würde,[22] so dass allenfalls eine Informationspflicht über die vom Beirat selbst gewonnenen Erkenntnisse besteht.[23] Die zuletzt genannte Ansicht überzeugt, weil der Beirat bereits im Rahmen seiner Auskunfts- und Rechenschaftspflicht Informationen weitergeben muss, die er anlässlich seiner Tätigkeit erlangt.

8 **c) Sonstige Pflichten.** Nach §§ 662, 666 BGB ist ein Beiratsmitglied im Rahmen seines Aufgabenkreises zur **Auskunftserteilung und Rechenschaftslegung** verpflichtet. Bei der Beendigung seiner Tätigkeit ist das Beiratsmitglied nach § 667 BGB zur **Herausgabe aller Unterlagen,** die die Gemeinschaft betreffen, im Original verpflichtet; auf das Eigentum an den Unterlagen kommt es nicht an,[24] zumal diese zum Gemeinschaftsvermögen gehören und damit im Eigentum der Gemeinschaft stehen dürften.[25] Bis dahin kann jeder Wohnungseigentümer die Beiratsunterlagen entsprechend § 18 Abs. 4 am Aufbewahrungsort einsehen.

9 **d) Weitere Pflichten aus Sonderkompetenzen.** In Bezug auf die in **§ 24 Abs. 6 S. 2** normierten Sonderkompetenz zur Unterschrift der Niederschrift durch den Beiratsvorsitzenden bzw. seinen Vertreter soll eine **Unterzeichnungspflicht** bestehen, wenn die Niederschrift korrekt ist, andernfalls soll eine Pflicht zur Unterschriftsverweigerung bestehen.[26] Angesichts der Qualifikation der Niederschrift als Privaturkunde (§ 416 BGB), der nach dem WEG – nach wie vor – fehlenden konstitutiven Bedeutung der Protokollierung für die Beschlusswirksamkeit sowie der auch nach dem WEMoG fortbestehenden Pflicht zur Führung einer Beschlusssammlung ist diese Ansicht abzulehnen, soweit nicht die Gemeinschaftsordnung abweichend von der gesetzlichen Regelung die Protokollierung eines Beschlusses und die Protokollunterzeichnung durch den Beiratsvorsitzenden oder seinen Vertreter zur Wirksamkeitsvoraussetzung erklärt.

10 Aus der Sonderkompetenz des Vorsitzenden bzw. seines Stellvertreters ergibt sich die Pflicht zur **Einberufung einer Eigentümerversammlung** im Fall des § 24 Abs. 3 immer dann, wenn auch der Verwalter zur Einberufung verpflichtet wäre.[27]

11 Inwieweit eine **Handlungspflicht** des Beiratsvorsitzenden im Rahmen seiner erstmals in § 9b Abs. 2 Alt. 1 geregelten organschaftlichen **Vertretungsmacht** gegenüber dem Verwalter besteht, ist str. Nach eine Ansicht besteht die Pflicht in denselben Fällen, in denen der Verwalter hierzu verpflich-

---

16 So auch *Hügel/Elzer* Rn. 37.
17 So zum Auskunftsanspruch *Hügel/Elzer* Rn. 54 mzN.
18 *Hügel/Elzer* Rn. 54 unter Verweis auf die bislang hM.
19 BT-Drs. 19/22634, 48.
20 Palandt/*Wicke* Rn. 3.
21 *Dötsch/Schultzky/Zschieschack* WEG-Recht 2021 Kap. 11 Rn. 32–59 unter ausf. rechtsvergleichender Begr.
22 *Lehmann-Richter/Wobst* WEG-Reform 2020 Kap. 7 Rn. 582 mit einer zum AktG rechtsvergleichenden Begr. und mit Verweis auf BGH NJW 2018, 2550 Rn. 66.
23 *Hügel/Elzer* Rn. 43, 44.
24 BayObLG BeckRS 1992, 07050; OLG Hamm NJW-RR 1997, 1232.
25 Dies uneingeschränkt annehmend *Hügel/Elzer* Rn. 55.
26 *Lehmann-Richter/Wobst* WEG-Reform 2020 Kap. 7 Rn. 585.
27 *Lehmann-Richter/Wobst* WEG-Reform 2020 Kap. 7 Rn. 585.

tet wäre, also in unwesentlichen Angelegenheiten nach § 27. Abs. 1 oder bei Eilbedürftigkeit nach § 27 Abs. 2 Nr. 2.[28] Nach anderer Ansicht besteht die Handlungspflicht des Beiratsvorsitzenden in der (bloßen) Umsetzung der von der Gesamtheit der Wohnungseigentümer als Willensbildungsorgan gefassten Beschlüsse.[29] Die zweitgenannte Ansicht überzeugt, weil sich der Beirat (und damit auch der Vorsitzende) nach der Begründung des Rechtsausschusses keine Kompetenzen des Verwalters aneignen kann.[30] Die Anspruchsverfolgung und -durchsetzung durch die Gemeinschaft wird aber in jedem Fall steinig werden.

3. Aufwendungsersatz. Die Beiratsmitglieder können in jedem Fall – dh auch neben einer 12
vertraglich vereinbarten Vergütung – Ersatz ihrer Aufwendungen, zB Telefon-, Porto, Kopie- und Fahrtkosten, nach § 670 BGB verlangen. Als Aufwendung kann – zumindest bei großen Anlagen auch die Kosten der Teilnahme an einem Lehrgang oder die eines Fachbuchs angesehen werden.[31] Dieser Anspruch kann zur einfacheren Handhabung auch durch eine **Aufwandspauschale** abgegolten werden,[32] zB 20 Euro pro Sitzung und Fahrkostenerstattung analog der Erstattung für Dienstreisen.[33] Auch nur zu Gunsten des Beiratsvorsitzenden kann eine angemessene Auslagenpauschale beschlossen werden.[34] Die **Grenze zur pauschalen Vergütung** ist jedoch fließend,[35] wobei diese rechtliche Einordnung künftig wegen Abs. 3 von Bedeutung ist (→ Rn. 35).

III. Einrichtung, Bestellung und Abberufung oder Niederlegung

Ob überhaupt und wie ein Beirat installiert und spiegelbildlich wieder abgesetzt wird, regelt 13
§ 29 Abs. 1 S. 1 nur rudimentär. Über die Einrichtung wird jedoch regelmäßig inzident im Rahmen der Mitgliederwahl mitbeschlossen,[36] so dass die Trennung zwischen Einrichtung und Besetzung als Rechtskonstrukt überflüssig[37] und infolge des WEMoG sogar weggefallen ist.[38] Weil aber das Gremium des Beirats seit der Geburt des WEG im Jahr 1951 vorgesehen ist, hat sich zu den Einzelfragen eine **umfangreiche Kasuistik** herausgebildet.[39] Wegen ihrer praktischen Bedeutung ist die Untergemeinschaft herauszugreifen: Weil sie unselbständig, also nicht rechtsfähig ist, folgt daraus die grundsätzliche Unmöglichkeit der Einrichtung je eines Beirats pro Untergemeinschaft (str.).[40] Die Gegenansicht[41] begründet die **Zulässigkeit eines Untergemeinschaftsbeirats** mit der – auch nach dem WEMoG weiter möglichen – Abdingbarkeit des § 29. Das bedeutet, dass die Einrichtung eines Beirats pro Untergemeinschaft möglich ist, wenn entsprechendes unter Abbedingung von § 29 **vereinbart** wird.[42]

1. Bestellungsakt. Der Beiratsmitglieder werden durch einfachen **Mehrheitsbeschluss** 14
bestellt. Eine **Blockwahl,** dh Wahl aller Mitglieder in einem Wahlgang, ist zulässig,[43] jedenfalls dann, wenn die Einzelabstimmung von keinem Wohnungseigentümer verlangt wird.[44] Die Neuformulierung durch das WEMoG verdeutlicht jedoch weiter, dass eine Blockwahl nicht zwingend ist, sondern auch einzelne Beschlüsse über jedes Beiratsmitglied möglich sind.[45]

---

28 *Lehmann-Richter/Wobst* WEG-Reform 2020 Kap. 7 Rn. 585.
29 *Hügel/Elzer* Rn. 58.
30 So wohl auch Palandt/*Wicke* Rn. 3 mit Verweis auf BT-Drs. 19/22634, 48.
31 BayObLG DWE 1983, 123; *Müller,* Praktische Fragen des Wohnungseigentums, 6. Aufl. 2015, 9. Teil Rn. 323.
32 Str., aA *Hügel/Elzer* Rn. 87; *Kappus* NZM 2019, 804 (811); *Kappus* NZM 2017, 663 (666).
33 OLG Schleswig FGPrax 2005, 116 = ZMR 2005, 735.
34 BayObLG NJW-RR 2000, 13.
35 OLG München Beschl. v. 7.8.2008 – 32 Wx 89/08, IMR 2009, 238; *Tauchert* IMR 2009, 238; AG München BeckRS 2017, 12909; KG BeckRS 2004, 08100.
36 BayObLG WuM 200, 148.
37 Ausf. Staudinger/*Lehmann-Richter,* 2018, § 29 Rn. 7.
38 *Lehmann-Richter/Wobst* WEG-Reform 2020 Kap. 7 Rn. 573; aA *Dötsch/Schultzky/Zschieschack* WEG-Recht 2021 Kap. 11 Rn. 5.
39 Ausf. zu diesem Themenkomplex Bärmann/Pick/*Dötsch* Rn. 7–23, 29–39.
40 Bärmann/Pick/*Dötsch* Rn. 7 mit Verweis auf LG Hamburg BeckRS 2018, 45429 Rn. 50; aA Staudinger/*Lehmann-Richter,* 2018, Rn. 2 mit Verweis auf *Merle* ZWE 2005, 164, 172 aE.
41 *Merle* ZWE 2005, 164 (172) aE.
42 So auch *Häublein* NZM 2003, 785, (790).
43 OLG Hamburg BeckRS 2005, 02407; LG Schweinfurt WuM 1997, 641 m. abl. Anm. *Drasdo;* Staudinger/*Lehmann-Richter,* 2018, Rn. 10; *Deckert* DWE 1990, 82; aA → 8. Aufl. 2020, Rn. 2 *(Commichau);* Bärmann/*Becker* Rn. 19a.
44 KG NZM 2005, 107; zum Aktienrecht BGHZ 156, 38 = NJW 2003, 3412.
45 *Lehmann-Richter/Wobst* WEG-Reform 2020 Kap. 7 Rn. 573.

15 **2. Annahme durch Beiratsmitglied.** Die Bestellung setzt die **Bereitschaft** des Wohnungseigentümers **zur Übernahme des Amts** voraus.[46] Sie kommt durch eine Annahmeerklärung des gewählten Mitglieds gegenüber der Gemeinschaft (§ 18 Abs. 1), in der Regel vertreten durch den Verwalter (§ 9b Abs. 1 S. 1), zum Ausdruck, deren Aufnahme in die Niederschrift zweckmäßig ist.[47]

16 **3. Dauer und Beendigung.** Das Gesetz sieht für die Bestellung **keine Höchstdauer** vor; die Gemeinschaftsordnung ist daher in ihren Regelungen (ebenso) frei,[48] wie die Wohnungseigentümer bei der konkreten Beschlussfassung. Es ist daher sowohl eine unbefristete Bestellung als auch eine auf bestimmte Zeit zulässig. Ist eine bestimmte **Amtszeit** nicht vorgesehen, so bleibt der Beirat bis zur Wahl eines neuen Beirats,[49] bis zu seiner Abberufung bzw. Amtsniederlegung (→ Rn. 17) oder bis zum Wegfall der persönlichen Voraussetzungen (→ Rn. 23) im Amt. Ein Mitglied des Beirats scheidet folglich aus diesem Gremium aus, wenn es sein Wohnungseigentum verliert; die Veräußerungsabsicht allein steht einer Wahl aber nicht entgegen.[50]

17 Ebenso wie die Bestellung können die Wohnungseigentümer auch die Abberufung durch einfachen **Mehrheitsbeschluss** vornehmen, und zwar entweder des Beirats im Ganzen oder auch eines einzelnen Beiratsmitglieds.[51] Ein Beiratsmitglied kann grundsätzlich auch ohne Wahl eines Nachfolgers **jederzeit** ohne Angabe von Gründen entsprechend § 671 Abs. 1 BGB nach freiem Ermessen **abberufen** werden. Das gilt auch für den Beiratsvorsitzenden.[52] In der Bestellung eines komplett neuen Beirats liegt schlüssig die Abberufung des bisherigen Beirats.[53] Das Recht zur vorzeitigen Abberufung kann auf das Vorliegen eines wichtigen Grundes beschränkt werden.[54] Nur in diesem Fall ist das Beiratsmitglied, über dessen Abberufung beschlossen werden soll, nach § 25 Abs. 4 nicht stimmberechtigt. Mangels ausdrücklichen gesetzlichen Gebots, wie nach § 26 Abs. 3, ist dies auch nach Inkrafttreten des WEMoG weiter zulässig, zumal die Arbeit des Beirats nach der Gesetzesbegründung attraktiver gestaltet werden soll. Der Zugang der im Abberufungsbeschluss enthaltenen Erklärung beim Beiratsmitglied ist nicht erforderlich.[55] Umgekehrt können die Mitglieder des Beirats ihr Amt **jederzeit formlos niederlegen.**[56] Die Erklärung ist gegenüber der Gemeinschaft, die nach § 9b Abs. 1 vertreten wird, abzugeben.

18 **4. Rechtsschutz.** Mitglieder des Beirats sind und bleiben Wohnungseigentümer; Streitigkeiten über deren (unterbliebene) Bestellung oder Abberufung fallen unter § 43 Abs. 2 Nr. 1. In Betracht kommen die Anfechtung im Fall des ordnungsmäßiger Verwaltung widersprechenden Handelns und die Beschlussersetzung bei pflichtwidrigem Unterlassen.

19 **a) Anfechtungsklage (§ 44 Abs. 1 S. 1).** Aufgrund der geringen materiellen Anforderungen an die Beschlussfassung, der nur fakultativen Einrichtung und des grundsätzlich weiten Ermessens der Gesamtheit der Wohnungseigentümer als Willensbildungsorgan der für die ordnungsgemäße Verwaltung zuständigen Gemeinschaft, beschränken sich die Anfechtungsgründe in der Regel auf formelle Beschlussmängel und Formalien, wie auf einen Verstoß gegen die Wählbarkeit (→ Rn. 23). Von solchen formellen Mängeln oder Formalien abgesehen ist der Beschluss nur dann für ungültig zu erklären, wenn das Vorliegen eines wichtiger Grundes in der Person des Wohnungseigentümers vorliegt, der gegen seine Bestellung bzw. für seine Abberufung spricht, wie zB seine fehlende Eignung (→ Rn. 24). Dies ist der Fall, wenn unter Berücksichtigung aller Umstände eine Zusammenarbeit mit dem Wohnungseigentümer als Beiratsmitglied unzumutbar und das erforderliche Vertrauensverhältnis von vornherein nicht zu erwarten[57] oder zerstört ist. Wenn die Abberufung des Beirats auf das Vorliegen eines wichtigen Grundes beschränkt ist, ist freilich auch dieser gerichtlich im Rahmen der Anfechtungsklage überprüfbar.

20 **b) Gerichtliche Beschlussersetzung.** Die Bestellung des Verwaltungsbeirats und/oder des konkreten Mitglieds kann gerichtlich nach § 18 Abs. 2 Nr. 1, § 44 Abs. 1 Nr. 2 erzwungen werden,

---

[46] AllgM, auch BGH NJW-RR 2019, 588 Rn. 10; NJW 2010, 3168 Rn. 7.
[47] AA BeckOGK/*Greiner,* 1.4.2020, Rn. 12, der eine Zustimmung in der Bereitschaft zur Kandidatur sieht und als ausreichend erachtet.
[48] OLG Köln NZM 2000, 193.
[49] BGH NJW-RR 2019, 589 Rn. 10.
[50] BayObLG NZM 2001, 990.
[51] KG ZMR 1997, 544; OLG Hamm NZM 1999, 227; *Armbrüster* ZWE 2001, 412.
[52] LG Nürnberg-Fürth ZMR 2001, 746.
[53] LG Nürnberg-Fürth ZMR 2001, 746.
[54] OLG Hamm NZM 1999, 227.
[55] Str.; OLG Hamm NJW-RR 1997, 1232; aA Bärmann/*Becker* Rn. 28.
[56] KG FGPrax 1997, 173.
[57] BayObLG BeckRS 1999, 02969 = ZfIR 1999, 375; BeckRS 2003, 30303425 = ZMR 2003, 438.

wenn die Ablehnung nicht ordnungsgemäßer Verwaltung entspricht,[58] zB eine (vereinbarte) Pflicht zur Bestellung besteht und sich geeignete Kandidaten bereit erklären.[59] Eine **Ein- und Besetzung des Beirats durch das Gericht** kommt dennoch nur in begründeten Ausnahmefällen in Betracht, weil sie fakultativ ist und die Gemeinschaft auch ohne Beirat handlungs- und funktionsfähig ist, so dass im Regelfall kein Bedürfnis besteht, den Wohnungseigentümern die Bestimmung der Mitglieder des Beirats abzunehmen.[60]

Ein im Wege der Beschlussersetzungsklage durchsetzbarer Anspruch auf Abberufung, kann nach § 18 Abs. 2 Nr. 1, § 44 Abs. 1 Nr. 2 bestehen, wenn infolge einer Ermessensreduzierung auf null ausschließlich die Absetzung eines Beiratsmitglieds ordnungsmäßiger Verwaltung entspricht.[61] Eine Anrufung des Gerichts ist ohne Vorbefassung der Gesamtheit der Wohnungseigentümer als zentrales Willensbildungsorgan grundsätzlich nicht, ausnahmsweise aber dann zulässig, wenn feststeht, dass ein entsprechender Beschlussantrag abgelehnt werden würde.[62] 21

IV. Zusammensetzung und Organisation

§ 29 Abs. 1 regelt den wählbaren Personenkreis (Abs. 1 S. 1), die flexibel gestaltbare Anzahl der Beiratsmitglieder und bei Vorhandensein mehrerer die Hierarchie (Abs. 1 S. 2) und ansatzweise die Binnenorganisation (Abs. 1 S. 3). 22

1. Personenkreis und Eignung. Die Mitglieder des Verwaltungsbeirats müssen **Wohnungseigentümer** sein,[63] die Bestellung von Nichtwohnungseigentümern kann aber in der Gemeinschaftsordnung für zulässig erklärt,[64] also vereinbart werden sowie mangels Beschlusskompetenz aber nicht durch Mehrheitsbeschluss. Ein Beschluss, mit dem ein Nichtwohnungseigentümer zum Beiratsmitglied bestellt wird, ist aber nur anfechtbar, nicht nichtig.[65] Eine Beschränkung der Wählbarkeit auf natürliche Personen ist abzulehnen,[66] weil dies zu einer sachlich nicht gerechtfertigten Ungleichbehandlung der Eigentümer führen würde und zudem ansonsten vom Wohnungseigentümer personenverschiedene Dritte entgegen des Gesetzeswortlauts Mitglieder des Beirats werden könnten. **Juristische Personen und rechtsfähige Personenhandelsgesellschaften** sind daher wählbar; sie handeln durch ihre Organe. Der **Verwalter, der zugleich Wohnungseigentümer** ist, kann nicht Beiratsmitglied sein, weil gerade seine Überwachung zu den wichtigsten Aufgaben des Beirats zählt, ebenso nicht der Geschäftsführer der Verwaltergesellschaft[67] oder deren Angestellte.[68] 23

An die Eignung, das Amt eines Mitglieds des Beirats zu übernehmen, können nicht die gleichen strengen Anforderungen gestellt werden wie an die Eignung für das Amt des Verwalters; selbst wenn sie Fehler übersehen, die später gerichtlich beanstandet werden, so verlieren sie dadurch nicht ohne weiteres die Eignung, künftig wieder Mitglied des Beirates zu werden.[69] Nur **schwerwiegende Gründe,** bei denen von vorneherein eine Zusammenarbeit unzumutbar und das erforderliche Vertrauensverhältnis nicht zu erwarten ist, können gegen die Person des Gewählten und dessen Qualifikation als Beiratsmitglied sprechen.[70] Solche Umstände sind insbesondere an den dem Beirat obliegenden Aufgaben zu messen.[71] Nicht ausreichend ist, dass ein Wohnungseigentümer mit einem anderen in Streit lebt; dies nimmt ihm nicht von vornherein die Eignung.[72] Auch Zwistigkeiten in 24

---

58 Bärmann/*Becker* Rn. 8; aA *Bub* ZWE 2002, 7 (11).

59 BGH NJW-RR 2019, 588 Rn. 10; NJW 2010, 3168 Rn. 7.

60 Vgl. BGH NJW 2010, 3168 Rn. 8.

61 Staudinger/*Lehmann-Richter,* 2018, Rn. 17 mit Verweis auf KG ZMR 1997, 554 = FGPrax 1997, 173, das allerdings den Anspruch auf Abberufung (nur) deshalb annimmt, weil es keine Beiratspflicht zur Aufgabenerfüllung sieht und die Gemeinschaft nur so in die Lage versetzt sieht, die Weigerungshaltung des Beirats aufzulösen. Da infolge des WEMoG eine Pflicht zur Erfüllung der gesetzlichen Beiratsaufgaben besteht (→ Rn. 5), dürfte sich der Abberufungsanspruch auf krasse Einzelfälle beschränken.

62 OLG München NZM 2007, 132.

63 Daran hat auch das WEMoG nichts geändert und ist dem Ergebnis der Bund-Länder-Arbeitsgruppe (zur Abwägung und Begr. s. Abschlussbericht ZWE 2019, 429 [453]) gefolgt.

64 BayObLG NJW-RR 1992, 210; KG NJW-RR 1989, 460.

65 Vertiefend Bärmann/Pick/*Dötsch* Rn. 16 mzN und Auseinandersetzung mit Einzelfallkonstellationen.

66 Str.; zust. die hM, Palandt/*Wicke* Rn. 1; *Hügel/Elzer* Rn. 21; BeckOGK/*Greiner,* 1.4.2020, Rn. 7; Staudinger/*Lehmann-Richter,* 2018, Rn. 24; *Häublein* ZMR 2003, 233, 238; *Kümmel* NZM 2003, 303; abl. Bärmann/Pick/*Dötsch* Rn. 14, der mit Verweis auf OLG Frankfurt OLGZ 1986, 432; AG Pinneberg ZMR 2018, 463 allerdings die Wahl der Organe des Wohnungseigentümers für möglich erachtet.

67 OLG Frankfurt OLGZ 1988, 438; OLG Zweibrücken OLGZ 1983, 438.

68 Bärmann/Pick/*Dötsch* Rn. 17.

69 Vgl. OLG Köln BeckRS 2006, 7033 = OLGR 2006, 590.

70 BayObLG BeckRS 2003, 30303425.

71 KG FGPrax 2004, 107; OLG Köln BeckRS 2006, 7033 = OLGR 2006, 590.

72 OLG Köln NJW-RR 2000, 88.

der Gemeinschaft sind regelmäßig nicht ausreichend, wenn bei der überstimmten Minderheit das Vertrauen in die persönliche Eignung des Kandidaten fehlt, wie auch die Verfolgung eigener Interessen oder die einer Mehrheitsgruppe nicht schon ausreicht, um die Qualifikation als Beiratsmitglied zu beseitigen.[73] Es widerspricht auch nicht dem Gebot ordnungsgemäßer Verwaltung, einen Miteigentümer zu wählen, der gleichzeitig die Eigentümergemeinschaft und den Verwalter in Gerichtsverfahren vertritt oder dort Verfahrensbevollmächtigter eines einzelnen Miteigentümers ist.[74]

25 **2. Anzahl und Hierarchien.** Durch das WEMoG können die Wohnungseigentümer nach den Bedürfnissen ihrer konkreten Gemeinschaft auch **flexibel** über die Anzahl der Mitglieder dieses Gremiums der Beiräte beschließen.[75] Sie unterliegt lediglich den Grenzen ordnungsgemäßer Verwaltung. Ist nur ein Beiratsmitglied bestellt, ist es zugleich Vorsitzender.[76] Wer **Vorsitzender** und wer sein **Stellvertreter** ist, kann – auch im Rahmen der Bestellung der Mitglieder – durch die Gesamtheit der Wohnungseigentümer beschlossen werden. Trifft sie keine Entscheidung, so wählt der Beirat selbst einen Vorsitzenden und dessen Stellvertreter, in der Regel durch Beiratsbeschluss.[77] Die Beschlussfassung innerhalb des Beirats ist formlos möglich.

26 **3. Organisation.** Abs. 1 S. 3 regelt, dass der Beirat von dem Vorsitzenden nach Bedarf einberufen wird. Mehr ist zur Binnenorganisation gesetzlich nicht geregelt. Entsprechende Regelungen, wie zB die Besetzung des Vorsitzes, seines Stellvertreters, Ladung, Ort, Zeit und Anzahl der Versammlungen, Erfordernis von Niederschriften, Abweichungen vom Grundsatz der Nichtöffentlichkeit sowie den Abstimmungsmodus können durch Vereinbarung oder Beschluss der Eigentümer getroffen werden.[78] Geschieht dies nicht, kann sich der Beirat selbst eine Geschäftsordnung geben, wozu aus Gründen des Minderheitenschutzes Einstimmigkeit der Mitglieder für erforderlich erachtet wird.[79]

V. Aufgaben und Befugnisse

27 Unter Modifikation des bisherigen Aufgabenkatalogs regelt nun § 29 Abs. 2 die **gesetzlichen Aufgaben und Befugnisse** des Beirats als Gremium. Gesetzliche Sonderkompetenzen nicht des Beirats, sondern nur seines Vorsitzenden regeln zudem § 9b Abs. 2 (→ § 9b Rn. 26 ff.) und – unter alternativer Einbeziehung seines Stellvertreters – § 24 Abs. 3 (→ § 24 Rn. 6) sowie § 24 Abs. 6 S. 2 (→ § 24 Rn. 7 ff.). Wegen der Abdingbarkeit von § 29 können dem Beirat durch Vereinbarung und – in engen Grenzen – durch Beschluss **weitere Aufgaben** zugewiesen werden (→ Rn. 32 ff.).

28 **1. Gesetzliche Aufgaben des Beirats als Gremium.** § 29 Abs. 2 behält die Beiratsaufgaben der Unterstützung, die – immer noch als Soll-Vorschrift ausgestaltete – Aufgabe der Prüfung von Wirtschaftsplan und Jahresabrechnung und der Abgabe einer Stellungnahme dazu ohne inhaltliche Änderung bei. Nicht mehr gesetzlich geregelt ist die Aufgabe der Prüfung und Abfassung einer Stellungnahme zu sonstigen Rechnungen und Kostenanschlägen, soweit sie nicht Grundlage von Wirtschaftsplan und Jahresabrechnung sind.[80] Neu und in ihrem Umfang unklar ist die Aufgabe der Überwachung.

29 In seiner Funktion nach **Abs. 2 S. 1 Fall 1,** den Verwalter bei der Durchführung seiner Aufgaben zu unterstützen, wirkt der Beirat an der Vorbereitung und Beratung von Verwaltungsmaßnahmen sowie an der Vorbereitung der Eigentümerversammlungen mit.[81] Diese **Aufgabe der Unterstützung** setzt eine vertrauensvolle Zusammenarbeit zwischen dem Beirat und dem Verwalter voraus und erfordert, dass der Verwalter dem Beirat die hierfür notwendigen sachlichen **Informationen** erteilt, damit der Beirat seine Aufgabe auch erfüllen kann.[82] Daher soll dem Beirat nach einer Ansicht ein umfassendes **Auskunftsrecht** gegen den Verwalter zustehen,[83] auch wenn es unterlassen wurde, dies zB entsprechend § 90 AktG für den Beirat ausdrücklich zu regeln.[84] Nach im Ergebnis

---

[73] KG FGPrax 2004, 107; LG Frankfurt a.M. ZWE 2020, 49.

[74] OLG Frankfurt NJW-RR 2001, 1669.

[75] BT-Drs. 19/18791, 28, 79 mit Verweis auf den Abschlussbericht der Bund-Länder-Arbeitsgruppe ZWE 2019, 430 (454).

[76] Palandt/*Wicke* Rn. 1; *Hügel/Elzer* § 27 Rn. 12; so auch schon zur alten Rechtslage OLG München NJW-RR 2005, 1470: schlüssige Selbstbestellung durch Amtsausübung.

[77] KG ZWE 2018, 263; OLG Köln NZM 2000, 675.

[78] Ausf. zu den Einzelheiten *Hügel/Elzer* Rn. 68; Bärmann/Pick/*Dötsch* Rn. 54–73.

[79] Bärmann/Pick/*Dötsch* Rn. 70.

[80] BT-Drs. 19/18791, 79.

[81] OLG Hamm BeckRS 2001, 30811101 = WuM 2001, 461.

[82] Vgl. OLG Hamm BeckRS 2001, 30811101 = WuM 2001, 461.

[83] Palandt/*Wicke* Rn. 3; Bärmann/Pick/*Dötsch* Rn. 42.

[84] *Dötsch/Schultzky/Zschieschack* WEG-Recht 2021 Kap. 11 Rn. 34.

zutreffender anderer Ansicht stehen dem Beirat nur dieselben Unterlageneinsichtsrechte zu, wie allen Wohnungseigentümern.[85] Das Einsichtsrecht in die der Verwaltung erteilten Vollmachten, um nachprüfen zu können, ob die Eigentümerversammlung beschlussfähig ist,[86] steht auch jedem Eigentümer zu,[87] ist also kein Privileg des Beirats. Im Übrigen sind die Unterstützungsleistungen nicht abstrakt definierbar, sondern anhand der konkreten Bedürfnisse der Wohnanlage im Einzelfall im Zusammenspiel mit dem Verwalter auszugestalten.[88] **Negativ abgrenzen** lässt sich, dass aus Abs. 2 S. 1 trotz der neuen Aufgabe der Überwachung weiterhin weder die Aufgabe noch die Pflicht der Beiratsmitglieder folgt, den Verwalter anzuhalten, seinen Pflichten nachzukommen.[89] Eine **Weisungsbefugnis** gegenüber dem Verwalter sieht Abs. 2 nicht vor.[90] Nach dem Gesetzeswortlaut stehen dem Beirat keine eigenen Entscheidungsbefugnisse zu. Den Verwaltungsbeirat treffen **keine dem Verwalteramt vergleichbaren konkreten Pflichten** bei der Verwaltung des gemeinschaftlichen Eigentums, zumal § 29 Abs. 2 S. 1 kein Recht verleihen soll, sich die Kompetenzen des Verwalters anzueignen.[91]

In Bezug auf die neue Aufgabe der **Überwachung** des Verwalters bei der Durchführung seiner Aufgaben **(§ 29 Abs. 2 S. 1 Fall 2)** ist vieles unklar (→ Rn. 7): Kleinster gemeinsamer Nenner ist, dass diese Aufgabe das schon vormals bestehende Verständnis umfasst, dass der Beirat im bisher anerkannten Umfang **Kontrollaufgaben** für die Gemeinschaft gegenüber dem Verwalter übernimmt und die Gemeinschaft darüber informiert. Weitergehender wird diese Aufgabe dahingehend verstanden, dass der Beirat – ggf. unverzüglich – eine Entscheidung der Gesamtheit der Wohnungseigentümer als zentrales Willensbildungsorgan vorzubereiten und herbeizuführen hat.[92] Diese Aufgabe soll nach einer noch weitergehenden Ansicht nach auch das Recht umfassen, dass sich der Beirat (sachverständigen) Rat einholt.[93] Gegen das weitergehende Verständnis spricht jedoch der in der Gesetzesbegründung zum Ausdruck gekommene Zweck, die Tätigkeit im Beirat attraktiver zu machen[94] und das Fehlen eines beiratsspezifischen Auskunftsanspruchs, der über das jedem Wohnungseigentümer zustehende Unterlageneinsichtsrecht hinausgeht, und eigener (Entscheidungs-) Kompetenzen,[95] zB um auf Kosten der Gemeinschaft (sachverständigen) Rat zur Vorbereitung einer Entscheidung einholen zu können. Bis zu einer Klärung durch die Rspr. verbleibt die Möglichkeit, die Einzelheiten nach dem konkreten Bedarf der Gemeinschaft durch Vereinbarungen und Beschlüsse zu gestalten (→ Rn. 32 ff.). 30

Die in Abs. 2 S. 2 umschriebene **Prüfungsaufgabe** zur Vorbereitung einer Beschlussfassung der Wohnungseigentümerversammlung nach § 28 Abs. 1 S. 1 und Abs. 2 S. 1 kann den Verwalterpflichten nicht gleichgesetzt werden. Der Beirat ist in der Regel lediglich ein ehrenamtlich tätiges Gremium, dem Entscheidungsbefugnisse fehlen und dessen Vorschläge in Verwaltungsangelegenheiten nicht verbindlich sind, so dass die betreffenden Beschlüsse auch gegen seine Empfehlung gefasst werden können. Da es sich bei Abs. 2 S. 2 um eine Soll-Vorschrift handelt, kann die Gemeinschaft den Wirtschaftsplan und die Jahresabrechnung, unabhängig von der inhaltlichen Richtigkeit, auch dann wirksam genehmigen, wenn der Beirat diese überhaupt nicht geprüft hat oder die Bestellung des Beirats nichtig sein sollte.[96] 31

2. Aufgaben des Beirats aufgrund Zuweisung. § 29 ist **abdingbar,**[97] soweit der Gemeinschaft die ihr allein zustehende Verwaltungskompetenz und folglich auch den Wohnungseigentümern in ihrer Gesamtheit die ihnen zugewiesenen Entscheidungen nicht im Kern entzogen werden. Dem Beirat können **durch Vereinbarung,** zB in der Gemeinschaftsordnung, weitere Aufgaben zugewiesen werden. Dazu gehören zB die Aufstellung einer Hausordnung,[98] die **Überwachung** 32

---

85 *Lehmann-Richter/Wobst* WEG-Reform 2020 Kap. 7 Rn. 582 – wobei sich diese Ansicht konsequenterweise im Verständnis der neuen Überwachungsaufgabe (→ Rn. 30) fortsetzt.
86 OLG München ZWE 2008, 58 mAnm *Fleßner.*
87 Vgl. BayObLG BeckRS 1994, 7532 = WuM 1994, 230.
88 Bärmann/Pick/*Dötsch* Rn. 41.
89 BGH NJW 2018, 2550 Rn. 66.
90 BGH NJW 2018, 2550 Rn. 66; Palandt/*Wicke* Rn. 3.
91 BT-Drs. 19/22634, 48.
92 *Dötsch/Schultzky/Zschieschack* WEG-Recht 2021 Kap. 11 Rn. 46 mit vertiefenden und rechtsvergleichenden Ausführungen zum Gesellschaftsrecht.
93 Palandt/*Wicke* Rn. 3.
94 BT-Drs. 19/18791, 78.
95 *Lehmann-Richter/Wobst* WEG-Reform 2021, Kap. 7 Rn. 582.
96 Vgl. BayObLG NJW-RR 2004, 443; NZM 2004, 623; KG NJW-RR 2003, 1596; OLG Frankfurt BeckRS 2005, 5168 = OLGR 2005, 783.
97 BayObLG NJW-RR 1992, 210; KG NJW-RR 1989, 460.
98 Bärmann/*Becker,* 14. Aufl. 2019, Rn. 88 mwN.

der laufenden Verwaltungstätigkeit des Verwalters;[99] die Zustimmung zur Prozessführung des Verwalters;[100] die **Vorbereitung** der Wahl des Verwalters;[101] die Vorbereitung und der Abschluss des Verwaltervertrages.[102] Nach der obergerichtlichen Rspr. können auch die **Beschlussfassung über den Wirtschaftsplan**[103] und die **Abrechnung**[104] dem Verwaltungsbeirat übertragen werden. **Nicht** einmal durch Vereinbarung können folgende Aufgaben auf den Beirat delegiert werden: Die Abnahme und Prüfung der **Abrechnung des Bauträgers,**[105] die **Geltendmachung von Mängeln,**[106] die Zuständigkeit für die Auswahl oder Abberufung des Verwalters[107] oder die Entlastung des Verwalters,[108] weil diese Rechte den **Kernbereich der Eigentümerbefugnisse** bei der Verwaltung betreffen, die der Beirat durch seine Tätigkeit stärken, aber nicht beschneiden soll.[109] Die Befugnis, die dem Beirat zum Aushandeln und Abschließen eines Verwaltervertrags erteilt ist, ermächtigt diesen (im Innenverhältnis) nicht zu solchen Regelungen, die das Gemeinschaftsverhältnis der Wohnungseigentümer betreffen, gleichviel ob sie mit der geltenden Gemeinschaftsordnung übereinstimmen oder von dieser abweichen.[110]

33 Eine Delegation weiterer Aufgaben ist **im Beschlusswege** – ohne eine vereinbarte Öffnungsklausel – grundsätzlich nicht, ausnahmsweise nur in engen Grenzen und unter Vorgabe von bestimmten Ermessensrichtlinien (auch „Leitplanken") und betragsmäßig beschränkten Risiken möglich, solange dadurch nicht die ausschließliche Verwaltungszuständigkeit der Gemeinschaft eingeschränkt wird.[111] Die Fehlerfolge von unzulässigen Delegationsbeschlüssen ist str., richtigerweise sind diese nicht nur anfechtbar, sondern – mangels Beschlusskompetenz – nichtig.[112] Sieht ein in der Eigentümerversammlung gefasster Beschluss der Wohnungseigentümer die Notwendigkeit einer Zustimmung des Beirats zu einer bestimmten Maßnahme vor, so genügt die Zustimmung des Vorsitzenden allein nicht. Vielmehr ist eine Willensbildung des Beirats als Gremium dahingehend erforderlich, dass er sich für die beabsichtigte Maßnahme ausspricht.[113]

34 **Beschlüsse des Beirats,** die dieser aufgrund vereinbarter oder durch Beschluss zugewiesener Kompetenz trifft, können nicht nach § 44 Abs. 1 S. 1 angefochten werden, vielmehr kann ein Antrag auf Feststellung der Nichtigkeit gestellt werden. Ein solcher Beschluss über die Genehmigung der Jahresabrechnung und des Wirtschaftsplans ist nichtig, wenn die Verteilung von Kostenpositionen nicht dem geltenden Kostenverteilungsschlüssel entspricht; diese Nichtigkeit kann der auf den Beiratsbeschluss gestützten Beitragsforderung unmittelbar entgegengesetzt werden.[114] Dagegen ist eine Beschlussfassung der Wohnungseigentümer über die Jahresabrechnung und den Wirtschaftsplan, wenn nach der Teilungserklärung diese Beschlusskompetenz dem Beirat zukommt, nur anfechtbar und nicht nichtig.[115]

VI. Haftung, Versicherung, Entlastung

35 **1. Haftung.** Falls die Beiratsmitglieder durch Untätigkeit oder Fehler bei der Erfüllung der gesetzlichen oder auch zugewiesenen weiteren Aufgaben schuldhaft einen Schaden verursachen, kann die Gemeinschaft **Schadensersatz verlangen.** Die einzelnen Beiratsmitglieder haften gemäß § 421 S. 1 BGB, § 425 BGB gesamtschuldnerisch nach §§ 280, 281, 286 BGB. Daneben kommt eine Haftung nach §§ 823 ff. BGB in Betracht. Für die **unentgeltlich tätigen Beiratsmitglieder** wurde der Haftungsmaßstab durch das WEMoG gemäß § 29 Abs. 3 auf Vorsatz und grobe Fahrlässig-

[99] BayObLG NJW 1972, 1377.
[100] OLG Zweibrücken NJW-RR 1987, 1366.
[101] OLG Düsseldorf ZWE 2002, 185 mAnm *Maroldt* ZWE 2002, 172.
[102] OLG Hamm NJW-RR 2001, 226; OLG Düsseldorf NJW-RR 1998, 13; NZM 1998, 36, das aber eine Zuweisung dieser Aufgabe durch Mehrheitsbeschluss ablehnt; → § 26 Rn. 20.
[103] OLG Naumburg BeckRS 2000, 30471147.
[104] BayObLG NJW-RR 1998, 1168; OLG Hamm ZWE 2007, 350; Staudinger/*Lehmann-Richter,* 2018, Rn. 82.
[105] BGH BeckRS 1970, 31123234 = BB 1970, 1194.
[106] Bärmann/Pick/*Dötsch* Rn. 2; aA OLG Frankfurt NJW 1975, 2297.
[107] BayObLG NJW 1965, 821.
[108] *Belz,* Handbuch des Wohnungseigentums, 1996, Rn. 281.
[109] *Belz,* Handbuch des Wohnungseigentums, 1996, Rn. 281 formuliert dies ähnlich mit den Worten, es könne keine die Eigentümerbefugnisse verdrängende Rechtsmacht eingeräumt werden.
[110] OLG Hamm NJW-RR 2001, 226.
[111] Vertiefend Bärmann/Pick/*Dötsch* Rn. 57 mit Verweis auf LG Hamburg BeckRS 2018, 33856 und wN der Lit.
[112] Bärmann/Pick/*Dötsch* Rn. 57 mit Verweis auf LG Frankfurt a.M. ZWE 2018, 366 mAnm *Elzer.*
[113] BayObLG NJW-RR 2002, 1092.
[114] OLG Hamm ZWE 2007, 350.
[115] OLG Hamburg ZWE 2004, 177.

keit beschränkt. Maßstab ist das Wissen „durchschnittlich zahlenbegabter Wohnungseigentümer“,[116] wenn das Beiratsmitglied nicht über besondere Kenntnisse, zB aufgrund seiner Ausbildung als Rechtsanwalt, Buchhalter oder Wirtschaftsprüfer, verfügt, die es sich anrechnen lassen muss.[117]

Beispiele aus der Rspr.: Es ist als grob fahrlässige Pflichtverletzung anzusehen, wenn bei der Prüfung der Jahresabrechnung auf die Kontrolle der Kontenbelege verzichtet wird.[118] Ebenfalls grob fahrlässig ist es, einem Verwalter entgegen der ausdrücklichen Weisung der Eigentümerversammlung die uneingeschränkte Verfügungsmacht über ein der Eigentümergemeinschaft zustehendes Rücklagenkonto von erheblicher Höhe einzuräumen.[119] Ein Beiratsmitglied, das durch schuldhaftes vertragswidriges Verhalten – zB beleidigende und herabsetzende Äußerungen gegenüber dem Verwalter – die außerordentliche Kündigung des Verwalters ausgelöst hat, kann hierfür gegenüber dem Verwalter schadensersatzpflichtig sein.[120] 36

2. Versicherung. Im Interesse der Risikovorsorge entspricht es regelmäßig ordnungsmäßiger Verwaltung des gemeinschaftlichen Eigentums, im Zusammenhang mit der konkreten Bestellung eines Beirats als nähere Ausgestaltung des Beiratsvertrages den Abschluss einer **Vermögensschadenshaftpflichtversicherung** auf Kosten der Gemeinschaft zu beschließen.[121] Der Gemeinschaft wird dadurch die Gewissheit gegeben, dass eine solvente Versicherung hinter dem Schädiger steht und der Schaden damit zumindest in Höhe der Versicherungssumme reguliert werden kann.[122] Besondere Aufmerksamkeit verdient infolge der Haftungsbegrenzung des § 29 Abs. 3 die Art und der Umfang der Versicherung, weil Versicherungsschutz nur im Rahmen der tatsächlich drohenden Haftung (Vorsatz und grobe Fahrlässigkeit) besteht und die meisten Versicherungen für wissentliche Pflichtverletzungen nicht einstehen.[123] 37

3. Entlastung. Dem Beirat kann durch Beschluss Entlastung erteilt werden. Ziel der Entlastung ist, seine Tätigkeit in der Vergangenheit zu billigen und ihm für die Zukunft das Vertrauen auszusprechen.[124] Ein Entlastungsbeschluss hat, wie ein negatives Schuldanerkenntnis nach § 397 Abs. 2 BGB, zur Folge, dass Ansprüche wegen Pflichtverletzungen nicht mehr geltend gemacht werden können, soweit die Vorgänge den Wohnungseigentümern bei der Beschlussfassung bekannt oder bei zumutbarer Sorgfalt erkennbar waren. Die Grundsätze zur Verwalterentlastung müssen erst Recht für einen ehrenamtlich tätigen Wohnungseigentümer gelten, der sich als Mitglied des Beirats zur Verfügung stellt.[125] Ein Entlastungsbeschluss widerspricht daher nur dann den Grundsätzen ordnungsmäßiger Verwaltung und ist für ungültig zu erklären, wenn Ansprüche gegen den Beirat erkennbar in Betracht kommen und nicht aus besonderen Gründen Anlass besteht, auf die hiernach möglichen Ansprüche zu verzichten.[126] Der von der Rspr. anerkannte Automatismus, dass dem Beirat, der die Jahresabrechnung geprüft hat, die Entlastung nicht erteilt werden darf, wenn sie dem Verwalter wegen Unrichtigkeiten der Jahresabrechnung zu versagen ist,[127] ist – schon allein wegen der unterschiedlichen Anforderungen an die Eignung von Verwalter und Beirat (→ Rn. 24) – abzulehnen.[128] 38

---

116 *Wolicki* ZWE 2019, 354 (356).
117 *Hügel/Elzer* Rn. 94.
118 OLG Düsseldorf NZM 1998, 36.
119 OLG Düsseldorf NZM 1998, 36.
120 BayObLG NJW-RR 2000, 156.
121 KG NZM 2004, 743.
122 KG NZM 2004, 743; *Gottschalg* NZM 2004, 84; aA *Köhler* ZMR 2002, 891.
123 *Dötsch/Schultzky/Zschieschack* WEG-Recht 2021 Kap. 11 Rn. 66.
124 LG Hamburg BeckRS 2017, 134458 = ZMR 2017, 915.
125 BayObLG NJW-RR 2004, 1602.
126 BGH NJW 2010, 2127 Rn. 19 unter Hinweis auf BGHZ 156, 19 = NJW 2003, 3124 (3126 f.); KG ZMR 2008, 67; BayObLG BeckRS 2004, 325 = WuM 2004, 739.
127 KG NZM 2001, 241; OLG Hamburg BeckRS 2004, 1371 = ZMR 2003, 772.
128 So auch *Wolicki* ZWE 2019, 354.

Abschnitt 5. Wohnungserbbaurecht

§ 30 Wohnungserbbaurecht

(1) Steht ein Erbbaurecht mehreren gemeinschaftlich nach Bruchteilen zu, so können die Anteile in der Weise beschränkt werden, dass jedem der Mitberechtigten das Sondereigentum an einer bestimmten Wohnung oder an nicht zu Wohnzwecken dienenden bestimmten Räumen in einem auf Grund des Erbbaurechts errichteten oder zu errichtenden Gebäude eingeräumt wird (Wohnungserbbaurecht, Teilerbbaurecht).

(2) Ein Erbbauberechtigter kann das Erbbaurecht in entsprechender Anwendung des § 8 teilen.

(3) [1]Für jeden Anteil wird von Amts wegen ein besonderes Erbbaugrundbuchblatt angelegt (Wohnungserbbaugrundbuch, Teilerbbaugrundbuch). [2]Im Übrigen gelten für das Wohnungserbbaurecht (Teilerbbaurecht) die Vorschriften über das Wohnungseigentum (Teileigentum) entsprechend.

Übersicht

I. Normzweck

1 § 30 dehnt die Bestimmungen über die Begründung von Wohnungs- bzw. Teileigentum durch Vertrag (§ 3) und Teilung durch den Alleineigentümer (§ 8) auf die Begründung von **Wohnungs- bzw. Teilerbbaurechten** durch Vertrag (Abs. 1) und Teilung (Abs. 2) aus. Nach Abs. 3 S. 2 gelten auch die Vorschriften über das **Gemeinschaftsverhältnis** der Wohnungseigentümer (§§ 10–29) bei der Erbbaurechtsgemeinschaft entsprechend. Abs. 3 S. 1 bestimmt schließlich in **grundbuchrechtlicher Hinsicht** die gleiche Behandlung.

2 Der Gesetzgeber hat die Vorschrift in das WEG eingesetzt, obwohl schon nach dem damaligem § 11 ErbbauVO die Vorschriften des I. Teils des WEG auch im Falle des Erbbaurechts anwendbar gewesen wären. Da das aufgrund eines Erbbaurechts errichtete Gebäude im Eigentum des Erbbauberechtigten stehe, erscheine es unbedenklich, von einem **Sondereigentum** der Miterbbauberechtigten zu sprechen. Mache der Grundstückseigentümer von seinem Heimfallrecht bezüglich des Erbbaurechts Gebrauch, führe das nicht zu dem Erlöschen der Sondereigentumsrechte; wohl könne aber dann, wenn der Heimfall das gesamte Erbbaurecht erfasse, der Fall des § 9 Abs. 1 Nr. 2 gegeben sein.[1]

II. Inhalt und Begründung des Wohnungserbbaurechts (Abs. 1 und Abs. 2)

3 **1. Inhalt.** Das Erbbaurecht kann nach Abs. 1 und 2 in Rechte nach dem WEG aufgeteilt werden, dh in Wohnungs- oder Teilerbbaurechte. Das **Wohnungs- bzw. Teilerbbaurecht** besteht aus einer Mitberechtigung zu Bruchteilen an dem Erbbaurecht, verbunden mit dem Sondereigentum an einer bestimmten Wohnung oder an nicht zu Wohnzwecken dienenden Räumen in dem aufgrund des Erbbaurechts errichteten oder noch zu errichtenden Gebäude. Sondereigentum ist deshalb möglich, weil mit Entstehen des Erbbaurechts **vorhandene und später errichtete Bauwerke** als Bestandteile des Erbbaurechts gelten und damit kraft Gesetzes in das Eigentum des Erbbauberechtigten fallen (§ 12 Abs. 1 S. 2 ErbbauRG). Jeder Mitberechtigte eines Erbbaurechts ist also Miteigentümer am Gebäude und kann daher durch die Begründung des Wohnungserbbaurechts Miteigentümer an den zum gemeinschaftlichen Eigentum gehörenden Teilen des Gebäudes und Alleineigentümer seines Sondereigentums werden.

4 **2. Begründung des Wohnungserbbaurechts.** Das Wohnungserbbaurecht kann in gleicher Weise begründet werden wie das Wohnungseigentum an einem Grundstück, nämlich **durch Teilung und Eintragung** in das Wohnungserbbaugrundbuch (§ 873 Abs. 1 BGB). Die Teilung erfolgt

[1] BR-Drs. 57/51, 25 (damals § 9 Abs. 1 Nr. 3, neu nummeriert durch das WEMoG vom 16.10.2020, BGBl. 2020 I 2187).

– entweder **nach Abs. 1 iVm § 3** durch Vertrag der Erbbauberechtigten
– oder durch einseitige Teilungserklärung des alleinigen Erbbauberechtigten gegenüber dem Grundbuchamt nach **Abs. 2 iVm § 8** im Sinne einer „Vorratsteilung".

So wie ein Erbbaurecht als Gesamtrecht an mehreren Grundstücken begründet werden kann,[2] kann ein **Gesamterbbaurecht** gemäß Abs. 1 in Wohnungs- und Teilerbbaurechte aufgeteilt werden, weil dieses ein einheitliches Recht an mehreren Grundstücken ist.[3] Das Wohnungserbbaurecht kann im Hinblick auf § 1 Abs. 4 aber nur an **einem Erbbaurecht,** nicht an mehreren Einzelerbbaurechten begründet werden.[4] 5

Bei der **Begründung des Erbbaurechts durch Teilung** nach Abs. 2 iVm § 8 Abs. 2 S. 2 entsteht das Teilerbbaurecht erst mit der Anlegung der Wohnungserbbaugrundbücher.[5] Die Nichterrichtung der nach der Teilungserklärung vorgesehenen Wohnungen oder Gebäude, in denen sie sich befinden sollen, steht dem Erwerb und dem Fortbestand von Wohnungserbbaurechten nicht entgegen.[6] 6

Die **Begründung des Erbbaurechts durch Vereinbarung** nach Abs. 1 iVm § 3 bedarf nicht nach § 4 Abs. 2 der für die Auflassung vorgeschriebenen **Form,** weil das Gesetz die Auflassung nur für Grundstücke vorsieht. Dies bestätigt § 11 Abs. 1 ErbbauRG, indem für die Begründung von Erbbaurechten die Form der Auflassung nicht vorgesehen ist. Für die Einräumung von Wohnungserbbaurechten sollen aber wohl keine strengeren Formvorschriften gelten, als für die Begründung eines Erbbaurechts.[7] Allerdings gilt unter Berücksichtigung der Verweisung des § 11 Abs. 2 ErbbauRG die Vorschrift des § 311b Abs. 1 BGB für den schuldrechtlichen Verpflichtungsvertrag. Zudem muss die gemäß § 873 Abs. 1 BGB erforderliche **Einigung der Beteiligten** über den Übergang eines Wohnungs- oder Teilerbbaurechts dem Grundbuchamt in der **Form des § 29 GBO** nachgewiesen werden. 7

Eine **Zustimmung des Grundstückseigentümers** nach § 5 Abs. 1 ErbbauRG ist für die Aufteilung nach § 30 **nicht erforderlich.** Für die Vorratsteilung nicht, weil die bloße Aufteilung keine Veräußerung ist,[8] und für die vertragliche nicht, weil sich die Personen der Erbbauberechtigten durch die Teilung nicht ändern und das Rechtsverhältnis der Mitberechtigten gegenüber dem Grundstückseigentümer gleich bleibt.[9] Die Aufteilung in Wohnungs- und Teilerbbaurechte kann auch nicht im Erbbaurechtsvertrag von der Zustimmung des Grundstückseigentümers abhängig gemacht werden.[10] 8

Der **Rechtsinhalt des Erbbaurechts** ändert sich durch die Aufteilung nicht, so dass es nicht möglich ist, bei der Aufteilung weitergehende Rechte der Wohnungs- und Teilerbbauberechtigten zu schaffen, als sich aus dem Erbbaurecht ergeben.[11] 9

III. Grundbuchrechtliche Behandlung, Rechtsverhältnisse (Abs. 3)

Das Entstehen eines Wohnungs- oder Teilerbbaurechts erfordert eine Eintragung im Grundbuch.[12] Gemäß **Abs. 3 S. 1** ist für jeden Anteil an dem Erbbaurecht von Amts wegen ein besonderes Wohnungserbbaugrundbuch bzw. Teilerbbaugrundbuch anzulegen (Muster in Anlage 3 der WGV), das ursprüngliche Erbbaugrundstück wird geschlossen (Abs. 3 S. 2 iVm § 7 Abs. 1 S. 3). Nach § 1 WGV gelten für die gemäß § 30 Abs. 3 anzulegenden besonderen Wohnungs- und Teilerbbaugrundbücher die Vorschriften der Grundbuchverfügung entsprechend, soweit sich nicht aus den §§ 2–5, 8 WGV und § 9 WGV etwas anderes ergibt. 10

Das **Rechtsverhältnis der Wohnungserbbauberechtigten untereinander** richtet sich gemäß **Abs. 3 S. 2** nach den Vorschriften über das Wohnungseigentum, jedoch mit der Maßgabe, dass das Grundstück nicht zum Gemeinschaftseigentum der Wohnungseigentümergemeinschaft wird, weil gemäß § 12 Abs. 1 S. 1 ErbbauRG nur das Bauwerk auf dem Grundstück Eigentum des Erbbauberechtigten ist.[13] Die **Wohnungserbbaurechtsgemeinschaft** ist daher wie die Wohnungseigen- 11

---

2 BGHZ 65, 345 = NJW 1976, 519.
3 BayObLGZ 1989, 356; *Demharter* GBO Anh. § 3 Rn. 108; *Demharter* DNotZ 1986, 457.
4 *Theus* RNotZ 2019, 573, 576; *Demharter* GBO Anh. § 3 Rn. 108.
5 BayObLG NZM 2004, 789; OVG NRW NZM 1999, 88.
6 OLG Hamm BeckRS 1991, 30996951.
7 RGRK-BGB/*Augustin* Rn. 14; Soergel/*Stürner* Rn. 4; Bärmann/*Schneider* Rn. 8; aA BeckOK BGB/*Hügel* Rn. 2; *Schöner/Stöber* GrundbuchR Rn. 2998.
8 BayObLGZ 1978, 157; OLG Celle Rpfleger 1981, 22.
9 LG Augsburg MittBayNot 1979, 68; *Rethmeier* MittRhNotK 1993, 145.
10 OLG Celle Rpfleger 1981, 22 für den Fall der Vorratsteilung.
11 Bauer/Schaub/*Maaß* AT F Rn. 265.
12 BayObLG NZM 2004, 789.
13 VG München BeckRS 2016, 51706.

tumsgemeinschaft als Verband nach § 9a iVm § 30 Abs. 3 S. 2 **rechtsfähig.** Streitigkeiten über die sachenrechtlichen Grundlagen der Gemeinschaft, insbesondere über die Abgrenzung von Gemeinschafts- und Sondereigentum, fallen nicht in diese Verwaltungszuständigkeit, sondern sind dem Gemeinschaftsverhältnis vorgelagert.[14]

12 Das **Rechtsverhältnis zwischen dem Grundstückseigentümer und den Wohnungserbbauberechtigten** beurteilt sich sachenrechtlich nach dem ErbbauRG und schuldrechtlich nach den als Inhalt des Erbbaurechts eingetragenen Vereinbarungen (s. §§ 2, 5, 27, 32 ErbbauRG). Der Erbbauzins kann bei der Teilung nicht ohne Mitwirkung des Grundstückseigentümers auf die einzelnen Miteigentumsanteile aufgeteilt werden.[15]

13 Mit der **Aufhebung** und damit Erlöschen **des Erbbaurechts** (vgl. § 26 ErbbauRG) erlöschen die Mitberechtigungen der einzelnen Wohnungserbbauberechtigten an dem Erbbaurecht und damit auch das mit diesen verbundene Sondereigentum, das nicht ohne eine solche Mitberechtigung bestehen kann (vgl. § 6 Abs. 1). Die Mitberechtigung an dem Erbbaurecht, verbunden mit dem Sondereigentum an einer Wohnung, wandelt sich durch die Aufhebung des Erbbaurechts nicht in ein entsprechendes Wohnungseigentum an dem Grundstück, dem das Erbbaurecht als Bestandteil zugeschriebenen ist, um. Dies kann nur durch Begründung des Wohnungseigentums gemäß §§ 3, 4 Abs. 1, 2 geschehen.[16]

---

[14] BGH NJW 2013, 1154 Rn. 8.

[15] OLG Düsseldorf DNotZ 1977, 305 für die Vorratsteilung nach § 8.

[16] BayObLG NJW-RR 1999, 1104.

Teil 2. Dauerwohnrecht

§ 31 Begriffsbestimmungen

(1) [1]Ein Grundstück kann in der Weise belastet werden, dass derjenige, zu dessen Gunsten die Belastung erfolgt, berechtigt ist, unter Ausschluss des Eigentümers eine bestimmte Wohnung in einem auf dem Grundstück errichteten oder zu errichtenden Gebäude zu bewohnen oder in anderer Weise zu nutzen (Dauerwohnrecht). [2]Das Dauerwohnrecht kann auf einen außerhalb des Gebäudes liegenden Teil des Grundstücks erstreckt werden, sofern die Wohnung wirtschaftlich die Hauptsache bleibt.

(2) Ein Grundstück kann in der Weise belastet werden, dass derjenige, zu dessen Gunsten die Belastung erfolgt, berechtigt ist, unter Ausschluss des Eigentümers nicht zu Wohnzwecken dienende bestimmte Räume in einem auf dem Grundstück errichteten oder zu errichtenden Gebäude zu nutzen (Dauernutzungsrecht).

(3) Für das Dauernutzungsrecht gelten die Vorschriften über das Dauerwohnrecht entsprechend.

Übersicht

I. Normzweck

1 Das WEG behandelt in Teil 2 als weitere Form einer **dinglichen Raumnutzung** das **Dauerwohnrecht,** mit dem ein Modell zur Sicherung von Finanzierungsbeiträgen geschaffen werden sollte. Diejenigen, die dem Grundstückseigentümer einen „abwohnbaren" Baukostenzuschuss gewähren oder sogar die volle Finanzierung des Gebäudes übernehmen, sollen die Möglichkeit haben, ein dinglich gesichertes, zeitlich begrenztes oder unbegrenztes, übertragbares und vererbliches Nutzungsrecht zu erlangen.[1] Wie beim Wohnungseigentum in § 1 Abs. 2 und 3 unterscheidet das Gesetz auch hier, ob das Recht sich auf Wohnungen oder auf nicht zu Wohnzwecken dienende Räume bezieht: im ersten Fall liegt ein Dauerwohnrecht (Abs. 1), im zweiten Fall ein Dauernutzungsrecht vor (Abs. 2).

2 Mit dem **Dauerwohnrecht** bzw. dem **nicht zu Wohnzweckenden dienenden Dauernutzungsrecht** hat der Gesetzgeber ein vererbliches, veräußerliches, im Übrigen dem dinglichen Wohnungsrecht nach § 1093 BGB in gewissem Umfang nachgebildetes Recht[2] schaffen wollen, das verschiedene Aufgaben im Rechtsverkehr erfüllen kann. Zum einen kann es nichts anderes als ein **dinglich verstärktes Mietrecht** darstellen, insbesondere dann, wenn es von vornherein zeitlich begrenzt bestellt wird. Insoweit kann es zur Sicherung von Ansprüchen aus einem Baukostenzuschuss und ähnlichen Fällen dienen. Außerdem kann es, insbesondere in Verbindung mit genossenschaftlichen Rechtsgestaltungen, zu einem **das Eigentum vertretenden Recht** ausgebildet werden. In diesem Fall soll es seinem Inhaber ein lang dauerndes oder zeitlich unbegrenztes Recht auf eine bestimmte Wohnung oder Räume sichern, wobei das Entgelt nicht in Form einer Miete berechnet wird, sondern der Berechtigte einen Beitrag zur Tilgung der Grundstücksbelastungen und zu den Bewirtschaftungskosten zu leisten hat, der sich in dem Maße, in dem die Belastungen getilgt werden, verringert.[3]

3 In seinem ersten Anwendungsbereich bietet es gegenüber dem Wohnungseigentum den **Vorteil,** dass es mit wesentlich geringeren Mitteln erworben werden kann, weil es keinen Anteil an Grund und Boden und an den nicht betroffenen Gebäudeteilen gibt. Es unterscheidet sich vom **Wohnungsrecht des § 1093 BGB** darin, dass das Dauerwohnrecht vererblich und veräußerlich ist und dass es nicht nur ein Wohnrecht gibt, sondern das Recht umfasst, jede Art von Nutzungen aus den betroffe-

[1] Vgl. Weitnauer/*Mansel* Vor § 31 Rn. 6, 7; ausf. zu §§ 31 ff. *Lehmann* RNotZ 2011, 1 ff.
[2] BGH NZM 2019, 438 Rn. 8.
[3] BR-Drs. 57/51, 25 f.

nen Gebäude- oder Grundstücksteilen zu ziehen, insbesondere diese zu verpachten, zu vermieten oder gewerblich zu nutzen.[4]

4 Das Dauerwohnrecht ist auch nicht auf Gebäudeteile beschränkt, sondern kann auf einen **außerhalb des Gebäudes liegenden Teil des Grundstücks** erstreckt werden, wobei allerdings die Wohnung wirtschaftlich die Hauptsache sein muss (Abs. 1 S. 2 Hs. 2). Diese Einschränkung hat den Zweck, zu verhindern, dass das Dauerwohnrecht zu einer Art Erbbaurecht an unbebauten Grundstücken missbraucht wird.[5]

II. Rechtsnatur des Dauerwohn- und Dauernutzungsrechts

5 Das Dauerwohnrecht ist ein Recht an einem Grundstück, für das die allgemeinen Vorschriften der §§ 873 ff. BGB gelten.[6] Es ist kein echtes Eigentum, sondern nur ein eigentumsähnlich gestaltetes[7] **dingliches Nutzungsrecht**[8] am Grundstück (oder Erbbaurecht), das die ausschließliche Befugnis zur Nutzung bestimmter Räume in dem auf dem Grundstück errichteten oder zu errichtenden Gebäude oder auch des ganzen Gebäudes gewährt. Wird das gleiche Recht an nicht zu Wohnzwecken bestimmten Räumen begründet, so handelt es sich um ein Dauernutzungsrecht, Abs. 2. Dauerwohn- und Dauernutzungsrecht sind also in der gleichen Weise voneinander abzugrenzen wie Wohnungs- und Teileigentum nach § 1 Abs. 1. Rechtliche Unterschiede bestehen zwischen ihnen nicht.[9] Ein Dauerwohnrecht und ein Dauernutzungsrecht können auch als **Einheit** bestellt werden. Im Falle solcher Vermischung der Rechte kann ihre Eintragung im Grundbuch nicht als „Dauerwohnrecht nach §§ 31 ff. WEG", sondern nur als „Dauerwohn- und Dauernutzungsrecht" erfolgen.[10] Da das Dauerwohnrecht kein grundstücksgleiches Recht ist, kann es nicht wie ein Grundstück belastet werden, insbesondere nicht mit Hypotheken oder Grundschulden. Lediglich eine Rechtsverpfändung und die Einräumung des Rechtsnießbrauchs sind möglich.[11]

6 Das Dauerwohnrecht ist seiner Natur nach eine Dienstbarkeit,[12] weil es dem Eigentümer eine genau umschriebene Duldungspflicht auferlegt, insbesondere die Nutzung einer Wohnung durch den Dritten unter Ausschluss des Eigentümers hinzunehmen. Wie das Wohnungsrecht des § 1093 BGB schließt es den Eigentümer von der Nutzung aus. Es unterscheidet sich von ihm vor allem dadurch, dass es **übertragbar und vererblich** (§ 33 Abs. 1 S. 1), **bedingungsfeindlich** (§ 33 Abs. 1 S. 2) und **teilbar** ist.[13] Da ein Heimfallanspruch eingeräumt werden kann (§ 36), besteht zudem eine gewisse Ähnlichkeit zum Erbbaurecht, von dem es sich aber vor allem dadurch unterscheidet, dass es im Rechtsverkehr nicht wie ein Grundstück, sondern wie ein Recht an einem Grundstück behandelt wird. Dies hat unter anderem zur Folge, dass es – anders als das Erbbaurecht – nicht mit Hypotheken, Grundschulden, Reallasten, Vorkaufsrechten und solchen Dienstbarkeiten belastet werden kann, die nur an Grundstücken oder grundstücksgleichen Rechten möglich sind. Vorschriften des Mietrechts sind, soweit nicht ausdrücklich vorgesehen (vgl. §§ 36, 37, 40), nicht entsprechend anwendbar.[14]

7 Da beim Dauerwohnrecht **kein Miteigentum** besteht, bilden die Dauerwohnberechtigten untereinander keine Miteigentümergemeinschaft. Der einzelne Berechtigte steht nur seinem Grundstückseigentümer oder Erbbauberechtigten gegenüber. Haben mehrere Personen eines Hauses in unterschiedlichen Wohnungen ein Dauerwohnrecht iSd § 31, so gelten für sie untereinander daher nicht die Vorschriften des Teils 1 und des Teils 3 (§§ 1–29, §§ 43–45).[15]

III. Belastungsgegenstand

8 Mit dem Dauerwohnrecht kann ein Grundstück, ein Grundstücksteil (§ 7 Abs. 2 GBO),[16] ein Erbbaurecht (§ 42), eine Eigentumswohnung,[17] und ein ganzes, eventuell noch zu errichtendes

---

[4] BR-Drs. 57/51, 26; vgl. BGH NZM 2012, 311; OLG München ZWE 2016, 337.
[5] BR-Drs. 57/51, 26.
[6] Vgl. *Flik* BWNotZ 1996, 97.
[7] BFH HFR 2007, 836.
[8] BGH NStZ 2000, 203 = BeckRS 1999, 30081251.
[9] BayObLG NJW 1960, 2100.
[10] BayObLG NJW 1960, 2100.
[11] Weitnauer/*Mansel* Vor § 31 Rn. 2; *Lehmann* RNotZ 2011, 1 (5).
[12] OLG München ZWE 2013, 323; *Demharter* GBO Anh. § 44 Rn. 121.
[13] BGHZ 130, 150 = NJW 1995, 2637 mAnm *Hildenbrand* NJW 1995, 2967 = LM AGBG § 3 Nr. 41 mAnm *Wolf* = JZ 1996, 368 mAnm *Preuß* = VuR 1995, 331 mAnm *Tonner;* zur Unteilbarkeit des Wohnungsrechts OLG Köln DNotZ 1965, 686.
[14] BGH NJW 1969, 1850; LG Frankfurt NZM 2000, 877.
[15] Vgl. Riecke/Schmid/*Schmid* Rn. 2a.
[16] *Demharter* GBO § 7 Rn. 18.
[17] BGH BeckRS 1978, 31117788 = ZMR 1979, 318; BayObLG NJW 1957, 1840; Bärmann/*Schneider* Rn. 31.

Gebäude belastet werden,[18] nicht aber ein ideeller Miteigentumsanteil[19] oder ein Sondernutzungsrecht an einer im Gemeinschaftseigentum befindlichen Garage;[20] denn das Sondernutzungsrecht ist kein dingliches Recht, sondern beruht auf einer lediglich schuldrechtlichen Einräumung durch die Teilungserklärung oder durch Vereinbarung und es wird auch nicht durch Eintragung im Grundbuch als Inhalt des Sondereigentums zu einem dinglichen Recht. Nach Abs. 1 S. 2 kann es unter der dort genannten Voraussetzung inhaltlich auf einen Teil des Grundstücks außerhalb des Gebäudes (zB als Spiel- oder Stellplatz) erstreckt werden. Möglich ist auch die Bestellung eines Gesamtdauerwohnrechts, das als einheitliches Recht auf mehreren Grundstücken lastet.[21]

IV. Berechtigter des Dauerwohn- und Dauernutzungsrechts

Berechtigter des Rechts können natürliche oder juristische Personen sein. Auch zugunsten des Grundstückseigentümers kann das Recht bestellt werden, ohne dass ein Nachweis des Bedürfnisses im Hinblick auf eine beabsichtigte Veräußerung erforderlich ist.[22] Da das **Recht teilbar** ist, kann es mehreren Berechtigten zu Bruchteilen zustehen.[23] Wird ein Dauerwohnrecht beim Timesharing (vgl. auch das Teilzeit-Wohnrecht nach §§ 481 ff. BGB) zB in 52 Anteile aufgeteilt und verschiedenen Berechtigten durch eine Benutzungsregelung für je eine Woche im Jahr zugewiesen, so ändert sich dadurch nicht der Charakter des Dauerwohnrechts, weil das Merkmal der Dauer nicht ununterbrochen bedeutet, sondern den innerhalb einer möglichen Befristung (§ 41) sicheren Bestand des Rechts kennzeichnet.[24] Ein Time-Sharing-Formularvertrag, der dem Erwerber ein Dauerwohnrecht gemäß § 31 verschaffen soll, ist teilweise unwirksam, wenn nicht der Erwerber ins Grundbuch eingetragen werden soll, sondern der bereits eingetragene Treuhänder weiterhin im Grundbuch eingetragen bleiben und diese Rechtsposition dem Erwerber lediglich vermitteln soll.[25] Nicht mit dem Wesen des Dauerwohnrechts zu vereinbaren ist es aber, wenn an einer Wohnung mehrere gleichrangige, jeweils auf eine Woche befristete Dauernutzungsrechte bestellt werden.[26] 9

V. Begründung des Dauerwohn- und Nutzungsrechts

Zur Entstehung des Dauerrechts ist die **dingliche Einigung** zwischen dem Grundstückseigentümer und dem Berechtigten sowie die Eintragung des Rechts in das Grundbuch erforderlich (§ 873 BGB). Die Einigung ist an keine Form gebunden,[27] wegen § 29 GBO bedarf die Eintragungsbewilligung des Grundstückseigentümers aber zumindest der öffentlichen Beglaubigung. Dagegen muss die Zustimmung des Berechtigten nicht in notariell-beglaubigter Form nachgewiesen werden. Zwar schreibt § 32 Abs. 3 vor, dass das Grundbuchamt die Eintragung des Dauerwohnrechts ablehnen soll, wenn die dort bezeichneten Vereinbarungen nicht getroffen sind. Dies bedeutet aber nur, dass diese Vereinbarungen in der Eintragungsbewilligung aufgeführt sein müssen.[28] Handelt es sich bei dem schuldrechtlichen Vertrag auf Begründung des Dauerwohnrechts um einen Teilzeit-Wohnrechtevertrag nach § 481 BGB, so bedarf dieser der schriftlichen Form (§ 484 BGB). 10

VI. Erlöschen des Dauerwohn- und Nutzungsrechts

Das Dauerwohn- oder Dauernutzungsrecht erlischt durch **Aufhebung** und Löschung im Grundbuch (§ 875 Abs. 1 BGB), die bei Vereinbarung eines Heimfallrechts der Zustimmung des Grundstückseigentümers bedarf. Wird ein Grundstücksteil veräußert, so ist § 1026 BGB analog anwendbar.[29] 11

---

[18] LG Münster DNotZ 1953, 148; RGRK-BGB/*Augustin* Vor § 31 Rn. 3.

[19] BayObLGZ 1957, 102; BeckOK WEG/*Timme/Munzig* Rn. 9.

[20] OLG Hamburg BeckRS 2004, 04307.

[21] LG Hildesheim NJW 1960, 49; LG München I DNotZ 1973, 417 mAnm *Walberer* MittBayNot 1973, 97 = Rpfleger 1973, 141; Palandt/*Wicke* Rn. 3; *Böttcher* MittBayNot 1993, 129; Bärmann/*Pick* Rn. 5.

[22] BayObLG NJW-RR 1997, 1233.

[23] BGHZ 130, 150 = NJW 1995, 1632, auch zur Frage der Wirksamkeit einer Formularklausel, durch welche die Grundbucheintragung des Käufers eines anteiligen Dauerwohnrechts ausgeschlossen wird und ein Dritter als Treuhänder eingetragen bleiben soll; BGH NJW-RR 1996, 1034; OLG Celle BeckRS 1996, 13042.

[24] BGHZ 130, 150 = NJW 1995, 1632; vgl. zum Timesharing-Nutzungsrecht auch OLG Köln NZM 1999, 1105; *Tonner/Tonner* WM 1998, 313.

[25] BGH NJW-RR 1996, 1034.

[26] OLG Stuttgart NJW 1987, 2023 m. abl. Anm. *Gralka* NJW 1987, 1997 = Rpfleger 1987, 107.

[27] Bärmann/*Schneider* Rn. 43.

[28] RGRK-BGB/*Augustin* Rn. 12; Bärmann/*Schneider* § 32 Rn. 17; Weitnauer/*Mansel* Rn. 7; aA OLG Düsseldorf DNotZ 1978, 354.

[29] BayObLG NJW-RR 1996, 397.

§ 32 Voraussetzungen der Eintragung

(1) Das Dauerwohnrecht soll nur bestellt werden, wenn die Wohnung in sich abgeschlossen ist.

(2) [1]Zur näheren Bezeichnung des Gegenstands und des Inhalts des Dauerwohnrechts kann auf die Eintragungsbewilligung Bezug genommen werden. [2]Der Eintragungsbewilligung sind als Anlagen beizufügen:
1. eine von der Baubehörde mit Unterschrift und Siegel oder Stempel versehene Bauzeichnung, aus der die Aufteilung des Gebäudes sowie die Lage und Größe der dem Dauerwohnrecht unterliegenden Gebäude- und Grundstücksteile ersichtlich ist (Aufteilungsplan); alle zu demselben Dauerwohnrecht gehörenden Einzelräume sind mit der jeweils gleichen Nummer zu kennzeichnen;
2. eine Bescheinigung der Baubehörde, daß die Voraussetzungen des Absatzes 1 vorliegen.
[3]Wenn in der Eintragungsbewilligung für die einzelnen Dauerwohnrechte Nummern angegeben werden, sollen sie mit denen des Aufteilungsplans übereinstimmen.

(3) Das Grundbuchamt soll die Eintragung des Dauerwohnrechts ablehnen, wenn über die in § 33 Absatz 4 Nummer 1 bis 4 bezeichneten Angelegenheiten, über die Voraussetzungen des Heimfallanspruchs (§ 36 Absatz 1) und über die Entschädigung beim Heimfall (§ 36 Absatz 4) keine Vereinbarungen getroffen sind.

Übersicht

I. Normzweck

1 Die Vorschrift hat materiellrechtlichen (Abs. 1) und verfahrensrechtlichen Charakter (Abs. 2 und 3). Abs. 1 normiert die Notwendigkeit der Abgeschlossenheit der Wohnung, Abs. 2 und 3 regeln Voraussetzungen der Eintragung des **Dauerwohnrechts** nach § 31 Abs. 1, aber gemäß § 31 Abs. 3 auch des **Dauernutzungsrechts** nach § 31 Abs. 2 in das Grundbuch.

2 Als Belastung eines Grundstücks entsteht das Dauerwohnrecht durch **Einigung und Eintragung in das Grundbuch** (§ 873 Abs. 1 BGB). Die Eintragungsbewilligung (§ 19 GBO) und die sonstigen zur Eintragung erforderlichen Dokumente bedürfen der Form des § 29 GBO. Für die schuldrechtlichen Beziehungen, die der Bestellung des Dauerwohnrechts zu Grunde liegen, bestehen dagegen keine Formvorschriften. Die Voraussetzungen der Eintragung entsprechen denen des § 7 für Wohnungs- und Teileigentum. Darüber hinaus verlangt Abs. 3, dass weitere Vereinbarungen getroffen werden müssen, durch die der Inhalt des Rechts umschrieben wird.[1]

II. Abgeschlossenheit der Wohnung (Abs. 1)

3 Die Bestellung eines Dauerwohnrechts setzt nach Abs. 1 voraus, dass die Wohnung in sich **abgeschlossen** ist. Abs. 1 entspricht § 3 Abs. 2 S. 1. Die hierfür geltenden Grundsätze sind entsprechend anzuwenden (→ § 3 Rn. 35 f.). Abs. 1 wird ergänzt durch Abs. 2 Nr. 2, wonach dem Grundbuchamt eine Abgeschlossenheitsbescheinigung der Baubehörde vorzulegen ist.

4 Nach Eintragung im Grundbuch kann die Gültigkeit der Bestellung nicht mit einer mangelnden Abgeschlossenheit bestritten werden, weil Abs. 1 nur eine Sollvorschrift ist.[2] Eine Abgeschlossenheitsbescheinigung ist zudem entbehrlich, wenn das Dauerwohnrecht am ganzen Gebäude bestellt wird.[3]

III. Grundbuchverfahren

5 **1. Bezugnahme auf die Eintragungsbewilligung (Abs. 2 S. 1).** Nach § 874 BGB kann zur näheren Bezeichnung des Inhalts des Rechts auf die **Eintragungsbewilligung** Bezug genom-

---

[1] BR-Drs. 57/51, 27.
[2] Vgl. BGHZ 177, 338 = NJW 2008, 2982 zu § 3; *Schmid/Kahlen* Rn. 2.
[3] LG Münster DNotZ 1953, 148.

men werden. Der Inhalt des Dauerrechts bestimmt sich nach §§ 32, 33 Abs. 1 und 2 sowie den gemäß § 33 Abs. 2–4, §§ 35, 36, 39, 40 und § 41 Abs. 2 getroffenen Vereinbarungen.

6 § 32 Abs. 2 S. 1 ergänzt den § 874 BGB dahin, dass zur näheren Bezeichnung auch des Gegenstands des Dauerwohnrechts auf die Eintragungsbewilligung Bezug genommen werden kann. Im Grundbuch müssen die rechtliche Natur des Dauerwohnrechts und der diesem unterliegenden Räume bezeichnet werden.[4]

7 Von der Bezugnahme auf die Eintragungsbewilligung **ausgeschlossen** sind
- eine **Befristung des Rechts,** weil sie nicht zum Inhalt eines Rechts iSd § 874 BGB gehört,[5]
- **Veräußerungsbeschränkungen** (§ 35; vgl. § 3 Abs. 2 WGV)[6]
- und **Abreden über das Bestehenbleiben** des Rechts **im Fall der Zwangsversteigerung** (§ 39).[7]

8 Sie sind daher ausdrücklich einzutragen.

9 **2. Anlagen des Eintragungsantrags.** Der Eintragungsbewilligung muss außer einer Abgeschlossenheitsbescheinigung eine von der Baubehörde mit Unterschrift und Siegel oder Stempel versehene Bauzeichnung beigefügt werden, aus der die Aufteilung des Gebäudes sowie die Lage und Größe der dem Dauerwohnrecht unterliegenden Gebäude- und Grundstücksteile ersichtlich sind (Aufteilungsplan). Abs. 2 S. 1 entspricht § 7 Abs. 3 S. 1 (→ § 7 Rn. 27 ff.).

10 Die Anforderungen an die **Bauzeichnung** iSd Abs. 2 S. 1 Nr. 1, die von der Baubehörde mit Unterschrift und Siegel oder Stempel versehen und Gegenstand der Eintragungsbewilligung sein muss, ergeben sich aus diesem Zweck. Sie sind geringer als bei der Bauzeichnung nach § 7 Abs. 4. Es genügt, wenn bei mehreren Gebäuden auf dem belasteten Grundstück in einem Grundstücksplan das Gebäude gekennzeichnet ist, in dem sich die von dem Dauerwohnrecht umfassten Räume befinden. Erstreckt sich das Dauerwohnrecht auf außerhalb des Gebäudes liegende Grundstücksteile, müssen sich deren Lage und Größe aus dem Plan ergeben. Bei mehreren Stockwerken ist ein Stockwerksplan beizufügen, aus dem sich die Lage der Räume und deren Abgrenzung zu anderen Räumen auf dem Stockwerk ergeben, wobei es ausreicht, wenn die von dem Dauerwohnrecht erfassten Räume in ihrer äußeren Umgrenzung kenntlich gemacht sind Über die Einzelnen zum Dauerwohnrecht gehörenden Räume ist ein Wohnungsplan vorzulegen.[8] Im Übrigen gilt für Aufteilungsplan und Abgeschlossenheit § 7 Abs. 4 (→ § 7 Rn. 27 ff.).

11 Abs. 2 S. 3 entspricht inhaltlich § 7 Abs. 4 S. 2 (→ § 7 Rn. 31 ff.).

12 **3. Notwendiger Inhalt des Eintragungsantrags.** Da das Dauerwohnrecht nicht erschöpfend geregelt ist, bedarf dessen Inhalt weitgehend der Vereinbarungen der Beteiligten. Dabei kommt es nur darauf an, dass, nicht wie die in Betracht kommenden Fragen von den Beteiligten geregelt werden.[9] Die durch **Vereinbarung** zu regelnden Fragen sind
- Art und Umfang der Nutzungen (§ 33 Abs. 4 Nr. 1),
- die Pflicht des Berechtigten zur Tragung öffentlicher oder privatrechtlicher Lasten des Grundstücks (§ 33 Abs. 4 Nr. 2),
- Instandhaltung und Instandsetzung der dem Dauerwohnrecht unterliegenden Gebäudeteile (§ 33 Abs. 4 Nr. 5),
- die Versicherung des Gebäudes und sein Wiederaufbau im Falle der Zerstörung (§ 33 Abs. 4 Nr. 4),
- im Falle der Vereinbarung eines Heimfallanspruchs dessen Voraussetzungen (§ 36 Abs. 1) und die Entschädigung beim Heimfall (§ 36 Abs. 4).

13 Abs. 3 enthält eine **grundbuchrechtliche Ordnungsvorschrift.** Wird dagegen verstoßen, entsteht das Dauerwohnrecht gleichwohl mit der Eintragung im Grundbuch. Das Grundbuchamt hat jedoch nach dem formellen Konsensprinzip des Grundbuchrechts (§ 19 GBO) nur den Inhalt der Eintragungsbewilligung zu prüfen, und nicht, ob die Einigung der Beteiligten wirksam zustande gekommen ist.[10]

§ 33 Inhalt des Dauerwohnrechts

(1) [1]Das Dauerwohnrecht ist veräußerlich und vererblich. [2]Es kann nicht unter einer Bedingung bestellt werden.

---

4 BayObLG NJW 1960, 2100.
5 BayObLG NJW-RR 1998, 1025.
6 *Demharter* GBO Anh. § 44 Rn. 124; aA RGRK-BGB/*Augustin* § 35 Rn. 5.
7 RGRK-BGB/*Augustin* § 39 Rn. 4; Weitnauer/*Mansel* § 39 Rn. 13.
8 BayObLG NJW-RR 1997, 1233.
9 RGRK-BGB/*Augustin* Rn. 6.
10 *Demharter* GBO § 19 Rn. 38; RGRK-BGB/*Augustin* Rn. 7; aA OLG Düsseldorf DNotZ 1978, 356.

(2) Auf das Dauerwohnrecht sind, soweit nicht etwas anderes vereinbart ist, die Vorschriften des § 14 entsprechend anzuwenden.

(3) Der Berechtigte kann die zum gemeinschaftlichen Gebrauch bestimmten Teile, Anlagen und Einrichtungen des Gebäudes und Grundstücks mitbenutzen, soweit nichts anderes vereinbart ist.

(4) Als Inhalt des Dauerwohnrechts können Vereinbarungen getroffen werden über:
1. **Art und Umfang der Nutzungen;**
2. **Instandhaltung und Instandsetzung der dem Dauerwohnrecht unterliegenden Gebäudeteile;**
3. **die Pflicht des Berechtigten zur Tragung öffentlicher oder privatrechtlicher Lasten des Grundstücks;**
4. **die Versicherung des Gebäudes und seinen Wiederaufbau im Falle der Zerstörung;**
5. **das Recht des Eigentümers, bei Vorliegen bestimmter Voraussetzungen Sicherheitsleistung zu verlangen.**

Übersicht

I. Normzweck

1 § 33 ergänzt § 31 wegen des Inhalts des Dauerwohnrechts. Die Abs. 1–3 behandeln dessen gesetzlichen Inhalt, Abs. 4 dessen durch Vereinbarung zu regelnden Inhalt.

II. Veräußerlichkeit, Vererblichkeit, Bedingung

2 Das Dauerwohnrecht ist gemäß Abs. 1 **veräußerlich und vererblich** und unterscheidet sich gerade hierdurch vom Wohnungsrecht als beschränkte persönliche Dienstbarkeit (§ 1093 BGB). Ist im Grundbuch ein Dauerwohnrecht eingetragen, kann der Inhalt dieses Rechts nicht ohne ausdrückliche Anhaltspunkte in der in Bezug genommenen Eintragungsbewilligung dahin ausgelegt werden, das Recht solle befristet durch den Tod des Berechtigten bestellt werden.[1] Möglich ist eine **Veräußerungsbeschränkung** nach § 35, ein Ausschluss der Veräußerlichkeit widerspricht dem Wesen des Rechts und ist daher unwirksam,[2] ebenso eine Beschränkung oder Gebot dahin, nur an bestimmte Personen veräußern zu dürfen.[3] Die Vererblichkeit kann dadurch ausgeschlossen werden, dass es nur **auf Lebenszeit des Berechtigten** vereinbart wird.[4] Eine solche Bestellung ist keine Bedingung, sondern eine Befristung, die zulässig ist (vgl. § 41 Abs. 1).[5] Möglich ist auch die Vereinbarung eines Heimfallanspruchs (§ 36) bei Tod des Berechtigten.[6]

3 Unter einer **Bedingung** kann das Dauerwohnrecht dagegen nicht bestellt werden (Abs. 1 S. 2). Dieses Verbot gilt aber nicht für die dingliche Einigung nach § 873 BGB über die Übertragung eines bestehenden Dauerwohnrechts.[7] Ein Dauerwohnrecht kann aber zeitlich begrenzt werden (§ 41 Abs. 1),[8] wobei die Einräumung auf Lebensdauer einer Person keine Bedingung, sondern eine Zeitbestimmung ist.[9]

III. Pflichten

4 Die **Pflichten des Dauerwohnberechtigten** (Instandhaltungspflicht, Beschränkung des Gebrauchs durch Rücksichtnahme auf andere Hausbewohner, Sorge um die Einhaltung dieser Pflichten durch Dritte, Duldungs- und Gestattungspflichten) richten sich gemäß Abs. 2 nach § 14, soweit

[1] OLG Hamm ZWE 2012, 39.
[2] RGRK-BGB/*Augustin* § 35 Rn. 1.
[3] BFH BeckRS 2007, 25011652 = BFH/NV 2007, 1471.
[4] OLG Celle NJW-RR 2014, 785; NZM 2014, 590; RGRK-BGB/*Augustin* Rn. 2.
[5] BGHZ 52, 269 = NJW 1969, 2043.
[6] OLG Hamm NJW 1965, 1488.
[7] BeckOK WEG/*Munzig* Rn. 14.
[8] OLG Celle NJW-RR 2014, 785.
[9] OLG Celle NJW-RR 2014, 785.

nicht etwas anderes vereinbart ist (vgl. insbesondere Abs. 4 Nr. 2), die mietrechtlichen Vorschriften sind indes grundsätzlich nicht anwendbar.[10]

IV. Mitbenutzungsrecht

5 Das Recht des Dauerwohnberechtigten auf Mitbenutzung der für den **gemeinschaftlichen Gebrauch** gedachten Anlagen und Einrichtungen (Abs. 3) gilt, soweit nichts anderes vereinbart ist, insbesondere für Treppenhaus, Waschküche, Hofraum, Garten, Trockenboden und die gemeinschaftliche Heizanlage; maßgeblich ist insoweit die Verkehrsüblichkeit.[11] Die Vorschrift ist dem Mitbenutzungsrecht des Inhabers eines Wohnungsrechts als beschränkte persönliche Dienstbarkeit (§ 1093 Abs. 3 BGB) nachgebildet, unterscheidet sich von diesem jedoch dadurch, dass es **veräußerlich und vererblich** ist und weitergehende Nutzungen erlaubt.[12] Wie der Inhaber eines Wohnungsrechts nach § 1093 BGB hat auch der Inhaber eines Dauerwohnrechts sich an den Kosten zu beteiligen, die dem Eigentümer durch die gewöhnliche Unterhaltung der zum gemeinschaftlichen Gebrauch der Bewohner bestimmten Anlagen und Einrichtungen entstehen. Die anteilig auf seine Wohnung entfallenden verbrauchsunabhängigen Kosten von Heizung und Warmwasserbereitung trägt der Dauerwohnungsberechtigte auch dann, wenn er die Wohnung nicht nutzt.[13]

V. Vereinbarungen zum Inhalt

6 Die Beteiligten können **in gewissem Umfang** Vereinbarungen zum Inhalt des Dauerwohnrechts treffen, die dingliche Wirkung erhalten können, wenn sie in die Eintragungsbewilligung aufgenommen und im **Grundbuch eingetragen** werden. Über die in Abs. 4 Nr. 1–4 genannten Punkte muss gemäß § 32 Abs. 3 eine Regelung getroffen werden.

7 Aufgrund des Abs. 4 **Nr. 1** kann zB die **gewerbliche Nutzung** auf bestimmte Gewerbe beschränkt oder ganz ausgeschlossen, die Vermietung untersagt oder an Bedingungen, wie Zustimmung durch den Eigentümer,[14] geknüpft werden. Auch kann ein Zustimmungsvorbehalt für die Bestellung dinglicher Rechte am Dauernutzungsrecht, die – wie der Nießbrauch – zum Gebrauch und zur Nutzung des zu belastenden Rechts berechtigen, nach Abs. 4 Nr. 1 als Inhalt des Rechts vereinbart werden, weil es ein veräußerliches und vererbliches Recht ist.[15] Für die Bestellung eines solchen Rechtsnießbrauchs gelten aber, anders als bei der Bestellung eines Sachnießbrauchs an Grundstücken und grundstücksgleichen Rechten, nicht die Vorschriften über die Belastung, sondern nach § 1069 Abs. 1 BGB die Vorschriften über die Übertragung des Rechts.[16]

8 Die **Instandsetzungs- und Instandhaltungspflicht,** auch von Freiflächen (§ 31 Abs. 1 S. 2),[17] kann aufgrund des Abs. 4 **Nr. 2** zB auf den Eigentümer übertragen oder zwischen den Beteiligten aufgeteilt werden. Wurde keine Vereinbarung nach Nr. 2 getroffen, so gilt Abs. 2 iVm § 14. Enthält der Vertrag über die Bestellung des Dauerwohnrechts eine Regelung, wonach der Wohnungsberechtigte „eine monatliche Nutzungsgebühr zu zahlen hat, welche die Kosten für die Instandhaltung und Instandsetzung der gemeinschaftlichen Anlagen und Einrichtungen des Grundstücks“ umfasst, ist dies so auszulegen, dass auch die gemeinschaftlich genutzten Gebäudeteile als Bestandteil des Grundstücks (Abs. 3) erfasst werden. In diesem Fall zählen zu den gemeinschaftlichen Anlagen und Einrichtungen des Grundstücks zwar das Treppenhaus, aber weder das Dach noch die Balkone, auf die sich die Regelung über die zu zahlende Nutzungsgebühr daher nicht bezieht.[18]

9 Die Pflicht zur Tragung **öffentlicher und privatrechtlicher Lasten** des Grundstücks trifft den Eigentümer[19] Abweichende Vereinbarungen sind aufgrund des Abs. 4 **Nr. 3** möglich.

10 Abs. 4 **Nr. 4** sieht Vereinbarungen über **Versicherungen** des Gebäudes und seine **Wiederherstellung** im Fall der Zerstörung und Abs. 4 **Nr. 5** die Verpflichtung zur Sicherheitsleistung (vgl. § 1051 BGB) vor. Haben die Beteiligten insoweit nichts vereinbart, so bestehen keine Verpflichtungen des Dauerwohnungsberechtigten.[20]

---

10 LG Dortmund NJW-RR 1991, 16; LG Frankfurt a.M. NZM 2000, 877.
11 BGH NJW-RR 2012, 218 Rn. 8.
12 BGH NJW-RR 2012, 218 Rn. 7.
13 So zum Wohnungsrecht des § 1093 BGB BGHZ 191, 213 = NJW 2012, 522.
14 BayObLG NJW 1960, 2100 = Rpfleger 1961, 400 mAnm *Haegele.*
15 BGH NZM 2019, 438 Rn. 8.
16 BGH NZM 2019, 438 Rn. 9.
17 BayObLG NJW 1960, 540 mAnm *Weitnauer.*
18 BGH NJW-RR 2012, 218.
19 RGRK-BGB/*Augustin* Rn. 18.
20 RGRK-BGB/*Augustin* Rn. 19.

11 Es ist nicht möglich, in anderen als den in § 33 Abs. 2–4, §§ 35, 36, 39, 40 Abs. 2, § 41 Abs. 2 und § 882 BGB[21] erwähnten Fällen Vereinbarungen zwischen Grundstückseigentümern und Dauerwohnberechtigten zu verdinglichen. Dies gilt insbesondere wegen eines für die Überlassung des Dauerwohnungsrechts zu gewährenden **Entgelts.**

§ 34 Ansprüche des Eigentümers und der Dauerwohnberechtigten

(1) Auf die Ersatzansprüche des Eigentümers wegen Veränderungen oder Verschlechterungen sowie auf die Ansprüche der Dauerwohnberechtigten auf Ersatz von Verwendungen oder auf Gestattung der Wegnahme einer Einrichtung sind die §§ 1049, 1057 des Bürgerlichen Gesetzbuchs entsprechend anzuwenden.

(2) Wird das Dauerwohnrecht beeinträchtigt, so sind auf die Ansprüche des Berechtigten die für die Ansprüche aus dem Eigentum geltenden Vorschriften entsprechend anzuwenden.

1 Die Vorschriften des § 34 sind Vorschriften des BGB über den **Nießbrauch** nachgebildet.[1] Auf die Kommentierungen zu § 1049 BGB (→ BGB § 1049 Rn. 1 ff.), § 1057 BGB (→ BGB § 1057 Rn. 1 ff.); § 823 BGB (→ BGB § 823 Rn. 1 ff.) und § 985 BGB (→ BGB § 985 Rn. 1 ff.), § 1004 BGB (→ BGB § 1004 Rn. 1 ff.) wird verwiesen.

§ 35 Veräußerungsbeschränkung

[1]Als Inhalt des Dauerwohnrechts kann vereinbart werden, dass der Berechtigte zur Veräußerung des Dauerwohnrechts der Zustimmung des Eigentümers oder eines Dritten bedarf. [2]Die Vorschriften des § 12 gelten in diesem Falle entsprechend.

I. Normzweck

1 § 35 entspricht dem **§ 12** und ist wie dieser **§ 5 Abs. 1 ErbbauRG** nachgebildet. Er gibt dem Eigentümer die Möglichkeit, sich gegen die freie Veräußerlichkeit des Dauerwohnrechts zu schützen[1] und den Erwerb des Rechts durch ihn unerwünschte Personen zu verhindern. Nach § 12 darf die Zustimmung aber nur aus einem wichtigen Grund versagt werden. Diese Einschränkung kann nicht durch Einräumung von Heimfallrechten für jeden Fall der Veräußerung ausgehöhlt werden. Das würde dem Zweck des Gesetzes widersprechen.

II. Einzelerläuterungen

2 Es kann nur eine Veräußerungsbeschränkung, dh Beschränkung der Übertragung des Dauerwohnrechts, nicht eine Belastungsbeschränkung vereinbart werden.[2] Als **Belastungen** kommen nur Nießbrauch und Pfandrecht in Frage. Benutzungsbeschränkungen nach § 33 Abs. 4 treffen den Nießbraucher genauso wie den Eigentümer. Auf die Kommentierungen in § 12 und § 5 ErbbauRG wird verwiesen (→ § 12 Rn. 1 ff.; → ErbbauRG § 5 Rn. 1 ff.).

§ 36 Heimfallanspruch

(1) [1]Als Inhalt des Dauerwohnrechts kann vereinbart werden, dass der Berechtigte verpflichtet ist, das Dauerwohnrecht beim Eintritt bestimmter Voraussetzungen auf den Grundstückseigentümer oder einen von diesem zu bezeichnenden Dritten zu übertragen (Heimfallanspruch). [2]Der Heimfallanspruch kann nicht von dem Eigentum an dem Grundstück getrennt werden.

(2) Bezieht sich das Dauerwohnrecht auf Räume, die dem Mieterschutz unterliegen, so kann der Eigentümer von dem Heimfallanspruch nur Gebrauch machen, wenn ein Grund vorliegt, aus dem ein Vermieter die Aufhebung des Mietverhältnisses verlangen oder kündigen kann.

---

[21] RGRK-BGB/*Augustin* Rn. 21.
[1] BR-Drs. 57/51, 27.
[1] BR-Drs. 57/51, 27.
[2] BGH NZM 2019, 438 Rn. 20.

(3) Der Heimfallanspruch verjährt in sechs Monaten von dem Zeitpunkt an, in dem der Eigentümer von dem Eintritt der Voraussetzungen Kenntnis erlangt, ohne Rücksicht auf diese Kenntnis in zwei Jahren von dem Eintritt der Voraussetzungen an.

(4) [1]Als Inhalt des Dauerwohnrechts kann vereinbart werden, dass der Eigentümer dem Berechtigten eine Entschädigung zu gewähren hat, wenn er von dem Heimfallanspruch Gebrauch macht. [2]Als Inhalt des Dauerwohnrechts können Vereinbarungen über die Berechnung oder Höhe der Entschädigung oder die Art ihrer Zahlung getroffen werden.

I. Normzweck

Zum Ausgleich für die starke Rechtsstellung des Dauerwohnberechtigten und die möglicherweise lange Laufzeit seines Rechts sowie das Fehlen eines Kündigungsrechts räumt § 36 die Möglichkeit ein, durch Vertrag Vereinbarungen über ein **Heimfallrecht** zu begründen. Die Vorschriften lehnen sich an das ErbbauRG an. Um eine Umgehung des Mieterschutzes durch Bestellung des Dauerwohnrechts zu verhindern, schränkt Abs. 2 den Heimfall bei Räumen, die dem Mieterschutz unterliegen, ein.[1] 1

II. Einzelerläuterung

1. Inhalt des Anspruchs (Abs. 1). Der Heimfall bedeutet **nicht** das **Erlöschen des Dauerwohnrechts,** sondern begründet nur einen **Anspruch auf Übertragung** des Rechts **an den Grundstückseigentümer oder** an einen von diesem zu bestimmenden **Dritten.** Der Anspruch entsteht nur aufgrund einer Vereinbarung und kann nicht vom Grundstückseigentum getrennt werden (S. 2). Es handelt sich also um einen subjektiv dinglichen Anspruch, der mit der Veräußerung auf den Erwerber übergeht. Der Anspruch ist durch dingliche Übertragung des Dauerwohnrechts zu vollziehen, danach besteht ein Eigentümerdauerwohnrecht. 2

Als **Heimfallgründe** können zB vereinbart werden: Unterlassen der Instandhaltung, Zweckentfremdung von Räumen, etwa für gewerbliche Zwecke, Verzug mit Zahlungs- oder Kostentragungspflichten, Zwangsvollstreckung in das Recht, Belästigung der Hausbewohner, Tod des Dauerwohnberechtigten.[2] Ein Heimfallrecht, das ohne Vorliegen bestimmter Voraussetzungen ausgeübt werden könnte, widerspricht Abs. 1 S. 1 und ist deshalb unwirksam. Das Gleiche gilt hinsichtlich eines Heimfallrechts für jeden Fall der Veräußerung.[3] 3

2. Ausübungsbeschränkung (Abs. 2). Der Heimfallanspruch kann bei Wohnräumen nur geltend gemacht werden, wenn ein **Mietvertrag** über die von dem Dauerwohnrecht erfassten Räume nach § 549 Abs. 2 und 3 BGB iVm §§ 573, 573a, 573b, 574–574c BGB **aufgehoben oder gekündigt werden könnte.** Diese Beschränkung will verhindern, dass der Dauerwohnungsberechtigte schlechter gestellt wird als ein Mieter und die Mieterschutzvorschriften durch Bestellung eines Dauerwohnrechts umgangen werden.[4] 4

3. Verjährung (Abs. 3). Die Vorschrift ist eine Ausnahme zu § 902 BGB. Sie regelt den Beginn und die Dauer der Verjährung. Im Übrigen gelten die allgemeinen Vorschriften des BGB (§§ 203 ff. BGB). 5

4. Entschädigung für die Übertragung (Abs. 4). Eine **Entschädigung** für die Übertragung des Dauerwohnrechts beim Heimfall ist **nur für langfristige Dauerwohnrechte** nach § 41 Abs. 1 und 3 **zwingend** vorgeschrieben, ansonsten ist eine Entschädigung nur zu leisten, falls eine Vereinbarung dies vorsieht. Bei Vereinbarungen über die Berechnung oder die Höhe der Entschädigung und ihre Fälligkeit herrscht Vertragsfreiheit, Angemessenheit ist nur beim langfristigen Dauerwohnrecht vorgeschrieben.[5] 6

§ 37 Vermietung

(1) Hat der Dauerwohnberechtigte die dem Dauerwohnrecht unterliegenden Gebäude- oder Grundstücksteile vermietet oder verpachtet, so erlischt das Miet- oder Pachtverhältnis, wenn das Dauerwohnrecht erlischt.

---

1 BR-Drs. 57/51, 27.
2 OLG Hamm NJW 1965, 1488.
3 RGRK-BGB/*Augustin* Rn. 8.
4 RGRK-BGB/*Augustin* Rn. 14.
5 RGRK-BGB/*Augustin* Rn. 9; *Dammertz* MittRhNotK 1970, 124; *Diester* Rpfleger 1967, 278; aA OLG Celle NJW 1960, 2293.

(2) Macht der Eigentümer von seinem Heimfallanspruch Gebrauch, so tritt er oder derjenige, auf den das Dauerwohnrecht zu übertragen ist, in das Miet- oder Pachtverhältnis ein; die Vorschriften der §§ 566 bis 566e des Bürgerlichen Gesetzbuchs gelten entsprechend.

(3) [1]Absatz 2 gilt entsprechend, wenn das Dauerwohnrecht veräußert wird. [2]Wird das Dauerwohnrecht im Wege der Zwangsvollstreckung veräußert, so steht dem Erwerber ein Kündigungsrecht in entsprechender Anwendung des § 57a des Gesetzes über die Zwangsversteigerung und die Zwangsverwaltung zu.

I. Normzweck

1 Der Dauerwohnberechtigte darf die seinem Recht unterliegenden Räume vermieten oder verpachten. § 37 behandelt die Rechtsfolgen für das **Miet- oder Pachtverhältnis,** das nach Bestellung des Dauernutzungsrechts begründet worden ist, die eintreten, wenn das Dauerwohnrecht erlischt oder übertragen wird. Die Folgen der Bestellung eines Dauerwohnrechts auf ein zuvor begründetes Mietverhältnis sind in § 567 BGB geregelt.[1]

II. Einzelerläuterungen

2 Anders als beim Nießbrauch (§ 1056 BGB) und Erbbaurecht (§ 30 ErbbauRG) **erlischt mit der Beendigung des Dauerwohnrechts,** also zum vorgesehenen Zeitablauf, mit Aufhebung nach § 875 BGB oder durch Zuschlag nach § 91 ZVG, **auch das Miet- oder Pachtverhältnis** zwischen dem Dauerwohnberechtigten und seinem Mieter bzw. Pächter (Abs. 1). Die §§ 566–566e, 578 Abs. 1 BGB gelten daher nicht. Zur Haftung s. § 536 Abs. 3 BGB. Wird aber das Dauerwohnrecht im Wege der **Zwangsvollstreckung** veräußert, steht dem Erwerber das **gesetzliche Kündigungsrecht** des Erstehers aus § 57a ZVG zu.

3 Wird das Dauerwohnrecht veräußert oder ein Heimfallrecht ausgeübt, tritt nach dem Grundsatz **„Kauf bricht nicht Miete" (§ 566 BGB)** der Erwerber des Dauerwohnrechts an Stelle des bisherigen Berechtigten als Vermieter oder Verpächter in die Verträge mit dem Mieter bzw. Pächter. Es gelten die §§ 566–576 BGB.

§ 38 Eintritt in das Rechtsverhältnis

(1) Wird das Dauerwohnrecht veräußert, so tritt der Erwerber an Stelle des Veräußerers in die sich während der Dauer seiner Berechtigung aus dem Rechtsverhältnis zu dem Eigentümer ergebenden Verpflichtungen ein.

(2) [1]Wird das Grundstück veräußert, so tritt der Erwerber an Stelle des Veräußerers in die sich während der Dauer seines Eigentums aus dem Rechtsverhältnis zu dem Dauerwohnberechtigten ergebenden Rechte ein. [2]Das Gleiche gilt für den Erwerb auf Grund Zuschlags in der Zwangsversteigerung, wenn das Dauerwohnrecht durch den Zuschlag nicht erlischt.

1 § 38 **bezweckt** mit seinen Regelungen, dass bei einem Wechsel in der Person des Dauerwohnberechtigten (Abs. 1) oder Gebäudeeigentümers (Abs. 2) der jeweilige Erwerber kraft Gesetzes in die **schuldrechtlichen** Rechte und Verpflichtungen des Veräußerers einrücken soll. Die Vorschrift betrifft also nicht den Übergang von **dinglichen** Rechten und Pflichten, der kraft Gesetzes eintritt. Soweit auf Seiten des Eigentümers oder Berechtigten ein **Gesamtrechtsnachfolger** eintritt, tritt dieser nach geltendem Recht (der Erbe nach § 1967 BGB) in alle Rechte und Pflichten ein.

2 Nach **Abs. 1** tritt bei einer **Veräußerung des Dauerwohnrechts** der Erwerber als Rechtsnachfolger[1] kraft Gesetzes in die schuldrechtlichen Beziehungen zu dem Grundstückseigentümer ein. Die übernommenen Verpflichtungen betreffen aber nur die während der Dauer der Berechtigung anfallenden, also laufenden Kosten, nicht die vorher entstandenen. Der Erwerber haftet daher nicht für einmalig zu erbringende Leistungen wie die Verpflichtung zur Zahlung eines Kaufpreises für die Einräumung des Dauerwohnrechts, mag dieser auch gestundet sein, und Rückstände.[2]

3 Nach **Abs. 2** tritt bei **Veräußerung des Grundstücks** der Erwerber in die Rechte des Veräußerers ein. Auch er kann aber nur die während der Dauer seines Eigentums entstandenen Rechte beanspruchen (insbesondere das laufende Entgelt), nicht aber Rückstände.[3] Der Eintritt findet auch

[1] Vgl. BGHZ 59, 51 = NJW 1972, 1416.
[1] BGH NJW-RR 2012, 218 Rn. 4.
[2] RGRK-BGB/*Augustin* Rn. 4; Weitnauer/*Mansel* Rn. 8.
[3] RGRK-BGB/*Augustin* Rn. 5; Weitnauer/*Mansel* Rn. 9.

bei Grundstücksveräußerung im Wege der **Zwangsversteigerung** statt (S. 2), natürlich unter der Voraussetzung, dass das Dauerwohnrecht in der Zwangsversteigerung bestehen bleibt.

§ 39 Zwangsversteigerung

(1) Als Inhalt des Dauerwohnrechts kann vereinbart werden, dass das Dauerwohnrecht im Fall der Zwangsversteigerung des Grundstücks abweichend von § 44 des Gesetzes über die Zwangsversteigerung und Zwangsverwaltung auch dann bestehen bleiben soll, wenn der Gläubiger einer dem Dauerwohnrecht im Rang vorgehenden oder gleichstehenden Hypothek, Grundschuld, Rentenschuld oder Reallast die Zwangsversteigerung in das Grundstück betreibt.

(2) Eine Vereinbarung gemäß Absatz 1 bedarf zu ihrer Wirksamkeit der Zustimmung derjenigen, denen eine dem Dauerwohnrecht im Rang vorgehende oder gleichstehende Hypothek, Grundschuld, Rentenschuld oder Reallast zusteht.

(3) Eine Vereinbarung gemäß Absatz 1 ist nur wirksam für den Fall, dass der Dauerwohnberechtigte im Zeitpunkt der Feststellung der Versteigerungsbedingungen seine fälligen Zahlungsverpflichtungen gegenüber dem Eigentümer erfüllt hat; in Ergänzung einer Vereinbarung nach Absatz 1 kann vereinbart werden, dass das Fortbestehen des Dauerwohnrechts vom Vorliegen weiterer Voraussetzungen abhängig ist.

I. Normzweck

Nach § 91 Abs. 1 ZVG, §§ 52, 44 ZVG erlischt das Dauerwohnrecht mit dem Zuschlag im **Zwangsversteigerungsverfahren,** wenn es nicht in das geringste Gebot fällt, wenn also der die Zwangsversteigerung betreibende Gläubiger mit seinem Recht dem Dauerwohnrecht im Rang vorgeht oder ihm gleichsteht. Dadurch wird der Dauerwohnungsberechtigte **schlechter gestellt als ein Mieter,** weil der Ersteher an Stelle des Vermieters in das Mietverhältnis eintritt (§ 57 ZVG, § 566 BGB). Um dies zu verhindern, ermöglicht § 39 eine Vereinbarung zwischen Grundstückseigentümer und Dauerwohnberechtigten, nach der das Dauerwohnrecht bestehen bleiben kann, wenn ein Grundpfandrechts- oder Reallastgläubiger die Zwangsversteigerung betreibt („Versteigerungsfestigkeit").[1] Die Norm entspricht weitgehend § 9 Abs. 3 S. 1 ErbbauRG. 1

II. Wirksamkeit des Dauerwohnrechts

Haben der Grundstückseigentümer und der Dauerwohnungsberechtigte gemäß Abs. 1 vereinbart, dass das Dauerwohnrecht bestehen bleibt, wenn ein ranghöherer Grundpfandrechts- oder Reallastgläubiger die Zwangsversteigerung betreibt, bedarf die Vereinbarung nach **Abs. 1** zu ihrer Wirksamkeit nach **Abs. 2** der Zustimmung der Gläubiger der im Grundbuch eingetragenen vor- und gleichrangigen Grundpfandrechte und Reallasten sowie Eintragung in das Grundbuch.[2] Liegt nicht die Zustimmung aller Gläubiger vor, so bewirkt dies nur eine relative Unwirksamkeit der Vereinbarung diesen Gläubigern gegenüber.[3] Die Vereinbarung ist sowohl beim Dauerwohnrecht als auch bei den betroffenen Grundpfandrechten bzw. der Reallast zu vermerken (→ § 32 Rn. 5). Gesetzliche Bedingung ist nach **Abs. 3 Hs. 1,** dass der Dauerwohnberechtigte im Zeitpunkt der Feststellung der Versteigerungsbedingungen seine **fälligen Zahlungsverpflichtungen** gegenüber dem Eigentümer erfüllt hat. Soweit vereinbart worden ist, dass das Fortbestehen des Dauerwohnrechts von dem Vorliegen weiterer Voraussetzungen abhängig ist **(Abs. 3 Hs. 2),** bedarf dies keiner Zustimmung der Realgläubiger, weil diese hierdurch begünstigt werden.[4] 2

§ 40 Haftung des Entgelts

(1) [1]Hypotheken, Grundschulden, Rentenschulden und Reallasten, die dem Dauerwohnrecht im Rang vorgehen oder gleichstehen, sowie öffentliche Lasten, die in wiederkehrenden Leistungen bestehen, erstrecken sich auf den Anspruch auf das Entgelt für das Dauerwohnrecht in gleicher Weise wie auf eine Mietforderung, soweit nicht in Absatz 2 etwas Abweichendes bestimmt ist. [2]Im Übrigen sind die für Mietforderungen geltenden Vorschriften nicht entsprechend anzuwenden.

---

[1] BR-Drs. 57/51, 28 f.
[2] LG Hildesheim Rpfleger 1966, 116 mAnm *Diester.*
[3] OLG Schleswig SchlHA 1962, 146.
[4] RGRK-BGB/*Augustin* Rn. 10.

(2) [1]Als Inhalt des Dauerwohnrechts kann vereinbart werden, dass Verfügungen über den Anspruch auf das Entgelt, wenn es in wiederkehrenden Leistungen ausbedungen ist, gegenüber dem Gläubiger einer dem Dauerwohnrecht im Rang vorgehenden oder gleichstehenden Hypothek, Grundschuld, Rentenschuld oder Reallast wirksam sind. [2]Für eine solche Vereinbarung gilt § 39 Abs. 2 entsprechend.

I. Keine Haftung der Entgelte für Hypothek (Abs. 1 S. 2)

1 Während Mietzinsforderungen des Eigentümers gemäß § 1123 Abs. 1 BGB für eine auf dem Grundstück lastende Hypothek haften, soweit nicht eine Enthaftung durch Zeitablauf (§ 1123 Abs. 2 BGB) oder nach § 1124 BGB eingetreten ist, haften die Entgeltforderungen des Eigentümers **grundsätzlich** nicht als Sicherheit für die Hypothek. Sie sind keine Miet- oder Pachtzinsforderungen.

II. Ausnahme (Abs. 1 S. 1)

2 Von diesem Grundsatz macht Abs. 1 S. 1 eine Ausnahme. Für die dem Dauerwohnrecht **vorgehenden Grundpfandrechte** und wiederkehrenden öffentlichen Lasten haften die Entgeltansprüche des Eigentümers gegen den Dauerwohnberechtigten wie Mietzinsforderungen (§ 1123 Abs. 1 BGB) in dem zeitlichen Umfang des § 1123 Abs. 2 BGB.

3 Die **Entgeltforderungen des Eigentümers** werden von der Haftung für die Hypothek und die öffentlichen Lasten entsprechend § 1124 Abs. 1 BGB frei, wenn über sie vor einer Beschlagnahme des Grundstücks (durch Anordnung der Zwangsverwaltung, § 148 ZVG; in der Zwangsversteigerung werden die Mietforderungen nicht von der Beschlagnahme erfasst, § 21 Abs. 2) wirksam verfügt worden ist. So erlischt die Haftung durch eine Einziehung oder Abtretung der Forderung oder wenn das Grundstück ohne gleichzeitige Abtretung der Forderung übertragen wird (§ 1124 Abs. 3 BGB).

4 **Vorausverfügungen des Eigentümers** über die Entgeltforderung (zB Einziehung vor Fälligkeit, Abtretung, Erlass) sind nach § 1124 Abs. 2 BGB gegenüber dem Hypothekengläubiger nur in einem zeitlich beschränkten Umfang wirksam mit der Folge, dass sie nur zeitlich beschränkt zur Haftungsfreiheit führen. Vorausgezahlte **Baukostenzuschüsse** sind nach der Rspr. des **BGH** dann gegenüber dem Hypothekengläubiger wirksam, wenn sie werterhöhend für das Grundstück verwandt worden sind.[1]

III. Abweichende Vereinbarung (Abs. 2)

5 Eine von Abs. 1 S. 1 **abweichende Vereinbarung** ist formlos möglich, wenn das Entgelt in wiederkehrenden Leistungen zu entrichten ist. Sie bedarf der Zustimmung der betroffenen Gläubiger und erhält durch Eintragung in das Grundbuch dingliche Wirkung (Abs. 2).

§ 41 Besondere Vorschriften für langfristige Dauerwohnrechte

(1) Für Dauerwohnrechte, die zeitlich unbegrenzt oder für einen Zeitraum von mehr als zehn Jahren eingeräumt sind, gelten die besonderen Vorschriften der Absätze 2 und 3.

(2) Der Eigentümer ist, sofern nicht etwas anderes vereinbart ist, dem Dauerwohnberechtigten gegenüber verpflichtet, eine dem Dauerwohnrecht im Rang vorgehende oder gleichstehende Hypothek löschen zu lassen für den Fall, dass sie sich mit dem Eigentum in einer Person vereinigt, und die Eintragung einer entsprechenden Löschungsvormerkung in das Grundbuch zu bewilligen.

(3) Der Eigentümer ist verpflichtet, dem Dauerwohnberechtigten eine angemessene Entschädigung zu gewähren, wenn er von dem Heimfallanspruch Gebrauch macht.

I. Anwendungsbereich (Abs. 1)

1 Die Vorschrift grenzt in Abs. 1 den Anwendungsbereich der Sonderregelungen in Abs. 2 und 3 auf **Dauerwohnrechte** ein, die zeitlich unbegrenzt oder für einen **Zeitraum von mehr als zehn Jahren** eingeräumt sind. Hierdurch soll die Erlangung einer eigentumsähnlichen Stellung des Dauerwohnberechtigten ermöglicht werden.[1]

---

[1] BGHZ 6, 202 = NJW 1952, 867; BGHZ 15, 296 = NJW 1955, 301; BGHZ 16, 31; 37, 346 = NJW 1962, 1860.

[1] RGRK-BGB/*Augustin* Rn. 2, 3.

II. Pflicht zum Löschen von Eigentümerhypotheken (Abs. 2)

Um dem Dauerwohnberechtigten ein Aufrücken in die erste Rangstelle zu ermöglichen, ist der Eigentümer verpflichtet, dem Dauerwohnrecht im Rang vorgehende oder gleichstehende Hypotheken und Grundschulden[2] löschen zu lassen, falls sich diese mit dem Eigentum in einer Person vereinigen. Auf Verlangen des Dauerwohnberechtigten muss der Eigentümer entsprechende Löschungsvormerkungen eintragen lassen (Abs. 2 S. 2). Der Löschungsanspruch ist **abdingbar.** Zur Löschungsvormerkung vgl. die Ausführungen zu § 1179 BGB (→ BGB § 1179 Rn. 1 ff.). 2

III. Entschädigungspflicht (Abs. 3)

Der Grundstückseigentümer hat **beim Heimfall** des langfristigen Dauerwohnrechts eine Entschädigung zu gewähren. Dieser Anspruch ist **unabdingbar.**[3] Es können aber als Inhalt des Anspruchs Vereinbarungen über die Berechnung und Fälligkeit getroffen werden (§ 36 Abs. 4 S. 2). Diese müssen „angemessen" sein. Dabei sind zu berücksichtigen die Leistungen, die der Dauerwohnberechtigte erbracht hat, Abnutzungen, Wertverbesserungen und der Zustand der Räume.[4] Ist das Dauerwohnrecht ganz mietähnlich ausgestaltet, ist also insbesondere eine Nutzungsentschädigung zu zahlen, die einer angemessenen Miete entspricht, so kann die Entschädigung gleich Null sein.[5] Das Grundbuchamt hat kein Nachprüfungsrecht und auch keine Nachprüfungspflicht betreffend die Ausgewogenheit einer solchen Vereinbarung.[6] 3

§ 42 Belastung eines Erbbaurechts

(1) Die Vorschriften der §§ 31 bis 41 gelten für die Belastung eines Erbbaurechts mit einem Dauerwohnrecht entsprechend.

(2) Beim Heimfall des Erbbaurechts bleibt das Dauerwohnrecht bestehen.

Abs. 1 stellt klar (vgl. § 11 Abs. 1 S. 1 ErbbauRG), dass ein Erbbaurecht mit einem Dauerwohnrecht belastet werden kann.[1] Als Inhalt des Erbbaurechts kann entsprechend § 5 Abs. 2 ErbbauRG vereinbart werden. dass zur Bestellung eines Dauerwohn- oder Dauernutzungsrechts die Zustimmung des Grundstückseigentümers erforderlich ist.[2] 1

Nach § 33 ErbbauRG würde das Dauerwohnrecht beim Heimfall des Erbbaurechts erlöschen. In Abweichung hiervon bestimmt aber **Abs. 2,** dass das Dauerwohnrecht beim Heimfall des Erbbaurechts bestehen bleibt, es entsteht ein Eigentümererbbaurecht (→ ErbbauRG § 1 Rn. 64). Die Vorschrift ist **abdingbar.** Erlischt das Erbbaurecht wegen Zeitablaufs, so erlischt auch das Dauerwohnrecht.[3] Eine vertragliche Aufhebung des Erbbaurechts bedarf der Zustimmung des Dauerwohnberechtigten (§ 876 BGB). 2

---

2 Bärmann/*Schneider* Rn. 12; Weitnauer/*Mansel* Rn. 2; RGRK-BGB/*Augustin* Rn. 3.
3 BGHZ 27, 158 = NJW 1958, 1289; aA OLG Celle NJW 1996, 2293.
4 RGRK-BGB/*Augustin* Rn. 8.
5 Bärmann/*Schneider* Rn. 26; Weitnauer/*Mansel* Rn. 3; RGRK-BGB/*Augustin* Rn. 8.
6 BGHZ 27, 158 = NJW 1958, 1289.
1 BR-Drs. 57/51, 30.
2 OLG Stuttgart NJW 1952, 979 Nr. 9; *Hügel/Elzer* Rn. 2; NK-BGB/*Heinemann* Rn. 2; Palandt/*Wicke* Rn. 1; Bärmann/*Schneider* Rn. 10; aA Weitnauer/*Mansel* Rn. 4 (→ ErbbauRG § 5 Rn. 1 ff.).
3 RGRK-BGB/*Augustin* Rn. 5; Weitnauer/*Mansel* Rn. 3.

Teil 3. Verfahrensvorschriften

§ 43 Zuständigkeit

(1) [1]Die Gemeinschaft der Wohnungseigentümer hat ihren allgemeinen Gerichtsstand bei dem Gericht, in dessen Bezirk das Grundstück liegt. [2]Bei diesem Gericht kann auch die Klage gegen Wohnungseigentümer im Fall des § 9a Absatz 4 Satz 1 erhoben werden.

(2) Das Gericht, in dessen Bezirk das Grundstück liegt, ist ausschließlich zuständig für
1. Streitigkeiten über die Rechte und Pflichten der Wohnungseigentümer untereinander,
2. Streitigkeiten über die Rechte und Pflichten zwischen der Gemeinschaft der Wohnungseigentümer und Wohnungseigentümern,
3. Streitigkeiten über die Rechte und Pflichten des Verwalters einschließlich solcher über Ansprüche eines Wohnungseigentümers gegen den Verwalter sowie
4. Beschlussklagen gemäß § 44.

Übersicht

I. Normzweck

1 Wohnungseigentumssachen iSv § 43 Abs. 2 sind seit dem 1.7.2007 nicht mehr den FGG-Vorschriften unterstellt (BGBl. 2007 I 370), sondern sie unterfallen gemäß § 13 GVG der allgemeinen Zivilgerichtsbarkeit und – in allen Instanzen – der für diese geltenden ZPO. Die §§ 43–45 enthalten besondere Regelungen, die den ZPO-Vorschriften vorgehen, insbesondere für Beschlussklagen in §§ 44 und 45 und für diese zum Streitwert in § 49 GKG. § 43 enthält eine **Regelung der allein örtlichen Zuständigkeit** in erster Instanz, in Abs. 1 für **Klagen Dritter** (Außenstreitigkeiten) den allgemeinen Gerichtsstand der Gemeinschaft der Wohnungseigentümer am Ort des belegenen Grundstücks und daran anschließend für Haftungsklagen gegen einzelne Wohnungseigentümer gemäß § 9a Abs. 4 S. 1, sowie in Abs. 2 unter Modifikation der bisherigen Rechtslage für die sogenannten **Binnenstreitigkeiten.** Die **sachliche Zuständigkeit** des Amtsgerichts in erster Instanz für Binnenstreitigkeiten gemäß § 43 Abs. 2 legt § 23 Nr. 2 lit. c GVG streitwertunabhängig fest; daran schließt für Binnenstreitigkeiten die **besondere örtliche Zuständigkeit für Berufung und Beschwerde** gemäß § 72 Abs. 2 GVG an.

II. Allgemeiner Gerichtsstand der Gemeinschaft der Wohnungseigentümer (Abs. 1 S. 1)

2 Der allgemeine Gerichtsstand der Gemeinschaft der Wohnungseigentümer wird der Ort der belegenen Sache, also des **gemeinschaftlichen Grundstücks** iSv § 1 Abs. 5 festgelegt; auf den Sitz der Verwaltung (§ 17 Abs. 1 S. 2 ZPO) kommt es deshalb nicht an.

III. Annex-Gerichtsstand für Haftungsklagen (Abs. 1 S. 2)

3 Für Haftungsklagen gegen einzelne Wohnungseigentümer oder ausgeschiedene Wohnungseigentümer, die auf den Anspruch gemäß **§ 9a Abs. 4 S. 1** (→ § 9a Rn. 45) gestützt werden, besteht ein **besonderer Gerichtsstand** ebenfalls am Ort der Wohnungseigentumsanlage, so dass die Inanspruchnahme der Gemeinschaft der Wohnungseigentümer und ihrer Wohnungseigentümer an einem einheitlichen Gerichtsstand nach Wahl des Klägers (§ 35 ZPO) ermöglicht wird. Die Zuständigkeitsregelung gilt auch, wenn Wohnungseigentümer oder ausgeschiedene Wohnungseigentümer allein in Anspruch genommen werden. Nach allgemeinen Regeln genügt für die Begründung der Zuständigkeit die schlüssige Behauptung durch den Kläger; besteht ein Anspruch gemäß § 9a Abs. 4 S. 1 nicht, ist die Klage unbegründet, nicht unzulässig.[1] Für andere Klagen gegen einen Wohnungseigentümer mit Bezug zu dessen Wohnungseigentums, etwa der Honorarklage des die Anfechtungsklage vertretenen Rechtsanwalts oder eines mit Maßnahmen am Sondereigentum beauftragten Handwerkers, auch bei der Geltendmachung von Ansprüchen aus dem Kaufvertrag über eine Eigentumswohnung, bleibt es bei den allgemeinen Zuständigkeitsregelungen.[2] Zur Vertretung der verwalterlosen Gemeinschaft der Wohnungseigentümer → § 44 Rn. 52.

IV. Wohnungseigentumsrechtliche Streitigkeiten (Abs. 2)

4 **1. Zuständigkeiten für wohnungseigentumsrechtliche Streitigkeiten. a) Örtliche und sachliche Zuständigkeit.** Abs. 2 begründet bei Vorliegen einer der Fallgruppen (→ Rn. 24) die **ausschließliche[3] örtliche Zuständigkeit** für Binnenstreitigkeiten und in erster Instanz über § 23 Nr. 2 lit. c GVG die ausschließliche sachliche Zuständigkeit des Amtsgerichts, in dessen Bezirk das gemeinschaftliche Grundstück belegen ist. Diese geht der Zuständigkeit der Familiengerichte gemäß § 266 Abs. 1 Nr. 3 FamFG vor[4] und lässt Zuständigkeiten im Eilfall (§ 486 Abs. 3 ZPO, §§ 919, 937, 942 Abs. 1 ZPO)[5] unberührt.

5 **b) Internationale Zuständigkeit.** Aus der örtlichen Zuständigkeit nach innerstaatlichem Recht folgt grundsätzlich[6] auch die internationale Zuständigkeit deutscher Gerichte. Danach kann ein im Ausland wohnender Wohnungseigentümer bei Vorliegen der Voraussetzungen des § 43 Abs. 1 S. 2 oder Abs. 2 vor deutschen Gerichten verklagt werden. Ausnahmen können sich durch vorrangige Regelungen in internationalen Vereinbarungen ergeben, insbesondere aus der **Brüssel Ia-VO.** Deren Anwendung führt aber für die relevanten Fallgruppen, insbesondere bei Klagen gegen Wohnungseigentümer, die ihren allgemeinen Gerichtsstand im Hoheitsgebiet eines EU-Mitgliedsstaates haben, zur Zuständigkeit deutscher Gerichte, insbesondere für Beseitigungs- und Schadensersatzklagen gemäß Art. 7 Nr. 2 Brüssel Ia-VO[7] und für Hausgeldklagen gemäß Art. 7 Nr. 1 lit. a Brüssel Ia-VO.[8] Klagen ausländischer Grundstücksgemeinschaften, die keine Gemeinschaft der Wohnungseigentümer sind, unterfallen nicht den §§ 43 ff.

6 **c) Streitgenossenschaft und Zuständigkeitsbestimmung gemäß § 36 Abs. 1 Nr. 3 ZPO.** Die gesetzlichen Regelungen führen in manchen Fallgruppen zu einem Auseinanderfallen der Gerichtszuständigkeiten bei mehreren Beklagten, die den gleichen Anspruch betreffen, etwa bei der Klage eines Dritten gegen die Gemeinschaft der Wohnungseigentümer und einzelne Wohnungseigentümer außerhalb des Anwendungsbereichs von Abs. 1 S. 2 (→ Rn. 3), bei der Klage der Gemeinschaft der Wohnungseigentümer gegen einen Wohnungseigentümer und dessen Mieter wegen Benutzungsstörungen oder Eingriffen in das gemeinschaftliche Eigentum,[9] bei der Schadensersatzklage gegen einen Handwerker und dessen Auftraggeber, die Gemeinschaft der

---

1 BGH NJW-RR 2010, 1554 Rn. 8.
2 Vgl. AG Idstein BeckRS 2019, 25076 zum alten Recht.
3 BGH NJW 1983, 2810.
4 BGH NZM 2015, 863 Rn. 21; *Roth* NJW 2017, 689 (693); *Heinemann* NZFam 2015, 1070.
5 Palandt/*Wicke* Rn. 1, 9.
6 BGH NJW 2011, 2056 Rn. 13.
7 BGH NJW 2008, 3502 Rn. 5.
8 *Schwartze* ZWE 2019, 480 (483); *Mankowski* ZMR 2019, 565 (567); s. auch EuGH NJW 2021, 293; OLG Stuttgart NJW-RR 2005, 814.
9 *Dötsch/Schultzky/Zschieschack* WEG-Recht 2021 Kap. 14 Rn. 19 ff.

Wohnungseigentümer oder einen anderen Wohnungseigentümer, oder auch den Verwalter, schließlich bei Klagen gegen den Bauträger und den Verwalter wegen Mängeln des gemeinschaftlichen Eigentums.[10] In allen diesen Fällen kann eine einheitliche Zuständigkeit aufgrund eines Antrags gemäß bzw. entsprechend § 36 Abs. 1 Nr. 3 ZPO bestimmt werden. Eine Zuständigkeitsbestimmung bei Streit über die gerichtsinterne Zuständigkeit, also die Geschäftsverteilung, kommt nicht in Betracht (→ Rn. 9).

d) Zuständigkeitsstreitigkeiten und Zuständigkeitsbestimmung. Für Zuständigkeitsstreitigkeiten **zwischen zwei Gerichten** gelten die allgemeinen Regelungen. Insbesondere kommt eine grundsätzlich bindende Verweisung gemäß § 281 ZPO an das gemäß § 43 Abs. 2 zuständige Amtsgericht in Betracht. 7

Beim Streit über die **gerichtsinterne Zuständigkeit** gilt: Die dort nach dem **gerichtsinternen Geschäftsverteilungsplan** für Binnenstreitigkeiten gemäß Abs. 2 zuständige Abteilung, in zweiter Instanz Kammer, ist kein gesetzlich besonders bestimmter Spruchkörper, sondern die Verteilung der Geschäfte allein Aufgabe einer sinnvollen Geschäftsverteilung gemäß § 21e Abs. 1 S. 1 GVG.[11] Bei Streit zwischen zwei Abteilungen bzw. Kammern kommt deshalb keine Verweisung und keine Entscheidung durch das übergeordnete Gericht entsprechend § 36 Abs. 1 Nr. 6 ZPO in Betracht, sondern über die Zuständigkeit entscheidet das Gerichtspräsidium.[12] In der Sache unanfechtbare Entscheidungen sind bei zu Unrecht angenommener Abteilungs- bzw. Kammerzuständigkeit und damit der Entziehung des gesetzlichen Richters mit der Verfassungsbeschwerde angreifbar.[13] 8

e) Rechtsmittel. Für Berufungs- und Beschwerdeverfahren gelten grundsätzlich die allgemeinen Regeln, weshalb hier nur die **Besonderheiten für Binnenstreitigkeiten** (§ 43 Abs. 2) dargestellt werden. 9

aa) Örtliche Zuständigkeit. Für Berufungs- und Beschwerdeverfahren ergeben sich Besonderheiten für die **örtliche Zuständigkeit** aus § 72 Abs. 2 GVG.[14] Nach § 72 Abs. 2 S. 1 GVG ist grundsätzlich das für den Sitz des dem Amtsgericht übergeordneten Oberlandesgerichts zuständige Landgericht gemeinsames Berufungs- und Beschwerdegericht **(Zuständigkeitskonzentration).** Landesrechtliche Bestimmungen gemäß § 72 Abs. 2 S. 2 GVG ordnen abweichende Zuständigkeiten an in Brandenburg (LG Frankfurt/Oder),[15] in Niedersachsen für den Bezirk des OLG Oldenburg (LG Aurich),[16] in Rheinland-Pfalz für den Bezirk des OLG Zweibrücken (LG Landau in der Pfalz),[17] in Sachsen-Anhalt (LG Dessau-Roßlau)[18] und in Schleswig-Holstein (LG Itzehoe).[19, 20] 10

Die Anknüpfung in § 72 Abs. 2 GVG erfolgt nach der **objektiven Rechtslage,** also anhand des Vorliegens der Voraussetzungen des § 43 Abs. 2 und unabhängig davon, ob beim Amtsgericht die nach dem Geschäftsverteilungsplan für Streitigkeiten gemäß § 43 Abs. 2 zuständige Abteilung entschieden hat.[21] Das gilt für den Fall der **objektiven Klagehäufung** aus Gründen der Rechtssicherheit ebenso, wenn nur ein einziger der Ansprüche unter § 43 Abs. 2 fällt.[22] Das gilt auch für den Fall der **subjektiven Klagehäufung,** wenn im Verhältnis nur zu einem Beklagten § 43 Abs. 2 eingreift und die Entscheidung des Amtsgerichts beide Streitgenossen betrifft, selbst wenn das Rechtsmittel den nicht unter § 43 Abs. 2 fallenden Teil betrifft;[23] das gilt richtigerweise schließlich – 11

---

10 AA für diesen Fall OLG Frankfurt NZM 2015, 751 Rn. 6.
11 OLG München 2007, 777 (778).
12 *Lehmann-Richter* MietRB 2019, 284 (285).
13 BVerfG NJW 2014, 3147.
14 *Hogenschurz* NJW 2015, 1990.
15 § 1 Justiz-Zuständigkeitsübertragungsverordnung vom 9.4.2014 (BbgGVBl. 2014 II Nr. 23) iVm § 3 Gerichtszuständigkeitsverordnung vom 2.9.2014 (BbgGVBl. 2014 II Nr. 62).
16 § 1 Nr. 1 Subdelegationsverordnung-Justiz vom 6.7.2008 (NdsGVBl. 2008 S. 244) iVm § 10 Justiz-Zuständigkeitsverordnung vom 18.12.2009 (NdsGVBl. 2009 S. 506, berichtigt NdsGVBl. 2010 S. 283).
17 § 1 WEG-Streitigkeiten-Zuständigkeitsverordnung vom 22.8.2007 (GVBl. RP 2007 S. 142).
18 § 1 Ermächtigungsübertragungsverordnung Justiz vom 28.3.2008 (GVBl. LSA 2008 S. 137) iVm § 1 WEG-Berufungsgericht-Bestimmungsverordnung vom 2.7.2007 (GVBl. LSA 2007 S. 212).
19 § 1 Abs. 1 Nr. 1 Justizermächtigungsübertragungsverordnung vom 4.12.1996 (GVOBl. SchlH 2014 S. 720) iVm LandesVO zur Bestimmung des Landgerichts Itzehoe als gemeinsames Berufungs- und Beschwerdegericht vom 11.7.2007 (GVBl. SchlH 2007 S. 340).
20 Zu den Rechtsgrundlagen iE *Hügel/Elzer* Rn. 39.
21 BGH NZM 2020, 717 Rn. 9; NJW-RR 2016, 255 Rn. 10.
22 BGH NJW 2020, 1525 Rn. 8; LG Kleve ZWE 2018, 229 Rn. 13.
23 BGH NJW 2020, 1525 Rn. 8; NJW-RR 2014, 1107 Rn. 5; zum Vollstreckungsverfahren LG Frankfurt a.M. ZWE 2019, 331.

jedenfalls bei der Klage gegen den vermietenden Wohnungseigentümer und seinen Mieter – auch dann, wenn in erster Instanz über den unter § 43 Abs. 2 keine Entscheidung ergangen ist.[24]

12 § 72 Abs. 2 GVG greift **auch** ein für eine Vollstreckungsgegenklage gegen einen in einem Verfahren gemäß § 43 Abs. 2 geschaffenen Titel,[25] im Verfahren des einstweiligen Rechtsschutzes oder auch bei Streit, ob eine auf einen Vergleich gestützte Vertragsstrafe verwirkt ist.[26] Schließlich gilt die Regelung für **(sofortige) Beschwerden** im Prozesskostenhilfeverfahren, gegen Entscheidungen gemäß § 91a ZPO, gegen die Streitwertfestsetzung,[27] im einstweiligen Rechtsschutz und im **Vollstreckungsverfahren,** soweit dort das Prozessgericht entscheidet (§§ 887 ff. ZPO), nicht aber bei Entscheidungen des Vollstreckungsgerichts.[28]

13 **bb) Fristwahrung und Wiedereinsetzung in den vorigen Stand.** Die Berufung kann **fristwahrend** nur bei dem gemäß § 72 Abs. 2 GVG zuständigen Berufungsgericht eingelegt werden.[29] Die Berufung eines Anfechtungsklägers macht die übrigen als notwendige Streitgenossen zwar nicht zu Rechtsmittelführern, doch bleiben sie als Partei am Berufungsverfahren beteiligt.[30] Die Berufung kann auch durch den Streithelfer der unterlegenen Hauptpartei eingelegt werden.[31] Wird die **Berufung beim unzuständigen Landgericht** eingelegt, kommt eine – fristwahrende – Verweisung an das zuständige Landgericht gemäß oder entsprechend § 281 ZPO grundsätzlich nicht in Betracht, sondern nur eine nicht fristwahrende formlose Abgabe.[32] Ausnahmsweise erfolgt auf Antrag, auf dessen Erfordernis das Gericht hinzuweisen hat, dann eine Verweisung, wenn die Einordnung einer Fallgruppe als WEG-Streitigkeit noch nicht höchstrichterlich geklärt ist und man über die Zuordnung mit guten Gründen unterschiedlicher Auffassung sein kann.[33]

14 **Wiedereinsetzung bei Versäumung der Rechtsmittelfrist** kommt zunächst nach allgemeinen Regeln in Betracht. Die Unkenntnis von landesrechtlichen Regeln über eine abweichende Zuständigkeit gemäß § 72 Abs. 2 S. 2 GVG ist grundsätzlich nicht unverschuldet iSv § 233 S. 1 ZPO.[34] Unverschuldet ist grundsätzlich auch nicht die Berufungseinlegung beim gemäß § 72 Abs. 2 GVG zuständigen Berufungsgericht, wenn der Rechtsstreit im amtsgerichtlichen Urteil fälschlich als „Wohnungseigentumssache" bezeichnet worden ist.[35] Eine **unrichtige Rechtsmittelbelehrung** im amtsgerichtlichen Urteil indes führt zu einem unverschuldeten Rechtsirrtum,[36] auch bei einem Fachanwalt für Miet- und Wohnungseigentumsrecht;[37] die Wiedereinsetzungsfrist beginnt dann erst nach einem Hinweis des angerufenen unzuständigen Gerichts.[38] Das gilt nur dann nicht, wenn die Rechtsmittelbelehrung offenkundig fehlerhaft ist, also wenn sie – ausgehend von dem bei einem Rechtsanwalt vorauszusetzenden Kenntnisstand – nicht einmal den Anschein der Richtigkeit zu erwecken vermochte.[39] Zuständig für die Entscheidung über die Wiedereinsetzung ist nicht das funktionell unzuständige Gericht, das den Rechtstreit auch nicht entsprechend § 281 ZPO an das zuständige Berufungsgericht (fristwahrend) verweisen kann, sondern nur das zuständige Gericht, bei dem also nach dem Hinweis des unzuständigen Gerichts innerhalb der Wiedereinsetzungsfrist gemäß § 234 Abs. 1 S. 1 ZPO eine mit einem Wiedereinsetzungsantrag verbundene (erneute) Berufung eingereicht werden muss.[40]

15 **cc) Beschwer.** Die Berufung ist nur zulässig, wenn die Beschwer[41] des Rechtsmittelführers **600 Euro** übersteigt oder das Gericht des ersten Rechtszugs im Urteil die **Berufung zugelassen**

---

24 *Elzer* ZfIR 2014, 702 (704); aA Staudinger/*Lehmann-Richter,* 2018, Einl. Rn. 16; offengelassen in NJW-RR 2014, 1107 Rn. 7.
25 Für den Kostenfestsetzungsbeschluss BGH NJW 2009, 1282 Rn. 9.
26 BGH NJW 2010, 1818 Rn. 7; LG Kassel NJW-RR 2011, 304.
27 LG Frankfurt a.M. BeckRS 2019, 34463; LG Wiesbaden BeckRS 2013, 13879.
28 OLG Karlsruhe NJW-RR 2009, 596; LG Kassel NJW-RR 2011, 304.
29 BGH NJW 2014, 669 Rn. 9; 2014, 2503 Rn. 8; NZM 2010, 445 Rn. 8.
30 BGH NJW 2016, 716 Rn. 10; 2015, 3651 Rn. 7.
31 BGH NJW-RR 2020, 942.
32 BGH BeckRS 2020, 32872; NZM 2016, 168 Rn. 12; 2014, 669 Rn. 8.
33 BGH NZM 2017, 262 Rn. 15; 2916, 168 Rn. 12; NJW 2015, 2968 Rn. 9.
34 BGH NJW 2014, 2503 Rn. 9; BeckRS 2010, 17005 Rn. 5; NZM 2010, 445 Rn. 11.
35 BGH NJW 2011, 3306 Rn. 8.
36 BGH NJW 2017, 3002 Rn. 13; strenger für die Unterteilung von Familienstreitsachen und anderen Familiensachen etwa BGH NJW-RR 2018, 385.
37 BGH NZM 2018, 43 Rn. 15.
38 BGH NZM 2020, 467 Rn. 12.
39 BGH NJW 2018, 165 Rn. 14.
40 BGH BeckRS 2020, 32872 Rn. 7.
41 Ausf. *Zschieschack* NZM 2016, 20; *Brückner* NJW 2017, 3185 (3186).

hat (§ 511 Abs. 2 ZPO).[42] Bei der Bestimmung der Beschwer finden die Erhöhungstatbestände für die Streitwertbestimmung gemäß § 49 GKG keine Anwendung.[43] Durch das **WEMoG** ergeben sich Änderungen insbesondere bei der Anfechtung von Vorschüssen gemäß Wirtschaftsplan und Sonderumlagen und Nachschüssen aufgrund des geänderten Beschlussgegenstands (→ § 28 Rn. 5; → § 28 Rn. 65); diese Reform erfolgt in der Absicht, die Zahl der Abrechnungsstreitigkeiten zu verringern.[44]

Während bei der Nichtzulassungsbeschwerde innerhalb der Beschwerdebegründungsfrist dargelegt und glaubhaft gemacht werden muss, dass der Wert der Beschwer 20.000 Euro übersteigt,[45] auch in welchem Umfang Kosten des Rechtsstreits auf den übereinstimmend für erledigt erklärten Rechtsstreit entfallen,[46] muss das Berufungsgericht als Tatsacheninstanz bei der Entscheidung über die Zulässigkeit der Berufung den Wert der Beschwer aufgrund eigener Lebenserfahrung und Sachkenntnis unter Auswertung des gesamten Akteninhalts **nach freiem Ermessen schätzen,** darf also die Verwerfung der Berufung nicht auf die fehlende Glaubhaftmachung des Werts des Beschwerdegegenstands stützen.[47] Weil Streitwert und Beschwer grundsätzlich nicht identisch sind, reicht die Bezugnahme auf die Streitwertfestsetzung der Vorinstanz für die Darlegung der Beschwer nicht aus.[48] **16**

Wenn das Landgericht mit überzogenen Anforderungen den Zugang zu der an sich gegebenen Berufung unzumutbar erschwert, etwa die **Beschwer fehlerhaft zu niedrig festsetzt,** kann dies mit der Nichtzulassungsbeschwerde angegriffen werden,[49] wobei der BGH nur Ermessensfehler prüft.[50] Die Nichtzulassungsbeschwerde ist auch eröffnet, wenn das Berufungsgericht unzutreffend die Unterschrift unter der Berufung als bloße Paraphe bewertet,[51] das Berufungsgericht den Einspruch gegen ein Versäumnisurteil im Berufungsverfahren als unzulässig verworfen hat[52] oder die richtige Behandlung der Berufung durch Hauptpartei und Streithelfer bei örtlich verschiedenen Gerichten verkennt.[53] **17**

Einzelfälle: Der Wert der Beschwer im Einzelfall[54] bemisst sich nach dem Interesse des Rechtsmittelführers an der Abänderung der angefochtenen Entscheidung, nämlich: **18**
– im Falle der **Zustimmung zur Veräußerung iSv § 12** für den dagegen klagenden Miteigentümer mit dem (geschätzten) Minderwert seiner Wohnung,[55] dagegen bei der Versagung der Zustimmung für den auf Erteilung klagenden Veräußerer mit 20 % des Verkaufspreises als Wert für den Verzögerungsschaden zu schätzen;[56]
– bei der Klage auf **Zustimmung zur Tierhaltung** nach dem Interesse an der Tierhaltung einschließlich subjektiver Gesichtspunkte;[57]
– bei der Klage auf **Gewährung von Zutritt** zum eigenen Wohnungseigentum und Überlassung der dafür notwendigen Schlüssel für den unterlegenen Beklagten, der sich auf ein alleiniges Nutzungsrecht beruft, nach der Wertsteigerung, die sein Wohnungseigentum durch ein solches Recht erfahren würde;[58]
– beim Antrag eines sehbehinderten Wohnungseigentümers, einen Vertreter seiner Wahl, nicht nur einen Rechtsanwalt oder Steuerberater, mit der **Einsichtnahme in die Verwaltungsunterlagen** zu bevollmächtigen, nach dessen (ersparten) Kostenaufwand;[59]

42 Zur Nachholung durch die Rechtsmittelgerichte vgl. MüKoZPO/*Rimmelspacher* ZPO § 511 Rn. 88.
43 Zu § 49a GKG vgl. BGH ZWE 2020, 396; 2017, 101 Rn. 2; s. auch *Dötsch/Schultzky/Zschieschack* WEG-Recht 2021 Kap. 14 Rn. 219.
44 BT-Drs. 19/18791, 76.
45 BGH BeckRS 2020, 36461; NJW-RR 2017, 209 Rn. 6; BeckRS 2018, 7205; 2019, 6980; 2019, 35263 Rn. 4.
46 BGH BeckRS 2020, 10853.
47 BGH NZM 2018, 995.
48 BGH BeckRS 2020, 6759 Rn. 6.
49 BGH NZM 2011, 367; 2011, 488; BeckRS 2011, 11542; NZM 2012, 91; 2015, 864; 2016, 472; 2016, 799; BeckRS 2020, 10853.
50 BGH ZWE 2020, 396 Rn. 6.
51 BGH BeckRS 2015, 14390.
52 BGH BeckRS 2011, 23100.
53 BGH NZM 2012, 31.
54 Übersicht bei *Drasdo* NZM 2019, 327.
55 BGH BeckRS 2017, 134018.
56 BGH NZM 2018, 824 Rn. 3; ebenso für Zuschlagserteilung im Zwangsversteigerungsverfahren BGH NZM 2019, 178.
57 BGH NZM 2018, 462.
58 BGH NZM 2020, 610 Rn. 4.
59 BGH ZWE 2020, 396.

- beim abgewiesenen Antrag auf **Herausgabe eines Schlüssels** nach den Kosten des Ersatzschlüssels;[60]
- bei einer Verurteilung zur **Auskunft oder Rechnungslegung** nach dem Interesse des Rechtsmittelführers, die Auskunft oder Rechnungslegung nicht erteilen zu müssen; maßgeblich ist deshalb, weil in Wohnungseigentumssachen ein Geheimhaltungsinteresse regelmäßig nicht in Betracht kommt, welchen Aufwand an Zeit und Kosten die Erteilung der Auskunft in Anspruch nimmt und ob der Gegner ein schutzwürdiges Interesse an der Geheimhaltung bestimmter Tatsachen besitzt,[61] wobei bereits vor dem Urteil vom Schuldner vorgenommener Aufwand auch dann außer Betracht bleibt, wenn dieser Aufwand zur Erfüllung der titulierten Verpflichtung genutzt werden kann;[62] danach kommt es allein auf den Aufwand an Zeit und Kosten an, die zu Grunde liegenden Rechtsannahmen haben auf die Beschwer keinen Einfluss;[63]
- für eine **Räumungs- und Herausgabeklage** gem. § 8 ZPO: Beruft sich ein Nutzungsberechtigter gegenüber einer Kündigung auf Schutzregeln, die das Kündigungsrecht einschränken und ihm ein Recht zur Fortsetzung der Nutzung geben, so dauert die „streitige Zeit" iSd § 8 ZPO vom Tag der Erhebung der Räumungsklage bis zu dem Zeitpunkt, den derjenige, der sich auf ein Nutzungsrecht beruft, als den für ihn günstigsten Beendigungszeitpunkt des Nutzungsvertrages in Anspruch nimmt; wenn davon auszugehen ist, dass der Nutzungsberechtigte zwar nur ein zeitlich begrenztes Nutzungsrecht für sich in Anspruch nimmt, dass der Zeitpunkt der Beendigung dieses Nutzungsrechts aber ungewiss ist, wird die „streitige Zeit" in entsprechender Anwendung des § 9 ZPO bestimmt;[64]
- bei einem Rechtsmittel gegen eine Entscheidung, nach der ein Miteigentümer das alleinige **Nutzungsrecht** an einer Dachterrasse hat, nach der Wertminderung, die die Wohneinheit des Beschwerdeführers durch das Fehlen des (Mit-) Nutzungsrechts erfährt;[65]
- bei der Anfechtung der gerichtlichen Feststellung des **Bestehens eines Sondernutzungsrechts** nach der Wertminderung, die die Wohneinheit des Berufungsführers aufgrund der Feststellung erfährt,[66] umgekehrt die Beschwer des Klägers, dessen Klage auf Feststellung des Bestehens oder auch Einräumung eines Sondernutzungsrechts abgewiesen worden, nach der Wertsteigerung, die sein Wohnungseigentum durch das Sondernutzungsrecht erführe.[67]

19 Für einen **Unterlassungs- oder Rückbauanspruch** ist bei Beklagtem und Kläger zu unterscheiden, denn weil die Parteien unterschiedliche Ziele verfolgen, kann das wirtschaftliche Interesse der Kläger an der Beseitigung nicht gleichgesetzt werden mit demjenigen des Beklagten, keinen Rückbau vornehmen zu müssen:

- Wird der Beklagte **zur Beseitigung einer baulichen Veränderung verurteilt,** bemisst sich seine Beschwer grundsätzlich nach den Kosten einer Ersatzvornahme des Abrisses, die ihm im Falle des Unterliegens drohen.[68] Im Einzelfall kann der Wert der Beschwer dann höher anzusetzen ist, wenn das Interesse am Erhalt des Bauwerks die Kosten eines Abrisses übersteigt.[69] Für den Unterlassungsanspruch ist im Falle der Verurteilung für die Beschwer des Beklagten auf die diesbezüglich entstehenden Nachteile abzustellen, die sich etwa beim Verbot der Wohnnutzung in dem Verlust der aus der Wohnnutzung gezogenen Vorteile oder dem mit der Unterlassung verbundenen Aufwand ergeben können,[70] ohne dass etwa bei der Notwendigkeit der Räumung einer Teileinheit auf §§ 8, 9 ZPO abgestellt werden kann.[71]
- Das für die Rechtsmittelbeschwer maßgebliche wirtschaftliche Interesse eines Wohnungseigentümers, dessen **Klage auf Beseitigung einer baulichen Veränderung des gemeinschaftlichen Eigentums abgewiesen** worden ist, bemisst sich grundsätzlich nach dem Wertverlust, den sein Wohnungseigentum durch die bauliche Veränderung erleidet.[72] Der Wertverlust ist von dem Kläger darzulegen und gemäß § 294 ZPO glaubhaft zu machen; stützt er seine Klage etwa auf

---

60 BGH NZM 2018, 175 Rn. 8.
61 BGH BeckRS 2017, 130724; 2018, 17029.
62 BGH NJW-RR 2020, 189.
63 BGH BeckRS 2020, 17316.
64 BGH BeckRS 2017, 131355.
65 BGH BeckRS 2018, 1594.
66 BGH NZM 2019, 483.
67 BGH NZM 2019, 483.
68 BGH NJW-RR 2015, 337 Rn. 3; BeckRS 2017, 134016 Rn. 6.
69 BGH NZM 2019, 881 = ZWE 2020, 40 für den Abriss eines nicht anderweitig zulässigen Heizungsschornsteins; BGH ZWE 2017, 101.
70 BGH ZWE 2017, 191.
71 Vgl. BGH BeckRS 2015, 06676.
72 BGH NZM 2017, 528; NJW-RR 2020, 262; BeckRS 2020, 4811; für Grundstücksnachbarn BGH BeckRS 2020, 6759.

eine optische Veränderung des gemeinschaftlichen Eigentums, muss er jedenfalls Tatsachen darlegen und glaubhaft machen, die eine Schätzung seines Interesses ermöglichen.[73] Geht es um die Rückgängigmachung von Umbauten im Sondereigentum wegen einer damit verbundenen Erhöhung der Trittschallbelastung, ergibt sich die Beschwer des Beseitigungsklägers aus dem Wertverlust seiner Wohnung, nicht aus den Kosten für die Rückgängigmachung der Umbauten oder die Umbauten zur Erhöhung des Schallschutzniveaus.[74]
– Wird der Beklagte **zur Unterlassung bzw. Unterbindung einer unzulässigen Nutzung verurteilt,** ergibt sich seine Beschwer aus den dem Beklagten entstehenden Nachteilen, etwa dem Verlust der Vorteile aus der untersagten Nutzung, zB höhere Mieterlöse, und dem mit der Durchsetzung der Unterlassung verbundenen Aufwand;[75] dieser Ertragsvorteil und die Kosten der Rechtsdurchsetzung müssen dargelegt und glaubhaft gemacht werden. So kann die Beschwer durch die Verurteilung zur Unterlassung, Stacheldraht an der Grundstücksgrenze anzubringen, das Nachbargrundstück mit Flutlicht auszuleuchten und den Bewegungsmelder dorthin zu richten, mit 500 Euro bewertet werden.[76]

Für die **Beschwer des Anfechtungsklägers** gilt: 20
– Durch die Änderung des Beschlussgegenstandes in **§ 28** (→ § 28 Rn. 5; → § 28 Rn. 65), die in der Absicht erfolgt, die Zahl der Abrechnungsstreitigkeiten zu verringern,[77] bemisst sich die Beschwer des Anfechtungsklägers nur noch aus der Differenz zwischen den im Beschluss begründeten Zahlungsansprüchen und den vom Anfechtungskläger angestrebten Ergebnis, also der geringeren Zahlung oder gar einer Rückzahlung bzw. bei dem Ausweis von Guthaben der angestrebten höheren Rückzahlung.[78] Ob die Jahresabrechnung wegen materiell-rechtlicher Fehler oder wegen formaler Mängel angegriffen wird, ist ohne Bedeutung.[79] Diese Grundsätze gelten für Vorschüsse und Nachschüsse in gleicher Weise.[80]
– Wenn ein Wohnungseigentümer einen **vermögensrelevanten Eigentümerbeschluss** erfolglos anfechtet, bemisst sich seine Rechtsmittelbeschwer allein nach seinem eigenen vermögenswerten – also anteiligen – Interesse.[81]
– Für die **Abberufung des Verwalters** ist daher regelmäßig auf den Anteil des Klägers am restlichen Verwalterhonorar abzustellen;[82] dies gilt ebenso für die Anfechtung der erneuten Verwalterbestellung.[83]
– Bei der Anfechtung der Bestellung eines **Verwaltungsbeirats** ist die Rechtsmittelbeschwer des anfechtenden Wohnungseigentümers in der Regel auf 750 Euro zu schätzen.[84]
– Bei der Anfechtung einer **Sanierungsmaßnahme** ist zunächst auf den Kostenanteil des Klägers abzustellen und – soweit eine erhebliche optische Veränderung des Gebäudes geltend gemacht wird – für die ideelle Beeinträchtigung in der Regel ein Wert von 1.000 Euro hinzuzurechnen.[85] Werden der Eigentümerbeschluss über eine Sanierung und dessen **Finanzierung** durch Darlehen gemeinsam angefochten, liegt schon wegen der Ermächtigung zur Eingehung von verschiedenen Verbindlichkeiten im Außenverhältnis keine wirtschaftliche Identität vor, sodass die Werte der Anteile zu addieren sind.[86] Die Beschwer des Anfechtungsklägers, der eine bestimmte Art der Finanzierung einer Sanierungsmaßnahme verhindern will, bestimmt sich nach seinem Anteil an den aufzubringenden Kosten.[87]

2. Zuständigkeitskatalog. Streitfälle innerhalb einer Gemeinschaft der Wohnungseigentümer 21 sollen soweit als möglich dem Verfahren gemäß §§ 43 ff. unterstellt werden.[88] Die Zuständigkeitszuweisungen des Abs. 2 sind daher **weit auszulegen,** um neben der vom Gesetzgeber[89] genannten

[73] BayObLG BeckRS 1994, 09284.
[74] BGH BeckRS 2019, 6980.
[75] BGH NJW-RR 2020, 262 für die Nutzung von Teileinheiten „Laden" als Ferienwohnungen; s. auch BGH BeckRS 2020, 36463.
[76] BGH BeckRS 2020, 10853.
[77] BT-Drs. 19/18791, 76.
[78] *Dötsch/Schultzky/Zschieschack* WEG-Recht 2021 Kap. 14 Rn. 219.
[79] Vgl. zum alten Recht BGH ZWE 2012, 336 Rn. 7; NZM 2017, 635 Rn. 4.
[80] Vgl. zum alten Recht BGH NZM 2017, 635 Rn. 4.
[81] BGH NZM 2012, 838; LG Berlin BeckRS 2015, 16436.
[82] BGH NZM 2017, 635; BeckRS 2018, 4066.
[83] BGH BeckRS 2018, 7875.
[84] BGH NZM 2019, 341 für die Anfechtung der Bestellung von drei Beiratsmitgliedern.
[85] BGH NZM 2018, 995.
[86] AA LG Frankfurt a. M. ZWE 2019, 187.
[87] BGH NZM 2020, 762.
[88] BGH NJW-RR 2011, 589 Rn. 11; NJW 2009, 1282 Rn. 9.
[89] BT-Drs. 16/887, 35; BT-Drs. 16/3843, 59 f.

räumlichen Nähe, sicherzustellen, dass mit spezieller Sachkunde ausgestattete Gerichte bei allen gemeinschaftsbezogenen Streitigkeiten entscheiden,[90] gerade auch im Berufungsverfahren (→ Rn. 9).[91] Dieses Ziel wird nur erreicht, soweit bei den Amtsgerichten, auch wenn dies durch das GVG nicht zwingend vorgeschrieben ist, in der Geschäftsverteilung spezielle Abteilungen für Streitigkeiten iSv Abs. 2 vorgesehen werden.[92]

22 Maßgeblich für die Prüfung der Voraussetzungen ist die **objektive Rechtslage,** nicht der in der Klagebegründung genannte Anspruch. Maßgeblich ist also, ob auf der Grundlage der Klagebegründung[93] das in Anspruch genommene Recht oder die behauptete Pflicht in einem **inneren Zusammenhang**[94] mit einer Angelegenheit besteht, die aus dem Gemeinschaftsverhältnis der Wohnungseigentümer oder dem Verhältnis zu deren Verwalter (Nr. 3) erwachsen.

23 Wohnungseigentumsrechtliche Streitigkeiten im Sinne des Zuständigkeitskatalogs des Abs. 2 Nr. 1, Nr. 2 und Nr. 4 erfordern jeweils die **Beteiligung eines Wohnungseigentümers.** Im Verfahrensrecht ist damit nicht nur gemeint, wer als Wohnungseigentümer (oder Teileigentümer, → § 1 Abs. 6) im Grundbuch eingetragen ist,[95] sondern auch der werdende Wohnungseigentümer (→ § 8 Abs. 3),[96] schließlich auch, wer bereits vor Rechtshängigkeit aus der Gemeinschaft der Wohnungseigentümer ausgeschieden ist[97] oder auch nach Eintritt der Rechtshängigkeit.[98] Entsprechend ist in Nr. 3 auch der ausgeschiedene **Verwalter** erfasst.

24 **a) Abs. 2 Nr. 1.** Der Anwendungsbereich erfasst Streitigkeiten über die Rechte und Pflichten der Wohnungseigentümer (→ Rn. 23) untereinander. Die Beschränkung auf Fragen der Verwaltung des gemeinschaftlichen Eigentums ist entfallen, so dass nunmehr auch die sachenrechtlichen Grundlagen des Wohnungseigentums erfasst sind.[99]

25 **aa) Subjektiver Anwendungsbereich.** Als **Kläger** kommen einer oder mehrere Wohnungseigentümer, auch ausgeschiedene[100] und die Gemeinschaft der Wohnungseigentümer als Wohnungseigentümer im eigenen Verband (→ § 9a Rn. 41), in Betracht, auch deren Rechtsnachfolger[101] oder – im Einzelfall – Gläubiger.[102] Wird ein in der Gemeinschaft der Wohnungseigentümer wurzelnder Anspruch an einen **Dritten** abgetreten, ändert dies nichts.[103] Nicht ausreichend ist jedoch, wenn ein Dritter, etwa der Mieter aus § 15, an Stelle des Wohnungseigentümers in Anspruch genommen wird.[104]

26 **Beklagt** können neben einem oder mehreren Wohnungseigentümern auch ausgeschiedene Wohnungseigentümer sein,[105] im Sonderfall auch Dritte, wie Zessionar[106] und Insolvenzverwalter.[107] Soweit sich auf Beklagtenseite durch das WEMoG die Passivlegitimation für Ansprüche der Wohnungseigentümer auf die Gemeinschaft der Wohnungseigentümer verschoben hat, wie bei der Verwalterzustimmung gemäß § 12 Abs. 1 (→ § 12 Rn. 24 zur früheren Rechtslage), ergeben sich wegen Nr. 2 keine Änderungen.

27 **bb) Objektiver Anwendungsbereich.** Erforderlich ist, dass der geltend gemachte Anspruch in einem **inneren Zusammenhang** mit den Rechten und Pflichten der Wohnungseigentümer als Wohnungseigentümer steht; dabei kommt es nicht auf die Rechtsgrundlage an, aus der ein Anspruch hergeleitet wird.[108] Daran fehlt es, wenn der Streit auf einer **Sonderrechtsbeziehung** beruht, wie bei Ansprüchen aus einem Kauf-, Werk- oder Dienstvertrag.[109] Bei Ansprüchen wegen der Beschädigung von Allein- oder Sondereigentum ist entscheidend, ob Rechte und Pflichten als

[90] BGH NZM 2020, 717 Rn. 6; NZM 2016, 322 Rn. 5; NJW-RR 2014, 13 Rn. 4; NJW 2009, 1282.
[91] BGH NZM 2014, 669 Rn. 5.
[92] Vgl. BGH NZM 2016, 168 Rn. 10; OLG München NJWRR 2008, 1466.
[93] BGH NJW 1996, 3012; zur Einordnung als doppelt-relevante Tatsache BGH NJW-RR 2010, 1554 Rn. 8.
[94] BGH NZM 2020, 717 Rn. 6; NZM 2017, 262 Rn. 7; NJW 2014, 1879 Rn. 7.
[95] Zum Bucheigentümer Bärmann/Pick/*Dötsch* Rn. 10.
[96] BGH NZM 2020, 563.
[97] BGH BeckRS 37819 Br. 8; NJW 2002, 3709.
[98] BGH NJW 2020, 1134 Rn. 21.
[99] BT-Drs. 168/20, 91; zur bisher eingeschränkten Verwaltungskompetenz BGH NZM 2020, 67.
[100] BGH ZWE 2020, 300 Rn. 8; 2012, 14185 Rn. 3.
[101] BGH NJW-RR 2014, 710.
[102] BGH NZM 2016, 322 Rn. 5; NJW-RR 2014, 710 Rn. 6.
[103] BGH NJW 2015, 2968 Rn. 6; OLG München NZM 2006, 61.
[104] Vgl. BGH NJW 2015, 2968 Rn. 7.
[105] BGH NZM 2016, 363 Rn. 6.
[106] BGH NJW 2015, 2968 Rn. 6.
[107] BGH NJW 2015, 2968 Rn. 6.
[108] BGH NZM 2020, 717 Rn. 6; NJW 2015, 2968 Rn. 6; 2010, 1818 Rn. 7.
[109] BGH NZM 2020, 945; NJW-RR 1986, 1335; OLG München ZWE 2011, 261.

Wohnungseigentümer betroffen sind, wie bei der Ausübung eines Notgeschäftsführungsrechts gemäß § 18 Abs. 3.[110]

cc) Fallgestaltungen. Erfasst sind, weil die Beschränkung auf Fragen der Verwaltung des gemeinschaftlichen Eigentums entfallen ist, auch die sachenrechtlichen Grundlagen des Wohnungseigentums,[111] wie der Streit über die Abgrenzung von Gemeinschafts- und Sondereigentum oder die Herausgabe von Gemeinschafs- oder Sondereigentum, über die Abgrenzung von Sondereigentum zu Sondereigentum, über Schadensersatz-, Beseitigungs- und Unterlassungsansprüche bei behaupteter Verletzung von Treue- und Rücksichtnahmepflichten,[112] über den Anspruch auf Änderung einer Vereinbarung, über die Auslegung von Vereinbarungen, über den Geltungsbereich eines Sondernutzungsrechts, über die Benutzung des Sondereigentums, über ehrverletzende Äußerung, sofern nicht offensichtlich kein Zusammenhang mit dem Gemeinschaftsverhältnis besteht,[113] schließlich über eine unerlaubte Handlung bei Zusammenhang mit dem Gemeinschaftsverhältnis.[114] 28

Nicht erfasst sind Streitigkeiten vor Entstehung der der Gemeinschaft von Wohnungseigentümern, etwa zwischen den Teilhabern einer Bruchteilsgemeinschaft[115] oder über ein das gemeinschaftliche Eigentum betreffende Nutzungsverhältnis,[116] ebenso nach Aufhebung der Gemeinschaft der Wohnungseigentümer, Streitigkeiten zwischen den Miteigentümern eines Wohnungseigentums, sofern nicht die verdinglichte Mitbenutzungsregelung betroffen ist,[117] Streitigkeiten mit dem Bauträger oder Verkäufer,[118] Streitigkeiten, in denen sich Wohnungseigentümer wie Dritte gegenüberstehen, etwa aus anderen schuldrechtlichen Sonderverbindungen,[119] sowie Klagen gegen Nießbraucher[120] und Mieter.[121] 29

b) Abs. 2 Nr. 2. Der Anwendungsbereich der Streitigkeiten zwischen der Gemeinschaft der Wohnungseigentümer und Wohnungseigentümern ist durch das WEMoG, das grundsätzlich keine Ansprüche mehr einzelner Wohnungseigentümer gegen den Verwalter (→ Rn. 33) kennt, sondern nur noch solche gegen die Gemeinschaft der Wohnungseigentümer, erheblich erweitert worden. 30

aa) Anwendungsbereich. Neben der Gemeinschaft der Wohnungseigentümer können Wohnungseigentümer im verfahrensrechtlichen Verständnis (→ Rn. 23) Parteien sein, insbesondere wegen Beitragsrückständen ausgeschiedene Wohnungseigentümer[122] oder der an seine Stelle getretene Zwangsverwalter[123] oder Insolvenzverwalter,[124] zudem auch der (ausgeschiedene) Gesellschafter eines Wohnungseigentümers (§ 128 HGB, § 160 HGB, § 736 Abs. 2 BGB).[125] 31

bb) Fallgestaltungen. Erfasst sind Ansprüche eines Wohnungseigentümers aus § 14 Nr. 3, aus § 18 Abs. 3 (Notgeschäftsführung) oder aus § 280 Abs. 1 BGB wegen Pflichtverletzung der Organe, aus § 18 Abs. 1, Abs. 2 und Abs. 4 (Anspruch auf ordnungsmäßige Verwaltung), Nutzungsentschädigung oder Aufwendungsersatz, umgekehrt Ansprüche der Gemeinschaft der Wohnungseigentümer aus § 28 Abs. 1 S. 1, Abs. 2 S. 1 (Sozialansprüche),[126] die auch im Wege des Urkundsprozess geltend gemacht werden können,[127] Schadensersatzansprüche wegen Pflichtverletzungen oder Vertragsstrafen und eine Versorgungssperre, schließlich die die Entziehungsklage gemäß § 17 Abs. 1.[128] Schließlich gehören die nicht unter Abs. 2 Nr. 4 iVm § 44 Abs. 1 unterfallenden Feststellungsklagen mit Bezug auf Eigentümerbeschlüsse (→ § 45 Rn. 2) hierher. **Nicht erfasst** sind an die Gemeinschaft der Wohnungseigentümer abgetretene Freistellungsansprüche des Erwerbers gegen den Verkäufer wegen Wohngeldrückständen.[129] 32

---

[110] Vgl. BGH NZM 2016, 363 Rn. 5.
[111] BT-Drs. 168/20, 91.
[112] BGH ZWE 2012, 334.
[113] BGH NZM 2017, 262 Rn. 13.
[114] BGH NJW-RR 1991, 907.
[115] BayObLG NJW-RR 1995, 589.
[116] LG Hamburg ZWE 2020, 278.
[117] BGH NJW 2014, 1879 Rn. 9.
[118] BGH NJW 1974, 1552; LG Frankfurt a.M. ZWE 2014, 141.
[119] BGH NJW-RR 1986, 1335; NJW 1974, 1552.
[120] BGH NJW 2015, 2968 Rn. 7.
[121] BGH NJW 2015, 2968 Rn. 7; 2011, 3306 Rn. 4.
[122] BGH NZM 2016, 322 Rn. 5.
[123] Zu dessen fortbestehender Passivlegitimation nach Antragsrücknahme BGH NJW 2020, 3395.
[124] BGH NJW 2002, 3709.
[125] BGH NZM 2016, 322 Rn. 6.
[126] Zum alten Recht BGH NZM 2010, 445 Rn. 10.
[127] LG Frankfurt a.M. BeckRS 2019, 31880.
[128] Zum alten Recht BGH NJW-RR 2014, 452 Rn. 4; 2014, 13 Rn. 4.
[129] OLG München NZM 2006, 61.

33 **c) Abs. 2 Nr. 3.** Die Vorschrift regelt direkt nur Rechtsstreitigkeiten zwischen der Gemeinschaft der Wohnungseigentümer und dem Verwalter (1. Alt.) und zwischen Wohnungseigentümern und dem Verwalter (2. Alt.). Sinn und Zweck der Vorschrift, eine besondere Kompetenz für Streitigkeiten über Angelegenheiten zu begründen, die in **inneren Zusammenhang** mit dem Gemeinschaftsverhältnis der Wohnungseigentümer stehen (→ Rn. 27), begründen eine entsprechende Anwendung auf Streitigkeiten, die mit **anderen Organen der Wohnungseigentümergemeinschaft**[130] bestehen, nämlich mit dem Vorsitzenden, stellvertretenden Vorsitzenden und einfachen Mitgliedern des Verwaltungsbeirats aus ihren Rechten und Pflichten gemäß § 9b Abs. 2, § 24 Abs. 3 und Abs. 6 und § 29 Abs. 2 S. 1 bzw. dem ihrer Bestellung zu Grunde liegenden Rechtsverhältnis (→ § 29 Rn. 4), oder des besonders bestellten Vertreters in den Fällen der § 9b Abs. 2 § 24 Abs. 3, soweit diese ausnahmsweise und entgegen den gesetzlichen Regelungen nicht Wohnungseigentümern sind und damit keine Streitigkeiten im Sinne von Abs. 2 Nr. 1 vorliegen.

34 **aa) Erste Alternative: Ansprüche der Gemeinschaft der Wohnungseigentümer.** Die Vorschrift erfasst Streitigkeiten zunächst (erste Alternative) zwischen der Wohnungseigentümergemeinschaft und dem (ausgeschiedenen) Verwalter über dessen Recht und Pflichten, soweit diese in einem **inneren Zusammenhang mit seinen Aufgaben bei der Verwaltung** und deren Abwicklung[131] stehen, gleich aus welcher Vorschrift diese begründet und ob diese in der Organstellung oder dem Verwaltervertrag ihren Grund haben.[132] Deshalb sind neben dem aktuell bestellten Verwalter erfasst der ausgeschiedene Verwalter, auch der faktische Verwalter oder der Scheinverwalter.[133] Weiter erfasst werden Klagen unmittelbar gegen das Organ einer juristischen Person[134] oder den persönlich haftenden Gesellschafter.[135] Zur Vertretung der Gemeinschaft der Wohnungseigentümer gegenüber dem aktuellen Verwalter gemäß § 9a Abs. 2 durch den Vorsitzenden des Verwaltungsbeirats oder einen besonders bestellten Vertreter → § 9a Rn. 26. – Klagen der Gemeinschaft der Wohnungseigentümer gegen den **Versicherer des Verwalters,** etwa aus § 115 VVG, können entsprechend § 215 VVG am Sitz der Wohnungseigentümergemeinschaft erhoben werden.[136]

35 **Erfasst sind** Klagen des Verwalters gegen die Gemeinschaft der Wohnungseigentümer, insbesondere auf Vergütung und Aufwendungsersatz, umgekehrt Klagen der Gemeinschaft der Wohnungseigentümergemeinschaft gegen den (ausgeschiedenen) Verwalter auf Schadensersatz (auch aus unerlaubter Handlung),[137] die Herausgabe oder Einsicht in Verwaltungsunterlagen, auf Auskunftserteilung, Rechnungslegung, Berichtigung der Niederschrift, Durchführung von Eigentümerbeschlüssen, Durchsetzung der Hausordnung, Erstellung von Wirtschaftsplan und Jahresabrechnung (einschließlich Vermögensbericht). Schließlich gehören hierher auch Ansprüche des oder gegen den Verwalter wegen **ehrverletzender Äußerungen.**[138]

36 **Nicht erfasst** sind Streitigkeiten zwischen dem früheren und dem jetzigen Verwalter,[139] auch nicht Streitigkeiten ohne Bezug zur Verwaltertätigkeit, insbesondere beim Bauträgerverwalter[140] aus anderen Rechtsgeschäften, wie den Bauträgerverträgen der Erwerber, oder auch Streitigkeiten aus der Phase vor Entstehung der Gemeinschaft der Wohnungseigentümer mit dem später zum Verwalter bestellten Baubetreuer,[141] schließlich Streitigkeiten zwischen Wohnungseigentümer und Sondereigentumsverwalter aus der **Sondereigentumsverwaltung,** selbst wenn nach Gemeinschaftsordnung die Mieten an den Verwalter zu zahlen sind.[142]

37 **bb) Zweite Alternative: Ansprüche eines Wohnungseigentümers.** Soweit in Abs. 2 Nr. 3 als zweite Alternative **Ansprüche einzelner Wohnungseigentümer gegen den Verwalter** klarstellend[143] aufgenommen worden sind, handelt es sich um eine Verfahrensvorschrift, die diese Ansprüche den Binnenstreitigkeiten zuschlägt, soweit ein innerer Zusammenhang mit den Aufgaben bei der Verwaltung und deren Abwicklung besteht. Damit sind insbesondere deliktische Ansprüche erfasst. Aus dem Wortlaut der Vorschrift und ihrer Entstehungsgeschichte ergeben sich keine Hin-

---

130 Bärmann/Pick/*Dötsch* Rn. 26.
131 BGH NZM 2011, 409 Rn. 7.
132 Zum alten Recht BGH NJW 1980, 2466 (2467).
133 OLG Köln NJW-RR 2005, 1096; KG NJW-RR 1991, 1363; OLGZ 1981, 304.
134 KG NZM 2006, 61; aA LG Krefeld BeckRS 2007, 01461.
135 BayObLG NJW-RR 1987, 1368.
136 MüKoVVG/*Looschelders* VVG § 215 Rn. 14; Prölss/Martin/*Klimke* VVG § 215 Rn. 12a.
137 BGH NJW 1972, 1318 (1319); NJW-RR 2011, 589 Rn. 9.
138 BGH NZM 2017, 262; BayObLG ZWE 2001, 319; OLG München NZM 2008, 576.
139 OLG München NZM 2006, 25; *Derleder* ZWE 2001, 312.
140 Zum Begriff BGH NZM 2020, 60 Rn. 11.
141 BGH NJW 1976, 239 (240).
142 BayObLG NJW-RR 1996, 1037.
143 BT-Drs. 19/22634, 48.

weise dazu, ob neben der Haftung der Gemeinschaft der Wohnungseigentümer für ihr Organ Verwalter (§ 31 BGB) daneben Direktansprüche gegen den Verwalter auf Schadensersatz aus einem Vertrag mit Schutzwirkung zu Gunsten Dritter in Betracht kommen; dies ist zu verneinen (→ § 27 Rn. 56).[144]

d) Abs. 2 Nr. 4. Die Vorschrift erfasst alle Beschlussklagen iSv § 44 Abs. 1. Abzugrenzen sind diese Streitigkeiten wegen Eigentümerbeschlüssen von Streitigkeiten, die Entscheidungen der Teilhaber einer Bruchteilsgemeinschaft auf das ihnen gehörende Sondereigentum betreffen, für die nach allgemeinen Regeln die Zivilgerichte zuständig sind.[145] 38

V. Verfahrensrechtliche Sonderfragen

1. Widerklagen. Wenn in einer Streitigkeit gemäß Abs. 2 Amtsgericht eine selbst nicht unter diese Normen fallende Widerklage (§ 33 Abs. 2 ZPO) erhoben wird und die Zuständigkeit des Amtsgerichts für diese Widerklage nicht sonst (insbesondere gemäß §§ 504, 39 ZPO) begründet, kann wegen der ausschließlichen Zuständigkeit des Amtsgerichts für die Klage aus Abs. 2 iVm § 23 Nr. 2 lit. c GVG nicht insgesamt gemäß § 506 ZPO ans Landgericht verwiesen werden. Die Widerklage ist dann abzutrennen und auf Antrag zu verweisen bzw. bei fehlendem Antrag abzuweisen.[146] Eine dennoch erfolgte Verweisung des Rechtsstreits insgesamt ist in der Regel nicht willkürlich.[147] 39

2. Einigungsverfahren und Schiedsvereinbarung. a) Obligatorisches Einigungsverfahren (§ 15 EGZPO). Anfechtungsklagen sind fristgebunden (§ 45 S. 1) und daher von landesrechtlichen Regelungen über Einigungsverfahren gemäß § 15a Abs. 2 Nr. 1 EGZPO nicht betroffen. Im Übrigen gelten die allgemeinen Ausschlusstatbestände des § 15a Abs. 2 EGZPO.[148] Wenn durch Landesrecht gemäß § 15 Abs. 1 S. 1 EGZPO insbesondere bei Streitigkeiten zwischen Grundstücksnachbarn geregelt ist, dass die Erhebung bestimmter Klagen erst nach einem erfolglosen Versuch, die Streitigkeit vor einer Gütestelle beizulegen, zulässig sind, gilt dies auch, wenn es sich um Streitigkeiten zwischen benachbarten Gemeinschaften von Wohnungseigentümern handelt,[149] nicht aber für Binnenstreitigkeiten iSv Abs. 2, auch wenn dabei nachbarrechtliche Vorschriften anzuwenden sind.[150] Dass unklar ist, ob auch im Binnenverhältnis für „Nachbarrechtsklagen“ der Schlichtungszwang entsprechend besteht,[151] ist deshalb misslich, weil eine ohne Durchführung eines gebotenen Schlichtungsverfahrens erhobene Klage unzulässig ist, eine Nachholung nicht in Betracht kommt[152] und auch kein Verzicht des Beklagten auf das Schlichtungserfordernis. Beachtlich mag das Einigungsverfahren dann insbesondere bei Ehrschutzstreitigkeiten zwischen Wohnungseigentümern sein. 40

b) Vorschalt- oder Güteverfahren, Mediation. Durch Vereinbarung der Wohnungseigentümer kann – mit Ausnahme der fristgebundenen Anfechtungsklage[153] – ein **Vorschaltverfahren oder Güteverfahren** vorsehen, dass vor dem Verwaltungsbeirat,[154] der Eigentümerversammlung[155] oder auch dem Verwalter[156] durchzuführen ist. Die Klageerhebung vor der erfolglosen Durchführung des Vorschalt- oder Güteverfahren ist dann unzulässig,[157] soweit die Anrufung der Gerichte nicht unangemessen erschwert wird.[158] Kein Ersatz ist die Befassung der Eigentümerversammlung mit dem Streit; die Eigentümerversammlung kann insbesondere den Streit nicht an sich ziehen.[159] Diese 41

144 Ausf. *Dötsch/Schultzky/Zschieschack* WEG-Recht 2021 Kap. 13 Rn. 89 unter Hinweis auf NJW 1989, 1091 (1092).
145 BayObLG NJW-RR 1995, 588 (589); LG Frankfurt a.M. ZWE 2020, 308 Rn. 10.
146 OLG München BeckRS 2008, 42093.
147 OLG München BeckRS 2014, 22332; OLG Karlsruhe BeckRS 2011, 24801.
148 MüKoZPO/*Gruber* EGZPO § 15a Rn. 39; *Dötsch/Schultzky/Zschieschack* WEG-Recht 2021 Kap. 14 Rn. 26 ff.
149 AG Düsseldorf ZWE 2011, 142.
150 LG München I ZWG 2020, 483; LG Frankfurt a.M. BeckRS 2018, 4155; Palandt/*Wicke* Vor § 43 Nr. 2; aA LG Dortmund NZM 2017, 705; LG Saarbrücken ZWE 2020, 485.
151 LG Dortmund ZWE 2017, 426; aA zutr. LG Frankfurt a.M. ZWE 2019, 380; Einzelheiten bei *Suilmann* ZMR 2019, 910 (912).
152 BGH NJW 2005, 437.
153 LG München I ZWE 2013, 185; AG Merseburg ZM R 2008, 747 (748).
154 OLG Frankfurt NZM 2008, 290; BayObLG NJW-RR 1996, 910; KG NJW-RR 1994, 401.
155 BayObLG NJW-RR 1990, 1105 (1106).
156 BayObLG NJW-RR 1991, 1991, 850.
157 OLG Frankfurt NZM 2008, 290; BayObLG NJW-RR 1996, 910.
158 BayObLG NJW-RR 1990, 1005 (1106).
159 OLG Frankfurt NZM 2008, 290 (291).

Grundsätze gelten ebenso, wo durch Vereinbarung als gewillkürtes Prozesshindernis eine **Mediation** vorgesehen ist.[160]

42 **c) Schiedsvereinbarungen.** Durch Vereinbarung kann für Streitigkeiten der Wohnungseigentümer unter sich ein Schiedsvereinbarung iSv §§ 1025 ff. ZPO vorgesehen werden,[161] insbesondere durch Schiedsverfügung des gemäß § 8 teilenden Grundstückseigentümers gemäß § 1066 ZPO.[162] Eine Schiedsvereinbarung kann auch im Verhältnis der Gemeinschaft der Wohnungseigentümer zum Verwalter geschlossen werden; diese erfasst dann auch etwaige Ansprüche einzelner Wohnungseigentümer auf Schadensersatz aus einem Vertrag mit Schutzwirkung zugunsten Dritter.[163]

43 **3. Prozessstandschaft. a) Prozessstandschaft des Verwalters.** Der Verwalter als Organ der Gemeinschaft der Wohnungseigentümer hat **grundsätzlich kein schutzwürdiges Interesse,** Ansprüche der Gemeinschaft der Wohnungseigentümer (originär wie gemäß § 9a Abs. 2 zugeordnet) als Prozessstandschafter geltend zu machen.[164] Das schließt im Einzelfall die Ermächtigung des Verwalters nicht aus, wenn er ausnahmsweise ein eigenes schutzwürdiges Interesse an der Durchsetzung von Rechten der Gemeinschaft der Wohnungseigentümer hat, etwa bei der Geltendmachung zweifelhafter Ansprüche gegen Dritte zur Abwendung eigener Schadensersatzpflicht,[165] auch gegenüber einzelnen Wohnungseigentümern.[166]

44 **b) Prozessstandschaft eines Wohnungseigentümers.** Die Gemeinschaft der Wohnungseigentümer kann – auch in den Fällen des § 9a Abs. 2 – einzelne Wohnungseigentümer zur Geltendmachung ihr zustehender Ansprüche ermächtigen.[167] Erforderlich ist neben einer ausdrücklichen Ermächtigung ein eigenes schutzwürdiges Interesse des Ermächtigten,[168] das sich aus der Bereitschaft eines Wohnungseigentümers ergeben kann, einen zweifelhaften Anspruch auf eigene Kosten zu verfolgen.

45 **c) Prozessstandschaft der Gemeinschaft der Wohnungseigentümer.** Die Gemeinschaft der Wohnungseigentümer kann neben den in § 9a Abs. 2 geregelten Fällen, die eine gemeinsame Rechtsverfolgung erfordern, Ansprüche im Wege der Prozessstandschaft aufgrund der Ermächtigung eines Wohnungseigentümers in Angelegenheiten seines Sondereigentums,[169] wie insbesondere bei der Geltendmachung von Gemeinschaft- und Sondereigentum betreffenden Gewährleistungsansprüchen sinnvoll.

46 **4. Prozessvergleich.** Für den Prozessvergleich gelten zunächst die allgemeinen Regeln.[170] Der Prozessvergleich kann etwa die erforderliche notarielle Beurkundung bei der Änderung der Gemeinschaftsordnung ersetzen.[171] Der Verwalter und ein von ihm beauftragter Rechtsanwalt ist zum Abschluss für die Gemeinschaft der Wohnungseigentümer gemäß § 9b Abs. 1 S. 1 unbeschränkbar berechtigt. Besonderheiten ergeben sich, soweit die Gemeinschaft der Wohnungseigentümer über ihr gemäß § 9a Abs. 2 zur Ausübung zustehende fremde Rechte verfügt.[172] Zur internen Willensbildung kann ein inhaltsgleicher Eigentümerbeschluss erforderlich sein.[173] Der geschlossene Vergleich kann nicht durch Eigentümerbeschluss geändert[174] und auch nicht durch Rücktritt beseitigt werden.[175] Zur Eintragung als Vereinbarung und zur Bindungswirkung → § 10 Rn. 53.

47 **5. Einstweiliger Rechtsschutz.** Für den einstweiligen Rechtsschutz in Wohnungseigentumssachen (Abs. 2) gelten zunächst die allgemeinen Regeln, etwa für den Beklagten aus § 44 Abs. 2 oder für die Zuständigkeit auch des Gerichts der belegenen Sachen bei Anordnung des Arrestes aus § 919 ZPO. Beim **Arrest** und bei der **einstweiligen Verfügung** erfolgt die Bestimmung des Gerichts der Hauptsache (§ 943 Abs. 1 ZPO) aus § 43 Abs. 2 (→ Rn. 4). Einstweilige Verfügungen

---

160 *Schmidt* ZWE 2009, 432; *Reiß-Fechter* FS Bub, 2007, 185.
161 OLG München BeckRS 2018, 3356; BayObLGZ 1973, 1; vertiefend *Elzer* ZWE 2010, 442.
162 Palandt/*Wicke* Vor § 43 Rn. 3.
163 OLG Hamburg BeckRS 2019, 37488.
164 BGH NJW 2011, 1361 Rn. 8; NZM 2012, 30 Rn. 6.
165 BGH NJW 2011, 1361 Rn. 15; NZM 2012, 81 Rn. 9.
166 *Dötsch* ZfIR 2011, 419 (420).
167 BGH NZM 2016, 363 Rn. 4; NJW 2015, 2874 Rn. 7; 2015, 2425 Rn. 7.
168 BGH NJW-RR 2018, 719 Rn. 28; NJW 2017, 487 Rn. 27; NJW 2014, 1090 Rn. 18.
169 BGH NJW 2007, 1952 Rn. 24.
170 *Dötsch* NZM 2013, 625.
171 LG München I BeckRS 2019, 14938.
172 BGH NJW 2020, 1134; *Hügel/Elzer* § 44 Rn. 125.
173 *Häublein* ZMR 2001, 165 (166).
174 OLG Frankfurt BeckRS 2011, 22165.
175 BayObLG NZM 1999, 861.

sind insbesondere als **Regelungsverfügungen** (§§ 935, 940 ZPO) von praktischer Bedeutung, mit denen zur Abwendung einer Gefährdung des Gläubigerinteresses eine vorläufige Sicherung im Eilverfahren nach Abwägung der schutzwürdigen Interessen beider Seiten erfolgt, etwa zur effektiven Durchsetzung eines Betretungsrechts gemäß § 14 Abs. 1 Nr. 2 oder zur Sicherung eines Unterlassungsanspruchs (zB Baustopp). Die **Aussetzung** der in § 23 Abs. 4 S. 2 angeordneten vorläufigen **Vollziehbarkeit von Eigentümerbeschlüssen** (→ § 23 Rn. 70) kommt angesichts dieser im Gesetz angeordneten höheren Gewichtung des Vollzugsinteresses nur in Betracht, wenn ein Abwarten der Hauptsacheentscheidung für den Anfechtungskläger ausnahmsweise nicht zumutbar ist und eine Folgenbeseitigung effektiv nicht möglich ist, etwa wegen drohender irreversibler Schäden, wegen eines drohenden wesentlichen Nachteils oder wegen offenkundiger Rechtswidrigkeit des Eigentümerbeschlusses (→ § 44 Rn. 41).[176] Praktische Bedeutung haben auch einstweilige Verfügungen zum Verbot von Eigentümerversammlungen, die durch Unberechtigte einberufen werden sollen oder bereits worden sind,[177] oder auch die Bestellung eines Notverwalters insbesondere bei der verwalterlosen WEG (→ § 26 Rn. 37), schließlich betreffend die Herausgabe von Verwaltungsunterlagen an die Gemeinschaft der Wohnungseigentümer.[178, 179]

6. Zwangsvollstreckung. a) Allgemeines. Grundsätzlich gelten für die Zwangsvollstreckung keine Besonderheiten; zur Reichweite der Zuständigkeitskonzentration gemäß § 72 Abs. 2 GVG bei Rechtsbehelfen → Rn. 9. Die Zwangsvollstreckung in das Gemeinschaftsvermögen erfordert etwa einen gegen die Gemeinschaft der Wohnungseigentümer gerichteten Titel, nicht nur einen Titel gegen einen Wohnungseigentümer.[180] Die Gemeinschaft der Gemeinschaft der Wohnungseigentümer wird regelmäßig durch den Verwalter gemäß § 9b Abs. 1 S. 1 vertreten, der deshalb als Organ der Gemeinschaft der Wohnungseigentümer für diese als Schuldnerin die Vermögensauskunft erklärt. Bei der Zwangsvollstreckung von Geldforderungen der Gemeinschaft der Wohnungseigentümer gegen einen Wohnungseigentümer in Immobilien ist das Quotenvorrecht des § 10 Abs. 1 Nr. 2 ZVG zu beachten; dessen Bestehen lässt das Rechtsschutzbedürfnis für die Eintragung einer Zwangshypothek nicht entfallen.[181] Nach allgemeinen Regeln schließlich ist die Berücksichtigungsfähigkeit des **Erfüllungseinwands** zu beurteilen.[182] Zur Durchsetzung der Wirkung von Gestaltungsurteilen über Beschlussklagen → § 44 Rn. 31. 48

b) Einzelne Vollstreckungsarten. aa) § 885 ZPO. Gemäß § 885 ZPO zu vollstrecken ist insbesondere ein Titel über die Herausgabe von Räumen zu vollstrecken, auch wenn in dem Vollstreckungstitel zugleich weitere Ansprüche auf Vornahme einer vertretbaren Handlung zuerkannt sind.[183] 49

bb) § 887 ZPO. Die Vollstreckung von vertretbaren Handlungen erfolgt durch Ermächtigung zur Ersatzvornahme und Verurteilung zur Zahlung eines Vorschusses, § 887 ZPO, etwa zur Erzwingung von Arbeiten zu Gunsten des gemeinschaftlichen Eigentums[184] oder zur Erzwingung einer Rückbauverpflichtung bei nicht vermietetem Wohnungseigentum oder bei Einverständnis des Mieters.[185] 50

cc) § 888 ZPO. Durch Zwangsgeld oder Zwangshaft vollstreckt werden als unvertretbare Handlungen zum Beispiel die Erzwingung des Zugangs zum Sondereigentum, die Einwirkung des vermietenden Wohnungseigentümers auf seinen Mieter,[186] die Rechnungslegung des Verwalters gegenüber der Gemeinschaft der Wohnungseigentümer,[187] die Gewährung von Einsicht in die Verwaltungsunterlagen,[188] schließlich die Herausgabe der Verwaltungsunterlagen.[189] Wenn ein Anspruch auf eine unvertretbare Handlung zu Gunsten eines Wohnungseigentümers gegen die Gemeinschaft der Wohnungseigentümer tituliert ist, etwa der Anspruch auf Einsicht in die Verwaltungsunterlagen gemäß § 18 Abs. 4, 51

176 LG München I ZWE 2017, 234; LG Köln ZWE 2016, 190; LG Hamburg BeckRS 2015, 3602; LG Frankfurt a.M. ZWE 2010, 279.
177 LG München I BeckRS 2017, 126873; AG Hamburg BeckRS 2009, 44462; AG Wangen ZWE 2008, 357.
178 AG Kelheim BeckRS 2008, 8130.
179 Weitere Anwendungsfälle bei MüKoZPO/*Drescher* ZPO § 935 Rn. 105 ff.
180 BFH DStR 2016, 1108 Rn. 16.
181 BGH NZM 2012, 176 Rn. 6.
182 LG München I ZWE 2020, 305 zu § 888 ZPO.
183 OLG Köln ZWE 2000, 491.
184 OLG Köln NZM 1998, 958.
185 OLG Frankfurt NZM 2008, 210; BayObLG BeckRS 1999, 11150.
186 BayObLG ZWE 2000, 303; NJW-RR 1989, 462; LG Hamburg ZMR 2005, 79.
187 BGH NJW 2016, 3536 Rn. 17.
188 BayObLG BeckRS 1997, 31047852.
189 OLG Hamburg BeckRS 2008, 2585 Rn. 31; OLG Frankfurt BeckRS 1998, 11659 Rn. 5.

erfolgt die Zwangsvollstreckung durch Zwangsgeld grundsätzlich gegen die Gemeinschaft der Wohnungseigentümer; Zwangshaft wird gegen den Verwalter festgesetzt.[190]

52 **dd) § 890 ZPO.** Durch Ordnungsgeld und Ordnungshaft werden vollstreckt Verpflichtungen zur Unterlassung einer Handlung oder Duldung der Vornahme einer Handlung, insbesondere die Unterlassung von Störungen.[191] Wenn ein Anspruch auf eine Unterlassung zu Gunsten eines Wohnungseigentümers gegen die Gemeinschaft der Wohnungseigentümer tituliert ist, etwa der Anspruch auf Unterlassung der Inanspruchnahme von Sondereigentum ohne Duldungstitel, erfolgt die Zwangsvollstreckung durch Ordnungsgeld grundsätzlich gegen die Gemeinschaft der Wohnungseigentümer; Ordnungshaft wird gegen den Verwalter festgesetzt.[192]

53 **7. Selbständiges Beweisverfahren.** Für das selbständige Beweisverfahren gelten grundsätzlich keine Besonderheiten gegenüber Streitsachen, insbesondere nicht für die Zuständigkeit. Soweit es um **Mängel am Sondereigentum** geht, kann das Verfahren von dem betroffenen Wohnungseigentümer durchgeführt werden, aufgrund dessen ausdrücklicher Ermächtigung aber auch im Wege der gewillkürten Prozessstandschaft durch die Gemeinschaft der Wohnungseigentümer.[193] Wegen **Mängeln am Gemeinschaftseigentum** kommt ein selbständiges Beweisverfahren **gegen den Bauträger** wegen gemeinschaftsbezogener Mängelrechte iSd § 9a Abs. 2 zunächst nur durch die Gemeinschaft der Wohnungseigentümer in Betracht oder aufgrund deren ausdrücklicher Ermächtigung durch einen einzelnen Wohnungseigentümer. **Gegen Werkunternehmer,** die die Gemeinschaft der Wohnungseigentümer mit Sanierungsmaßnahmen beauftragt hat, kann grundsätzlich nur sie ein selbständiges Beweisverfahren einleiten. Beim **Streit zwischen den Wohnungseigentümern über den Zustand des Gemeinschaftseigentums** und notwendige Maßnahmen folgt die Zuständigkeit aus Abs. 2 Nr. 1 (→ Rn. 24); die Einleitung eines selbständigen Beweisverfahrens durch einen Wohnungseigentümer erfordert nicht die Vorbefassung (→ § 44 Rn. 25) oder das Bemühen des Antragstellers, dass die Gemeinschaft der Wohnungseigentümer ein Privatgutachten zu den behaupteten Mängeln einholen möge;[194] der Antragsteller wird allerdings regelmäßig die Kosten des selbständigen Beweisverfahrens (einschließlich der des Antragsgegners Gemeinschaft der Wohnungseigentümer) selbst tragen müssen.[195]

54 Bei der Durchführung einer Beweisaufnahme durch Sachverständigengutachten ergeben sich Besonderheiten für **Bauteilöffnungen,** soweit diese an fremdem Eigentum, dem Gemeinschaftseigentum oder dem Sondereigentum anderer Wohnungseigentümer, durchgeführt werden sollen, ist dies ohne Zustimmung des Berechtigten nicht zulässig.[196]

55 **8. Prozesskostenhilfe.** Die Bewilligung von Prozesskostenhilfe folgt allgemeinen Regeln (§§ 114 ff. ZPO). Bei der Bewilligung von Prozesskostenhilfe für die Gemeinschaft der Wohnungseigentümer liegen die wirtschaftlichen Voraussetzungen (§ 116 Abs. 1 Nr. 2 ZPO) nur vor, wenn die Kosten des Rechtsstreits nicht von ihr oder auch nicht von einem der Wohnungseigentümer aufgebracht werden können.[197]

56 **9. Kostenfragen und Streitwert.** Für das Kostenrecht ergeben sich **Besonderheiten** nur für Beschlussklagen durch § 44 Abs. 4 (→ § 44 Rn. 73). Im Übrigen gelten die allgemeinen Kostenregeln der §§ 91 ff. ZPO. Dazu gehört auch das **Gebot der Kostenschonung,** nach dem jede Partei gehalten ist, die Kosten ihrer Prozessführung so niedrig zu halten, wie sich dies mit der Wahrung ihrer berechtigten Belange vereinbaren lässt.[198] Deshalb sind nach Verbindung mehrerer Anfechtungsklagen – auch bei zunächst getrennter Klageerhebung – bei Vertretung mehrerer Kläger durch einen Rechtsanwalt grundsätzlich nur eine Verfahrensgebühr nebst Mehrvertretungsgebühr und die bei einer gemeinsamen Klage entstehenden Gerichtskosten erstattungsfähig.[199] Umgekehrt kann die Gemeinschaft der Wohnungseigentümer gehalten sein, Ansprüche aus einem weitgehend identischen Lebenssachverhalt gegen mehrere Wohnungseigentümer (etwa Beitragsforderungen gegen Miteigentümer eines Wohnungseigentums) in einer Klage zu verfolgen, wenn nicht auf Grund konkreter Umstände mit unterschiedlichen Einwendungen gegen die Einzelforderungen zu rechnen ist.[200]

[190] MüKoZPO/*Gruber* ZPO § 888 Rn. 26.
[191] BGH NJW 1996, 714 (715); LG Nürnberg-Fürth BeckRS 2009, 87475.
[192] MüKoZPO/*Gruber* ZPO § 890 Rn. 24.
[193] OLG Karlsruhe NZM 2010, 129.
[194] BGH BeckRS 2018, 4987 Rn. 1; 2018, 5175 Rn. 1; NJW 2018, 1749 Rn. 5.
[195] BGH NJW 2018, 1749 Rn. 19.
[196] BGH NJW 2013, 2687 Rn. 7; NZM 2020, 1047 Rn. 15.
[197] BGH NJW-RR 2019, 723 Rn. 6; NJW 2010, 2814 Rn. 6.
[198] BGH NZM 2010, 789 Rn. 9; NJW 2007, 2257 Rn. 12.
[199] BGH NZM 2010, 789 Rn. 14.
[200] BGH NZM 2013, 238 Rn. 9.

57 Im **Kostenfestsetzungsverfahren** kann eine zwischen Gemeinschaft der Wohnungseigentümer und dem Verwalter vereinbarte Sondervergütung für die gerichtliche Vertretung (→ § 26 Rn. 76) nicht festgesetzt werden,[201] sondern ein materiell-rechtlicher Kostenerstattungsanspruch muss grundsätzlich mit einem Leistungsklageantrag geltend gemacht werden. Festgesetzt werden können die Kosten der Terminswahrnehmung durch den Verwalter, als allgemeiner Aufwand für die Prozessführung aber nicht solche für die Terminvorbereitung oder für einen an die Wohnungseigentümer über den Termin informierenden Bericht.[202]

58 Beim **Streitwert** (zur Abgrenzung von der Rechtsmittelbeschwer → Rn. 15) gelten abgesehen von der Sondervorschrift des § 49 GKG für Beschlussklagen (→ § 44 Rn. 75) die allgemeinen Regeln (§ 48 Abs. 1 S. 1 GKG iVm § 3 ZPO).

§ 44 Beschlussklagen

(1) [1]Das Gericht kann auf Klage eines Wohnungseigentümers einen Beschluss für ungültig erklären (Anfechtungsklage) oder seine Nichtigkeit feststellen (Nichtigkeitsklage). [2]Unterbleibt eine notwendige Beschlussfassung, kann das Gericht auf Klage eines Wohnungseigentümers den Beschluss fassen (Beschlussersetzungsklage).

(2) [1]Die Klagen sind gegen die Gemeinschaft der Wohnungseigentümer zu richten. [2]Der Verwalter hat den Wohnungseigentümern die Erhebung einer Klage unverzüglich bekannt zu machen. [3]Mehrere Prozesse sind zur gleichzeitigen Verhandlung und Entscheidung zu verbinden.

(3) Das Urteil wirkt für und gegen alle Wohnungseigentümer, auch wenn sie nicht Partei sind.

(4) Die durch eine Nebenintervention verursachten Kosten gelten nur dann als notwendig zur zweckentsprechenden Rechtsverteidigung im Sinne des § 91 der Zivilprozessordnung, wenn die Nebenintervention geboten war.

Übersicht

[201] BGH NJW 2012, 1152 Rn. 9; 2014, 3247; LG Köln ZWE 2012. 59.
[202] BGH NJW 2014, 3247 Rn. 6.

I. Normzweck

1 Die Vorschrift soll die mit **Beschlussklagen gegen Eigentümerbeschlüsse**[1] verbundenen besonderen prozessualen Fragen im Anschluss an die materiell-rechtlichen Regelung des § 23 Abs. 4 (→ § 23 Rn. 62) umfassend regeln[2] und tritt insoweit auch an die Stelle der Regelung der Beschlussersetzungsklage in § 21 Abs. 8 aF,[3] erfasst allerdings unmittelbar nicht alle im Zusammenhang mit der Beschlussfassung der Eigentümer bekannten Probleme und Klagearten, wie die Klage auf Beschlussergebnisfeststellung bei unterlassener oder fehlerhafter Verkündung (→ Rn. 33). Für die geregelten drei Klagearten ergibt sich aus der Vorschrift, was Inhalt einer solchen Klage und damit des Urteilsausspruchs sein kann.

2 Die erste Grundentscheidungen der Neuregelung, nämlich die Ausgestaltung aller Beschlussklagen als **Verbandsprozess** (Abs. 2), dessen Beklagte immer die Gemeinschaft der Wohnungseigentümer ist,[4] führt bei der zweiten Grundentscheidung, nämlich der **Wirkung inter omnes** (Abs. 3), also der Wirkung des rechtskräftigen Urteils für und gegen alle Wohnungseigentümer, die deren rechtliches Gehör durch die Unterrichtungspflicht des Verwalters (Abs. 2 S. 2) und deren Beteiligungsmöglichkeit durch Streitbeitritt, dessen Kostenfolgen Abs. 4 regelt, voraussetzt, zu der Folgefrage einer Bindung des in Abs. 3 nicht genannten Verwalters, etwa bei dessen Inanspruchnahme durch die Gemeinschaft der Wohnungseigentümer auf Schadensersatz wegen eines Fehlverhaltens des Verwalters nach einer erfolgreichen Anfechtungsklage (→ Rn. 68).

II. Klagearten (Abs. 1)

3 § 44 Abs. 1 unterscheidet die Beschlussklagen in Anfechtungsklage (→ Rn. 6), die auf die gerichtliche Ungültigerklärung eines Eigentümerbeschlusses wegen Verstoßes gegen Rechtsvorschriften zielt (§ 23 Abs. 4 S. 2), die Nichtigkeitsklage (→ Rn. 18), die auf die Feststellung der Nichtigkeit eines Eigentümerbeschlusses zielt (§ 23 Abs. 4 S. 1), und die Beschlussersetzungsklage (→ Rn. 21), die auf die gerichtliche Gestaltung anstelle der zunächst zur Entscheidung berufenen Wohnungseigentümer betreffend die Verwaltung des gemeinschaftlichen Eigentums zielt. Soweit damit die Klage auf Beschlussergebnisfeststellung bei unterbliebener, unvollständiger oder unrichtiger Beschlussfeststellung und -verkündung (→ Rn. 33) nicht genannt wird, gelten die Vorschriften des § 44 entsprechend (→ Rn. 34), aber nicht die Fristen des § 45 (→ § 45 Rn. 2).

4 Für die **Abgrenzung von Anfechtungsklage und Nichtigkeitsklage,** die von der Praxis[5] bisher gestützt auf § 48 Abs. 4 aF[6] bei Annahme eines einheitlichen Streitgegenstands als entbehrlich angesehen wurde, verweist die Gesetzesbegründung[7] auf die allgemeine **Streitgegenstandslehre;** folgerichtig ist die Streichung der besonderen Hinweispflicht auf Nichtigkeitsgründe (§ 46 Abs. 2 aF). Auf der Grundlage des zweigliedrigen Streitgegenstandsbegriff, der auf Antrag und Lebenssachverhalt abstellt, können damit Anfechtungs- und Nichtigkeitsklage dann unterschiedliche Streitgegenstände betreffen,[8] soweit sich der zu Grunde liegende Lebenssachverhalt, nämlich die konkret geltend gemachten tatsächlichen Beanstandungen gegen einen Beschluss unterscheiden.[9] Demgegenüber kommt der Antragsformulierung keine entscheidende Bedeutung für die Bestimmung des Streitgegenstands zu,[10] soweit – wie regelmäßig wegen der gleichen Rechtswirkungen[11] – eine Auslegung des Klageantrags dahin möglich ist, dass dieser auf eine **Verhinderung von Rechtswirkungen des Eigentümerbeschlusses** („Kassation“) gleich aus welchem Grund gerichtet[12] und damit auslegungsfähig und -bedürftig ist, mögen rechtstheoretisch unterschiedliche Ziele mit der Anfechtungsklage (Beseitigung des Beschlusses) und Nichtigkeitsklage (Feststellung der Unwirksamkeit) unterschieden werden können. Das Abstellen auf Rechtsfragen, hier die unterschiedlichen Rechtsfolgen der einzelnen Beschlussmängel entsprechend der Unterscheidung in § 23 Abs. 4 (→ § 23 Rn. 62),

1 BT-Drs. 19/18791, 82, 94, also nicht gegen Beschlüsse des Verwaltungsbeirats oder Bruchteilseigentümer eines Wohnungseigentums, vgl. LG Frankfurt a.M. ZWE 2020, 308 Rn. 10.
2 BT-Drs. 19/18791, 92.
3 BT-Drs. 19/18791, 82.
4 Zu den Gründen vgl. *Dötsch* ZWE 2020, 113 (114).
5 BGH NJW 2019, 2083 Rn. 26.
6 Bärmann/Pick/*Dötsch* Rn. 68.
7 BT-Drs. 19/18791, 81.
8 AA Palandt/*Wicke* Rn. 2.
9 *Dötsch/Schultzky/Zschieschack* WEG-Recht 2021 Kap. 14 Rn. 35 ff.; s. auch Lehmann-Richter/*Wobst* Rn. 1850.
10 AA BeckOGK/*Skauradzun* Rn. 16.
11 BGH NJW 2018, 3238 Rn. 8 zum vernünftigerweise Gewollten.
12 AA Lehmann-Richter/*Wobst* Rn. 1851.

für die Bestimmung des Streitgegenstands verbietet sich.[13] Danach kommt der Abweisung der Anfechtungsklage zu einem Tatsachenkomplex, etwa wegen vermeintlicher Unbestimmtheit des Beschlussinhalts, Rechtskraftwirkung zu, die auch der erneuten Geltendmachung der Nichtigkeit wegen Perplexität durch eine Nichtigkeitsfeststellungsklage entgegensteht. Indessen verzichtet die Neuregelung auf eine endgültige Klärung der Beschlusswirksamkeit[14] wegen anderer Nichtigkeitsgründe, deren Sachverhalt mit der Anfechtungsklage nicht geltend gemacht worden ist, wie etwa die bewusste Vereitelung der Teilnahme eines Wohnungseigentümers. Damit ist zugleich die Urteilswirkung bei der erfolglosen Anfechtungsklage definiert (Abs. 3; → Rn. 68).[15]

Wenn bereits eine Anfechtungsklage rechtshängig ist, können die diesen Nichtigkeitsgründen 5
zu Grunde liegenden Tatsachen, ohne Begrenzung durch die Klagebegründungsfrist aus § 45 S. 1, im Wege der Klageänderung geltend gemacht werden; dem Übergang von der Nichtigkeitsklage auf die Anfechtungsklage wird bei Geltendmachung eines neuen Sachverhalts (→ § 45 Rn. 4) regelmäßig die Begründungsfrist des § 45 S. 1 entgegenstehen, wenn nicht die Voraussetzungen für eine Wiedereinsetzung in den vorigen Stand vorliegen (→ § 45 Rn. 13). Für die **Klageänderung** gelten also in erster Instanz die §§ 263, 264 ZPO, in zweiter Instanz die §§ 533 ff. ZPO, wobei der in erster Instanz noch obsiegende Kläger auf die Anschlussberufung (§ 524 BGB) verwiesen ist.

1. Anfechtungsklage (Abs. 1 S. 1 Fall 1). a) Normzweck. Die Anfechtungsklage ermög- 6
licht es den einzelnen Wohnungseigentümern, die Bindungswirkung eines nicht nichtigen, aber gegen den Grundsatz ordnungsmäßiger Verwaltung verstoßende Eigentümerbeschlüsse (§ 23 Abs. 4 S. 2) durch die gerichtliche Ungültigerklärung zu vernichten und damit den Eintritt der durch das Verstreichen der materiell-rechtlich verstandenen Fristen des § 45 für Anfechtung und deren Begründung bewirkten Bestandskraft zu verhindern.

b) Streitgegenstand. Mit der Anfechtungsklage angegriffen werden könne alle **Eigentümer-** 7
beschlüsse, die Regelungen enthalten (können). Das sind positive und negative Eigentümerbeschlüsse, aber auch vermeintlich deklaratorische[16] oder frühere Eigentümerbeschlüsse auslegende.[17] Die gegen einen Nichtbeschluss erhobene Anfechtungsklage wird regelmäßig als Feststellungsklage auszulegen sein, dass es keinen Eigentümerbeschluss gibt,[18] im Einzelfall aber auch als Beschlussersetzungsklage.[19] Anfechtbar ist schließlich auch ein nichtiger Eigentümerbeschluss (vgl. zum Streitgegenstandsbegriff → Rn. 5). Mit der Anfechtungsklage können gleichzeitig mehrere Eigentümerbeschlüsse einer Gemeinschaft der Wohnungseigentümer angefochten werden, aber auch nur selbständig abgrenzbare Teile eines Eigentümerbeschlüsse (§ 139 BGB).[20]

Besonderheiten ergeben sich für **Geschäftsordnungsbeschlüsse,** mit denen die Wohnungsei- 8
gentümer das Verfahren bei der Eigentümerversammlung regeln. Hier ist zu unterscheiden, ob die getroffene Regelung über eine einzelne Eigentümerversammlung hinaus Geltung beansprucht, etwa die Bedingungen einer Teilnahme im Wege elektronischer Kommunikation gemäß § 23 Abs. 1 S. für alle zukünftigen Eigentümerversammlungen festlegen soll und deshalb nach allgemeinen Regeln zu behandeln ist,[21] oder sich auf die Regelung für die konkrete Eigentümerversammlung beschränkt, wie die Erlaubnis zum Rauchen. Beschränkt sich der Eigentümerbeschluss auf eine Regelung zum Ablauf und Inhalt der konkreten Eigentümerversammlung, ist dieser Geschäftsordnungsbeschluss nicht anfechtbar, weil sich seine Wirkung mit dem Versammlungsende erschöpft hat.[22] Anfechtbar ist vielmehr bei einem ursächlichen oder erheblichen Verfahrensverstoß (→ § 23 Rn. 71) der auf der Grundlage des Geschäftsordnungsbeschlusses gefasste weitere Eigentümerbeschluss.[23]

c) Klageantrag und Auslegung. Um den Mindestanforderungen aus § 253 Abs. 2 Nr. 2 ZPO 9
an die **Bestimmtheit** zu genügen, muss sich aus dem innerhalb der Klagefrist (§ 45 S. 1 Fall 1) mitgeteilten Vorbringen des Klägers im Wege der Auslegung ergeben, welchen wann von welcher Gemeinschaft der Wohnungseigentümer gefassten Eigentümerbeschluss er in welchem Umfang zur

---

[13] BGH NJW 2019, 993 Rn. 68.
[14] AA *Jacoby* ZMR 2018, 393 (400); *Hügel/Elzer* Rn. 82.
[15] IE *Hügel/Elzer* Rn. 82 unter Hinweis auf BGH NZG 2019, 269 Rn. 69 zur GmbH.
[16] BGH NJW 2010, 933 Rn. 13.
[17] Vgl. BGH NZG 2014, 820 Rn. 8.
[18] OLG München ZWE 2006, 456.
[19] BayObLG ZWE 2002, 214 (216).
[20] BGH ZWE 2013, 47 Rn. 9; NJW 2010, 2127 Rn. 6; zur Anfechtung der Einzelabrechnung BGH NZM 2020, 755; LG Nürnberg-Fürth BeckRS 2019, 30072.
[21] KG NJW-RR 2003, 664; BayObLG NJW-RR 1996, 254; OLG Düsseldorf NJW-RR 1995, 1294.
[22] OLG Schleswig NZM 2007, 132 (133); OLG München NZM 2005, 825 (827); KG NJW-RR 2003, 664 (665).
[23] OLG Schleswig NZM 2007, 132 (133); OLG München NZM 2005, 825 (827).

Überprüfung stellen will.[24] Dazu kann die – nicht zwingend erforderliche – Angabe des Tagesordnungspunkts genügen, auch ein Schlagwort, wie „Verwalterbestellung", wenn nur der Streitgegenstand hinreichend bestimmt wird.

10 Auf der Grundlage des innerhalb der Klagefrist (§ 45 S. 1 Fall 1) mitgeteilten Vorbringen des Klägers hat das Gericht den Klageantrag **sinnvoll,** ohne Beschränkung durch den Wortlaut nach dem erklärten Willen **auszulegen** und gemäß § 139 Abs. 1 S. 2 ZPO auch bei Beschlussklagen auf eine sachdienliche Antragstellung hinzuwirken.[25] Weil die Auslegung auf die Klärung des Beantragten zielt, liegt kein Verstoß gegen § 308 Abs. 1 ZPO vor.[26] Dabei gilt im Zweifel, was nach den Maßstäben der Rechtsordnung vernünftig ist und der recht verstandenen Interessenlage des Klägers entspricht,[27] so dass die Auslegung nicht die Unwirksamkeit der Prozesshandlung führen darf.[28] Deshalb wird mit der in unzulässiger Weise auf einen Teil des Eigentümerbeschlusses beschränkte Anfechtung regelmäßig als Anfechtung insgesamt auszulegen sein.[29] Schließlich genügt auch die (vorsorgliche) Anfechtung aller in einer Eigentümerversammlung gefassten Eigentümerbeschlüsse, die sich auf die Angabe der Versammlung und der Gemeinschaft der Wohnungseigentümer beschränkt dem Bestimmtheitserfordernis,[30] hat aber bei entsprechender „Konkretisierung" nach Ablauf der Klagefrist, also Beschränkung auf einzelne Eigentümerbeschlüsse wegen der damit verbundenen Klagerücknahme[31] im Übrigen erhebliche Kostennachteile, und ebenso, wenn warum auch immer überhaupt keine Eigentümerbeschlüsse gefasst worden sind.

11 **d) Darlegungs- und Beweislast.** Entsprechend den allgemeinen Regeln muss auch bei Beschlussklagen jede Partei die ihr günstigen Haupt- und Hilfstatsachen darlegen und beweisen, etwa den **Anfechtungsgrund.**[32] Für die Anforderungen an die Darlegung des Klägers kann auf die ihm überlassenen Unterlagen, etwa die Einladung zur Eigentümerversammlung und Informationsmaterial, abgestellt werden.[33] Soweit die Möglichkeit des Klägers besteht, sich durch Einsicht in die Verwaltungsunterlagen (§ 18 Abs. 4) über Einzelheiten zu unterrichten, besteht für die Annahme einer (sekundären) Darlegungslast der beklagten Gemeinschaft der Wohnungseigentümer oder für Beweiserleichterungen bis hin zur Beweislastumkehr gestützt auf einen Grundsatz der größeren Tatsachennähe[34] kein Raum. Das ist anders entsprechend allgemeinen Regeln bei negativen Tatsachen, deren Behauptung durch den Kläger, etwa keinerlei Ermessengebrauch bei einer Sanierungsentscheidung, eine entsprechende **sekundäre Darlegungslast** der Beklagten begründet. Dies gilt auch bei der Frage des Nichtzugangs der Einladung zur Eigentümerversammlung.[35] Diese Erwägungen gelten für alle Beschlussmängel; zur Frage von tatsächlichen Vermutungen für die Auswirkung formeller Beschlussmängel (Kausalitätserfordernis) auf die Beschlussfassung → § 23 Rn. 71.

12 **e) Rechtsschutzbedürfnis und Rechtsmissbrauch.** Die Anfechtungsklage dient wie alle Beschlussklagen nicht nur dem Minderheitenschutz oder dem persönlichen Interesse des Klägers, sondern soll das Interesse aller Wohnungseigentümer an einer ordnungsmäßigen Verwaltung (§ 18 Abs. 2) umsetzen. Daraus ergibt sich regelmäßig unabhängig von der Überschreitung einer (ohnehin nicht zu bestimmenden) Erheblichkeitsschwelle[36] das Rechtsschutzbedürfnis jedes Wohnungseigentümers für eine Anfechtungsklage.[37] Das Rechtsschutzbedürfnis setzt also nicht voraus, dass der Kläger durch den Eigentümerbeschluss einen Nachteil erleidet. Dass der Wohnungseigentümer dem Eigentümerbeschluss zugestimmt hat, schließt sein Anfechtungsrecht nicht aus, auch wenn er seine Meinungsänderung nicht begründet.[38]

13 Diese Grundsätze gelten auch für **Negativbeschlüsse,** auch wenn dieser für eine erneute Beschlussfassung über denselben Beschlussgegenstand keine Sperrwirkung entfaltet,[39] selbst wenn

[24] Vgl. BGH NZM 2915, 218 Rn. 9; NJW 2010, 446 Rn. 15; *Dötsch* ZMR 2008, 433 (436).
[25] Vgl. BGH NJW 2016, 2181 Rn. 18; ZWE 2013, 47 Rn. 12; NJW-RR 2010, 70 Rn. 5.
[26] BGH ZWE 2015, 143 Rn. 9; 2013, 47 Rn. 12.
[27] BGH ZWE 2017, 233 Rn. 5; NJW 2016, 281 Rn. 18; NZM 2015, 218 Rn. 9; NJW 2013, 1744 Rn. 23.
[28] BGH ZWE 2017, 233 Rn. 5; BeckRS 2013, 19859 Rn. 3; s. auch zur Vorratsanfechtung BGH ZWE 2017, 233 Rn. 6.
[29] BGH ZWE 2013, 47 Rn. 11.
[30] BGH ZWE 2017, 233 Rn. 6; aA *Briesemeister* ZMR 2008, 253 (255); *Hügel/Elzer* Rn. 157.
[31] LG Frankfurt a.M. ZWE 2020, 398 Rn. 4.
[32] BGH NJW 2015, 3519 Rn. 19; NZM 2013, 193 Rn. 20; LG München I ZWE 2020, 91 Rn. 35.
[33] BGH NZM 2013, 193 Rn. 20.
[34] Dazu *Hügel/Elzer* Rn. 112 f.
[35] *Dötsch/Schultzky/Zschieschack* WEG-Recht 2021 Kap. 8 Rn. 18.
[36] Zur Ausnahme bei Schikane OLG München ZWE 2011, 262.
[37] BGH NJW 2018, 552 Rn. 4; NZM 2011, 551 Rn. 16; NJW 2010, 2129 Rn. 13.
[38] BGH NJW 2012, 2578 Rn. 9; zum Rechtsmissbrauch bei Zustimmung in Kenntnis eines Verfahrensmangels BGH NZM 2019, 630 Rn. 13.
[39] BGH NJW 2015, 3713 Rn. 8; NJW 2012, 1722 Rn. 5; 2011, 2660 Rn. 18.

ein Zahlungsbegehren des Klägers abgelehnt wurde.[40] Bei **Mehrhausanlagen** kann bei Beschränkung des Stimmrechts (→ § 25 Rn. 16) für nicht stimmberechtigte Wohnungseigentümer ein Rechtsschutzbedürfnis fehlen, wenn sie von der Regelung in keiner Weise betroffen sind, etwa bei einer Gebrauchsregelung, nicht aber bei der Gefahr der Inanspruchnahme gemäß § 9a Abs. 4 S. 1.[41] Die **Vollziehung** des Eigentümerbeschlusses lässt schon wegen des Folgenbeseitigungsanspruchs des erfolgreichen Klägers, der eine ermessensfehlerfreie Entscheidung über die Wiederherstellung der Lage ohne Ausführung des aufgehobenen Eigentümerbeschlusses verlangen kann,[42] das Rechtsschutzbedürfnis regelmäßig nicht entfallen;[43] das Rechtsschutzbedürfnis ergibt sich zudem regelmäßig aufgrund der angestrebten Klärung der Frage, ob der Eigentümerbeschluss ordnungsmäßiger Verwaltung entsprochen hat, für Folgeprozesse.[44] Ein **Zweitbeschluss** führt erst mit Bestandskraft zum Entfallen der Rechtskraft,[45] aber nur wenn Auswirkungen der Beschlussanfechtung auf Folgeprozesse sicher auszuschließen sind.[46]

Die Erhebung einer Beschlussklage kann **rechtsmissbräuchlich** sein, etwa bei Verfolgung wohnungseigentumsfremder oder – feindlicher Ziele (§ 226 BGB); weil das Klagerecht zum Kernbereich elementarer Mitgliedschaftsrechte zählt, also für den Minderheitenschutz von überragender Bedeutung ist, können diese Voraussetzungen nur bei Anlegung eines strengen Maßstabes angenommen werden.[47] Deshalb genügt es nicht, wenn ein Wohnungseigentümer immer wieder oder gar alle Eigentümerbeschlüsse, noch dazu ohne nachvollziehbare Begründung, kurz „querulatorisch" anfechtet, selbst wenn dies einem Erwerber gegenüber auch ohne Nachfrage offenzulegen wären.[48] Wenn die Befugnis **verwirkt** ist, eine Beschlussklage zu erheben, ist sie unzulässig.[49] Zeitablauf steht einer Beschlussklage, nämlich der Geltendmachung der Nichtigkeit eines Eigentümerbeschlusses (Nichtigkeitsklage) oder des Anspruchs auf Beschlussfassung auf der Grundlage des unverjährbaren Anspruchs auf ordnungsmäßige Verwaltung (Beschlussersetzungsklage), allein nicht entgegen, denn regelmäßig wird es an dem für das Umstandsmoment erforderlichen Vertrauenstatbestand fehlen.[50] 14

f) Entscheidungsmaßstab und Urteil. Das Gericht prüft den Eigentümerbeschluss auf der Grundlage der vom Kläger rechtzeitig in ihrem wesentlichen Kern vorgetragenen Beanstandungen (→ § 45 Rn. 10) **nach dem Kenntnisstand der beschließenden Wohnungseigentümer** (in der Eigentümerversammlung).[51] Insbesondere wäre eine Überprüfung der Grenzen des den Wohnungseigentümern bei Verwaltungsentscheidungen eingeräumten Ermessens nicht möglich, würde man eine nachträgliche Begründung einer einmal getroffenen Entscheidung ermöglichen,[52] wie etwa die Einholung von Vergleichsangeboten. Spätere Erkenntnisse, auch solche, die im Anfechtungsprozess gewonnen werden, können Grundlage für eine erneute – im Ergebnis gleiche oder abweichende – Ermessensentscheidung zum Beschlussgegenstand sein. 15

Im Urteil ist bei Begründetheit im Tenor der für ungültig erklärte **Eigentümerbeschluss bestimmt,** also unter Wiedergabe des Wortlauts und Angabe der Eigentümerversammlung, **zu bezeichnen.** Soweit die Klage zur Kassation des Eigentümerbeschlusses führt, kommt es nicht zur Klageabweisung im Übrigen, auch soweit der Kläger zur Ungültigerklärung hilfsweise Feststellung der Nichtigkeit beantragt hat und umgekehrt;[53] richtigerweise kann das Gericht die Frage offenlassen, ob ein innerhalb der Fristen des § 45 geltend gemachter Anfechtungsgrund sogar zur Nichtigkeit führt; § 139 Abs. 1 S. 2 ZPO verbietet es jedenfalls, die Anfechtungsklage abzuweisen, weil sogar 16

[40] BGH NJW 2015, 3713 Rn. 10; s. auch BGH NZM 2020, 755.
[41] LG Frankfurt a.M. BeckRS 2018, 8675 Rn. 10.
[42] LG München I ZWE 2021, 42 Rn. 29; krit. *Ott* FS Riecke, 2019, 333; zur praktischen Folgenlosigkeit der erfolgreichen Anfechtungsklage vgl. *Zschieschack* FS Riecke, 2019, 477 (487).
[43] BGH NJW 2015, 3713 Rn. 8; 2011, 2660 Rn. 12 ff.; zur Ausnahme bei unverhältnismäßigem Aufwand AG Düsseldorf BeckRS 2010, 5130; zum Zeitablauf bei der Verwalterbestellung BGH NZM 2020, 240 Rn. 11; NJW 2012, 3175 Rn. 5.
[44] BGH NZM 2020, 563 Rn. 7; NJW 2020, 988 Rn. 11; 2018, 2550 Rn. 29.
[45] BGH NJW 2015, 3713 Rn. 8; NJW 2013, 2271 Rn. 22.
[46] BGH NJW 2011, 2660 Rn. 16.
[47] BGH NZM 2019, 630 Rn. 13.
[48] BGH NZM 2019, 630 Rn. 13.
[49] BGH NJW 2012, 2578 Rn. 9.
[50] BGH NJW 2012, 2578 Rn. 9; weniger streng LG Düsseldorf BeckRS 2013, 9827; LG Köln NZM 2008, 896.
[51] BGH NJW 2012, 2040 Rn. 13; LG Frankfurt a.M. ZWE 2020, 436 Rn. 9; AG Hamburg-Blankenese BeckRS 2019, 21639 Rn. 51; offengelassen in BGH NZM 2018, 611 Rn. 28; aA – auf den Zeitpunkt der letzten mündlichen Verhandlung abstellend – etwa Staudinger/*Lehmann-Richter,* 2018, § 21 Rn. 103; noch anders LG Itzehoe ZWE 2016, 420; ausf. *Greiner* FS Riecke, 2019, 133 (142).
[52] LG Frankfurt a.M. ZWE 2020, 436 Rn. 10.
[53] Zum Streitgegenstand → Rn. 4; diff. *Derleder* FS Merle, 2010, 111 (118).

Nichtigkeit vorliegt. Zum Streitgegenstand → Rn. 4. Weil die Entscheidung nur das Schicksal des angefochtenen Eigentümerbeschlusses verbindlich klärt, nicht aber die Auslegung von Vereinbarungen für die Zukunft verbindlich festschreibt, auch wenn diese Vorfragen sind, erscheint es als sinnvoll, die Auslegung durch eine Zwischenfeststellungsklage zu klären.[54]

17 Eine **teilweise Ungültigerklärung** ist grundsätzlich möglich[55] und kommt in Betracht, wenn zur Überzeugung des Gerichts nach dem tatsächlichen oder hypothetischen Willen der Wohnungseigentümer zweifelsfrei und mit Sicherheit[56] davon auszugehen ist, dass diese den Restbeschluss auch als Teilregelung gefasst hätten.[57] Der verbliebene Teil muss auch allein für sich Bestand haben können.[58] Im Tenor muss die Reichweite der Ungültigerklärung eindeutig angegeben werden,[59] etwa mit der Formulierung „insoweit aufgehoben". Dem Gericht ist es aber nicht erlaubt, die Regelung des Eigentümerbeschlusses inhaltlich zu ändern und durch aus seiner Sicht geeignete Maßnahmen zu ersetzen oder zu ergänzen,[60] insbesondere nicht bei der erfolgreichen Anfechtung eines Negativbeschlusses.[61] Zu Rechtsmitteln → § 43 Rn. 9.

18 **2. Nichtigkeitsklage (Abs. 1 S. 1 Fall 2).** Mit der auf **Feststellung der Nichtigkeit** gerichteten Klage ist die Möglichkeit eröffnet, die Unwirksamkeit eines Eigentümerbeschlusses (§ 23 Abs. 4 S. 1) durch ein Urteil mit deklaratorischer Bedeutung[62] ohne Bindung an die Frist des § 45[63] zu klären. Für diese Feststellungsklage gelten zunächst die allgemeinen Voraussetzungen gemäß § 256 Abs. 1 ZPO; dabei ergibt sich das Feststellungsinteresse regelmäßig schon aus der Zugehörigkeit zur Gemeinschaft der Wohnungseigentümer.[64] Die Nichtigkeitsgründe ergeben sich aus § 23 Abs. 4 S. 1 (→ § 23 Rn. 63) und den allgemeinen Vorschriften (§§ 134, 138 BGB). Fehlen Entstehungsvoraussetzungen des Eigentümerbeschlusses, auch vereinbarte (→ § 23 Rn. 7), ist der Eigentümerbeschluss nicht nichtig, sondern es ist schon kein Eigentümerbeschluss entstanden (Nichtbeschluss), doch kann dessen Rechtsschein mit dem sinnvoll auszulegenden Feststellungsantrag angegriffen werden.

19 Zur Klageberechtigung → Rn. 43. Zum Rechtsschutzbedürfnis → Rn. 12. Das **Rechtsschutzbedürfnis** kann ausnahmsweise entfallen, wenn der die Nichtigkeit begründende Mangel durch einen inhaltgleichen, mangelfreien Zweitbeschluss behoben worden ist,[65] wie dies etwa durch Schaffung neuer Beschlusskompetenzen durch das WEMoG der Fall sein kann.

20 Das Gericht prüft grundsätzlich nur Nichtigkeitsgründe; soweit die Fristen des § 45 S. 1 gewahrt sind, kommt eine **Auslegung** des Klageantrags **als Anfechtungsklage** in Betracht (zur Abgrenzung von Anfechtungs- und Nichtigkeitsklage → Rn. 4).

21 **3. Beschlussersetzungsklage (Abs. 1 S. 2). a) Normzweck und Gegenstand.** Die Beschlussersetzungsklage dient der **Durchsetzung des Anspruchs jedes Wohnungseigentümers auf ordnungsmäßige Verwaltung** (§ 18 Abs. 2), insbesondere die ordnungsmäßige Erhaltung und Benutzung (§ 19 Abs. 1) einschließlich der zur Vorbereitung der Entscheidung erforderlichen Maßnahmen,[66] aber auch die Bestellung eines Verwalters,[67] die Aufstellung eines Wirtschaftsplans oder einer Jahresrechnung[68] oder einer Neuregelung aufgrund veränderter Umstände (Zweitbeschluss),[69] schließlich der effektiven Durchsetzung von Individualansprüchen iSd § 9a Abs. 2 (→ § 9a Rn. 34).[70] Für eine aus zwei (zerstrittenen) Wohnungseigentümern bestehende Gemeinschaft der Wohnungseigentümer gelten keine Besonderheiten, dh (für die Abwicklung über die Gemeinschaft der Wohnungseigentümer) notwendige Eigentümerbeschlüsse müssen mit der Beschlussersetzungsklage erzwungen werden.[71] Wenn die Wohnungseigentümer eine nach dem Gesetz erforderliche,

---

54 *Rüscher/Vogel* FS Müller, 2019, 268.
55 BGH NJW 2019, 2083 Rn. 27; NJW-RR 2017, 462 Rn. 26.
56 Vgl. BGH NJW 2015, 549 Rn. 21.
57 BGH NZM 2020, 805 Rn. 16; 2020, 664 Rn. 13; NJW 2020, 988 Rn. 44; 2019, 2083 Rn. 29; NJW-RR 2017, 462 Rn. 26.
58 BGH NJW 2012, 2648 Rn. 13; LG Hamburg ZWE 2016, 458.
59 BayObLG BeckRS 2005, 5039 noch zum Abrechnungsbeschluss nach § 28 aF.
60 BGH ZWE 2013, 47 Rn. 9; LG Hamburg ZWE 2016, 458 (461).
61 LG Hamburg BeckRS 2015, 16855.
62 BGH NJW 2012, 2578 Rn. 9.
63 BGH NJW 2016, 2177 Rn. 18; 2011, 3237 Rn. 33; zur Verwirkung → Rn. 12.
64 Vgl. BGH NJW 1965, 1378 zur GmbH.
65 Vgl. BGH NJW 1956, 1753 zur AktG.
66 BGH NZM 2017, 677 Rn. 7.
67 BGH NZM 2011, 630.
68 BGH ZWE 2010, 330; ZWE 2011, 170.
69 BGH NJW 2016, 1310 Rn. 16.
70 *Hogenschurz* MietRB 2020, 283 (288).
71 BGH BeckRS 2020, 35171 Rn. 9, 15 auch zum Ausschluss von Direktansprüchen der Wohnungseigentümer untereinander.

also notwendige Entscheidung durch Eigentümerbeschluss nicht treffen, kann eine gerichtliche Entscheidung anstelle der Wohnungseigentümer erreicht werden; diese muss das grundsätzlich bestehende **Selbstorganisationsrecht der Wohnungseigentümer**[72] beachten. Besteht hinsichtlich des „Ob" kein Ermessen, etwa weil es eine öffentlich-rechtliche Pflicht zu erfüllen gilt, oder ist dieses auf null reduziert, kann der Wohnungseigentümer mit der Beschlussersetzungsklage erreichen, dass die für deren Umsetzung erforderlichen Schritte unternommen werden, wenn er auch kaum einmal gerade die Beauftragung eines bestimmten Handwerkers erreichen kann. Weil der einzelne Wohnungseigentümer nur eine ermessensfehlerfreie Entscheidung verlangen kann, ist es ihm nicht möglich, eine „sachgerechte" Mehrheitsentscheidung durch eine aus seiner Sicht bessere Lösung ersetzen zu lassen.

Soweit der einzelne Wohnungseigentümer von der Gemeinschaft der Wohnungseigentümer ein schlichtes Verwaltungshandeln, wie die Einsicht in der Verwaltungsunterlagen (§ 18 Abs. 4), oder von den übrigen Wohnungseigentümern den Abschluss einer Vereinbarung gestützt auf § 10 Abs. 2,[73] begehrt, ist nicht die Beschlussersetzungsklage, sondern die **Leistungsklage** einschlägig.[74] Soweit eine vereinbarte Beschlusskompetenz (zur Öffnungsklausel → § 10 Rn. 40) die begehrte Beschlussfassung über einen sonst der Vereinbarung unterliegenden Gegenstand erlaubt, kann der Kläger sie mit der Beschlussersetzungsklage geltend machen. 22

b) Klageantrag. Weil das Gericht eine eigene Ermessensentscheidung trifft, genügt abweichend von § 253 Abs. 2 Nr. 1 ZPO die **Angabe des Rechtsschutzzieles,** also die Angabe, worauf die Klage zielt.[75] Wenn der Kläger im Klageantrag einen Eigentümerbeschluss formuliert, wird diese regelmäßig als beispielhafte Möglichkeit zur Erreichung des Rechtsschutzzieles zu verstehen sein, wenn sich aus der Klagebegründung nicht ausnahmsweise ergibt, dass der Kläger gerade die formulierte Beschlussfassung und nur diese erreichen will. Durch das Rechtsschutzziel beschränkt der Kläger auch den dem Gericht eröffneten Ermessenspielraum; das Gericht darf nichts anderes zusprechen, wobei es wie beim Streitgegenstand auf den Lebenssachverhalt bei natürlicher Betrachtungsweise ankommt.[76] Deshalb mag die Stellung von Hilfsanträgen zu Alternativen, z.B. Treppenlift statt Aufzug, sinnvoll sein. 23

Weil das Gericht mit dem Urteil selbst die Rechtslage gestaltet, lautet der Klageantrag richtigerweise nicht auf Zustimmung zu einem Eigentümerbeschluss, sondern dass das **Gericht an Stelle der Wohnungseigentümer einen Eigentümerbeschluss fasst.**[77] Wenn der Klageantrag auf Zustimmung zu einem Beschlussantrag oder auf Durchführung einer bestimmten Maßnahme gerichtet wird, muss regelmäßig als Gestaltungsantrag ausgelegt werden;[78] § 139 Abs. 1 S. 2 ZPO verpflichtet das Gericht, auf eine sachdienliche Klarstellung hinzuwirken. 24

c) Vorbefassung als Sachurteilsvoraussetzung. Um das Selbstorganisationsrecht der Wohnungseigentümer zu wahren, muss der Kläger vor Klageerhebung **erfolglos versucht** haben, eine Entscheidung der Wohnungseigentümer über den nach seiner Meinung notwendigen **Eigentümerbeschluss herbeizuführen.** Andernfalls fehlt der Klage grundsätzlich das Rechtsschutzbedürfnis, wenn die Vorbefassung der Wohnungseigentümer erkennbar aussichtslos, also bloße Förmelei wäre;[79] sie ist unzulässig.[80] Der Kläger muss in der Klageschrift darlegen, warum eine Beschlussfassung zum begehrten Eigentümerbeschluss unterblieben ist.[81] Dazu bedarf es regelmäßig der Befassung der Eigentümerversammlung.[82] 25

Vorbefassung erfordert einen **konkreten Beschlussantrag,** mit dem der Kläger die von ihm als notwendig angenommene Entscheidung über die Verwaltung des Gemeinschaftseigentum und damit den Entscheidungsgegenstand vorgibt;[83] dabei ist wie beim Klageantrag die Angabe des Rechtsschutzziels (→ Rn. 23) ausreichend. In der Praxis ist es regelmäßig sinnvoll, Alternativen in 26

---

[72] BGH NZM 2015, 821 Rn. 14; 2015, 595 Rn. 15; 2015, 88 Rn. 14; 2012, 347 Rn. 10.
[73] Vgl. BR-Drs. 168/20, 93.
[74] *Dötsch/Schultzky/Zschieschack* WEG-Recht 2021 Kap. 14 Rn. 143.
[75] BGH ZWE 2017, 224 Rn. 11; NJW 2917, 64 Rn. 7; NZM 2016, 523 Rn. 19; NJW 2013, 2271 Rn. 23; *Dötsch/Schultzky/Zschieschack* WEG-Recht 2021 Kap. 14 Rn. 139 f.
[76] BGH BeckRS 2017, 112009 Rn. 5.
[77] Vgl. den Tenor in BGH BeckRS 2018, 8235.
[78] BGH NZM 2018, 611 Rn. 6; 2016, 523 Rn. 18 f.
[79] BGH NJW 2017, 64 Rn. 8; zum Scheitern eines Umlaufbeschlusses s. auch LG München I BeckRS 2015, 13205.
[80] BGH NZM 2012, 508 Rn. 7; aA Staudinger/*Lehmann-Richter,* 2018, § 21 Rn. 276: unbegründet.
[81] LG Dortmund ZWE 2016, 32 (33).
[82] Zur Klage auf Einberufung vgl. *Dötsch/Schultzky/Zschieschack* WEG-Recht 2021 Kap. 8 Rn. 10.
[83] BGH BeckRS 2017, 112009 Rn. 5.

einer vorgegebenen Reihenfolge zur Entscheidung der übrigen Wohnungseigentümer zu stellen, um dem Einwand des Fehlens der Vorbefassung zu begegnen.[84]

27 Nach der Entscheidung der Wohnungseigentümer zu dem Beschlussantrag lässt sich für den **Rechtsschutz des Klägers** unterscheiden: Verweigert die Eigentümerversammlung eine Beschlussfassung, kann der Kläger sein Rechtsschutzziel mit der Beschlussersetzungsklage verfolgen. Lehnt die Eigentümerversammlung den Beschlussantrag ab, ist gegen diesen Negativbeschluss die Anfechtungsklage eröffnet;[85] die Bestandskraft des Negativbeschlusses sperrt aber eine auf den abgelehnten Beschlussgegenstand zielende Beschlussersetzungsklage nicht.[86] Trifft die Eigentümerversammlung eine vom Rechtsschutzziel des Klägers abweichende Entscheidung, gestattet etwa die Anbringung eines Geländers statt der Errichtung eines Treppenlifts, ist der Rechtsschutz gegen diese Entscheidung durch die Anfechtungsklage eröffnet, die zur Verhinderung der Sperrwirkung der positiven Beschlussfassung[87] auch geboten ist; sein weitergehendes Rechtsschutzziel muss der Kläger daneben mit der Beschlussersetzungsklage verfolgen.

28 **d) Entscheidungsmaßstab.** Das Gericht ermittelt die Grundlage seiner Entscheidung nicht von Amts wegen, sondern der Kläger muss dem Gericht alle für die begehrten Entscheidung und die dabei vorzunehmende Ermessensentscheidungen notwendigen Tatsachengrundlagen darlegen und ggf. beweisen, etwa soweit erforderlich Vergleichsangebote (→ § 19 Rn. 56) für eine Auftragsvergabe oder Verwalterbestellung vorlegen **(Beibringungsgrundsatz),** wenn ein Eigentümerbeschluss über eine Auftragserteilung angestrebt wird.[88] Der Kläger muss also die Ermessensentscheidung des Gerichts durch seinen Vortrag so vorbereiten, als wären die Wohnungseigentümer selbst mit der Entscheidung befasst; andernfalls ist die Klage nicht begründet.[89] Für die Anforderungen an den Sachvortrag ist deshalb danach zu unterscheiden, ob der Kläger einen Grundlagenbeschluss (→ § 20 Rn. 119) begehrt, also die Entscheidung, dass die Grundlagen für eine Maßnahme ermittelt[90] und/oder eine Maßnahme dem Grunde nach vorgenommen werden soll, auch in einer bestimmten Ausführungsart,[91] oder einen Ausführungsbeschluss, der die konkrete Maßnahme und deren Details regelt.[92]

29 Die Beschlussersetzungsklage ist **begründet,** wenn der Kläger Anspruch auf die begehrte Beschlussfassung hat.[93] Dafür ist neben der aus Gesetz oder Vereinbarung begründeten Beschlusskompetenz erforderlich, dass das grundsätzlich bestehende Ermessen der Wohnungseigentümer nicht erlaubt, keinen Beschluss zu treffen, wie das etwa bei Ansprüchen dem Grunde nach, zB bei § 20 Abs. 3[94] oder bei der Notwendigkeit der Erfüllung öffentlich-rechtlicher Pflichten (Brandschutzauflagen usw) der Fall ist, also in Fällen, in denen kein Entschließungsermessen besteht oder dieses auf null reduziert ist. Auch in diesen Fällen ist das Auswahlermessen der Wohnungseigentümer, etwa zur Frage, welcher Handwerker mit welchen Leistungen zu welchen Bedingungen beauftragt wird, regelmäßig nicht auf null reduziert.

30 Maßgeblich ist, ob der Anspruch im **Zeitpunkt der letzten mündlichen Verhandlung** in der Tatsacheninstanz besteht; unerheblich ist also, ob die Ablehnung des Beschlussantrags zuvor vertretbar war.[95]

31 **e) Urteil und Wirkung.** Das Gericht entscheidet anstelle der Wohnungseigentümer durch Urteil und übt dabei das bei der Entscheidung nach materiellem Recht bestehende **Ermessen** aus, soweit dieses reicht,[96] durch Gestaltungsurteil.[97] Die Entscheidung des Gerichts ist dabei durch das vom Kläger angegebene Rechtsschutzziel (→ Rn. 23) begrenzt, darf also nichts anderes zusprechen, etwa anstelle des Aufzugs einen Treppenlift.[98] Dabei gebietet das Selbstorganisationsrecht der Woh-

---

[84] Vgl. LG Frankfurt a.M. NZM 2020, 290 Rn. 7.
[85] BGH NZM 2015, 937.
[86] BGH NZM 2019, 628 Rn. 16; aA Staudinger/*Lehmann-Richter,* 2018, § 21 Rn. 280.
[87] BGH NZM 2013, 618 Rn. 21.
[88] LG Frankfurt a.M. ZWE 2020, 56 Rn. 13; LG Dortmund ZWE 2017, 143; 2017, 141; 2016, 32; kritisch *Küttner* FS Riecke, 2019, 275.
[89] AA LG Hamburg BeckRS 2016, 18180: unzulässig mangels Rechtsschutzbedürfnis.
[90] Zur Möglichkeit des selbständigen Beweisverfahrens → § 43 Rn. 53.
[91] LG Itzehoe ZMR 2019, 443.
[92] Vgl. LG Berlin ZWE 2019, 499 (502).
[93] BT-Drs. 168/20, 92.
[94] BT-Drs. 168/20, 92.
[95] BGH NZM 2018, 611 Rn. 26.
[96] BT-Drs. 168/20 93; BGH NJW-RR 2018, 522 Rn. 10; NJW 2017 Rn. 22; LG Frankfurt a.M. ZWE 2020, 56 Rn. 13; LG Berlin ZWE 2014, 455 (457).
[97] BGH NJW-RR 2018, 522 Rn. 10; NZM 2016, 523 Rn. 19; NJW 2013, 2271 Rn. 21.
[98] BGH BeckRS 2017, 112009 Rn. 5.

nungseigentümer das Gebot der Zurückhaltung: Die gerichtliche Entscheidung darf nur soweit gehen, als dies zur Gewährleistung eines effektiven Rechtsschutzes notwendig ist, muss sich etwa auf einen Grundlagenbeschluss oder die Vorgabe einer konkreten Maßnahme beschränken, um den Wohnungseigentümern die Möglichkeit zu eröffnen, zur Ausführung eigenverantwortliche weitere Entscheidungen zu treffen.[99] Deshalb mag im Einzelfall die Anordnung der zur Ermittlung des Erhaltungsbedarfs erforderlichen Maßnahmen ausreichen,[100] aber auch die Bestimmung der Art und Weise einer Erhaltungsmaßnahme nebst Hinweisen zum weiteren Vorgehen geboten sein.[101] Maßgebend sind die Umstände des Einzelfalls, etwa die Struktur der Eigentümergemeinschaft (zB Zweier-WEG mit Kopfstimmrecht), aber auch das bisherige Verhalten bei der notwendigen Problembewältigung. Effektiver Rechtsschutz gebietet umso stärkere Eingriffe in das Selbstorganisationsrecht der Wohnungseigentümer, je weniger von diesen noch eine sachgerechte weitere Entscheidung zu erwarten ist. Für die **Kostenentscheidung** gilt bei Klageabweisung § 91 Abs. 1 S. 1 ZPO, sonst § 92 Abs. 2 ZPO, der es erlaubt, der Beklagten die Kosten des Rechtsstreits insgesamt aufzuerlegen, wenn der Kläger sein rechtsschutzziel im Wesentlichen erreicht (§ 92 Abs. 2 Nr. 2 ZPO).[102]

Die **Gestaltungswirkung** tritt mit Eintritt der Rechtskraft ein.[103] Durch **Zweitbeschluss** 32
kann die Entscheidung nicht ersatzlos außer Kraft gesetzt werden, sondern nur bei veränderten Umständen eine Neuregelung getroffen werden.[104] Einer Vollstreckung der Entscheidung in der Hauptsache bedarf es nicht, weil die Rechtswirkung von selbst eintritt. Eine andere Frage ist, ob der Verwalter seiner Pflicht zur Umsetzung freiwillig nachkommt oder im Einzelfall der erfolgreiche Kläger, weil der Verwalter die gerichtliche Entscheidung entsprechend dem Willen der Mehrheit der Wohnungseigentümer unbeachtet lässt oder nur verzögernd umsetzt, dann gegenüber der Gemeinschaft der Wohnungseigentümer einfordern und ggfls. klageweise – etwa nach erfolgloser Vorbefassung mit der Beschlussersetzungsklage mit dem Ziel, einen Anwalt mit der Rechtsdurchsetzung zu beauftragen – geltend machen muss, die Umsetzung des gerichtlichen ersetzen Beschlusses gegenüber dem Verwalter einzufordern; wer deshalb die Möglichkeit erwägt, die Beschlussersetzungsklage sogleich mit einer Leistungsklage auf Beschlussumsetzung[105] zu verbinden, muss jedenfalls die ernsthafte Besorgnis der Nichterfüllung iSd § 259 ZPO im Einzelfall darlegen können. Gegen den durch das Gericht ersetzten Eigentümerbeschluss ist nicht die Anfechtungsklage statthaft, sondern nur der Instanzenzug eröffnet.[106]

4. Abgrenzungen zu anderen Klagearten. a) Feststellungsklagen. Auf die in § 44 Abs. 1 33
nicht ausdrücklich geregelten Gestaltungs- und Feststellungsklagen, die Inhalt und Wirksamkeit von Eigentümerbeschlüssen betreffen, findet die Vorschrift entsprechende Anwendung.

aa) Beschlussfeststellungsklage. Wenn der Vorsitzende der Eigentümerversammlung das 34
Zustandekommen eines Eigentümerbeschlusses **nicht feststellt und den Eigentümerbeschluss nicht verkündet** (→ § 23 Rn. 10), obwohl die Voraussetzungen dafür vorgelegen haben, kann jeder Wohnungseigentümer das Zustandekommen eines Eigentümerbeschlusses mit einer Feststellungsklage geltend machen. Dies gilt auch für Negativbeschlüsse (→ § 23 Rn. 5).[107] Weil der Versammlungsleiter bei der Feststellung und der Verkündung von Eigentümerbeschlüssen als Organ der Gemeinschaft der Wohnungseigentümer handelt, ist diese entsprechend Abs. 2 S. 1 der richtige Beklagte.

Wenn der Vorsitzende der Eigentümerversammlung zu Unrecht **keinen positiven Beschluss** 35
festgestellt hat, sondern einen Negativbeschluss, kann die Feststellung und Verkündung des richtigen Beschlussergebnisses durch das Gericht gegen die Gemeinschaft der Wohnungseigentümer klageweise geltend gemacht werden.[108] Gegen den falsch festgestellten Eigentümerbeschluss kommt die Anfechtungs- oder Nichtigkeitsklage in Betracht, die im Wege der objektiven Klagehäufung mit dem – im Einzelfall in die Anfechtungsklage im Wege der Auslegung hereinzulegenden – Feststellungsantrag verbunden werden kann.[109]

---

[99] BGH NJW 2018, 522 Rn. 13; NZM 2018, 655 Rn. 1 24; NJW 2017, 64 Rn. 31; NZM 2016, 523 Rn. 21; 2013, 582 Rn. 31; LG Frankfurt a.M. ZWE 2020, 56 Rn. 7; LG Hamburg ZWE 2019, 82 Rn. 14; ZWE 2016, 36.

[100] LG Berlin WZE 2019, 499 Rn. 22.

[101] BGH NZM 2013, 582 Rn. 31; LG Berlin ZWE 2019, 499 Rn. 22.

[102] Vgl. BT-Drs. 168/20, 90.

[103] BGH NJW-RR 2018, 522 Rn. 12; NJW 2013, 2271 Rn. 21.

[104] KG NJW-RR 1996, 779 (780); AG Hamburg-St. Georg ZWE 2014, 287.

[105] Vgl. BGH NZM 2018, 719 Rn. 26.

[106] BGH NJW-RR 2018, 522 Rn. 12.

[107] LG Itzehoe ZWE 2016, 462.

[108] BGH NJW 2002, 3704 (3705); *Becker* ZWE 2006, 157 (160).

[109] BayObLG FGPrax 2005, 106; OLG Düsseldorf BeckRS 2008, 17937.

36 Die begehrte **Feststellung des positiven Beschlussergebnisses** durch das Gericht muss nicht innerhalb der Frist des § 45 erfolgen (→ § 45 Rn. 3) und setzt in der Sache voraus, dass dieser Eigentümerbeschluss ordnungsmäßiger Verwaltung entspricht.[110] Dafür spricht insbesondere die Prozessökonomie, die eine gesonderte Anfechtungs- oder Nichtigkeitsklage gegen den eben erst durch das Gericht festgestellten Eigentümerbeschluss als untunlich erscheinen lässt. Wenn das Gericht den festzustellenden Eigentümerbeschluss als nicht ordnungsgemäß erachtet, muss es hierauf nach allen Meinungen hinweisen.[111] Um den übrigen Wohnungseigentümern die Geltendmachung von Anfechtungs- und Nichtigkeitsgründen zu ermöglichen, ist allerdings die Bekanntmachung der Klage ihnen gegenüber durch den Verwalter entsprechend Abs. 2 S. 2 (→ Rn. 55) geboten (zur Überwachungspflicht des Gerichts → Rn. 57). Schließlich ist für den umgekehrten Fall der Beschlussersetzungsklage anerkannt, dass der durch das Gericht rechtskräftig ersetzte Eigentümerbeschluss nicht mit der Anfechtungs- oder Nichtigkeitsklage angefochten werden kann.[112]

37 **bb) Beschlussinhaltsfeststellungsklagen.** Wenn der Vorsitzende der Eigentümerversammlung einen Eigentümerbeschluss festgestellt und verkündet, obwohl dafür die Voraussetzungen nicht vorlagen, gleich ob die **erforderliche Mehrheit verfehlt** wurde und also ein Negativbeschluss festzustellen und zu verkünden gewesen wäre oder der Eigentümerbeschluss einen **anderen Inhalt** hat, kann jeder Wohnungseigentümer – ohne Bindung an die Frist des § 45 (→ Rn. 2) – mit einer Feststellungsklage gegen die Gemeinschaft der Wohnungseigentümer geltend machen, der Eigentümerbeschluss sei nicht oder mit anderem Inhalt gefasst worden.[113] Auch hier erfolgt inzident die Prüfung, ob der durch das Gericht festzustellende Eigentümerbeschluss ordnungsgemäßer Verwaltung entspricht (→ Rn. 4).

38 **cc) Klage auf Feststellung der Gültigkeit eines Eigentümerbeschlusses.** Angesichts der in Abs. 1 S. 1 Alt. 2 ausdrücklich geregelten Klage auf Feststellung der Nichtigkeit wird für eine Klage mit dem umgekehrten Ziel, die Gültigkeit eines Eigentümerbeschlusses, das Rechtsschutzinteresse verneint.[114] Indes nicht zu leugnen ist, dass der einzelne Wohnungseigentümer eine Rechtsschutzmöglichkeit eröffnet sein muss, wenn die Gemeinschaft der Wohnungseigentümer und der Verwalter einen Eigentümerbeschluss als nichtig ansehen und deshalb nicht umsetzen und beachten; dies geschieht durch eine Leistungsklage des Wohnungseigentümers gegen die Gemeinschaft der Wohnungseigentümer, mit der er die aus dem Eigentümerbeschluss begründete Leistung geltend machen kann (→ Rn. 32).

39 **b) Leistungsklagen. aa) Klage auf eine Vereinbarung (§ 10 Abs. 2).** Abs. 1 S. 2 findet nach Wortlaut und Willen des Gesetzgebers keine Anwendung auf den Anspruch auf eine Vereinbarung (§ 10 Abs. 2). Dieser Anspruch ist mit einer Leistungsklage[115] gegen alle übrigen Wohnungseigentümer durchzusetzen. Diese gesetzgeberische Entscheidung ist zu Recht allseits kritisiert worden mit Blick auf die Schwierigkeiten nach Streichung der früheren Vertretungsbefugnis des Verwalters für alle Wohnungseigentümer, die eine Namhaftmachung aller Beklagten durch den Kläger (nach Einsicht in die Verwaltungsunterlagen, § 18 Abs. 4) und die Zustellung an jeden einzelnen erforderlich macht, und der Streichung der Kostenobergrenze des § 50 aF.[116]

40 **bb) Klagen auf ein Verwaltungshandeln.** Abs. 1 S. 2 findet nach Wortlaut und Willen des Gesetzgebers keine Anwendung auf den Anspruch auf ein **„einfaches"** Verwaltungshandeln, das keinen Eigentümerbeschluss mehr erfordert, wie etwa die Klage auf Auszahlung des Guthabens aus der beschlossenen Jahresabrechnung. Diese Ansprüche, auch den Anspruch auf Vollziehung von Eigentümerbeschlüssen durch den Verwalter, kann der einzelne Wohnungseigentümer mit der Leistungsklage gegen die Gemeinschaft der Wohnungseigentümer geltend machen.

41 **5. Einstweiliger Rechtsschutz.** Das Gericht ist im Verfahren über Beschlussklagen nicht befugt, verfahrenssichernde Anordnungen auf Antrag oder von Amts wegen zu treffen. Weil die **Anfechtungsklage** keine aufschiebende Wirkung hat (→ § 23 Rn. 62),[117] vielmehr der Verwalter auch angefochtene Eigentümerbeschlüsse umsetzen muss, bedarf es zur Herstellung der aufschieben-

[110] OLG München NJW-RR 2007, 594; LG Hamburg BeckRS 2011, 23720; *Becker* ZWE 2006, 157 (161); iE Staudinger/*Lehmann-Richter,* 2018, § 46 Rn. 246; aA *Elzer* ZMR 2008, 1004 (1005).

[111] *Hügel/Elzer* Rn. 9.

[112] BGH NZM 2018, 401.

[113] Zum alten Recht und deshalb bei Annahme einer Passivlegitimation der übrigen Wohnungseigentümer KG NJW-RR 1991, 213; OLG Hamm OLGZ 1979, 296; OLG Köln OLGZ 1979, 282.

[114] *Hügel/Elzer* Rn. 16.

[115] BR-Drs. 168/20, 93.

[116] *Hügel/Elzer* Rn. 17.

[117] BayObLG NJW-RR 1998, 1386; KG OLGZ 1978, 178 (180); LG München I ZWE 2009, 84.

den Wirkung eines gesonderten Verfahrens des einstweiligen Rechtsschutzes, nämlich des Antrags auf Erlass einer Regelungsverfügung.[118] Diese kommt angesichts des aus § 23 Abs. 4 S. 2 begründeten Vollzugsinteresses nur in Betracht, wenn der Eigentümerbeschluss nicht nur offensichtlich rechtswidrig ist, sondern überdies nicht zu beseitigende Folgen, irreparable oder doch unverhältnismäßig hohe Schäden drohen,[119] nicht aber wenn in der Hauptsache die Fristen aus § 45 S. 1 versäumt sind.[120] Mit der Regelungsverfügung kann auch erreicht werden, dass dem Verwalter die Vollziehung eines offensichtlich **nichtigen** Eigentümerbeschlusses untersagt wird, soweit er diesen gleichwohl vollziehen will. Weil die Erhebung der Anfechtungsklage die Eintragung des Eigentümerbeschlusses in das Grundbuch nicht hindert, also keine Registersperre eintritt, und dessen Eintragung die Grundlage eines gutgläubigen Erwerbs sein mag, muss die Eintragung eines Rechtshängigkeitsvermerks aufgrund einstweiliger Verfügung[121] möglich sein;[122] der Antrag auf Erlass der einstweiligen Verfügung ist schon zur Gewährleistung eines zeitnahen Rechtsschutzes entsprechend § 44 Abs. 2 gegen die Gemeinschaft der Wohnungseigentümer, nicht gegen die übrigen Wohnungseigentümer zu richten.[123]

Ebenso kommt neben der **Beschlussersetzungsklage** der Erlass einer Leistungsverfügung in Betracht, insbesondere die Bestellung eines Notverwalters,[124] wenn die ordnungsgemäße Verwaltung zur Abwehr von Gefahren für die Wohnungseigentümergemeinschaft bis zur ordentlichen Bestellung eines Verwalters erforderlich ist, etwa weil eine ordentliche Bestellung in der zerstrittenen Gemeinschaft nicht zu erwarten ist und die Wahl eines Verwalters gescheitert und die Gemeinschaft der Wohnungseigentümer verwalterlos ist. Zur Sicherstellung der Finanzierung kann der Erlass eines vorläufigen Wirtschaftsplans oder einer Sonderumlage erfolgen.[125] 42

III. Gemeinsame Verfahrensvorschriften (Abs. 2)

1. Parteien der Beschlussklagen. a) Kläger. Wer **Wohnungseigentümer** (oder Teileigentümer, § 1 Abs. 6) ist oder gemäß § 8 Abs. 3 als solcher gilt **(werdender Wohnungseigentümer)**[126] ist klagebefugt, nicht aber vor Eigentumsumschreibung, wer Wohnungseigentum vom Ersterwerber erwirbt (sog. Zweiterwerber),[127] und auch nicht der bloße Bucheigentümer.[128] Soweit ein Wohnungseigentümer zu einem Eigentümerbeschluss vom Stimmrecht ausgeschlossen ist (→ § 25 Rn. 39), schließt dies seine Anfechtungsbefugnis nicht aus,[129] auch nicht bei vereinbarten Stimmrechtsbeschränkungen in Mehrhausanlagen (→ § 25 Rn. 16).[130] Das **Ausscheiden** aus der Gemeinschaft der Wohnungseigentümer im Laufe des Rechtsstreits[131] führt nicht zum Verlust der Klagebefugnis;[132] er setzt den Rechtsstreits gemäß § 265 ZPO fort, soweit er nicht ausnahmsweise kein rechtliches Interesse mehr hat.[133] Der ausgeschiedene Wohnungseigentümer kann auch einen vor seinem Ausscheiden gefassten Eigentümerbeschluss anfechten, soweit dieser ihn weiter betrifft,[134] etwa Zahlungspflichten gegen ihn oder seine Nachhaftung begründet. Nach dem Ausscheiden gefasste Eigentümerbeschlüsse binden den ausgeschiedenen Wohnungseigentümer nicht, so dass er diese nicht mehr anfechten kann.[135] Gerade im Verhältnis von Veräußerer und Zweiterwerber, aber auch sonst bei berichtigtem Interesse, kommt eine Ermächtigung zur Klage im Wege der **gewillkür-** 43

---

118 Vertiefend MüKoZPO/*Drescher* ZPO § 935 Rn. 105 ff.; *Ott* FS Riecke, 2019, 333 (341); *Schmid* NZBau 2010, 290; zur Haftung nach Aufhebung LG Frankfurt a.M. NZM 2018, 290; *Dötsch* FS Müller, 2019, 63.

119 LG Frankfurt a.M. ZWE 2021, 50; BeckRS 2020, 35684; LG Itzehoe ZWE 2017, 383; LG München I ZWE 2014, 371; LG Hamburg BeckRS 2011, 20764.

120 AG Wernigerode BeckRS 2008, 8131.

121 Vgl. BGH NJW 2013, 2357.

122 Vgl. BT-Drs. 19/18791, 40.

123 *Lehmann-Richter/Wobst* Rn. 1789; aA *Abramenko* ZMR 2020, 453 (457).

124 BGH NJW 2011, 3025 Rn. 11.

125 Vgl. AG Fürth BeckRS 2009, 5720.

126 Zum alten Recht zuletzt BGH NZM 2020, 563.

127 Zum alten LG Rostock ZWE 2014, 382.

128 BGH NJW 2012, 3232.

129 BayObLG NJW 1993, 603 (604); OLG Frankfurt OLGZ 1992, 439; LG Frankfurt a.M. NZM 2012, 120 (121).

130 *Abramenko* ZWE 2011, 159 (162).

131 Ausf. zum Eigentümerwechsel *Graf* FS Riecke, 2019, 119.

132 BGH NJW 2002, 3709 (3710).

133 KG ZWE 2000, 274 (275); BayObLG NZM 1998, 527; OLG Karlsruhe OLGZ 1985, 133 (139); LG Hamburg BeckRS 2011, 1204.

134 Vgl. BGH NZG 2013, 664 Rn. 13.

135 OLG Zweibrücken BeckRS 2007, 01186 = NZM 2007, 416 Ls.

ten Prozessstandschaft in Betracht, die grundsätzlich bis zum Ablauf der Klagefrist offengelegt werden muss.[136]

44 **Parteien kraft Amtes,** wie Insolvenz- oder Zwangsverwalter,[137] Testamentsvollstrecker[138] oder Nachlassverwalter, sind klagebefugt, soweit es nicht um Rechte geht, die von der Verwaltungsbefugnis ausnahmsweise nicht umfasst sind.[139] **Miteigentümer** eines Wohnungseigentums[140] sind selbst Wohnungseigentümer[141] und allein zur Klageerhebung in gesetzlicher Prozessstandschaft gemäß § 1011 BGB berechtigt.[142] Diese Prozessführung wird durch interne Verwaltungsentscheidungen nicht ohne weiteres ausgeschlossen, soweit die fehlerhafte Mehrheitsentscheidung in der Bruchteilsgemeinschaft nichtig[143] ist. Bei Miterben folgt deren Klagebefugnis aus § 2038 Abs. 1 BGB,[144] bei der Gütergemeinschaft aus §§ 1429, 1454 f. BGB.[145] Die übrigen Mitberechtigten können sich dann als Nebenintervenienten nur auf Klägerseite an der Beschlussklage beteiligen, weil das Wohnungseigentumsrecht materiell-rechtlich nur einheitlich ausgeübt werden kann.

45 Wenn die Gemeinschaft der Wohnungseigentümer in der eigenen Wohnungseigentumsanlage ist, bedarf sie keiner Klagebefugnis.[146] **Dinglich Berechtigte**[147] oder schuldrechtlich Berechtigte (Mieter, Pächter usw)[148] sind selbst nicht klagebefugt.

46 **Notwendige Streitgenossen** sind mehrere Kläger, die gegen den gleichen Eigentümerbeschluss klagen,[149] auch nach Verbindung ihrer gesondert erhobenen Klagen (Abs. 2 S. 3; → Rn. 64). Über die Wirkungen des § 62 Abs. 1 ZPO hinaus, bleiben ihre Prozessrechtsverhältnisse zur beklagten Gemeinschaft der Wohnungseigentümer selbständig (vgl. zur Fristwahrung → § 45 Rn. 6), so bei der Klagerücknahme[150] oder Rechtsmitteleinlegung. Streitgenossenschaft bedeutet nicht, dass das Urteil in den jeweiligen Prozessrechtsverhältnissen einheitlich ausfallen muss, weil für jeden Kläger Zulässigkeit und Begründetheit der Klage, etwa die Einhaltung der Fristen des § 45, gesondert zu prüfen ist.[151] Die erfolgreiche Klage eines Klägers wirkt indes wegen Abs. 3 im Ergebnis zu Gunsten auch der im eigenen Prozessrechtsverhältnis unterlegenen Kläger.

47 Erheben **sämtliche Wohnungseigentümer** Beschlussklage, entfällt bei Anfechtungs- und Nichtigkeitsklage nicht das Rechtschutzbedürfnis, damit es nicht zur Bestandskraft des angegriffenen Eigentümerbeschlusses kommt; bei der Beschlussersetzungsklage bedarf es der besonderen Darlegung, warum ein Rechtsschutzbedürfnis vorliegt, könnten doch die Wohnungseigentümer grundsätzlich den begehrten Beschluss mit einfacher Mehrheit selbst schaffen. Zur Klage auf Bestellung eines Verwalters in der verwalterlosen Gemeinschaft der Wohnungseigentümer → § 19 Rn. 54.

48 Eine eigene **Klagebefugnis des Verwalters,** wenn er nicht selbst Wohnungseigentümer ist, besteht nach dem Wortlaut der Regelungen und dem Willen des Gesetzgebers[152] nicht mehr. Eigentümerbeschlüsse, durch deren Ausführung der Verwalter eine strafbare Handlung oder eine Ordnungswidrigkeit begehen oder sich ersatzpflichtig machen würde, darf der Verwalter ohne weiteres unbeachtet lassen, so dass es einer entsprechenden Anwendung des § 245 Abs. 5 AktG nicht bedarf.[153]

49 **b) Klagegegner: Gemeinschaft der Wohnungseigentümer (Abs. 2 S. 1).** Die Beschlussklagen richten sich gegen die **Gemeinschaft der Wohnungseigentümerin,** die – wenn vorhanden – durch ihren Verwalter vertreten wird (§ 9b Abs. 1).[154] An ihn erfolgen gemäß § 170 Abs. 1 ZPO Zustellungen an die Gemeinschaft der Wohnungseigentümer. Dies entspricht der materiellrechtlichen Zuweisung der Verwaltung des gemeinschaftlichen Eigentums durch § 18 Abs. 1 und

---

136 BGH NZM 2016, 322 Rn. 5; NJW 2015, 2968 Rn. 8; NJW-RR 2012, 1359 Rn. 9; KG NJW-RR 2004, 878.
137 BGH NJW 2002, 3709.
138 BGH NJW 1989, 2694.
139 BGH NJW 1989, 2694; KG BeckRS 2008, 2240 Rn. 6.
140 Zur Vertretung von Außen-GbR und Innen-GbR Bärmann/Pick/*Dötsch* § 46 Rn. 50.
141 BGH NZM 2012, 837 Rn. 10.
142 LG Frankfurt a.M. ZWE 2013, 469; LG München I ZWE 2012, 142.
143 Vgl. → BGB § 745 Rn. 33; aA LG Frankfurt a.M. ZWE 2013, 469.
144 BayObLG NZM 1999, 286.
145 *Becker* ZWE 2008, 405 (407).
146 Staudinger/*Lehmann-Richter,* 2018, § 46 Rn. 99.
147 BGH NJW 2015, 2968 Rn. 8; LG Hamburg ZWE 2015, 224.
148 LG Dortmund ZWE 2020, 101 Rn. 3.
149 BGH NJW 2009, 2132 Rn. 20.
150 BGH NJW 2009, 2132 Rn. 22.
151 BGH NJW 2016, 716 Rn. 10; 2009, 2132 Rn. 22.
152 BR-Drs. 168/20, 92.
153 BR-Drs. 168/20, 92.
154 *Drasdo* NJW 2020, 3681.

dem Verständnis der Gemeinschaft der Wohnungseigentümer als eine Art Betriebsgesellschaft für die Wohnungseigentumsanlage.[155] Bei der Bezeichnung der Beklagten und damit an die Berichtigung des Passivrubrums dürfen keine hohen Anforderungen gestellt werden, denn dem Kläger „rechtlichen Unsinn als gewollt zu unterstellen, wird der gerichtlichen Fürsorgepflicht nicht gerecht";[156] eine **Rubrumsberichtigung,** wo noch entsprechend der bis zum 30.11.2020 geltenden Rechtslage die übrigen Wohnungseigentümer der Wohnungseigentümergemeinschaft genannt sind, aber nach der Klagebegründung erkennbar eine Beschlussklage gewollt ist, kommt – nach gerichtlichem Hinweis – gerade in der Übergangszeit in Betracht.[157]

Für die **Vertretung** der Gemeinschaft der Wohnungseigentümer **durch den Verwalter** (§ 9b **50** Abs. 1 S. 1) im Prozess gilt zwar grundsätzlich § 181 BGB,[158] doch schließt dies eine Vertretung durch den Verwalter auch bei Rechtsstreitigkeiten, die seine Rechte und Pflichten betreffen, wie die Anfechtungsklage gegen den Bestellungsbeschluss oder die Beschlussersetzungsklage auf Abberufung, grundsätzlich nicht aus. **§ 181 BGB** ist aber entsprechend anwendbar, wenn der Verwalter zugleich selbst Wohnungseigentümer und als solcher Anfechtungskläger ist oder Verwalter und Anfechtungskläger zumindest eng verbunden sind, etwa wenn der Anfechtungskläger zugleich Organ der zum Verwalter bestellten juristischen Person ist, oder auch in den Fällen des § 25 Abs. 4 Fall 2 (→ § 25 Rn. 43).

Der Verwalter kann aufgrund seiner im Außenverhältnis unbeschränkten Vertretungsmacht **51** (→ § 9b Rn. 5) für die Gemeinschaft der Wohnungseigentümer grundsätzlich **alle prozessualen Erklärungen** abgeben, insbesondere einen Rechtsanwalt bestellen.[159] Diese Vertretungsmacht ist bei Anfechtungsklagen jedoch im Innenverhältnis insoweit beschränkt, als der Verwalter nicht zusammen mit dem Kläger anstelle der hierzu durch die §§ 23 ff. berufenen Wohnungseigentümer über die Wirksamkeit eines Eigentümerbeschlusses verfügen und auch keinen Eigentümerbeschluss schaffen darf,[160] auch wenn er dies kann.[161] Dies bedeutet, dass eine Anerkenntniserklärung und eine Vergleichszustimmung wirksam und berechtigt sind, wenn sie nicht offensichtlich rechtsmissbräuchlich, etwa bei Ankündigung des Verwalters, seinen Pflichten zur Bekanntmachung (Abs. 2 S. 3) nicht nachzukommen, erfolgen. Einzelne Wohnungseigentümer haben allerdings die Möglichkeit zum Streitbeitritt auf Beklagtenseite und können dann Anerkenntnis und Vergleich unstreitig widersprechen.[162] Im Innenverhältnis ist der Verwalter allerdings gemäß § 27 Abs. 2 (→ § 27 Rn. 32) auf eine entsprechende Ermächtigung durch Mehrheitsbeschluss angewiesen.[163]

Bei der **verwalterlosen Gemeinschaft der Wohnungseigentümer**[164] oder auch, wenn der **52** Verwalter nach § 181 BGB von der Vertretung ausgeschlossen ist (→ Rn. 50), erfolgt deren Vertretung durch alle Wohnungseigentümer (§ 9b Abs. 1 S. 2). Die Zustellung kann in diesem Fall der Gesamtvertretung an einen der Wohnungseigentümer mit Ausnahme des Klägers erfolgen (§ 170 Abs. 3 ZPO),[165] der in der Klageschrift anzugeben ist. Dessen Rechte und Pflichten bei der Organisation der Rechtsverteidigung[166] sind indes – bei Aufhebung der Möglichkeit der Bestellung eines Ersatzzustellungsvertreters in § 45 Abs. 2 aF – nicht ausdrücklich geregelt worden;[167] zu den Grenzen der Notverwaltung vgl. → § 18 Rn. 131. Dieses Problem wirkt sich in Binnenstreitigkeiten genauso aus wie bei Klagen Dritter gegen die verwalterlose Gemeinschaft der Wohnungseigentümer. Alle denkbaren Lösungsmöglichkeiten dieses Problems begegnen Bedenken: Zwar hat jeder Wohnungseigentümer einen unentziehbaren Anspruch auf Bestellung eines Verwalters (§ 18 Abs. 2 Nr. 1, § 19 Abs. 2 Nr. 6), der im einstweiligen Rechtsschutz durch Leistungsverfügung durchgesetzt werden kann,[168] doch ist selbst auf diesem Wege eine rechtzeitige prozessuale Reaktion bei Klagen Dritter kaum möglich. Wer für eine kupierte Gesamtvertretung durch alle Wohnungseigentümer bei Beschlussklagen ohne den Kläger

---

155 Vertiefend zur Analogie zu § 246 Abs. 2 S. 1 AktG und zum Verständnis als Prozessstandschaft *Jacoby* ZMR 2018, 393.

156 *Schuschke* NZM 2009, 417 (421).

157 *Hügel/Elzer* Rn. 41 f.; zur Reform 2007 BGH NZM 2010, 406.

158 BGH NJW 1996, 658.

159 Zum alten Recht BGH NJW 2020, 1134 Rn. 12; 2013, 3098 Rn. 13.

160 Vgl. zu § 246 AktG MüKoAktG/*Schäfer* AktG § 246 Rn. 29 ff.

161 Zum alten Recht BGH ZWE 2020, 293 mAnm *Dötsch;* aA OLG München NJW-RR 1997, 988; BeckOK ZPO/*Elzer,* 1.9.2020, ZPO § 307 Rn. 24.

162 BGH NJW 2008, 1889 Rn. 8; NJW-RR 1993, 1253 (1254).

163 Zur Beschlusskompetenz ausf. *Rüscher* FS Riecke, 2019, 359 zum alten Recht.

164 *Dötsch/Schultzky/Zschieschack* WEG-Recht 2021 Kap. 14 Rn. 49 ff.

165 MüKoZPO/*Häublein/Müller* ZPO § 170 Rn. 10; *Dötsch/Schultzky/Zschieschack* WEG-Recht 2021 Kap. 14 Rn. 50; aA *Hinz* ZMR 2020, 374 (380).

166 *Dötsch/Schultzky/Zschieschack* WEG-Recht 2021 Kap. 14 Rn. 72.

167 Krit. *Becker/Schneider* ZfIR 2020, 281 (306).

168 BeckFormB WEG-R/*Hogenschurz* Form. V.

eintritt,[169] müsste erläutern, wie sich diese intern effektiv organisieren, zumal die Zulässigkeit von Vorsorgebeschlüssen, etwa über die Bestellung eines besonderen Vertreters durch § 9b versperrt ist (→ § 9b Rn. 24).[170] Danach verbleiben nur Möglichkeiten, dass durch das Gericht die Handlungsfähigkeit der Gemeinschaft der Wohnungseigentümergemeinschaft im Prozess sichergestellt wird, nämlich die Notbestellung eines Verwalters entsprechend § 29 BGB (→ BGB § 29 Rn. 2) durch das Amtsgericht (Rechtspfleger) auf Antrag eines Beteiligten[171] oder eines Prozesspflegers entsprechend § 57 ZPO[172] durch das Prozessgericht auf der Grundlage der vom Antragsteller beizubringenden Tatsachen,[173] auch wenn für beide eine organschaftliche Vertretung aller Wohnungseigentümer wohl gar nicht fehlt; beide Möglichkeiten schließen einander nicht aus.[174] In beiden Fällen muss das Gericht das Rechtsverhältnis zwischen Notverwalter bzw. Prozesspfleger, insbesondere Vergütung und Aufwendungsersatz, mit dem Bestellungsbeschluss regeln.[175] – Diese für die Teilnahme der Gemeinschaft der Wohnungseigentümer und die Gerichtspraxis nicht selten gestellte Frage hätte – ebenso wie die anschließende bei der Bekanntmachung (→ Rn. 57) – angesichts des Hinweises im Gesetzgebungsverfahrens[176] eine ausdrückliche gesetzliche Regelung verdient.[177]

53 **c) Nebenintervention.** Die Nebenintervention ermöglicht es den einzelnen Wohnungseigentümern (→ Rn. 43) in jeder Lage des Rechtsstreits, sich an anhängigen Beschlussklagen auf Kläger- oder Beklagtenseite zu beteiligen, um so auf den Prozess Einfluss zu nehmen. Für die Nebenintervention gelten auch bei Beschlussklagen die allgemeinen Regelungen (§§ 66 ff. ZPO). Das Interesse des Streithelfers am Obsiegen der von ihm unterstützten Partei ergibt sich aus der Wirkung der Entscheidung gegenüber allen Wohnungseigentümern (Abs. 3).[178] Für besondere Voraussetzungen bei Beschlussklagen, etwa die Teilnahme an der Eigentümerversammlung oder die Ablehnung des Beschlussantrags, gibt es keine Grundlagen.

54 Weil ein Wohnungseigentümer wegen § 44 Abs. 3 iVm § 69 ZPO **streitgenössischer** Nebenintervenient ist, kann er einem Anerkenntnis der Beklagten, einem Geständnis oder einer Rechtsmittelrücknahme der von ihm unterstützten Partei widersprechen, eigene Angriffs- oder Verteidigungsmittel vorbringen, durch seine Vertretung im Termin die Säumnis der Hauptpartei verhindern, Rechtsmittel einlegen und nur als Partei vernommen werden. Zu den **Kosten** der Nebenintervention → Rn. 73.

55 **2. Bekanntmachung gegenüber den Wohnungseigentümern (Abs. 2 S. 3). a) Normzweck; Geltungsbereich.** Die Bekanntmachung der Erhebung einer Beschlussklage an die Wohnungseigentümer dient wegen deren in Abs. 3 (→ Rn. 68) angeordneten Bindung wie bei § 246 Abs. 4 S. 1 AktG der Sicherung von deren rechtlichem Gehör, denn die Wohnungseigentümer haben – was Abs. 4 (→ Rn. 74) voraussetzt – die Möglichkeit sich als Streithelfer auf Seiten des Klägers oder der Gemeinschaft der Wohnungseigentümer zu beteiligen,[179] und dazu, den Wohnungseigentümern eine interne Willensbildung, etwa Anweisungen an den Verwalter, oder auch eine Erledigung durch aufhebenden Zweitbeschluss zu ermöglichen. Die Vorschrift gilt nicht nur für die in Abs. 1 genannten Beschlussklagen (§ 43 Abs. 2 Nr. 4), sondern auch in entsprechenden Verfahren des einstweiligen Rechtsschutzes, wie der einstweiligen Verfügung auf Beschlussaussetzung (→ Rn. 41) oder der Leistungsverfügung im Anwendungsbereich der Beschlussersetzungsklage, insbesondere auf gerichtliche Bestellung eines Verwalters (→ 26 Rn. 37), nicht aber für andere Klagen, in denen die Gemeinschaft der Wohnungseigentümer beklagt ist (§ 43 Abs. 1, Abs. 2 Nr. 1–3 oder andere Verfahrensordnungen).

56 **b) Normadressat.** Benannt ist als Verpflichteter im Gesetzestext der **Verwalter.**[180] Aus der Gesetzesbegründung ergibt sich kein Hinweis darauf, dass damit abweichend vom Konzept des WEMoG,[181] an dieser einen Stelle eigene Pflichten des Verwalters gegenüber den Wohnungseigentümern begründet werden sollten. Vielmehr ist der Verwalter hier als Organ der zur Unterrichtung

---

[169] *Hügel/Elzer* Rn. 39 unter Hinweis auf BGH WM 1983, 60.
[170] *Dötsch/Schultzky/Zschieschack* WEG-Recht 2021 Kap. 3 Rn. 92 f.
[171] *Krafka,* Registerrecht, 11. Aufl. 2019, Rn. 2266; s. aber BGH NZG 2014, 1032.
[172] Lehmann-Richter/Wobst Rn. 1905 unter Hinweis auf RGZ 105, 401 (402) und Stein/Jonas/*Jacoby* ZPO § 57 Rn. 10; abl. *Dötsch/Schultzky/Zschieschack* WEG-Recht 2021 Kap. 14 Rn. 50.
[173] MüKoZPO/*Lindacher/Hau* ZPO § 57 Rn. 14.
[174] MüKoZPO/*Lindacher/Hau* ZPO § 57 Rn. 7; MHdB GesRV/*Waldner* § 31 Rn. 28.
[175] Zum Ersatzzustellungsvertreter nach altem Recht BGH NJW 2017, 2766 Rn. 15.
[176] Bund-Länder-Arbeitsgruppe ZWE 2019, 429 (458).
[177] *Skauradzun* ZMR 2020, 905 (909).
[178] Vgl. BGH NZG 2008, 630 Rn. 8; NJW 2008, 1889 Rn. 10.
[179] BR-Drs. 168/20, 63.
[180] *Dötsch/Schultzky/Zschieschack* WEG-Recht 2021 Kap. 14 Rn. 63.
[181] BR-Drs. 168/20, 63.

verpflichteten Gemeinschaft der Wohnungseigentümer unmittelbar angesprochen, weil im Regelfall der Verwalter diese gemäß § 9b Abs. 1 S. 1 auch im Rechtsstreit vertritt (→ § 9b Rn. 5); der Gesetzeswortlaut erscheint damit als Versehen und erlaubt nicht systematisch den Gegenschluss, hier sei ganz ausnahmsweise ein Anspruch gegen den Verwalter begründet.[182]

In der **verwalterlosen Gemeinschaft der Wohnungseigentümer**[183] oder auch bei einem Ausschluss des Verwalters von der Vertretung (→ Rn. 52) erfolgt die Vertretung gemäß § 9b Abs. 1 S. 2 durch alle Wohnungseigentümer (mit Ausnahme des Klägers). Soweit die Zustellung der Beschlussklage in diesen Fällen an nur einen der Gesamtvertreter gemäß § 170 Abs. 3 ZPO erfolgt (→ Rn. 52) bleibt nach Wortlaut und Gesetzesbegründung offen, ob dieser als Organ der Gemeinschaft der Wohnungseigentümer deren Pflicht zur Bekanntmachung gegenüber den übrigen Wohnungseigentümern wahrnehmen muss; jedenfalls kann er als Nebenintervenient auf Seiten der Beklagten an deren Stelle handeln (→ Rn. 53). Gegen eine Unterrichtungspflicht gegenüber den übrigen Wohnungseigentümern und eine Vertretungsmacht für die Gemeinschaft der Wohnungseigentümer (aus § 18 Abs. 3) sprechen neben praktischen Schwierigkeiten insbesondere systematische Erwägungen, nämlich dass das Gesetz neben dem – hier ausnahmsweise anstelle der eigentlich verpflichteten Gemeinschaft der Wohnungseigentümer (→ Rn. 56) genannten – Verwalter und dem Verwaltungsbeirat bzw. dessen (stellvertretenden) Vorsitzenden außer in bestimmten ausdrücklich geregelten Einzelfällen (§ 9b Abs. 2, § 24 Abs. 3) grundsätzlich keine anderen Organe der Gemeinschaft der Wohnungseigentümer kennt, insbesondere die Bestellung anderer Vertreter grundsätzlich ausschließt. Weil die Bekanntmachung aber Voraussetzung der Urteilswirkung auch gegenüber den Wohnungseigentümern ist (Abs. 3) und eine Entscheidung über die Beschlussklage die Bindung der Wohnungseigentümer erfordert, muss in diesem Fall die **Bekanntmachung durch das Gericht** erfolgen,[184] wenn sein Hinwirken auf eine Bestellung eines Notverwalters bzw. Verfahrenspflegers (→ Rn. 52) ohne Erfolg bleibt. Notverwalter bzw. Verfahrenspfleger sind mit Erlangung des Amtes zur Bekanntmachung an die Wohnungseigentümer verpflichtet.[185] 57

Erkennt das **Gericht,** dass die Gemeinschaft der Wohnungseigentümer ihren Pflichten zur Bekanntmachung tatsächlich nicht nachkommt bzw. nicht nachkommen kann, muss es die Information der Wohnungseigentümer von der Beschlussklage sicherstellen, um deren Anspruch auf rechtliches Gehör zu wahren.[186] Dazu kann die Wiedereröffnung der mündlichen Verhandlung (§ 156 Abs. 2 Nr. 1 ZPO) bei nicht unverzüglicher Bekanntmachung gehören.[187] Weil – anders als ehedem bei der Verpflichtung des Verwalters zur Vorlage einer Eigentümerliste analog § 142 Abs. 2 S. 2 ZPO iVm § 390 ZPO[188] – Zwangsmittel für eine Verpflichtung des Verwalters fehlen, bleibt nur die Unterrichtung durch das Gericht.[189] 58

c) Adressat der Bekanntmachung. Die Bekanntmachung muss gegenüber allen Wohnungseigentümern im verfahrensrechtlichen Sinne (→ Rn. 43) erfolgen, die zur Klageerhebung berechtigt gewesen wären und gegenüber denen das Urteil noch Wirkungen (Abs. 3) entfaltet, mit Ausnahme des Klägers. 59

d) Bekanntmachung. Die Bekanntmachung muss **unverzüglich** (→ BGB § 121 Rn. 7) nach Zustellung erfolgen, damit die Wohnungseigentümer dem Rechtsstreit noch vor dem ersten Termin beitreten können. Die Wohnungseigentümer sind darüber zu unterrichten, **dass eine Beschlussklage erhoben worden** ist. Weitere Pflichten, etwa zur Übersendung der Klageschrift nebst Anlagen oder auch weiterer Schriftsätze und Entscheidungen und zur Mitteilung von Fristen oder Terminen bestehen nach der Gesetzesbegründung aus Abs. 2 S. 2 nicht.[190] Das gilt auch für den Fortgang des Verfahrens im Instanzenzug. Eine weitergehende Information der Wohnungseigentümer ist allerdings sinnvoll und mag im Verwaltervertrag – gegen besonderes Entgelt und Auslagenerstattung – besonders vereinbart werden. Im Übrigen sind die Wohnungseigentümer auf den Anspruch auf Einsichtnahme in die Verwaltungsunterlagen gemäß § 18 Abs. 4 verwiesen. 60

Eine besondere **Form** der Bekanntmachung ist nicht vorgeschrieben. Art und Weise der Unterrichtung sind damit zunächst Sache der Gemeinschaft der Wohnungseigentümer.[191] Sinn und Zweck, 61

---

[182] IE BeckOGK/*Skauradzun* Rn. 57.
[183] *Dötsch/Schultzky/Zschieschack* WEG-Recht 2021 Kap. 14 Rn. 68 ff.
[184] *Hügel/Elzer* Rn. 46; *Hinz* ZMR 2020, 374 (380); vertiefend zum Gesellschaftsrecht *Rensen* NZG 2011, 569; *Bunz* NZG 2020, 1052; offengelassen von *Dötsch/Schultzky/Zschieschack* WEG-Recht 2021 Kap. 14 Rn. 70 f.
[185] Allg. zur Wiedereinsetzungsmöglichkeit BGH NZG 2005, 138 (139).
[186] BVerfG NJW 1982, 1635; BGH NJW 1986, 2051.
[187] *Hügel/Elzer* Rn. 76.
[188] BGH NZM 2018, 685 Rn. 10; NJW 2013, 1003 Rn. 9.
[189] *Hügel/Elzer* Rn. 47; *Hinz* ZMR 2020, 374 (380).
[190] BR-Drs. 1268/20, 94; zum alten Recht BGH NJW 2009, 2135 Rn. 16.
[191] BGH NJW-RR 2018, 970 Rn. 24; NJW 1981, 282.

nämlich die Sicherstellung des rechtlichen Gehörs der Wohnungseigentümer, gebieten eine Unterrichtung, bei die Möglichkeit zur Kenntnisnahme durch die einzelnen Wohnungseigentümer gesichert ist. Möglich sind nicht nur Erklärungen in Textform (§ 126b BGB), insbesondere per E-Mail[192] oder Rundschreiben[193] an die Wohnungseigentümer, sondern auch die mündliche Unterrichtung in der Eigentümerversammlung.[194] Aushänge in der Anlage oder Hinweise auf der Homepage genügen mangels Adressierung an die Wohnungseigentümer der Wohnungseigentumsanlage nicht.

62 **e) Fehlerfolgen und Kosten.** Die Verletzung der Pflichten durch die Gemeinschaft der Wohnungseigentümer (→ Rn. 55), die für ihren Verwalter gemäß § 31 ZPO einzustehen hat, begründet Schadensersatzpflichten gegenüber den Adressaten. Der Verwalter wiederum haftet der Gemeinschaft der Wohnungseigentümer. Zur Auswirkung von Mängeln der Bekanntmachung auf die Urteilswirkung → Rn. 72.

63 Die Kosten der Bekanntmachung gehören nicht zu den notwendigen Kosten des Rechtsverfolgung iSv § 91 Abs. 1 S. 1 ZPO.[195]

64 **3. Prozessverbindung (Abs. 2 S. 3). a) Normzweck; Anwendungsbereich.** Über einen Eigentümerbeschluss kann im Ergebnis nur **einheitlich entschieden** werden, gleich ob es um dessen Wirksamkeit, Ungültigkeit, Nichtigkeit oder Inhalt geht;[196] das gilt ebenso, wenn es um die gerichtliche Beschlussersetzung bei der Regelung des gleichen Streitgegenstands geht. Deshalb sieht Abs. 2 S. 3 wie schon § 47 aF zwingend die Verbindung vor abweichend vom durch § 147 ZPO grundsätzlich eröffneten Ermessen.[197] Anwendbar ist Abs. 2 S. 3 auf **alle Beschlussklagen** (Abs. 1), auch die Beschlussersetzungsklage.[198] Die Verbindung geboten ist auch, wo § 48 Abs. 5 zu einer Spaltung der anwendbaren Verfahrensvorschriften führt, wie das bei im Monat vor dem Inkrafttreten des WEMoG gefassten Eigentümerbeschlüssen der Fall sein kann.[199] Die Verbindung der unterschiedlichen Prozessrechtsverhältnisse, die in einem Prozess zusammengefasst und einheitlich entschieden werden, führt dazu, dass die jeweiligen Verfahrensvorschriften in den unterschiedlichen Prozessrechtsverhältnissen beachtet werden müssen, was nicht zu unauflösbaren Widersprüchen führt. Nach der Verbindung ist also nicht einheitlich neues Recht anzuwenden; insbesondere bleiben die beklagten übrigen Wohnungseigentümer (§ 46 Abs. 1 S. 1 aF) weiter Partei und werden nicht automatisch zu notwendigen Streitgenossen der nach neuem Recht beklagten Gemeinschaft der Wohnungseigentümer. – Im Anwendungsbereich der § 43 Abs. 1 und Abs. 2 Nr. 1–3 gilt § 147 ZPO, der die Verbindung in das Ermessen des Gerichts stellt.

65 **b) Voraussetzungen und Verfahren.** Zwingend zu verbinden sind **„mehrere Prozesse“**, die denselben Eigentümerbeschluss betreffen,[200] nur soweit diese jedenfalls teilweise den gleichen Beschlussteil betreffen.[201] Dazu gehören neben Anfechtungs- und Nichtigkeitsklagen,[202] die durch mehrere Kläger unabhängig voneinander erhoben worden sind, auch Klagen, mit denen die Feststellung begehrt wird, der Beschluss sei mit anderem Inhalt oder gar nicht (→ Rn. 33) gefasst worden.[203] Dass die Klagen zulässig sind, ist nicht Voraussetzung der Verbindung.[204] Der Zwang zur Verbindung besteht nur, soweit derselbe Eigentümerbeschluss betroffen ist, also nur soweit die Verfahren kongruent sind; der übrige Verfahrensteil kann abgetrennt werden.[205]

66 Die Verbindung zur gleichzeitigen Verhandlung und Entscheidung erfolgt nach rechtlichem Gehör durch Beschluss, auch noch in der Berufungsinstanz.[206] Welche Abteilung des Amtsgerichts nach der Verbindung für die Entscheidung zuständig ist und damit auch für die Verbindung, richtet

192 BGH NJW-RR 2018, 970 Rn. 24; NJW 2009, 2135 Rn. 11.
193 BGH NJW-RR 2018, 970 Rn. 24.
194 BGH NJW-RR 2018, 970 Rn. 24; NJW 2009, 2135 Rn. 11.
195 BGH NJW 2014, 3247 Rn. 10; 2009, 2135 Rn. 11.
196 BGH NJW 2009, 2132 Rn. 22.
197 BGH NJW 2013, 65 Rn. 10.
198 BR-Drs. 168/20, 94.
199 Zur Rechtswahl des Beschlussklägers durch eine Klageerhebung nach dem 1.12.2020 *Dötsch/Schultzky/Zschieschack* WEG-Recht 2021 Kap. 14 Rn. 222.
200 BR-Drs. 168/20, 94.
201 Zu den Folgen einer asymmetrischen, nicht voll deckungsgleichen Verbindung LG Nürnberg-Fürth BeckRS 2019, 30070; zur Anwendung von § 147 ZPO bei der Anfechtung verschiedener, teilbarer (→ Rn. 17) Beschlussgegenstände *Hügel/Elzer* § 43 Rn. 60.
202 Dies gilt unabhängig davon, wie man deren Streitgegenstand versteht; → Rn. 3.
203 *Hügel/Elzer* Rn. 59.
204 *Derleder* FS Merle, 2010, 111 (119).
205 LG Nürnberg-Fürth BeckRS 2019, 30070 Rn. 43.
206 BGH NJW 2013, 65 Rn. 13.

sich nach der notwendigen Regelung des Geschäftsverteilungsplans.[207] – Befinden sich die zu verbindenden Verfahren in erster und zweiter Instanz, erfolgt die Verbindung instanzenübergreifend zum Berufungsverfahren durch das Berufungsgericht.[208]

c) Wirkungen; Folgen der unterbliebenen Verbindung. Durch die Verbindung werden die Kläger **notwendige Streitgenossen.**[209] Werden Verfahren unter Verstoß gegen Abs. 2 S. 3 nicht verbunden, führt die zeitlich erste rechtskräftige Entscheidung in einem der Verfahren zur Erledigung der weiteren wegen entgegenstehender **Rechtskraft.**[210] Für Streitwert, Gerichts- und Rechtsanwaltsgebühren gelten die gleichen Regeln wie bei § 147 ZPO.[211] **67**

IV. Urteilswirkungen (Abs. 3)

1. Normzweck; Anwendungsbereich. Die gerichtliche Gestaltung durch die Entscheidung über die Beschlussklage – Kassation oder Kreation eines Eigentümerbeschlusses – betrifft nicht nur das Verhältnis von Kläger und Gemeinschaft der Wohnungseigentümer und damit den Verwalter als deren Organ,[212] sondern notwendig auch das Verhältnis aller Wohnungseigentümer untereinander, die über die Verwaltung des gemeinschaftlichen Eigentums durch Mehrheitsbeschluss entschieden hatten oder hätten entscheiden müssen. Als Sondervorschrift zu § 325 Abs. 1 ZPO erfolgt durch Abs. 3 deshalb eine **Erstreckung der subjektiven Rechtskraft** auf alle Wohnungseigentümer (und gemäß § 325 Abs. 1 ZPO deren Rechtsnachfolger).[213] Dies gilt für alle Urteile, also rechtskräftige Entscheidungen, ob in Urteils- oder Beschlussform, über Beschlussklagen (Abs. 1) sowie die Klagen auf Feststellung des Beschlussinhalts, und ebenso für die diesen entsprechenden Entscheidungen im einstweiligen Rechtsschutz (→ Rn. 41). Unerheblich ist, ob die Entscheidung aufgrund einer Sachprüfung erfolgt ist.[214] **68**

2. Voraussetzungen. Neben einem Urteil setzt die Urteilswirkung voraus, dass die Wohnungseigentümer durch die Bekanntmachung (Abs. 2 S. 2; → Rn. 55) die **Möglichkeit** hatten, sich als Streithelfer an der Beschlussklage zu beteiligen und seinen Standpunkt zur Geltung zu bringen;[215] nicht erforderlich ist, dass er dem Prozess tatsächlich als Streithelfer beitritt. Wer erst nach Rechtskraft von der Beschlussklage erfährt, demgegenüber tritt Rechtskraft nicht ein.[216] Weil das Gesetz die Bindung aller Wohnungseigentümer als Regelfall annimmt, muss der Wohnungseigentümer, der sich auf die ihm gegenüber fehlende Urteilswirkung berufen will, das Fehlen der Voraussetzungen der Bindungswirkung beweisen; dabei muss der Gegner zur Bekanntmachung (§ 44 Abs. 2 S. 3) im Einzelnen vortragen, weil ihn angesichts der negativen Tatsache eine sekundäre Darlegungslast trifft. Wer anders als hier vertreten eine Bindung gemäß Abs. 3 unabhängig von der Möglichkeit der einzelnen Wohnungseigentümer annimmt, sich als Streithelfer an dem Anfechtungsprozess zu beteiligen, und Schadensersatzansprüche (bei Verletzung der Pflicht zur Unterrichtung) gegen die Gemeinschaft der Wohnungseigentümer annimmt, muss die Frage nach dem Anspruchsinhalt (Herbeiführung des „richtigen" Prozessergebnisses durch Zweitbeschluss?) beantworten.[217] **69**

3. Wirkungen. Die Vorschrift gilt sowohl für stattgebende wie abweisende **Urteile,**[218] nicht aber Vergleiche, deren Bindungswirkung im Innenverhältnis der Gemeinschaft der Wohnungseigentümer und der Wohnungseigentümer durch einen zum Vergleichsschluss ermächtigenden Eigentümerbeschluss erzielt werden kann. **70**

---

[207] Vgl. BAG NZA 2016, 1352 Rn. 20 ff.
[208] BGH NJW 2013, 65 Rn. 10.
[209] Zum alten Recht BGH NJW 2009, 2132 Rn. 21; *Bonifacio* ZMR 2007, 592 (595).
[210] Zum alten Recht BGH NJW 2013, 65 Rn. 12; OLG Köln NZM 2007, 602; OLG Zweibrücken FGPrax 2005, 18; zu Rechtskraftgrenzen BayObLG BeckRS 2004, 3785; zur Anwendung von § 580 Nr. 7 lit. a ZPO bei divergierenden rechtskräftigen Entscheidungen *Löke* ZMR 2003, 722 (727).
[211] BeckOK ZPO/*Wendtland,* 1.9.2020, ZPO § 147 Rn. 15 ff.
[212] Zur fehlenden Bindung des Verwalters im Übrigen, etwa bei der Geltendmachung von Regressansprüchen, und zur Frage einer Streitverkündung vgl. *Dötsch/Schultzky/Zschieschack* WEG-Recht 2021 Kap. 14 Rn. 119 ff.
[213] BR-Drs. 168/20, 94.
[214] BGH NJW-RR 2018, 522 Rn. 15 zum Versäumnisurteil nach altem Recht.
[215] BGH BeckRS 2020, 39397 Rn. 55 f.
[216] *Hügel/Elzer* Rn. 76 unter Hinweis auf BGH NJW-RR 2014, 903 Rn. 11; aA *Rensen* NZG 2011, 569 (571), der ein Rechtsmittel eröffnen will; *Schwab,* Das Prozessrecht gesellschaftsinterner Streitigkeiten, 2005, 322 f., für die entsprechende Anwendung von § 579 Abs. 1 Nr. 4 ZPO; Lehmann-Richter/*Wobst* Rn. 1925 mit Verweis auf § 321a ZPO.
[217] Zum Streitstand vertiefend Bärmann/Pick/*Dötsch* § 48 Rn. 88; Bärmann/Pick/*Dötsch* § 45 Rn. 32.
[218] BT-Drs. 168/20, 96.

71 Wird der Eigentümerbeschluss auf die **Anfechtungsklage** für ungültig erklärt, so wird er mit Eintritt der Rechtskraft im Innenverhältnis rückwirkend unwirksam (§ 23 Abs. 4 S. 2).[219] Zugleich steht fest, dass der Eigentümerbeschluss – aus formellen und/oder materiell-rechtlichen Gründen – nicht ordnungsgemäßer Verwaltung entsprochen hat;[220] beim Negativbeschluss steht fest, dass eine Handlungspflicht bestanden hatte.[221] Nach Abweisung der Anfechtungsklage ist die Gültigkeit des Eigentümerbeschlusses (§ 23 Abs. 4 S. 2) geklärt und – nach dem hier vertretenen Streitgegenstandsbegriff (→ Rn. 4) – steht zugleich fest, dass der Eigentümerbeschluss aufgrund desselben Lebenssachverhalts auch nicht nichtig ist. Bei der **Nichtigkeitsklage** steht bei Erfolg fest, dass der Eigentümerbeschluss nichtig ist, bei Abweisung, dass der Eigentümerbeschluss wirksam ist. Für die **Beschlussersetzungsklage,** die das Bestehen des Anspruchs im Zeitpunkt der letzten mündlichen Verhandlung in der Tatsacheninstanz fixiert,[222] ergeben sich Besonderheiten, soweit die Beschlusskompetenz aus einer Öffnungsklausel folgt, für die § 10 Abs. 3 S. 1 als Spezialvorschrift gilt und deshalb eine Grundbucheintragung erfordert (→ § 10 Rn. 53; für alte Entscheidungen → § 48 Rn. 2).[223] Für Vergleiche über Beschlussklagen gilt § 10 Abs. 3.

72 Diese Wirkung steht nicht zur Verfügung der Gemeinschaft der Wohnungseigentümer, weder der Wohnungseigentümer noch des Verwalters. Sie kann insbesondere nicht durch Eigentümerbeschluss aufgehoben oder eingeschränkt werden.[224] Dies schließt einen **Zweitbeschluss** nicht aus, etwa um formelle Fehler zu heilen, die zur Aufhebung des Erstbeschlusses geführt haben. Ein Zweitbeschluss, der den beanstandeten materiell-rechtlichen Fehler wiederholt, insbesondere bei unveränderter Sachlage, verstößt wiederum gegen den Grundsatz ordnungsmäßiger Verwaltung, insbesondere wenn auf diesem Weg der zunächst erfolgreiche Anfechtungskläger zermürbt werden soll.

V. Kosten der Nebenintervention (Abs. 4)

73 Im Grundsatz ist über die Kosten der Nebenintervention nach dem persönlichen Obsiegen des Streithelfers und Unterliegen im Verhältnis zum Gegner zu entscheiden unabhängig von der gegenüber der unterstützten Hauptpartei zu treffenden Kostenentscheidung.[225] Der Seitenwechsel des Streithelfers führt zur Kostentragungspflicht des Nebenintervenienten hinsichtlich der zurückgenommenen Nebenintervention entsprechend § 269 Abs. 3 S. 2 ZPO.[226]

74 Bei **Erfolg der Beschlussklage** werden die Kosten der Gemeinschaft über die Jahresabrechnung abgewickelt.[227] Wird die **Beschlussklage abgewiesen,** bestimmt Abs. 4 abweichend vom allgemeinen Prozessrecht, dass der Kläger die Kosten der Streithilfe auf Seiten der Beklagten Gemeinschaft der Wohnungseigentümer nur dann tragen muss, wenn diese **„geboten"** war, um Anfechtungskläger nicht durch große Kostenrisiken von der Erhebung der Anfechtungsklage abzuhalten.[228] Die Voraussetzung „geboten" ist wie bei § 50 aF zu verstehen, bedeutet also, dass die Streithilfe auf Seiten der Gemeinschaft der Wohnungseigentümer erforderlich ist, weil die Rechtsverteidigung aus der Sicht eines verständigen Wohnungseigentümers ausnahmsweise nicht allein der Gemeinschaft der Wohnungseigentümer überlassen werden kann.[229] Dazu genügt es nicht, dass der Streithelfer einen anderen Rechtsstandpunkt als die Gemeinschaft der Wohnungseigentümer einnimmt,[230] sondern es muss ein Interessenwiderspruch auf Seiten der übrigen Wohnungseigentümer vorliegen.[231] Die Gebotenheit ist für jede Instanz gesondert zu bewerten, kann etwa nach dem Obsiegen in erster Instanz entfallen.[232]

VI. Streitwert der WEG-Beschlussklagen (§ 49 GKG)

75 Für Beschlussklagen schafft § 49 GKG eine neue, von § 49a GKG aF, abweichende Regelung, die über § 23 Abs. 1 RVG auch auf die Bestimmung des Gegenstandswerts anzuwenden ist.[233]

---

219 BGH NJW 2020, 988 Rn. 8.
220 BGH NZM 2020, 563 Rn. 7; NJW 2018, 2550 Rn. 29.
221 BGH NJW 2018, 2550 Rn. 29; s. auch BGH NZM 2018, 615 Rn. 29.
222 BGH NJW 2018, 3238 Rn. 26.
223 BR-Drs. 168/20, 94.
224 OLG Hamm NZM 2001, 543; BayObLG NJW-RR 1994, 1424 (1425).
225 BGH NZG 2009, 948 Rn. 12.
226 IE MüKoZPO/*Becker-Eberhard* ZPO § 269 Rn. 53 f.
227 BGH ZWE 2020, 113 (114).
228 BT-Drs. 168/20, 94.
229 BT-Drs. 168/20. 95.
230 BGH NJW 2011, 3165 Rn. 7.
231 LG Hamburg BeckRS 2015, 84.
232 LG München I ZWE 2020, 202 Rn. 6; LG Karlsruhe ZWE 2018, 226 Rn. 11.
233 *Dötsch/Schultzky/Zschieschack* WEG-Recht 2021 Kap. 14 Rn. 201 ff.

§ 49 GKG Beschlussklagen nach dem Wohnungseigentumsgesetz

Der Streitwert in Verfahren nach § 44 Absatz 1 des Wohnungseigentumsgesetzes ist auf das Interesse aller Wohnungseigentümer an der Entscheidung festzusetzen. Er darf das Fünffache des Wertes des Interesses des Klägers und der auf seiner Seite Beigetretenen sowie den Verkehrswert ihres Wohnungseigentums nicht übersteigen.

Übergangsfälle regelt § 71 Abs. 1 GKG für die Gerichtskosten und § 60 RVG für Anwaltsgebühren. Bei den Gerichtskosten ist für die Wertbestimmung auf den Zeitpunkt der den Rechtszug einleitenden Antragstellung abzustellen (§ 40 GKG); Klagebeschränkungen erst mit der Klagebegründung führen also nicht zu einer Streitwertreduzierung.[234] **75a**

Bei der konkreten **Streitwertermittlung** sind die gegenläufigen Interessen von Kläger und Beklagtem grundsätzlich zu addieren,[235] wen nicht Interessenidentität vorliegt.[236] Bei einer Nebenintervention sind die Streitwerte zu addieren.[237] Dabei ergeben sich die Interessen aus dem jeweiligen Beschlussgegenstand (zum Inhalt des „Abrechnungsbeschlusses“ vgl. → § 28 Rn. 5), unabhängig davon, ob Verfahrensverstöße und/oder materielle Fehlerhaftigkeit geltend gemacht werden.[238] **76**

Für **Anfechtungsklage** und **Nichtigkeitsklage** bedeutet dies im Einzelnen: **77**
- **Abrechnung** (§ 28): → § 28 Rn. 65.
- **bauliche Veränderung** (§ 20): Maßgeblich ist die geltend gemachte wirtschaftliche oder optische Beeinträchtigung.[239]
- **Baumfällung.**[240]
- **Beauftragung eines Rechtsanwalts:** Das Gesamtinteresse bestimmt sich nach den voraussichtlichen Kosten, das Einzelinteresse nach dem Kostenanteil des Klägers hieran.[241]
- **Darlehensaufnahme:** Das Einzelinteresse ergibt sich aus dem Zins- und Tilgungsanteil des Klägers; dabei soll – trotz doppelter Verpflichtung – wirtschaftliche Identität zur zugleich beschlossenen Sanierungsmaßnahme bestehen.[242] Das Gesamtinteresse für das Darlehen ergibt sich aus den Aufzubringenden Mitteln für die Rückführung.
- **Erhaltungsmaßnahmen** (§ 19 ZPO): Das Gesamtinteresse ergibt sich in Höhe der Baukosten,[243] soweit der Kläger nur eine kostengünstigere Ausführung anstrebt mit dem Differenzbetrag.[244]
- **Entziehung** (§ 17): Gesamt- wie Klägerinteresse sind regelmäßig mit 20% des Verkehrswerts des Wohnungseigentums anzunehmen.[245]
- **Negativbeschluss:** Wird die Anfechtungsklage gegen den Negativbeschluss mit einer Beschlussersetzungsklage verbunden, liegt regelmäßig Identität vor.[246]
- **Versorgungssperre:** Das Gesamtinteresse wird entsprechend § 9 ZPO auf den dreieinhalbfachen Wert der zu erzwingenden Beiträge beschränkt. Das Einzelinteresse kann pauschal mit 5.000 Euro angenommen werden.[247]
- **Vertragsschluss:** Bei der Zustimmung zum Vertragsschluss im Innenverhältnis ist für das Einzelinteresse der auf den Kläger entfallende Anteil anzusetzen. Das Gesamtinteresse ist bei wiederkehrenden Leistungen entsprechend § 9 ZPO auf den dreieinhalbfachen Jahreswert beschränkt.[248] Für Mietverträge gilt § 8 ZPO entsprechend.
- **Verwalter:** Bei der **Abberufung** ist das Gesamtinteresse nach dem restlichen Verwalterhonorar anzunehmen (→ § 26 Rn. 62), das Einzelinteresse mit dem Kostenanteil des Klägers.[249]

---

234 LG Berlin BeckRS 2016, 905.
235 BGH NJW-RR 2019, 912 Rn. 7; 2017, 584 Rn. 5.
236 BGH NJW-RR 2018, 1358 Rn. 4.
237 BGH NJW-RR 2019, 912.
238 BGH NJW-RR 2019, 462 Rn. 3.
239 LG Stuttgart BeckRS 2016, 103464.
240 OLG Celle NZM 2012, 353.
241 AA LG Hamburg BeckRS 2016, 00073: Streitgegenstand des zu führenden Prozesses.
242 OLG Frankfurt NZM 2019, 446 Rn. 13; LG Frankfurt a.M. ZWE 2019, 187 Rn. 8.
243 BayObLG NJW-RR 1989, 80; OLG Frankfurt ZWE 2019, 187 Rn. 6.
244 BayObLG WuM 1998, 314 = BeckRS 1998, 31047690.
245 BGH ZWE 2011, 359 (361).
246 KG BeckRS 2019, 16375 Rn. 7; OLG Celle ZWE 2010, 190; OLG Hamburg BeckRS 2014, 10235.
247 LG München I ZWE 2011, 186; aA LG Dessau-Roßlau BeckRS 2011, 12744.
248 LG Frankfurt a.M. BeckRS 2017, 105301.
249 BGH NJW 2016, 3104 Rn. 4; 2012, 1884 Rn. 18 ff.; zur Berechnung bei Kombination mit der Klage auf Bestellung eines anderen Verwalters BGH NJW 2016, 3104 Rn. 5; aA *Hügel/Elzer* Rn. 138: „Verwalter Abberufung“.

Bei der **Entlastung** des Verwalters ist für das Gesamtinteresse vom Wert der gegen den Verwalter vermeintlich bestehenden Schadensersatzansprüche auszugehen, für das Einzelinteresse davon der Kostenanteil des Klägers; bei Fehlen von Ansprüchen können mit Rücksicht auf die vertrauensvolle Zusammenarbeit pauschal 1.000 Euro sachgerecht sein.[250] Bei Streit über die Höhe der Verwaltervergütung ist die Differenz zwischen Ist und vermeintlich richtigem Soll maßgeblich.[251]

- **Verwaltungsbeirat:** Der Streitwert bei der Anfechtung der Bestellung eines unentgeltlich tätigen Verwaltungsbeiratsmitglieds kann pauschal mit 250 Euro angenommen werden,[252] nach anderer Auffassung[253] mit 1.000 Euro. Bei der Entlastung von Verwaltungsbeiräten ist für das Gesamtinteresse vom Wert der gegen die Verwaltungsbeiräte vermeintlich bestehenden Schadensersatzansprüche auszugehen, für das Einzelinteresse davon der Kostenanteil des Klägers; bei Fehlen von Ansprüchen können mit Rücksicht auf die vertrauensvolle Zusammenarbeit pauschal 500 Euro sachgerecht sein.[254]
- **Wirtschaftsplan und Sonderumlage:** Für das Einzelinteresse maßgeblich ist regelmäßig die Differenz aus dem, was der Wohnungseigentümer leisten müsste, aber nicht leisten will,[255] wenn nicht alle Vorschüsse angegriffen werden. Das Gesamtinteresse ergibt sich aus der Summe der Vorschüsse.

78 Bei der **Beschlussersetzungsklage** gilt:

- **bauliche Veränderung** (§ 20): Gleich ob der Wohnungseigentümer die Gestattung oder Vornahme durch die Gemeinschaft der Wohnungseigentümer erstrebt, ist maßgeblich für das Einzelinteresse des Klägers sein ideelles und wirtschaftliches Interesse, also sein Vorteil durch den Umbau. Das Gesamtinteresse ergibt sich aus der Abwehr von Substanzeingriff und optischer Veränderung.
- **Benutzung:** Das Einzelinteresse ergibt sich entsprechend § 9 ZPO mit dem dreieinhalbfachen Wert des mehr erzielbaren Jahresmiete.[256]
- **Erhaltungsmaßnahmen** (§ 19): Das Gesamtinteresse ergibt sich aus dem Gesamtkosten der Maßnahme, das Einzelinteresse grundsätzlich aus dem Kostenanteil des Klägers, zudem im Einzelfall Sonderinteressen (zB Wertminderung, Verzögerungsschaden) hinzuzurechnen sind.[257]
- **Kostenverteilungsschlüssel:** Das Einzelinteresse des Klägers bei einer Klage auf Änderung des Umlageschlüssels ist entsprechend § 9 ZPO mit dem dreieinhalbfachen Wert des angestrebten jährlichen Kostenvorteils für den Kläger zu bemessen.[258]
- **Wirtschaftsplan und Sonderumlage:** Maßgeblich sind die aufzubringenden Mittel.

§ 45 Fristen der Anfechtungsklage

[1]Die Anfechtungsklage muss innerhalb eines Monats nach der Beschlussfassung erhoben und innerhalb zweier Monate nach der Beschlussfassung begründet werden. [2]Die §§ 233 bis 238 der Zivilprozessordnung gelten entsprechend.

Übersicht

[250] BGH BeckRS 2020, 29381 Rn. 7; NZM 2016, 471 Rn. 10 ff.; NJW 2011, 489 Rn. 12.
[251] BayObLG WE 1989, 181.
[252] BGH NZM 2019, 341 Rn. 12.
[253] LG Dresden ZWE 2014, 54 (57); LG Frankfurt a.M. BeckRS 2018, 3977 Rn. 4.
[254] BGH NZM 2019, 341 Rn. 8; 2017, 531 Rn. 10.
[255] LG Frankfurt a.M. ZWE 2019, 187 Rn. 9.
[256] OLG München ZWE 2019, 230 Rn. 15.
[257] KG BeckRS 2019, 16377 Rn. 9.
[258] KG NZM 2014, 756; aA LG München I ZWE 2014, 186.

I. Normzweck und Anwendungsbereich

Die Anfechtungsklage (§ 44 Abs. 1 S. 1 Var. 1), nicht aber die Nichtigkeitsklage oder die Beschlussersetzungsklage, wird durch die materiell-rechtlich verstandene[1] Anfechtungs- und Begründungsfrist, wie sie grundsätzlich **ohne inhaltliche Änderung** aus § 46 Abs. 1 S. 2 und 3 aF übernommen worden ist,[2] zeitlich befristet, damit die Gemeinschaft der Wohnungseigentümer und deren Verwalter in überschaubarer Zeit **Rechtssicherheit** darüber erlangen, ob, in welchem Umfang und aus welchen tatsächlichen Gründen Eigentümerbeschlüsse wegen Verstoßes gegen den Anspruch auf Ordnungsmäßigkeit der Verwaltung (§ 18 Abs. 2) angegriffen werden.[3] Mit Ablauf der Anfechtungsfrist wird ein Eigentümerbeschluss **bestandskräftig,** so dass nur noch dessen Nichtigkeit (→ § 23 Rn. 63) geltend gemacht werden kann. Zum unterschiedlichen Streitgegenstand von Anfechtungs- und Nichtigkeitsklage → § 44 Rn. 4. Die Regelung ist zwingend und schließt die Notwendigkeit landesrechtlicher Schlichtungsverfahren gemäß § 15a EGZPO aus.[4] Schwierigkeiten bei der Einhaltung der Fristen wird in S. 2 durch entsprechende Anwendung der Vorschriften über die **Wiedereinsetzung in den vorigen Stand** gemäß §§ 233–238 ZPO begegnet. – Beim richtigen Verständnis der Vorschrift zu beachten ist, dass sich die Beschlussklage gegen die Gemeinschaft der Wohnungseigentümer richtet (§ 44 Abs. 2 S. 1) und daher grundsätzlich nur an sie, nämlich den Verwalter als Organ, zuzustellen ist (→ § 44 Rn. 49). 1

Über den unmittelbaren Anwendungsbereich der Anfechtungsklage (§ 44 Abs. 1 S. 1 Var. 1) ist die Vorschrift **nicht entsprechend auf andere Klagearten anwendbar.** Dies entspricht der schon bisher herrschenden Meinung[5] für die Klage auf Feststellung und Verkündung eines (richtigen) Eigentümerbeschlusses; dem steht die damit verbundene Rechtsunsicherheit nicht entgegen,[6] denn der Gesetzgeber hat sie bei dem umgekehrten Fall der Nichtigkeitsklage unter Aufgabe des bisher einheitlichen Streitgegenstandsbegriffs von Anfechtungs- und Nichtigkeitsklage (→ § 44 Rn. 4) bewusst in Kauf genommen. Aus diesem Grund ist auch entgegen der früher herrschenden Rechtsprechung[7] mit Stimmen im Schrifttum[8] § 45 S. 1 ebenso bei der Klage auf Berichtigung der Niederschrift nicht entsprechend anwendbar, wie dies auch der unbefristeten Möglichkeit der Korrektur durch die Unterzeichner entspricht (→ § 24 Rn. 81).[9] 2

II. Anfechtungsfrist (S. 1 Hs. 1)

1. Fristbeginn und Fristlauf. Die Anfechtungsfrist von einem Monat **beginnt mit der Verkündung** des Eigentümerbeschlusses durch den Versammlungsleiter bzw. Initiator (→ § 23 Rn. 10; für die Beschlussfassung außerhalb der Eigentümerversammlung → § 23 Rn. 60) **für jeden Anfechtungskläger gesondert;**[10] dies gilt auch, wenn der Beschluss die getroffene Regelung von einer aufschiebenden oder auflösenden Bedingung oder Befristung abhängig macht.[11] Der Fristbeginn hängt nicht von der Anwesenheit oder Vertretung in der Eigentümerversammlung oder der Kenntniserlangung von der Beschlussfassung ab;[12] zur Wiedereinsetzung in diesen Fällen → Rn. 15. Für die **Fristberechnung** gelten die §§ 186 ff. BGB. **Beispiel:** Beschlussfassung am 1.6., Anfechtungsfrist endet am 1.7., 24 Uhr, Begründungsfrist endet am 1.8., 24 Uhr). Fällt das Fristende auf einen Samstag, Sonn- oder Feiertag, endet die Frist nach § 193 BGB am ersten darauffolgenden Werktag. 3

---

1 BGH NJW 2011, 2202 Rn. 18; 2011, 2050 Rn. 8; 2009, 2132 Rn. 21; BGHZ 179, 230 = NJW 2009, 999.

2 BT-Drs. 19/18791, 82.

3 BGH ZWE 2017, 99 Rn. 16; NJW 2011, 2050 Rn. 9; 2010, 2132 Rn. 11, 13; 2010, 446 Rn. 16; 2009, 999 Rn. 20.

4 *Zwickel* NZM 2014, 18.

5 BGH NJW 2001, 3339 (3342); Palandt/*Wicke* § 23 Rn. 10; aA LG Hamburg BeckRS 2011, 28879; zu § 246 Abs. 1 AktG BGH NJW 1980, 1465 (1467).

6 So *Hügel/Elzer* § 44 Rn. 11; *Hügel/Elzer* Rn. 3.

7 KG NJW-RR 1991, 213; OLG Hamm OLGZ 1080. 298; OLG Köln OLGZ 1979, 282; offengelassen von OLG München ZWE 2006, 456; BayObLGZ 1999, 149 (153).

8 Palandt/*Wicke* § 23 Rn. 11; *Häublein* ZWE 2009, 33 (34); *Becker* ZWE 2008, 487; *Abramenko* ZMR 2003, 326 (328).

9 Palandt/*Wicke* § 24 Rn. 25.

10 BGH NJW 2009, 2132 Rn. 22.

11 Staudinger/*Lehmann-Richter,* 2018, § 46 Rn. 138; aA *Hügel/Elzer* Vor §§ 23 ff. Rn. 43; zur Abgrenzung zum nichtigen und deshalb keine Anfechtungsfrist auslösenden bedingt festgestellten Beschluss BGH NZM 2019, 94.

12 AG Halle/Saale BeckRS 2011, 07633.

4 Die Anfechtungsfrist gilt unabhängig davon, ob sich die Beklagte auf sie beruft; rügeloses Einlassen (§ 295 ZPO) der Beklagten ist wegen des materiell-rechtlichen Charakters der Frist unschädlich. Sie kann nicht durch Vereinbarung oder Eigentümerbeschluss **verlängert** werden, und auch nicht durch das Gericht.[13] Auch die Vorschriften zur Hemmung von Verjährungsfristen gemäß §§ 203 ff. BGB sind nicht (entsprechend) anwendbar, so dass die Einleitung eines selbständigen Beweisverfahrens die Frist nicht entsprechend § 204 Abs. 1 Nr. 7 ZPO hemmt. Zur Wiedereinsetzung in den vorigen Stand bei unverschuldeter Fristversäumnis → Rn. 13.

5 **2. Fristwahrung, insbesondere Rückwirkung gemäß § 167 ZPO.** Weil die Erhebung der Anfechtungsklage, womit gemäß § 253 Abs. 1 ZPO, § 261 Abs. 1 ZPO die Zustellung der Klageschrift (an die Gemeinschaft der Wohnungseigentümer gemäß § 44 Abs. 2 S. 1) gemeint ist,[14] binnen eines Monates nicht frei von durch den Kläger nicht zu beeinflussenden Verzögerungen im Gerichtsablauf sind und von der Einzahlung der Gebühr für das Verfahren im Allgemeinen gemäß § 12 Abs. 1 S. 1 GKG abhängig zu machen ist,[15] kommt der **Rückwirkung gemäß § 167 ZPO** auf den Zeitpunkt des Antragseingang,[16] wenn die Zustellung „demnächst" erfolgt, erhebliche Bedeutung zu. Für das entscheidende Tatbestandsmerkmal „demnächst" gelten die allgemeinen Grundsätze;[17] im wohnungseigentumsrechtlichen Verfahren gelten keine Besonderheiten.[18] Wenn die Zustellungsverzögerung **vom Gericht** zu vertreten ist und ihre Ursache allein im Bereich des Gerichts hat, ist die Länge der Verzögerung unbeachtlich.[19] Wird die Klage aufgrund eines **Verschuldens der klagenden Partei** zu spät zugestellt, sind bereits kurze Verzögerungen grundsätzlich beachtlich; von der klagenden Partei veranlasste Verzögerungen sollen nur dann unschädlich sein, wenn sich die Zustellung durch sie um zwei Wochen oder geringfügig darüber verzögert;[20] dabei sind bis zum Fristablauf eingetretene Versäumnisse in die maßgebliche 14-Tage-Frist nicht mit einzurechnen.[21]

6 Die Frist ist bei **mehreren Anfechtungsklägern** für jeden gesondert zu berechnen; § 62 ZPO gilt nicht.[22] Dies gilt auch für § 167 ZPO.[23] Ein Beitritt zur Anfechtungsklage eines anderen Wohnungseigentümers nach Fristablauf wahrt die Klagefrist für den Beitretenden nicht.[24] Schon die Klageschrift sollte die betroffene Gemeinschaft der Wohnungseigentümer[25] und die angefochtenen Beschlüsse (welcher Beschluss aus welcher Versammlung[26]) bezeichnen (zur Vorratsanfechtung → § 44 Rn. 10),[27] wobei eine Auslegung möglich und offensichtliche Fehler unschädlich sind. Die Klagefrist ist aber auch dann gewahrt, wenn sich das Rechtsschutzziel des Klägers durch die gebotene Auslegung eindeutig ermitteln lässt; dazu ist es im Einzelfall nicht erforderlich, dass das Datum der Eigentümerversammlung ersichtlich ist, wenn aus Sicht der Beklagten – nicht des Gerichts – erschlossen werden kann, welchen Eigentümerbeschluss der Kläger angreifen will.[28] Eine Prozessstandschaft muss innerhalb der Klageerhebungsfrist offengelegt werden.[29] Die Bezeichnung als Klageschrift oder die technisch zutreffende Formulierung des Antrags sind nicht erforderlich, sondern es genügt, wenn mit dem Antrag das Rechtsschutzziel zum Ausdruck gebracht wird, eine verbindliche Klärung der Gültigkeit des zur Überprüfung gestellten Beschlusses herbeizuführen.[30] Zur Fristwahrung genügt – wie stets – auch die Klageerhebung bei dem unzuständigen Gericht, wenn es zur Verweisung (§ 281 ZPO) kommt, sofern der Anfechtungsantrag bestimmt ist und die Zustellung der Klage demnächst

---

13 BGHZ 182, 307 = NZM 2009, 864.
14 BGH NJW 2011, 2050 Rn. 8.
15 BGH NJW 2009, 999 Rn. 16; LG Nürnberg-Fürth NZM 2008, 897.
16 MüKoZPO/Häublein/Müller ZPO § 167 Rn. 7 ff.
17 MüKoZPO/*Häublein/Müller* ZPO § 167 Rn. 10 ff.; BGH NJW 2015, 2666 Rn. 4 ff.; ZWE 2015, 375 Rn. 5 ff.; BeckRS 2012, 9747 Rn. 7; NZM 2012, 351 Rn. 6; 2011, 752 Rn. 6; NJW 2011, 2050 Rn. 12; 2009, 999 Rn. 15.
18 Zu Einzelfällen Bärmann/Pick/*Dötsch* § 46 Rn. 87.
19 BGH NZM 2011, 752 Rn. 6; NJW 2006, 3206 Rn. 17.
20 BGH NJW-RR 2018, 970 Rn. 36; NJW 2015, 2666 Rn. 6; BeckRS 2012, 9747 Rn. 7; NZM 2012, 351 Rn. 7; NJW 2009, 999 Rn. 16.
21 BGH NZM 2019, 628 Rn. 13; NJW-RR 2018, 461 Rn. 6.
22 BGH NJW 2009, 2132 Rn. 22; LG Köln NZM 2008, 896.
23 AG Nürnberg BeckRS 2019, 30082 Rn. 28.
24 OLG Frankfurt WE 1989, 171.
25 BGH NJW 2010, 446 Rn. 15.
26 BGH NJW 2010, 446 Rn. 15.
27 BGH NJW-RR 2015, 583 Rn. 9; NJW 2010, 446 Rn. 15.
28 BGH NZM 2020, 1114 Rn. 10.
29 LG Hamburg ZWE 2015, 224; LG Berlin BeckRS 2012, 3353; KG NJW-RR 2004, 878.
30 BGH NJW 2010, 446 Rn. 7; 2009, 3655 Rn. 20.

(§ 167 ZPO) erfolgt.[31] Kommt es von Gesetzes wegen zu einem Klägerwechsel, bleibt die Frist gewahrt, wie etwa bei Bestellung eines Insolvenzverwalters. Der Antrag auf Erlass einer einstweiligen Verfügung mit dem Ziel, die Vollziehbarkeit bis zur Entscheidung über die Beschlussanfechtungsklage vorläufig zu suspendieren (→ § 44 Rn. 41), wahrt die Frist nicht.

3. Fristwahrung durch Prozesskostenhilfeantrag. Ein **Prozesskostenhilfeantrag** wahrt die Anfechtungsfrist nicht;[32] nach Gewährung von Prozesskostenhilfe kann Wiedereinsetzung in den vorigen Stand für die dann erhobene Anfechtungsklage gewährt werden (→ Rn. 17). 7

III. Anfechtungsbegründungsfrist (S. 1 Hs. 2)

1. Grundsatz. Für die Begründungsfrist von zwei Monate nach der Beschlussfassung gelten bei Fristbeginn, Fristlauf und Fristverlängerung die gleichen Grundsätze wie zur Anfechtungsfrist (→ Rn. 3), ebenso bei der Wiedereinsetzung in den vorigen Stand (→ Rn. 13). Zur Fristwahrung genügt der Eingang eines den Anforderungen des § 130 ZPO genügenden, also auch unterschriebenen Schriftsatzes[33] bei Gericht; eine auch fristgerechte Zustellung ist nicht erforderlich. Die Begründungsfrist soll bewirken, dass für die Gemeinschaft der Wohnungseigentümer und den Verwalter sowie für die Wohnungseigentümer alsbald Klarheit darüber besteht, aus welchen tatsächlichen und rechtlichen Gründen der Kläger im konkreten Einzelfall einen Beschluss angefochten hat.[34] **Nichtigkeitsgründe** können auch nach Ablauf der Begründungfrist vorgebracht werden (zur Wirkung der rechtskräftigen Abweisung einer Anfechtungsklage auf Nichtigkeitsgründe → § 23 Rn. 63). 8

2. Nachschieben von Anfechtungsgründen. Das Nachschieben von Gründen ist **ausgeschlossen;** nach Ablauf der Begründungsfrist vorgetragene Anfechtungsgründe sind unbeachtlich,[35] auch wenn die zugrunde liegenden Tatsachen unstreitig sind.[36] Damit wird verhindert, dass die gesetzliche Begründungsfrist unterlaufen werden kann.[37] Was nicht beanstandet worden ist, darf das Gericht nicht prüfen, etwa die Unbestimmtheit, soweit nicht wegen Perplexität ausnahmsweise Nichtigkeit vorliegt (zur Unbestimmtheit → § 23 Rn. 69).[38] Allerdings ist eine **Wiedereinsetzung in schuldlos unerkannte Anfechtungsgründe** möglich.[39] 9

Der Lebenssachverhalt, auf den die Anfechtungsklage gestützt wird, muss zumindest in seinem **wesentlichen Kern** aus den innerhalb der Frist eingegangenen Schriftsätzen selbst ergeben.[40] Eine Bezugnahme auf Anlagen ist nur für nähere Einzelheiten genügend.[41] Wenn der wesentliche Tatsachenkern innerhalb der Frist hinreichend vorgetragen ist, sind weitere Substantiierungen auch noch nach Fristablauf zulässig. 10

Die **Anwendung** dieser Grundaussagen im Einzelfall[42] ist mit großen Unsicherheiten belastet. Einerseits ist eine in die Einzelheiten gehende Substantiierung nicht erforderlich, anderseits lässt sich der Anfechtungsgrund von anderen nur abgrenzen, wenn auch der Lebenssachverhalt wenigstens in Umrissen vorgetragen wird. Das ist bei lediglich schlagwortartiger Bezeichnung regelmäßig nicht der Fall, etwa dem Vorwurf, der Beschluss sei „rechtswidrig", „nicht ordnungsmäßig" oder entspreche „nicht ordnungsmäßiger Verwaltung". Ein unzulässig nachgeschobener Grund liegt deshalb vor, wenn spätere Ergänzungen einen abgrenzbar anderen Anfechtungsgrund betreffen. Wann ein Lebenssachverhalt schon in seinem wesentlichen Kern vorgetragen und weiteres Vorbringen bloße Substantiierung ist, ist schwierig zu konkretisieren und eröffnet **Auslegungsspielräume.** Der Kläger hat die Einwände in der Begründung einzelfallbezogen mit konkretem Tatsachenvortrag zu unterlegen, um nicht Gefahr zu laufen, schon wegen der Nichteinhaltung der Begründungsfrist zu unterliegen.[43] 11

---

[31] BGH NJOZ 2014, 1001; BGHZ 139, 305 = NJW 1998, 3648; MüKoZPO/*Häublein/Müller* ZPO § 167 Rn. 8; aA BeckOGK/*Skauradzun* Rn. 19.
[32] AG Stuttgart WuM 2018, 233; *Niedenführ* FS Merle, 2010, 263 (271); str.
[33] LG Bamberg ZWE 2017, 465.
[34] BGHZ 179, 230 = NJW 2009, 999; LG Hamburg ZWE 2011, 133.
[35] BGH NJW 2011, 2202 Rn. 18; 2009, 3655 Rn. 12; 2009, 2132 Rn. 22; 2009, 999 Rn. 10; LG Itzehoe ZWE 2017, 277 (278); LG Köln ZWE 2015, 43; LG München I BeckRS 2013, 15023; aA *Elzer* NJW 2009, 2098 f.; *Bonifacio* ZMR 2007, 592 f.
[36] IE LG Bremen ZWE 2014, 335.
[37] BGH NJW 2009, 999.
[38] LG München I BeckRS 2016, 116047.
[39] LG Nürnberg-Fürth BeckRS 2008, 41582.
[40] BGH NJW 2009, 3655.
[41] BGH NJW 2009, 999.
[42] Zu Einzelfällen Bärmann/Pick/*Dötsch* § 46 Rn. 96.
[43] BGH ZWE 2017, 188; LG Lüneburg BeckRS 2009, 22475.

12 Bei **mehreren Anfechtungsklägern** wird deren Begründung nicht wechselseitig zugerechnet; nach Anlauf der Begründungsfrist können sich die Kläger die Begründungen der anderen nicht mehr zu eigen machen.[44] Wenn ein Kläger seine Klage zurücknimmt oder für erledigt erklärt, hat dies zur Folge, dass auch die von ihm vorgebrachten Anfechtungsgründe vom Gericht nicht mehr zu beachten sind, sofern sie nicht auch von anderen klagenden Wohnungseigentümern rechtzeitig geltend gemacht wurden.[45]

IV. Wiedereinsetzung in den vorigen Stand (S. 2)

13 Die Vorschriften über die Wiedereinsetzung in den vorigen Stand gemäß §§ 233–238 ZPO bei Versäumung prozessualer Fristen finden gemäß S. 2 auf die Versäumung der materiell-rechtlichen Ausschlussfristen für Anfechtung und Begründung nach S. 1 entsprechende Anwendung.[46] Die tatsächlich gewährte Wiedereinsetzung ist unanfechtbar (§ 238 Abs. 3 ZPO).

14 **1. Grundsatz.** Die Fristversäumung muss **unverschuldet** iSd § 233 S. 1 ZPO sein.[47] Dies ist dann der Fall, wenn die Säumnis unter Berücksichtigung der im Verkehr erforderlichen und zumutbaren Sorgfalt nicht abgewendet werden konnte; Rechtsunkenntnis oder Rechtsirrtum sind grundsätzlich kein tauglicher Wiedereinsetzungsgrund.[48] Das Vertrauen in eine **unwirksame gerichtliche Verlängerung** der Begründungsfrist begründet daher keine Wiedereinsetzung.[49]

15 Beim **Sorgfaltsmaßstab** für die Kenntnis über die in einer Eigentümerversammlung gefassten Beschlüsse ist danach zu unterscheiden, ob der Kläger an der Eigentümerversammlung teilgenommen hat. Der Wohnungseigentümer, der an der Versammlung durchgehend teilgenommen hat, kann sich regelmäßig nicht auf Unkenntnis berufen.[50] Das gilt auch, wenn sich der Wohnungseigentümer hat vertreten lassen; die Kenntnis des Vertreters ist entsprechend § 166 Abs. 1 BGB zuzurechnen. Wer nicht an der Versammlung teilgenommen hat, obwohl ihm Zeit und Ort sowie die zur Beschlussfassung stehenden Tagesordnungspunkte bekannt waren, ist regelmäßig verpflichtet, sich durch Einsicht in die Niederschrift iSv § 24 Abs. 6 S. 1 oder die Beschluss-Sammlung über die gefassten Beschlüsse und deren Inhalt zu vergewissern.[51] Auf eine verspätete oder unterlassene Übersendung der Niederschrift durch den Verwalter kann sich ein Wohnungseigentümer dann nicht berufen.[52] Anders liegt der Fall in der Regel, wenn der Wohnungseigentümer überhaupt nicht über eine anstehende Beschlussfassung informiert war.[53] Wenn eine Zugangsfiktion vereinbart ist, nach für die Ordnungsmäßigkeit der Einberufung die Absendung an die Anschrift genügt, die dem Verwalter von dem Wohnungseigentümer zuletzt mitgeteilt worden ist, muss der Wohnungseigentümer glaubhaft machen, dass er die Einladung zu der Eigentümerversammlung nicht erhalten hat.[54]

16 Für die **weiteren Anforderungen,** Fristen und Glaubhaftmachung, gelten die allgemeinen Vorschriften.[55] Das bedeutet auch, dass nach Ablauf eines Jahres, gerechnet von dem Ende der versäumten Anfechtungsfrist an, Wiedereinsetzung nicht mehr beantragt werden kann, selbst wenn bis zu diesem Zeitpunkt weder die Einladung zur Versammlung noch die Niederschrift bekanntgegeben worden sind.[56]

17 **2. Prozesskostenhilfe.** Ein Prozesskostenhilfeantrag iSv § 114 Abs. 1 S. 1 ZPO wahrt die Anfechtungsfrist nicht.[57] Die Versäumung der Anfechtungsfrist ist für die mittellose Partei – entsprechend den Grundsätzen zur Wahrung der Rechtsmittelfrist[58] – zunächst unverschuldet, wenn sie auf Gewährung von Prozesskostenhilfe vertrauen darf,[59] sodass nach der Entscheidung über die

---

[44] BGH NJW 2009, 2132.
[45] BGH NJW 2009, 2132.
[46] *Dötsch* ZMR 2008, 433 (437).
[47] Zu Einzelfällen Bärmann/Pick/*Dötsch* § 46 Rn. 102.
[48] BGHZ 8, 47 = NJW 1953, 179.
[49] BGH NJW 2009, 3655.
[50] BayObLG BeckRS 2003, 30333111.
[51] OLG Düsseldorf NJW-RR 1995, 464; BayObLG NJW-RR 1991, 976; OLG Frankfurt BeckRS 1990, 07897.
[52] AA OLG Karlsruhe BeckRS 1999, 30812482, wenn der Beschlussgegenstand unzureichend angekündigt war.
[53] OLG Düsseldorf NJW-RR 1995, 464.
[54] OLG Hamm ZWE 2009, 226.
[55] Zu Wiedereinsetzungsgründen allg. MüKoZPO/*Stackmann* ZPO § 233 Rn. 31.
[56] KG NZM 1999, 569.
[57] *Dötsch* NZM 2008, 309.
[58] MüKoZPO/*Wache* ZPO § 120 Rn. 46.
[59] BGH NJW-RR 2009, 789; 2008, 1306.

Prozesskostenhilfe **Wiedereinsetzung** in den vorigen Stand gewährt werden kann.[60] Das gilt ebenso für die mit einem Prozesskostenhilfeantrag verbundene Anfechtungsklage, bei der der Kostenvorschuss nicht gezahlt wird.[61]

Der Prozesskostenhilfeantrag muss **innerhalb der Anfechtungsfrist** gestellt werden.[62] Dabei 18
müssen sämtliche für die Bedürftigkeit maßgeblichen Unterlagen beigefügt werden, insbesondere die Erklärung über die wirtschaftlichen und persönlichen Verhältnisse einschließlich der entsprechenden Belege gemäß § 117 Abs. 2 ZPO.[63] Zudem müssen die **Anfechtungsgründe** und die zugrunde liegenden tatsächlichen Umstände so dargelegt sein, dass eine Prüfung der Erfolgsaussichten der Klage möglich ist (→ Rn. 8). Für das Verfahren gelten im Übrigen die allgemeinen Grundsätze des Prozesskostenhilferechts (§§ 114 ff. ZPO).

Mit der Bekanntgabe der Entscheidung über die Prozesskostenhilfe beginnt die zweiwöchige 19
Wiedereinsetzungsfrist des § 234 Abs. 1 S. 1 ZPO.[64] Innerhalb dieser Frist ist die Klageschrift einzureichen; die Wiedereinsetzung ist dann auch ohne ausdrücklichen Antrag gem. § 236 Abs. 2 S. 2 ZPO von Amts wegen zu gewähren. Weil die bedürftige Partei nicht schlechter gestellt werden darf als die vermögende, läuft die Frist zur Klagebegründung entsprechend § 234 Abs. 1 S. 2 ZPO ab Wiedereinsetzung in die Anfechtungsfrist.[65]

Nach endgültiger **Ablehnung der Prozesskostenhilfe** kann der Kläger nicht mehr auf Bewil- 20
ligung von Prozesskostenhilfe vertrauen und das Hindernis für die unverschuldete Klageerhebung entfällt, unabhängig davon, ob die Ablehnung auf fehlender Bedürftigkeit oder mangelnden Erfolgsaussichten beruht.[66] Eine Wiedereinsetzung kann innerhalb der Frist des § 234 Abs. 1 S. 1 ZPO noch beansprucht werden, wenn sich die Partei entscheidet, das Verfahren auf eigene Kosten zu betreiben; dabei kann die Partei als Überlegungszeit zudem weitere „drei bis vier Tage" in Anspruch nehmen.[67]

---

60 *Dötsch* NZM 2008, 309.
61 LG Itzehoe BeckRS 2020, 28193 Rn. 55.
62 Vgl. BGH NJW-RR 2008, 1313; NJW 2002, 2180.
63 BGH NJW 2013, 3793; 2009, 854 Rn. 5.
64 BGHZ 173, 13 = NJW 2007, 3354.
65 BGHZ 173, 13 = NJW 2007, 3354; *Dötsch* NZM 2008, 309 (312).
66 BGH NJW-RR 2009, 789.
67 BGH NJW-RR 2009, 789.

Teil 4. Ergänzende Bestimmungen

§ 46 Veräußerung ohne erforderliche Zustimmung

[1]Fehlt eine nach § 12 erforderliche Zustimmung, so sind die Veräußerung und das zugrundeliegende Verpflichtungsgeschäft unbeschadet der sonstigen Voraussetzungen wirksam, wenn die Eintragung der Veräußerung oder einer Auflassungsvormerkung in das Grundbuch vor dem 15. Januar 1994 erfolgt ist und es sich um die erstmalige Veräußerung dieses Wohnungseigentums nach seiner Begründung handelt, es sei denn, dass eine rechtskräftige gerichtliche Entscheidung entgegensteht. [2]Das Fehlen der Zustimmung steht in diesen Fällen dem Eintritt der Rechtsfolgen des § 878 des Bürgerlichen Gesetzbuchs nicht entgegen. [3]Die Sätze 1 und 2 gelten entsprechend in den Fällen der §§ 30 und 35 des Wohnungseigentumsgesetzes.

I. Normzweck

1 Weil in Folge einer Rechtsprechungsänderung[1] unter Aufgabe der bis dahin ganz herrschenden Rechtsprechung eine nach § 12 erforderliche **Verwalterzustimmung auch bei Erstveräußerung** eines Wohnungseigentums, eines Wohnungserbbaurechts oder eines Dauerwohnrechts durch den teilenden Eigentümer im Falle der Vorratsteilung nach § 8 erforderlich sein soll und die Praxis zuvor entsprechend der zuvor herrschenden Auffassung häufig auf die Einholung der Zustimmung in diesen Fällen verzichtet hatte, waren diese Veräußerungen trotz der inzwischen vollzogenen Grundbucheintragung schuldrechtlich und dinglich schwebend unwirksam, soweit nicht durch einen weiteren Veräußerungsvorgang gemäß § 892 BGB verlautbarte und tatsächliche Rechtslage wieder zur Übereinstimmung gekommen waren. Diese Folgen[2] wurden durch das Gesetz zur Heilung des Erwerbs von Wohnungseigentum vom 3.1.1994 (BGBl. 1994 I 66) mit der am 15.1.1994 in Kraft getretenen Vorschrift des § 61 aF beseitigt, die durch das WEMoG wortgleich und ohne inhaltliche Änderung als § 46 fortgeführt wird.

II. Regelungsgehalt

2 Die Regelung, die S. 3 auch auf Wohnerbbaurecht und das Dauerwohnrecht erstreckt, erfasst Altfälle, in denen die Eintragung der Veräußerung oder der Auflassungsvormerkung vor dem 15.1.1994 erfolgt ist, und beseitigt die entstandene Rechtsunsicherheit für die Vergangenheit durch **Anordnung der rückwirkenden Wirksamkeit** von Verpflichtungs- und Verfügungsgeschäft – selbst bei nachträglichen Verfügungsbeschränkungen iSd § 878 BGB. und mögliche Haftungsansprüche gegenüber Notar und Grundbuchamt abgewendet. Diese Heilung kam aber nur dann in Betracht, wenn das Geschäfts noch schwebend unwirksam war, also nicht schon bei Inkrafttreten des Gesetzes durch Versagung der Zustimmung endgültig Unwirksamkeit eingetreten war,[3] oder soweit im Einzelfall eine rechtskräftige gerichtliche Entscheidung entgegensteht. Entgegen dem Wortlaut ist entsprechend dem Willen des Gesetzgebers[4] und dessen Sinn und Zweck die Vorschrift nur auf die Begründung von Wohnungseigentum nach § 8 anwendbar.[5] Nur dieses Verständnis entspricht auch Sinn und Zweck der Vorschrift, weil bei der Begründung nach § 3 die Erstveräußerung schon immer für zustimmungsbedürftig gehalten wurde.[6] Fehlen **andere Wirksamkeitsvoraussetzungen,** gilt § 46 nicht; eine Heilung kommt dann etwa aufgrund eines weiteren Übertragungsgeschäfts unter den Voraussetzungen des § 892 BGB in Betracht.

§ 47 Auslegung von Altvereinbarungen

[1]Vereinbarungen, die vor dem 1. Dezember 2020 getroffen wurden und die von solchen Vorschriften dieses Gesetzes abweichen, die durch das Wohnungseigentumsmodernisierungsgesetz vom 16. Oktober 2020 (BGBl. I S. 2187) geändert wurden, stehen der Anwendung dieser Vorschriften in der vom 1. Dezember 2020 an geltenden Fassung nicht entgegen, soweit sich aus der Vereinbarung nicht ein anderer Wille ergibt. [2]Ein solcher Wille ist in der Regel nicht anzunehmen.

---

[1] BGHZ 113, 374 = NJW 1991, 1613.
[2] BT-Drs. 12/3961, 4.
[3] BGH NJW 2012, 3232 Rn. 19.
[4] BT-Drs. 12/3961, 4.
[5] KG NJW 1995, 62 f.; aA *Pause* NJW 1994, 501; offengelassen in BGH NJW 2012, 3232 Rn. 19.
[6] BayObLG NJW-RR 1987, 270; OLG Hamburg OLGZ 1982, 53.

I. Normzweck

1 Die sprachlich mühsam lesbar abgefasste Vorschrift soll aus Sicht der Entwurfsverfasser[1] sicherstellen, dass die durch das **WEMoG** neugefassten Vorschriften des WEG so weitgehend wie möglich **auch für „Alteigentümergemeinschaften"** gelten, die vor deren Inkrafttreten am 1.12.2020 schon bestanden haben. Für Gemeinschaften, die dazu keine abweichenden Regelungen in Form von Vereinbarungen – auch etwa in ihrer Gemeinschaftsordnung – getroffen haben (vgl. § 10 Abs. 3), ist dies ohnehin der Fall. Für andere Gemeinschaften soll dies dadurch erreicht werden, dass solche Vereinbarungen nur dann der Anwendung der neuen Gesetzesvorschriften entgegenstehen, wenn ein dahingehender „Wille" sich aus der Vereinbarung ergibt.

II. Einzelheiten

2 **1. Hintergrund.** Eine in der Praxis der Vertragsgestaltung verbreitete Unsitte wiederholt den Wortlaut zum Zeitpunkt ihres Abschlusses bestehender gesetzlicher Vorschrift in Verträgen. Dies geschieht in der Regel zur vermeintlichen „Klarstellung", aus Sicht der Ersteller angeblich um einen aus sich heraus verständlichen und damit „transparenten" Text herzustellen. Entsprechend finden sich auch in **Gemeinschaftsordnungen** – die als Vereinbarungen iSd § 10 Abs. 3 einzuordnen sind – nicht selten einige Bestimmungen, in denen der **bei ihrer Abfassung geltende Gesetzestext wiederholt** wurde. Dass ein solches Vorgehen bei späteren Gesetzesänderungen Probleme bereiten kann, ist selbsterklärend.

3 **2. Detailfragen.** Ob eine Vereinbarung nur den damaligen Gesetzwortlaut als „Lesehilfe" wiederholen oder eine eigenständige, gerade den damaligen Gesetzesstand bewahrende Versteinerung bewirken wollte, ist nach allgemeinen Auslegungsgrundsätzen zu ermitteln. Allerdings gibt § 47 S. 2 eine Hilfestellung dahingehend, dass ein solcher **„Versteinerungswille" im Regelfall nicht anzunehmen** sein soll. Mit dieser negativen Formulierung wird erreicht, dass diejenigen, die sich auf den Fortbestand der Vereinbarung, also die Nichtanwendung der neuen gesetzlichen Vorschriften, berufen, dafür die Beweislast tragen.

4 Zudem muss sich der Wille zur gegenüber der neuen Gesetzesfassung abweichenden Fortgeltung der Vereinbarung aus dieser selbst ergeben (§ 47 S. 1). Damit werden die Erkenntnisquellen der Auslegung zwar nicht vollständig beschränkt. Allerdings ist der Wortlaut der Vereinbarungen im Sinne der grammatikalischen und systematischen Auslegung gegenüber historischen und teleologischen Erwägungen wohl als vorrangig einzuordnen und nicht nur – wie üblich – als Grenze der Auslegung. Die Gesetzesbegründung hält sich nicht mit solchen Detailfragen auf und formuliert, dass sich ihre Fortwirkung aus der Vereinbarung selbst **„mit hinreichender Deutlichkeit"** ergeben muss.[2]

5 In vergleichbaren Fällen der Reform einzelner Vorschriften des WEG wurde teilweise bevorzugt, die neuen Vorschriften unabdingbar auszugestalten, also kraft Gesetzes entgegenstehende Vereinbarungen außer Kraft treten zu lassen (vgl. § 12 Abs. 4 S. 2 aF, § 16 Abs. 5 aF, § 22 Abs. 2 S. 2 aF, allesamt durch das WEMoG beseitigt). Indem der Gesetzgeber mit § 47 einen neuen Weg beschreitet, waren diese Regelungen – aus seiner Sicht konsequenterweise – hinfällig.

III. Kritik

6 Der Gesetzgeber hat mit § 47 versucht, ein Problem zu lösen, das keineswegs neu ist. Vergleichbare Fragen stellen sich stets bei neuen Vorschriften des vertraglichen Schuld- oder auch des Gesellschaftsrechts. Besonderer Regelungsbedarf wurde dort allerdings nur sehr vereinzelt erkannt und im Detail gelegentlich kurios gelöst (s. etwa § 12 S. 3 GmbHG aF). Mag man § 47 auch als Versuch anerkennen, die **privatautonome Gestaltungsfreiheit** der Beteiligten weitestgehend zu respektieren, liegt es doch näher, auf solche individualisierenden Übergangsvorschriften zu verzichten und von der selbstverständlichen Anwendung der neuen Vorschriften auch auf bis dahin bestehende gegenteilige Vereinbarungen auszugehen. Umgekehrt besteht dann für Wohnungseigentumsgemeinschaften – falls gewünscht – die Möglichkeit, durch eine neue Vereinbarung den alten Rechtsstand beizubehalten. Dies würde nicht nur zu mehr Rechtsklarheit führen, sondern auch dazu beitragen, nicht den damaligen, der Vergangenheit angehörenden Willen des Vereinbarungsverfassers zur Geltung bringen zu müssen, sondern vielmehr aktiv den **Willen der gegenwärtigen Mitglieder der Gemeinschaft** zu **verwirklichen.** Dass dies dem Ziel des Gesetzes – nämlich der erhöhten Geltungskraft privatautonomer Gestaltungsfreiheit – mehr dient, als die in § 47 enthaltene Regelung, dürfte auf der Hand liegen.

---

[1] BT-Drs. 19/18791, 84 f.

[2] BT-Drs. 19/18791, 85.

§ 48 Übergangsvorschriften

(1) [1]§ 5 Absatz 4, § 7 Absatz 2 und § 10 Absatz 3 in der vom 1. Dezember 2020 an geltenden Fassung gelten auch für solche Beschlüsse, die vor diesem Zeitpunkt gefasst oder durch gerichtliche Entscheidung ersetzt wurden. [2]Abweichend davon bestimmt sich die Wirksamkeit eines Beschlusses im Sinne des Satzes 1 gegen den Sondernachfolger eines Wohnungseigentümers nach § 10 Absatz 4 in der vor dem 1. Dezember 2020 geltenden Fassung, wenn die Sondernachfolge bis zum 31. Dezember 2025 eintritt. [3]Jeder Wohnungseigentümer kann bis zum 31. Dezember 2025 verlangen, dass ein Beschluss im Sinne des Satzes 1 erneut gefasst wird; § 204 Absatz 1 Nummer 1 des Bürgerlichen Gesetzbuchs gilt entsprechend.

(2) § 5 Absatz 4 Satz 3 gilt in der vor dem 1. Dezember 2020 geltenden Fassung weiter für Vereinbarungen und Beschlüsse, die vor diesem Zeitpunkt getroffen oder gefasst wurden, und zu denen vor dem 1. Dezember 2020 alle Zustimmungen erteilt wurden, die nach den vor diesem Zeitpunkt geltenden Vorschriften erforderlich waren.

(3) [1]§ 7 Absatz 3 Satz 2 gilt auch für Vereinbarungen und Beschlüsse, die vor dem 1. Dezember 2020 getroffen oder gefasst wurden. [2]Ist eine Vereinbarung oder ein Beschluss im Sinne des Satzes 1 entgegen der Vorgabe des § 7 Absatz 3 Satz 2 nicht ausdrücklich im Grundbuch eingetragen, erfolgt die ausdrückliche Eintragung in allen Wohnungsgrundbüchern nur auf Antrag eines Wohnungseigentümers oder der Gemeinschaft der Wohnungseigentümer. [3]Ist die Haftung von Sondernachfolgern für Geldschulden entgegen der Vorgabe des § 7 Absatz 3 Satz 2 nicht ausdrücklich im Grundbuch eingetragen, lässt dies die Wirkung gegen den Sondernachfolger eines Wohnungseigentümers unberührt, wenn die Sondernachfolge bis zum 31. Dezember 2025 eintritt.

(4) [1]§ 19 Absatz 2 Nummer 6 ist ab dem 1. Dezember 2022 anwendbar. [2]Eine Person, die am 1. Dezember 2020 Verwalter einer Gemeinschaft der Wohnungseigentümer war, gilt gegenüber den Wohnungseigentümern dieser Gemeinschaft der Wohnungseigentümer bis zum 1. Juni 2024 als zertifizierter Verwalter.

(5) Für die bereits vor dem 1. Dezember 2020 bei Gericht anhängigen Verfahren sind die Vorschriften des dritten Teils dieses Gesetzes in ihrer bis dahin geltenden Fassung weiter anzuwenden.

Übersicht

I. Normzweck

1 Die Vorschrift enthält **Übergangsregelungen,** die sich durch Zeitablauf von selbst erledigen werden, allerdings dafür sorgen sollen, dass bei Inkrafttreten des **WEMoG** noch laufende Angelegenheiten noch nach Maßgabe der bis dahin geltenden Gesetzesbestimmungen abgewickelt werden können.

II. Wirkung von Beschlüssen gegen Rechtsnachfolger (Abs. 1)

2 Für **Beschlüsse aufgrund von Öffnungsklauseln** in Gemeinschaftsordnungen oder sonstigen Vereinbarungen (§ 10 Abs. 3) wurde durch das WEMoG die Eintragung im Grundbuch als zwingende Voraussetzung dafür eingeführt, dass sie gegenüber Sonderrechtsnachfolgern gelten (vgl. § 5 Abs. 4, § 7 Abs. 2 und § 10 Abs. 3).

3 Auch für Beschlüsse, die vor Inkrafttreten dieser Vorschriften gefasst wurden – **„Altbeschlüsse"** – sollen nach § 48 Abs. 1 bereits die neuen Bestimmungen des WEG gelten, so dass auch diese im Grundbuch eingetragen werden müssen, um Sonderrechtsnachfolger zu binden.[1] Allerdings

[1] BT-Drs. 19/18791, 85.

wird mit § 48 Abs. 1 S. 2 eine **„Schonfrist"** zur Eintragung eingeräumt, die vorsieht, dass Rechtsnachfolger, die **bis zum 31.12.2025,** also bis zu fünf Jahre nach Inkrafttreten des WEMoG, eintreten auch dann an entsprechende Beschlüsse gebunden sind, wenn sie noch nicht im Grundbuch eingetragen sind. Damit wirken entsprechende Altbeschlüsse bei Rechtsnachfolgen in diesem Zeitraum auch ohne Grundbucheintragung gemäß § 10 Abs. 4 aF weiter.

4 Die für die Eintragung des Beschlusses vorgesehene **Verfahrenserleichterung des § 7 Abs. 2** funktioniert nur, wenn ein Protokoll über den seinerzeit gefasst Beschluss in der vorgeschriebenen Form vorgelegt werden kann. Für den Fall, dass die dafür erforderlichen Personen nicht mehr greifbar sind, ermöglicht § 48 Abs. 1 S. 3, dass der entsprechende Beschluss wiederholt wird, damit er aufgrund des dafür zu erstellenden Protokolls auf dem vereinfachten Weg des § 7 Abs. 2 im Grundbuch eingetragen werden kann. Auch insoweit ist eine Befristung bis 31.12.2025 angeordnet, die allerdings im Wege der Beschlussersetzungsklage ggf. verlängert werden kann.

III. Zustimmung Drittberechtigter bei Sondernutzungsrechten (Abs. 2)

5 Durch das WEMoG wurde die höchst umstrittene, im Rahmen der WEG-Reform von 2007 geschaffene Vorschrift des **§ 5 Abs. 4 S. 3 aF** glücklicherweise beseitigt. Diese Regelung sah vor, dass es der Zustimmung von Inhabern der Rechte an Wohnungs- und Teileigentumseinheiten – insbesondere auch von Gläubigern etwaiger Grundpfandrechte – nicht bedurfte, wenn bei der Begründung eines Sondernutzungsrechts zugleich das belastete Wohnungs- oder Teileigentum ein Sondernutzungsrecht zugeordnet erhält.

6 Wurde von dieser fragwürdigen Möglichkeit bis zum Inkrafttreten Gebrauch gemacht und die entsprechende Regelung – in der Regel als Vereinbarung, wobei § 48 Abs. 2 irritierenderweise ausdrücklich auch Beschlüsse nennt – bis dahin wirksam, so stellt die Übergangsvorschrift klar, dass sie **weiter gelten.** Welche Zustimmungen die Übergangsregelung meint, bleibt im Unklaren, da es zumindest nicht um die – gerade kraft § 5 Abs. 4 S. 3 aF für entbehrlich erklärten – Zustimmungen der Inhaber von Rechten Dritter am betroffenen Wohnungs- und Teileigentum geht. Möglicherweise sind die Zustimmungen der Eigentümer anderer Wohnungs- und Teileigentumseinheiten gemeint, soweit diese bei Abschluss der Vereinbarung vollmachtlos vertreten wurden (vgl. §§ 177, 179 BGB).

IV. Eintragung von Veräußerungsbeschränkungen und Haftungen im Grundbuch (Abs. 3)

7 Für Vereinbarungen, die **vor dem 1.12.2020** – dem Inkrafttreten des WEMoG – zu Veräußerungsbeschränkungen nach § 12 und zur Haftung von Sondernachfolgern für Geldschulden getroffen wurden, enthält § 48 Abs. 3 eine spezielle Übergangsvorschrift, die auch für entsprechende Beschlüsse gelten soll, die diesbezüglich auf der Grundlage entsprechender Öffnungsklauseln in Vereinbarungen gefasst wurden.

8 Insoweit bestimmt § 48 Abs. 3 durch die Bezugnahme auf die Geltung des § 7 Abs. 3 S. 1 dass solche Veräußerungsbeschränkung stets, also auch die durch **„Altvereinbarungen"** oder **„Altbeschlüsse"** Festgelegte **ausdrücklich im Grundbuch eingetragen werden müssen,** also nicht durch bloße Bezugnahme vermerkt werden können. Für die Grundbucheintragung bei entsprechenden Beschlüssen wird man auf die in § 7 Abs. 2 enthaltene Verfahrenserleichterung zurückgreifen dürfen.

9 Hinsichtlich etwaiger **Sonderrechtsnachfolger** sieht § 48 Abs. 3 S. 2 zugunsten von Gläubigern eine Art **„Schonfrist"** dergestalt vor, dass die Übernahme der Haftung durch den neuen Eigentümer auch dann wirkt, wenn die entsprechende Bestimmung nicht im Grundbuch eingetragen ist und die Sondernachfolge **bis zum 31.12.2025** eintritt. Diese Gläubigerprivilegierung beruht womöglich auf dem Gedanken, die Grundbuchämter vor Arbeitsüberlastung zu schützen und den Zeitraum zur Antragstellung auf Eintragung der Haftungsübernahme auf bis zu fünf Jahre zu erstrecken.

V. Zertifizierung (Abs. 4)

10 Das Erfordernis der Bestellung eines **zertifizierten Verwalters (§ 26a)** gemäß § 19 Abs. 2 Nr. 6 gilt nicht bereits ab Erlass des WEMoG, sondern erst **ab 1.6.2024.** Damit bleibt den Betroffenen ausreichend Zeit, um die erforderliche Ausbildung samt Prüfung zu absolvieren und die geforderte Qualifikation zu erwerben.

11 Um den bereits faktisch tätigen Verwaltern zunächst die umstandslose Fortsetzung ihrer Tätigkeit zu ermöglichen, sieht zudem Abs. 4 vor, dass bei Erlass des WEMoG **amtierende Verwalter** für einen **Übergangszeitraum von 42 Monaten** als zertifizierte Verwalter (§ 26a) anzusehen sind.

Damit gewinnen diese Verwalter Zeit, um bis zum Ablauf der Übergangsphase die entsprechenden Qualifikationen zu erwerben.

VI. Fortgeltung von Verfahrensvorschriften (Abs. 5)

Dass bereits bei Inkrafttreten der neuen Vorschriften am 1.12.2020 **anhängige Verfahren** nach den bis dahin geltenden Bestimmungen zu Ende geführt werden, ist ein einleuchtender Ansatz, der es allen Beteiligten im Sinne der Rechtssicherheit erlaubt, das mit Beginn des Rechtsstreits eingegangene Risiko nicht durch nachträgliche Änderungen dessen formaler Abwicklung zu verändern. Daher sind diese Verfahren nach den bisherigen Vorschriften weiter und zu Ende zu führen. 12

Angesichts der eindeutigen Bezugnahme auf den „Dritten Teil" des WEG kommt eine entsprechende Anwendung dieser Übergangsvorschrift auf das **Grundbuchverfahren** nicht in Betracht. Daher gelten die durch das WEMoG neu geschaffenen formalen Anforderungen, insbesondere bezüglich der Sondereigentumsfähigkeit von Stellplätzen (§ 3 Abs. 3) auch für Grundbuchverfahren, die bereits vor dem 1.12.2020 durch Antragstellung eingeleitet, aber bis dahin noch nicht durch Vornahme der Eintragung abgeschlossen waren. Ebenso sind für die Gestaltung der Grundbucheintragungen die ab dem 1.12.2020 geltenden Vorschriften – wie etwa das ausdrückliche Eintragungsgebot des § 7 Abs. 3 S. 2 – ab dann zu beachten, unabhängig davon, wann das Grundbuchverfahren durch Antragstellung begonnen hat. 13

§ 49 Überleitung bestehender Rechtsverhältnisse

(1) Werden Rechtsverhältnisse, mit denen ein Rechtserfolg bezweckt wird, der den durch dieses Gesetz geschaffenen Rechtsformen entspricht, in solche Rechtsformen umgewandelt, so ist als Geschäftswert für die Berechnung der hierdurch veranlassten Gebühren der Gerichte und Notare im Fall des Wohnungseigentums ein Fünfundzwanzigstel des Einheitswerts des Grundstückes, im Fall des Dauerwohnrechtes ein Fünfundzwanzigstel des Wertes des Rechts anzunehmen.

(2) Durch Landesgesetz können Vorschriften zur Überleitung bestehender, auf Landesrecht beruhender Rechtsverhältnisse in die durch dieses Gesetz geschaffenen Rechtsformen getroffen werden.

Die Vorschrift – die bis zur Reform durch das WEMoG vom 16.10.2020 (BGBl. 2020 I 2187) als § 63 „firmierte" – enthält **Überleitungsregelungen,** die durch gebührenrechtliche Privilegierungen Anreiz dafür schaffen sollten, die vor Inkrafttreten des WEG bestehenden Rechtsformen in Wohnungs- und Teileigentum oder in Dauerwohnrechte umzuwandeln. 1

§ 49 **Abs. 1** regelt die Wertfestsetzung bei der **Überführung von Stockwerkseigentum in Wohnungs- bzw. Teileigentum.**[1] Für eine Umwidmung von Mietverhältnissen in Wohnungseigentum ist die Vorschrift nicht anwendbar, da sie eine sachenrechtliche Rechtsform voraussetzt.[2] Bei der Umwandlung von Miteigentum in Wohnungseigentum findet § 49 Abs. 1 ebenfalls keine Anwendung, da sich aus dem reinen Miteigentum keine Zuordnung einzelner Räume ergibt.[3] Anders mag dies allenfalls dann sein, wenn im Rahmen einer dinglich wirkenden, gemäß § 1010 Abs. 1 BGB im Grundbuch als Belastung der Miteigentumsanteile eingetragenen Benutzungs- und Verwaltungsregelung den Miteigentümern einzelne Räume zur Nutzung zugewiesen sind. 2

§ 49 **Abs. 2** gibt dem Landesgesetzgeber die Möglichkeit, **landesrechtliche Rechtsverhältnisse in Wohnungseigentum zu überführen.** Lediglich **Hessen** mit dem Gesetz zur Überleitung von Stockwerkseigentum vom 6.1.1962 (GVBl. 1962, 17) und **Baden-Württemberg** mit dem Ausführungsgesetz zum BGB vom 26.11.1974 (GBl. 1974, 498) haben entsprechende Überleitungsvorschriften erlassen. Während in Hessen alle Stockwerksrechte zwingend in Wohnungs- oder Teileigentum überführt wurden, sind in Baden-Württemberg hierfür lediglich die rechtlichen Voraussetzungen geschaffen worden, die allerdings auf Antrag auch gegen den Willen einzelner oder aller Wohnungseigentümer durchgesetzt werden können.[4] 3

---

1 Bärmann/*Roth* § 63 Rn. 4; Staudinger/*Kreuzer,* 2018, § 63 Rn. 2.

2 Bärmann/*Roth* § 63 Rn. 9; Soergel/*Weber* § 63 Rn. 1; Staudinger/*Kreuzer,* 2018, § 63 Rn. 3.

3 BayObLGZ 1957, 168 (172); Bärmann/*Roth* § 63 Rn. 6; Palandt/*Wicke* § 63 Rn. 1; aA Soergel/*Weber* § 63 Rn. 1.

4 Bärmann/*Roth* § 63 Rn. 23; Soergel/*Weber* § 63 Rn. 3; zur Rechtslage in Baden-Württemberg abl. *Thümmel* JZ 1980, 125 ff.

Sachverzeichnis

Die fett gedruckten Ziffern bezeichnen die Paragraphen des WEG, die mager gedruckten Randnummern.

Bearbeiter: Dr. Reiner Lemke, Richter am BGH a.D.

B

C

D

E

G

H

I

J

M

N

O

R

S

T

U

V

Z